HITZ BATZUN ISTORIXA TXIKI BATZUK

PEQUEÑAS HISTORIAS DE ALGUNAS PALABRAS

JESUS M. ERRASTI ARANA

Euskararik onena
ikasidana

Euskararik ederrena
erabiltzendana

Hau da
norberana

En Euskalherria hay distintas zonas tanto en Araba, Bizkaia o Gipuzkoa, y lo mismo en el sur de Francia, Iparralde, en las que se habla un euskera bastante diferente dependiendo del lugar en que sea, aunque también hay que decir que nos entendemos bastante bien, y lo que está escrito más arriba quiere decir que la mejor manera de comunicarse es de la manera que se ha aprendido y utiliza porque para uno mismo es el que mejor sabe, y a la vez sin duda alguna, asimismo se defiende.

Yo creo que este mismo concepto se podría aplicar a cualquier otro idioma, como por ejemplo el castellano, claro está que también en función del lugar donde se haya nacido, Galicia, Andalucía, Cataluña, etc…, cada uno con su propia idiosincrasia y forma de expresarse.

HITZ BATZUN ISTORIXA TXIKI BATZUK

PEQUEÑAS HISTORIAS DE ALGUNAS PALABRAS

Liburu hau eztau iñde hiztegibat izengobalitz bezela, asmue ezan hori baizik idazteko Euskal Herri mendebal inguruetan itxendan moduko euskeriaz. Mendebalko euskera honi garai-baten esatejakon eta bere izena "dialecto Bizcaino" zan, eta honekiñ batera bestebat be bahuen "Bizkaino de Guipúzcoa" izenekue. Ondion be izen honeik hor eongodie baña nere ustez oñ iñok eztau, ero ezauke definituko modu hortan.

Oñ ikastola eta eskola guztietan erakutzi eta ikesi itxendana euskera batua da. Halaere hemen jarraitzendau, ondo bizirik gañera, gure betiko euskera hau, baitxe berdiñ beste hainbat leku hareitan bertan itxendan eta oitura dan bezelakuaz. Hitz batzuen istorixak zertxobaitx txantxan definituta die eta beste batzuenak ez hainbeste, baña erozeiñ modutan, askenien eta hainbeste ibili ondoren, hemen sortudana hiztegian antzerakue dan gauzabat izenda.

Este libro no está hecho con la idea que fuese un diccionario, esa no era la intención sino con el propósito de escribir con el modo de euskera que se habla en las diversas zonas del oeste de Euskal Herria. A este euskera en un tiempo se le decía y su nombre era "dialecto Bizcaino", y junto con él tambien había otro que se denominaba "Bizcaino de Guipúzcoa". Aún todavía esos nombres estarán ahí pero creo yo que ahora nadie los define, o definiría, de ese modo.

Ahora en todas las ikastolas y escuelas el euskera que se enseña y aprende es el batua. No obstante aquí sigue, y además muy vivo, este nuestro euskera de siempre, y también igual en otros tantos sitios con su particular modo y costumbres del lugar. Las historias de algunas palabras están definidas como un poco en broma y de otras no tanto, pero en cualquier caso, al final y después de tanto andar, el resultado ha sido una cosa bastante parecida a un diccionario.

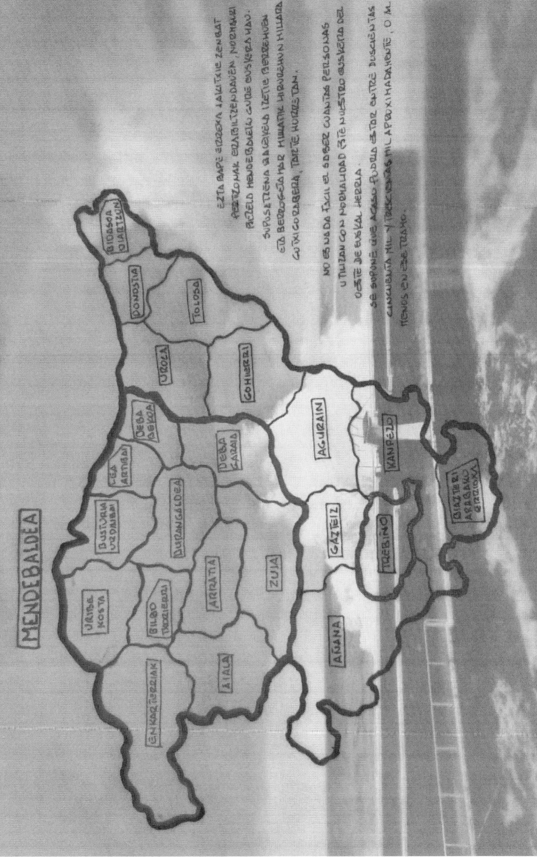

EUSKAL HERRIA

EZTA BAPE ERRESA JAKITXIE ZENBAT
PERTZONAK ERABILTZENDAVEN NORMALTAZUNEZ
GURE EUSKERA HAU...

No es tan fácil el saber cuantas personas
utilizan con normalidad este nuestro euskera del
oeste de Euskal Herria.

Se supone que acaso pudiera estar entre doscientas
cincuenta mil y trescientas mil aproximadamente, o.m.
menos en ese tramo.

ALPERRIK DA PRESA ITXIE URAK ALDE IÑ ONDOREN.
ES INUTIL HACER LA PRESA UNA VEZ QUE SE HAYA MARCHADO EL AGUA.

A. Se refiere a aquel o aquello y se utiliza para señalar a algo o alguien. **K.** Len be galdetudotzut baña emutendau eztuztazula entzun, zeiñ da zure kotxie?, a handikaldekue?, iruitzejaten ha izengozala bai, ba ezta zure andriek esatendauen hainbesteko zatarra, halaere nik esangonauke zertxobaitx errarue bai dala baña akaso larreikue bez, eta gauzabat, egixe halda berak eztauela gure sartzeik kotxera lotza haundixe emuteutzelako? **T.** Antes también te he preguntado, pero parece que no me has oído, ¿cuál es tu coche?, ¿a, el de allá?, pues ya me imaginaba que seria aquel sí, pues tampoco es tan feo como dice tu mujer, pero aún así yo diría que sí un poco raro, aunque quizá tampoco tanto, y una cosa, ¿es verdad que ella no quiere montarse en el coche porque le da mucha vergüenza?

Aspaldiko esaerabat: A ze parie, karakola eta barie.
Un antiguo proverbio en euskera dice que vaya par, el caracol y la babosa.

Una nota en relación a los refranes o proverbios: Este e igualmente también todos los otros proverbios que vienen a continuación, al traducirlos al castellano y aunque el significado sea el mismo, obviamente no quedan iguales de evidentes que en euskera, pero yo creo que se entiende su intencionalidad.

ABAITARI. Veterinario. **K.** Lengo egunbaten Baltaxar kontatzen ibilizan nola bere txakurre, Sofi, ezauen bape ondo aspalditxuen, ibiltxeko ezerko gogobarik, betik etzanda eta gañera nahiko sarri botaka bebai, eruen abaitarina eta nola arritxuta geratuzan harek esandakuaz, ezaukela ezer apartekoik eta bakarrik gertatzejakola aurdun dauela, Baltaxarrek hori eztala posible zeatik sekula ezta eon bost miñutu bere bistan kanpoz, abaitarik barre iñaz esan omenutzen, ene!, kale-txakur honeik larreiko axkarrak die eta bost miñutu horreikiñ nahikue ta sobre daukie zazt itxeko. **T.** El otro día Baltasar nos contaba de cómo su perra, Sofi, últimamente no estaba nada bien, sin ganas de andar, siempre tumbada y además a veces también devolviendo, la llevó al veterinario y dice que se quedó sorprendido con lo que le dijo, que no tenía nada importante y que lo único que le pasaba es que estaba embarazada, Baltasar que eso no era posible porque nunca había estado cinco minutos fuera de su vista, el veterinario se rió y le dijo, ¡ene!, estos perros de la calle son demasiado rápidos y con esos cinco minutos tienen tiempo suficiente y de sobra para hacer zast.

ABANDONAU. Abandonar, dejar por no ser necesario, cesar, desistir de algo. **K.** Esatendauen ez, askotan pasatzen omenda erregietan oparitu umiei txakur txikibat eta denporiaz, pixkat haundi itxendanien, abandonau erozeiñ tokitxen. **K.** Suelen decir que debe de pasar muy a menudo, regalar el día de reyes un perro pequeño a la criatura y después, cuando se hace mayor, abandonarlo en cualquier sitio.

ABANTALLA. Avanzadilla, tomar ventaja, adelantar. **K.** Beste horreik naiz eta gu baño nahiko beranduau urten abantalla haundixe hartuzkue, baezpare axkartxuau fanbikou zeatik beztela baleike bazkaltzeko tok-ibarik gelditzie. **T.** Esos otros a pesar de haber salido bastante más tarde que nosotros han tomado mucha ventaja, por si acaso vamos a ir un poco más rápido porque sino puede que nos quedemos sin sitio para comer.

ABAR. Es una palabra qu quiere decir etcétera. **K.** Euleterion baserrixen bai eztiela sekula falta izen animalirik, danetik daukie, hiru txakur, txarribat, olluek, paitxak eta abar, eta oñ bere andrien asmue da asto parebat erosteko sazi ta bedarraz dazen inguruek garbitzeko. **T.** En el caserío de Meltxor si que no han faltado nunca los animales, tres perros, un cerdo, gallinas, patos, etc..., y ahora su mujer tiene la idea de comprar un par de burros para que limpien los alrededores de hierbas y zarzas.

ABARETXIE, ABARE-ETXIE. Casa cural. **K.** Andra bat etorrijat galdetzera aber badakitxen nun dauen abaretxie, nik lenau banakixen nun zan, Elixa onduen zan baña oñ arrastuik be eztauket eta ustedot baleikela eotie goiko kalien, halaere ta fan aurretik esautzet baezpare hobeto izengodala ondo enteratzie. **T.** Me ha venido una mujer preguntando a ver si sé dónde está la casa cural, yo antes ya sabía en qué sitio estaba, cerca de la Iglesia, pero ahora no tengo ni idea y creo que quizá puede que esté en la calle de arriba, pero aún así le he dicho que antes de ir por si acaso será mejor que se entere bien.

ABARIE. El cura. **K.** Eztau esan-bierrik eta nabarmen ikustenda abaren falta haundixe dauela, eta gañera geruau eta geixau, auzoko Elixa geixenak itxita, seminaixuek be utzik, eta hau zeatik ustedozue izengodala ba?, asunto honeik onduen dakixenak eurok abariek die, eta gañera pentzatzendot danak jakiñien diela ze gauzak ondo inbazien akaso baleikela beste modubaten izetie. **T.** No hace falta decir y se ve muy claro que hay una falta muy grande de curas, las

Iglesias de los barrios cerradas, los seminarios tambien vacíos, y esto, ¿porqué os parece que será?, pues los que mejor saben de esos asuntos son ellos mismos, los curas y además creo que todos están al tanto de que si se hubiesen hecho bien las cosas, quizá podría ser que fuese de otra forma.

Aspaldiko esaerabat: Abarien lapikue, txikiñe baña gozue.

Un viejo proverbio vasco dice que la cazuela del cura es pequeña, pero sabrosa.

ABARKAK, ALBARKAK. Calzado de goma que se utiliza (utilizaba) en las labores propias del caserío. Ahora también se utiliza en los festejos populares vascos y éstas a su vez pueden ser de cuero. **K.** Bixer Zarauzko Euskal jaixek die, eztot iñun billatzen nere albarkak eta dendara fanbikot barrixek erostera, txarrena dauko gaurko egunien hainbeste jente eongodala dendan ze gertaukoda denpora pillabat zai eonbikonazela. **T.** Mañana es la fiesta Vasca de Zarautz, no encuentro por ningún sitio mis albarcas y tendré que ir a la tienda a comprar unas nuevas, lo peor que tiene es que hoy habrá tanta gente en la tienda que me tocará esperar un montón de tiempo.

ABARRA. Rama de árbol. **K.** Lengo domekan Hernixotik beraka gatozenien enitzen makurtu denporaz eta zartada haundibat hartunauen arbolan abarraz, eta baitxe ondo urretunauen mosu ingurue be, baña txarrena gerokue izenzan, andriek hainbeste enpeñokiñ jarri merkromina ze arpegi guztie gorri geratuzan, eta ez lotzaik pasatzeatik etxien geratunitzen. **T.** El domingo pasado al bajar de Hernio no me agaché a tiempo, me dí un golpe muy fuerte con la rama de un árbol e hice bastantes rasguños en la cara, pero lo peor fué lo de luego, la mujer puso tanto empeño con la mercromina que la cara quedó completamente roja, y por no pasar vergüenza me quedé en casa.

ABARTZU. Zona de arbolado con mucho ramaje, bosque frondoso. **K.** Zer da hau!, hemendik oso zalla da pasatzie, sigero abartzu dau eta nik bentzet eztot gure makurtuta ibiltxeik motxila haundi honekiñ, ba guasen aber billatzendoun beste tokinbat eta handik fateik dauen, eztauket ziurtazunik baña ustedot bai eongodala. **T.** ¡Que es ésto!, por aquí está muy difícil el pasar, esta demasiado frondoso y yo al menos no quiero andar agachado con ésta gran mochila, pues vamos a ver si podemos encontrar algún otro sitio y podemos ir por allá, no tengo certeza pero creo que sí lo habrá.

ABAUA. Panal de abejas. **K.** Anizeton barerriko sagastixen, aldamenekuek baimena eskatu ta gero, abauak jartzen haidie eta dexente xamar gañera, eztakitxena da ideia haundirik daukien asunto hortan, nik zalantza dexente dauket asunto horren buruz eta ustedot momentu hontan bentzet eztaukiela gauza askoik. **T.** En el manzanal del caserío de Aniceto, sus vecinos, después de pedir permiso, están colocando panales de abejas y además bastante cantidad, lo que no sé es si tienen mucha idea de cómo funciona eso, yo tengo bastantes dudas al respecto y creo que al menos de momento no tendrán demasiada.

ABEGI. Acción de acoger, amparar, dar hospitalidad. **K.** Españako gobernuek, aspaldi aiñdutakue da, eztakitx zenbat millaka igex iñdeko jentei abegi emuteko asmue hauken, baña gaur da egune apenas banaka-batzuk lortu izendauena eta nere susmue da hala jarraitxukodauela. **T.** Hace ya muchísimo tiempo que el gobierno de España prometió acoger a varios miles de personas que habían huido de su paises de origen, pero hoy es el día que apenas unos cuantos lo han conseguido y tengo la sospecha de que así van a continuar.

ABENDUA. El mes de diciembre. **K.** Neri asko gustatzejat abendunko illa, aldebatetik oporrak hartzendielako eta bestaldetik gabonak gertu dielako, badakitx etxatiela bape gustatzen askori baña neri bai eta gañera asko, oso giro jatorra eta ederra eotenda kalien, ta baitxe beste alde guztietan. **T.** A mí me gusta mucho el mes de diciembre, por una parte porque se cogen vacaciones y por otra porque las navidades están próximas, ya sé que hay mucha gente a la que apenas les gusta, pero a mí sí y además mucho, suele haber un ambiente muy bonito y agradable en las calles, y también en todas otras partes.

Aspaldiko esaerabat: Abenduko gaua, illundu orduko ondion eguna.

Un viejo dicho en euskera viene a decir que en diciembre para cuando oscurece todavía es de día.

ABER. A ver, tal vez, por lo tanto. **K.** Ez ibilli alperrik, garbi ikustendozu horrekiñ eziñdozula eta hor jarraiketandozu, ezaitez izen eroskorra eta aber, alegiñzaitez beste honekiñ eta nik ustedot oinguen bai lortuzeikela. **T.** No andes en balde, estás viendo claramente que no puedes con eso y ahí continúas, no seas tan tozudo y a ver, prueba con ésto otro y yo creo que ahora sí lo podrás conseguir.

ABERAZTU. Enriquecerse, ganar mucho dinero. **K.** Oñartien gizon hori betik ikusi izendot hor baztertxuen diru eskien eta gaur jakiñdot asko aberaztudala eztakitx ze erentziai ezker, ba aber hemendik aurrera bera konportatzendan bestiekiñ beraz konportaudien baño zertxobaitx hobeto. **T.** Hasta ahora siempre he solido ver a ese hombre en la esquina pidiendo limosna y hoy he sabido que se ha debido de enriquecer mucho gracias a no se qué herencia, pues a ver si ahora se comporta con los demás un poquito mejor de cómo se han comportado con él.

ABERATZA. Persona rica, con mucho dinero. **K.** Aberatzan etxurie itxendau bentzet, hor ikustejako betik harrokeixetan tabernan ordaintzen txikito xinplebat berrogeta hamarreko diru paperaz, eta gañera, zer ingoetedau gero hainbeste kanbixokiñ, akaso Eixan bota limosna bezela?, ba nik zalantza haundixe dauket hori hala izenleiken. **T.** Al menos ya hace maneras de persona rica, ahí se le ve siempre en los bares pagando simple chiquito con un billete de cincuenta euros, y además, ¿qué hará después con tantos cambios, quizá echar en el Iglesia como limosna?, pues yo tengo serias dudas de que eso pueda ser así.

ABEREA (K). Los animales en general, y por lo tanto pueden ser de labranza cómo domésticos. **K.** Praxkun baserriko terreno sallak oso aldapatzuek die eta tratoriekiñ oso gaizki ibiltxenda, geixenbat eurixe iñ ondoren eta pasa-bierra lokatza hartien, betik esan izendau bere lanerako askoz hobiek diela abereak eta horreatik dauko bi iri eta lau asto. **K.**

14

Los terrenos del caserío de Francisco son de mucha pendiente y anda muy mal con el tractor, sobre todo después de que haya llovido y tenga que pasar entre el barro, dice que para su trabajo son mucho mejores los animales y por eso tiene dos bueyes y cuatro burros.

ABERRIA. La patria. **K.** Halaxe die gauzak eta halaxe izendie betik, Euskaltzaliendako betiko aberria da, izenda eta betiko izengoda Euskalherrixe, ero bentzet hori da gure eta esperatzendana. **T.** Así son las cosas y así las han sido siempre, para los que son y se sienten vascos su patria ha sido, es y será para siempre Euskalherría, o por lo menos eso es lo que se quiere y espera.

ABERTZALIE. Nacionalista vasco, patriota. **K.** Euskadiñ abertzale balixo haundikuek izendie, esan-baterako eta euron hartien Idígoras, Ortzi, Monzon ta abar, benetazko plaza gizonak, zenbat gauza iñeteitxuen horreik eta beste holako askok Euskalherrixen alde. **T.** En Euskalherría ha habido muchos y buenos patriotas, yépor decir algunos entre ellos, Idígoras, Ortzi, Monzón, etc…, han sido unos grandes hombres de verdad, cuántas cosas habrán hecho estos y otros muchos como ellos en pro de Euskadi.

ABESLARIXE, ABESLAIXE. Cantante, intérprete de la canción. **K.** Euskalherrixen oso abeslari onak eondie eta daz, oñ bertan nahiko famaue da Benito Lertxundi eta eonzieneitakuaz Mikel Laboakiñ geratzenaz, hau oso nere gustokue izenzan eta zeiñ ezta gogoratzen haren txorian txori. **T.** En Euskalherría ha habido y hay cantantes muy buenos, ahora mismo es bastante famoso Benito Lertxundi y de los que han sido me quedo con Mikel Laboa, de siempre muy de mi gusto y quién es el que no se acuerda de su txorian txori.

ABESTIXE (K). Canción, composición musical. **K.** Nik gustoren haitzenauen abestixek Beatlezenak zien eta oñ be aukera euki-ezkero gustora entzungonauen baña horixe falta, askotan denpora eta beste-batzuetan gogoratzie, eta momentu hontan dazenatik Ken Zazpi dienakiñ geratukonitzen. **T.** Las canciones que más a gusto he escuchado son aquellas de los Beatles y ahora también si tendría oportunidad las escucharía muy a gusto, pero eso me falta, muchas veces tiempo y algunas otras veces el acordarse, y de los que hay ahora me quedaría con Ken Zazpi.

ABIADURA. Velocidad, rapidez. **K.** Nere lagun batek nahiko zapata astune dauko kotxie manejau garaian eta billdur pixkat be emutendau berakiñ fatie, oñ kotxe barribat erosidau eta sekulako pozik ta gustora dau zeatik esatendau kriston abiadura hartzen omendauela, ba nik ustedot multak be halaxe jasokoitxula, sekulako abiadurakiñ. **T.** Un amigo mío tiene un zapato bastante pesado a la hora de conducir el coche y hasta dá un poco de miedo ir con él, ahora está muy contento y a gusto con el coche nuevo que ha comprado porque dice que coge unas velocidades muy altas, pues yo creo que así también recogerá las multas, con mucha velocidad.

ABIAN. Significa comenzar una marcha o caminata. **K.** Hori eta betiko bezela alde guztietara berandu etorr-ibierra dauko, eztakitx egunenbaten zergaitxik eztotzoun izten hor bertanbera ta konpondudeixela berak guredauen bezela, hemen danok pres gara abian jartzeko eta bera falta, ba beste bost miñutu etxoiñgou eta ezpada asaltzen hor geratukoda. **T.** Ese y al igual que siempre tiene que llegar tarde a todas partes, no sé porqué no le dejamos algún día y que se las arregle como quiera, aquí estamos todos preparados para comenzar la marcha y falta él, pues esperaremos cinco munutos más y si no viene ahí se queda.

ABIATU. Acometer, emprender, marchar. **K.** Ba hor dator lasai askuen, emutendau etxakola ezer inportik berandu etortzie eta ez gu bereatik hemen zai eotie, gañera apostaukonauke etorridala ez hamarretakoik eta ez beste ezerrekiñ, ta gero eskatzen hasikoda betiko bezela, baña beno, nahiko berandu injaku eta abiatu inbierra daukou zeatik birie luze xamarra daukou ta. **T.** Pues ahí viene la mar de tranquilo, parece que no le dá ninguna mportancia al llegar tarde ni que nosotros estemos aquí esperando por él, además apostaría que ha venido sin bocadillo y sin ninguna otra cosa y luego cómo siempre empezará a pedir, pero bueno, vamos a emprender la marcha porque se nos ha hecho bastante tarde y el camino que tenemos es largo.

ABIERAZI. Poner en marcha máquinas, vehículos, etc… **K.** Beno, hau gauza oso berezia da eta es astu, bixer aurrena sartzendana fabrikara abierazi inbierra dauko jeneradorie, asko kostatzenda berotzie eta hori iñezkero danok lanien asteko bezela izengogara. **T.** Bueno, ésto es una cosa muy importante, mañana y que no se olvide, el primero que entre en la fábrica tiene que poner en marcha el generador, cuesta bastante el que se caliente y haciendo eso todos podremos empezar a trabajar.

ABILIDADIE. Habilidad, maña, destreza. **K.** Lagun haundibaten mutikuen zorionak die eta asmue dauket oparitzeko kruzigrama batzuk, eta aber lortzeitxuten zeatik gurot nahiko zallak izetie, halaere eta horrek daukon abilidadie jakiñien ustedot laister ingoitxula. **T.** Es el cumpleaños del chaval de un gran amigo mío y tengo la intención de regalarle unos crucigramas, y a ver si los puedo conseguir porque quiero que sean bastante difíciles, aún así y sabiendo la habilidad que tiene creo que los hará bien pronto.

ABISENA, ABIZENA. Apellido. **K.** Neri etxat ezer inportik baña ustedot, hala entzunde dauket, abisenak aldatzeko aukera badauela, lenau aitxana izetezan aurrena, oñ berriz eta eztakitx ze ojeto dauken, amana be jarrileike. **T.** A mí no es que importe pero creo, así lo tengo oído, que se puede cambiar el orden de los apellidos, antes el primero era el del padre, ahora en cambio y no sé que objeto tiene, también se puede poner el de la madre.

ABITAZIÑUE. Habitación, puede ser para dormir o cualquier otro menester. **K.** Eztakitx egixe izenleiken holako, neretzat, sekulako astokeixie, arañun albistebat irakurriñauen jartzeauena munduko etxe haundixenak milla abitaziño baño geixau daukela eta hori egixe baldinbada, zertarako demontre bierkodie hainbeste? **T.** No sé si puede ser verdad semejante, para mí una gran burrada, anteayer leí una noticia que decía que la casa más grande del mundo tiene más de mil habitaciones, y si es que es cierto, ¿para qué demonios se necesitarán tantas?

ABIXAU. Avisar, poner en conocimiento. **K.** Kalera fateko asmue badaukotzu urten aurretik abixau eta esan nora soiezen, ero nun eonbiozun zortzirek aldien, nik ordurako gertu eongonaz eta alkartukogara zuk esatendozun tokixen. **T.** Si tienes intención de ir a la calle, avisa antes de salir y dime dónde vas a ir o vas a estar hacia las ocho, yo para entonces estaré preparado y ya nos juntaremos en el sitio que tú digas.

ABIXERA, ABIXERIE. Velocidad, rapidez. **K.** Eztakitx zer pentzau, larri antzien jartzen hainaz eta ez ni bakarrik zeatik jente askoi ikustejako nere bezela, tren honek ondo hasidau bidaia baña nere ustez oñ abixera geixei eruentendau, eta aber, ezta izengo ba aberixabat gertaudala eta akaso arrixkuen garela? **T.** No sé que pensar, me estoy apurando un poco y no yo solo porque a mucha gente se le vé en la misma situación, éste tren ha empezado bien el viaje pero yo creo que ahora va con demasiada velocidad, ¿y a ver, no será pues que se haya podido averiar, al conductor le haya pasado algo y que quizá estemos en peligro?.

ABONAU. Alabar, lisonjear. También echar abono a la tierra. **K.** Enauen uste zu holako pelotillerue izengozitzenik, jakiñleike zer zabitzen hainbeste abonau tipo horrei?, eztakitx baña ixe ziur nau zerreozer ataratzie gurekozula. **T.** No pensaba que fueras tan pelotillero, ¿se puede saber qué andas tanto alabar al tipo ese?, no sé pero estoy casi seguro de que le quieres sacar alguna cosa.

ABORRITXIKOS. Palabra que se utiliza (utilizaba) para preguntar a los críos si querían que se les llevase a hombros. **K.** Zenbat gustetzejakon umetxo horri aborritxikos eruetie bere aitatxok, honek esatendau eskiñi besteik ez betik dauela pres eta ez iñezkero laister eskatzendauela. **T.** Cuánto le gusta a ese crío que su padre le lleve a hombros, según dice él siempre que se lo ofrece está dispuesto y si es que no lo hace que enseguida se lo pide.

ABOTZA, AOTZA. Voz. **K.** Abeslari batzuk eztakitx nundik ataratzendauen halako abotz iñdertzue, baleike izetie horrekiñ jaixozielako eta bebai asko zallatu ta jardun kantu horreitan, esan-baterako Domingok, Karrerazek eta Pavarotik sekulako abotza daukie, eta esatendauen ez hemengo Gayarrek be hala eukitxakue ikzenzala. **T.** No sé de dónde sacan esa voz tan fuerte e intensa algunos cantantes, puede que sea porque han nacido con esa facultad y también entrenan y se esfuerzan mucho en el canto, por decir algunos, Domingo, Carreras y Pavaroti tienen la voz así de potente, y según dicen que el Gayarre de aquí así la tuvo también.

ABRIGUE. Abrigo, prenda parecida al chaquetón. **K.** Naiz eta hotz haundixe iñ oñ apenas ikustenda kalien jentie abriguaz jantzitxe eta nere ustez hau da gauzabat eskutatzen haidana, inguru hontan bentzet, oñ geixau eruetenda goretes tipoko erropa horreik zeatik aldebatetik akaso geixau berotzendaue, bestaldetik erosuaek eta askoz pixu gutxiau daukie. **T.** Aunque haga mucho frío ahora apenas se ve gente en la calle que vaya vestida con abrigo y me parece que esta es una prenda, al menos por aquí, que está en desuso, yo creo que se lleva más las ropas tipo goretes porque por una parte quizá hasta calienten más, por otra son más cómodas y también pesan mucho menos.

ABURUE. Opìnión, juicio, pensamiento. **K.** Aspaldiko esaerabat da, zenbat buru, hainbat aburu eta honek guredau esatie jente taldie dauen tokixetan, ba horrenbeste izengodiela eta noski beste hainbeste buru dazela, eta baitxe buru bakotxak norberan ideiak ta pentzamentuk daukiela. **T.** Hay un viejo refrán vasco que viene a decir que tantas cabezas, tantas ideas, y quiere decir que en los sitios donde haya un grupo de personas, pues que habrá, claro está, otras tantas cabezas, y también que cada una de ellas tiene sus propias ideas y pensamientos.

ABUSAU. Abusar, sobrepasarse. **K.** Atzo dendabatera fanitzen bizikleta barrixe erosteko ideiaz eta jaso be initxun errieta batzuk, akaso errazoiaz baña nere asmue zan, danan bezela ustedot, haldan gutxien ordaintzie. Eta askenien esauzten, bizikletan balixue asko jetxidotzut baña nahiko da ta ez abusau geixau. **T.** Ayer fuí a una tienda con la idea de comprar una bicicleta nueva y también recogí una buena regañina, quizá con razón pero mi intención, y supongo que igual que la de todos, era intentar pagar lo menos posible. Y al final me dijo, ya te he bajado mucho el precio de la bicicleta pero ya vale y no abuses más.

ABUSTUE. Mes de agosto. **K.** Lenau, aspaldi, langille danak abustuen hartzegitxun oporrak eta gañera ixe il guztie, baña gero gauzak aldatiuzien eta opor horreik hasizien errepartitzen modu askotan, honeitik bat zan, erdixek hartu zuk gurozunien eta beste erdixek enpresak esandakuen. **T.** Antes, hace mucho tiempo ya, todos los trabajadores cogíamos las vacaciones el mes de agosto y además casi todo el mes entero, pero luego las cosas cambiaron y esas vacaciones se empezaron a repartir de muchas maneras, de estas una de ellas era que tú cogías la mitad cuando querías y la otra mitad cuando la empresa te decía.

ADARDUNA. Que tiene cuernos. También se dice (fig.) por las personas a la que su pareja le ha sido infiel, que le han puesto los cuernos vaya. **K.** Eztakitx egixe izengodan baña estadistikabat omendau, akaso beste-batzuk be engodie, esanaz geruau eta geixau dazela pertzona adardunak, gañera jartzentxuen horreik aurrenak eta askoatik emakumak diela, ba nik eztakitx siñistu ero ez baña esatendan bezela, errekak soñue badauko egitako zerreozer eongoda. **T.** No sé si será verdad, pero parece que hay una estadística, también puede que haya otras, que dice que cada vez hay más personas infieles y con cuernos, además que dentro de éstas que las ponen la mayoría deben de ser las mujeres, pues yo no sé si creer o no, pero cómo se dice, si el río suena algo de cierto habrá.

ADARIXE, AHARIXE. Carnero. **K.** Adarixek bai ondo bizidiela, ezer arrrixkuik ez, akabau ingotzien bildurrik bez eta ez beste ezerko arazoik, ondo janda, ardixek baño askoz hobeto eta geñetik nahikue eme beretako bakarrik, ba ez pentza, batzuetan zertxobaitx inbidixa be emutendau. **T.** Los carneros sí que viven bien, sin ningún peligro y ningún miedo de que los vayan a matar ni cosas parecidas, bien alimentados, mucho mejor que las ovejas y encima suficientes hembras a su disposición, pues no creaís, algunas veces hasta ya da un poco de envidia.

ADARI-JOKUE, AHARI-JOKUE. Pelea de carneros. Es una especie de juego, con apuestas de por medio que consiste en enfrentar a dos carneros y que estos se golpeen en la cabeza con los cuernos. **K.** Datorren domekan Azpeitxiko plazan ahari-jokue eongoda eta ikustie gurebozu bertara fangogara, hara allegau ondoren zuk eztakitx zer ingozun baña nik bentzet eztauket ezer asmoik diruik apostatzeko. **T.** El próximo domingo habrá una pelea de carneros en la plaza de Azpeitia y si quieres iremos a verlo, después de que lleguemos tú no sé que harás, pero yo al menos no tengo ninguna intención de apostar dinero.

ADARKA. Cornear. **K.** Goiko baserrikuek bei diabrubat daukie adarka itxendauena, bertako ugesabak be oso kontzuk ibilli-bierra dauko bei horrekiñ zeatik ezta lelengo aldiz izengo hasidala adarkaranbat emuteko asmuekiñ, eta ez berai bakarrik, baitxe beste arrimatzendien guztiei be. **T.** En el caserío de arriba hay un demonio de vaca a la que le gusta cornear, incluso su propietario tiene que andar con mucho cuidado con ella porque no sería la primera vez que le ha intentado dar alguna cornada, y no solo a él sino también a todo aquel que se le arrime.

ADARRA. Cuerno, asta. **K.** Eztakitx nola atrebitzendien sartzen Sanfermiñetako enzierrora, halako zezenaz ta daukien adar haundi horreikiñ, gañera hainbeste jente tartien eta jakiñien egunero eotendala istripurenbat, zalantzaik eztau ondo jarritxe daukiela gauza horreik bai mutillek ta bai neskak, beno, neskana beste gauzabat izengoda. **T.** No sé cómo se atreven a correr los encierros de San Fermín, con esos grandes toros y sus enormes cuernos, además entre tanta gente y sabiendo que todos los días hay algún percance, no hay duda de que tienen bien puestos esas cosas tanto los chicos como las chicas, bueno, lo de las chicas será otra cosa.

ADARRA. Rama de árbol. **K.** Pagoetatik ta Aiara bitxarteko basue paguaz betie dau eta honein adarrak ixe lurreraño etortzendie, gertatzenda ze mendi bire hortako toki askotan ondo makurtuta pasa-bierra izetendala, ez estropozau eta ez hartzeko kokotekobat adar horreikiñ. **T.** Entre el monte Pagoeta y el pueblo de Aia hay un bosque de hayas y sus ramas caen casi hasta el suelo, sucede que en muchos sitios del camino que discurre por el bosque hay que pasar bien agachado, no tropezar y evitar llevarse un buen coscorrón con las ramas.

ADARRA-JO. Palabra que se utiliza cuando una persona está bromeando, tomando el pelo a otra. **K.** Ez hartu serixo Almirok esaten haidana zeatik baleike ez izetie dana egixe eta baitxe dana gezurre izen, oitura haundixe dauko eta danakiñ berdiñ ibiltxenda, betik adarra-jo guran eta egunenbaten gertaukoda iñok eztutzela siñiztuko esatendauenai, ta orduen beste harena pasakojako, otzue datorrela esateauenai. **T.** No tomeís en serio lo que Almiro está diciendo, puede que no todo sea verdad y que también todo sea mentira, tiene mucha costumbre y con todos anda igual, siempre queriendo tomar el pelo y algún día ocurrirá que nadie va a creer nada de lo que diga y le va a pasar lo de aquel otro, el que anunciaba que venía el lobo.

ADARTZU. Bosque con mucho ramaje, frondoso. **K.** Ba goixen jarridouna adarra hitzan buruz, Pagoetatik ta Aia bitxarteko pagoteixen larreiko adartzu dauela eta hara fatendana kontu haundixekiñ ibilli-bierra daukela muturrekobat ez hartzeko eta bez urretunbat nunbaitxen itxeko. **T.** Es lo que hemos puesto más arriba sobre la palabra adarra, que en el hayedo que está entre el monte Pagoeta y el pueblo de Aia hay mucho ramaje y el que vaya allá tiene que andar con mucho cuidado para no darse un trompazo y tampoco hacerse rasguños en sitio alguno.

ADEI. Deferencia, cortesía. **K.** Bixer dau hitzaldibat, gañera eta esatendauen ez nahiko interesgarrixe, Antonianoko aretuen izengoda eta tratatzenda etxeko konsumon argindarren buruz, horreatik eta fategarenok, kasu hontan bentzet, alegiñdu-bierra daukou adei pixkatekiñ konportatzen etortzendan hizlariñ atenziñon. **T.** Mañana habrá una conferencia y según dicen que bastante interesante, saerá en un aula de los Antonianos y debe de tratar sobre temas de consumos de electricidad de las casas, por eso los que vayamos hemos de procurar comportarnos con un poco cortesía en atención al confereciante que va a venir.

ADELANTAUE. Es una palabra que se utiliza para definir a una persona que sobresale en algo, trabajo, deporte, escuela, etc... **K.** Entzunde dauket zure semie oso adelantaue omendala eskolan eta ustedot pozik eongozarela berakiñ, nik ondo esauketandoten bat izenleikien, sikera zertxobaitx bentzet, horren berdintzue. **T.** Tengo oído que tu hijo sobresale mucho en la escuela y supongo que estarás contento, uno al que conozco demasiado bien ya podría ser, aunque solo fuera un poco, parecido a él.

ADI. Estar atento, alerta, ojo avizor. **K.** Gauzabat esangotzuk eta serixo gañera, zu txoriburuen berdintzue zara eta alegiñdu inbierra daukotzu aldatzen zeatik eztaue gauza bape onik esaten zureatik ikastolan, aurrena ozarela adi eoten maixuek esanai, geixenbaten emutendauela lo bezela zarela eta hala jarraiketanbozu eztozula ezer aurreratuko. **T.** Te voy a decir una cosa y además muy en serio, tú eres parecido a un chorlito y tienes que esforzarte en cambiar porque en la ikastola no hablan muy bien de tí, lo primero que no estás atento a lo que dice el profesor, que la mayoría de las veces parece que estás cómo dormido y que si continúas así no vas a adelantar nada.

ADIBIDEZ. Por ejemplo. **K.** Bai, zuk esatendozun bezela oso ona izengoda eta horren zalantzaik eztauket baña beste zerbaitzuk be probau inbikozauke, adibidez beste hau bezela, neretzat askoz hobie da eta naiz da zertxobaitx karestixaue izen nik ustedot merezidauela hori erostie. **K.** Si, no tengo ninguda duda de que será muy bueno tal y cómo dices, pero también deberías de probar algún otro, como éste por ejemplo, para mí es mucho mejor y a pesar de que sea un poco más caro yo creo que merece la pena comprar ese.

ADIERA. Observar, prestar atención. **K.** Inguruen dabillen gizon horrekiñ enaz bape fixatzen, denpora askotxo doie beitzen han eta hemen, alde guztietan eta eztakitx zerbaitx billatzen haidan, ikusi ta beiketauzku baña ezta etortzen ezer galdetzera eta baezpare adiera haundixekiñ ibili zaiteze. **T.** No me fío nada de ese hombre que anda por aquí, lleva bastante tiempo mirando aquí y allá, en todas partes y no sé si estará buscando algo, nos vé y mira pero tampoco viene a preguntar nada y por si acaso prestar mucha atención a lo que hace.

ADIERANTZA. Es una palabra que explica el significado de las cosas. **K.** Batzui keja hundixek entzutejatie zarata asko dauenien festak izetendien garaian, eta eztau esan-bierrik geixenbat uda partien izetendiela, ba nik esangonutzien, ¿zuek badakitzue zeiñ dan festan adierantza?, ba aurrena jai eguna, gero alaitasuna eta bukatzeko gustora eoteko aukera, ba honetxeik berak gauzak die itxeitxuenak hor festa giruen haidien pertzonak, eta noski, ziur eztala bape errexa izengo lortzie bape zarataik atara-barik. **T.** A algunos se les oyen muchas quejas por los ruidos que se producen cuando es el tiempo de fiestas, y no hace falta decir que la mayoría suele ser en la parte del verano, pues yo les preguntaría, ¿ya sabéis el significado de fiesta?, pues primero que no se trabaja, segundo motivo de alegría y para terminar oportunidad de estar a gusto, pues éstas mismas cosas son las que hacen esas personas que están dentro del ambiente de la fiesta, y claro, seguro que no es nada fácil que eso se consiga sin hacer ruido alguno.

ADIERAZPENA. Declaración, notificación. **K.** Haziendatik etorrijat adierazpenbat esanaz gaizki iñde dauketela errentako deklaraziñue, eta hau nahiko errarue da zeatik nik betiko bezela ibilinaz, jestorixara eruenauen paper guztiek, horren buruz iñde dau eta eztot ezer gorde, gauza da ze eurok be, jestorixakuek, eztakixiela nun eonleiken errue eta esatendaue ze akaso erru hori Hazienda eurona izengodala. **T.** Me ha llegado una notificación de Hacienda diciendo que he hecho mal la declaración de la renta, y eso es bastante raro porque yo he obrado como siempre, llevé todos los papeles a la gestoría, en función de eso está hecha y no he escondido nada, la cosa es que ni ellos mismos, los de la gestoría, saben donde puede estar el error y dicen que quizá éste sea de la propia Hacienda.

ADIERAZI. Entender, comprender. **K.** Obra hontarako plano barrixek ekarridaue aldaketa batzuk iñ ondoren, eta oñ gauza da eztauela nundik heldu, aldebatetik ero bestetik beitu berdiñ da, aldrebes jarritxe be probaudot baña iñola eziñdot adierazi, eta estakitx baezpare enazen fango galdetzera aber kasualitatez beste nunbaitxekuek kuek eztien izengo. **T.** Me han traído los planos nuevos de la obra después de haber hecho las modificaciones, pero no se siquiera por dónde cogerlos, tanto les mire por un lado cómo por otro es lo mismo, he probado poniéndolo al revés pero tampoco los consigo entender de ninguna de las maneras, y no sé si por si acaso no iré a preguntar a ver si por casualidad pueden ser de algún otro sitio.

ADI-EZIÑE. Algo o alguien incomprensible, raro. **K.** Pertzona asko eongodie ero gara erraru xamarrak baña zu bezelako adi-eziñe eztot esautu eta ustedot eztotela sekula esautuko, nere ta beste askon ustez betik iruitujaku nahiko xelebrie zarela baña aspalditxuen larreitxo geitxu eta oñ siñistu eziñekue biurtuzara. **T.** Habrá muchas personas que sean o seamos un poco raros, pero tan raro como tú no he conocido ni creo que nunca conozca a ninguno, para mí y también para bastantes otros siempre nos has parecido que eras bastante original, pero últimamente has ido a mucho más y es increíble la manera de ser que tienes ahora, te has convertido en una persona de verdad incomprensible.

ADIMENA. Tener talento, inteligencia. **K.** Gizon asko izendie munduen adimen haundixekiñ eta momentu hontan konparaketabat iñezkero, zeiñ ustezue izengozala aurrena?, baleike izetie Einstein, akaso Edison ero zeatik ez Nerón, honeatik be esatezan oso adelantaue izenzala bere denporarako, ba auskalo. **T.** En el mundo ha habido muchos hombres con un gran talento y si en estos momentos se hiciera una comparación, ¿quién creís que sería el primero?, puede que Einstein, a lo mejor Edison y porqué no Nerón, de éste tambien se decía que fué una persona muy adelantada para su época, pues cualquiera sabe.

ADINDUE. Persona mayor, entrada en años, envejeciendo o envejecida. **K.** Ezgara enteratzen, ni bentzet, nola pasatzendien egunak, illak eta urtiek, zartzen haigara eta norberan etxuriaz be ixe ezgara konturatzen, nola egunero beitzegaren ispilluen pentzatzendou betik berdiñ garela eta eztaukoula aldaketa haundirik, ule batzuk sudurrien, belarrixetan eta apenas ezer geixau, baña zoritxarrez hori ezta hala. **T.** No nos enteramos, al menos yo, de cómo pasan los días, meses y los años, estamos envejeciendo y prácticamente ni nos damos cuenta del propio aspecto, nos miramos todos los días en el espejo, nos parece que estamos igual y que apenas se observan muchos cambios, algunos pelillos en la nariz, orejas y poco más, pero desgraciadamente eso no es así.

ADIÑA. Tanto cómo… **K.** Laurondako afaixe jokatukotzuk baietz nere lengosue izen zu bezteko adiñe igerixen, ba konforme baldinbazaz esangutzet eta gurozuenien inzeikie lehiaketa txikibat, baleike ona izetie Getaritik Zarautzera ero bestaldera gure izen-ezkero. **T.** Te juego una cena para los cuatro a que mi primo es tanto como tú nadando, pues si estás de acuerdo ya se lo diré y cuando queráis hacéis una pequeña competición, puede estar bien de Getaria a Zaratutz o en sentido contrario si se quiere.

ADISKIDE. Amigo. **K.** Jente askok daukie lagunek baña benetako adiskidek, zenbat?, oñ garen denpora hontan ezta oso errexa izeten asko eukitxeik eta baleike bierdan bezelakuek bi ero hiru besteik ez, akaso bat ero bebai gertauleike batez, eta zeatik gertaketzendan hau?, ba nere ustez norberana geixei beitzendoulako eta hori da aurrena. **T.** Mucha gente tiene amigos, pero amigos de verdad ¿cuántos?, en los tiempos que corren ahora no es muy sencillo el tener muchos y puede que de los que sean cómo tienen que ser no más que dos o tres, quizá uno o también puede pasar que ninguno, ¿y porqué sucede esto?, pues yo creo que miramos demasiado lo nuestro y eso es lo primero.

ADITU. Escuchar, comprender. **K.** Aspaldiko esaerabat da, asko aditu, asko ikasi. Eta honek naidau esatie ze adiera haundixe jartzenbozu berdiñ izugarrizko aukera eukikotzula asko ikesteko. **T.** Hay un viejo proverbio vasco que viene a decir que quien mucho escucha mucho aprende. Y esto quiere decir que es importante escuchar con mucha atención para tener la oportunidad de adquirir muchos conocimientos.

ADITUE. Persona apta, capacitada. **K.** Obra berri hontarako langilliek bierkoutxu baña ez erozeiñ, komenijku nahiko adituek izendeixela eta ez aurreneko obran bezela, gogoratukozara nola hartugauen mutil hareik eta zoritxarrez gertauzan nahiko exkaxak ziela, eta askenien nola bieldu-bierrak izengitxuen, ba horretxeatik oinguen eztou hankaik sartubier. **T.** Para ésta nueva obra necesitaremos trabajadores, pero no cualquiera, nos conviene que sean personas capacitadas y no cómo en la obra anterior, ya te acordarás de aquellos chicos que cogimos y mala suerte, resultaron bastante ineficaces y que al final los tuvimos que mandar, pues por eso mismo ahora no debemos de meter la pata.

ADITZA. Explicar las cosas, dar a entender. **K.** Lonardo hori hor dabill ixe bi ordu honetan barriketabaten eta egixe esanda eztot arrastuik be ulertzen, eta ustedot nere aldamenekuet nere bezela dazela, nere honduen dauena komestatzen haizan aditza onbat bierrien daula gizon hori, eta hala izen-ezkero danok enteraukogiñela zer dan esaten haidana, ero zer guredauen esatie. **T.** El Leonardo ese ahí lleva casi dos horas de charla y la verdad es que no me estoy enterando de nada, y creo que los que están a mi lado están igual que yo, el que tengo a mi lado está comentando que ese hombre lo que necesita es explicar mejor las cosas de forma que las podamos comprender, y así sepamos que es lo que está diciendo o que es lo que quiere decir.

Aspaldiko esaerabat: Aditzaile onari, hitz gutxi.

Un viejo proverbio vasco dice que a buen entendedor pocas palabras.

ADIXO. Significa adiós y ésta es una palabra que se utiliza para despedirse. **K.** Zuk daukotzun buru gutxi horrekiñ laister astutzezara gauza batzukiñ euki-bierreko errespetuaz, baña oinguen bentzet ta hemendik urten aurretik ez astu adixo ezatie hemen gelditzendien guztiei. **T.** Con la poca cabeza que tienes tú pronto te olvidas del respeto que se debe tener hacia ciertas cosas, pero al menos por una vez y antes de que salgas de aquí no te olvides de decir adiós a todos los que se quedan aquí.

ADORAZIÑUE. Sentir cariño, amor adoración. **K.** Hainbeste urtien familixa euk-ibarik eta askenien be lortu izendaue, fandan illien jaixozan ta aitxa berri horrek esatendau oso ondo dazela bixek, baña oñ gertatzenda ama horrek halako adoraziñue daukela bere umetxueikiñ ze iñori eztotzela izten hartzen, ez bere aitxai da ez sikera enfermerai. **T.** Han estado muchos años esperando a tener familia y al fín lo han podido conseguir, nació el mes pasado y el nuevo padre dice que las dos están muy bien, pero ahora ocurre que la madre siente tanta adoración por la criatura que no deja que la coja nadie, ni su padre, y ni siquiera las enfermeras.

ADORE, ADORIE. Tener coraje, decisión. **K.** Eskuetan daukoun asunto hau larreitxo biuritzen haida, egixe da eztakitxela zer inleiken konpontzeko eta danon hartien ondo pentzaubikou, aber zerbaitx urten eta zerreozer lortzendoun, aurrena bentzet derrigorrezkue da haldan adore guztie jartzie. **T.** El asunto éste que tenemos entre manos se está complicando demasiado, la verdad es que no sé que es lo que se puede hacer para solucionarlo y lo tendremos que pensar bien entre todos, a ver si se nos ocurre alguna cosa y podemos conseguir algo, de cuaquier forma lo primero que se necesita es ponerle mucho coraje.

ADOS. Igualdad, empate. **K.** Ze urduritazun, ixe ikusteik be eztot gure partidu honen bukaera, bost miñutu geratzendie eta momentu hontan Erreala eta Bartzelona ados bira haidie, ondion denpora pixkat badau eta eztakitx Errealan aldetik zerbaitx geixau itxeik dauen, baña nik ustedot hala bukatukodala. **T.** Que nervios, casi no quiero ni ver el final de éste partido, quedan cinco minutos y la Real y el Barcelona están empate a dos, todavía ya queda un poco de tiempo y no sé si por parte de la Real pueden hacer algo más, pero yo creo que finalizará así el partido.

ADOS. Acuerdo, conformidad, compromiso. **K.** Ondo kostata bañe askenien ados geratudie bi kirolari honein hartien, aposta da aber zeñek lenau moztu hamabi kana-erdiko emborrak eta berrogei buelta emun Azpeitiko zezen plazai. Bakotxak bost mille euro jarridaue jokuen. **T.** Ha costado mucho pero al final ya se han puesto de acuerdo los dos deportistas, la apuesta consiste a ver quién corta primero doce troncos de cincuenta y cuatro pulgadas y dar cuarenta vueltas a la plaza de toros de Azpeitia. Cada uno ha puesto cinco mil euros en juego.

ADURRA. Baba. **K.** Bautistan andriei entzundotzat esaten, eta ziur nau asunto hortan nahiko jakiñien eongodala, umiek adur asko botatzen hastendienien señalie omendala hagiñek urtetzen hasijakola, ba gizonak be esatendau aber hala dan eta eztan izeten larreiko babosue dalako. **T.** Le he oído decir a la mujer de Bautista, y estoy seguro de que de sabe bastante de éste asunto, que si la criatura empieza a echar mucha baba es señal de que le están saliendo los dientes, pues el marido también dice a ver si es así y no porque sea demasiado baboso.

ADURTI. Se dice de la criatura (o mayor) que es un poco babosa, que echa mucha baba. **K.** Gixajo horri nahiko adurti dala ikustejako, eta etxuraz gauza hori gertatzejako kontrola-eziñe daukelako bere babakiñ, eta horreatik bere zaintzalie betik dau gañien pañoluaz garbitzen botatzendauen adurra. **T.** A ese pobre hombre se le ve que es bastante baboso y parece tiene la cosa esa de que no puede controlar sus babas, y por eso su cuidadora siempre está encima limpiándole con un pañuelo las babas que va echando.

AFAIXE, AFARIXE. Cena. **K.** Melitonek komestatzendau eztakitxela zergaitxik bere etxien geruau eta beranduau afaltzendan, lenau afaltzen omenzan beratzi ta beratzi-terdi tartien, danok alkarreaz eta oñ berriz askotan hamarretan ondion hasi-barik, eta pentzatzen dauela berak lenau afaltzie. **T.** Melitón suele comentar que no sabe porqué en su casa cada vez se cena más tarde, dice que antes cenaban todos juntos entre las nueve y las nueve y media y ahora en cambio muchas veces a las diez que todavía no han empezado, y que está pensando en cenar él antes

AFAI-MEIXENDIE. Merienda-cena, comida que se toma entre la merienda y la cena y que substituye a ambas. **K.** Beno, beituzue ze ordu dan, merixendatzeko berandu ta afaltzeko goix xamar baña onazkero danok gose puntuekiñ, ba besteik eztau, taberna hortara fangogara, jarri eta zerbaitx eskatu jateko afai-meixenda bezela. **T.** Bueno, mirar la hora que es, tarde para merendar y un poco temprano para cenar pero ya todos con un punto de hambre, pues no hay otra, vamos a ir a la taberna esa, nos sentamos y pedimos algo para comer, así como una especie de merienda-cena.

AFALDU. Cenar. **K.** Badakitx ondion eztala ordue baña hobeto izengoda goix afaltzie garaiz erretiratzeko, bixer badakitzue artojorran inbierra daukoula eta goix jaikitxie komenida, berandu fan-ezkero berotzen hasitxe eongoda eta askoz hobeto izengou haldan axkarren bukatzie. **T.** Ya sé que todavía no es la hora pero será mejor que cenemos temprano para retirarnos pronto, ya sabéis que mañana tenemos que escardar el maíz y nos conviene levantarnos con tiempo, si vamos tarde habrá empezado a calentar y es mucho mejor que terminemos cuanto antes.

AFALDU. (Afaldudok), don, dot, dozu, dozue, kok, kon, kot, kozu, kozue.

AFALOSTIE, AFAL-OSTIE. La sobremesa después de la cena. **K.** Zeatik eztou kartaka jolasten afalostien?, naikue jente bagara maixen eta baleikegu iñ musien, dakok dakigu eta lau erregetara jokatkou, baña gauzabat, saltza pixkat eukideixen euro parebana jarrikoitxu. **T.** ¿Porqué no jugamos a cartas después de cenar?, estamos sufiente gente en la mesa y podemos jugar al mus, todos sabemos y jugaremos a cuatro reyes, pero una cosa, para que tenga un poco de interés pondremos un par de euros.

AFALORDUE, AFAL-ORDUE. La hora de cenar. **K.** Gaur beste batzuen etxera gonbitaute gara eta afalordue beratziretan jarridaue, eta gauzabat, eztakitx txantxan bezela izendan hala ez baña esandaue berandu fatendana akaso ezer-barik geratukodala. **T.** Hoy nos han invitado en otra casa y la hora de cenar la han puesto a las nueve, y una cosa, no sé si habrá sido en plan de broma o no, pero han dicho que el que vaya tarde quizá puede que se quede sin nada

AFALTZEN. Cenando. **K.** Guk, ixe betiko bezela, larreiko berandu etorrigara jatetxera ta gañera abixau-barik, ba ezkerrak oinguen bentzet mai txikibat geratzendala baztertxuen zeatik beste guztiek betiek daz, danok afaltzen, batzuk bukatzen eta guk ondion ez hasi ta ez sikera eskatu. **T.** Nosotros, como casi siempre, hemos venido demasiado tarde al restaurante y encima sin avisar, y gracias que ésta vez por lo menos hay una pequeña mesa vacía en un rincón porque todas las demás están llenas, todos cenando, algunos terminando y nosotros todavía sin empezar y ni siquiera pedir.

AFALTZERA. A cenar. **K.** Zueik eztakitx ze asmo daukotzuen baña nik oñartien nahiko txikito hartuitxut eta etxat geixau sartzen, gosetuta be banau eta nola onazkero nere zai eongodien etxera noie afaltzera. **T.** No sé que intención tendréis vosotros, pero yo hasta ahora ya he tomado suficientes chiquitos y no me entran más, tengo bastante hambre y como para ahora ya me estarán esperando me marcho a casa para cenar.

AFANA. Deseo, interés, afán. **K.** Gizon hori nahiko aguretxue da, betik izenda oso mendizalie ta ondion sekulako afana dauko mendira fateko, baña oñ gauzabat gertatzejako eta da ze, naiz eta bera asko asarretu, eztotziela izten bakarrik fateik eta eztala betik jenteik eoten berai laguntzeko bezela. **T.** El hombre ese es ya muy mayor, siempre ha sido muy montañero y todavía tiene un interés enorme por ir al monte, pero ahora le sucede una cosa y es que, a pesar de que se enfada mucho, no le dejan ir solo y no siempre hay gente para acompañarle.

AFIXA, AFIXIE. Nido. Pueden ser varias cosas, lugar que utilizan las aves para poner los huevos, tambián refugio o concentración de ratas, hormigas, etc... y fig. lugar de descanso como puede ser la cama, sofá o butaka. **K.** Ni oso aspaldi enazela ibili eta ez sikera eon toki horreitan baña ondo gogoratzenaz nola lenau, akaso baitxe oñ be, txepetxan afixa asko eotezien Elixpeien, goixen dazen egur tartietan. **T.** Hace muchísimo tiempo que yo no ando ni siquiera estar por esos lugares pero me acuerdo muy bien de como era antes, quizá también ahora, solía haber muchos nidos de gorriones en el pórtico de la Iglesia, entre la madera que hay en el techo.

Aspaldiko esaerabat: Erozeiñ txorixentzat bere afixa da ederrena.

Un viejo proverbio vasco dice que para cualquier pájaro su nido es el mejor.

AFIZIÑUE. Empeño, gusto, afición. **K.** Nik nahiko afiziño badauket baña gertatzenda egunak eztaukela nahiko ordu dan horreik itxeko, esan-baterako mendira fan ta etortzeko denpora dexente biozu, irakurtzeko beste hainbeste, bizikletan ibiltxeko berdiñ, zerbaitzuk itxeitxut baña halaere ezta allegatzen asko geixautarako. **T.** Yo tengo bastantes aficiones pero pasa es que el día no tiene suficientes horas para poder hacer todas, por ejemplo, para ir y volver del monte se necesita bastante tiempo, para leer otro tanto y para andar en bicicleta lo mismo, ya suelo practicar algunas de ellas pero aún así no llega para mucho más.

AFRONTUE. Son las ráfagas de viento, a veces tmbién con lluvia, que viniendo de frente, te azota el cuerpo y sobre todo en la cara. **K.** Arañun allegaunitzenien goiko kanpiñera sekulako euri-zaparrara haixe afrontuaz hasizan, zabaldunauen guardasola baña segitxuen honen goiko txapela egaxien urten eta hala ezer-barik jetxinitzen etxeraño, noski mela mela iñde. **T.** Anteayer cuando llegué al camping de arriba empezó un chaparrón impresionante con unas fuertes ráfagas de viento, abrí el paraguas pero enseguida la parte de arriba salió volando y así sin nada bajé hasta casa, claro que completamente empapado.

AFUSILAU. Fusilar. Ejecutar a una persona con disparos de fusil. **K.** Zenbat jente afusilau ta gero akabauzitxuen gerra denporan, eta geixenak bape kulpa-barik izengozien, aldebaten ero bestien eotiatik bakarrik eta gañera askok, akaso geixenak, ez norberan borondatiatik, eta beste askok baitxe iñun eonbakuek be. **T.** A cuánta gente habrán matado después de fusilarlas en tiempos de la guerra, y la mayoría de ellos serían sin tener culpa alguna, por el simple hecho de estar en un lado u otro y además muchos, quizá la mayoría, en contra de su voluntad, y otros muchos también sin estar en ninguno de los lados.

AGARRAUAN. Esto era, al menos en quellos tiempos, cuando la música que sonaba en las plazas o discotecas era lo suficientemente lenta cómo para bailar, o por lo menos intentar, al agarrado con una chica. **K.** Ze gauza haundixe izetezan lortzie, hainbat kalabaza hartu ondoren, dantzan itxie agarrauen neskabatekiñ eta hal izen-ezkero pega pega iñde, zoritxarrez hori oso gutxitan, hobeto esanda ixe iñoiz, gertatzezan baña halaere alegiñtzegiñen. **T.** Que cosa más grande era el conseguir, después de recibir tantas calabazas, bailar con una chica al agarrau y si era lo más pegado posible muchísimo mejor, lo que pasaba era que eso sucedía poquísimas veces, mejor dicho casi ninguna, aunque a pesar de eso seguíamos intentándolo.

AGERI, AGIRI. Aparecer, estar a la vista. También se refiere a documentos, actas, etc... **K.** Serapio, naiz da berandu askenien agirida eta auskalo nundik nora ibilikotezan, ba alperrik da galdetzie zeatik oñartien eta alde iñdauen bakoitxien eztau sekula erantzun, oinguen be berdiñ izengozan eta ezauen ezertxoik esango. **T.** Serapio, aunque tarde ya ha aparecido y cualquiera sabe por dónde habrá andado, pues es inútil el preguntarle porque hasta ahora cada vez que se ha ausentado nunca ha solido responder, ahora también sería lo mismo y tampoco nos lo diría.

AGERKETA, AGERTU. Acción de aparecer, dejarse ver. **K.** Iñok ezauen espero gaur etorrikozenik Ruperto, guk ustegauen, berak esanda, bixer asaldukozala eta oñ horren agerketa uste-bakue izenda baña eztauko ezer inportantzik, nola ezer ezgakixen guk aspalditxotik afaldute gara baña halaere eztau arduratu-bierrik zeatik ontxe segitxuen prestaukot zerreozer afaldudeixen. **T.** Nadie esperaba que Ruperto apareciese hoy, nosotros pensábamos, así lo dijo, que vendría mañana y su aparición ha sido una sorpresa pero no importa nada en absoluto, como no sabíamos nada hace ya bastante tiempo que hemos cenado pero aún así no hay que preocuparse porque enseguida preparé algo para que pueda cenar.

AGIAN. Acaso, tal vez, aparentemente. **K.** Agian dauket ondion halekeiten fan ero ez bazkai hortara, gurekonauke baña momentuz bentzet eziñdotzuet baietzik emun, oso lanpetuta nabill eta ondion inbiderreko gauza asko dauket, aber gero arratzalde aldera badauketen konfirmatzie. **T.** Ya me gustaría pero todavía no os puedo confirmar si voy o no a esa comida, tal vez sí pero ando demasiado atareado y todavía tengo cosas para hacer, a ver si hacia la media tarde os puedo decir alguna cosa.

AGINDU. Mandar, ordenar, imponer. **K.** Ni ontxe etorri-barri nau eta ezer eztakitx, bakarrik entzutendana, gure nagusixe pertzona ona baña asarre axkarra daukela eta baezpare hobeto dala haldan da abixera gustekiñ itxie bere aginduek, nik, noski da eztotela sekula ikusi baña etxura guztie dauko eztala gauza bape ona izengo asarre ikustie. **T.** Yo estoy recién llegado y no sé nada, solo lo que se oye, que nuestro jefe es una buena persona pero que se enfada con mucha facilidad y por si acaso es mejor cumplir cuanto antes sus órdenes, yo, claro está que no le he visto nunca pero tiene toda la pinta de que tiene que ser algo serio el verle enfadado.

AGINKA. Morder, mordiendo. **K.** Ze oitura txar hartudauen ume horrek betik aginka ibiltxeko, lenau agiñik ezaukenien hola giligili bezela igertzezan, baña oñ agiñ haundi horrekiñ eta nola asko estutzie gustatzejakon, ba miñ dexente itxendau eta besuen marka galanta itxi bebai. **T.** Que costumbre más mala ha cogido el crío ese de andar siempre mordiendo, antes cuando todavía no tenía dientes notabas algo así como cosquillas, pero ahora con esos dientes grandes y como le gusta apretar mucho, pues hace bastante daño y deja una buena marca en el brazo.

AGINTARI. La autoridad, la persona que tiene la potestad del mando. **K.** Nik eztakitx zeiñ izenleiken herri hontako agintaría, eztau munizipalik eta ez beste holakoik, alkatie betik dau taberna-zuluen sartuta erdi moxkortuta eta ezkerrak herri txikitxue dala, jente guztie ondo eruen eta eztala sekula ezer gertatzen, zeatik beztela auskalo nola konpondukozien. **T.** Yo no sé quién puede ser la autoridad en este pueblo, no hay minicipales ni cosa parecida, el alcalde siempre está metido en el bar medio borracho y gracias a que es un pueblo muy pequeño, toda la gente se lleva bien y que nunca sucede nada, porque sino cualquiera sabe de qué forma se arreglarían.

AGINTZA. Promesa, compromiso. **K.** Obra hontako arduradunak atzo esaten ibilizan langille berri honei, zeiñeik dien euron agintzak, lana ondo itxeko, garbitxazunaz, haldan guztie baña itxo-barik, eta askena, konportau bierdan bezela lan-lagunekiñ. **T.** El encargado de esta obra ayer les estuvo diciendo a los nuevos trabajadores el compromiso que tienen, que trabajen bien, con limpieza y todo lo posible, aunque sin ahogarse, y por último, comportarse en la forma debida con sus compañeros.

AGIÑEK. Los dientes, la dentadura. **K.** Eztitxut bieleku haundirik eukl agiñekiñ baña halaere urtiek eztauc porkotzen, naiz da ondo, nere ustez, zaiñdu betik eta hiru bider garbitxu egunero, hasijat agiñ parebat hondatzen pixkat eta aurrerau fan aurretik ustedot dentistana fan-bierra eukikotela. **T.** No he tenido nunca grandes problemas con la dentadura pero aún así los años no perdonan y a pesar de que siempre, a mi entender, la he cuidado bien limpiándola tres veces al día, un par de muelas ya han empezado a estropearse y antes de que vayan a más creo que tendré que pasar por el dentista.

AGIÑEKOMIÑE, AGIÑEKO-MIÑE. Dolor de muelas, dientes. **K.** Ze gauza xelebre zien aspaldiko kontu hareik, gogoratzenaz ze gauzak esatezien agiñekomiñe kentzeko, bat eta famauena zan ona omenzala patxarra eratie eta hiru ero lau kopakiñ nahikue izengozala, baleike hala izetie baña eztakitx zer gertaukozan lenau, miñe kendu ero moxkortu. **T.** Qué cosas más raras eran algunas cosas de entonces, recuerdo que se decía que para quitar el dolor de muelas era muy bueno el beber coñac u otra cosa similar y que con tres o cuatro copas era suficiente, lo que no sé que sucedería más rápido, que desaparezca el dolor o el emborracharse.

AGIRIAN. Expresamente, manifiestamente. **K.** Badakitzue zer dauen, agirian arduradunak garbi esandau ez itxeko beste ezer berak esandakue baño, etxuraz zalantza haundixe omendauko bestaldeko ordaiñdu kontuekiñ eta bezpare eztau gure, momentuz bentzet, gauza askoik itxeik. **T.** Ya sabeís lo que hay, el encargado ha dicho expresamente para que quede claro que no hagamos nada más de lo que él nos ha dicho, parece que tiene muchas dudas sobre los pagos de la otra parte y por si acaso no quiere, al menos de momento, hacer muchas más cosas.

AGIRIDA, AGERIDA. Ha aparecido, salido al descubierto. **K.** Fandan astien galdunauen, ero akaso lapurtu, kartera, ezauken diru askoik baña kolako kasutan txarrena izetenda zenbat lan hartu-bierrak txartel guztik berrizteko. Eta ze kasualitate, ikusi nundik gaur munizipalak deitxu esanaz kartera asaldudala eta barruen badaukela txartel batzuk, baña noski, diruik ezertxo ez. **T.** La semana pasada perdí, o quizá me robaron, la cartera, no tenía mucho dinero pero lo peor en estos casos es el trabajo que hay que tomar para hacer de nuevo las tarjetas. Y que casualidad, mira por donde que me llaman hoy los municipales diciendo que ha aparecido la cartera y que dentro tiene unas tarjetas, pero claro, de dinero nada de nada.

AGIRIXEN. Que todo está a la vista, que se puede observar. **K.** Baleike supermerkatu haundi honeik eta beste holako antzerakuek izurratzie denda txikiñei, baña halaere gauza txar honein barruen gauza onbat bentzet badaukie, jenero guztie agirixen eotendala, nahiko errexa dala billatzie eta eztala eskatzen ibili inbierreik, hala bentzet eta fanezkero, zalantzaik eztau askoz axkarrau itxendiela errekauek. **T.** Puede que los supermercados grandes y otros similares perjudiquen a las tiendas pequeñas, pero dentro de lo malo que es esta situación al menos una cosa buena ya tienen, que todo el género está a la vista, es muy fácil de encontrarlo y no hay que andar pidiendo, así al menos y si es que se va, no hay duda de que los recados se hacen mucho antes.

AGIRIXEK. Documentos, justificantes, comprobantes. **K.** Erozeiñ erosketa itxendanien ona izetenda konprobatzie ondo dauen agirixe, eta balixo dexentekue baldinbada baezpare baitxe jasotzie be zeatik beleike zerbaitx bueltau-bierra egotie, ezta aurreneko aldiz gertaudana zerrozer bueltau nai eta agiri hori falta izen. **T.** Cuando se hace cualquier compra suele ser bueno mirar si está bien el comprobante que recibes, y si valor de la compra es bastante elevado también recogerla por si acaso haya que devolver algo, no sería la primera vez que quieras llevar de vuelta alguna cosa y te falte el tiket de la compra.

AGO. Estar, permanecer. **K.** Nun ago?, bajakixat inguro honetan habillala baña denpora dexentie eruetejuat hire billa eta eztuztat iñun ikusten, etxakixat nundik nora ibilikoazen eta derrigorrez hirekiñ eon-bierra jaukat haldan axkarren, esairek mezerez ze tokitan hauan eta neu fangonauk harutza. **T.** ¿Dónde estás?, ya sé que te encuentras por los alrededores pero llevo un montón de tiempo buscándote y no te veo por ningún lado, no sé por dónde puedes andar y a la fuerza tengo que estar contigo cuanto antes, dime por favor el sitio y yo iré para allá.

AGOBERUE, AGO-BERUE. Palabra que se utiliza para referirse a la persona mal hablada, propensa a maldecir. **K.** Errrazoi guztiekiñ amak iñdotzu errietan, berba itxendozunien eta erozeiñ gauzatik asarre baldinbazaz euki-bierreko errespeto guztiek galtzeitxozu, eta gero sekulako astokeixak esaten hastezara, jakiñien eongozara ze batzuetan sigeroko agoberue zarela, ez?, ba derrigorrez aldatzen hasi-bierra daukotzu. **T.** Con toda la razón te ha reñido la madre, cuando hablas y estás enfadado por cualquier motivo pierdes todo el respeto que hay que tener, y luego empiezas a decir auténticas burradas, supongo que sabrás que algunas veces eres un mal hablado, ¿no?, pues necesariamente vas a tener que empezar a cambiar.

AGOFIÑE, AGO-FIÑE. Morrofino. Se dice de la persona que es muy escrupulosa a la hora de comer o beber. **K.** Zuk badakitzu xelebre xamarra zarela?, ikustendozu ze gustora jaten haigaren danok txarranka honeik eta hori da, noski, oso gozuek dazelako eta zuk ondion eztozu ezer hartu ta platera utzik daukotzu, jakiñleike zeatik eztitxozun jateik nai, ezta izengo ba horreitako agofiñe bezelakue zarela, eh? **T.** Tú si que eres bastante raro, estás viendo que los demás estamos comiendo a gusto las patas de cerdo y eso es, claro está, porque están riquísimas y tú aún no has cogido nada y el plato lo tienes vacío, ¿se puede saber porqué no quieres comerlas, no será que eres un morrofino de esos, eh?

AGOKO-SOÑUE, AGOSOÑUE Armónica. **K.** Norberto, Xixilin kuñaua, oso ona izenzan agosoñue joten, Fulgentzion soltero despesdidan, Tolosan, bera eta Polonio eonzien gau guztien agoko-soñue joten eta oso giro onien eongiñen afalostien, eta nola ez, baitxe gero ondoren hortik zier ibiligiñenien be. **T.** Norberto, el cuñado de Xixili era muy bueno con la armónica y en la despedida de soltero de Fulgencio, en Tolosa, estuvo tocando toda la noche junto con Polonio, fué una sobremesa muy amenizada y cómo no, también después cuando anduvimos por ahí.

AGONIXA. Agonía. Es la situación previa al fallecimiento. **K.** Bai, nik be jakiñdot zure aitxajuna agonixan dauela, hala izetendie gauzak eta pentzatzen hasi-ezkero konturatugiñen bera eztala bape gaiki bizi izen, ixe ehun urte dauko, sekula eztau euki geixo haundirik eta denpora gutxi hartien kalien ibiltxezan, eta ondo tente gañera. **T.** Sí, yo también ya me he enterado que tu abuelo está en agonía, así son las cosas y si empezamos a pensar nos daríamos cuenta de que él no ha vivido nada mal, tiene casi cien años, nunca ha tenido una enfermedad grave y hasta hace poco tiempo andaba en la calle, y además bien derecho.

AGOPETIK, AGOPEKUE. Hablar en susurros, al oído, secretamente, confidencialmente. **T.** Honeik bixok eztakitx zer dabitzen hainbeste denporan belarrira berba itxen, eta zergaitxik eztaue gureko bestiek entzuteik esaten haidiena?, ba nik ustedot, uste ez, ziur nau ago-peko gauzanbat badaukiela. **T.** No sé qué andan esos dos tanto tiempo hablando al oido, ¿por qué no querrán que los demás nos enteremos de lo que están diciendo?, pues yo creo, creo no, estoy seguro de que deben de andar con algún secreto.

AGORRA. Arido, estéril, muy seco, improductivo. **K.** Nola izetendien gauzak, batzuetan eziñ urten lokatza hartetik eta bestetan, oñ bezela, eztauela bape euririk iñ askenego bi illebete hontan, ortuko lurra sigero agorrra geratuda eta derrigorrez ixe egunero erregau inbierra dau. **T.** Cómo son las cosas, algunas veces no se puede salir de entre el barro y otras, al igual que ahora, que no ha llovido nada en los dos últimos meses, la tierra de la huerta se ha quedado demasiado árida y a la fuerza hay que regarla casi todos los días.

AGORRILA. El mes de septiembre. **K.** Neretzat il onena oporretan fateko agorrila da, askoz giro hobie bero gutxiaukiñ, baitxe jente gutxiau be, lasaiau ibiltxeko aukera geixau eta gauzan balixuek nahiko merkiau, asken-fiñien eta nere ustez danerako hobeto. **T.** Para mí septiembre es el mejor mes para ir de vacaciones, mucho mejor tiempo con menos calor, también menos gente, oportunidad para andar más tranquilos y los precios de las cosas bastante más asequibles, en definitiva yo creo que mejor para todo.

AGORTU. Secar, quitar la humedad. **K.** Gaur be euri-zaparrarak arrapaudust guardasola etxien lagata, gañera eta beste askotan gertatzendan bezela, nun sartuik ez inguruen, ba pentzauzeiketzue nola allegaunazen etxera, bustixe ez bakarrik baizik sigero blai iñde, aurrena ura botatzen haizan erropa kendu, dutxara zuzenien eta gero agortzen jarri erropa guztie estufa honduen. **T.** Hoy también me ha pillado el chaparrón con el paraguas en casa, además y como otras muchas veces ocurre, ningún sitio cercano donde poder guarecerse, pues ya podéis pensar cómo he llegado a casa, no solo mojado sino que completamente empapado, lo primero quitar la ropa que estaba chorreando, darme una buena ducha y luego poner a secar toda la ropa cerca de la estufa.

AGO-TXIKIÑAZ. Una aceptación a regañadientes. **K.** Egixe da enauela gure fateik toki hortara, askotan eonda gara eta gañera ezta sekula izen nere gustokue, baña pentza izendot ze ezetza esatenbanauen baleikela asarretzie eta ago-txikiñaz baietz esautzet, eta aber oinguekiñ beingoz aspertzendan eta eztaukoun geixau fan-bierrik. **T.** La verdad es que no quería ir a ese sitio, hemos estado muchas veces y además nunca ha sido de mi gusto, pero he pensado que si decía que no se podría enfadar y a regañadientes le he dicho que sí, pues a ver si con ésta y de una vez por todas se aburre y no tenemos que volver más veces.

AGO-ZABALA. Se dice de la persona que es un bocazas, que dice cosas que no ha de cumplir. **K.** Gervasioi eziozue siñistu esatendauen erdixek eta akaso erdixe be larreitxo izengoda, ezta mutill txarra baña betik izenda nahiko ago-zabala eta nik dakitxenik sekula eztau ezer iñ esandakuaz. **T.** A Gervasio no le creáis ni la mitad de lo que dice y a lo mejor la mitad también es demasiado, no es que sea mal chico pero siempre ha sido un poco bocazas y que yo sepa nunca ha cumplido con nada de lo que ha dicho.

AGO-ZABALKA. Bostezando. **K.** Erueizue haldan axkarren umetxo horri ugera zeatik etxura guztie dauko loguriaz erreta dauela, aspaldixuen ta gelditxu-barik ago-zabalka haida eta ezpozue erueten laister hor bertan, oñ dauen tokixen lo hartukodau. **T.** Llevar cuanto antes a esa criatura a la cama porque tiene toda la pinta de tener demasiado sueño, desde hace ya mucho tiempo que está bostezando sin parar y como no le llevéis rápidamente se va a dormir ahí mismo en el sitio que está.

AGOZ-GORA. Es la persona que está tumbada o acostada boca arriba. **K.** Toribiok sarri komestatzendau zenbat erríeta aitu-bierrak izeteitxuen andrien aldetik, ixe egunero eta etxuraz hori danoi da askotan lo hartzendauelako agoz-gora dauenien, esateutzola hala zurrunkan askoz errexau itxendala eta berak eztauko beste erremeixoik ixilik eoteik baño, baña Toribiok baitxe esatendau ze berai, andriei, hala jarri-ibarik ederto itxeitxula zurrunka horreik. **T.** Toribio suele comentar muchas veces que en cuantas ocasiones tiene que escuchar las riñas de su mujer, casi a diario, y todo debe de ser porque se duerme cuando está boca arriba, le dice que en esa postura es mucho más fácil el roncar y él no tiene más remedio que callarse, pero Toribio también dice que a ella, a la mujer, le salen muy bien los ronquidos sin estar en esa postura.

AGUANTAU. Sujetar, aguantar, tolerar, sufrir algo molesto. **K.** Eztakitx noixbaitxen konpondukogaren, baña momentzuz bentzet eta txarrikeri haundi ha iñauen azkerostik eziñdot ikusi be iñ ta askoz gutxiau aguantau, eta kasualitatez ni eonleiketen nunbaitxen agertenbada axkar alde ingonauke. **T.** No sé si algún día nos arreglaremos, pero de momento al menos y sobre todo desde que hizo aquella gran cerdada no le puedo ni ver y mucho menos aguantar, y si por casualidad aparece en algún sitio donde pueda estar yo rápidamente me marcharía.

AGUANTIE. Resistencia, aguante, saber soportar situaciones difíciles. **K.** Horreik daukie aguantie, gaurko egune benetan txarra izenda, hotza, belen eurixe tope, golxen edurra eta halaere geixenak bukatudaue Zogama ta Aizkorriko mendi maratoie, batzui xixko ta hotzaz dardaraka ikustejaten baña beste askoi nahiko lasai eozen etxura haukien, hori bai, halaere batak eta bestiek sigero isostuta. **T.** Vaya resistencia que tienen esos, el tiempo de hoy ha sido horrible, frío, abajo lluvia a tope, arriba nevando y aún así la mayoría ha terminado la maratón de montaña Zegama Aizkorri, a algunos se les veía hechos cisco y temblando de frío, pero otros muchos tenían pinta de estar bastante tranquilos, pero eso sí, aún así todos completamente helados.

AGUE. La boca. **K.** Zuk oitura oso txarra daukotzu, jakiñien zara oso edukaziño txarrekue dala berba itxie ague betie daukotzunien, baña zuk halaere jatordu denporan geixenien hori bera itxendozu, eta eztakitx zeatik dan hori, egunenbaten itxo inbiozu kontrakoestarritxik sartuta jaten haizarena. **T.** Tú tienes una costumbre muy mala, sabes perfectamente que es de mala educación hablar con la boca llena, pero aún así eso es lo que tú haces la mayoría de las veces cuando estamos comiendo, y no se porqué es eso, algún día te vas a ahogar porque te va a ir por el lado que no debe lo que tienes en la boca.

AGUR. Es la palabra que utilizamos cuando hay que despedirse. **K.** Inguru hontan agur bakarrik esatenda alde itxerakuen baña entzunde dauket beste toki batzuetan berdiñ esatendala alkartzendanien. Esauketandot abestibat hori konfirmatzendauena eta esatendau: Agur Zuberoa, bazter guztietako txokorik ederrena… **T.** Por estos alrededores agur solo se dice para despedirse, pero tengo oído que en otros sitios también se dice lo mismo cuando se encuentran. Conozco una canción vasca que confirma eso y dice, traducida: Saludos Zuberoa, de todos los rincones el mejor…

AGURBENUR. El agurbenur éste puede ser otra manera de despedirse que tanto podría ser de un modo gracioso y también como algo despectivo. **K.** Ba nik ia esautzut esan-bierrekuek, eztauket geixau eta oñ zu konpondu zeatik oñartien nahiko gezur entzun-bierrak eukitxut, naskatunaz eta hemendik aurrera zu zuriaz eta ni neriaz, orduen sekularte eta agurbenur. **T.** Pues yo ya te he dicho lo que tenía que decir, no tengo más y ahora tú te las arreglas porque hasta ahora he tenido que escuchar muchas mentiras, ya me he asqueado y a partir de este momento tú con lo tuyo y yo con lo mío, así que hasta nunca y agurbenur.

AGURETU. Hacerse viejo, perder el ánimo, decaer. **K.** Denpora gutxi hartien holako ondo ibilida baña oñ eztakitx berriz lengo zerbaitx gertaujakon ero tartenkonbat geixo jarridan, denpora gutxixen asko aguretuda eta ikustejako begi larrixekiñ, bebai buru-makur dabillela eta animo exkaxakiñ. **T.** Hasta hace poco estaba muy bien, pero ahora no sé si algo de lo tenía antes le ha vuelto o alguien de su entorno habrá contraído alguna enfermedad, en poco tiempo ha envejecido mucho y está con los ojos tristes, se le ve que anda con la cabeza gacha y también con muy poco ánimo.

AGURETXUE, AGURIE. Se dice de la persona muy mayor, anciana. **K.** Garai baten pertzonak aguretxuek itxezienien etxezuluen sartuta eotezien ero beztela etxe azpiko espaloien aulkitxuen jarritxe jentie pasatzen ikusiaz, eta oñ ikusi-bierra dau nola aldatudien gauzak, kalien ikusteitxozu sigero etxura onakiñ eta gañera askok fraka motxaz jantzitxe, txankame horreik erakusten. **T.** En aquellos tiempos las personas cuando llegaban a la ancianidad solían estar metidas en casa o sino en la acera de abajo sentadas en una banqueta viendo pasar a la gente, y ahora hay que ver como han cambiado las cosas, se les ve que andan en la calle con un aspecto excelente y además muchos vestidos con pantalón corto enseñando las pantorrillas.

Aspaldiko esaerabat: Aguretxo poxpolin, bost bizar eta bost agiñ.

Un antiguo proverbio vasco viene a decir que a un viejecito le quedan cinco pelos en la barba y cinco dientes.

AGURO. De prisa, rápido, ligero. **K.** Hemen paper hontan jarritxe daukotzu inbiozun errekau guztiek eta fanzaitxez betiko dendara erosketak itxeko, ni soziedadien eongonaz maixe jartzen ta mezerez aguro etorrizaitxez zeatik bazkaixe prestatzen hasi-bierra daukou. **T.** Aquí en este papel tienes apuntado todos recados que tienes que hacer y vete a comprarlos a la tienda de siempre, yo estaré en la sociedad poniendo la mesa y por favor ven lo más rápido posible porque tenemos que empezar a preparar la comida.

AGURRA. Saludo se bienvenida o despedida. **K.** Doroteo gixajue atzo hilzan eta gaur kalien jarritxue, periodikon be ekartzendau, haren eskelak, bertan jartzendauen bezela eztutzie Elixan funeralik ingo eta askenengo agurra malekoien itxeko asmue daukie. **T.** Ayer se murió el pobre Doroteo y hoy han puesto en la calle, también trae en el periódico, sus esquelas, según pone en la misma parece que no le van a hacer el funeral en la Iglesia y deben de tener la idea de hacer una despedida en el malecón.

AGURTU. Despedirse, decir adiós, saludar. **K.** Zenbat jente etorrigaren hitzaldi hontara, ba bukatzendanien ezingot agurtu hemen dazen askoi, bakarrik nerekiñ etorridienai eta gure aldamenien dazen beste-batzui, prixa pixkatekiñ nabill eta derrigorrez axkar alde inbierra dauket. **T.** Cuanta gente hemos venido a esta conferencia, pues cuando termine no podré despedirme de muchos de ellos, solo de los que han venido conmigo y de algunos otros que están están a nuestro lado, ando con un poco de prisa y necesariamete tengo que salir cuanto antes.

AH! Exclamación de admiración, de sorpresa.

AHALDU. Empeñarse, afanarse. **K.** Inbierra daukon lan hau eztot uste larreiko zalla izengodanik baña gauzabat gertatzenda, ta da oñartien sekula inbakue dala, halaere nik ustedot danon hartien asmaukoula nola iñ eta hasieratik ahaldu, baitxe lortu be . **T.** Este trabajo que tenemos que hacer no creo que sea muy difícil, pero pasa una cosa, y es que hasta ahora no lo hemos hecho nunca, pero yo creo que entre todos ya idearemos de que manera hacerlo y si desde el principio ponemos empeño, estoy seguro de que lo conseguiremos.

AHATE, AHATIE. Pato, ganso. **K.** Nik eztakitx eta sekula eztot jakiñ, nundik etortzendien eta hainbeste ahate asaldu inguru hontako erreketan. Zarauzkuen siñistu eziñekuek daz ta gañera jentie umiek fatenda ogixe jaten emutera, eta momentu hori beitzen eoteko bezelakue izetenda zeatik dozenaka alkartzendie. **T.** Yo no sé ni lo he sabido nunca, de donde vienen y aparecen tantos patos en los ríos de los alrededores de aquí. Es increíble la cantidad que hay en el de Zarautz y además la gente suele ir con los críos a echarles pan para comer, y ese momento es como para estar mirando porque se reúnen por docenas.

AHATIK. Por eso. **K.** Eztot uste asunto honi buelta geixau emunbierrik daunenik, ustedot garbi geratuzala atzo nik esandako ahatik gertauzala istripu hori, kasualitatie izengozan hori han eotie, baña zoritxarrez hala izenzan eta oñ eztau besteik. **T.** No creo que haya que darle más vueltas a este asunto, yo pienso que ayer quedó bien claro que para mí el accidente fué por aquello que te dije, será casualidad que ese hubiese estado allá y ha sido muy mala suerte, pero así ha sido y ya no hay otra.

AHATIXEK, AHATIXEIK. Por eso mismo. **K.** Nere amak oitura haundixe hauken ahatixek esateko, eta esan-baterako erozeiñ seme-alaba jardunien ta geltitxu-barik galdezka ibili esanaz aber zeatik hala dan hori ero bestioi, erantzuna betik izetezan, ba ahatixeik. Akaso garai hartan hitz honek ezauen hatxeik eukiko. **T.** Mi madre tenía mucha costumbre de decir por eso mismo, por ejemplo y si algún hijo o hija estaba dando la pelmada o preguntando el porqué sobre alguna u otra cosa, la respuesta siempre era la misma, pues por eso mismo.

AHISPA, AHISTA. Se llama así a la hermana de mujer. **K.** Serapion arrebak, Anselma, bost ahispa dauko, Sagrario, Graziela, Adela, Bixenta eta Rosarito, eta honeik gutxi bazien, gañetik beste bi anai bebai, esandako Txomiñ eta Silverio, bestebat be eonzan, Krisostomo, baña gixajue jaixo-berri hilzan. **T.** La hermana de Serapio, Anselma, tiene cinco hermanas, Sagrario, Graciela. Adela, Vicenta y Rosarito y si ésto fuera poco encima tambien dos hermanos, el citado Serapio y Silverio, también hubo uno más, Crisóstomo, pero el pobre murió nada más nacer.

AHULA. Persona presuntuosa, también mortecina, débil y algo sosa. **K.** Ikusi inbierra dau ze etxura dauken gure frentien bizidan neska gaztebatek, oso tente ibiltxenda, esatendauen ez baitxe larreiko pinta iñde be, iñoi eztutzo kasuik itxen eta ez agurtzen, eta apostaukonauke buruen sartuta daukela zertxobaitx dala baña neri iruitzejat ahula haundibat besteik eztala. **T.** Hay que ver que pintas tiene una chica joven que vive enfrente nuestro, siempre se le ve que va muy estirada, según dicen que también demasiado maquillada y no hace caso ni saluda a nadie, y apostaría que tiene metido en la cabeza que es una persona bastante importante, pero a mí me parece que no es más que una presuntuosa muy grande.

AHULDU. Quedarse sin fuerzas, agotarse y también adelgazar. **K.** Gaur nola eguakotxa dan asmue zan lentxuau urtetzie, lana amaitu besteik ez, baña askenien dana endrerauda, makiñak uran tuberixa puskatu, han eukidou eonbierra konpondu hartien eta ixe hamarretan bukatudou, gañera konponketa hori ondo kostatakue izenda eta danok nahiko ahulduta geratugara. **T.** Como hoy es viernes teníamos intención de salir un poco antes, nada más acabar el trabajo pero al final todo se ha ido al traste, la máquina ha roto una tubería de agua y allá hemos tenido que estar hasta arreglarla, además nos ha costado bastante y terminado casi a las diez, ha habido que trabajar duro y hemos quedado agotados.

AHUNTZA. Cabra. **K.** Ahuntz honeik derrigorrez tokiz aldatu-bierra daukie, hemengo bedarrak eta sazixek ixe bukatuitxue eta hara bestaldera komenida eruetie, han badaukie nun jan dozenerdi egunetarako gutxienetik. **T.** A estas cabras tendremos que cambiarles de sitio, aquí casi han terminado con la hierba y el matorral y conviene llevarlas a la otra parte, allá ya tienen donde comer por lo menos para media docena de días.

AHUNTZ-TALDIE. Rebaño de cabras. **K.** Derrigorrez toki haundixek bierkoitxozu hauntz-talde guzti honei jaten emuteko, zuk esanduztazu gutxigorabera badakitzula zenbat daukotzun baña ni ziur nau zeatik kontatzen ibillinaz eta danera larogetamabi die, eta gauzabat, ezaldie larreitxo zuretako? **T.** Necesariamente te hará falta buenos y grandes sitios para dar de comer a todo este rebaño de cabras, me has dicho que más o menos ya sabes las que hay pero yo estoy seguro porque las he estado contado y tienes noventa y dos, y una cosa, ¿no son demasiadas para tí?

AI!, AIAMA! Exclamación de susto.

AI!, AIENA! Exclamación cuando se siente dolor, daño.

AIBADIOS! Exclamación de sorpresa.

AIBA! Acción de dar algo. **K.** Aiba hau. **K.** Toma ésto.

AIENE! Exclamación de cuando algo se te ha olvidado. También por cansancio o debilidad.

AIDA. Aida. Palabra que se utiliza para arrear y que avance el ganado. **K.** Demetriok baserrixe dauko eta ha da bere bizimodue, ortue, zelaixek, animali dexente eta euron hartien dozenabat bei, dan honeik manejatzeko andrie eta bixok die baña ze gauza, bost urteko seme txikibat daukie eta bera izetenda beixet erueteitxunak bedarra jaten zelaira, makilla luzebat eskuen dala eta aida esanaz. **T.** Demetrio tiene un caserío y ese es su medio de vida, huerta, prados, bastantes animales y entre ellos una docena de vacas, para manejar todo esto están él y su mujer pero qué cosa, tienen un hijo pequeño de cinco años que con un palo largo en la mano y arreando a las vacas él es el que se encarga de llevarlas a pastar al prado.

AIDANEZ. Quire decir al parecer, por consiguiente. **K.** Jentiek zenbat barriketa itxeitxuen, garai baten zurrumurru bezela hasikozan eta gañera baitxe nahiko ixilxen, baña oñ erozeñi galdetu-ezkero lasai asko esangotzue, hori bai irribarre horrekiñ, Gervasio eta Aurelio aidanez lagun haundixek diela eta baleikela zertxobaitx geixau be izetie. **T.** Cuanto habla la gente, seguramente al principio empezaría como un rumor y además también bastante en secreto, pero si ahora se lo preguntas a cualquiera tranquilamente te dirán, eso sí con una media sonrisa, que Gervasio y Aurelio son grandes amigos y que quizá puede que también algo más.

AIDE. Fuera. Palabra que se utiliza para mandar o expulsar a alguien de algún sitio. **K.** Iñde gero zatoz parkamena eskatzera?, ba hori iñ aurretik pentzau-bierra eukibikozauen, oñ alperrik da eta gañera beste gauzabat esangotzut, astu nerekiñ zeatik eztot gure ezer jakitxeik zurekiñ eta aide hemendik. **T.** ¿Después de haber hecho eso vienes a pedir perdón?, pues eso lo tenías que haber pensado antes de hacerlo, ahora ya es tarde y además te voy a decir otra cosa, olvídate de mí porque no quiero saber nada de tí, y fuera de aquí.

AIDIEN. Al aire. Se utiliza para decir que lo que vaya a hacer o acometer se realizará con suma facilidad. **K.** Jeseus!, zenbat sutarako egur ekaridozuen eta gañera danak moztu inbierrekuek, baña lasai eon, neretzat lan horreik gustokuek die eta aidien ingoitxut, ta gaur ezpoitxut bukatzen bixer eguerdirako iñde eukikozue. **T.** ¡Jesús!, cuanta leña para el fuego habéis traído y además toda está para cortar, pero no os preocupéis, ese en un trabajo que me gusta y lo haré con suma facilidad, y si es que no lo termino hoy para mañana al mediodía lo tendréis hecho.

AINGERUGUARDA, AINGERU-GUARDA. El Angel de la Guarda. **K.** Lengo egunien hmarretakue itxen izengiñen Zizurkillen eta gero, bestiek barriketan geratuzien bitxertien Elixa bixitatzera fanitzen, nahiko illunpeien hauen baña halaere garbi ikustezan Aingeruguardan harriduribat eta etxurie guztie hauken oso aspaldikue zala. **T.** El otro día estuvimos comiendo un pequeño bodadillo en Zizurkil y después, mientras los demás quedaron de charla fuí a visitar la Iglesia, estaba bastante a oscuras pero aún así claramente se veía una estatua, tenía todo el aspecto de ser muy antigua, era de piedra y representaba al Angel de la Guarda.

AINGURA. El ancla, elemento que se utiliza para fondear las embarcaciones. **K.** Itxasontzixek kaia kanpuen itxoitxen geratzendienien bere txanda zai barrura sartzeko, aingura bota-bierra izetendaue, eta hala ez larrei mobitzeko dazen tokitxik. **T.** Cuando los barcos están fuera del puerto esperando su turno para entrar, tienen que echar el ancla para quedar fondeados, y así no desplazarse demasiado del sitio en el que están.

AIKA. Significa que una persona está gimiendo de dolor, que tiene mucho daño y puede precisar ayuda. **K.** Fandan zapatuen, Kurtzebarritxik bera gatozenien, Peñakulo inguruen mutil gaztebat ikusigauen lurrien, ezakigun botata, akaso jausitxe, eta miñaz eongozan zetaik ezan aikaz ixiltzen, altzagauen lurretik ta etxuraz, berak esauzkun bezela, labandu eta jausi inzala harri tartien, zartara ederra hauken bixkerrien eta nolabaitx danon hartien bera eruengauen anbulatoixoraño. **T.** El pasado sábado, cuando bajábamos del Kurtzeberri (monte de Aretxabaleta) a la altura de Peñaculo vimos a un chico que estaba en el suelo, no sabíamos si se había echado, quizá caído, y estaría con dolor porque no paraba de gemir, le levantamos y parece, según nos dijo él, que se había resbalado y caído entre las piedras, tenía un buen golpe es la espalda y de algua manera entre todos le llevamos abajo hasta el ambulatorio.

AIÑ. Tan, tanto.

(Ver la definición de haiñ, haiña, haiñe).

AIÑDU, AÑDU. Mandar, ordenar. **K.** Eztou sekula bukatuko hemen itxen haigarena, nagusixe etorrijaku esanaz momentuz izteko lan hau eta haldan axkarren fateko beste tokibatera zeatik lanbat urten omendau prixa haundixe daukena, gañera seguitxuen inbierrekue dala eta asmue dala gaur bertan bukatzie. **T.** No vamos a terminar nunca lo que estamos haciendo aquí, el jefe nos ha venido a decir que dejemos de momento este trabajo porque ha debido de salir otro que tiene muchísima prisa, que hay que hacerlo en seguida y que la idea es terminarlo hoy mismo.

AIÑDU, AÑDU. Prometer. **K.** Eztakitx nola leiken Bernardok iñdauen hori, etxuraz Eujeniori aiñdu iñutzen laguntzera fangozala ortuko lanien, eta eziñdot ulertu zeatik medikuen aldetik ondo jakiñien dau debekatuta daukela erozeiñ iñderrik itxeik, bentzet denpora dexente pasa hartien mokorra operazio iñ ondoren, ba berak ikusibikodau berriz izurratzenbada. **T.** No sé cómo Bernardo ha podido hacer eso, parece ser que a Eugenio le ha debido prometer que le iría a yudar en los trabajos de la huerta, y no lo consigo entender porque sabe muy bien que el médico le ha prohibido hacer esfuerzo alguno, al menos hasta que pase bastante tiempo después de la operación de cadera, pues él tendrá que ver si es que vuelve a lesionarse.

Aspaldiko esaerabat: Ez aiñdu sekula iñ eziñdozuna.

Un viejo proverbio vasco dice que no hay que prometer nunca lo que no se pueda hacer.

AIÑDUTEKUE. Cumplir lo que se ha ordenado o prometido. **K.** Beno benga, mobituzaitxeze, nagusixe nahiko urduri dauela emutendau zeatik deitxudust telefonoz galdetuaz aber noix daukoun allegatzeko asmue, gure zai dazela ta. Badakitzue nolakue dan eta larrei asarretu bañolen hobeto izengou haldan axkarren itxie aiñdutakue. **T.** Bueno venga, moveros, parece que el jefe está bastante nervioso porque me ha llamado por teléfono preguntando a ver cuando tenemos la intención de llegar, que nos están esperando. Ya sabéis como es y antes de que se enfade demasiado será mejor que cuanto antes hagamos lo que nos ha ordenado.

AIO. Adiós, palabra que se utiliza para despedirse. **K.** Zarauzko San Pelaio auzuen bixer bukatzendie festak eta laister jarrikodaue betiko pankarta hori jartzendauena, aio Pelaio eta hurrengo urterarte. **T.** Mañana terminan las fiestas del barrio de San Pelayo en Zarautz y pronto pondrán esa pancarta de siempre que viene a decir, adiós Pelayo, hasta el próximo año.

AIPAGARRIXE. Digno de mención, de ser citado. **K.** Gauza ta toki asko daz politxek baña Kontxa eta hango inguruek bezela, Donostiñ, eztot uste mundu guztien eongodienik, eta eotekotan oso gutxi izengodie, danak die apaigarrixek ta hala esatendaue bixitatzen etortzendienak, gañera errazoi guztiekiñ zeatik arritxuta geratezendie ikustendauenaz. **T.** Hay muchos lugares y cosas que son preciosos, pero como la Concha y los alrededores, en San Sebastián, no creo que los haya en ningún rincón del mundo, y si los hay serán en muy pocos, todos son maravillosos, dignos de mención y así lo dicen los que lo visitan, además con toda la razón porque quedan extasiados con lo que ven.

AIPAMENA. Citación, diligencia. **K.** Honeikiñ ezta erreza ulertzie, iñauen eskabidiaz Hazienda ados bezela geratuzan, eta oñ berriz etorrijat aipamen barribat esanaz eskabide ha balixo-bakue omendala, ba oñ gertatzejat eztakitxela ze guredauen eta ez zer geixau inleiketen baña gauza da dardaraz itxinauela. **T.** Con estos no hay forma de entenderse, la reclamación que hice ante Hacienda quedó como conforme y ahora recibido una nueva diligencia diciendo que la reclamación no es válida, pues ahora me pasa que no sé que es lo que quieren y tampoco que más puedo hacer, pero la cosa es que me han dejado temblando.

AIPATU. Mencionar, preguntar, interesarse. **K.** Aurreneko billera eonzanien gure taldeko danok berbaik inbarik eongiñen, bakarrik entzun esan-bierra haukiena, ezer galdetu-barik eta ixilik, baña bixerkuen gauza batzuk derrigorrez aipatu inbikou garbi geratzeko ondion hor gelditzendien asuntuek. **T.** En la reunión anterior que tuvimos todos los de nuestro grupo estuvimos sin hablar, solo escuchar lo que tenían que decir, no preguntamos nada y estuvimos en silencio, pero en la de mañana necesariamente tenemos que mencionar algunas cosas para aclarar aquellos asuntos que todavía están pendientes.

Aspaldiko esaerabat: Otzoa aipatu eta otzoa atien.

Un viejo proverbio vasco dice que nombrar al lobo y el lobo en la puerta.

AIRIEN. Colgado, suspendido. También que algo no está claro, en el aire. **K.** Ba gaurko billera hontan be eztie gauza guztiek larreiko garbi geratu eta batzuk ondion airien daz, geldixugara datorren astien beste billerabat itxeko eta aklaratzeko beste geldixudienak, eta aber hurrengo hortan eta beingoz emuteutzoun bukaera. **T.** Pues tampoco en la reunión de hoy se han aclarado todas las cosas y todavía han quedado algunas en el aire, hemos quedado en hacer otra reunión la próxima semana para dejar aclaradas las otras, también pendientes, y a ver si entoces y de una vez por todas finalizamos con este asunto.

AIROSUE. Se dice de la persona que tiene garbo, salero, desenvuelta. También de aquella que tiene muchas ventosidades. **K.** Ze alde daukien bi anai horreik, bata zarrapastroso utza da, emutendau etxakola ezer inportik eta ikustejako oso xelebre jantzitxe ibiltxendala, betik erropa zar ta nahiko zikiñekiñ eta bestie berriz oso airosue ta akaso larreiko dotore jantzitxe bebai, askotan figuriñbat emutendau. **T.** Vaya diferencia que hay entre esos dos hermanos, el uno da la impresión de que es un andrajoso, parece que no le importa nada y se le ve que viste muy raro, siempre con ropas viejas y bastante sucias, y el otro en cambio, desenvuelto, con garbo y quizá también demasiado elegante vestido, muchas veces parece un figurín.

AITA, AITXA. En euskera es la denominación del padre. **K.** Anakleton aitxan izena baitxe Anakleto zan, aitxa honen aitxana, bere semien aitxaitxa, Tiburzio, Tiburziona Serafin eta geixau eztakitx, ondo dakixen gauza honeik Anakleton anaie da eta berak, Anakletot, esatendau ze egunenbaten, gogoratzenbada, galdetukotzela. **T.** El nombre del padre de Anacleto también era Anacleto, el padre de este, abuelo de su hijo, Tiburcio, el de Tiburcio Serafín y no sé más, el que sabe de estas cosas es el hermano de Anacleto y él, Anacleto, dice que algún día, si se acuerda, se lo preguntará.

AITAREN. Acción de santiguarse. **K.** Elixara sartzendanien aitaren itxie izetenda oitura, baña beste leku batzuetan be ikustenda gauza berdiñe, esan-baterako kirol mallan askok daukie oitura hori, jokalarixek kaxetatik urtetzendienien fubol partidue jolastera, karreretako lehiak hasi aurretik eta beste hainbat tokitxen **T.** Cuando se entra en una Iglesia la costumbre es la de santiguarse, pero ésta misma acción también se ve en algunos otros lugares, por ejemplo en el deporte, cuando salen de los vestuarios los jugadores para jugar el partido de fútbol, antes de empezar a competir en las carreras y en tantos otros sitios.

AITATXO. Diminutivo de padre y es algo así como papaíto. **K.** Ondion umiek dienien aitxai aitxa esan-bierrien, aitatxo deiketautzie. Eta esan-baterako hala jarraixen jartzendoten bezela geratuleikien: Aitatxo, benetako egixetan esateutzut bixer goixen txintxo ibilikonazela eta zuk erosikuztezu elautxobat? Aitatxorren erantzuna: Bale, erosikotzut baña gauzabat, zure egi hori gezurre baldinbada nik bai benetako egixetan esangotzut askenengo elaua izengozula. **T.** Cundo todavía son críos al padre en lugar de llamarle padre le suelen llamar papaíto. Por ejemplo podría quedar como lo pongo a continuación: Papaíto, de verdad de la buena te prometo que mañana a la mañana andaré formal ¿y tú ya me comprarás un heladito? La respuesta del papaíto: Vale, ya te lo compraré pero una cosa, si tú esa verdad es mentira yo sí que te prometo de verdad, y esta es de la mejor, que será el último helado que tengas.

AITAU. Comentar, mencionar. **K.** Ezpajatzu inportik eta haldozunien mezerebat inbioztazu, ikustendozunien zure nagusixe eonzaitxez berakiñ eta aitau iñiozu nere izena, akaso baleike eukitxie lanenbat neretako. **T.** Si no te importa y en cuanto tú puedas tienes que hacerme un favor, cuando veas a tu jefe éstate con él y menciónale mi nombre, a lo mejor puede que tenga algún trabajo para mí.

AITAZULO, AITXAZULO. Se dice de la criatura apegada a su padre y que no se separa de él. **K.** Saturiok esatendau ze bere umiek batzuetan aspertu itxeutzela larreiko naskagarrixe dalako, oso aitxazulo dala eta ixe betik, ero nahiko sarri bentzet, eztala gañetik kentzen, pega pega Iñde eon-bierra daukela eta askotan eztutzela izten ezer itxen. **K.** Saturio suele decir que a veces su crío le aburre de lo pesado que es, que es demasiado apegado y que siempre, o casi siempre, tiene que estar encima de él, pegado, no quiere separarse y que muchas veces no le deja hacer nada.

AITITA, AITONA, AITXITXA. Así de varias maneras se denomina al abuelo. **K.** Torkuatok esatendau oso ondo gogoratzendala bere aitxitxa Honoratoaz, nola sarri errieta itxezutzen umetan eta berai bezela beste-batzui be hola ingutzela, esanaz larreiko oker itxen ibiltxezala etxeko patixo inguruen eta derrigorrez txintxotu inbierra haukela. **T.** Torcuato dice que se acuerda muy bien de su abuelo Honorato, como a menudo le solía reñir cuando era un crío y que al igual que a él también se lo haría a los demás, diciendo que hacía demasiadas travesuras en los alrededores del patio de casa y que necesariamente tenía que formalizarse.

AITOMENA. Aflicción, congoja, angustia. **K.** Rigoberton aitxa lengo egunien erunauen ospitalera nahiko, euron ustez, geixo latzaz, eta bera, Rigoberto, hiru egun ondoren gaur etorrida lanera, esatendau etxuraz gauza haundirik eztauken kontuek baña halaere ondion proba batzuk inbierrak daukiela. Ba eztakitx horreatik ero beste zerreatik izengodan baña berai aitomen haundixekiñ ikustejako. **T.** El otro día llevaron al padre de Rigoberto al hospital, aquejado, según ellos, por alguna enfermedad bastante grave, y él, Rigoberto, después de tres días hoy ha venido hoy a trabajar, dice que aparentemente no tiene mucha cosa pero aún así que todavía le tienen que hacer varias pruebas. Pues no sé si será por eso o por alguna otra cosa pero se le ve demasiado angustiado.

AITORMENA. Declaración, confesión. **K.** Adolfo atzo fan-bierra izenauen epaitegira eta bere aitormena, esauzkun bezela bentzet, izen omenzan bera eztala izen eta jakiñ be eztakixela zeiñ izenleikien, berak eztaukola zer-ikusirik asunto horrekiñ eta galdera horreik akaso bestenbati inbierreak izengoziela. **T.** Adolfo tuvo que acudir ayer al juzgado y su declaración, al menos según nos ha dicho, ha consistido en decir que él no ha sido y que tampoco sabe quién ha podido ser, que no tiene nada que ver con ese asunto y que esas preguntas quizá se las deberían de hacer a algún otro.

AITORTU. Testificar o declarar. **K.** Ze gutxi gustatzejaten gauza honeik baña eztauket beste erremeixoik, epaitegitik deitxuztie esanaz aitortu itxera fan-bierra dauketela, testigo bezela esauztie lengo egunien gertauzan kotxe harein istripun buruz. **T.** Que poco me gustan estas cosas pero no me queda otro remedio, me han llamado del juzgado diciendo que tengo que ir a declarar, me han dicho como testigo sobre el accidente aquel que ocurrió el otro día entre aquellos dos coches.

AITU. Escucha, escuchar. **K.** Hi oñartien halakotxie izenaz eta onazkero etxuat uste aldatukoazenik, betik itxendok berdiñ, buruen gauzabat sartzebajak horixe bera danok inbierra jaukau, zerreozer kontra iñezkero segitxuen asarreketaaz eta aitu bestiek esatendauenai sekula ez, ba asken hau oso komenigarrixe izetendok baña gauza horreik hik iñoiz eztitxuk ikesiko. **T.** Tú hasta ahora has sido así y ya no creo que vayas a cambiar, siempre haces igual, si se te mete una cosa en la cabeza todos tenemos que hacer eso mismo, luego pasa que si no se está de acuerdo o se hace contra en seguida te enfadas y escuchar lo que digan los demás jamás, pues ésto último es muy conveniente pero es una cosa que tú nunca aprenderás.

AITXAMAK, AITXA-AMAK. Los padres, los progenitores. **K.** Bixer domeka famili guztie goiez egun pasa Donostira, aitxamak, anai-arrebak, danak, pasiau pixkat, txikito parebat hartu, amak ez, gero bazkaldu etxurazko jatetxien eta giruek laguntzenbadau ederto ibillikogara. **T.** Mañana domingo vamos toda la familia a pasar el día a San Sebastián, padres, hermanos, todos, pasear un poco, tomar un par de chiquitos, la madre no, luego comer en un buen restaurante y si nos acompaña el tiempo andaremos muy bien.

AITXA-PUNTEKUE. Se denomina así al padrino del bautizo. **K.** Nere aitxa-puntekue izenzanaz enaz asko gogoratzen, badakitx osaba Xaturio zala, Edoñako Faranatarra eta izeban anaie, baña ezgiñen askotan ikusten, alkartu gutxiau eta horrek guredau esan ze apenas esautzegiñela. Ni berriz nere bi illoban aitxapuntekue naz, eta noski oso ondo esauketaitxutela. **T.** No me acuerdo mucho del que fué mi padrino, ya sé que era el tío Saturio, de los Farana de Edoña y hermano de mi tía, pero no nos veíamos muchas veces, juntarnos menos y eso quiere decir que apenas nos conocíamos. En cambio yo soy el padrino de dos sobrinos míos, y claro está que les conozco muy bien.

AITXATU, AITXETU. Preguntar o comentar por algo o alguien. **K.** Antoñito ikustendotenien aitxatu inbierrien nau bere aitxajaunatik, nahiko geixo dauela enteraunaz eta jakiñ hartien zer dauken eztaukela urtetzeik ospaltetik, etxuraz, hau be entzunde, ia nahikue dala esaten omendaula aitxajaunak, asarre haundixaz dauela eta eztauela gure denpora geixau han eoteik. **T.** En cuanto le vea a Antoñito le tengo que preguntar por su abuelo, me he enterado que está bastante enfermo y que hasta que se sepa que es lo que tiene no puede salir del hospital, parece, esto también de oídas, que el abuelo dice que ya es suficiente, que está muy enfadado y que no quiere estar más tiempo allá.

AITZA, ATXA. Roca, peñasco. **K.** Lenizko Ballaran dau mendibat Hiruatx izen daukena, gañera ondo jarritxeko izena zeatik hiru die ikustedien atxak, eta zenbat bider fanetazen mendi hortara, baña askenengo berrogei urte honetan ezta beñ ez, nik ustedot ondion han eongodala aspaldiko senda ha eta aber noixbaitxen dauketen aukera berriz fateko, baña gauza da beste-batekiñ izenbikozala zeatik ni ixe enaz gogoratzen nundik hartzendan horko bire. **T.** En el Valle de Léniz hay un monte que se llama Hiruatx, además es un nombre muy bien puesto porque son tres las peñas que se ven, y cuantas veces habré ido a ese monte, pero en los últimos cuarenta años ni una sola vez, yo creo que todavía ahí estará aquella antigua senda y a ver si algún día tengo la oportunidad de volver otra vez, pero la cosa es que tendría que ser con algún otro porque yo ya no me acuerdo por donde se coge ese camino.

AIXE. Papilla elaborada a base de harina de cereales, generalmente de maiz. **K.** Ni enaz gogoraten baña gure amak esateauen nola guk txikitan eta noixienbeñ hartzengauen aixe hori eta oso ona omenzala hasitxeko, ba horrenik eztau bape zalantzaik zeatik ikustenduzkun erozeñek, gutxienetik horixe bera esangolauke, ondo hasitxekuek garela. **T.** Yo no me acuerdo pero nuestra madre solía decir que de pequeños algunas veces ya solíamos tomar papilla de cereales y que eso era muy bueno para el crecimiento, pues no hay ninguna duda sobre eso y cualquiera que nos vea eso mismo es lo que diría cómo mínimo, que hemos crecido muy bien.

AIXKIRE, AIXKIRETU. Significa que ya no está enfadado y que ya se han amigado. **K.** Zurie gauza nahiko xelebrie izetenda, oso errex asarreketanzara eta gañera berdiñ dutzu zeñekin izen, zuretako danak die balixokuek baña gero larreitxo kostatejatzu aixkiratzie, onien fan-ezkero zureana esanaz astutzeko gertaudanakiñ eta berriz lagun itxeko, aurrena sekula esangozu, baña berriz oparixaz baldinbada, orduen bai eta seguitxuen zara konforme aixkiratzeko. **T.** Lo tuyo es una cosa muy rara, te enfadas con suma facilidad y además te es igual que sea con cualquiera, para tí todos son válidos pero luego te cuesta demasiado el amigarte, si se va donde tí a buenas diciendo que te olvides de lo que ha pasado y volvaís a ser amigos, lo primero que dirás será que nunca, pero en cambio si es con un regalo, entonces sí y enseguida estás dispuesto a que se te pase el enfado.

AIXKOLARIXE, AIZKOLARIXE. Aizkolari. La persona que se dedica al deporte de corte de troncos de madera con hacha. **K.** Gure denporan Astibia izenzan aixkolari oneneitakue, gero Mindeguía, ondoren Olasagasti, honek ondion hortan jarraitzendau, eta aurten, Euskalherri mallako txapela irabazidauena Atutxa izenda. **T.** En nuestros tiempos uno de los mejores aizkolaris era Astibia, luego fué Mindeguía, más tarde Olasagasti, este todavía ahí continúa, y el que ha ganado en el año actual el campeonato de Euskalherría ha sido Atutxa.

AIXKORIE, AIZKORIE. Hacha. **K.** Nik enaz askotan ibiltxen axkorakiñ, gañera eztauket eta bier izen-ezkero semiek daukena hartzendot, hau eta batzuetan bakarrik izetenda egur batzuk moztu eta gero prestau tomate landarak lotzeko egur horrei. **T.** Yo no ando mucho con el hacha, además no tengo y cuando me hace falta cojo la que tiene el hijo, solo la suelo necesitar para cortar unos palos y luego preparar para atar en ellos las plantas de los tomates.

AjA! ¡Aja! Exclamación que viene a decir que te has enterado, que sabes de que va el tema. **K.** Eufronio neri explikatzen ibilida nola itxendan arrantzan, ze kañabera, ze amuzki erabili, itxasuen egoerak eta abar, bukadudauenien galdetudau aber ulertudoten, aja! erantzundot eta ustedot nahiko ondo geratunazela baña egixe da enazela tautik enterau. **T.** Eufronio me ha estado explicando como se pesca, que caña, que cebo utilizar, los estados de la mar, etc…, cuando ha terminado me ha preguntado a ver si lo he entendido y le he contestado ¡aja!, yo creo que he quedado bastante bien pero la verdad es que no me he enterado de nada.

AJAU. Deslucir, desgastar, ajar. **K.** Benetako xelebriek izetendie modak, denporabaten frakak ero beste erropa batzuk ajau itxezienien, eta hau gertatzezan hainbeste bider ibilli ondoren, bota ero beztela lanerako geldiketazien, eta oñ berriz modan omendau fraka ajautejuek eruetie eta neri gauzabat iruitzejat, lenau ajau honeik zatarrak bazien, zeatik oñ ez ba? **T.** Las modas en verdad que son raras, en un tiempo los pantalones u otras ropas que se ajaban por el uso o bien se tiraban o quedaban para el trabajo, ahora en cambio parece que está de moda el llevar los pantalones ajados y a mí se me ocurre una cosa, si antes el ajau ese era feo, ¿porqué ahora no pues?

AJIE. Aje. Deterioro, indisposición, malestar y generalmente por haber abusado de la bebida. **K.** Atzo kuadrilla guztie egunpasa eongiñen Iruñan eta pentzauzeikie nola ibilligiñen, aurrena hamarretakue ardau pixkatekiñ, gero pasiau, gutxi, bukatu ta txikiteo, ondoren bazkaldu ardauekiñ eta ostien kafie txupito pariaz, hau kartaka jolastuaz, urten ta berriz txikiteo, afaldu eta parranda dexentie. Eta gaur danok kriston ajiekiñ, baña beno, gauza honeik be eztie betiko izeten. **T.** Ayer estuvimos toda la cuadrilla pasando el día en Pamplona y ya podeís pensar como anduvimos, primero almuerzo con un poco de vino, luego pasear, poco, más tarde chiquiteo, después comer con vino y al terminar café con un par de chupitos, esto último jugando a cartas, salir y otra vez chiquiteo, cenar y una juerga bastante decente. Y hoy todos con un aje de mucho cuidado, pero bueno, tampoco estas cosas suelen para siempre.

AJOLIK. Importancia, interés. **K.** Alperrik dakatzu gauza dan honeik ikusteko zeatik neretzat ez honeik, ez hareik ta ez besteik daukie ezer ajolik, eztitxuk ezertxorik bier eta nereatik horreik danok eruenzeike ekarridozun tokira. **T.** Es inútil que traigas todas esas cosas para que las vea porque ni estos, ni aquellos ni los de más allá los necesito ni tienen ningún interés para mí, no quiero nada de eso y por mí puedes llevar todos al sitio dónde los has traído.

AKABAU. Terminar, acabar, gastar. **K.** Ez euki hainbeste prixaik zeatik kalera urten aurretik lan hau akabatzie komenida, bixer toki hontatik hasi-bierra daukie arotzak eta ezpou bukauta izten eztaukou gero hemendik jarraitzeik. **T.** No tengáis tanta prisa porque antes de salir a la calle tenemos que acabar el trabajo, mañana los carpinteros tienen que empezar por este sitio y si no lo dejamos terminado mañana no podremos continuar por aquí.

AKABAU. Matar, causar la muerte. **K.** Basaurdak kalte haundixe itxen haidie ortuen, diabru horreik naiz eta egunero konpondu itxitura nunbaitxetik lortzendaue sartzie, ixe dana izurraudaue eta ezta geratzen beste erremeixoik, derrigorrez akabau inbikoitxu. **T.** Los jabalíes están haciendo un daño terrible en la huerta, a pesar de que todos los días vuelvo a arreglar el cierre esos demonios por algún sitio consiguen entrar, ya han estropeado prácticamente todo y ya no queda otro remedio, necesariamente tendremos que matarles.

AKABERIE. Finalización. **K.** Eztakitx gripe apurbat eztauketen, egun oso exkaxa pasaudot, gorputzaldi txarraz, hotzikarakiñ eta ezkerrak emundoula akaberie gaurko lanai, oñtxe bertan xixko iñde nau eta etxera noie axkar. Aber han aspirinabat hartuaz zertxobaitx bentzet mejoratzenazen **T.** No sé si no tengo un poco de gripe, he pasado un día muy malo, con escalofríos, mal cuerpo y menos mal que ya hemos finalizado el trabajo de hoy, ahora mismo estoy hecho polvo y me voy corriendo a casa. A ver si allá tomando una aspirina mejoro al menos un poco.

AKABO. Palabra que viene a significar decepción, que no tiene remedio ni solución. **K.** Errealakiñ eztau zer iñik, gaur be galdu iñdau, modu hontan haida aspaltitxotik eta nik ustedot hala jarraitzenbadau apenas daukela erremeixoik, oso ondo emuntzen hasierai baña akabo bere aurreneko bixkortazun ha. **T.** Con la Real no hay nada que hacer, hoy también ha perdido, de este modo lleva ya desde hace bastante tiempo y yo creo que si continúa así apenas va a tener remedio alguno, empezó muy bien pero aquella velocidad inicial ya se terminó.

AKAINA. Garrapata. **K.** Ez nik eta ez nere tartekoik eztou sekula hartu akainan zastadaik baña entzunde dauket oso mintzue omendala eta arriskutzue be baleikela izetie, ustedot ganauek oso gaizki pasatzendauela honein zastada hartu ondoren. **T.** Ni yo y tampoco los de mi entorno hemos recibido nunca una picadura de garrapata, pero tengo oído que debe de ser muy doloroso e incluso puede tener cierta gravedad, creo que el ganado después de que reciben estas picaduras lo deben de pasar muy mal.

AKARREN. Traer. El que trae. **K.** Prinzipioz Eufroniok akarren etxafleruek baña ondion ezta asaldu, badakitx nolakue dan eta apostaukonauke astute dauela ta auskalo nundik nora ibilikodan, gañera gertatzenda nola telefonoik eztauken eziñdoula ezer iñ, beno akaso bai, norbera fan erostera ta gero berak ekartzenbadau hor eukikoitxu hurrengo-baterako.**T.** En principio era Eufronio el que iba a traer los cohetes pero todavía no ha venido, ya sé de que manera es y apostaría a que se le ha olvidado y cualquiera sabe por donde andará, además resulta que como no tiene teléfono tampoco podemos hacer nada, bueno quizá sí, ir uno mismo a comprarlo y luego si él los trae ahí los tendremos para una próxima vez.

AKARRIAU. Acarrear, transportar algo. **K.** Beno, danok piñuteri aldera eta badakitzue ze lan daukotzuen gaurko, aurrena markauta dazen piñuek moztu eta hau iñ ondoren hurrengo lana da enborrak akarriau tratorai lotuta kamioie dauen tokiraño. **T.** Bueno, todos hacia el pinar y ya sabeís el trabajo que teneís para hoy, primero cortar los pinos que están marcados y después de hacer ésto el siguiente trabajo es acarrear los troncos atados al tractor hasta el sitio donde ha quedado el camión.

AKASO. Quizá, tal vez. **K.** Bixer oso lanpetuta eongonaz eta eztakitx fangonazen kuadrillako bazkaira, baña akaso bai, nik bentzet hori gurenauke eta ingoitxut alegiñ guztiek. **T.** Mañana estaré muy ocupado con el trabajo y no sé si podré ir a la comida de la cuadrilla, pero quizá sí, yo al menos eso es lo que querría y ya voy a hacer todos los posibles.

AKEITA. Café, infusión de café. **K.** Ze ondo sartzendan kafetxobat bazkaldu ondoren, eta honen kontura gauzabat esangotzuet zuek akaso eztakitzuena, denporabaten, oso aspaldi eta euskera batua hasizanien, oitura zan tabernan eskatzie akeita izenaz kafie izen ordez, eta ez hori bakarrik, baitxe txola eta txokorra kopa eta zigarro puron ordez. Oñ berriz aurreneko bezela esatejako, kafiei kafie. **T.** Que bien viene un cafecito después de comer, y a cuenta de esto os voy a decir una cosa curiosa que quizá vosotros no conozcaís, hace ya mucho tiempo y cuando se empezó con el euskera batua cogimos la costumbre de cuando teníamos que pedir café en los bares, pedirlo con el nombre de akeita.

AKELARRE. Se llamaba así a las reuniones de brujas en las que se hacían ceremonias dónde se veneraba al macho cabrío. **K.** Lenau, oso aspaldi Zugarramurdiko koba-zuluen, hala kontatzendaue, akelarre batuketak itxezien eta zenbat emakuma sorgiñ izenakiñ errekozitxuen kontu hareikiñ. **T.** Antes, hace ya muchísimo tiempo en la cueva de Zugarramurdi, así lo cuentan, se debían de oficiar ceremonias de akelarre y a cuántas mujeres poniéndoles el nombre de brujas las habrían quemado en la hoguera.

AKERRA. El macho cabrío, el cabrón. **K.** Nahasketabat dau ze lenau umiei, berba itxen hastezienien, ikesteko esatejatiena eta zan, akerrak adarrak okerrak ditxu, eta gero alegiñtzeko errepikatzen, ta noski, aurrenekotan sigero trabatzezien **T.** Hay una especie de trabalenguas en euskera que se les decía a los críos para aprender y que lo repetiesen cuando empezaban a hablar, y que viene a decir que el macho cabrío tiene los cuernos torcidos, y claro, al decirlo en euskera se trababan siempre.

AKOJONAUTA. Acojonado. Se dice por estar con miedo o temor por alguna circunstancia. **K.** Demetriok esatendau benetako akojonauta dauela eta ezta ezer apartekoik inbierra daukelako, bakarrik odola atara analis normala itxeko baña etxuraz eziñdau aguantau odola ikusteik eta ikusi-ezkero mariau itxen omenda. **T.** Demetrio dice que está con verdadero miedo y no es porque tenga que hacer nada especial, solo le tienen que sacar sangre para un análisis rutinario, pero parece que no puede soportar el ver sangre y si la ve se debe de marear.

AKORDAU. Recordar, acordarse. **K.** Zuk daukotzun buruakiñ eztakitx akordau itxezaren zeondion errekauek inbarik daukotzula, baña ziur nau eztaukotzula astuta gaur zapatue dala eta ondo jakiñien zarela asteburutan zuri tokatzejatzula. **T.** Con la cabeza que tienes tú no sé si te acordarás de que todavía no has hecho los recados, pero estoy segura de que no te has olvidado que hoy es sábado y que sabes muy bien que el fín de semana te toca a tí.

AKORDEOIE. Acordeón, instrumento misical de viento. **K.** Nik ustedot Euskalherriko akordeoi soñujole famatuenetaikue, bere musika motan noski, Kepa Junkera izengodala, bape zalantzaik eztau oso ona dala eta fatendan toki guztietara sigero giro jatorra jartzendauela bere musikakiñ. **T.** Yo creo que uno de los intérpretes de acordeón más famosos de Euskalherría, en su tipo de música claro, es Kepa Junkera, no hay ninguna duda de que es muy bueno y que a todos los sitios a los que va crea un ambiente fenomenal con su música.

AKORDUE. Acción de llegar a un acuerdo entre dos o más personas. **K.** Gure hartien daukon arazo honekiñ askoz hoteto da errietan ibili inbierrien exeri ta lasai berba iñ, asarratetu-barik eta haldan axkarren akorduen geratzie, nik ustedot hori danontzako izengodala komenigarrixe. **T.** Con el problema que existe entre nosotros en lugar de andar discutiendo es mejor que nos sentemos y hablar tranquilamente, sin enfadarnos y cuanto antes llegar a un acuerdo, yo creo que eso es lo más conveniente para todos.

AKOSTUMBRAU. Acostumbrarse a algo, alguna norma, situación, etc… **K.** Hainbeste urte eruetendou eskonduta eta zer esangou ba, norbera akostunbrau itxendala baña halaere ni bentzet enaz ezertarako damutzen zeatik oñartien, zerbaitzuk kenduta, nik ustedot nahiko ondo eta bebai esanleike gustora gabitzela ta espero hala jarraitzie. **T.** Llevamos tantos años de casados y que vamos a decir pues, que uno se acostumbra pero aún así yo al menos no me arrepiento de nada porque hasta ahora, quitando algunas cositas, creo que andamos bastante bien y también se podría decir que contentos y espero que continuemos así.

AKULUE. Es una vara de madera con un pincho metálico en un extremo y que se utiliza para pinchar y así arrear para que avance el ganado. **K.** Idiproban zenbat akulukara hartzeitxuen idi gixajuek, hor ikusteitxozu eman da eman haidiela eta gero nola idi horrek daukien bixker guztie odolaz betie. **T.** En las pruebas de arrastre de piedra con bueyes cuantos puyazos reciben los pobres animales, ahí les ves que andan dale que dale y luego como los bueyes tienen toda la espalda llena de sangre.

AKULUKARIE. Pinchar, dar puyazos a los animales con la vara de pincho. **K.** Eztakitx oso normala izenleiken haibeste akulukara emutie bei gixajuei, odola daioxola ibiltxendie eta nik ustedot norbaitxek zerbaitx inbilaukiela horren buruz, bentzet aber nolabaitx ebitatzie badauen, esanleike karnizeri hori. **T.** No sé si es muy normal que los pobres bueyes reciban tantos puyazos, suelen andar echando mucha sangre y yo creo que alguien debería de hacer algo respecto a ese asunto, por lo menos a ver si se puede evitar en alguna medida esa, llamémosle carnicería.

ALABA. La hija. **K.** Jesus!, ze haundi iñdan zure alaba, jaixo azkero ikusi-barik nauken, badakitx sarri esangotzuela baña egitan oso politxe dala eta gañera txintxue dala emutendau, ez? **T.** ¡Jesús!, que grande se ha hecho tu hija, no le había visto desde que nació, ya sé que os lo dirán muy a menudo pero de verdad que es muy bonita y además parece que es formal, ¿no?

Aspaldiko esaerabat: Alaba bat ona, alaba bi, alaba onak, hiru alaba eta emaztie baleike senarran kalteko izetie.

Un viejo proverbio vasco dice que una hija, bien, dos hijas, las dos bien, tres hijas y la mujer puede que sean mal del marido.

ALABA-ORDIE. Se llama así a la hija adoptiva. Y en un tiempo también a las niñas que se adoptaban de los hospicios. **K.** Lenau hiru lagun besteik ezgiñen etxe hontan baña oñ. alaba-orde txiki hau etorridanetik familixa geitxu iñda, eta bape zalantza-barik baitxe esanleike asko alaitu ta poz haundixe dauela. **T.** Antes no estábamos más que tres personas en esta casa pero ahora, desde que ha venido la pequeña hija adoptiva la familia ha aumentado, y sin duda alguna también se puede decir que hay un ambiente más alegre y feliz.

ALABA-PUNTEKUE. Ahijada. **K.** Nik eztauket alaba-puntekoik, seme-puntekuek bai, eta kasu bixetan oitura berdiñe izetenda, Garisuman hor Astesantu inguruen karapaixue oparitzie, eta honeitik ustedot badiela gutxienetik dozenerdi mota desberdiñek, baña gure inguruen normalki arrautza egosi ta txorixuekin iñdekuek izetendie. **T.** Yo no tengo ahijadas, ahijados sí, y ambos casos la costumbre es la misma, regalar un karapaixo (torta de pan) en Cuaresma ahí por Semana Santa, y de éetos creo que por lo menos ya hay media docena de tipos diferentes, pero en nuestro entorno normalmente suelen ser con huevo cocido y chorizo.

ALAIA. Se dice de la persona alegra, divertida, feliz. **K.** Zure bi umetxo birkixek sigero alaiak diela emutendaue, betik ikusteitxut jolasten haidiela, parrez ta nahiko txintxo, eta gauzabat, eztie sekula asarratzen euron hartien? **T.** Tus dos hijas gemelas parece que son muy alegres, siempre les veo que están jugando, riéndose y bastante formales, y una cosa, ¿no se enfadan nunca entre ellas?

ALAITASUNA. Motivo de alegría, diversión, felicidad. **K.** Gaurko eguna eta eskontza honekiñ ustedot alaitasun haundikue izengodala Karolinandako, bere seme nausixena eskontzejako eta bera izengoda ama-puntekue. Horreatik hor ibilida askenengo bi hillebete honetan dendatik dendara gauzak ikusi eta erosten haldan dotore fateko asmuekiñ. **T.** Creo que con esta boda el día de hoy será motivo de mucha felicidad para Carolina, se le casa el hijo mayor y ella será la madrina. Por eso ahí lleva los dos últimos meses de tienda en tienda viendo cosas y comprando con la intención de ir lo más elegante posible.

ALAITU. Alegrarse, divertirse. **K.** Errealak bi urte erreskaran lortu izenauen ataratzie España ligako txapelketa, eta orduen Gipuzku guztiko abestixe izenzan, alaitu, alaitu, Erreala txapeldun. **T.** La Real consiguió ganar el campeonato de la liga española dos temporadas seguidas y entonces Gipúzkoa entera entonaba una canción que venía a decir, alegría, alegría, la Real es el campeón.

ALANBRESARIE, ALAMBRE-SARIE. Red de alambre que se utiliza en los cerramientos de terrenos. **K.** Asko kostata baña askenien bukauta geratuda alanbresarie jartzie Bartolome baserriko terreno buelta guztien, eta ezkerrak zeatik oñ ezta posible izengo igex itxeik hango leoiek. **T.** Ha costado mucho pero al final se ha terminado de colocar la red de alambre en el cerramiento de los terrenos del caserío de Bartolomé, y gracias porque ahora ya no será posible que los leones se puedan escapar.

ALARGUN, ALARGUNA. Persona que es o ha enviudado. **K.** Zartxue zan baña ondion nakiko ondo ikustejakon pasian habillenien andriekiñ bere besotik heldute, bera zoritxarrez atzo hilda eta oñ Ursula, andrie, alargun geratuda, baña beno, pena honeik gutxika lasaitzen fatendie eta billatukodau zeñekiñ pasiau. **T.** Era bastante viejecito pero todavía se le veía bien cuando andaba paseando acompañado de la mujer agarrado a su brazo, él por desgracia ayer ha muerto y ahora Ursula, su mujer, ha quedado viuda, pero bueno, estas penas poco a poco van remitiendo y ya encontrará con quién pasear.

Aspaldiko esaerabat: Alargun eta alarguntza tellatu gabeko egoitza.

Un viejo proverbio vasco dice que viuda y la viudedad son igual que una casa sin tejado.

ALBARDA (K). Son las cestas que llevan los animales a ambos lados de la grupa con el objeto de transportar cargas. **K.** Garai baten esniek baserritxik jextezien astuaz marmitxak albardetan kargauta, gogoratzenaz gure etxera neskabat zala ekartzeauena, bera oso jatorra baña bebai zertxobaitx txismosa, enaz ondo akordatzen baña ustedot bere izena Genoveva zala. **K.** En un tiempo la leche se bajaba del caserío en burro con las marmitas cargadas en las cestas, recuerdo que a nuestra casa la solía traer una chica, muy agradable pero también un poco chismosilla, no me acuerdo muy bien pero creo que su nombre era Genoveva.

ALBERGIE. Alergue. Se les llama así a los establecimientos que se utilizan para la estancia de la gente. **K.** Nik alberge bakarrak esautxutenak Santioko birietan dazenak die, geixenak etxurazkuek, nahiko bentzet, eta beste-batzuk, gutxi, ez hainbeste, exkax xamarrak eta nik ustedot asken honeik komenigarrixe izengozala zertxobaitx mejoratzie, oñ eta benetan bertan eotendien arduradunak, ospitalerok esateutzie, jeneralki jatorrak die danak. **T.** Yo los únicos albergues que he cococido son los que están en los Caminos de Santiago, la mayoría están bastante bien, al menos lo suficiente, y algunos otros, pocos, son algo deficientes y yo creo que convendría mejorarlos, ahora y de verdad los responsables, les llaman hospitaleros, que están al cargo por lo general son todos agradables.

ALBERKA. ALBERKIE. El abrevadero donde beben agua los animales y los muy antiguos solían ser de piedra. **K.** Oñ herri txiki danetako alberkak, geixenak bentzet, desagertu iñdie eta geratzendiendak jeneralki apaingarri bezela eotendie zeatik apenas dau ganaurik, eta esan-baterako Ruperto lagunen herrixen urte asko dala eztotela beirik ikusi. **T.** Ahora la mayoría de los abrevaderos que existían en todos los pueblos pequeños han desaparecido, y el que pueda quedar por lo general está solo como adorno debido a que ahora apenas hay ganado, y por citar alguno en el pueblo del amigo Ruperto hace bastantes años que no he visto una sola vaca.

ALBISTIEK. Noticias, comunicaciones, novedades. **K.** Gaurko albistiek eztie bape onak eta hobeto esanda esangonauke sigero txarrak diela, hor Ipar Amerika aldien hildako pillabat eondie ur-haundixek eondielako, izugarrizko kaltienk inditxu eta gañera esatendaue ondion luzerako doiela, ba eztau emuten bape ondo bukatzeko etxuraik daukenik. **T.** Las noticias de hoy no son nada buenas y mejor dicho yo diría que son muy malas, ahí por la zona de Norteamérica ha muerto un montón de gente debido a las inundaciones, ha hecho unos daños enormes y además dicen que todavía va para largo, pues no parece que el panorama tenga aspecto de que termine nada bien.

ALBOKA. Instrumento de viento muy antiguo que utilizaban los pastores y estaba compuesto por uno o dos cuernos y su correspondiente caña. **K.** Gurebozue ikustie nola zien albokak Donostiñ dauen Santelmoko museura fan-bierra eukikozue, han aurreneko pixuen parebat bentzet badaz, oso zarrak dien etxurie daukie baña oso ondo zaiñdutekuek. **T.** Si queréis conocer como eran las albokas tendréis que ir al museo de San Telmo en San Sebastián, allá en el primer piso ya hay un par al menos, tienen el aspecto de que son muy antiguos pero están muy bien conservados.

ALBOKUE. Es la persona o cosa que está al lado, que es contiguo o contigua. **K.** Bazkaltzen haidien mai hontako pertzonai eztitxut ixe iñoi esauketan, eta esan-baterako nere albuen dazenak arrastuik be eztauket zeñeik izengodien, pixkat aurreratxuau galdetukotziet aber nolaba etorridien bazkai hontara. **T.** De las personas que están comiendo en la mesa donde estamos no conozco a casi ninguno, y por ejemplo de los que están sentados a mi lado no tengo ni idea de quienes pueden ser, un poco más adelante ya les preguntaré a ver como es que han venido a ésta comida.

ALBOTIK. La persona o algo que viene de lado, lateralmente, de costado. **K.** Kontu hundixekiñ ibilibokou haixe haundi honekiñ mendi tontorrera allegatzegarenien, han albotik jotendau, betik sigero iñdertzu, makurtuta eon-bierra dau eta baezpare ondo heldu zerbaitxi, norberai kenduta noski, ez botatzeko. **T.** Tenemos que andar con mucho cuidado con este fuerte viento en cuanto lleguemos a la cima del monte, allá pega de costado, siempre con mucha fuerza, hay que estar agachado y por si acaso agarrarse bien a algo, quitando a uno mismo claro, para que no te tire.

ALBUE. El costado, lado, flanco. **K.** Ba askenien botauzten haixe harek ba, goixen nahiko ondo eonitzen kurtziei obatuta, baña gero beruzkuen kriston haixe bolada batek lurrera botauzten eta ez neri bakarrik, berdiñ nere onduen eozenai be, eta baitxe albuen zartada onbat hartu be. **T.** Pues al final ya me tiró el viento aquel pues, arriba estuve bastante bien agarrado a la cruz, pero luego al bajar una ráfaga de viento muy fuerte me tiró al suelo y no solo a mí, también a los que estaban cerca, y además cogí un buen golpe en el costado.

ALDABIE. Aldaba. Pieza metálica con forma de mano que se colocaba en las puertas con el objeto de llamar. **K.** Agripinok eztauko telefonoik bere baserrixen eta eztaki goiezenik, allegatzegarenien ateko aldabie jobierra izengou ta barruen eotenbada zabaldukodau eta beztela berriz itxoiñ inbikou bera etorri hartien. **K.** Agripino no tiene teléfono en el caserío y no sabe que vamos, cuando lleguemos tendremos que tocar la aldaba de la puerta y si está dentro ya nos abrirá y sino tendremos que esperar hasta que venga el.

ALDAGAI. Inalterable, invariable. **K.** Urbixara doiezen bire guztiek zaiñdute dazela ikustendie eta betik, ero ixe, aldagai, eztakitx zeñeik izengodien zaintzaliek ero mantenimentuko arduradunak baña zalantzaik eztau oso ondo itxeitxuela lan horreik. **K.** Todos los caminos que van a Urbía se ven que están en buen estado y siempre, o casi, inalterables, no sé quienes serán los cuidadores o responsables del mantenimiento, pero no hay ninguna duda hacen muy bien su trabajo.

ALDAGELA. Vestuario, espacio para cambiarse de ropa. **K.** Kiroldegui hontako gauza geixenak ondo daz, igerilekue, jinasio eta abar, baña nik zertxobaitx exkax ikustendot oñ dazen aldagelak, hainbeste eotendan jententzat bi besteik ez, esatendaue geixau jartzeko asmue daukiela baña denpora dexentetxo eruetendou istorixa honekiñ. **T.** La mayoría de las instalaciones de este polideportivo están bien, piscina, gimnasio, etc, pero yo lo que encuentro un poco escaso son los vestuarios que hay actualmente, solo dos para toda la gente que suele haber, dicen que ya tiene la intención de poner más pero ya llevamos demasiado tiempo con esta historia.

ALDAKETA. Acto de cambiar. Que algo o alguien ha cambiado. **K.** Siñistu eziñeko aldaketa iñdau Bartolomek, guxi hartien bakar antzien ibiltxezan, geixenbaten ixilixen eta oñ berriz nobixa hartudaunetik ikustejako sigero alai ta barritxu haidala, gero gauza bat eta bestiek esateitxu emakumatik eta beitu, kasu hontan bentzet eta euron ezker nola konpontzeko etxurie dauken asunto honek. **T.** No se puede creer el cambio que ha dado Bartolomé, hasta hace poco andaba un poco solo, la mayoría de las veces calladito y ahora en cambio desde que se ha echado novia se le ve muy alegre y charlatán, luego solemos decir alguna cosa que otra sobre las mujeres y mira como, al menos en este caso y gracias a ellas, parece que el asunto tiene pinta de solucionarse.

ALDAKORRA. Variable, que se puede mudar, trasladar. **K.** Gaurko eguna oso aldakorra izenda, euskitzu urtendau, gero euri-zaparrarak, ondoren sigeroko haixe hotza eta oñ berriz eguzkitzu geratuda, askenien ezta jakitxen ze erropa jarri eta ez noix atara-bierra izetendan guardasola. **T.** El día de hoy ha sido muy variable, ha amanecido con sol, luego chaparrones, más tarde ha salido un viento muy frío y ahora otra vez está soleado, al final no se sabe que ropa es la que hay que ponerse ni cuando hay que sacar el paraguas.

ALDAMENA. Lado, costado, contiguo. **K.** Eztakitx zer itxendauen hemen tipo honek baña ezta kentzen gure aldamenetik, aurrena etorrijatu galdetzen aber badakigun nun dauen alde zarra eta esautzou guk be harutz goiezela eta gurebadau etortzeko gurekiñ, gauza da ondion hemen jarraitzendaula eta etxuraz eztaukela alde itxeko asmoik. **T.** No sé que hace este tipo aquí pero no se separa de nuestro lado, primero ha venido a preguntar a ver si sabemos dónde está la parte vieja y le hemos dicho que nosotros también vamos hacia allá y que si quiere nos acompañe, la cosa es todavía continúa aquí y que parece que no tiene ninguna intención de marcharse.

ALDAMENEKUE. La persona o cosa que está al lado, el vecino. **K.** Anakleton komestatzendau ze bere ustez pixu aldamenekuek Errumaniako ero beste holako antzerako lekukuek diela, ontxe etorri-barri eta etxatiela ezertxorik ulertzen, eurok eztakixiela ezer erderaik, noski gutxiau eukeraz eta berak, Anakletok, beraiñ hiskuntza bez. Eta esatendau ze auskalo nola konpondukodien. **T.** Anacleto comenta que cree que los vecinos del piso de al lado son de Rumanía o de algún otro sitio parecido, ahora recién venidos y no se les entiende nada, que ellos no saben nada de castellano, menos en euskera claro y él, Anacleto, tampoco su idioma. Y dice que a ver como se van a arreglar.

ALDAMENIEN. Que está al lado, junto a algo o alguien. **K.** Auskalo ze egur motakiñ itxeitxuen kirten honeik, aste hontan hirugarrena da puskatudana eta gañera Ixe berez izendie, iñder haundik inbarik bentzet, eta ezkerrak ze baezpare dozenerdi erosinitxula. Aber Braulio, fanzaitxez txabolaraño eta ekarrirezu han dauen beste kirtenbat, sardien aldamenien eukikozu. **T.** Cualquiera sabe con qué clase de madera hacen estos mangos, esta semana es ya el tercero que se me rompe y además han sido casi solos, al menos sin hacer mucha fuerza, y menos mal que por si acaso compré media docena. A ver Braulio, vete hasta la chabola y tráeme otro de que está allá, lo tendrás al lado de la horca.

ALDAMIÑUE, ALDAMIXUE. Andamio, armazón compuesto de varias piezas y que subido a él sirve para trabajar en las alturas. **K.** Mekatxis, ezta gelditzen larreiko goixen baña bixotik iñor ezgara allegatzen, ba aldamiño pixkat prestatu-bierra eukikou zeatik beztela xelebre ibilikogara, gauza da hemen eztaukoula ezer ta almazenera fanbikozu zerbaitzuk ekartzera. **T.** Mecachis, no es que esté muy arriba pero no llegamos ninguno de los dos, pues vamos a tener que preparar un poco de andamio porque sino andaremos mal, la cosa es que aquí no tenemos nada y vas a tener que ir al almacén a traer algo.

ALDAPA, ALDATZA. Cuesta, pendiente. **K.** Hernixora oñez fateko mendi-biretik nere betiko oitura Andazarretik hastie izetenda, hemendik eta Zelatunera bitxertien nahiko ondo ibiltxenda ta nekatazun haundi-barik, baña gero hortik kurtzeraño oso aldapa latza dau eta bire hontan derrigorrez izerdi batzuk bota inbierrak eotendie. **T.** Para ir andando al Hernio por el camino de monte mi costumbre de siempre es empezar por Andazárrate, de aquí hasta Zetatun se anda bastante bien y se vá sin hacer grandes esfuerzos, pero luego a partir ahí hasta la cruz hay una cuesta muy empinada y en ese tramo a la fuerza hay que echar algunos sudores.

Aspaldiko esaerabat: Diruek betik aldapak berdintzendau.

Un viejo proverbio vasco dice el dinero siempre allana todas las pendientes.

ALDARIE, ALTARIE. Altar de la Iglesia, especie de mesa dónde se celebran las misas. **K.** Hainbat Katedral, Basilika eta Elixetan altare benetako dotoriek ikusitxut, siderrezkuek, harri, egurraz iñdekuek eta abar, baña halaere Arantzazuko Basilikan dauen harrizkue eztauko bape inbixixaik beste horreikiñ. **T.** En muchas Catedrales, Basílicas e Iglesias he visto muchos altares que son muy bonitos y llamativos, de plata, piedra, hechos de madera, etc..., pero aún así hay uno en la Basílica de Aránzazu que es de piedra y no tiene ninguna envidia de esos otros.

ALDARRIA. Lo que se hace o dice se hace a gritos, chillando. **K.** Horreiñ aldarria, ordubete inguru eruetendaue diskutizen eta eziñ ulertuka haidie bata-bestiekiñ, ondion hor dabitze bixok txillixoka eta etxuraz eziñdaue berbaik iñ pertzona normalan bezela, batek uluka hastenbada bestiek segitxuen askoz geixaukiñ jarraitzendau. **T.** Que forma de chillar, hace ya cerca de una hora que han empezado a discutir, ahí continúan los dos a todo gritar y parece que no tienen forma de enterderse hablando como las personas normales, si uno empieza a chillar el otro enseguida continúa gritando más fuerte todavía.

ALDARRIKAPENA. Hacer un anuncio, proclama, manifiesto a voz de grito como antiguamente se hacía con los pregones. **K.** Zarauzko herri festak zabaltzeko Andra Mari bexperan aldarrikapena Udaletxeko balkoien izetenda, aurretik etxatleruek botatzendaue eta ondoren txlstularixek erraldoi eta buruhaundixek batera kalegiran hastendie. **T.** El pregón para dar comienzo a las fiestas del pueblo de Zarautz, la víspera del día de la Virgen, se hace desde el balcón del Ayuntamiento, antes de eso se tiran cohetes y después los txistularis acompañados con los gigantes y cabezudos empiezan con el pasacalle.

ALDATU. Acción de cambiar, bien de sitio, de objetos, de ropa, etc... **K.** Teodoro oso larri ta keskatuta zan hauken lanakiñ, orduik ez, irabazi be apenas askoik eta danera nahiko gaizki. Baña oñ gertauda beste enpresa batera fandala, lana aldatu eta azkero askoz hobeto ikustejako ta beste pozbateaz. **T.** Teodoro andaba muy apurado y preocupado con el trabajo que tenía, sin horario, apenas ganando lo justo y en todo bastante mal. Pero ahora ha ocurrido que ha ido a otra empresa, ha cambiado de trabajo y se le ve que está mucho mejor y con otra alegría.

ALDATZ-BERA, ALDAZBERA. Cuesta, pendiente hacia abajo. **K.** Benga, geldiketabat ingou pixkat lasaitu eta arnasie hartzeko, txarrena iñdou eta oñ ibiltxeko geratzendan birie guztie aldazbera da, eta hemendik aurrera iñok eztou larrei nekatu-bierrik eukiko. **T.** Venga, vamos a hacer una parada para tranquilizarnos un poco y tomar aliento, ya hemos hecho lo peor y ahora lo que nos queda de caminar es todo cuesta abajo, y de aquí en adelante nadie tendremos que cansarnos demasiado.

ALDATZ-GORA, ALDAZGORA. Cuesta o pendiente hacia arriba. **K.** Nahiko ondo ta iñdertzu ikustezauet danoi eta etxuran hasteko askenengo aldazgora hau, baña oinguen ez larritxu, oñ geratzendana nahiko lasaia da eta gañera motx xamarra. **T.** A todos os veo bien y con fuerza como para empezar a subir esta última cuesta, pero no os apureís, la que queda ahora es bastante suave y además cortita.

ALDE. Palabra que se utiliza para decir que te marches, que te alejes, que te quites de en medio. **K.** Aspalditxuen hor zara geldik mosolue bezela eta gañera ziur nau ezarela iñori etxoitxen eongo, bakarrik hor eonien, ba benga, mobituzaitxez axkar eta alde trabatik zeatik lanien hasi-bierra daukou. **T.** Llevas mucho tiempo ahí parado como un tonto y además estoy seguro que no estás esperando a nadie, solo estás por estar, pues venga, muévete rápido y quítate de en medio que tenemos que empezar a trabajar.

ALDEBATEN. En solo uno de los lados. **K.** Eztakitx nola jarrileiken harri pilla hau hemen erdi erdixen, ixe bire guztie moztu iñdaue eta oñ lan berdiñe bi bider inbierra daukou, aurrena hrtu eta kendu trabatik eta gero hor aldebaten jarri birie libratzeko. **T.** No sé como han podido dejar este montón de piedras aquí en la mitad mitad, casi han cortado todo el camino y ahora tenemos que hacer dos veces el mismo trabajo, el primero coger y quitarlas del estorbo y luego colocarlas ahí a un lado para dejar libre el camino.

ALDEBATERA. De un lado. Por una parte... **K.** Horrek esandauenaz aldebatera ados nau baña bestaldetik nere ustez eztauko errazoirik zeatik eziñleike iñ berak asmaudauen moduen, jakiñe da inbierreko lana dala baña eztau kontuen hartu neurrixek eztauela emuten lan hori itxeko ideia duken bezela. **T.** Por una parte estoy de acuerdo con lo que ha dicho ese pero por la otra creo que no tiene razón porque no se puede hacer como tiene pensado, ya sabemos que el trabajo hay que hacerlo pero lo que no ha tenido en cuenta es que no dan las medidas para poder hacer de la forma que lo ha ideado.

ALDEBATETIK. Por un lado. **K.** Aber nola konpontzegaran tellatura igoteko tella hoineik, zuk heldu soka aldebatetik eta zu fan lagunduaz zeatik pixu dexentie daukie, eta gero bixok batera tira inbierra daukotzue, pixkanaka eta mantzo eztixien jausi buru gañera. **T.** A ver como nos arreglamos para subir estas tejas al tejado, tú agarras la cuerda por un lado y tú vas ayudándole porque tienen bastante peso, y luego teneís que tirar los dos juntos, a poquitos y despacio para que no se os caigan encima de la cabeza.

ALDEBITAN, ALDE-BIXETAN. Por los dos lados, costados. **K.** Gaur alde-bixetan aitudot, aurrena kalien eta gero hemen lan-tokixen, eta da ze horrek ibiltxendauen bizikleta hori eztala erositxekue eta nunbaitxen lapurtutakue izengodala, oñ hori esauztenak eztaki bera izendan ero bestebatek lapurtzekue erosidauen. Halaere aldebatera ero bestera izen berai lasai asko ikustejako eta eztau emuten eskutuen dabillenik. **T.** Hoy en los dos lados he oído, primero en la calle y luego aquí en el trabajo, que la bicicleta que anda ese no está comprada sino que habrá sido robada de algún sitio, ahora el que me ha dicho eso no sabe si ha sido él o se la ha comprado a algún otro que la haya robado. Aún así tanto sea de una forma como de otra a él se le ve que que anda muy tranquilo y no parece que se esconda.

ALDEGIÑ, ALDE-EGIÑ. Marchar, ausentarse de algún sitio, abandonar. **K.** Nere ustez hemen alperrik gara, askenien barriketan besteik eztaue itxen eta gañera ezer ez esateko, eta guretako entzuten etorrigaren bierrezko gauzatik ezertxoik ez, zuek gurebozue gelditxu baña nik garbi dauket zer inbierra dauketen, aldegiñ ta axkar gañera. **T.** Yo creo que aquí estamos de sobra, al final no hacen más que hablar y además para no decir nada, y de lo que nosotros hemos venido con la intención de oir, que en realidad es lo que nos importa, nada en absoluto, vosotros quedaros si quereís pero yo tengo claro lo que voy a hacer, marchar y además enseguida.

ALDE-GUZTIETAN, ALDE-GUZTITAN. En todas partes. **K.** Bero honeikiñ nola jarridien balkoi inguruek txindurrixekiñ, gauza da eztakitxela nundik etortzendien eta gañera eztau moduik ezerrekiñ akabatzeko, pozoiekiñ eztou lortzen, biñagre eta limoiekiñ bez eta andriek beste zerbaitx bebai jarridau eta halaere ezer ez, eta alde-guztietan dazela ikustenda. **T.** Con este calor vaya como se han puesto de hormigas todos los rincones del balcón, la cosa es que no sé de donde pueden venir y además no hay forma de que terminar con ellas con nada que se les eche, con veneno no lo conseguimos, con vinagre y limón tampoco y la mujer también les ha puesto alguna otra cosa y nada, y se ve que están por todas partes.

ALDEKUE. Fan, seguidor o a favor de una persona, cosa, institución etc... **K.** Naiz eta xelebrie izen hala da. Fabiolo, gure laguna, aldameneko herrixen jaixotakue da, bizi guztie Euskalherrixen eta gauza nahiko errarue gertatzejako, ba Bartzelona fubol ekipuen amorratu aldekue dala, berak sarri esatendau bere bigarrena Erreala dala baña eztakitx hortarako tokirik eukikodauken. **T.** A pesar de ser una cosa curiosa es así. A nuestro amigo Fabiolo, nacido en el pueblo de al lado y toda su vida en Euskalherría le sucede una cosa bastante rara, resulta que es un acérrimo seguidor del equipo de fútbol del Barcelona, él suele decir muchas veces que su segundo equipo es la Real pero no sé si le quedará sitio para eso.

ALDENIKALDE, ALDENIK-ALDE. De un extremo al otro, de un lado a otro. **K.** Pertzona hori ezta gelditzen, gauza da eztala iñora faten baña betik ikustendozu oñez ibiltxendala eta eztakitx eztan xelebre xamarra, betik dabill aldenikalde, nere ustez jakiñ-barik nundik ero nora, oñ hemen, gero han, hurrengo bestaldien eta hala egun guztien, beleike eziñ-eona eukitxie ero beztela andriekiñ asarre antzien. **T.** Esa persona no para nunca, la cosa es que no vá a ningún sitio pero siempre le ves que está caminando y no sé si no es un poco raro, anda de un lado para otro, sin rumbo y yo creo que sin saber por o para donde, ahora aquí, luego allá, más tarde en otro sito y así todo el día, quizá sea que no pueda estar quieto o también que esté enfadado con su mujer.

ALDERA. Ir hacia algún lado, algún sitio o lugar. **K.** Aspertunaz hainbeste denpora jarritxe eoten ta kalera urtetzera noie, Norbertok deiketanbadau esan frontoi aldera noiela eta gutxienetik xortzirakarte han eongonazela, eta bera lenau gertatzenbada harutza etortzeko. **T.** Ya me he aburrido de estar tantas horas sentado y voy a salir a la calle, si llama Norberto dile que voy hacia el frontón y que por lo menos hasta las ocho estaré allá, y que si él se prepara antes venga para allá.

ALDERANTZI. El reverso, del revés, darle la vuelta. **K.** Ni bai, jentie begire geratzenzala eta barre antzien ikustenitxula baña askenien konturatunaz zeatik zan, nik ustenauen ondo orraztuta noielako izengozala baña ez, gertatzezan ze dauketen kamiseta alderantzi jantzitxe eruen eta nabarmen igertzezala. **T.** Yo sí, que la gente se me quedaba mirando y les veía como sonreían pero al final ya me he dado cuenta de porqué era, pensaba que sería porque iba bien peinado pero no, lo que pasaba es que la camiseta que tengo puesta la llevo del revés y se notaba claramente.

ALDERAZI. Rechazar algo o a alguien. **K.** Aurreneko aldixe izenzan jatetxe hortara fatenitzela baña eztot uste berriz bueltaukonazenik, aurren ekarrizuztien entzalada ha, nahasi izena bakarrik hauken, ezauen txarra baña larreiko exkaxa eta geroko txipiroi hareik ezeozen bape onak. Ba akaso asarretukozien baña txipiroiek alderazi iñauen eta gero alde bost euro itxi ondoren mai-gañien. **T.** Es la primera vez que había ido a ese restaurante pero no creo que vuelva más veces, la ensalada que me trajeron, de mixta solo tenía el nombre, no es que estuviese mala pero era demasido escasa y después los chipirores no estaban nada buenos. Pues puede que se enfadasen pero rechazé los chipirones y después de dejar cinco euros encima de la mesa me marché.

ALDERDI. Partido político. Tambien un paraje, una faceta. **K.** Ze alderdi politxek dien Atxabaltako Urkulu zingira ingeruek, pasiatzeko, nai izen-ezkero baitxe kirola itxeko, eguzkitan etzanda eoteko, eta gose ero egarrixe dauenien zerbaittx hartzeko aukera be badau tabernan. **K.** Que parajes más bonitos son los alrededores del pantano de Urkulu en Aretxabaleta, para pasear, si se quiere también para hacer deporte, para estar tumbado (a) al sol y si se tiene hambre o sed hay oportunidad de poder tomar algo en la taberna.

ALDERDIA. Concentración de miembros y simpatizantes de un partido político. **K.** Denpora gutxi dala EAJotako alderdi eguna izenda, esatendauen ez egueldi oso ona eonzala, izugarri jente pilla eta giro zoragarrixe. **T.** Hace poco tiempo se ha celebrado la concentración del día del PNV, según dicen hizo muy buen tiempo, también que acudió muchísima gente y que hubo un ambiente extraordinario.

ALDERDIXE. Diferencia, controversia, discrepancia. **K.** Ze alderdixe dauen antxuak mollara etorri barrixek jan eta ez bi egun erueteitxuenak peskaixan, aurrenak siñistu eziñeko gozuek eta bigarrenak txarrak ez baña bai zertxobaitx exkaxak, bigun xamarrak izetendie. **T.** Vaya diferencia que hay comer unas anchoas recién llegadas al puerto y no las que llevan dos días en las pescaderías, las primeras increiblemente buenas y las segundas, malas no, pero sí algo deficientes, suelen ser un poco blandungas.

ALDETIK. Que vas o vienes por parte o estás de parte de alguien. **K.** Lengo egunien bat kontatzen ibillizan, ezauen esan bera iñde dauenik, ze batzuk nahiko muturra daukiela, sartu jatetxera ta bateonbatek galdetu-ezkero zeñek gonbidaute datorren eskontzara, erantzuna izetendala nobixo ero nobixan aldetik, eta gero eztaukela jarri besteik eta ondo ta gustora bazkaldu, eta akaso gero gertatzenbada dantza pixkat iñ bebai. **T.** El otro día contaba uno, no dijo si lo había hecho él, que hay algunos que tienen mucho morrro, entran en el restaurante y si alguno le pregunta de parte de quien vienen a la boda contesta le ha convidado el novio o la novia, y luego no tiene más que sentarse para comer bien y a gusto, y quizá luego si es que coincide también bailar un poco.

ALDETIK-ALDE, ALDETIK ALDE. Para decir que te alejes, quites, separes o te marches. **T.** Zurie nakiko da, zer da gertatzejatzuna, geldik eoneziñe. ero?, ba ia naskatunaizu eta eztakitx zer inleikien zurekiñ, baña momentu hontan bai daukotzu gauzabat itxeko, aldetik-alde eta axkar gañera zeatik beztela mosukobat hartukotzu. **T.** Ya está bien lo tuyo, ¿que es lo que tienes, que no puedes estar quieto, o qué?, pues ya me has cansado y no sé que se puede hacer contigo, pero en este momento al menos si vas a tener que hacer una cosa, màrchate de aquí y además rápido porque sino vas a recibir un tortazo.

ALDEZ-ALDE, ALDEZ ALDE. Lo que hay que hacer, hacerlo de parte a parte o de un extremo a otro. **K.** Basoko itxitura hau aldez-alde inbierra daukou, hasi hemendik eta bestalderaño, batzuk, hirukiñ nahikue izengoda, fan aurretik exolak sartzen eta bestiok atzetik alambresarie jarri eta josten fangogara. **T.** El cierre de este bosquecillo lo tenemos que hacer de parte a parte, empezar por aquí y hasta el otro extremo, algunos, con tres será suficiente, ir por delante metiendo las estacas y los demás iremos por detrás colocando y cosiendo la red.

ALDI. Epoca, tiempo, período. **K.** Ontxe bertan bukatzen haigiñen eta ezkerrak aldi onien etorrizarela, zure bierrien geotzen ba, eziñdou hemendik aurrera jarraitxu zeatik eztakigu nola ta ze materialakiñ inbierra dauen, hasizaitxez zu eta gu zure atzetik fangogara. **T.** Ahora mismo estábamos terminando y menos mal que has llegado a tiempo, en el momento oportuno porque ya nos hacías falta, no podemos continuar adelante porque no sabemos cómo ni con que materiales hay que hacer, empieza tú y nosotros iremos detrás tuyo.

ALDIE. Diferencia. Que es distinto. **K.** Erloju barribat erosteko asmuaz nabill eta ikusidoten bi honeitatk bat oso nere gustokue da, gertatzenda ze batetik-bestera haundixe dala dauen aldie eta hau betikue da, neri geixen gustatzejatena askoz karestixaue dala bestie baño. **T.** Ando con la intención de comprar un reloj nuevo y de entre estos dos que he visto hay uno que es muy de mi gusto, lo que sucede es que hay mucha diferencia entre uno y otro y es lo de siempre, que el que a mí más me gusta es mucho más caro.

ALDIEK. Circunstancias, condiciones, rachas. **K.** Hermenegildok esandust notarixuek deitxutzela esanaz fateko bixer hamaiketan siñatzera terrenuko kontratue, ba nik be beste gauzabat esautzet, aldiek eotendiela eta siñatu aurretik oso berezixe dala ikusi ta ondo irakurtzie kondiziño guztiek. **T.** Hermenegildo me ha dicho que le ha llamado el notario diciendo que mañana a la once vaya a firmar el contrato de los terrenos, pues yo también le he dicho otra cosa, que suele haber muchas variables y que es muy importante ver y leer bien todas las condiciones antes de firmar.

ALDIEN. Llevar encima algo o alguna cosa. **K.** Egunenbatien ikusikozu ze pasalekeitzun, norbaibatzuk jakiñien eotenbadie hainbeste dirukiñ ibiltxezarela gañien baleike zerbaitx gertatzie, hori ezta bape ona izengo eta gero alperrik izengozu damutzie, ba iñ kasu askotan esandotzutenai eta ez eruen horrenbeste diru aldien. **T.** Ya verás algún día lo que te puede suceder, si algunos se enteran de que andas con tanto dinero encima quizá te pase algo, eso no será nada bueno y luego será inútil que te lamentes, pues haz caso a lo que te he dicho muchas veces y no lleves tanto dinero en el bolsillo.

ALDIKO. Por cada vez. **K.** Beno, jasoitxu danak eta laister hasikogara errepartuaz, mererez jarrizaitxeze illeran eta etorri aldiko bat eta ez hasi bultzatzen bata-bestiei zeatik danontzako allegaukoda ta. **T.** Bueno, ya hemos recogido todo y pronto vamos a empezar con el reparto, por favor poneros en fila y venir uno cada vez y no andeís empujando el uno al otro que llegará para todos.

ALDIXE. Espacio de tiempo, frecuencia. **K.** Ontxe daukou aldixe hamarretakue itxeko eta kanpora urtengou, euskitan jarri eta gero bukatu ondoren jarraitxukou berriz lanakiñ. **T.** Ahora tenemos tiempo para hacer el bocadillo y vamos a salir fuera, nos sentamos al sol y luego cuando terminemos ya continuaremos de nuevo con el trabajo.

ALDIZ. Turno, chanda, vez. **K.** Nola esanbijatzu zuri gauzak?, naskatunaizu, hamar aldiz errepikautzuk geldik eoteko eta halaere eztuztazu ezertxo kasuik itxen, zer gurozu, mosukobat emutie?, ba hala jarraiketanbozu laister hartzeko arrixku haundixe daukotzu. **T.** ¿A tí como hay que decirte las cosas?, ya me has asqueado, te he tenido que repetir diez veces que estés quieto y aún así no me haces ningún caso, ¿qué quieres, que te dé un tortazo?, pues si continúas así corres un gran riesgo de recibirlo rápidamente.

ALDIZKA. De forma alterna, de vez en cuando. **K.** Batzuk oso amorratuek izetendie eta egunero jangolaukie baña kasu iñ, angula jana askoz hobeto da aldizka jatie zeatik beztela aldebatetik baleike laister aspertzie, eta bestaldetik larrei jatenbada beteka euki, eta akaso baitxe gertauleike kalte itxeko arrixkue eukitxie. **T.** Algunos son acérrimos y las comerían todos los días pero hacer caso, las angulas es mucho mejor comerlas de vez en cuando porque sino por una parte puede que pronto se aburra, y por otra si se comen muchas también pueden provocar llenazo, e incluso puede ocurrir correr el riesgo de que te hagan daño.

ALDIZKARI. Periódico, revista u otra cosa. **K.** Nik oñartien betik erosi izendot eta egunero gañera aldizkari ha, baña aspalditxuen etxaten bape gustatzen zeatik politika istorixak besteik ezauen ekartzen eta laga iñdot erostiei, hau eta beste erozeiñ. **T.** Yo hasta ahora siempre he solido comprar y además todos los días el periódico aquel, pero últimamente no me gustaba nada porque no traía más que historias sobre política y ahora lo he dejado de comprar, ese y también cualquier otro.

ALDREBES. Que está al revés, del revés. **K.** Ze gauza xelebre, lengo egunien SanTelmoko museue ikusten hainitzela gogoratunitzen kuadrobat aldrebes hauela, ba hori esan gelako zantzailiei eta barre iñusten pentzatzen akaso adarra joten ibilikonitzela, ezetz esanutzen eta serixo nabillela, orduen barre geixau iñauen eta esauzten hala zala. **T.** Que cosa más curiosa, el otro día visitando el museo de San Telmo en San Sebastián me dí cuenta de que un cuadro estaba al revés, pues así se lo dije a la persona que estaba al cuidado de la sala y se rió pensando quizá que le estaba tomano el pelo, le dije que no y que andaba en serio, entonces se rió todavía más y me dijo que era así.

ALDREBESA. Se dice de la persona torpe, retorcida, desmañada. **K.** Ideltzero horrek eztau sekula gauza zuzenik itxen eta berdiñ da erozeiñ lan aiñdu zeatik igual da, danak nahiko ero oso gaizki itxeitxu ta eziñdot ulertu nola leiken holako aldrebesa izetie. **T.** Ese albañil no hace nunca nada a derechas y da lo mismo cuaquier trabajo que le mandes porque es igual, todos los hace bastante, o rematadamente mal y no entiendo como puede ser una persona tan torpe.

Aspaldiko esaerabat: Hau da gauza aldrebesa, zu astu eta nik akordau eza.

Un viejo provervio vasco dice que vaya cosa más difícil, tú olvidarte y yo no acordarme.

ALDREBESTU. Se dice cuando una situación o persona se embarulla o se complica. **K.** Asmue oso ona zan Zaragozara fatie asteburu hontan bi ero hiru egun pasatzera baña gauzak aldrebestu iñdie, Argimiro geixotuda eta oñ etxoiñ-bierra daukou bera sendatu harte, eta espero laister izetie. **T.** Era muy buena la idea de ir a Zaragora este fín de semana a pasar dos o tres días pero las cosas se han complicado, Argimiro se ha puesto enfermo y ahora tendremos que aguardar hasta que se cure, y esperemmos que sea pronto.

ALEGIA. Como ejemplo, ciertamente, a saber. **K.** Aber egixe esan, zuentzat alegia alda egun honeitan gertatzen haidana Kataluñan?, zeatik neretzat bentzet ezer ez. **T.** A ver, ser sinceros, ¿para vosotros puede servir como ejemplo lo que está sucediendo estos días en Cataluña?, porque para mí al menos absolutamente no.

ALEGIÑEK, ALEGIÑDU. Esforzarse, hacer los posibles. **K.** Hau da marka, nik iñolabe ezikñdot iñ aiñdutako lan hau, alegiñ guztiek itxen hainaz baña eziñdot bakarrik atara, larreiko astuna da altzatzeko pieza hori eta derrigorrez bierkot beste pertzona bat ero parebat laguntzeko. **T.** Esto es de traca, yo no puedo hacer esto que me han mandado de ninguna de las maneras, estoy haciendo todos los posibles pero no puedo hacer el trabajo solo, la pieza pesa demasiado para levantarla y necesariamente necesito a una o dos personas para que me ayuden.

ALETU. Desgranar, separar los granos de la vaina u otro sitio. **K.** Fandan astien jasogitxun artaburuek nik ustedot nahiko siketudiela eta aletu inbikou, bazkalostien hasikogara ta aber geixenak bukatzendoun illundu aurretik, eta gelditzendienak bixerko itxikoitxu. **T.** Las mazorcas que recogimos la semana pasada yo creo que ya se han secado lo suficiente y las tendremos que desgranar, empezaremos después de comer y a ver si nos da tiempo de terminar con la mayoría antes de que anochezca, y las que queden las dejaremos para mañana.

ALETZU. Que tiene un contenido con mucho grano. **K.** Ze ona izendan aurtengo urtie orturako, tomatie ta piperrak ugeri ta onak, baitxe letxugak eta berdiñ escarolak, lekak be asko eondie baña honeikiñ gertauda askotxo itxoiñdula jasotzeko eta oñ larreiko aletzu geratudiela, eta hau kentzenbou beste dana zoragarrixe izenda. **T.** Que bueno ha sido este año para la huerta, ha dado muchos y buenos tomates y pimientos, también lechugas y escarolas, y ha habido muchas vainas pero con estas ha pasado que hemos esperado demasiado tiempo en recogerlas y ahora ha quedado con demasiado grano, y si quitamos esto todo lo demás ha sido excelente.

ALFILERRA. Alfiler. **K.** Bizikletakiñ ibilinitzenien Estremadura aldien eta hor Kazerezen nauela gertauzan poltzako uela askatu inzala, ba alfilerrak erosi-bierra izenauen nolabatitx lotzeko momentuz, bentzet josi hartien eta hori izenzan aurreneko lana iñauena hurrengo egunien. **T.** Cuando anduve por Extremadura en bicicleta y estando en Cáceres pasó que se me soltó la correa del bolso, pues tuve que comprar unos alfileres para de momento sujetarla de alguna manera, al menos hasta coserla y eso fué el primer trabajo que hice al día siguiente.

ALGARA. Juerga, diversión, alegría. **K.** Gaur eguakotx gaua eta asteburu hasiera, hau betik igertzenda Pilarko plaza inguruen zeatik orduen da algara hastendan garaia, eta hau ezta gaur bakarrik izeten, baitxe bixer zapatue eta gauza berdiñe asteburu guztietan. **T.** Hoy viernes noche y comienzo del fín de semana, esto siempre se nota en los alrededores de la plaza del Pilar porque entonces es cuando empieza la juerga y la diversión, y no solo suele ser hoy, mañana sábado también y lo mismo todos los fines de semana.

ALGODOIE. Algodón, fibra textil. **K.** Esatendaue ze algodoiaz eta baitxe guatiaz, bixek oso onak omendaiela siderra garbitzeko, aurrena alkolas busti eta gero ondo igurtzi garbitxu gurozun gauza horri. **T.** Dicen que tanto con el algodón como la guata, las dos son muy buenas para limpiar la plata, primero hay que mojar bien con el alcohol y luego frotar bien el objeto que quieres limpiar.

ALIE (K). El grano de muchos productos, los gajos. **K.** Holako gustora ikustezaut jaten ze ixe eziñdot aguantau dauketen inbidixakiñ, zuk akaso larreitxo eukikozu eta emutenbuztezu ale batzuk zure mandarinatik nik ustedot bixondako izengodala mezerie, neretako enbidixa hori kentzeko eta zuretzat betekaik ez eukitxeko, gero erosikoitxuk eta gurebozu bueltaukotzut emutenduztazuna. **T.** Te veo comer tan a gusto que casi no puedo aguantar de la envidia que tengo, tú quizas tengas demasiado y si me darías unos cuantos gajos yo creo que sería beneficioso para los dos, para mí porque así quitaría la envidia y para tí para que no tengas un llenazo, luego ya las compraré y si quieres te devuelvo lo que me des ahora.

ALIKATE. Fig. se le llama así a la persona torpe, poco hábil. **K.** Obrara etorrizien asken horreik aurreneko egunien igerrinutzen eztakixiela itxen gauza haundirik, eta noski halaxe zala ba, eondie illebete proba bezela eta bukatu ondoren alde inbierra eukidaue, nere ustez alikate xamarrak zien, gure lan hontan bentzet. **T.** A esos últimos que han venido a la obra desde el primer día les he notado que no saben hacer gran cosa, y cierto de que era exactamente así, han estado un mes de prueba y cuando se ha terminado han tenido que marchar, yo creo, al menos para nuestro trabajo, que eran demasiado torpes.

ALIKETA. Herramienta. Alicate, especie de tenacilla. **K.** Ixe bukatudou baserriko terrenuen itxitura, bakarrik geratzejaku alanbresare pixkat jartzie, lotu eta asken zatixe kolokau besteik ez bi ero hiru aliketa bierkoitxu sobratzendien punta guztiek mozteko. **T.** Ya casi hemos terminado de hacer el cierre de los terrenos del caserío, solo nos queda colocar algo de red, coser y nada más que pongamos el último pedazo necesitaremos dos o tres alicates para recortar todas las puntas que están de sobra.

ALKANDORA, ALKONDARA. Camisa. **K.** Denda barribat zabaldudaue Donostiñ eta eskaparatien alkondara oso politxek ikustendue ta prezio onien gañera, andriei komestaukotzet aber guerdauen etortzie nerekiñ elejitzeko eta parebat erosi, gero eta trenien bueltau-ezkero aukera daukou txklito parebat hartu eta zertxobaitx jateko aldo zarrien. **T.** En San Sebatián han abierto una tienda nueva y en el escaparate se ven unas camisas muy bonitas y además a buen precio, le voy a comentar a mi mujer a ver si quiere venir conmigo para elegir y comprar un par de ellas, luego y si es que volvemos en tren tenemos la oportunidad de tomar un par de chiquitos y comer algo en la parte vieja.

ALKAR. Juntos, unidos, en conjunto. **K.** Bakarrik fatenbanaz akaso eztust kasuik ingo, baleike esatie eziñduztela emun eta baezpare hobeto izengoda, hal izen-ezkero bentzet, alkar fatie zeatik zuri asko esauketazau eta eztotzu ezetzik esango. **T.** Si voy solo seguramente no me hará caso, quizá me diga que no me puede dar y por si acaso será mejor, al menos si es que puedes, que vayamos juntos porque a tí ya te conoce y no te dirá que no.

ALKARTU. Reunirse, juntarse, unirse. **K.** Nik ustedot beratzirek ordu ona dala afaltzeko eta ordubete lenau alkartukogara txikito parebat hartu eta gero fan jatetxera, eta zuk nola atzaldien eon-bierra daukotzun bestiekiñ geldituzaitxez ordu horretan. **T.** Yo creo que las nueve es buena hora para cenar y quedaremos una hora antes para juntarnos, tomar un par de chiquitos y después ir al restaurante, y como tú tienes que estar con los otros esta tarde queda con ellos para esa hora.

ALKARTASUNA. Solidaridad, alianza, sociedad. **K.** Gaurko mesetan abariek sermoien esandau alkartasun haundixe euki-bierra dauela jente horreikiñ igex iñde etorridienak eurok bizizien tokitxik, eta eztiela etorri euron kapritxoz baizik sigero derrigorrien. **T.** En la misa de hoy el cura ha dicho en el sermón que hay que tener mucha solidaridad con esa gente que ha venido huída del lugar donde ellos vivían, y que no han venido por capricho sino por absoluta necesidad.

ALKARREAZ, ALKARREKIÑ. Que están o van a hacer cosas juntos. **K.** Aurten sekulako pilla dau eta bakarrik itxeko lan haundixe ta astun xamarra da, eta zuek, halbozue bentzek, lagundukuztazue sagarrak jasotzen?, eta gero bukatzendounien ingoitxu errepartuek. **T.** Este año hay una cantidad increíble y para hacerlo solo es un trabajo grande y bastante duro, vosotros, si es que podéis por lo menos, ¿ya me ayudaríais a recoger las manzanas?, y luego cuando terminemos ya haremos los repartos.

ALKATIE. El alcalde. **K.** Donostiko alkatiatik komestatzenda oso jatorra omendala, beno, hori eztaue danak esango baña bai bentzet geixen-batzuk, eta bere zaliek dien pertzona horreik esatendaue gauza asko iñdekue dala Donostiñ alde. Bera EAJoteko taldekue da eta etxuraz asmue dauko berriz presentatzeko alkate bezela. **T.** Por el alcalde San Sebastián dicen que es una persona muy agradable, bueno, no todos lo dirán pero sí al menos una gran mayoría, y esas personas que son partidarias de él comentan que ha hecho muchas cosas por San Sebastián. El es del partido PNV y parece que su intención es presentarse de nuevo a la alcaldía.

ALKATE-ORDIE. El teniente de alcalde. **K.** Herri hontako alkatie geixotu iñda eta oñ bere ordez kargu hori hartudauena bere ondorengue da, alkate-ordie, gañera honendako txarrena izenda oporretan zala Kanariasen eta axkar etorri-bierra izendauela famili guztie bertan lagata, ba bere kulpa besteik ezta sartuatik asunto horreitan. **T.** El alcalde de este pueblo ha enfermado y la persona que ha cogido el cargo en su substitución ha sido el teniente de alcalde, además lo peor es que estaba de vacaciones en Canarias y ha tenido que venir de prisa dejando allá a toda su familia, pues la culpa no es más que de él por meterse en esos asuntos.

ALKATESA. La alcaldesa. **K.** Lenau, ia oso aspaldi, zalla izetezan sikera alkatesa bakarbat eotie erozeiñ herritan, oñ hori asko normalduda baña halaere eta ondion bentzet ez geixei, esan-baterako Españako bi hiriburu haundixetan, Bartzelona eta Madrill, bai daz alkatesak eta beste toki askotan be hala eongodie, halaere konparaketa iñezkero, ezalzien gizonezkuek izengo askoz geixau emakumak baño? **T.** Antes, hace ya mucho tiempo, era muy difícil que siquiera hubiese una alcaldesa en cualquier pueblo, pero ahora esto se ha normalizado bastante aunque todavía tampoco demasiado, por ejemplo, en las dos ciudades más grandes de España, Barcelona y Madrid, si hay alcaldesas y en muchos otros sitios también las habrá, pero aún así y si hiciésemos una comparación ¿no habría muchísimas más personas de género masculino que femenino?

ALKAZE, ALKAZIA. Arbol de la acacia. Es de una madera muy dura y que normalmente crece en las riberas de los ríos, dicen que es una madera que una vez elaborada se conserva muy bien en el exterior y que aguanta temperaturas muy extremas. También comentan que los carpinteros no son muy dados a trabajar con esa madera porque debe de ser muy dificultosa precisamente por su dureza. **K.** Erreka erribera hontan alkazia dexentetxo ikuntendie baña nere ustez eztau balixo gauza askotarako zeataik enborrak larreiko fiñek die, halaere kartelbat dau jartzendauena debekatute dauela moztie, bai honeik eta baitxe beste inguruko erozeiñ arbola. **T.** En la ribera de este río se ven bastantes acacias, pero yo creo que no valen para muchas cosas porque tienen el tronco demasiado fino, aún así hay un cartel en el que pone que está prohibido cortarlas, tanto estas como cualquier otro árbol de los alrededores.

ALKOLA. Alcohol. Puede ser de uso medicinal o por su presencia en bebidas y también en muchos más otros sitios. **K.** Errioxako upetegibaten izengara ardau batzuk probatzen, geixenak gustoz oso onekuek, baña asunto hontan jakiñek dienak komestaudaue eztauela emuten apenas iñok alkol asko daukenik, guk bentzet nahiko lasai ta modu onien urtegiñen eta hori probaketa dexente ingauela. **T.** Hemos estado probando unos vinos en una bodega de La Rioja, la mayoría estaban muy bien de sabor, pero según comentaron los que entienden de estos asuntos parece que apenas tenían mucho alcohol ninguno de ellos. Nosotros al menos salimos bien tranquilos y frescos y eso que hicimos bastantes probaturas.

ALLAKUIDAUS. Palabra que viene a decir que allá te las compongas, que no me importa, etc... **K.** Ez zuk daukotzun esan-bierrak eta ez beste horrenak neretzat dauko bape importatzik momentu hontan, eta gañera beste gauzabat be esangotzuet, allakuidaus hemendik aurrera itxendozuenakiñ, zuen kabuz izengoda eta zuek ikusibikozue. **T. T.** Ni lo que tengas que decir tú ni tampoco lo de ese otro tiene ninguna importancia para mí en este momento, y además también os voy a decir otra cosa, ahí os las compongaís con lo que hagaís a partir de ahora, será porque así lo habéis querido y vosotros tendréis que ver.

ALLEGAU. Llegar al sitio, a la meta, alcanzar alguna cosa. **K.** Polikarpok Bilbora birien istripu txikibat eukidau eta baezpare aurrena iñdauena familixai abixatzie izenda eztixien larritxu, gero eta papeleo iñ ondoren, naiz eta berandu xamar, allegauda bere lantokira. **T.** En el camino a Bilbao Policarpo ha tenido un pequeño accidente y por si acaso lo primero que ha hecho ha sido llamar a la familia para que no se preocupen, luego y una vez hechos los trámites del papeleo y aunque un poco tarde, ya ha llegado a su lugar de trabajo.

ALLEGAU. (Allegauaz), da, die, naz, zara, zarie, zien.

ALLEGATZEN. Está llegando, le falta poco. **K.** Filomenak deitxudau esanaz birien dauela eta allegatzen haidala, hemendik ordu-erdira gutxigorabera hemen eongodala, etxoitxeko pixkak eta kontatzeko berakiñ afaltzeko. **T.**

Filomena ha llamado para decir que está en camino y que ya está llegando, que apximadamente en media hora estará aquí, que la esperemos un poco y que contemos con ella para la cena.

ALMONDIGAK. Albóndigas, bolas de carne o de otro compuesto. **K.** Nere andriek oso almongiga onak itxeitu, danan gustokuek izetendie eta askoatik geixen jateitxuenak bere seme txikitxuena da, baña bestie be ezta oso atzien geratzen, ze pozik jartzendien hau dauenien eta bixon hartien ixe docena parebat inguru jateitxue. **T.** Mi mujer hace unas albóndigas muy buenas, son del gusto de todos y por mucho el que más las suele comer es su hijo pequeñito, aunque el otro tampoco se queda demasiado atrás, que contentos se ponen cuando hay esto y entre los dos ya se comen cerca de un par de docenas.

Errezatabat: Almondigak tomate saltzan. Oso fiñ pikatzendou kipula dexentebat, berdiñ piper berde parebat, eta jartzeitxu sartakiñan olixo asko-barik, su motelien ondo potxau hartien. Ontzibaten jartzendou esnie ogi mamiñaz fandeixen empapatzen eta gertu dauenien honekiñ batera nahastendou okela pikaua, arrautzabaten gorringue, sartakiñan prestau doun berdurak, berakatz ale parebat fiñ zatitxuta eta baitxe perrejill pixkat berdiñ iñde, honi gatza ta piper autz pixkat bota eta listo. Ondo nahastu buelta batzuk emunaz eta gero bolatxuek iñ, hau haundixek ero txikiñauek norberan gustora da, ondoren pasatzendou urunekiñ eta prijitxu. Bestaldetik prestatuta eukikou, betiko bezela, tomate goxobat ia pasapuen pasata eta lapiko baju eta zabalien jartzendou tomate hau ta prijitxudoun almondiga horreik, laga hamar ero hamabost miñutu, hau be su motelien eta gertu. Ah, eta ez euki bape zalantzaik ze hurrengo egunien ondion hobiek eongodiela.

Una receta: Albóndigas con tomate. Se pica finamente una cebolla hermosa, lo mismo un par de pimientos verdes y se sofríe a fuego bajo en una sartén con no demasiado aceite hasta que se poche bien. En un bol se mezcla leche y miga de pan para vaya empapando y una vez hecho esto se mezcla la carne picada, el sofrito de la sartén, la miga de pan que ya estará lista, la yema de un huevo, un poco de ajo y perejil picados finos. Y una vez bien amasada toda la mezcla se procede a hacer unas bolas o bolitas, el tamaño es al gusto de cada uno, pasarlas por harina y freir. Por otra parte habremos preparado, del mismo modo de siempre, una rica salsa de tomate, la tendremos ya pasada por el pasapurés y luego en una cazuela ancha y baja pondremos el tomate este y las albóndigas que hemos freído, lo dejamos diez o quince minutos a fuego bajo y ya está. Ah, y no tengáis duda de que al día siguiente estará todavía más rico.

ALMONEDA. Feria de objetos antiguos y generalmente todavía en buen uso. También puede ser una subasta del mismo tipo de objetos. **K.** Azaruen izetenda Granadako almoneda ferixa, gauza honeik oso gure gustokuek izetendie eta nola hiriburu hori eztau hainbeste urruti ixe urtero fatengara hori ikustera, eta batera aprobetxatzendou egun batzuk pasatzeko paraje hareitan. **T.** La feria de objetos antiguos suele ser el mes de noviembre en Granada, a nosotros nos gustan mucho estas cosas y como la ciudad esa no está tan lejos solemos ir casi todos lo años a verla, y a la vez aprovechamos para pasar unos días por aquellos parajes.

ALMORZAU. Desayuno. **K.** Rigobertok esatendau oso aspaldi oituratuzala goix almorzatzen eta ondion be, erretirau ondoren berdiñ jarraitzendau, xeirek aldien izetendala eta geixenbaten prestatzendau arrautza parie okeliaz, txorixuaz ero beste holako zerbaitxekiñ. **T.** Rigoberto suele decir que hace muchísimo tiempo se acostumbró a desayunar temprano y todavía también, después de haberse jubilado, mantiene la misma costumbre, que suele ser hacia las seis y que la mayoría de las veces se prepara un par de huevos fritos con un filete, chorizo o alguna otra cosa parecida.

ALMUARA. La almohada de la cama. **K.** Otel batzuetan eotenda, garaiz eskatu-ezkero, almuara aldatzeko aukera baña atzo eongiñen otelien, oso herrixe txikiñe zan, almuara bakarra hauen eta ezauen holako aukeraik, oien eozenak baleike larreitxo gogorrak izetie baña halare nik oso ondo iñauen lo, oñ nere andriek hurrengo goixien esauzten berak apenas iñauela ezer eta lepoko miñaz dauela. **T.** En algunos hoteles hay posibilidad, si lo pides a tiempo, de que puedan cambiar la almohada, pero en el hotel que estuvimos ayer, era un pueblo muy pequeño, solo habia una única almohada en la cama y no había esa oportunidad para que te lo cambiaran, puede que fuese algo dura pero aún así yo dormí muy bien, ahora que mi mujer me dijo a la mañana siguiente que ella no había dormido prácticamente nada y que tenía el cuello dolorido.

ALMUARAZALA, ALMUARA-AZALA. Funda de almohada. **K.** Santio Bidaiko alberge guztietan badaz ugeko almuarak, baña almurazalak berriz ixe iñun ez, eta eontendien tokixetan paperezkuek izetendie, baña halaere nolabaitx konpontzegare eta geixenak itxendou kamiseta ero holako zerbaitx jarri almuaran almuarazalan ordez. **T.** En todos los albergues del Camino de Santiago suele haber almohadas, pero en cambio fundas casi en ninguno y donde las hay son de papel, pero ya nos arreglamos de alguna manera y casi todos ponemos una camiseta o algo parecido en la almohada para substituir a la funda.

ALOLOX. Palabra que se utiliza con los críos para decirles que es la hora de ir a dormir. **K.** Tomasitok eta Mari Solek etxuraz eztaukie ondion logureik eta juerga itxeko goguaz daz, baña gauza da alolox fateko ordue dala zeatik badakixe bixer goix jaiki-bierra daukiela ikastolara fateko. **T.** Tomasito y Mari Sol parece que todavía no tienen sueño y están con ganas de juerga, pero la cosa es que ya es la hora de que vayan a dormir porque ya saben que mañana tienen que levantarse temprano para ir a la ikastola.

ALPERKEIXIE. Desidia, vaguedad, negligencia. **K.** Gaur goixien eta eguna pasatzeko asmuekiñ eskolako batzun-batzui obrak bixitatzera erueitxue, bueltaudienien esandaue danetan, ero geixenetan bentzet, lan asko itxen haiziela ikusidauela baña nola baten, euron ustez, alperkeixe larreitxo zala, langilliek barriketan, batzuk jarritxe eta beste-batzuk pasian bezela. Entzundoten hori komestaudot maixueikiñ eta galdetu aber berai ze iruetzejakon, eta estakitx zergaitxik barreska hasida. **T.** Hoy con la idea de pasar el día han llevado a algunos alumnos de la escuela a visitar obras, cuando han vuelto han dicho que en todas ellas, o en la mayoría al menos, se veía que estaban trabajando mucho, pero en una de esas obras les ha parecido que había mucha negligencia, algunos trabajadores de charla, otros sentados y también como de paseo. Eso que he oído lo he comentado al profesor y le he preguntado a ver que le parecía, y no sé porqué ha empezado a reir.

ALPER-LANA. Que el trabajo realizado es inútil, que no sirve para nada. **K.** Ederra daukou, obrako directora etorrida esanaz ze segurazki oñartien iñdako gauza guztiek alper-lanak diela eta akaso puzkatu inbikodala, etxuraz eta esandauen bezela, erru haundixe izen omenda planifikau garaian, oñ berriz estudixau-bierra izengodala eta gañera eztakixiela noix izenleikien berrizko hasiera. **T.** Buena tenemos, ha venido la directora de la obra diciendo que seguramente lo hecho hasta ahora no sirva para nada y que quizá habrá que romperlo, parece y según ha dicho, que ha debido de haber un error muy grande en la planificación, que ahora habrá que volverlo a estudiar y además no se sabe cuando se podrá empezar de nuevo.

ALPERRA. Persona holgazana, vaga, sin fundamento. **K.** Eztakitx zeñeik bielduitxuen, baña obrara etorridien portuges kuadrilla hau, bi ero hiru kenduta beste danak nahiko alperrak eta fudamento gutxikuek die, ba ontxe bai eztakitxela zer inleikien zeaitk kuadrilla hau betik alkar ibiltxendie eta batzuk bieldu-ezkero danak alde ingodaue. **T.** No sé quién les habrá mandado, pero esta cuadrilla de portugueses que ha venido a la obra, quitando a dos o tres, el resto son personas con muy poco fundamento, pues ahora si que no sé que se puede hacer con ellos porque en esa cuadrilla van siempre juntos y si se manda a algunos se van a marchar todos.

Aspaldiko esaerabat: Ezta sekula faltako alperran jana eta langillien lana.

Un viejo proverbio vasco dice que nunca faltará la comida del vago ni trabajo para el trabajador.

ALPERRIGALDU, ALPERRIK-GALDU. Estropearse, echarse a perder. **K.** Askotan eskiñi izendot batai eta bestiei eta oñartien bentzet iñok eztau baietzik emun, eta benetan penagarrixe dala zeatik bateonbatek ezpoitxu axkar erueten alperrigaldu ingodie, ondion sagar honeik ondo daz baña batzuk pixkat usteltzen hasidie. **T.** Muchas son las veces que he estado ofreciendo a unos y otros y hasta ahora ninguno me ha dicho que sí, y de verdad que es una pena porque si no las lleva alguno y rápido se van a estropear, todavía estas manzanas están bien pero algunas ya han empezado a pudrirse un poco.

ALPERRIK. Es en vano, no tiene remedio. **K.** Es alegiñdu horrekiñ zeatik alperrik ibilikozare, hori halakotxie da eta eztauko erremeixoik, naiz da esan erozeiñ gauza itxeko eztau sekula kasuik itxen, berak betik dauko bere pentzamentu propixue eta bestienak etxako ezer inportik. **T.** No os empeñeís con ese porque será en vano, él es así y no tiene remedio, aunque le digas que haga cualquier cosa nunca hace caso, siempre tiene sus propios pensamientos y las de los demás no le importan en absoluto.

Aspaldiko esaerabat: Itxotzie naidauenai alperrik da eskue luzatzie.

Un viejo proverbio vasco dice que al que quiera ahogarse es inútil que le tiendas la mano.

ALPERTU. Quedarse sin ánimo, sin ganas, desganados. **K.** Egun honeitako egueldixek benetazko txarrak eta aspergarrixek die, bost egun eruetendou aguantau eziñien bero eta sargoi honeikiñ, ixe lorik eztou itxen dauen beruaz eta lanien be ezgara askoz hobeto zeatik danok haigara sigero alpertuta. **T.** Estos tiempos son malos de verdad, llevamos cinco días con un calor y bochorno que no se puede aguantar, casi no podemos dormir debido al calor y en el trabajo tampoco andamos mucho mejor porque todos andamos completamente desganados.

ALPISTIE. Comida de pájaros. También, fig. se refiere a las bebidas alcohólicas. **K.** Eztot uste oñ eongodienik baña denporabaten, nik esautuitxut, eotezien langille batzuk, gutxi, alpistie bier izeteauenak lanien hasi aurretik, eta egixe da ze hasi bentzet iñdertzu itxezitxuela baña gero hala goix erdi aldetik aurrera ezan errexa jakitxie nundik ibiltxezien. Hau beñ kontauzten obrako arduradun batek. **T.** Ahora no creo que haya pero en un tiempo, yo los he conocido, había algunos trabajadores, pocos, que necesitaban alguna bebida alcohólica antes de empezar a trabajar, y la verdad es que empezaban fuertes pero luego, así como a partir de media mañana, ya no solía ser muy fácil saber por donde andaban. Esto me lo contó una vez un responsable de obra.

ALPROJA. La persona que es un granuja y mala. En una palabra, un canalla. **K.** Kontuz ibilizaiteze gizon horrekiñ zeatik haldan oker guztiek iñgoutxu eta gañera aukera badauko iruitzejakon txarrenak, gauza da ze itxeitxuen dan horreik ezer errazoi ero motibu-bakuek izetendiela, bakarrik berak hori guredauena dalako eta gozau itxendau asunto horrekiñ, eta benetan horreatik esanleike alproja utza besteik eztala. **T.** Andar con cuidado con ese hombre porque hará todo el daño que pueda y además si tiene ocasión las peores que se le ocurra, la cosa es que todas las hace sin ninguna razón ni motivo, simplemente porque eso es lo que quiere y disfruta con ello, y de ese sí que se puede decir que no es más que un canalla.

ALTUE. Persona con una estatura superior a la normal. **K.** Eskubaloi kirol mallako jokalarixek jeneralki oso altuek izetendie eta euron hartien hor daz Gasol anaiak, nik eztot uste horreindako erropaik eongodienik erozeiñ tokitxen eta gañera zuzentzie be ezta bape errexa izengo, eta zer esan ugeatik. **T.** Los jugadores de baloncesto suelen ser por lo general muy altos y entre ellos ahí están los hermanos Gasol, yo no creo que sea nada fácil el encontrar ropa para ellos y además tampoco será muy fácil de conseguir, y que decir de las camas.

ALTXORRA. El tesoro. **K.** Noixienbeñ amesetan itxendot altxorra haundibat billatudotela koba-zulo baten, baña esnaketanaz eta gero konturatzenaz ze ametz dan hori gezurrezkue dala, ero akaso baleike noixbaitxen egixe izetie?, entzunde dauket batzuetan ametzak benetazkuek biurtzendiela. **T.** Algunas veces sueño que he encontrado un gran tesoro en una cueva, pero luego me despierto y me doy cuenta de que todo lo que he soñado es de mentira, ¿o quizá puede que algún día sea verdad?, tengo oído que a veces los sueños se hacen realidad.

ALTZA. Arbol aliso de madera muy dura. **K.** Baso hortan docenabat altza botaitxue eta saltzeko asmuaz haidie, baña eztakitx aukera haundirik daukienik zeatik entzunde dauket egur hori larreiko gogorra izetendala, geixenbat berakiñ lana itxeko eta baleike arotzak be ez gure izeteik. **T.** En ese bosque han tirado una docena de alisos y están con la intención de venderlos, pero no sé si van a tener muchas oportunidades porque tengo oído que la madera de ese árbol es demasiado dura, más que nada para trabajar con ella y quizá tampoco la quieran los carpinteros.

ALTZA. Para decir a una persona que se levante, que suba o eleve alguna cosa. **K.** Zurie larreikue da, betik etzanda ikustezaut eta ezara aspertzen hainbeste denporan hala eonda?, ba benga, ezaitez izen holako nagixe eta altza segitxuen errekau batzuk inbierrak daukotzu ta. **T.** Lo tuyo ya es demasiado, siempre te veo tumbado ¿y no te cansas de estar tanto tiempo en esa postura?, pues venga, no seas tan vago y levántate enseguida porque tienes que hacer unos cuantos recados.

ALTZAPORRU. Palabra que se utiliza para dar ánimos. **K.** Zarauzko estropadak izenzienien asko haitzezan altzaporru hitza bertako traineruen alde, eta eztakitx altzaporru horretatik izengozan baña gauza da sigeron ondo ibiliziela arraunien, halata guztiz ezIñ lortu Izenauen irabazteik. Ba hurrengobatien izenbikoda. **T.** En las regatas de Zarautz se oían muchos gritos de altzaporru para animar a la trainera de Zarautz y la cosa fué, no sé si sería por el altzaporru ese, que remaron muy bien pero aún así no pudierion ganar. Pues tendrá que ser una próxima vez.

ALTZA, ALTZAU. Levantar, izar. **K.** Euskalherrixen oitura haundixe dau harrixek altzatzeko, bai txapelketako lehian, erakusketa ero apostan, pixu desberdiñekuek izetendie eta modu askotan, esan-baterako Iñaxio Perurenak altzau izendau hirureun ta piku kilokuek, eta hau bezela beste hainbat harrijasotzaile ibiltxendie kirol malla honetan. **T.** En Euskalherría hay mucha costumbre de levantar piedras de varios pesos, tamaños y maneras en campeonatos, exibiciones y en apuestas, y por citar uno Iñaxio Perurena las levanta de más de trescientos kilos, y al igual a este hay muchos más levantadores en ese tipo de deporte.

ALTZARIXEK. Mobiliario. **K.** Onazkero gure ofizinako altzarixek aldatu-bierrien gara ba, fabrika hau zabalduzanetik, ia berrogei urte die horrena, hemen jarraitzendaue eta honeik be gure bezela zartu iñdie, batzuk ondion eztaz holako gaizki baña ustedot hobeto izengoula danak batera aldatzie. **T.** Ya va siendo hora de que vayamos cambiando los muebles de nuestra oficina, están aquí desde que se abrió la fábrica, ya son cuarenta años de eso, y estos también al igual que nosotros ya se han hecho viejos, algunos todavía están bastante bien pero creo que lo mejor será que los cambiemos todos a la vez.

ALTZINDARIXE. Guía, acompañante, la persona que dirige. **K.** Aspalditxik danok daukou gogo haundixe mendi hortara fateko, gertatzendana da iñok ezgarela sekula eon eta eztakigula ondo ze birek dien hartu inbierrekuek, orduen nik ustedot onena izengoula lortzie mendi hau esautzendauen altzindaribat, gurekiñ etorri eta birie erakuzteko. **T.** Desde hace mucho tiempo tenemos ganas de ir a ese monte, lo que pasa es que ninguno de nosotros ha estado nunca y no sabemos muy bien que caminos hay que tomar, entonces yo creo que lo mejor será encontrar a un guía que cocozca el monte, venga con nosotros y nos enseñe el camino.

ALTZUE. Regazo. **K.** Eladiok esatendau oso politxe izetendala umetxobat eukitxie norberan altzuen, eztakitxela bestiek baña bera bentzet oso gustora geratzendala, gertatzejako aukera gutxi daukela eta esperuen dau aber haldan axkarren semenbat ero dauken alaba bakarra animatzendien. **T.** Eladio suele decir que es muy bonito el tener a una criatura en el regazo de uno, dice que de los otros no sabe pero que él disfruta un montón, lo que sucede es que no tiene muchas oportunidades y está a la espera de a ver si cuanto antes se anima algún hijo o la única hija que tiene.

ALUKEIXIE. Hacer una tontería, cometer una estupìdez. **K.** Horreik eztaz ondo burutik, badakitzue ze alukeixa eta gañera izugarrizkue iñdauen?, atzo gabien, nik ustedot moxkorrak eongoziela, txixe iñ balkoitxik bera aspitxik pasatzezien jentiei, beien eozenak gora begiratu errietan itxeko asmuaz, akaso pentzatzen erregatzen haiziela, eta eurok han ate atzien gordeta barreskabaten. **T.** Esos no están bien de la cabeza, ¿sabéis la estupidez y además muy grande que han hecho?, ayer a la noche, yo creo que estaría borrachos, han estado meando desde el balcón a la gente que pasaba por debajo, los de abajo mirando arriba con la idea de abroncar, quizá pensando que estaban regando, y ellos escondidos detrás de la puerta riendo a carcajada limpia.

AMA. La madre. **K.** Alpaldixen ikusi-barik ta gaur goixien alkartunaz Eulalikiñ eta bere ama azokan, errekautan eozen eta alabiei esandutzet ze guapa ta ondo ikustejakon ondion amai, kontuen hartuta dauken edadie, eta geixau emutendauela bere arreba izenleikela. **T.** No la había visto hace mucho tiempo y esta mañana he coincidido con Eulalia y su madre en el mercado, estaban haciendo recados y a la hija le he dicho lo guapa que está y que bien se ve todavía a la madre, teniendo en cuenta la edad que tiene, y que más parece que pueda ser su hermana.

AMABIRGIÑA. La Virgen. **K.** Alde guztietan daz Amabirgiñak eta nik ustedot danak bat izengodiela jantzi desberdiñakiñ, eta inguru hontan fede haudixeneitakue dau Arantzazukuekiñ, peregriñaziño asko itxendie Arantzazura berai ikusteko asmuaz, zerbaitx eskatu eta noski, errezo batzuk itxera, baña enau ziur zeiñ izetendan aurrena, gero hamarretako pixkat iñ ero Urbixa aldera mobitxu, hau bigarrenoi gutxitxuau. **T.** En muchos lugares hay Vírgenes y yo creo que todas son la misma con vestidos diferentes, y en esta zona a la que más fé y fervor se tiene es a la de Aránzazu, suele haber muchas peregrinaciones para a ir verla, pedir algo y claro, hacer unos cuantos rezos, pero no estoy seguro de cual es el orden, luego hacer un pequeño refrigerio o dirigirse hacia Urbía, esto segundo algo menos.

AMAGIÑARREBA. La suegra. **K.** Betik entzun izenda amagiñarrebak okerrak izetendiela eta Desiderionen dan buruz, berak hala esatendau , errazoi guztie daukiela, berie eztala bakarrik okerra baizik baitxe gezurti haundibat bei, eztie bape ondo konpontzen eta ezkerrak eztiela alkarreaz bizi zeatik hala ezpazan izen auskalo... **T.** De siempre se ha oído que las suegras son malas y en el caso de la de Desiderio, así lo dice él, que tienen toda la razón, que la suya no solo es mala sino que también una gran mentirosa, no se llevan nada bien y menos mal que no viven juntos porque sino fuera así cualquiera sabe...

AMAIERA. Fín, término, se acabó. **K.** Egun honeitan iñdoun lana derrigorrez inbierrekue izengozan baña siñistu eziñeko sikiñe izenda, bukatu ondoren eta gero etxien ezinzan iñola kendu gañetik useñe han hauen ezerrekiñ, eta oñ zetxobaitx hobeto zeatik zorionez gaur emuntzou amaiera lan horri. **T.** El trabajo que hemos hecho estos días sería necesario el tener hacerlo pero ha sido increíble lo sucio que era, al terminar y luego en casa no se podía quitar de ninguna de las maneras el olor de encima con nada de lo que allá había, y ahora un poco mejor porque afortunadamente hoy hemos dado fín al trabajo ese.

AMAITU. Acción de finalizar, terminar, acabar. **K.** Jakiñleike zer ibilizarien oñartien?, eta nola leike hainbeste denporan eotie lan ziztriñ hori itxeko?, meserez amaitu inzue beingoz zeatik beste tokibatera fan-bierra daukou haldan axkarren. **T.** ¿Se puede saber que habeis estado haciendo hasta ahora?, ¿y cómo es posible estar tanto tiempo para hacer ese pequeño trabajo?, por favor terminar cuanto antes porque tenemos que ir a otro sitio.

AMAKASIE. Persona que estaba al cuidado y servicio del cura del pueblo. **K.** Ni mutikotan batzuetan fatenitzen abarien etxera zerbaitx erueten, betik gauza ona izetezan, enaz ondo gogoratzen baña ustedot bula eskatu ero ordaintzera zala, atie jo ta betik zabaltzeuzten Amustinatxok, Anjel Barmendian jaunan, herri hartako parrokuen amakasie, akordatzenaz oso txikitxue zala eta betik baltz jantzitze eotezala, gure aurrien bentzet. **T.** Yo de chaval ya solía ir algunas veces a casa del cura a llevar algo, siempre era cosa buena, no me acuerdo bien pero creo que era para pedir o pagar la bula, tocar la puerta y siempre me abría Amustinacho, la mujer que estaba al servicio de Don Angel Barmendia, el párroco de aquel pueblo, recuerdo de que era pequeñita y que siempre estaba vestida de negro, al menos delante nuestro.

AMAMA, AMANDRIA, AMONA. Estas son las diferentes denomiaciones que en euskera tienen las abuelas. **K.** Oso jatorra zan gure amandrie eta batera nere amapunteko Zelestina, mutikotan urtero itxezuzten karapaixue eta gero gaztetan beste opari tipoko batzuk, beñ bat xelebre xamarra bebai, gorri kolorezko kaltzontzillo txorkatillarañoko luziek. Beno, hori zan bere asmue baña ezauen lortu billatzeik. **T.** Era muy agradable nuestra abuela y a la vez mi madrina Celestina, de chaval todos los años me hacía un karapaixo (especie de torta de pan con huevos duros y chorizo), y ya de adolescente otro tipo de regalos, en una ocasión también uno bastante raro, calzoncillos de color rojo largos hasta el tobillo. Bueno, esa era su intención pero no llegó a encontrarlo.

AMANTALA. Delantal. Prenda para proteger la ropa de posibles manchas a la hora de cocinar. **K.** Nere andriek erremeixoetan itxendust astu itxenazen bakotxien amantala jartzie sukadien nabillela, atzo gabien bezela, gañera asarre antzien eta esanaz, jarrizu amantala arrautza horreik prijitxu aurretik!, ba ixilik ta beste erremeixo-barik jarri-bierra izenauen. **T.** Mi mujer me riñe siempre que me olvido de ponerme el delantal cuando estoy cocinando, como ayer a la noche, bastante enfadada además y diciéndome, ¡ponte el delantal antes de hacer esos huevos fritos!, pues en silencio y sin más remedio me lo tuve que poner.

AMA-ORDIE, AMORDIE. Madrastra. **K.** Benitok esatendau bere ama hilzanien hiru urte besteik ezaukela eta orduen oso txikiñe zan goguen hartzeko gauza horreik, gero pixkanata eta argazkixek ikusi-hala hasizala akordatzen eta oñ dala eguna, ia beteitxu hamazortzi urte, asko botateutzola falta baña halaere asko maitatzendauela bere ama-ordiei, oso ona dala berakiñ eta baitxe aitxa be. **T.** Benito suele decir que cuando murió su madre no tenía más que tres años y entonces era muy pequeño como para darse cuenta de esas cosas, luego y poco a poco y a medida que ha ido viendo las fotografías empezó a acordarse y hoy es el día, ya ha cumplido dieciocho años, que le echa mucho de menos pero aún así que quiere mucho a su madrastra, que es muy buena con él y también su padre.

AMA-PUNTEKUE. Madrina. **K.** Goratxuau jarridot zer dan ama-puntekue izetie, nerie nola izenzan amandre Zelestina eta baitxe zenbat erregalo itxeuzten. **T.** Un poco más arriba ya he puesto que es ser una madrina, como la mía fué la abuela Celestina y también cuantos regalos me solía hacer.

AMARAUNA. Telaraña. **K.** Goixien goix fan-ezkero baso ero mendi aldera siñistu eziñeko amaraun pilla eotendie arbola tartetan, gañera eztakitx zergaitxik geixenak norberan buruko alturan eontendie, beraikiñ topo iñ, emutendau pega bezela itxendiela eta gañetik eziñ kenduka ibili-bierra izetenda, eztotena ulertzen da nola lortzeitxuen botatzie amaraun hari horreik bire aldebaten dauen arbolatik bestaldien dauen arbolaraño. **T.** Si se va a la mañana temprano hacia el campo o bosque es increíble la cantidad de telarañas que hay entre los árboles, además no sé porqué la mayoría suele estar a la altura de la cabeza de uno, te encuentras con ellas, parece que se te pegan y andas no pudiendo quitártelas de encima, lo que no entiendo es cómo consiguen echar esos hilos de la telaraña desde un árbol que está a un lado del camino hasta el otro árbol que está al otro lado.

AMARGAUTA. Amargado. **K.** Eztakitx zer gertauleixon Heliodoroi zeatik aspalditxotik ikustejako hola amargauta bezela dabillela, geixenbaten umore txarraz eta afaltzera etortzendanien be ixilixen eotenda, zerreozer entzundot bere andrie beste-batekiñ etedabillen baña hala bada be eztot uste hori nahiko motibu izenleikenik. **T.** No sé que es lo que le puede pasar a Heliodoro porque desde hace ya bastante tiempo se le ve que anda así como amargado, la mayoría de las veces con mal humor y cuando viene a las cenas también está callado, algo ya he oído de que si su mujer anda con otro, pero aún siendo así no creo que eso pueda ser motivo suficiente.

AMARRATZA. Araña. **K.** Batzuk billdur haundixe eukitxeitxue amarratzai, eta egixe esanda kontu haundixe euki-bierra izengozan batzun-batzukiñ, esatendauen ez horrein zastada hartu-ezkero baleikela gaizki pasatzie pozoie daukielako. Eta nik nola eztakitxen zeñeik dien, ba bat ikustendoten bakoitxien eta baezpare seguitxuen apartatzenaz. **T.** Algunas personas tienen mucho miedo a las arañas y a decir verdad habría que tener mucho cuidado con algunas de ellas, según dicen que si te pican podría ser que lo pases mal porque te pueden inyectar veneno. Y yo como no sé cuales son, pues cada vez que veo a una por si acaso me aparto enseguida.

AMASAU. Acción de amasar, preparar masa. **K.** Ideltzeruek pioi berribat ekarridaue morterue eurontzat amasau itxeko, eta nik zalantza haundixe dauket zeatik estakitx nahiko balixokue izenleiken lan hortarako, atzo prestautakuaz baldosak jarrizitxuen eta gaur danak askauta eozen. **T.** Los albañiles han traído a un nuevo peón para que prepare la masa para ellos, y tengo muchas dudas porque no sé si vale demasiado para esa labor, con la que les preparó ayer colocaron la baldosa y hoy estaban todas sueltas.

AMATXO. Amacho. Diminutivo cariñoso de ama, madre. **K.** Umien betiko oitura izenda ze amai ama esan-bierrien amatxo deitzie, eta zeatik dan hori?, ba nik arrastuik be estaukek baña hala da, eta ume honeikiñ gauza berdiñe gertatzenda gorau jarridoten bezelaxe, aitatxo izena dauen tokixen.**T.** La costumbre de los críos es y ha sido siempre decir amacho en lugar de ama para dirigirse a su madre, ¿y porqué es esto?, pues yo no tengo ni idea pero es así, y con las criaturas también sucede lo mismo que he puesto más arriba, donde está en nombre de aitatxo.

AMAZULO. Es la criatura que no se separa de su madre, que siempre está pegada a sus faldas. **K.** Ume asko eongodie amazulo dienak baña Hipolito txikiñe bezelakoik ezta errexa izengo billatzie bestebat, ezta bere aman hondotik kentzen eta betik bere gañien eon-bierra dauko, amak sarri itxeutzo errietan zeatik askotan eztutzo izten ezer itxen baña hori etxako inportik eta berak beriaz jarraitzendau. **T.** Habrá muchos críos apegados a su madre pero no creo que sea fácil de encontrar otro como el pequeño Hipólito, no se quita del lado de su madre y siempre tiene que estar encima de ella, su madre ya le riñe a menudo porque muchas veces apenas le deja hacer nada pero eso a él no le importa nada y sigue con lo suyo.

AMELUE. Hilo grueso que antes se utilizaba para confeccionar ropa con el objeto de que esta durase más tiempo. **K.** Mutikue nitezenien beñ eukinauen alkondarabat ameluaz iñdekue eta ondo gogoratzenaz nola egun guztien arraskatzen ibiltxenitzen zeatik larreikue zan pikatzeauena. Eta nik ustedot ze arrazkero eta horretxeatik eziñdotela erozeiñ erropa jantzi eta ibili. **T.** De chaval ya tuve en una ocasión una camisa confeccionada con hilo grueso y me acuerdo muy bien de como solía estar todo el día arrascándome porque picaba demasiado. Y yo creo que desde entonces y debido a eso no puedo vestir y andar con cualquier ropa.

AMELAUNA. Telaraña. **K.** Baserrixen aspalditik eztaukou ganaurik eta orduen kortara fan-bierrik be ezta eoten, baña gaur derrigorrez sartubinauen gauza batzuk iztera, eta aurrena amelaunak kendu-bierrak izentditxut eskobakiñ zeatik inguru guztiek betik eozen. **T.** En el caserío desde hace ya mucho tiempo que no tenemos ganado y entonces tampoco ha sido necesario ir a la cuadra, pero hoy si he tenido que entrar necesariamente a dejar unas cuantas cosas, la cosa es que lo primero que he tenido que hacer ha sido quitar las telarañas con la escoba porque todos los rincones estaban llenos de ellas.

AMEN. Esta es una palabra que normalmenete se utiliza para finalizar los rezos, pero también para terminar con las discusiones, conversaciones, etc... **K.** Serafin benetako xelebrie da eta hau berak kontautakue da, ba etxuraz Elixara fatendanien, oso gutxitan izetenda, bakarrik eta akaso esagunan funerala dauenien, esatendau inbidixa bezela emuteutzola ikustie nola ixe geixenak errezetan dakixien, eta berak mobitzeitxula espanak errezuen bezela baña bakarrik amen esatendauela, hori bai, altu eta iñdertzu. **T.** Serafín en verdad que es una persona bastante rara y esto es contado por él, parece que cuando va a la Iglesia, suele ser muy pocas veces y solo acaso al funeral de algún conocido, dice que le da envidia el ver que casi todos saben rezar y que el mueve los labios como rezaría pero que solo dice amen, eso sí, bien alto y fuerte.

Aspaldiko esaerabat: Amen, zu han eta ni hemen.

Un viejo proverbio vasco dice que amen, tu alla y yo aquí. (Una forma de terminar la discusión).

AMESETA (N). Soñar, tener sueños. **K.** Ameseta batzuk nahiko xelebriek izetendie ta esatendaue geixenakiñ ezgarela akordatzen, baña ni gaur gabien eukidotenaz, askena bentzek, ondo gogoratzenaz zeatik larreiko txarra izenda, ametz iñdot abarie nitzela eta esnatunazien nahiko larri nauen ta izerditxen jaikinaz. **T.** Hay algunos sueños que son bastante raros y dicen que no nos acordamos de la mayoría, pero yo si me acuerdo del de esta noche, al menos del último, porque ha sido muy malo, he soñado que era un cura y cuando me he despertado estaba bastante angustiado y me he levantado sudando.

AMESLARI. Soñador, iluso. **K.** Konrado betik izenda ameslari utza, askotan esatendau ze berai urten-ezkero loteri ero primitiba hori, eztau jokatzen, zenbat gauza ingozitxuen beran tartekuen alde, batei emungozutzen eztakitx zer, bestiei beste zerbaitx eta hala danai sigero pozik jarri hartien, baña... **T.** Conrado siempre ha sido un soñador, muchas veces suele decir que si al él le tocase la lotería o la primitiva esa, no juega, cuantas cosas haría por sus allegados, a uno le daría no se qué, al otro alguna otra cosa y así hasta dejar a todos muy contentos, pero...

AMETIRU. Permitir, admitir, conceder. **K.** Enaz eon zurekiñ alpalditxuen eta ikusi besteik ez desiatzen nauen galdetzeko aber ametiru iñdauen zure semiei ikastola berri hortan, eta nere galdera da zeatik asmue dauket nere alabai txikiñei bieltzeko ikastola hortara datorren urtien. **T.** Hace mucho tiempo que no había estado contigo y nada más que te viese estaba deseando preguntarte a ver si habíen admitido a tu hijo en esa nueva ikastola, y te pregunto esto porque tengo la intención de que mi hija pequeña vaya a esa ikastola el próximo año.

AMETZA, AMETZIEN. Fig. se dice de la persona que tiene la apariencia de estar ausente, como soñando. **K.** Ustedot xelebre xamarra dala gizon hori, beituiozue nola dauen hor jarritxe burue gora dala eta begixek itxita, ba eztot uste lo eongodanik eta geixau emutendau, dauken irribarre horrekiñ, ametzien haidala txoritxuekiñ. **T.** Yo creo que ese hombre es un poco raro, mirarle como está ahí sentado con la cabeza para arriba y los ojos cerrados, pues no creo que estará dormido y más bien parece, con esa sonrisa que tiene, que esté soñando con los pajaritos.

Aspaldiko esaerabat: Ametzik gabeko bizia, izarrak bezelako gaua.

Un viejo proverbio vasco dice que una vida sin sueños es como una noche sin estrellas.

AMORE. Condescendencia, ceder. **K.** Ezaldozue nahikue hainbeste denporan eztabaidan ibili eta askenien ezer ez lortzeko?, eta ezalda askoatik bixondako hobie, ez asunto hontan bakarrik baizik beste esku-tartien daukotzuen guztietan, beingoz amore ematie asarretu aurretik?, ba neri ia nahiko aspertuta itxinauzue tema horreikiñ. **T.** ¿No teneís ya suficiente con estar discutiendo durante tanto tiempo para al final no conseguir nada?, ¿y acaso no es mucho mejor para los dos, no solo en este asunto sino en todos los que traeís entre manos, cedaís de una vez siquiera un poco antes de que os enfadeís?, pues a mí ya me teneís bastante aburrido con este tema.

AMOREMAN, AMORE-EMAN. Dar la razón, capitular. **K.** Ikustendozue nola zan askoz hobie amorematie?, oñ bixoi ikustejatzue nahiko lasai geratuzariela ados jarri ondoren, eta gañera berezixena, aixkire eta berriz lagun bezela. **T.** ¿Veís cómo era mucho mejor capitular un poco?, ahora a los dos se os ve que habéis quedado tranquilos depués de haber llegado a un acuerdo, y además lo más importante, ya sin enfados y otra vez como amigos.

AMORIXUE. Enamoramiento. **K.** Eulogiok eta Ursulak etxura guztie haukien mutill ta neskazar geratukoziela baña oñ gertauda ze esautudietenik azkero alkar ibiltxendiela, gañera susmue dau zerreozer amorixo bezelakue eongoetedan euron hartien, ni bentzet postukonitzen hala baldinbazan. **T.** Eulogio y Ursula tenían todo el aspecto de que iban a quedar para vestir santos pero ahora ha pasado que después de conocerse se les ve que andan juntos, y corre el rumor de si no habrá cierto enamoramiento entre ellos, yo al menos ya me alegraría de que fuese así.

AMOR-PROPIXUE. Coraje, pundonor, amor propio. **K.** Ezetz komestatzezan, ezala posible izengo baña Toribiok lortudau mendi-buelta haundi hori itxie, egun-terdi inguru ibillida, bera eta baitxe beste-batzuk be, ixe gelditxu-barik eta bape zalantzaik eztau ondo prestatuta eon-bierra dauela, eta baitxe amor-propixo haundixe bierdala hori itxeko, gañera kontuen hartuta ixe larogetabost urte daukela. **T.** Decían que no, que no podía ser posible pero Toribio ha conseguido hacer la gran vuelta de los montes, ha estado aproximadamente día y medio, él e igualmente los demás andando casi sin parar, y no hay ninguna duda de que hay que estar muy bien preparado, y también que se necesita mucho amor propio para hacer eso, además teniendo en cuenta de que casi tiene ochenta y cinco años.

AMORRAGARRIXE. Se dice de la persona inaguantable, intratable. **K.** Ustedot nere lan-lagunei zerbaitx gertatzejakola, eztakitx zer inzeleiken baña zerreozer bentzet bada, alpalditxuen ezinleixo ezer esan zeatik laister larreiko amorragarrixe jartzenda, segitxuen por ulo bielketauzku danoi eta alde itxendau. **T.** Creo que a mi compañero de trabajo le pasa algo, no sé el qué puede ser pero alguna cosa sí que es, desde hace un tiempo que no se le puede decir nada porque pronto se pone demasiado inaguantable, en seguida nos manda a tomar por ulo a todos y se marcha.

AMORRAIÑA. Trucha u otros peces de río. **K.** Fulgeuntziok esatendau oñ hogetamar urte inguru dala Sorian ibilzala lanien eta ondo gogoratzendala nola noixienbeñ jatetxeko menuen eotezien benetazko amorraiñak, ta gañera sekulako gozuek ziela, eta oñ entzunde daukela debekau iñeteitxuen, ez hartu baña bai saltzie. **T.** Fulgencio suele decir que hace cerca de treinta años estuvo trabajando en Soria y que se acuerda bien de que algunas veces en el menú del restaurante solía haber truchas de verdad, y además que eran riquísimas, y que tiene oído que que ahora debe de estar prohibido, no el coger sino el venderlas.

AMORRATU. Acción de enfadarse, indignarse, cabrearse. **K.** Asko amorratunitzen horrek iñdauenaz, aurrena ni izenitzen enkargaunutzena gauza horreik eta atzo goixien hango pasaeran esanutzen berandutxuau fangonitzela jasotzera, bere erantzuna izenzan lasai eoteko gordekuztela ta. Ba gero eguerdi aldera inguratunitzenien jasotzeko asmuekiñ saldute hauken, bape fiñ gauza zerbaitzuk entzun-bierrak eukizitxun baña ia alperrik zan. **T.** Me enfadé mucho con lo que me hizo ese, yo fui el primero le encargué esas cosas y ayer a la mañana cuando pasé por allá le dije que iría a recogerlas un poco más tarde, me contestó que tranquilo y que ya me las guardaría. Pues la cosa fué que luego hacia el mediodía cuando fuí a recogerlas ya las había vendido, ya tuvo que oir unas cuantas cosas no demasiado finas pero ya era inútil.

AMORRATUE. Se dice de la persona que es fanática, acérrima de algo o alguien. **K.** Ruperto, lan-lagunbat da, siñistu eziñleike nolako amorratue dan Errealan alde, Anoetako partidu guztiek ikusteitxu eta haldauen betik baitxe Zubietako entrenamentu be, bere bizixe hori eta zezenak ikustie izetenda, ah, eta baitxe babarrun janak be. **T.** Ruperto, es un compañero de trabajo, es increíble lo acérrimo que es de la Real, va a ver todos los partidos de Anoeta e igualmente siempre que puede a los entrenamientos de Zubieta, su vida es esa y ver las corridas de toros, ah, y también las comidas de alubias.

AMORRAZIÑUE. Se dice cuando una persona siente una rabia que no puede superar. **K**. Nik beiñ esautanuen erreka zaintzaile zan gizonbat, eta amorraziño haundixe hartzeauen ikustenbauen aparteko sikiñtazunak erreketan, komestazen eonzan nola batzuetan gertatzezan erreka denpora gutxi dala eon garbitxuta eta berriz bateonbatek bota kotxien erruberak ero beste antzerako gauzak **T**. Una vez conocí a un guarda que era vigilante de los ríos, y que cogía una rabia insuperable cuando veía alguna suciedad extra en esos ríos, comentaba que como algunas veces pasaba que después de haber limpiado hacía poco tiempo el río de nuevo alguien había echado ruedas de coche o algunas otras cosas parecidas.

AMORRUE. Rabia, ira. **K**. Tipo horrek sekulako burrukalari dan fama txar dauko eta beñ ikusinaunen, eztakitx zer motibuatik, joten haizala mutiko kaxkarbati eta arrazkerostik sekulako amorrue hartunutzen, eta ezkerrak orduen axkar etorriziela munizipalak apartatzera zeatik beztela han bertan akabaukoauen mutiko gixajue. **T**. Ese tipo tiene mucha mala fama de que es muy dado a las peleas y una vez ví, no sé cual sería el motivo, como le estaba pegando a un chaval pequeñajo y desde entonces le he cogido una gran rabia, y menos mal que entonces vinieron rápido los municipales a apartarles porque sino allí mismo mata al pobre chaval.

AMORTZUE. Desayuno.
(Ver la definición de almorzau).

AMOSTU. Desafilar, quitar el filo. **K**. Nere ustez umien alxkora jostaillu hori amostu inbierrien zariela zeatik etxura guztie dauko larreiko zorrotza dauela, eta baleike berakiñ jolasien haidala arrixkue eukitxie ebaienbat itxeko. **T**. Yo creo que el hacha de juguete del crío tendríais que quitarle algo de filo porque da toda la impresión que está demasiado afilado, y puede que cuando esté jugando con él corra el riesgo de hacerse algún corte.

AMOTZA. Romo, sin filo. **K**. Nola mozteko makiña izaurraudan eskuz mozten hasigara lanien jarraitzeko, eta oñ gertatzenda aspaldi ibili-bako zerrotie dala eta sigero amotza dauela, nik ustedot makiña laister konpondut eongodala baña bixenbitxertien zorroztu-bierra eukikou zerrote hau, eztakitxena da zerekiñ ingou zeatik hemen lima zartarbat besteik eztaukou. **T**. Se nos ha estropeado la sierra eléctrica y para continuar con el trabajo hemos tenido que empezar a cortar la madera con la sierra de mano, y ahora ocurre que como no la habíamos utilizado desde hace mucho tiempo está completamente roma, yo creo que repararán pronto la máquina pero mientras tanto tendremos que afilar el serrote, lo que no sé es con qué porque aquí no tenemos más que una lima pequeña.

AMUARIXE, AMU-HARIXE. El sedal del carrete de la caña de pescar. **K**. Egaluziek arrapatzeko eztau erozeiñ amuari balixo, kañaberan jartzendana nahiko iñdertzue izen-bierra dauko zeatik beztela baleike puskatxie egaluzie altza denporan honeik daukien pixu haundi horreikiñ. **T**. Para pescar el atún no vale cualquier sedal, la que se coloca en la caña tiene que ser lo suficientemente fuerte porque sino puede que se rompa al levantar el atún debido al gran peso que estos tienen.

AMUE. Anzuelo. Util de pesca que se coloca en el extremo del sedal. **K**. Oñ berdel garaia da eta noixienbeñ Getariko kaian pillaka sartzendie, jente asko eotenda horreik arrapatzako asmuekiñ eta ikustenda nola jartzendauen amuari muturrien hiru ero lau amu beste ezer-barik, gero eta kañabera bota bakoitxien bi ero hiru berdel batera atarateitxue. **T**. Ahora es el tiempo del verdel y de vez en cuando entran auténticas bandadas al puerto de Getaria, suele haber mucha gente con la intención de pescarlos y se vé que para cogerlas colocan tres o cuatro anzuelos en la punta del sedal sin ninguna otra cosa, luego y cada vez que echan la caña sacan dos o tres verdeles a la vez.

AMUTARRIXE. Mojón. Piedra que se utiliza, una vez colocada en el suelo, para delimitar los terrenos. **K**. Atzo begira ta konprobatzen ibiligiñen Federiko ta bixok bere terrenoko amutarrixek, ikustezien nola batzuk aldatu ta beste-batzuk ondo jarri-bierrekuek ziela, nahiko itxusixek ta puskatuta be baozen, eta oker ta jausitxe bebai. **T**. Ayer estuve junto con Federiko mirando y revisando los mojones de su terreno, se veían que algunos se tenían que cambiar y otros colocarlos bien, había quien tenía mal aspecto y rotos, y también torcidos y caídos.

AMUZKI. Cebo para pescar. **K**. Ontxe ikesten hasinaz nola itxendan arrantzan baña ondion be asko geratzejat, zertxobaitx badakitx kañabera, amuari eta amuen buruz, eta ustedot laister erakutzikuztiela amuzkiñ kontuek, zeintzuk erabilibidien kasu bakoitxien eta abar. **T**. Ahora he empezado a aprender como se pesca pero aún me queda mucho, algo ya sé sobre cañas, sedal y anzuelos, y creo que pronto me enseñarán cosas relacionadas con los cebos, cuales hay que utilizar en cada caso, etc...

ANAIE. Hermano. **K**. Federikok xei arreba dauko baña anaie bat bakarra, Euleterio bere izena, ondo esauketaitxut eta nere ustez hau da anai-arreban harteko bigarren argixena bere arrebabaten ondoren, oñ berak eztauko pentzamentu berdiñe, harek ustedau aurrena dala eta sarri esatendau ze askoatik gañera. **T**. Federico tiene seis hermanas pero solo un hermano, Euleterio su nombre, les conozco bien y yo creo que después de una hermana es el segundo más listo entre todos los demás, ahora que él no tiene el mismo pensamiento, aquel cree que es el primero y a menudo dice que además con diferencia.

ANBOATO. Juego de niñas que se hacía danzando en corro y cantando a coro, anboato, matarile, rile, rile... **T**. Anboato da, ero izenzan, aspaldiko neskatillan jolasa, nik arrazkero askotan ikusi izendot nola jolastendauen illobatxuek, baña geroztik eztot sekula geixau berriz ikusi iñor jolasten haidanik anboato horrera. **T**. Anboato es, o era, un juego de niñas de antaño, yo más tarde ya he solido ver jugar muchas veces a las sobrinitas, pero después nunca más he vuelto a ver que alguien esté jugando a anboato ese.

ANBOTOKO-MARI. Es una leyenda en la que se habla de la señora dama de Anboto. **K.** Atzo kuadrlla guztie igogiñen Anbotora, baña beiñ goixen gertauzan sekulako belaño txapela jarrizala, eta noski, hala ezan posible izen eoteik eta ez sikera ikusteik bertan bizi ta esatejakon Anbotoko-Mari. **T.** Ayer toda la cuadriila subimos al monte Anboto y una vez arriba ocurrió que se echó una niebla impresionante, y claro, no pudimos estar ni siquiera ver a la señora que allá vive y se le llama la Dama de Anboto.

ANDA. Camilla, parihuela. **K.** Hango señora ez ikustie gauzabat da baña zoritxarrez zerbaitx geixau be gertauzan, mendi jetxieran Anbrosio estropozau inzan eta txorkatilla bigurtu, ba gero nolabaitx eta han zien egur luze batzukiñ anda tipokobat prestau-bierra izengauen, eta ondoren bera gañien etzanda eruen kotxie itxigauen tokiraño. **T.** Una cosa es no ver a la señora del lugar pero por desgracia también pasó algo más, al bajar del monte Anbrosio después de tropezar se torció el tobillo, pues luego de alguna manera con unos palos largos que había por allá tuvimos que preparar una especie de camilla, y después con él encima llevarle hasta donde dejamos el coche.

ANDADORIE. Andador, takataka. Es una especie de aparato con ruedas que se utiliza para que los críos aprendan a andar y también para que las personas mayores no se caigan. **K.** Atzo ikusinauen nola Anastasion ume txikiñe ia hasidan andadoriaz eta gañera abixera haundixekiñ ibiltxezan, berak espero laister ikesikodauela bakarrik ibiltxen eukibarik aparato horren bierrik. **T.** Ayer ví como el crío pequeño de Anastasio ya ha empezado a utilizar el andador y además andaba a mucha velocidad, él dice que espera que pronto será capaz de aprender a caminar solo sin tener que depender de ese aparato.

ANDAFUERAKUE. Se dice (decía) de la señorita elegante, vestida con mucho detalle y que llamaba la atención. Normalmente esto sucedía los domingos cuando se bajaba del caserío y las chicas se ponían sus mejores galas. **K.** Neska horreik ze txukun ta ondo jantzitxe doiezen andafuerako soñeko horreikiñ, ustedot eztoula gauza haundirik galduko eta baezpare galdetu ingotzou aber gurekiñ ibiltxie guredauen, guk be nahiko txukun ta ondo orraztute gara eta akaso baietz esangodaue. **T.** Con que detalle van vestidas estas chicas con esos vestidos tan elegantes, yo cro que no podemos perder gran cosa y por si acaso les vamos a preguntar a ver si quieren andar con nosotros, también estamos bastante presentables y bien peinados y a lo mejor dicen que sí.

ANDALALETXE. Andalaleche. Palabra que se utiliza para potenciar una frase. **K.** Andalaletxe, zer da hori?, nere herrixen ziur eztala posible gertatzeik holakoik, baña hemen emutendau gauza nahiko normala dala, kale erditxik doiez, gañera lasai asko, basaurda kuadrilla haundibat, hori bai, ardi-txakurraz zaiñdute. **T.** Andalaleche, ¿qué es esto?, en mi pueblo seguro que no será posible que suceda nada igual, pero parece que aquí es una cosa bastante normal, por la mitad de la calle van, además bien tranquilos, una manada grande de jabalíes, eso si, vigilados por el perro pastor.

ANDANA. Grupo, fila, retahila. **K.** Asto honeik oker xamarra die eta baezpare mendira fan aurretik buztanetik lotukoitxu bata-bestiekiñ andanan fandeixen, hala nik ustedot lasai ibilikodiela eurok eta baitxe guk be. **T.** Estos burros son bastante revoltosos y por si acaso antes de ir al monte les vamos a atar unos con otros por el rabo para que vayan en fila, así yo creo que ellos irán tranquilos y nosotros también.

ANDEREÑO. Profesora de ikastola. **T.** Herri hontako ikastolan hiru gela geixau jarritxue eta bi andereño barri etorri, oñ danera zazpi daz eta asmue daukie bi gela geixau jartzeko datorren urtien. Esatendaue ume falta haundixe dauela alde guztietan baña etxuraz hemen ezta hori gertatzen. **T.** En la ikastola de este pueblo han puesto tres aulas más y ha venido dos profesoras nuevas, ahora en total hay siete y tienen la idea de añadir dos aulas más para el próximo año. Dicen que en todas partes hay una carencia muy grande de niños pero parece que aquí no es así.

ANDRA, ANDRIE. La señora, la esposa, la ama de casa. **K.** Baserri hortako andrie oso jatorra dan etxurie dauko, fatezara erozeiñ gauza erostera, arrautza, tomatek ero beste zerbaitzuk eta seguitxuen prestau ta emuteutzu, gañera dana garbi, txukun eta ondo jarritxe. **T.** La señora de ese caserío parece que es muy agradable y trabajadora, vas a comprar algo, huevos, tomates o cualquier otra cosa y enseguida los prepara y te los dá, además todo limpio y muy bien colocado.

ANDRAGAIA, ANDREGAIA. La novia, la prometida. **K.** Iñola ezgauen espero notizia hau, gaur etorrijaku Sagrario esatera Toribion andragaia iñdala eta laisterxamar daukiela eskontzeko asmue, ba aurrena zertxobaitx arritxuta geratugara baña halaere zorionak emun eta ospatudou txanpan botilla zabalduta. **T.** De ninguna de las maneras esperábamos esta noticia, hoy ha venido Sagrario a decirnos que se ha hecho novia de Toribio y que tienen la intención de casarse bastante pronto, pues al principio nos hemos quedado un poco asombrados, pero aún así ya la hemos felicitado y también celebrado abiendo una botella de champán.

ANDRAKOTIE. Mujerona. Se dice de la mujer robusta, grande, fuerte. **K.** Jeseus!, ikusidozue hor doien andrie?, ezirezue esan eztala benetako andrakotie, ikusgarrixe da, haundixe, zabala eta iñdertue, dana dauko, horrek errex eukikoutxu ehun kilotik gora eta nere ustez bere gizona kontu haudixekiñ ibili-bierra izengodau egunon ero gabon aparte zertxobaitx geixau esateko, baezpare, noski. **T.** ¡Jesús!, ¿habeis visto a la mujer que vá por ahí?, no me digaís que no es una auténtica mujerona, robusta, grande, ancha y fuerte, tiene todo, esa supera con facilidad los cien kilos y yo creo que su marido tendrá que andar con mucho cuidado de decir algo más de aparte buenos día o noches, por si acaso, claro.

ANDRAMAIXEK. Son las fiestas que se celebran en muchas localidades, que corresponde y empiezan el quince de agosto, día de la Virgen. **K.** Bixer abustua hamabost, Amabirgiña eguna eta Atxabaltan, Zarautzen eta beste hainbat tokitxen jaixek hasikodie, hau egun egokixe da etxafleruek botatzeko, jentiek ondo ta gustora pasa, ta guredauenak baitxe mesa nagusira fateko be. **T.** Mañana quince de agosto es el día de la Virgen y empiezan las fiestas en Aretxabaleta, Zarautz y en otro montón de sitios más, este es un día adecuado para tirar cohetes, para que la gente lo pase bien y a gusto, y también para aquel que quiera ir a misa mayor.

ANDRAZKUE. Mujer, género femenino. **K.** Hemen, nere ustez bentzet, nahiko ondo baña hortik zier badaz toki asko andrazkuek oso gaizki pasatzeitxuenak, etxien sartuta eta kalera urtetzeko ondo tapauta fan-bierra, eskubide-barik, ixe ezer ez ta betik gizonen menperan. Hala izenda, hala da eta aurrerau zer, berdiñ izengoda? **T.** Aquí, al menos creo yo, bastante bien pero por ahí hay muchos sitios en que las mujeres lo están pasando muy mal, prácticamente sin salir de casa y cuando salen tienen que ir bien tapadas, sin derechos, sin nada y siempre bajo el dominio del marido. Así ha sido, así es y más adelante qué, ¿también será así?

ANDRA-ZALIE. Se dice del hombre mujeriego, aficionado a filtrear y tontear con las mujeres. **K.** Guk baleike enbidixa pixkat eukitxie baña Xalbadorrek be izengodau bere bielekuek, hainbeste nobixa eukitxu ze batzun-batzukiñ nahiko gora-berak gertaujako eta ezta danakiñ larreiko ondo urten, baña halaere eztau emuten asko eskarmentaudanik eta berdintzu jarraitzendau, horreatik bai esanleikela benetako andra-zalie dala. **T.** Puede que nosotros tengamos un poco de envidia pero también Salvador tendrá sus problemas, ha tenido tantas novias que ya ha tenido sus más y sus menos con unas cuantas, y no siempre con todas ha salido demasiado bien, pero aún así no parece que haya escarmentado demasiado y continúa Igual, de ese sí que se puede decir que en verdad es un mujeriego.

ANGAILLA. Antiguamente se llamaba así a la camilla.

(Ver la definición de anda).

ANGIRA. Anguila. **K.** Ze zalla izetendan angirak arrapatzie, aurrena ezta bape errexa izeten billatzie eta beñ ta ikusi ondoren zerbaitx euki-bierra dau horrei helteizeko, saku-tela egokixe da ero beztela beste holako gauza berdintzue, esku utzaz fan-ezkero labandu eta segitxuen igex itxendaue. **T.** Que difícil es capturar a las anguilas, primero que no es nada fácil el encontrarlas y luego una vez que las hayas visto hay tener algo para poder atraparlas, suele ser bueno un saco de tela o sino alguna otra cosa que sea similar, si vas a cogerlas con las manos desnudas se te resbalarán de las manos y enseguida se van a escapar.

ANGULAK. Angula, la cría de la anguila. **K.** Garai baten angulak ezien hainbeste karesti gaurko egunien bezela eta nahiko sarri jategauen, halaere ni enaz sekula izen larreiko zalie baña batzuk bai die oso amorratuek eta euron hartien bat nik oso ondo esauketandotena, oñ eztot uste ze esautzendoten hori, eta noski, ez beste askoik be, aukera haundirik eukikoutxuenik amorro hori kentzeko. **T.** En un tiempo las angulas no eran tan caras como lo son ahora y las comíamos con cierta frecuencia, aún así yo no he sido nunca un gran aficionado pero otras personas en cambio sí lo son y estarían rabiando por comerlas, y entre ellas una a la que conozco muy bien, ahora que no creo que esa a la que conozco, y claro, tampoco otras muchas, tengan demasiadas oportunidades para quitar esa rabia.

Errezatabat: Angulak kazuelan ero berakatzaz. Kazuela baju eta zabalien, hobeto lurrezkue izetenbada, jartzenda berotzen olixo pixtatien ale parebat berakatz fiñ xamar moztuta zabalera eta piper gorri miñe, hau norberan gustora. Berakatza dantzan hastendanien ta kolorie hartu aurretik kentzenda lapikue sutatik eta hor kanpuen dala jartzeitxu angulak, buelta-batzuk emun eta gertu.

Una receta: Angulas a la cazuela o al ajillo. En una cazuela ancha y baja, si es de barro mejor, se calienta un poco de aceite con un par de ajos cortado bastante fino en láminas y un poco de guidilla picante, esto al gusto de cada uno. Cuando empieza a tomar color el ajo pero sin que se dore, se aparta la cazuela y ya fuera de la fuente de calor se añaden las angulas, se les dá unas vueltas y listo.

ANIMA. El alma. **K.** Azaruen izetenda Difuntuen izeneko eguna eta Elixa guztietan, geixenetan bentzet, mesak eotendaie haien animaren alde, leku-batzuetan hau aurreneko gauza izetenda zeatik gero kanposantura fan-bierra dau errezuek itxera, dakixenak bentzet. **T.** En el mes de noviembre hay un día que es en memoria de los Difuntos y en todas las Iglesias, al menos en la mayoría, suele haber unas misas en recuerdo de sus almas, en algunos sitios esta es la primera cosa porque luego hay que ir al cementerio a rezar unas cuantas oraciones, al menos los que lo sepan.

ANIMAIKEZ, ANIMAIK-EZ. Literalmente quiere decir sin alma, y fig, se utiliza para decir que no hay nadie, o casi. **K.** Nunbaitxen jarridot nola asteburutan Pilarko plaza jentez betie eotendan, ixe gañezka, ba domeka gaua allegatzendanien ixe animaikez eta hala berdiñ hurrengo asteburuko eguakotxa allegau hartien. **T.** Ya he puesto en algún sitio de cómo los fines de semana la plaza del Pilar está llena de gente, casi a rebosar, pues en cuanto llega el anochecer del domingo ya no hay casi nadie y así igual hasta que llegue el viernes del próximo fin de semana.

ANIMALIXAK. Los animales en general. **K.** Eziñda siñistu zenbat animali mota dazen Kantabriako Kabarzeno hortan, elefantiek, tximiñuek, leoiek eta abar, abar guredau esan ze beste pillabat geixau, gu beñ han izengitzen haldan guztiek ikusteko asmuekiñ baña kasualitatez gertauzan sekulako berue zala egun hartan, animalixak keixpeien gordeta eta apenas eukigauen aukeraik gauza askoik ikusteko, eta hobeto esanda oso gutxi ikusigauen. **T.** Es increíble la cantidad y especies de animales que hay en Cabárceno de Cantabria, elefantes, monos, leones, etc…, etc quiere decir que otro montón más, nosotros estuvimos una vez con la idea de ver la mayor cantidad posible, pero casualidad ese día fue de muchísimo calor, los animales estaban escondidos a la sombra y apenas tuvimos la oportunidad de ver muchos, y mejor dicho lo que vimos fué muy poco.

ANIMAU. Animar, intentar dar valor, energía. **K.** Enauen gure Erreala ikustera fateik geixau zeatik oso asarre nauen eurokiñ baña beno, pixkat pasaujat eta bixer Anoetara fateko asmue daukou, Atletiñ aurka da partidue eta ustedot derrigorrezkue izengodala ulu batzuk ataratzie aber Erreala zertxobaitx sikera argitzendan. Eta nerekiñ zatozenak ez astu, naiz da ni ixil antzien eon zuek animau tope. **T.** No quería ir más a ver a la Real porque estaba muy enfadado con ellos pero bueno, ya se me ha pasado un poco y mañana tenemos la intención de ir a Anoeta, el partido es contra el Atleti y creo que será necesario gritar bastante a ver si la Real espabila siquiera un poco. Y los que venís conmigo no os olvideís, aunque yo esté un poco callado vosotros animar a tope.

ANIMUE. Tener ánimos, estado de ánimo, intentar dar valor. **K.** Duda haundixekiñ ibillinitzen Behobia karrera itxeko baña ondo pentza ondoren eta nola eztauketen animuen faltaik askenien erabakidot, aurten bentzet, ingotela. Aber nola urtetzendan eta bernak ondo badabitz nik ustedot nahiko ondo ibillikonazela. **T.** Estuve dudando mucho para hacer la carrera de la Behobia, pero después de haberlo pensado bien y como no estoy a falta de ánimos he decidido que voy a hacerla, al menos este año. A ver como sale y yo creo que si al menos las piernas responden andaré bastante bien.

ANIMOSO, ANIMOSUE. Se dice de la persona predispuesta, con buen talante y animosa. **K.** Badakitx, zure alabak esanda, nahiko gaizki ibilizitzela ez jakiñien zer haukotzun, baña oñ eta eukidozun geixue pasa ondoren, gañera ospitalen emuntzuen notizi honakiñ, nola familixak berriz ikustezauen sigero animoso. **T.** Ya sé, me lo dijo tu hija, que has andado bastante mal por no saber lo que podrías tener, pero ahora y una vez superada la enfermedad que tenías, además con las buenas noticias que te han dado en el hospital, como la familia te ve de nuevo muy animoso.

ANJELUSA. Angelus. Es el rezo del Ave María que se hace, o mejor dicho se hacía, a las doce del mediodía en los frontones con el partido de pelota interrumpido y con todo el público puesto en pié. Aunque también en otros sitios como Iglesias, etc... **K.** Ontxe bertan izenbier partidue momentu onenien dauela, baña eztau besteik zeatik hau betiko oitura da. Ixe hamabixek die eta laister asaldukoda abarie frontoien Anjelusa errezatzeko. **T.** Precisamente tenía que ser ahora cuando el partido está en el mejor momento, pero no hay otra porque esta es una costumbre de siempre. Son casi las doce y pronto aparecerá el cura al frontón para rezar el Angelus.

ANJINAK. Anjinas. Enfermedad de la garganta. **K.** Atzo sekulako berue eonzan ta etxuraz Kaximirok larreitxo edari hotz eran, eta gaur emutendau estarriko miñaz eta kalentura haundixekiñ dauela, lanera ezta etorri, baja hartu-bierra eta medikuek esandau, andriei zeatik bera izenda baja eskatzen fandana, anjinak arrapauta eongodala. **T.** Ayer hizo un calor espantoso y parece que Casimiro debió de tomar demasiadas bebidas frías, hoy le duele la garganta, está con bastante fiebre y no ha venido a trabajar, ha tenido que coger a baja y el médico ha dicho, a su mujer porque ella ha sido la que ha ido a pedir la baja, que habrá pillado las anjinas.

ANTIGUALA. Antiguo, pasado de moda, anticuado. **K.** Ruperto hau nahiko xelebrie dala emutendau, ikustendozue nola doien jantzitxe?, sigero erropa antigualakiñ baña entzun, erropa tipoko horreik apropos billatzen ibiltxenda eotendien aspaldiko denda horreitan eta apostaukonaute eztiela merkiau barrixek baño izengo, eta gañera nola bere gustokue dien ba berai etxako bape inportik modu hortan jantzitxe ibiltxie. **T.** El Ruperto este también parece que es un poco raro, ¿ya veís como va vestido?, con ropas muy antiguas pero escuchar, ese tipo de ropa las suele estar buscando a propósito en esas tiendas de antiguedades y ya apostaría que no son más baratas que unas nuevas, y además como son de su gusto pues a él no le importa en absoluto ir vestido de esa manera.

ANTIOJUEK. Las gafas, anteojos. **K.** Nik aurren irakurtzeko antiojuek erosinauenak ia izengodie hogetabost urte, eta ondion diotriadun kristal berdiñekiñ nabill. Gertatzenda hogetabost urte horreik geixau dauketela eta akaso onazkero aldatu eta barrixek erosi-bierrak eukikonitxula, oñ dauketenakiñ ondion nahiko ondo ikustendot baña len baño zertxobaitx exkaxau, gañera eta normala dan bezela ezta mejoratzen fango. **T.** Ya hace veinticinco años que compré mis primeras gafas de leer y todavía ando con lentes de las mismas dioptrías. Lo que ocurre es que tengo esos veinticinco años más y que quizá ya habría tenido que haber cambiado y comprado nuevas, con las que tengo todavía veo bien pero un poquito peor que antes, además y como es normal la cosa no irá a mejorar.

ANTIPARRAK. Fig, las gafas.
(Ver la definición de antiojuek).

ANTOJUE. Antojo, capricho, deseo de algo. **K.** Nik estakitx egixe izenleiken baña hau betik entzundakue izenda, emakumak antojo haundixek eukitxeitxuela aurdun dazenien, eta zeatik izegoteda hori?, ero beztela, ezan berdiñe izengo naiz eta aurdun eon ero ez? **T.** Yo no sé si puede ser verdad pero esto es lo que siempre se ha oído, que las mujeres cuando están embarazadas tienen muchos antojos, ¿y porqué será eso?, o sino, ¿no podría ser que fuese lo mismo tanto estén embarazadas como que no lo estén?

ANTOLAKETA. Acción de organizar, preparar, ordenar. **K.** Siñistu eziñleike ze antolaketa haundi bier-izetendan Behobiako karrera prestatzeko eta baleike beste leku askotan be hala izetie, ehuneka laguntzaile y beste ehuneko zaiñtzaile, gañera hainbeste urte eruetendaue prestatzen karrera eta betik nahiko ondo urtendie gauzak, istripu txiki batzuk, haundik oso gutxi, kenduta. **T.** No se puede creer la organización que hace falta para preparar una carrera como la de Behobia y puede que la de muchos otros sitios también sea así, cientos personas para cooperar y otros cuantos cientos para cuidar la propia carrera, además llevan muchos años preparando y organizando la carrera y salvo algunos pequeños incidentes, graves muy pocos, siempre ha salido bien.

ANTOLATZAILE. La persona que organiza, prepara y dirige los eventos. **K.** Donostiko Zinemaldixek, aurren jarridoun Behobia karrera bezela, antolaketa haundixek bierkoutxu eta hau be jeneralki betik nahiko ondo urtendau, naiz eta betik eon eztabaida pixkat Urrien Kontxako sariaz. Eta gauza dan honeik lortzeko hor eonda Rebordinos jauna, bera eta igez bezela, izenda aurtengo antolatzaile. **T.** También para el Zinemaldi de San Sebastián, lo mismo que la carrera de la Behobia, será necesaria una gran organización y por lo general siempre ha transcurrido bastante bien, a pesar de que todos los años suele haber alguna discusión en relación a la Concha de Oro. Y para conseguir todo eso ahí ha estado el señor Rebordinos, él ha dirigido el evento de este año al igual que el del pasado.

ANTXIÑE. Hace mucho tiempo. **K.** Antxiñe askoz lasaiau ibili eta bizigiñen zeatik ezauen hainbesteko presioik oñ dauen bezela, ez lanerako eta ez beste hainbat gauzetarako ta gaur berriz danak die prixak, axkar inbierrekuek, halbada atzoko eta esatendaue geixo brri asko, lenau ezienak esauketan, honen kontura etorridiela. **T.** Hace mucho tiempo estábamos y vivíamos mucho más tranquilos, entonces no había tanta presión como la hay ahora, ni para el trabajo ni para tantas otras cosas y hoy todo son prisas, hacer las cosas lo más rápidamente posible y a poder ser para ayer, y dicen que a cuenta de esto han venido muchas enfermedades que antes no se conocían.

ANTXIÑEKUE. Cosa o persona anticuada, vieja. **K.** Lengo egunien Matiasek esauzten nola barrogetamar urte dala ekarriauen Kanariastik, soldautza pasa ondoren, argazki makiñabat beste zerbaitzukiñ batera eta ondion be badaukela, gañera martxan eta modu onien, baña gertatzejako ze konparau-ezkero oñ dazenakiñ larreiko antxiñekue geratzendala. **T.** El otro día me contaba Matías que como hace cincuenta años trajo de Canarias, después de hacer la mili, junto con otras cosas una máquina de fotografía, que todavía la tiene, además que está bien y en buen estado, pero le sucede que si se compara con las que hay ahora queda como demasiado anticuada.

ANTXUA. La anchoa. **K.** Neretzat gauza gutxi daz antxua baño hobiek, noski bertakuek izenda ta bere garaian. Arrantzaliek esatendauen ez aurtengo udaberriko kanpaña oso ona izendala, antxua asko sartu omenda eta gañera prezio nahiko onien saldu. **T.** Para mí hay pocas cosas mejores que la anchoa, claro que siendo en su tiempo y cuando son de aquí. Según dicen los pescadores la campaña de esta primavera ha sido muy buena, que ha debido de entrar mucha anchoa y se ha vendido a bastante buen precio.

Errezetabat: Antxuak prijitxuta. Aurrena eta derrigorrezkue antxuak haldan freskuenak izetie da eta Getarikuek izetenbadie, plata horrein izena daukienak, askoz hobeto. Jartzenda olixo ugeri etxurazko sartakiñan, batera nahiko berakatz ale zabalera moztuta eta piper gorri miñe, hau norberan gustora. Sikatzendie antxuak, gatza bota eta berakatzak kolorie hartu aurretik jartzeitxu olixo bero tartien ondo zabal eta bata-bestiei ikutu-barik, denpora oso gutxi barru bueltau eta itxoiñ apenas segundu bakar-batzuk, atara eta jateko gertu. Badau jentie, ni euron hartien, biñagre pixkat botateutzona antxuako olixo apurbati honeik atara ondoren, nahasketabat iñ eta gero gañien bota. Egitan zertxobaitx bizitaxun bape gustoik galdu-barik emuteutzola.

Una receta: Anchoas fritas. Lo primero suele ser imprescindible que las anchoas sean lo más frescas posible y si son de Getaria, las llamadas de plata, mucho mejor. Se pone abundante aceite en una sartén y también bastante ajo cortado en láminas añadiendo un poco de guindilla roja picante, esto al gusto de cada uno. Se secan y salan las anchoas, y antes de que el ajo coja color se colocan entre el aceite caliente procurando que estén lo más anchas posible y sin que se toquen las unas con las otras, después de muy poco tiempo se les da la vuelta y esperar apenas algún segundo más, sacarlas y ya están listas para comer. Hay quien añade un poco de vinagre, entre ellos yo, a un poco de aceite de las anchoas después de sacar estas, mezclar bien y el resultante echar encima. De verdad que le da un poco de viveza sin que pierdan nada de sabor.

Beste errezetabat: Antxuak bokeroi erara: Goiko errezetan bezela, freskuek, Getariko platan izendunak eta abar. Honeik garbixek, burue kenduta eta zabalik erostenboitxu bakarrik geratzenda azurra kendu eta erdibitxu itxie bi zatitxen. Ba beno, gatza bota, nai izen-ezkero piper autz pixkat bebai eta jarri ontzi egokibaten ondo zabal eta pillatu-barik, bota biñagrie dana tapa harte, sartu frigorifikora eta han euki ordubete ero eta terdi inguruen. Denpora hau pasa ondoren atara eta antxua erdizka honeik pasa banan banan uretatik, hotza noski, eta siketu ondo. Katilluen prestatzendu olixue, ale batzuk berakatz eta perrejille, bixek txiki txiki iñde, zenbat norberak ikusikodau kontuen hartuta daukoun antxuak, nahastu ondo eta bota antxuan gañera, hau be ondo tapa hartien eta itxoiñ gutxienetik hogetalau orduko egunbat. Eta besteik ez, bakarrik ordu parebat jan aurretik atara epeldudeixen eta gertu.

Otra receta: Anchoas en forma de boquerón: Al igual que es la receta de arriba, frescas, de Getaria, las llamadas de plata, etc… Si las compramos limpias, con la cabeza quitada y abiertas, solo queda quitarles la espina y separarlas en dos mitades. Pues bueno, les echamos sal, si se quiere también un poco de pimienta y se colocan en un recipiente adecuado bien abiertas y sin amontonarlas, se echa vinagre hasta taparlas, meter al frigorífico y se tienen allá aproximadamente una hora o y media. Cuando pase el tiempo se sacan y se pasan por agua una a una las mitades de las anchoas, fría claro, y se secan bien. Preparamos en un tazón aceite, unos dientes de ajo y perejil, los dos picados muy finos, la cantidad cada uno tiene que ver teniendo en cuenta las anchoas que tenemos, se mezcla bien y se vierte encima de las anchoas, esto también hasta taparlas del todo y esperamos como mínimo un día de veinticuatro horas. Y nada más, solo sacarlas un par de horas antes de comerlas para que se atemperen y listo.

ANTXUMIE. Cabrito. **K.** Aspalditxik nauken kapritxue antxume egokibat erosteko, gero burduntxixen prestau eta famili hartien jan, eta gaur eukidot aukera hori, baserritxar lagunbatek bakarbat hauken, berak esanda sekulako ona eta akabau ondoren emundust, ordaindu eta gero noski **T.** Desde hace mucho tiempo que tenía el capricho de comprar un buen cabrito, prepararlo al burduntzi (un método de asado que está definido con esta misma palabra) y comerlo en familia, y hoy he tenido la oportunidad de hacer esa compra a un amigo de caserío al que le quedaba uno, según él buenísimo y me lo ha dado después de matarlo, claro que después de pagar.

Errezetabat: Antxumie burduntzixen erreta. Antxumie, gatza ta piper autza bota ondoren eta ondo zabaltduta gurutzien izengobalitz bezela, sartzenda burni barilla hartien, jartzenda etzanda bi soporte gañien gutxigorabera hirurogei zentimetrora txingarratik gorau eta errex bueltautzeko moduen. Bestaldetik prestatzenda nahasketabat olixuekiñ, biñagrie, zatitxuteko berakatza eta honekiñ igurtzi ondo okelie. Egurraz ero iketzaz iñdako txingarra gertu eukikou eta ondo kolakauta daukou, ta noski lotuta, antxumie bueltatzen fatengara mantzo eta pixkatana noixienbeñ bustiaz saltza nahasketa horrekiñ. Ordu-terdiñ ero bitxen, zer-ikusixe dau animalin pixuaz eta dauen sue, jateko bezela eongoda. Letxuga entzalada eta ardau onbatekiñ oso ona geratzenda.

Una receta: Cabrito asado al burduntzi. El cabrito, después de salpimentarlo, abierto como si fuera en cruz se ensarta en una varilla de hierro y se coloca horizontalmente encima de dos soportes, a una altura aproximada de sesenta centímetros de las brasas, de forma que la varilla en la que está el cabrito pueda girar con facilidad. Por otro lado se prepara un compuesto de aceite, vinagre y ajo pìcado y con esto se refriega bien la carne. Con anterioridad ya estará dispuesta una brasa de leña o carbón y ya una vez que está colocado y bien atado el cabrito encima de los soportes, se procede a girar la varilla con lentitud y cierta regularidad encima de las brasas mojando de vez en cuando la carne con la salsa que hemos preparado. En en hora y media o dos, dependiendo de la brasa y el peso del animal, estará listo. Con una ensalada de lechuga y buen vino queda riquísimo.

ANTZ. Parecer, asemejar. **K.** Zuek esatendozue eztaukotzuela zer-ikusirik bata-bestiekiñ baña halaere, nere ustez bentzet, antz haundixe daukotzue eta anaiek zarela emutendozue, eta estakitx ba, nik zuek bezela ta baezpare galdera batzuk ingonitxun, zuek ikusikozue zeñei. **T.** Vosotros decís que no tenéis nada que ver el uno con el otro pero aún así, al menos a mi parecer, tenéis un gran parecido y da la impresión de que sois hermanos, y no sé pues, yo como vosotros y por si acaso haría algunas preguntas, vosotros veréis a quién.

ANTZA. Semejante, parecido, similitud. **K.** Euleteriok naio izetendau bakarrik ibiltxie eta eztau nai alkartzeik beste iñokiñ, betik kuadernotxuaz goratabera ta bere pentzamentuekiñ, gañera horren pentzamentu horreik beriek bakarrik izengodie zeatik apostakonauke eztaukiela ezer antzik beste erozeñeaz. **T.** Euleterio de siempre prefiere andar solo y no le gusta juntarse con nadie, siempre con el cuadernito para arriba y para abajo acompañado de sus pensamientos, además creo que esos pensamientos solo serán suyos porque ya apostaría que no tienen semejanza con los de cualquier otro.

ANTZARRA. Ganso, oca. **K.** Ni asko ibiltxenaz pasarela ta depuradora bire hortatik, inguru hortan dau izena dauken biotopo eta aspalditxuen ikusten hainaz bi antzar dabitzela, estakitx nundik etorrikozien baña etxuraz han gelditxudie bizitxen, hala ustedot bentzetr zeatik betik toki berdintzuetan ikusteitxut. **T.** Yo suelo andar mucho por los caminos de la pasarela y la depuradora, son los alrededores de lo que se llama biotopo y últimamente veo que andan dos gansos u ocas por allá, no de de dónde habrán venido pero parece que se han quedado a vivir allá, así lo creo al menos porque siempre los veo en los mismos sitios.

ANTZEKUE. Cosa o persona bastante parecida, casi igual. **K.** Aurrena zalantza pixkat eukinauen, sartunitzen dendara alkondarabat erosteko asmuekiñ eta ikusteko ataratakuatik bi asko gustaujaten, kolorez aparte, balixo ta etxuraz antzekuek zien, ba hemen gertauzan zalantza hori, zeñ elejiru?, ba askenien enauen buruik apurtu eta bixek hartunitxuen. **T.** Primero tuve un poco de duda, fuí a una tienda con la intención de comprar una camisa y de entre las que sacaron para ver me gustaron dos, las dos, aparte del color eran de un precio y calidad parecidos, pues aquí fué donde surgió la duda, ¿cuál elijo?, pues al final no me rompí la cabeza y cogí las dos.

ANTZELANA. Los trabajos que se están realizando son muy parecidos los unos a los otros. **K.** Guk aldebaten haigara lanien eta bestiek bestaldien baña halaere nahiko urrutik bata-bestiatik, honeikiñ gertatzenda bixek antzelanak diela eta eztauela beste erremeixoik fan besteik, hanka sartu aurretik, noixienbeñ ikustera nola haigaren itxen bai guk eta berdiñ hareik. **T.** Unos estamos trabajando en un lado y los otros en otro, pero aún así bastantes alejados unos de otros, con esto pasa que los dos trabajos son muy parecidos y no tenemos más remedio que ir de vez en cuando, antes de meter la pata, a mirar de que forma andamos tanto ellos como nosotros.

ANTZEMUN, ANTZ-EMUN. Adivinar, identificar. **K.** Ezizue burue apurtu pentzatzen ze gauza eukikodauen buruen Anbrosiok zeatik horri ezinlleixo antzemun ze asmo dauken, honekiñ eztot nai esateik betik hala izengodanik baña bai geixenbaten bentzet itxendau berak gure ero komenijakona. **T.** No os rompaís la cabeza con Ambrosio imaginando que pensamientos puede tener en la cabeza porque no es nada fácil de adivinar sus intenciones, con esto no quiero decir que sea siempre así, pero sí que la mayoría de las veces hace lo que le dá la gana o lo que más le conviene.

ANTZERA, ANTZERAKUE. Muy parecidos. **K.** Zuek jakingozue zer eskatu bigarren fraterako zeatik neretzat antzerakue da txitxarrue ero beste erozeíñ arrai jatie, danak asko gustatzejat eta badakitx hemen oso ondo prestateitxuela. **T.** Vosotros sabréis que pedir para segundo plato porque para mí el comer chicharro o cualquier otro pescado es parecido, todos me gustan mucho y ya sé aquí los preparan muy bien.

ANTZERKIXE. Teatro, actuación, representación. **K.** Garai baten, oso aspaldixen, antzerkixek, guk komedixak esategutzen, herri txikiko plaza guztietan, geixenetan bentzet, eotezien, mutiko ta neskatillak lurrien jarritxe eotegiñen eta nausixek etxetik eruetezien aulkixetan. Neri eta baitxe bestiei be, geixen gustatzejakunak Kosmin eta Kubati zien ta gañera honeik izetezien ixe betik etortezienak **T.** En un tiempo, hace muchísimo, las representaciones, nosotros les llamábamos comedias, se hacían en todas, al menos la mayoría, las plazas de los pueblos pequeños, los niños y niñas nos sentábamos en el suelo y los mayores en las banquetas que se llevaban de casa. A mí y también a los demás, los que más nos gustaban eran Cosmín y Kubati y además estos solían ser los que venían casi siempre.

ANTZOKIXE. Edificio que alberga al teatro donde se celebran las actuaciones. **K.** Aber zeñek guredauen etortzie bixer nerekiñ Azkoitiko antzokira, lau sarrera dauket eta badakitzue zeiñ eongodan?, ba Ken Zazpi eta aukera daukotzue ikusi ta entzuten fateko. **T.** A ver quien quiere venir conmigo mañana al antzoki de Azkoitia, tengo cuatro entradas y ¿ya sabeís quien va a estar?, pues Ken Zazpi y teneís la oportunidad de ir a ver y escucharles.

ANTZUELUE. Anzuelo.
(Ver la definición de amue).

AÑA. Ama de cría, nodriza. **K.** Nere amandre ta ama-punteko Zelestina, aspaldiko garai hartan, noski ze ondion ezan ez amandreik ta ez ama-puntekoik zeatik ondion enitzen jaixo, gerra zibillan ondoren aña bezela eonzan Zaragozan, nik sekula enutzen galdetu, iñok ezer esan bez eta horreatik eztot jakiñ izen ze motibuatik izenzan hori, eta ez ze bizimodu mota eukiauen inguru hareitan. **T.** En aquellos lejanos tiempos mi abuela y madrina Celestina, claro está que aún no era mi abuela ni madrina porque todavía yo no había nacido, después de la guerra civil estuvo como ama de cría en Zaragoza, yo nunca se lo pregunté, tampoco nadie me dijo nada y por eso jamás he sabido cual fué el motivo por el que hizo eso, ni la clase de vida que llevó en ese lugar.

AÑIKE. Acción de correr. **K.** Hemen geratzendie zure lagunen amak eskatuitxuen errekauek ta nola oñ berakiñ eonbierra daukotzun komestaiozu ia gertu dazela gauza guztiek eta erueteko bezela, orduen badakitzu, fan añike hori esatera eruendeixen haldan axkarren. **T.** Aquí se quedan los recados que me ha encargado la madre de tu amigo y como ahora vas a estar con él coméntale que ya están listas todas las cosas para que se lo lleve, así que ya sabes, vete corrriendo para decírselo y lo pueda entregar lo antes posible.

AÑIKETAN. Estar corriendo. **K.** Honoratok komestatzendau ze oñarteko bere bizimodue geldi antzien eotie izendala, baña oñ gertatzejako asko gizentzen haidala ta medikura fanda galdetzera aber zerbaitx emuteutzen argaltzeko. Ba ezer ezutzen emun eta esautzen oso ona omenzala añiketan itxie, aurrena hasi poliki eta gero ta pixkanaka berak ikusikodauela nola jarraitxu. **T.** Honorato suele comentar que hasta ahora su forma de vida ha sido la de no moverse demasiado, pero que ahora le pasa que ha empezado a engordar bastante y ha ido al médico a preguntar a ver si le daba algo para adelgazar. Pues resulta que no le dió nada y le dijo que el correr es muy bueno y sano, que empiece despacito y que luego poco a poco él mismo ya irá viendo como tiene que continuar.

APAIÑ. Se dice de la persona arreglada, elegante, acicalada. **K.** Neri sekula etxat gustau izen ez trajerik eta ez gorbataik, baña oñ gertauda andriek esatendauela ze nola fanbioun eskontza hori hainbesteko berezia dana, ba haldan apaiñ fatie komenidala, eta oñ ustedot eztala geratuko beste erremeixoik modu hortan jaztie baño. **T.** A mí nunca me ha gustado el traje ni la corbata, pero ahora sucede que dice mi mujer que cómo esa boda a la que tenemos que ir es tan especial, pues que es conveniente que vayamos lo más elegantes posible, pues creo que no voy a tener más remedio que ir vestido de esa manera.

APAIÑDU. Ornamentar, decorar, engalanar. **K.** Beno ba hasida eskontza hori, aurrena Elixara fan-bierra izendou ta egixe esanda oso ondo apaiñduta hauen lora pilla hareikin, eta gañera hiru abare eozen aparteko jantzi dotoriekiñ, eta neri iruitujat ze mesa momentu hortarako bakarrik izengodala, baña halaere eztakitx zertarako bierra dauen haibeste abare. **T.** Bueno pues ya ha empezado la boda, primero hemos tenido que ir a la Iglesia y reconozco que estaba muy bien ornamentada, con muchas flores y además con tres curas con ropajes que me ha parecido especiales para dar la misa, yo he pensado que solo será para ese momento pero aún así no sé para que se necesitan tantos curas.

APAIÑGARRI, APAIÑGARRIXE. Son los elementos o útiles para la decoración y adorno. **K.** Ba eskontzan jatetxie be halaxe berdintzu hauen ba, akaso apaiñgarri larreitxokiñ, alde guztietan ikustezien lorak eta bebai beste zerbaitzuk eztakitxena zer ero zertarako zien, ba nik ustedot lan asko inbierra izendauela gauza dan honeik lortu eta jartzeko, gero kontue izengoda kentzie baña halaere hori danoi sartuta eongoda balixuen. **T.** Pues también el restaurante de la boda estaba igual de engalanado, quizá hasta demasiado decoración, se veían flores por todas partes y otras cuantas cosas que no sé que eran ni para qué, pues yo creo que han tenido que trabajar mucho para conseguir y poner todo eso, luego la cuestión será el quitarlo, aunque todo eso estará calculado en el precio.

APAINKETA. Acción de decorar, ornamentar. **K.** Ondion eskontza kontuekiñ nabill ta nere buruei galdetzen hainaz zenbat lagun ibillikotezien hainbeste apainketa lortu ta jartzen, bai Elixan, jatetxien eta abar, gañera ondion kentzie geratzenda eta akaso beste-hainbeste jente bierkoda hori ltxeko. **T.** Todavía ando con el cuento de la boda y me estoy preguntando cuanta gente habrá sido necesaria para conseguir y colocar todas esas cosas, tanto en la Iglesia, el restaurante, etc…, además todavía queda el quitar todo eso y a lo mejor se necesitará otro tanto personal.

APAIZA. El cura. **K.** Eskontza hontako apaizak eztie bape jatorrak izen, mesa larreiko luzie, euron batek emundauen sermoie berdiñeko luzie ta gañera ezer ez esateko, eta nobixuek be nahiko urduri jarridie ha ikusitxe, nabarmen igertzezan aspaldiko apaizak ziela zeatik gaztienak eukikozitxun ixe larogei urte. **T.** Los curas de esta boda han sido bastante tristes, misa muy larga, el sermón que ha dado uno de ellos también lo mismo de largo y además para no decir nada, hasta los novios se han puesto nerviosos viendo eso, claramente se ha notado que los curas eran de aquellos tiempos pasados porque el más joven tendría casi ochenta años.

APALA. Se dice de la persona callada, modosa, mansa. **K.** Kuadrillara ekarridozun zure lagun berri hori nahiko apala dala emutendau eta ezinleike esan berba askoik itxendauenik, oñ bebai baleike lotza pixkat eukitxie aurreneko eguna izenda gurekiñ eontendana. **T.** Ese nuevo amigo tuyo que has traído a la cuadrilla parece que es bastante modoso y no se puede decir que hable demasiado, ahora que también puede ser porque no nos conoce y esté un poco avergonzado al ser el primer día que está con nosotros.

APALA. Estanteria, balda. **K.** Ontxe nau pentzatzen aldatzie gelako armaixue eta eztakitx billaukoten nik naidoten bezelakue, gurenauke haundixe eta apala asko eukitxie zeatik oñ dauketenaz nahiko gaizki nabill, etxat ixe zapata geixau kabitzen. **T.** Ahora estoy pensando en cambiar el armario de la habitación y no sé si encontraré uno como el que yo quiero, me gustaría que fuese grande y tuviese muchas estanterías porque con el que tengo ahora ando bastante mal, ya casi no me entran más zapatos.

APALDU. Abatir, humillar, desanimar. **K.** Jakiñien gara Mari Pilin gizona geixotu iñdala baña ezta hanibesteko geixue zeatik gripe haundibat besteik ezta, ba ikusi-bierra dau nola jarridan bera, Mari Pili, ixe etxako esautzen, buru-makur eta sigero apalduta dabill. **T.** Ya estamos al tanto de que el marido de Mari Pili ha enfermado pero no es tan grave porque simplemente es una gripe fuerte, pero hay que ver como se ha puesto ella, casi ni se la conoce, anda con la cabeza gacha y está completamente abatida.

APAÑA. Se dice de la persona o cosa bonita, bien arreglada. **K.** Eguerdiko hamabixetan punto puntuen pasatzenda gure balkoi aspitxik neska gaztetxobat eta ikustendoten bakoitxien, ordu horretan betik itxeitxut kuku batzuk, pentzatzendot sigero politxe eta apaña dala, baña hauxe bakarrik eta beste ezer ez. **T.** A las doce en punto del mediodía suele pasar una chica joven por debajo de nuestro balcón y cada vez que la veo, a esa hora suelo mirar un poquito, pienso que es muy bonita y también lo bien arreglada que vá, pero solo eso y nada más.

APAPA. Palabra qu se utiliza con los críos para decirles que salimos a la calle o preguntarles si quieren salir. **K.** Zerbaitx jartzeatik, Bonitxo, gurokozauke etortzie apapa nerekiñ?, etortenbazara geroko erosikoitxu gosok ibatzuk eta baitxe elautxobat oingo. **T.** Por poner algo, Bonicho, ¿querrás salir conmigo a la calle?, si es que vienes compraremos unas chuches para luego y también un heladito para ahora.

APARATOSUE. Se dice de la persona amanerada, demasiado espectacular y quizá refinada en exceso. También por alguna cosa o acto llamativo. **K.** Mutil horri estutzo bape lotzaik emuten hala jantzitxe fatie, oñ ondo beitu-ezkero egixe izengozan ze bera ta berdiñ bere jantzixek betik izendiela nahiko xelebriek, gertatzenda bestiendako baleikela izetie larreiko aparatosue baña hori bere gustue baldinbada iñok eztauko zer-esanik. **T.** A este chico no le da ninguna vergüenza ir vestido con esas ropas, ahora que si se mira bien sería muy cierto que tanto él como los ropajes que lleva siempre han sido un poco estrafalarios, lo que pasa es que para los demás quizá sea demasiado espectacular pero si ese es su gusto nadie tendría porqué decir nada.

APARATUE. Se dice por la persona que para llamar la atención obra de manera exagerada. **K.** Politiko horrek, ixe geixenak bezela, berba oso errexa dauko eta askenien zertarako?, ixe betik ezer ez esateko eta beztela esatendauen hori baleike gezurre izetie ero ez dana egixe, baña hori bai, dan hori betik larreiko aparatuaz, esku ta besuek asko mobitxuaz gora eta bera, segurazki pentzata ze hala iñde akaso siñiztu ingoula. **T.** Ese político, casi como la mayoría, tiene la palabra demasiado fácil y al final ¿para qué?, las más de las veces para no decir nada y sino puede que lo que diga sea mentira o no todo verdad, pero eso sí, con grandes aspavientos y moviendo las manos y brazos arriba y abajo de un forma exagerada, seguramente pensando que obrando así quizá así le podamos creer.

APARGATA, ALPARGATA. Alpargata, calzado con suela de esparto.

(Ver la definición de espartiña).

APARRA. Las burbujas, el gas contenido en los líquidos. **K.** Oñ garagardo barrixek pillabat ataratzen haidie eta mota askotakuek, gañera geixena fabrika haunditxix kanpo iñdekuek, nik eukidot batzun-batzuk probatzeko aukera eta probatuitxuten geixenak onak izendie, halaere gauzabat, eztakitx zeatik izengodan baña batzuk aparra gutxitxokiñ eozen eta nere ustez zertxobaitx geixaukiñ eon-ezkero hobiek eongozien. **T.** Ahora están sacando muchas cervezas nuevas y de muchos tipos, además la mayoría son elaboradas fuera de las grandes fábricas, yo ya he tenido ocasión de probar unas cuantas y de las que he probado casi todas han sido buenas, ahora que una cosa, no sé porqué será pero en algunas de ellas he echado a faltar un poco más de gas y a mi parecer si tendrían un poquito más estarían mejores.

APARTA. Sitio o cosa especial, extraordinaria. **K.** Gaurko eguna oso politxe izenda, zoragarrizko girue eukidou eta kuadrilla guztie oñez fangara Igeldora, hara allegau besteik ez aurrena zerbezabat hartu egarrixe kentzeko eta gero etxuran bazkaldu, gero eonaldi pixkat eta arratzaldien trena hartu aurretik txikito parebat hartuitxu Donostiko alde zarrien. **T.** El día de hoy ha sido muy bonito, hemos disfrutado de una temperatura excelente y toda la cuadrilla hemos ido andando a Igeldo, nada más llegar allá primero hemos tomado una cerveza para quitar la sed y luego hemos comido decentemente, después estar un rato y a la tarde antes de coger el tren hemos tomado un par de chiquitos en la parte vieja de San Sebastián.

APARTAU. Separar, apartar, alejarse. **K.** Eztakitx nola daukotzuen hainbeste denporan gauza honeik hemen traban eta gañera erdi erdixen, aber egunenbaten bateonbat estropazau, jausi, miñ hartzendauen eta orduen izengodie kontuek, jakinleike zeatik eztozuen beingoz hortik apartau traste guzti horreik bazter hortara? **T.** No sé como podeís tener durante tanto tiempo estas cosas estorbando aquí y además en la mitad mitad, a ver si algún día alguien se va a tropezar, caer, hacerse daño y entonces será cuando vengan las consecuencias, ¿se puede saber porqué no apartaís de una vez todos esos trastos ahí a esa esquina?

APARTE. Que está alejado, a mucha distancia. **K.** Fan zuek gurebozue zeatik ni bentzet enoie oñez horraño, eztauket geixau ibiltxeko gogoik, oñartien iñdekuaz nahikue ta sobre dauket eta gañera zuek esatendozuen tokixe larreiko aparte dau hemendik, hartukot taxibat eta fangonaz gerotxuau. **T.** Ir vosotros si queréis porque yo por lo menos no voy a pié hasta allá, no tengo ganas de andar más, con lo hecho hasta ahora tengo suficiente y de sobra y además el sitio que decís esta demasiado alejado de aquí, cogeré un taxi y ya iré un poco más tarde.

APARTEKUE. Persona rara, poco sociable. **K.** Polonio hau oso langille ona da eta aiñduteko lan guztiek axkar ta ondo itxeitxu baña hori bai, betik bakarrik izen-bierra dauko zeatik, eztakitx ze motibuatik, etxako guztatzen alkartzie iñokiñ, asunto hontan apartekue da eta nola etxuraz hori eztan larerako kalteik, ba laga itxendotzie hala ibiltxen. **T.** Este Polonio es un trabajador muy bueno y todo lo que se le manda lo hace bien y rápido pero eso sí, siempre tiene que ser solo porque, no sé cual puede ser el motivo, no le gusta juntarse con nadie, en ese asunto es un poco raro y como parece que eso no perjudica la marcha del trabajo, pues le dejan que ande así.

APATXA. Pezuña. **K.** Kikok, Josun astobat, aurre ezker hankako apatxa moztu-bierrien dauko, berak, astuek, eztau ezer esaten baña nabarmen igertzejako miñe daukela zeatik noixienbeñ errenkan ibiltxenda, gauza da iñok eztakixela nora eruenleiken, lenau bazan inguruen animalixak perratzeitxuen pertzonabat baña hori oso aspaldi desagertuzan len eonzan tokitxik. **T.** Kiko, uno de los burros de Josu, tiene la necesidad de recortarle la pezuña de de la pata izquierda delantera, él, el burro, no dice nada pero se le nota muy bien que le duele porque a veces suele andar cojeando, la cosa es que nadie sabe dónde se le puede llevar, antes ya había por aquí cerca una persona que solía herrar a los animales pero ese hace ya mucho tiempo que desapareció del sitio que estaba.

APATX, APATXI, APATXO. Palabra que se utiliza con los críos pequeños para que se sienten. **K.** Zerbaitx jartzeatik. Tomasito etorri ona serixo inbiou berba ta, aber gauzabat, etxatzu iruitzen onazkero nahiko oker iñde eongozarela gaurko egunerako?, ba oñ lasaituzaitxez ta apatxi iñizu sikera pixkatien. **T.** Tomasito ven aquí que tenemos que hablar en serio, a ver una cosa, ¿no te parece que ya llevas hechas suficientes travesuras para el día de hoy?, pues tranquilízate y siéntate aunque solo sea durante un rato.

APEAK. Troncos de madera de pino o eucalipto cortados a medida y de un grosor similar que se utilizaban en construcción para labores de apuntalamiento. **T.** Kauensos, etxakun asko geratzen puntalamentu hau bukatzeko ba, baña ze kasualidade, bukatu iñdie burdiñazko puntalak ta eztot uste merezidauenik almazenera fateik dozenerdi ekartzera, hemen badaz apea batzuk eta honeikiñ amaitukou gelditzendan apurra. **T.** Cauensos, no nos quedaba mucho para acabar el apuntalamiento pues, pero que casualidad, se nos han terminado los puntales metálicos y no creo que merezca la pena ir hasta el almacén para traer media docena, aquí ya hay unas cuantas apeas y lo poco que queda lo terminaremos con ellas.

APENAS. Apenas. Parece ser que no. **K.** Nik ustedot larreitxo alegintzen haizariela galdutako erastun hori billatzen, ba ia itxiozue zeatik eztau merezi, apenas dauko balixo askoik eta esangutzet gizonai oparitzeko bestebat nere zorionetarako, eztot uste asarretukodanik zeatik berak nahiko sarri esatendau gauza horritarako dauela, oñ batzuetan zalantza pixkat be badauket aber egixe izengoetedan. **T.** Yo creo que os estáis esforzando demasiado en buscar la sortija que he perdido, pues dejarlo porque no merece la pena, apenas tiene mucho valor y ya la le diré a mi marido que me regale otra para mi cumpleaños, no creo que se enfade porque suele decir bastantes veces que él está para esas cosas, ahora que algunas veces también me entra la duda de si lo dirá de verdad.

APETXO. Coger o tomar las cosas demasiado en serio, con mucho sentimiento. **T.** Ustedot hanka sartzie iñdoula eta akaso ezan derrigorra izengo gauza honeik esatie esandoun bezela, eztot uste asarretudanik baña zalantzaik eztauket oso apetxo hartudauela, beno eta zer ingou ba, ia iñde dau, onazkero eztauko bueltaik eta hau be ezta betiko izengo. **T.** Creo que hemos metido la pata y a lo mejor no era necesario decir las cosas tal y cómo las hemos dicho, no creo que se haya enfadado pero no tengo dudas de que se lo ha tomado con mucho sentimiento, bueno y que le vamos a hacer pues, ya está hecho, no tiene vuelta y esto tampoco será para siempre.

APIRILLA. Mes de abril. **K.** Aurten hontako apirillan gure asmue da bidaibat itxie Imsersokiñ Andaluzia aldera, eztakitxena ondion, bidai hori ametitzenbadaue bentzet, fan abioien ero kotxez norberan kontura, urrintxo dau baña nik naio izengonauke kotxez fatie eta hala aukera euki egun parebat eoteko bireko nunbaitxen, oñ hori andrien erabakixe izenbikoda . **T.** El mes de abril de este año tenemos la idea de hacer un viaje con el Imserso hacia Andalucía, lo que todavía no sé, si al menos aprueban el viaje, es si iremos en coche o en avión, está bastante lejos pero yo preferiría hacerlo en coche y así tener la oportunidad de estar un par de días en algún lugar de la ruta, ahora que la decisión la tiene que tomar mi mujer.

APITO (A). Palabra que se les dice a los críos para que te acaricien o te digan que eres guapo. **K.** Zerbaitx jartzeatik. Aber Nikaxito etorrizaitxez ona gauzatxobat esanbiotzut ta, fanzaitxez han kolunpixo honduen bakarrik dauen neskatilla harena, ezaiozu oso apita dala eta ikusikozu ze gustora geratukodan, gero gozoki batzuk erosikoitxut zuretako eta nola ez, baitxe neskatillandako be. **T.** A ver Nicasito ven aquí que te tengo que decir una cosa, vete donde la niña que está solita al lado del columpio, le dices que es muy guapita y ya verás que contenta se queda, luego compraré unos chuches para tí y también, cómo no, también para la niña.

APO. Sapo. **K.** Doniostiko Ulia mendixen Udaletxiek potzu batzuk prestautxu txorixek ura erateko eta batera igelak ta beste holako antzerakuek bertan bizideixien, ba lengo egunien inguru hortatik hainitzen bueltabat emuten eta bire erdixen ikusinauen apo txikibat, ba ez pentza, momentu hortan pixkat billdurtu eta atzera botanitzen. **T.** En el monte Ulía de San Sebastián el Ayuntamiento ha preparado unos pozos para que los pájaros beban agua y a la vez vivan allá las ranas y otros animales parecidos, pues bien, el otro día cuando estaba dando una vuelta por esos parajes ví en la mitad del camino un sapo bastante pequeño, pues no creaís, la verdad es que en ese momento me asusté un poco y me eché para atrás.

APOPILLUE, APUPILLUE. Persona que está hospedada en una casa particular. **K.** Gizona hil askero exkax antzien nabill diruekiñ, alargun pensiñue nahiko exkaxa da eta batzuetan larritxazun txiki batzuk be pasatzeitxut, pentzatzen hainaz gustora hartukonaukela apupillobat eta aber honekiñ zertxobaitx mejoratzendan egoera hau. **T.** Desde que se ha muerto el marido ando un poco justa con el dinero, la pensión de viudedad es bastante pequeña y algunas veces también paso unos pequeños apuros, estoy pensando que a gusto hospedaría a alguien y a ver si con eso mejoro un poco esta situación.

APOSTUE. Apostar, tomar postura por algo o por alguien. **K.** Betik esan izenda ze euskaldunek oitura haudixe daukoula apostuen itxeko eta gañera gauza askotan, frontoien, idi ta asto proban, segan, aixkolarixekiñ, harrijasotzaileaz eta beste hainbat kirol motan, ta kirolez aparte baitxe aposta iñuzentietan be, nik ustedot hau geixau izetendala edari larreitxokiñ eotendanien ero beztela harrokeixiatik esanaz ni geixau ero hobie naz zu baño. **T.** De siempre se ha dicho que los vascos tenemos mucha costumbre de apostar y además en muchas cosas, en el frontón, en las puebas de bueyes y burros, en los de corte de hierba, corte de troncos con hacha, levantamiento de piedra, etc…, y aparte también en apuestas tontas, yo creo que esto más suele ser cuando se está algo cargado de bebida o sino por presumir diciendo que yo soy más o mejor que tú.

APO-ZARRA. Sapo grande. **K.** Ulian ikusinauen apo harekiñ zertxobaitx billdurtu iñitzen, baña apo-zarra ikusibanauen axkar igexikonauke, askotan entzunde dauket txua arpegira botatzeko oitura daukiela eta etxuraz txu horrek pozoie daukela, lenau bentzet hori zan esatezana. **T.** Cuando ví el sapo aquel en Ulía me asusté un poco, pero si hubiese visto unos de esos sapos grandes me hubiese escapado rápido, he oído muchas veces que tienen la costumbre de escupir a la cara y esa saliva debe de tener veneno, antes al menos eso es lo que se decía.

APROBA. Hacer o intentar algo, probar. **K.** Eztakitx zer daukien etxeko bentana honeik, betik uda partie allegatzendanien beruaz haunditxu itxendie, hala ustedot, semiei deitxubikotzat etortzeko esanaz aproba itxeko aber lortzendauen iztie, nik bentzet eziñdot zeatik larreiko gogorra dau eta hastenbanaz malluekiñ baleike aberixabat itxie. **T.** No sé que les puede pasar a las ventanas de casa, cada vez que llega el verano creo que se dilatan por el calor, le tendré llamar al hijo diciéndole que venga y que pruebe a ver si consigue cerrarlas, yo al menos no puedo porque está demasiado dura y si empiezo con el martillo puede que haga alguna avería.

APROBAU. Dar por bueno algo, estar conforme, aprobar, conseguir la calificación de apto en un examen. **K.** Beno, beñ besteik ezpada gaur bentzet nahiko pozik itxinaizu, ezta kanpairik botatzeko bezela baña bentzet aprobau iñdozu fisikako asterketa, ba aber hala jarraitxu eta ondion geratzejatzunaz berdiñ lortzendozun. **T.** Bueno, aunque solo sea por una vez hoy por lo menos me has dejado contento, no es como para tirar las campanas pero por lo menos ya has aprobado el examen de física, pues a ver si continúas así y consigues hacer lo mismo con los que todavía te quedan.

APROBETXATEGI. Se dice por la persona que se aprovecha o intenta aprovecharse de todo y de todos. **K.** Denpora pasa-hala danok esautzen fategara pixkabat, baña zurekiñ gertaujat dezepzio haundixe eruendotela, zeatik enun espero ta uste bez holako aprobetxategi izengozitzenik. **T.** A medida que pasa el tiempo todos nos vamos conociendo un poco, pero contigo me ha pasado que he llevado una gran decepción, porque no pensaba ni esperaba que fueras tan aprovechado.

APROBETXAU. Sacar utilidad, provecho de algo o alguien. **K.** Eztakitx galdetu ero ez beste maixen dazenai zeatik baleike gure izetie sobre daukoun bixigu hau, ero beztela beste gauzabat ingot, eruen zuzenien ezer esan-barik ta hala akaso aprobetxau ingodaue. **T.** No sé si preguntarles o no a los de la otra mesa porque a lo mejor puede que quieran el besugo este que nos ha sobrado, o sino voy a hacer otra cosa, se lo llevo directamente sin decirles nada y así puede que le saquen provecho.

APROPOS, APROPOSA. Que es a propósito, por propia voluntad. Tambien que es conveniente y adecuado. **K.** Negu hontarako ta eskiatzen fateko asmuekiñ erabakidot erropa aproposak erostie beñ eta betiko, hor ibiltxenaz betik tximiñue bezela bati gauzabat eskatuaz, bestiei bestebak eta aber beingoz osatzeitxuten bierrezko gauza guztiek. **T.** Para este invierno y con la intención de ir a esquiar he decidido comprar de una vez y para siempre una ropa a propósito para la nieve, siempre ando por ahí como un mono pidiendo una cosa a uno, otra al otro y a ver si de una vez y por todas completo todo lo que necesito.

APROPOSKUE. Se ha hecho queriendo, a propósito, a posta. **K.** Eztakitx zeñeik izendien hemen iñditxuen txarrikexa honeik, susmo pixkat badauket baña ziurtazunik ez eta momentuz bentzet ustedot hala geratubikodala, ezpadie asaltzen, eta eztie asalduko, ba betiko bezela Udaletxie izenbikoda konpontzailie, oñ bape zalantzaik eztau, beste pasadien gauza asko bezela, ze hau be aproposkue izendala. **T.** Los que han hecho aquí esta marranada no se quienes habrán sido, tengo una pequeña sospecha pero certeza no y creo que al menos por el momento tendrá que quedar así. Luego y si es que no aparecen los responsables, que no aparecerán, pues como siempre tendrá que ser el Ayuntamiento el que lo arregle, ahora lo que no hay ninguna duda, al igual que otras muchas cosas que han pasado, que también esto lo han hecho queriendo.

APUNTAU. Tomar nota, apuntar, fijar. **T.** Hirugarren aldiz etorr-ibierra izendou neurrixek hartzera eta aber beingoz ondo apuntau itxendozuen neurri horreik marmola mozteko bierdan bezela, eta eztakitxena da zer inleiken gaizki moztutako bi pieza aurrekuekiñ. **T.** Es tercera vez que venimos a medir y a ver si de una vez y por todas lo anotaís como es debido para poder cortar ese mármol a su medida, y lo que no sé es que podremos hacer con aquellas dos primeras piezas que se han cortado mal.

APUNTEIXIE. Tener tino, puntería al disparar o lanzar algún objeto. **T.** Ataungo Eskolapio oso famaue izenzan bere apunteixiatik, bere garaian kopa pilla eta baitxe beste sari asko irabazitxekue, han bere zapateixan ondo bistan dauko horrein kopa ugeri, txapel ta beste gauza asko . **T.** Eskolapio de Ataún tenía mucha fama por su puntería, en su tiempo llegó a ganar un montón de copas y también otra serie de trofeos más. En su zapatería y bien a la vista tiene expuestas muchas de esas copas, txapelas (boinas) y otros muchos otros objetos.

APURBAT, APURTXOBAT. Un poquito. **K.** Inbidixa haundixe pasatzen hainaz horreik jaten haidien tarta horrekiñ, eztakitx atrebiru eta fan eskatzera horren apurbat, eztot uste ezetzik esanguztienik. **T.** Que envidia más grande estoy pasando viendo como están comiendo la tarta esa, no sé atreverme e ir a pedirles a ver si me dan un poquito, pienso que no me lo negarían.

APURBATERAKO. Para un ratito, para poco tiempo, para casi enseguida. **K.** Urruti xamar fan-bierra dauket pakete txiki hau erueta ta oñez fateko larreiko luze geratzenda, aldamenekuei galdetukotzat aber apurbaterako iztenduzten bere bizikleta eta laister ekarrikutzetela berriz. **T.** Tengo que ir bastante lejos a entregar este pequeño paquete y para ir andando se hace demasiado largo, le voy a preguntar al de al lado a ver si me deja su bicicleta para un ratito y que enseguida se lo traeré de nuevo.

APURKA. Poco a poco. **K.** Marisko mota guztie jateko, eta esan-baterako nekorak, aurrena ta derrigorrezkue da lasai jartzie txakoli on ta fresko bateaz aurrien dala eta gero jaten hasi apurka apurka eta bape prixa-barik, halbada toki egokixen eta zer ezanik eztau, keixpetan. **T.** Para comer toda clase de marisco y las nécoras en particular, primero y necesariamente hay que sentarse tranquilamente con un buen y fresco txakolí delante, y luego empezar a comer poco a poco y sin prisa alguna, si se puede en un sitio adecuado y no hace falta decir que a la sombra.

APURTU. Romper, destrozar, hacer añicos. **K.** Zueik bata-bestiei haizare kulpak botatzen baña garbi dau danak ezariela izen pitxar hori apurtudauena, bat bakarra izengozan eta ontxe bertan jakitxie gurot zeiñ izendan, ba aber eta axkar, zeiñ izenda?, erozeiñ modutan berdiñ izengoda jakiñ ero ez zeatik danon hartien barrixe ordaindu-bierra eukikozue. **T.** Vosotros os estáis echando las culpas los unos a los otros pero está claro que no habeís podido ser todos, habrá sido solo uno el que ha roto la jarra y ahora mismo quiero saber quién es, pues a ver y rápido ¿quién ha sido?, de todas formas será lo mismo saber que no porque la nueva lo vais a tener que pagar entre todos.

APURTU. Romper. Fig. es una palabra de ánimo que se utiliza en el deporte. **K.** Esku pelotako frontoietan asko entzutenda apurtu hitz hau uluka iñde pelotarixei, esan-baterako hala izengolitzake, benga Irribarría, apurtu pelota hori!, eta honi bezela berdiñ beste pelotari askoi. **T.** En los frontones de pelota mano se oye mucho esa exclamación de romper que se hace gritando y está dirigido a los pelotaris, por poner un ejemplo podría ser así, ¡venga Irribarría, rompe esa pelota!, y al igual que a este también a otros muchos más pelotaris.

APURTUTA. Esta roto, deshecho, sin solución. **K.** Gurenauen konpontzie nolabaitx pega iñde eta alegiñdu be iñaz baña ezta posible ero nik bentzet eziñdot, larreiko zati daz, eztauko erremeixoik eta ia eztau zer-iñik zeatik sigero apurtuta dau. **T.** Ya lo quería arreglar de alguna manera pegándola y lo he intentado, pero es imposible o yo al menos no puedo, hay demasiados pedazos, ya no tiene remedio y no hay nada que hacer porque está completamente roto.

APURTUTA. Fig. es una palabra que se utiliza cuando alguien o uno mismo está extenuado, derrengado, hecho polvo. **K.** Gaurko eguna latza izenda, aurrena ta dauen beruaz atxurtu sall haundibat ortuen, gero andriek naizauen landatzie tomate ta piper pillabat, ondoren makillak jarri tomatiei ta ezkerrak andriek erregaudauela, berai eztutzet ezer galdetu baña ni bentzet sigero apurtuta geratunaz. **T.** El día de hoy ha sido duro, primero y con el calor que hacía cavar con la azada un pedazo grande en la huerta, luego la mujer quería plantar un montón de tomates y pimientos, más tarde colocar los palos a los tomates y menos mal que ha regado la mujer, a ella no le he preguntado nada pero yo por lo menos me he quedado completamente derrengado.

APUTXURRAU. Abrazar, estrujar con fuerza. También aplastar, abollar algo. **K.** Denpora askotxo eruetendot zuri ikusi-barik, jakinleike nundik nora ibilizaren?, ah, nola hotz haundixe eondan amatxok eztotzula itxi kalera urtetzen, beno, ba zer ingou ba, baña nola gaur eguna euskitzu dauen askenien be alkartugara eta oñ etorrizaitez ona aputxurrau inbiotzut pixkat ta. **T.** Llevo demasiado tiempo que no te he visto, ¿se puede saber por dónde has andado?, ah, que como hacia mucho trio tu amacho no te ha dejado salir a la calle, bueno, pues que le vamos a hacer, pero hoy ya ha salido el sol por fín ya nos hemos juntado, pues ahora ven aquí que quiero darte un abrazo.

ARA! ¡Ara! Exclamación de sorpresa. **T.** Ara!, berriz?, hau siñistu eziñekue da eta sigero asper iñde nau asunto honekiñ, hiru bider urtenjat loteriko aurren saria eta asken bi honeik errezkaran izendie, oñ zer iñ diru horrekiñ?, armaixotan ezta sartzen geixau eta etxie armaixoz betie dauket, laban?, uge aspixetan?, enaz gogoratzen tokirik geratzendan baña beitukot. Ba bankura be eztot nai erueteik, beñ irakurrinauen lapur dexentetxo eotendiela toki horreitan eta batzuk, putriek bezela, segitxuen dazela gertu atzaparrak botatzeko, kasu hontan diruen gañera. Bebai pentza izendot esatie batai eta bestiei baña erabakidot ezetz zeatik laister eukikonauke etxie eskaliaz beteta, baleikien eta etxat ezer inportik, errepartitzie hemen dauketen diru guztie horrein hartien baña askenien gertatzenda denpora larreitxo bierkonauela hori itxeko eta dauketen urtiekiñ enau denpora horren ezertxorik galtzeko, orduen, zer iñ?, ba eztakitx eta aber zerbaitx asmatzendoten. **T.** ¡Ara!, ¿otra vez?, esto es increíble y ya estoy demasiado cansado con el asunto, me ha tocado tres veces el primer premio de la lotería y los dos últimos han sido seguidos, ¿ahora que hacer con ese dinero?, en los armarios no entra más y la casa tengo llena de armarios, ¿en el horno, debajo de las camas?, no me acuerdo de si queda sitio pero ya lo miraré. Pues tampoco quiero llevarlo al banco, una vez leí que hay demasiados ladrones en esos sitios y que algunos, al igual los buitres, eseguida están dispuestos en echar las garras, en este caso encima del dinero. También he pensado en decírselo a unos y a otros y he decidido que no porque pronto se llenaría la casa de pedigüeños, podría haber hecho y no me hubiese importado nada, repartir entre ellos todo el dinero que tengo aquí, pero al final pasa que necesitaría muchísimo tiempo para hacer eso y con la edad que tendo no estoy como para perder nada de ese tiempo, entonces, ¿qué hacer?, pues no lo sé y a ver si se me ocurre algo.

ARABERA, ARABERIE. Según. **K.** Beno, ba ia entzundou haukien esan-bierrak eta horren araberaz erabakibat hartubierrien gara, zeatik ezta berdiñe aldebatera ero bestera izen, eta esanbaterako ni ados eongonitzen ametitzenbauen gure asken proposamena baña hala ez izenda ezta pentzatuere, ia larreitxo jetxidou aurreneko eskaeratik. **T.** Pues bueno, ya hemos oído lo que tenían que decir y según eso tenemos que tomar una decisión, porque no es lo mismo que sea de una forma que de otra, y por ejemplo yo estaría conforme si aceptarían nuestra última propuesta pero no siendo así ni pensar, ya hemos bajado demasiado desde la primera petición.

ARAKATU, ARAKATZEN. Registrar, indagar. **K.** Nik eztakitx zer dabitzen mutiko demontre horreik, egunetan haidie inguru honeitan arakatzen han eta hemen, batzuetan pabilloi zar horreitako barruen eta hurrenguen euron aldamenien dazen zakar pilluetan, gaur ondion eztitxut ondion ikusi baña etortzenbadie, eta ziur lenau berandu baño hemen eongodiela, zuzenien noie galdetzera aber zerbaitx billatzen haidien, bildurre dauket zerreozer bape onekue asmatzen ibilikotedien. **T.** No se que andan esos demonios de chavales, hace días que están por estos alrededores registrando por aquí y por allá, algunas veces dentro de los viejos pabellones y otras entre las basuras que están fuera, hoy todavía no les he visto pero si vienen, y estoy seguro que más pronto que tarde estarán aquí, voy derecho a preguntarles a ver si están buscando algo, tengo miedo que estén ideando alguna cosa que no sea nada buena.

ARAMAIXO. El pueblo de Aramaiona. **K.** Aramaixo Arabako herribat da Gipuzku ella Bizkaikiñ muga itxendauna, baña halaere bertako bizi-lagunek askoz geixau bizi, lan ta ibiltxendie Gipuzkun beste bi probintzitan baño, geixenbat Arrasaten eta bere ingur

uetan. **T.** Aramaiona es un pueblo que pertenece a Araba y hace linde con Gipúzkoa y Bizkaia, pero sus gentes conviven, trabajan y andan muchísimo más en Gipúzkoa que en las otras dos provincias, mayormente en Mondragón y sus alrededores.

ARAMAITXEKUEK. Campanadas o toque de campara que señala, o señalaba la hora del Angelus. **K.** Oñ eztakitx iñuñ joteitxuen kanpantxuek eguerdiko hamabixetan Aramaitxekue errezatzeko, baña garai baten bai eta herri txiki geixenetan hala izetezan. **T.** Ahora no sé si en algún sitio tocarán las campanas a las doce del mediodía para rezar el Angelus, pero en un tiempo sí que las tocaba, al menos en la mayoría de los pueblos pequeños.

ARANA. Endrina, ciruela pequeñita bastante agria. **K.** Aurten asmue dauket patxaran ugeri xamar itxeko, oñartien betik gertau izenjat ze bati ta bestiei emun eta ixe ezer-barik geldiketanitzela, aber posible izetendan billatzie hainbeste arana beste hainbeste guroten patxarandako eta beztela berriz erosi inbikoitxut. **T.** Este año tengo la intención de hacer bastante pacharán, hasta ahora siempre me ha pasado que dar a uno y al otro y me quedaba casi sin nada, a ver si es posible escontrar suficientes endrinas para tanto pacharán como quiero y en caso contrario habrá que comprarlas.

ARANONDUE. Arbol de endrino, ciruelo silvestre de ramas espinosas. **K.** Ba ustedot oinguen bentzet zorionez nauela, atzo jakiñdot nun dazen aranondo ugeri eta gañera esanduzten bezela aranaz sigero betiek, ba bixer fangonaz batzera eta hala baldinbada eztauket erosi inbierrik. **T.** Pues creo que estoy de suerte, ayer he sabido donde hay abundantes árboles de endrino, además y según me han dicho completamente llenos de endrinas, pues mañana iré a recogerlas y si es cierto ya no hará falta que las compre.

ARANTZA. Espino, zarza. **K.** Arantzan zu? **K.** Alkartzenbou bi hitz honeik Arantzazu urtetzendau eta esaerak esatendau Arantzazuko Amabirgiña arantza arbolan agertuzala, ba akaso esaera tokixen baleike egizko gauza izetie. **T.** Si unimos las palabras del euskera arantza y zu, que en castellanom serían espino y tú, el resultante es Arántzazu y la leyenda dice que la Virgen de Aránzazu apareció en un árbol de espino, pues a lo mejor resulta que no es leyenda y también puede que sea una cosa cierta.

ARAÑUN. Anteayer. **K.** Arañun osteguna Norberto fan omenzan andrie eruen eta laguntzera Donostira zeatik txanada hauken medikueaz, esanauen konsultan dana ondo izenzala eta nola berandu xamar urtenzien ba bertako jatetxebaten geratuziela bazkaltzen. **T.** Anteayer jueves Norberto llevó y acompañó a su mujer a San Sebastián porque tenía cita con el médico, dijo que en la consulta todo bien y como salieron bastante tarde pues que se quedaron a comer en un restaurante de por allá.

ARASA. Es un muerbe de madera sin puertas y bastantes baldas que solía estar en los trasteros y se utilizaba para dejar las cosas que no se usaban demasiado. **K.** Milagrosek esatendau bera ondion ondo gogoratzendala nola aspaldi, Zegaman bizizanien, atebako arasa haundibat hauen bere etxe zarrien, sukalde kanpuen eotezala eta han gordeteziela bakarrik noixienbeñ eralbiltzezien gauzak, esan-baterako txarrixen hilketa lapiko haundixek. **T.** Milagros suele decir que ella todavía se acuerda muy bien de como hace mucho tiempo, cuando vivía en Zegama, había en la casa vieja un mueble grande de madera que no tenía puertas, que estaba fuera de la cocina y que allá se guardaban cosas que se utilizaban solo de vez en cuando, y entre ellas las cazuelas grandes de la matanza del cerdo.

ARAZUE. Problema, incidente. **K.** Gaur mendixen izenaz mutikuekiñ eta jetxieran arazo txikibat eukidau Antoñitok, txorkatilla bigurtudau, ezauen emuten gauza asko izengozanik baña halaere eta baezpare bixkerrien hartu, bera ekarridot eta anbulatoixora eruen, han eztotzie aparteko inportantzik emun eta bakarrik benda txikibat uguentokiñ jarriutzie. **T.** Hoy he estado en el monte con los chavales y Antoñito ha tenido un pequeño percance, cuando bajábamos se ha torcido el tobillo, no parecía que era gran cosa pero aún así por si acaso le he cogido a hombros y bajado hasta el ambulatorio, allá no le han dado mayor importancia y solo le han puesto una venda pequeña con pomada.

ARBASUEK. Los antepasados. **K.** Entzunde dauket, anaiek asunto honeitan asko daki eta berai galdetu-bierra eukikot, gure aspaldiko arbasobat Mexikoko arduradun haundibat izenzala, ba hau egixe baldindada baleike zertxobaitx eukitxie paraje hartan, ba baezpare akaso ezan bape txarra izengo bertara fatie enteratzera. **T.** Tengo oído, se lo tengo que preguntar a mi hermano que él sabe mucho de estas cosas, que un antepasado nuestro tuvo un cargo muy importante en México, pues si esto es verdad a lo mejor puede que tengamos algo por allá, pues por si acaso no estaría nada mal el ir y enterarse.

ARBAZUE. Camino pedregoso. **T.** Fan eta mendixen ibiltxeko jeneralki bire dexentiek eotendie baña txarrak be asko daz, bat benetako txarra Xoxoterako birie Azpeititxik igo-ezkero eta hau bezelakoik eztot uste asko eongodienik, dana da arbazue, harri librie eta kontu askokiñ ibili-bierra dau ez estropozau ta jausteko, gañera hala berdiñ ixe hasieratik eta goraño. **T.** Para ir y andar por montes por lo general los caminos son bastante decentes pero malos también hay muchos, uno malo de verdad es el camino a Xoxote subiendo por Azpeitia y como este no creo que haya demasiados, es muy pedregoso, con la piedra suelta y hay que andar con sumo cuidado para no tropezar y caerse, además es así desde casi el principio y hasta arriba.

ARBELA. Pizarra, material con el que se hacen los encerados y también la cubierta de lo tejados. **K.** Nik ustedot betik eondiela arbelak eskoletan eta oñ baitxe beste hainbat tokitxen be, gure denporan eta mutikuek gitzenien, siñistu ezinleike ze urruti geratudan hori, klarion txuri batekiñ ta maistruek esan ondoren arbel hortara fan-bierra izetezan berak aiñdutakue itxera. **T.** Yo creo que siempre han existido los encerados en las escuelas y ahora también en muchos más sitios, en nuestros tiempos y cuando éramos chavales, que lejano que ha quedado eso, después de que lo dijera el maestro había que ir al encerado con una tiza blanca a hacer lo que él había ordenado.

ARBIGARA. La hoja del nabo, el grelo. **K.** Arbigara oso estimaue izetenda galleguen hartien eta eurok prestatzendauen bezela salda arbigara horrekiñ, patata ta lakoiekiñ nahasi, eta akaso beste zerbaitzuaz, oso gozue geratzenda eta nik ustedot hemengo bertako jente geixenai asko gustatzejakola salda hori. **T.** El grelo es una cosa muy apreciada entre los gallegos y la forma en que preparan ellos el caldo mezclando esto con la patata y el lacón, y quizá unas cuantas cosas más, queda muy rico y yo creo que a la mayoría de la gente de aquí les gusta mucho ese caldo.

ARBIGORRIXE. Zanahoria. **K.** Leno egunien entzunauen arbigorrixe jatie oso omendala eta baixe komenigarrixe begixendako ta ondo ikusteko, ba hau egixe baldinbada pentzatzen hasibikot aber antiojo barrixek erosi inbierrien eztoten hobie izengo arbigorri batzuk jatie noixienbeñ, bentzet eta diruen aldetik ziur baietz. **T.** El otro día oí que comer zanahorias es muy bueno y también conveniente para los ojos y poder ver bien, pues si esto es verdad tendré que empezar a pensar a ver si en lugar de comprar gafas nuevas no será mejor que coma unas cuantas zanahorias de vez en cuando, al menos y por la parte económica seguro que sí.

ARBILORIE. La flor del nabo. **K.** Ze politxe ikustendan zelaixe dana arbiloraz betie eta argazkixek ataratzeko bezela dau, gañera aurten oso axkar hasidie loratzen eta izotz haundirik ezpadau itxen nik ustedot uzta haundibat izengodala. **T.** Que bonito se ve el prado así, todo lleno con las flores del nabo y está como para sacar unas fotogafías, además este año el nabo ha empezado muy pronto a florecer y si no hiela yo creo que habrá una gran cosecha.

ARBI-TXIKIXE. Rábano o rabanito. **K.** Alplditxik etxien eztitxu jan arbi-txikirik, erostie astu eta gauza da bere koloretxue emuteutzela, gañera nahiko ondo geratzenda entzaladan naiz da ez euki gusto haundirik, ba aber hurrengo errekauek itxeitxutenien eta baldinbadaz, erosteitxuten. **T.** Hace mucho tiempo que no comemos rabanitos en casa, se nos olvida comprar y la cosa es que le dan su color, además quedan bastante bien en las ensaladas a pesar de que no tienen demasiado sabor, pues a ver si la próxima vez que haga los recados y si es que hay, las compro.

ARBIXE. Nabo. **K.** Herminion baserriko soluen arbixek ugeri ikustendie, oñ bierra bebai eukikodau hainbeste bei ta txarriri jaten emuteko. Eta gauzabat, entzunde dauket eotendala arbi motabat norberak jateko bezelakuek dienak eta gañera oso gozuek omendiela, ba estakitx eta baleike hala izetie baña nik bentzet eztot sekula aukeraik euki ikusteko, ero bentzet enaz konturatu. **T.** En el prado del caserío de Herminio se ven muchos nabos, ahora que también lo necesitará para dar de comer a tantas vacas y cerdos que tiene. Y una cosa, tengo oído que debe de haber una especie de nabo que es comestible y que además debe de ser excelente, pues no sé y puede que sea así pero yo al menos no he tenido nunca la oportunidad de verlo, o al menos no me he dado cuenta.

ARBOLA (K). Arbol, árboles. **K.** Ixidron piñuteriko arbol geixenak botatzeko bezela die eta gañera oñ da bere garaia, berak esatendau aurrena ta bota aurretik ondo jakiñien eon-bierra daukela ze prezio itxendauen piñuek, eta hortarako hasi eta galdera batzuk inbikoitxula aldebaten ta bestien. **T.** La mayoría de los árboles del pinar de Isidro ya están como para talar y además ahora es el tiempo, él dice que primero y antes de tirar que se tiene que enterar muy bien del precio que hacen los pinos, y que para eso tendrá que empezar preguntar en algún que otro sitio.

ARBOLA-IPURDIXE. Tocón, la base del árbol que queda después de cortar este. **K.** Zarauzko arbola askok geixue omendaukie eta ertxuraz moztie komenida, aurrena Itxasmendi auzo inguruen hasi eta inguru guztiek arbola-ipurdiz betiek ikustendie, eztakitx ze asmo daukien itxeko honeikiñ baña eztot uste ezer aprobetxatzeko asmoik eukikodauenik. **T.** Parece ser que hay muchos árboles en Zarautz que tiene alguna enfermedad y es preciso el talarlos, han empezado por el barrio de Itxasmendi y en todas partes se ve que están llenos de tocones, lo que no sé es que piensan hacer con ellos, pero no creo que tengan intención de aprovecharlos para nada.

ARDANDEIXE, ARDANDEGIXE. Vinoteca, tienda dÓnde venden vinos. **K.** Emutendau aspalditxotik modan jarrridiela ardandegixek, lenau apenas eozen bat ero beste eta bakarrik zien ardauek ta beste edari mota batzuk saltzeko, oñ berriz taberna bezelakuek die eta askok baitxe ixe jatetxe moduen be, gañera etxura guztie daukie nahiko ondo haidiela zeatik jente asko ikustenda honein barruen eta giro ona eotenbada kanpuen geixau. **T.** Desde hace tiempo parece que se han puesto de moda las vinotecas, antes apenas había unas pocas y solo eran para vender vino y algún otro tipo de bebidas, pero ahora en cambio funcionan igual que tabernas y también muchos como casi restaurantes, además da la impresión que les va bastante bien porque se ve a mucha gente dentro y si hace buen tiempo fuera más.

ARDATZA. Eje de carro. **K.** Gaur etxaku bape ondo urtetzen ezertxoik eta ezinleike esan gure eguna danik, aurrena beixen uztarrixe puzkatuda ta oñ berriz ixe apurtu karruen ardatza, gañera gertatzenda hau eztaukoula hemen konpontzeik eta itxoiñ inbikoula beste ardazbat ekarri hartien, bixenbitxertien eta nola eztauen besteik, hemen geldik eonbikou barriketan zigarruek erriaz. **T.** Hoy no no sale nada bien y no se puede decir que sea nuestro día, primero se nos ha roto el yugo de los bueyes y ahora en cambio casi el eje de carro, además sucede que esto no lo podemos arreglar aquí y tendremos que esperar a que nos traigan otro eje, mientras tanto y como no hay otro remedio, tendremos que estar aquí parados charlando y fumando cigarrillos.

ARDATZA. Huso que se utiliza o se utilizaba para hilar. **K.** Nik eztot esautu baña entzunde dauket, gauza da enazela gogoratzen zeñi, nola garai baten eonzan ardazbat gure etxe zarrien. Aspaldi galdetunauen horren buruz baña iñok ezer esakixen. **T.** Yo no lo he conocido pero tengo oído, la cosa es que no me acuerdo a quién, que en un tiempo ya hubo un huso en nuestra casa vieja. Hace mucho ya pregunté sobre el tema pero nadie sabía nada.

ARDAU-BALTZA. Vino tinto. **K.** Sagardaue be eztau bape gaizki baña nik ustedot ze bazkaltzeko edari egokixena ardau-baltza izetendala, beste-batzuk be esatendaue ura dala, baña erozeiñ modutan gure etxien bentzet ardau honekiñ itxeitxu jatorduek. **T.** La sidra tampoco está nada mal pero yo creo que la bebida más adecuada para acompañar a las comidas es el vino tinto, otros también dicen que es el agua, pero de todos modos en nuetra casa al menos es el vino con el que acostumbramos a comer.

ARDAU-BOTIE. Bota de vino. **K.** Euskalherrixen betiko oitura izenda, lenau bentzet, hamarrekuaz batera ardau-botie eruetie mendira eta egixe da ze gauza oso ona zala, oñ be akaso batzundako hala berdiñ izengoda baña estakitx zergaitxik oñ geruau ta gutxiau ikustendan hori, ondion be ikustendie batzuk, oso gutxi, eruetendauenak baña geixenak fruta zerbaitxekiñ eta uraz fatendie. Ba alde ederra. **T.** Una costumbre de siempre en Euskalherría ha sido, al menos antes, la de ir al monte con un bocadillo y la bota de vino y de verdad que era una cosa muy buena, quizá ahora también para algunos puede que sea igual pero no se porqué ahora cada vez se ve menos eso, aunque todavía ya se vé que hay quien lo lleva, muy pocos, pero la mayoría suele ir con algo de fruta y agua. Pues vaya diferencia.

ARDAUE. Vino. **K.** Esatendaue aurten ardau gutxi urtendala Errioxa aldien, hori bai, kalitate onekue baña erdixe baño zerbaitx geitxuau igezko urte aldien, eztala hainbeste ardau urteko bezela saltzeko eta dana ero geixena kriantza eta erreserbarako izengodala. **T.** Dicen que este año ha salido poco vino en la zona de la Rioja, eso sí, de buena calidad pero poco más de la mitad que el año pasado, que no habrá lo suficiente como para venderla como vino del año y que prácticamente todo se destinará para crianza y reserva.

Aspaldiko esaerabat: Ardauek barrura eta sekretuek kanpora.

Un antiguo proverbio vasco dice que el vino para dentro y los secretos para fuera.

ARDAU-ZURIXE. Vino blanco. **K.** Hau be oituratik doie, etxuraz Euskalherrixen eroskor xamarrak gara ta buruen zerbaitx sartzu-ezkero derrigorrez hori inbierra izetendou. Beno ba hori, hemen betiko oitura izenda ta ondion be batzundako, baleike askondako, be hala da, txikiteo denporan eta eguerdixen ardau-zurixe eratie. **T.** Esto también va de costumbres, parece ser que en Euskalherría somos bastante tercos y cuando algo se nos mete en la cabeza necesariamente tenemos que hacerlo. Bueno pues eso, aquí la costumbre de siempre ha sido y todavía también para algunos, puede que para muchos. lo sigue siendo, ha sido el beber vino blanco en el chiquiteo del mediodía.

ARDI-BIRIE. La huella, especie de senda o camino que dejan las ovejas a su paso entre el caserío y los pastizales y viceversa. **K.** Mendira soizenien nabarmen igertzenda nundik dien ardi-biriek, honein fan da etorrixek eta gañera askoz hobie izetenda ez sartzie bire hortan zeatik betik lokastu ta euron pelotillatxuen kakaz betie eotenda. **T.** Cuando vas al monte se nota muy bien donde están los caminos por donde van y vienen las ovejas, y además es mucho mejor no meterse por esas sendas porque siempre están embarradas y llenas de las pelotillas de sus cacas.

ARDI-GAZTA, ARDI-GAZTAIE. Queso de oveja. **K.** Idiazabalko ardi-gazta oso famaue da Euskalherri barru da kanpuen, sari asko irabazitxekue da leku askotan, eta errazoi guztiekiñ zeatik naiz da gaztai onak eon ixe alde guztietan, hau be benetan sigeroko mundiala dala. **T.** El queso de Idiazábal tiene mucha fama dentro y fuera de Euskalherría, ha ganado muchos premios en cantidad de sitios, y con toda la razón porque aunque haya muy buenos quesos en casi todos los lugares, también este de verdad que es mundial.

ARDIKIXE. Carne de oveja. **K.** Ardikixe ezta sekula izen nere larreiko gustokue, neretzat koipe larreitxo dauko ta gañera haragi hau pixkat hotziketandanien bai bera eta bere grasa zuri ta gogorra geratzenda, ondion berue dauneien ba beno, akaso balekue izenleike, baña beste modu hortan dauenien eta neri bentzet naska apurbat emutendust. **T.** La carne de oveja nunca ha sido muy de mi gusto, para mí tiene demasiada grasa y además cuando la carne se enfría un poco tanto esta como su grasa se queda blanca y dura, todavía cuando está caliente pues bueno, puede valer, pero de ese otro modo a mí por lo menos me dá así como un poco de asco.

Aspaldiko esaerabat: Ardi galdue billatuleike bala aldi galdue sekula ez.

Un viejo refrán en euskera dice que se puede encontrar a una oveja perdida, pero jamás el momento perdido.

ARDI-TXAKURRE. Perro pastor. **K.** Toki askotan eta baleike geruau ta geixautan, ardi-txakur lehiaketak itxendie baña askoatik famauena izenda, eta ondion da, Oñatikue, zenbat txakur inguratzendien alde guztietatik lehiaketa hortara eta baitxe zenbat jente fatendan hori ikustera. **T.** Las competiciones de perros de pastor se hacen en muchos sitios y puede que cada vez más, pero la que más fama ha tenido, y todavía tiene. es la de Oñate, cuantos perros a esa competición de tantísimos lugares y también que cantidad de gente suele acudir para verla.

ARDIXE. Oveja. **T.** Betikue izenda ardi-talde haundixek eotie Euskadiñ eta baitxe Naparruko alde geixenetan, hemen Euskalherrixen geixenak Aralar ta Urbixa inguruen eta Naparrun, beste leku batzun hartien, Ronkaleko ballaran. Oñ entzutenda nola gazte jentie, akaso besteik eztaukielalo, hasi omendien lanien ardixekiñ. **T.** De siempre ha sido que tanto en Euskadi como en Navarra haya grandes rebaños de ovejas, aquí en Euskalherría la mayoría están en las zonas de Aralar y Urbía y en Navarra, entre otros lugares, en el valle del Roncal. Ahora se oye que cómo la gente joven, a lo mejor porque no tienen otra cosa, ha empezado a trabajar con las ovejas.

ARDO-GOXUE. Vino dulce. **K.** Baleike oituratik izetie baña neri betik xelebre xamarra iruitu izenjat abarlek ardau-gozue eratie mesa denporan, mingaiñ txarreko komestaixue izetezan ezala hori erateko toki bakarra eta hor sakristi eskutuen be eotezala botilla bat ero beste, oñ baitxe izenleike erreserva bezela eotie, baezpare gure-barik jausi eta puskatzenbazan bateonbat. **T.** Será por la cotumbre pero a mí siempre me ha parecido un poco extraño que los curas beban vino dulce durante la misa, las malas lenguas comentaban que ese no era el único sitio donde lo bebían y que por allá a escondidas en la sacristía solía haber más de una botella, ahora que también podían estar como reserva por si sin querer se caía y alguna se rompía.

ARDO-ZALIE. Persona aficionada al vino. **K.** Nere ustez bi tipo ardo-zale daz, bat ardaue gustatzejakona baña bere neurriz eran eta bestie taberna zulotan sartuta eotendana ardaue eranaz ixe, ero ixebarik, moxkortu hartien. **T.** Yo creo que hay dos tipos de personas aficionadas al vino, uno al que le gusta el vino y lo bebe con moderación y otro el que siempre está metido en en bar bebiendo vino hasta casi, o sin casi, emborracharse.

ARDURA-BAKO, ARDURA-BAKUE. Se dice de la persona irresponsable que no se ocupa ni preocupa de nada, ni siquiera de lo suyo. **K.** Akaso Bartolo ezta mutill txarra izengo baña zalantzaik eztau ardura-bako utza dala, eztauko sekula kontuen zer inbierra dauen, nundik ero nora fan-bierra izetendan, haren pentzamentue betik izenda bestiek erabaki ta ingoutxula gauza dan horriek bere ordez, eta gero esangutziela zer ero nola, ta hala gustora bizida burue bape nekatu-barik. **T.** Seguramente Bartolo no será un mal chico pero no han duda de que es bastante irresponsable, nunca se preocupa por nada, que es lo que hay que hacer, a que lugar o por dónde hay que ir, el pensamiento de aquel siempre ha sido que los demás ya lo decidirán, harán todas esas cosas en su lugar y que luego ya le dirán el qué o el cómo, y así vive feliz, a gusto y sin cansar nada la cabeza.

ARDURADUNA. El responsable o encargado del cuidado de algo o alguien. **K.** Gaur astelena ikastolako umiek mendira fangodie egun pasa ta arduradun bezela maixo ta andereñobak eurokiñ fangodie, eztakitxena da nola ibilikodan maixo hori zeatik asteburu hontan larreitxo alai haizala ikusidou, berai eta berdiñ bere kuadrillai. **T.** Hoy lunes los críos de la ikastola irán al monte a pasar el día y como responsables irán con ellos un profesor y profesora, lo que no sé es que tal andará el tal profesor porque este fín de semana se le ha visto que andaba demasiado alegre, a él y lo mismo a su cuadrilla.

ARDURATU. Ocuparse, preocuparse por algo o por alguien. **K.** Zuk buru ariñ xamarra daukotzu eta baezpare gogoratu inbikotzuk ze bixer Donostira fan-bierra dukotzula txartela berriztzeko, baña etxatzu iruitzen zuk be zertxobaitx arduratu inbikoziñela?, ba ez pentza betik eongonazenik zure gañien. **T.** Tú tienes la cabeza bastante ligera y por si acaso te tendré que recordar que mañana tienes que ir a San Sebastián a renovar el carnet, ¿pero no te parece que tú también deberías de preocuparte siquiera un poquito?, pues no pienses que voy a estar siempre encima de tí.

Aspaldiko esaerabat: Arrixkura allegau baño len, arduratu.

Un viejo proverbio vasco dice que hay que preocuparse antes de llegar al peligro

ARDURIE. Inquietud, preocupación. **K.** Gaur ixe eztot lorik iñ arduriaz Saturiokin akordauaz, denpora dexentetxo da hor Pirineo aldera fanzala egun batzuk pasatzeko asmuakiñ eta arañundik eztakigu nundik ibillileikien, eztaukou bere ezerko berririk, eztau deitzen eta erantzun bez telefonoi, segurazki kobertura kontue bakarrik izengoda baña halaere... **T.** Hoy casi no he dormido por la preocupación acordándome de Saturio, hace ya bastante tiempo que fué hacia el Pirineo con la intención de pasar unos días y desde anteayer no tenemos noticias de él, tampoco sabemos por dónde puede andar y no llama ni contesta al teléfono, seguramente solo será por cuestión de cobertura pero aún así....

AREIE. K. Arena. **K.** Urte askuen enpresa hori ibillida areie ataratzen ur aspitxik Oria erreka ta itxaso tartien, ba beitu, aspalditxo ibili-barik nauen inguru hortatik eta lengo egunien pasanitzen betik eondien lekutik, eta arritxuta geratunitzen zeatik itxitxe zala ikusinauen, ez makiñaik, ez areirik, ezertxorik ez, aber bateonbati galdetu eta esateuzten zer gertaudan. **T.** Desde hace un montón de años esa empresa era la encargada de extraer la arena bajo el agua en el encuentro del río Oria con el mar, pues bien, hace ya bastante tiempo que no andaba por allá y el otro día pasé por delante de donde siempre ha estado la empresa, y me quedé sorprendido poque ví que estaba cerrada, sin máquinas, sin arena y sin nada, a ver si se lo pregunto a alguno y me dice que es lo que ha pasado.

ARETXA, ARITZA. Roble. **K.** Aspaldi Abadiñon, onazkero horrena izengodie hamabost urte, gertauzan ze basobaten eozen aritz guztiek, bazien ehun baño geixau, bota-bierrak izengitxula obra haundibat itxeko, gurekiñ arduradun bezela Diputaziñoko mutil gaztebat hauen eta nabarmen igertzejakon zenbat larriketazan txikizio harekiñ, gañera egunbat eonzan langillebatek erdi-negarrez ikusiduela eskutuen. **T.** Hace mucho tiempo, para ahora ya harán quince años, en Abadiño tuvimos que tirar todos los robles, eran más de cién, de un bosque para hacer una gran obra, estaba con nosotros como responsable de la Diputación un chico joven al que se veía que le afectaba mucho el ver aquel destrozo, también hubo un día que un trabajador le vio medio llorando a escondidas.

ARGALA. Se dice por la persona que está delgada. **K.** Behobiako karreran tipo guztiko jentie ikusteitxozu, geixenak nakiko argalak izetendie baña halaere badaz beste-batzuk lori xamarrak dienak, eta beltz horrei ikusitxe norbera arritxu itxenda pentatzen nola dan posible izetie hainbesteko argalak eta gañera korrikan askoatik onenak. **T.** En la carrera de la Behobia se ve todo tipo de gente, la mayoría bastante delgadas aunque también algunos que son más rellenitos, pero viendo a esos hombres de color uno se asombra al pensar que como es posible que estén tan delgados y además corriendo ser por mucho los mejores, claro está que así cualquiera.

ARGALDU. Adelgazar, perder peso, y tanto puede ser por hacer régimen, ejercicio o alguna enfermedad. **K.** Honoratok, beran hitzak die, esatendau erretirau azkero larreiko pixu irabazten haidala, eta komestatzendau ze noski eztala berdiñe lanien ero potrojorran eotie, baña halaere zerreozer inbikolaukela zeatik andriek esateutzo derrigorrez argaldu bierrien dauela. **T.** Honorato, son sus palabras, dice que desde que se ha jubilado está ganando demasiado peso, también comenta que está claro no es lo mismo estar trabajando o tocándote los huevos, pero que aún así debería de hacer algo porque su mujer le dice que necesariamente tiene que adelgazar.

ARGAZKIXE. Fotografía. **K.** Askok, batzun-batzuk bentzet, afizio haundixe daukie argazkixek ataratzeko eta Zarautzek paraje oso egokixek dauko asunto hortarako, gañera sarritxen norbaitzuk bieldu be itxeitxue periodiko ta telebistara, noski erakusteko asmuaz bertan ataratzeko argazki horreik, eta hemen malekoi ta Getariko pasio inguruen askok ikustendie euron makiñakiñ beste hiru-hankako horreiñ gañien. **T.** Muchos, al menos algunos, tienen mucha afición a sacar fotografías y Zarautz tiene uno parajes muy adecuados para esos asuntos, además hay algunos que también a veces suelen mandar las fotografías sacadas en el lugar a periódicos y televisiones, claro que con la intención de que las publiquen, y aquí por la zona del malecón y el paseo de Getaria se ven a muchos con sus máquinas apoyadas en esos otros trípodes.

ARGI. Estar atento, despierto, vigilante. **K.** Eztauket zeatik sarturik baña baezpare abixau itxeitzuet, argi ibilli zuen kuadrillan hasidan mutill horrekiñ, entzunde dauket, gañera beiñ baño geixautan, ze eztala asko fixatzekue eta gañera gauza serixo zerbaitzuk eukitxula bere aurreko kuadrillakiñ. **T.** No me tengo porqué meter pero por acaso os aviso, andar vigilantes con ese chico nuevo que ha empezado a salir con vosotros en la cuadrilla, tengo oído, además más de una vez, que no es mucho de fiar y que además ya ha tenido algunas cosas bastante serias con su cuadrilla anterior.

ARGI. Luminoso, claro, diáfano. **K.** Atzo sekulako euri-zaparrara iñauen ta gaur berriz eguna bestaldera datorren etxurie dauko, hasiera bentzet argi bezela urtendau, ba aber hala jarraitzendauen eta aukera daukoun buelta dexentebat itxeko hor Getariako pasiu aldetik **T.** Ayer echó unos chaparrones impresionantes y hoy parece que el día viene al contrario, el comienzo por lo menos ha sido bastante claro, pues a ver si continúa así y podemos dar una buena vuelta ahí por el paseo de Getaria.

ARGI-BEDARRA, ALPAJA. Alfalfa. **K.** Badakitx beixek, ardixek eta berdiñ beste animali geixenak oso estimau daukiela argi-bedarra, nik be batzuetan pentzau izendot aber ze moduzkue izengotezan jateko argi-bedar hori ondo prestauta entzaladan, berez kanonigo ikusitxe eta honeik askotan jateitxu, bedar horrein etxurie bentzet badaukie. **K.** Ya sé que las vacas, ovejas y la mayoría de los animales tienen en mucha estima a la alfalfa, y yo también algunas veces ya he solido pensar a ver que tal sería esa alfalfa para comerla bien preparada en ensalada, de hecho y viendo los canónigos y estos los comemos a menudo, tienen un aspecto bastante parecido a la hierba esa.

ARGILLUNA, ARGI-ILLUNA. Claroscuro, que hay poca luz o esta es tenue. **K.** Gauzabat billatzen etorrinaz txabola hontara baña berriz urtenbikot linterna hartzeza zeatik ezta ixe ezer ikusten barruen, tokixe nahiko argilluna da eta atetik aparte, nola eztauken bentanaik, ezta argirik sartzen beste iñundik. **T.** He venido a la chabola a buscar una cosa pero tendré que salir otra vez a coger una linterna porque dentro no se ve casi nada, la luz que hay es muy tenue y aparte de la puerta, como mo no tiene ventanas, no entra la luz por ningún otro sitio.

ARGINDARRA, ARGI-INDARRA. La electricidad. **K.** Halako ondo ta gustora nauen irakurtzen etxien eta ekaitza hasida, gañera oso iñdertzu, gañetik gertauda iristo ta trunboi honeikiñ argindarra fan eta illunpeien geratugarela. Oñ nola eztakigun noiz etorrikodan ba lasai itxoitxie tokatzenda, eta bixenbitxertien piztu daukon kandelak. **T.** Estaba tan bien y a gusto leyendo en casa y ha empezado la tormenta, además con mucha fuerza, encima con esos rayos y truenos se ha ido la electricidad y nos hemos quedado a oscuras. Ahora como no sabemos cuando volverá pues toca esperar tranquilamente, y mientras tanto encender las velas que tenemos.

ARGITAGARBI, ARGI ETA GARBI. Poner las cosas en claro, dejar las cosas claras. **K.** Gaurkue hirugarren billera itxendouna da eta aurrekuen bezela gara, ezer esan ez eta berba besteik eztaue itxen, iñor eztau argitagarbi jartzeko gauzak eta hala berdiñ segitzenbou eztot uste geixau etorrikonazenik. **T.** La de hoy es la tercera reunión que hacemos y estamos igual que al principio, no hacen más que hablar sin decir nada, no hay nadie que deje las cosas en claro y como esto continúe así no creo que venga más veces.

ARGIXEIXE. Cera. **K.** Lengo egunien etxeko argindarra fanzanien hartunauen dauketen linterna da kasualitatez pilak gastauta hauken, ba noski, hainbeste denpora ibili-barik nola eongozan ba?, ezkerrrak andriek haukela len erabiltzeko kandela batzuk baña horriek be eta argindarra etorri aurretik argixeixe amaitu. **T.** El otro día cuando se fué la electricidad de casa cogí la linterna que tengo y casualidad tenía las pilas gastadas, y claro, después de tanto tiempo sin usar ¿como iban a estar pues? menos mal que la mujer tenía unas velas que ya se habían utilizado antes, pero a estas también y antes de que volviese la luz se les consumió la cera.

ARGITAZUNA, ARGITXAZUNA. Claridad, luminosidad. **K.** Naiz ta argixe piztuta eon emutendau illunpe antzien garela sukaldien, lenau itxidot persiana horreik bero askoik ez sartzeko baña oñ berriz altza inbikot sikera argitxazun pixkat sartudeixen, noski beruaz batera. **T.** A pesar de que la luz de la cocina está encendida da la impresión de que estamos en un sitio sombrío, antes he cerrado las persianas para que no entraría demasiado calor pero ahora tendré que volver a levantarlas para que entre siquiera algo de claridad, claro está que junto con el calor.

ARGITXU. Clarear, iluminar. **K.** Alde ederra persiana hau eta bestiek altza ondoren, pillabat argitxuda sukaldie eta inguru guztiek, geñera gertazenda ze etxe guztiko bonbilak horiskak diela eta baleike honeik be argi gutxitxo emutie, akaso pentzatzen hasibikot aldatu inbierrak izengodiela. **T.** Vaya diferencia desde que se ha levantado esta y todas las demás persianas, la cocina y todo el entorno se han clareado muchísimo, lo que pasa es que las bombillas de la casa son amarillas y quizá iluminen algo menos, a lo mejor tengo que empezar a pensar que es necesario cambiarlas.

ARGITXU. Se dice por la persona o cosa que ya ha aparecido. También por la que ha espabilado o la que tiene que espabilar. **T.** Zenbat denpora ibilidien bere gurasuek, beste askokiñ batera, umetxue billatzen, desagertu omenzan barriketan eozela lagunakiñ eta bueltauzienien umie falta. Aldebaten ta bestien beitu eta ezkerrak askenien argitxuzala, etxuraz han nahiko inguruen zan, jarritxe baztertxobaten eta lasai askuen gañera. **T.** Durante cuánto tiempo habrán andado sus padres, junto con otros muchos, buscando a la criatura, parece que desapareció cuando estanban hablando con unos amigos y al darse la vuelta ya no estaba. Han estado mirando por aquí, por allá, por todos lados y menos mal que al final ya apareció, parece ser que se encontraba bastante cerca, solo, sentado en un rincón y además muy tranquilo.

ARGITZEN. Amaneciendo, empezando el día. **K.** Erretirau ondoren oitura dauket, goix eta gosaldu ondoren, ordu parebateko mendi-buelta itxie, negu partien zertxobaitx latzaue izetenda zeatik urtetzendot eguna ondion argitzen hasi-barik dauenien, illunpeien eta orduen derrigorrezkue da linternabat eruetie baezpare. **T.** Desde que me jubilé tengo costumbre, después de desayunar, de salir temprano a dar una vuelta de un par de horas por el monte, en la parte de invierno se hace un poco más duro porque salgo aún sin que haya amanecido, en la oscuridad y entonces es imprescindible llevar una linterna por si acaso.

ARGITZU. Que está iluminado, con mucha luz. **K.** Ezta berdiñe izeten pelota partiduek telebizatzie ero ez, ez iñezkero ederto ikusileike bertan eotendan argixekiñ, baña bestaldera bada eta ondo ikusteko derrigorrezkue da frontoie oso argitzu eotie, eta horreatik bere argi propixo aparte beste pillabat jartzeitxue. **T.** No es lo mismo que los partidos de pelota se televisen o no, si no se televisa se puede ver muy vien con la luz que hay en el recinto, pero si es al revés, lo retransmiten y se vea bien es imprescindible que el frontón esté muy bien iluminado, y por eso aparte de su propia iluminación suelen colocar otro montón de luces más.

ARGIXE. Luz, Iluminación. **K.** Gaur gauez derrigorrezko lanbat inbierra daukou ta gañera herritxik aparte ezer eztan ikusten tokixen, horreatik gauza dexente prestaubikoutxu eta euron hartien ugeri argixek jarri lana egokiz itxeko. **T.** Hoy a la noche tenemos que hacer un trabajo imprescindible y además alejado del pueblo en un sitio donde no se ve nada, para eso tendremos que preparar bastantes cosas y entre ellas necesitaremos poner mucha iluminación para poder hacer el trabajo en buenas condiciones.

ARGIXE. Fig. se dice por la persona despierta, espabilada, inteligente y que enseguida se fija y se da cuenta de lo que pasa a su alrededor. **K.** Atzo izenzan nere illoba txikiñen urte-betetzie eta buru-apurketabat oparitunutzen, gaur bere aitxai deitxutzet galdetzeko aber zer moduz haizan eta lortudauela itxie erantzundau, banakixen argixe zala baña halaere enauen uste halako axkar ingozitxunik. **T.** Ayer fué el cumpleaños de mi sobrino pequeño y le regalé un rompecabezas, hoy he llamado a su padre para preguntarle a ver que tal andaba y me han respondido que ya ha conseguido hacerlo, ya sabía que era muy espabilado pero aún así no pensaba que lo hiciera tan rápido.

ARGIZAIOLA. Es un conjunto de tabla con una fina vela enrollada que antes se utilizaba mucho en las Iglesias, aunque menos, también creo que lo utilizan ahora. **K.** Atzo izenzan San Blas eguna eta Indamendiko jetxieran pasanitzen bere izen berdiñeko Bazeliza aurretik, Elkano auzuen, itxita hauen baña han eonitzen pixkatien barrukaldie begire eta ikusinauen argizaloi dexente eozela, gañera danak pistuta. **T.** Ayer fue el día de San Blas y al bajar del monte Indamendi pasé por delante de la Ermita del mismo nombre en el barrio de Elcano, estaba cerrada pero estuve un rato mirando en el interior y ví que había bastantes argizailoaz, además todas encendidas.

ARIBIDEZ. Por lo tanto, por ejemplo, . **K.** Derrigorrez hemendik kendu-bierra daukou katxarro hori, larreiko sikiñe dau eta naiz da gauza askokiñ proba iñ eztau ezerrekiñ garbitzeik, gañera pasatzenda ze dauen tokixen eztaukela bape etxura onik, halaere lengo egunien dendabaten ikusinauen gauzabat, nere ustez nahiko egokixe, eta arbidez ha emun-ezkero pentzatzendot ondo geratukozala. **T.** Necesariamente tenemos que quitar este cacharro de aquí, está muy sucio y a pesar de haber probado con muchas cosas no se puede limpiar con nada, además pasa que en el sitio en el que está no tiene muy buena pinta, aún así el otro día vi en una tienda algo, creo yo que bastante adecuado, y que por lo tanto si se lo aplicaríamos pienso que podría quedar bastante bien.

ARIKETAK. Estiramientos, ejercicios de precalentamiento. **K.** Behobiako karrera eta baitxe beste erozeiñ kirol hasi aurretik ariketa zerbaitzuk itxie komenida berotzeko, hala lesiobat hartzeko arrixkue kentzenda baña halaere zoritxarrez nahiko sarri gertatzendie lesio horreik. **T.** Antes de empezar la carrera de la Behobia y también en cualquier otro deporte conviene hacer unos estiramientos para calentar, así se evita el riesgo de tener una lesión pero aún así y por mala suerte u otra cosa bastante a menudo ocurre que te lesiones.

ARILLE. Ovillo. **K.** Andriek esandau arille erueteko alkondaran tarratara josteko, baña han da hemen hainaz begire eta eztot iñuñ billatzen josterokajie, eta eztakitx nun gordeta eukikodauen, gauza da baleikela asarreketie galdetu-ezkero aber ze lekutan dan eta gañera esanaz sekula estakitxela nun dazen gauzak, baña kasu hontan eztauket beste erremeixoik **T.** La mujer ha dicho que le lleve un ovillo para coser el rasgón de la camisa, pero estoy mirando por aquí y por allá y no encuentro la caja de la costura, pues no sé en qué sitio la habrá podido guardar, la cosa es que puede que se enfade si le pregunto dónde está y además diciendo que nunca sé en que lugar están las cosas, pero en el caso que nos ocupa no tengo otro remedio.

ARIÑ. Rápido, ligero, de prisa. **K.** Honeik die sartzen haidien prixak eta ariñ ibili-bierra eukikou gurebou lanak akabatzie eurok esateitxuen denporarako, etxuraz derrigorra omenda bukatzie hurrengo aste amaierako. **T.** Vaya prisas que nos están metiendo y tendremos que andar rápido si queremos acabar los trabajos para la fecha que ellos dicen, parece ser que es imprescindible tenerlos terminados para el final de la próxima semana.

ARIÑARIÑ. Es un baile, danza vasca que se baila en las romerías. **K.** Haibeste denporan ibilizare ikesten eta ontxe daukotzue aukera erakusteko zenbat ikesidozuen, ustedot ontxe laister hasikodiela hemengo dantzak eta euron hartien ziur ariñariñ dantza be eongoda. **T.** Habéis estado tanto tiempo aprendiendo que ahora tenéis la oportunidad de demostrar todo vuestro conocimiento, creo que ahora pronto van a empezar los bailes de aquí y entre ellos seguro que también estará la danza del ariñariñ.

ARIÑDU. Aligerar, mitigar, quitar peso. **K.** Otar haundi hau eztau bixkerrien erueteik zeatik larreiko pixu dauko eta gauza da hemen eztaukoula karretillaik ta ez beste holakoik, ba eztau beste erremeixoik, lantxue da baña zerbaitx ariñdu inbikozue, zerbaitzuk errepartiru beste otar txiki horreitan eta hala hobeto ta errexau eruengou. **T.** No hay manera de llevar a hombros este cesto grande porque pesa demasiado y la cosa es que aquí no tenemos carretillo ni nada que se le parezca, pues no hay otro remedio, ya sé que es trabajillo pero tendréis que aligerarlo un poco, repartir algo a estos otros cestos pequeños y así andaremos mejor y lo llevaremos más fácil.

ARIÑE. Persona o cosa liviana, ligera, de poco peso. **K.** Bi mutiko honeik birkixek die baña sigero desberdiñek, ondion gaztetxuek eta ustedot aldatukodiela, baña momentuz bentzet bata txikitxue ta ariñe da eta bestie berriz nahiko haundikotie. **T.** Estos dos hermanos a pesar de ser gemelos son muy distintos, aún son jovencitos y yo creo que ya cambiarán, pero almenos de momento uno es pequeñito y de poco peso y el otro es bastante grandullón.

ARIXE. Hilo. **K.** Nik derrigorrez ikesi-bierra izendot josten baña hori bai, oso gutxi, hortik zier izenazenien batzuetan gertaujat bire txarrien ibiltxie, oso itxi dazen basuetan, sazi hartien eta tarratarak iñ fraka ero kamisetai, orduen esan geratzen beste erremeixoik ze hartu orratza, arixe eta alegiñdu tarratara horreik josten haldan egoki. **T.** A la fuerza he tenido que aprender a coser pero eso sí, todavía muy poco, cuando he estado por ahí algunas veces me ha pasado andar por malos caminos, por bosques cerrados, entre zarzas y hacerme rasgones en el pantalón o camiseta, entonces no quedaba otro remedio que coger la aguja, hilo e intentar coser esos rasgones lo mejor posible.

ARIZARRA. Cometas. estrellas, planetas que se ven en el firmamento. **K.** Nik arrastuik be eztauket asunto horrein buruz eta askoz gutxiau ulertu, lengo egunbaten kuriositatez bati galdetunutzen aber dakixen zeiñ zan hor goixen halako garbi ikustezan hori eta erantzuna Venus omenzala, ta nola halako segurantz haudixaz esauzten ba baleike hala izetie. **T.** Yo no tengo absoluta idea ni entiendo nada sobre este asunto, por curiosidad el otro día le pregunté a uno a ver si sabía qué era eso que se veía tan claro ahí arriba y me contestó que era Venus, y como parecía que estaba tan seguro de lo que decía pues puede que fuera así.

ARKAITZA. Roca, peñasco. **K.** Mendi-bire hortan betik eondie erdi txintxiliska etxura haukien arkaitzat eta noixienbeñ jausi be iñdie bata ero bestie, baña asteburu hontan gertauda ze euri honekiñ bera etorridana sekulako haundixe dala eta derrigorrez birie moztu-bierra izendaue, bentzet kendu ero puzkatu hartien. **T.** En el camino de ese monte de siempre ha habido rocas que parecía que estaban colgando y también alguna que otra ha caído de vez en cuando, pero la que este fín de semana ha caído al suelo debido a las lluvias ha sido muy grande y a la fuerza han tenido que cortar el camino, por lo menos hasta que lo quiten o rompan.

ARKAKOSUE. Pulga. **K.** Garai baten be eongozien arkakozuek akabatzeko gauzak baña gure etxe zarrien enaz gogoratzen esautudotenik, bentzet kamaran eta uda partien ugeri eozen, ta geixen zan pikapika izena hauken gelabaten, baña halaere lasai eotegiñen zeatik han sekula ezien sikatzen jartzen ez txorixoik eta ez urdaiazpikoik **T.** En aquellos tiempos también ya habría cosas para matar a las pulgas pero en nuetra casa vieja yo no las he conocido, al menos en el camarote y en la parte del verano había muchas y donde más era en un cuarto que tenía el nombre de picapica, pero estábamos tranquilos porque allá nunca se secaban los chorizos y tampoco los jamones.

ARKATZA. Lápiz. **K.** Nere lan-lagunen ume txikiñek halako Pikaso ero beste norbaitx berdintzu izeteko aukera haundixe dauko, afiziue bentzet eztau falta eta emutendau birien dauela, bere aitxak sarri komestatzendau ze betik marrazten dabillela kolorezko arkatzakiñ, pillabat gustatzejakola eta pentzatzen haidala nunbaitxera eruen margotzen ikesideixen. **T.** El crío pequeño de mi compañero de trabajo tiene grandes probabilidades de ser un Picaso o algún otro similar, afición por lo menos ya debe de tener y parece que vá en camino, su padre a menudo suele comentar que siempre está haciendo cosas con los lápices de colores, que le gusta muchísimo y que está pensando en llevarlo a algún sitio para que aprenda a dibujar.

ARKOIE. Arca, arcón. **K.** Gervasiok sarri esatendau ze nola aspaldi bere andrien etxeko atartien, Sorian, eon omenzan arkoi haundibat sigero politxe zana, gero desagertu inzala ta iñok eztakixela nola gertauzan eta ez nundik nora ibilileikin, baña bere ustez urriñ eztauen bateonbatek ondo jakiñien eongodana aunto horreaz. **T.** Gervasio suele decir a menudo que hace mucho tiempo en el portal de la casa de su mujer, en Soria, había un gran arcón que era muy bonito, que luego desapareció y nadie sabe cómo sucedió ni por dónde puede estar, pero que él cree que alguien no demasiado lejano estará muy al tanto sobre ese asunto.

ARKUEK. Arcadas, arcos. **K.** Salamankan dauen Plaza Mayor, plaza nagusixe guretzat, arkuaz betie dau, honein aspixek denda ta tabernaz josixe eta ezta geratzen toki bakarra libre beste zerbaitx jartzeko. Inguru hortan ibiltxeko asteburuko egunak izetendie onenak, orduen da sekulako girue eotendana, betik dau jentez betie eta hemendik geixenak unibersitateko irakasliek die. **T.** La plaza mayor de Salamanca está llena de arcadas, debajo de estas todo está ocupado por tiendas y bares y no queda un solo sitio libre para poder poner alguna otra cosa. Los fínes de semana suelen ser los mejores días para andar por allá porque es cuando mayor ambiente hay, siempre está llena de gente y de estos la mayoría suelen ser estudiantes universitarios.

ARKUMIE. Cordero. **K.** Burgosko Lerma oso famaue da arkume errie prestatzen, beraik esatendaue munkuko onenak diela eta ta baleike errazoie eukitxie zeatik oso gozue eotenda, gu hiru ero lau aldiz izengara eta betik oso gustora urtendou jandounaz. **T.** Lerma, en Burgos, tiene mucha fama en la preparaciòn del cordero asado, ellos dicen que son los mejoren del mundo y puede que tengan razón porque esta buenísimo, nosotros hemos estado tres o cuatro veces y siempre hemos salido muy a gusto con lo que hemos comido.

Errezetabat: Arkumie laban errie. Gauza ona izengozan ze erostendoun arkumie ona eta konfiantzakue balitz. Aurrena jartzenda laba berotzen eta arkume horren zatixei botatzejako gatza, piper autza eta hori iñ ondoren labako bandejan jartzenda, honekiñ batera berakatz buru osue azalakiñ bi zatitxen zabaletara moztuta, baxo erdi ura eta beste-hainbeste ardau zurixe nahastuta. Sartu labara, hau berrehun gradutara eta arkume hori busti sarri xamar bertan bandejan dauen saltzakiñ, ordu-terdi inguruen eon-bierra eukikodau baña hau goitxik ero betik izenleike zeatik zerikusixe dauko arkume horren pixu eta tamañue. Baezpare noixienbeñ beitu baña gutxigorabera denpora horretan gertu eongoda, eta arkume horri letxuga entzaladaz lagunduta eta batera etxurazko ardauekiñ oso gustora gelditxukogara.

Una receta: Cordero al horno. Sería buena cosa que el cordero fuera de buena calidad y a poder ser de confianza. Se salpimenta y coloca la pieza de cordero en una bandeja de horno que esté previamente recalentado, se añade una cabeza de ajo con piel cortada por la mitad horizontalmente, medio vaso de agua y otro tanto de vino blanco mezclados. Se mete al horno y este a doscientos grados, bañando la pieza bastante a menudo y aproximadamente durante hora y media, ahora que esto puede variar por arriba o por abajo porque tiene mucho que ver el tamaño y peso de la pieza. Por si acaso ir mirando de vez en cuando, pero más o menos al cabo de ese tiempo estará listo para y si lo acompañamos con una buena ensalada de lechuga y un buen vino tinto disfrutaremos un montón.

ARKUPEIEK, ARKUPIEK. Soportales, sitio cubierto bajo los arcos. **K.** Atzo pasiatzen haigiñala sekulako euri-zaparrara hasi ta takarraran fan-bierra izengauen Udaletxe plazara, arkupetiek dazen tokira eta han gorde, halaere halako eurixe zan ze nahiko bustixe allegaugiñen.**T.** Ayer cuando estábamos pasendo por las calles de Zarautz empezó un tremendo chaparrón y tuvimos que ir corriendo a refugiarnos bajo los soportales de la plaza del Ayuntamiento, aún así y como la lluvia era tan intensa llegamos bastante mojados.

ARKUPERA, ARKUPETARA. Ir a cubierto bajo los arcos o arcadas. **K.** Euri-zaparrara datorrela emutendau eta hasi besteik ez ta geixaura fan aurretik onena izengou berriz Udaletxe plazako arkupetara fatie, badakitzue nola geratugiñen atzo, danok nahiko mela iñde. **T.** Parece que viene un chaparrón y nada más que empiece y antes de que vaya a más va a ser mejor que vayamos de nuevo a refugiarnos bajo los arcos de la plaza del Ayuntamiento, ya sabeís con quedamos ayer, todos bastante empapados.

ARKUPETAN. Debajo de los arcos o arcadas. **K.** Jakinleike nun eonzaren?, beitu nola zatozen, dana blai iñde, zure anai-arrebak euri-zaparrara hasidanetik arkupetan eondie eta zu zer, kanpuen jolasten euri aspixen?, ba ustedot zu bakarrik ibilkoziñela zeatik eztot uste besteik eongozanik. Ba oñ ederra eukikozu amakiñ eta txarrena ezarela zu bakarrik izengo zeatik ni be tartien eongonaz ez zaiñduatik. **K.** ¿Se puede saber dónde has estado?, mira como vienes, completamente empapado, tu hermano y hermana han estado debajo debajo de los arcos desde que ha empezado el chaparrón y tú qué, ¿jugando fuera bajo la lluvia?, pues creo que andarías solo porque no creo que estuviese nadie más. Pues ahora vas a tener una buena con la madre y lo peor es que no serás tú solo porque yo también estaré en medio por no cuidarte.

ARLO, ARLOA. Tarea, asunto. También puede ser una parcela. **K.** Ardura haundixe dauket arlo honekiñ zeatik eztotazt erantzunik billatzen, asunto hau larreiko serixue da eta onena izengou alkartzie, lasai ta asarretu-barik berba iñ, aber danon hartien zerbaitx erabakitzendoun eta birebat lortu hau konpontzeko. **T.** Estoy muy preocupado con esta cuestión porque no le encuentro respuesta, el asunto es demasiado serio y lo mejor será que nos reunamos, hablemos tranquilamente, sin enfadarnos y a ver si entre todos encontramos un camino para solucionar esto.

ARLOAN. Estar atareado, encomendar tarea o trabajos. **K.** Gaur goixien kanpora fan-bierra dauket derrigorrezko gauza batzuk konpontzera, baña aurretik arloan jartzezauet zer lanak inbitxozuen eta nik ustedot bazkal osterako bueltaukonazela. **T.** Hoy por la mañana me tengo que ausentar para solucionar unas cosas que son necesarias, pero primero os voy a encomendar los trabajos que tenéis que hacer y yo creo que ya volveré después de comer.

ARLOKUE. Asuntos específicos, determinados. **K.** Beno, izenaz obran eta esautziet ze lanak dien arlokuek goix aldien itxeko, bakarrik bukatzie atzo geratuzana eta ez hasteko beste ezer ni etorri harte. **T.** Bueno, ya he pasado por la obra y les he dicho que trabajos son los que específicamente tienen que hacer, solo terminar lo que quedó pendiente ayer y que no empiecen ningún otro hasta que yo vuelva.

ARLOKEIXIE. Se puede decir por los actos estúpidos y sin ningún sentido. **K.** Ezinleixue bakarrik itxi eta oñ be arlokeixabat besteik ezta izen iñdauena, obrara bueltaunazenien bazkalostien ikusidot eztauela iñ ezer aiñdutekoik, atzoko lana ondion bukatu-barik eta etxura hauken euron erara ibilidiela beste gauza batzuk itxen. **T.** No se les puede dejar solos y ahora también lo que han estado haciendo no es más que una estupidez, cuando he vuelto a la obra después de comer he visto que no han hecho nada de los que se les ha mandado, el trabajo de ayer todavía estaba sin teriminar y parecía que habían andado a su aire haciendo otras cosas.

ARLOSA. Losa, loseta de piedra. **K.** Jeseus!, betik haidie gauzak aldatzen, aurreneko lana baldosa jartzie zan atartien eta oñ berriz erabakidaue arlosak gureitxuela baldosa ordez, oñ gertatzejat arrastuik be eztauketela nun lortuleikien hainbeste zeatik atarte honek dauken neurrixekiñ pillabat bierkoutxu. **T.** ¡Jesús!, siempre están cambiando las cosas, el trabajo de antes era colocar baldosa en la entrada y ahora en cambio han pensado que en lugar de la baldosa quieren losetas de piedra, lo que ocurre es que no tengo ni idea donde se pueden conseguir tantas porque con el tamaño que tiene esta entrada vamos a necesitar un buen montón.

ARLOTIE. Se dice de la persona estrafalaria, desarrapada, algo bohemia. **K.** Horrekiñ sigero alperrik haizare, eztutzazue gauza dexenteik atarako zeatik beriaz jarraitxukodau eta eztau ingo ezer berak guredauen aparte, zueitik batzuk ondo dakitzue nahiko arlotie dala ta hala itxeitxuela gauza guztiek, ero eztauela nai beste modubaten itxeik, betik izenda halakotxie eta etxako buelta geixau emun-bierrik. **T.** Con ese andáis completamente en balde, no vais a sacar nada decente porque seguirá con lo suyo y no hará nada aparte de lo que él quiera, alguno de vosotros ya sabéis que es bastante estrafalario y no sabe o no quiere hacer más cosas que las que le puedan afectar a él, siempre ha sido así y no hay que darle más vueltas.

ARMAIXUE. Armario. **K.** Gauza xelebrie da mutil horrena, bakarrik bizida eta etxeko armaixo guztiek aldatzie erabakidau esanaz haundixauek naidauela jartzie. Eztakitxena da zeatik izengodan kapritxo hori eta apostakonuke oñ dauken geixenak erdi utzik eukikoitxula. **T.** Es un poco raro lo de ese chico, vive solo y se le ha ocurrido que quiere cambiar todos los armarios de casa por otros que sean más grandes. Lo que no entiendo es porqué tiene ese capricho y ya apostaría que mayoría de los que tiene ahora estarán medio vacíos.

ARMALLA. Gradas, escalones de piedra. **K.** Mobitzen hasibikou zeatik axkar xamar komenijaku allegatzie Aiara, badakitzue armalla gutxitxo dazela frontoien eta berandu fatenbagara eztoula tokirik eukiko. **T.** Nos tenemos que mover porque nos conviene llegar un poco temprano a Aia, ya sabéis que hay pocas gradas en el frontón y si vamos tarde no vamos a tener sitio.

ARMARRA. Escudo, los hay de varios tipos pero generalmente se refiere a los que existen en las fachadas de las casas, palacios, castillos, etc... **K.** Hortik zier ibiltxezarenien aukera eotenda armarra asko ikusteko ta nik geixenak ikusitxutenak Estremadura aldien izendie, hor herri ta hiriburu geixenetan daz, Kazerez, Medellin eta abar. Luze izengolitzke geixau jartzie baña bai jarri-bierra dauket herribaten izena, Trujillo, eta hemen siñistu eziñeko ugeri ikustendie alde guztietan, eta ezta bape errexa ulertzie nola holako leku txikixen eonleikien hainbeste armarra. **T.** Cuando andas por ahí hay oportunidad de ver muchos escudos y la mayortía de los que he visto yo ha sido por la zona de Extremadura, allá los hay en casi todos los pueblos y cuidades, Cáceres, Medellín, etc... Se haría muy largo el nombrar a más pero sí tengo que citar el nombre de un pueblo, Trujillo, y aquí es increíble la cantidad que se ve por todas partes, y no es nada fácil el entender como en un pueblo tan pequeño puede haber tantos escudos.

ARMIARMA. Araña.
(Ver la definición de amarratza).

ARMONIXA (N). Relación amistosa, con armonía. **K.** Nik ustedot hobeto izengoula zetxobaitx jextie belarrixek, parkamena eskatu eta gutxienetik ta haldan moduen alegiñdu konpontzen beste kuadillakiñ, nik ustedot danoi komenijakula zeatik gauza ona izetenda armonixan eotie. **T.** Yo creo que deberíamos agachar un poco las orejas, pedir perdón y al menos de alguna manera intentar arreglar la situación con la otra cuadrilla, yo creo que es algo que nos conviene a todos porque es cosa buena el estar en armonía.

ARMOZAU, ARMOZUE.
(Ver la definición se almorzau).

ARNASA. Respiración, aliento. **K.** Esagunbat izenda oporretan hor Chile ta Peru aldien eta kontatzen eonzan nola beñ fan omenzien Andes ingurura, enaz gogoretzen esanauen Matxu ero Pitxu zala, hiru egun pasatzeko asmuekiñ, ba gertauzan axkar bueltau inbierra izenauela zeatik ixe eziñzan ez ibili eta ez lorik be iñ arnasa hartu eziñien. **T.** Un conocido ha estado de vacaciones ahí por Chile y Perú y contó que una vez fueron con la idea de pasar tres días por la zona de los Andes, no me acuerdo si dijo que era Machu o Pitxu, pues sucedió que tuvieron que volver rápidamente porque no podían casi ni andar ni tampoco dormir por no poder respirar bien.

ARNASESTUE, ARNASA-ESTUE. Sofoco, respiración fatigosa, dificultad para mantener la respiración. **K.** Normalki arnasestue gertatzenda kirol iñdertzu xamarra itxendanien, baitxe mendiko aldapa gogorrien ibili oñez ero bizikletan ta beste holako berdintzuko kasutan, eta gañera sarriko errezalie izen-ezkero askoz txarrau. **T.** Normalmente la respiración fatigosa surge cuando haces un deporte bastante fuerte, también si se sube una una dura pendiente de montaña andando o en bicicleta y en otros casos similares a estos, y además si se es fumador habitual mucho peor.

AROLDU. Es cuando un fruto se seca y esta se separa de su envoltorio. **K.** Bakallau tortilla itxeko kipulak erosi-bierren nau baña azoka hontan eztitxut bape etxura honeikok ikusten, danak zarrak diela emutendau eta geixenak nahiko arolduta daz. **T.** Necesito comprar cebollas para hacer una tortilla de bacalao pero las que veo en este mercado no me gustan nada, todas parecen viejas y la mayoría están bastante separadas de su envoltorio.

AROSTEIXIE. Carpintería. **K.** Danielan etxe zar aurrien, Lasarten, Boni arotzak bere arosteixie hauken eta bera hil azkero beste familixako iñok eztaue segi nai izen, toki hortan bentzet, itxizan bere garaian eta ondion hala berdiñ jarraitzendau. **T.** Boni, el carpintero tenía su carpintería frente a la casa vieja de Daniela en Lasarte, y desde que murió ningún otro de su familia ha querido continuar, al menos en ese sitio, se cerró hace ya mucho tiempo y así de igual manera continúa cerrado.

AROTZA. Carpintero. **K.** Auxe da lanbat sekula eztana falta izengo eta oñ baleike exkax antzien ibiltxie etxe-bizitza gutxi itxendielako, baña halaere betik geratendie inbierreko gauzak etxietan itxendien erreformakiñ eta baitxe beste toki askotan. **T.** Este es un trabajo que nunca faltará y puede que ahora anden un poco escasos porque no se construyen demasiadas viviendas, pero aún así siempre hay cosas que hacer con las reformas que se hacen en las casas y también en muchos otros sitios.

ARPEGIRA. Lo que haya que decir hay que hacerlo a la cara y no por detrás, por la espalda. **K.** Eztakitx zer haizarien hainbeste mormoxetakiñ eta zerreozer badaukotzue esateko esaizue beingoz, baña arpegira eta ez ibilli hor ixilixen iñuzentiek bezela. **T.** No sé que andaís con tantas murmuraciones y si teneís algo que decir decirlo de una vez, pero a la cara y no andeís ahí con secretos como unos tontos.

ARPEGIXE. Cara. **K.** Gure aldamenien bizidan neskatik, etxe hontan pixu guztiko danak esatendou ze mosu politxe dauken, ba nere ustez berak be siñistute dauko zeatik betik ikustejako ondo margotuta eruetendauela arpegixe eta akaso baleike larreitxo xamar be izetie. **T.** Sobre la chica que vive al lado nuestro, todos los vecinos de los pisos de la casa conciden en que tiene una cara muy bonita, pues pienso que ella también se lo cree porque suele ir muy maquillada y quizá puede que hasta demasiado.

ARPEGIXE. También, fig.se dice por la persona sinverguenza, con mucha desfachatez y demasiada caradura. **K.** Nemesio horrek dauko arpegixe, eztot asko esauketan baña nik bentzet enauen uste halakue izengozanik, tabernako arduradunak esandust gaurkuaz dala hirugarren aldixe alde iñdauela ordaindu-barik. **T.** Vaya caradura que tiene ese Nemesio, no es que le conozca mucho pero al menos yo no pensaba que fuera así, el encargado del bar me ha dicho que con la de hoy es la tercera vez que se marcha sin pagar.

ARPEGIXE-EMUN. Dar la cara, hecerse responsable. **K.** Aber, jakitxie gurot zeiñ zuen bixotatik izendan aberixa hau iñdauena, izendana, zu ero bestie aurreratu eta arpegixe-emun, aurrena hori da bentzet gutxienetik inbilaukena eta gero hasi konpontzen iñdakue. **T.** A ver, quiero saber quien de los dos ha sido el que ha hecho esta avería, el que haya sido, tú o el otro que se adelante y de la cara, lo primero al menos eso es lo menos que debería de hacer y luego empezar a arreglar lo hecho.

ARPILLERA, ARPILLERIE. Tela que solía estar junto al fregadero y servía, quizá también ahora, para secar y limpiar los rincones de la cocina. **K.** Noixienbeñ errieta batzuk entzun-bierrak eukitxeitxuk andrien aldetik sukalde aldien nabillenien, aber, asteburutan ni izetenaz sukaldari eta nere oitura da katxarruek ibili-hala fregatzie, ba etxuraz eta bere ustez, inguru guztiek bustitxeitxut, asarretu itxenda ta esatendust arpillerie hartu ta sikatzeko bustitxuten danak, ixil ixilik hori itxendot baña pentza bebai aber nik ze kulpa dauketen. **T.** De vez en cuando ya me suele tocar escuchar unas cuantas riñas por parte de mi mujer, sobre todo cuando ando por la cocina, a ver, los fines de semana yo soy el cocinero y tengo la costumbre de fregar los cacharros a medida que los utilizo, pues parece ser y según ella, que mojo todos los rincones, se entada y me dice que coja la arpillera y que emplece a secar todo lo que he mojado, y eso es que hago callado y sin rechistar, pero también pienso a ver que culpa tendré yo.

ARRA. Macho. **K.** Gure astuek, Mesi eta Kiko, bixek arrak die da nere ustez noixienbeñ emien faltan eotendie, batzuentan entzuenjatie eztiela arrantza ixiltzen, gero beste denporaldibaten ixilik eotendie eta eztakitx ba, akaso bi tarte honeitan zerbaitx gertaukozan? **T.** Nuestros burros, Mesi y Kiko, los dos son machos y yo suelo pensar que de vez en cuando están a falta de hembra, algunas veces no paran de rebuznar y hay otro tiempo en el que están en silencio y no sé pues, ¿habrá sucedido algo entre un tiempo y otro?

ARRABIXIE. Sentir rabia por algo o alguien. **K.** Tipo hori alkartzendan bakoitxien kuadrilla ingurura gutik geixenai arrabixie emuteuzku, betik dauko harrokeixa ta gezurretan ibili-bierra, ustedot jakiñien eongodala eztoula iñok siñisten ezer esatendauenik baña emutendau etxakola hori ezer inportik eta beriaz jarraitzendau. **T.** Cada vez que se arrima el tipo ese a la cuadrilla la mayoría de nosotros sentimos rabia, siempre tiene que andar diciendo mentiras y presumiendo, supongo que ya tiene que saber que nadie le creemos nada de lo que diga, pero parece que eso a él no le importa nada y sigue a lo suyo.

ARRAIA, ARRAIÑA, ARRAÑA. Pescado de mar. **K.** Esantendaue atzo egun ona izenzala Getariko arrantzaliendako, etxuraz itxasontzi guztiek kaian sartu omendie arrañaz betiek, nik eztot ezer ulertzen asunto honen gañien baña bape zalantzaik eztau atzoko marea oso ona izengozala. **T.** Dicen que el día de ayer fué muy bueno para los marineros de Getaria, parece ser que todos los barcos han entrado al puerto bien cargados de pescado, yo no entiendo nada sobre el tema pero no creo que haya ninguda duda de que la de ayer sería una muy buena marea.

ARRAIXA. Raya, línea. **K.** Ni ondo gogoratzenaz horrena eta da nola garai baten, oñ be nun eztakitx baña nubaitxen ikusi izendot, neskatillak arraixek itxezitxuen lurrien harriarrika jolasteko eta gero bertatik txirristau harrixe. Eta aurrerau harriarrika izen hori allegatzendanien jarrikot nola jolastezan. **T.** Yo de eso me acuerdo bien y es como en un tiempo, ahora también, no sé dónde pero en algún sitio ya lo he visto, las niñas hacían una rayas en el suelo para jugar y deslizar le piedra por allá. El juego en euskera se llamaba harriarrika y más adelante cuando llegue ese nombre ya explicaré en que consistía.

ARRAIXE. El pez raya (de mar). **K.** Toki askotan ezta oso estimaue izeten arraixe, inguru hontan bentzet asko ez baña ondo prestauta eontenbada nik gustora jatendot, oñ egixe da eztala toki askotan eoten aukeraik hau jateko eta erosteko be ez pentza. **T.** En muchos sitios la raya no suele tener mucha estimación, por aquí al menos no demasiada, pero si está bien preparada yo lo como a gusto, aunque la verdad es que no hay muchos sitios donde haya oportunidad para comerlo y tampoco penseís que para comprarlo.

Errezatabat: Arraixe egositxe. Arraixena bakarrik egalak aprobetxatzendie eta orduen derrigorrezkue da arraindeixen prestatzie. Ba ondo, gertu dauenien jartzenda etxurazko lapikobat ur dexentekiñ, botatzenda gatza eta berdura erramubat, honeik izengozien porrue, azenaixue eta perrejille, baitxe erti tamañuko kipulabat, piper baltz bolatxo batzuk eta baso betie ardau zurixaz, euki ordu-lauren inguru egozten su motelien eta gertu dauenien ontzi egokira atara. Bestaldetik sartakiñan errefritue prestatzenda, olixo, berakatz ale batzuk fiñ zabaletara moztuta, piper gorri pikantie, hau norberan gustora, botatzenda biñagre pixkat ontzixen dauen arraixei eta honen gañien errefrito hau ta perrejille, hau be fiñ zatitxuta, gero dan hau batera berriz sartakiñara, buelta-batzuk sutan eta ondoren berriz arraixen gañera. Eta listo.

Una receta: Raya cocida. De la raya solo se aprovechan las aletas y por lo tanto nos la tienen que preparar en la pescadería. Pues bien, una vez dispuesto el pescado procederemos a cocerlo en una cazuela decente con abuntante agua, sal y acompañado con un ramillete de verduras, estas serían puerro, zanahoria, perejil, también una cebolla mediana, unos granos de pimienta negra y un vaso de vino blanco, tener quince o veinte minutos cociendo a fuego suave y cuando ya está listo sacarla a una fuente. Por otra parte en una sartén preparamos un refrito con aceite, unas láminas de ajo cortadas finamente y una guindilla roja picante, esto al gusto de cada uno, vertemos un poco de vinagre encima del pescado que está en la fuente y encima el contenido del refrito, un poco de perejil, también picado fino y todo ello junto otra vez lo volcamos en la sartén, lo dejamos un ratito en el fuego removiéndolo un poco y a continuación lo echamos encima de la raya. Y listo.

ARRAIO. Exclamación de enfado, desconcierto, contrariedad y que viene a significar algo así cómo, ¡que demonios! **K.** Mutill honek eztakitx zer daukon aspalditxuen eta galdetu inibikutzet aber ze arraio pasatzendan berakiñ, geixenbaten asarre bezela dauela ikustejako eta jakitxie gurenauke aber zer gertatzejakon. **T.** No sé que tiene últimamente este chico y le tendré que preguntar a ver qué demonios pasa con él, siempre se le ve que está así cómo demasiado contrariado y me gustaría saber a ver que es lo que le puede ocurrir.

ARRA. Macho. **K.** Zalanta dauket horreatik izengoetedan baña horren susmue bentzet badauket, eta nola gure astuek, Kiiko eta Mesi, bixen arrak, eukitxeitxuen denporadak hala urduri bezela ikustendiela, eztie arrantzan ixiltxen eta askotan ogixei be apenas itxeutzie kasu haundirik. **T.** Tengo dudas de si será por eso pero por lo menos sospecha sí que tengo, y es como nuestros burros, Kiko y Mesi, los dos machos, suelen tener temporadas que se les vé así como un poco nerviosos, no paran de rebuznar y muchas veces tampoco le hacen demasiado caso al pan.

ARRAINDEIXE. Pescadería. **K.** Donostiko Bretxa azokako arrandeixeik bezelakoik eztitxut iñun ikusi, akaso garai baten baleike Bilboko Ribera azokan, benetan zoragarrixe dala ha ikustie eta gauza horreik gustatzejakonai arrritxuta geratzenda, baña hori bai, dana karesti xamarra. **T.** No creo haber visto nunca pescaderías como las que hay en el mercado de la Brecha de San Sebastián, quizá en algún tiempo en el de la Ribera de Bilbao, es de verdad impresionante el ver aquello y a la persona a la que le gustan esas cosas se queda asombrado, ahora que eso sí, todo bastante caro.

ARRAK. Son las monedas que se intercambian los novios durante la ceremonia de la boda. **K.** Pasadan zapatuen kriston barregarrikeixie iñauen, eskontzako arrak astu eta berriz etxera korrikan fan-bierra izenauen ekartzera, izerditxen allegaunitzen ta ezkerrak han eozela ondion, abare ta gusti, nere zai. **T.** El pasado sábado hice un ridículo espantoso, olvidarme de las arras y tuve que ir corriendo a casa a traerlas, llegué sudando y menos mal que todavía estaban allá, incluído el cura, esperándome.

ARRAKASTA. Se dice por algo o alguien que tiene aceptación, éxito. **K.** Zarauzko surf eskolak emutendau arrakasta haundixe daukiela, dozenerdi inguru badaz da jente gazte ugeri ikustenda ikesten haidiela, eta entzundoten bezela toki askotatik etortzen omendie. **T.** Las escuelas de surf de Zarautz parece que tienen mucho éxito, ya hay cerca de media docena y se ve a mucha gente joven que está aprendiendo, y según tengo oído parece que vienen de muchos sitios.

66

ARRAMA. Rama de árbol. **K.** Silverio atzo kontatzen ibilizan nola baserriko sagasti arbolan arramak sagarraz betiek dazela eta lan pixkat badaukela horreik batzen, baitxe esatendau ze ezkerrak goi aldekuek bakarrik diela jasotzekuek zeatik bekuek auntzak jateitxue. **T.** Ayer contaba Silverio que en el manzanal del caserío las ramas de los árboles estaban llenas de manzanas y que ya tenía un poco de trabajo en recogerlas, decía que menos mal que solo eran las que están en la parte de arriba porque las de abajo las comen las cabras.

ARRAMINA. El badajo de las campanas o campanillas.

(Ver la definición de dindille).

ARRANA. Cencerro. **K.** Garai baten andrien anaie, bere lagunbat eta ni Doneztebera fategiñen arranak erostera eta nola ez, kontu horrekiñ aprobetxau egun-pasa itxeko, erosi aurretik hamarretakue iñ, gero aldebaten ta bestien beitu zeñeik zien egokixenak aukeratzeko, lan horreik bukatu ondoren txikito parebat hartu eta ondo bazkaldu barriketa batzuk iñaz. **T.** En un tiempo solía ir con un hermano de la mujer y un amigo suyo a Santesteban a comprar cencerros y como no podía ser de otra manera lo aprovechábamos para pasar el día, antes de comprar sólíamos tomar un tentenpié, luego mirar bien en un sitio y otro para elegir los más adecuados y al terminar tomar un par de chiquitos, para a continuación comer bien dándole un poco al pico.

ARRANKAU. Acción de arrancar, sacar, extraer y quitar. **K.** Ataulfoi ezta eguna falta zerreozer gertatzekola mendira fatendanien, aste parebat dala txorkatilla bigurtu eta atzo berriz jausi ta zespal dexente xamarra sartujako bernan, gero nolabaitx labañ txiki ta kontu haundixekiñ lortugauen arrankatzie, hau iñ ondoren lagundu ingutzen herrira jexten eta beñ han, baezpare anbulatoriora eruen. **T.** A Ataulfo no falta un día en no le pase algo cuando va al monte, hace un par de semanas se torció el tobillo y ayer en cambio se cayó y clavado una astilla bastante decente en la pierna, luego de alguna manera con una navaja pequeña y mucho cuidado conseguimos arrancarla, después de hacer esto le ayudamos a bajar al pueblo y una vez allá, por si acaso llevarle al ambulatorio.

ARRANO BELTZA. Aguila real. **K.** Zarauzko herri tabernako sarreran eontendan ikurriña erdixen, arrano beltza margotuta dauko, ta ustedot herri guztietako mota hontako tabernetan berdiñe izetendala. **T.** En la ikurriña que está en la entrada del bar Arrano en Zarautz, en la mitad del mismo está dibujado el águila real y creo que suele ser igual en todos los pueblos en los que hay bares que son similares.

ARRANUE. Las águilas en general, **K.** Nik inguru hontan eztitxuk ikusten arranoik, baña beñ bai ikusinauen bat egaxien zala, hala ustedot bentzet, Meliton baserri inguruen. **T.** Yo no suelo águilas por estos alrededores, pero una vez sí ví una cuando estaba volando, por lo menos eso es lo que me pareció, en las cercanías del caserío de Melitón.

Aspaldiko esaerabat: Arranuek lumak dauko baña txepetxak ere bai.

Un viejo proverbio vasco dice que el águila tiene plumas, pero el pequeño chochín también.

ARRANONTZIXE. Acuario. **K.** Kalebat dau Santiago konpostelan, rua Franco dauko izena, eta kale hori taberna ta jatetxiaz betie dau, ba ixe jatetxe dan horreitan ikustenda arranontzixek daukiela, haundixek ero txikixauek, eta jeneralki danak mariskokiñ. Eta zenbat jente geratzendan eskaparate aurrien ha ikusi eta argazkixek ataratzen. **T.** En Santiago de Compostela hay una calle, se llama rua Franco, en la que está llena de bares y restaurantes, pues en casi todos esos restaurantes se ve que tienen acuarios, unos grandes y otros más pequeños, y gereralmente todos con mariscos. Y cuanta jente se para delante de los escaparates para ver raquello y sacar fotografías.

ARRANTZALIE. Pescador, persona que se dedica a pescar y generalmente se les llama así a los profesionales. **K.** Inguru hontan oñ dazen arrantzaliek die Getari ta Orixoko itxasontzixetan ibiltxendienak ta honeitik asko kanpotarrak die, eta etxuraz hau da, esatendauen bezela, zeatik bertako gaztiek eztaue nai izeten lan hortan ibiltxeik eta horreatik ezta geratzen beste erremeixoik kanpokuek ekarri baño. **T.** Los pescadores que hay por esta zona todos están en las flotas de Orio y Getaria y muchos de ellos son de fuera, y esto parece que debe de ser, según dicen, porque los jóvenes que son de aquí no quieren dedicarse a ese trabajo y por eso no queda más remedio que traerlos de fuera.

ARRANTZA, ARRANTZAN. Acción de pescar. **K.** Ni beñ fanitzen arrantzan itxasontzi txikibaten Getariko esagun batzukiñ gaua pasatzeko asmuekiñ, ezgiñen oso urruti fan eta haruzkuen nahiko ondo baña beñ gelditxuzanien arrantzan hasteko sigero gaizki jarrinitzen, mariauta, botateko goguekiñ eta ezkerrak haukiela holako, neri iruitujaten pastilla zala, eta harekiñ laister xamar pasajaten. **K.** Yo una vez fuí a pescar en un barco pequeño con unos conocidos de Getaria con la idea de pasar la noche, no fuimos muy lejos y al al ir bastante bien pero en cuanto se paró para empezar a pescar ya me sentí muy mal, mereado y con ganas de vomitar, menos mal que tenían algo que me pareció una pastilla y con aquello se me pasó bastante pronto.

ARRANTZA, ARRANTZAKA. Rebuzno del burro. **K.** Lenau astu injat esatie, Josun astuek, Kiko ta Mesi, eztaue babarrik arrantzan itxen emien faltagaitxik, baitxe, askotan gañera, hara baserrira fan eta ogixe eske hastendienien. **T.** Antes se me ha olvidado decir que no solo rebuznan los burros de Josu, Kiko y Mesi, cuando están a falta de hembra, también, además muchas veces, cuando voy allá al caserío y empiezan a pedir pan.

ARRANTZA, ARRANTZAKA. Acción de llorar, de gimotear. **K.** Betik, oingo eta lengo umiek berdiñek izendie, die eta izengodie, eztaukienien eurok guredauen zerreozer laister hastendie, naiz eta gogo-barik izen, arrantzaka ta aber hala lortzeitxuen zerbaitzut eta akaso ixildu be eztie ingo lortu hartien. **T.** Los críos de ahora, antes y después siempre han sido, son y serán iguales, cuando no tienen alguna cosa que quieran y aunque no tengan ganas enseguida empiezan a llorar, a ver si así consiguen algo y a lo mejor ni se callan hasta lograrlo.

ARRAPATZEN. Robando. **K.** Askenien lortudaue jakitxie zeiñ izendan lapurretan ibilidana, etxuraz eztakitx ze tabernako langilliek, bertan zana garbiketak itxen, grabau iñdutzo ta oso garbi ikusten omenzan bera, Rigoberto, zala arrapatzen haizana. **T.** Al final ya han conseguido saber quién ha sido el que ha cometido el robo, parece ser que una trajadora de no se que bar que todavía esta haciendo las limpiezas lo ha grabado, y se debe de ver bien claro que era él, Rigoberto, el que estaba robando.

ARRAPAU. Robar. **K.** Danerako dau jentie, zertarako bierkoetedaue hori?, bestiei kalte itxeko besteik ez, gaur goixien kotxera sartunazenien, kalien nauken, konturatunaz atzekaldien nauken txamarrie arrapau iñduztiela, akaso norbaitxi saltzeko asmue eukikodaue baña eztot uste iñok emungodauenik hogei euro baño geixau horretik, eta nik berriz barrixe erosi-bierra eukikot. **T.** Hay gente para todo, ¿para que necesitarán eso?, nada más que para hacer daño a los demás, hoy a la mañana cuando me he metido al coche, lo tenía en la calle, me he dado cuenta de que me han robado la chamarra que tenía en la parte de atrás, a lo mejor tienen la intención de verdérsela a alguno pero no creo que nadie les vaya a dar más de veinte euros por ella, y yo en cambio tendré que comprar una nueva.

ARRAPAU. Acción de pillar, agarrar a alguien. **K.** Lengo egunien antxumie erosinauenien barre-batzuk iñitxun horren kontura, hor ibillizan baserritxarra, gañera denpora dexentien, arrapau eziñien aantxume gixajuei, nere ustez antxume horrek susmau iñauen ze gertaubijakon, askenien alperrik baña hor ibilizan igexien aldebatetik bestera. **T.** El otro día cuando compré el cabrito ya me reí bastante a cuenta de eso, ahí anduvo el casero, además durante bastante tiempo, detrás del pobre cabrito no pudiendo atraparle, yo creo que el cabrito adivinó lo que le iba a pasar y no hacía más que escaparse de un lado para otro, aunque al final fue inútil.

ARRAPAU. (Arrapaudok), don, dot, dozu, dozue, kok, kon, kot, kozu, kozue.

ARRARUE. Se dice por la persona rara, extraña. **K.** Mendaron hauen gizonbat, honeik aspaldiko kontuek die, sigero ona zana baña erraru xamarra, bera estremeñue eta Sorotxo deiketautzien, neguen be, eta orduen hotz haundixek itxezitxuen, naiz da eurixe, edurre ero izotakiñ, betik erremangaute ibilltxezan. **T.** En Mendaro había un hombre, estos son cuentos de hace mucho tiempo, que era muy bueno pero un poco raro, extremeño él y le llamaban Sorocho (una especie de locuelo), pues bien, en pleno invierto, y en los de entonces hacía muchísimo frío, tanto lloviese, nevase o helase siempre andaba en mangas de camisa.

ARRASKA. Fregadera **K.** Alde ederra daukie lengo arraskak eta oinguek, aurrenak eta nik esautunitxun, harrizkuek zien, gero hola hormigoi gauza antzerakuaz iñdekuek, aurrerau gauza dotoretu inzan eta asalduzien marmolezkuek, asken honeik denpora askuen eonzien eta akaso ondion be eongodie nunbaitxen, oñ berriz mota askokuek daz. Ta nola gauzak oso xelebriek dien moda asunto hontan, ba aber desagertudien honeik ostera agertzendien. **T.** Vaya cambio el de las fregaderas de antes a las de ahora, primero, yo ya las he conocido, hubo las que eran de piedra, luego aquellas que se hicieron con una cosa parecida al hormigón, y más tarde aprecieron unas elegantes de mármol, estas últimas han estado durante mucho tiempo y seguramente todavía ya las habrá en algunos sitios, y ahora las hay de muchos tipos. Y como las cosas son muy cambiantes en los asuntos de la moda, pues a ver si las que han desaparecido vuelven a aparecer más tarde.

ARRASKAU. Rascar, rascarse. **K.** Benetan medusan ikutue larreiko mintzue ta pikajotzue dala, eta nik hori ondo dakitx zeatik beñ gertaujaten, momentu hartan esauztien ezala bape ona arraskatzie zeatik hori itxenbazan kaltie geixau zabaltzezala. Eta komenidala, halbada bentzet, axkar fatie Gurutze Gorri tokira. **T.** De verdad que la picadura de la medusa es muy dolorosa, pica mucho y yo conozco eso muy bien porque lo pasé una vez, en ese momento me dijeron que no era nada bueno el arrascarse porque se extiende el mal. Y lo que conviene, si se puede al menos, es acudir cuanto antes al puesto de la Cruz Roja.

ARRASKERO, ARRAZKERO. Desde entonces. **K.** Nere buruei aiñdute nauken aurtengo Behobia izengozala askenengo karrera eta hala izenda, bukatunauen eta arrazkero eztitxut ezertarako jarri fraka motxik, bueno, ezertarako bez, hondartzara fateko bai jarridot eta nola ez, baitxe kalera urtetzeko bero dauenien. **T.** Le tenía prometido a mi cabeza que mi última carrera iba a ser la Behobia de este año y así ha sido, ya la terminé y desde entonces no he vuelto a ponerme para nada el pantalón corto, bueno, para nada tampoco, ya me lo he puesto para ir a la playa y también, cómo no, para salir a la calle cuando hace calor.

ARRASPA. Quiere decir que la ropa u otra cosa es basta, rasposa e incómoda. **K.** Santio bireko albergetan eotendien estalkixek jeneralien larreiko arraspa itxendauenak izetendie, komenida horreiñ aspixen ta gorpuz tartien zerbaitx jartzie ero beztela erdi jantzitxe sartzie ugera. **T.** Las mantas que hay en los albergues del camino de Santiago generalmente suelen ser demasiado rasposas, y es conveniente poner algo debajo de estas y entre el cuerpo o en otro caso meterse a la cama medio vestido.

ARRASPARIE, ARRASPAU. Rasguño, raspadura. **K.** Etxuraz mutikue jausi iñda kirola itxen haizanien eta arraspara dexente ekarritxu bernan baña halaere eztau larreiko negarrik iñ, gero kura iñ ondoren jarri benda txkibat eta lasai geratuda. **T.** Parece que el chaval se ha caído cuando estaba haciendo deporte y ha venido a casa con unas buenas raspaduras en la pierna, pero aún así no ha llorado demasiado, después de hacer la cura le he puesto una pequeña venda y se ha quedado tranquilo.

ARRASTARA, ARRASTARABAT. Es una palabra que significa hacer una pasada o repaso, generalmente a la ropa. **K.** Batzuetan, ero akaso sarri xamar, gure amak errieta batzuk itxeutzen bere gizonai, noski, gure aitxa, esanaz: Estakitx nun eozaren jarritxe, betik berdiñ, fraka guztie daukotzu sigero ximurtuta, kendu eta ekarrirezu hona arrastarabat emuteko. **T.** Algunas veces, o quizá bastante a menudo, nuestra madre ya le solía reñir a su marido, nuestro padre claro, diciendo, no sé dónde has estado sentado, siempre igual, tienes todo el pantalón completamente arrugado, quita y tráeme aquí para que le de una pasada.

ARRASTARIE, ARRASTUE. La huella que dejan los vehículos, máquinas o personas a su paso. **K.** Mendi-bire hontatik ixe pasa be eziñda iñ, etxuraz piñuek mozten dabitz eta oñ hasi be iñdie ataratzen, tramankulo haundibatekiñ haidie eta esatendaue, arrazoiaz, lan guztie bukatu hartien eztauela birie arreglatzeik. **T.** Casi no se puede pasar por este camino de monte, parece ser que están cortado los pinos y ahora también han empezado a sacarlos con una máquina grande, dicen, con razón, que hasta que terminen todos los trabajos no lo pueden arreglar.

ARRASTRA, ARRASTRAKA. Viene o trae algo a rastras. **K.** Lengo egunien Aizarnazabalko probalekuen aposta xelebrebat ikusinauen, aldebatetik zaldibat eta bestetik bost mutill sigero morroxkuek, aposta zan zeñek eruen arrastraka hirurehun kiloko harribat bire geixautan. Mille euro jokatzezan, oñ zalantza pixkatekiñ geratunitzen zeatik enauen jakiñ nola lortu izenauen zaldixek dirue. **T.** El otro día vi una apuesta muy curiosa en el probadero de Aizarnazábal, por una parte un caballo y por otra cinco chicarrones, la apuesta consistía a ver quién arrastraba más distancia una piedra de trescientos kilos. Se jugaban mil euros, ahora que ya me quedé con una pequeña duda porque no supe como consiguió dinero el caballo.

ARRASTUIK-EZ. No sabe, no tiene ni idea. **K.** Estakitx zeatik etortezaren neri galdetzen hori, nola jakingot ba nik nundik ibilikodan Hermenegildo?, nik bentzet ezerko arrastuik-ez eta gañera aspalditxik ikusi be eztot iñ, bestenbatena fanbikozu galdetzera ero beztela eonzaitez Aureliokiñ zeatik herek baleike zerbaitx jakitxie. **T.** No sé porque vienes donde mí a preguntarme eso, ¿cómo voy a saber pues por dónde puede andar Hermenegildo?, yo al menos no tengo ni idea y además hace mucho tiempo que ni siquiera le he visto, tendrás que ir donde algún otro a preguntar o sino vete donde Aurelio porque aquel puede que sepa algo.

ARRATOIE. Ratón. **K.** Zerbaitx inbierra dauket arratoi diabru horreikiñ, ondo gordeta ta itxita dau ogixe eukitxendoten tokixe baña halaere nunbaitxetik sartu ta jan itxendaue, begire ibiltxenaz ta eztot sekula lortzen ikusteik nundik izenleikien. Eta honein aparte badau bestebat oso famaue dana eta eztaukena zer-ikusirik hemen jarridoun arratoekiñ, Getariko Arratoie da bere izena. **T.** Tengo que hacer algo con estos demonios de ratones, tengo bien guardado y cerrado el sitio dónde dejo el pan para los burros pero aún así logran entrar por algún sitio y lo comen, ya suelo mirar por dónde puede ser pero nunca lo consigo descubrir. Y aparte de esto también hay otro que es muy famoso y que no tiene nada que ver con los ratones que hemos puesto aquí, su nombre es Ratón de Getaria.

ARRATZALDEON, ATZALDEON. El saludo que se hace por las tardes y que quiere decir buenas tardes. **K.** Hemengo oitura, ta suposatzendot beste toki geixenetakue, da agurtzie esautzendozun norbaitxekiñ alkartzendanien, esanbaterako esan gaizki geratuko hala hau bezela, kaixo Tiburzio, arratzaldeon, zenbat denpora ikusi-barik, zer moduz haizara? **T.** La costumbre de aquí, y supongo de la mayoría de los sitios, es la de saludar cuando te encuentras con alguien al que conoces, por ejemplo no quedaría mal así de esta manera, hola Tiburcio, buenas tardes, cuanto tiempo sin verte, ¿que tal andas?

ARRATZALDIE, ATZALDIE. La tarde. **K.** Ondo jakiñien nau eztala zuen bape gustokue baña aspaldi eztou ikusi eta ona izengozan fatie gaur atzaldien osaba bixitatzera, gañera atzo jakiñdot makal antzien dabillela, eta eztaukotzue urduri jarr-ibierrik eta lasaitu zeatik ezgara denpora askuen egongo. **T.** Sé muy bien que no es muy de vuestro gusto pero hace mucho tiempo que no hemos visto al tío y estaría bien que fuésemos esta tarde a visitarle, además ayer me he enterado de que anda un poquito bajo, pero no tenéis que poneros nerviosos y tranquilizaros porque no estaremos demasiado tiempo.

ARRAUNA. El remo que se utiliza en las embarcaciones para remar. **K.** Gaur izenaz lanbat ikusten Silverion etxeko kamaran eta ikusidot arraunbat dauela, errarue iruitujat zeatik hori ezta sekula sikera arrimau itxaso aldera, galdetutzet zeñena dan ta erantzundau berie ezetz, eztala iñoix ibili arraunien eta semiek ekarritxekue izengodala, baezpare komestaukotzola baña ziur astute daukela. **T.** Hoy he estado viendo un trabajo en el camarote de la casa de Silverio y he visto que había un remo, me ha parecido raro porque él ni siquiera se ha arrimado nunca al mar, le he preguntado de quién es y me ha respondido que de él no, que jamás ha remado y que lo habrá traído su hijo, que por si acaso ya se lo comentará pero seguro que lo tendrá olvidado.

ARRAUNLARIXE, ARRAUNLAIXE. Remero. **K.** Estropa bukatu ondoren arraunlaixek xixko iñde geraketandie, danak gaztiek die, oso iñdertzuek eta axkar errekuperautzendienak baña aurreneko momentun larritxazun haundixek pasatzeitxue. **T.** Después de terminar la regata los remeros quedan hechos polvo, todos son jóvenes, muy fuertes y de los que se recuperan rápido pero en los primeros momentos lo pasan muy mal.

ARRAUNONTZIXE, ARRAUN-ONTZIXE. La trainera o cualquier otra embarcación de remo como puede ser el batel, la trainerilla, una lancha, canoa, etc… **K.** Beñ gertaujaten ikustie Orixoko arraun-taldiek daukien almazen eta lokala, eta siñistu ezinleike han dazen arraunontzi pilla, nik apenas ulertzendot xertxobaitx baña iruitujaten mota desberdiñ askokuek eozela. **T.** Una vez me surgió la oportunidad de ver el local y almacén que tiene el club de remo de Orio, y era increíble la cantidad de embarcaciones que hay allá, yo apenas entiendo un poquito pero me pareció que había de muchos tipos diferentes.

ARRAUTZA (K). Huevo. **K.** Nik urte batzuk badauket eta ustedot millaka arrautza jangonitxula, baña halaere oñ be oso gustora jateitxut, eta nere ustez eztie larreiko gauza hobeik eongo arrautza prijitxu parie, etxurazko txorixue eta patatarriek baño, eta hau jartziaz bakarrik nahiko gose eta inbidixa galanta sartzen haijat. **T.** Yo ya tengo unos cuantos años y creo que habré comido miles de huevos, pero aún así ahora también los como muy a gusto, y no creo que habrá demasiadas cosas que sean mejores que un par de huevos fritos con patatas y un buen chorizo, y con solo poner esto ya me ha entrado bastante hambre y mucha envidia.

Errezetabat: Arrautzak hortik zierko erara. Hau itxeko bierkoitxu patatak, gulak, arrautzak noski, berakatza, piper autz gorrixe, olixue eta gatza. Beno ba, lapiko baju eta zabalien jartzendou olixue, hau asko-barik eta berotzendanien botatzendou berakatz ale parebat fiñ zatitxuta, kolorie hartu aurretik jartzendou patatak laminan eta txiki xamar moztuta, izteitxu su motelien mantzo indeixen eta gertu dauenien gulak gañien zabal zabal eta honein gañien arrautzak, norberak ikusikodau zenbat kontuen hartuta jateko dien lagunek. Tapa lapikue eta laister iñde eongodie arrautza horreik, atara berotik eta arrautzai bota naidan piper gorri autza, pikantie, bakue ero bixek nahasi. Ba hau iñ ondoren gertu dau eta jateko bezela. Eta ez astu zerbaitx eratie komenidala ondo itxeko dijestiue.

Una receta: Huevos al estilo de por ahí. Para hacer esto necesitaremos patatas, gulas, claro está que huevos, ajos, pimentón rojo, aceite y sal. Bueno pues, en una cazuela baja y ancha ponemos no demasiado aceite y cuando se caliente un poco echamos un par de ajos cortados finos, antes de que cojan color la patata en láminas y en pedazos más bien pequeños, se deja en fuego bajo que se vaya haciendo y cuando esté listo las gulas encima bien extendidas y encima de estas los huevos, cada uno verá la cantidad teniendo en cuenta el personal que hay para comer. Se tapa la cazuela y enseguida estarán hechos esos huevos, se saca del calor y a los huevos se les echa el pimentón rojo que se quiera, picante, dulce o ambos mezclados. Pues después de hacer esto está ya listo para comer. Y no os olvidéis de que conviene beber algo para poder hacer bien las digestión..

ARRAZA. Raza. **K.** Zenbat jente akabaukozitxuen arraza izen honen kontuaz eta betik gauza berdiñatik, pentzata ero goixen eotendienk aldetik pentza eraiñ ondoren, berie dala askoatik onena eta ona izengozala bestienak desagertzie. Eta noski, nola hori eztan posible berez gertazie ba hori, haldan guztiek eta danak posible bada, eurokiñ akabau eta kitxo. **T.** A cuanta gente se habrá matado a cuenta del nombre este de la raza y siempre por el mismo motivo, pensando o después de hacer pensar por parte de esos que están más arriba, que la suya es por mucho la mejor y que sería bueno que desaparecierran las de los demás. Y claro, como eso nos es posible que pueda ocurrir por sí solo pues eso, aquellos que se puedan y si es posible todos, terminar con ellos y punto.

ARRAZOIE, ARRAZOI. Razón, argumento. **K.** Aurrena ezgutzen siñistu baña ustedot arrazoie haukela Heliodorok esandakuen bire hori bestie baño motxaue zala, kasualitatez atzo alkartunitzen esagun batekiñ, etxuraz fan omenzien Heliodorok komestauzkun biretik eta nahiko denpora gutxiau inzitxuela esauzten. **T.** Al principio no le creímos pero creo que Heliodoro tenía razón cuando nos dijo que el camino que él proponía era más corto que otro, ayer me encontré con un conocido, ellos al parecer debieron de por dónde nos comentó Heliodoro y me dijo que tardaron bastante menos.

ARRE. Arre. Voz que se utiliza para arrear y que avancen los burros. **K.** Mesi, Josun astue benetan dala eroskorra, beno, esatendaue asto guztiek diela baña hau ustedot apartekue dala, maintxobat bider esan eta errepikau arre ta arre baña oñartien eztust sekula kasuik iñ, bakarrik aurreratzenda berak guredauenien eta hori jeneralki izetenda ogixe jaten emuten fatenazenien. **T.** Mesi, el burro de Josu de verdad que es muy terco, bueno, dicen que todos los burros lo son pero este creo que es especial, cuantas veces le habré dicho y repetido arre y arre pero hasta ahora nunca me ha hecho caso, solo avanza cuando él quiere y esto generalmente suele ser cuando voy a darle de comer el pan.

Aspaldiko esaerabat: Bakotxak bere astuei esateutzo arre.

Un viejo proverbio vasco dice que cada uno le dice arre a su burro. (Que cada cual atienda a sus problemas).

ARREBA (K). Lengo egunien Akilinok esauzten, bera kanpuen bizida ta denpora gutxi da bixitan etorridala, xei arreba daukela eta nahiko jatorrak diela danak, ero bentzet eurak hala ustedauela, bi Barzelonan bizidiela, bat Madrillen, beste bat Avilan eta beste bixek Guadalajaran. Eta gauzabat, berak Akilinok eztau esaten, eta estakitx zergaitxik, baña nik entzunde dauket obispo bezela dauela, auskalo ze errelijiñokue, Kankunen. **T.** El otro día me dijo Aquilino, él vive fuera y hace poco tiempo que ha venido de visita, que tiene seis hermanas y que todas son muy majas, o por lo menos que así lo creen ellas, que dos viven en Barcelona, una en Madrid, otra en Avila y las otras dos en Guadalajara. Y una cosa, él, Aquilino, no lo dice y no sé porqué, pero yo tengo oído que está como obispo de no sé que religión en la zona de Cancún.

ARREBURRITXIKOS. Llevar a una persona agarrada por las piernas en la espalda.
(Ver la definición aborritxikos).

ARREGLAU. Llegar a un acuerdo, arreglarse. **K.** Errazoie daukie estendauenak gauzak eztiela betiko izeten eta etxuraz anai bixon horreina hala izenda, hainbeste urtien asarre, sekula alkartu ez eta berbaik iñ bez bata-bestiekiñ denpora guzti honeitan, ta askenien be emutendau nolabaitx arreglau iñdiela. **T.** Tienen razón los que dicen que las cosas no son para siempre y en relación a esos dos hermanos parece que eso es lo que ha sido, tantos años enfadados, jamás se ha reunido y tampoco hablado el uno con el otro durante todos este tiempo, y por fín parece que de alguna forma ya se han arreglado.

ARREN. Aunque, por favor, ójala. **K.** Pertzona hau nahiko majaderue da, naiz da esan-arren hori bakarrik itxeko eta besteik ez ikutzeko, askenien berie inbierra izendau eta bazter guztiek txarri iñde geratudie, eta oñ berriz hasizaitez jasotzen hori danoi. **T.** Esta persona es bastante majadera, aunque se le haya dicho que solo haga eso y que no toque nada más, al final ha tenido que hacer lo que ha querido y ha dejado todos los ricones hechos una guarrada, y ahora empieza de nuevo a recoger todo eso.

ARREJUNTAU. Reunirse, juntarse, convivir. **K.** Oñ gazte gutxi eskontzendie, ez Udaletxen eta Elixan askoz gutxiau, Saturio eta Karolina bezela eztaukiela ezerko, oingoz bentzet, asmorik eskontzeko, bakarrik arrejuntau eta alkarreaz hasi bizitxen, esatendaue ze noixbaitxen asarratzenbadie, gero errexau izengodala banantzie. **T.** Ahora se casan pocos jovenes, ni en el Ayuntamiento y mucho menos en la Iglesia, como Saturio y Karolina que no tienen ninguna intención, al menos por ahora, de casarse, solo juntarse y empezar a convivir, dicen que si algún día se enfadan, luego también es más fácil el separarse.

ARRETA. Poner interés, atención, esmero. **K.** Liburu xelebrebat opariduztie nere zorionetarako, hasinaz irakurtzen eta eztaukek nundik helduik, jartzendot haldan arreta haundixena ta halaere eziñ ulertuaz nabill. Hala zuzen jarritxe ikustendot eztala bape errexa eta hurrengo hartzendotenien beitu-bierra dauket aber bueltauta ze modutan konpontzenazen. **T.** Para mi cumpleaños me han regalado un libro muy raro, lo he empezado a leer y no tengo por dónde agarrarlo, intento poner todo el interés y atención que puedo pero me cuesta mucho el entenderlo. Así puesto al derecho estoy viendo que no es nada fácil y voy a ver que tal me arreglo la próxima vez dándole la vuelta.

ARRIMAU, ARRIMAUTA. Estar muy cercano, tocando, arrimado. **K.** Gure gazte denporan asteburuko iluziño haudixeneitakue neskaz dantzan ítxie izetezan, eta batera noskl, posible bazan haldan arrimauta, baña zoritxarrez eta eztakitx zergaitxik, danak ero geixenak bentzet, ukolondue jarri-bierra izeteauen erdixen. **K.** En nuestra época de jóvenes una de las mayores ilusiones del fín de semana solía ser bailar con una chica, y también claro está, si es que lo conseguíamos hacerlo lo más arrimado posible, pero por desgracia y no sé porqué razón, todas, o al menos la mayoría, ponían el codo de por medio.

ARRISKAU, ARRIXKAU. Exponerse al peligro, arriesgarse, correr riesgos. **K.** Mezerez ezaiteze arriskau pareta hori eskalatzen, bentzet aurretik sokak jarri-barik, aldebatetik iruitzejat nahiko zalla dala ta bestaldetik emutendau izoztuta be badauela, badakitzue aurreko astien batzuk hala zuek bezela gauza gutxikiñ fanziela, bat labandu, jausi inzala eta ezkerrak ondion ezala oso goixen. **T.** Por favor os pido que no os arriegueís a escalar esa pared, al menos sin antes colocar las cuerdas, por una parte me parece que es bastante difícil y por otra da la impresión de que está bastante helada, ya sabeís que la semana pasada fueron unos así como vosotros con poca cosa, uno se resbaló, cayó y menos mal que todavía no estaba a demasiada altura.

ARRISKUE, ARRIXKUE. Peligro, riesgo. **K.** Ezizu umiei igo horra gora argazkibat ataratzeko zeatik arriskuen jartzen haizara, akaso eztozu ikusten jausi inleikela, miñ hartu ero beste erozeiñ aberixa iñ, hala? **T.** No subas al crío ahí arriba para hacer una fotografía porque le estás poniendo en peligro, ¿acaso no ves que se puede caer, coger daño o hacerse alguna otra avería, o qué?

ARRISKUTZU, ARRIXKUTZU. Situación que tiene riesgo, que es peligrosa. **K.** Mendi-punta hortan kontuz ibili-bierra daukou zeatik askenengo zatixe, ia ixe goixen, kurtzera allegatzeko dauen pasaera oso estue da, ta gañera bustixe eotenbada larreiko arriskutzue, ezta aurrena izengo labandu eta jausi iñdana. **T.** En la punta del monte tenemos que andar con sumo cuidado porque en el último trecho, casi arriba ya, el paso que hay para llegar a la cruz es muy estrecho, y además si está mojado es demasiado peligroso, no será el primero que se resbalado y ha caído.

ARRITU, ARRITXU. Asombrarse, maravillarse ante alguna cosa que es digna de admiración. **K.** Mundu guztien, eta nola ez, baitxe inguruetan be larreiko urruti fan-barik, gauza asko politxek daz esautzendounak, eta ondion beste pillabat geratzendienak esautzeko, denpora gutxi dala Kordobako mezkita bixitatzen izengiñen eta ha bai zala arritxuta geratzeko bezelakue, benetazko gauza zoragarrixe. **T.** En todo el mundo, y como no, también en los alrededores y sin ir demasiado lejos hay muchas cosas bonitas que son conocidas y todavía otras muchas que están por conocer, hace poco tiempo estuvimos visitando la mezquita de Córdoba y aquello si que era como para quedarse asombrado, de verdad una cosa absolutamente maravillosa.

ARRITZEKUE. Lo que estamos viendo es maravilloso, como para extasiarse. **K.** Ni enaiz iñoiz eon, eta eztot uste sekula eongonazenik zeatik larreiko luzie da bidaia, eta gertatzenda ze ez nere andrie eta ez ni garela bidai tipo holako zaliek, baña ontxe lagun-batzuk etorribarri die, eztakitx Matxu ero Pitxu dan alde hortatik eta komestatzen ibilizien ze leku hori eta berdiñ inguruko guztiek arritzekuek ziela. **T.** Yo no he estado nunca ni creo que nunca vaya a estar porque el viaje es demasiado largo, y pasa que ni yo ni mi mujer somos partidarios de ese tipo de viajes, pero unos amigos han llegado hace poco tiempo de por dónde está, no sé si es Machu o Pichu, y estuvieron comentando que ese sitio al igual que todos los de los alrededores son maravillosos.

ARROKA. Roca, peña. (Ver la definición de aitza).

ARROZA. Arroz. **K.** Nunbaitxen jarridot izenitzela Estremadura bueltatzen bizikletan, ba beñ ikusinauen gauzabat enauela uste ikusikonauenik paraje hortan, Kazerezko Don Beniton eta bere inguruetan arroz larra pillabat eozen, galdetunauen ta esautzien ixe dana Lebante aldera bielketazala, gauza da ze etxuraz gero eta etxuraz bertakue izengobalitz bezela saltzendauela. **T.** En algún sitio ya he puesto que he estado dándole la vuelta a Extremadura en bicicleta, pues bien, una vez ví una cosa que no creía que pudiera verla por esos parajes, en Don Beniro de Cáceres y sus alrededores había un montón de plantaciones de arroz, pregunté y me dijeron que casi toda la producción la enviaban a la zona de Levante, la cosa es que parece que luego la venden igual que si fuera de allá.

ARROZESNIE, ARROZ-ESNIE, ARROZKONLETXE. Postre de arroz con leche. **K.** Gure etxien eztau oitura haundirik arrozesneik ta ez beste tipo holako postreik jateko, askoz geixau gara gazta-zaliek eta akaso baitxe fruta zerbaitx be, baña gogoratzenaz eta oso ondo gañera, nola gure ama Felisak prestautezitxuen halako gozuek zien arrozkonletxe hareik. **T.** En nuestra casa no hay mucha costumbre de tomar de postre arroz con leche ni cosas similares a ese, somos mucho más partidarios de comer queso y quizá también alguna fruta, pero recuerdo y muy bien además, cómo nuetra madre Felisa preparaba aquel arroz con leche que estaba tan rico.

ARROZ-PAELLA. Paella. **K.** Zenbat arroz-paella mota etedaz, pillabat baño geixau, oñ, hau oso famaue dan tokixetan, hor Lebante aldien, bakotxak esatendau eurona dala onena eta izen hori merezidauen bakarra, baña allakuidaus, ondo dau bakotxak arpegixe atara eta defenditzie bere paella baña neretzak, eta ustedot geixenentzat, naiz eta dan horreik sigeroko onak izen ba beste-batzunak be halaxe berdiñ die. **T.** Cuántos tipos de paella habrá, más de un montón, ahora bien, en los sitios en la que es famosa y popular, ahí por Levante, en cada una de ellas dicen que la suya es la mejor y la única que merece ese nombre, pero allácuidaús, está bien que cada uno de la cara y defienda su paella pero para mí, y creo que para casi todos, a pesar de que todas esas sean muy buenas, pues las de otros también lo son igualmente .

Errezetabat: Arroz-paella egazti eta konejokiñ. Modu asko daz baña hau da nik geixenbaten itxendotena. Dana daukou, lapiko paellera, egaztixek, ollaskue, galeperra eta konejuen haragixek, berdurak, kipula, piper berdie, azenaixue eta nai izetenbada baitxe porrue be. Beno ba, orduen hasi ingogara eta aurrena da haragi horreik prestatzie, zatik ez haundi ta ez txiki tamañun zatitxuta, eta jartzenda, gatza ta piper autza bota ondoren, sutan daukoun lapiko paelleran olixo berotan eta hau larreiko-barik prijitzendan bitxertien, berdurak moztendou puzketa oso txikitan. Ontzira ataratzenda prijitxuta dauen haragixe eta olixo hortan botatzendie berdurak, ta honeik itxi buelta batzuk emunaz su motelin ondo potxau hartien, berdura honeik gertu dazenien banatzendou haragi hori, iñdeko tomate pixkat, buelta batzuk eta ondoren bierdan arroza, beste buelta bat ero beste ondo nahasteko eta gelditzenda ura botatzie, euki-ezkero ollaskuen salda be ondo etorrrikozan, eta baitxe balixokue da pastillaz iñdakue, batzuk bebai botateutzie azafrana baña nik eztot uste paella mota honek bierdauenik. Ba oñ etxoitxie bakarrik geratzenda, hogei miñutu inguru. Eta honen kontura gauzabat, askok esatendaue etxakola ikutuik inbier denpora hortan, baña neri berriz gustatzejak noixienbeñ bueltatzie, zeatik?, ba gertatzenda ze lapiko paellera ertzien dauen arroza eztala berdiñ itxen erdi aldekue bezela, garbi dau hau dala zeatik eztauke berotazun iguala, eta ezpada mobitzen, ba noski, kanpo aldeko arroza zetxobaitx gutxiau iñde geratukozala barruen dauena baño, halaere norberak ikusibidau nola gustatzejakon, gutxiau ero geixau iñde. Gutxi geratzendanien bukatzeko ni naz zalie limoi tanto batzuk eta perrejill apurbat jartzeko. Gauza ona izetenda zetxobaitx lentxuau, hiru ero lau miñutu inguru nahikue da, kendu sutatik, tapa lapikue arroza asentaudeixen eta hala bukatu. Eta gertu, gero bakarrik gelditzenda maira atara eta jatie. Es aztu edarixekiñ, geixenbat dijestiño asuntuatik.

Una receta: Paella de ave y conejo. Hay muchas maneras pero esta es la que yo preparo la mayoría de las veces. Tenemos de todo, la paellera, la carne de ave, pollo y codorniz, la de conejo y también las verduras, cebolla, pimiento verde, zanahoria y si se quiere también puerro. Pues bueno, vamos a empezar y primero se preparan las carnes esas, se parten en pedazos ni grandes ni pequeños y se ponen, después de salpimentarlas, en la paellera que tenemos en el fuego con el aceite ya caliente y mientras se fríe ésto, sin que sea demasiado, partimos la verdura en pedazos muy pequeños. Sacamos a un recipiente la carne que ya estará frita y en la misma paellera ponemos la verdura y dándole unas vueltas lo dejamos en fuego bajo hasta que se poche bien, cuando estén listas las verduras lo juntamos con la carne y un poco de tomate ya preparado, una vueltas más y luego el arroz que precisemos, más vueltas para que todo se mezcle bien y queda echar el agua o caldo de ave si tenemos, también podría valer otro que esté preparado con alguna pastilla, algunos le suelen echar azafrán pero yo no creo que éste tipo de paella lo necesite. Pues ahora solo queda esperar, unos veinte minutos aproximadamente. Y a cuenta de eso una cosa, muchos dicen que durante este tiempo no hay que tocarle, pero a mí en cambio me gusta darle algunas vueltas de vez en cuando, ¿porqué?, pues pasa que el arroz que está en las esquinas de la paellera no se hace de la misma forma que la que queda en el centro, lógicamente porque no le da el mismo calor y si no se mueve, pues claro, el arroz del extremo quedaría un poco menos hecho que el el la mitad, aún así cada uno tiene que ver como le gusta, poco o más hecho. Cuando queda poco yo soy partidario de añadirle unas gotas de limón y un un poco de perejil. Suele ser buena cosa que un poco antes, tres o cuatro minutos es suficiente, apartarlo del fuego, tapar la cazuela para que se asiente el arroz y terminarlo de esa manera. Pues listo, luego no queda más que sacar a la mesa y comer. No os olvideís de la bebida, sobre todo por la cosa de la digestión.

ARRRUNTA. Corriente, ordinario, incluso hasta casi vulgar. **K.** Zenbat gauza aldatudien eta honekiñ be berdiñ gertauda, garai baten ardau bakarra izetezan txikiteorako, arrunta zan ta egixe da ezaukela, ero baleike guk ez hartzie, bape gusto txarrik eta akaso izengozan orduen besteik ezalako ataratzen txikiteo denporan, oñ berriz apenas aitzenda eskatzendanik tipo hortakoik eta ardau geixena izetenda urtekue ero kriantza. **T.** Cuantas cosas han cambiado y con esta tambien ha sucedido lo mismo, en un tiempo solo existía un único vino para el chiquiteo, era corriente y la verdad es que no tenía mal sabor o puede que nosotros no lo notásemos, quizá sería porque entonces no se sacaba más que ese en el tiempo del chiquiteo, ahora en cambio apenas se oye pedir ese tipo de vino y la mayoría que se sirve suele ser vino del año o de crianza.

ARRUINAU. Arruinar, quebrar. **K.** Aspaldiko urtiek oso txarrak izendie fabrika askondako eta esan-baterako hau bezelaxe, gutxi hartien nahiko ondo ibilizien baña gero etorrizan krixix haundi hori eta pixkanaka gauzak okertzen hasi, beraka etorri eta nahiko denpora gutxixen arruinau inzien. **T.** Los últimos años han sido muy malos para muchas fábricas, cómo para esta por ejemplo, hasta hace relativamente poco andaban bastante bien pero luego vino la época de la gran crisis, poco a poco se fueron torciendo las cosas, empezaron a bajar y en bastante poco tiempo se arruinaron.

ARTABURUE, ARTO-BURUE. Mazorca de maíz. **K.** Nere andriei asko gustatzejako txintxiliska jartzie artaburuek sukaldie apaintzeko, baña honekiñ gertatzenda bape ona eztan gauza xelebrie, denpora dexente erueteitxunien holako zorri tipoko batzuk asaldu eta bueltaka hastendie euron honduen, estakitxena da bertan jaixo ero akaso nunbaitxetik etortzendien. **T.** A mi mujer le gusta mucho colgar las mazorcas de maíz para adornar la cocina, pero con estas sucede una cosa curiosa y bastante mala, cuando llevan bastante tiempo aparecen una especie de piojos y empiezan a revolotear alrededor de ellas, lo que no sé es si han nacido allá mismo o quizá hayan venido de algún otro sitio.

ARTABURUE, ARTOBURUE. Palabra que se utiliza (fig.) para definir a la persona estúpida, bobalicona y de poca cabeza. **K.** Edelmirok eztakitx nundik lortudauen lagun berri hori eta bez nola leiken konpontzie halako ondo euron hartien, bera, Edelmiro, betik izenda zuzena, edukazio on eta haundikue, berbetan betik mantzo ta abotza sekula altzabarik, eta bestie berriz, eztot nai esateik iñuzentie danik, baña zalantzaik eztauket aparteko artaburue dala, ero etxura hori dauko bentzet. **T.** No sé de dónde ha podido conseguir Edelmiro a ese nuevo amigo suyo y tampoco como es posible que entre ellos se arreglen tan bien, él, Edelmiro, de siempre ha sido un hombre recto, muy educado, siempre hablando con suavidad y nunca levantar la voz, y el otro en cambio, no voy a decir que sea tonto, pero de lo que no hay duda de que tiene bastante poca cabeza, o al menos da esa impresión.

ARTAJORRAN, ARTO-JORRAN. Trabajo que consiste en escardar el maiz en el maizal. **K.** Benga mutillak, ugera fateko ordue da zeatik bixer badakitzue oso goix jaiki-bierra daukotzuela artajorran itxeko, bixerko esanda dau bero haundixek ingoitxuela eta komenida, gañera askoz hobeto zuendako, aldan axkarren bukatzie lan hori. **T.** Venga chicos, es hora de ir a la cama porque ya sabéis que mañana os teneis que levantar muy temprano par ir a escardar el maiz, está anunciado que mañana será un día de mucho calor y conviene, además mucho mejor para vosotros, que terminaseis cuanto antes ese trabajo.

ARTALATAIKUE. Especie de danza vasca que se ejecuta bailando en círculos, agarrados de la mano. **K.** Erromeixa guztietako betiko oitura izenda artalataiko dantza itxie despedida bezela, eta artalataikuen soñu hori da asken jotendauena trikitilari ero txistularixek. **T.** La costumbre de siempre en todas las romerías ha sido que como despedida el último baile sea el artalataiku, y la música de ese baile es ya lo último que tocan los trikitilaris o los txistularis.

ARTALDIE, ARDI-TALDIE. Rebaño de ovejas. **K.** Lenau artzaiek oñez fatezien artaldien aurretik zelaixek aldatuaz eta ez hori bakarrik, askotan negu aldien mendiko txabolan eta denpora luzien eon-bierra izeteauen bera jetxi-barik, oñ berriz lan berdiñe itxeko eztaue holakoik inbierrik, ezpadaue gure bentzet, zeatik haibeste pista ta lanrober daz alde guztietan ze beste aukera batzuk be badaukie. **T.** Antes los pastores iban andando delante de las ovejas al cambiarles de pastos y no solo eso, muchas veces en la parte del invierno tenían que estar largas temporadas en la txabola del monte sin bajar, ahora en cambio para hacer el mismo trabajo no tienen porque hacer nada de eso, si es que al menos no lo quieren así, porque con todas las pistas y coches todo terreno que hay también tienen otras facilidades.

ARTALIE, ARTO-ALIE. Es el grano de la mazorca de maiz. **K.** Artaburu honeik ia nahikue leortudie eta aletzen hasibiko, artaliek sartuizue sakutan ta azalak aparta bazterrera gero sutara bota ero aspixe itxeko beixei. **T.** Las mazorcas ya se han secado lo suficiente y tenemos que empezar a desgranar, los granos los meteís en sacos y el resto lo apartaís a un rincón para luego echarlo al fuego o para hacer la cama a las vacas.

ARTASIXEK. Tijeras. **K.** Etxien hiru artasi pare daukou eta gertatzenda sigero amotzak dazela hiruek, gauza da eztakitxela nora eruenleikien zorrozten ta zeñi galdetu bez. Gogoratzenaz nola oso aspaldi noixienbeñ etortzezan afiladoranbat agosoñue joaz kalez kale lan honeik itxen, eta euron hartien artasixek zorrozten, kutxillok eta baitxe beste zerbaitzuk be, baña oñ hau urte askoko istorixa bezela geratuda. **T.** Tenemos tres tijeras en casa y pasa que las tres están sin apenas filo, lo que no sé es dónde se pueden llevar a afilar y tampoco a quién se lo puedo preguntar. Recuerdo que hace mucho tiempo de vez en cuando solía venir algún afilador, recorría las calles tocando la armónica y se dedicaba a hacer esos trabajos, y entre ellos afilar las tijeras, cuhillos y también algunas otras cosas, pero esto ya ha quedado como historia de hace muchos años.

ARTATZA. Campo de maiz, maizal. **K.** Naiz eta ganau gutxi euki semei sartujakon buruen artatz haundixe landaubierra haukoula, eta hala inzan, baña gero etorrikodie lanak dan hori jasotzeko eta berak ikusibikodau zer iñ uzta dan horrekiñ. **T.** A pesar de tener poco ganado al hijo se le metió en la cabeza que teníamos que plantar un campo grande de maiz, y así se hizo, pero luego vendrán los trabajos para recoger todo eso y él tendrá que ver que hacer con toda esa cosecha.

ARTEKARI. Mediador. **K.** Ez, ezta pentzau be, ez etorri nereana eskatzera artekari itxeko bi horrein hartien, eurok izendie asarretu eta burrukan ibilidienak, gañera, naiz da zerreozer gonan gauza dala entzun, nik ztakitx zeatik gertaudan hori eta eztot nai sartzeik asunto hortan. **T.** No, ni pensar, no vengas dónde mí a que haga de mediador entre esos dos, ellos han sido los que se han enfadado y peleado, además, aunque he oído que es alguna cosa de faldas, yo no sé porqué ha pasado eso y no quiero meterme en ese asunto.

ARTIA. Arbol de la encina. **K.** Estremaduran eta ni ibilinitzen alde guztietatik, ero geixenak bentzet, zenbat baso artiaz betiek ikustezien eta honein aspixen, keixpetan, txarri beltz talde dexenteko haundixek. **T.** Cuántos bosques llenos de encinas se veían en todas partes, o al menos en la mayoría de las zonas que pasé por Extremadura, y debajo de los árboles, a la sombra, grupos con bastantes cerdos negros.

ARTILLE, ARDI-ULIE. Lana de la oveja. **K.** Beñ bakarrik jarrinitxun artillaz iñdeko gauzabat eta hau gertauzan Zarauzko Euskal Jaixetan, kaltzetiñek zien, ta hainbeste pikatzeauen ze kalera urten besteik ez segitxuen berriz etxera fan-bierra izenauen aldatzera, eta halaere denpora dexentien etxaten kendu asgurie. **T.** Solo una vez me he puesto una cosa hecha con lana de oveja y esto sucedió en unas Fiestas Vascas de Zarautz, eran unos calcetines, y picaban tanto que nada más salir a la calle tuve que volver a casa a cambiarme, y aún así en bastante tiempo no se me quitó el picor.

ARTOBIZARRA, ARTO-BIZARRA. Los pelos, la barba de la mazorca de maiz. **K.** Guk mutikotan artobizarraz ikesigauen erretzen, artatzara fan eta bizerrak kentzegutzen artaburuei, gero ondo txikitu bizar hori eta periodiko paperan batu, zigarruen antza emun, gero poxporuekiñ pistu eta alegiñdu erretzen. Baña ez denpora askuen zeatik kriston estulak botategitxun, bildurtzeko bezelakuek. **T.** De chavales nosotros aprendimos a fumar con las barbas de la mazorca de maiz, íbamos al maizal y le quitábamos los pelos a las mazorcas, las machacábamos bien y la envolvíamos en papel de periódico, luego les dábamos forma de cigarrillo, le prendiámos fuego con cerillas e intentábamos fumar. Pero no durante mucho tiempo porque las toses que echábamos eran como para asustar.

ARTUE. Maiz. **K.** Artuekiñ gauza asko itxeko aukera eotenda, urune, honekiñ ogixe eta baitxe neri asko gustatzejaten gauzabat, taluek, ganauendako pentzue ta abar. Eta entzunde dauket badauela beste arto motabat jateko izetendana. **T.** Con el maiz hay oportunidad de hacer muchas cosas, harina, con esta el pan y también una cosa que a mi me gusta mucho, el talo (es una especie de torta de pan que se amasa con harina de maiz, agua y se hace a la plancha), pienso para el ganado, etc… Y tengo oído que también hay otra clase de maiz que es comestible.

ARTZA. Oso. **K.** Animali zaliek dienak asarre omendabitz, esatendaue Pirineoko ta Picos Europako artzak desagertzen haidiela, eta euron ustez ehiztarixek diela tiroka akabatzendauenak, gañera esanaz beztela eurok izetendiela ardixek akabatzendauenak. **T.** Parece que los animalistas andan muy enfadados, dicen que los osos de los Pirineos y Picos de Europa están desapareciendo, ellos creen que son los cazadores que los matan a tiros, además diciendo que sino son ellos los que matan a las ovejas.

ARTZAIA. El pastor, generalmente de ovejas, aunque también de vacas y otros animales. Así también (fig.) se denomina al cuidador o responsable de un grupo de personas. **K.** Hemen kosta aldien artalde gutxi daz ta dazenak oso txikiñek die, eta horreatik izengoda apenas geratzendiela artzairik, betiko Eufronio eta akaso beste bakarrenbat. **T.** Aquí en los alrededores de la costa hay pocos rebaños de ovejas y los que hay son muy pequeños, y por eso será que quedan muy pocos pastores, el Eufronio de siempre y quizá algún otro más.

ARTZAI-TXAKURRA. Perro pastor.

(Ver la definición de ardi-txakurra).

ASALDU. Aparecer, cuando una persona o cosa aparece, se deja ver o se pone a la vista. **K.** Siñistu eziñekue nola jarrizan Gervasio, akaso bere seme txikiñe baño txarrau, ikusitxe haren larritxazuna eta negarrez hasizanien txakurre galduzalako, gañera Gervasion ustez ezala galdu baizik norbaitxek arrapau iñdauela, baña askenien ezan hala izen eta semie lasaituda zeatik hiru egun ondoren txakurra asalduzan, bera bakarrik etorrida etxera ta auskalo nundik nora ibilikozan. **T.** No se podía creer como se puso Gervasio, casi peor que su hijo pequeño, viendo los apuros que pasó y empezó a llorar porque se había perdido el perro, además según Gervasio que no se había perdido sino que lo habían robado, pero no fué así y al final el hijo ya se ha tranquilizado porque después de tres días ya apareció el perro, él solo vino a casa y cualquiera sabe por dónde habría andado.

ASALDUDIE. Han aparecido, se ha encontrado lo que se echaba en falta. **K.** Oñartien bere erantzuna ezetza izenda, berak eztaukela eta eztitxula sekula euki, baña hainbeste jardun iñ ondoren hobeto begira ibili etxien ta askenien asaldudie esku pelotat, etxuraz gordeta hauken bere gelako armaixo aspixen. **T.** Hasta ahora su respuesta ha sido negar, que él no las tiene ni las ha tenido nunca, pero después de haberle insistido tanto ha mirado mejor en casa y por fín ya han aparecido las pelotas, parece que las tenía guardadas debajo del armario de su habitación.

ASARRALDIXE, ASARRE-ALDIXE. Momento puntual del enfado, cabreo, de la discusión o del enfretamiento. **K.** Guk be eukitxeitxu gure asarraldixek baña jeneralki eta geixenbaten. momentukuek izetendie eta gero laister aixkiratzegara, gertatzenda bixok garela odol beruek ta gañera nahiko ago-zabalak, baña lagun haudixek gara. **T.** Nosotros también solemos trener nuestros momentos de enfado, pero por lo general y casi siempre, suelen ser durante solo un rato y luego enseguida se nos pasa, lo que pasa es que los dos somos de sangre caliente y encima bastante bocazas, pero somos grandes amigos.

ASARRE, ASARRIE. Enfado, enfadado, disgustado. **K.** Alperrik da oñ etortzie jaboie emutera eta horrena lenau akordau inbiziñen haibeste oker iñ aurretik, gañera momentu hontan oso asarre nau eta eztaukek bape gogoik berba itxeko zurekiñ. **T.** Es inútil que vengas ahora donde mí a darme coba y de eso tenías que haberte acordado antes de hacer tantas travesuras, además ahora estoy muy enfadada y no tengo ninguna gana de hablar contigo.

Aspaldiko esaerabat: Ezer eztauen etxien, asarriek gañien.

Un viejo proverbio vasco dice que en la casa donde hay carencias, los enfados están presentes.

ASARRETU. Enfadarse, irritarse, enojarse. **K.** Hobeto izengou gauzak iztie oñ dazen bezela, denporaldixe eruetendou asunto berdiñekiñ ta jarraitzenbou diskutitzen askenien asarretu ingogara, ta nik hori eztot nai eta ustedot zuk be eztozula nahiko **T.** Será mejor que dejemos las cosas tal y como están ahora, llevamos demasiado tiempo con el mismo asunto y si continuamos discutiendo al final terminaremos enfadándonos, y yo no quiero eso y supongo que tú tampoco.

ASEGURAU. Dar una cosa por cierta, asegurar una cosa con absoluta certeza. **K.** Eztakitx zeiñ haidan egixe esaten eta garbi dauena da bixetatik bat gezurretan haidala, honek aseguratzendau ze alde iñ aurretik ordaindute geratuzala hartutako dana, dendarixek berriz ezetz eta eztala ezertxorik ordaindu, ba auskalo zeñek eukikodauen errazoie. **T.** No sé quien está diciendo la verdad y lo que es claro que alguno de los dos está mintiendo, este asegura que antes de salir ha dejado pagado todas las cosas que ha cogido, en cambio el tendero dice que no y que no se ha pagado absolutamente nada, pues cualquiera sabe quién tendrá razón.

ASEGURAU. Poner los medios para fijar, sujetar, asegurar. **K.** Ekarrizue zerbaitx pareta hau puntalau ta asegurau itxeko buru gañera etorri aurretik, nahiko kilikolo ikustendot dauela ta billdurre dauket laister bera etorrikotedan. **T.** Traer algo para apuntalar y asegurar esta pared antes de que se nos caiga encima de la cabeza, estoy viendo que tiene bastante balanceo y tengo miedo de que pronto se venga abajo.

ASEGURUE. Los seguros en general. **K.** Kotxeko asegurue berriztu inbierrien nau, laister bukatzenda bere epea baña aurretik beste aurrekontu batzuk eskatukoitxut, hainbeste konpetentzi dau ze oñ baleike bateonbat zertxobaitx merketxuau lortzie. **T.** Estoy en la necesidad de renovar el seguro del coche, pronto vence el plazo pero primero voy a pedir otros presupuestos, con la competencia que hay puede que ahora consiga alguno que sea algo más barato.

ASENTAU. Estabilizar algo. Se dice tambien por la persona que necesita cierta estabilidad, serenidad. **K.** Aber gaur itxeitxun gauzak bierdan bezela, atzo jausi injatzuen material guztie gaizki asentau zalako palie, ba ha ikusi ondoren oñ badakitzue nola jarri-bierra daukotzuen gruak hartu aurretik. **T.** A ver si hoy hacéis las cosas como es debido, ayer se os cayó todo el material porque el palé no estaba bien estabilizado, pues después de haber visto aquello ahora ya sabeís como hay que colocarlo antes de que lo enganche la grúa.

ASGURIE. Picor. **K.** Geixenbaten asgurie ezta bape ona izeten eta inguren eonda arraska itxeko bezela ba beno, balekue da, baña halaere ezpada kentzen ta arraska ta arraska ibili gertauleike zauri txikibat itxie, erozeiñ modutan txarrena izetenda eukitxie eztan allegatzen tokixen, iñor ez honduen eta ez arbola bakarrik inguruen arraskatzeko, ba orduen, zer inleike? **T.** La mayoría de las veces no suele ser nada bueno el tener picores, si se tienen cerca como para poder arrascarse pues bueno, puede valer, pero aún así si no se quita y se anda arrasca que te arrasca puede que se produzca alguna pequeña herida, de todas formas lo peor es que los tengas en un sitio donde no puedas alcanzar, estés solo y sin ningún árbol cerca dónde poder arrascarse, entonces, ¿qué se puede hacer?

ASKA. Pesebre para el ganado dónde se echa la hierba, el pienso etc... **K.** Ondion negue hasi besteik ezta iñ eta nere ustez larreitxo pentzu botatzen haigara beixen askan, ta hala jarraitzenbou ezta allegauko negu guztirako, hobeto izengou neurrixe hartu ta ondo kontrolatzie. **T.** No ha hecho más que empezar el invierno y yo creo que estamos echando demasiado pienso en el pesebre de las vacas, y si continuamos así no nos va a llegar para todo el invierno, será mejor que le cojamos la medida y lo controlemos bien.

ASKABIDIE. Solución, arreglo, componenda. **K.** Hola eztaukou ibiltxeik, eguna fan da eguna etorri eta eztou ezer aurreratzen, eztutzou buelta ta buelta besteik emuten gauza berdiñei eta nik ustedot, eztakitx zeñek, bateonbatek askabidenbat emun-bierra daukela, ta gañera axkar zeatik ni bentzet nahiko aspertuta nau asunto honekiñ. **T.** Así no podemos andar, día va y día viene y no adelantamos nada, no hacemos más que darle vueltas y más vueltas a la misma cosa y yo creo que de una vez y por todas, no se quién, alguien tendrá que buscar una solución, y rápido además porque yo por lo menos ya me he cansado con este asunto.

ASKAPENA. Liberación, libertad. **K.** Hainbat jente kartzelan atxilotuta dazenak askapena euki-bierra haukien, eta bestaldera, zenbat pertzona librien dabitzenak askoz hobeto eongozien barruen, kartzelan, baña gertatzenda ze honei, danok dakigu zergaitxik, eztotziela sekula ezer itxen **T.** Cuánta gente que está encerrada en la cárcel debería de estar libre, y al revés, cuántas personas de las que andan libres estarían mejor presas en la cárcel, pero pasa que a estos, todos sabemos porqué, nunca les hacen nada.

ASKATASUNA. Alivio, soltura, libertad. **K.** Ba lasaitunaz, baña halaere gaur hartien larreiko urduri ibilinaz nere lan-lagunekiñ, arañun eta lanien zala konortie galdu ta axkar eruenauen anbulantzian hartuta ospitalera, baña etxuraz ezan izen gauza haundirik, bakarrik tensiñuen kontue eta larritxazun hau pasa ondoren sekulako askatasuna hartuguen, bai nik eta bere familixak askoz geixau. **T.** Pues ya me he tranquilizado, pero aún así hasta hoy estaba muy preocupado por mi compañero de trabajo, anteayer perdió el conocimiento cuando estaba trabajando y rápidamente le llevaron en ambulancia al hospital, pero parece que no era nada demasiado importante, solo algo sobre la tensión y despúes de pasar el susto vaya alivio que cogimos tanto yo y mucho más su familia.

ASKATU. Desatar, liberar. **K.** Egunek eotendie hobeto izetendala ez jaikitxie ugetik eta gaurkue halakotxie da, aurrena etxetik urtendotenien konturatunaz kotxeko giltzak astute lagadotela, gero arrankau besteik ez errunbera zulau eta aldatu-bierra eukidot, eta oñ berriz astuei ogixe jaten emutera fanazenien jausi ta hanka katiauta geratu alambre-sariaz, eziñauen iñola askatu eta ordu-erdi pasa iñdot hanka libratzen. **T.** Ya hay días que suele ser mejor no levantarse de la cama y el de hoy es uno de esos, primero cuando he salido de casa me he dado cuenta que me he olvidado las llaves del coche, luego nada más arrancar he tenido un pinchazo y he tenido que cambiar la rueda, y ahora cuando he ido a dar de comer el pan a los burros me he caído y la pierna se ha quedado trabada en la red, no podía soltarme de ninguna de las maneras y he pasado mas de media hora intentando liberar la pierna, hasta que por fín lo he podido conseguir.

ASKATUTA, ASKE. Libre, suelto, que no está ocupado o comprometido. **K.** Kaximirok kontatzendau nola urte askuen eon omendien andrie ta bixok ixe egunero errietan, gañera denpora askuen berbaik be inbarik, eta oñ berriz banandu iñ ondoren oso pozik ta gustora bizidala, sigero askatuta dauela eta zoragarri notatzendala. **T.** Kasimiro cuenta que durante muchos años la mujer y él han estado discutiendo casi todos los días, además que durante mucho tiempo ni siquiera se hablaban, y ahora en cambio después de que se han separado dice que vive muy a gusto, feliz y que se siente completamente libre.

ASKEN-FIÑEN. Al fin o al final. **K.** Ba asken-fiñen be ezan hainbeste larritxu inbierrik, hor eongara danok ixe astebetien dardaran pentzatzen aber nola izengozan asunto horren konponketa eta gertauda oso errexa zala, ta gañera ezaukela horrenbesteko inportantzik. **T.** Pues al final no había necesidad de haber pasado tantos apuros, ahí hemos estado casi una semana temblando al pensar como podía ser la solución de ese asunto y ha resultado que era muy sencillo, y además que no tenía demasiada importancia.

ASKENIEN. Al final. **K.** Betik ero sarri esantendou zenbat aldatudien gauzak gure denporatik oingora, baña halaere askenien, naiz da asko bai, eztie danak izen, eta esan-baterako lenau pobriek zienak pobre jarraitzendaue eta aberatzak aberatz, ta gañera asken honeik len baño zerbaitx geixau, ero baleike askoz. **T.** Siempre o muy a menudo solemos decir cuánto han cambiado las cosas de nuestro tiempo al de ahora, pero aún así al final, aunque sí muchas, no lo han sido todas, y por ejemplo los que antes eran pobres continúan pobre y los ricos siguen siendo ricos, y además estos últimos algo más que antes, o quizá mucho.

ASKI. Basta, suficiente. **K.** Zurie larreikue da, betik protestatzen haizara janatik, hau eztot gure, bestie etxat gustatzen, gordiñik dau ero larreiko erre, ba onazkero aski da eta hemengue ezpajatzu gustatzen badakitzu nora fan, tabernara menue jatera. **T.** Lo tuyo es demasiado, siempre estás protestando por la comida, esto no quiero, lo otro no me gusta, está demasiado crudo o muy hecho, pues basta porque ya es suficiente y si no te gusta lo de aquí ya sabes dónde tienes que ir, al bar a comer el menú.

ASKO. Mucho, demasiado. **K.** Bizikleta aldatu-bierren nau, dauketena zartu iñda ta aspalditxuen aberixa larreitxo eukitxen haida, ibilinaz pixkat begire eta konturatunaz alde asko dauela balixuen hau erosinauenetik oingora, oñ ikusitxutenak, eta ezien holako apartekuek, iruitujat larreiko karestixek ziela. **T.** Estoy en la necesidad de cambiar de bicicleta, la que tengo se ha hecho vieja y desde hace ya bastante ha empezado a tener demasiadas averías, ya he mirado un poco y me he dado cuenta de que hay mucha diferencia desde que compré esta a las de hay en este momento, las que he visto ahora, y no eran nada especiales, me han parecido que eran demasiado caras.

Aspaldiko esaerabat: Asko lo, gutxi ikasi.

Un viejo proverbio vasco dice que quien mucho duerme poco aprende.

ASKOJOTA, ASKO-JOTA. Palabra que viene a decir que tirando por lo alto, exagerando. **K.** Neri eztuztazu lapurretan ingo zeatik ezta posible hainbeste balixo izetie, nik aspaldi eztot erosi izen baña gutxigorabera badakitx zenbat kostatzendan, askojota berreun euro ta akaso hau be sobre izengoda, eta ezpozu gure saltzeik prezio onien beste erozeiñ tokira fangonaz erostera. **T.** A mí no me vas a robar porque no es posible que cueste tanto, yo hace bastante tiempo que no lo he solido comprar pero más a menos ya se lo que vale, tirando por lo alto doscientos euros y a lo mejor hasta también sobra, y si no quieres venderlo a un precio razonable iré a comprarlo a cualquier otro sitio.

ASKOTAKO, ASKOTARAKO. Que sirve o tiene utilidad para muchas veces. **K.** Ba askenien erosidot bizikleta, diru askotxo gastau-bierra izendot baña espero denpora askotarako izengodala, betik dau arrixkue istripu ero arazonbat gertatzeko, eta gañera hau kosta aldie ordei asko eotendan tokixe da, baña halaere alegiñdukonaz ondo zaintzen. **T.** Pues al fín ya he comprado la bicicleta, he tenido que gastar bastante dinero pero espero que me sirva para mucho tiempo, siempre hay algún riesgo de tener algún problema o pequeño accidente, y además la zona la costa es sitio de mucha roña, pero aún así ya haré todos los posibles para cuidarla bien.

ASKOTAN. Muchas veces, en muchas ocasiones. **K.** Zalantza dauket merezidauen berriz fateik, itxita dau eta eztau ezer jartzen betiko danik ero bakarrik momentukue dan, neri oñartien, nahiko sarri gañera, gertaujat bulego hortara fan, txirrriñe jo ta geixenbaten atie zabaltzie segitxuen eta beste-batzuetan, gutxitan, iñok kasu iñ ez, eta baitxe luzero esperuen eotie be. **T.** Tengo dudas de si merece la pena volver más veces, está cerrado y no pone nada de que haya sido para siempre o solo es cosa momentánea, a mí hasta ahora me ha pasado bastantes veces que he ido a esa oficina, he tocado el timbre y me han abierto enseguida y otras, pocas, que nadie ha hecho caso, y también que he tenido que esperar bastante tiempo

ASKOTXO. No es que sea demasiado, pero quizá un poco más de lo necesario. **K.** Eztakitx eztauen erruenbat euki zeatik nere ustez diru askotxo emundust iñdoten lanatik, baña halaere baleike opari bezela be izetie, pasatzenda berak eztauela ezer esan horren buruz eta baezpare komestau inbikutzet. **T.** No sé si no se habrá equivocado porque yo creo que me ha dado un poco más de lo necesario por el trabajo que he hecho, pero aún así también puede ser que haya sido una especie de regalo, lo que pasa es que no ha dicho nada al respecto y por si acaso se lo tendré que comentar.

ASKOZ GEIXAU. Mucho más. **K.** Ezirezu askoz geixau jarri, nik ustedot honekiñ nahikue dauketela ta ezta komeni sobratzeik zeatik gauza honekiñ gertatzenda segitxuen alperrigaltzendiela. **T.** No me pongas mucho más, yo creo que con esto tengo suficiente y no conviene que sobre porque con estas cosas pasa que se estropean enseguida.

AZKOZ GUTXIAU. Mucho menos. **K.** Askenien eztou beste erremeixoik eukiko asarretzie baño, eta gañera zurekiñ enaz geixau etorriko lanien, oinguen be askoz gutxiau emunduztazu bestiei baño, eta zer gertatzenda ba?, nik horrek baño balixo gutxiau dauketela eta eztotela hainbeste lanik iñ, ero zer? **T.** Al final no vamos a tener más remedio que enfadarnos, y además no voy a venir a trabajar más contigo, también esta vez me has dado mucho menos que a los otros, ¿y qué pasa pues, que yo valgo menos o quizá es no he trabajado tanto, o qué?

ASKOZ HOBIE. Mucho mejor. **K.** Ze aldiek eotendien egun-batetik bestera ta oñ jakingozue zergaitxik esatendoten hau, beira, arañun etorrigiñen jatetxe hontara eta noski, baitxe gaur be, ba arañungo bazkaixe askoz hobie izenzan gaurkue baño eta hori gauza berdintzuek jandoula, gauza erraru xamarra, ez?, ero akaso aldatu eta oñ beste sukaldaribat eongoda? **T.** Vaya diferencias que suele haber de un día para otro y ahora sabréis porqué digo esto, mirar, anteayer vinimos a este restaurante y claro está, también hoy, pues bien, la comida de anteayer fué mucho mejor que la de hoy y eso que hemos comido cosas parecidas, que cosa mas rara, ¿no?, ¿o acaso habrán cambiado y ahora estará otro cocinero?

ASMAKETA. Acertijo, idear, solucionar, pensar. **K.** Aspalditxuen tokatzejaku benetako lan xelebriek eta oñ be inbioun hau sekula inbakue da, ba bixer eta fan besteik ez aurrena ikusi lan tokixe, zeiñ dan inbierreko lana eta hasi aurretik aber bixon hartien asmaketa pixkat itxendoun, hasiera emuteko bentzet. **T.** Ultimamente ya nos toca hacer trabajos raros de verdad y ahora también este que tenemos hacer no lo hemos nunca, pues mañana y nada más que vayamos primero miramos bien el lugar, cual es el trabajo que tenemos que hacer y entre los dos tendremos que pensar un poco, para por lo menos empezar.

ASMATU, ASMAU. Acertar, dar con la solución. **K.** Ba askenien ondo asmautakue izenzan eta ezan halako zalla, lana bukatudou eta etxura ona dauko, dana txukun da garbi gelditxuda eta garrantzitzuena, ugesaba nahiko pozik geratuda iñdounakiñ. **T.** Pues parece ser que después de haberlo pensado dimos con la solución y al final tampoco era tan difícil, el trabajo ha quedado terminado y tiene buena pinta, todo ha quedado curioso y limpio y lo más importante, el dueño está contento con lo que hemos hecho.

ASMAZIÑUE. Descubrimientos, inventos, novedades. **K.** Mundu hau mundue danetik asmaziño asko ta haundixek eondie, baitxe agerkizunak be eta nere iruitzez, hala berdiñ beste askonak be, haundixeneitakuek sue eta errubera izendie. **T.** Desde que el mundo es mundo ha habido muchos y grandes inventos, también descubrimientos y a mí parecer, así lo mismo para otros muchos, algunos de los mayores han sido el fuego y la rueda.

ASMO IZAN, ASMO IZEN. Pretender, intentar. **K.** Gauzak danak eztie errexak izeten aurrekuen urtetzie, esan-baterako hau bezela, asmo izen bai eta haundixe gañera, baña momentuz bentzet eztou ezertxorik lortu, hurrenguen be berriz alegiñdukogara ta aber orduen zerreozer itxendoun. Zerbaitx guredanien kustiñue izetenda jarraitzie ta hala betik eotenda lortzeko aukera **T.** No todas las cosas son fáciles que salgan a la primera, como esta por ejemplo, intentar ya lo hemos hecho y además con muchas ganas, pero de momento al menos no hemos conseguido nada, la próxima vez lo volveremos a intentar y a ver si entonces podemos hacer algo. Cuando se quiere algo la cuestión consiste en perseverar y así siempre existe la posibilidad de poder lograrlo.

ASMUE (K). Planes, ideas, intenciones. **K.** Aspalditxik haukoun ideia hau eta oñartien gauza bateatik ero bestiatik eztou lortu itxeik, baña oñ eta benetan uda hontatik eztala pasako, gure asmue da Erromara fatie eta Aitxa Santuei bixitatu, noski aurretik deitxu ingou eta berakiñ geratukogara. **T.** Teníamos esta idea desde hace mucho tiempo y hasta ahora por una cosa u otra no la hemos podido cumplir, pero ahora y de verdad que de este verano no pasa, tenemos la intención de ir a Roma y visitar al Papa, claro que primero le llamaremos y ya quedaremos con él.

ASPALDI. Hace mucho tiempo. **K.** Eztakitx zeatik oñ daukotzun atara-bierra gauza horrek, zer gurozu, hemen daren danok asarretzie ero?, kontu horreik oso aspaldi gertauzien eta hobeto ingou bai zuk ta bai guk astu iñezkero gauza horreaz, zeatik eztou ezer irabaziko berriz jarraitzenbou asunto zikiñ horrekiñ. **T.** No sé porque ahora tienes que sacar a colación esas cosas, ¿qué quieres, que todos los que estamos aquí nos enfademos o qué?, eso pasó hace mucho tiempo y haríamos bien si tanto tú como nosotros nos olvidásemos de ese tema, porque no ganaremos nada si de nuevo continuamos con ese sucio asunto.

ASPALDIKO. Quiere decir cuanto tiempo y es una frase que se puede utilizar para saludar a una persona a la que no has visto desde hace mucho tiempo. **K.** Hor dator Polikarpo eta eztakitx zer izendan bere bizitzana urte guzti honeitan, ba gutxienenetik hamarretik gora bentzet izengodie eta agurtzera noie. Kaixo Poli, aspaldiko, zenbat denpora ikusi-barik, jakinleike nundik nora ibillizaren hainbeste denporan? **T.** Ahí viene Policarpo y no sé que habrá sido de su vida en todos estos años, pues por lo menos ya habrán sido de diez para arriba y voy a saludarle. Hola Poli, cuánto tiempo sin verte, ¿se puede saber por dónde has andado todo este tiempo?

ASPALDI-KONTUEK. Cuentos o historias viejas, de antaño. **K.** Gauzabat esan eta eskatu-bierra dauket, bixer etorrikodie bazkaltzera denpora askuen eztien eon lengosu hareik, ustedot jakiñien zariela zertxobaitx asarre eongiñela bere garaian eta honen buruz da nere eskaera, mezerez ezizue maixen atara aspaldi-kontu hareik zeatik hobeto izengou alegintzie pakien eta lasai eotiaz. **T.** Os tengo que decir y pedir una cosa, mañana vendrán a comer aquellos primos que no han estado desde hace tanto tiempo, creo que estaréis al tanto de que en su tiempo estuvimos algo enfadados y a cuenta de esto es mi petición, que no saqueís a colación en la mesa las viejas historias de antaño porque será mejor que procuremos estar en paz y tranquilos.

ASPALDIKUE. Antiguo, de hace mucho tiempo. **K.** Alperrik da jaztie gazte jantzixekiñ, bentzet horren etxura gurebozu emutie, garbi daukou ta baitxe daukie gure esagun guztiek, ze zu eta berdiñ ni oso aspaldikuek garela eta akaso baleike larreikuek be izetie. **T.** Es inútil que te vistas cono un jovenzuelo, si al menos lo que pretendes es pasar como tal, tenemos claro y también lo tienen todos los que nos conocen, que tanto tú como yo somos de muy antiguo y quizá puede que hasta demasiado.

ASPALDITXIK. De mucho antes. **K.** Nik badauket gauza batzuk oso aspalditxik eta etxat gustatzen botatzeik nere gustokuek dienak, gorde itxeitxut, esan-baterako oñ geldik dauen erlojubat, berrogetamar urte hontatik dauket eta baitxe denpora berdintzuko zapatak, eta gañera asken honeik ondion erabiltzeitxut. **T.** Yo ya tengo algunas cosas que son de hace mucho tiempo y no me gusta tirar las cosas que aprecio, las guardo, por ejemplo un reloj que ahora está parado, lo tengo desde hace cincuenta años y también unos zapatos de los mismos tiempos,y además estos últimos todvía los utilizo.

ASPALDITXO. De hace mucho o bastante tiempo. **K.** Ondo gogoratzenaz gauza horreinak eta zu kasu hontan erruan zara zeatik asunto horreik eztie denpora gutxikuek, aspalditxo gertauzien eta gutxienetik hamabost urte dala izenzan, erozeiñ modutan hau gutxigorabera da. **T.** Yo me acuerdo muy bien de aquellas cosas y tú en este caso estás equivocado, no son de hace poco tiempo sino que esos asuntos sucedieron mucho antes, por lo menos fueron hace quince años, de todas maneras esto es más o menos.

ASPALDIXEN. Hace mucho tiempo. **K.** Bi ordu honetan Ruperto billatzen hainaz, aslpaldixen eztot ikusi eta berakiñ gurekonauken eotie, galdetudot batai eta bestiei eta iñok eztaki nun eonleikien, eztau telefonik hartzen, berak deitxu be eztau itxen eta auskalo nundik nora ibilikodan gizon hori. **T.** Desde hace dos horas que estoy buscando a Ruperto, hace mucho tiempo que no le veo y querría estar con él, he preguntado a unos y otros y nadie sabe dónde puede estar, no llama ni coge el teléfono y cualquiera sabe por donde puede andar el hombre ese.

ASPER. Aburrido, hastiado, fastidiado. **K.** Apurbat ba beno, eztot esaten gaizki dauenik barre pixkat itxeko, baña hainbeste xelebrekeixa itxen haidan bezela asper itxeko bezelakuek die, ezalda bera konturatuko larreitxo pasatzen haidala, ero? **T.** Algo pues bueno, no digo que esté mal para reirse un poco, pero tantas tonterías cómo está haciendo son como para aburrir, ¿él no se dará cuenta de que ya se está pasando demasiado, o qué?

ASPERGARRIXE. Persona molesta, imprevisible, aburrida. **K.** Ba hau beste goikuen bezelako mosolobat asaldujaku inguruen, hau be benetako aspergarrixe eta eztakitx nundik etortzendien tipo hontako jentie, entzun inbizaukie esateitxun txorakeixak eta gañera ixildu be ezta itxen. **T.** Pues en las cercanías nos ha aparecido otro atolondrado igual que el de arriba, también este es molesto de verdad, también aburrido y no se de dónde pueden salir gente de este tipo, deberíais de escucharle la sarta de tonterías que dice y y además tampoco se calla.

ASPERTU. Aburrirse, cansarse. **K.** Haibeste denpora toki zatar hontan, gañera zatarra eta ezer inbarik, aspertu iñaz, beste erozeiñ tokira noie aber aukeraik dauketen zerreozer itxeko ero beztela etxurazko zerbaitx ikusi bentzet. **T.** Tanto tiempo aquí en este sitio, además feo y sin hacer nada, me he aburrido, me voy a cualquier otra parte a ver si tengo oportunidad de hacer algo o sino por lo menos ver algo decente.

ASPILLE. Palangana, barreño. **K.** Etxe zarreko kamaran aspillek jarri-bierrak izetezien itxufiñ urak jasotzeko, aspaldiko tellatue zan eta naiz da noixienbeñ konpondu, ekaitz ta haixe haudixekiñ berriz izurratzezan eta gero eurixe bazan ba hori, itxufiñek. **T.** En el camarote de la casa vieja había que poner palanganas en el camarote para recoger el agua de las goteras, el tejado era muy antiguo y a pesar de que de vez en cuando se arreglaba, cuando había un temporal grande otra vez se estropeaba y luego si llovía pues eso, goteras.

ASTABELARRA. Aquí le llamamos lechuga oreja de burro, y yo creo que será por la similitud de su forma. **K.** Levante aldien ixe beste letxugaik ezta ikusten guk esateutzoun astabelarra baño, han eztakitx nola deiketautzien baña etxuraz hau da euron oitura entzaladan jateko, neri eta andriei geixau, nahiko gustatzejaku eta gustora jatendou inguru hartan gabitzenien, halaere eta nik bentzet, gogor xamarra dala billatzeutzet eta zertxobaitx mikotxa. **T.** En la zona de Levante apenas se ve otra lechuga que no sea la que nosotros llamamos oreja de burro, allá no sé como la llaman pero parece ser que la costumbre de ellos es comer este tipo de lechuga en las ensaladas, a mí y más a la mujer, nos gusta bastante y cuando andamos por allá la comemos a gusto, aún así y al menos yo, la encuentro un poco dura y algo amarga.

ASTAEMIE, ASTA-EMIE. Hembra de burro, la burra. **K.** Mesik, Josun astue, lenau eta oñ eziñdauelako itxitura konpondu azkero, nahiko sarri igexi ta fatezan astaeme billa ta ustedot, ikusidauen pertzonak kontatzendauen bezela, beñ baño geixautan lortu izendakue dala. **T.** Mesi, el burro de Josu, antes y ahora porque no puede desde que se ha arreglado el cerramiento, se solía escapar bastante a menudo en busca de hembra y creo, según cuenta la persona que lo ha visto, que más de una vez lo ha debido de conseguir.

ASTAKEIXIE, ASTOKEIXIE. Cometer una estupidez, idiotez, burrada. **K.** Gero damutu baña aurrena barrezka ibilinitzen harek iñauen astokeixiaz, hartu inbierrien Salamankara zoien trena sartuzan Batzelonara hoien bestien, gixajue, ba eztakitx noraño fan-bierra izengozan trena aldatu eta bueltatzeko. **T.** Luego me arrepentí pero al principio me dio casi un ataque de risa por la estupidez que cometió aquel, en lugar de coger el tren que iba a Salamanca se metió en el otro que iba a Barcelona, pobre, pues no sé hasta dónde tendría que ir para cambiar de tren y dar la vuelta.

ASTAKILLO, ASTOKILLO. Se dice, fig. por la persona, generalmente críos, que son un poco brutotes y que no miden las consecuencias. **K.** Antoñitoi esan-bierra daukotzue kontuz pixkatekiñ ibilltxeko, atzo be mai-gañien ikusinauen, eztakitx nola konpontzendan igoteko baña han hauen, eta noixbaitxen gertaukoda ze hala jarraitzenbadau jausi ingodala eta miñ hartukodau, badakitzue nolako astakillue dan. **T.** A Antoñito teneís que decirle que ande con un poco de cuidado, ayer también le ví que estaba encima de la mesa, no sé como se habrá arreglado para subir pero allá estaba, y algún día si continúa así se caerá y se hará daño, ya sabeís lo brutote que es.

ASTAKUMIE. Cría de burra. **K.** Norberton baserri aldamenekuek astaemie dauko eta honek denpora gutxi dala astakumie eukidau, oso politxe da ta han geratzendie begire inguru hareitik pasiatzeko oitura daukienak, eta gañera umiek badie askoz geixau. **T.** El vecino del caserío de Norberto tiene una burra y esta hace poco tiempo ha tenido una cría, es muy bonita y allá suelen quedar mirándolas los que tienen costumbre de pasear por los alrededores, y sobre todo si son críos mucho más.

ASTARRA, ASTO-ARRA. Burro macho. **K.** Beste tokibaten be jarridot baña beno, oñ berriz, nola Josuk dauken astuek, Kiko ta Mesi, bixek astarrak dien eta baitxe ze gauzak gertatzejatien noixienbeñ. **T.** Antes ya lo he puesto en otro sitio pero bueno, ahora otra vez, como los burros que tiene Josu, Kiko y Mesi, los dos son machos y también lo que les pasa de vez en cuando.

ASTEARTEA. Martes. **K.** Asteartetan, hamabost egunetik beñ etortzendie afaltzera etxera Ursula eta Kasimiro euron txakurrekiñ, afaldu aurretik gure betiko oitura da txikito parebat hartzie eta barriketa zerbaitzuk iñ etxe aspixen dauen tabernan. **T.** Los martes, cada quince días, vienen a cenar a casa Ursula y Casimiro con su perro, antes de cenar nuetra costumbre de siempre es la de tomar un par de chiquitos y charlar un rato en el bar que está debajo de casa.

ASTEASKENA. Miércoles. **K.** Asteasken guztitan eta eurik ez eon-ezkero, Braulion oitura da ortura fan eta han eotie ordubete inguru, betik zerreozer itxen, badau bentzert, zerbaitzuk jaso, bedar txarrak kendu eta abar, honeik iñ ondoren eta ezpadauko beste lanik buelta txikibat emun inguru hartan karakolak billatuaz. **T.** Todos los miércoles Braulio tiene la costumbre, si es que no llueve, de ir una hora a la huerta a hacer algo, si es que hay, recoger algunas cosas, quitar las malas hierbas etc…, luego después de hacer esto y si no tiene nigún otro trabajo que hacer dar una pequeña vuelta por las cercanías buscando caracoles.

ASTEBETE. Una semana. **K.** Ixe ospatzeako bezela zara gaurko eguna, aldebatetik ondo eta etxura honakiñ ikustezaut, naiz da ondion makuluaz ibilli, ta bestaldetik, eztakitx gogoratzezaren, gaur itxendau astebete atarañiela ospitaletik ixe bi illebete eon ondoren han barruen. **T.** El día de hoy es casi como para que lo celebres, por un lado te veo que estás bien y con buen aspecto, a pesar de que todavía andas con el bastón, y por otro, no se si te acordarás, hoy hace una semana que saliste del hospital después de haber estado casi dos meses allá dentro.

ASTEBURUE. Fín de semana. **K.** Asteburu hontako Nikanorren asmue da, egueldixek laguntzenbadau bentzet, Landazeko kanpiñ-batera fatie famili guztiekiñ, beno, esatendau ze danak bez zeatik pillabat die, bakarrik eurok, bera andriekiñ, honen gurasuek eta hiru umiek egun parebat pasatzera. **T.** Nicanor cara a este fín de semana tiene la idea, si por lo menos el tiempo acompaña, de ir a algún camping de las Landas con toda la familia, bueno, dice que toda tampoco porque son un montón, solo ellos, él y la mujer, los padres de ella y los los tres críos a pasar un par de días.

ASTEGUNA. Día laborable. **K.** Ba Nikanor bueltaudanien kontatzendau asteburu ederra pasau omendauela kanpiñien, umiek oso gustora ibilidiela aldebatetik bestera eta eurok be pozik, lasai, pasiau, irakurri pixkak, bazkai eta afai-batzuk prestau baña hori be bukatuzala, gero kotxie hartu ta etxe aldera bueltau zeatik hurrengo eguna asteguna zan. **T.** Pues cuando ha vuelto Nicanor cuenta que pasaron un fín de semana estupendo en el camping, que los críos anduvieron muy a gusto de un stio para otro y que ellos también contentos, tranquilos, pasear, leer un poco y preparar alguna comida que otra, pero que eso también ya se terminó, luego coger el coche y volver a casa porque el siguiente día era laborable.

ASTELENA. Lunes, **K.** Lenau Leniz Ballara inguruetan astelenatik esatezan, oñ eztot uste hala danik, astelena bixamon eguna. **T.** Antes en el entorno del Valle de Léniz a loz lunes se les decía, ahora creo que no será así, lunes día bixamón, que significa día de aje.

ASTERO. Todas las semanas. **K.** Oñ zerbaitx geixau kontrolatzendot baña hasieran baldiek ogiz betiek emutenutzen astuei, bakotxai bana eta geixau emunbanutzen ba geixau jangolauklen, horreatik zan ixe astero ogitxen fan-bierra izetenauela eta oñ berriz hiru astetik beñ fanda nahikue izetenda. **T.** Ahora controlo un poco más pero al principio a los burros les daba los cubos llenos de pan, uno a cada uno y si les hubiera dado más pues más que hubiesen comido, por eso era que tenía que ir casi todas las semanas a por pan y ahora en cambio yendo cada tres semanas es suficiente.

ASTESANTUE. Semana Santa. **K.** Hemen be sigero aldatudie gauzak lengo denporatik oingora, garai hartan ez musikaik ta ez beste apenas ezerko gauzaik eotezien Astesantuen, jolas ero beste zerbaitzuk itxeko bezelakuek, guk ondion mutikuek ero gaztetxuek gitzen eta orduen Elixa ta infernuko kontuek bakarrik eotezien. **T.** Aquí también han cambiado muchísimo las cosas desde aquellos tiempos a estos de ahora, en aquellos tiempos en Semana Santa no había música ni ningunas otras muchas cosas como para jugar o poder divertirse un poco, nosotros todavía éramos unos chavales o jovenzuelos y solo había cuentos de Iglesia e infiernos.

ASTIALDIXE, ASTI-ALDIXE. Tiempo libre, rato de descanso. **K.** Oñ astialdixe hartzeko aukera daukou eta hamarretakue itxeko guredauenak, eta nik nola eztauketen holako oituraik naio izetendot kafetxobat hartzie aldameneko tabernan. **T.** Ahora tenemos ocasión de tomar un rato de descanso y el que quiera comer el bocadillo, y como yo no tengo esa costumbre suelo preferir tomar un cafecito en el bar de la esquina.

ASTIE. Semana. **K.** Guk gaztiek gitzenien iruitzejakun larreiko soseguz pasatzeziela egunak, betik zai eotegiñen noiz etorrikozan asteburue, oñ berriz urte batzuk badaukou eta, ni bentzet, ezgara enteratzen nolako axkar pasatzendien egun horreik, astiek eta baitxe urtiek be. **T.** Cuando éramos jóvenes nos parecía que los días transcurrían demasiado lentos esperando la llegada del fín de semana, ahora en cambio ya tenemos unos cuantos años y no nos enteramos, al menos yo, lo rápido que pasan los días, semanas y también los años.

ASTIÑDU. Ahuecar, mullir, sacudir. **K.** Gogoratzenaz nola lenau, oso aspaldi, ardi-ulien koltxoiek astiñdu itxeziela makilla luziaz jota eta hau izetezan, gutxigorabera, urtien beñ da horren kontue zan zeatik hala ariñ ta bigunau geltiketaxielako koltxoi hareik, baña gauzabat nahiko exkaxa be gertatzezan, desagertu itxezala norberak iñdako zulo ero afixatxue. **T.** Yo recuerdo que antes, hace ya muchos años y más o menos una vez al año, a los colchones de lana se les sacudía con un palo largo, y esto se hacía con el objeto de ahuecarlos y ponerlos blandos, pero una cosa no demasiado buena también ocurría, que desaparecía el huequecito o nido que uno había hecho en el colchón.

ASTINTZU. Esponjoso, suave, blandito y supuestamente cómodo. **K.** Ez neri ta ez nere andriei etxaku gustatzen oso astintzuek izetie almuarak eta naio izetendou zertxobaitx gogortxuauek, eta gertzenbada nunbaitxen larreikuek diela, ta noski aukera euki, aldatzeko eskatzendou. **T.** Ni a mi mujer ni a mí nos gusta que las almohadas sean muy esponjosas y solemos preferir que sean un poco más duras, y si en algún sitio coincide que son demasiado, y claro hay oportunidad, pedimos que nos la cambien.

ASTIRO. Hacer las cosas con calma, despacio, sin prisas. **K.** Gauza asko izengodie axkar inbierrekuek baña halaere ona izetenda, posiblek dienak bentzet, haldan astiro itxie eta esan-baterako honeik, jan, ariketat kirola iñ aurretik, baitxe beste hori be, eta beste batzun-batzuk. **T.** Habrá muchas cosas que serán necesarias hacerlas rápido pero aún así es bueno, al menos los que sean posibles, hacerlas con calma, sin prisas y como por ejemplo estos, comer, precalentamientos antes de hacer deporte, también eso otro y algunos otros más.

ASTIXE. Tiempo disponible. **K.** Zuk aiñduteko lanak bukatuitxut, ontxe bertan astixe dauket eta gurebozu ingoitxut errekauek, gañera beranduau ezingoda izen zeatik derrigorrez beste toki-batera fan-bierra dauket. **T.** Ya he terminado los trabajos que me has mandado y ahora mismo si es que tú quieres tengo tiempo para hacer los recados, además más tarde no va a poder ser porque necesariamente tengo que ir a otro sitio.

ASTO-BANASTAK. Las cestas que se colocan a ambos lados del burro para transportar cargas u otras cosas. **K.** Oñ apenas ikustendie astoik eruetezitxun asto-banasta hareik, lenau bai eta gañera gauza askotarako erabiltzezien, esan-baterako esnie jexteko beserritxik kalera, bedarra erueteko moztu ondoren, pentzu sakuek mobitzeko aldebateik bestera eta abar. **T.** Ahora apenas se ven aquellas cestas que llevaban los burros, antes sí y además servían para muchas cosas, por ejemplo para bajar la leche del caserío a la calle, para llevar la hierba después de cortarla, para mover los sacos de pienso de un sitio para otro, etc...

ASTOBANASTAK. Fig, el sujetador o sostén de las mujeres. **K.** Egixe da ze gauza honetan apenas, hobeto esanda gutxi ero ezer ulertzendot ba, bakarrik, eta honek be badauko bere inportantzia, zertxobaitx ikusi ero asmau itxendouna, eta aurretik esanda nik ezertxorik eztakitxela asunto honen buruz, bai dauket oso garbi andrakotiek dienak astobanasta nahiko dexentiek bierkoutxula. **T.** La verdad es que sobre este asunto tampoco entiendo mucho, mejor dicho muy poco por no decir nada, solo, y esto tambien tiene su importancia, lo que se ve por encima y lo que te puedes imaginar, y diciendo de antemano que no se nada sobre el asunto, sí tengo muy claro que la que las que son mujeronas necesitarán un sujetador bastante decente.

ASTOBURUE. Fig. se dice de la persona majadera, estúpida, bruta. **K.** Horri alperra da esatie hau ero bestie itxeko zeatik berak guredauen gauzak ingoitxu, betik izenda nahiko astoburue ta onazkero eztot uste aldatukodanik. **T.** A ese es inútil que le digas que haga esto o lo otro porque hará las cosas que le de la gana, siempre ha sido un majadero y yo creo que ya no cambiará.

ASTOLANA. Literalmente trabajo de burros y fig. se refiere al trabajo fatigoso, duro. **K.** Egixe da ze batzuk benetako astolanak izetendiela eta esan-baterako gaur iñdotena, ortuko lurra larreiko gogorra hauen eondan sikutiekiñ eta goix guztien haxe atxurtzen ibilinaz, gauza da xixko iñde geratunazela eta ezkerrak urtien beñ ero asko-jota birritxen bakarrik gertatzendala. **T.** Algunos trabajos de verdad que son demasiado fatigosos y por ejemplo éste que he hecho hoy, la tierra de la huerta estaba demasiado seca y dura debida a la sequedad que ha habido y he estado todo la mañana cavando esa con la azada, la cosa es que he quedado hecho polvo y menos mal que solo hay necesidad de hacerlo una o cómo mucho dos veces al año.

ASTOLARROSA. Rosal silvestre. Nosotros le llamábamos tapaculos. **K.** Rigoberton baserri inguruen astolarrosa asko ikustendie ta nik ustedot eztiela iñondako oso onak izengo, astuek bentzet harein aurretik pasa eta eztotzie ezertxorik kasuik itxen. **T.** En los alrrededores del caserío de Rigoberto se ven muchos rosales silvestres y yo creo que para nadi serán muy buenos, al menos los burros cuando pasan delante de ellos no les hacen absoluto caso.

ASTOPOTRUE. Fig, se dice de la persona gamberra, bruta, imprevisible, que no da importancia a nada. **K.** Gauza horreik iñditxuenak benetako astopotruek izenbierra daukie, eztot ulertzen nola leiken malekoiko landara ta lora guztik puzkatzie, derrigorrez sigero moxkorrak eongozien hori itxeko, ero beztela kalte itxen bakarrik fatendien pertzonak izengodie. **T.** Los que han hecho eso no son más que unos verdaderos gamberros, no comprendo cómo se puede arrancar y romper todas las plantas y flores del malecón, a la fuerza tenían que estar muy borrachos, o sino son personas que solo van a hacer daño.

ASTO-PROBA, ASTOPROBA. Prueba deportiva de arrastre de piedra con burro y dónde se cruzan apuestas de dinero. **K.** Nik badauket lagunbat oso zalie dana asto-proba lehiaketan eta baitxe apostuen be, bere astuekiñ ibiltxenda aldebatetik bestera ta susmo pixkat badau eztiela larreiko garbi ta bierdan bezelako apostak izeten, eta baitxe baleikela tongo antza eotie. **T.** Yo tengo un amigo que es muy aficionado a las pruebas de arrastre de piedra con burro y también de las apuestas, anda con sus propios burros de un sitio para otro y hay un poco de sospecha en el sentido de que las apuestas puede que no sean demasiado limpias y estén amañadas, y también que puede haber cierto tongo.

ASTOPUTZA. No sé que nombre tiene en castellano, pero es una seta sin ningún valor culinario y que prolifera bastante. **K.** Guk lenau mutikotan, gañera betik eta ikusi izetegauenien astoputz perretxikuek zelaixetan, baleike izen gaizki iñdekue, ostikarabat emun ta puzkatu itxegauen, ta animalixak be eztot uste kasu haundirik itxeutzienik zeatik osoik geratzendienak hor usteltzezien lurrien. **T.** Nosotros antes de chavales, además siempre y cuando solíamos ver en los prado setas que no tienen ningún valor, puede que estuviese mal hecho, les pegábamos una patada y las rompíamos, y creo que los animales tampoco les hacen demasiado caso porque las que quedan enteras ahí se solían pudrir en el suelo.

ASTORAU. Enfadarse, ponerse fuera de sí, excitarse en demasía. **K.** Eztakitx aparteko zerbaitx esan ero gaizki hartu esandoten zerreozer, baña ikusi-bierra dau nola jarridan zure lagun hori, sigero astorauta, ba ikustendozunien ezaiozu mererez ze bat ero bestiatik izen, eztotela ezer asmoik euki molestatzeko. **T.** No se si habré dicho alguna inconveniencia o algo de lo que he dicho le ha sentado mal, pero hay que ver como se ha puesto ese amigo tuyo, se ha enfadado muchísimo, pues cuando le veas dile por favor que tanto haya sido por una cosa como por otra no he tenido ninguna intención de molestarle.

ASTOTXO. Es un colgador de ropa portátil. **K.** Nere andriek sarri esatendau ze derrigorrezkue izetendan astotxue, giro ona baldinbadau astotxo hori jarri kanpuen, balkoien, ixegi erropa bertan sikatzeko, beztela berriz, txarra dauenien, sartu barrura eta asunto berdiñe baña kalefazokiñ. **T.** Mi mujer suele decir muchas veces que imprescindible es un colgador portátil, si hace buen tiempo se pone fuera, en el balcón, se cuelga la ropa para que se seque allá mismo, en caso contrario, cuando hace malo, se mete dentro con el mismo objetivo pero esta vez con la calefacción.

ASTRAPALA (KA). Es una palabra que se utiliza para decir que se anda con prisas o se hacen las cosas de forma desordenada. **K.** Ondo garbi esautzuk ba nola inbidien gauza horreik, lasai ta soseguz zeatik beztela eztala posible ondo urtetzeik, baña halaere zuk betikue, ezer kasuik inbarik astrapalaka inbierra daukotzu eta naidozun bezela, ta gero noski, hala geratzendie. **T.** Ya te he dicho pues bien claro como hay que hacer esas cosas, tranquilo y sin prisas porque sino es imposible que salgan bien, pero aún así tú al igual que siempre y sin hacer caso alguno, lo tienes que hacer de forma desordenada y como te da la gana, y luego claro, así suelen quedar.

ASTU. Olvidar, no acordarse. **K.** Ze gauza izetendan etxeko nunbaitxera sartu zerbaitx hartu ero itxeko asmuaz, kasu hontan sukaldera, eta gertau gañera ezta aurreneko aldiz, ze atie zabaldu besteik ez astu zertan zan, eta ustedot ze onazkero, baleike zarzaruatik izetie, eztaukatela burue gauza askotarako. **T.** Que cosa es la de meterse a algún sitio de la casa con la intención de coger o hacer algo, en este caso a la cocina, y pasar, además no es la primera vez, que nada más abrir la puerta olvidarse a qué era, y creo que ya, puede que sea debido a que ya me he hecho demasiado mayor, no tengo la cabeza para muchas cosas.

ASTU. (Astuaz), gara, naz, zara, zare, zarie.

ASTUE. Burro (a). **K.** Josuk dauken bi astuek, Mesi ta Kiko, betik zai eotendie ni noix allegau ogixe emuteko, ugeri ta sobre bedar daukie jateko baña halaere emutendau betik gosiek akabatzen dazela. **T.** Los dos burros que tiene Josu, Mesi y Kiko siempre están esperando a que llegue para darles el pan, tienen suficiente y de sobra hierba para comer pero aún así dan la impresión de que siempre están muertos de hambre.

Aspaldiko esaerabat: Astuei zaldi jantziaren, betik asto.

Un viejo proverbio vasco dice que aunque al burro le vistas de caballo siempre será burro.

ASTUE. Fig. se llama sí al caballete que se utiliza en las obras y que sirve para trabajar a una altura más elevada. **K.** Gutxiatik baña ezgara allegatzen goraño, ogei zentimetro falta, almazeneraño fanbikozu asto parebat ekartzera ta aber horreikiñ konpontzegaren. **T.** Por poco pero no llegamos arriba, nos faltan veinte centímetros, tendras que ir hasta el almacén a traer un par de caballetes y a ver si con esos nos arreglamos.

ASTUNA, ASTUNE. Cosa pesada. **K.** Tripa betie dauket eta eztakitx asko bazkaldu ero jandouna larreiko astune izendan, ezta halako apartekue izen ba, bakarrik babarrunak sakramento batzukiñ, gero tripakeixek eta ondoren postre bezela gaztaie, eztot uste horreatik izengodanik baña baezpare mantzanillabat eskatukot. **T.** Tengo la tripa llena y no sé si he comido demasiado o la comida ha sido demasiado pesada, tampoco era nada del otro mundo pues, solo unas alubias con algunos sacramentos, luego callos y después queso como postre, no creo que sea por eso pero por si acaso voy a pedir una manzanilla.

ASTUNDU. Poner peso, ganar peso. **K.** Otar horreik astundu inbikoitxu pixu pixkat jarritxe zeatik beztela dauen haixe zakar honekiñ baleike egaxien urtetzie, hemen inguruen badaz harri batzuk dexentiek dienak eta ondo iruitzen-bajatzue jarrileikegu horreiñ gañien. **T.** A estos cestos tendremos que ponerles un poco de peso porque sino con este fuerte viento puede que salgan volando, aquí por los alrededores ya hay unas piedras que son bastante grandes y si os parece bien podemos ponerlas encima.

ASUNA (K). Ortiga. **K.** Sarri esatendaue eta nik askotan entzundot, asuna egosi eta ondoren horren ura eranda oso ona omendala odola garbitzeko, ba beno, halaere nola nere ustez garbixe dauketen eztauket halako gauzaik inbierrik, baña guredauenak probatzie fateko Anpariton baserri ingurura, han nahiko ta sobre asunak daz eta naidan guztiek hartu eta eruenleike, eta gañera bera pozik geratukoda kentzenbadie. **T.** Suelen decir a menudo y yo lo he oído muchas veces, que beber el agua resultante después de cocer las ortigas debe de ser muy bueno para limpiar la sangre, pues bueno, como yo creo que la tengo limpia no necesito hacer nada de eso, pero de todas formas aquel que quiera probar puede ir a las cercanías del caserío de Anparito que allá hay suficiente y de sobra ortigas para coger y llevar todas las que se quiera, además ella quedará contenta si se quitan.

ASUNTUE. Tema, asunto, cosa. **K.** Eztau merezi ibiltxeik denpora geixautan diskutitzen zeatik oñartien nahiko jardungara, eta asunto horren buruz nik ustedot onena izengoula nunbaitxen jarri lasai eta alegiñdu garbi jartzen gauzak, zueik be nabarmen ikusikozue momentu hontan nahiko nahasi dazela. **T.** No merece la pena que estemos discutiendo durante más tiempo porque hasta ahora ya lo hemos hecho suficiente, y sobre ste asunto yo creo que lo mejor es que nos sentemos tranquilamente en algún sitio y nos esforcemos en dejar las cosas claras, vosotros también tendréis claro que en este momento están bastante revueltas.

ATA. Pato. **K.** Nik eztakitx nola ero nundik etortzendien baña geruau da ata geixau agertu ta ikustendie inguruko erreketan, ta entzunde dauket alde geixenetan berdiñ dala, gañera ez etorri bakarrik baizik bertan geratzendie bizixten. **T.** Yo no sé de dónde pueden venir pero que cada vez hay y se ven más patos en los ríos de por aquí, y tengo oído que en la mayoría de los sitios debe de ser igual, además no solo es que vengan sino que se quedan a vivir allá mismo.

ATABALA. Tambor. **K.** Etxuraz betiko oitura izenda eta gañera alde guztietatik inguratzenda jente pilla hori ikustera. Zaragozako Buñuelen da eta dau egundat urtien, enau ziur noix dan, herri guztie urtetzendauena kalera atabala joten, eta egun horrek oso famaue iñdau herrixe. **T.** Debe de ser una tradición de siempre y de todos lados se suele acercar muchísima gente para ver el espectáculo. Es en Buñuel de Zaragoza y hay un día al año, no estoy seguro de cuando es, en que todo el pueblo sale a la calle a tocar el tambor y ese día ha hecho muy famoso al pueblo.

ATABALERUE. La persona que toca el tambor. También se le puede llamar tamborrero. **K.** Atabala jotendauena atabalerue baldinbada ba esanleike ze Buñueleko pertzonak hori joten kalera urtetzendienak, atabalaeruek izengodiela. **T.** Si a los que tocan el tambor se les llama tamborreros pues se puede decir que a las personas de Buñuel que salen a tocar eso a la calle, son tamborreros.

ATAJUE. Atajo, puede ser una senda que se utilice para abreviar el camino. **K.** Ba hemendik aurrera eztakitx zer iñ, badakitx atajo hori hartzenbou asko moztendala birie eta noski, lenau allegau, baña zalantza dauket zeatik gaur gabien euri asko iñdau eta baleike larreiko lokastuta eotie. **T.** Pues a partir de aquí no sé que hacer, ya sé que si cogemos ese atajo acortamos mucho el camino y claro, llegar antes, pero estoy dudando porque esta noche ha llovido mucho y puede que esté demasiado embarrado.

ATALA, (K). Gajo (s). Puede ser lo que llamamos dientes de ajo, gajos de naranja, mandarina o alguna otra cosa parecida. También se llama así (fig.) a cada una de las dos partes del culo. **K.** Gutxienetik hamar berakatz atal bier izengot bakallaue prestatzen hasteko, baña gauza da atzo enitzela gogoratu erosteik eta hemen eztauket hainbeste, oñ iñor eztauek bieltzeko berakatz horiñ bille eta telefonoz eskatubikoutxut. **T.** Por lo menos voy a necesitar diez dientes de ajo para empezar a preparar el bacalau, pero la cosa es que ayer me olvidé de comprarlos y aquí no tengo suficiente, ahora no tengo a nadie al que le pueda mandar a buscar los ajos esos y los tendré que pedir por teléfono.

ATALAIA. Cima, cumbre, un sitio alto, elevado. **K.** Hernixoko kurtzera allegatzeko aldapa dexentiek igo-bierrak izetendie, baña nik ustedot merezidaula zeatik beiñ goixen, atalaian eta egueldi argixe baldinbadau bentzet, inguruko mendi guztiek ikustendie eta baitxe itxasue be. **T.** Para llegar a la cruz de Hernio hay que subir unas cuestas bastante considerables, pero yo creo que merece la pena porque una vez arriba, en la cima y si al menos el día está claro, se ven todos los montes de los alrededores y también el mar.

ATALDU. Desgranar, dividir en pedazos, en trozos. **K.** Berakatzak eraiñ inbierra dauen garaian andriek eta bixok tratue iñde daukou, nik zulau, berak buruek ataldu ta lurrien sartu berakatz atala, gero nik tapa eta ondoren berak erregau. **T.** Cuando es el tiempo de sembrar los ajos mi mujer y yo ya tenemos el trato hecho, yo hago los agujeros, ella desgrana la cabeza y mete en la tierra los dientes de ajo, luego yo los tapo y después ella se encarga de regar.

ATARA. Salir, sacar algo para trabajar, comer u otra cosa. **K.** Aspalditxotik daz sagar honeik sukaldien, batzuk usteltzen be hasidie eta hori gertatzenda zeatik nik bakarrik jateitxut, zenbat bider esatendoten oso gozuek diela baña bestaldera beitu ta eztuztie kasuik itxen, ba oñ atara inbikoitxut zakar-ontzira botatzeko. Eta hemendik aurrera nik jan-hala bakarrik ekarrikoitxut. **T.** Desde hace bastante tiempo que estas manzanas están en la cocina, algunas también han empezado a pudrirse y eso es porque solo yo las suelo comer, cuantas veces suelo decir que está muy ricas pero miran hacia otro lado y no me hacen caso, pues ahora tendré que sacarlas para echarlas a la basura. Y de aquí en adelante solo las voy a traer a medida que yo las vaya comiendo.

ATARA. (Atarakok), kon, kot, kozu, kozue.

ATARIE, ATARTIE. El portal de la casa, la entrada. **K.** Oñ kanpora fan-bierra dauket eta eztakitx ze ordutan bueltaukonazen, baña erozeiñ modutan ezta larreiko berandu izengo, bixenbitxertien Isidorok deiketandadau ezaiozu zortzirak aldien etxoitxen eongonazela etxeko atartien. **T.** Ahora tengo que ir fuera y no sé cuando voy a volver, pero en cualquier caso no será demasiado tarde, mientras tanto y si es que llama Isidoro dile que hacia las ocho estaré esperando en el portal de casa.

ATE-BARRENA. Parte baja de la puerta del umbral de la casa. **K.** Etxien dauen sarrerako atiei eztotzou aspaldixen ezertxorik kasuik iñ, eta ustedot allegaujakola ordue margotzeko zeatik nahiko itxusi dauela iruitzejat, geixenbat ate-barrena, ba eztau besteik esan-bierrik, lija erosi ta hasi ingonaz. **T.** Hace mucho tiempo que no le hemos hecho ningún caso a la puerta de entrada de casa, y creo que ha llegado la hora de que la pintemos porque me parece que ya está bastante fea, sobre todo la parte baja, pues no hay más que decir, iré a comprar una lija y voy a empezar.

ATE-BURUE. El cabezal, dintel de la puerta. **K.** Etxe hontako fatxada aurrie oso dotore geratuda ta hala berdiñ ikusi inbikozan sarrera, nik ustedot merezidauela ate polibat jartzie eta horren gañeko ate-burue bere erara, ta hala dana batera zoragarri gelditxukozan. **T.** La fachada delantera de esta casa ha quedado muy elegante y así de igual se debería de ver la entrada, yo creo que merece la pena colocar una puerta bonita y que el dintel de la parte superior esté en consonancia, y así todo ello junto quedaría precioso.

ATE-JOKA. Tocando, llamando a la puerta. **K.** Posible halda iñor ez eotie etxe hontan?, oñartien eta hemen izenazenien betik ikusi izendot bateonbat, ba atzo, gaur eta berdiñ fandan egunetan ate-joka ibilinaz eta iñok eztau zabaldu ta urten bez. **T.** ¿Puede ser posible que no haya nadie en esta casa?, hasta ahora y siempre que he estado aquí he visto que había alguien, pues ayer, hoy y lo mismo los pasados días he estado tocando a la puerta y no han abierto ni ha salido nadie.

ATERKIÑE, ATERKIXE. Paraguas. **K.** Goixien mendi-buelta itxendotenien eta zerue lañotzu ikustenbot baezpare betik eruetendot aterkiñe, baña gertatzenbada haixe haundixe dauela etxat okurritzen kanpiñ aldera fateik zeatik birritxen pasajat eurixekiñ aterkiñe zabaldu, haixe-boladakiñ txapelak egaxien urten ta kirtenaz bakarrik geratunazela. **T.** Cuando salgo a las mañanas a dar la vuelta por el monte y si veo que el cielo está nublado siempre llevo un paraguas por si acaso, pero si sucede que hay un viento fuerte ni se me ocurre subir al camping, ya me ha pasado dos veces abrir el paraguas cuando ha empezado a llover y quedarme solo con el mango porque con una ráfaga de viento la cubierta ha salido volando.

ATERPIE. Resguardo, refugio. **K.** Euri-zaparrara eotenbada eta honekiñ batera haxie baldinbadau aterkiñek eztau ezertarako balixo, askoz hobeto da, halbada bentzet, billatzie aterpie, harutza fan eta itxoiñ gelditxu hartien. **T.** Cuando hay un chaparrón y está acompañado de viento el paraguas no sirve para nada, es mucho mejor, si al menos se puede, buscar un sitio dónde resguardarse, ir hacia allá y esperar hasta que amaine.

ATERI, ATERRI. Escampado, sin lluvia. **K.** Baezpare aterkiñe eruenbikou kalera urteteko, momentuz ateri dau baña larreitxo lañotzen haida eta atzo badakitzue zer gertaujakun, ez atara aterkiñik eta euri-zaparrara hasi, bape aterpeik inguruen gordetzeko eta danok mela mela iñde geratugiñela. **T.** Por si acaso vamos a llevar paraguas para salir a la calle, por ahora está escampado pero se está poniendo demasiado nuboso y ya sabéis lo que nos pasó ayer, no sacamos los paraguas y empezó el chaparrón, ningún sitio en los alrededores para poder resguardarse y quedamos todos completamente empapados.

ATERTU. Parar, cesar la lluvia. **K.** Zer da hau, eztau sekula atertu itxeko asmoik, ero? egunero daukou eurixe gañien eta atzo be, naiz eta aterkiñe eruen, askenien nahiko blai iñde gelditxugiñen haixien kulpatik, eurixe ezan jausten goitxik bera baizik albotik eta danoi geratujakun frakak sigero bustixek belaunetik bera. **T.** ¿Qué es esto, no va a tener nunca la intención de dejar de llover, o qué?, todos los días tenemos encima la lluvia y ayer también, a pesar de que todos teníamos encima el paraguas, al final ya nos mojamos bastante por culpa del viento, la lluvia no caía de arriba abajo sino que venía de costado y todos quedamos con los pantalones empapados de rodilla para abajo.

ATE-TXAKURRA. Perro guardián. **K.** Danerako dau jentie, atzo lapurtzen ibillidie etxeko ortuen eta askenien zertarako?, tomate ta piper mixerable batzuk bakarrik erueteko, ba eztau besteik eta hemendik aurrera ate-txakurra jarribikou sarreran ta hala zaunka bentzet ingodau, eta berriz etortzenbadie eztot uste potroik eukikodauenik berriz sartzeko. **T.** Desde luego hay gente para todo, ayer han estado robando en la huerta de casa ¿y al final para qué?, solo para llevarse unos miserables tomates y pimientos, pues no hay otra y de aquí en adelante tendremos que poner un perro guardián en la entrada y así por los menos ya ladrará, y si es que vienen otra vez no creo que tengan huevos para volver a entrar.

ATE-ZAINA. Persona que se ocupa de las labores de portero o conserje. **K.** Fabrika itxidanetik Fabiolo lan-barik geratuzan baña askenien lortudau bestebat eta ez erozeiñ tokitxen, ate-zaiñ bezela Bilbon dauen otel haudixinetaikuen, oñ lan honekiñ gauzabat bai gertatzejako, derrigorrez jarri-bierra daukela bertako jantzi xelebrie, baña halaere berak esatendau nahiko zorionez dauela. **T.** Desde que cerró la fabrica Fabiolo estaba sin trabajo pero al final ya ha conseguido otro y no en cualquier sitio, como conserje en uno de los mayores hoteles de Bilbao, ahora que con este trabajo le sucede una cosa, que necesariamente se tiene que poner el uniforme ese tan raro que tienen allá, pero aún así él dice que tiene mucha suerte.

ATEZ-ATE. De puerta en puerta. **K.** Atxabaltan garai bateko oitura zan, oñ eztot uste hala danik, etxeko atez-ate kajatxobat eruetie barruen Santuen imagiñakiñ dala, eta gero egun batzuetan etxien euki-bierra izetezan, jeneralki sarreran, zerbaitxen gañien eta kandelabat piztuta bere aurrien, neri, ondion mutikue, harein batek emuteuzten nahiko bildur eta zan San Felizizimo ikustie bere lepo odolaz betie. **T.** En un tiempo era costumbre en Aretxabaleta, ahora no creo que lo sea, llevar de puerta en puerta de las casas un cajón de madera con la imagen de un Santo dentro, tenía

83

que estar unos días en casa, generalmente en la entrada, encima de algo y con una vela encendida delante, a mí, todavía chaval, uno de ellos me daba bastante miedo y era el ver a San Felicísimo con el cuello lleno de sangre.

ATIE. Puerta. **K.** Askenien aldatu inbierra daukou etxe sarrerako atie, hasigiñen lijatzen gero margotzeko asmuekiñ baña konturatugiñen barrena oso itxusi eta zertxobaitx ustelduta haukela, eztakitxena da lortzie eukikoten halako beste berdintzunbat, galdetu ta beitzen hasikonaz eta ezpada posible izeten billatzie, ba arotzana fanbikot. **T.** Al final vamos a tener que cambiar la puerta de entrada de casa, empezamos a lijar con la idea de pintar a continuación pero nos dimos cuenta de que los bajos estaban en muy mal estado y algo podridos, lo que no sé es si podré conseguir alguna otra que sea parecida, tendré que preguntar y empezar a mirar y si no es posible que la encuentre pues tendre que ir dónde algún carpintero.

ATRASUE. Retraso, retardo. **K.** Hor ibilligara prixaka eta ixe itxo-bierrien denporaz allegatzeko trenera, sartu estaziñora eta pantallan jartzendau ordubeteko atrasue dakarrela, ba beno, etorri bixenbitxertien kafetxobat hartukou bertako tabernan. **T.** Ahí hemos andado con prisas y casi ahogándonos para llegar a tiempo al tren, hemos entrado en la estación y en la pantalla pone que viene con una hora de retraso, pues bueno, mientras llega iremos a tomar un cafecito a la taberna de aquí.

ATREBIRU. Animarse, atreverse, osar. **K.** Jente asko fatenda igeri Donosti Kontxako hondartzatik Santaklarako izarora, nik nahiko ondo ibiltxenaz igerixien baña eztakitx atrebiru ingonitzen, zeatik ezta bakarrik fatie, gero bueltau-bierra be izetenda eta baezpare… **T.** Mucha gente suele ir nadando desde la playa de la Concha en San Sebastián a la isla de Santa Clara, yo me defiendo bastante bien nadando pero no sé si me atrevería, porque no solo es el ir, luego también hay que volver y por si acaso…

ATXABALTA. Aretxabaleta. **K.** Berez Aretxabaleta izenaz esanbikozan eta handik kanpoz geixenbaten hala deiketautzie, baña halaere bertakuek dienak eta baitxe ingurukuek be, Atxabalta izena erabiltzendaue. **T.** De por sí habría que llamarle por el nombre propio de Aretxabaleta y fuera de aquella zona así le llaman, pero los que son de allá mismo y también de los alrededores, le suelen decir Atxabalta, en euskera claro.

AITXAJAUNA. Abuelo.
(Ver la definición de aitita, aitona, aitxitxa).

ATXEKIXA. Disculpa, excusa. **K.** Eztaukotzu atxekixaik jarri-bierrik ezpozu gure etortzeik bazkai hontara, ezaizu eziñdozula ero eztaukotzula gogoik eta nahikue da zeatik ezta pasatzen ezer horreatik, hurrengo bazkaixe itxendanien, eta gurebozu bentzet, ba etorrikozara. **T.** No tienes porque poner disculpas si es que no quieres venir a esta comida, dí que no puedes o no tienes ganas y ya es suficiente porque no pasa nada por eso, cuando se haga la próxima comida, y si al menos quieres, pues ya vendrás.

ATXIKI. K. En los partidos de pelota a mano el atxiki es falta, y consiste en agarrar y lanzar la pelota con la mano en lugar de golpearla. **K.** Garai baten Oiongo Panaderito, esku-pelota jokalarixe, oso famaue izenzan bere atxikiaitxik eta kazetarikat eonzan bere zale amorratue zana, asko defendiru eta betik oso ondo jartzeutzena bere periodikon, Aitona izenaz siñatzeauen. **T.** En un tiempo el Panaderito de Oyón, pelotari que jugaba a mano, fué muy famoso por sus atxikis y hubo un periodista que era acérrimo de él, le defendía mucho y le ponía muy bien en su periódico, firmaba con el nombre de Aitona.

ATXIMURKA, ATXUMURKA. Pellizco, dar pellizcos. **K.** Ume horri gertaukojako ze egunenbaten bateonbatek mosukobat emungutzola, larreiko oitura txar hartudau atximurka itxeko ikusteitxuen ume guztiei, ba euron amarenbat ikusi eta asarratzenbada orduen etorrikodie kontuek. **T.** A ese crío le va a pasar que algún día alguien le va a dar un tortazo, ha cogido una costumbre muy mala porque da pellizcos a todos los críos que se encuentra, pues si alguna madre le vé y se enfada entonces vendrán las consecuencias.

ATXIMURKARA, ATXIMURKARIE. Pellizcar. **K.** Ez iñ barreik eta ez hasi igexien, etorri ona ipurdiko ederbat emunbiotzut ta, beitu ze atximurkara iñdutzazun Tomasitoi eta nolako beltzuna asaltzen hasijakon besuen. **T.** No te rías y no empieces a escaparte, ven aquí que te voy a dar un buen azote en el culo, mira como al pellizcar a Tomasito el cacho moratón que le ha empezado a salir en el brazo.

ATXOLA. Las teclas del acordeón, del piano, etc… **K.** Fandan domekan, beste-batzukiñ batera eongiñen Donostiko musika konserbatorio bixitatzen eta hango arduradunak erakusten ibillizan han eozen gauzak, eta euron hartien nola jotezan pianue, ni benetan arritxute geratunitzen ze axkar mobiketauen bietzak atxola harein gañien. **T.** El pasado domingo estuvimos visitando junto con otros el conservatorio de música de San Sebastián y el encargado de allá nos estuvo enseñando lo que allá había, entre otras cosas como se toca el piano y la verdad es que yo me quedé asombrado de la rapidez con que movía los dedos encima de aquellas teclas.

ATXURRA. Azada. **K.** Ni enaz lagun iñ atxurrekiñ eta onazkero eztot uste ingonazenik, baña etxuraz bera haundixe da nerie, bentzet hala emutendau zeatik askotan alkartzenda nerekiñ, baña beno, horrek eztauko bueltaik eta asuntue da ze hemen daukenai kirten barrixe jarri-bierrien nauela, oñ daukena lan asko iñdakue da eta etxako larrei geratzen puzkatzeko. **T.** Yo no me he hecho amigo de la azada ni creo que ya me lo haga, pero según parece ella si lo es de mí porque muchas veces se reune conmigo, pero bueno, esto no tiene vuelta y a lo que voy, a la que tengo aquí está en la necesidad de ponerle un mango nuevo, el que tiene ahora ha trabajado mucho y ya no le queda ya demasiado para que se rompa.

ATXURTU. Cavar la tierra con la azada. **K.** Ba len esandotena, oñ be nere honduen dabill eta eztakitx zergaitxik eztauen nai izeten bakarrik itxeik bere lana, betik bateonbaten bierrien dau, gaur bezela, bera ondo jakiñien dau lan hau nahiko astuna dala baña halaere eztauko bape asmoik lagun-barik ibiltxekoik eta nere bierra dauko, ba eztau besteik, berakiñ alkartukonaz eta bixon hartien ortue atxurtu. **T.** Pues lo que he dicho antes, ahora también está cerca de mí y no sé porqué no suele querer hacer sola su trabajo, siempre quiere a alguien, como hoy, sabe perfectamente que es un trabajo duro pero aún así no tiene ninguna intención de andar sin compañía y necesita de mí, pues no hay otra, me reuniré con ella y entre los dos a cavar la huerta.

ATZALDETIK. Por las tardes. **K.** Erretirau ondoren Doroteon oitura da, berak esandakue da, goixetik mendi-buelta itxie eta atzaldetik, giro ona baldinadau ta beste gauzaik ezpadau itxekoik, hondartzara fan busti-aldibat hartzera. **T.** Una vez que se ha jubilado la costumbre de Doroteo es, dicho por él, la de dar una vuelta por el monte a las mañanas y a las tardes, si hace buen tiempo y no hay otra cosa para hacer, ir a la playa a darse un baño.

ATZALDIEN, ATZALDETAN. Por la tarde o tardes. **K.** Nere andriek esatendau egunero fan-bierra izetendala ortura ta bere ustez atzaldetan izenda hobeto dala, ikustera bentzet besteik ezpada eta bier izen-ezkero baitxe lan pixkat itxera be, bedarrak kendu ero beste holako zerbaitzuk. **T.** Mi mujer dice que hay que ir todos los días a la huerta y ella piensa que es mejor que sea por las tardes, aunque solo sea para mirar y si es necesario también para hacer algún pequeño trabajo, como quitar hierbas a alguna otra cosa parecida

ATZAMARKA. Arañar, rasgar la piel. **K.** Ba enoie geixau bixitzatzera euron etxera, katu diabrubat daukie eta gaur be atzamarka iñdau, txukune jarridust ba besue eta gañera eurok, bikotie, barre iñaz ta adarra joteatik komestatzendaue katue jolasien haizala. **T.** Yo no voy más veces a visitarles a su casa, tienen un demonio de gato y hoy también me ha arañado, pues bien que me ha marcado el brazo y encima ellos, la pareja, riéndose y tomándome el pelo comentan que el gato estaba jugando.

ATZAMARRAK. Dedos. **K.** Askotan esan izendot, esagunak dienien, umien jaixo barrixen amai, baezpare kontatzeko zenbat atzamar dauken bai eskuen ta bai hanketan erreklamaziñue inbierra baldinbadau, hori noski, txantxan da baña batzuk ikusitxuk kontatzen hasidiela. **T.** Muchas veces he solido decir, si son conocidas, a las madres de los recién nacidos que por si acaso les cuenten los dedos de las manos y pies por si hay que hacer alguna reclamación, esto claro está, es de broma pero ya he visto a algunas que han empezado a contarles.

ATZAPARRAK. Garras. También se dice (fig.) por las manos y dedos grandes o enormes. **K.** Zuriek atzamarrak baño geixau emutendau tximino haundi horreiñ atzaparrak diela, Jeseus!, kristonak daukotzu eta bietz horreikiñ erozeiñ gauza hartuzeike, gañera esan be ingonauke zure ume txikiñe be kabitzejatzula barruen. **T.** Los tuyos más que dedos parecen las garras de un gorila, ¡Jesús!, los tienes enormes y con esos dedos puedes coger cualquier cosa con las manos, además también diría que dentro te cabe hasta tu hijo pequeño.

ATZEDENA. Rato de descanso, de alivio. **K.** Sekulako atzeden haundixe hartu izenuen Bibianok, berak kontatakue da, Axkoitxi ta Azpetxiko erdi maratoi karrera bukatu ondoren, eta ez berak bakarrik, horrek bezela baitxe beste askok eta euron harteko aurrenetakue ni. **T.** Que descanso más grande y también alivio cogió Bibiano, está contado por él, después de terminar la carrera de la media maratón de Azpeitia Azkoitia y no solo Bibiano, al igual que él también muchos otros y entre ellos uno de los primeros yo.

ATZEGIÑA. Alegría, deleite, gusto, paz. **K.** Hanibeste urtien horren zai eta askenien, eztakitx zenbat gauza iñ ondoren, Damaxon emaztie aurdun geratuda, etxuraz dana ondo dauela esateutzie eta eurok sekulako atzegiñ hundixekiñ daz. **T.** Tantos años esperando por esto y por fín, después de hacer no sé cuantas cosas, la mujer de Dámaso ha quedado embarazada, parece que les dicen que todo está bien y ellos están con una alegría inmensa.

Aspaldiko esaerabat: Askuen miña, tontuen atzegiña.

Un viejo proverbio vasco dice que mal de muchos, consuelo de tontos.

ATZEKALDERA, ATZE-ALDERA. Ir a la parte de atrás. **K.** Eztozu ikusten bultzatzen haizarela, ero?, mezerez fanzaitxez atzekaldera zeatik gobaitx itxen haizara, naiz da hor eon pega iñde eztotzue lenau hartuko eta eztaukotzu beste erremeixoik zure txandai etxoitxie baño. **T.** ¿No te das cuenta de que me estás empujando, o qué?, por favor vete para atrás porque me estás molestando, aunque estés ahí pegado no te van a a coger antes y no vas a tener más remedio que esperar tu turno.

ATZEKALDIE, ATZE-ALDIE. La parte de atrás, la trasera. **K.** Atzo Xiprianon baserrira fanitzen babarrunat erosteku asmuekiñ, eta beñ han ikusinauen nola etxeko atzekaldien haukien tolestauta egur pilla sutarako, eztakitxena da zertarako bierkoitxun hainbeste, kontuen hartuta eztaukela aspiko-surik eta ez sukalde ekonomikaik, ta parrillarako bakarrik larreitxo izengozala iruitujaten. **T.** Ayer fuí al caserío de Cipriano con la intención de comprar alubias, y una vez allí ví que en parte trasera de la casa tenían apilada un montón de leña para el fuego, lo que no sé es para que necesita tanto teniendo en cuenta que no tiene fuego bajo ni cocina económica, y me pareció que solo para la parrilla sería demasiado.

ATZELAIXE, ATZELARIXE. En el juego de la pelota es el pelotari que juega de zaguero. **K.** Bere garaian atzelari oso onak izenzien Hilario Azkarate eta Julian Lajos, gero baitxe Galartza, Beloki ta Tolosa halakuek izendie, ta nik ustedot oñ Rezuzta, Zabaleta eta Albizu dazen oneneitakuek diela. **T.** En su tiempo Hilario Azcárate y Julián Lajos fueron unos zagueros muy buenos, luego Galarza, Beloki y Tolosa también lo han sido, y yo creo que ahora Resusta, Zabaleta y Albisu son de los mejores que hay.

ATZENAK. Los últimos, los retrasados. **K.** Zenbagarren gelditxu da gauzabat etxatena sekula inportik izen, baña halaere eta gutxienetik enauke gure atzenak tartien geratzie, geixenbat ebitatzeatik jentie adarra joten ibilideixen ta gañetik irribarre horreikiñ. **T.** En que puesto quedar es una cosa que no me ha importado nunca, pero aún así y por lo menos no me gustaría quedar entre los últimos, más que nada para evitar que la gente te tome el pelo y encima con esas medio sonrisas.

ATZEN-ALDIZ. Por última vez. **K.** Zurie larreikue da, eztaukotzu ez edukaziñoik ta ez errespetoik, askotan esautzuk eta oñ berriz, baña benetan oingue atzen-aldiz izengodd, gurasuekiñ ta aribidez amakiñ berba hobeto inbierra daukotzula, eztozu zeuk ikusten sigero lotza-bakue zarela? **T.** Lo tuyo ya es demasiado, no tienes ni educación ni respeto, te lo he dicho muchas veces y te lo voy a repetir otra vez, pero esta de verdad es la última,   que   tienes hablar mejor a tus padres y sobre todo a tu madre, ¿no de tas tú cuenta de que eres demasiado sinverguenza?

ATZENIEN. Por o al fín, ya era hora. **K.** Zuri alperra da zerbaitx aintzie, gauza guztiek daz len geratudien bezela eta atzenien nik fan-bierra izendot lan uzkerixa hori bukatzera, emutendau eziñdozula iñ ezer bakarrik. Ba aber eta beingoz hastezaren espabilatzen. **T.** A tí es inútil mandarte cualquier cosa, todo esto está tal y como han quedado antes y al fínal he tenido que ir yo a terminar ese pequeño trabajo, da la impresión de que no puedes hacer nada solo. Pues a ver y si de una vez empiezas a espabilar.

ATZERA. Ir para atrás. **K.** Ez izen haiñ axkarra zeatik ondo jakiñien zara etxera etorri-bierra daukozula zure arreba txikiñakiñ, ezta denpora asko gelditzen ikastolatik urtetzeko eta badakitzu ze inbierra daukotzun, fan atzera eta itxoiñ Mari Sol urten hartien. **T.** No seas tan rápido porque sabes de sobra que tienes que venir a casa con tu hermana pequeña, no falta mucho tiempo para que salga de la ikastola y ya sabes lo que te toca, ir para atrás y esperar a que salga Mari Sol.

ATZERA. Significa otra vez, en otra ocasión. **K.** Zurie be askotan bada gobaikarrixe izetie, atzera zatoz kontu berdiñekiñ eta benetan aspertunaizu, nik ustenauen atzo nahiko garbi geratuzala gaur eziñdozula etorri gurekiñ Donostira tokirik eztauelako kotxien, eta bebai geratugiñen hurrengo fategarenien etorrikiziñela. **T.** Tambén es pelmada lo tuyo, otra vez vienes con el mismo cuento y de verdad que me has aburrido, yo pensaba que ayer había quedado bien claro que hoy no puedes venir con nosotros a San Sebastián porque no hay sitio en coche, y tambíen quedamos en que ya vendrías la próxima vez que vayamos.

ATZERAKA, ATZERUZKA. Retroceder, ir en retroceso, para atrás. **K.** Nik eztotzut ezertxo mejoraik ikusten ikastolan eta ustedot hori dala alper xamarra zarelako, emutendau karakola bezela ibiltxezarela, atzeraka. Ba badakitzu ze inbierra daukotzun eta derrigorrez gañera, haldan axkarren itxi aldebatera alpertazun hori eta hasi espabilatzen.**T.** Yo no observo que tengas ningura mejoría en la ikastola y me da la impresión de que eres un poco vago, parece que andas para atrás igual que los caracoles. Pues ya sabes lo que tienes que hacer y además necesariamente, cuanto antes deja a un lado esa vaguedad y empieza a espabilar.

ATZERATU. Retrasar, recular, retirar. **K.** Aber, gauzak bierdan bezela eta ordenan jarribitxu, tomate txiki honeik saltzak itxeko izetendie eta jarri hor aldebaten, gero neurri erdiko horreik bestaldien denda hartara erueteko, eta beste haundi honeik aparta ta atzeratu handikaldera bixer azokan saltzeko. **T.** A ver, vamos a poner las cosas en orden y como es debido, los tomates estos pequeños suelen ser para hacer salsas y los ponemos en aquel lado, luego los que son de tamaño mediano que son para llevarlos a aquella tienda en aquel otro, y estos otros grandes vamos a apartarlos y retirar para llevarlos mañana al mercado y ponerlos a la venta.

ATZERATUTA, ATZERAUTA. Demorado, retrasado. **K.** Denporalditxue da Getaritxik urtendiela igerixen eta batzuk allegau be iñdie Zarautzera, baña eztau Filomenan berririk ta etxako uretan ikusten bere txapel xelebre horrekiñ, ba apostaukonauke ze nola atzo afaltzen eonzan kuadrillakiñ eta gero akaso zertxobaitx juerga, nahiko atzeratuta etorrikodala. **T.** Ya hace bastante que han salido nadando de Getaria y algunos también llegar a Zarautz, pero no hay rastro de Filomena y ni siquiera se le ve en el agua con su original gorro, pues como ayer estuvo cenando con la cuadrilla y quizá luego algo de juerga, ya apostaría que viene bastante retrasada.

ATZERRIA. Pais extranjero. **K.** Nik momentu hontan eztauket iñungo gogoik berriz fateko atzerrira, berdiñ da erozeñera, gaztetan ibilinitzen pixkat eta horrekiñ nahikue dauket, hemen be inguru honeitatik oso ondo, pozik ta gustora nabill hor kanpora urten-barik. **T.** En estos momentos yo no tenpo ganas de ir a ningún pais extranjero, es igual a cualquiera, de joven ya anduve algo y con eso tengo suficiente, también aquí en los alrededores ando muy bien, contento y a gusto sin tener que salir por ahí fuera.

ATZETIK. Que viene por detrás. **K.** Billdur pixkatekiñ nabill Bartzelonako kale illun honeitan, hainbeste gauza aitzendie ze batzuetan susmue dauket, ero bentzet iruitzejat, batzun-batuk atzetik jarraitzen haidiela. Baezpare ta haldotenien argixe dauen toki-batera urtenbiot. **T.** Ando con un poco de miedo por estas calles oscuras de Barcelona, se oyen tantas cosas que a veces tengo la impresión, o al menos me lo parece, de que algunos me están siguiendo por detrás. Por si acaso y en cuanto pueda voy a salir a algún sitio que esté iluminado.

ATZETIK. Palabra que se utiliza fig. cuando una persona está murmurando de otra a sus espaldas. **T.** Zuk ikusikozu zer inbierra daukozun, nik oñartien betik zure lagun haundixe bezela ikusi izendot bañe kontuz, aitudot atzetik berba itxen haidala zuretik ta gañera bape ondo ez. Zure buruz geratzenda. **T.** Tú verás lo que tienes que hacer, yo hasta ahora siempre le he visto como un gran amigo tuyo pero cuidado, he oído que está hablando de tí a tus espaldas y además nada bien. Queda a tus expensas.

ATZIE. La parte de atrás, la trasera. **K.** Gauzabat esanbiotzut lagun bezela ta ezaitxez asarretu, erosidozun kotxe horrek abiadura haundixe eukikodau ta gañera baleike prezio onien ataradozula, baña nere ustez gauzabat nahiko txarra bentzet badauko, atzie larreiko zatarra dala. **T.** Te voy a decir una cosa como amigo y no te enfades, el coche ese que has comprado correrá mucho y puede que lo hayas sacado a buen precio, pero para mí por lo menos ya tiene una cosa bastante mala, que la parte trasera es demasiado fea.

ATZIEN. Colocar algo, estar o ponerse detrás de alguien. **K.** Eztakitx zeatik betik nere atzien etorri-bierra daukotzun kaletik goiezenien, akaso eziñdozu ibili nere parien, ero?, gure aldamenetik pasatzendan jentiei iruitukojate asarre garela eztuzkulako alkar ikusten, eta hori da zeatik bakotxa norberan aldetik haigarelako. **T.** No sé porqué siempre tienes que ponerte detrás de mí cuando vamos por la calle, ¿es que acaso no puedes andar a mi par, o qué?, a la gente que pasa a nuestro lado le dará la impresión de que estamos enfadados, no nos ven juntos y eso es porque cada uno andamos por nuestro lado.

ATZO. El día de ayer. **K.** Atzo izenzan eguena, gaur eguakotxa, bixer zapatue ta etzi domeka, gero astelena etorrikoda, ondoren martisena eta hurrengue eguastena, gero gertatzendana da ze egun honeik pasa ta gero astie bukatu eta beste barribat hastendala. **T.** Ayer fué jueves, hoy viernes, mañana sábado y pasado domingo, luego vendrá el lunes, después el martes y a continuación llegará miércoles, luego lo que sucede es que cuando pasen estos días ya ha terminado la semana y ha empezado otra nueva.

ATZOKUE. Lo de ayer. **K.** Gaur goix xamar eonaz gosaltzen tabernan, ta nola lanera sartu aurretik denpora pixkat nauken periodikue hartudot pasarabat emuteko asmuaz, baña txintxiliska bat bakarra hauen eta atzokue zan, halaere horrekiñ iñdot denpora-pasa. **T.** Hoy he ido un poco temprano a desayunar al bar y como tenía un poco de tiempo antes de entrar a trabajar he cogido el periódico con la intención de darle un repaso, pero ha ocurrido que colgando no había más que uno y era el de ayer, aún así con ese he pasado el rato.

ATZOTIK. Desde ayer. **K.** Zenbat denpora luzatzen haidan bizikleta barrixe, atzotik nau zai, eurok esanda bezela hori izengozala etortzeko eguna baña ezta allegatzen, deitxudot telefonoz eta erantzuna aspalditxik dauela birien, ba errekadista bertan bizikleta gañien etorrikoda zeatik beztela eztakitx nola izenleiken posible. **T.** Cuánto se está retrasando la nueva bicicleta, la estoy esperando desde ayer, ellos fueron los que me dijeron que ese era el día que vendría pero resulta que no llega, he llamado por teléfono y me han contestado que hace mucho que está en camino, pues el recadista vendrá montado en la propia bicicleta porque sino no sé como puede ser posible.

ATZUE. Mujer de mucha edad, casi, o sin casi, una anciana. Es una palabra que a veces y la forma en la que se utilice puede ser un poco ofensiva. **K.** Atzaldien, bazkalostien eta lanera fateko hortik pasau-bierra izetendot, eta egun bakarra ezta falta izeten aulki hortan jarritxe eotie atzo horreik, betik lau die, mormoxetan eta handik ibiltxendan jentiei okotz ta bietzaz apuntauaz. **T.** A las tardes, después de comer y para ir a trabajar tengo que pasar por ahí, y no falta un solo día en el que no estén sentadas en el banco las viejecitas, siempre son cuatro, murmurando y señalando con el mentón y el dedo a todo el que anda por allá.

AUAU, AU-AU. Onomatopeya del sonido que hace el perro al ladrar. También esta expresión se utiliza con los críos para llamar la atención sobre los perros. **K.** Umiek txikitxuek dienien eta ondion eztakixenien berba itxen txakurrei auau deiketandutzie eta guk be euroi esateko inguruen ero honduen dabillela txakurre berdiñ esateutzou.**T.** Cuando los críos son pequeños y todavía no saben hablar a los perros les llaman auau, y nosotros para decirles que un perro está cerca también les decimos lo mismo.

AUJETA (K). Se llama o se llamaba así a los cordones que se utilizan para atar el calzado, zapatos, zapatillas, etc… **K.** Garai baten jeneralki zapata guztiek, zapatilla, alpargata ero berdintzuek aujetak eukitxezitxuen eta honeikiñ, noski, lotu oñetakuek, oñ be asko ikustenda baña gazte jentiek normalki ia eztitxue jazten zapataik, zapatillai berriz askok kendu itxeutzie eta alpargatak berriz bakarrik jartzeitxue Euskal Jaixetan. Gañera, akaso txatxan hartukozue baña egixe da, beñ mutil gaztebati galdetunutzen aber dakixen aujetak lotzen, berak kendute hauken zapatillai, baietz uste esan baña gero proba nik nauken bateaz eta eziñauen asmau izen. **T.** En un tiempo generalmente todos los zapatos, zapatillas, alpargatas o similares llevaban cordones y claro, con eso se ataba el calzado, ahora también se ve mucho pero normalmente la gente joven ya no se viste con zapatos, a las zapatillas muchos se los quitan y las alpargatas solo se los ponen en las Fiestas Vascas. Además, quizá lo toméis a broma pero es cierto, una vez le pregunté a un chico joven a ver si sabía atar los cordones, él se los había quitado a las zapatillas, dijo que creía que sí pero luego probó con una de las que yo tenía y no tenía ni idea.

AUJETAK, AGUJETAK. Agujetas. Dolor muscular después de un esfuerzo. **K.** Atzoko mendi-buelta luzie eta sigero gogorra izenzan, bost ordu ibiligiñen gelditxu-barik gora, bera ta gaur kriston aujetak dauket, ixe mobitxu be eziñaz iñ eta ustedot bestiek be ni bezela eongodiela. **T.** La jornada montañera de ayer fue larga y muy dura, estuvimos cinco horas andando sin parar arriba, abajo y hoy tengo unas agujetas impresionantes, casi no me puedo ni mover y supongo que los demás también estarán igual que yo.

AUKERA. Ocasión, posibilidad. **K.** Españako gobernuek laguntzazunak jarritxu kotxe zarrak aldatzeko, neriek ixe ogei urte dauko eta naiz da ondion nahiko ondo ibili eta etxuraz eon, ustedot aldatu inbiotela, bat ikusidot nahiko prezio onien eta aukera hortan sartu-ezkero dexente jextenda balixue. **T.** El gobierno de España ha ofrecido la posibilidad de cambiar los coches viejos por nuevos con una ayuda económica, el mío tiene casi veinte años y a pesar de que anda bastante bien y tiene buena pinta, creo que lo voy a cambiar, he visto uno a bastante buen precio y si me acojo a esa ayuda el coste baja bastante.

AUKERAKUE, AUKERAN. Oportunidades. **K.** Andrie komestatzen ibilida nola errege eguna pasa ondoren dendak jartxeitxuen aukeran saltzen erropak eta oñetakuek, ta gurebot aprobetxatzeko fraka ta alkondara parebat erosteko, ah, eta baitxe galtzontzilluek zeatik dauketenak asko ibillitxekuek die eta batzuk zulauta daz. **T.** La mujer ha estado comentando que después de que pase el día de reyes las tiendas ponen a vender como oportunidades la ropa y el calzado, y que si quiero lo aproveche para comprar un par de pantalones y camisas, ah, y también unos calzoncillos poque los que tengo están ya muy usados y algunos con agujeros.

AUKERATU. Escoger, elegir algo. **K.** Barre iñdot Inozentziokiñ, etxuraz laister da bere urte-betetzie eta opari bezela andriek erlojubat naidau erostie, ba fandie erlojeixera elejitzeko asmuaz eta andrien esanutzen aukeratzeko bat, eta oñ dator onena, ikusizitxuen danetik bat bakarrik gustau omenjakon ta kasualitatez karestixena zan, askoatik gañera, eta oñ esatendau eztakixela zer iñ. **T.** Ya me he reído con Inocencio, parece ser que pronto es su cumpleaños y la mujer le quiere comprar un reloj como regalo, pues para elegir debieron de ir a una relojería y la mujer le dijo que escogiese uno, y ahora viene lo mejor, de todos los que vió le debió de gustar solo uno que casualmente era por mucho el más caro, y ahora dice que no sabe que hacer.

AULA. Se dice de la persona que es flojucha, débil y con poca fuerza, bien por estar enfrema o por naturaleza. (Ver la definición de makala).

AULKIXE. Taburete, banqueta. **K.** Nola aldatzendien denporan, ni gogoratzenaz nola garai hartan eta bero haundixekiñ, illuntzien ataratzien aukixek etxe aurreko espaloira, barriketan itxeko asmuekiñ aldameneko etxekuaz, oñ segurazki tertulian eotie esangozan. **T.** Cómo cambian los tiempos, yo recuerdo que en aquellos otros de entonces y en las épocas de calor, al oscurecer se sacaban las banquetas a las aceras de frente de las casas para charlar con los vecinos, ahora seguramente se diría estar de tertulia.

AULKITXUE. Taburete o banqueta pequeña para los críos. **K.** Ume hau pixkat xelebrie da, hainbeste gustatzejako bere aulkitxue ze alde guztietara naidau eruetie, baitxe kalera be eta gañera eztau iñoi jartzeik izten bere baimen-barik. **T.** Esta criatura es un poco original, le gusta tanto su pequeña banqueta que quiere ir a todas partes con ella, también a la calle y además no deja que nadie se siente sin su permiso.

AUPA! ¡Aupa! Exclamación o grito de ánimo. **K.** Zenbat bider aitzendan, noski zaliek dienai, aupa Erreala!, hau hemen ingurukuei eta beste leku batzuetakuek, ba euron aldekuei. **T.** Cuántas veces se oye, claro que a los que son aficionados, ¡aupa Real!, esto a los de aquí y a los de otros sitios, pues a favor de los de ellos.

AUPA. Palabra que se les dice a los críos para que se levanten del suelo o para cogerles en brazos. **K.** Ikustezaut gustora zabitzela lurrien bueltaka baña zure ama etortzenbada errietan ingotzu zeatik erropa guztiek txarri itxen haizara, ba benga, aupa ta guasen beste erozeiñ tokira zetxobaitx garbixaue. **T.** Ya te veo que andas muy a gusto dando vueltas por el suelo, pero si viene tu madre te va a reñir porque estás ensuciando toda la ropa, pues venga, levántate y vamos a cualquier otro sitio que esté un poco más limpio.

AUPADA. Desafío, reto, pelea, enfretamiento. **K.** Olasagasti aixkolarixek, aupada asko ta haundixek iñditxu eta oñ be hor asunto berdiñien jarraitzendau. Egixe da gaztiek iñdertzu datozela atzetik baña ondion be badauko hainbeste sasoi aurre itxeko. **T.** Olasagasti el aizkolari, ha hecho muchos y grandes desafíos y hoy también continúa ahí con los mismos asuntos. Es verdad que los jóvenes vienen por detrás con mucha fuerza pero él todavía ya tiene suficientes arrestros como para hacerles frente.

AUPATU. Desafiar, retar. También puede ser ensalzar y exaltar. **K.** Gauzak asko berotudie arraun mallan. Donostik aupatu iñdau Hondarribiri traineru estropada bitara, bat Donostiñ eta bestie Hondarribiñ, eta ados jartzenbadie aurrena datorren domekan Donostiñ izengoda eta bigarrena Hondarrabiñ hurrenguen. **T.** Las cosas se han calentado mucho en el mundo del remo. Donosti ha retado a Hondarribi a dos regatas de traineras, una en San Sebastián y la otra en Fuenterrabía, y si se ponen de acuerdo la primera se celebrará el próximo domingo en Donosti y la segunda el siguiente en Hondarribi.

AUPAU. Levantar. **K.** Aber, hasizaitxeze lanien beingoz, pale hori aupau inbierra daukou aurreneko pixura zeatik beztela eztaukie lanien hasteik, eta ze gertatzenda, astu ero akaso ezare iñor konturau zai dazela material horri? **T.** A ver si empezaís a trabajar de una vez, tenemos que levantar este palé al primer piso porque sino no pueden empezar a trabajar, ¿y qué pasa, que os habéis olvidado o acaso no os dais cuenta de que están esperando ese material, o qué?

AUPAZ. Palabra que se utiliza con los críos para cogerles en brazos. **K.** Hainbeste jolas iñdozu ze oñ gertatzenda sigero nekauta zarela, ba zure amatxo plaza inguruen dau, derrigorrez haraño fan-bierra daukou eta aupaz eruenbikozaut. **T.** Has estado jugando durante tanto tiempo que ahora te pasa que estás demasiado cansado, pues tu madre está por la plaza, a la fuerza tenemos que ir hasta allá y tendré que llevarte en brazos.

AUPETZA. Eructo, expulsar los gases del estómago. **K.** Honeik die botatzen hainazen aupetzak, Donostiñ izengara garagardo azokan ta gutxienik litro parebat zerbeza eraitxut, eta gañera eztakit enauen zertxobaitx kilikolo. **T.** No hago más que echar eructos, hemos estado en la feria de la cerveza en San Sebastián y por lo menos he bebido dos litros de cerveza, y además no se si no estoy un poco movido.

AURKA. Estar en contra, oponerse. **K.** Enaz larreiko fubol-zalie baña bixerko partidue derrigorrez ikusi-bierra dau, zortzi-terditan jolastendau Erreala Atletiken aurka eta ni ikusten fatenazen tabernara geixenak Errealeko zaliek die, giro oso politxe ta jatorra eotenda baña baitxe larreiko zaratatzu. **T.** Yo no soy muy aficionado al fútbol pero el partido de mañana necesariamente hay que verlo, a las ocho y media juega la Real contra el Atleti y al bar que suelo ir a ver casi todos son aficionados de la Real, suele haber un ambiente bonito y agradable pero también demasiado ruidoso.

AURKAKUE (K). El contrario, los oponentes. **K.** Erreala eta Atleti baleike izetie nahiko lagunek, bentzet euron zalien hartien, baña bata-bestien auka jolastu-ezkero orduen eztau ezelako lagunik, egun hortan eta jolas iñ aurretik, orduen bai izetendie eta alkarreaz ibili poteatzen, baña gero ekipo bakotxanak dienak sigero aurkakuek biurtzendie. **T.** La Real y el Atleti puede que sean bastante amigos, al menos entre las aficiones, pero si tienen que jugar entre ellos ya no hay amigos que valgan, ese día y antes del partido, entonces sí lo suelen ser y potean juntos, pero luego aquellos que son de cada equipo se convierten en contrarios absolutos.

AURKAN. Llevar la contraria. **K.** Horrekiñ berdiñ ba esatie gauzabat ero bestebat zeatik berie betik izetenda aurkan eotie erozeiñ esandanaz, eta gañera naiz ta ondo jakiñien eon eztaukela bape errazoirik ezta aldatzen. Esan-baterako eta komestatzenbada giro ona dauela bere erantzuna baleike izetie, beno ez hanibestekue, hobiek be ikusitxut ta bestaldera esanda ba modu berdintzuen erantzukodau. Sigero xelebrie da. **T.** A ese es igual decirle una cosa u otra porque lo suyo es siempre llevar la contraria a cualquiera que se haya dicho, y además a pesar de que sabe perfectamente que no tiene razón no cambia. Por ejemplo y si le dices que hace un tiempo estupendo te puede responder que bueno, que también los ha visto mejores y si se lo dices al revés pues de un modo parecido te responderá. Es demasiado raro.

AURKARI. Contrario, en contra. Se dice por la persona que siempre tiene que hacer contra a lo que se dice aún a sabiendas de que no tiene razón. **K.** Ba Filibertoaz eztau zer iñik eta alperra da ibiltxie eztabaidan berakiñ, bera halakotxie da, betik hala izenda eta askoz hobie da pakien iztie, ez berba askoik iñ bera aurrien dauenien eta gutxiau ezer galdetu. Honeatik bai esanleikela aurkari utza besteik eztala zeatik erozeiñ gauzai betik dauko kontra inbierra, naiz eta ondo jakiñien eon eztaukela bape errazoirik. **T.** Pues con Filiberto no hay nada que hacer y es inútil andar discutiendo con él, él es así, lo ha sido siempre y es mucho mejor dejarle en paz, no hablar mucho cuando está delante y menos preguntarle nada. A sste si que se le puede apodar contrario con mayúsculas porque siempre tiene que hacer contra a cualquier cosa que se diga, y eso a pesar de que sabe perfectamente que no tiene razón.

AURKEZLEA. La persona que hace la presentación del acto u otra cosa. **K.** Euskal telebistan aurkezle asko daz eta euron bat bentzet badakitx Atxabaltarra da, Asier izenekue eta urte pilla eruteitxu bertan lanien, eta akaso ixe telebista hori hasizanetik. **T.** En Euskal Telebista hay muchos presentadores y al menos uno de ellos ya sé que es de Aretxabaleta, de nombre Asier y lleva un montón de años trabajando allá, a lo mejor casi desde que empezó esa televisión.

AURKEZPENA. La presentación de algo o alguien. **K.** Datorren domekan da Zegama Aizkorriko mendi maratoien aurkezpena, ta euririk ezpadau asmue da Zegama herriko plazan izetie, eta beztela berriz kiroldegixen. **T.** El próximo domingo va a ser la presentación del maratón de montaña de Zegama Aizkorri, y si no llueve la idea es hacerla en la plaza del pueblo de Zegama, y en caso contrario en el polideportivo.

AURKEZTU. Presentar, enseñar, colocar algo a la vista. **K.** Kontxita, gauzabat esanbiotzut, jakiñdot, pertzona esagunbatek esanda, gordeta daukotzula dexente kuadro zuk margotutakuek, ba gauzabat, zergaitxik eztou antolatzen erakusketa txikibat aurkezteko zure kuadro horreik? **T.** Conchita, te voy a decir una cosa, he sabido, dicho por una persona conocida, que tienes guardados bastantes cuadros pintados por tí, pues una cosa, ¿porque no organizamos una pequeña exposición para enseñar esos cuadros tuyos?

AURKI. Pronto, enseguida, rápidamente. **K.** Hartu Lanrroberra ta fanzaitxez axkar almazeneraño esandako horreik ekartzera, eta aurki gurotzut ikustie hemen material horreikiñ, ontxe bertan ixe ezer-barik gara ta dan horrein bierrien gaz. **T.** Coge el Lanrober y vete de prisa hasta el almacén a traer lo que te he dicho, y te quiero ver aquí enseguida con esos materiales, ahora mismo casi nos hemos quedado sin nada y estamos a falta de todo eso.

AURKITU. Encontrar, hallar, descubrir. **K.** Zenbat denpora ibilli etagaren horren billa, jakiñien geotzen, susmau bentzet, hemengo nunbaitxen, urrin-barik, eongozala, eta askenien be aurkituda koba-zuluen sarrera, benetan ondo gordeta zala sastraka hartien. **T.** Cuánto tiempo habremos estado buscando eso, sabíamos o al menos intuir que estaría no demasiado lejos en algún sitio de por aquí y por fín hemos encontrado la entrada de la cueva, de verdad que estaba bien escondida entre la maleza.

AURKITU. Aparecer la persona o cosa. **K.** Naiz eta berandu askenien aurkitudie postuges langille horreik, esandaue galdute ibilidiela, baña auskalo hori egixe dan eta nun eongozien, nola honoin oitura izetendan gauez itxie bidaia ba ixe ziur lotan eondiela furgonetan. **T.** Aunque tarde por fín han aparecido los trabajadores portugueses, dicen que han andado perdidos, pero cualquiera sabe si eso es verdad y por donde habrán estado, como la costumbre de éstos es el viajar toda la noche pues casi seguro que estarían dormidos en la furgoneta.

AURRE. Adelante, tomar la delantera, lo anterior. **K.** Nahiko berandu nabill lanera bueltazeko ta baezpare axkar xamar fangonaz, beste horrei aurre hartu eta denporaz allegatzeko lan-tokira, gañera hala aukera eukikot lenau berrizteko txartela. **T.** Ando un poco tarde para volver al lugar de trabajo y por si acaso voy a ir un poco más rápido, coger la delantera a esos otros y estar a tiempo en el sitio, además así tendré la oportunidad de renovar antes el carnet.

AURREKALDIE, AURRE-ALDIE. La parte delantera. **K.** Batzuk benetan xelebriek izetendie, eta esan-baterako etxeko fatxada honeik margotuitxuen pertzonak, ero beztela hori aiñdu iñdauenak, aurrekaldie kolorebatekiñ, albuek bestiaz eta esauztie atzie ondion erabakitzen haidiela, ba egixe esanda oñarte margotutaku danak sigero zatarrak geratudie, eta gañera larreiko eraruek. **T.** Algunos son raros de verdad, y por ejemplo las personas que han pintado las fachadas de esta casa, o sino el que ha mandado eso, la parte delantera de un color, los costados de otro y me han dicho todavía están pensando el color de la parte trasera, y la verdad es que todas las que han pintado hasta ahora han quedado feísimas, y además demasiado extravagantes.

AURREKONTUE, AURRE-KONTUE. Presupuesto para realizar algún trabajo, modificar o instalar algo. **T.** Etxeko tellatu hau erretellie iñ eta barriztu-bierrien gara zeatik larreiko itxufiñ asaltzen hasidie, baña aurrena eta erozeiñ gauza iñ aurretik hiru ero lau aurrekontu eskatukoitxu batzun-baitzui. **T.** Estamos en la necesidad de retejar y renovar el tejado de la casa porque ya han empezado a aparecer demasiadas goteras, pero primero y antes de hacer nada pediremos tres o cuatro presupuestos a unos cuantos.

AURREKUE. La persona o cosa que está en primer lugar. **K.** Sagarrak erosteko asmuaz nator eta erosi aurretik ikustie naiditxuk aber nolakuek dien daukotzunak, aber, honeik aurrekuek exkax xamarra dien antza hartzeutzet eta eztitxut eruengo, ekarrirezu beste hareik han atzien dazenak zeatik etxura askoz hobie daukie beste horrei baño. **T.** Vengo con la idea de comprar unas manzanas y antes de comprar querría ver que tal son las que tienes, a ver las que están en primer lugar no les cojo muy buena pinta y no las voy a llevar, traéme aquellas otras que están ahí detrás porque comparando con estas tienen un aspecto nucho mejor.

AURREKUEN. La vez anterior, con anterioridad. **K.** Geruau ta jente gutxiau alkartzegara kintxo afaixeten, batzuk kanpuen bizidielako, banakak be hildienak eondi, eta beste-batzuk eztauelako nai izeten. Aurrekuen hogetalau lagun eongiñen ta oinguen hamazazpi besteik ez. **T.** Cada vez nos reunimos menos gente en la cena de quintos, algunos porque viven fuera, unos pocos también se han muerto, y otros porque no quieren. La vez anterior nos juntamos veinticuatro y esta vez solo diecisiete.

AURRELAIXE, AURRELARIXE. En el juego de la pelota es el pelotari que juega de delantero. **K.** Garai baten benetazko aurrelari oso ona Ogueta izenzan, gero Pierola ta Tapia bigarrena baitxe berdiñeko onak, eta oñ oneneitakuenak, Irujo erretirau ondoren, geratzendie Bengoetxea, Aimar eta urtendauen bi berri honeik, Altuna ta Irribarría. **T.** En aquellos tiempos un delantero en verdad muy bueno fué Ogueta, luego Piérola y Tapia segundo también fueron muy buenos y ahora de los mejores, después de que se ha retirado Irujo, quedan Bengoetxea, Aimar y estos dos nuevos que han salido, Altuna e Irribarría.

AURRENA. Lo primero. **K.** Beno, ia aurre-kontue onartu izendaue baserri zar hontako albobat berrizteko, eta oñ inbierreko lan aurrena da zakar guztiek kendu ta garbitxu lanak hasibitxun toki inguruek. **T.** Bueno, ya nos han aprobado el presupuesto para renovar uno de los lados de este viejo caserío, y ahora lo primero que tenemos que hacer es quitar toda la basura y limpiar la zona por donde tenemos que empezar a trabajar.

Aspaldiko esaerabat: Aurrena adarrak eta gero makilkarak.

Un viejo proverbio vasco dice que primero cornudo y luego apaleado.

AURRENEKUE, AURRENENGUE. El primero o la primera y lo mismo puede ser cosa que persona. **K.** Atzo zapatue izengiñen Tolosako azokan zerbaitx erosi eta ekartzeko asmuekiñ, barazki mordoxkabat erosigauen, baserriko ogixe ta baitxe ikusi aurreneko perretxikuek, aurtenguek noski, baña larreiko karestixek zien. **T.** Ayer sábado estuvimos en el mercado de Tolosa con la intención de comprar y traer algunas cosas, compramos un montón de verduras, un pan de caserío y también vimos las primeras setas de este año, pero eran demasiado caras.

AURRERA. Adelante, acto de avanzar. **K.** Hemen, hainbeste jente tartien, geldi antzien denpora asko eruetendou eta aber lortzendouen nunbaitxetik pasa zertxobaitx aurrera itxeko, ni ixe itxo-bierrien nau bero honekiñ eta derrigorrez haixe pixkat hartu-bierra dauket. **T.** Llevamos mucho tiempo aquí entre tanta gente, bastante parados y a ver si encotramos algún sitio por donde poder pasar para avanzar un poco, yo casi me estoy ahogando con este calor y a la fuerza necesito tomar un poco de aire.

AURRERABOLIE, AURRERA-BOLIE. Literal que siga la bola. Y es una palabra que se utiliza para no cejar en el empeño y también para dar ánimos. **K.** Ikusizauet nola larreitxo kostata hasizarien lan honeitan, baña oñ eta momentuz bentzet nahiko ondo haizare, ba segi horrela eta aurrerabolie, ta gero bukatzendanien, modu onien noski, eongoda zertxobaitx. **T.** Ya he visto como os ha costado bastante empezar con estos trabajos, pero ahora y al menos de momento vaís bastante bien, pues continuar así y no cejeís en el empeño, y luego cuando se termine, claro está que quede bien, ya habrá alguna cosa.

AURRERAKA. Para adelante. **K.** Ura bierrien geratuzariela?, ba entzun, hartu hor aurrien daukotzuen bire hori, segi bertatik bost miñutu inguru eta gero ikusikozue ezkerretara senda txikibat, fan hortik zier dana zuzen aurreraka ta laister billatokozue itxurrixe. **T.** ¿Qué habeís quedado a falta de agua?, pues escuchar, coger ese camino que teneís ahí delante, seguir aproximadamente durante cinco minutos y luego vereís una senda pequeña a la izquierda, vaís por ahí todo recto para adelante y enseguida encontrareís la fuente.

AURRERATU. Adelantar. **K.** Momentu hontan zetxobaitx exkaxien nabill eta iñder asko-barik baña halaere aurreratu ingot aurrien doiezen beste horrei, beztela allegatzeko azkeneitakue izengonaz eta enauke hor naii, askoz geixau naidot ondo eta etxuraz bukatzie. **T.** En estos momentos ando un poco escaso y sin demasiadas fuerzas pero aún así les voy a adelantar a esos otros que van por delante, sino voy a llegar de los últimos y no querría eso, por mucho prefiero terminar con un aspecto decente y de buena manera.

AURRERATU. Ahorrar, y el ahorro generalmente se refiere al dinero. **K.** Aspaldiko esaerabat dau esatendauena, aurreratu eta gorde dauenien eztauenerako, ta atzo horixe bera komestatzen ibilizien telebistan pensioi buruz, esanaz baezpare aurreratzie komenidala, baña nik pentzatendot askondako eztala posible izengo zeatik aldebatetik baleike ez eukitxeik lanik, eta bestaldetik ez irabaztie nahikue hori itxeko bezela. **T.** Hay una especie de refrán muy antiguo que dice que es conveniente ahorrar y guardar cuando hay para cuando no hay, y ayer hablaron sobre eso mismo en la televisión refiriéndose a las pensiones, diciendo que por si acaso conviene ahorrar, pero yo pienso que para muchos no será posible porque por una parte puede que no tengan trabajo, y por otra que no ganen lo suficiente como para poder hacer eso.

AURRESKUE. Baile vasco, danza vasca. **K.** Euskalherriko oiturabat izetenda aurreskue dantzatzie omendu itxendanien oso esagun dien pertzonai eta baitxe beste famaue dan norbaitxi. Bestaldetik ta honein aparte, domeka hontan da aurreskuen lehiaketa Segurako plaza nagusixen. **T.** Una costumbre de Euskalherría es bailar el aurresku cuando se homenajea a alguna persona muy conocida y también a alguna otra que sea famosa. Por otro lado y aparte de esto, este domingo es la competición de aurresku en la plaza mayor de Segura.

AURRETIK. Por delante. La vez u ocasión anterior. **K.** Segurazki jente asko eongoda sarrerak hartzeko eta zu baezpare aurretik fan, hala akaso estozu eukiko asko etxoiñ inbierrik zeatik aurreko aldixen badakitzu zer gertaujatzun, ixe bi orduen eonzitzela illeran. **T.** Seguramente habrá mucha gente para coger las entradas y tú por si acaso vete por delante, así a lo mejor no tendrás que esperar tanto porque ya sabes lo que te pasó la vez anterior, que estuviste casi dos horas en la fila.

AURREZ. Con antelación. **K.** Zuri betik gauza berdiñe esan-bierra dauket, asunto horreik aurrez inbierrekuek diela zeatik beztela baleike besten-batuk gu baño lenau allegatzie, orduen gertaukoda alperrik ibiligrela eta eztou iñun tokirik eukiko. **T.** A tí siempre tengo que estar diciéndote lo mismo, que esas cosas hay que hacerlas con antelación porque sino puede que algunos otros lleguen antes que nosotros, entonces pasará que hemos andado en balde y ya no habrá sitio en ningún lado.

AURREZ-AURRE. Uno frente al otro, cara a cara. **K.** Aber, zer gertatzenda zurekiñ, akaso zerreozer iñdotzut, ero?, ba hala-bada ero beste zerbaitx badaukotzu nere aurka aurrez-aurre esan esanbier daukotzunak eta es ibilli kontuekiñ nere atzetik. **T.** A ver, ¿qué pasa contigo, acaso te he hecho algo, o qué?, pues si es así o tienes alguna otra cosa en mi contra dime lo que me tengas que decir, pero cara a cara y no andes con cuentos a mis espaldas.

AURREZKI. Significa ahorro. También la oficina o entidad donde se deposita el dinero, los ahorros, etc... **K.** Nik aurreratzendoten diru apurre nere aurrezki kutxan gordetzeitxut, koltxoi aspixen, betik pentza izentot hala iñezkero iñok eztitxula diruik irabaziko nere kontura, zeatik ni-barik be larreikuek irabazteitxue. **T.** El poco dinero que ahorro yo lo guardo en mi propia caja de ahorros, debajo del colchón, siempre he pensado que haciéndolo así nadie va a ganar dinero a mi cuenta, porque sin mí también ya ganan demasiado.

AURREZTU. Acercar, aproximar. **K.** Kotxien errubera zulaute asaldujat gaur goixien eta kasualitatez Getariraño fan-bierra nauken errekau batzut itxera, deitxu inbikotzat semiei eta eskatu honaño aurrezteko bere bizikleta. **T.** Esta mañana me ha aparecido pinchada la rueda del coche y casualidad necesito ir hasta Getaria para hacer unos recados, tendré que llamarle al hijo y pedirle que me acerque hasta aquí su bicicleta.

AURRIE. La parte delantera. **K.** Lengo egunien eta etxaten gustau bezela kotxe haren atze aldie, ba beste honen aurrie oso nere gustokue da eta prezio onien jarri-ezkero akaso erosi be ingonauke, gertatzenda oñ dauketena nahiko zarra dala eta noixbaitxen aldatu inbierra dala. **T.** De la misma forma que el otro día no me gustó la parte trasera de aquel coche, pues la delantera de este otro es muy de mi gusto y si me lo pondrían a buen precio a lo mejor también lo compraría, pasa que el que tengo ahora ya es bastante viejo y algún día habrá que cambiarlo.

AURRIEN. Está o va por delante. Que hay que poner o colocar algo delante. **K.** Gu bixer kanpora fan-bierra daukou eta gaberarte ezgara bueltauko, akordau ta goguen hartu zure bazkaixe hor geratzendala, mikrondas horren aurrien. T, Nosotros mañana tenemos que ir fuera y no volveremos hasta la noche, ten en cuenta y acuérdate que tu comida se quedará ahí, delante del microondas.

AURTEN. Este año. **K.** Fandan urtein astu ingiñen Atxabaltako tomate moxkor landarak erostie, aurten berriz eta beste ezer iñ aurretik ortuen horixe daukou aurren inbierreko lana, jakiñdot nun saltzeitxuen ta toki hartara fangogara. **T.** El año pasado nos olvidamos por completo de comprar las plantas del tomate borracho de Aretxabaleta, este año en cambio y antes de hacer ninguna otra cosa en la huerta ese es el primer trabajo que tenemos que hacer, ya me he enterado dónde venden las plantas e iremos a ese sitio.

AUSKALO. Quien sabe, vete a saber. **K.** Ziur nau ze atzo, betik itxendoten bezela, jasota itxinauela mendiko txapela nere armaixuen, gauza da gaur goixien fan hartzera ta faltzzala, alde guztietan ibilinaz beitzen eta eztot lortu billatzeik, ba auskalo ze gertaudan eta nun eonleikien. **T.** Estoy seguro de que ayer, como lo hago siempre, dejé el gorro de monte recogido en mi armario, la cosa es que esta mañana he ido a cogerlo y faltaba, he estado mirando por todas partes y no he conseguido encontrarlo, ahora vete a saber que ha podido pasar y dónde puede estar.

AUSPUE. Fuelle, instrumento que se utiliza para insuflar aire y así avivar el fuego u otra cosa. **K.** Ezpou lortzen auspue alperrik haigara sue iñ-guran, hala ta egurra dauen bezela eziñda zeatik larreitxo bustixe dau eta iketza be berdintzu. Baezpare aldameneko baserrira fangonaz, ustedot han badaukiela bat. **T.** Como no consigamos un fuelle es inútil que estemos intentando hacer fuego, así del modo que está la leña es imposible porque se ha mojado demasiado y el carbón también está parecido. Por si acaso voy a ir al caserío de al lado, creo que allá ya tienen uno.

AUSPUE. Fig. es una palabra que se utiliza para definir a la persona que es un bocazas y que habla mal. **K.** Horri eziozue ezer galderaik iñ beste mutil horrein buruz zeatik aurrena kristonak esaten hasikoda, eta gero sekulako astokeixak esangoitxu hareikatik, betik izenda nahiko auspue ta larreiko ago-zabala. **T.** A ese no le hagaís ninguna pregunta sobre esos chicos porque primero empezará a insultarles, y a continuación a decir un montón de burradas sobre ellos, tiene la mala constumbre de hablar mal y siempre ha sido demasiado bocazas.

AUSPUE. Fig. la palabra se utiliza para definir la respiración dificultosa que puede ser debida al esfuerzo, alguna enfermedad o por ser demasiado fumador. **K.** Konturatunaz nola Anselmoi, aspalditxotik gañera, sigero auspo txarraz ikustejakola, eztakitx zer izenleikien baña eztutzet bape etxura onik hartzen, eta aparte bera be nahiko iñuzentie da, jakiñ nola dabillen ta eztau izten erretziei. **T.** Me he dado cuenta de como a Anselmo, además desde hace bastante tiempo, se le ve con la respiración muy fatigosa, no sé que es lo que puede ser pero no le cojo buena pinta, y encima el también es bastante estúpido, sabe de que manera anda y no deja de fumar.

AUTAU, AUTATU. Elegir, escoger. **K.** Eztakitx zer erosi Konsueloi oparitzeko bere zorionetan, eta gauza da zerbaitx asmau-bierrien nauela, akaso onena izengoda liburutegira fan ta hortik liburu polibat autau, entzunde dauket ze asko gustatzejakola irakurtzie. **T.** No sé que comprarle a Consuelo para su cumpleaños, y la cosa es que tengo que pensar algo, quizá lo mejor será que vaya a una librería y de allá escoja un libro bonito, tengo oído que le gusta mucho leer.

AUTESKUNDEK, HAUTESKUNDEK. Elecciones. **K.** Nik aurtengo auteskundetarako erabakidot zeñei emun nere botue baña eztauket bape asmoik iñori esateko. Askenekotan boto geixen lortuzitxuenak, Gipuzkun bentzet, betikuek izenzien. **T.** En las elecciones de este año yo ya he decidido a quienes dar mi voto pero no tengo ninguna intención de decírselo a nadie. En las últimas los que más votos consiguieron, al menos en Gipúzkoa, fueron los de siempre.

AUTOMOBILLA. Coche, automóvil. **K.** Nik automobill dexente eukitxut baña halaere oso ondo gogoratzenaz aurrenekuaz, Seat ehun ta hogetamaika zuri koloreduna izenzan eta benetan nahiko ona urtenuztela, ezauen euki ez aberixa askoik ta bez haundirik, eta garai hartan baleike zorion pixkat be izetie. **T.** Yo he tenido bastantes coches pero aún así me acuerdo perfectamente del primero, fué un Seat ciento treinta y uno de color blanco y la verdad es que me salió bastante bueno, no tuvo muchas ni tampoco grandes averías, quizá puede que en aquellos tiempos también fuera por un poco de suerte.

AUTOTXOKIEK. Los autos de choque de las ferias. **K.** Mutikotan adurre daixola eotengiñen ikusiaz nola batzuk ibiltxezien autotxokietan herriko jaixek zienien, guk be noxienbeñ ibiltxegiñen baña zoritxarrez oso gutxi zeatik orduen exkax antzien ibiltxegiñen diruekiñ. **T.** De chavales solíamos estar echando la baba mirando como algunos andaban en los autos de choque cuando eran las fiestas del pueblo, también nosotros solíamos andar de vez en cuando pero por desgracia muy pocas porque entonces andábamos bastante escasos de dinero.

AUTZA, AUTZE. Polvo. **K.** Oñ haigaren lan hau ezta bape ona eta aber haldan axkarren bukatzendoun, arratzaldetan, lana izterakuen eta etxera fan ordurako, betik autzaz betiek eotegara eta nik bentzet, best- batzuk be hala berdiñ ibilikodie, ordu-erdi pasa bier izetendot dutxan autz hau danau gañetik kentzeko. **T.** El trabajo ste en el que estamos ahora no es nada bueno y a ver si lo terminamos cuanto antes, a la tarde, al dejar el trabajo y para cuado vamos a casa siempre estamos llenos de polvo y por lo menos yo, supondo que los demás andarán igual, necesito media hora de ducha para quitarme todo ese polvo de encima.

AUTZERRIE, AUTZ-ERRIE. Ceniza. **K.** Nere aitxak ospelak kentzeko aspillen nahasteauen autzerrie ur oso beruaz, gero sartu hankak barruen eta bertan euki gutxigorabera ordu-lauren inguruen, noski igurtzi batzuk iñaz ospelak eozen tokixen. **T.** Mi padre para quitar los sabañones utilizaba la ceniza que mezclaba en una palangana con agua muy caliente, metía allá los pies, les frotaba bien en el sitio donde estaban los sabañones y los tenía dentro durante un cuarto de hora aproximadamente.

AUTZIÑDE, AUTZ-IÑDE. Fig. es una palabra que se utiliza para expresar que una persona está muy cansada, extremadamente fatigada. **K.** Ni eta ni bezela geixenbat, autziñde gelditzegara Behobiako karrera iñ da bukatu ondoren, eta ezkerrak helmugan gauza asko eotendiela errekuperatzeko axkar xamar, edarixek, pastelak eta nola ez, fruta ugeri. Gero eta ondo bukatzeko errekuperazio hori, aurrena dutxa ta aldatu ondoren etxurazko bazkaixe. **T.** Yo y al igual que yo la mayoría, solemos quedar muy fatigados después de correr y terminar la carrera de la Behobia, y menos mal que en la meta hay muchas cosas para recupurarse bastante rápido, bebidas, pasteles y como no, también mucha fruta. Luego y para terminar bien esa recuperación, primero ducha y después de cambiarse una buena comida.

AUTZONTZIXE, AUTZ-ONTZIXE. Cenicero. **K.** Oñ nola debekau iñauen erretziei taberna ta jatetxietan, kalien jartzeitxue autzontzixek, ba ustedot errezale gixajuek nahiko gaizki ibilikodiela hor kanpuen neguko hotzakiñ, baña beno, akaso ezta dana txarra izengo zeatik baleike modu onbat izetie lagatzeko erretziei. **T.** Ahora como han prohibido fumar en bares y restaurantes los ceniceros los colocan en la calle, pues creo que los pobres fumadores lo tendrán que pasar bastante mal ahí fuera con los fríos del invierno, pero bueno, quizá no sea del todo malo porque puede que sea un buen método para dejar de fumar.

AUZO-LANA. Trabajos que se hacen en comunidad, entre el vecindario del barrio, pueblo u otro sitio. **K.** Laister dator Santu Guztien eguna eta ia jarritxue bixerko auzo-lanak, Kanposantuko bedar guztiek kendu eta dana txukundu, gero lorak ipiñikoitxue bakotxak beriei. **T.** Pronto viene el día de Todos los Santos y para mañana ya han puesto los trabajos que hay que hacer en comunidad, quitar todas las hierbas del Cementerio y dejarlo todo curioso, luego las flores ya las colocarán cada cual a los suyos.

AUZOKUE. Persona que es del barrio. Cosa que pertenece al barrio. **K.** Aber, eztau diskutitzen ibili-bierrik zeatik Hermenegildo, naiz da hemendik kanpo bizi, auzo hontan jaixotakue da, eta horreatik eskubide guztie dauko soziedadera sartzeko. **T.** A ver, no hay porque andar discutiendo porque Hermenegildo, a pesar de que vive fuera de aquí, ha nacido en este barrio y por eso tiene todo el derecho de entrar en la sociedad.

AUZPEZ. Persona que está o hay que colocarle boca abajo. **K.** Ume hori ezta gelditzen estulka ta baezpare jarriozue auzpez, baleike zerreozer trabaute eukitxie estarrixen eta hori oso arriskutzue izenleike. **T.** Esa criatura no para de toser y por si acaso ponerle boca abajo, quizá tenga alguna cosa trabada en la garganta y eso puede ser muy peligroso.

AUZTRAPUE, AUTZ-TRAPUE. Trapo para quitar el polvo. **K.** Andriek esandau, hobeto esanda ongozan aiñdu dala, ze asteburu hontan lagundu ta bixon hartien inbioula etxeko garbiketak, eta gañera erabakidau ze gauzak dien bakotxak inbierrekuek, eta nere lana omenda auztrapue hartu ta ikusteitxuten autz guztiek kentzie. **T.** Ha dicho la mujer, mejor dicho estaría que es ordenar, que este fín de semana hay que ayudar y hacer entre los dos las limpiezas de la casa, y además ya ha pensado cuales son las cosas que tenemos que hacer cada uno, y mi trabajo consiste en coger el trapo e ir quitando todos los polvos que vaya viendo.

AUZTUTA, AUTZTUTA. Lleno de polvo. **K.** Etxeko atiek lijatzen ibillinaz gero margotzeko asmuekiñ eta inguru guztiek, baitxe ni be, txarri iñde geratudie eta sigero auztuta, oñ aurrena aspiradorakiñ hasibikot barruko autzak kentzen ta ondoren nik eukikot dutxara sartu-bierra gauza berdiñe itxera, noski aspiradora horren barik. **T.** He estado lijando las puertas de casa con la intención de pintarlas después y todo ha quedado todo, también yo, hecho una guarrada y lleno de polvo, primero voy a tener que empezar al quitar los polvos de dentro con la aspiradora y luego seré yo el que tenga que meterme en la ducha a hacer lo mismo, claro que sin la aspiradora.

AUZUE. El barrio, un barrio. **K.** Lengo egunien inguruen dauen auzoko tabernan gauza xelebrebat gertaujakun, sartugiñen hamarretakue itxeko asmuaz ta eskatugauen txorixo bana arrautza prijitxu parebatekiñ, eta hemen dator xelebrekeixie, esauzkun eztitxuela arrautzaik jartzen. Ba komestatzen eongiñen ze horreik daukiela arrautzak. **T.** El otro día en la taberna de un barrio que está en las cercanías nos pasó un cosa muy curiosa, entramos con la idea de almorzar y pedimos un txorizo para cada uno con un par de huevos fritos, y aquí viene lo curioso, nos dijo que no servían huevos. Pues estuvimos comentando que vaya huevos tienen esos.

Aspaldiko esaerabat: Etxien eztau errezatzen eta auzuen mesa emuten.

Un viejo proverbio vasco dice que no reza en casa y en el barrlo da misa.

AXA, AXAXA. Palabra, exclamación o voz que se utiliza para azuzar a los perros.

AXATU. Significa azuzar al perro para que ataque o amedrentre a alguien. **K.** Argi eon tipo horrekiñ, denporalditxue eruetendau hemendik bueltaka eta agertzenbada baserri ingurura axatu txakurrei, aber hala billdurtu ta alde itxendauen zeatik baleike oñ begire ibiltxie gero lapurtzeko asmuekiñ. **T.** Estar atentos con el tipo ese, hace ya bastante rato que anda dando vueltas por aquí y si es que se acerca al caserío azuzar al perro, a ver si así se asusta y se marcha porque puede que ahora esté mirando con intenciones de luego robar.

AXKIRE. Palabra que significa que se ha pasado el enfado y de nuevo amigos. **K.** Asko alegiñdunaz, baitxe larreitxo kosta be, eta naiz da ondion dana ez, zertxobaitx bentzet axkire nau eta aber berak berdiñ itxendauen, zeatik eztot uste merezidauenik ibiltxeik asarre hainbeste denporan. **T.** Me he esforzado mucho, también me ha costado mucho, y aunque todavía no del todo, ya se me ha pasado parte del enfado y a ver si él hace lo mismo, porque no creo que merezca la pena estar tanto tiempo enfadados.

AXKIRETU, AIXKIRETU. Palabra para decir que la relación vuelve a ser cordial, de amistad y de compañerismo. **K.** Oso aspalditxik da sigero asarretuta dabitzela horreik bixok, baña oñ etxuraz eta entzundoten bezela, parkamena bata-bestiei eskatu ondoren axkiretudie ta berriz geratu omendie lagun bezela. **T.** Es desde hace muchísimo tiempo que esos dos andan muy esfadados, pero parece ser y según tengo oído, que después de que se han pedido perdón mutuamente la relación vuelve a ser cordial y otra vez han debido quedar como amigos.

AXKOLARIXE, AXKOLAIXE. Persona que se dedica al deporte de corte de troncos.

(Ver la definicíon de aizkolarixe, aizkolaixe).

AXKORIE. Hacha.

(Ver la definición de aizkorie).

AXOLA. Preocupación, problema, importancia. **K.** Zueik ikusikozue zeñekiñ gurozuen bañc nik bentzet eztaukek ezertxo axolaik lan horreik itxeko, badakitx ze baleikela nahiko zallak izetie baña ziur nau gauza nazela eta ondo ingonaukela. **T.** Vosotros vereís quién quereís que os lo haga pero yo desde luego no tengo ningún problema para hacer ese trabajo, ya sé que puede ser bastante dificultoso pero estoy seguro de que soy capaz y que lo haría bien.

AZA, AZIE. Berza, col. **K.** Nere aitxak oso estimau hauken aza-saldie eta hau egostezan ura gorde-bierra izetezan gaberako, gero hor bertan ogi apurbat zatitxu, nahastu eta hori hartu afaltzeko. Baña halare eta azien buruz betik esateauen gauzabat, ze aza hori tripan eruen ero bixkerrien berdiñ zala. **T.** Para mi padre era una cosa muy estimada el caldo de la berza y el agua dónde se había cocido había que guardarla para la noche, después añadirle un poco de pan hecho pedacitos y tomar eso para cenar. Aún así y sobre la berza siempre solía decir que llevarla en la tripa o encima del hombro era los mismo.

Aspaldiko esaerabat: Azie eta gosie, betiko asarrie.

Un viejo proverbio vasco dice que la berza y el hambre, siempre enfadados.

AZABURUE, AZA-BURUE. Repollo de la berza. **K.** Toki batzutan oitura izetenda osoik egostie azaburue, bakarrik jateko baleike modu ona izetie baña nahasteko babakiñ, barbantzu ero beste holako zerbaitxekiñ eztot uste oso egokixe eta balixokue izengodanik. **T.** En algunos sitios es costumbre cocer entero el repollo de la berza y puede que sea un buen método para comerla sola, pero para mezclarla con alubias, garbanzos o alguna otra cosa similiar no creo que sea muy adecuado ni valga demasiado.

AZALA. La corteza, el pellejo, la piel, el forro, la cubierta de los libros, etc.... **K.** Askok esatendaue eta nik askotan aitudot, nola ixe fruta danetan eta berdiñ barazkixetan bitamina guztiek, geixenak bentzet, azalien daukien, baña halaere nik askoatik naio izetendot tomatiei azala kentzie entzaladan prestau aurretik. **T.** Muchos dicen y yo lo he oído muchas veces, que en la piel de todas las frutas y lo mismo de las verduras están la mayoría de las vitaminas, pero aún así yo prefiero quitar la piel al tomate antes de prepararla en ensalada.

AZALIEN. A flor de piel, en la superficie. **K.** Benga eta ez iñ haibeste negar odol pixkat ikustendozulako, iñdozun ebai hori oso azalien daukotzu ta laister sentatukoda, hori gertaketajatzu jolastearren eztien hartu inbier gauzakiñ eta ezkerrak labana ezala larreiko zorrotza. **T.** Venga y no llores tanto porque veas un poquito de sangre en la herida que te has hecho, el corte es muy superficial y se curará pronto, eso te pasa por jugar con cosas que no tienes que coger y menos mal que la navaja no estaba demasiado afilada.

AZALORIE, AZA-LORIE. Coliflor. **K.** Azalorie babarrunakiñ nahastuta, barbantzuaz eta baitxe bakarrik be, oso ondo geratzenda ta guri pillabat guztatzejaku, baña gauzabat exkax xamarra badauko, egostendanien etxeko eskillara guztie useintzendala eta danak enteratzendie zer daukotzun bazkaltzeko. **T.** La coliflor meclada con alubias, con garbanzos y también sola queda muy bien y a nosotros nos gusta un montón, pero tiene una cosa bstante deficiente, que cuando se está cociendo huele en toda la escalera y todos los vecinos se enteran que es lo que tienes para comer.

AZA-OSTRUE. La hoja de la berza. **K.** Nere andrie fatendanien ortura batzuetan azabat hartzendau etxerako, moztendau aza-burue, ostruek emutendust astuei erueteko eta siñistu eziñleike ze gustora jateitxuen, askotan burrukan be hastendie euron hartien zeñek hartu aurren aza-ostro horreik. **T.** Cuando mi mujer suele ir a la huerta a veces coge una berza para casa, corta el repollo, las hojas me las da para que se las lleve a los burros y es increíble lo a gusto que lo comen, muchas veces hasta empiezan a pelear entre ellos a ver quién coge antes las hojas de la berza.

AZALPENA. Explicación. **K.** Zuk esandozu zurie, bestiek be esaitxu beriek eta momentu hontan nere pentzamentue sigero desberdiñe da zueik daukotzuenaz, eta gurebou bentzet ados jartzie asunto honein buruz azalpen geixau bierkoitxu batan ero bestien aldetik. **T.** Tú ya has dicho lo tuyo, el otro tambien ha dicho lo suyo y de momento mi pensamiento es completamente diferente al que teneís vosotros, y si al menos queremos ponernos de acuerdo sobre estos asuntos necesitaríamos más explicaciones por parte de uno o de otro.

AZALTZU. Que tiene una piel muy dura, que tiene mucha piel. **K.** Akaso nunbaitxen eongodie tomate zetxobaitx etxurazkuek dienak entzaladan jateko, baña inguru hontan bentzet eztou iñun billatzen, atzo andriek ekarrizitxun raf izeneko batzuk eta larreiko azaltzu zien, neri etxat asko importik zeatik betik kentzeutzet azala baña gertatzenda andriek naio izetendauela horrekiñ, nik ustedot bitamina asunto horreatik dala. **T.** Quizá en algún sitio ya habrá tomates que sean medianamente buenos para comerlos en ensalada, pero al menos por aquí no los encontramos, ayer mi mujer trajo algunos de esos con nombre de raf y tenían demasiada piel, a mi no me importa mucho porque siempre se la quito pero resulta que la mujer los prefiere con ella, yo creo que es por el asunto ese de las vitaminas.

AZAROA. Mes de noviembre. **K.** Kalendaixuek esatendau ze azaruen ondionezgarela allegau negura, baña nik betik pentza izendot il hontan hastendala, ta ez bere garaia dalako baizik hotza ta giro txarra itxendauelako jeneralki, neri bentzet askotan gertaujat erropa gutxi jantzitxe eruen ta hotzak akabatzen eotie. **T.** El calendario dice que en noviembre todavía no hemos llegado al invierno, pero yo siempre he pensado que empieza en este mes, no porque sea su fecha sino que por el frío y el mal tiempo que hace generalmente, a mí al menos me ha pasado muchas veces el estar vestido con poca ropa y estar muerto de frío.

Aspaldiko esaerabat: Azaroa hotz, negua motz, azaroa bero, negua gero.

Un antiguo proverbio vasco dice noviembre frío, invierno corto, noviembre caliente el invierno lo siguiente.

AZAZKALA, AZKAZALA. La uña, las uñas. **K.** Gauza ona izetenda azazkalak motxak ta garbixek eruetie ta zuriek sigero aldrebes dazela ikusteitxut, etxura guztie daukie iketzaz lana ingozauke bezelaxe, danak daukotzu, bakarra kendu-barik, sigero baltzak. Fanzaitxez komunera eta ondo igurtzizu lababauen dauen zepilluekiñ. **T.** Suele ser bueno llevar las uñas cortas y limpias y estoy viendo que las tuyas están completamente al revés, dan toda la impresión de que estuvieras trabajando en una carbonería, las tienes todas, sin quitar una sola, completamente negras. Vete al baño y frótate bien con el cepillo que está en el lavabo.

AZENAIXUE. Zanahoria.

(Ver la definición de arbigorrixe).

AZERA. La acera de la calle. Tambien puede ser una zanja pequeña. **K.** Zu nahiko xelebrie zara eta oitura oso txarra daukotzu, zeatik betik fan-bierra daukotzu karreteratik?, fan bierdan tokitxik eta mezerez igozaitez azera hortara zeatik beztela badakitzu zer gertauleiken, kotxiek arrapaukozauela. **T.** Tú eres bastante raro y tienes una costumbre muy mala, ¿porqué siempre tienes que andar por la carretera?, vete por donde se debe y por favor sube a esa acera porque sino ya sabes lo que te puede pasar, que te atropellará un coche.

94

AZERIXE. Zorro. **K.** Arabako Zalduendon ollo pillabat akabauta asaldudie baserri batzuetan, eta noski azerixek izengoziela, segurazki hori gertukoda zeatik mendixen iñdauen edurta honekiñ eztaukie ezer jatekoik, eta bera jextendie janan billa. Garai baten librie izetezan honeik arrapatzie eta ez hori bakarrik, gañera azerixen belarribat eruen-ezkero Diputaziñuek zerbaitx ordaintzeauen. **T.** En algunos caseríos de Zalduendo, en Alava, han aparecido un montón se gallinas muertas, y está claro que habrán sido los zorros, pues eso pasará porque arriba en el monte hay mucha nieve y como no tienen nada para comer pues vienen abajo en busca de comida. En un tiempo era libre el matar a esos animales y no solo eso, además al presentar una oreja del zorro la Diputación daba algo de dinero.

AZERTAU. Atinar, acertar, descifrar. **K.** Eulalioi eztau ulertzeik, eta gutxiau azertau ze asmatzen haidan, emutendau xelebre xamarra dala ta etxuraz nunbaitxen jarritxe eotie gustatzejako denpora luzien. Betik buru makur ta bere pentzamentuekiñ. **T.** Con Eulalio no es fácil entender, y menos acertar lo que pueda estar ideando, da la impresión de que es un poco raro y por lo visto parece que le gusta estar sentado en algún sitio durante largo tiempo. Siempre con la cabeza gacha y sumido en sus pensamientos.

AZILA. Mes de noviembre. **K.** Goixen jarridou nola azila il hau jeneralki dan giro txar da hotz haundikue, baña hortik aparte beste egun berezibat be badauko il honek, Santa Xixili eguna, musikuen zaindarixe eta hor ibiltxendie herriko musika bandak eta txistularixek kalez kale pasakallie joaz. **T.** Arriba ya hemos puesto como el mes de noviempre generalmente es un mes de mal tiempo y mucho frío, pero aparte de esto el mes también tiene un día especial, el de Santa Cecilia, patrona de los músicos, ahí suelen andar las bandas de música de los pueblos y los txistularis de calle en calle tocando el pasacalle.

AZIXE, HAZIXE. Simiente. **K.** Aurten eztou zorion asko izen lekakiñ, hiru illera jarrigitxun eta bat eta terdi besteik eztie urten, gauza da azixen kaja hori bakarra zala, modu berdiñien eraiñ eta erregau inzala, baña eztakitx ze gertau izendan zeatik urtendauenak oso ondo eta ugeri izendie eta bestiena arrastuik ez. **T.** Este año no hemos tenido mucha suerte con las vainas, sembramos tres filas y solo ha brotado en una y media, la cosa es que toda la simiente procedía de la misma caja, se sembró y regó de la misma manera pero no sé que es lo que pudo pasar, la que salió muy bien y abundante y del resto ni rastro.

AZKAR, AXKAR. Rápido, veloz, ligero.

(Ver la definición de aguro).

AZKARRA, AXKARRA. Se dice de la persona que es ágil, espabilada, rápida. **K.** Hori bai tipo azkarra, betik zai eotenda noiz alkartu dozenerdi lagun txikiteatzen hasteko, gañera beretako berdiñ da kuadrllabat ero bestie izen, nahiko jente ikusteitxunien axkar fatenda eurona eta halbada ezer ez ordaintzeko asmuekiñ, alegintzenda disimulatzen baña bestiek aspalditxik die horren jakiñien. **T.** Ese sí que es un tipo rápido, siempre está esperando cuando se reunirán media docena de personas para empezar a chiquitear, además le es igual que sea una cuadrilla u otra, cuando ve que hay suficiente gente enseguida se suma y si es posible con la intención de no pagar, ya intenta disimular pero los demás hace mucho tiempo que están al tanto de eso.

Aspaldiko esaerabat: Erueteko axkarra eta ekartzeko alperra.

Un viejo proverbio vasco dice que rápido para pedir y vago para traer.

AZKARRENA, AXKARRENA. La persona más rápida en realizar cosas, la más lista. **K.** Enauen sekula hau siñistuko, baña kasu hontan bentzet eta exturaz Eufronio gaztie izen omenda azkarrena asterketa hori amaitzen, ba zoriondu inbikou ikustendounien. **T.** Esto no lo podría haber creído nunca, pero al menos en este caso parece que el joven Eufronio ha sido el más rápido en realizar el examen, pues en cuanto le veamos habrá que felicitarle.

AZKARTXUAU, AXKARTXUAU. Un poco más rápido, ligero. **K.** Azkartxuau fanbikou gurebou arrapatzie aurrien doizenai, eta asko komenijaku hori itxie zeatik gu baño lenau allegatzenbadie, kontuen hartuta eurok hamar lagun diela eta jatetxe bakarra dauela, toki-barik gelditxu eta beste nunbaitxera fanbikogiñen bazkaltzera. **T.** Tendremos que ir un poco más rápido si queremos alcanzar a los que van delante nuestro. y esto es una cosa que nos conviene mucho porque si llegan antes que nosotros, teniendo en cuenta de que ellos son diez y no hay más que un restaurante, nos quedaremos sin sitio y tendríamos que ir a algún otro lugar para comer.

AZKEN. Ultimo. **K.** Aitu eta kasu iñ, eskolan illeran jartzeko esatendauenien, zu baezpare alegiñdu azken jartzen zeatik beztela aurrekaldien ikustenbazaue baleike tokatzie gela eta akaso beste zerbaitzuk garbitzie. **T.** Escucha y haz caso, cuando os digan en la escuela que os pongais en fila, tú por si acaso procura ponerte el último porque si te ven ahí adelante puede que te toque limpiar la clase y quizá algunas otras cosas.

AZKENA. La novedad, lo último que ha salido, decidido, etc... **K.** Eztakitx nola dazen gauzak momentu hontan baña nik aitudoten azkena izenda ze Jeronimok eziñdauela fan Soriara gurekiñ, etxuraz andriei lagundu-bierra dauko zerbaitzuk itxen, eta susmue dauket etxie garbitzen izengodala. **T.** No sé como están las cosas en este momento pero yo lo último que he oído ha sido que Jerónimo no puede ir a Soria con nosotros, parece que tiene que ayudar a la mujer a hacer algunas cosas, y tengo la sospecha de que será para limpiar la casa.

AZKEN-ALDIXEN. Ultimamente. **K.** Zoritxarrez asken-aldixen eztuzku ezer urtetzen, ez loterik, primitiba hori bez, eta ez sikera beste ezertxoik, ba ustedot errogatibat inbierrak eukikoitxula gure Pankrazio Jaunai, noski diru apurbateaz batera, eta aber horrekiñ zerbaitx aldatzendien gauzak, nik hala espero bentzet. **T.** Por desgracia últimamente no nos toca nada, ni la lotería, ni la primitiva esa y tampoco ninguna otra cosa, pues creo que tentremos que hacer unas cuantas rogativas a nuestro Santo Pancracio, claro que junto un poco de dinero, y a ver si con eso cambian algo las cosas, yo al menos así lo espero.

AZKEN-AURRENA. Anterior al último. También se dicen por las misas que se hacen en recuerdo de los difuntos a modo de despedida. **K.** Gaur esauztie nola Salustion oroipen aldeko azken-aurrenak izengodien, bixertik hasitxe eta lau egun errezkaran, nik eztauket bape asmoik fateko mesa horreitara baña baezpare hor geratzenda abixue. **T.** Hoy me han dicho que las misas en recuerdo de Salustiano empezararán mañana y serán durante cuatro días seguidos, yo no tengo ninguna intención de ir pero por si acaso ahí queda el aviso.

AZKEN-BIGARRENA. El penúltimo. Lo penúltimo. **K.** Nere esagun dan batek apostabat hauken ta galdu iñdau, bere aposta zan baietz allegau azkena Behobiako karreran eta alegiñduda haldan motelen ibiltxen baña halaere eztau lortu zeatik azken-bigarrena izenda. Gero jakiñdou asken allegaudana be aposta berdiñe haukela, beste-batzukiñ noski. **T.** Un conocido mío había hecho una apuesta y la ha perdido, consistía en que sí llegaba el último en la carrera de la Behobia y ya lo ha intentado andando lo más lento posible, pero aún así no lo ha conseguido porque ha sido el penúltimo. Luego nos hemos enterado de que el que ha llegado el último también tenía la misma apuesta, claro que con algunos otros.

AZKEN-BOLARA. Fig. se dice por la última ocurrencia que pueda tener una persona. **K.** Tipo horrendako aurren da azken-bolarak berdiñezko xelebrekeixak izetendie, eta oñ esandako askena be halakotxie da, apostabat iñdau baietz fan da etorri Zarauztik Orixora kanpiñ ta Txurrukatik ziar korrikan, ortosik eta ordubetien. **T.** Para ese las primeras o últimas ocurrencias son igual de extravagantes, y esta última que ha dicho también es así, ha apostado a que va y viene de Zarautz a Orio corriento a través del camping y Churruca, descalzo y en una hora.

AZKEN-AZKENA. Ultimo último, lo más nuevo, lo más novedoso. **K.** Ume honek berriz naidau uretara sartzie eta hor dabill bere aman atzetik jardunien ta ixildu-barik esanaz azken-azkena dala eta izteko meserez, eta oñ amorrek esatendau aber zer ingodauen, eztakixela laga hala ez baña askenien itxi inbikutzela eta aber beingoz ixiltzendan. **T.** Este crío quiere meterse al agua de nuevo y ahí anda detrás de su madre repitiendo continuamente que le deje por favor y que esta será la última última vez, y ahora su madre dice a ver que puede hacer, que no sabe si dejarle o no pero al final le tendrá que decir que sí y a ver si se calla de una vez.

AZKENTAGERO, ASKEN ETA GERO. Quiere decir que al fín y a la postre, al fín y al cabo. **K.** Hobeto izengoda iztie gauzak dazen bezela zeatik hasten-bagara zerbaitzuk aldatzen eztuzku gero denporaik emungo bukatzeko, askentagero eztot uste jente askoik etorrikodanik hau ikustera. **T.** Va a ser mejor dejar las cosas como están porque si empezamos a cambiar algo luego no nos va a dar tiempo de terminar, al fín y al cabo no creo que venga mucha gente a ver esto.

AZKENIEN. Significa que una persona está en las últimas, que es el final. **K.** Ataulfo etxera ekarridaue bere asken egunak pasatzera, berak eskatutakue zan eta naizauen bezela iñdaue, emutendau gizon gixajue azkenien dauela eta eztaukela bape soluzioik. **T.** Ataulfo quería venir a casa a pasar sus últimos días, lo había pedido él y tal y como quería lo han hecho, parece que el pobre hombre está en las últimas y sin solución alguna.

AZKERO, AZKEROSTIK. Desde entonces. **K.** Eztakitx nun sartuta eotendan ero zer gertauleixon Inozentzioi, lenau asko ikustegiñen eta baitxe alkartu be kalien ero tabernan, askenengo aldiz fandan astien izenzan eta azkerostik eztot berriz ikusi, eta hau gauza nahiko errarue dala iruitzejat zeatik naiz eta ez egunero urten ez betik izenda kale-zalie. **T.** No sé dónde puede estar metido o que le puede suceder a Inocencio, antes nos veíamos mucho y también nos solíamos juntar en la calle o en la taberna, la última vez fue la semana pasada y desde entonces no le he vuelto a ver, y esto es una cosa bastante rara porque a pesar de que no salía todos los días siempre le ha gustado la calle.

AZOKA. Mercado, feria. **K.** Santa luzia egunien azoka zoragarrixe eotenda Zumarraga eta Urretxun, bi herri hartien antolautakue izetenda eta jenero mota guztiek ikustendie, ganau pilla, barazki ugeri, gaztak, baserriko ogixek, urdaiazpikuek, txorixuek, eta abar ta abar, siñistu eziñekue da bai han bistan dauen aldetik eta baitxe fatendan jente guztiatik. **T.** El día de Santa Lucía suele haber una feria extraordinaria en Zumárraga y Urretxu, la suelen organizar entre los dos pueblos y se ve de todo, mucho ganado, abudante verdura, quesos, pan de caserío, jamones y chorizos, etc... etc..., es increíble tanto por parte del género expuesto como por la cantidad de gente que acude.

AZPIKALDIE. La zona de abajo, la bajera. **K.** Eztot uste ondo beitudozunik erastune billatzeko, hemen urriñ-barik eon-bierra hauken ziur bazara bentzet hemen galdudozula, eta aber, gauzabat, ibilizara begire mai azpikaldien?, ba baezpare beituizu zeatik baleike inguru hortan eotie. **T.** No creo que hayas mirado bien para buscar el anillo, si estás segura de que lo has perdido aquí no debería de estar demasiado lejos, y a ver, una cosa, ¿por casualidad has mirado por debajo de la mesa?, pues mira por si acaso porque puede que esté por ahí.

AZPIKOGONA, AZPIKO-GONA. La combinación que llevaban (ahora creo que no) las mujeres debajo del vestido, **K.** Nik eztot tautik be ulertzen asunto horrekiñ eta asmoik be estauket galdetzeko, baña susmue dauket garai hontan emakumak eztauela erabiltzen azpikogonaik. **T.** Yo no entiendo nada sobre este tema y tampoco tengo ninguna intención de preguntar, pero sospecho que en estos tiempos las mujeres no llevan combinación.

AZPIJANA. Comida para los cerdos que se obtiene de la recogida de las sobras en los restaurantes, bares, etc... Así solía ser antes pero ahora quizá no lo sea. **K.** Lenau, oso aspaldi, Gervasion osaba-batek, berak, Gervasiok, kontautakue da, dexente txarri omenauken bere txabolan ta honei jaten emueko jasotezitxuen herriko jatetxe ta taberna guztietako azpijanak. **T.** Antaño, hace muchísimo tiempo, un tío de Gervasio, esto me lo contó él, Gervasio, debía de tener bastantes cerdos en una txabola de su propiedad y para dar de comer a estos recogía las sobras de comidas en todos los restaurantes y bares del pueblo.

AZPIKUE. El de abajo, lo de abajo. **K.** Teodoro bizidan etxien, bere pixu azpikuek galleguek omendie, hala esatendau bere andriek, eta kontatzendau bizitxen etorrizien aurreneko egunien fan omenziela bixitatzera olagarro dexentiaz, noski oparitzeko asmuekiñ, eta berak, andriek, txakoli botilla parebat emun horren ordez. Gero eta bera etxera allegauzanien komestautzela amona nahiko barritxue zala baña etxakola ezer ulertzen zeatik bakarrik gallegoz itxen hakixen. **T.** Los vecinos del piso de abajo de la casa donde vive Teodoro deben de ser gallegos, así dice su mujer, y cuenta que el primer día que vinieron a vivir la visitaron y llevaron un pulpo hermoso de regalo, y ella, la mujer, a cambio les dió un par de botellas de txakolí. Después y cuando él llegó a casa le comentó que la abuela era bastante charlatana pero que no se le entendía nada porque solo hablaba en gallego.

AZPI-MARRATU. Subrayar. **K.** Aber, entzun danok, Udaletxiek bieldudau agiri hau, eta esatendau irakurri eta gero etxe hontako bizi-lagunok konforme baldinbagara aldan axkarren bueltautzeko siñatu ondoren, hemen daukotzue kopixa bana eta bateonbat ezpadau ados zerbaitxekiñ, azpi-marratu merezez hala gero danon hartien berba itxeko horren ero horrein buruz. **T.** A ver, escuchar todos, este documento lo ha enviado el Ayuntamaiento y dice que lo leamos y luego si los vecinos de esta casa estamos conformes lo enviemos de vuelta lo antes posible después de haberlo firmado, aquí teneís cada uno una copia y si alguno no está de acuerdo con alguna cosa, que lo subraye por favor para así luego poderlo hablar entre todos sobre ese o esos aspectos.

AZPITXIK. Fig. se dice cuando una persona anda con engaños, de forma maliciosa, con secretismos. **K.** Kontu haundixekiñ ibillizaiteze pertzona horrekiñ zeatik gauzabat esangotzue eta bestebat ingodau, geixen komenijakona noski, gustatzejako hor azpitxik ibili ta manejatzie eztixen iñor enterau bera izendanik gauza horreik iñditxuenak. **T.** Andar con mucho cuidado con esa persona porque os dirá una cosa y hará otra, lo que más le convenga claro, le gusta andar y manejar las cosas de forma maliciosa y con engaños de forma que nadie se entere de que él ha sido el que ha hecho esas cosas.

AZPIXEN. Debajo. **K.** Silverion baserri inguruko zelaixek josítxe daz zatorran zuluekiñ, esatendu garai baten ortue be hala omenzala eta landaran sustar guztiek asaltzeziela janda, gero eta nolabaitx ortukuek desagertu eta oñ bakarrik zelaixen geratzendiela, eta komestatzendau eztakitxela nola konpontzendien hor azpixen bizitxeko. **T.** En los prados que están junto al caserío de Silverio hay montones de toperas, dice que en un tiempo también las debía de haber en la huerta y se comían todas la raíces de las plantas, luego y de alguna forma ya desaparecieron de la huerta y ahora que solo quedan en los prados, y comenta que no sabe cómo se arreglan para vivir ahí abajo.

AZPIZUNA. El solomillo de los animales. **K.** Esatendaue ganauek daukien okela onena azpizuna dala, ta baleike errazoie eukitxie zeatik txarrixena bentzet eta laban erreta oso gozue geratzenda, ta hau letxuga entzaladaz lagunduta, patatarre batzuk ta etxurazko ardauaz gauza mundiala da. **T.** Dicen que la mejor carne que tienen los animales es el solomillo, y puede que tengan razón porque al menos el del cerdo hecho al horno queda muy bien, y si a sto se le acompaña con ensalada de lechuga, unas patatas fritas y un buen vino es una cosa mundial.

Errezetabat: Txerri azpizuna, solomillue, laban errie. Erosidoun azpizunai, betik askoz hobie hartzenbada esaguna dan tokixen, kentzejako sobre daukon grasak, ez dana, eta emutejako bi ero hiru lekutan koñakan indiziñuek, sukalde arixekiñ lotzenda buelta batzuk emunaz eta lapikuen doratzenda su iñdertzuen, hau iñ ondoren atara ontzi-batera eta gero labako bandejan, laba hau aurretik berotuta eukikou, jartzenda kipulabat luzetara moztuta ez haibeste fiñ, dozenabat berakatz ale bere azalakiñ eta honein gañien ontzixen daukoun azpiuzuna, bota olixo apurbat eta baitxe ardo zuri ta ur pixkat. Sartu labara, noixienbeñ busti bandejan dauen saltzakiñ eta bier izen-ezkero, siku antzien geratzenbada, ura bota. Bestaldetik sartakiñan prijitzendie, asko-barik, patata batzuk zati dexentetan moztuta eta geitxu honeikiñ bandeja askenengo ordu-lauden geratzendanien. Azpizun hau ordubetien ero eta laurdenien, noski, zer-ikusixe eotenda dauken tamañuaz, gertu eongoda. Labatik atara eta gero gelditxukozan jartzie honekiñ batera goixen jarridouna.

Una receta: Solomillo de cerdo al horno. Al solomillo que hemos comprado, siempre es mucho mejor si lo hemos adquirido en un sitio conocido, se le quitan las grasas sobrantes, sin que sea del todo, y se le inyecta en dos o tres sitios un poco de coñac, se brida y dora a fuego fuerte la carne en una cazuela. Después se saca a una fuente y en la banderja de horno, ya previamente recalentado, se colocan una cebolla cortada en juliana no demasiado fino en la base, una docena de dientes de ajo con su piel y encima el solomillo que tenemos en la fuente, se vierte un poco de aceite y también un poco de vino blanco y agua. Introducirlo al horno, bañar de vez en cuando la pieza con el líquido de la bandeja y con cierta asiduidad añadiendo agua si fuese necesario. Por otra parte en una sartén semifreir unas patatas cortadas en trozos hermosos y añadir estas a la bandeja del horno en el último cuarto de hora. Este solomillo en aproximadamente una hora u hora y cuarto, claro está que depende del tamaño de la pieza, estará listo. Sacar del horno y luego quedaría poner junto a esto lo que hemos indicado arriba.

AZTERGAI. Que el asunto o la materia está en cuestión, que es cuestionable. **K.** Kotxen istripu euki ondoren hastendie aztergai kontu guztiek, lelengo zeiñ izendan txoke iñdauen aurrena, gero zeñen kulpa eta ondoren seguruen hartien, aber zeiñ dan ordaidu-bierra daukena kotxien da norberan aberixak. **T.** Después de tener el accidente de coche vienen las cuestiones sobre las responsabilidades, al principio a ver quién es el que se ha chocado primero, luego de quién ha sido la culpa y después entre los seguros, quién es el que tiene que abonar los gastos de las averías de los coches y también las propias.

AZTERKA. Revolviendo, escarbando, indagando. **T.** Bai, noski azterka nabillela jakitxeko zeiñ izendan aberixa hau iñdauena, batai ta bestei galdetzen hainaz eta ondion eztot emun zerbaitx dakixen iñokiñ, baña naiz eta asko kosta lortzie alegintzen jarraitxukot, bentzet zerreozer jakiñ hartien. **T.** Si, claro que estoy indagando para saber quién ha sido el que ha hecho esta avería, he preguntado a unos y otros pero todavía no he dado con alguien que sepa algo, pero aunque me cueste mucho seguiré intentándolo, por lo menos hasta saber algo.

AZTERTU. Analizar, examinar, probar. **K.** Baezpare agiri honeik ondo aztertu-bierrien gara siñatu aurretik, gañera ez pentza larrei fixatzenazenik gizon horreikiñ, lenautik be, denpora gutxi dala jarriduztie honen jakiñien, holako gauza erraru batzuk iñde diela esauztie, ta hau kontauzten bezela kontazendot. **T.** Antes de firmar estos documentos y por si acaso los tenemos que analizar muy bien, además no creáis que me fío mucho de estos hombres, de antes también, hace poco tiempo que me han puesto al tanto de esto, ya deben de tener hecho alguna cosa rara me han dicho, y lo cuento tal y como me lo han contado.

AZTERTU. Revolver o escarbar en algún sitio. Ordenar o mandar. **K.** Azterka haigara han, hemen eta alde guztietan baña oñartien, momentuz bentzet, ezta iñun asaltzen zuk galdutako giltzak, beno, hemen galdubozu bentzet zeatik beste erozeiñ tokitxen izen baldinbada zuk jakinbikozu nun izendan. **T.** Ya estamos revolviendo aquí, allá y en todas partes pero hasta ahora, al menos de momento, no aparecen por ningún sitio las llaves que has perdido, bueno, si es que las has perdido aquí porque si ha sido en cualquier otro sitio tú tendrás que saber dónde ha sido.

AZTERKETA. Examen, prueba, experimento. **K.** Atzo eonitzen lagun-batekiñ, beno, aspaldiko esaguna, eta kontatzen ibilizan nola bere seme nausixe azterketak itxen haizan bonbero izeteko, eta gañera oso latzak omendiela, oñartien nahiko ondo dabillela baña billdur apurbat be badaukela ondion geratzendienai. **T.** Ayer estuve con un amigo, bueno, conocido de hace tiempo, y me contaba que su hijo mayor está haciendo los exámenes para ser bombero, y que además son muy duros, que por el momento anda bastante bien pero también que tiene un poco de miedo a lo que todavía queda.

AZUKAR-URA. Almíbar. Mezcla de azúcar y agua, espesado al calor. **K.** Aurtengo urtie oso ondo izenda makatzandako, eta nola larreitxo daukoun andriek esatendau batzuk konserba bezela jarrikoitxula azukar-uraz. **T.** Este ha sido un buen año para las peras, y como tenemos demasiadas la mujer dice que parte de ellas las pondrá para conserva en almíbar.

AZUKERRA, AZUKRIE. Azúcar. **K.** Nik eztakitx hala dan baña baleike egixe izetie esan da entzutendana, azukre asko hartzie txarra omendala osasunandako eta txuri hori askoz txarrau beste kañaberako illuna baño, halaere baleike gero bestenbat etortzie sigero aldrebesko gauza esangodauena. **T.** Yo no sé si es así pero puede que sea verdad lo que se dice y oye, que tomar mucho azúcar es perjudicial para la salud y que el blanco ese es mucho peor que el oscuro de caña, pero también puede que luego venga otro y diga completamente lo contrario.

AZUKER-TONTORRA. Terrón de azúcar. También se utiliza (fig.) la misma palabra para definir a la persona buena o demasiado buenaza. **K.** Zorionez zare zeatik eztotzue lan geixei emuten zuen umetxoek, ondo jatendau, gau guztien lo ta mañak bakarrik itxendau gosie daukenien, benetan esanleike azuker-tontorbat besteik eztala. **T.** Teneís mucha suerte con vuestra criatura porque no os da demasiado trabajo, come bien, está toda la noche dormido y solo llora cuando tiene hambre, de verdad se podría decir que es un auténtico terrón de azúcar.

AZUMBRIE. Medida antigua que se utilizaba para determinar la capacidad de los líquidos. Y en este caso creo que eran dos litros. Aún así también tenía oído que no en todas partes tenía la misma capacidad.

AZUR-BAKUE, AZUR-BARIK. La carne, pescado, fruta u otros con el hueso o espinas quitadas. **K.** Aspalditxik jatetxe askotan oitura daukie moztuta ataratzeko txuletak, azur-barik eta plater baztertxuen bere azurra, eta hala naidauenak hartu etatxupeteauleike azur hori, ero beztela iñok gure ez eta bateonbatek txakurra badauko bebai eruenleike. **T.** Desde hace tiempo en muchos restaurantes tienen la costumbre de servir la txuleta troceada, con el hueso quitado y traer este en una esquina del plato, y así el que quiera puede coger chupetearlo, o sino, no hay quien lo quiera y si alguien tiene perro también se lo puede llevar.

AZURRA (K). El hueso, los huesos. **K.** Lagunbat dauket, nere baño askoz gaztiaue da, nahiko sarri eukitxendauena, bere ustez bentzet, azurretako miña. Ospitalen beñ baño geixutan iñ izendotzie radiografixak, baitxe beste proba batzuk be eta etxuraz eztauko ezer azurretan, ikustendan dana ondo dauela eta beste gauzanbat izengodala esateutzie, eta segi inbierra duela beitzen. **T.** Tengo un amigo, mucho más joven que yo, que tiene bastante a menudo, al menos así lo piensa, los huesos doloridos. En el hospital ya le ha hecho más de una vez radiografías, también otra serie de puebas y parece ser que no tiene nada en los huesos, le dicen que todo lo que se ve está bien, que será alguna otra cosa y que hay que seguir mirando.

BAT EMUN ETA BI HARTU, GURE ETXIEN BERRIZ EZ SARTU.
SI DAS UNO Y COGES DOS, NO VUELVAS A ENTRAR EN MI CASA.

BA. Ba. Palabra que significa que no tiene importancia y que no hay que hacer caso. **K**. Kaxiano etorrijaten esatera nola bera atzo eonzan eta bere ustez ni izengonitzela hurrengue epaitegira fan-bierra eukikonauena zerbaitx, eztakitx zer, deklaratzera, baña ba, ez jakiñien hala dan eta eurok abixau hartien eztot bape kasuik ingo. **T**. Kasiano me vino a decir que como él ayer había estado y que creía que el siguiente tendría que ser yo el que tenía que ir juzgado a declarar algo, no se el qué, pero ba, tampoco se si es así y hasta que ellos me avisen no voy a hacer ni caso.

BA? ¿Pues? **K**. Aber, nik ezpot nai izeten, zeatik dauket hori inbierra ba?, eta gauzabat esangotzut, zuk itxeko eta ezpozu nai itxeik badakitzu zer geratzejatzun, bestenbat billatzie. **T**. A ver, si yo no quiero ¿porqué lo tengo que hacer pues?, y te voy a decir una cosa, que lo hagas tú y si no quires hacerlo ya sabes lo que te queda, buscar a algún otro.

BABA. Ampolla en la piel. **K**. Aspaldi euki-barik nauen eta atzo atxurtzen ibilinitzen ortuko lurra, gañera denpora dexentien, eta gertauda ze nola enauen guanteik jarri gaur eskuek baba dexentekiñ dauketela. **T**. Hace bastante tiempo que no lo había tenido y ayer anduve cavando con la azada la tierra de la huerta, además durante bastante tiempo, y ha ocurrido que como no me puse los guantes hoy tengo las manos con bastantes ampollas.

BABA, BABARRUNA. La alubia en general tanto blanca como roja, negra, etc… **K**. Nik etxien babarrun oso onak jateitxut eta nahiko sarri gañera, baña halaere ustedot onenak janditxutenak Tolosako Frontoi jatetxien izendiela, ezaukien aparteko gauzaik baña benetako zoragarrixek. **T**. Yo en casa suelo comer muy buenas alubias y además bastante a menudo, pero aún así creo que las mejores que he comido han sido en el restaurante Frontón de Tolosa, no tenían nada de particular pero de verdad que eran extraordinarias.

BABAJANA, BABA-JANA. Comida de alubias. **K**. Ze ona izetendan babajana lagunduta euron sakramentuaz, oñ honekiñ gauzabat gertatzenda, ze asko jan-ezkero eta normalki hala izetenda, benetako astunak diela eta gero tripa mantzanilla bierrien geratzendala, baña berdiñ da zeatik naiz eta horren jakiñien eon ezta izten jatiei. **T**. Que buena suele ser una comida de alubias acompañada de sus sacramentos, ahora que con esto pasa una cosa, que si se come mucho y normalmente así suele ser, suelen ser pesadas de verdad y luego el estómago queda necesitado de manzanilla, pero es igual porque a pesar de estar al tanto de eso no se deja de comer.

BABALORA, BABA-LORA. La flor del haba. **K**. Gure ortuen hasidie babalorak asaltzen, egixe da giruek be oñartien asko lagundu iñdauela eta hala jarraitzenbadau ustedot nahikue jasokoitxula. Eta aber aurten zorion pixkat eukitxendoun zeatik igezkue larreiko porrota izenzan. **T**. En nuestra huerta ya han empezado a aparecer las flores del haba, es verdad que hasta ahora el tiempo también a ayudado mucho y si continúa así creo que recogeremos bastante. Y a ver si este año tenemos un poco de suerte porque el pasado fue un auténtico fracaso.

BABALORIE. Fig. se dice de la persona despistada, bobalicona, que parece ausente y ajena a lo que pasa. **K**. Nundik ataradozu zure lagun berri hori?, galdera hau itxeitzut zeatik emutendau sigeroko babalorie dala, berakiñ berba itxen hastezara eta etxura guztie dauko eztauela entzuten zeatik bestaldera begira eotenda. **T**. ¿De dónde has sacado a ese nuevo amigo tuyo?, te hago esta pregunta porque parece que siempre está ausente, empiezas a hablar con él y da la impresiòn de que no te oye porque está mirando para otro lado.

BABERUE. Babero.
(Ver la definición de paparrekue).

BABESLEA. Patrocinador. **K**. Behobiako karrerak babesle asko dauko, Udaletxiek, Diputaziok, Adidas eta baitxe beste mordoxkabat, halaere sarri esatendaue nahiko larri ibiltxendiela duruaz. Eta balioke hala izetie baña zalantza pixkatekiñ geratzezara zeatik geruau ta geixau ordaudu-bierra izetenda gure izen-ezkero parte hartzie karreran. **T**. La carrera de la Behobia tiene muchos patrocinadores, Ayuntamientos, Diputación, Adidas y también otros muchos más, aún así muchas veces dicen que suelen andar bastante justos con el dinero. Pues puede que sea así pero te quedas con un poco de duda porque cada vez hay que pagar más si se quiere tomar parte en la carrera.

BABESTU. Patrocinar, promocionar. **K**. Esatendaue ikastolako umien ekipoi babestu inbierra izengozala, exkax antzien haidiela diruekiñ eta naiz eta alegiñdu aber zerbaitx ataratzendan handik, hemendik ero nunbaitxetik, oñartien bentzet eztala ezertxorik lortu. **T**. Dicen que a los críos del equipo de la ikastola habría que patrocinarles, que andan un poco justos de dinero y que a pesar de que están haciendo los posibles para ver si sacan algo de aquí, allá o de algún sitio, que hasta ahora al menos no se ha conseguido nada.

BABESTU. Refugiarse. **K**. Aber zuek umiok, ontxe bertan itxi jolasak eta babestu inzaiteze axkar hor arkupetan, euri tantuek hasidie eta laister etorrikodie zaparrararak. **T**. A ver criaturas, dejar ahora mismo de jugar y refugiaros rápidamente ahí debajo de los arcos, ya han empezado las gotas de lluvia y enseguida vendrán los chaparrones.

BABEXA, BABEZA. Refugio, protección. **K.** Hau ia larreikue da, gaur be eta fandaneko egunetan bezela eurixe, ta ez gutxi, kriston zaparrara, urtendounien nahiko argi hauen eta ezgauen pentzaten euri askoik eongozanik, baña galantako errue eukidou eta ezkerrak oinguen bentzet babexa haukoula inguruen. **T.** Esto ya es demasiado, hoy también y al igual que los últimos días lloviendo, y no poco, un chaparrón impresionante, cuando hemos salido estaba bastante claro y no pensábamos que lloviese mucho, pero hemos cometido un error muy grande y menos mal que al menos esta vez teníamos cerca el refugio.

BABUA. Se dice de la persona tonta, estúpida. **K.** Tipo hori derrigorrez babua izen-bierra dauko, badakitzue zer iñdauen?, dauen hotzakiñ plaza erdixen kaltzontzillotan jarri eta gero takarraran hasi bera bueltatzen, berak esatendau entrenatzen haidala, zertarako izengoeteda? **T.** El tipo ese a la fuerza tiene que ser tonto o un estúpido, ¿sabéis lo que ha hecho?, con el frío que hace se ha quedado en calzoncillos en mitad de la plaza y luego ha empezado a correr dando vueltas a la misma, él dice que se está entrenando, ¿para que podrá ser?

BADA. Es así. **K.** Zueik esatendozuen bezela bada ta hala itxenbozue ondo dau eta balekue izenleike, baña kontuz ibili, ezpaldinbada eta beste erozeiñ gauza iñezkero, horrek ekarrikoitxu bere zer-ikuzixek. **T.** Si es así como decís vosotros y lo hacéis de ese modo está bien y puede valer, pero andar con cuidado, si no lo es y resulta ser cualquier otra cosa, eso traerá sus consecuencias.

BADA-BA BADA BA. Así es pues. **K.** Kristobal hori bada-ba, aurrena larreiko harroputza eta gero sigero aspergarrixe, nabarmen igerrikodau iñok eztutzela ezerko kasuik itxen baña betik bere jardunaz ibili-bierra dauko, ni halakue naz eta iñdot hau ta bestie, batzuetan, hobeto esanda askotan, ixe naskatu be itxendau. **T.** El Cristobal ese así es pues, primero demasiado presumido y después completamente aburrido, tiene que notar muy bien que nadie le hace caso alguno pero siempre tiene que estar con lo mismo, yo soy así y he hecho esto y lo otro, algunas veces, mejor dicho muchas, casi hasta asquea.

BADABILL. Ya anda. **K.** Ume hori oñ be badabill okerrak itxen berriz eta meserez zaiñdu inzue, zeatik beztela baleike gertatzie atzokue, noski gure-barik izenzala baña docenabat plater apurtuauen bultza eta lurrera bota ondoren. **T.** Ese crío ya anda otra vez haciendo travesuras y cuidarle un poco por favor, porque sino puede pasar lo de ayer, claro que fué sin querer pero rompió una docena de platos después de empujar y tirarlos al suelo.

BADABITZ. Ya andan. **K.** Berriz badabitz gaizki itxen, horrei esan hala ez nola inbitxuen gauzak berdiñ izetenda zeatik eztaue sekula kasuik itxen, hurrenguen eztutziek ezer esango eta aber nola manejatzendien, bentzet apostaukonauke ze ez hainbeste gaizki oñ bezela. **T.** Ya están otra vez haciendo las cosas mal, a esos decirles o no como hay que hacerlas es igual porque nunca hacen caso. La próxima vez no les voy a decir nada y a ver que tal se manejan, al menos ya apostaría que no tan mal como ahora.

BADAKI, BAKI. Ya sabe. **K.** Eztaukotzue explikatzen hasi-bierrik nola inbitxuen gauza horreik zeatik mutil horrek badaki, eta ondo gañera zer eta nola dien inbierrekuek, bakarrik gertatzenda tonto-papela itxen haidala. **T.** No tenéis que empezar a explicarle cómo tiene que hacer las cosas porque ese chico ya sabe, y muy bien además lo que tiene y de que manera hay que hacerlas, solo pasa que está haciendo el papel de tonto.

BADAKI. (Badakik), ñ, gu, tx, tzu, tzue, xe.

BADAKAR. Ya trae. **K.** Aspalditxuen geldi antzien geotzen eta oñ ezkerrak, naiz da berandu baña askenien badakar nahiko material lanien jarraitzeko bezela bentzet. **T.** Desde hace bastante tiempo estábamos bastante parados, pero ahora gracias, aunque tarde que al fín ya trae suficiente material para por lo menos podamos continuar trabajando.

BADATOZ, BATOZ. Ya vienen. **K.** Askenien zertan geratuzara, badatoz hala ez zure lagunek mendi-buelta hontara?, ibillera hasierraño autobusan fan-bierra daukou eta derrigorrez jakinbiou zenbat izengogaren bat ero bestie enkargatzeko. **T.** Al final en que has quedado, ¿que ya vienen o no tus amigos a esta vuelta montañera?, hasta el comienzo de la marcha tenemos que ir en autobús y necesariamente tenemos que saber cuantos vamos a ser para encargar uno u otro.

BADAU. Ya hay, ya está. **K.** Begire ibilinaz eta Tomasito badau bere gelan, baña eztotena ikusi Nikaxito izenda, berien be eonaz beitzen eta gero errekreuen bebai, galdetudot han eozen mutiko batzui aber zerbatix gertaudan ta esauztie eztauela gaur ikusi. Ba orduen ziur berriz piper iñdauela. **T.** He estado mirando y Tomasito está en su clase, pero al que no le he visto ha sido a Nicasito, también he mirando en la suya y luego en el recreo, he preguntado a unos chavales a ver si ha pasado algo y me han dicho que hoy no le han visto. Pues entonces seguro que otra vez ha faltado.

BADAU. (Kek), ken, ket, kie, ko, kou, kotzu, kotzue.

BADAZ. Ya hay. **K.** Hor almazeneko bazterrien badaz zuk bierditxozun hainbeste etxaflero eta hartu gurozunak, igez sobrautakue die baña toki sikuen gordeta eondie eta ustedot ondo dazela. Baña baezpare bat probauzeike etxe azpiko patixuen. **T.** Ahí en un rincón del almacén ya hay tantos cohetes como los que tú necesitas y si quieres puedes coger lo que quieras, son de los que sobraron el año pasado pero han estado guardados en un sitio seco y creo que estarán bien. Pero si quieres y por si acaso puedes probar uno en el patio de debajo de casa.

BADIE. Ya son. **K.** Horreik be badie alperrak, arañun hasizien lan horrekiñ eta gaur goixien bukauta eonbizana ondion erdixek be eztitxue iñ, gauza da beste toki-batera aiñdute nauela fateko eta eztakitxela noix izengodan hori. **T.** Esos también ya son vagos, anteayer empezaron con ese trabajo y lo que ya tenía que estar terminado esta mañana aún no está ni a medias, la cosa es que he hecho la promesa de ir a otro sitio y no sé cuando podrá ser eso.

BADAUKO. Ya tiene. **K.** Hau da marka, sekula eztaukou bierdoun beste material ta oñ be untzak faltan geratunaz, ba arduradunak ekarri hartien beste horrena fanbikot zeatik harek ondion badauko batzun-batzuk, ero hala ustedot bentzet. **T.** Esto es de traca, nunca tenemos el suficiente material que necesitamos y ahora también me he quedado a falta de clavos, pues hasta que los traiga el encargado tendré que ir donde ese otro, aquel ya tiene todavía unos cuantos, o eso creo al menos.

BADOIE. Ya va. **K.** Ondion askotxo geratzenda pelota partidue asteko, baña halaere Euleteriok esandau bera badoiela baezpare lentxuau tokixe hartzeko danontzat. **T.** Todavía falta bastante para que empiece el partido de pelota, pero aún así Euleterio ha dicho que él por si acaso ya va un poco antes para coger sitio para todos.

BAEZPADA, BAEZPARE. Por si acaso. **K.** Nik eztauket oituraik eta halaere gabonetan betik eta baezpada loteri pixkat erostendot, batzuetan pentza izendot akaso baleikela urtetzie baña ez, oñartien bentzet ezta sekula gertau holakoik. **T.** Yo no tengo costumbre pero en navidades y por si acaso suelo comprar un poco de lotería, algunas veces he solido pensar que a lo mejor toca pero no, hasta ahora por lo menos nunca ha ocurrido nada de eso.

BAEZPAREKUE. De escasa, poca o apenas calidad. **K.** Nik guroten gauza hori etxuraz bukatu iñda eta dendako saltzaille alegiñek itxen haida aber erostendoten beste hor dauken hori, baña eztot uste hartukotenik zeatik nahiko baezparekue dala emutendau. **T.** La cosa esa que yo quiero parece que se ha terminado y el vendedor de la tienda está haciendo los posibles para que compre ese otro que tiene ahí, pero no creo que lo voy a coger porque parece que es de bastante poca calidad.

BAGA. Ola. **K.** Oñ urte batzuk dala bagak sekulako kalte haundixek inzitxuen Zarauzko malekoien, eta berdiñ beste hainbat kosta aldetan, hemengo malekoie txikituta geratuzan eta denpora luzien eongiñen fan eziñien bertara. **T.** Hace ya unos cuantos años las olas hicieron un gran daño en el malecón de Zarautz, y también en otros muchos sitios de la costa, el malecón de aquí quedó completamente destrozado y estuvimos un largo tiempo sin poder acceder allá.

BAGARA. Ya somos. **K.** Askenien be bagara, gañera danok berdintzuek, eta ezgara ezerrekiñ konformatzen, eukitxenbou bost, hamar gure izetendou eta hala geruau eta geixau gauza guztiekiñ, bielekuek eta ezbierrak kenduta noski. **T.** Al final también ya somos, además todos parecidos, y no nos conformamos con nada, si tenemos cinco solemos querer diez y así cada vez más con todas las cosas, quitando los problemas y desgracias claro.

BAGATOZ. Ya venimos. **K.** Baezpare deitzendot zeatik badakitx ardura pixkatekiñ eongozariela baña lasai eon, berandutxo baña bagatoz, gertauda inportatzi-bako arazo txikibat eukidoula. **T.** Llamo por si acaso porque ya sé que estaréis un poco preocupados pero estar tranquilos, un poco tarde pero ya venimos, ha pasado es que hemos tenido un pequeño problema sin importancia.

BAGAZ. Ya estamos. **K.** Edelmirok deitxudust esanaz kontatzeko berakiñ bazkai hortarako, eta orduen aber, gu bostok eta Edermiro bagaz, baitxe Anselmo eta Meliton be, ba beste iñor ezpada asaltzen danera zortzi lagun izengogara. **T.** Edelmiro me ha llamado para decir que contemos con él para esa comida, y entonces a ver, nosotros cinco y Edelmiro ya estamos, Anselmo y Melitón también, pues si es que no aparece ninguno más en total vamos a ser ocho personas.

BAGILA. El mes de Junio. **K.** Teodorok esauzten bera bagila illien jaiozala eta nola, sigeroko gauza errarue iruitujaten, il hortan ta bera jaiozan eguneko aste osue jai hartzendauen. **T.** Teodoro me dijo que él nació en el mes de de junio y cómo, me pareció una cosa demasiado rara, en ese mes y toda la semana que correspondía al día que nació cogía fiesta.

BAGITZEN. Eramos. **K.** Atzo alkartunitzen Toribiokiñ eta komestatzen ibilizan nola atzo goixien eonzan Elixan bere izenzan lagun urteaurreneto mesetan, eta baitxe geruau ta gutxiau geratzen haiziela euron kuadrillan, nik be esanutzen hasieran bagitzela hamabi lagun, baña oñ eta lau hil ondoren zortzi bakarrik geratzegarela. **T.** Ayer me junté con Toribio y estuvo comentando que cómo ayer a la mañana había estado en la Iglesia por la misa de aniversario del que fué un amigo, y que cada vez quedaban menos en su cuadrilla, yo también le dije que nosotros al principio éramos doce, pero después de que han muerto cuatro ahora solo quedamos ocho.

BAGOAZ, BAGOIEZ. Ya vamos. **K.** Jakiñleike zertarako daukotzun hainbeste prixa?, Donosti gerotxuau be oñ dauen toki bertan eongoda eta eztaukotzu zeatik eon halako urduri, ba lasaitu eta etxoiñ pixkat bagoiez ta. **T.** ¿Se puede saber para qué tienes tanta prisa?, un poco más tarde San Sebastián también estará en el mismo sitio que está ahora y no tienes porque estar tan preocupado, pues tranquilízate y espera un poco que ya vamos

BAHABILL, BABILL. Ya andas. **K.** Oñ be babill bazterrak endreratzen eta jakinleikek zer haiaizen billatzen?, ba aurrena baezpare galdetu aber bestiok dakigun eta oñ gelditxuai mezerez zeatik dana nahasten habill ta. **T.** Ya andas ahora también revolviendo por todas las esquinas, ¿ y se puede saber que es lo que estás buscando?, pues por si acaso primero pregunta a ver si los demás lo sabemos y ahora para por favor porque lo estás mezclando todo.

BAHABIÑ, BABIÑ. Idem. a bahabill, pero en femenino.

BAHABITZEN. Ya andaban. **K.** Bai, bahabitzen lanien, nik hala ikusinitxun atzo goixien eta hiru bentzet han eozen, ta bestiek eztakitx zeatik enitzen pasa eurok ibilikozien tokitxik, baña ustedot, ixe ziur, han eongoziela. **T.** Sí, yo ayer a la mañana ya les vi como aquellos tres andaban trabajando, y de los otros no sé porque no pasé por donde podían tener el tajo, pero supongo, casi seguro, que que allá estarían.

BAHALDAU, BAHALDO? ¿Ya hay? **K.** Aber, gauzabat galdetzera etorrinaz, Barbastro tomate larroxa tipokue dana hiru docena landara biekoitxuk, eta bahaldau zure dendan?, ezetz?, ba beste nunbaitxen beiubikot eta kasualitatez zuk badakitzu nun eonleikien? **T.** A ver, he venido a preguntar una cosa, necesito tres docenas de plantas de tomate del tipo rosa de Barbastro, ¿y ya hay en tu tienda?, ¿qué no?, pues tendré que mirar en otro sitio ¿y por casualidad tú sabes dónde los puedo encontrar?

BAHAPURDIÑE. Molleja. **K.** Doroteok esauzten nola bere andriei asko gustatzejakon ollakuen bahapurdiñek, baitxe apenas daukela aukera haundirik jateko zeatik inguru honeitan ezala bape errexa izeten billatzeik, baña berai, Doroteoi, etxakola asko inportik eztaukelako larreiko estiman. **T.** Doroteo me dijo que a su mujer le gustan mucho las mollejas de pollo, también que apenas tiene muchas oportunidades de comerlas porque no es nada fácil encontrarlas por esta zona, pero que a él, Doroteo, no de importaba mucho porque no les tiene demasiada estima.

Errezetabat: Ollaskuen bahapurdiñek enpanauta. Oñ bahapurdiñek garbixek saltxeitxue baña halaere ezta txarra izeten zertxobaitx egostie ur irikitxen prestatu aurretik, bost ero xei miñutikiñ nahikue izengozan. Ondoren atara, ondo siketu trapu-batekiñ eta moztu xerra izengolitzen bezela, gatza ta piper autza bota, gero pasa errallauko ogixen, perrejill ta berakatz txikituta nahasi daukena, eta hori iñ ondoren prijitxu olixo ugerikiñ. Modu hau enpanauta izengolitzake baña baitxe berdintzu da errebozauta izetenbazan, urune eta arrautakiñ. Erozeiñ modutan batera ero bestera izen miñutu gutxi barru gertu eongozan.

Una receta: Mollejas de pollo empanadas. A pesar de que ahora las mollejas las venden limpias no está de más hervirlas un poco antes de cocinarlas, con cinco u seis minutos sería suficiente. Se sacan y se secan muy bien con un trapo, se filetean, salpimentan, luego se pasan por el pan rallado que tiene perejil y ajo y después de hacer eso se fríen en abundante aceite. Este método se llama empanar pero también sería parecido si fuera rebozado, con harina y huevo. En cualquier caso tanto sea de una forma u otra en unos pocos minutos estará listo.

BAHATOR?, BATOR?. ¿Ya vienes, vas a venir? **K.** Beno, esan inbikok ba bata ero bestie, bator o esator kuadrillako afaira?, betik eta etxakixat zeatik, askenengo ordurarte zai eon-bierra izetejuau ire erantzunai. **T.** Bueno, tendrás que decir lo uno o lo otro pues, ¿vas a venir o no a la cena de la cuadrilla?, siempre y no sé porqué, hasta última hora tenemos que estar esperando a tu respuesta.

BAHAUEN, BAUEN. Ya había, ya estaba. **K.** Melokotoi onak gurebozue erostie baezpare fanzaitxeze han bestaldien dauen denda hartara, oñ akaso ezte gelditxuko baña atzo bentzet bauen eta ugeri gañera. **T.** Si queréis comprar buenos melocotones iros por si acaso a aquella tienda que está al otro lado, ahora quizá ya no queden pero ayer al menos ya había y además en abundancia.

BAI. Sí, afirmación. **K.** Egun honeitan ikasle guztiek haidie etxeik etxe eta berdiñ kalietan, jentiei galdetzen aber guredan errifak erosteik ikastolan alde, ta nola gauza onetarako dan ba batzui bai esan-bierra izetenda. **T.** Estos días todos los estudiantes andan de casa en casa y también por las calles, preguntando a la gente ver si se quiere comprar rifas a favor de la ikastola, y cómo es para una buena causa pues a algunos hay que decirles que sí.

BAHAUKEN, BAUKEN. Ya tenía. **K.** Bai, noski baietz, bauken eta ugeri gañera, eta oñ zer?, ba diru guztiek jokuen fandiela eta ezer-barik geratu, eta ez ezer-barik bakarrik, gañetik izugarri zorrakiñ. Eta marka da zeatik urte parebat dala ixe bi milloi euro irabazitxekue da kiniela horretan. **T.** Si, claro que sí, ya tenía y además mucho, ¿y ahora qué?, pues que todo el dinero se le ha ido en el juego y se ha quedado sin nada, y solo sin nada tampoco, encima con un montón de deudas. Y es de traca porque hace un par de años ganó casi dos millones de euros en la quiniela esa.

BAI BAÑE. Si pero… **K.** Zu be pixkanaka basoiez aldatzen ta gaur esandakuaz nahiko konforme nau, eta bai bañe halaere gauzabat, nik ustedot ondion be kotxien balixo hori zertxobaitx geixau jexteko bezela izengozarela. **T.** Tú también ya vas cambiando poco a poco y con lo que me has dicho hoy estoy bastante conforme, y sí, pero aún así una cosa, yo creo que todavía podrías bajar un poquito más el precio del coche.

BAIBENA. Movimiento, balanceo. **K.** Zu ezaz burutik ondo, ni barraka horretan jarri?, ezta pentzatuere, larreiko baibena dauko nere gustorako eta ziur nai mariau ingonitzela. **T.** Tú no está bien de la cabeza, ¿que yo me monte en esa barraca?, ni se me ocurre, tiene demasiado balanceo para mi gusto y estoy seguro de que me marearía.

BAI-DA, BAI DA. Ya es. **K.** Aspalditxuen ezgara larreiko zorion langille berri horreikiñ, baña halaere mutill gazte horreatik eziñda ezer txarrik esan zeatik hori bai da bierdan bezelakue, ez beste etxura-bako horreik bezela. **T.** Desde hace ya bastante tiempo no estamos con demasiada suerte con los nuevos trabajadores, pero aún así sobre ese chico joven no se puede decir nada malo porque ese ya es como tiene de ser, no como esos otros impresentables.

BAIETZA, BAIEZKUE. Aceptación, afirmación. **K.** Gauzabat, nola apenas inportantzik dauken baezpare baietza emuiozue horrek esatenduenai zeatik beztela baleike asarratzie, gero iñ zuek gurozuena eta zuen eskuetan dau kasu iñ ero ez. **T.** Una cosa, como apenas tiene ninguna importancia por si acaso contestar afirmativamente a lo que diga ese porque sino puede que se enfade, luego hacéis lo que queráis y en vuestras manos está el hacerle caso o no.

BAIEZTAU, BAIEZTU. Confirmación, ratificación. **K.** Gauza dan honeik eta baieztu aurretik derrigorrez ondo beitubierrien gara, hala ez iñezkero eta zerreozer gaizki urten, gero eztauko bueltaik eta zer-iñik bez. **T.** Antes de confirmar todas estas cosas necesariamente tenemos que mirarlo todo muy bien, sino se hace así y si algo saldría mal, luego no tiene vuelta ni hay nada que hacer.

BAIETZ. Que sí. **T.** Atzo eta afal ondorengo berotazunien aposta iñde geratuzan, ta da Gaxparrek baietz irabazi Meltxorri fan ta etorri korrikan Zarautz eta Getari tartien, baña bere gauza dauko, bixek zapatakiñ inbikolaukiela. Jokuen dau bost lagunendako afaixe, eta epai bezela Baltaxar jarridaue. **T.** Ayer con la calentura que había después de haber cenado la apuesta quedó concertada, y consiste a que sí le gana Gaspar a Melchor corriendo ida y vuelta entre

Zarautz y Getaria, pero tiene su cosa, que los dos tendrían que hacerlo con zapatos. Está en juego la cena para cinco personas y como juez han puesto a Baltasar.

BAI JAUNA. Sí señor. **K.** Ezinleike esan etorridan langille berri horrek errespetue eta edukazioik faltadauenik, erozeiñ gauza aiñdu ondoren bere erantzuna betik izetenda bai jauna esanaz. **T.** D esel nuevo trabajador que ha venido no se puede decir que le falte la educación y el respeto, después de que le mandes cualquier cosa siempre te contesta diciendo sí señor.

BAIKORRA. Optimista. **K.** Plazido bai dala gizonbat benetako baikorra, eztau gauza askotara jolasten baña zerbaitx hartzedauen bakoitxien, loteri, primitiva ero beste holakorenbat, esatendau bere pentzamentue izetendala zertxobaitx bentzet urtengutzela eta akaso zeatik ez aurreneko premixue be. Gero normalki ezta hala izeten baña horreatik ezta desanimatzen eta hurrenguen be animo berdiñekin jarraitzendau. **T.** Plácido sí que es de verdad un hombre optimista, no suele jugar a muchas cosas pero cada vez que coge algo, lotería, primitiva u otra cosa parecida, dice que su pensamiento es que por lo menos algo le va a tocar y quizá porque no también el primer premio. Luego normalmente no suele ser así pero no se desanima por eso y la próxima vez continúa con el mismo ánimo.

BAIMENA. Permiso. **K.** Nahiko aspalditxik erozeiñ erreforma txiki ero haundi nai izenezkero itxie baserri, kaleko etxien ero beste erozeiñ tokitxen, aurrena baimena eskatu inbierra izetenda Udaletxien. **T.** Desde hace ya bastante tiempo cualquier reforma grande o pequeña que se quiera hacer en el caserío, casa de la calle o cualquier otro sitio, primero hay que pedir permiso en el Ayuntamiento.

Aspaldiko esaerabat: Ixilik dauena, baimena emunde dauko.

Un proverbio vasco dice que quien calla otorga.

BAIMENDU. Dar permiso, autorización. **K.** Beno, askenien asteko bezela gara zeatik Udaletxiek baimena emundau baserriko erretellie itxeko, halaere gaur ezingoda izen zeatik eurixe dau eta gañera eztauko gelditxukodan etxura askoik. **T.** Bueno, al final ya estamos como para empezar porque el Ayuntamiento ya ha concedido el permiso para hacer el retejo del caserío, aunque de todas maneras hoy no va a poder ser porque está lloviendo y además no tiene mucha pinta de que vaya a parar.

BAINA (K). Vaina. Judías verdes. **K.** Toribiok esatendau aurtengo urtie, guk eziñdou esan hori, oso ona izen omendala eta ortuko landara guztiek bete-betiek diela bainakiñ. **T.** Toribio dice que este año, nosotros no podemos decir eso, ha sido muy bueno y que todas las plantas de la huerta están completamente llenas de vainas.

BAI NOSKI. Si por supuesto. **K.** Ikustezaut hor zarela ate aurrien zerbaitx esateko goguekiñ, zer guroztazu galdetzie, aber daukaten zulatzeko makiña?, bai noski eta bier izen-ezkero etxat bape inportik izteik. **T.** Estoy viendo que estás ahí delante de la puerta queriendo decir algo, ¿qué me quieres preguntar, a ver si tengo un taladro?, sí por supuesto y si lo necesitas no tengo ningún inconveniente en dejártelo.

BAIONESA, BAIONESIE. Mayonesa. **K.** Nola izetendien gauzak, betik entzun izenda ze etxeko bezelakoik ezer eztauela, baña nerekiñ, asunto hontan bentzet, bestaldera gertatzenda zeatik geixau gustatzejat andriek ekartzendauen poteko baionesa etxien iñdekue baño. **T.** Como suelen ser las cosas, de siempre se ha oído que no hay cosa mejor que la de casa, pues conmigo, al menos en este caso, pasa al contrario porque me gusta más la mayonesa de tarro que trae mi mujer que la que se hace en casa.

BAIOIXE, BAI HORIXE. Muy cierto. Claro que sí. **K.** Atzo Honoratoi galdetunutzen aber etorrileikien laguntzera lan batzuk itxeko ortuen, lurra atxurtu, satza bota eta gero dana bueltau, ta ni ordez fangonitzela hurrenguen berana, eta esperonauen bezela baioixe izenda erantzuna. **T.** Ayer le pregunté a Honorato a ver si podría venir a ayudarme en la huerta para hacer unos trabajos, cavar la tierra, echar estiércol y luego voltear todo, y a cambio que ya iría yo donde él la próxima vez, pues tal y cmo esperaba la respuesta ha sido que claro que sí.

BAI SEGURU. Estar bien seguro de algo. Afirmación. **K.** Aber garbi jartzeitxun gauzak, zuk komestaudozun hori nik eztot esan eztala hala izengo, bakarrik baleikela hala izetie baña bai seguro nauela nik esandakuaz. **T.** A ver si ponemos las cosas claras, yo no he dicho que eso que tú afirmas no sea tal y como lo cuentas, solo que puede que sea así pero de lo que estoy bien seguro es de lo que he dicho yo.

BAITA, BAITXE. Que sí, que también. **K.** Ekarridozun gauza horreik ikusi ingoitxut erosi aurretik baña gauzabat, beste horreik han eskutu antzien daukotzunak baitxe naidot ikustie eta horreikiñ nahikue dauket, gero erabakikot eta esangotzut zerbaitx. **T.** Antes de comprar voy a mirar las cosas que has traído pero una cosa, también quiero ver esas otras que tienes ahí medio escondidas y con esas ya tengo suficiente, luego ya decidiré y te diré algo.

BAIZEA, BAI-ZERA. No puede ser, es imposible. **K.** Baizea, lan hori ezta iñola posible itxeik zuk esan ta naidozun bezela, hemen bentzet eztaukotzu hainbeste tokirik eta nik ustedot beste modubat ero beztela beste lekubat billatu inbikozula. **T.** No puede ser, no es posible de ninguna de las maneras hacer ese trabajo como tú dices y quieres, aquí por lo menos no hay sitio suficiente y yo creo que tendrás que buscar otra manera u otro lugar para hacerlo.

BAIZIK. Si no puede ser. **K.** Aber, aurrena ondo erabakibikou baizik ezpada posible izeten modu hortan itxeik, momentuz bentzet bertanbera lagabikou, eta gero aurreratxuau ikusikou beste nolabaitx inleiken. **T.** A ver, lo primero lo tenemos que hacer es pensar bien, y luego si no puede ser o lo podamos hacer de esa forma lo tendremos que abandonar de momento, y más adelante ya veremos si se puede hacer de alguna otra manera.

BAJAK, BAJAN. Ya está, ya hay. La primera palabra sería referida al género masculino y la segunda al femenino.

(Ver las definiciones de badau y badaz).

BAJAU. Bajar. **K.** Konsuelo, mezerez bajau iñizu zertxobaitx persiana hori, eguskixe bete-betien emuten haida begixetan eta apenas ezer ikustendot irakurtzen hainazen liburue. **T.** Konsuelo, por favor baja un poco esa persiana, el sol me está dando de lleno en los ojos y casi no veo el libro que estoy leyendo.

BAJU. Demasiado bajo. **K.** Askoz hobeto izengou otar horreik kargatzie zerbaitxen gañien jarritxe, hor lurrien dazela larreiko baju geratzendie eta asko kostatzenda jasotzie bixkerrera. **T.** Es mucho mejor que cargemos esos cestos poniéndolos encima de algo, ahí estando en el suelo quedan demasiado bajos y cuesta mucho cargarlos al hombro.

BAKALLAUE. Bacalao. **T.** Ze ona izetendan bakallaue eta gañera erozeiñ modutan prestauta, saltza berdien, pilpilen, plantxan ero prijitxuta kipula ta piper berdiekiñ lagunduta, eta zer esan tortilla ero errebueltuen, danera oso ona eta neri ta ixe etxeko danoi pillabat gustatzejaku. **T.** Qué bueno es el bacalau y además preparado de cualquier manera, en salsa verde, al pilpil, a la plancha o frito acompañado con un poco de cebolla y pimiento verde, y que decir en tortilla o revuelto, de todas las formas muy bueno y a mí y a casi todos los de casa nos gusta un montón.

Errezetabat: Bakallaue ixe saltza berdien. Lapiko baju ta zabalien jartzenda dexente olixo eta batera ugeri xamar berakatz, zabaletara laminan moztuta eta piper gorri pikantie, zenbat norberak ikusikodau, arrimatzendou lapikue sutara, motel antzien dauena, eta berakatza kolorie hartu aurretik plater-batera ataratzendie. Bakallau zatixek ondo sikauta eukikoutxu eta honeik olixotara sartu azala gañien dauela eta hiru ero lau miñutu inguru pasa ondoren atara sutatik eta kanpuen buelta emun bakallau zatixei eta bertan ixti beste miñutu parebaten, bi gauza honeik zer-ikusixe daukie zenbateko senduek dien zati horreik. Kentzenda olixo geixena aurretik frigorifikon hotziketan eondan katillura eta pixkanaka hastenda mantzo mobitzen lapikue buelta-batzuk emunaz ta katilluen dauen olixue gutxika botatzen. Arrima berriz su motelera eta eztixen larrei sendotu saltza nik oitura dauket botatzeko ardau txuri apurbat aurretik alkoka kenduta. Beñ eta saltza geratzendanien norberan gustora bakarrik gelditzenda perrejille botatzie, hu txiki txiki iñde, gero plateran daukoun berakatza jarri txukun gañien eta hau iñ ondoren gertu dau ta jaten hasteko bezela. Eta ez astu eranaz, ona noski zeatik plater honek merezidau.

Una receta: Bacalao casi en salsa verde En una cazuela ancha y baja se pone abundante aceite y se echa bastante ajo fileteado y poco de guindilla roja, uno mismo verá cuanto, la cazuela se coloca al calor, bastante suave, y antes de que se dore el ajo se sacan a un plato. Ya tendremos bien secos los pedazos de bacalao y se colocan en el aceite con la piel para arriba y cuando pasen tres o cuatro minutos se aparta del fuego, y una vez fuera la cazuela se da la vuelta al bacalao y se deja allá mismo otro par de minutos, todo esto depende del grosor que tengan los pedazos. Sacar la mayor parte del aceite a un tazón que se habrá enfriado en el frigorífico y empezar a menear la cazuela suavemente en pequeños círculos añadiendo poco a poco el aceite del tazón. Arrimar de nuevo a fuego bajo y para que no engorde demasiado la salsa yo suelo tener la costumbre de añadir un poco de vino blanco al que ya se le ha quitado el alcohol. Una vez ligada la salsa al gusto de cada uno solo queda echar perejil bien picado, colocar por encima de forma curiosa el ajo que tenemos en el plato y después de hacer esto queda ya preparado y listo para comer. Y no nos olvidemos de la bebida, claro que de buena calidad porque el plato lo merece

Bakallauen kokotxak eta almejak saltza berdien: Erosteitxu kokotxak, kilobat ingurukiñ bost ero xei lagunentzako nahikue izengoda. Aurrena itxendouna kokotxak kentzie bueltan daukien kanpoko azala eta honeik jartzeitxu kazuen egosten ura ta ardau zurixaz, danera baso betie, porru zatibat, beste kipula eta azenaixo puzketa bana ta perrejille. Gauzabat, kokotxa batzuk haundi xamarrak baldinbadie erdibitxu be inleike. Hurrengo inbierrekue da almejak zabaltzie ardau zurixen, gero zabaldu-hala fan ataratzen ontzi-batera eta gorde saltza hori irazi ta gero. Eta oñ kokotxak, jartzendou altura gutxi ta zabaleko lapikobat olixo dexentiaz eta botateutzou zortzi ero hamar berakatz ale zabalera moztuta, nai izen-ezkero osuek be botaleixo eskuaz zapaldu ondoren, piper miñ pixkat eta kolorie hartu aurretik atara itxeitxu. Aparta lapikue sutatik eta olixue pixkat epeltzendanien sartzendou ia gatztuta dazen kokotxak, zabal eta azala gora dala, arrima berriz sutara eta eukitxeitxu su bajuen hirubat miñutu mobimentu txiki batzuk emunaz. Kendu su hondotik, erretirau olixo geixena frigorifikuen eukidoun katillura eta hasi mantzo lapikue bueltatzen lapikue jelatina ataratzen hasteko, fan botatzen pixkanaka katilluen daukoun olixue eta segi mobitzen modu berdiñien nahiko sendutu hartien saltza. Orduen arrima berriz sutara eta hau motelien dala nahastu kazuen dauen azalan salda eta gordedoun almejana. Noski norberak ikusi-bierra dauko zenbat, saltza geratu harte naidan bezela. Ba bakarrik geratzenda txukun jartzie daukoun almejak eta len ataradoun berakatzak, dan hori iñ ondoren bota perrejill ugeri fiñ moztuta. Gauzabat, nai izen-ezkero ugeritxuleike gula-batzukiñ gutxi geratzendanien bukatzeko. Nere ustez ondo geratzenda eta badakitzue ze beste gauza eztan astu-bierrekue.

Kokochas de bakalao con almejas en salsa verde: Compramos las cocochas, para cinco o seis personas con un kilo aproximadamente sería suficiente. Lo primero que haremos será recortar las pieles que tienen laa cocochas en la parte de fuera a la vuelta y estas las ponemos a cocer en un cazo con agua y vino blanco, en total con un vaso bastará, un poco de puerro, también lo mismo de cebolla, zanahoria y perejil. Una cosa, si algunas de las cocochas son grandes la podemos dividir por la mitad a lo largo. Lo siguiente que tenemos que hacer es abrir las almejas en vino blanco, a medida que se vayan abriendo las vamos sacando a un recipiente y la salsa la guardamos después de colarla. Y ahora las cocochas, en una cazuela ancha y baja ponemos aceite sin escatimar y echamos ocho o diez dientes de ajo laminados, si se quiere también se pueden echar enteros una vez aplastados, un poco de guindilla picante y antes de que cojan color los sacamos. Apartamos la cazuela del fuego y en cuanto en aceite se atempere un poco introducimos las cocochas, anchas y con la piel para arriba, después de haberlas salado, volvemos a arrimar al calor y lo tenemos unos tres minutos a fuego bajo dándoles unos pequeños movimientos. Luego apartamos la cazuela del fuego, quitamos la mayor parte del aceite y lo dejamos en un tazón que lo habrá estado en el frigorífico, empezamos a mover suavemente la cazuela para que empiece a soltar la gelatina y sin dejar de mover vamos añadiendo poco a poco el aceite del tazón hasta que la salsa se espese lo suficiente. Entonces volvemos a aproximar al calor y a fuego bajo vamos echando el caldo de las pieles y la salsa que hemos guardado de las almejas. Claro está que cada uno verá la cantidad hasta que la salsa resultante quede como se quiera. Pues ya solo queda colocar de forma curiosa las almejas y los ajos que se habían sacado con anterioridad, y después de hacer todo esto echar abundante perejil finamente picado. Una cosa, si se desea se puede aumentar el contenido de la cazuela añadiendo unas gulas cuando no quede mucho para terminar. Yo creo que quedan bien y ya sabéis de que asunto no hay que olvidarse.

Errezetabat: Bakallauen tortilla ero errebueltue. Errezeta hau lau lagunentzat izengolitzake. Sartakiña dexentebaten jartzendou potxatzen kipula ta piper berde parebana, hirubat berakatz ale eta piper miñe, batzuk be botateutzie porruen zuri pixkat, dana fiñ moztuta baña larrei-barik eta neri gustatzejat julianan izendeixela, hau potxau bitxertien lapiko txikibaten jartzendou bi zati bakallau dexentiek mantzo konfitatzen olixotan. Bueno ba ia ezta asko getatzen, denpora gutxi barru bakallaue atara eta laminau, moztu ez larreiko zati txikitan, nik azala be aprobetxatzendot, hau bai txitxi txiki iñde eta nahastendou sartakiñan daukoun berdurakiñ baña olixo geixena kentu ondoren. Ba bakarrik geldiketanda arrautzak botatzie, xeikiñ nahikue izengozan eta oñ norberak ikusikodau, tortilla bezela bukatu ero errebuentuen, nere ustez errebueltuen hobeto eta untura geixaukiñ geratzenda. Eta ez astu aurreko errezetan esandakuaz.

Una receta: Tortilla o revuelto de bacalao. Esta receta sería para cuatro personas. En una sartén decente ponemos a pochar un par de cebollas y otro par de pimientos verdes, tres dientes de ajo y guindilla picante, algunos también le echan un poco del blanco del puerro, todo cortado fino pero sin que sea demasiado y a mí me gusta hacerlo en juliana, mientras se pocha en una cazuela pequeña ponemos a confitar suavemente en aceite dos pedazos hermosos de bacalao. Pues bueno ya no queda mucho, después de poco tiempo sacamos el bacalao y hacemos láminas, las cortamos en pedazos no demasiado pequeños, yo incluso suelo aprovechar la piel, esta sí cortada muy fina, y lo mezclamos con la verdura que tenemos en la sartén pero después de haberle quitado la mayoría del aceite. Y ya solo nos quedaría echar los huevos batidos, con seis sería suficiente y ahora cada uno verá, si finalizar al modo de tortilla o revuelto, yo creo que queda mejor y más jugoso como revuelto. Y no os olvidéis de lo que en la anterior receta hemos dicho.

BAKANDU. Separar, desperdigar, disgregar. **K.** Atzo jasogitxun tomatiek azokara eruen aurrretik bakandu inbierra daukou saltzen jartzeko , txikiñek aldebatera, zertxobaitx haundixauek eta etxurazkuek dienak bestaldera, eta gero asken honeik zerreozer karestixau saldukoitxu. **T.** Antes de llevarlos al mercado para ponerlos a la venta tenemos que separar los tomates que recogimos ayer, los pequeños a un lado y los que son algo más grandes y tienen un poco más de presencia al otro, y después estos últimos los venderemos un poco más caros.

BAKAR BAKARRIK. Muy solo. Solamente uno. **K.** Eztaukotzu hainbeste jardunien ibili-bierrik eta gañera sigero alperrik zeatik bakar bakarrrik baten bierrien nau eta eztot besteik eruengo, eta ez zuk esatendozun bezela baezpare oso komenigarrixe izengozala. **T.** Es completamente inútil que andes insistiendo porque solamante necesito uno y no voy a llevar ningún otro, y no como tú dices que por si acaso sería muy conveniente.

BAKARDADIE. Soledad. **K.** Torkuato alargun geratuzan eta berak esatendau oñ eztaukela beste erremeixoik bakardadien ibili baño eta hala bizi, halaere nik ustedot pentzamentu horreik momentukuek izengodiela zeatik dauken ezbierra ontxe gertau-barri besteik ezta izen, eta gañera badauko dexente lagunek be. **T.** Torcuato desde que ha quedado viudo dice que ahora no le queda más remedio que andar y vivir en soledad, pero yo creo que esos pensamientos serán momentáneos porque todavía es muy reciente la desgracia que acaba de pasar, y además también tiene suficientes amigos.

BAKARKAK. Solamente algunos, algunas cosas. **K.** Nik eztot uste hainbeste jente eongodanik angulak erosteitxuenak gabonetarako, akaso hobeto esanda bakarkak izengodie, eta honeik be eztot pentzatzen kiloka eruengoitxuenik. **T.** Yo creo que no será tanta la gente que compre angulas para las navidades, quizá mejor sería decir que solamente algunos, y pienso que tampoco estos lo llevarán por kilos.

BAKARRA. Unico (a), solamente uno (a). **K.** Zu zara elementue, betik haizara pentzatzen nola eta noix komenidan okerrak itxie, ta hau geixenbaten izetenda iñor eztauenien, nik ustedot asunto hontan bakarra izengozarela zeatik apostaukonauke Azpeitxi guztien eztala eongo zu bezelako besteik. **T.** Vaya elemento que estás hecha, siempre pensando cómo y cuándo conviene hacer las travesuras, y esto casi siempre coincide cuando no hay nadie, yo creo que en este asunto serás única porque ya apostaría que en todo Azpeitia no habrá otra como tú.

Aspaldiko esaerabat. Alaba bakarra etxien gerra.
Un antiguo proverbio vasco dice que hija única, guerra en casa.

BAKARREN. Ya traía.
(Ver la definición de akarren).

BAKARRIK. Solo, único. **K.** Gizon horrek eztau emuten lagun askoik daukenik zeatik betik ikustejako bakarrik haidala, bai pasiatzen eta bai tabernan, hemen betik jarritxe eta zerbaitx irakurtzen, nik ustedot alarguna ero mutil-zarra izengodala. **T.** Ese hombre no parece que tenga muchos amigos porque siempre se le ve anda solo, bien cuando está paseando y también en la taberna, aquí siempre sentado y leyendo algo, yo creo que será viudo o un solterón.

BAKARRISKETA. Monólogo. **K.** Zenbat jente ikustendan kalien etxura guztie daukiena bakarrisketan haidiela, jeneralki bakarrik eotendie, iñor ez aldamenien eta beso ero eskuek mobitxuaz barriketan fatendie, baña berba itxendauenaz telefono bestaldien dauena da, ero izengoda, auskalo. Benetako, nere ustez, xelebre xamarrak. **T.** Cuánta gente se ve por la calle que dan la impresión que están monologando, generalmente están solos, sin nadie al lado y a la vez que mueven los brazos o manos van charlando, pero con el o la   que hablan es la persona que está, o estará, al otro lado del teléfono, cualquiera sabe. De verdad creo yo que son algo extravagantes.

BAKARTI. Se dice de la persona solitaria, que no le gusta relacionarse con nadie. **K.** Kaximiroatik benetan ezanleike bape erru-barik bakartibat dala, esatejakon bakoitxien, gañera nahiko sarri izetenda, etortzeko gurekiñ fatie guroun nunbaitxera eta berdiñ bazkai ero afaienbat itxeko asmue daukounien, berak, Kasimirok, naiz eta gu alegiñdu eztau sekula nai izeten. **T.** De Casimirio si que se puede decir sin error alguno que es una persona solitaria, cada vez que se le dice, además suele ser bastante a menudo, a ver si quiere venir con nosotros a algún sitio que vayamos y lo mismo a alguna comida o cena que se vaya a hacer, él, Casimiro, a pesar de que nos esforcemos nunca suele querer.

BAKARTU. Aislarse. **K.** Bere nobixak itxi azkero Anselmo asko bakartuda, oñartien betik izenda kale-zalie eta oñ apenas ikustejako, nik sarri esateutzet urtetzeko eta hala akaso eztala halako zalla izengo bestebat billatzie, baña eztakitx noixbaitxen kasu inguzten. **T.** Desde que le ha dejado la novia Anselmo se ha aislado mucho, hasta ahora siempre le ha gustado la calle y ahora apenas se le, yo le digo muchas veces que salga y que quizá así no sea tan difícil encontrar otra, pero no sé sí alguna vez me hará caso.

BAKAZIÑUEK. Vacaciones. **K.** Ondo kostata baña laister etorrikodie gabonetako bakaziñuek eta aurten oso ondo dau zeatik hamazortzi egun izengodie, oñ zalantza pixkat be gertaujat, kontatzen hasinaz eta gogoratunaz ze kendu-ezkero Elixara fateko egunak eztakitxela beste banaka-batzuk geratukodien eskiatzen fateko bezela. **T.** Han costado bastante pero ya pronto vienen las vacaciones de navidad y este año está muy bien porque son dieciocho días, ahora que también me ha surgido una pequeña duda, he empezado a contar y quitando los días que hay que acudir a la Iglesia no sé si van a quedar algunos otros para poder ir a esquiar.

BAKETU. Reconciliar, amigarse. **K.** Lengo bi lagun horreik hainbeste urtien asarre eondie eta askenien emutendau, naiz da akaso ondion guztiz ez izen, baketudiela, bentzet ikusi izendaue alkarreaz bazkaltzen haiziela eta hori zerbaitx da, eta ez horreatik bakarrik zeatik baitxe ordue zalako be. **T.** Esos dos que antes han sido tan amigos y después de haber estado tantos años enfadados parece que por fín, aunque quizá todavía no haya sido del todo, se han reconciliado, por lo menos ya les han visto que estaban comiendo juntos y eso ya es algo, y no solo por eso sino que también porque ya era hora.

BAKIE. Paz, relajación, buena disposición. **K.** Eskolapio esaten ibilijat ze hori dala bakie, askenien andrie ta bixok bakarrik oporretan seme-alaba barik, baezpare ta gogo gutxikiñ galdetu inzutzien aber naizauen eurokiñ fateik eta erantzuna ezetza izenzala, ba iruitujakon oso ondo zala, bai eurontzat eta akaso norberantzat geixau. **T.** Escolapio me ha estado diciendo que vaya paz, que por fín la mujer y él solos de vacaciones sin hijos, comenta que por si acaso y sin muchas ganas les preguntaron a ver si querían ir con ellos, que la respuesta fue negativa y que le pareció muy bien, tanto para ellos y quizá más para uno mismo.

BAKIEN. En paz. **K.** Mezerez eskatzendotzuet bakien eoteko zuen hartien, jakinleike zeatik eziñ halzarien konpondu,?, betik daukotzue burrukan ibili-bierra ta gezurre emutendau anaiek zarienik, etxatzue iruitzen noixbaten konpontzen hasi-bierra daukotzuela, ero?, ba gaur bertan akaso ezta egun txarra izengo. **T.** Por favor os pido que entre vosotros esteís en paz, ¿se puede saber porqué no os podéis arreglar?, siempre teneís que estar peleando y parece mentira que seaís hermanos, ¿no os parece que algún día tendréis que empezar a arreglaros, o qué?, pues quizá hoy mismo no sea un mal día para eso.

BAKITZU, BADAKITZU. Ya sabes. **K.** Zuk badakitzu eta oso ondo gañera zeiñ izendan hori iñdauena eta ezpozu nai esateik zure arazo bakarra izengoda, nik badauket beste modu batzuk jakitxeko eta baleike gaur bertan enteratzie. **T.** Tú ya sabes y además muy bien quien ha sido el que ha hecho eso y si no lo quieres decir solo será problema tuyo, yo ya tengo otros medios para enterarme y puede que hoy mismo lo sepa.

BAKOTXA, BAKOITXA. Cada uno. **K.** Beno, errepartue iñde geratuda eta ustedot haldan modu onien izendala, oñ bakotxa berie hartu eta ezpaukotzue ezer esatekoik emundakuen buruz fanzeikie, eta bixer hemen betiko orduen. **T.** Bueno, ya hemos hecho el reparto y yo creo que ha sido lo mejor que se ha podido, ahora coger cada uno lo vuestro y si no teneís nada que decir sobre lo que habeís recibido ya podeís marchar, y mañana aquí a la misma hora.

BAKOTXA BERIE. Cada uno solo con lo suyo. **K.** Zueitik batzun-batzui lendik ondo esauketazauet, ba kontuz ibili eta bakarrik hartu bakotxa berie dana eta bestiena itxi hor pakien, hareik be etortzendienien eurona dana osoik dauela guerakodaue ikustie. **T.** A algunos de vosotros ya os conozco bien de antes, pues andar con cuidado y coger cada uno solo lo que sea suyo y dejar ahí en paz lo de los demás, aquellos también cuando lleguen querrán ver que lo que les corresponde está entero.

BAKOTXIEN, BAKOITXIEN. Cada vez. **K.** Eziozu kasu haundirik iñ horrek esatendauenai, eta larritxu gutxiau zeatik geixenak txorakeri eta xelebrekeixak besteik eztie izeten, berba iñ bakotxien aurrena esangoitxu gauza batzuk alde eta hurrenguen sigero kontrakuek, ero bestaldera, betik gauza desberdiñek eta eztaukenak zer-ikuzirik bata-bestiekiñ, baña hori bai, asmakizunak bakarrik die eta eztutzie kalteik itxen iñori. **T.** No hagas mucho caso a lo que dice ese. y menos apurarse porque la mayoría suelen ser más que tonterías y estupideces, cada vez que habla primero dirá unas cosas a favor y otras completamente al contrario, o al revés, siempre cosas diferentes y sin que tengan nada que ver una con otras, pero eso sí, solo son ocurrencias y no hacen daño a nadie.

BAKUE. Sin nada. **K.** Errukixe emutendau gizon horrek zeatik iruitzejat ezer bakue dala, betik dabill bere motxilatxuaz kalez kale gora ta bera eta pentzatzendot atrebiru be ingo eskatzen, halaere nik ustedot ze nunbaitxetik, naiz eta exkaxien, zertxobaitx atarakodau bizitxeko laiñ. **T.** Ese hombre da un poco de lástima porque me da la impresión de que no tiene nada, siempre anda con su mochilita calle arriba y abajo y pienso que ni siquiera se atreve a pedir, aún así yo creo que de de algún sitio, aunque escasamente, ya sacará algo como para vivir.

BAKUNIE. La vacuna. **K.** Oñ esatendaue dala gripen garaia eta noski da, horren aurkako bakunie jartzeko, eta honen buruz zenbat gauza haitzendien, batzuk komenigarrixe dala, beste askok berriz ezetz, eztala komeni, eta zeñi iñ kasu?, nik bentzet, eta ez ezerreatik baña ondion eztot sekula jarri izen. **T.** Dicen que ahora es el tiempo de la gripe y también claro está, la de ponerse la vacuna contra ella, y a cuenta de esto cuántas cosas se oyen, algunos que es conveniente, otros en cambio que no, que no conviene, ¿a quién habría que hacerle caso?, al menos yo, y no por nada pero todavía nunca me la he puesto.

BALA. Fig. se dice por la persona juerguista, lanzada, etc… **K.** Mutil kuadrilla horreikatik, naiz eta danak ez, batzuk esatendaue larreiko farra-zaliek diela eta horren kontura larreiko fama txarra hartudaue kuadrilla guztiek, betik juergan dabitzela, iñok jakitxeik gure ez lan ero estudixo asuntuatik, gaupasak, porruek, baleike zertxobaitx geixau, eta abar. **T.** De la cuadrilla de esos chicos, aunque no todos, hay algunos que dicen que son demasiado aficionados a las juergas y a cuenta de eso toda la cuadrilla ha cogido muy mala fama, que son muy lanzados, siempre de farra, que del trabajo o estudios no quieren saber nada, noches en vela y de juerga, porros, quizá algo más, etc…

BALANTZA. Balanceo, movimiento de vaivén. **K.** Mendira faterakuen baserri zar haren hondotik pasa-bierra daukou eta kontuz ibili eotezarenien aurreko pareta inguruen, ni aurreko zapatuen pasanitzen eta iruitujaten balantza pixkat haukela, esanutzen baserritarrai baezpare beitzeko, akaso puntalau-bierrik dauen eta eztakitx zer iñdauen. **T.** Cuando vayamos al monte tenemos que pasar al lado del viejo caserío aquel y andar con cuidado cuando esteís al lado de la fachada delantera, yo pasé el pasado sábado y me pareció que tenía un ligero balanceo, le dije al casero que por si acaso lo mirase por si era necesario el apuntalar y no sé lo que habrá hecho.

Aspaldiko esaerabat: Balantza itxendan aldera jausikoda arbola.

Un viejo proverbio vasco viene dice que el árbol se caerá al lado que se balancea.

BALANTZA. Balanza. Es un aparato que sirve (servía) para pesar. **K.** Oñ modu eta tipo askotako gauzak eotendie pixatzeko, argindarrenak, automatikok ta abar, gañera erozeiñ lekutan jartzeko bezelakuek, baitxe etxien piladun txiki batzuk norbera pixatzeko eta berdiñ janarixek, industriatarako, dendak eta beste toki pillabat, baña garai baten, aspaldi, alde guztietan eta geixenbat janari dendetan, eskuko balantzak ibiltxezien. **T.** Ahora hay muchos tipos y cosas modernas para pesar, eléctricas, automáticas, etc…, además como para poder ponerlas en cualquier sitio, también en casa unas pequeñas de pilas para pesarse uno mismo e igualmente los alimentos, para las industrias, tiendas y muchos más sitios, pero en un tiempo, hace ya mucho, en todas partes y sobre todo en las tiendas de alimentación, se utilizaban las balanzas manuales.

BALANTZAN, BALANTZAKA. Que está dando tumbos, generalmente por haber bebido. **K.** Gizon hori betiko bezela, gaur be kriston moxkorra arrapaudau eta ikusi-bierra dau nolako balantzak itxeitxuen, eztotena ulertzen da nola tabernarixek jakiñien zer gertatzejakon ondion emuteutzien alkola dauken edarixek. **T.** Ese hombre igual que siempre, hoy también ha pillado una borrachera impresionante y hay que ver los tumbos que está dando, lo que no entiendo es cómo los taberneros sabiendo lo que le pasa todavía le siguen sirviendo bebidas alcohólicas.

BALAUKO, BALEUKO. Si tuviese. **K.** Nik betik esandot ze mutil horrek ondo dakixela itxen bere lana, gertaketajako alper xamarra dala eta ganore pixkat geixau baleuko oso langille ona izengozan, baña momentuz bentzet horixe bera da faltadauena. **T.** Yo siempre he dicho que ese chico sabe hacer muy bien su trabajo, lo que le pasa es que es un poco vago y si tuviese un poco más de fundamento sería muy buen trabajador, pero al menos de momento eso es lo que precisamente le falta.

BALDA. Estante, estantería. **K.** Lenau, ezeozenien frigorifikoik, gure etxe zarrien eta sukaldetik kanpo armaixo tipokobat hauen balda batzukiñ, bere ojetue zan hobeto konserbatzie janarixek eta guk freskera esategutzen. **T.** Antes, cuando no había frigoríficos, en nuestra casa vieja y fuera de la cocina había una especie de armario con algunas estanterías, su objeto era el de conservar mejor los alimentos y nosotros le llamábamos fresquera.

BALDARKEIXIE. Torpeza, algo que no es presentable. **K.** Zurekiñ eztau ezelako moduik eta eztakitx ze inbierra eukikoten, atzo iñdozun lan hori be baldarkeixabat besteik ezta eta hori ezileixo iñori erakutzi. **T.** Contigo no hay manera y no que es lo que tendré que hacer, el trabajo que has hecho ayer también es un auténtico desastre, en absoluto presentable y no se le puede enseñar a nadie.

BALDARRA. Se dice de la persona torpe, con mala pinta. **K.** Zuk esatendozu bape zalantzaik eztaukotzula mutil horren buruz eta ziur zarela nahiko ona dala lanien, ba baleike hala izetie baña nik be entzunde dauket zertxobaitx baldarra izengoetedan, itxen haigaren lan hontarako bentzet. **T.** Tú dices que no tienes ninguna duda sobre ese chico y que estás seguro de que es bastante bueno en el trabajo, puede que sea así pero yo también tengo oído de que puede ser un poco torpe, al menos para este trabajo que estamos haciendo.

BALDARTU. La persona que se ha vuelto desganada, con pocas ganas de nada. **K.** Zurie erraru xamarra dala iruitzejat, holako fiñe ziñen lenau eta oñ sigero baldartuzara, jakinleike ze gertaujatzun hala biurtzeko? **T.** A mi me parece que lo tuyo es bastante raro, con lo fino que tú eras antes y ahora observo que estás o andas demasiado desganado, ¿ se puede saber que te ha pasado para volverte de ese modo?

BALDAU, BALDAUTA. Cansar, estar muy cansado, fatigarse demasiado. **K.** Gaur Filomena larreiko nekatuta dauela emutendau, badauko urte batzuk eta beñ beien geotzela komestaudau ze Txindoki askenengo aldapa hori larreiko latza izen eta sigero baldauta geratudala. **T.** Hoy Filomena da toda la impresión de que está demasiado agotada, ya tiene unos años y una vez que estábamos abajo ha comentado que esa última cuesta de Txindoki ha sido demasiado dura y que la ha dejado demasiado fatigada.

BALDIE. Un cubo. **K.** Batzuk esateuztie larreikue dala eta gutxitxuau emun-bierra eukikonauela, baña nere oitura hori da eta astuei betik, bentzet asarre ezpanau eurokiñ, bakotxai erueteutzet bere baldie nahiko beteta ogixaz. **T.** Algunos me suelen decir que es demasiado y que les debería de dar algo menos, pero mi costumbre es esa y siempre, al menos si no estoy enfadado con ellos, les llevo a cada uno de los burros su cubo bastante lleno de pan.

BALDINTZA. Condiciòn. **K.** Hasi aurretik danok alkartugara han dauen bulego-baten eta baldintza bakarra jarridaue billera hontarako, lasai eoteko, ez atarateko zarata askoik eta alegintzko ez asarratzen iñokiñ. **T.** Antes de empezar todos nos hemos reunido en una de las oficinas que hay allá y solo nos han puesto una condición de cara a esta reunión, que estemos tranquilos, sin sacar mucho ruido y que procuremos no enfadarnos con nadie.

BALDRASKA. Mujer desaseada, que no cuida o da poca importancia a las cosas. **K.** Atzo eonitzen Plazidokiñ bere baserrixen eta irutujaten hango etxokandrie, bere andrie, zertxobaitx baldraska zala, bera, Plazido, erakusten ibilizan etxie, gelak, sukaldie ta abar, eta ikustezan gutxi zaiñdute bezela zala ta bazterrak sikiñ dexentiaz. **T.** Ayer estuve con Plácido en su caserío y me pareció que la señora, su mujer, no le daba mucha importancia a las cosas, él, Plácido, me estuvo enseñando las habitaciones, cocina, etc... y se veía que estaba un poco sucio y no demasiado cuidado.

BALDRESA. Se dice de la persona descuidada, basta, tosca. **K.** Silveriok esatendau bere goiko baserrixen bizidan gizona sigero baldresa dala, bere ustez eztala sekula aldatzen eta zalantza daukela noixbaitxen garbitxu be itxendan, bai bera eta berdiñ bere erropa zeatik betik berdiñeko, ia larreiko sikiñe, ibiltxendala ikustendau. **T.** Silverio dice que el hombre que vive en el caserío de arriba es muy descuidado, que cree que no se cambia nunca y también que tiene duda de si alguna vez lava. tanto él como su ropa porque siempre ve que lleva la misma que ya está demasiado sucia.

BALEA. La ballena. **K.** Ondion be eta noixienbeñ jarraitzendau betiko eztabaida, aber zeñeik izenzien hemengo asken balea arrapau inzitxuenak, Zarauzko arrantzaliek ero Getariarrak, diskuziño hau geixenbaten txantxa bezela izetenda baña esatendaue bere garaian asarre haundixek be eonziela. **T.** Aún también todavía y de vez en cuando surge la discusión de siempre, a ver quienes fueron los que atraparon la última ballena de aquí, si los pescadores de Zarautz o los de Getaria, la mayor parte se esas discusiones suelen ser un poco en broma pero dicen que en su tiempo fue motivo de muchos enfados.

BALEGO. Si habría. **K.** Jatetxe berri hontara etorrigara afaltzeko asmuekiñ, gauza da kanpuen eztauela ezer jartzen ze gauzak eongodien jateko eta oñ eztakigu zer iñ, aurretik berba itxen ibiligara baserriko ollaskue balego haxe jangongaukela gustoren baña beno, sartu eta baezpare galdetu ingou. **T.** Hemos venido a este nuevo restaurante con la idea de cenar, la cosa es que fuera no pone nada lo que hay para comer y ahora no sabemos que hacer, al principio hemos estado hablando que si habría pollo de caserío eso es lo que comeríamos más a gusto pero bueno, vamos a entrar y por si acaso lo preguntaremos.

BALEGO. Si estuviese. **K.** Hemen ondion ezgara alkartu nahikue eta ezpada besteik agertzen eztakitx nola ibilikogaren, Kaxiano balego bai, harekiñ geixau ondo konpondukogiñen baña iñok eztauko arrastuik nundik nora ibilileikien, eta oñ zer ingou, deitxu telefonoz hala ez?, akaso ezta etxien eongo eta baleike andrie arduratzie. **T.** Aquí todavía no nos hemos reunido los suficientes y si no aparece nadie más no sé como vamos a andar, si estuviese Kaxiano sí, con aquel más ya nos arreglaríamos pero ninguno tenemos idea de por dónde puede andar, ¿y ahora que hacemos, le llamamos o no por teléfono?, quizá no esté en casa y puede que su mujer se preocupe.

BALEIKE, BALITXEKE. Puede, podría ser. **K.** Balitxeke errazoia eukitxie harek esandauenaz, baña nik bentzet zertxobaitx ziurtazun geitxuau gurenauke zeatik ondion zalantza haundixe dauket horren buruz. **T.** Puede que aquel tenga razón en lo que ha dicho, pero yo lo por lo menos necesito un poco más de seguridad porque todavía tengo muchas dudas en relación a ese asunto.

BALEKUE. Válido, positivo, capaz. **K.** Beno, kostata baña askenien be inditxozu gauzak bierdan bezela, oñ bai ekarridozun horreik em utendau balekuek diela eta ez atzoko beste xelebrekeixa hareik. **T.** Bueno, ha costado pero al final ya has hecho las cosas como es debido, ahora sí que los que has traido hoy parece que pueden ser válidos, y no aquellas otras rarezas de ayer.

BALITZ. Ojalá. Si fuese. **K.** Erosteko asmuaz etorrinaz eta ze kasualitatie, esatendozu bukatu iñdiela, ezertxorik eztaukotzula ta gañera jakiñ bez noix etorrikojatzun berriz, baña halaere beste hau enoie erueten zeatik etxat asko gustatzen, atzokue bezela balitz bai hartukonauke baña hori ezta posible eta naio dot etxoitxie. **T.** He venido con la intención de comprar y que casuaidad, dices que se han terminado, que ya no tienes más y además que no sabes cuando te llegará de nuevo, pues no voy a llevar ese otro porque no me gusta demasiado, si fuese cómo el de ayer ya lo cogería pero eso no es posible y prefiero esperar.

BALIXO, BALIXUE. El valor o coste de las cosas. **K.** Bizikleta hori oso politxe da eta baitxe oso nere gustokue baña gauzabat gertatzenda, balixo haundikue dala eta momentu hontan eziñdot erosi, ba eztauket besteik, segi inbikot beitzen ta aber bestebat zerbaitx merketxuau ikustendoten, eta hala ezpada ba dauketenaz jarraitxukot. **T.** La bicicleta esa es muy bonita y también muy de mi gusto pero pasa una cosa, que cuesta demasiado y en este momento no la puedo comprar, pues no me queda otra, seguiré mirando y a ver si encuentro alguna otra que sea algo más económica, y si no es así pues seguiré con la que tengo.

BALIXODAU. Que es válido. **K.** Oinguen bentzet bai, zoriondu gara zeatik etorridan mutill berri hori asko balixodau, langille ona, gañera fiñe eta aber denpora luzetxuen geratzendan, gurenauke hala izetie obra hau bukatu hartien bentzet. **T.** Esta vez al menos sí, estamos de suerte porque el chico nuevo ese que ha venido es muy válido, buen trabajador, además fino y a ver si se queda durante mucho tiempo, por lo menos ya me gustaría que fuese hasta que terminemos la obra.

Aspaldiko esaerabat: Asko balixodau iñderra, baña geixau buru axkarra.

Un viejo proverbio vasco dice que mucho vale la fuerza, pero más una mente lúcida.

BALIXODUNA, BALIXOKUE. Que tiene valor. **K.** Zu gauza honeikiñ xelebre xamarra zara baña aber oinguen bentzet ondo gorde, zaiñdu eta gero ezaran astutzen nun itxidozun, kate ta domiña hau balixodunak die eta baitxe nahiko kostatakuek be. **T.** Tú para esas cosas eres un poco raro pero a ver si ésta vez por lo menos lo guardas bien, cuidas y luego no te olvidas en dónde lo has dejado, la cadena y medalla tienen valor y también han costado bastante.

BALIXO EZTANA. Lo que no vale. **K.** Zuk axkar ekarritxozu iñori ezer esan-barik baña hasizeike, segitxuen gañera, botatzen trasto zar eta sikiñ horrek zakar-ontzira, hemen daukotzun danak balixo eztienak die ta hortik aparte sekulako traban jarritxozu. **T.** Tú rápido los has traído sin decir nada a nadie, pero ya puedes empezar y enseguida a tirar todos esos sucios y viejos cacharros a la basura, de todas las cosas que tienes aquí ninguna de ellas vale nada y además están estorbando muchísimo.

BALKOIE. El balcón. **K.** Eztakitx zer gertauleixon etxe erdiko balkoi honi, beste danak ondo daz eta hau hirugarren aldiz da azpixen zartiaurdala, ba lantegi ederra, aldamiñue jarri eta berriz tokatzenda konpontzie. **T.** No sé que es lo que le puede pasar al balcón que está en el centro de la casa, todos los demás están bien y a éste es ya la tercera vez que se le agrieta la parte de abajo, pues vaya trabajo, colocar el andamio y otra vez toca arreglar.

BALORAU, BALORAZIÑUE. Valorar, poner un precio. **K.** Fandan astien istripu txikibat eukinauen kotxiekiñ eta hainbeste jardun iñ ondoren seguruei, askenien be deitxuztie garajetik esanaz erueteko kotxie eta gaur bertan etorrikodala peritue baloraziñue itxeko karrozeriko kaltiei. **T.** La semana pasada tuve un pequeño accidente con el coche y después de haber insistido un montón de veces al seguro, por fín me han llamado del garage diciendo que lleve el coche y que el perito vendrá hoy mismo para hacer la voloración de los daños de la carrocería.

BALTZA, BELTZA. Color negro, persona de raza negra. **T.** Asunto hontan be asko aldatudie gauzak ba, oñartien hala zien pertzonai beltzak ziela esatezan, baña oñ etxuraz hori oso gaizki ikusitxe dau eta berie izengozan koloredun izenaz deiketie. **T.** En este asunto también han cambiado mucho las cosas, hasta ahora a las personas que eran así se decía que eran negras, pero ahora parece que eso está muy mal visto y lo suyo sería decirles que son de color.

BALTZITU, BALTZITXU. Enegrecer, poner oscuro. **K.** Ze oitura txarra daukien neskak eta andra askok azala baltzitxu itxeko hor onien eguzki aspixen orduek ta orduek, ziur nau danak ondo jakiñien diela larrei eotie kaltekue dala baña emutendau eztala hori bape inportik, gero hala asaltzendie sigero ximurtuta. **T.** Que costumbre más mala tiene las chicas y también muchas mujeres de enegrecer la piel a fuerza de estar ahí horas y horas debajo del sol, estoy seguro que todas saben muy bien que es perjudicial el estar demasiado pero parece que eso no les importa en absoluto, luego así aparecen toda arrugadas.

BALLARA. Valle. **K.** Zenbat ballara politxek dazen Naparra aldien, Erronkalen, Zalazar, Irati eta baitxe beste hainbat tokitxen, eta ni jaionitzen lekuen, Lenizko Ballara, naiz da horreiñ nahiko desberdiñe izen, ha be benetako ikusgarrixe da. **T.** Cuántos valles bonitos hay en la zona de Navarra, en el Roncal, Salazar, Irati y muchos otros sitios más, y en el lugar que nací yo, el Valle de Léniz, aunque bastante diferente a éstos, también aquel es de verdad impresionante.

BALTZUNA. Moratón, generalmente debido a algún golpe. **K.** Etxat askotan gertau izen baña fandan astien birie busti xamarra hauen, bizikletako errubera labandu eta lurrera jausinitzen, ba hainbeste egun pasa ondoren, ondion gaur besue ta berna baltzunaz betie dauket. **I.** No me ha sulidu pasar muchos veces pero la semana pasada el camino estaba bastante mojado, resbaló la rueda de la bicicleta y me caí al suelo, pues después de haber pasado tanto tiempo, todavía hoy tengo el brazo y la pierna llena de moratones.

BANA. Una cosa para cada uno. **K.** Gaurko lana oso ondo iñdozue eta hemen itxitzuet sobre parebat zuendako diru pixkatekiñ, hartu bakotxa bana, norberan izena daukie eta gastau zuek gurozuenetan. Eta beste gauzabat, bixerko lana berdiñe izetenbada geixau eongodie. **T.** El trabajo de hoy lo habeís hecho muy bien y aquí he dejado para vosotros un par de sobres con un poco de dinero, coger uno cada uno, tienen su nombre y gastarlo en lo que queráis. Y otra cosa, si el trabajo de mañana es igual habrá más.

BANA. Empate a uno. **K.** Atzo domeka Errealak Bartzelonan aurka hauken fubol partidue eta Erreal-zale guztiok esperogauen galtzie tokatzezala, bana askenien bana bukatuzan, eta gañera arbituatik ezpazan izeten baitxe irabazi be. **T.** Ayer la Real jugó el partido de fútbol contra el Barcelona y todos los aficionados de la Real esperábamos que perdiese, pero al final terminó en empate a uno, y además si no hubiese sido por el árbitro también hubiese ganado.

BANABILL. Ya ando, estoy en ello. **K.** Gaur goixien jaikinazenien gogoratunaz enaukela erlojuik, mesanotxien eztau eta banabiil billatzen gelan, sukaldien eta etxeko bazter guztietan baña ezer ez, ezta asaltzen ta auskalo nun lagakonauen, arrastuik be eztauket eta eztauket sikera ziurtazunik etxera allegaunitzen berakiñ. **T.** Cuando me he levantado esta mañana me he dado cuenta de que no tenía el reloj, en la mesilla de noche no está y ya ando buscándolo por la habitación, cocina y todos los rincones de la casa pero nada, no aparece y cualquiera sabe donde lo he podido dejar, no tengo ni idea y ni siquiera tengo seguridad de si llegué a casa con él.

BANABILLEN. Ya andaba. **K.** Nik eziñdot ulertu nola izenleiken hori posible, ikuztezaute poltzakara perretxikokiñ zatoziela eta aber, ni be gaur goxien gox, gañera inguru hartan eta zuek bezela, banabillen billatzen eta enauen ezertxorik lortu, eta nola da posible bestiek etortzie hainbestekiñ? **T.** Yo no puedo entender cómo puede ser posible esto, os veo que venís con una bolsa llena de setas y a ver, yo también ya andaba ayer a la mañana bien temprano, al igual que vosotros, por las mismas zonas y no conseguí nada, ¿y cómo es que los demás sí y además con tantas?

BANAKA, BANAN. De uno en uno. **K.** Gaurko lana bukatu ondoren aurrena garbitxu, guredauenak be badauko nun dutxau, eta gero inguratu jornala jasotzera, baña etorri banan banan eta ez danok batera zeatik beztela pillatu ingozare eta hemen apenas dau tokirik. **T.** Cuando terminéis el trabajo de hoy primero asearos, el que quiera también tiene dónde ducharse, y luego acercaros para cobrar el jornal, pero venir de uno en uno y no todos juntos porque si no os amontonaréis y aquí apenas hay sitio.

BANAKETA, BANATU. Juntar, reunir. **K.** Batzendounien intxaurrak eta gure ustez nahikue daukola, jasotzeko danak banatu eta errepartuen hasteko, baña aurrena bost pilla berdiñek ingoitxu, bat bakotxandako. **T.** Cuando recojamos las nueces y creamos que tenemos suficiente, juntaremos todas las que hemos cogido para empezar a repartir, pero antes haremos cinco montones iguales, uno para cada uno.

BANAKO, BANAKUE. Uno, alguno suelto. **K.** Hor apenas dau ezer baña akaso baleike libre dauen banako bat ero beste geratzie, hori guredauenendako eta horrekiñ bale, bixer alegiñdu inbikou zerreozer geixau ekartzen zeatik nik ustedot gaur zertxobaitx exkaxien geratudala. **T.** Hay apenas hay nada pero puede que quizá quede alguno que otro suelto, ese para el que lo quiera y con eso vale, mañana nos tendremos que esforzar para traer algo más porque yo creo que hoy nos hemos quedado un poco justos.

BANANDU. Separarse. **K.** Bibiano eta Guadalupe bost urtien eondie nobixo bezela, gero alkarrreaz arrejuntauta bizi beste bost, oñ denpora gutxi dala eskondu eta hala eondie askenengo bost illebete honeik, ba oñ gertauda ze etxuraz bizimodu hau gusta ez, banandu iñdiela eta bakotxa bere aldetik fan. **T.** Bibiano y Guadalupe han estado cinco años de novios, luego otros cinco, cómo ahora se dice, arrimados y viviendo juntos, ahora hace poco se han casado y así ha estado estos últimos cinco meses, pues ha pasado, según parece, que no no les ha debido de gustar esta nueva situación, se han separado y cada uno ha ido por su lado.

BANASTA, BANASTIE. Cesto, banasta. **K.** Nik ustedot ze ondo betetzenbou bi banasta horreik arbola hortako sagarrakiñ nahikue eukikoitxula hemen gazen laurondako. **T.** Yo creo que si llenamos bien esos dos cestos con las manzanas de ese árbol tendremos suficiente para los cuatro que estamos aquí.

BANATOR. Ya vengo. **K.** Bai, eon lasai banator ta, eztakitx ze ordutan allegaukonazen baña ustedot bai denporaz bazkaltzeko eta eztozue etxoin inbierrik eukiko, askoik bentzet. **T.** Sí, estar tranquilos que ya vengo, no sé a que hora llegaré pero creo que sí a tiempo para la comida y no tendréis que estar esperando, al menos mucho.

BANAUKEN. Ya tenía. **K.** Eztot uste erosi-bierrik eukikodounik, kustiñe da oñ bertan enazela gogoratzen nun gordeitxuten baña lasai eon, banauken esku-pelota hareik eta ziur nau asaldukodiela. **T.** No creo que las tengamos que comprar, la cuestión es que ahora mismo no me acuerdo dónde las he guardado pero estar tranquilos, ya tenía esas pelotas de mano y estoy seguro de que aparecerán.

BANAUKO, BANEUKO. Si tuviese. **K.** Zu bai zarela benetako xelebrie eta oñ be asunto berdiñekiñ haizara, ze gertatzenda, betik itxeitxozula ameseta horreik hala?, banauko, banauko, baña hori ezta kustiñue, kustiñue da eukitxie. **T.** Tú sí que eres raro de verdad y ahora también andas con el mismo asunto, ¿qué pasa, que siempre sueñas con los mismo, o que?, si tuviese, si tuviese, pero esa no es la cuestión, el asunto consiste en tener.

BANAZ. Ya soy. **K.** Zuk ze ustedozu, eta gañera jakiñleike zergaitxik esatendozun eziñdotela hori iñ?, ba gauzabat esangotzut, sekulako erruaz haizarela zeatik banaz kapaz Behobia karrera hasi eta bukatzeko. **T.** ¿Tú que te crees, y además se puede saber porqué dices que no puedo hacer eso?, pues te voy a decir una cosa, estás muy equivocado porque ya soy capaz de empezar y terminar la carrera de la Behobia.

BANDERILLA. Fig. se llama así pincho de los bares. Yo pienso que se llama así por el hecho de que está clavado con o en un palillo. **K.** Donostiko alde-zarreko taberna guztietan siñistu eziñeko banderrilla pilla eotendie, danak, ero geixenak bentzet, ikusgarrixek, baña hemen Zarauzko tabernetan be oso onak ikusteitxozu, eztaz han bezelako hainbeste baña bai nahikue. **T.** En todas las tabernas e la parte vieja de San Sebastián hay una cantidad de pinchos impresionante, todos, o al menos la mayoría, son impresionantes, pero aquí las de las tabernas de Zarautz también son muy buenas, no son tan abundantes como allá, pero sí suficientes.

BANDUE. El bando, aviso generalmente municipal. **K.** Ni ondo gogoratzenaz nola garai baten, oso aspaldi, banduek uluka esatezien, kalez kale eta aurretik, jentiek urtendeixen entzutera, abixue emutezan atabala joaz. **T.** Yo me acuerdo muy bien de cómo en un tiempo, hace mucho ya, los bandos se decían a viva voz, de calle en calle y antes para que la gente saliese a escucharlo, el aviso venía precedido por un tamborileo.

BANEKIXEN, BANAKIXEN. Ya sabía con anterioridad. **K.** Nik banekixen, ha ikusiauen batek esauzten, zeiñ izenzan malluaz jo eta dendako kristala apurtuauena, oñ zalantza pixkat badauket esan ero ez, batzuk komestauztie baezpare geixau komenidada ixilik eotie. **T.** Yo ya sabía con anterioridad, me lo dijo uno que vió aquello, quién fué el que rompió pegando con un mazo los cristales de la tienda, ahora tengo una pequeña duda de si decirlo o no, algunos me han comentado que por si acaso es más conveniente que esté callado.

BANENGUEN. Yo ya estaba sospechando algo. **K.** Nik eztakitx zergaitxik baña banenguen susmuekiñ pertzona hori ezala bierdan bezelakue, eta askenien be errazoia nauken zeatik atzo, arrastuik be eztauket nun izenzan, nunbaitxen arrapaudaue lapurretan haizanien. **T.** No sé porqué pero yo ya sospechaba que esa persona no era así como muy normal, y al final tenía razón porque ayer, no tengo ni idea donde fué, en algún sitio le han debido de pillar cuando estaba robando.

BANITZEN. Ya fui. **K.** Bai, noski baietz eta beste askon bezela garai hartan zeiñ ezan sikera pixkanbat ba?, ni bentzet banitzen kaxkajo xamarra baña denporiaz eta urtiek pasa-hala gauza guztiek, posiblek dienak bentzet, zuzentzendie eta lengo txorakeri hareik bebai. **T.** Si, claro que sí y al igual que otros muchos en aquellos tiempos ¿quién no era siquiera un poquito, pues?, yo al menos ya fuí un poco gamberro pero con el tiempo y a medida que pasan los años todas las cosas, al menos las que son posibles, se enderezan y las tonterías de antes también.

BANKUE. El banco. **K.** Nere ustez banbuek bi tipokuek izetendie, batzuk jartzeko eta bestiek esatendaue dirue gordetzeko diela, nik bigarren horrena zalantza haundixe dauket eta askoz geixau fixatzenaz norberan koltxoi aspixekiñ. **T.** Yo creo que los bancos son de dos tipos, unos para sentarse y los otros dicen que son para guardar el dinero, respecto a los segundos yo tengo grandes dudas y me fío mucho más de la bajera del propio colchón.

BANOIE, BANOIEN. Ya voy. **K.** Jakiñleike nora fateko daukotzuen hainbeste prixa?, Jeseus!, itxoizue apurbat, hartu motxila eta banoie zueikana haldan axkarren. **T.** ¿Se puede saber para ir a dónde tenéis tanta prisa?, ¡Jesús!, esperarme un poco que voy a coger la mochila y ya voy lo más rápido posible donde vosotros.

BAÑA, BAÑE. Pero. **K.** Bai, zuk esatenduzu hala dala baña nere ustez eztaukotzu errazoirik, nik noski eztakixela nola izetendien gauza horreik bañe ziur nau hala eztiela eta derrigorrez beste modunbat eonbierra dauko hori itxeko. **T.** Sí, tú dices que eso es así pero yo creo que no tienes razón, yo desde luego que no sé cómo son esas cosas pero estoy seguro de que así no y que a la fuerza tiene que haber alguna otra manera de poder hacer eso.

BAÑAU. Bañarse. **K.** Aurten eztot aukera askoik euki eta oso gutxitan bañau izenaz hondartzan, gauza bateatik ero bestiatik apenas fanaz dozenerdi bider, oñ etxeko bañeran bai bañaunaz eta nahiko sarri gañera. **T.** Este año no he tenido muchas oportunidades y me he bañado muy poco en la playa, por una cosa u otra apenas he ido media docena de veces, ahora que en la bañera de casa sí que lo he hecho y además bastante a menudo.

BAÑOLEN. Antes de… **K.** Aber eta entzun, badakitx zuek haldan axkarren hastie gurozuela baña itxoiñ apurbat, lan hori hasi bañolen gauzak ondo beitu-bierrak die, neurrixek bierdan bezela hartu, aurrekontue prestau eta zai eon baimenai. **T.** A ver y escuchar, ya sé que vosotros queréis empezar cuanto antes pero esperar un poco, antes de empezar de hacer ese trabajo hay que mirar bien las cosas, medir como es debido, preparar un presupuesto y aguardar a que nos lo aprueben.

BAÑUETXIE. Balneario, casa de baño. **K.** Atxabaltan bi bañuetxe eonzien eta gañera bat oso famaue izenzan, Portasolkue. Esatezan kanpoko jente ugeri etortezala, toki askotatik eta geixenbat Madrilguek ziela. Eta Portasol izen hori be euroatik jarrizala. **T.** En Aretxabaleta hubo dos balnearios y además uno de ellos muy famoso, el de Portasol. Se decía que a este solía venir abundante gente de muchos sitios y que la mayoría eran de Madrid. Y que el nombre de Portasol (Puerta del Sol) se puso por ellos.

BAOIE, BADOIE. Ya vas, ya va. **K.** Oñartien esandauen dana larreiko alperra izenda, gañera ordue zan alde itxeko eta ezkerrak zeatik askenien be badoie, hala emutendau bentzet, benetan lerreiko aspertzue zala pertzona hori. **T.** Hasta ahora todo lo que ha dicho ha sido completamente inútil, además ya era hora de que se marchase y menos mal porque parece que por fín ya se va, de verdad que la persona esa era demasiado cargante.

BAOZEN. Ya había, ya estaban. **K.** Ba mutil, nik eztakitx zer gertaudan kanika horreikiñ zeatik baozen, eta ugeri gañera, ziur nau horrena eta bebai nunbaitxen gordeta naukela, baña oñ eztie iñundik asaltzen eta bota eztitxut iñ, burue apurtzen hainaz eta eztot ulertzen zer pasadan. **T.** Pues chico, yo no sé lo que ha podido pasar con estas canicas porque ya había, y muchas ademas, de eso estoy seguro y también que las tenía guardadas en algún sitio, pero ahora no aparecen por ningún lado y no las he tirado, me estoy rompiendo la cabeza y no entiendo lo que ha sucedido.

BAPE, BAPEZ. Nada. **K.** Alperrik haizara zeatik ekarridozun hortik ezerrek eztauko apenas balixoik, ta gañera pentzatzendot hortik zerbaitx ero bapez hartu berdiñ izengozala, ba aber hurrenguen beste zerreozer hobatxuauek lortzeitxozun. **T.** Andas en balde porque de todo lo que has traído nada de ello tiene apenas ningún valor, y además pienso que coger algo de eso o nada sería lo mismo, pues a ver si la próxima vez consigues algo que sea algo mejor.

BAPE ONA. Nada bueno. **K.** Gaur jakiñdot Demetrion aitxaitxa geixotu iñdala eta gañera esauztie ze dauken hori, euron ustez, eztala bape ona, ospitalera eruendaue proba batzuk itxera eta oñ itxoiñ inbierra dau. **T.** Hoy he sabido que el abuelo de Demetrio se ha puesto enfermo y me han dicho que lo que tiene, según ellos, no debe de ser nada bueno, le han llevado al hospital para hacer unas pruebas y que ahora hay que esperar.

BAPEZA. Nada de nada. **K.** Kanpotik datozen gerratik igex iñdeko jente horreik bapezaz allegatzendie, aldien daukienaz bakarrik eta gañetik eztaue betik eukitxen, askotan ez sikera eskiñ, bierditxuen laguntazunak. **T.** Esa gente que viene de fuera huida de la guerra llegan solo con lo puesto y sin nada más, además no siempre tienen, muchas veces ni siquiera se les ofrece, la ayuda que necesitan.

BAPO. Se acabó, fin de la tarea. **K**. Bapo da hitzbat umiei esatejakona bukatu ondoren itxen haidiena, esanbaterako jatiei, eta orduen halaxe izengolitzake, bapo Jokin eta ze ondo, kostata baña askenien bukatudozu. **T**. Bapo es una palabra que les dice a los críos después de que terminen lo que estén haciendo, por ejemplo el comer, y entonces podría sería así, que bien Jokin, te ha costado pero al fín ya has conseguido acabar.

BAPO. Fenomenal, estupendamente. **K**. Zueik eztakitx nola eongozaren baña ni bentzet oso bapo nau, ondo bazkalduta eta oñ malekoiko terrazan lasai ta keixpetan jarritxe, barriketan ta txanpan kopakiñ, ba gaurko eguna bukatzeko eziñda geixau eskatu. **T**. No sé como estaréis vosotros pero yo al menos estoy estupendamente, he comido muy bien y ahora sentado tranquilamente y a la sombra en una terraza del malecón, charlando y con una copita de champán, pues no se puede pedir más para terminar el día de hoy.

BAPORIE. Barco. **T**. Getari eta Orixo tartien bapore dexente eongodie baña nik ustedot Bermion dexente geixau dazela, berez, hala entzunde dauket, hango arrantza portue haundixena omenda Euskadi mallan. **T**. Entre Getaria y Orio hay bastantes barcos pesqueros pero yo creo que en Bermeo habrá muchos más, de hecho, así lo tengo oído, el de allá debe de ser el mayor puerto pesquero de Euskadi.

BARANDA. Fig. se dice de la persona torcida, sinverguenza. **K**. Mutill horreatik esatendaue hobeto dala kasuik ez itxeik hala dauenien zeatik baleike ezbierrenbat erantzun ero zerbaitx txarraue, baranda utza dala eta eranda eotenbada eztauela ezer nai izeten iñokiñ, ta baezpare eztala komeni ezer esateik. **T**. De ese chico dien que es mejor no le hacerle caso cuando está así porque puede que recibas una mala contestación o algo peor, que es un auténtico sinverguenza y si está bebido no quiere saber nada de nadie, y por si acaso que no es conveniente el dirigirse a él.

BARANDIE. Balaustrada, barandilla. **K**. Baserri sarrerako eskillara horrek altura larreitxo hartzendau eta ona, baitxe sigero komenigarrixe, izengozan bierdan bezelako barandie jartzie, eta ez beste ximel horreik. **T**. Esta escalera de la entrada al caserío coge mucha altura y sería bueno, también muy conveniente, que se colocase una barandilla suficientemen fuerte, y no una de esas otras sencillas.

BARATZA. El huerto, la huerta. **K**. Aurtengo urtie nahiko ona izendala esatendaue hemengo baserritarrak, ugeri eta barazki ederrak eondiela baratza guztietan, gañeta danetakuek, bai tomatek, piperrak, bainak, porruek eta abar. **T**. Los caseros de aquí dicen que este año ha sido bastante bueno y que las huertas han producido muchas y buenas verduras, además de todo, tanto tomates como pimientos, judías verdes, puerros, etc…

BARAUTZA, Broca. **K**. Pareta honeik hormigoizkue die eta zulatzen hazteko galtzairuzko barautzak bierkoutxu, ez jakiñien eztitxu hartu eta fan inbikozu almazenera horreik ekartzeko, eta baezpare hartuizu hiru ero lau baña neurri desberdiñekuek. **T**. Estas paredes son de hormigón y para empezar a hacer agujeros necesitaremos brocas de acero, como no lo sabíamos no las hemos cogido y tendrás que ir hasta el almacén a traerlas, y por si acaso coge tres o cuatro pero de diámetros diferentes.

BARAZKIXEK. Hortalizas, verduras. **K**. Lengo egunien Argiñañoi entzunutzen telbistan esaten haizala nola askoz komenigarrixe izetendan herri bertako azokara fatie baserriko barazkixek erostera, eta hala segurantza daukoula erostendozunaz. **T**. El otro día le oí a Arguiñano cómo decía en la televisión que es mucho más conveniente ir al mercado del pueblo para comprar verduras del caserío, y que así hay seguridad sobre lo que compramos.

BARBANTZUEK. Los garbanzos. **T**. Nere andriek prestauteitxuen bezela oso gozuek izetendie eta gañera jatordu dexenterako balixodaue, aldebatetik sopa bertako saldakiñ itxeko, bestaldetik barbantzuek utzik ero berdurakiñ eta askena okelie tomatekiñ jartzeko. **T**. De la forma que los prepara mi mujer son muy ricos y además sirven para muchas comidas, por una parte la sopa hecha con el propio caldo, por otra los garbanzos solos o acompañados de verdura y por último la carne para ponerla con tomate.

BARBERIXIE. Literalmente quiere decir lugar donde se afeita la barba. Y antiguamente de definía así a las peluquerías porque aparte de cortar el pelo también afeitaban, supongo que también ahora lo harán en algunos sitios.
(Ver la definición de pelukeixie).

BARE. En calma. **K**. Ezta betik hala izeten baña gaur bentzet hala da, itxasue bare bare dauela ikustenda, eztau ezerko bagaik eta pizinabat dala emutendau, ba nere ustez surfistak eztaukie zer-iñik gaurko egunien eta hobeto izengodaue jai hartzie. **T**. No siempre suele ser así pero hoy por lo menos sí que lo es, se ve que la mar está en calma total, no hay una sola ola y más bien parece que es una piscina, pues los surfistas no creo que tengan nada que hacer el día de hoy y tendrán que coger fiesta.

BARETAZUNA. Calma, sosiego. **K**. Jakinleike zertan haizarien diskutitzen hainbeste denporan?, ba etxok ezertarako faltaik itxen asarratzeik, burrukak gutxiau eta hemen baretazuna dok bierdana, eta gañera dana fubol demontre horreatik, eta badakitzue, haldan axkarren iñ pakiek eta guasen txikito batzuk hartzera. **T**. ¿Se puede saber que es lo que andaís discuetiendo durante tanto tiempo?, pues aquí no nos hace ninguna falta los enfados, menos las peleas y lo que necesitamos es calma, y además todo por el dichoso fútbol, y ya sabeís, hacer cuanto antes las paces y vamos a tomar unos chiquitos.

BARETZU. Tranquilo y se puede referir tanto a la persona, situación, al ambiente y también a un lugar o sitio. **K**. Ze gauza desberdiñe dan Zarauzko alde-zarra ikustie astegun ero asteburuen. Astegun egunak sigero baretzu die, lasai askuen ibilleike naidan kaletik eta eon guredan tabernan ezerko traba-barik. Asteburuek berriz siñistu eziñeko aldrebesak, eta jeneralki eziñda pasubat emun alde-zar horretan, kale guztiek jentez betiek eotendie eta burrundura ugerikiñ. **T.** Vaya diferencia que hay el ver la parte vieja de Zarautz los días laborables o el fín de semana. Los días entre semana son tranquilos y se puede andar sin ningún estorbo por las calles que se quiera y lo mismo estar en una taberna sin traba alguna. En cambio y generalmente el fín de semana no se puede dar un paso en esos sitios, todos están llenos de gente y con demasiado ruido.

BARIE. Limaco. **K.** Gure ortuen barie ezta sekula falta izeten eta andrie asko asarreketanda gauza honeikiñ, errazoiaz estendau zeatik berak landautako baraskixek jateutzie, hainbeste asarrie hartzendau ze hor ibiltxenda euron atzien akabatzeko asmuekiñ eta benetan lortzendauela. **T.** En nuestra huerta no suelen faltar los limacos y mi mujer se enfada muchísimo con estas cosas, con razón dice porque le comen las verduras que ella ha plantado, son tales los enfados que anda buscándolas con la intención de matarlas y de verdad que lo consigue.

BARIE. Flato, dolor abdominal, generalmente producido en la práctica de algún deporte. **T.** Behobiako karreran ikustezan nola batzuk barie haukien, gañera errexa da igertzie zeatik hori agertzendanien norbera makurtu itxenda eta tripa besuekiñ zapaldu, nik be batzuetan euki izendot baña oso gutxitan. **T.** En la carrera de la Behobia se veía que algunos corredores tenían flato, además es fácil de reconocer porque cuando aparece uno se agacha y se aprieta la tripa con el brazo, yo también ya lo he padecido alguna vez pero muy pocas.

BARIK. Carencia de algo, de ayuda, etc.... Sin nada. **K.** Zuk bieldunaizu lan hau itxera esanaz oso errexa zala baña gertatzenda eziñdala iñ besteik barik, bakarrik ezta posible manejatzie zeatik horrek pixu haundixe dauko eta derrigorrez bierda lagunbat, ta gañera bi izenda askoz hobeto. **T.** Tú ya me has mandado a hacer ese trabajo diciendo que era muy fácil pero resulta que no se puede hacer sin ayuda, no es posible manejarse solo porque eso pesa demasiado y necesariamente se precisa de algún otro, y además si fuesen dos muchísimo mejor.

BARKAMENA, BARKATU. Perdonar. **K.** Egixe da zertxobaitx kosta iñdala baña askenien berriz gara lagun, gertauzan ze asteburuko kalenturakiñ bixok berotugiñela eta asarre tontobat euki, baña oñ eta bata-bestiei barkamena eskatu ondoren lasai ta gustora gelditxugara. **T.** Es verdad que nos ha costado un poco pero al final de nuevo somos amigos, resulta que con el ardor del fín de semana los dos nos calentamos y tuvimos un enfado tonto, pero ahora y después de habernos perdonado el uno al otro hemos quedado tranquilos y a gusto.

BARKILLERUE. El barquillero, la persona que vendía barquillos, ahora también hay quien los vende pero no sé si se les puede llamar así. **K.** Atxabaltako jaixetan, guk ondion mutikuek, barkillerue etortezan, Txaparro hauken izena, baleike ezizena izetie, eta han eotegiñen danok illeran zai barkilluek erosteko, eta akaso oñ be gogoratukonitzen hareiñ gustuekiñ. **T.** En las fiestas de Aretxabaleta, nosotros todavía chavales, solía venir el barquillero, Chaparro era su nombre, puede que fuera mote, y allí estábamos todos en fila y esperando para comprar barquillos, y quizá ahora también me acordaría del sabor que tenían.

BARNE. A traves de... **K.** Erronkalera allegatzeko ballara hontako barne fangogara baezpare, ni aspaldixen enaz fan eta bez ondo gogoratzen, baña oñ ustedot sigero aldaute dazela alde honeik zeatik apenas esauketaixut, halaere iruiitzejat ze bire hau jarraitxu-ezkero ezgarela galduko. **T.** Para llegar al Roncal por si acaso iremos a través de este valle, hace mucho tiempo que no he ido y tampoco me acuerdo muy bien. pero creo que ahora esto está bastante cambiado porque apenas reconozco el camino, aún así pienso que si seguimos por aquí no nos perderemos.

BARNE-ALDIE, BARNIEN. En el interior, abajo. **T.** Ikustendozue nola izendan nik esandako bezela?, barne-aldie hartuta etorrigara eta ezgara galdu, allegau Erronkalera eta gañera denpora onien bazkaltzeko, eta oñ ze gertatzenda?, geldi xamar ikustezaute eta aber, akaso eztot merezi txalo batzuk, ero? **T.** Ya veis que tal como os dije no nos hemos perdido, hemos venido por el interior del valle, llegado al Roncal y además a tiempo para comer, ¿y ahora qué os pasa?, os veo que estáis un poco parados y a ver, ¿acaso es que no merezco unos aplausos, o qué?

BARNETIK. Ir por abajo y también hacer o acometer desde abajo, desde el fondo. **K.** Gauzak ondo iñ ta bukatzeko hala berdiñ hasi inbierra izetenda, eta esan-baterako hau bezela, harrizko pareta hau bierdan bezela itxeko barnetik hartu-bierra daukou, aurrena ondo garbitxu eta gero nahikue zulau, beraka noski, material gogorra aurkitu hartien. **T.** Para hacer y terminar bien las cosas hay que empezarlas de la misma forma, cómo esto por ejemplo, esta pared de piedra para que la hagamos como es debido hay que cogerla desde abajo, primero limpiar bien y luego agujerear, para abajo claro, lo suficiente hasta que aparezca terreno consistente.

BARRABARRA, BARRA-BARRA. Que es incesante, sin parar, a montones **K.** Tipo horrek eztakitx nundik atatzendauen dirue baña betik eta danan bistan, akaso baleike izen harrokeixiatik, ikustejako diru paper pilla atarateitxula poltxikotik, gero eta esku-betien barrabarra gastatzen alde guztietan. **T.** Ese tipo no sé de dónde saca el dinero pero siempre y a la vista de todos, quizá sea por presumir, se le ve que saca cantidad de billetes del bolsillo, luego lo gasta a montones y a manos llenas en todas partes.

BARRABAS (A). Fig. se dice de la criatura traviesa, revoltosa. **K.** Aspaldiko gizon hau ezan halako etxurazkue izengo bere Barrabas izen horrekiñ deiketako gaizki portatzendien umiei, Nikaxitoi bezela, mutiko hori siñistu eziñeko okerra da eta eztot ulertzen nola leiken betik asunto berdiñien ibiltxie, buruen eztauko beste gauzaik pentzatzeik baño, zer, nun, nola ero noix iñ barrabaskeixak. **T.** El hombre este que vivió hace tantos años tampoco parece que que fuese tan decente para que le llamen con su nombre de Barrabás a las criaturas que se portan mal, cómo a Nicasito, este chaval es increiblemente travieso y no entiendo que siempre esté haciendo las mismas cosas, no tiene otra cosa en la cabeza más que pensar el qué, dónde, cómo y cuando hacer las barrabasadas.

113

BARRABILLEK. Testículos y fig. huevos. También se dice fig. por la persona audaz, atrevida. **K.** Mutil horrek dauko barrabillek, Kurtzebarritxik hasitxe eta ixe bañuetxeraño eskiatzen jetxida, ta gañera gauza xelebrie, apenas edurrekiñ. **T.** Vaya huevos tiene ese chico y que atrevido es, ha bajado esquiando empezando desde Kurtzebarri (monte de Aretxabaleta) hasta casi Baños (en el mismo pueblo), y además cosa rara, sin apenas nieve.

BARRANDERUE. Se llama así a la persona que barre las calles, parques, etc… de los pueblos o ciudades. El barrendero. **K.** Garai baten barranderue izetie lan exkaxa bezela ikustezan eta oñ berriz erozeñek hartukolauke postu hori, oso gustora gañera. **T.** En un tiempo el trabajo de barrendero se veía como algo no demasiado, digamos adecuado, pero ahora en cambio cualquiera aceptaría ese puesto, además muy a gusto.

BARRANKUE. Barranco, sima, precipicio. **K.** Karesko birie ingauenien, andrie asko larritxuzan barranko hareik ikusitxe eta paretara arrima arrima iñde fanzan bire guztien, baña halaere lortu izenauen. **T.** Cuando hicimos el camino del Cares, la mujer pasó mucho apuro viendo aquellos barrancos e hizo todo el camino bien arrimada a la pared, pero aún así ya lo consiguió.

BARRE. Reir. **K.** Zenbat barre iñdoten nik Asterix eta Obelix kontuekiñ, eta Mortadelo ta Filemonekiñ zer esanik ez, oso aspalditxik eztot irakurri ez bata eta ez bestie, baña ondo gordeta dauket ipuñ horreik eta hurrenguen, aukera ta denpora dauketenien, berriz hartukoitxut eta ziur berriz barrezka hasikonazela. **T.** Cuánto me he reído yo con los cuentos de Asterix y Obelix, y qué decir con los de Mortadelo y Filemón, hace mucho tiempo que no he leído ni el uno ni el otro pero esos cuentos los tengo bien guardados y la próxima vez, cuando tenga oportunidad y tiempo, los volveré a coger y seguro que de nuevo empiezo a carcajada limpia.

BARRE-ALDIXE. Que no puede contener la risa. **K.** Eztakitx zer gertauleixon Xiriakoi, kriston barre-aldixe daukela ikustejako eta itxotzeko arrixkuaz dau ezpadau barre hori gelditzen, gauza da bera bakarrik dauela mostradora bazterrien eta tabernaixek esatendau hala doiela askenengo ordu-erdixen. **T.** No sé qué le ha podido pasar a Ciriaco, se le ve que no puede contener la risa y tiene riesgo de ahogarse si no para de reír, la cosa es que se encuentra solo en una esquina de la barra y el camarero dice que está así desde hace ya media hora.

BARREGARRIXE. Se dice de la persona ridícula, cómica. **K.** Azkoz hobeto da ez fatie denda hortara erostera zeatik larreiko barregarrixek die eta sekula eztakitzu ze gertaukodan, egun-baten hainbeste balixodau eta hurrengo egunien gauza iguala beste balixobat sigero desberdiñe, eta gañera baleike berdiñ izetie goitxit ero betik, eta haibestien asken hau bada ba … **T.** Es mucho mejor que no vayáis a esa tienda a comprar porque son bastante cómicos y nunca sabes lo que puede ocurrir, un día tiene un precio y al siguiente el mismo artículo tiene otro diferente, y además igual puede ser por arriba que por abajo, y aún si si es esto último pues …

BARREGURIE. Ganas de reir, que causa risa. **K.** Aspaldiko pelicula hareik, bertan lana itxezitxuen pertzonakiñ, eta esan-baterako Toni Leblank, Ozores eta beste-batzuk antzerakuek zienak, benetako onak izenzien eta neri barregure haundixe emuteuzten, eta beste askoi be berdintzu izendozan zeatik garai hartan barre ugeri aitzezien zinien. **T.** Aquellas películas de antaño con las personas que trabajaban en ellas, como por ejemplo Toni Leblanc, Ozores y algunos otros parecidos, eran buenos de verdad y a mí me daban muchas ganas de reír, y también sería lo mismo a muchos otros porque en aquellos tiempos se oían muchas carcajadas en el cine.

BARRE FALTZUE. Sonrisa falsa. Se dice por la persona hipócrita, aduladora. **K.** Pertzona hori ezta bape fixatzekue, jaboie emungotzue eta erozeiñ galdera ero eskaerai betik baietza, baña betik barre faltzo horrekiñ espanetan, eta geixebaten gezurrien. **T.** Esa persona no es nada de fiar, os adulará y a cualquier pregunta o petición siempre dirá que sí, pero con esa falsa sonrisa en los labios y la mayoría de las veces mintiendo.

BARREN, BARRENA. En la parte de abajo. **K.** Gona barrena dana lokastute daukotzu eta etxera allegatzezarenien badakitzu zer eukikozun, aurrena asarre ingotzula amak eta gero baleike emutie ipurdiko txiki bat ero beste. **T.** Tienes la zona de abajo de la falda llena de barro y cuando llegues a casa ya sabes lo que tendrás, primero que tu madre te reñirá y luego puede que te dé unos pequeños azotes en el culo.

BARRENENGUE. De lo más bajo, el de más abajo. **K.** Pertzona horrek eztauko iñungo etxuraik berau jausikodanik, ondo txikitatik gaizki hasizan, beriek eta bi itxen eta oñ lapurbat besteik ezta, burrukalarixe, droga asuntuekiñ be ibiltxenda eta baitxe beste zerbaitzukiñ be. Eta hala jarraitzenbadau benetako barrenengue, ia ezpada, biurtukoda. **T.** Esa persona no tiene ninguna pinta de que pueda caer más bajo, desde muy pequeño empezó mal, haciendo de las suyas y ahora no es más que un ladrón, aficionado a las peleas, anda con asuntos de drogas y también con algunas otras cosas más. Y cómo continúe así, si no lo es ya, será de lo más bajo.

BARRENETIK. De abajo. **K.** Goixen dazen sagarrak laga pakien eta gaur jateko bakarrik batzuk hartu baña barrenetik, horkuek helduauek eukikoitxozu. **T.** Deja en paz las manzanas que están arriba y para que las comas hoy coje solo algunas pero de abajo, las de ahí las tendrás más maduras.

BARRESKA. Riendo. **K.** Ze mutiko alaia daukotzun, betik dau barreska eta eztau sekula negarrik itxen?, beno, akaso ingodau gosie daukenien, ez? **T.** Que chaval más alegre tienes, siempre se está riendo ¿y no llora nunca?, bueno, acaso si lo hará cuando tiene hambre, ¿no?

BARRIBAT. Uno nuevo. **K.** Nik hori eztot gure zeatik nabarmen igertzenda aspaldikue dala, nik naidotena barribat da eta gañera etxurazkue izendeixela. Eta ezpaukotzu garbi esan ta fangonaz beste toki-batera. **T.** Yo no quiero eso porque se nota bien claro que es de hace mucho tiempo, y lo que yo quiero es uno que sea nuevo y además tenga buen aspecto. Y si no tienes lo dices claramente y ya iré a otro sitio.

BARRIKA. Tonel, cuba. **K.** Oñ gutxi dala Oporton eongiñeñ upategibat ikusten eta erakusketa hartan siñistu eziñeko barrika pilla eozen, eta euron hartien milloi-erdi litroko egurrezkuek, bakotxa oporto ardauaz betik. **T.** Hace poco tiempo estuvimos en Oporto visitando una bodega y en aquella, digamos especie de exposición, había una increíble cantidad de cubas y entre ellas unos toneles de madera con medio millón de litros cada una llenas de vino oporto.

BARRIKETA. Charla incesante, pelmosa. **K.** Bildur haundixe emutendust etxe hortara fatie zeatik larreiko zalla da aguantatzie andra horrek daukon barriketa, han eotezaren denpora guztien eztau ixilik eotendan momentu bakarra. **T.** Me da mucho miedo ir a esa casa porque es muy difícil de aguantar la charla de esa mujer, es una verdadera pelma y en todo el tiempo que estás allá no hay un solo momento en el que esté callada.

Aspaldiko esaerabat: Barriketa asko bai, gutxi iñ bebai.

Un viejo proverbio vasco dice que mucho hablar y poco hacer.

BARRIKETAN. Hablando, charlando entre varias personas. **K.** Gaur be bazkalostien eta etxetik urten lanera fateko hantxe eozen, betiko bezela, lau atzo horreik bere aulkitxuen jarritxe eta euron hartien barriketan gelditxu-barik. **T.** Hoy también y cuando he salido de casa después de comer para ir a trabajar allá estaban, al igual que siempre, esas cuatro viejecitas sentadas en su banco charlando entre ellas sin parar.

BARRIKETERA, BARRITXU. Persona charlatana. Pelma. **K.** Ume, ixilduzaitez beingoz, eztakitx zer gertatzejatzun gaur baña larreiko barritxu haizara eta buruko-mine itxenduztazu. **T.** Niña, cállate de una vez, no sé que te pasa hoy pero estás demasiado charlatana y me estás haciendo dolor de cabeza.

BARRIÑOIE. Palangana grande. **K.** Aspaldi, gure etxe zarrien, barriñoiek erabiltzezien txarrixe akabau ondoren itxezien lanetarako, txorixuen masa prestau, berdiñ odolostiek eta gero izteko, lotu ta gero noski, egosi aurretik ta abar. **T.** Hace mucho tiempo en nuestra casa vieja, las palanganas grandes se utilizaban para los trabajos posteriores a la matanza del cerdo, para preparar la masa de los chorizos, lo mismo las morcillas y luego dejar estas, una vez atadas claro, antes de cocerlas, etc…

BARRIRO, BERRIRO. Otra vez. **K.** Oñ be barriro galdudozue alikatiek?, ba ni enoie berriz erosten eta konpondu naidozuen bezela. **T.** ¿Ahora también otra vez habéis perdido los alicates?, pues yo no los voy a comprar de nuevo y arreglaros como queráis.

BARRIZTU, BERRIZTU. Renovar. **K.** Batzuk hori da esatendauena baña nik ustedot txantxan izengodala, norberan andrie ero bestaldera, gizona, zartxuek itxendienien barriztie komenidala eta aldatu beste pertzona gaztiautik, ero holako zerreozer. **T.** Algunos eso es lo que suelen decir pero yo supongo que será en broma, que cuando la mujer de uno o en su caso, el marido, se hacen mayores conviene hacer una una renovación y cambiarlos por una persona más joven, o algo así.

BARRIXE. Nuevo. **K.** Andrie betik jardunien nauken esanaz bera eztoiela iñora kotxe zar honekiñ eta naio dauela trenien ero autobusaz mobitzie, ba askenien eta nahiko kostata ekarridot barrixe, ba aber oñ zer dauken esateko, baña apostaukonake zerreozer baietz, kolorie dala ero beste zerbaitx antzerakue. **T.** Tenía a la mujer diciendo y siempre repitiendo que ella no iba a ningún sitio en este viejo coche, que prefería moverse en tren o en autobús, pues me ha costado mucho pero al final ya he traído el nuevo, pues a ver que es lo que tiene que decir ahora, pero apostaría que algo sí, que si el color o alguna otra cosa parecida.

BARRIXENBARRI, BARRIXEN-BARRI. Empezar de nuevo. **K.** Bai noski iñde dauela, baña oso fundamento gutxikiñ ibilizara eta hala geratauda, iñdozun lan hori ezta bape ondo gelditxu eta oñ dauen bezela eztau ezertarako balixo, ba oñ derrigorrez bota inbiukou dau eta barrixenbarri hasi. **T.** Sí claro que está hecho, pero has andado con muy poco fundamento y así ha resultado, ese trabajo que has hecho no ha quedado nada bien y de la forma que está ahora no vale para nada, pues ahora necesariamente tenemos que tirarlo y empezar de nuevo.

BARRU, BARRUE. Interior. **K.** Eztakitx zeatik haizaren haibeste galdera itxen zure frakan buruz, ze gertatzenda eztozula billatzen, ero?, ba nik atzo plantxa ondoren armaixo barruen itxinotzun eta han eukikozu. **T.** No sé que andas haciendo tantas preguntas sobre tus pantalones, ¿qué pasa, que no los puedes encontrar, o qué?, pues yo ayer después de plancharlos te los dejé dentro del armario y allá los tendrás.

BARRUEN. Dentro, en el interior. **K.** Gaur dauen hotzakiñ eztauket bape gogoik kalera urtetzeko eta askoatik naiau dot etxe barruen geratzie berotxotan, beno, bai urtenbikot baña nola eztaukoun bestein bierrik bakarrik ogixe erostera. **T.** Con el frío que hace no tengo ninguna gana de salir a la calle y por mucho prefiero quedarme dentro de casa al calorcillo, bueno, sí tendré que salir pero como no nos hace falta ninguna otra cosa solo a comprar el pan.

BARRUKALDIE, BARRUKUE. Zona interior. **T.** Bazkaltzeko pentzatzenauen jartzie ollaskue laban erreta, baña prestatzen hasinaz eta iruitujat barrukaldie eztaukela etxura bape onik. Ba baezpare hau laga eta beste gauzabat prestaubikok, akaso arrautza parie patatarriekiñ. **T.** Para comer pensaba poner pollo asado en el horno, pero cuando lo he empezado a preparar me ha parecido que la zona interior no tenía buen aspecto. Pues por si acaso tendré que dejar esto y preparar otra cosa, quizá un par de huevos fritos con patatas.

BARRUKUEK. Los de dentro. **K.** Zueik, kaxeta barrukuek, nahiko denpora eukidozue hamarretakue itxeko eta urten inbikozue hortik, ze gertatzejatzue, bildurre daukotzueta hotziketako, ero?, ba lanien hasteko ordue da eta mobitxu. **T.** Vosotros, los de dentro de la caseta, ya habéis tenido tiempo suficiente para comer el bocadillo y tendréis que salir de ahí, ¿qué os pasa, que tenéis miedo a enfriaros, o qué?, pues ya es hora de empezar a trabajar y moveros.

BARRUKO ERROPA. Ropa interior. **K.** Oso ondo gogoratzenaz nola gaztetan amak betik esateuzten asteburue allegatzezanien, hor uge gañien daukotzu barruko erropa aldatzeko. **T.** Me acuerdo muy bien lo que siempre me decía mi madre los fines de semana cuando era joven, ahí encima de la cama tienes la ropa interior para que te cambies.

BARRUTIK. De dentro. **K.** Ezpozu nai eztaukotzu derrigorrez inbierrik, eskatzendotzuen laguntazun hori norberai urtenbijako barrutik eta horren gora-beriaz ikusi-bierra dauko. **T.** No lo tienes que hacer a la fuerza si no quieres, esa ayuda que te piden a cada uno le tiene que salir de dentro y en función de eso tiene que proceder.

BARU, BARUIK. En ayunas. **K.** Egixe da atzo esauztiela baruik fateko anbulatoixora odol analisa itxeko, baña gauza da astu iñazela ta naiz da asko ez, gosaldu iñdot, eztot ezer esan eta eztauket ideiaik be ze modutan urtengodauen analis horreik. **T.** Es verdad que ayer me dijeron que para hacer los análisis de sangre en el ambulatorio tenía que ir en ayunas, pero la cosa es que me he olvidado y aunque no mucho, he desayunado, no he dicho nada y no tengo ni idea de cómo saldrán esos análisis.

BASA. Barro, lodo. **K.** Mendi-aldera mobitxugara buelta txikibat itxeko asmuekiñ baña eztakitx nola ibilikogaren, atzo iñditxuen euri-zaparrarakiñ baleike gaur bire guztiek basaz betiek eotie, ba hala izetenbada eta ikusi besteik ez bueltau inbikou eta beste erozeiñ tokira fan. **T.** Ya nos hemos movido con la idea de dar un pequeño recorrido por el monte pero no sé cómo vamos a andar, con todo lo que ha llovido ayer puede que todos los caminos estén llenos de barro, pues sí es que es así y nada más que lo veamos tendremos que dar la vuelta e ir a cualquier otro sitio.

BASABILLEN. Ya andaba. **K.** Atzo bentzet oso ondo ikusinutzen tipo horrei, eztakitxena da geixau eongozien, eta gañera basabillen zerbaitx billatzen inguru hontan baña arrastuik be eztauket zer izengozan. Eta inportantzi haundiko gauzabat, gaur berriz asaltzenbada, baezpare ez galdu bistatik eta zer itxendauen gañien eon. **T.** Ayer por lo menos vi muy bien al tipo ese, lo no sé es sí habría más, y además andaba buscando algo aquí por los alrededores pero no tengo ni idea de lo que sería. Y una cosa muy importante, si hoy volviese otra vez, por si acaso no le perdáis de vista y estar encima de él a ver que es lo que hace.

BASABITZ, BASABITZEN. Ya andas, ya andabas. **K.** Errarue da, beno, erraru hau txantxan esandot, baña oñ be basabitz okerrien, jakiñleike noiz daukotzun asmue txintxotzeko beingoz?, atzo galdera berdiñe iñotzun eta zure erantzuna izenzan bixer, ba atzoko bixer gaur da. **T.** Es raro, bueno, lo de raro lo he dicho en broma, pero ahora tambieén ya andas haciendo travesuras, ¿se puede saber cuando tienes la intención de formalizarte de una vez?, ayer te hice la misma pregunta y me contestaste que mañana, pues el mañana de ayer es hoy.

BASADI. Bosque. **K.** Ze ondo gogoratzenazen nola mutikotan Porrukotxarako basadixen, Atxabaltan, gerraka jolasten ibiltxegiñen eta ondo serixuen gañera, gure ezpatakiñ, arku, fletxak eta orduen bierzien gauza guztiaz, pistolak kenduta, eta danak eskuz iñdekuek. **T.** Que bien me acuerdo de cómo de chavales en el bosque de Porrukotxara, en Aretxabaleta, solíamos jugar a guerras y además muy en serio, con nuestras espadas, arco, flechas y todo lo que entonces necesitábamos, quitando las pistolas, y todo hecho a mano.

BASAJAUNA. Personaje mitológico vasco. El llamado señor del bosque.

BASAMORTUE. Páramo, erial, desierto. **K.** Hiru ero lau urte izengodie Iñaxiotar oñezko birie iñauela eta bire hortako egun parebaten hor Monegros inguruen ibilinitzen, eta ha bai zala benetako basamortue, ezan ezer hauenik ikusten, beno bai, nahiko erbi ero mendiko konejuek, bertakuek gazapo esateutzie, baña honein aparte beste ezertxoik ez. **T.** Ya serán tres o cuatro años que hice andando el camino Ignaciano y durante un par de días anduve allá por los Monegros y aquello sí que era un auténtico desierto, no se veía que hubiese nada, bueno sí, bastantes liebres o conejos de monte, los de allá les llaman gazapos, pero quitando a estos nada más.

BASAKIXEN, BASEKIXEN. Ya sabía. **K.** Eztakitx zeatik baña ustedot adarra joteko asmuekiñ esauzkula, atzo eongiñen gizona hangue da, herri bertakue eta pentzatzendot basekixela, ondo gañera, gaur ezala eongo astoik Zegamako ferixan, eta gañetik gertauda bidai alperra iñdoula, beno ez haibesteko alperra, hamarretakue iñdou bentzet. **T.** No se porqué pero creo que nos lo ha dicho con la intención de tomarnos el pelo, el hombre con el que estuvimos ayer es de allá, del mismo pueblo y pienso que ya sabía, además muy bien, que hoy no habría burros en la feria de Zegama, y ahora encima resulta que hemos hecho el viaje para nada, bueno para nada tampoco, el menos ya hemos almorzado.

BASAKIXEN. (Basakixien), tzun, tzuen.

BASARANA. Endrina, ciruela silvestre. **K.** Esauztie ze aurtengo urtie oso ona dala eta ugeri basarana omendau alde guztietan, eta baitxe ze tokira fan-bierra dan horreik hartzera. Ba hala izetenbada lasai eonzeiketzu zeatik ezta patxaranik faltako zure etxien. **T.** Me han dicho que este año es muy bueno y debe de haber mucha endrina en todas partes, y además también a que sitio hay que ir a cogerlas. Pues sí es así ya puedes estar tranquilo porque no va a faltar el pacharán en tu casa.

BASATIA. Salvaje, bruto, incivilizado. **K.** Zuek zare bere gurasuek baña gauzabat esangotzuet eta ez asarretu, nik ustedot larreiko librien dabillela mutiko hori eta kontu apurbat euki-bierra daukotzuela berakiñ, zeatik oñ bezela jarraitzenbadau eta ezpada asko aldatzen nahiko basatia biurtukoda. **T.** Vosotros sois los padres pero tengo que deciros una cosa y no os enfadeís, yo creo que ese chaval anda demasiado suelto y que teneís que tener un poco de cuidado con él, porque si continúa así y no cambia mucho se convertirá en un salvaje.

BASATOZ. Ya vienes, ya venís. **K.** Beno, ia ordue zan, naiz eta nahiko berandu askenien be basatozela esandozu, gertatzenda nola guk eztakigun horren bireik hemen eongarela danok zure erantzunai zai mendi hortara fateko. **T.** Bueno, ya era hora, aunque bastante tarde al final ya has dicho que vienes, lo que pasa es que como nosotros no conocemos esos caminos aquí hemos estado todos esperando tu respuesta para ir a ese monte.

BASAUEN. Ya estaba, ya había.

(Mirar la definición de bahauen, bauen).

BASAUKEN. Ya tenía. **K**. Aspalditxuen haigara horreiñ atzetik eta atzo esauztien akaso Doroteok eukikozitxula, berana fan eta galdetu ondoren erantzuzten ze ziur zala garai baten basaukela baña oñ eztakixela galdu ero bota iñdauen zakarrera, kustiñue da oñ eztaukela eta beste nunbaitxen lortu ero erosi inbierra izengoula. **T**. Ya hace algún tiempo que estamos detrás de ello y ayer me dijeron que quizá ya los tendría Doroteo, fuí dónde él y después de preguntarle respondió que estaba seguro de que los había tenido pero que ahora no sabía si los había perdido o echado a la basura, la cuestión es que ahora ya no lo tiene y lo tendremos que comprar o conseguir en algún otro sitio.

BASAUNTZA. Ciervo, corzo. **K**. Josun baserri inguruen hiru basauntz dabitz, beno, horreik die ikusitxutenak zeatik baleike geixau be ibiltxie, gaztetxuek diela emutendaue ata akaso euron gurasuek be hor nunbaitxen eongodie, hor ibiltxenda Korta euron atzetik arrapau guran baña alperrik zeatik basauntzak askoz axkarrauek die bera baño. **T**. En los alrededores del caserío de Josu andan tres ciervos, bueno, son los que he visto porque puede que anden más, parecen que son jóvenes y a lo mejor sus padres también estarán por ahí, Korta ya les persigue queriendo atraparles pero es inútil porque los ciervos son mucho más rápidos que él.

BASAZ. Ya estás. **K**. Aber gauzabat esanbiotzut, garbi dau ze ni, zure bezela, ondo nekatuta nauela eta zu aulki hortan basaz ni ezingonaz jarri, eta kustiñue da nere aulkixe dala, jakiñleike zeatik eztozun hartzen zurie eta han jarri, ero akaso geixau gustatzejatzu beste hau? **T**. A ver te voy a decir una cosa, está claro que yo, al igual que tú, estoy muy cansado y si tú estás en ese banco yo no me podré sentar, y la cuestión es que es mi banco, ¿se puede saber porqué no coges el tuyo y te sientas en él, o acaso es que te gusta más este otro?

BASELIZA. Son Ermitas que generalmente suelen estar en las afueras de los pueblos y también en los montes o su entorno. **K**. Elkanoko auzo birien, Aian, San Blas Baseliza dau eta bere eguna danien loraz betie eotenda eta batera baitxe mordoxka kandela piztuta be, eztakitxena da eta galdetzeko asmoik be estauket, aber gauza horreik fedien ero oitura kontuek izetendien. **T**. En el camino al barrio de Elcano de Aia, está la Ermita de San Blas y cuando es su día suele estar llena de flores y junto con esas también con muchas velas encendidas, lo que no sé ni tengo idea de preguntar, es si esas cosas suelen ser por cuestión de fé o por costumbre.

BASERRITARRA, BASERRITXARRA. El casero (a). **K**. Argiñanok betik esatendau, eztot uste komisioik eukikodaunenik, bertako baserritxarrai erosi inbikogaukela barazkixek, arrautzak eta beste holako gauzak, aldebatetik pozik ta gustora geratukodiela, iruitzejat diruek be eukikodaula bere zer-ikusixe, eta bestaldetik mezerie dalako norberan osasunandako. **T**. Arguiñano siempre dice, no creo que tenga comisión, que hay que comprar las verduras, huevos y otras cosas similares a los o las caseras del pueblo, que por una parte quedarán contentas y a gusto, supongo que el dinero también tendrá algo que ver, y por otra parte será beneficioso para nuestra salud.

BASERRIXE. El caserío. **K**. Zarautz inguruen baserri ugeri daz eta ganau gutxi, asken honeitatik banaka-batzuk ikustendie baña ez askoik, zelai asko artuen landatzat die eta beste terreno geratzendan mordoxkabat baratza jenereukiñ ibiltxenda, eta zer esan mahastixatik, ze alde guztiek sigero betiek diela. **T**. En los alrededores de Zarautz hay muchos caseríos y poco ganado, de estos últimos ya se ven unos cuantos pero sir ser demasiados, muchos de los prados están plantados con maiz y bastantes otros terrenos se dedican a la producción de las huertas, y que decir de los viñedos, que todos los alrededores están absolutamente llenos.

BASETXIE. Caserío solitario, aislado. **K**. Atzoko periodikok albistebat akarren, telebistak be esandakue zan, nola ixe mendi puntan hauen basetxe hartara fan omenzan Ertzaina eta marian landaketa haundibat billatu. Eta esatendauen ez bateonbaten salaketa izengozala. **T**. El periódico de ayer trajo una noticia, también lo habían dicho en la televisión, de cómo debió de ir la Ertzaina a un caserío solitario que estaba casi en la punta el monte y encontraron una plantación grande de marihuana. Y según dicen que sería por la denuncia de alguno.

BASO-BIRIE. Camino de monte, de bosque. **K**. Nere ustez geixau komenijaku baso-birie hartzie Asteasura fateko, zertxobaitx luzetxuau da baña askoz politxaue eta birie be nahiko ondo dau, karreteraik fan-ezkero, naiz eta ez ibili kotxe askoik, larreiko estue da ta baleike arrixkatzie, eta bestaldetik berriz bape zarata-barik ta pakien ibilikogara. **T**. Yo creo que para ir a Asteasu nos conviene más coger la ruta del monte, es un poco más larga pero mucho más bonita y el camino también está bastante bien, si vamos por la carretera, a pesar de que no andan muchos coches, es demasiado estrecha y puede que nos arriesguemos, y en cambio si vamos por el otro iremos sin ruidos y en paz.

BASOIEZ. Ya vas. **K**. Askenien basoiez Salamankara ero oñ be aldatu iñdozu bidaia beste erozeiñ tokira fateko?, ba hala-bada denpora gutxixen laugarren aldiz izengoda berdiñ iñdozuna, eta akaso hemendik aurrera eztotzue geixau sartzen itxiko bidai buleguen. **T**. ¿Al final ya vas a Salamanca u otra vez has cambiado el viaje para ir a cualquier otro sitio?, pues si es que es así va a a ser la cuarta vez que en poco tiempo haces lo mismo, y a lo mejor a partir de ahora no te vuelven a dejar entrar en la agencia de viajes.

BASTOIE. El bastón. **K**. Baleike beste toki batzuetan be berdintzu izetie, baña halere iruitzejat ze Zarautzen larreitxo jente ikustendala bastoie aldien dauela, eta eztot uste zer-ikusirik daukenik dauen umeltazun ero salitriatik, ta orduen ze motibuatik izenleike ba? **T**. Puede que en otros sitios también sea parecido, pero aún así me dá la impresión de que en Zarautz se ve a demasiada gente que lleva consigo el bastón, y no creo que tenga nada que ver con la humedad o por el salitre que hay, ¿y entonces porque motivo puede eso pues?

BASUE. Baso. **K.** Nik eztakitx ia zenbat baso puskatzendien etxien, akaso eztie larrei izengo baña jeneralki nerie izetenda kulpa eta hau, beste gauza asko tartien, da nahiko motibu andrie errietan hasteko. Erozeiñ modutan aldebatera ero bestera izen nik ustedot larreiko material makalaz itxeitxuela. **T.** Yo no sé cuántos vasos se romperán en casa, no creo que sean semasiados pero generalmente la culpa suele ser mía y esto, dentro de otras muchas cosas, es suficiente motivo para empiece a reñirme la mujer. De todos modos sea de una forma u otra yo creo que los hacen con un material demasiado deficiente.

BASUE. Bosque.

(Ver la dfinición de basadi).

BASAURDA, BASAURDIE. Jabalí. **K.** Hemengo baserritxarrak, beste alde askotan be hala berdiñ izengoda, oso asarre die Diputaziñokiñ zeatik eztutzie bape kasuik itxen salaketan buruz ,etxuraz larreiko basaurda omendie, ixe plaga, esatendaue jextendiela euron baratza ta soluetara, eta dauen geixenajan ta txikitu itxeitxuela. **T.** Los caseros de aquí, será igual con los de muchos otros lados, están muy enfadados con la Diputación porque no les hacen caso respecto a las denuncias, debe de haber demasiados jabalíes, casi plaga, y dicen que bajan hasta sus huertas y prados a comer y destrozan casi todo lo que hay.

BAT, BATA. Uno. **K.** Nabarmen igertzenda saltzeko gogo haundixe daukotzula, baña kasu hontan nik bat besteik eztot bier eta hori bakarrik erosteko asmuaz etorrinaz. **T.** Se nota claramente que tienes muchas ganas de vender, pero en este caso yo no necesito más que uno y eso es lo solamente he venido con la intención de comprar.

BATA-BESTIAZ, BATA-BESTIEKIÑ. Junto o juntos lo uno y lo otro. **K.** Aber gauzabat ingou eta nik ustedot konpondu be ondo ingogarela, zuk horreik jartzenbozu nik beste honeik jarrikotitxut eta hala bata-bestiekiñ jarritxe pentzatzendot zerbaitx lortukoula. **T.** A ver vamos a hacer una cosa y yo creo que nos arreglaremos bien, si tú pones esos yo pondré estos otros y así poniendo los dos juntos pienso que ya conseguiremos algo.

BATA-BESTIEI. El uno al otro. **K.** Hala modu hontan jarraitzenbadaue eztot uste bape ondo bukatukodauenik horreik bixok, entzun inbizaukie ze astokeixak esateitxuen bata-bestiei, batek potolokeixabat esatenbadau bestien erantzuna ondion haundixaue izetenda eta larrreiko gaizki haidie gauza onerako. **T.** Cómo continúen así no creo que esos dos vayan a terminar nada bien, teníais que oir las burradas que se dicen el uno al otro, si uno le dice algo fuerte el otro le contesta con otro más fuerte todavía y andan muy mal para cosa buena.

BATA ERO BESTIE. Lo uno o lo otro. **K.** Bai, noski dakitxela baña gertatzenda bixek eziñdozula hartu, esanutzun zure zorionetarako gauzatxobat oparitukonitzula eta bat da bat, ba orduen badakitzu eta aukeratu bata ero bestie. **T.** Si, claro que lo sé, pero lo que sucede es que los dos no los puedes coger, te dije que ya te compraría una cosita para tu cumpleaños y una es una, pues así que ya sabes y elige lo uno o lo otro.

BATAIO, BATAIUE. Bautizo. **K.** Atzo barre pixkat iñauen Saturion kontura, etxuraz bixer omenda alaba umetxuen bataiue eta berai iñdotzie aitxa-punteko, esatendau hori etxakola bape inportik eta gustora ingoitxula lan horreik, baña halaere sigero txarra dan gauzabat gertatzendala, estakixela errezatzen. **T.** Ayer ya me reí un poco a cuenta de Saturio, parece que mañana es el bautizo del niño de su hija y le han hecho padrino, dice que eso no le importa y que esos trabajos los hará muy a gusto, pero aún así le debe de pasar una cosa muy mala, que no sabe rezar.

BATASUNA. Unión, hermanamiento. **K.** Gurie betik eztabaidan ibiltxie izetenda eta gañera erozeiñ gauzatik, baña ikusitxe sigero alperra dala eta gurebou garbi jartzie asunto hontako gora-berak eta noski, beingoz aurrera atara, bierrezkue da alegintzie batasuna lortzen. **T.** Siempre y además por cualquier cosa lo nuestro es estar discutiendo, pero viendo que es completamente inútil y si queremos dejar claro los pormenores de este asunto, y claro está, sacarlo para adelante de una vez, es necesario que nos esforcemos en estar lo más unidos posible.

BATAZ-BESTE. Promedio. **K.** Alegiñdubigara ez diskutitzen gure hartien eta aber hala iñde konpontzegaren, hemen dazen gauza dan honeik guretako die eta bierdan bezela ingoitxu errepartuek, ez zuretako ta ez niretako, bataz-beste iñgoitxu, gero bakotxak berie hartzeko eta pakie. **T.** Vamos a procurar no discutir entre nosotros y a ver si haciendo así nos arreglamos, todas las cosas que hay aquí son para nosotros y vamos a hacer los repartos coómo es debido, ni para tí ni para mí, haremos un promedio, luego que cada uno coja lo suyo y en paz.

BATEK. Uno solo. **K.** Nik ustedot oso errexa dala baña danon hartien nahasten haigara asunto honeik, batek esatendau nik ingot, bestiek berak ingoitxula, eta etxatzue iruitzen onena izengozala batek bakarrik itxie eta kitxo? **T.** Yo creo que es una cosa muy sencilla pero entre todos lo estamos mezclando estos asuntos, uno dice lo haré yo, el otro que lo hará él, ¿y no os parece que lo mejor será que lo haga uno solo y vale?

BATEKOZ-BESTE. Término medio. **K.** Beno, askenien be ezgara halako gaizki gelditxu, aurren erosiduna karesti xamarra zan baña hurrengue ez hainbestekue eta gañera esangonauke ixe nahiko merkie be izendala, eta batekoz-beste ondo urten ta geratugara. **T.** Bueno, al final tampoco hemos quedado tan mal, lo que hemos comprado al principio era un poco caro, pero lo siguiente no tanto y además diría que quizá ha sido bastante barato, y como término medio hemos salido bien y satisfechos.

BATEKUE. El uno. **K.** Gogoratzenaz nola zan aspaldiko karta jokubat, tontolomosolo hauken izena eta bateko urriaz gelditzenzana galtzaillie zan, eta gañetik bera geraketazan tontomosolo bezela. Gañera eztakitx izen honek ezauen nai esatie ze bazala tontotxue baño zertxobaitx geixau. **T.** Me acuerdo de como era un juego de cartas antiguo, su nombre era tontolomosolo y el que se al final se quedaba con el uno de oros perdía el juego y encima él o ella quedaba como el tontolomosolo. Además, no sé si este nombre no podría significar que era un poco más que tontito.

BATELA. Embarcación a remo relativamente pequeña, utilizada en competición y compuesta por cuatro remeros y el patrón. **K**. Datorren domekan Getariko uretan izengoda Euskadi mallako batel txapelketa eta lehia horretan Zarauzko batela be han eongoda. **T**. El próximo domingo en aguas de Getaria se celebrará el campeonato de Euskadi de bateles y en esa competición también estará allá el batel de Zarautz.

BATERATU, BATERAU. Aunar, juntar. **K**. Benetako baldarrak zare, jakiñleileike zeatik itxidozuen hemen traban eta lurrien erraminta dan horreik?, ba badakitzue ze inbierra daukotzuen ta axkar gañera, baterau danak eta itxi almazenien txukun ta bere tokixen. **T**. De verdad que sois unos torpes y cualquier cosa, ¿se puede saber porqué habeís dejado aquí desperdigadas por el suelo y estorbando todas esas herramientas?, pues ya sabeís lo que teneís que hacer y rápido, juntar todas y dejarlas en el almacén en su sitio y de forma curiosa.

BATETIK. De una parte. **K**. Itxoiñ pixkat zeatik ondion pentzatzen hainaz, iruitzejat ze batetik baleikeka balixokue izetie, baña bestaldetik zalantza dexente be badauket eta ustedot eztotela hartuko, aldatzenbozu eta bestebat nik dauketen berdiñe ekarri orduen bai, erosikotzuk. **T**. Espera un poco porque todavía lo estoy pensando, me parece que de una parte podría aser válido, pero por otra también tengo bastantes dudas y creo que no loy a coger, si lo cambias y traes otro que sea igual como el que tengo yo entonces sí, ya lo compraré.

BATEZ. Nada.
(Mirar la definición de bapez).

BATEZERE. Aún siendo así, si puede ser. **K**. Zure ideia Santander aldera fateko asteburue pasatzera oso ondo iruitzejat, baña batezere Asturiasko Pikos aldera fatie be ezan bape txarra izengo, oñ asken honek alde dexentie dauko, aurren aukeran potrojorran eongogiñen eta mendixen ibiltxie izengozan bestie. **T**. Tu idea de ir a la zona de Santander a pasar el fín de semana me parece fenomenal, pero aún siendo así el ir a los Picos en Asturias tampoco estaría nada mal, ahora que con esto último hay bastante diferencia, en ese primer sitio estaríamos tocándonos los huevos y en el otro andaríamos en el monte.

BATIEN. De una vez, de forma simultánea. **K**. Aber, derrigorrez haldan axkarren beste toki-batera fan-bierra daukou eta nik ustedot ze haigaren bi lan honeik, naiz da zertxobakitx desberdiñek izen, zallatzen-bagara inleikela batien eta batera. **T**. A ver, necesariamente tenemos que ir cuanto antes a otro sitio y yo creo que esos dos trabajos con los que andamos, aunque sean un poco diferentes, si nos empeñamos se pueden hacer juntos y de una vez.

BATIPAT. Ante todo. Pronto. **K**. Lan hau hasi aurretik, batipat ta baezpare ezteigun hankaik sartu, pentza eta berba inbikou ze aldetatik heldu eta hastie komenidan. **T**. Antes de empezar este trabajo, ante todo y por si acaso no metamos la pata, tenemos que pensar y hablar de que lado lo vamos a acometer y conviene empezar.

BATIPEÑIEN. Alguna vez. **K**. Bai, noski baietz, batipeñien danok jolastu izendou fubolien baña halaere gure tartekuek oso gutxitan, askoz naio izetegauen esku-pelotan jolastie, orduen frontoiek tellatu-bakuek zien eta eurixe iñezkero kaniketan ibiltxegiñen, kanika jokuen, eh?, ez bestera. **T**. Si, claro que sí, algunas veces todos hemos solido jugar al fútbol pero aún así los de nuestro entorno muy pocas, por mucho solíamos preferir jugar a pelota mano, entonces los frontones eran descubiertos y si llovía andábamos a canicas, a canicas del juego, ¿eh?, no a lo otro.

BATOR. Ya viene.
(Mirar la definición de badator).

BATU. Recoger. **K**. Benga, axkar mobitxubigara, etxura guztie dauko euri-zaparrara laister hasikotedan eta ondion gauza asko geratzendie batu inbierrekuek, busti-ezkero apernas balixokodaue ezertarako eta hori etxaku bape komeni. **T**. Venga, tenemos que movernos rápido, tiene toda la pinta de que pronto va a empezar el chaparrón y todavía nos quedan muchas cosas para recoger, si se mojan apenas valdrán para nada y eso no nos conviene en absluto.

BATU. Ordeñar. **K**. Lenau, ta akaso ez halako aspaldi, ardi ta beixen esne lan batu honeik eskuz itxezien eta gero denporiaz ixe geixenak automatikoki jarrizitxuen batu horreik, baña aurrerau beste gauzabat be gertauzan, fabrika haundi horreik hasiziela preziok jexten eta txiki askok ezauela beste erremeixoik euki iztie baño. **T**. Antes, y quizá tampoco hace tanto tiempo, todos los trabajos de ordeño se hacían manualmente y luego con el tiempo casi todos lo pusieron y se ordeñaba de forma automática, pero más adelante también sucedió otra cosa, que esas fábricas grandes empezaron a bajar los precios y muchos pequeños no tuvieron otro remedio que dejarlo.

BATUA. Euskera unificado. **K**. Bai, noski gauza oso ona dala eukitxie euskera batua, hor eon eta danontzat izetie, baña halaere gauzabat, nik pentzatzendot alegiñ guztiek inbierrekuek diela norberan euskera mantentzeko. **T**. Sí, claro que es una cosa muy buena que haya un euskera batua, esté ahí y sea para todos, pero aún así una cosa, yo pienso que hay que hacer todos los esfuerzos posibles para mantener el euskera propio de cada uno.

BATUKETA. Acción de recoger, recogida de algo. **K**. Denporalditxuen esaten haizien eta asteburu hontan izenda janari batuketa haundi hori, nik eztakitx dana kanpora bieltzeko ero parte hemen izteko dan, baña erozeiñ modutan jasotzendana bierrezkuen alde izetenda. **T**. Ya llevaban anunciándolo una temporada y este fín de semana ha sido esa gran recogida de alimentos, yo no sé si es para mandarlo todo fuera o parte para dejarlo por aquí, pero de cualquier modo lo que se recoja es para los necesitados.

BATUTA. Recogido. **K**. la pasada asteburue eta esatendaue janari guztiek batuta geratudiela, baña ondion be lan dexente gelditxukoda, aurrena dan hori banatu eta gero ustedot Karitas izetendala erreparatuek itxeko arduraduna. **T**. Ya ha pasado el fín de semana y dicen que todos los alimentos han quedado recogidos, pero todavía quedará mucho trabajo, primero clasificar todo y luego creo que Cáritas suele ser la encargada de hacer las distribuciones.

BATXURI, BARATXURI. El ajo. **K.** Nere aitxat esateauen baratxuri gordiñe oso ona zala ospelak kentzeko, eta hortarako alebat erditxik mozteauen eta gero horrekiñ ondo igurtzi ospel horrein gañien. Nik eztakitx baña baleike gero, ugerakuen, errieta batzuk entzun-bierrak eukikozitxun. **T.** Mi padre decía que el ajo crudo era muy bueno para eliminar los sabañones, y para eso partía un gajo por la mitad y después con eso frotaba muy bien encima de esos sabañones. Yo no sé pero puede que luego, a la hora de ir a la cama, tuviese que escuchar alguna pequeña bronca.

BATZARRA. Reunión, conferencia, asamblea. **K.** Gaur atarteko atien paperbat jarridaue esanaz nola bixer batzarra eongodan Udaletxien herriko hondakiñan buruz, aber ze modutan ta noix jaso, ba badakitx zer gertaukodan, aurrekuen bezela asarre eta diskuzio pillabat. **T.** Hoy en la puerta del portal han puesto un papel diciendo que cómo mañana habrá una asamblea en el Ayuntamiento sobre el asunto de las basuras del pueblo, a ver cuando y de que forma recogerlas, pues ya sé lo que va a pasar, al igual que la vez anterior un montón de enfados y discusiones.

BATZEN. Recogiendo. **K.** Zumaira allegau baño pixkat lenau sarri ikusteitxut nola hiru ero lau pertzona, ustedot errumaniarrak diela, batzen haidien Itxasoko algak, pentzatzendot gero nunbaitxera eruengoitxuela sikatzeko eta gero saldu. Baña ustedot hori danoi ia erabakitxe eukikodauela. **T.** Un poco antes de llegar a Zumaia a menudo suelo ver como andan tres o cuatro personas, creo que son rumanos, recogiendo algas del mar, supongo que luego las tendrán que llevar a algún sitio para que se sequen y luego venderlas. Pero creo que todo eso ya lo tendrán pensado.

BATZOKIXE. Lugar de reunión, por aquí generalmente son del PNV, pero también se puede llamar así a una sociedad. **K.** Lenau EAJotako batzokixek bakarrik billerak itxeko izetezien eta baitxe soziedade bezela alderdi horren tartekuendako, ondion be baleike batzun-batzuk hala izetie, baña oñ hau toki askotan, ero geixenetan, aldatuda eta taberna, akaso jatetxe be, bezela jarritxe daz, baña danontzako. **T.** Antes los batzokis del PNV solo eran para hacer las reuniones y también como sociedad para los afiliados a ese partido, todavía puede que algunos también sean así, pero ahora en muchos sitios, o la mayoría, ésto ha cambiado y los han puesto y funcionan al igual que las tabernas, y quizá restaurantes, pero para todos.

BATZORDEA. Junta de trabajo, comisión. **K.** Hemen inguruko herri txiki-baten eta ehiztari soziedadien, gertauda ze botaziñok iñ ondoren batzorde barrixe urten, gero bertako jente asko eon ez bape konforme esanaz botazio hori sikiñe izendala, eta horren kontura asarre asko gertau. **T.** En la sociedad de cazadores de un pueblo pequeño de por aquí, ha pasado que después de haber hecho las votaciones ha salido una nueva comisión, luego mucha gente de allá no estar nada conforme diciendo que esa votación ha sido sucia, y a cuenta de eso surgir muchos enfados.

BATZUENAK, BATZUNAK. De algunos. **T.** Trasto zar honeik garai baten batzuenak izengozien baña gauza da eztakigula zeñenak, gertatzenda oñ dazen tokixen larreiko traba itxen haidiela eta haldan axkarren kendubikoitxu, baña kustiñe da nora eruen. **T.** Estos trastos viejos en un tiempo ya serían de alguien pero la cosa es que no sabemos de quién o quienes, lo que pasa es que en el sitio que están ahora están estorbando demasiado y pronto los tendremos que quitar, pero la cuestión es donde llevarlos.

BATZUENTZAT, BATZUNTZAT. Para algunos. **K.** Hori garbi dauket zeatik badakitx hemen dazen opari guzti honeik beste batzuentzat izengodiela, oñ eta halaere inbidixa pixkat be badauket neretzat ezertxoik eztalako. Eztauket segurantzik baña apostakonauke oñ be berdiñendako izengodiela, beti bezela, noski. **T.** Eso lo tengo claro y ya sé que todos los regalos que están aquí serán para algunos otros, ahora que aún así no dejo de tener un poco de envidia porque nada de lo que hay sea para mí. No tengo seguridad pero ya apostaría que ahora ambién serán para los mismos, al igual que siempre, claro.

BATZUETAN, BATZUTAN. Algunas veces. **K.** Bai, lenau eta oso aspaldi batzuetan fan izenitzen zirkue ikustera, baña oso gutxitan zeatik orduen ezien askotan etortzen herri txikitara, halaere sekula ezuzten grazia haundirik iñ. **T.** Sí, antes y hace mucho tiempo algunas veces ya solía ir a ver el circo, pero muy pocas veces porque entonces tampoco venían demasiado a los pueblos pequeños, aún así nunca me hizo demasiada gracia.

Aspaldiko esaerabat: Batzuetan arrixkutzue izenleike egixe esatie.

Un antiguo proverbio vasco dice que algunas veces puede ser peligroso decir la verdad.

BATZUK. Algunos. **K.** Beno, neretzat berdiñ da eta zueik erabaki zeñeik, baña hemendik batzuk fan-bierra daukotzue intxaurrak batu eta ekartzera, eta bestiok gelditxu hemen ta jarraitxu oñ haizarien lan berdiñekiñ. **T.** Bueno, a mí me es igual y pensar vosotros quienes, pero algunos de vosotros teneís que ir a recoger y traer las nueces, y los demás os quedaís aquí y continuar con el mismo trabajo que estaís haciendo ahora.

BATZUKIÑ, BATZUEKIÑ. Con algunos. **K.** Gauzak honeik ondo inbierrekuek die eta aber ze iruitzejatzuen pentzaudoten hau, ni batzukiñ fangonitzen bire hontatik, bestiot fanleikie beste goiko handik eta hala baleike billatzie galdudan txakurra, eta batek ero bestiek billatzenbadau abixatzeko. **T.** Estas cosas las tenemos que hacer bien y a ver que os parece lo que he pensado, yo iría con algunos por ese camino, los otros podían ir por aquel otro de arriba y así puede que encontremos al perro que se ha perdido, y si uno u otro lo encuentra que avise.

BATZUN-BATZUK. Algunos. **K.** Horreik be batzun-batzuk izengodie, hemen dazen iñok eztitxu esauketan eta nik gutxiau, danok ondo jantzitxe dazela ikustendie bere gorbata ta guzti, iruetzejat kotxiek be dazen karestixenetaikuek diela eta auskalo zertan etorrikotezien inguru hontara, ta gañera dauen giro sikiñ honekiñ. **T.** Esos también ya serán algunos, nadie de los que están aquí les conoce y yo mucho menos, a todos se les ve que van vestidos muy elegantes, con corbata y todo, me da la impresión que los coches son de los más caros que hay y cualquiera sabe a que habrán venido por esta zona, y además con el tiempo asqueroso que hace.

BATZUNDAKO, BATZUENDAKO. Para algunos.

(Ver La definición de batzuentzat).

BAUKELA, BADAUKELA. Que ya tiene. **K.** Denpora gutxi dala beste batzuk galdera berdiñekiñ etorridie eta erantzuna be hala da zuendako, harein iguala, baietz, atzo bertan ikusinutzela eta ziur nau ondion badaukela, fanzeikie lasai askuen eskatzera eta esaiozue nere altedik soeiziela, Josefo da nere izena, eta emungotzue. **T.** Hace poco han venido otros con la misma pregunta y la respuesta para vosotros también es igual, que sí, que ayer mismo se los ví y que estoy seguro de que todavía ya los tiene, podéis ir tanquilamente a pedírselo y le decís que vais de mi parte, me llamo Josefo, y ya os lo dará.

BAUKET, BADAUKET. Ya tengo. **K.** Ezta errexa izeten baña batzuetan gertatzenda, atzo aitunutzen Anizetoi nola fanzan takillara sarrerabat erosteko asmuaz Errealan ta Atletiñ partidurako eta etxuraz bukauta eozen, ba ezkerrak zeatik nik bentzet badauket aspalditxo lortutako bat. **T.** No suele ser habitual pero algunas veces ya ocurre, ayer le oí a Aniceto cómo fué a la taquilla con la intención de comprar una entrada para el partido de la Real y el Atleti y parece que ya se habían terminado, pues menos mal que yo ya tengo una que la conseguí hace ya algún tiempo.

BAUKO, BADAUKO. Ya tiene. **K.** Ba horrek eztakitx nola lortudauen sarrera zeatik Anizeto baño nahiko beranduau eonda taquillan, segurazki izengoda zeatik lagunenbat eukikodau han bertan, baña bateatik ero bestiatik izen oñ badauko bat. **T.** Pues no sé cómo ese otro ha podido conseguir la entrada porque ha llegado a la taquilla bastante más tarde que Aniceto, seguramente será porque que tiene algun amigo allá mismo, pero tanto sea de una forma u otra la cuestión es que ahora ya tiene una.

BAUTIZAU, BAUTIZUE. Bautizo. **K.** Datorren domekan illoban umetxuen bautizue da eta andriek esandau gorbata polibat erosi-bierra dauketela dotore fateko, gauza da nik eztakitxela nun saltzeitxuen dotore horreik, baña beno, alegindukonaz eta aurrena baezpare txinotara fangonaz beitzera. **T.** El próximo domingo es el bautizo del crío de la sobrina y la mujer ha dicho que tengo que comprar una corbata bonita para ir elegante, la cosa es que yo no sé donde venden esas elegantes, perobueno, ya me esforzaré y lo primero por si acaso iré donde los chinos a mirar.

BAXOERDI, BAXO-ERDI. Literal medio vaso de vino y se refiere al chiquito, de vino, claro. **K.** Lenau kosta aldeko oitura izetezan ze txikito izenakiñ eskatu inbierrien horren ordez baxoerdi esatie, baña oñ ez, hori aspaldi astuta dau eta txikitue eskatzenda ardauek dauken izenakiñ. **T.** Antes la costumbre en la zona de la costa era que en lugar de pedir con el nombre de chiquito hacerlo con el de baxoerdi (medio vaso), pero ahora ya no, eso está olvidado y el chiquito se pide con el nombre propio de cada vino.

BAZAN. Ya había, ya estaba. **K.** Ba mutil arrastuik be eztauket eta eztakitx gaur zer eongodan, baña atzo han Tolosan izengiñen eta bazan ugeri perretxiko azokan, eta erosteko asmue badaukotzu onena izengoda bertaraño fatie. **T.** Pues chico ahora no tengo ni idea y no sé lo que habrá hoy, pero ayer estuvimos allá en Tolosa y vimos que ya había abundantes setas en el mercado, y si tienes intención de comprarlas lo mejor va a ser que te acerques hasta allá mismo.

BAZARA. Ya eres. **K.** Zu be bazara izetekue, derrigorrez moxkortu inbierra daukotzu asteburu guztietan botelloi sikiñ horrekiñ?, eta gañera kontuen hartuta zuri etxatzula guztatzen alkola dauken edarixe, bakarrik zure lagunek hori itxendauelako, ez izeteaitik gutxiau eta nai ez atzien geratzie. **T.** Tú también ya eres, ¿necesariamente te tienes que emborrachar todos los fines de semana?, y además teniendo en cuenta de que a tí no te gustan las bebidas alcohólicas, solo porque tus amigos lo hacen, por no ser menos y quedarte atrás.

BAZARE. Como sois. **K.** Zueik be bazare, nola leike botata iztie Fabiolo gixajuei?, berak esandust eztala bost miñutu besteik berandu allegau eta zueik ordurako alde iñde zeotziela, eta oñ kustiñue da eztaukela nun fanik bere orduen allegatzeko Anoetako partidura. **T.** Vosotros también ya sois, ¿cómo es posible que hayáis dejado tirado al pobre Fabiolo?, él dice que solo ha llegado cinco minutos tarde y que vosotros para entonces ya os habías marchado, y ahora la cuestión es que no tiene en dónde ir para llegar a su hora al partido a Anoeta.

BAZIEN. Ya eran o estaban. **K.** Eskolapion baserrixen bazien burnizko puntal dexentiek zeatik baserri hori inzanetik han geratuzien ondo eskutuen, baña oñ gertauda hartzera fan eta ezeozela, danak desagertu eta iñok eztakixela horrein berririk, ba orduen baleike izen argi ibilidan lapurrenbat. **T.** En el caserío de Escolapio ya había unos cuantos puntales metálicos porque desde que se hizo el caserío allá quedaron guardados en un sitio oculto, pues ahora ha pasado que han ido a cogerlos, no estaban y nadie tiene noticia sobre ellos, pues entonces puede que sea que algún ladrón haya andado muy listo.

BAZKA. Prado de hierba, pastizal.

(Ver la definición de larra, larre).

BAZKAIXE. Comida del mediodía. **K.** Gaurko bazkaixe benetako ona izenda eta han izengaren danok sigero gustora janda urtendou, aurrena, bildurrik ez baña hala zalantza pixkat be baukoun zeatik sekula eon-barik geotzen jatetxe hortan eta ez jakiñien, ba hori... Ba hurrenguen eta gaur beste lagun alkartzen-bagare zuzenien berriz horra. **T.** La comida de hoy en verdad que ha sido muy buena y todos los que hemos estado ahí hemos salido habiendo comido muy a gusto, al principio, miedo no pero sí teníamos alguna duda porque nunca habíamos estado es este restaurante y al no saber, pues eso... Pues la próxima vez y si es que nos reunimos tanta gente como hoy de nuevo derechos ahí.

BAZKALDU. Acción de comer al mediodía. **K.** Gose haundirik eztauket baña zerreozer bentzet bazkaldu inbikou, gero atzaldie luzie izetenda eta hor erdi aldera ezta komeni gosiaz eotiek, normalki betik fatenaz gose puntuaz bazkaltzera baña gaur gertauda ze goxien larreiko lanpetuta ibiligarela eta nahiko berandu iñdoula hamarretakue. **T.**

No tengo mucha hambre pero por lo menos algo habrá que comer, luego la tarde es larga y ahí hacia la mitad no conviene estar con hambre, normalmente voy a comer con un punto de apetito pero hoy ha pasado que a la mañana hemos estado demasiado atareados y el bocadillo lo hemos comido bastante tarde.

BAZKALOSTIE, BAZKAL-OSTIE. Después de la comida del mediodía. **K.** Hauxe da bazkaiko momentu txarrena, bazkalostie, orduen da berriz lanera sartu-bierra izetendana, tripa nahiko betie, logure puntue bebai eta gañetik gogo gutxi, baña beno, horrek be eztauko ezer apartekoik zeatik egunerokue da. **T.** Este suele ser el peor momento de la comida del mediodía, el después, entonces es cuando hay que volver al trabajo, la tripa está llena, también algo de modorra y además pocas ganas, pero bueno, esto tampoco tiene nada de especial porque es lo de todos los días.

BAZKIDE, BAZKIDIE. Socio. **K.** Lengo egunien Josuk esauzten ze Elkano auzo soziedade berri hortan, berrogetazortzi bazkide dien eta bere ustez, momentuz bentzet, nahikue diela. **T.** El otro día me dijo Josu que en la nueva sociedad del barrio de Elcano son cuarenta y ocho socios y que creía, al menos por el momento, que ya son suficientes.

BAZTERRA. Esquina, rincón. **K.** Beste egunien Eskolapiokiñ eonitzen, barriketa gogue hauken eta txikitobat haztuaz kontauzten nola bere andriek, oien eotendienien, nahiko sarri esateutzela bazterrera fateko baña eztauela kasuik itxen zeatik beztela txintxiliska geratukozan, oñ apostau be ingolaukela ezer ez inportantzie hori bera erdixen eon-ezkero. **T.** El otro día estuve con Escolapio, tenía ganas de charla y tomando un chiquito me contaba que como su mujer, cuando estaban en la cama, le decía bastante a menudo que fuese más a la esquina pero que no le hacía caso porque sino se quedaría colgando, ahora que ya apostaría que eso no le iba a importar con tal de quedarse ella en la mitad.

Aspaldiko esaerabat: Bazterrera allegau eta itxo.

Un viejo proverbio en euskera dice, llegar a la orilla y ahogarse.

BAZTERTU. Apartarse, separarse. **K.** Mutiko honek be badauko bere xelebrekeixak eta betik dau berdiñ, aber Antoñito, baztertu inzatez sikera pixkatxobat meserez, ze gertatzenda zurekiñ, betik nere gañien eon-bierra daukotzula, ero?, hor daukotzu zure lengosue eta berakiñ fan jolastera. **T.** Este chaval ya tiene también sus rarezas y siempre está igual, a ver Antoñito sepárate por favor aunque solo sea un poquito, ¿que es lo que pasa contigo, que siempre tienes que estar encima de mí, o qué?, ahí tienes a tu primo y vete a jugar con él.

BE. Onomatopeya del balido de la oveja, y cosa curiosa, es igual tanto en euskera como en castellano.

BE. También. **K.** Aspalditxue esperuen nauen eta iruitzejat ekarridozun hori be nahiko ondo dauela, baña nik bestie eukitxenbanauen naio izengonauke eta aukera badaukotzu, haldozunien ekarrirezu astu-barik. **T.** Desde hace ya algún tiempo estoy esperando y pienso que eso que has traído también está bastante bien, pero si yo tendría el otro lo preferiría y si tienes oportunidad, no te olvides y en cuanto puedas me lo traes.

BE-ALDIE, BEKALDIE. La zona de abajo.**K.** Oñarte ederto etorrigara eta hemendik aurrera hobeto izengou bekaldetik fatie, hor goitxik larreiko harritzu dau eta baitxe zertxobaitx arrixku be hortik ibili-ezkero. **T.** Hasta ahora hemos venido muy bien y a partir de ahora será mejor ir por la zona de abajo, por arriba está demasiado pedregoso y también tiene algo de riesgo el andar por allá.

BEBAI. Eso, lo otro, y también aquello. **K.** Hau ezta ezerrekiñ konformatzen, oñartien gauza pilla erosten ibiligara eta oñ galdetzendau aber beste hau bebai guroun eruetie, ba eztakitx, esautzet baezpare konsultau inbikotela andriekiñ baña ixe ziur baietza izengodala, eta askenien eruen inbikou. **T.** Este no se conforma con nada, hasta ahora le hemos comprado un montón de cosas y ahora pregunta a ver si queremos llevar también eso otro, pues no sé, le he dicho que por si acaso lo tengo que consultar con la mujer pero que casi seguro de que la respuesta será afirmativa, y al final lo tendremos que llevar.

BEBARRENA, BE-BARRENA. El portal, la entrada de la casa.

(Ver la definición de atarie, atartie).

BEDARRA. Hierba. **K.** Zelai hontan bedar sail haundixe moztuta daukie baña hor dau geldik aspalditxotik, egunero eurixe itxen haida eta jaso eziñien dabitz bustixe dauelako, ni hango ingurutik sarri xamar pasatzenaz eta atzo euron bati entzunutzen esaten haizala ze eurixe gelditzenbada egun erdikiñ nahikue izengozala. **T.** En este prado tienen cortada una gran cantidad de hierba pero ahí está quieta desde hace bastante tiempo, no la pueden recoger porque está mojada y no deja de llover, yo paso bastante a menudo por allá y ayer le escuché a uno de ellos que decía que si parase de llover con medio día sería sufiuciente.

BEDARTU. Cercar, estrechar, rodear. **K.** Axeri horrek nahiko aberixa itxen haida eta gurebou arrapatzie bedartu inbierra eukikou, eta aber nola moldatzegaren, zuek aurrien zarenok fan hor aldebatetik, zuek bestiok beste hortatik eta guk handikaldetik fangogara, nik ustedot oinguen ta danon hartien baleikela lortzie, eta ez astu, danok espatakiñ. **T.** El zorro ese ya está haciendo demasiadas averías y si queremos atraparle lo tendremos que cercar, y a ver como nos organizamos, los que estáis delante ir por ahí, por ese lado, vosotros por este otro y nosotros iremos por aquel de allá, yo creo que esta vez y entre todos puede que lo consigamos, y no os olvidéis, todos con las espadas.

BEGI ARGIXE. Mirada alegre, limpia, sagaz. **K.** Eziñleike esan mutiko horrek estaukenik begi argixek, betik aldebatera ta bestera begire eotenda eta danakiñ geratzendan etxurie dauko. Eta hurrengo egunien galdetzenbajako zer gauzak ikusitxuen laister esangolauke eta gañera bape erru-barik.**T.** De ese chaval no se puede decir que no tenga una mirada sagaz, siempre está mirando a un lado y otro y da la impresión de que no pierde detalle. Y si se le pregunta al día siguiente que cosas son las que había visto enseguida lo diría y además sin ningún error.

BEGI BAKARRA. Tuerto, que ve con solo ojo. **K**. Atzoko periodikon etorrizan albistebat esanaz nola asteburu hontan Nafarroko herri-baten, goixeko xeirak aldien burruka gogorra eonzala gazte batzun hartien, han hauen batet harrikarrie hartu buruen, begixei zerbaitx gertau eta oñ, momentuz bentzet, begi bakarra geratudala. **T**. El periódico de ayer trajo una noticia diciendo pasado fín de semana en un pueblo de Navarra, a eso de las seis de la mañana hubo un fuerte pelea entre varios jóvenes, uno de ellos después de recibir una pedrada en la cabeza debió de quedar con un ojo afectado y ahora, al menos de momento, ha quedado tuerto.

BEGI-BISTAN. Al descubierto, a la vista. **K**. Tipo horri etxako ezer importik berriz fateik kartzelara, hainbeste bider izenda ze emutendau gustora eotendala toki hortan, beztela ezta ulertzen oñ iñdauena, ezta bape errarue lapurretan arrapatzie, baña oinguen egunez gertauda eta gañera danan begi-bistan. **T**. A ese tipo no le importan nada ir a la cárcel otra vez, ha estado tantas veces dentro que parece que está gusto en ese sitio, sino no se entiende lo que ha hecho esta vez, no es extraño que le pillen robando, pero ahora ha sido de día y encima a la vista de todos.

BEGIKARIE. Mala mirada, siniestra. **K**. Jakinleike zer esautzazun tipo horri?, ba eztot uste bape ona izengozanik zeatik botadotzun begikarie oso latza izenda, eta gañera mormoxetan ixildu-barik fanda. **T**. ¿Se puede saber qué le has dicho al tipo ese?, pues no creo que haya debido de ser nada bueno porque la mirada que te ha echado una ha sido muy siniestra, y además ha marchado sin parar de murmurar.

BEGI LARRIXE. Que tiene una mirada afligida, apurada. **K**. Ustedot gizon horrek zerreozer badaukela, baleike bera ero tartenkonbat geixo eotie, ero beztela beste arazonbat dauko ero eukidau, nik bentzet aspalditxotik ikustendot begi larrixaz dabillela. **T**. Creo que a ese hombre le pasa algo, puede que él o alguna persona cercana está con alguna enfermedad, o sino tiene o tenido algún problema, yo al menos desde hace ya bastante tiempo que le veo que anda con la mirada afligida.

BEGI LUZIE. Se dice de la persona curiosa, entrometida. **K**. Karolina esautzendauenak komestatzendaue larreiko begi luzie dala, betik dabillela kortiña ostien dana ikusi-guran eta kalera urtetzendanien eztala gelditzen galderak itxen gauzak jakiñ eta enteratzeko, naiz da berak ez euki zer-ikusirik galdetzen haidan asunto horreaz. **T**. Los que conocen a Carolina dicen que es una persona demasiado entrometida, que siempre está detrás de las cortinas queriendo ver todo y que cuando sale a la calle está haciendo preguntas sin parar para enterarse y estar al tanto de lo que sucede, a pesar de que a ella no tenga nada que ver con esos asuntos que pregunta.

BEGI OKERRA. Bizco. **K**. Batzuetan, eta neri gertau izenjat, larritxu itxendau eotie begi okerra dan pertzonaz, baleike alkartu berakiñ kalien eta zerbaitx eukitxie derrigorrez esan ero galdetu inbierrekue, ba hasi berbetan eta emutendau bestaldera ero beste norbaitxi begire haidala. **T**. Algunas veces, y a mí me ha pasado, da apuro estar con una persona que sea bizca, puede que te juntes con ella en la calle y necesariamente tengas que decirle lo preguntarle algo, pues empiezas a hablar y parece que está mirando a alguna otra persona o a otro lado.

BEGIONDOKUE. Literal al lado del ojo. Y fig. quiere decir un tortazo o puñetazo en el mismo sitio. **K**. Horrek eruendau begiondokue, aurrena tipobat ikusidau sagarrak arrapatzen haizala, gero berana fan ondoren errietan hasi eta honek ezer esan-barik ikubilkarie jaurti eta bete-betien emun aepegixen. **T**. Vaya puñetazo ha llevado ese, primero ha visto que un tipo le estaba robando las manzanas, y luego después de ir donde él ha empezado a abroncarle y este sin decir nada ha lanzado el puño le ha dado de lleno en la cara.

BEGIONDUE. Literal quiere decir al lado del ojo y se refiere a las ojeras. **K**. Nemexiok dauko begiondue, gaur astelena eta ixe ziur asteburu guztien lo gutxi iñde engodala, akaso ezertxoik ez, eta hori bakarrik bazan ba hainbestien, baña baitxe sigero eran-zalie da eta bixek batera larreitxo da, geixenbat beretako zeatik etxako askoik geratzen larogei urte betetzeko. **T**. Vaya tiene ojeras tiene Nemesio, hoy lunes y casi seguro que que en todo el fín de semana habrá dormido poco, quizá nada, y si solo fuese eso pues bueno, pero también es demasiado aficionado a la bebida y las dos cosas juntas es demasiado, sobre todo para él al que apenas le queda mucho para cumplir ochenta años.

BEGIPOLI, BEGI-POLI. Es una palabra que se utiliza normalmente con niñas como alabanza a sus ojos bonitos. **K**. Zerbaitx jartzetaik. Julita, zenbat jentek esateutzue begipoli?, ba nik apostaukonauke asko diela eta orduen hala-bada pozik eta harrotxo eongozara, eh?, baña gauzatxobat esangotzuk, eztakitx zer iruitzejakon zure amatxok baña kontuen hartuta lau urte besteik estaukotzula nik ustedot larreitxo margotzeitxozula, eta ez betik ondo. **T**. Julita, ¿cuánta gente de dice que tienes los ojos bonitos?, pues yo ya apostaría que son muchos y entonces si es así estarás contenta y presumidilla, eh?, pero te voy a decir una cosa, no sé que es lo que piensa tu madre pero teniendo en cuenta de que solo tienes cuatro años yo creo que te los pintas demasiado, y no siempre bien.

BEGIRA, BEGIRE. Mirando. **K**. Zu mutiko!, jakinleike ze begira haizaren halako afanakiñ?, emutendau sekula estozula ikusi bi pertzonai patxobat emuten, naiz da kasu hontan bixek mutillek izen horrek eztauko ezerko gauza txarrik eta bakarrik guredau esan maitagarri diela bata-bestiekiñ. **T**. ¡Tú chaval!, ¿se puede saber que es lo que estás mirando con tanto afán?, parece que no has visto nunca a dos personas besarse, a pesar de que en este caso sean dos chicos eso no no tiene nada de malo y solo quiere decir que se quieren el uno al otro .

BEGIRAKADA. Ojeada. **K**. Nola hara bestaldera fan-bierra daukotzun baezpare botaizu begirakadabat aber Jeronimo han dauen eta hala-bada deitxureizu, aspalditxotik bere atzien nabill eta eztakitx nundik nora ibiltxendan. **T**. Ya que tienes que ir a la otra parte por si acaso echa una ojeada a ver si Jerónimo está allá y si es así me llamas, ya llevo un buen rato detrás de él y no sé por donde puede andar.

BEGIRATU, BEITU. Mirar. **K.** Oñartien tente eongozitzen, ez?, ba orduen oñ be eztaukotzu zeatik buru-makur eonik eta altza buru hori, zerbaitx esaten hainazenien neri gustatzejat arpegira beitzie **T.** Hasta ahora ya habrás estado derecho ¿no?, pues entonces ahora tampoco tienes porque estar con la cabeza gacha y levántala, a mí cuando estoy hablando con alguien me gusta que me miren a la cara.

Aspaldiko esaerabat: Eskondu baño len, beitu zer egiten den.

Un antiguo proverbio vasco viene a decir que antes de casarte mires bien lo que vas a hacer.

BEGITARA. A ojo. **K.** Neri eztuztazu adarrik joko, askoz gutxiau lapurtu eta ez ezan gezurrik, nik lendik be erositxe nau antzerakue eta ondo dakitx horrek eziñdauela hainbeste balixo, begitara ta asko jota berrehun eta berrogetamar euro inguru eta zu ixe larehun eskatzen haizara. **T.** A mí no ve vas a tomar el pelo, mucho menos robar y no digas mentiras, yo de antes también tengo comprado algo parecido y se muy bien que eso no puede valer tanto, así a ojo y tirando por lo alto unos doscientos cincuenta euros y tú estás pidiendo casi cuatrocientos.

BEGIXEK. Los ojos. **K.** Estakitx zer dauketen ezkerreko begixen, ustedot zerreozer sartu eta andriei esangutzek beiketako, ikusi zer dan ta aber kentzeuzten. **T.** No sé que es lo que tengo en el ojo izquierdo, creo que se me ha metido alguna cosa y le voy a decir a la mujer que lo mire, vea lo que es y a ver si me lo quita.

Aspaldiko esaerabat: Begixek barrez barre eta biotza negarrez.

Hay un viejo proverbio en euskera que dice que los ojos están riendo pero el corazón llora.

BEGI-ZORROTZA. Se dice de la persona que tiene la mirada sería y poco amigable. **K.** Zeatik beiketanduztazu begi-zorrotz horreikiñ, akaso asarre zara nerekiñ, ero?, ba nik eztotzut ezertxorik iñ eta zuri gertatzejatzuna gauza bakarra da, beñ asarretu-ezkero danakiñ izetendala.**T.** ¿Por qué me miras de esa forma tan poco amigable, acaso estás enfadado conmigo, o que?, pues yo no te he hecho nada en absoluto y a tí lo que te pasa es una única cosa, que una vez que te enfadas lo haces con todos.

BEHAR-BADA. Por si hace falta, por si es necesario. **K.** Laguntasuna behar-bada egurra jexteko menditxik esan, ni egun honeitan libre antzien nabill eta gustora fangonaz, eta gañera jakiñien hamarretako onbat eongodala hori iñ ondoren, nola ez ba? **T.** Si necesitaís ayuda para bajar la leña del monte avisar, yo estos días estoy bastante libre e iré a gusto, además sabiendo que después de eso habrá un buen almuerzo, ¿como no pues?

BEHARRA. Querer algo. Necesidad. **K.** Zu etorri lasai eta horren beharra badaukotzu emungotzut, gañera eztaukotzu bueltau inbierrik eta hartu zuretako zeatik nik badauket geixau. **T.** Tú ven tranquilo y si tienes necesidad de eso ya te lo daré, además no me lo tienes que devolver y lo coges para tí porque yo ya tengo más.

BEHARRA. El trabajo. **K.** Haldozunien eta espajatzu inportik iñirezu mezerebat, ikustendozunien nagusixei komestaiozu aber beharra dauken neretako, erozeiñ, hori berdiñ da, oñ hainazen lana laister bukatzenda eta derrigorrez hasi-bierrien nau bestenbat billatzen. **T.** Cuando puedas y si no te importa me tienes que hacer un favor, cuando veas a tu jefe coméntale a ver si tiene algún trabajo para mí, cualquiera, eso es igual, el que ando ahora pronto se me termina y tengo la necesidad de empezar a buscar algún otro.

BEHARTU. Obligar, obligación. **K.** Egun-baten benetan asarretubiot jente horreikiñ, betik behartu bierrien izetenaz aurrera ataratzeko eta haldan axkarren bukatu itxen haigaren lan hau, eta ziur nau ze ezpanauen kasuik itxen hor eongoziela potrojorran. **T.** Algún dia me voy a enfadar de verdad con esa gente, siempre tengo que estar obligándoles para sacar adelante y terminar cuantos antes este trabajo que estamos haciendo, y estoy seguro de que si no les hiciera caso seguirían tocándose los huevos.

BEHAZUNA. Aflicción, pesadumbre. **K.** Gizon horrek dauko behazuna, bera ogi puzketabat da baña eztauko bape zorionik dauken familixakiñ, urte batzuk dala alargun geratuzan eta oñ gertatzejako semebat kartzelan daukela eta bestie igex iñde, eta auskalo nun zeatik eztauko bape notizik. **T.** Ese hombre está con mucha pesadumbre, él es un pedazo de pan pero no tiene demasiada suerte con su familia, ya hace unos años que se quedó viudo y ahora le pasa que tiene un hijo en la cárcel y el otro escapado, y cualquiera sabe dónde porque no tiene ninguna noticia.

BEHAZUNA. Hiel. **K.** Atzo eonitzen anbulatoixuen analisandako txanda hartzen eta han illeran eonda bati entzunutzen bestiei esaten haizala ze botaka asko itxendanien eta eztanien ezer geixau gelditzen estomaguen, azkena botatzendana behazuna izetendala eta hori eztala bape ona, ziur hori berai pasa ero pasatakue izendala eta horreatik eongozan jakiñien. **T.** Ayer estuve en el ambulatorio a coger la vez para los análisis y estando en la fila escuché cómo uno le decía al otro que cuando se tienen muchos vómitos y ya no queda nada más en el estómago, lo último que se devuelve es la hiel y que eso no es nada bueno, seguramente eso será una cosa que le pasa o le habrá pasado a él y por eso lo sabría.

BEIE, BEIEN. Abajo. **K.** Eztakitx zer iñdoten karterakiñ, nere ustez poltxikuen nauken baña hasinaz ataratzen eta eztau, aber zu, Boni, beituzu baezpare hor beien, garajien, aber han dauen, arrastuik be eztauket nun itxidoten, ero akaso jausi eta espero enauela galduko. **T.** No sé lo que he hecho con la cartera, creía que la tenía en el bolsillo pero he ido a sacarla y no estaba, a ver tú, Boni, mira por si acaso ahí abajo, en el garage, a ver si está allá, no tengo ni idea de donde la habré dejado, o quizá caído y espero no haberla perdido.

BEIEGI. Demasiado bajo. **K.** Aber Ruperto, gaizki izten haizara ta jaso iñizu pixkat otar horreik zeatik beiegi izteitxozu, larreitxo makurtu-bierra dau eta gero asko kostatzenda altzatzie bixkarrera. **T.** A ver Ruperto, los estás dejando mal y sube un poco esos cestos porque los pones demasiado bajos, hay que agacharse demasiado para cogerlos y luego cuesta mucho levantarlos al hombro.

BEIE-JOTA. Tocar fondo, arruinarse. **T**. Nik arrastuik be eztakuet zer gertau izenjatien, esatendaue nola oñartien nahiko ondo ibilidien baña gero, krixix demontre hau allegau ondoren beie-jota geratudiela. **T**. Yo no tengo ni idea de que les habrá podido pasar, dicen que hasta ahora han andado bastante bien pero luego, después de que ha llegado este demonio de crisis han tocado fondo.

BEI-GAZTA. Queso de vaca. **K**. Euskalherrixen eztau oitura haundirik bei-gazta jateko baña neri gustatzejat eta aukera dauketenien gustora jatendot, hemen jeneralki jatendana ardixena izetenda eta ustedot auntzana be dexente xamar. **T**. En Euskalherría no hay mucha costumbre de comer queso de vaca pero a mi ya me gusta y cuando tengo oportunidad lo suelo comer a gusto, aquí lo que se come generalmente es el queso de oveja y creo que el de cabra también bastante.

BEINGUATIK. Por una vez. **K**. Eztauket oituraik, baña aurten andrien esandust beinguatik erosteko gabonetako loterixa zeatik susmue dauko zertxobaitx urtengotedauela, beno, ba baleike hala izetie baña nik ustedot askoz errexaue dala bestaldera gertatzie. **T**. No tengo contumbre, pero este año la mujer me ha dicho que por una vez compre lotería de navidad porque tiene la sospecha de que puede tocar algo, bueno, pues puede que sea así pero yo creo que es mucho mas fácil que sea lo contrario.

BEINGUEN, BEINGOZ. Ya es o era hora. **K**. Benga ordue da ta, ez ibili hor erdi pasian eta ekarrizue beingoz bierdoun materiala, hemen gara danok geldi antzien material horren zai. **T**. Venga que ya es hora, no esteís ahí medio paseando y traer de una vez el material que necesitamos, aquí estamos todos medio parados a la espera de ese material.

BEINKE. Está claro. **K**. Beinke nik esandakue bezela dala, nola usteazauen izengozala ba?, ba oñ badakitzu ze inbierra dauen, laga aldebatera itxen haizaren tontopapel hori eta hasi gauzak prestatzen haldan axkarren. **T**. Claro que es así tal y decía, ¿cómo pensabas que iba a ser pues?, pues ahora ya sabes lo que hay que hacer, deja a un lado el papel de tonto que estás haciendo y empieza a preparar las cosas cuanto antes.

BEIÑ. Una vez. **K**. Bale, ezpadau beste erremeixoik lagundukotzut bixitatzera zure lengosuei, baña beiñ bakarrik ta nahiko zeatik eziñdot aguantau horren barriketa, betik haida bere diru kontuekiñ. **T**. Vale, si no hay otro remedio ya te acompañaré a visitar a tu primo, pero solo una vez y suficiente porque no puedo aguantar su parloteo, siempre anda con cuentos sobre su dinero.

BEIÑBATIEN. Sucedió una vez. **K**. Ni enaz ondo gogoratzen, garai hartan ondion nahiko txikiñe izengonitzen baña badakitx, akaso esan inguzten, nola beiñbatien etxera etorrizien Australian bizidien osabak kanguro txikibateaz. **T**. Yo no me acuerdo bien, entonces todavía sería bastante pequeño pero ya sé, quizá me lo dirían, que una vez vinieron a casa los tíos que viven en Australia con un canguro pequeño.

BEIÑ-BETIKO, BEIÑ BETIKO. Una vez y para siempre. **K**. Guri eskonduzkun abariek horixe bera esanauen, beiñ-betiko zala eta errazoi puntue be baleike eukitxie zeatik berrogetairu urte pasa ondoren, ondion alkarreaz jarraitzendou. **T**. El cura que nos casó a nosotros eso mismo es lo que dijo, que era una vez y para siempre y parece que tenía un punto razón porque después de que han pasado más de cuarenta y tres años todavía seguimos juntos.

BEIÑEROBEIÑ, BEIÑ ERO BEIÑ. Alguna que otra vez. **K**. Nik ustedot angulak beñerobeñ janda nahikue dala zeatik askotan jan-ezkero, neri gertau izenjat, aspertu eta naskatu inleike eta ezta diruen kontuatik zeatik kasu hontan horrek eztauko bape inportantzik. **T**. Yo creo que comiendo angulas alguna que otra vez ya vale porque si comes muchas veces, a mí me ha solido pasar, te puedes aburrir y asquear y no es por cuestión de dinero porque en este caso eso no tiene ninguna importancia.

BEIÑ-EZ, BEIÑ EZ. Jamás, nunca. **K**. Nik beiñ-eztot jan izen xuxi hori eta eztakitx zer moduzkue izengodan, bai dauket illobabat nahiko famatzendauena esanaz oso gosue dala, baña halaere zalantza dauket, eztauket ezertxorik horren aurka eta maixen baldinbadau jan be ingonauke, oñ askoatik naio betiko gauzak. **T**. Yo no he comido nunca el sushi ese y no se como será, sí tengo un sobrino que le afama bastante diciendo que es muy bueno, pero aún así tengo mis dudas, no tengo nada en absoluto en contra de eso y si está en la mesa también lo comería, ahora que por mucho prefiero las cosas de siempre.

BEIRA. Cristal. **K**. Oñ toki askotan ardaue saltzendue kartoizko ontzitan baña nere ustez toki honduen dauena beirako botillan da, kartoizkuen jartzeitxuenak esatendaue ardauek eztauela ezer galtzen ta baleike hala izetie, ba eztakitx eta akaso oituratik izengoda, baña nik naio dot beste modutan dauena. **T**. Ahora en muchos sitios suelen vender el vino envasado en unas cajas de carton pero yo creo que donde mejor está es en la botella de cristal, los que lo envasan en el cartón dicen que el vino no pierde calidad y puede que sea así, pues no sé y quizá sea por la costumbre, pero yo prefiero el que está del otro modo.

BEIRA, BEGIRA. Mirando. **K**. Ba eztakitx nora geixau fan-bierra eukikoten zeatik toiki askotan ibilinaz begira, gauza da etxurazko urdaiazpikobat gurekonaukela billatzie gabonetarako, baña oñartien eta denda asko pasa ondoren, eztot ikusi ezer nere gustokoik. **T**. No sé dónde más tendré que ir porque ya he estado mirando en muchos sitios, la cosa es que querría comprar un jamón que sea medianamente decente para las navidades, pero hasta ahora y después de haber pasado por un montón de tiendas, no he encontrado nada que sea de mi gusto.

BEITU, BEGITXU. Mirar. **T**. Zu laister eotezara pres gauzak bota eta gero barrixek erosteko, baña mendiko bota horreik ondion nahiko ondo dazen etxura daukie eta bota aurretik beitu iñizu bentzet, zuk axkarrei esatendozu eztauela balixo eta alperrik dazela. **T**. Tú enseguida sueles estar preparado para tirar las cosas y luego comprar nuevas, pero esas botas de monte todavía parece que está bastante bien y antes de tirarlas por lo menos míralas, tú eres de los que dicen demasiado rápido que no valen y que están en balde.

BEITU ONDO. Mirar bien. **K.** Jostaiu hori erosteko asmue badaukotzu beitu ondo ordaiñdu aurretik, baleike gertatzie zertxobaitx gaizki ero faltan daukela eta gero alperrik izengoda alegintzie bueltatzen, gañera eztakitx zeatik dan baña denda honetan gauza horreik eztitxue bueltatzeik ametitzen, horren ordez emuteutzue papeltxobat horren balixue jartendauena, eta gero, noski, bertan naidozue erosi balixo horreatik. **T.** Si tienes intención de comprar ese juguete mira bien antes de pagarlo, puede que esté algo mal o le falte y luego será inútil el intentar el devolver, además no sé porque es pero en esta tienda no suelen admitir el devolver esas cosas, a cambio de eso te dan un papelito dónde se indica lo que vale, y luego, claro, comprar allá lo que quieras por ese valor.

BEKAÑA. Ceja. **K.** Neri buruko uliek aspaldi zuritxujaten eta oñ bekañak be hasidie zuritzen, ziur enau baña baleike zarzaruatik izetie eta beztela eztakitx ze beste gauzatik izenleiken, zeatik mesetara bentzet nahiko sarri fatenaz. **T.** A mí ya hace algún tiempo que se me puso blanco el pelo de la cabeza y ahora también ya se han empezado a blanquear las cejas, no estoy seguro pero puede que sea por la vejez y sino no se que otra cosa puede ser, porque por lo menos a misa suelo ir regularmente.

BEKARRA. Legaña. **K.** Nere amak sarri esateuzten nola mutiko txikiñe nitzenien bekarrak eukitxenitxuen, ezala gogoratzen begi baten ero bixetan izetezan eta kentzeuztela mantzanilla-uraz igurtzitxe. **T.** Mi madre me solía decir a menudo que cuando yo era un crío pequeño solía tener legañas, que no se acordaba si era en ojo o en los dos y que me las quitaba frotando con infusión de manzanilla.

BEKEREKIE. Es una palabra que se utilizaba, quizá ahora también, con los críos para denominar a la oveja. **K.** Zerbaitx jartzeatik. Bonitxo, etorrizaitez honaño eta ikusikozu nola jatendauen bedarra bekerekie, eta beitu bestaldera zeatik hor datoz beste pillabat. **T.** Bonicho, ven hasta aquí y verás como comen la hierba las ovejas, y mira al otro lado porque ahí viene otro montón.

BEKOKIXE. La frente. **K.** Hotz haundi honeikiñ ondo tapaute eruetie komedida belarrixek, bekokixe eta beste haldan guztiek, nik bentzet hala eruetendot eta betik berotxuen eukitxeitxut. **T.** Con estos fríos tan grandes conviene llevar bien tapadas las orejas, la frente y todo lo que se pueda, al menos yo así lo suelo llevar y siempre las tengo calentitas.

BEKOSUE, BEKO-SUE. El fuego bajo. **K.** Garai baten baserri guztietan eotezan bekosue eta gañera gauza askotarako izetezan, norbera berotzeko, jatorduek prestatzeko, txorixuek, odolostek ete beste holako txarri jeneruek sikatzeko txintxilikau ondoren, erropa be berdiñ eta abar. Gañera inportantzi haundiko gauza, baitxe emakuman ipurdixek berotzeko be. **T.** Antes en todos los caseríos había fuego bajo y servía para muchas cosas, para calentarse uno, para preparar las comidas, para secar los txorizos, morcillas y otros productos de cerdo después de colgarlos, igualmente la ropa, etc… Además una cosa de mucha importancia, también para calentar el culo de las mujeres.

BEKOTZA. Boñiga, excremento animal. **K.** Eztakitx entzunde ero irakurritxe dauketen nola basamortu paraje horreitan, gameluek ibiltxendien tokixen, honein bekotzak jaso itxeitxuen sue itxeko. **T.** No sé sí tengo oído o leído de como en los parajes desérticos donde andan los camellos, las boñigas de estos lo recogen para hacer fuego.

BEKUE. El de abajo, lo de abajo. **K.** Matiasek esatendau bera bizidan etxien, beko pixukuek txakur txikibat daukien eta gau askotan zaunka eotendala ixildu-barik, eztakixela eztauen entzuten horren jabiek ero etxatien ezer importaik, eta bere ustez bigarrena dala. **T.** Matías suele decir que los del piso de abajo de la casa donde vive él tienen un perro pequeño y que muchas noches suele estar ladrando sin parar, que no sabe si es porque los dueños no lo oyen o no les importa nada, y que él piensa que es por lo segundo.

BELA, BELAXE. Pronto, enseguida. **K.** Hau da derrepentien sartujatzun prixa, ba itxoiñ inbikozu pixkat, lan hau bukatu eta belaxe eongonaz zurekiñ, nik ustedot ordubete inguru izengodala gutxigorabera. **T.** Vaya prisa que te ha entrado derrepente, pues tendrás que esperar un poco, terminar este trabajo y enseguida estaré contigo, yo creo que más o menos será cerca de una hora.

BELAKUEN. Ya era hora. **K.** Ezara belakuen etorri, hemen geotzen danok zure zai ta arduraz betie, jakiñleike zeatik eztozun deitxu esanaz berandu allegukoziñela?, bentzet hori inbazauen lasaiau eongogiñen. **T.** Ya era hora de que vinieses, aquí estábamos todos esperándote y muy preocupados, ¿se puede saber porque no has llamado diciendo que llegarías tarde?, si al menos hubieses hecho eso habríamos estado más tranquilos.

BELAÑUE. Niebla. **K.** Belaño hau jaso bitxertien eziñdou mendira fan zeatik baleike larreiko arrixkutzue izetie, honekiñ gertaukeike desagertu iñdala momentuz eta gero derrepentien bere barruen eotie, ondoren jakiñ ez nundik nora zabitzen, galdu ero zerbaitx txarraue, istripubat euki. **T.** Mientras no se levante la niebla no podemos ir al monte porque puede ser demasiado peligroso, con ésta puede pasar que desaparezca por momentos y luego derrepente estar dentro de ella, después no saber por dónde andas, perderte o algo peor, tener un accidente.

BELARDIA. Prado de hierba. **K.** Zarauzko Kanpiñ Haundi aspixen izugarrizgo belardia dau, hemen eta denpora gutxi harte bazterrien zan sendatik ibiltxegiñen kanpiñ hortara fateko, gero, ia aspalditxo, itxitura jarriutzien bere buelta guztien iñor eztixen hara pasa eta hala jarraitzendau, baña halaere noixienbeñ, geixau uda partien, han ero hemen puskatuta asaltzenda itxitura horren zati bat ero beste eta jentie, batzuetan ugeri, lasai asko eotenda barruen jarritxe ero etzanda eguzkixe hartzen. Horreatik oñ ugesabak, etxuraz aspertuta hainbeste konponketaz, kartelbat jarridau esanaz errespetatzeko belardia eta ibili kanpuen dauen biretik, berez zertxobaitx luziau da baña apenas gauza askoik. **T.** Debajo del Gran Canping hay un prado de hierba muy grande, aquí y hasta hace poco para ir al camping solíamos andar por una senda que discurría por el borde, luego, hace ya bastante tiempo, colocaron un cerramiento en toda la vuelta para que no pasaría nadie y así continúa, pero aún así de vez en cuando, más en en la parte del verano, aquí o allá aparecen algunas que otras roturas en el cerramiento y la gente, hay veces que mucha, está tranquilamente dentro sentada o tumbada tomando el sol. Por eso ahora el dueño, parece que cansado de tantos arreglos, ha colocado un cartel diciendo que se respete el prado y se ande por el camino que va por fuera, de hecho en un poquito más largo pero apenas gran cosa.

BELARRIONDOKUE, BELARRIONDOKOBAT. Literal al lado de la oreja y significa un tortazo o un cachete. **K.** Baezpare esateutzut eta gañera entzutie komenijatzu, txintxo ibilizaitez zeatik gaurkuatik inditxozu nahiko oker, eta beztela badakitzu zer gertauleiken, belarriondokobat hartukozula, halaere oñartien be nahiko irabazitxe daukotzu. **T.** Te lo digo por si acaso y además te conviene escucharlo, anda formal que para hoy ya has hecho suficientes trravesuras, y sino ya sabes lo que puede pasar, que vas a ganar y recibir un buen cachete, de todas formas hasta ahora también te lo tienes bien ganado.

BELARRIMOTX, BELARRIMOTXA. Denominación, quizá bastante despectiva, que se refería a las personas no originarias del Pais Vasco y que venían a trabajar a este lugar. En cualquier caso es una palabra que ya desapareció hace muchísimo tiempo.

BELARRITXEKUEK. Pendientes, en este caso para las orejas. **K.** Urtero opari berdiñe itxeutzet andriei eta onazkero eukikoutxu dozena parebat, halaere gertatzenda denpora gutxikiñ nabillela bestc crozeiñ gauza beitzen ihiltxeko eta aurten be erregiendako belarritxeko poli batzuk lortubikoitxut nunbaitxen, eta datorren urtien ikusikou. Eta eztakit baña susmue dauket fandan urtien be berdiñe esanauen. **T.** Todos los años le regalo lo mismo a la mujer y para ahora ya tendrá un par de docenas, aúan así pasa que no tengo mucho tiempo para andar mirando otras cosas y también este año para reyes en algún sitio tendré que conseguir unos pendientes que sean bonitos, y el año que viene ya veremos. Yno sé pero tengo la sospecha de si el año pasado no dije lo mismo.

BELARRIXE (K). La oreja, orejas. **K.** Batzuetan galdetu izendot, teoriz akaso dakixenai, aber zeatik dan oitura hori belarrixek tiratzeko urtiek betetzendienien, batzuk hola zerreozer esauztie, ba euron ustez honeatik ero bestiatik dala ero izenleike baña ondion iñok ezer ez etxurazko gauzaik. **T.** Algunas veces ya he solido preguntar, en teoría a los que quizá lo sepan, el porqué de la costumbre de tirar de las orejas cuando se cumplen los años, algunos ya me han dicho algo, pues que según creen puede ser por esto o lo otro, pero todavía nadie ninguna cosa de fundamento.

BELAUNA (K). La rodilla, las rodillas. **K.** Nik oso sarri entzundot ze karrera asko iñezkero takarraran ero mendi larreiko gogorrien ibili, belaunak denporaiz izurrau itxendiela, ba ni bateonbati ezkerrak emun-bierrien eongonaz zeatik ondion nahiko ondo dauket, ero hala uste. **T.** Yo he oído muchas veces que si se hacen muchas carreras corriendo a pie o andar por montes que sean muy duros, que con el tiempo las rodillas se deterioran, pues yo a alguno tendré que darle las gracias porque todavía las tengo bastante bien, o así lo creo.

Aspaldiko esaerabat: Sua eta ura belaunetik bera.

Un viejo proverbio en euskera dice que el fuego y el agua por debajo de las rodillas.

BELAUNIKO, BELAUNIKAU. Ponerse de rodillas. **K.** Lenau, mesetan ta Konsagraziño denporan derrigorra zan belauniko jartzie, hal izeteauenak, noski, baña oñ eztot uste hori hala danik zeatik lengo egunien Elixan eonitzen funeral baten eta han hauen jente askok ezauen holakoik iñ, tentetu bai baña beste ezer ez. **T.** Antes, en la misa y en el momento de la Consagracìon era obligatorio el ponerse de rodillas, los que podían, claro, pero ahora no creo que eso sea así porque no hace mucho estuve en la Iglesia en un funeral y mucha de la gente que allí estaba no hizo nada de eso, ponerse de pie sí pero nada más.

BELAUNKIXE. El reclinatorio. **K.** Garai baten, ia oso aspaldi, Atxabaltako Elixan andra batzuk eukitxezitxuen bere belaunkixek, ta gogoratzenaz nola Telesforon amandriek, Anbroxi zan bere izena, han haukela berie. **T.** Antaño, hace ya mucho tiempo, en la Iglesia de Aretxabaleta algunas mujeres tenían su propio reclinatorio, y me acuerdo de que la abuela de Teodoro, Ambrosia se llamaba, también tenía el suyo.

BELIE. Cuervo. **K.** Oso aspaldiko kontue da, oporretan geotzela, egun batzuk pasatzen eongiñen Vienan, eta arritxuta geratunitzen nola hango parkietan usuen ordez ikustezien, hala iruitu, belak, ezingutzen iñori galdetu zeatik gutik iñok ezgakixen hango hizketa baña benetan belan antz haundixe haukiela, sekulako baltzak zien bentzet. **T.** Es un cuento de hace mucho tiempo, estando de vacaciones, fuimos a pasar unos días a Viena, y quedamos asombrados porque en los parques de allá veíamos que en lugar de palomas había, creíamos nosotros, cuervos, no pudimos preguntar a nadie porque ninguno de nosotros sabíamos su idioma pero de verdad que tenían un gran parecido, al menos eran de un color muy negro.

Aspaldiko esaerabat: Apaizak eta frailiek eguebako beliek.

Un viejo proverbio vasco dice que los curas y los frailes, cuervos sin alas.

BELOZIDADAIE. Velocidad. **K.** Eztakitx ze moduz moldaukonazen koche berri honekiñ zeatik konturau orduko larreiko belozide hartzendau, neretzat ixe bildurtzekue da, arrankau eta hasi besteik ez ehunetik gora jartzenda eta gero karreteran zer esanik ez, eta eztakitx baña akaso aldatu-bierra eukibikot. **T.** No sé que tal me arreglaré con este coche nuevo porque antes de que te des cuenta coge demasiada velocidad, para mí casi cómo para asustar, nada más arrancar y empezar la marcha se pone a más de cien y qué decir en la carretera, pues no sé pero a lo mejor lo voy a tener que cambiar.

BELTZUNA. De color. Mulato (a). **K.** Oñ ta globalizaziño honekiñ jente kolorezko asko etorrida Euskalherrira, eta berdiñ izengoda beste hainbat lekutan, eta honek gauzabat guredau esan, bertako emakuma ero gizonezkuaz alkartu-ezkero eta ondoren familixa euki. ba jaixtzendan umie baleikela beltzuna izetie, eta hala jarraitzenbadau denpora gutxi-barru, ba euskaldun beltzunak. **T.** Ahora con esto de la globalización ha venido mucha gente de color tanto a Euskalherría, e igualmente a otros muchos sitios, eso quiere decir una cosa, que si se emparejan con mujeres u hombres de aquí y luego tienen familia pues que la criatura que vaya a nacer puede que sea de color o mulato (a), y si continúa así dentro de poco, pues vascos de color.

BELUNA. Morado, moratón.

(Ver la definición de baltzuna).

BENDA. Venda sanitaria. **K.** Gaur andriei gertaujauko ollaskue prestatzen haizala labara sartzeko, kutxillue labandu eta ebai dexentie iñ eskuen, gañera nahiko barrura sartuta, han inguruen hainitzen eta nik bukatuitxuk ollasko lanak, baña aurretik ondo garbitxu ebaixe eta gero sendau ondoren, benda jarri esku hortan. **T.** Hoy a mi mujer le ha pasado que cuando estaba preparando el pollo para meterlo en el horno se le ha resbalado el cuchillo y se ha cortado en la mano, además el corte ha sido bastante profundo, andaba por allá y yo he terminado con los trabajos del pollo, pero primero he limpiado bien la herida, curado y luego he puesto una venda en esa mano.

BENDIZIÑUE, BERENKAZIÑUE. La bendición. **K.** Urtarrillan da San Anton eguna, eta beste Santubat be badau izen berdiñekiñ zertxobaitx aurrerau, enaz gogoratzen zeiñ bixetatik, baña eurotik batekiñ Euskalherriko oitura izetenda, akaso beste toki batzuetan bebai, animalixak bereinkatzie, danera eruetetxue Elixara, katuek, txakurrek, olluek eta baitxe haunditxuauek be, norbera ero astonbat. **T.** El día de San Antonio es en enero, y también hay otro con el mismo nombre un poco más adelante, no me acuerdo de con quién de los dos, pero con uno de ello en Eukalherría es costumbre, quizá en otros sitios sea igual, bendecir a los animales, se lleva de todo, gatos, perros, gallinas y algo más grandes también, uno mismo o algún burro.

BENE-BENETAN. Sinceramente, de verdad. **K.** Eztakitx zeatik betik botateuztazun neri kulpak, beiñ iñdotelako?, ba eztot berriz iñ eta bene-benetan esateutzut ni enazela izen aldaba joten ibilinazena gabien, bestenbat izengozan. **T.** No sé porqué me tienes que echar siempre a mí las culpas, ¿porque lo hice una vez?, pues no lo he vuelto a hacer y sinceramente te digo que no he sido yo el que ha estado tocando la aldaba a la noche, habrá sido algún otro.

BENENUE. Veneno. **K.** Hemen Euskalherrixen eztot uste animali asko eongidienik benenue daukenak, dexente antzien bentzet, akaso suba bat ero beste, esatezan baitxe zapozarrak haukiela eta baleike amarratz haundi horreitakuek. Beñ Josu eonzan urringo tok-ibaten oporretan eta han subabat omenzan bipasu izenekue, esanutzen izen hori nahiko xelebre zala eta erantzuna zeatik haginka iñezkero eta bi pasu emun besteik ez bertan akabau itxeziñelako. **T.** Aquí en Euskalherría no creo que haya muchos animales que tengan veneno, al menos de forma considerable, alguna que otra serpiente, se decía que lo sapos tambien lo tenían y quizá alguna de esas arañas grandes. Una vez estuvo Josu en uno de esos sitios lejanos de vacaciones y me dijo que allá había una serpiente a la que llamaban dos pasos, le comenté que el nombre era un poco raro y me contestó que era porque si te mordían y nada más dar dos pasos allá mismo caías muerto.

BENETAN. Con certeza, de verdad. **K.** Benga, ez ibili betik txantxetan eta beingoz ta benetan ezaizu aber bixer kanpiñera fateko asmue daukotzun, eta ez hasi betiko bezela esanaz akaso bai eta akaso ez, derrigorrez oñ esan-bierra daukoutzu jakitxeko zertzuk eruen. **T.** Venga, deja de hacer bromas y dí de una vez y con certeza si mañana tienes intención de ir al camping, y no empieces como siempre, a lo mejor sí o a lo mejor no, necesariamente lo tienes que decir ahora para saber que cosas llevar.

BENETAKUE, BENETAZKUE. Que es de verdad. **K.** Kontuz honekiñ eta ez emun umiei labañ hau zeatik ebaixe inleikie, txikitxue eta jostaiue da baña emutendau benetazkue dala, eztakitxena da nola saltzeitxuen gauza honeik umiendako, gañera halako zorrotzak izenda. **T.** Cuidado con esto y no le deís la navaja al crío porque se puede cortar, es pequeña y de juguete pero parece que es de verdad, lo que no entiendo es cómo pueden vender una cosa de estas para los críos, y además estando tan afilada.

BENGA! ¡Venga! Esta palabra, más bien una exclamación, generalmente se utiliza para meter prisa. **K.** Benga!, onazkero ordue da eta bukatu preparatzen haldan axakarren enkargu horreik, tabernara fandie zerbaitx hartzera baña ia denporalditxue eruetendaue eta laister etorrikodie horrein billa baserrira erueteko. **T.** ¡Venga! , ya es hora y terminar de preparar esos encargos cuánto antes, han ido al bar a tomar algo pero ya llevan bastante tiempo y pronto vendrán a buscarlo para llevar al caserío.

BENIPEÑ, BENIPEÑIEN. Por lo menos. **K.** Beno, asko ezta baña benipeñien bentzet lortudozu zertxobaitx lanien asteko bezela, eta aber bixer heltzendan geratzendana zeatik beztela berriz geldik eongozare. **T.** Bueno, no es mucho pero por lo menos ya has conseguido algo cómo para poder empezar a trabajar, y a ver si mañana llega lo que falta porque sino otra vez vais a estar parados.

BENO. Bueno, conformidad. **K.** Eta beno, oñ zer gurozu esatie?, ba merezidozuna bezteik ez, kalamidadebat zarela astu inzarelako urdeiazpikuaz, eta gañetik barre itxendozu esanaz bentzet ogixe badaukoula harrarretakue itxeko laiñ. Zuk daukotzuna da sekulako arpegixe. **T.** ¿Y bueno, ahora que quieres que digamos?, pues solo lo que mereces, que eres un calamidad por haberte olvidado del jamón, y encima te ríes diciendo que por menos ya tenemos suficiente pan como para hacer el bodadillo. Lo que tú tienes es mucha caradura.

BENTANIE. La ventana. **K.** Ziur eztala Euskalherriko alde guztietan bentanie esango baña guk betik izen horrekiñ esan izeutzou, Lenizko Ballaran bentzet, eta baitxe beste mendebaleko leku geixenetan. Eta esan-baterako hala izengozan, itxi ero zabalduizu bentana hori, hotza ero beztela, berue sartzen haida ta. **T.** Seguro que no en todo Eukalherría se dice ventana como palabra de euskera pero nosotros siempre la hemos llamado con ese nombre, por lo menos en el Valle de Léniz, y también en la mayoría del oeste del mismo territorio. Por ejemplo podría ser así, cierra o abre esa ventana, que está entrando frío o en el otro caso, el calor.

BENTRESKA. Ventresca. La ijada del atún o bonito. **K.** Atunen bentresca hau stá jente guztien estimaue izeten eta nik ustedot geixenbat dala dauken etxuriatik, baña ondo prestatzenbada plantxan ero parrillan benetako gozue da eta gustatzejakonai nahiko amorratuek izetendie hori jateko. **T.** La ventresca del atún no suele ser demasiada apreciada por algunas personas y yo creo que más que nada es por el aspecto que tiene, pero si está bien preparada a la plancha o a la parrilla es exquisita y a la gente a la que le gusta suele ser muy a aficionada a comerla.

Errezetabat: Bentresca planchan. Bentreskak ia zabalduta ta garbixek saltzeitxue peskaixetan eta betiko bezela derrigorrezkue da haldan freskue izetie. Jartzeda berotzen plancha eta bixenbitxertien katilluen prestatzenda olixue, berakatza fiñ moztuta eta berdiñ perrejille, baitxe biñagrie ero limoi ura eta dan hau ondo nahastenda. Bentreskai botatzejako gatza, nai-ezkero piper autz apurbat eta kolokatzenda plantxa berotan olixo pixkat bota ondoren eta azala gora dala, hiru ero lau miñutu pasa, bueltatzenda eta orduen botatzejako katilluen dauen saltza, parte bentzet, gero beste lau ero bost miñutu barru, gora-berie dau dauken tamañuaz, gertu eongoda.

Una receta: Ventresca a la plancha. En las pescaderías ya las venden abiertas y limpias y cómo siempre es imprescindible que sea lo más fresca posible. Se pone la plancha a calentar y mientras tanto en un tazón se prepara aceite, ajo y perejil picados fino, vinagre o zumo de limón y todo esto se mezcla bien. Se echa sal a la ventresca, si se quiere un poco de pimienta y se coloca en la plancha caliente con la piel para arriba, después de tres o cuatro de minutos se le dá la vuelta y entonces se le echa el contenido del tazón, al menos parte, después de otros cuatro o cinco minutos dependiendo del tamaño, ya estará listo.

BENTZET. Al menos, por lo menos. **K.** Gaur Telesforon ezan bazkaltzeko tokirik, nahiko normala da zeatik giro honekiñ jente asko sartzenda Zarautzera, ba lastima pixkak emutendau baña eztau zertan larritxurik, nahiko jatetxe daz herri hontan ta baten ero bestien lortukou bazkaltzie, bai fundamentoz eta hala ezpada, beste zerreozer jatie bentzet bai. **T.** Hoy no había sitio para comer en el Telesforo y es bastante normal porque con el tiempo que tenemos suele entrar mucha gente en Zarautz, pues ya da un poco de pena pero no hay porque preocuparse, en este pueblo hay suficientes restaurantes y en uno u otro ya conseguiremos comer, bien con fundamento y si no es así, al menos sí algún bodadillo o ración.

BEÑ. Una vez. **K.** Eztaukotzu errepika eta bez hainbeste jardun inbierrik, enaz gorra eta beñ esanda nahikue da, badakitx sukaldeko ontzixek garbitzeko daukula eta hasikonaz itxen hainazen hau bukatu besteik ez. **T.** No tienes porque estar repitiendo continuamenete lo mismo, no soy sordo y diciendo una vez es suficiente, ya sé que tengo para limpiar los cacharros de la cocina y ya empezaré nada más que termine con lo que estoy haciendo.

BEÑBE, BEÑ-EZ. Ni una sola vez, nunca. **K.** Gogue badaukek fateko baña oñartien bentzet gauzabat ero bestiatik, enaz beñbe eon eskiatzen Bakeira Beret hortan, entzunde dauket zoragarri dauela ondo dakixoundako eta aber datorren Aste Santutan egun batzuk libre antza izetendoun, andrie eta bixok eskixek hartu eta inguratzegaren. **T.** Ya tengo ganas pero hasta ahora por una cosa u otra no he estado nunca esquiando en Baqueira Beret, tengo oído que está muy bien para los que dominamos el tema y a ver si la próxima Semana Santa podemos tener unos días libres, la mujer y yo cogemos los eskies y nos acercamos.

BEÑEROBEÑ, BEÑ ERO BEÑ. Alguna que otra vez. **K.** Bai, beñerobeñ izenaz toki hartan, baña oso aspaldi izenzan eta enaz larreiko ondo gogoratzen, gañera baleike oñ sigero aldaute eotie eta hobeto izengozue galdetzie beste nunbaitxen, akaso jakingodaue turismoko buleguen. **T.** Si, ya he estado en ese sitio alguna que otra vez, pero fué hace mucho tiempo y no me acuerdo muy bien, además puede que ahora esté muy cambiado y haréis mejor si lo preguntaís en algún otro sitio, quizá lo sepan en la oficina de turismo.

BERA. Abajo. **K.** Ikustendozu kale hori?, ba hortik bera fan-bierra daukotzu Udaletxera gurebozu allegatzie, baña alde iñ aurretik gauzabat, ez astu aparkamentuko tiketa ataratzie beztela bueltarako multa jarritxe eukikozu. **T.** ¿Ves esa calle?, pues tienes que ir por ahí para abajo si quieres llegar al Ayuntamiento pero antes de que te marches una cosa, no te olvides de sacar el tiket del aparcamiento porque sino a la vuelta ya tendrás puesta una multa.

BERA, BERAK. El o ella. **K.** Danielak bentzet hala esatendau eta gañera segurantza dana daukela, momentu hartan bentanan zala eta ederto ikusidauela haxe bera izenzala txixe itxen ibilizana portaleko atiei. **T.** Daniela por lo menos así lo dice y además que tiene una total seguridad, que en ese momento estaba en la ventana y que vió muy bien que fue él mismo el que estuvo meando a la puerta del portal.

BERA. Lo mismo. **K.** Zueik eztakitx zer ingozuen baña nik bentzet eztauket bape asmoik billera hortara fateko, atzo nahiko aspertunitzen eta apostaukonauke ze gaur esan-bierra daukena atzoko bera ero berdintzue izengodala. **T.** Vosotros no sé lo que haréis pero yo por lo menos no tengo ninguna intención de ir a esa reunión, ayer ya me aburrí lo suficiente y ya apostaría que lo que tenga que decir hoy será lo mismo o parecido de lo que dijo ayer.

BERAI, BERAREI. A él, a ellos. **K.** Neri ez galdetu zeatik nik honekiñ eztauket zer-ikusirik, hori galdetu berai, han bazterrien dauenai, ha da hemengo arduraduna eta harek esangotzue zueik jakitxie gurozuena, ta gañera hortarako etorrikoziñien, ez? **T.** A mi no me preguntéis porque yo no tengo nada que ver con esto, eso se lo preguntáis a aquel, el que está en la esquina, es el encargado de aquí y él os explicará lo que vosotros queréis saber, además para eso habréis venido, ¿no?

BERAIK. Ellos. **K.** Errue izendala?, ba guk eztaukou zer-ikusirik zeatik ezgara izen gauza horreik ekarridounak, baleike hareik beraik, bestaldien dazenak izetie, bai, beste horrein aurreratxuau ikustendienak, guri bentzet eztuzku iñok ezer eskatu. **T.** ¿Qué ha sido un error?, pues nosotros no tenemos nada que ver porque no hemos sido los que hemos traído esas cosas, puede que hayan sido ellos, los que están en la otra parte, sí, aquellos otros que se ven un poco más adelante, al menos a nosotros nadie nos ha pedido nada.

BERANA, BERAINA. Dónde él, donde ellos. **K.** Gauza horreik ezkaitx zeñek eskatuitxuen baña hemendik bentzet iñok ez, eta gañera arrastuik be eztauket zertarako izenleiken, ba zu Euleterio, hartu inbikoitxozu eta eruen hau ekarridauen mutillana, bai han bestaldien dauen berana, eta enerau inbikoda norako dien zeatik guri eztuzku ezertarako faltaik itxen. **T.** Estas cosas no sé quien lo habrá pedido pero al menos ninguno de aquí, y además no tengo ni idea para que puede ser, pues tú Euleterio, los tendrás que coger y llevarlo al chico que los ha traído, sí, dónde él, aquel que está en el otro lado, y tendrá que enterarse para dónde son porque a nosotros no nos hace falta para nada.

BERAKA. Para abajo. **K.** Beno, ondo kostata baña zallena iñde daukou, askenien be goixen gara eta oñ zerreozer jan, ura eran eta beraka, eguerdirako ondo allegatzengara txikito parebat hartzeko bazkaltzen jarri aurretik. **T.** Bueno, ha costado bastante pero ya hemos hecho lo más difícil, al fín ya hemos llegado arriba, ahora comer algo, beber agua y para abajo, llegaremos bien para el mediodía para poder tomar un par de chiquitos antes de sentarnos comer.

BERAKASALDA, BERAKASOPA. El primero es caldo de ajo y el segundo es lo mismo pero añadiendo pan. **K.** Lenau eta oñ be baleike hala izetie, oitura haundixe eotezan, jeneralki asteburutan, gaueko juerga iñ ondoren soziedadera fan berakasopa jatera, noski prestatzallie izetezala burue hobeto haukena, ero ez haibesteko gaizki. **T.** Antes y ahora también puede que sea así, había mucha costumbre, generalmente los fines de semana, después de una juerga nocturna ir a una sociedad a comer sopa de ajo, claro está que quien lo tenía que prepararar era el que estaba en mejores condiciones, o no en demasiado malas

Errezetabat: Berakasopa. Lapiko baju eta zabalera, lurrezkue izetenbada hobe, botatzenda olixue ta berakatz ale ugeri eskuaz zapalduta, eta honeik kolorie hartu aurretik bertan jartzenda bierdan ogixe fiñ xamar moztuta kutxilluaz, eskuekiñ be baleike, eta piper miñ apurbat norberan gustora, emutejako danai buelta batzuk eta ondoren botatzejako ur berue, eta uran ordez salda onbat euki-ezkero esan bape txarra izengo. Laga su motelien eta gutxigorabera orduerdi ondoren gertu eongoda jateko.

Una receta: Sopa de ajo. En una cazuela ancha y baja, si es de barro mejor, se rehogan en aceite bastantes ajos machacados con la mano y antes de que se doren de añade el pan cortado fino a cuchillo, también puede valer a mano, y un poco de guindilla al gusto de cada uno, se le da unas vueltas a todo ello y después se añade agua caliente, y si en lugar de eso habría un buen caldo no sería nada malo. Se deja a fuego bajo y al cabo de aproximadamente media hora estará listo para comer.

BERAKATZA. El ajo. **K.** Hauxe, berakatza, oso estimaue izetenda Euskalherrixen eta usedot España mallan be hala dala, baña entzunde daukek toki honein aparte, noski ez alde guztietan, eztala izeten larreiko gustokue. Lenau esatezan apenas graziaik hauken pertzonatik ezaukiela ez gatzik eta ez berakatzik. **T.** Este, el ajo, es muy apreciado en el país Vasco y creo que también en el conjunto de España, pero tengo oído que aparte de estos sitios, claro está que no en todos, no suele ser muy del gusto. Antes de una persona que apenas tenía gracia o salero se decía, en euskera, ni gatz ni berakatz y literal ni ni ajo ni sal.

Aspaldiko esaerabat: Berakatza zazpi geixuendako sendatza.

Un viejo proverbio en euskera dice que el ajo remedio para siete enfermedades.

BERAKATZ-BURUE. La cabeza de ajo. **K.** Santio egunien, Gazteizen oitura izetenda saltzen jartzie alde-zarreko kalietan berakatz-buruek, jartzeitxue postu pilla eta jente ugeri fatenda erostera, beste asko baitxe bakarrik ikustera, eta egun hartan giro zoragarrixe eotenda inguru hareitan. **T.** El día de Santiago, en Vitoria es costumbre poner a vender cabezas de ajo por las calles de la parte vieja, ponen un montón de puestos y suele ir mucha gente a comprarlos, también muchos otros a solo mirar, y ese día suele haber un ambiente extraordinario por aquellos alrededores.

BERAKIÑ, BERAZ. Con él. **K.** Nik azkoz naio izengonauke ez fatie bakarrik toki hortara zeatik eztot iñor esauketan eta enauke jakingo zer iñ, Saturio bai da esaguna eta baezpare berakiñ fan-ezkero usedot hobeto izengozala. **T.** Yo preferiría no ir solo a ese sitio porque no conozco a nadie y no sabría que hacer, Saturio sí que es conocido y por si acaso si iría con él yo creo que sería mucho mejor.

BERAKUE. Diarrea. **K.** Usedot Zenon nahiko exkaxien haidala, buelta larreitxo itxen dabill komun aldetik eta eztakitx berakue eztauken, lenau maixen igerriutzek zertxobaitx haukela baña eztust ezer esan eta hala beste-barik geratuda. Baleike afaiko zerbaitxek kalte itxie, akaso arrautza ero beste gauzarenbat. **T.** Creo que Zenon no está nada bien, está dando demasiadas vueltas por el servicio y no sé si no tendrá diarrea, antes en la mesa ya le he notado algo pero como no me ha dicho nada así sin más ha quedado. Puede que le haya hecho mal algo de lo que ha cenado, a lo mejor el huevo o quizá otra cosa.

BERAKUEN. Traer algo al bajar. **K.** Zure andriekiñ alkartunaz kalien eta esandust gaur arratzaldien Gazteizera fateko asmue daukotzula, ba ezpajatzu inportik berakuen ekarrikuztezu dozenabat txorixo Gatzatik?, zuk badakitzu ze lekutan saltzeitxuen. **T.** Me he juntado con tu mujer en la calle y me ha dicho que esta tarde tienes intención de ir a Vitoria, pues si no te importa y al bajar ¿ya me traerás una donena de chorizos de Salinas?, tú ya sabes es que sitio los venden.

BERANA. Donde él. **K.** Atzo Kaximirokiñ geratunitzen zortziretan fangonitzela, onazkero ezta asko geratzen eta berana noie, galdetuzten aber lagundukonutzen ortuen porruek landatzen, eta gero ordez etorrikozala bera neri laguntzera. **T.** Ayer quedé con Casimiro que iría a las ocho y cómo ya no falta ya mucho voy dónde él, me preguntó a ver si le podría ayudar en la huerta a plantar puerros y me dijo que a cambio luego ya vendría él a ayudarme a mí.

BERANA, BERAREINA. De él, de ellos. **K.** Nik zure bezela hor itxikonitxun gauza horreik pake pakien zeatik hemendik ezer eztie zuriek, badakitzu ero jakiñbizauke bentzet berana, Zelestinona, diela eta zerbaitx hartu ero falta-ezkero asarre haundixek hartukoitxula. **T.** Yo en tu lugar dejaría esas cosas en paz porque nada de lo que hay aquí es tuyo, ya sabes o por lo menos deberías de saber que son de él, de Celestino, y si se coge o falta algo se enfadaría muchísimo.

BERANDU. Tarde. **K.** Jakiñleike ze pasatzendan zurekiñ, gaur be berandu lanera?, ba aste hontan hirugarren aldiz da eta hurrenguen kalera fangozara astebeterako, eta aber hala argitzeraren sikera pixkat. **T.** ¿Se puede saber que es lo que pasa contigo, hoy también tarde a trabajar?, pues ya es la tercera vez esta semana y la próxima vez vas a ir la calle para una semana, y a ver si así espabilas siquiera un poco.

BERANDUTU. Se ha hecho tarde. **K.** Parkatu, badakitx eztala ordue lanera sartzeko baña berandutu injat, istripu txikibat eukidot kotxiekiñ karreteran eta itxoiñ inbierra eukidot grua eturri hartien. **T.** Perdona, ya sé que no es hora de entrar a trabajar pero se me ha hecho tarde, he tenido un pequeño accidente en la carretera con el coche y he tenido que esperar a que llegase la grúa.

BERANEANTE, BERANEANTIE. El veraneante, la persona que vá o está de vacaciones. **K.** Lenau be hala izengozan baña oñ ustedot Zarautz geruau ta geixau famatzen haidala, uda partien kanpoko beraneante izugarri ikustendie eta hemendik asko hor kanpiñ aldien eotendan gazte jentie. Honeitik geixenak surf asuntuekiñ etortzendie eta baitxe Sanfermiñetara be. **T.** Antes también sería así pero creo que ahora Zarautz está cogiendo cada vez más fama, en la parte del verano se ve muchísimo veraneante de fuera y muchos de éstos son gente joven que están ahí en los campings. La mayoría vienen por los asuntos del surf y también para San Fermín.

BERANEAU. Veranear, pasar las vacaciones del verano. **K.** Guri, eta noski baitxe beste askoik be, beraneu itxeko toki geitxuen gustatzejakuna Galizia aldie da, bi ero urte izengodie ezgarela fan baña bai beste pillabat bider izengara eta betik oso gustora eon eta ibiligara. **T.** A nosotros, y claro que también a otros muchos, uno de los lugares que más nos gusta para veranear es la zona de Galicia, ya serán dos o tres los años que no hemos ido pero sí hemos estado otro montón de ellos y siempre hemos estado y andar muy a gusto.

BERAÑO. Hasta abajo. **K.** Jakingozu ba baserriko harri fatxada hori beraño bistau inbidala, ez?, ba eztotzut bape ondo ikusten zeatik emutendau makurtu eziñien haizarela, ze gertatejatzu, gerriko-miñe daukotzu ero akaso sigero alpertuta zarela? **T.** ¿Ya sabrás pues que la piedra de la fachada del caserío hay que avistarla hasta abajo, no?, pues no te veo nada bien porque parece que no te puedes agachar, ¿qué te pasa, que te duele la cintura o es que quizá te has vuelto demasiado vago?

BERATU. Macerar. **K.** Gure etxien ollaskuen paparra dauenien oitura izetenda beratzen jartzie, berdiñ itxendou beste gauza batzukiñ be, plantxan erre aurretik, gure ustez hala gustoz hobiaz geratzenda eta bebai askoz xamurraue. **T.** Cuando en casa tenemos pechuga de pollo nosotros tenemos la costumbre de ponerla a macerar, también lo mismo hacemos con otras cosas, antes de asarla en la plancha, pensamos que así queda con mejor sabor y que también está mucho más tierna.

Errezetabat: Beratzen eondan ollaskuen paparra plantxan. Neri ollaskuen paparra osue erostie gustatzejat eta gero moztu norberak naidauen bezela. Ba beno, kentzejako sobre dauken grasak eta kasu hontan moztendou luzetara bi zati berdintzutan, eta gure-eskero erdibitxu zati bakotxa, bota gatza eta piper autza, ale parebat berakatz puzketa batuk iñde eta ontzi baten jarri. Honeiñ gañien olixo asko-barik, limoi erdixen zukue eta igurtzi ondo paparran bi, akaso lau, zati horrek, ondoren sartu frigorifokora eta laga han ordu parebat. Denpora hori pasa ta gero, atara, siketu ondo eta plantxara. Beñ eta erre ondoren atara fuente-batera eta bertan plantxan berotu beratzen eondan saltza apurbat eta bertan prijitxu hango berakatz pixkat, gero paparra horrein gañien bota eta gertu.

Una receta: Pechuga de pollo macerada a la plancha. A mí me gusta comprar la pechuga de pollo entera y luego cortarla cómo me apetezca. Bueno, pues se quita a la pechuga las grasas sobrantes y en este caso la cortamos a lo largo en dos pedazos que sean parecidos, y si se quiere dividir por la mitad cada uno de los pedazos, salpimentar y colocarlas en una fuente, añadir aceite, no mucho, un par de ajos hecho cachitos, exprimir encima medio limón y con estas cosas frotar bien los dos, quizá cuatro, pedazos de pechuga. A continuación meter al frigorifico un par de horas y cuando pase el tiempo sacar, secarlas bien y a la plancha. Una vez asadas ponerlas en una fuente y en la misma plancha calentar un poco del líquido de la maceración y allá mismo freir algunos ajos que han estado en el mismo sitio, luego verter por encima de las pechugas y listo.

BERATZEN. Quiere decir que el producto está en maceración y arriba ya hemos comentado la forma de hacerla.

BERAU. Más abajo. **K.** Zuk enaizu sekula beitu, ero?, ba emutendau ezetz zeatik geruau eta gorau jartzeitxozu gauzak, ba mezerez jetxizu pixkat berau dan horreik, zuk ixe erraldoien altura daukotzu baña naiz da ni txikiñe izen ez, ustedot nabarmen igertzendala enazela gora allegatzen. **T.** ¿Tú nunca me has mirado, o qué? pues parece que no porque cada vez pones las cosas más arriba, pues haz el favor de colocar todo eso un poco más abajo, tú casi tienes la altura de un gigante pero a pesar de que yo no soy pequeño, creo que está bien claro que no llego arriba.

BERAZ. Por consiguiente, por ello. **T.** Zuk esatendozu hori modu hortan dala, ba horren ziurtzuna badaukotzu eta hala baldinbada, ba orduen eta beraz bezela bestien berdintzue izengoda zeatik bixek toki batekuek die. **T.** Tú dices que eso es de esa manera, pues si estás seguro de eso y es cierto, pues entonces y por ello éste también será parecido al otro porque los dos son del mismo sitio.

BERBA. Palabra. **K.** Atzo kintxo afaixe eukigauen eta han eotegaren tartien bat dau sigero ixilixe dana, afaltzen etortzendan bakotxien, ixe urtero, eztau berba bakarra itxen bere kabuz, zerbaitx esateko galdetu inbijako eta jeneralki haren erantzuna baietza ero ezetza besteik ezta. **T.** Ayer tuvimos la cena de quintos y entre los que solemos estar hay una que es demasiado callada, cada vez que viene a cenar, casi todos los años, no dice una sola palabra por propia voluntad, para que diga algo hay que preguntarle y generalmente solo contesta con un sí o un no.

Aspaldiko esaerabat: Berba asko iñ bai, baña gutxi iñ bebai.

Un viejo proverbio en euskera dice que hablar mucho sí, pero hacer poco también.

BERBADUNA. Se dice de la persona de palabra, cumplidora. **K.** Ez euki bape zalantzaik horrekiñ, esan baldinbadau bere kontu geratzendiela asunto horreik ta berak hartukoitxula horrein ardura hala izengoda, betik izenda gizon berbaduna. **T.** No tengáis ninguna duda con ese, si ha dicho que esos asuntos quedan de su cuenta y que él se ocupará del tema así será, siempre ha sido un hombre de palabra.

BERBA ERDI. Literal media palabra. Y esta palabra se utiliza para decir a la persona que se calle. También de aquella que habla muy poco. **K.** Zurekiñ oso asarre nau atzo iñdozunakiñ ta ondion eztuztazu eskatu parkamenik, ba denpora pixkatien eztotzut sikera aitzeik berba-erdik be zeatik zurie larreikue jartzen haida, eta gañera ia leporaño jarrinaizu. **T.** Desde lo que hiciste ayer estoy muy enfadada contigo y todavía no me has pedido perdón, pues en algún tiempo ni siquiera te quiero oir ni media palabra porque lo tuyo ya va siendo demasiado, y además ya me tienes hasta las narices.

BERBENA. Hierba medicinal que se utiliza para curar, o cuanto menos minimizar la afección que se pueda tener. **K.** Berbena ero senda-belarra esatendaue oso ona dala buruko-miñe eta sinusitisa kentzeko, etxuraz eta entzunde daukaten bezela hala inbierra izetenda, aurrena hau egosi eta gero trapubaten batuta jarri enplasto moduen bekokixen. **T.** La berbena es una hierba medicinal y dicen que es muy buena para quitar el dolor de cabeza y la sinusitis, parece y según tengo oído así hay que proceder, primero cocer ésta y después hay que ponerla envuelta en un trapo como si fuera un emplasto encima de la frente.

BERBENA. Verbena. Puede ser sinónimo de baile, actuación musical y lugar donde se bailaba, y supongo se baila. **K.** Gaztiek gitzenien, ixe enaz gogoratzen noix izenzan hori, orduen ezan, gure inguruen bentzet, festako salarik eta Arrasaten eotezan berbenara fategiñen. Berbena hau itxezan tokixe goixez eta astien ziar berdura plaza ta azoka izetezan, eta asteburuko gauetan berbena biurtzezan. Guk berduriplaz esategutzen. **T.** Cuando éramos jóvenes, casi no me acuerdo cuando fué eso, no había, al menos en nuestro entorno, salas de fiesta y solíamos ir a la verbena de Mondragón. El sitio donde se hacía dicha verbena durante la mañana y los días laborables era plaza de verduras y mercado, y las noches de los fines de semana se convertía en verbena. Nosotros le llamábamos verduriplaz.

BERBERA. Eso mismo. **K.** Alperrik haizara jardunien zeatik eztauket bape asmoik aldatzeko, erosten etorrinazen horixe berbera naidot eta besteik ezer ez, ta erakusteko ekarridozun beste horreik nireatik erretirauzeike. **T.** Es inútil que sigas insistiendo porque no tengo ninguna intención de cambiar, lo que he venido a comprar es eso mismo y no quiero ninguna otra cosa, y esos otros que has traído para enseñar por mí ya los puedes retirar.

BERBETAN. Hablando. **K.** Ardura pixkat hartzen hainaz bi tipo horreikiñ eta arrastuik be eztauket zertarako etorri eta dazen hemen, denporaldìtxue eruetendaue hor gure taller aurrien eta ordubete baño geixau da belarrira berbetan haidiela euron hartien, eta apostakonauke eztala ezer gauza onik. **T.** Estoy cogiendo un poco de preocupación con esos dos tipos y no tengo ni idea de para qué han venido ni lo que están haciendo aquí, llevan ya bastante tiempo ahí delante de nuestro taller y llevan más de una hora hablando entre ellos a la oreja, y ya apostaría que de ninguna cosa buena.

BERDEKEIXAK. Fig. se dice de los chistes o comentarios subidos de tono. **K.** Jente askok hala esatendau eta nik be ustedot hala dala zeatik beñ baño geixautan eukidot entzuteko aukera, eta gañera apostatzeko bezela izengonitzake emakumak askoz zaliau diela berdekeixak kontatzen gizonezkuek baño, gertatzenda akaso eztala posible izengo aposta hori itxeik iñokiñ. **T.** Mucha gente lo dice y yo también creo que es así porque he tenido oportunidad de escucharlo más de una vez, y además estaría en disposición de apostar que las mujeres son mucho más aficionadas a contar chistes subidos de tono que los hombres, lo que pasa es que quizá eso no sea posible apostar con nadie.

BERDELA. Verdel. Es un pescado de mar que fuera de Euskadi le llaman caballa. **K.** Berdela sartzendanien Getariko kaian jente ugeri pres eotenda honeik arrapatzeko. Jartzeitxue hiru ero lau antzuelo kañaberako kordelan beste ezerbarik eta bota bakoitxien bi ero hiru aterateitxue. Bere garaia danien kriston pillak sartzendie batera. **T.** Cuando entra el verdel en el puesto de Guetaria cantidad de gente suele andar lista para pescarlos. Colocan tres o cuatro anzuelos en el extremo del sedal sin ninguna otra cosa y cada vez que lo echan sacan dos o tres. Cuando es su tiempo suelen entrar auténticas bandadas.

Errezatabat: Berdela plantxan. Normalki berdela ezta tamañu haundikue izeten eta horreatik egokixaue da plantxan prestatzeko. Beno ba, aurrena haldan freskuena komenida, gero peskateruei esateutzou kentzeko burue, garbitxu ta jartzeko erdibitxuta bi zatitxen luzetara, plantxai olixo pixkak bota eta berotzen ipiñi, xerra honei bota gatza ta nai izen-ezkero piper autz apurbat eta gero plantxan jarri azala gañien dala, bi ero hiru miñutu ondoren bueltau, norberak ikusikodau geixau ero gutxitxuau iñde gustatzejakon, gero beste horrenbeste bestaldetik eta listo dau, atara fuente-batera eta biñagre pixkat bota gañien. Berdela itxen eondan bitxertien sartakiñan eukidou prijitzen berakatz ale batzuk fiñ moztuta zabalien eta kolorie hartu aurretik hau berdelai bota. Ba bakarrik geratzenda ontzi hontan dauen saltza guztie berriz sartakiñan jarri, berotu-hala emun buelta batzuk eta berdelan gañera bota, gero perrejill pixkat eta honekiñ gertu.

Una receta: Verdel a la plancha. Normalmente el verdel no suele ser de un tamaño muy grande y por eso es más adecuado para prepararlo a la plancha. Bueno pues, lo primero es que sea lo más fresco posible, luego le decimos al pescatero que lequite la cabeza, limpie y lo divida en dos filetes a lo largo, echamos un poco de aceite a la plancha y la ponemos a calentar, a los filetes de pescado echamos algo de sal y si se quiere un poco de pimienta y los colocamos en la plancha que estará ya caliente, primero con la piel para arriba, un par de minutos o tres y le damos la vuelta, cada uno verá si le gusta más o menos hecho, luego otros tantos por el otro lado y ya está asado, lo sacamos a una fuente y le echamos un poco de vinagre por encima. Mientras el pescado se estaba haciendo en una sarten teníamos friendo unos cuantos ajos laminados y antes de que coja color también lo echamos al verdel. Pues solo queda volcar en la sartén toda la salsa que está en la fuente, en tanto se calienta dar unas vueltas y volver a echar encima del pescado, luego un poco de perejil picado y listo.

BERDIE. Que todavía están verdes, a falta de madurar. **K.** Aber, entzun, sagarrak bakarrik hartu helduek dazenak eta ondion berdiek ikusteitxozuenak bertan itxi, asko geratukodie baña hareik jasokoitxu beste egunbaten, gutxigorabera hemendik bost ero xeira izengoda eta deitxukotzuet. **T.** A ver, escuchar, coger solo las manzanas que estén maduras y las que veaís que todavía están verdes dejarlas ahí, quedarán muchas pero aquellas ya vendremos otro día a recogerlas, más o menos será de aquí a cinco o seis y ya os llamaré.

BERDIÑ. Lo mismo. **K.** Neri etxat bape inportik eta sigero berdiñ dust jatie arraña ero okelie, nireatik eskatu zueik naidozuena zeatik ziur nau ze bi horreitik erozeñek probetxo antzerakue inguztela. **T.** A mi no me importa nada y me da lo mismo comer pescado que carne, por mí pedir lo que vosotros queraís porque estoy seguro de que con cualquiera de los dos el provecho que me hará será parecido.

BERDIÑ-DA, BERDIÑ DA. Da lo mismo. **K.** Honek eztauko bape inportantzik zeatik toki-batetik hasi ero bestetik berdiñ-da, bakotxak bere biretik jarraitxu-ezkero askenien leku bakarrien alkartukogara. **T.** Esto no tiene ninguna importancia porque empezar por sitio u otro da lo mismo, si cada uno de nosotros seguimos su camino al final nos tenemos que encontrar en un único lugar.

BERDIÑE (K). Igual. **K.** Eztakitx bixok ezgaren mosolo xamarrak, oñ be ederra iñdou, amai oparitzeko zuk eta nik erosidoun jertziek berdiñek die, eta oñ gauza da aber zeiñ fatendan bueltatzera zeatik iñok eztou gorde tiketik. **T.** No sé si los dos no somos un poco tontos, ahora también la hemos hecho buena, los jerseis que tú y yo hemos comprado como regalo para la madre son iguales, y ahora la cosa es a ver quién es el que va a devolverlo porque ninguno hemos guardado los tikets.

BERDIÑDU, BERDINKETA. Igualar, ajustar. **K.** Zuk ikusikozu baña nere ustez gauza honeik eziñditxu hala eruen, zertxobaitx bentzet berdiñdu inbierrekuek izengodie zeatik emutendau toki desberdiñen erositxekuek diela. **T.** Tú verás pero yo creo que estas dos cosas no los podemos llevar así, por lo menos los tendremos que igualar un poco porque da la impresión de que han sido comprados en dos sitios diferentes.

BERDINTZU, BERDINTZUE. Parecidos. **K.** Honeik mutiko bixok lengusuek baño geixau anaiek emutendaue eta batzuk esan be itxendaue, danerako dau jentie, zalantza haundixe daukiela eta aber ezetedien zeatik larreiko berdintzuek die. **T.** Estos dos chavales más que primos parecen hermanos y algunos también dicen, hay gente para todo, que tienen muchas dudas y a ver no lo serán porque son extraordinariamente parecidos.

BERDURAK. Las verduras. **K.** Zarauzko merkatu plazara baserritar dexente etortzendie berdurak saltzeko asmuaz, eta Argiñanok esatendau komenigarrixe izengolitzekela azoka bertan erostie, hemengo jenerue dala eta gañera danontzako mezerie. **T.** A la plaza del mercado de Zarautz vienen muchas caseras con la intención de vender verduras, y Arguiñano dice que sería conveniente comprar en el mismo mercado, que es producto local y que además es beneficioso para todos.

BERDURA-PLAZA. Plaza, mercado de la verdura. **K.** Zarauzko berdura-plaza txikitxue da baña oso ondo eta ixe danetik eotenda, pescadeixak, baitxe karnizeixak, gaztal postuek, lorategi, opari denda, kafeteri ta ahar, eta gañetik nahiko baserritxar bere eguneko baraskixekiñ. Jente ugeri fatenda erostera eta geixenbat asteburutan. **T.** La plaza del mercado de Zarautz es pequeñita, pero está muy bien y hay de casi todo, pescaderías, también carnicerías, puestos de queso, floristería, tienda de regalos, etc... y encima muchas caseras con sus verduras del día. Suele ir mucha gente a comprar y sobre todo los fines de semana.

BEREALA. Pronto, con rapidez. **K.** Zueik ez arduratu eta lasai eon, ondion hor Iruña inguruen nabill baña espero bereala allegaukonazela, afal ordurako bentzet bai. **T.** Vosotros no os preocupeís y estar tranquilos, todavía ando por ahí cerca de Pamplona pero espero llegar pronto, para la hora de la cena por lo menos sí.

BEREATIK, BEREAITXIK. Por él, gracias a él o por culpa de él. **K.** Ba bereaitik ezpazan izen ni enitzen hemen eongo, enauken bape asmoik etortzeko baña hainbeste jardunien ibili ondoren, askenien eta ez entzuteatik geixau eztot euki beste erremeixoik laguntzie baño. **T.** Pues si no hubiese sido por él yo no estaría aquí, no tenía ninguna intención de venir pero después de insistir tantas veces, al final y con tal de no oirle más no he tenido más remedio que acompañarle.

BEREINKATU. Bendecir, dar la bendiciòn. **K.** Asunto honeik be, beste gauza asko bezela, betiko oiturak izendie, auskalo noiztik eongoetedien eta ondion noiz harte jarraitxukodauen. Baña beno, kontatzeko nauken asuntue da nola Erramu Domekan erramuek bereinkatzeko eruetendien Elixara eta ni nazela lortzeko enkargue dauketena. **T.** Estos asuntos también han sido costumbres de siempre, cualquiera sabe desde cuando existen y todavía hasta cuando serguirán. Pero bueno, el asunto que quería contar es que el Domingo de Ramos se llevan los ramos a bendecir a la Iglesia y que soy yo el encargado de conseguirlos.

BEREINKATUBAT. Un bendito. Fig. se dice de la persona buenaza, cariñosa. **K.** Ze ona emutendau dala zure umetxue, bereinkatubat, betik dau parre, beno, eztot uste hala eongodanik gosie daukenien eta orduen zertxobaitx ingodau, negar bezela abixatzeko allegaudala jateko ordue. **T.** Que bueno parece que es tu crío, un bendito, siempre está riéndose, bueno, tampoco creo que esté así cuando tiene hambre y entonces ya hará algo, cómo llorar para avisar de que ya ha llegado la hora de comer.

BEREINKATUTA. Bendecido. **K.** Nere andrie fatendanien erramuek Elixara eztau erueten bakarrik etxerako, baitxe beste zerbaitx gero errepartitzeko bere kuñatai eta besten-batzun hartien, baña hori bai, danak ondo bereinkatuta. Horretxeatik esatendust hartu eta erueteko gutxienetik dozena parebat erramu. **T.** Cuando mi mujer va a bendecir los ramos no lleva solo para casa, también algo más para repartir entre las cuñadas y algunas otras, pero eso sí, todos muy bien bendecidos. Por eso es que me dice que por lo menos coja y le lleve un par de docenas de ramos.

BERE-KABU. Por propia iniciativa. **K.** Eutikiok eztakitx zeatik esaten haidan hori, nik ustedot txantxan izengodala zeatik nik eztotzat aiñdu txakurra pasian eruetekoik, hori bere-kabu izenda ta gañera oso gustora iibiltxendie bixok alkarreaz. **T.** No sé porque Eutiquio anda diciendo eso, yo creo que será en broma porque yo no le he mandado que saque a pasear al perro, eso ha sido por su propia iniciativa y además andan muy a gusto los dos juntos.

BERENGUE. De lo más bajo, ínfimo. **K.** Horrekiñ ia eztau zer-iñik eta nik ustedot ia berenguen geratudala, eta oñ be betiko berdiñ, kartzelatik urten-barri eta berriz arrapautzie lapurtzen haizala, ba badaki zer dauken, bueltatzie oñartien eondan tokira. **T.** Con ese ya no hay nada que hacer y yo creo que ya ha quedado en lo más bajo, y ahora también igual que siempre, recién salido de la cárcel y otra vez le han pillado robando, pues ya sabe lo que tiene, volver al mismo sitio donde ha estado hasta ahora.

BEREINKAZIÑUE, **BERENKAZIÑUE**. La bendición.
(Ver la definiciòn de bendiziñue).

BERE OKERRA. Fallo de él, error de él. **K.** Aspalditxotik abixaute hauen baña betiko bezela eztau ezertxo kasuik iñ, ba oñ eztot uste iñori kulpaik botatzen etorrikodanik zeatik bere okerra bakarrik izenda, gaizki hasizan eta txarrau bukatudau. **T.** Estaba avisado desde hace ya algún tiempo pero cómo siempre no ha hecho caso alguno, pues ahora no creo que tenga que venir a echar las culpas a nadie porque el error ha sido únicamente de él, empezó mal y ha terminado peor.

BERETAKO, BERETZAT. Para él. **K.** Bukatudou eta errepartitzen hasikogara, aber, hau aurrena neretako, beste hori zuretako eta handikaldien geratzendan beste ha beretzat, ugesabandako. **T.** Ya hemos terminado y vamos a empezar a repartir, a ver, ésto primero para mí, eso otro para tí y aquello que queda mas allá para él, el dueño.

BEREZ. Que surje por si solo, muchas veces por fuerza de la costumbre. **K.** Batzuetan norbera arritxuta geratzenda peskaixetan ikuxitxe pescatero hareik daukien oitura arrañak manejatzen, eta gañera geixenak begixek itxita ingolaukie, oñ, bebai baleike izetie zeatik hainbeste urte ondoren lan berdiñek itxen ixe berez urtengotziela. **T.** Muchas veces uno se queda asombrado en las pescaderías viendo la pericia que tienen los pescateros manipulando el pescado, y además la mayoría lo harían con los ojos cerrados, ahora, que también puede que sea porque después de tantos años con el mismo trabajo casi les saldrá por si solo.

BEREZI. Se dice de la persona o cosa especial, distinta, diferente. **K.** Gonbidautako bazkai hau benetako berezixe da, nekorak, angulak eta bixigue, ba eztutzo bape merke urtengo baña beno, nola loterixie urteutzon eztauko larreiko inportantzik, ez berai eta guri askoz gutxiau. **T.** La comida a la que nos han invitado en verdad es especial, nécoras, angulas y besugo, pues no le saldrá barato pero bueno, cómo le ha tocado la lotería tampoco importa demasiado, ni a él y mucho menos a nosotros.

BEREZKUE. Persona o cosa que es especial, que tiene algo innato y natural. También puede ser porque sea presuntuosa. **K.** Pertzona hori danerako da berezkue, ero berak hala ustedau bentzet, eruetendauen jantzixekiñ, haren haundikeixak berba orduen eta betik harrokeixakiñ, eta akaso baleike beste zerbaitzuk. **T.** Esa persona en todo es muy especial, o al menos así lo cree él, por las ropas con las que viste, las grandezas a la hora de hablar, siempre presumiendo y quizá puede que también algo más.

BEREZITASUNA. Especialidad. **K.** Burgosko herri txikibaten berdiñezko taberna dau, bakarra da, berezitasun haundixe daukena kartako menuan, eta beste gauza batzuk tartien tripakeixek, nik hiru ero lau bider jan izendot eta benetan, eztakitx esanleiken larreikuek diela, baña oso gozuek bentzet bai. **T.** En un pueblo pequeño de Burgos hay una taberna, es la única, que tiene una gran especialidad en el menú de la carta y entre otras cosas los callos, yo ya las he comido tres o cuatro veces y la verdad, no sé sí se puede decir que son demasiado, pero sí por lo menos que están muy buenos.

BEREZTU. Hacer algo para distinguir, diferenciar. **K.** Gauza honeik denpora dexentetxo erueteitxue geldik hemen dendan eta akaso zertxobaitx bereztu inbierrekuek izengozien, eta aber holako zerbaitx iñde errexau saltzeitxun. **T.**

Estas cosas llevan demasiado tiempo paradas aquí en la tienda y quizá sería necesario que hiciésemos algo para distinguirlas, y a ver sí haciendo algo de eso las vendemos más fácil.

BERIE. De él.

(Ver la definición de berana).

BERIEKIÑ. Salirse con la suya. **K.** Gizon horrena marka da ba, betik naidau beriekiñ urtetzie eta geixenbaten ez asarreketeatik hala lortzendau, sekula etxako ezer importik bestiena, berie bakarrik ta kitxo, eta hala doie zeatik bere inguruko jentiek geruau ta gutxiau kasuik itxeiiutzo. **T.** Lo de ese hombre también es de marca, siempre quiere salirse con la suya y la mayoría de las veces por no enfadarse con él lo consigue, nunca le importa nada de lo de los demás, solo lo suyo y punto, y así le vá porque la gente de su entorno cada vez menos le hace menos caso.

BERIELA. Con prontitud, con rapidez.

(Ver la definición de bereala, bere-hala).

BERMATU. Asegurar, afianzar. **K.** Aber, nik ustedot ekarridoula nahikue puntal eta aurrena harrizko horma honekiñ hasikogara, hauxe da bermatzeko prixa geixen daukena zeatik haixe dexente eotendanien larreiko baibena hartzendau. Eta puntal iñdertzu honeik jarrikoitxu. **T.** A ver, yo creo que ya hemos traído suficientes puntales y lo primero empezaremos con ésta pared de piedra, es lo que más prisa tiene para asegurarla porque cuando hay un viento considerable coge demasiado balanceo. Y colocaremos estos puntales que son más fuertes.

BERMEA. Garantía, Fianza, **K.** Prestamu bat eskatzera fanaz bankura eta bermea bezela andrie laga-bierra izendot, aurrenekotan enauen nai baña eztot euki beste erremeixoik zeatik derrigorra zan zerbaitx iztie, gañera ustedot ondo iñdotela zeatik hala pentzatzendot errexau emunguztiela. **T.** He ido a pedir un préstamo al banco y me han pedido una garantía, parece ser que es obligatorio dejar algo y aunque al principio no quería no he tenido más remedio que dejar a mi mujer, además creo que he hecho bien porque así yo pienso que me lo concederán con más facilidad.

BERMUTA. El vermú. **K.** Etxuraz Madrillen eta nola ez, baitxe Bilbon be, oitura haundixe omenda domeka eguerdixetan bermuta hartzie rabakiñ lagunduta, etxuraz honek inpontantzi haundixe dauko jentiek ikusideixen norberan balixuek, eztakitxena da nola baloratzendan hori, raban erraziño doblie hartuta ero bermut bat baño geixau **T.** Parece ser que en Madrid y cómo no, también en Bilbao, es costumbre el tomar vermú acompañado de rabas los domingos al mediodía, parece que esto es de suma importancia para que la gente se de cuenta de la valía de cada uno, lo que no sé es de que forma se valora eso, si tomando doble ración de rabas o más de un vermú.

BERNA. Pierna. **K.** Neska asko daz, noski baitxe andra helduek be, bernak oso politxek daukienak, baña neska horrenak, Margarita bere izena, apartekuek die eta bera be ondo jakiñien dau zeatik betik ondo bistan erueteitxu, neguen be gonakiñ ibiltxenda eta gañera sigero motxak dienak, eta zuei eztakitx baña neri bentzet gauza horreik oso ondo dazela iruitejat. **T.** Hay muchas chicas, claro está que también mujeres mayores, que tienen las piernas muy bonitas, pero las de esa chica, se llama Margarita, son cosa aparte y eso ella lo saber muy bien porque siempre las lleva muy a la vista, hasta en invierno anda con faldas y además bien cortas, y no sé a vosotros pero por lo menos a mí estas cosas me parece que están muy bien.

BERNAZURRA BERNA-AZURRA. La tibia. **K.** Oñ denpora gutxi dala nere lagunbat koba-zulobat bixitatzen haizala, labandu, jausi ta bernazurra puskatu izenauen, segitxuen deitxu anbulantziai eta han bertan zerreozer iñ, gero barruen sartu eta axkar eruenauen ospitalera. **T.** Ahora hace poco a un amigo mío cuándo estaba visitando una cueva, resbaló, cayó y se rompió la tibia, llamaron enseguida a la ambulancia y le hicieron alguna cosa allá mismo, luego le metieron dentro y le llevaron rápidamente al hospital.

BERO, BERUE. Calor. **K.** Ekaina partien andrie eta bixok bueltabat emuten eongiñen Extremadura inguruetatik eta ha bai zala benetazko berue, egunero berrogei gradutik gora eta noski, xerbaitx ikusteko egunez ibili-bierra izetezan eta haik zien botategitxun izerdixek. **T.** En la parte de Junio mi mujer y yo estuvimos dando una vuelta recorriendo Extremadura y aquello sí que era calor de verdad, todos los días de cuarenta grados para arriba y claro, para ver algo había que andar de día y era increíble lo que sudábamos.

BERO-ALDIXE. Se puede llamar así a la ola de calor. **K.** Bimilla eta hiruen izenzan ni gogoratzenazen asken izugarrizko bero-aldixe, gu abuztuen Kanbrillen geotzen eta noski, kalien keixpetan ibiltxegiñen ta etxeko fatxadai pega pega iñde baña halaere izerditxen geldixtu-barik. **T.** El año dos mil tres es el último año que recuerdo que hizo una ola de calor terrible, nosotros en agosto estábamos en Cambrils y claro, sóliamos andar por la sombra y bien pegados a las fachadas de las casas pero aún así no parábamos de sudar.

BEROGAIUE. Estufa, calefactor. **K.** Ba jeneralki halaxe izetendie gauza honeik, batzuetan eta goixen jarridoun bezela, ixe itxotzen beruekiñ eta beste batzuetan hotzaz akabatzen, eta asken kasu hontan bape zalantzaik eztau berogaieun bierrien izetegarela. **T.** Pues generalmente así suelen ser estas cosas, algunas veces y cómo hemos puesto arriba, casi ahogándonos por el calor y otras veces muertos de frío, y en este último caso no hay ninguna duda de que estamos necesitados de alguna estufa.

BEROKIXE. Abrigo, prenda térmica. **K.** Nunbaitxen eta segitxuen erosi-bierra daukek berokixe, oñartien naukena eta txakurrakiñ jolasten hainitzela honek haginkarie bota ta sekulako tarratara iñutzen, gauza da urtarrillan Jakara fateko asmue daukoula eta han ez bakarrik bierrezkue baizik derrigorrezkue izetenda. **T.** En algún sitio y pronto tengo que comprar alguna chaqueta o prenda térmica, la que hasta ahora tenía y estando jugando con el perro éste le pegó un bocado y le hizo un rasgón muy considerable, la cosa es que en enero tenemos la intención de ir a Jaca y allá no solo es necesario sino imprescindible.

BEROI, BERORI. Algo así cómo usía. Tratamiento que se ha de dar, el que quiera claro, a una persona de cierta relevancia, altos dignatarios, al papa, etc,. **K.** Berori hau eztakitx sikera oñ erabiltzendan eta nik bentzet eztauket horrein oituraik, baña lenau bai, gañera ixe derrigorrezkue izetezan tratamentu hori emutie abariei eurokiñ berba itxerakuen. **T.** No sé si ahora siquiera se utiliza este tratamiento y yo al menos no tengo esa costumbre, pero antes sí, era casi obligatorio el dirigirse de esa manera a los curas cuando se hablaba con ellos.

BEROTAZUNA. Ambiente cálido, templado. **K.** Batzuetan eta hotz haundixe itxendauenien ze gusto emutendauen sartzie berotazuna dauen tokixetan, gero bebai baleike, esatendauen bezela, errexa izetendala katarrue ero beste holako zerbatix arrapatzie hotz-bero aldaketa horreikiñ. **T.** Algunas veces y cuando hace mucho frío que gusto suele dar el entrar en los sitios donde hay un ambiente cálido, luego también puede ser, según dicen, que con esos contrastes de frío y calor es fácil agarrar un catarro o algo parecido.

BEROTU. Calentarse. **K.** Zu betiko bezela, dauen hotzakiñ eta kalien firiun-firiun, etorrizaitez axkar ona su hondora berotzera zeatik sigero izoztuta zara, gañera eztakitx zeatik geixenbaten fan-bierra daukotzun jantzitxe erropa ximel horreikiñ, ezta ba izengo tipotxue erakuztearren, eh? **T.** Tú igual siempre, con el frío que hace y en la calle como si nada, ven deprisa al lado del fuego a calentarte porque estás completamente helada de frío, además no sé porqué la mayoría de las veces tienes que ir con esas ropas tan simples, ¿no será pues por enseñar el tipito, eh?

BERPIZTU. Reavivar el fuego, la persona o alguna otra cosa. **K.** Ordue zan, denporalditxue ikustezan hola buru-makur bezela ibiltxezala eta oñ gizonak emutendau hasidala berpisten, ziur izengodala zeatik andriek urtendau ospitaletik eta gañera etxuraz eztauko aparteko grabetazunik. **T.** Ya era hora, llevaba un tiempo que se le veía que andaba así cómo cabizbajo y ahora parece que el hombre ha empezado a revivir, seguro que será porque su mujer ya ha salido del hospital y además parece ser que no tiene nada especialmente grave.

BERRI, BERRIK. Noticias, cosa reciente, nueva. **K.** Ba gaur be eztaukou ezerko berrik, hemengo asunto guztiek lasai die eta momentuz bentzet berdiñ jarraitzendaue, baña eztot uste denpora askorako izengodala zeatik esatendauen bezela ia hasidie gauzak mobitzen. **T.** Pues hoy tampoco tenemos nada reciente, todos lo asuntos de aquí están tranquilos y al menos de momento continúan igual, pero no creo que sea para mucho tiempo porque según dicen las cosas ya han empezado a moverse.

BERRIKUNTZA. Noticiario, informativo. **K.** Badakitx telebistako katai asko dazela berrikuntzak emuteitxuenak baña gure etxien ikusi eta eztzutendoun bakarrak Euskal Telebistakuenak die, hauxe da eta izenda betiko oitura. **T.** Ya sé que hay muchas cadenas de televisión que dan informativos pero en nuestra casa los únicos que vemos son los que da Euskal Telebista, ésta es y ha sido la costumbre de siempre.

BERRI-ONAK. Buenas noticias. **K.** Aspalditxuen esperuen geotzen eta gaur berrionak emuteko bezela gara, atzaldien jaixoda umetxue eta neska da, dana bierdan bezela fanda eta bixek, Mari Pili eta umie, oso ondo daz. **T.** Desde hace algún tiempo lo estábamos esperando y por fín hoy podemos dar buenas noticias, a la tarde ha nacido la criatura y es chica, todo ha ido como es debido y las dos, Mari Pili y la cría, están muy bien.

BERRIRIK? ¿Novedades? ¿Algo nuevo? **K.** Berririk?, nik bentzet ez eta momentuz ezer eztakitxela esautziet, jakiñien nauela proba batzuk itxen haidiela ospitalien baña besteik ez, oñ bere andriek bai esandau kasu ingodauela zerbaitx dakixenien. **T.** ¿Novedades?, yo al menos no y les he dicho que de momento no sé nada, que ya sé que le están haciendo unas pruebas en el hospital pero nada más, ahora su mujer sí ha dicho que avisará en cuanto sepa algo.

BERRI-TXARRAK. Malas noticias. **T.** Gaur nahiko berri-txarrak ekarritxu Teobaldok, etxuraz bauken esperantza pixkat baña eztutzie hartu Udaletxeko lan berri hortarako, baña halaere esautzie kontatzendauela berakiñ hurrengue urtetzen-dauenerako. **T.** Hoy Teobaldo ha traído bastantes malas noticias, parece que tenía ciertas esperanzas pero no le han cogido para ese nuevo trabajo del Ayuntamiento, pero aún así le han debido de decir que ya cuentan con él para el próximo que salga.

BERRIZ. Otra vez. **K.** Ia hasinaizu aspertzen zeatik berriz haizara gauza berdiñekiñ, akaso ezara nekatzen?, ba nik ustedot atzo garbi itxinotzula nik eztauketela zer-ikusirik horrekiñ eta bestenbati galdetu-bierra eukikozula, ba aber oinguaz nahiko dan. **T.** Ya me has empezado a aburrir porque otra vez andas con el mismo asunto, ¿es que no te cansas?, pues yo creo que ayer te deje bien claro que yo no tengo nada que ver con eso y que se lo tendrás que preguntar a algún otro, pues a ver si con esta ya vale.

BERRIZTU. Renovar, mejorar.

(Ver la definición de barriztu).

BERROGEIKUE. Cuarentena. **K.** Atzo sartuda kruzero esateutzien itxasontzi haundibat izugarri jentekiñ Bilboko portura, etxuraz holako geixo errarunbat gertauda barruen eta jakiñ hartien zer dan, baezpare eta momentuz bentzet berrogeikuen jarridaue. **T.** Ayer ha entrado un crucero enorme y con mucha gente al puerto de Bilbao, parece ser que ha debido de surgir alguna enfermedad rara en el interior del barco y hasta que se sepa lo que es, por si acaso y al menos de momento lo han puesto en cuarentena.

BERTAN, BERTANTXE. Ahí mismo. **K.** Eztakitx zertan haizarien hainbeste buelta emuten hogei euro horreik billatzeko, akaso tontotu inzare hala?, ba eztaukotzue geixau beitzen ibili-bierrik zeatik hementxe bertan daukotzue, mai aspixen. **T.** No sé porqué estáis dando tantas vueltas para buscar los veinte euros esos, ¿acaso es que os habéis vuelto tontos o qué?, pues ya no es necesario que andéis mirando más porque lo tenéis ahí mismo, debajo de la mesa.

BERTAKUE. De aquí, del mismo lugar. **K.** Zuek eztaukotzue zer esanik eta hobeto ingozue ixiltziaz zeatik gizon honek baimen guztie dauko soziedade hontara sartzeko, aspaldiko urtietatik kanpuen bizida baña zalantzaik eztau hemen jaixo eta bertakue danik. **T.** Vosotros no teneís nada que decir y hareís mejor si estáis callados poque éste hombre tiene todo el derecho para entrar en esta sociedad, hace ya muchos años que vive fuera pero no hay duda alguna de que ha nacido y es de aquí.

Aspaldiko esaerabat: **Etxeko sua bertako autzaz tapau-bierra izetenda.**

Un viejo proverbio vasco dice que los trapos sucios hay que lavarlos en casa

BERTANBERA. Abandonar, dejar sin terminar, desperdiciar. **K.** Eztakitx zer gertatzendan zurekiñ baña hastendozun lan guztiek hor bertanbera izteitxozu, eztotzazu sekula bukaeraik emuten eta betik bestenbat etorribierra izetendau amaitzera. **T.** No sé que es lo que pasa contigo pero todos los trabajos que empiezas los dejas abandonados, nunca los finalizas y luego siempre tiene que venir algún otro para terminarlos.

BERTARA, BERTARAKO. Aquí mismo, para aquí mismo. **K.** Zertan haizare?, gelditxu zaiteze beingoz eta es eruen iñora gauza horreik, ekarri hona bertara zeatik hemen die bierrezkuek, ba horixe bakarrik geratzezan, gu horren esperuen hainbeste denporan eta zuek kentzie. **T.** ¿Qué es lo que andaís?, parar de una vez y no lleveís a ningún sitio esas cosas, traerlo aquí mismo porque es dónde lo necesitamos, pues solo nos faltaba eso, estar nosotros esperando por eso durante tanto tiempo y vosotros quitarlo.

BERTATIK. De aquí. **K.** Ez ibili zoruen bezela eta gurebozue hemen bertatik hartuzeikie eta hala eztaukotzue beste iñora fan-bierrik horreik billatzen, ta ez eon arduraz ordaindu asuntuekiñ zeatik hemen dukien balixue eta beste erozeiñ tokikuek berdintzuek die. **T.** No andeís cómo locos y si quereís los podeís coger de aquí mismo y así no teneís porque ir a ningún otro sitio a buscarlos, y no os preocupeís por el asunto del pago porque lo que cuestan aquí es parecido al de cualquier otro sitio.

BERTATIK-BERTARA. De aquí a muy cerca. **K.** Baserrri hontako eskonbruek kentzeto zorionez gara zeatik eztou euki kanpora atara inbierrik, bertatik-bertara izenda eta asko aurreratudou, beztela auskalo zenbateko nekatazun pasa-bierrak eukikogitxun. **T.** Hemos tenido suerte a la hora de quitar los escombros del caserío por haberlos llevado desde aquí a un sitio muy cercano, no los hemos tenido que sacar fuera y hemos adelantado mucho, sino cualquiera sabe cuántas penalidades habríamos tenido que pasar.

BERTUE. Virtuoso. Se dice de la persona que lo puede ser en la práctica de algo, quizá tocando algún instrumento de música, o bien con temas relacionados con la Iglesia o la religión. **K.** Enauke sekula esango Tiburziotik holako bertue izengozanik biboliñe joten, eta gañera arrastuik be eztauket nun ero nola ikesidauen, bera betiko artzaia da eta eztakitx ba ardixekiñ zaintzen haidala eurokiñ jardun ero oitura hartudauen. **T.** Nunca hubiese dicho por Tiburcio que fuese tan virtuoso tocando el violín, y ni siquiera tengo idea dónde o cuando lo ha podido aprender, él de siempre ha sido pastor y quizá puede que estando cuidando las ovejas haya practicado con ellas.

BERTZOLAIXE, BERSOLARIXE. Es la persona que recita versos cantando. **K.** Laister da Euskadi mallako bertzolari txapelketa nagusia eta betik bezela Barakaldoko BEKa jentez gañezka eongoda, denpora luzetxuen izetenda baña hara doiena ondo prestauta fatenda, janakiñ, erana ta abar. **T.** Pronto es el gran campeonato de Euskadi de bersolaris y cómo siempre el BEK de Barakaldo estará a rebosar de gente, suele ser bastante largo pero la gente que va allá suele ir bien preparada, con comida, bebida, etc…

BERTZO-ZALIE. Es la persona aficionada a los veros vascos. **K.** Ba fandan domekan izenzán lehiaketa eta hamalau milla bertzo-zale lagun alkartuzien Barakaldoko BEKen, betzolari txapelketan. **T.** Pues la competición fue el pasado domingo y se reunieron catorce mil aficionados a los versos en el campeonato de bertzolaris, en el BEK de Barakaldo.

BERUNA. Plomo. **K.** Oso txarra omenda berunaz lana itxie eta esatendauen bezela, bera be, beruna, larreiko kontaminantie omendala, ba etxuraz horreatik izenda ze ia aspalditxik debekau iñduela uran kanalizaziñok elemento horrekiñ itxie. **T.** Debe ser muy malo trabajar con plomo y según dicen ello mismo, el plomo, que también debe de ser muy contaminante, pues parece que a causa de eso hace ya mucho tiempo que han prohibido hacer las conducciones de agua con ese producto.

BERUNDU. Hacer soldaduras con plomo. **K.** Bai, debekatute eongoda baña ondion be ezta besteik gelditzen toki askotan, eta esan-baterako arraska zar horreitan, zulotzenbada daukien berun tuberixa eztau beste erremeixoik, derrigorrezkue ezpada aldatzie, horrekiñ berundu inbierra dau. **T.** Sí, estará prohibido pero todavía no queda otra en muchos sitios, si se ha agujereado la tubería de plomo de la vieja fregadera no hay otro remedio, si no es necesario el cambiar, que arreglarla soldando con el mismo producto.

BERUNDU. Aplomar, poner vertical. **K.** Oso garbi esanutzun sondo berundu inbierra zala hasi aurretik, eta zu hasizara bape kasuik inbarik, ba beitu nola geratudan pareta hori, sigero oker ta oñ konpontzeko modu bakarra besteik eztau, pareta bota, berundu bierdan bezela eta barrixenbarri hasi. **T.** Te dije bien claro que había que aplomarlo muy bien antes de empezar, y tú has empezado sin hacer caso alguno, pues mira cómo ha quedado la pared, completamente torcida y ahora solo hay un modo de arrreglar esto, tírar la pared, aplomar bien y empezar de nuevo.

BERUTZ, BERUTZA. Hacia abajo.

(Ver la definición de beraka).

BERUZKUEN. Al bajar. **K.** Serapio, zure semiek esandust bixer Kurtzebarriba fateko asmue daukotzuta eta beruzkuen, denpora pixkat badaukotzu bentzek, ekarrikoztezu kamomila apurbat?, han Portaletaña inguruen ugeri eukikozu. **T.** Serapio, tu hijo me ha dicho que mañana tienes la intención de ir a Kurtzebarri (monte de Aretxabaleta) y al bajar, si al menos tienes un poco de tiempo, ¿me traerás un poco de manzanilla?, allá en los alrederores de Potaletaña lo tendrás en abundancia.

BESAGAIÑ. En el juego de la pelota es el golpeo de la pelota de arriba para abajo y con el brazo extendido. **K.** Onak dien pelotari asko daz baña Aimar bezelakoik es gehiegi, alde guztietara izugarri ona, bolean, gantxoz eta neretzat askoatik onena besagaiñ da, eztau besteik hala jotendauenik. **T.** Hay muchos buenos pelotaris pero como Aimar no demasiados, en todo es muy bueno, bolea, gancho, pero sobre todo para mí y por mucho es el mejor pegando la pelota a besagaiñ, no hay otro que la golpee como él.

BESAIÑA. La pañoleta que se lleva al cuello. **K.** Ez holako aspaldi hasizan moda bezela neskak eta ez hainbesteko neskak, besaiña eruetie lepuen, baña oñ gizon gaztiek be, akaso mutillek gutxitxuau, jartzeitxue eta batai ta bestiei ikustejate nola erueteitxuen naiz eta nahiko giro berue eon. **T.** No hace tanto tiempo empezó cómo una moda que las chicas y no tan chicas, llevasen una pañoleta al cuello, pero ahora también los hombres jóvenes, quizá los chicos no tanto, se la ponen y tanto a los unos como a las otras se les ve que la llevan aunque haga bastante calor.

BESAPALA. Clavícula, omóplato. **K.** la aspalditxo da gau-zarreko egunien gertauzan hau, bi lengosui eskiatzen haiziela topo iñ frentez bata-bestiekiñ eta bixei besapala puskatu, noski bati ezkerra ta bestiei eskumie, ba gau hori ospitalen pasa-bierra izenauein. **T.** Ya hace algún tiempo esto ocurrió en un día de Nochevieja, dos primos cuando estaban esquiando chocaron de frente entre ellos y a los dos se les rompió la clavícula, claro que a uno la izquierda y al otro la derecha, pues los dos tuvieron que pasar esa noche en el hospital.

BESAPEIE. El sobaco. **K.** Eziñda ulertu, ez nik ta ez beste askok, nola aldatzendien gauzak, betik esautu izendot nola emakumak garbi eruetezitxuen besapeiek, ba oñ neskan ta ez hainbesteko neska hartien modan jarri omenda besapeie uletzu eruete eta ondo bistan gañera. **T.** No se puede entender, ni yo ni muchos otros, cómo cambian las cosas, yo de siempre he conocido que el género femenino ha llevado el sobaco limpio, pues ahora parece que se ha puesto de moda entre las chicas y no tan chicas llevar el sobaco peludo y además bien a la vista.

BESARKA, BESARKARA. Abrazando, abrazar. **K.** Benga, oñ inbiozuen gauza da bata-bestiana fan eta besarkara emun, etxuraz ia kenduitxuzue atzoko asarriek eta berriz lagun zare. **T.** Venga, ahora lo que teneís que hacer es ir el uno hacia el otro y daros un abrazo, parece que ya habeís quitado los enfados de ayer y que de nuevo sois amigos.

BESAULKIXE. Butaka, sillón, sofá, diván o alguna otra cosa similar. **K.** Santio ero beste holako bidaibat itxendanien eta eguneko etapa bukatu, garbi dau ze ondoren deskantzatzie komeni eta bierrezkue izetendala, dutxa eta garbitxazunak iñde ta gero noski, batzuk gure izetendaue oien etzan eta han eotie lotan ero beste zerbaitzuk itxen, eta beste batzuk berriz, euron hartien ni, askoatik naio besaulkixen patxaran jarri eta zerreozer irakurri, zerbaitx ikusi telebistan, eontenbada bentzet, ero beztela radixue entzun. **T.** Cuando se está haciendo el Camino de Santiago o algún otro parecido y se ha terminado la etapa del día, está claro que es conveniente y necesario descansar, por supuesto que después de la ducha y hacer las limpiezas, algunos suelen querer tumbarse en la cama y estar allá durmiendo o haciendo cualquier otra cosa, y otros, entre los que me incluyo, por mucho prefieren sentarse cómodamente en una butaca y leer algo, ver algo en la televisión, al menos si la hay, o sino escuchar la radio.

BESAZURRA, BESO-AZURRA. Los huesos propios del brazo. **K.** Ba eskiatzen eozen bi lengusu hareik etxuraz esaukien besapala bakarrik apurtuta, ospitalen esautzien besazurra be puskatuta haukiela, bixek berdiñe eta besapala kasuen bezela, batek ezkerreko besuen eta bestiek eskumakuen. **T.** Pues los dos primos que estaban esquiando parece que no sólo tenían rota la clavícula, en el hospital les dijeron que también tenían roto un hueso del brazo, los dos el mismo y cómo en el caso de la clavícula uno en el brazo izquierdo y el otro en el derecho.

BESOKUE. Ahijado. **K.** Gervasiok bi mutil eta neskabat dauko bere besokuek dienak, hau berak kontatakue da, mutil bixek ia nahiko helduek eta neska ondion neskatilla. Esatendau bera bizidan tokixen eztala karapaixoik oparitzen hor barrukaldien itxendan bezela, etxuraz lenau, ia aspaldi, bera inguru horreitan bizitxekue da, baña halaere betik emuteutziela zerreozer eta beretako hori betiko oitura dala. **T.** Gervasio tiene cómo ahijados a dos chicos y un chica, ésto es contado por él, los dos chicos ya bastante maduros y la chica todavía una niña. Dice que donde él vive no se suele regalar karapaixos (es una especie de torta de pan con huevos duros y chorizo), al igual que se hace en el interior, parece que antes, hace ya mucho tiempo, ya ha vivido por esa zona, pero que aún así siempre les da alguna cosilla y eso para él es una costumbre de siempre.

BESOMOTXA, BESO-MOTXA. Herri hartan eskalebat eotenda, bera mutil gaztie, besomotxa dana, gañera gauzatxue emutendau ikustie zeatik faltadan beso horretan alkondara ixe sorbaldaraño erremangaute eruetendau, txakur txikibateaz ibiltxenda eta honek be zerbaitx badauko zeatik nahiko errenkan dabill. **T.** En aquel pueblo hay un chico que pide limosna, joven él, es manco y da cosa el verle en el brazo que le falta la camisa la lleva remangada hasta casi al hombro, siempre anda con un perro pequeño y éste tambien tiene algo porque anda cojeando.

BESTALDEKUE, BESTE-ALDEKUE. Del otro lado. **K.** Nik beitudot baña zuk be baezpare beituizu berriz, ezta horren paperik asaltzen eta nik ustedot hori eztala honako, eta apostaukonauke bestaldekue izengodala, galdetu ingot eta hala baldinbada esangutzet etortzeko jasotzera. **T.** Yo ya he mirado pero por si acaso mira tú también de nuevo, no aparece ningún papel referente a eso y yo creo que no es para aquí, y apostaría que es del otro lado, iré a preguntar y si es así les diré que vengan a recogerlo.

Aspaldiko esaerabat: Txakurra onena etxekue eta emaztie bestaldekue.

Un antiguo provervio en euskera dice que el mejor perro el de casa y la mujer la del vecino.

BESTALDERA, BESTE-ALDERA. Para la otra parte. **K.** Eztakitx baña susmue dauket gaizki goiezela hemendik, nik ustedot bestaldera fanbibikogiñela zeatik bire hontatik jarraitzenbou, ziur enau baña baleike galtzie eta iruitzejat gehiegi goiezela eskuma aldera. **T.** No sé pero tengo la sospecha que por aquí vamos mal, yo creo que deberíamos ir por la otra parte porque si seguimos por este camino, no estoy seguro, pero puede que nos perdamos y me da la impresión de que vamos demasiado hacia la derecha.

BESTALDERAKO. Para otro sitio. **K.** Ba askenien telefonoz deitxu-bierra eukidot esanaz mutill horrek ekarridauena eztala ez honako eta ez eonazen harako, bestalderako izengodala eta etortzeko erretiratzera haldan axkarren zeatik erdixen itxidau eta traban geratuda. **T.** Pues al final he tenido que llamar por teléfono diciendo que lo que ese chico ha traído no es ni para aquí ni para dónde he estado, que será para otro sitio y que vengan cuanto antes a retirarlo porque lo ha dejado en la mitad y está estorbando.

BESTALDETIK, BESTE-ALDETIK. Por el otro lado. **T.** Egixe da esanutzela prixakiñ haigiñala hori hartzeko baña enauen espero halako laister heldukozanik, ba halako axkar allegatzeko ezta posible etortzie betiko biretik, nik geixau ustedot bestaldetik etorrikozala. **T.** Es verdad que les dije que teníamos prisa para coger eso pero no esperaba que llegase tan rápido, pues para que haya llegado tan pronto no es posible que haya venido por el camino de siempre, yo más bien creo que habrá venido por el otro lado.

BESTALDIE, BESTE-ALDIE. El otro lado. **K.** Hemengo inguruetan ia asko ibilligara billatzen eta ezta ezer asaldu, oñ baezpare bestaldien hasikogara, nahiko jente gara beitzeko eta aber oinguen asaltzendan. **T.** Aquí por estos ardedores ya hemos estado buscando lo suficiente y no ha aparecido nada, ahora por si acaso empezaremos por el otro lado, estamos bastante gente para mirar y haber si esta vez aparece.

BESTE-BARIK, BESTEIK-BARIK. Sin más. **K.** Enauen uste hau halako luzie izengozanik baña beno, pentzatzendot gaurkuatik larreitxo barriketa iñdoula ta nere aldetik, momentuz bentzek, ustedot gauzak nahiko garbi geratudiela, ba orduen eta besteik-barik banoie. **T.** No esperaba que esto fuese tan largo pero bueno, pienso que hemos hablado ya demasiado y por mi parte, al menos de momento, creo que las cosas han quedado bastante claras, pues entonces y sin más me voy.

BESTEBAT. Otro más, otra cosa más. **K.** Bai, badakitx librabat bakarrik eskatunotzula baña konturatunaz honekiñ exaxien ibilikogarela, momentu hortan enitzen gogoratu bi lagun geixau etorrikodiela afaltzen, eta eukitxenbozu bentzet lengo moduko bestebat bierkonauke. **T.** Si, ya sé que solo te pedí medio kilo pero me he dado cuenta de que no va a llegar para todos, en ese momento no me acordé de que van a venir otros dos más a cenar, y si es que tienes al menos necesitaría otro más igual que antes.

BESTE-BATZUK. Algunos otros. **K.** Ia nahiko nekatuta gara eta ustedot larreitxo lan be iñdoula, ba oñ, laister halbada, etortzeko beste-batzuk gure ordez, jarraitzeko asunto berdiñaz eta bixenbitxertien guk zertxobaitx deskantzau ingou. **T.** Nosotros ya estamos bastante cansados y creo que también hemos trabajado demasiado, pues ahora, pronto si puede ser, que vengan algunos otros a substituirnos, que prosigan con lo mismo y mientras tanto descansaremos un poco.

BESTEBEIÑ, BESTE-BEIÑ. Secedió en otra ocasión. **K.** Tipo horrek esateitxun kontu horreik eztie oinguek, bestebeiñ eta ez holako aspaldi, asunto berdiñe gertauzan eta orduen asarre haundibat euki ondoren, bieldu ingauen hemendik. **T.** Las cosas que está contando el tipo ese no son de ahora, también en otra ocasión de no hace tanto tiempo, sucedió lo mismo y entonces después de tener un enfado monumetal, le mandamos de aquí.

BESTE-HAINBESTE, BESTE-HORRENBESTE. Otro tanto. **K.** Atzo beste kuadrilla horri eruenauenaz oso gustora geratuzien eta esauztien aber bixer beste-hainbeste eruengonutzen, baña noski gauza berdiñe izenda. **T.** Con lo que les llevé ayer esa otra cuadrilla quedaron muy a gusto y me dijeron a ver si mañana les puedo llevar otro tanto, pero claro que siempre que sean iguales.

BESTEIK?, BESTERIK? ¿Alguna otra cosa?, ¿algo más? **K.** Hartudozunaz nahikue daukotzu, ero bierkozu besteik?, bier ezkero eta gurebozu hemen ondion badaukotzu geixau ta gañera bi tipokuek, baña oñ esanbikuztezu zeatik beste pertzonabat be horrein atzien dabill. **T.** ¿Con lo que has cogido tienes suficiente, o necesitarás alguna otra cosa?, si es que te hace falta y los quieres aquí todavía ya hay más y ademas de dos tipos, pero me lo tienes que decir ahora porque también hay otra persona que anda detrás de eso.

BESTEIK-EZ. Nada más, ya es suficiente. **K.** Ez ibili hainbeste alegintzen zeatik alperrik haizara, bakarrik honeik hartukoitxuk eta ezer besteik-ez, honeikiñ nahikue dauket eta eztot ezer geixau nai. **K.** No estés esforzándote tanto porque andas en balde y no voy a coger más que éstos, con esos ya tengo suficiente y no quiero nada más.

BESTEKUE. De la otra parte. **K.** Ataulfok beñ kontauzten nola bera bizizan etxe zarreko pixu aldamenien beste familixabat bizizan, eta euron izenakiñ deitxu-bierrien betik bestekuek esateutziela. **T.** Ataulfo una vez me contó que cómo en la casa vieja dónde vivía y frente a su piso vivía otra familia, y que ellos les el lugar de llamarles por su nombre siempre les citaban como bestekue, los de la otra parte.

BESTENBAT. Otra persona o personas. **K.** Egixetan esateutzut gu ezgarela izen, gañera errexa da jakitxie zeatik aldameneko herrixen geotzen pelota partidue jolasten, eta nabarmen dau bestenbat izengozala hori iñdauena. **T.** Te digo de verdad que no hemos sido nosotros, además es fácil de saber porque estábamos jugando un partido de pelota en el pueblo de al lado, y está claro que habrá sido algún otro el que ha hecho eso.

BESTERA. De otro modo, ir a otrio sitio. **K.** Ez ezan ezinleikela zeatik aldebatera ero bestera lan hori inbierra daukou, bukatu eta alegiñdu haldan onduen izten. Eta hasi aurretik ondo pentza aber nola inleiken. **T.** No digaís que no se puede porque de un modo u otro hay que hacer ese trabajo, terminarlo y esforzarse a que quede lo mejor posible. Y antes de empezar pensar bien a ver de que manera se puede hacer.

BESTETIK. De otro sitio, de otra parte. **K.** Hau da marka, eziñ iñun billatu, etorrigara beste denda hontara eta hemen be eztau gu billatzen haigarena, esauzku beste hor aldamenekuen be eztala eongo eta fateko aurreratxuau, baleikela han bestetik lortzie . **T.** Esto es de traca, no lo podemos encontrar en ningún sitio, hemos venido a esta otra tienda y tampoco tienen aquí lo que nosotros andamos buscando, nos ha dicho que en la de enfrente tampoco lo habrá y que vayamos más adelante, que quizá en aquel otro sitio ya lo conseguiremos.

BESTIATIK. Por el otro. **K.** Ni ondo eta nahiko soseguz natorren nere aldetik eta ezpazan bestiatik izen ezan gertauko istripu hau, kotxiek gelditxu ondoren esandust berie fan injakola frena ondoren, baña nik ustedot nahastu ingozala ero begixek itxi, eta ezkerrak eztala ezer grabetazunik gertau, bakarrik kotxien aberixak. **T.** Yo venía bien y a una velocidad prudente y si no hubiera sido por el otro no hubiera ocurrido el accidente, después de parar los coches me ha dicho que el suyo se le ha ido después de haber frenado, pero yo creo que se habrá despistado o se le han cerrado los ojos, y gracias a que no ha pasado nada grave, solo las averías de los coches.

BESTIE, BESTIEI. El otro, al otro. **K.** Neri hori etxat asko inportik eta zuk ezpozu nai etortzie nerekiñ fubolera bestiei esangutzet ta harek baleike gure izetie, gauza da bi sarrera dauketela eta pena izengozala bat alperrik galtzie. **T.** Eso a mí no me importa mucho y si tú no quieres venir conmigo al fúlbol se lo diré al otro y aquel a lo mejor el ya quiere venir, la cosa es que tengo dos entradas y sería pena tener que desperdiciar una de ellas.

BESTIE-BEZ. Eso tampoco, el otro tampoco. **K.** Zertan haizara?, nik eztot nai erakusteko ekarridozun hori eta han daukotzun bestie-bez, neri bakarrik emun atzo eskatutakue eta beste dan horreik alperrik ekarritxozu. **T.** ¿Que es lo que andas?, yo no quiero eso que has traído para enseñar ni tampoco el otro que tienes allá, a mí solamente me tienes que dar lo que te he pedí ayer y todas esas otras cosas las has traído en balde.

BESTIEK. Los otros. **K.** Egixe esanda enauken gogo haundirik baña hareik bestiek galdetuztie aber naidoten ikustie bixerko Errealan partidue Anoetan, etxuraz sobre daukie bi sarrera eta gurezkero nere aukeran dazela, ba hartu indutxut eta andrie ta bixok fangogara. **T.** La verdad dicha no tenía muchas ganas pero los otros me han preguntado a ver si mañana quería ver el partido de la Real an Anoeta, me han dicho que les sobra dos entradas y que si quiero están a mi disposición, pues las he cogido e iré con la mujer.

BESTIEKIÑ. Con el otro. **K.** Zuiek inzekie gurozuena baña nik horrekiñ eztot nai alkartzeik mendira fateko, eta honekiñ eztot gure esateik mutil taxarra danik, bakarrik gertatzejako eztala ixiltzen bere barriketaz eta asko nekatzendala horreik entzuten, orduen zuiek aurreratu eta ni bestiekiñ fangonaz atzetik. **T.** Vosotros podeís hacer lo que queraís pero yo no quiero ir junto con ese al monte, con esto no quiere decir que se a un mal chico, solo le pasa que es un charlatán, no para de hablar y uno se agota escuchándole, entonces vosotros adelantaros y yo ya iré por detrás con el otro.

BESTIEN. En otro lugar o sitio. **K.** Zuk gelditxu gurebozu, nik telebista txiki hontatik eztot bape ondo ikusten partidue eta bestaldera noie, jente askotxo eongoda eta akaso zutik eonbikot baña han bestien, haundi hartan, askoz hobeto ikusikot. **T.** Tú quédate si quieres, yo no veo nada bien el partido en esta pequeña televisión y me voy al otro sitio, habrá bastante gente y a lo mejor voy a tener que estar de pié, pero en aquella otra grande lo lo veré mucho mejor.

Aspaldiko esaerabat: Bestien erruek ikusteko eztau betaurrekoik bierrik.

Un antiguo proverbio en euskera dice que para ver los errores de los demás no hacen falta gafas.

BESTIENA, (K). Del otro, de los otros. **K.** Hemen dauen hori ezta zuena eta baezpare ez ikutu zeatik eztakigu zeñena izengodan, lenau beste batzuk be eondie hemen eta baleike hareina izetie ero beztela oñ alde iñdauen bestienak. **T.** Esto que está aquí no es nuestro y por si acaso no tocarlo porque no sabemos de quién será, antes también han estado otros aquí y puede que sean de aquellos o sino de esos otros que acaban de marchar.

BESTIENDAKO, BESTIENTZAKO. Para los otros. **K.** Laister asaldukodie eta arbolan geratzendien sagar horreik bestientzako itxikoitxu, guk betedou otarra eta momentuz bentzet nahikue daukou, eta bueltaukogara berriz datorren astien. **T.** Pronto aparecerán y las manzanas que quedan en los árboles las dejaremos para aquellos otros, nosotros ya hemos llenado el cesto y al menos de momento tenemos suficiente, y ya volveremos de nuevo la próxima semana.

BESUE. El brazo. **K.** Aspaldiko esaerabat dau esatendauna eztala ona izeten konfiantza larrei emutie iñori, zeatik gertauleike eskue emun eta besue hartu. **T.** Hay un viejo dicho que habla de que no es bueno dar mucha confianza a nadie, porque puede pasar que les des la mano y te cojan el brazo.

BESUETAKUE. Ahijado.

(Mirar la definición de besokue).

BESUTZIK. Remangado. **K.** Oso aspaldi aldameneko herrixen bizizan gizonbat, gallegue bera, urte guztein besutzik ibiltxezana. Naiz da eurixe iñ, hotza, edurra ero izoztu, hari berdiñ emuteutzen, xelebre esateutzien baña gizon ona zan, eta gañera Xelebre izen horrekiñ geratuzan. **T.** Hace mucho tiempo en el pueblo de al lado vivía un hombre, gallego él, que todo el año andaba con la camisa remangada., aunque hiciese frío, llueva, estaría nevando o helase, a él le daba igual, le llamaban raro, en euskera xelebre, pero era un buen hombre, y además se quedó con el nombre de Xelebre.

BETAGARRI. Demasiado caliente, que tiene mucha brasa. **K.** Itxoiñ apurbat eta momentuz ezizu zartu egur geixau ekonomikara, oñ sigero betagarri dau eta bero larreitxo itxendau sukaldien, hainbeste ze alpalditxo nau izerditxen. **T.** Espera un poco y de momento no metas más leña a la económica, ahora tiene mucha brasa y hace demasiado calor en la cocina, tanta que hace tiempo que estoy sudando.

BETARTIE, BEGI-TARTIE. El entrecejo. **K.** Zure lagunei nabarmen igertzejako asarre dauela zeatik larreiko ximurra dauko betartie, eta nik bentzet eztot ikusi zerbaitx gertaujakonik, zuk badaukitzu zeatik izenleiken? **T.** A tu amigo se le nota muy bien que está enfadado porque tiene el entrecejo demasiado arrugado, y yo por lo menos no he visto que le haya podido pasar algo, ¿tu ya tienes alguna idea de porqué puede ser?

BETAZALA. Párpado. **K.** Mendiko jetxieran eztot ikusi aurrien nauken arramie eta urretu txikibat iñdot betazalien, odol pixkat urtendau eta tiritabat jarri-bierra izendot, eta oñ gertatzejat lotza pixkat emuteuztela kalera urtetzie horrekiñ. **T.** Al bajar del monte no he visto una ramita que tenía delante y me he hecho un pequeño arañazo en el párpado, ha salido un poquito de sangre y he tenido que ponerme una tirita, y ahora me pasa que me da un poco de vergüenza salir con eso a la calle.

BETAURREKUEK. Las gafas.

(Ver la definición de antiojuek).

BETE. Llenar. **K.** Ez astu eta ondo bete ardau-botie zeatik lagun asko goiez mendira eta gañera, batzuk ondo dakitzue, nola datorren bat larreiko zalie dan. **T.** No os olvideís de llenar bien la bota de vino porque vamos muchos al monte y encima, algunos lo sabeís bien, que uno de los que viene es demasiado aficionado.

BETEBETIEN, BETE-BETIEN. De lleno. **K.** Gaur goixien esauztie atzo burruka haundibat eonzala malekoien bi kuadrilla hartien, eta nola bati sekulako ikubillkarie betebetien emuntzien mutur erdixen, etxuraz agotik odol asko botatzen hasi omenzan eta anbulantzia etorrri-bierra izenauen. **T.** Esta mañana me han dicho que ayer hubo una gran pelea entre dos cuadrillas en el malecón, y cómo a uno le pegaron un puñetazo impresionante, que le dieron de lleno en la boca, parece que debió de empezar a echar mucha sangre y que tuvo que venir la ambulancia.

BETEKARIE. Sensacón de llenazo, gereralmente por haber comido demasiado. Empacho. **K.** Hau da dauketen betekarie, babarrun jana eukidou sakramento batzukiñ, ondoren gazta eta oñ nahiko gaizki dauket tripa, aber laister puzkar batzuk botateitxuten eta zertxobaitx lasaitu. **T.** Vaya llenazo que tengo, hemos tenido comida de alubias con algunos sacramentos, luego queso y ahora tengo bastante mal la tripa, a ver si que empiezo cuanto antes a echar unos cuantos pedos y me tranquilizo un poco.

BETELANA, BETE-LANA. Trabajos de relleno. **K.** Hiru egun pasa ta gero bukatuitxu zulo hortako betelanak eta auskalo zenbat lur kamioi sartukotezien, prixako lana zan, jente gutxi geotzen eta iñok etitxu kontau baña apostaukonauke berrogeitik gora izendiela. **T.** Después de tres días ya hemos terminado los trabajos de llenado del agujero y cualquiera sabe cuántos camiones de tierra habrán entrado, era un trabajo que corría mucha prisa, estábamos poca gente y nadie los ha contado pero ya apostaría que han sido más de cuarenta.

BETENAIXUE. Veterinario.

(Mirar la definición de abaitari).

BETETA, BETIE. Que está lleno. **K.** Itxizue beingoz itxurri horri, alperrik haizare botaten ur geixau zeatik ondo beteta daukotzue bidoi hori, akaso eztozue ikusten gañezka ta daixola haidala, ero? **T.** Cerrar de una vez el grifo ese, es inútil que echeís más porque ese bidón ya lo teneís bien lleno, ¿acaso es que no veís que está rebosando, o qué?

Aspaldiko esaerabat: Alperrak betik lanakiñ beteta.

Un viejo proverbio vasco dice que los vagos siempre están llenos de trabajo.

BETI, BETIK. Siempre. **T.** Beno, betik be eztot esaten baña sarritxuau etortzen- bazara bixita txikibat itxera amandria oso posik jarrikoda, badakitzu ze gustota eotendan zuri ikustezauenien. **T.** Bueno, tampoco digo que siempre pero si vienes un poco más a menudo a hacer una pequeña visita la abuela se pondrá muy contenta, ya sabes que a gusto suele estar cuando te vé.

BETIBAT, BETI-BAT. Siempre uno, igual y con lo mismo. **T.** Emutendau zuk eztaukotzula asmoik aldatzeko eta sigero gustora haizarela itxendozunaz, buruen daukotzun hori beti-bat izetenda ta oitura berdiñakiñ jarraitzendozu, bazkaldu axkar, gero kafe konpletue tabernan, kartaka berandu harte ta ondoren txikiteatzera. **T.** Parece que tú no tienes ninguna intención de cambiar y que estás a gusto con lo que haces, lo que tienes en la cabeza es siempre igual y continúas con las mismas costumbres, comer rápido, luego café completo en el bar, jugar a las cartas hasta tarde y después a chiquitear.

BETIBE, BETI-BE. De vez en cuando. **K.** Sarri esandotzuk betibe kasu itxeko, gutxienetik esagunai euron aldamenetik pasatzezarenien zeatik estot uste asko kostatzendanik kaixo besteik ezpada esatie. **T.** Te he dicho bastantes veces que de vez en cuando hagas caso, al menos a los conocidos cuando pases por su lado porque no creo que cueste mucho decir aunque solo sea un simple hola.

BETIBETIKO, BETI-BETIKO. Para siempre. **K.** Eufroniok esatendau nola bera oso txikitatik Errealan zale hundixe izendan eta bere ustez, naiz da batzuetan nahiko ero asko asarretu, beti-betiko jarraitxukodauela modu berdiñien. **T.** Eufronio suele decir que él desde muy pequeñito ha sido un gran aficionado de la Real y que cree, a pesar de que algunas veces se enfada bastante o mucho, que seguirá del mismo modo para siempre.

BETIGORA, BETI-GORA. De abajo arriba. **K.** Nere andriei mendixe gustatzejako baña halaere sarri esatendau gauzabat larreiko txarra daukela, beti-gorako aldapa horreik, eta honeik ez euki-ezkero akaso geixautan be fangozala. Nik entzuten ta ixilik, oñ, baña etxatzue iruitzen nahiko xelebrie dala esatendauen hori, nun ikusida ba aldapaik eztauken mendirik? **T.** A mi mujer ya le gusta el monte pero aún así a menudo dice que tiene una cosa demasiado mala, esas cuestas de abajo hasta arrriba y que si no tuviese eso que quizá iría más veces. Yo oir y callar, ¿pero no os parece que es un poco raro eso que dice, dónde se ha visto pues un monte que no tenga cuestas?

BETIK. De abajo o por abajo. **K.** Labadora honek pixu dexentie dauko eta obatuiozue ondo betik zeatik jausten baldinbada badakitue zer daukoun, aurrena sekulako errietak eta gero bestebat ekartzera fan-bierra. **T.** Esta lavadora tiene bastante peso y agarrarla bien de abajo porque si se cae ya sabéis lo que tenemos, primero una gran broca y luego tener que ir a por otra.

BETIK. Siempre. **K.** Nik ustedot nahikue dala, betik berdiñe eta emutendau eztaukotzula beste gauzaik jartzeko bazkairako, gaur be angulak, ba ni ia nahiko naskatuta nau eta aldatzeko asmoik ezpadau, bixertik aurrera tabernara fangonaz bazkaltzera. **T.** Yo creo que ya es suficiente, siempre los mismo y parece que no tienes ninguna otra cosa para preparar en la comida, hoy tambien angulas, pues yo ya estoy bastante asqueado y si no hay intención de cambiar, a partir de mañana iré a comer a la taberna.

Aspaldiko esaerabat: Betik onien nahidauena, askotan gaizki.

Un viejo proverbio en euskera dice que aquel que siempre quiere estar bien, muchas veces le tocará estar mal.

BETIKO, BETIRAKO. Para siempre. **K.** Ez hartu penaik bota-bierra dauelako, badakitx oso estima haundixen daukotzula baña gauzak eztie betiko izeten, kasu hontan bezela, denporiaz ondatu iñleike, baleike apurtzie, ero akaso galdu eta abar. **T.** No tengas pena porque lo tengas que tirar, ya sé que lo tenías en mucha estima pero las cosas no son para siempre, cómo en este caso, con el tiempo se pueden estropear, también romper o quizá se pierdan, etc…

BETIKUE. Lo de siempre. **K.** Nik ustedot taberna hontan noixbaitxen aldatu inbikolaukiela bazkaltzeko menue, gaur be berdiñ eta betikue daukie, garbantzuek asakiñ ta hala jarraitzenbadaue laister belarritxik urtenguztie. **T.** Yo pienso que en esta taberna alguna vez tendrían que cambiar el menú de la comida, hoy también tienen lo mismo de siempre, garbanzos con berza y como continúen así pronto me saldrán por las orejas.

BETIRARTE, BETI-HARTE. Palabra que se utiliza como despedida y que significa hasta siempre. **K.** Guk, kuadrillan bidaibat itxendou urtien beñ, akaso birritxen, hortik zier egun parebat pasatzeko asmuekiñ, ta aurtengue be oso ondo prestautakue izenda, gauza asko ikusitxu, giro ederra eukidou eta inportantzi haundikue, jan da eran be nahiko ta ugeri xamar iñdou, zertxobaitx geixau bigarrena. Eta bukaeran merezita hauen esasutie ondo ibiligarela, jarraitzeko horrela eta despeditu betirarte esanaz. **T.** Nosotros en la cuadrilla hacemos uno o dos viajes anuales de un par de días para ir por ahí, y el de este año también ha estado muy bien planificado, hemos visto muchas cosas, ha hecho un tiempo espléndido y muy importante, hemos comido y bebido bíen y suficiente, algo más lo segundo. Al término del viaje era merecido el decir que lo habíamos pasado bien y despedirnos con un hasta siempre.

BETIZU. Ganado vacuno de raza vasca. **K.** Fraixkok lendik hauken bere baserrixen lau bei betizu errazakuek eta oñ beste lau eta irixkobat ekarritxu, berak ikusibikodau baña nik ustedot larreitxo lan hartzen haidala, gañera kontuen hartuta ortu haundibat daukela eta gañetik bakarrik bizi. **T.** De antes Francisco tenía en su caserío cuatro vacas de la raza betizu y ahora ha traído otras cuatro y un buey, él tendrá que ver pero yo creo que está cogiendo demasiado trabajo, además teniendo en cuenta de que tiene una gran huerta y encima vive solo.

BETONDUE. Entorno de los ojos. **K.** Mutill horri nabarmen igertzejako gaupasa iñde dauela eta akaso baitxe zerbaitx geixau be, zeatik ikusi besteik eztau dauken betondue, bixek erdi itxitxe eta sigero belunak **T.** A ese chico se le nota muy bien ha estado de gau-pasa (noche de juerga) y quizá también algo más, porque no hay más que verle el entorno de los ojos, los dos los tiene medio cerrados y completamente amoratados.

BETULA (K). Pestañas. **K.** Lengo egunien nahiko xelebrie zan albistebat irakurrinauen periodikon, jartzeauen nola munduko betula luzienak neska txinarbatek dauken, ogei zentimetro neurtzen omendaue. **T.** El otro día leí una noticia bastante curiosa en el periódico, y ponía que las pestañas más largas del mundo las tenía una chica china, debían de medir veinte centímetros.

BETUNE. Crema para el calzado, también betún. **K.** Nere amak betik esateuztzen zapatak garbixekin urten-bierra zala kalera era bera izetezan garbitzaile, beran iruitzez ni arrastuik be enauken nola itxezien lan horreik, modu onien bentzet, aurrena zapatak horrein autzak kentzeutzen, gero ugeri betun emun, hau sikatzezanien eta lustratzeko ondo igurtzi trapuaz. **T.** Mi madre siempre decía que había que salir a a calle con los zapatos limpios y era ella la que me los limpiaba, según ella yo no tenía ni idea de cómo se hacía esos trabajos, al menos en condiciones, primero les quitaba el polvo, luego aplicaba abundante betún, después cuando esta se secaba y quedasen lustrosos frotaba muy bien los zapatos con un trapo.

BEXPERA. Víspera, el día anterior. **K.** Andramari Amabirjiñan egun bexpera izetenda jaixek hastendan eguna Zarautzen, eta baitxe beste hainbat tokitxen, eta esan-baterako Azkoitxin eta Atxabaltan be. **T.** La víspera de Andramari, día de la Virgen, es cuando empiezan las fiestas en Zarautz y también en muchos otros sitios, por ejemplo en Azkoitia y también en Aretxabaleta.

BEXPERAK. Vísperas, en realidad no sé si se llaman así o de otra forma, pero nosotros citábamos con ese nombre a unos oficios religiosos que se hacían a la tarde. **K.** Ze denpora lengo hareik, ezauen iñungo moduik Elixako kontu horreitatik urtetzeko, gutxi bazan domeketako mesa, konfesau, komulgau, katezizmok eta beste hainbat gauza, hau be, bexperak, ixe derrigorra izetezan horra be fatie eta eztakitx nola gure herrixen, Atxabalta, ezan Santu bakarrik urten. **T.** Que tiempos aquellos, no había forma alguna de salir de los asuntos de la Iglesia, si era poco la misa de los domingos , confesar, comulgar, catecismos y otras cuantas cosas más, también era casi obligatorio el acudir a las vísperas, y no sé cómo en nuestro pueblo, Aretxabaleta, no salió ningún Santo.

BEXPERAN. En la víspera. **K.** Aber ze iruitzejatzuen hau, Santio egun bertan fan-bierrien Gazteizara, ba bexperan fan eta hala ikusi ze giro dauen atzalde ta gauien hango alde-zarrien. **T.** A ver que os parece esto, en lugar de ir a Vitoria el mismo día de Santiago, pues ir la víspera y así ver que ambiente hay a la tarde y por la noche en la parte vieja.

BEZ, BEZTA. Tampoco. **K.** Zuk zer?, emutendau etxatzula hemen dauen ezer gustatzen, hau eztot nai, hori bez eta beste hori bezta, ba zurekiñ ezta errexa asmatzeik, eta ze gurozu esatie, ekartzeko beste zerreozer?, ba zuk esanbikotzazu zer zeatik nik arrastuik be eztauket. **T.** ¿Tú que?, parece que no te gusta nada de lo que hay aquí, esto no quiero, eso tampoco y eso otro menos, pues contigo no se puede adivinar, ¿y qué quieres que le diga, que traiga alguna otra cosa?, pues se lo tendrás que decir tú porque yo no tengo ni idea.

BEZAIÑ. Tanto como … **K.** Ni ziur nau nere lengusue badala zu bezaiñ korrikan eta naibozu apostabat ingou zeiñ axkarrau etorri Zumaitik Zarautzera, nai izetenbozu bestaldera ero beztela hara fan eta bueltau. **T.** Yo estoy seguro de que mi primo es tanto como tú corriendo y si quieres hacemos una apuesta a ver quien llega antes de Zumaia a Zarautz, si lo prefieres al revés o sino ir allá y volver.

BEZELA. Igual, así. **K.** Zu eta betiko bezela tontokeixat itxen, jakinleike ze itxendozun umien kolunpixotan?, eztakitx noix asentaukozun txoriburu hori, ba nik ustedot ixe larogei urte daukotzun horreikiñ ia ordue dala. **T.** Tú y al igual que siempre haciendo tonterías, ¿se puede saber que estás haciendo en los columpios de los críos?, no sé cuando vas a asentar esa cabeza de chorlito, pues yo pienso que con casi esos ochenta años que tienes ya va siendo hora.

BEZELAKUE, BEZELAKOTXIE. Cómo eso mismo. **K.** Atzo denda hortan erosinauen alkatxofa horreikiñ oso gustora bazkaldugauen etxien, ba bixer eotenbazien horreiñ bezelakuek guztora hartukonauke berriz. **K.** Con las alcachofas que compré ayer en esa tienda comimos muy a gusto en casa, pues si mañana hubiese como esos mismos de nuevo los cogería a gusto.

BEZELAXE. Lo mismo, igualmente. **K.** Eztakitx zergaixtik itxendozun hori baña gauzabat esangotzut, nik horreiñ lan berdiñe itxen hainaz eta eztot uste ezer gutxiau ezertan nazenik, ba orduen garbi geratzenda, eta harei emuteutzazun bezelaxe naidot kobratzie. **T.** No sé porqué haces esto pero te voy a decir una cosa, yo estoy haciendo el mismo trabajo que esos y no creo que sea menos en nada, pues entonces queda claro, y quiero cobrar lo mismo que les das a ellos.

BEZEROA. Cliente. **K.** Nik betik esan izendot gauza haundixe izetendala ondo tratatzie bezeruei, eta gero guk bezero bezela bebai pillabat ezkertzendou gauza horreik. **T.** Yo siempre he dicho que es una cosa muy grande el tratar bien a la clientela, y luego nosotros cómo clientes también agradecemos mucho esas cosas.

BEZTELA. De otro modo, o sino. **K.** Gaur ta derrigorrez txintxo ibili-bierra daukotzu zeatik bixitan datoz kanpuen bizidien lengosu hareik, ba orduen jakiñien jarrikozaut, kosta ingoda baña eon okerrik inbarik ero beztela badakitzu zer dauen, zigorra. **T.** Hoy la fuerza tienes que portarte bien y formal porque vienen a vistarnos aquellos primos que viven fuera, pues entonces te pondré al tanto, te va ha costar pero tienes que estar sin hacer travesuras y sino ya sabes lo que hay, castigo al canto.

BIOK, BIXOK. Los dos. **K.** Ezpajatzu inportik baezpare naio izengonauke bixok alkarreaz fatie hori eskatzera, neri eztust asko esauketan eta bakarrik fatenbanaz akaso eztau gureko emuteik, eta zurekiñ berriz badakitx baietza izengodala. **T.** Si no te importa y por si acaso preferiría que fuésemos los dos juntos a a pedir eso, a mí no me conoce mucho y si es que voy solo a lo mejor no me lo quiere dar, y en cambio contigo ya sé que dirá que sí.

BIAJANTIE. Viajante. Antes se llamaba así, ahora creo que no, a los comerciales que ofrecían artículos o cosas en las tiendas y también en las empresas. **K.** Garai baten biajantiek kategori apurbat be bahaukien, geixenak dotore jantzitxe ibiltxezien eta danak kotxiekiñ, garai hartan oso gutxi eozen, berba errexa haukien eta jeneralki nahiko alaiak, eta noski hala izenbikozien saltzie nai-ezkero. **T.** En un tiempo los viajantes tenían un poco de categoría, la mayoría andaban bien vestidos y todos con coche, en aquellos tiempos había muy pocos, eran de palabra fácil y generalmente bastante risueños, y claro que tendrían que ser así si querían vender.

BIAR. Mañana. **K.** Ezpajatzu inportik biar lagundubikotzut tomate horrelk landatzen, gaur eziñdot zeatik oso lanpetuta nabill eta derrigorrez beste gauza batzuk dauket inbierrekuek. **T.** Si no te importa mañana te tendré que ayudar a plantar esos tomates, hoy no voy a poder porque estoy muy atareado y tengo otras cosas que necesariamente tengo que hacer.

BIATIKUEK. La extremaución. Consistía en que acompañado del tañido de las campanas, con el sonido propio de la situación, el sacerdote salía de la Iglesia acompañado de su acólito y con toda la parafernalia acudía a la casa del moribundo a ofrecerle la extremaución (últimos auxilios espirituales). **K.** Kanpaiek joten hasidie eta horren joera guredau esan ze bateonbat biatikuek bierrien dauela, laister urtengodau abariek Elixatik bere monagilluekiñ hillien dauenai bixitatzera. Honeik aspaldiko istorixak zien eta nik esatuitxut. **T.** Ya han empezado a tocar las campanas y el sonido quiere decir que alguna persona está necesitada de la extremaución, pronto saldrá el sacerdote de la Iglesia con su monaguillo para visitar a la persona que está a punto de morir. Estas son historias de hace mucho tiempo y yo ya las he conocido.

BIBEROIE. Biberón. **K.** Batzuetan entzun izendot badazela halakuek eta hauxe be halakotxie da ba, benetako ume xelebrie, ixe bost urte dauko, bere aman titixe bakarrik naidau eta eztau iñola gure izeten biberoie. **T.** Algunas veces ya tengo oído que ya hay criaturas así y de verdad que ésta también lo es, en verdad rara, tiene casi cinco años, solo quiere la teta de su madre y el biberón no lo quiere de ninguna de las maneras.

BIBIDER, BI-BiDER. Dos veces. **K.** Zuri bi-bider esanbijatzu gauzak eta askotan ezta nahikue izeten, aurrenekuen sekula eztozu kasuik itxen eta bigarrenien larreiko zalantzak eukitxeitxut aber ulertudozun hala ez. **T.** A tí hay que decirte las cosas dos veces y a veces no suele ser suficiente, a la primera nunca haces caso y a la segunda suelo tener muchas dudas a ver si lo has entendido o no.

BIBIÑA, BI-BIÑA. Dos a dos, en pareja. **K.** Ba bai, garai honetan izetenda hastendala bibiñako esku-pelota txapelketa eta noski, garbi dau ze ikusi inbikouka betiko bezela.**T.** Pues sí, ahora es el tiempo en el que suele empezar el campeonato de pelota por parejas y por supuesto, está claro que al igual que siempre habrá que verlo.

BIBOLIÑE. El violín. **K.** Basiliok esatendau eztakixela zer iñ, etxuraz bere alaba txikiñek, Pilitxok, biboliñe joten ikestie guredau eta komestatzendau hori estudiatzeko Donostiko musika konserbatorio eskolara fan-bierra omendala, eta hor dau zalantzaz betie. **T.** Basilio dice que su hija pequeña, Pilicho, quiere aprender a tocar el violín y comenta que para estudiar eso debería de ir a la escuela del conservatorio de música de San Sebastián, y ahí está lleno de dudas.

BIBOTEDUNA. La persona que tiene bigote. **K.** Entzunde dauket pertzona bibotedunak errespeto geixau emutendauela eta bebai beste gauzabat neretzako inportantzi askokue, aukera haundixe dauela ondo konpontzeko neskakiñ. Eta egixe baldinbada?, ba naiz eta bigarrena bakarrik izenda ni konforme izengonitzake iztiaz. **T.** Tengo oído que las personas con bigote infunden más respeto y también otra cosa que para mí tiene una gran importancia, que hay muchas oportunidades de poder arreglarse mejor con las chicas. ¿Y si es verdad?, pues aunque solo fuese así lo segundo yo estaría conforme con dejármelo.

BIBOTIE. El bigote. **K.** Nere bibotie oso aspaldikue da, soldautzan itxinauen, urte batzuk badie hori gertauzala eta ondion hor lengo tokixen jarraitzendau. Lizentzia hartu ondoren etorri herrira eta orduen ni nitzen bakarra hori naukena, eta gogoratzenaz nola erraru xamar beiketauztien, baña garai hartan etxaten bape inportik gauza horreik. **T.** Mi bigote es de hace mucho tiempo, me lo deje en la mili, de eso ya hace unos cuantos años y ahí en el mismo sitio continúa todavía. Cuando me licencié y vine al pueblo era el único que lo tenía y me acuerdo que la gente me miraba un poco raro, pero entonces esas cosas no me importaban nada en absoluto.

BIDAIA. Viaje. **K.** Gaztie izen-banitzen akaso gustora ingonauen Kostarrikako bidai hori zeatik entzuende dauket sekulako politxe omendala, baña oñ ezta pentzatuere, larreiko urruti dau eta ordu asko die abioien, bai haruzkuen eta gero beste-hainbeste bueltatzeko. **T.** Si sería joven quizá haría a gusto el viaje ese a Costa Rica porque tengo oído que debe de ser muy bonito, pero ahora ni pensar, está demasiado lejos y son muchas horas de avión, tanto para ir como luego otro tanto para volver.

BIDALI, BIELDU. Enviar. **K.** Santio birie bizikletan iñauenien La Plata izena dauken aldetik, aurrena bizikleta bieldu inbierra izenauen Sevillara ajentzia bidez, ni autobusien fanitzen gau guztie birien iñde eta ixe batera allegaugiñen. **T.** Cuándo hice el camino de Santiago en bicicleta por la ruta con el nombre de La Plata, primero tuve que enviar la bicicleta a Sevilla por medio de una agencia, yo viajé toda la noche en autobús y casi llegamos a la vez.

BIDAU, BIERDAU. K. Oñ be zerbaitx bierdau ba tipo horrek, atzetik dator eta laister etorrikoda gureana zerreozer eskatzera, egunero dabill berdiñ eta betik ezkien, zigarrobat dala ero bestie dala, kustiñue da ez gaztatzie. **T.** Ahora también el tipo ese ya quiere algo pues, viene por detrás y pronto vendrá donde nosotros a pedirnos algo, todos los días anda igual y siempre pidiendo, que si un cigarro, que si otra cosa, la cuestión es no gastar.

BIDE. Camino. **K.** Emutendau zerbaitx billatzen haizariela, akaso frontoie?, bai, hori da?, ba oso errex daukotzue, hara gurebozue fatie segi zuzen beraka hor aldamenien dauen bide hori eta segitxuen allegaukozare. **T.** Parece que estaís buscando algo, ¿el frontón acaso?, ¿sí, es eso?, pues lo tenéis muy fácil, si queréis ir allá seguir derechos para abajo por ese camino que está ahí al lado y llegareís enseguida.

BIDER. Signo aritmético que signiifica por. **K.** Zerbaitx jartzeatik. Ba esan-baterako hamar bider zazpi, hirurogetamar izengodie. **T.** Por poner algo. Pues por ejemplo diez por siete, serán setenta.

BIDERATU, BIRERATU. Ponerse en camino, en ruta. **K.** Benga mutillak, mobitxu-zaiteze, asko lañotzen haida eta baezpare bideratu inbikou haldan axkarren eurixe hasi aurretik. **T.** Venga chicos, moveros, se está nublando mucho y por si acaso tendremos que ponernos cuánto antes en camino antes de que empiece a llover.

BIDERDIXE, BIDE-ERDIXE. En mitad de camino. **K.** Etxuraz mutil horrek geixau eziñdau, esatendau larreiko nekauta dauela, naio dauela biderdixen geratzie eta gero alkartu berutza etortzegarenien, berak bixenbitxertien deskantzatzen geratukodala zeatik horren bier haundixe daukelako. **T.** Parece que ese chico ya no puede más, dice que está demasiado fatigado, que prefiere quedarse aquí en mitad del camino y que luego ya nos reuniremos cuando vengamos para abajo, que él mientras tanto se quedará a descansar porque que tiene mucha necesidad de ello.

BIDERRA. Turno, chanda, vez. **K.** Baezpare esatendotzuek zeatik akaso eztozue jakingo, Identidadeko txartela atara ero errenobatzeko, eta berdiñ pasaportie, derrigorra da biderra eskatzie telefonoz ero internet bidez. **T.** Os lo digo por si acaso porque a lo mejor no lo sabeís, para sacar o renovar el carnet de identidad, y lo mismo el pasaporte, es necesario pedir la vez por teléfono o mediante internet.

BIDETXURRA. Sendero del monte en no muy buenas condiciones. **T**. Bai, badakitx nahiko bidetxurra dala baña nik ustedot hemendik komenijakula fatie, halaere zuek ikuskozue, oñ kontuen hartu gauzabat, bestaldetik larreiko luzie izengodala. **T**. Sí, ya sé que no está en muy buenas condiciones pero yo creo que nos conviene ir por aquí, aún así vosotros veréis, ahora que tener en cuenta una cosa, que por la otra parte será demasiado largo.

BIDEZ. Por mediación, mediante. **K**. Neri eztaukotzue zeatik ezkertu inbierrik, nik eztot ezetxorik iñ eta ezkertu Dionisioi zeatik bere bidez lortudou sarrerak partidu hontarako. **T**. A mí no me tenéis porque dar las gracias, yo no he hecho absolutamente nada y dárselas a Dionisio porque las entradas las hemos conseguido por mediación de él.

BIEITXUT, BIERTXUT. Quiero, necesito. **K**. Ze haizarete?, itxi horrek pakien zeatik danak bieitxut eta ez sikera pentzau zakarrera botatzeik, zerbaitzuk traban badaukotzue laga momentuz hor baztertxuen eta denpora dauketenien kendukoitxut. **T**. ¿Qué andáis?, dejar esas cosas en paz porque las necesito todas y ni siquiera se os ocurra echarlas a la basura, si hay algo que os esté estorbando dejarla de momento ahí en un rincón y cuando tenga tiempo ya lo quitaré.

BIEKO. Que remedio. **K**. Bieko iñ andriek esatendauena eta ezizue barreik iñ zeatik zuei be berdiñ ibili ero ibilikozare ta, eta asunto hontan neri be horixe bera gertatzejat, ez iñezkero gero erozeñek aguantatzendau haren errietak. **T**. Que remedio que hacer lo que dice la mujer y no os riáis porque vosotros también andáis o andaréis igual, y a mí en este asunto eso mismo es lo que me pasa, que si no lo haces luego cualquiera aguanta sus riñas.

BIELDU. Expulsar o mandar a alguien. **K**. Bieldu iñizlozue beste toki-batera ta haldan axkarren langille horrei, hemen larreiko jente gara eta momentuz eztaukou ezertarako horrein bierrik, alperrik daz eta gañera nahiko traban. **T**. Mandar a esos trabajadores lo más rápidamente posible a algún otro sitio, aquí ya estamos demasiada gente y de momento no tenemos ninguna necesidad de ellos, están en balde y además estorbando bastante.

BIELDU. Mandar, ordenar. **K**. Danok entzundozue nagusixek bieldu iñdauena, badakitx iruitzejatzuela erraru xamarra dala baña hau, beste zerbaitzuk bezela inbierra daukou, ixilik eta komentaixo asko-barik. **T**. Ya habéis oido todos lo que ha ordenado el jefe, ya sé que os parece que es un poco raro pero esto, igual que otras cosas hay que hacerlas, en silencio y sin demasiados comentarios.

BIELEKUE. Problema, preocupación. **K**. Gaurko eguna ezinleike esan bape zorionekue danik, lengue nahikue ezpazan oñ gañetik beste bieleku berribat eta auskalo hau nolakue izengodan, beno, gauza da batzuk derrigorrez fanbierra daukoula Donostira gertaudan aberixa konpontzera. **T**. No se puede decir que el día de hoy sea de mucha suerte, si lo de antes no era suficiente ahora encima un nuevo problema añadido y cualquiera sabe cómo será este, bueno, la cosa es que algunos tenemos que ir necesariamente a San Sebastián a solucionar la avería que ha surgido.

BIELEKUE. Trabajo que requiere esfuerzo, dedicación. **K**. Hartudoun lan berri honek emutendau bieleku haundikue dala eta alegiñdu-bierra dauela, ba nola eztauen besteik sallatu inbikou eta aber danon hartien lortzie izetendoun. **T**. Este nuevo trabajo que hemos cogido parece que es bastante problemático y que nos tendremos que esforzar, pues cómo no hay otra, habrá que ponerle empeño y a ver si entre todos lo podemos conseguir.

BIENAUEN, BINAUEN. Ya quería. **K**. Bai, noski ia zerbaitzuk hartuxdotela baña hor dazen beste horreik be binauen, baña eztakitx lortzie izengoten zeatik gertatzenda berandu ikusitxutela eta oñ beste-batzuk be badie nere aurretik. **T**. Si, claro que ya he cogido unas cuantas cosas pero también quería esas otras que están ahí, pero no sé si podré conseguirlos porque ha pasado que los he visto tarde y ahora hay otros delante de mí.

BIENTZAT, BIXONTZAT, BIXONDAKO. Para los dos. **K**. Eh!, gelditxuai zeatik horreik eztitxuk hiretako bakarrik, hik daukek muturra, hartudoken hori bixondako emunjuzkuk eta itxoiñ inbikot apurbat bestiek etorri eta errepartitzen hasi hartien. **T**. ¡Eh!, párate porque esas cosas no son solo para tí, vaya morro que tienes, eso que haa cogido nos lo han dado para los dos y espera un poco hasta que vengan los demás y empecemos a repartir.

BIER. Querer. **K**. Bai noski baietz, bier bai baña gertatzenda momentuz eziñdotela erosi larreiko karestixek dazelako, gauza da etxoiñ inbikotela diru apurbat aurreratu hartien eta aber urte batzuk barru lortzeitxuten. Eziñdotena ulertu da nola angulak daukien haibeste balixo. **T**. Sí claro que sí, querer ya las quiero pero de momento no las puedo comprar porque están demasiado caras, la cosa es que tendré que esperar un poco hasta poder ahorrar algo de dinero y a ver si dentro de unos pocos años las puedo conseguir. Lo que no logro entender es cómo las angulas pueden valer tanto.

BIERBADA, BIER-BADA. Por si hace falta. **K**. Esauztie hasizariela baserriko fatxada paretak konpontzen, ba ni pres nau eta laguntasuna bierbada kasu iñ. **T**. Ya me han dicho que habéis empezado a arreglar las paredes de la fachada del caserío, pues yo estoy dispuesto y por si hace falta ayuda avisarme.

BIERDA, BIERDIE. Que hace falta. **K**. Ekarri hona harri horreik zeatik hor dazen tokixen eztau horrein faltaik, nahiko alperrik daz eta hemen bierdie zulo honeik tapatzeko. **T**. Traer esas piedras aquí porque ahí en el sitio en el que están no hacen falta para nada, están en balde y aquí lo necesitamos para tapar estos agujeros.

BIERDANA, BIERDIENAK. Lo que hace falta. **K**. Ez ibili botatzen ikusteitxuzun guztiek, hor dazen gauza batzuk bierdienak die eta galdetu kendu aurretik. **T**. No vayas tirando todo lo que veas, algunas de las cosas que hay ahí hacen falta y pregunta antes de quitarlas.

BIERDITXUT, BIERDOT. Los necesito. **K**. Itxoiñ apurbat eta ez eruen iñora alikate horreik, hemen bierditxut momentuz eta gurebozu bukatu ondoren eruenzeiketzu. **T**. Espera un poco y no lleves a ningún sitio esos alicates, de momento los necesito aquí y si quieres después de que termine te los puedes llevar.

BIER-EZTANA. Lo que no hace falta. **K.** Hemen dazen zerbaitzuk sigeroko traba itxen haidie eta bier-eztana hor bazterrien lagakot, ta gero badakitzu zer inbierra daukotzun haldan axkarren, kendu hemendik eta bota zakarrera. **T.** Aquí hay una cuantas cosas que están estorbando demasiado y las que no hacen falta las voy a dejar ahí en una esquina, y luego ya sabes lo que tienes que hacer cuanto antes, quítarlas de aquí y tíralas a la basura.

BIER-IZENDA,BIER- IZENZAN. Ha hecho falta, fué necesario, **T.** Garai baten bier-izenzan eta gañera urte askuen idazteko makiña, baña oñ eta aspalditxotik alperrik daz zeatik dana, ero geixena bentzet, ordenadore bidez itxenda. **T.** En un tiempo y además durante muchísimos años fue necesaria la máquina de escribir, pero ahora y desde hace bastante tiempo ya están en balde porque todo, o por lo menos la mayoría, se hace por medio de los ordenadores.

BIERKO. Necesarimente, no hay más remedio. **K.** Ba bierko, eztau beste erremeixoik zeatik beztela Braulio asarretu ingoda, eskiñi iñdust dexentetxo angula esanaz atzo gabien ugeri arrapaitxula eta etxien jateko geixei daukola, guri etxaku larrei guztatzen baña esandakue, bierko. **T.** Pues no hay otro remedio, y necesariamente porque sino Braulio se va a enfadar, me ha ofrecido una buena cantidad de angulas diciéndome que la pasada noche ha pescado un gran cantidad y que tiene demasiado para comer en casa, a nosotros no nos gusta mucho pero lo dicho, no hay más remedio.

Aspaldiko esaerabat: Asko baduk, asko bierko duk.

Un antiguo proverbio vasco dice que si tienes mucho, necesitarás mucho.

BIERRA. Trabajo, quehacer, ocupación. **K.** Horixe da oñ falta askuen botatzendana, bierra, zenbat gazte eta ez hainbesteko gazte geratudien horre-barik, eta gañera billatzen haidien lekuetan iñun lortu eziñ. **T.** Eso es lo que se echa en falta ahora, el trabajo, cuántos jóvenes y no tan jóvenes se han quedado sin ello, y además en los sitios que lo están buscando en ninguno lo pueden conseguir.

BIERRA. Necesidad. **K.** Erueiozu axkar morterue han dazen ideltzero harei zeatik horren bierra daukie, nahiko gutxi geratzejatie eta oñ itxen haidien pareta horreik gaur komenida bukauta iztie. **T.** Llévales rápido el mortero a los albañiles que están allá porque ya tienen necesidad de ello, ya les queda bastante poco y las paredes que están haciendo ahora conviene dejarlas terminadas hoy.

Aspaldiko esaerabat: Betik bierrien eta kaka mollarrien.

Un viejo proverbio es euskera dice que siempre necesitado y con peso sobre los hombros.

BIER-EZKERO. Si hace falta. **K.** Aber, hor ikustezauet lotzatuta bezela zariela, ba eon lasai eta intxaur geixau bier-ezkero eskatu bildur-barik, nik gaur hartudotenaz nahikue ta sobre dauket eta zuek hartuzeikie naidozuenak. **T.** A ver, os veo ahí que estaís cómo con un poco avergonzados, pues estar tranquilos y si os hace falta más nueces pedírlo sin miedo, con los que he cogido hoy yo tengo suficiente y de sobra y vosotros podeís coger las que queraís.

BIERREZKUE. Algo necesario o también imprescindible. **K.** Marmitakue ondo itxeko eztie gauza asko bier-izeten baña bai dau bat oso bierrezkue, egaluzie eta batera nahiko komenigarrixe be-bada da piper txorizerue. **T.** Para hacer bien el marmitako no son necesarias muchas cosas pero si hay una que es imprescindible, el atún y también es bastante conveniente el pimiento choricero.

BIERREZ. De alguna manera de forma forzada. **K.** Enauken iñolako asmoik eta Donostira fatie ezta izen nere borondatez zeatik bape gogo-barik izenda, gertatzenda Jenaro halakotxie dala eta eztixen asarretu lagundu-bierra eukidot, baña halaere nahiko bierrez. **T.** No tenía en absoluto ninguna intención y el ir a San Sebastián no ha sido por voluntad mía porque lo he hecho sin ninguna gana, pero pasa que Geraro es como es y para que no se enfade he tenido que acompañarle, pero aún así de forma bastante forzada.

BIERRIEN. Trabajando. **K.** Hori bai dala benetako langillie, ordu-erdi pasada lana bukatudanetik eta beste guztiek urtendaue, baña bera, akaso eztau eukiko erlojuik, ondion hor jarraitzendau bierrien. **T.** Ese sí que en un trabajador de verdad, hace ya más de media hora que se ha cumplido el tiempo y los demás ya han salido, pero él, a lo mejor es que no tiene rejoj, todavía ahí sigue trabajando.

BIERRIEN. A falta de algo, necesitado. **K.** Mutil horreik zerreozer bierrien dazela emutendau zeatik hor ikusteitxut aldebatetik bestera haidiela, bati ta bestiei galdezka aber dakixien nun eonleiken len hor eondan gizon hori. Etxuraz zerbaitx eruendau eurona dana. **T.** Esos chicos parece que están a falta de algo porque ahí les veo que ahí andan de un lado para otro, preguntando a unos y otros a ver si saben donde puede estar el hombre que antes estaba ahí. Parece que se ha debido de llevar alguna cosa que era de ellos.

BIEZKURA, BI-EZKURA. A dos manos. **K.** Tipo horreitik danok komestatzendaue ze etxura guztie daukela aberatza izengodala, oñ eztakixiela hala dan ero harrokeixetan dabillen, gauza da sarri ikustejakola dirue biezkura gastaten haidala, jarraixen gañera. **T.** De ese tipo todos comentan que tiene toda la apariencia de que es rico, ahora que tampoco saben si es así o lo hace por presumir, pero la cosa es que a menudo se le ve que gasta el dinero a dos manos, continuamente además.

BIETZA (K), BEATZA (K). Los dedos de la mano, o de los pies. **K.** Nik ama izendienai eta konfiantza euki, txantxan esateutziet baezpare kontatzeko umiei zenbat bietz daukien esku ta hanketan, eta kasualitatez bateonbat falta-ezkero, erreklamatzeko ospitaletik urten aurretik. **T.** A las que han sido madres y tengo confianza, les suelo decir en broma que por si acaso cuenten cuantos dedos tiene la criatura en las manos y pies, y si por casualidad le faltase alguno, que lo reclame antes de salir del hospital.

BIEDAUENA, BIERDAUENA. Lo que quiera. **K.** Mutill horrei emun biedauena, berak akaso eztau eskatuko zeatik lotzati xamarra da baña zuek baezpare galdetu aber zertxobaitx bierrien dauen, gixajuek hainbeste lan iñ ondoren ondo merezita dauko. **T.** A ese chico darle lo que quiera, quizá él no lo pida porque es bastante vergonzoso pero por si acaso le preguntaís a ver si necesita algo, el pobre después de haber trabajado tanto se lo tiene bien merecido.

BIGARREN, BIGARRENA. K. Beno, zer ingodau ba, alegiñduda haldan guztie eta halaere ezta posible izen aurrena gelditzie, baña bigarren izetie be eztau bape gaizki, ez inportantzik dukelako baña akaso kontuen hartu-bierra izengozan bi bakarrik ziela ibilidienak. **T.** Bueno, pues que va a hacer, ya se ha esforzado todo lo que ha podido y aún así no ha sido posible quedar el primero, pero ser segundo tampoco está nada mal, no es que tenga ninguna importancia pero también habría que tener en cuenta que solo eran dos los que han participado.

BIGUNA. Blando. **K.** Pentzatzen hainaz aber jatetxien bazkaltzeko emuzkuen arraiñ hori ezan izengo aspalditxokue, gustoz ezauen gaizki bañe bai iruitujat larreitxo biguna zala. **T.** Yo estoy pensando a ver si el pescado que nos han dado para comer en el restaurante no sería de hace bastante tiempo, de gusto no estaba mal pero sí me ha parecido que era demasiado blando.

BIGUNDU. Ablandar, poner más blando. **K.** Haragi hau gixauen prestatu aurretik pixkat beratzen jarri-bierra dau bigundu itxeko, oñ dauen bezela eziñda jarri zeatik larreiko gogorra geratukozan. **T.** Esta carne antes de prepararla para guisado hay que ponerla a macerar un poco para ablandarla, de la forma en la que está ahora no se puede cocinar porque quedaría demasiado dura.

BIGURI. Muérdago. **K.** Biguri hau nik betik esautu Izendot nola eotezan, oñ be hala eongoda, arbola batzun arrama tartien eta guk mutikotan hortik ataratzegauen lika, pegatzendan kola bezelakue zan eta trorixek arrapatzeko erabiltzegauen. Eta jakiñien nau ze Obelix halako iñdertzue zala zeatik txikitan jausizan landara hori egozten haizan marmitxan. **T.** El muérdago yo siempre lo he conocido que solía estar, ahora también estará, entre las ramas de algunos árboles y nosotros sacábamos de ahí la lica, era un pegamento parecido a la cola y la utilizábamos para atrapar a los pájaros. Y estoy al tanto de que Obelix eta tan fuerte porque de pequeño se cayó en la marmita donde se estaba haciendo una pócima con esa planta.

BIGURRA. Torcido. **K.** Jakiñileike nun lortudozun makilla horreik?, nik esandako tokixen bentzet ez zeatik horreik larreiko bigurrak daz eta bestaldekuek zuzenak die, ba berrik fanbikozu, ekarritxozun horreikiñ ezinleike iñ bastoirik. **T.** ¿Se puede saber de dónde has conseguido esos palos?, en el sitio que yo te he dicho al menos no porque esos están demasiado torcidos y los del otro lado son derechos, pues tendrás volver otra vez, con esos que has traído es imposible hacer bastones.

BIHAR. Mañana.

(Mirar la definición de biar).

BIHARKO. Dejar algo para el día de mañana. **K.** Eztakitx zuei zer iruikojatzuen baña nik ustedot biharko itxibikoula lan berri horreik, pentzatzendot oñ hemen daukounakiñ gaurko nakikue diela eta halaere zalantza dauket aber lortu izengoun bukatzie. **T.** No sé que os parecerá a vosotros pero yo creo que esos nuevos trabajos los tendríamos que dejar para mañana, pienso que con lo que tenemos aquí tenemos suficiente para hoy y aún así tengo dudas de si conseguiremos terminarlos.

BI-HARTIEN. Entre dos.

(Mirar la definición de bi-tartien).

BIHURTU, BIURTU. Convertirse. **K.** Xiriako aspalditxik ezauen zapaltzen Elizaik eta oñ ezta bertatik urtetzen, eztakitx izengodan hasidalako len monja eondako neskakiñ ero ze beste gauza gertauleixon hala biurtzeko. Ba eztot uste ezerko mirarik izengozanik be. **T.** Ciriaco desde hace mucho tiempo ya que no pisaba una Iglesia y ahora no sale de ella, no sé si será porque ha empezado a salir con una chica que antes estuvo de monja o que otra cosa le habrá podido pasar para covertirse así. Pues tampoco pienso que habrá sido ningún milagro.

BIJILIXIE. Vigilia. Antaño el viernes de Semana Santa y entre los católicos era obligatorio hacer vigilia (salvo excepciones), que consistía en no comer carne ese día. **K.** Gogoratzenaz nola gure etxe zarreko aurrien bizizan gizona, Leokadio bere izena, ostiral Santu guztietan afaibat antolatzeauen bere lagunekiñ, eta betik txarri asunto jeneruekiñ, txarrankak, tripaki eta beste holako gauza berdintzuek. **T.** Me acuerdo de cómo el hombre que vivía frente a nuestra casa vieja, su nombre Leocadio, todos los viernes de Semana Santa solía organizar una cena con sus amigos, y siempre con género del cerdo, patas, callos y algunas otras cosas parecidas.

BIK. Dos. **K.** Handikaldeko hareik ez baña nik ustedot bik horreik bentzet hartu inbikogitxula, gu haigaren lanerako nahiko etxurazkuek emutendaue diela, eta baezpare galdetu ingotziet aber naidauen. **T.** A los demás no, pero yo creo que a esos otros dos les deberíamos coger, parece que son bastante buenos para el trabajo que estamos haciendo, y por si acaso les voy a preguntar a ver si quieren.

BIKAIÑ. Cosa muy bien ejecutada, trabajo, examen etc… **T.** Ezta hau sarri pasatzen baña beinguatik bentzet hala gertauda, etxe hortako ugesabak zioriondu iñduzku eta esatendau barruen iñdako lanak oso bikaiñ geratu omendiela, ba orduen eztot uste iñungo arazoik eongodanik kobratzeko. **T.** No suele pasar a menudo pero al menos por una vez si ha ocurrido, el dueño de esa casa nos ha felicitado y dice que los trabajos hechos en el interior han estado muy bien ejecutados, pues entonces no creo que haya ningún problema para cobrar.

BIKAÑA. Excelente, estupendo, muy bueno. **K.** Jeneralki betik ondo bazkaldu izendou jatetxe hontan baña gaurkue esanleike aparteko bikaña izendala, neretzat eta ustedot bestiendako be berdiñ, neri geixen gustau ta gustoren jandotena karakolak izendie, mundialak eozen, halaere beste dana be halaxe igualtzu. **T.** Generalmente en este restaurante siempre hemos solido comer muy bien pero de la comida de hoy se podría decir que ha sido excelente, para mí y creo que igual para los demás, lo que más me ha gustado y comido con satisfacción han sido los caracoles, estaban mundiales, aún así todo lo demás estaba lo mismo de bueno.

BIKOITZA, BIKOTXA. Doble, gemelo. **K.** Gauza honen oso berdiñe ustedot ikusitxe dauketela beste nunbaitxen eta oñ bertan enaz gogoratzen nun izendan, eztot pentzatzen bera izengodanik baña ezpada be, benetan bere bikotxa dala emutendau. **T.** Creo que una cosa muy igual la tengo vista en algún otro sitio y ahora mismo no me acuerdo dónde ha sido, pienso que no será la misma pero si tampoco no lo es, de verdad que parece su gemela.

BIKOTIE. Dúo, pareja. **K.** Nere ustez esku-pelota binako mallan Ezkurdia eta Zabaleta bikote oneneitakue izengoda aurtengo txapelketa hontarako, eta egun dexentetxue badaukie eztot uste askoik eongodienik horrei irabazteko bezelakoik. **T.** Yo creo que en la modalidad de los partidos de pelota mano por parejas Ezkurdia y Zabaleta son de los mejores dúos para el campeonato de este año, y si tienen un día medianamente decente no creo que haya muchos que les puedan ganar.

BILAKAERA. Evolución, pronóstico, devenir. **K.** Entzundot oso ondo hasi omendiela lanien fabrika berri horretan eta momentuz bentzet itxen haidien danak saltzeitxuela. Halaere eta aurreratxuau ikusi-bierra izengoda horreiñ bilakaera zeatik krixix demontre honekiñ erozeñek daki zer gertauleiken. **T.** He oído que en esa nueva fábrica han comenzado muy bien y que al menos de momento venden todo lo que hacen. Aún así en poco más adelante habrá que observar la evolución que tienen porque con esta crisis de los demonios cualquiera sabe lo que puede pasar.

BILDOTXA. Cordero.
(Ver la definición de arkumie).

BILDU. Recoger, apilar.
(Ver la definición de batu).

BILDULGARRIXE. Persona o cosa grande, enorme. Que da mucho miedo. **K.** Jeseus!, zer da hori?, eztot sekula ikusi holako kamioi haundirik, benetako bildulgarrixe da eta ixe kabitxu be ezta itxen karreteran, kuriosidadiatik bakarrik gustaukojaten jakitxie horren balixue, **T.** ¡Jesús!, ¿qué es eso?, jamás he visto un camión tan grande, es enorme y casi no cabe en la carretera, ya me gustaría saber solo por curiosidad cuanto vale.

BILDURRA, BILLURRA. Miedo. **K.** Lenau umiei billurra sartzeko eta ezteixien oker geixau iñ esategutzen, baitxe guri be hala berdiñ izengozan, Kaxiano etorrikozala sakuekiñ, gero euroi barrura sartu eta eruetera, baña oñ enaz gogoratzen nora zan. **T.** Antes a los críos para meterles miedo y no hiciesen más travesuras les solíamos decir, también para nosotros sería igual, que vendría Kaxiano con el saco, luego meterles en el saco y llevarles, pero ahora no me acuerdo dónde era.

Aspaldiko esaerabat: Ez iñ txarrik eta eztok eukiko bildurrik.

Un viejo proverbio en euskera dice que no hagas mal y no tendrás porque tener miedo.

BILDURRAZ, BILLURRAZ. Estar con miedo, temeroso. **K.** Ondo jakiñien nau altura haundixe daukela mendi horrek, aldapatzu eta oso luzie dala, eta zer?, uskerixa horreikatik ezingogare bildurraz eon ba, eta etxatzue iruitzen askoz hobe dala animo onaz hastie? **T.** Sé muy bien que este monte tiene mucha altura, cuestas y es muy largo, ¿y qué?, no tendremos que amedrentarnos y estar con miedo por esas nimiedades pues, ¿y no os parece que es mucho mejor empezar con buen ánimo?

BILDUR-BARIK. Sin miedo. **K.** Eon lasai eta sartu bildur-barik koba zulo horretan, jakiñe da illun eongodala baña nahiko linterna badaukou eta barruen nahiko ondo dau ibiltxeko. **T.** Estar tranquilos y entrar sin miedo a la cueva, ya se sabe que estará oscuro pero tenemos suficientes linternas y dentro está bastante bien para andar.

BILDURTI, BILLURTI. Miedoso. **K.** Txakur haundi horreik emutendaue eztaukiela ezerri bildurrik baña hori ezta hala zeatik gauza batzuetarako sigero bildurti die, esan-baterako etxafleruaz eta geixenbat ehistarixen tiruekiñ, asken honeikiñ larri haundixek hartzeitxue. **T.** Los perros estos grandes parece que no tienen miedo a nada pero eso no es así porque para algunas cosas son muy miedosos, por ejemplo con los cohetes y sobre todo con los disparos de los cazadores, con estos últimos se apuran demasiado.

BILDURTU, BILLURTU. Asustarse, coger miedo. **K.** Hainbeste gauza entzutendie ze ni be beñ honen kontura nahiko bildurtu iñitzen tipo hareik asalduzienien illunpetik, momentuz nere pentzamentue izenzan gure aurka ero arrapatzen etorrikoziela, baña zorionez ezan hala izen eta gabon esan ondoren alde iñauen. **T.** Se oyen tantas cosas que a cuenta de esto yo también una vez me asusté bastante cuando aparecieron aquellos tipos de entre la oscuridad, por un momento pensé que vendrían en contra nuestra o para robarnos, pero afortunadamente no fue así y después de decir buenas noches se alejaron.

BILDUTA. Que está recogido.
(Ver la definición de batuta).

BILINBALAUNKA. Rodando. Palabra que se utilizaba con los críos para decirles que jugasen dando vueltas en el suelo, Prado o similares. **K.** Aber guasen harutzatxuau eta gauzabat erakusikotzuet, ikustendozue zelai hori?, ba ni mutikue nitzenien toki hortan ibiltxegiñen bilinbalauka eta zueik be gurebozue berdiñ inzeikie. **T.** A ver, vamos un poco más allá y os voy a enseñar una cosa, ¿veís ese prado?, pues cuando yo era chaval ahí solíamos andar rodando por la hierba y si queréis vosotros también podéis hacer lo mismo.

BILINBOLO. Palabra que se utiliza para decir que alguien anda de forma errática. **K.** Pertzona horrek emutendau eztakixela nora fan eta akaso nundik nora dabillen bez, denpora aspalditxotik eruetendau bilinbolo aldebatetik bestera, hara fan, ezer inbarik bueltau eta gero berriz bestaldera. **T.** Parece que esa persona no sabe a que sitio ir y quizá hasta por dónde anda tampoco, ya lleva bastante tiempo caminando de forma errática de un sitio para otro, ir para allá, volver sin hacer nada y luego otra vez girar y desandar lo andado.

BILKURA, BILGURA. Reunión, asamblea. **K.** Nik eztakitx fangonazen baña baezpare jakiñien jartzezauet, gaur arratzaldeko zortziretan bilgura itxeko jarridaue ordue umien tanborrada asuntuen buruz, ba badakitzue, gurebozue bentzet badaukotzue fateko aukera. **T.** Yo no sé si iré pero por si acaso os pongo en conocimiento, para esta tarde a las ocho han convocado la reunión para tratar sobre asuntos relativos a la tamborrada de los críos, pues ya sabeís, el que quiera al menos tiene la oportunidad de acudir.

BILLA, BILLE. Buscando. **K.** Bai, noski nabillela galdutako erlojuen billa baña oñartien eztot ezer lortu, halaere ezta larreiko errarue zeatik enau bape ziur ze tokitxen galdudoten, bakarrik gogoratzenaz aldien naukela etxetik urtendotenien. **T.** Sí, claro que ando buscando en reloj que he perdido pero hasta ahora no he conseguido nada, aún así tampoco es tan raro porque no estoy seguro donde lo he podido perder, solo me acuerdo de que lo tenía puesto cuando he salido de casa.

BILLAU. Encontrar. **K.** Beno, askenien be asalduda erlojue baña enaz ni izen billaudotena.malekoi kefeteriko langillebat izenda, esandau sarreran dauen mai aspixen zala eta gauza da eztakitxela nola eonleikien han zeatik ni enitzen eon kafeteri hartan. **T.** Bueno, por fín ya ha aparecido el reloj pero no he sido yo el que lo ha encontrado, ha sido el trabajador de una cafetería del malecón, ha dicho que estaba debajo de la mesa que está en la entrada y la cosa es que no sé como podía estar allá porque yo no estuve en esa cafetería.

BILLERA. Junta, pleno. **K.** Datorren astelenien billerabat omendau Udaletxien Santa Klara trenen aspiko pasaeran buruz tratatzeko, eta ustedot eskillaran asuntuatik izengodala, etxuraz badaz batzun-batzuk horren aurkakuek dienak. **T.** El próximo lunes hay un pleno en el Ayuntamiento para tratar sobre el paso bajo del tren de Santa Klara y creo que se trata sobre el asunto de las escaleras, parece hay algunos que deben de estar en contra de eso.

BILLLOBA. Nieto (a). **K.** Anizetok esatendau ondion eztutziela billobaik ekarri, seme-alaba bana dauko, alaba lagunaz asarretu ondoren eurokiñ bizidala eta semie aspalditxik bere neskaiñ, baña eztaukiela, momentuz bentzet, bape etxuraik ez batak eta ez bestiek umeik ekartzeko. **T.** Aniceto dice que todavía no le han traído nietos, tiene un hijo y una hija y la hija desde que enfadó con el con el chico vive con ellos y el hijo hace ya mucho tiempo con su chica, pero que parece que al menos de momento ninguno de los dos tienen ninguna intención de traer críos.

BILTEGIXE Almacén, nave para guardar cosas. **K.** Badakitzue gaur ostirala dala eta asteburue gañien daukoula, ba gero lana itxi aurretik eta astu-barik jaso herraminta guztiek, eruen biltegira, sartu barrura eta ordenan laga, ah, eta urterakuen itxi ondo atiek. **T.** Ya sabeís que hoy es viernes y el fín de semana está encima, pues luego y antes de dejar el trabajo no os olvideís de recoger toda la herramienta, llevarla al almacén, meterla dentro y dejarla con orden, ah, y al salir cerrar bien las puertas.

BILTOKIXE. Depósito. **K.** Nik eztakitx Zarautzko Udaletxiek zenbat ur biltoki dauken baña bat bentzet badakitx nun dauen, ni nahiko sarri pasatzenaz bire hortatik eta nabarmen ikustenda Kanposantu parien dauela. **T.** Yo no sé cuantos depósitos de agua tiene el Ayuntamiento de Zarautz pero por lo menos uno ya sé donde se encuentra, yo suelo pasar bastante a menudo por ese camino y se ve bien claro que está frente al cementerio.

BILTZARRA. Asamblea, reunión. **K.** Aurten be eta urtero bezela EAJotako aurreneko biltzarra Zarauzko batzokixen izenda. **T.** Tambien este año y al igual que los anteriores la primera asamblea del PNV se ha celebrado en el batzoki (sociedad) de Zarautz.

BIÑA, BIÑAKA. De dos en dos, en pareja. **K.** Momentu hontan ustedot eztaukoula nahiko sagar eta baezpare aurrena banan banan errepartitzen hasikogara eta gero, geixau ekartzendauenien biñaka ingoitxu. **T.** Creo que de momento no tenemos suficientes manzanas y por si acaso primero empezaremos a repartirlas de una en una y luego, cuando traigan más ya lo haremos de dos en dos.

BIÑAGRIE. Vinagre. **K.** Toribion andrie Arabako herri txikibaten jaixotakue da eta han bizida bere askoz gaztiau dan lengusiña, ba honekiñ gertatzenda larreiko biñagre zalie dala eta izugarri botateutzola entzaladai, jaten hasi besteik ez besoko, ta baitxe beste toki-batzuetako ule guztiek tente jartzendic. **T.** La mujer de Toribio ha nacido en un pueblo pequeño de Alava y su prima, mucho más joven que ella, vive allá, pues con esta pasa que es demasiado aficionada al vinagre y es increíble la cantidad que le echa a las ensaladas, nada más empezar a comer los pelos de los brazos, y también de otros sitios, se ponen todos tiesos.

BIOK, BION. ¿Quieres? **K.** Esaik garbi beingoz, biok hala ez nerekiñ etortzie ospitalera lagunai bixitatzera?, bajakixat ezariela larreiko ondo konpontzen baña etxuat uste horrek hainbeste inportantzi eukiko-daukenik momentu hontan. **T.** Dilo claro de una vez, ¿quieres venir o no conmigo a visitar al amigo al hospital?, ya sé que no os arregláis muy bien pero no creo que en este momento eso tenga demasiada importancia.

BIORRA. Yegua. **K.** Aiako Urdaneta auzuen, sarreran dauen baserrixen, sigeroko biorrak politxek ikustendie, beste animali batzuk be badaz eta han eotendie umiek pega pega iñde alanbre-sariei hareik begire. **T.** En el barrio de Urdaneta de Aia se ven unas yeguas muy bonitas en el caserío que está en la entrada, también hay más animales y allá suelen estar los críos bien pegados a la red mirando aquello.

BIOTENA. Lo que quiero. **K.** Ez, hori ezta nik biotena, eztakitx hori saltzeko asmuekiñ haizaren baña zuk ondo dakitzu beste gauzabat eskatudotela, eta ezpadaukotzu eztau hala ibili-bierrik, esan bukatuero eztaukotzula eta fangonaz beste toki-batera. **T.** No, eso no es lo que yo quiero, no se si andas con la intención de venderlo pero tú ya sabes bien que he pedido otra cosa, y si no lo tienes no necesitas andar así, me dices que se ha terminado o no tienes y ya iré a otro sistio.

BIOTZA. El corazón. **K.** Biotzez eskaerabat inbiotzut, axkiratzeko zure lagunekiñ, hainbeste urte alkarreaz eta oñ diskuzio iñuxente bateatik asarretu inzare, eta aspalditxo da eztozuela berbai itxen bata-bestiekiñ. **T.** Te pido de corazón que hagas las paces con tu amigo, tantos años juntos y ahora por una discusión absurda os habeís enfadadado, y ya hace bastante tiempo que no os dirigís la palabra el uno al otro.

BIOTZ-ZABALA. Se dice de la persona buena, de gran corazón. **K.** Iñok ezingodau esan Fabiolotik eztala benetako gizon ona eta biotz-zabal haundikue, betik eotenda pres, posible badau bentzet, laguntzeko erozeiñ pertzonai, esaguna, laguna ero berdiñ da ezesaguna izenda be. **T.** De Fabiolo nadie podrá decir que no es una persona buena de verdad y de un gran corazón, siempre está dispuesto, al menos si le es posible, a ayudar a cualquiera, conocido, amigo o algún otro, aunque sea por completo desconocido.

BIOTZEKUE. Infarto. **K.** Akaso len be berdintzu izengozan baña oñ geruau eta geixau haitzenda harek, honek ero bestiek biotzekue eukidauela, eta zuei ze iruitzejatzue, akaso baleikela izetie esatendan estrés horreatik? **T.** Quizá puede que antes también fuese parecido pero ahora cada vez se oye más que ese, este o el otro ha tenido un infarto, ¿y a vosotros que os parece, que acaso podría ser debido al estrés ese que se dice?

BIOTZERRIE. BIOTZ-ERRIE. Literalmente quiere decir corazón quemado y fig. se llama así al ardor de estómago. **K.** Eztabitx eztoten larreitxo odosloste jan bazkaizen, halako gozue hauen ze bi bider errepikaudot, gauza da oñ sekulako biotzerrie dauketela eta zerreozer hartubikonaukela baña arrastuik be eztauk zer, akaso bikarbonato?, batzuetan entzun izendot ona omendala kasu honeitarako. **T.** No sé si no he comido demasiada morcilla en la comida, estaba tan buena que he repetido dos veces, la cosa es que ahora tendo un ardor de estómago impresionante y que debería de tomar algo, pero no tengo ni idea el qué, ¿quizá bicarbonato?, algunas veces ya he solido oir que debe de ser bueno para estos casos.

BIOTZEZ. De todo corazón. **K.** Pankrazio Jaunai benetan biotzez eskatunutzen aber loteri tokatzeko moduik eukikoten, baña etxuraz zerbaitx gaizki iñauen eta oñ berandu da zeatik ia iñde dau zozketa, gauza da oñ jakiñdotela aurrena erosi inibierra izetendala eta baitxe beste gauzabat, eskaera aurretik derrigorra omendala diru zertxobaitx botatzie Elixan. **T.** De verdad le pedí de todo corazón a San Pancracio a ver si había algún medio para que me toque la lotería, pero parece que alguna cosa debí de hacer mal y ahora ya es tarde porque ya se ha sorteado, la cosa es que acabo de enterarme de que primero la tendría que haber comprado y también de otra cosa, que antes de hacer la petición es necesario echar algo de dinero en la Iglesia.

BIPITZUTA. Apolillado, carcomido. **K.** Tellatue konpontzen hasi aurretik ondo beitu inbierrak daukou kamaran dazen egurrezko kuadradillo horreik, ustedot batzun-batzuk baleikela bipitzuta eotie eta hala baldinbada aldatu inbikoutxu. **T.** Antes de arreglar el tejado tenemos que mirar muy bien las viguetas de madera del camarote, creo que algunas podrían estar carcomidas y si es que es así tendremos que cambiarlas.

BIRA. Dar la vuelta. **K.** Onaño etorrigara baña eztakou pasatzeik errekatik, larreiko ur doie eta arrizkutzue izengolitzake, nik ustedot bira inbikogaukela eta beitu aber billatzendoun beste birebat hara allegatzeko. **T.** Ya hemos venido hasta aquí pero no podemos pasar por el río, hay demasiada corriente y podría ser peligroso, yo creo que tendríamos que dar la vuelta y mirar a ver si encontramos otro camino para llegar hasta allá.

BIRBIKIÑE, BIRBIKIXE. Taladro manual. **K.** Goiko txabola hartan eztou argindarrik eukiko eta baleike nunbaitxen zulatzeko inbierra eukitxie, ba orduen ta baezpare birbikiñe hartzie komenijaku. **T.** En esa chabola que está ahí arriba no tendremos corriente eléctrica y puede que tengamos necesidad de agujerear en algún sitio, pues entonces y por si acaso nos conviene coger el taladro manual.

BIRE, BIRIE. Camino. **K.** Bai, noski asmo oso ona dala fatie mendi hortara, entzunde dauket zoragarrizko parajiek diela bire guztien eta ni bentzek gustora fangonitzen, baña gauza da iñok eztaukoula arrastuik ze aldetik hartzendien hara fateko biriek. Ba erabakitzenbou fatie aurretik ondo enteratzie komenida. **T.** Si, claro que es una idea muy buena la de ir a ese monte, tengo oído que hay unos parajes impresionantes en todo el recorrido y al menos yo iria a gusto, pero la cosa es que ninguno de nosotros tenemos ni idea de por dónde hay que coger los caminos para ir allá. Pues si decidimos ir primero conviene que nos enteremos bien.

Aspaldiko esaerabat: **Egixek bire bakarra dauko.**

Un antiguo proverbio vasco dive que la verdad solo tiene un camino.

BIRE-BUELTA. Recodo del camino. **K.** Ze haizare, erdi galduta?, ba entzun, zuek segi zuzen bire hontatik eta aurreneko bire-buelta ikustendozuenien hartu ezkerreko senda eta hortik zuzen goraka, ia eztaukotzue galtzeik ta segitxuen allegaukozare Igeldora. **T.** ¿Qué andaís, medio perdidos?, pues escuchar, vosotros seguir derechos por este camino y cuando veaís el primer recodo coger la pista de la izquierda y continuar derechos para arriba, no podeís perderos y enseguida llegareís a Igeldo.

BIRE-KONTRA. En dirección contraria. **K.** Fandan astien gauza nahiko xelebrie gertaujaten, urtenauen Donostitxik Zarautzera etortzeko asmuekiñ, enauken bape prixaik eta nola bire hortatik aspaldi ibili-barik nauen, ba zarretik natorren, mutillbat hauen karretera ertzien bietza itxen, gelditxu, galdetunutzen aber nora oien eta esauzten Donostira, eta esanutzen bire-kontrako aldien zala eta jartzeko karretera bestaldien. **T.** La semana pasada me pasó una cosa bastante curiosa, había salido de San Sebastián con la intención de venir a Zarautz, no tenía ninguna prisa y cómo hacía tiempo que no andaba por ahí, pues venía por la carretera vieja, estaba un chico en la esquina haciendo dedo, me paré, le pregunté donde iba y me contestó que a San Sebastián, le dije que se pusiese al otro lado de la carretera porque estaba en la dirección contraria.

BIRE-KRUZIE. Cruce de caminos. **K.** Mendi ziar Igerdora fateko bire-kruze batzuk daukotzue, bata da karreteratik fanda baña hor kotxe dexente ibiltxendie, bestebat Santio birie eta hau nahiko politxe da, baña neri geixen gustatzejatena da ezker ta be aldekue, itxasue bistan dauena. **T.** Para ir a Igueldo por el monte teneís algunos cruces de caminos, uno es yendo por la carretera pero por ahí andan bastantes coches, otro el camino de Santiago y este es bastante bonito, pero a mí el que más me gusta es el que está abajo y a la izquierda, por el que se avista el mar.

BIRE-LAGUNE. Compañero de viaje. **K.** Santioko hiru bidaiak inditxutenien betik bakarrik hasinaz eta ez betik, baña jeneralki laister alkartzeraza bire-lagun bat ero bestiekiñ, eta baitxe batzuetan nahiko tropelakiñ be, eztie sekula falta izeten erromesik bire horreitan. **T.** Cuándo he hecho los tres Caminos de Santiago siempre he empezado solo y no siempre, pero generalmente pronto te encuentras con uno u otro compañero de viaje, y a veces también con algún grupo bastante numeroso, en esos caminos nunca faltan los peregrinos.

BIREMAN, BIRE-EMAN. Motivar, emprender. **K.** Mutil horri eziozue aiñdu erozeiñ lan zeatik bakarrik eotenbada eztau sekula ezer ingo, eta bere kabuz askoz gutxiau, geixenbaten birematie komenida eta halaere kosta itxenda, baña eztau falta borondateik eta nik ustedot hasikodala ikesten denporiaz. **T.** A ese chico no le mandeís cualquier trabajo porque si está solo nunca hará nada, y por propia iniciativa mucho menos, la mayoría de las veces hay que motivarle y aún así suele costar, pero tiene voluntad y yo creo que ya aprenderá con el tiempo.

BIRE-OKERRA. Camino equivocado. **K.** Eztauket ziurtazunik baña susmue dauket bire-okerrien sartugarela, nik ustedot ibiltxen eruetendoun denpora guzti honekiñ ia mendi hortako kurtzie abistau inbikogaukela, eta ondion eztau horren arrastuik, ba akaso bueltau inbikou eukikou eta bire zuzena hartu. **T.** Pues no tengo certeza pero tengo la sospecha de que nos hemos metido por un camino equivocado, yo creo que con todo el tiempo que llevamos andando ya se tendría que divisar la cruz del monte, y todavía no hay ningún rastro de ella, pues a lo mejor tendremos que dar la vuelta y coger el camino correcto.

BIRERA. Ir al camino, carretera, etc... **K.** Atzo deitxunutzen telefonoz Bernardoi eta zortziretan geratugiñen, nola guk eztakigun nun dauen soziedadie esauzten berak urtengodauela birera, eta bera baño lenau allegau-ezkero etxoitxeko herriko sarreran. **T.** Ayer le llamé por teléfono a Bernardo y quedaremos para las ocho, cómo nosotros no sabemos donde está la sociedad me dijo que ya nos saldría al camino, y si es que llegamos antes que él que le esperemos a la entrada del pueblo.

BIRETXURRA. Se llama así al camino que está en malas condiciones. **K.** Hemendik eztau jarratzeik eta beste birebat billaubikou, ero beztela beste toki-batera abiatu, oñ bertan danok lokastuta gara ixe belaunetaraño eta biretxur hontatik jarraitzenbou laister eongogara lepotik gora. **T.** Por aquí no se puede seguir, está en muy malas condiciones y tendremos que buscar otro camino, o sino encaminarnos a algún otro sitio, ahora mismo estamos todos embarrados hasta casi las rodillas y si continuamos por aquí pronto lo estaremos del cuello para arriba.

BIRIBILDU. Curvar algún material, también rizar el pelo. **K.** Neska, orraztu berri horrekiñ ixe esautu be ezaut iñ, baña gustatzejat eta oso ondo geraketajtzu, andriei esangutzet aber guredauen berdiñe itxie eta hala bixok fangogiñake, gauza da bakarrik enazela atrebitzen eta ezairezu, ze pelukeriñ iñdotzue ulien biribildu hori? **T.** Chica, con ese nuevo peinado casi ni te he reconocido, pero ya me gusta y te queda muy bien, ya le voy a decir a la mujer a ver si ella quiere hacerse lo mismo que tú y así podemos ir los dos, la cosa es que solo me daría vergüenza y dime, ¿en qué peluquería te han rizado el pelo?

BIRIBILKETA. Dar vueltas, puede ser en pasacalle u otra cosa. También enrollar alguna cosa. **K.** Zarautzen, eta noski beste herri askotako jaixetan, oitura izetenda goxien goix txistularixek biribilketa hastie kalez kale. Eta nik ustedot hori izengodala jentie esnatudeixen. **T.** En Zarautz, y claro que también en las fiestas de otros pueblos, la costumbre suele ser que por la mañana temprano empiece el pasacalle de los txistularis dando vueltas por las calles. Y yo creo que eso será para que se despierte la gente.

BIRIGARRUE. Malviz. **K.** Esan bai eta nahiko sarri gañera, eta eurok be hala ustedaue, ixe larreiko onak diela baña nabarmen ikustenda zenbatekuek dien, goix guztien hor eondie hiru lagun ehizien eta lau birigarro besteik eztitxue ekarri, eta auskalo arrapau ero erositxekuek dien. **T.** Decir sí y además bastante a menudo, y ellos así lo creen también, que son casi demasiado buenos pero bien claro que se ve hasta cuánto, ahí han estado tres personas toda la mañana de caza y no han traído más que cuatro malvices, y a ver si los han cazado o akaso comprar.

BIRIKA (K). Pulmón, pulmones. **K.** Halaxe esatendaue bentzet eta ni ziur nau egixe izengodala, ze erretzenbozu aukera geixau eukikozula geixonbat hartzeko birikan, minbizia ero beste zerbaitx, gañera irakurri besteik eztau estadistikak, interesa baldinbadau bentzet, zenbat kasu dazen, eondien, eta noski, hala jarraitxuta eongodien. **T.** Así lo dicen y yo estoy seguro de que será verdad, que si se fumas tienes muchas más posibilidades de tener alguna enfermedad en el pulmón, cómo cancer u otra cosa, además no hay más que leer las estadísticas, al menos si interesa, sobre cuantos casos hay, ha habido, y claro está que habrá si se continúa de esa manera.

BIRIKIXEK. En algunas casas el nombre este de birikixek se decía por los txorizos elaborados con los interiores del cerdo como pulmones, etc... Y a esos se les denominaba de tercera. **K.** Birikixek eotezien denporan eta honeik jan aurretik egosi-bierrak izetezien, ezauen balixo gordiñik jateko zeatik larreiko grasa haukien. Alpaldiko garai hartan eta gure etxien hiru tipokuek eotezien, len mallako txorixuek parroko, medikikue eta gonbidauentzat izetezien, gero bigarrenak jai egunien jateko eta hirugarrenak birikixek zien eta honeik erozeiñ egunetarako. **T.** En la época que había chorizos hechos con los interiores había que cocerlos antes de comer, no se podían comer crudos porque tenían demasiada grasa. En aquellos tiempos de antaño y en nuestra casa los había de tres clases, los chorizos de primera clase eran para el párroco, médico y los invitados, luego los de segunda para comer los días de fiesta y los de tercera que eran los que estaban hechos con los interiores y esos para cualquier día.

BIRKIXEK. Gemelos, mellizos. **K.** Kaximirok, hobeto esanda bere andriek, mi umetxo birkixek eukitxu, bixek mutikuek izendie eta dakok ondo omendaz baña entzundot nola bera, Kaximiro, nahiko kexkaz dauela, eta zeatik? galdetunauen, ba esauztien umebat oso zurixe zala eta bestie txipiroien saltza baño beltzaue. **T.** Casimiro, mejor dicho, su mujer, ha tenido dos criaturas mellizas, los dos son chicos y todos deben de estar bien, pero he oído que él, Casimiro, debe de estar bastante preocupado, ¿y por qué? pregunté, pues me dijeron que uno de los críos debe de ser muy blanco y el otro más negro que la salsa de los chipirones.

BIRLA. Son los palos que se utilizan en las boleras para que estas sean derribadas con los bolos. **K.** Atxabaltan, aspaldi eonzan bolatokixen eta jolastezan pistan eotezien, aldebaten bolak jaurti itxezitxuenak eta bestaldien birlak tentetzeauen pertzona, gero aldatzen fatezien batak eta bestiek **T.** En Aretxabaleta, en la bolera que hubo antaño y en la pista donde se jugaba estaban, en un extremo los tiradores de las bolas y en el otro la persona que colocaba los palos derribados, luego se iban intercambiando los unos y los otros.

BIROLA. Arandela. **K.** Balentiñ aldatzeko asmuaz haida baserrixen dauken terrazako barandie, oñ burnizkue omendau eta bere ideia da egurrezko dotorebat jartzie, eta hau birola ta tornillokiñ lotu. **T.** Valentín anda con la idea de cambiar la barandilla que tiene en la terraza del caserío, la que hay ahora debe de ser de hierro y su intención es la de colocar una de madera que sea bonita, y esta atarla con tornillos y arandelas.

BIRRIÑDU. Triturar, destruir. **K.** Nik ustedot bulegoko karpetak eta aspaldiko paper zar honeik birriñdu inbikoitxula zakarrera bota aurretik, hemen oñ eztaukou horrein bierrik, ia sigero alperrik daz eta nahiko traban. **T.** Yo creo que las carpetas viejas de la oficina y todos estos papeles antiguos los tendremos que triturar antes de echarlos a la basura, aquí ya no los necesitamos, están en balde y no hacen más que estorbo.

BIRRIÑDUKOAUT. Fig. dar unos azotes. Palabra que se utiliza con los críos para que dejen de hacer travesuras. **K.** Zerbaitx jartzeatik. Gauzabat esanguztat eta ondo serixo gañera, txintxo ibiliai eta oker geixau inbarik zeatik beztela hartu ta birriñdukoaut. **T.** Por poner algo. Te voy a decir una cosa y además muy en serio, anda formal y sin hacer más travesuras porque sino ya sabes lo que tienes, que te voy coger y dar unos azotes.

BIRRITXEN, Por dos veces, repetido. **K.** Eztakitx zeatik eta betik Anselmoi birritxen esanbijakon gauza guztiek, emutendau aurrenekuen entzun ez ero beztela gure ez entzuteik, eta hau esatendot eztauelako sekula kasuik itxen eta akaso baleike zertxobatix txotxolotuta be eotie. **T.** No sé porqué a Anselmo siempre hay que repetirle dos veces todas las cosas, parece que a la primera no oye o sino que no lo quiera oir, y digo esto porque nunca hace caso y acaso también puede que esté un poco atontau.

BISAUEN, BIESAUEN. Ya quería. **K.** Bai, Fabiolok komestauzten nola hori be bisauen baña esanutzen gaur eziñgonutzela emun zeatik beztela ni ezer-barik gelditxukonitzen, etortzeko bixer eta aber orduen posible izetendan. **T.** Si, Fabiolo ya me comentó como ya quería también eso pero le dije que hoy no se lo podría dar porque sino yo me quedaría sin nada, que vendría mañana y a ver si entonces es posible.

BISIXE. De sabor fuerte, agrio, picante. **K.** Esauzkuen taberna hau oso famaue zala tripakik prestatzen eta probatzera etorrigara, ba benetan gozuek eozela baña akaso larreiko bisixek, eta ondion be, nik ez hainbeste, baña etxuraz beste lagunek mingañe sutan daukie. **T.** Nos dijeron que ésta taberna tiene mucha fama preparando los callos y hemos venido a probarlos, y de verdad que estaban muy buenos pero quizá demasiado picantes, y todavía también, yo no tanto, pero los demás amigos parece que tienen la lengua ardiendo.

BISIXUE. Lombriz intestinal. **K.** Oso aspaldi, guk mutikuek gitzenien, nahiko normala omenzan bizixuek eukitxie, hala entzunde dauket bentzet, oñ sekula eztot jakiñ zeatik izetezan hori eta bez nola kentzezan. **T.** Hace muchísimo tiempo, cuando nosotros éramos unos críos, parece que era bastante normal el tener lombrices intestinales, al menos así lo tengo oído, ahora lo que nunca he sabido era porqué ocurría esto ni tampoco cómo se eliminaba.

BISTA. Tener vista, tino, acierto. **K.** Ezta errexa siñisteik Demetriok dauken bista, bista baldinbada zeatik baleike izetie beste zerbaitx, gauza da, hala esatendau berak, eskuz beteteitxula primitibako paper horreik eta oso sarri atarateitxula premixuek, eta askotan nahiko potoluek. **T.** No es fácil de creer el acierto que tiene Demetrio, si es acierto porque puede que sea alguna otra cosa, la cuestión es, dicho por él, que llena a mano los papeles de la primitiva esa y a menudo saca algunos premios, y muchas veces bastante gordos.

Aspaldiko esaerabat: Bista ona daukie eta eziñdie ikusi.

Un viejo proverbio en euskera dice que tienen buena vista y no se pueden ver.

BISTAKIÑ. Hacer las cosas con vista con cuidado, con prudencia. **K.** Hasi inbierra daukoun lan hau nahiko berexixe da eta bistakiñ inbierrekue, ta oitura pixkat hartu hartien kontu askokiñ ibilibikou eta prixa haundi-barik. **T.** El trabajo este que tenemos que empezar es bastante especial y es necesario que lo hagamos con mucha vista, y antes de que cojamos un poco de costumbre tendremos que andar con cuidado y sin excesivas prisas.

BISTAKUE. Evidente. **K.** Mutil horrek gaur be iñdauena bistakue zan eta garbi hauen, ba betikue, bestien kontura afaldu ta gero bukatu ondoren jaiki eta alde ezer esan-barik. **T.** Lo que ese chico también ha hecho hoy era evidente y estaba claro, cenar a cuenta de los demás y luego después de terminar levantarse y marchar sin decir nada.

BISTAN. A la vista. **K.** Entzun, eztaukotzu zeatik ibili eskutuen eta inbierreko daukotzun gauza korreik iñ, baña nik esangonotzun bistan itxeko ta danok enteratzeko bezela, hala bentzet iñok eztauko zertan pentzaurik zerbaitx erraruaz haizarela, ero zerreozer gordetzen. **T.** Escucha, no tienes porque andar a escondidas y las cosas que tengas que hacer hazlas, pero yo te diría que las hagas a la vista y de forma que nos podamos enterar todos, así al menos nadie tiene porque pensar que andas con algo raro, o quizá ocultando algun cosa.

BISTATIKALDE, BISTATIK-ALDE. Quítate de mi vista. **K.** Gauzabat esangotzut, badakitzu zurekiñ aspertu eta nahiko naskatu iñde nauela?, ba haldan axkarren nere bistatikalde zeatik eztotzut berriz ikusteik nai. **T.** Te voy a decir una cosa, ¿ya sabes que ya me he cansado y estoy bastante asqueado contigo?, pues quítate de mi vista lo más rápido posible que no quiero volver a verte más.

BITAN, BITXEN, BIRRITXEN. Dos veces, repetido. **K.** Eskale horrek dauko muturre eta nik bentzet eztutzet emungo ezer geixau, denpora gutxi dala hemen Izenda eta oinguaz birritxen da eskien etorridala. **T.** Vaya morro tiene ese mendigo y yo al menos no pienso darle nada más, hace poco que ha estado aquí y con ésta ya son dos las veces que ha venido a pedir.

BITARTIEN, BITXARTIEN, BITXERTIEN. Entretanto, mientras tanto. **K.** Badakixe eta ondo gañera, guk zai garela hemen baña halaere horreik ondion eztie etorriko eta betiko bezela berandu asaldukodie. Ba gurebozu bitxartien kafetxo-bana hartukou taberna hortan. **T.** Ya saben y bien además, que estamos esperando pero aún así esos no vendrán todavía y como siempre aparecerán tarde. Pues si quieres y mientras tanto podemos tomar un café en la taberna de ahí.

BITARTEZ, BITXARTEZ. Mediante, por mediación. **K.** Ezkerrak emun-birrien gara gizon horri zeatik bere bitartez lortudou lan hau, eta bereatik ezpazan izeten ezgauen eukiko ezer itxekoik eta geldik jarraitxu. **T.** Tenemos que agradecérselo al hombre ese porque gracias a su mediación hemos conseguido este trabajo, y sino hubiera sido por él aún estaríamos sin ninguna ocupación y tendríamos que continuar parados.

BITARTIE, BITXARTIE. Grieta, hueco. **K.** Bai, benetan lan hau nahiko ondo iñdozula, baña sigero ondo izeteko gauzatxobat geratzejatzu, han bazterreko bitxarte hareik tapatzie. **T.** Si, de verdad que este trabajo lo has hecho bastante bien, pero para que sea muy bien y completo te queda una cosa, tapar las grietas de aquella esquina.

BI-TARTIEN. Entre dos. **K.** Zuk gurozuna esangozu zeatik zurie haldan gutxien gastatzie izetenda. baña lan hau askoz hobeto da bi-tartien itxenbou, batendako bakarrik larreiko astuna da, eta gañera baleike nahiko arriskuztzue beste iñor ez ibili-ezkero inguruen, eta honein aparte oso posible eziñ lortzie. **K.** Tú dirás lo que quieras porque lo tuyo es el gastar lo mínimo posible, pero este trabajo es mejor si lo hacemos entre dos, para uno solo es demasiado duro, además también puede que sea bastante peligoso si se anda sin nadie al lado, y aparte de esto muy posible el no poder conseguirlo.

BITXERA. De las dos formas, maneras o modos. **K.** Lan hori bitxera inleike, berdiñ da hastie aldebatetik ero bestetik eta hala ingou denpora pixkar aurreratzeko, halaere gero kustiñue izengoda toki berdiñera allegatzie. **T.** Ese trabajo se puede hacer de las dos formas, da lo mismo empezar de un lado que del otro y así lo haremos para ahorrar algo de tiempo, aún así luego la cuestión será que lleguemos al mismo sitio.

BITXIAK. Adornos, bisutería, imitaciones. **K.** Karokinai, Ursulan alaba, zenbat gustetajakon bitxiak, apostaukonauke pillabat eukikoitxula eta noski, hala izenda asko die gañien eruetendauenak, baña halaere gauza horreik eskaparatien ikustenboitxu han gelditzenda begire. **T.** A Carolina, la hija de Ursula, le gustan mucho las cosas de bisutería, seguro que tendrá un montón y claro, siendo así también son muchas las que suele llevar encima, pero aún así si ve esas cosas en un escaparate allá que se queda a mirar.

BITXITEIXE, BITXITERIA. Comercio donde se venden cosas de bisutería, adornos, etc. **K.** Karolinandako opari oneneitakue izengozan, naiz da ezer erosi ez, ordu-batzuk pasatzie erozeiñ bixiteixan, eta hantxe ibili aldebatetik bestera ikusi eta ikutuaz hau ta bestie. **T.** Unos de los mejores regalos para Carolina, aunque no compre nada, sería pasar unas cuantas horas en cualquier comercio de bisutería, y andar allá de un sitio para otro y mirando y tocando esto y lo de más allá.

BITZA. Espuma. **K.** Taberna hortara ekarridauen zerbeza berri hori oso ondo dau gustoz baña nere ustez larreitxo bitza dauko, kañerotik ataratzendanien ixe baso dana berakiñ betetzenta. **T.** La cerveza nueva que han traído a esa taberna de gusto está muy bien pero en mi opinión tiene demasiada espuma, cuando se saca del cañero casi todo el vaso se llena de ella.

BITZUE. Espumoso. **K.** Nere ustez txanpañak bitzue izen-bierra dauko baña larreiko-barik, halaere batzuk be eotendie exkax antzien daukienak eta honeikatik esatenda eztaukiela ez gatz ta ez berakatz. **T.** Yo creo que el champán tiene que ser espumoso pero sin que tampoco lo sea en demasía, aún así también hay algunos que lo tienen bastante escaso y por estos se dice que no tienen ni gatz ni berakatz (expresión que se utiliza para decir que no tiene ni chicha ni limoná).

BIURRA, BIURRE. Torcido, retorcido.

(Mirar la definición de bigurra).

BIURRI. Travieso. **K.** Badakitzu larreiko biurri zarela?, nik ixe betik okerrenbat itxen haizarela ikustezaut, eta eztaukotzu ezer asmoik txintxotzen hasteko?, ba berrogei urte inguru daukotzu eta nik ustedot ordue izengozala. **T.** ¿Ya sabes que eres demasiado travieso?, yo casi siempre te veo que andas haciendo alguna trastada, ¿y no tienes ninguna intención de empezar a formalizarte?, pues ya tienes cerca de cuarenta años y yo creo que ya sería hora.

BIURRITU. Malearse. **K.** Bibiano, zuri etxatzu iruitzen larreitxo biurritu iñdala zure lagun hori?, lenau hor eotezan baztertxuen ixil ixilik eta oñ betik asarre bezela eotendala ikustejako, segitxuen dau pres eozeñekiñ diskutitzen hasteko eta batzuetan baitxe burrukan be. **T.** Bibiano, ¿a ti no te da la impresión de que ese amigo tuyo se ha maleado mucho?, antes solía estar ahí en una esquina calladito y ahora siempre se le ve que está así como enfadado, enseguida está dispuesto a discutir con cualquiera y a veces hasta pelear también.

BIURTU. Convertirse, convercerse.

(Mirar la definición de bigurtu).

BIXAMONA. Aje, mal cuerpo, generalmente por haber cometido algunos excesos, con el alkohol claro. **K.** Atzo Soria aldien, guk mutil kuadrlla, kriston parranda botagauen eta gaur danok sekulako bixamona daukou. Goixien eta espero bezela, andra guztiek asarre eta sekulako errietak, eta zer inleikien ba?, nola ezauken erremeixoik entzun ixilixen ta ezer esan-barik. Iruitujakun ze beste-batzuetan bezela pasaukozala. **T.** Ayer en Soria, nosotros la cuadrilla de chicos, hicimos una juerga de mucho cuidado y hoy todos estamos con un gran aje. Por la mañana y tal como esperábamos, todas las mujeres estaban enfadadas y nos echaron una buena bronca, ¿y qué podíamos hacer?, pues como ya no tenía remedio oir en silencio y sin decir nada. Pensamos que de la misma manera que otras veces ya pasaría.

BIXBIXE. Brillos, reflejos. **K.** Nundik ekarritxoizu pultzera, belarritxeko eta kollar horriek?, Jeseus!, eztot uste argirik bierkozunik illunpetan eonda gauza horriek atarateitxuen bixbixekiñ, linternak diela emutendaue. **T.** ¡Jesús! ¿De dónde has traído la pulsera, collar y los pendientes esos?, no creo que vayas a necesitar ninguna iluminación estando en algún sitio oscuro con esos brillos y reflejos que tienen, parece que son linternas.

BIXEK, BIXOK. Los dos. **K.** Bai, noski ikusten hainazela nola horriek bixok diskutitzen haidien, baña zu ezaitez sartu euron hartien zeatik baleike asarratzie, eta gañera esan aber ze inportajatzun zuri asunto hori, askoz hobeto da pakien iztie eta eurok bakarrik konpondukodie. **T.** Sí, claro que estoy viendo como esos dos están discutiendo, pero tú no te metas entre ellos porque puede que se enfaden, y además te digan a ver que te importa a tí ese asunto, es mucho mejor dejarles en paz y ya se arreglarán ellos dos solos.

Aspaldiko esaerabat: Bixek die uztarri-baten jartzeko bezelakuek.

Un viejo proverbio en euskera dice que los dos son como para colocar en el mismo yugo. Que son tal para cual.

BIXENBITXERTIEN. Entretanto o mientras tanto. Y significaría un espacio o rato de tiempo en el trabajo, en la espera de algo o alguien, etc...

(Mirar la definición de bitartien, bitxartien, bitxertien).

BIXEN-TARTEKUE. El que está en medio de dos, el de la mitad. **K.** Aurrena txiki xamarra dala iruitzejat eta asken hori gehiegi haundixe ikustendot, ba eukitxenbozu bentzet emureizu bixen-tartekue eta ustedot horrekiñ askoz hobeto konpondukonazela. **T.** El primero me da la impresión de que es un poco pequeño y ese otro último quizá demasiado grande, pues si tienes por lo menos dame el de la mitad y creo que con ese me arreglaré mejor.

BIXER. Mañana.

(Mirar la definición de biar).

Aspaldiko esaerabat: Bixer be urtengodau eguzkixek.

Un viejo proverbio en euskera dice que mañana también saldrá el sol.

BIXERARTE, BIXER-HARTE. Palabra que se utiliza para despedirse y que significa hasta mañana. **K.** Nola esandako lanak bukatuitxun eta eztaukoun beste gauzaik itxeko, ba gaurkuatik nahikue izengoda eta fan inbikou, orduen agur eta bixerarte. **T.** Cómo ya hemos terminado los trabajos que nos ha dicho y no tenemos ninguna otra cosa para hacer, pues por hoy ya será suficiente y tendremos que marchar, entonces adiós y hasta mañana.

BIXERKO. Para mañana.

(Mirar la definición de biharko).

BIXERKUE. Lo de mañana. **K.** Beste toki-batera fanbierra dauket derrigorrez eta ezingonaz etorri illuntzerarte, zueik ordurako alde iñde eongozare baña hemen iztendotzuek bixerkue, lan hau iñ esandako bezela eta bukatu ondoren itxi dana ondo jasota ta txukun. **T.** Yo a la fuerza tengo que ir a otro sitio y no podré venir hasta el anochecer, vosotros para entonces ya os habréis marchado pero aquí os dejo lo de mañana, este trabajo lo hacéis tal y como os he explicado y después de terminar lo dejaís todo bien recogido y curioso.

BIXETAN. En los dos. **K.** Perretxikuek gureboitxozu kale hontako denda bixetan daukotzu saltzen, neri esautzie ezkerreko dendan dazenak bertakuek diela, halaere zuk ikusi ta erosi aurretik beitu inbikozu nun dazen etxura hobiek eta prezioz egokixenak dienak. t. **T.** Si quieres setas las tienes en los dos comercios que hay en esta calle, a mi me han dicho que las que tienen en la tienda de la izquierda son de aquí, aún así antes comprarlas las tendrás que mirar donde están las de mejor aspecto y precio máa conveniente.

BIXETARA. A los dos. **K.** Zuk dana gurozu baña badakitzu hori eztala posible eta bixetara eziñdozula fan, orduen eztaukotzu besteik, bat bakarra daukotzu aukeratzeko eta horrekiñ kitxo. **T.** Tú lo quieres todo pero ya sabes que eso no es posible y que a los dos no puedes ir, entonces no te queda otra, tienes que elegir solo uno de ellos y se acabó.

BIXI. Rápido, veloz. **K.** Antoñito, gauzabat inbierra daukotzu derrigorrez, zure amak deitxudust esanaz ixe ezerbarik geratudala eta gauza honeik bierditxula, orduen hartu hemen daukotzun errekauek eta eruen amai baña bixi, zai dau ta. **T.** Antoñito, tienes que hacer una cosa necesariamente, me ha llamado tu madre diciendo que se ha quedado casi sin nada y que necesita urgentemente estas cosas, así que coge los recados que tienes aquí y se lo llevas rápidamente que los está esperando.

BIXIGARRIXE. Algo fuerte, alguna cosa para levantar el ánimo. **K.** Errarue da baña gaurko afai hontan motel xamar ikustejako zure lagunei, zerreozer gertatzejako hala?, eztaukotzula arrastuik?, ba nik ustedot zerreozer bixigarrixe komenijakola eratie eta aber horrekiñ zertxobaitx animatzendan. **T.** Es raro pero en la cena de hoy a tu amigo se le ve bastante apagado, ¿acaso es que le pasa algo?, ¿que no tienes ni idea?, pues yo creo que le conveniente alguna bebida un poco fuerte y a ver si con eso se anima un poco.

BIXIGUE. Besugo. **K.** Esatendaue ze gure kosta aldien, Kantabrikon, apenas geratzendala bixigoik eta hemen ikustendien geixenak hor be aldetik ekartzeitxuela, Aljeziraz ingurutik. **T.** Dicen que en el entorno de nuestra costa, Cantábrico, apenas quedan besugos y que la mayoría de los que se ven por aquí los traen de por ahí abajo, de los alrededores de Algeciras.

Errezetabat: Bixigue laban errie. Aurrena derrigorrezkue da haldan freskuena izetie. Ba beno, bixigue erostendou pescaixan esateutzou ongo garbitxute emuteko barru eta kanpotik baña osoik. Jartzenda labako bandejan gatza bota ondoren, laba hau aurretik berotuta eukikou, eta bera arraña ondo untatzenda olixuekiñ, beste pixkat bandejara eta ardau txuri apurbat, gero sartu labara, hau berreun gradutara eta hamabost ero hogei miñutu barru, zer-ikusixe dauko arrañak dauken pixue, gertu dau. Komenigarrixe izetenda parebat bider bustitxie bixigue bandejan dauen saltzakiñ eta sikatzenbada ur pixkat bota. Sartakiñan prestatzendou errefritobat olixuekiñ, hiru ero lau berakatz ale fiñ moztuta zabaletara eta pipergorri miñ apurbat, hau norberan gustora. Gertu dauenien atara bandeja labatik eta bixigue pasa honduen daukoun fuentera, zabaldu liburue balitz bezela, kendu azurrak, gañien bota biñagre pixkat eta ondoren sartakiñan dauen errefritue, kontuen hartu ze berakatzak eztaukiela larrei prijitxu-bierrik, hau iñde ta gero saltza guztie berriz sartakiñara eta bertan nahastedou perrejill apurbat fin zatitxuta, beruen dala buelta-batzuk emun eta bakarrik geratzenda dan hau botatzie arraiñ gañera. Eta dan honeik iñ eta gero pres dau jaten hasteko. Ez astu etxurazko edarixaz, ondo geratzenda txakoliñ pixkat.

Una receta: Besugo al horno. Lo primero es necesario que esté lo más fresco posible. Pues bueno, en la pescadería que compremos el besugo pedimos que nos lo de limpio y eviscerado pero que esté entero. Lo colocamos en una bandeja de horno, éste ya previamente recalentado, después de haberlo salado lo untamos con un poco de aceite, echamos un poquito más en la bandeja y otro poco de vino blanco, lo introducimos en el horno que estará doscientos grados y aproximadamente quince o veinte minutos después, dependerá del peso del pescado, estará asado. Suele ser conveniente mojar el pescado un par de veces con la misma salsa de la bandeja y si se seca añadir un poco de agua. En una sartén preparamos un refrito a base de aceite, tres o cuatro ajos laminados finos y un poco de guindilla roja, esto al gusto de cada uno. Cuando está listo sacamos la bandeja y pasamos el besugo a una fuente que tenemos al lado, lo abrimos como si fuese un libro, le quitamos el hueso y las espinas, echamos un poco de vinagre encima y a continuación también el refrito que tenemos en la sartén, tener en cuenta de no hay que freir demasiado las láminas de ajo. Una vez todo junto volvemos a poner el conjunto en la sartén mezclándolo con un poco de perejil picado fino, le damos unas vueltas al calor y lo vertemos encima del pescado. Y después de todo esto ya queda listo para comer. Y no os olvideís de alguna bebida adecuada, queda bien un poco de txakolí.

BIXITA, BIXITAU. Bisita, bisitar. **K.** la nahiko aspaldi da eztoula bixitau Australian bizidien lengosuei, lenau nahiko sarri fategiñen, ixe illen beñ, baña oñ ustedot sigero alpertuta garela, ba aber noixbaitxen kentzendoun alpertazun hau gañetik eta berriz fategaren. **T.** Ya hace bastante tiempo que no vamos a visitar a los primos que viven en Australia, antes solíamos ir bastante a menudo, casi una vez al mes, pero ahora creo que nos hemos vuelto demasiado vagos, pues a ver si algún día nos quitamos esta vaguedad de encima y volvemos a ir.

BIXKAR-AZURRA. La columna vertebral. **K.** Nere esangunbat, Torkuato, nahiko exkaxien dabill, ontxe erretirau barri dau eta gertatzejako bixkar-azur be aldie xixko iñde daukela, bera ixe bizi guztien pixuekiñ ibilida lanien eta etxuraz horreatik da oñ pasatzejakona. Bi bider operauta dau eta esatendau eztaukola mejoraik, apenas dauela beste ezer itxeikoik eta berak be eziñdauela gauza askoik iñ zeatik etxako miñik kentzen. **T.** Un conocido mío, Torcuato, ha estado toda su vida laboral trabajando con pesos y parece que es por eso que tiene la zona baja de la columna vertebral hecha cisco. Ahora está recién jubilado y ya le han operado dos veces, pero él dice que no siente ninguna mejoría, que apenas se puede hacer nada más y que tampoco él puede hacer grandes cosas porque siempre está con dolor.

BIXKARRA, BIXKARRIEN. La espalda. **K.** Saku honeik pixu haundixe daukie bixkarrien erueteko, eziñdozu ekarri tratorie ero karretillabat besteik ezpada?, hala eta horreitan kargauta trankillau ibilikogitzen eta lananien be askoz lasaiaua izengozan. **T.** Estos sacos pesan demasiado para llevarlos a la espalda, ¿no puedes traer el tractor o cuanto menos alguna carretilla?, así y si los cargamos en ellos podemos andar más tranquilos y el trabajo también seríam mucho más suave.

Aspaldiko esaerabat: Bestien faltak aurrien eta guriek bixkarrien.

Un antiguo proverbio vasco dice que las faltas de los demás delante y las nuestras en la espalda.

BIXKOR, BIXKORRA. Rápido. **K.** Kastillejo mutille, bera katalana, benetan da pertzona bixkorra, hau da laugarren urtie, gañera errexkaran izendie, irabazi iñdauena Behobiako karrera. **T.** Una persona rápida de verdad es el catalán Castillejo, éste es el cuarto año, además han sido consecutivos, que ha ganado la carrera de la Behobia.

BIXKORTU. Espabilar, aligerar. **K.** Aspalditxuen larreiko motel ikustezaut, lenau lana bukatu ondoren betik fateziñen korrikan ero mendi-buelta txikibat itxera eta oñ allegau besteik ez etzan itxezara, ze gertatejatzu, alpertu inzarela?, ba mutil, bixkortzen hasibikozu zeatik hala ezabitz larreiko ondo. **T.** Ultimamente te veo que estás muy parado, antes cuando terminabas el trabajo siempre solías ir a correr o dar una pequeña vuelta por el monte y ahora en cuanto llegas te tumbas, ¿qué te pasa, que te has vuelto vago?, pues chico, tendrás que empezar a espabilar porque así no andas demasiado bien.

BIXONARTIEN, BIXON-HARTIEN. Entre los dos. **K.** Entzun ta aber zer iruitzejatzun, nik ustedot ze bakotxa bere aldetik ibili-bierren hobeto izengoula lan horreik bixonartien itxie, aurrena zu haizarena eto gero ni nabillen hau, bixek larreiko astunek die batek bakarrik itxeko. **T.** Escucha y a ver que te parece, yo creo que en lugar de andar cada uno por nuestro lado es mucho mejor que hagamos estos trabajos entre los dos, primero el que tú andas y luego este que yo estoy haciendo, los dos son demasiado pesados para hacerlo uno solo.

BIZARDUNA, BIZARTZUE. Con barba, barbudo. **K.** Noski baietz, bertan geotzen ta ondo Ikusidou nola tipo harek arrapautzen poltzue andriei tira iñ ondoren, mutil gazte ta mebat zan baña eztakitx zeiñ, halaere bai dauket ziurtazuna bizarduna zala. **T.** Claro que sí, estábamos allí mismo y hemos visto muy bien cómo el tipo aquel le ha robado el bolso a la señora después de darle un tirón, era un chico joven y flaco pero no sé quien, aún así sí estoy seguro de una cosa, que tenía barba.

BIZARRA. Barba. **K.** Nik be garai baten eukinauen bizarra eta gañera denpora askuen, aurrenekotan nahiko etxura onakiñ ikustenitzen baña gero denporiaz pentzatzen hasi larreiko lan emutezuztela bierdan bezela mantentzie, eta askenien erabakixe kentzie izenzan. **T.** Antaño yo también ya tuve barba y además durante mucho tiempo, al principio me veía que tenía bastante buen aspecto pero luego con el tiempo empecé a pensar que me daba mucho trabajo el mantenerla en condiciones, y al final la decisión fué el quitarla.

Aslpaldiko esaerabat: Bizarrak eztau itxen gizona.

Un viejo proverbio en euskera dice que la barba no hace al hombre.

BIZI, BIZIDA, BIZIRIK. Vive, todavía vive. **K.** Zenbat denpora enauela ikusi gizon hori, jakiñ bez bere berririk eta gaur nahiko arritxuta geratunaz kalien ikusidotenien, gañera errekautan hauen eta sigero etxura honakiñ, ba nik enauen uste ondion bizirik eongozanik zeatik ehun urtetik ondo gora eukikoutxu. **T.** Cuánto tiempo que no había visto a ese hombre, tampoco saber nada sobre él y hoy me he quedado asombrado cuando le he visto en la calle, además estaba haciendo recados y tenía muy buen aspecto, pues no esperaba que todavía estuviese vivo porque debe que tener bastante por arriba de cien años.

Aspaldiko esaerabat: Eta zer ingou ba?, ba hil harte, bizi.

Un viejo proverbio en euskera pregunta: ¿Y que vamos a hacer?, pues hasta que muramos, vivir.

BIZIAU, BIZIUE. Vicio, viciarse. **K.** Esatendaue oingo gazte askoatik larreiko axkar hartzeitxuela biziuek, porruekiñ hastendiela, gero zerbaitx gogorrauaz eta hala auskalo noixarte, gañera botelloie be geixenbaten euron inguruen. **T.** Por muchos jóvenes de ahora suelen decir que se vician demasiado rápido, que empiezan con porros, luego algo más fuerte y así cualquiera sabe hasta dónde, además también el botellón próximo a ellos la mayoría de las veces.

BIZI-BIZIRIK. Muy vivo y despierto. **K.** Bixer badakitzue lan asko daukoula intxaurrak batzen eta goixien goix naidotzuet ikustie bizi-bizirik, eta hortarako jakiñien eongozare zer dan inbierrezkue, ez?, ba axkar ugeratu. **T.** Ya sabeís que mañana tenemos mucho trabajo recogiendo las nueces y desde muy temprano os quiero ver muy despiertos, ¿y para eso supongo que ya sabréis lo que hay que hacer, no?, pues retirarse pronto a la cama.

BIZI-LAGUNA. Compañero (a) de la casa, vivienda. **K.** Unibersidadien estudiatzen haizaren bitxartien bizi-lagunbat komenijatzu billatzie etxeko gastuek konpartitzeko, zeatik beztela pixu hori larreiko karesti urtengodau batendako bakarrik. **T.** Mientras estés estudiando en la universidad te conviene buscar un compañero para compartir los gastos de la casa, porque sino para uno solo solo el piso ese saldrá demasiado caro.

BIZI-LEKUE. La casa donde uno vive. **K.** Etortzezarenien Hondarribira, eta allegau besteik ez deitxurezu telefonoz, orduen esangotzut nundik etorrizeiketzun nere bizi-lekue dauen kalera. **T.** Cuando vengas a Fuenterrabía, y nada más que llegues llámame por teléfono, entonces te diré por donde podrás venir a la calle que está la casa dónde vivo.

BIZIMIÑE BIZI-MIÑE. Dolor crónico. **K.** Jenarok esatendau betik bizimiñ horrekiñ bizi-bierra daukela geixotazun erraru horretatik, botika asko hartzeitxula eta momentuz bentzet, nahiko oituratzen haidala miñ horrekiñ. **T.** Jenaro dice que tiene que vivir siempre con ese dolor crónico debido a la enfermedad esa rara que tiene, que toma muchas medicinas y que al menos de momento, se está acostumbrando bastante con ese dolor.

BIZIMODUE, BIZI-MODUE, BIZIXE. Forma de vivir, de vida. **K.** Gizon horren inbidixa pixkat badauket zeatik gustaukonauke haren bizimodue eukitxie, benetan eztala bape txarra, loteri urten ondoren egun guztien ezerko golpeik emun-barik, bidaiak hara eta ona, emakuma ugeri ta sasioe be ondion nahiko ona. **T.** Yo ya tengo un poco de envidia de ese hombre y ya me gustaría vivir cómo él porque la verdad es que no tiene nada de mala, después de que le tocó la loteria está todo el día sin dar golpe, viajes aquí y allá, suficientes mujeres y todavía bastante bien de salud.

BIZIPOZA, BIZI-POZA. Felicidad, ilusión, alegría. **K.** Benetako bizipoza dauko Argimiron semiek, aspalditxik haizan lana aldatu guran eta oñ billatudauen hori oso ona omenda eta etxuraz irabaztendana, gañera ontxe eskondu-barri dau neska jatorraz eta famili zai. **T.** De verdad que está muy feliz el hijo de Argimiro, desde hace ya hace algún tiempo estaba con ganas de cambiar de trabajo y el que ha encontrado debe de ser muy bueno y ganando bien, además ahora está recién casado con una chica estupenda y esperando familia.

BIZITAZUNA, BIXITAZUNA. Vivacidad. **K.** Siñistu eziñleike ume horrek dauken bizitazuna, ezta sekula ikusten geldik dauenik eta betik zerbaitx itxen haida, ikastolatik etorri ondoren merixendie hartu eta fubolien ero pelotan jolasten fatenda, eta gero afal aurretik deberiek itxeitxu. **T.** Es increíble la vivacidad que tiene ese crío y no se le ve nunca que esté quieto, después de que viene de la ikastola coge la merienda y se va a jugar al fúlbol o a la pelota, y luego antes de cenar hace los deberes.

BIZKARREKUE, BIXKARREKUE. Golpe en la espalda. **K.** Braulio sekulako bizkarrekue hartutakue da Kandantxun eskiatzen haizala, anbulantzian eruen eta egun osue eon-bierra izenauen ospitalen gauza guztiek ondo ikusi ta probak bukatu harte. **T.** Braulio cogió un golpe impresionante en la espalda cuando estaba esquiando en Candanchú, le llevaron en ambulancia y tuvo que estar todo un día en el hospital para que le mirasen todo bien y terminaran de hacerle las pruebas necesarias.

BIZITXU. Avivar, revivir. **K.** Gizon hori asko bizitxuda ospitaletik urten ondoren, ixe illebete eonda barruen probak itxen eta ezkerrak zeatik askenien esautzie eztaukola ezer erraruik, bakarrik larreiko estula eta izteko erretziei **T.** Cómo se ha avivado ese hombre después de salir del hospital, ha estado casi un mes dentro haciendo pruebas y menos mal porque al final ya le han dicho que no tiene nada raro, solo demasiada tos y que deje de fumar.

BIZIXE. Se dice de la persona inquieta, vivaz. **K.** Silberion illoba, Nikaxio, bere seme-puntekue omenda eta esatendau benetako bizixe dala, hastendala bere lanien peskaixan eta bukatu besteik ez bodadillobat hartu, jan birien eta jarraitxu kotxe probaketa asuntuekiñ, honeik manejatzen, baitxe mantenimentuaz eta eztakixela noiz hartzendauen denpora lo ero beste gauza horrreik itxeko. **T.** El sobrino de Silverio, Nicasio, debe de ser su ahijado y dice debe de ser una persona inquieta de verdad, que empieza a trabajar en La pescadería y que nada más que termina coge un bocadillo, lo come en el camino y luego continúa con el asunto de probatura de coches, pilotar estos, también con el mantenimiento y que no sabe cuando coge tiempo para dormir y hacer esas otras cosas.

BIZKIK. Gemelos, mellizos.

(Ver la definición de birkixek).

BLAI. Empapado de agua. **K.** Atzo goixeko euri-zaparrariek Pagoetako mendi puntan arrapauzten eta askotan pasatzendan bezela, enauken aterkiñik eta beste ezer ez tapatzeko, ba pentzauzeike nola gelditxunitzen, bustitxe gutxi da, sigero blai iñde goitxik beraño. **T.** El chaparrón de ayer a la mañana me pilló en la cima de Pagoeta y cómo muchas veces pasa, no tenía paraguas ni ninguna otra cosa para poder taparme, pues os podeís imaginar como quedé, mojado es poco, completamente empapado de arriba abajo.

BLASTARABAT, BLASTATEKOBAT. Un tortazo. **K.** Eztozu ikusten umiek eziñdauela geixau aguantau barre itxeko goguekiñ, ero?, ba gelditxu eta eziozu giligili geixau iñ zeatik beztela blastatekobat emungotzut. **T.** ¿No estás viendo que el crío no se puede aguantar de las ganas de reir, o que?, pues párate y deja de hacerle cosquillas porque sino te voy a dar un tortazo.

BOGA. Remar, o también puede llamarse bogar. **K.** Aspaldiko abestibat dau esatendauena, boga boga mariñela, mariñela, juanbiardegu urrutira, urrutira, ... Noski jarraitxu itxendau baña luze ingozan dana jartzie, eta gañera gogoratuko be enitzen ingo abesti guztiena. **T.** Hay una canción vasca de hace ya mucho tiempo que viene a decir, boga boga marinero que hemos de ir lejos, lejos,...Claro está que continúa pero se haría largo el ponerlo todo, además tampoco me acordaría de toda la canción.

BOKADILLUE. El bocadillo. **K.** Bokadilluen buruz gure aitxak betik esateauen berai etxakola gustatzen ogi larreikiñ, horren aldetik ezala derrigorra asko izetie, bera bokadillue txiki xamarra baña inportantzi haundikue zala ondo betie eotie. **T.** Nuestro padre y en referencia a los bocadillos siempre solía decir que a él no le gustaban con demasiado pan y por esa parte que no era necesario que fuera mucho, el propio bocadillo bastante pequeño pero que era muy importante que estuviese bien lleno.

BOKAZIÑUE. Vocación. **K.** Aspaldiko garai hartan hala zien gauzak eta ehuneka mutiko fatezien seminaixora, lenau be eztot uste bokaziño asko eongozanik, baña oñ pentzatzendot ze ez bakarrik askoz gutxiau baizik apenas dauela ezer, beztela ikusi besteik eztau, seminaixuek ixe utzik, geruau da abare gutxiau eta emutendau gazte jentie eztauela gure ezer jakitxeik asunto horrein buruz. **T.** En aquellos tiempos de antaño así eran las cosas e iban cientos de chavales a los seminarios, antes tampoco creo que habría muchas vocaciones pero pienso que ahora no solo mucho menos sino que apenas hay nada, sino no hay más que ver los seminarios, están casi vacíos, cada vez hay menos curas y la gente joven parece que no quieren saber nada de esos asuntos.

BOLADA, BOLARA. Ráfaga de viento o de lluvia. **K.** Atzokuek bai izenziela benetako haixe bolarak eta telebistak esanauen ziklojenesis ero holako izen xelebrebat haukela gertatzezan hori, ni atzaldien kanpiñ aldien eonitzen eta tente ezinzan ixe eon be iñ haixe harekiñ, gañera momentu batzuk eonzien makurtuta ibili-bierrekuek. **T.** Lo de ayer si que fueron de verdad ráfagas de viento y en la televisión dijeron que se llamaba ciclogénesis o algo así lo que estaba pasando, yo a la tarde yo estuve por la zona del camping y casi no se podía ni estar derecho con el viento que había, además hubo momentos que había que andar agachado.

BOLARA. Fig. se dice de la persona que es volátil, que tiene ideas cambiantes, raras, etc… **K.** Tipo horrek dauko bolara, atzo esaten ibilizan gauzabat, gañera ondo serixo, gaur berriz haren ezetza eta bestebat sigero desberdiñe, eta bixerkue eztakitx zer izenleikien, auskalo. Nik eztot asko esauketan baña entzunde dauket betik berdiñ ibiltxendala. **T.** Esa persona si que tiene las ideas cambiantes, ayer estuvo diciendo una cosa, además muy en serio, hoy en cambio que aquello no y otra completamente diferente, y lo de mañana no sé lo que podrá ser, cualquiera sabe. Yo no le conozco mucho pero tengo oído que siempre anda igual.

BOLARIXE. Es el jugador de bolos. **K.** Atxabaltan, aspaldiko bolatokixen bi bolari oso onak eozen, Tomasiton osaba, Kamilo, eta Elgetako letxerue, Kornelio. Orduen esatezan, nik eztakitx kontue ero egixe izengozan, euron hartien eotezala hola zerbaitx tetemanejo bezela. **T.** En Aretxabaleta, en la antigua bolera había dos jugadores muy buenos, el tío de Tomasito, Camilo, y el lechero de Elgueta, Cornelio. Entonces se decía, yo no sé si podía ser un cuento o era verdad, que entre ellos solía haber alguna especie de componenda.

BOLATOKIXE, BOLALEKUE. La bolera. Atxabaltako bolatolixe ia urte pilla da botazala eta arrazkero eztaue beste holakoik iñ, badau bat barrixe iñdakue baña sigero desberdiñe eta nere ustez bestien tipokue inbalaukie askoz politxaue izengozan. **T.** Hace ya muchos años que se derribó la bolera de Aretxabaleta y desde entonces no han vuelto a hacer otra semejante, ya hay una que se hizo nueva pero es completamente diferente y yo creo que si lo hubieran hecho del tipo del que se tiró sería mucho más bonita.

BOLEA. Volea. En la pelota a mano es la jugada en la que se golpea la pelota de arriba para abajo con el brazo extendido, tanto en defensa como en ataque. **K.** Esku-pelotan ta boleaz ondo jokatzendauen pelotari asko daz eta oñ, nere ustez, Ezkurdia da oneneitakue eta lenau akaso Pierola izengozan. **T.** En el juego de la pelota a mano hay muchos pelotaris que juegan bien a volea y ahora, creo yo, que uno de los mejores es Ezkurdia y antes puede que fuese Piérola.

BOLINGA. Fig. se dice por la persona que está bebida o borracha.

(Ver la definición de moxkorra, moxkortixe).

BOLKAU. Volcar.

(Ver la definición de itzuli).

BOLKETIE. El volquete de los vehículos, generalmente de los camiones y se utiliza para descargar levantando la caja que contine el material. **K.** Garai baten kamioi zarrak ezauen bolketeik eukitxen eta ixe lan guztie eskuz inbierra izetezan, kargatzeko eta baitxe geroko ustutziek. **T.** En aquellos tiempos los camiones viejos no disponían de volquete y casi todo el trabajo había que hacerlo a mano, el cargar y luego también la descarga posterior.

BOLLOLETXIE. El típico bollo de leche para el desayuno. **K.** Garai hartan eta gosaltzeko denporan ze gustora jategauen Marian panaderiko bolloletxiek, baña lastimaz hori domeketan bakarrik izetezan. **T.** Antaño y en el tiempo del desayuno que a gusto solíamos comer los bollos de leche de la panadería de María, pero era una pena que solo fuese los domingos.

BOLOBOLO, BOLO-BOLO. Es una palabra que se utilizaba, quizá también ahora, para decir que es un rumor que corre de boca en boca. **K.** Hau herri txikiñe da eta ziur onazkero jakingodala, ta baitxe bolobolo ibili, Heribertoi lapurretan arrapautziela eta gero kartzelara eruen. **T.** Este es un pueblo pequeño y seguro que ya se sabrá, y que también andará de boca en boca, que a Heriberto le han pillado robando y luego le han llevado a la cárcel.

BOLONDRESA, BOLUNTAIXUE. Voluntario. **K.** Santio biretako alberge zaiñtzaliek, ospitaleruek esateutzie, danak bolondresak die eta lan horreatik eztaue ezertxoik irabazten, laguntzeatik izetenda eta batzuetan baitxe norberan gustuatik be. **T.** Todos los cuidadores de los albergues del Camino de Santiago, les dicen hospitaleros, son voluntarios y por ese trabajo no ganan ganan abosolutamente nada, suele ser por ayudar y también hay algunos que lo hacen por el propio gusto.

BONBATXUE, (K) El pantalón bombacho. **K.** Nere aitxak betik oitura berdiñe izeteauen, lan-ostien kentzezitxun bonbatxo zikiñek eta gero bestebat garbixe jarri frakan gañien, eta hau iñ ondoren hartu bere meriendatxue eta soziedadera fatezan, baña ezan sikuen jateko baizik txupina ardauaz lagunduta. **T.** Mi padre siempre tenía la misma costumbre, después del trabajo se quitaba el bombacho sucio y se ponía otro limpio encima de los pantalones, después de hacer esto cogía su meriendita y solía ir a la sociedad, pero no era para comerla en seco sino acompañada con la chupina de vino.

BONBITUE. Vómito, arcada. **K.** Eztakitx Herminioi eztutzen bazkaiko zerbaitxek kalte iñ, bombito gogue daukela esandau eta ustedot badakitxela zer izendan, ba segurazki nola denpora askuen ezer alkolik dauken eran-barik eondan baleike gaur erandauen ardaue izetie, baña halaere eztot uste asko izengozanik. **T.** Creo que a Herminio le ha debido de sentar mal alguna cosa de la comida, dice que le vienen vómitos y creo que ya sé lo que ha sido, pues casi seguro que cómo llevaba mucho tiempo sin beber nada que tenga alcohol puede que sea el vino, pero aún así no creo que haya sido demasiado.

BORDA. La txabola para los animales. **K.** Ardixen borda hau konpondu-birrien gara, laister igokodie mendira eta tellatue larreiko gaizki dau, itxufiñek besteik eztauko eta honeik bentzet kendu inbikoitxu. **T.** Tenemos que arreglar la chabola de las ovejas, pronto subirán al monte y el tejado está en muy mal estado, no hay más que goteras y por lo menos estas las tendremos que quitar.

BOROBILDU. Redondear, curvar. **K.** Mutil hori oso langille ona da eta barai esangutzet, aber Honorato, enkofrau aurretik borobildu inbikozu egur horreik, beztela larreiko zorrotzak urtengodaue ertzak. **T.** Ese chico es muy buen trabajador y se lo diré a él, a ver Honorato, antes de encofrar tendrás que redondear un poco esas maderas, sino las esquinas van a salir demasiado afiladas.

BOROBILLA. Una cosa redonda. Un día redondo. Un día para estar feliz, contento y a gusto. **K.** Gaurko eguna borobilla izenda eta denpora zoragarrixe eukidou Senperen, jente ugeri eonda, bazkaldu be ederto iñdou eta eran be bape gaizki ez, eta ze giro, benetako ikuzgarrixe. **T.** El día de hoy ha sido redondo, hemos tenido un tiempo estupendo en Sempere, había mucha gente, hemos comido estupendamente, beber tampoco mal de todo y qué ambiente, extraordinario de verdad.

BORONDATEZKUE. Se dice de la persona bondadosa, buena. **K.** Nik ustedot danok izenbikogiñela borondatezko pertzonak kanpotik igex iñde etortzendien jente horreikiñ, baña gauzabat gertatzejaku, nola guri eztuzkun apenas afektatzen ba larreiko erosuek biurtugarela. **T.** Yo creo que todas las personas deberíamos ser bondadosos con la gente que viene huída de otros paises, pero nos pasa una cosa, que cómo no nos afecta demasiado pues nos hemos vuelto demasiado cómodos.

BORONDATIE. Voluntad, bondad. **K.** Eztot uste Agapito gaztiek borondateik faltadauenik eta pentzatzendot haldauen alegiñek be itxeitxula, baña halaere gauzabat gertatzejako, eta da ze lanien nahiko, hobeto esanda sigero, exkaxa dala, akaso eta alegiñ horrekiñ jarraitzenbadau baleike denporiaz hori zuzendu eta konpontzie. **T.** No creo que al joven Agapito le falte voluntad y pienso que también ya intenta esforzarse, pero aún así le pasa una cosa, y es que en el trabajo es bastante, mejor dicho muy, deficiente, quizá y si continúa esforzándose de esa manera puede que con el tiempo eso se corrija y se pueda solucionar.

Aspaldiko esaerabat: Aberatzan diruaz eta pobrien borondatiekiñ zenbat gauza haleike iñ.

Un viejo proverbio vasco dice que con el dinero del rico y la voluntad del pobre cuantas cosas se pueden hacer.

BORONDATEZ. De forma voluntaria, de motu propio. **K.** Ezpozu nai eztaukotzu derrigorrez inbierrik konponketa horreik, nik bakarrik esautzut itxeko zuk gurebozu, oñ gauzabat, itxekotan iñ baña izeteko zure borondatez. **T.** Si no quieres no tienes porqué hacer a la fuerza esos arreglos, yo solo te he dicho que los hagas si tú lo querías, ahora que una cosa, si los haces que sea de forma voluntaria.

BORONIE. Papilla hecha con cereal molido, normalmente con maiz tostado. **K.** Enaz apenas ezer gogoratzen baña ustedot beñ ero beñ, mitikotan, janda dauketela boronie Atxabaltako etxe zarrien. **T.** Apenas me acuerdo de nada pero creo que alguna vez, de chaval, tengo comido la papilla de cereal en la casa vieja de Aretxabaleta.

BORONO. Esto se dice, creo que mejor estaría se decía, de la persona poco instruida y un poco tontita. **K.** Tipo hori sigero boronue da ero beztela burura igotzo eranak, eztakitx nola esanleiken hemen bizidien Errioxar jente propixuei, nola guk Gipuzkun, eurok baño askoz lenautik, hasigiñen ardaue laboratzen, ta gañera ustedot benetan haidala. **T.** Ese tipo en completamente tonto o sino se le ha subido la bebida a la cabeza, no sé cómo se puede decir a la propia gente riojana que vive aquí, que nosotros en Gupúzkoa, empezamos mucho antes que ellos a elaborar el vino, y además creo que está hablando es serio.

BORRAGOMA, BORRAGOMIE. La goma de borrar. **K.** Guk mutikotan Atxabaltako eskola nazionaletan hasigiñenien, emuzkuen kuaderno txikibat, lapitze eta borragoma, enaz ondo gogoratzen baña ustedot hau askenoi nahiko sarri erabilibierra izetegauela txirriborruek borratzeko. **T.** Cuándo empezamos de chavalitos en las escuelas nacionales de Aretxabaleta, nos dieron un cuaderno pequeño, un lápiz y una goma de borrar, no me acuerdo muy bien pero creo que esto último lo utilizábamos bastante a menudo para borrar los garabatos.

BORRAU. Borrar, olvidar. **K.** Borrau atzo esandako guztiek, momentu txarrien nauen eta badakitx astokeixa dexente esanitxula, ba parkatu eta eztot uste berriz gertaukodanik. **T.** Borrar todo lo que dije ayer, me encontraba en un mal momento y ya sé que dije unas cuantas burradas, pues perdonarme y no creo que vuelva a pasar.

BORROKA, BURRUKA. Riña, pelea. **K.** Eztakitx zergaitxik dan baña hala da, akaso fuertetxue izengoda esatendoten hau baña batzuk benetako, kasu hontan bentzet, jente anormala izetenda, teoriz fubola ikustera fatendie baña emutendau betik haidiela batekiñ ero bestiekiñ burruka billatzen. **T.** No sé el porqué pero es así, a lo mejor es un poco fuerte lo que voy a decir pero hay algunas personas, al menos en este caso, que son en verdad anormales, en teoría van a ver el fútbol pero parece que siempre están buscando pelea lo mismo sea con unos o con otros.

BORROIE. Borrón, mancha. **K.** Aurreratxuau eta zertxobaitx ikesi ondoren, eskola nazionaleta plumillabat eta tinterue emuzkuen, tintakiñ noski, txina izenaz, kuaternuen idatzi eta kaligrafía ikesteko. Batzuetan, ero sarri, tinta jaustezan kuadernora ta han borroie itxezan, orduen eta baezpare axkar gañera, paper sekantiaz siketu inbierra izetegauen. **T.** Un poco más adelante y después de haber aprendido ya algo, en las escuelas nacionales nos dieron una plumilla y un tintero, con tinta claro, con el nombre dee china, para escribir en el cuaderno y aprender caligrafía. Algunas veces, o bastantes, se caía la tinta al cuaderno y allá se hacía un borrón, entonces y además rápido por si acaso, había que utilizar el papel secante para secar la mancha.

BORRUE. Oveja de la raza merina que tiene entre uno y dos años. Tiene el nombre de borro. **K.** Euskalherrixen eztaz borroik, horreik Kastilla aldien eotendie eta dakixienak esatendaue jateko horreik baño hobiek badazela. Hemengo ardixek eta ixe geixenak latxa errazakuek die. **T.** En Euskalherría no hay borros, esos suelen estar en la zona de Castilla y los que entienden dicen que para comer ya suele haber mejores que aquellos. Las ovejas de aquí y casi la mayoría son de la raza latxa.

BOSTAK. Quinteto. **K.** Ni ondo gogoratzenaz ze garai baten Eibarren bost abeslari eonzien alkarreaz abesketauenak, nahiko txukunak zien eta harein izena zan, nola ez, bostak. **T.** Yo me acuerdo muy bien de que hace mucho tiempo en Eibar hubo un quinteto de cantantes, eran bastante buenos y se llamaban, como no, bostak, que quiere decir los cinco.

BOSTEKUE. Literalmente cinco o de cinco y fig. se dice por el hecho de estrechar la mano (por los cinco dedos). **K.** Euskalherrixen eta hau geixenbaten ferixetan gertatzezan, ondion be berdiñ jarraitzendau, tratue iñ ondorengo oitura bostekue emutie zan, ta noski da, akordue bezela eta ezauen beste gauzan bierrik zeatik horrekiñ bakarrik nahikue izetezan, beno bakarrik bez, ondion ordaintzie geartzezan. **T.** En Euskalherría y esto la mayoría de las veces solía ser en las ferias, aún continúa igual, después de haber hecho un trato la costumbre era y es, estrecharse la mano en señal de acuerdo y además no hacía falta nada más porque con eso solo era suficiente, bueno eso solo tampoco, todavía quedaba el pagar.

BOTA. Tirar. **K.** Txatarrerue zarela emutendozu eta ikustenditxuzun gauza guztiek jaso-bierrak daukotzu, zure logela trasto zarraz betie dau eta geixenak eztauenak ezertarako balixo die. Ba mutil derrigorrez zerbaitzuk kentzen hasibikozu eta gutxienetik bota hor erdixen traban itxidozunak. **T.** Parece que eres un chatarrero y todo lo que ves lo tienes que recoger, tu cuarto lo tienes lleno de trastos viejos y la maroría no valen para nada. Pues chaval tendrás que empezar a tirar algunas cosas y como mínimo las que has dejado estorbando ahí en la mitad.

BOTA. Recipiente para vino y que generalmente se elabora con cuero. **K.** Gaur kuadrilla haundixe gara mendira fateko eta ardau bota horreik goraño betebikoitxu, ustedot badiela gutxienetik parebat nahiko zaliek dienak eta horreikiñ kontu haundixekiñ ibilibikou, bentzet iñoi ez okurritzeko euron kargu izteiz ardau botak. **T.** Hoy somos una cuadrilla grande para ir al monte y tenemos que llenar hasta arriba esas botas de vino, creo que por lo menos ya hay dos que son bastante aficionadillos y con esos tendremos que andar con mucho cuidado, al menos que a nadie se le ocurra dejar a su cuidado las botas de vino.

BOTADOT. Ya lo he tirado. **K.** Botadot zuk esandako traban eozenak eta ezkerrak horri, oñ badauket nahiko tokixe beste gauza batzuk ekarri eta jartzeko, benetan da nahiko exaxien hainitzela. **T.** Ya he tirado lo que tú me has dicho que estaba estorbando y ahora gracias a eso, ya tengo bastante sitio para traer y colocar otras cosas, la verdad es que andaba un poquito justo.

BOTADOT. (Botadok), don, dozu, dozue.

BOTAGURIE. Ganas de vomitar. **K.** Hainbeste errebuelta dau bire hontan ze zertxobaitx mariau iñaz eta botagurie sartujat, mezerez eta berandu-barik geltitxuzaitxez nunbaitxen zeatik ustedot segitxuen hasikonazela. **T.** Hay tantas curvas en este camino que me he mareado un poco y me han entrado ganas de vomitar, por favor y sin que sea tarde para en algún sitio porque creo que enseguida voy a empezar.

BOTAKA. Vomitando.

(Mirar la definición de bonbitoka).

BOTAKOT. Ya tiraré **K.** Ezaitez hainbeste jardunien ibili, ia nahiko entzundotuzt ta, eta botakoitxut bai, halbada gaur bertan ero beztela bixer, eta lasai eon zeatik dana sigero txukun geratukojatzu ta. **T.** No andes refunfuñando tanto que ya te he oído lo suficiente, y ya los tiraré sí, si puede pues hoy mismo y sino mañana, y éstate tranquila porque todo te lo dejaré bien curioso.

BOTAKOT. (Botakok), kon, kozu, kozue.

BOTANAUE. Ya me han echado. **K.** Jeseus!, zer da hau, hortik be botanaue eta eztakitx ze tokitxen jarri eta ez nora fan, badauket sarrera baña gertatzenda hemen jartzendauen zenbakixe eztala iñun asaltzen. **T.** ¡Jesús!, que va a ser ésto, de aquí también me han echado y ya no se en que sitio sentarme ni siquiera dónde ir, ya tengo la entrada pero pasa que el número que figura aquí no aparece en ninguna parte.

BOTANAUEN. Ya los tiré. **K.** Oñ alperrik zatoz zeatik gauza horreik aspaldi botanauen, jakiñ-banauen gordekonitxun baña orduen gertaketazan ezuztela faltaik itxen eta traban naukela. **T.** Ahora vienes en balde porque esas cosas las tiré hace ya mucho tiempo, si hubiera sabido ya las hubiera guardado pero entonces pasaba que no las necesitaba y estaban estorbando.

BOTAZIÑUEK. Votaciones. **K.** Abendu hontan die Kataluñako botaziñuek eta danok galdetzen haidie aber zeñek irabazi ingotedauen. Baña halaere eztot uste oso normalak dienik kontuen hartuta batzuk kartzelan diela eta beste-batzuk hortik kanpo. Bixer ikusibikou zer gertaudan. **T.** En este mes de Diciembre son las votaciones en Cataluña y todos se están preguntando quién ganará. De todas formas no creo que sean muy normales teniendo en cuenta que algunos están en la cárcel y otros fuera de allá. Ya veremos mañana lo que ha pasado.

BOTIKA. Farmacia. **K.** Akaso baleike izetie eguzkitan ibilinazelako ordu askuen, baña horreatik ero beste erozeiñ gauzatik izen berdiñ da, gauza da burukomiñaz nauela eta botikara fankikotela aspirinak erosten, ta aber hori hartuta kentzejaten. **T.** A lo mejor ha sido porque he andado muchas horas al sol, pero tanto que sea por eso o por otra cosa es igual, la cuestión es que tengo dolor de cabeza y tendré que a ir a la farmacia a comprar unas aspirinas, y a ver si tomando eso se me quita.

BOTIKA. Medicina. **K.** Sagrariok esauzten bere gizona botika dexente hartzen haidala gauza asko daukelako, zerbaitx biotzien, diabetes, eta oñ enaz geixauna akordatzen baña baitxe beste zerreozer be. **T.** Sagrario me dijo que su marido está tomando bastantes medicinas porque tiene muchas cosas, algo en el corazón, diabetes y ahora no me acuerdo de más pero también tiene algunas otras.

BOTIKAIXUE. El farmacéutico. **K.** Lenau botika bakotxien botikaixo bakarra eotezan eta oñ danetan ikustendie bi ero hiru lagun dazela, eta nik ustedot hori dala zeatik botikaz aparte beste gauza mordoxka batzuk be saltzendielako. **T.** Antes en las farmacias había un solo farmacéutico y ahora en todas se ve que hay dos o tres, y yo creo que eso es porque aparte de las medicinas también venden otro montón más de cosas.

BOTOIE. Botón. **K.** Beste gauza askoik ez baña botoiek josten bentzet ikesinauen, hortik zier ibilinazen bakoitxien eta noxienbeñ, batzuetan nahiko sarri, botoie askatu, ixe betik bragetakuek izetezien, eta derrigorrez josi-bierra nauken. Baña gauza horreitarako pres eotenitzen, motxilan betik eruetenitxun arixe eta orratza. **T.** Muchas otras cosas no pero por lo menos ya aprendí a coser botones, cada vez que he andado por ahí y algunas veces, o bastante a menudo, se soltaba algún que otro botón, normalmente solían ser los de la bragueta, y necesariamente lo tenía que coser. Pero para esas cosas estaba preparado, en la mochila siempre llevaba aguja e hilo.

BOTOI-ZULUE. El ojal. **K.** Andrien aldetik, baitxe gaur be, errieta batzuk entzuitxut zeatik etxuraz alderantzi lotudot botoie bere botoi-zuluaz, eta zer, ba prixaka ibilinaz eta enaz konturatu, baña nolakuek dien, halaere hori esan eta gañetik baldarra deitxudust. **T.** Por parte de la mujer, también hoy, he tenido que escuchar una regañina porque parece ser que he atado el botón con un ojal que no le correspondía, y qué, pues andaba con prisa y no me he dado cuenta, pero cómo son, a pesar de que se lo he explicado encima me ha dicho que soy cualquier cosa.

BOZKA. Votar. **K.** Lenau esandoun bezela abendu hontan die Kataluñako botaziñuek eta etxuraz, esatendauen ez, jente ugeri fangoda bozkatzera, eurok esperuen die larogei ehunekotik gora izengodala. **T.** Cómo hemos dicho antes las votaciones en Cataluña son en este mes de diciembre y parece, según dicen, que irá mucha gente a votar, ellos esperan que habrá una participación por encima del ochenta por ciento.

BOZKETA. Votaciones.

(Ver la definición de botaziñuek).

BRANKA. Proa de la embarcación. **K.** Olatu haundixek eotendienien palka jartzenda traineruko brankan urik eztixen sartu, baña halaere askonan eziñda hori ebitau, orduen bateonbat bere arrauna utzi ta axkar ura ataratzen hasi inbierra dauko. **T.** Cuándo hay mucho oleaje en la proa de la trainera se coloca una protección, se llama palka y sirve para que no entre el agua pero aún así muchas veces eso no se puede evitar, entonces alguno tiene que dejar su remo y rápidamente se tiene que dedicar a achicar el agua.

BRINGA. Leña partida o astillas de madera para hacer fuego. **K.** Ondion emutendau eztala garaia baña gaur hotz dexentie itxendau eta sukaldeko ekonomika piztukou, aurrena ekarrizu bringa txiki batzuk sue hasteko eta gero ekarrikozu beste egur haundi horreik. **T.** Todavía parece que no es el tiempo pero hoy hace un frío bastante considerable y vamos a encender la económica en la cocina, primero trae unas astillas pequeñas para que empiece el fuego y luego ya traerás esas otras leñas grandes.

BRINGAU. Partir leña. **K.** Atzo lagatako enborrak ta menditxik jetxi aurretik bertan goixen zertxobaitx bringau inbikoutxu moztu ondoren, oñ dazen bezela asko pixatzendaue, luzera haundixe daukie eta akaso sartu be eztie ingo Lanrroberrien. **T.** Los troncos que dejamos ayer y antes de bajarlos del monte, alla. Mismo arriba habrá que partirlos un poco después de cortarlos, de la forma en la que están ahora pesan demasiado, son demasiado largos y a lo mejor ni entrarían en el Lanrrover.

BRINTZA. Grieta, rajadura. **K.** Kontuz ibili balkoi horren aspitxik pasaeran, brintza batzuk dauko eta geixau be hasidie asaltzen beko aldien, eta baezpare ustedot onena puntalatzie izengoula. **T.** Andar con cuidado al pasar por debajo de ese balcón, tiene unas cuantas grietas y están apareciendo otras muchas en la parte de abajo, y creo que por si acaso lo mejor va a ser que lo apuntalemos.

BRINTZAU. Agrietarse. **K.** Ontzi honek eztau balixo ezertarako zeatik dana brintzaute dau eta erozeiñ momentuen baleike esku-tartien puskatzie, eztot uste pegatzeik merezidauenik eta onena izengoda barrixe erostie. **T.** Esta fuente ya no vale para nada porque toda ella está agrietada y en cualquier momento puede que se rompa entre las manos, no creo que merezca la pena que la peguemos y lo mejor será que compremos una nueva.

BRIXKA, (N). Juego de cartas. La brisca. **K.** Nere kuñaubati, Boni bere izena, asko gustatzejakon brixkan jolastie eta posik jartzezan antolatzenbazan kartako joku hori, eta noski, baitxe aukera euki parte hartzeko. **T.** A un cuñado mío, Boni su nombre, le gustaba mucho jugar a la brisca y se ponía contento si se organizaba alguna partida a ese juego, y claro, también tener la oprtunidad de participar.

BROMETAN. Estar de broma. **K.** Bape ez keskatu horrek esandauenaz eta ez iñ kasuik zeatik oñ be baleike brometan ibiltxie, horrena ia larreikue da eta eztakitx noix pentzatzendauen hastie serixo berba ixen, betik berdiñ haida. **T.** No os preocupeís en absoluto por lo que ha dicho ese y no le hagaís ningún caso porque ahora también puede que esté de broma, lo de ese ya es demasiado y no sé cuando va a pensar el empezar a hablar en serio, siempre anda igual.

BRONKA. Discutir, reñir. **K.** Jode!, siñistu eziñeko bronka entzun-bierra eukidot Basilion aldetik enitzelako fan atzoko afaira eta abixau bez enitzela fango, esandust han eonziela ordu-erdi pasa maixen jarritxe nere zai, ba eskatutzet parkamena esanaz beste gauza batzuk naukela buruen eta sigero astunitzela. **T.** ¡Jode!, vaya bronca he tenido que escuchar por parte de Basilio porque ayer no fuí a la cena de ayer ni avisé que no iba a ir, me ha dicho que estuvieron más de media hora sentados en la mesa esperándome, pues ya le he pedido perdón diciendo que tenía otras cosas en la cabeza y que se me olvidó por completo.

BRONKIXOTAKUE. Enfermedad de los bronquios. **K.** Gauza horreik be batzuetan gertatzendie, irailan izenzan eta Zumaiko erdi maratoi ospatu baño aurreko astien, bronkixutakue eukinauen eta halaere urtenitzen korrikan, baña gero hor ibilinitzen ixe denpora guztien xixko iñde. **T.** Esas cosas también ya suelen pasar algunas veces, fué en septiembre y la semana anterior a celebrarse la media maratón de Zumaia, enfermé de los bronquios y aún así ya la corrí, pero luego ahí anduve casi todo el tiempo hecho cisco.

BRUZA. Blusa. **K.** Nik ustedot oñ apenas eruetendiela bruzaik, lengo motakuek bentzek, luze eta betz haundi hareik bakarrik ganadu tratantiek erabilkoitxue eta beste guztiek Euskal jaixetan, emakumak bai, pensatzentot honeik len eta oñ berdintzu jasteitxuela. **T.** Yo creo que ahora apenas lleva nadie blusa, al menos del tipo de antes, aquelllas largas y negras solo las llevarán los tratantes de ganado y todos los demás en las fiestas vascas, las mujeres y las chicas sí, pienso que estas antes y ahora se visten con ellas de forma parecida.

BUELTAJIRA, BUELTA-JIRA. Se denomina así a una excursión o caminata por el monte o algún otro sitio. **K.** Atzoko bueltajira ederra izenzan, sigero giro ederra iñ eta ederto ibiligiñen, Orixotik urtenda umiekiñ fangiñen Igeldora, bire parte karreteratik eta bestie menditxik, mantzo eta birien hamarretakue iñaz, gero bazkai pasarie bertan Igeldon, ondoren bueltabat Donosti aldetik eta gero trenien bueltau Zarautzera. **T.** La excursión de ayer fue fenomenal, también hizo un tiempo muy bueno y anduvimos estupendamente, salimos de Orio con los críos y fuimos hasta Igeldo, parte del camino lo hicimos por la carretera y el resto por monte, caminamos de forma suave, comimos un bocadilllo en el camino y más tarde en Igeldo comimos algo, después una vuelta por San Sebastián y luego volvimos a Zarautz en tren.

BUELTAKA. Dando vueltas. **K.** Eztakitx gizon horreik pasian ero zerbaitx billatzen haidien, gaur kanpuen hainaz lanien eta hemen eruetendoten denpora guztien ikusteitxut nola dabitzen bueltaka gora ta bera. Hurrengo aldiz pasatzendienien galdetu ingutziek aber zer guredauen. **T.** No sé si esos pasean o están buscando algo, hoy estoy trabajando fuera y en todo el tiempo que llevo aquí les he visto que están dando vueltas arriba y abajo. La próxima vez que pasen les voy a preguntar a ver que es lo que quieren.

BUELTAKANPANA. Vueltacampana. Estando tumbado o caído en el suelo dar la vuelta sobre si mismo. Se les decía a los críos que hiciesen eso o bien que al caerse lo habían hecho. **K.** Zerbaitx jartzeatik. Tomasito, zure lengosuek oso ondo itxendau eta aber zuk haren bezelako ondo itxendozun bueltakanpana. **T.** Por poner algo. Tomasito, tu primo lo hace muy bien y a ver si tú lo haces igual de bien que él la vueltacampana.

BUELTAU. Volver, dar la vuelta. **K.** Hemengo bire hontatik ezgoiez bape ondo zeatik ustedot ze naiz da toki berdiñera eruen, larreiko luze izengodala eta hobeto ingou bueltau itxenbou, ziur nau zertxobaitx atzien itxidoun beste birie ha hartu-bierra dauela gurebou gora allegatzie garaiz. **T.** Por este camino de aquí no vamos nada bien porque creo que aunque lleva al mismo sitio, es mucho más largo y haremos mejor si damos la vuelta, estoy seguro de que tenemos que coger aquel otro camino que hemos dejado un poco más atrás si queremos llegar arriba a tiempo.

BUFANDIE. La bufanda. **K.** Aber, danontzako gauzabat, oñ goiezen tokira hotz haundixek itxeitxu eta derrigorrez ondo jantzitxe fanbiou, erropa egokixek eruenbikoitxu eta ez astu hartzie txapela, guantek ta bufanda onbat. **T.** A ver una cosa para todos, al sitio donde vamos ahora hace mucho frío y necesariamente hemos que ir bien vestidos, tendremos que llevar ropa que sea adecuada y no on olvideís de coger el gorro, los guantes y una buena bufanda.

BUIA. Boya. **K.** Zarauzko hondartza aurrien ta itxaso ondo barruen, buiak jarritxue olatuen altura neurtzeko. **T.** Frente a la playa de Zarautz y mar adentro, han colocado unas boyas para medir la altura de las olas.

BUIA. Marisco, buey de mar. **K.** Normalki jentie nahiko zalie izetenda buia jateko baña guk bentzet eztaukou horren amorroik, ezgara larreiko marisko zaliek eta aukeran askoz naio izetendou beste tipoko batzuk, nekorak bezela. **K.** Normalmente la gente es bastante aficionada a comer el buey de mar pero nosotros al menos no tenemos ninguna ansia de eso, no somos demasiado aficionados al marisco pero si se presenta la ocasión preferiríamos que fuese de otro tipo, cómo las nécoras por ejemplo, .

Errezetabat: Buia egosixe. Inportantzi haundikue: buia bizirik baldinbadau egosi-bierra dau ur hotzien sartuta eta hilda eotenbada ura irikitxen hastendanien. Nola kasu hontan bizirik dazen prestatzenda lapiko altubat ur ta gatz ugerikiñ, sartzenda buia eta irikitxen hasi ta gero iztenda egozten hamartik hamabost inguru miñutura, noski zer-ikusixe daukela zenbat sartudien eta horreiñ tamañue. Beñ eta egosi ondoren iztenda lapikue bi ero hiru miñutu berotik kanpo, gero atara buia eta gertu.

Una receta: Buey de mar cocido. Muy importante: si el marisco está vivo hay que cocerlo a partir del agua fría y si está muerto cuando el agua empiece a hervir. En este caso como está vivo lo introducimos en una cazuela alta con agua y abundante sal y a partir de que hierva lo dejamos cociendo entre diez y quince minutos aproximadamente, claro está que dependiendio del tamaño y las unidades que hemos metido. Una vez cocido dejamos la cazuela dos o tres minutos fuera del calor, sacamos el buey y listo.

BUKAERA. Término, fín. **K.** Jakiñleike zenbat denpora geixau bierkozun lan horri bukaera emuteko?, gelditxugiñen ordu parebat inguruko lana zala, lau pasaudie, ondion hor haizara eta erdixe be eztozu iñ. **T.** ¿Se puede saber cuánto tiempo más vas a necesitar para terminar ese trabajo?, quedamos en que era un trabajo para unas dos horas, han pasado cuatro, ahí andas todavía y ni siquiera has hecho ni la mitad.

BUKATU. Terminar, acabar, finalizar. **K.** Beno, berandu xamar eta larreitxo kostata baña askenien be bukatudozu lan hori, eta egixe esanda nahiko ondo geratuda zeatik badau bentzet erakusteko bezela. **T.** Bueno, aunque un poco tarde y costado mucho por fín has terminado ese trabajo, y la verdad es que ha quedado bastante bien porque al menos si está cómo para enseñar.

Aspaldiko esaerabat: Txar honeik bukatu eta gero zerbaitzuk onak be etortzie espero.

Un viejo proverbio en euskera dice que después de pasar todo lo malo también espero que venga algo bueno.

BUKATUKOITXUT. Ya terminaré. **K.** Zer, oñ be eta betiko bezela prixakiñ haizara?, ba honeik eztie korrikan itxeko lanak eta lasai eon bukatukoitxut ta, kustiñue izengoda ondo gelditzie, ez?, ero akaso etxatzu zuri hori iruitzen? **T.** Qué, ¿ahora también y como siempre andas con prisas?, pues estos trabajos no son para hacerlos corriendo y éstate tranquilo que ya los terminaré, la cuestión será que queden bien, no?, ¿o acaso no te parece a ti eso?

BULARRA. Pecho. **K.** Bitoriano lagunek komestatzendau nola bere andriek esne gutxi dauken bularrien, etxuraz umetxue gosiaz geratzen dala esne hartu ondoren eta orduen pentzatzen hasidiela bebai biberoie emutie. **T.** El amigo Bitoriano me ha comentado que su mujer debe de tener poca leche en el pecho, parece que la cría después de tomar la leche se queda con hambre y que entonces han empezado a pensar en darle también biberón.

BULARREKUE. Adorno que se lleva en el pecho. Collar, pañuelo, etc... **K.** Badakitx gauza horreik asko gustatzejakola, eta nere isekoi bere zorionetarako apaingarri polibat erosteko asmue dauket bularrerako. **T.** Ya sé que esas cosas le gustan mucho, y a mi tía para su cumpleaños tengo la intención de comprarle un adorno para el pecho que sea bonito.

BULEGUE. Oficina. **K.** Eztakitx ezertarako balixo izengodan baña komenijat fatie Haziendako bulegora galdetzera aber zerreozer iñdauen, onerako noski, konpontzeko bere egunien iñdeko erreklamaziñue. **T.** No sé si servirá para algo pero me conviene ir a la oficina de Hacienda a preguntar si han hecho algo, para bien claro, para resolver la reclamación que hice en su día.

BULIE. Ya no creo que exista pero antes era un documento que expedía la Iglesia, claro que mediante previo pago, para la dispensa de ayuno y abstinencia durante la Cuaresma. **K.** Aspaldiko garai hartan ni batzuetan fan izenitzen bulie eskatzera eta ustedot amandriandako izetezala, baña enaz ondo gogoratzen nora zan, abarien etxera ero Elixara, eta ez zenbat ordaitzezan be. **T.** En aquellos tiempos de entonces yo a veces ya solía ir a pedir la bula y creo que solía ser para la abuela, pero no me acuerdo muy bien a donde era, si a la casa cural o a la Iglesia, y tampoco cuanto se pagaba.

BULKAU. Volcar, dar la vuelta. **K.** Goiko baserritxarrak aberi latza iñdau, basuen tratoriaz lanien haizala, sekulako aldapa dau, hau bulkau, aldebat bere gañera jausi eta bernazurra apurtu, eta ezkerrak eztala beste gauza grabetazun haundixaurik daukenik gertau. **T.** El casero de arriba se ha hecho una avería muy grande, cuando estaba trabajando con el tractor en el campo, es de una pendiente muy acusada, este ha volcado, una parte se le ha caído encima y se ha roto la pierna, y menos mal que no ha ocurrido ninguna otra cosa de más gravedad.

BULTZA, BULTZAU. Empujar, impulsar. **K.** Kotxe demontre honek eztau arrankatzen eta eztakitx baterixa, hotzatik ero beste zeatik izenleiken, ba aber, hemen bagara nahikue jente eta danon hartien bultza iñde martxan jartzendoun. **T.** Este demonio de coche no arranca y no se si será por la batería, el frío o porqué otra cosa puede ser, pues a ver, aquí ya estamos suficiente gente y si empujando entre todos conseguimos ponerlo en marcha.

BULTZAKA. Empujando. **K.** Jakiñleike zertan haizaren hainbeste bultzaka iñaz, eztaukotzu tokirik, ero?, ba aparta eta fanzaitxez harutzau meserez zeatik zure lekue han atzerau dau ta.**T.** ¿Se puede saber que porqué estás empujando continuamente, no tienes sitio o que?, pues vete un poco más allá por favor porque tú lugar está allá más atrás.

BULLA. Alboroto, escándalo. **K.** Eziñleike siñistu nolako bulla eotendan, geixenbat giro ona dauenien, asteburutan Trueleko plaza nagusixen, Torito esateutziena, eta eztakitx nola aguantatzendauen han inguruen bizidienak, akaso oiturauta eongodielako aspaldítxik. **T.** Es increíble el escándalo que suele haber, mayormente cuando hace buen tiempo, los fines de semana en la plaza mayor de Teruel, la que llaman del Torito, y no sé como pueden aguantar las personas que viven en los alrededores, quizá porque ya estén acostumbrados desde hace ya mucho tiempo.

BULLAKA. Chillando, gritando, haciendo mucho ruido. **K.** Nola ulertukotedie ba bi anai horreik euron hartien?, betik diskutitzen haidie eta horreina ezta izeten berba itxie modu naturalien, betik bullaka dabitz ta bata hala hastenbada, gero bestie ta jarraian askoz geixau. **T.** ¿Cómo se entenderán pues entre ellos esos dos hermanos?, siempre están discutiendo y lo de esos no es hablar de forma natural, siempre están chillando y si uno empieza así, luego el otro a continuación mucho más fuerte.

BULLOSA. Se dice de la persona, en femenino, que habla muy alto, que es ruidosa. **K.** Ixilduzaitez beingoz zeatik sigero aspertunaz zurerkiñ, betik izenzara sigero bullosa eta ordue da ikesten hasteko berba itxen zertxobaix aspitxik. **T.** Cállate de una vez porque ya me tienes demasiado aburrida, eres demasiado ruidosa y ya va siendo hora de que aprendas a hablar un poco más bajo.

BURDI-BIRIE. Camino, pista para carros. **K.** Nola oñ eztauen karroik ba lenau burdi-biriek zienak, oñ hortik batzuk mendi-bire bezela getatudie eta bestiek, zabaldu ondoren, tratore eta kotxientazako pistak biurtudie. **T.** Cómo ahora no hay carros pues ahora algunos de los antiguos caminos han quedado senderos de monte y los otros, después de ensancharlos, se han convertido en pistas para tractores y coches.

BURDIÑOLA. Ferrería, forja. **K.** Aspaldiko Agorregi burdiñolan eta uda partien martxan jartzeitxue hango makineixie, nik ustedot lenau eondakue izengodala, erakusketa bezela eta jentiek ikusideixen nola itxezan lana garaian hartan. **T.** En la antigua ferrería de Agorregui y en la parte del verano ponen en funcionamiento la maquinaria, yo creo que es la que existía de antes, cómo una especie de demostración para que la gente vea de que forma se trabajaba en aquellos tiempos.

BURDIXE. El carro de bueyes. **K.** Oñ baserri geixenetan eztau ez beirik eta gutxiau hareik aspaldiko burdixek, honeik denpora asko dala desagertuzien eta gurezkero ikustie nolakuen zien, aparteko toki batzuetan eontendie erakusketa bezela, honeik eta berdintxu dien beste gauza asko, baña normalki museura fan-bierra izetenda. **T.** Ahora en la mayoría de los caseríos no hay ni bueyes y mucho menos aquellos antiguos carros, estos hace mucho tiempo que desaparecieron y si se quiere ver cómo eran, en algunos sitios ya suele haber alguna exposición aislada para enseñarlos, estos y muchas otras cosas similares, pero normalmente habría que ir a un museo.

BURDIKARIE. El carro lleno, generalmente de hierba. **K.** Lenau, oso aspaldi, nola jeneralki ukulluek baserriko bekaldien eotezien, ba bedar burdikarak bertan baserriko kamaran iztezan, hala gero errexau erueteko ukullura beixei jaten emutera. Eskillarak jetxi besteik ez. **T.** Antaño, hace ya mucho tiempo, cómo generalmente la cuadra solía estar en el bajo del caserío, pues el carro lleno de hierba se descargaba en el camarote del mismo caserío, así luego para poder llevar con más facilidad a la cuadra y dar de comer a las vacas. Solo había que bajar las escaleras.

BURDUNTZI. Es un método de asado que generalmente se hace al aire libre. **K.** Gaur txarri-kumie erosidot burduntzixen erretzeko eta asmue da bixer domeka prestatzie, gero familixa hartien jateko. Eta nola erretzendan burduntzixen jarritxe dau antxumie izena dauen tokixen. **T.** Hoy he comprado un cochinillo para asarlo al burduntzi y la idea es prepararlo mañana domingo, para luego comerlo en familia. El método de asado al burduntzi se explica donde está el nombre de antxumie.

BURDIÑA. Hierro. **K.** Baleike mantenimentu pixkat geixau eukitxie, baña halaere nik askoatik naio izetendot egurrezko barandak burdiña materialaz iñdekuek baño. Nere ustez ze hala iñde askoz dotoriau geratzendiela baranda horreik. **T.** Puede que tenga un poco más de mantenimiento, pero aún así yo y por mucho prefiero una balaustrada de madera antes que otra que esté hecha con hierro. Yo creo que haciendo de esta manera esas balaustradas quedan mucho más elegantes.

BURIÑE. Natillas. **K.** Haik bai gure amak prestatzezitxuen buriñek, ze gozuek zien eta ni ondion be gogoratukonitzen harein gustuaz, baña gertatzenda ze arrazkerostik eztitxutela berriz holakoik jan eta susmue dauket eztotela berriz probauko. **T.** Aquellas sí que eran natillas las que solía preparar nuestra madre, que ricas eran y yo todavía ya me acordaría del gusto que tenían, lo que pasa es que desde entonces no he vuelto a comer nunca otra igual y tengo la sospecha de tampoco las volveré a probar.

BURLA. Burlar, reirse de uno. **K.** Ba oingotxien sigero naskatunaizu eta eztot uste sekula geixau burla ingoztazunik, hemendik aurrera eztot nai ezer jakitxeik zurekiñ eta zu aldebatetik eta ni bestetik. **T.** Pues de esta vez ya me has asqueado demasiado y no creo que nunca más vuelvas a reirte de mí, a partir de ahora no quiero saber nada contigo y tú por un lado y yo por el otro.

BURRUKA (N). Peleando, discutiendo. **K.** Eziñ haldozue sekula konpundu zueik, bi anai hartien eta betik burrukan ero diskutitzen ibili-bierra daukotzue?, eta eztozue uste ordue dala, zertxobaitx bentzet, konpontzen hasteko?, ba nere iruitzez ixe daukotzuen larogi urtekiñ baietz, badala garaia. **T.** ¿No os podéis arreglar nunca vosotros, entre los dos hermanos y siempre tenéis que andar peleando o discutiendo?, ¿y no creeís que ya va siendo hora de que empeceís a llevaros medianamente bien?, pues yo pienso que sí, que con casi ochenta años que teneís ya es tiempo.

BURRUKALARIXE, BURRUKARIXE. Persona que es peleona, dado a las broncas. **K.** Kontuz ibili eta horrekiñ ez sartu baezpare zeatik larreiko axkar asarreketanda, gañera erozeiñ gauzatik eta burue berotzenbadau bronkakiñ hastenda, eta ondoren larreiko burrukarixe biurtzenda. **T.** Andar con cuidado y con ese no os metaís por si acaso porque se enfada demasiado rápido, además por cualquier cosa y si se le calienta la cabeza empieza con las broncas, y después se vuelve demasiado peleón.

BURRUNBURRUN. Palabra que se utilizaba, quizá aún todavía se utilice, con los críos para señalar los coches y también montar en ellos. **K.** Zerbaitx jartzeatik. Tomasito, etorri hona eta Ikusikozu ze burrunburrun haundi da politxe dauen hor, ta badakitzu zeñena dan?, ba zure aitatxona da baña berai ez esan ezer, eh? **T.** Por poner algo. Tomasito ven aquí y ya verás que coche más grande y bonito está ahí, ¿y ya sabes de quién es?, pues es de tu padre pero a él no le digas nada, ¿eh?

BURRUNDARA, BURRUNDARIE. Alboroto, ruido. **K.** Taberna hontan dauen burrundara honekiñ eziñda berbaik iñ eta ez sikera eon zeatik ustedot arrixkue eukikoula gorra biurtzeko, ba benga, jaiki eta beste toki-batera fangogara. **T.** Con el alboroto que hay en esta taberna no se puede hablar y ni siquiera estar porque creo que corremos el riesgo de volvernos sordos, pues venga, vamos a levantarnos e iremos a otro sitio.

BURU, BURUKUE. El primero, el jefe. **K.** Holako tokitan betik gertatzenda zertxobaitx eta gaur be hala izenda. Buru oiena karrera hontan, gañera nahiko aurrien, erretirau inbierra izendau, etxuraz pasu txarbat emun ondoren txorkatilla bigurtu, ba oñ aber atzien datorren tropeletik zeiñ dan irabazlie. **T.** En estos sitios siempre suele pasar alguna cosita y hoy también así ha sido, el que iba primero en esta carrera, además con bastante ventaja, después de dar un mal paso ha tenido algún esguince en el tobillo y se ha tenido que retirar, pues ahora a ver quien es el ganador entre el pelotón que vienen por detrás.

BURU-APURKETA. Se llama así al rompecabezas. **K.** Zalla dan buru-apurketa bille hainaz baña eztot iñun lortzen, laister die Kristobaliton zorionak eta hari gurot oparitzie bere eguna allegatzendanien. Gauza da oso axkar eta errex itxeitxuela, oñarte ikusidotenak halakotxiek die eta tipo hortakuek erostenbot hamar miñutuen iñde eukikolauke. Ba eztakitx baña akaso Madrill ero Barzelonara fan-bierra eukikot. **T.** Estoy buscando un rompecabezas que sea difícil pero no lo encuentro en ninguna parte, pronto será el cumpleaños de Cristobalito y a él se lo quiero regalar cuando llegue su día. La cosa es que los hace pronto y con suma facilidad, así son los que he visto hasta ahora y si compro alguno de ese tipo en diez minutos lo tendrá hecho. Pues no sé pero quizá tenga que ir a Madrid o Barcelona.

BURU-ARGIXE. Se dice de la persona lista, espabilada. **K.** Anakleton semiek sekulako buru-argixe dala emutendau, ixe bi illebetien eonda geixoik eta probak itxen aldebaten ta bestien, apenas zan ezer inportantzikoik eta ondo dau, ba halaere ta asterketat iñ ondoren esauztzie danak ongi ataradauela. Ba nik ustedot estudixuek bukatu ondoren laister billatukoula lana nunbaitxen. **T.** Parece que el hijo de Anacleto es una persona muy lista, ha estado casí dos meses enfermo y haciendo pruebas en un sitio y otro, apenas era nada inportante y está bien, pues aún así y después de hacer los exámenes le han dicho que todos los ha sacado muy bien. Yo creo que después de que termine con los estudios pronto encontrará trabajo en algún sitio.

BURUAUNDI, BURU-HAUNDI. Se dice de la persona que tiene la cabeza grande. **K.** Zueitik batzuk buruaundi esateuztazue, baña zuen hartien, eta eztot iñoi apuntatzen, ikusitxut neriek baño dozenerdi haundixauek dienak. Ah!, eta ze gauza, ontxe konturatunaz xei zariela. **T.** Algunos de vosotros decís de mí que tengo la cabeza grande, pero entre vosotros, y no apunto a nadie, ya he visto media docena que son más grandes que la mía. ¡Ah!, y qué cosa, ahora me he dado cuenta de que sois seis.

BURUAUNDIXEK, BURU-HAUNDIXEK. Los cabezudos. **K.** Garai baten buruaundixek blldur pixkat emuteuzkuen, nik ustedot geixenbat izetezala puxikan zartariatik eta oñ berriz asko aldatudie gauzak, umiek nahiko lasai ibiltxendie eta hori da zeatik askotan buruko-barik ikusteitxuelako. **T.** En un tiempo los cabezudos nos daban un poco de miedo, yo creo que más que nada por los golpes que te daban con la vejiga, pero ahora las cosas han cambiado mucho, a los críos se les ve que andan muy tranquilos y eso es porque muchas veces les ven sin las caretas.

BURU-BAKUE. Se dice de la persona necia, insensata, con poca cabeza. **K.** Errarue iruitzejatzue horrek iñdauena?, ba ez arritxu zeatik gauza asko itxeitxu holakuek eta nahiko sarri gañera, betik izenda buru-bako pertzonabat. **T.** ¿Os parece raro lo que ha hecho ese?, pues no os asombréis porque hace muchas cosas como esas y además bastante a menudo, siempre ha sido una persona con poca cabeza.

BURU-BERAKUE. Mareo. **K.** Eztakitx eranatik ero zeatik izendan baña buru-berako pixkat dauket, kanpora urtengot haixe apurbat hartzera ta aber hala pasatzejaten, eta ezpada kentzen ba etxera fanbikot. **T.** No sé si ha sido por la bebida o por otra cosa pero estoy un poco mareado, voy a salir un rato fuera a tomar un poco el aire a ver si así se me pasa, y si no se quita pues tendré que ir a casa.

BURU-BERUE. Se dice de la persona exaltada, que se excita con facilidad, que tiene la cabeza caliente. **K.** Horri hobeto da kasuik ez itxeik eta pake pakien iztie, larreiko buru-berue da eta iñok eztaki nundik urtenleikien berbetan hasi-ezkero berakiñ, eta gañera zerbaitx kontrakue baldinbada, kontu haundixe. **T.** Es mejor no dirigirse a ese y dejarle en paz, es demasiado exaltado y nadie sabe por dónde puede salir si se empieza a hablar con él, y además si es algo en contra, mucho cuidado.

BURUE. La cabeza. **K.** Esaerabat dau esatendauna, txapela buruen eta ibili munduen. **T.** Hay una especie de proverbio vasco que viene a decir que con una boina en la cabeza se puede recorrer el mundo.

Beste esaerabat: Burue eztaukena, hankakik ibili-bierra dauko.

Otro viejo proverbio es euskera dice que el que no tiene cabeza tiene que andar con los pies.

BURU-GOGORRA. Literalmente cabeza dura. Se dice de la persona terca, obstinada, tozuda. **K.** Hori beti bezela, naiz da momentu hortan berakiñ dauena esan gaizki haidala, berai, Pankrazio dauko izena, zerbaitx buruen sartzenbajako horixe inbikodau eta gañera lortu hartien, lortzen badau, ezta gelditxuko, ezta mutil txarra baña bai sekulako buru-gogorra. **T.** Ese cómo siempre, a pesar de que el que en ese momento esté con él le diga que anda mal, si a Pancracio se le ha metido algo en la cabeza lo tendrá que hacer y además no parará hasta conseguirlo, si es que lo consigue, no es mal chico, pero sí demasiado obstinado.

BURUKADA (K). Dar cabezadas debido al sueño. Golpearse en la cabeza. **K.** Ume horrek logure haundixe dauko, erdi-lo dau eta ikusiozue ze burukadak emuten haidan, ba nola bere ama eztauen hemen eta zu zaren bere aitxa, hala ustedot, hartu inbikozu eta eruen ugera haldan axkarren. **T.** Ese crío tiene mucho sueño, está medio dormido y mirarle que cabezadas está dando, pues como no está la madre y tú eres su padre, así lo creo, le tendrás que coger y llevarle cuanto antes a la cama.

BURUKO-KARGA. Principios de catarro, gripe, resfriado. **K.** Goixien enaz bape ondo jaiki, atzo eonzan hotzaz eta euri harekiñ busti iñitzen eta gaur nahiko buruko-karga dauket. Ba lanera fan aurretik eta gosaldu ondoren aspirinabat hartukot baezpare. **T.** Hoy no me he levantado nada bien, ayer con el frío y la lluvia que hubo me mojé y creo que tengo un principio de gripe. Pues antes de ir a trabajar y después del desayuno por si acaso voy a tomar una aspirina.

BURUKOMIÑE, BURUKO-MIÑE. Dolor de cabeza. **K.** Atzo zapatue izenzan eta lagunekiñ txikiteo pixkat iñauen, gero afaltzen ardaue esan falta izen eta ondoren hiru ero lau txupito patxaran, eta hori ondo jakiñien zer gertaukozan hurrengo egunien, ba bistan dauena, kriston burukomiñe. **T.** Ayer sábado hice un poco de chiquiteo con los amigos, luego en la cena no faltó el vino y a continuación tres o cuatro chupitos de pacharán, y eso sabiendo muy lo que iba a ocurrir el día siguiente, pues lo que está a la vista, un gran dolor de cabeza.

BURU-MAKUR. Se dice de la persona triste, afligida y que anda con la cabeza gacha. **K.** Eztakitx zer gertaujakon gizon horri baña emutendau lurra jota dauela, denpora dexentie eruetendau hala triste xamar eta buru-makur dabillela. **T.** No sé que le habrá podido pasar a ese hombre pero da la impresión de que ha tocado fondo, ya lleva bastante tiempo que anda así como afligido y con la cabeza gacha.

BURU-ONEKUE. Persona juiciosa, de buena cabeza. **K.** Ramoniri sekulako kargue emuntzie eta zalantzai eztau ze postu hori lortzeko derrigorrez sigero buru-onekue izenbierra daukela, eta pentzatzendot eztauela erozeñek balixo lan hortarako, nik ez bentzet eta ustedot beste askok bez. **T.** A Ramoni le han dado una cargo muy importante y no hay ninguna duda que para conseguir ese puesto necesariamente tiene que tener muy buena cabeza, y pienso que para ese trabajo no valdrá cualquiera, yo al menos no y creo que otros muchos tampoco.

BURU-ORRATZA. Alfiler. **K.** Asken bizikletako bidaia iñauenien, Kazerezen gertaujaten manillarraz trabau eta askatu inziela fraka bragetako botoiek, eta nola momentu hortan ezer enauken josteko, ba ikusinauen aurreko dendan erosi buru-orratzak eta hareikiñ nolabaitx lortunauen iztie brageta, eta gero bai, hartunitxun bierrezko gauzak etxuran konpontzeko asunto hori. **T.** Cuándo hice el último viaje de bicicleta, en Cáceres me pasó que me trabé con el manillar y se me soltaron los botones de la brageta del pantalón, y como en ese momento no tenía con que coser, pues en la primera tienda que ví compré unos alfileres y de alguna manera ya conseguí cerrar la bragueta, y luego sí, ya cogí las cosas necesarias para poder arreglar el asunto.

BURUPEIEN, BURU-PEIEN. A las órdenes del jefe, estar en una escala inferior. **K.** Zu ezara iñor eta ez hasi ainketan hainbeste zeatik zu eta ni, bixok ugesaban burupeien gara, hak esandako lanak inbierra daukou eta berak estutzu kargu horren laga, orduen badakitzu, zuk iñ zurie, nik nerie ingot eta halbada pakien eta diskuziño-barik. **T.** Tú no eres nadie y no empieces a mandar tanto porque tanto tú cómo yo, los dos, estamos a las ordenes del jefe, tenemos que hacer lo que nos ha mandado y él no te ha dejado a cargo de esto, así que ya sabes, tú haces lo tuyo que yo ya haré lo mío y si puede ser en paz y sin discutir.

BURURA, BURURATU. Acordarse, recordar, tener en cuenta. **K.** Sigero astute nauken eta ontxe bertan etorrijat burura, bixer gara arrantzan fateko Getari aldera eta ni gelditxunitzen kiskilla batzuk lortukonitxula amuzkirako. **T.** Lo tenía completamente olvidado y ahora mismo me ha venido a la cabeza, mañana vamos a ir a pescar a la zona de Getaria y yo quedé en que conseguiría unas quisquillas para cebo.

BURUTIK. Palabra que se utiliza para decir que una persona está mal de la cabeza. **K.** Tipo horreatik eziñda esan naturala danik, eta nik ustedot sigero burutik dauela, ikusi inbizauke zer iñdauen, plaza erdixen diru paper pilla atara poltxikotik eta errepartitzen hasi. **T.** De ese tipo no se puede decir que sea normal, y yo creo que está muy mal de la cabeza, teníais que ver lo que ha hecho, en la mitad de la plaza ha sacado un montón de dinero del bolsillo, en billetes, y los ha empezado a repartir.

BURUZ. De memoria, de cabeza. **K.** Mutil horrekiñ sigero alperrik dozu alegintzie esplikatzen nola inbierra dauken zure bizikletan konponketa horreik, ixe bere labora bizi guztien lan horreintan ibilida eta pentzatzendot onazkero buruz jakingodauela. **T.** Con ese chico es completamente inútil que te empeñes en explicarle de que manera tiene que hacer los arreglos de tu bicicleta, casi toda su vida laboral ha andado con esos trabajos y se supone que para ahora ya los sabrá de memoria.

BURUZ-BERA. Cabeza abajo. **K.** Atzo goixien Agripino ta bixok kanpiñeko eskillarak jesten haigiñen eta ixe beien geotzela, bera, Agripino, labanduzan, buruz-bera jausi ta sekulako takatekue hartuauen buruen, gaur gabien eonaz berakiñ eta ondion koxkor haundibat hauken bekokixen. **T.** Ayer a la mañana Agripino y yo estábamos bajando las escaleras del camping y cuando ya casi habíamos llegado abajo él, Agripino, se resbaló, cayó cabeza abajo y se dió un golpe impresionante en la cabeza, hoy a la noche he estado con él y todavía tenía un gran chinchón en la frente.

BURUZ-BURU. Mano a mano, competición de uno frente al otro. **K.** Laister hasikoda esku-pelota buruz-buruko txapelketa eta nola Irribarria izendan askenengo txapelduna, ba bera izengoda txapel hori defenditu inbikodauena. **T.** Pronto empezará el campeonato de pelota individual mano a mano y cómo Irribarría ha sido el último campeón, pues él será quien tendrá que defender esa txapela. (Boina, símbolo del campeón).

BURUZ-GORA. La postura de estar tumbado de espaldas, cabeza arriba. **K.** Nere andriek esatendau oitura haundixe dauketela lo itxeko buruz-gora eta horreatik geixenbaten zurrunkan itxendotela, beno, ba baleike hala izetie, baña berak berdiñ itxendau eta gañera erozeiñ egoeran. **T.** Mi mujer dice que tengo mucha costumbre de dormir cabeza arriba y que por eso la mayoría de las veces suelo roncar, bueno, pues puede que sea así, pero ella hace lo mismo y además en cualquier postura.

BURUZORO, BURU-ZORO. Se dice de la persona alocada, imprevisible. **K.** Derrigorrez gauza guztiek hasi aurretik ondo pentzau inbierrekuek izetendie eta ez zu bezela erozeiñ modutan itxeitxozula, eta hori badakitzu zeatik gertatzejatzun?, ba kasu hontan nahiko buruzoro zarelako eta lepo gañien daukotzun gauza hori eztozulako ezertxoik kantzatzen. **T.** Todas las cosas antes de empezarlas es necesario pensarlas bien y no como tú que las haces de cualquier manera, ¿y sabes porqué te pasa eso?, pues en este caso porque eres una persona bastante alocada y esa cosa que tienes encima del cuello no la cansas en abosoluto.

BURUZORO, BURU-ZORO. Se dice cuando se está un poco mareado, con la cabeza pesada, espesa, debido a los efectos del viento sur. **K.** Esatendaue eguaixiaz jente askoik buruzoro hori hastejakola eta gaur neri horixe bera gertaujat, goixetik goix eta jaiki besteik hola zertxobaitx mariaute bezela dauket burue, eta ustedot aspirinabat hartu-bierrien nauela. **T.** Dicen que con el viento sur mucha gente empieza a tener la cabeza pesada y espesa y a mí hoy eso mismo me ha sucedido, desde la mañana temprano y nada más que me he levantado tengo la cabeza así como un poco mareada, y me parece que tendré que tomar una aspirina.

BURU-ZURI. Canoso. **K**. Nik ustedot ze oñ ixe jente geixau buru-zurixek eongogarela eztaukien bestiek baño, eta garbi dau hori dala urtiek hor dazelako eta honeik eztielako alperrik pasatzen, eta zeatik ixe geixau?, ba etxuraz geruau ta ume gutxiau jaixotzen omendie eta jendetza zartzen haidalako. **T**. Yo creo que ahora casi estaremos más personas canosas que de las otras que no lo son, y eso es así porque ahí están los años y estos no pasa en balde, ¿y porqué casi más?, pues parece ser porque cada vez nacen menos criaturas y la población está envejeciendo.

BURU-AZURRA. Cráneo. **K**. Derrigorrez Nikaxitok buru-azurra sigeroko gogorra euki-bierra dauko, goixien, berak esandau jolasien haizala izendala, jausi eta sekulako zartara hartudau buruen, eruendaue odola daixola urjenzietara, ertxuraz xei ero zazpi punto emuntzie eta bere amak esandau etxakola negar tantuik urten. **T**. A la fuerza Nicasito tiene que tener un cráneo muy duro, a la mañana, él ha dicho que ha sido cuando estaba jugando, se ha caído y ha cogido un golpe impresionante en la cabeza, le han llevado sangrando a urgencias, parece que le han dado seis o siete puntos y su madre dice que no ha derramado una sola lágrima.

BUSKANTZA. Morcilla hecha con verduras y sangre de oveja. **K**. Arrasateko Garagartza auzuek fama haudixe dauko buskantzan buruz, egixe da oso onak itxeitxuela eta hori jakiñien inguruko jente asko bertara fatendie horreik erostera. **T**. El barrio de Garagarza de Mondragón tiene mucha fama en relación a las morcillas de oveja, es verdad que las hacen muy buenas y sabiendo eso mucha gente de los alrededores allá suele ir a comprarlas.

Aspaldiko esaerabat: Eskontza eta buzkantza beruen.

Un viejo probervio en euskera dice que el matrimonio y la morcilla en caliente.

BUSTI. Mojar, mojado. **K**. Zu holako lanetan hastezarenien eztozu asko beiketan baña oinguen bentzet kontuz ibilizaitez erregatzen, daukotzun mangera hori zulauta dau, ni hemen inguruen hainaz landatzen eta enauke gure bustitxeik. **T**. Tú cuando empiezas con esos trabajos no sueles mirar demasiado pero al menos esta vez riega con cuidado, la manguera que tienes está agujereada, yo estoy aquí cerca plantando y no querría mojarme.

BUSTI. Fig. soborno. Se dice cuando se ha sobornado a alguien. **K**. Aspalditxotik Errealak eztauko zorion haundirik arbitruekiñ, eta ikusi besteik eztau gaur gertaudanaz, nola esanleike hori penalti izendala ze ikutuik be estutzo iñ?, ba eztakitx ze pentza, aber egixe dan batzun-batzui busti itxeutziela? **T**. Desde hace ya algún tiempo la Real no tiene demasiada suerte con los árbitros, y no hay más que ver con lo que ha ocurrido hoy, ¿cómo puede decir que eso ha sido penalti si ni siquiera le ha tocado?, pues no se que pensar, ¿a ver si es verdad que a algunos les sobornan?

BUSTIÑA, BUSTIÑE. Arcilla. **K**. Lenau Arabako Narbaixa (Narbaja) herrixe oso famaue izenzan zeramika aldetik, etxuraz inguru hartan kalitate oneko bustiñe ezan falta izeten eta horrekiñ gauza oso politxek itxezitxuen. Oñ be fabrika han jarraitzendau baña ia eztaue ezer itxen, saldu bai, baña geixenak Txina aldetik ekartzeitxue. **T**. Antes el pueblo de Narbaja, en Alaba, era muy famosa por su cerámica, parece que en el entorno no faltaba la arcilla de buena calidad y con esa hacían cosas muy bonitas. Ahora también la fábrica continúa allá pero ya no hacen nada, vender sí, pero casi todo lo traen de la parte de China.

BUSTIÑOLA. Taller de alfarería. **K**. Lebante aldien, beste Españako toki askotan be hala berdintzu izengoda, bustiñola asko daz, etxuraz bertako bustiñe oso ona eta estimaue omenda zeramika lan guztietarako, tresnak, azulejok eta beste hainbat gauza itxeko. **T**. En la zona de Levante, también en otros muchos sitios de España será así parecido, hay muchos talleres de alfarería, parece ser que la arcilla de aquella zona es muy buena y apreciada para todos los trabajos relacionados con la cerámica, para hacer utensilios, azulejos y tambíen bastantes más cosas.

BUSTIXE. Mojado. **K**. Tomasito, gaur be berdiñ eta eztakitx nola esanbijatzun gauzak, fanzaitxez axkar aldatzera sigero bustixe zatoz ta, ze gertatzenda?, eztozula gure izeten barrura sartzeik eurixe hastendanien, ero?, zeatik emutendau oso gustora ibiltxezarela euri horren aspixen. **T**. Tomasito, hoy también igual y ya no sé cómo hay que decirte las cosas, vete rápido a cambiarte porque has venido completamente mojado, ¿qué pasa, que no quieres meterte dentro en cuanto empieza a llover, o qué?, porque parece que andas muy a gusto debajo de la lluvia.

BUZTANA. En sentido fig. pene. (Ver la definición de pitiliñe).

BUZTANA, BUZTENA. El rabo de los animales. **K**. Nik ustedot txakur danak berdiñ itxendauela eta Kortak bentzet, Josun txakurre, jolasten eta posik dauenien buztana mobitzen hastenda abixera guztiekiñ. **T**. Yo creo que todos los perros hacen lo mismo y al menos Korta, el perro de Josu, cuando está jugando y contento empieza a mover el rabo a toda velocidad.

Aspaldiko esaerabat: Hobeto da arratoien burue izetie leoien buztana baño.

Un antiguo proverbio en euskera dice que es mejor ser cabeza de ratón que cola de león.

BUZTANKARIE. Golpe con el rabo. **K**. Barre pixkat iñauen lengo domekan, Zarauztik lau lagun urtengiñen Pagoetara igoteko ideiaz eta birien, gurekiñ hatorren bat, Doroteo bera, inguratuzan igurtzibat itxeko asmuaz han hauen zaldibati eta honek kriston bustankarie emuntzen bixkarrien. Ba baezpare axkar igex iñauen toki hartatik. **T**. El otro domingo ya me reí un poco, salimos de Zarautz cuatro amigos con la idea de subir a Pagoeta (monte de Aia) y en el camino, uno de los que venía con nosotros, Doroteo él, se acercó con la intención de acariciar a un caballo que estaba allá y éste le dio un buen golpe con el rabo en la espalda. Pues por si acaso se escapó rápidamente de aquel sitio.

D

DOMINUS BOBISKUN, AIÑDU BAI BAÑA GERO EZ EMUN IÑDUZKUN.
PROMETER SI, PERO LUEGO NADA DE DAR.

DA. Quiere decir que es así. **K.** Alperrik haizare diskutitzen zeatik horrek onazkero eztauko erremeixoik, hori halaxe da ta kitxo, eta berdiñ jarraitzenbozue asarretuta bukatu, ezalzare bixotatik iñor konturatzen horrekiñ eztauela beste ezer itxeik, ero?, ba nik ustedot nahiko garbi ikustendala **T.** Es inútil que esteís discutiendo porque eso ya no tiene remedio, eso es así y ya está, y como continueís discutiendo vais aterminar enfadados, ¿acaso ninguno de los dos os dais cuenta de que con eso no hay ninguna otra que hacer, o qué?, pues yo creo que se ve bien claro.

DA? ¿Y? **K.** Aber, eta benetan, hori hala da?, ba asko kostatzejat siñistie zeatik nik betik uste izendot lengo modu hartan izengozala, eta oñ zu zatoz esanaz bestaldera dala. **T.** A ver, ¿y de verdad que eso es así?, pues me cuesta mucho el creerlo porque yo siempre he solido pensar que sería del mismo modo que era antes, y ahora tú vienes diciendo que es de la otra forma.

DABILL. Anda. **K.** Oñartien mutil hori nahiko eroskorra eonda eta esangonauke ze baitxe zertxobaitx nagitxo be, baña askenien hasida lanien eta momentu hontan sukaldeko lurra puskatzen haida, hori bai, ondion bentzet lasai antzien. **T.** Hasta ahora el chaval ha estado bastante terco y yo diría que también algo vago, pero al fín ya ha empezado a trabajar y en este momento anda rompìendo el suelo de la cocina, eso sí, todavía con cierta tranquilidad.

DABILLENA. El que anda. **K.** Tipo hori, hor dabillena, ezta bape esaguna eta esangonauke eztotela sekula ikusi, ta alperrik da galdetzeik zeatik arrastuik be eztauket zeiñ izenleiken eta ez nundik ero zertan etorridan. **T.** El tipo ese, el que anda por ahí, no es nada conocido ni creo que le haya visto nunca, y es inútil que me pregunteís porque no tengo ni idea de quién puede ser ni de donde ni a qué ha podido venir.

DABITZ, DABITZE. Andan. **K.** Ezaitez larritxu kolorezkuek dielako, hor dabitzen mutill horreik sarri ibiltxekuek die gurekiñ eta aspaldiko jente esaguna da, gañera laister ikusikozu sigero onak diela lanien eta gauzak ondo da txukun ingotzuen. **T.** No te apures porque les veas que son de color, los chicos que andan ahí a menudo han andado con nosotros y es gente conocida desde hace mucho tiempo, además pronto les verás que son muy buenos trabajando y las cosas te las harán bien y con limpieza.

DABIXOLA, DAIXOLA. Que está rebosando, derramando. **K.** Txukunek izten haida kaliek kamioi horrek, hormogoie daixola erutendau eta etxura dana dauko eztala konturatzen, ba ustedot laister eukikoitxula munizipalak bere atzetik. **T.** Curiosas está dejando las calles el camión ese, está derramando el hormigón y da toda la impresiòn de que no se da cuenta, pues me parece que pronto va a tener detrás de él a los municipales.

DAGOKIENEZ. Según corresponda. **K.** Baserri aurreko harri fatxada hau oso politxe geratuda eta gauzabat, etxatzu iruitzen ze dagokienez bierrezkue izengodala egurrezko bentana dotoriek eta ate sarrera berdintzue?, nere ustez bentzet eta bata-bestiakiñ oso politxe gelditxukozan. **T.** La fachada delantera de piedra del caserío ha quedado muy bonita y una cosa, ¿no te parece que le corresponde unas ventanas madera elegantes y lo mismo la puerta de entrada?, yo al menos creo que con unas y la otra quedaría muy curioso.

DAGONILLA. El mes de Agosto. **K.** Ezta asko geratzen dagonilla allegatzeko eta neretzat urteko il oneneitakue izetenda, opor luziek, lanakiñ sigero astu, hondartza ta mendi pixkat, danera sigero ondo eta inportantzi haundikue, egunero potrojorran. **T.** No falta mucho para que llegue el mes de Agosto y para mí es de los mejores meses del año, largas vacaciones, olvidarse por completo del trabajo, playa y un poco de monte, en todo muy bien y una cosa muy importante, todos los días tocándote los huevos.

DAKAR. Trae. **K.** Gaurko afairako Jenarok dakar bere etxeko arrautzak, Anselmok esandau berak ekarrikoitxuela perretxikuek eta Tiburtziok ogixe, eta gero beste guztikuek soziedadien eongodie, baña aurrena danok ados gelditxugara txikito parebat hartubikoula afal aurretik. **T.** Para la cena de hoy Genaro trae los huevos de casa, Anselmo ha dicho que él traerá las setas y Tiburcio el pan, y luego todo el resto lo habrá en la sociedad, pero primero todos hemos quedado de acuerdo que habrá que tomar un par de chiquitos antes de cenar.

DAKART. Traigo. **K.** Kanpiñera fateko asteburu hontan paperan jarritxe daukotzue ze gauzak eruen-bierrak daukotzuen bakotxak, baña oñ gogoratunaz astu iñazela eta nerie eztotela ipiñi, ba entzun, ez hartu gaztairik zeatik hori nik dakart. **T.** Ya teneís puesto en el papel las que tiene que llevar cada uno para ir al camping este fín de semana, pero ahora me he acordado que me he olvidado de lo mío y que no lo he puesto, pues escuchar, no cojaís queso porque eso lo traigo yo.

DAKI. Sabe. **K.** Kaxiano gaztiek oso ondo daki zeiñ ero zeñeik izendien puzkatuitxuen bentanako kristalak ikastolan, baña eztot uste esangodauenik zeatik billdur pixkat dauko eta eztau gure pikutero bezela geratzie. **T.** Kasiano el joven sabe muy bien quién o quienes han sido los que han roto los cristales de las ventanas en la ikastola, pero no creo que nos lo diga porque tiene un poco de miedo y no quiere quedarse como un chivato.

DAKI. (Dakik), kiñ, kitx, kitzu, kitzue, kixe, kixien.

DAKITZUN. Ya sabes. **K.** Hemen kontatzendan istorixa zarra da. Eta da nola beñ eskola hartako ikasliek hau esaustzien bere irakasliei, ze jakituixa haundixe daukotzun maixu ta zenbat dakitzun, eta haren erantzuna, nik bakarrik dakitx eztakitxela ezer. Ba eztau emuten harrokeixa haundirik haukenik.**T.** Esta que se cuenta aquí es es una vieja historia. Una vez los alumnos de aquella escuela ésto le dijeron a su profesor, que sabiduría tienes maestro y cuánto sabes, y la respuesta de aquel, yo sólo sé que no sé nada. Pues no parece que debía de tener demasiada presunción.

DALA. Que es así. **K.** Zuk ze ustedozu, hala dala?, ba nik zalantza dauket eta eztot uste modu hortan izengodanik zeatik neri bestaldera zala esauztien, eta pentzatzendot ze esauztenak ondo jakiñien eongozala horren buruz zeatik ziurtazun haundixekiñ berba iñauen. **T.** ¿Tú qué dices, que eso es así?, pues yo tengo dudas y no creo que sea de ese modo porque a mi me dijeron que era de otra manera diferente, y pienso que el que me lo dijo estaba muy enterado del tema porque habló con mucha seguridad.

DALAKO. Porque es así. **K.** Badakitzue zergaitxik pasajakon hori?, ba larreiko ona dalako eta ziur nau ze bestebat izengobalitz modu desberdiñien gertaukoziela gauza horrek, nik sarritxen esateutzet eziñdala ibili kainbesteko oneriaz. **T.** ¿Ya sabes porqué le ha pasado eso?, pues porque es demasiado bueno y estoy seguro de que si hubiese sido otro las cosas habrían sucedido de otra manera, yo le suelo decir muchas veces que no se puede andar con tanto buenismo.

DAMUTU, DAMUTUTA. Arrepentirse. **K.** Bai, ziur nau Ramontxu ondo damututa eongodala iñdauen horrekiñ baña onazkero larreiko berandu da, kaltie hor dau iñde eta ikusitxe nola geratudan eztot uste erremeixoik daukenik **T.** Si, estoy seguro de que Ramonchu estará muy arrepentido de lo que ha hecho pero ahora ya es demasiado tarde, el daño ya está hecho y viendo cómo ha quedado no creo que tenga remedio.

DAMUE. Pesadumbre, dolor. **K.** Ze gauza emutendauen horrela ikustie gizon horri, iñok eztaki zergaitxik baña gauza da damuz betie dauela eta etxuraz eztau iñok konsolatzeik, ez bere familik eta ez bere bizi-betiko lagunek. Batek komestaudau deprezio kontue izengoetedan ero beste holako zerreozer. **T.** Que cosa da ver a ese hombre así, nadie sabe el porqué pero la cosa es que está lleno de pesadumbre y parece que nadie puede consolarle, ni su familia y tampoco sus amigos de toda la vida. Uno ha comentado que si será cosa de depresión o sino alguna otra cosa parecida,

DANA. Todo. **K.** Eladia, alperrik haizara zeatik etxatzu dana kabitzen kotxien naiz da tope zapaltzen ibili, etxatzu iruitzen hobeto dala gutxitxuau sartzie ta geratzendana eruen beste bidaibat iñde, ero beztela hurrengo egunien? **T.** Eladia, andas en balde porque no te entra todo en el coche aunque lo estés apretando a tope, ¿no te parece que será mejor meter un poco menos y lo que quede llevar haciendo otro viaje, o sino el próximo día?

DANA-DALA. Sea una cosa u otra. **K.** Ezta bape errexa zuei ulertzie, batek esatendau gauzabat, bestiek bestebat eta dana-dala nik eztakitx zerekiñ gelditxu, ba hori, nola eztakitxen eta ikusitxe nola dazen gauzak baezpare galdetzen hasibikonaz besten-batzui. **T.** No es nada fácil entenderos a vosotros, uno dice una cosa, el otro dice otra y tanto sea lo uno como lo otro no sé con cual quedarme, pues eso, como no sé y viendo como estás las cosas por si acaso voy a tener que empezar a preguntar a algunos otros.

DANAKIÑ. Con todos. **K.** Bartolomek eztauko iñolako arazorik zeatik danakiñ ibili ta manejatzenda ondo eta berdiñ, kalera urten ta ezpadau ikusten bere kuadrilla beste erozeñekiñ alkartzenda, eta iñok eztau sekula bakarrik ikusiko gizon hori. **T.** Bartolomé no tiene problema alguno porque anda con todos y con todos elllos se maneja igual de bien, si sale a la calle y no ve a su cuadrilla se junta con cualquier otra, y nunca nadie verá a ese hombre que ande sólo.

DANBADA. Ruido de una explosión. **K.** Gaur astelena da ta laister hasikodie kanterako danbadak, herriko jentie aspalditxik kejatzen haidie eta askotan baitxe salatu be, baña halaere hor jarraiketandaue ondion. **T.** Hoy es lunes y pronto empezarán las explosiones en la cantera, la gente se está quejando desde hace muchísimo tiempo y también lo han denunciado muchas veces, pero aún así ahí continúan todavía.

DANBARRA, DANBARRARA. El ruido del trueno. **K.** Billdulgarrixe izenda len gertaudan danbarrara hori, etxeko kristal guztiek mobitxu iñdie eta txakurre be axkar gordeda mai aspixen. **T.** Ha sido impresionante el ruido del trueno, cómo para asustar, hasta los cristales de la casa se han movido y también el perro se ha escondido rápidamente debajo de la mesa.

DANBORRA, DANBOLIÑE. Tambor, instrumento musical.
(Ver la definición de tanborra, tanboliñe).

DANEATIK, DANAKATIK. Por todo. **K.** Hik betik daukek zerbaitx esan-bierra daneatik, atzo aber zeatik ezgiñen faten Donostira atzaldien goixien bierrien, gau berriz aber zergaitxik jartzendoun txitxarrue afaltzeko jakiñien hiri askoz geixau gustatzejatela bixigue, ba mutil, hurrenguen hasi pentzatzen eta gero heuk aukeratubikoitxuk gauzak. **T.** Tú siempre por todo tienes que decir algo, ayer a ver porqué no íbamos a San Sebastián a la tarde en lugar de a la mañana, hoy en cambio porqué ponemos chicharro para la cena sabiendo que a tí el besugo te gusta mucho más, pues chico, la próxima vez empieza a pensar y luego tendrás que organizarlo tú.

DANENA. De todos. **K.** Ez hartu zuretako bakarrik sagar horreik, kontuen hartuta danon hartien batudoula ba danena izengoda. Ero eztozu zuk hala ikusten?, ba itxi otar hori lurrien eta itxoiñ apurbat errepartitzen hasi hartien. **T.** No cojas esas manzanas solo para tí, teniendo en cuenta de que los hemos recogido entre todos pues será para todos. ¿O no lo ves tú así?, pues deja la cesta en el suelo y espera un poco hasta que empezemos con el reparto.

DANERAKO. Para todo. **K.** Langille berri hori oso ona da eta danerako balixodau, bai ideltzero lanien, baitxe enkofratzen be eta oñ haigaren obra hontan ixe erozeiñ gauzatarako, beste hori bezelako parebat eongobalitz askoz hobeto ibilikogiñake. **T.** El trabajador ese nuevo es muy bueno y vale para todo, bien para los trabajos de albañilería, también de encofrador y en la obra esta que estamos ahora para casi todo, si habría otro par que fuesen como él andaríamos bastante mejor.

DANETIK. De todo. **K.** Balkoiko baranda berri hau jartzeko gauza dexente bierkoitxut eta dendaik denda ibilibierrien hobeto ingot etxurazko ferreterira fatiaz, toki horreitan danetik eotenda ta aber bidai bakarra iñde danak lortzeitxuten. **T.** Para colocar la nueva barandilla del balcón necesito bastantes cosas y en lugar de andar de tienda en tienda será mejor que vaya a una ferretería decente, en esos sitios suele haber de todo y a ver si haciendo un solo viaje las puedo conseguir todas.

DANGA-DANGA. Se dice por hacer las cosas seguidas y sin parar. **K.** Mantzo xamar haizariela ikustezaute eta ezpoue jartzen martxa pixkat eztou sekula bukatuko lan hau, eta gañera badakitzue toki hartara fan-bierra daukoula haldan axkarren, ba benga, hartu goguekiñ, hala jarraitxu eta danga-danga amaitu harte. **T.** Os estoy viendo que andaís con bastante tranquilidad y si no ponemos un poco de marcha no terminaremos nunca este trabajo, y además ya sabeís que tenemos que ir cuanto antes a aquel otro sitio, pues venga, poner ganas, continuar de la misma manera y sin parar hasta terminar.

DANIEN. En todas partes. **K.** Eskolapioi arañun Donostiñ ikusinutzen ta batek esauzten atzo Gazteizen eonzala zerbaitzuk itxen, kasualitatez gaur goxien bere andriekiñ topo iñ eta komestaudau Bilbora fan-bierra daukela, ba etxuraz axkar bueltauda zeatik illuntzuen hemen alkartunaz berakiñ, ba zalantzaik eztau danien dabillela, eta gauza da eztakitxela zertan ibilikodan zeatik aspalditxik dau erretirauta. **T.** A Escolapio le vi ayer en San Sebastián y uno me dijo que ayer andaba por Vitoria haciendo algo, esta mañana por casualidad me he encontrado con su mujer y ha comentado que hoy tenía que ir a Bilbao, pues ha tenido que volver pronto porque antes de anochecer me he juntado aquí con él, pues no hay duda de que anda todas partes, y la cosa es que no sé que puede estar haciendo porque está jubilado desde hace ya mucho tiempo.

DANOK, DANAK. Todos y todas. **K.** Guk familixa tartien urtien beñ alkartzegara eta itxendou egun parebateko, akaso hiru, bidaia hortik zierko nunbaitxera, gauza bateatik ero bestiatik baleike ez alkartzie betik danok zeatik asko gara, baña bai bentzet geixenak. **T.** Nosotros entre la familia una vez al año nos reunimos y hacemos un viaje de dos, quizá tres, días a algún sitio de por ahí, por una cosa o por otra puede que quizá no nos reunamos todos porque somos muchos, pero al menos sí la mayoría.

DANONTZAKO. Para todos. **K.** Fandan astien loterixako aurreneko premixue nik nauken zenbakixe izenzan, eta oñ gauza da eztakitxela zer iñ hainbeste dirukiñ, ba hemen sukaldeko maigañien iztendotzuet hau, berrehun mille euro besteik eztie, danontzako da eta errepartitzeko zuen hartien. Badakitx asko eztala baña bentzet afai bat ero beste itxeko laiñ allegaukojatzue. **T.** La semana pasada el primer premio de la lotería correspondió al número que tenía yo, y ahora la cosa es que no sé que hacer con tanto dinero, pues aquí encima de la mesa de la cocina os dejo esto, no son más que doscientos mil euros, es para todos y para que lo repartaís entre vosotros. Ya sé que no es demasiado pero por lo menos ya os llegará para alguna cena que otra.

DANTZALDIXE. Sesión de baile. **K.** Lenau, oso aspaldi Atxabaltako plazan, hala berdiñ izengozan beste leku askotan be, domeketan dantzaldixek eotezien, ordungo oitura zan bi neskak alkarreaz dantzan itxie eta guk mutillek dantza eskatzie, eta eztakix zergaitxik baña nahiko sarri izetezan, ero geixenbaten, ezetzak jasotzegitxula. **T.** Antes, hace mucho tiempo en la plaza de Arechabaleta, así igual sería también en muchos otros sitios, los domingos solía haber sesión de baile, la costumbre de entonces era que dos chicas bailasen juntas y los chicos les pidiésemos baile, y no sé el porqué pero era bastante a menudo, o la mayoría, que recibíamos calabazas.

DANTZAN. Bailando, dnzando. **K.** Natalia eta Karlota, Emilian alabak, sekukako afizio haundixe daukien dantzan itxeko, musika entzun besteik bixek hastendie ipurdixek mobitzen eta gañera estilo haundixekiñ. **T.** Natalia y Carlota, las hijas de Emilia, tienen una afición muy grande por el baile, nada más que oyen música ya empiezan a mover el culo y además con gran estilo.

Aspaldiko esaerabat: Diruek txakurrei be dantzan eraitzendau.

Un viejo probervio vasco dice que el dinero hace bailar hasta a los perros.

DANTZARIXE. Bailarín. **K.** Badakitx Demetriok alegiñ guztiek itxeitxuela etxurazko dantzarixe izeteko, noski bere andriek aiñduta, baña gixajuei aldebatetik gertatzejako sigero exkaxa dala asunto horreitan eta bestaldetik errena dala. **T.** Ya sé que Demetrio se esfuerza mucho para ser un bailarín medianamente decente, claro está que mandado por su mujer, pero al pobre le pasa que por una parte es muy malo para esos menesteres y por otra que es cojo.

DARAMA. Llevar algo, alguna cosa. **K.** Honoratok furgonetan darama guk bierditxun zerbaitzuk, ez asko baña bentzet lanien hasteko bezela oñ momentuz, eta beste faltadoun gauza guztiek esandau bixer ekarrikoitxula. **T.** Honorato lleva en la furgoneta algunas de las cosas que necesitamos para empezar a trabajar, no mucho pero por lo menos como para empezar a trabajar ahora de momento, y ha dicho que todo lo demás que falta ya lo traerá mañana.

DARDARA. Temblor, estremecimiento. **K.** Ba etxura guztie dauko itxasoko ura sigero hotza dauela zeatik umiek urtendauenien dardaran eozen, deitxu, esan etortzeko eta siketuiozu axkar meserez zeatik beztela hor eongodie geldik iñuxentiek bezela. **T.** Pues tiene toda la pinta de que el agua del mar debe de estar muy fría porque cuando los críos han salido estaban temblando, pues llámales, diles que vengan y sécales rápido por favor porque sino ahí van a a estar quietos como unos tontos.

DARDARAKA. La persona que está temblando de frío, de miedo o por fiebre. **K.** Eztakitx Bonik zerreozer ezaldan arrapatzen, gripe ero beste holako zerbaitx, afai denporan etxura guztie hauken hotzakiñ zala eta noxienbeñ baitxe hola dardaraka bezela be. **T.** No sé si Boni no estará pillando algo, gripe o algo parecido a eso, en el tiempo de la cena tenía toda la pinta de que estaba con frío y de vez en cuando también así como temblando.

DASTAKETA. Degustación. **K.** Domeka hontan eta urtero bezela, Zarauzko Udaletxe plazan txakoliñen dastaketa eongoda, jente asko inguratzenda eta Getari denominazioko bodega guztiek etortzendie. **T.** Este domingo y al igual que todos los años, en la plaza del Ayuntamiento de Zarautz habrá degustación de txakolí, se acerca muchísima gente y suelen venir todas las bodegas de la denominación Getaria.

DASTAMENA. Concurso de catadores. **K.** Nik eztot asko siñisten konkurso dastamen horreikiñ, oso etxura onak jartzeitzue esplikazio garaian, useiñdu ardaue, kopai buelta batzuk emun eta gero proba ondoren esan, kanela, mora ero beste holako gustorenbat daukela, neretzat bentzet larreiko teatru. **T.** Yo no creo mucho en los concursos de catadores, lo escenifican muy bien durante las explicaciones, huelen el vino, dan unas cuantas vueltas a la copa y después de probar dicen que tiene gusto a canela, moras u otra cosa, para mí por lo menos demasiado teatro.

DATOR. Que viene. **K.** Hori askenien zer, dator ero eztatoi?, deitxudot almazenera eta esauztie aspaldi urtenda dala, baña gauza da bi ordu honetan hemen garela etxoitxen aber allegatzendan eskatutako labadora. **T.** ¿Ese al final qué, viene o no viene?, he llamado al almacén y me han dicho que hace mucho ya que ha salido, pero la cosa es que hace dos horas que aquí estamos esperando a ver si llega la lavadora que habíamos pedido.

DATORRELA, DATOZELA. Que venga. **K.** Beno ba, datorrela zeatik bat geixautik nik ustedot eongodala nahiko danontzako, aspaldiko esaerabat dau esatendauna bost sartzendien tokixen xei be kabitxukodiela, Noski Argimiro kenduta zeatik horrek danoda jangolauke. **T.** Bueno pues, que venga porque yo creo que por uno más ya habrá suficiente para todos, hay un viejo dicho popular que dice que dónde entran cinco también caben seis, claro que quitando a Argimiro porque ese comería lo de todos.

DATORRENA. El que viene. **K.** Bixer gurekiñ datorrena mendira eztot esautzen, ta zueik?, bez?, ba aber nolakue dan, espero bentzet nahiko oitura eukitxie mendixen ibiltxeko eta jatorra izetenbada ba askoz hobeto, bentzet hori da komenijakuna. **T.** Al que viene mañana al monte con nosotros no le conozco, ¿y vosotros?, ¿tampoco?, pues a ver que tal es, al menos espero que tenga bastante costumbre de andar por el monte y si es una persona agradable pues mucho mejor, al menos eso es lo que nos conviene.

DATORRENIEN, DATOZENIEN. Cuando venga, cuando vengan. **K.** Beno, ezta posible izen zeatik ezeozen eta beste mota-batekuek eskaitutxut, esauztie oso berdindutzuek diela ta oñ datozenien ikusikoutxu nolakuek dien material berri horreik, eta bixenbitxertien hemen daukounakiñ jarraitxukou. **T.** Bueno, no ha sido posible porque no había y los he pedido de otra clase, me han dicho que son muy parecidos y ahora cuando vengan ya veremos que tal son esos nuevos materiales, y mientras tanto continuaremos con lo que tenemos aquí.

DATOZ. Vienen. **K.** Horreik be gurekiñ datoz, ero? Jeseus!, ba eztakitx askenien danok kabitxukogaren zeatik autobus hau nahiko txikiñe da, nola ezgauken segurantzik halakue eskatugauen pentzata beste iñor ezala etorriko. **T.** ¿Esos también vienen con nosotros, o qué? ¡Jesús!, pues no sé si vamos a caber todos porque el autobús es bastante pequeño, cómo no estábamos seguros lo pedimos así porque pensamos que nadie más iba a venir.

DATOZENAK. Los que vienen. **K.** Lasai eon eta kendu urduritazun hori, nik eztitxuk esauketan baña esauztie horreik gurekiñ datozenak oso jatorrak diela, eta hala izetenbadie zalantzaik eztau ondo konponduko-garela. **T.** Estar tranquilos y quitar esas preocupaciones, yo no les conozco pero me han dicho que los que vienen con nosotros son muy agradables, y si es que son así no hay duda de que nos arreglaremos bien.

DAU. Está. **K.** Bai, hori hor dau eta zer?, nik ustedot ze ezpalitze etorri berdiñ izengozala, zalantzaik eztauket mutil ona danik baña gertatzenda lan hau nahiko berexixe dala eta horrek eztaukela kapazidadeik hori itxeko. **T.** Bueno, ese está aquí ¿y qué?, yo creo que si no hubiese venido habría sido igual, no tengo duda de que será buen chico pero pasa que este trabajo es bastante especial y ese no tiene la suficiente capacidad para hacerlo.

DAU. Hay. **K.** Perretxikuek erostie gureboitxozu hemen ixe danetik dau, piñotelak, gibelurdiñak, onto beltzak eta danak prezio onien, aurrena beitu eta gero esanguztezu zeñeitik gurekozun eruotie. **T.** Si lo que quieres es comprar setas aquí hay de casi de todo, níscalos, rúsulas, hongos y todos a buen precio, primero los miras y luego ya me dirás de cuales quieres llevar.

DAUENA. Lo que hay. **K.** Ez ibili hainbeste eskatzen zeatik hori ezta posible izengo, gurebozu bentzet zerreozer hemen dauena hartuzeike eta ezpozu nai ba badakitzu, beste nunbaitxera fan-bierra eukikozu. **T.** No pidas tanto porque no va a ser posible, si es que al menos quieres algo de lo que hay aquí lo puedes cogerlo y si no quieres pues ya sabes, tendrás que ir a algún otro sitio.

DAUKET, DAUKO. Tengo, tiene. **K.** Nik bai dauket pelotak, jolastekuek noski, baña enaz gogoratzen tenizko ero gomazkuek dien, baña hori berdiñ da ta zuk palak eukitxenbozu palak faleinkegu frontoira partidu batzuk jolastera. **T.** Yo sí tengo pelotas, las de jugar claro, pero lo que no me acuerdo si son de tenis o de goma, pero eso es igual y si tú tienes las palas podemos ir al frontón a jugar unos partidos.

DAUKET. (Dauke), kek, ken, kie, kotzu, kotzue, kou.

171

Aspaldiko esaerabat: Dirue daukenentzat eztau aldapakaik.

Un viejo proverbio vasco dice que no hay cuestas para aquel que tiene dinero.

DAUELA. Que esté. **K**. Denpora askorako ezpada etxat bape inportik eta lagaizu hor dauela, hemen eztau ezertarako faltaik itxen baña momentuz bentzet eztauket traban, baña berandu-barik etorri horreiñ billa. **T**. Si no es para demasiado tiempo déjalos que estén ahí, aquí no hacen falta para nada pero al menos de momento no me estorban, pero ven a buscarlos sin que sea tarde.

DAUENEKO, DAGOENEKO. Ya que está ahí. **K**. Mutillek ekarritxuen gauza honeik esandau hemen izteitxuela, esautziela danontzako diela eta errepartizeko, ba oso ondo dau hori eta zuei ze ururitzejatzue?, ba nik ustedot ze ia hemen daueneko onena probetxatzie izengoula. **T**. El chico que ha traído estas cosas ha dicho que las deja aquí, que le han dicho que son para todos y que lo repartamos, pues eso está muy bien ¿y qué os parece a vosotros?, pues yo creo que ya que están aquí lo mejor será que lo aprovechemos.

DAUKENA. El que tiene. **K**. Ba karakolak erostie gureboitxozue derrigorrez Isidorona fan-bierra eukikotzue, ha da herri hontan bakarrik daukena, ezta hemendik urruti bizi baña kotxie bierkozue hara fateko, begira, hartuizue Markinako karretera eta hirubat kilometrora ikusikozue kartelbat jartzendauena "Karakolan Salmenta". **T**. Pues si queréis comprar caracoles necesariamente tenéis que ir donde Isidoro, él es el único que los tiene en este pueblo, no está lejos de aquí pero os hará falta el coche para ir allá, mirar, cogeís la carretera de Markina y a unos tres kilómetros vereís un cartel que pone "Venta de Caracoles".

Aspaldiko esaerabat: Dirue daukenak, kontatzeko eta eztaukenak, ba kantatzeko.

Un viejo proverbio en euskera dice que el que tiene dinero que lo cuente y el que no lo tiene, pues que cante.

DAUZ, DAZ. Están. **K**. Mutiko horrek eta beste askotan bezela, hor daz eskutuen zigarruek erretzen eta nabarmen dau gaur be piper iñauela eskolatik, ba eztot uste posible izengodanik euron maixuek ez konturatzie horreina. **T**. Esos chavales y al igual que otras muchas veces, están ahí escondidos fumando cigarros y está claro que hoy también se han ausentado de la escuela, pues no creo que sea posible que sus profesores no se hayan dado cuenta de eso.

DAZEN. Están. **K**. Zuk badakitzu zeñeik dien han dazen horreik?, nik bentzet eztitxut esauketan eta eztakitx sikera zertan o zeñek bieldute etorrikozien, baezpare galdetzera noie aber zer guredauen zeatik eztust grazia haundirik itxen hor eondeixien. **T**. ¿Tú ya sabes quienes son esos que están ahí?, yo al menos no les conozco y no sé siquiera a que habrán venido o quién les habrá mandado, por si acaso voy a preguntarles que es lo que quieren porque no me hace mucha gracia que estén ahí.

DAZER?, DA-ZER? ¿Y qué? **K**. Zuk eztaukotzu beste gauzaik eta betik ainketan haizara, iñ hau eta iñ bestie, dazer?, nik eztauket obligazioik itxeko ta ezpot gure ba eztot ingo, eta ez iñezkero zerreozer geutaukojat horreatik, ero? **T**. Tú no tienes otra cosa y siempre estás mandando, haz esto y haz lo otro, ¿y qué?, yo no tengo ninguna obligación de hacerlo y si no quiero pues no lo voy a hacer, ¿y si es que no lo hago me va a pasar algo por eso, o qué?

DEBALDE. Gratis, gratuitamente. **K**. Ez pentzau gauza honeik debalde izendiela baizik ondo ordaindutekuek die eta badakitzue, hartu bakotxak berie eta gutxienetik alegiñdu zaintzen bierdan bezela. **T**. No penséis que estas cosas han sido de gratis sino que están bien pagadas y ya sabeís, cogeís cada uno lo vuestro y por lo menos esforzaros en cuidarlos como es debido.

Aspaldiko esaerabat: Debalde eratendauenak, berba gutxi.

Un viejo proverbio en euskera dice que el que bebe gratis no tiene nada que decir.

DEBEKAU, DEBEKATU. Prohibir. **K**. Gaur eta bixerko egune debekau iñdaue malekoitxik ibilltxie, etxuraz olatu haundixek omendatoz eta esandaue baezpare sarrerak itxi ingoitxuela. **T**. El día de hoy y mañana han prohibido andar por el malecón, parece que viene un oleaje muy fuerte y han dicho que por si acaso van a cerrar los accesos.

DEBERIEK. Los deberes de la escuela. **K**. Garai baten eta nola ordungo oitura hori zan, ba guk danok ta ixilik eskolatik urten ondoren etxera fategiñen deberiek kartapaixo barruen diela, oñ berriz eztabaida haundixe dau horren buruz, deberiek bai ero deberiek ez eta eztakitx askenien zertan gelditxukodien. **T**. En un tiempo y como antes esa era la costumbre, pues todos nosotros y callando al salir de la escuela íbamos a casa con los deberes dentro de la carpeta, ahora en cambio hay gran discusión sobre deberes si o deberes no y no se al final en que quedarán.

DEBRAZETE. Cogidos dek brazo. **K**. Antes cuando una chica agarraba del brazo a un chico para pasear en el pueblo significaba que estaban comprometidos. **K**. Garai hartan hala zien gauzak, debrazete fan-ezkero horrek naizauen esan nobixuek zitziela, ba horreatik eta baezpare nik sekula eztot nai izen besotik heltzeik erozeiñ neskak, familixakuek kenduta noski, gañera nahiko lotza be emuteuzten. **T**. Así eran las cosas en aquellos tiempos, si se iba agarrado del brazo eso quería decir que erais novios, pues por eso y por si acaso yo nunca he querido que cualquier chica me agarrase del brazo, exceptuando a las de la familia claro, además también me daba bastante vergüenza.

DEDIKAU. Dedicar algo a alguien. **K**. Lenau nahiko normala izetezan norbaitxi radixuen dedikatzie abestinbat bere zorionetarako, oñ berriz ustedot gauza horreik apenas itxendiela eta gañera esangonauke nahiko astute diela aspalditxik. **T**. Antes era bastante normal dedicar alguna canción por la radio a alguien por su cumpleaños, ahora en cambio me parece que eso apenas se hace y además diría que desde hace mucho tiempo está bastante olvidado.

DEFENDIRU. Defendersde o defender a alguien. **K**. Nik ustedot geruau ta errespeto gutxiau dauela, ixe egunero irakurri ero aitzendie gauzak, periodikok ekartzeauen notizi bezela, ertxuraz atzo pertzona batek urten omenauen defenditzen negarrez haizan neska-bati eta egurreta gogorra emuntziela. **T**. Yo creo que cada vez hay menos respeto, casi todos los días se oyen o leen cosas, cómo la noticia que trajo el periódico, parece que ayer una persona salió en defensa de una chica que estaba llorando y le dieron una buena paliza.

DEIA. Llamada. **K.** Eztakitx zeñeiñ aldetik baña gaur hartudot deibat nahiko errarue esanaz inguratzeko otel hartara, han dauketela zai jasotzeko sari haundibat eta zalantzaz geratunaz aber egixe ero txantxa izengodan, ba bezpare fan ingonaz konprebatzera a ver hori hala dan. **T.** No sé de parte de quién pero he recibido una llamada bastante rara diciendo que me acerque al hotel aquel, que allá está esperando un gran premio para recoger y me he quedado con la duda de si será verdad o una broma, pues por si acaso voy a ir a comprobar si eso es así.

DEI-ORDUE. Hora de llamar. **K.** Xiriako esnatuzaitez, hamarrak die eta esanduztazun dei-ordue da Bonikiñ berba itxeko, ha onazkero zuk noix deitxu zai eondoga eta gañera badakitzu nolakue dan, segitxuen jartzenda urduri. **T.** Ciriaco, despiértate son las diez y es la hora que me has dicho que tenías que llamar para hablar con Boni, para ahora ese ya estará esperando tu llamada y además ya sabes cómo es, enseguida se pone nervioso.

DEIKA. Llamando. **K.** Nahiko gauza errarue iruitzejat, aste guztien nabill deika baña iñok eztau hartzen telefonorik eta eztakitx kanpuen eongodien ero akaso eztauen gure hartzeik. **T.** Me parece una cosa bastante rara, durante toda la semana he estado llamando pero nadie coge el teléfono y no sé si es que estarán fuera o quizá no lo quieran coger.

DEITXU. Llamar. **K.** Betik gertatzejat zerreozer eta oñ be hala izenda, kasualitatez jarridauen egun horretan kanpuen izengonaz eta eziñdot fan euron eskontzara, ba deitxu inbikot zoriontzeko eta opari txikinbat bieldu. **T.** Siempre me pasa algo y esta vez también ha sido así, casualmente el día que han fijado para su boda estaré fuera y no podré ir, pues tendré que llamar para felicitarles y enviar algún pequeño regalo.

DEITXU. (Deitxudok), don, dot, dozu, dozue, kok, kon, kot, kozu, kozue.

DEJIE. Acento o deje en la forma de hablar. **K.** Manolo, nere lan-lagungat eta gallegue bera, hogetamar urte eruetendau Euskalherrixen eta halaere eztau ezertxorik galdu Galiziako hitzan dejie, ba onazkero eta hainbeste urte ondoren ia eztot uste galdukodauenik. **T.** Manolo, un compañero de trabajo y gallego él, lleva treinta años en Euskalherría y aún así no ha perdido el deje del habla de Galicia, pues después de tantos años ya no creo que lo pierda.

DELA, DALA. Así es. **K.** Alperrik da diskutitzen hasteik, horrek esanbadau hala dala ba hala izenbikoda eta eztau besteik, iñ berak esandauen bezela eta kitxo, gero beste kontubat izengoda nola gelditzendan. **T.** Es inútil empezar a discutir, si ese ha dicho que es así pues así tendrá que ser y no hay otra, se hace tal y como él ha dicho y listo, luego de qué forma quedará será otro tema.

DEMA. Apuesta, tentativa. **K.** Horreik bixon hartien haukien dema domeka goix hontan iñde geratuda, zan zeñek axkarrau iñ Pagoetako fan da etorrixe, Zarauztik hasitxe ta Aia aldetik bueltauta, eta gauza da bixok alkarreaz allegatudiela bixkerretik heldduta, jokuen zan bixondako afaixe eta oñ gauza da bakotxak bestien afaixe ordaidu inbikodauela. **T.** La apuesta que tenían entre esos dos la ya ha quedado hecha este domingo por la mañana, consistía en quién hacía más rápido el ir y venir de Pagoeta, empezando desde Zarautz y volviendo por Aia, y la cosa es que han llegado los dos juntos agarrados del hombro, estaba en juego una cena para los dos y ahora la cosa es que cada uno tendrá que pagar la cena del otro.

DEMANDA. Discusión, protesta, riña. **K.** Eztakitx zertan haidien kuadrilla hori hainbeste ulukiñ, emutendau demandan dabitzela baña ezta entzuten zeren buruz, erozeiñ modutan zerbaitx serixue da zeatik hor jarraitzendaue ixildu-barik ordu erdi honetan. **T.** No sé que andan esa cuadrilla con tantos gritos, parece que están discutiendo pero no se oye sobre qué, de todas formas tiene que ser algo serio porque ahí continúan sin callar desde hace media hora.

DEMASA. Demasiado. **K.** Nik eztitxut hainbeste bier, emundustazun honekiñ ia demasa dauket eta gañera eztakitx zer iñ hainbesteaz, beno, akaso bai, batzuk aldamenien bizidan neskai oparitukutzet eta akaso, zeñek daki... **T.** Yo no necesito tanto, con esto que me has dado ya tengo demasiado y además tampoco se que hacer con todo eso, bueno, a lo mejor sí, algunos se los regalaré a la chica que vive al lado y quizá, quien sabe...

DEMONIXUE. El diablo, demonio. **K.** Arrausruik be eztauket demonixoik dauen, baña garai baten abare hareik baietz esateuzkuen eta gañera billdur ederra sartu bebai kontu hareikiñ, esanaz pekatuek iñezkero infernura fangogiñela zuzenien eta ha zala demonixue bizizan tokixe. **T.** No tengo ni idea de si existirá el demonio, pero en aquellos tiempos los curas aquellos nos decían que sí y además buen miedo que nos metían a cuenta de eso, diciendo que si hacíamos pecados iríamos derechos al infierno y que ese era el sitio dónde vivía el demonio.

DEMONTRE. Demontre. Exclamación para expresar asombro, perplejidad. **K.** Ze demontre!, benetan arritxuta geratunazela eta eztakitx ze gauza izenleike hori, nik bentzet eztot sekula holaikoik ikusi, baña halaere naiz eta ez jakiñ zer dan zalantzaik eztau izugarri politxe dala. **T.** ¡Que demontre!, de verdad que me he quedado asombrado y no sé que cosa puede ser esa, yo al menos no he visto nunca nada igual, pero aún así y aunque no sepa lo que es no hay duda de que es muy bonita.

DEMONTRIE. Se dice de la criatura traviesa. **K.** Zerbaitx jartzeatik. Martina zu oso neska demontrie zara, eta eztaukotzu bape asmoik egunenbaten zertxobaitx sikera txintxotzen hasteko?, ba ordue da zeatik oñartien zurie betik izenda okerrak itxe. **K.** Martina, tú eres una niña muy traviesa, ¿y no tienes ninguna intención de empezar algún día a formalizarte siquiera un poquito?, pues ya es hora porque hasta ahora lo tuyo siempre ha sido hacer trastadas.

DENDA. Tienda. **K.** Ni denda hortara fatenaz konpromiso pixkateatik eta aspaldiko lagunek dielako, eta eztakitx baña batzuetan pentza izendot enazen izengo iñuxente xamarra, zeatik badaz beste denda batzuk honen aldien nahiko merkiauek dienak. **T.** Yo voy a esa tienda por un poco de compromiso y porque son amigos desde hace mucho tiempo, y no sé pero algunas veces ya suelo pensar si no seré un poco tonto porque ya hay otras tiendas que en comparación de esta son bastante más baratas.

DENDARIXE, DENDERUE. El tendero. **K.** Guk ezgara sekula eon denda hortan baña kanpuen eozen batzuk esauzkue kontuz ibiltxeko hor dauen denderuekiñ, zeatik konturatzenbada despistau antzien garela alegiñek ingoitxula zerbatx lapurtzeko, pixuen ero beste nunbaitxen. **T.** Nosotros no hemos estado nunca a esta tienda pero unos que estaban ahí fuera nos han dicho que andemos con cuidado con el tendero, porque si se da cuenta de que andamos un poco despistados hará lo posible para robarnos algo, en el peso o en alguna otra cosa.

DENDA-OSTIE, DENDA OSTIE. La trastienda. **K.** Florentxio zarrak eztauko larreiko fama onik, sarri komestau izenda, eta baleike egixe izetie, denda-ostien itxeitxuela bere tetemanejuek eta nahasketak, ardauekiñ, olixuaz eta abar. **T.** Florencio el viejo no tiene demasiada buena fama, se ha comentado a menudo, y puede que sea verdad, que en la trastienda hace muchos manejos y mezclas, con los vinos, el aceite, etc…

DENPORA, DENPORALDIXE. El tiempo. **K.** Gaueko teleberrin Euskaltelebistak esandau bixerko oso denpora txarra datorrela, hotza, haixie eta gañetik euri asko, ba ezta posible geixau eskatzeik eta etxetik urten-barik eonbikou. **T.** En el teleberri de la noche Euskaltelebista ha dicho que para mañana viene muy mal tiempo, frío, viento y además mucha lluvia, pues no es posible pedir más y tendremos que estar sin salir de casa.

DENPORA-BARIK. Sin tiempo, no tener tiempo. **K.** Ba hal izen-ezkero zuk inbikozu ero beztela bestenbati esan zeatik nik eziñdot, oñ bertan larreiko lanpetute nabill, denpora-barik eta gañetik oñ hainazena bukatu besteik ez beste toki-batera fan-bierra dauket. **T.** Pues si puedes tendrás que hacerlo tú o sino se lo tendrás que decir a algún otro porque yo no puedo, ahora mismo estoy con demasiado trabajo, no tengo tiempo y además nada más que terrmine lo que estoy haciendo tengo que ir a otro sitio.

DENPORAKIÑ. Con tiempo. **K.** Gauza honeik eta ixe beste guztiek bezela, denporakiñ konpondu inbierrak izetendie, oñ momentuz ezta hori posible eta hobeto ingou iztiaz hor dauen tokixen, bixer be zabaldukoda eguna eta orduen ikisikou. **T.** Estas cosas y como casi todas, se tienen que arreglar con tiempo, ahora de momento eso no es posible y haremos mejor con dejarlas ahí dónde están, mañana también ya amanecerá y entonces ya veremos.

DENPORALIE. Mal tiempo, temporal. **K.** Ezkerrak oñartien eukidoun denporale hau eskutau eta bukatudan etxurie daukela, hareik izendie eondien haixe boladak eta olatuek be izugarrixek, malekoi eta baitxe inguru guztiek sigero betiek geratudie areiaz. **T.** Gracias a que el mal tiempo que hemos tenido hasta ahora ha amainado y parece que ya ha pasado el temporal, que ventoleras eran aquellas y las olas también han sido impresionantes, el malecón y todos los alrededores han quedado completamente llenos de arena.

DENPORALIE (N). Desde hace mucho tiempo. **K.** Ba nik bentzet eztakitx zeñenak izenleikien gauza honeik, denporalie da hemen erueteitxuenak eta iñor ezta etortzen jasotzera, akaso astu iñde eongodie, baleike ez eukitxie balixoik ero beztela bertanbera eta nahita lagata eongodie. **T.** Pues yo por lo menos no sé de quién pueden ser estas cosas, llevan aquí desde hace mucho tiempo y no viene nadie a recogerlas, quizá se hayan olvidado, puede que no tengan valor o quizá las han abandonado a propósito.

DENPORA-PASA. Pasar el rato, el tiempo. **K.** Ba hemen nau denpora-pasa antzien, bukatuitxut inbierreko lan guztiek eta oñ zai nau aber nagusixe etortzendan, nik ustedot onazkero eztauela denpora askoik ingo eta aber ze beste gauza ainketauzten, halaere bixerko izenbikoda zeatik oñ nahiko berandu da. **T.** Aquí estoy pasando un poco el rato, ya he terminado todos los trabajos que tenía que hacer y ahora estoy esperando a que venga el jefe, yo creo que ya no tardará mucho y a ver que otras cosas me manda, de todas formas tendrá que ser para mañana porque ahora ya es bastante tarde.

DENUNTZIA. Denuncia. **K.** Hau da marka, bost miñutu besteik eztot euki kotxie illera bikotxien eta denuntzia jarriuztie, eztau hortarako deretxuik, ba munizipalena noie erreklamatzera, ixe ziur eztotela ezer lortuko baña baezpare. **T.** Esto es de traca, no he tenido más que cinco minutos el coche en doble fila y me han puesto una denuncia, no hay derecho a eso, pues voy a ir dónde los municipales a hacer la reclamación, casi seguro que no consiguiré nada pero por si acaso.

DEPASO. Que está, que viene de paso. **K.** Eztaukotzue zeatik keskatu inbierrik hori hemen dauelako, jakiñien nau gobaitx itxendotzuela baña denpora gutxixen eongoda zeatik depaso bakarrik dau. **T.** No tenéis porqué preocuparos porque ese esté aquí, ya sé que os molesta bastante pero estará poco tiempo porque solo está de paso.

DERREPENTE, DERREPENTIEN. De improviso. **K.** Nola aurretik eztuzkun ezer abixau ba ezgauen iñok espero etorrikozanik, eta oñ gertauda ze Honorato derrepentien asaldudala, ba aber oñ nahiko afai eongodan danontzako zeatik horrek larreiko entrama dauko. **T.** Cómo no nos ha avisado de antemano pues ninguno esperábamos que viniese, y ahora sucede que Honorato ha aparecido de improviso, pues a ver si ahora habrá suficiente cena para todos porque ese tiene demasiado apetito.

DERRIGOR, DERRIOR. A la fuerza. **K.** Lan hau derrigor bukatu-bierra daukou gaur atzaldien, bixer jai eguna da, jente asko ibilikoda pasian hemendik eta txukun ikusideixen komenida gauza eta inguru guztiek. **T.** Este trabajo lo tenemos que terminar a la fuerza esta tarde, mañana es día de fiesta, habrá mucha gente paseando por aquí y conviene que vean que todas las cosas están limpias y curiosas.

DERRIGORRA, DERRIGORREZKUE. Necesario, imprescindible, obligatorio, esencial. **K.** Nik ezer enakixen, etorrinaz karnetan txartela berritzera eta esauztie derrigorrezkue zala aurretik txanda hartzie, ba nola eztoten holakoik iñ ba bueltau inbierra izendot ezer inbarik. **T.** Yo no sabía nada, he venido a renovar el carnet de identidad y me han dicho que era necesario haber cogido turno con anterioridad, pues cómo no había hecho nada de eso he tenido que volver sin poder hacer nada.

DESAFIXUE. Desafío, reto, generalmente por una apuesta. **K.** Desafixo ederra jarridaue Severino eta Doroteok, eta da aber zeiñ axkarrau fan da etorri bizikletan Zarauztik Donostira Igeldotik buelta, gañera eta asunto hau serixue izeteko erdixen be badau bost euroko apostabat. **T.** Buen desafío han montado Severino y Doroteo, y es a ver quien hace más rápido la ida y vuelta de Zarautz a San Sebastián pasando por Igueldo, además y para que este asunto sea serio hay una apuesta de por medio de cinco euros.

DESAGERTU. Desaparecer. **K.** Ziur nau ondo gordeta naukela, baña gaur fanazenien hori billatzera ezauen han, desagertu iñda, gauza da eztakitxela nola dan hori posible, ba eztot uste hori berez izengozanik, derrigorrez hemendik pasa-bierra izendau lapurrenbat. **T.** Estoy seguro de que lo tenía bien guardado, pero hoy cuando he ido a buscarlo no estaba allá, ha desaparecido, la cosa es que no sé como puede ser eso posible, y no creo que eso haya pasado solo, necesariamente ha tenido que andar por aquí algún ladrón.

DESANIMAU. Desanimar. **K.** Asko desanimaunaz zure lagun berri horrekiñ zeatik, zuk esanda zan, pentzatzezauen oso jatorra zala eta nik be aurrekuen hala ustenauen izengozala, baña bai aurrena zu, eta gero ni sigero ekibokazio haudixekiñ geotzen. **T.** Me he desanimado mucho con ese nuevo amigo tuyo porque, así lo habías dicho, pensabas que era una persona muy agradable y yo también así lo creí al principio, pero primero tanto tú, como luego yo estábamos completamente equivocados.

DESBERDIÑE. Diferente, desigual. **K.** Ez, zuk erakusten haizaren hori eztou nai zeatik sigero desberdiñe da hemen daukon beste hau baño, ba hal eta denporie badaukotzu, ezkertukonauke alegintzie aber aukeraik dauen berdiñe lortzeko. **T.** No, nosotros no queremos eso que estás enseñando porque es completamente diferente a esto otro que tenemos aquí, pues si es que puedes y tienes tiempo, ya te agradecería que te esforzases a ver si hay alguna posibilidad de poder conseguir algo que sea igual.

DESEGIÑ, DESEGIÑDU. Deshacer, revocar, desdecir. **K.** Atzo oso ziur ikustejakon Eskolapioi berak esandakuaz, baña gaur derrigorrez desegiñdu inbierra izendau gauzak berriz ikusi eta konturatu beste modubaten ziela. **T.** Ayer a Escolapio se le veía que estaba muy seguro con lo que decía, pero hoy se ha tenido que desdecir cuando lo ha vuelto a mirar y se ha dado cuenta de que las cosas eran de otra manera.

DESEGIÑA. Deshecho. **K.** Eztakitx zer gertaudan, gu atzo etxera fangitzenien ondo geratuzan eta gaur goxien etorri, ikusidou ze ixe iñdako lan geixena desegiña zala, ba etzuraz badau bateonbat etxakona larrei guztatzen gauza honeik. **T.** No sé que ha podido pasar, ayer cuando nosotros fuimos a casa quedó bien y hoy a la mañana cuando hemos venido, se ha visto casi todo el trabajo que hicimos estaba deshecho, pues parece que ya hay alguno al que estas cosas no le gustan demasiado.

DESENGAÑAU, DESENGAÑUE. Desengaño. **K.** Iluzio haundixekiñ etorrinaz baña egixe esanda desengañue eruendot herri honekiñ, esauztien sekulako politxe zala eta beno, zatarra ezta, gañera maintxobat buelta inditxut handik eta hemendik zer dauen begire, baña halaere eztot ikusi aparteko gauzaik dauenik. Eta hainbeste bire hona etortzeko. **T.** He venido con una gran ilusión pero me he llevado bastante desengaño con este pueblo, me habían dicho que era muy bonito y bueno, no es que sea feo, además he dado bastantes vueltas por aquí y por allá mirando que es lo que había, pero aún así no he visto que haya nada que llame la atención. Y tanto camino para venir hasta aquí.

DESESPERAU, DESESPERAZIÑUE. Desesperacíon. **K.** Beno, zuek iñ gurozena baña ni bentzet banoie, desesperau iñaz Edelmiron zai ta gañera eztakitx sikera etorrrikodan, gañera betik berdiñ itxendau, eztaki ero eztau nai etortzeik geditzendan orduen. **T.** Bueno, vosotros hacer lo que queráis pero yo por lo menos me marcho, ya me he desesperado esperando a Edelmiro y además no sé si siquiera vendrá, además siempre hace lo mismo, no sabe o no quiere venir a la hora que se ha quedado.

DESGASTAU. Cosa o persona que se ha desgastado. **K.** Erozeiñ gauza mozten ibiltxegara bai, eta gero hauxe gertatzenda, kutxillo hau sigero desgastau iñdala eta oñ eztala ezertarako balixo, ba eztau besteik eta barrixe erosibikou, eta aber oinguen hobetotxuau zaintzendoun. **T.** Solemos andar cortando cualquier cosa sí, y luego esto es lo que pasa, que el cuchillo está completamente desagastado y ahora no vale para nada, pues no hay otra y tendremos que comprar uno nuevo, y a ver si esta vez lo cuidamos un poquito mejor.

DESGRAZIA. Mala suerte, desgracia. **K.** Gizon horrek eukidauen desgrazia haundixe izenda, gauzabat da ia kotxiek eztauela ezertarako balixo istripue euki ondoren, baña bestie da berai gertaujakona, etxuraz, hala estendaue bere tartekuek, errena geratukodala betiko. **T.** La desgracia que ha tenido ese hombre ha sido muy grande, una cosa es que después de haber tenido el accidente el coche no valga para nada, pero otra es lo que le ha ocurrido a él, parece, según dicen sus allegados, que se quedadrá cojo para siempre.

DESIAU, DESIUE. Deseo de algo, alguna cosa. **K.** Bai, gizon horrek bahuken desiue, eta haundixe gañera Kanariazera fateko oporretan, baña zoritxarrez andrie gripie arrapau ondoren geixotu eta momentuz bentzet laga-bierrra izendaue bidai hori, baña bakarrik sendatu hartien. **T.** Si, ese hombre ya tenía deseo, y grande además de ir de vacaciones a Canarias, pero por desgracia la mujer ha enfermado con la gripe y de momento al menos han tenido que suspender el viaje, pero solo hasta que se cure.

175

DESKALABRAU. Descalabrar. Coger un golpe muy grande. **K.** Serapio lanien haizala lelengo pixoko balkotxik jausi eta nik aurrena pentzaudot deskalabrau iñdala, baña ezkerrak ezta hainbesterako izen, bixkerrien zartada haundibat eta ukolondue eztakixe puskatuta dauken, beitu inbierra daukiela. **T.** Serapio cuando estaba trabajando se ha caído por el balcón del primer piso y yo al principio pensaba que se habría descalabrado, pero por suerte no ha sido para tanto, un golpe muy grande en la espalda y no saben si el codo lo tendrá roto, que tienen que mirarlo.

DESKANTZAU. Descansar. **K.** Nik usedot ze hemen gazen guztiok deskantzau inbikogaukela sikera pixkat, haibeste ordu lanien eguzki aspixen ta danok nahiko xixko iñde gara, oñ ordu laurdenbat keixpetan ura eranaz eta buru ta kokotie freskatu, zoragarri etorrikojaku, eta gero berriz lanien jarraitzeko bezela izengogara. **T.** Yo creo que todos los que estamos aquí deberíamos de descansar siquiera un poco, tantas horas trabajando bajo el sol y todos estamos bastante hechos polvo, un cuarto de hora a la sombra y a la vez de beber agua, refrescarnos la cabeza y el cogote nos vendrá muy bien, y luego ya estaremos otra vez como para continuar.

DESKONTAU. Descontar. **K.** Zeuk ikusikozu, gurebozu esatie deskontau itxeko kontu hontan geixau jartzendauena, ba bale, baña askenien hogei xentimo besteik eztie eta nik dauen bezela itxikonauke zeatik apenas da ezer. **T.** Tu verás, si quieres decirles que te descuenten lo que está de más en esta factura, pues vale, pero al final no son más que veinte céntimos y como apenas es nada yo lo dejaría tal y cual está.

DESKONTROLAU. Descontrolado, fuera de control. **K.** Jeseus!, nola dauen gaur Gervasio, sekula eztot ikusi eta ez sikera pentzaukonauke modu hontan ibilikozanik, sigero deskontrolauta ikustejako eta eztau emuten larreiko eranda dauekik ba, baña hala haidan bezela kaltzintzillotan euri-zaparrara azpixen larreikue da, eta usedot bateonbati deitxu-bierra izengozala, andriei ero munizipalai. **T.** Cómo está hoy Gervasio, jamás le he visto ni siquiera hubiese pensado que andaría de esa manera, se le vé completamente descontrolado y tampoco parece que esté demasiado bebido pues, pero de la forma que está en calzoncillos debajo del chaparrón es demasiado, y creo que habría que llamar a alguien, a su mujer o a los municipales.

DESKUIDUE, DEXKUIDUE. Tener un descuido, hacer algo sin querer. **T.** Parkatu, iñdoten hau dexkuidobat izenda eta zuzendukot haldan axkarren, eta lasai eon zeatik ezta berriz pasauko. **T.** Perdona, esto que he hecho ha sido un descuido y ya lo arreglaré cuanto antes, y éstate tranquilo porque no volverá a suceder.

DESOBEDEZIRU. Desobedecer. **K.** Tomasito entzun hau, amai etxako sekula desobedeziru inbier eta betik kasu inbijako esatendauenai, zeatik beztela badakitzu zer gertauleiken, aurrena errietan eta zigortu ingozauela eta gero asteburuko paga-barik geltitxukozarela. **T.** Tomasito escucha ésto, a la madre no hay que desobedecerle nunca y siempre hay que hacer caso a lo que diga, porque sino ya sabes lo que puede pasar, primero que te va a reñir y castigar y luego que te quedarás sin la paga del fín de semana.

DESPEDIDA. Acción de despedir. También se dice por el hecho de hacer algo, por ejemplo aquí se llama hacer una despedida por o para alguien que se marcha, se va a casar, se jubila, etc... **K.** Aurelioi bere soltero despedida Gazteikko auzo txikibaten ingutzen eta hori izenzan gizon ha hil eta hurrengo astien, orduen eta lutuatik gauza asko debekauta eonzien eta euron hartien musika, baña halaere nolabaitx konpondugiñen eta esan hori falta izen. **T.** A Aurelio le hicimos la despedida de soltero en un barrio pequeño de Vitoria y eso fué la semana siguiente a la muerte de aquel hombre, entoces se prohibieron muchas cosas debido al luto y entre ellas la música, pero aún así ya nos arreglamos de alguna forma y esta no faltó.

DESPISTAU. Despistarse, pasar por alto. **K.** Atzo galdetu ondoren esauztien nundik fan-bierra nauken eta ziur nau ondo hasinazela esandako biretik, baña usedot nunbaitxen despistau eta bire okerreien nabillela. **T.** Ayer después de preguntar ya me dijeron por donde tenía que ir y estoy seguro de que he empezado por el camino que me dijeron, pero creo que en algún sitio me he despistado y voy por el camino equivocado.

DESTAJUEN, DESTAJURA. Trabajos, faenas o labores que se hacen a destajo. **K.** Askoz hobeto izengogauke lan honeik destajura emutie, aldebatetik eta orduka iñezkero eztou ezer ataroko eta bestaldetik asko luzetukoda. **T.** Sería mejor que estos trabajos los diésemos a destajo, por una parte y si los hacemos por horas no sacaremos nada y por otra se van a alargar demasiado.

DESTENPLIE. Estar destemplado, con frío. **K.** Hainbeste denpora eonaz hemen geldik andriei zai ze usedot destenplau iñazela, eta hala jarraitzenbot badakitx gero zer datorren, katarrue ero beste holako zerbaitx, ba tabernara noie salda berobat hartzera eta etortzenbada itxongodau. **T.** He estado tanto tiempo aquí esperando a la mujer que creo que me he destemplado, y si continúo así ya se lo que viene luego, catarro o alguna otra cosa parecida, pues voy a ir al bar a tomar un caldo caliente y si es que viene ya esperará.

DETALLIE. Tener algún detalle, alguna atención. **K.** Etxe hortako gizona sigero ondo portauda gurekiñ, labadora ondatuzanien eta nola asunto hortan ibiltxendan bera etorrizan konpontzera, gañera ezer kobrau-barik, ba oñ guk be eukibikou detalle zertxobaitx berakiñ. **T.** El hombre de esa casa se ha portado muy bien con nosotros, cuando se estropeó la lavadora y como él anda en esos asuntos vino a arreglarla, además sin cobrarnos nada, pues ahora nosotros tendremos que tener algún pequeño detalle con él.

DEXENTE. Bastante. **K.** la ezer-barik geratunaz eta gaur gurebot bukatzie lotzen terrazako baranda hori tornillo dexente bierkoutxut ondion, ba Plazido, zu fanbikozara ferreterira eta ekarrizu bost docena geixau. **T.** Ya me he quedado sin nada y si quiero terminar de atar la balaustrada de la terraza todavía necesitaré bastantes tornillos, pues Plácido, tú tendrás que ir a la ferretería y trae cinco docenas más.

DEXENTIE. Decente. Se dice de la persona bien arreglada, dispuesta. **K.** Beinguatik iñduztazu kasu eta oñ bai, hala gustatzejat, etxura dexentiaz jantzitxe fatie bautizo hontara eta ez zuk gurezauen bezela, ze zerbaitxeatik zara aitxapuntekue. **T.** Por una vez me has hecho caso y ahora sí, así ya me gusta, que vayas vestido decentemente a este bautizo y no como tú pretendías, que por algo eres el padrino.

DEZIDIRU. Acción de decidir, de enjuiciar. **K.** Hemen daukou koxka eta gañera ez txikiñe, dezidiru inbierra zeiñ hartu zeatik bixek die politxek, gustokuek eta prezioz be berdintzuek, aber Ataulfo, benetan esareizu, zuk zeñekiñ garatukoziñen? **T.** Aquí tenemos el problema y además nada pequeño, tener que decidir cual coger porque los dos son bonitos, del gusto y también de precio parecido, a ver Ataulfo, dime de verdad, ¿tú con cual te quedarías?

DIABRUE. El demonio.

(Ver la definición de demonixue).

Aspaldiko esaerabat: Geixau daki diabruek zarratik, diabruatik baño.

Un viejo proverbio en eukera dice que más sabe el demonio por viejo que por demonio.

DIABRUKEIXIE. Suceder alguna cosa extraordinaria, inaudita, algún acto de brujería. **K.** Ezirezu ezan hori eztala ero eztauela emuten diabrukeixie danik, aurrena kataiekiñ lotudaue, gero sartu ur aspixen kristalgo kajoibaten eta tapakiñ itxi, jakiñleike nola askatu eta urtendauen hortik?, ba auskalo baña kustiñue da urtendauela. **T.** No me digas que eso no es o parece una cosa de brujería, primero le han atado con cadenas, luego le han metido debajo del agua en un cajón de cristal y lo han cerrado con una tapa, ¿se puede saber cómo se ha desatado y salido de ahí?, pues cualquiera sabe pero la cuestión es que ya ha salido.

DIAR. Acto de llamar. **K.** Diar inbierra dauket Jakako otelera galdetzeko aber tokirik daukien bi gauerako Aste Santu hontan, eta oñ ezpada posible izeten ba fangogare festa honeik pasa ondoren. **T.** Tengo que llamar al hotel de Jaca para preguntar si tendrán alojamiento esta Semana Santa para un par de noches, y si ahora no es posible pues ya iremos en cuánto pasen estas fiestas.

DIARKA. Llamando. **K.** Denpora dexentetxuen hainaz diarka etortzeko etxera baña eztust ezer kasuik itxen eta eztakitx gortu iñdan ero eztauen gure entzuteik, ba pentzatzendot bigarrena izengodala eta bertara fanbikonazela. **T.** Llevo ya mucho tiempo llamándole para que venga a casa pero no me hace ningún caso y no se si se ha vuelto sordo o no me quiere oir, pues pienso que será lo segundo y que tendré que ir hasta allá.

DIDA. Palabra que se utiliza para decir que se hagan las cosas rápidamenete. **K.** Benga, gaurko lan hau oso errexa da, baitxe nahiko lasaia be eta axkar hasten bazare dida bukatukozue, ta amaitu besteik ez txukun laga dana eta fanzeikie etxera. **T.** Venga, el trabajo trabajo este de hoy es muy fácil, también bastante cómodo y si lo empezaís pronto lo terminareis rápidamente, y nada más que lo acabeís lo dejaís todo bien curioso y os podeís marchar a casa.

DIE. Son. **K.** Es ibilli billatzen geixau zeatik hor ikusteitxozuenak bakarrik die ta, badakitx tontopapela itxen haizariela baña eztotzue hori balixo nerekiñ, ziur nau ondo dakitzuela horreitxeik besteik eztiela eta akabo. **T.** No hace falta que andeís buscando porque no son más que los que veís ahí, ya sé que estaís haciendo el papel de tonto pero conmigo no os va a valer eso, estoy seguro que sabeís perfectamente que solo son esos y se acabó.

DIFERENTZIA. Que es diferente, que hay diferencia. **K.** Diferentzia haundixe dau batetik-bestera, bata urdiñ argixe da eta bestie baitxe urdiñe be baña larreiko illuna, ba nik bi pote erosi-bierrak dauket eta horreik ezinditxut eruen zeatik derrigorrez kolore berdiñek izen-bierra daukie. **T.** De uno a otro hay mucha diferencia, uno es de un azul claro y el otro también azul pero demasiado oscuro, pues yo necesito comprar dos botes y esos no los puedo llevar porque es imprescindible que sean del mismo color.

DIFUNTUE. Difunto, la persona que ha fallecido. **K.** Bautista difuntue bai zala gizon ona, jatorra eta ze ondo ibiltxegiñen berakiñ, baitxe bera be oso gustora gurekiñ, betik ikustejakon alai eta pozik hauela baña zoritxarrez fanzan, baña hori bai, ixe ehun urtekiñ. **T.** Que bueno y agradable era el difunto Bautista, siempre se le veía que estaba alegre, contento y que bien solíamos andar con él, él también muy a gusto con nosotros, pero desgraciadamente ya se fué, pero eso sí, con casi cien años.

DILISTA. Lenteja. **K.** Nere aitxak jatezitxuen dilistak baña kontu hundixekiñ eta geixenbaten izetezien inguruen eotezien txorixo zatixek, dilista horreik ezien beran larreiko gustokuek eta betik esateauen asko jandakue zala gerra denporan, ta ez betik ondo egositxekuek. **T.** Mi padre ya comía lentejas pero con mucho cuidado y la mayoría de las veces solían ser los pedazos de chorizo que tenía alrededor, las lentejas esas no eran muy de su gusto y siempre decía que las había comido demasiadas veces durante la guerra, y no siempre bien cocidas.

DINBIDANBA, DINBI-DANBA. Es una palabra que se utiliza para acelerar los trabajos y así hacerlos lo más rápidamente posible. **K.** Hala mutillak, lan horreik gaur bukatzenbozue danontzako eongoda opari txikibat eta gañetik bixer arratzaldien jai eukikozue, ba benga, dinbidanba eta hala jarraitxu amaitu hartien. **T.** Hala chicos, si termínaís esos trabajos para hoy habrá un pequeño premio para todos y encima mañana por la tarde tendreís fiesta, pues venga, dinbidanba y continuar así hasta que acabeís.

DINGILIN-DANGALAN. Andar sin rumbo, vagabundeando. **T.** Pentzatzendot ze eskale gixajo horrei luze ingojatiela egunek, ikustejate nola eotendien geldik, jarritxe ero tente, dirue eskatzen, bañe nik ustedot beste denpora gustixen hor ibilikodiela dingilin-dangalan aldebatetik bestera, kenduta noski, eurixe eta giro txarra eotendanien. **T.** A esos pobres pedigüeños se les hará el día muy largo, se les vé cómo están quietos, sentados o de pié, pidiendo dinero, pero yo creo que el resto del tiempo andarán por ahí sin rumbo y vagabundeando de un sitio para otro, quitando claro está, cuando llueve y hace mal tiempo.

DINDILLE. El péndulo o badajo de la campanilla. **K.** Oso ideia ona eukidozu eta txiliñ horri dindille aldatu azkero askoz hobeto entzutenda, lenaukuaz naiz da ondo astiñdu apenas aitzezan. **T.** Has tenido una idea muy buena y desde que se le ha cambiado el badajo a la campanilla se oye mucho mejor, con la de antes a pesar de que la sacudías bien apenas se oía.

Aspaldiko esaerabat: **Diru gabeko jauna, dindille gabeko kanpaia.**

Un antiguo proverbio vasco dice que el señor sin dinero es igual a una campana sin badajo.

DINDIRRIXE. Goteo nasal, precatarro. **K.** Nik ustedot zerreozer etorribijatzula, ia gañien ezpaukotzu, aspalditxo hontan nahiko dindirrixaz haizara eta nere ustez zerbaitx hartzie komenijatzu, beztela badakitzu zer gertaukodan, segitxuen hasikozarela estulakiñ. **T.** Yo creo que te va a venir algo, si es que ya no lo tienes encima, hace tiempo que andas con el goteo nasal y pienso que te conviene tomar alguna cosa, sino ya sabes lo que puede pasar, que enseguida empezarás con las toses.

DIRUDI. Parecer, aparentemente. **K.** Eztakitx zuei baña neri bentzet bai dirudi ze horrek esatendauen hori baleikela ez eukitxie errazoirik ero baitxe akaso gezurretan ibili, larreiko ondo ta mantzo berba itxendau gauza onerako ta baezpare ni enitzen larrei fixatuko. Akaso erruen eongonaz, baña ixe ziur ezetz.**T.** No sé a vosotros pero por lo menos a mí me parece que puede que no tenga razón en lo que dice o quizá ande con mentiras, habla bien y con demasiada suavidad para cosa buena y por si acaso yo no me fíaría demasiado. Quizá esté equivocado, pero casi seguro que no.

DIRUDUNA. Persona rica, de mucho dinero. **K.** Bartolome lenau gure bezelakue zan eta hala ibiltxezan, baña oñ gertaujako loteri urtenjakola, dexente gañera, arrazkero diruduna biurtu eta gurekiñ eztauela ezer jakitxeik nai, eta bez len tratatzeauen iñokiñ. Ba allakuidaus, berak galdukodau. **T.** Bartolomé antes de que le tocase la lotería, además bastante, era y andaba igual que nosotros, pero ahora le pasa que se ha vuelto rico y ya no quiere saber nada con nosotros, ni tampoco con nadie de los que antes trataba. Pues bueno, allacuidaús, él se lo pierde.

DIRUE. El dinero. **K.** Aspalditxik esatezan danok gurekogaukela eukitxie osasuna, dexente diru eta ugeri maitazun, eta aukeran emun-ezkero zuek zeñekiñ ustedozue geratukozala jente geixena?, ba nik pentzatzendot eta bape duda-barik diruaz eta honekiñ nolabaitx konpondu, bierra badau, beste gauza horreik arreglatzeko. **T.** Desde hace mucho tiempo se decía que todos desearíamos tener salud, suficiente dinero y mucho amor, y si nos diesen a elegir ¿con cual de estas cosas creéis que se quedaría la mayoría?, pues yo pienso y sin ninguna duda que con el dinero y con esto arreglarse de alguna manera, si e necesario, para solucionar el resto de las cosas.

Aspaldiko esaerabat: **Dirue daukienai ate guztiek zabaltzenjate.**

Un viejo proverbio en euskera dice que a los que tienen dinero se les abren todas las puertas.

DIRU-GOSIE. Hambre o afán por el dinero. **T.** Batzui, ia apostakonauke ze geixenai, etxate ero etxaku importik zer eta nola ibililtxendien bestiek, kustiñue betik izenda norberak ondo ta posible baldinbada asko irabaztie eta poltxikuek beteta euki, horrek izen bakarra dauko eta diru-gosie esatejako. **T.** A algunos, ya postaría que a la mayoría, no les o no nos importa como andan los demás, la cuestión siempre ha consistido en que uno gane bien, si es posible mucho y tener los bolsillos llenos. Eso tiene un solo nombre y se le llama afán por el dinero.

DIRUKA. Jugar a alguna cosa cómo por ejemplo, a cartas, pero con dinero de por medio. **K.** Jolastu zuek kartaka gurebozue zeatik nik eztot nai diruka jolasteik, kafebat ero beste gauza antzerakobat izengobazan, ba bale, baña hala ez. **T.** Jugar vosotros a cartas si queréis porque yo no quiero jugar con dinero de por medio, si fuese un café o algo parecido, pues vale, pero así no.

DIRUTAN. Pago en efectivo. **K.** Garai baten dirutan ordaiketazien gauza guztierk baña aspalditxix horren buruzko asuntuek sigero aldatudie, ia apenas ikustenda eskuko diruik eta dana, ero geixenbat bentzet, txartelan ero telefono bidez itxenda. **T.** Antes todo se pagaba en efectivo pero desde hace bastante tiempo todo lo realacionado con esos asuntos ha cambiado mucho, ya apenas se vé dinero en mano y todo, o por lo menos la mayoría, se hace mediante la tarjeta o teléfono.

DIRU-ZALIE. Se dice de la persona avara, tacaña. **K.** Saturio halakotxie da eta eztot uste sekula iñok ikusidauenik txikitobat hartzen tabernan, eta noski, diruik ataratzen bez laguntzeko igex iñde etorridien jente horrei ero beste gauza berdintzurako, betik eta danerako izenda larreiko diru-zalie. **T.** Saturio es así y no habrá nadie que le haya visto nunca tomando un chiquito en una taberna, y claro, tampoco sacando dinero para ayudar a la gente que está refugiada o para alguna otra cosa similar, siempre y para todo ha sido demasiado tacaño.

DISDIRA, DISTIRA. Brillo, resplandor.

(Ver la definición de bixbixe).

DISKUZIÑUE. Discusión, enfretamiento. **K.** Eztakitx egixe izengodan baña betik entzun izenda famili harteko diskuziño haundixenak gertatzendiela Gabonetako jatorduetan alkartzendienien, eta baleike hori hala izetie aurren itxendan txikiteotik eta gero bukatu berotzen maixen eratendanaz. **T.** No sé si será verdad pero siempre se ha oído que las mayores discusiones entre los familiares suelen ocurrir cuando se reunen durante las comidas de Navidad, y puede que eso sea así por el chiquiteo que se hace al principio y terminar de calentarse con lo que se bebe en la mesa.

DISPARATIE. Decir o hacer cosas sin ningún fundamento. Y a eso se le llama disparates. **K.** Ezizu esan disparateik, nola ezanleike askoz motxaue ta errexa dala fatie autopistatik Zarauztik Gazteizera Bilbotik buelta?, zuk esatendozun bezela izeteko derrigorrez Bergara aldetik fanbierra dau. **T.** No digas disparates, ¿cómo se puede decir que es mucho más corto y fácil ir por la autopista de Zarautz a Vitoria pasando por Bilbao?, para que sea como tú dices necesariamente se tiene que ir a través de Bergara.

DIXIMULAU. Disimular. K. Hori ezinleike egixe izen, ikustezaut irribarre horrekiñ eta ziur nau diximulau guran haizarela, nola siñistukot ba Errealak Madrilli irabazidauenik?, bai, noixienbeñ gertau izenda baña oñ Erreala dauen bezela ezta hori posible. **T.** Eso no puede ser verdad, te estoy viendo con esa sonrisa y estoy seguro que estás queriendo disimular, ¿cómo voy a creer pues que la Real le ha ganado al Madrid?, si, ya sé que algunas veces ya ha ocurrido pero ahora tal y de la forma que está la Real eso no es posible.

DIXIMULUE, DIXIMULUEN. Tener astucia, actuar con disimulo K. Kontu haundixekiñ ibilizaiteze tipo horrekiñ, gauzak ondo eta goxo esangotzue baña askenien betikue gertaukoda, aurrena berie iñ eta segurazki astu ingodala bestiena, larreitxo gustatzejako diximuluen ibiltxie. **T.** Andar con mucho cuidado con el tipo ese, os hablará bien y con dulzura pero al final ocurrirá lo de siempre, que primero hará lo suyo y seguramente se olvidará de los demás, le gusta demasiado actuar con disimulo.

DOAN. De regalo, gratuitamente. K. Denda haundi hortako sarreran jartzendau ze erosi-ezkero ehun euroko balixuen gauzak doan daukotzula urdaiazpikobat, akaso ezta larreiko ona izengo baña beno, zerbaitix bentzet bada eta hori askoz hobie da ezer baño. **T.** En la entrada de esa tienda grande pone que si se compran cosas por un valor de cien euros tienes un jamón de regalo, quizá no sea demasiado gustoso pero bueno, por lo menos ya es algo y eso es mucho mejor que nada.

DOBLAU. Doblar algo, ropa, etc… K. Isera horreik doblau inbikoitxozu pixkat zeatik beztela, nola pillabat dien, eztie sartuko kajoi horreitan, armaixo horrek daukenak txiki xamarrak die eta nahiko sarri komestautzuk aldatzie komenidala, halbada armaixue ero beztela kajoi horreik. **T.** Tendrás que doblar un poco esas sábanas porque sino, como son un montón, no entrarán en esos cajones, los que tiene ese armario son un poco pequeños y ya te he comentado bastantes veces que es conveniente cambiarlo, si se puede el armario y sino los cajones esos.

DOBLAUTA. Fig, se dice e la persona que está muy cansada, fatigada. K. Gaurko mendi-buelta honek doblauta itxinau, aldebatetik ordu asko izendie eta ixe bire geixena bape keixpe-barik, eta bestaldetik baitxe larreiko gora-berak be. **T.** Esta vuelta montañera de hoy me ha dejado muy fatigado, por una parte han sido muchas horas y la mayor parte del recorrido sin apenas sombra, y por otra también demasiadas subidas y bajadas.

DOI. Justo. K. Hori eztakitx hemen kabitxukodan zeatik doi antzien ikustendot dauela, akaso bestiei bultza pixkat itxenbada aldebatera eta bestera baleike sartzie, aber proba ingou ta ikusikou, eta ezpada sartzen ba beste bidaibat inbierra eukikou. **T.** No se si eso cabrá aquí porque le veo que está demasiado justo, quizá si a los demás les empujamos un poco para un lado y otro puede que entre, a ver vamos a probar y ya veremos, y si no entra pues tendremos que hacer otro viaje.

DOIDOI, DOI-DOI. Justo justo. K. Ba askenien sartuda, doidoi baña barruen dau eta ez ekarri besteik zeatik hemen ezta ezer geixau kabitzen, billatu inbikozue beste kotxebat erueteko geratzendana ero beztela itxoiñ guk bueltau harte. **T.** Pues justo justo pero al final ya lo hemos metido y no traigas nada porque aquí ya no caben más cosas, tendréis que buscar otro coche para llevar lo que queda o sino esperar hasta que volvamos.

DOIE, DOIEZ. Va, van. K. Horreik nora doiez hortik?, segurazki ez jakiñien eongodie eta baezpare esatera noie bire horrek eztauela erueten iñora, aber, entzun, bire hau pixkat aurreratxuau bukatzenda eta beste atzien itxidozuen handik fan-bierra daukotzue, beno, hori Igeldora allegatzie gurebozue bentzet. **T.** ¿Dónde van esos por ahí?, seguramente no lo sabrán y por si acaso voy a decirles que ese camino no lleva a ningún lado, a ver, escuchar, este camino termina un poco más adelante y teneís que ir por ese otro que habeís dejado atrás, bueno, si al menos lo que quereís es llegar a Igueldo.

DOK, DON. De la manera que están escritas las dos palabras, ambas son una forma de tuteo en euskera, el primero en masculino, el segundo en femenino y que significa que tiene, que es así. K. Hori dok mutill, don neska baldinbazan, eta segi horrela, oñ oien bezela ederto haiaiz eta onazkero eztok larrei geratzen bukatzeko, kilometro bakarra besteik ez. **T.** Eso es chaval y sigue así, como vas ahora andas fenomenal y ya no te queda demasiado para terminar, nada más que un solo kilómetro.

DOKE, DOKIE. Doke. Juego que se practicaba en Semana Santa y que consistía en acertar a un cuchillo, navaja o similar colocado de canto, lanzando una moneda o chapa redonda a una distancia estipulada. K. Bixer, Ostiral Santue da eta Elixako asuntuek bukatu ondoren frontoien geratukogara dokien jolasteko. **T.** Mañana es Viernes Santo y después de los asuntos de la Iglesia quedaremos en el frontón para jugar al doke.

DOLUE. Duelo, luto por la persona que ha fallecido. K. Oñ eztie gauzak lengo bezela, garai baten alargun geldigetazien andrak, naiz da ez izen derrigorra, jantzi beltz hareik eruetezitxuen dolue señala bezela, eta modu hortan ibili bere, geldiketajakon, bizi guztien. **T.** Ahora no son las cosas igual que antes, en un tiempo las mujeres que quedaban viudas, aunque no fuera obligatorio, llevaban aquellos vestidos negros como señal de luto por el tiempo que les quedase de vida.

DOMAU. Domar amansar, también en sentido fig, se dice por el hecho de apaciguar. K. Zueik ikusibikozue baña nere ustez ume hori pixkat domau inbierra izengozala, larreitxo basati biurtzen haida eta sarri burrukan dabill bere lagunekiñ, ia ixe iñok eztau gure ibiltxeik berakiñ eta gañera geruau ta txarrerau doie. **T.** Vosotros vereís pero yo creo que a ese crío le conviene domarle un poco, se está volviendo demasiado salvaje y muchas veces está peleando con sus amigos, ya casi nadie quiere andar con él y además cada vez va a peor.

DOMEKA. Domingo. **K.** Domeka hontan lengosu guztiek alkartukogara eta gero bazkaltzeko asmue daukou Aramaixo auzo-bateko jatetxien. **T.** Este domingo nos vamos a reunir todos los primos y luego tenemos la intención de ir a comer al restaurante de un barrio de Aramaiona.

DOMIÑA. Medalla conmemorativa. **K.** Neuk be onazkero eztakitx zenbat domiña dauketen, ez irabazi iñidotelako baizik karrera iñ bakotxien eta butatu ondoren oitura zan, eta ondion da, bat emutie. Eta askenien hainbeste karrera ba hainbeste domiña, ta asken-fiñien ustedot nahiko merezitakue dala hainbeste zallatu ondoren. **T.** Ni yo sé cuántas medallas puedo tener por ahora, no porque las haya ganado sino que por cada cada carrera que hacías y terminabas la costumbre era, y todavia es, la de darte una. Y al final tantas carreras pues tantas medallas, y después de todo creo que bastante merecidas después de tanto esfuerzo.

DOMINISTIKUE. Estornudo, achís. **K.** Anakleton andriei siñistu ezinleixo zenbat dominis tiku itxeitxun, hastendanien kapaz izetenda hogeitik gora botatzeko errezkaran. **T.** No se puede creer la cantidad de estornudos que echa la mujer de Anacleto, cuando empieza es capaz de estornudar más de veinte veces seguidas.

DOMUSANTUE. Día de todos los Santos. **K.** Domusantu egun hortako oitura izetenda Kanposantura fatie han dazen hildekuei bixitatzera, eta gero bertan errezu batzuk, noski dakixenak, itxie euron alde, eztakitx zerbaitxerako balixokodauen baña beno, askenien be ezta haibeste kostatzen. **K.** El día de Todos los Santos es costumbre el ir al cementerio a visitar a los difuntos que están allá, y luego hacer unos rezos, el que sepa claro, por ellos, no sé si eso sirve para algo pero bueno, al final tampoco cuesta tanto.

DOÑUE. Música. **K.** Ze doñu zoragarrixe aitzezan Euskal Sinfonika orkresta eonzanien Bilboko Arriaga teatruen, konzertu haretan eonzien momentu batzuk besoko uliek be tente jartzenzianak. **T.** Que música mas maravillosa se escuchaba cuando la orquesta Sinfónica de Euskadi estuvo en el teatro Arriaga de Bilbao, en aquel concierto hubo algunos momentos que hasta los pelos de los brazos se ponían tiesos.

DOIELA. Dejar que se marche. **K.** Ondion ezta ordue baña itxiozue doiela, gaurkuatatik nahiko lan iñdau eta oñ hemen alper antzien dau, alde iñ aurretik ezaiozue etortzeko berriz bixer betiko orduen. **T.** Todavía no es la hora pero dejarle que se marche, ya ha trabajado suficiente por hoy y ahora aquí está un poco de sobra, antes de que se vaya decirle que venga otra vez mañana a la misma hora.

DORDOKA. Tortuga. **K.** Semiek txikiñek zienien bi dordoka eukizitxuen, bat bakotxak. Eurotik bat haundixe inzan eta bestie ekarrigauen bezelako txikiñe geratu, gauza da haundixek txikitxuei jana kendu, betik bere gañien eotzezala eta askenien bixek eruen inbierra izengauen erosigitxun tokira. **T.** Los hijos cuando eran pequeños tuvieron dos tortugas, uno cada uno. Uno de ellos se hizo grande y el otro se quedó igual de pequeño que cuando lo trajimos, la cosa es que el grande le quitaba la comida al pequeño, siempre estaba encima de él y al final a los dos los tuvimos que llevar al sitio donde los compramos.

DORRETXIE. Casa torre. **K.** Zarauzko kale nauguisixen Dorretxebat dau oso dotorie dana, gañera oso ondo konponduta eta berdiñ zaiñdutakue, Torre Luzea bere izena, oñ patrimonio historiko bezela katalogauta dau eta bere garaian nahiko berezia izen omenzan. **T.** En la calle mayor de Zarautz hay una casa torre muy bonita, además muy bien rehabilitada y también conservada, se llama Torre Luzea, ahora está catalogada como patrimomio histórico y en su tiempo debió de ser bastante importante.

DOT. Tengo. **K.** Zuk etakitx baña nik bentzet ondion gordeta dot soldautza garaiko lizentzia kartilla, ezpazara gogoratzen bere izena zan ero esategutzen karta verde eta ustedot pastak hauken koloriatik izengozala. **T.** Tú no sé pero yo por lo menos todavía tengo guardadala cartilla de la licencia de aquellos tiempos de la mili, por si no te acuerdas su nombre era o le llamábamos carta verde y supongo que sería por el color que tenía la tapa.

DOTORIE. Se dice de la persona elegante, bien vestida. También por algunas cosas como edificios, estatuas bonitas y dignas de ver etc… **K.** Nik esangonauke pertzona bat bakarra ikusidotela benetako dotorie Zarautzen, Anizeto dauko izena eta betik ibiltxenda txukun eta sigero ondo jantzitxe, batzuetan ixe larreitxo bebai. **T.** Yo diría que solo he visto una única persona elegante de verdad en Zarautz, su nombre es Aniceto y siempre anda arreglado y muy bien vestido, algunas veces hasta quizá demasiado.

DOTERETU. Arreglar, adornar, vestir para ponerse elegante, etc… **K.** Aber Xilverio, entzun meserez, dotoretu inbikozu sikera pixkat zure lengusiñan eskontzara fateko, ezingozara ba fan zuk daukotzun betiko etxura erraru horrekiñ, sigero baldarra da gertaera honerako. **T.** A ver Silverio, escucha por favor, tendrás que arreglarte siquiera un poco e ir bien vestido a la boda de tu prima, no puede ser que vayas con esa pinta rara que siempre tienes por costumbre, para este acontecimiento es demasiado estrafalario.

DOTRIÑA, DOTRIÑIE. El catecismo, nosotros también le llamábamos doctrina. **K.** Denpora baten derrigorrezkue izetezan dotriñie ikestie, zenbat bider errepikau inbierrak izetegauen, gañera abarien aurrien, Aitaguriek, Avemariak eta beste hainbat errezo antzerakuek, eta gauzabat, hainbeste errepikau ondion be horrein gauza asko buruen gordeta geratudie. **T.** En un tiempo era imprescindible aprender el catecismo, cuántas veces teníamos que repetir, además delante del sacerdote, Padrenuestros, Avemarías y otros tantos rezos parecidos, y una cosa, de tanto repetir todavía muchas de esas cosas están guardadas en la cabeza.

DROGAU, DROGAUTA. **K.** Mutill hori hor dauena, etxatzue iruitzen drogaute dauela?, hala emutendau bentzek zeatik txorakeri larrei esaten ta itxen haida, eta gañera etxura guztie dauko begixek urten ingutzela bere tokitxik. **T.** El chico ese que está ahí, ¿no os da la impresión de que está drogado?, al menos así lo parece porque dice y hace cosas sin sentido, y además tiene toda la pinta de que los ojos le van a salir por las órbitas.

DUDA-BARIK. Con seguridad, sin ningún género de duda. **K.** Bai, noski baietz, ziur nau eta bape duda-barik hemendik fan-bierra daukoula, urten aurretik ondo beire ibilinaz emunduzkuen mapa eta garbi jartzendau hau dala Anbotora fatendan birie. **T.** Sí, claro que sí, estoy seguro y no tengo ninguna duda de que es por aquí por donde tenemos que ir, he estado mirando bien el mapa que nos han dado e indica muy bien que este es el camino para ir a Anboto (monte de Bizkaia).

DUDIE. Tener duda. **K.** Oñartien nahiko ziur nauen modu hontan inbierrekue zala lan hau baña oñ dudie sartujat, eta erruen banau ta ezpada hala izeten?, ba baleike aberixa galanta gertatzie eta baezpare onena itxoitxie izengoda eta konsultau dakixenai. **T.** Hasta ahora estaba suficientemente seguro de que era así como había que hacer este trabajo pero ahora me ha surgido la duda, ¿y si estoy equivocado y no es así?, pues puede que que se haga una buena avería y por si acaso lo mejor será que espere y consulte a quien lo sepa.

DUDOTZU, DUDOTZUE. Que es algo dudoso. **K.** Baezpare eztou erosibiko perretxiko honeik, nik nahiko dudotzuek ikusteitxut eta hobeto izengou beste erozeiñ dendara fatie, hala bentzet kendu ingoutxu eonleiken, akaso, geroko arazuek. **T.** Por si acaso no tendremos que comprar esas setas, yo las veo bastante dudosas y será mejor que vayamos a cualquier otra tienda, así por lo menos quitaremos los posibles riesgos que quizá pudiesen surgir más tarde.

DUIÑA. Persona o cosa importante. **K.** Gaurko hitzaldi hontan kasu haundixe inbierra daukou hizlari horrek esatendauen gauzai, pertzona hori nahiko famaue ta duiña da eta zalantzaik eztau ze hori zerbaitxetik izengodala. **T.** En este coloquio de hoy tenemos que prestar mucha atención al ponente que va a dar la conferencia, esa persona tiene fama de ser alguien importante y no hay duda de que eso será por algo.

DUIÑTAZUNA. Se dice por la persona que tiene dignidad y es merecedora de respeto. **K.** Ezta bakarrik duiñtazunik eukibier kargu berezi dauken pertzonakiñ baizik baitxe beste askokiñ be, eta geixenbat horreik nausixek ero aguretxuek dienakiñ. **T.** No solo hay que tener respeto hacia las personas que tienen algún cargo especial sino tambien hacia otras muchas, sobre todo a esas que ya son mayores o ancianas.

DULA. Que tiene. **K.** Bai, esauztie ze ixe ziur Demetriok dula guk faltadoun gauza horreik, eta zer itxendot nik hori jakiñda ba?, bera Burgosen bizida, guk hemen Donostíñ bierditxu eta hortik aparte eztauket bape ziurtazunik emunguztenik eskatzera fatenbanaz. **T.** Sí, ya me han dicho que casi seguro Demetrio tiene las cosas que nos hacen falta, ¿y que hago yo sabiendo eso, pues?, él vive en Burgos, nosotros los necesitramos aquí en San Sebastían y aparte de eso tampoco tengo ninguna seguridad de que me lo diese si fuera a pedírselo.

DULTZAIÑA. Dulzaina. Instrumento de viento parecido al chistu y de sonido estridente. **K.** Tafallan eongiñen hango jaixetan eta eguerdi aldien sekulako jente pilla ikustezan dultzaiña joten haiziela, bertako jentiek baleike nahiko oitura eukitxie baña kanpokuek garenak apenas ezer, eta guk bentzet nahiko belarrri burrundarakiñ urtengauen.**T.** Estuvimos en las fiestas de Tafalla y hacia el mediodía se veía una cantidad impresionante de personas que estaban tocando la dulzaina, puede que la gente de allá esté acostumbrada pero los que somos de fuera apenas nada, y al menos nosotros salimos zumbándonos los oídos.

DULTZAINERUE. Dulzainero. La persona que toca la dulzaina. Es curioso el nombre éste de dulzaina, suena a dulce pero la verdad es que es muy, quizá demasiado, estridente. **K.** Handik alde iñ ondoren guk eta beste ordubetien gutxienetik, han eukigauen belarrixetako burrundarie, ba eztakitx nola geratukozien dultzaineruek bukatu ta gero, hainbeste denpora eon ondoren dultzaina joten **T.** Despuén de marchar de allá a nosotros todavía nos estuvieron zumbando los oídos por lo menos durante otra hora, pues no sé como quedarían los dulzaineros después de terminar y haber estado tocando la dulzaina durante tanto tiempo.

DUNBA. Cencerro grande que normalmente se le coloca a la vaca que hace de guía. **K.** Garai baten Eulogio, Krisostomo, bere lagune, eta ni Doneztebera fategiñen arranak eta dunbak erostera, ta nola ez, baitxe egun-pasa hori aprobetxauaz. Eta lan horreik iñ ta gero ba normala dan betikue, txikito parebat hartu, etxuran bazkaldu ta bukatu ondoren etxera bueltau. **T.** En un tiempo Eulogio, su amigo Crisóstomo y yo solíamos ir a Santesteban a comprar cencerros grandes y medianos, claro que también aprovechábamos para pasar el día. Y una vez hecho el trabajo pues lo normal de siempre, tomar un par de chiquitos, después comer en condiciones y a continuación vuelta a casa.

DURUE. Moneda antigua de cinco pesetas. **K.** Nik ondion gordeta daukct aspaldiko duro pillabat, akaso eztau sekula ezer balixoko baña baezpare eta nola hori iñok eztakigun, ba hor jarraitxukodaue. **T.** Yo todavía tengo guardados un montón de aquellos antiguos duros, quizá nunca valgan nada, pero por si acaso y cómo eso no lo sabemos nadie, pues ahí seguirán.

E

EZTA BIERREZKUE ASKO EUKITXIE, DAUKOTZUNA ONA BALDINBADA.
NO ES NECESARIO TENER MUCHO, SI LO QUE TIENES ES BUENO.

EA! Voz de ánimo. **K.** Ea! mutillak, oso ondo haizare eta jarraitxu horrela, eta atzaldien bukatzenbozue, ondoren afaixe danontzat. **T.** Animo chicos, andaís muy bien y continuar así, y si terminaís esta tarde, luego cena para todos.

EBAI, EBAKI. Cortar. **K.** Gaurko afairako jente askotxo alkartugara eta horrek guredau esan lan dexente daukoula, eta orduen aber, Honorato, zu hasizaizet gixaurako haragixaz eta ebai etxurazko zatixetan, zu Melitón iñ berdiñe berdurakiñ eta ni entzaladak prestatzen hasikonaz. **T.** Para la cena de hoy nos hemos juntado mucha gente y eso quiere decir que tenemos bastante trabajo, y entonces a ver, Honorato tú empieza a cortar la carne en pedazos no demasiado pequeños para hacer el guisado, tú Melitón haz lo mismo con las verduras y yo empezaré a preparar las ensaladas.

EBAIXE. Hacerse un corte. Herida. **K.** Kontu haundixekiñ ibilida Honorato haragixe mozten eta halaere ebaixe iñdau bietzien, momentuz tiritabat jarritzou baña eztakitx nahikue izengodan zetaik odola daixola dabill, eta gañera eztauko gelditxukodan etxuraik. **T.** Honorato ha andado con cuidado al cortar la carne y aún así se ha hecho un corte en el dedo, de momento le hemos puesto una tirita pero no sé sí será suficiente porque la herida sigue echando sangre, y además no parece que tenga intención de parar.

EBANJELIXUE. El Evangelio. **K.** Naiz eta gauza horreik oso aspaldikuek izen, ondion ondo gogoratzenaz nola Ebanjelixuen kontuek katezismo barruen eotezien, eta horreik be derrigorrez ikesi-bierrak izetezien. **T.** A pesar de que esas cosas son de hace muchísimo tiempo, todavía me acuerdo muy bien de cómo los asuntos de los Evangelios estaban dentro del catecismo, y que eso también había que aprenderlo necesariamente.

EBATU. Agarrar. **K.** Ondo ebatu ume horri karretera pasatzeko, beztela badakitzu horrek eztauela ezer beitzen eta igex ingotzula, ta oso axkar gañera. **T.** Agarra bien a ese crío para pasar la carretera porque sino ya sabes que ese no mira nada y se te puede escapar, y además bien rápido.

EBITAU. Evitar, pasar por alto. **K.** Eztakitx ze irutzejatzuen zuei baña nik ustedot, halbada bentzet, ebitau inbikoula tipo hori gurekiñ etortzie, larreiko majaderue da, erozeiñ gauzatik hastenda diskutitzen eta ezta bape komeni asarreik gertatzeik. **T.** No sé que os parecerá a vosotros pero yo creo, si al menos se puede, que deberíamos evitar que ese tipo venga con nosotros, es un estúpido, por cualquier cosa empieza a discutir y no conviene que surja ningún enfado.

EDADIE. Los años, la edad de las personas. **T.** Beno, eztozu akaso uste ze onazkero nahikue dala, ero?, ba badaukotzu edadie jakitxeko nola inbidien gauzak eta eztaukotzu zeatik ibili-bierrik betik erozeiñ modutan, eta askoz gutxiau itxen zuk gurozuna. **T.** Bueno, ¿acaso no crees que para ahora ya es suficiente, o qué?, ya tienes la suficiente edad para saber cómo hay que hacer las cosas y no tienes porque andar siempre de cualquier manera, y mucho menos haciendo lo que a tí te da la gana.

EDADETU. Envejecer, hacerse mayores. **K.** Nik ustedot ze sigero axkar, gañera iñok eskatu-barik, larreitxo edadetu garela, ez hainbeste denpora dala pentzatzegauen ondion asko geratzezala zartzeko eta konturatu orduko ia gañien dauela gertauda. **T.** Yo creo que nos hemos hecho mayores demasiado rápido y además sin que lo hayamos pedido nadie, no hace tanto tiempo pensábamos que todavía quedaba mucho tiempo antes de envejecer, y resulta para cuando nos hemos cuenta que ya lo tenemos encima.

EDARIXE. Bebida. **K.** Guk, edadetzuek garenak, pentzatzendot ze gustoren eratendoun edarixe, ura kenduta, ardaue izetendala, askok eongodie baltzak dien zaliek eta beste-batzuk zurixenak, eta txakoliñe eratendauen be ugeri daz, baña gaztiek, geixenbat bentzek, jeneralki gauza honeik eztaue gure izeten eta geixau die zerbeza-zaliek. **T.** Nosotros, los que ya tenemos cierta edad, pienso que lo que más a gusto bebemos, aparte del agua, suele ser el vino, algunos preferirán los que son tintos y otros los blancos, y también hay muchos que son partidarios del txakolí, pero los jóvenes, al menos la mayoría, generalmente no son demasiado aficionados a estas cosas y les gusta más la cerveza.

EDERGINTZA. Hacer cosas bonitas. **K.** Atzo ikusten eonitzen Martinak margotutako kuadro batzuk eta eta euron hartien bat dau edergintza haundikue dana, neri bentzet asko gustatzejat eta galdetu inbiotzat aber saltzie guredauen, baietza bada eta prezio onien jarri akaso erosi ingutzet. **T.** Ayer estuve viendo unos cuadros que había pintado Martina y entre ellos hay sobre todo uno que es muy bonito, a mí al menos me gusta mucho y le voy a preguntar a ver si quiere venderlo, si es que quiere y lo pone a buen precio a lo mejor se lo compro.

EDERKI, EDERTO, EERTO. Muy bien, primorosamente. **K.** Ondo bakarrik ez baizik sigero ederto geratuda egun honeitan iñdozun lan hori, badakitx asko kostatakue izendala baña askenien be lortudozu, ba zorionak eta aber hau iñ ondoren emuteutzuen beste lan barribat. **T.** No solo bien sino que ha quedado muy bien el trabajo que has hecho estos días, ya sé que te ha costado mucho pero al final lo has podido conseguir, pues felicidades y a ver si después de haber hecho esto te dan un nuevo trabajo.

Aspaldiko esaerabat: Ondo iñdeko luaz, osasunaz ederto zuaz.

Un viejo proverbio vasco dice que cuando se duerme bien, así irá la salud también.

EDERRA, EERRA. Bueno, mejor. **K.** Atzo Errioxako upategi-baten eongiñen eta noski, erosi aurretik probatzie komenizan ardau bat ero beste, nerekiñ etorrizana kriantzako kaja parebat hartuzitxun eta nik beste parebat baña beste horrein aldien sigero desberdiñe, neretzat ederraue. **T.** Ayer estuvimos en una bodega de La Rioja probando unos vinos antes de hacer la compra, el que vino conmigo cogió dos cajas de vino de crianza y yo otras dos, pero el que elegí a diferencia del otro era completamente diferente, para mí mejor.

Aspaldiko esaerabat. Andrie jatorra gauza ederra, andrie alperra etxien gerra.

Un viejo proverbio vasco dice que mujer trabajadora buena cosa, mujer abandonada guerra en casa.

EDERTAZUNA. Cosa inmejorable, hermosa. **K.** Eztau hau bezelako edertazunik, familixan gara Bizkaiko herri txikibaten, giro zoragarrixaz, umiek jolasien, gu barriketan bermubat hartuaz eta danok bazkaltzeko abixuei zai. **T.** No hay cosa más hermosa que esta, estamos en familia en un pueblo pequeño de Bizkaia, hace un tiempo maravilloso, los críos jugando, nosotros de charla tomando un vermú y esperando que nos llamen para comer.

EDOIA. Bruma, niebla. **K.** Atzo hala geratugiñen baña gaur eguna asaldudan bezela eztakitx, baleike zertxobaitx jasotzie baña erozeiñ modutan eztot uste merezidauenik oñez inguratzeik Donostira eguna pasatzeko, holako edoiaz ezingou ezer ikusi ez birien eta ez han bertan be. **T.** Así quedamos ayer pero tal y como ha aparecido el día no sé, quizá levante un poco la niebla pero en cualquier caso no creo que merezca la pena acercarse andando a San Sebastián para pasar el día, con esta bruma no podremos ver nada en el camino y ni siquiera allá mismo.

EDUKAZIÑUE. Educación. **K.** Horixe bera faltadaue oingo gaztiek, ez danak baña askok bentzet bai, edukaziñue eta errespetue, nik ustedot ia erakutzikutziela eskolan, ikastolan eta baitxe etxien be, baña etxuraz zerreozer badaukie zeatik hala ta guztiz eziñdaue ikesi. **T.** Eso mismo es lo que les falta a los jóvenes de hoy, no a todos pero si al menos a muchos, educación y respeto, yo creo que ya se los habrán enseñado en la escuela, ikastola y también en casa, pero deben de tener alguna cosa porque aún así no lo consiguen aprender.

EDONTZIXE. Vaso, copa para contener bebidas. **K.** Txakoli ta sagardo egunak ospatzendienien postu asko jartzeitxu edarri horreikiñ eta eratie gurezkero, derrigorrez edontzixe erosi-bierra daukotzu eta honekiñ batera txartelak emuteutzue probaketa batzuk itxeko naidan tokixen, baña han bertan barruen. **T.** Cuándo se celebran los días del txakolí y de la sidra suelen colocar un montón de puestos con esas bebidas y si lo que quieres es beber, necesariamente tienes que comprar el vaso y junto con esto te dan unas tarjetas para hacer unas cuantas catas en el sitio que quieras, pero siempre dentro del recinto.

EDUKI. Tener, poseer. **K.** Teodoro mezerez edukizu pixkaten motxila hau, pixa larrixe dauket eta hor bestaldien dauen tabernara noie baña segitxuen bueltaukonaz, eta ezpadau iñor zai bost miñutu besteik ez. **T.** Teodoro por favor tenme un ratito la mochila esta, necesito mear urgentemente y voy hasta la taberna que está en la otra parte, pero enseguida vuelvo y si es que no hay nadie esperando nada más que cinco mínutos.

EDUKIERA. Capacidad o modo de tener. **K.** Bai eta ez euki zalantzaik zeatik ikastola hau haundixe da, oñ bertan daukien edukiera ehun ikasle baño geixau kabitxukodie eta lasai askuen ekarrizeiketzu zure umiei, nahiko tokixe eukikodau ta. **T.** Sí, no estés dudando porque esta ikastola es grande, ahora mismo tiene una capacidad para más de cien alumnos y tranquilamente puedes traer a tu hijo que ya tendrá suficiente sitio.

EDUR-BUSTIXE, EDUR-URA. Aguanieve. **K.** Oñartekue eurixe izenda baña oñ edur-ura hasida eta pillabat hoztudau, eta gauez hala jarraitzenbadau nik ustedot baleikela edurra eotie bixer, eta akaso baitxe zuritxu be. **T.** Hasta ahora ha sido lluvia pero ahora ha empezado aguanieve y ha enfriado mucho, si continúa así a la noche yo creo que mañana puede haber nieve, y quizá que también que se ponga blanco.

EDURRA, ELURRA. Nieve. **K.** Goixen jarridoten bezela edur-uran buruz ba horixe bera gertauda, gauez edurra iñ eta inguru guztiek zuri asaldudiela, ba hau umiendako gauza ona da, eurok sekulako pozik ikastola-barik eta egun guztie jolasteko edurretan. **T.** Lo que he puesto arriba sobre el aguanieve pues eso mismo es lo que ha pasado, que a la noche ha nevado y todos los alrededores han aparecido blancos, pues esto para los críos es una cosa muy buena, ellos muy contentos sin ikastola y todo el día para jugar en la nieve.

Aspaldiko esaerabat: Edur urtie, gari urtie.

Un viejo proverbio en euskera dice que año de nieve, año de trigo.

EDURTIE, ELURTIE. Tempestad de nieve. **K.** Aurretik abixue emunde hauen baña halaere iñok ezauen espero halako elurtie eongozanik, gañera eta hala jarraitzenbadau laister hasikodie mozten karreterak. **T.** Estaba anunciado de antemano pero ninguno esperábamos que hubiese esta tempestad de nieve, además y si continúa así pronto empezarán a cortar las carreteras.

EGA, EGAX. Volar. **K.** Uso horrek eziñdau egaik iñ, egobat puzkauta dauko norbaitxek tirue emunda, eta nola oñ dan horren garaia, ba ziur ehiztarinbat izengozala, eta dauen hotzakiñ eta ezpadau iñok jasoten hor bertan akabaukoda. **T.** Esa paloma no puede volar, tiene una ala rota porque alguien le ha pegado un tiro, y cómo ahora es el tiempo seguro que habrá sido algún cazador, y con el frío que hace y si no la recoge nadie ahí mismo se morirá.

EGABERA. Avefría. **K.** Hotz eta hainbesteko edur honekiñ egaberak eta beste txori geixenak oso larri pasatzen haidie, eztaukie nun billatu janik eta askok laister hor akabaukodie gosiekiñ. **T.** Con estos fríos y tanta nieve las avefrías y la mayoría de los pájaros lo están pasando muy mal, no tienen donde encontrar comida y pronto muchos de ellos se morirán de hambre.

EGALA. Esquina, costado, extremo. **K**. Gaur ikusteko bezela die dazen olatuek eta zuk horren asmue badaukotzu, eta batera argazkixek ataratzie nai, fan terrazako egalera eta handik askoz hobeto ingoitxozu lan horreik. **T**. Las olas que hay hoy son dignas de ver y si tú tienes esa intención, y a la vez también sacar unas fotografías, vete a la esquina de la terraza y desde allá harás mucho mejor esos trabajos.

EGALIEN. En la esquina, en el extremo. **K**. Zu Eutikio jarrizaitxez hor egalien eta zu Anastasi han bestaldien sokai tiratzeko, ta aber danon hartien lortzendoun, aurrena jaso eta gero zuzentzie ate haundi hau. **T**. Tú Eutiquio ponte ahí en la esquina y tú Anastasi en el otro lado para tirar de la cuerda, y a ver si entre todos conseguimos, primero levantar y luego enderezar esta gran puerta.

EGALUZIE. Atún. **K**. Getariko arrantzaliek esatendaue aurtengo udaberriko egaluzien kanpaña oso ona izen omendala, egaluze ugeri ekarritxuela eta gañera nahiko prezio onien saldu, oñ lastima pixkat bebai zeatik nola hasieran asko hartudan, ba espero baño dexente lenau bukatudala kanpaña hau. **T**. Los pescadores de Getaria dicen que la campaña de primavera del atún de este año ha sido muy buena, que han traído mucho atún y además lo han vendido a bastante buen precio, ahora que un poco de lástima también porque debido a la cantidad de las capturas del comienzo, la campaña ha terminado antes de lo que esperaban.

Errezetabat: Egaluzie kipula eta piperrakiñ. Batzuk esatendaue ze modu hontan prestatzeko hobie izetendala egaluzie luzetara moztie eta beste-batzuk berriz zabaletara. Eta neri nola berdiñ emuteuzten peskateruei esautzet mozteko lori xamar zabalien eta garbi izteko. Ba beno, ia hasteko bezela gara eta hau itxeko bierkoitxu, noski egaluzie, bi tajada erosibou eta bakotxakiñ lau zati iñ, ba zortzi zati ataratzendie, gero kipula, barrixe izetenbada askoz hobe, piper berdie, gorrixe eta miñe, tomatie osoik ero iñdekue, berakatza eta piper beltz autza. Lapiko zabal eta bajuen botatzendou olixue eta goixen jarridoun berdura ez larreiko fiñ moztuta, laubat lagunentzako nahikue izengolitzake dexenteko kipulabat, baitxe piper berdebat, nola haundixek izetendien piper gorriñ erdixe, miñe norberan gustora, bi ero hiru berakatz ale laminan moztuta, freskue baldinbada azala kendutako tomate parebat txiki zatitxuta, erraiautakue be balixokue, eta iñdekue bada ixe askenien tazakara txikibat, eta dan hau lasai potxatzen laga su bajuen. Gertu dauenien atara honduen daukoun ontzira eta olixo bertan pasara txikibat emun bi aldetatik egaluzien zatixei, gatza eta piper autza bota ondoren, segitxuen ontzixen daukon berdurak gañien, nahastu txikibat emun eta su bajuen laga bost ero hamar miñutu. Eta gertu.

Una receta: Bonito o atún encebollado. Algunos dicen que para preparalo de esta manera es mejor cortar el atún a lo largo y otros en cambio a lo ancho. A mí me dá igual le he dicho al pescatero que lo corte a lo ancho, de un grosor mediano y que lo deje limpio. Pues bueno, ya estamos como para empezar y para hacer esto necesitaremos, el atún claro está, si hemos comprado dos tajadas y cada una de estas las hemos dividido en cuatro trozos, pues nos saldrán ocho pedazos, cebolla, si es nueva mucho mejor, pimiento verde, rojo y picante, tomate entero o el que está ya hecho, ajo y pimienta negra molida. En una cazuela ancha y baja ponemos aceite y las verduras que hemos puesto arriba cortadas no demasiado finas, para cuatro personas serían suficientes una cebolla hermosa, un pimiento verde, como suelen ser grandes medio pimiento rojo, el picante al gusto de cada uno, dos o tres ajos cortado en láminas y si el tomate es fresco un par de ellos sin piel y cortado menudo, también valdría rallado, y si está hecho una tacita pequeña casi al final, y dejamos que todo esto se poche tranquilamente a fuego bajo. Cuando ya está listo lo sacamos a la fuente que tenemos al lado y en el mismo aceite le damos una pequeña pasada por los dos lados a los trozos de atún despúes de haberlos salpimentado, enseguida encima las verduras que tenemos en la fuente, mezclar un poco y dejarlo en fuego bajo cinco o diez minutos. Y listo.

EGARRIXE. Sed, estar sediento. **K**. Esatendaue gorputza ondo mantentzeko, naiz da egarrixe euki ez, derrigorrez ura eran-bierra dauela, gutxienetik litro parebat egunien, ba ni horren erdira be enaz arrimatzen eta geixenbat da enazelako akordau be itxen. **T**. Dicen que para que el cuerpo se mantenga bien y aunque no se tenga sed es necesario beber agua, por lo menos dos litros al día, pues yo no me aproximo ni siquiera a la mitad y la mayoría de las veces es porque tampoco me acuerdo.

Aspaldiko esaerabat: Egarrixe daukienendako eztau ur sikiñik.
Un viejo proverbio en euskera dice que para aquel que tenga sed no hay agua sucia.

EGARRITXU, EGARRITXUTA. Estar sediento, ansia por beber. **K**. Gogoratzenaz nola beñ, Santio frantzez bidaia itxen hainitzela, ur-barik gelditxunitzen Viana birien, orduen ia ezan asko geratzen baña itxeauen bero haundi harekiñ eta itxurririk iñun ez sigero egarritxuta allegaunitzen, ixe itxo-bierrien. **T**. Recuerdo cómo una vez en el viaje que hice por el Camino de Santiago francés me quedé sin agua camino de Viana, ya no faltaba mucho pero entre el calor que hacía y que no había ninguna fuente llegué extremadamente sediento, casi a punto de desfallecer.

EGATXA. La ijada del pescado. **K**. Neri arraiña asko gustatzejat eta hortik geixen egatxa ta burue, jaten ta txupatxen haizarenien eskuek eta muturre sikiñ xamarrak geratzendie, eta zer esanik eztau bibotiatik, baña horrek eztauko bape inportantzik, gero ondo garbitxu eta kitxo. **T**. A mi el pescado me gusta mucho y de ahí lo que más la ijada y la cabeza, cuando estás comiendo y chupando las manos y alrededores de la boca, y qué decir del bigote, se ponen hecho un asco, pero eso no tiene demasiada importancia, luego se lava uno bien y listo.

EGAXIEN. Volando. **K**. Atzo nahiko oker inditxozu eta gaur ondo portatzie komenijatzu zeatik beztela, kontuen hartuta atzo libratu inziñela, gaur emutendotzuten belarriondokuaz baleike egaxien urtetzie. **T**. Ayer hiciste suficientes travesuras y hoy te conviene portarte bien porque sino, teniendo en cuenta que ayer te libraste, con el tortazo que te voy a dar hoy puede que salgas volando.

EGAZTIXE. Ave. **K**. Egazti mota askokuek eotendie baña Euskalherrixen normalki olluek eukitxeko oitura izetenda, baitxe noixienbeñ be ikustendie paitxak eta faisan bat ero beste, aurrenak gutxi eta beste asken horreik askoz gutxiau. **T**. Hay muchas especies de aves pero en Eukalherría normalmente la costumbre es la de tener gallinas, también de vez en cuando se ven patos y algún faisán que otro, de los primeros pocos y de esos últimos muchos menos.

Aspaldiko esaerabat: Egaztixe egaxerako eta gizona lanerako.

Un viejo proverbio en euskera dice que el pájaro para volar y el hombre para trabajar.

EGIAZKUE. Que es muy cierto, verdadero. **K**. Norberto lengo egunien benetazko gauza xelebrie kontatzen ibilizan, eta zan nola bere amak batzuetan esatezitxun gauzak esakixela egiazkue zan ero txantxan ibiltxezan. Bera askotan lotzaz betie geraketazala entzun ondoren esnie kentzeutzela bere hurrengo arrebai, eta hori zala zeatik betik txintxiliaska eotezalako bere titixetatik. **T**. El otro día Norberto estuvo contando una cosa en verdad bastante curiosa, y era que no sabía si lo que algunas veces decía su madre era cierto o andaba bromeando. Que él muchas veces se quedaba avergonzado después de escucharle que le robaba la leche a su siguiente hermana, y que eso era porque siempre estaba colgado de su teta.

EGILLE, EGILLIE. La persona que hace, que construye. **K**. Arizbatalde auzoko, Zarautzen, etxe askon egillie Guadalajarako esagunko enpresabat izenzan, ta egitan oso ondo iñdeko lanak geratuziela zeatik hainbeste urte pasa ondoren auzo horrek apenas eukitxu iñungo arazoik. **T**. Una empresa conocida de Guadalajara fue la que construyó muchas de las casas del barrio de Arizbatalde en Zarautz, y de verdad que quedó un trabajo muy bien hecho porque después de haber pasado tantos años el barrio apenas ha tenido problema alguno.

EGINKIZUNA. Tarea, objetivo. **K**. Gaur eginkizun bakarra daukou baña hori bai, asmue da hasi ta bukatzie, ortuen landau inbierra daukou berreun porru eta beste-hainbeste kipula, gero dana erregau eta horrekiñ nahiko. **T**. Hoy solo tenemos una única tarea pero eso sí, con la idea de empezar y terminar, en la huerta tenemos que plantar doscientos puerros y otras tantas cebollas, después regar todo y con eso suficiente.

EGINTZA. Producir, fabricar. **K**. Aste hontan periodikon irakurridot nola Beasaingo CAFek bi konkursu haundi irabazi izendauen trenak fabrikatzeko hortik ziar nunbaitxerako, ba pentzatzendot ze hartudauen lan berri honeikiñ euikikodauela nahiko egintza luzerako, eta denpora hortan hainbeste tren kontratauta dauken bezela itxeko. **T**. Esta semana he leído en el perióidico que la CAF de Beasain ha debido de ganar dos grandes concursos para fabricar trenes de algunos lugares de por ahí, pues pienso que con esos nuevos trabajos que ha cogido ya tendrá trabajo suficiente para largo, y en ese tiempo producir tantos trenes como tiene contratados.

EGIÑ. Hacer. **K**. Aber, ondo ibiltxeko errepartiru ingoitxu lan hoineik, zuk egiñ hemen dazen hauek eta nik ingoitxut beste handikaldeko hareik, aber bixon hartien haldan axkarren bukatzeitxun eta aukera daukoun laister urtetzeko. **T**. A ver, para andar bien vamos a repartir estos trabajos, tú haces estos que están aquí y yo haré aquellos otros del otro lado, a ver sin entre los dos es posible terminamos cuanto antes y podemos salir pronto.

EGIÑAK, EGIÑEK. Las cosas o trabajos que están ya hechos. **K**. Bai, noski badakitxela atzoko lanak egiñak diela, baña hañaere ez poztu hainbeste zeatik ondion dexente geratzenda bukatzeko, eta gañera ondion gauza-barri asko be badaukou itxeko. **T**. Si, claro que sé que los trabajos de ayer ya están hechos, pero aún así no te pongas tan contento porque todavía queda bastante para terminar, y además aún tenemos muchas cosas nuevas para hacer.

EGIÑ-BIERRA. Trabajo que es necesario hacer. **K**. Derrigorrez lan hori egiñ-bierra daukou eta bukauta laga bestiek hasi aurretik, gañera ezta geratzen beste erremeixoik zeatik horreiñ gañien jarri ta lotu inbierrak die beste gauza guztiek. **T**. Necesariamente tenemos que hacer y terminar ese trabajo antes de empezar los demás, además no queda más remedio porque encima de eso hay que colocar y atar todas las demás cosas.

EGIÑ-HALA. A medida que se haga. **K**. Aber eta entzun ondo, gauza dan honeik egiñ-hala hartu eta hasi sartzen hemen daukotzuen kajatara, baña kontuz ta bista pixkatekiñ zeatik kaja bakoitxien hamabi besteik eztie sartubier, ez bat geixau eta ez bat gutxiau. **T**. A ver y escuchar bien, todas estas cosas a medida que se hagan hay que coger y empezar a meterlas en las cajas que teneis ahí, pero con cuidado y un poco de vista porque en cada caja no hay que meter más que doce, ni una más ni una menos.

EGIÑIEN. Haciendo. **K**. Bai, noski aspalditxuen hor haigarela egiñien geltitxu-barik, baña halaere lan honeik eztie sekula bukatzen, eta gañera emutendau geruau ta geixau dazela. **T**. Sí, claro que desde hace ya bastante tiempo ahí lo estamos haciendo sin parar, pero aún así estos trabajos no se terminan nunca, y además parece que cada vez hay más.

EGITARAUA. Elaboración de programas, ejecución de estas u otras. **K**. Herri auzo hortako karreteran azpiko pasaeran egitaraua oñ urtebete pasa iñdekue da eta hamabi illebeteko lana zan, hasidie baña eztakitx lortukodauen bukatzie jarritxe daukien denporarako, nik bentzet eta inguru hartatik ibiltxenazenien eztot ikusten fundamento haundirik obra hortan. **T**. El proyecto para la ejecución del paso subterráneo bajo la carretera del barrio de ese pueblo se hizo ahora hace poco más de un año y la finalización de los trabajos era de doce meses, ya han empezado pero no se lo conseguirán para el tiempo que tienen establecido, yo al menos y cuando ando allá por las cercanías no veo demasiado fundamento en esa obra.

EGITASMUE. Intención de decir la verdad. **K.** Bai, baleike zurie egitasmue izetie baña hala baldinbada eztot ulertzen zergaitxik daukotzun gezurretan ibili-bierra, ba eztakitx baña akaso bateonbati galdetu inbikotzazu aber zeatik gertatzejatzun gauza horreik. **T.** Sí, puede que tengas la intención de decir la verdad pero si es que es así no entiendo porqué razón tienes que andar con mentiras, pues no sé pero quizá tengas que preguntar a alguien a que puede ser debido que te pasan esas cosas.

EGITURA. Estructura. **K.** Josun baserriko egitura barrixe nahiko axkar iñde geratuzan, aurren hauen egurrezko egitura banan banan kentzie izenzan, garbitxu, saniau eta berriz jarri. Zorionez bierdan bezelako arotzak etorrizien lan horreik itxera eta harei ezker hala gelditxuda, dana sigero ondo eta txukun. **T.** La nueva estructura del caserío de Josu la hicieron bastante rápido, lo primero fue el desmontar una a una la madera de la estructura existente, limpiar, sanear y volverla a colocar. Por suerte vinieron unos carpinteros muy competentes a hacer esos trabajos y gracias a ellos así ha quedado, todo muy bien y curioso.

EGIXE. Verdad. **K.** Gaztetan zenbat bider esan-bierra izetezan gauza berdiñe, ama egixe esateutzut, eonaz mesetan eta gurebozu esangotzut nola hauen jantzitxe abarie. Eztakitxena da siñisketauen hala ez baña beno, momentuz bentzet hala geraketazan hurrengo domekararte. **T.** De jóvernes cuántas veces teníamos que decir la misma cosa, ama te digo la verdad que ya he estado en misa y si quieres te digo cómo iba vestido el cura. No sé si lo creía o no pero bueno, al menos de momento así quedaba hasta el próximo domingo.

Aspaldiko esaerabat: Egixe egi, ogixe ogi, ardaue ardau, bi eta bi lau.

Hay un viejo dicho en euskera que dice al pan pan y al vino vino.

EGIXETASKUE, EGITASKUE. Que es cierto. Verdadero. **K.** Aspaldi, semiek txikiñek zienien, Kanbrilsen geotzen oporretan eta han erosinauen baliñezko pistolabat, eta benetan, holako ondo iñde hauen ze egixetaskue zan antza hauken, hainbesteraño ze beñ jolasten haigiñala munizipalbat etorrizan pistola ha ikustera. **T.** Hace mucho tiempo, cuando los hijos eran pequeños, estábamos de vacaciones en Cambrils y allá compré una pistola de balines, y estaba tan bien hecha que parecía verdadera, hasta tal punto que una vez cuando estábamos jugando vino un policía municipal a ver la pistola esa.

EGIXETAN. Dedir o diciendo la verdad. **K.** Hala jarraiketanbozu eta betik gezurretan ibili momentubat allegaukoda eztotzula iñok siñistuko, ba zuk ikusikozu baña nik ustedot asko komenijatzula, eta gañera haldan axkarren, egixetan hastie. **T.** Cómo sigas así y andes siempre diciendo mentiras llegará un momento en el que no te va a crer nadie, tú veras pero yo creo que te conviene mucho, y además cuanto antes, empezar a decir la verdad.

EGIZKIZUNA. Demostración. **K.** Zarauzko San Pelaio jaixek die eta bixer, urtero bezela, aixkolari eta harrijazotzailen egizkizunak eongodie, eta honeikiñ batera beste hainbat Euskal kirol-proba mota, jeneralki eta egueldixek laguntzenbadau jente ugeri alkartzenda horreik ikustera. **T.** Son las fiestas del barrio de San Pelayo en Zarautz y mañana, al igual que todos los años, habrá demostraciones de corte de troncos con hacha y levantamiento de piedra, y junto con estos también otros tipos de pruebas de deporte rural vasco, generalmente y si acompaña el tiempo suele acudir mucha gente a ver esas cosas.

EGOALDIE, EGO-ALDIE. El sur. **K.** Nik eztakitx zeatik esatendan eta ez sikera egixe izenleiken hori, baña betik entzunda ze egoaldien bizidan jentie oso lasaiek diela eta akaso baitxe larreikuek be. **T.** Yo no se porqué se dice y si ni siquiera eso puede ser verdad, pero de siempre se ha oido que la gente que vive al sur es muy tranquila y quizá puede que hasta demasiado.

EGOERA. Situación. Estado de las cosas. **K.** Egoera latza daukou etxe hontan, asensorie naidou jartzie, aurrekontue be badaukou eta gertatzenda aurreneko pixukuek eztauela nai esanaz berak eztaukola horren bierrik, eta gauza da derrigorrezkue dala hemen bizigaren danon konformidadie. **T.** Estamos en una situación bastante complicada en esta casa, queremos instalar un ascensor, también tenemos el presupuesto pero la cosa es que el del primer piso no quiere diciendo que él no lo necesita, y el caso es que es imprescindeble la conformidad e todos los que vivimos aquí..

EGO-HAIXIE, EGUAIXIE. Viento sur. **K.** Dorooteok askotan komestatzendau ze bere andriei etxakola bape gustatzen eguaixiek, berak, andriek, esaten omendau mintzen hastejakola belaunetako azurrek eta eztala bape gustokue hala ibiltxie, miñakiñ eta horren bildurraz. **T.** Doroteo suele comentar muchas veces que a su mujer no le gusta nada el viento sur, que ella, la mujer, suele decir que le empiezan a doler los huesos de las rodillas y que no es nada del gusto el tener que andar así, con dolor y miedo.

EGOKIDURA. Analogía, relación. **K.** Larreitxo kostata eta aldebaten ta bestien ibili eta eon ondoren, askenien lortudou billatzie sarreriko ate honen egokidura, oso berdiñe ezta bañe bentzet badauko dexenteko antza. **T.** Ha costado demasiado y después de andar y haber estado en un sitio y otro, al final ya hemos conseguido encontrar una puerta de entrada análoga a esta, no es muy igual pero al menos sí tiene mucho parecido.

EGOKI, EGOKIERA. Comodidad, Estar a gusto, cómodamente. **K.** Ze egoki gazen momentu hontan, malekoiko terrazan jarritxe gintonibat hartuaz eta ederto bazkaldu ondoren. **T.** Que a gusto estamos en este momento, sentados en una terraza del malecón tomando un gintonic y después de haber comido estupendamente.

EGOKITU, EGOKITXU. Acomodarse. **K.** Bazkal ondoren ezta ona izeten eta komeni bez larrei egokitzie zeatik gero nahiko kostatzenda, aurrena jaiki eta ondoren berriz hastie lanien. **T.** Después de comer no es bueno ni convenidente acomodarse demasiado porque luego cuesta bastante, primero el levantarse y después empezar de nuevo a trabajar.

EGOKIXE. Conveniente, adecuado, oportuno. **K.** Erraminta honeik eztie sekula izen nere gustokuek baña beno, atxur honek bentzet bai emutendau nahiko egokixe dala ortu lanerako, lengue larreiko astune zan eta berakiñ asko ibilitxebanitzen gerrixaz xixko iñde urtetzenauen. **T.** Estas herramientas nunca han sido de mi gusto pero bueno, al menos esta azada si parece que es adecuada para el trabajo de la huerta, la otra era muy pesada y si andabas mucho con ella salías con la cintura hecho cisco.

EGOKIXENA. El más conveniente. **K.** Zuk ikusi-bierra daukotzu, baña halaere nik ustedot hor dauen danetik hartubizaukela bat zuri iruitzejatzun egokixena dana itxendozun lanerako. **T.** Tú tendrás que ver, pero aún así yo creo que de todo lo que hay ahí deberías de coger uno que a tí te parezca el más conveniente para el trabajo que haces.

EGON, EON. Estar, permanecer. **K.** Ekarritxozun gauza horreik hemen eon ero han len eozen tokixen berdiñ da, ez batek eta ez bestiek eztaue ezertarako balixo eta gurozunien eruenzeiketzu berriz. **T.** Esas cosas que has traído que estén aquí o en el sitio dónde estaban antes es igual, ni los unos ni los otros valen para nada y cuando quieras te los puedes llevar de nuevo.

EGONDIE, EONDIE. Ya han estado. **K.** Bai, danak hemen egondie, eta gañera denpora luzien zure zai, baña ikusitxe ezatozela ia aspalditxo alde iñdaue, abixue lagadaue esanaz ze asaltzenbazara esateko fanzeikela por ulo hartzera. **T.** Sí, ya han estado todos aquí, y además durante largo tiempo esperándote, pero viendo que no venías hace mucho que se han marchado, han dejado un aviso diciendo que si aparecías te dijésemos que podías ir a tomar por ulo.

EGONALDIXE, EGON-ALDIXE. Rato de descanso. **K.** Ze ondo etortzendien egonaldi txiki honeik, lasaitu pixkat lanetik, zertxobaitx jan, kafetxobat hartzeko eta baitxe guredauenak zigarrobat erre. **T.** Que bien vienen estos ratos de tranquilidad, descansar un poco del trabajo, comer algo, tomar un cafecito y también el que quiera fumar un cigarrillo.

EGON-GELA, EON-GELA. Cuarto de estar, sala de espera. **K.** Tiburtxik kontatzendau nola askenengo aldiz fanzienien gizona ta bixok ospitalera, biotzeko proba itxera gizonai, egon-gelan itxoiñ inbierra izenauela ordubete baño geixau txandiei zai. **T.** Tiburcia suele contar que la última vez que fueron el marido y ella al hospital para hacer una prueba del corazón al marido, tuvieron que estar en la sala de espera más de una hora aguardando a que llegase su turno.

EGONGURA, EGON-GURA. Ganas de estar, de descansar. **K.** Gaur denpora askotxuen ibiligara mendixen, larreiko nekauta bueltau eta ustedot egongura galanta daukoula danok nunbaitxen jarri ta deskantzatzeko. **T.** Hoy hemos andado durante mucho tiempo en el monte, hemos vuelto muy cansados y creo que todos tenemos bastante necesidad de sentarnos y descansar.

EGONKORRA. Estable. **K.** Atzo istripu nahiko latza euki omendau Saturiok kotxiaz eta ospitalera eruen-bierra izenauen, gaur bere anaiekiñ alkartunaz eta esandau eztaukela gauza haundirik, bentzet puzkatuta ezer ez eta nahiko egonkorra dauela. **T.** Ayer Saturio ha debido de tener un accidente bastante fuerte con el coche y le tuvieron que llevar al hospital, hoy me he juntado con su hermano y me ha dicho que no tiene gran cosa, al menos nada roto y que está bastante estable.

EGONZIEN. Ya estuvieron. **K.** Bai, horreik berak egonzien fandan urtien alberge hontan eta benetan oso txintxo ibili ta konportauziela, ezauen bape burrundaik atara eta iñor ikusi bez moxkorraz hauenik, danera sigero ondo eta espero aurten be hala izengodala. **T.** Sí, esos mismos son los estuvieron el año pasado en este albergue y por cierto anduvieron muy formales, no armaron ningún jaleo y tampoco se vio a nadie que estuviese borracho, en definitiva en todo muy bien y espero que este año también sea igual.

EGOSI. Cocer. **K.** Gure etxien ganbak eta langostinuek geixau gustatzejaku plantxan prestatuta, baña hau danan bezelako gauza da, gustuen kontue eta beste asko be eongodie naiau izetendauela egosi iñdekuek. **T.** En nuestra casa las gambas y los langostinos nos gustan más hechos a la plancha, pero esto al igual que todas las cosas es cuestión de gustos, porque ya habrá también otros muchos que preferirán que estén cocidos.

EGUAKOTXA. Viernes. **K.** Garai baten ez eguakotxetan bakarrik baizik zapatuetan be lana inbierra eotezan, oñ berriz sigero aldauta daz gauza honeik eta eguakotx eguerditxik aurrera ta astelenerarte geixenak jai izetendaue. Nik ustedot larreiko goix jaixogitzela eta gauzabat xelebrie, gure paraje inguruen eguakotxai kaxkajo eguna zala esatejakon. **T.** En un tiempo no solo los viernes sino que también los sábados había que trabajar, ahora en cambio han cambiado mucho estas cosas y desde el viernes al mediodía y hasta el lunes la mayoría tiene fiesta. Yo creo que nacimos demasiado pronto y una cosa curiosa, allá por donde somos nosotros al viernes se le decía que era el día de los cascajos.

EGUASTENA. Miércoles. **K.** Eguastena be askondako ezta egun bape txarra izeten, laister eguena eta ondoren eguakotxa allegaukoda eta segitxuen asteburue gañien dau, oñ guretako erretiraute garenak, dan honeik berdintzuek izetendie. **T.** El miércoles tampoco es un día nada malo para muchos, pronto el jueves y después llegará el viernes y el fin de semana ya está encima, ahora que para nosotros, los que estamos jubilados, todos estos son bastante parecidos.

EGUBERRI, EGUBERRION. Nuevo día, feliz nuevo día y se refiere al día de Navidad. **K.** Zarautzen ta baitxe beste hainbat kosta eta barruko lekuetan, gabon eguneko oitura da eguberrion esatie da esagun bat eta bestiekiñ alkartzezarenien. **T.** En Zarautz y en otros tantos sitios de la costa y el interior, la costumbre del día de Navidad es el decir eguberrion cuando te juntas con algún u otro conocido.

EGUE. Ala. **K.** Josun baserri inguruen arranobat bentzet badabill, eta akaso bat baño geixau ibilikodie zeatik eztakitx ikustendoten bakoitxien betik berdiñe izengodan, hau ero honeik gañetik pasatzendanien eguek zabalik dauela oso haundixek dien antza daukie eta hala gauzatxue bezela emutendau harei ikustie. **T.** En las cercanías del caserío de Josu anda un águila por lo menos, y a lo mejor hay más de una porque cada vez que la veo no sé si puede ser la misma, cuando esta o estas pasan por encima con las alas extendidas dan la impresión de que son muy grandes y da así como cosa el verlas.

EGUELDIXE. El tiempo que hace. **K.** Gaurko egueldixe bai dala sigero ona atzo eonzan aldien, atzokue larreikue izenzan eta dana hauken, eurixe, haixie ta hotza, gaurko eguna berriz euskitzu eta nahiko epela. **T.** Vaya diferencia de tiempo el que hace hoy al que hizo ayer, lo de ayer fue demasiado y tenía de todo, lluvia, viento y frío, hoy en cambio el día es soleado y bastante templado.

EGUENA. Jueves. **K.** Argimirok eta bere kuadrillak, danak erretirauta, aste guztiko eguenetan, aurrena goixetik mendi buelta itxendaue eta gero soziedadera fatendie bazkaltzera, betik babarrunak euron sakramentuekiñ eta prestatzailie betik bera, Argimiro, izetenda, aurreko egunien noski. **T.** Argimiro y su cuadrilla, todos jubilados, los jueves de todas las semanas, primero por la mañana hacen una vuelta por el monte y luego van a comer a la sociedad, siempre alubias con sus sacramentos y el que lo prepara también siempre es él, Argimiro, claro está que el día anterior.

EGUERDION. Es la palabra que se utiliza para saludar al mediodia y que vendría a decir buenos mediodías.

EGUERDIXE. Mediodía. **K.** Gaur eguerdixen ta bazkaldu aurretik Udaletxeko bulegora fan-bierra dauket agiri-batzuk eruetera bere epea bukatu aurretik. **T.** Hoy al mediodía y antes de comer tengo que ir a una oficina del Ayuntamiento a entregar unos documentos antes de que termine el plazo.

Aspaldiko esaerabat: Eguerdiko eurixe, egun guztiko eurixe.

Un viejo proverbio en euskera dice que la lluvia del mediodía, lluvia para todo el día.

EGUNA. El día. **K.** Bixer, SantoTomas eguna, Donostiñ sekulako girue eongoda eta gu, ixe urtero bezela, fan-bierra eukikou bueltabat emutera, txistorra batzuk jan eta nola ez, batera sagardau pixkat eran, era aukera badau baitxe zerreozer erosi be, akaso gaztaie. **T.** Mañana, día de Santo Tomás, en San Sebastián habrá un ambiente extraordinario y nosotros, al igual que casi todos los años, tendremos que ir a dar una vuelta, comer unas chistorras y cómo no, beber un poco de sidra, y si hay oportunidad también comprar algo, quizá queso.

Aspaldiko esaerabat: Bostak eta illuna, txarrixe hiltzeko eguna.

Un viejo proverbio vasco dice que las cinco y anocheciendo, día adecuado para matar el cerdo.

EGUNABAR. El alba, amaneciendo. **T.** Ontxe negue hasi-barri dau eta egunabar nahiko berandu izetenda, argitzendan ordurako ixe zortzi-terdirak inguru **T.** Ahora no ha hecho más que empezar el invierno y ya amanece bastante tarde, para cuando empieza a clarear son casi las ocho y media.

EGUNBETE. Un día entero. **K.** Ez euki prixa haundirik zeatik nik gutxienetik egunbete bierkot, aurrena gauza horreik lortzen eta gero karga eta honaño ekartzeko, ta ez pentza halako errexa danik. **T.** No tengáis tanta prisa porque yo por lo menos necesitaré un día, primero para conseguir esas cosas y luego cargar y traerlas hasta aquí, y no penseís que es tan sencillo.

EGUNDUKUE. Grande, enorme, extraordinario. **K.** Mutill horrek lortudauena siñistu eziñezkue da, Santio frantzez birie iñdau bizikletan, Orreagatik urtendau eta hogetabi ordu garrengo Santiago bertan hauen. Benetako egundukue izenda iñdauen hori. **T.** Lo que ha logrado ese chico es difícil de creer, ha hecho el camino francés de Santiago en bicicleta, ha salido de Roncesvalles y al cabo de veintidos horas estaba en Santiago. De verdad que ha sido realmente extraordinario.

EGUNERO, EGUNEROKUE. Todos los días. **K.** Ni egunero fatenaz Josun baserrira, aurrena ogixe jaten emuten astuei eta gero Kortakiñ, bere txakurra, betiko bueltatxue emutera. **T.** Yo voy todos los días al caserío de Josu, primero les doy de comer pan a los burros y luego hago la vuelta de siempre con Korta, su perro.

EGUNEZ. De día. **K.** Gauza horreik egunez inbierrekuek izetendie eta danon bistan, eta ez lapurrek bezela gauez eta illunpeien, erozeñek ikusitxe be pentzakodau hori bera dala itxen haizarena. **T.** Esas cosas hay que hacerlas de día y a la vista de todos, y no como los ladrones de noche y a oscuras, cualquiera que te vea ya pensará que es eso mismo lo que estás haciendo.

EGUNIEN. En el día. **K.** Beno, badakitzue zer lan daukotzuen eta axkar hastie komenida, gero baitxe haldan axkarren bukatzeko, gañera eta derrigorrez gaurko egunien inbierrekue da zeatik bixer beste toki-batera fan-bierra daukou. **T.** Bueno, ya sabeís el trabajo que teneís y conviene que empeceís pronto, para que también luego podaís terminar cuanto antes, y además es imprescindible que lo hagamos en el día de hoy porque mañana tenemos que ir a otro sitio.

EGUNKARIA. El periódico. **K.** Aspalditxotik pentzatzen hainitzen eta gaur askenien lagadot erostiei egunkaria, bai oitura naukena eta berdiñ beste erozeiñ, nahiko aspertu eta naskatu iñde nauen hainbeste politika kontukiñ zeatik ia apenas hauen beste gauzaik. **T.** Desde hace ya algún tiempo lo estaba pensando y hoy por fín he dejado de comprar el periódico, tanto el que acostumbraba cómo cualquier otro, ya estaba bastante cansado y asqueado con tantos cuentos sobre política porque ya apenas había otra cosa.

EGUNON, EUNON. Es palabra que se utiliza para dar los buenos días.

EGUN OSUEN. En todo el día. **K.** Bai, ni egun osuen eongonaz etxien eta zerbaitx gurebozu deitxu ero etorri lasai, ta etortzie erabaki-ezkero jo beko sarreran dauen tirriñe, hamargarren C da eta sabaldukotzut atie. **T.** Si, yo estaré todo el día en casa y si quieres algo llamas o puedes venir tranquilamente, y si decides venir tocas el timbre que está en la entrada de abajo, es el décimo C y ya te abriré la puerta.

EGUN-PASA. A pasar el día. **T.** Bixer andrie ta bixok Bilbora goiez egun-pasa, aurrena Gugenjein hori ikusi, gero erosketa batzuk iñ ta geratzenda, neretzat, oso berexixe dan gauza, txikito parebat hartu lasai alde-zarrien eta ondoren etxuran bazkaldu. Eta gero bukatu ondoren etxera bueltau berandu-barik. **T.** Mañana la mujer y yo vamos a Bilbao a pasar el día, primero iremos a ver el Gugengein ese, luego a hacer unas compras y queda, para mí, una cosa muy importante, tomar un par de chiquitos tranquilamente en la parte vieja y depués comer de forma conveniente. Y después, cuando terminemos y sin que sea tarde volver a casa.

EGURALDIXE. Pronóstico del tiempo. **K.** Euskaltelebistak bixerko eguraldixen buruz esandau oso giro ona eongodala, eguna euskitzu datorrela ta gañera bero antzakiñ, beste gauzabat izengoda esandauen bezela itxie. **T.** El pronóstico del tiempo para el día de mañana, según Euskaltelebista, es de que será soleado y además bastante cálido, otra cosa es que acierte y que sea tal y como lo ha dicho.

Aspaldiko esaerabat: Eguzkixe eta eurixe, martxoko eguraldixe.

Un viejo proverbio vasco dice que el sol y la lluvia es el tiempo típico de marzo.

EGURRA. Madera, leña. **K.** Sutarako egur dexente bierkoutxu negue pasatzeko, etxurie dauko, esatendauen ez, aurtengue gogorra eta oso hotza datorrela, ba beno, zer ingou ba, hau bukatu ondoren beruek be etorrikodie. **T.** Vamos a necesitar bastante leña para el fuego para pasar el invierno, parece ser, según dicen, que el de este año viene duro y con mucho frío, pues bueno, que le vamos a hacer, cuando termine esto también ya llegará el calor.

EGURRA! ¡Leña! Es una palabra que se utiliza para dar ánimos. **K.** Benga mutil, emun egurra!, kilometro bakarra besteik eztok geratzen bukatzeko eta bire onien haiaiz lortzeko. **T.** Venga chaval ¡dale leña!, no te falta más que un kilómetro para terminar y estás en el buen camino para conseguirlo.

EGURRETAN. Acarrear o acarreando leña. **K.** Ustedot gaur bukatukoula mozten eta bixer egun guztirako daukou egurretan, bi tratorekiñ igoteko asmue daukou eta pentzatzendot nahiko jente eongogarela karga eta karriatzeko. **T.** Creo que hoy ya terminaremos do cortar y mañana tenemos para todo el día acarreando leña, tenemos la intención de subir con dos tractores y pienso que contaremos con suficiente gente para cargar y transportar.

EGURRIEN. Fig. trabajando duro, esforzándose. **K.** Zorionez haigara obra hontan zeatik, ezta askotan gertatzen, langille nahiko berezixek daukou, sartzendie eta hasi besteik ez lanien hor jarraitzendaue egurrien egun guztien, eta ixe gelditxu be inbarik. **T.** Estamos de suerte porque, no sucede con frecuencia, tenemos unos trabajadores muy buenos en esta obra, entran y nada más que empiezan a trabajar ahí están esforzándose todo el día, y casi sin apenas parar.

EGURTU. Fig. apalear, apalizar. **K.** Atzo mutil horrek eukidau burrukanbat ero tartien ibilida bentzet, beituiozie nola dauken mosue eta begi inguruek, sigero beltzunak eta etxura guztie dauko egurtu iñdutziela, eta latz gañera. **T.** Ayer ese chico ya ha tenido o se ha metido en alguna pelea, mirar como tiene la cara y alrededor de los ojos, completamente morados y da toda la impresión de que le han apaleado bien, y además duro.

EGURTZUE. Fig. se dice de la comida o alimento que está leñoso, correoso. **K.** Neri etxat iruitzen txuleta hau gustoz txarra dauenik baña gauzabat bai dauko nahiko exkaxa, sigero egurtzu dauela eta larreitxo kostatzendala mastikatzie. **T.** A mi no me parece que esta chuleta esté mal de sabor pero una cosa si tiene bastante deficiente, que es demasiado correoso y que cuesta demasiado el masticar.

EGUTEGIA, EGUTEGIXE. Calendario. **K.** Oñ lau urte dala, bi milla eta hamazazpixen izenzan, DV periodiko egutegiñ eta abenduko orrixen asalduzan argazkixe Luisjose anaiek iñdekue zan, Atxabaltako Arkarazo auzuen ataratakue, eta entzundot ze argazki horreatik ehun mille euro irabazitzekue izenzala. **T.** En el calendario del DV de hace cuatro años, fue el dos mil diecisiete, la fotografía que apareció en la hoja correspondiente al mes de diciembre estaba hecha por mi hermano Luis José, sacada en el barrio de Arcázazo de Aretxabaleta, y tengo oído que por esa fotografía debió de ganar cien mil euros .

EGUZKILORA, EGUZKILORIE. Textual quiere decir flor del sol. Es una flor con bastante simbolismo en Euskadi y que tiene la particularidad de girar en torno al sol. **K.** Lenau, oñ be ustedot hala izengodala, etxe askotan eta baserri geixenetako sarrera atien eguzkilorie jartzezan, esatezan illunatik babesteko izetezala. **T.** Antes, creo que ahora también será así, en muchas casas y en casi todos los caseríos se colocaba la flor del sol en la puerta de entrada, se decía que era para pretegerse de la oscuridad.

EGUZKIXE, EUZKIXE. El sol. **K.** Jente askok gustora eotendie eguzki azpixen tripaz gora ta tripaz bera eta horreitik batzuk, ero askok denpora luzien, eta nik eziñdot ulertu nola daukien aguante hori, gañera kontuen hartuta keixpetan be sigero ondo eotendala. **T.** Hay mucha gente que suele estar muy a gusto debajo del sol tripa arriba y tripa abajo y algunas, o muchas de ellas durante largo tiempo, y yo no consigo entender cómo se puede tener ese aguante, además teniendo en cuenta de que a la sombra también se está muy bien.

Aspaldiko esaerabat: Eguzkixe berdiñe da onentzat eta geiztuentzat.

Un viejo proverbio en euskera dice que el sol es el mismo para los buenos y para los malos.

EGUZKITZU, EUZKITZU. Soleado. **K.** Gorbeako artzaiak esandau hurrengo hiru ero lau egunek eguzkitzuek izengodiela, baña gero, hau eskutau ondoren, baitxe etorrikodiela sigeroko hotzak eta gauez baleikela izotza asaltzie toki askotan. **T.** El pastor del Gorbea ha dicho que los próximos tres o cuatro días serán soleados, pero luego, que en cuanto éste se oculte, también vendrá mucho frío y que puede que en muchos sitios aparezca el hielo por la noche.

EH! ¡Eh! Expresión que se utiliza para llamar o preguntar algo. **K.** Banabill eh! eta eh! deika baña eztust kasuik itxen eta eztakitx eztauen entzuten ero gure ez entzutiek, ba emuten hainazen uluekiñ ustedot entzun bentzet inbikolaukela, orduen bape zalantzaik eztau eta bigarrena izengoda. **T.** Ya ando ¡eh! y ¡eh! llamando pero no me hace caso y no sé si no me oye o no quiere oir, pues con lo que estoy gritando yo creo que por lo menos ya debería de oir, pues entonces no hay ninguna duda y será lo segundo.

EHIZA. Caza. **K**. Oñ hori pasatzenda lanakiñ ta gañera alde guztietan, jente asko dauela horren zai baña lanpostu gutxi, eta ehizaz be horixe bera gertatzenda, ehiztari asko ehiza gutxirako eta etxuraz, honen buruz komestatzendan bezela, geruau eta gutxiau. **T**. Ahora eso es lo que sucede con el trabajo y además en todas partes, que hay mucha gente esperando pero pocos puestos de trabajo, y con la caza pasa eso mismo, muchos cazadores para poca caza y parece, según se comente en relación a esto, que cada vez menos.

EHIZTARIXE. Cazador. **K**. Lengo egunien eonitzen ehiztari batzukiñ eta esauztien aurten oso uso-pase gutxi eondala, ta gañera gutxi eondan horreikatik oso goitxik pasa omendie. **T**. El otro día estuve con unos cazadores y me dijeron que éste año ha habido muy poco pase de paloma, y que además la poca esa ha debido de pasar demasiado alta.

EHUNDOKA. A cientos. **K**. Ehistarixek sarri komestatzendaue nola garai baten usuek baju xamar pasatzezien eta ehundoka tropelien, baña horreik lengo kontuek diela, oñ akaso banakanbat bai baña jeneralki oso goixen, gure inguru hontan bentzet. **T**. Los cazadores suelen decir a menudo cómo en un tiempo pasaban bandadas con cientos de palomas y volando bastante bajo, pero que eso ya ha quedado para el olvido, que ahora pasan unas pocas y generalmente muy altas, al menos aquí por nuestros alrededores.

EHUNDU. Tejer. **K**. Oñ toki gutxitan ehundukoda, eskuz bentzet zeatik gauza geixenak makiñak iñde urtetzendie ia prestatuta, eta gero segitxuen birien jarri dendara erueteko. **T**. Ahora se tejerá en pocos sitios, al menos a mano porque casi todas las cosas salen ya preparadas de las máquinas, listas para ponerse en camino y llevarlas a las tiendas.

EHUNDUKUE, EUNDUKUE. Se dice por la persona enorme, grande. **K**. Esatendauen ez Altzoko erraldoia ehundukue izen omenzan, ixe bi metro terdi neurrikue eta ondion gaur badaz Donostiko Santelmo museun bere aspaldiko jantzi batzuk eta oñetakuek. **T**. Según dicen la persona a la que denominaban el gigante de Altzo era muy grande y debía de medir cerca de dos metros y medio, y todavía hoy se conservan en el museo de San Telmo de San Sebastián unas vestimentas y calzados suyos.

EHUNEKUE. Tanto por ciento. **K**. Etxuraz eta esatendauen ez aurtengo Kataluñan eongodien hauteskunde hortan sekula baño jente geixau izengodala bozkatzen, eta eurok esperuen die ehuneko larogeitik gora izengodiela. **T**. Parece y según dicen que en las elecciones que se celebrarán este año en Cataluña habrá más votantes que nunca, y ellos esperan que sea por encima del ochenta por ciento.

EHUNEKUEK. Cientos. También la palabra se utiliza para decir que mucha cantidad. **K**. Aurten, sekulako produziño emundau gure ortuek, aldebatetik ehuneko tomatiek jasoitxu ta bestaldetik baitxe piper eta baina pillak. **T**. Este año la huerta ha producido cómo nunca, por una parte hemos recogido cientos de tomates y por otra también mucha cantidad de pimiento y vainas.

EIÑ. Hacer.

(Mirar la definición de egiñ).

EIÑ-BARRI, EIÑ-BARRIXE. Recién hecho. **K**. Kontu euki ogi hau hartzerakuan zeatik eiñ-barrixe da eta larreiko berue eongoda, ontxe urtendau labatik eta akaso hobeto izengozu pixkat etxoitxie zertxobaitx hotzitxu hartien. **T**. Ten cuidado con este pan al cogerlo porque está recién hecho y estará demasiado caliente, hace poco que lo hemos sacado del horno y quizá será mejor que esperes un poquito hasta que se enfríe.

EIÑ-BIERREKUE, EIÑ-BIERREZKUE. Imprescindible. **K**. Aldatu axkar eta jarrizaitez martxan, ni ia gertu nau eta hasi ingogara, ortuko lan honeik derrigorrez gaur eiñ-bierrekuek die eta aber bukatzendoun eurixe hasi aurretik, ustedot ixe gañien daukoula. **T**. Cámbiate y ponte en marcha, yo ya estoy listo y vamos a empezar, es imprescindible que los trabajos de la huerta los hagamos hoy y a ver si los terminamos antes de que arranque a llover, creo que ya casi lo tenemos encima.

EKAINA. Mes de Junio. **T**. Ekaina da uda hastendan ila, ia egun batzuk eruetendau berotzen eta jente ugeri ikustenda hondartzan fraka motxaz pasian, baitxe nahiko eskote ta gona motxak eta emutendau beste animo berri-batekiñ garela. **T**. Junio es el mes en el que empieza el verano, ya lleva unos cuantos días que está calentando y se vé a mucha gente paseando por la playa con pantalones cortos, también bastantes escotes y faldas cortas y parece que ya estamos con un nuevo ánimo.

EKAITZA. Borrasca. **K**. Emutendau sekulako ekaitza datorrela zeatik Santa Barbara inguru guztiek illlundudie, eurixe ta haixe boladak be hasidie eta etxura guztie dauko askoz txarrau jarrikodala. **T**. Parece que viene una borrasca impresionante porque todos los alrededores de Santa Bárbara se han oscurecido por completo, han empezado las ráfagas de viento y la lluvia y da toda la impresión de que se va a poner mucho peor.

EKARKETA. Traída de alguna cosa. **K**. Deitxudot telefonoz eta esauztie ze material horreiñ ekarketa bixer goixien izengodala, badakitx ze horreiñ-barik eztaukotzuela lan askoik itxeko baña eguna nolabaitx bete-bierra daukou, ba garbitzen, materialak batu, eta beste holako gauzatan. **T**. He llamado por teléfono y me han dicho que la traída de materiales se efectuará mañana por la mañana, ya sé que sin eso no tenéis demasiado trabajo pero de alguna manera tenemos que llenar el día, pues limpiando, recogiendo el material y otras cosas similares.

EKARPENA. Aportación, contribución. **K**. Angula horreik bakarrik gutxi die hemen garen danontzako eta nunbaitxen lortubikou ekarpenak, zertxobaitx bentzet, eta aber geitzendoun sikera pixkat zeatik oñ dauen bezela sigero motx geratzenda, eta ezpada possible ba gulakiñ konpondubikoutxu. **T**. Esas angulas solas son insuficientes para todos los que estamos aquí y en algún sitio tendremos que conseguir, aunque no sea mucho, alguna aportación, y a ver si podemos completar lo necesario porque como está ahora se queda demasiado corta, y si no es posible pues tendremos que arreglarlo con gulas.

EKARREN, EKARRENA. Traía, el que traía. **K.** Neri ez esan zeatik nik eztauket zer-ikusirik asunto horrekiñ, Dionisio zan danontzako ekarrena bokadilluek, hala geratuzan bentzet eta ezpada birien gelditxu zerbaitxetan ustedot laister allegaukodala. **T.** A mi no me digaís porque yo no tengo nada que ver con ese asunto, Dionisio era el que traía los bocadillos para todos, así se quedó al menos y si es que no se ha quedado en el camino por alguna cosa yo creo que pronto llegará.

EKARRI, EKATZI. Traer. **K.** Ba nunbaitxen gelditxu ero zerbaitx gertaujako zeatik ezta hona etorri, ba zuk Serapio badakitzu ze tokitxetik hartzendien, fan inbikozu eta axkar ekarri bokadillo batzuk, ustedot ia danok nahiko gosetuta garela eta hemen eongogara zure esperuen. **T.** Pues en algún sitio se habrá quedado o pasado algo porque aquí no ha venido, pues tú Serapio ya sabes de que sitio se cogen, tendrás que ir y traer rápidamente unos bocadillos, creo que ya todos estamos con bastante hambre y aquí estaremos esperándote.

EKARRI. (Ekarrik), ñ, kok, kon, kot, kozu, kozue.

EKIALDIE. Este, oriente. **K.** Zarauztik oñez fateko mendiz-mendi Igeldora ekialdera mobitxu-bierra daukou, pasa Orixo, Santio birie hartu eta hortik segi, bire honen kontra fangogara eta danera bost ordu inguru izengodie. **T.** Para ir de Zarautz a Igueldo por el monte nos tenemos que mover hacia el este, pasar Orio y hay que coger el Camino de Santiago, iremos en sentido contrario a éste y en total serán unas cinco horas aproximadamente.

EKIBOKAZIÑUE. Equivocación. **K.** Ekibokaziño galanta eukidot nik mutil horrekiñ, ustenauen, zeatik hala esauztien, pertzona formala eta langillie zala eta gertauda sigero bestaldera dala, geixenbaten berandu etortzenda lanera eta gañetik sigero alperra da. **T.** He tenido una gran equivocación con ese chico, creía, porque así me lo dijeron, que era una persona formal y trabajadora y ha resultado que es completamente al contrario, casi siempre viene tarde a trabajar y encima es muy vago.

EKILORA, EKILORIE. La flor del sol.
(Mirar la definición de eguzkilora).

EKIMENA. Iniciativa. **K.** Fabrika hontara etorridan zuzendari barrixe oso famaue omenda ekimen buruz, ba aber egixe dan eta lortzendauen zulotik urtetzie zeatik nahiko itxota eta larri haigara langille guztiek. **T.** El nuevo director que ha venido a la fábrica debe de tener mucha fama de poseer iniciativa, pues a ver si es verdad y si consigue que salgamos del agujero porque todos los trabajadores andamos ya con bastantes apuros y estrecheces.

EKINTZA. Actividad, movimiento. **T.** Beno, emutendau bentzet gauzak hasidiela pixkanaka mejoratzen, ekintza aldatu ondoren ikustenda beste laneko baldintzabat dauela ta pentzatzendot hala jarraitzenbou laister urtengoula zulo hontatik. **T.** Bueno, al menos parece que las cosas han empezado a mejorar un poco, desde que se ha cambiado de actividad se ve que hay otras condiciones de trabajo y pienso que si continuamos así pronto saldremos de este agujero.

EKINTZA-BARIK. Inoperante, sin actividad. **K.** Fabrika horrek porrot iñdaunetik ixe ekintza-barik geratudie, halaere langille guztiek barruen jarraitzendaue aber bukatzeitxuen daukien eskaerak, oñ zalantza haundixekiñ zeatik apenas gelditzenda materialik. Eta entzutenda greban hasikoetedien. **T.** Desde que quebró esa fábrica casi se ha quedado sin actividad, aún así todos los trabajadores siguen dentro para intentar terminar los pedidos que tienen, ahora que con muchas dudas porque apenas tienen ya material. Y se oye que si empezarán de huelga.

EKIÑ. Empezar, emprender. **K.** Benga mutillak, hamarretakue ia bukauta zare eta ondion danok jarritxe jarraiketandozue, ba gurebou eguerdi aurretik gora allegatzie jaiki eta ekiñ inbikou berriz martxa. **T.** Venga chicos, ya habeís terminado de comer el bocadillo y todavía continuaís ahí todos sentados, pues si queremos llegar antes mediodía arriba hay que levantarse y de nuevo tendremos que emprender la marcha.

EKIÑA. Insistencia. **K.** Badauko Euleteriok benetako ekiña, ia larreikue, pillabat bider esautzet eta beste batzuk be hala esangutzien, eztotela nai baña halaere hor jarraitzendau gañien ixe egunero jardunien eta alegiñtzen aber neri ero beste norbaitxi lortzeitxun saltzeik. **T.** En verdad ya tiene insistencia Euleterio, hasta demasiada, le he dicho un montón de veces y otros también le habrán dicho lo mismo, que no lo quiero pero aún así ahí esta todos los días encima dale que dale intentando a ver si consigue venderlos a mí o a algún otro.

EKIÑALDIXE. Esfuerzo, labor, dedicación. **K.** Ba mutillak, gure lanak halakotxiek die eta gaurko ekiñaldixe be sigero latza dala esangonauke, aldebatetik nahiko zikine da eta bestaldetik, gelxenbaten bezela, prixa haundikue, bi egunien naidaue bukatzie. Alegiñdu inbikogara eta aber lortzendoun. **T.** Pues chicos, así son nuestros trabajos y el que tenemos hoy también va a requerir mucho esfuerzo, por una parte es bastante sucio y por otro, cómo la mayoría de las veces, tiene una gran prisa y quieren que lo terminemos en dos días. Tendremos que intentarlo y a ver si lo conseguimos.

EKITALDIA. Rato, momento de trabajo. **K.** Zu nahiko axkarra zara eta laister bukatukozu lan hau zeatik momentuko ekitaldia dala emutendau, halaere gauzabat, ezta eroseiñ modutan inbierrekue eta ondo ta txukun geratzie komenida. **T.** Tú eres bastante rápido y pronto harás este trabajo porque da la impresión que se puede terminar en un momento, pero una cosa, no hay que hacerlo de cualquier manera y conviene que quede bien y curioso.

EKITALDIE. Acto, obra teatral, ejercicio. **K.** Hurrengo domekan Azkoitiko antzokixen dau esatendauen oso politxe dan ekitaldie eta gurebozu alkarreaz fangogara ikustera, handik pasa-bierra dauket eta lortukoitxuk sarrerak. **T.** El próximo domingo en el Antzoki de Azkoitia hay una obra teatral que dicen que es muy bonita y si quieres podemos ir juntos a verla, tengo que pasar por allá y ya conseguiré las entradas.

EKONOMIKIE. La cocina económica. **T.** Garai baten etxe guztietan eotezien sukalde ekonomikak eta oñ apenas iñun gelditzendie, Salustiana jaixozan herrixen eta bere lengusiñan etxien zarra kendu eta barrixe jarridaue, baitxe ekonomika be, eta honekiñ etxe guztie berotzenda, ta ez etxie bakarrik, baitxe hara arrimatzendien pertzonan ipurdixek. **T.** En un tiempo en todas las casas había una cocina económica pero ahora apenas quedan en alguna, en el pueblo que nació Salustiana y en la casa de su prima quitaron la vieja y han colocado una nueva, también económica, y con esta calientan toda la casa, y no solo la casa, asímismo los culos de las personas que se acercan allá.

ELASTIKUE. Antes se llamaba así a la camiseta, no sé si en muchos sitios pero al menos sí en la zona de dónde somos nosotros, aunque ahora creo que ya no es así. **K.** Idelfonsok esauzten ze bera gaztie zanien, lana bukatu ondoren eta zapatu guztietan, bere amak jartzezuztela uge gañien ondo plantxautako elastikue eta kaltzontzillo garbixek. **T.** Idelfonso me dijo que cuando era joven todos los sábados y después del trabajo, su madre le ponía encima de la cama una camiseta y calzoncillo limpios y bien planchados.

ELAUA. ELAUE. Helado. **T.** Batzuetan eta bazkaldu ero afaldu ondoren ondo etortzenda elaubat, gañera esatendaue oso ona omendala digestiñue itxeko. **T.** Algunas veces y después de las comidas o cenas suele venir bien un helado, además dicen que es muy bueno para hacer la digestión.

ELBURUE. Meta, final. **K.** Zumaiko erdi maratoia iñauenien lesio pixkatekiñ fanitzen eta sigero gaizki bukatunauen, askenengo kilometruetan miñ haundixekiñ eta ustenauen enitzela sekula allegauko elburura. **T.** Cuándo hice la media maratón de Zumaia fui un poco lesionado y terminé en muy malas condiciones, los últimos kilómetros los hice con mucho dolor y pensaba que no iba a llegar nunca a la meta.

ELEJIRU. Elegir. **K.** Eztakitx zeiñ elejiru, hiru ero lau daz politxek dienak, danak die nere gustokuek eta zalantza dauket, baezpare andriei ezangutzet etortzeko laguntzera, ikusideixela eta aber berai zeiñ iruitzejakon. **T.** No sé cual elegir, hay tres o cuatro que son muy bonitos, todos me gustan y estoy dudando por si acaso le diré a mi mujer que venga a ayudarme, que los mire y a ver cual le parece a ella.

ELEMENTALA. Sencillo, fácil, elemental. **K.** Nola ezanleiketzu hori zalla dala?, hau baño elementala dan gauzaik eztozu billatuko eta hasi aurretik bentzet ezizu bertanbera laga, eta beitu, pentzatzenbozu sikera pixkat, laister lortukozu zeatik oso errexa da. **T.** ¿Cómo puedes decir que eso es difícil?, no vas a encontrar una cosa màs sencilla que esa y antes de empezar por lo menos no lo dejes de lado, y mira, si lo piensas siquiera un poco, pronto lo vas a conseguir porque es muy fácil.

ELEMENTUE. Se dice de la persona pícara, maliciosa, que es un elemento. **K.** Gizon horretik esatendaue nahiko elementue dala eta kontuz ibiltxeko berakiñ, kasu iñezkero laister hasikodala barriketan eta ixildu be eztala ingo sigero mariau hartien, hori bai, oso berba onakiñ kamelatzeko asmuaz baña bakarrik berak guredauena lortu hartien. **T.** De ese hombre dicen que es bastante elemento y que hay que andar con cuidado con él, que si le hace caso pronto empezará a meter la paliza y que no parará hasta que os maree por completo, eso sí, que hablará muy bien con la idea de engatusaros pero solo hasta que consiga lo que quiere.

ELEZIÑUEK. Elecciones.

(Ver la definición de auteskundeak).

ELGORRIXE. Sarampión. **K.** Nere ama ezan gogoratzentzen nik pasaudotenik elgorrixe, baietz ustedauela baña eztaukela ziurtazunik. Komestatzeauen nola akordaukozan ba hainbeste seme-alaba euki ondoren, nik batzuetan txantxan esatenutzen hori ezala gure kulpa. **T.** Mi madre no recordaba si yo había pasado el sarampión, creía que sí pero no estaba segura. Solía comentar que cómo se iba a acordar después de haber tenido tantos hijos, yo algunas veces ya le decía en broma que eso no era culpa nuestra.

ELIKADURA, ELIKAGAIA. Nutrición, alimentación, sustento. **K.** Hemen Euskalherritxik fandie batzun-batzuk hor Europa erdi aldera eruen eta prestatzera elikagaiak, posible dienak bentzet, han dazen igex iñeko jentiendako. Noixienbeñ urtetzendaue hemengo telebistan esanaz egunero emuteitxuela bostehun bazkaitxik gora. **T.** De aquí de Euskalherría han ido algunos ahí hacia el centro de Europa a llevar y preparar el sustento, al menos en la medida de lo posible, a la gente que allá se encuentra huída. De vez en cuando salen en la televisión de aquí diciendo que todos los días preparan más de quinientas comidas.

ELKAR. Juntos, unidos.

(Ver la definición de alkar).

ELKARGUNEA. Lugar de reunión. **K.** Brauliok komestaudau nola Udaletxien galdetudauen aber izteko aukera dauikien elkargunebat, asmue dala billerak itxie tratatzeko Zarautzen asaltzendien, ta aurrerau akaso asalduleikien, arazuen buruz. **T.** Braulio ha comentado que ha preguntado en el Ayuntamiento sobre la posibilidad de que cedan un local, que la idea es hacer algunas renuniones para tratar sobre las problemáticas que surjen, y quizá más adelante puedan surgir, en Zarautz.

ELKARKETA. Coaligarse, unirse. **K.** Kataluñako auteskundeak bukatu eta oñ kontuek iñ ondoren etorrikodie arazuek, aldebatetik laister jakingoda zeñek izendien irabazliek baña bestaldetik, eta hemen dau koxka, zeiñ zeñekiñ iñ elkarketa parlamentuen geixena lortzeko. **T.** Después de terminar el recuento de las elecciones de Cataluña ahora empezarán los problemas, por una parte pronto se sabrá quienes han sido los ganadores pero por la otra, y ahí está la cuestión, quién con quienes se coaligará para conseguir la mayoría en el parlamento.

ELKAR-LANA. Trabajo conjunto. **K.** Geratugara obra hau elkar-lanien ingoula beste ideltezero horreikiñ, gure kontura hormigoi lan guztie geratzenda eta eurondako ideltzeixa, hala axkarrau bukatukou eta aukera euki lenau hasteko esperuen dazen beste lan batzuk. **T.** Ya hemos quedado que esta obra la vamos a hacer conjuntamente con esos albañiles, nosotros haremos la parte del hormigón y ellos la albañilería, así terminaremos más rápido y podremos empezar antes otros trabajos que están esperando.

ELKARREKIÑ. Juntos.

(Ver la definición de alkarreaz, alkarrekiñ).

ELKARTEA. Unión, compañía, sociedad. **K.** Ba sekulako ondo urten ta bukatudou bixon hartien iñdeko obra hau, bere denporan eta arazo-barik ta pentza ondoren erabakidou bi enpresak elkartzie, izena be asmaudou eta Bikote Elkartea izengoda. **T.** Pues ha salido maravillosamente bien la obra en la que hemos colaborado los dos, ha sido en tiempo, sin ningún problema y después de meditarlo hemos decidido unir y hacer sociedad con las dos empresas, hasta hemos pensado el nombre y se llamará Bikote Elkartea.

ELITEKE, ELITXEKE. No debería de ser. **K.** Gauza honeik elitxeke oñ dien bezela izenbier, eta nik ustedot geixenak ados garela horrekiñ baña zoritxarrez hala die, eta ezalda eongo modurik noixbaitxen aldatzeko beñ eta betiko?, nik hori eztakitx baña bai ikustendot berdiñ jarraitzendauela. **T.** Estas cosas no deberían ser del modo que son ahora y yo creo que en esto casi todos estamos de acuerdo, pero por desgracia son así, ¿y no habrá alguna forma para que los podamos cambiar algún dia de una vez y para siempre?, yo eso no lo sé pero sí que veo que siguen igual.

ELIXA, ELIZA. La Iglesia. **K.** Portulgako Oporton geotzela benetazko Elixa politxe ikusigauen, San Franzizko izenekue, ikusgarri eta zoragarrixe zan, nik apenas ezer ulertzendot baña iruitujaten ze akaso larreitxo apainduta be eongozala. **T.** Estando en Oporto de Portugal vimos una Iglesia bonita de verdad, fué la de San Francisco, era extraordinaria y digna de ver, yo apenas entiendo nada pero me dió la impresión que quizá estuviese demasiado decorada.

Aspaldiko esaerabat: Errena naz eta eziñdot fan Elixara, baña lagundu-ezkero gustora fangonitzen tabernara.

Un viejo proverbio vasco dice que soy cojo y no puedo ir a la Iglesia, pero si me ayudarían a gusto iría a la teberna.

ELIXAKUEK. Los últimos sacramentos, la extremaución.

(Mirar la definición de biatikuek).

ELIXPEIE. Pórtico. Puede estar en el interior del templo y también ser un anexo de la Iglesia. **K.** Denpora hartan, guk ondion mutiko batzuk, danok ikestegauen pelotan jolasten Elixpeien, eta zertxobaitx jakiñ ta gero frontoien hastegiñen. **T.** En aquellos tiempos, nosotros todavía unos chavales, todos aprendíamos a jugar a pelota en el pórtico de la Iglesia, y una vez que ya sabíamos algo empezábamos en el frontón.

ELIXA-ZALIE. Se dice de la persona religiosa y muy devota. **K.** Bai, pertzona horrek hori emutendau, oso elixa-zalie dala baña aukera daukenien beriek be itxeitxu, beñ baño geixautan ikusi izendotzie lapurtzen haizala obra hortako materialak. **T.** Sí, esa persona eso parece, que es muy religiosa, pero en cuanto tiene oportunidad también hace de las suyas, más de una vez le han solido ver que estaba robando material de esa obra.

ELIZKIZUNA. Ceremonia religiosa. **K.** Bixer Arantzazuko Basilkikan oso berezia dan Elizkizuna eongoda, periodikon irakurridot pertzona batzuk abare ingodiela eta Obispue izengodala ordenau ingoitxuena. **T.** Mañana en la Basílica de Aránzazu habrá una ceremonia religiosa muy importante, he leído en el periódico que algunas personas se van a hacer curas y que será el Obispo quien les ordene.

EMAITZA. Donativo. **K.** Ni enaz asko fixatzen emaitza eske ibiltxendien jente batzukiñ, bai, ikustejate txartelbat daukiela lepotik txintxiliska baña nik bentzet eztutziet bape etxura honik hartzen. **T.** Yo no me fío mucho de algunas gentes que están pidiendo donativos, sí, ya se les ve que tienen una tarjeta colgada del cuello pero yo por lo menos no les cojo demasiada buena pinta.

EMAITZA. Resultado. **K.** Apostabat nauken kuadrillako lagun-batekiñ baietz bukatu askena baño lenau Behobiako karrera, afaibat izenzan bixondako, beno ba, bukatunauen eta egixe da askeneitakue izenitzela baña halaere irabazle bezela geratunitzen apostan, deitxunutzen hori esanaz eta badakitzue zeiñ izenzan bere erantzuna?, ba ezala fixatzen nerekiñ eta bieltzeko karrera horren emaitza. **T.** Tenía una apuesta con un amigo de la cuadrilla a que sí terminaba la carrera de la Behobia antes que el último, fue una cena para los dos, pues bueno, ya la terminé y la verdad es que fui de los últimos pero aún así quedé como ganador de la apuesta, le llamé diciéndole eso,¿y sabéis lo que me contestó?, pues que no se fiaba de mí y que le mandase el resultado de la carrera.

EMAKUMA, EMAKUMIE. Mujer, chica. **K.** Batzuetan ezta errexa igertzie zeiñ dan emakuma eta zeiñ gizakumie, askok eta jantzi zabalaz fatenbadie, etxura nahiko berdintzue eukitxeitxue eta nola eziñdan matrikulaik ikusi ba zalantza horrekiñ geldiketazara. **T.** Muchas veces no es fácil identificar quién es mujer u hombre, hay mucha gente y sobre todo si van con ropajes anchos, que tienen un aspecto muy parecido y cómo no se puede ver la matrícula pues te quedas con esa duda.

EMANALDIXE. Representación, actuación. **K.** Gaur gaueko hamarretan Zarauzko zine Modelon oso bereziko emanaldixe dau, beste-batzuen hartien Ken Zazpi dator eta argi ibili-bierra daukou sarrerak lortzeko. **T.** A las diez de esta noche en el cine Modelo de Zarautz hay una representación muy importante, entre otros vienen los de Ken Zazpi y hay que estar muy atentos para conseguir entradas.

EMAN-BIERRA, EMAN-BIERREKUE. Necesidad de dar. **K.** Eztakitx ze iruitzejatzun zuri baña nere ustez langille horri bestiei baño zertxobaitx diru geixau eman-bierra izenbikozan, eskutuen noski, zeatik merezita dauko, lanien oso ondo ibillida eta gañera iñdako guztiek be ederto iñdekuek izendie. **T.** No sé a tí que te parece pero yo pienso que a ese trabajador sería necesario darle un poco más de dinero que a los demás, a escondidas claro, porque lo tiene merecido, ha trabajado muy bien y además todo lo que ha hecho también ha estado bien ejecutado.

EMATENDAU. Parecer. **K.** Zuk eta hola jantzitxe soiezen bezela erozeiñ gauza zarela ematendau, badaukotzu ba gauza dexentiauek jartzeko, eta nola eztot nai lotzaik pasatzeik zurekiñ ikustenbanaue mezerez fanzaitxez aldatzera. **T.** Tú y de la forma que vas vestido pareces cualquier cosa, ya tienes cosas más decentes para ponerte pues, y cómo no quiero pasar vergüenza si me ven contigo vete a cambiarte por favor.

EMAZTIE. La esposa, la mujer de uno. **K.** Ataulfok kontatzendau bere emaztiek noixienbeñ itxendutzela errieta bat ero beste, eta batzuetan asarriek be gertatzendiela euron hartien, baña jeneralki dexente xamar konpondu, esatendau berrogetairu urte erueteitxuela eskonduta eta horrek asko balixodauela. **T.** Ataulfo cuenta que su mujer de vez en cuando ya le hace unas cuantas regañinas, y que también algunas veces se enfadan entre ellos, pero que por lo general se arreglan bastante bien, que llevan cuarenta y tres años de casados y eso vale mucho.

EMIE. Hembra. **K.** Josun astuek, Kiko ta Mesi, bixek arrak die eta batzuetan emutendau emie eskatzen haidiela, nik eztot ezer ulertzen asunto horren buruz baña ustedot arrantzan hastendienien horreatik izengodala. **T.** Los burros de Josu, Kiko y Mesi, los dos son machos y parece que algunas veces están pidiendo hembra, yo no entiendo nada sobre ese asunto pero creo que cuando empiezan a rebuznar será por esa causa.

EMOZIÑUE. Emoción. **K.** Ha bai izenzala galantako emoziñue Zamorak ha gola sartu hauenien segundo bakarra geratzezala bukatzeko liga txapelketako askenengo partido hartan, ixe negar itxeko bezelakue izenzan eta ez nik bakarrik, baitxe nere inguruen eozen danak eta ustedot berdiñ izengozala Gipuzku guztien. **T.** Aquello si que fue de una gran emoción cuando Zamora metió aquel gol cuando solo quedaba un único segundo para terminar el último partido del campeonato de liga, fué casi como para llorar y no solo yo, también todos los que estaban a mí alrededor y creo que sería lo mismo en toda Gipùzkoa.

EMUIZU, EMUREIZU. Dale, dame. **K.** Errepartuen hastezarenien eta ezpajatzu inportik neri emureizu hemen aurrien dauena eta hori atzekuoi emun besten hari, han aldamenien dauenai, eta gelditzendan beste guztie zuretako. **T.** Cuando empieces con el reparto y si no te importa a mí dame eso que está ahí delante y lo que está detrás dale a ese otro, el que está ahí al lado, y todo lo demás que quede para tí.

EMUIZU. (Emuixok), xon.

EMUN, EMAN. Dar. **K.** Fanzaitez Toribion etxera mdezerez, berak ia pres eukikoutxu gauza batzuk, hartu horreik eta ekarri hona baña ez astu hori erdibana dala, gero hemen ingoitxu errepartuek eta zu geratu tokatzejatzunaz ta neri emun beste geratzendan hori. **T.** Vete a casa de Toribio por favor, él ya tendrá preparado algunas cosas, coge lo que te dé y lo traes aquí pero no te olvides que eso es a medias, luego aquí ya haremos los repartos y tú te quedas con lo que te corresponda y a mí me das lo que queda.

Aspaldiko esaerabat: Egiok egileari eta emuiok emuleari.

Un viejo refrán vasco dice: Hazle al que hace y dale al que da.

EMUN. (Emundok), don, dot, dozu, dozue.

EMUNGOZU?, EMUNGOZTAZU? ¿Me daras? **T.** Zuk ez bakarrik asko baizik larreitxo be badaukotzu eta akaso eztozu jakingo zer iñ hainbestekiñ, ba hala baldinbada gauzabat oso errexa itxeko aukera daukotzu, eta eztakitx ze iruitukojatzun, baña emungoztazu zerbaitzuk neretzako? **T.** Tú no solo tienes muchos sino que también demasiados y quizá no sepas que hacer con tantos, pues si es que es así tienes la oportunidad de hacer una cosa muy fácil, y no sé que te parecerá, pero ¿me darás algunos para mí?

EMUN-HALA. A medida que se da, que se reparte. **K.** Errepartitzen hasikonaz eta emun-hala axkar alde hemendik zeatik jente asko dau illeran sagar honein zai, baezpare enaz askokik hasiko ta hala espero danontzat allegatzie. **T.** Voy a empezar el reparto y a medida que se da os marcháis rápido de aquí porque hay mucha gente en la fila esperando a estas manzanas, por si acaso no empezaré con mucho y espero que así llegue para todos.

EMUTEN. Que está o están dando. **K.** Esandaue lauretan zabaldukoitxuela takillak sarrerak saltzen hasteko zapatuen dauen partidurako, ba emuten hasi aurretik eta baezpare bukatzenbadie banoie axkar txanda hartzera. **T.** Han dicho que a las cuatro abren las taquillas y empezarán a vender las entradas para el partido del sábado, pues antes de que empiezen a dar y por si acaso se agotan voy rápido a coger la vez.

EMUTEN. (Emutendok), don, dot, dozu, dozue.

EMUTENDAU. Parece, aparentar. **K.** Bai, horrek be gauzabat emutendau eta gero, askok bezela, gertatzenda beste zerreozer dala. Eta hau esatendot zeatik kasu hontan, enoie izenik jartzen, pertzona hori naiz eta nahiko Elixa-zalie izen, bentzet sarri fan eta han eontenda, gero betik haida pentzatzen nundik manejau haldan guztie, eta hala izengoda zeatik komestatzenda beñ baño geixautan arrapaudauela ezbierrekuek itxen. **T.** Si, ese también parece una cosa y luego, como muchos, resulta que es cualquier otra. Y digo esto porque en este caso, no voy a poner nombres, la persona esa a pesar de que es muy religiosa, al menos va y está mucho en la Iglesia, luego siempre está pensando dónde puede manejar todo lo que pueda, y será así porque se comenta que más de una vez le han pillado haciendo cosas que no debería.

ENAKIXEN. No sabía. **K.** Parkatu etorriatik ezer esan-barik baña nik enakixen zu hemen eongozitzela, deitxunauen galdetzeko eta iñok ezuzten holakoik esan, aulki hortan astute itxinauena bakarrik hartu eta banoie. **T.** Perdona por haber venido sin decir nada pero yo no sabía que tú podías estar aquí, llamé para preguntar y nadie me dijo nada sobre esto, solamente coger lo que dejé olvidado ahí en la silla y ya me marcho.

ENAUKEN. No tuve. **K.** Ez, sigero erruen haizare, nik eztauket eta lenau be enauken esku pelota horreik, sekula enaz ibili gauza horreikiñ eta bestiena fanbikozue galdetzera aber eurok daukien. **T.** No, estáis completamente equivocados, yo no tengo ni tuve nunca esas pelotas de mano, jamás he andado con esas cosas y tendreis que ir donde los otros a preguntar a ver si ellos los tienen.

ENAZ. No soy. **K.** Ni enaz kapaz izengo lan hori itxeko, irutzejat larreiko zalla dala neretzat eta naio dot ez sikera hastie, bestenbati esanbikotzazu eta aber harekiñ lortzendozun. **T.** Yo no voy a ser capaz de hacer ese trabajo, me parece que es demasiado difícil para mi y prefiero ni intentarlo siquiera, tendrás que decíerselo a algún otro y a ver si con aquel lo consigues.

ENAZ IZEN. No he sido. **K.** Zuek gurozuena esangozue baña ni enaz izen puzkerra botadotena, eta jakitxie gurebozue zeiñ izendan errexa daukotzue, hasi useintzen banan banan danan ipurdixek ta hala ziur asaldukodala. **T.** Vosotros diréis lo que queráis pero no he sido yo el que ha echado el pedo, y si queréis saber quien ha sido lo tenéis fácil, empezáis a oler uno por uno los culos de todos y así seguro que aparecerá.

ENBATA. Galerna. **K.** Uda partien Zarautzen, eta jeneralki kosta guztien, sarri xamar gertatzendie enbatak, orduen ta asaltzen hastendanien jentiek ondo axkar urten eta takarraran alde itxendau hondartzatik. Eta kuriosidade bezela Zarauzko trainerak be Enbata izen hori dauko. **T.** En la época de verano en Zarautz, y generalmente en toda la costa, suele haber galernas con bastante frecuencia, entonces y cuando esta empieza a aparecer la gente sale rápidamente y se aleja corriendo de la playa. Y como curiosidad la trainera de Zarautz también tiene el nombre de Enbata.

ENBORRA. Tronco de madera. **K.** Aixkolarixen lehiak eta apostak itxeko moztendien enbor asko Iparaldetik ekartxeitxue, baitxe hemen Egoaldetik be baña etxuraz hanguek zertxobaitx egokixauek die lan horreitarako, hori da esatendauena bentzet. **T.** Para las competiciones y apuestas de los aizkolaris muchos de los troncos que han de cortar los traen de Iparralde, sur de Francia, también de aquí de Egoalde, Euskadi y Navarra, pero parece ser que los de allí son algo más adecuados para esos trabajos, eso es al menos lo que dicen.

ENBUSTEIKEIXIE. Mentiras, engaños. **K.** Bitxorik esatendauenai eziozue ezer kasurik iñ zeatik gezurtibat besteik ezta, betik dabill enbusteikeixiaz eta ezinleixo ezer siñistu. **T.** No hagaís ningún caso a lo que diga Bitori porque es una mentirosa, siempre anda con engaños y no se le puede creer nada.

ENBUSTEIXIE. Fig. de dice por el acto de hacer zalamerías para intertar conseguir algo, fundamentalmente los críos. **K.** Mari Pilitxok zerreozer guredau eta errex igertzejako zeatik larreiko enbusteixiekiñ hasida, eta gañera hala jartzendanien ezta gelditxuko lortu hartien. **T.** Mari Pilicho ya quiere algo y se le nota muy bien porque ya ha empezado a hacer demasiadas zalamerías, y además cuando se pone así no parará hasta que lo consiga.

ENDEMASA. Sobre todo, en demasía. **K.** Zurie ia endemasa da, hiru ero lau egun erueteitxozu gau-pasak itxen ta gero zuzenien lanera, ba ez pentzau ze gero siesta pixkat bota-ezkero naikue lo iñdozula eta hala jarraiketanbozu laister geixotukozara, ikustie besteik eztau daukotzun begionduek. **T.** Lo tuyo ya es demasiado, llevas tres o cuatro días haciendo gau-pasas y luego vas derecho a trabajar, pues no pienses que luego durmiendo un poco de siesta es suficiente y cómo continúes así vas a enfermar, no hay más que mirate el entorno de ojos que tienes.

ENDRERAU. Revolver, confundir. **K.** Pakien itxiozu umiei sikera pixkaten zeatik haibeste kontukiñ endrerau inbiozu, oñartien nahiko lasai eta txintxo eonda, oñ zu etorriza eta akabo. **T.** Déjale a la cría en paz aunque solo sea un rato porque con tantos cuentos la estás confundiendo, hasta ahora ha estado tranquila y formal, has llegado tú y se acabó.

ENE! ¡Ene! Exclamación de sorpresa, de asombro. **K.** Ene!, zer da ekarridozun hori?, derrigorrez gauza xelebre ero berezinbat izengoda zeatik nik estot sekula ikusi holaikok, eta arrastuik be eztauket zer ero zertarako izenleikien. **T.** ¡Ene!, ¿qué es eso que has traido?, a la fuerza tiene que ser alguna cosa rara o especial porque yo no he visto nunca nada igual, y tampoco tengo ni idea de lo que puede ser ni para qué.

ENGAÑAU. Engañar, mentir, burlar. **K.** Aurreneko Santio bidaia iñauenien, frantzez birie izenzan, eta ez jakiñien enauen eruen ez linternaik da ez beste ezer argi itxendauenik, aurreneko goixetan, ondion gaua, beste batzukiñ fanbierra izetenauen egunargi iñartien eta hala Iruñara allegau hartien. Han lortu eta erosinaen bekokixen jartzendan linterna baña denpora gutxirako izenzan zeatik hurrengo goixien ezauen argirik itxen. Etxat askotan gertatzen baña orduen bentzet pentzatzeko bezela zan ze ondo engañauta izenitzela. **T.** Cuando hice el primer camino de Santiago, fue el francés, e ignorando el asunto no llevé ni linterna ni ninguna otra cosa que alumbrase, las primeras mañanas, todavía noche, tenía que ir con algunos otros hasta que amaneciese y así hasta llegar a Pamplona. Allá conseguí y compré una linterna frontal, pero fué para poco tiempo porque a la mañana siguiente ya no alumbraba. No me suele pasar muchas veces, pero al menos entonces sí era cómo para pensar que me engañaron bien.

Aspaldiko esaerabat: Urrutira doien eskontzera, engañauta ero engañatzera.

Un viejo proverbio vasco dice que el que va lejos a casarse, va engañado o a engañar.

ENITZEN, ENIÑEN. Yo no... **K.** Nik eztauket zer-ikusirik ez horreik aurrien doizenakiñ eta ez beste atzeko hareikiñ. Enitzen urten horrekiñ eta ezgara ezertarako esagutzen, kasualitatez gertauda zerbaitx lentxuau alkartugarela baña horreik doiez aldebatetik eta ni bestetik. **T.** Yo no tengo nada que ver ni con esos que van delante ni con esos otros que vienen por detrás. No salí con ellos y no nos conocemos para nada, ha pasado que nos hemos encontrado un poco antes por casualidad pero ellos van por un lado y yo por otro.

ENJABONAU. Enjabonar, dar jabón. **K.** Lotu nunbaitxen txakur horri eta aurrena busti ondo mangerakiñ, gero enjabonau eta askenien aklarau bierdan moduen ur ugerikiñ. Eta aber garbi urtetzendauen zeatik sekulako bierra hauken. **T.** Atarle en algún sitio a ese perro y primero mojarle bien con la manguera, luego enjabonarle y al final aclararle como es debido con mucha agua. Y a ver si sale limpio porque ya tenía mucha necesidad.

ENPALMAU. Unir, empalmar cables. **K.** Zuk iñ enpalmiek zeatik ni enaz atrebitzen, betik billdur haundixe emun izendust argindarrak eta eziñditxut aguantau horren kalanbriek. **T.** Haz tú los empalmes porque yo no me atrevo, siempre me ha dado mucho miedo la electricidad y no puedo aguantar los calambres.

ENPATXUE. Empatxo, molestia estomacal. **K.** Ezta bape errarue enpatxue eukitxie zuk jandozunakiñ, batzuetan emutendau animalixa zarela, gaurko bazkai hontan bezela, jandozu zurie eta beste aldamenien eozen guztiek emundotzuena, ta ezan gutxi. **T.** No es nada raro que tengas empacho con todo lo que has comido, algunas veces da al impresión de que eres un animal, como en la comida de hoy, has comido lo tuyo y también lo que te han dado todos los que estaban a tu lado, que no era poco.

ENPAZ. Que hemos quedado en paz, que no debemos o que no nos debemos nada. **K.** Beno, ni gustora eta zu pozik gelditzeko gauza bakarra geratzenda, hartu berrehun euro honeik ekarridozun arraiñ da marisko ordez eta horrela enpaz gelditzegara. **T.** Bueno, para que yo quede a gusto y tú contento solo nos queda una cosa, coge estos doscientos euros a cambio del pescado y marisco que has traído y así quedamos en paz.

ENPEÑUE. Empeño, afán, dedicación. **K.** Zuk daukotzu enpeñue Donostira fateko Santo Tomas egun hontan, beno ba, bale eta ondo dau, itxoiñ pixkat dotore jantzi harte eta lagundukotzut baña gauzabat, txistorrak zure kontu. **T.** Vaya empeño que tienes para ir a San Sebastián este día de Santo Tomás, pues bueno, vale y está bien, espera un poco a que me ponga elegante y ya te acompañaré pero una cosa, las chistorras a tu cuenta.

ENPLASTUE. Es un apósito con algún ungüento. **T.** Heribertok, harrijazotzaile, beñ esauzten nola deporte horretan eziñdan erozeiñ botika hartu dopiñ asuntuatik eta burukomiñe daukenien, hori kentzeto bekokixen hiru ero lau karakolekiñ ondo txikituta enplastue jartzendauela. **T.** Una vez me dijo Heriberto, el levantador de piedras, que en ese deporte no se podía tomar cualquier medicamento por el tema del doping y que cuando tenía el dolor de cabeza, para quitar eso se ponía un apósito en la frente con tres o cuatro caracoles machacados.

ENSEGIDAN. Pronto, rápidamente.
(Ver la definución de aguro).

ENTENDIRU. Comprender, entender. **K.** Zuk baietz esatendozu baña eztakitx dana ondo entendiru iñdozun, baezpare berriz errepikaukot eta zalantzaik badaukotzu galdetu lasai asko, askoz hobeto da zuretzat eta baitxe neretzat gauzak garbi geratzie. **T.** Tú dices que sí pero no sé si has entendido todo bien, por si acaso te lo voy a repetir y si tienes alguna duda pregunta tranquilamente, es mucho mejor para tí y también para mí que las cosas queden claras.

ENTERAU. Enterarse. **K.** Ziur zaz ondo enterau inzarela nora fan eta ze inbierra dauen kotxeko txartela berrizteko?, ba oso ondo hala baldinbada baña eztakitx, zalantza pixkat badauket zeatik zu batzuetan motx xamarra izetezara. **T.** ¿Estas seguro de que te has enterado bien dónde tienes que ir y que es lo que tienes que hacer para renovar el carnet de conducir?, pues muy bien es así pero no sé, tengo un poco de duda porque tú a veces sueles ser un poco cortito.

ENTERRAU, ENTIERRUE. Enterrar, entierro. **K.** Garai baten jentie hiltxezanien danak enterrau itxezien baña oñ emutendau gauzak sigero aldatuta diela, lengo egunien aitunauen radixuen hirurogei ehunetik gora inzineratzeziela. **T.** En un tiempo a toda la gente que se moría se les enterraba pero ahora parece que las cosas han cambiado completamente, el otro día escuché en la radio que a más del sesenta por ciento se les incineraba.

ENTRAMIE. Se dice por la capacidad que tiene una persona a la hora de comer. **K.** Horrek dauko entramie, benetan haundixe ta gizena dala baña halaere eztot ulertzen nola janleiken hainbeste. Aurrena babarrunak bere sakramento ta guztiz, gero tripakeixek eta hau jan besteik txuleta ataradotzie, bape txikixe ezana, patatarriekiñ, eta bukatzeko gaztaie menbrillokiñ. Siñistu eziñekue da horren sakie. **T.** Vaya capacidad que tiene ese, en verdad que es grande y está gordo pero aún así no entiendo cómo se puede comer tanto. De primero alubias con todos sus sacramentos, luego callos y nada más comer esto le han sacado una chuleta, que no era nda pequeña, con patatas fritas, y para terminar queso con membrillo. Es increíble el saque de ese.

ENTREGAU. Entregar, devolver. **K.** Nik gaur goixien Desiderioi entregatzeko emundakue, eruendutzazu?, baietz?, ba erzkerrak zeatik ni sigero astuta nauen berak deitxu hartien, gañera esanaz horren zai eondala denpora dexentien. **T.** Lo que yo te he dado esta mañana para que se lo entregues a Desiderio ¿ya se lo has llevado?, ¿qué sí?, pues menos mal porque yo estaba completamente olvidado hasta que él me ha llamado, además diciendo que llevaba bastante tiempo esperando eso.

ENTRESAKA. Es una labor que se hace en el monte y que consiste en hacer limpieza y dejar espacios libres entre los árboles. **K.** Gaur garaiz erretirau zeatik bixer goix jaikibiou, gero danon hartien etxurazko entresaka inbierra daukou piñuteixen, aspalditxik dau sasixaz betie eta arrixku haundixe dau sue gertatzenbada. **T.** Hoy retiraros a tiempo porque mañana tenemos que levantarnos temprano, luego entre todos tenemos que hacer una buena entresaca en el pinar, hace mucho tiempo que está cubierto de maleza y hay mucho riesgo si es que se genera algún incendio.

ENTRETENIRU. Entretener. **K.** Entreteniru iñizue zerbaitxekiñ ume horreik, aulkixen jarritxe ikusteitxut eta sigero aspertute dazen etxura guztie daukie, eta zuek berriz hor lasai askuen barriketan eta bape kasuik inbarik. **T.** A ver si les entretenéis con algo a esos críos, les veo que están sentados en el banco y con toda la pinta de que están completamente aburridos, y vosotros en cambio ahí charlando tranquilamente y sin hacerles absoluto caso.

ENTZULE, ENTZULIE. Oyente. **K.** Nik bai fangonaz billera hortara baña entzule bezela bakarrik zeatik ixilixen eoteko asmue dauket, badakitx zerbaitx esan-ezkero diskutitzen hasikogarela eta eztot nai asarreik eukitxeik gure hartien. **T.** Yo ya voy a ir a esa reunión pero solo cómo oyente porque tengo la intención de estar callado, ya sé que si digo algo vamos a empezar a discutir y no quiero que haya enfados entre nosotros.

ENTZUMENA. Calidad, potencia auditiva. **K.** Lenau, erretirau aurretik eta lanien hainitzenien, urtien beñ audiometriak itxezuztien, beste-batzui bezela noski, eta entzumen buruz betik esateuztien eskumako belarritxik askoz hobeto aitzenauela bestetik baño. Eta eztakitx ba, betik asaltzezan zalantza hori zeatik nik betiko oitura nauken, eta dauke,t telefonue ezkerrien jartzeko zeatik nere ustez hobeto entzutendot. **T.** Antes de jubilarme y cuándo estaba trabajando me hacían audiometrías todos los años, igual que a los demás claro está, y en relación a la potencia auitdiva siempre me decían que oía mejor del oído derecho que del otro. Y no sé pues, siempre me surgía la duda esa porque yo de siempre tenía, y tengo, la costumbre de colocar el teléfono en el izquierdo porque creo que oigo mejor.

ENTZUN. Oir, escuchar. **K.** Ez jardun eta nekatzen ibili horri diarka zeatik eztotzu entzungo, beno, berak bentzet hori esangodau, eztauenien nai izeten eoteik iñokiñ eztau sekula kasuik itxen, betik halakotxie izenda. **T.** No te esfuerces ni te canses llamando a ese porque no te va a oir, bueno, al menos eso es lo que el dirá, cuando no suele querer estar con nadie jamás hace caso, de siempre ha sido así.

Aspaldiko esaerabat: Entzun eztauena nai, alperrik da zerbaitx esatie.

Un viejo proverbio vasco dice que es inútil decir nada al que no quiera oir.

ENTZUNDAKUE. Escuchado con anterioridad. **K.** Hizlari horrek esaten haidan kontu guztiek lenau be entzundakuek die, eta ezairezue, berdiñeko gauza horreik aitzen etorrigara emanaldi hontara?, ba zuek geratu gurebozue baña ni bentzet banoie. **T.** Todo lo que está diciendo ese confereciante ya lo hemos escuchado con anterioridad, ¿y decirme, hemos venido a escuchar esas mismas cosas a esta conferencia?, pues vosotros quedaros si queréis pero yo por lo menos me marcho.

ENTZUNDOT. Ya he oido. **K.** Ez ibilli hainbeste jardunien asunto berdiñekiñ, aurrekuen entzundot eta haldotenien lotukot askaute daukotzun katxarro hori, oñ bertan beste gauzabat itxen hainaz eta eziñdot. Eta eztot ulertzen zeatik hainbeste errepika, gobaikarribat besteik ezara. **T.** No estés hablando tanto de lo mismo que ya te he oido a la primera, y ya ataré ese cacharro que tienes suelto en cuanto pueda, ahora mismo estoy haciendo otras cosas y no me es posible. Y no entiendo el porqué de tanto repetir, no eres más que una pelma.

ENTZUNDOT. (Entzundok), don, dozu, dozue.

ENTZUTEN. Escuchando. **K.** Obra hontara ezgara lanien etorri baizik entzuten bakarrik, momentuz bentzet, eta gero komenibada berba ingou konponketa gañien. **T.** A esta obra no hemos venido a trabajar sino solo a escuchar, al menos de momento, y luego si es que conviene ya hablaremos sobre un posible arreglo.

ENUTZUN. No te dije, no te hice, etc... **K.** Parkatu Boni, atzo astu iñitzen eta enutzun esan eon-bierra haukotzunik goixeko hamaiketan Donostiko bulego hartan, ia hamabixek inguru die baña nik ustedot ondion han eongodiela zure zai eta inguratzen-bazara segurazki arrapoukoitxozu. **T.** Perdona Boni, ayer me olvidé y no te dije que a las once tenías que estar en aquella oficina de San Sebastián, ya son casi las doce pero yo creo que todavía estarán allá esperándote y si te acercas seguramente ya les pillarás.

EON. Esperar.

(Mirar la definición de egon).

Aspaldiko esaerabat: Eztie sekula dozenan hamairu eongo.

Un viejo proverbio en euskera dice que nunca habrá trece en una docena. (Las cosas son como son).

EONAI. Espera. **K.** Eonai pixkatien mutil eta ezik euki hainbeste prixaik zeatik hiretako be eongok zertxobaitx, eta gauzabat, badakik larreiko kakalarrixe biurtzen haiaizela?, zeatik emutejok betik urduri hauala. **T.** Espera un poquito chaval y no tengas tanta prisa porque para tí también ya habrá algo, y una cosa, ¿ya sabes que te estás volviendo demasiado impaciente?, porque parece que siempre estás nervioso.

EONALDIXE. Rato de descanso, de espera.

(Mirar la definición de egonaldixe).

EONAZ?, EON-HAZ? ¿Ya has estado? **K.** Hi eonaz iñoiz Kazerezen?, ezetz?, ba fanai zetik asko merezijok, hiri harri asunto guztiek asko guztatzejak eta han ugeri daukek alde guztietan, eta dana ero geixena bata-bestiatik gertu kasko istoriko esateuztien hortan. **T.** ¿Tú ya has estado alguna vez en Cáceres?, ¿que no?, pues vete porque merece la pena, a tí te gustan mucho todos los asuntos relacionados con las piedras y alla los tienes en abundancia en todas partes, y todo o la mayoría cerca lo uno de lo otro en lo que llaman el Casco Histórico.

EONAZ. Ya he estado **K.** Bai, hor be eonaz, eta ez hor bakarrik baizik baitxe beste toki askotan be ta ondion bentzet eztot iñun ezertxorik lortu, gauza da oñ eztakitxela nora fan zeatik eztie toki asko geixau geratuko. **T.** Sí, ahí también he estado y no solo ahí sino que también en muchos otros sitios y hasta ahora por lo menos no he conseguido nada, la cosa es que ya no se dónde ir porque ya no quedarán muchos más sitios.

EONAZ. (Eonda), die, zan, zien, zara, zare, zarie.

EONEZIÑE, EON-EZIÑE. Malestar general. **K.** Zertxobaitx badauko ume horrek, eoneziñe bentzet bai, eztau esne askoik hartu, lorik be eztau hartzen eta noixeienbeñ maña batzuk be itxeitxu. Zeatik estutzazu baezpare emuten mantzanilla pixkat eta aber horrekiñ lasaitzendan? **T.** A esa criatura ya le pasa o tiene algo, por lo menos se le nota que está con malestar, apenas ha tomado leche, tampoco se duerme y de vez en cuando empieza a llorar. ¿Porqué por si acaso no le das un poco de manzanilla y a ver si con eso se le pasa?

EONGONAZ. Ya estaré, ya voy a estar. **K.** Badakitzu zer esandozun ez?, baietza emundozu eta benetan dala hemendik aurrera txintxo eongozarela, ba aber egixe dan eta beinguatik itxendozun esatendozuna, baña eztakitx zeatik larreiko oitura daukotzu gezurrek esateko. **T.** Ya sabes lo que has dicho, ¿no?, pues que sí y que de verdad de aquí en adelante estarás formal, pues a ver si de una vez por todas cumples con lo que dices, aunque no sé porque tienes demasiada costumbre de mentir.

EONIEN. Parados, estando sin más. **K.** Jakiñleike zer itxendozuen hor eonien?, garaia da zerreozer itxen hasteko eta benga, axkar mobitxu zaiteze inbierreko lan asko daukou ta. **T.** ¿Se puede saber porque estaís ahí parados?, ya es tiempo de que emprecéis a hacer algo y venga, moveros rápido que tenemos mucho trabajo para hacer.

EONZATEZ, EONZAITEZ. Estate. **K.** Nabarmen dau zati haundibat eztala eta zerreozer txikixaue izenbikodala, ba eonzatez geldik pixkatien gurebozu beitzie zer sartujatzun begira. **T.** Está claro que no es un pedazo grande y que tendrá que ser alguna cosa pequeña, pues éstate quieto si quieres que te mire que es lo que se te ha metido al ojo.

EOTEZAN. Estaba o solía estar. **K.** Noski baietz baña aspaldiko kontuaz haizare, garai baten Fuljentzio bai eotezan Orixoko mollan eta gañera goix guztietan sekula falta-barik, eta jeneralki bera izetezan aurren asaltzezana, gero gertauzan, honena izengodie xei urte inguru, asarretu inzala hango norbaitxekiñ, ustedot Kaximirokiñ zala, eta entzunde dauketen bezela txorakeribat besteik ezala izen. Gauza da ze horren arrazkero eztala geixau harutz arrimau. **T.** Claro que sí pero andaís con cuentos de hace mucho, En un tiempo Fulgencio sí solía estar en el muelle de Orio y además todas las mañanas sin faltar nunca, y por lo general él era de los primeros que aparecía, luego pasó, de esto ya hará unos seis años, que se debió enfadar con alguno, creo que fué con Casimiro, y según tengo oído debió de ser por una tontería. La cosa es que después de aquello no se ha arrimado más por allá.

EOZELA. Cuando estaban. **K.** Bai, arazo hori horreik han inguruen eozela gertauda, baña nik bentzet eztakitx zerbaitx ikusidauen, akaso ez zeatik ni handik pasanitzenien pelotan jolasten haizien. **T.** Si, eso ha sucedido cuando ellos estaban por allá pero yo por lo menos no se si habrán visto algo, quizá no porque cuando yo pasé por allá estaban jugando a pelota.

EOZEN. Estaban. **K.** Kostata baña askenien billatuitxut portuges horrei, han eozen lasai askuen lo furgoneta barruen, esauztie ezakixiela obra hontara etorri-bierrik haukienik baña eztakitx hori egixe izengodan, erozeiñ modutan aldebatera ero bestera izen kustiñue da hemen eongarela horrein zai denpora dexentien. **T.** Me ha costado pero al fín ya he encontrado a los portugueses esos, allá estaba tranquilamente durmiendo dentro de la furgoneta, me han dicho que no sabían que tenían que venir a esta obra pero no sé si eso puede ser verdad, en cualquier caso sea de una forma u otra la cuestión es que aquí hemos estado esperándoles durante bastante tiempo.

EPA!, IEPA! Palabra que se utiliza como saludo al encontrarte con una persona conocida.

EPAILA. El mes de Marzo. **K.** Epaila erdi inguruen eukitxendou kuadrillako bazkaibat, aurtengue ondion eztakitx ze tokitxen izengodan baña ondion hiru aste inguru geratzendie eta enteraukonaz. **T.** Hacia mediados del mes de Marzo solemos tener una comida de la cuadrilla, la de este año todavía no sé es en que sitio va a ser pero aún quedan cerca de tres semanas y ya me enteraré.

EPAILLA. Juez. **K.** Telebistan eta radixuen sarri esatendaue, berdiñ asaltzenda periodikotan, nola epaitegi guztietan, ero bentzet geixenetan, lanik eziñdauela aurrera atara zeatik epaillan bier haundixe omendalako. **T.** La televisión y la radio repiten bastante a menudo y también aparece en los periódicos, cómo en todos los juzgados, o al menos en la mayoría, no puede sacar adelante las causas pendientes porque debe de haber una gran carencia de jueces.

EPAITEGIXE, EPAITEIXE. Juzgado. **K.** Ni beñ, oso aspaldi, testigo bezela eonitzen herri hartako epaitegixen, deklaratzen noski, eta egixe esanda nahiko urduri jarrinitzen jente harein aurrien ikusitxe nola danak jantzitxe eozen erropa beltz hareikiñ. **T.** Una vez, hace mucho tiempo, yo estuve declarando como testigo en el juzgado de aquel pueblo, y la verdad es que estuve bastante nervioso delante de toda aquella gente viendo que todos estaban vestidos con aquellos ropajes negros.

EPE! ¡Epe! Palabra que se utiliza para prevenir, para tener cuidado. **K.** Epe!, ibili kontuz horren azpixen, nahiko kilikolo dau eta buru gañera jausileiketzue, jarri dakok kaskue eta hasi puntalatzen baña kontu haundixekiñ. **T.** ¡Epe!, andar con cuidado debajo de eso, se mueve bastante y se os puede caer encima de la cabeza, poneros todos los cascos y empezar a apuntalarlo pero con mucho cuidado.

EPEA. Plazo. **K.** Nere lagunbati Haziendak xei illebeto epea emuntzo ordaintzeko fandan urteko errentako deklaraziñue, ba atzo kasualitatez alkartunitzen berakiñ eta esauzten nahiko larri ibillikozala. **T.** A un amigo mío Hacienda le ha dado un plazo de seis meses para que pague la declaración de renta del año pasado, pues ayer por casualidad me junté con él y me dijo que iba a andar bastante apurado.

EPELA, EPELTASUNA. Ambiente templado. **K.** Ze ondo eotendan hemen epelien, oñ gutxi dala kanpora urten-bierra izendot, kriston hotza itxendau eta eztakitx gabien eztauen izotzik inbier. **T.** Que bien se está en este ambiente templado, ahora hace poco he tenido que salir fuera, hace un frío que pela y no se si esta noche no va a helar.

EPELA. Fig. se dice de la persona que no tiene iniciativa, con poco funtamento y bastante apocada. **K.** Bape zalantzaik eztauket ze mutil hori ona izengodala baña eztuztazue esango eztala larreiko epela, batzuetan emutendau eztaukela ero odol faltan dauela. **T.** No tengo ninguna duda de que ese será un buen chico pero no me diréis que no es demasiado apocado, algunas veces parece que no tiene o que le falta sangre.

EPELDU. Templar algo o algún sitio. **K.** Sartuiozue egurra ekonomikai sukalde hau epeltzen hasteko, hemen eonbierra daukou denpora dexentien eta aber laister berotzen hastendan sikera pixkat, ni bentzet momentu hontan nahiko hotz dauket, eta suposatzentot ze berdiñ eongodiela bestiek. **T.** Meterle leña a la cocina económica para que empiece a templar ésta cocina, tenemos que estar aquí durante bastante tiempo y a ver si se empieza a calentarse rápido, al menos un poco, al menos yo en este momento tengo bastante frío y supongo que los demás estarán igual.

EPELDUTA. Fig. se dice por el hecho de estar bebido o borracho.

(Ver la definición de eranda).

EPERRA. Perdiz. **K.** Batzuk oso estimau izetendaue eperra saltzan prestatuta baña neri eztust grazi haundirik itxen, ez honek eta ez beste lumadun ehizik, askoz nahio izetendot uledun dienak. **T.** Algunos tienen en mucha estima la perdiz preparada en salsa pero a mi no me hace demasiada gracia, ni ésta ni cualquier otra caza de pluma, por mucho prefiero las que son de pelo.

EPIDEMIA. Epidemia. **K.** Gaurko egunkariak Osakidetzako albistebat ekartzendau esanaz nola Euskalherriko mallan gripen geixue epidemia izeteko oñ bertan nahiko mugan dauela, eta aurrerapen honeaz jarraitxu-ezkero laister eongodala gañien. **K.** En el periódico de hoy trae una noticia de Osakidetza diciendo que a nivel de Euskalherría la gripe está llegando ahora mismo al umbral de epidemia, y que si continúa en esta progresión muy pronto la va a sobrepasar.

EPUE. Se llama así a la persona, no sé si está bien dicho, que es enana. **K.** Nik batzuetan, geixenbat asteburutan, kalien ikusteitxuk bi pertzona epuek dienak eta etxuraz oso alaiak ta jatorrak diela emutendaue, euron kuadrillakiñ ibiltxendie txikiteuen eta sigero ondo sartuta giruen. **T.** Yo algunas veces, sobre todo los fines de semana, suelo ver a dos personas que tienen enanismo y en apariencia tienen el aspecto de que son muy alegres y agradables, suelen andar de chiquiteo con su cuadrilla y muy bien integradas en el ambiente.

ERABAKI, ERABAKIXE. Solucionar, resolver. **K.** Hemen haigara betiko bezela, batek toki-batera naidauela fatie, bestiek bestera eta askenien kosta itxenda ados jartzie, ba aber danon hartien hartzendoun erabaki axkarbat zeatik ondion logelak eskatzeko daukou. **T.** Aquí andamos como siempre, que si uno quiere ir a un sitio, el otro a otro y al final cuesta bastante el ponerse de acuerdo, pues a ver si entre todos lo resolvemos rápido porque todavía tenemos que pedir las habitaciones.

ERABAT. Del todo, definitivo. **K.** Hiru egun pasatzeko gauza asko die eruen inbierrak kanpiñera eta onena izengoda errepartiru eta bakotxak zerbaitzuk eruetie, baña kotxera sartu aurretik erabat beitubikou aber zertzuk dazen, baezpare bateonbati berba iñdeko zerreozer akaso astu. **K.** Para pasar tres días tendremos que llevar muchas cosas al camping y lo mejor va a ser que lo repartamos y que cada uno llevemos una parte, pero antes de meter las cosas al coche tenemos que mirar para estar seguros de que está completo del todo, por si acaso algo de lo hablado se le ha podido olvidar a alguien.

ERABERRITUE. Renovado, modernizado, rejuvenecido. **K.** Sigero eraberritu iñdozue baserrixe, leno be nahiko ondo ikustezan baña oñ beste gauzabat emutendau, fatxada guztiek margotuta eta bentana ta atiek be aldatu iñdozue, etxura guztie dauko baserri barribat dala. **T.** Mucho habéis renovado el caserío, antes se veía bastante bien pero ahora parece otra cosa, todas las fachadas pintadas y las puertas y ventanas también las habéis cambiado, da toda la impresión de que es un caserío nuevo.

ERABIDIE. Compostura, educación. **K.** Horren bier haundixen zara zu, erabide pixkat zeatik lotzabakobat zara, nola inleike berba modu hortan zure amai?, eta egunenbaten gertaukojatzu eztozuna espero, zartateko ederrak hartukoitxozula. **T.** Eso es lo que te falta a ti, un poco de educación porque eres un sirvenguenza, ¿cómo se le puede hablar de ese modo a tu madre?, y algún día te va a pasar lo que no esperas, que cogerás unos buenos azotes.

ERABILERA. Manejo, uso, costumbre, hábito. **K.** Hamazortzi urte iñditxozu eta hasi-bierra daukotzu tratore haundi horren erabilera ikesten, ta ez larrei keskatu zeatik aurreneko egunetan nik lagundukotzut. **T.** Ya has cumplido dieciocho años y tienes que empezar a aprender el manejo del tractor grande, y no te preocupes demasiado porque yo te ayudaré los primeros dias.

ERABILI. Utilizar, usar, manipular. **K.** Ziurtazunik eztauket baña ustedot badakitxela zeiñ izendan erabili inditxunak erraminta horreik, ba eukikodau zerbaitzuk entzun inbierrak, danak lagaitxu jaso-barik, lurrien eta zikiñek, eztau ezer garbitxu eta txarrikeixabat iñde daz. **T.** No estoy seguro pero creo que ya sé quien ha utilizado esas herramientas, pues ya tendrá que oir unas cuantas cosas, todas están hechas una guarrada, las ha dejado en el suelo sin recoger, sucias y no ha limpiado absolutamengte nada.

ERAGILLE. Promotor, proveedor, activador. **K.** Etxuraz proietue nahiko aurreratuta omendau Zarauzko Salberdiñ eraikitzeko berrehun da piku etxebizitza, nik enakixen baña esauztie Udaletxie eragille parte dala. **T.** Parece que el proyecto está bastante avanzado para que en la zona de Salberdin, en Zarautz, edificar doscientas y pico de viviendas, yo no lo sabía pero me han dicho que el Ayuntamiento debe de ser una parte de los promotores.

ERAGIÑ. Hacer, remover, promover. **K.** Derrigorrez ta haldan axkarren eragiñ bierrezkue daukotzu sukaldeko erreforma, dana daukotzu nahiko xixko iñde, fregadera gaizki dabill, piztendozunien ekonomica keiaz betetejatzu sukaldie eta beste gauza dexente be badauko. **T.** Lo que tienes que hacer y cuanto antes es la reforma de la cocina, la tienes en malas condiciones, la fregadera anda mal, cuando haces fuego en la económica la cocina se te llena de humo y también tiene bastantes cosas más.

ERAGIÑA. Necesidad, movimiento. **K.** Polikarpon eragiña badakigu zeiñ dan, andra jatorbat ta ona lortzie, aldebatetik bera txukuntzeko zeatik nahiko baldar ibiltxenda eta bestetik etxie zertxobaitx organizatzeko, txarrikorta dala emutendau ta hortik aparte hankak eta beste zerbaitzuk berotzeko be etxako bape gaizki etorriko. **T.** Las necesidades de Policarpo ya las conocemos, conseguir una mujer agradable y buena, por una parte para que él vaya un poco más decente porque suele ir bastante desastrado y por otra para que organice un poco la casa, parece que es una cuadra y aparte de esto a él tampoco le vendrá nada mal para tener calientes los pies y alguna otra cosa.

ERAGOZKETA. Inhibición, inhibirse. **K.** Bai, horrek iñdauena da errexena, arazue asaldu besteik ez esan eztaukiela zer-ikusirik horrekiñ eta euron asmue dala, momentuz bentzet, eragozteta eta aurrerau ikusi inbierra izengodala. **T.** Si, lo que han hecho esos es lo más fácil, nada más que ha surgido el problema decir que ellos no tienen nada que ver y que su intención, al menos de momento, es la de inhibirse y que más adelante habrá que ver.

ERAGOZPENA. Dificultad, estorbo, complicación, impedimento. **K.** Hemendik jarraiketako eragozpen haundixe dauela ikustenda eta nere ustez bi aukera daukou, bat, bueltau eta beste birebat hartu, eta bestie arrixkau, lur-jausi horren gañetik pasa eta segi. **T.** Para seguir adelante por aquí se ve que tenemos un gran impedimento y en mi opinión tenemos dos posibillidades, una dar la vuelta y coger otro camino, y otra arriesgarnos, pasar por encima del derrumbe de tierra y continuar.

ERAIKI. Edificar, construir, montar. **K.** Beno, hemen daukou biltoki honen pieza guztiek eta aber danon hartien asmatzendoun nola eraiki, aurren eta geixena kanpuen inbierra eukikou, gero zulora sartu eta han bukatu. **T.** Bueno, aquí estan todas las piezas del depósito y a ver si entre todos somos capaces de montarlo, primero y la mayor parte lo tendremos que hacer fuera, luego meterlo al agujero y terminarlo allá.

ERAIKIÑE. El construtor, la empresa construtora. **K.** Euskalherrixen dazen kostruzioko enpresak eta bertako eraikiñak dienak, Amenabar, Altuna eta Uría, Moyua eta baitxe besten-batzuk, ustedot nahiko ondo haidiela lanakiñ, hala entzundot bentzet, eta hori izengoda zeatik hainbeste denpora ondoren gauzak mejoratzen hasidielako. **T.** Las empresas constructoras que hay en Euskalherría y que son de aquí, Amenabar, Altuna y Uría, Moyua y también algunas otras, creo que andan bastante bien de trabajo, al menos así lo he oído, y eso será porque que después de tanto tiempo parece que la situación ha empezado a mejorar.

ERAINKUNTZA. Enseñanza, aprendizaje. **K.** Hemengo esagun pertzonabat euskera naidau ikestie eta galdetzen haida aber nun hasileikien horren erainkuntza, nik estakitx baña esautzet baezpare fateko Udaletxeko sozial bulegora enteratzera. **T.** Una persona conocida de aquí quiere aprender euskera y está preguntando a ver dónde podría ir para empezar el aprendizaje, yo no lo sé pero le he dicho que por si acaso vaya a enterarse a la oficina del Ayuntamiento que se ocupa de los temas sociales.

ERAIÑ, EREIÑ. Sembrar. **K.** Ondion ezta bete illebete eraiñ ingauela berakatzak ortuen eta hasidie loratzen, gañera sekulako iñderrakiñ, ba ustedot laister garela berakatz berdien errebueltue jateko bezela. **T.** Todavía no hace un mes que sembramos los ajos en la huerta y ya han empezado a florecer, además con una fuerza impresionante, pues creo que pronto estaremos en disposición de comer revuelto de ajos verdes.

ERAIÑ. Mandar, ordenar.
(Ver la definición de aiñdu).

ERAKARGARRIXE. Se dice por la persona atractiva, guapa. **K.** Nik eta zoritxarrez nahiko zatarra urtendot baña beste anai-arreba guztiek oso erakargarrixek die eta eziñdot ulertu zer gertaudan nerekiñ. Ontxe pentzatzen hainaz zerbaitzuk konpontzie eta ustedot sudurretik hasikonazela. **T.** Yo y por desgracia he salido bastante feo pero todas mis hermanas y también el hermano son muy atractivos y no comprendo lo que es lo que ha podido pasar conmigo. Ahora estoy pensando en arreglar algunas cosas y creo que voy a empezar por la nariz.

ERAKARRI, ERAKARRIXE. Atraer, gustar. Ser o parecer atractiva (o). **K.** Zerbaitx badauko neska horrek, nik enauke esango aparteko guapa danik, baña gauza bat ero bestiatik ikustendauen pertzona guztiek esatendaue oso erakarrixe dala. **T.** Algo especial tiene esa chica, yo no diría que es especialmente guapa, pero por una cosa o por otra todas las personas que la ven dicen que es muy atractiva.

ERAKUSKETA. Exposición. **K.** Nere ustez Zarauzko Photomuseon dauen erakusketa oso interesgarrixe da, herri hontako argazki zarran buruz tratatzendau eta aukera badaukotzue fan ikustera zeatik pillabat gustaukojatzue. **T.** Yo creo que la exposición que hay en el Photomuseo de Zarautz que es muy interesante, trata sobre fotografías antiguas de este pueblo y si tenéis oportunidad ir a verla porque os gustará un montón.

ERAKUTZI. Enseñar. **K.** Erregien oparixek hobeto izetenda ez erakuztie umiei ero beste erozeñi denpora bañolen, eta eurok izendeixela zabaltzendauenak momentue allegatzendanien, beztela baleike gertatzie galdu itxendala egun hortako iluzio hori. **T.** Los regalos de reyes es mejor no enseñarlos a los críos o a cualquier otro antes de tiempo, y que ellos sean los que los abran cuando llegue el momento, sino puede que pase que se pierda la ilusión de ese día.

ERALDU. Transformar. **K.** Gauza asko die, akaso geixenak, eraldu bier izetendauenak, aber eta esan-baterako garixaz gertatzendana, uzta iñ ondoren eta eraldu, aldebatetik geratzendie aliek eta bestaldetik sobre dazen guztiek, azalak, orrixek eta abar. **T.** Hay muchas cosas, quizá la mayoría, que hay que transformar, a ver y por ejemplo lo que pasa con el trigo, después de cosechado y trillar, por una parte quedará el grano y por la otra todo el resto que está de sobra, las hojas, tallos, etc...

ERALDATZEN. La acción de transformar. Y en el palabra anterior, eraldu, ya hemos cosechado, cribar y transformado el trigo.

ERALGI. Cribar, tamizar. **K**. Garai baten paretako raseoi etxurazko akabera emuteko derrigorra zan morterue arei fiñekiñ itxie eta hortarako eralgi inbierra izetezan, oñ berriz hau, eta beste gauza asko bezela, ia prestauta etortzenda. **T**. En un tiempo y para rematar en condiciones el raseo de las paredes era necesario hacer el mortero con arena fina, para eso había que cribarla pero ahora en cambio esto, al igual que otras muchas cosas, ya viene preparada.

ERALGIXE. Criba, tamiz. **K**. Normalki eralgi guztiek gauzak eragiltzeko izetendie, baña halaere beste zerbaitzuetarako be ibiltxezan, oñ eztakitx hala dan baña lenau eralgi haundixek txorixek arrapatzeko balixokuek zien edurre hauenien. Jartzezan erdi tentetuta eta ez jauzteko euztezan makilla-batekiñ, hau sokaz lotuta eta aspixen ogi zatixek ero arto ale batzuk, etorteziznien jatera, sokatik tira, eralgixe jausi eta txorixek azpixen geraketazien urten eziñik. **T**. Las cribas normalmente son para cribar cosas, pero aún así lo mismo se utilizaban para otros asuntos, ahora no sé pero antes las cribas grandes también servían para atrapar pájaros cuando había nieve. Se ponía la criba levantada a medias, se sujetaba con un palo para que no se caiga y éste atada una cuerda, debajo de la criba unos pedazos de pan o unos granos de maíz y cuando los pájaros entraban para comer se tiraba de la cuerda y los pájaros quedaban presos debajo sin poder salir.

ERAMAN. Llevar. **K. K**. Hartu untza honeik eta eraman enkofradore harei. ixe ezer-barik geratudie eta zai daz, eta gero etorri axkar berriz hona zeatik beste toki-batzuetara be fan-bierra daukotzu. **T**. Coge estos clavos y se los llevas a aquellos encofradores, casi se les han terminado y los están esperando, y luego vienes rápido aquí otra vez porque tienes que ir a otros cuantos sitios.

ERAN. Beber. **K**. Bero honekiñ itxurritxik bezelako izerdixek botatzen hainaz eta sekulako egarrixe daukek, oñ bertan litrobat ur eran ingonauke eta urten inbiot momentubaten itxurrira fateko. **T**. Con este calor estoy sudando como por un grifo y tengo una sed impresionante, ahora mismo bebería un litro de agua y voy a salir un momento para ir a la fuente.

ERANDA. Se dice dice la persona que ha bebido, que esá borracha. **K**. Oso ondo iruitzejat eta poztenaz faten-bazara afaltzera zure kuadrillakiñ, baña gauza bakarbat, meserez eskatzendotzut ez etortzeko eranda. **T**. Me parece muy bien y me alegro que vayas con tu cuadrilla a a cenar, pero solo una cosa, te pido por favor que no vengas borracho.

ERANTZI. Sujetar, agarrar, atar. **K**. Erantzi ondo maiko hanka horreik arbolara haixiek eztixen egaxien eruen, eta ikustenbou geitxu itxendala iñdarra hartukou trastu guztiek eta txabola barrura sartukogara. **T**. Atar bien las patas de esa mesa al árbol para que el viento no la lleve volando, y si vemos que aumenta la fuerza cogeremos todos los trastos y nos meteremos dentro de la chabola.

ERANTZI. Quitarse la ropa. **K**. Erantzi inzaitez erropa horreik zeatik bustixe zaz goitxik-beraño, ze gertauda, atzalde guztien eonzarela euri azpixen hala?, ba hurrengorako badakitzu, eruen guardasola ero beztela sartu aterpeien.**T**. Quítate la ropa porque estás mojado de arriba hasta abajo, ¿que es lo que ha pasado, que has estado toda la tarde bajo la lluvia, o qué?, pues para la proxima vez ya sabes, llevas el paraguas o te resguardas en algún sitio.

ERAN-ZALIE. Se dice de la persona aficionada a la bebida. **K**. Jenaro ta betiko bezela hasida bere jira-buelta eta gaur gañera beste erozeiñ egun baño nahiko goixau, ba txukuna geratukoda bukatu orduko eta batzun-batzuk eruen inbierra izengodaue. Ixe larogetamar urte dauko eta eztot ulertzen nola ondion izenleiken halako eran-zalie. **T**. Jenaro y al igual que siempre ya ha empezado su recorrido y hoy además bastante antes que otros días, pues para cuando termine va a estar curioso y algunos van a tener que llevarle. Tiene casi noventa años y no comprendo como todavía puede ser tan aficionado a la bebida.

ERANTZUN. Responder. **K**. Jakiñleike zer gertatzejatzun, akaso lotzatu inzara, ero?, ezetz?, ba ezaitek gelditxu hor ixilik mosolue bezela eta erantzun iñizu bentzet itxendotzuen galderai. **T**. ¿Se puede saber que es lo que te pasa, acaso te has avergonzado, o qué?, ¿qué no?, pues no te quedes ahí callado como un tonto y responde por lo menos a las preguntas que te están haciendo.

ERANTZUNA. Respuesta. **K**. Atzo tipo kalamidade harek txarrikeixa ederra iñuzkun, ba oñ, eta akaso eztau esperoko, berdintzuko erantzuna eukikodau, ero balelke haudlxaue , ze ustedau ba iñuxente horrek? **T**. Ayer el tipo aquel calamidad nos hizo una buena cerdada, pues ahora y quizá no lo espere, tendrá una respuesta parecida, o puede que mayor, ¿qué se habrá creído pues el idiota ese?

ERAÑUN. Anteayer.
(Mirar la definición de arañuñ).

ERA-ONIEN, ERA ONIEN. En el momento justo, oportuno. De forma cómoda. **K**. Ezkerrak era-onien etorrizarela, hainbeste gauza daukou itxeko, ba merienda zertxobaitx eta ezpajatzu importik hasizaitxez beixek ordeñatzen. **T**. Gracias a que has venido en el momento justo, tenemos tantas cosas para hacer, pues merienda un poco y si no te importa empieza a ordeñar las vacas.

ERARA. De esa o esta manera. Así. **K**. Inozentzioi alperra da ezer esatie zeatik betik bere erara izetendie inbierreko gauza guztiek, naiz da sarritxen esan eta errepikau beste modubaten iñezkero baleikela hobeto urtetzie, eta askotan axkarrau, eztau kasuik itxen eta beriaz jarraitzendau. **T**. A Inocencio es inútil decirle nada porque siempre hay que hacer todas las cosas a su manera, a pesar de que en bastantes ocasiones le digas y repitas que si lo hacemos de otra manera puede que salgan mejor, y también muchas veces más rápido, no hace caso y continúa con lo suyo.

ERARIXE. Bebida.

(Ver la definición de edarixe).

ERASTUNA. Anillo. **K.** Nik ustedot len ondo naukela eskontzako erastuna baña oñ eztakitx ze gertaudan zeatik haundixe dauket, baleike bietza metu ero beztela erastunak emun iñdauela, gauza da eztakitxela nora eruen konpontzeko eta norbaitxek jakitxenbozue, kasu iñ mezerez. **T.** Yo creo que antes el anillo de casado lo tenía bien pero ahora no sé que habrá podido pasar porque lo tengo grande, puede que haya adelgazado el dedo o sino que el anillo haya dado de sí, la cosa es que no sé dónde llevarlo a arreglar y si alguno lo sabéis, llamarme por favor.

ERASTUNA. Aro, arete. **K.** Zenbat neska ta mutill ikustendien erastunak eruetendauenak belarrixetan, sudurrien, baitxe espanetan eta baleike eztan ikusten beste tokinbaten, ze gauza sigero zatarra, neretzat noski. Ikusi izendot telebistan nola hortik zier horreik beltzunak dienak eruteitxuen baña eztakitx zeatik hemen. **T.** Cuántos chicos y chicas se ven que llevan aretes colgados de las orejas, nariz, en los labios y puede que también el algún otro sitio que no se ve, que cosa extremadamente fea, para mí claro. Ya he solido en la televisión cómo la gente de color de por ahí son los que lo llevan, pero aquí no sé porqué.

ERASUE. Agresión, incidente grave. **K.** Eraso latza eta sikiñe eukidau Madrilgo neska gaztebatek Iruñan Sanfermiñeko jaixetan, bortxatu iñdaue bost txarri hartien, ezinleixo deitxu beste modubaten, eta bera nahiko gaizki geratu omenda. **T.** Una chica joven de Madrid ha sufrido una agresión muy fuerte y también muy desagradable en las fiestas de San Fermín en Pamplona, la han violado entre cinco cerdos, no se les puede llamar de otra manera, y ella ha debido de quedar bastante mal.

ERASUEN. Atacando, acometiendo. **K.** Eztaukotzue zeatik larritxu gizon horrekiñ, berba itxendauenien emutendau betik erasuen haidala, baña modu hori da bere oitura ta ikusikozue nola askenien ogi puzketabat besteik eztan. **T.** No os teneís que apurar con ese hombre, cuando habla da la impresión de que siempre está atacando, pero esa es su costumbre y al final ya vereís cómo no es más que un pedazo de pan.

ERATEKO URA. Agua potable. **K.** Etxuraz erateko ura bakarrik da klorokiñ trataute dauena eta botillan saltzeitxuenak, baña halaere nik nahiko sarri ikusteitxuk, gañera jente askoi, ura hartzen auzo haren itxurrixen naiz eta oso garbi jartzendauen, "Agua no tratada". **T.** Parece ser que la única agua potable es la que está tratada con cloro y la que venden embotellada, pero aún así yo bastante a menudo veo, además a mucha gente, cogiendo agua en la fuente de aquel barrio a pesar de que pone muy claro, "Agua no tratada".

ERAUZI. Arrancar, extirpar. **K.** Estendaue ze ugeri landara eta azi omendie hortik kanpotik nolabaitx etorritxekuek, eta kalte haundixek itxen haidienak inguru guzti honeitan, eta etxuraz ezta naikue izeten hartu eta puzkatzie baizik barren barrenetik erauzi inbierrekuek diela. **T.** Dicen que aquí hay muchas plantas y semillas que de alguna manera han llegado de fuera y que están haciendo mucho daño a todo el entorno, y parece ser que no es suficiente el coger y romperlas sino que hay que arracarlas de raiz.

ERAZANA. Contractura muscular. **K.** Nik be korrikan ibiltxenitzenien eukitxenitxun erazanak, ez larrei baña bai noixienbeñ, geixenbat eskumako izterrien eta bere denporatxue bier izetendau sendatzeko, eta nola ez, baitxe uguentuek, igurtzixek eta izotza. **T. K.** Cuándo yo corría también solía tener contracturas musculares, no muchas pero sí alguna vez que otra, la mayoría en la pierna derecha y hace falta su tiempo para curarse, y cómo no, también pomadas, frotamientos e hielo.

ERBIXE. Liebre. **K.** Normalien aukera gutxi eukitxendot erbixe jateko baña noixienbeñ jan izendot saltzan prestauta, beñ neuk be eukinauen prestatzeko aukera hori, gañera hori gertaudan bakoitxien betik oso gozue eonda ta gustora jan izendot. **T.** Normalmente no suelo tener muchas oportunidades para comer liebre pero de vez en cuando ya la he comido preparada en salsa, una vez también tuve la ocasión de prepararla, y cada vez que eso ha ocurrido siempre ha estado muy buena y la he comido a gusto.

Errezetabat: Erbixe saltzan. Moztu erbixe zati dexentetan eta ontzibaten jartzenda beratzen berakatzakiñ, kipula, azenaixue, porrue, piper beltz bolatxuek, tomillo eta nai izen-ezkero beste holako bedar tipoko batzuk, gero bota etxurazko ardau baltza ondo tapa hartien, baitxe biñagre pixkat eta sartzenda frigorifikuen gutxienetik hamabi ordu ero hurrengo egunerarte. Denpora hau pasa ondoren atara eta aparta barruen dauena bakotxa bere aldetik, erbixe, berdurak eta saltza, hau irazi ondoren. Sutan jarri lapiko dexentebat olixuekiñ, ondo siketu haragi zatixek, gero pasa urun pixkat tartien, eta gatza ta piper autza bota ondoren su iñdertzuen asko-barik prijitxu zati horreik. Gertu dauienien atara platerara eta lapiko bertan jartzendie potxatzen ataradoun berdurak, ia iñde dazenien sartzenda erbixe eta botatzenda saltza guztie, aurrena iriki iñdertzu garraztazuna kentzeko ta gero baitxe ur pixkat be, tapa lapikue eta itxoiñ inbierra dau. Gutxienetik ordu parebat, zer-ikusixe dauko noixkue dan animali hori, gutxigorabera noski, eta onena izetenda noixienbeñ beitzie aber xamurra dauen, bier izen-ezkero bota ura eta ikustendanien norberan gustora dauela kendu lapikue sutatik. Bakarrik geratzenda pasatzie saltza, ikustenbou me xamarra konpondu urunekiñ eta bestaldera baldinbada uraz. Eta gertu, baña halaere gauzabat, hurrengo egunien hobie eongoda.

Una receta: Liebre en salsa. Partimos la liebre en pedazos bastante generosos y la marinamos en un recipiente acompañada de ajos, cebolla, zanahoria, puerro y algunas especies como pimienta negra, tomillo y si se quiere se pueden añadir más hierbas, luego cubrir bien con un buen vino tinto, un poco de vinagre y la dejamos en el frigorífico un mínimo de doce horas o hasta el siguiente día. Una vez cumplido el plazo cogemos el recipiente, sacamos la liebre y colamos las verduras, dejando estas por un lado y el líquido por el otro. Ponemos una cazuela decente al fuego con un poco de aceite, salpimentamos los pedazos de carne, luego los pasamos por un poco de harina y sin que sea mucho lo freímos a fuego fuerte, una vez dorado lo sacamos a una fuente y ponemos la verdura en la misma olla. La sofreímos hasta pochar bien a fuego suave y luego añadimos la carne y el líquido del marinado, un hervor fuerte para quitar la acidez y también un poco de agua, tapar la cazuela y a esperar. Mínimo un par de horas dependiendo de la edad del bicho, claro está que más o menos, y lo mejor es pinchar de vez en cuando hasta que se vea que está tierno, ir añadiendo agua cuando sea necesario y cuando veamos que está a nuestro gusto apartar la cazuela del fuego. Ya solo nos quedaría pasar la salsa después de separar los trozos de liebre, si está un poco líquida arreglar con un poco de harina y si es al contrario con agua. Y listo, pero aún así una cosa, al día siguiente estará mejor.

ERDELDUNA. Se dice de la persona que no habla o no sabe euskera. **K.** Ondion be jente pillabat eongoda baña nik ustedot geruau eta erdeldun gutxiau geratzendiela Euskalherrixen, lenau kanpotik etorrizien semiek onazkero danak dakixie euskeraz eta baitxe bertakuek dien geixenak, gero be badaz batzuk bere kabuz ikestendauenak eta beste-batzuk derrigorrez jakin-bierra daukienak bere lanerako. Erozeiñ modutan euskerie asko entzutenda kalien eta berdiñ beste toki askotan. **T.** Todavía ya habrá un montón de gente pero yo creo que cada vez quedan menos personas en Euskalherria que no sepan euskera, los hijos de aquellos que vinieron hace mucho tiempo para ahora ya lo hablan e igualmente la mayoría de los propios que son de aquí, luego también hay algunos que lo están aprendiendo por propia voluntad y otros que necesariamente lo tienen que saber por su trabajo. De todas formas se oye mucho euskera en la calle y lo mismo en otros muchos sitios.

ERDERA, ERDERIE. Idiona castellano. **K.** Eztakitx zeatik gure denporako neskak haukien hainbesteko oitura erderaz itxeko, baleike izetie derrigorra zalako eta betik hizketa hori erabili garai hartako eskoletan, baña oñ andrak die eta askok berdiñ ero antzera xamar jarraitzendaue. **T.** No se porqué las chicas de nuestro tiempo tenían tanta costumbre de hablar en castellano, puede que fuese porque era obligatorio y ese idioma es el que s utilizaba en las escuelas que había entoces, pero ahora ya son mujeres y muchas de ellas siguen igual o bastante parecido.

ERDERAKARAK. Es el mezclar algunas palabras de castellano cuando estás hablando en euskera. **K.** Batzuetan entzutendie, ezta askotan izeten, erderakarak ondo potoluek eta barre itxeko bezelakuek. Eta esan-baterako gaur entzundotena, ogixe ordaintzen hainitzenien panaixan sartuda mutiko gaztebat eta hala esautzo zerbitzariei, amak esandust emuteko ogibat de leña. Ba hori. **T.** Algunas veces se oyen, no suele ser demasiadas veces, mezclar alguna palabra de castellano con el euskera que se está hablando y suena tan raro que dan ganas de reir. Cómo por ejemplo lo que he escuchado en la panadería cuando estaba pagando el pan, ha entrado un chico joven y así le ha dicho a la dependienta, amak esandust emuteko ogibat de leña (la madre me ha dicho que me des un pan de leña). En el apartado de euskera todo sería es ese idioma hasta llegar a "de leña", que claro está es en castellano.

ERDI, ERDIXE. La mitad. **K.** Nik ondo esauketazaut eta enaz larrei fixatzen zurekiñ, orduen ta baezpare errepartuek nik ingoitxut, eta aber, hemen erdixen dauen erdixe zuretako da eta geratzendana niretako, konfome halzaz kontu honekiñ? **T.** Como te conozco bien y no me fío mucho de tí por si acaso los repartos los haré yo, y a ver, la mitad de lo que está en la mitad para tí y lo que queda para mí, ¿estás conforme con estas cuentas?

ERDI-ALDIE, ERDIKALDIE. El centro de la población. **K.** Fatezarenien eztozun esagutzen erozeiñ hiriburura onena izetenda galdetzie nun dauen erdi-aldie, jeneralki hor eotenda alde-zarra ero antiguala eta han dau guri geixen gustatzejakun girue. **T.** Cuándo vas a cualquier ciudad grande que no conoces lo mejor suele ser preguntar por el centro de la ciudad, normalmente suele ser la parte vieja o antigua y allá es donde suele estar el ambiente que más nos gusta.

ERDIBANA, ERDIKA. A medias. **K.** Hainbeste jardun ta alegintzen haizara fateko zure kotxien Iruñara autobus ordez, ze bale, hala fangogara baña bi gauza, bat, gasolinan balixue erdibaba ingoula eta bestie eztaukotzula erateik. **T.** Has insistido y te has empeñado tanto que tenemos que ir en tu coche a Pamplona en lugar del autobús, que vale, así iremos pero dos cosas, una, que la gasolina la pagaremos a medias y la otra que no podrás beber.

ERDI BARRESKA. Media sonrisa. **K.** Neri sekulako amorruc emutendust tipo horrek erdi barreska hastendanien erozeiñ gauza esan ero zerbaitx galdetu ta gero, gañera jeneralki eztau esaten ez baietzik eta ez ezetzik, bakarrik baleikela, ero akaso, eta iñuxente irribarre hori jartzendau. **T.** A mi me da mucha rabia ese tipo cuando empieza a sonreir despues de que digas o le preguntes cualquier cosa, además generalmente no dice ni que si ni que no, solo que puese ser, o que quizá, y esboza esa media sonrisa estúpida.

ERDI-BETIE. Medio lleno. **K.** Pertzonak izetendie gauza batzuk erdi-betiek ikusteitxuenak eta beste-batzuk erdi-utzak berdiñeko gauzak, aurrenekuatik baikorrak diela esatejate eta bigarrenatik ezkorrak, eta zuk nola ikusteitxozu? **T.** Hay personas que suelen ver algunas cosas medio llenas y otros esa mismas cosas medio vacías, de los primeros se dice que son optimistas y de los segundos pesimistas, ¿y tú cómo las ves?

ERDIBITXU. Partir por la mitad, hacer dos mitades. **K.** Gurebozu su egur horreik furgonetan sartzie erdibitxu inbikoitxozu zeatik beztela eztie kabitxuko, larreiko luziek die ero beztela furgoneta larreiko motxa. **T.** Si quieres meter en la furgoneta la leña esa la tendrás que partirla por la mitad porque sino no entrarán, son demasido largas o sino la furgoneta demasiado corta.

ERDIKUE. Lo o el que está en el medio. **K.** Hau da Fabiolok jarriduzten bielekue, esandust erueteko hor erdixen dauen meloie eta zortzi daz, erdikue ezingoda izen eta orduen eztakitx zeiñ eruen. **T.** Vaya en que problema me ha metido Fabiolo, me ha dicho que le lleve el melón que está en la mitad y hay ocho, el de la mitad no va a poder ser y entoces no sé cual llevarle.

ERDILO, ERDI-LO. Adormilado, medio o casi dormido. **K.** Gaur nahiko nekauta urtendot lanetik eta gañera atzo gabien sigero gaizki iñdot lo, afaldu zerbaitx eta segitxuen noie ugera zeatik erdilo nau ta. **T.** Hoy he salido bastante cansado del trabajo y además ayer a la noche dormí muy mal, voy a cenar algo y me voy enseguida a la cama porque estoy medio dormido.

ERDI-PREZION. Rebajado, a mitad de precio. **K.** Garaia da dendako gauzak barrizten hasteko eta nola honeik aspalditxokuek dien kentzie naidot hemendik, erdi-prezion jarrikoitxut ta aber hala axkar xamar saltzeitxutxen. **T.** Ya es tiempo de renovar la tienda y cómo éstas cosas son de hace bastante tiempo quiero quitarlas de aquí, las pondré a mitad de precio y a ver si así puedo venderlas rápidamente.

ERDIPURDI. Se dice por el hecho de dejar las cosas a medias, sin terminar.
(Ver la definición de bertanbera).

ERDIRATU. Colocar algo o colocarse en la mitad, retirarse. **K.** Erdiratu inzaitez pixkat meserez, nere aurrien jarrizara eta apenas ikustendot ezer telebistan dauen pelikulatik. **T.** Retírate un poco por favor, te has colocado delante mío y apenas veo nada de la película que hay en la televisión.

ERDITXIK. Por la mitad. **K.** Belaño honekiñ ezta ezer ikusten eta nola iñor eztabillen, baezpare karretera erditxik fangonaz, hemendik marra zuri honekiñ bentzet eta besteik ezpada, gutxi baña zertxobaitx ikustendot. **T.** Con esta niebla no se ve nada y cómo no anda nadie voy a ir por la mitad de la carretera por si acaso, por aquí al menos con esta raya blanca y aunque no sea más que eso, poquito pero algo ya veo.

ERDIXE. La mitad. **K.** Nere aldetik eztau ezer bielekuik konpontzeko eta zuk gurebozu hala geratukogara, lan hau bixon hartien ingou eta bukatu ta gero zerbaitx irabaztenbou, erdixe zuretako eta beste erdixe neretako. **T.** Por mi parte no hay ningún problema para que nos arreglemos y si tú quieres quedamos así, el trabajo lo hacemos a medias y después de terminar si es que ganemos algo, la mitad para tí y la otra mitad para mí.

Aspaldiko esaerabat: Ustedienak, erdixek gezurrak.
Un viejo proverbio vasco dice que de lo que se cree, la mitad son mentira.

ERDIZKA. A medias, a falta de terminar o darle fín. **K.** Lan honeik eziñdou erdizka itxi eta gelditxu inbikozu zertxobatix geixau bukatu hartien, eta gero konpondukogara. **T.** Estos trabajos no los podemos dejar a medias y tendrás que quedarte un poco más hasta que termines, y luego ya nos arreglaremos.

ERDOIE, ERDOIA. Roña. **K.** Hemen kosta aldien ezta denpora asko bier-izeten eta laister erdoitzendie gauzak salitre demontre honekiñ, betik gañien eon-bierra dau eskuen lija hartuta berriz margotzie naibada. **T.** Aquí cerca de la costa no se necesita mucho tiempo y pronto se roñan las cosas con éste salitre de los demonios, siempre hay que estar encima con la lija en la mano por si se quiere volver a pintar.

ERE. También eso, también lo otro. **K.** Hori ere naidot eta jarrirezu mezerez, len hartudotenaz akaso eztot nahikue eukiko eta nola bixerko eurixe emunde dauen, gaur naidot akabera emutie landatziei. **T.** Eso también lo quiero y me lo pones por favor, con las que he cogido antes a lo mejor no tengo suficiente y cómo para mañana han dado lluvia, hoy quiero terminar de plantar.

ERE! ¡Ere! Exclamación de sorpresa. **K.** Ere!, nola zu hemen?, nola atzo ezer esauen esan eta abixau bez ba enotzun espero. **T.** ¡Ere!, ¿cómo tu aquí?, como ayer no dijiste nada y tampoco has avisado pues no te esperaba.

EREDUE. Ejemplo, modelo. **K.** Gurebozu zerbaitx izetie haundixe zarenien, hartu zure lengosu nausixen eredue eta ondo ibillikozara. **T.** Si quieres ser algo cuando seas mayor, toma el ejemplo de tu primo mayor y andarás bien.

EREDUN. Normativa. **K.** Eziñdozu iñ zuk gurozuna, Udaletxiek eredubat dauko eta kasu inbierra dau harek esatendauenai, gañeraalperrik da asarratzie eta diskutitzen ibiltxeik zeatik hala da eta eztau besteik. **T.** No puedes hacer lo que tú quieras, el Ayuntamiento tiene una normativa y hay que hacer caso y atenerse a lo que dice, además es inútil enfadarse y el andar discutiendo porque es así y no hay otra.

EREMUA. Espacio. **K.** Aitu Nikaxito eta ez asarretu esan-bierra dauketenaz, zuk ondion halamau urte besteik eztaukotzu eta etxat iruitzen ondo haizarenik beste mutill horreikiñ ibiltxiaz, danak hogei urtetik gora daukie eta hareik gauza asko itxeitxue zuri etxatzunak komeni, eta esan-baterako jakiñien dau eranaz eta erriaz eztieka atzien geratzen. Zuk zure eremua daukotzu eta hor eonbikozauke, nahiko lagun be badaukotzu eta nere ustez askoatik komenixauek. **T.** Escucha Nicasito y no te enfades por lo que tengo que decirte, tú todavía no tienes más que catorce años y no me parece bien que andes con esos otros chicos, todos tienen de veinte años para arriba y aquellos hacen demasiadas cosas que a tí no te convienen. Y por ejemplo se de buena tinta que bebiendo y fumando no se quedan atrás. Tú tienes tu espacio y deberías de estar ahí, también tienes suficientes amigos y a mi parecer mucho más convenientes.

EREMUE. Páramo, desierto. **K.** Soldautza garaian batzuetan fan izenitzen Aiunera, Afrikan dau baña orduen española zan eta ha bai zala benetako eremue, kosta aldie hainbestien, baña barru inguruen areirik besteik esan ikusten alde guztietan. **T.** En tiempos de la mili fuí algunas veces al Aaiun, está en Africa pero entonces era española y aquello sí que era un auténtico desierto, en la costa todavía, pero en todo el interior no se veía más que arena por todas partes.

EREMUTAR, EREMUTARRA. Ermitaño. **K.** Garai baten eremutarrak eon omenzien, hala esatendaue bentzek, koba zuluen sartu ta bertan bizitxen, eta auskalo nundik haukien aukera lortzeko janak eta ura, akaso batzun-batzuk eruenda izengozan baña gauza da han eoteziela euron errezo eta baruketakiñ. **T.** En un tiempo ya debía de haber ermitaños, eso dicen al menos, metidos y viviendo dentro de las cuevas, y cualquiera sabe de dónde tendrían la oportunidad de conseguir alimentos y agua, quizá algunos se los llevarían pero la cosa es que allí estaban con sus rezos y sus ayunos.

ERESI, ERESKI, Canción, composición musical. **K.** Benito Lertxundik oso ereski politxek dauko, ta neretzak onenak orkresta sinfonikakiñ batera abestuta daukenak die. **T.** Benito Lertxundi tiene unas composiciones musicales muy bonitas, y para mí las mejores que tiene son las que canta acompañado con la orquesta sinfónica.

ERGELA. Se dice de la persona simple y quizá también algo necia. **K.** Alperrik haizara alegintzen zeatik horrekiñ eztozu gauza haundirik atarako, ezta mutill txarra baña bai nahiko ergela eta askoz hobeto izengozu zuk bakarrik itxie ero beztela bestenbat billatzie, hala bentzet segurantza daukotzu bierdan bezela geratukodala. **T.** Es inútil que te esfuerces porque con ese no sacarás gran cosa, no es que sea mal chico pero sí bastante simple y es mucho mejor que lo hagas tú solo o sino busques a algún otro, así al menos tienes la seguridad de que quedará como es debido.

ERITU. Enfermar. **K.** Nere lengosu nausixek eztakitx gripe ero holako zerbaitx eztauen arrapau, nahiko eritu dauela ikustejako eta bera be konturatuda zeatik komestaudau medikura fan-bierra eukikodauela. **T.** Mi primo mayor no sé si no ha pillado la gripe o algo parecido, se le ve que está bastante enfermo y él tambien se ha dado cuenta porque ha comentado que va a tener que ir al médico.

ERLA, ERLIE. Abeja. **K.** Aspalditxuen esaten haidie nola erlak arrixku haudixen dazen erlabixo asiatiko horreik etorriedetik, eta etxuraz ia larrei desagertudie, erlabixo honeik erlak arrapatzeltxunien burue mozlu eta hala akabatzen omendaue eurokiñ. **T.** Desde hace bastante tiempo están diciendo que desde que ha llegado la avispa asiática las abejas están en un peligro muy grande y parece que ya han desaparecido muchísimas, cuando estas avispas atrapan a las abejas las deben de matar arrancándoles la cabeza.

ERLABIERLABI. Era un juego infantil de antaño que consistía en que una persona debía buscar y encontrar a otras que se habían escondido. **K.** Ni ondion ondo gogoratzenaz erlabierlabi joku horretan ezatezana, eta hala zan, erlabierlabi txakurran bustanbi, a contestar, estamos aquí! **T.** Yo todavía me acuerdo muy bien lo que se decía en el juego ese de buscar a las personas que estaban escondidas, era y tal y cómo hemos puesto arriba, erlabierlabi …

ERLABIXUE. Avispa. **K.** Erlabixuek betikuek die eta noski, hemen betik eondie, baña oñ gertatzenda nunbaitxetik etorritxekuek diela erlabixo asiatiko izena dauken beste horreik eta etxuraz, esatendauen ez, oso arrixkutzuek omendie erlientzat zeatik akabau itxeitxue. **T.** Las avispas son de siempre y claro, siempre han estado aquí, pero ahora pasa que de algún sitio ha venido esas otras a las que llaman asiáticas y parece, según dicen, que son muy peligrosas para las abejas porque las matan.

ERLABIAFIXA. Avispero. **K.** Esatendaue ze asiatikon erlabiafixa horreik ikusi-ezkero Udaletxiei abixau inbierra izetendala, axkar gañera, eta gero eurok konpontzendie horreik akabatzeko. **T.** Dicen que cuando se ve un avispero de las asiáticas hay que avisar rápidamente al Ayuntamiento, y luego ellos se encargan de eliminarlas.

ERLAFIXA, ERLATEIXE, ERLAUNTZA. Colmena o panar de las abejas. **K.** Toki batzutan ikusi izenditxut eta ustedot oñ nahiko afiziño dauela erlateixek jartxeko, esan-baterako Josun baserriko sagasti inguruen batzun-batzuk jarritxue aldamenien bizidienak. **T.** Ya las he solido ver en algunos sitios y parece que ahora hay bastante afición a poner colmenas para las abejas, de hecho en los alrededores del manzanal del caserío de Josu, los que viven al lado ya han colocado unas cuantas.

ERLOJEIXIE. Relojería. **K.** Geruau eta gutxiau ikustendie erlojeixa txikixek, lenau herri guztietan, ero geixenetan, naiz da ez izen haundixe, gutxienetik bat bentzet eotezan, baña oñ etxuraz sigero desagertudie, erlojero zarrak erretiraukozien eta etxuraz gaztiek eztaue nai izeten jarraitzie asunto horreitan. **T.** Cada vez se ven menos relojerías pequeñas, antes en todos los pueblos, o en la mayoría, aunque no fuesen grandes solía haber una por lo menos, pero ahora parece que eso ha desaparecido, los relojeros que se han hecho mayores ya se habrán retirado y parece que los jóvenes no han querido continuar con esos asuntos.

ERLOJERUE. Relojero. **K.** Ba sigero nabarmen dau asuntue, nola eongodie erlojeixaik ba erlojeroik ezpadau? **T.** Pues el asunto está muy claro, ¿cómo va a haber pues relojerías si no hay relojeros?

ERLOJUE. Reloj. **K.** Nik ondion badauket, ondo gordeta ta berdiñ zaiñdute soldautzatik ekarritxeko erlojue, zarra da eta eztot ibiltxen, ezta piladuna eta beñ entzunutzen erlojerobati nola noixienbeñ martxan jartzie komenidan, ba hala itxendot eta sigero ondo dabill. **T.** Yo todavía tengo bien guardado e igualmente cuidado un reloj que traje de la mili, es viejo y no me lo pongo, no funciona con pilas pero cómo una vez le oí a un relojero que de vez en cuando conviene ponerlo en marcha, pues eso es lo que hago y funciona de maravilla.

ERNE. Atento, alerta. **K.** Erne ibilli gizon horrekiñ zeatik ezta bape fixatzekue, eztakitx oingo kontu berririk baña badakitx lenautik txarrikeixa asko iñdekue dala eta askoz hobeto izengozue ez arrimatzie berana. **T.** Estar alerta con ese hombre porque no es nada de fiar, no sé nada de lo que hace ahora pero sí sé que antes ha hecho demasiadas marranadas y haréis mucho mejor si no os acercaís donde el.

ERNE. Brotar, germinar. **K.** Ondion denpora gutxi dala eraiñ izengauen iderrak eta baba beltzak ortuen, erne be ikustendie hasitxe diela eta momentuz bentzet etxura oso ona daukie, eta ezpadau izotzik itxen ustedot jasokoitxula nahikue. **T.** Todavía hace poco tiempo que estuvimos sembrando guisantes y habas en la huerta y ya se ve que han empezado a germinar, además y de momento con muy buena pinta y si no hiela creo que recogeremos bastante.

ERNEGAU, ERNEGAUTA. Enrabietarse, cabrearse, cansarse. **K.** Alde inzaitxez mezerez eta axkar nere aldetik zeatik larreitxo ernegaunaizu ta, betik gañien eon-bierra daukotzu eta eztuztazu izten ezer itxen, gobaikarribat besteik ezara.

T. Aléjate por favor y rápido de mi lado que ya me has cabreado bastante, siempre tienes que estar encima y no me dejas hacer nada, no eres más que un pelma.

ERO. O qué, cual, o acaso. **K.** Beno, erabaki inzu beingoz zeatik ia aspertzen hasinaz, askenien zeiñ gurozu, hau ero beste hori?, ba pentzaizu axkar zure zai daz dendie izteko ta. **T.** Bueno, decídete de una vez porque ya he empezado a aburrirme, al final cual quieres, ¿éste o aquel otro?, pues piensa rápido que te están esperando para cerrar la tienda.

ERO-ALDIXE, EROKEIXIE. Momento de locura. **K.** Siñistu eziñekue da ze ero-aldi eukeleikien pertzonak, tipo horrek bezela, atzo itxeauen euri ta hotzakiñ pilloztuzan malekoien eta uretara sartu, hau ba beno, nahiko xelebrie da baña ez hainbestekue, gauza da ze gañetik erropak areietan itxizitxula euri azpixen, ba uretatik urten ondoren eztakitx zerekiñ jantzikozan. **T.** Es increíble los momentos de locura que puede tener una persona, cómo los ese tipo por ejemplo, ayer con la lluvia y frío que hacía se desnudó en el malecón y se metió en el agua, ésto pues bueno, es bastante raro pero tampoco tanto, la cosa es que encima la ropa la dejó en la arena bajo la lluvia, pues después de salir del agua no sé con que se vestiría.

EROGUE. Necedad. **K.** la danok esautzou ze itxen haidan hori sigero erogue dala baña bera beriaz jarraitzendau ezer kasuik inbarik, nola kenduleike jertzie, alkondara eta kamiseta utzien ibili dauen giruekiñ?, ixe larogetamar urte dauko eta emutendau etxakola bape inportik geixotzeko dauken arrixkue. **T.** Ya le hemos advertido todos que lo que está haciendo es auténtica necedad pero el sigue a lo suyo sin hacer caso alguno, ¿cómo se puede quitar el jersey, la camisa y andar solo con la camiseta con el tiempo que hace?, tiene casi noventa años y parece que no le importa nada el riesgo que corre de enfermar.

ERONOIX, ERO-NOIZ. O cuando. **K.** Aber ezairezu, gaur, bixer, eronoix gurozun fatie Asteasura eta erabakizu haldan axkarren, jakitxie gurot zeatik ondion beste gauza asko dauket inbierrekuek. **T.** Dime a ver si hoy, mañana o cuándo quieres ir a Asteasu y decídelo cuanto antes, quiero saberlo porque todavía tengo otras muchas cosas para hacer.

ERONOLA, ERO-NOLA. O cómo. **K.** Eztakitx han bestaldien ikusidoun bezela, eronola naidozun itxie lan hau, ba haldan axkarren gurekonauke jakitxie materiala enkargatzeko. **T.** No sé si de la forma que lo hemos visto en la otra parte, o cómo querrás hacer este trabajo, pues quisiera saberlo cuanto antes para encargar el material.

ERONOR, ERO-NOR. O quién. **K.** Hori eztala esatendozu, ba nik be eztakitx beste han dauen ha, eronor izenleiken hori iñdauena, nik bentzet ustenauen ezala beste iñor etorri inguru hontara. **T.** Tú dices que ese no es, pues yo tampoco sé si aquel que está allá, o quién otro ha podido ser el que ha hecho ésto, yo por lo menos creía que no había venido nadie más por los alrededores.

ERONORA, ERO-NORA. O a dónde. **K.** Zuk ezangozu aber horra eronora gurozun fatie, nik ustedot aspalditxuen nahiko erraru zabitzela eta danok ardura pixkatekiñ haigara pentzatzen zer gertau ero nundik urtengozun. **T.** Tú dirás a ver si ahí o dónde quieres ir, yo creo que últimamente andas bastante raro y todos estamos un poco preocupados pensando que te puede pasar o por donde vas a salir.

ERONUN, ERO-NUN. O dónde. **K.** Bi ordu noie bere bille eta nik ustedot bazter guztiek beituitxutela, ba eztakitx mendi puntan, ur aspixen, Elixan, ez Elixan ez zeatik ezta faten, eronun eonleikien, naskatunaz eta asaldukoda guredauenien. **T.** Llevo dos horas buscándole y yo creo que he mirado por todas las esquinas, no sé si puede estar en la punta del monte, debajo del agua, en la Iglesia, no, en la Iglesia no porque no vá, o dónde, ya me he cansado y ya aparecerá cuando quiera.

ERORI. Caer, caerse. **K.** Gixajue bai, baña zure kulpatik izenda, askotan esautzut ez igoteko maigañera eta oñ gertauda erori inzarela ta miñ pixkat hartu, ezizu mañaik iñ eta etorrizaitez hona beitzeko aber zer daukotzun. **T.** Pobrecito sí, pero ha sido por tu culpa, te he dicho muchas veces que no te subas encima de la mesa y ahora ha pasado que te has caído y te has hecho un poco de daño, no llores y ven aquí para que mire a ver lo que tienes.

Aspaldiko esaerabat: Ibili ta ibili eta askenien erori.

Un viejo proverbio vasco dice que andar y andar y al final caerse.

ERORKETA. Caída, tropiezo. **K.** Kontu haundixekiñ ibilizaitez hor goixen, harrixek bustixek eontendie eta erorketabat euki-ezkero badakitzue nun asaldukozarien, hor beko zuluen. **T.** Andar con mucho cuidado ahí arriba, la piedra suele estar mojada y si os caéis ya sabéis hasta donde vaís a aparecer, ahí en el agujero de abajo.

EROSKORRA. Se dice de la persona terca, tozuda. **K.** Alperrik da alegiñtzie horrekiñ zeatik etxako ezer inportik zuk esatendozunik, berak buruen sartute badauko gauzabat haxe ingodau, ezta mutil txarra baña bai sigero eroskorra. **T.** Es inútil que te empeñes con ese porque no le importa en absoluto lo que le puedas decir, si tiene algo metido en la cabeza eso es lo que hará, no es mal chico pero sí demasiado tozudo.

EROSI. Comprar. **K.** Derrigorrez erosibikot aterkiñ barrixe, banauken bat baña atzo kanpiñ inguruen hainitzanien puskatu inzan haixe boladakiñ, egaxien urten goiko txapelak eta kirtenaz bakarrik geratunitzen. **T.** Necesariamente tendré que comprar un paraguas nuevo, ya tenía uno pero ayer cuando andaba por el campig se rompió, la parte de arriba salió volando con una ráfaga de viento y me quedé solo con el mango.

EROSKETAK. Compras. **K.** Etxien jatorduko erosketak astegunien andriek itxeitxu eta nik asteburue allegatzendanien, asunto hortan ondo konpontzegara bentzet, berak erosteitxu bierdien eta guredauen gauzak eta nik beste-hainbeste itxendot. **T.** En casa las compras para las comidas de entre semana las hace mi mujer y cuando llega el fín de semana las hago yo, en ese asunto por lo menos nos arreglamos bien, ella compra lo que se necesita y le parece y yo hago lo mismo.

EROSUE. Agradable, cómodo. **K**. Ze erosue izetendan, asteburutan noski, bazkalostien lasai eotie kafetxobat hartuaz, exeri butakan, periodiko hartu eta etxura iñ irakurtzen haizaren bezela, baña begixek itxita. **T**. Que agradable suele ser, claro que en el fín de semana, después de comer estar tranquilamente sentado en la butaca tomando un cafecito, coger el periódico y hacer como que lees, pero con los ojos cerrados.

EROTU. Enloquecer. **K**. Oñartien nahiko erotue ibiltxezan etxurie hauken, baña askenien mediku ta familixak erabakidaue, ikusitxe dauen bezela, haldan axkarren komenidala ingresatzie ospitalien eta akaso han hasikodala hartzen zertxobaitx mejorixa. **T**. Hasta ahora tenía la apariencia de que andaba de manera un poco enloquecida, pero al final los médicos y familiares han decidido, viendo cómo está, que conviene ingresarle cuanto antes en un hospital y que quizá allá comience a mejorar un poco.

EROZEIÑ. Cualquiera. **K**. Eztaukotzu zeatik hainbeste harrotu inbierrik hori iñdozulako, oso ondo dau ta txalotzeko bezelakue da, eta baitxe garbi dau eztala erozeiñ kapaz hori itxeko, baña apostaukonaute ze gutxienetik bentzet bai mordoxkabatek. **T**. No es necesario que presumas tanto porque hayas hecho eso, está muy bien y es cómo para aplaudir, y tambien está claro que cualquiera no sería capaz de poder hacerlo, pero ya apostaría que sí por lo menos un buen montón.

EROZEIÑ-GAUZA, EROZEIÑ GAUZA. Cualquier cosa. **K**. Iñdozun hori eztau ezertarako balixo eta erozeiñ-gauza dala emutendau, eztakitx nola hasi be inzaren ezerko Ideiaik euki-barik nola zan inbierrekue. **T**. Eso que has hecho no vale para nada y parece que es cualquier cosa, no sé siquiera porque has empezado sin tener idea alguna de como había que hacerlo.

EROZEINTZAT, EROZEÑENTZAT. Para cualquiera. **K**. Iñdoten txanpiñoi honeik eztitxut iñ ez batendako ta ez bestiendako, guredauen erozeñentzat die, aurrena probau eta zuen gustokue baldinbada janzeikie naidozuen beste zeatik gero geixau itxeko asmue dauket. **T**. Estos chanpiñones que he hecho no son ni para uno ni para otro, son para cualquiera que le apetezca, primero los probáis y si son de vuestro gusto podéis comer tantos como queraís porque luego tengo la intención de hacer más.

EROZER, ERO-ZER. Cualquier cosa. **K**. Neretzako berdiñ da makarroiek ero lentejak jatie, nereatik erozer gauza eta zuek gurozuena eskatu, kustiñue da zerroozer eotie maigañien gosie kentzeko. **T**. Para mí es igual el comer macarrones o lentejas, por mí cualquier cosa y pedir lo que queraís vosotros, la cuestión es que haya algo encima de la mesa para poder quitar el hambre.

ERO-ZER, ERO ZER. O qué. **K**. Beno mutil, ordue da eta erabaki iñizu hemendik zer naidozun zure zorionetarako, hau, hori bestioi, ero-zer, nere ustez danak die nahiko politxek. **T**. Bueno chaval, ya es hora y decide cual de estas cosas quieres para tu cumpleaños, ésto, aquello de allá o qué, para mi parecer todos bastante bonitos.

ERRAIÑA, ERRAÑA. Nuera. **K**. Egixe izengo halda kontatzendan hori, erraiñak eztiela bape ondo erueten bere amagiñarrebakiñ?, eso akaso bestaldera izengoda?, on bertan enaz gogoratzen nola zan asuntue. **T**. ¿Será verdad eso que cuentan de que las nueras no se llevan nada bien con sus suegras?, ¿o quizá es al revés?, ahora mismo no me acuerdo cómo era el asunto.

ERRALDOIE. Gigante. **K**. Euskalherrixek be badauko bere erraldoie, konkretuz Altzon jaixotako gizona zan eta Altzoko erraldoie esateutzien, ixe bi metro terdi neurtu omenauen eta ondion badaz Donostiko Santelmo museuen bere oñetakuek eta baitxe jantzi bat ero beste. **T**. El Pais Vasco también tiene su gigante, concretamente era nacido en el pueblo de Alzo en Gipúzkoa y le llamaban el gigante de Alzo, debía de medir cerca de dos metros y medio y todavía hay algún calzado y algunas otras vestimentas de él en el museo de San Telmo en San Sebastián.

ERRAMINTA, ERREMINTA. Herramienta. **K**. Obra hontako materiala bixer etorrikoda eta inbiouna da erramintak gaur eruen lan zerbaitxetan hasteko, hartu haldan guztiek eta batzun-batzuk sobre baldindadaz bueltaukoutxu. **T**. Los materiales para la obra llegarán mañana y lo que tenemos que hacer es llevar hoy la herramienta para empezar a trabajar en algo, coger toda la que podáis y si es que sobran algunas ya las traeremos de vuelta.

ERRAMUE. Laurel. **K**. Urtero ekartzeutzet erramuek andriei Josun baserri aurrien dauen arbolatik hartuta, erueteitxu bereinkatzen Erramu domekan eta gero famili hartien errepartitzeko izetendie. **T**. Todos los años le traigo a mi mujer unos ramos de laurel y los suelo coger del árbol que está enfrente del caserío de Josu, los lleva a bendecir el domingo de Ramos para luego repartirlos entre la familia.

ERRAMU-EGUNA, ERRAMU EGUNA. Domingo de Ramos. **K**. Ba Erramu-egun hontan, betik domeka izetenda, ekarrinitxun erramuek ia hartudaue Elixako bereinkaziñue eta oñ andriei errepartitzen hastie bakarrik geratzejako. **T**. Pues este Domingo de Ramos los ramos de laurel que traje ya han recibido la correspondiemte bendición de la Iglesia, y ahora a mi mujer solo queda el empezar a repartir.

ERRAPEIE, ERRAPEIE. La ubre de los animales. **K**. Beiñ probaunauen esnie ataratzen beixen errapeitik eta naiz da han hauen gizonak, Jenaro zan, erakutzi nola itxezan, egitan enauela ezertxorik ikesi eta bertanbera lagabierra izenauen. Eta eztot uste ordeñuko lan hori niretzat izengodanik. **T**. Una vez probé a a sacar leche de la ubre de una vaca y a pesar de que el hombre que estaba allá, era Genaro, me enseñó cómo se hacía, la verdad es que no aprendí nada y tuve que abandonar el intento. Y no creo que ese trabajo del ordeño sea para mí.

ERRARUE. Se dice de la persona o cosa rara. **K**. Mutil, zu bai zarela benetako pertzona errarue, lengo egunien oso gustora janzauen tripakeixek ta gañera esanaz gozuek ziela, eta gaur berriz eztozu nai eta esatendozu etxatzula sekula gustau izen. **T**. Chaval, tú si que eres una persona rara de verdad, el otro día comiste muy a gusto los callos y encima dijiste que estaban buenos, y hoy en cambio no los quieres y dices que no te han gustado nunca.

ERRATZA. Cepillo para barrer hecho con retama. **K.** Garai baten Arabako Narbaixan bertan iñ eta ugeri erratza saltzezien baña ustedot, entzunde dauketen bezela, alpalditxuen eztiela itxen, halaere nik ikusitxut erratza honeik kaliek garbitzen erabiltzendiela eta nunbaitxen ingoitxue. **T.** Hace algún tiempo en el pueblo de Narvaja, en Araba, se hacían y vendían muchos cepillos de retama, pero creo, según tengo oído, que desde hace bastante tiempo ya no se hacen, aún así yo ya he visto utilizar esos cepillos en limpieza de calles y en algún sitio ya los harán.

ERRAUTZA. Ceniza. **K.** Nere aitxak ospelak kentzezitxun, ero bentzet alegiñdu, ur oso beruaz errautzaz batera, jartzeauen errautz hori aspillen ondo nahastuta urakiñ eta gero han sartu hankak, eon bostetik hamar miñutura eta atara, ondo siketu eta hurrengobat harte. **T.** Mi padre solía quitar los sabañones con agua muy caliente junto con la ceniza, ponía ambas cosas bien mezcladas en una palangana y luego metía allá los piés, estaba de cinco a diez minutos y los sacaba, secaba bien y hasta una próxima vez.

ERRAZOIE. Razón. **K.** Beste batzuetan akaso ez baña oñ eta asunto hontan bentzet errazoie daukie, egixe da eziela eurok izen lan horreik inzitxuenak eta beste hareik izenziela. Ba eta esatendan bezela, bakotxai berie. **T.** Quizá en otras ocasiones no pero por lo menos ahora y en lo que respecta a ese asunto tienen razón, es verdad que no han sido ellos los que hicieron ese trabajo y que fueron aquellos otros. Pues y cómo se dice, a cada uno lo suyo.

ERRAZOIRIK EZ. No tener razón. **K.** Hortan bentzet bape errazoirik-ez, eta zeatik?, ba nabarmen dau, nola izengoda posible ba tipo horrek maratoi karrera itxie?, ezta entrenauko-balitz urte osuen be, hau eztau sikera iñ egun bakarrien eta askoz gutxiau takarraran, sigero alperra da gauza honeitrako eta baitxe beste erozeñerako be. **T.** ¿Cómo va a ser posible pues que ese tipo corra la maratón?, en eso por lo menos no tienes nada de razón, ni aunque se entrene todo un año, esto ni siquiera lo ha hecho un solo día y corriendo mucho menos, para esas cosas es completamente vago y también para cualquier otra cosa.

ERRE. Quemar, incendiar. **K.** Galizia ta Portugal aldien erre galantak izendie uda parte honetan, larehun sutik pasa, esatendauen ez Orensen ta egun bakarrien asaldu omenzien hamar su desberdiñ toki bertan. Hori jakiñe da eta zalantzaik eztau nahita izenziela. **T.** En la parte del verano ha habido incendios terribles en Galicia y Portugal, más de cuatrocientos, dicen que en Orense y en un solo día aparecieron diez fuegos diferentes en el mismo sitio. Eso y sin ningún género de dudas está claro que fueron intencionados.

ERRE. Asar. **K.** Ze ondo geratzendan eta ze gustora jan laban errie dauen ollaskue, eta baserrikue baldinbada askoz hobie, hau eta lagundute patatarre batzuaz eta letxuga entzaladakiñ gauza mundiala da, eta ezta iñola astu inbier etxurazko ardauekiñ, beno, egixe da ze etxurazkue izenda, txanpaña be eztala bape gaizki geratzen. **T.** Que bien queda y que a gusto se come el pollo asado al horno, y si es de caserío mucho mejor, acompañado de unas patatas fritas y de ensalada de lechuga es mundial, y de ninguna manera hay que olvidarse de un buen vino, bueno, la verdad es que siendo decente, el champán tampoco queda nada mal.

ERRE. Fumar. **K.** Nik ustedot ze onazkero jente geixenak buruen ia sartute daukiela gauza sigero txarra dala erretzie, etxuraz eta esatendauen ez, gizakuma erre-zaliek asko jetxidiela baña ez horrenbeste emakuman aldetik, honeik akaso geitxu be iñdiela eta geixenbat gaztien hartien. **T.** Yo creo que por fín parece que a la mayoría de la gente ya se le ha metido en la cabeza que el fumar es muy perjudicial, parece y según dicen, los fumadores varones han debido de bajar mucho mientras que el de las mujeres no tanto, éstas quizá también aumentar y las más entre las jóvenes.

ERREALA. Real Sociedad. **K.** Ni, beste jente pillabat bezela, ondo gaztetik Errealan zalie naz eta ustedot, naiz da aspalditxuen exkax xamarrien ibili, ta gauzak ezpadie asko aldatzen betik izengonazela. **K.** Yo, al igual que otro montón más de gente, desde bien joven soy un aficionado de la Real Sociedad y creo, a pesar de que últimamente anda más bien bastante flojillo, y si es que no cambian mucho las cosas que siempre lo voy a ser.

ERREBAJAU. Rebajarse. También puede ser disolver en agua o cualquier otro líquido alguna cosa. **K.** Mutil horrek askenien eztau beste erremeixoik euki errebajau baño, txuleixa haundixekiñ etorrida baña ikusi ondoren bestiek bere aldien iñdertzuauek ziela, belarrixek jetxi eta ixildu inbierra izendau. **T.** Ese chico al final no ha tenido más remedio que rebajarse, ha venido con mucha chulería pero después de que ha visto que los otros eran más fuertes que él, se ha tenido que callar y agachar las orejas.

ERREBALA. Arrabal, generalmente las afueras de las poblaciones . **K.** Garai bateko errebal hareik oñ nun geratudien, ni gogoratzenaz nola lenau eozen herri guztietako kanpo inguruetan, gero horreitan be etxe iñen hasizien eta gaur da eguna alde-guzti hareik etxe horrein betiek diela. **T.** Dónde han quedado los arrabales de aquellos tiempos, yo me acuerdo que cómo antes los había en las afueras de todos los pueblos, luego empezaron a construir casas y hoy es el día en que todos aquellos lugares están llenas de ellas.

ERREBAÑUE. El rebaño. **K.** Lenau Burgosko herri txikibaten, Genoveva jaixozan etxien, ardixen errebaño dexentetxue hauen, hirureun da piku animali, hilzan bere anaie eta danak desagertuzien, haren semiek ezauen nai asunto hortan jarraitzeik eta jareiñ inzien artzai lan hareik. **T.** Antes en un pequeño pueblo de Burgos, en la casa donde nació Genoveva, había un rebaño de ovejas bastante considerable, trescientos y pico animales, murió su hermano, el hijo no quería continuar en esas labores y se abandonaron los trabajos aquellos de pastoreo.

ERREBENTAU. Explotar, reventar. **K.** Denpora gutxi dala Errenteriñ sekulako eztanda izenda, etxuraz eta telebistak entzundan bezela, hango pixu-bateko ugesabak sue emun butanozko bonbonai, honek errebentau eta ondoren ezta asko falta izen etxe guztie bera etortzeko, halaere sekulako kaltiek inzitxun. **T.** Hace poco tiempo ha habido una explosión impresionante en Rentería, parece ser y según se escuchó en la televisión, el propietario de uno de los pisos dió fuego a una bombona de butano, ésta explotó y no ha faltado mucho para que toda la casa se vendría abajo, aún así hubo unos daños muy considerables.

ERREBENTAUTA. Muy cansado, fatigado. **K**. Gaur kriston mendi-buelta iñdou, bost ordu ibiltxen aldapa gora ta bera eta danok errebentauta allegaugara, bestiek be hala ustedot baña nik bentzet derrigorrez jarri eta deskantzau inibierra dauket nunbaitxen, eta axkar gañera zeatik beztela oñ nauen toki bertan etzangonaz. **T**. Hoy hemos hecho una vuelta demasiado grande por el monte, cinco horas andando cuesta arriba y abajo y hemos llegado muy fatigados, pienso que también los demás pero yo por lo menos necesariamente tengo sentarme en algun sitio y descansar, y además rápidamente porque sino me voy a tumbar en el mismo sitio que estoy ahora.

ERREBUELTA. Revueltas, curvas. **K**. Jeseus!, zenbat errebuelta dazen Pantikosa birien, denpora gutxi dala hara fangitzen eta nere andrie zertxobaitx mariauta allegauzan, baña gero eta hamarretako apurbat iñ ondoren laister pasajakon. **T**. ¡Jesús!, cuantas curvas hay camino a Panticosa, hace poco tiempo que fuimos allá y mi mujer llegó un poco mareada, pero luego y despuén de tomar un pequeño tentepié pronto se le pasó.

ERREBEZA. Se dice por la persona o cosa retorcida, rara. **K**. Benetako errebeza da pertzona hori, atzo esanauen badatorrela hurrengo asteko bidaira, gaur berriz lan asko daukela eta eziñdauela, ba bixer auskalo zer esan ero nundik urtetzendan. **T**. De verdad que ese es una persona rara, ayer dijo que ya venía al viaje de la próxima semana, hoy en cambio que tiene mucho trabajo y que no puede, pues mañana cualquiera sabe que dirá o por dónde puede salir.

ERREBEZKA. Al revés. **K**. Kotxe hortako txoferra eztakitx zertxobaitx moxkorra eztauen zeatik sigero errebezka doie karreteratik, eskumatik ta bierdan moduen ibili-bierrien ezker aldetik dator eta batzuetan ondo erditxik, ba hola jarraitzenbadau laister eukikodau istripurenbat. **T**. No sé si el chófer del coche ese no está un poco borracho porque va completamente al revés, en lugar de andar por la derecha y cómo es debido viene por la izquierda de la carretera y a veces muy por el centro, pues si continúa así pronto va a tener un accidente.

ERREDOUNA. Incendiario, pirómano. **K**. Len esandouna Galizia ta Portugaleko suen buruz, ba etxuraz arrapaitxue erredun batzuk, eztakitx zer ingotzien baña merezi bai bentzet denpora aldi onbat kartzelan sartzie. **T**. Sobre lo que hemos dicho antes de los incendios de Galicia y Portugal, pues parece ser que ya han pillado a algunos pirómanos, no sé lo que les harán pero merecido al menos sí tienen el que les metan una buena temporada en la cárcel.

ERREDIOS! ¡Redios! Exclamación que se utiliza para expresar asombro, sorpresa. **K**. Erredios!, jakiñleike nundik eta nola lortudozun partidu hontako sarresak?, gaurko periodikok jartzendau danak salduta eozela eta ezala bat bakarra geratzen, ba apostaukonauke potolue dan lagunenbat badaukotzula nunbaitxen. **T**. ¡Redios!, ¿se puede saber cómo y de dónde has conseguido las entradas para éste partido?, el período de hoy trae que ya se habían vendido todas y que no quedaba ni una sola, pues ya apostaría que tienes un amigo gordo en algún sitio.

ERREDURA. Quemadura. **K**. Jeseus!, Erredura latza iñdozu besuen, ba hori eztaukou kuratzeik etxien eta anbulatoixora fan-bierra eukikou, eta gurebozu lagundukotzut. **T**. ¡Jesús!, vaya quemadura que te has hecho en el brazo, pues eso no lo podemos curar en casa y tendremos que ir al ambulatorio, y si quieres ya te acompaño.

ERREGAIXUE. Regadera. **K**. Ni errekautan noie eta zuk denpora daukotzunien hartuizu kanpuen dauen erregaixue eta hasizaitez erregatzen balkoiko lora guztiek, danak banan banan, bat bera astu-barik. **T**. Yo voy a hacer los recados y tú cuando tengas tiempo coge la regadera que está fuera y empieza a regar las flores del balcón, todas una a una, sin olvidarte de una sola.

ERREGALAU, ERREGALUE. El acto de regalar, también de recibir un regalo. **K**. Demetriok eztau eukiko ezer esatekoik enpresak iñdutzen gabonetako erregaluaz, ardauek, urdaiazpikue, txanpaña eta abar. Eta ezpada larreitxo pasatzen jai honeitan badauko denpora pixkaterako. **T**. Demetrio no tendrá nada que decir por el regalo que le ha hecho la empresa para las navidades, vinos, jamón, txampán, etc… Y si es que no se pasa demasiado en éstas fiestas ya tiene para una buena temporada.

ERREGAU. Regar. **K**. Zenbat denpora euri tantuik inbarik, sekulako sikutie dau alde guztietan eta zer esanik eztau gure ortuen, hasidie izurratzen landara guztiek eta hori ixe egunero erregau itxendoula, ba hala jarraitzenbadau eztakitx ze gertaukodan. **T**. Cuánto tiempo lleva sin caer una sola gota de lluvia, hay una sequedad impresionante en todas partes y que decir en nuestra huerta, han empezado a estropearse todas las plantas y eso que las regamos casi todos los días, pues cómo continúe así no se lo que va a pasar.

ERREGE-SAGARRA, ERREGE SAGARRA. Literalmente quiere decir manzana de reyes y se llama así a un tipo de manzaba reineta. **K**. Errexilko herrixe oso famaue da errege-sagarran buruz, oñ denpora gutxi dala frontoien izenzan honein erakusketa, ferixa be bertan eonzan eta han eongiñen ikusi ta sagar horreik erosten. **T**. Régil, un pueblo de Gipúzkoa, es muy famosa por sus manzanas reinetas, ahora hace poco tiempo en el frontón hubo una exposición sobre ellas, la feria también fue en el mismo sitio y allí estuvimos para ver y comprar esas manzanas.

ERREGUE. Ruego, súplica. **K**. Gurebozu billatzie galdudozun zerreozer ona izetenda erregu batzuk itxie San Antonioi eta nai izen-ezkero urtezie loterixa San Pankraziori, erregu honeikiñ batera komedida diru pixkat be botatzie eta hala itxenbada ziur eztauela fallatzen. **T**. Si quieres encontrar algo que se te ha perdido es buena cosa hacer unos ruegos a San Antonio y si quieres que te toque la lotería a San Pancracio, junto con los ruegos también suele ser conveniente echar algo de dinero y si se hace así seguro que no falla.

ERREGULARRA. Regular. **K.** Iñdozun lan hori ta egixe esanda eztau gaixki baña halaere ez pentza larreiko ondo dauenik be, nik esangonauke nahiko erregularra geratudala baña balixokue, eta asken-fiñien hori da inportantzi daukena. **T.** La verdad es que ese trabajo que has hecho no está mal pero aún así no pienses que tampoco está demasiado bien, yo diría que ha quedado bastante regular pero válido, y al final eso es lo que tiene importancia.

ERREJISTRAU. Registrar, cachear, escuadriñar. **K.** Obra hontako bateonbat izenda karterak kaxetatik lapurtzen ibilidana, eta hobeto izendoga asaltzie eta izendana berriz iztie eozen tokixen, eta ezpadie asaltzen lana bukatu ordurako erregistratzen hasibikou. **T.** El que ha robado las carteras de la caseta es alguien de esta obra y será mejor que aparezcan y el que haya sido las vuelva a dejar en su sitio, y sino aparecen para la hora que terminemos de trabajar habrá que empezar a registrar.

ERREKA. Río. **K.** Atxabaltako Deba errekan dauen presan igeri ikesigauen eta nahiko etxuran gañera, baña hori bai, naiz eta guk nai ezgiñen sekula nahasten neskakiñ, orduen akaso pekatue izengozan eta hareik beste tokibat haukien. **T.** Nosotros aprendimos a nadar en la presa del río Deva en Aretxabaleta y bastante bien por cierto, pero eso sí, a pesar de que lo deseábamos jamás nos mezclábamos con las chicas, entonces a lo mejor era pecado y ellas tenían otro sitio.

ERREKA BAZTERRA. La ribera del río, la orilla, la esquina. **K.** Lenau ezien gauzak izeten oñ dien bezela, baleike txarri galantak izetie baña sobratzezien gauza guztiek, geixenak bentzet, lasai asko botatezien erreka bazterrien eta iñok ezauen ezer esaten, garai hartan nahiko normalak, ero ez larreiko anormalak, zien gauza horreik. **T.** Antes las cosas no eran cómo son ahora, puede que fuéramos unos auténticos cerdos pero todas las cosas que sobraban, al menos la mayoría, se echaban tranquilamente a una esquina del río y nadie decía nada, en aquellos tiempos esas cosas eran bastante normales, o no demasiado anormales.

ERREKADISTA. Es la persona que hacía, creo que ahora también, algún encargo que necesitaras obtener de fuera de tu localidad. Antes porque había pocos medios para desplazarse y ahora supongo que por comodidad. **K.** Atxabaltan ta garai hartan bi errekadista eozen eta oñ eztakitx bakarra eongodan, baña balitxeke ezetz, bixek andrak zien eta ondion gogoratzenaz harein izena, batena Blanka zan eta bestiena Marina. **T.** En aquellos tiempos en Aretxabaleta había dos recadistas y ahora no se si habrá alguna, pero puede que no, las dos eran mujeres y todavía me acuerdo de sus nombres, una se llamaba Blanca y la otra Marina.

ERREKAUEK. Recados. **K.** Asteburuko errekauek nik itxeitxut, gañera ta egixe esanda nahiko gustora zeatik betik gustau izenjat azokak ikustie, han eotendan dana baña geixenbat peskadeixak. Eta ez herri hontan bakarrik baizik fategaren toki guztietara berdiñ izetenda. **T.** Los recados para el fín de semana los hago yo, además y la verdad sea dicha bastante a gusto porque de siempre me ha gustado ver los mercados, todo lo que suele haber allá pero sobre todo las pescaderías. Y no solo en este pueblo, sino que también en todos los sitios a los que vamos suele ser igual.

ERREKAUTAN. Haciendo recados. **K.** Naiz da gaur asteburure izen ez andriek errekautan bieldudust, patata eta esne faltan omendau, ba ni txintxo askuen eta bierdan bezela poltza hartu eta Eroski dendara. **T.** Aunque hoy no es fín de semana la mujer me ha mandado a hacer unos recados, dice que necesita patatas y leche, pues yo obediente y cómo hay que ser cojo la bolsa y a la tienda de Eroski.

ERREKA-ZULUE. Allá donde más abajo se encuentra el río. **K.** Esauztie ze gurebot kangrejolk arrapatzie erreka-zulora komenidala fatie eta han ugeri eukikoitxutela, nahiko neketzue omenda gora eta bera ibiltxie baña merezidauela. **T.** Me han dicho que si quiero coger cangrejos en conveniente que vaya abajo al río y que allá los tendré en abundancia, que es un poco penoso el bajar y el subir pero que merece la pena.

ERREKOMENDAZIÑUE. Recomendación. **K.** Nere aitxajauna lan-barik geratuda ta hal izetenbozu eta aukera euki, asko ezkertukonauke errekomendaziño txikitat iñezkero zure nagusixei. **T.** Mi abuelo se ha quedado sin trabajo y si puedes y tienes oportunidad, ya te agradecería si le hicieses una pequeña recomendación a tu jefe.

ERREKONTXO!, ERREKOÑO! Exclamación de sorpresa, de asombro.
(Mirar la definición de erredios!).

ERREKREUE. Recreo. Es el rato de descanso que tienen los alumnos entre horas de clase. **K.** Sagrariok sarri esantendau nola bere bi alabatxuek gustoren eotendienien ikastolako errekreu denporan izetendala, jolasten haidienien euron lagunekiñ. **T.** Sagrario suele decir a menudo que sus dos hijitas cuando más a gusto están es en el tiempo del recreo de la ikastola, cuando están jugando con sus amigas.

ERRELEBUEN. Trabajos o competiciones a relevos. **K.** Lan honeik oso astunek die eta batek bakarrik itxeko larreiko gogorrak, nik ustedot ze errelebuen iñezkero hobeto izengodala eta halaere ustedot izerdi batzuk be botakoitxula. **T.** Estos trabajos son demasiado penosos y para que los haga uno solo es demasiado duro, yo creo que si los hacemos a relevos será mejor y aún así creo que también echaremos unos cuantos sudores.

ERREMANGAU, ERREMANGAUTA. Estar en mangas de camisa.
(Mirar la definición de besutzik).

ERREMATAU. Rematar alguna cosa, algún trabajo. **K.** Atzo zuk iñdako lanak errematau bierrien geratudie, eta nola gaur arratzaldien denpora pixkat daukotzun hartu erramintat eta hara fanbikozu lan horreik bukatzera. **T.** Han quedado pendientes de rematar los trabajos que hiciste ayer, y cómo esta tarde vas a tener un poco de tiempo coges la herramienta y tendrás que ir allá a terminarlos.

ERREMATIE. Término, complicación, fín. **K.** Hori bakarrik geldiketajakon Anizeto gixajuei, zoritxarreko erremate hau, aspalditxotik haizan eziñ errekuperauka gerriko miñaz eta oñ labandu, lurrera jausi eta ukolondue puskatudau. **T.**

Solo eso le faltaba al pobre Aniceto, la mala suerte para complicarle aún más las cosas, desde hace ya bastante tiempo estaba sin poder recuperarse del lumbago y ahora se resbala, cae al suelo y se rompe el codo.

ERREMATIE. Subastas, rebajas. **K.** Andriek komestatzendau ze errege eguna pasa ondoren denda guztietan hastendiela jantzixen ta oñetakuen errematiek, ta nola kaltzontzillo bierrien nauen aprobetxatzeko aukera hau, eztakitxena da zeatik esangodauen hori ze nik apenas erabiltzeitxuk. **T.** La mujer me ha comentado que después de que pase el día de reyes en todas las tiendas empiezan las rebajas de ropa y calzado, y que cómo estoy necesitado de calzoncillos que aproveche la ocasión, lo que no entiendo es porque dirá eso si yo apenas los utilizo.

ERREMEIXUE. Remedio. **K.** Nere aitxak sarri esateauen gauzabat, ze nunbaitxen ezpazien ondo portatzen ero atenzioik euki ez norberaz ero beste erozeñekiñ, horrek erremeixo errexa daukela. Haren esana zan, "la causa tiene remedio, mañana ez etorri". **T.** Mi padre a menudo solía decir una cosa, si en algún sitio no se portaban bien o no prestaban atención a uno o a cualquier otro, que eso tenía fácil solución. Aquel decía, "la causa tiene remedio, mañana ez etorri", (no venir).

ERREMENTARI, ERREMENTAIXE. El herrero. **K.** Gero eta errementari gutxiau geratzendie herri txiktan, akaso batez, lenau, aspaldi, gogoratzenaz bat bazala Atxabaltan eta bestebat Arrasaten, baña hareik be zartu eta fanzien. **T.** Cada vez hay menos herreros en los pueblos pequeños, quizá ninguno, antes, hace mucho tiempo recuerdo que ya había uno en Aretxabaleta y también otro en Mondragón, pero aquellos ya se hicieron viejos y se fueron.

ERREMENTARITZA, ERREMENTAIXA. Herrería. **K.** Goixen jarridoun bezela ia apenas gelditzendie errementarik herri txikitan, eta noski, honekiñ batera errementaixik bez, baña beno, eon badaz zeatik lan hori ezta desagertu, gertatzenda ze len eskuz itxezien lanak oñ lan horreik makiñak itxeitxuela, geixenak bentzet. **T.** Cómo hemos puesto arriba apenas quedan herreros en los pueblos pequeños, y claro, es lógico que junto con ésto tampoco haya herrerías, pero bueno, haber sí las hay porque esos trabajos no han desaparecido, lo que pasa es que los trabajos que antes se hacían a mano ahora las hacen las máquinas, al menos la mayoría.

ERREMIÑA, ERRE-MIÑA. Dolor por quemadura, escozor. **K.** Pentzata ezala holako berue eongo eskue sartudot ixe irikitxen hauen uretan, momentu txikibat bakarrik izenda baña ixe kixkeldu iñdot. Amak igurtzidust eskue uguentuekiñ eta zertxobaitx kendujat erremiñ hori. **T.** Pensando que no estaría tan caliente he metido la mano en el agua que casi estaba hirviendo, ha sido solo un momento pero casi me he abrasado. La madre me ha frotado la mano con una pomada y ya se me ha quitado un poco el dolor de la quemadura.

ERREN, ERRRENA. Cojo. **K.** Gizon hori aldamIñotik jausizanetik ezta geratu bape ondo, denpora dexente da hori gertatuzala eta ibili be iñda nahiko erreabilitaziño itxen baña etxuraz eta berak esatendauen bezela, naiz eta asko ez, zertxobaitx bentzet erren geratukodala. **T.** Ese hombre desde que cayó del andamio no ha quedado muy bien, ya hace bastante tiempo que sucedió eso y también ha hecho mucha rehabilitación, pero parece y según dice él que aunque no mucho, al menos si quedará algo cojo.

ERRENDIRUTA. Muy fatigado, cansado.
(Ver la definición de errebentauta).

ERRENDIRU. Apaciguar, calmar, rendirse, sosegar. **K.** Bai, Heliodoro betik izenda pertzonabat burrukalari eta harroputz galanta, baña gaur ikusidau ze aurka zala beste gizonbat bere aldien askoz iñdartzuaue zana, ba eztau euki beste erremeixoik errendiru baño. **T.** Sí, Heliodoro siempre ha sido una persona muy bravucona y dispuesta a pelear, pero hoy no ha tenido más remedio que rendirse cuando ha visto que otro hombre bastante más fuerte que él se ha puesto en su contra.

ERRENKA. Cojeando. **K.** Zumaiko maratoi erdixe iñauenien errenkan allegaunitzen helmugara eta xixko iñde bernako miñaz, ondo sendau-bako lesiokiñ fan eta hala geratunitzen, sigero izurrauta. **T.** Cuándo hice la media maratón de Zumaia llegué cojeando a la meta y terminé hecho polvo con el dolor de la pierna, fuí sin haberme curado bien de la lesión y así quedé, absolutmente fastidiado.

ERRENTA. La renta. **K.** Fandan urteko errenta deklaraziñue nahiko latza izenzan zeatik diru pilla, neretzat bentzet, ordaiñdu-bierra izenauen Haziendari, eta gañera esatendaue Hazienda danok garela, ba etxura guztie dauko ze batzuk beste askok baño zetxobaitx geixau izengogarela, hala emutendau bentzet. **T.** La declaración de renta del año pasado fue bastante dura porque me tocó pagar mucho dinero, al menos para mí, a Hacienda, y además suelen decir que Hacienda somos todos, pero parece que algunos seremos algo mas que muchos otros, esa impresión da al menos.

ERREPARAU. Darse cuenta de algo, reparar en algo o alguien. **K.** Bueltaizu burue diximuluen eta erreparau inzu hor zure atzien dauenakiñ, badakitzu zeiñ dan?, ba Inozentzio, bai gizona, ha bere garain txirrindulari famaue izenzana. **T.** Vuelve la cabeza con disimulo y repara en ese que está detrás de tí, ¿ya sabes quién es?, pues Inocencio, sí hombre, aquel que en su tiempo fué un ciclista tan famoso.

ERREPARTIRU, ERREPARTUE. Repartir, reparto. **K.** Aber ze iruitzejatzun hau, zuri diru askotxo urtenjatzu loterixan eta nola gizon borondate haudikue zaren nik ustedot errepartiru inbizaukela zetxobaitx gure hartien, gañera ta naiz da ez asko izen, etxakun bape gaizki etorriko. **T.** A ver que te parece ésto, a tí te ha tocado mucho dinero en la lotería y cómo eres un hombre muy bondadoso yo creo que deberías de repartir algo entre nosotros, además y aunque tampoco sea demasiado, no nos vendría nada mal.

ERREPARUE. Reparo. **T.** Neri erreparo pixtak emuntendust bakarrik fatie horreana zulatzeko makiña eskatzera, eztot larrei esauketan eta apenas berbaik iñot sekula berakiñ, eta nola zure laguna dan, zeatik estuztazu laguntzen?

T. A mi me da un poco de reparo ir solo a dónde ese a pedirle el taladro, apenas le conozco y casi nunca he hablado con él, y como tú eres su amigo, ¿porqué no me acompañas?

ERREPASAU. Repasar. **K.** Konsuelo, laister daukotzu asterketak eta errepasatzen hasi inbizauke matematika liburu hori, badakitzu zer gertaujatzun aurrekuen, sigero txintxiliske geratuzitzela. **T.** Consuelo, pronto tienes los exámenes y deberías de empezar a repasar el libro de matemáticas, ya sabes lo que te sucedió la vez anterior, que te quedaste completamente colgada.

ERREPASUE. Fig. se dice por el acto de observar disimuladamente a alguna chica. **K.** Zenbat bider esateuzten andriek tontue emutendotela ez konturatzeaitik aldamenetik pasadan neskakiñ, ni noski disimulatzen esanaz beste tokira hainitzala begire, baña ordurako emunda nauken errepasue. **T.** Cuántas veces me suele decir la mujer que parezko tonto por no haberme fijado en la chica que ha pasado a mi lado, yo claro disimulando le digo que estaba mirando a otro lado, pero para entonces ya la había observado.

ERREPE. Repe, repetido, reiterado, recalcad. **K.** Ondion be ustedot hala ibiltxendiela mutikuek eta akaso baitxe neskatillak, garai hartan guk be kromo errepe asko eukitxegitxun, normalki fubolistanak izetezien, eta luzero denporan eotegiñen aldatu-guran ezaukoun beste-batzuatik, eta geixenbaten bat lortzeko bi ero hiru ordez emun-bierrak izetezien. **T.** Todavía creo que así suelen andar así los chavales y quizá las chavalas, nosotros también en aquellos tiempos solíamos tener muchos cromos que estaban repetidos, normalmente eran de futbolistas, y solíamos estar durante largo tiempo queriendo cambiarlos por algunos otros que no teníamos, y la mayoría de las veces para conseguirlo había que dar dos o tres a cambio.

ERREPETIRU, ERREPETIZIÑUE. Repetir las cosas, las situaciones. **K.** Zuri beiñ baño geixautan errepetiru inbijatzu gauzak eta betik zalantza horrekiñ geratzenaz, eztakitxela eztozun ulertzen ero eztozun gure ulertzeik. Eta nere ustez bigarrena da zeatik eztot uste larreiko tontue izengozarenik. **T.** A tí hay que repetirte la cosas varias veces y siempre me quedo con esa duda, que no sé si no entiendes o no quieres entender. Y yo creo que es lo segundo porque no creo que seas demasiado tonto.

ERREPIDIE. Carretera. **K.** Gipuzkoko Diputaziok peajebat kobratzen hastie naidau nazional bateko errepidien, kamioidunak sutan jarridie eta entzutendan bezela greba itxeko asmuaz dabitz. **T.** La Diputación de Gipúzkoa quiere empezar a cobrar un peaje en la carretera de la nacional uno, los camioneros están que echan fuego y según se oye parece que tienen la idea de hacer huelga.

ERREPIKAU. Contestar, repetir. **K.** Mutill horrek eziñdau sekula ixilik eon, betik errepikau inbierra izetendau erozeiñ gauzai naiz eta jakiñien eon eztaukela bape errazoirik, eta gero hortik etortzendie, aurrena eztabaidak eta ondoren asarriek. **T.** Ese chico no puede estar nunca callado, siempre tiene que contestar a cualquier cosa a pesar de que sepa de que no tiene nada de razón, y luego de ahí vienen, primero las discusiones y luego los enfados.

Aspaldiko esaerabat: Hainbeste bider gezur hori errepikau eta askenien norberak siñistu.

Un viejo proverbio vasco dice que tanto repetir la misma mentira y al final uno se lo termina creyendo.

ERRESPETUE. Respeto. **K.** Horixe faltadozu zuk, errespeto pixkat eukitxie zure gurasuei, eztakitx nola iñleiketzun berba modu hortan eta halako erantzunak emun, lotzabakobat zara eta derrigorrez zuzentzen hasi-bierra daukotzu. **T.** Eso es lo que te falta a tí, un poco de respeto hacia tus padres, no sé cómo les puedes hablar así y dar esas contestaciones, eres un sinverguenza y necesariamente tienes que empezar a enmendarte.

ERRESTUE. En los partidos de pelota es la devolución o resto de los saques que efectúa el jugador contrario. **K.** Nik ustedot ze esku-pelota jokuen sakien errestari oneneitakue Barriola izendala, baña honi be eta berdiñ beste askoi moduen, allegaujako bere ordue ta hainbeste urte ondoren ontxe dau erretirau-barri, baña bakarrik frontoiko profesional bezela eta oñ Euskaltelebistako komentarista dauela ikustejako. **T.** Yo creo que uno de los mejores restadores de saques en los partidos de pelota a mano ha sido Barriola, pero también a éste al igual que a otros muchos, le ha llegado su hora y después de tantos años ahora está recién retirado, pero solo como profesional de los frontones y ahora se le ve que está de comentarista de Euskaltelebista.

ERRETA. Quemado. **K.** Guza batzuk izetendie eztakitzula barre ero negar iñ, esan-baterako hau bezela, beñ eta ia aspalditxo, Sorian bizidan kuñatak ollaskobat sartuauen labara eta erre bitxartien fangiñen txikito parebat hartzen aldamenien dauen herriko tabernara, baleike denpora larreitxo eotie lan horreitan zeatik bueltau-gitzenien ollasko gixajue esauen bakarrik erreta baizik sigero kixkelduta, ba beno, arrautzak bentzet baozen eta hareikiñ etxuran konpondugiñen. **T.** Suele haber algunas cosas que no sabes si reir o llorar, cómo ésta por ejemplo, una vez la cuñada que vive en Soria metió para asar un pollo al horno y mientras se cocinaba fuimos a a tomar un par de chiquitos al bar que está en el pueblo de al lado, puede que estuviésemos demasiado tiempo es esas labores porque cuando volvimos el pobre pollo no solo estaba asado sino completamente quemado, pero bueno, al menos ya había huevos y con eso nos arreglamos sufucientemente bien.

ERRETA. Fig. se dice de la persona que está enfadada, cabreada. **K.** Zerbaitx gertaujatzu, ero?, zeatik nahiko erreta zarela ikustezaut, ezta izengo ba zerreozer gaizki iñdozula eta horreatik errietanbat hartudozula zure andrien aldetik?, baietz?, ba, ez asarretu horreatik gizon gauza normala da ta. **T.** ¿Te ha sucedido algo?, porque te veo que estás bastante enfadado, ¿no habrá sido pues que has hecho mal alguna cosa y que por eso hayas recibido una bronca por parte de tu mujer?, que sí?, ba, no te enfades por eso hombre que es cosa normal.

ERRETEGIXE, ERRETEIXE. Restaurante asador. **K.** Erretegi onak asko daz kosta aldien eta hala berdiñ beste hainbat lekutan, baña halaere oñ eta benetako fama haundienetaikue daukena da Getarin dauen Elkano. **T.** Hay muchos asadores buenos por la costa e igual también en muchos otros lugares, ahora que uno de los que de verdad más fama tienen es el Elcano que está en Getaria.

ERRETELLIE. Retejo. **K.** Baserri hortan aspalditxik ezta iñor bizi eta gertaukojako, eta laister gañera, ze ezpotzie kasuik itxen bera etorrikodala, itxufiñek besteik eztauko eta derrigorrez ta axkar komenijako erretella onbat itxie. **T.** En ese caserío desde hace tiempo ya no vive nadie y le va a pasar, y además pronto, que si no le hacen caso se va a venir abajo, no tiene más que goteras y necesariamente y con urgencia le conviene hacer un buen retejo.

ERRETIRAU, ERRETIRUE. Jubilación, retiro. **K.** Ni erretirau ondoren, bimilla eta hamaikan izenzan, urtero itxeitxut, betik bakarrik, bi ero hiru asteko bidaienbat oñez ero bizikletan, eta oñartien badie indiutxuten batzun-batzuk, Santioko hiru bire desberdiñ, Iñaxiotarrana, Ebro ibaikue eta abar. **T.** Desde que me he jubilado, fué el dos mil once, todos lo años hago, siempre solo, algún viaje de dos o tres semanas andando o en bicicleta y hasta ahora ya he hecho unos cuantos, tres caminos de Santiago diferentes, el Ignaciano, la ruta del río Ebro, ect...

ERRETOLIKA. Es la charla incesante, pelmosa y sin fundamento. **K.** Karolinak dauko erretolika eta geixenak txorakerik besteik eztie, ezerko fundamentukiñ eta gañera ixildu be ezta itxen, eta guasen axkar hemendik zeatik eziñda hori aguantau. **T.** Vaya charla pelmosa que tiene Carolina y la mayoría no son más que tonterías, sin ningún fundamento y encima no se calla ni siquiera un momento, y vámonos rápido de aquí porque esto no hay quien lo aguante.

ERRETORIE. El rector (a). **K.** Euskalherri Unibersitateko erretora Nekane Balluerta da eta postu hori bimilla ta hamaxeien lortu izenauen, eta orduen gertauzan ze ezala besteik aurkestu oposaketa hareitara. **T.** La rectora de la Universidad del Pais Vasco es Nekane Balluerta y el puesto lo consiguió el año dos mil dieciseís, y entoces pasó que ninguno más se presentó a las oposiciones.

ERRETRAPUE. Literalmente quiere decir trapo para las quemaduras y se decía que el nombre le venía por el tipo de trapo que utilizaban los curanderos. **K.** Ataulfon etxe zarrien, Laredon, berak kontatatzedau nola garai-baten sazimedikuen erretrapu antzerakuek ibiltxeziela, orduen akaso eziela eongo aukera askoik besteik erosteko eta normalki izeteziela trapu zurixek elastiko zarretik aprobetxatzezianak. **T.** En la casa vieja de Ataulfo, en Laredo, cuenta él que cómo en aquellos tiempos también se utilizaban trapos similares a los de los curanderos, entonces que quizá no habría grandes oportunidades para comprar otros y normalmente solían ser telas blancas que se aprovechaban de alguna camiseta que ya no se utilizaba.

ERRETRAPUENBOTIKA. Literalmente quiere decir medicina del trapo quemado, nombre curioso y raro, ¿verdad? Pues es una especie de pomada que ha pasado de generación en generación en nuestra familia y que consiste en calentar una mezcla de sebo de vaca, cera natutral, aceite de oliva y corteza de sauco. Y una vez enfriada la mezcla, esta se solidifica y ya está lista para su uso. **K.** Gure etxien eta erretrapuenbotika honekiñ gauza asko sendatzezien, ta noski, ondion be hala jarraitzendau sendatzen, erriek, zartadak, erazanak eta abar. Eta gañera betik fede haundixe eukidou danok erremeixio horrekiñ. **T.** En nuestra casa y con la pomada que he explicado, se curaban y todavía también se siguen curando muchas cosas, golpes, quemaduras, contracturas, etc... Y además siempre todos hemos tenido una gran fé en este remedio.

ERRETRASUE. Retraso, retardo, tardanza.
(Ver la definición de atrasue)

ERRETRATUE. Fotografía. **K.** Nik ondion soldautzatik ekarritxeko erretratuek ataratzeko makiña, horrena ia badie berrogetamar urte, eta orduen bentzet oso ona zan, baña gertatzenda larreiko erosue biurtunazela eta oñ nola askoz errexaue dan, ba askoz naio izetendot ataratzie dijital makiña horreikiñ ero beztela telefonuaz. **T.** Yo todavía tengo la máquina de fotos que traje de la mili, de eso hace ya cincuenta años, y al menos entonces era muy buena, pero pasa que me he vuelto demasiado cómodo y cómo ahora es mucho más fácil, pues prefiero sacar las fotografías con una de esas máquinas digitales o sino con el teléfono.

ERRETRATISTA. Fotógrafo. **K.** Atxabaltan, gure familixako erretratista herri bertako Felipe izenzan eta nola gure aitxa oso erretratu-zalie zan, ba urtero atatzegauen batzun-batzuk familixa hartien, eta askok etxeko patixu inguruen izetezien. **T.** En Aretxabaleta el fotógrafo de la familia fué Felipe y cómo nuestro padre era muy aficionado a las fotografías, pues al cabo del año sacábamos unas cuantas entre la familia y muchas de ellas solían ser en los alrededores del patio de casa.

ERREUMIE. Reúma. **K.** Momentuz bentzet nik eztot sekula euki, bañe entzunde dauket erreumie daukienak oso gaizki ibiltxendiela larreiko umeltazun dauenien, eta hau da gauzabat kosta aldien eztana sekula falta izeten. **T.** Al menos de momento yo no he tenido nunca reúma, pero tengo oido que la persona que lo padece lo pasa muy mal cuando hay demasiada humedad, y eso es una cosa que no falta nunca en la costa.

ERREUSEÑE, ERRE USEÑE. Olor a quemado. **K.** Eztakitx baña, eztozue zuek useintzen?, ustedot zerreozer erretzen haidala nunbaitxen, baezpare beitu inzue aber hemengo nunbaitxen dan zeatik sekulako erreuseñe dau. **T.** No sé pero, ¿no oléis vosotros?, creo que algo se está quemando en alguna parte, ir a mirar por si acaso a ver si es por algún sitio de las cercanías porque hay mucho olor a quemado.

ERREX, ERREZ. Fácil. **K.** Tomasito, lan hau oso errex ingozu zeatik erozeñek itxeko bezelakue da, prixa-barik hasi, lasai hartu eta hala gero ikusikozu ze ondo urten ta gelditxukojatzun. **T.** Tomasito, este trabajo lo harás fácil porque lo podría hacer cualquiera, empieza tranquilo, sin prisas y así luego ya verás que bien va a salir y te va a quedar.

ERREXA, ERREZA. Fácil, **K.** Aurrenekuen nahiko zalla dala emutendau, baña hori bakarrik da pixkat eskue hartu hartien eta gero ikusikozue ze errexa dan, eta beñ da oiturau ixe berez urtengodau. **T.** Al principio parece que es bastante difícil pero eso solo es hasta cogerle un poco la mano y luego y vereís lo fácil que es, y una vez que os acostumbreís os saldrá casi solo.

ERREXKARAN, ERREZKARAN. En fila, de uno en uno. **K.** Aber entzun, jarrizaiteze banan banan eta errezkaran errepartuen hasteko, eta etorri lasai eta takarraran inbarik zeatik danontzako allegaukoda. **T.** A ver escuchar, poneros en fila para empezar con el reparto y venir de uno en uno, tranquilos y sin correr porque llegará para todos.

ERREZAIXUE. El rosario. **K.** Son unos rezos de la Iglesia en los que cita a la vida de la Virgen. También se llama así a una epecie de aro elástico con cuentas que pasando con los dedos de uno en uno se van recitando los misterios contenidos en el rosario. **K.** Garai baten ondion mutikuek gitzenien, domeketan derrigorra zan erresaixora fatie, baña oñ enaz gogoratzen zeatik izetezan ezgiñela betik allegatzen. **T.** En un tiempo cuándo todavía éramos unos chavales, era obligatorio ir los domingos al rosario, pero ahora no me acuerdo de porqué era que no siempre llegábamos.

ERREZELUE. Recelo, desconfianaza. **K.** Nik gizon horrekiñ, zeatik eztakitx baña errezelo pixkat badauket, eztot ezertik esauketan eta halaere eztutzet etxura bape onik hartzen, baleike erruen eotie baña susmo haundixe dauket eta jeneralki bista ona euki izendot gauza horreikiñ. **T.** Yo con esa persona, no sé porqué pero siento un poco de recelo, no le conozco de nada y aún así no le cojo demasiada buena pinta, puede que esté equivocado pero tengo una sospecha muy grande y generalmente suelo tener buena vista para estas cosas.

ERREZETA. Receta. **K.** Oñ eztau errezetaik bier-izeten botikak hartzeko zeatik medikuek zuzenien jartzeitxu ordenadoran hartu inbierreko gauzak, gero fatezara botikara txartelakiñ eta han emuteutzue añdutakue. **T.** Ahora no hace falta recetas para coger los medicamentos porque el médico pone directamente en el ordenador lo que tienes que tomar, luego vas a la farmacia con la tarjeta y allá te dan lo que te han mandado.

ERREZTAZUNA, ERREZTU. Faciilitar, ofrecer facilldades, allanar, agilizar. **K.** Obrako lanak ondo eta denporaz bukatzeko langilliei erreztazuna emun-bierra izetenda, bai erraminta, erropa, bierditxuen makiñak eta baitxe garbitxu ta aldatzeko tokixek, hala eurok gustorau ibilikodie eta hori danontzat mezerie da. **T.** Para que en una obra los trabajos salgan bien y se terminen a tiempo es necesario facilitar las cosas a los trabajadores, bien la herramienta, la ropa, las máquinas que necesiten y también lugares para que se puedan cambiar y asearse, así ellos estarán mas a gusto y eso es beneficioso para todos.

ERREZUEK. Rezos. **K.** Neri gaztetan ikesteko errezuek aspalidi astujaten eta gero, aitxapunteko izenitzenien, gañera bi bider, batzun-batzuk berriz ikesi-bierra izenauen, eta gaur da eguna ostera astujatena. **T.** Los rezos que aprendí de joven hace tiempo que se me olvidaron, luego otra vez tuve que aprender algunos cuando me tocó ser padrino, además dos veces, y hoy es el día que de nuevo se me han olvidado.

ERRIBERA. Ribera del río.

(Ver la definición de erreka-bazterra).

ERRIE. Quemado. **K.** Ollasko hau eziñda jan zeatik larreiko errie dau, nik eztot sekula alpargataik jan baña ha izengobazan etxurie dauko, bueltau ingou eta beste zerbaitx eskatubikou, gosiaz bentzet ezingogara gelditxu. **T.** Este pollo no se puede comer porque no solo está asado sino quemado, yo no he comido nunca una alpargata pero tiene que ser algo similar a ésto, lo devolveremos y tendremos que pedir alguna otra cosa, por lo menos no nos vamos a quedar con hambre.

ERRIELA. Moneda ya muy antigua, yo ya la he conocido y también utilizar, que era una fracción de la peseta, valía la cuarta parte, (0,25 céntimos). Y si ahora lo comparamos con un euro que serían ciento sesenta y seis pesetas con algunos céntimos de antes, pues... **K.** Mutikokan be ezan asko itxen errielaz bañe bentzet zerbaitx bai. Eta erozeñek daki zenbat lengo erriel sartukozien oingo eurobaten, nik bentzet ez baña apostaukonauke pillabat izengoziela. **T.** De chavales tampoco se hacía mucho con un real pero por lo menos algo sí. Y cualquiera sabe cuantos reales de antes entrarían en un euro de ahora, yo al menos no pero ya apostaría que serían muchísimos.

ERRIETA, ERRIETAN. Reñir, riñendo, amonestar. **K.** Negarrez zatoz amak errietan iñdotzulako?, ba jakiñien eongozara zeñen kulpa izendan, ez?, ba zurie eta hurrengorako badakitzu, ezpozu hainbeste oker itxen ama pakien eongoda eta zuri be pakien itxikozau. **T.** ¿Vienes llorando porque la madre te ha reñido?, pues ya sabrás de quién es la culpa, ¿no?, pues tuya y para la próxima vez ya sabes, si no haces tantas travesuras la madre estará pacífica y a tí tambien te dejará en paz.

ERRIXUE. Río.

(Ver la definición de erreka).

ERROGATIBAK. Rogativas. **K.** Lenau, oso aspaldi eta akaso oñ be nunbaitxen hala izengoda, errogatibak itxezien gauza askoaitxik, sikutie kentzeko, eurixe gelditzeko, garixek eta beste holako zerbaitzuk ondo eta ugeri izendeixen, eta abar. Eta honeik lortezeko Santuek atara-bierrak izetezien prozeziñuen. Ustedot leku bakotxien norberanak atarakozitxuela **T.** Antes, hace mucho tiempo y quizá ahora también será así en algunos sitios, se hacían rogativas por muchas cosas, para que cese la sequía, para que dejase de llover, para que las cosechas sean buenas y abundantes, etc... Y para conseguir esto había que sacar a los Santos en procesión. Creo que en cada sitio sacarían el suyo propio.

ERROMARIE. Cancela del campo. **K**. Lenau erromara gutxi ikustezien basuen baña oñ alde guztietan daz eta eztakitx zertarako hainbeste, animalixak ez pasatzeko bai supozatzendot izengodala baña etxura daukie pertzonandako be hala berdiñ dala. **T**. Antes se veían pocas cancelas en el campo pero ahora están por todas partes y no sé para que tantas, supongo que sí serán para que no pasen los animales pero parece que igualmente también lo son para las personas.

ERROMEIXIE. Romería. **K**. Hernixon eta irailko laugarren domekan, Zelatungo zelaixetan itxenda bertako erromeixie, oso politxe izetenda, trikitixa, dantzak, jente ugeri, giro sigero ona eotenda eta tokixe hamarretakue itxeko ero bazkaldu be apartakue da, bierdan bezelako egueldixe baldinbadau kanpuen eta beztela berriz erozeiñ taberna barruen. **T**. El cuarto domingo de Septiembre en las campas del monte Hernio, en Zelatun se hace una romería muy bonita, acordeón, bailes, mucha gente, un ambiente estupendo y el sitio para tomar un tentenpié o para comer también es especial, si el tiempo es adecuado se puede hacer fuera y sino dentro de cualquiera de las tabernas.

ERROMESA. Peregrino. **K**. Ni be izenaz erromesa, hiru bider inditxut Santion bidaiak bire desberdiñatik fanda eta beñ izenitzen Manresan Iñaziotar bidaia bukatu ta gero. Baña oñ ezta pentzatuere enitzen berriz fango Santiagora, erromes bezela noski, zeatik siñistu eziñeko erromes pilla dabill, ta ez bakarrik birien baizik han bertan be, Santiagon, larreiko betie eotenda eta ixe eztau iñun ezertarako tokirik. **T**. Yo también he sido peregrino, he hecho tres veces el Camino de Santiago yendo por distintos sitios y una vez he estado en Manresa después de hacer el Camino Ignaciano. Pero ahora no volvería ni pensar otra vez a Santiago, claro está que cómo peregrino, porque es increíble la cantidad de peregrinos que anda, no solo en el camino sino que también allá mismo, en Santiago, está todo sobresaturado y casi no encuentras sitio en parte alguna.

ERRONKA. Competición, apuesta. **K**. Erronka politxe dau datorren domekan Zarautzen, bertako triatloia. Zenbat jente etortzendan alde guztietatik lehiaketa hortara, eta ez bakarrik lehian baizik baitxe ikustera be beste pillabat, geruau ta fama haudixaue hartzen haida triatloi honek. **T**. Hay una competición muy bonita el próximo domingo en Zarautz, el triatlón y viene muchisima gente de todas partes a participar, y no solo a competir sino que a ver también otro montón, cada vez está cogiendo más fama este triatlon.

ERRONKARI. Se llama así a los deportistas que están en competición. **K**. Ba Zarauzko triatloi honetan zazpirehun erronkari pasa izengodiela esatendaue, baña gero, beste leku batzuetan erronkak eotendien bezelaxe, girue exkaxa baldinbadau betik gertatzenda gutxitxuau etortzendiela. **T**. Pues para este triatlón de Zarautz dicen que habrá más de setecientos deportistas, pero luego y al igual que en las competiciones que suele haber en otros sitios, si el tiempo no acompaña siempre pasa que suelen venir algunos menos.

ERROPA. Ropa. **K**. Erropa guztie tarratara betiaz daukotzu, jakinleike nun ibillizaren, akaso sazi hartien?, ba fanzaitxez axkar aldatzera amak ikusi aurretik. **T**. Tienes toda la ropa llena de rasgones, ¿se puede saber dónde has andado, acaso entre zarzas?, pues vete rápidamente a cambiarte antes de que te vea la madre.

ERROSKILLA. Rosquillas. **K**. Sanblaseko erroskillak oso famauek izetendie eta herri guztietako, ero geixenetan, jaixetan eotendie, baña bape zalantzaik eztau onenak bertan Santuen egunien bereinkatutakuek diela eta baezpare, aukera badaukotzue bentzet, honeik erosi eta jan zeatik baleike mezererako izetie. **T**. Las rosquillas de San Blas son muy famosas y suelen estar en todas, o la mayoría, de las fiestas de los pueblos, pero sin ningún género de dudas las mejores son las que está bendecidas el mismo día del Santo y por si acaso, al menos si teneís oportuninad, comprar y comer esas porque puede que sean para beneficio.

ERROTA. Molino. **K**. Mutikotan Atxabaltako Errota-barri malatora fategiñen igeri, malatue zan errotako uran biltegixe eta han sigero gustora ibiltxegiñen naiz da nahiko estue izen, aurren bi ero hiru batera, eta gero beste-hainbeste txandaka igeri-bierra izetezan. **T**. De chavales solíamos ir a nadar al malato del que hace muchísimo tiempo fué el molino nuevo de Aretxabaleta, Errotabarri su nombre, el malato era el depósito de agua del molino y solíamos andar muy a gusto a pesar de que era bastante estrecho, primero dos o tres juntos y luego otros tantos teníamos que nadar a turnos.

ERROTAIXE, ERROTARIXE. Molinero. **K**. Ba hori, nola oñ apenas dauen errotaik, banakanbat akaso nunbaitxen geratukoda, ba errotaixek be berdiñ, bai ikustendie noixienben baña zalantza dauket beneztakuek dienik, eta izetenda erakusketa ero egizkizunak eotendienien. **T**. Pues eso, cómo ahora apenas hay molinos, quizá por ahí alguna puede quedar, pues también igual los molineros, si se ven de vez en cuando pero tengo dudas de que sean verdaderos, y suele ser cuando hay alguna exposicion o demostraciones.

ERROTARRIXE, ERROTA-HARRIXE. Rueda de molino. **K**. Ba goixen jarridouna, ze oñ apenas dauen iñungo errotaik martxan eta horreatik errotarrixek apaingarri bezela geratudie, baserri askotako sarreran ikustendie eta baitxe kanpoko jatetxe batzuetan be. **T**. Pues lo que hemos puesto arriba, que ahora apenas hay molinos en funcionamiento en sitio alguno y por eso las ruedas de molino han quedado de adorno, se suelen ver en las entradas de muchos caseríos y también en las de algunos restaurantes de las afueras.

ERROTATXIE, ERROTA-ETXIE. La casa del molino. **K**. Lenau eta naiz da toki bertantxe izen, aldebatetik errota zan, noski be aldie, eta bestaldetik etxie, hau goi partien, eta oñ, errota kendudanetik dana etxebizitza bezela geratuda. **T**. Antes, aunque estaba en el mismo edificio, por una parte eran molinos, claro está que en la parte de abajo, y por la otra eran casa, esta en la zona de arriba, y ahora, desde que se ha quitado el molino todo ha quedado como vivienda.

ERRUBERA. Rueda. **K**. Laister fan-bierra dauket iteuvie pasatzera eta kotxeko erruberak aldatu bierrien nau, Josuk esatendau askok aurrien jartxeitxuela negukuek eta atzien normalak. Galdetukot garajien eta komenibada hala ingot.

T. Pronto tengo que ir a pasar la ITV y tengo que cambiar las ruedas del coche, Josu me dice que muchos suelen poner delante las de invierno y detrás las normales. Preguntaré en el garage y si es que conviene lo haré así.

ERRUDUNA. Culpable, el que ha cometido algún delito. **K.** Lasai askuen dabillela ikustejako baña bera, Eufronio, hor bazterrien dauena, izenda erruduna eta jente askok ikusidau nola haizan lapurretan obra hortan. **T.** Se le ve que anda muy tranquilo, pero él, Eufronio, ese que está ahí en la esquina, ha sido el culpable y le ha visto mucha gente cómo estaba robando en esa obra.

ERRUE. Equivocación, error. **K.** Bai, nere errue da baña gure-bakue izenzan, aurrenien eta hasi baño lenau esauztien hala izengozala eta gero gertauda bestaldera zala, baña lasai, kendukot eta alegiñdukonaz konpontzen haldan axkarren. **T.** Si, ha sido equivocación mía pero fué sin querer, al principio y antes de empezar me dijeron que esto era así y luego ha resultado que era de la otra manera, pero tranquilo, ya lo quitaré e intentaré arreglarlo cuanto antes.

Aspaldiko esaerabat: Bestien erruek ikusteko, eztie betaurrekoik bierrik.

Un viejo refrán en euskera dice que para ver los errores de los demás no se necesitan gafas.

ERRUKARRIXE, ERRUKITZUE. Se dice de la persona pordiosera, que no tiene medios y está en mala situación. También de una persona desgraciada. **K.** Udan ez hainbeste baña oñ neguen itxendauen hotzaz eta giro txarrakiñ, pertzona batzuk ikustendie benetako errukitzuek dienak eta lastima haundixe emutendaue, eta eztakitx ze ero nola itxendauen egun guztien aguantatzeko hor kalien geixotu-barik. **T.** En verano no tanto pero ahora en invierno con el frio y el mal tiempo que hace, se ven algunas personas pordioseras de verdad y que dan mucha pena, y no sé cómo lo hacen para aguantar todo el día en la calle sin enfermar.

ERRUKI. Compasión. **K.** Errezo askotan esatenda erruki eta hori izetenda Jangoikuei eskatzeko ze aldebatetik errukixe eukitxeko gureatik, eta bestaldetik parkatzeko itxendoun pekatuek. Eta? **T.** La palabra compasión se oye muchas veces en los rezos y suele ser para dirigirse a Dios y pedirle por una parte que tenga compasión por nosotros, y por otra parte que nos perdone los pecados que hayamos cometido. ¿Y?

ERRUKIXE. Se dice por la persona que está afligida, apesumbrada o apenada. **K.** Benetan esanleike errukixe dala gizon hori, gañetik eta zoritxarrez bera izen-bierra hauken gertaujakon hau, ontxe operau-barri dau mokorretik, makukuaz ibiltxenda eta atzo andrie jausi malekoien, txorkatilla bigurtu eta eskaiola jarriutzie. **T.** De verdad se puede decir de ese hombre que tiene motivos para estar afligido, encima él presisamente tenía que ser el que ha tenido esta mala suerte, ahora está recién operado de la cadera, camina con muletas y ayer la mujer se ha caído el malecón, torcido el tobillo y se lo han escayolado.

ERTEN. Salir, surgir, aparecer. **K.** Laister etorrikonaz baña oñ, momentubat bakarrik izengoda, erten inbierra dauket Kutxara fateko zeatik derrigorrez gaur ordaindu inbierra dauket etxeko lan kontuek. **T.** Vendré pronto pero ahora, solo será un momento, tengo que salir para ir a la Kutxa porque necesariamente tengo que pagar hoy la factura por los trabajos de la casa.

ERTZATU, ERTZAU. Se dice cuando a una persona se le deja al margen, de lado. **K.** Mutil horrek eukidau zerroozer lagunakiñ zeatik aspalditxotik ikustejako eurotik ertzatu dabillela, bakar antzien eta oso serixo. **T.** El chico ese ya ha tenido alguna cosa con los amigos porque parece que desde hace algún tiempo se le ve que anda al margen de ellos, bastante solo y muy serio.

ERTZA. Costado, extremo. **K.** Entzun Antoñito, balkoien ertza dauen tokira faten-bazara, handik hobeto ikusikozu erraldoi eta buruaundixek. **T.** Escucha Antoñito, si vas donde está el extremo del balcón desde allá verás mejor a los gigantes y cabezudos.

ERTZI. Apretado. **K.** Zarautzen trena hartu eta hala fangiñen Usurbilko Kilometrotara, sigero ertzi, gertauzan ze hainbeste jente zala tren hortan ze danok geotzen bata-bestiei pega pega iñde, ixe itxo inbierrien. Eta moment ubatzuk be eonzien nahiko larritxazun pasa izengauenak. **T.** Cuando fuimos a Usurbil al Kilometroak fuimos en tren desde Zarautz, y pasó que íbamos tanta gente en ese tren que no solo estábamos apretados, sino que a punto de axfisiarnos. Y hubo algunos momentos que pasamos verdaderos apuros.

ERTZIEN. En el extremo. **K.** Martina, erretirauzaitez hortik zeatik oso ertzien zara eta jausi inleiketzu, eztakitx nola konpontzenzaren baña betik arrixkuen ibili-bierra daukotzu. **T.** Martina retírate de ahí porque estás demasiado en el extremo y te puedes caer, no sé como te las arreglas pero siempre tienes que andar donde más peligro hay.

ERUE. Se dice de la persona alocada, loca. **K.** Esatendaue hango nunbaitxen pertzona asko eongodiela eruek dienak baña zure bezelako haundirik eztot uste bakarra eongodanik. Normala halda itxie zuk itxenditxozunak?, betik haizara eta gañera ezerko motibukiñ burrukatzen mundu guztiekiñ. **T.** Dicen que en algún sitio de por allá habrá muchas personas que están locas pero tanto como tú no creo que haya una sola, ¿te parece normal hacer lo que tú haces?, siempre andas peleando con todo el mundo y además sin ningún motivo.

ERUEN, ERUN. Llevar. **K.** Aurrena eruen ladrillo honeik han haidien ideltzeruei eta galdetu aber ze beste gauzan bierrien dazen, ni laister etorrikonaz eta bueltaukuen esanguztezue zer dien eruen-bierrekuek eta zeñi. **T.** Lo primero llevar estos ladrillos a los albañiles que andan allá y preguntarles a ver que otras cosas necesitan, yo vendré pronto y a la vuelta ya me diréis que más hay que llevar y a quién.

ERUEN. (Eruendok), don, dot, dozu, dozue).

ERUENGOT, ERUENGOTZUT. Ya llevaré, ya te llevaré. **K.** Bai, eon lasai zeatik laister eruengot gauza horreik, halaere eztot uste hainbeste bierrik daukienik eta gutxiau esatendauen bezelako pxixaik. **T.** Si, éstate tranquilo que enseguida les llevaré esas cosas, aún así no creo que estén tan necesitados y menos que tengan tanta prisa como dicen.

ERUENGOT, ERUENGOTZUT. (Eruengok), gon, gozu, gozue, gutzen, nutzen, zutzen.

ESAERAK, ESALDIXEK. Proverbios, refranes. **K.** Hau aspaldiko esaerabat da eta esatendau ze apirilla euritzu, urte ura ogitzu. **T.** Este es un proverbio muy antiguo y dice que si el abril es lluvioso, habrá mucho pan y no estarás ocioso.

ESAERA-ZARRAK. Proverbios viejos o muy antiguos. **K.** Esaera-zarbat dau esatendauena eta gañera errazoi guztiekiñ, gorde dauenien, eztaunerako. **T.** Hay un proverbio muy antiguo dice y además con toda la razón, guardar cuando hay para cuando no haya.

ESAGUNA, ESAUNA. Persona conocida. **K.** Han ikustendoten gizon hori oso esaguna da, urte asko dala eztotela ikusi baña ondion ondo akordatzenaz berakiñ zeatik gaztetan alkarreaz ibiligiñen eskolan. Saludatzera noie eta aber bera gogoratzendan nerekiñ. **T.** El hombre ese que estoy viendo allá es muy conocido, hace muchos años que no le he visto pero todavía me acuerdo muy bien de él porque de jóvenes anduvimos juntos en la escuela. Voy a ir a saludarle y a ver si él me recuerda.

ESAGUNENA. El más conocido. **K.** Errealeko jokalari danak o geixenak die esagunak, baña halaere nik ustedot ze hainbeste urte ondoren danontzako esagunena Xabi Prieto dala. **T.** Todos o casi todos los jugadores de la Real son conocidos, pero aún así yo creo que después de tantos años el más conocido para todos es Xabi Prieto.

ESAGUTU, ESAUTU. Conocer. **K.** Badauket gogue esautu itxeko zure lagun berri hori, holako ondo berba Itxendozu bereatik ze aber noiz ekartzendozun Zarautz aldera, ingou afairenbat alkarreaz. **T.** Ya tengo ganas de conocer a ese nuevo amigo tuyo, hablas tan bien de él que a ver cuando le traes por Zarautz, ya haremos alguna cena juntos.

ESAJERAU. Exagerar. **K.** Nik ustedot zertxobaitx esajerau iñauela, badakitx mendixen oso axkar ibiltxendala baña halaere oñez etortzie Donostitxik Zarautzera Santio biretik hiru ordu-terdiñ apurbat kosta itxejat siñiztie. Nik bentzet bost ordu inguru bierditxuk, eta gañera eztot uste polikixen ibiltxenazena izengonazenik. **T.** Yo creo que ha exagerado un poco, ya sé que anda rápido en el monte pero venir andando de San Sebastián a Zarautz por el camino de Santiago en tres horas y media me cuesta un poco creerle. Yo por lo menos ya necesito alrededor de cinco horas, y no creo que sea el que más despacio ande.

ESALDIXE. Conferencia, charla. **K.** Gaur illuntzixen Antonianoko antzokixen dauen esaldixe etxeko arginderran buruz omenda, nola ulertu kontue, nola aurreratu eta abar. Eztakitx ezerko balixo izengodan baña baezpare fan inbikou. **T.** Hoy a última hora de la tarde hay una charla en el salón de Antonianos que trata sobre los costes de la electricidad de la casa, cómo entender la facturación, de qué manera ahorrar, etc… No sé si servirá para algo, pero por si acaso habrá que ir.

ESAMIÑAK. Exámenes. **K.** Ze larri jartzendien batzuk esamiñak eotendien garaian, eta gañera baleike jakitxie itxeutzien ixe galdera guztien erantzunak, baña urduritzasun horrekiñ esatendaue eziñdauela ez pentza eta gutxiau erantzun bierdan bezela, eta gero ba hori… **T.** Que apuradas se ponen algunas personas en época de exámenes, y además quizá estén en disposición de poder responder a casi todas las preguntas, pero dicen que con esos nervios no aciertan a pensar y menos a contestar como es debido, y luego pues eso…

ESAN. Decir. **K.** Gaxpar, esan inbikozu aber ekarritxuten zapatilla honeitatik zeiñ dan zure gustokue, aurrien dazen horreik ero beste hareik, eta aukeratu axkar zeatik eztozunak nai bueltau-bierra dauket dendara. **T.** Gaspar, tendrás que decir cual de estas zapatillas que he traído son de tu gusto, esas que están delante o aquellas otras, y elige rápido porque las que no quieras tengo que devolverlas a la tienda.

ESAN. (Esandau), daue, dok, don, dot, dozu, dozue, dustie, gok, gon, got, gotzut, gotzue, gotzuet, gozue.

Aspaldiko esaerabat: Bat esan eta bestie iñ, nola asmau horrekiñ?

Un viejo proverbio vasco: Decir una cosa y hacer otra, ¿cómo se puede entender con esa persona?

ESANEZIÑE, ESAN-EZIÑE. Dificultad para decir las cosas, también pude ser tartamudez. **K.** Laneko lagunbat nauken, beno, oñ erretirau ondoren be berdiñ dauket, ze berai begira jarri-ezkero zerreozer esan ero galdetzeko erantzun esaneziñaz geraketazana, eta berriz berba itxenbazan bestaldera beituaz, orduen bai bere erantzuna ondo eta garbi esandakue izetezan. **T.** Tenía un amigo del trabajo, bueno, ahora que me he jubilado también lo sigue siendo, que si le mirabas mientras estabas hablando con él enseguida empezaba a tartamudear y en cambio silo hacías mirando hacia otro lado te contestaba claro y con normalidad.

ESAN-HALA. A medida que se dice o se cita. **K.** Zenbakixek esan-hala zuk inbiozuna da hasi errepartuekin, entzun besteik nola bat esatendan etorrikoda illeran dauen aurrena eta hasi harekiñ, gero aitukozu bi, bigarrena etorrikoda eta hala danak errezkaran bukatu harte, ulertu? **T.** Lo que tú tienes que hacer es que a medida que vayan citando los números iniciar el reparto, nada más oir que dicen uno, vendrá el primero que está en la fila y empiezas con él, luego oirás dos, vendrá el segundo y así todos sucesivamente hasta que se termine, ¿has entendido?

ESANA. Lo que dice, lo dicho. **K.** Betik itxenbozu kasu aman esanai ikusikozu ze ondo konpontzezaren berakiñ, asarre eta errieta-barik, umore onaz eta akaso pagako dirue be baleike ugeritxuau eotie, danera hobeto. **T.** Si haces siempre caso a lo que dice de tu madre ya verás que bien te arreglas con ella, sin enfados y sin riñas, con buen humor y quizá con el dinero de la paga también en aumento, para todo mejor.

Aspaldiko esaerabat: Esana errax eta egiña garratz.

Un viejo proverbio vasco dice que se dice fácil, pero luego el hacer cuesta demasiado.

ESANAKIÑ. Con lo dicho, con la verdad. **K.** Gezurrekiñ ezta iñora faten zeatik lenau ero beranduau daña jakitxenda eta betik ibili-bierra izetenda esanakiñ, bentzet hori da bierkozana. **T.** Con la mentira no se va a ningún lado porque tarde o temprano todo se sabe y siempre hay que andar con la verdad por delante, o al menos eso es lo que se debería.

ESAN-BATERAKO. Por un decir. Por ejemplo. **K.** Ze etxura txarra daukotxun jantzi horreikñ, esan-baterako erozeiñ gauza emutendozu eta gurebozu kalera urtetzie nerekiñ aldatu inzaitez mezerez, gutxienetik eruetendozun fraka itxusi horreik bentzet. **T.** Que mala pinta tienes vestido así de esa manera, por un decir pareces cualquier cosa y si quieres salir conmigo a la calle cámbiate por favor, por lo menos esos pantalones desastrados que llevas.

ESANDAKUE. Lo dicho. **K.** Antoñito etorri ona, gauzabat esateko dauket eta serixo gañera, zuk askotan apenas kasuik itxendozu aman esanai eta hori eztau bape ondo zeatik zuri be horixe bera ingotzue hurrenguen hala jarraiketanbozu, ba ez astu eta betik esandakue inbierra daukotzu, posible danien bentzet. **T.** Antoñito ven aquí que te tengo que decir una cosa y además en serio, tú muchas veces apenas haces caso alguno a lo que te dice tu madre y eso no está nada bien porque eso mismo es lo que harán a tí la próxima vez si continúas de la misma manera, pues no te olvides y siempre tienes que hacer lo dicho, al menos cuando sea posible.

Aspaldiko esaerabat: Gure-barik izenda eta parkatu, ta esandakue astu.

Un viejo viejo proverbio vasco dice que ha sido sin querer, que perdone y olvide lo dicho.

ESANETARA. A lo dicho. **K.** Derrigorrez ugesaban esanetara fan eta inbierra daukou zeatik beztela txukuna jarrikoda dauken jenixo txar horrekiñ. **T.** A la fuerza tenemos que ir y hacer lo dicho por él jefe porque sino se va a poner curioso con el mal genio que tiene.

ESAN-GURAN. Queriendo decir. **K.** Hala ibiltxendie tartamutuek, esanguran baña gertatzejakie eziñdauela, eta gañera alegintzen hastenbadie ondion askoz txarrau izetenda. **T.** Así suelen andar los tartamudos, queriendo decir pero les pasa que no pueden, y además si empiezan a esfozarse suele ser mucho peor.

ESATEKO. Alguna cosa por decir o para decir. **K.** Derrigorrez zerbaitx gertatzejako Eutikioi gauza horreik esateko nereatik, eztakitxena da zerreozer gaizki iñdoten ero beztela baleike zerbaitxeatik gorrotue hartuztela, baña nik eztot uste ezer motibuik emuntzatenik. **T.** A la fuerza algo le debe de pasar a Eutiquio para decir esas cosas de mí, lo que no sé es si he hecho alguna cosa mal o quizá pueda ser que me haya cogido manía, pero yo no creo que le haya dado ningún motivo.

ESATEKUEK. Lo que dice. **K.** Zeiñ ustedau dala horrek?, ba ziur berak eztauela hori pentzauko baña nik badakitx zer dan, iñuxente eta paiasobat bestei ez. Horren esatekuek sartzejak belarri batetik eta bestetik urtetzejat, tontolapikuoi. **T.** ¿Ese quién se ha habrá creído que es?, pues seguro que él no lo pensará pero yo ya se lo que es, nada más que un tontolaba y un payaso. Lo que dice me entra por un oido y me sale por el otro, idiota.

ESATENDOT. Yo digo. **K.** Zueik gorozuena pentzau baña nik esatendot eztakotzuela bape errazoirik eta gauza horreik eztiela horrela. Eta zalantzaik badaukotzue guasen Honorato dauen tokira, harek ondo jakingodau nola dien zeatik asunto hortan ibiltxenda eta galdetu besteik eztau. **T.** Vosotros pensar lo que queráis pero yo digo que no teneís nada de razón y que esas cosas no son así. Y si teneís alguna duda vamos donde está Honorato, aquel ya sabrá muy bien cómo son porque anda en esos asuntos y no hay más que preguntarle.

ESAUTU. Conocer. **K.** Esautu?, ba ez, bentzet esautzie baldinbada jakitxie ze pentzamentu dauken ero nundik urtenleikien, ez, Bernardo txikitatik ibilida nerekiñ eskolan, betiko kuadrillakue da baña nik bentzet eztauket eta eztot sekula euki arrastuik bere asmakizunen buruz, eta ez nik bakarrik, beste kuadrillako guztiek berdiñ esatendaue, larreiko berexixe dala. **T.** ¿Conocer?, pues no, al menos si conocer se considera el saber que pensamientos tiene o por dónde puede salir, no, Bernardo desde pequeño ha andado conmigo en las escuela, desde siempre es de la cuadrilla, pero yo desde luego no tengo ni he tenido nunca ni idea sobre sus intenciones y no solo yo, todos los de la cuadrilla dicen lo mismo, que es demasiado especial.

ESAUZTEN. Me dijo. **K.** Bai, Fuljentziok esauzten Agapitoi esateko bixer derrigorrez fan-bierra daukela laguntzera Anbrosiori ortuko lanetan, eta esandako bezela esanutzen baña eztakitxena da iñdauen esandakue. **T.** Sí, ya me dijo Fulgencio que le diga a Agapito que mañana necesariamente tenía que ir a ayudarle a Ambrosio con los trabajos de la huerta, y tal y cómo me lo dijo se lo dije pero lo que no sé es si habrá hecho lo que le estuve diciendo.

ESKA. Pedir. **K.** Zu larreiko sarri eska haizara, batzuetan gozokixek gurozula, beste batzuetan elaue eta hurrenguen beste zerreozer, betik gurozu zerbaitx, ezara sekula kantzatzen haibeste gozoki jaten? **T.** Tú no haces más que pedir, a veces que si quiero chuches, otras que si helado y la próxima alguna otra cosa, siempre quieres algo, ¿no te cansas nunca de comer tantos dulces?

ESKABIDIE, ESKAERA. Petición. **K.** Mundu hontan bizigaren pertzona geixenak eskaera asko eukitxeitxu baña inportantezkuek eztie hainbeste eta eztot uste larreiko zalla izenbikozanik lortzie, asken-fiñien hiru gauza besteik eztie, osasuna, maitazuna eta loteri urtetzie. Danak nahiko errexak. **T.** La mayoría de las personas que vivimos en este mundo solemos tener muchas peticiones, pero las que son importantes no son tantas y no creo que debería de ser demasiado difícil el conseguirlo, al final no son más que tres cosas, salud, amor y que toque la lotería. Todas bastante sencillas.

ESKAINTZA. Oferta. **K.** Zai nau noiz hasi eskaintzak zeatik Agripinon eskontzarako naidot erostie holako esmokin tipoko trajie, baña gauza ondion be eztakitxela noixko dauken asmo hori eta pena galanta hartukonauke esmokiñ hori zahartu itxenbazan sikera estriñau-barik. **T.** Estoy esperando a cuando empezarán las rebajas porque para la boda de Agripino quiero comprar un traje esmokin de esos, pero la cosa es que tampoco sé para cuando tiene la idea de casarse y me daría mucha pena que el esmokin se hiciera viejo sin tan siquiera estrenar.

ESKALIE. Mendigo, pedigüeño. **K.** Esatendaue eskale asunto hontan mafia asko dauela eta baleike egixe izetie zeatik geruau eta geixau ikustendie, esan-baterako Zarauzko kale nagusixsen, nahiko motxa izenda, hiru ero lau eskale eotendie ixe egunero. **T.** Dicen que en relación a los mendigos existe mucha mafia y puede que sea verdad porque cada vez se ven más, por decir algo en la calle mayor de Zarautz, con lo corta que es, casi todos los días hay tres o cuatro mendigos.

ESKALLUE. Bermejuela. Son unos peces de río muy pequeños. **K.** Abadiñoko herrixe, Bizkaian, oso famaue zan eskalluek prestatzen eta zenbat bider fan izengaren hareik jatera, jartzezien saltza berdien arrautza batekiñ gañien ta benetan oso gozuek ziela. Baña honeik istorixa zarrak die eta denpora askoko kontuek zeatik eskallu honeik oso aspalditxik desagertuta die, gu bizigaren ingurutatit bentzet. **T.** El pueblo de Abadiño, en Bizkaia, era muy famoso preparando las bermejuelas y cuántas veces habremos ido a comerlas, se preparaban en salsa verde con un huevo encima y de verdad que estaban muy ricas, pero éstas son viejas historias de antaño porque hace ya mucho tiempo que esas bermejuelas han desaparecido, al menos en los entornos de donde vivimos.

ESKANDALUE. Escándalo. **K.** Ze eskandalo izendan Madrillen Isabel kanaleko lapurketien buruz, lapur guztiek gañera jente nahiko berexixek eta suposatzenzana ondo irabaztekuek izengoziela. Baleike egixe izetie ezgarela konformatzen ezerrekiñ eta danok guroula geixau. **T.** Vaya escándalo lo referido al robo en el canal de Isabel en Madrid, además todos los ladrones gente bastante importante y que se suponía que eran personas que ganaban bien. Será verdad aquello de que no nos conformamos con nada y que todos queremos más.

ESKAPADA. Se dice cuando una persona por suerte, casualidad o ambas se ha alejado del peligro. **K.** Pankraziok eukidau eskapada, kotxie txatarrara eta berak ixe ezer ez, takateko dexentiek eta beltzun batzuk bakarrik. **T.** Vaya suerte ha tenido Pancracio, el coche para la txatarra y el casi nada, solo bastantes golpes y unos cuantos moratones.

ESKAPAU. Escapar, huir. **K.** Horri eztot uste ia arrapaukodauenik, ia aspalditxo da eskapau iñada eta axkar eskutaukozan. Eta oñ, bera kenduta noski, erozeñek jakingodau nundik nora ibillikodan. **T.** A ese ya no creo que le atrapen, hace ya bastante tiempo que ha escapado y se habrá escondido rápidamente. Y ahora, quitando a él claro, cualquiera sabe por donde andará.

ESKAPIE. La entrada, portalón, portal de los caseríos o similares. **K.** Lengo baserri antigualetako eskapiek sigero haundixek zien eta hori zan zeatik bertan gauza asko iñ eta balixo izeteauen, eta esan-baterako txarri akabau ondorengo lan geixenak, zatitxu, odoloste ta txoirixuek iñ, baitxe eurixe zanien erropa ixegi eta abar. **T.** Antes los caseríos antiguos tenían un portalón muy grande y eso era porque allá se hacían y servía para muchas cosas, y por ejemplo los trabajos posteriores a la matanza del cerdo, partir, hacer morcillas y txorizos, también colgar la ropa cuando llovía, etc…

ESKARIXE, ESKAERA. Pedido, solicitud. **K.** Ez haibeste denpora dala aldatu iñdou telefono eta interneteko operadora eta nere eskaera izenzan bieltzeko illeko kontuek paperien eta ez ordenadore bidez, baña eruetendou dozenerdi illebete inguru eta oñartien eztuztie bape kasuik iñ. **T.** Hace no mucho tiempo hemos cambiado de operadora del teléfono e internet y mi petición fué que las facturas me las manden en papel y no por medio del ordenador, pero llevamos ya unos seis meses y hasta ahora no me hecho caso alguno.

ESKAPULAIXUE. Escapulario. Es, o era una cinta normal que lleva, o llevaba la imagen de algún Santo o de alguna Virgen y se colocaba alrededor del cuello. **K.** Gure amandriak eta ustedot baitxe amak be, eukikozitxuen dozenabat eskapulaixo gutxienetik Santu eta Amabirgiñan imajiñaz, inportantzikue zan eta zer-ikusi haundixe hauken ze tokitara fan-bierra izetezan, bata ero bestie jartzeko noski. **T.** Nuestra abuela y creo que también la madre, ya tendrían por lo menos una docena de escapularios con la imagen de Santos y Vírgenes, era importante y tenía mucho que ver dónde había que ir, claro está que para ponerse uno u otro.

ESKARMENTAU. Escarmentar. **K.** Ondo eskarmentauta geratuda hori sartzeatik iñok eztutzen deixtu tokixen, Iñuxentiena itxen hasida eta somanta ederraz urtendau, ba aber hurrengorako zertxobaitx espabillatzendan. **T.** Bien escarmentado ha quedado ese por meterse donde no le llaman, ha empezado a hacer el tonto y ha salido con una buena paliza, pues a ver si para la próxima espabila siquiera un poco.

ESKATU. Pedir. **K.** Nik aurten eztot gauza askoik eskatu erregiei, bakarrik kotxe haundi ta barribat, Punta Kana hortarako bidaia eta etxurazko kartera diru potoluaz betle. Hiru gauza besteik ez eta ustedot eztala asko eskatzie ta bez bape arazoik eukikodauenik ekartzeko. **T.** Yo éste año no he pedido muchas cosas a los reyes, solo un coche grande y nuevo, un viaje a Punta Cana y una cartera de buen tamaño llena de dinero del gordo. Nada más que tres cosas y no creo que sea pedir mucho ni que tampoco tengan problema alguno para traérmelo.

ESKATU. (Eskatukok), kon, kot, kozu, kozue.

ESKATZA. La cocina. **K.** Lenauko etxietan etxurazko eskatzat izetezien eta oñ berriz geruau ta txikiñauek, bi lagun baño geixau barruen alkartzenbadie eon-bierra daukie, eztot esaten gañien, baña bai nahiko pega iñde bata-bestiei zeatik apenas dau tokirik. **T.** Las casas de antes tenían unas cocinas decentes y ahora en cambio cada vez son más pequeñas, si se juntan dentro más de dos personas tienen que estar, no digo encima, pero si bien pegadas la una a la otra porque apenas hay espacio.

ESKE, ESKIEN. Pidiendo, generalmente limosna. **K.** Gixajo horrek eztau asko eukiko zeatik atez ate dabill eskien eta gañera modu nahiko erraruen, atie zabaltzedauenai esateutzo naio dauela zerbaitx jateko dirue baño. **T.** Ese pobre hombre no tendrá mucho porque anda pidiendo de puerta en puerta y además de una forma bastante rara, a la persona que le abre la puerta le dice que prefiere algo para comer antes que dinero.

ESKE... ES KE... Es que... Palabra que se utiliza como disculpa. **K.** Lan berri hori eztot ondion hasi be iñ, eske gertauda ze derrigorrez beste toki-batera fan-bierra izendotela, baña ustedot bixer eongonazela haisera bentzet emuteko bezela. **T.** Todavía ni siquiera he empezado ese nuevo trabajo, es que ha pasado que a la fuerza he tenido que ir a otro sitio, pero creo que mañana ya estaré en disposición cómo para empezar por lo menos.

ESKERRIKASKO. Es la palabra en euskera que se utiliza para dar las gracias.

ESKILLAPEIE, ESKILLARA-PEIE. Espacio debajo de la escalera. **K.** Eskillape hontan gauza asko kabitzendie eta benetan enauela uste halako toki haundik geratukozanik, ba oso ondo etorrikojaku sartzeko asko eztoun ibiltxen gauzak. **T.** Debajo de ésta escalera caben muchas cosas y de verdad que yo no pensaba que quedaría un espacio tan grande, pues nos vendrá muy bien para meter las cosas que no utilizamos demasiado.

ESKILLARIE. Escalera. **K.** Tellatuko luzerora allegatzeko derrigorrez eskillara luzie bierkou eta hemen eztaukou hainbeste tamañukoik, ba aber zerreozer asmatzendoun eta axkar gañera zeatik beztela eztakitx nola konpondubioun itxufiñ horreik kentzeko. **T.** Para llegar al lucero del tejado a la fuerza necesitamos una escalera larga y aquí no tenemos ninguna que sea de ese tamaño, pues a ver si ideamos algo y además rápido porque sino no sé como nos vamos a arreglar para eliminar esas goteras.

ESKIÑA. Esquina. **K.** Fan almazeneraño eta han ate sarrerako eskiñan billatukozu atzo itxinauen axkora, ekarrirezu mezerez zeatik egurre txikitzen hasi-bierra dauket, zatitxute zana bukatzen haida eta zure amak esatendau eztauela gure hotzik pasatzeik. **T.** Vete hasta el almacén y allá en la esquina de la puerta de entrada encontrarás el hacha que deje ayer, traémela por favor que tengo que empezar a partir leña, la que estaba preparada se está terminando y tu madre dice que no quiere pasar frío.

ESKIÑI, ESKEÑI. Ofrecer. **K.** Tipo hori nereana etorrida eta eskiñi oso gutxi ibilidan zulatzeko makiña, gañera nahiko prezio onien, baña zalantza dauket zeatik baleike izetie nunbaitxen lapurtzekue. **T.** Ese tipo ha venido donde mí y me ha ofrecido un taladro que se ha usado muy pocas veces, además a bastante buen precio, pero estoy dudando porque puede que esté robado en algún sitio.

ESKOITZA. Este es el nombre con el que los lugareños llamamos al pueblo de Eskoriatza, siempre lo hemos oído así y supongo que estará abreviado. **K.** Aspalditxotik Gazteiz aldera fateko barianteko karreteran dau eta ia eztau pasa inbierrik Eskoitza herri bertatik, horreatik da ze ni enazela han izen denpora pilla dala, ba noixbaitxen fan inbikok bixitatzera zeatik beztela astu ingonaz harekiñ. **T.** Como ahora la carretera para ir hacia Vitoria es una variante de la que antes había no es necesario pasar por el mismo pueblo de Eskoriatza, por eso es que no he estado allí desde hace mucho tiempo, pues algún día tendré que ir de visita porque sino me voy a olvidar de aquello.

ESKOJIRU. Escoger. **K.** Nik eztot ezer eskojiru, bertan dauenetik hartukot ta kitxo eta zuek be berdiñ inbizaukie, etorri-hala hartu zeatik beztela hasikozare nik naidot hau, bestiek baitxe nik be eta askenien asarretu ingozare. **T.** Yo no he escogido nada, cogeré de lo que hay aquí y listo y vosotros deberíais de hacer lo mismo, coger a medida que lleguéis porque sino empezaréis yo quiero ésto, el otro yo también y al final os vaís a enfadar.

ESKOLA. Escuela. **K.** Atxabaltan eta gure mutiko denporan hiru eskola eozen, nazionalak, monjatakuek eta Marianistak, beno, hau mugan hauen eta ia Eskoitza zan, ni eta beste askok, ustedot geixenak izengogiñela, nazionaletara sartuzkuen eta han ibiligiñen. Karalsol eta beste holako abesti batzuk be ikesigauen maixuek erakutzitxe. **T.** En Aretxabaleta y en nuestros tiempos de chaval había tres escuelas, nacionales, el de las monjas y Marianistas, bueno, éste en el límite y era ya Eskoriatza, a mí, y creo que al igual que la mayoría, nos metieron y estuvimos en las nacionales. Y también aprendimos el Caralsol y otras canciones parecidas enseñadas por los maestros.

ESKOLOSTIE, ESKOLA-OSTIE. La parte de atrás de la escuela. **K.** Atxabaltako nazional eskolako atze aldeai eskolostie deiketatzegauen, eta gañera benetako eskutue zala, han ibiltxegiñen jolasten eta gordeta antzien gure mutiko gauzak itxen. **T.** A la parte de atrás de las escuelas nacionales de Aretxabaleta le llamábamos eskoloste, y además de verdad que era un sitio bien oculto, allá solíamos jugar y estar un poco escondidos haciendo nuestras cosas de chavales.

ESKON-BARRIXEK. Recién casados. **K.** Zure illoba ontxe eskon-barrixe dau eta ondion, beste moduen ezinzan izen bezela, nahiko gustora ikustejako, ba aber hemendik urte batzuetara berdiñ jarraitzendauen. Zeatik oingo gaztiek badakigu nolakuek dien, asarre bakarra eta baleike agurbenur esatie. **T.** Tú sobrino ahora está recién casado y todavía, cómo no podía ser de otra forma, se le ve bastante contento, pues a ver si dentro de unos años continúa igual. Porque ya sabemos cómo son los jóvenes de ahora, un único enfado y puede que se digan adiós y hasta nunca.

ESKONDU. Casarse. **K.** Lenauko gauzak hala zien eta derrigorrez eskondu-bierra izetezan, Elixa bidez gañera eta noski familixa euki aurretik, naiz eta abarie ondo jakiñien eon penaltiz eskontzenzitzela. Oñ berriz eukilekeitzu ta normalki bezela, bat, bi ero hiru seme-alaba eta ondion eon eskondu-barik ero akaso sekula ez eskondu. **T.** Las cosas de antes eran así y había que casarse forzosamente, además por medio de la Iglesia y antes de tener familia claro, a pesar de que el cura supiese que te casabas de penalti. Ahora en cambio puedes tener y como cosa normal, uno, dos o tres hijos sin estar todavía casado, o no casarte nunca.

Aspaldiko esaerabat: Eskontzendanien bero, kontuek gero.

Un viejo prpoverbio en euskera dice que caliente cuando de casas y las historias para luego.

ESKORTA. Es un cierre para guardar, normalmente las ovejas, pero también otro tipo de ganado. **K.** Eskorta hau derrigorrez konpondu-bierra daukou zeatik basaurda demontre horreik ixe dana txikitudaue, hau iñ ondoren argindarren artzaia jarrikou eta aber honekiñ arreglatzendien gauzak. **T.** Tenemos que arreglar necesariamente el cierre de las ovejas porque esos demonios de jabalíes lo han destrozado casi por completo, después de hacer esto colocaremos un pastor eléctrico y a ver si con eso se solucionan las cosas.

ESKRIBIRU. Escribir. **K.** Oñ ia eztau iñok eskribitzen, gañera apostakonauke geixenak ixe astute daukiela, ero akaso sekula ikesi ez, hortik askok bentzet. Oñ danak manejatzendie internet, basap horrekiñ ero beste holako zerbaitzukiñ. Egixe da asunto guztiek aurrerapen haundixe daukiela, baña ezta egi gutxiau beste zien bierrezko gauza asko galdu be iñdiela. **T.** Ahora ya no escribe nadie, además ya apostaría que a la mayoría incluso se les ha olvidado o quizá no lo hayan aprendido nunca, al menos muchos de ellos. Ahora todos se relacionan mediante internet, Wasap o algunas otras cosas parecidas. Es verdad que todas las cosas han adelantado mucho, pero no es menos cierto que también se han perdido otras muchas que eran necesarias.

ESKUALDIE. La propia región, la comunidad de cada uno. **K.** Nere eta nere antxiñe tarte guztietako eskualdie da eta izenda Euskalherrixe, baña gauzabat, horrek eztau nai ezan beste leku batzuetako pertzonak etorri ero inguratzie gertatzendala, hemen dazen baño gutxiau izengodienik, eta norberai hori pasa-ezkero beste erozeiñ tokitxen ustedot berdiñ izengozala. Inportantzi haundikue da kontuen hartzie zeñek ero nun emuteutzuen jaten. **T.** Mi comunidad y la todos mis antepasados es y siempre ha sido Euskalherría, pero un cosa, si en un futuro tocaría que se acercan o vienen personas de otras comunidades, no serian menos que los de aquí, y si es que le sucede a uno mismo en cualquier otro sitio supongo que sería igual. Es muy importante tener en cuenta quién o dónde te dan de comer.

ESKUARIE. Rastrillo para recoger la hierba. **K.** Ortuko bedar txarra moztu ondoren eta batzen hainitzenien eskuarien kirtena puskatuzan, billatunauen holako makilla zarbat eta nolabaitx lortunauen lotzie bata-bestiekiñ. Eta benetan xelebre ibilinitzela lana bukatzeko. **T.** Después de cortar la mala hierba de la huerta y cuando la estaba recogiendo se me rompió el mango del rastrillo, encontré un palo viejo y ya conseguí atar de alguna forma lo uno con lo otro. Y la verdad es que anduve muy mal para terminar el trabajo.

ESKUBERIE. Rastrillo para extender y arreglar la tierra de la huerta. **K.** Hau da nik itxendoten urteroko lana ortuen, aurrena atxurtu eta lurra bueltau, gero torroiek txikitu eta ondoren satza bota, ta bukatzeko eskuberie hartu eta dana ondo berdiñdu. Eta gero andriek naidadauena, lurra bentzet gertu dau eraiñ ero landatzeko. **T.** Este es el trabajo que yo hago todos los años en la huerta, primero cavar y dar la vuelta a la tierra, luego romper los torrones y después echar estiércol, y para terminar coger el rastrillo e igualar todo bien. Y luego lo que quiera la mujer, al menos la tierra ya está preparada para sembrar o plantar.

ESKU-BETIEN. A manos llenas, a puñados. **K.** Hori benetan borondate honeko gizona da bere lagunekiñ, loteri urten besteik ez hurrengo egunien dirue partitzen hasida beitu-barik zenbat eta zeñi, baña danai esku-betien. **T.** Ese es un hombre es de verdad generoso con sus amigos, el día después de que le ha tocado la lotería ha empezado a repartir el dinero sin mirar a quién ni cuánto, pero a todos a manos llenas.

ESKUBIDIE. Autorización. **K.** Ez oindik baizik aspalditxik Udaletxeko eskubidie bier izetenda erozeiñ obra itxeko, txiki ero haundi, norberan ero beste erozeiñ etxien. Gañera ez astu zeatik hori derrigorrezkue da. **T.** No de ahora sino desde hace mucho tiempo es necesaria la autorización del Ayuntamiento para hacer cualquier obra, grande o pequeña, en la propia casa o cualquier otra ajena. Además que no se olvide porque eso es imprescindible.

ESKUBIRA. A la derecha. **K.** Hiru ero lau kilometrotan segi zuzen kamiño honetik eta ez iñ kasu beste birei, betik zuzen, gero ikusikozue baserri haundibat Bordatxo izena daukena, hau pasa ondoren segitxuen daukotzue beste birebat eskubira, hartu hori eta laister zare gurutzien. **T.** Seguir derechos tres o cuatro kilómetros por este camino y no hacer caso a otros cruces, siempre derechos, luego os encontraréis con un caserío grande de nombre Bordatxo y una vez que lo paséis enseguida hay otro camino a la derecha, cogéis ese y pronto estaréis en la cruz.

ESKU-BIXEK, ESKU BIXEK. Las dos manos, **K.** Pelotari asko daz esku-bixek erabiltzeitxuenak esku-pelota jokuen, gañera berdiñ bezela bat ero bestie izen, esan-baterako pelotari horrein tartien Aimar Olaizola da bat, harek eztauko etxuraik bape inportantzik emeteutzenik, ero ixe, nundik etortzendan pelota. **T.** Hay muchos pelotaris que pegan a la pelota con las dos manos y además les es bastante parecido que sea con una u otra, y por un decir de entre esos pelotarik Aimar Olaizola es uno de ellos, a él no parece que le importe en absoluto, o casi, por dónde venga la pelota.

ESKUDELA. Pasamanos, baranda o barandilla. **K.** Anselmon baserriko terrazan bukauta geratuzan eskudela jartziei eta oñ margotzie besteik ezta geratzen, nere ustez nahiko txukun geldixuda, baitxe iñdertzu be eta berai, Anselmoi, nahiko gustora ikustejako. **T.** Ya se ha terminado de colocar la barandilla en la terraza del caserío de Anselmo y ahora solo lo que queda es el pintar, yo creo que ha quedado bastante curioso, también fuerte y a él, a Anselmo, se le vé que está bastante contento.

ESKUE. Mano. **K.** Nik arrastuik be eztauket zer izenleiken gertaujaten hau, jaikinazenien ezker eskue miñdute nauken eta bietzak be eziñ mobitxuka, eta ziur nau gau guztien lotan eta miñ-barik eonazela, ba berez gertaukozan. Baña halaere gero eta baezpare, medikura fanaz eta beitu ondoren esandau tendinitis omendala, noixienbeñ igurtzi itxeko eskue emunduzten uguentuekiñ eta hartu errezetau iñdako pastillak. **T.** Yo no tengo ni idea de lo que puede ser lo que me ha ocurrido, cuando me he levantado tenía la mano izquierda dolorida y casi no podía mover los dedos, y estoy seguro de que he estado sin dolor y dormido toda la noche, pues habrá sido porque tenía que pasar. Pero aún así luego y por si acaso, he ido al médico y me ha dicho que es tendinitis, que de vez en cuando frote la mano con la pomada que me ha dado y que tome las pastillas recetadas.

ESKUETAN. Fig. se dice cuando está en manos de uno la facultad de decidir. **K.** Esandou esan-bierrekuek eta oñ itxoiñ inbierra eukikou egun batzuk, Narzizon eskuetan geratuda eta berak dauko horren erabakixe. **T.** Ya hemos dicho lo que teníamos que decir y ahora tendremos que esperar unos cuantos días, ha quedado en manos de Narciso y él tiene que tomar la decisión.

ESKU-FRENUE. El freno de mano del coche. **K.** Ederra gertaujakon Emilianai Getariko kaian, hobeto esanda bere furgonetai, han aparkau eta belozidadeik sartu-barik laga, esku-frenue emunde bakarrik, eta hor nun, berak be eztau ulertzen nola dan posible, baña gauza da furgoneta mobitxu inzala, aurrera fan eta uretara jausi. Ba txatarrarako. **T.** Buena le pasó a Emiliana en el puerto de Getaria, mejor dicho a su furgoneta, aparcó allá y la dejó sin meter la velocidad, solo con el freno de mano puesto, ella tampoco se explica cómo es posible, pero el caso es que se movió la furgoneta y se deslizó hasta el agua. Pues para la txatarra.

ESKUE JASO. Levantar la mano en sentido de amenaza. **K.** Euki errespetu pixkat zure gurasuekiñ eta eziozu sekula eskue jaso, zer da hori?, lotzabako haundibat besteik ezara eta derrigorrez zuzentzen hasibikozu. **T.** Ten un poco de respeto con tus padres y no les levantes nunca la mano, ¿qué es eso?, no eres más que un gran sinverguenza y necesariamente tienes que empezar a corregirte.

ESKUEMUN, ESKUE EMUN. Dar la mano. **K.** Nik ustedot toki hartako erregie larreitxo nekatukodala hainbeste eskuemun inbierra daukenien ospakizun haundibat itxendanien hor Madrill aldien, eta gañera gauza nahiko normla da zeatik lan horrek pillabat kantzankodau. **T.** Yo creo que el rey de aquel lugar se tiene que cansar demasiado de tanto dar la mano cuando se hace alguna gran celebración ahí por Madrid, y es una cosa normal porque ese trabajo tiene que agotar muchísimo.

ESKUKARA, ESKUKARIE. Con la mano llena, a manos llenas. **K.** Meltxor, kabalkatako errege hori eztau txantxetarako eta serixo itxen haida bere lana, gosokixek eskukara botatzen haida baña hala jarraitzenbadau laister ezer-barik geratukoda. **T.** Melchor, el rey ese de la cabalgata no está para bromas y está haciendo su trabajo muy en serio, está tirando los caramelos a manos llenas y como siga así pronto se va a quedar sin nada.

ESKU-LANA. Trabajo manual. **K.** Lenau zenbat gauza eotezien esku-lanaz iñdekuek, eztot geixenak esaten baña bai asko bentzet, oñ berriz ixe danak die makiñaz bide eta automatikoki iñdekuek **T.** Antes cuántas cosas eran las que estaban hechas por medio del trabajo manual, no voy a decir que la mayoría pero sí al menos muchas de ellas, ahora en cambio casi todas están hechas de forma automática por las máquinas.

ESKU-LUZIE. Que tiene la mano larga. Fig. el ladronzuelo. **K.** Kontuz Bartolokiñ eta ikustenbozue karterak ondo heldu eta gorteta ibilli, danak esatendaue nahiko esku-luzie dala, arrimau eta honduen jartzendala diximuluen beste erozeiñ gauzan haidan bezela baña betik gañien dauela zer gertatzendan inguruen dauen jentiekiñ. **T.** Si es que le veís andar con cuidado con Bartolo y con las carteras bien agarradas y guardadas, todos dicen que tiene la mano demasiado larga, que se acerca y se pone a disimular como si estuviera a cualquier otra cosa pero que siempre está encima y no pierde detalle de lo que pasa con la gente que está por los alrededores.

ESKUMA. La mano diestra, la mano derecha. **K.** Aspaldiko esaerabat dau esatendauena, esku eskuma ez enteratzeko zer itxendauen ezkerrak, beno, akaso baleike bestaldera izetie baña nik ustedot berdintzu izengodala, gauza da nik eztakitxela zer guredauen esatie. **T.** Hay un proverbio que dice que no se entere la mano derecha de lo que está haciendo la izquierda, bueno, quizá pueda que sea al revés pero yo creo que será parecido, la cosa es que yo no sé lo que quiere decir.

ESKUMATU. Dar la mano. **K.** Beno ba, allegauda fateko ordue, hasi agur esaten eta ez astu, urten aurretik eskumatu gizon guztiei eta emun patxobat andrai. **T.** Bueno pues, ya ha llegado la hora de marchar, empieza a despedirte y antes de salir no te olvides de darles la mano a los hombres y un beso a las mujeres.

ESKUMIÑAK. Dar recuerdos. **K.** Nik ustedot gustora ibiligarela egun honeitan Donostiñ, ez?, ba ia bukatuda eta oñ bakotxa norberan etxera, eta zueik ez astu eta allegau besteik ez eskumiñak emun han geratudienai. **T.** Yo creo que hemos andado a gusto en San Sebastián estos dias, ¿no?, pues ya se ha terminado y ahora cada uno a su casa, y vosotros no os olvideís y nada más que llegar dar recuerdos a los que han quedado allá.

ESKUMOTXA. ESKU-MOTXA. Literal mano corta y se refiere la persona que tiene una sola mano. **K.** Atzo Donostiko bulego-baten eonitzen eta arritxuta geratunitzen ikusinaunaz, denpora pixkatien nere txandai zai eon-bierra eukinauen eta hau allegauzanien inguratunitzen neskabat hauen maira, gauza da eonzala momentubat enakixela nora beitu, eta zeatik?, ba eskumotxa zalako eta zertxobaitx lotza bezela be emuteuzten, gero ia zerreozer lasaiau eta neskai begire lanien haizanien, eta handik etorrizan nere arritxu hori zeatik esku-bakar horrekiñ, ezkerra zan, sekulako abixeraz manejatzeauen ordenadora. **T.** Ayer estuve en una oficina de San Sebastián y me quedé asombrado con lo que ví. Estuve un poco de tiempo esperando mi turno y cuando éste llegó me acerqué a la mesa donde estaba una chica, la cosa es me quedé que no sabía dónde mirar, ¿y porqué?, pues porque solo tenía una mano y me daba un poco así como de vergüenza, luego ya un poco más tranquilo y mirando a la chica cuando estaba trabajando, y de ahí vino mi asombro porque con su única mano, era la izquierda, manejaba con extraordinaria rapidez el ordenador.

ESKUMOTXA, ESKU-MOTXA. Al igual que arriba también quiere decir mano corta y fig. se refiere a la persona apegada al dinero y nada aficionada a gastar, invitar, dar limosnas, etc... **K.** Bartolomeatik bere kuadrillak sarri esatendaue larreiko eskumotxa dala, eta baietz, noixienbeñ asaltzedala txikitu batzuk hartzera baña betik berie berak ordaitzendauela eta sekula eztauela gure izeten kaja jartzeik, eta hori omenda ze akaso bateonbatek hartzenbadau berak eratendauen baño zerreozer karestixaue. Etxuraz ulie hartzendotzie esanaz askoatik izengodala Kanposantuko aberatzena. **T.** De Bartolomé su cuadrilla suele decir a menudo que es una persona demasiada apegada al dinero, y que sí, que de vez en cuando ya aparece a tomar unos chiquitos pero que lo suyo siempre lo paga él y no quiere nunca poner caja, y eso debe de ser por si alguno toma alguna cosa que sea más cara de lo que bebe él. Parece que le suelen tomar el pelo diciéndole que va a ser por mucho el más rico del cementerio.

ESKU-MUTURRA, ESKUTURRA. Literal extremo del brazo y se refiere a la muñeca. **K.** Atzo palaka jolasten ibiligiñen eta nabarmen igertzenda oitura falta dauela, gaur esku-muturra sigero miñduta dauket eta espero laister pasakodala, geldi antzien lagata eta igurtzi batzuk iñde uguentokiñ, gauza honeik eztot uste luzeroko izetendienik. **T.** Ayer estuvimos jugando a pelota con pala y se nota claramente que hay falta de costumbre, hoy tengo la muñeca completamente dolorida y espero que pasará pronto dejándola quieta y dando unos frotes con la pomada, no creo que estas cosas suelen ser para mucho tiempo.

ESKUPEIEN. Fig. en secreto, con ocultismos. **K.** Zuk esatendozun bezela mutil hori lagun haundixe izengoda baña nere ustez ezta oso naturala, gauza asko itxeitu eskupeien eta eztot ulertzen zeatik eztan ibiltxen beste danon bezela. **T.** Según dices ese chico será un gran amigo tuyo pero yo no creo que sea demasiado natural, hace muchas cosas en secreto y no entiendo porqué no puede andar igual que todos los demás.

ESKUPEKUE. Es el hecho de recibir o dar una gratificación bajo cuerda o bajo mano. **K.** Gure nagusixek oitura da batzui eskupekue emutie hor gabon inguru aldien, oñ gauza horreik ondo ixilixen itxeitxu eta nabarmen dau bestiek ez enteratzeko izengodala, baña beno, nola hori bere kontue dan ba berak ikusibokodau. **T.** Nuestro jefe tiene costumbre de dar a algunos una gratificación bajo mano ahí por navidades, pero esas cosas las hace en secreto y está claro que lo hace así para que no se enteren los demás, pero bueno, cómo eso es una cosa suya pues el tendrá que ver.

ESKU-PELOTA. La pelota para jugar a mano. También se puede referir al hecho de jugar a pelota en la misma modalidad. **K.** Bixer derrigorrezkue da ikustie, telebistan noski, bana-banako esku-pelota partidue. Altuna eta Irribarria hartien jokatzenda eta dakixenak esatendaue parien urtengodiela apostak. **T.** Mañana necesariamente hay que ver, en la televisión claro, el partido de pelota que mano a mano van a jugar Altuna e Irribarría. Los que entienden dicen que las apuestan saldrán a la par.

ESKURA. A la mano. **K.** Ekartzendozun gauzak ez itxi hor erozeiñ bazterrien, ekarri hona eta emureizu eskura, baezpare jakitxie gurot zer dien zeatik akaso eztie danak honako izengo. **T.** Las cosas que traigas no las dejes ahí en cualquier esquina, las traes aquí y me las das a la mano, por si acaso quiero saber lo que son porque quizà no sean todas para aquí.

ESKURATU. Lograr, conseguir alguna cosa. **K.** Hainbeste denporan ibilinaz horren atzien eta askenien be, askotxo kostata baña eskuratudot. Ba benetan asko poztunazela. **T.** He andado muchísimo tiempo detrás de eso pero al final, ha costado mucho pero ya lo he conseguido. Pues de verdad que me he puesto muy contento.

ESKUTAN, ESKUETAN. En la mano. **K.** Kauen, hainbeste kostata eta hartu ondoren angira demontre horrek eskuetatik labandu eta igex iñdau, ba eztakitx nola baña akaso saku-trapubat eskuetan hartuta errexau arrapaukoitxut. **T.** Cauen, me ha costado mucho y después de cogerla esa endemoniada anguila se me ha resbalado de las manos y ha escapado, no sé cómo pero quizá si cojo un trapo de saco en la mano las atraparé más fácil.

ESKUTAU. Ocultar, esconder. **K.** Eskutau iñizu errege opari horreik zeatik ezta komeni umiek ikusteik bere denpora bañolen, akaso onazkero jakiñien eongodie zeñeik dien erregiek baña hala bada ederto disimulatzendue tontopapela iñaz. **T.** Esconde esos regalos de reyes porque no conviene que lo vean los críos antes de que sea su tiempo, quizá para ahora ya sabrán quienes son los reyes pero si es que lo saben disimulan muy bien haciendo el papel de tonto.

ESKUTAUTA, ESKUTAUTE. Escondido. **K.** Nik eztakitx nun eonleiken, denpora dexente eruetendot billatzen baña iñun eztau haren arrastuik, ba ustedot hor nunbaitxen eskutauta eongodala, baña beno, asaldukoda berak guredauenien. **T.** Yo no sé dónde puede estar, llevo un buen rato buscándole pero en ningún sitio hay rastro alguno de él, pues creo que estará escondido por ahí en alguna esquina, pero bueno, ya aparecerá cuando quiera.

ESKUTIK-ESKURA. De mano en mano. **K.** Gauza dan honeik erueteko hemendik hara bestaldera onena izengoda illeran jarri eta pasatzie eskutik-eskura, nik pentzatzendot hala errexu eta axkarrou ingoula. **T.** Para llevar todas estas cosas de aquí hasta la otra parte yo creo que lo mejor será que nos pongamos en fila y nos lo vayamos pasando de mano en mano, yo pienso que así lo haremos más fácil y rápido.

ESKUTUE. Escondrijo. **K.** Guasen axkar eskutu hortara zeatik eztot nai Toribiok ikusteik, gurekiñ alkartzenbada badakitx zer gertaukodan, hasikodala barriketan eta eztuzkula pakien itxiko goix guztien. **T.** Vamos rápido a ese escondrijo porque no quiero que nos vea Toribio, si se junta con nosotros ya se lo que va a pasar, que empezará a dar la pelmada y no nos dejará en paz en toda la mañana.

Aspaldiko esaerabat: Ez iñ eskutuen eztana itxen bestien aurrien.

Un viejo proverbio en euskera dice que no hagas a escondidas lo que no haces delante de los demás.

ESKUZ. A mano. **K.** Nere ustez eskuz itxendan pelota-jokue azkoz politxaue dala beste dazen joku motak baño, halaere pertzona asko eongodie pentzamentu desberdiñe eukikodauenak, ni noixienbeñ palaka bai ibiltxenaz baña askoz naio izengonauke hala eskuz jolastie, zoritxarrez gertatzenda eskuek larreiko makalak dauketela. **T.** Yo creo que el juego de pelota a mano es mucho más bonito que el resto de las modalidades de juego que hay, aunque habrá muchas personas que piensen de forma diferente, yo de vez en cuándo suelo andar a pala pero por mucho preferiría jugar así a mano, por desgracia sucede que tengo las manos demasiado débiles.

EZKU-ZABALA, ESKU ZABALA. Fig. se dice por la persona generosa, desprendida. **K.** Ni be akaso horren dirue baneuko izengonitzen bera dan bezelako ezku-zabala, baña gertatzenda hala eztala eta posible dana iñezkero, ba nik ustedot ondo eta nahikue izetendala. **T.** Yo tambíen quizá sería una persona tan desprendida si tuviese tanto dinero cómo tiene él, pero sucede que no es así y haciendo lo que se puede, pues yo creo que está bien y es suficiente.

ESKU-ZAPIXE, ESKU ZAPIXE. Toalla. **K.** Gaur be ederra gertaujat eta ziur nau bixamon kontuek diela, goixien palaka jolastudou Mendiolako Elixpeien, gero dutxa onbat hartu eta gertauda eziñ izenazela siketu zeatik esku-zapixe astunaz. Nolabaitx siketu kamisetakiñ eta axkar, hamarretakoik inbarik kotxie hartu eta etxera. **T.** Hoy también he hecho buena y estoy seguro de que son las cosas del aje, a la mañana hemos jugado a pala en el pórtico de la iglesia de Mendiola, después una buena ducha y resulta que no he podido secarme porque se me ha olvidado la toalla. De alguna forma me he secado con la camiseta y de prisa, sin hacer el hamarretako coger el coche y a casa.

ESKU-ZERRA, ESKU ZERRA. La sierra de mano. **K.** Txabola hontan eztaukou argindarrik eta egur honeik mozteko jeneradore txikibat ekarribikou eta baitxe baezpare esku-zerra be, eta horreikiñ inbikoutxu zeatik eztau beste erremeixoik. **T.** En ésta chabola no tememos electricidad y para cortar la madera tendremos que traer un pequeño generador y también por si acaso la sierra de mano, y con esas hacer los cortes porque no hay otro remedio.

ESNA. Despierto. **K.** Zuk lasai deitxu ordu horretan zeatik nik xeiretarako betik esna eotenaz, goix dala?, ba baleike baña nik apalditxik dauket oitura hori. **T.** Me puedes llamar tranquilamente a esa hora porque yo para las seis siempre estoy despierto, ¿que es temprano?, pues puede que sí pero yo tengo esa costumbre desde hace mucho tiempo.

ESNATU, ESNAU. Despertar. **K.** Zenbat kostatzejakon Konsueloi esnatzie bere umetxuei, deitxu ta deitxu ikastolara fateko eta aurrenekotan nahiko alperrik, iñola eziñ esnau eta halako-batien modu baten ero bestien lortzendau jaiki eraitxie. **T.** Cuánto le cuesta a Konsuelo despertar a las crías, llamar y llamar para ir a la ikastola y y al principio es inútil, no hay forma de que se despierten y al final de una manera u otra ya consigue que se levanten.

ESNETELA, ESNE-TELA. La nata de la leche. **K.** Garai baten nere arrebak burrukan ibiltxezien aber zeñeik aurren hartu lapikun eotezan esnetela, gero azukrie bota, ogi tartien sartu eta jan txokolatekiñ ero beste zerbaitxeaz. Denpora horreitan esnie baserritxik ekartzezan astuen kargauta eta eran aurretik egosi inbierra izetezan. **T.** Antaño mis hermanas se solían pelear a ver quien era la primera que cogía de la cazuela la nata de la leche, luego echarle azúcar, meterla entre pan y comer con chocolate o alguna otra cosa. En aquellos tiempos la leche se traía del caserío cargada en el burro y antes de beber había que cocerla.

ESNIE. La leche. **K.** Lenau, oso aspaldi, ze gustora jatenauen esnie taluekiñ, arrazkero be beñerobeñ jan izendot taluek erosi ondoren festa eondan nunbaitxen, baña ezta berdiñe, nere amak itxezitxuenak askoz hobiek zien eta eztau iñungo konparazioik. **T.** Antes que a gusto solía comer la leche con talos, desde entonces ya lo he solido comer alguna que otra vez depués de comprar esos talos en alguna fiesta, pero no es lo mismo, los que hacía mi madre eran muchísimo mejores y sin punto de comparación. (El talo es una especie de rosco amasado con harina de maiz tamizada, agua y hecho a la plancha).

ESPABILLAU. Espabilar. **K.** Bai, etxuraz bere garaian iñutzien itxusikerinbat eta galanta gañera, baña haren ondoren asko espabillauda eta oñ da eguna eztala iñokiñ fixatzen, oñ, baleike larreitxo pasatzen haidala ez fixau horreaz. **T.** Si, en su día parece que ya le hicieron una jugarreta y además muy grande, pero después de aquello ha espabilado mucho y hoy es el día que no se fía de nadie, ahora, puede que se esté pasando demasiado con la desconfianza.

ESPALOIA. Acera. **K.** Zarautzko Astiñ espaloiak iñdaunetik jentie askoz lasaiau ibiltxenda, lenau naiz da paraje hortan kotxe gutxi ibili, larreiko arriskutzue izetezan ibiltxie karreteratik eta gauez izen-ezkero askoz txarrau. **T.** En la zona de Asti en Zarautz desde que se han hecho las aceras la gente anda mucho más tranquila, antes y a pesar de no andaban demasiados coches en por ese sitio, era muy arriesgado andar por la carretera y si era de noche mucho peor.

ESPANAK. Labios. **K.** Haixe hotz honekiñ sigero zartiaujat espanak eta botikara noie aber badaukien zerreozer hor emuteko bezelakue, ustedot eotendala zerbaitx holako arkatza antzerakuek dienak. **T.** Con este viento frío se me han agrietado los labios y voy a la farmacia a ver si tienen algo cómo para que pueda dar ahí, creo que ya suele haber algo que es parecido a un lápiz.

ESPAÑOLA. Español. Claro está que como su propio nombre dice es la persona que ha nacido en España, o también se puede decir de aquella que se haya nacionalizado. **K.** Hemen jartzendoten pertzona hau española da, beno, aurrena esan-bierra dauket zalantza haundixe naukela zeatik erraru xamarra iruitzejaten, baña galdetu ondoren hala zala esauztien, batzuetan ikusi izendot telebistan eta egixe esanda antz guztie dauko ezker eskuko bestaldekue dala. Polititiko lanak ero etxurak itxeitxu eta nere ustez gauzabat gertatzejako, ague zabaltzendauen bakoitxien, ta sarri izetenda zeatik larreitxo gustatzejakon etxurie dauko, eta esateitxun astokeixakiñ nik pentzatzendot millaka boto galdukoitxula eta hala jarraitzenbadau denpora gutxi barru zorrien geratukoda. **T.** La persona ésta que pongo aquí es española, bueno, tengo que decir que al principio tenía muchas dudas porque me pareció un poco raro, pero después de preguntar me dijeron que sí lo era, algunas veces ya lo he solido ver en la televisión y la verdad es que parece que es de la parte del otro lado de la mano izquierda. Hace o aparenta que hace las labores de poítico y creo que le pasa una cosa, cada vez que abre la boca, y esto ocurre muy a menudo porque parece que le gusta demasiado, y con las burradas que dice yo pienso que tiene que perder miles de votos y si continúa de la misma manera dentro de poco tiempo se quedará a deber.

ESPARATRAPUE. Espadatrapo. **K.** Hortik zier fatenazenien betik eruetendot esparatrapue eta naio izetendot izendeixela hola tela tipokue eta zabal xamarra, eta benetan oso ondo etortzendala gauza askotarako. **T.** Cuándo hago un viaje por ahí siempre llevo un rollo de espadatrapo y suelo preferir que sea del tipo esos de tela y bastante ancho, y de verdad que suele viene muy bien para muchas cosas.

ESPARRUE. Espacio cerrado, vallado. **K.** Gaur be ardixek igex iñdaue eta aste hontan ia bigarren aldiz da, eztie urriñ ibiliko baña eztot ulertzen nola demontre konpontzendien esparrue botatzeko, aurreko aldixen nahiko iñdertzu ta seguru jarrizan, bentzet horren etxura hauken. **T.** Otra vez se han escapado las ovejas y ya es la segunda vez esta semana, no andarán muy lejos pero lo que no me explico es como demonios han podido derribar el cercado, la vez anterior se colocó suficientemente fuerte y seguro, al menos eso es lo que parecía.

ESPARTIÑAK. Alpargatas. **K.** Garai baten eta giro honakiñ asko ibiltxezien espartiñak, gero ta deportezko oñetakuek asaldu azkero sigero eskutauzien, beno, ez guztiz be zeatik Euskal Jaixetan dexente ikustendie, eta oñ berriz emutendau modan jartzen haidiela baña askok kolore nahiko xelebriekiñ. **T.** Antaño y con buen tiempo se andaba mucho con las alpargatas, luego y con la llegada de las zapatillas deportivas desaparecieron por completo, bueno, tampoco del todo porque ya se ven bastantesen las Fiestas Vascas, y ahora parece que otra vez se están poniendo de moda pero muchas con unos colores rarísimos.

ESPERANTZIE. Esperanza. **K.** Berriz herriko mendizale mutil gaztebat desagertu iñ omenda hor kanpoko mendi nunbaitxen, billatzen haidie eta esatendaue istripu latzbat ezpaldinbadau euki badaukiela asaldukodan esperantzie. **T.** Un montañero joven del pueblo de Bérriz ha debido desaparecer en los alrededores de algún monte de fuera de aquí, le están buscando y dicen que si es que no ha tenido algún accidente grave tienen la esperanza de que aparezca.

Aspaldiko esaerabat: Penaren karamelue, esperantza.

Un viejo proverbio en euskera dice que el caramelo de la pena, la esperanza.

ESPERO. Tener confianza. **K.** Demetriok eztau segurantzik emun etxera etorrikodanik gabonetarako zeatik izugarrizko lanakiñ omendabill, eta eztakitx gurasuek baña nik bentzet bai espero asaldukodala. **T.** Demetrio no ha dicho seguro de si vendrá a casa por navidades porque debe de andar con demasiado trabajo, y no sé si sus padres pero yo al menos sí tengo confianza en que aparecerá.

ESPERUEN. Esperando. **K.** Hemen haigara danok Fabilon esperuen ta aber beingoz asaltzendan mendira urtetzeko, eztakitx nola konpontzendan baña betik berandu fan ero etorri-bierra izetendau alde guztietara, eta nik ustedot apropos itxendauela ikusteko aber zenbat kabreatzegaren. **T.** Aquí estamos todos esperando a que aparezca Fabiolo para salir al monte, no sé como se las arregla pero siempre tiene que ir o venir tarde a todas partes, y yo creo que lo hace a propósito para ver cuanto nos cabreamos.

ESPETXIE. La cárcel. **K.** Aurrena pillabat kostatzejatie espetxera sartzie lapur haundi horrei eta gero urte batzuk, gutxi, barruen eon ondoren, lasai asko urtetzendaue kalera lapurtudauen diru pilla hori gastatzera, eta noski, ezertxoik bueltau-barik. **T.** Lo primero les cuesta un montón el meterles en la cárcel a esos grandes ladrones y luego hacen unos, pocos, años dentro y salen tranquilamente a la calle a gastar el montón de dinero que han robado, y claro, sin devolver absolutamente nada.

ESPEZIALA. La persona o cosa especial. **K.** Horri eziozue galdera askoik iñ, pixkat espeziala da eta akaso bere erantzunak eztie izengo bierdan modukuek, zuek ikusikozue baña nere ustez eta derrigorra ezpada onena dozue pakien iztie. **T.** A ese no le hagáis muchas preguntas, es un poco especial y a lo mejor sus respuestas no van a ser más adecuadas, vosotros veréis pero yo creo que si no es necesario lo mejor que podéis hacer es dejarle en paz.

ESPILLUE. Espejo. **K.** Goixetan eta jaiketxerakuen, aurrena komunera fan eta batzuetan hango espilluen ikustendana eziñdot siñistu ni nazenik, zeatik han aurrien dauena begizulo hareikiñ eta orraztu-barik sigero etxura txarra dauko. **T.** Lo que algunas veces suelo ver en el espejo del servicio por las mañanas al levantarme no puedo creer que sea yo, porque el que está allá delante con aquellas ojeras y despeinado tiene un aspecto muy malo.

ESPLIKAZIÑUEK. Dar o recibir explicaciones por o de parte de alguien. **K.** Eztaukotzu zeatik ixilik eon-bierrik ezer eztan gertau bezela, nik bentzet eskatukonutzen explikaziñuek eta esateko aber zeatik iñdauen astakeixa hori. **T.** No tienes porque estar callado como si no hubiese pasado nada, yo al menos ya le pediría explicaciones y que diga a ver porque ha hecho esa burrada.

ESPORTAK. Calcetines largos. **K.** Esportan izen hau zenbat urte izengoetedie eztotela entzun, ba beno, honeik belaunetarañoko kaltzetiñ luziek zien eta negu partien eruetegitxun, garai hartan eta mutikotan fraka motxaz ibiltxegiñen, eta gero ia gaztiek gitzenetik aurrera, jeneralki jaztegauen mendira fateko fraka barrenak barruen sartuta. **T.** Cuántos años podrán ser los que no he oído el nombre este de esportas, pues bueno, estos eran unos calcetines largos hasta rodilla, en aquellos tiempos y de chavales andábamos con pantalones cortos, y luego ya a partir de que ya éramos jóvenes generalmente los poníamos para ir al monte con los bajos de los pantalones metidos dentro de ellos.

ESPUELIE. Fig se dice al hecho de tomar una última consumición. **K.** Benga, ondion berandu ezta eta etxera fan aurretik nahiko denpora daukou espuelie hartzeko, baña bakarra eta askena izendeixela, eh? **T.** Venga, todavía no es tarde y antes de ir a casa tenemos tiempo para tomar la última consumición, pero solo una y que sea la última, ¿eh?

ESPUMADERIE. La espumadera. **K.** Atzo nekora batzuk egosi-bierrak izenitxun gabon gau zar afairako, zuek akaso eztozue jakingo baña gauza ona izetenda egosten haidieien espumaderiaz kentzen fatie ataratzendan bitza, eta esatendot honekiñ zeatik neretzat hori da dauen tresna onena. **T.** Ayer tuve que cocer unas cuantas nécoras para la cena de nochevieja, vosotros quizá no lo sepaís pero suele ser buena cosa ir quitando la espuma que se produce mientras se están cociendo, y para eso yo creo que la mejor herramienta es la espumadera.

ESTALI, ESTALITA. Tapado, cubierto. **K.** Gaur zerue nahiko estali dauela ikustendot eta eztakitx eurixe eztauen inbier, ba gaur eta baezpare aterkiñaz urtengot kalera, eta badakitx ze gertaukodan, nola baezparekue dan eztala tantu bakarra jausiko. **T.** Hoy veo que el cielo está bastante cubierto y no se si no va a llover, pues hoy y por si acaso saldré a la calle con el paraguas, y ya sé lo que va a pasar, que cómo es por si acaso no caerá una sola gota.

ESTALDU. Cubrir, tapar. **K.** Orturako ekarridoun satza baezpare estaldu inbierra daukou, busti-ezkero lokaztu bezela itxenda eta gero ia eztau ezertarako balixo. **T.** El estiércol que hemos traído para la huerta lo tenemos que tapar por si acaso, si se moja se vuelve como si fuera barro y luego ya no sirve para nada.

ESTALKIXE. Manta, la cobertura de la cama. **K.** Hasidie hotzak eta andrei esan-bierra dauket oien jartzeko neguko estalkixe, ustedot ze baitxe andrie be, baña ni bentzet oso gustora eotenaz berotxotan estalki horrekiñ. **T.** Ya han empezado los fríos y le tengo que decir a la mujer que coloque la manta de invierno en la cama, creo que también la mujer, pero yo al menos suelo estar muy a gusto con ella al calorcillo.

ESTALPIE, ESTALPEIE. Bajo techo, a cubierto. **K.** Hau da daukoun panoramie, hasidie tanto batzuk, emutendau euri-zaparrara datorrela eta guk eztaukou ez aterkiñik eta ez beste ezer eurixendako, ba axkar mobitxubikou eta aber nunbaitxen eta urriñ-barik billatzendoun estalpie, beztela jakiñe dau nola geratukogaren. **T.** Vaya panorama que tenemos, han empezado unas gotas, tiene pinta de que vienen chaparrones y nosotros sin paraguas ni ninguna otra cosa para la lluvia, pues vamos a movernos rápido y ver si encontramos algún sitio a cubierto que no esté demasiado lejos, sino ya se sabe cómo vamos a quedar.

ESTANBRIE. Estambre. Hilo semigrueso. **K.** Estambre izen hau nik bakarrik Atxabaltan entzundot, familixa barruen eta geixen esateauena, ustedot, amandría zala, ba beno, dana dala estanbre hau erabiltzezan erropan tarratarak josi eta iñdertzeko, jeneralki frakak, eta gauza honeik be ustedot zeatik enaz ondo gogoratzenazen. **T.** El nombre de estambre solo lo he oído en Aretxabaleta, dentro de la familia y la que más la utilizaba, creo, que era la abuela, pues bueno, este hilo se empleaba para coser y reforzar los rasgones de la ropa, generalmente pantalones, y esas cosas también creo porque no me acuerdo muy bien.

ESTAZIÑUE. Estación. **K.** Berrogetamabost urte inguru izengodie Eibartik Gazteizera ibiltxezan trena kenduzala eta noski, horrekiñ batera estaziñuek, baña halaere hareiñ edifizio batzuk ondion hor jarr aitzendaue, bat ero beste etxe bizitzak bezela, beste batzuk udaletxeko zerbitzurako eta ixe beste geratzendien geixenak botata ero jausteko puntuen. **T.** Ahora hace cerca de cincuenta y cinco años que quitaron el tren que iba de Eibar a Vitoria y claro, junto con esto las estaciones, pero todavía algunos de los edificios de aquellas quedan en pié, unos como vivienda, otros para servicios de los Ayuntamientos y la casi la mayoría de los que todavía quedan derribados o a punto de caerse.

ESTERUE. Estéreo. Unidad de medición antigua que se utilizaba para medir el volumen de la madera y que equivalía, creo, a un metro cúbico. **K.** Lenau eta ni ondo gogoratzenaz, kaimioetan kargatzezan egurra betik neurtzezan hainbeste esteroko, normalki piñue izetezan zerreixarako ero beztela paperan fabriketara erueteko. **T.** Antes y yo me acuerdo bien, la madera que se cargaba en los camiones siempre se media en tantos estéreos, generalmente solía ser pino para las serrerías o sino para llevarla a las fábricas de papel.

ESTIE. Intestino. **K.** Esatendauen ez ardi estiek omendie onenak txorixo, odolostiek eta beste gauza berdintzuek itxeko, eta nola igerri honekiñ ero beste zerbaitxekiñ iñde dazen?, akaso bai jakingodaue asunto horreitan ibiltxendienak baña nik bentzet arrastuik eztauket. **T.** Según dicen el intestino del cordero debe de ser lo mejor para hacer chorizos, morcillas y cosas similares, ¿y cómo saber si está hecho con esto o con cualquier otra cosa?, quizá si lo sepan los que andan con esos asuntos pero yo por lo menos no tengo ni idea.

ESTIMAU, ESTIMAUE. Se dice por la persona que es apreciada, estimada. **K.** Gizon hori derrigorrez izengoda pertzona ona eta jatorra zeatik alde guztietan ikustenda sigero estimaue dala, nik eztakitx zeatik baña ziur nau zerbaitxeatik izengodala. **T.** Ese hombre a la fuerza tiene que ser una persona buena y agradable porque se ve que es muy apreciado en todas partes, yo no sé porqué pero de que estoy seguro es que por algo será.

Aspaldiko esaerabat: Gutxi kostau, gutxi estimau.

Un viejo proverbio vasco dice que lo que poco cuesta poco se aprecia.

ESTIMAZIÑUE. Estimación. **K.** Ikusidot eta gurebozu emungotzut nere estimaziñue aber zenbat urteleiken zure baserriko lan horreik. Ba ataraitxut numero batzuk eta nik ustedot berrogetamar mille eurokiñ inleikela, halaere izenleike zertxobaitx geixau ero gutxiau baña buelta hortan iibilikoda. **T.** Ya lo he visto y si quieres te daré mi estimación sobre lo que te puede costar los trabajos de tu caserío. Pues ya he hecho unos números y yo creo que con cincuenta mil euros se puede hacer, aún así pueden ser un poco más o menos pero andará por ahí.

ESTIXE. Miel. **K.** Nere aitxak esateauen, baitxa hartu be, katarro puntue kentzeko nahasteko baso haundixen esne berue, estixe eta patxarra, asken bi honeik ugeri, gero eran ugera fan aurretik eta hori hartu-ezkero bi ero hiru egunien ezala ia eoten ezerko kuidaurik. **T.** Mi padre decía, también tomar, que para quitar el principio de catarro había que mezclar en un vaso grande, leche caliente, miel y coñac, estos dos últimos en abundancia, luego beber antes de meterte a la cama y que tomando eso durante dos o tres días ya no había ningún cuidado.

ESTOMAGUE. El estómago. **K.** Ustedot larreitxo jandotela ero beztela zerbaitxek iñdust kalte, estomague nahiko astune dauket eta zerreozer miñketan be hasijat. Entzunde dauket ona dala puzker batzuk botatzie ero beztela bikarbonato hartuta asko mejoratzendala. **T.** Creo que he comido demasiado o sino algo me ha sentado mal, tengo el estómago bastante pesado y también me ha empezado a doler un poco. He oído que debe de ser bueno echar unos cuantos pedos o sino que tomando bicarbonato se mejora mucho.

ESTRAÑAU, ESTRAÑIKUE. Cosa rara, extraña. **K.** Gauza sigero extrañikue gertauda, ziur nau atzo gabien laganauela sukaldeko mai-gañien karterabat diruekiñ, gaur goixien irteeran atie ondo itxidot, beste iñok eztauko giltzaik eta bazkalostien etxera bueltaunazenien kartera falta. Larreiko gauza xelebrie. **T.** Ha sucedido una cosa demasiado extraña, estoy seguro de que ayer a la noche dejé una cartera con dinero encima de la mesa de la cocina, hoy a la mañana al salír he cerrado bien la puerta, nadie más tiene llave y hoy cuando he vuelto a casa después de comer faltaba la cartera. Una cosa demsiado curiosa.

ESTRAPELUE. Trapicheo, contrabando. **K.** Lenau gerra ondoren eta gose denporan estrapelo haundixe eotezan, naiz eta sigero debekauta eon nunbaitxetik janak lortu-bierrak izetezien eta baitxe beste bierrezko gauza batzuk, eta gauza honeik, noski, beste zerbaitzun ordez eskuratzezien. **T.** Después de la guerra y en la época del hambre solía haber mucho contrabando, a pesar de que estaba completamente prohibido había que conseguir de algún sitio comida y también otras cosas necesarias, y éstas lógicamente se obtenían a cambio de algunas otras cosas.

ESTRAPELISTA. Se dice de la persona que se dedicaba al contrabando. **K.** Batzuk estrapeluen kontura asko aberaztuzien, egixe da bere arrixkuek be hartukozitxuela baña aldebatetik ero bestetik geixenak lortu izenauen aurrera urtetzie. **T.** Algunos ya se hicieron muy ricos a cuenta del contrabando, es verdad que seguramente correrían muchos riesgos pero de una forma u otra la mayoría ya consiguió salir adelante.

ESTRIÑAU. Estrenar algo. **K.** Ze harro dauen gure aldamanekue, kotxe barrixe ekarridau eta hor dabill bueltaka bi ordu honeitan herriko kale guztietatik, kotxie estriñau eta erakusten ikustie naidauenai. **T.** Nuestro vecino está muy presumido, ha traído coche nuevo y hace dos horas que anda dando vueltas por todas las calles del pueblo, estrenando coche y enseñándolo a todo el que lo quiera ver.

ESTROPAJUE. Estropajo. **K.** Nik baietz ustedot baña enau ziur oñ eotendien estropajuik etxietan, baña lenau bentzet honekiñ kentezien zapatako lokatzak eta baitxe beste gauza asko garbitxu be. **T.** Yo creo que sí pero no estoy seguro de si ahora hay estropajos en las casas, pero antes al menos con esto se quitaba el barro de los zapatos y también se limpiaban otras muchas cosas.

ESTROPADA, ESTROPA. Competición de regatas. **K.** Estropada famauena eta askoatik Donosti Kontxako ikurriña izetenda, arraunlari guztiek horren zai eotendie eta askenengo urtien Hondarribi izenzan irabazlie. **T.** La regata más famosa y por mucho es la bandera de la Concha en San Sebastián, todos los remeros suelen estar esperando a esta cita y éste último año el vencedor fue Fuenterrabía.

ESTROPAZAU, ESTROPOZAU. Tropezar. **K.** Atzo Madalena pasiatzen haizala malekoitik estropozau inzan gora iñde hauen baldosa ertzaz, jausi, zartara haundibat hartu mokorrien eta gañetik eskuturra puskatu, ba aberixa ederra iñdau eta badauko denpora pixkateko. **T.** Ayer cuando Madalena estaba paseando por el malekón se tropezó con la esquina de una baldosa que estaba levantada, se cayó, cogió un golpe muy grande en la cadera y encima se rompió la muñeca. Pues menuda avería se ha hecho y ya tiene para un poco de tiempo.

ESTROPIAU. Averiarse o estropearse alguna cosa. **K.** Nola izenleike hau posible, atzo erosidot radixo barrixe, gaur ia eztabill eta emutendau estropiau iñdala, ba dendara noie axkar eta aber aldaketauztien. **T.** Cómo puede ser ésto posible, ayer compré una radio nueva, hoy ya no anda y parece que se ha estropeado, pues voy rápidamente a la tienda a ver si me la cambian.

ESTROPOZUE. Tropezón. **K.** Makuluaz dabitzen jentiendako estropozue izetenda txarrena, jaustenbadie aberixa galanta inleikie eta horreatik ondo beitu ta kontu haudixekiñ ibili-bierra daukie. **T.** Para la gente que anda con muletas el tropezón suele ser de lo peor, si se caen pueden hacerse una gran avería y por eso tienen que mirar bien y andar con mucho cuidado.

ESTU. Apretado, estrecho. **K.** Lengo egunien andriekiñ fanitzen merkatu hartan dazen dendatara fraka bekeruek erosteko asmuaz, lau denda desberdiñetan probauñitxun eta danetan zien berdiñek, gerritxik nahiko ondo baña berna aldien sigero estu eta enitxun erosi zeatik etxat bape gustatzen halakuek. Ze moda xelebriek dien oinguek. **T.** El otro día fui con mi mujer con la intención de comprar unos pantalones vaqueros a las tiendas que hay en aque hiper, los probé en cuatro tiendas diferentes y en todas eran iguales, de cintura más o menos bien pero en las piernas demasiado apretados y no los compré porque no me gustan los que son así. Que modas más raras son las de ahora.

ESTU, ESTUTAZUNA. Se dice cuando la persona está apurada, preocupada. **K.** Aurrenekotan estutazun haundixe hartudot, burura etorrijat aber kotxeko istripudunak famili tartekuek izengozien, baña gero eta jakiñ ondoren eziela lasaitunaz. **T.** Al principio me he apurado mucho, me ha venido a la cabeza a ver si los del coche accidentado podían ser parte de la familia, pero luego y después de saber que no eran ya me he tranquilizado.

ESTUDIXAU. Estudiar. **K.** Estudixau bierrien zara ezpozu gure errepikatzie, oñ datoz urteko asterketa berezixenak eta badakitzu nahiko alper ibillizarela asken aldixen, ba aber hasi eta argitzezaren zertxobaitx. **T.** Estás en la necesidad de estudiar si no quieres repetir, ahora vienen los exámenes más importantes del año y ya sabes que últimamente has andado bastante vago, pues a ver si empiezas a espabilarte un poco.

ESTUDIXUEK. Los estudios. **K.** Oñ eta Unibersidadien hasteko erabaki inbikozu ze estudixuek hartu, zuri oñartien, hala esatezauen, betik gustau izenjatzu mediku izetie, eta momentu hontan pentzamentu berdiñaz jarraiketandozu? **T.** Ahora y para empezar en la Universidad tendrás que decidir que estudios tomar, a tí hasta ahora, así lo decías, siempre te ha gustado ser médico, ¿y en este momento continúas pensando igual?

ESTUEK. Ajustados, apretados. **K.** Merkatu haren aparte beste denda batzuetan be beitudot fraka bakeruek baña oñartien bentzet eztot iñun lortzen nere gustokoik, danak berdiñ esateuztie, oñ erueten omendiela fraka estuek, ba nik horreik eztitxut erosiko eta zarraz ibilikonaz. **T.** Aparte del hiper aquel también he mirado en otras tiendas por los pantalones vaqueros pero hasta ahora en ninguna he encontrado de mi gusto, en todas me dicen lo mismo, que ahora se llevan pantalones ajustados, pues yo esos no los pienso comprar y andaré con los viejos.

ESTUGARRIXE. Remedio contra la diarrea. **K.** Etxuraz Kaxianok gaur goxien ur oso hotza eran omendau eta tripetatik dau, kriston berakue dauko, eziñdau alde iñ komun hondotik eta denporalditxue eruetendau harei pega-pega iñde. Eta nola berak eztaukon mobitzeik eskatudust inguratzeko botikaraño eta aber emuteuztien zerreozer asunto hortarako estugarrixe dana. **T.** Parece que Kaxiano ha debido de beber agua muy fría esta mañana y le ha afectado a las tripas, tiene mucha diarrea, no se puede ni apartar de al lado del servicio y lleva ya bastante tiempo bien pegado a él. Y cómo él no puede moverse me ha pedido que vaya a la farmacia y a ver si me dan algún remedio para ese asunto.

ESTULA. Tos. **K.** Hasijatzu estula, sudurretik dindirrixe be botatzen hasizara eta horrek guredau esan bixer katarrue ero gripien ikutue eukikozula, ba oñ medikura fatie komenijatzu eta aber zerbaitx emuteutzun geixotu aurretik. **T.** Has empezado a toser, la nariz también te está goteando y eso quiere decir que mañana tendrás principio de catarro o gripe, pues ahora te conviene ir al médico y a ver si te puede dar algo antes de que enfremes.

Aspaldiko esaerabat: Maitazuna, dirue eta estula eziñdie disimulau.

Un viejo proverbio vasco dice que el amor, el dinero y la tos no se pueden disimular.

ESTULKA. Tosiendo. **K.** Edelmiro, laguna zana, zoritxarrez hilda, oso errezalie izenzan eta berak sarri esateauen goix guztietan eta jaiki besteik ez estulka hastezala, baña gero eta zigarrobat piztu ondoren segitxuen geldiketazala estul hori. **T.** El amigo Edelmiro, por desgracia ya murió, fue muy fumador y él a menudo decía que todas las mañanas y nada más levantarse empezaba a toser, pero que después encendía un cigarrillo y enseguida se paraba la tos.

ESTUTU. Apretar. **K.** Estutu inzu gerriko hori zeatik frakak txintxiliska eruetendozu et jausi ingodie. Oingo modak benetako xelebriek die, emutendau kaka iñde fatendiela. **T.** Aprieta el cinto ese porque llevas los pantalones colgando y se van a caer. Vaya modas raras las de ahora, parece que suelen ir cagados.

ESTUTU. Apurar, atosigar, acosar. **K.** Mutil horri apurbat estutu inbierra daukotzue zeatik beztela hor eongoda geldik eta ezer inbarik, eta oñ dauen postura hortan etxura guztie dauko autobusa ero beste zerbaitx itxoitxen haidala, benetako iñuxentie dala emutendau. **T.** A ese chico teneís que apurarle un poco porque sino va a estar ahí quieto y sin hacer nada, y en la postura en la que está ahora tiene todo el aspecto de que está esperando el autobús o alguna otra cosa, da la impresión de que es tonto.

ETA. Y. También. **K.** Hainbeste gauza dau eta geixenak nere gustokuek ze oso zalla da elegitzie bata ero bestie, ba pentza ondoren erabakidot eruengoitxutela hemen dauen hau, beste horko hori eta baitxe hango handikaldekue. **T.** Hay tantas cosas y la mayoría de mi gusto que es difícil elegir uno u otro, pues después de pensar he decidido que voy a llevar ésto que está aquí, eso otro de ahí y también aquello de allá.

ETA ABAR. Etcétera, etc... **K.** Gaur Errioxa aldien izengara eta nola nahiko denpora haukoun herri hartako azokara fan eta gauza asko erosi ta ekarridou, barazkixek, sagarrak, makatzat, melokotoiek, eta abar. **T.** Hoy hemos estado por la zona de La Rioja y como teníamos bastante tiempo hemos ido al mercado de aquel pueblo, y también hemos comprado y traer muchas cosas, verduras, manzanas, peras, melocotones, etc...

ETA-ZER, ETA ZER. Y qué. **K.** Zu gauza asko ainketan haizara, eta-zer, neri etxat perraundibat importik zuk esandakoik eta fanleiketzu beste erozeñena ta ikusi aber harek kasu itxendotzun. **T.** Tú estás mandando demasiadas cosas, y qué, a mí me importa una perragorda lo que tú digas y ya puedes ir dónde cualquier otro y ver si aquel te hace caso. (La perragorda era una moneda antigua de muy escaso valor, y ahora de ninguno.

ETARA. Sacar.

(Mirar la definición de atara).

ETEKIÑA. Producto, provecho, ganancia. **K.** Obra honekiñ ustedot eukikoula etekiñ pixkat, aurrenekotan banauken larritxazun pixkat baña askenien, eta momentuz bentzet, nahiko ondo haigara eta aber hala jarraitzendoun. **T.** Con esta obra creo que ya obtendremos un poco de ganancia, al principio tenía bastante preocupación pero al final, y al menos de momento, las cosas van suficientemente bien y a ver si continuamos así.

ETEN. Algo que se ha soltado o roto. **K.** Eskapada ederra eukidou eta ezkerrak askenien eztala ezer gertau. Aurreneko pixora materiala igotzen haigiñala, kablie eten eta ladrillo betiaz hauen palie bera etorrida. **T.** Vaya escapada que hemos tenido y menos mal que no ha pasado nada. Cuándo estábamos subiendo el material al primer piso, el cable se ha roto y el palé que estaba lleno de ladrillos se ha venido abajo.

ETEN-ALDIXE. Pausa, corte. **K.** Beno, oñ eten-aldi txikibat zerreozer jan ero kafebat hartzeko, hogei miñutu eta gero jarraitxu bakotxa bere lanakiñ. **T.** Bueno, ahora una pequeña pausa para comer algo o tomar un café, veinte minutos y luego continuaís cada uno con vuestro trabajo.

ETEN-BARIK. Sin interrupción. **K.** Bixerko lana eten-barik inbierrekue da eta horreatik ta derrigorrez erreleboka inbikoitxu, eguerdixen batzuk goitxuau fan bazkaltzera eta hareik etortzendienien bestiok fangozare. Eta aber arratzalde erdirako bukatzendoun. **T.** El trabajo de mañana hay que hacerlo sin interrupción y por eso necesariamente lo tendremos que hacer a relevos, al mediodía algunos que vayan a comer un poco antes y cuando aquellos vuelvan iremos el resto. Y a ver si terminamos para media tarde.

ETENDA. Que está roto o a punto de romperse. **K.** Soka horrek eztau balixo tiratzeko zeatik etxako asko gelditzen puzkatzeko eta honekiñ hastenbagara laister eongoda sigero etenda. Ba zakarrontzira zuzenien eta zu Isidoro fanzaitxez ekartzera beste bierdan moduko sokabat, baña beste hau bezelakue, sendue eta luzera berdiñaz. **T.** Esta cuerda no vale para tirar porque parece que no le falta mucho para que se rompa y si empezamos con ella enseguida estará ya completamente rota. Pues derecho a la basura y tú Isidoro vete a traer otra, pero que sea igual que esta, con el grosor y longitud iguales.

ETENDU. Romperse. **K.** Ba nik esandotena, bestie ekarri bitxertien hasigare probatzen soka zar honekiñ eta hamar miñutu garrengo etendu iñda, eta etxuraz etxakon asko geratzen zeatik aparteko iñder inbarik izurrauda. **T.** Pues lo que yo he dicho, mientras traían la otra hemos empezado a probar con esta cuerda vieja y en menos de diez minutos ya se ha roto, y parece que ya no le quedaba mucho porque se ha roto sin haber hecho demasiada fuerza.

ETENDU. Fig. se dice por el hecho de cansarse, fatigarse. **K.** Eztau zeatik ibili-bierrik astokeixak itxen eta neurrixe hartubikou zeatik gaurko etapa luzie da, nahiko gogorra eta aldapa dexentekue, mantzo xamar hasibikou eta hala jarraitzie komenida, beztela eta bukatu aurretik gertaukoda ze danok sigero etendu iñde eongogarela. **T.** No tenemos porqué andar haciendo burradas y tenemos que tomar las medidas oportunas, la etapa de hoy es larga, bastante dura y de muchas cuestas, tendremos que empezar de forma pausada y conviene que continuemos de la misma manera, sino pasará que antes de terminar estaremos todos completamente fatigados.

ETORBIDIE. Punto de partida. También procedimiento. **K.** Ustedot, entzundoten bezela, Eufronioi etxakola gauzak larreiko ondo urtetzen. Etxuraz bukatujako epea eta Hazienda laister hasikoda bere aurkako etorbidie prestatzen, gañera koneikiñ eztau txantxaik ta betikue gertaukoda, derrigorrez ordaidu-bierra izengodala. **T.** Creo, según tengo oído, que a Eufronio no le están saliendo demasiado bien las cosas. Se le ha debido de terminar el plazo y Hacienda pronto empezará a preparar el procedimiento en su contra, además con estos no hay bromas y pasará lo de siempre, que necesariamente habrá que pagar.

ETORKIZUNA. Acontecimiento, porvenir. **K.** Ruperto eta Sagrario hainbeste urte esperuen noiz gelditxu aurdun, andrie noski, eta askenien be allegauda zai eozen etorkizun ederrena, lortue izendauela, ba zorionak ta aber dana ondo urtetzendan. **T.** Ruperto y Sagrario llevaban tantos muchos años esperando a que quedase embarazada, la mujer claro, y al final ya ha llegado el gran acontecimiento que tanto ansiaban, que lo han logrado, pues felicidades y a ver si todo transcurre bien.

ETORREN. Venía. **K.** Bai, ia honuzka etorren, hala esandau bentzet baña eztakitx, nahiko berandu da eta onazkero hemen eon-bierra hauken, ziur gertaukozala birien alkartu norbaitxekiñ eta ondion hor eongodiela barriketan. **T.** Si, ya venía para aquí, al menos eso es lo que ha dicho pero no sé, ya es bastante tarde y para ahora ya tenía que haber llegado, seguro que habrá pasado que se ha juntado con alguien en el camino y todavía ahí estarán de charla.

ETORRERA. La vuelta. **K.** Eztakitx mutil horri harutza fatioi astuna injakon baña oñ geratzendana ezta askoz hobie izengo, nahiko nekatuta eongoda ta naiz eta aldapa-bera izen ondion etorrera guztie geldiketajako. **T.** No sé si al chico ese el ir hacia allá se le habrá hecho duro pero lo que ahora le espera no será mucho mejor, estará bastante cansado y a pesar de que es cuesta abajo todavía le queda toda la vuelta.

ETORRI. Ven. **K.** Ramontxu, nahiko nekatua ikustezaut eta etorri pixkat deskantzatzera nere altzuen, gañera logure apurtxobat be badaukotzu eta hemen jarritxe gustora eongozara. **T.** Ramontxu, te veo que estás muy cansado y ven a descansar un poquito a mi regazo, además también tienes un poquito de sueño y aquí sentado estarás muy a gusto.

ETORRI. (Etorriaz), naz, zara, zarie.

Aspaldiko esaerabat: Zaldi fan era mando etorri.

Un viejo proverbio en eukera dice que ir caballo y volver mula. (Ir a por lana y volver trasquilado).

ETORRI-BARRI. Recién llegado. **K.** Hau da marka, berriz gauzak esplikau inbierrak eukikoutxu zeatik horreik etorri-barri die eta ezer eztakixe, eztotena ulertzen da ze errazoi eukidauen holako berandu etortzeko, ondo jakiñien eozen ba ze ordutan hastegiñen. **T.** Esto es de traca, otra vez tendremos que explicar las cosas porque esos están recién llegados y no saben nada, lo que no entiendo es que razones habrán tenido para llegar tan tarde, ya sabían bien pues a que hora empezábamos.

ETORRIBAZAN, ETORRIBAZIEN. Si hubiese o hubiesen venido. **K.** Eskolapio eta bere lagune etorribazien bere garaian bixek jakiñien eongozien hemen esandoun gauzakiñ, ba eurok galdudaue zeatik garbi dauket enoiela berriz asunto berdiñek errepikatzen, ez horrei eta ez beste iñori. Oñartekuaz nahiko izenda eta banoie. **T.** Si Escolapio y su amigo hubiesen venido a tiempo los dos se habrían enterado de las cosas que hemos dicho aquí, pues ellos se lo pierden porque tengo claro que no voy a repetir las mismas cosas, ni a ellos ni a ningún otro. Con lo hablado hasta ahora ya es suficiente y me marcho.

ETORRIDA. Ya ha venido. **K.** Nahiko berandu baña askenien etorrida eta zalantza pixkat badauket zeatik eztakitx egixe izengodan esandauen hori, aspaldi soldautzako pertzona esagunaz alkartudala eta zerbaitz hartzen eondiela, gertatzenda neri deitxuduztiela esanaz esagun horrek gonak haukela eta nere ustez gonadunak neskak izetendie, eta gañera lenau honeik ezien faten soltautza itxera. **T.** Aunque bastante tarde pero al final ya ha venido, tengo un poco de duda porque no sé si será verdad lo que nos ha dicho, que se ha juntado con una persona conocida de la mili y que han estado tomando algo, es que resulta que a mí me han llamado diciendo que esa persona tenía faldas y yo creo que las que tienen faldas son chicas, y además antes éstas no solían ir a hacer la mili.

ETORRIKODA. Ya vendrá. **K.** Eztau ezer garbirik esan baña nik ustedot afaira bai etorrikodala, oñartien iñdounaz ezta sekula falta izen eta espero oinguen be berdiñ izengodala. **T.** No ha dicho nada claro pero yo supongo que sí vendrá a la cena, hasta ahora nunca ha fallado a ninguna de las que hemos hecho y espero que a esta tampoco.

ETORRIXE. Vuelta, llegada. **K.** Ba mutillak ontxe bai daukoula benetako arazue, pasa bai iñdou erromarai gañetik saltata baña badakizue nola jarridan baserritarra ikusidauenien zelaixen haigiñala, eta baitxe zer esandauen, berriz inguratu-ezkero bere terrenora zai eongodala escopetakiñ. Ba aber oñ nola asmatzendoun etorrixe zeatik eztakou aukera askoik, arrixkau eta toki berdiñetik pasa ero beztela errekara fan-bierra eukikou, eta nik bentzet eztauket bustitxeko gogoik. **T.** Pues chicos ahora sí que tenemos un verdadero problema, pasar ya hemos hecho saltando por encima de la verja por encima pero ya sabeís de qué forma se ha puesto el casero cuando nos ha visto que estábamos en el prado, y también lo que nos ha dicho, que si otra vez nos volvemos a acercar a su terreno nos estará esperando con la escopeta. Pues ahora a ver cómo ideamos la vuelta porque no tenemos muchas alternativas, arriesgarnos a pasar por el mismo sitio o sino tendremos que ir al río, y yo desde luego no tengo ganas de mojarme.

ETXAK, ETXAN. No hay lo que quieres, no está la persona que buscas. Estas palabras están escritas en forma de tuteo, la primera es para dirigirse al género masculino (se llama hika), y la segunda al femenino (ésta se llama noka). **K.** Alperrik haiaiz leku hortan billatzen zeatik hor etxak, beste tokibaten hasibikoaz eta aber hala zorion pixkateaz lortzenduan. **T.** Es inútil que lo busques en ese sitio porque ahí no está, tendrás que empezar a buscar en algún otro lugar y a ver si con un poco de suerte lo consigues.

ETXAFLERUE (K). El cohete, los cohetes. **K.** Gabon zar egunien sekulako etxaflero zaparrarie eonda kalien, gau guztien ezta apenas gelditxu eta ixe lorik be eztot iñ zarata horrekiñ. **T.** Vaya ruido de cohetes ha habido en la calle ésta nochevieja, en toda la noche apenas han parado de explotar y casi no he podido dormir debido al ruido.

ETXAKIXAT, ETXAKIXENAT. No sé. Al igual que en las palabras etxak, etxan es la misma modlidad se tuteo. **K.** Nik etxakixenat ezer neska eta alperrik haiaiz neri galdetzen zeatik nik etxaukenat ezerko arrastuik asunto horren buruz. **T.** Yo no sé nada chica y es inútil que me preguntes a mí porque yo no tengo ni idea sobre el asunto ese.

ETXASPIXE, ETXE-ASPIXE. El bajo de la casa, bajo la casa. **K.** Heriberton etxe-aspixen dauen lokala sigero haundixe da eta ustedot pentzau inbilaukela zerreozer itxie, akaso eta esan-baterako holako espa tipokue ero beste zerbaitx antzerakue oso ondo etorrikozan, nahiko toki badau bentzet. **T.** El local que está en el bajo de la casa de Heriberto es muy grande y creo que tendría que pensar en hacer algo, por ejemplo y quizá así cómo un tipo de espá o alguna otra cosa parecida vendría muy bien, al menos ya hay espacio suficiente.

ETXEBIZITZA, ETXE-BIZITZA. La casa, la vivienda. **K.** Esareizu zer kaletan dauen zure etxebizitza, gogue dauket noixbaitxen fateko eta bixitabat iñaz aprobetxau etxie ikusteko zeatik esauztie sigero politxe daukotzuela. **T.** Dime en que calle está tu vivienda, tengo ganas de ir algún día y haciendo una visita aprovechar para ver la casa porque me han dicho que la teneís muy bonita.

ETXEGINTZA. Construcción, edificación de viviendas. **K.** Donostiko Txomiñ auzuen, bertako kostrutorabat haida etxegintzan eta ustedot, hala entzunde dauket, bi milla baño etxe-bizitza geixau eraikibidiela. **T.** En el barrio Txomin de San Sebastián, una constructora local está construyendo casas y creo, así lo tengo oído, que se van a edificar más de dos mil viviendas.

ETXEGIÑE. La empresa que construye viviendas. **K.** Ba goixen eztot jarri baña Donostiko Txomiñ auzuen etxegintzan haidan etxegiñe Zarauzko Amenabar kostrutora da. **T.** Pues arriba no he puesto pero la empresa que construye las viviendas del barrio de Txomin en San Sebastián es la constructora Amenabar de Zarautz.

ETXEIK-ETXE. Andar de casa en casa. **K.** Ni oso ondo gogoratzenaz nola aspaldi, pentza noix izengozan ze orduen ni ondion gaztie nitzen, etxeik-etxe ibiltxezan holako egurrezko kajoi tipokobat Santu ero Amabirjiñan imajiña barruen haukena, eta hori euki-bierra izetezan egun batzuetan beste aldameneko etxera eruen aurretik. Kajoi honeiko baten San Felizizimo eotezan, bere lepue moztuta eta gezurretazko odola daixola eta ez pentza, erreparu pixkat be emuteauen ha ikustie. **T.** Yo recuerdo muy bien cómo hace mucho tiempo, pensar cuándo sería que entonces yo todavía era joven, solía andar de casa en casa una especie de cajón de madera que tenía dentro la imagen de algún Santo o Virgen, y eso había que tenerlo algunos días antes de llevarlo a la casa de al lado. Dentro de uno de esos cajones estaba San Felicísimo con su cuello cortado y echando sangre de mentirijillas, pues quizá no creaís pero daba un poco de reparo el ver aquello.

ETXEKUE. De casa, casero. **K.** Bai gizona, konfiantza guztiekiñ erosizeike gatzatu hau, ardixek etxekuek die, etxien be iñdakue da eta eruenzeike lasai askuen. **T.** Si hombre, claro que puedes comprar esta cuajada con total confianza, las ovejas son de casa, también está hecha en casa y la puedes llevar con toda tranquilidad.

ETXERATU. Volver a casa, retirarse. Domiciliar algo. **K.** Asteburue da eta ondo iruitzejat kanpora urtetzie afaltzera ta zertxobaitx juerga itxie be eztau gaizki, baña ez astu eta garaiz etxeratu, badakitzu bixer Arantzazura fan-bierra daukoula eta etxien eztau zu beste txoferrik. **T.** Es fín de semana y me parece bien que salgas a cenar fuera y también que hagas un poco de juerga, pero no te olvides y retírate a tiempo, ya sabes que mañana tenemos que ir a Aránzazu y en casa no hay más chófer que tú.

ETXERUTZ. Para casa. **K.** Zueik segi gurebozue baña ni etxerutz noie zeatik bixer goix jaikibiot ortura fateko, berandu fan-ezkero bero haundixe eongoda eta akaso burue ezta eongo hori aguantatzeko bezela. **T.** Vosotros continuar si queréis pero yo voy para casa porque mañana me tengo que levantar temprano para ir a la huerta, si voy tarde hará mucho calor y quizá la cabeza no esté cómo para aguantar eso.

ETXEZULO, ETXE-ZULO. Se dice de la persona a la que no le gusta salir de casa y que prefiere estar metido en ella. **K.** Brauliona siñistu eziñekue da, ezta holako aspaldi ezala etxera sartzen, eta asteburu guztietan, baitxe beste erozeiñ egunetan be, gau-pasak itxezitxuen, oñ berriz sigero etxezulo biurtida eta ixe urten be eztau itxen, nola ulertu hori? **T.** Lo de Braulio es incomprensible, no hace tanto tiempo no entraba en casa, y todos los fines de semana, también cualquier otro día, estaba de gaupasa (de juerga y sin dormir), ahora en cambio prefiere estar metido en ella y casi sin salir, ¿cómo se entiende eso?

ETXEZULUE, ETXE-ZULUE. Literalmente quiere decir el agujero de casa y fig. significa que esa casa es una especie de encierro casero. **K.** Ba askenien Liberiok sigeroko errieta gogorrak entzun-bierrak eukitxu bere gurasue aldetik, esanaz hala eztauela ibiltxeik, hala jarraiketanbadau geixotu ingodala eta akaso baitxe zerreozer askoz txarraue. Ba etxuraz eztau larreiko ardurik hartu zeatik badakltzue zeiñ izendan haren crantzuna? Ezingonaz ba betik eon etxezuluen sartuta. **T.** Pues al final Liberio ya ha tenido que escuchar unas regañinas muy fuertes por parte de sus padres, diciéndole que así no se puede andar, que si continúa así va a enfermar y quizá algo bastante peor. Pues parece que no le ha debido de preocupar demasiado ¿porque sabéis lo que ha contestado? No voy a tener que estar pues siempre encerrado en el agujero de casa.

ETXIE. Casa. **K.** Oñ eta aspalditxik etxe zarrak, eta ez hainbeste zar, bota itxeitxue barrixek itxeko eta lengo hareik geruau eta gutxiau ikustendie, bakarrik geratzendie herri ta hiriburuko alde zarretan eta hor be ustedot laister politika berdintzuaz hasikodiela. **T.** Ahora y desde hace mucho tiempo las casas viejas, y no tan viejas, las derriban para hacer nuevas y las de antes cada vez se ven menos, únicamente quedan en la parte vieja de los pueblos y ciudades y ahí también me parece que pronto empezarán con la misma política.

ETXOIÑ. Esperar, aguardar, atender. **K.** Etxoizu pixkat banoie ta, jakinleike zertarako daukotzun hainbeste prixa?, gerotxuau fanda be eztot uste Donosti mobitxukodanik oñ dauen tokitxik. **T.** Espera un poco que ya voy, ¿se puede saber para qué tienes tanta prisa?, aunque vayamos un poco más tarde tampoco creo que San Sebastián se moverá del sitio donde está ahora.

ETXOIÑ-ALDIXE. Rato de espera. **K.** Etxoiñ-aldi pixkat balekue izenleike baña zurie larreikue da, eztot sekula ulertu ze errazoitik etortezaren betik berandu, ba mutil, ni ia hasitxe nau aspertzen, laister izengoda sigero eta zuk ikusibikozu ze inbierra daukotzun hemendik aurrera. **T.** Esperar un poco puede valer pero lo tuyo ya es demasiado, nunca he entendido porqué razón vienes siempre tarde, pues chico, yo ya he empezado a cansarme, pronto estaré por completo y tú tendrás que ver lo que tienes que hacer de aquí en adelante.

ETXOITXEN. Esperando. **K.** Ia denpora dexente eruetendot etxoitxen eta etxuraz hala jarraitxubikot zeatik ondion ezta allegatzen nere txanda, hemen nere aurretik dazenak esatendaue nahiko berandu hasi omendala konsulta eta baleikela horreatik izetie itxoiñ bier hau. **T.** Ya llevo un buen rato esperando y parece que así tendré que continuar porque todavía no llega mi turno, los que están delante mío dicen que la consulta ha debido de empezar bastante tarde y que puede que por eso sea la espera ésta.

ETXOKANDRIE, ETXEKO-ANDRIE. La ama o la señora de la casa. **K.** Baserriko gizona xelebre xamarra dala emutendau eta etxokandrie berriz sigero jatorra ta langillie, etxie betik oso txukun dauko eta bixitakiñ be betik dau pres zerreozer eskiñitzeko. **T.** El hombre del caserío parece que es un poco especial y en cambio la ama de casa muy agradable, simpática y trabajadora, la casa siempre muy bien cuidada y con las visitas también siempre está dispuesta a ofrecer algo.

ETXOLA. Cabaña del monte, choza. **K.** Zelatungo, Hernixo mendi gonetan, lengo etxolak sigero aldauta daz eta oñ ixe erozeiñ tabernak bezela die, emuteitxue hamarretakuek, bazkaixek, kafiek ta baitxe beste edari batzuk be, preziozo nahiko egokixek die eta hori kontuen hartuta ze tokixen dazen, danera kaleko tabernak dien etxurie daukie. **T.** Las antiguas cabañas de Zelatun, en las faldas del monte Hernio, han cambiado completamente y ahora son como cualquier otro bar, dan almuerzos, comidas, cafés y también otras bebidas, los precios son razonables y eso teniendo en cuenta en el sitio dónde están, en todo parece que sean una taberna del pueblo.

ETXURA, ETXURIE. Forma, aspecto, comportamiento. **K.** Lana eskatzen soiezenien eziñleiketzu fan, ezta komeni be, erozeiñ modutan eta inportantzi haundikue da etxura pixkatekiñ fatie, horrek asko guredau esan eta akaso eztozu lortuko baña ondo geratukozara eta zeñek daki, akaso baleike hurrenguen zurekiñ akordau eta deiketie. **T.** Cuando vayas a pedir un trabajo no se puede ir, ni tampoco conviene, de cualquier forma y tiene mucha importancia el presentarse con buen aspecto, eso quiere decir mucho y quizá no lo consigas pero quedarás bien y quien sabe, puede que en un futuro se acuerden te tí y te puedan llamar.

ETXURA-BAKUE. Se dice de la persona desastrada, de mal aspecto. **K.** Horrekiñ hobeto da ez alkartzie, baleike txarra ez izetie baña larreiko etxura-bakue da eta lotza pixkat emungolauke berakiñ ikusi-ezkero, sikera zertxobaitx konponduta beste gauzabat izengozan baña berai asunto horreik etxako bape importik. **T.** Con ese es mejor no juntarse, puede que no sea mala persona pero es demasiado desastrado y también daría un poco de vergüenza que te vieran con él, si al menos se arreglase algo sería otra cosa pero a él esos asuntos no le importan en absoluto.

ETXURAZKUE. Se dice de la persona elegante, bien arreglada de aspecto digno. **K.** Akilino bai dala gizon etxurazkue, betik ikustejako bizarra ondo kenduta, orraztuta berdiñ, jantzi dotoriekiñ eta emutendau sigero jatorra dala zeatik danakiñ konpontzenda. **T.** Aquilino si que es una persona con buen aspecto y bien arreglada, siempre se le ve va bien afeitado e igualmente peinado, con ropa elegante y parece que es muy agradable porque con todos se lleva bien.

ETZAIA. Enemigo. **K.** Horreik anaiek baño geixau bata-besteko etzaiak diela emutendaue, ustedot zerreozer eukidauela aitxa hil ondoren erentzian errepartu kontuaz, aspaiditxik daz berbaik inbarik eta etxuraz abokatu hartien leporaño sartuta. **T.** Esos más que hermanos parecen que son enemigos, creo que desde que murió el padre han tenido algunos problemas con los repartos de la herencia, hace mucho tiempo que no se hablan y deben de estar metidos hasta en cuello entre abogados.

ETZAN. Tumbarse, acostarse. **K.** Gaur gabien estulka ibilinaz eta horren kulpatik apenas iñdot bape lorik, eta bazkalostien derrigorrez etzan inbierra dauket zeatik nau begixek eziñ zabalduka. Eta gero, illuntze aldera betiko tokixen alkartukogara. **T.** Esta noche he estado tosiendo y por culpa de eso he dormido muy poco, y después de comer necesariamente tengo que acostarme porque estoy que no puedo abrir los ojos. Luego, hacia el anochecer ya nos reuniremos en el sitio de siempre.

ETZANALDIXE, ETZAN-ALDIXE. Ratito de siesta. **K.** Batzuk oitura haundixe daukie etzanaldi txikibat itxeko bazkalostien, gañera eta esatendauen bezela, denporatxo hori ezpalaukie eukitxen arratzalde guztien urduri bezela eotendiela. Ba noski, garbi dau zeatik dan, horixe bera dalako faltadauena. **T.** Algunos tienen mucha costumbre de hacer un ratito de siesta después de comer, además y según dicen, que si no harían eso están toda la tarde como nerviosos. Pues claro, está claro el motivo de eso, porque eso mismo es lo que les falta.

ETZI. Pasado mañana. **K.** Atzo izengiñen baña nola ezien ezer geixau kabitzen furgonetan, ba ezan posible izen geixau ekartzie, etzi fangogare berriz beste-hainbeste ekartzera eta aber horrekiñ osatzendoun. **T.** Ya estuvimos ayer pero cómo no entraban más en la furgoneta, pues no trajimos los suficientes, vamos a ir pasado mañana a traer otro tanto y a ver si con eso terminamos.

Aspaldiko esaerabat: **Gaur hill, bixer enterrau eta etzi astu.**

Un viejo proverbio en euskera dice que morir hoy, enterrar mañana y pasado olvidar.

ETZIKO. Para pasado mañana. **K.** Eztauket prixa haundirik eta lasai ibili, eztitxut bier ez gauko ta ez bixerko baña etziko bai eta gañera derrigorrez. Eta ustedot eukikotzula nahiko denpora lortu eta ekartzeko. **T.** No tengo mucha prisa y anda tranquilo, no lo necesito para ni hoy ni para mañana, pero sí para pasado mañana y además necesariamente. Y creo que ya tendrás tiempo suficiente para conseguir y traerlo.

ETZITA. Resignado. **K.** Ze gaizki eondan gizon hori andrie hildanetik, aldebatetik bestera ibiltxezan ixe gelditxu be inbarik, betik bakarrik, buru-makur eta penagarrixe izetezan ikustie, baña oñ ta denpora pixkat pasa ondoren nahiko etzita dabillela ikustejako, bueltauda bentzet bere lagunekiñ eta hori zerbaitx da. **T.** Que mal ha estado ese hombre desde que murió su mujer, andaba de un sitio para otro casi sin parar, siempre solo, con la cabeza gacha y daba mucha pena el verle, pero ahora y después de que ya ha pasado algo de tiempo ya se le ve que está bastante resignado, por lo menos ya ha vuelto con sus amigos y eso ya es algo.

EU!, EUP! Es una palabra o expresión que se utiliza para llamar la atención de alguna persona para que te mire.

EUKI. Tener, sujetar, agarrar. **K.** Euki eta zaiñdu inguztezu pixkatien bizikleta hau?, derrigorrez errekaubat inbierra dauket eta ustedot enazela denpora askuen eongo, eta bixenbitxertien hartuizu zerbezabat nere kontura. **T.** ¿Me tendrás y cuidarás un rato la bicicleta?, tengo que hacer un recado urgentemente y creo que no tardaré mucho, y mientras tanto tómate una cerveza a mi cuenta.

EUKI. (Eukikok), kon, kot, kozu, kozue, koitxut, koitxozue.

Aspaldiko esaerabat; **Geixau euki, geixau nai.**

Un viejo proverbio vasco dice que el que mucho tiene, más quiere.

EUKINAUEN. Ya tuve. **K.** Bai, garai baten eukinauen katalejuek baña oñ eta oso alpalditxik eztauket, hainbeste denpora pasa eta gero enaz gogoratzen bateonbati erregalaunutzen ero zakarrera botanauen. **T.** Si, en un tiempo ya tuve unos prismáticos pero ahora y desde ya hace mucho ya no los tengo, después de que ha pasado tanto tiempo no me acuerdo si se los regalé a alguien o los tiré a la basura.

EULI-BALTZA (K). Mosca negra, moscardón. **K.** Nere andriei naska haundixe emuteutzo zakar hartien ibiltxendien euli-baltz horreik eta ikustenboitxu axkar alde itxendau. **T.** A mi mujer le da un asko muy grande esos moscardones que andan entre la basura y si las ve se escapa rápidamente.

EULIXE (K). Mosca (s). **K.** Entzunde dauket eulixek hiru egun bakarrik bizi omendiela, baña pentzatzendot hori eziñdala egixe izen zeatik nere kotxien bat dabill bueltaka aste oso honetan, nik betik bat bakarra ikustendot eta ustedot berdiñe izengodala, eta apostaukonauke eztala besteik. **T.** Tengo oido que la vida de las moscas solo dura tres días, pero pienso que eso no puede ser verdad porque dentro de mi coche anda una que lleva dando vueltas toda esta semana, yo siempre veo que es una y creo que es la misma, y apostaría que es la única.

Aspaldiko esaerabat: Eulixek baño fundamento gutxiau dauko.

Un viejo proverbio vasco dice que tiene menos fundamento que una mosca.

EURAI, EUREI. A ellos. **K.** Gixajuek, etxatie ezertxorik urten ta hor daz ixil-ixilik eta tamalaz betie, eta aber se iruitzejatzuen hau, zeatik estutzou eurei zertxobaitx emuten guri urtenduzkunatik?, pozik hartukolaukie eta baitxe ezkertu be. **T.** Pobres, no les ha tocado nada y ahí están en silencio y llenos de pena, y a ver que os parece ésto, ¿porqué no les damos a ellos algo de lo que nos ha tocado a nosotros?, seguro que lo cogen a gusto y también lo agradecen.

EURAK, EUROK. Ellos. **K.** Beste hareik baietz esatendaue, baña nik zalantza haundixe dauket eurak izengotezien pareta honeik margotudauenak, hareik izeteko larreiko ondo iñde dauela ikustendot, eta oso ondo esauketaitxut. **T.** Aquellos otros dicen que sí pero yo pongo en duda que hayan sido ellos los que han pintado estas paredes, lo veo demasiado bien para que lo hayan hecho esos, y les conozco muy bien.

Aspaldiko esaerabat: Lagun gutxi eta eurak onak.

Un viejo proverbio vasco dice que amigos pocos pero que sean buenos.

EURANA, EURENA. De ellos. **K.** Sagar horreik ez ikutu zeatik euronak die, datozenien eta gurebadaue batzun-batzuk errepartitzie gurekiñ ba ondo, baña bixenbitxertien itxi hor geldik eta pakien. **T.** A esas manzanas no las toqueís porque son de ellos, cuando vengan y si quieren repartir algunas con nosotros pues bien, pero mientras tanto dejarlas ahí quietas y en paz.

EURANTZAT, EURONTZAT. Para ellos. **K.** Aurrena hartu zueik bierdozuena, baña hori bakarrik ta larreiko-barik, eta bestie geratzendana itxi eurontzak zeatik hareik be zerbaitxen bierra izengodaue, nabarmen ikustenda horren zai dazela. **T.** Primero coger vosotros lo que necesiteís pero solo eso y sin que sea demasiado, y el resto que queda lo dejaís para ellos porque a aquellos también les hará falta algo, ya se ve bien claro que están esperando a eso.

EURETAKO. Para tí. **K.** Ezaiz kejauko, hau euretako ekarrijuat zeatik bajakixat aspaldixuen honen zai eonazela, baña askenien be eta naiz da berandu xamar, hor daukek. **T.** No re quejarás, esto lo he traído para tí porque ya se que lo estás esperando desde hace bastante tiempo, pero al final y aunque algo tarde, ahí lo tienes.

EURI. A tí. **K.** Euri urtenjak Udako errifan urdaiazpikue?, ba hala baldinbada badakik ze inbierra daukan, gaur atzaldien, lana amaitu ondoren eruen urdaiazpiko hori soziedadera eta danon hartien jangojuau. **T.** ¿Te ha tocado a tí el jamón de la rifa de la Uda?, pues si así ya sabes lo que tienes que hacer, esta tarde, después de terminar de trabajar lleva ese jamón a la sociedad y lo comeremos entre todos.

EURIE. Tuyo. **K.** Bale, ia nahikue dok eta eztaukek hala jarri-bierrik , bajakixou eurie dala, etxok iñok ikutuko eta lasai eonai, etxakixat ze errazoitik eziñazen iñokiñ fixau. **T.** Vale, ya es suficiente y no te tienes porque poner así, ya sabemos que es tuyo, no lo va a atocar nadie y puedes estar tranquilo, no sé porqué razón no te puedes fiar de nadie.

EURI-LANBRUE. Sirimiri, ligera llovizna. **K.** Bai hala emutendau, eztala ixe ezer eta apenas busti itxendauela euri-lambro honek, baña ezpazoiez txanuekiñ ero aterkiñaz blai geldiketazara. **T.** Sí así parece, que no es casi nada y apenas moja esta ligera llovizna, pero si no vas con un gorro o paraguas te quedas empapado.

EURI-TANTUEK. Gotas de lluvia. **K.** Guasen axkar hemendik zaparrarie dator ta, hasidie euri-tantuek, eztou ekarri guardasolik eta beste ezer be eztaukou eurixendako. **T.** Vámonos rápido de aquí que viene un chaparrón, han empezado las gotas de lluvia, no hemos traído paraguas ni tampoco tenemos ninguna otra cosa.

EURITZU. Lluvioso. **K.** Gaurko eguna euritzu asalduda eta baezpare gabardiña eta aterkiñaz urtenbikou kalera. **T.** Hoy el día ha amanecido lluvioso y por si acaso tendremos que salir a la calle con gabardina y paraguas.

Aspaldiko esaerabat: Apirila euritzu, urte hura ogitzu.

Un antiguo proverbio vasco dice que abril lluvioso, año copioso.

EURIXE. Lluvia. **K.** Hainbat tokitxen bier haundixe dau urakiñ zeatik alde guztiek sigero sikuek daz, pantanuek ur-barik eta errekak be ixe ezerreaz. Ba egixe izetenbada esatendauen hori, abariek badaukie nahikue lan errogatibak itxen eurixe eskatzeko. **T.** En muchos sitios hay una necesidad imperiosa de agua porque en todos lados hay demasiada sequedad, los pantanos están si agua y ríos también casi sin nada. Pues si es verdad lo que dicen, los curas ya tienen siuficiente trabajo haciendo rogativas para pedir que llueva.

Aspaldiko esaerabat: Eguzkixe eta eurixe, martxoko egueldixe.

Un viejo proverbio en euskera dice que el sol y lluvia, tiempo de marzo.

EURI-ZAPARRARA. Chaparrón, lluvia intensa. **K.** Askenien be iñdau eurixe eta ze ondo etorrikozien euri-zaparrara horreik hainbat tokitxen, ba aber honekiñ zuzentzendan sikera pixkat sikuta hau zeatik larreiko denpora oien ezer inbarik. Gañera esatendaue ze eztala holakoik esautu aspaldiko berrogetamar urte honetan. **T.** Por fín ya ha llovido y que bien habrán venido a tantos sitios estos chaparrones, pues a ver si así se soluciona siquiera algo esta sequía porque llevaba muchísimo tiempo sin caer una sola gota. Además dicen que no se ha conocido una situación semejante en los últimos cincuenta años

EUROK, EURAK. Ellos. **K.** Bai, etxuraz sobre haukien eta eurok izendie ekarritxuenak melokotoi honeik, halaere aurrena galdetu iñdaue aber naigauen, baietz esautziet eta hemen itxitxue. Ezkertudot erregalue eta baitxe emun lau odoloste melokotoi horrein ordez. **T.** Si, parece que tenían de sobra y han sido ellos los que han traído los melocotones, aún así primero han preguntado a ver si las queríamos, les he dicho que si y las han dejado aquí. He agradecido el regalo y también les he dado cuatro morcillas a cambio de esos melocotones.

EURONTZAT, EURONDAKO. Para ellos. **K.** Hartuizue bierdozuena bakarrik, baña hori besteik ez eta geratzendana itxizue eurontzat zeatik hareik be bierkoitxue hemen dazen zerbaitzuk. **T.** Coger solo lo que os haga falta, pero nada más que eso y el resto lo dejaís para ellos porque a aquellos también les hará falta algunas cosas de las que hay aquí.

233

EUSKALDUNA. Se dice de la persona de origen vasco. **K.** Nere anai Luis Josek holako arbola jenealogiko tipokobat iñdau gure familixan buruz, fanda atzeraka milla lareun ta piku urtetaraño ta han asaltzendien danak die ta gara euskaldunak, eta beste aurrekuenak eztau ezer, ondion, billatu.**T.** Mi hermano Luis José ha hecho una especie de árbol genealógico de la familia, ha ido para atrás hasta el año mil cuatrocientas y pico y todos los que aparecen allí son y somos vascos, y de los anteriores no ha encontrado, todavía, referencias.

EUSKALDUN-BERRI. Literalmente quiere decir nuevo vasco y se dice por la persona que habiendo venido de fuera de Euskalherría ha aprendido el idioma y se ha integrado en el pais. También de aquellos que aún nacidos aquí no sabían hablar en euskera, lo han aprendido y ya lo hablan. **K.** Zenbat euskaldunberri inzien bere garaian eta nola ez, baitxe oñ itxen haidienak be, hareiñ aurretik etorrizien seme-alabak bertan jaixotakuek die eta noski, bape zalantzaik eztau euskaldunak diela. **T.** Cuánta gente se hicieron nuevos euskaldunes en su día y cómo no, también los que ahora se están haciendo, los hijos e hijas de aquellos primeros que vinieron ya son nacidos aquí y claro, no hay ningura duda de que son euskaldunes.

EUSKALHERRIXE, EUSKAL HERRIXE. Se denomina así al Pais Vasco. **K.** Ze ondo bizitxendan Euskalherrixen, danera daukou, mendixe, itxasue, ondo jan, berdiñ eran, zer geixau eskatuleike ba? Jarridoten hau hala da baña halaere ezingara astu ze jente bierrezkue be badauela. **T.** Que bien si vive en el Pais Vasco, tenemos de todo, monte, playa, se come y bebe bien, ¿qué más se puede pedir pues? Esto que he puesto es así pero tampoco nos podemos olvidar de que también hay gente necesitada.

EUSKALZALE, EUSKALZALIE. Se dice de la persona involucrada y a la vez implicada en temas sociales euskaldunes. **K.** Xalbador euskalzale ta bertzolari haundixe izenzan eta bere omenez sortuzan Xalbadorren heriotza abestixe. **T.** Xalbador fue un gran bersolari y un gran euskalzale y en su memoria se compuso la canción Xalbadorren heriotza. (La muerte de Xalbador).

EUSKERA. Idioma vasco. **K.** Zenbat lan izugarriko ona iñdauen eta itxen haidien Euskaltzandia eta AEKak euskararen alde, eta ezkerrak horrei Euskalherrixen sekulako mejorixa igertzenda euskeran buruz. **T.** Cuánto y buen trabajo han hecho y están haciendo Euskaltzandia y AEK en favor del euskera, gracias a ellos y en relación al idioma se nota una gran mejoría en Euskalherría.

Aspaldiko esaerabat: euskera biotzien baña erdera espanien.

Este viejo refrán vasco se podría asimilar al idioma castellano diciendo que éste es el idioma que se lleva en el corazón, pero que sin embargo es otro el que se utiliza.

EUSKITXEN. Al sol. **K.** Naiz eta ondo jakiñien eon eztala bape ona euskitxen eotie haibeste ordutan hor ikustendie, eta gañera ordu txarrenetaikuen, hainbat emakuma tripa daukiena, batzuetan gora eta beste-batzuetan bera. Eta gero noski, aurrerau etortzendie horreiñ konsekuentziak. **T.** A pesar de saber que es muy malo estar muchas horas al sol ahí se ve a muchas mujeres, y además a las peores horas, tumbadas algunas veces con la tripa para arriba y otras para abajo. Y luego claro, más adelante suelen venir las consecuencias.

EUSKITZU. Día soleado. **K.** Askenien be asalduda egunbat euskitzue hainbeste euri iñ ondoren fandanengo egunetan, zergaitxik eztou aprobetxatzen eta fan pasio txikibat itxera hor Getari aldera ero beste nunbaitxera? Ondo etorrikojakun hankak pixkat tiratzeko. **T.** Al fín ha aparecido un día soleado despues de haber estado tantos días lloviendo, ¿porque no aprovechamos y vamos a dar un pequeño paseo hacia Getaria o a algún otro sitio? Nos vendría bien para estirar un poco las piernas.

EUTZI. Sujetar, agarrar. **K.** Momentuz eutzi inzue haldozuen iñder guztiekiñ, laister allegaukoda tratorie eta aber aguantatzendan bixenbitxertien, oñ dauen bezela arrixku hundixe dauko lurrera etortzeko. **T.** De momento sujetarlo con todas vuestras fuerzas, enseguida llegará el tractor y a ver si aguanta mientras tanto, de la forma que está ahora tiene mucho peligro de que se venga al suelo.

EUTZI. Palabra de ánimo que vendría a significar sujetar o agarrarse a lo que se está haciendo. **K.** Donostiñ, Kontxako estropadan aitzezan nola Orixoko jentiek animatzeauen bertako trainerai esanaz, benga mutillak, eutzi horri!, ba eztakitx horreitik izengozan baña egun hortan eurok izenzien irabazliek. **T.** En las regatas de la Concha en San Sebastián se oía como la gente de Orio animaba a su trainera gritando, benga mutillak, eutzi horri!, (¡hala chicos, agarraros a eso!), pues no sé si sería por los gritos pero al final ellos fueron los que ganaron la regata de ese día.

EUZEN. Estaban. **K.** Eztakitzue zenbat denpora noien horreiñ atzetik eta ia ustenauen alde iñde eongoziela, eta hor nundik asaldudien, bazter hortan euzen barriketan eta lasai askuen. Ba ederra daukie. **T.** No sabéis el tiempo que llevo detrás de esos y ya pensaba que se habían marchado, y mira por dónde han aparecido, ahí estaban en una esquina y charlando tranquilame. Pues buena les espera.

EUZTEN. Sujetando, agarrando. **K.** Zueik hasi euzten handik eta guk hemendik pixkanaka tiraka hasikogara, eta aber danon hartien, batzuk apurka tiratzen eta bestiek sujetauaz lortzendoun zuzentzie. **T.** Vosotros lo agarraís de aquí y nosotros empezaremos a tirar poco a poco de de allá, y a ver si entre todos, unos tirando despacito y los otros sujetando logramos enderezarlo.

EXEGI. Colgar algo, ropa u otra cosa. **K.** Etxe zarrien, gure amak eta giro txarra ero euritzu haunien, erropak kamaran exegi itxezitxun baña baezpare itxufiñetik kanpo. **T.** En la casa vieja, nuestra madre y cuando el tiempo era malo o lluvioso, solía colgar la ropa en el camarote pero por si acaso alejada de las goteras.

EXERI. Sentarse. **K**. Nahikue lan iñdozu eta exeri inzaitez apurnat zerbezabat hartuaz, sigero nekauta zarela ikustezaut eta ondo etorrikojatzu zertxobaitx deskantzatzie, eta gero berriz jarraitxukozu. **T**. Has trabajado mucho y siéntate un ratito mientras tomas una cerveza, veo que estás bastante fatigado y te vendrá bien un rato de descanso, y luego ya continuarás de nuevo.

EXKAX, EXKAXIEN. Escaso, poquito. **K**. Gaur goixeko bokadillue exkax antzien geratuda, ekarridauena txiki xamarra zan eta gose puntuaz gelditxunaz, ikustera noie aber nunbaitxen lortzendoten beste zertxobaitx jateko. **T**. El bocadillo de la mañana se ha quedado un poco escaso, el que han traído era bastante pequeño y me he quedado con un punto de hambre, voy a ver si en algún sitio consigo algo para comer.

EXKAXA. Fig, se dice cuando un producto es de poca calidad. **K**. Hori eztakitx saltzie eukikozun, nik bentzet eztotzut erosiko zeatik etxura dauko nahiko kalitate exkaxa daukela. Zuk pentza baña akaso prezio onien jartzenbozu baleiketzu lortzie. **T**. No se si podrás vender eso, yo al menos no te lo voy a comprar porque tiene la pinta de zer de una calidad bastante baja. Ya lo pensarás pero quizá lo pones a buén precio puede que lo consigas.

EXOLA. Estaca de madera para cierre de terrenos. **K**. Euleterion baserri bueltan maintxobat exola sartuzien eta gañera geixenak toki aldapatzuen, ze labankarak, lan horreik iñ ondoren alanbresarie jarri ondo josjtxe eta ia terreno guztie sigero itxita geratuzan. **T**. En la vuelta del caserío de Euleterio se metieron muchísimas estacas y además la mayoría en sitios con pendientes muy pronunciadas, que resbalones, después de terminar esos trabajos se colocó la red clavándola bien y los terrenos ya quedaron completamente cerrados.

EZ, EZA. Negación. **K**. Eztau zeatik betik baietza esan-bierra, noixienbeñ ondo eta komenigarrixe da ez be esatie, gauza askoi, batzuetan larrei bebai, daz eza emun inbierrekuek baña gertatzenda askotan ezgarela atrebitzen. **T**. No siempre hay porque decir siempre que sí, está bien y es conveniente que de vez en cuando también digamos no, hay muchas cosas, algunas veces quizá demasiadas, a las que deberíamos negarnos pero lo que pasa es que muchas veces no nos atrevemos.

EZAITXEZ, EZATEZ. No vayas. **K**. Meserez eskatzendotzut, ezaitxez fan eskalatzera mendi hortara, oso arrixkutzue omenda eta badakitzu zer gertauzan denpora gutxi dala, bat jausi, berna bixek puskatu eta ezkerrak, hau nahiko txarra izenda, ezala ezer txarraurik gertau.**T**. Te pido por favor que no vayas a escalar a ese monte, debe de ser demasiado arriesgado y ya sabes lo que sucedió hace pocos días, uno de los escaladores se cayó, se rompió las dos piernas y menos mal, con ser esto suficientemente malo, que no le ocurrió lo más grave que le podía haber pasado.

EZAKIXEN. No sabía. **K**. Bernaberi be galdetudutzet baña ezakixen, hala esandau bentzet, zerreozer gogoratzendala baña eztaukela arrastuik zeiñ izenzan asken eruenzitxunak palan jolasteko pelotak, ba eztau beste erremeixoik eta erosi inbikoitxu. **T**. También se lo he preguntado a Bernabé pero no sabía, eso me ha dicho al menos, que ya se acuerda de algo pero que no tiene ni idea de quien fué el que al final se llevó las pelotas para jugar a pala, pues no hay otro remedio y tendremos que compralas.

EZARRI. Añadir, colocar. **K**. Nere iruitzez hau gutxitxo xamar da gabonzar afaira erueteko zeatik jente asko gara, ezarri inbikou beste zertxobaitx geixaukiñ eta sobratzenbada, ze eztot uste, hor eongoda bixerko, bentzet eztana ingo da botatzie. **T**. A mi entender ésto me parece bastante poco para llevar a la cena de nochevieja porque somos mucha gente, creo que deberíamos añadir alguna cosa más y si sobra, que no creo, ahí estará para mañana, por lo menos lo que no se hará será tirar.

EZARA. No eres. **K**. Zu iñolabe ezara eta gañera arrastuik be eztaukotzu etxuraik izeteko nik entzunde nauken bezela, ustenauen zeatik hala esauztien, sigero jatorra zitzela eta oñartien sigero alper haizarela ikusidot, ba mutill, zuk jakingozu baña hala jarraitzenbozu laister jai eukikozu obra hontan. **T**. Tú desde luego que no eres y además no parece que tengas pinta alguna de ser cómo yo lo había oído, creía porque así me lo dijeron, que eras muy trabajador y lo que he visto hasta ahora es que andas demasiado vago, pues chico, tú sabrás pero como continúes así pronto vas a tener fiesta en ésta obra.

EZATOR. No vienes. **K**. Askenien zer, ezator kuadrillako afaira?, akaso zerbaitx gertatzejak hala? ba heuk galdukok zeatik hiri kenduta beste danok eongoaitxuk **T**. ¿Al final qué, no vienes a la cena de la cuadrilla?, ¿acaso te pasa algo, o qué?, pues tú te lo pierdes porque quitándote a tí estaremos todos los demás.

EZAUEN. No estaba. **K**. Zuk esauztazu Boniri billatzen fateko han eongozala ta, baña esandako toki hartan bentzet ezauen, begire ibilinaz alde guztietan eta eztot ikusi, galdetu be iñdot eta iñok ezer ezakixen haren arrastuen buruz. **T**. Tú me has dicho que vaya a buscar a Boni y que estaría allá, pero al menos en ese sitio no estaba, he mirado por todas partes y no le he visto, también he preguntado y ninguno tenía idea alguna sobre su paradero.

EZAUKEN. No tenía. **K**. Fanaz almazen hortara porlana erosteko asmuekiñ baña kasualitez bukatu iñda eta ezauken, galdetudot aber noixko ta erantzuna eskatuta daukela eta bixer hemen eongodala. **T**. He ido al almacén con la idea de comprar cemento pero casualidad se había terminado y no tenía, le he preguntado a ver para cuando y la respuesta que ya ha hecho el pedido y que mañana ya estará aquí.

EZAUZ, EZAZ. No estás. **K**. Ezaz eon-bierra danai eta eztutazu ezer kasuik itxen, emutendau eztaukotzula burue bierdan tokixen eta betik eukitxendozula beste erozeiñ lekutan, ba aber, ixe hirurogei urte daukotzu eta beingoz hastezaren argitzen sikera pixkat. **T**. No estás a lo que tienes que estar y no me haces caso alguno, parece que en lugar de tener la cabeza donde le corresponde siempre la tienes en cualquier otra parte, pues a ver, tienes casi sesenta años y si de una vez empiezas a espabilar un poco.

EZAUZE. No estaís. **K.** Zueik ezauze bixer Nikanorren zorionetarako?, ba pena galanta hartukodau zeatik hak kontatzeauen zueikiñ eta zai eongoda, baezpare deitxuiozue eta esan eziñdozuela fan. **T.** ¿Que no estaís mañana para el cumpleaños de Nicanor?, pues va a coger una pena muy grande porque aquel contaba con vosotros y os estará esperando, por si acaso llamarle y le decís que no podéis acudir.

EZIEN. No eran. **K.** Ez, hor dazen hareik ezien izen lan horreik iñdauenak eta ziur nau horrena zeatik beste-batzuk izenzien, baña gauza da oñ enazela harein izena gogoratzen, baleike illobak jakitxie eta baezpare galdetu ingutzet. **T.** No, aquellos que están allá no eran los que hicieron esos trabajos y estoy seguro de eso porque fueron otros, pero la cosa es que ahora no me acuedo de sus nombres, quizá lo sepa mi sobrino y por si acaso se lo preguntaré.

EZ-BA, EZ BA. Claro que no, desde luego que no. **K.** Guredoten hori?, ez-ba, noski baietz, badauket baña ustedot eztala nahikue izengo, oñ, eztotzuk asko hartuko eta dana saltzeko asmue badaukotzu beste nunbaitxera be fanbikozu, baezpare galdetuiozu Anselmo aldamenekuei zeatik harek akaso bierkoitxu. **T.** ¿Qué si quiero eso?, pues claro que no puedo decir que no, ya tengo pero no creo que sea suficiente, ahora que no te voy a coger mucho y si tienes la idea de venderlo todo también tendrás que ir a algún otro sito, por si acaso pregúntale a Anselmo que vive al lado porque quizá aquel lo quiera.

EZ-BADA. Si no… **K.** Pentzatendot guk errexena iñdoula, hemen gertaudan kulpa guztiek beste horri botautzou, eta dexkuiduen ez-bada bera izen?, ba orduen ederra eukikou eta ustedot nahiko gaizki ibiligarela zeatik aurrena ziurtazun geixaukiñ eonbigiñen. **T.** Pienso que nosotros hemos hecho lo más fácil, le hemos echado todas las culpas de lo que aquí ha pasado a ese otro, ¿y si no ha sido él?, pues entoces tendremos una buena y creo que hemos obrado bastante mal porque primero tendríamos que habernos asegurado mejor.

EZ BATA TA EZ BESTIE. Ni uno ni otro. **K.** Neri ez ezan eta gañera ixe derrigorrez, hartu-bierra dauketela hau ero beztela handikaldeko hori zeatik eztot nai ez bata ta ez bestie, hemen ikusten hainazenetik etxat iñor gustatzen eta hurrenguen ekartzenbozu beste zerbaitx, ba orduen ikusikot. **T.** A mi no me digas y además cómo si fuera casi necesario, que tengo que coger esto o sino aquello de allá porque no quiero ni lo uno ni otro, de lo que estoy viendo aquí no me gusta ninguno y si más adelante traes alguna otra cosa, pues entonces ya lo miraré.

EZ BATERA TA EZ BESTERA. Ni a un sitio ni a otro. **K.** Pankrazio hau benetan xelebrie da, oñartien eztau sekula kezkaik jarri erzertarako eta oñ urtendau ezanaz bera eztoiela ez batera ta ez bestera, ba eztakitx nora gurekodauen fatie zeatik eztau ezer ezan, mometuz bentzet. **T.** El Pancracio éste en verdad que es bastante raro, hasta ahora no ha puesto nunca pega alguna para nada y ahora sale diciendo que no quiere ir ni a ese sitio ni a otro, pues no sé donde querrá ir porque no ha dicho nada, al menos de momento.

EZBERDIÑE. Diferente, desigual. **K.** Honeik eztaue balixo toki hontarako, sigero ezberdiñek die eta honeik jartzenboitxu segitxuen konturatukodie. Ba beste nunbaitxera fanbikou, halbada urriñ-barik, eta aber lortzendoun berdiñek ero bentzet haldan antzerakuek dienak. Hemen, almazen hontan eozenak bukatu iñdie eta arrastuik be eztaukie noix etorrikodien barrixek. **T.** Estos no valen para aquí, son completamente diferentes y si los colocamos enseguida se darán cuenta. Pues tendremos que ir a algún otro sitio, si puede ser no demasiado lejos, y a ver si los podemos conseguir iguales o por lo menos lo más parecidos posible. Aquí, los de este almacen se han terminado y no tienen ni idea de cuando podrían llegar los nuevos.

EZBIERRA, EZ-BEARRA. Desgracia, calamidad, infortunio. **K.** Zoritxarrez ezbier hau be gertau-bierra izenjaku, iñok ezauen nai baña halaxe etorrida eta eztau besteik, aleiñdu konpontzen haldan moduen eta kitxo. **T.** Ya es mala suerte que también nos haya tocado esta calamidad, ninguno la queríamos pero así ha venido y ya no hay nada que hacer, intentar solucionarlo de la mejor manera posible y punto.

EZBIERREKUE. Que no es necesario. **K.** Hori alperrik ekartzendozu hona zeatik guk eztou ezer eskatu eta hemen ezbierrezkue da, baezpare erueizu hara bestaldera zeatik akaso baleike harako izetie. **T.** Eso es inútil que lo traigas aquí porque nosotros no hemos pedido nada y tampoco nos es necesario, por si acaso vete al otro lado porque quizá puede que sea para allá.

EZBIERREZ. Sin querer, sin intención. **K.** Bai, ni izenaz hau iñdotena, eztakitx nun nauken burue momentu hartan eta benetan esateutzut ezbierrez izendala, baña lasai eon zeatik zuzendukot haldan axkarren. **T.** Si, yo he sido el que ha hecho eso, no sé dónde tenía la cabeza en ese momento y de verdad te digo que ha sido sin querer, pero éstate tranquilo que ya lo arreglaré lo antes posible.

EZ-DA, EZ DA. No es. **K.** Zueik jakingozue nun itxidozuen, hemen ekarridozuen hau bentzet ez-da, antzerakue bai esanleike dala baña ezta bera. Beitu iñizue ondo bazter guztietan aber asaltzendan zeatik neretzako oso derrigorrezkue da. **T.** Vosotros sabréis donde lo habéis dejado, por lo menos lo que habéis traído aquí no es, si se puede decir que se pacere un poco pero no es el mismo. Mirar bien en todos los rincones a ver si aparece porque para mi es muy necesario.

EZEBEZ. Nada. **K.** Asmaudozuen bazkai horretik nik bentzet eztot ezebez nai, eta eziñdot ulertu nola jarrileiken xelebrekeixa horreik, kuxak laranja saltzan eta laguntzeko txokolatie txurruekiñ. Ba gauza horreik jaizue zueik gurebozue eta nik eskatukot beste zerbaitx. **T.** De la comida que habéis organizadlo yo al menos no quiero nada, y no entiendo cómo se puede poner esas rarezas, conejo de indias en salsa de naranja y para acompañar chocolate con churros. Pues comer vosotros esas cosas si queréis que yo ya pediré alguna otra cosa.

EZELAKUE. Algo o alguna cosa que no tiene parecido a nada. **T.** Eztot ulertzen nola esanleiketzun berdiñek diela, zeatik ekarritzozunak eztaukie ezelako antzik beste horreikiñ, jakiñleike zertarako daukotzun begixek?, ba kotxie hartu eta fanzaitxez axkar aldatzera. **T.** No entiendo cómo puedes decir que son iguales, porque los que has traído no tienen en absoluto parecido con esos otros, ¿se puede saber para que tienes los ojos?, pues coge el coche y vete rápidamente a que te los cambien.

EZEONA (K). Nada bueno (a). **K.** Hobeto izengou ez erosteik sagar horreik zeatik nik esangonauke ezeonak dazela, geixenak maxpilduta, batzuk erdi ustelak eta eztaue balixo konpota itxeko, han harutzatxuau dau beste dendabat eta hara fangogara, baleike han hobatxuauek eotie. **T.** Será mejor que no compremos esas manzanas porque yo diría que no están nada buenas, la mayoría están aplastadas, algunas medio podridas y no valen para hacer compota, un poco más adelante hay otra tienda e iremos allá, puede que allí las haya un poco mejores.

EZER. Nada. **K.** Zuk ekarritxozun perretxiko horreik eta ezer berdiñ berdiñek die, iñok eztau balixo jateko eta hobeto ingozu botatziaz, eztot uste pozoidunak dienik baña mota hortakuek sekula eztie hartu izen inguru honeitan, eta baezpare nik bentzet eztitxut prestauko. **T.** Esas setas que has traído y nada es igual igual porque no valen para comer y harás mejor si las tiras, no creo que sean tóxicas pero las de esa clase nunca se ha solido coger por aquí, y por si acaso yo por lo menos no las voy a preparar.

EZER-BARIK, EZERREKIÑ. Sin nada. **K.** Hiru egun honeitan fanzara perretxikotan eta gaur be, aurrenekotan bezela, ezer-barik zatoz, ze gertatzenda ba, eztazela ero eztaukotzuka ideiaik nun eonleikien? Ba diximulatzeko bentzet azokan erosi iñizu zerbaitzuk zeatik beztela barre ingotzue. **T.** Ya llevas tres días que vas a por setas y también hoy, al igual que las veces anteriores, vienes sin nada, ¿qué es lo que pasa, que no hay o que no tienes ni idea de dónde pueden estar? Pues al menos para disimular deberías de comprar algunas en el mercado porque sino se van a reir de tí.

EZER-EZ. Nada de nada. **K.** Zuk naidozunetik eztauket ezer-ez, aspaldiko partez gabon honeitan asko salduda eta danak bukatuitxut, baezpare beitu iñizu beste nunbaitxen baña zalla izengoda. Eta hori badakitzu zeatik gertatejatzun? ba berandu ibiltxeatik. **T.** De lo que tú quieres no tengo nada, cómo no había pasado hace tiempo estas navidades se ha vendido mucho y me he quedado sin nada, por si acaso mira en algún otro sitio pero será difícil. ¿Y eso ya sabes porqué te pasa?, pues por andar tarde.

EZERTARAKO, EZERTAKO. Para nada. **K.** Eztakitx nun billatu ero erosi iñdozun hori baña eztau ezertarako balixo, horreikiñ lotu besteik ez puskatu ingodie eta ni fangonaz zerbaitx ertxurazkue erostera, gauza honeik eziñdie hemen jarri erozeiñ modutan. **T.** No sé dónde habrás encontrado o comprado eso pero no sirve para nada, nada más que lo atemos con lo que has traído se van a romper enseguida y ya iré yo a comprar algo que merezca la pena, estas cosas no se pueden colocar aquí de cualquier cosa.

EZERTXOIK, EZERTXORIK. Sin nada. **K.** Toki txarrera zatoz dirue eske zeatik momentu hontan utzik arrapaunaizu eta ezertxoik eztauket, eta etxoitxie badaukotzu etorrizaitez gero arratzaldien, ordurako lortukot eta emungotzut. **T.** Vienes a mal sitio a pedir dinero porque en éste momento estoy vacío y me has pillado sin nada, y si puedes esperar ven luego a la tarde, para entonces lo habré conseguido y ya te lo daré.

EZ-ESAGUNA, EZESAUNA. Desconocido. **K.** Zuk esatendozu eztakitzula nundik baña nunbaitxetik esautzendozula, baña neretzat bentzet sigero ezesauna da eta ziur nau eztotela sekula ikusi. Zergaitxik eztotazu galdetzen aber berak gogoratzendan zurekiñ? **T.** Tú dices que no sabes de dónde pero que ya le conoces de algún sitio, pero para mí por lo menos es completamente desconocido y estoy seguro de que no le he visto nunca. ¿Porqué no le preguntas a ver si él se acuerda de tí?

EZ-EUKI. No tengas, no lo tengas. **K.** Faborebat itxie gauzabat da baña baezpare zuk ez-euki bizikleta hori, kompromiso haundixe da eta arrapau iñezkero aber nola konpontzezaren gero, ba ni zure tokixen eonbanitzen enauke hartuko zeatik ustedot askoz hobeto dala. **T.** Una cosa es hacer favores pero por si acaso es mejor que no tengas esa bicicleta, es un compromiso muy grande y si te la roban ver cómo te las arreglas luego, pues si yo estaría en tu lugar no la cogería porque creo que es mucho mejor.

EZETZ. Que no. **K.** Zuri zenbat bider ezetz esan-bierra dau?, ba nik ustedot beiñ esanda nahikue izenbikozala, ero etxatzu hala iruitzen?, ba ez jarraitxu jardunakiñ zeatik gaur ezta jaixe eta paga eguna bez. **T.** ¿Cuántas veces hay que decirte a tí que no?, pues yo creo que diciendo una vez debería de ser suficiente, ¿o no te lo parece?, pues no continúes dando la pelmada que hoy no es fiesta ni tampoco día de paga.

EZETZA, EZEZKUE. Decir que no, negación, **K.** Braulioi alperra da ezer eskatzie zeatik esangotzu eztaukela ero eziñdauela, pertzona horrek betik dauko ezetza miingaiñ punton, oñ ze berak zerbaitx bier-ezkero ondo umill eta axkar etortzenda gauzak mezerez eskatzera. **T.** A Braulio es inútil pedirle nada porque te dirá que no tiene o que no puede, esa persona siempre tiene el no en la punta de la lengua, ahora que si es que él necesita alguna cosa vendrá con mucha humildad y prontitud a pedir las cosas por favor.

EZESANA. Lo que no se ha dicho. **K.** Zuk esandakuei sekula ez, halbozu eta posible izen ezesana inbierra daukotzu, betik zerbaitx asmatzen haizara eta jeneralki bape onik ez geixenbaten, esatenbotzut maiko platerak jasotzeko zuk akaso eskobie hartukozu eta beste gauza antzerakuek nahiko sarri. **T.** Tú nunca lo que se te dice, si puedes y es posible tienes que hacer lo que no se ha dicho, siempre estás ideando algo y generalmente la mayoría de las veces nada bueno, si te digo que recojas los platos de la mesa a lo mejor coges la escoba y muchas otras veces cosas parecidas a esa.

EZEZKA, EZEZTU. Negar, tener la costumbre de estar negando continuamente. **K.** Severino hor goixen jarridoun pertzonan antzerakue da, mezerebat ero beste erozeiñ gauza eskatu-ezkero berak betik ezeztu ingodau, batzuk halakotxiek izetendie eta holako jentiekiñ eztau zer-iñik. **T.** Severino es una persona parecida a la anterior que hemos puesto arriba, si le pides un favor o cualquier otra cosa él siempre te lo estará negando, hay algunos que son así y con esa gente no hay nada que hacer.

EZGARA. No somos. **K.** Guri ez kulpaik bota zeatik oinguen ezgara izen hori iñdounak, beste batzuetan eztotzut esaten ezeztik baña kasu hontan bentzet ez. Zerbaitx txarra gertatzendanien betik gureana etortzezare. **T.** No nos echeís la culpa porque ésta vez no somos nosotros los que hemos hecho eso, otras veces no lo podría negar pero al menos en éste caso no. Siempre que pasa algo malo teneís que venir donde nosotros.

EZGAZ, EZ-GAZ. No estamos. **K.** Zuk gurebozu eta nola egun honeitan libre antzien garen inleikegu itxeko daukotzun lan horreik, gañera aste hontan izen-bierra dauko zeatik hurrenguen ez-gaz, datorren astien beste toki-batera fanbierra daukou obra txikibat hastera. **T.** Si tú quieres y cómo estos días estamos un poco libres te podemos hacer esos trabajos que tienes pendiemtes, además tiene que ser la semana ésta porque la que viene no estamos, la siguiente tenemos que ir a otro sitio a empezar una pequeña obra.

EZGOIEZ, EZ-GOIEZ. No vamos. **K.** Zuek ikusikozue fatie naidozuen ero ez baña gu bentzet ezgoiez, bixerko egune oso txarra emunde dau eta eztaukou gogoik bustitxe ibilltxeko Donosti aldetik. **T.** Vosotros teneís que ver si os apetece el ir o no pero nosotros por lo menos no vamos, el pronóstico del tiempo es muy malo para mañana y no tenemos ganas de andar mojados por San Sebastián.

EZ HAU TA EZ HORI. Ni esto ni lo otro. Ni esto ni eso. **K.** la ibilinaz begire eta ekarridozun danetik eztaz larreiko gauzaik apartatzeko bezelakuek, eta esan-baterako hemen aurrien dazetenik eztitxut nai ez hau ta ez hori, beste ha handikaldekue akaso bai baña aurrena ondo ikusi, gero pentzau eta esangotzut. **T.** Ya he estado mirando y de todo lo que has traído no hay mucho dónde apartar, y por ejemplo no quiero ni esto ni eso otro que tienes aquí delante, quizá sí aquello que está más allá pero primero lo tengo mirar bien, luego pensar y ya te lo diré.

EZIEN. No eran. **K.** Han dazen hareik ezien izen baserriko erreabilitazio iñaduenak eta ziur nau horrena zeatik badakitx beste-batzuk izenziela, gauza da oñ enazela harein izena gogoratzen baña baleike Anbrosiok jakitxie eta baezpare hari galdetukutzet. **T.** Aquellos que están allá no fueron los que hicieron la rehabilitación del caserío y estoy seguro de eso porque ya sé que fueron otros, la cosa es que ahora no me acuerdo de sus nombres pero quizá lo sepa Ambrosio y por si acaso se lo voy a preguntar a él.

EZIK. Excepto. **K.** Azoka hontan ikustendan danetik eta alikate han bestaldien ikusitxutenak ezik, eztau beste gauza balixo haundikoik dienik, zuk gurebozu eta baezpare jarraitxukou baña eztot uste billatukounik ezer gure gustokoik izengodanik. **T.** De todo de lo que se ve en este merdado y excepto los alicates que he visto en la otra parte, no se ve que haya más cosas que tengan demasiado valor, si tú quieres y por si acaso ya continuaremos mirando pero no creo que encontremos nada de que sea de nuestro gusto.

EZ-IKUSIXE, EZ IKUSIXE. No tiene nada que ver o no se pueden ver. **K.** Naiz eta momentu hontan alkarreaz eon ez-ikusi haundixe daukie bata-bestiakiñ, oso aspaldi da asarretuziela eta ona izengozan aprobetxatzie aukera hau aixkiratzeko baña eztot uste posible izengodanik, bakotxa bere aldetik etorrida eta nik ustedot fan be hala ingodiela. **T.** Aunque en éste momento hayan coincidido no se pueden ni ver el uno al otro, hace ya mucho tiempo están enfadados y sería bueno que aprovechasen la ocasión para reconciliarse pero no creo que vaya a ser posible, cada uno ha venido por su lado y yo creo que también así se marcharán.

EZINZAN. No se pudo. **K.** Inditxue alegiñ guztiek baña hemen daukoun erraminta honeikiñ ezinzan askatu pieza hori, fandie beste-batzuk ekartzera ta aber hareikiñ posible dan lortzie baña halaere eztakitx, nere ustez larreiko zalla dau eta bildurre dauket puzkatu ingoetedan. **T.** Ya lo han intentado de todas las maneras posibles pero con la herramienta que tenemos aquí no se ha podido soltar la pieza esa, han ido a traer otras y a ver si con esas lo conseguimos pero aún así no sé, yo creo que está demasiado difícil y tengo miedo de que se rompa.

EZIÑ, EZIÑDA. No se puede. **K.** Aber, gauzabat esangotzut, iñola eziñda eruen bixkarrien saku dan honeik zeatik larreiko astunek die, zuk zer ustedozu, astuek garela, ero?, lortzeko aukera eukikozu eta gutxienetik ekarrizu hiru ero lau karretilla bentzet. **T.** A ver, te voy a decir una cosa, no se puede de ninguna de las maneras llevar a hombros todos estos sacos porque son demasiado pesados, ¿tú que te has creído, que somos burros, o qué?, ya tendrás oportunidad de conseguir y por lo menos trae tres o cuatro carretillas.

EZIÑ, EZIÑDA. (Eziñdok), don, dot, dozu, dozue, gok, gon, got, gozu, gozue.

Aspaldiko esaerabat: Eziñdana iñ da Jangoikuai errezau eta batera txerrenai kandela piztu.

Un viejo proverbio vasco dice que no se puede hacer rezar a Dios y a la vez encender una vela al Diablo.

EZIÑE. Imposible, Imposibilidad. **K.** Alperrik da alegiñtzie, hori eta oñ momentu hontan dauen bezela eziñe da ezer itxeik, derrigorrez aurrena gauza batzuk aldatu inbierra dauko eta halaere gero ikusibikoda, nik bentzet larreiko zalantza dauket. **K.** Es inútil que nos esforcemos, eso y de la forma que está en este momento es imposible hacer nada, necesariamente primero hay que cambiar algunas cosas y aún así después habrá que ver, yo al menos tengo demasiadas dudas.

EZIÑEN. No eras. **K.** Zu eziñen atzo gelditxuzitzena billera hontara etortzeko?, ba akaso zerreozer gertaukojatzun zeatik ezitzen asaldu, ba zuk esanbikozu zer izenzan. **T.** ¿No eras tú el que quedaste ayer para venir a esta reunión?, pues seguramente algo te tuvo que suceder porque no apareciste, pues tú tendrás que decir que es lo que fué.

EZIÑEONA, EZIÑ-EONA. El no poder estar. Malestar, molestia. **K.** Gaur enau bape ondo, eziñeon haundixe dauket eta lanien be, naiz ta euskitxan ibili, hotzikarak dauket eta akaso kalentura pixkat bebai. Ba eztakitx baña akaso, oñ asti apurbat dauket eta etxeraño inguratukonaz aspirinabat hartzeko. **T.** Hoy no estoy nada bien, tengo un malestar general y en el trabajo también, a pesar de estar al sol, tengo escalofríos y puede que también un poco de fiebre. Pues no sé pero a lo mejor, ahora tengo un poco de tiempo y me acerco hasta casa a tomar una aspirina.

EZIÑEZKUE. Que es imposible. **K.** Ezai etorri gabonkanta horrekiñ, esaten haiaizen hori eiñezkue dok eta beste gauzabat asmaubikok, baña aber oinguen siñisteko bezelakue dan, hiri gauza bakarra gertatzejak, gezurti haundibat haizela. **T.** No nos vengas con esos cuentos de Navidad, eso que estás diciendo es imposible y tendrás que inventar alguna otra cosa, pero a ver si esta vez es mas creíble, a ti solo te pasa una única cosa, que eres un gran mentiroso.

EZIÑIEN. Intentando, esforzándose. **K.** Beste lagunbat ekarri inbikuztezu laguntzeko zeatik hemen bakarrik eziñien nabill pieza haundi hau jasotzeko, eta gero be ikusi inbierra dau aber bixon hartien lorzendoun, eta hala-bada be, nahiko kostata izengoda. **T.** Tendrás que mandarme a alguien para que me ayude porque estando solo y aunque lo intento no puedo levantar esta pieza tan pesada, y luego también habrá que ver si entre los dos lo podemos conseguir, y si es así también, lo suyo habrá costado.

EZIÑ IKUSI. No le puedo ver, no quiero verle. **K.** Lengo egunien kristonak eukitxut horrekiñ eta, berai be esanutzen, betiko asarretunaz, oñ eziñ-ikusi haundixe dauket berakiñ eta kasualitatez etortzenbada inguru hontara nik bentzet kasuik be eztutzek ingo. **T.** El otro día tuve una bronca monumetal con ese y, a él también se lo dije, me he enfadado para siempre, ahora no le quiero ni ver y si por casualldad vendría para aquí yo por lo menos no le haré ni caso.

EZIÑLEIKE. No se puede, que no es posible. **K.** Lan hori eziñleike hasi eta noski, gutxiau iñ zeatik alperrik da, aldebatetik ondion eztaukou baimenik eta bestaldetik gauzak be eztaz larreiko garbi. **T.** No se puede empezar ese trabajo y claro está, menos hacer porque es inútil, por una parte no tenemos todavía el permiso y por otra las cosas tampoco están demasiado claras.

EZIZENA. Mote, apodo. **K.** Arabako herri txiki geixenetan oitura haundixe izetenda ezizena jartzeko bertan bizidien ixe jente guztiei, esan-baterako nik Araba hortako herri txikibat ondo esauketandot eta hango bati Txaputo deiketautzie, aldameneko baserrikuei Trontxo, baitxe dau Belarri ezizenekue be eta hala izen xelebre honeikiñ geixenbati. **T.** En Araba y en la mayoría de los pueblos pequeños hay mucha costumbre de poner motes a casi todos de los que en ellos viven, por ejemplo yo conozco muy bien uno de esos pequeños pueblos y a uno de allá le llaman Chaputo, al del caserío de al lado Troncho, también hay quien tiene el apodo Belarri (oreja) y así con estos nombres raros y curiosos a la mayoría.

EZIZU. No hagas, no cojas. **K.** Gauzabat da faborebat iñ eta bestebat kompromiso haundibat hartzie, zuk ikusikozu baña nik bentzet eta zure tokixen eotenbanitzen enauke eukiko txakur hori, gañera eta eskatudotzun bezela bi egunetarako, igex iñ eta galtzendada, zer?, ba arazo horreik ebitatzeko ezizu hartu eta kitxo. **T.** Una cosa es hacer favores y otra adquirir un compromiso muy grande, tú verás pero si yo estuviera en tu lugar no tendría al perro ese, además y cómo te ha pedido para dos días, si es que se escapa y se pierde ¿qué?, pues para evitar esos problemas no lo cojas y punto.

EZ-JAKIÑE, EZ JAKIÑIEN. Ignorancia. **K.** Bai, baleike bestiek jakitxie baña ni bentzet ez jakiñien nauen zeatik iñok ezuzten ezer komestau. Ba aber hurrenguen eta zerbaitx esan-bierra dauenien danon aurrien esatendoun eta hala danok enteratzeko bezela izengogara. **T.** Si, quizá los demás ya lo sabrían pero cómo a mí nadie me dijo nada estaba en la más completa ignorancia. Pues a ver si la próxima vez y cuando haya algo que decir lo hablamos delante de todos y así también todos nos podamos enterar.

EZKER, EZKERRA. La mano izquierda. **K.** Esku-pelotan pelotari asko daz esku ezkerraz bakarrik ondo manejatzendienak eta bestie daukie ixe adorno bezela, beno, zerbaitxetarako bai ibilikodaue baña halaere gauza askotarako bez. **T.** En el juego de la pelota a mano hay muchos pelotaris que solo se manejan bien con la mano izquierda y la otra la tienen casi cómo adorno, bueno, para algo ya les servirá aunque tampoco para mucha cosa.

EZKERKA. Jugar a izquierdas, nada más que con la mano izquierda. **K.** Leno oitura haundixe hauen pelota partiduek jolasteko ezkerka, batzuetan baitxe esku eskumaz bakarrik, eta noski, aurretik aposta iñde, gauza politxe izetezan ikusteko eta nahiko jente fatezan animatzera, eta baitxe aposta txiki bat ero beste iñ euron hartien. **T.** Antes había mucha costumbre de jugar los partidos de pelota con una sola mano, claro que con una apuesta de por medio, y tanto podía con la izquierda cómo con la derecha, era bonito para ver y solía ir bastante a gente a animar, y también cruzar alguna que otra apuesta entre ellos.

EZKERO. K. Después de... **K.** Gauza asko esan eta izetendie ezkero, eta esan-baterako: Eran-ezkero, moxkortu. Errekara sartu ero jausi-ezkero, busti. Mendixen aldapa asko igo-ezkero, nekatu. Eta abar. **T.** Hay muchas cosas que se dicen y son después de, y por decir algunas: Después de beber te emborrachas. Después de meterte o caer al río de mojas. Después de subir muchas cuestas en el monte, te cansas. Etc...

EZKERRA (K), EZKERTU. Agradecimiento. **K.** Gizon horrek gauza asko inditxu gureatik eta derrigorrez ezkertu inbierra daukou, hala hurrenguen be eta zerbaitx bierrien eon-ezkero badakigu nun dauen eta zeñeana fan. **T.** Ese hombre ha hecho mucho por nosotros y necesariamente tenemos que mostrarle nuestro agradecimiento, así y si alguna vez precisamos de algo ya sabemos donde está y a quién recurrir.

EZKERTI, EZKERTIXE. Zurdo. **K.** Edelmiron alaba txikiñe, Danielatxo, ezkertixe urtendau baña esatendau eskumiaz be nahiko ondo manejatzendala. Eta honekiñ batera baitxe balixokue izengolitzake goixen jarridoun ezker, ezkerra buruz eta pelotari ezkertixatik. **T.** La hija pequeña de Edelmiro, Danielacho, ha salido zurda pero dice que con la mano derecha también se maneja bastante bien. Y junto con ésto también podría valer la definición que hemos indicado un poco más arriba sobre ezker, ezkerra y los pelotaris zurdos.

EZKILA. Campana. **K.** Entzunde dauket toki askotan debekatu iñdauiela ezkilaz jotie orduek gaua danien, nik ustedot ataratzendauen zaratiatik izengodala. Ba ni gogoratzenaz nola lenau Atxabaltan, oñ eztakitx, ordu osuek eta erdixek gauez jotezitxuen ezkilan soñuaz. **T.** Tengo oído que ahora en muchos sitios debe de estar prohibido tocar las horas con las campanas cuando es de noche, yo creo que será por el ruido que producen. Pues yo recuerdo que antes en Aretxabaleta, ahora no sé, así de noche con las campanas se tocaban las horas enteras y también las medias.

EZKOR, EZKORRA. Es la palabra que se utiliza para denominar a la persona pesimista **K.** Esatendauen ez pertzona ezkorra omendala basue erdi utzik ikustendauena. Ba horreik nahiko axkarrak dienak txikitok eraten eztot uste halakuek izengodienik, eta geixau esangonauke, nahiko penaz ikusteitxuela baso horreik erdi utzik dazenien. **T.** Dicen que la persona pesimista es la que ve el vaso medio vacío. Pues esos que son bastante rápidos bebiendo chiquitos no creo que sean así, y diría más, que cuando ese vaso está medio vacío lo verán con bastante pena.

EZKURRA. Bellota. **K.** Estremadurako, oñ denpora gutxi dala han izengiñen, ixe inguru guztiek artiaz betiek ikustezien, eta honein azpixen txarri beltz talde ugeri lurrien eozen ezkurrak jaten. **T.** En Extremadura, ahora hace poco tiempo que estuvimos por allá, se veía que casi todas las zonas estaban llenas de encinas, y debajo de éstas grandes piaras de cerdos negros comiendo las bellotas que estaban en el suelo.

EZNABILL, ENABILL. No ando, no juego o también cualquier otra cosa con tal de que sea no.**T.** Ni karta joku horretan eznabill zeatik arrastuik be eztauket nola jolastendan, hemen bazare nahiko jente eta jolastu zueik, nik kanpuen etxoingotzuet. **T.** Yo no voy a jugar a las cartas porque no tengo ni idea de cómo se juega, ya estáis suficiente gente aquí y jugar vosotros, yo os esperaré fuera.

EZNAKIÑ, ENAKIÑ. No sabía.
(Ver la definición de enakixen).

EZNAU. No estoy. **K.** Oñ kanpora fan-bierra dauket eta Rigobertok deitzenbadau goixien esan momentu hontan eznauela etxien, atzalderako etorrikonazela eta allegau besteik ez deitxukotzatela. **T.** Ahora tengo que ir fuera y si Rigoberto llama por la mañana dile que en este momento no estoy en casa, que ya vendré para la tarde y que le llamaré en cuanto llegue.

EZNAUEN. No estaba. **K.** Eziñdotzut ezer esan zeatik nik eznauen ezertxoik ikusi, momentu horretan beste toki-baten nitzen eta baezpare galdetuiozu Jakoboi, hor aldamenien bizida eta baleike harek zerbaitx jakitxie. **T.** Yo no te puedo decir nada porque tampoco ví nada, en ese momento no estaba allí y por si acaso pregúntale a Jacobo, vive ahí al lado y quizá aquel sepa algo.

EZ NI TA EZ ZU. Ni tú ni yo. **K.** Zoritxarrez eta oinguen bentzet ez ni ta ez zu ezgara urten lan berri hortarako, ba aber hurreguen ta zorion pixkatekiñ lortzendoun zeatik aspalditxuen geldi antzien gara. **T.** Mala suerte porque al menos ésta vez ni tú ni yo hemos sido elegidos para ese nuevo trabajo, pues a ver si la próxima tenemos un poco más de fortuna y lo conseguimos porque últimamente estamos bastante parados.

EZNOIE. No voy. **K.** Eztakitx zertan haizarien hainbeste galdetzen gauza berdiñe, len be garbi esautzuet enoiela eta eznoie, akaso beste noixbaitxen possible izengoda bañe gaur bentzet eziñdot zeatik larreiko lanpetuta nau. **T.** No se porque andáis preguntando tantas veces lo mismo, antes también ya os he dicho bien claro que no voy y no iré, a lo mejor cualquier otro día será posible pero hoy por lo menos no puedo porque estoy demasiado atareado.

EZOIE. No vas. **K.** Gaur bentzet hi ezoie gurekiñ, eztok possible zeatik berandu etorriaz, oñ kotxie betie jak eta etxaukou tokirik, ba hurrengorako badakik, etorri lentxuau eta garaiz. **T.** Hoy por lo menos tú no vas con nosotros, no es posible porque has llegado tarde, ahora el coche está lleno y ya no tenemos sitio, pues para una próxima vez ya sabes, venir un poco antes y a tiempo.

EZOIEN. No iba. **K.** Ez, gurekiñ bentzet ezoien baña baleike beste norbaitzukiñ izetie, neri bentzet ezuzten ezer esan zeñekiñ fateko asmue hauken buruz. **T.** No, al menos con nosotros no iba pero puede que sea con algunos otros, a mí por lo menos no me dijo nada sobre con quienes penasaba ir.

EZOIEZ. No vas. **K.** Eta zeatik ezoiez gurekiñ mendira ba?, ze gertatzenda, akaso asarre zarela norbaitxekiñ, ero?, ba hala baldinbada badakitzu, iñ pakiek haldan axkarren eta martxa. **T.** ¿Y Porqué no vas con nosotros al monte pues?, ¿que pasa, que acaso estás enfadado con alguno, o qué?, pues si es sí ya sabes, hacer las paces cuanto antes y andando.

EZ ONARTU. Rechazar, no aceptar. **K.** Etxera etortzen-bajatzue hau ero bestie eskiñien, zueik ez onartu baezpare zeatik baleike lapurkeixenbat izetie, ezan aurreneko aldiz izengo hori gertaudana eta larreitxo gauza aitzendie asunto horrein eta beste antzerakuen buruz. **T.** Si os vienen a casa a ofrecer ésto o lo otro, vosotros por si acaso no lo acepteís porque puede que sea un timo, no sería la primera vez que eso ocurre y se oyen demasiadas cosas sobre éstos y otros asuntos parecidos.

EZOTZIEN. No le hicieron. **K.** Eztau deretxuik, denpora gutxi dala Benantzioik erosidau ondo ezauen telebiziñe, fanzan dendara erreklamatzen eta ezotzien ixe kasuik be iñ esanaz berak hondatutakue izengozala eta eurok ia eztaukiela zer-ikusirik, ba eztakitx baña akaso beste aldebatetik beitubikodau aber nola dauen konpontzie asunto hori. **T.** No hay derecho, hace poco tiempo Venancio compró una televisión que no estaba en condiciones, fué a la tienda e hizo la reclamación oportuna y casi no le hicieron ni caso diciendo que lo habría estropeado él y que ellos ya no tenían nada que ver. Pues no sé pero quizá tendría que mirar por otro sitio a ver si se puede solucionar el tema.

EZPADA, EZPADIE. Si no es, si no ... **K.** Hareik nahiko berandu dabitz eta onazkero hemen eonbizien, eta kasualitatez ezpadie etortzen eztakitx zer inbioun zeatik guk bakarrik eziñgou eruen hemen dauen dana. **T.** Esos están tardando demasiado y para ahora ya tenían que haber estado aquí, y si no viniesen por casualidad no sé lo que vamos a hacer porque nosotros solos no podemos llevar todo lo que hay aquí.

Aspaldiko esaerabat: Hala bada, hala bizi eta ezpada, ba hor konpon Marianton.

Un viejo proverbio vasco dice que si es así, vive de esa forma y sino es, pues allacuidaús

EZPADAU? ¿Y si no está? También ¿y si n o hay? **K.** Bai, neri etxat bape inportik inguratzie bere etxera eta ikusi aber han dauen, eta ezpadau zer ingot, hona bueltau ero han etxoiñ aber etortzendan?, Euleterio kapaz da ez asaltzeko gauerarte. **T.** Sí, a mí no me importa en absoluto acercarme a su casa y ver si está allá, ¿y si no está que hago, espero a ver si viene o me vuelvo aquí?, Euleterio es capaz de no aparecer hasta la noche.

EZPATA. Espada. **K.** Gure etxe zarreko kamaran urte askuen eonzan karlista gerra denporako ezpatabat, hala entzunde nauken, garai hartakue zala, eta oñ eztakitx nundik nora ibilikodan, nik bentzet arrastuik be estauket. **T.** En el camarote de nuestra casa vieja durante muchos años hubo una espada de los tiempos de la guerra carlista, por lo menos así lo tenía oído, que era de aquella época, y ahora no sé por dónde puede andar, yo desde luego no tengo ni idea.

EZPATADANTZA. Danza forclórica de origen vasco que se baila con espadas simuladas.

EZPOZU, EZPADOZU. Si no quieres hacer. No te apetece o no puedes en ese momento. **K.** Zuk jakingozu zer gertauleiketzun ezpozu itxen nagusixek aiñdutakue, badakitzu eta ondo gañera nolakue dan, hori kapaz da kalera bielketako. **T.** Tu sabrás las consecuencias que puedes tener si no haces lo que te ha mandado el jefe, ya sabes y bien además cómo es, ese es capaz de mandarte a la calle.

Aspaldiko esaerabat: Ezta komeni gehiegi berbaik itxeik ezpadozu gure hankaik sartzeik.

Un antiguo preverbio vasco dice que no es conveniente hablar demasiado si no quieres meter la pata.

EZTA. No es. Tampoco. **K.** Sigero alperrik zatoz horrekiñ, hori ezta nik itxinotzuna lengo egunien eta neri ekarrirezu nik lagatakue, zuk jakingozu nun daukotzun, billatu eta ekarri axkar, eztot ulertzen zertan haizaren, akaso porrue sartu guran, ero? **T.** Eso que traes es en balde, no es lo que te dejé el otro día y a mi tráeme lo que yo te dí, lo buscas y me lo traes rápidamente, ¿no sé lo que pretendes, acaso engañarme, o qué?

EZTABAIDA. Discusiòn, disputa, debate, polémica. **K.** Asunto horren buruz eztabaida galanta dau, badaz guredauenak modu hortan itxie, beste-batzuk bestaldera eta eztakitx askenien eztien asarretu eta burrukan hasiko. **T.** Hay una gran polémica sobre ese asunto, ya hay quienes quieren hacerlo de esa forma y algunos otros de la otra y no se si al final no se van a enfadar y empezar a pelear.

EZTABILL. No anda. **K.** Zulatzeko makiña hau eztabill bape ondo, alegiñtzen haigara konpontzeko baña eziñdou ezertxorik iñ, fan inbikozu gauza horreik alkilatzendauen almazenera eta aber lortzendozun beste makiñabat. **T.** Este taladro no anda nada bien, estamos intentando arreglarlo pero no podemos hecer nada, tendrás que ir al almacén dónde alquilan esas cosas y a ver si puedes conseguir algún otro taladro.

EZTABITZ. No andan. **K.** Zerreozer esanbikotzazu langille horrei zeatik lan hori eztabitz itxen bierdan bezela, toki hontatik hasi inbierrekue zan eta bestaldetik hasidie, okerreko tokitxik. **T.** Tendrás que decirles algo a esos operarios porque no andan haciendo el trabajo de la forma debida, tenían que haber empezado de este lado y han empezado por aquel otro, por el sitio equivocado.

EZTA EZER. No es nada o ninguna otra. **K.** Alperrik zatoz eskatzera, badakitzu asarre nauela zurekiñ ta eztotzut emungo ez hau eta ezta ezer besteik. **T.** Es inútil que me vengas a pedir, ya sabes que estoy enfadado contigo y no te voy a dar ni ésto ni ninguna otra cosa.

EZTA-GAUZA, EZTA GAUZA. No es capaz. **K.** Horri hobeto da ezer ez esateik mendira fateko kontuik, alegiñdukozan baña oñ bentzet ezta gauza aldapak igoteko. Gañera nola daukon txuleixa pixkak ezetzik ezauen esango baña berak be ondo daki eztala kapaz hala ibiltxeko. **T.** A ese es mejor no decirle nada sobre ir al al monte, ya se esforzaría pero ahora por lo menos no es capaz de subir cuestas. Además como tiene un poco de chulería no diría que no, pero él conoce muy bien la incapacidad que tiene.

EZTAKI No sabe. **K.** Fabioloi alperrik da galdetzie zeatik eztaki ezer, berak hala esatendau eta eztot uste gezurretan ibilikodanik, oñ, bebai baleike zerbaitx tontopapela itxen haidala baña zalantza haundixe daukel liala izengodonik. **T.** A Fabiolo es inútil preguntarle porque no sabe nada, es lo dice él y no creo que esté mintiendo, ahora, también puede estar haciendo un poco el papel tonto pero tengo muchas dudas de que pueda ser así.

EZTAKIGU. No sabemos. **K.** Ze galdera xelebre itxen haizaren zeatik guk horreiñ buruz eztakigu ezer, nola jakingou ba ze trainera izenzien bi mila ta lauan Bermioko estropada irabazizuna? Ezta arraustuik be. **T.** Que pregunta más rara estás haciendo porque nosotros sobre ese asunto no sabemos nada. ¿cómo vamos a saber pues quién fue la trainera que ganó la regata de Bermeo el año dos mil cuatro? Ni idea.

EZTAKITX. No sé. **K.** Pertzona kanpotar batzuk etorrijat galdetzera aber ze tokitxen dauen hemengo katastro bulegue, Donostiñ, eztakitxela esautziet eta baezpare galdetzeko polizi munizipalai, baleikela hareik jakitxie. **T.** Unas peesonas de fuera me han venido a preguntar a ver dónde está la oficina del catastro de aquí, en San Sebastián, les he dicho que no lo sé y que por si acaso lo pregunten a la policía municipal, que quizá aquellos lo sepan.

EZTAKITX. (Eztakik), kiñ, tzu, tzue.

EZTALA. Que no es. **K.** Ezetz, hori be eztala, garbi esautzuk toki hontarako gorrizka xamarra izetie komenidala eta benetan eztakitxela zer gertatzendan zurekiñ, len zurizkak dienak ekarritxozu, oñ berriz urdiñek, eta ze gertatzenda, eztauela, eztozula igertzen koloriek ero nik fan-bierra dauketela? **T.** Que no, que eso tampoco es, te he dicho claro que para este sitio conviene que sean de un tono rojizo y de verdad que no sé que es lo que pasa contigo, antes has traído unos que eran blanquecinos y ahora en cambio azules, ¿y que sucede, que no hay, que no distingues los colores o que voy a tener que ir yo?

EZTANDA. Explosión. **K.** Fandie betiko Zestua harrobiko eztandak, bertako jentie hainbeste urtien ibildie horren atzetik eta asken-fiñien be lortudaue, ondo kostata izenda baña oñ sigero pozik eta pakien die hainbeste burrundara kendu ondoren eta ia ez entzun zarata horrek. **T.** Las explosiones de la cantera de Zestoa han pasado a mejor vida, lo vecinos han andado muchos años detrás de eso hasta que al final lo han conseguido, ha costado mucho pero ahora están en paz y muy contentos después de haber quitado y dejado de oir tantos ruidos.

EZTARRIKOZULUE, EZTARRIKO-ZULUE. El conducto de la garganta. **K.** Ze txarra izetendan eztarriko-zulotik fan-ezkero jaten ero eraten haizaren gauzarenbat, hastezara estulakiñ eta ixe itxobierrien jartzezara horrenbeste iñaz. **T.** Que malo suele ser que te vaya alguna cosa de las que estás comiendo o bebiendo por el conducto de la garganta, empiezas a toser y te pones a punto de casi ahogarte de tanto hacerlo.

EZTARRIXE. La garganta. **K.** Eztakitx baña ustedot gripe antza arrapatzen hainazela zeatik miñe hasijat estarrixen eta hola hotz-beruek bezela dauket, andriei esangutzet baezpare emuteko aspirina ero beste holako zerbaitx. **T.** No sé pero creo que me ha empezado un principio de gripe porque me ha empezado a doler la garganta y tengo algo así cómo escalofríos, le voy a decir a la mujer que por si acaso me de una aspirina o algo parecido.

EZTATOR, EZTATOZ. No viene, no vienen. **K.** Bi horreikiñ ezinleike kontau eta ziur nau eztatozela afaira, gratizkue baldinbazan asaldukozien baña ez hala eta badakixe ze gertatzendan etortzenbadie, dirue atara-bierra daukiela poltxikotik. **T.** Con esos dos no se puede contar y estoy seguro de que no vienen a la cena, si fuese gratis ya aparecerían pero no así y si es que vendrían ya saben lo que pasa, que tienen que sacar dinero del bolsillo.

EZTAU. No está. **K.** Horri ez ibili billatzen alperrik, hemen eztau eta eztot uste inguru honeitan be eongodanik, apostaukonauke ia igex iñde dauela zeatik badaki zer daukon arrapatzenbadaue, barrura sartukodauela. **T.** A ese no andeís en balde buscándole, aquí no está y seguro que en las inmediaciones tampoco, apostaría que ya se ha escapado porque sabe muy bien lo que le podría pasar si le pillan, que le meterían dentro

EZTAUKET. No tengo. **K. K.** Ez etorri eskatzera nereana zeatik eztauket eta gañera eztot sekula euki, nik eztakitx nun lortuleikien eta beste nunbaitxera fanbikozue galdetzera, ezta bape errexa izengo baña akaso billatukozue. **T.** No vengaís donde mí a pedirme porque no tengo y además tampoco lo he tenido nunca, yo no sé donde lo podeís conseguir y tendreís que ir a preguntar a otro sitio, no será nada fácil, pero quizá lo encontreís.

EZTAZ. No están. **K.** Fanaz beitzera baña momentu hontan bentzet eztaz, hor dauen batek esandust bueltatzeko asmuaz fandiela eta akaso berandutxo baña asaldukodiela, ba baezpare gerotxuau etorrikonaz berriz. **T.** Ya he ido a mirar pero en este momento al menos no están, uno que estaba allí me ha dicho que han marchado con la intención de volver, que quizá un poco tarde pero que ya aparecerían, pues por si acaso vendré un poco más tarde.

EZTAUELA. Que no está. **K.** Ondion horren billa jarraiketandozue?, ondo garbi esautzuet hemen eztauela, alperrik haizariela eta inguru honeitan eztozuela billatuko. **T.** ¿Todavía continuaís buscándole?, ya os he dicho bien claro que aquí no está, que andaís en balde y que tampoco le encontrareís por estos alrededores.

EZTAUKET. No tengo. **K.** Ba eztauket, itxikonutzuen guztora asko aizkora baña kasualitatez atzo kirtena puzkatuzan, baezpare fanzaitxeze aldameneko etxera eta Toribiok ustedot badaukela, ezaiozue nere partez zoieziela ta lagakotzue. **T.** Pues no tengo, a gusto os dejaría el hacha pero casualidad que ayer se rompió el mango, por si acaso ir a la casa de al lado que creo que Toribio ya tiene, le decís que vaís de mi parte y ya os lo dejará.

EZTAUKET. (Eztaukek), ken, kie, kotzu, kotzue, kou.

EZTAUKO. No tiene. **K.** Jenarok eztauko ezer errespetoik iñokiñ, eta gañera euki bez iñoiz, betik izenda lotzabakobat eta sekula eztau begiratu eta ez inportik zeñekiñ dauen, agurak, gaztiek, abariek eta akaso baitxe Aitxa Santue be bere inguruen asaldu-ezkero. Halaere eta erozeiñ modutan hori berdiñe izenbikozan zeatik danak, ero geixenak bentzet, zertxobaitx errespeto merezitakuek izetendie. **T.** Jenaro es una persona que no tiene ni ha tenido nunca respeto por nadie, siempre ha sido un sinverguenza y nunca ha mirado ni tampoco importar con quién está, ancianos, jóvenes, sacerdotes e incluso también el Papa si apareciese en sus inmediaciones. Aún así y de cualquier modo eso tenía que ser igual porque todos, al menos la mayoría, son merecedores de un mínimo respeto.

Aspaldiko esaerabat: Eztauen ikusten begirik, eztauko negarrik.

Este viejo refrán vasco vendría a decir que ojos que no ven, corazón que no siente.

EZTEIA, EZTEGUE. Boda. **K.** Lenau bentzet ezteiak ezien nere oso gustokuek izeten, baña gertatzenda oso alpaldixen eztotela bat bakarra euki eta oñ nahiko pozik fangonitzen batera, eta akaso txanpan pixkat eran ondoren dantzan be ingonauke, zertxobaitx gogortzenaz nahiko ona nitzela denpora hareitan, ero hori ustedot bentzet. **T.** Al menos antes las bodas no eran muy de mi gusto, pero pasa que hace tanto tiempo que no he ido a ninguna que ahora iría bastante contento a alguna, y quizá después de beber algo de champán hasta bailaría un poco, tengo un pequeño recuerdo de que en aquellos tiempos era bastante bueno, o eso creo al menos.

EZTENA. Aguijón. **K.** Erlien eztenkada oso mintzue dala entzunde dauket, nik eztot sekula euki baña hartu izendauen batzun-batzuk nahiko gaizki ta larri eon omendie. **T.** Tengo oído que el aguijonazo de la abeja es muy dolorosa, yo no lo he padecido nunca pero algunas de las personas a la que les han picado lo ha debido de pasar mal y bastante apurados.

EZTIE. No son. **K.** Ez, han dazen horreik eztie izen eta gañera ziur nau, nahiko argi hauen eta ondo ikusinitxun, nik enauen esautu ez bati eta ez bestiei baña badakitx bixek ziela gaztiek eta bizerdunak. Beste nunbaitxera fanbikozue galdetzen eta baleike enteratzie zeñeik izenzien. **T.** No, esos que están allá no son y además estoy seguro, había suficiente luz y los vi muy bien, yo no conocí ni a uno ni al otro pero ya sé que eran jóvenes y tenían barba. Tendréis que ir a preguntar a otro sitio y quizá averigüeís quienes fueron.

Aspaldiko esaerabat: **Hartu eta emunak, eztie frailiendako gauza onak.**

Un viejo preverbio vasco dice que el coger y dar no suele ser buena cosa para los frailes.

EZTITXU, EZTITXUE. No ha hecho, no lo hicieron. **K.** Eztakitx zertzuk itxen eondan egun guztien baña esandakuek bentzet eztitxu iñ, eta oñ be arrastuik be eztauket nundik nora ibilikodan, eztot iñun ikusten eta alde iñde dau bere lan tokitxik. **T.** No sé que ha podido estar haciendo todo el día pero al menos no ha hecho lo que se le ha mandado, y ahora tampoco tengo ni idea de por dónde puede andar, no le veo por ningún lado y se ha marchado de su puesto de trabajo.

EZTITXU, EZTITXUE. (Eztitxuk), txun, txut, txozu, txozue.

EZTOIE. No va. **K.** Ezizue kontau Teofilokiñ, deitxudust esanaz beste gauza batzuk inbierra daukola eta bera eztoiela pelota partidura, halbozue saltzeko sarrera eta gastatzeko pote bat ero beste hartzen. **T.** No conteís con Teofilo, me ha llamado diciendo que que tenía otras cosas para hacer y que él no va a poder ir al partido de pelota, si podeís que vendaís la entrada y que lo gasteís tomando algunos potes.

EZTOT. No he ... **K.** Etxat kentzen estomaguko larrixe, botagurie dauket baña gauza da eziñdotela iñ botakaik, eztot uste ba ezer errariok jandotenik, gañeko postrie kenduta beste danon bezela. **T.** No se me quita el malestar del estómago, tengo ganas de vomitar pero la cosa es que no puedo y no creo que he comido nada raro pues, quitando el postre todo el resto igual que los demás.

EZTOT-BIER, EZTOT BIER. No quiero. **K.** Eztakitx zertan haizaren hainbeste jardunekiñ eta ez segi alegintzen zeatik alperrik da, gañera len be nahiko garbi esautzut, eztot-bier ekarridozun hori eta handikaldien itxidozun beste ha bez. **T.** No sé que andas tanto insistir y no continúes empeñándote porque es inútil, antes también te lo he dicho bien claro, no quiero eso que has traído y aquello otro que has dejado allá tampoco.

EZTOT USTE. No creo. **K.** Eztot uste egixe danik Torkuato Madrillera kotxien fandanik hiru orduen, hala izenbazan guardiazibillek gelditxukotzien nunbaitxen, dexenteko multa jarri eta akaso baitxe kotxie prezintau be, oñ belozidade kontu horreikiñ kontrol haundixek eotendie. **T.** No creo que sea verdad que Torkuato haya ido en coche a Madrid en tres horas, si así hubiera sido ya le habría parado en algún sitio la guardia civil, echado una multa considerable y quizá también precintar el coche, ahora esas cosas de la velocidad están muy controladas.

EZTOZU. No has hecho, dicho, etc... **K.** Oñ be gezurretan haizara, eztozu esan ze eskolako lan horreik kalera urten aurreik inbitxozula?, eta oñ zer?, zure laguna etorrida, hemen dau zure zai eta zu ondion hasi be ezara iñ. **T.** Ahora también estás mintiendo, ¿no has dicho que ibas a hacer esos trabajos de la escuela antes de salir a la calle?, ¿y ahora qué?, tú amigo ya ha venido, está aquí esperándote y tú todavía ni siquiera has empezado.

EZTOZULA. Que no... **K.** Zer esaten haizara, eztozula inbier nik aiñdutakue zeatik eztaukotzu gogorik?, ba mutil hemen sigero alperrik zara eta alde segitxuen, billatukot lan hori itxie guredauen bestenbat. **T.** ¿Que estás diciendo?, ¿que no vas a hacer lo que te he mandado porque no tienes ganas?, pues chaval aquí estás completamente de sobra y márchate cuanto antes, ya buscaré a algún otro otro que quiera y me haga ese trabajo.

EZUEN. No hicieron, llevaron, etc... **K.** Ba askenien ezuen eruen, hemen eonzan denpora pilla beitu aldebatetik eta bestetik, galdezka nunguek dien, horreiñ balixuek, komestatzen beretako komenigarrixek izengoziela eta askenien ezer ez, hor lengo tokixen berriz laga eta alde iñauen ezer esan-barik. **T.** Pues al final no las llevó, aquí estuvo durante un montón de tiempo mirándolas por un sitio y otro, preguntando de dónde eran, su precio, comentando que serían muy útiles para él y al final nada, las volvió a dejar donde estaban y se marchó sin decir nada.

EZUNA. Escasez. **K.** Gerra zibil denporan eta beleike ondoren geixau, ezun galanta eonzan Euskalherrixen eta berdiñ beste hainbat tokitxen, geixenbat jan asuntuekiñ eta jentie haldan moduen konpondu inbiorra izeteauen, eztrapeluekiñ, faboriek eskatuz, akaso baitxe lapurreta txikiñbat iñaz, kustiñue zan nolabaitx bizi eta moldatzie. **T.** En tiempos de la guerra civil y quizá después más, hubo una gran escasez en Euskalherría y lo mismo en muchos otros sitios, sobre todo de alimentos, la gente se tenía que arreglar como buenamente podía, contrabando, pidiendo favores, quizá también con pequeños hurtos, la cuestión era sobrevivir y arreglarse lo mejor posible.

EZ-UZTEKUE, EZ UZTEKUE. Increíble, inesperado. **K.** Banauken susmo pixkat baña halaere esangonauke ez-uztekue bezela izendala. Gauza da gabonetarako bi zenbaki desberdiñ loterixa erosinitxula, eta beno, allegauzan errifa izetezan eguna eta horixe, ez-uztekue, ezta xemeiko bakarra. **T.** Ya tenía un poco de sospecha pero aún así diría que ha sido cómo algo inesperado. La cosa es compre dos números diferentes de la lotería de navidad, llegó el día que se hacía sorteo y eso, lo inesperado, ni un solo céntimo.

FRAILIEK NOLA KANTAU, MONAGILLUEK HALA ERANTZUN.
DE LA FORMA QUE CANTE EL CURA, ASI RESPONDERA EL MONAGUILLO.

FABORIE. Hacer, pedir un favor. **K.** Liboriokiñ asarretu iñitzen lengo egunien eta faborebat eskatu bañolen askoz naio dot ezer-barik geratzie, baña halaere ingoitxut alegiñek gauza horreik lortzeko beste nunbaitxetik. **T.** Con Liborio me enfadé el otro día y prefiero quedarme sin nada antes que pedirle un favor, aún así ya intentaré conseguir esas cosas por algún otro sitio.

FABORITISMUE. Favoritismo. **K.** Obra hontan faboritismo larreitxo dauela ustedot, hori da bentzet ikustendana, batzui gertatzejaku ze lan txarrenak itxie tokatzendala eta beste-batzuk berriz ixe egun guztien potrojorran eotendie. **T.** En ésta obra me parece que hay mucho favoritismo, eso es lo que se ve al menos, a algunos nos toca hacer los peores trabajos y otros en cambio están casi todo el día tocándose los huevos.

FALTA-BARIK. Sin falta. **K.** Orduen berriz bixer hona falta-barik eta orduz, badakitzu lan asko ta haundixe itxeko dauela eta danan bierra eukikoula. **T.** Entonces otra vez mañana aquí sin falta y a la hora, ya sabes que tenemos una gran cantidad de trabajo para hacer y necesitamos de todos.

FALTAU. Ofender, faltar. **K.** Diskutitzie pixkat baleike batzuetan nahiko ondo etortzie baña faltau inbarik, eta zuk aurren inbikozauena zan zaiñdu pixkat jenixo hori zeatik hala jartzezarenien larreiko ago-zabala biurtzezara. **T.** Discutir un poco puede que algunas veces venga bien pero sin faltar, y tú lo primero que tendrías que hacer es cuidar un poco ese genio porque cuando te pones así se te abre demasiado la boca.

FALTZUE. Se dice de la persona falsa, que anda fingiendo y con disimulos. **K.** Pertzona hori derrigorrez faltzue izen-bierra dauko hala konportatzeko, Adolfoi aiñdutzen berai saldukotzela kotxie eta oñ gertauda bestebat etorridala, zertxobaitx diru geixau eskiñi eta Adolfoi ezer esan-barik beste horri saldutzo. **T.** A la fuerza hay que ser una persona falsa para comportarse de esa manera, a Adolfo le había prometido que a él le iba a vender el coche, ha venido otro ofreciéndole un poco más de dinero y sin decirle nada a Adolfo se lo ha vendido a ese otro.

FALTZOKEIXIE. Se dice de la persona que engaña con falsedades. **K.** Tipo horri eziozue ezer siñistu eta kasuik bez zeatik gezurterobat da, esatendauen guztie faltzokeixak besteik eztie izeten eta betik hala ibiltxenda, alegintzen aber handik ero hemendik lortzendauen zerbaitx manejatzie. **T.** A ese tipo no le creaís nada ni le hagaís caso porque es un mentiroso, todo lo que dice no son más que falsedades y lo hace con la idea de engañar y siempre anda igual, intentando a ver si puede manejar algo por aquí o por allá.

FAMAUE, FAMATUE. Persona famosa, de fama. **K.** Bai, gizon hori oso famaue izenzan eta ondion be nahiko da, bere garaian aurrena izenzan lortu izenauena neguen igotie mendi hortara, arrazkero beste batuzk be igo izendaue baña honek betik esatendau bera izenzala aurrena. **T.** Si, ese hombre fué y es todavía bastante famoso, en su tiempo fué el primero que subió a ese monte en invierno, después otros también ya lo han hecho pero él siempre dice que él ha sido el primero.

FAMILIXA, FAMILIXIE. La familia. **K.** Zelestinon familixa tartien, ez danok zeatik pillabat die, urtien beiñ itxendaue bidaibat hortik zier bi ero hiru egunerako, kanpiñera, herri haundinbat ero beste nunbaitxera. **T.** Entre la familia Celestino, no todos porque son un montón, una vez al año suelen hacer un viaje por ahí para dos o tres días, camping, una cuidad grande o a algún otro sitio.

FAN. Ir o mandar a algún sitio. **K.** Danak daukou gogo haundixe egun batzuk urtetzeko hortik zier baña betiko bezela kustiñera da nora fan, badaz urrin-barik esatenduenak, beste-batzuk inguru honeik ondo esauketaitxula eta beste nunbaitxera, ba aber ados jartzegaren danon hartien eta beztela berriz txinuetara jolastuta erabakibikou. **T.** Todos tenemos ganas de salir a algún sitio pero cómo siempre la cuestión es donde ir, hay quien dice que lejos no, otros que ya conocemos bien estos alrededores y a algún otro sitio, pues a ver si nos ponemos de acuerdo entre todos y sino otra vez tendremos que decidirlo jugando a los chinos.

FAN. (Fanai), ari, az, biaz, binaz, biok, bion, biot, biozu, biozue, bizare.

FANA. Ida. **K.** Bai, noski baietz, ia bidai horren fana iñde daukotzu, gañera oso errex lortudozu aprobetxauaz beste mutil hareik hara zuk gurozun ingurutik pasakodiela, eta gero zer?, sekulako urruti eongozara, eztaukotzu ez kotxeik eta ez beste holakoik, bakarrik, gañera ondo esauketazaut eta apostaukonauke beñ baño geixautan galduta ibilikozarela. Eta ustedot buruen eukikozula bueltau inbierra be izengodala, ez?, ba zalantza haundixe dauket aber pentzadozun sikera pixkat nola etorri. **T.** Sí, claro que sí, ya tienes hecho lo que es la ida de ese viaje, además lo has conseguido muy fácil aprovechando que aquellos otros chicos van a pasar cerca de donde tú quieres , ¿y después qué?, estás muy lejos, no tienes coche ni nada parecido, solo, además te conozco bien y ya apostaría que andarás perdido más de una vez. Y creo que ya tendrás en la cabeza que también habrá que volver, ¿no?, pues tengo muchas dudas a ver si has pensado siquiera un poquito en el cómo.

FANDA. Ya se ha ido. **K**. Nahiko berandu zatoze horren billa zeatik oñ orduerdi pasatxo fanda, esandau Federikon tabernara doiela eta hara inguratzen-bazare akaso ondion han billatukozue. **T**. Venís bastante tarde ha buscarle porque hace un poco más de media hora que ya se ha ido, ha dicho que iba a la taberna de Federico y si os acercaís al bar a lo mejor allá le encontrareís todavía.

Aspaldiko esaerabat: **Fandan denpora ezta berriz bueltauko**.

Un antiguo proverbio vasco dice que el tiempo pasado ya no volverá otra vez.

FANDANGO. Danza de origen vasco que se baila, sobre todo, en las romerías.

FANDANGO. Fig. juerga, diversión. **K**. Kuadrilla hori ondion be fandango ederrakiñ jarraitzendaue, atzalde guztie eruetendaue kantuen tabernik taberna eta emutendau geruau eta geixau animatzen haidiela, eta aber, asmaketabat, zueik zeatik ustedozue izengodala? **T**. Vaya juerga que todavía se trae esa cuadrilla, llevan toda la tarde cantando de bar en bar y parece que están cada vez más animados, y a ver, una adivinanza, ¿vosotros porque creeís que será?

FANDIE. Ya se han ido. **K**. Pena galantakiñ baña nola ezan gelditzen beste erremeixoik fandie, bixer lan eguna da eta ondion kilometro asko inbierra haukien. Esandaue laister etorrikodiela berriz. **T**. Con mucha pena pero cómo no quedaba otro remedio ya se han ido, mañana es día de trabajo y todavía tenían que hacer muchos kilómetros. Han dicho que volverán pronto de nuevo.

FAN-ETORRIXE. Ir y venir. **K**. Etxoiñ pixkat eztot denpora askoik ingo ta, bakarrik fan-etorrixe inbierra dauket lan tokitxik, gauzabat itxi besteik ez sarreran eta laister izengonaz berriz hemen. **T**. Esperarme un poco que no tardaré mucho tiempo, solo tengo que ir y venir del lugar de trabajo, nada más dejar una cosa en la entrada y enseguida otra vez estoy aquí.

FANFARROIE. Se dice de la persona presumida, fanfarrona. **K**. Mutil ona da baña baitxe zertxobaitx fanfarroie be, gauzabat itxen baldinbadau gustatzejako esatie ixe doblie iñdauela, eta naiz da jakiñien eon iñok eztauela iñok siñistuko berai etxako hori inportik eta beriaz jarraitxukodau. **T**. Es buen chico pero también bastante fanfarrón, si es que hace una cosa a él le gusta decir que ha hecho casi el doble, y a pesar de que sabe de que nadie le a creeer eso a él no le importa y continúa con lo suyo.

FANGARA. Ya hemos ido. **K**. Hainbeste tokitxen eongara eta bai, horra be fangara, oñ bertan enaz gogoratzen igez ero beste aurreko urtien baña han izengiñen. **T**. Hemos estado en tantos sitios y sí, ahí también ya hemos ido, ahora mismo no me acuerdo si fue el año pasado o el anterior, pero estuvimos allá.

FANGONAZ. Ya iré. **K**. Lasai eonzatez ama fangonaz mesetara ta, baña itxoiñ inbiot apurbat zeatik ondion eztaue jo askenego kanpantxue, eziñgonaz fan ba abariek urten aurretik. **T**. Estate tranquila ama que ya iré a misa, pero voy a esperar un poco porque todavía no ha tocado la última campanada, no tendré que ir pues antes de que salga el cura.

FANGONAZ. (Fangoaz), da, die, zara, zarie).

FANIK. Se ha debido de ir, de ausentar. **K**. Ba fanik izengoda zeatik eztau bere lan-postuen, goixien bai komestaudau nunbaitxera fan-bierra haukela baña eztau esan nora eta ez noix bueltaukodanik. **T**. Pues se ha debido de ir porque no está en su puesto de trabajo, a la mañana si ha comentando que tenía que ir a algún sitio pero no ha dicho a dónde ni cuando iba a volver.

FANITZEN. Ya fuí. **K**. Noski baietz, ni bebai fanitzen horreikiñ Santamas egunien Donostira, gertauzan zertxobatix lenau etorri inbierra izenauela eta han Kostituzioko plazan itxi ta geratuzien. **T**. Claro que sí, yo también ya fui con ellos en día de Santo Tomás a San Sebastián, lo que pasó es que tenía que venir un poco antes y allá en la plaza de la Constitución les dejé y quedaron.

FANZAITXEZE. Marcharos. **K**. Fanzaitxeze nere inguritik eta alde inzue beste nunbaitxera, hainbeste jente hartien eta danak barriketan eztuztazue izten ezer itxen eta ondion bazkaixe prestatzen hasi-bierra dauket. **T**. Marcharos de mi lado e ir a algún otro sitio, entre tanta gente y todos de charla no me dejaís hacer nada y todavía tengo que empezar a preparar la comida.

FANZAN. Se fué, se marchó. **K**. Ene!, ordu ederretan zatoz, Oktavio aspaldi fanzan, ordu-erdi baño geixau eonda zure zai baña ikusitxe ezatozela alde iñdau, esandau ze asaltzen-bazara esateko eguerdixen betiko toki ingurutan ibilikodala. **T**. ¡Ene!, a buenas horas vienes, Octavio hace tiempo que se ha ido, te ha estado esperando más de media hora pero viendo que no venías se ha marchado, ha dicho que si aparecías te dijera que al mediodía andará por los mismos sitios de siempre.

FANZARA. Ya has ido. **K**. Benetan fanzara mesetara?, ba eztakitx siñistu ero ez, aber ezairezu nola oien jantzitxe abarie, halaere ustedot onazkero galdetu eta ondo jakiñien eongozarela, ez? **T**. ¿De verdad que has ido a misa?, pues no sé si creerte o no, a ver dime cómo iba vestido el cura, aunque creo para ahora y después de haber preguntado ya estarás bien enterado, ¿no?.

FANZARE, FANZARIE. Ya habeís ido. **K**. Iñoiz fanzare ikustera Donostiko SanTelmo museue?, ba ezpazarie eon merezidau bixitatzie zeatik gauza asko oso interesgarrixek daz ikusteko. Eta ezpadakitzue nun dauen baleiket laguntzie. **T**. ¿Ya habeís ido alguna vez a ver el museo de San Telmo en San Sebastián?, pues si no es así merece la pena que lo visiteís porque hay muchas cosas y muy interesantes para ver. Y si no sabeís dónde está ya os puedo acompañar.

FARDELA, FARRELA. Se dice por la persona impresentable, desaliñada y descuidada. **K.** Ondo gogoratzenaz nola ez hainbeste aspaldi zure lengusu Kornelio sigeroko fardela zan, baña oñ eta nobixa daukenetik bestebat emutendau, betik ikustejako dotore eta ondo jantzitxe fatendala, asko aldatuda eta akaso baleike larreitxo be izetie. **T.** Me acuerdo muy bien de que no hace tanto tiempo tu primo Cornelio era una persona desaliñada, pero ahora y desde que tiene novia parece otro, siempre se le ve que va elegante y bien vestido, ha cambiado muchísimo y quizá puede que también hasta demasiado.

FAROLA, FAROLBAT. Fig. se dice por la persona chulesca, mentirosa, que presume de cosas que no ha hecho. **K.** Eztakitx baña akaso askenien berak be, Nikanorrek, siñistu ingodau esateitxuen gauza guztiek, gezurtero eta farolbat besteik ezta eta ustedot nahiko lan hartukouitxula tontolapiko horrek asmatzen hainbeste txorakeixa. **T.** No sé pero puede que al final hasta también él, Nicanor, se crea todas las cosas que dice, no es más que es un farol y un mentiroso y yo creo que ya tendrá bastante trabajo ese majadero para idear tantas estupideces.

FARRA. Juerga, parranda. **K.** Aste guztien lanien eta kostata baña askenien be allegauda eguakotxa, eta nola ez, gogo galanta dauket farra dexentebat itxeko lagunekiñ, gero eongonaz eurokiñ ta aber ze asmokiñ ikusteitxuten, nere iruitzez hoba eziñekiñ. **T.** Toda la semana trabajando y ha costado pero por fin ha llegado el viernes, y cómo no, tengo muchas ganas de hacer una gran juerga con los amigos, luego estaré con elllos y a ver con que ánimos les veo, supongo que inmejorable.

FARRANDUSKA. Fig. se dice por la mujer dada a estar más en la calle que en casa, siempre de un sitio para otro. **K.** Nahiko bieleku dauko Toribiok andra horrekiñ, zenbat bider gertatzejakon, berak esanda, eguerdixetan fan lanetik etxera bazkaltzeko asmuaz, emaztie kalien eta ikusi eztauela ezertxoik prestauta. **T.** Bastantes penalidades está pasandoToribio con esa mujer, cuántas veces le ha pasado, dicho por él, al mediodía ir del trabajo a casa con ña intención de comer, su mujer todavía en la calle y se ha encontrado con que no hay nada preparado.

FARRERO (A). Se dice por la persona juerguista, parrandera. **K.** Dionixio, zure mezereatik esateutzut, hasizaitez formaltzen sikera pixkat eta haldan axkarren, farrero galanta besteik ezara eta hala jarraiketanbozu egunenbaten geixotu ingozara, hainbeste lan, gero ixe egunero juerga eta ondoren lo gutxi, eztot uste larreiko komenigarrixe izengodanik. **T.** Dionisio, te lo digo por tu bien, empieza a formalizarte siquiera un poco y cuánto antes porque si continúas así algún día vas a enfermar, no eres más que un parrandero, tanto trabajar, luego casi todos los días juerga y después dormir poco no creo que sea demasiado conveniente.

FATEAZ. Ya vas. **K.** Hi Periko, galderabat, fateaz mendira?, ezetz?, ba gauza ona eta komenigarrixe dok ba hik daukanandako, eta nik ustejuat fan inbikoaukela, etxuat esaten egunero baña bai bentzet noixienbeñ, akaso aurrenekotan latz xamar ingojak baña pixkanaka fangoaz oituratzen. **T.** Oye Perico, una pregunta, ¿tú ya sueles ir al monte?, ¿que no?, pues es una cosa buena y conveniente para lo que tienes, y yo creo que deberías de ir, no digo todos los días pero por lo menos sí de vez en cuando, quizá al principio se te haga un poco duro pero poco a poco ya te irás acostumbrando.

FATEAZ. (Fatenaz), zara, zarie.

FATEKO. Que vayas, que te marches. **K.** Ba ni banoie, etxuraz ta emutendauen ez bukatudot gaurko lana eta fateko esauztie, hor aldamenien dauen tabernan hortan etxoiñgot zu urten harte eta alegiñdu axkar amaitzen. **T.** Pues yo ya me voy, según parece ya he debido de terminar el trabajo de hoy y me han dicho que ya me puedo marchar, te esperaré en esa taberna que está enfrente hasta que salgas y procura acabar cuanto antes.

FATIE. El hecho de ir. **K.** Bai, zuk gurebozu fangonaz, baña fatie da gauzabat eta tipo hori billatzie bestebat, eta han ezpada eoten zer inbiot, han etxoiñ ero beste egunbaten etorri? **T.** Sí, si tú quieres ya iré, pero una cosa es el ir y otra es encontrar al tipo ese, y si es que no está allá, ¿qué tengo que hacer, esperarle allá o venir otro día?

FEDEDUNA. Se dice por la persona que tiene creencias, que tiene fé. **K.** Jeronimok etxurie bentzet badauko fededun pertzonabat dala Elixa asuntotarako, baña bakarrik etxurie zeatik hortik kanpo nahiko kalamidade dan fama dauko, gañera eta entzutendan bezela oso tratu txarra emuten omendau bere familixai. **T.** Jerónimo al menos ya tiene apariencias de que es una persona de creencias en asuntos relacionados con la Iglesia, pero solo apariencias porque fuera de ésto tiene fama de que es bastante calamidad, además y según se oye que trata muy mal a su familia.

FEDIE. Fe. **K.** Derrigorrez fede haundixe euki-bierra dau siñisteko erligiñoko gauza dan horreik, ondion mutikuek gitzenien abare eta frailiek alegiñ asko itxezitxuen siñistu eraitxen, baña orduen be entzutezan beraik be zalantza haundixe haukiela gauza horrein buruz. Eta apalditxik komestatzendana, nola siñistu eraingozu ba gauzabat norberak ezpadau siñisten esatendauen hori? **T** Necesariamente hay que tener mucha fe para crerer todas esas cosas de la religión, cuando todavía éramos chavales los curas y frailes ya se esforzaban mucho en hacérnoslo creer, pero entonces también ya se oía que ellos mismos tenían grandes dudas sobre eso. Y lo que se comenta, ¿cómo vas a hacer creer algo cuando uno mismo no cree en lo que dice?

FENOMENUE. Fenómeno se dice tanto por la persona como por algún suceso. **K.** Kalixto bai dala fenomenue, oso jente gutxi dau jakiñien baña badakitzue zer iñdauen fandan astien?, Getaritxik urtenda Donostiraño fanda igerixen, bakarrik eta baezpare txalupa txikibatekiñ bere albuen dauela. **T.** Calisto si que es un fenómeno, hay muy poca gente que lo sabe pero ¿sabéis lo que ha hecho la semana pasada?, saliendo de Getaria ha ido nadando hasta San Sebastián, solo y por si acaso con una pequeña embarcación a su costado.

FERIXIE. Feria. **K**. Nere aitxa oso ganau ferixa-zalie zan, ezakixen kotxeik manejatzen baña betik billatzeauen lagun bat ero beste hara fateko. Beiñ Mirandako ganau ferixan, maiatzien izetenda, bakallauen lapikue arrapautzien kotxe barrutik eta beraz fanzana esanauen ikustekuek ziela haren asarriek eta ago-zabalkarak. **T**. Mi padre era muy aficionado a las ferias de ganado y a pesar de no saber conducir siempre encontraba a uno u otro para que le llevase. Una vez en la feria de ganado de Miranda, suele ser el mes de mayo, le robaron la cazuela de bacalao del coche y el que fué con él dijo que había que haber visto el cabreo que agarró y también oir algunas otras expresiones impronunciables.

FESTA. Fiesta. **K**. Ursulan umetxuek, Anparito ta Matilde, eta ustedot ume guztiek hala berdiñ izengodala, ze pozik jartzendien festa datorrenien, ikastola-barik eta beraintzat egun hori izetenda juerga eta jolasteko eguna. **T**. Las crías de Ursula, Amparito y Matilde, y creo que para todos los críos ese día será así, que contentas se ponen cuando llega una fiesta, sin ikastola y para ellas ese día suele ser sinónimo de juerga, juegos y diversión.

Aspaldiko esaerabat: Festa aurreratzie hobie da atzeratzie baño.

Un viejo proverbio vasco dice que es mejor que la fiesta continúe antes de que retroceda.

FIGURIÑE. Se dice por la persona que parece un figurín. **K**. Jeseus!, beituiozue nola jantzitxe doien Meliton, figuriñe dala emutendau, gañera nun lortukoitxu erropa xelebre horreik?, ba herri hontan eztot uste zeatik nik holakoik eztitxut iñungo dendako escaparatetan ikusi, gizonezkuetan bentzet. **T**. ¡Jesús!, mirarle a Melitón cómo va vestido, parece un figurín, ¿además dónde habrá podido conseguir semejante ropa?, pues no creo que en este pueblo porque yo no he visto nada igual en los escaparates de ninguna tienda, al menos en los de los hombres.

FILAN. En fila. **K**. Aber zueik neska-mutikok, gurebozue hartzie poltza hontan dazen gozokixek jarrizaitxeze filan, etorri banan banan eta ez bultzatzen ibili bata-bestiei, danondako eongoda ta. **T**. A ver vosotros chicos y chicas, si queréis coger los caramelos que hay en esta bolsa poneros en fila, venir de uno en uno y sin empujaros los unos a los otros porque habrá para todos.

FINKATU. Afincarse, establecerse. **K**. Momentuz bentzet eziozue emun lan askoik allegaukoda bere denpora ta, aurrena itxiozue sikera finkatzen pixkat zeatik hau da lelengo aldiz etorridana inguru hontara. **T**. Al menos de momento no le deís mucho trabajo que ya le llegará su tiempo, dejar que primero se establezca siquiera un poco porque es la primera vez que viene por aquí.

FIÑE. Persona o cosa fina. **K**. Nik ustedot zu larreiko fiñe zarela jetetxe hontarako, badakigu mantel eta serbilleta honeik paperezkuek diela, eta zer?, guri bentzet etxaku ezer importik eta eztot ulertzen zergaitxik zuri bai. Ba ezpasaz guztora badakitzu zer inleiketzun. **T**. Yo creo que tú eres demasiado fino para este restaurante, ya sabemos que las servilletas y el mantel son de papel, ¿y qué?, a nosotros por lo menos no nos importa en absoluto y no entiendo porqué a tí sí. Pues si no estás a gusto ya sabes lo que puedes hacer.

FIÑDU. Afinar, suavizar. **K**. Atxurrendako erosidozun kirten hau larreiko latza da eta miñ dexente itxendau eskuetan, hor txabolan eongoda zerreozer, lima ero beste holako balixodauen zerbaitx fiñdu itxeko sikera apurbat eta ekarrirezu. **T**. El mango que has comprado para la azada es demasiado áspero y hace bastante daño en las manos, en la chabola ya habrá una lima o algo parecido que valga para afinar siquiera un poco y traémela.

FIRIÑE. Se dice por una persona delgada o prenda de ropa fina. **K**. Eztakitx nola ibilileiketzun erropa ximel horreikiñ dauen hotzaz, jakiñe da tipotxue daukotzula eta erakuztie gustatzejatzula, baña halaere minigona horreaz eta beste gañien erueteitxozun jantzi firiñaz katarrue ero beste zerbaitz arrapaukozu. **T**. No sé cómo puedes andar con esa ropa tan simple con el frío que hace, ya se sabe que tienes tipito y que te gusta lucirlo, pero aún así con esa minifalda y el resto de vestimenta tan fina que llevas vas a pillar un catarro o alguna otra cosa.

FIRIUN-FIRIUN. Andar o estar de forma despreocupada. **K**. Herminiok gaur be eztauko lan haundirik, hor dabill, ikustendoten geixenetan bezela, firiun-firiun aldebatetik bestera ta gañera lasai askuen, eztakitxena da nundik ataraleikien dirue modu hortan bizitzeko. **T**. Herminio tampoco tiene hoy demasiado trabajo, anda por ahí, cómo casi siempre que le veo, despreocupadamente de un lado para otro y además bien tranquilo, lo que no sé es de dónde podrá sacar el dinero para vivir de ese modo.

FIXAU. Fiarse. **K**. Argimirokiñ inzeikie erozeiñ tratu lasai askuen, hori betik izenda fixau inleiken gizona eta oñartien eztau sekula arazorik euki iñokiñ, eta hori lan asko iñdekue dala alde guztietan. **T**. Con Argimiro podeís hacer cualquier trato tranquilamente, ese siempre ha sido una persona de fiar y hasta ahora no ha tenido ningún problema ni conflicto con nadie, y eso que ha trabajado en cantidad de sitios.

FLAKAU, FLAKATU. Adelgazar. **K**. Gizon honek, gurekiñ bazkaldu izendauenien bentzet, eta ustedot bere etxien be berdiñ izengodala, betik oso ondo jandau eta goguaz, eta halaere asko flakatzen haida, ba eztakitx geixorenbat eztauen eukiko zeatik koloriek be larreitxo zuritxen haijako. **T**. Este hombre, al menos cuando ha comido con nosotros, y supongo que también en su casa, siempre ha comido muy bien y con apetito, y sin embargo está adelgazando mucho, pues no sé sí no tendrá alguna enfermedad porque también el color cada vez se le está poniendo más pálido.

FLAKUE. Flaco. **K**. Anastasion lagunbat dauko kuadrillan betik esateutzona sigero flakue dauela, eta bere erantzuna izetenda ze meie akaso baietz baña flakotik ezertxorik ez, nahiko iñdertzu, sasoi ta osasun onakin dabillela, ero berak hori uste bentzet. Hau berak kontutakue da. **T**. Anastasio tiene un amigo de la cuadrilla que siempre le dice que está demasiado flaco, y la respuesta de él es que puede que delgado sí pero de flaco nada de nada, que está fuerte, con mucha sazón y muy buena salud, o que al menos él así lo cree. Esto está contado por él.

FLAMENKA. Fig. se dice por la mujer vistosa, alegre y elegante. **K.** Zure nobixa ze neska flamenka dan, betik alai, beno zurekiñ eztakitx, erromeixetan be bera izetenda dantzan urtetzendan aurrena, zu-barik noski, eta nik ustedot pozik eoteko bezela zarela. **T.** Que novia más maja tienes, siempre se le ve alegre, bueno contigo no sé, en las romerías también suele ser la primera que sale a bailar, sin tí claro, y yo creo que ya puedes estar contento.

FLAUTISTA. Fig. se dice por una persona relativamente graciosa pero sin demasiado fundamento. **K.** Zuk inbizaukena da ez izen hainbesteko flautista eta aurrena iñ daukotzun inbierrekuek, betik haizara txantxan batekiñ eta bestiekiñ eta etxeko lanak izteitxozu askenengo ordurako, eta hori gogoratzezarenien. **T.** Tú lo primero deberías de cumplir con lo que tienes que hacer y no ser tan gracioso, siempre andas de bromas con unos y con otros y los trabajos de casa los dejas para última hora, y eso cuando te acuerdas.

FLOJUE. Persona débil, floja. **K.** Horri eziozue eskatu, momentu hontan bentzet, iñderra bierdan lanik itxeko eta astuna baldinbada bez, gutxi dala urtendau ospitaletik eta ustedot ondion flojo antzien eongodala, laister etorrikoda onera baña bere denpora bierkodau. **T.** A ese no le pidaís, al menos en este momento, que haga trabajos duros ni los que requieran esfuerzo, hace poco que ha salido del hospital y creo que todavía estará un poco débil, pronto mejorará pero requerirá su tiempo.

FORMALA. Formal **K.** Ze mutiko txintxo ta formala daukoun, askotan gizontxobat dala emutendau, batzuetan pixkat gobaikarrixe be bada hainbeste lagundu-guran baña jeneralki oso ondo komportatzenda. **T.** Que chaval más majo y formal tenemos, muchas veces parece que es un hombrecito, quizá algunas veces peque de pelma de tanto querer ayudar pero en general se comporta muy bien.

FORMALDU. Volverse formal. **K.** Beste mutiko horri berriz komenijako formaltzie sikera pixkat, betik dabill pentzatzen nun eta nola iñ oker haundixeneitakuek, eta geixenbaten, ero askotan bentzet, lortzendau. **T.** A ese otro chaval en cambio ya le conviene formalizarse siquiera un poco, siempre está pensando dónde y cómo hacer la mayores travesuras, y la mayoría, o al menos muchas, de las veces lo consigue.

FOTOGRAFIXIE. Fotografía. **K.** Goix guztietan, ondion gaua danien, fotografixa bat ero beste atara-bierrak izeteitxut andrientzat, oitura dauko egunon bieltzeko familixai basap horren buruz fotografixa horreikiñ batera, oñ arazue da hainbeste ataraitxutela ze ia eztakitx zertzui geixau atara. **T.** Todas las mañanas, cuándo todavía está oscuro, tengo que sacar alguna que otra fotografía para mi mujer, tiene la costumbre de mandar los buenos días por el wasap ese a la familia acompañada de una foto, ahora el problema es que he sacado ya tantas que ya no se a que más le puedo sacar.

FRAIXKO. Abreviatura en euskera de Francisco. **K.** Orri honen askoz aurretik jarritxe dauket (betizu izena dauken tokixen) nola Fraixkon beserrixen dazen betizu errazako bei batzuk. **T.** Muchas más páginas anteriores a ésta (dónde está el nombre de betizu) tengo señalado que en el caserío de Francisco hay algunas vacas de la raza betizu.

FRAKA (K). Pantalón. **K.** Fraka bazuk erosi-bierrien nau baña eztotena nai, ezta burutik endrerauta be, oñ eruetendien bezelakuek, horreik apurtutakuek dienak belaunien ero beste nunbitxen zeatik larreiko itxusixek ikusteitxut. **T.** Estoy en la necesidad de comprar unos pantalones pero lo que no quiero, ni estando mal de la cabeza, son cómo los que se llevan ahora, de esos que están rotos por la rodilla o por algún otro sitio porque les veo demasiado estravagantes y feos.

FRAKA-MOTXA (K). Pantalón corto. **K.** Nola aldatzendien gauzak, garai baten bakarrik mutikuek gitzenak eruetegauen fraka-motxa eta hori izetezan, gutxigorabera hamalau urte iñartien, eta noski, zai eotegiñen noix bete urte horreik beste luziek jazteko, oñ berriz nausixek eta baitxe agurak dienak be jartzeitxue. **T.** Cómo cambian las cosas, en un tiempo solo los que éramos chavales solíamos llevar pantalón corto y esto era más o menos hasta cumplir los catorce años, y claro, solíamos estar esperando cuándo cumplirlos para poder vestir los largos, y ahora en cambio hasta los más mayores y casi ancianos también se lo ponen.

FRANKO. Mucho, abundante. **K.** Aureliok esan baldinbadau bera izengodala afaltzeko jenerue akarrikoitxuna eztauket bape zalantzaik bape gosiaz gelditxukogarenik, gauzak franko hartuta etorrikoda eta ezta motx geratuko ezerrekiñ. **T.** Si Aurelio ha dicho que el será el que se encargará de traer el género para la cena no tengo ningun temor de que vayamos a quedar con hambre, todo lo cogerá en abundancia y no se quedará corto en nada.

FRANKUE. Se dice de la persona buena, generosa, desprendida. **K.** Ramiro batzuetan larreiko frankue da, akaso oneixe ta dana denpora honeitarako eta egunenbaten arazonbat eukitxeko arrixkue hartzen haida, kalien ikusteitxun eskale guztiek jasoteitxu bere etxera erueteko. **T.** Ramiro algunas veces es demasiado generoso, quizá hasta demasiado bueno para los tiempos que estamos y algún día puede tener algún problema poque está tomando riesgos excesivos, recoge a todos los pedigueños que se encuentra en la calle para llevarlos a su casa.

FRANTZEZ-PORRUE. Espárrago. **K.** Guk oso gustora jateitxu frantzez-porru naturalak, bai zurixek dienak eta berdiñ da berdiek dienien, aurrena egosi eta gero jeneralki biñagretakiñ prestauta, eta batzuetan baitxe baionesaz be. **T.** Nosotros comemos muy a gusto los espárragos naturales cocidos, tanto sean blancos como verdes y luego generalmente preparados con una vinagreta, y a veces también con mayonesa.

Errezetabat: Frantzez-porru (esparraguek) natural zurixek egositxe. Aurrena segurantza euki ze onak eta bierdan modukuek dien erositeitxun frantzez-porru horreik, gogorrak izen-bierra daukie eta ez okertzendien bezelako ximelak. Zuritxu, tresna asko daz lan hau itxeko baña balixodau patatai ero tomatiei azalak kentzeko erabiltzendounak, kendu atze aldie, gutxigorabera hogeitk hogetamarreraño ehunekue izetenda eta jarri lapikuen irikitxen daukoun uretan, hau ugeri eta gatza ta azukre zurixe bota ondoren, bakotxetik bi ero hiru koiarakara nahikue da. Laga egosten hamabostetik hogei miñutura eta noixienbeñ beitu nola dazen, zer-ikusi haundixe dauko ze loritazuen daukien eta nola gustatzejakon bakotxai, gogortxuau, al dente esatendana, ero bigunau, eta gertu die. Gero atara eta prestatu biñagreta ero baionesakiñ, hau be hotzien ero epelien izenleike, norberan gustora eta jateko bezela daz.

Una receta: espárragos blancos naturales cocidos. Primero tener la seguridad de que los espárragos que compramos están en buen estado, tienen que estar rígidos y duros y no flexibles. Pelarlos con un pelador apropiado, hay muchos y variados tipos en el mercado pero puede valer perfectamente el pelador que utilizamos para quitar la piel a las patatas o tomates, desechar la parte trasera que es más leñosa, más o menos suele ser entre un veinte y treinta por ciento y ponerlas a cocer en el agua que tenemos hirviendo en la cazuela, que será abundante y a la que habremos añadido un par de cucharadas de sal y otro tanto de azúcar blanco. Los dejamos cociendo entre quince a veinte minutos y de vez en cuando mirar como están, depende mucho del grosor del espárrago y de cómo le gusta a cada uno, si más duros, al dente que se llama, o algo más blandos, y ya están listos. Luego sacarlos y prepararlos con una ligera vinagreta o con mayonesa, esto también pude ser en frío o templado, de la manera que guste y ya están como para comer.

FRATELA. Plato. **K.** Jai haundixek izetendienien, gabonak ero bertako jaixek bezela, nere andriek oitura dauko bi ero hiru fratel jartzie bakontxandako, nere ustez larreitxo da baña erozeñek esateutzo zerreozer, ixildu eta lagundu maixe jartzen, eta gero jasotzen noski. **T.** Cuándo son fiestas señaladas, cómo navidades o las fiestas del pueblo, mi mujer tiene la costumbre de poner dos o tres platos por comensal, para mí es un poco demasiado pero cualquiera le dice algo, callar y ayudar a poner la mesa, y luego a recoger claro.

FREGADERIE. La fregadera. **K.** Zenbat lan itxezien fregaderan aspaldiko denpora hareitan, orduen eta ezauenien labadoraik, eta akaso dutxaik bez, etxeko ontzi guztiek han garbitzezien, berdiñ erropa eta baitxe haldan moduen han bizizien bakotxak be, baña asken-fiñien dana eta danat sigero garbi eta txukun. **T.** Cuántos trabajos se hacían en los tiempos de antaño en la fregadera, entonces y cuándo no había lavadoras, y quizá ni tampoco duchas, se limpiaban todos lo cacharros de casa, la ropa igual y también cada uno de los que allí vivian como buenamente se podía, pero al fín y a la postre todo y todos bien limpios y curiosos.

FRESKERA. Se llamaba así a un lugar fresco para conservar los alimentos y eso era antes de que en la casa hubiese frigorífico. **K.** Gure etxe zarrien gogoratzenaz nola hauen esategutzen freskera apala batzukiñ sukalde ostien, han pega iñde bentanabat zan aldameneko ortura emuteauena baña hori bai, bentana hortan sare fiñbat jarritxe eulixek ez sartzeko bezela. **T.** En nuestra casa vieja me acuerdo de cómo había un sitio al que llamábamos fresquera con unas cuantas estanterías detrás de la cocina, estaba colocada al lado de una ventana que daba a la huerta de los vecinos, pero eso sí, con una una fina red puesta de forma que no entrasen las moscas.

FRESKUE. Tiempo fresco. Y antes decían que los vascos al frío le llamaban fresco. **K.** Ondion udan gara baña gaurko egueldixaz fresko antza igertzenda, nik alkondara manga motxaz urtendot kalera baña jertzie jarribanauen askoz hobeto izengozan, eta ni be hotz gutxitxuakiñ eongonitzen. **T.** Todavía estamos en verano pero con el tiempo de hoy se nota bastante fresco, yo he salido con camisa de manga corta a la calle pero si me hubiese puesto un jersei hubiese sido mucho mejor, y yo también estaría con algo menos de frío.

FRESKURA. Se dice cuando se necesita algún lugar fresco para aliviar el calor. **K.** Atzo egueldi freskue, gaur berriz bero haundixe eta jente guztie freskura billatzen haigara, nola aldatzendan denpora egun-batetik bestera eta askok esatendaue aldaketa honeik diela onenak katarruek arrapatzeko. **T.** Ayer tiempo fresco, hoy en cambio mucho calor y todos estamos buscando sitios frescos, cómo cambia el tiempo de un día para otro y muchos suelen decir que estos cambios deben de ser lo mejor para pillar los catarros.

FRIKATXA. Es un revuelto elaborado con sangre, intestino de cordero, cebolla y ajo fresco. **K.** Gure familixa guztiei betik asko gustau izenjaku frikatxa, txarrena da ia denpora larreitxo dala eztala iñun billatzen ezertxoik bierdien gauzatik frikatxa hau prestatzeko, entzundoten bezela debekaute omendau saltzie eta eztakitxena da zeatik dan hori. **T.** En nuestra familia siempre ha gustado mucho la frikatxa, lo peor es que desde hace ya mucho tiempo es imposible encontrar ninguna de las cosas necesarias para elaborar el revuelto, según tengo oído debe de estar prohibida su venta y lo que no sé es el porqué de eso.

Errezetabat: Frikatxan errebueltue. Akaso egunenbaten posible izengoda billatzie eta hala izetenbada modu hontan izengozan prestaketa. Hirubat lagunentzako sartakiñan jarri olixo asko-barik baña motxa be ez geratu, dexenteko kipulabat, freskue baldinbada hobe, eta baitxe bi berakatz ale, dana fiñ zatitxuta, piper miñ pixkat eta erdi potxauta dauenien ardixen estixek zati txikitan moztuta, buelta batzuk eta zerbaitx gerotxuau odola berdiñ iñde eta hau iñ ondoren, baña jarraixen berakatz berdie baitxe fiñ zatitxuta. Eta dan hau su bajuen iztenda hamar ero hamabost miñutu bueltak emunaz, kentzenda sobratzendan olixue eta botatzenda lau ero bost geixei nahastu-bako arrautzak, gero segi bueltatzen eta larrei inbarik atara ontzi-batera eta gertu. Gauzabat eta ez astu, hau errebueltue da eta eztauko zer-ikusirik tortillakiñ.

Una receta: Revuelto de frikatxa (fricacha). Quizá algún día se pueda encontrar los productos en venta y si fuese así esta sería la forma de prepararlo. Para unas tres personas en una sartén con aceite, sin que sea demasiado pero sin racanear, se pone una cebolla hermosa, mejor si es fresca, y también dos dientes de ajo, todo cortado fino y un poco de guindilla picante, cuando esté a medio pochar se añade el intestino del cordero cortado en pedacitos, revolviendo la mezcla se deja otro ratito y se suma la sangrecilla, también en pedazos pequeños y por último, pero a continuación, el ajo fresco cortado de la misma manera. Se deja todo junto a fuego bajo aproximadamente de diez a quince minutos revolviendo con frecuencia, se elimina el aceite sobrante y se le añade unos cuatro o cinco huevos que habremos batido ligeramente, y sin que se cuaje demasiado se saca a una fuente y listo. Importante, no olvidemos de que es un revuelto y que no tiene nada que ver con una tortilla.

FROGA. Prueba, demostración. **K.** Kartabat etorrida etxera esanaz nola zapatu hontan Zarautzko otelbaten eongodan etxeko tresnan froga, sartakiñak, lapikuek eta beste holako zerbaitzuk, gañera eta fan-ezkero, ta noski gelditxu esatendauenak entzuten, eongodala urdaiazpikuen oparibat. Beteonbatek gurebozue fatie hemen daukotzue karta hori, guk bentzet eztaukou bape asmoik. **T.** Ha llegado una carta a casa diciendo cómo este próximo sábado en en un hotel de Zarautz habrá una demostración de utensilios de cocina, sartenes, cazuelas y otras cosas similares, y además que a los que vayan, y claro se queden a escuchar lo que vayan a decir, se les obsequiará con un jamón. Si alguno querría ir aquí tiene la carta, nosotros al menos no tenemos ninguna intención.

FRONTOIE. Frontón. **K.** Garai baten fategiñen ixe zapatu arratzalde guztietan Bergarako frontoira baña oso alpalditxik ezgara han izen, Zarauzkora bai batzuetan, urtiek hartu-hala norbera erosotu itxenda eta oñ telebista bidez, etxien lasai eta berotxotan oso gustora eotenda pelota partidu horriek ikusten. **T.** En un tiempo solíamos ir casi todos los sábados a la tarde al frontón de Bergara, pero hace ya muchísimo tiempo que no hemos estado allá, en el de Zaratutz sí algunas veces, a medida que se cogen años uno se vuelve cómodo y ahora con la televisión, en casa tranquilamente y al calorcillo se ven muy a gusto esos partidos de pelota.

FROTAU. Frotar. **K.** Matilderi, Bixentan alaba, zenbat gustatzejakon txikitan, eta akaso baitxe ondion be, bixkerra frotatzie, baña iñdertzu hala arraskatzen ibilikozitzen bezela, etzan itxezan buruz-bera, frotau bitxertien geldik geratzezan ezer mobitxu-barik eta katutxue zan etxurie hauken ataratzezitxuen urrumakiñ. **T.** A Matilde, la hija de Bicenta, cuánto le gustaba de pequeña, y quizá también todavía, que le frotasen la espalda, pero fuerte así cómo si la estuvieses rascando, se tumbaba boca abajo, mientras le frotabas estaba quieta sin moverse en absoluto y parecía un gatito con los ronroneos que hacía.

FRUTEIXIE. Frutería, tienda o comercio dónde se vende fruta. **K.** Lenauko denda bakotxak bere gauza propixuek bakarrik saltzezitxuen, esan-baterako karnizeixak okelie, peskaixak arraiña eta fruteixak fruta, patatak ero beste holako zerbaitzuk, eta oñ berriz erozeiñ toki dan horreitan akaso saltzen ibilikodie jarridoun ixe gauza guztiek batera. **T.** En las tiendas que había antes en cada una de ellas solo se vendían las cosas específicas que correspondían, por ejemplo en las carnicerías carne, en las pescaderías pescado y en las fruterías fruta, patatas y alguna otra cosa similar, ahora en cambio en cualquiera de estos sitios puede que estén vendiendo a la vez casi todo lo que hemos puesto.

FUBOLA. Fútbol. **K.** Ustedot fubol honekiñ eotendiela haundixenetaiko zoramenak, larreitxo jente gara ekipo baten ero bestien zaliek eta hau bakarrik izetenbazan ba bale, baña zenbat asarre ta burruka eotendien horren kontura, askotan emutendau eztaukoula burue bere tokixen. **T.** Creo que con ésto del fútbol se suele cometer algunas de las mayores locuras, estamos demasiada gente que somos aficionados o partidarios de un equipo u otro y si solo fuera ésto pues vale, pero cuantos enfados, riñas y peleas hay a cuenta del dichoso fútbol, muchas veces da la impresión de que no tenemos la cabeza donde corresponde.

FUERAKA. Es un juego se pelota que se llama a fuerakas, que quiere decir a salir, generalmente era a mano y que consistía, y creo que todavía consiste , en jugar en grupo, todos contra todos y aquel que perdía el tanto quedaba, o queda, eliminado. **K.** Lenau, mutikotan, asko jolastezan fueraka zeatik orduen frontoi bakarra hauen, asko giñen pelotan itxeko eta ezan geratzen beste erremeixoik. Txarrak atzien jartzegiñen denpora geitxuau eoteko barruen eta onak aurrien, eta honeik sekulalo gustora han geotzen bestiei kalera bieltzen. **T.** Antes, de chavales, solíamos jugar mucho a pelota a fueracas, la razón principal era que entonces solo había un frontón, éramos muchos para jugar y no quedaba otro remedio. Los malos nos colocábamos atrás para estar un poco más tiempo dentro y los buenos delante, éstos muy a gusto eliminando y mandando fuera a los demás que allá estábamos.

FUMAU. Fumar. **K.** Mutikotan nahiko alegiñ itxegauen fumatzen ikesteko, orduen iñok arrastuik be ezaukoun hori txarra izengozanik eta nola guk baño haundixauek fumatzen ibiltxezien, ba guk be horixe naigauen. Hasigiñen arto-bizarrak ondo txikitu, periodikon paperan batu eta ha erretzen, ta eztakitxena da nola esgiñen itxo hainbeste estulka, baña gero, denporiaz eta proba asko iñ ondoren dexente mejoraugitzen. **T.** De chavales ya hacíamos los posibles para aprender a fumar, antes no teníamos ni idea ni nadie sabía que eso pudiera ser malo y cómo los mayores fumaban, pues nosotros también queríamos hacer lo mismo. Empezamos machacando bien las barbas de las mazorcas del maiz, envolverlas en papel de periódico y fumar aquello, lo que no sé es cómo no nos ahogamos de tanto toser, pero luego y con el tiempo e insistiendo mucho ya mejoramos bastante.

FUNDAMENTOSKUE. Persona o cosa con o de fundamento. **K.** Gaurko bazkaixe bai izendala fundamentoskue, atzo larreiko lanpetuta ibiligiñen eta tortilla mixerablebat besteik eziñ izengauen jan baña gaur oso ondo emunduzkue bazkaltzen. Aurrena arraiñ sopa eta ondoren dexenteko txuleta piper eta patatarriekiñ, gero gaztaie eta bukatzeko kafetxobat. **T.** Hoy sí que la comida ha sido de fundamento, ayer anduvimos demasiado atareados y no pudimos comer más que una miserable tortilla pero hoy nos han dado muy bien de comer. De primero una sopa de pescado y luego una buena chuleta con pimientos y patatas fritas, de postre queso y para terminar un cafecito.

FUNDAMENTUAZ. Con fundamento, con cabeza. **K.** Kostata baña askenien be etorrida pertzonabat nahiko fundamentuaz, ba ordue zan eta horri ezanbikutzou bukatzeko beste horrek bertanbera lagaitxun lan horreik, errexak die eta nik ustedot axkar ingoitxula. **T.** Ha costado pero al fín ya ha aparecido una persona con bastante fundamento, pues ya era hora y a ese le tendremos que dedir que termine los trabajos que el otro ha dejado abandonados, so fáciles y yo creo que los hará rápido.

FUNDAMENTUE. Fundamento. **K.** Ganoreik eztauenien hortik eziñda atara ezerko fundamentoik eta mutil horri horixe bera gertatzejako, onena da pakien iztie, iñdeixela haldauena eta halaere ezta asko izengo, baña beno, nola momentu hontan eztauen besteik eta bi egun bakarrik gelditzejakon lanien, ba hala bierkodau. **T.** De dónde no hay fuste alguno no se puede sacar nada de fundamento y a ese chico eso mismo eslo que le pasa, lo mejor es dejarle en paz, que haga lo que pueda y aún así será más bien poco, pero bueno, como en este momento no hay más y solo le quedan dos días más de trabajo, pues así tendrá que ser.

FUNDIZIÑUE. Fundición. **K.** Lenau Atxabaltan, Arrasaten eta beste hainbat inguruko lekutan, fundiziño dexente eozen eta oñ apenas geratzenda bat bakarra, honein lengo lan guztiek enpresa haundi horreik itxeitxue eta txikixendako ezta tokirik gelditxu, orduen eta horreatik danak ero geixenak eztaue beste erremeixoik euki iztie baño. **T.** Antes en Aretxabaleta, Mondragón y en tantos otros sitios de los alrededores, había bastantes fundiciones y ahora apenas queda una sola, todos los trabajos que éstos antes hacían los hacen las grandes empresas y no ha quedado sitio para las pequeñas, entonces y debido a eso todas o la mayoría no han tenido otro remedio que cerrar.

FURRUNDA. Enfado. **K.** Karlotak emutendau furrunda haundixekiñ dauela, larreitxo estututa daukela espanak ikustejako eta auskalo ze motibu ero zeñekiñ asarretukozan, baña ustedot zerbaitx potoluatik izengozala zeatik normalki andra hori betik izenda nahiko lasaia. **T.** Carlota parece que está muy enfadada, se le ve que tiene los labios demasiado apretados y vete a saber porqué motivo o con quién se habrá enfadado, pero yo creo que ha tenido que ser por algo gordo porque normalmente esta mujer siempre ha sido bastante tranquila.

FURRUSTARA. Respuesta malhumorada, protesta, refunfuño. **K.** Akilino be nahiko asarre dau ba, galdera bakarra besteik eztutzat iñ, normala nere iruitzez, eta furrustara ederra botadust, baezpare hobeto izengot denpora pixkatien ez inguratzie berana eta aber bixenbitxertien lasaitzendan sikera pixkat **T.** Aquilino también está bastante enfadado pues, no le he hecho más que una pregunta, a mi parecer normal, y vaya respuesta malhumorada que me ha dado, por si acaso será mejor que en un poco de tiempo ni siquiera me acerque donde él y a ver si mientras tanto se le pasa siquiera un poco el enfado.

FUTAFA. Es una palabra que se utiliza para decir que se está haciendo algo sin prácticamente parar. **K.** Ume hori benetako eroskorra da, hor haida aspalditxuen hondartzan ataratzen areie, zulau eta gero uraz betetzeko, etortzenda olatue ta berriz tapatzeutzo baña bera hor jarraitzendau beriekiñ, futafa berriz zulotzen. **T.** Ese crío si que es de verdad terco, hace ya bastante tiempo que está en la playa sacando arena, hacer un agujero para después llenarlo de agua, viene una ola y se lo vuelve a tapar pero él ahí continúa con lo suyo, agujereando sin parar.

G

GOSIE GAUZA ONA IZETENDA ZER JAN EUKI-EZKERO.
EL HAMBRE SUELE SER COSA BUENA SI SE TIENE QUE COMER.

GABA, GAUA. Noche. **K.** Ze axkar ta luze itxendan gaua neguen ordu aldaketa horrekiñ, arratzaldeko bosterdirak aldien herri ta argiz kanpo baldinbazaz ixe ezer ezta ikusten eta baezpare hobe da linterna txikibat gañien eruetie. Oñ, hau be ezta betiko izeten zeatik denporie pasa-hala berriz hastenda eguna luzatzen, eta batera noski, gaua mozten. **T.** Que pronto y larga se hace de noche en invierno con eso del cambio de hora, hacia las cinco y media de la tarde si estás fuera del pueblo y de la iluminación casi no se ve y por si acaso es mejor llevar una linterna encima. Ahora que tampoco ésto suele ser para siempre porque a medida que pasa el tiempo otra vez empieza a alargar el día, y claro está, a la vez acortar la noche.

GABANA. Gabán. Prenda de abrigo parecido al chaquetón, algo más largo. **K.** Gabana, aparte norberan berotazuna gordetzeko bebai izetenda dotore antzien jantzitxe ibiltxeko, garai-baten jantzi hau asko ikustezan eta oñ berriz apenas, ba ustedot garbi dauela denpora hartakuek dotoriauek gitzela oinguek baño. **T.** El gabán, aparte de servir para conservar el calor de uno también es una prenda para lucir e ir vestido más elegante, en un tiempo el gabán éste se veía bastante pero ahora en cambio apenas, pues yo creo que está claro que los de entonces éramos más elegantes que los de ahora.

GABARDIÑIE. Gabardina. **K.** Garai baten eta egun euritzue asaltzezanien jente guztiek, ero geixenak bentzet, gabardiña jartzeauen kalera urtetzeko, eta oñ berriz nik esangonauke hau dala gauzabat eztana ezertxoik ikusten, eruetendien gauzak die berri eta moderno beste horreik, goretes eta holako jantzi tipokuek. **T.** En un tiempo y cuándo aparecía un día lluvioso toda la gente, o la mayoría al menos, se ponía la gabardina para salir a la calle, y ahora en cambio es una cosa que yo diría que apenas se ve, lo que se lleva son esas otras prendas nuevas y modernas, goretex y de tipo parecido.

GABE. A falta de algo. **K.** Avelino hau badator berriz eta apostaukonaute zerbaitxen bierrien dauela, segurazki bukatu inditxu untzak eta horreiñ gabe eongoda, ba hala-bada askenengo aldiz izengoda zeatik itxinutzen aurrenak ondion eztau bueltau. **T.** Este Avelino ya viene otra vez y apostaría que está necesitado de algo, seguramente se le habrán terminado los clavos y estará a falta de ellos, pues si es así será la última vez porque todavía no me ha devuelto los que le dejé la vez anterior.

Aspaldiko esaerabat: Eztau ogirik aurretik lan iñ gaberik.

Un viejo proverbio en euskera dice que no hay pan sin antes trabajar.

GABEZ, GAUEZ. De noche. **K.** Gauza asko izetendie gauez itxendienak, afaldu, juerga, dantzatzera fan festako salara, batzuetan beste hori, baitxe lo be eta akaso lapurretan ibiltxeko be eztie ordu bape txarrak izengo. Aspaldi esatezan, ustedot txantxan izengozala, ze hango herri hartan goixetik ikusi eta gauez eraman itxezala. **T.** Hay muchas cosas que se hacen de noche, cenar, la juerga, ir a bailar a una sala de fiestas, a veces eso otro, también dormir y a lo mejor tampoco son malas horas para andar robando. Hace mucho que se decía, supongo que sería en broma, que en aquel pueblo se miraba de día y llevaba por la noche.

GABITZ. Andamos. **K.** Ondion pixkat geldiketanda bukatzeko baña hortan gabitz eta ez euki hainbeste prixaik, hau itxeko bere denpora bierdau eta askoz hobeto da naiz eta berandutxuau amaitu ondo geratzie. **T.** Todavía queda un poco para acabar pero andamos en ello y no tengas tanta prisa, ésto necesita su tiempo y es mucho mejor tardar un poco más para terminar y que quede bien.

GABITZEN. Ya andábamos. **K.** Batzun-batzuk laguntzen etorri-bierra daukie zeatik danakiñ eziñdou, aurrena han handikaldien gabitzen, gero esauzkue hona etortzeko eta badakitx bestaldien be gure bierra dauela. Ba askenien gertatzenda tximiñuek bezela haigarela aldebatetik bestera eta eztoula hastendoun ezer bukatzen. **T.** Tendrán que venir algunos a ayudarnos porque no podemos con todo, primero andábamos allá, luego nos han dicho que vengamos aquí y ya sé que también en la otra parte necesitan de nosotros. Pues al final resulta que andamos igual que los monos de un sitio para otro y que no se termina nada de lo que empezamos.

GABON. Es palabra que se utiliza para saludar, despedirse y desear buenas noches.

GABONAK. Navidades. **K.** Pertzona askoi etxatie bape gustatzen gabonak baña neri bai eta pìllabat gañera, giro oso ona izetenda kalietan, jentie oporretan dau eta gaztiek, umiek eta ikusteitxozun geixenak pozik eta alai eotendie. **T.** A muchas personas no les gustan nada las navidades pero a mí sí y mucho además, suele haber un ambiente muy bueno en las calles, la gente está de vacaciones y a los jóvenes, críos y a casi todos los que se les ve están contentos y felices.

GABONKANTAK, GABON-KANTAK. Canciones de navidad. **T.** Pasadien bi ero hiru urte honeitan eztie gabonkantaik haitzen Zarauzko kalietan, etxuraz eta entzunde dauketen bezela, bere garaian dexente jente kejauzien zaratiatik eta Udaletxiek kentzie erabakiauen. Egixe esanda larreikue zan, egun guztien izetezan eman da eman. **T.** Desde hace dos o tres años que no se oyen canciones de navidad por las calles de Zarautz, parece ser y según tengo oído, que en su día bastante gente se debió de quejar por el ruido y el Ayuntamiento decidió eliminarlo. La verdad es que era demasiado, todo el día era dale que dale.

GABONKANTAK, GABON-KANTAK. Fig. es una palabra que se utiliza para decir que una persona está diciendo muchas tonterías. **K.** Beno, onazkero nahikue da, ez? eta ezaitez etorri berriz nereana gabonkanta horreikiñ, len be garbi esautzuk eztutzutela emungo bestiei baño paga geixaurik, konpondu daukotzunakiñ da kitxo. **T.** Bueno, por ahora ya es suficiente, ¿no? y no me vengas con las mismas tonterías, antes también ya te he dicho bien claro que no te voy a dar más paga que a los demás, arréglate con lo que tienes y vale ya.

GABONZARRA. Nochevieja. **K.** Poloniok komestatzendau ze euron betiko oitura gabonzar egunerako etxien afaltzie famili hartien izetendala, andra-gizonak eta bi semiek, oñ bi urterarte etortezala Segovian bizidan kuñata bere semiekiñ baña oñ etxuraz nagitxu iñdie, esatendaue eta akaso errazoiaz, berandu itxendala bueltatzeko eta girue be eztala askotan izeten bierdan bezelakue. **T.** Polonio suele comentar que para el día de nochevieja la costumbre de ellos siempre es la de cenar en familia, el matrimonio con los dos hijos, que hasta hace dos años solía venir la cuñada que vive en Segovia con su hijo pero ahora parece que se han vuelto un poco vagos, dicen y quizá con razón, que se hace muy tarde para volver y que no siempre el tiempo es el adecuado.

GAIA, GAITAZUNA. Apto, capaz. Aptitud, capacidad. **K.** Ustedot zorionez garela zeatik etorridien langille berri horreik emutendaue nahiko gaiak diela, halako etxurie daukie bentzet, ba aber egixe dan eta axkartzendoun zertxobaitx lan honeik. **T.** Creo que estamos de suerte porque los nuevos trabajadores que han venido parece que son bastante aptos, al menos esa es la impresión que dan, pues a ver si es verdad y le damos un acelerón a estos trabajos.

GAIGAÑIEN, GAI-GAÑIEN. En lo más alto. **K.** Hau da umie, betik arrixkuen ibilbierra dauko eta oñ be hor dabill makiña horren gaigañien, egunenbaten gertaukojako nunbaitxetik jusikodala era aberixabat iñ. **T.** Cómo es ese crío, siempre tiene que andar en peligros y ahora también está en lo más alto de esa máquina, algún día le va a pasar que se caerá de algún sitio y se hará una avería.

GAINDU. Sobrepasar, superar. **K.** Etxurie dauko ze txarrena bentzet gaindu iñdauela, nahiko larri eruen izenauen ospitalera kotxe istripu pasa ondoren eta orduen ezauen asko emuten bereatik, baña zorionez etxura guztie dauko aurrera urtengodauela. **T.** Parece que por lo menos ya ha superado lo peor, después del accidente de coche le llevaron en bastantes malas condiciones al hospital y no daban mucho por él, pero por suerte parece que tiene toda la pinta de que ya saldrá adelante.

GAIÑ, GAÑA. La cima. **K.** Benga mutillak eta animau zeatik onazkero ezta asko gelditzen ta, mendi gaña hortxe bertan ikustenda eta allegau besteik ez badakitzue zer daukoun errekuparatzeko, hamarretako onbat, noski ardau-botiaz lagunduta. **T.** Venga chicos y ánimo porque que ya no queda mucho, la cima del monte se ve ahí mismo y en cuánto lleguemos arriba ya sabeís que es lo que tenemos para recuperarnos, un buen almuerzo, claro está que acompañado con la bota de vino.

GAITZA. Enfermedad. **K.** Zenbat geixo ta hildako izetendien minbizi gaitz txarri horrekiñ, esatendaue ehuneko asko sendatzendiela baña halaere eztaue sekula lortzen zerbaitx ataratzie, bakuna ero beste gauzaik ez hartzeko gaitz hori. **T.** Cuántos enfermos y muertos suele haber a cuenta de ese demonio de cáncer, dicen que se cura un porcentaje muy alto de enfermos pero aún así nunca consiguen sacar algo, vacuna o alguna otra cosa para no contraer la enfermedad.

Aspaldiko esaerabat: Bataren gaitza, baleike izen bestien ontasuna.

Un viejo proverbio vasco dice que el mal de uno puede ser el bien para el otro.

GAIURRA, GALLURRE. Cima, cumbre, cumbrera, caballete del tejado. **K.** Ixe bukatudou baserriko erretellie eta oñ bakarrik gelditzenda gaiurraz errematatzie, eta honi be, egueldixek bape laguntzenbadau bentzet, bixer emungutzou akaberie. **T.** Casi hemos terminado el retejo del caserío y ahora solo nos falta rematar con el caballete de la cumbrera, y también ésto, si al menos nos acompaña el tiempo, mañana lo dejaremos finalizado.

GAIZKI. Personas o cosas que están en mal estado. **K.** Iñdozun lan hori eztau gaziki baña erru galanta eukidozu zeatik ezan hemen inbierrekue, bestaldien zan eta on eztakltx, baezpare galdetukot baña ixo ziur puskatu-hierra izengodala. Eta eziñdotena ulertu da nola eztozun kasu itxen esandakuei. **T.** Eso que has hecho no está mal, pero has cometido un gran error porque no lo tenías que haberlo hecho aquí, era en la otra parte y ahora no sé, por si acaso lo preguntaré pero casi seguro que habrá que romperlo. Y lo que no entiendo es cómo no haces caso a lo que se te dice.

Aspaldiko esaerabat: Gaizki esana parkatu eta ondo esana goguen hartu.

Un viejo refrán en euskera dice que se perdone lo mal dicho y se tenga en cuenta lo que bien se ha dicho.

GAIKIASITXE, GAIZKI-HASITXE. Malnacido. **K.** Eztau bape ondo esanda dau baña horreatik bai esanleikela gaizkiasitxeko umie dala, bere ama alde iñdake bera jaixo-barri besteik ez, aitxa berriz lapurre ta moxkor ustelbat eta mutill hori, oñ bertan bezela, denpora geixau eotenda kartzelan kalien baño. **T.** No está bien dicho pero de ese si que se puede decir que es un malnacido, su madre se escapó nada más que nació, su padre no es más que un ladrón y un borracho y el chico, cómo en este momento, está más tiempo en la cárcel que en la calle.

GAIZKI-ESANA. Mal dicho, decir palabrotas. **K**. Gaizki-esan batzuk eukitxut Ataulfokiñ baña momentuko berotazunatik izenda, badakitx zertxobaitx asarre geratudala baña gero fangonaz konpontzera parkamena eskatuaz. **T.** Con Ataulfo he tenido unas cuántas palabras que han estado mal dichas pero han sido debidas al calentón del momento, ya sé que se ha quedado un poco enfadado pero luego ya iré a arreglarlo pidiéndole perdón.

GAIZKIÑDE, GAIZKI-IÑDEKUE. Mal hecho. **K**. Bai, hori esauztie baña gero ni be konturanaz gaizkiñdekue zala, halaere gauzabat, nik hala ikusi eta ustenauen modu hontan iñde ondo eongozala, baña gero zoritxarrez gertauda ezala horrela eta bestera zala. Onazkero berandu da baña bixer aurreneko orduen hasikonaz konpontzen. **T.** Sí, eso me han dicho pero luego yo también me he dado cuenta de que estaba mal hecho, ahora que una cosa, yo así lo había visto y pensaba que haciéndolo de ese modo estaría bien, pero luego por desgracia ha resultado que no era así y era de la otra manera. Ahora ya es tarde pero mañana a primera hora ya empezaré a arreglarlo.

GAIZKI HARTU. Tomarlo a mal. **K**. Nik asmo onakiñ esautzet baña Demetriok, eztakitx zergaitxik, etxuraz gaizki hartu eta sigero asarretuda, atiei zartara haundibat emuntzo eta alde iñdau, ba bueltakoda gurebadau zeatik ni eztauket bape asmoik bere billa fateko. **T.** Yo se lo he dicho con buena intención pero Demetrio, no se porqué, parece que se lo ha tomado a mal y se ha enfadado muchísimo, a dado un golpe grande a la puerta y se ha marchado, pues ya volverá si quiere porque yo no ninguna idea de ir a buscarle.

GAIZKIXAU. Estar o ser peor. **K**. Federiko lenautik nakiko gaizki hauen baña oñtxe bertan esauztie gaizkixau jarri omendala, eta etxuraz anbulantziai deitzeko asmue daukie ospitalera erueteko. **T.** Federico de antes estaba bastante mal pero ahora mismo me han dicho que se ha puesto peor, y parece que tienen la intención de llamar a la ambulancia para llevarle al hospital.

GAIZKI ZARA. Estás mal. **K**. Estulka haizara, hotzikarak be badaukotzu eta horrek guredau esan ezarela bape ondo, lagaizu lanai bertanbera, jasokotzue erramintak eta alde axkar, momentu hontan gaizki zara eta txarrau jarri aurretik fanzaitxez medikura. **T.** Estás tosiendo, también tienes escalofríos y eso quiere decir que no estás nada bien, deja el trabajo tal cual está, ya te recográn la herramienta y márchate cuánto antes, en este momento estás mal y antes de que te pongas peor vete al médico.

GALANTA. Se dice por la persona o cosa de tamaño grande, enorme. **K**. Galanta iñdozu, pakete hori etxe hortara eruen inbierrien beste etxera eruendozu, eztotena ulertzen da nola eztien konturatu ezala eurondako, eta oñ txarrena da ze atzaldien alde iñauela aste osorako. Ba eztakitx nola ingoun konpontzeko hau zeatik beste hareik zai eongodie pakete horri. **T.** Vaya cosa más enorme has hecho, en lugar de llevar ese paquete a esa casa lo has llevado a la otra, lo que no entiendo es cómo no se han dado cuenta de que no era para ellos, y ahora lo peor es que a la tarde se han marchado para una semana entera. Pues no sé cómo vamos a hacer para solucionar esto porque aquellos otros estarán esperando al paquete.

GALATZA. Nata. **T**. Lenguen aldien oingo esniek eztaukie ezer galatzik eta gurezkero pastelbat itxie potekue erosi inbierra daukotzu, oñ, nik eztakitxena da nola ero zerekiñ iñde eongodan, ba auskalo, baña erozein modutan apostakonauke zerbaitzun sobrakiñ izengodala. **T.** A diferencia de las de antes las leches de ahora no tienen nada de nata y si quieres hacer algún pastel la tienes que comprar de bote, ahora, lo que no sé es cómo o con qué estará hecha, pues vete tú a saber, pero de cualquier manera ya apostaría que será con las sobras de algunas cosas.

GALAZI. Prohibir, impedir, vetar. **K**. Zenbat jente ibiltxendan ehizien tenporada kanpoz, eta gañera ondo jakiñien eonda galazita dauela. Nere ustez horreik eztie ehistarixek baizik majadero galantak besteik ez etxakiena ezer inportik. **T.** Cuánta gente suele andar cazando fuera de temporada, y además ya pesar de saber muy bien que está prohibido. Yo creo que esos no son cazadores sino que unos auténticos majaderos a los que nada les importa.

GALBAIE. Criba, tamiz. **K**. Beñ Asturias aldien egizkizunbat ikusten eongiñen eta zan nola billatzezan urrie erreketan, hartzendaue ur azpiko harri ta zirrimarrak eta honeik pasatzeitxue galbai fiñetik, berez eta urrie eon-ezkero, galbaiek daukon txirrikito hortatik jausi-bierra hauken eta bestie bertan gelditxu. **T.** Una vimos una demostración en una zona de Asturias sobre cómo buscan oro en los ríos, cogen el material que está en el fondo y lo colocan en una criba fina, lo menean y en principio si habría oro éste debería de caer por los agujeros que tiene y las piedrecitas quedarse allí mismo.

GALBANA. Vaguedad, pesadez, falta de ganas o de ánimo. **K**. Bero haundixekiñ ze galbana sartzendan, kentzejatzu lanerako goguek eta beste erozeiñ gauza itxeko, eta hal izen-ezkero etzanda eotie izengozan onena, baña nola hau eztan posible izeten ba jarraitxu inbierra dau itxen haizarenakiñ. **T.** Que vaguedad entra cuando hace mucho calor, se te quitan las ganas de trabajar y de hacer cualquier otra cosa, y si fuera posible lo mejor sería estar tumbado, pero cómo eso no puede ser pues hay que continuar con lo que estás haciendo.

GALDA. Calor sofocante. **K**. Ba len esandouna galbanan buruz, gaur eta galda honekiñ egun egokixe da igertzeko goixen jarridoun gauzak, gañera eta txarrena daukou euskitxen haigarela lanien, iñungo keixpe-barik eta ezkerrak nahiko sarri ekartzendauela ur freskue. **T.** Pues lo que hemos dicho antes sobre la vaguedad, pues hoy y con éste calor sofocante es el día adecuado para sentir los síntomas que hemos indicado arriba, además y lo peor que tenemos es que estamos trabajando al sol y sin sombra alguna, menos mal que con frecuencia nos traen agua fresca.

GALDA. Fundición.
(Ver la definición de fundiziñue).

GALDERA. Pregunta. **K.** Ezgara larreiko lagunek baña gertatzenda aspalditxuen gurekiñ alkartzendala, eta oñ kustiñue da deitxu inbikutzetela eta galdera iñ aber guredauen etortzie gurekiñ Iruñara, baleike konpromison jartzie baña beztela eztakitx nola inleiken. **T.** No somos demasiado amigos pero pasa que últimamente se junta con nosotros, y ahora la cuestión es que tendré que llamarle y preguntar a ver si quiere venir con nosotros a Pamplona, a lo mejor le pongo en un compromiso pero no encuentro otra forma de hacerlo.

GALDETU. Preguntar. **K.** Zu xelebre xamarra zara, hor haizara denpora dexentien kalez kale tontue bezela eziñ billauka bulego hori, eta ezalda askoz errexaue bateonbati galdetu itxie?, badakitx naio izetendozula zure kontura lortzie gauza horreik baña halaere… **T.** Tú eres un poco raro, ahí andas desde hace bastante tiempo como un tonto y de calle en calle buscando la oficina esa, ¿y no es mucho más sencillo preguntar a alguien?, ya sé que sueles preferir conseguir esas cosas por tu cuenta, pero aún así…

GALDU. Perder, dejar olvidado. **K.** Zuri ezinjatzu ezertxoik itxi zeatik txoribubat zara, eztakitx zenbat bider galduditxozun etxeko giltzak, kartera be birritxen izenda eta gordetzeko itxidotzuten beste hau be, derrigorrez galdu inbierra zaukotzun? **T.** A tí no se te puede dejar nada porque eres un despistado, no sé cuantas veces has perdido las llaves de casa, la cartera tambien un par de ellas, y ésto otro que te he dejado para que me lo guardes, ¿también lo tenías que perder necesariamente?

GALDU. (Galdudok), don, dot, dozu, dozue.

GALDUNAUEN. Ya lo perdí. **K.** Eztakitx nun ero nola baña atzo txapela galdunauen, beno, galdu ero nunbaitxen astuta laga, beitu inbikot malekoi inguruen eta baezpare galdetu kafie hartunauen tabernan, eta aber kasualitatez han dauen. **T.** No se dónde ni cómo pero ayer perdí la boina, bueno, perder o dejarla olvidada en algún sitio, tendré que mirar por el malecón y por si acaso preguntar en el bar que tomé el café, y a ver si por casualidad está allá.

GALDUTA. Perdido. **K.** Egun osue doiezu horren billa baña nik ustedot onazkero eztala asalduko zeatik hori betiko galduta eongoda, beno, galdu inbozu bentzet zeatik beste gauzabat be izenleike lapurtu iñdotzuela, erozeiñ modutan gauza bat ero bestie izen ia eztaukotzu zer-iñik. **T.** Llevas todo el día buscándolo pero yo creo que ya no lo vas a encontrar porque eso está perdido para siempre, bueno, si por lo menos es que lo has perdido porque otra cosa es que te lo hayan podido robar, de cualquier modo y tanto sea por una cosa como otra ya no tienes nada que hacer.

GALGA. Galga. Aparato, instrumento manual que se utilizaba, creo que todavía que en algunos sitios se utiliza, en trabajos de nivelación. **K.** Garai baten eta ezanien beste ezer eoten, galga ibili-bierra izetezan nibelaziñoko lanetan, eta gauza ona eta egokixe zan zeatik jeneralki nahiko ondo urtetezien nibelazio horreik. **T.** En un tiempo y cuándo no había ninguna otra cosa se utilizaba la galga para los trabajos de nivelación, y era bueno y efectivo porque generalmente solían salían bastante bien esas cosas.

GALEPERRA. Codorniz. **K.** Guk eztaukou aukera haundirik ehizien arrapatzendien galeperrak jateko bañe granjan hasitxekuek be oso gustora jateitxu, eta geixen nere andriek, ikusi inbierrekue da zenbat denpora bier izetedauen harein azurtxuek txupatzen. **T.** Nosotros no tenemos muchas oportunidades de comer codornices de caza, pero las que están criadas en granja también las comemos muy a gusto, y la que más mi mujer, es de ver cuánto tiempo necesita para chupar los huesecillos.

GALERA. Accidente, siniestro, perjuicio. **K.** Galera haundixe gertauda Alemania inguru hortan eta etxuraz, telebistak esandauen bezela, belañuen kulpa izen omenda eta momentuz eztakixe zenbat kotxe izendien bata-bestien aurka topo iñdauenak autopistan, baña ustedot asko izendiela eta baitxe hildeko batzuk be eondie. **T.** Ahí por Alemania ha ocurrido un accidente muy grande y parece, según ha dicho la televisión, que ha debido de ser a causa de la niebla y de momento no se sabe cuántos coches habrán sido los que han chocado unos contra otros en una autopista, pero creo que han sido muchos y también ha debido de haber algunos muertos.

GALERAZI. Prohibir, impedir. **K.** Galerazi iñ omendaue toki hortara sartzie, ondion eta ez hainbeste aspaldiraño betik librien pasatzegiñen baña oñ etxuraz, hori esatendaue, inguru horreitan botelloi ta droga asko ibiltxen omenda. **T.** Han debido de prohibir la entrada a ese sitio, todavía y hasta no hace mucho de siempre hemos pasado libremente por ahí pero ahora parece, eso dicen, que hay mucha droga y botellón por esa zona.

GALIPOTA. Brea. **K.** Ze gauza txarrak izetendien galipotan zikiñek eskuetatik eta erropatik eliminatzeko, eskutik kentzeko ondo igurtzu inbierra dau gasoillakiñ ero beste zerreozer antzerakue. eta erropatik ustedot olixuekiñ izetendala. **T.** Que malas son las manchas de brea para eliminarlas de las manos o la ropa, para quitarlas de las manos hay que frotarlas bien con gasoil o alguna otra cosa similar, y las de la ropa creo que con aceite.

GALTZADA, GALZADA. Calzada. **K.** Hiru urte-terdi inguru dala sekulako olatu haundixek gertauzien itxasuen, batera berdiñeko itxas-gora eta bixen iñderrakiñ sigero puzkauta geratuzan golf parien hauen lurrezko galtzada. Oñ dana barrixe dau, egurraz iñdekue, oso ondo da txukun geratuda pasiatzeko eta pozik ta gustora ikustejate jentiei pasio berri hortatik haidala. **T.** Hace unos tres años y medio acaecieron unas espectaculares olas del mar, a la vez marea alta también similar y con la fuerza de las dos juntas destrozaron por completo la calzada de tierra que transcurría parealela al campo de golf. Ahora la han repuesto haciéndola de madera y la verdad es que ha quedado muy bien, también elegante y a la gente se le ve que anda contenta y a gusto por ese nuevo paseo.

GALTZA-ERDIXEK. Medias, calcetines altos. **K.** Hemen kosta aldien galtza-erdixek esatejate baña goi aldien galtzak ero beztela esportak, beno, izen batekiñ ero bestiaz esan gauza da ze nik jartzeitxuten botak mendira fateko, betik jastendot galtza-erdi horreik eta baitxe beste parebat motxak, hala hankak, neriek bentzet, oso eroso da gustora eotendie. **T.** Cuándo me pongo las botas para ir al monte siempre llevo un par de calcetines altos y otro par de más bajos, así los piés, al menos los míos, están muy cómodos y a gusto.

GALTZAILLE. Se dice de la persona derrotada, perdedora. **K.** Nikanorretik benetan esanleike zoritxarreko pertzonabat dala, betik, ero geixenbaten, alde guztietan urtetzendau galtzaille eta eztakitx hori izetendan bera ximple xamarra dalako ero beste zerbaitxetik, baña hala da. **T.** De Nicanor sí que se puede decir que es una persona con muy mala suerte, siempre, o la mayoría de las veces, de todas partes sale perdedor y no sé si eso será porque él es un poco simplón o por alguna otra cosa, pero así es.

GALTZAIRUE. Acero. **K.** Lan hontarako eztau balixo erozeiñ untza eta derrigorrez galtzairuzkuek dienak bierkoutxu, honeik sartzeko tokixe larreiko gogorra da eta bestiekiñ hastenbagara laister okertudie. **T.** Para éste trabajo no nos vale cualquier clavo y necesariamente nos harán falta que sean de acero, el sitio donde los tenemos a clavar es demasiado duro y si empezamos con los otros enseguida se van a torcer.

GALTZAK. Calcetines. (En la zona de costa se les llama también así a los pantalones). **K.** Garai baten galtzak zuloketazienien zuzenien konpontzezien josi ero ipingibat jarritxe, oñ berriz eta zulo txikibat asaldu besteik ez zakarrera botatzendie eta nere galdera da, zeatik izengoda hori, erosokeixiatik, josten jakiñ ez ero akaso eztauelako merezi? **T.** En un tiempo cuando se agujereaban los calcetines se arreglaban cosiéndolos directamente o poniéndoles un retal, ahora en cambio y nada más que aparezca un pequeño agujero se echan a la basura y mi pregunta es, ¿porqué será eso, por comodidad, por no saber coser o porque no merezca la pena?

GALTZETIÑEK. Calcetines, medias cortas.

(Es la misma definición que galtza-erdikex, pero en corto).

GALTZONTZILLUEK. Calzoncillos. **K.** Kuleruek eztakitx baña galtzontzilluek hiru tipo desberdiñekuek bentzet badaz, motxak, luziek eta erdikuek ero erdi-luziek, nik nola eztauketen eta noski, erabili bez, ba etxat bape inportik baña halaere euki-ezkero motxat ibilikonitxun, ustedot erosuauek izengoziela. **T.** Bragas no sé pero calzoncillos los hay de tres tipos diferentes por lo menos, cortos, largos y los del medio o medio largos, yo cómo no tengo y claro, tampoco los utilizo, pues me dá lo mismo pero aún así si anduviese con ellos preferiría que fuesen cortos, yo creo que serían más cómodos.

GANAUE. Ganado en general, aunque generalmente se denomine así al vacuno. **K.** Aspalditxik baserri askotatik ganaue kentzen haide, aldebatetik gaztiek eztauelako nai lan hortan jarraitzeik, bestaldetik lanien haidielako baserritxik kanpo, eta beste errazoibat omenda, gañera inportantziko haundikue, gasto asko eta produzio gutxi emuteitxuelako. **T.** Desde hace mucho tiempo se está quitando el ganado de los caseríos, por una parte porque los jóvenes no quieren continuar con ese trabajo, por otra porque están trabajando fuera del caserío, y otra razón, además muy importante, debe de ser que tienen demasiados gastos y poca producción.

GANBARA. Camarote, desván. **K.** Txarrixe akabau ondoren eta txorixuen itxezienien gure etxe zarreko ganbaran ixegi ta sikatzen jartzeien, eta beñ ta leurtu ondoren koipe hartien sartu lurrezko barriñoien. Gure arreba nausixenak ederto hakixen nun eotezien, han inguruen ibiltxezan kuku iñaz gero eskutuen bixitabat itxeko, baña ustedot bakarrik izetezala ikusteko aber ondo eozen, berak hala esateauen bentzet. **T.** Después de que se mataba el cerdo y se hacían los chorizos, éstos se colgaban y se ponían a secar en el camarote de la casa vieja, y una vez que estaban secos se metían entre manteca en una tinaja de barro. Nuestra hermana mayor conocía muy bien la localización y solía andar en las cercanías buscando la oportunidad para hacerles una visita a escondidas, pero creo que solo era para ver si estaban bien, eso es lo que ella decía al menos.

GANBELA. Pesebre de madera. **K.** Ganbelak eztie oñ iñun ikusten, akaso baleike nunbaitxen eotie erakusketa ero akaso apaingarri bezela, ganbela honeik erretirau ondoren ormigoizkuek hasizien itxen eta ondion batzuk, harrizko batzukiñ batera, hor jarraitzendaue ikulluen, baña geixenak alperrik ganauen faltatik. **T.** Ahora ya no se ven en ningún sitio pesebres de madera, quizá puede que sí los haya en algún sitio como exposición o quizá de adorno, después de retirar este tipo de pesebres empezaron a hacerlas de hormigón y algunas de ellas, junto con otras de piedra, todavía continúan en alguna cuadra, pero la mayoría inutilmente por la falta de ganado.

GANBELUE. Fig. se dice de la persona descuidada, desgarbada, ociosa. **K.** Zure lengusue ezalda ganbelo xamarra?, askotan ikusi izendot handik eta hemendik haidala ezer inbarik, eta zergaitxik eztotzazue lantxonbat jartzen baserrixen?, hala zerreozer bentzet ingolauke eta ezta aspertuko, eta akaso baitxe irabazi be diru pixkat. **T.** ¿Tu primo no es una persona demasiado ociosa?, muchas veces le veo le veo que anda de aquí para allá sin hacer nada, ¿y porqué no le poneís un trabajillo en el caserío?, así por lo menos ya haría algo y no se aburrirá, y quizá hasta también podría ganar algo de dinerillo.

GANDORRA, GANGARRA. Cresta del gallo. **K.** Arrastuik be eztauket noiztik baña oñ emutendau gauza berezixe eta nahiko famaue dala, eta komestatzendaue larreiko karestixe be badada gandorrak jatie, gañera jatetxe oneneitakuetan jartzen omendaue. Nik eztitxut sekula iñun ikusi eta eztakitx jangonauken be, eta aurrien euki-ezkero ustedot erreparu pixkatekiñ beitukonutzela. **T.** No tengo ni idea desde cuándo pero parece ser que ahora las crestas de gallo son especiales y con bastante fama, y comentan que también son demasiado caras para comerlas, además que las deben de preparar en los mejores restaurantes, Yo no las he visto nunca y no sé siquiera si las comería, y si las tendría delante que que las miraría con un poco de reparo.

GANGA. Oportunidades, beneficio. **K.** Eskaparatien ikusteitxuten kaltzontzillo gorri horreik erosi ingoitxut, erdiprezion jarritxue eta ustedot nahiko ganga dala, eta oñ komenida aprobetxatzie zeatik akaso gero eztot beste aukeraik eukiko. **T.** Voy a comprar estos calzoncillos rojos que estoy viendo en el escaparate, las han puesto a mitad de precio y creo que es buena ocasión, y conviene aprovechar ahora porque quizá luego no tenga más oportunidades.

GANORE-BAKUE. Se dice de la persona torpe, sin fundamento, insustancial y falta de fuste. **K.** Horri eztau iñora erueteik eta eziñleixo aiñdu gauza askoik zeatik apenas daki zerbaitx itxen, hobeto esanda ixe ezer eta hau gutxi baldinbazan gañetik sigero ganore-bakue da. **T.** A ese no se puede llevar a ninguna parte y tampoco se le puede mandar gran cosa porque apenas sabe hacer algo, mejor dicho casi nada y si ésto fuera poco encima es una persona sin ningún fundamento.

Aspaldiko esaerabat: Ganore-bakuen etxien, salda atzaldien.

Un viejo proverbio vasco dice que en las casas donde no hay fundamento, las cosas siempre tarde.

GANORIE. Fundamento, habilidad. **K.** Langille berri horrek dauko ganorie, aldebatetik ikustejako oso ona dala bere lanien eta bestalditik ixe gelditxu be ezta itxen haidan lana bukatu hartien. Eta hala jarraitzenbadau Illeko jornalien zertxobaitx geixau sartubikotzou. **T.** Ese trabajador nuevo si que tiene fundamento, por una parte es muy bueno en su trabajo y por otra casi no para hasta terminar el trabajo que está haciendo. Y si continúa así tendremos que incrementarle algo en la nómina del mes.

GANOREZ. Con garbo, con iniciativa, con fundamento. **K.** Zuk esatendozu lan hori derrigorrez inbierra daukotzula, ba gutxienetik ganorez hasizaitez bentzet, ondo esauketazaut eta badakitx nola hartzeitxozun gauza horreik, oso fundamento gutxikiñ. **T.** Tú dices que tienes que hacer necesariamente ese trabajo, pues cómo mínimo empieza con un poco de garbo por lo menos, te conozco bien y ya sé de que manera coges esos trabajos, con muy poco fundamento.

GANTXARRA. Manteca de cerdo, **K.** Ba goratxuau jarridoun bezela ganbara izena dauen tokixen, gure arreba nausixenak ederto konpontzezan txorixuek manejatzeko gantxarraz eozen tokitxik, aurrena kendu gantxar hori paperakiñ eta ondoren gertu eotezan beitzen hasteko. **T.** Cómo hemos puesto un poco más arriba en el capítulo de ganbara, nuestra hermana mayor se manejaba muy bien con los chorizos que estaban entre la manteca de cerdo, primero les quitaba bien la manteca con un papel y luego ya estaba preparada para empezar a mirar.

GANTXUE. Gancho de hierro. **K.** Fandan astien Kortak, Josun txakurre, bustanakiñ bultza iñde botauzten lurrien nauken giltzak asensoreko zulora, gantxu luzebat prestau-bierra izenauen errekuperatzeko eta ezkerrak, horrekiñ nahiko laister lortu izenauen. Hau benetan gertautakue da.**T.** La semana pasada Korta, el perro de Josu, empujó con el rabo las llaves que tenía en el suelo y cayeron al agujero del ascensor, tuve que preparar un gancho largo para recuperarlas, y gracias a eso lo conseguí bastante pronto. Esto es real.

GANTZA. Manteca sólida, grasa. **K.** Naiz eta alegiñdu ezan iñola posible izen tornillo hareik askatzeik, jakiñien nauen eotezala holako esprai tipokobat baña domeka izenda dana hauen itxita, askenien ta billatu ondoren gantza, hau ugeri xamar emun tornillo bueltan, itxoiñ, eta gero ondo kostata, baña lortu izengauen. **T.** A pesar de que nos esforzamos no fue posible soltar aquellos tornillos de ninguna de las maneras, ya estaba al tanto de que había algún tipo de esprai pero siendo domingo todo estaba cerrado, al final y después de encontrar grasa la aplicamos de forma abundante a la vuelta de los tornillos, esperar, y luego aunque costó, ya lo conseguimos.

GAÑERA. Encima. Ir arriba. **K.** Gurebozu hobeto ikustie itxasue fanzaitxez terrazan dauen mai txiki haren gañera, eztaukotzu bape arrixkuik eta handik oso ondo ikusikozu, eta nai izen-ezkero argazki batzuk be atarazeiketzu. **T.** Si quieres ver mejor el mar vete a la terraza y ponte encima de la mesa pequeña, no tienes ningún riesgo y desde allá lo verás muy bien, y si te apetece también puedes sacar unas fotografías.

GAÑERA. Además. **K.** Ze gertatzenda, akaso iruitzejatzu eztotzutela emun nahikue, eta oñ gañera geixau emutie gurozu?, ba bestiek bezela daukotzu eta konponduzaitxez daukotzunakiñ, zurie betik da eskien ibiltxie eta ezara sekula konformatzen. **T.** ¿Que pasa, quizá piensas que no te he dado suficiente y ahora además pretendes que te dé más?, pues tienes igual que los otros y arréglate con lo que tienes, lo tuyo es estar siempre pidiendo y nunca te conformas.

GAÑETIK. Por arriba. **K.** Mendi biretik Igeldora fateko asmue badaukotzue hobeto izengozue zelai horreiñ gañetik fatie, betik oso arriskutzue dala esandust baserritxarrak zeatik lur-jausixek eon omendie. **T.** Si teneís la idea de ir a Igueldo por el monte es mejor que vayáis por arriba de la ladera, el casero me ha dicho que por abajo debe ser muy arriegado porque ha debido de haber algún derrumbe de tierra.

GAÑETIK. Aparte de eso que he recibido, algo más. **K.** Badakitx gutxitxo daukotzula baña lasai eon, bestiek alde iñ ondoren daukotzun horrein gañetik zertxobaitx geitxuau emungotzut eta nahikue eruengozu. **T.** Ya sé que no tienes mucho pero éstate tranquilo, después de que se marchen los demás aparte de lo que tienes ya te daré algo más y ya vas a llevar lo suficiente.

GAÑETIKUEK. Lo demás, lo que sobra. **K.** Beste iñok ezpadau nai nik eruengoitxut gañetikuek, gu asko izetegara etxien afaltzeko eta ondo etorrikojaku. **T.** Si es que no quiere nadie ya lo llevaré yo lo que sobra, nosotros en casa solemos ser muchos para cenar y nos vendrá bien.

GAÑEZ, GAÑEZKA. Rebosando. **K.** Nora haizara begire, akaso eztozu ikusten gañezka dauela ero?, ba ezizu geixau bota eta Itxizu itxurri hori, zureatik izenbazan lur guztie uraz betie eongozan. **T.** ¿Dónde estás mirando, acaso no ves que está rebosando, o qué?, pues no eches más agua y cierra ese grifo, si por tí fuese todo el suelo estaría inundado.

GAÑIEN. Arriba, encima. **K.** Tipo horrek eztakitx zer ustedauen, bestiek baño geixau dala ero zer, betik naidau gañien eotie eta gertatzenda harropuzbat besteik eztala, larreiko sarritxen kontateitxu gezurrezko haudikeixak baña alperrik zeatik iñok eztutzo kasuik itxen. **T.** Ese tipo no se que ha creído, que es más que los demás o qué, siempre quiere estar encima y resulta que solo es un presuntuoso engreído, demasiado a menudo anda contando supuestas grandezas pero en balde porque nadie le hace caso.

GAÑUNTZIEN. Después, más tarde. **K.** Oso ondo ta gustora bazkaltzen haigara, baña halaere gauzatxobat, txuleta gañuntzien badaukou zerbaitx geixau?, nik bentzet gazta pixkat jangonauke, eta zuek ez? **T.** Estamos comiendo muy bien y a gusto, pero aún así una cosita, ¿despues de la chuleta tenemos algo más?, yo por lo menos ya comería un poco de queso, ¿y vosotros no?

GARA, GARE . Somos. **K.** Zenbat izengogaren afai hontarako?, ba gure aldetik lau gara, horrein aldetik beste lau eta bestienetik bost, dan honeik hamairu urtetzendau baña ez astu eta baitxe kontau-bierra dau bakarrik datorren Teofiloi, orduen hamalau danera. **T.** ¿Que cuántos vamos a ser?, pues por nuestra parte somos cuatro, de la otra parte otros cuatro y de los de allá serán cinco, todo ésto sale trece, pero no hay que olvidarse y también hay que contar a Teófilo que viene solo, entonces en total seremos catorce.

GARA, GARIE. Tallo de las hortalizas, verduras, que se espigan en la última etapa. **K.** Ortuko letxuga horreik eztaue balixo jateko zeatik garie urtenda daukie, moztu eta astuei eruengutzet, harei eztot uste larrei inportik izengodauenik gauza honeik. **T.** Las lechugas de la huerta ya no valen para comer porque se han espigado, las voy a cortar y dárselas a lo burros, a aquellos no creo que les importe demasiado esas cosas.

GARAGARDUE. Cerveza. **K.** Aste Santutan izetenda Zarauzko garagarduen azoka, errugbi taldekuek prestatzendaue eta garagardo aparte be eotendie janari zerbaitzuk, siñistu eziñekue da zenbat jente alkartzendan toki hortan eta betik, ero geixenetan bentzet, betie eotenda. **T.** En Semana Santa suele ser la feria de la cerveza en Zarautz, la suele organizar el club de rugby y aparte de la cerveza también suele haber algunas cosas para comer, es increíble la cantidad de gente que se junta en ese sitio y siempre, o al menos la mayoría de las veces, suele estar lleno.

GARAGARILA. El mes de Julio. **K.** Jente askok hartzeitxu oporrak garagarilan, eta beste ako pozik jartzendie zeatik euroi be etxatie egun asko gelditzen hartzeko. Baña ezta astu inbier gauzak eztiela betiko izeten. **T.** Mucha gente coge la vacaciones el mes de julio, y otra mucha está contenta porque a ellos tampoco les quedan muchos días para cogerlas, pero no hay que olvidarse que las cosas no suelen ser para siempre.

GARAGARRA. Cebada. **K.** Jakiñien nau, entzunde bentzet, garagarraz zerbeza itxendala, baitxe ganauendako pentzue eta urune ogi tipoko batzundako, baña eztakitx beste ezertarako ibiltxendan. **T.** Estoy al tanto, al menos lo tengo oído, que con la cebada se hace cerveza, pienso para los animales y también harina para hacer algunos tipos de pan, pero no sé si se utiliza para algo más.

GARAIKIDE. Contenporáneo, coetáneo. **K.** Pentzatzendot Saturio eztala ni baño zarraue eta garaikidiek izengogarela, bentzet batera fangiñen soldauzkara, ha Melillara eta ni Kanariazera, gertatzenda ze dauken bizer grix ta haundi horrekiñ nausixaue emuntendauela. **T.** Pienso que Saturio no es más viejo que yo y que seremos contemporáneos, al menos fuimos a la vez a hacer la mili, él a Melilla y yo a Canarias, lo que pasa es que con esa gris y gran barba que tiene parece mayor.

GARAILE, GARAILLE. Ganador, triunfador. **K.** Korritzen eonitzen Azkoitxi ta Azpeitxiko maratoi erdixe eta egixe esanda eztakitx zeiñ izenzan garaille, beno, hori egun hortan zeatik aurrerau enteraunitzen, bakarrik dakitx, naiz da iñder exkaxakiñ, bukatunauela bentzet. **T.** Estuve corriendo la media maratón de Azkoitia y Azpeitia y la verdad es que no sé quién fue el ganador, bueno, eso fué ese día porque más adelante ya me enteré, solo sé, aunque bastante escaso de fuerzas, que al menos ya la terminé.

GARAIPENA. Resultado. **K.** Ba eztauket karrera horren garaipenik, jarridot eztakitxela zeiñ izenzan garaille baña ze tokitxen geratunitzen ni arrastuik be estauket, Josui galdetukotzet, alkarreaz ibilligiñen eta harek akaso jakingodau. **T.** Pues no tengo el resultado de esa carrera, ya he puesto que no sé quién fue el ganador pero es que ni siquiera sé en que puesto quedé yo, le preguntaré a Josu, cómo anduvimos juntos aquel a lo mejor ya lo sabrá.

GARAI, GARAIZ. A tiempo, oportunamente. **K.** Nahiko berandu agertuzara baña usedot ondion garaiz zarela, ezta asko gelditzen baña zuretako laiñ badau eta hemen dauenakiñ pentzatzendot kendukozula gosie. **T.** Aunque has aparecido bastante tarde creo que todavía estás a tiempo, ya no queda mucho pero sí lo suficiente para tí y con lo que hay aquí pienso que ya quitarás el hambre.

GARAIZKUE. Oportuno. **K.** Ze ondo etorrizarela eta gañera momentu garaizkuen, hemen daukoun lan guztiekiñ ustegauen eziñien ibilikogiñela bakarrik bukatzeko eta oñ zurekiñ ia beste gauzabat da. **T.** Que bien que has venido y además justo en el momento oportuno, con todo el trabajo que tenemos pensábamos que no lo podríamos terminar nosotros solos y ahora contigo ya es otra cosa.

GARANDU. Desgranar. **K.** Lan ederra iñdou gaur goixien, arto-buru danak jasoitxu, oñ bazkalostien ordu-erdiko burukara, gero ixegi ingoitxu eta sikatzendienien garandu inbierra eukikou. **T.** Buen trabajo hemos hecho ésta mañana, hemos recogido todas kas mazorcas de maiz, ahora después de comer una cabezadita de media hora, después las colgaremos y cuando se sequen las tendremos que desagranar.

GARATZA, GARATZEN. Es la floración de flores y plantas. **K.** Genovevak landautako lorak hasidie garatzen eta esatendau isotzik ezpaldinbadau itxen danak aurrera urtengodiela, momentuz bentzet pozik ikustejako baña halaere gero be baleike zerreozer gertau eta orduen baleike asarriek asaltzie. **T.** Las flores que ha plantó Genoveva ya han empezado a florecer y dice que si no hiela todas saldrán adelante, al menos de momento se le vé que está contenta aunque quizá también luego pueda pasar algo y entonces puede que aparezcan los enfados.

GARAUNA. Grano, fruto del cereal., **K.** Bukatudou garatzen arto-buruek eta siñistu ezinleike zenbat garaun daukien, lengosue be arritxuta geratuda esanaz sekula eztixula holakoik ikusi. **T.** Ya hemos terminado de desgranar las mazorcas y es increíble la cantidad de grano tenían, hasta el primo se ha quedado asombrado diciendo que nunca había visto una cosa semejante.

GARBANTZUEK. Garbanzos.

(Mirar la definición de barbantzuek).

GARBI. Claro, explícito. **K.** Guri garbi esan gauzak eta ez ibili kontuekiñ, erosi aurretik eta ez asarretzeko ondo jakitxie gurou gauza guztiek horrein buruz dienak, gero batzuetan eta hala ez iñezkero, gertatzenda berandu izetendala eta ia eztaukela errmeixoik. **T.** A nosotros dinos las cosas claras y no andes con cuentos, antes de comprar y para que luego no nos enfademos queremos conocer bien todos los pormenores sobre esas cosas, luego y a veces si no se hace así, pasa que suele ser tarde y ya no tiene remedio.

Aspaldiko esaerabat: Eziñdauena garbi berbaik iñ, Ixildu-bierra dauko.

Un viejo proverbio vasco dice que el que no pueda hablar claro se tiene que callar.

GARBI. Día limpio, claro, diáfano. **T.** Ze egun garbi urtendauen gaur, zeatik ezgara faten hondartzara bueltabat emuteko?, oñ beien dau itxasue eta nere ustez merezidau aprobetxatzie holako egun zoragarrixe. **T.** Que día más claro ha salido hoy, ¿porqué no vamos a dar una vuelta por la playa?, ahora la marea está baja y yo creo que merece aprovechar este día tan estupendo.

GARBITXAZUNA, GARBIXE. Limpieza. **T.** Igertzenda baserri hontako etxokandrie oso langillie dala, alde guztietan ikustenda garbitxazun haundixe dauela eta gañera eztauko beste iñor laguntzeko, gizona ta bera bakarrik bizidie eta gizonak nahikue lan dauko etxetik kanpo. **T.** Cómo se nota que la ama de casa de este caserío es una mujer muy trabajadora, se ve una gran limpieza por todos lados y además no tiene a nadie quien la ayude, ella y su marido viven solos y el marido tiene suficiente trabajo fuera de casa.

Aspaldiko esaerabat: Ezta garbixena geixen garbitzendana baizik gutxien sikintzendana.

Un viejo proverbio vasco dice que no mes más limpio el que más se lava sino el que menos se ensucia.

GARBITXU. Limpiar. **K.** Badakitzu zer esatendotzuten?, zuk zikiñdu eta zuk garbitxu inbikozula, enaz ni betik eongo zure zikiñtazunak kentzen zeatik ia aspertunaizu. Eta hemendik aurrera oñetakuek ezpoitxozu kentzen etxera sartu aurretik, kanpuen geratukozara. **T.** ¿Ya sabes lo que te digo?, que como tú los has ensuciado los tendrás que limpiar tú, no voy a andar yo siempre limpiando tus suciedades porque ya estoy cansada. Y de aquí en adelante como no te quites el calzado antes de entrar en casa, te vas a quedar fuera.

GARBITXU. Fig. se dice por el acto de eliminar o matar. **K.** Benetako pertzona txarra izenbierra dauko gizon horrek, oñartien ixilik eonda, ezer eztakixen bezela eta tontopapela itxen, baña askenien eztau euki beste erremexoik esateik baño bera izendala, eta baitxe nun dauen eskutauta garbitxu iñdauen neskan gorpue. **T.** Ese hombre a la fuerza tiene que ser una persona mala de verdad, hasta ahora ha estado callado, como que no sabe nada y haciendo en el papel de ignorante y tonto, pero al final no ha tenido más remedio que confesar que ha sido él, y también donde ha ocultado el cuerpo de la chica que ha matado.

GARBOSUE. Se dice de la persona con salero, airosa, garbosa. **K.** Gustatzejat zure lagun berri hori, oso garbosue dala emutendau, eztakitx danakiñ hala izengodan baña gurekiñ bentzet hala da. Ba ongi-etorrixe emunbikotzou. **T.** Ya me gusta ese nuevo amigo tuyo, parece una persona con mucho salero, no sé si lo será con todos pero al menos con nosotros así es. Pues habrá que darle la bienvenida.

GARDENA, GARDENTASUNA. Diáfano, claridad. **K.** Gardentazun geixau bierkou txabola hontan lanien hasteko, eztaukou argindarrik eta bentana hortatik oso argi gutxi sartzenda, ba bixer derrigorrez jeneradore txikibat ekarri-bierra eukikou. **T.** Necesitamos más de claridad en la txabola para empezar a trabajar, no tenemos corriente eléctrica y por la ventana entra muy poca luz, pues mañana necesariamente tendremos que traer un pequeño generador.

GARFIA, GARELAKO. Somos, porque somos. **K.** Eztot ulertzen zeatik kuadrilla horrek eukileikien gorroto hori guriei, esatendaue hau garela, bestie garela eta eztauke bape errazoirik, guk eztotzou ezer txuik iñ ez horrei eta ez iñori eta sekulako erruen daz gurekiñ. **T.** No entiendo porque esa cuadrilla tiene tanta manía a la nuestra, dicen que si somos ésto, que si lo otro y no tienen nada de razón, nosotros nunca les hemos hecho nada ni a esos ni a nadie y están completamente equivocados.

GARENAK. Los que somos. **K.** Aurtengo kintxo afai hontara bakarrik fanleinkegu urte berdiñien jaixotakuek garenak, oinguatik bentzet, baña halaere esandaue ze akaso hurrengotik aurrera eongodala ametitzie beste urte batzuetan jaixotakuek be. **T.** Para ir a la cena de quintos de este año solo podemos acudir los que somos nacidos en el mismo año, al menos por esta vez, aún así han dicho que quizá a partir del próximo para adelante se pemitiría que vayan también los que son nacidos otros años.

GARIE. Flor del nabo, del maiz. **K.** Landaugitxun arbixei hasijatie garie urtetzen eta Gorbeiako artzaiak esatendau nahiko giro onak ingoitxula garai hontarako, ba ustedot ze hala-bada eta ezpadau izotzik itxen eukikoula arbi ugeri beixendako, eta urte guztirako gañera. **T.** Ya ha empezado a brotar la flor del nabo que plantamos y el pastor del

Gorbea dice que va a hacer un tiempo relativamente bueno para la estación en la que estamos, pues creo que si no hiela tendremos suficiente para las vacas, y además para todo el año.

GARIJORRAN, GARI-JORRAN. Escardando el trigo. **K.** Badakitzue bixer zer daukoun itxeko eta afalostien garaiz erretirau, bero haundiko eguna datorrela esanda dau ta komenida axkar xamar hastie garrijorran. **T.** Ya sabeís lo que tenemos que hacer mañana y después de cenar hay que retirarse a tiempo, está anunciado que viene un día muy caluroso y conviene que empecemos pronto a escardar el trigo.

GARIJOTEN. Trillando el trigo. **K.** Uzta jasotza guztie bukatudou eta bixer hasikogara garijoten baña aurrena eta hasi aurretik baezpare arrankau, beitu aber garijoteko makiña ondo dauen eta gero engrasau inzue pixkat **T.** Ya hemos terminado de cosechar todo el trigo y mañana empezaremos a trillar pero primero y antes de empezar por si acaso arrancar, luego comprobar a ver si la trilladora está bien y después la engrasaís un poco.

GARITZA. Verruga. **K.** Atxabaltan, herriko sarreran dau Santutxo izena dauken bazeliza eta han, bere garaian, eta akaso baitxe oñ be, garitzak fediaz kentzezien, aurrena errezo batzuk iñaz eta ondoren, eztakitx berezixena izengozan baña bai derrigorrezkue, diru pixkat bota. Eta nik esanleiket egixe dala zeatik hala kendujakon oso pertzona esanguna dan bati. **T.** En Aretxabaleta a la entrada del pueblo hay una ermita que se llama Santucho y allí en aquellos tiempos, y quizá también ahora, se quitaban las verrugas con fé, primero haciendo unos rezos y después, no sé si era lo más importante pero si imprescindible, echar algo de dinero. Y yo puedo decir que ésto es verdad porque así se le quitaron a una persona muy conocida.

GARIXE. Trigo. **K.** Beno, ia bukatudou garijotie, oñ jasotzie besteik ezta geratzen eta ondoren, betiko bezela, ganbarara eruen eta han ondo zabalduta laga. **T.** Bueno, ya hemos terminado de trillar el trigo, ahora solo nos queda el recoger y luego, cómo siempre, llevarlo al camarote donde lo dejaremos bien extendido.

Aspaldiko esaerabat: Edur urtie, gari urtie.

Un viejo proverbio en euskera dice que año de nieve, año de trigo.

GARMIÑE. Ahumado, con gusto a humo. **K.** Nere ustez gaztai honeik oso onak die baña pentzatzendot garmiñ larreitxo daukiela, alegiñdubiou ke gutxitxuau emuten hurrenguei eta ustedot hobeto geratukodiela. **T.** Yo creo que éstos quesos están muy buenos pero que tienen demasiado gusto a humo, tenemos que procurar ahumar un poco menos a los próximos y pienso que quedarán mejor.

GARO. Rocío. **K.** Kortai, Josun txakurre, bueltabak emuteko gomazko botak derrigorrez jantzi-bierra eukitxendot, naiz da txukunezko egueldixe urten garo haundixe eotenda zelaixen eta bedarra larreiko bustixe. **T.** Para darle una vuelta a Korta, el perro de Josu, necesariamente tengo que ponerme las botas de goma, aunque haga un buen tiempo hay mucho rocío en el prado y la hierba suele estar demasiado mojada.

GARRA. Fuego, llama. **K.** Eta badakitzue zer inbierra dauen hurrengo gaztaiek garmiñ gutxitxuau hartzeko, ba ezizue euki sue larreiko garraz. **T.** Y ya sabeís lo que hay que hacer para evitar que los próximos quesos queden tan ahumados, pues no tengáis el fuego con demasiada llama.

GARRAFOIE. Garrafón. **K.** Garai hartan, oso aspaldi, hartu garrafoiek eta horreikiñ fatezan Errioxara ardautan, gañera gauza xelebrie, orduen esatezan ardauen gustue asko aldatzezala Gatzako tontorra pasau besteik ez. Oñ gauza horreik sigero astute daz zeatik ekartzendan ardau guztie botillan izetenda. **T.** En un tiempo, hace ya mucho, se solían coger unos cuantos garrafones e ir con ellos a La Rioja a traer vino, además una cosa curiosa, entonces se decía que nada más pasar el puerto de Salinas cambiaba mucho el sabor de ese vino. Ahora esas cosas están completamente olvidadas porque todo el vino que se trae está embotellado.

GARRAIO. Transporte, acarreo. **K.** Negu hontako su egurren garraio hasi inbierra daukotzue haldan axkarren, atzo nahiko egur moztuta geratuzan basuen eta gaur zuei tokatzejatzue tratorie hartu eta jextie. **T.** Cuanto antes teneís que empezar con el acarreo de la leña para este invierno, ayer quedó ya cortada bastante en el monte y hoy os toca a vosotros coger el tractor y bajarla.

GARRANGA. Carámbano de hielo. **K.** Kanfrank herriko espaloi geixenetan kartelak daz jartzendauenak ez pasatzeko tellatu aspitxik oso arrizkutzue dalako, garrangak txintxiliska eotendie eta baleike jaustie buru gañera. Ba sigeroko punta zorrotzak eukitxeitxue. **T.** En la mayoría de las aceras del pueblo de Canfranc hay carteles que dicen que no se pase por debajo de los tejados porque es demasiado arriesgado, suele haber carámbanos de hielo supendidos y se pueden caer encima de la cabeza. Pues suelen tener una punta muy afilada.

GARRANTZI, GARRANTZITZUE. Importancia, importante. **K.** Honek garrantzi haundixe dauko eta derrigorrezkue da sigero ondo geratzie, eta badakitzue, alegiñdu haldan guztie hala izeteko eta benga, hasi, bukatu esandako bezela eta eukikozue zertxobaitx. **T.** Esto es demasiado importante y necesariamente tiene que quedar bien, y entonces es imprescindible que os esforceís todo lo posible para que sea así, pues venga, empezar, terminar tal y cómo hemos quedado y ya tendreís alguna cosilla.

GARRATZA. Agrio, ácido. **K.** Ze gauza xelebre, zabaldudot maira ataratako ardau botilla eta garratza dau, eztakitx nun ero nola garraztukozan zeatik nere ustez toki onien eonda gordeta, bestiek bezela, noski, baña hala dau eta bestebat ekarri ta zabaldubikot, eta hau espero ondo eotie. **T.** Qué cosa más curiosa, he abierto la botella de vino que he sacado a la mesa y está agrio, no sé dónde ni cómo se habrá agriado porque yo creo que ha estado guardado en buen sitio, igual que las demás claro, pero así está y voy a tener que traer y abrir otra, y espero que esta estará bien.

GARREN, GARRENGO. Al cabo de…, después de… **K.** Ondion ez ekarri gaztairik eta itxoiñ pixkat, babarrunak bukatu garrengo ataraizu zeatik beztela hemen eongodie gauza guztiek batera mai-gaiñen, ezer prixaik eztaukou eta hobeto izengoda lasai antzien bakaltzie. **T.** Todavía no traigas el queso y espera un poquito, lo sacas después de terminar las alubias porque sino vamos a tener todas las cosas a la vez encima de la mesa, no tenemos ninguna prisa y es mejor que comamos tranquilamente.

GARUE. Helecho. **K.** Lenau baserritxarrak eotezan alde guztietako garuek jasotezitxuen, erabiltzezan bai ganauen azpixe itxeko eta baitxe txarrixe erretzeko akabau ondoren, oñ berriz iñok eztutzie apenas kasuik itxen eta hor ustelzenda bazterretan, eztotena ulertzen da zergaitxik lenau hainbeste eta gaurko egunien eztauken ezer balixoik. **T.** Antes los caseros recogían el helecho de todos los sitios en los que había, se utilizaba tanto para hacer las camas del ganado cómo para quemar el cerdo de la matanza, hoy en cambio nadie le hace apenas caso y ahí se pudre en las esquinas, lo que no logro entender es porqué antes tanto y el día de hoy no tenga ningún valor.

GARUE. Pedúnculo de las hortalizas de donde se obtienen las semillas. **K.** Lenau landara guztien azixek garutik ataratezien eta oñ berriz askoz erosuaue da erostie, nola aldatzendien gauzak eta emutendau sigero alpertugarela. **T.** Antes todas las semillas de las plantas se obtenían de los pedúnculos y ahora en cambio es mucho más cómodo el compralas, cómo cambian las cosas y da la impresión de que nos hemos vuelto demasiado vagos

GARUNEK. Sesos. **K.** Garai baten gure bi semiek, txikiñek ziela, garunek jatezitxuen egunbaten bai eta baitxe hurrenguen be, etxuraz eta esatezan bezela sigero onak omenzien umiek hasteko, gero eta eztakitx zergaitxik debekauta eonzan saltzie, baña oñ ametirute eongodie zeatik berriz ikustendie karnixeixetan. **T.** En un tiempo nuestros dos hijos, cuándo eran pequeños, solían comer sesos un día sí y el otro también, parece y según se decía que debían de ser muy buenos para el crecimiento de los críos, luego y no sé porqué prohibieron su venta, pero ahora parece que está otra vez permitido porque ya se ven de nuevo en las carnicerías.

GASTAÑAK. Castañas. **K.** Gaztetan, mutikotan geixau, asko fategiñen gastañak jasotzera, batzuetan ero geixenbaten arrapautakuek, gero jateko danborrien ero laban erretzezien eta baitxe esnetan egositxekuek. **T.** De jóvenes, de chavales más, solíamos ir a recoger castañas, algunas o la mayoría de las veces robadas, para luego comerlas asadas tanto el en tambor con en el horno y también cocidas en leche.

GASTAÑERRIEK, GASTAÑA-ERRIEK. Castañas asadas. **K.** Zarautzen, hala berdiñ izengoda beste hainbat herrixetan be, eta nahiko aspalditxik, negu partien oitura da gastaiñerriek saltzie kaletan, eta saltzailiek bere kasetatxue daukie honeik erretzeko, eta jeneralki iketzaz itxeitxue baña baitxe egurraz ero butanokiñ. **T.** Desde hace ya bastante tiempo es costumbre en Zarautz, así igualmente será en muchos otros pueblos, en la parte del invierno vender castañas asadas en la calle, y los o las vendedoras suelen tener su casetita para asarlas, y generalmente lo suelen hacer con carbón pero también con leña o con butano.

GASTAU. Gastar. **K.** Zuri berdiñ da diru asko ero guxtxi emutie zeatik aurreneko gauza itxendozuna da dana gastau, gero hor ibiltxezara bestiei eskien eta askenien gertaukojatzu eztotzula iñok ezer emungo, eta oso ondo iñde gañera. **T.** A tí es igual darte poco o mucho dinero porque lo primero que haces es gastarlo todo, luego ahí andas pidiendo a los demás y al final te pasará que nadie te dará nada, y además muy bien hecho.

GATAZKA. Esfuerzo. **K.** Gatazka haundixe inbierra eukidot kotxe hau erosteko, eta oñ gurekonauke ona urtetzie denpora luzien eukitxeko, halaere gertauleike eztan espero zerbaitzuk baña nik bentzet ingoitxut alegiñ guztiek ondo zaintzen. **T.** He tenido que hacer un gran esfuerzo para poder comprar este coche, y ahora lo que querría es que saldría bueno para que me durase mucho tiempo, aún así pueden ocurrir algunas cosas inesperadas pero yo al menos ya haré todos los posibles para cuidarlo bien.

GATIBU. Preso, cautivo. **K.** Hiru urte eonda gatibu Serapio eztakitx nungo kartzelan eta etxuraz, hala esatendaue, berriz sartu-bierrien dala, herrira allegaudanetik ixe egunero izendie lapurretak han da hemen eta susmo haundixe dau bera izengoetedan. **T.** Serapio ha estado tres años recluído en no sé que cárcel y parece, según dicen, que está cómo para que le metan de nuevo, desde que ha llegado al pueblo casi todos los días ha habido algún robo aquí, allá y hay muchas sospechas de que podría ser él.

GATOZ. Venimos, vendremos. **K.** Oñ haigaren lana bukatu besteik ez hona gatoz beste zure lan hori itxera, eztot uste denpora askoik ingounik eta lasai eon zeatik laister izengogara hor. **T.** Nada más que terminemos el trabajo en el que estamos vendremos aquí para hacer ese otro trabajo tuyo, no creo que tardemos mucho y puedes estar tranquila que pronto estaremos ahí.

GATXA. Difícil. **K.** Enauen uste holako gatxa izengozanik koba-zulo hontan ibiltxie eta pentzatzenauen hobeto eongozala, gañera gertatzenda linternaik besteik eztoula ekarri, eta baitxe bierrezkuek izengozien gomazko botak eta sokak aurrerau jarraitzeko. **T.** No pensaba que fuera tan difícil andar por esta cueva y creía que estaría mejor, además pasa que no hemos traído más que unas linternas, y también hubiésemos necesitado las botas de goma y cuerdas para continuar más adelante.

GATZA. Sal. **K.** Eufronion semie nahiko xelebrie da gatzakiñ, erozeiñ gauzai, kefesnie kenduta, eta probau aurretik gatza botateutzo eta berak, Eufroniok, esatendau errieta ederrak hartzeitxuela bere neskan aldetik. **T.** El hijo de Eufronio es bastante raro, a todo, quitando el café con leche, primero le tiene que echar sal antes de probarlo y él, Eufronio, dice que suele recibir unas buenas broncas por parte de su chica.

261

GATZA, GATZAGA. Se llama así en euskera el pueblo de Salinas de Léniz. **K.** Lenau, oso aspaldi, sarri fategiñen kuadrilla hamarretakue itxen Gatza herrira eta bere garaia zanien, abixae hartu ondoren, baitxe txarribodan afaira be. **T.** Antes, hace ya mucho tiempo, la cuadrilla solíamos ir muy a menudo a Salinas a almorzar y cuándo era su tiempo, después de recibir el aviso, también a cenar los productos de la matanza del cerdo. Se le llama txarriboda.

GATZAGA. Salina. **K.** Araba Añanako gatzaga oso famaue da, denpora askuen nahiko eskutuen eta ixilixen eonzan baña oñ bultzakara haundixe hartudau, bixita moduen jarridaue eta jente ugeri inguratzenda hori ikusteko, baitxe erakusketa bezela eta bertan tipo askotako gatza saltzen eukitxeitxue. **T.** Las salinas de Añana, en el pueblo de Alaba del mismo nombre, son muy famosas, durante mucho tiempo estuvo así como un poco escondida y en silencio pero ahora ha recibido un empujón muy grande, la han puesto cómo para visitar y suele ir mucha gente a verla, también exposición y en ella tienen a la venta muchos tipos de sal.

GATZAIXE. Cuajo. **K.** Esatendaue gatzaixe naturala askoz hobie omendala gatzatue itxeko beste artifizial hori baño, eta gañera alde oso haundixe dauela. Nik egixe esanda eztutzek igertzen iñde dauen batekiñ ero bestiekiñ eta gozue baldinbadau eztot uste hainbeste inportantzik daukenik. **T.** Dicen que el cuajo natural es mucho mejor para hacer la cuajada que ese otro artificial, y además que hay muchísima diferencia. La verdad es que yo no suelo notar si está hecho con uno o con otro y si está rico tampoco creo que tenga demasiada importancia.

GATZATUE. Cuajada. **K.** Ba esandoun bezela gatzaixen buruz gatzatuaz berdiñ gertatzenda, etxien iñdekue, naturala dana, eztauko zer-ikusirik hor fabriketan itxendien bezelakuaz, honeik bai oso ondo igertzendiela zeñeik dien batak eta bestiek, eta nik bentzet horreik kanpuen itxendienak eztitxuk ikustie be gure. **T.** Pues la cuajada es similar a lo que hemos dicho sobre el cuajo, la natural, la que está hecha en casa no tiene comparación con esas otras que hacen en las fábricas, y en éstas si que se nota muy bien quienes son unas y las otras, y yo por lo menos esas que se elaboran fuera no las quiero ni ver.

GATZITXU. Salar. **K.** Emiliana oso sukaldari ona da baña nere ustez gauzabat nahiko exkaxa badauko, eztauela ondo neurtzen gatza, batzuetan motx geratzenta eta bestetan gatzitxu itxeitxu janarixek, akaso larreitxo bebai, aurrena badauko konpontzie eta bigarrenaz, zer iñ? **T.** Emiliana es una cocinera muy buena pero yo creo que tiene una cosa bastante deficiente, que no mide bien la sal, algunas veces se queda corta y en otras las comidas están saladas, quizá hasta demasiado, lo primero tiene solución y con lo segundo, ¿qué hacer?

Aspaldiko esaerabat: Naiz eta etxien gatz asko euki, ez gatzitxu larrei bazkaixek.

Un viejo proverbio en euskera dice que aunque en casa tengáis mucha sal, no saleís demasiado las comidas.

GATZONTZIXE. Salero. **K.** Nere aitxa bizi izenzan bitxertien ezan sekula falta izen gatzontzixe mai-gañien, nahiko gatz-zalie zan eta akaso larreikue bebai, bere andrien, gure ama, aldetik errieta batzuk entzun-bierrak izeteitxun baña berak oitura hori hauken eta ixildu, jarraitxu beriaz eta ezutzen aparteko inportantzik emuten. **T.** Mientras vivió mi padre no faltó nunca el salero encima de la mesa, era bastante aficionado a la sal y quizá hasta demasiado, de parte de su mujer, nuestra madre, ya tenía que escuchar unas cuantas riñas pero él tenía esa costumbre, y en silencio seguía con lo suyo y no le daba mayor importancia.

GATZUNE. Suero, salmuera. **K.** Gaztaie itxen haidien bitxertien hortik gatzune urtetzendau eta hau oso gustora hartzendaue ganauek, nik bentzet hala ikusitxe dauket beixei. Gañera badaz pertzona batzuk be gustora jatendauena estixekiñ nahastuta. **T.** El suero que suele salir cuando se está haciendo el queso lo toman muy a gusto los animales, yo al menos así se lo tengo visto a las vacas. Además también hay algunas personas a las que les gusta comerlo mezclado con miel.

GAU-ERDIXE, GABERDIXE. Medianoche. **K.** Deitxutzet Demetrioi eta esautzet gau-erdixen ero inguru hortan alkartukogiñela, berandutxo da baña gertatzenda gaurko afaixe etxien dala, familixa guztiekiñ eta baleikela luze xamarra izetie. **T.** He llamado a Demetrio y le he dicho que nos juntaríamos hacia la medianoche, es un poco tarde pero pasa que la cena de hoy es en casa, con toda la familia y seguramente se alargará un poco.

GAUERO, GABERO. Todas las noches. **K.** Aurreneko Santio bidaian, Burgosko Sanjuan Ortega Monasterion esautunauen Bilboko mutil gaztebat, ospitalero bezela hauena bere oporretan, han barriketan geotzela galdetunutzen aber nola hori ba eta erantzuna izenzan zeatik etxien ezinzalako lorik iñ, etxuraz bere umetxue, jaixo-barrixe, gauero eoten omenzan mañaka ixildu-barik. **T.** En el primer Camino de Santiago que hice, en el Monasterio de San Juan de Ortega de Burgos conocí a un chico joven de Bilbao que estaba cómo hospitalero en su tiempo de vacaciones,, estando allá charlando le pregunté a ver cómo así y me contestó que era porque en casa no podía dormir debido a que el crío, recién nacido, solía estar toda la noche llorando sin parar.

GAUESKOLA, GAU-ESKOLA. Escuela nocturna, de noche. **K.** Oñ eztakitx gaueskolaik dauen baña garai hartan bai eotezien, eta esan-baterako Torkuaton andrie denpora askuen ibillizan euskera ikesten Eskoitzan hauen eskolan. **T.** Ahora no sé si hay escuelas nocturnas pero hace mucho tiempo ya las había, de hecho la mujer de Torcuato anduvo durante mucho tiempo aprendiendo euskera en la escuela que había en Eskoriaza.

GAUKEN. Teníamos. **K.** Zueik ez baña guk bentzet bai gauken pelota partidurako sarrerak, eta han eongiñen frontoien, gertatzenda nahiko garaiz ibiligiñela horreik lortzeko eta ez beste-batzuk bezela, betik berandu. **T.** Vosotros no pero al menos nosotros ya teníamos entradas para el partido de pelota, y allá estuvimos en el frontón, lo que pasa es que anduvimos con suficiente tiempo y no cómo otros, siempre tarde.

GAUPASA, GAU-PASA. Se llama así al hecho de pasar la noche de juerga y sin dormir. **K.** Denpora hartako garaian eta beste-batzukiñ batera, ni be nahiko gaupasa iñdekue izenaz baña aspaldiko urtietan ezertxorik ez, aldebatetik urtiek eztauealako parkatzen eta bestaldetik ia eztalako geratzen larreiko gogoik. **T.** En aquellos tiempos de entonces y junto con otros yo también hice bastantes juergas de noche y sin dormir pero desde hace muchos años que no, por una parte porque la edad no perdona y por otra porque ya tampoco quedan demasiadas ganas.

GAUPASERO. Gaupasero. Se le llama así a la persona que hace muchas, o demasiadas juergas de noche y sin dormir. **K.** Gure aldamenien bizidan mutille gaupasero utza da, eztot esaten gau guztietan izetendanik baña astien hiru ero lau aldiz ziur baietz, batzuetan entzutenda nola zabaltzendan asensoreko atie goixeko xeirak ero zazpirek aldien, eta beste batzuetan baitxe berakiñ alkartu be atartien. **T.** El chico que vive al lado nuestro es un completo gaupasero, no digo que sean todos los días pero tres o cuatro días por semana seguro que sí, algunas veces se oye cómo se abre la puerta del ascensor a las seis o siete de la mañana, y también otras juntarte con él en el portal.

GAUPELO. Esto se dice de la persona que es algo tontita y simple. **K.** Abundio mutikotan nahiko gaupelotxue zan eta denporiaz ezta apenas mejorau, gañera bestaldera be esangonauke, nahiko txarrera fandala zeatik oñ gaupeltoxue izen-bierrien sigeroko gaupelue da. **T.** Abundio de chaval era una persona bastante tontita y con el tiempo tampoco ha mejorado demasiado, al revés y yo diría que ha ido a bastante peor porque ahora en lugar de ser algo tontito es completamente tonto.

GAUR. Hoy. **K.** Gaur da egun ona perretxikotan fateko, atzo euri pixkat iñdau, gero eguna euskitzu izenzan eta nik ustedot eongodiela. Oñ, bebai baleike betikue gertatzie, beste askok be gure pentzamendu berdiñek eukikoitxuela eta baezpare axkar xamar mobitxubikou aber lortzendoun aurrie hartzie. **T.** Hoy es un buen día para ir a por setas, ayer ha llovido un poco, luego el día fué soleado y yo creo que ya habrá. Ahora que también puede pasar lo de siempre, que otros muchos tendrán el mismo pensamiento y por si acaso vamos a movernos un poco rápidos a ver si conseguimos cogerles la delantera.

Aspaldiko esaerabat: Gaur hitza emun, bixer haixiek erun.
Un viejo proverbio en euskera dice que la palabra que se ha dado hoy, mañana se la lleva el viento.

GAURKO. Para el día de hoy. **K.** Askenien be allegauda gaurko eguna, ba baukoun gogue eta haundixe gañera, ba benga, hasi prestatzen gauza guztiek eta guasen kanpiñ aldera, ondion ezta kotxe askoik ibiliko karreteran eta baezpare axkar mobitxu-bierra eukikou. **T.** Al fín ya ha llegado el día de hoy, pues ya teníamos ganas y muchas además, pues venga, empezar a preparar todas las cosas e iremos hacia en camping, todavía no andarán muchos coches en la carretera y por si acaso tendremos que movernos rápido.

GAURKUE. De hoy. **K.** Lasai eon, erostendozun gatzatue gaurkue da ta, guk gauza honeik eztitxu saltzen aurreneko egunien iñdekuek eta egunkaria bezelakue da, betik egunekue. **T.** Estate tranquilo que la cuajada que vas a comprar es de hoy, nosotros no vendemos éstas cosas hechas del día anterior y es como el periódico, siempre del día.

GAURTIK. Desde hoy. **K.** Ogixe erosten fanazenien esauztie gaurtik aurrera hamar xentimo geixau balixodauela, eta egunkariak be bixertik aurrera beste hogei igokodala. Ba ze gauza erraru, ez? **T.** Cuándo he ido a comprar el pan me han dicho que desde hoy la barra vale diez céntimos más y que también el periódico subirá otros veinte a partir de mañana. Pues que cosa más rara, ¿no?

GAUTAEGUN, GAU ETA EGUN. De noche y de día. **K.** Haigaren gauzak gurebou bere denporan bukatzie, lanak gautaegun inbierra eukikoutxu, eta aber nola itxendoun, gauez lana itxie gurozuenak pixkat geixau kobratzeko aukera daukotzue, orduen zuen hartien konpondu eta gero ezan. **T.** Si queremos terminar las cosas en su tiempo habrá que trabajar de día y de noche, y a ver cómo lo hacemos, los que queráis trabajar de noche tenéis la oportunidad de cobrar un poco más, así que os arregláis entre vosotros y luego me lo decís.

GAUTXORI. Pájaro nocturno. Fig. también se le llama así a la persona trasnochadora. **K.** Ze gautxori dien Klaudian umetxuek, sekula eztaukie prixarik ugera fateko eta beraintzako gauak die juergak itxeko aukerak, gero hala gertatzenda goixetan, eztala bape errexa izeten esnatzie ikastolara fateko. **T.** Que trasnochadoras son las crías de Claudia, nunca tienen prisa para ir a la cama y para ellas las noches son una oportunidad para hacer juerga, luego así pasa a las mañanas, que no es nada fácil el despertarlas para ir a la ikastola.

GAUZ. Estamos. **K.** Ez kezkatu andra eta lasaituzaitzez zeatik belaxe gauz hor da, allegau besteik ez eta dana pres baldinbadau axkar hasikogare zure lanakiñ, eta ezpada ezerko arazoik gei tatzen ustedot egun barruen bukatukoula. **T.** No te preocupes mujer y tranquilízate porque enseguida estaremos ahí, nada más que lleguemos y si todo está listo empezaremos con tu trabajo, y si no surge ningún contratiempo creo que lo terminaremos en el día.

GAUZA, GAUZIE. Cosa. **K.** Ze gauza xelebre ta errebeza dan Donostira fan-bierra izetie identidadeko txartela berritzera, gañera ezta bape errexa ulertzie nola eztitxuen jartzen hemen bertan aukera horreik, ni gogoratzenaz garai baten, oso aspaldi, bai eonzala eta bebai nola nik beñ hor iñauen. **T.** Que cosa más rara y molesta es el tener que ir a San Sebastián a renovar el carnet de identidad, además no es nada fácil de entender porque aquí no hay o no ponen esa posiblidad, yo recuerdo que hace ya mucho tiempo sí la había y también de que una vez yo lo hice ahí.

Aspaldiko esaerabat: Gauzabat esan eta bestebat iñ, nola asmau horrekiñ?
Un viejo proverbio en euskera dice que decir una cosa y hacer otra, ¿cómo entender a esos?

GAUZA. Capacidad. **K.** Eztakitx mutil hori gauza izengodan lan hau itxeko, eztotzat ikusten etxura haundirik eta baezpare hobeto izengoda bestenbati aiñketie, hala bentzet eztou gañien eon-bierrik izengo. **T.** No sé si este chico tendrá capacidad para hacer ese trabajo, no le veo muchas maneras y por si acaso será mejor mandárselo a algún otro, así al menos no tendremos que estar encima.

GAUZA-DA, GAUZA DA. Es capaz, tiene capacidad. **K.** Ondo iñdou Eutikioi aiñketiaz zeatik oso egoki ta txukun geratuda, gauza-dan lan horreitarako nabarmen igertzenda eta apostaukonauke ze beste askotarako be hala izengodala. **T.** Hemos acertado en mandárselo a Eutiquio porque ha quedado muy bien, se nota que tiene capacidad para esos trabajos y ya apostaría que para otros muchos también.

GAUZA-DA, GAUZIE-DA. La cosa es que… **K.** Kustiñue ezta eztalako larreiko ondo geratu, gauzie-da ze nik beste modubaten gurenauela gelditzie, ba aber asko puzka-tubarik posible dan aldaketa txikibat itxie. **T.** La cuestión no es que no haya quedado demasiado bien, la cosa es que yo quería que quedase de otra manera, pues a ver si es posible hacer un pequeño cambio sin tener que romper mucho.

GAUZA-EZTANA. Sin valor, sin utilidad. **K.** Billatudozun erloju hori alperrik da munizipalen bulegora eruetie zeatik gauza-eztana da, eta segurazki bateonbatek botatakue izengoda eztaukelako balixoik. **T.** El reloj ese que has encontrado es inútil que lo lleves a la oficina de los municipales porque no tiene ningún valor, seguramente lo habrá tirado alguien por no tener ninguna utilidad.

GAUZEN. Estábamos. **K.** Bai noski, gu be han Zaragozan gauzen Errealak irabazi inzauenien erregeko kopa, ze poza, ze giro, aspalditxuen holakoik ikusi-barik eta ixe ziur eztala errexa izengo berriz ikustie. **T.** Si claro, nosotros también estábamos en Zaragoza cuando la Real ganó la copa del rey, que felicidad, que ambiente, hacía muchísimo tiempo que no se habían visto esas cosas y lo más seguro es que no será fácil que las volvamos a ver.

GAZELA. Cuando estábamos. **K.** Egueldi oso ona hauen mendiko aldapa hasizanien eta modu berdiñien jarraitxu goraño, baña han ixe goixen gazela derrepentien kriston euri-zaparrara hasi eta naiz eta guardasola euki, hauen haixiaz danok mela mela iñde geratugiñen. **T.** Hacía un tiempo muy bueno cuando iniciamos la subida al monte y así continuó hasta arriba, pero cuándo estábamos allá casi en la cima derrepente empezó un chaparrón muy fuerte y a pesar de llevar paraguas, debido al viento que había todos terminamos empapados.

GAZITXO, GAZIXE. Un poco salado. **K.** Atzo bazkaiko bakallaue oso gozue zan baña nere gustorako pixkat gazitxo, nik ustedot potolo xamarrak ziela zatixek eta akaso denpora zerbaitx geitxuau gesaltzen eonbierra haukien. **T.** El bacalao de la comida de ayer estaba muy bueno pero para mi gusto un poco salado, yo creo que las tajadas eran un poco gruesas y quizá le hubiese hecho falta haber estado desalando algo más de tiempo.

GAZITXU. Salar, echar sal. **K.** Hau da marka, txuleta berriz sigero geza, gatza eskatu eta zerbaitx gazitxu inbierra izendou eta gañera berdiñ iñdaue maixen geotzen danok. Emutendau ze jatetxe hontan ondion eztaukiela neurrixe ondo hartute gatzai. **T.** Esto es de traca, la chuleta en cambio estaba completamente sosa, pedir el salero y hemos tenido que salarla un poco y además lo mismo han hecho todos los que estábamosen la mesa. Parece que en este restaurante todavía no le han cogido bien la medida a la sal.

GAZTA, GAZTAIE. Queso. **K.** Andriei eta nola ez, baitxe neri be, asko gustatzejaku gaztaie eta gañera tipo askotakuek, Idiazabal, Rokefor, galleguen tetilla, Kabrales, auntzk eta beixenak, nik ustedot ixe danak, eta aukera daukounien danetik erosteitxu, baña noski ez danak batera baizik bakotxien mota desberdiñek. **T.** A la mujer y cómo no, también a mí nos gustan casi todos lo quesos, Idiazabal, Roquefor, la tetilla de Galicia, Cabrales, de cabra y de vaca, yo creo que casi todos los que hay y cuando tenemos ocasión compramos de todas clases, pero claro que no todos a la vez sino que uno diferente en cada ocasión.

GAZTANBERA. Requesón. **K.** Hemen eztaukou oitura haundirik gaztanbera jateko, ixe bakarrik ikusi eta zerbaitx jatendana Burgos mota hori da eta jeneralki erregimen ta beste tipo hortako gauzatik. **T.** Aquí no hay mucha costumbre de comer requesón, casi el único que se ve y come es ese del tipo de Burgos y generalmente por causas de régimen y otras cosas parecidas.

GAZTE, GAZTIE. Joven **K.** Se denpora hareik gaztiek izengitzenien eta ze ondo ibiltxegiñen, ondion larreiko ero bape ardura-barik, noxienbeñ juergatxonbat ero beste, alegiñdu neskakiñ, geixenbaten alperrik, eta ez beste gauza askoik. Oñ berriz… **T.** Que tiempos aquellos cuándo fuimos jóvenes y lo bien que andábamos, todavía sin muchas o ninguna preocupación, alguna que otra juerguecita en ocasiones, perseguir a las chicas, la mayoría de las veces inútilmente, y pocas cosas más. Ahora en cambio…

Aspaldiko esaerabat: Gaztiek balekixen, eta zarrak hal izen.

Un viejo proverbio en euskera dice que si el joven supiera, y el viejo pudiera.

GAZTE-LEKUE, GAZTETXIE. Lugar de reunión, de encuentro de los jóvenes. **K.** Hemen Zarautzen arazo haundiixek eonzien gaztetxiekiñ, Udaletxek prestatutako lokala ezan izen askon gustukue eta batzuk, hobeto esanda askok, beste toki-batera fanzien okupa bezela, gero eta handik denpora pixkatera ametiruzan hor eotiei. **T.** Aquí en Zarautz hubo muchos problemas a cuenta del espacio que debían de ocupar los jóvenes, el Ayuntamiento preparó unos locales para tal fín pero a unos cuantos, mejor dicho muchos, no les gustó y se marcharon a otro sitio como ocupas, luego y al cabo de cierto tiempo ya les permitieron estar en esas instalaciones.

GAZTEIXIE, GAZTERIA. La juventud. **K.** Eztot uste errazoi guztie eukikoduenenik gauza horreik esateitxuenak eta gañera halako segurantzaz, baña halaere larreitxo entzutenda oingo gazteixiek eztaukela erremeixoik, baleike batzuna zertxobaitx egixe izetie baña beste askoi ondo txintxo ikustejate, astegunetan noski, eskolara, unibersitate ero lanera fatendienak. **T.** No creo que tengan toda la razón los que dicen eso y además lo aseguran con rotundidad, pero aún así se oye demasiado que la juventud de hoy no tienen remedio, puede que por algunos sea algo de verdad pero a otros muchos se les vé, los días entre semana claro, que suelen ir bien formales a la escuela, universidad o a trabajar.

GAZTETIK. De joven. **K.** Gero eta denporiaz gogoratzezera ze egixe dan zenbat txorakeri itxezien gaztetik, baña oñ ezta damutzen hasteko kustiñue, esatendan bezela iñdekue iñde dau eta eztauko bueltaik, halaere eta konparau iñezkero oinguakiñ guk aingeru batzut izengiñen. **T.** Luego y con el tiempo recuerdas que verdades son las tonterías que se cometían de jóvenes, pero ahora no es cuestión de empezar a arrepentirse, cómo se dice lo hecho hecho está y ya no tiene vuelta, aún así y si se comparamos con los de ahora nosotros éramos unos angelitos.

GAZTETU. Rejuvenecer. **K.** Telebistan ikustendien askok baleike pentzatzie ze eztakitx zer iñde arpegixen gaztetu itxendiela, baña nere ustez sigero bestaldera da zeatik etxura oso errarue hartzeitxue, eta emutendaue erozeiñ gauza diela. **T.** Muchos de los que se ven en la televisión puede que piensen que haciéndose no se qué en la cara rejuvenecen, pero yo creo que es completamente al contrario porque para mí que cogen un aspecto muy raro, y más bien parece que son cualquier cosa.

GAZURA. Suero.

(Mirar la definición de gatzune).

GEHI. Signo aritmético que significa más.

GEHIEGI, GEIXEI, GEITXO. Demasiado. **K.** Ez emun geixau zeatik askotxo jarriduztazu, neretzat bakarrik gcixci da eta baezpare gordeizu, akaso besten-batzuk eongodie bierrien dazenak eta eskien etorri. **T.** No me des más porque ya me has puesto demasiado, para mí solo es mucho y por si acaso guárdalo, quizá haya agunos otros a los que les haga falta y te lo vengan a pedir.

Aspaldiko esaerabat: **Ehun lagun gutxiegi eta etzaibat gehiegi.**

Un viejo proverbio vasco dice que cien amigos son pocos y un enemigo demasiado.

GEHIENBAT. Las más o la mayoría de las veces. **K.** Eztakitx zeatik arritxuzaren, hemen ikusitxozun asarriek anai horreiñ bixon hartien geixenbaten gertatzenda, eztie sekula bape ondo konpondu eta betik haidie diskutitzen gauza batetik ero bestiatik. **T.** No sé porqué te has asombrado de lo que has visto aquí, estos enfados entre esos los dos hermanos suceden las más de las veces, nunca se han arreglado bien y siempre tienen que estar discutiendo por una cosa o por otra.

GEHIENEZ, GEIXENEZ. Lo más. **K.** Ez eskatu geixau zeatik eztauket eta hau da geixenez emunleiketena, akaso zure aitxa datorrenien eta borondatie baldinbadauko hartukozu beste zertxobaitx. **T.** No me pidas más porque no tengo y ésto es lo más que te puedo dar, a lo mejor cuando venga tu padre y tiene voluntad quizá pueda darte algo más.

GEHIENENTZAT, GEIXENENTZAT. Para casi todos o para la mayoría. **K.** Ez hasi hartzen ondion, hemen dauen hori geixenentzat die baña ez danontzat eta itxoin inbierra daukou nagusie etorri hartien, jakiñe da danon gustukue diela angulak eta noixienbeñ be jangogaukela, noski zerreozer urtenezkero primitiva horretan, baña beno, dana dala oñ bentzet eukikou aukera zertxobaitx probatzeko. **T.** No empieces a coger todavía, lo que está aquí es para la mayoría pero no para todos y tenemos que esperar a que venga el jefe, ya sabemos que las angulas son del gusto de todos y que también lo comeríamos de vez en cuando pero bueno, claro está que si nos tocase la primitiva esa, pero bueno, con todo y eso ahora al menos ya vamos a tener la oportunidad de probarlas.

GEHIGARRIA. Complemento, aditivo, añadidura. **K.** Tiburzio izengozan andra horrendako gizon egokixe eta gehigarria, umille, ixilixe eta akaso baitxe larreiko ona be, andrie berriz zakarra, genixo txarrekue eta barriketera utza, nik ustedot bikote ederra ingolaukiela alkartu-ezkero. **T.** Tiburcio sería el hombre adecuado y un buen complemento para esa mujer, humilde, calladito y quizá hasta demasiado bueno, la mujer en cambio tosca, de mal genio y demasiado charlatana, yo creo que harían una buena pareja si se juntarían

GEITXU. Aumentar, ampliar. **K.** Etxe hortan jente asko bizida eta eruetendoun hau, nere ustez gutxitxo xamar da, geitxu inbikogauen zertxobaitx, hala baleike nahiko izetie danontzat eta ziur ezkertukolaukiela. **T.** En esa casa vive mucha gente y ésto llevamos, creo yo, es un poco escaso y pienso que deberíamos aumentarlo algo, así puede que llegue para todos y seguro que nos lo agradecerían.

GEITXUAU. Un poco más, algo más. **K.** Oso garbi ikustenda zu zeñen alde zaren, sarri ikustendot Brunoi emuteutzazula neri baño zerreozer geitxuau, eta hori jakinleike zeatik dan, akaso eztou lan berdiñe iñ bixok, ero?, ba zuk ikusikozu zer iñ baña modu hontan jarraiketanbozu ni banoie. **T.** Se ve muy claro a favor de quién estás tú, a menudo suelo ver que a Bruno le das algo más que a mí, ¿y se puede saber porqué es eso, es que acaso no hemos trabajado lo mismo los dos, o qué?, pues tú verás lo que haces pero como continúes de la misma manera yo me marcho.

GEIXAU. Más. **K.** Nagusixena fan-bierra dauket berba itxera diruen asunto buruz, lau urte erutendot enpresa hontan ta ondion berdiñ jarraitzendot kobratzen, eta gañera beste gauzabat, ondo jakiñien nau beste-batzuk ni baño dexente geixau irabaztendauela. **T.** Tengo que ir donde el jefe a hablar sobre el asunto del dinero, llevo cuatro años en esta empresa y sigo cobrando lo mismo, y además otra cosa, sé a ciencia cierta que algunos otros están ganando bastante más que yo.

Aspaldiko esaerabat: **Asko daukenak geixau gure izetendau.**

Un viejo proverbio vasco dice que aquel que mucho tiene suele querer más.

GEIXAUA. Se dice por la persona afligida, desgraciada. **K.** Geixaua, zenbat arazo euikitxakue izendan gizon hori, aurrena, ia urte asko die, andriek alde iñutzen bere lagun haundixenaz, illebete batzuk dala kotxeko istripue eta atzo jausi eta mokorra puskatudau, ba ustedot alperrik izengodala esatie gauzak eztiela betiko izeten, baña beno, semie bentzet eta askenien be, hasida lanien ixe berrogetamar urtekiñ. **T.** Cuántos problemas y desgracias ha tenido el hombre ese, primero, hace ya muchos años, su mujer se marchó con su mejor amigo, hace unos meses el accidente de coche y ayer después de caerse se ha roto la cadera, pues creo que será inútil el decirle que las cosas no son para siempre, pero bueno, por lo menos el hijo por fín ya ha empezado a trabajar con casi cincuenta años que tiene.

GEIXAUTAN. Más veces, más a menudo. **K.** Geixautan etorri inbikozaukie herri hontara, zuen umiek eta guriek oso gustora ibiltxendie alkarreaz eta jolasten haidien bitxertien ezertarako eztaukie gure bierrik, eta guk be pote batzuk hartuaz oso ondo pasatzendou, ba aber noix izetendan hurrengue. **T.** Tendríais que venir más a menudo a este pueblo, vuestros hijos y los nuestros están muy a gusto juntos y mientras están jugando no nos necesitan para nada, y nosotros también lo pasamos muy bien tomando unos potes, pues a ver para cuándo la próxima.

GEIXEN, GEIXENA. Lo más, no se puede más. **K.** Hori baño geixau eziñleike eskatu, hori da geixena eta horrekiñ konpondu inbierra daukou, halaere nik ustedot ze ondo zaintzenbou nahikue izengoula denpora dexenterako. **T.** No se puede pedir más que eso, es lo máximo y con ésto nos tenemos que arreglar, aún así yo creo que si lo administramos bien ya nos llegará para bastante tiempo.

GEIXENAK, GEIXENBAT. La mayoría. **K.** Eztakitx zeatik zuk eztozun gure gurekiñ etortzie erromeri hortara, hemen gazen geixenak goiez eta gañera oso gustora, egueldi zoragarrixe dau eta sigero giro jatorra eongoda, eta meriendatzeko patata-tortilla espeziala eruengou. **T.** No sé porqué tú no quieres venir con nosotros a esta romería, la mayoría de los que estamos aquí vamos a ir y además muy a gusto, hace un tiempo espectacular y habrá un ambiente extraordinario, y para merendar llevaremos una tortilla de patata especial.

GEIXENIEN, GEIXENETAN. La mayor parte de las veces. **K.** Bai, gauza honeik geixenetan hala bukatzendie, aurrena bata hastenda gauzabat esaten, gero bestie aurka itxen, ondoren eztabaida eta askenien asarrie, ta ezpada burrukaik izeten nahiko pozik. **T.** Si, así terminan estas cosas la mayor parte de las veces, primero uno empieza a decir algo, luego el otro le lleva la contraria, después discusión y al final enfado, y sino termina en pelea bastante contentos.

GEIXO, GEIXOTU. Enfermo. **K.** Zu be askenien geixo jarrizara gripe demontre honekiñ, ba badakitzu zer inbierra daukotzun, aurrena laneko baja hartu, gero etxien eon eta zerbaitx hartu kalentura kentzeko, ez asarretu larrei norberakiñ eta ondo arrima andriana. **T.** Tú también ya has enfermado con este demonio de gripe, pues ya sabes lo que tienes que hacer, primero coger la baja laboral, luego estar en casa y tomar algo para quitar la fiebre, no enfadarse mucho con uno mismo y arrimarse bien a la mujer.

GEIXORIK. Estar enfermo. **K.** Deitxudau Ambrosiok esanaz eztatorrela gaur bulegora, geixorik dauela kalentura haundixekiñ eta hala jarraitzenbadau baja hartubikodauela, ba horren bierrien gara eta aber haldan axkarren hastendan errekuperatzen eta jartzendan lanera etorteko bezela. **T.** Ha llamado Ambrosio diciendo que hoy no viene a la oficina, que está enfermo con mucha fiebre y que si continúa así tendrá que coger la baja, pues tenemos necesidad de él y a ver si cuanto antes empieza a recuperarse un poco y se pone cómo para poder venir a trabajar.

GEIXOTAZUNA. Enfermedad. **K.** Aurtengo gripen geixotazun gertaera oso haundixe dala esatendaue, ambulatoixuek eta urgentziak betiek diela, eziñien atenziñoik emun hara asaltzendan jente guztiei. Larreikue omenda. **T.** Dicen que la incidencia de enfermedad de la gripe de éste año es muy grande, en los ambulatorios y urgencias deben de estar desbordados, no pudiendo atender a toda la gente que aparece por allá. Debe de ser tremendo.

GEIXUE. Enfermo. **K.** Nik eztakitx zer esan Nazariotik, eztau emuten holako geixue daunenik ba, hiru illebete eruetendau lanera etorri-barik baja hartu ondoren, etxuraz zerreozer burukomiñ kontue da baña berai lasai asko ikustejako kalien betiko gauzak itxen, txikiteo eta abar. **T.** Yo no sé que decir de Nazario, no parece que esté tan enfermo pues, lleva tres meses sin venir a trabajar después de haber cogido la baja, parece que es algo sobre los dolores de cabeza pero a él se le ve muy tranquilo por la calle haciendo las mismas cosas de siempre, incluído el chiquiteo.

Aspaldiko esaerabat: Geixue, lapur ixille.

Un viejo proverbio en euskera dice que la enfermedad suele estar escondida.

GEIZTO GEIZTUE. Literalmente quiere decir malo, pero aplicándola a los críos significa travieso o revoltoso. **K.** Eztau zeatik larritxu inbierrik oker hori iñdauelako eta ezpajako larreiko kasuik itxen bera be laister astukoda asunto horrekiñ, ume geixenak izetendie pixkat geiztuek eta hau be danak bezelakue da, gañera eztot uste iñok naikodauenik ikustie hor baztertxuen geldik ezer inbarik.**T.** No hay porqué preocuparse porque haya hecho esa travesura y si no se le hace demasiado caso él también pronto se olvidará de ese asunto, la mayoría de los críos en principio son un poco traviesos y este es igual que todos, no creo que prefeririais verle que estuviese ahí quieto en una esquina sin hacer nada.

Aspaldiko esaerabat: Geizko bazara, hobeto da zuretzako bakarrik izetie.

Un viejo proverbio vasco dice que si eres malo es mejor que solo lo seas pata tí.

GEIZTOKEIXIE. Hacer daño. Hacer travesuras. **K.** Tipo horrek geixtokeixaik besteik eztauko eta hor ibilikoda betiko bezela beitzen nun iñ kaltie beste erozeñi izurratzeko, zeiñ izen beretako berdiñ da eta egunenbaten gertaukoda bateonbat larrei asarretukodala, obatu eta ondo egurtukodau. **T.** Ese tipo no piensa más que hacer maldades y ahí andará cómo siempre mirando con el propósito de poder hacer daño a alguien, el quien sea a él le da lo mismo y algún día pasará quealguien de cabreará demasiado, le agarrará y dará una buena paliza.

GEIZTOTU. Volverse malo, travieso. **K.** Eztakitx zer gertaujakon ume horri, lenau holako lasaia eta umille zan eta oñ ikusi-bierra dau zenbat geiztotudan. Gurasuek ondo larri daz berakiñ zeatik kapaz da okerrak itxen hasteko fatendan eroziñ tokira. **T.** No sé que le habrá podido pasar a ese crío, con lo tranquilo y humilde que era antes y ahora hay que ver lo travieso que se ha vuelto. Los padres están muy preocupados con él porque es capaz de empezar a hacer travesuras allá donde vaya.

GELA. Cuarto, habitación. **K.** Ia ondo dau zurie eta ezpazara txintxo eoten zure gelara bieldukozaut arratzalde guztirako, bi bider etorrijat aldamenkue esatera eztozula pakien izten bere txakur txikiñe eta berakiñ eotezarenien betik negarrez geratzendala. **T.** Ya está bien lo tuyo y si no estás formal te voy a mandar a tu habitación para toda la tarde, el vecino ya ha venido dos veces a decirme que no dejas en paz a su perro pequeño y que cuando estás con él siempre se queda llorando.

GELDI, GELDIK. Parado, quieto. **K.** Mezerez eonzatez beingoz geldik eta itxiozu pakien zure arreba txikiñei, eztozu ikusten larritxu itxendala haibeste giligili iñde, ero?, ba ikusikozu haunditxuaue izetendanien ze zartara emungotzun. **T.** Estate quieto de una vez por favor y deja en paz a tu hermana pequeña, ¿no ves que se apura mucho cuándo le haces tantas cosquillas, o qué?, pues ya verás el tortazo que te va a dar en cuanto sea un poco mayor.

GELDI-ALDIXE. Rato de descanso o pequeña parada, puede ser en medio del trabajo. **K.** Ze ondo etortzendien geldi-aldi honeik goix erdi inguruen, hamarretako pixkat itxeko ero kafelxobat hartu zigarrobat erriaz, eta nai izen eta denpora euki-ezkero baitxe bixek be. Hogei miñutu nahikue izetenda. **T.** Que bien viene un ratito de descanso ahí hacia media mañana, para comer algo o tomar un cafecito fumando un cigarrillo, y si se quiere y hay tiempo también las dos cosas. Con veinte minutos es suficiente.

GELDIK EONAI. Estate quieto. **K.** Entzun danok, ixe goixen gara eta oñ pasaera estu hau daukou kurtzera allegatzeko, nahiko arrizkutzue da ta hemendik aurrera nik esandakue ingozue. Aber jarrizaitxeze illeran banan banan pasatzen hasteko, aurrena hik Jenaro, gero Bibiano eta hi Fuljentzio geldik-eonai ta etxoiñ pixkat beste honeik pasa hartien. **T.** Escuchar todos, estamos casi hasta arriba y ahora tenemos este paso estrecho para llegar hasta la cruz, es bastante peligroso y a partir de ahora haréis lo que yo os diga. A ver, colocaros en fila para empezar a pasar de uno en uno, el primero tú Jenaro, luego Bibiano y tú Fuelgencio éstate quieto y espera un poco hasta que pasen estos otros.

GELDITXU. Parar, detener. **K.** Zoritxarrez eta aspaldixuen betik gertatzenda zerreozer, gaur bezela, Donostiñ sartugara trenien Zarautzera bueltatzeko eta hiru ero laugarren tunelera allegau aurretik trena gelditxuda, ze pasadan?, ba etxuraz tunel barruko harri batzuk jausi omendie. Eta gero denpora dexente itxoiñ inbierra eukidou autobusa etorri hartien. **T.** Por desgracia y últimamente siempre pasa algo, cómo hoy, hemos montado en el tren en San Sebatián para volver a Zarautz y antes de llegar al tercer o cuarto túnel el tren se ha parado, ¿qué ha pasado?, pues al parecer que han debido de caer algunas piedras en el interior. Y luego hemos tenido que esperar bastante tiempo a que vendría el autobús.

GELDITXU. (Geldituai), ari, koaz, konaz, kozara, kozarie.

GELDO. Se dice de la persona parada, incapaz. **K.** Eta hokako errexa izenda, nola leike posible ez eukitxeik kapazidadeik hori itxeko?, ba mutil, ustejuat odol geixau eukibikoaukela zeatik larreiko geldo ikusteaut. **T.** Y siendo tan fácil, ¿cómo es posible que tampoco tengas capacidad para hacer eso?, pues chaval, creo que deberías de tener un poco más de sangre porque te veo demasiado parado.

GELDOTU. Volverse vago, pasar de todo. **K.** Horrek zertxobaitx eukidau norbaitxekiñ, eztakitx andriaz izendan, semiaz ero beste erozeñekiñ baña larreitxo geldotuda, len naiko fiñ ibiltxezan lanien eta oñ berriz emutendau etxakola ezer inportik eta bakarrik denporie pasatzen etortzendala. **T.** A ese ya le ha pasado algo con alguien, no sé si con la mujer, el hijo o con cualquier otra persona pero parece que se ha vuelto incapaz de hacer las cosas, antes andaba bastante fino en el trabajo y ahora en cambio da la impresión de que nada le importa y que solo viene a pasar el tiempo.

GELTOKIXE. Estación. **K.** Oñ bai ondo dazela Donostiko geltokixek, trena eta autobusana bata-bestien honduen eta ez lengo bezela, bat aldebaten zala, bestie bestaldien eta maletakiñ fateko batetik bestera taxixe ero autobusa hartu-bierra izetezan. **T.** Ahora sí que están bien las estaciones de San Sebastián, la de autobuses y la del tren una al lado de la otra y no cómo antes, que una de ellas estaba en una punta, la otra en otra y para ir con maletas de un sitio a otro había que coger un taxi o autobús.

GEOTZEN. Estábamos.
(Ver la definición de gauzen).

GERATU, GELDITXU. Parar, detener, quedarse. **K.** Eztakitx ze gertatzendan, eztauen entzuten ero entzuteik gure ez, hor doie tipobat korrikan eta jentie uluka haida esanaz gelditzeko zerreozer jausi injakola ta, ba akaso baleike zerbaitxeatik ero norbaitxetik igexien ibiltxie. **T.** No sé que es lo que pasa, si no oye o no quiere oir, por ahí va un tipo corriendo y la gente le está gritando diciéndole que se pare porque se le ha debido de caer algo, pues a lo mejor puede que se esté escapando por algo o de alguien.

GERATU. Quedar para otra ocasión. **K.** Kaximirokiñ bukatuitxut gaurko esan inbierreko guztiek eta aurretik ezpada ezer erraruik gertatzen datorren martizenerako geratugara. **T.** Con Kasimiro ya he terminado con todo lo que teníamos que hablar en el día de hoy y si antes no surge nada raro hemos quedado para el próximo martes.

GEREZIA. Cereza. **K.** Udaberri asken aldien izenitzen bizikletakiñ Estremaduran eta egun parebat hor Jerte ballara ingurutik ibili, ba han siñistu eziñeto gerezi arbola pilla ikustezien eta danak ondo betiek gereziaz, argazki pillabat ataranitxun eta baitxe aprobetxa batzun-batzuk jateko. **T.** A finales de primavera anduve un par de días en bicicleta por el valle del Jerte en Extremadura, pues allá era increíble la cantidad de cerezos que se veían y todos absolutamente llenos de cerezas, saqué un montón de fotografías y tambíen aproveché para comer unas cuantas.

GERO, GEROKO. Luego, más tarde, quizá en un futuro. **K.** Lan berri horreik beste egunbaterako itxibikoitxu zeatik oñ momentuz nahikue daukou hemen dauenakiñ, gero eta honeik bukatu besteik ez hasikogare beste hareikiñ. Eta esatendan bezela, gero gerokuek. **T.** Eso trabajos nuevos los dejaremos para otro día porque ahora de momento tenemos suficiente con los que hay aquí, y después nada más que los terminemos ya empezaremos con aquellos otros. Y cómo se dice, luego lo de luego.

Aspaldiko esaerabat: Geroko iztendana da iñoiz ingodana.

Un viejo proverbio vasco dice que lo que se deja para luego nunca se hará.

GERO HARTE. Es la palabra que se utiliza para decir hasta luego. **K.** Beno, goixeko lanak bukatuitxu eta nola denpora pixkat dauketen andriei deitxukutzet esateko etxera noiela bazkaltzera, ba orduen banoie eta gero harte. **T.** Bueno, ya hemos terminado el trabajo de ésta mañana y cómo tengo un poco de tiempo le llamaré a la mujer para decirle que iré a ir a comer a casa, pues entonces me voy y hasta luego.

GEROKUE. Lo de después. **K.** Momentuz eta oingoz bentzet gauzak oso ondo urtetzen haidie, baña halaere eztau larrei poztu-bierrik zeatik ondion gerokuek ikusibikou, baña nik ustedot oñ haigaren modu hontan jarraitxu-ezkero eztoula arazo haundirik eukiko. **T.** De momento y por ahora al menos las cosas nos están saliendo muy bien, pero aún así todavía no hay que alegrarse demasiado porque habrá que ver lo de después, pero yo creo que si seguimos de la misma manera que andamos ahora no tendremos grandes problemas.

GEROSTIK. A continuación, posteriormente. **K.** Badakitzue zerbaitx Bartolomen buruz?, fandan astien alkarreaz eongiñen baña gerostik eta nik bentzet, eztot ezer jakiñ eta arrastuik be eztauket nundik nora ibilikodan. **T.** ¿Sabeís algo sobre Bartolomé?, la semana pasada estuvimos juntos, pero posteriormente y al menos yo, no he sabido nada de él y no tengo ni idea de por donde puede andar.

GEROTXUAU. Un poco más tarde. **K.** Itxirezu pixkat geixau deskantzatzen, goixien iñdoten lan horrekiñ xixko iñde geratunaz eta gerotxuau fangonaz berriz ortura. **T.** Déjame descansar un poquito más, después del trabajo que he hecho a la mañana he quedado hecho polvo y ya iré un poco más tarde otra vez a la huerta.

GERRIBUELTA, GERRI-BUELTA. Contorno de la cintura. Fig. se llama así a la persona obesa. **K.** Jeseus!, gizon horrek dauko gerribuelta, akaso geixonbat eukikodau eta ibiltxeko be nahiko arazo daukela emutendau, ba akaso eukikoitxu ehun da larogei kilotik gora eta eztot uste larreiko urruti fangodanik. **T.** ¡Jesús!, vaya contorno de cintura tiene el hombre ese, a lo mejor tiene alguna enfermedad y parece que tiene problemas hasta para andar, pues quizá ya tendrá de ciento ochenta kilos para arriba y no creo que vaya demasiado lejos.

GERRIKOMIÑE, GERRIKO-MIÑE. Dolor en la cintura, lumbago. **K.** Gure Anakleto lagunek gerrikomiñ haundixek eta nahiko sarri eukitxezitxuen, ikusitxe dauket belauniko lanien eta oso gaizki pasatzeauen, gerrikue jarritxe eta oien manta beruaz eotezan baña halaere eta dan horreikiñ be, miñaz. **T.** Nuestro amigo Anacleto solía tener dolor de cintura con bastante frecuencia, le tengo visto trabajar de rodillas y lo pasaba muy mal, se ponía la faja y solía estar con la manta caliente en la cama pero con eso y todo persistía el daño.

GERRIKUE. Faja, ceñidor. **K.** Zarauzko Euskal jaixetan oitura izetenda gerrikue jartzie baserriko jantzixekiñ, eguna hasi besteik ez ondo jarritxe eta bere tokixen eotenda, baña bukatzen haidanien baleike lepo inguruen asaltzie. **T.** En la fiesta Vasca de Zarautz es costumbre ponerse la faja junto con el traje de casero, nada más que el empieza el día suele estar bien colocada y en su sitio, pero cuando está teminando puede que aparezca alrededor del cuello.

GERRIXE. Cintura. **K.** Gauzak ondo aldaute daz, gure amandriak ikusibalauke nola ibiltxendien oingo neskak bildurtu ingozan eta akaso ezan etxetik urtengo geixau, bere aurrenako hitzat izengozien, zikiñok, gerrixe be erakutzi inbierra daukotzue?, eta gero, eztaukotzue besteik erakusteko?. **T.** Cuánto han cambiado las cosas, si nuestra abuela viese de qué forma andan las chicas de hoy se asustaría y a lo mejor ni saldría más de casa, sus primeras palabras serían, cochinas, ¿también teneís que estar enseñando la cintura?, y luego, ¿ no teneís nada más para enseñar?

GERTAERA. Suceso, acontecimiento. **K.** Gogorra izenda toki hortan izendan gertaera, haixe haundi honekiñ arbolabat jausi kotxien gañera eta barruen eozen hiru lagunetik, bat hilda geratuda y beste bixei ospitalera erueitxue nahiko larri. **T.** Ha sido muy grave el suceso que ha ocurrido en aquel sitio, debido al fuerte viento ha caído un árbol encima de un coche y de las tres personas que estaban dentro, una ha resultado muerta y a las otras dos las han llevado al hospital en un estado bastante grave.

GERTAU. Preparar. **K.** Asmue daukou, bixer urtenda, egun batzuk fateko oporretan Valentzia aldera, nere andriek esatendau gauza asko daukela gertau inbierrekuek, beriek noski, izteko pakien eta nik nerie prestatzeko. **T.** Tenemos la intencíon, saliendo mañana, de ir unos días de vacaciones hacia la zona de Valencia, me dice la mujer que tiene muchas cosas que preparar, las suyas claro, que la deje en paz y que lo mío lo organice yo.

GERTAU. Aproximarse. **K.** Gauza horreik hemen bierkoutxu eta oñ dazen tokixen urruti xamar geratzendie, haldozunien gertau iñizu alde hontara meserez eta hala danok askoz errexau ingoutxu lanak. **T.** Las cosas esas las necesitaremos aquí y dónde están ahora queda un poco lejos, cuando tengas tiempo aproxímalas por favor hacia este lado y así todos trabajaremos con mucha más facilidad.

GERTAU. Suceder, ocurrir. **K.** Koitxaua, zer gertaujatzu, jausi inzarela?, benga ezizu iñ mañaik ezta hainbesterañokue izen ta, eta beitu, eztaukotzu ixe ezer, bakarrik koxkorroi txikitxobat urtendau. **T.** Pobrecita, ¿qué te ha ocurrido, que te has caído?, venga, no llores que tampoco ha sido para tanto y mira, no tienes nada, solo ha salido un coscorrón pequeñito.

GERTAU. (Gertauai), koaz, konaz, kozara, kozarie, az, naz, zara, zarie.

GERTU. Cerca, cercano. **K.** Zu billatzen haizaren bulegue nahiko gertu dau hemendik, fanzaitxez kale hontatik aurrrera, hartu bigarren kalie ezkerretara eta bukaera bertan daukotzu. **T.** La oficina que tú estás buscando está bastante cerca de aquí, sigue adelante por esta calle, coge la segunda calle a la izquierda y al final del la misma la tienes.

GERTU. Preparado. **K.** Zueina larreikuek da, andrak izen-bierrak haukotzuen bai, eta eztot ulertzen nola leiken posible hainbeste denpora bier izetie preparatzeko, gu ordu-erdi honetan gertu gara ta aber axkartxuau ibiltxezarien, autobusa zuen zai dau ta. **T.** Lo de vosotras es demasiado, mujeres teníais que ser sí, y no entiendo cómo puede posible el necesitar tanto tiempo para prepararse, nosotros ya hace media hora que estamos listos y a ver si andaís un poco más rápidas que el autobús está esperando por vosotras.

GERTURAU. Acercar o acercarse más. **K.** Larreiko urruti ikustezaut eta hortik eztozu entzungo ezer, eztakitx zeatik jartzezaren hor askenengo illeran bakar bakarrik, bentzet gerturau inzatez pixkat danon inguruen eoteko. **T.** Te veo que estás demasiado lejos y de ahí no vas a poder escuchar nada, no sé porqué te tienes que poner ahí solo solo en la última fila, por lo menos acércate un poco para estar al lado de todos.

GERTURAU. Prepararse. **K.** Jakiñleike ze pasatzendan zueik bixokiñ, jantzi horreikiñ daukotzue asmue bazkai hontara fateko?, hori ezta etxura eta gerturau inzaiteze sikera pixkat zeatik inguruko familixa guztie etorrikoda ta. **T.** Que es lo que pasa con vosotros, ¿es que teneís la intención de ir vestidos con esa ropa a esta comida?, ese no es el aspecto que hay que tener y prepararos siquiera un poco porque vendrán todos los familiares de por aquí.

GERUAU. Más tarde. **K.** Oñ momentu hontan eztauket gogo haundirik eta larreiko prixaik ezpadauko geruau ingot, hemendik ordubete ingurura hor izengonaz. **T.** Ahora en este momento no tengo muchas ganas y si es que no tiene demasiada prisa lo haré más tarde, de aquí a una hora aproximadamente ahí estaré.

GEURIE, GEURIEK. Nuestro, nuestros. **K.** Eh, gelditxu!, ikusten hainaz ze asmo daukotzuen eta gauza horreik ez ikutu eta laga pakien oñ dazen tokixen, lan haundixek eukitxu jaso eta hona ekartzen eta eztot uste zalantzaik eukikozuenik geuriek diela, ez? **T.** ¡Eh, parar!, ya veo las intenciones que teneís pero ni se os ocurra tocar esas cosas y dejarlas ahí en paz en el sitio donde están ahora, hemos tenido muchos trabajos recogiendo y trayéndolas hasta aquí y no creo que tengaís ninguna duda de que son nuestras, ¿no?

GEZALA. Salitre. **K.** Gezala ezta falta izeten kosta aldien eta ezpozu zaintzen eta gañien eon oso laister ordeiketandie gauza guztiek, geixenbat burdiñazkuek dienak, batzuk derrigorrezkuek izetendie baña haldanak bentzet ezta komeni kanpuen izteik eta halaere, axkar ero berandutxuau berdiñ hartzendaue ordeixe. **T.** El salitre es una cosa que no falta en la costa y si no cuidas y estás encima de las cosas enseguida se les forma roña, sobre todo a las que son de hierro, algunas cosas son inevitables pero los que se puedan por lo menos no es conveniente dejarlas fuera y aún así, más tarde o más temprano igualmente se roñan.

GEZA. Soso, insípido, sin apenas sabor. **K.** Jateko gauzak gazixek badaz eztie bape onak izeten baña hainbesteko gezak bez, gañera gauza asko daz, arkume erre hau bezela, eziñleixona gero gatzik bota eztauelako hartzen, barruen bentzet. **T.** Las cosas para comer si están muy saladas no suelen ser nada buenas pero demasiado sosas tampoco, además hay muchas cosas, cómo éste cordero asado, a las que luego no se les puede echar sal porque no lo cogen, al menos en el interior.

GEZATU. Desalar. **K.** Bakallaue gezatzeko ezta berdiñe zati potoluek izen, meiek ero erdikuek, bakotxak bere denpora bier izetendau eta jatetxe askotan gertatzenda eztakixiela punto hori ondo hartzen, eta batzuetan, ero nahiko sarri, pasatzenda batera sartzeitxuela, berdiñ atara eta gero hala geratzendie. **T.** Para desalar el bacalao no suele ser lo mismo que los pedazos sean gruesos, delgados o intermedios, cada uno necesita un tiempo determidado y en muchos restaurantes pasa que no saben coger bien el punto, y algunas veces, o bastantes, ocurre que los meten juntos, también sacar y luego así quedan.

GEZURRA, GEZURRE. Mentira. **K.** Horrek oitura haundixe dauko gezurrek ezateko eta askenien gertaukojako artzai harei bezela, bai ha esaten ibiltxezana otzue datorrela, gezurre izen eta askenien benetan etorri eta bere ardi guztiek akabauzitxula. **T.** Ese tiene mucha costumbre de decir mentiras y al final le va a pasar lo que a aquel pastor, que era mentira cuando decía que venía el lobo y al final vino de verdad y le mató todas las ovejas.

Aspaldiko esaerabat: Gezurrek hanka motxak dauko.

Un viejo proverbio en euskera dice que la mentira tiene las patas cortas.

GEZURREZKUE, GEZURRETAZKUE. Embuste, que no es cierto, que es falso. **K.** Horrek esandauen hori derrigorrez gezurretazkue izengoda zeatik eztot uste posible izengodanik egixe izeteik, nola izengoda ba posible ba ehiztari kuadrilla horrek bostheun uso baño geixau arrapautxuela goixbaten bakarrik? **K.** Lo que ha dicho ese necesariamente tiene que ser un embuste porque no creo que pueda ser cierto, ¿cómo va a ser posible pues que esa cuadrilla de cazadores haya cogido más de quinientas palomas en una sola mañana?

GEZURRETAN, GEZURRIEN. Mintiendo. **K.** Askenien garbi geratuda zeiñ izendan, epaitegiko deklaraketan gezurretan arrapaudaue eta oñ baleike kartzelara sartzie, geixenak ziur bezela geotzen bera zala baña Zeledonio betik ezetzien eonda. **T.** Al final ya ha quedado claro quien ha sido, en la declaración del juzgado le han pillado mintiendo y ahora puede que le metan en la cárcel, la mayoría estábamos bastante seguros de que había sido él pero Celedonio siempre lo había negado.

GEZURTERO, GEZURTI. Mentiroso. **K.** Jakiñien jarriuztie gaur atzaldien ezarela fan eskolara eta neri berriz baietz esauztazu, ba gezurtero galanta besteik ezara eta badakitzu zer ingoten hala jarraiketanbozu?, ba eskolatik atara eta lanien jarrikozaut. **T.** Ya me han puesto al corriente de que esta tarde no has ido a la escuela y a mí en cambio me has dicho que sí, pues no eres más que un gran mentiroso ¿y sabes lo que voy a hacer si continúas así?, pues te voy a sacar de la escuela y te voy a poner a trabajar.

GEU, GEUK. Nosotros. **K.** Ez hartu hainbeste lanik zeatik larreiko nekatuta ikustezaut eta oñ jarri, lasaitu, deskantzau pixkat eta geratzendana geuk bukatukou, akaso ezta geratuko zure bezelako ondo baña halaere alegiñdukogara. **T.** No cojas tanto trabajo porque te veo que estás demasiado cansada, siéntate, te tranquilizas, descansa un poco y lo que queda ya lo terminaremos nosotros, seguramente no quedará tan bien como tú lo haces pero aún así ya lo intentaremos.

GIARRA, GIARTZUE. Carne magra. **K.** Koipiek naska pixkat emutendust eta askoatik naio haragixe giartzue baldinbada. Egixe izengoda ze hau prestatzeko askoz hobeto dala bere koipiaz eotie eta gero naidauenak kentzie badaukela, baña halaere nik baezpare aurretik kentzeutzet. **T.** La grasa me dá un poco de asco y por mucho prefiero que la carne sea magra. Será verdad cuando dicen que para prepararla es mucho mejor que tenga su propia grasa y luego que el que quiera se la puede quitar, pero aún así yo por si acaso se la quito antes.

GIBELA. Hígado. **K.** Ezta askotan gibela eoten gure etxien baña andriek ekartzendauenien gustora jatendou, gañera ta esatendauen bezela oso ona omenda anemian aurka, eztot uste nik dauketenik baña zeñek daki ze gertauleiken aurrerau. **T.** En nuetra casa no suele haber muchas veces hígado pero cuando lo trae la mujer lo solemos comer a gusto, además y según dicen debe de ser muy bueno para combatir la anemia, yo no creo que la tenga pero quién sabe lo que puede ocurrir más adelante.

GIBELEKUE. Enfermedad hepática, ataque hepático. **K.** Sekula eziñda jakiñ baña enauke nai gibelekue eukitxeik, pertzonabat esauketandot hori daukena eta gixajue ernegaute bizida, eta segurazki izengoda zeatik oso sarri fan-bierra izetendau ospitalera eztakitx ze tratamentu hartzera. **T.** Nunca se puede decir pero por nada querría tener una enfermedad hepática, conozco a una persona que sí la tiene y el pobre vive desesperado, y seguramente será porque tiene que ir muy a menudo al hospital a recibir no se que tratamiento.

GIBELAUNDI, GIBEL-HAUNDI, GIBELAUNDIXE. Fig. se dice de la persona tranquila, cachazas, sin prisas. **K.** Benetan pertzona gibelaundixe izen-bierra dauko itxeko Korneliok itxendauena, xei illebete eruetendau jardunien eta gaur be eztutzo iñ lan txiki hori andriei, eta betik esateutzo gauza berdiñe, nola eztauken prixa haundirik ba ingodauela bixer ero etzi. **T.** Hay que ser una persona cachazas de verdad para hacer lo que hace Cornelio, le llevan ya seis meses insistiendo y hoy tampoco le ha hecho ese pequeño trabajillo a la mujer, y siempre le dice lo mismo, que cómo no tiene mucha prisa pues que ya se lo hará mañana o pasado.

GIBELURDIÑA. Rúsula. Seta comestible muy apreciada. **K.** Garai baten ondo esautu, batu eta gustora asko jatenitxuen gibelurdiñak, baña oñ gertatzejat ze nola oso apalditxik enazen fan, ba billdur pixkat emunguztela hartzie zeatik ixe astute dauket nolakuek dien. **T.** En un tiempo las conocía muy bien, recoger y también comer muy a gusto las rúsulas (nosotros siempre las hemos llamado gibelurdiñas), pero ahora me pasa que cómo no he ido en muchísimo tiempo, pues que me daría un poco de miedo el recogerlas porque ya casi ni me acuerdo como son.

GIDARIA. Guía. **K.** Oso ondo ibiligare Zamora hiriburuen gidari horrekiñ, gauza asko ikusi eta esautuitxu, Katedrala, baitxe beste Elixa batzuk, jauregiak, gaztelue eta abar. Lau ordu eongara berakiñ eta danok gustora bukatudou, benetan esanleike gidari berezia zala. **T.** Hemos andado muy bien con ese guía por Zamora, nos ha enseñado y hemos conocido muchas cosas, la Catedral, también otras iglesias, palacios, el castilllo, etc... Hemos estado cuatro horas con él y todos hemos terminado a gusto, de verdad se puede decir que era un guía excelente.

GIDATU. Guíar. **T.** Billatu inbikou bateonbat mendi hortara gidatzeko, hemengo iñor ezgara sekula izen eta baleike nahiko arrixku galtzeko euki bakarrik fatenbagare. Eta baezpare hobeto izengou ziurtazunaz ibiltxie. **T.** Tendremos que buscar a alguien que nos guíe a esa montaña, ninguno de los que estamos aquí hemos estado nunca y si vamos solos puede que tengamos bastante riesgo de perdernos. Y por si acaso será mejor que andemos seguros.

GILIGILI. Cosquillas. **K.** Batzui naiz eta igurtzixen ibili eztotzie apenas giligilirik emuten, eta berriz hori iñezkero beste askoi ero ikutu besteik ez ixe erozeiñ lekutan, eziñdie aguantau, eta esan-baterako nik. **T.** Hay algunos que aunque les hagas muchas cosquillas ni se inmutan, y a otros muchos en cambio si les haces lo mismo o nada más que les toques en cualquier sitio no se pueden aguantar, y por ejemplo yo mismo.

GILTZA. Llave. **K.** Gure seme txikiñek auskalo onazkero zenbat etxeko giltza galduitxuen, baleike nahiko izetie herri hontan eonleikien lapur guztiendako, eta gutxienetik bakotxandako bat. **T.** Para ahora cualquiera sabe la cantidad de llaves de casa que habrá perdido nuestro hijo pequeño, puede que seguramente sean suficientes para todos los ladrones que pueda haber en este pueblo, y por lo menos una para cada uno.

GILTZAPEIEN, GILTZA-PEIEN. Guardado bajo llave. **K.** Hau ezta posible, faltadie atzo hemen itxinitxun tzuletak, ondo gordeta geratuzien giltzapeien eta honen giltza bakarra dau, nik dauketena. Eta eziñdot ulertu nola gertaudan hori, zuei ze iruitzejatzue? **T.** Esto no es posible, faltan las chuletas que dejé ayer aquí, quedaron bien guardadas bajo llave y de ésta hay una sola, la que tengo yo. Y no consigo ententer cómo ha podido ocurrir, ¿qué os parece a vosotros?

GINBELA. Sombrero. **K.** Euskalherrixen eztau oituraik ginbelik erueteko, beno bai, batzuk eotendie eurixe danien erueteitxuenak, eta nik be noixienbeñ aterkiñe eruen inbierrien jantzi izendot. **T.** En Euskalherría no hay costumbre de llevar sombrero, bueno sí, ya hay algunos lo llevan cuando llueve, yo también algunas veces en lugar de llevar paraguas ya me lo lo pongo de vez en cuando.

GINBELA. Palangana. **K.** Docenabat ginbel inguru badauko Akilinok bere baserrixen, kamarako tellatu aspixen, itxufiñ urak jasotzeko, urtietan haida esaten erretelle onbat inbierra daukela baña ondion eztau ezer iñ eta berdiñ jarraitzendau, gauza da horrena bakarrik akordatzendala eurixe itxendauenien. **T.** En el camarote del caserío, debajo del tejado, Aquilino ya tiene casi una docena de palanganas para recoger el agua de las goteras, desde hace años está diciendo que tiene que hacer un buen retejo pero todavía no ha hecho nada y continúa igual, la cosa es que solo se acuerda de eso cuando llueve.

GINBELA. Capitel. Es una pieza de madera que está entre el poste y viga y se ve en las casas que tienen la estructura de madera. **K.** Egurrezko egitura sigero berriztuzan Josun baserrixen eta hango ginbelak, geixenak bentzet, barrixek inbierrak izenzitxuen arotzak zeatik len eozenak naiko etxura txarra haukien. **T.** Cuando se renovó en su totalidad la estructura de madera del caserío de Josu, los carpinteros tuvieron que hacer casi todos los capiteles nuevos porque los que había estaban bastante deteriorados.

GIÑAN, GIÑEN. Fuimos. **K.** Eziozu kulpaik horrei bota zeatik eztakuie zer-ikusirik, gu giñen sagarrak arrapaugauenak baña ezien asko izen, eskukara bat ero beste bakarrik eta eztot uste uskerixa horreatik hala jarri-bierrik daukotzunik. **T.** No les culpes a esos porque no tienen nada que ver, fuimos nosotros los que robamos las manzanas pero no fueron muchas, solo unos puñaditos y no creo que por esa miseria te tengas que poner así.

GIPUTXI. Es la denominación, quizá con cierto retintín, que se hace del guipuzcoano. **K.** Bizkaitarrak nahiko oitura izetendaue guri giputxi deitzeko eta gañera hola, gauza ekaxa bezela, baña neri bentzek etxat bape importik horreik esatendauenik. **T.** Los bizkaínos tienes bastante costumbre de llamarnos giputxis, y además así con cierto aire de superioridad, pero a mí desde luego no me importa nada en absoluto lo que puedan decir esos.

GIRUE. El tiempo. **K.** Askenien be urtendau nahiko etxurazko girue, aste guztie eonda haixetzu, euri-zaparrarakiñ eta esatendauen ez errekak ur geixau hartu eziñien diela. Ba ia ordue zan gabardiñ eta guardasolak etxien izteko. **K.** Al fín ha salido un día con un tiempo bastante bueno, llevamos toda la semana con viento, muchísima lluvia y según dicen los ríos ya no pueden recibir más agua. Pues ya era hora de que dejásemos en casa las gabardinas y paraguas.

GITZEN. Eramos. **K.** Bai, eta ez beitu bestaldera zeatik ondo jakiñien zare asunto honen buruz, atzo gu gitzen lan horreitan ibiligiñenak eta gaur badakitzue zeñeik fan-bierra daukien bukatu ta txukuntzera, ba zueik. Hala berba iñde dau eta oñ halaxe tokatzenda. **T.** Si, no miréis para otro lado porque conocéis perfectamente de que va el asunto, ayer nosotros éramos los que estuvimos haciendo esos trabajos y hoy ya sabéis quién tiene que ir a terminar y recoger, pues vosotros. Así está hablado y así toca ahora.

GIXAJO, GIXAJUE. Se dice de la persona triste, abatida, infeliz, que dá lástima. **K.** Ze pena emutendauen gizon horrek, gixajue, lapurretan ibili omendie bere etxien, aurrena andriei egurtu ta gero ikusidauen guztiek arrapautxue, dirue, eozen bitxi guztiek, hal izendauen guztiek. **T.** Que pena da ese hombre, infeliz, parece ser que han estado robando en su casa, primero han debido de dar una paliza a su mujer y luego se han debido de llevar todo lo que han visto, el dinero, las joyas que había, todo lo que han podido.

GIXAUE, GIXAUA. Guisado de carne. **K.** Nikaxio eta Tomasitok, baitxe nik be, esatendaue euron amak, kasu hontan nere andrie, prestatatzendauen gixau bezelakoik eztauela beste iñun jan, oñ, akaso pelotilla be apurtxobat izengoda eta aber hala sarritxuau jartzerdauen. **T.** Nicasio y Tomasito, al igual que yo, dicen que cómo el guisado de carne que prepara su madre, en este caso mi mujer, no lo han comido en ningún sitio, ahora, que a lo mejor también puede que sea un poco de coba y a ver si así lo pone más a menudo.

Errezezetabat: Okelien gixaua. Entzunde dauket gixaua prestatzeko okela onena txankarra omendala. Ba orduen garbi dau eta hori erostendou, kasu hontan kilobat, neri gustatzejat zati osue erosi eta gero norberak zatitxu naidauen tamañan, ta baitxe kendu koipe zerbaitzuk larreitxo badauko. Aurrena jarri sutan etxurazko lapikobat ez larreiko olixokiñ eta hor prijitxu, asko-barik, haragi zati horreik gatza, piper autza bota eta urun pixkatekiñ pasa ondoren, su iñdertzuen eta kolore pixtak hartzendauenien atara ontzi-batera. Hau llsto eta gero hasi prestatzen berdurak, etxurazko kipulabat ero bi txiki, hobe freskue baldinbada, hiru berakatz ale, azenaixue, piper berdie eta porrue zuri aldetik, hiru asken honeitik bakotxetik bana eta dana txiki xamar moztuta, sartu haragixe ataradoun lapikora eta itxi mantzo potxatzen geratudan olixotan, gertu dauenien jarri honekiñ batera okelie, buelta batzuk eta bota etxurazko ardau baltza, zurixe izenda berdintzu da, ugeri xamar, eta pixkatien su iñdertzuen laga alkola urtudeixen, segi bueltatzen eta gero basobat ura, jetxi suen iñderra, tapa lapikue eta itxi hor gutxigorabera ordubete ero eta terdi inguruen. Komenida noixienbeñ beitzie aber haragixe xamurre dauen. Ba ezta ia asko geratzen, hogei miñutu geratzendanien bukatzeko geitxu lapikue patata zati batzukiñ eta nai izenezkero bebai poteko txanpiñoi eta iderrak. Batzuk patata ta beste erozeiñ gauza sartu aurretik eta okelie atara ondoren pasa itxendaue saltza, baña nik bentzet naio izetendot dauen bezela iztie.

Una receta: Guisado de carne. Tengo oído que la mejor carne para preparar el guisado es el zancarrón. Pues entoces está claro y compramos eso, en este caso un kilo, a mí me gusta comprarlo en una pieza y luego cortarlo al tamaño que quiera, y también quitarle algo de grasa si es que tiene demasiada. Primero ponemos al fuego una cazuela decente con no mucho aceite, ahí doramos a fuego fuerte, pero sin que se hagan demasiado, los pedazos de carne después de haberlos salpimentado, pasados por un poco de harina y cuando ya hayan cogido color los sacamos a un recipiente. Esto listo y luego empezamos a preparar las verduras, una cebolla hermosa, o dos pequeñas, tres dientes de ajo, zanahoria, pimiento verde y lo blanco del puerro, de estos tres últimos una unidad por cada y todo cortado en pedazos pequeños, lo metemos en la cazuela que hemos sacado la carne y lo dejamos a pochar suavemente en el aceite que ha quedado, cuando está listo ponemos la carne junto con ello, unas vueltas y añadimos una buena cantidad de vino tinto de cierta calidad, también podría ser blanco, dando más vueltas a fuego fuerte dejamos que se evapore el alcohol y después añadimos un vaso de agua, bajamos la intensidad del fuego, tapamos la cazuela y lo dejamos ahí aproximadamente durante una hora u hora y media. Conviene mirar de vez en cuando para comprobar que la carne está tierna. Pues ya no queda mucho, cuando falten unos veinte minutos para que termine se incrementa la cazuela con unos pedazos de patata y si se quiere con chanpiñones y guisantes de bote. Algunos antes de meter la patata y demás y después de sacar la carne suelen pasar la salsa, pero yo por lo menos prefiero dejarla tal y como está.

GIXERRA. Carne magra.

(Ver la definición de giarra).

GIZA. Referencia al ser humano, a sus derechos. **K.** Pateran etortzendien gixajo horreik eta beste danak bezela badaukie, ero bentzet eukibilaukie, bere giza, han etorridien tokitxik larreiko gaizki eozen, gerra, lanik ez eta gosie, gero hona allegau eta geixenbaten ze gertatzenda?, ba gauza onik ixe ezer ez eta gañera horreitik askoi berriz bueltan bielketaitxue. **T.** Esa pobre gente que viene hasta aquí en pateras también tienen los mismos derechos, o al menos los deberían de tener cómo todos los demás, allá de dónde vienen estaban muy mal, guerra, falta de trabajo y hambre, luego llegan aquí ¿y que pasa?, pues de bueno casi nada y además a muchos de ellos les mandan otra vez de vuelta.

GIZA. Modo, a modo de… **K.** Hemen dauen bezelako giza berdiñe hartu-bierra daukou bestaldien itxeko, ugesabak hau ikusi ondoren bere gustokue dala esatendau eta halaxe naidau geratzie bestie, haldan berdintzuen. **T.** Tenemos que ver y procurar de hacer allá en la otra parte lo más parecido a lo que está aquí, el dueño después de haberlo visto dice es de su gusto y quiere que quede así, lo más similar posible.

GIZAKUMIE. Varón, género masculino. **K.** Batzuetan ezta oso errexa izeten igertzie zeiñ dan gizakumie eta zeiñ emakumie, askotan gertatzenda bixek erueteitxuela jantzi berdintzuek, belarritxekuek, erastunek eta oñ mutillek be hasidie margotzen. Ezta bape errexa, ez. **T.** En algunas ocasiones no es fácil distinguir entre el género masculino y femenino, muchas veces suele pasar que los dos visten parecido, llevan pendientes, sortijas y ahora los varones también han empezado a maquillarse. No es nada fácil, no.

GIZALABA. Hija, mujer. **K.** Rigobertok etxura guztie dauko oso ondo zaiñdute dauela eta batzuetan bere lagunek adarra joteutzie horren kontura, bost gizalaba dauko etxien, andrie eta lau alaba eta betik ikustejako dotore, ondo jantzitxe ta zapata garbixekiñ. Eta txantxan esateutzie gusto haundixe daukela erropak erosten. **T.** Rigoberto parece que está muy bien cuidado y sus amigos a veces le suelen tomar el pelo a cuenta de eso, tiene a cinco mujeres en casa, su mujer y cuatro hijas y siempre se le vé elegante, bien vestido y con los zapatos limpios. Y en broma le suelen decir que tiene mucho gusto comprando la ropa.

GIZALDIA, GIZALDIXE. Referencia a la generación, a lo que puede durar una vida. **T.** Nere anaiek, LuisJose, oñ idatzi-barri dauko gure famili buruzko gizaldibat askenengo ixe xeirehun urteko kontuekiñ, eta han asaltzedie jaiotzak, hilldekuek, onak izenzienak, ez hainbestekuek, eta baitxe geiztuek be, asken hontakuek bakar-batzuk besteik eztie agertzen, eta danera nahiko interesgarrixe da. **T.** Mi hermano Luis José ha escrito recientemente un libro sobre las pasadas generaciones de nuestra familia que abarca casi los últimos seiscientos años, y allá aparecen nacimientos, muertes, los que fueron buenos, otros que no lo fueron tanto, y también peores, de estos últimos solo aparecen unos pocos, y en todo es bastante interesante.

GIZARTEA. Grupo de personas. **K.** Gizarte onien eongiñen Zelatungo erromeixan, jente asko eonzan, egueldi zoragarrixe eta sekulako giro ederra. Gu bazkaixe hartuta fangiñen eta han beste esagun familikiñ alkartu, bazkal ondoren umiek ederto jolasten ibilizien eta gu bitxartien kafetxobat eta patxaran txupito parebat hartuaz, hantxe lasai eta barriketan. **T.** En la romería de Zelatun, en las faldas del monte Hernio, hubo muchísima gente, el tiempo fue magnífico y también el ambiente, nosotros fuimos con la comida y allá nos juntamos con otra familia conocida, después de comer los críos anduvieron jugando a gusto y nosotros mientras tanto charlando tranquilamente, tomando un café y un par de txupitos de patxarán.

GIZASEMIE. Hombre, varón.

(Mirar la definición de gisalaba, pero lógicamente como varón).

GIZENA. Se dice de la persona obesa, oronda. **K.** Pankrazio betik izenda gizon haundixe ta iñdertzue, baña oñ eta erretirau iñdanetik nahiko gizena jartzen haida, len lanien asko ibiltxezan ta bukatu ondoren baitxe berdiñ, eta oñ etxuraz naiau izetendau musien itxie tabernan. **T.** Pancracio siempre ha sido un hombre grande y fuerte, pero ahora y desde que se ha jubilado se está poniendo bastante obeso, antes en el trabajo y también después de terminar andaba mucho, y ahora parece que prefiere jugar al mus en la taberna.

GIZENA. Tocino, grasa. **K.** Asteburutan nik itxeitxut errekauek eta karnizeixatik ekartzenbot okelie nere aurreneko lana izetenda gizena kentzie nik janbioten xerrai, andriek errietan itxendust hori itxeatik baña nik nerie. **T.** Los fines de semana hago yo los recados y si es que traigo carne de la carnicería mi primer trabajo es quitar la grasa al filete o entrecot que voy a comer yo, la mujer me suele reñir por hacer eso pero yo a lo mío.

GIZENDU. Engordar, cebar. **K.** Baserri ollasko batzuk erosteko asmuaz nabill eta fanaz esandako tokira, galdetutot eta bai, saltzen daukie baña komestatzendau etxoiñ inbierra dauela hamabost egun inguru pixkat gizendu hartien. **T.** Ando con la intención de comprar unos pollos de caserío y ya he ido al sitio me han dicho, he preguntado y sí, los tienen para vender pero comenta que hay que esperar unos quince días hasta que engorden un poco.

GIZONA. Hombre. **K.** Eztaukotzu zeatik asarretuik, toki hortara fateko gizona izen-bierra daukotzu, zu ondion mutikobat zara eta eztotzue sartzen itxiko. Etxoizu etxien gu etorri hartien eta lasaitu zeatik hemendik urte parebatera eukikozu fatie, gurebozu gurekiñ ero beztela zure lagunekiñ. **T.** No tienes porqué enfadarte, para ir a ese sitio hay que ser un hombre, tú todavía eres un chaval y no te van a dejar entrar. Espéranos en casa hasta que vengamos y tranquilízate porque dentro de un par de años ya podrás ir, si quieres con nosotros o sino con tus amigos.

GIZONDU. Madurar, hacerse hombre. **K.** Honekiñ alperra da eta ustedot eztala sekula gizonduko, laister hogetabat urte eukikoutxu eta txupetie hartzie bakarrik geratzejako umie izeteko, eta eztakitx nola eztan pizxkak geixau argitzen. **T.** Con éste es inútil y creo que nunca se hará un hombre, pronto cunplirá veintiun años y solo le falta coger el chupete para ser un crío, no sé cómo no puede espabilar un poco más.

GIZONEZKUE, GIZONEZKUEK. Hombre, hombres. **K.** Zarautzen emakumezko izugarrizko dendak pilla daz, gizonezkuek berriz banaka-batzuk besteik ez eta akaso aldatu-bierrak izengozien bata bestialik, batzuk bentzet zeatik gizonak zerbaitx apartekoik nai izen-ezkero erostie Donostira fan-bierra dauko, ero daukou. **T.** En Zarautz hay un montón de tiendas de mujeres, en cambio de hombres solo unas pocas y quizá se deberían de cambiar unas por otras, algunas por lo menos porque si un hombre quiere comprar algo distinto tiene, o tenemos, que ir a San Sebastián.

GIZONKEIXAK. Aparentar o intentar hacer cosas propias de hombres. **K.** Ze plantoxo ta xelebre dan zure ume txikiñe, ondion eztauko bost urte eta gizonkeixa asko dauko, berba ta galderak oso serixo eta gauza askon buruz itxeitxu. Tu hijo pequeño aparenta mucho, todavía no tiene cinco años y habla y actúa como un hombrecito, dice y pregunta muy serio sobre un montón de cosas.

GIZONTAZUNA. Que ofrece maneras propias de una persona madura. **K.** Benetako gizontazuna da mutiko horrena, eskolatik etorri eta merienda aurretik galdetu itxendau ze inbierra dauen eta zerbaiktx baldinbadau, aurrena meriendau eta ondoren laguntzen hastenda. **T.** De verdad que ese chaval tiene maneras propias de mayores, viene de la escuela y antes de merendar lo primero que hace es preguntar es si hay algo que hacer y si es afirmativo, primero merienda y después empieza a ayudar.

GIZONTXO. Hombrecito. **K.** Alpaldiko kontuek die baña berdiñ da, lenau mutikuek gizontxo itxegiñen, hala ustegauen bentzet, aurreneko fraka luziek jarri ondoren eta hori gutxigorabera hamalau ero hamabost urte bete ondoren izetezan, egun hori sigero berexixe zala iruitzejakun eta nahiko harrosko be jartzegiñen. **T.** Son cuentos de hace mucho tiempo pero es igual, antes los chavales nos hacíamos hombrecitos, así lo creíamos al menos, después de que nos poníamos por primera vez el pantalón largo y eso era más o menos cuando cumplíamos los catorce o quince años, ese día nos solía parecer que era muy importante y también presumíamos bastante.

GOBAIKARRIXE. Se dice de la persona molesta, fastidiosa, que continuamente está encima y dando la pelmada. **K.** Baleike gizon ona ta jatorra izetie baña ezerreatik enauke gureko bakarrik geratzie berakiñ, hastenda barriketan eta ixildu inbarik jarraitzendau naskatu hartien beraz dauenai, eta askenien danak igex itxeuztzie. Eta benetan larreiko gobaikarrixe dala hala jartzendanien. **T.** Puede que sea una persona buena y trabajadora pero por nada querría quedarme a solas con él, empieza a hablar y continúa sin parar hasta que termina de hartar a los que están a su lado, y al final todos se le escapan. Y de verdad que cuando se pone así es una persona demasiado fastidiosa.

GOBAITX, GOBAITXU. Estar harto, cansado, aburrido con la persona. **K.** Alde axkar hemendik zeatik nahiko gobaitx iñdot zurekiñ ta, hau bai dala eziñ pakien iztie, goix guztie doiezu gonatik tiratzen eta jakiñleike zer gurozun? **T.** Vete rápidamente de aquí que ya me has aburrido bastante, esto sí que es no poder dejarme en paz, llevas toda la mañana tirándome de la falda ¿y se puede saber que es lo que quieres?

GOBERNAU. Cuidar a los animales. **K.** Zure lengosuek Isaister ekarrikoitxu ganauek ikullura eta gero lagundu-bierra eukikodau horreik gobernatzen, jana ta erana emun eta oiek iñ. **T.** Pronto traerá tu primo el ganado a la cuadra y luego tendrá necesidad de ayuda para instalar y alimentar a los animales, darles de comer, beber y hacerles la cama.

GOGO-BARIK. Sin ganas. **K.** Eztakitx zer izenleiken baña Basiliok badaukó zerbaitx, egun batzuk eruetendau ezerko gogo-barik dabillela, ez goseik, ez animuik eta ez ezer itxeko. Esatendau eztaukela iñungo miñik baña nik ustedot baezpare medikura fan-bierra eukikodala aber zerreozer emuteutzen, noski aurretik ikusitxe zerbaitx dauken. **T.** No sé que puede ser pero algo ya le pasa a Basilio, lleva una temporarda que no tiene apetito, tampoco ganas de hacer nada y le falta ánimo. Dice que no tiene daño alguno pero yo creo que por si acaso debería de ir al médico a ver si le dá algo, claro que después de mirarle por si tiene algo.

GOGOKUE. Algo bueno y rico. **K.** Egixe da lan asko iñdoula baña bera be ondo portauda gurekiñ, nahiko ordainduta izengara eta gañetik gonbidau iñdauen bazkaixe be oso gogokue izenda. Aurrena berduran menestra ta gero lebatza laban errie, eta ondoren gaztaiaz eta kafiekiñ gustora geratugara danok. **T.** Es verdad que hemos trabajado mucho pero él también se ha portado bien con nosotros, nos ha pagado lo suficiente y encima nos ha invitado a una comida muy buena. De primero menestra de verduras y luego merluza al horno, y después con el queso y el café todos hemos quedado a gusto.

GOGOTIK. Coger con ganas o hacer algo con ganas. **K.** Deskantzau iñizu pixtat mutil errebentau aurretik, benetan gogotik hartodozu lan hori, zure aurretik eondan bestie izenbazan sikera zu zaren erdixe onazkero aspaldi bukauta eonbierra hauken. **T.** Descansa un poco hombre antes de que revientes, de verdad que has cogido con muchas ganas ese trabajo, si el otro que ha estado antes hubiese sido siquiera la mitad de lo que tú eres para ahora ya tenía que haber estado terminado.

GOGOR. Insistir, hablar con dureza y muy en serio. **K.** Eztakitx zeatik arriketazaran, len be esanotzun mutil hori alperbat zala eta ezpotzazu gogor itxen hori hor eongoda lasai askuen potrojorran, ba bi aukera daukotzu, bronca haundibat bota-ezkero baleike hala lanien hastie eta beztela berriz kasuik iñ ez eta kalera bieldu. **T.** No sé de que te asombras, antes también ya te dije que ese chico era un vago y si no se le hace duro ese ahí estará tranquilamente tocándose los huevos, y tienes dos alternativas, si le echas una gran bronca puede que empiece a trabajar y sino pues no hacerle caso y mandarle a la calle.

GOGORA. Hacer las cosas a gusto. **K.** Pozik nau, gaur emundudako lan hau nere gustokue da eta gogora hartukok, ez atzoko bezelakue zeatik egun guztien ormigoie puskatzen ibilinitzen malluaz, eta gañetik baitxe nahiko xixko iñde geratu be. **T.** Estoy contento el trabajo que me han dado para hoy, es sencillo y lo cogeré a gusto, no cómo el de ayer porque estuve todo el día rompiendo hormigón con el mazo, y encima también quedé hecho bastante cisco.

GOGORATU. Recordar. **K.** Apuntau iñizu baezpare zeatik beztela ezara gogoratuko bixer inbiozunaz, badakitx nolako burue daukotzun, txoritxuen bezelakue eta gañetik gertatzenda zuri gauza horreik etxatzula bape inportik. **T.** Anótalo por si acaso porque sino no vas a recordar lo que tienes que hacer mañana, ya sé la cabeza que tienes, cómo la de un pajarito y encima pasa que a tí esas cosas no te importan en absoluto.

GOGORATU. (Gogoratukoaz), konaz, kozara, kozarie.

GOGORRA. Duro. **K.** Ixe ikutu-barik dau txuleta hau eta hartuizu gurebozu, nik eziñdok jan zeatik neretzat larreiko gogorra dau eta eskatukot beste gauzabat, eztauket bape asmoik gosiaz geratzeko **T.** Casi está sin tocar y si quieres coge esta txuleta, yo no la puedo comer porque para mí está demasiado dura y ya pediré alguna otra cosa, no tengo ninguna intención de quedarme con hambre.

GOGORRIEN. A malas. **K.** Kostata baña alegiñdunaz onien esaten gauza honeik, baña ikustendot, eta eztakitx zergaitxik etxatzula ezer importik nik esandakue, askenien gogorrien fan-bierra izengoula eta ez sekula astu ze hau zure eroskorratik dala. **T.** Me ha costado pero he intentado decir estas cosas a buenas, pero estoy viendo, y no sé porqué que no te importa en absoluto nada lo que yo diga, que al final tendremos que ir a malas y no te olvides nunca que ésto es debido a tu cabezonería.

GOGORTU. Endurecer. **K.** Zuk jarridozun proba honeik oso errexak die eta ikustendozu erozeñek itxeitxula, ba ustedot gogortu inbikozula, sikera zertxobaitx eta aber hala geitxuau nekatzendien, momentuz bentzet danak ondo lasai dazen etxurie daukie. **T.** Estas pruebas que les has puesto son demasiado fáciles y ya ves que las hace cualquiera, pues creo que deberías de endurecerlas, siquiera un poquito y a ver si así se cansan algo más, de momento al menos todos tienen la apariencia de que están muy tranquilos.

GOGO-TXARRA. Desganado, sin apetito.

(Ver la definición de gogo-barik).

GOGOTZU. Animoso, con ganas. **K.** Ze ondo iñdoten lo eta gañera ametz goxuekiñ, oso gogotzu jaikinaz eta animo haundixekiñ ortuko lan geixentzuek itxeko, ba aber giruek laguntzendauen. **T.** Que bien he dormido y ademas con sueños placenteros, me he levantado con ganas, animoso y tengo la intención de hacer la mayoría de los trabajos de la huerta, pues a ver si acompaña el tiempo.

GOGOZ. A gusto. **K.** Ba atzo ortuko lanak oso gogoz hartu eta hasinitzen, giro euskitzue, bero haundirik ez eta askenien lan guztiek amaitunauen, baña baitxe larreiko nekauta geratu be. Halaere laister errekuperaunitzen etxien dutxa onbat hartu ondoren, gustora bazkaldu eta gero ordu erditxokat butakan begixek itxitxe hola teleberri ikusiaz bezela. **T.** Pues el trabajo de ayer de la huerta lo cogí y empecé muy a gusto, tiempo soleado, sin mucho calor y al final terminé todo lo que había que hacer, pero también quedé demasiado cansado. Aún así me recuperé pronto después de una buena ducha en casa, comer a gusto y luego media hora en la butaca con los ojos cerrados así como que estás viendo el telediario.

GOGOZKUE. Apetecible, del gusto. **K.** Eztozue iñok esango fandan asteko eskurziñue ezala danon gogozkue izen, eh?, ba hurrengue badakitzue zeñei tokatzejakon eta aber berdintzu urtetzendan. **T.** No podrá decir nadie que la excursión de la semana pasada no fue del gusto de todos, ¿eh?, pues la próxima ya sabeís quienes les toca y a ver si sale de forma parecida.

GOGUE. Ganas, deseos. **K.** Badauket fateko gogue herri txiki hori esautzera, sarri entzundot oso politxe omendala eta aber noix dauketen aukera, momentuz bentzet eziñdot zeatik larreiko lanakiñ hainaz baña akaso udaberri aldien hal izengot. **T.** Ya tengo ganas para ir a conocer ese pequeño pueblo, he oído bastantes veces que es muy bonito y a ver cuándo tengo la oportunidad, de momento no puedo porque ando con demasiado trabajo pero quizá si pueda hacia la primavera.

Aspaldiko esaerabat: Gogue dauen tokixen, eztau aldapaik.

Un viejo proverbio en euskera vendría a decir que cuando hay ganas se pueden hacer las cosas.

GOGUEN. Tener en cuenta, acordarse. **K.** Ezaitez astu meserez eta goguen hartu ondion eztozula bukatu hemen itxen haizarena, etxatzu askoik geratzen baña alde itxenbozu badakitx ze gertatzendan gauza honeikiñ, ezarela axkar bueltauko. **T.** No te olvides por favor y ten en cuenta que todavía no has terminado lo que estás haciendo aquí, no es que te quede mucho pero si te marchas ya se lo que pasa con estas cosas, que no volverás con prontitud.

GOI-ALDIE, GOI ALDIE. La zona de arriba. **K.** Denporalien haizara bueltaka aldebatetik bestera mallukie billatzen, baezpare beituzu aber hor goi-aldien dauen zeatik atzo ikusinauen mutillei inguru hortan haizala erramintak jasotzen. **T.** Llevas ya bastante tiempo dando vueltas de aquí para allá buscando el martillo, por si acaso mira en la zona de arriba a ver si está ahí porque ayer le ví al chico que andaba por allá recogiendo las herramientas.

GOIBELA. Día triste con cielo nuboso. **K.** Gaurko bueltatxue itxeko baezpare guardasolak atarabikou, egun nahiko goibela urtendau eta baleike eurixe hastie erozeiñ momentutan, gañera gu ibiltxegaren tokixetan eztau bape aterperik. **T.** Para salir hoy a pasear vamos a tener que sacar los paraguas por si acaso, el día ha salido bastante nuboso y puede que llueva en cualquier momento, además por los sitios que andamos nosotros no hay dónde resguardarse.

GOIBERAK, GOI-BERAK. Afección de las personas que son bipolares. **K.** Gizon horrek goibera haundixek eukitxeitxu, egunbaten ikustendozu oso alai ta barriketa goguekiñ dauela, eta hurrenguen berriz buru-makur, ixilik eta triste, nik ezertxorik eztot ulertzen baña pentzatzendot ze akaso medikura fanbierra eukikodaula. **K.** Yo creo que ese hombre tiene bastantes afecciones que no sé si llamarles bipolares, un día le ves alegre, risueño y con ganas de conversar, y el siguiente en cambio está triste, con la cabeza gacha y callado, yo no entiendo nada en absoluto pero pienso que quizá debería de ir al médico.

GOIEGI. Demasiado alto, demasiado arriba. **K.** Zuk ezetz esandozu baña itxeko daukoun lana goiegi dau eta ezgara allegatzen, hemen eztaukou gauza haundirik baña nolabaitx aldamiño txikibat prestau-bierra eukikou, ero beztela jarri bata-bestien gañien eta hala iñ. **T.** Tú has dicho que no pero el trabajo que tenemos que hacer está demasiado alto y no podemos llegar, aquí no tenemos gran cosa pero de alguna forma tenemos que preparar un pequeño andamio, o sino nos ponemos uno encima del otro y lo hacemos así.

GOIEZ. Vamos. **K.** Eztakitx zeatik esatendozuen ezetz, gu bentzet bai goiez eta zueik be gurekiñ etorribizaukie zeatik umiek sigero ondo ibilkozien alkarreaz hondartzan. Animau zaiteze eta nik eruengot hamarretako pixkat danontzat. **T.** No sé porque decís que no, nosotros por lo menos ya vamos y vosotros también deberíais de venir porque los crios lo pasarían muy bien juntos en la playa. Animaros y yo ya llevaré unos bocadillos para todos.

GOI-GOIXEN. Arriba del todo. En lo más alto. **K.** Zalantzaik eztau Baldomero balixo haundikue dala eta baitxe oso langillie be, halaere ezta errexa ulertzie horrek lortudauen guztie, eta nola izendan?, ba auskalo, baleike bere merezitazunatik ero akaso beste zerbaitxeatik baña gauza da banku hortan errekadista bezela hasizala eta gaur dala eguna goi-goixen dauena. **T.** No hay ninguna duda de que Baldomero vale mucho y que también es muy trabajador, aún así no es fácil de entender todo lo que ha conseguido, ¿y de qué manera ha sido?, pues cualquiera sabe, puede que por sus merecimientos o quizá por alguna otra cosa, pero la cosa es que empezó en el banco como recadista y hoy es el día en que está en lo más alto.

GOIKALDIE. La parte de arriba, la zona de arriba. **K.** Ikusten nabill denpora dexentie erutendozula hemendik bueltaka, zertan ba, akaso bateonbati billatzen haizara?, Rupertoi?, ba ha normalki han goikaldien ibiltxenda eta ingutzen-bazara bai seguru ordu hontan han eongodala. **T.** Estoy viendo que llevas un buen tiempo dando vueltas por aquí, ¿para qué pues, acaso está buscando a alguien?, ¿a Ruperto?, pues ese normalmente suele andar por la zona de arriba y si vas hacia allá a buen seguro que a estas horas sí estará.

GOIKUE. El de arriba, lo de arriba. **K.** Gure aldameneko andrie oso asarre dau goikuaz, esatendau gau guztien eotendiela zaratak ataratzen eta gañera nahita izetendala berai izurratzeko, ba eztakitx hala izengodan baña neri bentzet asko kostatzejat hori siñistie. **T.** La señora que vive al lado nuestro está muy enfadada con los vecinos de arriba, dice que suelen estar haciendo ruidos toda la noche y que además lo hacen a propósito para fastidiarle ella, pues no sé, pero a mí por lo menos me cuesta mucho creer que eso sea así.

GOI-MALLA, GOIKO-MALLA. Grado superior, lo o el que está arriba. **K.** Bestenbati esanbikotzazu hori itxeko zeatik neretzat lan hori goi-mallakue da eta ezingot iñ, gañera sekula inbakue da eta arrastuik be eztauket nola itxendan. **T.** Tendrás que decile a algún otro para que te haga eso porque para mí ese trabajo es una cosa superior y no lo podré hacer, además nunca lo he hecho y no tengo ni idea de cómo se hace.

GOI-PARTIE. La zona alta, la de arriba. **K.** Beno, eztot uste larrei asmatubikounik gela hau margotzeko, nola zu zaren ni baño askoz haundixaue goi-partie itxie tokatzejatzu eta bealdie nere kontura. **T.** Bueno, no creo que tengamos que pensar mucho para pintar esta habitación, como tú eres bastante más grande que yo te toca la parte de arriba y de la de abajo ya me encargo yo.

GOITIBERAK. Artilugios que se utilizan, generalmente artesanales, para bajar pendientes a la mayor velocidad posible. **K.** Zizurkil jaixetako bigarren egunien goitiberan lehiaketa dau eta ezpaukotzu inbierreko gauza askoik fanleikegu ikustera, eta ia han gazen aprobetxau be ingogauke hamarretako pixkat itxeko. **T.** El segundo día de las fiestas de Zizurkil hay una competición de goitiberas y si no tienes muchas cosas que hacer podíamos ir a verla, y ya que estamos allá también aprovecharíamos para hacer un poco de hamarretako.

GOITIK, GOITXIK. Por arriba, por encima. **K.** Oñartien ondo fangara baña hemendik aurrerakue hobeto izengou goitxik fatie, euri asko iñdau eta bealdie akaso larreiko lokastuta eongoda, baleike denpora pixkat geixau itxie baña ustedot askoz hobie dala. **T.** Hasta ahora hemos ido bien pero a partir de aquí es mejor que vayamos por arriba, ha llovido mucho y la zona de abajo puede que esté demasiado embarrada, quizá tardemos un poco más de tiempo pero yo creo que es mucho mejor.

GOITIBERA, GOITXIBERA. De arriba abajo. **K.** Beno meserez, ezaitez holako xelebrie izen, nola hasikozara hortik ba?, lan hau goitxibera inbierrekue da eta hastenbazara zuk esatendozun tokitxik dana txarritxukozu. **T.** Bueno por favor, no seas tan raro, ¿cómo se te ocurre que puedes empezar por ahí?, este trabajo hay que hacerlo de arriba para abajo y si lo empiezas por donde tú dices vas a dejar todo hecho un asco.

GOIX. Temprano. **K.** Andriek batzuetan, ero sarri, errietan itxendust asunto berdiñatik eta betiko galdera itxendau, aber zergaitxik jaiketxenazen holako goix, eta noski, nik be betiko erantzuna, zer gurozu ba itxie esnaketanbanaz? Hau oso alpaldiko oitura da, laneko denporan hasitxekue, horrena badie urte batzuk eta ondion hor jarraitzendau. **T.** A veces, o bastantes, ya me suele reñir la mujer por el mismo asunto y siempre hace la misma pregunta, a ver porque me levanto tan temprano, y claro, mi respuesta también es la de siempre, ¿qué quieres que haga pues si me despierto? Esta es una costumbre adquirida hace mucho tiempo, empezó cuando trabajaba, ya hace de eso unos cuantos años y ahí continúa todavía.

GOIXA. La mañana. **K.** Bixerko goixa aprobetxau inbierra daukou tomatiek eta piperrak landatzeko, gero berandu-barik erregau zeatik nere andriek esatendau eztala komeni gauza horreik itxie bero haudixe dauenien. **T.** Tenemos que aprovechar la mañana para plantar los tomates y pimientos, luego y sin que sea tarde regar porque mi mujer dice que no conviene hacer esas cosas cuando hace mucho calor.

GOIXALDIE, GOIX-ALDIE. Amaneciendo, clareando el día. **K.** Bonifaziok esatendau ze bere betiko oitura dala, euri haundirik ezpadau itxen bentzet, goixaldien urtetzie etxetik ekiñaldi txikibat itxeko mendi inguruen, eta beratzirak aldien bueltau periodiko eta ogixekiñ. **T.** Bonifacio suele decir que su costumbre de siempre es, si al menos no llueve demasiado, salir muy temprano de casa, cuando está amaneciendo para hacer un pequeña recorrido por el monte, y luego volver hacia las nueve con el pan y el periódico.

GOIXARGI, GOIX-ARGI. Ya amanecido. **K.** Bixer asmue daukou Salamanka aldera fateko egun batzuk pasatzera, baña eztau halako urruti eta prixa haundirik be eztaukou, gauez ibili-bierrien goixargi urtengou eta hara eguerdi aldera allegauta nahikue da. **T.** Mañana tenemos idea de ir a la zona de Salamanca a pasar unos días, pero no está tan lejos y tampoco tenemos demasiada prisa, en lugar de salir de noche lo haremos cuando ya haya amanecido y llegando allá hacia el mediodía es suficiente.

GOIXEN. Arriba. **K.** Txokolate hori itxizu hor goixen ondo gordeta eta umiek ez allegatzeko bezela zeatik beztela badakitzu ze gertatzendan, segitxuen hartukotzuela, zu ezer-barik geratu eta gero berriz erostera fanbierra. **T.** Deja ese chocolate bien escondido ahí arriba y de forma que no puedan llegar los críos porque sino ya sabes lo que suele pasar, que te lo van a coger rápidamente, tú te vas a quedar sin nada y luego tendrás que ir otra vez a comprarlo.

GOIXENEKUE. Lo de más arriba, la persona que está más arriba. **K.** Bestenbati galdetubikot aber dakixen zeiñ dan goixenekue, honeikiñ alperra da berba itxie zeatik emutendau eztakixiela ero eztauela gure esateik, ba zallatubiot eotie nagusixaz, baña aurrena billatu inbikot. **T.** Tendré que preguntar a algún otro a ver si sabe quién es el de más arriba, es inútil hablar con éstos porque parece que no lo saben o no lo quieren decir, pues tengo que intentar estar el jefe, pero primero lo tendré que encontrar.

GOIXERO. Todas las mañanas. **K.** Noixbaitxen geldituzare pentzatzen zenbat betiko oitura dazen eta goixero itxendounak?, aber, hasi ingonaz, jaiki, komunetik pasa, jantzi (bi honein ordena aldatuleike bata-bestiatik), gosaldu, kotxie hartu eta lanera fan, goix erdixen kafetxobat hartu, eguerdixe allegau harte segi lanien eta gero bazkaldu. **T.** ¿Algún día os habéis parado a pensar cuantas costumbres de siempre hay y son las que hacemos todas las mañanas?, a ver, voy a empezar, levantarse, pasar por el baño, vestirse (el orden de éstas dos cosas se pueden cambiar la una por la otra), desayunar, coger el coche e ir a trabajar, tomar un cafecito a media mañana, continuar trabajando hasta que llegue el mediodía y después comer.

GOIXETIK, GOIXEZ, GOIXIEN. Por la mañana. **K.** Jente asko ikustenda goixetik ibilltxendala Zarauztik Getari birien eta baitxe bestaldera be, kostako pasio berritxik freskura aprobetxauaz, bazkalostien ero arratzaldien berriz eta euskixek bete-betien jotendauenien, apenas banaka-batzuk. **T.** Por la mañana se ve a mucha gente andando entre Zarautz y Getaria, también al revés aprovechando la frescura por el paseo nuevo de la costa, después de comer o por la tarde en cambio y cuando el sol pega de lleno, apenas unos pocos.

GOLDA, GOLDIE. Arado manual con puntas de hierro. **K.** Garai baten goldiaz ingozien zelaixetako lanak, baña gero tratorie etorrizan eta oñ golda horreik erakusteko bakarrik geratudie, ero apaingarri modu bezela. Oñ lan guzti hareik astuta daz eta eztau hainbeste nekatu inbierrik lan berdiñek itxeko. **T.** En un tiempo las labores del campo se harían con el arado manual, pero luego vino el tractor y ahora esos arados solo han quedado para exposición, o sino cómo una especie de adorno. Ahora todas aquellas labores están olvidadas y no hace falta fatigarse tanto para hacer los mismos trabajos.

GOLDATZEN, GOLDAU. Era la acción de arar con el arado manual.

GOLFUE. Golfo. **K.** Fabiolo hau sigeroko golfue da, atzo ibilikozan juergan eta gaur be ezta etorri lanera, ziur moxkortukozala eta oñ jaiki eziñien eongoda, ba hala jarraitzenbadau kalera bieldukotzie eta axkar gañera. **T.** Vaya golfo que es el Fabiolo este, ayer andaría de juerga y hoy tampoco ha venido a trabajar, seguro que se emborrachó y ahora seguro de que no podrá levantarse, pues cómo continúe así pronto le echarán a la calle.

GOMENDAU. Recomendar. **K.** Doroteo etorrida saludatzera eta batera bere semiei gomendau lanien sartzeko gure tallerrien, etxuraz, berak esanda, sekula lanik iñbakue da etxetik kanpo baña oso txintxo da arduraduna dala. **T.** Doroteo ha venido a saludar y a la vez recomendar a su hijo para que le metamos a trabajar en nuestro taller, parece ser, dicho por él, que nunca ha trabajado fuera de casa pero que es muy formal y responsable.

GONBIDAU. Invitar, convidar. **K.** Hainbeste urtien iñon eskontzara fan-barik eta aspalditxuen pixkat desiatzen be banauen fateko bateonbatena, ixe astute nau nola dien eta askenien gonbidau iñaue, lan-lagun baten semie eskontzenda eta fateko eskatudust. **T.** Tantos años sin asistir a una boda y últimamente estaba ya un poco deseoso por ir a alguna, casi tengo olvidado como son y por fín me han invitado, el hijo de un compañero de trabajo se casa y me ha pedido que vaya.

GONA, GONIE. Falda. **K.** Lenau neska ta andra guztiek betik ibilltxezien gonakiñ jantzitxe, oñ berriz bakarrik ikustendie andra nausixek eruetendauela eta neska danak, ero geixenak bentzet eta uda partie kenduta, frakakiñ naio izetendaue. **T.** Antes a todas las mujeres y chicas jovenes se les veía vestidas con faldas, ahora en cambio solo se ve a algunas mujeres mayores que la llevan y todas las chicas, o la mayoría al menos y quitando la parte del verano, prefieren los pantalones.

GONAZPIKUE, GONA-AZPIKUE. Combinación, prenda bajo el vestido. **K.** Aurrena esan-bierra daukek nik eztauketela ezertxo ideiaik asunto honen buruz, baña nere ustez oñ andrak, eta neska gaztiek askoz gutxiau, eztaue erueten gonazpikoik. Halaere eta baezpare eztauket bape asmoik galdetzeko. **T.** Lo primero que tengo que decir es que yo no tengo ni idea sobre este asunto pero yo creo que ahora las mujeres, y las chicas jóvenes mucho menos, no llevan combinación. Aún así y por si acaso no tengo ninguna intención de preguntar.

GONBITOKA. Con arcadas y vomitando. **K.** Etxuraz Jenaroi zerbaitxek gaizki iñdutzo, afai erdi-aldien tripakomiñe hauken eta kanpora urtendau haixe pixkat hartzera. Bueltaudanien esandau gonbitoka eondala, eztauela bape ondo eta etxera doiela. **T.** Parece que a Jenaro alguna cosa le ha sentado mal, a media cena tenía dolor de tripas y ha salido a la calle a tomar un poco el aire. Al volver ha dicho que ha estado vomitando, que no se encontraba nada bien y que se marcha a casa.

GONBITUE. Vómito.

(Ver la definición de bonbitue).

GORA. Arriba, para arriba. **K.** Jakinleike zer itxendozu ondion hemen beien, akaso ezgara geratu gora daukotzula fan-bierra bestiei laguntzeko, ero?, len be hauxe berdiñe esautzut eta eztakitx nola esanbijatzun gauzak zuk ulertzeko bezela. **T.** ¿Se puede saber qué haces aquí abajo todavía, acaso no hemos quedado que tienes que ir ahí arriba para ayudar a los otros, o qué?, antes también te he dicho eso mismo y no sé como hay que decirte las cosas de forma que tú las entiendas.

Sarri esatendan gauzabat da: Gora gu ta gutarrak!

Hay una frase en euskera que se repite muy a menudo: ¡Arriba nosotros y los nuestros!

GORABERA, GORA-BERA. Aproximadamente. **K.** Ezta posible hainbeste balixo izetie, nik gutxi gorabera badakitx zenbat izenleikien eta arrastuik be eztauko horrek eskatzendauenaz, nere ustez eta nola jakiñien dauen horren bierrien garela, ba ziur aprobetxatzie gurekodauela. **T.** No es posible que valga tanto, yo ya se aproximadamente lo que cuesta y no se parece en nada a lo que ese nos pide, yo creo que cómo ya sabe que estamos a falta de eso, pues seguro que querrá aprovecharse.

GORABERAK, GORA-BERAK. Altibajos. **K.** Kotxe barrixe erosteko asmuaz nabill eta horreiñ balixo batzuk galdetzen ibilinaz, eonazen tokixetan eta nik guroten marka barruen etxe batetik bestera sekulako goraberak daz. Eta eziñdot ulertu nola dan posible hainbeste aldaketa eotie kotxe berdiñien. **T.** Ando con la idea de comprar un coche nuevo y he estado preguntando unos cuantos precios, dónde he estado y dentro de la marca que yo quiero hay unos altibajos increíbles de una casa a otra. Y lo que no entiendo es cómo es posible que haya esas diferencias en el mismo coche.

GORABERIE, GORA-BERIE. Dudas, visicitudes. **K.** Nik eztauket ezer ziurtazunik hori hala danik, zalantza dauket eta nere ustez ondion asunto hortan goraberie eonleike, aukera bentzet badau hortarako eta hobeto izengou etxoitxie pixkat, gauzak konpondu hartien bentzet. **T.** Yo no tengo ninguna seguridad de que eso sea así, tengo dudas y creo que todavía puede haber algunas o bastantes visicitudes, hay ocasión para ello y pienso que sería mejor que esperemos un poco, al menos hasta que la cosas se arreglen.

GORABIDE, GORABIDIE. Apelación, recurso. **K.** Enau bape konforme jasodoten multa honekiñ, argazkixen nere kotxie asaltzenda baña gertatzenda ze egun horretan ni enitzela ibili paraje inguru hortan, eta gañera egun guztein enauen ezertarako kotxeik ikutu eta herrixen eonitzen. Jarri-bierra eukikonauke gorabidie baña beste gauzabat da aber kasuik inguztien. **T.** No estoy en absoluto de acuerdo con la multa que he recibido, en la fotografía aparece mi coche pero resulta que ese día yo no anduve por esa zona, y además que en todo el día no toqué el coche para nada y ni siquiera salí del pueblo. Tendría que presentar algún recurso pero otra cosa será que me hagan caso.

GORAKA. Hacia arriba. **K.** Beno, oñartien iñdou errexena eta oñ goraka tokazenda, datorren aldapa nahiko latza da eta igoten hasi aurretik kendu inbizaukie txaketa horreik ta guredauenak baitxe eran ur pixkat be, hamarretakue goixen ingou. **T.** Bueno, hasta ahora ya hemos hecho lo más fácil y ahora toca hacia arriba, esta cuesta es bastante dura y antes de empezar a subir deberíais de quitaros esas chaquetas y el que quiera también beber un poco de agua, el bocadillo lo haremos arriba.

GORANTZA. Alabanza, elogio. **K.** Gizon horrek lan asko inditxu eta itxen haida euskaran alde, horreatik da gaur hartuitxula gorantza haundi honeik, antza hauken emozioiz betie zala eta negar tanto batzuk be urteutzo. **T.** Ese hombre ha hecho y está haciendo mucho trabajo a favor del euskera, es por eso que hoy ha recibido estos elogios y alabanzas tan grandes, tenía el aspecto de que estaba lleno de emoción y también le han salido algunas lágrimas.

GORANTZIAK. Felicitaciones, saludos, recuerdos. **K.** Pozik eongozara zure semie aurreneitakue geratudalako Osakidetza oposaketan, eta gañera oñ aukera eukikodau lanera fateko berak elejitzendauen tokira. Ba emaiozu gorantziak nere aldetik. **T.** Estarás contento con que tu hijo haya quedado de los primeros en las oposiciones de Osakidetza, y además ahora tendrá la oportunidad de ir a trabajar dónde él elija. Pues felicítale de mi parte.

GORAÑO. Hasta arriba. **K.** Ze esaten haizara, nekatuta zarela eta hemen geratzie gurozula gu bueltaurarte?, benga, ez izen nagixe eta mobitxu, onazkero ezta asko geratzen eta goraño fan-bierra daukou, baña danok. **T.** ¿Qué dices, que estás cansado y que quieres quedarte aquí hasta que volvamos?, venga, no seas vago y muévete, no queda ya demasiado y tenemos que llegar hasta arriba, pero todos.

GORATABERA, GORA TA BERA. Arriba y abajo. **K.** Beno ia ondo dau, bi ordu eruetendot goratabera, aldebatetik bestera zure atxurren billa eta eztot iñun ikusten, ziur zara inguru hontan lagadozula?, ba hala izetenbada bateonbatek lapurtudau, ero beztela ezta izengo berakiñ fan tabernara eta han astuta laga?, ba beitu baezpare. **T.** Bueno ya está bien, llevo dos horas arriba y abajo, de una lado para otro buscando tu azada y no la veo por ningún sitio, ¿estás seguro de que la has dejado por aquí?, pues si es así alguien la ha robado, ¿o sino no será que has ido al bar con ella y la has dejado olvidada?, pues mira por si acaso.

GORAU. Más arriba. **K.** Ezirezu esan ezarela allegatzen gorau, hamar zentimetro besteik etxatzu geratzen margotzen bukatzeko eta horreatik bakarrik eziñgou ba aldamiñoik ekarri, jarrizaitxez hanka-puntaka eta ikusikozu ze ondo allegatzeraren. **T.** No me digas que no llegas más arriba, no te quedan más que diez centímetros para terminar de pintar y por eso solo no vamos a traer un andamio pues, ponte de puntillas y ya verás que bien llegas.

GORBATIE. Corbata. **K.** Lengo egunien hartunauen gonbidaketa Hermenegildo alaban eskontzara fateko, hasinaz gorbatak bille eta bakarra besteik eztot lortu, aspaldiko urtetan eztot bat bera jarri baña nere ustez geixau nauken, ba apostaukonauke andriek zakarrera botauztela. **K.** El otro día recogí la invitación para ir la boda de la hija de Hermenegildo, he empezado a buscar las corbatas y no he encontrado más que una, hace muchos años que no me he puesto una sola pero yo creo que tenía más, pues ya apostaría que mi mujer las ha echado a la basura.

GORDALLUE. Caja, sitio secreto para guardar las cosas. **K.** Entzunde dauket nola etxe batzuetan, bertan bizidien bakotxak eukitxendauela norberan gordallue gauzak gordetzeko. Gure etxien berriz ezta sekula bat bakarra eon. **T.** Tengo oido que cómo en algunas casas, cada uno de los que viven allá tienen su propia caja secreta para guardar las cosas. En nuestra casa en cambio nunca ha habido una sola.

GORDE. Guardar, esconder. **K.** Beituizue zeiñ datorren hor, berak ondion eztuzku ikusi eta gorde inbiou etxe horren ostien, babakitzu zer gertatzendan alkartu-ezkero, barriketan hasikodala eta gutxienetik ordubetien eon-bierra eukikoula berai entzuten. **T.** Mirar quién viene ahí, el todavía no nos ha visto y vamos a escondernos detrás de esa casa, ya sabeís lo que pasa si nos juntamos, que empezará a charlar y por lo menos tendremos que estar una hora escuchándole.

Aspaldiko esaerabat: Gorde dauenien eztauenerako.

Un viejo proverbio en euskera dice: Guarda cuando hay para cuando no hay.

GORDEKA. Juego infantil que se podríamos llamar a esconderse o a esconderites porque en eso consistía. **K.** Garai baten gordeka jolasa neskatillan jokue izetezan eta gutxigorabera hala zan, neskatilla batek begixek itxi eta honeik besuaz tapa, kantatzeauen zerbaitx eta bestiek gorde itxezien, gero gauza izetezan hareik billatzen alegiñdubizala. **T.** En un tiempo el juego de esconderites solía ser cosa de niñas y más o menos consistía en ésto, una niña cerraba los ojos y se los tapaba con el brazo, cantaba algo y mientras tanto las otras se escondían, luego la cosa era que tenía que intentar encontrarlas.

GORDEKA. En secreto, **K.** Horrekiñ eztau asko fixatzeik eta sarri ikusikozue eskutu antzien haidala, betik bakarrik, gordeka dabillela emuendau eta jeneralki ezta bape onerako izeten. Baezpare azkoz hobeto da urriñ xamar ibiltxie bera dauen tokitxik. **T.** Con ese no se puede fiar mucho y muchas le vereís que está así como medio escondido, siempre solo, parece que anda con secretos y generalmente no suele ser para nada bueno. Por si acaso es mucho andar bastante alejado de donde él está.

GORDETA. Guardado. **K.** Lasai eon, zuek emundakue ondo gordeta gelditxuda giltzapeien, eziñda sekula jakiñ baña eztot uste aukeraik eongodanik hau lapurtzeko, eta gañera guei kenduta beste iñok eztaki hemen dauenik. **T.** Estaros tranquilos, lo que vosotros me habeís dado ha quedado bien guardado bajo llave, nunca se sabe pero no creo que haya ninguna oportunidad para que lo roben, y además aparte de nosotros nadie más sabe que está aquí.

GORDETA. Escondido. **K.** Larreiko aukera eta nahiko denpora eukidaue igex itxeko bankuko lapurreta iñ ondoren, txarrena izenda bertako languillebat larri xamar geratudala tirobat hartu ondoren, oñ hor haidie ertzaina, guardiazibil eta beste batuk horreiñ billa baña ustedot onazkero ondo gordeta eongodiela nunbaitxen. **T.** Han tenido demasiada oportunidad y tiempo suficiente para escapar después de haber robado el banco, lo peor ha sido que un trabajador de allá ha quedado bastante grave después de haber recibido un tiro, en este momento ahí anda la ertzaina, guardia civil y otros buscándoles pero creo que para ahora ya estarán bien escondidos en algún sitio.

GORDIÑE, GORDIÑIK. Crudo, inmaduro, sin hacer o apenas hecho. **K.** Nere andriei okelie oso gutxi iñde gustatzejako, ixe gordiñik, neri berriz ekartzendauen kolore gorrizka horrekiñ hola erreparo pixkak bezela emutendust, eta naio izetendot, ez larrei iñde baña bentzet eztixela odolik botatzen eon. **T.** A mi mujer le gusta la carne muy poco hecha, casi cruda, a mí en cambio me da así cómo un poco de reparo ese color tan rojo que trae, y prefiero, no que esté demasiado hecha pero por lo menos que tampoco esté echando sangre.

GOREN, GORENGUE. El de más arriba, el jefe. **K.** Eztakitx fan ero ez goren dauenai eskatzera egun parebat jai, arduradunak esatendau berak eziñdauela emun eta gurebot beste hareana fateko, gauza da eztotela sekula berbaik iñ berakiñ eta zalantza dauket zeatik arrastuik be eztauket nola hartukodauen nere eskaera. **T.** No sé si ir o no al de más arriba a pedirle un par de días de fiesta, el encargado me ha dicho que él no puede dármelo y que si quiero vaya donde el jefe, la cosa es que no he hablado nunca con él y tengo dudas porque no tengo ni idea de cómo tomará mi petición.

GORI. Al rojo, incandescente. **K.** Eziozu sartu egur geixau ekonomika horri, larreiko gori dau eta errebentatzeko aukera dauko, ze gertatejatzu, eziñdozula hotzik kendu, ero?, ba eztakitx nola leiken zeatik hor eruetendozu atzalde guztie ipurdixaz pega pega iñde sukaldiei. **T.** No le metas más leña a la económica, está demasiado incandescente y la puedes reventar, ¿qué te pasa, que no puedes quitar el frío, o qué?, pues no sé como puede ser posible porque llevas toda la tarde con el culo bien pegado a la cocina.

GOROTZA. Boñiga.
(Ver la definición de bekotza).

GORPUTZALDIE, GORPUTZALDIXE. Temple, estado del cuerpo. **K.** Gau andriek komestaudau gorputzaldi txarraz jaikidala, apenas iñdauela lorik eta eztakixela gripe pixkat eztauken, hotzikarak be badaukola eta baezpare beitzeko aber kalenturaik dauken. **T.** Hoy la mujer ha comentado que se ha levantado con mal temple, que apenas ha dormido y no sabe si no tendrá un poco de gripe, que también tiene escalofríos y por si acaso que le mire a ver si tiene fiebre.

GORPUTZA, GORPUTZE. El cuerpo. **K.** Zarauzko hondartzan, eta ziur hondartza guztietan berdiñ izengodala, neska eta andra asko ikustendie gorputze oso politxek daukienak, eta hori dakitx zeatik hala esatendau Federikok eta horrek oso begi argixek eukitxetxu. **T.** En la playa de Zarautz, y seguro que en todas las playas será lo mismo, se ven mucha chicas jóvenes y mayores que tienen el cuerpo muy bonito, y esto sé porque eso lo que dice Federico y ese suele tener los ojos muy despiertos.

GORRA. Sordo. **K.** Nere andriek askotan galdetzendau aber gorra nazen, eztakixela eztoten entzuten ero gure ez entzuteik, hurrengo esatendauena da beretzat bigarrena dala eta eztutzatela bape kasuik itxen, ba eztot uste hainbestekoraño izengodanik. **T.** Mi mujer me pregunta muchas veces a ver si soy sordo, que no sabe si no oigo o no quiero oir, luego lo siguiente que me dice es para ella que es lo segundo y que no le hago ningún caso, pues tampoco creo que sea para tanto.

GORRI. Rojo, pelado, desnudo. **K.** Tipo hori eztau ondo burutik, baztertxuen balekue izenleike baña hor dabill hondartza erditxik narru gorrixen ezer inportik be, ustedot bateonbatek deitxudauela munizipalai eta ziur laister asaldukodiela hortik erretiratzera. **T.** Ese tipo no está bien de la cabeza, en una esquina puede valer pero ahí anda desnudo por la mitad de la playa sin importarle nada, creo que alguien ya ha llamado a los municipales y seguramente pronto aparecerán para retirarlo de ahí.

GORRINGUE. Yema del huevo. **K.** Arrautxa prikitxuen geixen guztatzejatena gorringue da, baña sigero ona izeteko derrigorra da ondo prestatzie eta olixo ugerixen prijitxu, bere berakatzakiñ eta gero atara platelera sartakiñan dauen olixo pixkatekiñ, astu tenedoraz eta ogixe eskuen hartuta txista-txista iñ. **T.** A mi lo que más me gusta del huevo frito es la yema, pero para que esté muy bueno es necesario prepararlo friendo en bastante aceite, con el ajo correspondiente y luego sacarlo a un plato con un poco de aceite de la sartén, olvidarse del tenedor y con el pan en la mano untar y untar.

GORRIÑA. Roña que le sale a las plantas, sobre todo al tomate. **K.** Aurtengo ortuko tomatiek oso gorriña gutxi eukitxue zorionez, banaka-batzuk bakarrik eta ez igez bezela, erdixek inguru bota-bierrak izengauela zakarrera. **T.** Los tomates de la huerta de este año por suerte han tenido muy poca roña, solo le han salido a unos pocos y no cómo el año pasado que tuvimos que echar cerca de la mitad a la basura.

GORRIÑE. Sarampión. **K.** Beiñ galdetunutzen amai aber gorriñe pasata daukeñen, jarrizan pentzatzen baña eziñ akordauaz geratuzan eta esauzten ezinzala gogoratu hainbeste urte ondoren. Eta nahiko normala da, hainbeste seme-alaba eukitxu ze eziñda bakotxana akordau aber eukidoun gauza bat ero bestie. **T.** Una vez le pregunté a la madre a ver si había pasado el sarampión, se puso a pensar pero no se pudo acordar y me dijo que después de tantos años no lo recordaba. Y es bastante normal, ha tenido tantos hijos que no se puede acordar de las cosas que hemos tenido cada uno de nosotros.

GORRITXU. Ruborizarse, enrojecer. **K.** Batzuk oso lotzatixek izetendie eta esan-baterako halakue da Plazidon lengusiña, bera gaztetxue eta aspalditxik esauketandot, baña ondion be eta esan-ezkero oso politxe dala, gorritxu itxenda segitxuen. **T.** Algunas son muy vergonzosas y por ejemplo así es una prima de Plácido, es jovencita y nos conocemos desde hace mucho tiempo, pero también todavía y si le dices que es muy guapa, se ruboriza enseguida.

GORROIE. Gorrón. Se dice de la persona que se aprovecha del prójimo. **K.** Edelmiro badator domeka guztietan bezela txikito batzuk hartzen gurekiñ, badakigu eta berak be ondo daki gorroibat dala baña hori berai etxako ezer inportik, gañera nola eztutzoun kasu askoik itxen gaur be etxera fangoda diruik atara-barik poltxikotik. **T.** Edelmiro ya viene al igual que todos los domingos a tomar unos chiquitos con nosotros, ya sabemos y el también lo sabe bien que es un gorrón, pero eso a él no le importa en absoluto, además cómo no le hacemos mucho caso hoy también irá a casa sin sacar el dinero del bolsillo.

GORROTUE. Aborrecimiento, odio. **K.** Eztot ulertzen nola leiken holako gorrotue eukitxie bata-bestiei bi lengosu horreik, erozeñi galdetu eta esangolauikie eztauela sekula ezer euki euron hartien eta nik dakitxenik bez, baña gaur da eguna eziñdiena ikusi be iñ. Ba nik ustedot hala eoteko zerreozer badauela ero eondala. **T.** No comprendo cómo es posible que se aborrezcan tanto esos dos primos, si le preguntas a cualquiera te diría que nunca han tenido nada entre ellos y por lo que yo sé tampoco, pero hoy es el día que no se pueden ni ver. Pues para que estén así yo creo que necesariamente hay algo o habrá tenido que haber.

GORTU. Ensordecer con el ruido, volverse sordo. **K.** Nik eztakitx nola eztien gortu itxen Pilarko plaza inguruen bizidien pertzonak, siñitu eziñeko burrundara ta zarata eotenda plaza hortan asteburu guztietan, entzunde dauket salaketa bat ero beste sartuta diela Udaletxien, baña hala bada sekula eztie ikusten munizipalik dabllenik inguru hortatik, akaso baezpare izengoda. **T.** Yo no sé cómo no ensordecen las personas que viven por la zona de la plaza del Pilar, es increíble el jaleo y ruido que hay todos los fines de semana en esa plaza, tengo oído que debe de haber alguna denuncia que otra metida en el Ayuntamiento, pero si es así nunca se ve que ande ningún municipal por esa zona, puede que sea por si acaso.

GORUZKUEN. Al ir para o hacia arriba. **K.** Esauztie bixer Gazteiz aldera fateko asmue daukotzula, gertatzenda bukatudoula txorixuek eta ezpajatzu inportik goruzkuen hartuizu dozenabat Maulandako tabernan, hartu zebezabat nere kontura eta bera zatozenien ekarrirezu mezerez. **T.** Me han dicho que mañana tienes intención de ir a Vitoria, la cosa es que hemos terminado los chorizos y si no te importa al ir hacia arriba haz el favor de coger una docena en el bar de Maulanda, toma una cerveza a mi cuenta y al bajar me los traes.

GORUTZ, GORUTZA. Ir hacia arriba o para arriba. **K.** Ikustezaute nekatu antzien zariela eta hemen keixpetan deskantzaukou pixkat, ondion dexente bire daukou gorutz eta komenijaku lasai antzien allegatzie, gero nahiko mobitxukogare hango erromeixakiñ. **T.** Veo que estáis un poco cansados y vamos a descansar un poco aquí en la sombra, todavía nos queda bastante camino para llegar arriba y conviene que lleguemos sin demasiada fatiga, luego allá en la romería ya nos moveremos bastante.

GOSALDU, GOSARIXE. Desayunar. **K.** Etxien eotegarenien betik gosaltzendot esnie zerealaz ero beztela kafesnie galletakiñ, baña kanpora urtetzenbou otelekue jeneralki izetenda arrautza, txitxarrie eta zumo pixkat. **T.** Cuéndo estamos en casa mi desayuno suele ser siempre café letxe con cereales o galletas, pero si salimos fuera el del hotel generalmente consiste en huevo, beicon y un poco de zumo.

GOSETU, GOSETUTA. Hambriento. **K.** Gaur goixien berandu ibilinaz eta eztot denporaiik euki gosaltzeko beti bezela, kafetxobat bakarrik hartudot eta oñ gertatzenda ixe atzaldeko ordubixek diela eta ni sigero gosetuta, ba aber axkar bukatzendoun bazkaltzen fateko. **T.** Esta mañana he andado tarde y no he tenido tiempo para desayunar como siempre, solo un cafecito y ahora pasa que casi son las dos de la tarde y yo estoy hambriento, pues a ver si terminamos pronto para ir a comer.

GOSIE. Hambre. **K.** Garai hontan eta gu bizigaren inguruetan eztot uste iñok goseik pasaukodauenik. Ez oso aspaldi bezela eta gose denporan, askotan konta izenda ze nola orduen ondo larri ibiltxeziela janarixek lortzeko. **T.** En estos tiempos y en el entorno donde vivimos nosotros no creo que nadie que pase hambre. No cómo hace muchísimo tiempo y en la época del hambre, muchas veces se ha contado que entonces andaban muy apurados para conseguir comida.

Aspaldiko esaerabat: Gosiek begi argixek.

Un viejo proverbio vasco dice que el hambre tiene ojos despiertos y aguza el ingenio.

GOXO. A gusto, cómodo. **K.** Eguna bukatzendanien eta lanetik urten ondoren, aurrena izetenda dutxa onbat hartzie etxien, ondoren merienda pixkat, amaitu eta gero jarri butakan. Eta ze goxo eta gustora eotendan lasai lasai. Halaere onena, lana kenduta noski, izetenda hurrengo egunien berriz gauza berdiñe dala. **T.** Cuándo se termina el día y después de haber salido del trabajo, lo primero suele ser tomar una buena ducha en casa, luego merendar un poco y a continuación sentarse en la butaca tranquilamente para estar cómodo y a gusto. Y lo mejor, exceptuando el trabajo claro, es que al día siguiente se repite la misma cosa.

GOXOGOXO, GOXO-GOXO. Plácidamente. **K.** Umetxo onek benetan hauken gose haundixe eta ze gustora hartudauen titixe, oñ jarriozu goxogoxo bere kumatxuen eta aber lo pixkat itxendauen berriz gosetu harte. **T.** Esta criatura de verdad que tenía mucha hambre y que a gusto ha tomado el pecho, ahora la pones plácidamente en su cuna y a ver si se duerme un poco hasta que le entre el hambre otra vez.

GOZAMENA, GOZOTAZUNA. Placer, gusto. **K.** Hau bai dala gozamena, oporretan, ederto gosalduta otelien, giro eziñ hobie eta hondartzara fateko asmuekiñ goixa pasatzera. Gero txikito parebat hartu, ondo bazbaldu eta ondoren burukara txikibat. Eta berezixena, lanakiñ astuta ixe illebete osuen. **T.** Esto sí que es placer, hemos desayunado muy bien en el hotel, el tiempo es magnífico y tenemos la idea de ir a la playa a pasar la mañana. Luego un par de chiquitos, comer bien y después una pequeña siesta. Y lo más importante, olvidarte del trabajo durante casi un mes.

GOZOKIXEK. Dulces, caramelos. **K.** Gogoratzenaz nola ni mutikue nitzenien Atxabaltan hauen dendabat, hau ziur baietz eta akaso bi be eongozien, gosokixek saltzezitxuenak, oñ berriz alde guztietan ikustendie eta nahiko ugeri gañera, etxuraz dirue emutendauen gauza da. **T.** Yo recuerdo que cuándo era un chaval en Aretxabaleta había una tienda, ésta seguro que sí y quizá puede que también hubiera dos, que vendían caramelos, ahora en cambio se ven por todas partes y además bastante abundantes, parece que es un negocio que dá dinero.

GOZO-ZALIE. Aficionado a los dulces. **K.** Ez umiek bakarrik, jente nahiko nausixek be esauketaitxut oso gozo-zaliek dienak, eta esan-baterako Nikanor, ni baño zertxobaitx gaztiau da eta horrena baleike larreikue izetie, dauken gozokixek bukatu besteik ez axkar fatenda geixau erostera dendara, berak esatendau telebista ikusixaz jateitxula. **T.** No solo los críos, también conozco a gente mayor que es muy aficionada a los dulces, y por ejemplo Nicanor, es un poco más joven que yo y puede que lo de ese sea demasiado, nada más que se le terminan la golosinas va corriendo a la tienda a comprar más, él dice que las come mientras está viendo la televisión.

GOZUEK. Ricos, buenos. **K.** Batzuk esatendaue txindurre erriek gozuek omendiela entzaladan jateko, nik eztitxut sekula jan ezta ikusi bez, eta eztakitx sikera probau be ingonauen zeatik ustedot errepau pixkat emunguztiela. Baña hor nunbaitxen, oso urriñ, nahiko famauek omendie. **T.** Algunos dicen que las hormigas fritas en ensalada son ricas para comer, yo no las he comido nunca y tampoco visto, y no sé ni siquiera las probaría porque creo que me daría un poco de reparo. pero por ahí en algunos sitios, muy lejos, deben de tener bastante fama.

GRAMOLA, GRAMOLIE. Altavoz. **K.** Zenbat dantza, alegiñdu bentzet, iñetedou gramolien musikaz, lenau ezauen, Atxabaltan bentzet, dantzan itxeko musika joteitxun taldeik eta honeik askoz geruau asalduzien, baña halaere gustora ibiltxegiñen eta akaso izengozan orduen ezer besteik ezalako. **T.** Cuántos bailes, al menos intentar, habremos hecho con la música de los altavoces, antes no había, al menos en Aretxabaleta, conjuntos que interpretaran música de baile y estos aparecieron mucho más tarde, pero aún así lo pasábamos bien y quizá era porque entonces no había nada más.

GRANUJIE. Granuja. Se dice de los críos traviesos, revoltosos y también de las malas personas. **K.** Mutiko hau nahiko granujie biurtzen haida, lenau sekulako txintxue zan etxurie hauken baña alkartudanetik lagun berri horreikiñ asko aldatuda, emutendau larreiko gauzak ikesten haidala eta ez danak onak. **T.** Este chaval se está volviendo bastante granuja, antes tenía la apariencia de que era muy formal, pero desde que se ha juntado con esos nuevos amigos ha cambiado mucho, parece que está aprendiendo demasiadas cosas y no todas buenas.

GREBA. Huelga. **K.** Lenau Euskalherrixen greba asko itxezan eta danak, ero geixenak bentzet, politika asuntuatik izetezien, oñ berriz eta politika asunto hau astuta pentzatzendot greba horreik eztiela gutxitxu, nere ustez geitxu be iñdiela eta danak die labora eta diruen goraberiatik. **T.** Antes en el Pais Vasco se hacían muchas huelgas y todas, o al menos casi todas, eran por motivos políticos, ahora en cambio y olvidada la política en este asunto no creo que hayan disminuído, yo creo que incluso han aumentado y todas por motivos laborales y económicos.

GRIÑA. Pasión por algo, propensión. **K. K.** Zelestino honek eztakitx zer pentza ero daukon buruen, hainbeste griña sartu omenjako golf horren asuntuatik ze komestatzenda atxekixak jartzen hasidala lanera es fateko, egunbaten bera ero umie geixotu iñdiela, hurrenguen kotxie izurrau eta hala sarri xamar kontu berdintzuekiñ. **T.** No sé que piensa o tiene en la cabeza éste Celestino, se le ha debido de meter tanta pasión por le golf que se comenta que ha empezado a poner disculpas para no ir a trabajar, un día que se ha puesto enfermo él o el crío, otro que se le ha estropeado el coche y así bastante a menudo con cuentos parecidos.

GRIÑATU. Tomar mucho afecto a algo o alguien. Apasionarse. **K.** Euleterio jakiñien zan Sagrariok umetxobat haukela baña oñartien sekula ikusi-barik hauken, eta gaur esautu besteik ez esandau griñatu iñdala berakiñ, oso txintxue ta alaia dala eta betik dauela bere barretxuaz. **T.** Euleterio ya tenía cococimiento de que Sagrario tenía una criatura pero hasta ahora no había tenido ocasión de conocerla, y hoy nada más que la ha visto dice que ya le ha tomado mucho afecto, que es muy formal, alegre y que siempre está con una sonrisa.

GU. Nosotros.
(Mirar la definición de geu).

GUARDASOLA. Paraguas. **K.** Nere ustez Florentinak alperrik urtetzendau guardasolaz kalera, aurren tokira sartzendana han iztendau bazterbaten eta gero urterakuen betik astu itxenda jasotzen, eta hala auskalo zenbat izengodien, berak sarri esatendau eta ezkerrak emun txinuek Euskalherrira etorridielako. **K.** Yo creo que es inútil que Florentina saque un paraguas a la calle, al primer sitio que entra ahí lo deja en una esquina y cuando sale siempre se olvida de recogerlo, y así cualquiera sabe cuántos habrán sido, ella suele decir a menudo y agradecer el que los chinos hayan venido a Euskalherría.

GUARDETXIE. Casa del guarda, garito del guarda. **K.** Enpresa guzti haundi honeitako sarreran betik ikustenda guardetxie dauela bere zaintzaliekiñ, aldebatetik izengoda kontrolatzeko ze material sartu eta urtetzendan eta bestaldetik lapurretak ebitatzeko, eta noski, iñor ez sartzeko baimen-barik. **T.** En todas las empresas grandes se ve que hay alguna garita de guarda con un vigilante en las entradas, por una parte será para controlar las entradas y salidas de materiales y por otra para evitar robos, y claro que nadie entre sin autorizacón.

GUASEN. Vamos. **K.** Laister hasikoda plazan Ken Zazpiren konzertue eta guasen axkar zeatik beztela eztou tokirik eukiko aurrien, badakitzu atzo zer gertauzan beste talde hareikiñ, berandu fangiñela eta atzetik ezgauela ixe ezer ikusi. **T.** Pronto va a empezar el concierto de Ken Zazpi en la plaza y vamos rápido porque sino no vamos a tener sitio delante, ya sabes lo que pasó ayer con el otro conjunto, que fuimos tarde y casi ni les pudimos ver desde atrás.

GUATIE. Guata, algodón sanitario. **T.** Guata pixkat eukitxie etxien ona izetenda eta gauza askotarako balixodau, alkolas busti eta erastunek ta beste gauza antzerakuek garbitzeko, berdiñ atzamarkarak eta zauri txikiñek, eta oñ bertan enaz gogoratzen baña badakitx geixautarako be badala. **T.** Suele ser bueno tener un poco de guata en casa y se utiliza para muchas cosas, para después de empapar en alcohol limpiar sortijas y cosas parecidas, también rasguños, arañazos y pequeñas heridas, y ahora mismo no me acuerdo pero ya sé que sirve para más cosas.

GUATIK. Por nosotros. **K.** Gureana ez etorri galdetzera, badakitzu eztoula berbaik itxen horrekiñ eta guatik inleike berak naidauena, eta gurebadau alde iñ be sigero berdiñ duzku, berdiñ bakarrik ez, askoz hobeto. **T.** No vengas a preguntar dónde nosotros, ya sabes que no nos hablamos con él y por nosotros puede hacer lo que le dé la gana, y sí se quiere marchar también nos dá lo mismo, no solo lo mismo, muchísimo mejor.

GUDARI. Soldado vasco. **K.** Ondo entzubanauen bentzet, ustedot lengo egunien teleberrik esandauela nola hildan Euskalherriko asken gudarixe larogetamar urte pasata. Esaten ibilizien beriek eta bi pasazitxula, urtiek kartzelan, handik urten esku utzik, iñun lanik ez eta gosie pasatzen. Danera larri askuen ibiltxeko gizona. **T.** Si es que al menos oí bien, el otro día me pareció escuchar en el teleberri que había muerto el último soldado del Pais Vasco con noventa y pico años. Estuvieron diciendo que las había pasado canutas, años en la cárcel, salir de allá con las manos vacías, en ningún sitio trabajo y pasando hambre. En todo un hombre con demasiadas dificultades.

GUDAROSTE, GUDAROSTIE. Ejército. **K.** Aspalditxik alegintzen haidie beste nunbaitxera alde indeixen Donostiñ dauen español gudarostie, halaere eztau emuten errexa danik hori hala izetie, momentuz bentzet, baña zeñek daki, akaso denporiaz posible izengoda lortzie. Etxurie dauko ze Udaletxiek etxebizitxak itxeko asmue daukela oñ dazen tokixen. **T.** Desde hace mucho tiempo están intendando que se marche a algún otro sitio el ejército español que está en San Sebastián, aún así no parece que al menos de momento sea una cosa fácil, pero quien sabe, quizá con el tiempo puede que sea posible el conseguirlo. Parece que el Ayuntamiento que tiene la intención de construir viviendas en el sitio donde están ahora.

GUAPETONA. Expresión cariñosa, piropo para dirigirse a una chica. **K.** Gauzak larreiko aldrebestuta daz, hainbeste ze akaso gaizki hartu eta salatu inleikie guapetona ezan-ezkero erozeiñ neskai, eta nik esatendot, zeatik eziñleixo hori esan errespetokiñ eta egixe baldinbada ba? **T.** Las cosas están demasiado enrevesadas, tanto que a lo mejor si le dices guapetona a una chica y si quizá le siente mal puede que te denuncie, y digo yo, ¿porqué no se puede decir eso a una chica con respeto y si es verdad pues?

GUEI. A nosotros. **K.** Zueik jakingozue ze inbierra daukotzuen eta gurebozue, gureatik bentzet alde inzeikie baña guk eziñdou fan, guei arduradunak esauzku hemen gelditzeko bera etorri hartien eta derrigorrez etxoiñ inbierra daukou. **T.** Vosotros sabréis lo que tenéis que hacer y si queréis, al menos por nosotros, os podéis marchar pero nosotros no podemos irnos, el encargado nos ha dicho que le esperemos aquí hasta que venga él y necesariamente nos tenemos que quedar.

GUEIK, GUK. Nosotros. **K.** Zorionez gara zeatik askenien gueik izengara hiru urterako ikastolan mantenimentue hartudouna, eskatudaue, eta noski emun-bierra izendou, bost mille euro fiantza bezela, eta gañera herriko pertzonabat kontratatzie bertan lanien eoteko. **T.** Estamos de suerte porque al final ha sido a nosotros a quienes han dado el mantenimiento de la ikastola para tres años, han pedido, y claro hemos tenido que dar, cinco mil euros como fianza, y además que contratemos a una persona del pueblo para que esté trabajando allá.

GULUGULU. Palabra que se utiliza con las criaturas para que beban y terminen el biberón.

GUNEA. Lugar, local para acontecimientos. **K.** Gaur arratzaldeko zortziretan billerabat eongoda tanborrada buruz tratatzendauena, Udaletxiek Getari kalien dauken gunean iengoda eta parte hartzie naidauenak derrigorrez fan-bierra dauko. **T.** En el local que tiene el Ayuntamiento de San Sebastián en la calle Getaria se celebrará una reunión hoy a las ocho de la tarde para tratar sobre asuntos relacionados con la tamborrada, y todo aquel que quiera participar tiene que acudir obligatoriamente.

GUNTXURRUNAK. Riñones. **K.** Ze txarra eta mintzue izetendan guntxurruneko kolikue, ni beñ eukidot, eztakitx ze demontreatik gertauzan eta sigero okertuta fan-bierra izenauen anbulatorioko urgenzirata, ezan posible zuzentzeik eta ezkerrak ze indiziño bat emun ondoren aguro kenduztiela nauken miñe. **T.** Que cosa más mala y dolorosa es el cólico de riñones, yo lo he tenido una vez, no sé por qué demonios sucedió y tuve que ir completamente doblado a urgencias del ambulatorio, no me podía enderezar y menos mal que después de ponerme una inyección me quitaron rápido el dolor que tenía.

GURA, GURE. Querer. **K.** Ni horren gura nau apalditxik, beñ bati ikusinutzen horrekiñ haizala, esanutzen erakusteko eta pillabat gustaujaten. Kasualitatie da baña gertatzenda itxi iñdauela harek erosi izenauen denda eta hainaz alegiñtzen, baña halaere eta oñartien bentzet eztot iñun ezer lortu. **T.** Desde hace mucho tiempo que ando detrás de eso, una vez le ví a uno que andaba con ello, le pedí que me lo enseñara y me gustó un montón. Es casualidad pero pasa que la tienda donde aquel lo compró ha cerrado y estoy intentando a ver si lo consigo en algún sitio, pero aún así y al menos de momento nada.

Aspaldiko esaerabat: Gure katuek buztana luze, bestiek be hala daukela uste.

Un viejo preverbio vasco dice que nuestro gato tiene el rabo largo y creo que el de los demás también. Significaría que cree el ladrón que todos son de su condición.

GURAN. A falta de algo. **K.** Gura bai baña guran geratubikot zeatik eztauket hainbeste diruik hori erosteko, akaso zuk iztenbuztazu posible izengonauke eta beztela etxoiñ inbikot loreti ero primitiba hori urten harte, naiz eta noski, aurrena erosi inbikonauen. **T.** Querer si pero me tendré que quedar en querer porque no tengo suficiente dinero para

282

comprarlo, quizá si me lo dejases tú sí me sería posible y sino tendré que esperar a me que toque la lotería o la primitiva esa, aunque claro, primero lo tendría que comprar.

GURAIZIEK. Tijeras. **K.** Kordel hau larreiko luze geratuda eta zatibat moztubikutzou zeatik beztela baleike bateonbat estropozau, jausi ta miñ hartzie. Eta hori etxaku bape komeni, ba orduen fanzaitxez almacenera ta ekarrizu guraiziek zati hori kentzeko. **T.** Esta cuerda ha quedado demasiado larga y tendremos que cortarle un pedazo porque sino puede que alguien tropiece, caiga y se haga daño. Y eso no nos conviene en absoluto, pues entonces vete al almacén y trae unas tijeras para empezar a cortarla.

GURASORDIEK. GURASO-ORDIEK. Padres adoptivos. **K.** Nola aldatzendien gauzak, ez hainbeste denpora gurasordiek izeteko derrigorra zan, beste gauza asko hartien, gizonezko eta emakuma bikotie izetie, eta oñ berriz, naiz da hau igual jarraitxu, gurasordiek berdiñ izenleike bi gizonezko ero emakuma, noski eta lengo bezela bikotie dienak. **T.** Cómo cambian las cosas, no hace tanto tiempo para ser padres adoptivos era imprescindible, entre otras muchas cosas, que fuera una pareja constituía por un hombre y una mujer, y ahora en cambio, aunque esto continúa igual, padres adoptivos lo mismo pueden ser tanto hombres como mujeres, claro que lo mismo que antes siendo pareja.

GURASUEK. Los padres, los progenitores. **K.** Lengo betiko oitura izetezan seme-alabak bizi izatie gurasuekiñ eskondu bitxertien eta gero bakotxa bere aldetik, hau sigero aldatuzan eta gazte geixenak, ero askok bentzet, hasizien etxetik kanpo bizitxen, eta oñ berriz beste aldaketabat eonda eta oinguen txarrerako izendala ustedot zeatik berriz alkar bizidie gurasuekiñ, aldebatetik batzuk eztaukielako beste erremeixoik lan faltagaitxik eta bestaldetik larreiko erosuek biurtudielako. **T.** Antes la costumbre de siempre era que los hijos e hijas viviesen con sus padres hasta que se casarían y luego cada uno por su cuenta, ésto cambió por completo y la mayoría de los jóvenes, o al menos muchos de ellos, empezaron a vivir fuera de casa, y ahora otra vez ha vuelto a cambiar y esta vez creo que para mal porque de nuevo vuelven a vivir con sus padres, por una parte debido a que algunos no tienen otro remedio por la falta de trabajo y por otra porque se han vuelto demasiado cómodos.

GURDIXE. Carro de bueyes.
(Ver la definición de burdixe).

GUREANA. Dónde nosotros. **K.** Eh!, hori ezta dana zuentzako eta gureana be ekarri zertxobaitx. Hemen eztau beste erremeixoik eta derrigorrez eskatu-bierra dau zeatik ezpozu ezer esaten danakiñ geratukodie, gauza honeitarako larreiko muturra daukie. **T.** ¡Eh!, todo eso no es para vosotros y traer también algo dónde nosotros. Aquí no hay otro remedio y necesariamente hay que pedir porque si no dices nada se quedan con todo, para estas cosas tienen demasiada cara.

GUREATIK, GUREAITXIK. Por nosotros. **K.** Oñartien zuk gurozuna itxen ibilizara eta gureatik jarrautxuzeike hala berdiñ, beste-batzuetan gertaudan bezela zerbaitx esan-ezkero eztozu kasuik ingo eta gañetik asarretu ingozara. Ba mutil noixbaitxen ezta beste erremeixoik geratuko eta derrigorrez aldatu-bierra eukikozu. **T.** Hasta ahora has hecho lo que has querido y por nosotros puedes seguir igual, al igual que otras veces ha pasado aunque se te diga algo no vas a hacer ningún caso y encima te vas a enfadar. Pues chico, algún día no quedará otro remedio y necesariamente vas a tener que cambiar.

GURE-BARIK. Sin querer. **K.** Jeseus!, enauen iñola espero gizon horren aldetik entzuitxuten errietak eta ez hainbeste asarretukozanik nerekiñ, bere txakurre sartujat hanka tartien eta gure-barik zapaldutzet buztana, txillixo batxuk inditxu baña ezer besteik ez eta eztakitx zeatik hala jarridan, etxura guztie hauken berai zapaldu ingunutzen bezela beste hori. **T.** ¡Jesús!, no esperaba por parte de ese hombre el tener que escuchar esa bronca ni que se enfadase tanto conmigo, su perro se me ha metido entre las piernas y sin querer le he pisado el rabo, ha chillado un poco pero nada más y no sé porqué se ha puesto así, parecía cómo si le hubiera pisado a él eso otro.

GURE, GUREDAU. Quiere. **K.** Guredau guredau, bai, gurekodau baña ezinleixo emun eskatzeitxuen gauza guztiek, nere ustez oso gaizki oituratzen haigara ume honi eta hala jarraiketanbou laister txixe ingozku belarritxik bera. Ba aber danon hartien lortzendoun zuzentzie sikera zertxobaitx. **T.** Quiere quiere, sí, querrá pero no se le puede dar todo lo que pide, yo creo que le estamos acostumbrando muy mal a este crío y si continuamos así pronto nos va a mear de la oreja abajo. Pues a ver si entre todos conseguimos siquiera enderezarle un poco.

GUREZKERO, GURE-EZKERO. Si es que quieres, si querría. **K.** Bai, noski gurezkero ingonauela Ataulfok naidauen lan horreik, baña kasu hontan gertatzenda eztotela nai zeatik ondion nahiko asarre nau berakiñ, eta eztan etorten bitxartien parkamena eskatzera eztau zer iñik. **T.** Si, claro que si querría ya podría hacer esos trabajos que quiere Ataulfo, pero en éste caso pasa que no quiero porque todavía estoy bastante enfadado con él, y mientras no venga a pedir perdón no hay nada que hacer.

GUREDAU. (Guredok), don, dot, dozu, dozue.

GUREKIÑ. Con nosotros. **K.** Zu beletie baño okerrau zara eta askenien esan inbikozu ba zeñekiñ gurozun fatie Donostira, hareikiñ ero gurekiñ, eta eziñdou eon luzero zai zure erantzunai zeatik ondion beste gauza asko daukou inbierrekuek. **T.** Tú eres más torcido que una veleta y al final tendrás que decidirte con quién quieres ir a San Sebastián, con ellos o con nosotros, y no podemos estar esperando demasiado tiempo a tu respuesta porque todavía tenemos otras muchas cosas para hacer.

GUREKOT. Ya querré. **K.** Beste iñok ezpaldinbadau nai nik bentzet bai gurekot, neretzat gauza horreik oso bierrezkuek izetendie baña baezpare aurretik galdetu iñizue zeatik enauke gure hanka sartzeik. **T.** Si es que no lo quiere nadie más yo al menos ya lo querré, para mí esas cosas me son muy necesarias pero por si acaso mejor que lo pregunteís primero porque no querria meter la pata.

GUREKOT. (Gurekok), kon, kozu, kozue.

GURENAUEN. Ya quería. **K.** Ordu ederrien zatoz galdetzera aber gurenauen gauza horreik, noski baietz, eta gañera baitxe oso gustora hartu be eskiñi inbazuen, baña erozeiñ modutan oñ alperrik da zeatik bestebati emundotzazu eta eztau zer-iñik. **T.** A buenas horas vienes a preguntarme si quería esas cosas, pues claro que sí, y además lo hubiese cogido a gusto si me lo hubieses ofrecido, pero de cuaquier manera ahora es tarde porque se lo has dado a otro y ya no hay nada que hacer.

GURETA. Queriendo. **K.** Berak hori esatendau, hala jarraitxu eta betik esangodau naigabe izendala, baña nik ondo esauketandot eta ziur nau gureta dala, eta gañera ezta aurreneko aldiz zeatik beñ baño geixautan gertaudie gauza berdintzuek. **T.** Eso dice él, así seguirá y siempre dirá que ha sido sin querer, pero yo le conozco bien y estoy seguro de que ha sido queriendo, y además no es la primera vez porque ese tipo de cosas ya han sucedido más veces.

GURETAKO, GURETZAT. Para nosotros. **K.** Askenien be, eta ordue zan, zerreozer bada guretako zeatik oñartien betik gauza danak bestientzako izetendie, ba aber hemendik aurrera eta zorion pixkatekiñ oingo modu hontan jarraitzendoun. **T.** Por fín, y ya era hora, de que hubiese algo para nosotros porque hasta ahora siempre todas las cosas han sido para ellos, pues a ver si de aquí en adelante y con un poco de suerte continuamos del mismo modo que ahora.

GURI. A nosotros. **K.** Hor dazen gauza horreik guri bakarrik emun zeatik bestiek eztaukie zer jakiñik horrein berririk, eta ezta eskutuen ibiltxeatik, bakarrik gertatzenda beste iñondako eztaukela bape inportantzik, guretik aparte noski. **T.** Las cosas que está ahí nos las das solo a nosotros porque los demás no tienen porque saber que eso existe, y no es por andar a escondidas, solo pasa que para ningún otro tiene ninguna importancia, exceptuando a nosotros claro.

GURIE. De nosotros.

(Mirar la definición de geurie).

GURIÑE. Mantequilla. **K.** Sukaldari batzuk oso guriñ zaliek izetendie eta esan-baterako euron hartien bat bibarusia esatendauen hori, neri ta gure etxekuei etxaku larrei gustatzen eta naio izetendou gauzak prestatzie olixuekiñ, hori bai, ona izenda, beste gustotxobat emuteutzo jatendozun gauza guztiei, eta baleike oituratik izetie baña erozeiñ modutan hala da. **T.** Algunos cocineros son muy aficionados a la mantequilla y por ejemplo entre ellos ese que dice Vivarusia, a mí y los de casa no nos gusta demasiado y solemos preferir preparar las cosas con aceite, eso sí, siendo de buena calidad, le da otro gustillo a todas las que comes y puede que sea por la costumbre, pero de cualquier manera es así.

GURINTZU. Cremoso. **K.** Aurreneko iogurrek hasizienien asaltzen tipo gutxitakuek eozen, naturalak eta beste zerbaitzeko gustue haukuienak, asken honeitik akaso asko ez, oñ berriz ehuneko tipokuek daz eta horreiñ barruen batzuk jartzendauen gurintzuek dienak, beñ aitunauen eta eztakitx egixe izenleikien, horreik hala diela sebo asko daukielako. **T.** Cuándo empezaron a aparecer los primeros yogures habia de muy pocas clases, naturales y algunos otros de distintos sabores, de los últimos quizá no demasiados, ahora en cambio los hay a cientos y dentro de éstos hay unos que indican que son cremosos, oí una vez y no sé si puede ser verdad, que son así porque tienen mucho sebo.

GURIPA. Guripa. Se le llama así a la persona pícara, tunante y bribona. **K.** Nik oso aspaldi eztotela entzun guripa izen hau, baña lenau oitura haundixe zan guripa esatie bierdan bezela ezien konportantzen pertzonai, eta akaso guri be baleike batzuk hori esatie zeatik esgiñen betik izen hola larreiko Santuek be. **T.** Hace muchísimo tiempo que yo no he oido el nombre este de guripa, pero antes había mucha costumbre de decir guripa a la persona que no se comportaba en la forma debida, y quizá a nosotros también algunos nos llamarían así porque tampoco siempre fuimos así como demasiado Santos.

GUROT. Quiero. **K.** Ez eskiñi bakarrik horrei, nik be gurot eta danontzat eukitxenbozu nere amandriek pozik hartukoitxu gauza horreik, bere oso gustokuek izetendie eta apurtxobatekiñ nahikue izengozan. **T.** No les ofrezcas solo a esos, yo también quiero y si es que tienes para todos mi abuela cogerá muy contenta esas cosas, son muy de su gusto y con un poco sería suficiente.

GUROT. (Gurok), ken, n, tena, zu, zue, zuna, zuena.

GURPILLA. Rueda. **K.** Galdetzera fanbikot aber kotxeko gurpillak ondo dauketen Iteubie pasatzeko, aurrekuek urtebete pasatxo daukie eta atzekuek ixe hiru, baña halaere nik eztitxut itxen kilometrro askoik kotxekiñ eta eztot uste iñungo arazoik eukikodauenik. **T.** Tengo que ir a preguntar a ver si las ruedas del coche están bien para pasar la ITV, las de adelante tienen poco más de un año y las de atrás casi tres, pero aún así yo no hago muchos kilómetros con el coche y no creo que tengan ningún problema.

GURUTZIE. Cruz. **K.** Beste leku batzuetan eztakitx baña hemen Euskalherrixen bentzet mendi punta guztietan eotenda gurutzie, bat gutxienetik eta geixau be baleike eotie, eta zergaitxik dan oitura hori?, ba nik arrastuik be eztauket eta galdetu-bierra dauket, kustiñue da eztakitxela nori. **T.** En otros sitios no sé pero aquí en Euskalherrría en todas las cimas de los montes hay por lo menos una cruz, ¿y porqué es esa costumbre?, pues yo no tengo ni idea y lo tengo que preguntar, la cuestión es que no sé a quién.

GUSTAU, GUSTOKUE. Del gusto, que gusta. **K.** Eztau bape zalantzaik ze bazkai hau Faustinon gustokue danik, entzuoizue ze urruma ataratzen haidan, begixek be ixe itxixek dauko eta nik ustedot eztauela iñ aspalditxuen holako bazkairik, ikusi besteik eztau ze gustora jaten haidan. **T.** No hay ninguna duda de que esta comida es muy del gusto de Faustino, oirle que murmullos hace, también tiene los ojos casi cerrados y yo creo que no ha hecho una comida así desde hace mucho tiempo, no hay más que verle lo a gusto que está comiendo.

Aspaldiko esaerabat: Gustoko lekuen kexkarik ez.

Un viejo proverbio vasco dice que en el sitio dónde te encuentras a gusto no hay quejas.

GUSTORA. A gusto. **K.** Ni ia zertxobaitx erreta nau hainbeste lan iñde ortuen eta guasen hara keixpetara, han gustora eongogara hamarretako pixkat iñaz eta gero berriz jarraitxukou. **T.** Yo ya estoy un poco quemado de tanto trabajar en la huerta y vámonos allá a la sombra, allá estaremos a gusto comiendo el bocadillo y después ya continuaremos otra vez.

GUSTOREN. Dónde más a gusto. **K.** Bai, hemen be nahiko gustora nau baña halaere gustoren eongonitzen tokixe beste handikaldekue da, keixpetan dau eta ustedot harutza noiela, zuek segi hemen euskitxen hala gurebozue. **T.** Si, aquí también estoy bastante a gusto pero en aquel otro sitio, a la sombra es dónde estaría mucho más a gusto y me parece que voy a ir hacia alla, vosotros continuar aquí al sol si es eso lo que queréis.

GUSTUE. Sabor. **K.** Ustedot txitxarro hau eztauela modu onien, gustue eztauko bape ona eta baezpare hobeto izengoda ez jatie. Deitxu ingotzou sukaldarixei, esan txarra dauela eta prestatzeko beste zerreozer. **T.** Creo que este chicharro no está en buenas condiciones, el sabor que tiene no es nada bueno y por si acaso será mejor que no lo comamos. Vamos a llamar al cocinero, le diremos que está malo y que nos prepare alguna otra cosa.

GUTARRAK. Lo nuestro, los nuestros. **K.** Donostiko alde-zar dan honeik bai esanleike gutarranak diela, eztot esaten gaizki dauenik Elixak, gaztelue eta beste gauza berdintzuek ikusi ta bixitatzie baña nik ustedot gaurkuatik larreitxo eukidoula, lau ordu izendie, esangou, nahiko interesgarrixek. Eta halaere nik ustedot danok amorratzen geotzela bukatu eta zerbatix hartzera etorri toki hontara. **T.** Toda esta zona de la parte vieja de San Sebastián si que se puede decir que es lo nuestro, no digo que esté mal el ver y visitar Iglesias, castillo y otras cosas parecidas, pero creo que con lo de hoy hemos tenido suficiente, han sido cuatro horas, digamos, bastante interesantes. Y aún así pienso que todos estábamos deseando que terminase y venir aquí a tomar algo.

GUTXI. Poco, casi nada. **K.** Neretzako nahikue da baña ustedot zuretzat oso gutxi izengodala, ataradotzuen horrekiñ estaukotzu agiñ zulue betetzeko laiñ eta eskatu inbikozu beste zerreozer, beztela gosiekiñ geratukozara eta atzaldie ondion luzie da. **T.** Para mí es suficiente pero creo que para tí es muy poco, casi nada y con eso que te han sacado no tienes ni para llenar el agujero de la muela, pues tendrás que pedir alguna otra cosa porque sino te vas a quedar con hambre y la tarde todavía es larga.

Aspaldiko esaerabat: Gutxi ikasi eta betik jakintzu.

Un viejo proverbio vasco dice que poco aprender, pero siempre entendido.

GUTXIATIK, GUTXITIK. Por poco. **K.** Kotxen istripu hau nahiko latza izenda baña zorionez Ramonik eztau ezer grabetazun haundikoik euki, esandauen ez gutxiatik librau omendala eta golpie izenbalitz pixkat ezkerrerau hor bertan geratzeko arrixkue haukela. **T.** El accidente de coche ha sido muy fuerte pero por suerte parece que lo que tiene Ramoni no es de mucha gravedad, según dicen se ha librado por poco y que si el golpe hubiese sido un poco más a la izquierda hubiese tenido mucho riesgo de haberse quedado allá mismo.

GUTXIAU. Algo menos. **K.** Ze gauza xelebrie, konturatunaz nola batzui nagusixek batzui diru gutxiau emuten haidan beste-batzui baño, eta beste horrei geixau noski, ni baezpare enoie ezer esaten zeatik enaz gutxieneitakue baña bestiek enterau-ezkero zerbaitx latza gertauleike. **T.** Que cosa más rara, me he dado cuenta de que a algunos el jefe les está dando menos dinero que a otros, y a esos otros más claro, yo por si acaso no voy a decir nada porque no soy de los de menos pero cómo los otros se enteren puede pasar algo gordo.

GUTXIEN. El que menos, lo mínimo. **K.** Zuk balixodozunakiñ gustora eta nahiko irabazitxe eongozara obra hontan, hemen gutxien irabaztendauena beste toki-batzuetako geixen bezela da eta iñok eztauko ezelako kejaik horren buruz. **T.** Con lo que tú vales en esta obra estarás bien y ganando lo suficiente, aquí el que menos gana es igual que los que más ganan en otro sitio y sobre esto nadie tiene ningún tipo de queja.

GUTXIENEZ, GUTXIENETIK. Por lo menos. **K.** Ordue zan zeatik bi aste eruetendou honen zai, egunbaten gauza bateatik dala eta hurrenguen bestiatik baña sekula esan allegatzen, oñ be ezta dana etorri baña ixe geixena bentzet bai eta aber geratzendana eztan askoz beranduau etortzen. **T.** Ya era hora porque llevamos dos semanas esperando a esto, que si un día era por una cosa y otro día por otra pero nunca llegaba, ahora tampoco ha llegado todo pero por lo menos casi la mayoría y a ver si lo que falta no tarda mucho más.

GUTXIGORABERA, GUTXI GORA BERA. Más o menos. **K.** Batek hainbeste balixodauela esatendau, bestiek berriz hori ez eta horrenbeste dala, zeatik estozue apostabat itxen afaibat jokauaz, hirurontzat noski, aber zeñek daukon errazoie?, nik gutxigorabera badakitx horren balixue eta fixatzenbazare ontre bertan esangotzuet. **T.** Uno decís que vale una cantidad, el otro en cambio que eso no y que es otra, ¿porqué no apostaís una cena, para los tres claro, a ver quién tiene razón?, yo ya sé más o menos lo que vale y si os fiáis ahora mismo os lo digo.

GUTXIKA. A poquitos. **K.** Ataradauen angula kazuelatxue sigero txikiñe da eta gutxika janbikou zeatik beztela axkarrei bukatukoutxu, badakigu balixo haundikuek diela eta eztakitx zenbat ordaiundubikoun, baña erozeiñ modutan emunduzkuen hau nahiko mixerablie da. **T.** La cazuelita de angulas que nos han sacado es muy pequeña y las tendremos que comer a poquitos para no terminarlas demasiado pronto, ya sabemos que cuestan mucho y no sé cuánto tendremos que pagar, pero de cualquier manera esto que nos han dado es bastante miserable.

GUTXIKIÑ. Con poco. **K.** Zu ezara sekula gutxikiñ konformatzen eta betik gurozu geixau, zeatik ezara izeten zure anaie bezelakue, hartu emutejatzuna eta horrekiñ manejau?, eta aber noixbaitxen ixildu eta eztozun hainbeste eskatzen. **T.** Tú nunca te conformas con poco y siempre quieres más, ¿porqué no eres como tu hermano, coges lo que se te dá y te arreglas con eso?, y a ver si algún día estás calladito y no pides tanto.

GUTXITAN, GUTXITEN. Pocas veces. **K.** Zueikiñ eztakitx nola leiken posible hau hala izetie, neri oso gutxitxan, beiñ ero birritxan, gertaujat bueltau inbierra ixe ezer inbarik, eta hori betik bakarrik fanda, geixenbaten bata ero bestie iñde geratuda eta eztot ulertzen zergaitxik eztozuen apenas ezer iñ hainbeste lagun hartien. **T.** No comprendo cómo con vosotros es posible que esto sea así, a mí muy pocas veces, una o dos, me ha sucedido que he tenido que volver sin hacer casi nada y eso que siempre he ido solo, la mayoría de las veces ha quedado hecha una cosa u otra y no entiendo que entre tanta gente no hayáis podido hacer apenas nada.

GUTXITXO. Poquito. **K.** Etxuraz ezauken geixau eta hau bakarrik emundust, badakitx gutxitxo dala baña momentuz bentzet hemen dauen hoñekiñ konpondubikogara, eta bixer beitukot aber beste nunbaitxen daukien zerreozer. **T.** Parece ser que no tenía más y me ha dado esto solo, ya sé que es poquito pero de momento al menos nos tendremos que arreglar con lo que tenemos aquí, y mañana ya miraré en algún otro sitio a ver si tienen más.

GUTXITU, GUTXITXU. Quitar algo, empequeñecer. **K.** Banasta hontan larrei dau, geixei betedozu eta hau eztau erueteik bixkarrien dauken pixuekiñ, gutxitxu inbikozu zertxobaitx hor dauen beste otarrera pasata eta hala hobeto ibilikogara. **T.** En este cesto hay mucha cantidad, la has llenado demasiado y no se puede llevar a hombros con el peso que tiene, tendrás que quitar algo pasándolo a otro cesto que está ahí y así andaremos mejor.

GUZTI, GUZTIXE. Todo, el total. **K.** Ez emun geixau, hemen dauenaz nahikue da eta gañera enauke jakingo zer iñ sagar guzti horreikiñ zeatik etxien nik bakarrik jateitxuk, eta gañera eukikozu beste lagunenbat gustora hartukoitxuenak. **T.** No me dés más, con lo que hay aquí tengo suficiente y además no sabría que hacer con todas esas manzanas porque en casa solo las como yo, y además ya tendrás algún otro amigo que las cogerá a gusto.

GUZTIEI. A todos, para todos. **K.** Bixer da umetxuen aurreneko urtebetetzie eta ospatzeko asmue daukou lagun guztiei esatie etortzeko soziedadera euron seme-alabakiñ, prestaukou patata-tortilla batzuk eta nahiko gozoki be eongodie umiendako. **T.** Mañana es el primer cumpleaños del crío y para celebrarlo nuestra idea es decir a nuestros amigos que vengan con sus hijos e hijas a la sociedad, prepararemos unas tortillas de patata y también habrá suficientes golosinas para los críos.

GUZTIEN. Siempre. **K.** Nik eztot esaten betik eon-bierra dauenik alai eta gustora zeatik momentu txarrak be gertatzendie, baña inportantzi haundikue da hala eotie haldan guztien, eta hortarako, batzuetan bentzet, zertxobaitx alegiñdu inbierra izetenda. **T.** Yo no digo que siempre hay que estar alegre y contento porque también suele haber momentos malos, pero es de mucha importancia que estemos así la mayoría de las ocasiones, y para eso, al menos algunas veces, hay que esforzarse un poquito.

GUZTIENA. De todos. **K.** Estakitx nola konpondubioun, hemen itxitxuen honeik esandau hemen gazen guztiena dala eta errepartizeko, nere ustez ezta gogoratu jente asko garela ezta eztala allegauko, ba erdibitzen hasibikogara. **T.** No sé cómo no vamos a arreglar, el que ha dejado esto aquí ha dicho es de todos los que estamos aquí y que nos lo repartamos, yo creo que no se ha dado cuenta que somos muchas personas y de que no llegará, pues habrá que empezar a partirlos por la mitad.

GUZTIENTZAT, GUZTIENDAKO. Para todos. **K.** Etxako borondateik falta gizon horri, egixe da diru asko urteutzola primitiba hortan baña halaere bazkaibat prestatzie kale hontan bizigaren guztientzat akaso larreitxo izengoda, gañera kontuen hartuta ixe kilometro erdiko luzera daukela. **T.** No le falta buena voluntad a ese hombre, es verdad que le ha tocado mucho dinero en la primitiva esa pero aún así el preparar una comida para todos los vecinos que vivimos en esta calle quizá sea demasiado, además teniendo en cuenta de que casi tiene medio kilómetro de longitud.

GUZTIRA. Completo, total. **K.** Beno, bale eta ia nahiko da, ezaitez hasi esaten ze hau da hainbeste, hori beste-hainbeste eta hangue horrenbeste, iñizu beingoz kontue, esan guztira zenbat dan eta hola eztaukotzu mariatzen ibilibierrik. **T.** Bueno, vale y ya es suficiente, no empieces a decier ésto cuesta tanto, aquello tanto y lo de más allá otro tanto, haz la cuenta de una vez, nos dices el valor total y así no tienes que estar mareaando a nadie.

GUZTIXEK. Todos. **K.** Onazkero herri hontako guztixek jakíñien eongodie zu izenzarela lapurretan iñdozuna taberna hortan, aldebatetik nahiko kalamidade zara hori iñdozulako, eta bestaldetik sigero iñuxentie egunez ta jente asko aurrien itxeatik. **T.** Para ahora todos los de este pueblo ya sabrán que has sido tú el que ha robado en ese bar, por una parte eres un calamidad por haber hecho eso, y por otra eres un tonto de remate por haberlo hecho de día y delante de mucha gente.

GUZTIZ. Del todo. **K.** Ondo kostata baña askenien guztiz bukauta geratuda eta gañera nik ustenauen baño lenau, oñ bakarrik geratzenda neri geixen gustatzejatena, kobratzie. **T.** Ha costado mucho pero al fín a quedado terminado del todo y además antes de lo que pensaba yo, ahora solo queda lo que a mí más me gusta, cobrar.

H

HARTZEKO PRONTO ETA EMUTEKO TONTO.
RAPIDO PARA COGER Y TONTO PARA DAR.

HA. Aquel, aquello. **K.** Eztakitzuela zeiñ izendan etxeko fatxada hori margotu ta dotoretudauena?, ba beitu handikaldera, ikustendozue han arbola bazterrien dauena andra harekiñ eta bi ume?, ba ha izenda, Liborio bere izena. **T.** ¿Que no sabeìs quien ha sido el que ha pintado y dejado tan bonita la fachada de esa casa?, pues mirar hacia allá, ¿veís al que está en un rincón con una mujer y dos críos junto aquellos árboles?, pues ha sido aquel, se llama Liborio.

HABILL. Andas. **K.** Oñ be gauza berdiñekiñ habill, ezalaiz sekula nekatzen?, nik ustejuat nahiko dala hainbeste errepikau esanaz hori ez itxeko, ba benga, ia larreitxo pasatzen haiaiaiz eta alde iñai hortik beingoz. **T.** ¿Ahora también andas con el mismo asunto, es que no te cansas nunca?, yo creo que es suficiente el haber tenido que repetir tantas veces que no hagas eso, pues venga, ya te estás pasando demasiado y de una vez por todas aléjate de ahí.

HABILLEN. Andabas. **K.** Txarrikeixa hori iñdauen tartien hi be han habillen, hala?, ba mutil badakik zer inbierra daukaken, ez ibili geixau horreikiñ eta ez siquera arrimau harein inguruetara. **T.** ¿Tú también andabas entre los que han hecho esta marranada, o qué?, pues chaval ya sabes lo que tienes que hacer, no andes nunca más con esos y ni siquiera te arrimes más a sus entornos.

HABITZEN, HABITZENAK. Andaban, los que andaban. **K.** Guri ez bota kulpaik, oinguen eztaukotzu bape errazoirik zeatik gu ezgara hor ibili eta inguruetan bez, atzo herritxik kanpo geotzen eta garbi dau guk eztaukoula zer-ikusirik asunto horrekiñ. Beste hareik handikaldien dazenak akaso izengozien han habitzenak eta galdetu harei. **T.** No nos echeís a nosotros la culpa, esta vez no teneís razón porque nosotros no hemos estado ahí ni tampoco en las cercanías, ayer estuvimos fuera del pueblo y está claro que no tenemos nada que ver con ese asunto. Puede que aquellos otros que están allá sean los que andaban y pregúntales a ellos.

HA-DA. Es aquel. **K.** Gurozue jakitxie zeiñ dan irabazi iñdauena primitibako premixo haundi hori?, ba guasen taberna hortako atera eta beitu handik, ikustendozue han bazterrien bakarrik dauen gizona?, ba ha-da. **T.** ¿Quereís saber quién es el que ha ganado ese premio tan grande de la primitiva?, pues vamos hasta la puerta del bar y mirar desde allá, ¿ya veís al hombre que está solo en aquella esquina?, pues es aquel.

HAGINKA, HAGINKE. Mordiendo, dando mordiscos. **K.** Ze oitura txarra dauken ume horrek haginke itxeko beste umiei, ba ume honeik kontu haundixekiñ ibili-bierra izetendaue hori asaltzendanien plaza inguruen, gañera bere amak eztutzo errietaik itxen eta gañetik barre itxendau esanaz jolasten haidala. **T.** Que costumbre más mala tiene ese crío de dar mordiscos a los otros críos, pues éstos críos tienen que andar con mucho cuidado cuando ese aparece por la plaza, además su madre ni siquiera le riñe y encima se ríe diciendo que está jugando.

Aspaldiko esaerabat: Ez haginkeik iñ jaten emutendauen eskuei.
Un viejo proverbio vasco dice que no hay que morder a la mano que te da de comer.

HAGIÑEK. Dientes.
(Ver la definioción de agiñek).

HAGINKARIE. Mordisko. **K.** Ederra dauko txakur horren ugesabak, etxuraz umebati haginkarie emuntzo malekoien eta anbulatoixora eruendaue negarrez ta bernatik odola daixola, ikusidauen pertzonak esandau umie arrimau omendala txakurrana eta orduen izendala. **T.** Buena tiene el dueño de ese perro, parece ser que le ha dado un mordisco a un crío en el malecón y le ha llevado al ambulatorio sangrando por la pierna y a todo llorar, una persona que ha visto lo que ha sucedido ha dicho que ha sido en el momento en que el crío se ha acercado al perro.

HAGIÑEKOMIÑE, HAGIÑEKO-MIÑE. Dolor de dientes, de muelas.
(Ver la definición de agiñekomiña, agiñeko-miña).

HAIBA! ¡Aiba! Exclamación de sorpresa.

HAIDA. Que está en ello. **K.** Lasai eon zeatik Doroteo haida zuk aiñdutako lan horretan, aurrena ezauen gure itxeik eta hor eonda denporaldixe geldik mormoxetan, baña emutendau hobeto pentza izendauela eta bentzet hasi iñda, ba aber oñ emuteutzen bukaera. **T.** Estar tranquilos que Dororeo está en ello y ya ha empezado a hacer el trabajo que tú le has mandado, al principio estaba un poco remiso y ahí ha estado quieto murmurando entre dientes, pero parece que lo ha pensado mejor y por lo menos ha empezado, pues a ver si ahora lo termina.

Aspaldiko esaerabat: Dirue berba itxen haidanien, egixe ixilik.
Un viejo proverbio vasco dice que cuando el dinero habla, la verdad está en silencio.

HAIDIE. Que están trabajando, haciendo, etc. **K.** Ustenanuen ondion gaur eziela hasiko baña gora fanazenien ikusitxut haidiela lanien, berba iñdot eurokiñ ta esauztie momentuz lau besteik eztiela etorri baña bixer beste bi hemen eongodiela. **T.** Pensaba que hoy todavía no iban a empezar pero cuando he ido arriba he visto que ya estaban trabajando, he hablado con ellos y me han dicho que de momento no han venido más que ellos cuatro, pero que mañana aquí estarán otros dos.

HAIEI. A ellos. **K.** Ez errepartiru dana zuein hartien bakarrik eta haiei be itxi gauzarenbat, badakitx zuek baño lan gutxituau iñdekuek diela baña halaere zertxobaitx merezidaue, eta gañera apostaukonauke horren zai diela. **T.** No repartaís todo entre vosotros solo y dejar alguna cosa para ellos, ya se que han trabajado algo menos que vosotros pero aún así también merecen alguna cosa, y además apostaría que lo están esperando.

HAIEIK, HAIEK, HAIK. Ellos, aquellos **K.** Ez beitu guri zeatik gu ezgara izen txapuza hori iñdouna, haieik bestiek izendie ta zerbaitx esan ero bronka botatzeko asmue badaukotzu badakitzu zeñena fan-bierra daukotzun, beste hareina zeatik guk eztaukou zer-ikusirik asunto hortan. **T.** No nos mires a nosotros porque no hemos sido los que hemos hecho la chapuza esa, han sido aquellos otros y si tienes algo que decir o echar la bronca ya sabes dónde tienes que ir, donde ellos porque nosotros no tenemos nada que ver en ese asunto.

HAIENA (K). De ellos, de aquellos. **K.** Erraminta horreik itxi hor pake pakien zeatik eztie guriek, haienak die eta ondion eztot pentzatzen alde iñdauenik obra hontatik hau dana hemen lagata, eta ustedot bateonbat bueltaukodala gauza honeik jasotzera. **T.** Dejar esa herramienta ahí quieta y en paz porque no es nuestra, es de aquellos y no creo que se hayan ido todavía de la obra dejando todo esto aquí, y pienso que ya volverá alguno a recoger las cosas.

HAIENTZAT. Para aquellos. **K.** Obra hau haundixe da eta hobeto izengou lanak partitzie denporan bukatzeko, hiru zatitxen ingoutxu eta aber, hau lelengo zatixe zuentzat, bigarrena guretzat eta hirugarrena beste haientzat, eta oñ bakotxak badakigu zer inbierra daukoun eta baitxe noixko butaku inbierra dauen. **T.** Esta obra es muy grande y los trabajos los vamos a dividir para poderlos terminar a tiempo, lo haremos tres partes y a ver, la primera parte para vosotros, la segunda para nosotros y la tercera para aquellos otros, pues ahora cada cual ya sabemos el trabajo que tenemos que hacer y también para cuando hay que terminarlo.

HAIGA. En realidad no sé si existe ese nombre en referencia a los coches grandes y espectaculares pero nosotros, en aquellos ya lejanos tiempos, les llamábamos así. Y que cosa, los que entonces nos daban esa impresión, ¿qué nos parecería si los volviésemos a ver ahora? **K.** Lenau, mutikotan ezan bape errexa ikustie kotxebat guk esategutzen haiga zana, eta beste tipokuek be nahiko exkaxien, eotegiñen karretera ertzien begire eta honeik pasa-hala, oso gutxi, izetezan bat bakotxandako eta gertau-ezkero guri iruitzejakun haiga zala ba, tokatzejakonai sigero pozik eta harro jartzezan. Halaere eotezien diskuziñuek aber haiga zan ero ez. **T.** Antes, de chavales no era nada fácil ver un coche a los que nosotros llamábamos haiga, y los de otros tipos también bastante escasos, solíamos estar al bode de la carretera mirando y a medida que pasaban los coches, muy pocos, era uno para cada uno y si ocurría que era lo que a nosotros nos parecía un haiga pues se ponía muy contento y presumido al que le tocaba. Aún así ya solía haber discusiones sobre si era haiga o no.

HAIGARA, HAIGARE. Ya andamos o estamos en ello. **K.** Beno, gu bentzet hasi eta haigara gure aldien, beste bixek ondion eztie asaldu eta momentuz eztau harein berririk, eztitxue ekarri ez kaxetaik, ez makiñaik, ezer ez, eta kontuen hartuta hainbesteko prixa emunduzkuela ba eztakitx noix eukikodauen etorri eta hasteko asmue. **T.** Bueno, nosotros al menos ya estamos en ello y hemos empezado en nuestra parte, los otros dos todavía no han aparecido y de momento no hay noticia alguna sobre ellos, no han traído ni casetas, ni maquinaria, ni nada, y teniendo en cuenta que nos han dado tanta prisa pues no sé cuando tendrán la intención de venir y arrancar.

HAIKOZIEN. Ya andarían. **K.** Bai, haikozien, nik hala ustedot bentzet, gaur goixien enaz pasa ondion baña atzo egun guztien han ibilizien eta gañera oso txintxo euron lanien, eta nik eztot uste holako gañien eon-bierrik dauenik zeatik oñartien ikusidotenetik sigero arduradunak dien etxurie daukie. **T.** Sí, ya andarían, esta mañana no he pasado todavía pero todo el día de ayer estuvieron allá y además muy finos haciendo su trabajo, y yo no creo que haya que estar tan encima porque por lo que he visto hasta ahora da toda la impresión de que son muy responsables.

HAINBANA. A partes iguales, proporcionales. **K.** Beno, jasoitxu sagasti hontako sagar guztiek eta oñ errepartizen hasikogara, naiz da batzuk berandu xamar etorri eta bestiek axkar xamar alde iñ, haibanan ingoutxu errepartuek, eta hemen daukotzue bakotxandako tokatzendan otarra. **T.** Bueno, ya hemos recogido todas las manzanas del manzanal y ahora vamos a empezar a repartir, a pesar de algunos han venido un poco tarde y otros se han marchado algo temprano, las repartiremos a partes iguales, y aquí tenéis cada uno el cesto que os corresponde.

HAINBAT. Tantas cosas… **K.** Eztakitx nundik hasileikien, hainbat gauza daukou itxeko, baña beno, halaere nunbaitxetik hasi inbierra daukou ta berdiñ izengoda aldebatetik ero bestetik hastie, ba nik ustedot akaso onena izengoula hementxe toiki garen bertatik. **T.** No sé por dónde se puede empezar, tenemos tantas cosas para hacer, pero bueno, aún así por algún sitio hay que empezar y hacerlo tanto por un lado como por otro será bastante parecido, pues yo creo que quizá lo mejor sería por aquí mismo del sitio que estamos.

HAINBESTE. Tanto o tantos, mucho. **K.** Nere ustez angulak bere neurrixen jan-bierrak izetendie, libra-erdi inguru bakotxandako nahikue izengozan eta zuk ekarriduztazuna ixe geixei da, hainbeste eztitxut nai zeatik beztela baleike larreiko astunak izetie eta kalte iñ. **T.** Yo creo que las angulas hay que comerlas en su justa medida, pienso que con media libra (cuarto de kilo) para cada uno sería sufuciente y lo que tú me has traido es casi cómo mucho, yo no quiero tanto porque sino puede que sean demasiado pesadas y hagan daño.

Aspaldiko esaerabat: Hainbeste gu, gu eta gu ta askenien kaka, bestiek irabazi eta guk galdu.

Un viejo proverbio vasco dice que tanto nosotros, nosotros y al final mierda, nosotros perder y los otros ganar.

HAINBESTIEN. Por lo tanto. **K.** Beno, asko ezta baña hainbestien eta geixau ezpadau honekiñ geratubikonaz, halaere ta nola ondion dexente gelditzendan bukatzeko, ba alegiñdu inbikot aber beste nunbaitxen lortzendoten zerbaitzuk. **T.** Bueno, tampoco es que sea mucho pero parece que no hay más y por lo tanto tendré que quedarme con ésto. Aún así y cómo todavía me queda bastante para terminar, pues voy a tener que empeñarme en conseguir más en algún otro sitio.

HAIGIÑALA. Cuando andábamos. **K.** Bai, ikusigauen eta garbi gañera zeatik gure aurrien gertauzan han bertan lanien haigiñala, oñ nik estakitx zeñen hanka sartzie izenzan, guk ezgauen haibesteraño ikusi, bakarrik nola kotxen bi txoferrat kulpak botatzen ibilizien bata-bestiei denpora luzien, txillixoka eta ezkerrak ertzaina asalduzala, beztela ziur burrukan hasikoziela. **T.** Sí, ya lo vimos y además bien claro porque ocurrió delante nuestro cuando andábamos trabajando allá mismo, ahora yo no sé es que fue la metedura de pata, nosotros no llegamos a ver tanto. Solo cómo los chóferes de los dos coches estuvieron echándose las culpas el uno al otro durante largo tiempo, gritando y menos mal que apareció la ertzaina, sino seguro de que hubiesen empezado a pelear.

HAIGIÑAN, HAIGIÑEN. Ya estamos o andamos a ello.

(Ver la definición de haigara, haigare).

HAINITZAN. Andaba o estaba en ello. Se refiere a estar realizando algo, generalmente una labor. **K.** Jakineike zertan etorrizaren ona?, nola ezauela iñor?, ba nabarmen ikustenda trastiek bertan dazela, ez?, zuk daukotzu muturrak, akaso tokixe kenduguran haizara, ero?, ba alde axkar hemendik zeatik ni hainitzan leku hontan. Toki ugeri daukotzu inguruen eta billatu bestebat. **T.** ¿Se puede saber a qué has venido aquí, ¿cómo que no había nadie?, pues se vé bien claro que hay cosas aquí mismo, ¿no?, vaya morrro que tienes, ¿que pretendes, quitarme el sitio, o qué?, pues marcha rápido porque yo andaba aquí. En los alrededores tienes muchos sitios y busca otro.

HAIÑ, HAIÑA, HAIÑE. Tan, tanto cómo éste, ese o eso. **K.** Lasai eta ez keskatu, nik ondo esauketandot aposta iñdozun mutillei ta ziur nau zu bere haiñ zarela korrikan, ta gañera gauza onbat daukotzu bere aldien, zuk hamar urte gutxiau eta bera askoz lenau nekatukoda aldapa horretan zeatik benetako gogorra da. **T.** Anda tranquilo y no te preocupes, yo conozco muy bien al chico con el que has apostado y te aseguro que tú eres tanto como él corriendo, y además tienes una cosa buena respecto de él, que tienes diez años menos y él se cansará bastante antes que tú en esa cuesta porque es dura de verdad.

HAITZA. Roca, peña.

(Ver la definición de aitza, atxa).

HAITZULUE, HAITZ-ZULUE. Agujero que da entrada a la cueva. **K.** Jakiñien, ero susmue bentzet bahaukien nunbaitxen eongozala koba sarrerako haitzulue eta denpora askuen ibilidie horren billa ezer lortu-barik, eta batzuetan nola gertatzendien gauzak, kasualitatez lengo egunien artzaibat bere ardi galduen billatzen haizala ikusidau sarrera hori, ondo gordeta harri, lokatza ta sastraka hartien. **T.** Se sabía, o sospechaban por lo menos que la entrada a la cueva tenía que estar por algún sitio y han estado durante mucho tiempo buscándola sin conseguirlo, y cómo suceden a veces las cosas, el otro día dio la casualidad de que un pastor que buscaba a una oveja perdida la encontró, estaba bien escondida entrre zarzas, piedra y barro.

HAIXEBOLARA, HAIXE-BOLARA. Ráfaga de viento. **K.** Fandan zapatuen eta betiko bezela, goixeko xeirak aldien etxetik urtenauen mendi-buelta itxeko asmuekiñ, bazan haixe ta xirimiri pixkat bañe larreiko-barik, aterkiñe zabaldu ta hasinitzen martxa eta malekoira allegau besteik ez sekulako haixe-bolarakiñ aterkiñe puskatu eta etxera bueltau-bierra izenauen bestebat hartzera. **T.** El pasado sábado y cómo siempre, salí de casa hacia las seis de la mañana con la idea de hacer una vuelta por el monte, había un poco de viento y un poco de sirimiri pero no en demasía, con el paraguas abierto comencé la marcha y nada más de llegar al malecón una impresionante ráfaga de viento me rompió el paraguas y tuve que volver a casa a por otro.

HAIXERRIE, HAIXE-ERRIE. Aire caliente, viento sur. **K.** Atzoko egune oso txarra izenzan haixerre harekiñ eta gaua askoz hobie bez, hobero esanda sigero txarra, eziñ lorik hartu hauen beruekiñ, buelta aldebatera, buelta bestera, jaiki, balkoira urten, busti pixkat eta berdiñ, gaur lanera ixe lorik inbarik eta gaurkue, radixuen entzundoten bezela, eztauko etxuraik bape hobie izeteko. **T.** El día de ayer fue muy malo debido al viento sur y la noche no ha sido mucho mejor, mejor dicho muy mala, no he podido dormir por el calor, vuelta para para un lado, vuelta para el otro, levantar, salir al balcón, refrescarse y lo mismo, hoy al trabajo casi sin dormir y el día de hoy, según he oído en la radio, no tiene pinta de que vaya a ser mucho mejor.

HAIXETU. Airear, abanicar. **K.** Gaur goxien malekoien pasian haigitzenien edadeko andrabat lurrera jausida gure aurrien eta etxura hauken zertxobaitx galdu bezela iñdaduen konortie, entzuende nauken kasu horreitan ona omenzala haixetu itxie ta hala iñauen han hauen kartoi puzketaz, eta eztakitx honeatik ero beste zeatik baña segitxuen errekuperauzan, hainbeste ze lagundu jaikitxen etra lasai asko alde iñauen. **T.** Hoy a la mañana cundo estábamos paseando por el malecón una mujer de cierta edad se ha caído al suelo delante nuestro y daba la impresión de que había perdido algo el conocimiento, en stos casos tenía oído que es bueno abanicar para dar aire y así lo hice con un pedazo de cartón que había allá, y no se si sería por ésto o por otra cosa pero enseguida se recuperó, hasta tal punto que la ayudamos a levantarse y se marchó tranquilamente.

HAIXETZUE. Ventoso. **K.** Gaurko egune haixetzue urtendau baña momentuz bentzet eztau euririk, eta naiz da gero zertxobatik hasi eztot guardasolik ikutuko, ondo gogoratzenaz zer gertaujaten lengo egunien eta baitxe beste parebat bider be, zabaldu-ezkero puskatu eta hori ez iñezkero busti , baña bi kasutan berdiñ izengozan zeatik barik eongonitzen. **T.** El día de hoy ha salido muy ventoso aunque por el momento por lo menos no llueve, y aunque luego empiece algo no pienso ni tocar el paraguas, me acuerdo muy bien de lo que me pasó el otro día y también otro par de veces, que si lo abro se romperá y si no lo hago me mojaré, pero en los dos casos sería igual porque estaría sin ello.

HAIXETZUE. Airoso. Fig, se dice de la persona propensa a expulsar los aires por cierto sitio, se llama ulo. También hay quien le llama pedorrear. **K.** Baleike gizonezkuena haixetzu ibiltxie bestien aurrien gaizki eotie, baña andrana betik pentzau izendot askoz txarrau dala, eztakitx zeatik izengodan baña hala da eta akaso izengoda modu hontan erakutzitxe garelako. **T.** Puede que un hombre que ande airoso delante de los demás esté mal, pero que una mujer sea así creo que que está bastante peor, no se porqué será pero así es y quizá sea que nos lo han enseñado de esta manera.

HAIXIE. Viento, aire. **K.** Haixe asko dauenien kontu haundixe eukibida kotxie manejatzendan garaian, aldebatetik kotxie mobitzenda ta bolantie ondo helduta eruen-bierra dau, ta bestaldetik zubi pasaeran abiadura moteltzie komenida zeatik beztela beleike egaxien urtetzie, ezta aurrena izengo. **T.** SI hay mucho viento hay que tener un cuidado especial en el momento de conducir el coche, por una parte se mueve mucho y hay que tener bien agarrado el volante, y por otro cuando se pasa por un puente es conveniente aminorar la velocidad porque sino puede ser que salga volando, no sería el primero.

Aspaldiko esaerabat: Haixie nora, pañolue hara.

Un viejo proverbio en euskera dice que donde va el viento va el pañuelo. Vendría a significar lo mismo que arrimarse al sol que más calienta.

HAIZALA. Cuando se está o estaba haciendo algo. **K.** Lan hori itxen haizala gertaujakon istripue, etxuraz mozteko makiña hanka tartien jarritxe hauken, harrizko diskue puskatu ta bernan kriston ebaixe iñ, odol asko botatzen hasi omenzan, daixola urgentzietara eruen inbierra izenauen ta askenien ezan izen grabetazun haundiko gauza, punto dexentiek eta beste ezer ez apartekoik, ba ezkerrak beste aldamenien dauen gauza hori ezutzela ikutu. **K.** Cuándo estaba haciendo el trabajo ese tuvo el accidente, parece ser que tenía colocada la rotaflex entre las piernas, se rompió el disco piedra y se hizo un gran tajo en el muslo, debió de empezar a sangrar mucho, así le tuvieron que llevar a urgencias y menos mal que no fue una cosa de mucha gravedad, bastantes puntos y aparte de eso nada más, pues menos mal que no le tocó en aquel otro sitio que está al lado.

HAIZU. Oye, escucha. **K.** Hor nabill bere atzetik esanaz haizu, haizu, eta emutendau eztauela entzuten, eztot uste gorra izengodanik ba, axkartxuau fanbikot aber arrapatzendoten zeatik derrigorrez eon-bierra dauket berakiñ. **T.** Ahí ando detrás de él diciendo oye, oye, y parece que no me escucha, no creo que sea sordo pues, tendré que ir un poco más rápido a ver si le alcanzo porque necesariamente tengo que estar con él.

HAK. Aquel. **K.** Derrigorrez daukou gelditxu-bierra, eztakigu ze aldetatik naidauen segi eta hala jarraitzenbou baleike hanka sartzie, itxoiñ inbikou etorri hartien dakixen hak eta momentuz hobeto ingou geldik eotiaz, halaere nik ustedot laister asaldukodala. **T.** Necesariamente tenemos que parar, no sabemos por que lado quiere continuar y si seguimos puede que metamos la pata, tendremos que esperar a que venga aquel que sabe y de momento será mejor el estar parados, aún así yo creo que aparecerá pronto.

HAKITZUN. Ya sabías. **K.** Bai, zuk ondo hakitzun bateonbaten bidez baña neri iñok eztust ezer esan eta ez jakiñien nauen, ba eztau hala ibiltxeik eta aber hurrenguen gauzak esateitxozuen danak enteratzeko bezela. **T.** Si, tú bien que lo sabías por mediación de alguno pero a mí nadie me ha comentado nada y estaba en la más completa ignorancia, pues así no se puede andar y a ver la próxima vez decís las cosas de forma que nos enteremos todos.

HAKIXEN. Ya sabía. **K.** Ba askenien ni bakarrik izengonitzen enakixena zeatik baitxe Bonik be hakixen asunto horren buruz, eta gañera ez izenda tartekue, eta ze gertatzenda ba, eztuztazuela gure kontatzeik gauza horreik?, ba hala bada ni nahiko alperrik nau hemen. **T.** Pues al final yo solo sería el que lo ignoraba porque Boni también ya sabía y estaba enterado sobre el asunto ese, y eso que no es del grupo, ¿y qué pasa pues, que no me quereís contar esas cosas?, pues si es así aquí estoy bastante de sobra.

HAL, HALDA. Es posible, se puede. **K.** Begire ibilinaz eta ustedot ze halda itxie lan hori zuk gurozun bezela, itxirezu egun parebat, alegiñdukonaz hobeto asmatzen eta esangotzut ziurtazun guztiekiñ inleiken ero ez. **T.** He estado mirando y creo que ese trabajo se puede hacer tal y cómo tú quieres, déjame un par de días e intentaré idearlo mejor, luego ya te contestaré y diré con toda seguridad si se puede hacer o no.

HALA! ¡HALA! Exclamación de sorpresa. Puede ser cuando aparece una persona a la que no has visto hace mucho tiempo, también cuando ves una cosa bonita que cause admiración, etc...

HALA-BA, HALA BA. Animo, adelante. **K.** Ziur halaz gurozula estudiatzie medikue izeteko?, hala ba eta aurrera, baña badakitx zergaitxik esatendozun hori, zure osaba medikue dalako. Neri oso ondo iruitzejat zure asmue baña erozeiñ modutan ondion denpora asko daukotzu ta baezpare beste gauza batzuk be pentzaizu, gañera kontuen hartuta xei urte besteik eztaukotzula. **T.** ¿Estás seguro de que quieres estudiar para ser médico?, ánimo pues y adelante, pero ya sé porque dices eso, es porque tu tío es médico. A mi me parece muy bien esa idea tuya per de todas formas todavía tienes mucho tiempo y por si acaso piensa en otras alternativas, además teniendo en cuenta que solo tienes seis años.

HALA-BADA, HALA BADA. Si es que es así. **K.** Ba beitu, zuk esandozunaz bai fixatzenaz eta ez beste horrek esandauen xelebreixakiñ, nere ustez harenak iñuxentekeixak besteik eztie eta zurie hala-bada, ba zurekiñ ingou ondion geratzendien beste gauza guztiek. **T.** Pues mira, ya me fío de lo que tú dices y no de las tonterías que ha dicho ese otro, yo creo que lo de ese no son más que estupideces y si es que lo tuyo es así, pues haremos contigo todas las cosas que todavía están pendientes.

HALA-DA, HALA DA. Es así. **K.** Ez hainbeste ibili esaten bai, ez, akaso, eta baleikela beste modubaten, sigero alperrik haizare eta ezanleiketzue gurozuena zeatik hau hala-da, oñ berandu da aldatzen ibiltxeko eta kitxo. Ba orduen hobeto ingozue ixilduaz eta emun hasierai. **T.** No andeís diciendo tanto sí, no, quizá, y que se podría hacer de otra manera, andaís completamente en balde y ya podeís decir lo que queraís porque ésto es así, ahora ya es tarde para cambiar y punto. Pues entoces será mejor que esteís callados y empeceís a hacerlo.

HALAERE, HALA-ERE. Por lo menos, aún así. **K.** Ezkerrak zertxobaitx bentzet hartudoula, asko ezta eta ziur eztala allegauko danerako baña halaere esauketandot beste tokibat gauza honeik saltxeitxuenak, akaso han dauenakiñ be eztou nahikue izengo eta zerbaitx geratzenbada lortukou beste nunbaitxen. **T.** Gracias a que al menos ya hemos cogido algo, no es mucho y estoy seguro de que no llegará para todo pero aún así ya conozco otro sitio donde venden ese producto, quizá tampoco nos alcance con lo que hay allá y si queda algo ya lo conseguiremos en algún otro lugar.

HALA ERO HOLA. De una forma u otra. **K.** Askotxo da arduradunak aiñdudauen lan hau baña hala ero hola inblerra daukou ba, gañera eta derrigorrez lau egunien bukatu, ba aber nola moldatzegaren eta akaso onena izengou bi erreleboka itxie. **T.** Es mucho el trabajo que nos ha mandado el jefe pero de una forma lo tenemos que hacer, además y necesariamente hay que terminarlo en cuatro días, pues a ver cómo nos arreglamos y quizá la mejor manera va a ser que lo hagamos a dos relevos

HALA-EZ, HALA EZTA. Así no, o no es así. **K.** Ez ibili alperrik lan horreik itxen zeatik gero puskatu inbikozue, hala ezta, oñ haizarien bezela, inbierrekue eta ondion be eztakigu ziur nola izengodan, halaere ustedot laister etorrikodala ugesaba nola guredauen esatera. **T.** No andeís en balde haciendo ese trabajo porque luego lo tendreís que romper, de la forma que andaís ahora no es así como hay que hacerlo y todavía tampoco sabemos seguro como va a ser, creo que pronto vedrá el dueño a decirnos como lo quiere.

HALA-HALA!. ¡Hala, hala! Es una palabra de ánimo que significa algo así cómo ¡vamos, vamos! **K.** Behobiako karrera garaian, Irun, Errenteri, Pasaia eta Donosti inguru horrein guztietan, asko aitzezan hala-hala! mutillak eta, benga segi, ezta asko geratzen ta!, animatzeko han geotzenai, eta baitxe beste hau be, benga, ia iñde daukotzue ta! **T.** Durante la carrera de la Behobia, tanto en Irún Rentería, Pasajes, San Sebastián y todos sus alrededores se oían muchas voces animando a los que allá estábamos y diciendo, ¡vamos, vamos!, ¡venga que ya no queda mucho!, y también esto otro, ¡venga que ya lo teneís hecho!

HALAKOBATIEN, HALAKO-BATIEN. Ya era hora. **K.** Jakinleike nun eonzaren oñartien eta akaso eztozu pentzatzen larreiko berandu zatozela?, oñ ordubete dala geratugiñen eta hemen gara danok zure zai, eta ezkerrak halakobatien bentzet asalduzarela. **T.** ¿Se puede saber dónde has estado hasta ahora y no quizá no te parece que vienes demasiado tarde?, habíamos quedado hace una hora y aquí estamos todos esperándote, pues ya era hora y menos mal que por lo menos ya has aparecido.

HALAKOIK. Sorpresa. Cómo puede ser posible. **K.** Gaur ikusidot siñistu eziñeko txakur haundixe, zaldi txikibak zan antza hauken ta eztot uste berriz ikusikotenik halakoik. Eztakitx nola sartuleiken holako animali haundixe kotxien eta ez ze tokitan eonleiken etxe barruen. **T.** Hoy he visto un perro increíblemente grande, parecía un caballo pequeño y no creo que vuelva a ver una cosa igual. No sé cómo es posible que pueda entrar en un coche y ni en que sitio puede estar dentro de casa.

HALAKUE. Cómo eso (s). **K.** Neri ez ekarri besteik zeatik atzo nahiko garbi esanotzun nik halakuek bierditxutela, jartzenbot zuk ekarridozunak sigero desberdiñ geratukoda eta hori ez nik da ez besteik eztou ezertarako nai. **T.** A mi no me traigas otros porque ayer ya te dejé bastante claro que yo los quiero cómo esos, si coloco los que tú has traído va a quedar completamente diferente y eso ni yo ni nadie lo queremos para nada.

HALAN, HALAXE. Así, de esa manera. **K.** Bai jauna, hala bai, iñ halaxe eta berdiñ inbierrekuek izengozien gauza guztiek, bierdan bezela eta ez toki batzuetan ikustendien moduen, zatarrak eta gaizki iñdekuek, beste horreik txapuzak batzuk besteik eztie. **T.** Si señor, así sí, hazlo de ese modo e igualmente se deberían hacer todas las cosas, cómo es debido y no de la manera que se ven en muchos sitios, feos y mal hechos, esos otros no son más que unas chapuzas.

HALATABE, HALATA-BE. No obstante, quizá, acaso. **K.** Florentxiok istripu latza eukidau kotxiekiñ, etxuraz labandu isotzien ta beste kotxien aurka fanda, bere kotxie txatarrarako baña halatabe ezkerrak etxakola gertau gauza haundirik, bakarrik zartara batzuk nahiko dexentiek eta eztau emuten beste ezer daukenik. **T.** Florencio ha tenido un accidente grave con el coche, parece ser que ha patinado en el hielo y ha ido a parar contra otro coche, su coche para la chatarra pero no obstante gracias a que no le ha pasado gran cosa, solo unos cuantos golpes bastante considerables y aparentemente nada más.

HALATAGUZTIZ, HALA TA GUZTIZ. Aún así. **K.** Bai, noski baietz, nik askoatik naidot zueikiñ fatie egun-pasa Donostira baña halataguztiz bestiei zerbaitx esan-bierra eukikot, beno, zerreozer asmaukot, akaso eztaue siñistuko baña esangutziet andriei lagundu-bierra dauketela etxie garbitzen. **T.** Si, claro que sí, yo por mucho prefiero ir con vosotros a pasar el día a San Sebastián, pero aún asi tendré que darles alguna explicación a los otros, bueno, ya se me ocurrirá alguna cosa, quizá no me crean pero les diré que tengo que ayudar a la mujer a limpiar la casa.

HALA-ZAN, HALA ZAN. Era así. **K.** Hainbeste denpora ibiligara diskutitzen aber gauza horreik zer modutan dien ero izenleikien eta askenien hala-zan, hemen ikustendien bezela. Eta gañera nahiko kirtenak gara danok, aspalditxik begi aurrien euki eta iñor gogoratu ez. **T.** Hemos estado discutiendo durante mucho tiempo sobre de que modo son o podrían ser esas cosas y resulta que eran así, cómo los que vemos aquí. Y además bastante bobos somos todos que habiendo tenido esto delante de la vista desde hace tiempo ninguno de nosotros nos hayamos dado cuenta.

HALA-ZER, HALA ZER. Y qué. Y si eso no, ¿entonces que? **K.** Beno, ia ondo dau zurie, goix guztie haigara bueltaka aldebatetik bestera eta ondion eztou ezertxorik iñ. Denda hortara be sartukogara baña azkena izengoda, eta beingoz aukeratu inbikozu aber eskaparate hontan ikusteitxozun horreik zure guztokuek dien, ero hala zer beste gauza gurekozun. **T.** Bueno, ya está bien lo tuyo, estamos toda la mañana dando vueltas de un sitio para otro y todavía no hemos hecho nada. Vamos a entrar también a esa tienda, pero va a ser la última y de una vez y por todas tendrás que elegir a ver si lo que ves en este escaparate te gusta, o entonces que otras cosas son las que quieres.

HALDA. Puede. **K.** Zu ziur halzaz esaten haizarena eta posible halda hori?, ba arrastuik be eztauket ze iruitzejatien beste horrei baña nik bentzet zalantza haundixe dauket hala izenleiken, beitu, atzo eonitzen Udaletxien galdetzen horren buruz eta sigero aldrebes esauztien zala, eta horreatik nere zalantza. **T.** ¿Tú estas seguro de que es así cómo dices y que eso puede ser posible?, pues no tengo ni idea de lo que piensan los demás pero yo por lo menos tengo grandes de que sea de ese modo, mira, ayer estuve en el Ayuntamientp preguntando soble ese asunto y me dijeron que era completamente al revés, y de ahí mis dudas.

HALDALA. Si se puede. **K.** Euleteriok eziñdala esatendau?, ba eziozue bape kasuik iñ zeatik ni oso ziur nau haldala, eta nola dakitxen?, ba iñde nauelako lan berdiñe eta gañera beñ baño geixautan, eta beste gauzabat, ezaitxeze larritxu hasi aurretik eta iñ-hala ikusikozue ze errexa dan. **T.** ¿Euleterio dice que no se puede?, pues no le hagaís ni caso porque yo estoy seguro de que sí se puede, ¿y cómo lo sé?, pues porque tengo hecho ese mismo trabajo y además más de una vez, y otra cosa, no os preocupeís antes de empezar y a medida que lo vayaís haciendo ya vereís lo fácil que es.

HALDAN MODUEN. Para decir que lo que hay que hacer y aunque sea dificultosa, hay que hacerla de una forma u otra. **K.** Lan hori naiz da erraru xamarra izen, derrigorrez inbierra daukou baña halaere haldan moduen izenbikoda, gero ikustenbou gaizki haigarela eta euki ez beste erremeixoik Tiburziori deitxukotzou, ustedot ha jakiñien dauela nola itxendien gauza honeik. **T.** Este trabajo a pesar de que sea bastante raro, necesariamente hay que hacerlo de una forma u otra, luego si vemos que andamos mal y no tenemos otro remedio le llamaremos a Tiburcio, creo que aquel ya sabe cómo se hacen estas cosas.

HALBADA, HAL-BADA. Si se puede. **K.** Badakitx zure asmue dala iñ ta bukatu haldan axkarren esku hartien daukotzun hori eta nik lagundukotzut asteburu hontan, halbada bentzet eta andriek ezpadauko beste gauzaik, baña kontuen hartu eurixe itxenbadau eziñgodala ezer iñ. **T.** Ya se que tú idea es la de hacer y terminar cuánto antes eso que tienes entre manos, y yo ya te ayudaré este fín de semana, si se puede al menos y la mujer no tiene otra cosa, pero ten en cuenta que si llueve no se podrá hacer nada.

HALDANA. Lo que buenamente y mejor que se pueda. **K.** Bai, badakitx eztala bape errexa baña derrigorrez inbierrekue da eta haldana inzue bentzet, gañera eztot uste inportantzi haundirik daukenik oso ondo geratzie, hala esandau bentzet ugesabak, harek guerdauena da itxie, modu baten ero bestien baña iñ. **T.** Si, ya sé que éste trabajo no es demasiado fácil pero hay que hacerlo necesariamente y tendreís que hacer lo que se pueda, además no creo que tenga mucha importancia el que quede demasiado bien, así al menos ha dicho el dueño, el lo que quiere es que se haga, de una forma u otra, pero hacerlo.

HALDANIEN, HALDOTENIEN. Cuando se pueda, o en cuanto pueda. **K.** Ze erraru, alpaldi hontan danok haizare prixa haudixekiñ, ba kasualitatez atzo hasinaz obra txikibat zure lagunbaten etxien ta gurebozu etxoitxie bentzet haldotenien ingotzut zurie, eta ustedot laister xamar izengodala. **T.** Que raro, en los últimos tiempos todos estaís con prisas, pues casualmente ayer he empezado una pequeña obra en casa de un amigo tuyo y si al menos quieres esperarme en cuanto pueda haré lo tuyo, y pienso que podría ser bastante pronto.

Aspaldiko esaerabat: Alaba eskondu inzak haldanien eta semie naidanien.

Un viejo proverbio vasco dice que cases a la hija cuando se pueda y al hijo cuando se quiera.

HALDOT. Ya puedo. **K.** Beno, axkiretuzeike zeatik naiz eta berandu izen esanotzun eguna allegauda, bukatuitxuk nauken prixako lan guztiek, momentu hontan libre antzien nau eta haldot iñ zurie, eta ondo iruitzenbajatzu bixer bertan eruengoitxut materialak lanien hasteko. **T.** Bueno, ya puedes amigarte porque a pesar de que sea algo tarde ya ha llegado el día que te dije, ya he terminado con todos los trabajos que corrían prisa, en este momento estoy un poco libre y ya puedo hacer lo tuyo, y si te parece bien mañana mismo llevaré los materiales para empezar a trabajar.

HALDOT. (Haldok), don, dot, dozu, dozue.

HAL-EZIÑ, HAL EZIÑE. Imposibilidad. Intentar pero no poder conseguir. **K.** Hau da marka, hemen haigara denporalien bost lagun hartien alegintzen buelta emunguran manibela honi eta eziñdou iñola lortu, emutendau hal-eziñe dala, jarridou koipe pilla, baitxe bota be esprai hori hirubaten dauken izena eta halaere ezer ez. **T.** Esto ya es de traca, aquí llevamos bastante tiempo cinco personas intentando girar esta manivela y no lo podemos conseguir, le hemos echado un montón de grasa, tambén el esprai ese de tres en uno y aún así parece que es imposible.

HAL-EZIÑEKUE. No es posible, es imposible. **K.** Haldoten guztie alegiñdunaz baña hau eztau itxeik zeatik oñ dauen modutan hal-eziñekue da, sigero makurtuta ibillinaz ta halaere eziñ bertaraño allegau, nere ustez ezpou zerbaitzuk apurtu ero kentzen eztoula lortuko. **T.** Ya me he esforzado todo lo que he podido pero ésto no hay manera de hacerlo porque de la forma en la que está ahora es imposible, he andado completamente agachado y aún así no llego al sitio, yo creo que si no rompemos o quitar algunas cosas no lo vamos a conseguir.

HALEIKE. Es posible, se puede. **K.** Bai, lasai eon, nahiko toki txarrien dau baña haleike hartu lanien jarraitzeko, eztotena ulertzen da nola zulo hortan gordeta asaldudan mozteko makiña hori, apostakonauke bateonbatek naita itxidauela arrapatzeko asmuekiñ. **T.** Si, estar tranquilos, está en bastante mal sitio pero se puede coger para poder seguir trabajando, lo que no entiendo es cómo ha aparecido escondida en ese agujero la máquina de cortar, apostaría que alguno lo ha dejado a propósito con la idea de robarla.

HALTZARIXEK. Mobiliario, muebles. **K.** Penagarrizkue da baña haltzarixek itxezitxuen fabrikak be geruau ta geixau izten haidie, oñ haltzari geixenak norberak montatzeko bezela etxien saltzendi eta jente geixena fatenda Ikea ta toki berdintzutara horreik erostera. **T.** Es una pena pero cada vez cierran más fábricas en las que se hacían muebles, ahora casi todos el mobiliario se vende preparado para que los monte uno mismo en casa, y la mayoría de la gente se va a Ikea y otros sitios similares a comprarlos.

HALZANA. Lo que se pudo y fué posible. **K.** Baserri hori sutan jarrizanien gu inguru hortan haigitzen mendi bueltan ta keie ikusi besteik ez haldan axkarren fangiñen bertaraño, danon hartien halzana ataragauen barrutik baña geixenak kixkeldu inzien. **T.** Cuándo cogió fuego el caserío ese nosotros andábamos bastante cerca volviendo del monte y nada más que vimos el humo fuimos corriendo hasta allá, entre todos ya sacamos de dentro lo que se pudo pero la mayor parte se carbonizó.

HALZANIEN. Cuándo se pueda. **K.** Eh!, eztaukotzu zeatik asarretu nerekiñ lan hori eztotzutelako iñ eta gutxiau enazelako etorri, nik garbi esanotzun eta nere ustez hala geratuzan bere garaian, ingonutzula baña halzanien eta momentuz bentzet eztot ezertxo astirik hartu. **T.** ¡Eh!, no tienes porque enfadarte conmigo porque no te haya hecho el trabajo y menos porque no haya venido, yo te dije bien claro y creo que así quedó cuando hablamos que ya te lo haría, pero cuándo se pueda y al menos de momento no he tenido nada de tiempo.

HAMAIKALDIZ. Literalmente es once veces pero fig. la palabra se utiliza para decir que muchas veces. **K.** Zu gorra zara halazer?, hamaikaldiz esautzut pakien izteko hori eta ikutu be ez itxeko, eztoztazu bape kasiuk itxen eta betik ikustezaut inguru hortan haizarela, zer gurozu, miñ hartzie ta ospilarera eruetie, ero? **T.** ¿Tú eres sordo o que?, te he dicho muchas veces que dejes eso en paz y que no se te ocurra tocarlo, no me haces caso y siempre te veo que andas en las cercanías, ¿que quieres, coger daño y que te llevemos al hospital, o qué?

HAMARRATZA. Pulpo. También se le llama así al cangrejo de mar. **K.** Ze ona izetendan hamarratza prestauta gallego erara eta andriei ta bixoi pillabat gustatzejaku. Urtien beñ, Santio egunien, Zarautzen ospatzenda Galiziako eguna Sanpelaio auzuen eta eurok, gallleguek, prestatzendaue oso gozue dauen hamarratza eta guk egun hortan han izetegara probatzeko asmuekiñ, baña noski, ez sikuen, betik albariño pixkatekiñ. **T.** Que bueno es el pulpo preparado al estilo gallego y a mi mujer y a mí nos gusta muchísimo. Todos los años, el día de Santiago, en Zarautz se celebra el día de Galicia y ellos, los gallegos, preparan un pulpo muy rico en el barrio de San Pelayo y nosotros ese día allá solemos estar con la intención de probarlo, pero claro está, no en seco, siempre con un poco de albariño.

HAMARREKUE. Hamarreko. Es una parte del tanteo en un juego de cartas que se llama mus y tiene un valor de cinco tantos. **K.** Modu asko daz musen jokuko tanteue erueteko eta zer-ikusi haundixe dauko nun jokasten haizaren, nik esauketaitxut xei, zazpi ta zortzi hamarrekora jolastendana joku bakotxa ta baleike geixaura be izetie, ero akaso gutxiaura. **T.** Hay muchas maneras de llevar un tanteo en el juego del mus y tiene mucho que ver el sitio en que estés jugando, yo conozco a seis, siete y hasta ocho hamarrekos cada juego de la partida y puede que también haya hasta a más, o quizá menos.

HAMARRETAKUE, HAMAIKETAKUE. Hay muchas maneras de llamarlo, tentenpié, almuerzo, bodadillo, pero todos generalmente suelen ser a media mañana, entre las nueve y media y las once. **K.** Nik lenau, urte asko dala, oitura nauken hamarretako txikibat itxeko, baña kontue zan gero enaukela gose haundirik bazkaltzeko eta erabakinauen aldatzie sagarbat eta kafiatik. **T.** Yo antes, hace ya muchos años, tenía la costumbre de comer un pequeño bocadillo a media mañana, pero la cosa es que luego no tenia mucho apetito a la hora de comer y decidí cambiarlo por una manzana y un café.

HAMEN, HEMEN. Aquí. **K.** Ez ibili alperrik hortik zier billatzen galdudozun txamarra zeatik hemen dau ta, mai-aspixen asalduda eta eztakitx nun daukotzun burue ez gogoratzeko nun izteitxozun gauzak. **T.** No andes en balde buscando por ahí la txamarra que has perdido porque está aquí, ha aparecido debajo de la mesa y no sé dónde tienes la cabeza cómo para no acordarte donde dejas las cosas.

HAMENDIK. Por aquí. **K.** Inguru hartan hainitzala mutil gaztebat etorrizan galdetzera aber nundik dan Indamendira fateko birie, ni enauen larreiko ziur baña esautzet hamendik izengodala, oñ garen bire hontatik fateko goraka zuzenien eta laister bistaukodala kurtzie. **T.** Andaba por allí y un chaval joven me vino a preguntar por dónde es el camino para ir a Indamendi (monde de Aia), yo no estaba demasiado seguro pero le he dicho que vaya por aquí, derecho para arriba por el camino que estamos ahora y que pronto avistará la cruz.

HAMENDIKALDETIK, HEMENGO-ALDETIK. Por este lado. **K.** Aber, iñor ez motrollatzeko gauzak ondo inbierrak daukou, bire hau sigero estue da eta bi illera ingoitxu, batzuk segi hamendikaldetik eta bestiek bestaldetik, gero nola biriek toki berdiñera urtetzendauen berriz jarraitxukou danok alkarreaz. **T.** A ver, para no agolparnos tenemos que hacer las cosas bien, éste camino es muy estrecho y formaremos dos filas, unos irán por este lado y los demás por el otro, luego como los dos caminos salen al mismo sitio ya continuaremos otra vez todos juntos.

HAMENDIKALDIE, HEMENGO-ALDIE. Este lado. **K.** Neri askoz geixau gustatzejat hamendikaldie bestaldie baño, argitxuaue da ta aukeran baldinbadau ni honekiñ geratukonaz eta beztela berriz zozketa inbikou. **T.** A mí por mucho me gusta más éste lado que el otro, tiene más claridad y si hay oportunidad yo me quedo con ese, y en caso contrario habrá que hacer un sorteo.

HAMENGUE. De aquí. **K.** Bai, zu lasai eon zeatik erosteitxozun gauza guztiek hamenguek die, bertan iñdekuek, baleike zertxobaitx karestixauek izetie baña laister ta ondo igerrrikozu ze alde dauen batetik-bestera. **T.** Si, tú éstate tranquilo que todas las cosas que vas a comprar son de aquí, hechas en casa, puede que sean un poco más caras pero muy pronto y bien que notarás la diferencia que hay entre una y otra.

HAMENTXE, HEMENTXE. Aquí mismo. **K.** Ez galdu denporaik ta ez ibili aldebatetik bestera lekubat billatzen gauza horreik izteko, momentuz lagaizue hamentxe bertan eta gero ikustenbou traban dazela eruengoutxu beste nunbaitxera. **T.** No andeís perdiendo el tiempo y tampoco andar de un sitio para otro buscando un sitio para dejar esas cosas, de momento dejarlas aquí mismo y si luego si vemos que están estorbando ya las llevaremos a algún otro lugar.

HAN. Allá. **K.** Hemen alperrik haizara gauza horreik billatzen zeatik estitxozu lortuko, bestaldien bai, han badaukotzu eta gañera aukera bezela, ba erostie gurebozu haraño fan-bierra eukikozu. **T.** Es inútil que estés buscando esas cosas aquí porque no las vas a conseguir, en la otra parte sí, allá ya las tienes y además cómo oportunidad, pues si lo que quieres es comprar tendrás que ir hasta allá.

HAN-DA, HAN DA. Está allá. **K.** Nola eztakitzula nun dauen zulatzeko makiña, ezara gogoratzen hala?, ba han-da, atzo itxigauen tokixen eta eztakitx nundik nora ibilikoziñen billatzen, iñuzentie emutendozu. **T.** ¿Cómo que no sabes dónde está el taladro, acaso no te acuerdas o qué?, pues está allá, en el sitio que lo dejamos ayer y no sé por donde habrás podido andar buscando, pareces tonto.

HAN DA HEMEN. Aquí y allá, en todas partes. **K.** Derrigorrez bateonbat ekarri inbierra daukotzue neri laguntzeko, eziñdot ni bakarrik ibili han da hemen, nabill eziñ allegauka alde guztietara ta hola ezta posible lana itxeik bierdan bezela. **T.** Necesariamente tendréis que traer a alguien para que me ayude, no puedo andar yo solo aquí y allá, estoy que no puedo llegar a todas partes y así no es posible hacer los trabajos como es debido.

HAN-DAU, HAN DAU. Lo tienes allá. **K.** Ni nahiko lanpetuta nabill eta berandutxuau etorrikonaz bazkaltzera, zure bazkaixe han dau, sukaldeko armaixo baztertxuen baña bakarrik berotu zuk janbiozuna. **T.** Yo ésta mañana voy a estar muy atareado y vendré un poco más tarde a comer, tú comida la tienes allá en la esquina del armario de la cocina, pero calienta solo lo tú vayas a comer.

HANDIK, HANDITXIK. De allá, por allá. **K.** Ustedot danok erdi galduta gabitzela eta iñok eztakigu ziur nundik fan-bierra daukoun sagardotegi hortara allegatzeko, baña halaere nik susmue dauket handik izengoetedan. **T.** Creo que todos andamos medio perdidos y ninguno estamos seguros de por dónde tenemos que ir para llegar a esa sidrería, pero aún así yo tengo la sospecha de que podría ser por allá.

HANDIKALDIE. El otro lado. **K.** Beno, ustedot errexena iñdoula, honaño etorrigara, eta oñ zer?, erreka handikaldien daukou kotxiek, derrigorrez hara pasabikou eta ezta iñundik ikusten zubirik, ba nik bentzet eztauket bape gogorik bustitxeko. **T.** Bueno, yo creo que ya hemos hecho lo más fácil, hemos llegado hasta aquí, y ¿ahora qué?, necesariamente tenemos que pasar al otro lado del río porque allá tenemos los coches y no se ven puentes por sitio alguno, pues yo por lo menos no tengo ninguna gana de mojarme.

HANDIKALDIEN. En el otro lado. **K.** Ba batzuk ikustendie han handikaldien haidiela, ulu ingutziet aber entzutendauen ta galdetu aber eurok nundik pasadien bestaldera, eztot uste dauen hotzakiñ igeri ibilikozienik. **T.** Pues ya se ve a algunos que andan allá por el otro lado, voy a gritarles a ver si me oyen y les preguntaré a ver por dónde han pasado ellos, no creo que con este frío hayan estado nadando.

HANGUE. De allá. **K.** Almazen hau txarrikorta izengobalitz bezelaxe daukou, sigero sikiñe eta erramita ta material guztiek bata-bestien gañien, ba nola gaur goxien denpora pixkat daukoun aurrena garbitxu eta txukundu ingou eta gero gauza danak jarri bere tokixen, baña hasi aurretik kendu makiña hau hemendik eta eruen hara bestaldera, hangue da ta. **T.** Tenemos el almacén que parece una cuadra, muy sucio y la herramienta y los materiales están unos encima de otros, pues cómo ésta mañana tenemos un poco de tiempo lo primero que tenemos que hacer es limpiarlo y luego colocar cada cosa en su sitio, pero antes quitar esta máquina de aquí y llevarlo a la otra parte porque es de allá.

HANKA. Escapar, huir. **K.** Horri onazkero eztau arrapatzeik, bildurtu iñda kartzelara sartukodauen eta ia aspaditxo kotxie hartu eta hanka iñdau, eta oñ auskalo nun eonleikien zeatik nahiko denpora eukidau Frantziara pasatzeko laiñ. **T.** A ese ya no le pilláis, ha cogido miedo de que le podrían meter en la cárcel y ya hace tiempo que ha cogido el coche y se ha escapado de aquí, y ahora cualquiera sabe por donde puede andar ahora porque ya ha tenido tiempo suficiente para pasar a Francia.

HANKA. Pierna. **K.** Gaur ta entrenatzen haigitzenien tartekobati zerbaitx gertaujako hankan, derrepentien lurrera botada aienabatien, denporalditxobat pasata nolabaitx jaiki ta errenka iñaz etxeraño lagundutzou, nik ustedot erazana izengodala. **T.** Hoy cuándo estábamos entrenando a uno del grupo le ha pasado algo en la pierna, derrepente entre gritos de dolor se ha echado al suelo, después de un rato le hemos ayudado a levantarse y cojeando acompañado hasta casa, yo creo que habrá sido alguna contractura.

Aspaldiko esaerabat: Ardau gozuek lau begi eta hankaik ez.

Un viejo preverbio vasco dice que el vino tiene cuatro ojos y no tiene piernas.

HANKALATRABA. A La pata coja. **K.** Lenau mutikotan, honeik aspaldiko kontuek die, asko ibiltxegiñen hankalatrabaka, neskatillak harriarrika jolasten ta mutillek karrerak itxen aber zeiñ zan axkarrena. **T.** Antes de chavales solíamos andar mucho a la pata coja, las chicas para jugar con una piedra en el suelo (harriarrika) y los chicos a hacer carreras a ver quién era el más rápido.

HANKALUZE, HANKA-LUZIE. Patilargo. **K.** Betik esanda semiek gurasuek baño altuauek izen-bierra daukiela eta gure familixa hartien, momentuz bentzet hala-da, gañera nik ustedot halde guztietakuek berdiñ izengodiela zeatik geruau ta geixau ikuntendie mutil gazte danak, geixenak bentzet, hanka-luziek dienak. **T.** De siempre se ha dicho que los hijos tenían que ser más altos que los padres y en nuestra familia, al menos de momento así es, además yo creo que en todas partes será lo mismo porque cada vez se ve más chavales jóvenes que son patilargos.

HANKAMOTXA, HANKA-MOTXA. Literalmente quiere decir pierna corta y fig. se refiere a la persona que tiene una sola pierna. **K.** Zenbat hankamotx ikustendien telebistan, eta ixe hanka galdutako dien danak hor gerran haidien tokixetan izendakuek, batzuk mina horreik zapalduatik, beste-batzuk abioien bonbaz eta askok beste erozeiñ gauza berdintzuatik, baña aldebatera ero bestera izen kustiñue hala dala, oñ bizi guztirako makuluaz ibili-bierra ero zoriontzuek ordezko hankakiñ. **T.** Cuántas personas se ven en la televisión con una sóla pierna y que la han perdido en esos paises que están en guerra, en algunos casos habrán sido por pisar alguna mina, otros por los bombardeos y muchos por alguna otra cosa similar, pero tanto sea de una forma u otra la cuestión es que es así. y ahora les toca andar toda su vida con muletas o los que tengan más suerte con una pierna ortopédica.

HANKAOKERRA, HANKA OKERRA. Literal piernas torcidas y se refiere a la persona que es patizamba. **K.** Nere andriek ikusi besteik hankaokerra dan pertzonabati betik esatendau gauza berdiñe, hori gertaujakola zeatik txikitatik asko ibilidalako zaldi ero asto gañien eta horreatik hala geratujakola hankak. **T.** Mi mujer en cuanto ve a una persona que es patizamba siempre suele decir lo mismo, que eso le ha ocurrido porque desde pequeñito ha montado mucho a caballo o burro, y que por eso se le han quedado así las piernas.

HANKAPE. En el juego de pelota a mano es cuando se golpea a la pelota por debajo y entre las piernas. **K.** Lenau, ia oso aspaldi, nahiko normala izetezan hankape pelotan banan banan jokatzie, aurretik apostat iñaz, noski, eta jente asko fatezan hori ikustera, aposta jakiñien eozenak bentzet eta euron hartien baitxe aposta txiki bat ero beste iñ be. **T.** Antes, hace ya mucho tiempo, era bastante normal jugar un partido de pelota a hankape mano a mano, con una apuesta de por medio, claro, solía ir mucha gente a ver el desafío, al menos los que estaban al tanto de la apuesta y también hacer alguna que otra pequeña apuesta entre ellos.

HANKAPE. Fig. se dice cuando se puede hacer una cosa con mucha facilidad. **K.** Eztakitx nola leiken Saturiok esatie eziñ-ezkue dala itxeik lan hori larreiko arrizkutzue dalako, bere ustez, noski, ba zu ez keskatu eta lasai eon zeatik nik ingotzut ta, eta hankape gañera. **T.** No sé cómo puede decir Saturio que ese trabajo es imposible de hacer porque es demasiado arriesgado, según él, claro, pues no te preocupes que te lo haré yo, y además con suma facilidad.

HANKAPUNTAKA, HANKA-PUNTAKA. De puntillas. **K.** Ze ondo gogoratzenazen nola hamazazpi ero hamazortzi urtekiñ hasigiñen gure juergatxuekiñ eta nahiko berandu faten etxera, baitxe alegiñdu hankapuntaka eta ixilik sartzen baña amak belarri fiñe hauken eta geixenbaten arrapatzeuzten, eta gero, ba horixe, bronca. Eta aitxa izetenbazan berdiñeko bronca, oñ iruitzejaten irribarre pixkatekiñ izetezala. **T.** Que bien me acuerdo que cómo con diecisiete o dieciocho años empezamos con nuestras juerguecitas y a ir bastante tarde a casa, yo solía procurar entar en silencio y de puntillas pero la madre tenía un oído demasiado fino y me pillaba la mayoría de las veces, y luego, pues eso, bronca. Y si era el padre la misma bronca, ahora me daba la impresión de que era con una media sonrisa.

HANKA SARTZIE. Fig. meter la pata. **K.** Lengo egunien hanka sartu galanta iñauen, kalien alkartunitzen aspaldi enauen ikusi neska-batekiñ, Sagrario bere izena, eta zer moduz ta gauza horreik esan ondoren zoriondu iñutzen pentzata aurdun zala, ta hori izenzan nere hanka sartzie, zeatik gertatzezan ze neri iruitujaten aurdun larreitxo gizendu zalako zala. **T.** El otro día metí la pata y bien metida, me junté en la calle con una chica, se llama Sagrario, a la que no había visto desde hace mucho tiempo y después de decir que tal y todo eso la felicité pensando que estaba embarazada, pues esa fue mi metedura de pata, porque resulta que lo que a mí me pareció embarazo era que simplemente había engordado mucho.

HANKAZGORA, HANKAZ-GORA. Caerse de espaldas. **K.** Fandan domekan Hernixoko jetxieran, maintxobat jente ikusinauen hankazgora jausizana isotzien labandu ondoren, baña eztot uste miñ haundirik hartu izenauenik iñok, nik bentzet enauen ezer holakoik ikusi eta aitu bez. **T.** El pasado domingo en la bajada del monte Hernio ví que se cayó bastante gente de espaldas después de haberse resbalado en el hielo, pero no creo que nadie sufriese un gran daño, al menos yo no vi ni oí nada en ese sentido.

HANKATARTIE, HANKA-TARTIE. La entrepierna. **K.** Gizonezkuendako oso txarra izetenda ostikarabat hartzie hankatartien, larreiko mintzue da eta nik oso ondo dakitx hori zeatik beñ emuztien bat eta galanta gañera, gure-barik izenzan lagunbaten semiek jolasten haizala. **T.** Para el género masculinio es muy malo que te den una patada en la entrepierna, es muy doloroso y yo eso lo sé muy bien porque una vez me dieron una y además bastante fuerte, fué el hijo de un amigo mío caundo estaba jugando, aunque sin querer.

HANKAUTZIK, HANKA-UTZIK. Descalzo. **K.** Eztakitx nola atrebitzendien surfista honeik hankautzik ibilltxen, malekoien hainbestien balekue izenleike baña kalien dauen sikiñkeixakiñ, ze baleikela zapaldu txakurren kaka, kristalak ero beste erozeiñ gauza, benetan eziñdotela ulertu. **T.** No sé cómo pueden andar estos surfistas descalzos, todavía por el malecón podría valer pero en la calle con toda la suciedad que hay, que pueden pisar la cagada de un perro, cristales o cualquier otra cosa, de verdad queno lo puedo entender.

HANKAZALA, HANKA-AZALA. La piel de la planta del pié. **K.** Ze gauza txarra izetendan oñezko erozeiñ bidai itxen haizarenien, Santio, Iñaziotar ero beste antzerakue, erre xamar bezela eukitxie hankazala, hau sarri gertatzenda denpora askuen ibiltxendanien karreteran bero haundixekiñ eta hankak larrei izerditxu, gañera ez ezpozu erueten kaltzetiñ ero bierdan moduko zapatillak askoz txarrau. **T.** Que malo suele ser cuando haces cualquier viaje andando, Camino de Santiago, Ignaciano o algún otro similar, el tener la piel de la planta del pié así cómo un poco quemada, eso muchas veces ocurre si se anda largo tiempo por la carretera cuando hace mucho calor y el pié suda demasiado, además si no se lleva calcetines o calzado adecuado mucho peor.

HANKAZALA. Pezuña de los animales.

(Ver la definición de apatxa).

HANKAZPIXE, HANKA-AZPIXE. La planta del pie. **K.** Nik eztot sekula euki baña zenbat jente ikustendan hankazpixek izurrauta daukienak, eta hau sarri zamar gertatzenda Santio, Inaziotar ero beste erozeiñ bire itxen haidanien, eta nabarmen igertzenda zeatik ezte ibiltxen bierdan bezela, askotan geldik be ikustendie, jarritxe, ortosik eta uguentue emuten, gañera eztau gauza txarraurik hau baño baña eztau besteik, betik hanka gañien ibili inbierrra izetenda eta honeik ondo ezpadaz baleike larreiko padezimentu eukitxie. **T.** Yo no lo he tenido nunca pero a cuánta gente de los que están haciendo el Camino de Santiago, Ignaciano o algún otro se ve que tienen estropeada la planta del pié, y se les nota claramente porque no dan el paso en la forma debida y también porque muchas veces se les ve sentados, descalzos y aplicándose alguna pomada, además no hay una cosa peor que esa pero no hay otra, siempre hay que andar encima de los pies y si no estos no están bien se puede padecer muchísimo.

HANKAZURRA, HANKA-AZURRA. Hueso (s) de la pierna. **K.** Fanzan domekan ederra gertaujakon Jeronimoi, Zugarramurdiko, Naparran, kobazuluen zala andriaz, labandu, jausi, hankazurra puskatu bi ero hiru tokitxetik eta anbulantzian ekarri-bierra izenauien Donostiko ospitalera. **K.** El pasado domingo buena le pasó Jerónimo, cuando estaban él y la mujer en la cueva de Zugarramurdi, en Navarra, se resbaló, cayó, se rompió un hueso de la pierna por dos o tres sitios y le tuvieron que traer en una ambulancia al hospital de San Sebastián.

HANTXE. Allí mismo. **K.** Aber, esangotzuk nun lortuzeiketzun zuk gurozun gauza hori, ikustendozu ezkerreko kale hori?, ba segi zuzen hortik aurrera eta gutxigorabera hirurehun metrora ikusikozu nola bukatzendan, ba hantxe bertan daukotzu denda eta han erosizeiketzu. **T.** A ver, ya te voy a decir dónde puedes conseguir la cosa esa que tú quieres, ¿ves esa calle de la izquierda, pues sigue recto por ahí y verás que aproximadamente a trescientos metros se termina, pues allá mismo está la tienda y lo podrás comprar.

HARA, HARAKA, HAREAKA. Hacia allá. **K.** Aber lauron hartien lortzendoun billatzie txakur txiki hori, ikusidauenak esandau beste txakurbaten atzetik fandala takarraran baña eztot uste oso urruti ibilikodanik, zuek bixok beitu inzue inguru hontatik eta guk hareaka fangogara aber ikustendou, eta norbaitxek lortzenbadau deiketato. **T.** A ver si entre los cuatro conseguimos encontrar al pequeño perro ese, uno que le ha visto ha dicho que ha ido corriendo detrás de otro perro pero no creo que pueda andar muy lejos, vosotros dos mirar por estos alrededores y nosotros iremos hacia allá a ver si le vemos, y si alguien lo consigue que llame.

HARA!. ¡Hara! Exclamación de sorpresa. **K.** Hara!, nola zu hemen ba?, zenbat denpora ikusi-barik, bukatzendozunien itxen etorrizarena kasu iñ, fangogara zerreozer hartzen eta barriketa pixkat ingou. **T.** ¡Hara!, ¿cómo tú por aquí?, cuánto tiempo que no nos hemos visto, cuando termines lo que hayas venido a hacer llámame, iremos a tomar algo y charlaremos un rato.

Aspaldiko esaerabat: Hara bi!, zu bat eta bestie ni.

¡Vaya par!, uno tú y otro yo.

HARABERIE. Incertidumbre, duda, dilema, indecisión. **K.** Asunto horrekiñ harabera haundixe dauket, haren proposamena oso ondo iruitzejat eta beste honena ez hainbeste, baña gertatzenda Honorato betiko lagune dala ta eztakitx zer iñ, zalantzaz betie nau. **T.** Tengo un dilema grande con ese asunto, me parece muy bien la propuesta que me ha hecho aquel y la de este otro no tanto, lo que sucede es que Honorato es un amigo de siempre y no sé que hacer, estoy lleno de dudas.

HARA-EMEN, HARA HEMEN. Ha llegado, ha venido. **K.** Hara-emen, askenien be allegauzara, atzotik gara zure zai, eztozu deitxu ezitzela etorriko eta arduraz eongara ez jakiñien zure berririk, ba hurrenguen holakoik gertatzenbada gutxienetik deitxu mezerez. **T.** Por fín has llegado, desde ayer estamos esperándote, no has llamado que no podías venir y estábamos preocupados porque no sabíamos nada de tí, pues si una próxima vez sucede algo parecido por lo menos haz el favor de llamar.

HARA ERO ONA. Para allá o para aquí. **K.** Zuk zer itxendozu hor geldik, erdi etzanda eta iñuzentie bezela, akaso eztakotzu zer-iñik ero?, gaur larreiko nagitxute iruitzejat zarela ta mezerez mobitxu inzaitez hara ero ona, berdiñ jat nora baña mobitxu bentzet. **T.** ¿Tú qué haces ahí quieto y medio tumbado cómo un tonto, acaso no tienes nada que hacer o qué?, tengo la impresión de que hoy estás demasiado vago y haz el favor de moverte para aquí o para allá, me es igual dónde pero al menos muévete.

HARAGIXE. Carne y generalmente se refiere al del ganado vacuno. **K.** Ni ondion enaz sekula eon baña han eondienak esatendauen bezela, Tolosako Iñaxio jatetxien munduko parrillan iñdeko haragi onena dauela, eta horrekíñ batera ataratzen omendaue pikillo piper zoragarrixek. **T.** Yo todavía no he estado nunca pero según dicen los que han estado allá, en el restaurante Iñaxio de Tolosa debe de haber la mejor carne del mundo hecho a la parrilla, y lo deben de servir acompañado de unos pimientos del piquillo extraordinarios.

HARAKO, HAREAKO. Para aquel sitio. **K.** Gauza honeik hemen bierkoutxu eta laga hor bazterrien ondo gordeta iñók ez hartzeko bezela, ta beste horreik hareako die eta hor kanpuen itxikoitxu bixer kargau ta erueteko. **T.** Estas cosas las vamos a necesitar aquí y las dejas ahí en una esquina bien guardadas de forma que no las pueda coger nadie, y esas otras son para aquel sitio y las pondremos ahí fuera para mañana cargar y llevarlas.

HARANA. Valle. **K.** Bixer da Legazpiko Mirandaolan ospatzendan Burdiñ Harana eguna eta betik bezela erakusketa ta ekitalde batzuk eongodie, guk fateko asmuaz gara baña igez baño axkartxuau ibilibikou, gertauzan apenas tokirik zala aparkatzeko. **T.** Mañana se celebra en Mirandaola de Legazpia el día del Valle del Hierro y cómo siempre habrá diversos actos y exposiciones, nosotros tenemos la idea de ir pero tendremos que andar un poco más temprano que el año pasado, pasó que apenas había sitio para aparcar.

HARAÑO. Hasta allá. **K.** Zu sigero alpertute zara gaur, ze gertatzejkatzu, gaizki iñdozula lo ero atzo parranda iñ da kriston bixamona daukotzula?, ba goraño espozu nai fateik bale baña bentzet gutxienetik haraño fan-bierra daukotzu derrigorrez. **T.** Tú hoy tienes demasiada vagancia, ¿qué te pasa, que has dormido mal o que ayer has hecho demasiada juerga y tienes un aje de mucho cuidado?, pues si no quieres ir hasta arriba vale pero por lo menos y necesariamente tienes que ir hasta allá.

HARATEGIXE, HARATEIXE. Carnicería. **K.** Naparrako Arbizun harategibat dau oso famaue dana txistorran buruz, oso onak itxeitxue eta guk kanpora urtetzendounien egun parebat ero hiru pasatzera erozeíñ kanpiñen, betiko oitura daukou han erosteko. **T.** En Arbizu de Navarra hay una carnicería que tiene mucha fama en relación a la chistorra, la hacen buenísima y nosotros siempre que salimos fuera a pasar dos o tres días en algún camping tenemos la costumbre de comprarla allá.

HARAU, HAREAU. Más allá. **K.** Ene!, birie hasi besteik ez eta galdetzen haizare aber asko geratzendan Igeldora allegatzeko?, zuena mundiala da eta ezirezue esan ia nekatuta zariela, ba ederra daukotzue zeatik Igeldo ondion askoz hareau dau. **T.** ¡Ene!, ¿no habeís hecho más que empezar el camino y ya estáis preguntando cuánto queda para llegar a Igeldo?, lo vuestro es cosa mundial y no me digaís que ya os habeís cansado, pues teneís buena porque igeldo todavía está mucho más adelante.

HARAXE. Allá mismo. **K.** Ba etxat gauza haundirik inportik zueik esaten haizariena, baleike baserri hartan txakur amorratubat eotie baña nik ustedot lotuta eonbikodala, gañera alperrik zabitze zeatik derrigorrez haraxe bertara fan-bierra dauket. **T.** Pues no me importa demasiado lo que vosotros estáis diciendo, puede que en aquel caserío haya un perro rabioso pero yo creo que deberá de estar atado, además es inútil lo que digaís porque necesariamente tengo que ir allá mismo.

HARBELA. Pizarra.
(Ver la definición de arbela).

HARBIXE. Nabo.
(Ver la definición de arbixe).

HAREATIK, HARETXEATIK. Por él, por culpa de él, o también gracias a él. **K.** Oñartien bakarrik ederto haigiñen toki hontan igeri ta hareatik ezpazan izeten berdiñ jarraitxukogauen, eta eztakitx zergaitxik etorri-bierra eukidauen, bera bakarrik izenbazan hainbestien, baña bere lagun guztiek ekarritxu eta gañera iñok eztutzo ezer esan. **T.** Hasta ahora andábamos de maravilla nadando aquí solos y si no hubiese sido por él así hubiésemos continuado, y no sé porque ha tenido que venir, si sería solo él todavía, pero ha traído a todos sus amigos y encima sin que nadie le haya dicho nada.

HAREI. A aquellos. **K.** Ez, guk momentu hontan eztaukou itxeik lan hori, larreiko prixa dauko oñ itxen haigarena eta derrigorrez bukatu inbierra daukou datorren asterako, baña esauketaitxut libre antzien dazen batzuk eta gurebozu harei esanguthat. **T.** No, nosotros de momento no podemos hacer ese trabajo, el que estamos haciendo ahora corre mucha prisa y necesariamente lo tenemos que terminar para la próxima semana, no obstante ya conozco a algunos que andan un poco más libres y si quieres se lo digo a aquellos.

HAREIK. Aquellos. **K.** Jeseus!, zenbat jente dauen illera hontan ta gañera len atzetik hatozenak be oñ gure aurretik daz, eztot uste askoatik izengozanik baña kustiñe da zertxobaitx lenau etorridiela, halaere pentzatzendot eongodala nahiko sarrera danontzat eta beztela berriz alegiñdu inbikou aber beste nunbaitxetik lortzendoun. **T.** ¡Jesús!, cuánta gente hay en ésta fila y encima aquellos que antes venían por detrás también están ahora delante nuestro, no creo que haya sido por mucho pero la cuestión es que han llegado un poco antes, aún así yo creo que ya habrá suficientes entradas para todos y si no es así habrá que intentar conseguirlas por otro lado.

HAREINA, HARENA. Hacia ellos, dónde él. **K.** Beno, honaño kotxez etorrigara baña oñ iñok eztakigu nundik hastendan birie mendi hortara fateko, han aurreratxuau batzuk ikunteitxut eta hareina fangonaz galdetzera, hareik baleike horren jakiñien eotie. **T.** Bueno, ya hemos venido hasta aquí en coche pero ahora no sabemos ninguno de nosotros por dónde empieza en camino para ir al monte, ahí un poco más adelante veo que hay algunos e iré hacia ellos a preguntarles, puede que aquellos estén al tanto del tema.

HAREINA. De ellos, de aquellos. **K.** Oso ondo ibilligara ta iñun galdu-barik mendi hontan, ezkerrak hareik jakiñien eozela nundik fan, eta noski, etorri. Bueltan eta kotxie hartzera fanganerien aparkamentu aldera motxilabat ikusidou lurrien, pentza izendou norbaitxek astuta eongozala ta nola segurazki hareina izengozan, euron kotxe gañien lagadou. **T.** Hemos andado muy bien y sin perdernos por ningún sitio en el monte gracias a que aquellos sabían por donde había que ir, y claro, volver. A la vuelta cuando íbamos al aparcamiento para coger el coche hemos visto que había una mochila en el suelo, hemos pensado que alguno la habría dejado olvidada y cómo seguramente sería de aquellos, la hemos dejado encima de su coche.

HAREIKATIK. Por ellos, por aquellos. **K.** Etxaku askotan gertatzen baña beñ eukigauen nahiko arazo Naparrako mendibaten. Sekula eon-barik geotzen mendi hartan eta aurretik ondo enteraugiñen nundik ta nola zien bire hareik, ba abiatu eta goraño ondo, zoragarriko egueldixaz eta ezerko arazoik, hamarretako pixkat iñ ta beraka, eta gertauzan segitxuen botazala sekulako belañue eta baezpare ta galdu aurretik gelditxu ingiñen, gero itxoiñ inbierra izengauen goixen eozen beste-batzui, hareikiñ alkartu eta jetxi kotxiek eozen tokiraño. Ba hareikatik ezpazan izen eztakitx nola konpondukogiñen. **T.** No nos pasa muchas veces pero una vez ya tuvimos bastantes problemas en un monte de Navarra. No habíamos estado nunca en ese monte y antes nos enteramos bien por dónde y cómo eran las rutas, pues comenzamos y hasta arriba bien, sin ningún problema y con un tiempo magnífico, comer un poco y para abajo, y pasó que enseguida se echó una intensa niebla y por si acaso paramos antes de perdernos, luego tuvimos que esperar a algunos otros que también estaban arriba, nos juntamos y con ellos bajamos hasta donde estaban los coches. Pues si no hubiese sido por aquellos no sé como nos hubiésemos arreglado.

HAREK. El, aquel. **K.** Zuk eruetie gurozun mai hori ezta kabitzen nere kotxien ta alperra da zallatzen ibiltxiek sartzeko, baña gauzabat, badakitx han dauen harek furgoneta haundixe daukela ondo sartu ta kabitxukozana, eztot asko esauketan baña gurebozu galdetukutzet aber baleiken eruetie. **T.** La mesa que tú quieres llevar no cabe en mi coche y es inútil que nos esforcemos en meterla, pero una cosa, ya sé que que aquel que está allí tiene una furgoneta grande donde entra y cabría perfectamente, no le conozco mucho pero si quieres voy donde él y le pregunto a ver si puede llevarla.

HAREKIÑ, HARETXEKIÑ. Con él. **K.** Alperrik da, alegiñdunaz baña Tomasitok eztau nai sartzeik nere kotxien Iruñara fateko, etxuraz bestien kotxie geixau gustatzejako ta harekiñ naidauela fatie esatendau. **T.** Es inútil, ya me he empeñado, pero Tomasito no se quiere montar en mi coche para ir al Pamplona, parece ser que el coche del otro le gusta más y dice que quiere ir con él.

Aspaldiko esaerabat: Denpora badoie eta gu ondion harekiñ.
Un viejo proverbio vasco dice que va pasando el tiempo y nosotros todavía con aquello.

HARENDAKO, HARENTZAT. Para aquel. **K.** Badakitx gose asko daukotzuela eta ataraduen hau oso gozue eongodala, halaere ezizue dana jan eta itxizue zerbaitx beste harendako, pixkat atzien geratuda baña ustedot laister izengodala hemen. **T.** Ya sé que tenéis mucha hambre y que ésto que han sacado estará muy rico, aún así no lo comáis todo y dejar algo para aquel otro, ha quedado un poco atrás pero creo que enseguida estará aquí.

HAREINDAKO, HAREINTZAT. Para aquellos. **K.** Ezizu geixau atara jateko, ataradozun honekiñ nahikue daukou zeatik ezta komeni larrei betetzie tripa, eta zertxobaitx gelditzenbajatzu itxizu beste hareindako, onazkero laister izengodie hemen eta hareik be gosetuta etorrikodie. **T.** No saques más para comer, con ésto que has sacado tenemos suficiente y no conviene llenar demasiado la tripa, y si te sobra algo déjalo para aquellos otros, pronto tienen que estar ya aquí y seguro que también vendrán hambrientos.

HARETAKO. Para aquello. **K.** Nola eztakitzula zertarako dan hau, akaso ezara gogoratzen zer gelditzejakun han, atzo ibilizitzen tokixen, ero?, ba haretako da, hoñekiñ amaitzeko. Jartzendozunien eta ondo etortzenbada, espero dana bukauta geratzie. **T.** Cómo que no sabes para que es ésto, ¿ acaso no te acuerdas que es lo que te queda allá, en el sitio dónde anduviste ayer, o qué?, pues es para completar aquello. Cuando lo coloques y si es que viene bien, espero que todo quede terminado.

HARETAN. En ello, en aquello. **K.** Bai, badakix atzo deitzen ibilizitzela zeatik gaur goxien ikusidot dei parebat galduek naukela, baña zuk esandako lan haretan haigiñen ta horreatik esan posible izen fateik, baña gaur zertxobaitx libriau gara eta gurebozu fan ta beste hori itxeko aukera eukiou. **T.** Sí, ya sé que ayer estuviste llamando porque esta mañana he visto que tenía dos llamadas perdidas, pero no pudimos ir porque estábamos trabajando en aquello que tú nos dijiste, pero hoy estamos un poco más libres y si quieres podríamos ir y hacerte eso otro.

HARETIK, HARETXETIK. De aquel sitio, lugar, montón, etc... **K.** Ni enaz honaño etorri erozeiñ gauza erostera, gurot ona izetie eta esan-baterako pilla hontatik ezer eztot nai, baña emutenbuztazu han erdi-eskutuen daukotzun beste pilla haretik gustora erosikoitxut. **T.** Yo no he venido hasta aquí a comprar cualquier cosa, quiero que sea bueno y por ejemplo de este montón de aquí no quiero nada, pero si me das de aquel otro montón que tienes allá medio escondido a gusto lo compraré.

HARETXEK, HATXEK. Aquel mismo. **K.** Sentitzendot baña nik eziñdotzut iñ lan hori, aldebatetik enau oso ziur nola itxendan ta bestaldetik oñ bertan nahiko lanpetuta nabill, gurebozu eta atzo esanotzun beste haretxek, Teobaldok, inleiketzu, konpontzenbazare bentzet, gañera badakitx ondo geratukozala zeatik denpora askuen ibilidala lan horreitan. **T.** Ya lo siento pero yo no puedo hacerte ese trabajo, por una parte no estoy demasiado seguro de cómo se hace y por otra ahora mismo estoy bastante atareado y si quieres, aquel mismo que te dije ayer, Teobaldo, te lo podría hacer, si es que al menos os arregláis, además ya sé que quedaría bien porque durante mucho tiempo ha estado haciendo este tipo de trabajos.

HARETXEIK, HATXEIK. Aquellos. **K.** Bernardo, zu horreatik eon lasai eta ez keskatu zeatik guk eztaukou zer-ikusirik asunto horrekiñ, eta bateonbat etortzenbada zerreozer esan ero bronca botatzen esangutzou ze gertatzendan, ba haretxeik izendiela honeik ekarridauenak eta komestau be iñdauela laister kendu eta eruengoitxuela hemendik. **T.** Bernardo, tú por eso éstate tranquilo y no te preocupes porque nosotros no tenemos nada que ver con ese asunto, y si viene alguien a decir algo o a echar la bronca ya le diremos lo que pasa, pues que han sido aquellos los que han traído estas cosas y que también han comentado que pronto lo quitarán de aquí y se lo llevarán.

HARI. A él. **K.** Nik eztauket gogo haundirik toki hartara fateko, larreitxo ibillinaz aspaldiko egun honeitan eta gañera nahiko nekatuta nabill, baña baezpare esaiozu hari, akaso gurekodau ta gustora fangoda zurekiñ. **T.** Yo no tengo muchas ganas de ir a ese sitio, he andado demasiado estos días pasados y estoy bastante cansado, pero por si acaso díselo a él, a lo mejor quiere y vá a gusto contigo.

HARIDA. Ya anda. **T.** Zuk ze konfiantza gutxi daukotzun mutil horrekiñ, eta nik berriz betik pentzau izendot nahiko txintxue dala, erozeiñ modutan lasai eon zeatik ontxe puntuen pasatzie iñdot lan-tokitxik eta ikusidot zuk aiñdutako hortan haridala. **T.** Que poca confianza tienes con ese chico, y yo en cambio siempre he pensado que es bastante formal, en cualquier caso no te preocupes porque acabo de pasar por el lugar de trabajo y he visto que ya anda en lo que tú le has mandado.

HARI-LARDATZA, HARI LARDATZA. Rueda del husillo. **K.** Hor aldamenien ardatza izena dauen tokixen jartzendau zertarako ibiltxezan bere garaian, eta ikustendozu beste hari-lardatza hau?, ba ardatza horren errubera da ero zan. **T.** Ahí al lado donde está la definición de ardatza, husillo en castellano, ya indica para que se utilizaba en aquellos tiempos, pues ésto otro que estás viendo y nosotros llamamos hari-lardatza, es o era la rueda de ese husillo.

HARITU. Estar haciendo algo, empeñarse en hacer algo. **K.** Aspalditxuen begire nabill itxen haizaren lan hori ta egixe esanda oso ondo geratzen haida, segi ta haritu horrela ta bukatu ondoren baleike opari ero beste zerbaitx eotie. **T.** Desde hace algún tiempo estoy mirando el trabajo que estás haciendo y la verdad es que está quedando muy bien, sigue empeñándote así y cuando termines puede que haya algún regalo u otra cosa.

HARITZA. Roble. **K.** Euskalherrixe betik izenda haritza asko dauen tokixe, baña gertauzan bere garaian izugarri moztu inzitxuela ta bere ordez piñuek landau, ba bateonbati ezkerrak emun inbierra dau zeatik oñ eta piño horreik moztu-hala berriz haritza landatzen hasida. **T.** El país vasco siempre ha sido un sitio de mucho robredal, pero en su tiempo cortaron muchísimos de esos robles y en su lugar plantaron pinos, y ahora a alguno habrá que dar las gracias porque que a medida que cortan esos pinos de nuevo se están volviendo a plantar.

HARIXE. Hilo.
(Ver la definición de arixe).

HARITZUE. Filamentoso. **K.** Dakixenak esatendau saldie ona urtetzeko haragixe ur hotzien sartubidala lapikuen, gero hortik gertatzendan salda sigero gozue dala baña haragixe larreitxo hariutzue, eta bestaldera, botatzenbada ura irikitxen dauenien haragi hori askoz xamurraue eta salda berriz zetxobaitx exkaxaue. **T.** Los que entienden dicen que para que el caldo salga bueno la carne hay que echarla a la cazuela en agua fría, y que luego el caldo que sale de ahí está muy rico pero que la carne queda demasiado filamentosa, y al revés, que si se echa cuando el agua está hirviendo la carne es más jugosa pero el caldo en cambio es de un poco menos calidad.

HARKAIZA. Roca, peña.
(Ver la definición de aitza, atxa).

HARRA. Gusano, generalmente de la fruta, tomate o algo similar. **K.** Aurten nahiko zoriontzu haigara ortuko tomatiekiñ, beste urte batzuetan, igez gutxitxuau, larreiko harra eukizitxuen eta oinguen berriz apenas, eta nik eztakitx zeatik izenleiken hori, mota berdiñeko landarak eta betiko tokixen erositxekuek izendie, landau, ximaurra bota eta beste ondorengo lanak be igualak, orduen zeatik izengoda batzuetan gertatzendiela hainbeste harrak eta bestetan berriz oso gutxi?, nik bentzet arrastuik be eztauket. **T.** Este año estamos de bastante suerte con los tomates de la huerta, otros años, el pasado algo menos, tuvieron muchos gusanos y esta vez apenas unos pocos, y yo no sé porqué puede ser eso, las plantas son de la misma clase y compradas en el mismo sitio, plantadas, abonadas y los trabajos posteriores se han hecho de la misma forma, ¿entonces porqué será que algunas veces aparecen tantos gusanos y otras en cambio muy pocos?, yo desde luego no tengo ni idea.

HARRASKA. Fregadera.
(Ver la definición de arraska).

HARREMANA. Trato, proximidad. **K.** Badakitx zuk harreman haundixe daukotzula baserri hortakuekiñ eta hurrengo fatezarenien, galdetukotzazu meserez aber saldukuztien bost kilo babarrun?, lengo egunien azokan entzunauen oso onak daukiela eta sigero gozuek jateko. **T.** Ya sé que tú tienes mucho trato con los de ese caserío y la próxima vez que vayas, ¿les preguntarás por favor a ver si me venderían cinco kilos de alubias?, el otro día oí en el mercado que las que tienen son muy buenas y para comer extraordinarias.

HARRERA. Entrada. **K.** Hau da marka, siñistu eziñekue, bi buelta oso emuntzet kiroldegixei ta eztot iñun billatzen harreraik, ta gauza da iñor eztotela ikusten horra sartzeko asmoik daukenik, ba itxoiñ inbikot hemen nunbaitxen eta aber asaltzendan bateonbat. **T.** Esto es de traca, increíble, he dado dos vueltas enteras al polideportivo y no encuentro por ningún lado la entrada, y la cosa es que no veo a nadie que tenga intención de entrar ahí, pues tendré que esperar por aquí y a ver si aparece alguno.

HARRIBIRIE, HARRI-BIRIE. Camino pedregoso. **K.** Hernixora fateko kamiñue, Andazarratetik hasitxe ta goraño dana harribirie da, beno, apurbat kenduta Zelatungo zelaixe, ondion beko aldien naiko lotute ikustendie herrixek baña Zelatunetik gora ixe danak librien daz eta kontu haundixekiñ ibili-bierra izetenda. **T.** El camino que lleva al monte Hernio, empezando desde Andazárrate y hasta arriba es muy pedregoso, bueno, quitando un poco en el prado en Zelatun, todavía en la zona de abajo se vé que la piedra está bastante fija pero de Zelatun para arriba casi toda está suelta y hay que andar con mucho cuidado.

HARRIGARRIXE. Extraordinario, fantástico. **K.** Asteburu hontan izengara kanpiñeko dendaz egun parebat pasatzen Pirineo aldien, hor Isabatik gora, bigarren egunien oso goix jaikigiñen nola zabaltzezan eguna ikusteko asmuaz, eta benetan harrigarrixe izenzala, danok arritxuta geratugitzen eta argazki pillabat atara. **T.** Este fín de semana hemos estado con la tienda de campaña pasando un par de días por el Pirineo, ahí de Isaba para arriba, el segundo día nos levantamos muy temprano con la intención de ver el amanecer, y de verdad que fue extraordinario, nos quedamos todos maravillados y sacamos un montón de fotografías.

HARRIARRIKA, HARRI-HARRIKA. Juego infantil de niñas. Es muy antiguo pero todavía se suele ver jugar en bastantes sitios, yo lo he visto varias veces. **K.** Ni ondo gogoratzenaz nola zan neskatillan harriarrika joku hori, aurrena margotzezien arraixak lurrien lauki batzuk iñaz eta euron barruen zenbakixek, batetik beratzira ustedot izetezala baña enau halako ziur, gero harri zapalbat pasa batetik bestera hankaz bultza iñde eta hankalatraba saltatzen. **T.** Yo me acuerdo bien cómo era el juego de las niñas que se llamaba harriarrika, consistía en dibujar unas rayas en el suelo para configurar unos cuadros y dentros de estos unos números, creo que eran del uno al nueve pero no estoy demasiado seguro, luego ir pasando una piedra lisa de un cuadro a otro empujándola con el pié y saltando a la pata coja.

HARRIJAZOTZAILE. Se llama así a la persona que que se dedica al deporte de levantar de piedras. **K.** Euskalherrixen betik izenda afizio haundixe eta harrijazotzaile asko ta berdiñezko haundixek eondie, eta esan-baterako lenau oso famaue Urtain izenzan, gixajue ia aspalditxo hilzan, gero Saralegi, ondoren Perurena aitxa-semiek, eta oñ Izeta, Irigoien, ta abar. Eta danak eziñditxut jarri zeatik ezien kabitxuko. **T.** En Euskalherría ha existido de siempre una gran afición y también ha habido muchos y grandes levantadores de piedra, por ejemplo antes era muy famoso Urtaín, el pobre murió hace ya mucho tiempo, luego Saralegui, más tarde Los Perurena padre e hijo, y ahora Izeta, Irigoien, etc... Y todos no los puedo poner porque no cabrían.

HARRIKA. A pedradas. **K.** Ustedot ondion be leku batzuk badazela pertzonak harrika akabatzendauenak, eta etxuraz geixenbat andrak izeten omendie, akaso adarrak jartzeaitxik ero hala pentza eta baitxe beste erligiño kontuatik be. **T.** Creo que todavía existen sitios en dónde se mata a las personas a pedradas (lapidadas), parece ser que la mayoría suelen ser las mujeres que han sido, o pensar así, infieles a sus maridos y también por temas religiosos.

HARRIKARIE. Pedrada. Tanto puede ser por haberlo recibido o por lanzar la piedra. **K.** Horrek dauko punteixie, lurretik hartudauen aurreneko harrixaz harrikarie jaurti erbi horri eta beitu, ondo axkar oien baña laister gelditxuda kokote erdixen emundutzenien eta hantxe bertan akabau. **T.** Vaya puntería que tiene ese, ha cogido del suelo la primera piedra que ha visto y le ha tirado la pedrada a la liebre y mira, con todo lo que corría se ha ha parado enseguida cuando le ha dado en la mitad del cogote y allá mismo la ha matado.

HARRIKARIE. Fig. se dice de la persona que es bastante volátil y un poco rara. **K.** Horri eziozue kasu haundirik iñ zeatik kriston harrikarie dauko, gaur ikustendozu bixerretik obatu eta oso lagun dala ta bixer baleike alkartzie kalien eta akaso eztau kasuik eztau ingo, bestaldera beitu eta eztotzun esauketan bezela iñ. **T.** A ese no le hagaís mucho caso porque es demasiado raro y volátil, hoy le ves que te agarra del hombro y es muy amigo y a lo mejor te cruzas mañana con él en la calle y puede que no te haga caso, mira hacia otro lado y hace como si no te conociera.

HARRI-IKATZA, HARRI IKATZA. Carbón mineral. **K.** Garai baten Atxabaltako etxe zarrien, sukalde ekonomikako sue egurraz iñ eta hau normalki ixe betik eotezan, baña noixbaitxen falta-ezkero harri-ikatza ekartenzan ta gogoratzenaz hau pixkat busti itxezala suek denpora geitxuau aguantatzeko. **T.** Hace ya mucho tiempo en la casa vieja de Aretxabaleta, el fuego de la cocina económica se hacía con madera y normalmente ésta siempre había, pero si por cualquier circunstancia faltaba se traía carbón mineral y recuerdo que había que mojarla un poco para que el fuego aguantase más tiempo.

HARRI-KOXKORRA. Pedrusco o también piedrecita. **K.** Gau gabien etxera allegaunazenien ezkerreko hankazpixe nahiko miñdute nauken, kendudot zapata eta noski, nola enauen eukiko ba?, harri-koxkor txikibat nauken zapata barruen. **T.** Cuándo esta noche he llegado a casa tenía la planta del pié izquierdo bastante dolorida, me he quitado el zapato y claro, ¿cómo no lo iba a tener pues?, tenía una piedrecita dentro del zapato.

HARRI-LANA, HARRI LANA. Trabajo propio de los canteros y son aquellos que se realizan con la piedra. **K.** Ez entzun bakarrik, askotan gertaujat ikustie harri-lanak eta benetan ze asunto honeitan eztauela langille hobaik gallego bezelakoik, eta portugesak be eztie larreiko atzien geratzen. **T.** No solo lo he oído sino que me ha tocado ver muchas veces los trabajos que se realizan con la piedra, y de verdad que en ese aspecto no hay mejores trabajadores que los gallegos, y los portugueses tampoco se quedan demasiado atrás.

HARRI-LOSA, HARRI LOSA. Losa de piedra.

(Ver la definición de arlosa).

HARRI-MAIUE, HARRI MAIUE. Mazo de los canteros. **K.** Harri lanerako ezta gauza asko bier izeten, baña bat bentzet oso derrigorrezkue da, harri-maiue eta ixe lan guztiek, ero geixenak bentzet, erraminta horrekiñ itxeitxue. **T.** Para los trabajos que se realizan con la piedra no son necesarias muchas cosas, pero hay una por lo menos que es imprescindible, el mazo de cantero y con esa herramienta se hacen casi todos, o al menos la mayoría, de los trabajos.

HARRITZU. Terreno con mucha piedra. **K.** Gure ortuen horixe bera gertatzezan, oso harritzue zala eta onazkero zenbat harri ia kendukonitxun, atxurtu itxenauen bakotxien mordoxkabat, baña horrek aldebatetik naidau esatie geruau ta gutxiau geratzendiela eta bestaldetik nunbaitxera eruen-bierra eukikotela aparte izten hainazen harri horreik, ba ez pentza, hainbeste daz ze akaso inleikien etxe ero txabola txikibat. **T.** Justo eso es lo que pasaba en nuestra huerta, que era un terreno con mucha piedra y para ahora cuántas habré quitado ya, cada vez que solía cavar un montón, pero eso por un lado quiere decir que cada vez quedan menos y por otro que a algún sitio tendré que llevar las que estoy dejando aparte, pues no creáis, hay tantas que a lo mejor se podría hacer una casa o chabola pequeña.

HARRIXE. Piedra. **K.** Estau gauza politxaurik, nere iruitzez, harrixe baño etxe fatxadatarako, eztot gure esateik kaleko etxebat baña bai hola pixkat aparte antzien dauenendako, bere lanak eukikoutxu eta bebai baleike karesti xamar izengodala baña nik ustedot merezidaula lan horreik hartzie. **T.** No hay cosa más bonita, a mi parecer, que la piedra para la fachada de una casa, no quiero decir para una casa que esté en la calle pero sí para una que esté un poco apartada, tendrá su trabajo y también puede que sea algo cara, pero yo creo que merece la pena coger esos trabajos.

HARRIZKUE. De piedra, material pétreo. **K.** Ze gauzak gertatzendien eta arrazoi haukien esateauen hareik barriro etortzendiela lengo kontu berdiñek, esan-baterako garai hartan etxeko harrizko fatxadak eskutau itxezien morterokiñ eta oñ berriz hori kendu ta bistau itxendie, eta aurrerau ze izengoeteda? **T.** Que cosas pasan, y que razón tenían aquellos que decían que de nuevo volvían las cosas de antes, por ejemplo en un tiempo las fachadas de piedra de las casas se tapaban con mortero y ahora se quita eso y otra vez se saca a la vista, ¿y qué es lo que sucederá más adelante?

HARRO, HARROSKO. Presumido, engreído, fatuo. **K.** Aspalditxuen oso harrosko ikuntendot Teodoro, askenien be eskondujako soltero geratzezan semie, horreatik betik komestau izendau mutilzar gelditxukozala eta oñ hor dau, eskon-berri ta gañera sigero mutil jatorrakiñ. **T.** A Teodoro le veo muy presumido, por fín se le ha casado el hijo que quedaba soltero, por ese siempre solía comentar que iba para chico viejo y ahora ahí está, recién casado y además con un chico muy agradable.

Aspaldiko esaerabat: Harro jartzendana lagun asko daukela esanaz, akaso eztau bat bakarra benetazkoik euki.

Un viejo proverbio vasco dice que aquel que presume de tener muchos amigos, quizá no haya tenido uno solo que sea de verdad.

HARROBI, HARROBIXE. Cantera. **K.** Hemen inguruko harrobi ixe guztiek izten haidie gauza batetik ero bestiatik, eta hala ia itxitxue Arrasaten, Deban, Zestuan eta Aian eozen batzuk, eta beste toki askotan be berdiñ gertaukoda, oñ geratzendana da harrobi horreiñ zuluek, parte bentzet, betetzie eta eztot uste bape errexa izengodanik guk hori ikustie, halaere ustedot nunbaitxen iñdauela ero itxen haidiela. **T.** Casi todas las canteras que hay en las cercanías las están cerrando por una causa u otra, y así ya han cerrado algunas de las que estaban en Mondragón, Deva, Cestona y Aia, y también ocurrirá lo mismo en otro muchos sitios, ahora lo que queda es llenar los agujeros, al menos parte, de esas canteras y eso no creo que sea nada fácil que nosotros lo veamos, aún así creo que en algún o algunos sitios ya lo han hecho o lo están haciendo.

HARROKA. Roca, peña.

(Ver la definición de aitza, atxa).

HARROKEIXA, HARROKEIXIE. Altanería, presunción. **K.** Fabiolok benetan esanleike nahiko harrokeixa daukela, eztitxu gezurrik esango baña itxeitxuen danak, mendiko karrerak, igeri lehiketak eta beste antzerako gauzak sarri kontau inbierrak eukitxeitxu, eta betik bere harrokeixa puntutxuekiñ. **T.** De Fabiolo de verdad que se podría decir que es bastante presumido, no dirá mentiras pero todo lo que hace, carreras de montaña, competiciones a nado y otras cosas parecidas las tiene que contar a menudo, y siempre con su puntito de presunción.

HARROKILLO. Se dice por los críos que son un poco presumidos. **K.** Honoratok kometatzendau ze batzuetan semiek esateutzoula ikastolan dauela mutikobat oso harrokillue dana, etxuraz bere gurasuek aberatzak die eta nola bera horren ondo jakiñien dauen nahiko gora etortzendala ikastolako lagunekiñ. **T.** Honorato suele comentar que a veces el hijo le suele decir que un chaval que anda en la ikastola es muy presumido, parece que sus padres son ricos y cómo eso él lo sabe muy bien se viene muy arriba con los compañeros de la ikastola.

HARROPUTZ, HARROPUTZA. Persona presuntuosa, crecida, pero sin motivo. **K.** Eztakitx nola jartzendan holako harroputz zeatik eztau ezer apartekoik iñ, egixe da korrikan ibilidala karrera hortan baña zure seme txikiñek baño denpora geixau iñdau bukatzen, berak esatendau erazan parebat eukitxula bernan da horreatik etorri omendala pokiki, baña siñistuiozu. **T.** No sé porqué se pone tan presuntuoso si no ha hecho nada extraordinario, es verdad que ha estado corriendo en esa carrera pero ha tardado mas tiempo que tu hijo pequeño en terminarla, él dice que ha tenido un par de contracturas en la pierna y que por eso ha venido despacio, pero cómo para creerle.

HARROTASUNA. Es la persona que es presumida de siempre, por naturaleza. **K.** Norberton harrotazuna familitxik dator, nik bere aitxa bakarrik esautunauen, bistaz besteik ez eta ustedot bera be halahotxie zala, eta entzunde dauketen bezela bere aitxajauna be berdintzue izenzala. **T.** La presunción de Norberto le viene de familia, yo solo conocí a su padre, solo de de vista y creo que él también era así, y según tengo oído de su abuelo que debía de ser igual.

HARROTU. Volverse presumido. **K.** Pelota partidu hori jolastu eta irabazi ondoren, batera baitxe inzan aposta be, larreitxo harrotuda Gaxpar eta oñ guredauen erozeñekiñ jolastu ta apostak itxie naidau, gañera bentaja ta dana emunaz, ba aber bateonbatek berak baño sentzu pixkat geixaukiñ hartu eta irabazteutzen aposta hori. **T.** Desde que jugó y ganó el partido de pelota, a la vez también la apuesta que se hizo, Gaspar se ha vuelto muy presumido y ahora quiere jugar y apostar con cualquiera que quiera, además concediéndole ventaja y todo, pues a ver si se encuentra con alguien que tenga un poco más sentido que él, coge y le gana esa apuesta.

HARROTU. Expandir, ahuecar, suavizar. **K.** Neretzako ugera fatenazenien gauzabat izetenda inbierra eta beste gauzabat pakien iztekue, aurrena da almuara harrotzie zeatik etxat bape gustatzen zuloik eoteik ta bigarrena da norberak iztendauen zulotxue koltxoien iztie dauen bezela. **T.** Cuando voy a la cama para mí hay una cosa que hay que hacer y otra que no hay que tocar, la primera es el ahuecar la almohada porque no me gusta que haya huecos y la segunda es dejar sin tocar el huequecito que hace uno mismo en el conchón.

HARTAKA, HARTAN. Hacer o haciendo ésto, eso o aquello. **K.** Eztakitx zuk ze asmo daukotzun gaurko baña gu bentzet ugesabak aiñdutako lan hartan fan-bierra daukou, naibozu zuriekiñ jarraitxu ezpozu nai etortzie gurekiñ eta gero illuntzien ikusikogara betiko tokixen. **T.** No sé que intenciones tienes para hoy pero nosotros por los menos tenemos que hacer los trabajo que nos ha mandado el jefe, si prefieres continúa con lo tuyo si no quieres venir con nosotros y luego al anochecer nos veremos en el sitio de siempre.

HARTAKUE (K). Es de allá o es el de allá. **K.** Nik arrastuik be eztauket zeiñ dan gizon hori, eztot esauketan eta ustedot nere bizi guztixen eztotela beiñbe ikusi, gañera ziur nau eztala hemengue izengo eta beste nunbaitx hartakue izengoda. **T.** Yo no tengo ni idea de quién es ese hombre, no le conozco y creo que no le he visto ni una sola vez, además estoy seguro que no es de aquí y será de algún otro sitio de por allá.

HARTARA. Hacia allá, hacia aquel sitio. **K.** Zueik gurebozue gelditxu hemen, guk derrigorrez fan-bierra daukou toki hartara gauza hareik jasotzeko eta almazenera ekarri, ta espero modu onien itxikozitxuela haldan axkarren bukatzeko. **T.** Vosotros quedaros aquí si queréis, nosotros necesariamente tenemos que ir a aquel sitio para cargar y traer las cosas al almacén, y espero que las haya dejado bien recogidas para que podamos terminar cuanto antes.

HARTARAKO. Para ello. **K. K.** Ekarridoun gauza horreik eztie erozeiñ tokirako eta ez nahastu bestiekiñ, hara bestaldera erueteko die eta eztau balixo beste iñun jartzeko zeatik leku hartarako neurrixen bakarrik iñde daz. **T.** Las cosas esas que hemos traído no valen para cualquier sitio y no los mezcléis con las otras, son para llevarlos para aquel otro lado y no sirven para colocarlos en ningún otro lugar porque están hechos solo a la medida de ello.

HARTAZ, HORTAZ. Por lo tanto, por consiguiente. **K.** Beno, aber, hartaz zertan geratugara?, nik eztot ezertxorik ulertu, eta askenien nola izenda?, honaño euron kontura etorrikodiela ero guk fanbierra daukoula furgonetakiñ jasotzera Donostiraño? **T.** Bueno, a ver, ¿por lo tanto en que hemos quedado?, yo no he entendido nada, ¿y al final cómo ha sido?, ¿que ellos vendrán por su cuenta hasta aquí o que nosotros tenemos que ir con la furgoneta a recogerles a San Sebastián?

HARTAZ. Hacer, haciendo. **K.** Zuk bertanbera itxidozun lan hartaz haigara, eta eztot ulertzen zeatik daukotzun oitura hori ez bukatzeko hasteitxozun gauza guztiek, gero beste-batzuk etorribierra izetendou arreglatzen zure txapuzak. **T.** Estamos haciendo los trabajos que tú has dejado pendientes, y no entiendo porque tienes esa costumbre de dejar sin terminar todo aquello que empiezas, luego tenemos que venir otros a arreglar tus chapuzas.

HARTE. Hasta. **K.** Zueik eztakitx baña ni bentzet sigero nekauta geratunaz, gaurko lana larreiko astuna izenda eta ezkerrak ia bukatudoula, ba aber zorion pixkat daukoun eta bixerkue zertxobaitx lasaitxuau izetendan. Beno ba, orduen banoie eta bixer harte. **T.** Vosotros no sé pero yo al menos estoy completamente agotado, el trabajo de hoy ha sido demasiado duro gracias a que ya hemos terminado, pues a ver si el de mañana con un poco de suerte es un poco más suave. Bueno pues, entonces me voy y hasta mañana.

Aspaldiko esaerabat: Bizi hil harte eta ez bildurtu han eon harte.
Un viejo proverbio vasco dice que vivas hasta morir y que no te asustes hasta estar allí.

HARTEKUE. A favor. **K.** Esku-pelotan nere andrie Aimarren hartekue da eta gañera amorratu xamarra, etxako asko inportik jokue ona ero txarra izen, berak guredauena da irabaztie eta gauza xelebrebat, naio izetendau gorriz jantzitxe eondeixen. **T.** En los partidos de pelota a mano mi mujer siempre está a favor de Aimar y además con bastante fervor, no le importa mucho que el juego sea bueno o malo, lo que ella quiere es que gane y una cosa curiosa, suele preferir que esté vestido de rojo.

HARTEKUE. Entre ellos. **K.** Hobeto izengou ez sartzie euron tartien zeatik asunto horreik beraiñ hartekuek die bakarrik, zerbaitx esan-ezkero akaso hankie sartukou eta bentzet ezpadaue ezer galdetzen, guk hobeto gara ixilik. **T.** Haremos bien en no intervenir porque este asunto solo les atañe y es entre ellos, si decimos algo a lo mejor metemos la pata y si es que al menos no preguntan algo, nosotros mejor estamos callados.

HARTIEN. Entre varios, dos o más. **K.** Lan hau ezta bakarrik itxeko eta bi hartien be nahiko gutxi da, gutxienetik hiru ero lau lagun bierkozien ondo ibiltxeko zeatik larreiko gauzak die mobitxu inbierrekuek aldebatetik bestera. **T.** Este trabajo no es para hacerlo solo y entre dos también es bastante poco, por lo menos se necesitarían tres o cuatro personas para andar bien porque hay que mover demasiadas cosas de un lado para otro.

HARTIEN. Todavía. **K.** Ez Teodoro, sigero erruen zara zeatik ezta posible xeiretan Florentxio ikusidozunik sarrera hartzeko zineko illeran, hartien ondion hemen etxien hauen eta beste antzerakobat izengozan, eta gañera etxako bape gustatzen zine kontu horreik. **T.** No Teodoro, estás completamente equivocado porque no es posible que hayas visto a las seis de la tarde a Florencio en la fila para coger entrada para el cine, a esa hora todavía estaba en casa y sería algún otro parecido, y además no le gusta nada todo lo relacionado con el cine.

HARTU. Coger, dar, asumir. **K.** Gauza asko daukou eruen inbierrekuek soziedadera bazkai hortarako ta aber nola konpontzegaran, zuk Gervasio hartu ogixek eta pastelat, Demetriok urdaiazpikue, gaztaie ta letxugak eta ta nik hartukoitxut geratzendien beste guztiek. **T.** Tenemos que llevar muchas cosas a la sociedad para preparar esa comida y a ver cómo nos arreglamos, tú Gervasio lleva los panes y los pasteles, Demetrio el jamón, el queso y las lechugas y yo llevaré todo el resto.

Aspaldiko esaerabat: Hainbeste hartu eta hartu, ta askenien mundue bukatu. Ba kontuz.

Un viejo proverbio en euskera dice tanto coger y a final el mundo se terminará. Pues cuidado.

HARTU. (Hartudok), don, dot, dozu, dozue, kok, kon, kot, kozu, kozue.

HARTU-EZIÑE, HARTU EZIÑE. Imposible de coger. **K.** Zu zara izetekue, nola gurozu ba hartzie gora botadozun baloi hori?, hor goixen geratuda eta ezpozu igoten tellatura hartu-eziñe da, eta orduen badakitzu, gurasuei eskatu inbikotzazu beste baloibat zure zorionetarako, eta esatenbotzazu zer gertaudan akaso ekarrikotzue. **T.** Tú si que eres, ¿como pretendes coger ese balón que has tirado ahí arriba?, ha quedado a demasiada altura y si no subes encima del tejado es imposible, así que ya sabes, tendrás que pedir a tus padres otro balón para tu cumpleaños, y si les dices lo que ha pasado quizá te lo traigan.

HARTUKOZUE. Ya cogereís. **K.** Bixer Donostira fan-bierra daukotzuela esauztie eta orduen, halbozue bentzet, mezerebat eskatu ingonutzuen, hartukozue lau sarrera datorren domekan dauen Errealan partidurako? **T.** Me han dicho que teneís que ir mañana a San Sebastián y entonces, si podeís al menos, ya os pediría un favor, ¿me podríais coger cuatro entradas para el partido de la Real del próximo domingo?

HARTUTA. Cogido. **K.** Bestiek ondion ez baña ardi hau bentzet hartuta dau, takarrara dexente inbierrak izenditxut baña lortudot arrapatzie, eztot uste bestiek oso urriñ ibilikodienik eta zuek bixok hortik fatenbazare eta ni bestaldetik, pentzatzendot hartukoitxula. **T.** A las demás todavía no pero a esta oveja por lo menos ya la he cogido, he tenido que correr bastante pero ya he conseguido atraparla, no creo que las demás anden muy lejos y si vosotros dos vais por ahí y yo por el otro lado, pienso que ya las cogeremos.

Aspaldiko esaerabat. Hartuak emanai zor.

Un viejo proverbio vasco dice que lo que se coge está en deuda con lo que hay que dar.

HARTZA. Oso.

(Ver la definición de artza).

HARTZEKO. Para coger. **K.** Oñ momentuz nahikue daukou honeikiñ baña gogoratu beste sobre dazen horreik gordeta geratzendiela almazenien, eta bateonbatek bier izen-ezkero hartzeko bezela daz berak guredanien. **T.** Ahora de momento tenemos suficiente con ésto pero acordaros que los otros que están de sobra van a quedar guardados en el almacén, y si alguien los necesita están cómo para coger cuando se quiera.

HARTZEN. Cogiendo. **K.** Oñ be hartzen haizara gordeta dauketen txokolatie?, eta oñ alperrik dozu poltxikuen sartzie zeatik ikusidotzut, baña erozeiñ modutan bañakixen zu zitzela arrapatzen ibiltxezitzena eta ustedot hemendik aurrera bistan itxikotela, akaso hala lotza pixkat emungotzu eta baleike zerbaitx gutxitxuau hartzie. **T.** ¿Ahora también estás cogiendo el chocolate que tengo guardado?, y ahora es inútil que lo metas en el bolsillo porque ya te he visto, pero de todas maneras ya sabía que eras tú el que lo robabas y creo quede ahora en adelante lo dejaré a la vista, así puede que te dé un poco de verguenza y de esa forma quizá cojas un poquito menos.

HARUTZ, HARUTZA. Para allá. **K.** Eztakitx zer pentzatzen ibiltxendan Boni ero baleike ezer ez zeatik burutik naniko exkaxien dabill, gertatzenda eztala gogoratzen nun lagadauen hamarretakuen motxila eta hasizaitxez oñ billatzen, baña beno, nola besteik eztauen harutza fanbikou eta aber asaltzendan. **T.** No sé que puede estar pensando Boni o puede que nada porque de cabeza anda bastante escaso, el caso es que no se acuerda dónde ha dejado la mochila de los bocadillos y empieza ahora a buscar, pero bueno, como no hay otra tendremos que ir para allá y a ver si aparece.

HARUTZAU, HARUZTU. Más allá. **K.** Gurebozu argazki hau ondo urtetzie pixkat harutzau fanbikozu zeatik atara-ezkero oñ zaren tokitxik bakarrik gorputz erdi asaldukoda, eta zure lagunek barre itxie da gauzabat etxatzuna bape komeni. **T.** Si quieres que esta fotografia salga bien tienes que ir un poco más allá porque si lo sacas del lugar en que estás ahora solo aparecerá medio cuerpo, y que se rían tus amigos es una cosa que no te conveniene en absoluto.

HARUZKUE. Lo de más allá. **K.** Hemen dazen gauza honeik etxat asko gustatzen eta naio dot beste han bistan dauen haruzkue, nere ustez askoz politxaue da ta gañera ziur nau nere andrien gustokue izengodala. **T.** Las cosas que hay aquí no me gustan mucho y prefiero eso otro que está a la vista un poco más allá, a mi parecer es mucho más bonito y además estoy seguro que será del gusto de mi mujer.

HARUZKUEN, HARUTZEKOTAN. Ai ir hacia allá. **K.** Zure andriek esandust bixer goixien Donostira fan-bierra daukotzula, kasualitatez barru aldetik fatenbazara eta denpora badaukotzu, haruzkuen hartukoztazu dozenabat sagardo botilla Agiñatik? **T.** Me ha dicho tu mujer que mañana tienes que ir a San Sebastián, si por casualidad piensas en ir por el interior y si tienes tiempo, ¿al ir hacia allá me cogerás una docena de botellas de sidra de Aguinaga?

HASGURA, HASGURIE. Picor. **K.** Atzoko egunkariak notizibat ekartzeauen esanaz nola Idiazabalko mutilbatek jarri besteik ez fabrika txikibat beixen gaztaie itxeko, hasi omenzala izugarriko hasguraz gorputzien, ta gero pixkanaka askoz txarrera fan omenzala eta askenien ezauela euki beste erremeixoik fabrika iztie baño, jartzeauen alerjian kontu zerreozer izengozala. **T.** El periódico se ayer traía una noticia diciendo que cómo un chico de Idiazábal montó una pequeña fábrica para elaborar quesos de vaca, que nada más empezar debió de sentir unos picores impresionantes por todo el cuerpo, hasta tal punto que debió de ir a mucho peor y al final que no tuvo más remedio que cerrar la fábrica, ponía que debía de ser por alguna cosa de alergia.

HASI. Empezar. **K.** Etxatzu aurreneko egunetik gauza danak ondo urtengo, akaso denporalditxobat eonbikozu geldi antzien ta diru askoik irabazi-barik baña bentzet berezixena iñdozu, hasi eta hori ezta gutxi. **T.** No te van a salir bien todas las cosas desde el primer día, a lo mejor tienes que estar una tenporadita un poco parado y sin ganar mucho dinero, pero por lo menos ya has hecho lo más importante, empezar y eso no es poco.

HASI. Crecer, desarrollar. **K.** Ene!, zortzi urte besteik eztaukotzu eta eskatzen haizara telefonobat esanaz zure lagun batzuk be badaukiela?, ondion asko hasi inbierra daukotzu eta aurreratxuau berba ingou asunto horren buruz, baña ezerko prixa-barik. **T.** ¡Ene!, ¿no tienes más que ocho años y ya estás pidiendo un teléfono diciendo que también lo tienen algunos amigos tuyos?, todavía tienes que crecer mucho y un poco más adelante ya hablaremos sobre ese tema, pero sin ninguna prisa.

HASI. (Hasikoaz), konaz, koaiz, kogara, konauk, konaz, kozara, kozare.

HASIAZ, HASIAIZ. Has empezado. **K.** Hasiaiz hala ez nik aiñduteko lan horreikiñ?, baietz?, ba enauk asko fixatzen ta baezpare banaixuek ikustera aber egixe dan, ta hala ezpada badakik zer eonleiken, ia nahiko aspertuta nauk hireaz eta akaso berba itxen hasibikogaitxuk beste asunto batzukiñ. **T.** ¿Has empezado o no con el trabajo que yo te he mandado?, ¿qué sí?, pues no me fío mucho y por si acaso voy a ir a comprobar si dices la verdad, y cómo no sea así ya sabes lo que puedes tener, ya estoy bastante cansado de tí y a lo mejor vamos a tener que empezar a hablar sobre otros asuntos.

HASI-BARIK. Sin empezar. **K.** Ba nik ustenauena, ondion lana hasi-barik, eztot kalera bieldu baña etxat asko falta izen, halaere ustedot gauzak ondo garbi geratujakola, hau dala askena eta hurrenguen kanpora doiela eta nere aldetik betiko. **T.** Pues lo que yo pensaba, todavía sin empezar el trabajo, no le he mandado a la calle pero me ha faltado muy poco, de todas formas yo creo que las cosas le han quedado bien claras, que ésta es la última y la próxima vez va fuera y por mi parte para siempre.

HASI-BARRIXE. Recién empezado. **K.** Lasai eonzaiteze mutillak, naiz da izerdi apurbat botatzen ibili hori beruatik besteik ezta, eta ez pentza gaztai hau aspaldi hasitxekue danik zeatik ontxe bertan hasi-barrixe da. **T.** Estar tranquilos chicos que aunque esté sudando un poco eso no es más que por el calor, y no penseís que el queso se ha empezado hace tiempo porque está recién empezado.

HASIDIE. Han empezado. **K.** Jakinleike noix daukotzuen mahatza batzen hasteko asmue?, goiko mahastixen hasidie eta gañera iruitujat abixera haundixekiñ haidiela, hamarbat lagun gutxienez ikusitxut lanien haiziela. **T.** ¿Se puede saber cuándo teneís la intención de empezar a recoger la uva?, en el viñedo de arriba ya han empezado y además me ha parecido que andan con mucho ritmo, por lo menos ya he visto a unas diez personas que estaban trabajando.

HASIERA, HASIERAN. Empezar o empezando alguna labor, cosa, etc... **K.** Beno, momentuz bentzet eziñgotzou larrei eskatu, hasiera besteik ezta eta aurreratxuau fangogare ikusiaz nola konportatzendan lanien, nik bentzet gauza onak entzunde dauket Herminio honeatik. **T.** Bueno, de momento al menos no habrá que pedirle demasiado, no ha hecho más que empezar y más adelante ya iremos viendo de que manera se comporta en el trabajo, yo al menos he oído cosas buenas sobre Herminio.

HASITXE, HASITXEKUE. Empezado. **K.** Nola eruengot ba ogi hori etxera, eztozu ikusten hasitxe dauela, ero?, garbi ikustejako kuxkurra faltan dauela eta hori ezta hala urtendauelako labatik, nabarmen dau bateonbatek diximuluen kendu iñdutzela jateko asmuaz. **T.** ¿Cómo voy a llevar ese pan a casa, no ves que está empezado, o qué?, se ve bien que le falta el cuscurrro y eso no es porque haya salido así del horno, está claro que alguien se lo ha quitado con disimulo con la intenciòn de comérselo.

HASTEKO. Para empezar. **K.** Aspalditxotik dauket armaixuen emuztien opariko gaztaibat eta ondion hasteko dau, ba aber bixer gogoratzenazen soziedadera eruetie sahietzan ondoren jateko, eta Venantziooi esangutzet menbrillo pixkat erueteko. **T.** Desde hace ya algún tiempo tengo en el armario un queso que me dieron como regalo y todavía está para empezar, pues a ver si mañana me acuerdo y lo llevo a la sociedad para comerlo después de la costilla, y le diré a Venancio que lleve un poco de membrillo.

HATOR. Venir. **K.** Gabonetan sarri kantatzendan abestibat dau esatendauena: Hator, hator mutill etxera, gastaña ximelak jatera... **T.** Hay una canción de Navidad en euskera que se canta muy a menudo que vendría a decir: Ven, ven, muchacho a casa a comer castañas arrugadas...

HATORREN. Venía.
(Ver la definición de etorren).

HATOZEN. Ya venían. **K.** Bai, hatozen, ero hori da bentzet Silveriok esandauena, baña eztakitx, onazkero hemen eon-bierra haukien eta akaso gertaukozan nunbaitxen ero norbaitxekiñ geratudiela zerreozetan, beste hamar miñutu

304

etxoiñgou eta ezpadie asaltzen afaltzen hasikogara. **T.** Si, ya venían, o eso es al menos lo que ha dicho Silverio, pero no sé, para ahora ya tenían que estar aquí y quizá haya podido pasar que se han quedado en algún sitio o con alguien para alguna cosa, esperaremos otros diez minutos y si no aparecen empezaremos a cenar.

HAU. Estás. **K.** Nun hau?, ordu erdi eruetejuat hire billa eta ezaut iñun ikusten, ezaluan esan ordu honetan frontoi aldien eongoitzela?, ba mutil hi etorribikoaz nireana zeatik arrastuik be etxaukat nundik nora ibilikoazen, euri pixkat hasidok eta frontoi barruen etxoiñguztat. **T.** ¿Dónde estás?, llevo media hora buscándote y no te veo en ningún lado, ¿no me dijiste que hacia esta hora estarías por el frontón?, pues chico tú tendrás que venir donde mí porque yo no tengo ni idea de por dónde puedes andar, ha empezado a llover un poco y te esperaré dentro del frontón.

HAU. Esto. **K.** Zurekiñ ezta posible ulertzeik eta betik kontu berdiñekiñ haizara jatorduen, hau eztot nai, bestie bez, hurrengue etxat gustatzen eta aber gauzabat, zergaitxik ezara etortzen pixkat lenau eta prestau zure gustoko bazkaixe? **T.** Contigo nunca hay manera de enterderse y siempre andas con los mismos cuentos a la hora de comer, ésto no quiero, aquello tampoco y lo siguiente no me gusta, y a ver una cosa, ¿porque no vienes un poco antes y preparas la comida a tu gusto?

Aspaldiko kontubat: Ze mundu bizigaren hau, gerrak, burrukak, arazuek eta iñun kabitxu eziñe, konpontzeik badau?

Un viejo refrán eu euskera dice que vaya mundo es en el que vivimos, guerras, peleas, sin poder soportarnos y problemas por todas partes, ¿tiene solución?

HAU-BAI, HAU BAI. Esto sí. **K.** Ah!, hau-bai eh?, hau bai dala zure oso gustokue, noski baietz, nola zu angula amorratue zaren eta aspaldi jan-barik eongoziñen, ba gaur ikusi besteik ez mai-gañien errazio ona daukotzula asko poztuzara. **T.** ¡Ah!, ¿ésto sí eh?, ésto sí que es muy de tu gusto, claro que sí, como tú eres un gran enamorado de las angulas y hará mucho tiempo que no las habrás comido, pues hoy en cuanto has visto que encima de la mesa tienes una buena ración te has puesto muy contento.

HAU-BE, HAU BE. Esto también. **K.** Beno, ia hemen nauen eta aprobetxauaz hau-be eruen ingot, oñ bertan eztauket horren bierrik baña nahiko laister bai eta ez emuteko beste bueltaik ba hartu ta pakie, eta hala bentzet kendu geroko ardurie. **T.** Bueno, y aprovechando que estoy aquí ésto también lo voy a llevar, ahora mismo no me hace falta pero bastante pronto sí y en lugar de dar otra vuelta pues lo cojo y listo, y así al menos quito una preocupación.

HAU-BESTE. Tanto como éste o ésto.

(Ver la definición de haiñ, haiña, haiñe)

HAU-EZ, HAU BEZ. Esto no, ésto tampoco. **K.** Eztakitx askenien zerbaitx hartubiozun zeatik oñarteko denda guztietan gauza berdiñe entzundotzut, ekartzendotzuen danai horixe bera esandozu, hau-ez, gero beste hau bez eta hala ekarri bakoitxien, ba ustedot denda bakarra geratzendala sartzeko eta ziur nau gauza berdiñe gertaukodala. **T.** No sé si al final vas a coger algo porque hasta ahora en todas las tiendas que hemos entrado siempre te he oido decir lo mismo, a todo lo que han sacado para ver dices que ésto no, luego ésto otro tampoco y así cada vez que te traen algo, pues yo creo que solo nos queda una única tienda para entrar y estoy seguro de que va a pasar lo que hasta ahora.

HAUEK. Estos. **K. K.** Eztakitx zeñeik izenzien gauza horreik hemen itxizitxuenak baña ziur nau hemen dazen hauek eztiela izen, akaso baleike zerbaitx jakitxie beste hortako etxekuek eta baezpare galdetzera noie eta aber zer esateuztien. **T.** No sé quienes fueron los que ha dejado aquí esas cosas pero estoy seguro de que éstos que están aquí no fueron, quizá esos de la otra casa sepan algo y por si acaso voy a preguntarles y a ver que me dicen.

HAUEN. Estaba, había. **K.** Gu arduraz betie nun eonleikien ero nundik nora ibilikoetezan Gervasio eta potro haundi hori han hauen taberna hartan lasai askuen, barriketan, zerbezabat eraten eta ezer inportantzik emun-barik. **T.** Nosotros todo preocupados por dónde estará o por donde podría andar Gervasio y ese huevón ahí estaba en aquella taberna tranquilamente, charlando, tomando una cerveza y sin darle ninguna importancia.

HAUKEN, HAUKIEN. Tenía, tenían. **K.** Hau da marka, alde guztietan ibilinaz begire ta oñartien iñun eziñ lortu izendot pelotan jolasteko palaik, eta baezpare eztakitx fan galdetzera Anizetona, harek lenau bai hauken , gertatzenda eztauketela bere telefonoik eta arrastuik bez nun bizidan, akaso nola kartzelan eondakue dan munizipalat jakiñien eon eta galdetzera fangonaz. **T.** Esto es de traca, he estado mirando por todos lados y hasta ahora no he conseguido en ningún sitio unas palas para jugar a pelota, no sé si no ir donde Aniceto a preguntarle porque ya sé que aquel antes ya las tenía, lo que pasa es que no tengo su teléfono y tampoco tengo ni idea de donde vive, quizá cómo ya ha estado en la cárcel los municipales lo sepan y voy a ir a preguntarles.

HAUKOUN. Teníamos. **K.** Ni ondo gogoratzenaz nola lenau etxe zarreko kamaran aspaldiko ezpata haundibat haukoun, sekula eztot jakiñ nundik etorritxekue zan eta ez oñ nun eonleikien, eta enau ziur baña ustedot entzunde dauketela karlista gerrra denporakue zala. **T.** Yo me acuerdo muy bien de cómo en el camarote de la casa vieja teníamos una espada grande y antigua, nunca he sabido de que sitio pudo venir ni donde puede estar ahora, y no estoy seguro pero creo que tengo oído que era del tiempo de la guerra carlista.

HAUNDI, HAUNDIXE. Grande, enorme. **K.** Benetako gizon haundixek izetendie harrijazotzaile honeik eta derrigorrez hala izenbier lan horreitarako, eta esan-baterako nik esauteitxutenak halakuek die, Perurena aitxa-semiek, Izetako familixa, Landarbide eta abar. **T.** Los levantadores de piedra son en verdad hombres grandes y necesariamente así tienen que ser para poder desarrollar su trabajo, por ejemplo los que yo conozco son así, los Perurena padre e hijo, la familia Iceta, Landarbide, etc…

Aspaldiko esaerabat: Haundixe betik legez, txikiñe sekula ez.

Un viejo proverbio en euskera dice que el grande siempre privilegios, el pequeño nunca.

HAUNDIKEIXIE, HAUNDIKI. Exageración, presunción. **K.** Horrek haundikeixe larrei dauko, ezta aparteko gizona baña betik dabill gauza berdiñekiñ, ni naz hau ta bestie, nik iñdot hau, hori eta beste hainbat holako harrokeixak, baña aspalditxik ondo esauketandou eta eztou bape kasuik itxen harek esatendauenai. **T.** Ese es demasiado presuntuoso, no es que sea gran cosa pero siempre anda con lo mismo, yo soy ésto y lo otro, yo he hecho eso, aquello y exageraciones de ese tipo, pero desde hce mucho tiempo le conocemos bien y no hacemos caso alguno a lo que dice.

HAUNDIKOTIE. Grandullón, hombote. **K.** Hori haundixe baño geixau haundikotie da, Jeseus!, benetan harritzeko gizona, luzie, zabala, dana dauko, nik ustedot bi metrotik gora neurtukoitxula eta gutxienetik ehun da berrogetamar kilo inguru be badaukela. **T.** Ese más que grande es un grandullón, ¡Jesús!, en verdad que es un hombre extraordinario, alto, ancho, tiene todo, yo creo que ya medirá más de dos metros y que por lo menos tiene que pesar cerca de ciento cincuenta kilos.

HAUNDITXU, HAUNDITXUTA. Hinchado, hinchazón. **K.** Atzo belaunien hartutako zartarie ezauen emuten gauza askoik izengozanik baña gaur goxien jaikenazenien sigero haunditxuta nauken, eta baezpare medikura fanbikot aber ze iruitzejakon eta akaso plakanbat ataratzie be komenikoda. **T.** No parecía que era gran cosa el golpe que cogí ayer en la rodilla pero cuando me he levantado esta mañana la tenía muy hinchada, por si acaso tendré que ir al médico a ver que le parece y a lo mejor también es conveniente sacar alguna placa.

HAUNDIXENA. El más grande. **K.** Ez ibili hor apartatzen zeatik daukotzun gaztai haundixena eruengot, bixerko bazkaixen lagun asko alkartukogara soziedadien eta baleike dana ez bier izetie, baña geixena bai bentzet eta sobratzendana han bertan gordekou, hurrenguen be ziur izengoula horren bierra. **T.** No andes ahí apartando porque llevaré el queso más grande que tengas, en la comida de mañana de la sociedad nos juntaremos muchos y quizá puede que no lo necesitemos todo, pero sí la mayor parte y lo que sobre ya lo guardaremos allá mismo, seguro que la próxima también nos hará falta.

HAURA. Aquel. **K.** Beitu handikaldera diximuluen, ikustendozu han bazterrien dazen mutil hareik?, ba han ezkerrien dauena, bai bibotetxue duken haura izenzan etxeko beko txirriñe atzo joten ibilizana, goiko balkoitxik ondo ikusinauen bera zala. **T.** Mira hacia allá, ¿ves a ese grupo de chicos que está en aquella esquina?, pues el que está a la izquierda, sí aquel que tiene bigotillo fué el que ayer estuvo tocando el timbre de casa desde el portal, desde el balcón de arriba vi muy bien que era él.

HAURAK. Aquellos. **K.** Ziur eztakitx zeñeik izendien baña susmue dauket han dazen haurak izenetedien su egur horreik hona ekarridauenak, bentzet eurok die esandauenak hartzeko horrein bierra eukitxenbou. **T.** Yo no sé quien ha sido pero tengo la sospecha de que han sido aquellos que están allá los que han traído aquí esta leña para el fuego, por lo menos ellos han sido los que han dicho que lo cojamos si tenemos necesidad de ello.

HAURDUN, AURDUN. Embarazada. **K.** Eztaue ezer esaten baña nik ustedot zertxobaitx disgusto bentzet badaukiela alaba txikiñaz, ondion hamazazpi urte be eztauko ta haurdun geratu omenda, eztakitx nobixoik dauken baña gauza nahiko xelebrie bada esatendauena, berak eztakixela nola baña erozeiñ modutan naigabe izendala. **T.** No es que digan nada pero yo creo que un poco de disgusto por lo menos ya tienen, su hija pequeña que aún no tiene diecisiete años ha debido de quedar embarazada, no sé si tiene novio pero ya es un un poco curioso lo que dice, que ella no sabe cómo pero que de todas formas ha sido sin querer.

HAURESKOLA, HAUR-ESKOLA. Escuela infantil, guardería. **K.** Ni ixe egunero pasatzenaz haureskola aurretik eta ume geixenak nahiko pozik sartzendiela ikusteitxut, baña halaere badaz batzuk, gutxi, negarrez allegatzendienak eta ondo obatuta aman lepuei. **T.** Yo paso casi todos los días delante de una escuela infantil y veo que casi todas las criaturas entran bastante contentas, pero aún así también hay algunas, pocas, que llegan llorando y bien agarradas al cuello de su madre.

HAURRA (K). Criatura pequeña, nene (a). **K.** Horixe bera die ba haur-eskolako umiek, haurrak. Gure garaian ezauen holako gauzaik, ni enaz ondo gogoratzen baña guk gutxienetik eukikogitxun lau ero bost urte eskolara fan eta hasi orduko. **T.** Eso mismo son pues los que acuden a la escuela infantil, criaturas. En nuestros tiempos no había estas cosas, yo no me acuerdo bien pero nosotros por lo menos ya tendríamos cuatro o cinco años para cuando fuimos y empezamos a ír a la escuela.

Aspaldiko esaerabat: Haurra norena dan amak bakarrik daki.

Un viejo proverbio vasco dice que solo sabe la madre de quien es la criatura.

HAUSEN. Estaban. **K.** Gu hor ibiligiñen egurrien lan horreik itxen eta beste hareik lasai askuen hausen, danak potrojorran, eztotena ulertzen da nola ugesabak iztendotzien hala eoten, erozeñek ikusi-ezkero be eztot uste obra hontako bape etxura onik hartukodauenik. **T.** Nosotros ahí anduvimos esforzándonos haciendo esos trabajos y aquellos otros estaban bien tranquilos, todos tocándose los huevos, lo que no entiendo es cómo el jefe les permite estar así, cualquiera que les vea no creo que cojan muy buena impresión de esta obra.

HAUSPUE. Fuelle.

(Ver la definición de auspue).

HAUSPUE. Respiración fatigosa.

(Ver la definición de auspue).

HAUTAGAIAK, HAUTESKUNDEAK. Elecciones.

(Ver la efinición de auteskundeak).

HAUTAU. Elegir, escoger. **K.** Zalantzaz betie nau, asunto horren buruz eztot ezer ulertzen eta eztakitx ze kolore bisoi abrigue hautau andriei oparitzeko bere zorionetan, eztauket bape asmoik berai galdetzeko zeatik hobeto da ustebakue izetie, ba zerbaitx pentza eta erabakixe hartubikot. **T.** Yo no tengo ni idea sobre ese asunto y no se que color de abrigo de visón elegir para el regalo de cumpleaños de mi mujer, no tengo ninguna intención de preguntarle a ella porque prefiero que sea una sorpresa, pues algo tendré que pensar y tomar una decisión.

HAUTZA, HAUTZE. Polvo.

(Ver la definición de autza, autze).

HAUTZ, HAUTZ-IÑDE. Fig, significa cansancio, agotamiento.

(Ver la definición de autziñde, autz-iñde).

HAUTZ-ONTZIXE. Cenicero.

(Ver la definición de autzontzixe, autz-ontzixe).

HAUXE. Esto. **K.** Hau bai noski, askenien be nunbaitxen lortudozu, hauxe bera nauken bierrezkue zana eta gañera sigero derrigorrez, gogoratukozara nola esanotzun gaizki ibilikonitzela sigero desberdiñ geratukozalako, oñ bentzet lasai nau zeatik badakitx honekiñ bukauta lagakoula. **T.** Claro que ésto sí, por fín ya lo has conseguido en algún sitio, justo eso era lo que estaba necesitando y además de forma imprescindible, ya te acordarás de cómo te dije que íbamos a andar mal porque iba a quedar completamente diferente, ahora por lo menos ya estoy tranquilo porque ya sé que con esto lo dejaremos termindo.

HAUZI, AUSI. Romper. **K.** Ez ibilli alperrik horrekiñ zeatik pitxer hori eztaukotzu konpontzeik, sigero hauzitxe dau ta gañera zati txikitan, ikustendot holako kola berezibat erosidozula baña naiz da asko alegiñdu eztozu ezer lortuko, eta ustedot kola hori erosi inbierrien pitxer barrixe ekarribazauen askoz hobie izengozala, eta akaso merkiau. **T.** No andes en balde porque esa jarra no hay forma de arreglarla, está completamente rota y además en pedazos pequeños, ya veo que has comprado una cola especial pero aunque te empeñes mucho no vas a conseguir nada, y creo que si en lugar de comprar esa cola hubieses traído una jarra nueva habría sido mucho mejor, y quizá hasta más barato.

HAXE. Aquello. **K.** Neretako bentzet haxe gordeirezu, han daukotzuna, gerotxau etorrikonaz jasotzera eta gero natorrenien ikustenbot daukotzula holako beste gauza berdintzue, ba ha be erosikotzut honekiñ batera. **T.** Para mí al menos me guardas aquello, lo que tienes allá, luego vendré a recogerlo y cuando llegue si veo que tienes alguna otra cosa parecida, pues eso también te lo compraré junto con éste.

HAZ, HAIZ. Eres. **K.** Hi be benetako kirtena haiz, nola leikek esatie sigero errexa dala Behobiako karrera itxie?, akaso iñ haldok sekula?, ba ezpok iñ badakik, fan, probau, bukatu eta gero esan, baña hori iñartien eta bixenbitxertien ixildu. **T.** Tú eres un majadero de verdad, ¿cómo se puede decir que es muy fácil correr la carrera de la Behobia?, ¿acaso la has hecho alguna vez?, pues si no la has hecho ya sabes lo que tienes que hacer, ir, probar, terminar y luego hablar, pero hasta que lo hagas y mientras tanto cállate.

HA ZERDA? ¿Que es, o puede ser, aquello? **K.** Nik gauza asko ikusitxut ta geixenak badakitx zer eta zertarako dien baña beste hori benetan eztakitxela, zueitik bateonbatek badakitzue ha zerdan?, nik bentzet arrastuik be eztauket eta gañera eztot sekula holakoik ikusi. **T.** Yo he visto muchas cosas y la mayoría ya sé que son y para que sirven, pero eso otro de verdad que no sé, ¿alguno de vosotros sabeís que es aquello?, yo al menos no tengo ni idea y además nunca he visto nada semejante.

HEDATZU. Extenso, amplio. **K.** Ze hedatzu dien zure baserriko terrenuek, hor zuk gurozuna inzeike, beno, diru asko euki-ezkero bentzet, ortue itxeko nahiko lautada daukotzu, fruta arbolak batzuk be badaukotzu eta geixau sartu nai izen-ezkero bebai nahiko leku, zuk gurozun danerako dau tokixe. **T.** Que extensos son los terrenos de tu caserío, aquí puedes hacer lo que quieras, bueno, al menos teniendo mucho dinero, tienes una llanada maja para hacer una huerta, también tienes algunos árboles frutales y al lado suficiente espacio por si quieres plantar algunos más, hay tanto sitio que puedes hacer lo que te apetezca.

HEGOALDIE, HEGO-ALDIE. El sur.

(Ver la efinición de egoaldie, ego-aldie).

HEGO-HAIXIE. Viento sur.

(Ver la definición de ego-haixie, eguaixie).

HELBIDIE. Una dirección, calle, casa, etc… **K.** Mezere asko iñduztazu eta zure helbidie jakitxie gurenauke zertxobaitx bieltzeko etxera, baña ez pentza gauza asko izengodanik, holako detalle txikibat besteik ez **T.** Nos has hecho muchos favores y querría saber tu dirección para mandarte alguna cosita a casa, pero no pienses que será gran cosa, nada más que un pequeño detalle.

HELBURUE. Meta, final. **K.** Beñ Behobiako karreran gertaujaten, oso aspaldi izenzan eta enaz gogoratzen noixkue. Ba orduen pasazan ze ustenauenla ezala sekula asalduko karrera horren helburue, ze estutazun askenego hiru ero lau kilometrotan, arnasestue, hanka-pelotako miñe, dana nauken baña halaere nahiko etxura dexentiaz bukatunauen. **T.** Una vez me sucedió en la carrera de la Bebobia, fue hace mucho tiempo y no sé cual fue. Pues entonces pasó que pensaba que nunca iba a parecer la meta, que apretones los últimos tres o cuatro kilómetros, respiración fatigosa, me dolían los gemelos, tenía de todo, pero aún y con todo eso creo que terminé de una manera bastante digna.

307

HELDU. Madurar. **K.** Bere garaia da eta bixer sagarrak batzen hasikogara, baña kontuz ibili aber zeñeik batzendozuen eta ez hartu ikusteitxozuen danak, bakarrik helduek dienak eta bestiek laga pakien hurrengorako. **T.** Ahora es el tiempo y mañana empezaremos a recoger las manzanas, pero andar con cuidado a ver cuales recogeís y no cojaís todas las que veaís, solo las que estás maduras y las otras dejarlas en paz para otra ocasión.

HELDU. Agarrar, coger. **K.** Beno, gaur goixeko lana kontu haundixekiñ ta soseguz inbierrekue da, egurrezko poste honeik heldu eta sartu bakotxa bere zuluen, eta gero jarri ondo zuzen, kontuen hartu ze honein gañien beste plantabat doiela. **T.** Bueno, el trabajo de esta mañana hay que hacerlo con mucho cuidado y sin prisas, tenemos que coger y meter cada uno de estos postes de madera en su hueco correnpondiente y luego hay que colocarlos bien derechos, hay que tener en cuenta que encima de ellos irá otra planta.

HELDUE. Fig. se dice de la persona madura, mayor. **K.** Nik ustedot beteitxutela nahiko urte pentzatzen hasteko akaso heldue izengonazela, baña halaere eztauket ziurtazun haundirik, hor zarien bateonbatek badakitzue zenbat urte bier izetendien pertzona heldue izeteko? **T.** Yo creo que ya tengo los suficientes años para empezar a pensar que puedo ser suficientemente maduro, pero aún así no estoy demasiado seguro, ¿alguno de los que estáis ahí sabeís cuántos años son necesarios para llegar a ser un persona madura?

HELDUTA. Está maduro. **K.** Beno, nahiko ondo iñdozue sagar batziei eta batzuk kenduta, oso guxti, beste danak ondo helduta dazela ikustendie, eta oñ garbitxu ondoren bazkai onbat tokatzenda zeatik merezitakue da. **T.** Bueno, habeís hecho muy bien la recogida de la manzana y quitando algunas, muy pocas, todas las demás se ven que están bien maduras, y ahora después de que os laveís toca hacer una buena comida porque lo teneís merecido.

HELDUTA. Agarrado. **K.** Gustora geratunaz, ixe larreiko ondo iñdou lan hau eta gañera nahiko axkar, nik ustenauen zerbaitx geitxuau kostakozala baña beno, erozeiñ modutan ta dana dala poste honeik bakotxa bere tokixen geratudie, zuzen ta ondo helduta. **T.** He quedado muy a gusto, hasta casi demasiado bien hemos hecho este trabajo y además bastante rápido, yo pensaba que nos iba a costar un poco más pero bueno, de todas formas cada uno de los postes han quedado en su sitio, derechos y bien agarrados.

HELMUGA. Meta, final.

(Ver la definición de helburu).

HEMENDIK. Por aquí. **K.** Ixilik eonzaiteze zeatik iñok arrastuik be eztaukotzue ze bire dan hartubidana Araotzera fateko, nik atzo pixkat ikusten eonitzen, galdera batzuk be iñauen eta gutxigorabera badakitx nundik dan, eta ustedot hemendik bertatik fan-bierra daukouka. **T.** Estaros callando porque ninguno de vosotros teneís ni idea de cual es el camino que hay que coger para ir a Araoz, yo ayer ya estuve mirando un poco, también hice unas preguntas y más o menos ya sé porque sitio es, y creo que es por aquí mismo por dónde debemos de ir.

HEMENGUE. De aquí. **K.** Ziur enau baña ustedot gizon hori hemengue dala, beno, hemen jaixotakue bentzet eta arpegi hori oso esaguna itxejat, eta hala-bada urte asko izengodie hemendik alde iñdekue dala, baña halaere geruau eta ziurtazun geixau dauket bera dala. **T.** No estoy seguro pero creo que ese hombre es de aquí, bueno nacido aquí por lo menos y su cara se me hace muy conocida, y si es que es así hará muchos años que se marchó de aquí, pero aún así cada vez tengo más seguridad de que es él.

HERIOTZA. Fallecimiento, muerte. **K.** Euskalherrixen dau abestibat Xalbador omenez iñdekue, nahiko famaue da aspalditxuen eta bere izena dana Xalbadorren heriotzan, ta hala hastenda: Adiskide bat bazen, oroitan biotzbera... **T.** En Euskalherría hay una canción que se compuso en homenaje al bersolari Xalbador, últimamente es muy popular y tiene por título Xalbadorren heriotzan, que significa, en la muerte de Xalbador.

HERKIDIE. Paisano, compatriota, del mismo pueblo. **K.** Pentza ze gauzak gertatzendien, neri soldautzara Kanariazera bielduztien eta urte-terdixen enauen ikusi herkide bat ez, ba lizentzia egunien, hantxe egun bertan eta ni nauen kuartelien euskaldunbat asalduzan, izenzan ha etorri eta ni hurrengo egunien alde iñ, halaere eukinauen aukera galdera bat ero beste itxeko Euskadiñ buruz, eta noski, baitxe berak neri be kuartelko bizimoduatik. **T.** Aunque lo pienses no te puedes imaginar las cosas que pueden pasar, a mí me mandaron a Canarias a hacer el servicio militar y en año y medio no ví a un solo paisano, pues cuando me licencié, el mismo día y en el mismo cuartel donde yo estaba apareció un vasco, fué venir aquel y yo marchar al día siguiente, pero aún así ya tuve la ocasión para hacer unas cuantas preguntas sobre Euskadi, y claro, también él a mí sobre la vida del cuartel.

HERREN, HERRENA. Cojo.

(Ver la definición de erren).

HERRENKA. Cojeando. **K.** Benetako zoritxarreko gizona da hori, lengo astien bizikletatik jausi eta ezan asko falta izen besue apurtzeko, baña halaere zartara ederra izenzan eta atzo Getariko biretik pasian zala mutikobatek bere patiñakiñ txorkatillan jo eta ixe puskatu iñutzen, ba bateaz ta bestiekiñ nahiko aberixa dauko eta oñ eztako beste erremeixoik ze makulue hartu ta errenkan pasiau besue helduta ta txintxilik. **T.** De verdad que ese hombre tiene muy mala suerte, la semana pasada se cayó de la bicicleta y no le faltó mucho para romperse el brazo, pero aún así fue un buen golpe y ayer cuándo estaba paseando por el camino a Getaria un chaval le dió con el patinete en el tobillo y casi también se lo rompe, pues con uno y el otro tiene bastante avería y ahora no le queda otro remedio que pasear cojeando con el bastón y llevar el brazo en cabestrillo.

HERRI-BASUE, HERRI BASUE. Monte comunal. **K.** Auzo hontan daukon herri-basuaz nahikue ta sobre suegur ataratzendou negu guztirako baña hori bai, lan dexente inbierra izetenda, aurrena goixen moztu egurra, gero jetxi tratoriaz eta ondoren zatitxu. **T.** Aquí en el barrio con todo el monte comunal que tenemos sacamos leña más que suficiente para todo el invierno pero eso sí, hay que trabajar bastante, primero arriba hay cortar la madera, después bajarla con el tractor y partirla a continuación.

HERRIKIROLAK, HERRI-KIROLAK. Juegos populares vascos. **K.** Bixer Sanpelaio auzoko jaixek hastendie ta urtero bezela herrikirol lehiaketat eongodie, eta ustedot aurten Iñaxio Perurena datorrela bere harrixekiñ. **T.** Mañana empiezan las fiestas del barrio de San Pelayo y cómo todos los años habrá competiciones de herri-kirolak, y creo que este año viene Iñaxio Perurena con sus piedras.

HERRIKUEK, HERRITARRAK. Los naturales del mismo pueblo. **K.** Laister izengoda Araba mallako sokatira lehiaketa ta aurten lege barrixek jarritxue, lehiaketa hortara fatendien herrixek eruen-bierra daukie, gañera derrigorrez, bertako herritarrak dienakiñ bakarrik. **T.** Pronto será la competición de sokatira a nivel de Araba y éste año han introducido un aspecto nuevo en el reglamento, que todos lo pueblos que participen en la competición tienen que acudir, además obligatoriamente, solo con la gente que son del mismo pueblo.

HERRIXE. Pueblo. **K.** Eztakitx zertan haidan Madrilgo gobernu horrek, gertatzenda Exkio eta Itxaso herrixek, oñartien alkar, apartatzie naidauela bata-bestiatik bi herri desberdiñ izeteko, Diputaziñuen baimeda daukie eta beste horreik aurka jarri omendie. **T.** No sé a que anda el gobierno ese de Madrid, resulta que los pueblos de Ezkio e Itxaso, hasta ahora unidos, se quieren separar el uno del otro para ser dos pueblos diferentes, tienen el permiso de la Diputación y esos otros se han debido de poner en contra.

HERRIXEN. En el pueblo. **K.** Ni jaionitzen herrixen, Atxabalta, karnabal domeka zoragarrixe izetenda eta oso famaue da egun hori, eta zer esan bera karnabal horreina, baTolosakuen ondoren munduko hurrenguek dala, gañera egun hortan kuadrilla guztie andrakiñ alkartzegare, aurrena txikito batzuk hartu ta gero bazkai onbat itxeko asmuekiñ. **T.** En el pueblo donde nací yo, Aretxabaleta, el domingo de carnaval es espectacular y el día ese es muy famoso, y que decir del propio carnaval, pues que son los siguientes del mundo después de los de Tolosa, además ese día nos reunimos toda la cuadrilla con las mujeres, con la idea de primero tomar unos chiquitos y después hacer una buena comida.

HESIA. Valla, cercado. **K.** Ardixen eozen tokiko hesia berriz txikituta asalduda, eztakitx kalamidde dan bateonbat ibiltxendan hori puskatzen ero basaurda diabru horreik izenleikien, kustiñue da laugarren aldixe izendala eta oñ berriz konpontzie tokatzenda. **T.** La valla del cercado que está en el sitio de las ovejas otra vez ha aparecido destrozada, no sé si alguno que es un calamidad es el que anda rompiendo eso o si pueden ser esos demonios de jabalíes, la cuestión es que es la cuarta vez que sucede y otra vez toca repararla.

HESIKETA. Asedio, bloqueo. **K.** Tipo-batek bere kotxiaz gizonbat arrapau ondoren lurrien botata lagadau eta igexien alde, eta ezkerrak inguruen eozen batzuk ikusidauela istripu hori, kustiñue da jarraitxu iñdauela bere etxeraño ta atie hesiketa jarridaue ertzaina allegau hartien. **T.** Un tipo después de atropellar con su coche a un hombre le ha dejado tirado en el suelo y se ha dado a la fuga, y menos mal que algunos que estaban cerca han visto el accidente, la cuestión es que le han seguido hasta su casa y le han bloqueado la puerta hasta que llegue la ertzaina.

HESITA. Vallado, cerramiento, cercado. **K.** Bai, gure ortue be halaxe hauen, ondo hesita eta gaur hiru ero lan lekutan puskatuta asalduda, aldamenekuek esatendau gaueko haixe iñdartzue izengozala txikitudauena baña eztakitx, zalantza dauket zeatik nere ustez basaurda batzuk ibilidie inguru hortan. **T.** Si, también así estaba nuestra huerta, bien vallada y esta mañana ha aparecido rota en tres o cuatro sitios, el vecino de al lado dice que los destrozos han podido ser ocasionados por el fuerte viento de la noche pero no sé, tengo dudas porque creo que han andado algunos jabalíes rondando por ahí cerca.

HEU. Tú. **K.** Alperrik haiaiz disimulatzen zeatik hemen danok jakiñien gaitxuk ze heu izenitzela hori iñdauena, eta oñ badakik zer inbierra daukaken, haldan axkarren konpondu ezpok gure hire gurasuek enteratzeik. **T.** No es necesario que andes disimulando porque aquí todos sabemos que has sido tú el que ha hecho eso, y ahora ya sabes lo que tienes que hacer, arreglar lo más rápido posible si no quieres que se enteren tus padres.

HEZIKETA. K. Educación. **K.** Nere esagunbatek, Narzizo bera, komestatzendau entzunde daukela ikastola berri hori nahiko famaue omendala heziketa buruz, eta baitxe bere asmue dala semie sartzie ikastola hortan datorren urtien. **T.** Un conocido mío, Narciso él, comenta que tiene oído sobre esa nueva ikastola que tiene bastante fama respecto a la educación, y también que tiene la intención de meter a su hijo en esa ikastola el próximo año.

HEZITZAILE. Educador, profesor. **K.** Noski baietz, eskolak famauek izeteko hezketa buruz ba derrigorrezkue da hor dazen hezitzailek be berezkuek izetie, eta etxuraz, kasu hontan bentzet, hala omenda. **T.** Claro que sí, para que las escuelas tengan cierta fama respecto a la educación es imprescindible que los educadores que están ahí también sean eficientes, y según parece, al menos en éste caso, que debe de ser así.

HEZKUNTZA. Enseñanza, formación. **K.** Atzo kalien alkartunitzen ia aspalditxo eonitzen esagunaz, Narzizo, ta komestatzen ibilida semie hasi dala ikastola berri hortan eta oso gustora dabillela, hezitzailiek oso jatorrak omendie eta asko ikestendauela, eta noski, bera be oso pozik. **T.** Ayer me junté en la calle con aquel conocido, Narciso, con el que estuve hace algún tiempo y estuvo comentando que su hijo ya ha empezado en esa nueva ikastola y que anda muy a gusto, que los profesores son muy majos y que aprende mucho. Y claro, él también muy contento.

HI, HIK. Tú. **K.** Hik daukek potruek, oñ be alde inbierra haukan ezer esan-barik?, hemen eongaitxuk danok hireatik galdezka ez jakiñien nun eongotzen, ba hurreguen eta nunbaitxera urten inbierra badaukek abixau fan aurretik, tontolapikuoi. **T.** Vaya huevos que tienes, ¿ahora también te tenías ausentar sin decir nada a nadie?, aquí hemos estado todos preguntando por tí no sabiendo dónde podías estar, pues la próxima vez y si tienes que salir para ir a algún sitio lo primero avisa, estúpido.

HI-AZ, HI-AIZ. Eres tú. Cómo eres. **K.** Hi-aiz izetekue, zeatik esautzek astokeixa hori gizon horrei?, sekulako jenixo txarraz eta mormoxetan fandok, ba ikusikok, hurrenguen akaso kasuik be eztust ingo eta ondo merezita gañera. **T.** Desde luego cómo eres, ¿porqué has tenido que decir esa burrada a ese hombre?, se ha marchado de muy mal genio y murmurando, pues ya verás, a lo mejor la próxima vez no te hace ni caso y además bien merecido.

HI-EZ, HIK-EZ. Tú no. **K.** Ez, hik-ez, oinguen bentzet eziñdok etorri gurekiñ bazkai hortara, beitu, gertatzendok maixe xeindako eskatunaixula eta gañera esanjustien exkax antzien eongogitzela, baña geratzezan bakarra zala. **T.** No, tú no, al menos ésta vez no puedes venir con nosotros a esa comida, mira, sucede que pedí una mesa para seis personas y además me dijeron que íbamos a estar un poco justos, pero que era la única que quedaba.

HIKA. Es una forma de tuteo en euskera y que se utiliza al hablar con el género masculino. **K.** Guk, Debagoiena Lenizko ballaran, eta jeneralki Euskalherriko mendebalde geixenien, berba asko itxendou hika erabilixaz, eta esanbaterako goiko bi askenengo definiziñoko hitzak, hi-az eta hik-ez, modu hortan idatzita daz. **T.** Es una forma de tuteo en euskera que se da mucho en el Valle de Léniz del Alto Deba, y generalmente en casi todo el oeste de Euskalherría, y por ejemplo las palabras de las dos definiciones anteriores, hi-az e hi-ez así están escritas.

HIKATU. Tutear. **K.** Debagoienan, eta konkretuz Lenizko ballaran gauza naturala izetenda hikatu itxie jente gazte ta baitxe beste asko esagun dien hartien, eta beste toki-batzutako oitura berriz zu bezela tratatzie izetenda. **T.** En el valle de Léniz del Alto Deba es una cosa natural entre la gente joven y también la que es muy conocida el tutearse en su particular manera, en otros sitios en cambio ese modo ya es diferente.

HIL, HILL. Fallecer, morir. **K.** Eziñdot siñistu Serapio hildanik, atzo bertan alkartunitzen berakiñ azokan eroskat itxen haizala eta nahiko etxura dexentiaz ikustejakon, gañera txantxan ibilizan ze gertaujakon buruz bere semiei. **T.** No puedo creer que Serapio se haya muerto, ayer mismo coincidí con el en el mercado cuando estaba haciendo unas compras y se le veía con un buen aspecto, además estuvo haciendo bromas sobre lo que le había ocurrido a su hijo.

Aspaldiko esaerabat: Hill harteraño bizi eta hara harte ez itxi.

Un viejo proverbio en euskera dice: Vive hasta que mueras y no lo dejes hasta entonces.

HILBANA, HILBANAU. Puntear la ropa antes de coserla definitavamente. **K.** Nik honen buruz bai eztakitxela ezertxoik, baña gogoratzenaz nola ikustenutzen amai erropa hilbanatzen josi aurretik. **T.** Yo sí que no sé nada sobre dste asunto, pero me acuerdo bien de cómo veía a mi madre puntear la ropa antes de coserla definitivamente.

HILDA. Se ha muerto. **K.** Beno ba, askenien Demetrio hilda, ezta izen uztez-bakue zeatik esperuen eozen laister xamar gertatzeko aukera eongozala, gañera nik ustedot danentzako hobie izendala, hildakuentzat eztaukelako geixau padeziru inbierrik, eta senidiek lasaituzun haundixaz geratudielako. **T.** Bueno pues, al final ya se ha muerto Demetrio, no ha sido ningura sorpresa porque ya esperaban que esto podría suceder en cualquier momento, además yo creo que ha sido lo mejor para todos, para el muerto porque ya ha dejado de sufrir y para los familiares porque ya han recuperado cierta tranquilidad.

HILDAKUE (K). La persona que se ha muerto. **K.** Garai baten hildakuei, geixenbati bentzet, lurperatu itxezien eta oñ berriz gauzak asko aldatudie horren buruz, lurperatu geruau ta gutxiau itxendie eta oitura geixau dau inzineratzeko. **T.** En un tiempo a las personas que se habían muerto, al menos a la mayoría, las enterraban y ahora en cambio la cosas han cambiado mucho a ese respecto, cada vez se entierra menos y se utiliza más la incineración.

HILERRIA. Cementerio, Camposanto. **K.** Ba hori, nola geruau ta gutxiau lurperatzendan hilldekuei, laister hilerri geixenak alper antzien eongodie eta baleike galdera onbat izetie, zer iñleike horreikiñ? **T.** Pues eso, cómo cada vez se entierra menos a los muertos, pronto casi todos los cementerios van a sobrar y una buena pregunta podría ser, ¿que se podría hacer con eso?

HILKANPAIEK, HIL-KANPAIEK. Se dice cuando con su particular sonido, el toque de campanas significa que una persona ha fallecido. **K.** Nik arrastuik be eztauket nola dien hilkanpaien joerak pertzonabat hiltxendanien, baña nere arreba nausixek oso ondo esauketaitxu eta ez horreik bakarrik, baitxe beste tipoko joerak be, noski, beste egoera batzundako izetendienen. **T.** Yo no tengo ni idea de cómo son los toques de campana cuando una persona ha fallecido, pero mi hermana mayor los conoce muy bien y no solo esos, sino también los diferentes tipos de sonido, para lógicamente otras circunstancias.

HIREATIK. Por tí, por tu culpa. **K.** Gaur be hireatik entzun-bierrak eukijitxuat kriston errietak eta eztok aurreneko aldiz, oiñguen etxuat ezer esan baña hurreguen jakiñien jarrikojuat zeiñ izendan zeatik hik betikue itxendok, harrixe bota ta eskue gorde. **T.** Hoy también he tenido que escuchar demasiadas broncas por tu culpa y no es la primera vez, en ésta ocasión no he dicho nada pero en una próxima ya diré quien ha sido porque tú sigues haciendo lo de siempre, echar la piedra y esconder la mano.

HIREKIÑ. Contigo. **K.** Hirekiñ baldinbada, bale, banaixuek baña beste horrekiñ ezta pentzatuere, lengo batien berakiñ fan-bierra izenaixuan ta bire guztien ixildu be ezuan iñ, hor ibilizuan bere iñuxente barriketakiñ eta askenien kriston burukomiñaz urten.**T.** Si es contigo, vale, ya iré, pero con ese otro ni pensar, un día tuve que ir con él y no paró de hablar y decir tonteríasen en todo el camino, estuvo sin callar un solo momento y al final salí con mucho dolor de cabeza.

HIRETAKO, HIRETZAT. Para tí. **K.** Eh!, jakinleikek zeatik hartzen habillen gauza horreik?, horreik eztitxuk hiretako bakarrik eta ekarridauenak esanjok hemen garen danontzako diela, ba orduen badakik, laga berriz hartuduan tokixen ta etxoiñ bestiek etorri hartien. **T.** ¡Eh!, ¿se puede saber porqué andas tú cogiendo eso?, esas cosas no son para tí solo y el que los ha traído ha dicho que son para todos los que estamos aquí, así que ya sabes, los vuelves a dejar donde estaban y esperas a que vengan los demás.

HIRETIK. De lo tuyo. **K.** Eh!, lasai eonai, ezai hasi errepartitzen hirie eztana eta zerbaitx gurebutzek emutie hire lagunei emuixok, baña hiretik, eta nerie dana pakien itxik, gero hareik bestiok asaltzendienien esanguztie zer inbierra dauen euronakiñ. **T.** Eh!, éstate tranquilo, no empieces a repartir lo que no es tuyo y si quieres darle algo a tu amigo dale, pero de lo tuyo, y lo que es mío déjalo en paz, luego cuando aparezcan aquellos otros ya te dirán que es lo que hay que hacer con lo suyo.

HIRI. A tí. **K.** Nereana galdetzen etorritxuk aber lan hori itxie dauketen baña ezetz esanjuat, momentu hontan sekulako lan askokiñ hainazela eta hire telefonue emunjutziet, hau esateuztat jakiñien eoteko zeatik baleikek bixer hiri deitzie galdetzeko aber posible dan. **T.** Han venido donde mí preguntando a ver si les puedo hacer ese trabajo pero les he dicho que no, que en este momento tengo un montón de trabajo y les he dado tu teléfono, te digo esto para que estés al tanto porque puede que mañana te llamen a tí para preguntar a ver si es posible.

HIRIA, HIRIE. Beno, askenien be hemen jazak bestiek ta hasi ingogautxuk errepartuaz, bost pilla ingojuau, bat bakotxandako eta nola hik larreiko prixa daukaken, ba aurrena hirie prestaukojuat eta gurokenien etorrileikek jasotzera. **T.** Bueno, al final ya están aquí los otros y empezaremos con el reparto, haremos cinco montones, uno para cada uno y cómo tú tienes mucha prisa, pues primero prepararé el tuyo y cuando quieras puedes venir a recogerlo.

HIRIA. Ciudad, población. **K.** Euskalherriko hiri haudixena Bilbo da, hurrengue Gazteiz ta azkena Donosti, baña naiz eta asken hau txikiñena izen, hiruretatik politxena, eta askoatik gañera, bera da, nere ustez bentzet. **K.** La ciudad más grande de Euskalherría es Bilbao, luego Vitoria y por último San Sebastián, pero a pesar de que esta última sea la más pequeña, la más bonita de las tres, y además con mucha deferencia, es ella, al menos eso creo yo.

HIRIBURU, HIRIBURUE. La capital. **K.** Euskalherriko hiriburue Gazteiz da, hori esatendaue bentzet, han daz Euskadiko Parlamentue eta Lendakarixen bizi-lekue, batera gobernuen etxie, eta bere izena Ajuria Enea da. **T.** La capital de Euskalherría es Vitoria, eso dicen al menos, allá están el Parlamento de Euskadi y la casa donde reside el Lendakari, a la vez sede del gobierno vasco, y su nombre es Ajuria Enea.

HIRIE. Tuyo.
(Ver la definición de eurie).

HIRUAURRENA, HIRU-AURRENA. Es la primera de las tres misas que se hace en la Iglesia como recuerdo de la persona que ha fallecido. **K.** Nola bere lengosue izenzitzen ustedot gogoratukozarela gaur arratzaldero zazpiretan dala hiriaurren mesie Kaximiron difuntuen alde. **T.** Cómo primo que fuiste de él creo que ya te acordarás que hoy a las siete de la tarde es la primera de las tres misas en recuerdo del difunto Casimiro.

HIRUGIARRA, HIRUGIXARRIE. Literalmente querría decir tres tiras o vetas de magro, y es la tocineta veteada o también llamada beicon. **K.** Hirugiarra hau benetako gauza gozue izetenda jateko ogi tartien eta bebai arrautza prijitxuaz, oñ nik naio izetendot eukideixen zertxobaitx gutxiau urdei eta gixarra geixau. **T.** De verdad que la tocineta veteada es una cosa muy rica para comerla entre pan y también con un huevo frito, ahora que yo prefiero que tenga un poco menos te tocino y más de magro.

HIRUSTA. Trébol. **K.** Ezta posible egixe izetie ha esatezan kontue, akaso oñ be berdiñ esangoda, eta nik bentzet eztot sekula siñistu izen. Eta hala zan kontu haura, Billau, hartu ta gordezkero lau orri dauken hirustabat zoriontzu izengoziñela. Enazena gogoratzen da zenbat denpora gorde-bierra eotezan eta bez betiko izetezan zorion hori. **T.** No es posible que fuera verdad aquello que contaban, quizá ahora también lo diga, y yo al menos no lo he creído nunca. Y así era el cuento aquel, si encontrabas, cogías y guardabas un trébol de cuatro hojas serías una persona afortunada. Lo que no me acuerdo es cuánto tiempo había que guardarla ni tampoco si la fortuna esa era para siempre.

HITZ. Hablar. **K.** Ez eon hor betik bazterrien ixilik ezer esan-barik eta bakarrik haitzen zer esatendan. Hori aldebatetik gauza txarra ezta zeatik hala eztau hanka-sartzeik, baña bestaldetik eztot uste kalte haundirik ingotzunik lilz batzuk itxie noixienbeñ. **T.** No estés ahí siempre en una esquina en silencio sin decir nada y solo escuchando. Eso por una parte no es que sea malo porqué así se evita el meter la pata, pero por otra no creo que te perjudique demasiado decir algunas palabras de vez en cuando.

HITZA. Palabra. **T.** Atzo billera ondoren batzuk bertan geratugiñen berba itxen aber ze irudi ataratzegauen billera horren buruz. Nere aldamenien hauena hitza eskatu ondoren, barriketan hasizan ezerko zentzu-barik eta hainbeste txorakerik esaten haizan ze aguantau eziñik jaiki ta alde iñauen, eta ni bezela geixenak. **T.** Ayer después de la reunión unos cuantos nos quedamos hablando sobre que conclusiones que habíamos sacado sobre dicha reunión. El que estaba a mi lado después de pedir la palabra, empezó a hablar sin ningún sentido y decía tan cantidad de tonterías que no pudiendo aguantar me levanté y marché, y cómo yo la mayoría.

HITZALDIXE. Conferencia. **K.** Gaur kalien ikusidot kartelbat esanaz nola datorren eguakotxien, arratzaldeko zortziretan Antonionoko aretuen dauen hitzaldibat, etxuraz tratatzeko izengoda etxietan gertaudien askenengo lapurketan buruz, ze inleiken ebitatzeko, zeñi deitxu hasu hortan eta abar, ba baleike interesgarrixe izetie. **T.** Hoy he visto en la calle un cartel que decía que el próximo viernes a las ocho de la tarde habrá una conferencia en el salón de

311

Antonianos, parece que será para tratar sobre temas relacionados con los robos que últimamente están ocurriendo en las casas, como se podrían evitar, a quién avisar si ocurre el caso, etc…, pues puede que sea interesante.

HITZARMENA. Acuerdo, compromiso. **K.** Asko kostata baña askenien heldugará hitzarmen batera, lau illebete ibiligara hau lortzeko eta bierrezkue izenda bi taldien aldetik besue pixkat okertzie, halaere ustedot nahiko pozik geratugarela danok amaitudounien. **T.** Ha costado mucho pero al final ya hemos llegado a un acuerdo, hemos andado cuatro meses para conseguir ésto y ha sido necesario torcer un poco el brazo por ambas partes, aún así creo que todos hemos quedado bastante satisfechos cuando hemos finalizado.

HITZ EGIÑ, HITZIÑ. Hablar, decir algo. **K.** Hi Emilio, ezai hor ixilik eon, hitziñ eta ezaik zerbaitx bentzet, akaso hi ezitzan izengo baña ziur nauk ondo jakiñien hauela zeiñ izendan, eta ixilik eonda eztok ezer irabaziko zeatik lentxuau ero beranduau enteraukogaitxuk. **T.** Tú Emilio, no estés ahí callado, habla y dí algo por lo menos, quizá puede que no hayas sido tú pero estoy seguro de que sabes muy bién quién ha sido, y estando callado no vas a ganar nada porque tarde o temprano ya nos enteraremos.

HITZEN. Fuiste. **K.** Etxakixat eonleiken beste pertzonaik hi bezelako kalamidadie, hemen eonaz denpora guztien ixilixen, ezer esan-barik ta askenien hi hitzen txarrikeixa hori iñauena, eta gañera kalte itxeaitxik besteik ez. Ba oñ alperrik dok damutzie eta ezer esateik zeatik ia ondo jakiñien gaitxuk zeiñ izenzan. **T.** No sé si puede haber otra persona tan calamidad como tú, aquí has estado todo el tiempo callando, sin decir nada y al final resulta que fuiste tú el que hizo esa marranada, y además con el único propósito de hacer daño. Pues ahora es inútil que te arrepientas ni que digas nada porque ya sabemos perfectamente quien lo hizo.

HITZEMUN, HITZA-EMUN. Dar la palabra. **K.** Guk momentuz ixilik eon-bierra daukou beste horrek bukatu hartien, bukatzenbadau bentzet zeatik hitzemuna daukenetik ixildu be ezta iñ, eztau apenas balixoko gauzaik esaten baña derrigorra da ametitzie eztaukela barriketan faltaik. **T.** Nosotros de momento tenemos que estar callados hasta que termine ese otro, si es que por lo menos termina porque desde que le han dado la palabra no ha callado, apenas dice cosas que tengan valor alguno pero es necesario reconocer que no le falta labia.

HITZORDUA. Hora de la conferencia o de la charla. **K.** Nola astu inzarela noix dan hitzordu horren eguna?, ba nik ustedot atzo ondo garbi itxinotzula hitzaldi hori eguakotx hontan dala arratzaldeko zortziretan. **T.** ¿Cómo que te has olvidado de cuando es el día de la conferencia?, pues yo creo que ayer te dejé bien claro que será este viernes a las ocho de la tarde.

HIZKETA. Conversación, charla, manera de expresión de un idioma. **K.** Nik ustedot Euskaherri guztien euskera hizketa berba etxuraz itxendoula, bakotxa berie noski, eta Gipuzku mallan neri geixen gustatzejatena, gurie kenduta, Donosti inguruen entzutendana da. **T.** Yo creo que en toda Euskalherría hablamos bien el euskera, claro que cada uno en su particular modo, y dentro de Gipúzkoa a mí el que más me gusta, quitando el nuestro, es el que se oye por la zona de San Sebastián.

HIZKIMIZKI, HIZKI-MIZKI. Es una palabra que se utiliza para decir que lo que se habla o escucha son tonterías, habladurías. **K.** Horrekiñ hobeto ingozue ezpotzazue kasu haundirik itxen zeatik esangoitxun kontu guztiek, betik gertatzendan bezela, ezer inportantziko hizkimizki besteik eztie izengo, eta gañera hainbeste errepikauaz aspertu ingotzue. **T.** Con ese es mejor si no le haceís demasiado caso porque todo lo que os vaya a contar, cómo siempre pasa, no van a ser más que unas tonterías sin ninguna importancia, y además de tanto repetirlas os va a aburrir.

HIZKUNTZA. Idioma, lenguaje, habla, dialecto. **K.** Gure euskera hizkuntza oso aberatza da, eta naiz ta Euskalherrixe txikiñe izen euskera nahiko desberdiñe itxendou aldebaten ero bestien, goixen eta beien, baña halaere dana da euskerie eta gañera ondo mantendu inbierrekue norberak erabiltzendouna. **T.** Nuestro idioma, el euskera es un idioma muy rico y a pesar de que Euskalherría es un país pequeño el euskera que utilizamos es muy diferente sea en un lado u otro, arriba o abajo, pero aún así todo es euskera y además es muy necesario que el propio que se utiliza se mantenga del mejor modo posible.

HIZLARI. Conferenciante, orador. **K.** Eguakotx arratzalderako Antonionanon eongodan hitzaldira, hizlari bezela Iberdrolako ingeniero erretiraubat etorrikoda jakindura haundixe daukena, hala esatendaue, ba aber egixe dan ta ondo enteratzegaren esateko daukena, geixenbat kontuen buruz. **T.** Para la conferencia que tendrá lugar viernes a tarde en Antonianos, vendrá como orador un ingeniero jubilado de Iberdrola que tiene muchos conocimientos, eso es lo que comentan, pues a ver si es verdad y nos enteramos bien de lo que vaya a decir, sobre todo en relación a la factura.

HIZTEGIA. Diccionario. **K.** Zuek badakitzue zenbat hiztegi izengodien Euskadi mallan?, ez? ba nik bez eta arrastuik be eztauket baña ziur nau pillabat eongodiela, pillabat bakarrik ez, akaso ehunekok ero millakak. Hemen dauen hau beste zerreozer antzerakobat da, baña desberdiñe. **T.** ¿Vosotros ya sabeís cuántos diccionarios habrá en Euskadi?, ¿no?, pues yo tampoco y no tengo ni idea, pero estoy seguro que serán montones, no solo montones, quizá cientos o miles. Este que está aquí es una cosa bastante parecida, pero diferente.

HOBA, HOBE. Mejor. **K.** Nil ustedot hobe izengoula gaur fatie Santelmo museura bixerkuen ordez, bixer domeka da ta entzunde dauket egun hortan larreiko jente eotendala, eta nik bentzet askoz naio izengonauke lasaitxuau ibilltxie. **T.** Yo creo que será mejor que vayamos hoy al museo de San Telmo en lugar de mañana, mañana es domingo y tengo oído que ese día suele haber demasiada gente, y yo al menos por mucho prefiero andar un poco más tranquilo.

Aspaldiko esaerabat: Hobe da oñez eta segurora, zaldiz baño eta zulora.

Un viejo refrán en euskera dice que má vale a pie y seguro que no a caballo y caído.

HOBERAKO. Para mejor. **K.** Eztaukotzu negar inbierrik eta asarretu gutxiau, amak esandotzuna zure hoberako da ta nik zure bezela kasu ingonutzen, ondion oso gaztie zara ta allegaukojatzu denpora telefonue lortzeko. **T.** No tienes porque llorar y enfadarte mucho menos, lo que te ha dicho tu madre es por tu bien y yo en tu lugar le haría caso, todavía eres muy joven y ya te llegará el tiempo para conseguir un teléfono.

HOBETO, HOBIAU. Mejor. **K.** Kaixo, ia aspalditxo da eztotzutela ikusi eta aukeraik be eztot euki galdetzeko zer moduz dauen zure aitxajauna, entzunauen hobeto zala, hala da?, ba poztenaz zeatik nik asko estimatzendot gizon hori. **T.** Hola, ya hace bastante tiempo que no te he visto y tampoco he tenido oportunidad de preguntarte que tal está tu abuelo, oí que estaba mejor, ¿es así?, pues me alegro muho porque yo le tengo en gran estima a ese hombre.

HOBETU. Mejorar, ir a mejor. **K.** Eztau bape gaizki iñdozun hori baña nik hobetu ingonauke zertxobaitx, ziur nau ugesaba nahiko gustora geratukozala oñ dauen bezela, baña halaere nik ustedot hor ta hemen ikutu parebat iñezkero askoz pozixau eongodala. **T.** No está nada mal lo que has hecho pero yo lo mejoraría un poquito, estoy seguro que el dueño se quedaría conforme tal y como está, pero aún así si se le hace unos toques aquí y allá yo creo que estará mucho más contento.

HOBIEK. Mejores, superiores. **K.** Zuk ikusikozu baña nik bentzet eta prezio berdiñien hemen dazen honeik hartokoitxut, lendik bixetatik eukinauen eta nere ustez alde haundixe dau batetik bestera, nik esatendotenak beste hanguek baño askoz hobiek die. **T.** Tú verás pero yo desde luego y al mismo precio voy a coger estos que están aquí, hace tiempo que tuve de las dos y para mí hay mucha diferencia de uno al otro, los que digo yo son mucho mejores que aquellos otros de allá.

HODEI, HODEIA. Nube. **K.** Gaur egun hotza ta nahiko hodeia urtendau eta eztakitx eurixe eztauen inbier, baezpare ondo jantzitxe txamarraz ta guardasola aldien dala urtenbikou kalera. **T.** El día de hoy ha salido frío y bastante nuboso y no sé si no va a llover, por si acaso habrá que salir a la calle bien abrigado con la chamarra y con el paraguas encima.

HODEITZU. Nuboso. **K.** Ba askenien asmau iñdou guardasola ataratziaz zeatik zerue sigero hodeitzu jarrida eta sekulako euri-zaparrara botadau, batzun-batzuk ikustezien gu baño askoz txarrau ziela, sigero blai iñde. **T.** Pues al final hemos acertado con sacar el paraguas porque el cielo se ha puesto muy nuboso y ha descargado un chaparrón impresionante, ya se veían que algunos estaban mucho peor que nosotros, completamente empapados.

HODI. Canal, conducto. **K.** Zenbat herri txiki dazen hor goi aldien, mendi azpixetan eta hango urek hodi horreitan jasotzendienak, gero fatendie kale erditxik, akaso albotik, eta modu hontan eruen beien dauen errekaraño. **T.** Cuántos pueblos pequeños hay que están situados por ahí arriba, bajo el monte y que recogen las aguas de ese en unos canales que discurren por el centro o en un lado de la calle, y luego se conduce de esa manera hasta el río que está abajo.

HODITU. Acanalar. **K.** Aia herri aldera fatendanien eta euri asko itxenbadau kontu haudixaz ibilibierra dau kotxiaz, karreteratik izugarri ur etortzenda eta batzuetan emutendau erreka txibibat bezela dala, badauko albuen iñdeko hodibat baña gertatzenda denporiaz zakarraz bete ta iñok eztauela arduraik hartzen berriz hoditu itxeko. **T.** Cuándo se va al pueblo de Aia y si llueve mucho hay que andar con cuidado con el coche, suele bajar una cantidad impresionante de agua por la carretera y algunas veces parece un río pequeño, ya tiene un canal que está hecho en un lado pero pasa que se llena de suciedad con el tiempo y nadie se preocupa de acanalarlo otra vez.

HOIEI. A esos. **K.** Gaur be betikue, batzuk eztie etorri ta jentien falta gara fubol partidue hasteko, baezpare hor dazen hoiei galdetukutzet aber guredauen jolastie, beste hiru naidauenakiñ nahikue izengozan. **T.** Hoy también al igual que siempre, algunos no han venido y nos falta gente para empezar el partido de fúlbol, por si acaso les voy a preguntar a esos que están allá a ver si quieren jugar, con otros tres que querrían sería suficiente.

HOIEK, HOIEIK. Esos, aquellos. **K.** Ezkerrak billatudoula zeñek kendu hemen dauen eskombro eta txarrikeixa guztie, hor dazen hoieik eta beste hango haieik esandaue ingodauela, diru pixkat gastau inbierra izengou baña nere ustez hala hobeto da. **T.** Menos mal que ya hemos encontrado quien nos quite todo el escombro y la porquería que hay aquí, esos que están ahí y aquellos otros de allá han dicho que lo harían, tendremos que gastar un poco de dinero pero yo creo que así es mejor.

HOIEN. Iba. **K.** Neri ez esan zeatik ni enitzen gelditxu bokadilluek eskatzeko, Severino hoien eskatu eta gero ekartzera, hala geratuzan bentzet, oñ, egixe da denpora askotxo pasadala urtendaunetik ta nahiko luzatzen haidala haren etorrera. **T.** A mi no me digaís porque yo no era el que tenía que pedir los bocadillos, Severino era el que iba a pedirlos y luego traer, así se quedó al menos, aunque la verdad es que ha pasado ya bastante tiempo desde que ha salido y se está alargando bastante su llegada.

HOIETAN, HOIEITAN. En uno o algún de esos sitios. **K.** Herri hontan alperrik haizare zeatik hemen eztozue billatuko zuek gurozuena, horreik lortzeko Donostira fanbikozue eta Easo ero Urbieta kale bi hoieitan baleike billatzie. **T.** En este pueblo andaís en balde porque aquí no vaís a encontrar lo que vosotros queréis, para conseguir eso tendréis que ir a San Sebastián y en algún sitio de de las calles de Easo o Urbieta puede que lo encontréis.

HOLA-BAI, HOLA BAI. Así sí, de esa manera sí. **K.** Hola-bai, oñ bai haiaiz itxen gauzak bierdan bezela, ez lenau hasiaizen bezela eta hori ondo jakiñien hauala nola zuan itxekue, baña hik halako burugogorra daukek ze betik gauza guztiek inbierrak izeteitxuk eure erara, eta geixenbaten sigero aldrebes. **T.** Así sí, ahora sí estás haciendo las cosas en la forma debida, no de la manera que has empezado antes y eso que sabías muy bien de qué forma había que hacerlo, pero tú tienes la cabeza tan dura que siempre tienes que hacer todas las cosas a tu modo, y la mayoría de las veces completamente al revés.

HONA. Aquí. **K.** Hori ez eruen eta gero gordeta ero astute itxi nunbaitxen, hemengue da ta ekarri hona zeatik beztela badakitx zer gertauleiken, eta ezan izengo aurrekeko aldiz, galdu eta gañetik eztala iñor izen hori iñdauena. **T.** No lleveís eso y luego lo dejeís guardado u olvidado en algún sitio, es de aquí y traerlo porque sino ya sé lo que puede pasar, y no sería la primera vez, se perderá y encima no habrá sido nadie el que lo haya hecho.

HONA-HEMEN, HONA HEMEN. Que sorpresa, ha venido o aparecido. **K.** Hona-hemen, askenien be asalduzara, eta zuk ze ustedozu, betik zure zai eon-bierra daukoula, ero?, ba ni ia nahiko aspertuta nau eta hurrenguen bakarrik konpondubikozara. **T.** Que sorpresa, por fín ya has aparecido, ¿y tú que te has creído, que siempre vamos a estar esperándote, o qué?, pues yo ya estoy bastante cansada y la próxima vez tendrás que arreglarte tú solo.

HONAKA, HONEAKA. Hacia aquí. **K.** Eziizue gauza horreik handikaldera eruen eta honaka ekarrizue ze hemen horrein bier haundixe daukou, eta hortik aparte jakinleike zertarako bierdozuen toki hartan?, ba ezertarako eta alperrik erueten haizare zeatik gero berriz kendu inbikodie, iñuxentiek emutendozue. **T.** No lleveís esas cosas allá y traerlas hacia aquí que tenemos una gran necesidad de ellas, y aparte de eso ¿se puede saber para que las quereís en aquel sitio?, pues para nada y las estaís llevando en balde porque luego otra vez habrá que quitarlas, pareceís tontos.

HONAKO, HONERAKO. Para aquí. **K.** Bai, ondo etorrizara, hau honako da baña halaere oso berandu allegauda zeatik arañundutik gara horren zai, jakiñleike nundik nora ibillidan ero nun eondan egun honeitan? **T.** Sí, vienes bien, eso es para aquí pero aún así ha llegado muy tarde porque lo estábamos esperando desde anteayer, ¿se puede saber por que sitios ha andado o dónde ha estado éstos días?

HONAÑO. Hasta aquí. **K.** Gauza horreik ez eruen beste harea zeatik honaño ekarri-bierra daukotzu, eta gañera ezkerrak etorridiela zeatik oso bierren geotzen material horreikiñ, atzo bukatu inzan ta hemen gara danok erdi geldik horreiñ esperuen. **T.** No lleves esas cosas a la otra parte porque las tienes que traer hasta aquí, y además menos mal que han llegado porque estábamos muy necesitados de ese material, ayer se terminó y aquí estamos medio parados en espera de ello.

HONDAKIÑA. Residuos, lo que está de sobra y se echa al contenedor. **K.** Esatendauen ez nahiko ondo haigara erreziklatzen hondakiña, baña halaere eta etxuraz nola zertxobaitx hobeto inleiken hortarako jartzen haidie kontenedore barrixek, norberak errexau izteko eta noski, gero eurok hala jaso. **T.** Dicen que estamos reciclando bastante bien los residuos, pero aún así cómo parece que se puede hace algo mejor para eso están colocando nuevos contenedores, para que nosotros podamos depositar y claro, luego ellos recogerlo con más facilidad.

HONDARRA. Arena. **K.** Urtero bezela ta nola garai honetan maria bizi horreik asaltzendien, itxasuek eruetendau hondartzako izugarri hondar eta gauza berdiñatik itxasontzi aleman urperatu zan hori bistatzenda. Oñ bertan oso altura haundixe dau malekoitxik hondarrera baña gero gertatzenda ze hondar hori kenduzan bezela halaxe berriz ekartzendauela bere tokira. **T.** Cómo todos los años por estas fechas es cuando aparecen esas mareas vivas y el mar se lleva una cantidad impresionante de arena de la playa y a consecuencia de eso también aparecen los restos del barco alemán que se hundió. Ahora mismo hay una altura muy grande desde el malecón a la arena pero luedo sucede que la arena de la misma forma que lo quitó lo vuelve a traer al mismo sitio.

HONDARRAK. Sobrantes, restos, residuos. **K.** Zer haizare, txorixendako janak prestatzen, ero?, txukuna itxidozue maixe dana hondarraz betie, aber Martina jarri zu bazter hontan, zu Tomasito bestaldien eta hasi dana batu eta garbitzen. **T.** ¿Que andaís, preparando la comida para los pájaros, o qué?, curiosa habeís dejado la mesa llena de restos de pan, a ver Martina tú ponte en esta esquina, tú Tomasito en la otra y empezar a recoger y limpiar todo.

HONDARTZA. Playa. **K.** Ba, goixen jarridouna, oñ hondartzan hondar gutxi antzien dau eta kontuz ibili-bierra izetenda ortosik dauenien, gertatzenda harri dexente bistaudiela, batzuk nahiko zorrotzak die eta zapaldu-ezkero ebai dexentebat itxeko aukera haundixe dau. **T.** Pues lo que hemos puesto arriba, que ahora hay bastante poca arena en la playa y que si se está descalzo hay que andar con cuidado, pasa hay bastantes piedras a la vista, algunas son bastante afiladas y si pisas una de ellas hay muchas probabilidades de hacerse un buen corte.

HONDATU, ONDATU. Estropear. **K.** Zu Korta baño txarraue zara, ikustenditxozun gauza guztiek hondatu inbierrak daukotzu, aurrena gustatzejatzu ikustie ze tripa dauken, askatzendozu ta gero eztakitzu berriz montatzen, eta gauzabat, zeatik hasi bañolen eztozu pentzaten pixkat? **T.** Tú eres peor que Korta, el perro de Josu, todo los que ves lo tienes que estropear, lo primero te gusta ver las tripas que tiene, lo desmontas y luego no sabes volver a montarlo, y una cosa, ¿porqué no piensas un poco antes de empezar?

HONDATUTA. Estropeado, roto. **K.** Bai, hau-be halaxe beste horren modu berdiñien geratuda ba, sigero hondatuta, zure aitxa-puntekuek iluziño guztiaz ekariotzun elikotero hori ta zuk bigarren egunerako xixko iñdozu, ba oñ aber nola konpontzezaren berakiñ. **T.** Sí, éste también así del mismo modo que lo otro ha quedado pues, completamente estropeado, el padrino te trajo con toda ilusión este helicóptero y tú para el segundo día lo has destrozado, pues ahora a ver cómo te las arreglas con él.

HONDOKUE. De al lado. **K.** Hau da hemen dauen useiñ txarra, eziñda aguantau baña neri ez beitu zeatik ni enaz izen puzkerra botadauena, ixe ziur nau nere hondokue izendala zeatik ikuzizoue nola dauen, gora begire ta txistuka. **T.** Vaya olor más malo que hay aquí, no se puede aguantar pero a mí no me mireís porque yo no he sido el que se ha echado el pedo, estoy casi seguro que ha sido el que está a mi lado porque observarle como está, silbando y mirando al techo.

HONDORA. Venir o traer al lado. **K.** Zueik onazkero nahiko berotukoziñien eta ekarrizue estufa hori nere hondora, ondion denpora pixkatien bestaldien gauza batzuk bukatzen eon-bierra dauket eta han sekulako hotza itxendau, gero zertxobaitx azurrak berotzejatenien eruengot berriz bueltan. **T.** Vosotros para ahora ya os habréis calentado lo suficiente y traer esa estufa a mi lado, todavía tengo que estar durante un rato en la otra parte terminando unas cosas y allá hace un frío impresionante, luego en cuanto se me calienten un poco los huesos ya lo llevaré otra vez de vuelta.

HONDOTIK. De mi lado. **K.** Kenduzaitxez nere hondotik meserez, ezara nekatzen betik pega ta tiraka eoten nere gonai?, ba zu ezpazaz ni bentzet nahiko banau ba, eta konpontzen hasibikogra haldan hobetuen bakotxa bere tokixen eonda asarretu aurretik. **T.** Quítate de mi lado por favor, ¿no te cansas nunca de estar siempre pegada y tirándome de las faldas, pues si tú no lo estás yo ya estoy bastante pues, y tendremos que empezar a arreglarnos lo mejor posible estando cada una en su sitio antes de que nos enfademos.

HONDUEN. Al lado. **K.** Ixilik eotenbazara bale, jarrizeike nere honduen eta beztela berriz hor atzien be badaukotzu tokixe, gañera eztaukotzu asarretu inbierrik horreatik zeatik zure barriketakiñ eziñdot argi ibili karreteran. **T.** Si está callado vale, te puedes sentar a mi lado y sino también tienes sitio ahí atrás, además no tienes porqué enfadarte por eso porque con tu verborrea no me puedo concentrar en la carreterra.

HONEI. A éstos. **K.** Galdetukou aldameneko honei aber guredauen sobre daukoun txuleta zatixek?, gaztiek die ta entrama honekuek emutendaue, guretik iñok eztaukou txakurrik eta penagarrixe izengozan zakar-ontzira botatzie. **T.** ¿Preguntamos a éstos que están a nuestro lado a ver si quieren los trozos de chuleta que nos ha sobrado?, son jóvenes y parecen de buen apetito, ninguno de nosotros tenemos perro y sería una pena echarlos a la basura.

HONEIK. Estos. **K.** Zeñeik ustezauen izengoziela ba?, ba hemen bertan dazen betiko honeik, etxuraz gaur gabien gustora ibillidie Udaletxeko kristalak puskatxen ta ezkerrak munizipalak arrapautziela, eta oñ eurok ero gurasuek izenbikodie ordaintzie tokatzendana, aurrena konponketa eta gero multa ederbat. **T.** ¿Quienes creías que habían sido pues?, pues los mismos de siempre que están aquí, parece ser que esta noche han andado a gusto rompiendo los cristales del Ayuntamiento y menos mal que los municipales les han pillado, y ahora ellos o sus padres serán a los que les toca pagar, primero la reparación y después una buena multa.

HONEINDAKO. Para éstos. **K.** Makatz honeik ezpozue zueik nai beste honeindako itxikou, familixa haundikuek die ta gustota hartukoitxue, eta ikustenbozue beste zerbaitzuk sobre daukotzuenak, horreik be ekarri. **T.** Si no queréis las peras las dejaremos para éstos otros, son una familia grande y las cogerán a gusto, y si veis que tenéis alguna otra cosa que esté de sobra, traerlo también.

HONEK. Este. **K.** Antoñito be bada gobaikarri xamarra, betik jardunien dabill aber etorrileikien gurekiñ fategaren erozeiñ tokira, hori beterako berdiñ da. Noixbaitxen, aurretik gurasuei esanda noski, eruen inbikou eta eztot uste lantegi geixei emungodauenik. **T.** El Antoñito éste ya es también bastante pelma, siempre anda preguntado a ver si puede venir con nosotros a cualquier sitio que vayamos, eso para él es igual. Algún día, claro que diciéndoselo primero a sus padres, lo tendremos que llevar y no creo que nos dé demasiado trabajo.

HONEKIÑ, HONETXEKIÑ. Con éste. **K.** Oñ be ederra daukou Antoñito honekiñ, baimena eskatu ondoren bere gurasuei hasigara sartzen kotxien egun-pasa fateko asmuaz ta urtendau esanaz kotxe hontan eztauela nai fateik, eztala bere gustokue, naidauela beste lagunenien eta kasualitatez gaur ezta etorri. **T.** Ahora también tenemos una buena con el Antoñito éste, después de pedir permiso a sus padres hemos empezado a meternos en el coche para pasar el día por ahí y nos ha salido con que no quiere ir en ese coche, que no le gusta, que quiere en el del otro amigo y casualidad hoy no ha venido.

HONELA, HONELAXE. Así, de esa manera. **K.** Ba beitu, gauzak itxenboitxozu honela, zure lengosuek itxeitxuen bezela, ondo ibilikozara eta lanien hastezarenien diru asko irabazikozu, zeatik ezara berakiñ eoten egun batzuk ikesteko nola dien inbierrekuek lan horreik? **T.** Pues mira, si haces las cosas así cómo las hace tu primo andarás bien y cuando empieces a trabajar ganarás mucho dinero, ¿porqué no estás unos días con él y aprendes de que manera hay que hacer esos trabajos?

HONELAKUE. Cómo éste. **K.** Alkondarabat erostera etorrinaz eta dendarixei esautzet jantzitxe dauketen antz honelakue naidotela, beno, oso berdiñe be ezpada izeten eztala larrei inportik baña haldana bentzet izendeixela. **T.** He venido a comprar una camisa y le he dicho a la dependienta que quiero que sea parecida a la que llevo puesta, bueno, que si no es muy igual tampoco importa demasiado pero por lo menos que sea lo mas similar posible.

HONEIN-BESTE. Tanto cómo esos o ellos. **K.** Kuadrilla honeitako mutillek larreiko harroskuek die, ixe urtie iñdau San Pelaio auzo sokatirako lehiaketa irabazi izendakuek eta ondion be jardunien haidie asunto berdiñekiñ, ba nik ustedot guk be bagarela honeinbeste eta zueik gurebozue apostabat ingutzou afai onbat jokatuaz. **T.** Los chicos de esa cuadrilla son demasido presumidos, ha hecho casi un año desde que ganaron la competición de sokatira en el barrio de San Pelaio y todavía están hablando de ello, pues yo creo que nosotros ya somos tanto como esos y si queréis les hacemos una apuesta jugándonos una buena cena.

HONENBESTE. Tanto cómo eso o ese. **K.** Ferreterira fanaz tornillo batzuk erostera eta hango arduradunak galdetu ondoren enakixen esateik zenbat bierkonitxun, esanutzen egurrezko baranda lotzeko dala eta haren eratzuna, ba auskalo izenda, baña beno, zerreozer eruen inbierra nauken eta eskatunutzen emuteko eskuen kabitzendien honenbeste emuteko. **T.** He ido a la ferretería a comprar unos tornillos y después de que el dependiente me ha preguntado no sabía decirle cuántos tornillos necesitaba, le he dicho que era para sujetar una barandilla de madera y me ha contestado, pues cualquiera sabe, pero bueno, algo tenía que llevar y le he pedido que me dé tanto cómo lo que entra en mi mano.

HONENDAKO. Para éste. **K.** Zueik ixe larrei be hartudozue ta geratzendana gaur hasidan mutil honendako itxikou zeatik horrek be merezidau zertxobaitx, ondion ezta etorri baña nik ustedot laister asaldukodala. **T.** Vosotros casi habéis cogido hasta demasiado y lo que queda lo dejaremos para éste chico que ha empezado hoy porque aquel también ya se merece algo, todavía no ha venido pero yo creo que ya no tardará mucho.

HONERA. Hacia aquí. **K.** Aber, gauza horreik hasi ekartzen almazen honera, onazkero sobre antzien daz toki hortan eta eztot uste geixau bierkodanik, orduen badakitzue, bukatu ta gero dana kargau furgonetan, haruzkuen eruen eta laga almazen hartan. **T.** A ver, empezar a traer esas cosas hacia el almacén de aquí, en ese sitio no creo que las necesitemos más y ya estarán de sobra, así que ya sabéis, después de terminar cargáis todo en la furgoneta, al ir las lleváis y las dejáis en aquel almacén.

HONETAKO, HONETARAKO. Para esto. Para este sitio, trabajo, etc.... **K.** Ekarridozun gauza dan horreik leku honetako bakarrik die ta ez eruen beste iñora, eta ez iñ lengo egunien zure lagunek iñauen bezela, eruenzitxula handikaldeko bazterrera ta gero berriz hona ekartzen ibiligiñen. **T.** Todas las cosas que has traído son solo para éste lugar y no lo lleves a ningún otro sitio, no hagas lo mismo que hizo el otro día tu amigo, que lo llevó al otro extremo y luego de nuevo lo tuvimos que traer aquí.

HONETAN, HONTAN. Aquí mismo. **K.** Hementxe, toki hontan bertan jausizan balkoiko zati ha Braulion buru gañera, eta gero eztakitx jakiñien eongozaren ze gertauzan, ba odol pixkat botatzen hasizala burutik, munizipalak etorri eta baezpare anbulantzian eruenauela. **T.** En éste mismo sitio es dónde se cayó aquel trozo del balcón encima de la cabeza de Braulio, y luego no sé si sabéis lo que pasó, pues que empezó a echar un poco de sangre de la cabeza, vinieron los municipales y por si acaso le llevaron en la ambulancia.

HONETXEI, HONI. A éste mismo. **K.** Hemen dauen honetxei galdetukotzou aber dakixen ze tokitan dauen guk fanbioun otela, eta hala-bada ze kale hartubioun hara allegatzeko, hemengue dan etxurie dauko ta baleike jakitxie. **T.** Vamos a preguntarle a éste mismo que está aquí a ver zsi sabe en que sitio está el hotel que tenemos que ir, y ai es así que calle habría que coger para llegar allá, tiene toda la pinta de que es de aquí y puede que lo sepa.

HONETXEIK. Estos mismos. **K.** Eztakitx hemen dazen honetxiek beraik ezien izen atzo gabien kantuen ibilizienak gure oteleko balkoi aspixen, danai ikustejate erdi-lo etxuriekiñ eta emutendau kriston bixamona daukiela, noski gaupasa iñ ondoren. **T.** No sé si no han sido éstos mismos que están aquí los que ayer a a noche estuvieron cantando debajo del balcón de nuestro hotel, a todos se les ve medio dormidos y parece que tienen un aje de mucho cuidado, y toda la pinta de haber pasado toda la noche de juerga y sin dormir.

HONETXEK. Este mismo. **K.** Ezalzan izen hemen dauen zerbitzari honetxek atzo ekarrizitxunak edari hareik pizinara?, bai?, ba gaur berriz berai ekatukotzou, atzo nahiko axkar ibilizan eta baezpare hurrengorako be ezta gauza bape txarra izengo zertxobaitx propiña emutie. **T.** ¿No es éste mismo que está aquí el camarero que nos trajo aquellas bebidas a la piscina?, ¿sí?, pues hoy también se las pediremos a él, ayer estuvo bastante diligente y por si acaso para la próxima vez tampoco será nada malo que le demos un poco de propina.

HONTAKO, HONTAKUE. Para aquí, de aquí. **K.** Zueik gurozuena esangozue baña espaloien dauen aulki hori etxe hontakue da, eta hori nik ondo dakitx zeatik beñ baño geixautan bertan jarritxe eonda nau, segurazki gertaukozan ze nola kanpora fandien egun batzut pasatzeta hemen geratukozala astuta. **T.** Vosotros diréis lo que queráis pero la banqueta esa que está en la acera es de aquí, de la casa, y eso yo lo sé bien porque más de una vez me he sentado en ella, lo que seguramente habrá pasado será que como han ido fuera a pasar unos días se quedaría aquí olvidada.

Aspaldiko esaerabat: Dirue, mundu hontako Jangoikue.

Un viejo proverbio vasco dice que el dinero es el Dios de este mundo.

HONTARA. De ésta o esa manera. **K.** Ba eztau burue asko nekatu-bierrik eta badakitzue nola daukoun inbierra lan hori, neri etxat iruitzen oso txukuna geratukodanik baña ugesabak modu hontara guredau itxie, beste ha dan bezelaxe. **T.** Pues no hay que cansarse mucho la cabeza y ya sabéis cómo hay que hacer ese trabajo, a mí no me parece que quedará muy curioso pero el dueño quiere que se haga de esa manera, igual que aquel otro.

HONTATIK. De aquí, de éste sitio. **K.** Eurok jakingodaue nun eskatu baña neri bentzet ekarrirezu toki hontatik, ziur nau beste horreik be eztiela txarrak izengo baña hemen dazen bezelakuek janda nau ta nere gustokuek die. **T.** Ellos sabrán dónde lo van a pedir pero a mí por lo menos tráeme de éste sitio, estoy seguro que los otros tampoco serán malos pero cómo los que hay aquí ya los he comido y son de mi gusto.

HONTAZ. Sobre ésto. **K.** Bai, entzundou zuk esandakue eta baitxe ze asmo daukotzun asunto horrekiñ, eta guk hontaz oñ ze inbierra daukou?, zeatik jakiñien eongozara batzuk eztielala bape konforme izengo zuk esandakuekiñ. **T.** Sí, ya hemos oído lo que tú has dicho y también las ideas que tienes sobre ese asunto, y sobre ésto ¿que es lo que tenemos que hacer ahora?, porque ya sabrás que algunos no estarán nada conformes con lo que has dicho.

HONTZAT, HONENTZAT. Para éste. **K.** Nik hoñekiñ naikue dauket ta nere aldetik itxizu zertxobaitx nerekiñ dauen mutil hontzat, berak eztau ezer eskatuko zeatik eztaki hitz bakarrik ez euskeraz ta ez erderaz, baña ziur nau gustora hartukoitxuela gauza horreik. **T.** A mí no me des más porque tengo suficiente con eso y de lo mío deja un poquito para éste chico que está conmigo, él no pedirá nada porque no sabe una sola palabra ni en euskera ni castellano, pero estoy seguro de que cogerá a gusto esas cosas.

HONUTZ, HONUTZA. Para aquí. **K.** Zu edukazio pixkat bierrien zara eta etorrizaitez honutza, eztozu ikusten horreik bestiok eztaukiela ixe tokirik jartzeko, ero?, zuk lasai eon-ezkero nahikue daukotzu ta bestiek izurratzeko, ba horri esatejako ezer ez inportik izetie. **T.** Tú necesitas un poco más de educación y ven para aquí, ¿no ves que aquellos otros no tienen casi sitio para sentarse, o qué?, lo tuyo es el estar cómodo y que se fastidien los demás, pues a eso se le llama no darle importancia a nada.

HONUZKUE. Un camino, un viaje que tanto puede ser para ir cómo venir. **K.** Etorrigaren bidai honuzkue nahiko lasaia izenda oñartien, ixe denpora guztien beraka eta oñ geratu ingogara denpora pixkat, deskantza eta hamarretakue iñ, zeatik badakitzue honen ondoren zer tokatzendan, ez?, ba nahiko aldapa. **T.** El viaje que hemos hecho al venir ha sido bastante tranquilo hasta ahora, casi todo el tiempo para abajo y ahora pararemos durante un rato, descansar y comer el bocadillo, ¿porque ya sabéis lo que tenemos después de esto, no?, pues bastante cuesta.

HONUZKUEN. Venír de vuelta. **K.** Etortezarenien Donostitxik bueltan eta denpora badaukotzu bentzet, honuzkuen ekarrirezu kilobat antxua Orixoko kale erdixen dauen peskaixatik. **T.** Cuando vengas de vuelta de San Sebastián y si al menos tienes tiempo, tráeme un kilo de anchoas de la pescadería que está en la calle del medio en Orio.

HONUZTU. Aproximar, acercar o arrimarse, traer hacia aquí. **K.** Berba itxen haizara baña eztotzut ezer ulertzen, badakitzu gorra xamar nazela eta oñ nahiko urrintxo zara, honuztu inzaitez pixkat ta hala hobeto entzungotzut. **T.** Me estás hablando pero no te entiendo nada, ya sabes que soy un poquito sordo y ahora estás bastante alejado, acércate un poco y así te escucharé mejor.

HOR. Ahí. **K.** Txorimaluek bezela habill hor aldebatetik bestera gelditxu-barik, bazkaltzen hasibigaitxuk eta benga, jarriai beingoz maixen bestiekiñ batera, akaso ezaz konturatzen danok hire zai garela, ero? **T.** Andas ahí como un tonto de un sitio para otro sin parar, vamos a empezar a comer y venga, siéntate de una vez en la mesa junto con los demás, ¿o acaso no te das cuenta de que todos te estamos esperando, o qué?

HOR-HAU, HOR HAU. Estás ahí o aquí. **K.** Ah!, askenien be hor hau, ba ordue zuan etortzeko, hemen gaitxuk danak hire zai lanera fateko eta txoferrak esanjok askenengo aldiz izengodala etxoitxen eongodana, eta hurreguen oñez fanbikoazela. **T.** ¡Ah!, por fín ya estás aquí, pues ya era hora de que vinieses, todos estamos esperando a que vengas para ir a trabajar y el chófer ha dicho que es la última vez que esperará, y que la próxima tendrás que ir andando.

HORI. Ese. **K.** Salbatzaille hori izenda uretatik ataradauena andra horri, buru gutxi euki-bierra dauko uretara sartzen atrebitzeko dauen itxasuekiñ eta ezkerrak ikusidauela, zeatik beztela hor itxokozan. **T.** Ese socorrista ha sido el que a sacado a esa mujer del agua, hay que tener muy poca cabeza para meterse al agua con la mar que hay y menos mal que la ha visto, porque sino ahí se hubiese ahogado.

HORI-BAI, HORI BAI. Eso sí. **K.** Guza asko eztitxut eruengo gaur zeatik ondo kargaute nator beste leku-batetik eta apenas dau tokirik kotxien. Eta aber zer eruenleiketen, hemen dauen hau es baña beste hori-bai, hori ondo kabitxukoda. **T.** Hoy no llevaré muchas cosas porque vengo bien cargado de otro sitio y apenas queda espacio en el coche. Y a ver que es lo que puedo llevar, esto que está aquí no pero sí eso otro, eso cabe perfectamente en el coche.

HORI-BE, HORI BE. Eso también. **K.** Beno, ba hemen nau berriz, len hartutakue ondo sartujat kotxien ta ondion toki pixkat badauket beste zerbaitx erueteko, ba hor dauena eruengot, txikiñe da ta hori-be sartukoda. **T.** Bueno, pues aquí estoy otra vez, lo que he cogido antes ha entrado bien en el coche y todavía me queda un poco de sitio para coger algo más, pues llevaré lo que está ahí, es pequeño y eso también entrará bien.

HORI-BERA, HORI BERA. Eso mismo. **K.** Nola esanleike bakarra daukotzula ta eziñdozula saldu ezer-barik geratukozarelako?, eta orduen zeatik jarridozu hor bistan ba?, ba zuk ikusikozu zeatik nik hori-bera naidot eta besteik ez, eta ezpozu nai saltzeik fangonaz beste erozeiñ tokira. **T.** ¿Cómo se puede decir que solo tienes una y no lo puedes vender porque te quedarás sin nada?, ¿entonces porqué lo has colocado a la vista pues?, pues tú verás porque yo lo que quiero es eso mismo y ninguna otra cosa, y si no lo quieres vender ya iré a cualquier otro sitio.

HORI-BEZ, HORI BEZ. Eso tampoco. **K.** Beno, gurebozu ikusikoitxut ze beste gauza daukotzun baña esateutzuk alperlana izengodala zeatik ustedot garbi geratudala han daukotzun horixe bera naidotela. Eta aber, hau-ez, hori bez eta beste handikaldkue bezta. Ba esandakue, alperrik zala. **T.** Bueno, si quieres ya veré las cosas que tienes pero ya te digo que será inútil porque yo creo que ha quedado claro que lo que quiero es eso mismo que tienes ahí. Y a ver, eso no, y ni ésto ni tampoco aquello que está allá. Pues lo que he dicho, que era inútil.

HORISKA, HORITZA. Amarillento. **K.** Etxatzue iruitzen gizon horrek arpegixe horiska xamarra daukela?, gañera denpora gutxixen jarrijako eta gauza errarue da bera ez konturatzie, nik eztot ezertxoik ulertzen baña entzunde dauket gauza horreik gibelakiñ daukiela zer-ikusixe. **T.** ¿No os parece que ese hombre tiene la cara bastante amarillenta?, además se le ha puesto así en poco tiempo y lo raro es que él no se haya dado cuenta, yo no entiendo nada en absoluto pero tengo oído que esas cosas suelen estar relacionadas con el hígado.

HORISTA. Peca. **K.** Esatendaue gorputze egunero beitzie komenidala baezpare asaldudan horista berrinbat, ba gure familixan eztau asko beitu inbierrik zeatik ixe danok daukou ehuneka, batzuk betikuek, beno, askenien danak die betikuek baña geixenak uda partien urtetzendaue, eta hala izenda, nola jakiñ zeñeik dien barrixek? **T.** Dicen que todos los días es conveniente mirarse el cuerpo por si ha aparecido alguna peca nueva, pues en nuestra familia no hace falta mirar mucho porque casi todos tenemos cientos de ellas, algunas que son de siempre, bueno, al final todas son las de siempre pero la mayoría suelen salir en la parte del verano, y siendo así, ¿cómo saber cuales son las nuevas?

HORIXE. HOIXE. Eso mismo. **K.** Hau da marka, siñistu eziñekue, hizlari horrek esaten ibilidan gaurko hitzaldixen da nik atzo esanutzen horixe bera, gañera kuaderno txikibaten apuntatzen ibilizan esanaz ez astutzeko zala berba itxen haigarena. **T.** Esto es de traca, increíble, lo que el orador ha estado diciendo en la conferencia de hoy es eso mismo que le dije yo ayer, además lo estuvo apuntando en un cuaderno pequeño diciendo que lo hacía porque no se quería olvidar de nuestra conversación.

HORIXE. Amarillo. **K.** Aspalditxik derrigorrezkue izetenda eruetie txaleko horixek, beno, batzuk gorrizkak be izetendie, ixe lan guztietan eta baitxe urten inbierra badaukotzu kotxetik karreteran zarenien, aberixa ero holako beste zerreozer, eta ezan bape txarra izengo jartzie bizikletan ibiltxendien guztiek be, nik bentzet betik jantzitze eruetendot. **T.** Desde hace mucho tiempo es obligatorio el llevar el chaleko amarillo, bueno, algunos suelen ser rojizos, en casi todos los trabajos y también si estás en la carretera y tienes que salir del coche por cualquier motivo, avería o alguna otra cosa, y tampoco sería nada malo que lo llevasen todos los ciclistas, yo al menos siempre lo llevo puesto.

HORKONPON. Es una expresión que viene a decir, a mí que me importa, arréglate cómo puedas o quieras. **K.** Beno, ia ondo eongoda, bi ordu doiezue hor diskutitzen, nere ustez nahiko alperrik eta txarrena asarratzen haizariela, hainbeste importantzi haldauko zeiñ bixetatik, Erreala ero Atleti aurren gelditxu?, ba hala jarraiketanbozue ni banoie eta horkonpon zueikiñ. **T.** Bueno, ya está bien, llevaís ahí dos horas discutiendo, yo creo que bastante inutilmente y lo peor es que os estaís enfadando, ¿tanta importancia tiene cual de los dos, Real o el Atleti quede primero?, pues si vaís a continuar así yo me marcho y arreglaros como queraís.

Aspaldiko esaerabat: Dauenien bon bon eta eztauenien horkonpon.

Un viejo proverbio en euskera dice que cuando hay es bueno expresar la alegría y cuando no, pues que alla cuidaús.

HORKUE. De ahí. **K.** Goiko baserrikuek die zuk atzo emundako arrautza hareik?, nik egixe esanda eztot asko igertzen baña nere andriek esatendau oso gozuek diela ta eztaukiela zer-ikusirik dendan saltzeitxuenaz. **T.** ¿Los huevos que me diste ayer son del caserío de arriba?, la verdad es que yo no lo noto mucho pero mi mujer dice que son muy ricos y que no tienen nada que ver con los que venden en las tiendas.

HORLEKUE. Se decía de una moneda imaginaria que correspondía a otra aún no demasiado antigua y que era la de cinco pesetas, el duro. **K.** Ni enaz ondo gogoratzen noiz hasizien neri emuten horlekuek, hala esatejakon duruei, asteburuko paga bezela, baleike izetie hamabi ero hamairu urtekiñ eta ezien izengo bi ero hiru baño geixau. **T.** Yo no me acuerdo bien cuando me empezaron a dar los duros como paga de los fínes de semana, puede que fuese con doce o trece años y seguro que no serían más que dos o tres.

HORMA. Pared de piedra gruesa. **K.** Hainbeste eurikiñ ukullu kanpoko horma bera etortzen hasida eta derrigorrez konpondu-bierra dauket jausi aurretik, gauza da harri horreik pixu haundixe daukiela, bakarrik itxeko larreiko astunak eta laguntza bierrien izengonaz. **T.** Con tanta lluvia la pared que de fuera de la cuadra ha empezado a venirse abajo y necesariamente tengo que arreglalarla antes de que se caiga, la cuestión es que las piedras pesan demasiado, para hacerlo solo es muy fatigoso y estaré necesitado de ayuda.

HORNIDURA. Abastecimiento, avituallamiento. **K.** Behobiako karreran bost hornidura eotendie, lau birien eta bosgarren ta askena helmugan, danak edari ta fruta desberdiñaz, helmugan geixau. Egixe esanda nik, bero haundirik espaldinbadau bentzet, eztauket oituraik ezer hartzeko birien baña jente asko ikustenda bai hartzeitxuenak, geixenbatek ura. **T.** En la carrera de la Behobia suele haber cinco avituallamientos, cuatro en el recorrido y el quinto y último en la meta, todos con diversidad de bebibas y frutas, sobre todo en la meta. La verdad es que yo, al menos si no hace mucho calor, no tengo costumbre de tomar nada en el recorrido pero sí hay mucha gente que lo hace, la mayoría agua.

HORNITU. Proveer, completar, abastecer. **K.** Karrerak eta beste kirol proba asko, Behobia, triatloi ero holako tipoko hornidurak prestatzeko aurrena ta derrigorrez hornitu bierrak die, ta hortarako jente asko bier izetenda laguntzeko. **T.** En las carreras y en otras muchas pruebas deportivas cómo la Behobia, triatlón y similares, para preparar los avituallamientos primero y necesariamente hay que abastecer los puestos, y para eso es imprescindible que haya mucha gente dispuesta a ayudar.

HORRA, HORRAXE. Allá, allá mismo. **K.** Atzo be esanutzun baña gaur baezpare errepikau inbikot zeatik sekula eztozu kasuik itxen aurreneko esanai, aber, hemen traban daukotzun zure gauza honeik hartu ta erueizu horra, bazter hortara, zeatik beztela baleike bateonbat estropazau ta jaustie. **T.** Ya te lo dije ayer pero hoy por si acaso voy a tener que repetir porque nunca haces caso a la primera, a ver, éstas cosas tuyas que tienes aquí y que están estorbando cógelas y las llevas allá, a aquella esquina, porque sino puede que alguien se tropieza y se caiga.

HORRAÑO. Hasta allí. **K.** Ezpozu gure eztaukotzu bire guztie oñez inbierrik Igeldora fateko, autobusa gelditzendan horraño fan-ezkero naikue da, gero bertara igo eta lasai askuen allegau, oñ jakiñien geratzezara baña halaere inzeike zuk gurozuna. **T.** Si no quieres no tienes porque hacer todo el camino andando para ir a Igeldo, con que vayas hasta dónde para el autobús es suficiente, luego subir a él y llegar tranquilamente, ahora ya quedas al tanto del asunto pero aún así puedes hacer lo que tú quieras.

HORRATIO. Sin embargo. **K.** Baleike errazoie eukitxie eta izen zuk esandozun bezela, nola konpontzie dauen katxarro zar hori baña horratio eta baezpare, ezpotzu inportik bentzet, beste nunbaitxera be fangonaz galdetzera. **T.** De la manera que me has dicho que se puede arreglar ese viejo cacharro puede que tengas razón, pero si embargo y por si acaso, al menos si no te importa, también voy a ir a preguntar a algún otro sitio.

318

HORREATIK, HORREGAITXIK. Por eso. **K.** Ikustendozu nola nauken errazoie?, nik horreatik atzo esanutzun ez fateko hondartzara zeatik banakixen itxaso larreiko txarra eongozala ta eziñgozitzela uretara sartu, ba kasu inbazauke ezauen eukiko aurrena fan eta gero bueltau inbierrik. **T.** ¿Ya ves cómo tenía razón?, yo por eso te dije ayer que no fueses a la playa porque sabía que la mar iba a estar en muy malas condiciones y no podrías meterte al agua, pues si me hubieses hecho caso no hubieses tenido primero que ir y luego volver.

HORREAZ, HORREKIÑ, HORRETXEKIÑ. Con él, con ello. **K.** Aukera baldinbadau erozeñekiñ fateko nik naio izengonauke horrekiñ fatie Iruñara eta zueik fanzeikie gurozuenaz, Fabiolo bentzet badakitx eztala abiadura haundixekiñ ibiltxen ta bestien buruz arrastuik be eztauket. **T.** Si es que hay oportunidad de poder ir con cualquiera yo prefiero ir con él y vosotros podeís ir con quien queraís, Al menos ya sé que Fabiolo no corre demasiado y sobre los demás no tengo ni idea.

HORREI. A él. **K.** Bakar antzien ikuntendot dauela ta baezpare horrei galdetukutzek aber guredauen jolastie gurekiñ musien, hemen gara zai aber etortzendan faltaudoun laugarren lagune baña denporalditxue eruetendou ta ezta asaltzen. **T.** Veo que está un poco solo y por si acaso le voy a preguntar a él a ver si quiere jugar al mus con nosotros, estamos aquí esperando a que venga el cuarto compañero que falta pero ya llevamos bastante tiempo y no aparece.

HORREIK, HORRETXEIK. Esos. **K.** Ziur enau baña baleike mutil horreik izetie atzo Urbixan alkartugiñenaz, hauen hotzakiñ danok giñen tapa tapa iñde eta ezan bape errexa igertzie zeiñ zan bata ta bestie, baña halaere eta baezpare galdetu ingutziet aber billatudauen karterabat. **T.** No estoy seguro pero puede que esos sean lo chicos con los que nos juntamos ayer en Urbía, con el frío que hacía y lo tapados que íbamos todos no era nada sencillo saber quién era cada cual, pero de todas formas y por si acaso les voy a preguntar si encontraron una cartera.

HORREK, HORRETXEK. El, él mismo **K.** Ba zorionez hareikiñ alkartuzan beste mutil horrek billatu ta jasoauen kartera, eta esauzku ze nola ezakixen txartelan asaltzezan pertzona zeiñ zan ba Oñatiko minizipal buleguen lagakodauela. **T.** Pues por pura suerte el otro chico que se juntó con ellos sí encontró y recogió la cartera, nos ha dicho que cómo no conocía a la persona que figuraba en el carnet lo dejará en la oficina de los municipales de Oñate.

Aspaldiko esaerabat: Horrek txarrik iñori ez, baña lagundu bez.

Un viejo proverbio en euskera dice que ese daño a ninguno, pero ayudar tampoco.

HORRENBAT, HORREINBAT. Algo así, aproximadamente. **K.** Zenbat naidoten?, ba egixe esanta eztakitx zeatik ni sekula enaz ibili lan horreitan eta arrastuik be eztauket ze abonu bierdan tomate landarai botatzeko, jarrirezuzu beste horrek eruendauen horreinbat ta akaso naikue izengoda. **T.** ¿Qué cuánto quiero?, pues diciendo la verdad no sé porque yo no he andado nunca en estos trabajos y no tengo ni idea del abono se necesita para echar a las plantas de los tomates, ponme algo así cómo lo que ha llevado ese y quizá sea suficiente.

HORREINA. Dónde esos, dónde ellos. **K.** Guk momentu hontan eziñdou iñ horrek guredauen lan hori eta komestaudau aber billatzie dauketen beste norbaitzui zeatik zertxobaitx prixa daukela, nik esauketaitxut batzuk naiko txukunek dienak lanien, esautzet zeñeik dien eta gurebadau deitxu ero beztela horreina fateko galdetzera. **T.** Nosotros de momento no podemos hacer el trabajo que quiere ese y me ha comentado a ver si le buscaría a algunos otros que puedan hacerlo porque tiene un poco de prisa, ya conozco a unos que son bastante curiosos trabajando, ya le he dicho quienes son y que si quiere llame o sino vaya dónde ellos a preguntar.

HORRELA, HORRELAXE. Así mismo, de ese modo o manera. **K.** Bai jauna, horrela, oso ondo haizara, hala inbierrekuek ta derrigorrez gañera izenbikozien gauza guztiek eta hobeto ibillikogiñen dakok, eta ez oñ ikustendien bezela, bakotxak itxendauela berak naidauen bezela. **T.** Sí señor, andas muy bien, así de ese modo habría que hacer y además obligatoriamente todas las cosas y todos andaríamos mejor, y no de la forma que se ve ahora, que cada uno lo hace como quiere y le dá la gana.

HORRELA-BADA, HORRELA BADA. Si es así. **K.** Nik ustenauen beste modutan izengozala baña horrela-bada eztauket zer esanik, ixildu ta kitxo. Bestiei esangutzet ze erabaki hartudozuen eta ustedot danok ados eongodiela. **T.** Yo creía que podría ser de otra manera pero si es así no tengo nada que decir, callar y punto. Ya diré a los demás la decisión que habeís tomado y supongo que todos estarán de acuerdo.

HORRELAKOIK. Una cosa inesperada, sorpresa.

(Ver la definición de holakoik)

HORRENBESTE. Tanto. **K.** Jeseus!, hau da sagar pilla hartudozuenak, zertako horrenbeste eta ze inbiozue dan horreikiñ?, naiz eta bakotxak hartu berak guredauen beste halaere asko gelditxukodie, eztaukotze lagun ero esagunenbat eruetie naidauena sobre dazenak? **T.** ¡Jesús!, vaya montón de manzanas que habeís recogido, ¿para qué tanto y que vais a hacer con todo eso?, a pesar de cada uno coja todo lo que quiera aún así quedará mucho, ¿no teneís algún amigo o conocido que quiera llevar las que sobran?

HORRENBESTIEN. Tanto como eso. Por lo tanto.

(Ver la definición de hainbestien).

HORRENDAKO, HORRENTZAKO. Para él, para aquel.

(Ver la definición de harendako, harentzat).

HORREN-GAIÑ, HORREN GAIÑ. Sobre eso, en relación a eso. **K.** Zueitik geixenai ikustejatzue nahiko gustora zariela asunto honen buruz erabakidanaz, baña nik horrein-gaiñ ondion gauzabat esan-bierra dauket, eztotela nai eta etxatela bape gustatzen fatxada kolore aukeratudozuen hori. **T.** A la mayoría de vosotros se os ve que estaís bastante a gusto con la decisión que se ha tomado sobre el asunto éste, pero yo y en relación a eso todavía tengo que decir una cosa, que no quiero ni me gusta en absoluto el color que habéis elegido para la fachada.

HORRERA, HORREA. K. A ese sitio. **K.** Ondo gurebozu pasatzie egun hau fanzaitxez jaialdi horrera, eta lengo egunien esanotzuna, han danetatik daukotzula, trikitixek, herrikirolak, azoka postuek, hamarretako onbat itxeko be aukera ederra hangotxe taberna bertan, eta inguruetan jatetxe ta taberna ugeri be badaukotzu. **T.** Si quieres pasar un buen día vete a ese sitio, al festival que te dije el otro día, allá tienes de todo, juegos populares, deporte vasco, puestos de mercado, si quieres un buen bocadillo tienes buena oportunidad de comerlo allá mismo en la taberna, y en las cercanías también tienes abundantes bares y restaurantes.

HORRETAN. En esa labor, haciendo la labor. **K.** Bai, gaur be atzoko lan berdiñ horretan haigara, etxuraz bateonbati etxako ondo iruitu guk atzo iñdakue, gabien puzkatzen ibilida eta gaur goixien xixko iñde asaldu. Udaletxiek aiñdudau berriz itxeko ta jarrikodauela munizipalbat hori zaintzen. **T.** Si, hoy también estamos con esa misma labor que ayer, parece ser que a alguien no le ha parecido nada bien lo que hicimos ayer, a la noche lo ha estado rompiendo y esta mañana ha aparecido destrozado. El ayuntamiento nos ha mandado que lo hagamos de nuevo y que ya pondrá a un municipal al cuidado de eso.

HORRETAKO, HORTARAKO. Para eso. **K.** Akaso eziñien honen bierrien, hala?, ba hemen daukotzue, hortarako ekarridou bañe baezpare beitu iñuze balixokue dan, hala ezpada bueltau ingou ta bestebat ekarri, gertatzenda hiru ero lau berdintzuek ziela eta ezgakigula zeiñ hartu. **T.** ¿Acaso no estabais a falta de esto, o qué?, pues aquí lo tenéis, lo hemos traído para eso pero por si acaso mirarlo a ver si os vale, sino es así lo llevamos de vuelta y traeremos otro, lo que pasa es que había tres o cuatro parecidos y no sabíamos cual de ellos coger.

HORRETXEKIÑ, HORRETXEIKIÑ. Con ese, con esos mismos. **K.** Aukera dauket ta ni horretxeikiñ fangonaz Bilbora, gañera eurok izendie esauztienak aber nainauen fatie zeatik nahiko toki haukien kotxien, eta zuek trenien fateko asmue badaukotzue Atotxako estaziñuen gelditxukogara eta han eongonaz zuen zai. **T.** Tengo oportunidad y voy a ir con esos mismos a Bilbao, además ellos son los que me lo han ofrecido porque tenían sitio suficiente en el coche, y si vosotros tenéis la intención de ir en el tren quedaremos en la estación de Atocha y allá os estaré esperando.

HORREAZ. Junto con eso. **K.** Zure andriek esandust bixer Gazteizera fateko asmue daukotzula zerbaitx ekartzera, ba ezpotzu inportik eta zure horreaz batera ekarrikuztezu hemen jarridoten errekau hau?, eta hala nik eztauket fan-bierrik baña enaz astuko hurrengo mezerie neri tokatzejatela. **T.** Tú mujer me ha dicho que mañana tienes la intención de ir a Vitoria a traer algo, pues si no te importa y junto con eso tuyo ¿me podrías traer este recado que he apuntado aquí?, y así yo me evito el tener que ir pero no me olvido que el slguiente favor me toca a mí.

HORRI. A ese. **K.** Hor dauen horri galdetukutzet aber aparkatzie dauen kale hontan, eztot iñungo señaleik ikusi eta baezpare hobeto izengoda multa jarri aurretik. Eta hori ezta bape komeni zeatik atzo jasonauen il hontako laugarrena Donostiñ. **T.** A ese que está ahí le voy a preguntar si se puede aparcar en esta calle, no he visto señal alguna por ningún lado y por si acaso será lo mejor antes de que me multen. Y eso no conviene en absoluto porque ayer recogí la cuarta de este mes en San Sebastián.

HORRI-BAI, HORRI BAI. A ese sí. **K.** Badakitx danai beitu ta erregistratzen haizariela aber zeñeik dien da zer eruetendauen gañien, baña halaere Edelmirokiñ eztau horren bierrik, horri-bai itxizeikie sartzen toki hortara zeatik oso ondo esauketandot eta fixauleiken pertzona da. **T.** Ya sé que andaís mirando y registrando a todos para ver quienes son y que llevan encima, pero aún así con Edelmiro no hay esa necesidad, a ese sí le podéis dejar entrar a este sitio porque le conozco muy bien y sé que es una persona de fiar.

HORRI-EZ, HORRI EZ. A ese no. **K.** Aurreneko pertzonatik esandoten bezela fixatzekue dala, beste honi berriz eztot asko esauketan baña entzunde dauket eztala larreiko zuzena, ni enaz iñor ezer esateko bañe galdetu-ezkero baezpare horri-ez izteko pasatzen esangonauke. **T.** De la misma forma que he dicho de la persona anterior que es de fíar, a este otro en cambio no le conozco, pero tendo oído que no es demasiado derecho, yo no soy nadie para decir nada pero si me preguntarían diría que a ese no le dejasen pasar.

HORRI-EZKER, HORRI EZKER. Gracias a él. **K.** Zuk gauza asko esaeitxozu gizon horretaik eta ez danak onak, ezta erdixek be eta eztot ulertzen zergaitxik hartudotzazun gorroto hori, baña bentzet gogoratu horri-ezker dakotzula lanpostu hori. **T.** Tú por ese dices muchas cosas y no todas buenas, ni siquiera la mitad y no logro entender porque le tienes ese aborrecimiento, pero por lo menos acuérdate que gracias a él tienes ese puesto de trabajo.

HORRUTZ, HORRUTZAU. Para allá, un poco para allá. **K.** Fanzaitxez horrutzau mezerez, eta aber, entzun ondo eta iñizu kasu, horrutzau esandotzut ta ez honutzau, eztozu ikusten erdixen zarela ta jentie nahiko gaizki haidala eziñ pasaka, ero?, eta etxatzu iruitzen bestiatik be pixkat beitu inbierra izetendala? **T.** Vete un poco para allá por favor, y a ver, escucha bien y hazme caso, te he dicho para allá y no para aquí, ¿no ves que estás en la mitad y la gente anda bastante mal para pasar, o qué?, ¿y no te parece que también hay que mirar un poco por los demás?

HORRUZTU. Ir para allá. **K.** Iñok eztutzo ezer esan baña bera bakarrik bere kontura horruztuda bazter hortara, nik ustedot lotzati xamarra dala ero beztela zerbaitx eukidauela ikastolako lagunekiñ, ba galdetu inbikutzet aukera dauketenien. **T.** Nadie le ha dicho nada pero él solo por su cuenta se ha ido para aquel rincón, yo creo que es un poco vergonzoso o sino ha tenido algo con algún compañero de la ikastola, pues en cuanto tenga una oportunidad se lo tengo que preguntar.

HORTAKUE. De allá, de ese sitio. **K.** Eztau gure esateik nun erosidauen gaztai hori baña ni ixe ziur nau han goiko baserrikue dala, oñ bost ero xei aste dala gaztai zatibat erosinauen azokan, gustoz oso berdiñtzue zan eta dendarixek esauzten baserri hortakue zala. **T.** No quiere decir dÓnde ha comprado el queso pero yo estoy casi seguro que es del caserío de arriba, hace cinco o seis semanas compré un pedazo de queso en el mercado, era de gusto muy parecido y el tendero me dijo que era de allá, de ese caserío.

HORTAN, HORTANTXE. Haciendo eso, estando en ello.
(Ver la definición de hartaka, hartan).

HORTIK, HORTITXIK. Por ahí. **K.** Horri alperrik da galdetzie zeatik eztotzu sekula esango nundik nora ibilidan oporretan eonzan egunetan, eta gañera galdetu-ezkero esangotzu hortik zier izendala ta besteik ezer ez. **T.** A este es inútil que le preguntes porque nunca te dirá por dónde ha andado los días que estuvo de vacaciones, y además si se le preguntase te contestaría que por ahí y ninguna otra cosa más.

HORTXE. Ahí mismo. **K.** Jakiñleike nun daukotzun begipoli horreik?, ikustendot denporalditxue eruetendozula aldeatetik bestera billatzen belarritxekuek eta hortxe bertan daukotzu, zure aurrien, ezara ba halako nausixe gauzak astutzeko. **T.** ¿Se puede saber dónde tienes esos bonitos ojos?, veo que que llevas ya bastante tiempo andando de un sitio para otro buscando los pendientes y los tienes ahí mismo, delante de tí, no eres pues tan mayor cómo para que se te olviden las cosas.

HORTXE-HORTXE. Casi casi. **K.** Etxatzu asko falta izen ba, eta gutxiatik eztozu lortu irabaztie aposta hori, hortxe-hortxe ibilizara eta ziur nau ze eonbazan beste kilometro-erdi geixau irabazi ingozaukela. Akaso hurrenguen, beste apostabat itxenbozue bentzet. **T.** No te ha faltado mucho pues, pero por poco no has ganado la apuesta, ha sido casi casi y estoy seguro de que si el recorrido tendría medio kilómetro más hubieses ganado. Quizá la próxima vez, si al menos haceís otra apuesta.

HORTZA (K). Dientes, muelas.
(Ver la definición de agiñek).

HORTZA. Un saliente, obstáculo, una traba o estorbo. **K.** Kontuz ibilli hemendik urtetzerakuen, illuntzen hasida ta kanpoko argixe izurraute dau, askotan esanda dau konpontzeko baña iñor ezta asaltzen, baña beno, erozeiñ modutan kustiñue da ez eztropazatzie zeatik urten besteik ez hor ezker aldien hortza daukotzue. **T.** Andar con cuidado al salir de aquí, está anocheciendo y la luz de fuera está estropeada, se ha dicho muchas veces que lo arreglen pero no aparece nadie, pero bueno, de cualquier manera la cuestión es que no tropeceís porque nada más salir ahí hacia la izquieda teneís un saliente.

HORTZAKA, HOZKA. Mordiendo. **K.** Sigero damotunaz txorixue ezkatzie taberna hontan, oñartien betik nahiko ona eta xamurre izenda ataradauena baña gaurkue siñistu eziñeko gogorra dau, hemen haizaz hortzaka eta ixe eziñdot lortu zati bakarra kentzeik. **T.** Ya me he arrepentido de pedir chorizo en esta taberna, el que nos han sacado hasta ahora siempre ha sido bastante bueno y fácil de masticar, pero el de hoy está extremadamente duro, aquí le ando mordiendo y casi ni siquiera le puedo arrancar un solo pedazo.

HOSTO, HOSTUE (K). Hoja, hojas de árboles. **K.** Ni gaztetan eta lgunaz batera lo iñde nau mendiko etxolan hostuen gañien, eta garai hartan nahiko etxola eotezien zabalik lapurren billdur-barik. Hori izetezan udaskenien hostuek lurrien eotezienien, sikuek eta errex jasotzeko bezela. **T.** Yo de joven ya tengo dormido junto a los amigos en una cabaña de monte encima de hojas de árboles, y en aquellos tiempos bastantes cabañas solían estar abiertas sin miedo a los ladrones. Eso solía ser en otoño cuando las hojas ya habían caído, estaban ya secas en el suelo y eran fáciles de recoger.

HOTZ, HOTZA. Frío. **K.** Esatendaue kanbio klimatiko horrekiñ berotzen haidala bizigaren planeta hau, ba baleike hala izetie baña aste hontan bentzet hemen ezta hori asko igerri, egunero kriston hotzak inditxu, zero gradu aspitxik bebai eta jente guztie ikustezan kalien ondo tapauta begixek bakarrik bistan diela. **T.** Están diciendo que debido al cambio climático el planeta en el que vivimos se está calentando poco a poco, pues puede que sea así pero ésta semana por lo menos aquí eso no se ha notado mucho, todos los días ha hecho un frío impresionante, incluso de cero grados para abajo y se veía a la gente bien tapada por la calle con solo los ojos a la vista.

HOTZITXU, HOZTU. Enfriarse. **K.** Bai, esandako bezela egun honeitan ondo hotzitxuta ibiligara, egunero dardarabaten lanien eta ni bentzet amorratzen etxera allegatzeko, aurrena dutxa ur ondo beruekiñ hartu eta gero estufa ondotxuen jarri. **T.** Sí, cómo hemos dicho estos días pasados nos hemos enfriado bien, todos los días temblando de frío en el trabajo y yo al menos rabiando de llegar a casa, primero ducharme con agua bien caliente y luego sentarme al lado de una estufa.

HOTZ-BERUE. Sensación de escalofríos. Pueden ser los síntomas de un principio de enfermedad, cómo gripe por ejemplo, . **K.** Eztakitx enazen hasi zerbaitx arrapatzen, sudurra daixola dauket eta hotz-beruaz be banabill, derrepentien izerditxen hastenaz ta gero estalkixaz tapa-bierra izetendot hotza kentzeko. **T.** No sé si no he empezado a pillar algo, la nariz me está goteando y también ando con escalofríos, de repente empiezo a sudar y a continuación tengo que taparme con una manta para quitar el frío.

HUNKIGARRIXE. Emocionante. **K.** Oso ondo gogoratzenaz nola lenau Artxandako joku parkera fategiñen semiek txikiñek zienien, oñ eta aspalditxik itxita dau, hareik alde guztuetan sartzezien baña nik, naiz da akaso hunkigarrixek izen, bildur pixkatekiñ eta errespeto haundixekiñ beiketanitxun katxarro hareik. **T.** Me acuerdo muy bien de cómo antes solíamos ir al parque de juegos de Artxanda cuando los hijos eran pequeños, ahora y desde hace mucho tiempo está cerrado, aquellos se montaban en todos los sitios pero yo, a pesar de que pudieran ser emocionantes, miraba a aquellos aparatos con un poco de miedo y mucho respeto.

HURA. Aquello. **K.** Zuk eztozu errex ulertzen aiñdutakue, nik eztotzut esan ekartzeko hau, esandotzut beste han dauen hura bierrien nauela ta fateko haren billa, ba orduen badakitzu oñ ze inbierra daukotzun eta axkar gañera, eruen hau bere tokira ta ekarri eskatutakue. **T.** Tú no entiendes muy bien lo que se te manda, yo no te he dicho que traigas ésto, te he dicho que estoy a falta de aquello que está allí y que irías a buscarlo, pues entonces ahora ya sabes lo que tienes que hacer y además rápidamente, llevar eso a su sitio y traer lo que te he pedido.

HURRENGO, HURRENGUE. El siguiente. **K.** Eztot ulertzen zeatik hor erozeiñ modutan zarien, ondo jarribikou illeran ba?, aber, zu etorrizara lelengo ta jarri aurrena, gero ni naz eta zu zara nere hurrengue, ta bestiek etorri-hala fangodie jartzen bakotxa bere tokixen. **T.** No entiendo porque estaís ahí de cualquier modo, ¿tendremos ponernos bien en la fila pues?, a ver tú eres el que has llegado antes y ponte el primero, luego soy yo y el siguiente eres tú, y los demás ya se irán colocando en su sitio a medida que vayan llegando.

HURRITZA. El árbol del avellano. **K.** Ixe ziur nau ze lenau hurritz geixau eozela, egunero itxendot mendi-buelta txikibat eta nere ustez oso gutxi ikusteitxut, eta dendetan be eotendien urrak kanpokuek izetendie, bertakoik dienik ixe ezer ez. **T.** Estoy casi seguro de que antes había más árboles de avellano, yo todos los días doy una pequeña vuelta por el monte y creo que suelo ver muy pocos, y también las avellanas que están en las tiendas son de fuera, no hay casi ninguna que sea de aquí.

HUSKERIXIE, HUSKERIXEBAT. Menudencia, sin importancia, sin valor. **K.** Ezaitxeze keskatu horreatik zeatik ezta ezer inportik ezpada asaltzen galdudoten erastun hori, manteruei erosinutzen eta huskerixabat besteik ezan. **T.** No os preocupeís por eso porque no tiene ninguna importancia si es que no aparecece el anillo que he perdido, se lo compré a unos manteros, era una menudencia y no tenía ningún valor.

HUTZ, HUTZA. Cero. **K.** Zuk ondion berdiñ jarraiketandozu arraiñ horreik saltzeko asmuaz, baña akaso ezara konturatzen iñok eztotzula erosiko, ero?, aldebatetik eta daukotxun bezela ikusitxe eztie fixauko ondo dazenik eta kasualitatez bateonbatet hartenbotzu, badakitzu zenbat emungotzun horreikatik?, ba gauza gutxi, ixe hutza. **T.** Tú todavía sigues con la idea de vender ese pescado, ¿pero acaso no te das cuenta de que nadie te lo va ha comprar, o qué?, por una parte y viendo de que manera los tienes no se fiarán de que estén en buen estado y si por casulidad alguien te los cogería, ¿sabes cuanto te daría por ellos?, pues poca cosa, casi cero.

HUTZ, HUTZA. Fig, se dice por el hecho de haber cometido un fallo. **K.** Atzo astelena zan eta Tolosaza fangiñen pelota partidue ikustera, ba etxien geratubagiñen askoz hobie izengozan, aldebatetik sarrerako diruik gastau-bierrik ez ta bestaldetik ezauen zeatik ikusirik partido naskagarri ha, siñistu eziñeko hutz pilla inzitxuen bi atzelari hareik. **T.** Ayer fue lunes y fuimos a Tolosa a ver el partido de pelota, pues hubiese sido mucho mejor que nos hubiésemos quedado en casa, por una parte no tendríamos que haber gastado el dinero de la entrada y por otra no hubiésemos tenido que ver aquel partido asqueroso, fue increíble la cantidad de fallos hicieron aquellos dos zagueros.

HUTZA, HUTZIK. Vacío. **K.** Bidoi horreik nahiko hutzak daz eta hasizaitxez betetzen, baña pixkanaka zeatik ezta komeni daixola jartzeik, badakitzu zer gertaujakun aurrekuen, lur guztie uraz bete eta txarri iñde geratuzala. **T.** Esos bidones están bastante vacíos y empieza a llenarlos, pero poco a poco porque no conviene que rebosen, ya sabes lo que nos pasó la vez anterior, que todo el suelo se llenó de agua y quedó hecho una guarrada.

HUTZA. Fig, se dice por una poquita cosa. **K.** Etorrinaz untzak erostera baña gauza gutxi bierkoitxuk lana bukatzeko, ixe hutza ta aukera baldinbadau pakete osue es erueteko eskukara parebatekiñ konpondukonaz. **T.** He venido a comprar clavos pero necesito muy poquita cosa, solo unos pocos para poder terminar el trabajo y si hay oportunidad de no llevar un paquete entero me arreglaré con un par de puñados.

HUTZUNA. Carencia. **K.** Fandan urtien ta fabrika itxi ondoren Doroteo lan-barik geratuzan, oñ parue bukatzen haijako eta familkixa hasida hutzun pixkatekiñ, bera sigero alegintzen haida aldebatetik bestera lan berribat billatzeko baña oñartien bentzet eztau ezertxorik lortu. **T.** Después de cerrar la fábrica el año pasado Doroteo se quedó sin trabajo, ahora el paro se le está terminando y la familia ha empezado a notar ciertas carencias, él anda continuamente de un sitio para otro haciendo todos los posibles para encontrar un nuevo trabajo pero hasta ahora por lo menos no ha conseguido nada.

HUZTU. Vaciar. **K.** Bai, han ezaukoun aukeraik eta egixe da esautzuetela betetzeko bidoi horreik urakiñ goiko txabolara erueteko, baña gauza da goraño betedozuela ta oñ larreiko pixue daukie furgonetan kargatzeko, ba oñ huztu inbikoitxue zertxobaitx. **T.** Sí, allá no lo podíamos conseguir y es verdad que he dicho que llenaseís esos bidones de agua para llevarlos a la txabola de arriba, pero la cosa es que lo habéis llenado hasta arriba y ahora pesan demasiado para cargarlos en la furgoneta, pues ahora tendreís que vaciarlos un poco.

IXILIK DAUENA EZTAU GEZURRIK ESANGO.
EL QUE ESTA CALLADO NO DIRA MENTIRAS.

IA. Casi. **K.** Etxatzu asko geratzen goraño allegatzeko ba, ia bertan zara, eon baldinbazan hamabost zentimetro berau ondo heldukoziñen baña hori falta, ero bestaldera, zuk eukibazauen hamabost geixau ondo allegaukoziñen, baña kasu hontan gertatzenda eztauela ez bata eta ez bestie. Gañera eta nola ezer eztaukoun, ba bixer zerreozer ekarribierrien izengogara. **T.** No te hace falta mucho para llegar arriba pues, si estaría quince centímetros más bajo alcanzarías bien pero eso falta, o al revés si tú tendrías quince más también llegarías bien, pero en este caso pasa que no hay ni una cosa ni otra. Además y cómo no tenemos nada, pues mañana tendremos que traer alguna cosa.

IA. Ya. **K.** Benga, ia ordue dok lanien hasteko eta mobitzen hasibikoaz ba, ordu-erdi pasa deitxustat eta ondion hor oien jarritxe hauala ikusteaut, eta ondion komunetik pasa ta gosaldu inbierra daukek, ero akaso asmue daukek zuzenien fateko ugetik lanera?, ba heuk ikusikok zeatik neri etxatek hori bape inportik. **T.** Venga, ya es hora de empezar a trabajar y tendrás que empezar a moverte pues, te he llamado hace más de media hora y todavía te veo que estás sentado en la cama, y todavía tienes que pasar por el báter y desayunar, ¿o acaso tiene intención de ir derecho de la cama al trabajo?, pues tú verás porque a mí eso no me importa en absoluto.

IA-IA. Casi casi.

(Ver la dfinición de hortxe-hortxe).

IASTA. Ya está. **K.** Bueno ba, iasta, kostata baña hau bentzet bukauta geratuda, eta aber oñ ze beste gauza dauken itxeko nagusixek, eztot uste asko izengodanik zeatik ixe urtetzeko ordue da, akaso ezer ez eta fateko esangodau, halaere etxoiñ inbikou bera etorri hartien. **T.** Bueno pues, ya está, ha costado pero esto por lo menos ya ha quedado terminado, y a ver ahora que otra cosa tiene para hacer el jefe, no creo que sea mucho porque casi es la hora de salir, quizá nada y nos dice que nos marchemos, aún así habrá que esperar hasta que él venga.

IBAIA. Río.

(Ver la definición de erreka).

IBARGIXE. Lugar claro, despejado a la vega de un río. **K.** Hemen Euskalherrixen eztau toki askoik ibargi dienak, ez bentzet Gipuzku ta Bizakaia aldien eta inguru honeitako geixenak mendi hartien bizigara, halaere lekubat bai esauketandot Orixo ta Agiña tartien, han bai dau izugarrizko ibargixe Oria erreka albuen. **T.** Aquí en Euskalherría no hay muchos lugares despejados a la vega de los ríos, al menos no en los alrededores de Gipúzkoa y Bizkaia y por estos pagos casi todos vivimos entre montañas, aunque sí conozco un claro que es enorme en un lado del río Oria, entre Orio y Aguinaga.

IBARRA. Ribera del río. **K.** Hernani ta Goizueta birien ibarra haundibat dau eta zoragarrixe da bazkaixe hartu eta egun-pasa fateko familixakiñ, giro ona baldinbadau bentzet, dana keixpetan, nahiko toki eoteko bere mai ta aulki harrizkuaz eta naidauenak be badauko parrilla, ah, eta parien taberna kafie ero beste zerbaitx hartzeko bebai, eta komuna. **T.** En la carretera entre Hernani y Goizueta hay un lugar magnífico en la ribera del río para ir con la familia a pasar el día llevando una comida campestre, al menos si es que acompaña el tiempo, está todo a la sombra, suficiente sitio con mesas y bancos de piedra y también parrilla para el que quiera, ah, y enfrente un bar para tomar café o lo que se quiera, y servicio.

IBILALDIXE, IBILLERA. Marcha, caminata. **K.** Badakitx zapatue dala baña alegiñdu bentzet axkar xamar eta etxura dexentiaz faten ugera, badakitzue bixer ibilaldi nahiko latza ta luzie daukoula eta komenida modu onien eotie, bape bixamonaz ero bentzet larreiko-barik. **T.** Ya sé que es sábado pero al menos intentar ir bastante pronto y en buenas condiciones a la cama, ya sabeís que mañana tenemos una fuerte y larga caminata y conviene estar en buena forma, sin aje alguno o al menos con no demasiado.

IBILI, IBILLI. Andar, caminar. **K.** Lengo egunien Melitonek esauzten medikura fanzala iñauen analisan emaitzak jasotzera eta nakiko gaizki ziela, kolesterola oso goixen eta baitxe beste zerbaitzuk be, errieta pixkat iñ ondoren medikuen agindue izen omenzan asko ibiltxeko ta izteko erretziei. **T.** El otro día me dijo Melitón que fue al médico a recoger los resultados de los análisis y que estaban bastante mal, el colesterol muy alto y también algunas otras cosas más, que después de que el médico le hizo unos cuantos reproches éste le recomendó que caminase mucho y dejase de fumar.

Aspaldiko esaerabat: Txapeka buruan eta ibili munduan.

Un viejo proverbio vasco dice que con una boina en la cabeza se puede andar por el mundo.

IBILI. (Ibiliaz), gara, koaz, konaz, kozara, kozare, kozarie.

Beste aspaldiko esaerabat: Ibili gabien, logurie goixien.

Un viejo proverbio en euskera dice que andar de noche, sueño a la mañana. (Noches alegres, mañanas tristes).

IBILI-BIERKO. Que remedio, tener que hacer algo necesariamente. **K.** Hau da marka baña eztauket beste erremeixoik, derrigorrez ibili-bierko andriek zorionetan erregalautako txamarra, gañera dauken kolore xelebre horreikiñ, nere ustez larreiko zatarra da baña gauza da asarretu ingodala ezpot jantzitxe erueten, eta euetenbot ezta askoz hobie izengo zeatik barre inguztie. **T.** Vaya problema pero no tengo otro remedio, tendré que llevar a la fuerza la txamarra que me ha regalado la mujer en el cumpleaños, además con esos colores tan raros que tiene, para mi gusto es demasiado fea pero la cosa es que si no la llevo puesta se puede enfadar, y si la llevo no será mucho mejor poque se reirán de mí.

IBILTXEAZ. Ya andas, caminas. **K.** Hi bai ibiltxeaz eta akaso baitxe larreitxo be, etxakixat nundik ataratzenduan holako iñder, sasoi eta denpora hainbeste kilometro itxeko egunero, eta hire anaiek itxenbajuan hik itxenduan erdixek nik ustejuat askoz hobeto ibilikozala oñ dabillen baño. **T.** Tú si que andas y quizá hasta también demasiado, no sé de donde sacas tanta fuerza, salud y tiempo para hacer tantos kilómetros todos lo días, y si tu hermano haría la mitad de lo que tú haces yo creo que andaría mucho mejor de lo que anda ahora.

IDATZI. Escribir. **K.** Luisjose nere anaie bai dala fenomenue, harek eztitxu idazten liburuek banan banan, nahiko kapazidadie dauko bi, hiru ero lau batera idazteko eta serixo hastendanien saltzen liburu horreik laister aberaztukoda, baña beno, bier izen-ezkero bestiok be hemen gara pres laguntzeko gastatzen irabazteitxun diru horreik. **T.** Mi hermano Luis José sí que es un fenómeno, aquel no escribe los libros de uno a uno, tiene capacidad para escribir dos, tres o cuatro a la vez y cuando empiece a vender los libros en serio se hará rico enseguida, pero bueno, si es que haría falta aquí estamos también dispuestos los demás para ayudarle a gastar el dinero que gane.

IDAZLIE. Escritor. **K.** Beno, goixen jarridot nola Luisjose anaiek liburuek idaztendauela, eztotena jarri da baña asmatzeko errexa da, idazle pertzona horrei idazlie deitzejakola, eta kasu hontan idazle honek buruz komestatzen haigarena, aukera haundixe dauko oneneitakue izeteko. **T.** Bueno, ya he puesto arriba que mi hermano Luis José escribe libros, lo que no he puesto pero es fácil de adivinar, es que a la persona que escribe libros se le llama escritor y en éste caso sobre el escritor que estamos comentando, tiene muchas posibilidades de ser de los mejores.

IDAZTEN. Escribiendo. **K.** Ba Herminiok esatendau berak eztakixela ezertxorik ordenadoren buruz eta ikesten hasteko be eztaukela bape asmoik, eta gutxiau gogoik, oñ apenas idazten omendauela ixe ezer baña bier izen-ezkero betiko bezela ingolaukela eta ez gauza xelebre horreikiñ. **T.** Herminio suele decir que él no sabe nada de ordenadores y que tampoco tiene ninguna intención de empezar a aprender, y menos ganas, que ahora apenas escribe casi nada pero si le hiciese falta lo haría cómo siempre y no con esas cosas tan raras.

IDEIA. Idea, imagen. **K.** Atzo gabien, eztakitx amesetan ero esna nauen, burura etorrijaten ideia hori, eta zan aber hurrengo bozketa tokatzezanien iñor ezgaran faten botatzera, eta hala aber beingoz argitzendien sikera pixkat daukoun politiko honeik. **T.** Ayer a la noche, no sé si soñando o despierto, me vino una idea a la cabeza, y era a ver si cuando toquen las próximas votaciones no vamos ninguno a votar, y a ver si así éstos políticos que tenemos espabilan de una vez siquiera un poquito.

IDELTZERUE. Albañil. **K.** Lengo ideltzeruek ideltzeixako lan guztiek itxezitxuzten, oñ berriz lan bakotxak bere ezpezialistak daukie, tabikatzeko, raseorako, azulejatzeko eta abar. Esan-baterako oñ obra bakoitxetik hamar lagun pasatzendie lan berdiñe itxeko eta len akaso bi bakarrik eongozien, baña hau ezta txarra, bestaldera, ona da zeatik gauzak askoz axkarrau itxendie, eta noski hala bukatu be. **T.** Los albañiles de antes hacían todos los trabajos relativos a la albañilería, ahora en cambio cada materia tiene sus especialistas, para tabicar, rasear, azulejar, etc... Por ejemplo, ahora en cada obra pasan diez personas para hacer el mismo trabajo y antes quizá solo estaban dos, pero ésto no es que sea malo, al contrario, es bueno porque las cosas se hacen mucho más rápidas, y claro así también terminar.

IDERRA. Guisante. **K.** Fandan urtie oso ona izenda gure ortuen iderrantzako, onak ta ugeri jasogitxuen eta nere andrie oso pozik geratuzan, ta aurten be ustedot, momentuz bentzet, nahiko ondo doiela naiz da euri ugeri iñ eta gero baitxe izotz pixkat be. **T.** El año pasado fue muy bueno en nuestra huerta para los guisantes, recogimos muchos y buenos y mi mujer se quedó muy contenta, y éste año creo, al menos de nomento, que también va bastante bien a pesar de toda la lluvia que ha caído y unas pocas heladas que hizo después.

IDIPROBAK, IDI-PROBAK. Pruebas de bueyes que consiste en arrastrar piedras cuánta más distancia mejor. **K.** Nik eztitxut idiproba asko ikusi, beiñ Aizarnazabalen ta bi ero hiru bider Aian. Eta etxat bape gustatzen, amorrue ta pena galanta emutendau ikustie idi gixajuek odola daixola hainbeste akulukara hartu ondoren. **T.** Yo no he visto muchas pruebas de bueyes, una vez en Aizarnazábal y dos o tres veces en Aia. Y no me gusta nada, da mucha rabia y pena ver a los pobres bueyes echando sangre después de recibir tantos pinchazos.

IEPA! Saludo que se utiliza cuando se ve a una persona conocida y sirve lo mismo en euskera que en castellano.

IGANDIE. Domingo. **K.** Garai baten, oso aspaldi eta ondion nahiko mutiko, oitura mesetara fatie igande guztietan izetezan ta egixe esanda ezgiñen betik faten baña geixenetan bentzet bai. Orduen kustiñue zan ez fatiaz pekatuen geldiketazitzela eta pekatu hori parkatzeko konfesanoixotik pasa-bierra zala, eta hemen be bere gora-berak eotezien, izenik enoie jartzen baña abarebat hauen ixe iñok ezauela nai fateik bereana, gazte jentien aldetik bentzet. Eta zeatik zan hau?, ba begira, garai hartan hiru abare eozen, beste bixek nahiko etxurazko penitentzi bielketazitxuen, esan-baterako bi ero hiru Aitagure eta beste-hainbeste Abemari, baña esaten haigarena kapaz zan dozena parebat bieltzeko bakotxetik, noski belaunikauta, eta askoz geixau ordaintzie pekatu berdiñatik guri etxakun iruitzen gauza normala zanik, eta ba hori… Halaere esan-bierra dauket gizon ona zala. **T.** En un tiempo, hace mucho ya y todavía bastante chavales, la costumbre era el de acudir a misa todos los domingos, la verdad es que no íbamos siempre pero al menos la mayoría de las veces sí. Entonces la cuestión era que con la no asistencia te quedabas en pecado y que para perdonar el pecado ese había que pasar por el confesionario, y aquí también había sus más y sus menos, no voy a poner nombres pero había un cura al que casi nadie quería ir donde él, al menos entre la gente joven. ¿Y porqué era eso?, pues mirar, en aquellos tiempos había tres curas, los otros dos imponían unas penitencias bastante adecuadas, por ejemplo, dos o tres Padrenuentros y otras tantas Ave Marías, pero éste otro que estamos diciendo era capaz de mandarte un par de docenas de cada, de rodillas claro, y a nosotros no nos parecía normal el tener que pagar mucho más por los mismos pecados, y pues eso… Aún así tengo que decir que era un buen hombre.

IGARO, IGARON. Pasar, cruzar, atravesar, trasladar, tranportar. **K.** Beno ba, amaitudou obra hau ta oñ geratzenda garbitxu ta txukun iztie barru alde guztie. Hori bi ero hiru lagun hartien iñizue ta bestiok hasi banatzen trasto ta herraminta guztiek, eta bixer igaro almazenera erueteko. **T.** Bueno pues, ya hemos terminado la obra y ahora nos queda limpiar y dejar decente toda la zona interior. Eso lo haceís entre dos o tres y los demás emprezar a recoger y reunir todos los trastos y la herramienta, y mañana empezaremos con los traslados para llevarlos al almacén.

IGARPENA, IGERPENA. Predicción. **K.** Bixerko egunien, domeka, hortik zier egun-pasa fateko asmuaz giñen eta etxuraz giruen igerpena ezta bape ona, hotzatik ezta asko inportik baña esatendauen bezela euri dexente itxeko aukera dauela. **T.** El día de mañana, domingo, teníamos la idea de ir por ahí a pasar el día pero la predicción del tiempo no es nada buena, por el frío no importa mucho pero dicen que hay probabilidades de que llueva bastante.

IGELA. Rana. **K.** Diputaziñue ia aspalditxotik hasida prestatzen, Igeldo ta Orixo tarteko mendixen eta baitxe Ulian be, toki batzuk sakonien euri ura jasotzeko eta bertako igelak han eon ta bizideixen, hori bai, dana ondo hesituta buelta guztien. **T.** La Diputación desde hace ya algún tiempo ha empezado a preparar en el monte entre Igeldo y Orio y también en Ulía, unos espacios en sitios bajos para recojer el agua de la lluvia y puedan estar y vivir las ranas que son originarias de aquí, eso sí todo bien cerrado y vallado.

IGERI. Nadar. **K.** Guk Atxabalta monjetako presan hasigiñen igeri, noski ezan eurona baña izen xelebre hau esategutzen, uda partien ezan ur asko eoten baña gu, ondion mutikuek han ibiltxegiñen eta neskak berriz beste tokibat haukien ta hara fatezien, gogoratzenaz nola hasieran igeri itxegauela txakurrak itxendauen bezela baña denporiaz, iñok erakutzi-barik eta pixkanaka fangiñen ikesten zertxobaitx geixau. **T.** Nosotros empezamos a nadar en la presa de las monjas de Aretxabaleta, claro está que no era de ellas pero con ese nombre tan curioso le citábamos, en verano no solía haber mucha agua pero nosotros, todavía chavales allá andábamos y en cambio las chicas tenían otro sitio y allá solían ir, recuerdo que al principio nadábamos como lo hacen los perros pero con el tiempo, sin que nadie nos enseñase y poco a poco ya fuimos aprendiendo un poco más.

IGERIZ. Nadando. **K.** Brauliok askotan iñ izendau Getari eta Zaratuz tarteko igeriko trabesia, eta oñ guredau Zarauztik Orixoraño igeriz fan eta bueltau, eta entzunde dauketen bezela badie erditxik aposta bat ero beste lagun hartien bazkai batzuk jokatuaz. **T.** Braulio ha hecho muchas veces la travesía a nado entre Getaria y Zarautz y ahora lo que quiere hacer es ir y volver nadando entre Zarautz y Orio, y según he oído parece que entre los amigos hay alguna apuesta que otra de por medio jugando algunas comidas.

IGERRA. Flaco, muy delgado. **K.** Koloresko jente hori korrikan itxendauen maratoi ta beste karrera tipoko horreik siñistu eziñeko igerrak izetendie, eta ziur nau bakotxak eztitxula pixauko berrogetamar kilo be, ba noski, hala erozeñek. **T.** Esa gente de color que corre los maratones y otras carreras de ese tipo suelen ser increíblemente delgados, y estoy seguro que cada uno de ellos no pesa ni cincuenta kilos, pues claro, así cualquiera.

Aspaldiko esaerabat: Morroie bada kolore illuna eta igerra, haren ondo ingoitxu ortuko beharra.

Un viejo proverbio vasco dice que si el criado tiene la cara oscura y es flaco, aquel hará bien los trabajos de la huerta.

IGERRI. Adivinar, acertar, darse cuenta. **K.** Tipo hori nahiko eskutu ta ixilixen dabill eta ezta larreiko zalla igerri itxie zer guredauen, nabarmen dau horren asmue dala, guk beñ alde itxendounien, inguratu hontara aber ze aukera dauken zerreozer manejatzeko. **T.** El tipo ese anda bastante a escondidas y en silencio y no es difícil de adivinar que es lo que quiere, está claro que su intención es, una vez que nosotros nos vayamos, acercarse por aquí y ver si hay alguna oportunidad para llevarse algo.

IGERTU. Secar, marchitar. **K.** Noski baietz, garbi esangutzen noixienbeñ erregatzeko lorak gu kanpuen izetegaren bitxartien, baña etxuraz akordatziaz astu iñda zeatik bueltaugarenien sigero igertuta eozen lora guztiek, oñ andriek esatendau eztakixela berpiztukodien. **T.** Sí, claro que le dijimos que regase las flores de vez en cuando mientras nosotros estábamos fuera, pero parece ser que se ha olvidado de acordarse porque cuando hemos vuelto todas flores estaban completamente marchitas, ahora la mujer dice que no sabe si podrán revivir.

IGERTU. Adelgazar, enflaquecer. **K.** Aspalditxik ikusi-barik nauen eta gaur arritxuta geratunaz kalien alkartunazenien berakiñ, ezta hainbeste denpora ehun kilotik gora hauken ta oñ berriz figuriñbat emutendau, esatendau asko igertudala korrikan hasidanetik. **T.** Hacía mucho tiempo que no le había visto y hoy cuándo me he juntado con él en la calle me he quedado asombrado, no hace tanto tiempo pesaba más de cien kilos y ahora parece un figurín, dice que ha adelgazado mucho desde que ha empezado a correr.

IGERTZENDA. Ya se nota. **K.** Nola igertzendan zeñek dauken diru asko, Inozentzio bezela eta beleike harrokeixa pixkateatik izetie, sartzendan taberna danetan betik haida gonbidau guran han eotendan jente guztiei eta askok ondo gustora hartzeitxue gonbite horreik. **T.** Que bien se nota quién tiene mucho dinero, cómo Inocencio y puede que sea un poco por presumir, a todas las tabernas a las que entra está queriendo invitar a toda la gente que está allá, y muchos bien a gusto que aceptan la invitación.

IGERTZENDA. (Igertzendok), don, dot, dozu, dozue.

IGETEIXE. Hoz. **K.** Batzuetan ze ondo etortzendan igeteixe, Josu baserrira bizitxen fanzanien bat derrigorrez erosibierra izenauen etxeko terreno bueltak garbitzeko, sikera pixkat zeatik hainbeste urte ezer inbarik dana hauen sazixaz betie. **T.** Que bien viene a veces una hoz, cuando Josu fue a vivir al caserío necesariamente tuvo que comprar una para limpiar los terrenos alrededor de la casa, siquiera un poco porque después de estar tantos años sin hacer nada todo aquello estaba lleno de maleza.

Aspaldiko esaerabat: Apaizai etxako igeteik galtzen.

Un viejo proverbio vasco dice que al cura no se le pierde la hoz.

IGEX, IGEXI. Escapar, huir. **K.** Nahiko axkar ibillida tipo hori igex itxeko lapurreta iñ ondoren, ikusidauenak esandaue kutxa aurrien haukela kotxie ta abiadura guztiekiñ alde iñdauela, baña halaere eztau emuten nahikue izendanik zeatik segitxuen arrapautzie, gero enteraugiñen herritik urten besteik ez gasolina-barik geratuzala. **T.** Después de haber cometido el robo ese tipo ha andado muy rápido para escapar, los que lo han visto han dicho que tenía el coche delante de la kutxa y que se ha alejado a toda velocidad, pero aún así parece ser que no ha sido suficiente porque enseguida le han pillado, luego nos enteramos que nada más salir del pueblo se quedó sin gasolina.

IGEXIEN. Escapando, huyendo. **K.** Gaurko egunkariak albistebat ekartzendau atzoko lapurretan buruz, ertzaina izendala lapurra arrapaudauena ondion igexien hauela, oñez noski, etxuraz kilometro batzuk, gutxi, ibili omendie bere atzien, baña naiz eta tipue axkarra izen laister obatu izenauen. **T.** El periódico de hoy trae una noticia en relación al robo de ayer, que la ertzaina ha sido la que pilló al ladrón cuando todavía estaba escapando, a pié claro, parece ser que anduvieron persiguiéndole durante algunos, pocos, kilómetros y a pesar de que era un tipo rápido pronto le debieron de agarrar.

IGEZ. El año pasado. **K.** Atzo soziedadeko afaixen Eustakio komestatzen ibillizan igezko urtie oso ona izen omenzala beretako, aldebatetik bera eta bere famiixa guztie ondo eta sasoiztu eondielako eta bestaldekik diru dexente irabazitxe dalako primitiba horretan. **T.** En la cena de ayer en la sociedad Eustaquio estuvo comentando que el año pasado fué muy bueno para él, por una parte porque han estado bien y llenos de salud tanto él cómo su familia y por otra porque le ha tocado bastante dinero en la primitiva esa.

IGO. Subir **K.** Ez, ez pentza nahikue iñdozula ekarridozulako pakete hau atarteraño, eta gañera badakitx zer gertaujatzun, bildurtu inzarela eztozunien asensoraik ikusi, ba mutill sentitzendot eta penagarrixe izengoda baña hau bigarren pixuraño igo inbierra daukotzu. **T.** No, no pienses que ya has hecho lo suficiente trayendo este paquete hasta el portal, y además ya sé lo que te ha pasado, que te has asustado cuando has visto que no había ascensor, pues chaval ya lo siento y será una pena, pero ésto lo tienes que subir hasta el segundo piso.

IGO. (Igokok), kon, kot, kozu, kozue.

IGOERA. K. Subida. Generalmente la palabra se refiere a una competición. **K.** Etxuraz asken asmakizunak mendi igoera lehiaketak jartzie omendie, eta esan-baterako asteburu hontan ta periodikok ekartzendauen bezela bi daz, zapatuen Hernixokue eta Anbotokue domekan, hainbestien eta tipo hontakuek baleike balekuek izetie baña susmue dau laister gauez izengodiela. **T.** Parece ser que las últimas ocurrencias son el poner competiciones de subida a los montes y según pone el periódico este fín de semana hay dos, el sábado la de Hernio y la de Anboto el domingo, hasta cierto punto y los que son de este tipo podrían valer pero se oye que pronto los quieren poner de noche.

IGORKETA, IGORPENA. Remesa, envío. **K.** Gaur goixien beitzen ibillinaz atzoko igorketan etorrizien melokotoi kaja batzuk, eta zuek be esanbikozue ze iruitzejatzuen baña nik bentzet danak bueltaukounauen zeatik ikusitxuten geixenbak erdi ustelak eozen. **T.** Hoy a la mañana he estado mirando unas cajas de melocotones de la remesa que trajeron ayer, y vosotros también tendréis que opinar pero yo al menos los devolvería todos porque de los que he visto la mayoría estaban medio podridos.

IGUALA. Igual.

(Ver la definición de berdiña, berdiñe).

IGUAL-DA, IGUAL DA. Es lo mismo. **K.** Neretako sigero igual-da ze eskatzendozuen postre bezela zeatik nik eztot beste ezer nai, bi plater babarrun janditxut ta horreikiñ nahikue ta sobre daukek, eta gñera esangonauke ze momentu hontan nere estomago gixajue larreiko astune dauela. **T.** Para mí es lo mismo lo que pidaís de postre porque yo ya no quiero nada más, he comido dos platos de alubias y con eso tengo suficiente y de sobra, y además yo diría que en este momento mi pobre estómago está demasiado pesado.

IGUALIEN. Situaciones o condiciones parecidas. **K.** Aposta itxeko asmue badaukotzue aber zeñek moztu axkarro xei enbor horreik hobeto izengozue igualien itxie, hastenbazare diskutitzen ze egur eruen buruz, ero esaten zuk ekarridozun hori ezta nere gustokue, ezare sekula komponduko, erdixek bakotxak eta kitxo. **T.** Si teneís la idea de hacer una apuesta a ver quién cortar más rápido esos seis troncos es mejor que lo hagaís en las mismas condiciones, si empezaís a discutir sobre la madera a llevar, o diciendo esa que tú traes no es de mi gusto, no os arreglaréis nunca, la mitad cada uno y listo.

IGUALMENTE. Quiere decir lo mismo y también se utiliza cómo respuesta a un saludo. **K.** Ze oitura xelebre daukoun batzuk, eta hau esatendot zeatik askotan alkartu esagun norbaitxekiñ kalien ero beste eroxeiñ tokitxen, honek esan egunon, atzaldeon ero gabon, eta askotan gure erantzuna erderaz izen esanaz, igualmente. **T.** Que costumbre más curiosa tenemos algunos, y digo esto porque cuando te juntas en la calle o en algún otro sitio con algún conocido y te saluda, en euskera, diciendo buenos buenos días, tardes o noches. lo lógico sería también responderle en euskera diciendo berdiñ, y sin embargo lo hacemos en castellano con el igualmente.

IGUALTZU. Bastante o muy parecido. **K.** Atzo gauzabat bueltaunotzun, aldebatetik enotzulako holakue eskatu ta bestaldetik bieldutako hori sigero zatarra zalako, eta gaur ekarridozuna be sigero igualtzue dala ikustendot, ze gertatzenda, eztauela ero eztaukotzula besteik? **T.** Ayer te devolví una cosa, por una parte porque no te lo había pedido así y por otra porque lo que me mandaste era extremadamente feo, y veo que también el que me has traído hoy es muy parecido, ¿qué pasa, que no hay o que no tienes nada más?

Aspaldiko esaerabat: Alper eon eta alperreko lanak, igualtzuek.

Un viejo proverbio vasco dice que estar haciendo el vago y los trabajos sin utilidad son iguales.

IGUÑA. Asco, repugnancia. **K.** Pertzona horrek eztotzue iguña emuten?, nere ustez ezta sekula garbitzen ta ez sikera erropaik aldatu, betik dabill erropa sikiñ horreikiñ eta tabernan alkartu-ezkero eziñda eon bere onduen botatzendauen useñakiñ. **T.** ¿Esa persona no os da un poco de asko?, a mí me parece que no se lava nunca y que tampoco se cambia de ropa, siempre anda con esa ropa sucia y si te juntas con él en la taberna no se puede estar a su lado por el mal olor que desprende.

IGUÑDU. Asquearse, repugnar. **K.** Batzui entzunde dauket asko gustatzejatiela ikulluen eotendan useñe, bai, ximaurra horrena, eta neri bentzet, ta beste askoi ustedot, iguñdu itxenau useñ horrek, nola da posible halako desberdiñek izetie pertzonak? **T.** A algunos les tengo oído que les gusta el olor que suele haber en las cuadras, sí, ese del estiércol, a mí en cambio, y creo que a otros muchos, me asquea ese olor, ¿cómo puede ser posible que las personas seamos tan diferentes?

IGUÑGARRIXE. Persona o cosa repugnante. También fig. se dice de la que es muy fastidiosa. **K.** Badakitzu ze ekarridozun hori sekulako iguñgarrixe dala?, eta jakiñleike ze pasaujatzun burutik txarrirren buru hori ekartzeko?, eta ikusidozu nola umiek axkar igex iñdauen ikusi besteik ez ondion odol tantuek botatzen haizala. **T.** ¿Ya sabes que eso que has traído es absolutamente repugnante?, ¿y se puede saber que se te pasado por la cabeza para traer esa cabeza de cerdo?, y ya has visto cómo lo críos se han escapado rápidamente nada más que han visto que todavía estaba gotenado sangre.

IGURTZI. Restregar, masajear. **K.** Anbrosio illoban alaba, Mari Pili izena, pillabat gustatzejako igurtzi itxie bixkar aldien eta sarri eskatzeutzo bere amamai hori itxeko, eta honek esatendau urruma asko atarateitxula hori itxejakonien. **T.** A la hija de la sobrina de Ambrosio, se llama Mari Pili, le gusta mucho que le froten la espalda y se lo pide muchas veces a su abuela, y ésta dice que se le oyen una especie de ronroneos de satisfacción cuando se le hace eso.

IJITXANUE, IJITXUE. Es la persona de raza gitana. En un tiempo también se decía, fig. por la persona dada a la rapiña, desagradable, malencarada, etc, **K.** Garai baten ijitxuek aparte bezelako pertzonak izetezien eta modu berdiñien bizi be, dana ta danetik aparta eta halzan urruti, orduen bi mundu mota bezela zan, beraik aldebatetik ta guk bestaldetik, sekula alkartu-barik eta oñ ustedot gauza horreik asko aldatzen haidiela. **T.** En aquellos tiempos los gitanos eran unas personas así cómo muy ajenas y también vivían del mismo modo, apartados de todo, de todos y lo más alejados posible, entonces era como si fuesen dos mundos, ellos por una parte y nosotros por otra, sin juntarnos jamás y ahora creo que esas cosas están cambiando mucho.

IJITXOKEIXAK. Literalmente quiere decir gitanada. Fig. se dice por la persona dada a falsear, engañar y a mentir. **K.** Oñ eztie entzuten gauza horreik baña lenau erozeiñ pertzonak ezbierreko gauzanbat iñezkero, laister esatezan ijitxokeixat ziela ero baleike beste zerbaitx txarraue be, eta esan-baterako txarrikeixa bezela. **T.** Ahora no se oyen esas cosas, pero antes si una persona hacía alguna cosa indebida pronto se decía que había cometido una gitanada o puede que algo peor, cómo por ejemplo una cerdada.

IKARA, IKERA. Temblor, estremecimiento. **K.** Hor Mexiko aldien izugarrizko lur ikara gertau omenda eta telebistan aitunauen hildako pillabat eondiela, baitxe etxe asko bera etorri, oñ jente asko barik gelditxu eta kanpuen dazela bizirik geratudienak. Siñiztu eziñda ze gauzak gertatzendien batzuetan eta errazoie guztie daukie esatendauenak eztakigula ondo nun bizigaren. **T.** La televisión ha dicho que en México hay un montón de muertos debido al impresionante temblor de tierra que ha habido, también que se han derrumbado muchísimas casas y que los quedado vivos ahora se han quedado sin ellas y a la intenperie. No se puede creer las cosas que pasan algunas veces y tienen toda la razón aquellos que dicen que no sabemos muy bien donde vivimos.

IKARAGARRIXE, IKERAGARRIXE. Enorme, impresionante. **K.** Etxatzue iruitzen gaurko euri-zaparrarak ikaragarrixek izendiela?, nik bentzet aspalditxuen eztot halako euririk ikusi, bi orduen ezta gelditxu ta beitu nola geratudien inguruko ortu guztiek, danak urpeien eta zer esan errekanak, maintxobat tokitxen kanpora urtenda. **T.** ¿No os parece que los chaparrones de hoy han sido impresionantes?, yo desde luego hace muchísimo tiempo que no había visto llover de esa manera, ha estado dos horas sin parar y mirar cómo han quedado todas huertas de los alrededores, todas bajo el agua y que decir de los ríos, en muchos sitios fuera de su cauce.

IKARATU, IKERATU. Asombrarse. **K.** Aposta ondo ta nahiko xamur irabazi izendau baña halaere ni Ikaratuta gelditxunaz mutil horrek iñdauenaz, jakiñien zare bi orduen iñdauela fan da etorrixe Zarauztik Hernixora korrikan?, siñistu eziñekue. **T.** La apuesta la ha ganado bien y bastante fácil pero aún así yo me he quedado asombrado con lo que ha hecho ese chico, ¿ya sabeís que ha ido y venido de Zarautz a Hernio corriendo en dos horas?, increíble.

IKASBIDIE. Ejemplo, método. **K.** Nola aldatudien eskolako ikasbidiek, gogoratzenaz nola gure garaian, ondion mutikuek gitzenien, gauza erakutzi eta kantauaz ikesteziela, gero asterketak be modu hontan inbierrekuek zien, eta gañera dana buruz jakiñ-bierra izetezan, liburuen jartzeauen bezelaxe, oñ berriz sigero desberdiñe da. Baña apostaukonauke orduen askoz abeslari hobiek giñela, eta noski ba, hori oiturak itxendau. **T.** Cómo han cambiado los métodos de enseñanza en las escuelas, yo recuerdo que en nuestros tiempos, cuando todavía éramos chavales, nos enseñaban y aprendíamos las cosas cantado, luego los exámenes también se hacían de esa forma, además todo había que saberlo de memoria exactamente iguel que ponía en el libro, ahora en cambio todo es completamente distinto, pero ya apostaría que entonces cantábamos mucho mejor, pues claro, eso hace la práctica.

IKASGELA, IKAS-GELA. Aula, clase. **K.** Entzunde dauket oñ ikasgela bakoitxien eztiela izeten hogei ero hogetabost ikasle besteik, eta gure garaian berriz berrogei lagun ero akaso geixau eotegiñen, halaere maistro diabru harek ondo jakiñien zan eta danai izenatik deiketauzkun. **T.** Tengo oído que ahora no hay más que entre veinte o veinticinco alumnos por aula, y en aquellos tiempos en cambio solíamos estar cuarenta personas o acaso más, aún así aquel demonio de maestro lo sabía muy bien y a todos nos llamaba por nuestro nombre.

IKASI. Aprender. **K.** Zenbat jardun aitzendien esanaz komenigarrixe dala erretirau jentiendako ez eotie geldik eta ondion be gauza asko geratzendiela itxeko, neri batzuk ondo iruitzejat baña beste asko ustedot nahiko alperrik diela, hau bezela, emutendau derrigorrez ikasi inbierra dauela ordenadora manejatzen eta akaso baleike banakanbat eotie gustora hartzendauena gauza horreik, baña askoi entzundutzet larritxazun haudixek pasatzeitxuela. **T.** Cuántas explicaciones se oyen a los que dicen que no es conveniente que la gente jubilada esté parada y que todavía quedan muchas cosas para hacer, a mí algunas cosas me parecen bien pero creo que otras son bastante inútiles, cómo ésta, parece que es obligatorio el aprender a manejar el ordenador y puede que quizá haya algunas personas cojan a gusto esos asuntos, pero he oído a muchos que pasan unos apuros muy grandes.

Aspaldiko esaerabat: Zer ikusi, hura ikasi.

Un viejo proverbio en euskera dice que lo que se ve, se aprende.

IKASKUNTZA. Plan, esquema o proyecto de estudios. **K.** Oñ eta ikastaroa hasi aurretik, irakasliek ondo ta asko pentza-bierra izetendaue aber nola prestatu ikaskuntza gero urtien ziar erabiltzeko. **T.** Ahora y antes de que empiece el curso escolar, los prefesores tienen que pensar muy bien y mucho el cómo preparar el plan de estudios que vayan a utilizar a lo largo del año.

IKAS-LAGUNEK. Condiscípulos, compañeros de escuela o de clase. **K.** Nik Tomasito dauket izena eta nere ikas-lagun haundixenak Ramuntxo eta Matilde die, betik alkarreaz ibiltxegare alde guztietan eta oso ondo konpontzegara, halaere beñ asarretu iñitzen Ramontxukiñ zeatik ikusinutzen patxobat emuten haizala Matilderi, eta harek ondo hakixen nere nobixa zala, gero berriz axkiretugiñen eta oñ bixon nobixa da. **T.** Yo me llamo Tomasito y los mejores amigos que tengo en la escuela son Ramonchu y Matilde, siempre andamos juntos en todas partes y nos arreglamos muy bien, pero aún así una vez me enfadé con Ramonchu porque ví que le estaba dando un beso a Matilde, y aquel sabía muy bien que era mi novia, luego ya nos amigamos de nuevo y ahora es la novia de los dos.

IKASLIE (K). Alumno, estudiante (s). **K.** Esatendauen bezela Euskalherrixen umiek geruau ta gutxiau jaixotzendie, horrek naidau esan laister ikas-gelan apenas ikasleik gelditxudiela eta orduen ezta bier izengo oñ dauen hainbeste gela eta bez horrenbeste irakasle. **T.** Según dicen en Euskalherría cada vez nacen menos criaturas, eso quiere decir que pronto en las aulas apenas quedarán alumnos y entonces tampoco hará falta tantas aulas ni tampoco tantos profesores como hay ahora.

IKASTAROA, IKASTURTIE. Curso, año escolar. **K.** Danontzako akaso ezta berdiñe izengo baña bentzet bai izengoda geixenendako eta derrigorrezkue ikastaroa hastie bere garaian, eta hau, betiko bezela, irailan izetenda. **T.** A lo mejor no será lo mismo para todos pero al menos sí para la mayoría y obligatoriamente empezar el año escolar cuando corresponde, y ésto, al igual que siempre, suele ser en el mes de septiembre.

IKASTOLA. Escuela donde la enseñanza se hace en euskera. **K.** Esatendaue Arabako aurreneko ikastola nahiko eskutuen zabalduzala ia oso aspaldi Gazteizko etxe azpibaten, oñ berriz ezta gelditzen herri bakarra eztaukenik bere ikastola. **T.** Dicen que la primera ikastola de Araba se abrió, hace ya mucho tiempo y bastante en silencio en el bajo de una casa de Vitoria, ahora en cambio no queda un solo pueblo que no tenga su propia ikastola.

IKATZA, IKETZA. Carbón. **K.** Arrastuik be eztauket nundik ataradan zurrumurro hori baña geruau ta geixau haitzenda iketza eztala bape ona izeten janarixek parrillan prestatzeko, erre garaian ataratzendan keie kalte haudixe itxen omendau ta askoz hobie dala egurra erabiltzie. **T.** No tengo ni idea de dónde ha podido salir ese rumor pero cada vez se oye más que el carbón no es nada bueno para preparar los alimentos en la parrilla, que el humo que desprende al quemar es muy perjudicial para la salud y que en mucho mejor utilizar la leña.

Aspaldiko esaerabat: Beltz guztiek eztie ikatz.

Un viejo proverbio vasco dice que no todo lo negro es carbón. (No todo es lo que parece).

IKATZTOBIE. Carbonera, lugar en donde se hacía el carbón. **K.** Oñ ezta iñun geratzen ikatztobaik, bakarrik eta noixiebeñ prestatenda bat ero beste erakusketa bezeta eta baitxe egizkizunak itxeko, jentiek jakiñdeixien nola itxezan iketza egurraz hazitxe. **T.** Ahora ya no existen las carboneras, solo y alguna vez que otra se prepara cómo muestra y también para hacer demostraciones y la gente sepa como de hacía el carbón a partir de la madera.

IKERKETA. Inspección. **K.** Beiñ pertzonabati entzunutzen esaten haizala, eztakitx egixe izengodan, nola jakiñien eotezien laneko ikerketa etorri aurretik, eta asaldu bañolen lantoki guztie geratzezan, etxuraz bera zan arduraduna, garbi, txukun eta halaere betik eotezala zertxobaitx ezala izeten ispetoren gustokue, baña beno, bere ustez ha izengozala inbierreko papera eta geixenbaten nahiko ondo bukatzezala ikerketa hori. **T.** Una vez le oí a una persona que estaba diciendo, no sé si será verdad, que con anterioridad a que viniese la inspección ya estaban al tanto de ello y antes de que apareciese dejaban el lugar de trabajo, parece que él era el encargado, limpio, curioso y aún así siempre había alguna cosilla que no era del gusto del inspector, pero que bueno, pensaba que aquello sería el papel que tenía que hacer y que casi siempre terminaba bastante bien la inspección.

IKERKUNTZA, IKERPENA. Investigación, examen. **K.** Atzoko lapurretan buruz haldle Ikerkuntza honekiñ, ertzaina dabill beitzen alde guztietan aber zerreozer billatzendauen ta baitxe galdetzen inguruko jente guztiei aber zerbaitx ikusidauen, baña ustedot oñartien eztauela ezer lortu. **T.** Están con la investigación sobre el robo que se cometió ayer, la ertzaina anda mirando por todos lados a ver si encuentra alguna cosa y también preguntando a toda la gente de las cercanías por si vieron algo, pero creo que hasta el momento no han conseguido nada.

IKERMENA. Experimento, investigación, prueba. **K.** Mutill hori eztot uste oso ondo eongodanik burutik, argaltzeko ideiaz dabill ta esatendau oñartien iñditxuen danak estauela balixo izen ezertarako eta oñ ikermen barribat asmaudau, goxien baruik hartu biñagre basokarie ur pixkatekiñ nahastuta, etxuraz nunbaitxen entzundau zerbaitx antzerakue dana eta ondo iruitujako. **T.** Ese chico no creo que esté muy bien de la cabeza, anda con la idea de adelgazar y dice que todo lo que ha hecho hasta ahora no le ha servido para nada y que ahora va a hacer un experimento, dice que a las mañanas vá a tomar un vaso de vinagre mezclado con un poco de agua, parece que en algún sitio ha oído algo parecido y le ha parecido bien.

IKERTZALIE. Investigador. **K.** Esatendaue gazte ikertzale geixenak kanpora urten inbierra daukiela hemen eztauelako ezerko aukeraik euron lanik itxeko, Españako gobernuen kulpa omenda ez emuteatik apenas inportantzik eta ez jartzeaitxik diru geixau asunto hontarako. **T.** Dicen que la mayoría de los investigadiores jóvenes tienen que salir fuera porque aquí no tienen ninguna oportunidad de trabajar en lo suyo, parece que es culpa del gobierno español por no dar apenas importancia y dedicar más dinero a este asunto.

IKESI. Aprender. **K.** Kortak, Josun txakurrek, ondo ikesidau ni noiz allegatzenazen baserrira, erlojuik eztauko baña goixeko zortziretarako han eotenda betik zai ate-ostien eta pres pasian urtetzeko. **T.** Korta, el perro de Josu, ha aprendido muy bien cuándo llego yo al caserío, no tiene reloj pero para las ocho de la mañana siempre está esperando detrás de la puerta y dispuesto para salir a pasear.

IKESI. (Ikesikok), kon, kot, kozu, kozue.

IKESTEN, IKASTEN. Aprendiendo. **K.** Bai, noski ibilinitzela ikesten garai hartan eta gauza asko gañera, baña onazkero geixenak astute dauket eta ustedot badauketela susmue zeatik gertaudan hori, ba ixe ziur baleikela izetie zartu iñazelako eta hala-bada ia eztau zer iñik. **T.** Sí, claro que estuve aprendiendo y además muchas cosas en aquellos tiempos, pero para ahora la mayoría ya se me han olvidado y tengo la sospecha de que ya sé porqué ha sido eso, pues casi seguro que pueda ser debido a que me habré hecho mayor y si es que es eso ya no hay nada que hacer.

IKUBILKARIE. Puñetazo. **K.** Eztakitx zer gertatzendan malekoi paraje hortan baña ezta asteburuko gaua faltatzen burrukaik eon-barik, inguru hartan ibili-ezkero batzuetan ikusteitxozu ikulbikara haidiela gazte jentie eta geixenbaten ezta iñor asaltzen hori gelditzeko. **T.** No sé que pasa ahí por la zona del malecón pero no falta una sola noche del fín de semana que no haya peleas, si andas por las cercanías ves que la gente joven anda a puñetazos y la mayoría de las veces no aparece nadie a parar eso.

IKUBILLA, IKUBILLE. Puño. **K.** Ze oitura txarra dauken mutiko horrek ikubille jasotzeko asarraketandan bakoitxien, egunenbaten bere aurrien dauenak berdiñ ingodau ta orduen baleike bixok burrukan astie. **T.** Que costumbre más mala tiene ese chaval de amenazar con el puño cada vez que se enfada, algún día el que tenga enfrente hará lo mismo y puede que los dos empiecen a pelear.

IKULLUE. Cuadra. **K.** Garai hartan eta ondion esaukienien tratoreik Zegamako baserri hartan, Sagrario lengosuen herrixe, ikulluko ximaurra eskuz atara inbierra izetezan ta benetako lan astune zan, aurrena atxurtu, gero palaz karga karretillan ta kanpora atara. Hau Sagrariok kontatakue da. **T.** En aquellos tiempos y cuándo todavía no tenían tractor en aquel caserio de Zegama, el pueblo del primo de Sagrario, el estiércol de la cuadra se sacaba a mano y de verdad que era un trabajo muy duro, primero había que cavar con la azada, luego cargar con pala a la carretilla y sacarla fuera. Esto está contado por Sagrario.

IKUMENA. Tacto, contacto. **K.** Lengo egunien ikusinauen ezuzteko gauzabat, tabernan eozen mutil kuadrillabat eta euron hartien bat itxue zana, ba honek aposta bezelakobat iñauen esanaz baietz igerri nortzuk zien berakiñ eozen bakotxa ikumena bakarrik iñde mosuen, ta eztakitx zer aposta izengozan baña ezauen erru bakarra euki eta noski, bera izenzan irabazlie. **T.** El otro día ví una cosa sorprendente, había una cuadrilla de chicos en la taberna y entre ellos uno que era ciego, pues éste hizo una especie de apuesta diciendo que acertaría quien era cada uno de los que estaban con él solo por el tacto de la cara, y no sé cual sería la apuesta pero no tuvo ningún error y claro, él fue el ganador.

IKURRA. Sello, señal, marca. **K.** Lengo egunbaten asarretu inbierra izenauen hango buleguen, galdetunutzen aber zergaitxik jaso-bierra dauketen eskatunauen agirixe ezerko ikurra euki-barik, esanaz ze hauen bezela balixo bakue zala, ba enauen euki horren erantzunik eta esauztien gurebanauen hartzeko eta beztela berriz han izteko. **T.** El otro día tuve que enfadarme en aquella oficina, pregunté a ver porque tenía que recoger el documento que había pedido sin algún sello que lo identificase, y que de la forma en la que estaba carecía de valor alguno, pues a eso no me respondieron y me dijeron que si quería lo cogiese y sino que lo dejara allá.

IKURRIÑA. La bandera de Euskadi. **T.** Ikurriña oso aspaldikue da eta gertauzanetik, eta gero gerra zibill denporan ta hau bukatu hartien alde guztien erakuztezan, ba ondoren ta ixe berrogei urtien sigero debekaute eonzan baña horrek eztau gure esateik ezala jartzen toki askotan, eta noski hala berdiñ ikustezan. **T.** La Ikurriña es de hace mucho tiempo y desde que se creó, y luego durante la guerra civil y hasta que ésta se terminó se enseñaba en todas partes, pues después y casi durante cuarenta años estuvo completamente prohibida, pero eso no quiere decir que no se colocase en muchos sitios, y claro así también se veía.

IKUSI-EZIÑE. Enemistad, el no poder ver a la persona. **K.** Nik tipo horrekiñ izugarrizko ikusi-eziñe dauket, ondion eztutzet parkatu, eta akaso sekula parkatu bez, igez iñuzten txarrikeixie, nola leike aiñdu gauzabat, motorra zan, da gero bestebati saldu ezer esan-barik, baña ze kasualidade eta batzuetan ze gauzak gertatzendien, handik egun batzuetara enteraunitzen nola beste harek hartu besteik ez izurrau inzala. **T.** Yo al tipo ese no le puedo ni ver, todavía no le he perdonado, y a lo mejor tampoco le perdono nunca, la cerdada que me hizo el año pasado, cómo se puede prometer una cosa, era una moto, y luego vendérsela a otro sin decir nada, pero que casualidad y a veces que que cosas pasan, de allá a unos pocos días me enteré que nada más que el otro la cogió se estropeó.

IKUSGAI, IKUSGARRIXE. Grandioso, extraordinario, digno de ver, que merece la pena. **K.** Benetan esateutzuet ze aukera badaukotzue fateko ikustera Kontxan eongodien estropadak, datorren domekan die, ikusgarrixe izetenda eta ze giro eotendan molla inguru hartan, danera zoragarrixe. **T.** Os digo de verdad que si teneís oportunidad vayaís a ver las regatas de la Concha del próximo domingo, son dignas de ver y el ambiente que suele haber en los alrededores del muelle suele ser extraordinario.

IKUSI. Ver, mirar. **K.** Zu akaso ezara konturatzen baña benetan zoritxarreko mutikobat zara, eta ikusi besteik eztau ze gauzak gertatzejatzun, nola betik zerura begire eotezaren atzo kalie pasaeran bizikletak arrapautzu, eta gaur berriz estropazau inzara, poltzan haukotzun arrautzak lurrera lurrera jausi eta danak puzkatu. **T.** Tú a lo mejor no te das cuenta pero en verdad que eres un chaval con muy mala suerte, y no tienes más que ver las cosas que te pasan, como siempre andas mirando al cielo ayer al cruzar la calle te pilló una bicicleta, y hoy en cambio te has tropezado, se te han caído al suelo los huevos que tenías en la bolsa y se han roto todos.

IKUSI. (Ikusikok), kon, kot, kozu, kozue.

IKUSINBIER. IKUSI-INBIER. Habrá, habría que ver o ya se verá. **K.** Hik zeatik esatendok askoz axkarrau haizela korrikan nere lengosue baño?, ba hori ikusinbier eta gurebok apostabat ingojuau aber zeiñ fan de etorri lenau Zarauztik ta Aia tartien. Afaibat hirurontzako. **T.** ¿Porqué dices tú que eres mucho más rápido corriendo que mi primo?, pues eso habría que ver y si quieres hacemos una apuesta a ver quién llega antes haciendo la ida y vuelta entre Zarautz y Aia. Una cena para los tres.

IKUSKETA. Exposición, muestra, exhibición. **K.** San Telmo museuko ikusketa oso ondo dau eta nik ustedot merezidula bixitatzie, gu fandan domekan eongiñen eta ordu parebaten baitxe oso gustora ibili be, baña gertauzan urten inbierra izengauela bueltako trena hartzeko eta enauen denporaik euki dana ikusteko, ba gurebozue eta fatie asmatzenbozue lagundukotzuet. **T.** La exposición del museo de San Telmo está muy bien y yo creo que merece la pena el visitarlo, nosotros estuvimos el domingo pasado y también anduvimos un par de horas muy a gusto, pero resulta que tuvimos que salir para coger el tren de vuelta y no tuve tiempo para ver todo, pues si quereís y teneís la idea de ir ya os acompañaré.

IKUSKIZUNA. Feria, muestra, exposición. **K.** Irakurridot hemendik hamabost egunera Barakaldoko BEKen zoragarrizko ikuskizuna dauela, aldebatetik bigarren eskuko kotxen ta motorren erakusketa ta bestaldetrik bertzo-bazkaixe Maialen eta Andonikiñ. **T.** He leído que de aquí a quince días hay una muestra extraordinaria en el BEC de Baracaldo, por una parte exposición de coches y motos de segunda mano y luego una comida acompañada de los bersolaris Andoni y Maialen.

IKUSMIN. Deseos de ver, de conocer, saber, etc... **K.** Beno, askenien zortzi lagun alkartugara Barakaldora fateko, aurrena lau besteik ezgiñen baña atzo deitxustien esanaz beste lau be badatozela, etxuraz hareik be ikusmin haundixe

330

daukie ha ikusteko. **T.** Bueno, a final nos hemos juntado ocho personas para ir a Barakaldo, al principio no éramos más que cuatro pero ayer me llamaron diciendo que vendrían otros cuatro, parece que aquellos también tienen grandes deseos de ver aquello.

IKUSMIRA, IKUSTEKUE. Cosas para ver, para curiosear. **K.** Ixe asteburu guztietan jartzeitxue mota bat ero besteko ikusmirak Zarautzen, ezpada izeten esku-lan postuek, da kuadron erakusketa ero beztela bigarren eskuko saltzendien gauzak. **T.** En Zarautz casi todos los fines de semana suelen poner cosas de un tipo u otro para ver, curiosear y también comprar, si no son puestos de artesanía, es alguna exposición de cuadros y sino venta de cosas de segunda mano.

IKUSTENDOT. Ya veo. **K.** Ze gertatzenda, zalantza daukotzula aber ikustendoten hala ez han igerixen haidan izurda hori?, ia urte dexente dauket baña ondion eztot bier-izeten katalejoik gauza horreik ikusteko. **T.** ¿Qué pasa?, que estás dudando de si veo o no al delfín que está nadando allá, ya tengo bastantes años pero todavía no me hacen falta prismáticos para ver esas cosas.

IKUSTENDOT. (Ikustendok), don, dozu, dozue.

IKUSTERA. Ir a ver. **K.** Ba askenien fanitzen San Telmo museo erakutzi eta ikustera lagun berri horreikiñ, eta gañera oso gustora geratuzien ikusiauenaz, hainbeste ze irteeran esauztien berriz etorrikoziala datorren urtien. **T.** Pues al final ya fuí otra vez para enseñar y a ver la exposición del museo de San Telmo con los nuevos amigos, y además quedaron muy a gusto con lo que vieron, tanto que a la salida dijeron que ya volverían de nuevo el próximo año.

IKUTU. Tocar. **K.** Asunto hontan be asko aldatudie gauzak, lenau eozen zientziako museutan, apenas zien banaka-batzuk, ezinzan ezer ikutu ta oñ berriz sarreran garbi jartzendau ez bakarrik ikusteko, baizik ikutu, jolas eta probaketak be inbierrekuek diela interesatzendan danakiñ. **T.** En este asunto también han cambiado mucho las cosas, antes en los museos de ciencias que había, apenas eran unos pocos, no se podía tocar nada y ahora en cambio bien claro pone en la entrada que no solo hay que mirar, sino que también hay que tocar, jugar y probar con todo lo aquello que interese.

IKUTU. (Ikutudok), don, dot, dozu, dozue, kok, kon, kot, kozu, kozue.

IL, ILLA. Mes. **K.** Neri urteko bi il geixen gustatzejatenak uztaila ta abustua die, uztaila zeatik il hortan kobratzenda paga berezi hori ta abustue oporrak hartzendielako, eta orduen guredauenak fatie dauko hor nunbaitxera lana astuaz denpora pixkaterako, eta noski, baitxe gasta be aurren illeko dirue, ero beztela asmo berdiñekiñ herrixen geratu potrojorran. **T.** A mí los dos meses del año que más me gustan más son julio y agosto, julio porque se cobra la paga extra esa y agosto por que se cogen las vacaciones, y entonces el que quiera puede ir por ahí olvidándote del trabajo por algún tiempo, y claro, también gastar el dinero del mes anterior, o si no quedarse en el pueblo con la misma intención y tocándose los huevos.

ILBELTZA. Mes de enero. Que traducido significa mes negro. **K.** Errazoi haundixe hauken izen hori jarri inzutzenak zeatik benetako ilbeltza izetenda, hotza, edurre, isotza, eurixe, danetik dauko ta lanatik espaldibazan izeten ze ondo eongozan etxetik urten-barik, han berotxotan, bakarrik errekauek itxeko ta kitxo. **T.** Que razón tenía el que puso el nombre de mes negro al mes de enero porque tiene de todo, nieve, hielo, frío, lluvia y si no fuese por el trabajo que bien se estaría en casa sin salir, allá al calorcillo, solo para hacer los recados y nada más.

ILBERA. Es cuando la luna está en fase menguante. **K.** Lengo egunien liburubat irakurtzen ibillinitzen baraskixen buruz tratatzeauena, eta jartzeauen ze nai-ezkero jatie lur aspixen sortzendien baraskixek, berakatza, porrue ero kipula bezelakuek, eraiñ ero landau-bierrak izetendiela iretargixe ilberan dauenien. **T.** El otro día estuve leyendo en un libro que trataba temas sobre las verduras y decía que si quieres comer las que se crean bajo tierra, cómo los ajos, puerros o cebollas, las tienes que sembrar o plantar cuando la luna está en fase menguante.

ILBETIE. Luna llena. **K.** Egixe izengo halda jentiek eroaldixek hartzeitxuela illargixe ilbetien dauenien?, ni eztakitx hala dan eta espero ze hala-bada eztiela danak izengo, baña baezpare hobeto ingou kontu pixkatekiñ ibiltxiaz, geixenbat nik esauketaitxuten pertzona batzukiñ. **T.** ¿Será verdad que las personas tiene momentos de locura en la fase de luna llena?, yo no sé si es así pero espero que si lo es no lo sean todos, pero por si acaso es mejor andar con un poco de cuidado, sobre todo con ciertas personas que conozco.

ILGORA. Es cuando la luna está en fase creciente. **K.** Ba goixen jarridoten bezela barazki liburu horren buruz, ilberan aparte ilgoran kontuek be ekartzezitxun, ta zien ze nai-bada jatie lur goixen hastendien barazkixek, tomate, piper ero bainak bezela, eraiñ ero landau inbidala iretargixe ilgoran dauenien. **T.** Pues cómo he puesto arriba sobre el libro que trata sobre las verduras, aparte de la fase menguante tambien traía un tema sobre la que es creciente, y era que si quieres comer verduras que crecen sobre la tierra, como tómates, pimientos o vainas, las tienes que sembrar o plantar cuando la luna está en fase creciente.

ILLARGIA, ILLARGIXE. Luna. **K.** Ze alde daukien itxasoko mariak ikusitxe ze fasetan eotendan illargixe, illuna ero betie eotenbada gora-bera haundixek eukitxeitxu ta erdi inguru dauenien askoz gutxiau igertzenda. **T.** Que diferencia suele haber en las mareas según en que fase esté la luna, si no hay o esté llena sube y baja muchísimo y sin embargo cuando está a medias se nota mucho menos.

Aspaldiko esaerabat: Laño eta illargi, orduen sorgiñe ibili.

Un viejo proverbio vasco die que con las nubes y la luna, entonces anda la bruja.

ILLARA, ILLERA. Fila. **K.** Lenau erozeiñ tokitara fateko eta sarrerak hartu, banako illeran jarribierra izetezan, takilla bakarra eotenbazan noski, eta oñ berriz, ez gauza danerako baña bai geixenendako internet horren bidez lortzeko aukera dau. **T.** Antes para coger una entrada para poder ir a cualquier sitio había que ponerse en fila de a uno, claro está que si solo había una taquilla, y ahora en cambio, no para todas las cosas pero sí para la mayoría hay oportunidad e conseguirlo mediante internet.

ILLARAN, ILLERAN. En fila, junos detrás de otros. **K.** Ba ondo gogoratzenaz nola beñ halaxe illeran bi ordu inguru eon-bierra izenauen lau sarrera lortzeko Errealak hauken partidurako, eta gañera gero txarrena izenzan ze allegau takillara eta hiru bakarrik geratzeziela. **T.** Pues me acuerdo bien que una vez tuve que estar así en una fila cerca de dos horas para conseguir cuatro entradas para el partido que tenía la Real, y encima luego lo peor fué que cuando llegué a la taquilla solo quedaban tres.

ILLARRA. Guisante.

(Ver la definición de idarra, iderra).

ILLABETE, ILLEBETE. Un mes. **K.** Illebete baño geixau pasadie aiñdu iñuztenetik lanien hasikonitzela berakiñ eta ondion eztau bape kasuik iñ, gauza da eztakitxela deitxu ero pixkat geixau etxoiñ aber zerbaitx esateuzten, eta beztela berriz mobitzen hasibikot. **T.** Ya ha pasado más de un mes desde que me prometió que empezaría a trabajar con él y todavía no me ha hecho ni caso, y la cosa es que no sé si llamarle o esperar un poco más a ver si me dice algo, y sino tendré que empezar a moverme.

ILE-KIXKURRA. ILE KIXKURRA. Se llama así a la persona que tiene el pelo rizado. **K.** Karolina, nere lengusiña ta bere anai guztiek benetako ile-kiskurrak izendie, beno, hori gaztetan zeatik ondoren eta urtiek pasa-hala kixkur horreik desagertzen fan, eta honeik len eozen tokixen gauza argixek hasizien asaltzen, zertxobaitx gutxiau Karolinai. **T.** Karolina, mi prima y todos sus hermanos eran en verdad unas personas con el pelo muy rizado, bueno, eso de joven porque después y a medida que pasaban los años los rizos fueron desapareciendo, y dÓnde antes estos estaban empezaron a aparecer claridades, algo menos a Carolina.

ILLERO, ILLEKUE. Todos los meses. **K.** Arritxuta geratzenaz ze buru ona daukien batzuk, sekula eztie astutzen eta illero daukotzu etxien argindarran ero telefono operadoran kontuek, oñ egixe esanda etxaten ezer inportako astu itxenbadie be. **T.** Me quedo asombrado por la buena cabeza que tienen algunos, no se olvidan nunca y todos los meses tienes en casa las facturas tanto del consumo eléctrico cómo de la operadora de teléfono, ahora que diciendo la verdad tampoco me importaría si se olvidasen.

ILLOBA (K). Sobrino, sobrinos. **K.** Nik eta egixe esanda momentu hontan arrastuik be eztauket zenbat illoba dauketen, badakitx pillabat diela baña sekula eztitxut kontau eta noixbaitxen galdetu Inbikutzet andriei. **T.** Yo y de verdad que en éste momento no tengo ni idea de cuántos sobrinos tengo, ya sé que son un montón pero no los he contado nunca y algún día se lo tendré que preguntar a mi mujer.

ILLUN. Oscuro, oscureciendo. **K.** Ze illun geratzendan etxie argirik eztauenien, eta oñ horixe bera gertauda ba, trunboi ta iristo honeikiñ hau fan eta erozeñek daki noix etorikodan, eta ezkerrak bixenbitxertien eztaukola kandelak ta linterna faltaik, baña gauzabat gertatzenda, ze hau txarra izenda txarrena dala ollaskue laban dauela. **T.** Que oscura se queda la casa cuando no hay luz, y eso mismo es lo que ha ocurrido ahora, que con estos rayos y truenos se ha ido éstay cualquiera sabe cuando puede venir, y menos mal que mientras tanto no nos faltan velas y linterna, pero pasa una cosa, que con ser esto malo lo peor es que el pollo está en el horno.

Aspaldiko esaerabat: Alargun betik illun.

Un viejo proverbio vasco dice que las viudas siempre en la oscuridad.

ILLUNABAR. Empezar a anochecer. **K.** Gaurko bazkaixe asko luzatzen haida, hemendik ezta ikusten baña onazkero illunabar eongoda ta gu ondion kafie eskatzeko gara, ba eztot uste afaltzeko gogo haundirik eukikounik, nik bentzet. **T.** La comida de hoy se está alargando mucho, de aquí no se ve pero para ahora ya estará anocheciendo y nosotros todavía estamos para pedir el café, pues no creo que tengamos muchas ganas para cenar, al menos yo.

ILLUNDU. Anochecer. **K.** Ba esandotena, bazkaitxik urten orduko zazpi-terdirak pasata zien, sigero illunduta eta ezkerrak nik bentzet eztauketela urruti fan-bierrik etxera allegatzeko, baña beste-batzuk ordu gorako birie daukie eta dauen euri-zaparraraz kontuz ibilibikodie. **T.** Pues lo que he dicho, para cuándo hemos salido de comer eran las siete y media pasadas, ya de noche cerrada y menos mal que yo al menos no tengo que ir muy lejos para llegar a casa, pero otros tienen un camino de más de una hora y con lo que está lloviendo ya pueden andar con cuidado.

ILLUNKARA, ILLUNTZIE. Entre el fín de la tarde y principio de la noche. **K.** Eztot denpora askoik kanpuen ingo baña oñ bertan derrigorrez urten-bierra dauket, eta bixenbitxertien Eufroniok deiketanbadau esaiozu illuntzien ikusikogarela betiko tokixen. **T.** No haré mucho tiempo fuera pero ahora mismo necesariamente tengo que salir, y si mientras tanto llama Eufronio le dices que nos veremos antes de anochecer en el sitio de siempre.

ILLUNPEIEN. En la oscuridad o donde esté poco iluminado. **K.** Ezaitxez ibili hor illunpeien giltzak billatzen ezta ezertxorik ikusten ta, urten hortik eta itxoiñ pixkat, etxera fangonaz eta segitxuen ekarrikotzut dauketen linterna haundixe. **T.** No estés ahí en la oscuridad buscando las llaves porque no se ve nada, sal de ahí y espera un poco, iré a casa y enseguida te traeré la linterna grande que tengo.

ILLUNTASUNA. Oscuro, oscuridad. **K.** Alde aderra daukotzu lendik ona, oñ bentzet nahiko ondo ibilizara linterna honekiñ eta ezkerrak horri billatuitxozu giltzak, ez len bezela illuntasun harekiñ ezala iñungo aukeraik ezer ikusteko. **T.** Vaya diferencia que tienes de antes a ahora, ahora al menos has andado bastante bien con ésta linterna y gracias a ella has encontrado las llaves, no cómo antes con aquella oscuridad que no había ninguna posibilidad de ver nada.

ILUZIÑUE. Ilusión, esperanza. **K.** Iluziñue noski baietz, badauket eta asko gañera baña aukeraik lortzeko momentu hontan ezertxoik ez, akaso aber datorren urtien eta zorion pixkatekiñ zerbaitx geitxuau iñde lortzie daukoun. **T.** Ilusión claro que sí, ya la tengo y mucha además, pero lo que pasa es que en éste momento no hay ninguna posibilidad de conseguirlo, a lo mejor a ver si con un poco de suerte el año que viene y haciendo algo más lo podemos lograr.

IMAJIÑA. Imagen. **K.** Nik arrastuik be eztauket zenbat Amabirjiñan imajiñak izengodien, baña halaere ziur millaka eongodiela, eta imajiña honeitik batzuk bakarrik ero asko ikustenbadie ezien danak berdiñek izengo, ezta gutxiau be, eta ziur geixenak desberdiñek ziela, oñ, bape zalantzaik eztau Amabirjiña bat bakarra dala naiz eta arpegixe ero eruetendauen jantzixek sigero aldebresak izen. **T.** Yo no tengo ni idea de cuantas imágenes de la Virgen podrá haber, pero aún así estoy seguro de que serán miles, si se viesen muchas o solo unas cuantas de estas imágenes no serían todas iguales, ni mucho menos, y quizá la mayoría completamente desiguales, ahora, no hay ninguna duda de que la Virgen es una sola a pesar de que la cara o los ropajes que lleve sean completamente diferentes.

IMAJIÑAU. Suponer, imaginar. **K.** Imajiñatzendozu zer ingogauken loterixiek urten-ezkero?, ba nik aurreneko gauza bentzet kotxe barribat erosi zeatik oñ dauketena nahiko izurraute dau eta bigarrena bazkaltzen eruen familixa guztie Arzak jatetxera. **T.** ¿Ya te imaginas que haríamos si nos tocase la lotería?, pues yo al menos lo primero me compraría un coche nuevo porque el que tengo ahora está bastante estropeado y segundo llevaría a toda la familia a comer al restaurante de Arzak.

IMINTXA. Chinche. Este es un nsecto que chupa la sangre. **K.** Nik ustedot oñ apenas eongodiela imintxak, gure inguru hontan bentzet, baña bere garaian bai eotezien, asko gañera ta gogoratzenaz harein zastada hartu ondorioz izugarrizko asguriek emutezitxula. **T.** Yo creo que ahora apenas habrá chinches, al menos en nuestro entorno, pero en aquellos tiempos si los había, además muchos y me acuerdo que las consecuencias de la picadura de éstos daban muchísimos picores.

INBARIK, IN-BARIK. Sin hacer o sin terminar de hacer. **K.** Eztot ulertzen nola ondion leiken eotie errekauek in-barik, zer ibilizara itxen arratzalde guztien ba?, zazpi-txerdirak jota die ta emuzeiketzu prixa dendak itxi aurretik, ustedot goguen eukikozula bixer domeka dala eta dana itxitxe eongodala, ez? **T.** No comprendo cómo puede ser posible que los recados todavía estén sin hacer, ¿que has estado haciendo en toda la tarde pues?, son las siete y media dadas y ya te puedes dar prisa antes de que cierren las tiendas, ¿porque supongo que tendrás en cuenta que mañana es domingo y todo estará cerrado, no?

IN-BARRI, IN-BARRIXE. Recién hecho o elaborado. **K.** Garai baten ogixe goix partien itxezan bakarrik eta nola hau zan egun guztien eotezana, ba derrigorrez horixe bera erosi-bierra izetezan, oñ berriz hau asko aldatuda, atzaldetan be itxenda eta norberak naidauenien in-barrixe erosteko aukera dauko. **T.** En un tiempo solo se hacía el pan por la mañana y cómo éste era el que solía estar todo el día, pues no había otro remedio que comprar lo que había, ahora en cambio esto ha cambiado mucho, también se hace por las tardes y cuando uno quiera tiene la oportunidad de comprar el pan recién hecho.

INBIDAU. Va a hacer. **K.** Aber, askenien zertan geratuzare, jakiñleike zein dan bazkaixe inbidauena?, bentzet ez izeteko Edelmiro zeatik horrek eztaki ezertxorik itxen, gogoratukozare zer gertauzan aurreneko aldixen, ixe dana zakarrera bota- bierra izenzala. **T.** ¿A ver, al final en que habéis quedado, se puede saber quién va a hacer la comida?, al menos que no sea Edelmiro porque ese no sabe hacer nada, ya os acordaréis de lo que pasó la vez anterior, que se tuvo que echar casi todo a la basura.

INBIDAU. (Inbikou), kozu, kok, kon, kot, kou, kozu, kozue.

INBIERRA, INBIERREKUEK. Lo que hay que hacer. **K.** Beno, hemen itxitzuet zer gauza dien inbierrekuek eta gurebozue ondo eta bierdan moduen ibili, komenigarrixe izengozan handikaldeko bazterrien hasi eta bukaera hementxe bertan emutie. **T.** Bueno, aquí os he dejado las cosas que hay que hacer y si queréis andar bien y cómo es debido, sería conveniente que empezaseis por aquella esquina de allá y lo finalizarais aquí mismo.

INBIKOZUE. Tendréis que hacer. **K.** Zueik be zerbaitx inbikozue ba, maixe jarri ero beste zerreozer, ez?, etorrizarienetik jarrizare eta hor jarraiketenduzue barriketan eta potrojorran, ba bestiok hemen haigara gauzak prestazen eta hor zarenok be mobitxu ipurdi horreik. **T.** Vosotros también tendréis que hacer algo pues, poner la mesa o cualquier otra cosa, ¿no?, desde que habéis venido os habéis sentado y ahí continuaís de charla y tocándoos los huevos, pues los demás aquí estamos preparando las cosas y los que estáis ahí mover esos culos.

INBIRIOZUE. Persona envidiosa. **K.** Eztozue esauketan nolakue dan, ero?, Rigoberto betik izenda pertzonabat inbiriozue, sekula está konformatzen beriekiñ eta betik nai izetendau bestiek daukiena, baña hori bai, sekula eztauko erosteko asmoik. **T.** ¿No le conoceís cómo es, o qué?, Rigoberto siempre ha sido una persona envidiosa, nunca se conforma con lo suyo y siempre quiere lo que tienen los demás, pero eso sí, nunca tiene intención de comprarlo.

INBIRIXA, INBIRIXIE, INBIDIXA. Envidia. **K.** Nik eztakitx inbirixien buruz esatendan geixobat dala egixe izenleikien, baña hala baldinbada bentzet eta hau bai dala egixe, mundue geixuaz betie dau. **T.** No sé si eso que dicen sobre que la envidia es una enfermedad puede ser verdad, pero si eso es así por lo menos y esto sí es verdadero, el mundo está lleno de enfermos.

Aspaldiko esaerabat: Zu be inbidixa errepartiruzan maixen eongozitzen.

Un viejo proverbio vasco dice que tú tambien estarías en la mesa donde se repartió la envidia.

INBITAU. Envite, convidar.

(Ver la definición de gonbidau).

INBUTUE. Embudo. **K.** Atzo bi garrafoi ardau ekarrigauen Errioxatik ta botillara aldatzeko inbutu bierrien gara, baña gertatzenda hauxe dala gauzabat sekula eztotena erosi izen eta arrastuik be eztauket nun saltzendauen, ba galdetu inbikot norbaitxi. **T.** Ayer trajimos dos garrafones dei vino de La Rioja y ahora para pasar a las botellas necesitaremos un embudo, pero resulta que ésto es una cosa que no la he comprado nunca y no tengo ni idea donde lo pueden vender, pues se lo tendré que preguntar a alguien.

INDARTZU, IÑDERTZUE. Persona que tiene mucha fuerza. **K.** Ziur alde guztietan eongodiela baña Euskalherrixen be badaz benetako pertzona iñdertzuek, eta esan-baterako halakuek die Perurena, harrijasotzaile eta Olasagasti aizkolarixe, baña ez honeik bakarrik, baitxe beste asko be. **T.** Seguro que en todas partes habrá pero en Euskalherría también hay personas en verdad forzudas, y por decir algunos así son Perurena el levantador de piedras y Olasagasti el cortador de troncos con hacha, pero no solo éstos, también hay bastante más.

INDARRA, IÑDERRA. Fuerza. **K.** Gu bixok bakarrik eziñdou, gure iñderra baño geixau bierkoda hau altzatzeko eta derrigorrez bateonbatek etorribikodau laguntzera, ia beñ goixen eonda nahikue gara bixok eta lanien hasteko bezela izengogiñen. **T.** Nosotros dos solos no podemos, hace falta más fuerza que la nuestra para levantar esto y necesariamente tendrá que venir alguno a ayudarnos, una vez que esté arriba ya seremos suficientes los dos y estaríamos en disposición de empezar a trabajar.

INDARTU, IÑDERTU. Reforzar algo. Reponer fuerzas. **K.** Zu nola hasikozara lan hortan ba?, ontxe urtetzie iñdozu ospitaletik eta ondion makal antzien zara, eta zerreozer gurebozu itxie aurrena iñdertu inbierra daukotzu. **T.** ¿Tú cómo vas a empezar con ese trabajo pues?, ahora acabas de salir del hospital y todavía estás un poco débil, y si quieres hacer algo primero tienes que reponer fuerzas.

INDIOLARRA. Pavo. **K.** Beñ, ia aspalditxoko gaubaten, gure-barik izenzan, indiolarbat arrapaunauen kotxiekiñ Aguraingo birien, halaere eta naiz da sekulako zartara hartu igex iñauen, baña hurrengo egunien inguratugiñen gertauzan tokira eta han baztertxobaten asalduzan, sigero isoztuta ta harrixe bezelako gogorra. **T.** Una vez de hace ya mucho tiempo, fué sin querer, a la noche y camino a Salvatierrea atropellé a un pavo, aún así y a pesar del golpe que recibió el bicho se escapó, pero al día siguiente nos acercamos al lugar donde ocurrió el percance y allá apareció en una esquina, completamente helado y duro como una piedra.

INDIZIÑUE. Inyección. **K.** Horixe bai dala gauzabat etxatena bape gustatzen, indiziñue hartzeik, oso gutxitan hartu izendot baña hartu bakotxien dardara sartzejat eta iñola eziñdot hori ebitau. **T.** Eso si que es una cosa que no me gusta en absoluto, el tener que tomar una inyección, me la han puesto muy pocas veces pero cada vez que me ha tocado empiezo a temblar y no hay manera de que pueda evitar eso.

INDURA. Habilidad, fuerza, garbo. **K.** Mutil horrek siñistu eziñeko indura dauko, ondion fandan astien ezer ezakixen asunto honen buruz, bost egun besteik ezta jardun lan honetan eta oñ erozeiñ bezela daki. **T.** Es increíble la habilidad que tiene ese chico, todavía la semana pasada no sabía nada sobre éste asunto, no lleva más que cinco días haciendo el trabajo y ya sabe tanto como cualquier otro.

INFERNUE. Infierno. **K.** Beno, askenien zer, badau ero eztau infernuik?, etxuraz garai baten bai eongozan zeatik orduen ondo bildurtu itxeuzkuen asunto honekiñ, esanaz pekatuek iñezkero eta damutu ez hara fangogiñela zuzenien. Eta normala dan bezela hainbeste entzun ondoren gauza asko ikesigauen asunto honen buruz, eta bat zan oso haundixe zala eta jente asko kabitzezala barruen. Baña oñ hastezara pentzatzen eta naiz eta hala izen nik ustedot nahiko betie eongodala millaka urte pasa ondoren, eta baitxe baleike geixau kabitzeik ez. **T.** Bueno, al final qué, ¿hay o no hay infierno?, en un tiempo parece que ya lo había porque bien que nos asustaban con ese asunto, diciendo que si pecábamos y no nos arrepentíamos allá iríamos derechos. Y cómo es normal después de haberlo oído tanto aprendimos muchas cosas sobre el asunto ese, y una era que era muy grande y que cabía mucha gente. Pero ahora empiezas a pensar y a pesar de que sea así yo creo que estará bastante lleno después de tantos miles de años, y también puede que ya no quepan más.

INFLAU. Inflar, insuflar aire. **K.** Beñ eukigauen holako inflau inbierreko txalupabat eta gañera dexente xamarra zan, umiatik erosigauen baña gertatzezan sekulako lanak emutezuztela puztutzeko, ordubete inguru bier izetezan eta gero haixie kendu eta tolestatzeko ixe beste-hainbeste. **T.** Una vez tuvimos una txalupa de esas que hay que inflar y además era bastante grande, la compramos por los críos pero para inflarla me daba trabajo impresionante, se necesitaba cerca de una hora y luego para quitar el aire y recogerla casi otro tanto.

INFU. Fig. soplar. Es una palabra que se les dice a los críos para que soplen en la zona donde se han quemado. También para apagar las velas que se encienden, por ejemplo, por sus cumpleaños. **K.** Erre inzara bietza?, ba infu eta oñ izurrau zeatik zurie bakarrik da kulpa txiskeruaz jolasteatik, zeñek esautzu hori hartzeko ba? **T.** ¿Te has quemado el dedo?, pues sopla y ahora te fastidias porque la culpa solo ha sido tuya por jugar con el encendedor, ¿quién te ha dicho que cojas eso pues?

INGOT. Ya haré. **K.** Bai andra, eonzaitez lasai ingot ta, bakarrik gertauda enazela oñartien fan lantxobat bukatzen hainitzelako, baña ia segitxuen amaitukot eta ordu parebat barru hor eongonaz zuriaz hasteko. **T.** Sí mujer, éstate tranquila que ya lo haré, solo ha pasado que hasta ahora no he ido porque estaba terminando un pequeño trabajo, pero enseguida acabo y en un par de horas ahí estaré para empezar con lo tuyo.

INGOITXU, INGOITXUT. Ya haremos, ya haré. **K.** Ez larritxu andra laister ingoitxut errekauek ta, eztakitxena da zeatik daukotzun hainbeste prixa, gaur ondion eguena da eta bixer eguakotxa nauken asmue azokara fan eta asteburuen bierditxun gauzak erosteko. **T.** No te preocupes mujer que enseguida haré los recados, lo que no sé es porqué tienes tanta prisa, hoy todavía es jueves y mañana viernes tenía la intención de ir al mercado y comprar las cosas que necesitamos para el fin de semana.

INGOTZUT. Ya te haré. **K.** Bai, denpora pixkar hartzendotenien ingotzut lan txiki hori, oñ gauzatxobat esangotzut, zeatik eztuztazu esaten itxeko daukotzun gauza guztiek batera eta hala eztauket bueltaka ibili-bierrik? **T.** Sí, cuando coja un poco de tiempo ya te haré ese pequeño trabajo, ahora que te tengo que decir una cosa, ¿porqué no me dices a la vez todas las cosas que tengas para hacer y así me evito el dar tantas vueltas?

INGOU. Ya haremos. **K.** Ba bai, eta ia hemen garen onazkero hori-be ingou, baña gauzabat, zeñek ero zeñeik die ordaiundu inbidauenak lan berri honeik?, baezpare eta hasi aurretik emureizue horren erantzuna. **T.** Pues sí y ya que estamos aquí también haremos eso, pero una cosa, ¿quien o quienes son los que van a pagar esos nuevos trabajos?, por si acaso y antes de empezar darme la respuesta.

INGOZU. Harás. **K.** Ni zertxobaitx izurraute nabill eta mezerebat eskatubiotzut, astixe badaukotzu ingozu errekautxobat?, urtetzendozunien lanetik eta etxe aldera soiezenien ekarrikoztazu kilo parebat melokotoi zuk dakitzun denda hortatik? **T.** Yo ando un poco fastidiado y te voy a pedir un favor, ¿si tienes tiempo harás un recadito?, cuando salgas del trabajo y vayas hacia casa ¿ me traerás dos kilos de melocotones de la tienda que tú sabes?

INGUDE, INGUDIE. Yunque. **K.** Oñ akaso eztie ingude asko eongo baña garai baten oso bierrezko tresna zan errementaixendako, horren gañien eta malluekiñ joaz derrigorrezko lan pillabat itxezien. **T.** Ahora a lo mejor no habrá muchos yunques pero en algún tiempo era un utensilio muy necesario para los herrreros, sobre éste y pegando con el mazo se hacían muchos trabajos imprescindibles.

INGURATU. Acercar. **K.** Eztakitx zeñek aiñdu izendauen hor izteko material horreik, nahiko urriñ lagadaue eta lanien gurebou etxuran hastie aurrena inguratu inbikoitxu, eziñdou ibili denpora guztien aldebatetik bestera gauzak karriatzen. **T.** No sé quién habrá mandado que se deje ahí esos materiales, los ha depositado bastante lejos y si queremos empezar bien el trabajo lo primero que tenemos que hacer es acercarlos, no podemos andar todo el tiempo acarreando las cosas de un sitio para otro.

INGURUE, INGURUEN. Proximidad, cercanía. **K.** Ezaitxeze oso urruti fan, esauzku laister etorrikodala eta etxoitxeko inguruen eta hobeto izengou kasu itxie, iñok eztou esautzen paraje honeik eta asko mobitxu-ezkero akaso larri ibilikogara bueltatzeko, eta orduen etorrikodie kontuek. **T.** No vayáis demasiado lejos porque nos ha dicho que vendrá pronto y le esperemos en la cercanías, y será mejor que le hagamos caso porque si nos movemos mucho a lo mejor no acertamos a volver. y entonces vendrán los cuentos.

Aspaldiko esaerabat: Apaizak orduerdi lanien baña ardaue inguruen.

Un viejo proverbio vasco dice que el cura media hora de trabajo, pero con el vino al lado.

INKESTA. Encuesta. **K.** Inkesta asunto honeitan be eongodie gora-berak, asko zer-ikusixe izengoda zeñek aiñdutakue dien zeatik bata ero bestie izen bere aldeko joera eukikodau, ba horreatik eta nere ustez bentzet, gauza honena da bape kasuik ez itxie. **T.** Sobre el asunto de las encuestas también habrá muchos altibajos, dependerá de quién las encargue porque sea uno u otro siempre jugará a su favor, pues por eso y al menos creo yo, lo mejor es no hacerle caso alguno.

INPORTA-BAKUE. Sin importancia. **K.** Ba, ez iñ bape kasuik hor aurren dauenai zeatik inporta-bakue da ta, hurrengo bixek bai diela gauza berezixek, geixenbat bigarrena eta apostaukonaute eztuzuela sekula ikusi holakoik. **T.** Ba, no le hagáis ningún caso a eso que está en primer lugar porque es una cosa sin importancia, los otros dos siguientes si que lo son, sobre todo el segundo y ya apostaría a que no habéis visto nunca nada semejante.

INPORTIK-EZ. Que no le da ninguna importancia. **K.** Saturioi eziozue aiñdu gauza askoik zeatik eztau ingo ezer esandakoik, eta kasualitatez zerbaitx itxenbadau berak guredauena bakarrik izengoda, horrendako normalena izetenda inportik-ez emuteik. **T.** A Saturio no le mandeís muchas cosas porque no hará nada de lo que se le dice, y si es que hace algo será solo lo que el quiera, para ese el no conceder ninguna importancia a lo que se le diga es una cosa normal.

INTENZIÑUEK. Intenciones, ideas. **K.** Eztakitx zeñeik dien horren intenziñuek baña apostaukonauke eztiela bape onak, denporaldixe dabill bueltaka inguru hontatik aldebatera ta bestera begire eta emutendau zerreozer billatzen bezela haidala, ziur lapurtzeko asmuaz. **T.** No sé cuales son las intenciones de ese pero apostaría que no son nada buenas, hace ya mucho rato que anda dando vueltas por aquí mirando hacia un sitio y otro y parece cómo que estuviese buscando alguna cosa, seguro que con la intención de robar.

INTERESA. Por interés. **K.** Nere ustez horrek esaten haidana ezta danon mezeriatik baizik beran interesatik bakarrik, beztela ezan oso normala izengo hainbeste merketzie ainketandauen gauza guzti horreik, eta apostakonauke eongodala beste zerbaitx oñ eztauena gure esateik. **T.** Yo creo que todo eso que está diciendo no es para favorecer a todos sino más bien por su interés, porque no es muy normal que abarate tanto todas esas cosas que está prometiendo, y ya apostaría de que tiene que haber alguna otra cosa que ahora no quiere decir.

INTERESGARRIXE. Muy interesante. **K.** Aukera badaukotzue fanzaitxeze datorren zapatuen Irungo Fikoba azokara, nik ondion eztot ikusi baña entzundot oso interesgarrixe dala ta gurebozue alkarreaz fangogara nere kotxien. **T.** Si tenéis oportunidad ir el próximo sábado a la feria de Ficoba en Irún, yo todavía no la he visto pero he oído que debe de ser muy interesante y si queréis podemos ir juntos en mi coche.

INTXAURONDUE. Nogal. **K.** Josun baserri be aldien intxaurondo haundibat dau eta gertatzenda ze oso gañetik Iberdrolako argindarren kabliek pasatzendiela, ba horko langillek etorri ta iñori ezer esan-barik goiko adar pilla moztuitxue. Eta gauzabat, akaso intxaurondue ezalzan han askoz lenau kable horreik baño, ero? **T.** En la zona de abajo del caserío de Josu hay un nogal muy grande y resulta que muy por encima pasan unos cables de electricidad de Iberdrola, pues han venido unos trabajadores suyos y sin decir nada a nadie le han cortado un montón de ramas de la parte de arriba. Y una cosa, ¿acaso el nogal no estaba allá mucho antes que los cables esos, o qué?

INTXAURRA. Nuez. **K.** Ba goixen jarridoun intxaurondue buruz esatie askenengo bi urte honeitan intxaur pillabat emuitxula, eta oñ berriz eztakitx zer gertaukodan hainbeste arrama moztu ondoren. **T.** Pues sobre el nogal que hemos señalado arriba decir que estos dos últimos años ha dado un montón de nueces, y ahora no sé lo que puede pasar después de que le han cortado tantas ramas.

INTXAURSALTZA, INTXAUR-SALTZA. Postre elaborado con nueces machacadas y leche. **K.** Intxaursaltza jeneralki gabonetako postrie izetenda ta nere gustorako pixkat astune da, gañera kontuen hartuta ordurako nahiko jan da eranda eotegarela. **T.** La intxaursaltza es un postre más bien de navidades y para mi gusto es un poco pesado, además teniendo en cuenta que para la hora de servirlo estamos bastante bien comidos y bebidos.

INTXUSA. Saúco. **K.** Guk esateutzoun erretrapuenbotica gure aspaldiko errezetabat da, familixa hartien batetik bestera pasatakue, eta hori itxeko, beste gauza batuk tartien intxusa arbolan azala eruetendu, arbola honeitik asko eotezien, ondion be hala eongodie, erreka bazterretan. **T.** Una receta muy antigua de nuestra casa es la pomada que llamamos y se explica en la definición de erretrapuenbotika, y cuya elaboración ha pasado de unos a otros dentro de la familia, pues para hacerla llevaba entre otras cosas corteza del saúco y de éstos árboles había muchos, también todavía así los habrá, en las orillas de los ríos.

INZUE. Hay o tenéis que hacer. **K.** Inzue beingoz eta bukatu haldan axkarren lan hori, egun erdiko lana besteik ezan, egun osue doiezue hortan ta ondion hor dau erdi txintxiliske, ba beste toki-batera fan-bierra daukou eta eztakitx noix amaitzeko asmue eukikozuen. **T.** Tenéis que hacer y terminar cuanto antes ese trabajo, era una labor de medio día, lleváis un día entero y todavía ahí está medio colgando, pues tenemos que ir a otro sitio y no sé para cuándo tenéis la intención de acabar.

Aspaldiko esaerabat: Gaur inzeikena ez utzi bixerko.

Un viejo proverbio vasco dice que lo que puedas hacer hoy no lo dejes para mañana.

IÑARTIEN, IÑ-HARTIEN. Hasta hacer. **K.** Faustino, itxizu pakien patatarre horreik eta jarri maixen, badakitx gose haundixe eukikozula baña itxoiñ inbikozu zertxobatix filetiek iñartien eta bestiek etorri sukaldera, eta ez izen halako kakalarrixe. **T.** Faustino, deja esas patatas fritas en paz y siéntate en la mesa, ya sé que tendrás mucha hambre pero tendrás que esperar un poco hasta que se hagan los filetes y los demás vengan a la cocina, y no seas tan impaciente.

IÑ-ZUK, IN ZUK. Haz tú. **K.** Nik eziñdot danera allegau eta meserez in zuk lan hori, nahiko errexa da ta onazkero hainbeste badakitzu, gañera ziur nau ze pixkak alegintzen-bazara oso ondo geratukodala. **T.** Yo no puedo llegar a todo y por favor haz tú ese trabajo, es bastante sencillo y para ahora ya sabes lo suficiente, además estoy seguro que si te esfuerzas un poco quedará muy bien.

IÑ, INZU. Haz, hacer. **K.** la ondo dau zurie eta inzu beingoz aiñdutakue, atzo zure amak nere aurrien esautzun jaso ta txukuntzeko zure gela ta ondion hasi be ezara iñ, eta gero etortzedanien berriz entzun-bierrak eukikotxoizu errieta dexentiek. **T.** Ya está bien lo tuyo y haz lo que ayer te mandó tu madre, delante de mí te dijo que recogerías y dejaras curiosa tu habitación y todavía ni siquiera has empezado, y luego cuando venga tendrás que volver a escuchar unas cuantas reprimendas.

IÑ. (Iñdok), don, dot, dou, dozu, dozue.

Aspaldiko esaerabat: Iñ lo ondo eta osasuna be ondo.

Un viejo refrán en euskera dice: Duerme bien y la salud también estará bien.

IÑARRA. Brezo. K. Arrastuik be eztauket oñ itxendien baña lenau bentzet bai, eta bere garaian Arabako Narbaixan iñarraz iñdeko eskoba ta erretzak oso fama haundikuek izenzien, horreikiñ, beste gauza asko hartien, herritako kaliek garbiketazien eta akaso ondion be hala ibilikodie toki batzuetan. **T.** Yo no tengo ni idea de si ahora se hacen pero antes al menos sí, y las escobas y escobones de brezo que se hacían en Narvaja de Alaba habían cogido mucha fama, con esas, entre otras muchas cosas, se barrían las calles de los pueblos y puede que todavía en algunos sitios se siga haciendo de la misma manera.

IÑAUTERIAK. Carnavales. K. Esatendaue Kadizko iñauteriak on eta famauenak diela baña eztot uste Tolosan itxendienak bape inbidixaik euki-bierra daukenik, berez asken honeik die ixe munduko oneneitakuek eta ez aztu Atxalbaltakuekiñ, Tolosako hurrenguek die. **T.** Dicen que los carnavales de Cádiz son los mejores y más famosos, pero no creo que los que se hacen Tolosa les tengan que tener ninguna envidia, de hecho éstos son unos de los mejores del mundo y no nos olvidemos de los de Aretxabaleta, son los siguientes de los deTolosa.

IÑAUSI. Mondar, pelar, podar. K. Nik esauketandot pertzonabat, tartekue gañera, etxakona bape gustatzen iñausi itxeik ezertxoi, oso gustora jateitxu ganbak ta holako marisko tipokuek, baitxe laranjak eta beste asaldun frutak baña gauza da asala kenduta izen-bierra daukela, noski bestiek. **T.** Yo conozco a una persona, además del entorno, a la que no le gusta pelar o mondar ninguna cosa, come muy a gusto las gambas y demás mariscos de ese tipo, también las naranjas y otras frutas que tengan piel pero la cosa es que tienen que estar peladas, claro que por otros.

IÑAZ. Me lo he hecho a mí mismo. K. Ollaskue garbitzen hainitzala sekulako ebaixe iñaz eskuen kutxilluaz, axkar garbitxu urakiñ, trapu garbixaz batudot baña odola ezta gelditzen eta ustedot anbulaturorira fan-bierra eukikotela, pentzatzendot ebai honek punto bat ero beste bierrien eongodala. **K.** Cuándo estaba limpiando el pollo me he hecho una cortada muy grande en la mano con el cuchillo, enseguida he limpiado la herida con agua, la he envuelto con un trapo limpio pero no deja de sangrar y creo que tendré que ir al ambulatorio, pienso que la herida estará necesitada del algun punto que otro.

IÑAZ. Al hacer. K. Zu momentuz fanzaitzen aiñdureko lan hori iñaz, gero bukatzendozuen esangotzuk nun inbierra daukotzun hurrengo lana. **T.** Tú de momento vete haciendo el trabajo que te he mandado, luego cuando termines ya te diré dónde tienes que hacer el próximo trabajo.

IÑDAKUE, IÑDEKUE. Lo hecho. K. Asunto horren buruz alperrik haigare barriketan zeatik eztauko bueltaik, eta hori aurretik gogoratubigiñen, oñ ia berandu da eta eztau besteik, iñdakue iñde ta kitxo. **T.** Es inútil que sigamos hablando sobre ese asunto porque no tiene vuelta, y de eso nos teníamos que habernos acordado antes, ahora ya es tarde y no hay otra, lo hecho hecho está y no hay más.

Aspaldiko esaera: Iñak die amoriek eta ez honeko errazoiek.

Un viejo preverbio vasco dice que obras son amores y no buenas razones.

IÑEN, IÑIEN. Haciendo, acometiendo. K. Ba hemen haigara iñien lan honekiñ, oñ bertan exkax antzien zeatik bi lagun derrigorrez beste toki-batera fanbierra izendaue, baña gaur bukauta geratukoda eta ezer arazoik ezpada gertatzen, bixer hona bueltatzeko asmue da, eta orduen askoz hobeto ibilikogare. **T.** Pues aquí estamos haciendo éste trabajo, ahora mismo un poco justos porque dos compañeros han tenido que ir necesariamente a otro sitio, pero hoy ya terminarán lo que han ido a hacer y si no surge ningún problema la idea es que mañana estén aquì de vuelta, y entonces ya andaremos mucho mejor.

IÑEZIÑE, IÑ-EZIÑE. Imposible de hacer. K. Alegintzen hainaz haldoten guztie baña lan hau bakarrik eonda iñ-eziñe da. Momentu hontan derrigorrez bierkoitxut lagun parebat laguntzeko makiña hau jartzen bere tokixen, gero eta hori iñ ondoren konpondukonaz beste iñor-barik. **T.** Me estoy esforzando todo lo que puedo pero este trabajo es imposible de hacer estando solo. Ahora a la fuerza necesito a dos personas para que me ayuden a colocar en su sitio esa máquina, luego y después de hacer eso ya me arreglaré sin nadie más.

IÑEZKERO. Si haría. K. Estakitx, baña akaso Salustianok iñezkero lan hori mezere galanta inguzten, ni leporaño lanpetuta nabill eta eziñ allegauka haibeste tokira, gauza da aiñdute nauela Toribiokiñ bixer fangonitzela baña ustedot eztala posible izengo zeatik momentuz eziñdot urten hemendik. Ba aber nola konpontzenazen, deitxu ingutzet Salustianoi eta Toribio konforme baldinbadau bera bieldukot lan hori itxera. **T.** No sé, pero si quizá Salustiano podría hacer ese trabajo me haría un gran favor, yo estoy hasta el cuello de trabajo y ando no pudiendo llegar a tantos sitios, la cosa es que le prometí a Toribio que mañana iría pero creo que no va a ser posible porque de momento no puedo salir de aquí. Pues a ver cómo me arreglo, le voy a llamar a Salustiano y si Toribio está de acuerdo le mandaré a él a hacer ese trabajo.

IÑIZU. Haz. Hacer. K. Guk laurok fan-bierra eukikou obra berri hortara, bixer etortzeko die eta hasi aurretik gauza berexixe eta derrigorrezkue da txukuntzie inguru guztiek, ba orduen zuk iñizu toki hontako garbiketa, Anselmok hanguek eta Zelestinok ingoitxu bestiek. **T.** Nosotros cuatro vamos a tener que ir a esa nueva obra, mañana ya son para venir y antes de empezar es esencial y muy importante que dejemos bien curioso todo el entorno, pues entonces tú haz la limpieza de ésta zona, Anselmo la de aquella y Celestino hará el resto.

IÑOIZ. Nunca. **K.** Nik betiko bukatudot horreaz zeatik txarrikeri hori iñuzten azkero eztot ezer gure jakitxeik berakiñ, nere aldetik noski eztauela ezertxoik eukiko eta gañera akaso iñoiz eztutzet berbaik ingo. **T.** Yo con ese ya he terminadio para siempre, después de la cerdada que me hizo no quiero saber nada más de él, por mi parte desde luego que no tendrá nada y además no creo que nunca más le dirija la palabra.

IÑOIZKUE, IÑOIZTIK. De nunca, jamás. **K.** Ez, hortan eztaukotzu bape erraizorik, esaten haizarena ezta hemengue, oingue bez eta nere ustez, dakitxenik bentzet, ezta iñoizkue be, nik eztot sekula entzun holakoik eta kontatzendozun hori baleike izetie beste nunbaitxen gertautakue. **T.** No en eso no tienes nada de razón, eso que estás diciendo no es de aquí, tampoco de ahora y creo, al menos que sepa, de nunca, yo jamás he oído nada semejante y lo que cuentas puede que haya ocurrido en algún otro sitio.

IÑOKIÑ. Con nadie. **K.** Zenon hau benetako xelebrie da, naiz eta ondo jakiñien eon merketxuau urtengodala bidaia danok batera fan-ezkero eztau sekula nai izeten iñokiñ fateik, esatendau bera bakarrik doiela ta alkartukogarela fanbioun toki hartan. **T.** El Zenon éste en verdad que es una persona rara, a pesar de que sabe muy bien que el viaje saldrá un poco más económico si vamos en grupo nunca suele querer ir con nadie, dice que él va solo y que ya nos reuniremos en el sitio al que vayamos.

IÑOLA. De ninguna manera. **K.** Nik bentzet eztutzet iñola lanik ingo tipo horri, eztauko fama bape honik ordaintzeko garaian eta gurebadau beste norbaitxena fan-bierra eukikodau galdetzera aber naidauen itxie, baña zalantza dauket. **T.** Yo desde luego que no le voy a hacer de ninguna manera el trabajo al tipo ese, no tiene demasiada buena fama a la hora de pagar y si quiere tendrá que ir dónde algún otro a preguntar a ver si se lo hace, pero tengo mis dudas.

IÑOLAKOIK, IÑOLAKUE. Nada de nada. **K.** Atzo be garbi asko esanotzun eztotela gure ezer jakitxeik zurekiñ aurrena ezpuztazu bueltatzen itxinotzun hori, ta alperrik haizara eskeintzen gauzak horren ordez zeatik eztot ezertxorik nai, ez holakoik, ez bestelakoik ta ez iñolakoik, nerie bakarrik eta kitxo. **T.** Ayer también te dije bien claro que no quiero saber nada de tí hasta que primero no me devuelvas lo que te dejé, y es inútil que me estés ofreciendo cosas a cambio de eso porque no quiero ni ésto, ni lo lo otro, ni nada de nada, solo lo mío y punto.

IÑONA, IÑORENA. De nadie. **K.** Eztakitx ze gertatzendan, hemen hainaz galdetzen zeñena dan gauza hori eta emutendau eztala iñona zeatik eztau iñok ezer esaten, ba ezpada iñor asaltzen neuk eruengot etxera eta atarakutzet zertxobaitx probetxo. **T.** No sé que es lo que pasa, estoy preguntando de quién es esa cosa y parece que no es de nadie porque ninguno dice nada, pues si no aparece alguien me lo llevaré a casa y ya le sacaré algo de provecho.

Aspaldiko esaerabat: Jente askon laguna ezta iñorena.

Un viejo proverbio vasco dice que el que es amigo de muchos no lo es de ninguno.

IÑONDAKO. Para nadie. **K.** Ba gertauda ze gauza hori bertan itxi-bierra izendotela, etorrida tipobat esanaz badakixela zeñena izenleikien, jakiñien dauela nun bizidan eta eruengutzela, ba apostaukonaute ze askenien, bera kenduta noski, eztala beste iñondako izengo. **T.** Pues ha pasado que he tenido que dejar esa cosa en el mismo sitio, ha venido un tipo diciendo que sabe de quién puede ser, que conoce el lugar donde vive y que ya se lo llevará, pues ya apostaría que al final, quitando a él claro, no será para nadie más.

IÑOR. Nadie. **K.** Hau da marka, oñ ze pasatzenda, eztala iñor izen aberixa hau iñdauena?, ba honek lan haundixe dauko konpontzen eta iñdauenak badaki ze inbierra dauken, zeatik txarrera fan aurretik askoz hobie izengoda asaltzenbada. **T.** Esto es de traca, ¿qué pasa ahora, que no ha sido nadie el que ha hecho esta avería?, pues el reparar esto tiene un gran trabajo y el que ha sido ya sabe lo que tiene que hacer, porque antes de ir a malas será mucho mejor si aparece.

Aspaldiko esaerabat: Iñor ezta jaixo ikesitxe.

Un viejo proverbio en euskera dice que nadie ha nacido aprendido.

IÑORA. A ningún sitio. **K.** Zu nahiko ibilizara parrandan egun guztien eta oñ eon hemen geldik afal ordurarte, eta ez hasi mormoxetan zeatik oñ ezara iñora fango ta, laister etorrikodie bestiek eta etxoiñ. **T.** Tú ya has andado bastante de parranda todo el día y ahora éstate aquí quieto hasta la hora de cenar, y no empieces a murmurar porque no vas a ir a ningún sitio, pronto ventrán los demás y espera.

IÑORAKO. Para ningún sitio. **K.** Aber eta entzun, eruen beste hareik gurebozue baña gauza honeik itxi baztertxo hortan, horreik hemengo bakarrik balixodaue eta ez beste iñorako, eta gañera laister bierkoitxu. **T.** A ver y escuchar, llevar aquellas otras si queréis pero estas cosas dejarlas en esa esquina, esas solo valen para aquí y para ningún otro sitio más, y además pronto las vamos a necesitar.

IÑOZUE. Se dice de la persona un poco simplona y quizá un poco tontita. **K.** Mutil hori larreiko ona da, baleike oneixe be eta ez hori bakarrik, akaso baitxe iñozu xamarra be. Batzuetan lastima pixkat emutendau zeatik bere kuadrillako lagunek sarritxen adarra joten ibiltxendie. **T.** Ese chaval es muy bueno, puede que hasta demasiado y no solo eso, quizá también un poco simplón. A veces ya da un poco de pena porque sus amigos de la cuadrilla a menudo suelen estar tomándole el pelo.

IÑUDE. Nodriza.

(Ver la definición de aña).

IÑUN. En ningún sitio. **K.** Nola izenleike posible hau, esatendozu hemen izendala, ero inguru hontan bentzet, txapela galdudozun tokixe, hemen haigara lau lagun eta eztou iñun billatzen. Ezta holako gauza txikiñe ba, gañera kontuen hartuta zuk daukotzun buru haundixaz. **T.** Esto ómo puede ser posible, dices que aquí has perdido la boina, o al menos por aquí, estamos buscándola entre cuatro personas y no aparece por ningún sitio. Pues no es una prenda tan pequeña pues, sobre todo teniendo en cuenta el cabezón que tienes.

IÑUNDIENAK. A lo grande. Cosas o asuntos graves. **K.** Nola dien gauzak, batzui naiz da gutxi iñ kartzelara eruteitxue ta beste askoi berriz iñundienak iñ eta hor ikusteitxozu librien ta lasai asko, halaere ezta larrei arritzekue zeatik hala izenda betik. **T.** Cómo son las cosas, a algunos haciendo poco les llevan a la cárcel y a otros muchos en cambio cometiendo cosas mucho más graves les ves que andan libres y bien tranquilos, de todas formas tampoco hay que asombrarse demasiado porque siempre ha sido así.

IÑUNDIK. Que no es o no ha venido de ningún sitio. **K.** A ver, nola esanleike iñundik ekartzekue dala hori, nunbaitxen lortuta izengoda, ez?, ero zer gertatzenda, lapurtu iñdozula eta eztozula gure esateik?, ba hala baldinbada eruen axkar hartudozun lekura. **T.** ¿Cómo es posible que digas que lo que has traído sea de ningún sitio, en alguna parte lo habrás conseguido, no?, ¿o que pasa, que lo has robado y no lo quieres decir?, pues si es así ya lo puedes llevar rápidamente al sitio dónde lo has cogido.

IÑUNGUE. De ningún sitio. **K.** Gizon horri galdetu-ezkero nungue dan bere erantzuna izengoda iñungue zeatik berak eztaki nun jaixozan, jaixo-berri zanien estalkixen batuta Elixa atien asalduzan, eta gauza xelebrie, nik eztakitx izen hori jarrriutzen ero akaso ezizena izengodan, baña Iñungo deiketautzie. **K.** Si le preguntas ese hombre de dónde es te responderá que de ningún sitio porque él no sabe en que lugar ha nacido, cuándo era un recién nacido apareció envuelto en una manta a la puerta de la Iglesia, y cosa curiosa, yo no sé si le habrán puesto ese nombre y quizá sea un mote, pero le llaman Iñungo (de ningún sitio).

IÑURRIXE. Hormiga. **K.** Oñ aspalditxuen ez baña garai baten gure etxeko balkoie iñurrixaz betie eotezan, eztakitx nundik urtetzeauen baña ikustezan fatxadatik gora etortzeziela, botategutzen esprai hori eta halaere nahiko zalla izetezan akabatzie danakiñ zeatik akabau-hala berriz asaltzezien. **T.** Hace mucho que no pero en un tiempo el balcón de casa solía estar lleno de hormigas, no sé de dónde salían pero se veía cómo subían por la fachada, ya les echábamos el esprai ese y aún así era muy difícil terminar con todas porque a medida que las matábamos otra vez seguían apareciendo.

IÑUTILLE. Se dice por la cosa que no tiene utilidad o por la persona que es inútil. **K.** Aspaldiko hontan zoritxarrez haigara, oñ be langille barrixek ekarri eta laister bieldu-bierrak eukitxu, eta oñartien hala izenda betik zeatik nahiko iñutillek izendie etorridien danak. **T.** Ultimamente estamos con bastante mala suerte, también ésta vez se han traído trabajadores nuevos y enseguida los hemos tenido que mandar, y hasta ahora así ha sido siempre porque todos los que han venido han resultado ser bastante inútiles.

IÑUXENTE, IÑUXENTIE. Inocente, insulso, apocado, quizá un poco tontito.

(Ver la definición de iñozue).

Aspaldiko esaerabat: Argixe uste eta iñuxentie izen.

Un viejo proverbio vasco dice que creerse inteligente y ser tonto.

IÑUXENTEKEIXIE. Tontería, bobada, una cosa sin sentido. **K.** Eztakitx zergaitxik etorrigaran billera hontara, zuk ustedozu merezidauela entzuteik hori esaten haidana?, nere ustez iñuxentekeixe galanta besteik ezta ta nireatik, gurebozu bentzet, kanpora urtengou, askoatik naio dot txikito parebat hartzie hemen eotie baño. **T.** No sé porqué hemos venido a esta reunión, ¿tú crees que lo que ese está diciendo merece la pena que lo oigamos?, yo pienso que no es más que una solemne tontería y por mí, si al menos quieres, saldremos a la calle, por mucho prefiero tomar un par de chiquitos antes que estar aquí.

IOSI Exclamación de asombro o de contrariedad.

IPARRA, XIPAR-ALDIE. Norte, la zona norte. **K.** Betik esan izenda Ipar-aldien dauela aberaztazuna eta hego-aldien beharra, nik eztakitx hala dan eta ez sikera egixe izengodan, baña bentzet gauzabat bai da benetazkue, hor kanpotik etortzendan jentie patera horreitan hego-aldekuek izetendiela. **T.** De siempre se ha dicho que en el norte está la riqueza y en el sur la necesidad, yo no sé si es así y ni siquiera si será verdad, pero por lo menos una cosa si es cierta, que toda esa gente que viene de por ahí fuera en esas pateras proviene del sur.

IPARAIXIE, IPAR-HAIXIE. Viento proveniente del norte. **K.** Batzundako hego-haixie txarra izengoda baña nik askoatik naio dot ipar-haixe hori baño, betik izen izenaz bero-zalie ta hotzakiñ eztot pasatzen bape ondo, lanien bentzet zeatik jai egunei ondo hartute dauket neurrixe. **T.** Para algunos el viento sur será malo pero yo por mucho prefiero a éste que al viento norte, de siempre he sido partidario del calor y con el frío lo paso bastante mal, al menos trabajando porque a los días de fiesta ya le tengo bien cogido la medida.

IPINGIXE. Retal con el que se hacen, hacían, los remiendos. **K.** Oñ erropak izurrau itxendienien, eta batzuetan baitxe askoz aurretik be, bota ta barrixek erostendie, baña garai baten gertzenbazan tarratara ero zulatzie erozeiñ, alkondara, frakak ero abar, jeneralki ipingixe jartzezan, eta horreatik berdiñeko txukun ibiltxegiñen. **T.** Ahora cuándo se estropea alguna ropa, y algunas veces también mucho antes, se tira y se compra nueva, pero en aquellos tiempos si ocurría que se rasgaba o se agujereaba cualquiera, camisa, pantalones, etc…, generalmente se hacía un remiendo con un retal, y por eso íbamos igual de curiosos.

IPIÑI. Poner, colocar, disponer. **K.** Eztakitx zer iruitzejatzuen zuei baña nik ustedot kuadro hau ipiñi-ezkero pareta hontan txukun geratukozala, eta beste hori han bestaldien jarrileikegu, pareta hartan eta hala bixek bata-bestien parien eonda politxe gelditxukozan. **T.** No sé que pensaréis vosotros pero yo creo que si colocamos el cuadro en ésta pared quedará bien, y ese otro lo podemos poner en la otra parte, en aquella otra pared y así estando los dos dos uno frente al otro podría quedar muy bonito.

IPOTXA. Se dice de la persona que padece enanismo. **K.** Nola izetendien gauzak, garai baten ipotxak zien pertzonak plazako komedixetan ibiltxezien barregurie emuten ikusten eotezien jentiei, eta ni batena, Kosmin izenekue, oso ondo gogoratzenaz. Oñ berriz, natural eta bier dan bezela, horri etxako aparteko inportantzik emuten eta modu berdiñien ibili be, kuadrillan eta alternatzen, nik esauketaitxutenak bentzet. **T.** Cómo son las cosas, en un tiempo las personas que padecían enanismo solían andar en los espectáculos de las plazas de los pueblos haciendo reir a los que allá estaban, y yo me acuerdo muy bien de uno que se llamaba Cosmín. Ahora en cambio, cómo es natural y debe de ser, no se le dá mayor importancia a ese hecho y andan al igual que cualquier otra, en cuadrilla y alternando, al menos las que yo conozco.

IPUÑA. Cuento, tebeo. **K.** Garai baten mutiko danak ipuñ- zaliek giñen, akaso orduen izengozan ezauelako beste gauza askoik eta ondo gogoratzenaz nola izetezien ipuñ hareik, Jabato, Kapitán Trueno, Gerrero del Antifaz eta beste hainbat antzerako, eta oñ ustedot berritzen haidiela. **T.** En un tiempo todos los chavales éramos partidarios de los tebeos, yo me acuedo muy bien cómo eran aquellos tebeos, el Jabato, Capitán Trueno, Guerrero del Antifaz y tantos otros parecidos, y creo que ahora los están renovando.

IPURDITARA, IPURDIKO-ZULORA. Palabra un poco malsonante que significa vete a tomar por ulo. **K.** Mutiko horrek eztakitx nun entzun izendauen, bere aitxak esatendau berai ezetz bentzet, baña ze oitura txarra hartudauen ipurditara erozeñi bieltzeko pixkat asarreketandanien. **T.** No se dónde lo habrá oído ese chaval, su padre dice que a él al menos no, pero que costumbre más mala ha cogido de mandar a tomar por ulo a cualquiera en cuanto se enfada un poco.

IPURAUNDI, IPURDI-HAUNDI. Culo gordo. Se le llama así, con discreción y sin que lo oiga el interesado, a la persona que tiene el culo sobresaliente. **K.** Berak eztauko etxuraik inportatzi haundirik emuteutzenik baña halaere mutikotxo kaxkajo honeik laletxe die, euron laguntxobat, Antoñito, potolo xamarra da ta betik esaten haidie ipuraundi, ipuraundi. **T.** No parece que él le de mucha importancia pero de todas formas estos críos pequeños y gamberros son la leche, un amigo de ellos, Antoñito, está un poco obeso y no paran de llamarle culo gordo, culo gordo.

IPURDIKOBAT. Un azote en el culo. **K.** Askotan esandotzut izteko pakien zure anai txikiñei, eztozu ikusten miñ itxendotzazula ta gero negarrez hastendala, ero?, ba hurrenguen eta ezer esan aurretik ipurdikobat hartukozu. **T.** Te he dicho muchas veces que dejes en paz a tu hermano pequeño, ¿no ves que le haces daño y luego empieza a llorar, o qué?, pues la próxima vez y antes de decirte nada vas a recibir un buen azote en el culo.

IPURDIXE. La parte baja de la espalda, algunos le llaman culo. **K.** Ezta izeten derrigorra aurrekaldie ikustie jakitxeko neska ero mutille dan zeatik atzetik beitu-ezkero jeneralki nahikue izetenda, neskak ipurdixe askoz borobillaue daukie eta mutillek berriz , geixenak bentzet, apenas daukie ipurdirik. **K.** No es necesario mirar de frente para saber si es chico o chica porque si se le mira por detrás generalmente suele ser suficiente, las chicas tienen el culo mucho más redondeado y los chicos, al menos la mayoría, apenas tienen culo.

IPURTARGIXE. Luciérnaga. **K.** Nik ustedot ze oñ be eta beti bezela eongodiela ipurtargixek, baña halaere oso aspalditxik eztot bat bera ikusi, garai baten bai, horreik billatzen ibiltxegiñen eta errexa izetezan zeatik nahiko argitzuek zien. **T.** Yo creo que ahora también y al igual que siempre ya habrá luciérnagas, pero aún así hace muchísimo tiempo que no he visto una sola, en un tiempo sí, solíamos anda buscándolas y era bastante fácil el encontrarlas porque desprendían un poco de luz.

IPURTARGIXE. Fig. se dice por la luz tenue, o también porque no haya suficiente. Se podría decir que es una especie de claroscuro. **K.** Hemen dauen ipurtargixaz eziñdou ezertxorik iñ zeatik apenas ikustenda ezer, bazkalostien potentzia geixauko bonbilla batzuk ekarribikoutxu eta baezpare baitxe jeneradore txikibat be. **T.** Con la falta de luz que hay aquí no podemos hacer nada porque apenas se ve, después de comer tendremos que traer algunas bombillas de más potencia y por si acaso también un pequeño generador.

IPURTXUNTXURRE. El hueso de la mitad superior del culo. El coxis. **K.** Ze mintzue izetendien ipurtxuntxurreko zartarak hartzie, eta ser ezan ostikara izetenbada, gañera ze gauza xelebre dan, naiz eta miñ dexentie euki hola barregure pixkat bezela emutendau aurrenekotan. **T.** Que doloroso suele ser que recibas un golpe en el coxis, y que decir si es una patada, además que cosa más curiosa suele ser, aunque te duela bastante al principio te entran así cómo unas pequeñas ganas de reir.

IRABAZI. Ganar. **K.** Bai gurenauke irabaztie diru pixkat loteriñ ero primitiba horretan baña kustiñue da eztotela erosten, momentuz bentzet, eta noski, jolastu bez, ba aber noixbaitxen hastenazen eta hala akaso aberazteko aukera be eukikot. Ni nahiko potrosue naz eta ustedot lortukonauela. **T.** Si, claro que me gustaría ganar un poco de dinero en la lotería o en la primitiva esa pero la cuestión es que no suelo comprar, al menos de momento, y claro, jugar tampoco, pues a ver si empiezo algún día y así a lo mejor también tendría la oportunidad de hacerme rico Yo soy bastante potroso (tener suerte) y creo que ya lo conseguiría.

IRABAZI-HALA. A medida que se gana. **K.** Pertzona hori ondo esauketandot, badakitx lanpostu oso ona daukela eta baitxe dexente irabazi be, baña gauzabat sigero txarra dauko, ze dirue irabazi-hala segitxuen alde itxeutzela makiña horreitan jolasten. **T.** A esa persona le conozco muy bien, sé que tiene un buen puesto de trabajo y también que gana bastante dinero, pero por tiene una cosa muy mala, que a medida que gana se le va el dinero jugando a las máquinas.

IRABAZLE, IRABAZLIE. Ganador. **K.** Mutiko hori ondion gaztie da baña oso korrikolari ona eta aurrera urtetzeko aukera haundixe dauko, eztitxu karrera asko iñ baña eondan oñartekuek bera izenda irabazlie, ba aber pixkat zaiñdu eta allegatzendan zerbaitx izeten. **T.** Ese chaval todavía es joven pero tiene pinta de que puede salir un corredor muy bueno, hasta ahora no ha participado en muchas carreras pero en las que ha estado él ha sido el ganador, pues a ver si se cuida un poco y llega a ser alguien.

Aspaldiko esaerabat: Aita izabazle, semie gaztaile.

Un viejo refrán en euskera dice que lo que gane el padre ya lo gastará el hijo.

IRADU, IRADUN. Prisa, tener prisa. **K.** Geldik bezela ikustezaute, ba giruek aldatzeko etxurie dauko eta baleike laister eukitxie gañien eurixe, nik lagundukotzuet eta danon hartien ta pixkat iradun- ezkero akaso bukatu ingogauke busti aurretik. **T.** Os veo como un poco parados, pues parece que el tiempo está cambiando y puede que pronto tengamos encima la lluvia, yo os ayudaré y si con un poco de prisa lo hacemos entre todos quizá lo podamos terminar antes de que nos mojemos.

IRAGAN. Pasar tiempo, transcurrir tiempo, cosa pasada. **K.** Zergaitxik ataratzendozu kontu horreik?, iraganeko gauzak die eta baleike batzuk, eztot esaten asarretu, baña bai urduri antzien jartzie eta hori ezta komeni zeatik oñ gazen bezela oso ondo gara. **T.** ¿Porqué sacas esos temas ahora?, esas cosas son del pasado y puede que algunos, no digo que se vayan a enfadar, pero si que se pueden sentir molestos y eso no conviene porque de la forma que estamos ahora nos encontramos muy bien.

IRAGARKIAK. Anuncios, novedades, noticias. **K.** Iragarkiak besteik eztau alde guztietan, telebistan, telefonon, ordenadoran eta beste hainbat tokitxen, eta benetan sigero naskaute nauela gauza horreikiñ, batzuetan gogue emutendau ezer ez pizteko ta akaso noixbaitxen horixe bera ingot. **T.** No hay más que anuncios por todas partes, televisión, teléfono, ordenador y en tantos otros sitios, y de verdad que ya estoy demasiado asqueado con todas esas cosas, algunas veces dan ganas de no encerder nada y a lo mejor eso mismo es lo que voy a hacer algún día.

IRAGARRI. Adivinar, acertar, pronosticar.

(Ver la definición de igerri).

IRAGAZI. Filtrar, colar. **K.** Ezizue salda hori hartu oñ dauen bezela, akaso eztozue ikusten sikiñtazun pixkat daukela gañien, ero?, aurrena ta eran aurretik iragazi inbierra dau eta orduen bai hartzeko bezela eongoda. **T.** No toméis ese caldo de la forma en la que está ahora, ¿acaso no veís que tiene un poco de suciedad en la parte de arriba, o qué?, lo primero hay que hacer es colarlo y entonces sí que estará como para tomar.

IRAITZI. Pegar, adherir. **K.** Umie jolasten haizala askatu iñditxu liburu hortako orri mordoxkabat ta oñ iraitzi inbierra eukikou, bixer bere anaiek liburu hori bierkodau ikastolara fateko eta ontxe bertan noie dendara aber lortzendoten kola ero holako zerbaitx. **T.** El crío cuándo estaba jugando ha soltado bastantes hojas del libro y ahora las tendremos que pegar, su hermano necesitará el libro para ir mañana a la ikastola y ahora mismo iré a la tienda a ver si consigo cola o alguna cosa parecida.

IRAKATZI, IRAKATZIA. Enseñar, enseñanza, ayudar a estudiar, instruir. **K.** Gure tallerrrera etorridan mutil gazte hori ontxe urten-barri dau langintza eskolatik, bere maixuek esandau oso jatorra omendala, eta baitxe ze aurrena irakatzi inbierra izengodala zeatik eztau sekula lanik iñ baña halaere sarri ibilidala jardunien. **T.** Ese chico joven que ha venido a nuestro taller es recién salido de la escuela de oficios, su profesor ha dicho que es muy responsable, y también que primero será necesario enseñarle porque nunca ha trabajado, pero que aún así que ya ha hecho muchas prácticas.

IRAKASLIE. Profesor, maestro. **K.** Gaurko egunkariak ekartzendau laneko eskaintzabat esanaz hiru irakasle bierrien dazela oñ zabaldukodan ikastola berri hortan, eta naidauenak idazteko bertara esanaz zeiñ dan eta ze esperientzi dauken. **T.** El periódico de hoy trae una oferta de empleo diciendo que en la nueva ikastola que se va a abrir se necesitan tres profesores, y que el que quiera puede escribir allá mismo dando sus datos y sobre que experiencia tiene.

IRAKORRA. Persona irascible, que se enfada con facilidad. **K.** Gizon horrekiñ kontuz ibili-bierra dau ta askoz hobeto da ez itxeik kasu asko, ta baezpare ezer ez esateik gaizki hartzendauenik zeatik larreiko irakorra da, gertatzejako axkar ta errex asarraketandala. **T.** Con ese hombre hay que andar con mucho cuidado y es mucho mejor no hacerle mucho caso, y por si acaso tampoco decirle nada que le pueda sentar mal porque es demasiado irascible, le pasa que se enfada enseguida y con mucha facilidad.

IRAKURKETA. Lectura. **K.** Lantegi ederra dauko agiri horren irakurketa eta eztakitx nola dan posible ehun orritxik gora eukitxie, eta askenien zer izenda, ba?, terreno zati txikibat saltzie besteik ez. **T.** Vaya trabajo tiene la lectura de éste documento y no sé como puede ser posible que tenga más de cien hojas, ¿y al final que ha sido, pues?, nada más que la venta de un pequeño trozo del terreno.

IRAKURLIE. Lector. **K.** Ni irakurle oso amorratue izenaz eta akso eukikoutxut mille liburutik gora, danak, ero geixenak bentzet, irakurritxe, baña aspaldixuen eztakix eztauketen denporaik ero sigero alpertu zeatik eztot liburu bakarra hartu. **T.** Yo he sido un acérrimo lector y a lo mejor tengo más de mil libros, todos, o al menos casi todos, leídos, pero últimamente no se si por falta de tiempo o porque me he vuelto demasiado vago no he cogido un solo libro.

IRAKURRI. Leer. **K.** Ba goixen jarridoten bezela, nola bere garaian izenazen irakurle amorratue ba errexa da asmatzie liburu pilla irakurritxutela, oñ beste gauza batzuk be itxen hainaz eta pixkat astute nau horrekiñ baña laister berriz jarraitzeko asmue dauket. **T.** Ya he puesto arriba que he sido un lector acérrimo y por lo tanto es fácil deducir que he leído muchos libros, ahora también estoy haciendo otras cosas y estoy un poco olvidado con la lectura pero tengo en mente el continuar de nuevo lo más pronto posible.

IRAILA. Mes de septiembre. **K.** Nere ustez askoz hobie da irailan fatie oporretan abustuan baño, egueldixe berdintzue izetenda eta aldebatetik baleike zerbaitx merketxuau izetie ta bestaldetik, eta hau be nahiko garrantzitue da, jente gutxiaukiñ lasaiau ibilileikela. **T.** Yo creo que es mucho mejor ir en vacaciones el mes de septiembre que en agosto, el tiempo suele ser parecido y por una parte puede que las cosas sean un poco más asequibles y por otra, y ésto también es bastante importante, con menos gente se puede andar más tranquilo.

IRAIN, IRAINDU. Ofensa, ofender. **K.** Badakitx Pankraziokiñ sigeroko ez-ikusixe daukotzula baña gaur eztaukotzu beste erremeixoik eta derrigorrez berakiñ eon-bierra daukotzu, ba meserez alegiñdu, naiz da diskusiñonbat euki, iraindu ez itxeik bentzet. **T.** Ya sé que no le puedes ver a Pancracio pero hoy no te queda más remedio y necesariamente tienes que estar con él, pero por favor y aunque tengaís alguna discusión, por lo menos esfuérzate en no ofender.

IRASPENA. Fundación, institución. **K.** Iraspen asko daz inguru guztietan baña kontuz zeatik eztie danak zuzenak izeten, batzuk baleike bierdan bezelakuek izetie baña beste asko dirue lapurtzeko bakarrik eotendie, eta kustiñue da jakitxie zeiñ dan zeiñ. **T.** Hay muchas fundaciones por todas partes pero cuidado porque no todas son como deberían de ser, algunas puede que sean y funcionen sin ningún ánimo de lucro pero muchas otras solo están para robar dinero, y la cuestión es saber quién es quién.

IRAULI. Invertir, dar la vuelta. **K.** Fandanengo domekan Bilbon izengiñen eta Gugenjein museu hortan gauzabat nahiko xelebrie ikusinauen, segurazki ondo jarritxe eongozan baña halaere sigero txokantie zan kuadrobat zeatik han zan jentie buruz-bera ikustezan, ba nere ustez kuadro horri irauli iñezkero askoz hobeto geratukozan. **T.** El pasado domingo estuvimos en Bilbao y ví una cosa bastante rara en el museo Gugengein ese, seguramente estaría bien colocado pero era bastante chocante el ver un cuadro en el que la gente estaba cabeza abajo, pues para mí quedaría mucho mejor si al cuadro se le diese la vuelta.

IRAULTZA. Revolución, revuelta, insurrección. **K.** Zenbat iraultza izendien eta dien mundue mundue danetik, segurazki millaka, eta zertarako?, ba baleike ezertarako zeatik nere ustez gauzak oso gutxi aldatudie, onerako bentzek. Eta esan-baterako hurrengo datorren hau balixokue izengozan, ondion be eta betiko bezela txakurrek ortosik ibiltxendie alde guztietan. **T.** Cuántas revoluciones habrá habido y hay desde que es mundo es mundo, seguro que miles, ¿y para qué?, pues posiblemente para nada porque yo creo que las cosas no han debido de cambiar mucho, al menos para mejor. Y como ejemplo puede valer ésto que viene a continuación, todavía y al igual que siempre los perros andan descalzos en todas partes.

IRAUN. Continuar, insistir, seguir, persistir. **K.** Badakitx lan hau nahiko zalla dala eta akaso, naiz da jardun, aurrenekuen eztozue lortuko, baña iraun iñezkero asmaukozue nola inbierra dauen ta ziurtazuna dauket lortukozuela. **T.** Ya sé que este trabajo es bastante difícil y que aunque esteís dedicados a ello no lo vaís a conseguir a la primera, pero a fuerza de insistir yo creo que dareís con la manera de hacerlo y estoy seguro de que lo vais a conseguir.

IRAUPENA. Constancia, duración. **K.** Ba oso ondo, askenien be asmaudozue nola zan inbierreko lan hori eta lortudozue, gañera nahiko axkar eta dana izenda ezkerrak zuen iraupenai, ba oñ zertxobaitx merezita daukotzue. **T.** Muy bien, al final ya habéis acertado cómo había que hacer el trabajo ese y ya lo habéis conseguido, además bastante rápido y todo ha sido gracias a vuestra constancia, pues ahora ya os mereceís algo.

IRAUTIA. Permanente, asiduo. **K.** Nere lan-lagunbat, Gervasio, betiko irautia izenda Zubietako fubol zelaian, Erreala entrenatzendan tokixe, eta han eotenda oporretako ixe egun guztietan, hori astien ziar eta tokatzendan asteburuen, Anoetako partiduek ikustera fatenda. **T.** Un compañero de trabajo, Gervasio, es un asiduo a los campos de fútbol de Zubieta, dónde se entrena la Real, y allá suele estar casi todos los días de vacaciones, eso entre semana y los fines de semana que toca, va a ver los partidos de Anoeta.

IRAZI. Colar, filtrar.

(Ver la definición de iragazi).

IREKIERA, IRIKIERA. Apertura, acción de abrir algún acto, conferencia, etc... **K.** Laister izengoda Vitoria Eugenia teatruko atien irikiera hasiera emuteko Donostiko zinemaldixei, eta hori ikustera, ez atiei bazik hara sartzendienai, jente asko asaltzenda inguru hareitan. **T.** Pronto será la apertura de las puertas del teatro Victoria Eugenia para dar comienzo al festival de cine de San Sebastián, y a ver eso, no las puertas sino a la gente que entra por ella, suele acudir mucha gente a las inmediaciones.

IRENTZI, IRUNTZI. Tragar, deglutir, devorar. **K.** Atzo Bilbon eongiñen eta eguerdixen bazkaltzen alde zarreko jatetxebaten, gure mai aldamenien gizon gaztebat hauen eta hak siñistu eziñeko bazkaixe iñauen, guk lau plater jaten bentzet ikusigutzen, beno, harena jan baño geixau irentzi izenzan zeatik plater batetik bestera ezauen ingo bost miñutu baño geixau. **T.** Ayer estuvimos en Bilbao y al mediodía comiendo en un restaurante de la parte vieja, un hombre joven que estaba en la mesa de al lado hizo una comida increíble, nosotros por lo menos ya le vimos comer cuatro platos, bueno, lo de aquel más que comer era tragar porque entre plato y otro no tardaba más que cinco minutos.

IRESTONTXIXE. Colador. **K.** Hau da marka eta batzuetan ze gauzak eotendien inbierrak, Urbixan gara kanpiñeko dendaz asteburue pasatzeko asmuaz, bazkaldudou, lapikuen kafie prestau eta hasigarenien iretontxixe billatzen café hori irazteko ezta iñun asaldu, eta askenien bedar moltzobat tartetik irazi bier izendou, ezta larreiko txukun gelditxu baña nahiko etxurazkue hauen. **T.** Esto es de traca porque hay que ver que cosas nos vemos obligados a hacer algunas veces, estamos en Urbía con la tienda de camping para pasar el fín de semana, hemos comido, preparado el café en una cazuela pequeña y cuándo hemos empezado a buscar el colador para colar ese café no lo hemos encontrado por ningún sitio, y al final lo hemos tenido que colar entre unos puñados de hierba, no ha quedado demasiado curioso pero estaba bastante bueno.

IRETARGIXE. La luna.

(Ver la definición de illargia, illargixe).

IRETZARTU. Despertar, despertarse. **K.** Zenbat kostatzejate jente askoi iretzartzie eta askotan ezta kustiñue ugezalie izen hala ez, halakotxiek die ta kitxo, eta esan-baterako Karolinan umetxuek etxura guztie daukie horrelakuek diela , eta askotan berak esatendau eziñditxuela iñolabe iretzartu.**T.** Cuánto le cuesta a mucha gente el despertarse y muchas veces no es cuestión de que sean dormilones o no, son así y nada más, por ejemplo parece que así deben de ser las crías de Carolina, ella muchas veces suele decir que no las puede despertar de ninguna de las maneras.

IRIA. Helecho. **K.** Garai baten baserrixetan txarrixek akabau ondoren iriaz erretezien ta akaso ondion be baleike nunbaitxen hala izetie, baña oñ geixenak gauza horreik butanozko sopletekiñ itxeitxue eta zalantzaik eztau ze modu hortan askoz lan gutxiau inbierra dauela, baña gauzabat, hori zeatik izengoda, axkarraue ero akaso hobie dalako? **T.** En un tiempo en los caseríos después de matar el cerdo éste se quemaba con el helecho y puede que todavía en algún sitio lo hagan así, pero ahora la mayoría esas cosas lo hacen con el soplete de butano y desde luego no hay duda que con ese método hay que trabajar mucho menos, pero una cosa, ¿porqué será esto, es más rápido o quizá sea mejor?

IRIKI, IREKI. Abrir. **K.** Gurebozu etxie freskatzie eztakitx askotan ze izetendan hobie, iriki ero itxi bentanak, irikiezkero baleike kanpoko berue sartzie eta itxita iztenbozu ezingodau urten barruko beruek, orduen zer da inbierrekue? **T.** Si es que quieres refrescar la casa muchas veces no sé que puede ser lo mejor, si abrir o cerrar las ventanas, si las abrimos puede que entre el calor de fuera y si las mantenemos cerradas no podrá salir el calor del interior, ¿entonces qué es lo que hay que hacer?

IRIKITA, IREKITA. Abierto. **K.** Beno, gaurko proba itxeko bentzet irikita lagakoitxu bentanak, aber zer modutan gelditzendien etxe barruko hotz-beruek eta bixer ikusikou, ondo urtetzenbadau oñ iñdoun bezela segi ta beztela berriz bestaldera ingou. **T.** Bueno, para hacer hoy la prueba vamos a dejar las ventanas abiertas, a ver cómo queda la tempertura del interior de la casa y mañana ya veremos, si sale bien seguiremos de la forma que hemos hecho ahora y en caso contrario habrá que hacerlo de la otra manera.

IRIKI, IRIKIÑ. Hervir. **K.** Garai baten baserritxik jextezan esnie iriki inbierra izetezan eran aurretik eta ondo gogoratzenaz ze esnetela ataratzeauen, arrebak burrukan ibiltxezien zeñek hartu aurrena, eta oñ berriz erostedan esne guztie dauen bezela eranleike zuzenien ero zertxobaitx berotu-ezkero be nahikue izetenda. **T.** En un tiempo la leche que se bajaba del caserío había que hervirla antes de beber y me acuerdo muy bien la nata que quedaba encima, las hermanas solían pelear a ver quién la cogía primero, y ahora en cambio toda la leche que se compra se puede beber directamente tal y como está o solo con calentarla un poco es suficiente.

IRIKITXEN. Hirviendo. **K.** Eztakitx zer daukon txekorran buztan honek, beno, hori txekorrana izetenbada ta ez elefantiena, lau ordu doie irikitxen lapikuen eta ondion zezpala bezela dau, barruen dauen salda urtu besteik ezta itxen eta ni ura botatzen gelditxu-barik. **T.** No sé que puede tener este rabo de ternera, bueno si es que es de ternera y no de elefante, lleva hirviendo cuatro horas en la cazuela y todavía está como un trozo de madera, el caldo que está dentro no hace más que consumirse y yo no paro de echar agua.

IRIKITXEN. Se dice cuando una persona está muy enfadada y se pone, fig. hirviendo. **K.** Hastezarenien betiko tontoikeixa horreikiñ irikitxen jartzeuztazu, eztozu uste nahiko urte daukotzula hola ibiltxeko eta eziñdozu beinguatik txintxotu sikera pixkat? **T.** Cuándo empiezas con esas tonterías de siempre me pones hirviendo, ¿no crees que ya tienes edad suficiente para tener que andar así y no puedes por una vez al menos formalizarte siquiera un poco?

IRIÑDU. Moler, triturar. **K.** Lenau baserriko artuek, garixek eta beste holako gauzak errotara eruetezien iriñdu itxeko, oñ berriz eta nola errotaik eztauen, inguru hontan bentzet, dana ero geixena iriñduta saltzenda eta hala erosi-bierra dau. **T.** Antes los cereales de los caseríos cómo el maiz, el trigo y otros similares había que llevarlos a moler al molino, ahora en cambio cómo y no hay molinos, al menos por estos alrededores, todo o la mayoría lo venden molido y así hay que comprarlo.

IRIÑE, IRIÑA. Harina. **K.** Zenbat gauzatarako bier izetendan iriñe sukaldien eta aber gogoratzen batzuenak, okelie igurtzi eta gero pixkat prijitxu gixaua prestatzeko, almondigai be berdiñ, gero prijitxu eta saltzan jartzejo, arraña rebozatzeko, saltzak potolatzeko, postriek itxeko eta abar. **T.** La harina es imprescindible en la cocina porque se utiliza para un montón de cosas y a ver si me acuerdo de algunas, para envolver la carne que luego se freirá un poco y preparar el guisado, también lo mismo con las albóndigas y luego ponerlas en una salsa, para rebozar el pescado, para dar consistencia a las salsas, preparar postres, etc...

IRISTEN. Llegando. **K.** Bai, badakitx onazkero hor eonbikonitzela baña inporta-bako istripu txikibat eukidot kotxiekiñ eta ontxe iristen hainaz, ordu laurden garrengo etxien izengonaizue. **T.** Si, ya sé que para ahora tenía que haber estado ahí pero he tenido un incidente sin importancia con el coche y ahora estoy llegando, dentro de un cuarto de hora me tendréis en casa.

IRISTUE. Rayo, relámpago. Gau gaueko euri-zaparrarak siñistu eziñekuek izendie, aurrena billdurtzeko iristuek hasidie eta gero trunboiek mai apixen gordetzeko bezelakuek, eta hala iñdau txakurrek, eta ondoren gelditxu-bako eurixe, radixuen entzutenda garajek ta denda askok uraz betiek diela. **T.** Los chaparrones de esta noche han sido increíbles, primero han empezado unos rayos de asustar y luego el ruido de los truenos eran cómo para esconderse debajo de la mesa, y así ha hecho el perro, y más tarde una lluvia incesante, en la radio se oye que muchos garajes y tiendas están inundadas de agua.

IRITXI, IRITXIDA. Llegar. **K.** Beno, nahiko berandu baña ezkerrak askenien iritxizara, hemen geotzen danok noiz etorriko zure zai eta ia baitxe nahiko larritxuta be, pentzau be iñdou deitxu ertzainai era galdetu aber zerbaitx gertaudan karreteran. **T.** Bueno, bastante tarde pero gracias a que por fín ya has llegado, aquí estábamos todos ya bastante intranquilos esperando a ver cuando venías, incluso hemos estado pensando en llamar a la ertzaina para preguntar si había sucedido algo en la carretera.

IRITZI. Parecer. **K.** Aber, baña egixe esan eh?, zeiñ da zure iritziz hobie, andriek prestatzendauen patatan tortilla ero zure amak itxendauena?, eta lasai erantzun zeatik eztotzat iñori ezer esango. **T.** A ver, pero dí la verdad, eh?, ¿a tí cual te parece que es mejor, la tortilla de patatas que prepara la mujer o la que hace tu madre?, y puedes contestar tranquilamente porque no se lo pienso decir a nadie.

IRITZIXE. Pensamiento, conclusión sobre las diversas opiniones. **K.** Ba ia ordue zan, hemen ibiligara hiru egunien eztabaidan ta emutendau askenien allegaudala iritzixe, eztakitx danok ados eongogaren baña geixenak bentzet esandako horren alde urtendou. **T.** Pues ya era hora, aquí hemos estado discutiendo duranrte tres días y parece que por fín se ha llegado a una conclusión, no sé si todos estaremos de acuerdo pero por lo menos la mayoría hemos salido a favor de lo que se ha dicho.

IRIPROBA. Prueba de arrastre de piedra con bueyes.

(Ver la definición de idiproba).

IRIXE. Buey. **K.** Zenbat gezur esangoteitxue sagardotegi eta beste tipoko jatetxetan, era esan-baterako jartzeitxuen irixen txuletan buruz bezela, hori geixenbaten gezurra galanta da zeatik eurok, karnizeruek, esatendaue apenas iñun gelditzendiela iririk hainbeste jatetxerako, geixenbat beixenak izetendiela ero beztela kanpotik ekarritxekuek, **T.** Cuántas mentiras dirán en las sidrerías y en otros tipos de restaurantes, y por ejemplo sobre las chuletas de buey, las que suelen poner como tal en realidad la mayoría de las veces no lo son porque ellos mismos, los carniceros, dicen que apenas quedan bueyes en ningún sitio para poder surtir a tantos comedores, que la mayoría suelen ser de vaca o sino que los traen de fuera.

IRIXKUE. Novillo. **K.** Goiko baserrixen bizidan Federiko erretiratzeko asmuaz dabill, bere semiek eztau nai segi lan horreitan zeatik etxetik kanpo lanpostu onbat lortudau, eta oñ zalantzaz dau aber zer iñ baserrixen dazen bei ta irixko horreikiñ, saldu beste baserri-baterako ero mataixara eruen. **T.** Federico, el que vive en el caserío caserío de arriba anda con la idea de retirarse, su hijo no quiere continuar con esas labores porque fuera de casa tiene un buen puesto de trabajo, y ahora está con la duda de que hacer con las vacas y novillos que tiene en el caserío, si vender para algún otro caserío o llevarlos al matadero.

IROBALA, IROBALIE. Hilo de bala. Cuerda fina y fuerte de color marrón. **K.** Oñ kordelak tipo askotakuek eotendie loritazun ta kolorez, baña lenau irobalie zan geixen ibiltxezana, eta ixe danerako erabiltzezan, bai paketiek lotzeko eta kostruzio obrako lanetan be asko, hemen eta jeneralki gauzak markatzeko. **T.** Ahora hay muchos tipos de cuerda tanto en grosor como en color, pero antes la que más se utilizaba era la de hilo de bala, y se usaba para casi todo, tanto para atar paquetes y también mucho en las obras de construcción, aquí y generalmente para marcar cosas.

IRRIBARRE, IRRIBARRIE. Sonrisa. **K.** Bajakixat berakiñ asarre hauala eta poztu iñaizela lanetik bieldu iñdauelako, baña gutxienetik bestien aurrien ezai eon irribarre horrekiñ, iñuxentie emutendot eta hala konportatzen haiaiz. **T.** Ya sé que estabas enfadado con él y que te has alegrado de que le hayan mandado del trabajo, pero por lo menos no estés con esa sonrisa delante de los demás, pareces tonto y como tal te estás comportando.

IRRATIA. Radio, emisora. **K.** Guk etxien eta oso aspalditxik Euskadi irratia entzuteko oitura daukou, aldebatetik betik pentzau izendou bertako gauzan buruz jakiñien eoteko hau dala onena, eta bestaldetik zeatik apenas esateitxu txorakerik, haundirik bentzet. **T.** Nosotros en casa y desde hace muchísimo tiempo tenemos la costubre de escuchar radio Euskadi, por una parte siempre hemos pensado que es la mejor forma para estar al tanto de lo que acontece por aquí, y por otra parte porque apenas dice tonterías, al menos grandes.

IRRINTZI. Relincho, el grito del caballo. **K.** Zure gustokuek izetenbadie zaldixen irrintzixek fanzaitxez Urbixako zelaixetara eta han ugeri entzungoitxozu, pilla ibiltxendie inguru hartan baña kontuz ibilli ta ez arrimau geixei hareikana, batzuk nahiko biurrixex izetendie eta baleike ostikau ero haginke iñ. **T.** Si es que son de tu gusto los relinchos de los caballos vete a las campas de Urbía y allá oirás abundantes, en los alrededores suelen andar muchos pero anda con cuidado y no te arrimes demasiado donde ellos, algunos son bastante salvajes y te pueden cocear o morder.

IRRINTZI. Grito agudo que en su tiempo se utilizaba entre los pastores vascos para llamar o hacerse notar. **K.** Oñ eta ia asapalditxotik irrintzixen lehiaketak eotendie, eta ustedot ze hortik aparte hori haitzeko aukera bakarrik erromeixetan izengodala. Abestibak be badau esatendauena: Irrintzibat entzunda mendi tontorrean..., hau hasiera bakarrik da. **T.** Ahora y desde hace ya bastante tiempo suele hacer competiciones de irrintzis, y yo creo que aparte de ahí solo habrá oportunidad escuchar ese grito en las romerías. Y también hay una canción en euskera y que traducido vendría a decir: Se ha escuchado un irrintzi en la cima del monte..., esto solo es el comienzo.

IRRISTAU. Resbalar. **K.** Isotza dauenien kontu haundixekiñ ibili-bierra izetenda alde guztietan baña geixen mendixen, bedarra, lurra ta harri gaña isoztuta eotenda ta oso arriskutzue izenleike nola zapaltzendien horreik zeatik baleike irristau ta aberixabat iñ, ezan izengo hori gertaujakon aurrena eta esan-baterako neri. **T.** Cuándo ha helado hay que andar con mucho cuidado en todas partes pero sobre todo en el monte, la hierba, tierra y la parte superior de las piedras suele tener una capa de hielo y puede ser muy peligroso la forma en que se pisa porque se puede resbalar y hacer una avería, no sería el primero al que le hubiese ocurriese eso, como a mí por ejemplo, .

IRTEN. Salir.

(Ver la definición de erten).

IRTERA, IRTEERA. Salida. **K.** Lengo egunbaten Akilino kontatzen ibilizan nola beñ fanzien umiekiñ jolas parke atraziñora, sartu omenziala holako bire nahasketa batera ta ze larritxazun pasazitxuen eziñ billauka hango irteera. **T.** El otro día me contaba Aquilino que cómo una vez fueron con los críos a un parque de atracciones, que se debieron de meter a un laberinto y los apuros que pasaron al no poder encotrar la salida.

IRUDI. Parecer.

(Ver la definición de iritzi).

IRUDI. Estatua. **K.** Enaz kanpora urtetzeko larreiko zalie baña halaere beñ bai fanitzen Parisera andra ta kuadrillako lagunekiñ Astesantue pasatzera, holako egunbaten pentzatugauen Lubreko museue bisitatzie ta han sarreran ikusigauen Migel Angel harrizko irudi haundibat, ustedot David izena haukela. **T.** No soy muy partidario de salir fuera pero aún así una vez si que fuí con la mujer y los amigos de la cuadrilla a pasar una Semana Santa a París, un día pensamos en visitar el museo del Louvre y en la entrada vimos una gran estatua de mármol de Miguel Angel, creo que se llamaba David.

IRUDIAK. Pareceres, opiniones.

(Ver la definición de aburua).

IRUDIKATU. Hacer a semejanza, de forma análoga o parecida. **K.** Auskalo ze haixe emuntzen Eulogioi ero zer pasajakon kaxkarretik, baña erozeiñ modutan xelebrekeixa haundibat sartujako, irudikatzie naidau bere tamañu ta guztiz Pikason Gernika kuadro hori eta ondoren saldu, eta gañetik beste astokeixabat, prezio onien lortzenbadau saltzie gero segi errepikatzen berdiñe. **T.** No sé que viento le ha podido dar o que se ha pasado por la mente a Eulogio, de todas formas una rareza bastante grande, se le ha metido en la cabeza que tiene que pintar a semejanza, incluído el tamaño, el cuadro Guernica de Picaso y luego venderlo, y encima otra burrada más, si consigue venderlo a buen precio después seguir repetiendo el mismo.

IRUDIPENA. Fantasía, ilusión por algo. **K.** Telebistan sarri ikustenda nola jentie irudipen haundixekiñ fatendan konkurso horreitara, bai abesten, asmatzen galderak ta beste gauza berdiñtzuetara, baña nere ustez oso gutxik lortzendaue guredauena, ero guredauen hortik zertxobatix besteik ezpada. **T.** En la televisión se ve a menudo que la gente suele ir mucha ilusión a participar en lo concursos, bien sea de canto, acertar preguntas y otras cosas similares, pero yo creo que muy pocos consiguen lo que quieren, o de eso que quieren algo por los menos.

IRUITU. Me ha parecido. **K.** Bai neri be iruitujat bera zala, gañera taberna barruraño be sartunaz beitzera eta ezan, halaere antz haundixe dauko ta pentzaudot baleikela zer-ikusi zerbaitx eukitxie, baña baezpare eztotzat ezer galdetu. **T.** Sí, a mí también me ha parecido que era él, incluso he ido hasta el interior de la taberna y no era, aún así tiene un gran parecido y he pensado que podría tener alguna relación, pero por si acaso no se lo he preguntado.

IRUN. Hilar. **K.** Nere ustez oñ eztie harilardatz asko geratuko, ondion baleike banaka-batzuk baietz baña geixenbat hortik zier kanpuen eongodie, eta harilardatz honeitan esan-baterako alfonbrak irun itxezien eta beste gauza asko berdintzuek, oñ berriz dan horreik, geixenak bentzet, automatikoki makiñetatik urtetzendaue. **T.** Yo no creo que ahora queden muchas ruecas o husillos, quizá todavía sí haya alguna pero la mayoría estarán por ahí fuera, y por ejemplo en estos husillos se solían hilar alfombras y también otras cosas similares, ahora en cambio todas esas cosas, al menos la mayoría, se producen en las máquinas automáticas.

IRUNTZI. Invertir, el reverso, la parte de atrás.

(Ver la definición de irauli).

IRUTXURRA. Esquina, cantón, borde. **K.** Badakitx askotan esautzutela baña oñ bene benetan nabill eta askena izengoda, ezpazara gaur txintxo portatzen bixer egun guztien iritxur hortan geldik eon-bierra eukikozu, eta bertara ekarrikotzut oriñala. **T.** Ya sé que te lo he dicho muchas veces pero ahora ando en serio y de verdad que va a ser la última, si hoy no te portas formal mañana vas a tener que estar todo el día y sin moverte en esa esquina, y allá mismo te llevaré el orinal.

ISATZA. Rabo, cola. **K.** Gaur Iruñako jatetxe baten bazkaltzeko ideiaz gara ta goix xamar urtengou garaiaz allegatzeko hara, eta gure asmue betikue da, aurrena hamarretako dexentie iñ, gero hiru ero lau txikito eta ondoren bazkaltzera, gañera eta posible bada gauza berexixe, zezenan isatza saltzan. **T.** Hoy tenemos la idea de comer a un restaurante de Pamplona y vamos a salir un poco temprano para llegar allá con tiempo, y nuestra intención es la se siempre, primero un buen almuerzo, luego tres o cuatro chiquitos y después a comer, además y si es posible una cosa especial, rabo de toro en salsa.

Errezetabat: Isatza saltzan. Aurrena ta kontuen hartuta ze gure inguruen eztan saltzen zezenan isatzik, ba beixena erosi-bierra daukou, halaere naiz da zezenan hau oso famaue izen nik ustedot beixena eztaukela bape enbirixiaik. Ba beno, olixo asko-barik ta lapiko dexentien sartzendie isatzan puzketak urunaz bueltauta eta gatza ta piper autza botata, su iñdertzuen kixkeldu pixkat ta kolorie hartzendauenien atara ontzi-batera, gero lapiko hortan jartzenda berdurak ez larreiko fiñ moztuta zeatik gero saltza pasa inbikou, kipula haundibat, piper berde parebat, beste-hainbeste tomate, azenaixo, nai izen-ezketo porruen zuri pixkat eta baitxe lau berakatz ale zapalduta, iztendou potxatzen su motelien eta gertu dauenien sartzendie ontzixen daukon isatzan puzketak, nahastu dana ondo eta gero litro-erdi inguru etxurazko ardau beztza, su iñdertzuen buelta batzuk emun alkola urtudeixen eta ondoren ura dana tapa hartien, jextendou suen iñderra, tapa lapikue, iztendou irikitxen su motelien eta gutxigorabera ordu parebat garrengo isatza gertu eongoda. Baezpare ta noixienbeñ, isatz guztiek eztie berdiñak izeten, komenida beitzen fatie ikusteko aber noix dauen xamurra. Atara isatza, saltza hori pasa pasapure hortatik eta jarri dana alkarreaz bost ero hamar miñutu inguru su bajuen. Eta hau ta iñ ondoren, listo. Esta bape txarra izeten sartzie lapikuen asken denpora honeitan patata zati batzuk aurretik asko-barik prijitxuta. Eta noski jateko garaian eta honekiñ batera ardau baltz, ona noski, eta letxuga entzalada onbat. Beste gauzabat, hurrengo egunien hobie eongoda.

Una receta: Rabo en salsa. Lo primero y teniendo en cuenta que en nuentro entorno no se encuetra rabo de toro, pues hay que comprarlo de ternera o vaca, aún así a pesar de que el de toro tiene mucha fama yo creo que el de vaca o ternera no le tiene ninguna envidia. Pues bueno, en una cazuela de un tamaño decente y con no demasiado aceite se meten los pedazos de rabo después de haberlos pasado por harina y salpimentado, se ponen a fuego fuerte y después de que cojan un color dorado se sacan a una fuente, en la misma cazuela se ponen a pochar las verduras y no es necesario cortarlo en pedazos demasiado pequeños porque luego tendremos que pasar la salsa, una cebolla grande, un par de pimientos verdes, otros tantos tomates y zanahorias, si se quiere un poco del blanco del puerro y también cuatro dientes de ajo aplastados, y cuando esté listo le añadimos los pedazos de rabo que tenemos en la fuente, lo mezclamos todo bien y a continuación echamos medio litro de un vino tinto de buena calidad, unas cuantas vueltas a fuego fuerte para que se evapore el alkohol y luego agua hasta cubrirlo del todo, tapamos la cazuela, dejamos que hierva a fuego bajo y en aproximadamente dos horas el rabo estará hecho. Por si acaso, no todos los rabos son iguales, de vez en cuando conviene mirar para ver cuando está tierno. Se saca el rabo, se pasa la salsa por el pasapurés y se pone todo junto unos cinco o diez minutos a fuego bajo. Y después de hacer esto ya está listo. No queda nada mal si en ese último tiempo se meten unos pedazos de patata que antes los habremos freído sin ser demasiado. Y claro está que junto con ésto un buen vino tinto y también ensalada de lechuga. Otra cosa, al día siguiente estará mejor.

ISOPUE. Isopo. Aparato que se utiliza en la Iglesia para esparcir agua, creo que bendecida, o incienso. **K.** Ni enaz iñoiz monagillo izen zeatik hau da gauzabat iñok eztuztena eskiñi, eta hau eztator kontura baña da esateko oñ neskak be badiela, hala entzunde dauket bentzet, baña beno noien asuntora, gogoratzenaz nola monagillo hareik isopue izentzuaz kargatzeauen abariei emuteko eta gero harek hildekuen kaja gañien bota, eta akaso hau txorakeribat izengoda baña nik ustedot hobeto geratukozka, eta akaso balixo haundixauaz, barruen dauen pertzonai bota-ezkero. **T.** Yo no he sido nunca monaguillo porque es una cosa que no me lo ofreció nadie, y ésto no viene a cuento pero es para decir que ahora también lo son las chicas, al menos así lo tengo oído, pero bueno a lo que iba, me acuerdo bien de cómo aquellos monaguillos cargaban el isopo con incienso para dárselo al cura y después aquel lo echara encima de la caja del fallecido, y quizá esto sea una tontería pero yo creo que quedaría mejor, e incluso puede que tendría más valor, si se le echase a la persona que está dentro.

ISPILLUE. Espejo. **K.** Parranda iñ ondren hurrengo egunien aukera haundixe eotenda bixamona eukitxeko, eta goix hortan ezta komeni izeten asko beitzie ispilluen zeatik han ikustendana geixenbaten nahiko etxura txarra eukitendau. **T.** Después de hacer una juerga el día siguiente hay muchas posibilidades de tener una bixamona (aje) de mucho cuidado, y esa mañana no conviene mirarse mucho en el espejo porque lo que allá se vé la mayoría de las veces suele tener bastante mala pinta.

ISTORIXA (K). Historias. **K.** Nik eztakitx egixe izenleiken pertzona askoi aitzejakona, baña geruau ta jente geixauk esatendaue abarien esanak istorixak besteik eztiela, eta eurok eztauena siñisten siñistu erañ nai izetendauela bestiei. **T.** Yo no sé sl puede ser verdad lo que se les oye a muchas personas, pero cada vez se oye a más gente decir que lo que predican los curas no son más que historias, que lo que ellos no creen quieren hacer que lo crean los demás.

ISTRIPUE. Accidente. **K.** Geruau ta istripu geixau eotendie karreteran, nik eztot sekula bat bera euki baña ustedot geixenak gertatzendiela aldebatetik betik prixaka ibili, eta bestaldetik batzuetan nahiko bieleku be eukitxendoulako buruen, eta batekiñ, bestiekiñ ero bixekiñ batera ezgara eoten eonbierdanai. **T.** Cada vez hay más accidentes en la carretera, yo no he tenido nunca uno solo pero creo que muchos de esos accidentes por una parte suelen ser porque siempre andamos de prisa, y por otra porque algunas veces tenemos bastantes preocupaciones en la cabeza, y con lo uno, lo otro o con los dos juntos no estamos a lo que hay que estar.

ISURBIDIE. Desague. **K.** Lenau, oso aspaldi, etxeko isurbide geixenak berunaz itxezien, bentzet komuneko eta sukaldekuenak bai, oñ berriz material horrekiñ debekaute dau jartzie zeatik, hala esatendaue, kalte haudixe inleike osasunai. **T.** Antes, hace ya mucho tiempo casi todos los desagues de las casas se hacían con plomo, por lo menos sí el de los baños y cocinas, ahora en cambio está prohibido hacerlo con ese material porque, así lo dicen, puede ser muy perjudicial para la salud.

ISURKETA. Derrame, rebosamiento.
(Ver la definición de gañezka).

ITUIÑA (K). Gotera (s).
(Ver la definición de itxufiñe).

ITUNA. Compromiso. **K.** Aber beingoz zu eta ni konpontzegaren asarretu-barik, nik zurekiñ badakitx ze itun dauketen, illero jornala pagatzie, baña zuk badakitzu zeiñ dan zure ituna nerekiñ?, ba ezpadakitzu nik esangotzuk, aldebatetik betik orduen etorri ta bestaldetik lana bierdan bezela itxie. **T.** A ver si de una vez nos arreglamos tú y yo sin enfadarnos, yo ya sé el compromiso que tengo contigo que es la de pagarte el sueldo todos los meses, ¿pero tú ya sabes cual es el tuyo para conmigo?, pues si no lo sabes yo te lo voy a decir, por una parte llegar siempre a la hora y por otra hacer los trabajos como es debido.

ITXARON. Esperar, aguardar.
(Ver la definición de etxoiñ.

ITXAROPENA. Esperanza. **K.** Nola dabillen gizon gixajo hori, ezta bere kulpa izen eukidauen kotxen istripu hori, baña gauza batetik ero bestiatik eztau buruik jasotzen, kustiñue da berai etxakola ezer gertau baña andrie hitz-barik geratuda, medikuek esatendaue sustuatik izengodala eta itxaropen haundixe dauela axkar xamar errekuperatzeko. **T.** Cómo anda ese pobre hombre, no ha sido culpa suya el accidente que ha tenido con el coche, pero por una cosa u otra no levanta la cabeza, la cuestión es que ha él no le ha pasado nada pero la mujer se ha quedado sin habla, los médicos dicen que ha debido de ser por el susto y que hay grandes esperanzas de que se recupere bastante pronto.

ITXASBERA, ITXAS-BERA. Marea baja. **K.** Beñ, urte asko dala, ni beste batzukiñ batera Zumaitik Debara itxaso bazterretik fangiñen eta ixe ezer busti-barik, bakarrik zapatillak baña eruengauen errepuestue, egun hartan sekulako itxasbera eonzan eta bertako jentie be nahiko arritxuta hauen esanaz eziela gogoratzen holakoik ikustie. **T.** Una vez, hace ya muchos años, yo junto con otros cuántos fuimos de Zumaia a Deba por la orilla del mar y casi sin mojarnos, solo las zapatillas pero ya llevamos repuesto, ese día hubo una marea baja increíble y la propia gente del lugar estaba bastante asombrada y decían que no recordaban una cosa semejante.

ITXASGORA, ITXAS-GORA. Marea alta. **K.** Zarauzko malekoien, ta baitxe beste hainbat kostako lekuetan, izenzienien kalte haundi hareik bi gauza batera gertauzien, aldebatetik sigero itxasgora haundixe ta bestaldedik sekulako olatuek, hala bixok alkarreaz alegiñ guztiek insixuen xixko iñde izteko inguru guztiek. **T.** Cuándo sucedieron los destrozos del malecón de Zarautz, y también en tantos otros sitios de costa, coincidieron dos cosas a la vez, por una parte una marea alta muy grande y por otra una olas increíbles, así las dos juntas hicieron todos los posibles para dejar todo el entorno hecho cisco.

ITXASAIXIE. ITXAS-HAIXIE Aire del mar. **K.** Hemen Zarautzen itxas-haixie sartzendanien, argi zeatik segitxuen hotziketandau alde guztiek ta kontu haundixekiñ ibili-bierra izetenda jantzixekiñ, inguruen eon-ezkero erropa pixkat eruetie gañien komenida zeatik haixe hori sigero hotza eta umela izetenda. **T.** Cuándo aquí en Zarautz entra el aire del mar, ojo porque enseguida enfría todos los rincones y hay que andar con mucho cuidado con la ropa, si se está por las cercanías conviene llevar encima un poco de ella porque ese aire es demasiado húmedo y frío.

ITXASONTZIXE. Barca, chalupa. **K.** Herri kostako toki askotan sigero desagertudie arrantzan ibiltxezien itxanontzi haundi hareik, eta eztakix harein ordez izendan ero ze beste gauza, baña oñ herri guzti horreitan kirolen kaiak inditxue. **T.** En muchos pueblos de costa han desaparecido por completo aquellos grandes barcos de pesca, y no si ha sido en lugar de aquellos o porqué otra cosa, pero en esos mismos pueblos ahora se han hecho puertos deportivos.

ITXASPENA. Apego, afecto. **K.** Nola izetendien gauzak, pertzona batzui etxate ezer inporta izeten ez familixik, ez lagunik eta ez beste holakoik, beste askoi berriz itxaspen haaundixe eukitxeitxue gauza dan horreikiñ, eta batzuetan akaso larreikue be baleike. **T.** Cómo suelen ser las cosas, a algunas personas no les importa en absoluto ni la familia, ni amigos ni nada que se les parezca, otras muchas en cambio sienten un gran afecto por todas esas cosas, y algunas veces puede que hasta demasiado.

ITXASKABRA. Cabracho, pez de mar. **K.** Ze gozue geratzendan itxaskabra erozeiñ modudan prestauta, laban patata pixkat aspixen dauela ta gero errefritokiñ, saltzan almeja batzukiñ ero beztela plantxan, danera oso ona. **T.** Que rico queda el cabracho preparado en cualquier forma, al horno con unas patatas laminadas por debajo y luego con un refrito, en salsa con unas almejas o sino a la plancha, de todas las maneras muy bueno.

ITXASUE. El mar. **K.** Hondartza gustatzejaten pertzonai ta gertau kostako herrixen bizitxie, zorionez die zeatik itxasue ondo inguruen eongoda, ta gañetik zertxobaitx mendi-zalie be izen-ezkero eta mendixe gertu, ta jeneraki gure kosta inguruen hala izetenda, ba zorion osue. **T.** A las personas que les gusta la playa y coincide que vive en un pueblo de la costa, está de suerte porque el mar lo tendrán al lado, y si encima es un poquito montañero y tiene cerca el monte, y por lo general en el entorno de nuestra costa suele ser así, pues felicidad completa.

ITXEATIK. Por hacer. **K.** Nik itxeatik ingonauen baña berak ezpadau zerbaitx esaten enoie ikutuik be itxen, akaso hanka sartzie izengoda eta hori enauke gure, oñ, beste gauzabat be inleiket, neuk berai komestau. **T.** Yo por hacer ya lo haría pero si él no me dice nada no lo pienso ni tocar, puede que quizá meta la pata y eso no lo querría, aunque tambien podría hacer otra cosa, ser yo quien se lo comente.

ITXEN. Haciendo. **K.** Bai, eonzeike lasai, haruzkuen ikusitxut itxen haiziela zuk aiñdutakue, zer ustezauen ba, ezutzuela kasuik ingo, ero?, zuk pentzatzendozun baño txintxuauek die mutil horreik ta ondo dakixe esanak inbierrekuek diela. **T.** Sí, ya puedes estar tranquilo, al ir hacia allá ya les he visto que estaban haciendolo lo que tú les has mandado, ¿qué pensabas, que no te iban a hacer caso, o qué?, esos chicos son bastante más formales de lo qué tu crees y saben muy bien que hay que cumplir los mandatos.

ITXEN. (Itxendok), don, dot, dozu, dozue.

ITXEITXUT. Ya los hago. **K.** Eztot ulertzen nola dan posible horreik esatie iñeziñe dala zeatik normalki nik gauza horreik nahiko errex itxeitxut, eta zuk gurebozu bixer bertan dauket aukera etortzeko lan hori itxera. **T.** No puedo entender cómo es posible que esos digan que sea imposible porque normalmente esas cosas yo las hago con bastante facilidad, y si tú quieres mañana mismo tengo oportunidad de venir a hacer ese trabajo.

ITXEKO. Por hacer, que está pendiente. **K.** Segurazki bixer eziñgot eta etzi fanbikot lan hori bukatzera, kasualitatez atzo illuntzien argixe fan eta zerbaitzuk geratuzien itxeko, eta gauza da bixer derrigorrez Donostira fan-bierra dauketela. **T.** Seguramente mañana no voy a poder y tendré que ir pasado a terminar ese trabajo, casualmente ayer cuando ya había empezado a anochecer se fue la luz y quedaron algunas cosas pendientes, y la cosa es que mañana necesariamente tengo que ir a San Sebastián.

ITXI. Dejar. **K.** Horri alperra dozu zerbaitx eskatzie zeatik naiz eta euki eztotzu ezer itxiko, hori betik halakotxie izenda eta eztau buelta geixau emun inbierrik, oñ ze berai gauzarenbak falta iñezkero axkar etorrikojatzu eskatzera eta lasai askuen gañera. **T.** A ese es inútil que le pidas alguna cosa porque aunque la tenga no te la va a dejar, ese siempre ha sido así y no hay porqué darle más vueltas, ahora que si a él le hace falta algo pronto te lo vendrá a pedir y además con toda tranquilidad.

ITXI. Cerrar. **K.** Tallerra bentilatzeko gabien zabalik izteitxu bentana honeik baña hemendik aurrera itxi inbikoutxu, egun honeitako goixetan lanera etortzegarenien hotz dexentie eotenda barruen eta gero asko kostatzenda berriz berotzie. **T.** A la noche solemos dejar abiertas las ventanas para que se ventile el taller pero de aquí en adelante las tendremos que cerrar, estos días y cuando venimos a trabajar por las mañanas dentro hace demasiado frío y luego cuesta mucho que vuelva a calentarse.

ITXI. (Itxidau), dok, don, dot, dozu, dozue, kok, kon, kot, kozu, kozue.

ITXIBIKOK. Tendrás que dejar. **K.** Eta hik hala pentzatzendok betik ibiltxie?, itxibikok ba sikera pixkat hainbeste juerga eta gaupasa, ez?, ba mutill heuk erabakibikot, aldebatetik osasuna galtzen haiaiz eta bestaldetik halako sarri berandu faten lanera jarraiketanbok laister biekdukuztie kalera. **T.** ¿Y tú así piensas andar siempre?, ¿tendrás que dejar pues siquiera un poco tanta juerga y nohes sin dormir, no?, pues chico tú tendrás que decidir, por una parte estás perdiendo la salud y por otra como continúes así tan a menudo llegando tarde al trabajo pronto te mandarán a la calle.

ITXIKUZTEZU? ¿Me dejas?, ¿me dejaras? **K.** Eztakitx nola hartukozun nere eskaera baña derrigorrezko bierra daukek momentu hontan, nerie izurrau injat eta zuk libre badaukotzu ta hal izen, itxikuztezu zulotzeko makiña?, haldan axakarren bueltaukotzut. **K.** No sé como tomarás mi petición pero en este momento tengo una necesidad imperiosa, el mío se me ha estropeado y si lo tienes libre y es posible, ¿me podrías dejar el taladro?, te lo devolveré cuanto antes.

ITXITURA. Cierre, cerramiento. **K.** Ze ondo dabitzen astuek itxitura iñdoun azkero, oñ askoz geixau terreno daukie ibiltxeko, berdiñ bedarra eta lurrera jaustendien sagar jateko, gañera guk be lasaitazun haundixe hartudou zeatik oñ eziñdaue igexik iñ, ero hala espero bentzet. **T.** Que bien andan los burros desde que hemos hecho el cierre, ahora tienen mucho más terreno para andar, también suficiente hierba y manzanas que caen al suelo para comer, además nosotros mismos estamos mucho más tranquilos porque de la forma en la que están ahora no se pueden escapar, o al menos así lo espero.

ITXI ZABALIK. Es una palabra condratictoria que en Alto Deba se utiliza para decir que dejes algo abierto, pero que literalmente significaria, cierra abierto. (Itxi es cerrar y zaballk es abierto). **T.** Guk, han goi aldekuek garenak eta itxi zabalik bezelako gauza asko esatenboitxu, laister eta gutxienetik xelebre deitxukuzkue. **T.** Nosotros que somos de la parte de arriba y si decimos muchas cosas como esta que significa cierra abierto, pronto nos llamarán alguna cosa así como extravagantes, eso como mínimo.

ITXIZU. Cierra, ¿cerrarás? **K.** Ataulfo itxizu bentana horreik, badakitx ona izengozala zertxobaitx freskazie gela baña gertatzenda kanpuen eta ia bertan lanien hasidiela, autz haundixe ataratzen haidie eta zabalik eontenbada laister dana autztukoda. **T.** Ataulfo cierra esas ventanas, ya sé que conviene refrescar un poquito la habitación pero sucede que fuera y bastante cerca han empezado a trabajar, están sacando demasiado polvo y si está abierto pronto se va ha empolvar todo.

ITXO. Ahogarse. **K.** Askenengo uda honetan ezta iñor itxo Zarauzko hondartzan, ixe urtero izetenda bateonbat baña zorionez ez asken hontan, eta nik ustedot dana dala norberak ardura geixau daukoulako eta noski, baitxe zalbatzailien laguntazun ezker. **T.** En éste último verano no se ha ahogado nadie en la playa de Zarautz, casi todos lo años suele haber alguno pero por suerte esta última vez no ha sido así, y yo creo que todo ha sido porque la gente cada vez somos más responsables y claro está, también gracias a la ayuda de los socorristas.

ITXO-BIERRIEN. Ahogándose, a punto de ahogarse. También se dice cuando una persona está tosiendo sin parar. **K.** Lasai asko geotzen bazkaltzen eta nere aldamenien dauen Norberto estulka hasida, baña ez noixienbeñ baizik ixe itxo-bierrien, etxuraz zertxobaitx geratujako trabauta eztarriko zuluen ta ezkerrak nahiko axkar libraudala. **T.** Estábamos tan tranquilamente comiento y Norberto que estaba a mi lado ha empezado a toser, pero no de vez en cuando sino que estaba casi a punto de ahogarse, parece ser que algo se le quedado trabado en la garganta y menos mal que se le ha desatascado bastante pronto.

ITXOIÑ, ITXARON. Esperar. **K.** Lan hau bukatzen nabill eta itxoiñ inbikozu zertxobaitx laister izengonaz zurekiñ ta, ustenauen axkarrau amaitukonauela baña hainazen asunto hau nahiko endrerauda eta luzatu injat. **T.** Estoy terminando éste trabajo y tendrás que esperar un poquito que enseguida estaré contigo, pensaba que lo iba a acabar antes pero el asunto en el que ando se ha torcido bastante y se me ha alargardo.

ITXOIÑ. (Itxoiñgok), gon, got, gozu, gozue.

ITXOIÑ-ALDIXE. Rato de espera. **K.** Sentitzendot, badakitx itxoiñ-aldi dexente eukidozula baña askotan halaxe gertatzendie gauzak, ustedozu etxatzula asko geratzen bukatzeko eta bateatik ero bestiatik batzuetan, kasu hontan bezela, gauzak endrerau itxendie. **T.** Ya lo siento, ya sé que has estado un buen rato de espera pero muchas veces así suelen ser las cosas, crees que no te queda mucho para terminar pero por una causa u otra a veces, cómo en este caso, las cosas se complican.

ITXOTA. Ahogado. **K.** Narzizok esatendau eztakixela jausi ero bota iñdan zubitxik, ikusi besteik ez deitxudauela emergentzitara baña naiz da axkar etorri eta uretara sartu, gizona itxota atara omendaue errekatik. **T.** Narciso dice que no sabe si se ha caído o se ha tirado desde el puente, que ha llamado inmediatamente a emergencias pero que a pesar de que han venido y se han metido al agua con rapidez, al hombre le han debido de sacar ya ahogado del río.

ITXOTA. Fig. se dice de la persona que está muy acalorada. **K.** Gaur hego-haixe honekiñ eta iñdauen beruaz danok nahiko itxota jetxigara mendi-buelta hau iñ ondoren, allegau besteik ez zuzenien tabernara sartugara zerreozer hotza dauen erateko barruko freskuran jarritxe. **T.** Con el calor que ha hecho hoy y con este viento sur todos hemos bajado demasiado acalorados después de dar la vuelta por el monte, nada más que hemos llegado nos hemos ido metido derechos en la taberna a beber algo que esté frío sentados al fresco en el interior.

ITXUE. Ciego. **K.** Nahiko garbi dau itxuek eziñdauela ikusi, baña hau sigero txarra izenda zerbaitx bere alde bentzet badaukie, esatendauen ez beste sentzu guztiek askoz argixauek daukiela beste erozeiñ pertzona baño. **T.** Está claro que los ciegos no pueden ver, pero ésto con ser muy malo por lo menos ya tienen algo a su favor, según dicen todos los demás sentidos los tienen mucho más desarrollados que cualquier otra persona.

ITXUFIÑE (K). Gotera (s). **K.** Normalki etxe zar tellatu guztietan daz ero eotezien itxufiñek, Kaxianon baserrixen bezela, oñ dana berriztuta daukie baña berak sarri esatendau ondo gogoratzendala nola lenau kamaran jartzezitxuen dozenerdi aspil gutxienetik euri ura jasotzeko, oñ berriz oso ero zalla da itxufiñik eoteik tellatuek itxendien bezela, material berri horreikiñ. **T.** Normalmente en todos los tejados de las casas viejas hay o había goteras, cómo en el caserío de Kasiano, ahora todo lo tienen reformado pero dice que se acuerda muy bien de que antes en el camarote solían poner por lo menos media docena de palanganas para recoger el agua de la lluvia, ahora en cambio es muy difícil que la haya goteras por la forma en que se hacen los tejados, con esos nuevos materiales.

ITXULAPIKUE. Literal cazuela ciega y significa hucha. **K.** Oñ eongoetedie itxulapikoik, eta badaz erabiliko haldie?, lenau bai, garai hartan eta ziur ume guztiek eukikogitxula gutxienetik bat bakotxak, eta gañera ondo gororatzenaz nola zien, geixenak txarritxuen antza haukien. **T.** ¿Ahora ya habrá huchas, y si las hay ya se utilizarán?, antes sí, en aquellos tiempos seguramente todos los críos tendríamos por lo menos una cada uno, y además me acuerdo muy bien de cómo eran, la mayoría de ellas tenían la forma de un cerdito.

ITXULI, ITZULI. Volcar. **K.** Ezta bape errexa ulertzie zeatik aspalditxuen eta hainbeste bider gertatzendien gauza horreik, nahiko sarri entzutenda nola tratorenbat itxuli iñdan han ero hemen ta gañien manejatzen hauen pertzona jausi, aspixen geratu eta akabau iñdala. **T.** No es fácil de entender porqué últimamente suceden tantas veces esas cosas, se oye demasiado a menudo como ha volcado algún tractor aquí o allá y la persona que iba encima conduciendo se ha caído, quedado debajo y ha muerto.

ITXUMENA. Ceguera. También y fig. se dice por la persona que está ofuscada. **K.** Mutil horri zetxobaitx lasaitzie komenijako, gauza da kalera bieldu iñdauela bi egunerako, errazoie izenda larreiko sarri etortzezalako berandu lanera eta oñ etxuraz sekulako itxumena hartudau bere nagusixen aurka. Eta arrazkero kristonak esateitxu bereatik. **T.** A ese chico le convendría tranquilizarse siquiera un poquito, las cosas es que le han mandado a la calle para dos días, la razón es que venía muy a menudo tarde al trabajo y ahora parece que se ha ofuscado demasiado en contra de su jefe. Y desde entonces dice barbaridades sobre él.

ITXUNGI, ITZALI. Apagar, generalmente la luz. **K.** Lengo egunien barre iñauen Bartolomek kontatzen ibilizanakiñ, komestatzeauen nola dien andrak, berie bentzet, etxuraz eta urte askuen bere oitura izen omenda radixue entzutie oien eta batzuetan lo be hartu izendauela argixe itxungi aurretik, ba andrien ordena omendau ze gurebadau radixue entzutie fateko sukaldera ero salara, eta oñ Bartolome gixajue dau eztakixela zer iñ, esandakue ero radixue saldu. **T.** El otro día me reía de lo que contaba Bartolomé, comentaba que cómo son las mujeres, al menos la de él, parece ser que su costumbre durante muchos años la oir la radio en la cama y que algunas veces incluso se ha dormido antes de apagar la luz, pues la mujer le ha debido de ordenar que si quiere oir la radio se vaya a la cocina o a la sala, y ahora el pobre Bartolomé está que no sabe que hacer, obedecer o vender la radio

ITXURA, ITXURIE. Se dice por el aspecto y prestancia de una persona. **K.** Aber nola konpondu eta ulertzegaren, datorren astien zure illoban batallue da eta gañera gertatzenda zu zarela aitxa-puntekue, zuk eta nik ondo dakigu ze erropa baldar erueteitxozun baña oinguen bentzet, eta beinguatik besteik ezpada, derrigorrez itxura pixkatekiñ jantzi inbierra daukotzu. **T.** Aber cómo nos podemos arreglar y entender, la semana que viene es el bautizo de tu sobrino, y además sucede que tú eres el padrino, tú y yo sabemos muy bien las ropas andrajosas que sueles llevar pero en ésta ocasión, y aunque solo sea por una vez, necesariamente te tienes que vestir con un poco de prestancia.

ITXURA-BAKUE. Desastrado, con mala presencia. **K.** Hala bai eta ezkerrak kasu iñduztazula, gaur bentzet oso guapo eta dotore iku2ezaut ta ez zure anaie bezela, hala jantzitxe doien bezela erozeiñ itxura-bako dan antza dauko, lotza pixkat be emutendau bere onduen eotie. **T.** Así sí y menos mal que me has hecho caso, hoy al menos te veo guapo y muy elegante y no cómo tu hermano que de la forma que va vestido parece cualquier desastrado, hasta da un poco de verguenza estar a su lado.

ITXURASKUE. Elegante, decoroso, digno, distinguido. **K.** Zalantza nauken esan hala ez baña esan inbikotzut, Danielak, Ursulan alaba, zuri zoriondu inbierrien, akaso lotza pixkateatik, neri emundust zorionak esanaz ze seme guapo ta itxurasko dauketen. **T.** He estado con la duda de si decirte o no pero te lo tendré que decir, Daniela, la hija de Ursula en lugar de felicitarte a tí, acaso por un poco de vergüenza, me han felicitado a mí diciéndome que hijo más guapo y elegante tengo.

ITXURAZ. Aparentemente, al parecer o de forma semejante. **K.** Bai, gizon hori izenda hartudotziena janarixek lapurtzen haizala denda horretan baña ezer eztutzie iñ, geixau da, zeatik gañetik eta horrein aparte beste zerbaitzuk be emundotzie, itxuraz gixajue lan-barik geratuda, etxien bier asko eta eztau beste erremeixoik euki arrapatzie baño. **T.** Sí, ese hombre ha sido al que le han pillado cuando estaba robando comida en esa tienda pero no le han hecho nada, es más, porque encima aparte de eso le han dado más alimentos, al parecer el pobre se ha quedado sin trabajo, mucha necesidad en casa y no le ha quedado otro remedio que robar.

ITXURRIGORRI, ITXURRI-GORRI. Fuente de agua ferruginosa y literalmente la palabra significa fuente roja. **K.** Atxabaltako herritxik kanpo bazan, Larrinbe birien, itxurribat itxurrigorri esategutzena zeatik hango urek gorrizko kolorie hauken, metalura zan eta guk gustora eratenauen baña asko izenda larreiko astune izetezan. **T.** En las afueras del pueblo de Aretxabaleta y en un camino rural había una fuente de agua ferruginosa, el agua tenía un color rojizo bastante intenso y nosotros lo bebíamos a gusto, pero si se hacía en mucha cantidad resultaba demasiado pesada.

ITXURRIXE. Fuente. **K.** Lenau herri kanpoko itxurri danetatik eratengauen eta iñoi ezta iñoiz ezuzkun kalteik iñ, eta apostakonauke ondion be eta lengo tokixen eon-ezkero ezauela ingo, baña oñ gertatzenda tipo hortako itxurrixetan jartzenduela tratau-bako ura dala. **T.** Antes bebíamos de todas las fuentes que estaban fuera de los pueblos y nunca a nadie nos hizo ningún daño, y apostaría que todavía y si estarían en el mismo sitio tampoco nos lo haría, pero ahora pasa que en esos mismos tipos de fuentes pone que el agua no está tratada.

ITXUSI. Desastrado, con mala presencia.

(Ver la definición de itxura-bakue).

ITXUTU. Cegarse. **K.** Arrastuik be eztauket ze geixo mota sartujakon mutil horri, oñartien ezauken betaurreko bierrik, noski barik ibiltxezan eta ikusi be oso ondo, geixau da, bere lana informatiko bezela da eta oñ, denpora gutxixen gañera, nahiko itxutuda eta etxuraz operau-bierrien dau. **T.** No tengo ni idea el tipo de enfermedad se le habrá metido al chico ese, hasta ahora no necesitaba gafas, claro está que andaba sin ellas y veía muy bien, es más, su trabajo es la de informático y ahora, además en poco tiempo, ha empezado a cegarse y parece que se tiene que operar.

ITZALA, ITZALIEN. Sombra, a la sombra. **K.** Ze errazoi daukien esatendauenak eguzkixen gauza onena itzala dala, eta hori jakiñien eonda eztot ulertzen nola eonleikien, geixenbat neskak eta andrak izetendie, hainbeste orduen hondartzan eguzki azpixen tripaz gora ta bera. **T.** Cuánta razón tienen los que dicen que lo mejor del sol es la sombra, y no entiendo que cómo sabiendo eso se puede estar, sobre todo las mujeres y chicas, tantas horas bajo el sol en la playa tripa arriba y abajo.

ITZALDU. Apagar. **K.** ¿Jakinleike zeatik itzaldu iñdozun sukaldeko argixek?, akaso eztozu ikusi josten nabillela, ero?, ba zure frakak konpontzen hainaz eta jartzie gureboitxozu piztu berriz axkar. **T.** ¿Se puede saber porqué has tenido que apagar las luces de la cocina?, ¿acaso no has visto que estoy cosiendo, o qué?, pues estoy arreglando tus pantalones y si te lo quieres poner vuelve a encender rápidamente.

ITZALI. Zona sombría, de sombra. **K.** Guasen arbola horrein azpira, hor nahiko itzali dau eta ni bentzet larreiko naskauta nau eguzki honekiñ, badakitzue zenbat ordu eruetendoun eguzkitxen ezerko keixpe-barik?, ba lau pasa. **T.** Vamos debajo de esos árboles que ahí hay bastante sombra y yo al menos estoy demasiado cansado de tanto sol, ¿sabéis cuantas horas llevamos al sol sin ninguna sombra?, pues más de cuatro.

ITZALPEIEN, ITZALPIEN. Lugar a la sombra, al resguardo. **K.** Hemen bai gustora itzalpeien, bero dau baña bentzet arnasa hartzeko bezela gara, eta ez euki prixa haundirik toki hontatik alde itxeko, gutxienetik ona zan sikera ordu-erditxobat eotie zertxobaitx lasaitu hartien bentzet. Eta denpora hau errekuperaukou beste noixbaitxen. **T.** Aquí sí a gusto a la sombra, hace calor pero por lo menos estamos cómo para poder respirar a gusto, y no tengáis demasiada prisa en salir de aquí, por lo menos deberíamos estar media horita hasta que nos tranquilizemos un poco. Y este tiempo ya lo recuperaremos en alguna otra ocasión.

ITZAZI. Rajarse, resquebrajarse. **K.** Ederra iñdot, harrizko irudi txikibat erosidot illobai oparitzeko, jausijat eta sigero itzazida, gañera gertatzenda hau erosidoten tokixen bakarra zala eta oñ eztakitx beste nunbaitxen lortzeko aukeraik eukikoten. **T.** Buena he hecho, he comprado una pequeña estatua de piedra para regalárselo a mi sobrina, se me ha caído y se ha resquebrajado por completo, además pasa que dónde lo compré era la única que había y ahora no sé si la podré conseguir en algún otro sitio.

ITZULI. Volver, retornar, devolver. **K.** Nik ustedot ze noixbaitxen itzuli inbikozula itxinotzun ha, ez?, ezauen salduko ba?, ba onazkero ordue da zeatik laister horren bierrien izengonaz eta eztauket bape asmoik bestebat erosteko. **T.** Yo creo que algún día me tendrás que devolver aquello que te dejé, ¿no?, ¿no lo habrás vendido pues?, pues ya va siendo hora porque dentro de poco lo voy a necesitar y no tengo ninguna intención de comprar otra.

IXE, IXEIXE. Casi, por poco. **K.** Betik arrixkuen ibili-bierra daukotzu, zeñek esautzu horra gora igoteko?, ba etxatzu larrei falta izen, ixeixe jausizara ta oso gutxiatik ezta hori gertau, eztozu kontuen hartzen burue apurtuzeiketzula jausten-bazara, ero? **T.** Siempre tienes que andar en peligros, ¿quién te ha dicho que te subas ahí arriba?, pues no te ha faltado mucho, casi te has caído y eso no ha pasado por muy poquito, ¿no te vas a das cuenta de que si te caes te puedes romper la cabeza, o qué?

IXEGI. Colgar algo.

(Ver la definición de exegi).

IXILDU. Callar. **K.** Zuk daukotzu barriketie, eziñdozu ixildu sikera pixkatien ero beste nunbaitxera alde iñ zure jardun ta guzti, ero?, itxirezu lasai ta pakien beingoz zeatik larreiko buruko-miñe emuten haizara. **T.** Vaya charlatanería que tienes, ¿no te puedes callar siquiera un poquito o ir a otro sitio a meter la paliza, o qué?, déjame en paz y tranquila de una vez que me estás haciendo mucho dolor de cabeza.

IXILIK. Callando. **K.** Gaurkue da aurreneko billera eta nik ustedot komenidala entzutie daukien esan-bierra eta gu ixilik eotie, enterau euron proposamena, pentza, hurrengorako erabaki zer dan inbierrekue eta orduen esan ze asmo daukoun horren buruz. **T.** La de hoy es la primera reunión y yo creo que lo que nos conviene es oir lo que tengan que decir y nosotros estar callados, enterarnos de su propuesta, pensar, para la próxima vez decidir que es lo que tenemos que hacer y entonces decir las intenciones que tenemos sobre ese asunto.

Aspaldiko esaerabat: Ixilik dauena tontotxue emutendau baña barriketa asko itxendauenai segitxuen igertzejako.

Un viejo probervio en euskra dice que el que está callado parece tontito pero al que habla mucho se le nota enseguida.

IXILLE. Callado. **K.** Bixitatzera etorridan lengosu honek eztau barriketa askoik itxen ba, nik ondion oso gutxi esauketandot baña oñartien bentzet betik nahiko ixille ikusi izendot, akaso baleike pixkat lotzati izetie, ez? **T.** El primo ese que te ha venido de visita parece que no habla demasiado, yo todavía le conozco muy poco pero hasta ahora por lo menos siempre le he visto que está bastante callado, a lo mejor puede que sea un poco vergonzoso, ¿no?

Aspaldiko esaerabat: Gaitza lapur ixille.

Un viejo proverbio vasco dice que la enfermedad es un ladrón silencioso.

IXILIXEN. En silencio, a escondidas, furtivamente. **K.** Jakinleike zeatik betik gauza guztiek ixilixen inbierrak daukotzun?, ero akaso pekatue halda itxen zabitzen hori?, ba bentzet espaldinbada iñizu danon aurrien ikusi eta enteratzeko bezela zer itxen haizaren.**T.** ¿Se puede saber porqué siempre tienes que hacer todas las cosas a escondidas?, ¿o acaso eso que estás haciendo es algún pecado?, pues por lo menos si ni lo es hazlas delante de todos de forma que se vea y podamos enterarnos de lo que estás haciendo.

IXIL-KONTUEK. Confidencias, secretos. **K.** Eztakitx zer dabitzen horrek bixok, aspalditxuen haidie ixil-kontuekiñ belarrira iñok ez entzuteko asmuekiñ, gañera apostaukonauke berba itxen haidiela atzo gertauzan arazuen buruz. **T.** No sé que andan esos dos, llevan ya mucho tiempo haciendo confidencias a la oreja con la intención de que no les oiga nadie, además apostaria que están hablando sobre el problema que surgió ayer.

IXILTAZUNA. Silencio absoluto. **K.** Hau da pakie, hemen bai eotendala ondo ta gustota ixiltazun honekiñ eta ez hor erdiko plazan bezela, ordubete pasa eongara jarritxe hango maibaten ta ixe gortu ingara han hauen burrundariekiñ. **T.** Vaya paz, aquí si que se está bien y a gusto con este silencio y no cómo ahí en la plaza del medio, hemos estado más de una hora sentados en una mesa y casi nos hemos vuelto sordos con el ruido y jaleo que había allá.

IXO. Silencio, callarse. **K.** Ixo, hasida hizlarixe eta entzutie gurot aber zer esan-bierra dauken gure auzoko urbanizañon buruz, aspalditxuen honen zai gara eta emutendau zertxobaitx bentzet erabakitxe daukiela. **T.** Silencio, ya ha empezado el conferenciante y quiero escuchar lo que vaya a decir sobre la urbanización de nuestro barrio, hace mucho tiempo que estamos esperando por ésto y parece ser que algo por lo menos ya han debido de solucionar.

IXOTU. Encender. **K.** Bi egun eguzkitzu iñ ondoren danok ustegauen bukatuzala negue, baña etxuraz ondion zertxobaitx geratzenda zeatik gaur be eurixe ta hotza gañien daukou, ba eztau beste erremeixoik eta berriz ixotu inbikou beko-sue. **T.** Después de dos días soleados todos pensábamos que se había terminado el invierno, pero parece ser que todavía le queda un poco porque hoy también tenemos encima el frío y lluvia, pues no hay otro remedio y tendremos que volver a encender el fuego bajo.

IZAERA. Manera de ser, índole. **K.** Ez ibili disimulatzen zeatik nik eta beste inguruko guztiok jakiñien gara zure izaeran buruz, eta alperrik da etxurak itxie mutil txintxue izengobazitzen bezela, aspalditxik esauketazaut eta garbi dauket eztuztazula berriz adarrik joko. **T.** No andes disimulando porque tanto yo como todos los de los alrededores estamos al tanto de tu manera de ser, y es inútil que quieras aparentar que eres un chico formal, te conozco desde hace mucho tiempo y tengo claro que no me vas a tomar el pelo otra vez.

IZAERAZ. Por naturaleza. **K.** Segurazki pertzona askok pìxkanaka eta denporiaz fangozien biurtzen txarrera, onera, okertzen ero beste erozeiñ gauza izeten, baña nere ustez beste askok bere izaeraz izengodie dien bezelakuek. **T.** Seguramente muchas personas habrán ido cambiando poco a poco y con el tiempo a mejor, peor, a torcerse o a ser cualquier otra cosa, pero yo creo que otros muchos serán como son por su propia naturaleza.

IZAIA. Abeto. **K.** Garai baten mendi bazterretan hartzegauen izaiak etxien jartzeko gabonetan, baña aspalditxotik hori debekaute dau eta oñ bi aukera bakarrik daukotzu, benetako izaia lortu ferixan ero beste nunbaitxen ero beztela txinotara fan eta han erosi gezurretazkobat. **T.** En un tiempo solíamos coger el abeto en una esquina del monte para colocarla en casa en navidades, pero ahora eso está prohibido y solo tienes dos alternativas, ir donde los chinos y comprar uno de mentirijillas o sino en algura feria o algún otro sitio conseguir otro que sea de verdad.

IZAINA. Sanguijuela. **K.** Entzunde dauket nola garai baten, oñ be akaso nunbaitxen hala izengoda, izainak jartzeziela pertzonan bixkar ero bularrien odol geixuek sendatzeko, eta etxuraz izaiñ horriek zurrupau itxezitxun odol geixuek. Baña nik ustedot aparta-barik izengozala ona txarratik eta dana batera fangozala. **T.** Tengo oído que cómo en un tiempo, también ahora puede que en algún sitio sea así, se solían colocar sanguijuelas en la espalda o el pecho de las personas para curar las enfermedades de la sangre, y parece ser que estas saguijuelas chupaban la sangre mala del enfermo. Pero yo creo que sería sin separar la buena de la mala e iría toda junta.

IZAN, IZATEZ, IZEN. Ser, existir. **K.** Bai, errazoie daukotzue eta berez hori izatez hala izenbikozan, baña halaere nik ustedot beste modubaten itxeko aukera be badauela eta akaso askoz errexau, eta aber zer iruitzejatzuen asmaudoten hau. **T.** Si, teneís razón y eso en principio así debería de ser, pero aún así yo creo que hay una alternativa para hacerlo de otra manera y puede que mucho más fácil, y a ver que os parece lo que he pensado.

Aspaldiko esaerabat: Izenetik izenera, zubixe geratzenda.

Hay un viejo proverbio en euskera que dice que de lo que es a lo que puede ser queda un puente. (Del dicho al hecho hay un trecho).

IZANBIER, IZENBIER. También tenia que ser. **K.** Ehun lagunetik gora izendie korrikan mendi karrera hortan eta bera bakarrik, Benito, izenbier txorkatilla bigurtudana, eta han eozen batzuk bixkerrien hartuta jetxidaue, beste beñ be gauza berdiñe gertaujakon karrerabaten eta benetan esanleike zoritxarreko mutille dala. **T.** Han estado más de cien personas corriendo la carrera de montaña y también tenía que ser solo él, Benito, el que se ha tenido que torcer el tobillo, y algunos de los que estaban allá lo han tenido que bajar cargado a la espalda, en otra ocasión le pasó lo mismo en una carrera y de verdad se puede decir que es un chico con mala suerte.

IZANERE, IZAN-ERE. Si es que es así, de ese modo. **K.** Baleike izetie zuk esatendozun bezela baña naiz da izan-ere modu hortan nik eztot ezer jakitxeik gure erakusten haizaren gauza horreikiñ, etxat bape gustatzen eta alegiñdukonaz aber beste nunbaitxen aukera dauketen lortzeko nere gustokue dan bat. **T.** Si, puede que sea cómo tú dices pero aún siendo de ese modo yo no quiero saber nada con esas cosas que me estás enseñando, no me gustan en absoluto y ya intentaré a ver si puedo conseguir en otro sitio una que sea de mi gusto.

IZAN-EZIK, IZAN EZIK. Excepto, si es que no puede ser. **K.** Ba hori izan-ezik eztakitx ze beste gauza eukikoun lortzeko aukera, eta eztot ulertzen zeatik etxatzun gustatzen, nere ustez nahiko etxuraskue da guk asmue daukoundako eta askenien badakitx zer gertaukodan, ezer-barik fan-bierra eukikoula. **T.** Pues si ésto no puede ser no se que otra alternativa podemos tener para conseguir otra cosa, y no entiendo cómo no te puede gustar, pará mí es bastante adecuado para lo que queremos y al final ya sé lo que va a pasar, que nos tendremos que ir sin nada.

IZAN-EZKERO, IZEN-EZKERO. Si es que es así. **K.** Beno, ba hala izen-ezkero ta danok ados baldinbagara aurrera. Oñ aurrena eta ezer iñ aurretik bi ero hiru aurrekontu eskatu inbierrak eukikou, eta gero erabaki aber zeñi emuteutzoun lan hau. **T.** Bueno, pues si es que es así y todos estamos de acuerdo adelante. Ahora que lo primero y antes de hacer nada tendremos que pedir dos o tres presupuestos, y después decidir a ver a quién le adjudicamos éste trabajo.

IZANGO, IZENGO. Ser, tener. **K.** Nik arrastuik be eztauket zeiñ izengodan gizon hori, zueitik bateonbatek esauketandozue?, gaur goixien ona etorrida eta galdera batzuk inditxu, hala ustedot ziela, bere hizkuntzan, iñok eztau ezertxorik ulertu ta gero beste-barik alde iñdau. **T.** Yo no tengo ni idea de quién puede ser ese hombre, ¿alguno de vosotros le conoceís?, ha venido aquí esta mañana y ha hecho unas cuantas preguntas, eso creo, en su idioma, ninguno le ha entendido nada y después sin más se ha marchado.

IZARO. Isla. **K.** Munduko izaro haundixena Groenlandia dala esatendaue. Ba guk be Bermio ta Mundaka hartien badaukou izarobat, zertxobaitx txikiñaue, ta kasualitatez horren izena be Izaro da. Donostiñ be eta Kontxako hondartza aurrien bestebat dau Santa Klara izenekue. **T.** La isla más grande del mundo dicen que es Groenlandia. Pues aquí en nuestro entorno, entre Bermeo y Mundaka también nosotros tenemos una isla, algo más pequeña, cuyo nombre es Izaro. Y también en San Sebastián frente a la playa de la Concha hay otra con el nombre de Santa Clara.

IZARRA. Estrella. **K.** Egun honeitan ezta bape izarrik ikusten zeruen, larreiko lañotuta eotenda gau guztien eta honeik ondo ikusteko zerue nahiko garbixe eon-bierra izetendau, beztela eta beste ezer-barik ezta posible. **T.** Estos días no es posible ver ninguna estrella en el cielo, todas las noches está demasiado nublado y para poderlas ver es necesario que el cielo esté bastante limpio de nubes, sino y sin ninguna otra cosa no es posible.

IZARTZUE. Estrellado. Puede ser el cielo pero también se podría lo mismo por un cocinero, por ejemplo Martín Berasategui, con varias estrellas Michelín. **K.** Askenien be gaur bai zerue sigero garbi, bape laño-barik dau eta oso ondo ikustendie izarrak, errazoi guztiekiñ ezanleike gaur gaueko zerue oso izartzue dauela. **T.** Por fín hoy sí, ésta noche el cielo está completamente limpio, sin nubes y las estrellas se pueden ver perfectamente, con toda la razón se puede decir que esta noche el cielo está muy estrellado.

IZEBA, IZEKO. Tía. **K.** Neri onazkero etxat izeba asko gelditzen eta ustedot bi bakarrik diela, bat Bilbo inguruen bizidana eta bestie Atxabaltan, bere garaian bai, pilla eukinauen baña urtiekiñ ta pixkanaka geixenak alde iñdaue, ta beste-batzui be aurrerau ero berandutxuau horixe bera gertaukojaku. **T.** A mí ya no me quedan muchas tías, creo que solo dos, una de ellas vive por la zona de Bilbao y la otra en Aretxabaleta, en su tiempo si, tuve un montón pero con los años la mayoría se han ido marchando, y a otros también tarde o temprano eso mismo es lo que nos pasará.

IZENA. Nombre. **K.** Garai baten, ez haibesteko aspaldi, jartzezien izenak, nere ustez, nahiko normalak izetezien, Joxemari, Joxemiguel, Federiko ta beste holako antzerakuek. eta oñ berriz sekulako izen xelebriek ipintzeitxue, ta eztot izen bakarra jarriko zeatik beztela bateonbat baleike asarratzie. **K.** En un tiempo, de ésto no hace tanto, los nombres que se ponían, creo yo, eran bastante normales, José Mari, José Miguel, Federico y otros parecidos y ahora en cambio los nombres son muy raros, y no voy a poner ni uno solo porque sino puede que alguien se enfade.

353

IZEN, IZENAZ. Ya he estado. **K.** Bai, eta egitan esateutzuet, aukera badaukotzue fanzaitxese erakusketa hori bixitatzera, ni izenaz ikusten eta benetan oso interesgarrixe dala, nere ustez merezidau han pasatzie atzaldebat. **T.** Sí, y os digo de verdad, si al menos teneís ocasión iros a visitar esa exposición, yo ya he estado viéndola y creo que es muy interesante, pienso que merece la pena dedicarle una tarde.

IZEN. (Izenzaitez), zan, zare, zarie, zien, zitzen.

IZENBALITZ. Si hubiese sido o estado. **K.** Bai, noski izenbalitz baietz, baña gauza da eztala izen eta oñ eztauela ezer itxeik, iñok ezauena espero eta bera falta grua bera etorrizala gertauzan, eta ezkerrak kotxe parebak xixko iñ beste ezer grabetazunik ezala pasa. **T.** Claro que sí, si hubiese estado, pero la cosa es que no estaba y ahora ya no hay nada que hacer, sucedió lo que nadie esperaba y la grúa se vino abajo cuando él faltaba, y menos mal que aparte de destrozar dos coches no pasó nada más grave.

IZEN-BE, IZEN BE. Es así. **K.** Noski baietz, hori izen-be hala da eta badakitx jente geixenak oso estimau izeteitxuela angulak, baña nereatik bentzet libre antzien daz, gustora jangonitxuen baña askoatik naio dot bakallau tortillabat ondo prestatuta, eta ondoren akaso baitxe okela pixkat be. **T.** Claro que sí, eso es así y ya sé que la mayoría de la gente tiene en gran estima a las angulas, pero para mí por lo menos están un poco de sobra, a gusto las comería pero prefiero y por mucho una tortilla de bacalao bien preparada, y quizá después también un poco de carne.

IZENDA. Ya ha o había estado. **K.** Eziozue errieta askoik iñ zeatik izenda eta badakitx izendala zeatik ikusi iñdutzet, gertazenda errue eukidauela orduaz ta ordubete lenau fandala, han eon omenda denporaldixen zai ta eztanien iñor asaldu bueltau iñda. **T.** No le riñaís mucho porque ya ha estado y sé que ha estado porque le he visto, lo que pasa es que se ha equivocado con la hora y se ha presentado una hora antes, allá ha debido de estar esperando un buen rato y cómo no ha aparecido nadie se ha dado la vuelta.

IZENDAKUE. Ya había estado. **K.** Horrek ondo esauketaitxu hango paraje eta gora-berak zeatik izendakue da toki hartan, eta nola guk datorren astien fateko asmue daukoun berai galdetukutzou ze aukera dazen nundik nora ibili, etxuraz jan eta abar. **T.** Ese conoce muy bien los parajes y visicitudes de esos lugares porque ya ha estado en ese sitio, y cómo nosotros tenemos la intención de ir la próxima semana le preguntaremos a él a ver por dónde podemos andar, comer decentemente, etc…

IZENDIE. Han estado. **K.** Hau da kasualitatie, Madrilgo areportuen alkartugara toki hartan izendien beste euskaldun batzukiñ, eurok bueltan hatozen eta estuzku berritazun haundirik emun baña bai toki parebat oso ondo jaten omendana, eta horrek be badauko bere inportantzia. **T.** Vaya casualidad, en el aeropuerto de Madrid nos hemos juntado con otros vascos que han estado en ese sitio, ellos venían de vuelta y no nos han dado muchas novedades, pero si un par de sitios en los que se debe de comer muy bien, y eso también tiene su importancia.

IZENDUNA. Se dice por alguna persona renombrada. **K.** Bixer Anastasio kasetarixe dator hizlari bezela hitzaldi hortara, gizon oso izenduna omenda eta nik bentzet ordurako fatie naidot, esatendauen ez eta hala ustedot, oso interesgarrixe izengodala harek esan-bier daukenak. **T.** La persona que viene cómo orador a la conferencia de mañana es Anastasio el periodista, debe de ser una persona muy renombrada y yo por menos quiero llegar a la hora, según se comenta y así lo creo, que lo que vaya a decir será muy interesante.

IZENEZ. Siendo así. **K.** Hala ta esatendozuen bezela izenez ni ados nau, baña gauzabat esangotzuet ta oso serixo gañera, ezpozue itxen gauzak berba iñdoun moduen ni betiko bukatua izengonaz zueikiñ. **T.** Siendo así tal cual las habeís explicado yo estoy de acuerdo, pero os voy a decir una cosa y muy serio además, si es que no haceís las cosas cómo las hemos hablado yo habré terminado con vosotros para siempre.

IZENGARA, IZENGARE. Ya hemos estado. **K.** Bai, noski esauzkuela baña gu ondion denpora gutxi dala izengara toki hartan eta nik eztauket gogo haundirik berriz bueltatzeko, fateko beraik bakarrik gurebadaue, geratukogara nunbaitxen eta gero illuntzien ero gabien alkartukogara. **T.** Sí, claro que nos lo han dicho pero nosotros todavía hace poco tiempo que hemos estado allá y yo no tendo demasiadas ganas de volver, que vayan ellos solos si quieren, quedaremos en algún sitio y luego ya nos juntaremos a la noche o antes.

IZENGOK. Ya tendrás, ya tendrías. **K.** Lasai eonai mutil hik be izengok hainbeste ta, ze ustean, horrekiñ bakarrik geratukoitzala, ero?, etxok emuten konfiantza haundirik daukanik gurekiñ **T.** Estate tranquilo que tú también tendrás lo suficiente, ¿qué creías, que te quedarías con solo eso, o qué?, no parece que tengas una gran confianza en nosotros.

IZENGOK. (Izengon), got, gozu, gozu.

IZENGOZARA. Ya serás o estarás. **K.** Eztaukotzu larrei kezkatu inbierrik, nere ustez zu be izengozara beste horren hainbestekue eta ziur nau irabazi ingozula, badakitx zure lagunek bultzauta iñdozula aposta baña halaere esandouna, aukera guztiek daukotzu irabazteko. **T.** No tienes porque preocuparte tanto, yo creo que tú ya serás tanto como el otro y estoy seguro de que ganarás, ya sé que has apostado empujado por tus amigos pero aún así lo que hemos dicho, tienes todas las probabilidades de ganar.

IZENGOZARA. (Zare), zarie.

IZENITZEN. Ya estuve. **K.** Ni be inguru hartan izenitzen istripu ha gertauzanien eta gañera ixe gure aurrien jausizien pertzona hareik kioskuek bera iñauenien, eta ezkerrak ezala holako gauza haundirik pasa, bakarrik azur apurtu batzuk.

T. Yo también estuve allí en las cercanías cuando ocurrió el accidente, además la gente se cayó casi delante nuestro cuando el kiosko se vino abajo, y menos mal que no sucedió nada demasiado grave, solo unos cuantos huesos rotos.

IZENTAU. Nombrar, citar. **K.** Jeseus!, siñistu eziñleike nola jarridan hori, izentau besteik eztot iñ beste haren izena eta sutan jarrida, nik eztakitx zerbaitx gertaudan euron hartien baña etxura guztie dauko sekulako gorrotue hartutzela. **K.** ¡Jesús!, no se puede creer cómo se ha puesto ese, no he hecho más que citar el nombre de aquel otro y se ha puesto hecho una furia, no sé que habrá podido pasar entre ellos pero tiene parece que le ha cogido un odio impresionante.

IZERA, IZERIE. Sábana. **K.** Neri, eta akaso baitxe beste-batzui be, etxat gustatzen erozeiñ izera, neretzat uda partien eta beruekiñ izerak algodoizkuek komenida izetie eta neguen, hotzak hastendienien asaltzen, hobeto beste horreik franelaskuek dienak, uste bentzet izen hori daukiela. **T.** A mí, y puede que también para otros sea así, no me gusta cualquier sábana, para mí en la parte del verano y con los calores conviene que las sábanas sean de algodón y en invierno, cuando empieza a aparecer el frío, mejor esos otros que son de franela, al menos creo que tienen ese nombre.

Aspaldiko esaerabat: Senar-emazte asarrie, izera aspixen konpontzendie.

Un viejo probervio vasco dice que los enfados entre marido y mujer se arreglan bajo las sábanas.

IZERDIXE. Sudor. **K.** Ni enaz izeten izerdi haundikue baña batzui ikustejate, esan-baterako Behobiako karreran, izerdixe daixola dauklela Itxurrltxlk Izengoballtz bezela eta emutendau urtu ingodiela helbururu allegau aurrelik. **T.** Yo no soy de mucho sudar pero a algunos se les ve, por ejemplo en la carrera de la Behobia, que les está cayendo el sudor como si fuera por un grifo y parece que se fueran a derretir antes de que lleguen a la meta.

Aspaldiko esaerabat: Gaurko izerdixe bixerko ogixe.

Un viejo proverbio vasco dice que el sudor de hoy es el pan de mañana.

IZERDITXEN, IZERDITXUTA. Sudando, sudado, generalmente por haber realizado algún esfuerzo. **K.** Bai, goixen jarridot enazela izerdi haundikue, baña atzo hauen beruekiñ ondo izerditxuta geratunitzen ortuen atxurrien ibili ondoren atzalde guztien. **T.** Si, arriba ya he puesto que no soy de mucho sudar, pero ayer con el calor que hacía ya quedé bien sudado después de estar toda la tarde cavando en la huerta.

IZETENDA, IZETENDAU. Ya suele ser, ya suele tener. **K.** Fanaz denda hortara listarixe erosteko asmuekiñ ta kasualitatez eztauko, esandust izetendauela baña aspalditxo bukauta dala eta nola hori oso gutxi saltzendan ondion eztauela eskatu. **T.** He ido a esa tienda con la idea de comprar una cuerda fina que sea fuerte y qué casualidad, no hay, me ha dicho que ya la suele tener pero que hace ya algun tiempo que se ha terminado y cómo es una cosa que se vende poco que aún no la había pedido.

IZETENDA, IZETENDAU. (Izetendok), don, dot, dozu, dozue.

Aspaldiko esaerabat: Entzutendien bitik, bat gezurre izetenda.

Un viejo proverbio en euskera dice que de dos cosas que se oyen, una suele ser mentira.

IZOKIA. Salmón. **K.** Garai baten ezien iñun izokirik ikusten, gure inguruen bentzet, eta oñ berriz alde guztietan eotenda eta nahiko ugeri gañera. Nik sarri xamar erosteko oitura dauket zeatik andriek ta bixok oso gustora jatendou plantxan prestatuta, freskue dana noski, baña baitxe ketua dan beste hori be, eta hau biñagreta pixkateaz. **T.** En un tiempo el salmón no se veía por ningún sitio, al menos en nuestro entorno, ahora en cambio lo hay en todas partes y además en abundancia. Yo tengo la costumbre de comprarlo bastante a menudo porque tanto la mujer como yo lo comemos muy a gusto preparado a la plancha, el que es fresco claro, pero también ese otro que está ahumado, y éste conun poco de vinagreta.

IZOTZA. Hielo. **K.** Ze izotz hauen gaur goixien, inguru guztiek zuri ikustezien, tellatuek, arbolak, kotxiek, dana eta lantegi ederra eukidot kentzeko nere kotxekuei, arraspakiñ eziñezkue zan ta askenien etxetik ekarribierra eukidot alkola aurreko kristalai botatzeko. **T.** Vaya hielo que había ésta mañana, los alrededores se veía todos blancos, los tejados, los árboles, coches, todo y vaya trabajo he tenido para quitarlo en mi coche, raspando era imposible y al final he tenido que ir a casa a por alcohol para echarlo al cristal delantero.

IZOTZ-BELTZA. Hielo negro. Este se forma cuando hace un frío extremo y el cielo está encapotado. **K.** Oso arriskutzue izetenda karreteran ibiltxie izotz-beltza daunenien, sigero argi eon-bierra dau kotxie manejatzen zeatik ezta ikusten nun dauen izotz hori, eta berez istripu asko gertatzendie horren kulpatik. **T.** Es muy arriesgado andar en la carretera cuando el hielo es negro, hay que estar ojo avizor al conducir el coche porque es un hielo que no se vé, y de hecho suele haber un montón de accidentes a causa de eso.

IZOTZ-KANDELA. Carámbano de hielo. **K.** Fandan domekan Kanfranen egun-pasa izengiñen eta gauzabat ikusinauen momentu hartan erraru xamarra iruitujatena, baña gero hasinitzen pentzatzen eta errazoi guztie hauken etxeko fatxadetan jartzeauena, eta zan ez ibiltxeko espaloitik zeatik jausi inleikien txintxiliske eozen izotz-kandelak. **T.** El pasado domingo estuvimos pasando el día en Canfranc y ví una cosa que me llamó la atención y que en ese momento me pareció bastante rara, pero luego empecé a pensar y me dí cuenta que lo que ponía en las fachadas de las casas tenía mucha lógica, y era que no se caminase por las aceras porque se podían caer los carámbanos de hielo que pendían de los tejados.

IZOZKI, IZOZKIXE. Helado. **K.** Guk, etxekuek, ezgara izozki zaliek baña halaere noixienbeñ hartzeitxu bat ero beste, esan-baterako fandan udan Peñiskolan izengiñen oporretan eta ixe gauero, afalostien andrie ta bixok izozki dendara fategiñen, betik berdiñe, eta izozkibat eskatzegauen erronpasakiñ zana. **T.** Nosotros, los de casa, no somos aficionados a los helados pero de vez en cuando ya solemos tomamos alguno que otro, por ejemplo el pasado verano estuvimos de vacaciones en Peñíscola y casi todas las noches, después de cenar la mujer y yo íbamos a una heladería, siempre la misma, y pedíamos un helado de ron con pasas.

IZOZTIE. Días de heladas continuas. **K.** Egun honeitan nahiko larri pasatzen hainaz ba, iñoiz, gañera geruau ta gutxiau, etxat gustau izen hotza eta oingo aldixen gertatzenda, ia aspalditxotik, errexkaran diela izozti egun horreik. **T.** Estos días lo estoy pasando bastante mal, nunca, además cada vez menos, me ha gustado el frío y últimamente resulta que desde hace ya bastante tiempo las heladas son continuas.

IZOZTU, IZOZTUTA. Helar, quedarse helado de frío. **K.** Ba goixen jarridoun bezela izozti egun honein buruz, gaur be lanetik urten ondoren eta etxera allegau ordurado sigero izoztuta nauen, ezkerrak etxie epeltzun onakiñ zala eta dutxa berobat hartu ondoren laister xamar etorrinazela berriz onera. **T.** Pues cómo hemos puesto arriba sobre estos días de heladas, hoy también después de salir del trabajo y para cuando he llegado a casa estaba completamente helado de frío, menos mal que la casa estaba a buena temperatura y después de una buena ducha caliente me he recuperado bastante pronto.

IZTALA. Ingle. **K.** Benetan bañe benetan eztotela ulertzen oingo moda honeik, neretzat sigero erraruek, aber eta ezareizue, ze ojeto dauko jartie holako pirzin ero deitzendan bezela iztalien?, ba neska ugeri ikustendie hondartzan horrekiñ eta baitxe kalien be ondo erakutziaz. **T.** De verdad pero de verdad que no entiendo estas modas de ahora, para mí demasiado raras, a ver y decirme, ¿qué objeto tiene el ponerse un pircin o como se llame en la ingle?, pues se ve a cantidad de chicas con ello en la playa y también en la calle teniéndolo bien a la vista.

IZTARRA, IZTERRA. Muslo. **K.** Arrastuik be eztauket zeatik izengodan baña betiko oitura da, geixenendako bentzet, jatetxien bazkal ero afal garaian eskatzendan ollaskue esatie ze halbada haren izterra ekartzeko. **T.** Yo no tengo ni idea de porqué será pero una costumbre de siempre, al menos para la mayoría, es que cuando se pide pollo para comer o cenar en un restaurante el decir que si se puede sirvan la parte del muslo.

IZTAR-AZURRA, IZTAR AZURRA. Hueso propio de la pierna. **K.** Nik eztot sekula iñungo azurrik apurtu baña Eskolapio gixajuek hirugarren aldiz da iztar-azurra puskatudauela, bi bider ezkerreko bernan eta oñ bestien, eta hau bi tokitatik gañera. **T.** A mí nunca se me ha roto hueso de parte alguna pero el pobre Escolapio es la tercera vez que se rompe el hueso de la pierna, dos veces en el de la izquierda y ahora en la otra, y ésta además por dos sitios.

IZTEKO. Que lo dejes, que no insistas. **K.** Eziñdozu kasu iñ aurreneko esanai, ero?, eta zenbat bider esan-bierra daukotzu pakien izteko pitxar hori, eztozu kontuen hartzen jausi-ezkero puskatu ingodala, ero?, ba badakitzu, eon geldik eta ez ikutu be iñ. **T.** ¿No puedes hacer caso la primera vez que se te dice, o qué?, ¿cuántas veces hay que decirte que dejes en paz a esa jarra, no te das cuenta de que se te puede caer y romper, o qué?, pues ya sabes, éstate quieto y ni siquiera la toques.

IZUGARRI. Montones, mucho. **K.** Gaur goixien eta nola lurrien asko eozen izugarri intxaur jasouitxu, gauza da oñ eztakitxela zer iñ haibestekiñ, nik eztot asko hartuko zeatik etxien nik bakarrik jateitxut ta badakitx asko eruentenbot alperrigaldu ingodiela, eta zuek eukikozue lagunen batzuk horreik partitzeko, ez? **T.** Esta mañana y cómo había muchas en el suelo hemos recogido cantidad de nueces, la cosa es que ahora no sé que hacer con tantas, yo no voy a coger muchas porque en casa solo las como yo y ya se que si llevo demasiadas se van a estropear, y vosotros ya tendréis algunos amigos a quienes repartir, ¿no?

IZUGARRIXE. Cosa o persona grande, enorme. **K.** Ze ondo bazkaldudoun jatetxe hontan, gaurko bazkaixe izugarrixe izenda, ugeri ta ona, aurrena ollaskuen salda onbat, gero txorixo ta odolki egosixek, ondoren lebatza laban errie eta bukatzeko gaztaie, ah, eta gero kafie patxaran txupito parebateaz. **T.** Que bien hemos comido en éste restaurante, la comida muy buena y la cantidad enorme, de primero un buen caldo de pollo, luego chorizo y morcilla cocidas, a continuación merluza al horno y para terminar queso, ah, y después un café y un par de txupitos de patxarán.

IZURDIE. Delfín. **K.** Nik arrastuik be eztauket eta asunto horrein buruz jakiñ ero ibiltxendienak be apenas gauza haundirik, eta da zergaitxik asaltzendien aspalditxuen hainbeste izurde Euskalherriko, beste leku batzuetan be hala izengoda, hondartza ingurutan, nere ustez larreiko gauza erraruek gertatzen haidie. **T.** Yo no tengo ni idea y los que entienden o andan con esos asuntros tampoco gran cosa, y es porqué aparecen últimamente tantos delfines en las cercanías de las playas de Euskalherría, y supongo que en otros sitios también sucederá lo mismo, yo creo que están ocurriendo cosas demasiado raras.

IZURRAI. Decir a alguien que se fastidie. **K.** Gixajue, eta oinguen ze gertaujak ba?, hainbeste oker iñ ondoren arbolatik jausi ta miñ hartuduala, ero?, ba ezaukan txintxo eotie baño eta zeatik igo arbola hortara, oñ alperrik dok negar itxie eta izurrai. **T.** Pobrecito, ¿y ahora qué te ha pasado pues, que después de hacer tantas travesuras has caído del árbol y te has hecho daño?, pues no tenías más que haber estado formal y no haberte subido a ese árbol, ahora es inútil que llores y te fastidias.

IZURRAU. Estropear, fastidiar. **K.** Horrek eztotzu oñ ezertarako balixo, akaso eztozu ikusten sigero izurraute dauela, ero?, botaizu haldan axkarren zakar-ontzira eta beste antzerakobat ikustendounien erosikou. **T.** Eso ya ahora no te vale para nada, ¿acaso no ves que está completamente estropeado, o qué?, tíralo cuanto antes a la basura y cuando veamos algo parecido ya lo compraremos.

J

JANGOIKUEK EZUN BERDIÑEK IÑ EZTA ESKUKO BIETZAK.
DIOS NO HIZO IGUALES NI LOS DEDOS DE LAS MANOS.

JABE, JABIE. Propietario, el dueño. **K.** Ze gauza errarue gertaudan hau, Edelmiron baserri aldameneko zelaixen oñ aste parebat dala auntz-talde txikibat asalduzan, galdetzen ibiligiñen goiko eta beko baserrixetan eta iñok ezakixen zeiñ zan horreiñ jabie, gauza da handik egun batzuetara eta eztakitx nola desagertu inziela, ugesabak eruenda ero euron kontura fanda izengozan, eta asken modu hortan bazan etorri be hala ingozien. **T.** Que cosa más rara esto que ha ocurrido, en el prado de al lado del caserío de Edermiro hace ya un par de semanas apareció un pequeño rebaño de cabras, estuvimos preguntando en los caseríos de arriba y abajo y en ninguno sabían quien era el propietario de ellas, la cosa es que de allí a unos días y no sé cómo desaparecieron, si las llevó el dueño o se fueron por su cuenta, y si fue de ésta última manera, también el venir lo harían así .

JABEGO. Propiedad, dominio. **K.** la honaño etorrigara baña eztakigu zer ingoun hemendik aurrera, oñartien betik pasa izengara bire hontatik mendira fateko ta oñ ikustenda itxita dauela, sarreran jabego pribatua jartzendau eta iñor eztau inguruen galdetzeko aber pasatzeik dauen. **T.** Ya hemos venido hasta aquí pero no sabemos qué hacer de a partir , de aquí en adelante, hasta ahora siempre hemos pasado por este camino para ir al monte pero ahora vemos que está cerrado, hay un cartel que dice propiedad privada y no hay nadie en los alrededores a quien podamos preguntar si se puede pasar.

JABETASUNA. Se dice de la persona acostumbrada a ordenar y dirigir. **K.** Igertzenda nola gizon hori jabetasun haundikue izendan, aspalditxitik erretiraute dau baña ondion be hor ibiltxenda jentiei lagundu ta hitzaldixek emuten. **T.** Ya se nota que ese hombre es una persona que está acostumbrada a dirigir, hace mucho tiempo que está jubilado pero todavía ahí anda dando conferencias y ayudando a la gente.

JABETU. Adueñarse, apropiarse. **K.** Baserriko gizon hori eztau ezertxoik emuteko naiz da meserez eskatu, baña aukera baldinbadauko laister jabetu itxenda bestien gauzakiñ, eta gañera baimenik eskatu-barik. **T.** Ese hombre del caserío no está para dar nada ni siquiera si se lo pides por favor, pero si tiene oportunidad pronto se apropia de las cosas de los demás, y encima sin pedir permiso.

JABEDUNA. Que tiene dueño, propierario. **K.** Hori naiz eta bire bazterrien ikusi itxi pake pakien zeatik badauko bere jabeduna, gertatzenda iztendauela erozeiñ tokitxen ta gero astu itxenda nun lagadauen, baña bier-ezkero segitxuen gogoratzenda. **T.** A pesar de que veaís eso en la esquina del camino dejarlo en paz porque tiene su dueño, lo que pasa que lo abandona en cualquier sitio y luego se olvida de dónde lo ha dejado, pero en cuánto lo necesita enseguida se acuerda.

JABOIE. Jabón. **K.** Hortik zier fatenazenien hiru ero lau asteko bidaian betik eruetendot zati haundibat jaboie, hau izetenda izerditxute ero sikiñek dauketen erropak garbitzeko eta betik da mota berdiñekue, Timbo bere izena, hau da askoatik, neretzat bentzet, onena zeatik bestien aldien askoz bitz geixau ataratzendau. **T.** Cuándo salgo de viaje por ahí para tres o cuatro semanas siempre llevo un pedazo grande de jabón, ésto suele ser para lavar las ropas sudadas o sucias que pueda tener y siempre de la misma marca, Timbo su nombre, éste es, para mí al menos, el mejor jabón por mucho porque en comparación a los otros saca mucha más espuma.

JABONDU. Enjabonar. **K.** Ikusi inbierra dau nola geratzendien erropak autzaz eta sikiñaz egun osue ibili-ezkero aldebatetik bestera, gero ta bukaeran erropa honei sikintzazun guztie, geixena bentzet, kentzeko aurrena ondo jabondu inbierra dau, eta ondoren noski, urakiñ aklarau. **T.** Hay que ver cómo queda la ropa de polvo y suciedad después de andar todo el día de un sitio para otro, luego y al terminar la jornada para quitar toda, al menos la mayoría de esa suciedad, primero es necesario enjabonar muy bien la ropa, y después claro está, aclarar con agua.

JABOI-ONTZIXE. Jabonera, recipiente para dejar el jabón. **K.** Beñ, ia oso aspaldi, benetako gauza xelebrie eta oso errarue gertaujaten, komunien dutxatzen hainitzen eta jaboie jaboi-ontzixen laganauen, orduen, gure etxien bentzet, ezauen gelik ta ez beste antzerakoik, ta kustiñue da ze dutxa ondoren ezauela han, itxinauen tokixen eta faltazala, nolabaitx desagertu eta ezan geixau asaldu, gauza da beste iñor ezala sartu zeatik ni dutxan eonitzen bitxertien atie itxita eonzan denpora guztien. **T.** Una vez, hace ya mucho tiempo, me pasó una cosa curiosa y muy rara, estaba duchándome y dejé el jabón en la jabonera, entonces, al menos en nuestra casa, no había geles ni nada parecido, y la cuestión es que después de haberme duchado el jabón ya no estaba allá dónde lo había dejado y faltaba, de alguna manera había desaparecido y no volvió a aparecer más, la cosa es que mientras estaba en la ducha no entró nadie porque la puerta estuvo cerrada todo el rato.

JADA, JADANIK. Ya, ahora mismo, enseguida. **K.** Errekau honeik jadanik eruen-bierrak daukotzu, Filomenak deitxudust telefonoz esanaz beste hiru lagun etorrikodiela bazkaltzera ta derrigorrez bierditxula zeatik apenas dauko gauza askoik danontzako. **T.** Ahora mismo tienes que llevar estos recados y además rápidamente, Filomena me ha llamado por teléfono diciendo que le vienen tres más a comer y que los necesita con urgencia porque apenas tiene mucha cosa para todos.

JAI. Fig. se dice cuando no hay nada que hacer. **K.** Zuk iñ gurozun alegiñ guztiek baña ezatukotzu bape aukeraik sarrera bakarra lortzeko partidu hontarako, danak bukatudiela esandaue, aspalditxo gañera, eta oinguatik bentzet jai daukotzu eta eztau zer-iñik. **T.** Ya puedes intentar lo que quieras pero no tienes ninguna posibilidad de conseguir una sola entrada para este partido, dicen que todas se han terminado, además desde hace bastante tiempo, y al menos por esta vez tienes fiesta y no hay nada que hacer.

JAI, JAIXE. Fiesta. **K.** Beno ba, goix partien bukatuitxu inbierreko lan guztiek ta jai emunduzku atzalde guztirako, galdetudou aber ordu horreik errekuperau inbikodien eta ezetz esandau, ba hala izenda askoz hobeto. **T.** Bueno pues, hemos terminado por la mañana todos los trabajos que teníamos que hacer y nos ha dado fiesta para toda la tarde, le hemos preguntado a ver si habría que recuperar esas horas y ha respondido que no, pues siendo así mucho mejor.

JAIALAI. Textualmente significa fiesta alegre. Y en algunos sitios de por ahí fuera también se les llama así a los frontones de pelota. **K.** Sekula eztot jakiñ izen zeatik leku batzuetan deiketandutzien, geixenak hor kanpo aldien, Jaialai frontoiei, beñ ero beñ galdetu izendot baña ondion bentzet eztust iñok bierdan moduko erantzunik emun. **T.** Nunca he sabido porqué en algunos sitios, la mayoría de por ahí fuera, llaman Jaialai a los frontones de pelota, alguna que otra vez ya he solido preguntar pero hasta ahora por lo menos nadie me ha dado una respuesta convincente.

JAI-ALDIXEK. Días de fiesta, de diversión. **K.** Gogoratzenaz nola lenau jai-aldixek ixe herriko kale guztietan itxezien, kale bakotxien bat izetezan eta tokatzezanien, oñ berriz eta sarritxen gertatzenda, nahiko justuen ta gogo haundi-barik bat bakarra itxendala herri guztirako. **T.** Me acuerdo de cómo antes se hacían días de fiesta en casi todas las calles de los pueblos, era una vez en cada una y cuando tocaba, ahora en cambio y sucede muchas veces, bien justo y sin demasiadas ganas se hace una única fiesta para todo el pueblo.

JAI-EGUNA. Día de fiesta. **K.** Hainbeste denpora honen zai eta etxurie hauken ezala sekula allegatuko, baña askenien be hemen dau, bixer osteguna da, Aste Santuko aurreneko jai-eguna eta aber laguntzendauen zertxobaitx egueldixek egun batzuk urtetzeko hortik zier. **T.** Tanto tiempo esperando y parecía que no iba a llegar nunca, pero por fín ya ha está aquí, mañana es jueves, primer día de fiesta de la Semana Santa y a ver si acompaña un poco el tiempo para poder salir unos días por ahí.

JAI-ERDIXE. Media fiesta, generalmente por la tarde. **K.** Gogoratzenaz nola lenau jai-erdixek eotezien eta guk eskolan eukitxegauen, esan-baterako Arrasateko Sanjuanetan eta Eskoitzako Sanpedro jaixetan, eguerdixen urtetzegauen eta gero ia ezgiñen bueltatzen hurrengo egun harte. **T.** Me acuerdo de cómo antes solía haber y teníamos medias fiestas en la escuela, por ejemplo cuándo eran las fiestas de San Juan en Mondragón y San Pedro de Eskoriatza, solíamos salir al mediodía y luego ya no volvíamos hasta el día siguiente.

JAIKI. Levantarse, incorporarse. **K.** Zu ezalzara larreitxo alpertu?, ze asmo daukotzu, hala eoteko egun guztien, ero?, ixe goixeko hamarrak die ta ondion hor jarraiketandozu etzanda, ba badakitzu gauza asko daukotzula itxeko eta derrigorrez jaiki inbikozula. **T.** ¿Tú no te has vuelto demasiado vago?, ¿que intenciones tienes, la estar así todo el día o qué?, ya son casi las diez de la mañana y todavía continúas ahí tumbado, pues ya sabes que tienes muchas cosas para hacer y que necesariamente tendrás que levantarte.

Aspaldiko esaerabat: Berandu jaiki itxenbazara, eguneko lanak atzera.

Un viejo proverbio vasco dice que si te levantas tarde, los trabajos del día se retrasarán.

JAIKUEK. Cosas para utilizar los días de fiesta, generalmente vestimentas. **K.** Lenau bi erropa mota eozen jazteko eta noski horreikiñ ibiltxezan, astegunekuek ta domeketakuek zien, asken honei jaikuek esategutzen eta gañera garai hartan txaketa eta gorbata jantzi inbierrekuek izetezien, ta nola dien gauzak, arrazkero, gorbataik bentzet, ziur enauela jarriko ezta bi docena bider. **T.** Antes había dos clases de ropa para vestirse y claro con esas se andaba, eran los de los días de labor y la de los domingos, a éstos últimos le llamábamos de fiesta y además en aquellos tiempos incluían chaqueta y corbata, y cómo son las cosas, estoy seguro que desde entonces, al menos la corbata, no la habré puesto ni un par de docenas de veces.

JAIOTZA. Nacimiento. **K.** Beno, zorionez gauzak danak ondo urtendaue, gertatzezan ze andrie ezinzala iñola aurdun geratu eta gero beñ lortu ta ondoren nahiko gaizki ibilizala, baña askenien izenda umetxuen jaiotza ta bai eurok, gurasuek, ta berdiñ beste tarteko guztiek oso pozik die. **T.** Bueno, por suerte han salido todas las cosas bien, pasaba que la mujer no conseguía quedarse embarazada de ninguna de las maneras y luego una vez que lo consiguió debió de andar bastante mal, pero al final ya ha sido el nacimiento de la criatura y tanto ellos, los padres, e igualmente todos los de su entorno están muy contentos.

JAIXEK. Fiestas. **K.** Bixer San Pelaio egun bexpera da eta eguerdixen hastendie Zarauzko jaixek, programan eotendie gauza batzuk nahiko alaiaik dienak, geixenbat umientzako baña jeneralki jai honeitan ezta holako giro haundirik eoten kalien, eztau konparaketaik Euskaljaixekiñ. **T.** Mañana es la víspera del día de San Pelayo y al mediodía empiezan las fiestas de Zarautz, en el programa ya suele haber cosas bastante divertidas, sobre todo para los críos pero en general no hay demasiado ambiente en estas fiestas en la calle, no se puede comparar con las fiestas vascas.

JAIXO, JAIXODA. Ya ha nacido. **K.** Horreik be karrera ederra eruetendaue, gaur jaixodan umetxuekiñ zazpi seme-alaba daukie eta eztakitx bape asmoik daukien hor gelditzeko, galdetu-ezkero euron hartien kiñu iñ eta barrezka hastendie. **T.** Esos también vaya carrera que llevan, con la criatura que ha nacido hoy ya tienen siete entre hijos e hijas y no sé si tienen alguna intención de parar ahí, si se lles pregunta se guiñan entre ellos y empiezan a reírse.

JAK. Hay, está. **K.** la nahiko aspertuta nauk hirekiñ eta eztuztat berriz esango, hori hor jak ta hartu gurebok ta ezpok nai laga ortxe bertan dauen tokixen, hik ze ustedok ba, eztala etorriko hori gustora hartukodauen bestenbat, ero? **T.** Ya estoy bastante aburrido contigo y no te lo voy a repetir otra vez, ahí está eso y si quieres lo coges y si no lo quieres lo dejas ahí mismo donde está, ¿tú que te crees, que no vendrá algún otro que se lo llevará a gusto, o qué?

JAKIÑ. Saber, conocer. **K.** Bai noski, nik aurretik jakiñ izen-banauen enitzen hori billatzen ibiliko mosoluen bezela aldebatetik bestera, eta jakinleike zeatik eztuztazuen esan ze tokitxen hauen?, zuek be batzuetan badakitzue ibiltxen nahiko ixilixen. **T.** Claro que sí, si yo lo llego a saber con anterioridad no hubiese andado como un tonto de un sitio para otro buscando eso, ¿se puede saber porqué no me habéis dicho dónde estaba?, vosotros también a veces ya sabeìs andar bastante en silencio.

Aspaldiko esaerabat: Egiñ betik on, naiz eta ez jakiñ non.

Un viejo proverbio vasco dice que siempre hagas el bien, aunque no sepas a quién. O dónde.

JAKINDUEK. Se refiere a las personas que saben y tienen conocimientos. **K.** Esatendauen ez oñ gertatzen omenda ze pertzona asko jakinduek dienak inbestigazio buruz, kanpora urten-bierra daukiela, aldebatetik hemen eztauelako lan postuik horreindako eta bestaldetik ez diruik lan postu horreik sortzeko. **T.** Según dicen ahora debe suceder que muchas personas que tienen conocimientos sobre investigación tienen que salir fuera, por una parte porque aquí no hay puestos de trabajo para ellos y por otra tampoco dinero para crear esos mismos puestos.

Aspaldiko esaerabat: Jakinduen hartien dabillena, bera izengoda jakintzue.

Un viejo proverbio en euskera dice que el que anda entre los que saben, ya aprenderá.

JAKINDURA. Sabiduría, sapiencia, erudicción. **K.** Persona asko die eta izenzien jakindura haundikuek, esan-baterako eta aurreneitakue, iñun eztau eta jakin bez honen izenik, errubera asmau iñauena, gero baitxe beste pillabat be eta euron hartien Mari Kurie andran aldetik eta Einsten gizona, honekaitik betik esanda pertzona haundixek izenziela, eta zer esan gure Fabiolotik, baitxe gizon hau be apartekue da. **T.** Hay y ha habido muchas personas de una gran sabiduría, por ejemplo una de las primeras, en ningún sitio está ni tampoco nadie conoce su nombre, el o la que inventó la rueda, luego también otro montón y entre ellas por parte de las mujeres Mari Curie y Einsten el hombre, por éstos siempre se ha dicho que fueron unas personas sobresalientes, ¿y que decir de nuestro Fabiolo?, también éste hombre es extraordinario.

Aspaldiko esaerabat: Jakindurak muga dauko, ez jakiñek ezer ez.

Un viejo proverbio en euskera dice que la sabiduría tiene una meta, la ignorancia ninguna.

JAKINTZUE. Se dice por la persona inteligente, lista. **K.** Ni askotan pentzatzen jartzenaz aber txakurrek izenleikien pertzona bezelako jakintzuek, ta hau esatendot Josun txakurratik, Korta, batzuetan arritxute geratzenaz nola betik ta ordu berdiñien zai eonleikien atien, eta hori eztaukela erlojurik. **T.** Muchas veces me quedo con la duda de a ver si los perros pueden ser inteligentes al igual que las personas, y ésto lo digo por el perro de Josu, Korta, algunas me suelo quedar asombrado de cómo siempre y a la misma hora pueda estar esperando en la puerta, y eso que no tiene reloj.

JAKIÑE. Algo que se sabe. **K.** Eztakitx zertan etorridan gizon hori, oñ esaten haidan guztie jakiñe da eta asunto hau ezta arreglatzen berba iñde bakarrik, inbiouna da alkartu eta danon hartien erabaki aber nola konpondu ero bentzet nola hasi konpontzen. **T.** No sé a que ha venido ese hombre, todo lo que ahora está diciendo es algo que ya se sabe y el asunto éste no se arregla solo con hablar, lo que tenemos que hacer es reunirnos y entre todos pensar de que forma lo vamos a solucionar o por lo menos cómo empezar a solucionarlo.

JAKIÑ-EZ, JAKIÑEZA. Ignorancia. **K.** Neri ez etorri oñ galdetzera nola inbidien gauza horreik ta ez nun lortzeko aukera dauen materiala hori itxeko, ni enitzen izen billera hortan zeatik iñok ezuzten esan fateikok eta asunto horren buruz jakiñeza dauket. **T.** Ahora no vengáis dónde mí a preguntar cómo hay que hacer esas cosas ni en que sitio se puede conseguir el material para hacerlo, yo no estuve en esa reunión porque nadie me dijo que fuese y sobre éste asunto estoy en la más completa ignorancia.

JAKIÑ-GAÑIEN, JAKIÑIEN. Saber o dar a conocer sobre algún asunto. **K.** Haigaren asunto honen buruz jakiñien geratudie eta baitxe nola dazen gauza honeik momentu hontan, ezta bape errexa izengo baña oñ euron eskuen geratzenda erabakixe zer ta nola iñ hau konpontzeko. **T.** Sobre el asunto que nos ocupa ya les he puesto en conocimiento y también explicado cómo están las cosas en este momento, no será nada facil pero ahora queda en sus manos la decisión de qué y cómo hacer las cosas para solucionar esto.

JAKINAI, JAKIÑ-GURA. Curiosidad, deseos, ganas de saber. **K.** Jakiñ-gura haundixe dauket aber nola Federikok bukatudauen Zegama Aizkorriko mendi maratoie, atzo atzaldien berakiñ eonitzen ta esauzten nola igez erretirau-bierra izenauen baña aurten oso ondo prestaudala eta animo eziñ hobiekiñ doiela. **T.** Tengo muchas ganas de saber cómo ha terminado Federico la maratón de montaña Zegama Aizkorri, ayer a la tarde estuve con él y me dijo que el año pasado tuvo que retirarse pero que éste año está muy bien preparado y que va con muy buen ánimo.

JAKITUIXIE. Esta palabra se utiliza para decir que la persona a la que se refiere tiene mucha sabiduría. **K.** Eztakitx egixe izengodan baña betik esan izenda nola pertzonak zartu-hala irabaztendan jakituixa aldetik, eta noski beste zerbaitzuk baitxe galdu be, eta baitxe gaztiek dienak honeitik ikesi inbierra daukiela eta kasu iñ. **T.** No sé sí será verdad pero de siempre se ha oído que las personas ganan en sabiduría, y claro que también perder otra serie de cosas, a medida que se hacen mayores, y que los jóvenes deberían de aprender de éstos y hacerles caso.

JAN. Comer. **K.** Nik lagunbat dauket, Kamilo bere izena, horixe gustoren itxendauena, jan, betik zai eotenda noiz izen bazkaltzera fateko ordue, siñistu eziñeko amorrrue dauko eta hori eztauela bape gizena, baña maixen jartzendanien jateitxu beriek eta bere aldamenekuek sobre daukien guztiek. **T.** Yo tengo un compañero de trabajo, Camilo su nombre, que eso es lo que más a gusto hace, comer, suele estar esperando a ver cuando será la hora para ir a comer, es increíble el ansia que tiene para hacerlo y eso que no está nada gordo, pero en cuánto se sienta en la mesa come lo suyo y todo lo que les pueda sobrar a los demás que están a su lado.

JAN. (Jandok), don, dot, doze, dozue.

JANA, JANARIXEK. Comida, alimentos, viandas. **K.** Geruau ta jente geixau ikustenda nola erueteitxuen eguerdiko janarixek lanera ero eskolara bere poltzatxuen sartuta, nik be garaibaten eruen inbierra izenauen zeatik orduen orduerdi besteik ezaukoun bazkaltzeko. **T.** Cada vez se ve a mas gente cómo lleva las comidas del mediodía al trabajo o a la escuela metida en su bolsita, yo también en un tiempo la tuve que llevar así porque entonces no teníamos más que media hora para comer.

JANDALO, JAN DA LO. Comer y dormir. **K.** Etxatzu iruitzen egunenbaten espabillau inbikozula sikera zertxobaitx?, hiru illebete doiezu lan-barik zaretik eta jandalo besteik eztozu itxen, hala pentzatzendozu bukatzie daukotzun paro guztie, ero?, ba nere ustez mobitzen hasibikozauke aber lortzendozun lanenbat beste nunbaitxen. **T.** ¿No te parece que algún día tendrás que espabilar siquiera un poquito?, llevas tres meses desde que estás sin trabajo y no hacer más que comer y dormir, ¿acaso piensas terminar así con todo tu paro?, pues yo creo que te deberías de empezar moverte un poco a ver si consigues otro trabajo en otro sitio.

JANDAERAN, JAN DA ERAN. Comer y beber. **K.** Hemen dauen hau be beste fenomenobat da, aurrekuek jandalo besteik ezauen itxen ta honek berriz jandaeran da itxendauena, lanien dabill, eguerdixetan ondo betetzendau tripa, bazkaixaz batera botilla ardaue eratendau eta ondoren kafiaz kopa parebat patxarra. **K.** Este que está aquí también es otro fenómeno, el anterior no hacia más que comer y dormir y éste en cambio lo que hace es comer y beber, está trabajando, al mediodía llena bien la tripa, junto con la comida se bebe una botella de vino y luego con el café un par de copas de coñac.

JAN-EZIÑE, JAN EZIÑE. Que no se puede comer, que está malo. **K.** Babarrun lapiko hau bueltau inbierra daukou zeatik jan-eziñe dau, larreiko gogorrak eta emutendau egosi-barik dazela, eta gañetik eztaukie bape useñ onik. **T.** Esta cazuela de alubias las tendremos que mandar de vuelta porque no se pueden comer, están demasiado duras y parece están sin cocer, además el olor que desprenden tampoco es nada bueno.

JAN-GELA, JAN GELA. Comedor. **K.** Eztot ulertzen nola eztuzkuen gorde tokixe, ondo jakiñien die ba egunero etortzegarela bazkaltzen eta gaur gertatzenda jan-gela betie daukiela, halaere nik ustedot nunbaitxen prestaukuzkuela maienbat, eta gañera hobeto izengoda gurebadaue bentzet jarraitzie hona etortzen. **T.** No entiendo cómo no nos han guardado el sitio, saben perfectamente que venimos todos lo días a comer y hoy pasa que el comedor lo tienen lleno, aún así yo creo que ya nos prepararán alguna mesita en algún sitio, y además será lo mejor que pueden hacer si al menos quieren que continuemos viniendo aquí.

JANGOIKUE. Dios. **K.** Nik garbi dauket zerbaitx badauela eta norberak jakingodau ze izen jarri, eztotena ulertzen da nola eonliekien jente asko eztauena siñisten ez Jangoikue dauenik eta ez beste ezerrekiñ, akaso ezta nahiko normala izeten zalantza pixkat eukitxie sikera zerbaitxekiñ?, ero askokiñ akaso? **T.** Yo tengo claro de que algo hay y cada uno sabrá que nombre ponerle, lo que no entiendo es cómo pueda haber gente que no crea ni que haya un Dios ni en ninguna otra cosa, ¿acaso no es bastante normal el tener siquiera un poco de duda respecto a algunas cosas?, ¿o quizá con muchas?

Aspaldiko esaerabat: Jaingoikue bat eta bera nahikue.

Un viejo proverbio en euskera dice que un solo Dios y él suficiente.

JAN-GURIE, JAN GURIE. Ganas de comer. **K.** Nola jan-gurie?, nerie esta jan-gurie bakarrik zeatik gosiaz amorrtatzen nau, gaur goxien berandu jaikinaz ta zazpirek aldien gosaldu pasarie bakarrik iñot, oñ atzaldeko laurak die eta ondion eztot beste ezer jan. **T.** ¿Cómo que ganas de comer?, lo mío no son solo ganas de comer porque estoy rabiando del hambre que tengo, ésta mañana me he levantado tarde y a eso de las siete solo he hecho un símil de desayuno, ahora ya son las cuatro de la tarde y todavía no he comido nada más.

JANTZI. Vertirse. También puede referirse al hecho de adornar. **K.** Beno, ezaitez ibili hor etxe kanpuen erdi pilloxik eta jantzi inzaitez zerbaitxekiñ bentzet, etortzeko die zure osaba ta izeko lengosuekiñ eta eztaukotzu bape etxura honik oñ haizaren bezela. **T.** Bueno, no andes ahí medio desnudo fuera de casa y al menos vístete con algo, tus tíos y primos son para venir a visitarnos y no tienes ninguna buena pinta de la forma en la que estás ahora.

JANTZIXEK. Vestidos, ropas. **K.** Aurren inbierreko lanak hona etortzendien errefuxiau horreikiñ die begiratzie nola dien osasun aldetik, gero jaten emun eta ondoren jantzixek prestau, zeatik hainbeste egun pasata hortik zier ekartzeitxuen erropa guztiek nahiko xixko iñde eotendie. **T.** Los primeros trabajos que hay que hacer con los refugiados que llegan aquí son mirar cómo están de salud, luego alimentarles y a continuación proporcionarles ropas, poruqe la que traen después de haber pasado tantos días por ahí suele estar bastante deteriorada.

JARAMON. Hacer caso, obedecer. **K.** Iruitzejat zure seme txikiñe nahiko txintxue izengodala, ez?, ba nerie izenleikien sikera zurien erdixe, honi gauzabat era bestebat esan berdiñ izeteutzo, beiketandotzu zerbaitx esaten haizarenien eta gero eztau sekula jaramon itxen. **T.** Me da la impresión de que tu hijo pequeño tiene que ser bastante formal, ¿no?, ya podía ser el mío la mitad que el tuyo, a éste lo mismo le da que le digas una cosa que otra, te mira mientras le estás diciendo algo y luego nunca te hace caso.

JARDUERA. Seguimiento. **K.** Gaur hasida gure seme txikiñe ikastolan eta aurretik, arañun, eongiñen bere izengodan maixuekiñ ta komestaugutzen nola gure ustez komenigarrixe izengozala jarduera pixkat itxie, aurrenekotan bentzet zeatik gure iruitzez baleikela zertxobaitx aldrebesa izetie bere ikastola lagunekiñ. **T.** Hoy empieza nuestro hijo pequeño en la ikastola y antes, anteayer, estuvimos con el que va a ser su profesor y le comentamos que nos parecía que habría que hacerle un poco de seguimiento, al menos al principio porque pensábamos que acaso podría comportarse de una forma algo inadecuada con sus compañeros.

JARDUN. Seguir, hacer, actuar. **K.** Bai jauna, oso ondo haizare lan horreik itxen eta momentuz bentzet hemengo ugesaba gustora dau nola geratzen haidan, zuek jardun oñartien haizaren bezela ta bukatu ondoren eta dana bierdan moduen geldiketanbada esandau eongodala zertxobaitx apartekue. **T.** Si señor, estáis haciendo muy bien esos trabajos y el dueño de la casa de momento está contento de cómo está quedando, vosotros seguir igual que hasta ahora y cuando terminéis y si queda todo como es debido ha dicho que ya habrá alguna cosita aparte.

JARDUNA (K). Trabajo, quehacer. **K.** Askenien be erabakidaue nola dien inbierreko lan honeik ta oñ garbi geratzenda zeñeik izengodien gure jardunak. Gaur onazkero berandu xamar da eta bixer hasikogara material ta erramintak ekartzen. **T.** Al final ya han decidido cómo van a ser los trabajos a ejecutar y ahora ha quedado claro cuales serán nuestros quehaceres. Hoy ya es un poco tarde y mañana empezaremos a traer la herramienta y los materiales.

Aspaldiko esaerabat: Nolako laguna, halako jarduna.

Un viejo proverbio vasco dice que así cómo sea el compañero, así resultará el trabajo. (Dime con quien andas y te diré quien eres).

JARDUNIEN. Trabajando. **K.** Beno ba, ia hemen gara jardunien hasteko asmuekiñ eta aurren inbierreko gauza da txukuntzie lan-lekue gero aldamiñuek jartzeko, gero hiru lagun hartien etxeko fatxada pikatzen hasi eta bestik berdiñ barru aldien. **T.** Bueno pues, ya estamos aquí con la idea de empezar a trabajar y la primera cosa que tenemos que hacer es dejar curioso el lugar de trabajo para después colocar el andamio, luego entre tres operarios empezar a picar la fachada y el resto lo mismo en la zona del interior.

JARDUNIEN. Fig. se dice por la charla incesante y pelmosa.

(Ver la definición de barriketa).

JAREIÑ. Dejar, soltar. **K.** Ondo zuzen jarri-bierra daukou zutiko poste hau, barrena zulotudou azpixe sartzeko eta oñ tentetu inbikou ta ondoren zuzendu danon hartien, eta aber, zu Ramiro eta zuk Boni tira pixkat soka honeitik, bakotxak bat, zu Adolfo eon argi baña momentuz geldik eta zuk Bruno jareiñ pixkat zure soka. **T.** Tenemos que colocar de pié y bien derecho este poste, ya hemos agujereado el suelo para meter la base y ahora lo tenemos que levantar y luego entre todos ponerlo derecho, pues a ver, tú Ramiro y tú Boni tiraís un poco de estas cuerdas, uno de cada una, tú Adolfo estate vigilante pero de momento quieto y tú Bruno suelta un poco tu cuerda.

JAR-LEKUE. Asiento, banco, sitio para sentarse. **K.** Hau da marka, ixe siñistu eziñekue, atzokue ba beno, bale, berandu etorrigiñen eta nahiko normala zan ez eoteik jartzeko tokirik, gero irterakuen galdetugutzen bertako arduradunai aber zenbat lenau komenikozan etortzie tokixe hartzeko, esanauen ze bere ustez ordu-erdikiñ nahikue izengozala, ba gaur baezpare ordubete lenau iritxigara eta berdiñ, jar-leku guztiet beteta. **T.** Esto es de traca, casi no se puede ni creer, lo de ayer, pues bueno, vale, llegamos tarde y es normal que no hubiera sitio para sentarse, luego al salir le preguntamos al encargado de allá a ver cuánto tiempo antes convendría venir para coger sitio, dijo que según su opinión con media hora era más que suficiente, pues hoy por si acaso hemos venido una hora antes y lo mismo, todos los asientos ocupados.

JARRAI, JARRAITXU. Seguir, continuar, proseguir. **K.** Zer gertazejatzu, larreiko astune daukotzula tripa, ero?, ezta bape errarue jandozunakiñ bazkal denporan, eztakitx nola inzenleiken holako astopotrue, bi platekara babarrun eta gañetik gaztaie, eta hori jakiñien makurtuta ibili-bierra daukotzula atzandien, ba mutill, alegiñdu puzkar batzuk botatzen baña jarraitxu zure lanien. **T.** ¿Que te pasa, que tienes demasiada pesada la tripa, o qué?, no es nada raro con lo que has comido al mediodía, no sé cómo se puede ser tan burro y huevón, dos platos de alubias y encima queso, y eso sabiendo que a la tarde tenías que andar agachado, pues chico, esfuérzate en echar unos cuantos pedos pero continúa con tu trabajo.

JARRAIAN, JARRAIXEN. Hacer las cosas seguidas. A continuacíon. **K.** Gauza horreik eztau itxeik zu haizaren bezela, eztozu ikusten ze ezpozu jarraixen itxen gero atzera bueltau inbietrra eukikozula, ero?, ba hala segitzenbozu ezta errexa izengo axkar bukatzie. **T.** Esas cosas no se pueden hacer como tú las estás haciendo, ¿no te das cuenta de que si no las haces seguidas luego tendrás que volver para atrás, o qué?, pues cómo continúes así no va a ser nada fácil que lo terminemos con rapidez.

JARRERA. Disposición. **K.** Eufrasian alaba, Brijidatxo, ondion neskatilla, txikitxue da eta hala makaltxo bezela ikustejako baña ze jatorra dan eta ze jarrera dauken laguntzeko haizaren erozeiñ gauzai, gañera bere amak esatendau sarri xamar etortejakola galdetzera aber zerbaitx dauken itxeko, eta berak hainbeste borondate ikusitxe askotan zerbaitx aiñduteutzela, fratelak siketu, eskoba pasa eta beste halako antzerako zerrreozer. **T.** La hija de Eufrasia, Brigidacho, todavía niña, es pequeñita y se le ve así cómo un poco flojucha pero que agradable y que disposición tiene para ayudar en cualquier cosa que se esté haciendo, además su madre dice que le viene bastante a menudo a preguntar a ver si tiene algo para hacer, y ella viendo su voluntad que muchas veces le manda algo, secar los platos, pasar la escoba y otras cosas parecidas.

JARRI. Poner, colocar. **K.** Ekarridozun kuadro berri hori eta pareta hortan jarri ikusteko nola geratzendan etxat asko gustatzen, aber eta probatzeko kenduizu ta berriz ipiñi han beste pareta hartan, nik ustedot askoz hobeto geratukozala. **T.** El cuadro ese nuevo que has traído y colocado en esa pared para ver que tal queda no me gusta mucho, a ver y para probar quítala y vuelve a ponerla en aquella otra, yo creo que quedaría mucho mejor.

JARRI. Sentarse. **K.** Zueik eztakitx baña ni bentzet xixko iñde geratunaz mendi-buelta hau iñ ondoren eta taberna hortan sartukogara, derrigorrez jarri inbierra dauket nunbaitxen eta gañera hala aukeran be bagara zertxobaitx eran ta jateko. **T.** Vosotros no sé pero yo al menos he quedado hecho cisco después de haber hecho esta vuelta por el monte y vamos a entrar a ese bar, necesariamente tengo que sentarme en algún sitio y además así también tenemos la ocasión de comer y beber algo.

JARRI. (Jarrikoaz), konaz, kozara, kozare, kok, kon, kot, kozu, kozue.

JARRIAI, JARRIARI. Siéntate. **K.** Hemen gazak dakok lasai askuen hamarretakue itxen eta hi ondion hor habill bueltaka, ze gertazejak, eztaukala ezerko nekatazunik ta ez sikera goseik, hala?, ba benga eta etorriai beingoz, jarriai ta hasi zertxobaitx jaten mezerez. **T.** Aquí estamos todos tranquilamente comiendo el bocadillo y tú todavía andas por ahí dando vueltas, ¿qué te pasa, que no estás nada cansado y tampoco tienes hambre, o qué?, pues venga y ven de una vez, siéntate y empieza a comer algo por favor.

JARRI-TENTE. Textualmente quiere decir que te sientes de pié, vaya contradicción, ¿no? Pues en el Alto Deba esta palabra se utiliza para decir que te levantes o te pongas de pié. **K.** Ba jarri-tente hau da beste hitzbat hor atzerau jarridoun itxi-zabalik izen haren bezelakue, nahiko errarue eta holako gauzak sarri esatenbou, ba hori, xelebrez deitxukuzkuela. **T.** Pues ésta palabra que significa que te sientes de pié es parecida a la que hemos puesto ahí más arriba con el nombre de itxi-zabalik, bastante rara y como digamos cosas como esas a menudo, pues eso, que nos llamarán extravagantes.

JARRITXE. Sentado, colocado. **K.** Oñ bai ondo, Behobiako karrera bukatu ondoren nahiko autziñde geratunitzen eta ez ni bakarrik, ni bezela geixenak, eta geixenak zien beste hogetamar mille lagun, baña beno, dana dala gauza da ducha onbat hartu ondoren oso gustora eotendala hemen jarritxe zerbezabat hartuaz. **T.** Ahora sí bien, después de haber terminado la carrera de la Behobia me quedé bastante hecho polvo y no yo solo, cómo yo la mayoría, y la mayoría eran otros treinta mil corredores, pero bueno, con todo y eso la cosa es que después de haber tomado una buena ducha se está muy bien aquí sentado tomando una cerveza.

JARTZEN. Colocando algo. **K.** Bai, lasai eon zeatik jartzen haidie zuk gurozun gauza horreik, eonaz eurokiñ eta bati galdetutzet aber noix bukatzeko asmue daukien, erantzundau berak eztakixela ta galdetzeko bere nagusixei, laister etorrikodala ta. **T.** Sí, éstate tranquilo porque ya están colocando las cosas que tú quieres, he estado con ellos y a uno le he preguntado para cuando tienen la idea de terminar, me ha contestado que él no sabe y que se lo pregunte a su jefe, que no tardará mucho en venir.

JASO. Levantar. **K.** Norbaitxek laguntzen etorri-bierra daukotzue zeatik nik eziñdot jaso hau bakarrik, neretzat larreiko pixue dauko eta bildurre dauket erazanenbat itxeko astokeixak itxen hastenbanaz. **T.** Alguno de vosotros teneís que venir a ayudarme porque yo no puedo levantar esto solo, para mí tiene demasiado peso y tengo miedo de hacerme alguna contractura si empiezo a hacer burradas.

JASO-HALA. A medida que se levanta. **K.** Ondion askotxo geratzenda eta ziur zalla izengodala baña hasiera bentzet emuntzou, oñ kontu haundixekiñ ibili-bierra daukou ta ezerko prixa-barik zeatik gauza honeik oso berezixek die, ba beno, jasotzen hasikogara baña iñor ez astu ze jaso-hala ondo lotzen fan-bierra daukoula. **T.** Todavía queda bastante y seguro que será difícil pero por lo menos ya hemos arrancado, ahora tenemos que andar con mucho cuidado y sin prisa alguna porque estas cosas son muy importantes, pues bueno, vamos a empezar a levantar, pero que nadie se olvide que a medida que se levanta tenemos que ir sujetándola muy bien.

JASOTZEN. Levantando, aupando. **K.** Beno, ez bakarrik hasi, poliki poliki haigara baña halaere denpora dexente eruetendou gauza honeik jasotzen, akaso axkartxuau ibilileikien baña baezpare hobeto izengoda hala jarraitzie, gañera gertatzenda bere denpora bier izetendala lotura honeik ixten. **T.** Bueno, no solo hemos empezado, vamos despacio despacio pero aún así ya llevamos un buen rato levantando éstas cosas, quizá podriamos andar un poco más rápido pero por si acaso será mejor que continuemos tal y cómo andamos, además pasa que se necesita bastante tiempo en hacer las sujeciones.

JATEKO, JATEKUE. Que vale o sirve para comer. **K.** Geruau ta xelebrekeixa geixu ikusi ta haitzendie, etxuraz oñ jateko onak omendie txitxarak, txindurrixek ta beste gauza antzerako guztiek, ba ziur nau nere andriek gauza horreik ikusi besteiz botaka hasikozala. **T.** Cada vez se ven y escuchan cosas más raras, ahora parece ser que las hormigas, gusanos y todo aquello que se les parezca son buenas para comer, pues estoy seguro de que mi mujer nada más que vería esas cosas empezaría a vomitar.

JATEN. Comiendo. **K.** Oñ ez deitxu eta pakien itxioizu jaten eongoda ta, hementik ordubete ingurura neuk deitxukutzet eta atzalderako geratukonaz, orduen erabakikou zer gauza dien aurren inbierrekuek bixerko. **T.** No llames ahora y no le molestes porque estará comiendo, de aquí a una hora aproximadamente ya le llamaré yo y quedaré con él para la tarde, entonces ya decidiremos cuales son las cosas que primero hay que hacer cara a mañana.

Aspaldiko esaerabat: Jatendauena Santuekiñ, eztau asko fixatzeik.

Un viejo proverbio en euskera dice que con aquel que va mucho a la iglesia no se puede fiar demasiado.

JATERA. Ir a comer, normalmente se refiere a la comida del mediodía. **K.** Benga mutillak, hasizaitxeze jasoten erraminta ta makiñak laister da ordue jatera fateko ta, bazkalostien jarraitxukou lan horreikiñ eta gauzak etxuran fan eta ezpadie endreratzen akaso bukatu be ingou. **T.** Vamos chicos, empezar a recoger la herramienta y la maquinaria que pronto va a ser la hora de ir a comer, ya continuaremos con esos trabajos a la tarde y si las cosas van suficientemente bien y no se tuercen hasta puede que lo terminemos.

JATETXIE. Restaurante. **K.** Hau da marka, etorrrigara bazkaltzeko asmuekiñ betiko jatetxera ta atien jartzendau zerreozer bateonbat hildan kontue, kustiñe da itxida dauela eta beste nunbaitxera fan-bierra eukikoula, eztakitxena da nora zeatik herri hontan besteik eztau. **T.** Esto es de traca, hemos venido al restaurante de siempre con la intención de comer y en la puerta hay una nota que dice que alguien se ha muerto, la cuestión es que está cerrado y tendremos que ir a otro sitio, lo que no sé es a dónde porque en este pueblo no hay ningún otro.

JATORDUE, JATEKO-ORDUE. La hora de comer. **K.** Beno, nola gaur jai-eguna dan eta ondo iruitzenbada berandutxuau bazkaldukou, giro honekiñ merezidau aurrena buelta txikibat emutie eta gero txikito parebat hartu, ba orduen hiruretan jarrikou jatordue. **T.** Bueno, cómo hoy es día de fiesta y si os parece bien comeremos un poco más tarde, con este tiempo merece la pena primero dar una pequeña vuelta y luego tomar un par de chiquitos, pues entonces la hora de comer la pondremos a las tres.

JATORRA. Se dice por la persona agradable y trabajadora. **K.** Ustedot zorionez garela langille berri honekiñ, jatorra dan etxurie dauko ta pentzaizu, atzo hasida lanien obran, bukatuitxu aiñduteko lanak ta galdetzen etorrida aber ze gauza geixau dien inbierrekuek. **T.** Creo que estamos de suerte con este nuevo operario, tiene pinta de que es una persona trabajadora y mira, ha empezado a trabajar ayer en la obra, ha terminado lo que se le ha mandado y ha venido a preguntar a ver que más hay para hacer.

JATXI, JETXI. Bajar cosas, también puede ser descender de algún sitio, como montes, etc...**K.** Ba ederra daukou, bukatuitxu etxeko lan guztiek eta oñ bakarrik geratzezan jextie sobre dazen material guztiek, zakarra ta erramintak, ta kasualitatie izenda gertaudana, asensorie izurrau eta derrigorrez eskuz jetxi inbierra daukou laugarren pixutik. **T.** Pues buena tenemos, hemos terminado todos los trabajos de la casa y ahora solo nos quedaba el bajar los materiales que han sobrado, la basura y la herramienta, pues también ha sido casualidad lo que ha pasado, se ha estropeado el ascensor y necesariamente tendremos que que bajarlo a mano desde el cuarto piso.

JATXI. Ordeñar.

(Ver la definición de batu).

JATXI-BERRI, JETXI-BERRI. Literalmente quiere decir recién bajado. Y era una palabra que antaño se utilizaba para decir, así cómo un poco en broma, que una persona va vestida de una forma un poco rara, estrafalaria o cuanto menos diferente. **K.** Neri berdiñ izetendust ze modutan jastendan jentie baña andrak laister erreparatzendaue gauza horreikiñ eta ikusi-ezkero holako, euron ustez, xelebrekeixanbat laister esatendaue jatxi-berri etxurie daukela. **T.** A mí me es igual de qué modo vista la gente pero las mujeres enseguida se fijan es esas cosas y si ven una persona que vaya vestida, en opinión de ellas, de forma un poco estrafalaria enseguida dicen que parece recien bajado (jatxi-berri).

JATXIERA, JETXIERA. Bajada, descenso. **K.** Oso famaue izetenda Sella ibaiko jetxieran lehiaketa eta siñistu eziñeko jente pilla eontenda hori ikusten, han bertan zuzenien ero telebistan eta guk be beñ eongiñen ikusten erreka albuen fatendan trenetik. **T.** Es muy famosa la competición del descenso del río Sella y es increíble la cantidad de gente que se reúne para verla, allá mismo en directo o por televisión y nosotros también estuvimos una vez viéndola desde el tren que discurre paralelo al río.

JAUKEK, JAUKIEK. Tiene, tienen. **K.** Aber gauzabat, baleikek hik jakiñien eotie ta ezairek, Bartolok jaukek ero ez pelotan jolasteko palaik?, jakitxie gurejuat eskatzera fateko ero beztela erosi zeatik bixerko bierkojuat derrigorrez. **T.** A ver, puede que tú lo sepas y dime, ¿tiene o no tiene Bartolo palas para jugar a pelota?, necesito saberlo para ir a pedírselo o sino para comprarlas porque necesariamente las necesitaré para mañana.

JAUKOUN. Teníamos. **K.** Jenaro, galderabat, hik badakik zer iñdan len jaukoun esku-pelota hareikiñ?, bajakixat gordeta geratuziela bala enauk gogoratzen nun, bixer bi lengosu etorrikoitxuk Barzelonatik eta gurejuat erakustie nola jolastendan. **T.** Jenaro, una pregunta, ¿tú ya sabes que se hizo con aquellas pelotas de mano que teníamos?, ya sé que quedaron guardadas pero no me acuerdo dónde, mañana van a venir dos primos de Barcelona y les quiero enseñar cómo se juega.

JAUN. Dueño, amo. Propietario.

(Ver la definición de jabie).

JAUNA. Señor. Tratamiento de respeto que se les da a las personas de cierto renombre, y también a las que son mayores ya que ellas llevan implícito ese respeto.

JAUNTXO. El señor del lugar, el cacique. La persona poderosa. **K.** Geruau ta jauntxo gutxiau geratukodie baña ondion banaka-batzuk be badaz, esan-baterako hortik zierko leku batzuetan bezela, hainbeste errege, erregiñ, dukek, eta beste holako mota jentie. **T.** Cada vez que darán menos caciques o especies similares pero todavía ya quedan algunos, por ejemplo cómo en algunos sitios de por ahí, con tantos reyes, reinas, duques, y otros de parecida condición.

JAUREGIA. Palacio. **K.** Arritxute geratunitzen lengo urtien Estremadurako Trujillon izenitzenien, naiz eta esan enauke siñistuko holako herri txikitan eongozienik hainbeste jauregi batera, enauen danak ikusi baña gutxienetik baozen docenabat, ero akaso geixau. **T.** Me quedé asombrado el pasado año cuándo estuve en Trujillo de Extremadura, ni aunque me lo dijesen podría creer cómo en un pueblo tan pequeño podía haber tantos palacios juntos, no los ví todos pero por lo menos ya había una docena, o quizá más.

JAURTI. Tirar. **K.** Kenduizu nere bistatik ekarridozun perretxiko horreik ta jaurti axkar zakar-ontzira, ikusidozun guztiek hartuitxozu, txarrak, onak, erdi ustelak eta hor daukotzu danak nahastuta. Hurrenguen eta asmue daukotzunien perretxikotan fateko, aurretik ondo jakiñien eon asunto horren buruz. **T.** Quita de mi vista esas setas que has traído y tíralas inmediatamente a la basura, has cogido todas las que has visto, buenas, malas, medio podridas y ahí las tienes todas mezcladas. La próxima vez y cuando tengas intención de ir a por setas, primero infórmate bien sobre ese asunto.

JAURTIKETA. Tirada, puede ser al plato, al pichón, etc, **K.** Garai baten gizonbat hauen, Eutikio bera, gure inguruen bizizan eta oso famaue zan pitxoi ta platon jaurtiketan, ondion bizi baldindada urte pilla eukikoitxu eta gizon horrek bere denporan sari asko irabazitxeko pertzona izenda, berez ikusi besteik eztau zenbat txapel, kopak eta beste holako zerbaitzuk dauken bere izendako kirol dendan. **T.** Hace ya mucho tiempo y cerca de dónde vivíamos había un hombre, Eutiquio él, que era muy famoso en las tiradas al plato y al pichón, si es que todavía vive tendrá ya muchos años y esa persona en su tiempo ganó muchos premios, de hecho no hay más que ver cuantas chapelas, copas y otros trofeos similares tiene en la que fué su tienda de deportes.

JAUSI. Caer. **K.** Hemen Zarautzen, egun honeitako edur ta isotz haundi honeikiñ zenbat jente jausi izendan labandu ondoren hor malekoien, ta batzuk zertxobaitx ero nahiko aberixa iñ bebai, gure etxekuei be berdiñ gertaujaku, txirristau ta batzuk lurrera jausi bebai, baña eztou aparteko miñik hartu. **T.** Aquí en Zarautz, con las nevadas y heladas de éstos días se ha resbalado y caído mucha gente en el malecón, y algunos también hacerse algo o bastante avería, a los de nuestra casa también nos ha pasado lo mismo, resbalar y caer al suelo, pero ninguno hemos cogido demasiado daño, aparte de algún golpe.

JAUSI. (Jausiaz), naz, zara, zare.

Aspaldiko esaerabat: Jaustendana da oñez ikesikodauena.

Un viejo proverbio en euskera dice que el que se cae es el que aprenderá a andar.

JAUSITXE. Está caído, en el suelo. **K.** Ba nik be jaikitxen lagudunutzen jausitxe eozen bi pertzonai, bati etxakon gauza haundirik gertau baña bestie, gixajue, haren aienak, anbulantzian eruen inbierra izenauen eta etxurie hauken ze akaso, ez puzkatuta baña bai sekulako zartarie hartuta mokorreko azurrien. **T.** Pues a mí ya me tocó ayudar a levantarse a dos personas que se habían caído, a una de ellas apenas le pasó gran cosa, pero a la otra, pobrecita, que gritos de dolor, la tuvieron que llevar en ambulancia y parecía que podría tener, sino roto si al menos un tremendo golpe el hueso de la cadera.

JAZAN. Estaban. **K**. Etxakixat mutil nun ibiliazen begire zeatik hareik han jazan, eta gañera esanjustiek eztiela handik mobitxu denpora guzti hontan, hire zai eon omendiela ta ezazela asaldu inguru hartatik, ero bentzet eurok ezauala ikusi. **T**. No sé por dónde habrás podido estar mirando porque aquellos estaban allí, y además me han dicho que no se han movido del sitio en todo ese tiempo, que te han estado esperando y que no has aparecido por los alrededores, o por lo menos que ellos no te han visto.

JAZMANA. Conjunto musical. **K**. Nik mutikotan esautunauen jazmana esateutzien musikalarixek, oso aspaldikue da baña gogoratzenaz nola ibiltxezien hiru ero lau lagun musika joten erromeixetan, eta ustedot zala akordeoiaz, sasofoi ero tronpeta, akaso baitxe klarinete, eta bateri txikibat. **T**. Yo de chaval ya conocí a algún conjunto musical a los que llamaban jazmana, en euskera claro, es de hace muchísimo tiempo pero me acuerdo que solían tocar en las romerías, y creo que era con acordeón, saxofón o trompeta, quizá también clarinete, y una pequeña batería.

JAZTEKO. Para vestir. **K**. Zurie larreikue da, hemen gara dakok aspaldi prestatuta Donostira fateko, zure aitxa kotxien zai axkar urtetzeko asmuekiñ ta zu ondion jazteko, ba badakitzu zer gertaukojatzun, errieta onbat hartu-bierra eukikozula. **T**. Lo tuyo ya es demasiado, todos estamos preparados desde hace ya tiempo para ir a San Sebastián, tu padre esperando en el coche con la intención de salir rápidamente y tú todavía para vestir, pues ya sabes lo que te espera, que tendrás que escuchar una buena bronca.

JELA. Hielo.
(Ver la definición de izotza).

JELAUTA. Helado de frío.
(Ver la definición de isoztuta).

JEMEZIE. Camión de la marca Gemece. (GMC) . **K**. Oñ be ustedot marka hori badauela eta len Jemeze izen horrekiñ esategutzen marka hortako kamioiei, ni enaz oso ondo gogoratzen baña orduen ezien beste mota askoko kamikoirik izengo, eta eztakitx baña akaso Pegaso ero beste holakorenbat, halaere larrei bez. **T**. Creo que ahora también existe esa marca y en nuestro tiempo le llamábamos Gemece a los camiones que tenían esa denominación, yo no me acuerdo muy bien pero no creo que entonces hubiese camiones de muchas más marcas, no sé pero acaso Pegaso o algún otro similar, aún así tampoco eran demasiados.

JENDETZU, JENTE-PILLA. Mucha gente, multitud. **K**. Lengo egunien, martxue zortzi, emakumien eguna izenzan eta Euskadiko, España eta mundu guztiko herriko kaliek sigero jendetzu ziela ikustezien telebistan, eta gure inguruen Bilbokuek izen omenzan manifestaketa haundixena. **T**. El otro día, ocho de marzo, fué el día de la mujer y en la televisión se veía que en todas las calles de Euskadi, España y del mundo entero había multitiud de personas en todas las calles, y en nuestro entorno parece que la manifestación de Bilbao fué las más numerosa.

JENERALKI. Por lo general. **K**. Bai, oinguen hala gertauda baña zalantzaik eztau kasualitatie izendala zeatik jeneralki bestaldera da, nik be batzuetan eta horren bezela erosi izendot loterixa, gutxi, baña neri etxat sekula urten ezertxoik eta aldebatetik hobeto, hala eztau zeatik euki arduraik lapurtu ingoteutzuen ta ez pentzatzen ibili be nun eta nola gorde, ba lasaitazun ederra. **T**. Sí, ésta vez así ha ocurrido pero no hay ninguna duda de que ha sido casualidad porque por lo general es al revés, yo también y al igual que ese ya he solido comprar la totería algunas veces, pocas, pero a mí nunca me ha tocado nada y por una parte mejor, así no hay porque tener preocupaciones de si te lo puedan robar ni tampoco estar pensando en dónde y cómo guardarlo, pues vaya tranquilidad.

JENERUE. Género, aditamentos y productos. **K**. Sukaldien eta janak bierdan bezela prestatzeko bi gauza bentzet derrigorrezkuek izetendie, aldebatetik gogoz ta gustoko sukaldarixe, eta bestaldetik erabibiltzendan jenerue etxuraskue ta ona izetie, eta bixetatit batek kale itxenbadau ia eztau zer iñik. **T**. En la cocina para preparar y que salga bien lo que se vaya a cocinar por lo menos se necesitan dos cosas que son imprescindibles, por una parte que la persona que cocine lo haga con gusto y ganas, y por otra es necesario que el género con el que va a trabajar sea decente y bueno, y si falla alguna de esas dos cosas ya no hay nada que hacer.

JENIXUE. Genio. **K**. Erozeiñ gauza iñ ta aurrera ataratzeko jenixo pixkat bentzet bier izetenda eta ez hor ibili motel ta gogo haundi-barik, gañera eta asken hau bezela izetenbada aldebatetik eztau bierdan bezela urtengo ta bestaldetik askoz denpora geixau galdukoda. **T**. Para hacer y sacar adelante cualquier cosa por lo menos se necesita tener un poco de genio y no andar ahí sin ganas ni fundamento, además si es que fuese como esto último por una parte no quedará bien y por otra se va a perder un montón de tiempo.

JENTIE. Gente. **K**. Ba martxuen zortzi alde guztiko kaliek jendezu izenbazien fandan hasteko zapatukuek be ezien atzien geratuko ba, erretirauen manifestaketa izenzan, gu Donostikuen izengitzen ta egixe da jentie ezala etxien geratu, eta hori eten-bako eurixe eonzala. **T**. Pues si el ocho de marzo se llenaron de gente las calles de todas partes las del pasado sábado tampoco se quedaron atrás, fue la manifestación de los pensionistas, nosotros estuvimos en la de San Sebastián y en verdad es que la gente no se quedó en casa, y eso que no paró de llover un solo momento.

JENTILLE. Antiguamente se les llamaba así a las personas no creyentes, ateas o paganas. **K**. Oñ jentillen izena ezta iñun entzuten ta ez sikera esaten, baña garai baten ta jakiñien eon-ezkero laister altzatzezan bietza euron aurka eta ez hori bakarrik, hil ondoren be kanposantu bazterrien emuteutzien lurra. **T**. Ahora no se oye ni siquiera se dice la palabra jentille o pagana, pero hace ya mucho tiempo pronto se señalaba con el dedo a la persona de la cual se sabía que era atea y no solo eso, también cuando morían se les enterraba en una esquina del cementerio.

JERGOIE. Jergón. Una especie de colchón generalmente relleno de paja. **K.** Oñ eztot uste jergoiek eongodienik, inguru honeitan bentzet, baña entzunde dauket jente askok gerra denporan horren gañien lo inbierra izeteauela, geixenbat soldauek zienak. **T.** Ahora no creo que existan jergones al menos en éste entorno, pero tengo oído que en los tiempos de la guerra mucha gente tenía que dormir encima de ellos, la mayoría aquellos que eran soldados.

JERTZIE. Jersey. **K.** Beñ, oso aspaldi, andriei sartujakon buruen jertze berobat bierrien nauela ta berak inguztela, eta hala izenzan, kolorie ta dana gogoratzenaz, urdiñ illuna eta egixe da berue zala baña gauzabat hauken, mangak luze xamarrak ziela, baña beno, halaere ezan kalte haundixe, erremangatzie besteik ez. **T.** Una vez, hace mucho tiempo ya, a mi mujer se le metió en la cabeza que necesitaba un jersei que fuese caliente y que ella me lo haría, y así fué, hasta me acuerdo de color, azul oscuro y en verdad que era caliente, pero tenía un cosa, que las mangas eran bastante largas, pero bueno, aún así tampoco era un gran perjuicio, solo tener que remangarse.

JESEUS! ¡Jesús! Exclamación de asombro. **K.** Jeseus!, nora soiez sagar saku haundi horrekiñ, sagardaue itxen hasteko asmue daukotzu, ero?, ba hala baldinbada etorri bixer ta aukera eukikozu jasotzeko zuk naidozun beste hemen daukoun sagastitxik, ta zure lana besteik etxatzu kostako. **T.** ¡Jesús!, ¿dónde vas con ese gran saco de manzanas, ¿tienes intención de empezar a elaborar sidra, o qué?, pues sí es que es así ven mañana y tendrás la oportunidad de recoger todas las que quieras del manzanal que tenemos aquí, y no te va a costar más que tu trabajo.

JIBOSUE. Se dice de la persona que tiene chepa o jiba o bien lo parece porque anda un poco agachada y algo torcida. **T.** Nik eztot esauketan esateko jibosoik dien pertzonai, baña bai gizonbat hala emutendauena zeatik oso oker da makur ikustejako ibiltxendala, etxuraz betik eon omenda lanien pixu haudixekiñ bixkerrien kargauta eta hala ibiltxeko oitura hartudau. **T.** Yo no conozco a ninguna persona que pueda decir que tenga jiba, pero sí a un hombre que parece que la tiene porque se le que anda muy torcido y agachado, parece ser que siempre ha estado trabajando con grandes pesos cargados a la espalda y ha cogido la costumbre de andar en esa postura.

JIGANTIEK. Gigantes, muñecos grandes que se sacan en las fiestas de los pueblos, acompañados de los cabezudos y que bailan al son de la música para divertir a los niños.

(Ver la definición de erraldoie).

JIPOIE. Dar unos azotes. **K.** Nahiko garbi esautzut ez ibiltxeko okerrien zure lengosuen etxien, gurien be eztau bape ondo baña bestienien askoz gutxiau eta gero gertaukoda, naiz da gustau ez, betikue hartu-bierra eukikozula, jipoi onbat ipurduxen. **T.** Ya te he dicho bien claro que no harías travesuras en casa de tu primo, en la nuestra tampoco está nada bien pero en la de otros mucho menos y luego pasará, aunque no me gusta, que tendrás que recibir lo de siempre, unos buenos azotes en el culo.

JIPOITU. Apalizar. **K.** Ba beitu askenien zer gertaudan zure kulpatik, ezara izen zu bakarrik jipoitu iñdauena eta zure lengosue be halaxe zure berdiñ urtendau, ipurdiko ederrak hartuta eta hau dana izenda buru gogorbat zarelako ta eztozulako sekula kasuik itxen esanai. **T.** Pues mira al final lo que ha pasado por tu culpa, no solo has sido tú el apalizado y tu primo también así igual que tú ha salido, con unos buenos azotes en el culo y todo ésto ha sido porque eres un cabezón y nunca haces caso a lo que se te dice.

JIRAU, JIRAUDIE, JIRAUKODIE. Se han arreglado o ya se arreglarán. **K.** Ezizu horren arduraik hartu ta gutxiau bi anai horrein harteko diskuziñotan zartu, eta lasai eon zeatik ezta ezer gertauko ta, oñartien betik jiraudie ta oñ be hala jiraukodie. **T.** No te preocupes de eso y menos te metas entre la discusión de esos dos hermanos, y éstate tranquilo porque no va a pasar nada, hasta ahora siempre se ha arreglado y ahora tambien se arreglarán.

JIRIE. Situación, fundamento. **K.** Bartolome lengo egunien kontatzen ibilizan eztala jirie bera dabillen bezela, eguerdixetan etxera etortzendala bazkaltzeko asmuaz, gero berriz lanera fateko eta askotan iñor eztauela eta ezer prestauta bez. **T.** El otro día nos contaba Bartolomé que su situación es bastante mala y sin ningún fundamento, que suele venir a casa los mediodías con la intención de comer, para luego ir de nuevo a trabajar y que muchas veces no hay nadie y tampoco nada preparado.

JIRA-BUELTA. Recorrido. **K.** Eztakitx fangonazen datorren domekan mendi jira-buelta hortara, belaunbat nahiko izurraute dauket ta zazpi orduko ibilaldixe nahiko luzie dala iruitzejat, gañera paperien ikustendan bezela aldapa gora-berak haundixek dazen etxurie dauko. **T.** Yo no sé si iré el próximo domingo al recorrido que hay de montaña, tengo una rodilla bastante estropeada y siete horas de marcha me parece que es bastante excesivo, además y según se ve en el papel parece que hay muchas pendientes con subidas y bajadas.

JO. Pegar, golpear, tocar. **K.** Ideiaik eztauket zer gertatzejakon gaur gure lagun honi eta etxuraz etxako bape guztzten hizlari horrek esaten haidana, jaikida, fanda berana ta ixiltzeko esautzo zeatik beztela jo ingodauela barriro esatenboitxu gauza horreik. **T.** No tengo idea de lo que le pasa hoy a éste amigo nuestro y parece ser que no le gusta nada lo que está diciendo el orador, se ha levantado, ha ido donde él y le ha dicho que se calle porque sino le va a pegar si vuelve a repetir esas mismas cosas.

JO. (Jobiok), bion, biot, buiozu, biozue, dok, don, dot, dozu, dozue.

JO! Expresión de queja. **K.** Jo!, gaur be nik izen-bierra daukek errekautan fanbikotena?, betik neri esateuztazu eta Mikaelai sekula ez, eta hori zeatik da ba, nobixuekiñ geratudalako?, ba nik be nobixa eukitxendotenien eztakitx zeñek ingoitxun errekau horreik. **T.** Jo!, ¿hoy también voy a tener que ser yo el que tenga que ir a hacer los recados?, siempre me lo tienes que decir a mí y a Micaela nunca, ¿y porqué es eso, porque ha quedado con el novio?, pues cuando yo tenga novia no sé quién hará esos recados.

JOBIDAU. Le va a pegar. **K.** Lagundu euzten zeatik beztela jaiki ta jobidau hizlari horrei, gertatzenda eztauela kasuik iñ esandakuei eta tipo hori berriz esaten haida gauza berdiñek, ikusten hainaz nola hasijakon gorritzen mosue ta akaso hobeto izengou kalera urtetzie. **T.** Ayudarme a sujetarle porque sino se va a levantar y le va a pegar al orador, pasa que no ha hecho caso a lo que le ha dicho y el tipo ese otra vez está repitiendo las mismas cosas, le estoy viendo cómo se le está enrojeciendo la cara y quizá lo mejor será que salgamos a la calle.

JODAU. Le ha pegado. **T.** Ba askenien eztau ezer balixo izen ez bata ta ez bestie, ezauen gure kalera urtetzeik eta naiz da ondo helduta eon bultzatu eta askatuda, jaikida, beste hizlarik horrek ikusi ta alegiñduda igex itxen baña honek arrapau, mosuen jodau eta ezpagauen aparta akaso aberixabat be ingutzen. **T.** Pues al final no ha valido para nada ni una cosa ni otra, no quería salir a la calle y a pesar de que estaba bien agarrado luego de empujar se ha soltado, levantar del asiento, el orador le ha visto y ha intendato escaparse pero este después de pillarle le ha pegado en la cara y si no le huebiésemos sujetado a lo mejor le hace una avería.

JOER!, JOE! ¡Joer!, ¡joe! Expresión que parece malsonante, pero que solo significa fastidio. **K.** Joer!, esaitez etorri berriz gauza berdiñekiñ aspertunaizu ta, eta eztotzut akaso esan garbi asko eztauketela ezerko bierrik eta nai bez zuk dakatzun horreitik, ero? **T.** ¡Joer!, no vengas otra vez con las mismas cosas porque ya me tienes aburrido, ¿acaso no te he dicho bien claro que no necesito ni tampoco quiero nada de lo tú traes, o qué?

JOERA. Rumbo, dirección que se tiende a seguir. **K.** Zueik gurebozue fan ingogara billera hortara baña ez etxoiñ ezer garbirik atarakodounik, gutxigorabera dakok gara jakiñien ze joera eukikodauen gaurko hizlarixen esanak ta baitxe berakiñ datozen lagunenak be. **T.** Si vosotros queréis ya iremos a esa reunión pero no esperéis sacar nada en claro, todos sabemos más o menos que rumbo van a llevar las declaraciones del orador de hoy cómo también las de los amigos con los que viene.

JOKABIDIE, JOKAERA. Actuación, tendencia. **K.** Ba fan aurretik tipo horreik daukien jokabidien buruz esandouna, eta naiz ta lendik be nahiko jakiñien eon nola izengozan, gaur oso garbi geratuda, esandauen dan dana euron alde izenda ta gañera muturra eukidaue esateko alegiñ guztiek ingoitxuela bestiei be mezeretzeko. **T.** Pues lo que hemos dicho antes de ir sobre la tendencia que iban a tener esos tipos, y a pesar de que de antes sabíamos bastante bien cual iba a ser su actuación, hoy ha quedado completamente claro, todo, absolutamente todo lo que han dicho a sido a su favor y encima han tenido el morro de decir que harán todo los posible para favorecer también a los demás.

JOKALARI, JOKALAIXE. Jugador. **K.** Ze kalte inleiken jokuek, eta esatendauen ez hala dala hartan ibiltxendien geixenendako, beste Torkuato honi pasatzejakon bezela, gizon hau lanpostu onekue da, baitxe nahiko irabazi be beretako ta familixa mantentzeko laiñ baña gertatzenda diru guztie jokuen fatejakola, etxuraz jokalari amorratue omenda. **T.** Que daño puede hacer el juego, y según dicen así debe de ser para la mayoría que andan en esos asuntos, cómo lo que le pasa al Torcuato éste, es un hombre que tiene un buen puesto de trabajo, también gana lo suficiente para él y para mantener a la familia pero sucede que se le va todo el dinero en el juego, parece que es un jugador con un vicio tremendo.

JOKATU. Jugar a algo, también apostar por algo. **K.** Esatendaue oso aposta-zaliek garela euskaldunak eta jokatu erozeiñ gauzatara itxendoula, baña aurretik apostabat iñde eta hau izenleike, dirue, afai, bazkaixe ero beste gauzanbat, baña hori bai, ixe geixenbaten andrie kenduta zeatik hori nahiko sagraue izetenda. **T.** Dicen que los vascos somos muy aficionados a las apuestas y que jugamos a cualquier cosa, pero primero con una apuesta de por medio y ésta puede consistir en dinero, cena, comida u otra cosa, pero eso sí, casi siempre excluyendo a la mujer porque eso suele ser bastante sagrado.

JOKUE. Juego. **K.** Zenbat joku apostak itxeko bezelakuek dazen Eushalherrixen, bestien aurrien bentzet zeatik eskutukuet be asko eongodie, eta esan-baterako frontoiko pelota jokuen, aizkolari eta segalarixekiñ, harrijazotzaileaz, idiproban ta abar. Eta auskalo zeñeik dien eskuten itxendienak. **T.** Cuántos juegos cómo para hacer apuestas existen en Euskadi, al menos en presencia de todos porque tambien habrá muchas de las que se hacen a escondidas, por ejemplo en los partidos de pelota del frontón, con los cortadores de troncos y de hierba, levantadores de piedra, en las pruebas de bueyes, ect... Y cualquiera sabe cuales son los que hacen a escondidas.

JOLAS. Jugar, jugando. **K.** Bateonbati esanbikotzou aber musien guredauen jolastie, ordu-erdi honetan zai eongara baña onazkero Euxebio ezta etorriko, ezpada oñartien asaldu horrek guredau esan zerbaitx gertajaukola eta gauza errarue da eztauela deitxu. **T.** Le tendremos que decir a alguno a ver si quiere jugar al mus, llevamos media hora esperando pero Eusebio ya no aparecerá, si no ha venido hasta ahora eso quiere decir que le ha pasado algo y es cosa rara que no haya llamado.

JOLASA, (K). Juegos, diversión. **K.** Zeatik ezara etortzen datorren zapatuen umiek hartuta goix-pasa Donostira?, periodikon irakurridok sekulako jolasak prestau omendauela Udaletxiek umientzako Ondarretako hondartzan. **T.** ¿Porqué no coges a los críos y vienes el próximo sábado a pasar la mañana a San Sebastián?, he leído en el periódico que el Ayuntamiento ha prepararado unos juegos extraordinarios apara los críos en la playa de Ondarreta.

JOLASIEN, JOLASTU. Jugando. **K.** Zer esateuztazu, akaso enaukan errazoie?, ikusi ze gustora haidien jolasten gure umiek hondartzan eta gu be giro honekiñ asko gozatzen haigara, oñ gerotxuau gauzabat bai gertaukoda, ezingoula umeik atara toki hortatik. **T.** ¿Qué me dices, acaso no tenía razón?, mira que a gusto están jugando nuestros hijos en la playa y nosotros también estamos disfrutando mucho con este tiempo, ahora que una cosa sí nos va a pasar un poco más tarde, que no podremos sacar a los críos de ahí.

JOLAS-GURIE. Ganas de jugar. **K.** Ba esandoun bezela, etxuraz jolas-gura haundixe daukie ta eztaue ezertako gure urtetzeik toki hortatik, ba ondo iruitzenbada itxi ingoitxu zertxobaitx geitxuau eta bixenbitxertien zerbaitx hartzen fangogara honduen dauen tabernara. **T.** Pues lo que hemos dicho, parece que tienen muchas ganas de jugar y para nada quieren salir de ese sitio, pues si os parece bien les dejaremos un ratito más y mientras tanto iremos a tomar algo al bar que está al lado.

JOLIE. Literal el que toca, y normalmente se refiere al intérprete de algún instrumento de música. Es la persona que toca algún instrumento musical. **K.** Arrasaten urtero eotenda akordeoi jolien lehiaketa eta nahiko famaue izengoda zeatik alde guztietatik etortzen omenda jentie, entzunauen nola fandan urtien Txinatik be etorriziela. **T.** En Mondragón todos los años suele haber una competición de intérpretes del acordeón y será bastante famosa porque parece que viene gente de todos los lados, oí que cómo el año pasado vinieron hasta de China.

JOLIN, JOLINES. Exclamación de fastidio, desgana o incomodidad. **K.** Jolin ama, betik neri esan-bierra daukotu platerak fregatzeko, eziñdotzazu esan bestiei be eta hala txandaka ingoitxu lan horreik?, ba beitu eta konturatukozara nola Konsuelok eztauen sekula ezertxoik itxen. **T.** Jolín ama, siempre me tienes que decir a mí que friege los platos, ¿porque no le dices también a la otra y así podemos hacer a turnos este trabajo?, pues mira y ya te darás cuenta de cómo Consuelo nunca hace nada.

JOMUGA. Propósito, objetivo, meta. **K.** Anastasiokiñ ez kontau ezertarako, horrek jomuga bakarra eukidau, eta noski dauko, bere bizi guztirako, aurrena berie eta ondoren be berie, zerbaitx bier izen-ezkero laister izengoda ados eskatzeko baña eziozue mezereik eskatu zeatik bere erantzuna izengoda ze gure bai, baña eziñezkue dala. **T.** Con Anastasio no conteís para nada, ese solo ha tenido, y claro tiene, un objetivo para toda su vida, primero lo suyo y a continuación también lo suyo, si es que necesita algo pronto estará conforme en pedir pero no se os ocurra pedirle un favor porque os contestará que querer sí, pero que le es imposible.

JOÑO!, JOPE! Exclamación de sorpresa o de contrariedad. **K.** Joño!, oñ be berdiñ?, ia ondo dau zurie, betik ona ekarri inbierrak daukotzu hortik zier billau itxeitxozun txarrikeixa guztiek, ero?, ba hasizeike libratzen haldan axkarren zure gela, txarrikorta dala emutendau eta ixe sartu be eziñleike iñ. **T.** ¡Joño!, ¿ahora también lo mismo?, ya está bien lo tuyo, ¿siempre tienes que traer aquí todas las basuras que encuentras por ahí, o qué?, pues ya puedes empezar a vaciar cuanto antes tu habitación, parece una cuadra y casi ni se puede entrar.

JOIRUTA. Estar fastidiado, molesto. **K.** Eztakitx atzoko bustixekin zerreozer arrapau, arrapatzen hainazen ero ze beste gauza izenleiken, baña gaur igertzendot zertxobaitx joriuta naulela, eztarri ta burukoñin apurbatekiñ nau eta bazkalostien aspirinabat hartuaz etzan inbiot denpora pixkatien. **T.** No sé si debido a que me mojé ayer he cogido, estoy cogiendo algo o qué otra cosa puede ser, pero hoy me noto que estoy un poco fastidiado, tengo un poco de dolor de garganta y cabeza y después de comer voy a tomar una aspirina y tumbarme un rato.

JOKA. Pegando o tocando. **K.** Arrastuik be eztauket nundik nora ibilileikien Eutikio, lenau ixe egunero alkartzegiñen txikito batzuk hartzeko ta ia astebete da eztotela ikusi eta jakiñ bez bere berririk. Deitxu telefonoz eta alperrik zeatik eztau erantzunik, apagado o fuera de cobertura esatendau, bere baserrira be fanaz birritxen, eonaz tirriña eta ate joka eta ezer ez. Ba auskalo, akaso parrokuen amakasiaz igex iñdau, bentzet oso sarri ikustejakon berakiñ. **T.** No tengo ni idea de por dónde puede andar Eutiquio, antes casi todos los días nos juntábamos para tomar unos chiquitos y ya hace una semana que no le visto ni tampoco sé nada de él. Le he llamado por teléfono pero es inútil porque no contesta, dice que está apagado o fuera de cobertura, también he ido a su caserío un par de veces, he estado tocando el timbre y la puerta y nada. Pues cualquiera sabe, a lo mejor se ha escapado con la mujer que cuida de la casa del párroco, al menos se le veía muy a menudo con ella.

JORNALA. Sueldo, jornal. **K.** Lenau lanien irabaztezan dirue ikusi itxezan zeatik jornala eskuen kobratzegauen, gogoratzenaz nola lelengo astien izetezan, gero hamabost egunetik beñ eta askenien illero, oñ berriz ta naiz da illero izen, kutxa ero banku kontuen sartzendaue. **T.** Antes el dinero que se ganaba con el trabajo se veía porque lo cobrábamos en mano, recuerdo que al principio era a la semana, luego cada quince días y al fínal al mes, ahora en cambio y aunque el suedo se cobre al mes, lo suelen pagar ingresándolo en una cuenta de la kutxa o el banco.

JOROBAU. Fig. significa fastidiar.
(Ver la definición de izurrau).

369

JORRA, JORRAN. Acción de escardar. **K.** Eztakitx nola dan posible hainbeste bedar txar urtetzie ortuen, bi ero hiru astetik beñ jorran fan-bierra izetenda zeatik beztela landatzeko baraskixek eskutau itxendie bedar horreiñ hartien. **T.** No sé cómo puede ser posible que salgan tantas hierbas malas en la huerta, hay que ir cada dos o tres semanas a escardar porque sino las verduras que has plantado desaparecen entre esas hierbas.

JORRAILA. El mes de abril. **K.** Esatendaue urteko egun euritzuenak jorrailan izetendiela eta baleike aurten be hala izetie, oñ, ondion hori ikusi-bierra dau zeatik martxoko illan gara, baña halaere oñartien inditxun eurixekiñ nahikue ta sobre da. **T.** Dicen que los días más lluviosos del año suelen ser el mes de abril y puede que también este año sea igual, pero eso todavía habrá que verlo porque aún estamos en marzo, de todas formas con todo con lo que ha llovido hasta ahora es suficiente y de sobra.

JORRATXURRA, JORRA-ATXURRA. La azadilla propia para escardar, con dos puntas en un lado y lisa por el otro. **K.** Ba lengo egunien enauen lan haudirik iñ ortuen jorran hasinitzenien, hasi besteik ez jorratxurren kirtena puskatu inzan ta bertanbera laga-bierra izenauen kirten barrixe jarri hartien, erosi ondoren noski. **T.** Pues el otro día no hice mucho trabajo en la huerta cuando fuí a escardar, nada más empezar se rompió en mango de la azadilla y lo tuve que dejar cómo estaba hasta que compré y le puse un mango nuevo.

JOSI. Coser. **K.** Oñ ustedot andra gaztiek apenas jostendauela eta neskak akaso jakiñ be eztaue ingo, garai baten bai, tarratara itxejatien erropa guztiek josi itxezien eta berdiñ zulautako kaltzetiñek, oñ berriz tarratara horreik gertatzendienien joskiñena eruetendie ero zuzenien bota ta barrixek erosi. **T.** Ahora creo que apenas cosen las mujeres jóvenes y las chicas a lo mejor tampoco lo saben, en un tiempo sí, a todas las ropas a las que se les hacía algún rasgón se cosían y lo mismo los calcetines que se agujereaban, ahora a todas las prendas a las que les ocurra eso se llevan a la costurera o directamente se tiran y se compran nuevas.

JOSKIÑE, JOSTUNE. Costurera. **K.** Ba Agripinoi gertaujakona, naiz eta gure-barik izen tarratara haundibat iñdutzo ontxe estriñatzeko frakai ta gañera ixe erosi besteik ez, eta gero betikue, aurrena errieta onbat aitu-bierra izendau gizon gixajuek eta gero andriek joskiñena eruen. **T.** Pues lo que le ha sucedido a Agripino, le ha hecho sin querer un gran rasgón a unos pantalones ahora estrenados y casi recién comprados y luego lo de siempre, primero el pobre hombre ha tenido que escuchar una buena bronca y luego la mujer los ha llevado a la costurera.

Aspaldiko esaerabat: Jostune jostera, ogixe labara eta gizona lanera.

Un viejo proverbio vasco dice que la costurera a coser, el pan al horno y el hombre a trabajar.

JOSTAIU, JOSTAIUEK. Juguete, juguetes. **K.** Nere ustez oñ umiek larreiko jostaiu daukie, akaso beste askok eztaue hala eukiko baña inguru honeitan nik esangonauke geixenak badaukiela, ta estendauen ez umiek denpora pixkatien kasu itxeutziela baña gero astu ta hor bazterbaten geratzendiela. **T.** Creo que ahora los críos tienen demasiados juguetes, puede que muchos no los tengan pero por la zona dónde estamos yo diría que la mayoría sí los tienen, y según dicen que al principio les hacen un poco de caso pero luego se olvidan y quedan abandonados en una esquina.

JOSTEN. Cosiendo. **K.** Goixen jarridot akaso neskak eztauela jakingo josten baña gaur andriek komestaudau Zarautzen zabaldu-barri dala josten ikesteko eskolabat, nahiko neska gazte hasi omendiela ikesten eta tartien be badazela mutil parebat. **T.** Arriba he puesto que quizá las chicas no sepan coser, pero hoy ha comentado la mujer que hace poco han abierto en Zaratutz una escuela para enseñar a coser, que han debido de empezar bastantes chicas a aprender y entre ellas que también hay un par de chicos.

JOSTEROKAJA, JOSTEKO-KAJA. La caja de la costura. **K.** Agripinok, tarratara iñutzen fraka harei, esatendau etxeko josterokaja kutxa txikibat emutendauela, kolore askotako harixaz betie, tamaño guztietako orratzaz ta abar, dana oso ondo jarritxe bere tokixen, eta hala ixilixen bere galdera izetendala zertarako izengoetedan josterokaja hori ze berak eztau sekula josten ikusi eskondute eruetendauen berrogei urte honeitan. **T.** Agripino, el que le hizo el rasgón a aquellos pantalones, me contaba que la caja de costura de casa parecía un arcón pequeño, lleno de hilos de muchos colores, con agujas de todos los tamaños, ect…, todo muy bien puesto y colocado en su sitio, y que en silencio suele preguntarse que para que será la caja esa si nunca la ha visto coser en los cuarenta años que llevan de casados.

JOSTORRATZA, JOSTEKO-ORRATZA. La aguja para coser. **K.** Nik be ia aspalditxo ikesinauen josten eta nahiko etxuran gañera, beñ hortik zier nabillela katiau alanbre-sariaz eta frakan bragetako botoi guztiek izurrauzien, baña laister konpondunauen, herrira allegau besteik ez txinotan erosinitxun harixe ta jostorrtzak eta gero beste dendabaten botoiek, josi eta hurrengo egunien barrixe bezela hauen. Oñ, lotza apurbat be pasanauen kalien brageta zabalik txino denda hori billau aurretik **T.** Yo también hace ya bastante que aprendí a coser y además bastante curioso, una vez que andaba por ahí me enganché el pantalón con una red de alambre y se me rompieron todos los botones de la bragueta, pero lo solucioné rápido, en cuánto llegué al pueblo compré hilo y agujas en un chino y luego los botones en otra tienda, lo cosí y el otro día estaba como nuevo. Ahora que también pasé un poco de vergüenza en la calle con la bragueta abierta antes de poder encontrar la tienda de los chinos.

JOSTUNDEIXA, JOSTUNDERIXA. Costurería. Comercio dónde confeccionan la ropa y también algunas otras cosas. **K.** Baleike jostundeixak geruau ta gutxiau eotie baña Zarautzen, andriek esatendauen bezela, ondion bentzet parebat geratzendie eta hortako batera erueteitxu erosteitxuten frakan barrenak moztera. **T.** Puede que que cada vez haya menos costurerías pero en Zaratutz, según dice la mujer, al menos todavía ya deben de quedar un par y a una de ellas suele llevar los pantalones que compro para acortar los bajos.

JOSTURA, JOSTURIE. La costura de la ropa. **K.** Lengo egunien bertako erretirau-barri dauen sastriek kontatzen ibilizan sastre gutxi geratzendiela Euskalherrixen, eta bere ustez beste alde geixenetan be berdintzu izengodala, ni oso aspaldi enaz fan iñona baña gogoratzenaz nola izetezan lenau, aurrena neurrixek hartzezitxuen eta handik egun batzuetara fan-bierra izetezan aurren txaketa ero frakan probaketa itxera, gañera honeik nahiko etxura txarra haukien zeatik josturaz betiek eotezien. **T.** El otro día un sastre de aquí que está recién retirado contaba que en Euskalherría ya quedaban pocos sastres, y que creía que en todas partes sería lo mismo, yo hace muchísimo tiempo que no voy dónde ninguno pero me acuerdo muy bien de cómo solía ser antes, primero te cogían las medidas y de allá a unos días había que ir a hacer la primera prueba de la chaqueta o pantalones, además éstos tenían batante mal aspecto porque solían estar llenos de costuras.

JOTA. Fig, se dice por el hecho de estar muy cansado, fatigado. **K.** Ezta bape errarue ikustie nola ume gixajo honeik jota etortzendien, atzaldeko zazpirak die ta bazkalostetik hor haidie jolasten gelditxu-barik, gañera eztie sikera gogoratu etxera etorri-bierra haukienik meriendatzera. **T.** No es nada raro el ver que vienen muy cansados estos pobres críos, son las siete de la tarde y desde después de comer andan ahí jugando sin parar, además ni siquiera se han acordado de que tenían que venir a casa a merendar.

JOTAKE, JOTAMA, JOTASUA. Esta palabra se uliliza para decir que se está o se debe de esforzar a tope con lo que se está haciendo, trabajo, deporte, etc... **K.** Beno eta askenien naiz da asko kostata iñditxu inbierrekuek, gañera axkar ta nahiko ondo, baña hori lortzeko hor ibilligara jotasua hiru egun errexkaran ixe gelditxu be inbarik. **T.** Bueno, y al final aunque nos costado mucho ya hemos terminado lo que teníamos que hacer, además rápido y bastante bien, pero para conseguir eso ahí hemos tenido que esforzarnos a tope y andar casi sin parar durante tres días seguidos.

JOTEN. Pegando, tocando. **K.** Hori eztau bape ondo, argindarren kable horreik eziñdie eon hor ixe joten, batetik bestera gutxienetik zentimetro bat ero beste eon-bierra daukie zeatik beztela txinpartanbat gertauleike eta sue hartu. **T.** Eso no está nada bien, no pueden estar casi tocando esos cables eléctricos, por lo menos tienen que estar separados algún centímetro que otro porque sino puede surgir alguna chispa y coger fuego.

JOXPA. Escapar, huir.
(Ver la definición de igex).

JUBILAZIÑUE. Jubilación.
(Ver la definición de erretirue).

JUERGIE. Juerga, diversión. **K.** Horreik dakarre juergie, etxuraz asteburue pasatzen etorridie Zarautzera eta gutxienetik, hala ikusitxut, atzo eguerditxik haidie hor dantzan ta kantuen, gañera apostaukonauke ze ondion lotara fan-barik diela. **T.** Vaya juerga que se traen esos, parece ser que han venido a pasar el fín de semana a Zarautz y por lo menos, así los he visto, andan desde ayer al mediodía por ahí cantando, saltando y además ya apostaría que todavía ni siquiera han ido a dormir.

JUEZA. Juez.
(Ver la definición de epailla).

JUIZIUE. Sentido común, juicio. **K.** Eztakitx noix eukibiozun juizio pixkat eta askenien ikuzikozu zer gertaukodan hala jarraiketanbozu, kalera bieldukozauela, zer ustedozu ba zuk, betik zure zai eongodiela aber noix sartukozaren lanera, ero?, sigeroko oitura txarra daukotzu berandu fatiaz halako sarri. **T.** No sé cuándo vas a tener un poco de sentido común y al final ya verás lo que te va a pasar si continúas así, que te van a mandar a la calle, ¿tú qué te crees, que siempre van a estar esperando a ver cuándo vas a entrar a trabajar, o qué?, has cogido una costumbre muy mala con el entrar tarde tan a menudo.

JUN. Vete. **K.** Mezerabat eskatubiotzut, aber, hor dauen tipo horrekiñ nik eztot nai berbaik itxeik asunto haren arrazkero, baña halaere bateonbatek esan-bierra dauko nola bere seme txikiñe hor karretera ertzien haidala jolasten eta nahiko arrixkuen gañera, ba jun inzaitez mezerez hori esatera. **T.** Te voy a pedir un favor, a ver, yo no hablo con el tipo ese que está ahí desde aquel asunto, pero aún así alguno le tiene que decir que su hijo pequeño anda ahí jugando al borde de la cerretera y además en bastante peligro, pues vete a decírselo por favor.

JUN. (Junari), az, da, die, zara, zare, zarie.

JUNAI. Márchate. **K.** Lan hori itxen haiaizen moduen txarrikeixabat besteik eztok eta lagaik dana bertanbera, oñ dauen bezela, gero hartu hire erramintat eta junai hemendik, alde inzak haldan axkarren eta ezai ezertarako bueltau. **T.** De la forma que estás haciendo ese trabajo está quedando hecho un asco y por favor deja las cosas tal y cómo están ahora, luego coges tu herramienta y márchate de aquí, vete lo más rápido posible y no vuelvas para nada.

JUNTURA. Unión, empalme. **K.** Kable hori askatzeko aurrena juntura billatu inbierra daukotzue beztela alperrik haizare, ni enaz oso ondo gogoratzen zeatik urte asko pasaudie hau inzanetik, baña nere ustez fatenbazare pixkat goratxuau baleike juntura hori asaltzie inguru hartan. **T.** Para que podáis soltar ese cable lo primero que tenéis que hacer es buscar la unión porque sino andaís en balde, yo no me acuerdo muy bien porque hace muchos años que se hizo ésto, pero yo creo que si vaís un poco más arriba puede que por allá aparezca el empalme ese.

JURAMENTUEK. Jurar, decir juramentos, tacos. **K.** Eztakitx nun ikesidauen mutiko honek esaten hainbeste juramentu, bere etxien eztot uste izendanik zeatik oso ondo esauketandot bere aitxa eta nik estutzet sekula bat bera entzun, ba eurok ikusikodaue baña ustedot zerbaitx inbikolaukiela oitura hori kentzeko. **T.** No sé d´londe habrá aprendido ese chaval a decir tantos juramentos, en su casa no creo que haya sido porque conozco muy bien a su padre y jamás le he oído decir uno solo, pues ellos verán pero yo creo que algo deberían que hacer para quitarle esa costumbre.

JUSTU. Casi.

(Ver la definición de ixe).

JUSTU-JUSTU. Casi casi.

(Ver la definición de hortxe-hortxe).

K

KALIEN USO ETA ETXIEN OTZO.
PALOMA EN LA CALLE Y LOBO EN CASA .

KA! ¡Quiá!, no puede ser, no me digas. **K.** Ka!, ezirezu esan benetan haizarela, egixe da berreun mille euro irabazidozula primitiba hortan?, ondion eziñdot siñistu eta hala baldinbada zer esangutzut ba?, ba inbidixa haundixe emuteuztela baña poztenaz zu izetie urtenjatzuna eta zorionak. **T.** ¡Quiá!, no me digas que andas en serio, ¿es verdad que has ganado doscientos mil euros en la primitiva esa?, todavía no puedo creer que sea cierto lo que me estás contando pero si es que es así, ¿qué te puedo decir pues?, pues que me da mucha envidia y también me alegro de que haya sido a ti a quien le haya tocado y felicidades.

KABEZUDUEK. Los cabezudos que acompañan a los gigantes. **K.** Ni nahiko sarri jantzi izenaz kabezudo Atxabaltako Andramaixetan, beñ gogoratzenaz nola sekulako euri zaparrara hasizan eta nerekiñ zan lagunaz batera kalien eonbierrien, hau sigero utzik geratuzan, tabernik taberna ibiligiñen, bertan eozen jentiei sustatzen noski, gero eta zertxobaitx alaitzu aldatzera fan eta atiek itxita, ba nahiko lotza pasagauen aguazil billatzen herritxik ziar, kontuen hartuta ze jantzi xekebre eruetegitxun. **T.** Yo me he ventido bastantes veces de cabezudo en las fiestas de Aretxabaleta, recuerdo que una vez empezó un chaparrón impresionante y junto con un amigo que estaba conmigo en lugar de estar por la calle, ésta quedó completamente vacía, anduvimos de bar en bar, claro está que asustando a la gente que allá estaba, luego y algo alegres fuimos a cambiarnos y las puertas ya estaban cerradas, pues ya pasamos bastante vergüenza buscando al alguacil por todo el pueblo, teniendo en cuenta la ropa tan estrafalaria que llevábamos.

KABIA, KABIXE. Nido. **K.** Nik eztakitx ze mutikotan okerrak aparte ezgiñen nahiko mosoluek be, baña danok berdiñ, gogoratzenaz nola ibiltxegiñen billatzen txoritxuen kabixek, gero hartu eta gorde beste tokibaten. **T.** Yo no sé si de chavales aparte de traviesos no éramos también bastante tontos, pero todos iguales, recuerdo cómo solíamos andar buscando los nidos de los pajaros para luego cogerlos y esconderlos en algún otro sitio.

KABIRU, KABITXU. Caber. **K.** Ze haizara hainbeste bultzaten, eztaukotzu tokirik ero ezara kabitzen toki hortan, hala?, ba eztot uste holako haundixe zarenik ba, eta beitu zure anaiek nola dazen bierdan moduen, txintxo ta geldik, ba zuk be badakitzu ze inbierra daukotzun. **T.** ¿Qué andas tanto empujar, acaso es que no tienes sitio o no cabes en el sitio dónde estás, o qué?, pues no creo que seas tan grande pues, y mira a tus hermanos como están formales, quietos y de la manera que hay que estar, pues tú también ya sabes lo que tienes que hacer.

KABITZEGARE, KABITZENGARA. Ya cabemos, ya tenemos sitio. **K.** Ikustendozu nola zuk geldik eonda danontzako tokixe dauen eta ze ondo kabitzegaren?, ba aurretik kasu inbazauen ezgiñen zeatik ibilibier ibiligaren bezela, hor danoi bultzaka. **T.** ¿Ya ves cómo si estás quieto hay sitio para todos y cabemos perfectamente?, pues si hubieses hecho caso a la primera no tendríamos porque haber andado de la forma que hemos andado, ahí empujando a todos.

KABREAU, KABRIAU. Cabrear, enfadarse. **K.** Hala jarratzenbozue askenien kabriau inbiot ta gero izengodie kontuek, eta zueik ikusikozue baña nik ustedot txintxo portatzie komenijatzuela, beztela baleike gaurko eta akaso baitxe bixerkue be, paga-barik geratzie. **T.** Cómo continueís así al final me voy a cabrear y luego no hace falta lamentarse, y vosotros vereís pero yo creo que os conviene portaros formal, sino puede que os quedeís sin la paga de hoy y quizá tampoco con la de mañana.

KABREAUTA, KABRIAUTA. Enfadado. **K.** Ba askenien oso kabreauta nau eztustazuelako bape kasuik iñ, baleike ez izetie gureta baña badakitx jolasien haizariela pitxerra zatitxuta geratudala, ba oñ jakiñien zare zer dauen, len esandakue eta pagako diru horrreaz barrixe erosikou. **T.** Pues al final estoy muy cabreada porque no me habeís hecho caso alguno, puede que no haya sido queriendo pero ya sé que estando jugando la jarra ha quedado hecha pedazos, pues ahora ya sabeís lo que hay, lo que he dicho antes y con ese dinero de la paga compraremos una nueva.

KABU, KABUZ. Decisión, iniciativa. **K.** Eh!, lasai eta ez etorri gureana explikazioik eskatzera zeatik eztaukou zerikusirik asunto horrekiñ, oñartien iñdeko lan guztiek eta geratzendien inbierrekuek beste harein kabuz izendie, ondion die eta gañera erruen ezpaldinbanau, ustedot erabakixe hartu ondoren zueik dakok nahiko ados zitziela. **T.** Eh!, tranquilo y no vengas donde nosotros a pedir explicaciones porque no tenemos nada que ver en ese asunto, todos los trabajos que se han hecho hasta ahora y lo queda por hacer ha sido y todavía es por iniciativa de aquellos otros, y además si no estoy equivocado creo que cuando se tomó la decisión estabais todos bastante de acuerdo.

KEFERROTA, KAFE-ERROTA. Utensilio para moler el café. El típico molinillo. **K.** Lenau gure aman oitura zan kafie alietan erostie eta gogoratzenaz nola etxe zarrien bazan eskuko kaferrotabat, honek manibelabat hauken eta bueltak emun-bierra izetezan zehatzeko kafe ale hareik. **T.** Antes nuestra madre tenía la costumbre de comprar el café en grano y me acuerdo de cómo en la casa vieja había un molinillo manual, ésta tenía una manivela y había que darle vueltas para moler los granos de ese café.

KAFESNIE. Café con leche. **K.** Arturok komestatzendau berak egunero horixe bera hartzendauela gosaltzeko, kefesnie, katillukara haundibat artuen zerealakiñ nahastuta, hori goixeko bosterdirak aldien izetendala eta bukatu ondoren betiko mendi-buelta txikibat, eta gero akaso ortura ero andriei errekauek itxera. **T.** Arturo suele comentar que eso mismo es lo que toma todos los días para desayunar, café con leche, un tazón grande mezclado con cereales de maíz, que eso suele ser hacia las cinco y media de la mañana y después de terminar la pequeña vuelta por el monte de todos los días, y luego a la huerta o hacerle los recados a la mujer.

KAFETEIXIE. Cafetería. **K.** Arturo honek sarri komestatzendau ze batzuetan eta kanpuen eotendienien, derrigorrez gosaldu inbierra daukiela oteleko ero kaleko kafeteixan eta orduen eztauela hainbeste gosaltzen etxien bezela, berak bentzet zeatik gero goix erdi aldien betik zerreozer jatendauela, pintxonbat ero beste holako gauzanbat. **T.** El Arturo éste a menudo suele comentar que algunas veces y cuando están fuera, necesariamente tienen que desayunar en alguna cafetería, bien del hotel u otra de la calle, pero no tanto como en casa, al menos él porque a media mañana siempre suele comer algo, un pincho o alguna otra cosa parecida.

KAFETXANUE. Colador de café. **K.** Eta kafetxanoik eztaukotzunien zerekiñ irazi inbiozu kafie?, ba nahiko errexa daukotzu ero batzuetan baleike ez hainbeste, etxien eonda erozeiñ trapokiñ, hori bai fiñ xamarra izenda eta etxetik kanpo bazara, ba ikusi inbier zer dauen aukeran, akaso bedar moltzo tartien. **T.** Y si no tienes colador ¿con qué vas a colar el café?, pues lo tienes bastante fácil aunque algunas veces quizá no tanto, estando en casa con cualquier trapo, eso sí que sea fino y si estás fuera de casa, pues hay que ver lo que tienes a mano, quizá entre unos puñados de hierba.

KAFIE. Café. **K.** Ni enaz holako kafe-zale haundixe baña akaso bi ero hiru bai hartzeitxut egunien, oñ lagunbat dauket egunero zortzitxik gora hartzeitxuena, berak esatendau eztutzela kalteik itxen baña geixenbaten ikustejako hala urduri xamar bezela eontendala, nik eztakitxena da horreatik izenleiken. **T.** Yo no soy un gran aficionado al café pero quizá ya suelo tomar dos o tres al día, ahora tengo un amigo que toma de ocho para arriba todos los días, él dice que no le hace daño pero casi siempre se le ve que está así cómo un poco nervioso, lo que yo no sé es si será debido a eso.

KAJOIE. Cajón. **K.** Eztot ulertzen ze xelebrekeixa armaixo itxeitxuen oñ, gelarako haundibat gurenauen erostie ta hala erosinauen, gaur bukatudaue montatzen ta alde iñdauenien zabaldudot ta siñistu eziñekue, bi kajoi besteik eztauko eta gañera nahiko txikixek. **T.** No entiendo el porqué hacen los armarios tan raros ahora, quería comprar uno que fuese grande para la habitación y así lo adquirí, hoy lo han terminado de montar y en cuánto se han marchado lo he abierto y una cosa increíble, solo tiene dos cajones y además bastante pequeños.

KAIA. Muelle del puerto. **K.** Zumaiko kaian ezta arrantza itxasontzi bakarra geratzen, hor eonzan urte askuen egurrezkobat baña askenien urperatu itxie erabakizan ta ustedot beste toki askotan be hala berdiñ itxendala. **T.** En el puerto de Zumaia ya no queda un solo barco de pesca, ahí estuvo uno de madera durante un montón de años pero al final decidieron sumergirlo y creo que en muchos otros sitios también se hace lo mismo.

KAIFAS. Caifás. Nombre de un sacerdote judío de la antigüedad. **K.** Berez, oso aspaldi, Kaifas hau judixo abare haundibat izenzan eta eukizitxun bere zer-ikuzixek, beste batzukiñ batera, Jesucriston gurutze asuntuaz. Eta horreatik da sigeroko fama txarra izendauela gure tartien. Nik eztakitx pertzona hori haiñ gizon txarra zanik eta uste bez txerrenan hainbestekue izengozan, baña garai hartan izen honekiñ deiketautzien larreiko geiztuek zien umiei. **T.** Hace muchísimo tiempo Caifás fué un sumo sacerdote judío que tuvo bastante que ver, junto con otros, en el asunto de la crucifixión de Jesucristo. Y por esa causa adquirió muy mala fama entre nosotros. Yo no sé si esa persona fué un hombre tan malo y tampoco creo que fuese tanto como el demonio, pero en aquellos tiempos con este nombre se les llamaba a los niños (as) que eran demasiado traviesos.

KAIKU. Prenda de ropa parecida a una chaquetilla. **K.** Oñ sigero desagertuta dauela emutendau baña lenau, denpora asko dala, kaiku asko ikustezien, akaso es hala normalki bezela kalien baña bai erromeixetan ta baitxe Euskaljaixetan be, ero beztela Euskal partidu politiko batzun bilketa izetezanien. **T.** Ahora parece que está completamente desaparecido pero antes, hace ya mucho tiempo, se veían muchos kaikus, quizá no así cómo cosa normal por las calles pero sí en las romerías, también en las fiestas vascas o sino cuando había concentraciones de algún partido político vasco.

KAIKUE. Se dice fig. por la persona presuntuosa, majadera, vaga. **K.** Arrastuik be eztauket ze pentzamentu daukotzun baña nere ustez Bilbotik etorrijatzun lengosu hori nahiko kaikue da, hala emutendau bentzet eta etxatzu zuri hala iruitzen?, eta kaikue ezpada nahiko harroxkue dan etxurie badauko. **T.** Yo no tengo ni idea de que pensamientos tendrás pero a mi entender ese primo que te ha venido de Bilbao en bastante majadero, al menos eso es lo que parece y ¿no te da a tí esa impresión?, y si no es majadero si tiene pinta de que es bastante presuntuoso.

KAIKUE. Recipiente, cuenco de madera para la leche. **T.** Kaikue be sigero desagertuta dau, ixe bentzet, akaso ikusteko aukera izenleke museuko erakusketan, baña normalki oñ ezta holakoik erabiltzen, esnie batzeko ibiltxendien katxarro guztiek, ero geixenak, plastikoskuek izetendie. **T.** El cuenco de madera está ya desaparecido, al menos casi, quizá una oportunidad para verlo sea en la exposición de algún museo, pero normalmente ya no se utiliza eso, ahora todos, o la mayoría de los utensilios que se emplean para recoger la leche suelen ser de plástico.

KAIOLA, KAIXOLA. Generalmente se llama así a una jaula para los pájaros, pero también para otros animales. **K.** Gure illoba txikiñe kirten xamarra da eta batzuetan burue eukitxendau ipurdi inguruen, zabaldudau kaixola, jaten emun txoritxuei ta gero astu iñda atie izte, ta zer iñdauen txorixek?, ba igex eta oñ naiz da ia alperrik, negar besteik eztau itxen. **T.** Nuestra sobrina pequeña es un poco despistada y algunas veces tiene la cabeza al lado del culo, ha abierto la jaula, le ha dado de comer al pájaro y luego se ha olvidado de cerrar la puerta, ¿y que ha hecho el pájaro?, pues escapar y ahora aunque ya es inútil, no hace más que llorar.

KAIUA. Gaviota. **K.** Zarauzko zabortegixen kaiua pilla ibiltxezien hango txarrikeixak jaten, asunto hau konpontzeko Udaletxiek ekarri eta han jarrizitxun alkoi parebat eta horrekiñ zertxobaitx zuzenduzan baña halaere ez larrei, gero izteko asmuaz zabortegi hori lurrakiñ tapatzie erabakizan eta horrek bai emutendau betiko arreglue izendala. **T.** En la escombrera de Zarautz solían andar infinidad de gaviotas comiendo las porquerías de allá, para solucionar el asunto el Ayuntamiento trajo y puso allá un par de halcones y con eso algo se arregló pero tampoco demasiado, luego con la ide a de clausurarla se decidió tapar la escombrera con tierra y ésta solución sí parece que ha sido la definitiva.

KAIXO. Quiere decir hola y es palabra que se utiliza para saludar. **K.** Aber eta esan-baterako modu hontan geratuleikien, kaixo Polonio, ze moduz?, aspaldixen ikusi-batik eta zer, danok ondo? **T.** A ver y cómo un ejemplo así podría quedar el saludo, hola Polonio, ¿qué tal?, hace mucho tiempo que no nos vemos ¿y qué, todos bien?

KAKA. Mierda. Y cómo todos sabemos lo que es, pues sin más y a otra cosa.

KAKA. Fig. se dice por la persona que está bebida, borracha. **K.** Eztakitx nundik nora ibilikotezan baña ondion atzaldeko zortzirak be eztie eta Bibianok sekulako kaka dauko, ixe zutirik be eziñda eon eta akaso ezta komeniko deitzie bere andriei etxera eruendeixen? **T.** No sé por dónde habrá podido andar pero todavía no son las ocho de la tarde y Bibiano tiene una borrachera terrible, casi no puede estar ni de pie ¿y quizá no convendría llamar a su mujer para que so lo lleve a casa?

KAKAGURIE. Ganas de cagar. **K.** Ze txarra izetendan kakagurie sartzie hor pasian haizarenien jente hartien ta tokirik ez iñora fateko, eta larritxazuna badaukotzu askoz txarrau gañera, etxatzue sekula holakoik gertau?, eta gertau bajatzue, ze iñdozue? **T.** Que malo suele ser que te entren ganas de cagar cuando estás paseando entre la gente y no hay ningún sitio a donde puedas ir, y si te encuentras muy apurado mucho peor, ¿no os ha pasado esto nunca?, y si es que os ha pasado, ¿qué habeís hecho?

Aspaldiko esaerabat: Alperrak kakagurie sarri, urrutira fan eta nekez etorri.

Un viejo proverbio vasco dice que el vago tiene a menudo ganas de cagar, se va lejos y le cuesta volver.

KAKAIÑEN. Cagando. También y fig, se envía la gente a hacer eso cuando se está muy enfadado. **T.** Ezai etorri nereana jaboie emutera, iñduan horreik iñ aurretik gogoratubitzan eta oñ alperrik hator ta gañera beste gauzabat ezanguztat, fanai kakaiñen eta itxirek pakien. **T.** No te acerques donde mí a hacerme la pelota, de esas cosas tenías que haberte acordado antes de hacerlas y ahora es inútil que vengas y además te voy a decir otra cosa, vete a cagar y déjame en paz.

KAKAIÑERO. Cagón. Se dice por la persona que tiene que acudir muy a menudo al servicio para cagar. También y fig. por aquel que es demasiado asutadizo. **K.** Jeseus!, berriz daukotzula kakagurie eta eztaukotzu etxoitxeko astirik?, ze kakaiñero zaren, ba arbola harein atzekaldera fanbikozu eta beste gauzabat, badaukotzu paperik ipurdixe garbitzeko?, zeatik beztela orrixek badaukotzu lurrien eta horreikiñ inbikoitxozu lan horreik. **T.** ¡Jesús!, ¿que otra vez tienes ganas de cagar y ni siquiera puedes esperar un poco?, qué cagón eres, pues tendrás que ir detrás de aquellos árboles y otra cosa, ¿ya tienes papel para limpiarte el culo?, porque sino ya tienes suficientes hojas en el suelo y con eso tendrás que hacer los trabajos.

KAKALANA. Literalmente trabajo de mierda. Se dice eso por tener que hacer un mal trabajo o porque se ha cometido alguna chapuza. **K.** Lagune da eta derrigorrrez inbierra daukou lan hau, baña garbi esanda kakalanbat besteik ezta, aldebatetik material pilla eruen inbierra dau ixe ezer ez itxeko ta bestaldetik gauza haundirik be eztaukou kobratzeik. **T.** Esta es una cosa que tenemos que hacer necesariamente porque es un amigo, pero hablando claro no es más que un trabajo de mierda, por una parte tenemos que llevar un montón de material para no hacer casi nada y por otra tampoco le podemos cobrar gran cosa.

KAKALARDO. Se dice por la persona pelma, latosa.

(Mirar la definición de gobaikarrixe).

KAKALARRIXE. Ganas de cagar con apretón. **K.** Ba, goixen jarridouna, momentu hortan kakalarrixe sartujatzu, pasian haizara jente hartien, eztaukotzu ezer tokirik iñora fateko, ze inleike ero zer dau itxieik?, badaukotzue iñok erantzunik? **T.** Pues lo que hemos puesto arriba, en ese momento te ha entrado el apretón, estás paseando entre gente, no tienes ningún sitio a dónde poder ir, ¿qué se puede hacer?, ¿alguno tenéis una respuesta?

KAKAMOKORDUE. Es una palabra que se utiliza en sentido despectivo y que literalmente significa montón de mierda. **K.** Askenien be guk fanbierra izendou, Heribertoi ixe aspalditxo esanutzen billatzeko beste norbaitzuk berak guredauen lan horreik itxeko zeatik guk momentu hartan ezaukoun aukerak, ba etxuraz billatuitxu baña gertauda lanien hasi eta gutxira bieldu inbierra izendauela, gañera esatendau ze iñdauen lan pixka hori kakamokordobat besteik eztala. **T.** Pues al final hemos tenido que ir nosotros, hace ya algún tiempo le dije a Heriberto que buscase a algunos otros para que le hiciesen esos trabajos que el quería porque nosotros no se lo podíamos hacer en ese momento, pues parece que ya los encontró pero ha pasado que al poco de empezar a trabajar les ha tenido que mandar, además dice que el poco trabajo que han hecho es un montón de mierda.

KAKAMOKORDUE. Montón de excremento, de mierda. (Sin más).

KAKAMOSUE. Literalmente quiere decir cara de mierda. Fig. se dice por tener mala cara. **K.** Ene!, benetan galanta dala gaur daukotzun kamosue, jakinleike zertan ero nun ibilizitzen atzo etxura txar hori eukitxeko?, apostakonauke zinien bentzet eztala izen eta susmo haundixe dauket ze Elixan be ezala izengo. **T.** ¡Ene!, de verdad que es terrible la cara de mierda que tienes hoy, ¿se puede saber dónde has andado ayer o que has estado haciendo para tener esa mala pinta?, apostaría que al menos en el cine no ha sido y tengo la sospecha que tampoco en la iglesia.

KAKAMUTIKO. Fig. de dice por los chavales que aún no han llegado a la adolescencia. **K.** Zueik eziñdozue fan nausixendako pelikula hori ikustera, txartela eskatukotzue eta handik konturatukodie eztaukotzuela nahiko urte, eta hortik aparte ikusi be ingodaue kakamutiko batzuk besteik ezariela eta eztotzue itxiko sartzen. **T.** Vosotros no podeís ir a ver esa película para mayores, os pedirán en carnet y de allá se darán cuenta de que todavía no teneís suficiente edad, y aparte de eso también verán que todavía no sois más que unos chavales y no os dejarán entrar.

KAKANARRO, KAKANAJO. Fig. se dice por la persona menuda, que apenas ha crecido y por eso ha quedado bastante pequeña. **K.** Eziozue bieldu mutil horri lan hortara, nahiko astune ta bera larreiko kakanarrue, badakitx alegiñ guztiek ingoutxula baña gixajue xixko iñde geratukoda, eta akaso lortu be ezingodau iñ. **T.** No mandeís a ese chico a hacer ese trabajo, es bastante duro y él demasiado menudo, sé con certeza que haría todos los posibles para hacerlo pero el pobre se va a quedar hecho polvo, y quizá ni lo pueda conseguir.

KAKANASTU, KAKASTU. Esto también es fig, y se dice por el hecho de liar o embrollar. **K.** Horrek esatendauenai eztau ulertzeik, eta emutendau aurrena ikusi-bierra izetendauela nundik jotendauen haixiek gauzak aldatzen fateko, atzo esaten ibilizana gaur eztau ezertarako balixo eta beste gauzabat asmaudau, gañera sigero desberdiñe eta askenien dana kakanastu besteik eztau itxen. **T.** No hay forma de entender lo que dice ese, y parece que primero tiene que ver por dónde pega el viento para ir cambiando las cosas, lo que estuvo diciendo ayer hoy no vale para nada y ha pensado otra cosa, además completamente diferente y al final no hace más que embrollar.

KAKANASTUTA. Fig. se dice por estar todo revuelto, mezclado. **K.** Eztakitx zer gertaketzejakon gaur nausixei, aurrena aiñdudau gauzabat itxeko eta gañera esanaz sekulako prixa daukela, handik pixkatera uzteko dana bertanbera eta fateko beste toki-batera, ba askenien hasidoun hori hor geratukoda dana kakanastuta. **T.** No sé que le pasa hoy al jefe, primero nos ha mandado que hagamos una cosa y además diciendo que tiene mucha prisa, al poco ha venido y nos ha dicho que lo dejemos tal y cómo está y que vayamos a otro sitio, pues al final eso que hemos empezado ahí quedará todo revuelto.

KAKAPIRRIXE. Diarrea. **K.** Nik ustedot bazkaiko zerbaitxek kalte iñdustela, tripakomiñ dexentie dauket ta sekulako kakapixxixe, zueitik etxatzue iñori ezer pasa eta danok ondo zare?, baitetz?, ba eztakitx zeatik berdiñ jandou eta auskalo zer izenleikien hau gertatzeko neri bakarrik. **T.** Yo creo que algo de la comida me ha hecho daño, tengo bastante dolor de tripas y una diarrea impresionante, ¿no os ha pasado nada a ninguno de vosotros y estáis todos bien?, ¿qué sí?, pues no sé porque hemos comido lo mismo y cualquiera sabe que es lo que ha podido ser para que solo me pase a mí.

KAKAPURRUTA. Que es una mierda. Fig. se utiliza para decir que lo que se escucha o ve no sirve para nada. **K.** Billatudozun hori eztakitx zeatik ekarri-bierra izendozun etxera, kakapurrutabat besteik ezta eta eztau ezertarako balixo, ba orduen badakitzu, eruen berriz hauen tokira ero beztela bota zakarrontzira. **T.** No sé porque has tenido que traer a casa eso que has encontrado, no es más que una mierda y no sirve para nada, pues entonces ya sabes, lo vuelves a llevar allá dónde estaba o sino lo echas a la basura.

KAKATARA. Es una palabra que se utiliza para enviar a una persona a la mierda cuando se está muy enfadado. **K.** Hik badakik ze inbierra daukaken aurren aurrena?, ez esatie astokeixa geixau harein aurka eta ixildu beingoz, gaur hemen gauza horreik hareikatik esangoitxuk ta eurokiñ hauanien gureatik, ba gauzabat esanguztat, fanai kakatara eta ezai geixau asaldu. **T.** ¿Tú ya sabes que es lo primero que tienes que hacer?, no decir más burradas en contra de aquellos y callarte de una vez, hoy aquí las cosas esas las dirás por aquellos y cuando estés con ellos las dirás por nosotros, ¿pues sabes lo que te digo?, que te vayas a la mierda y no aparezcas más.

KAKATEKUE. Golpe en la cabeza. **K.** Ba beitu zer gertaujatzun kasuik ez itxeatik, hamar bider esautzut ez igotzeko arbolara kerixak hartzen zure aitxa etorri hartien, eta oñ zer?, ba esperokue, jausi ta kakateko ederbat hartudozula. **T.** Mira lo que te pasa por no hacer caso, te he dicho diez veces que hasta que venga tu padre no te subas al árbol a coger cerezas, ¿y ahora qué?, pues lo esperado, que te has caído y cogido un buen golpe en la cabeza.

KAKATI. Se dice por la persona miedosa y asustadiza. **K.** Enauen iñola espero halakue izengozitzenik, ze gertatzejatzu, zertxobaitx kakati zarela, ero?, ba nik ustedot baietz zeatik zure anai-arrebak barrezka bezela pasadie billdur tunel hortatik eta zuri burumakur antzien ikusitzut. **T.** De ninguna de las maneras esperaba qué fueras así, ¿que te pasa, que eres un poco miedoso, o qué?, pues yo creo que sí porque mientras tus hermanos han pasado cómo riendo el túnel del miedo a ti te he visto que estabas con la cabeza bastante gacha.

KAKA-TOKIXE. El sitio para cagar, generalmente un servicio. **K.** Normalki danok dakigu zeiñ izetendan kaka-tokixe, ba komuna ez?, etxekue ero kanpokue baña komuna. Eta mendixen zarenien zer?, ba orduen billatu-bierra eukikozu kaka-toki egokibat ta hal izen-ezkero eskutu antzien. **T.** Normalmente todos sabemos cual es el sitio para cagar, pues el servicio ¿no?, el de casa o fuera, pero el servicio. Y si estás en el monte, ¿qué?, puen entonces tendrás que buscar un sitio adecuado para poder cagar y a poder ser que esté un poco escondido.

KAKATZI, KAKATXI. Fig. se dice de la persona que es llorona. **K.** Jakinleike zeatik zaren zu halako kakatzi?, eztozunien lortzen zuk gurozuna betik negarrez hastezara aber hala zerbaitx ataratzendozun, ba gaur bentzet jai daukotzu eta len emundotzut emun-bierrekuek. **T.** ¿Se pude saber porqué eres tan llorón?, cuando no consigues lo que tú quieres siempre empiezas a llorar para ver si así sacas algo, pues hoy al menos tienes fiesta y antes ya te he dado lo que te tenía que dar.

KAKATZU. Fig. se dice por la persona agobiante, generalmente muy joven. **K.** Ezara zeu konturatzen larreiko kakatzu zarela, zenbat bider esanbijatzu eñindozula etorri gurekiñ afaltzera?, badakitzu ba afai hori kuadrillako lagun hartien daukoula eta eztala beste umeik eongo. **T.** ¿Tú no te da cuenta de que eres demasiado agobiante, cuántas veces te tengo que decir que no puedes venir a cenar con nosotros?, ya sabes pues que esa cena la tenemos entre los amigos de la cuadrilla y que no habrá ningún otro crío.

KAKAUESA. Fig. se dice de la persona pequeñita, que es un kakaues.

(Ver la definición de kakanarro, kakanajo).

KAKAUESA. Cacahuete. **K.** Esatendaue tximinuei asko gustatzejatiela kakauesak baña nik dauket lan-lagunbat ixe egun guztien horrek jaten eongozana, eta berez hori da itxendauena, beno, nik bentzet hala ikusteutzet lan ordutan eta eztakitx nola eztan konturatzen ze arpegi jartzen haijakon, izugarrizko tximiñuen antzaz. **T.** Dicen que a los monos les gustan mucho los cacahuetes pero yo tengo un compañero de trabajo que casi todo el día estaría comiendo eso, y de hecho es lo que hace, bueno, yo al menos así le veo en las horas de trabajo y no sé cómo el no se da cuenta de la cara que se le está poniendo, con toda la apariencia de un mono.

KAKAUMIE. Se dice por la criatura muy joven, de corta edad. **K.** Zu ondion kakaumebat zara eta ezinzara etorri gurekiñ, zuke arrebak prestatukotzu afaixe, txintxo portau eta zure ama ta ni zineko pelikula bukatu besteik ez etorrikogara. **T.** Tú todavía eres demasiado joven y no puedes venir con nosotros, tu hermana te preparará la cena, pórtate formal y tu madre y yo vendremos nada más que termine la película.

KAKAUSEÑE, KAKA-USEÑE. Olor a mierda, a pedo. **K.** Eztozue hartzen kakauseñik?, ba herri hontako alde-zarrien sekulakue dau eta eztakitx izenleiken jentiek kaka itxendauealako erozeiñ tokixen, kaliek dazen garbitxazun bier geixaukiñ ero beztela zerreozer bota useiñ txar hau kentzeko. **T.** ¿No cogeís olor a mierda?, pues en la parte vieja de este pueblo hay un olor impresionante, no sé si puede ser porque la gente caga en cuaquier sitio, hace falta más limpieza en las calles o quizá echar alguna cosa para quitar este mal olor.

KAKAZARRA. Literalmente mierda vieja. Palabra que se utiliza para decir que no es posible. **K.** Bai, kakazarra, hori Fabiolo berak be eztau siñisten, nola izengoda ba posible badauela buelta osue Zarautzi oñez emutie ordubetien?, nik goixero erdixe be eztutzet emuten eta ordubete pasatxo bier izetendot. **T.** Sí, eso no se lo cree ni él mismo, no es posible tal y cómo dice Fabiolo que se puede dar andando la vuelta completa a Zarautz en una hora?, yo todas las mañanas ni siquiera hago la mitad y suelo tardar una hora pasadita.

KAKOTU. Redondear, quitarle filo al extremo de algo. **K.** Umiei oparitzeko ekarridozun bastoi txiki horrei barrena kakotu inbierra dauko, larreiko zorrotza dauela iruitzejat eta badakitzu nola izetendien umiek, jolasten hasi ta gure-barik akaso aberixa dexentie inleike berak ero beste erozeñi. **T.** Al pequeño bastón que has traído para regalar al crío hay que redondearle el extremo, me parece que tiene demasiado filo y ya sabes como suelen ser los críos, empiezan a jugar y sin querer pueden hacer bastante avería a él o a cualquier otro.

KAKUE. Gancho de hierro. **K.** Zueik eztakitx sekula ikusidozuen, ba hala-bada eta neri bezela ikera pixkat emungotzuen ikustie nola txarrixei lepotik sartzejakon burnizko kakue, eta gero arrastraka eruen akabau inbidauen tokira. **T.** No sé sí lo habéis visto alguna vez, pero si es así y al igual que a mí os daría un poco de cosa el ver cómo al cerdo le meten el gancho de hierro por el cuello, para después llevarlo a rastras al sitio dónde lo van a matar.

KAKUTA, KAKUTARA. Es un sitio imaginario donde se envía a la gente que está molestando y dando la pelmada. **K.** Ondo jak hirie eta fanai kakutara hainbeste jardunekiñ, ordubete honetan hor habill gauza berdiñek esan ta eskatzen, etxak nahiko garbi geratu eziñazela etorri gurekiñ afai hortara bazkidientzat bakarrik dalako? **T.** Ya está bien lo tuyo con tanto dar la pelmada, desde hace una hora que estás repitiendo y pidiendo las mismas cosas, ¿no te ha quedado suficientemente claro que no puedes venir a esa cena porque es solo para los socios?

KALA. Cala, sitio de pesca o disfrute a la orilla del mar, generalmente aldo apartado. **K.** Silveriok esauzten bezela gaur egun zoragarrixe omenda arrantzan fateko kala hartara, nik arrastuik be eztauket zeñeik izetendien egun onak ero txarrak eta gañera oñ, oso denpora gutxi dala, ikesten hasinaz nola itxendan arrantzan. **T.** Según me ha dicho Silverio hoy debe de ser un día inmejorable para ir a pescar a aquella cala, yo no tengo ni idea de cuales son los días buenos o malos y además ahora, hace muy poco tiempo, he empezado a aprender cómo se pesca.

KALAMIDADIE. Desgracia. **K.** Nahiko kalamidade daukie igex itxendauen pertzona horreik ta hona etorri errefuxiau bezela, aldebatetik larreiko arrixkutzu bidaia iñdaue allegatzeko haldauen ero guredauen tokira, eta bestaldetik allegau, lortu izendauenak noski, zeatik beste asko birien geratudie, eta gero ¿zer? **T.** Ya tienen suficiente desgracia esa gente que está huyendo y vienen aquí cómo refugiados, por una parte han hecho un viaje muy peligroso para llegar al sitio que quieren o pueden, y por otra parte llegan, los que lo han logrado claro, porque otros muchos se han quedado en el camino, y luego ¿qué?

KALAMIDADIE. Se dice de la persona que es un o una calamidad, persona mala. **K.** Horrekiñ hobeto izengozue, halbozue bentzet, tratu gutxi ero bape eukitxie, entzunde dauket nahiko kalamidade dala, gañera eztala berbadun pertzona eta betik gezurretan haidala. **T.** Haréis bien, si podéis al menos, el tener pocos o ningún trato con ese, tengo oído que es bastante calamidad, encima que no es una persona de palabra y que siempre anda con mentiras.

KALAMATRIKA. Charla incesante, pelmosa, con poco sentido. **K.** Zurie ezta barriketa bakarrik baizik sigeroko kalamatrika, nola da posible haibeste jardun itxie betik gauza berdiñe eskatzeko eta ondo jakiñien eonda eztauketela, ba gauzabat esangotzuk, ze eukibanauen be enutzula emungo. **T.** Lo tuyo no es solo el hablar sino que es una auténtica pelmada, ¿cómo es posible que estés pidiendo y repitiendo lo mismo aún a sabiendas de que no lo tengo?, pues te voy a decir una cosa, que aunque lo tuviera tampoco te lo daría.

KALAMUE. Cáñamo. **K.** Beñ ikusinauen, nahiko aspaldixto, Lanzaroteko hondartza txikibaten kalamuaz iñdako esatendan txiringitue eta dana horrekiñ iñdekue, tellatu ta paretak, eta han bera bakarrik, aparteko paraje hartan, benetan oso politxe geratzezala. **T.** Ví una vez, hace ya bastante tiempo, en una pequeña playa de Lanzarote una especie de lo que se llama chiringuito y todo hecho con cáñamo, techo y paredes, y allí ello solo, en aquel apartado paraje , de verdad que quedaba muy bonito.

KALANBRIE. Calambre. Este puede ser producido por electridad, y también como consecuencia por haber realizado un esfuerzo o estar en ello, al correr suele ser bastante frecuente.. **K.** Ni korrikan ibiltxenitzenien sarri euki izendot kalanbriek bernetan, geixau eskumakuen, eta hau gertatzezanien derrigorrez gelditxu-bierra izetezan, eta gero ariketa batzuk iñ ondoren axkar xamar desagertzezien. **T.** Yo cuando solía correr he tenido a menudo calambres en las piernas, más en el de la derecha, y al ocurrir ésto necesariamente había que parar, y después hacer unos pequeños ejercicios solían desaparecer bastante pronto.

KALBARIXUEK. Los Calvarios en la religión Católica. **K.** Atxabalta Elixako paretetan ixegitxe eotezien kalbarixoko kuadrok ondo errepartirute, oñ be akaso han jarraitxukodaue, ustedot hamalau ziela eta gogoratzenaz nola mutikotan mobitzegiñen bueltan bueltan hareik ikusiaz eta errezuen, noski jarraixen eta gelditxu-barik. **T.** En la Iglesia de Aretxabaleta solían estar colgados los cuadros de los calvarios y bien repartidos por las paredes, ahora también puede que sigan allá, creo que eran catorce y recuerdo que de chavales nos movíamos girando mirando los cuadros y rezando, seguido y sin parar.

KALBOSUE. Calvo, calvoso, sin apenas pelo en la cabeza. **K.** Lenau kalboso askoi lotza emuteutzen hala izetie eta batzuk peluka jartzeauen, eta gero ondo harro eruen ta ibili, oñ berriz naiz eta kalboso ez izen askok buruko ule guztie moztu eta gero labaña pasa, ezer-barik geratu eta nik ustedot guapotzeko izengodala. **T.** Antes a muchos calvos les daba vergüenza el ser así y algunos se ponían peluca, y luego lo llevaban con mucha presunción, ahora en cambio a pesar de no ser calvos muchos se cortan todo el pelo y después se afeitan la cabeza, se quedan sin nada y yo supongo que será porque se verán más guapos.

KALAU, KALAUTA. Es una palabra que se utiliza para decir que se sabe, o se puede conocer, con que intenciones puede venir una persona. **K.** Horri ikusi besteik ez kalauta dau zertan datorren, aurrena ta naiz da jakiñien eon ezer eztakixela, Aureliona fangoda galdetzera asunto haren buruz, ta nola erantzuna ezezkue izengodan gero gureana etorrikoda tontopapela iñaz. **T.** A ese nada más verle ya se sabe con que intenciones viene, primero y a pesar de estar a sabiendas de que no conoce nada sobre el asunto, irá dónde Aurelio y cómo la respuesta será negativa luego vendrá donde nosotros haciendo el papel de tonto.

KALDARA, KALDARIE. Caldero. **K.** Lenau, oñ be akaso hala izengoda, txarrixe akabau garaian eta kutxillue lepotik sartu ondoren, haren odola jausi-hala, kaldara aspixen eotezan, derrigorrez mobitxu-bierra hauen ezixen gogortu, gañera gure etxien lan hau eskuz itxezan eta gero hari beste bierdan gauza guztiek nahaztejakon odolostiek itxeko. Eta eztau esan-bierrik nola geraketazien azkalkak, bestienak noski. **T.** Antes, ahora quizá tambien sea así, en el tiempo que se mataba el cerdo y después que se le metía el cuchillo por el cuello, el caldero estaba debajo, a medida que caía la sangre necesariamente había que moverlo para que no se solidificase, además en nuestra casa éste trabajo se hacía a mano y luego a eso se le mezclaba todo el resto de cosas que necesitaba para hacer las morcillas. Y no hace falta decir cómo quedaban las uñas, las de los demás claro.

KALE. Fallo. **K.** Askenen binakako pelota partidue nahiko naskagarrixe izenzan, kustiñue da nahiko ondo hasiziela, tanto luziek ta ondo jolastekuek, baña gero eta erditxik aurrera arrastuik be eztauket zer gertau izenjakien zeatik kale besteik ezien ikusten eta gañera danon aldetik. **T.** El último partido de pelota a mano por parejas fue bastante asqueroso, la cuestión es que empezaron bastante bien, con tantos largos y bien jugados, pero a partir de mitad del partido no sé que les pudo pasar porque no se veían más que fallos y además por parte de todos.

KALE. Se dice cuando la persona falta al trabajo, a la escuela, etc... sin motivo justificado.

(Ver la definición de piper).

KALEJIRA. Pasacalle. Se llama así al hecho de recorrer las calles detrás de los músicos danzando al son de la música que van tocando. **K.** Beno ba, hasidie herriko jaixek eta oñ egunero eukikoitxu kalejirak, eta gañera honeik oso ondo etortzendie giro pixkat jartzeko, umiek ta baitxe gurasuek be pozik eta gustora ibiltxendie txaranga horrein atzetik. **T.** Bueno pues, ya han empezado las fiestas del pueblo y ahora todos los días tendremos pasacalles, y además éstos suelen venir muy bien para poner un poco de ambiente, los críos y también sus padres suelen andar contentos y a gusto detrás de esas charangas.

KALENDAIXUE. Calendario. **K.** Bai, noski kalendaixuek jartzendauela udabarrixen garela baña nere ustez baleike hori gezurre izetie, zeatik ezta oso normala garai honetan holako egueldixek itxie, egunero hotz galanta, askotan baitxe isotza be eta toki batzuetan edurra. **T.** Sí, claro que el calendario ya pone que estamos en primavera pero yo dudo que eso sea verdad, porque no es muy normal que en esta época haga estos tiempos, todos los días un frío impresionante, muchas veces también heladas y nieve en bastantes sitios.

KALENTURA. Fiebre. **K.** Giro honekiñ horixe da normalena, kalentura eukitxie, sarri entzutenda gente ugeri dabillela geixo, gripe, bronkitis ero beste zerreozer antzerakuaz eta baitxe anbulatoixoko urgentziak ixe kabitu eziñik diela. **T.** Con este tiempo eso es lo más normal, tener fiebre, a menudo se oye que anda muchísima gente enferma con gripe, bronquitis o alguna cosa parecida y también cómo los servicios de urgencia de los ambulatorios deben de estar casi colapsados.

KALERA. Salir a la calle. **K.** Ume hau siñistu eziñeko kale-zalie da, beitu oñ be nola dauen zai ate honduen aber noix urten kalera, eta beñ kanpuen gero gertatzenda eztauela sekula nai izeten etxera bueltatzeik. **T.** Es increíble lo aficionada que es ésta criatura para salir a la calle, mira cómo ahora también está dispuesta al lado de la puerta, y una vez fuera luego pasa que nunca suele querer volver a casa.

KALE-ESKE. Colecta. **K.** Nik ustedot aspalditxotik larreiko jente dabillela kale-eske, baleike askok ibiltxie dirue batzen borondate onaz eta bierdan tokirako, bañe apostaukonauke beste-batzuk poltxikue betetzeko asmuekiñ bakarrik ibilikodiela. **T.** Yo creo que últimamente se ve a demasiada gente haciendo colectas por la calle, puede que muchos anden con buena voluntad y dediquen lo recogido para los sitios dónde sea necesario, pero ya apostaría que algunos otros solo andan con la intención de llenarse los bolsillos.

KALETARRA, KALEUMIE. Se decía de las personas nacidas dentro del pueblo, en el casco urbano. **K.** Nola zien lengo kontuek, benetako aldrebesak, akaso ezta bierdan moduen jarritxe eongo baña beno, asuntue zan bi pertzona talde mota eoteziela, baserritxarrak ta kaletarrak, guri, kaletarrai, esateuzkuen flojo xamarrak eta exkaxtxuauek giñela, eta baserritxarrak berriz iñdertzuek ta bebai baleike zertxobaitx fama eukitxie iñuxentetxuenak, ero len esatezan bezela, boronuek. **T.** Cómo eran las historias de antes, de verdad enrevesadas, quizá no esté debidamente expresado pero bueno, el asunto era que había dos clases de grupos de personas, las que había nacido en el caserío y los de que se llamaban de la calle, a nosotros, los de la calle, nos decían que éramos más bien débiles y algo flojuchos, y los caseros en cambio eran fuertotes, aunque puede que tuviesen fama de un poco tontitos, o cómo antes se decía, de boronos.

KALIE. La calle. **K.** Ze aldaketa eukidauen herri geixenak, lenau txikiñek zienetan kale bakarra eotezan eta gañera askok izen hori hauken, kale bakarra, gero bi zien, kalegoixen eta kalebarren, ondoren erdikokale be eonzan, gero etxe barrixek iñ-hala haunditzen ta zabaltzen fandie herri horreik bai luzetara ta bai albotara eta oñ nahiko ero ugeri kale ikustendie. **T.** Que cambio han tenido la mayoría de los pueblos, antes en los pequeños solo había una única calle y además muchas tenían ese nombre, calle única, luego fueros dos, la de abajo y la de arriba, más tarde también se integró la del medio y ahora a medida que se hacían nuevas casas, esos pueblos se ha ido haciendo más grandes a lo largo y ancho y ahora se ven muchas o bastantes calles.

KALOSTRUE. Calostro. Es primera leche que mama el animal recién parido. **K.** Nik hiru ero lau bider ikusitxe dauket nola txalak hartzendauen kalostrue bere aman errapetik ta bebai gogoratzenaz ze kolore hauken, hola horiska bezela. **T.** Yo ya tengo visto tres o cuatro veces cómo toman los terneros recién nacidos el calostro de la ubre de su madre y también me acuerdo del color que tenía, así como amarillento.

KALTE, KALTIE. Perjuicio, daño. **K.** Garai baten banakixen ze perretxiko zien onak ta zeñeik inleikien kalte, oñ berriz nola urte pilla enazen fan horreiñ billa dana astute dauket, halaere noixienbeñ jan izetendou etxien baña hori bai, aurrena erosi inbierrak izeteitxut. **T.** En un tiempo ya sabía que setas eran las buenas y cuales las que podían hacer daño, ahora y cómo hace muchos años no he ido a por ellas lo tengo todo olvidado, aún así de vez en cuando ya las solemos comer en casa, pero eso sí, primero las tengo que comprar.

Aspaldiko esaerabat: Gutxi eta asko, bixek kaltesko.

Un viejo refrán en euskera dice que mucho y poco, con los dos perjuicio.

KALTEGARRIXE, KALTESKUE. Cosas dañinas, perjudiciales, nocivas. **K.** Nola izetendien gauzak, ni esaten eztakitxela ze perretxiko dien onak ero txarrak ta kasualitatez eztan oso esagun pertzona eskiñi iñuzten mordoxkabat, enitzen asko fixatzen ta ezkerrak emunaz ukatu iñauen, eta gaur jakiñdot urgentzietara fan-bierra eukiauela zeatik etxuraz batzuk kalteskuek zien. **T.** Cómo son las cosas, yo diciendo que no sé cuales son las buenas o malas setas y casualidad ayer una persona que no es demasiado conocida me ofreció unas cuántas, no me fiaba mucho y después de agradecer el ofrecimiento le dije que no, y hoy me he enterado que tuvieron que acudir a urgencias porque parece que algunas de ellas eran dañinas.

KALTERAKO. Para hacer daño o prejuicio. **K.** Horrekiñ ezizue konponketa haundirik euki eta iñ gutxiau, eskiñi ta esangotzuen dana bere mezererako izengoda naiz da bestien kalterako izen, gauza horreik eztutzo ezertxoik inportik. **T.** Con ese no tengaís ni hagaís muchas componendas, todo lo que os diga y os pueda ofrecer será para su exclusivo beneficio a pesar de que pueda perjudicar a los demás, esas cosas no le importan en absoluto.

KALTZADA. Calzada.

(Ver la definición de galtzada).

KALTZAU. Calzar. Colocar una pieza debajo de otra para nivelar o aplomar ésta. **K.** Aber, baserri zutiko poste honeik kolokatzen hasi-bierra daukou ta batzuk fanzaitxeze egurrezko ziri batzuk prestatzera, baleike bateonbat kaltzau inbierra izetie eta baezpare hobeto izengou hemen eskuen eukitxie. **T.** A ver, tenemos que empezar a colocar esos postes del caserío y algunos teneís que ir a preparar unas cuñas de madera, puede que tengamos que calzar alguno y por si acaso es mejor que los tengamos aquí a mano.

KALTZETIÑEK. Calcetines.

(Ver la definición de galtzetiñek).

KANTZONTZILLUE. Calzoncilllo.

(Ver la definición de galtzontzillue).

KAMARIE. El camarote de la casa. **K.** Gure etxe zarreko kamarie sigero haundixe zan eta han gordetzezien ezauen balixo trasto ta katxarro zar guztiek, eta baitxe ezienak asko erabiltzen, batzuetan esanleiken nahiko alper-lana zala zeatik larrei betetzezanien berriz jetxi-bierrak izetezien zakarrera botatzeko. **T.** El camarote de la casa vieja era muy grande y allá se guardaban los trastos y cacharros viejos que ya no servían, y también los que no se utilizaban demasiado, algunas veces se podría decir que era una cosa bastante inútil porque cuando se llenaba demasiado había que volverlos a bajar otra vez para echarlos a la basura.

KAMARRA. La cabecera de la cama. **K.** Lenau, nik betik hala esautunauen, oien haltzarixe gauza bakarra zan, oñ berriz toki askotako eskaparatetan ikustendot nola bera oie izetendana aldebaten eotendan ta uge kamarra bestaldien. **T.** Antes, yo de siempre así lo he conocido, el mueble de la cama era una única pieza, ahora en cambio veo en muchos escaparates cómo por una parte la cama propiamente dicha está a un lado y por otra parte la cabecera de ella.

KAMELAU. Engatusar mediante adulación, carantoñas, etc… **K.** Ikuziozu nola datorren Julito bere irribarre horrekiñ ta nik garbi dauket zer guredauen, zertxobaitx paga geixau eta laister hasikoda jaboie emuten kamelau guran. **T.** Mírale cómo viene Julito con esa sonrisa suya y yo tengo claro que es lo que quiere, un poco más de paga y pronto empezará haciendo carantoñas a ver si nos engatusa.

KAMIÑERUE. Caminero. Antiguamente se llamaba así a la persona que se dedicaba al arreglo de caminos y carreteras. **K.** Anselmok bere kuadrillan lagunbat dauko bere aitxajauna kamiñerue izenzana, ta komestatzendau nola garai hartan izen horrekiñ geratuzan lagun horren etxie, kamiñerokue, eta bertan bizizienak, kamiñerokuek. **T.** Anselmo tiene un amigo en su cuadrilla que su abuelo fué caminero, y suele comentar que en aquellos tiempos con ese nombre se quedó la casa de este amigo, la casa del caminero, y los que allá vivían, los del caminero.

KAMIÑUE. El camino. **K.** Gepese hori asalduzanien sorginkeixabat zala iruitzejaten, oñ berriz gauza ez normala bakarrik baizik ixe derrigorrezkue emutendau dala hortik zierko karreteran ero birietan ibiltxeko, baña gauzabat, len be nahiko ondo manejatzegiñen horre-barik eta baitxe betik allegau be fan-bierreko toki guztietara. **T.** Cuándo apareció el GPS a mí me dio la impresión que era cómo una cosa de brujería, ahora en cambio no solo es una cosa normal sino que parece que es casi imprescindible para andar por las carreteras o caminos de por ahí, aunque una cosa, antes también nos manéjabamos bien sin eso y siempre llegábamos a todos los sitios dónde queríamos ir.

KAMOMILLA. Manzanilla. **K.** Ni mutiko txikiñe nitzenien Zelestiña amandriek berakiñ erueteuzten kamomilla jasotzera, garai hartan toki askotan eotezan, oñ be akaso hala eongoda, eta ondo gogoratzenaz nola fategiñen Sanjuan Portaletaña bazeliza dauen aldera. **T.** Cuándo era un chaval pequeño mi abuela Celestina me solía llevar con ella a recoger manzanilla, en aquellos tiempos la solía haber en muchos sitios, puede que ahora también sea así, y me acuerdo muy bien cómo solíamos ir hacia la zona dónde está la ermita de San Juan Portaletaña.

KANA. Cana. Es una antigua medida de longitud que equivalía a algo menos que un metro (aprox. 85 centímetros) y a tal efecto se preparaba una regla o vara con esa longitud. Ahora creo que solo se utiliza en las pruebas de corte de troncos con hacha, (aizkolaris).

KANAERDI. Media vara, media cana. **K.** Tolosako Kantabriko tabernan aposta ederra lotu izendaue Olasagastik ta Atutxak, xei mille euro jokatuaz aposta da zeñek lenau moztu hamalau kana-erdiko ta zortzi kanako enbor. **T.** Buena apuesta ha quedado atada en el bar Cantábrico de Tolosa entre Olasagasti y Atutxa, se han jugado seis mil euros y la apuesta consiste a ver quien corta antes catorce trondos de media kana y ocho de kana.

KANALA. Canal. Espacio por donde discurre el agua. **K.** Pentzatzen hainaz ze betik uran mangerakiñ ibili-bierrien ortue erregatzen, akaso hobeto izengoula goiko biltokitxik, ura hartuaz, kanal txikibat prestatzie hona bera ekartzeko. **T.** Estoy pensando que en lugar de andar siempre regando la huerta con la manguera, quizá lo mejor sería coger el agua desde el depósito de arriba y preparar un pequeño canal para que llegue hasta aquí abajo.

KANBIXAU. Cambiar, objetos, de ropa, etc… **K.** Espozu gure zure amak errietan itxie lana hasi aurretik kanbixau inzaitxez erropak, beztela gertaukoda ze hemen dauen autzakiñ txarri iñde fangozara etxera. **T.** Si no quieres que te riña tu madre cámbiate de ropa antes de empezar a trabajar, sino va a pasar que con el polvo que hay aquí vas a ir a casa lleno de suciedad.

KANBIXUEK. Cambios, generalmente de dinero. **K.** Ederra iñdust autobuseko txofer xelebre horrek, emuntzet hogei euroko diru papera bidaia kobratzeko ta esandust eztuztela itxiko sartzen ezpot lortzen kanbixuek, berak eztaukola ta. Ba askenien hurrengo autobusai itxoiñ inbierra eukidot, noski kanbixuek lortu ondoren. **T.** Buena me ha hecho el chofer ese raro del autobús, le he dado un billete de veinte euros para que me cobre el viaje y me ha dicho que no me dejará subir si no consigo cambios, que él no tiene. Pues al fin al he tenido que esperar al siguinte autobus, claro que después de conseguir los cambios.

KANDELA. Vela. **K.** Fandan asteburuen Zaragozan izengiñen eta domeka goixien andriek bereinkautako docenabat kandela erosizitxun Pilarko Basilikan, txantxan esanutzen aber pizteko asmue dauken etxie argitzeko bonbillan ordez, ba etxuraz ezauen oso ondo hartu ta beikara latza bota ondoren muturrekiñ jarrizan. **T.** El fín de semana pasado estuvimos en Zaragoza y el domingo a la mañana mi mujer compró una docena de velas que estaban bendecidas en la Basílica del Pilar, en broma le pregunté a ver si tenia intención de encenderlas para iluminar la casa en lugar de las bombillas, pues parece que no le sentó muy bien porque después de mirarme muy seria se puso de morros.

KANDELA. Fig. se llama así a los trozos de hielo que cuelgan de los tejados. Algunos le llaman carámbano y también hay quien le llama chupalámparas. **K.** Udaberri hasiera hontan iñdauen hotzakiñ izotz kandela ugeri ikustezien txintxiliska tellatuetatik, ez Zarautzen baña bai hor Pirineo barren ingurutan eta baezpare kontu haudixekiñ ibililtxegiñen horreiñ azpitxik pasaeran. **T.** Con el frío que ha hecho éste comienzo de primavera se veían muchos carámbanos de hielo que colgaban de los tejados, no en Zarautz pero sí por ahí por abajo de los Pirineos y por si acaso andábamos con mucho cuidado al pasar debajo de ellos.

KANDILLE. Candil y éstos antes normalmente solían ser de carburo. **K.** Beñ, ia denpora dexente dala, Oñatiko Arrikrutz koba-zulora fangiñen eta berruen ibiltxeko kandillek eruen, zortzi lagun gitzen ta danon argixen hartien nahiko ondo ikustezan, halaere eta batzui karburo bukatu ondoren, larri ez, baña baezpare bai prixa antzien axkar urtengauen. **T.** Una vez, hace ya bastante tiempo, fuimos a la cueva de Arrikrutz en Oñate, y para andar dentro llevamos candiles, éramos ocho compañeros y con la luz de todos se veía bastante bien, aún así y cuando a algunos se les terminó el carburo, apurados no, pero sí por si acaso salimos pronto con un poco de prisa.

KANIKETAN. Estar jugando a canicas. **K.** Mutikotan joku asko haukoun ta horreatik jolastu be gauza askotara itxegauen, baña nik ustedot geixenbaten, giro txarra hauenien bentzet, kaniketan ibiltxegiñela Elixpeien, gogoratzenaz nola potxotik urten-bierra izetezan ta beste kanika batzui jo ondoren berriz norberan kanika sartzezala urtenzan potxo hartan. **T.** De chavales teníamos muchos juegos y por eso así también jugábamos a muchas cosas, pero yo creo que las más de las veces, al menos cuando hacía mal tiempo, andábamos a las canicas en el portico de la Iglesia, recuerdo que cómo había que salir de un hoyo y después de pegar a otras canicas había que volver a meter la propia canica en el mismo hoyo que se había salido.

KANIKETAN. Fig. se dice por el hecho de estar o andar desnudo (a). **K.** Beñ, hau oso aspaldi izenzan, lagunbat eta bixok sartugiñen ezer jakin-barik hor Katañuña herri txiki-bateko hondartzara, ba gertauzan se hondartza hortan jentie kaniketan ibiltxezala, ba seguitxuen urten-bierra izengauen zuek pentzatzendozuen gauza bera horretxeatik. **T.** Una vez, ésto fue hace mucho tiempo, un amigo y yo y sin saber nada nos metimos en una playa de un pequeño pueblo de Cataluña, pues resultó que en esa playa la gente andaba desnuda, pues enseguida tuvimos que salir por esa misma causa que estaís pensando.

KANILLE. La espinilla. **K.** Zuen seme txikixei errietan inbierra daukotzue, eztakitx nola, zeatik ero nun hartudauen oitura hori, gauza da ze etortzenazen bakotxien ostikarabat emutendaula kanillen, beñ baño geixautan esautzet ipurdikobat emungutzatela baña gañetik aurrena beiketandust eta gero barre itxendau. **T.** Teneís que reñirle a vuestro hijo pequeño, no sé cómo, porqué o dónde ha cogido esa costumbre, la cosa es que cada vez que vengo me pega una patada en la espinilla, más de una vez le digo que le voy a dar en el culo pero encima primero me mira y luego se ríe.

KANKALLUE. Se dice de la persona algo basta y torpe. **K.** Lanera ekarridozun zure lagun hori mutil ona dala emutendau baña egixe esangotzut, sigero kankallue da eta eziñleixo erozeiñ lanik aiñdu zeatik naiz da alegiñdu, aberixabat itxeko arrixkue dau. **T.** Ese amigo tuyo que has traido a trabajar parece que es un buen chico, pero te voy a decir la verdad, es demasiado torpe y no le puedes mandar cualquier trabajo porque aunque se empeñe, existe el riesgo de que pueda hacer una avería.

KANKARRUE. Se dice por un recipiente que está lleno de líquido, generalmente un vaso de vino. Nosotros le llamábamos cancarro. **K.** Benanzioi ikusi inbijako ze modutan ibiltxendan tabernik taberna, horrek eztitxu eraten txikituek banan banan, beno, bai erateitxu banan banan baña txikituek izen-bierrien kankarruek izetendie. **T.** A Venancio hay que verle de qué modo suele andar de bar en bar, ese no bebe los chiquitos de uno en uno, bueno, si bebe uno a uno pero en lugar de chiquitos suelen ser cancarros.

KANPAIEK. Campanas. **K.** Asunto hau siñistue eziñekue da eta eztau ulertzeik nola konpondukozien lapurtzeko auzo Elixa hortako kanpaiek, eta nola iñdauen goraño igoteko, kanpo aldetik noski, askatu, ze modutan jetxi, nolabaitx kargau eta eruen, ta gañera ezien pixu gutxikuek, batek bentzet berreun kilotik gora haukela esatendaue. **T.** Este asunto es increíble y no se puede entender de que forma se han podido arreglar para robar las campanas de la Iglesia de ese barrio, y cómo han hecho para subir hasta arriba del todo, por fuera claro, soltar, de que manera las han bajado, el modo de cargarlas y se las han llevado, y además no de poco peso, dicen que por lo menos una de las campanas pesaba más de doscientos kilos.

Aspaldiko esaerabat: Kanpaiek eztauenak gure aitu, soka ez tiratu.

Un viejo proverbio en euskera dice que el que no quiera oir las campanas que no tire de la cuerda.

KANPANTORRIE. El campanario, la torre de la Iglesia. **K.** Ba oñ kanpai-berik sigero etxura xelebre dauko kanpantorriek eta eztakitx zer ingodauen, etxuraz ertzainan denuntzia sartuta dau baña esan omendaue eztala bape errexa izengo errekuperatzie, holako gauzak seguitxuen urtutzendauela. **T.** Pues que aspecto más raro tiene ahora la torre de la Iglesia sin las campanas y no sé que es lo que harán, parece ser que ya lo han denunciado en la ertzaina pero les han debido de decir que no será nada facil el poder recuperarlas, que esas cosas las deben de fundir enseguida.

KANPANTXUEK. El toque, tañido de las campanas. **K.** Eta gañera oñ ze bieleku, kanpairik ezpadaz zerekiñ eta nola jokodaue kanpantxuek mesetara deitzeko, hilldekuen soñue ta abar?, zerreozer asmatzen hasibikodie, akaso txistularixekiñ?, ba ez pentza zeatik akaso ezan halako ideia txarra izengo. **T.** Y además ahora vaya problema, si no hay campanas, ¿con qué y cómo van las campanadas para llamar a misa, tocar a muertos, etc…?, tendrán que empezar a pensar algo, ¿quizá con txistularis?, pues no creaís porque quizá no sería tan mala idea.

KANPO-ALDIE. Las afueras. **K.** Urtero bezela ia hemen dau zirkue eta hau etortzendanien betik kanpo-aldien jartzendaue, baña gauza da ze oingo egunetan sigero giro txarra dauela oñez fateko eta kotxien fan-ezkero eztala tokirik eongo danak aparkatzeko bezela. **T.** Cómo todos los años ya está aquí el circo y siempre que viene lo instalan en las afueras, pero pasa que estos días hace un tiempo muy malo para ir andando y si se va en coche no habrá suficiente sitio para que podamos aparcar todos.

KANPORA. Sacar alguna cosa o mandar fuera a alguna persona. **K.** Gertaudan hau sigero lotzagarrikeixe izenda, naiz eta askenengo illeran jarri pareja hori euron gauzak itxen hasidie erdi pilloxik, ba zineko zaiñtzaliek abixue emun ondoren eta ikusitxe eztauela kasuik itxen, kanpora bieldu inbierra izendau. **T.** Lo que ha pasado ha sido demasiado vergonzoso, a pesar de que se han colocado en la última fila la pareja esa han empezado a hacer sus cosas medio desnudos, pues el acomododador del cine después de haberles avisado y viendo que no le hacían caso, les ha tenido que mandar fuera.

KANPOSANTUE. Cementerio. **K.** Oñ, lengo aldien konparauta bentzet, ezta halako jente larrei fango Kanposantura, nola askoi inzinerau itxeitxuen eta gero, ez danak baña bai geixenak, autzak nunbaitxera bota, ba eztien faten jente horrik eztaue eukiko lurperatutako senideik. Baldomero bezela, haren familixako lurperatuzan askena bere amandría izenzan eta hori gertauzan urte pilla dala. **T.** Ahora y si se compara con lo de antes, no acudirá demasiada gente a los cementerios, cómo a muchos les incineran y luego, no todos pero sí la mayoría, esparcen las cenizas por algún sitio, pues esa gente que no va no tendrán familiares enterrados. Al igual que Baldomero, en su familia a la última que se le enterró fue a la abuela y eso ocurrió hace muchísimos años.

KANPOTARRA, KANPOKUE. Se dice de la persona forastera, foránea. **K.** Zarautz uda partien ixe kanpotar jentiaz betetzenda, egunek izetendie nahiko zalla izetendala kaletan ibiltxie, geixenbat alde-zarrien, eta eztau esan-bierrik ze gertatzendan malekoien giro ona dauenien. **T.** Zarautz en la parte del verano casi se llena de gente forastera, hay días que es bastante difícil andar por las calles, sobre todo en la parte vieja, y que decir de lo que pasa en el malecón cuando hace buen tiempo.

KANPOTIK. De fuera. **K.** Bai, goixen jarridot uda partien baña hortik aparte be siñistu eziñleike da zer gertatzendan uztailan, Sanfermiñak dien egunetan. Udan herrira datozenak kanpotarrak die baña egun horreitan benetako kanpotik etorritxekuek izetendie, Ameriketatik, Australia, Europatik, alde guztietatik bi kanpiñek ondo bete hartien. **T.** Sí, arriba he puesto en la parte del verano pero aparte de eso no se puede creer lo que pasa en el mes de julio, en los días de San Fermín. En verano la gente que llega al pueblo es de fuera, pero en esos días los que vienen si que en verdad son forasteros, de América, Australia, Europa, de todas partes hasta llenar bien los dos campings.

KANPUE, KANPUEN. Fuera, lugar o sitio exterior. **K.** Nola aukera daukoun ta lau lagun bakarrik garen, ba gaur etxe kanpuen bazkaldukou, lan pixkat da baña nik ustedot merezuidauela giro honekiñ, andrie geratuda bazkaixe prestau eta nik keixpe onbat lortzeko, eta ziur gustora ta ondo pasaukoula. **T.** Cómo tenemos la oportunidad y solo somos cuatro, pues hoy comeremos fuera de la casa, tiene un poco de trabajo pero yo creo que con éste tiempo merece la pena, la mujer ha quedado en preparar la comida y yo encontrar una buena sombra, y estoy seguro de que estaremos a gusto y lo pasaremos bien.

KANTARI. Cantar, cantante. **K.** Ba egixe zan, oso ondo eongara, baitxe ederto bazkaldu eta askenien ezta hainbesteko lan izen, oñ, gauzabat bai gertaujaku, nola ezaukoun kotxeik hartu-bierrik ugeri xamar sagardau erandoula ta gero kanta kantari baitxe patxaran bat ero beste be, eta zer ingou ba, bixer bixamon pixkat ta kitxo. **T.** Pues era verdad, hemos estado muy a gusto, también hemos comido estupendamente y al final tampoco ha sido tanto el trabajo, ahora que si nos ha pasado una cosa, cómo no teníamos que coger el coche hemos bebido bastante sidra y luego cantar cantando también algún pacharan que otro, y que le vamos a hacer pues, mañana un poco de aje y listo.

KANTARIE. Cántara. Era una medida muy antigua de líquidos y que correspondía aprox. a doce litros, ahora que creo, aunque no estoy seguro, que no en todos los sitios era igual. **K.** Nik eztot esautu kantarien neurririk baña bai dauket aitxai entzunde kontu hareik, nola batzuetan garrafoiek hartu eta fatezien Errioxa aldera ardauen billa esanaz hainbeste kantara ekarrikozitxuela. **K.** Yo no he conocido la medida de la cántara pero sí tengo oído a mi padre aquellas historias, cómo algunas veces cogían los garrafones e iban a la zona de la Rioja a por vino diciendo que traerían tantas o cuantas cántaras.

KANTIAU. Eliminar las aristas. **K.** Obran eta gauzak ondo ikusteko desenkofrau ondoren, aurrena, ez betik baña bai geixenien, kantiau inbierra izetenda enkofratzeko bierdan egurra, ola ero beste holakorenbat. **T.** En la obra y para que se vean bien las cosas después de desencofrar, primero, no siempre pero sí la mayoría, hay que eliminar las aristas de la madera con el que se va a encofrar, tabla o alguna otra cosa parecida.

KANTINA, KANTINIE. Marmita. **K.** Oñ ustedot debekaute dauela esnie zuzenien saltzie ordeñau besteik ez, baña lenau baserritxik jextezan esne hori alumiñozko kantinan sartuta eta honeik astuen gañien, eta noski, gero egosi inbierra izetezan eran aurretik. **T.** Ahora me parece que está prohibido vender la leche directamente nada más que se ordeña, pero antes esa misma leche se bajaba de los caseríos metida en marmitas de aluminio y éstas encima del burrro, y claro, después había que cocerla antes de beber.

KANTOIE. Esquina, rincón. **K.** Argi ibiltxenbazara eta estropa ondo gurebozu ikustie etorrizaitez denporaz, nik han bertan etxoiñgotzut ta bixok alkarreaz fangogara ni eotenazen kantoi hortara, oso jente gutxik esauketandau eta bakar antzien eongogara. **T.** Si andas listo y quieres ver bien las regatas ven con tiempo, yo te esperaré allá mismo e iremos los dos juntos a la esquina dónde suelo estar yo, ese rincón lo conoce muy poca gente y estaremos bastante solos.

KANTZAU, KANTZAUTA. Cansarse, fatigarse. **K.** Bai, hori banakixen baña esan inbanauen aldapa pixkat igo-bierra izengozala eta gañera harri tartien ibili-bierra akaso eziñen etorriko, eta horreatik ixilik eon ta enutzun ezer esan, baña oñ eztauko bueltaik eta zer, naiz eta pixkat kantzau ondo ikusidozu estropa, ez? **T.** Sí, eso ya lo sabía pero si te digo que habría que subir un poco de cuesta y que encima tendrías que andar entre piedras a lo mejor no hubieses venido, y por eso estuve callado y no te dije nada, y qué, ¿a pesar de que te hayas cansado un poco has visto bien la regata, ¿no?

KAÑABERA. Caña. **K.** Nik eztot sekula ikesi arrantzan ta onazkero zalla izengoda ikestie, baña mutikotan bai itxegitxun gure alegiñtxuek, orduen ezaukoun gauza haundirik baña nolabaitx konpontzegiñen, lortzegauen kañabera puxketabat, etxetik kordela, jartzegauen ogi zatibat antzuelo antzerakuaz untzakiñ iñdekue eta han eotegiñen denpora-pasa, noski sekula ezer hartu-barik. Halaere eztau zalantzaik ze arrantzan haigiñela **T.** Yo no he aprendido nunca a pescar y ya va a ser difícil que aprenda, pero de chavales sí que hacíamos nuestros pequeños intentos, entonces no teníamos gran cosa pero de alguna manera ya nos arreglábamos, buscábamos un trozo de caña, una cuerda de casa, poníamos un pedazo de pan en una especie de anzuelo hecho con un clavo y allá solíamos estar pasando el rato, claro que nunca cogíamos nada. Aún así no hay duda de que estábamos pescando

KAPARRA. Garrapata.
(Ver la definición de akaina).

KAPAZ, KAPAX. Se dice de la persona capacitada, que es capaz. **K.** Eziozue bi bider esan, hori pixkat eranda dauenien kapaz da erozeiñ gauza itxeko ta, akaso eztakitzue zer iñdauen oñ gutxi dala, ero?, ba alaba eskontza egunien, gauez, sekulako atxurrekiñ zan, hamarretakue apostuaz eta hauen bezela, gorbata galduta hauken, bere traje, zapata ta guzti fan ta etorrri inzan korrikan Zumaitik. **T.** No le digaís dos veces que ese cuando está un poco bebido es capaz de hacer cualquier cosa, ¿acaso no sabeís lo que hizo hace poco, o qué?, pues el día de la boda de su hija, de noche, con una gran borrachera, por la apuesta de un almuerzo y tal cómo estaba, la corbata la había perdido, con su traje, zapatos y todo fué y volvió corriendo de Zumaia.

KAPAZUE, KAPATXUE. Capazo. Es una bolsa de mimbre que se utiliza para llevar objetos, recados, etc… **K.** Garai baten errekauek itxeko kapauzue erabiltezan dendan erostezien gauzak han sartzeko, oñ berriz poltza plastiko honeik dazenetik apenas ikustendie iñun, baña halaere ondion balixodaue toallak eta beste zerbaitzuk erueteko hondartzara. **T.** En un tiempo se utilizaba el capazo para hacer los recados y meter allá las cosas que se compraban en la tienda, ahora en cambio desde que están estas bolsas de plástico apenas se ven en ningun sitio, pero aún así todavía ya sirven para llevar las toallas y algunas otras cosas a la playa.

KAPAU. Capar. **K.** Asunto honen buruz gauza gutxi dakitx baña bentzek bat bai, kapoiek kapau bier izetendiela pixue irabazi eta haundi itxeko. **T.** Sobre éste asunto apenas sé nada, pero al menos una cosa sí, que a lo capones hay que caparles para que ganen peso y se hagan grandes.

KAPELA. Sombrero de paja, tela, etc… **K.** Fandan urteko ekainan andrie ta bixok Estremadura aldien ibiligiñen egun batzuk pasatzen eta siñistu eziñeko beruek iñauen egun horreitan, batzuetan berrogei gradutik gora eta askenien lastuaz iñdeko kapel bana erosi-bierra eukigauen, eta ez asarratzeko sigero desberdiñek, andriena gorrixe eta nerie larroxa. **T.** En junio del año pasado mi mujer y yo estuvimos pasando unos días por la zona de Extremadura y precisamente esos días hizo unos calores increíbles, algunos días de cuarenta grados para arriba y al final tuvimos que comprar un sombrero de paja para cada uno, y para no enfadarnos diferentes, el de la mujer rojo y el mío rosa.

KAPELAUA. Capellán, cura, sacerdote. **K.** Nik ustedot ze kapelaua izeteko aspalditxotik fanda diela bokaziñuek, ero eskutauta bentzet, eta alde guztietan esatendaue faltan omendiela, auzotan ezta bat geratzen eta herri txikitan kapelaua geixo eotenbada bertako jentie mesa-barik geratzenda, ta honen aparte baitxe beste hainbat Elixa kontu be, esan-baterako batalluek bezela. **T.** A mí me parece que las vocaciones para ser sacerdote se esfumaron hace ya mucho tiempo, o al menos ocultado, y dicen que faltan en todas partes, en los barrios ya no queda ni uno y en los pueblos pequeños si enferma el cura la gente de allá se queda sin misa, y aparte de eso también sin tantas otras cosas relativas a la Iglesia, cómo los bautizos por ejemplo.

KAPERA. Capilla. **K.** Ba goixen jarridoun bezela, Estremaduran izengiñenien egunbaten Guadalupeko herrira fangitzen bertako Monasteixue eta Basilika bixitatzeko asmuaz, dana zoragarrixe baña gauzabat hauen arritzeko modukue, kapera, siñistu eziñeko politxe zan. **T.** Pues cómo hemos puesto arriba, cuando estuvimos en Extremadura un día fuimos al pueblo de Guadalupe con la idea de visitar su Monasterio y Basílica, todo maravilloso pero había una cosa que era para asombrarse, la capilla, era increíblemente bonita.

KAPIRIXUE. Viga de madera que generalmente existen en los caseríos. **K.** Josun baserrixe inzanien, aurrena barruko dana bota ta ustu inzan, gero kapirixo geixenak aldatu inbierrak izenzien zeatik kenduzien asko nahiko ustelak eta etxura txarrekuek zien, eta baezpare baitxe beste dexente batzuk be. **T.** Cuándo se hizo el caserío de Josu, primero se tiró y vació todo el interior, luego hubo que cambiar casi todas las vigas de madera porque muchas de ellas estaban bastante podridas y con mal aspecto, y también bastantes otras más por si acaso.

KAPOIE. Capón. Pollo capado. **K.** Toki askotako oitura kapoie jatie gabonzar egunien izetenda, nik parebat bider janda dauket baña nere ustez siku xamarra geratzenda, akaso gora--bera haundixe eukikodau nola prestatzendan, baña halaere xertxobaitx bentzet betik eongoda. **T.** En muchos sitios es costumbre comer capón el día de nochevieja, yo ya lo he comido un par de veces pero creo que queda un poco seco, quizá tenga mucho que ver el cómo se prepara, pero aún así al menos siempre lo será algo.

KAPOTA. Portezuela que tapa el motor del coche. Tambien una prenda, capa, para resguardarse de la lluvia. **K.** Ni fan izenazenien hortik zier egun batzuk pasauaz bizikletan ero oñez betik eruen izendot plastikozko kapota, eurixendako oso ona da baña gauzabat txarra dauko, jantzitxe badaukotzu ta bero antza baldinbadau sigero bustitxe geratzezarela izerdixekiñ. **T.** Cuándo he salido por ahí en bicicleta y también andando pasando unos días siempre llevo una capa de plástico, es muy buena para la lluvia pero tiene una cosa mala, si lo llevas puesto y hace un poco de calor quedas completamente mojado por el sudor.

KAPRITXOSUE. Persona caprichosa, antojadiza. **K.** Benetazko kapritxosue da gure illoba txiki hau, bere zorionetarako naidau markako zapatilla batzuk, izengara lau denda desberdiñetan, pillabat ikusitxu eta eztau billatu bat bera bere gustokoik. **T.** De verdad que es caprichoso nuestro sobrino pequeño, para su cumpleaños quiere unas zapatillas que sean de marca, hemos estado en cuatro tiendas distintas, ha visto un montón de ellas y no ha encontrado ninguna que sea de su gusto.

KAPRITXOZ. Hacer algo por o de capricho. **K.** Leonardok esatendau bere andrie aspalditxik dauela goguaz gauzabat probatzeko hala kapritxoz bezela, ta da txindurri erriek entzalada nahasixen, arrastuik eztaukela sekula eukikodauen horren aukeraik baña hala izetenbada andriek bakarrik janbikoitxula, berak bentzet ezta pentzatuere. **T.** Leonardo dice que desde hace mucho tiempo su mujer anda con ganas de probar una cosa así cómo de capricho, y son hormigas fritas en la ensalada mixta, que no tiene ni idea de si alguna vez tendrá esa oportunidad pero que si la tiene las tendrá que comer ella sola, que él desde luego ni pensar.

KAPROBETXE. Es una palabra que se utiliza para desear buen provecho o que aproveche. **K.** Euskalherrixen betiko oitura izenda, beste leku batzutan be hala izengoda, ze sartzezarenien erozeiñ jatetxera ta jentie eon bazkal ero afaltzen kaprobetxe esatie jente horrei, hau kanpuez bazara, eta hemen berriz, baitxe hori be baña normalena onegiñ esatie da. **T.** En Euskalherría la costumbre de siempre ha sido, en otros sitios también será así, que cuando entras en un restaurante y hay gente que está comiendo o cenando decirles o desearles que aproveche o buen provecho, ésto si estás fuera, y en cambio aquí, también eso pero lo más normal es decir onegiñ.

KARAJO. Carajo. Es una palabra que se utiliza para mostrar enfado o molestia. **K.** Jakinleike ze karajo gertatzendan zurekiñ?, aspalditxotik ikustezaut gelditxu-bako mormoxetan haizarela ta eztakitx zerbaitx aurka daukotzun ero eukitxie gurozun gurekiñ. **T.** ¿Se puede saber que carajo pasa contigo?, hace ya mucho rato que te veo que estás murmurando sin parar y no sé si tienes algo o quieres tener en contra de nosotros.

KARAKOLA (K). Caracol (es). **K.** Hainbat tokitxen akabau itxendaue ortuko karakolak benenue botata, eta guk berriz jaso itxeitxu bere garaia danien, gero itxi denpora dexentien sikatxen sakuen sartuta eta gertu dazenien, illebete parebat pasa ondoren, prestau eta jan. **T.** En muchos sitios matan los caracoles de la huerta echando veneno y nosotros en cambio cuando es su tiempo los solemos recoger, los metemos en un saco y dejamos que se sequen durante bastante tiempo para a continuación y una vez que estén listos, después de un par de meses, cocinar y comerlos.

Errezetabat. Karakolak saltzan: Beñ eta karakolak bierdan moduko sikuek dazenien ondo garbitxu-bierrak izetendie uraz, gatza eta biñagriaz. Lan hau itxeko palanganan jartzendie karakolat ur ugerixen eta hau nahastenda beste aurretik jarridoun horreikiñ, sarri bueltau, gero ustu, berriz jarri dan hori eta hala iñ hiru bider, ez astu ze bakoitxien buelta dexente emun-bierrak diela, eta lan honeik iñ ondoren askenego garbiketa izengoda egosibat emunda ordu-erdi inguruen, baña kontuen hartuta mantzo hasibikoula adarrak ataradeixien. Gero lapiko altu xamarrien jartzendou ura, basobat ardau zurixe, urdaiazpikuen azur parebat, kipula haundibat bi ero hiru untza sartuta, porrue, azenaixue, hamarbat berakatz ale, perejill ugeri eta piper miñe, baitxe oregano, tomillo, piper baltz bola bautz eta naiz izetenbada beste bedar zerbaitzuk be, asken dan honeik poltzatxuen sartuta. Lagatzendoun irikitxen ez larreiko su iñdertzuen eta ordubete inguruen euki irikitxen mantzo xamar eta hau gertu dau, kendu sutatik, aparta karakolak, ur hotzien pasara txikibat emun eta gorde lapikuen dauen salda pixkat geroko. Beste lapikobaten, hau ez hainbesteko altu, honeindako saltza prestatukou, eta hau ingou betiko bezela itxendan tomatiaz, eta bukaera antzien nahasteutzou gordeudoun saltza pixkat eta honekiñ batera hiru era lau piper txorizeruen okelie. Pasapure hortan pasa saltza eta hau iñ ta gero ta nai izentenbada botaleixo txanpiñoio ero beste erozeiñ perretxiko mota, honeik ia aurretik prestauta baña asko-barik, oñ geratzenda botatzie morteron preparadouna, bi eri hiru berakatz ale fiñ txikituta, parebat ogi zati pixkat erreta eta ardau zurixe, dan hau ondo nahastuta. Ba onazkero ia ezta gauza asko gelditzen, saltza hontan jarri karakolak, buelta batzuk eta hamar miñutoko berotazunbat emun su motelien. Eta gauzabat, karakol honeik hobiek eongodie hurrengo egunien jatenbadie, eta sobratzenbada baitxe beste hurrenguen be.

Una receta. Caracoles en salsa: Una vez que los caracoles ya están debitamente secos es necesario lavarlos bien con agua, sal y vinagre. Este trabajo se hace poniéndolos en una palangana con abundante agua, añadiendo las cosas que hemos puesto antes y dándoles bastantes vueltas, luego vaciar y repetir otras dos veces haciendo la misma operación con las cosas citadas, no os olvideís que en cada ocasión es necesario dar suficientes giros a los caracoles, entonces y para terminar de limpiarlos se ponen a cocer en abundante agua una media hora, pero teniendo en cuenta de que hay que empezar de una forma suave para que asomen los cuernos. Después en una cazuela alta ponemos agua, un vaso de vino blanco, dos huesos de jamón, una cebolla grande con dos o tres clavos, puerro, zahahoria, unos diez gajos de ajo, bastante perejil y una guindilla picante, también algunas especias cómo orégado, tomillo, romero, pimienta negra en grano e igualmente otras hierbas si se desea, todo ésto último metido en una bolsita. Lo dejamos hirviendo suave en fuego no demasiado fuerte y en una hora aproximadamente estará listo, lo quitamos del fuego, apartamos los caracoles y les damos una pequeña pasada por agua fría guardando un poco del caldo para luego. En otra cazuela no tan alta preparamos la salsa que consiste en tomate preparado de la forma habitual y cuando esté apunto de finalizar le añadimos un poco del caldo resultante de la cocción de los caracoles y a la vez la carne de tres o cuatro pimientos choriceros. Se pasa la salsa por el pasapurés y una vez hecho esto y si se quiere se pueden añadir unos champiñones o cualquier otro tipo de setas después de haberlos preparado sin que sea demasiado. También y bien machacados en un mortero, ajo cortado en pedazos pequeños, perejil, un par de rodajas de pan ya frito y un poco de vino blanco. Pues ya apenas queda nada para terminar, se ponen y mezclan en la salsa los caracoles, unas vueltas y se calienta todo junto unos diez minutos a fuego suave y ya está listo. Una cosa, estos caracoles estarán más ricos si se comen al día siquiente, y si sobra también al otro siguiente.

KARAMARRUE. Cangrejo de mar. **K.** Garai baten, oso aspaldi, semiek txikiñek ziela oporretan izengiñen Galiziako herribaten, Redondela bere izena, hondartza bere auzobaten hauen eta han ibiltxenitzen umiekiñ karamarruek arrapatzen, beñ baño geixautan negarrez be hastezien atximurkara bat ero beste hartu ondoren. **T.** En un tiempo, hace mucho ya, cuándo los hijos eran pequeños estuvimos en vacaciones en un pueblo de Galicia de nombre Redondela, en uno de sus barrios estaba la playa y allá solía andar con los críos cogiendo cangrejos, más de una vez les empezaban a llorar después de coger algún que otro pellizco.

385

KARAMARRUE. Fig. se dice por la criatura traviesa o por una persona molesta, voluble y que parece cualquier cosa. **K.** Zueik lengosu bixok alkartzezarenien besteik eztaukotzue, derrigorrez okerrak inbierrak, karamarruek emutendozue, badaukotzue ba zerekiñ jolastu hala ibili-bierrien. **T.** Vosotros en cuanto os juntaís los dos primos no pensaís más que una cosa, a la fuerza tener que hacer travesuras, parece que soís cualquier cosa, ya teneís pues cosas con las que jugar en lugar de andar de esa manera.

KARAPAIXUE. Es una especie de torta de pan que lleva chorizo, huevos cocidos y que se hornea todo ello junto. Este es el más clásico aunque también puede llevar otros componentes. Y en Euskalherría es costumbre regalar esta torta a los ahijados, de parte del padrino o madrina y suele ser por las fechas de Pascuas. **K.** Nere ama-puntekue amandre Zelestina izenzan eta urtero, gaztie nitzenien, etxaten sekula falta izen karapaixue. **T.** Mi madrina fué la abuela Celestina y nunca, ningún año y cuando era joven me faltó el karapaixo, (la torta).

KARASA, KARAKASA. El cacareo del gallo. **K.** Oñ eztauket aukera haundirik karakasak aitzeko, bakarrik hortik zier ibiltxenazenien, baña garai baten bai eta sigero ondo gañera, baña honena ia denpora asko da, goix guztitan entzutegauen etxe zarreko patixuen zeatik orduen han hauen ollotxabola bere ollarrakiñ. **T.** Ahora no tengo muchas oportunidades de oir el cacareo del gallo, únicamente cuando ando por ahí, pero en un tiempo sí y además muy bien, pero hace ya mucho tiempo de ésto, lo oíamos todas las mañanas en el patio de la casa vieja porque entonces allá estaba la chabola de las gallinas con su gallo.

KARDABERA, KARDABERIE. Cardo. **K.** Nik sekula jandoten kardabera onena Nafarroko Oliten izenda, enaz jatetxien izena gogoratzen baña han herriko plazan hauen, eta ustedot ondion be han eongodala. **T.** Yo el mejor cardo que he comido nunca ha sido en Olite de Navarra, no me acuerdo del nombre del restaurante pero estaba allá en la plaza del pueblo, y supongo que allá estará todavía.

KARDIE. Carda. Cepillo metálico para cardar el pelo de los animales. **K.** Eztot esaten egunero baña bai nahiko sarri kardie pasau-bierra izetejako Kortai, Josun txakurre, ule sobrantiek kentzeko eta gañera ugeri kentzejako hori itxejakon bakoitxien, ta ezkerrak zeatik bezteza horreik danok etxe barruen geratukozien, eta halaere be ugeri geratzenda. **T.** No digo todos los días pero sí con bastante frecuencia hay que pasarle la carda a Korta, el perro de Josu, para quitarle el pelo sobrante y además cada vez que eso se le hace se elimina mucha cantidad, y menos mal porque sino todo eso quedaría dentro de la casa, y aún así también queda demasiado.

KAREAUTZA, KARE-AUTZA. Polvo de cal o la cal en polvo. **K.** Fandan urtien andriei esautzien ze kare-autza oso ona omenzala orturako ta baleike errazoie eukitxie, erosi eta ugeri botanauen lurra atxurtu iñ ondoren, gero dana batera nahastu eta nik ustedot zertxobaitx probetxu geixau atarazala. **T.** El año pasado le dijeron a la mujer que la cal en polvo era muy buena para la huerta y puede que tendrían razón, compré y eché abundante después de cavar la tierra, después mezclar todo junto y yo creo que sacamos un poco más de rendimiento.

KARELA. Pretil, borde. **K.** Kaiako mollan kontuz ibili-bierra izetenda karela ingurutan eta baezpare askoz hobeto zertxobaitx aparte eotenbazara, beztela, errexau umela eonda bustixe baño, labandu inzeike eta uretara jausi, orduen eztau bueltaik eta derrigorrez bustikozara, eta hainbestien igeri badakitxu ba zerbaitx. **T.** En el muelle de los puertos hay que andar con mucho cuidado cuando se está cerca del pretil y mucho mejor estar un poco separado, porque sino, más fácil es si está húmedo que mojado, puede pasar que te resbales y caigas al agua, entoces ya no hay vuelta y a la fuerza te tienes que mojar, y si sabes nadar pues algo.

KARELETXADA, KARE-LETXADA. Lechada de cal. **K.** Kare-letxada itxeko ura ta karearrixe bier izetenda, bixok alkartzendienien ixe irikitxen jartzenda eta gero hau ondo nahastubierra izetenda buelta ugeri emunda, ondoren iztenda reposatzen hurrengo egunerarte eta orduen gertu eongoda. **T.** Para hacer la lechada de cal se necesita agua y la piedra de cal, cuando se juntan los dos se pone casi a hervir y luego ésto hay que mezclarlo muy bien dándole abundantes vueltas, después se deja reposar hasta el siguiente día y entonces ya estará listo.

KARESTIXE. Caro. **K.** Eskaparaten dazen zapata horreik oso politxek die ta gañera nere gustokuek, erosikonauke baña larreiko karestixek diela iruitzejat, eztotena ulertzen da nola leiken hainbesteko balixo eukitxie, ixe bostehun euro, ba eztakitx saldukoitxuen prezio hortan. **T.** Los zapatos que están en ese escaparate son muy bonitos y además de mi gusto, ya los compraría pero me parece que son demasiado caros, lo que no entiendo es cómo puede ser posible que cuesten tanto, casi quinientos euros, pues no sé si los podrán vender a ese precio.

KARETA. Máscara, careta. **K.** Segitxuen jakiñdaue zeñeik izenzien eta laister arrapaitxue atzo bankura lapurretan sartuzienai, eta nola jakiñdauen?, ba euron bateatik, Liberio hori, eta hori benetako pertzona txorimalue dalako, etxuran dirue hartu ondoren eta urten aurretik kareta kendu omenauen izerdixe sikatzeko, mosue bistan geratu eta han hauen batek igerri zeiñ zan. **T.** Enseguida han sabido quienes fueron los que ayer entraron a robar al banco y pronto los han pillado, ¿y cómo lo han sabido?, pues por uno de ellos, el Liberio, y eso porque en verdad es una persona majadera, parece que después de coger el dinero y antes de salir debió de quitarse la máscara para secarse el sudor, la cara quedó a la vista y uno de los que estaba allá le reconoció.

KARGADERUE. Cargadero. **K.** Zarautzen badau aspaldi izenzan kargaderue, oso denpora askokue da eta bere ojetue zan itxasontzitan kargatzie Astiazutik karriatzezan burni mineral, urte askuen eonda astuta bezela baña oñ sigero errabilitauta dau eta oso politxe geratuda pasiauaz bixitau ta ikusteko. **T.** En Zarautz ya existe un cargadero que se construyó hace muchísimo tiempo y se hizo con la finalidad de cargar a los barcos el mineral de hierro que se transportaba desde Asteasu, durante muchos años ha estado bastante olvidado pero ahora lo han rehabilitado y ha quedado muy bonito para paseando visitar y verlo.

KARGAU, KARGAUTA. Cargar algo. Estar cargado, generalmente con peso. **K.** Ezizue haibeste saku kargau furgoneta hortan, pixu haundixe hartzentau eta gañera ezta gurie, itxi iñduzkue eta kontuz ibili-bierra daukou, beztela aber aberixanbat itxeutzoun hainbeste pixu eruenda. **T.** No carguéis tantos sacos en la furgoneta porque va a coger mucho peso y además no es nuestra, nos la han dejado y tenemos que andar con mucho cuidado, no vaya a ser que le hagamos una avería llevando tanto peso.

KARGAUTA. Que está cargado. Fig. se dice por la persona que está bebida, borracha. **K.** Gaur be Benitxo ondo kargauta doie etxera ba, eztakitx han zerreozer esateutzien ero ez baña gixajo hori ixe egunero jira hortan ibili eta berdintzu fatenda. **T.** Hoy también Benito va bien cargado a casa pues, no sé si allá le dicen algo o no pero el pobre hombre casi todos los días anda y va en condiciones parecidas.

KARGU. Asumir, desempeñar. **K.** Gizona hilzanetik oñ seme-albak, hiru die, hartudaue aman kargu ta hor eotenda txandaka illebete bakotxan etxien, ustedot, entzunde dauketen bezela, bera eztauela larreiko konforme baña momentuz bentzet hala ibilibikodau. **T.** Desde que se murió el marido ahora los hijos, son tres, han cogido a su cargo a la madre y ahí está a turnos un mes en cada casa, me parece, según he oido, que ella no está demasiado de acuerdo pero al menos de momento así tendrá que andar.

KARIE. Cal. **K.** Gorau jarridot kare-autza ona omendala orturako ta baitxe nola itxenda kare-letxada, baña eztotena jarri da nola kare-letxada horrekiñ eta urtien beñ, gutxigorabera noski, zuriketezien baserri inguru geixeneko fatxadak, eta hau jeneralki izetezan herriko jaixek inguratzezienien. **T.** Más arriba he puesto que la cal en polvo es muy buena para la huerta y también cómo se hace la lechada de cal, lo que no he puesto es que con esa lechada se blanqueaban una vez al año, más o menos claro, las fachadas de casi todos los caseríos de los alrededores, y ésto la mayoría de las veces solía ser cuando se aproximaban las fiestas del pueblo.

KARNABALAK. Fiestas de carnaval. **K.** Atxabaltako karnabalak betik ospatzendie domeka egunien eta egun hortan oso giro zoragarrixe eotenda, jentie mozorrotuta, karrozak, kalejirak ta abar. Esatendaue Tolosakuen ondoren mundu guztiko onenak diela **T.** El día de carnaval de Aretxabaleta siempre se celebra en domingo y ese día suele haber un ambiente extraordinario, gente disfrazada, desfiles de carrozas, pasacalles, etc... Dicen que después de las de Tolosa son las mejores de todo el mundo.

KARNIZEIXIE. Carnicería. **K.** Len eozen karnizeixa txiki guztiek desagertzen haidie, oñ nola denda haundi horreitan ixe jenero geixena eotendan aurrez prestatuta ba eztau itxoin inbierrik, hara fan, hartu eta kitxo, eta aukeran jentiek toki horreitara tiratzendau. **T.** Todas las carnicerías pequeñas que existían antes están desapareciendo, ahora cómo en esas tiendas grandes está casi todo el género preparado y envasado con anterrioridad pues no hay que esperar, ir allá, coger y listo, y la gente por comodidad acude a esos sitios.

KARNIZERUE. Carnicero. **K.** Ba horixe bera, nola ixe eztauen karnizeixa txikirik ta denda haundixetan geixena prestatuta eotendan, ba gertatzenda apenas karnizero askoik geratzendiela, beno, len eozen modutan bentzet, han eotezan pertzona bera izetezan karnizero eta saltzaile, bai eongodie gauza horreik prestatzeitxuen lekuetan, eta bebai baleike banaka-batzuk eotie denda haundi horreitan, ero beztela denda tipoko horreik eztazen tokixen. **T.** Pues eso mismo, cómo casi han desaparecido todas las carnicerías pequeñas y en las grandes superficies está casi todo preparado y envasado, pues ocurre que apenas quedan demasiados carniceros, bueno al menos del modo en el que estaban antes, que la misma persona que estaba allá era el carnicero y vendedor. Sí los habrá en los lugares dónde se preparan esas cosas, y tambión puede que todavía haya alguno en esos grandes comercios, o sino en aquellos sitios en las que no existan tiendas de ese tipo.

KAROBIXE. Calera, horno de cal. **K.** Karobi honeik bai sigero danak desagertudiela, noxienbeñ banakanbat prestatzenda baña erakusketa bezela bakarrik eta baitxe explikatzeko nola garai hartan itxezan karie, eta ondion be tokI askotan Ikustendle aspaldiko karobi hareiñ laba zuluek. **T.** Las caleras estas si que han desaparecido por completo, de vez en cuando ya se prepara alguna, pero solo como muestra y también demostración de cómo se hacía la cal en aquellos tiempos, y todavía en muchos sitios se ven los agujeros de los antiguos hornos de cal.

KAROTU. Encarecer, poner más caro. **K.** Hau ezta posible, nola leike holako denpora gutxixen hainbeste karotu itxie arrautza honeik?, fandan astien docena arrautzan balixue bi euro eta berrotamar xentimo zan eta gaur berriz ixe lau eurotan saltzen haidie. **T.** Esto no es posible, ¿cómo puede ser que en tan poco tiempo se hayan podido encarecer tanto los huevos?, la semana pasada la docena de huevos estaba a dos euros con cincuentata céntimos y hoy en cambio los están vendiendo a casi cuatro euros.

KARRAKA. Carraca. Instrumento, no creo que se la pueda llamar musical, que se utilizaba para llamar a los oficios religiosos el viernes de la Semana Santa en sustitución del tañído de las campanas. **K.** Oñ Eixara fateko ezta iñun deitxuko lengo karraka hareikiñ, baña aspaldi bai eta hau izetezan Ostiralsantu egunien, gauza zan ezala entzuten etxetik karrakan soñuik ta zaiñ eon-bierra izetezala erlojuei begire noix izen Elixarako ordue. **T.** Ahora no creo que se llame en ningún sitio con aquella carraca para ir a la Iglesia, pero antiguamente sí y eso solía ser el día de Viernes Santo, la cosa era que desde casa no se oía el sonido de la carraca y había que estar al tanto mirando al reloj para ver cuándo era la hora para acudir a los oficios.

KARRAKARA, KARRAKARIE. Crujido. **K.** Baleike baietz baña nik eztakitx egixe izengodan zeatik gure inguru hontan ezta sekula gertau, etxuraz, hala esatendaue bentzet, lur-ikera izen aurretik betik entzutendala karrakara soñue eta nahiko sarri gañera. **T.** Puede que sí pero yo no sé sí será verdad porque en los lugares dónde nosotros estamos no ha ocurrido nunca, parece ser, al menos así lo dicen, que antes de los temblores de tierra siempre se oye unos ruidos cómo de crujidos y además con bastante frecuencia.

KARRAKELA (K), KARAKOLIUEK. Caracolillo de mar. **K.** Lenau, Donostira fategiñenien estropa ikusten ero beste zerbaitxetara, generalki egun-pasa, betiko aurreneko gauza izetezan portuko mollatik pasatzie karrakelak erosteko, eta ze gustora jategauen txakolibat hartuaz. **T.** Antes, cuándo íbamos a San Sebastián a ver las regatas o alguna otra cosa, jeneralmente a pasar el día, lo primero que siempre hacíamos era pasar por el muelle del puerto para comprar caracolillos de mar, y que a gusto los comíamos tomando un txakolí.

Errezetabat. Karrakelak ero karakoliuek egositxe: Honeik prestatzeko ezta gauza askoik bierrik, bakarrik lapikuen ura jartzie, gatz ugeri eta beñ irikitxen hastendanien barrura bota karakolilluek, miñutu parebaten gertu eongodie eta atara besteik eztau, beno bai, gero jatie geretanda honduen daukoun etxurazko edarixaz.

Una receta. Caracolillos cocidos: Para preparar ésto no hacen falta muchas cosas, solo poner una cazuela con agua al fuego, añadir abundante sal y cuando empiece a hervir echar dentro los caracolillos, en un par de minutos estarán listos y ya no queda más que sacarlos, bueno sí, quedaría comerlos con la bebida adecuada que tenemos al lado

KARRASPIO. Carraspio. Pez de mar. **K.** Ba nik sekula eztot jan izen karraspio arrañ hori, ikusi bai peskaixan baña oñartien eztot iñoiz aukeraik euki probatzeko, entzunde dauket oso ona omendala laban prestatuta bere errefrituaz. **T.** Pues yo nunca he comido el carraspio ese, ver sí lo he visto en la pescadería pero hasta ahora no he tenido la oportunidad de probarlo, tengo oído que debe de ser muy bueno preparado al horno con su refrito.

KARRASPIO. Fig. se dice de la criatura traviesa, revoltosa y a la vez alegre y divertida. **K.** Ze karraspio dan gure neskatilla txiki hau, sigero sorgiñe da eta nahiko oker be itxeitxu, baña gero jeboie emunaz eta bere irribarre horrekiñ parkamena eskatzen etortzenda. **T.** Que revoltosa es nuestra cría pequeña, es bastante bruja y también hace bastantes travesuras, pero luego viene con su sonrisa y haciendo la pelotilla a pedir perdón.

KARRATUE. De forma cuadrada. **K.** Gu lau lagun gara ta terreno hau lauron hartien errepartitzeko onena izengou, haldana bentzek, karratu itxie eta hala nik ustedot hobeto ibilikogarela, hau iñ ondoren errifau inleikegu eta aber zeñek hartu zati bakotxa norberan ortue prestatzeko. **T.** Nosotros somos cuatro y para que repartamos el terreno entre los cuatro lo mejor será que lo primero, al menos lo que se pueda, será cuadrarlo y yo creo que así andaremos mejor, después de hacer ésto lo podríamos sortear y a ver quien coge cada pedazo para preparar su huerta.

KARRERISTA. Corredor. Se llama así, o al menos le llamábamos, al ciclista profesional. **K.** Lenau, ia oso aspaldi, inguru hontako geixenak bi karreristan zaliek izetegiñen, bakotxa beriena noski, zien Loroño eta Bahamontes, orduen ni Bahamontezena izenitzen eta gerostik, handik pixkatera, bebai hasigiñen kanpora begire, Anketil, Gaul ta beste halako batzuk aldera. **T.** Antes, hace ya mucho tiempo, la mayoría de por aquí éramos aficionados de dos corredores, claro que cada uno por el suyo, eran Loroño y Bahamontes, entonces yo era de Bahamontes y después, de allá a poco, también empezamos a mirar fuera de aquí, hacia Anquetil, Gaul y algunos otros parecidos.

KARRIAU. Transportar, acarrear, llevar o traer.

(Ver la definición de akarriau).

KARRIKA. Calle. **K.** Ia aspalditxo da hau gertauzala, Zaragozara fangiñen hiru eguneko asteburue pasatzeko asmuaz, ostirala jai zan, orduen erosi-barri nauken gepese hori eta bidai hortan estriñaunauen, beno ba, jarrinutzen jarri-bierrekuek, otela ta karrika izenak eta gauza da fabrika pilla eozen tokira eruenuztela, etxuraz bi kale izen berdiñakiñ zien baña halaere hori ezan errazoie zeatik garbi hauen oletan izena, ba haren ondoren sekula geixau eztot bueltau jartzeik gepese demontre ha. **T.** Esto sucedió hace ya bastante tiempo, fuimos a Zaragoza con la intención de pasar un fín de semana de tres días, el viernes era fiesta, entoces tenía un GPS recién comprado y lo estrené en aquel viaje, pues bueno, le puse los datos correnpondientes, los nombres del hotel y la calle y la cosa es que me llevó a una zona industrial, parece que había dos calles con el mismo nombre pero aún así no era ninguna excusa porque bien claro especificaba el nombre del hotel, pues después de aquello nunca más he vuelto a poner el dichoso gepese aquel.

KARRILLERAK. Carne muy jugosa que está a ambos lados de la cara del animal. **K.** Ze karrillera onak prestauteitxuen Zarautzen dauen jatetxebaten, ta eztot izenik jarriko propaganga ez itxeaitxik, haragixe urtu itxenda aguen eta saltza be zoragarrixe eotenda. **T.** Que carrilleras más buenas preparan en un restaurante que hay en Zarautz, y no voy a poner el nombre para no hacer propaganda, la carne se derrite en la boca y también la salsa está increíble.

Errezetabat: Txalan karrillerak ardau baltzien. Karrillerak erositxu konfiantzako karnizeixan, jartzendou lapikot baju xamarra olixo asko-barik eta prijitzendou su iñdertzuen karrillera horreik, aurretik gatza, piper autze bota eta urunetik pasa ondoren, kolorie hartzendauenien atara ontzi-batera eta han laga, gero hasi potxatzen su motelien aurretik prestaudoun berdurak, kipula, azenaixue, berakatza eta porrue, danak moztuta baldar xamar zeatik gero pasa ingou saltza. Hau gertu dauenien bertan sartzendou ontzixen daukon haragixe eta botatzendou etxurazko ardau baltza, gutxienetik basokara onbat eta iztendou su iñdertzuen bi ero hiru miñutu alkola urtudeixen, gero ura dana tapa harte, jarri tapa lapikuei eta gutxigorabera lagakou ordu ero ordu-terdi inguruen mantzo irikitxen. Komenigarrixe da noixienbeñ beitzie ikusteko karrillera horrein xamurtazuna, eta bier izen-ezkero ura bota. Norberan gustora dauenien atara, pasa saltza pasapure hortan, alkartu haragixaz, euki bosbat miñutu su motelien eta listo. Bost miñutu horreitan eta nai-bada botaleixo patata prijitxu batzuk ero beste erozeiñ gustoko gauza, eta hau, bape zalantza-barik, askoz hobie eongoda hurrengo egunien.

Una receta: Carrileras de ternera al vino tinto. Se compran las carrilleras en una carnicería de confianza, salpimentamos las piezas, pasamos por harina y les damos un dorado fuerte en una cazuela no demasiado alta y sin mucho aceite con el objeto de sellarlos. Después las sacamos a una fuente y reservamos la carne. Con anterioridad habremos dispuesto unas verduras consistentes en ajo, cebolla, zanahoria y puerro cortadas de forma un poco basta porque luego pasaremos la salsa, las pocharemos a fuego suave y cuando esté listo añadiremos la carne que tenemos en la fuente y también vino de buena calidad, por lo menos un buen vaso, lo dejamos hervir a fuego fuerte dos o tres minutos para que se evapore el alcohol y luego agua hasta tapar bien todo el contenido. Con la cazuela tapada lo dejaremos que se haga a fuego suave por lo menos durante una hora u hora y media. Sería conveniente mirar pinchar de vez en cuando para comprobar la tersura de la carne, y añadir agua si es que se necesita. Cuando veamos que está en su punto sacamos las piezas y pasamos la salsa por un pasapurés, meter la carne en la salsa y tener todo junto unos cinco minutos a fuego suave. En esos cinco minutos y si se quiere se podrían añadir unas patatas fritas o cualquier otra cosa que sea del gusto, y esto, sin duda alguna, estará mucho mejor si se come al día siguiente.

KARRUE. Carro. **K.** Beste gauza asko bezela karruek be ia desagertudie, lengo egurrezko hareik bentzet, batzun-batzuk ondion geratzendie museu, erakusketa ero kanpoko jatetxe bat ero beste aurrien, apaingarri bezela noski, baña horreitan bakarrik zeatik baserrixetan bentzet ezta bat bakarra geratzen, oñ dana da tratorie bere erremolkiaz. **T.** Cómo otras muchas cosas los carros también han desaparecido, al menos aquellos de antes que eran de madera, algunos todavía quedarán en algún museo, exposición o delante de algún que otro restaurante de las afueras, de adorno claro, pero solo en esos sitios porque en los caseríos ya no queda uno solo, ahora todo son tractores con sus remolques.

KARTAPAIXUE. Era la carpera escolar de aquellos tiempos. **K.** Naiz eta sekulako urte pilla pasa ni ondo gogoratzenaz nola zien lengo kartapaixo hareik, nerie, ustedot bestienak be hala izengoziela, marroi kolorie hauken, bi gomakiñ lotzezan ta barruen eruetenauen liburu txikibat, kuadernue eta lapitze borragomakiñ. **T.** A pesar de haber pasado infinidad de años yo me acuerdo muy bien de cómo eran aquellas carpetas escolarares, la mía, creo que las de los otros tambien serían así, era de color marrón, se ataba con dos gomas y dentro llevaba un pequeño libro, un cuaderno y el lápiz con la goma de borrar.

KARTOLAK. Cartolas. Son una especie de puertas de madera u otro material que están a ambos lados y la trasera de un vehículo para evitar que se caiga la carga que transporta. **K.** Kamioen kargaudozuen material hori naiz eta lotuta eon eztoie bape ondo, ertzainak ikusi-ezkero geltitxu ta gañetik multau ingozaue zeatik derrigorrezkue izetenda kartolak jartzie. **T.** El material que habeís cargado en el camión a pesar de que esté sujeto no va nada bien, si os ve la ertzaina os va a parar y encima os multará porque suele ser necesario colocar las cartolas.

KARTOLAK. Fig. se dice de la persona que es un cachazas, pasota, que no da importancia a las cosas. **K.** Tipo horrek dauko kartolak, ikustendau nola bere semie nahiko larri pasatzen haidan pizinako ur haundixetan eta esatendau pakien izteko, hala ikesikodauela ta. **T.** Vaya pasota que es el tipo ese, está viendo los apuros que está pasando su hijo en la piscina dónde le cubre el agua y dice que lo dejemos en paz, que así aprenderá.

KARTZELA. Cárcel, prisión, presidio. **K.** Eztakitx nola iznleiken ta zergaitxik gertatzendien modu hortan gauza honeik, begira, arañun atxilotudaue kutxan arrapatzen ibilizien bi tipo horreik, ba etxuraz bi egun besteik ez eon ondoren kartzelan, ia askatu inditxue eta hor haidie librien ezer eztan gertau bezela. **T.** No sé cómo pueden ser ni porqué tienen ocurrir de ese modo estas cosas, mira, anteayer han detenido a los dos tipos que estuvieron robando en la kutxa, pues parece ser que después de haber estado solo dos días en la cárcel, ya los han soltado y ahí andan libres igual que si no hubiese pasado nada.

KASKABIUE. Campanilla. **K.** Hernixoko egun haundixena irailako askenengo domekan izetenda ta igezko egun hortan hiru kaskabio erosinitxun, eta arrazkero betik eruetendot motxilan lotuta ta txiltxiliska, hala soñu pixkat ataratzenda eta batzuk aparta be itxendie. **T.** El día más grande del monte Hernio suele ser el último domingo de Septiembre y ese día del pasado año compré tres campanillas, y desde entonces siempre las llevo atadas y colgando de la mochila, así sacan un poco de ruido y algunos hasta se apartan.

KASKALLUE. Se dice de la persona grande, un poco estúpida.
(Ver la definición de kankallue)

KASKETA. Rabieta. **K.** Itxiozue pakien laister ixildukoda ta, naiz da ikusi negarrez haidala eztauko iñungo miñik eta bakarrik gertatzejako kasketa haundibat hartudauela, eta dana da amak eztutzelako itxi kalera urtetzen zeatik ia berandu da eta illuntzen hasitxe dau. **T.** Dejarle en paz porque pronto se callará, aunque le veaís que está llorando no le duele en ningún sitio y solo le pasa que ha cogido una gran rabieta, y todo es porque su madre no le ha dejado salir a la calle porque ya es tarde y está anocheciendo.

KASTA. Casta, raza. **K.** Mutil hori izetez kasta onekue da, baña gertatzejako larrei okertudala eta bere gurasuek ia eztakixie zer iñ berakiñ, esatendaue alegiñ guztiek inditxuela baña eztauela zer iñik eta oñarte iñdeko danak alperrik izendiela. **T.** El chico ese ser es de buena casta, pero le pasa que se ha torcido demasiado y sus padres ya no saben que hacer con él, dicen que ya se han esforzado, hecho todos los posibles pero que no hay nada que hacer y que todo lo hecho hasta ahora ha sido inútil.

KASTAÑA. Fig. se le llama así a la borrachera. También es el fruto del castaño. **K.** Mutil kuadrillako horreik Gernikatarrak die eta komentatzen ibilidie euron asmue dala bazkaltzen fatie Astigagarrako sagardotegi batera, aurretik txakoli batzuk hartu Zarautzen eta bazkalostien, ia illuntzien, Donostiñ, txikiteo onbat afai-pasara iñaz, ba apostakonauke batek baño geixauk kastaña dexentie arrapaukodauela. **T.** Esa cuadrilla de chicos son de Gernika y han estado comentando que tienen la intención de ir a comer a una sidrería de Astigarraga, antes tomar unos txakolís en Zaratutz y después de comer, ya hacia el anochecer, un buen chiquiteo y picar algo en San Sebastián, pues ya apostaría que más de uno pillará una buena borrachera.

KASTIGAU, KASTIGUE. Castigar, castigo. **K.** Mutikuek giñenien eskolako maistruek bauken hiru ero lau modu kastigatzeko, eta askotan motibu haundi-barik, bat zan belauniko jarri, eskuek zabaldu ta bertan jo erregla batekiñ, bestebat, errekreo barik itxi ta bestebat be gogoratzenaz, pillabat bider eskribiru gauza berdiñe. **T.** Cuando éramos chavales el maestro de la escuela tenía varias formas para castigar, y muchas veces sin grandes motivos, una era ponerse de rodillas abrir las manos y golpearlas con una regla, otra era dejar sin recreo y de otra también me acuerdo, era escribir repitiendolo lo mismo un montón de veces.

KASU, KASUIK. Hacer caso, escuchar al que te habla, obedecer. **K.** Horrek hori dauko txarra, sekula eztauela kasuik itxen iñori, goixetik urtetzendau etxetik bere gauzakiñ buruen sartuta eta derrigorrez, naiz da sigero aldrebesa izen, gauza horreik inbierrak izeteitxu, gero hala urteteutzo itxendauen gauza asko, asko ez, geixanak. **T.** Ese eso es lo que tiene malo, que nunca hace caso a nadie, sale a la mañana de casa con sus ideas metidas en la cabeza y necesariamente, aunque sea muy enrevesado, tiene que hacer lo que tiene pensado, luego así le salen muchas de las cosas que hace, no solo muchas, la inmensa mayoría.

KATAGORRIXE, KATAMIXARRA. Ardilla. **K.** Ze politxek izetendien katagorrixek baña nik ustedot geruau ta gutxiau dazela ero beztela hobeto eskutatzendiela, ni asko ibiltxenaz mendi aldien eta noixienbeñ ikusteitxut bat ero beste baña halaere zalla izetenda hori sarri gertatzie. **T.** Que bonitas son las ardillas pero yo creo que cada vez hay menos o a lo mejor es que se enconden mejor, yo ando mucho por el monte y de vez en cuando ya suelo ver alguna que otra pero aún así es muy difícil que eso pase a menudo.

KATAIEK. Cadenas. **K.** Ze iñder dauken asto diabru horrek, batzuetan igex itxendau ta lan ederrak emuteitxu bera arrapatzen, askenengo aldiz soka potoluaz lotu bierra izenzan eta hori be apurtu ta alde iñauen, oñ kataiekiñ lotudaue eta aber honekiñ zerbaitx lortzendan eta eziñdauen igexik iñ. **T.** Que fuerza tiene ese demonio de burro, algunas veces se escapa y vaya trabajo que es el pillarle, la última vez hubo que atarle con una cuerda gruesa pero también la rompió y se marchó, ahora lo han atado con una cadena y a ver si de ésta forma se consigue algo y no se puede escapar.

KATAKUMIE. Cría de gata. **K.** Florentxio andrien katuek zortzi katakuma eukitxu eta ta oñ Florentxio gixajuek eztaki zer iñ hainbestekiñ, neri eskiñidust bat baña esautzet ezetz eta hotik zier dabill galdetzen batai ta bestiei haber naidauen bateonbat. **T.** La gata de la mujer de Florencio ha tenido ocho crías y ahora el pobre Florencio no sabe que hacer con tantas, a mí ya me ha ofrecido una pero le he dicho que no y por ahí anda preguntando a unos y otros a ver si quieren alguna.

KATALEJUEK. Catalejos, prismáticos. **K.** Oñ berrogetamar urte dala eta soldautza bukatu ondoren, Kanariasen izenitzen, ekarrinauen gauza batzuk eta euron hartien katalejuek, oñ dazenakiñ konparatu iñezkero sigero haundixek die baña ondion be eta noixienbeñ ibiltxeitxut mendira fatenazenien. **T.** Ahora hace cincuenta años y después de terminar la mili, estuve en Canarias, traje unas cuantas cosas y entre ellas unos prismáticos, si se comparan con las que hay ahora son demasiado grandes pero todavía y de vez en cuando ya los utilizo cuando voy al monte.

KATAMIAUKA. Andar a gatas, agachado. **K.** Zure asmue bada susto haundibat emutie zure arrebai katamiauka ta eskutuen inguratubikozara berana, beztela ikusi ingotzu eta orduen ezta bildurtuko eta gañetik barre ingotzu. **T.** Si tu intención es darle un susto grande a tu hermana tendrás que arrimarte donde ella escondido y a gatas, porque sino te va a ver y entonces no se asutarará y encima se te va a reir.

KATAPLASMA. Cataplasma. Era un remedio, quizá todavía lo sea, que consistía en un uguento de hierbas o algo parecido que se aplicaba envuelto en un paño sobre la zona dolorida. **K.** Oñ eztakitx eotendan kataplasmaik baña garai baten bai eta mintzuek zien gauza asko kendu ero sendatzeko ibiltxezan, gerrikomiñe, katarruek, zartarak eta baitxe beste zerbaitzuetarako be, baña oñ bertan enaz gogoratzen zertzuk zien. **T.** Ahora no sé si existen las cataplasmas pero en un tiempo sí y se utilizaba para aliviar o curar muchas cosas dolorosas, lumbago, catarros, golpes y también para algunas otras cosas, pero ahora mismo no me acuerdo de cuales eran.

KATARROSUE. Catarroso. Se dice de la persona propensa a pillar catarros. **K.** Nik esauketandot pertzonabat oso katarrosue dana, urtien ziar gutxienetik arrapaukoixu docenatik gora eta baleike izetie errezalie izendalako, ero baleike berezkue izetie, baña halaere honeik suposaketak besteik eztie zeatik arrastuik be eztaukek, hori nik era berak gutxiau zeatik ezta sekula medikuda fan hori galdetzera. **T.** Yo ya conozco a una persona que es muy catarrosa, por lo menos al cabo del año ya lo pilla una docena de veces o más y quizá puede que lo sea porque la persona ha sido muy fumadora, o quizá también por naturaleza, pero aún así éstos no son más que suposiciones porque no tengo ni idea, eso yo y ella menos porque nunca ha ido al médico a preguntar.

KATARRUE. Catarro. **K.** Esandoten pertzona hori katarrosue baldinbada, zer arrapaukoitxu ba?, nik ustedot oso garbi dauela, ba katarruek, baña halaere oñ ondo manejatzenda, lagadau erretziei eta katarrue asaltzen hastendanien jarabie hartuaz jeneralki nahikue izetendau, eta momentu hortan hori ezpadauko, bere aitxak gomendatzen hauena hartzendau, esnie estixekiñ eta patxarra ugeri. **T.** Si la persona que he dicho es catarrosa, ¿qué va a pillar pues?, yo creo que está muy claro, pues catarros, pero aún así ahora se arregla bastante bien, ha dejado de fumar y cuando empieza a asomar el catarro generalmente tomando jarabe le suele resultar suficiente, y si en ese momento no lo tiene, pues toma lo que recomendaba su padre, leche con miel y abundante coñac.

KATEGORIXIE. Categoría. **K.** Zapatu hontan Antonianon eskolan dau hitzaldibat kanbio klimatiko horren buruz, eta hizlari bezela datorren gizona kategorixa haundikue dala esatendaue, ingeniero ta beste zerbaitx omenda, ba entzutera fanbikou eta aber zer esatendauen, baña halaere nik ustedot nahiko alperrik izengodala zeatik iñdekue iñde dau eta ia eztot uste bueltaik daukenik. **T.** Este sábado hay una charla en el colegio de Antonianos sobre el cambio climático, sobre la persona que viene como orador dicen que es un hombre de mucha categoría, debe de ser ingerniero y alguna otra cosa, pues habrá que ir a escucharle y a ver que es lo que dice, pero aún así yo creo que será bastante inutil porque lo hecho hecho está y ya no creo que tenga solución.

KATEKEZIZA. Catequesis, enseñanza, y aprendizaje claro, de temas religiosos. **K.** Katekeziz asunto hau be ustedot toki geixenetan desagertu iñdala, beñ hala entzunauen bentzet, baña garai baten ta aurreneko komuxiue iñ aurretik derrigorra izetezan hori ikestera fatie, eta segurazki beste zerbaitxetarako be hala izengozan baña enaz gogoratzen. **T.** Yo creo, así al menos lo oí una vez, que en la mayoría de los sitios el asunto este de la catequesis ha debido de desaparecer, pero en un tiempo era imprescindible acudir a esa clase antes de hacer la primera comunión, y seguramente tambien sería para alguna otra pero no me acuerdo.

KATEKORRATZA. Imperdible. **K.** Hortik zier fatenazenien buelta-jiran oñez ero bizikletan betik eta baezpare docenabat inguru katekorratzak erueteitxut, ta gañera gauza askotarako erabili, erropa sikatzen ixegitxeko, tarrataranbat gertatzenbada erdi konpontzeko josi aurretik, txintxilakatzeko zerbaitx motxilan eta abar. **T.** Cuándo voy por ahí de gira tanto a pie como en bicicleta siempre y por si acaso suelo llevar una docena de imperdibles, y además los utilizo para muchas cosas, para colgar y que se seque la ropa, si es que ocurre para solucionar algún rasgón antes de coserlo, para colgar cosas de la mochila, etc…

KATEMAIA. El eslabón de la cadena. **K.** Ba ia eztakitx zer inleiken asto diabru honekiñ, akabau eta gero prestau saltzan jateko, saldu ero ze beste gauza, arañun lotugauen kataiekiñ eta gaur goxien fanazenien faltazan, puntako katemaia hauen puskatuta. **T.** Pues ya no sé que se puede hacer con este demonio de burro, matarlo y luego prepararlo en salsa para comer, venderlo o que otra cosa, anteayer lo atamos con una cadena y cuando he ido esta mañana no estaba, un eslabón del extremo de lacadena estaba roto.

KATEZIZMUE. Catecismo. **K.** Eztot uste asko ikesikogauenik baña zenbat buelta iñeteutzoun katezizmo liburutxo horri, orduen eta garai hartan derrigorra izetezan ikestie baezpare abariek galdetu itxenbauen, baitxe Elixa kontu askotarako, aurreneko komunixorako, konfirmaziñue hartzeko eta oñ enaz gogoratzen baña badakitx geixaurako be izetezala. **T.** No creo que aprenderíamos mucho pero cuántas vueltas le habremos dado a aquel librito del catecismo, entonces y en aquellos tiempos era obligatorio el aprenderlo por si acaso te lo preguntaba el cura, tambien para muchas cosas relacionadas con la Iglesia, para hacer la primera comunión, para recibir la confirmación y ahora no me acuerdo, pero ya sé que también era para más cosas.

KATIAU. Atar, sujetar. **K.** Goiko baserrikue etorrida laguntzera, eta asko kostata baña askenien arrapau ta sartudou alanbre-sare barruen asto sikiñ hori, lepue lotutzet soka senduekiñ arbolara ta atzeko hanbabat katiau arbola bertara. **T.** Ha venido el hombre del caserío de arriba a ayudarme y aunque ha costado mucho al final ya hemos atrapado al demonio de burro ese, ya ha quedado metido dentro del vallado, le he sujetado el cuello a un árbol con una cuerda gruesa y atado una pata trasera al mismo árbol.

KATILLUE. Tazón. **K.** Oñ gutxiau, baña lenau mutikotatik eta denpora hartan betik gosaldu izendot katilluen, eta ez nik bakarrik, etxeko danak eta gosarixe izetezan kafesnie ogi sopakiñ. Oñ be eta noixienbeñ gosaltzendot katilluen baña kafesne hori zerealakiñ izetenda. **T.** Ahora menos, pero antes desde chaval y en aquellos tiempos siempre he desayunado en el tazón, y no solo yo, todos los de casa y el desayuno consistía en café con leche y sopas de pan. Ahora también y de vez en cuando ya suelo desayunar con el tazón, pero el café con leche es con cereales.

KATILLUKARIE. El tazón lleno. **K.** Goixen jarridot nola gosaltzenauen katilluen, baña astu iñaz jartzie katillu barruen hauena ezala uskerixabat ta ez sikera erdikarie baizik etxurazko katillukarie **T.** Arriba he puesto cómo solía desayunar en tazón, pero se me ha olvidado poner que el contenido que había dentro no era poca cosa ni siquiera la mitad sino que el tazón solía estar bien lleno.

KATOIE. Catón. De chavales fué el primer libro del que dispusimos en la escuela hace ya casi, bueno, muchísimo tiempo, pero algo menos de un siglo. **K.** Ni katoi liburu horrena enaz gauza haundirik gogoratzen, badakitx ha izetezala ikesteko erabiltzegauena eta nola eskola bukatu ondoren sartzenauen kartapaixo barruen, eta han eotezan hurrengo egunerarte. **T.** Yo del libro del catón me acuerdo muy poco, sé que era el que manejábamos para aprender y que después de terminar la escuela lo solíamos meter dentro de la carpeta, y allá solía estar hasta el siguiente día.

KATRAMILLA. Se dice por los quebraderos de cabeza. **K.** Baietz esautzou, ingoula baña ustedot damutzen hasinazela zeatik ustedot lan horrek katramilla haundixe emungodauela, ordu-erdi eruetendot bere aurrien ta eskakitx sikera nundik hasi ta ez nundik heldu. **T.** Le hemos dicho que sí, que ya se lo haremos pero me parece que ya he empezado a arrepentirme porque creo que ese trabajo nos va a dar muchos quebraderos de cabeza, llevo media hora delante de él y no sé siquiera por que sitio empezar ni por dónde agarrarlo.

KATUE. Gato. **K.** Gogoratzezare nol goixen jarridoun ze Florentxion andrien katuek zortzi katakume eukizitxula?, ba oñ gertauda ze katakuman ama horri kotxiek arrapau ta akabau iñauela. Eta oñ Florentxio larri dau, bi katakuma besteik eztau emun, beste xeirak etxien die ta zalantza dauko nola jaten emun, billaukodauen zeñek emun titixe ero beztela biberoiaz hasibikoetedan esnie emuten. **T.** ¿Os acordaís de cómo hemos puesto arrriba que la gata de la mujer de Florencio había tenido ocho crías?, pues ahora ha ocurrido que a la madre de las crías le ha pillado y matado un coche. Y ahora Florencio está apurado, solo ha dado a dos gatitos, ahora está en casa con las otras seis y tiene dudas de que modo alimentarlas, si encontrará quien les de teta o sino tendrá que darles la leche con el biberón.

Aspaldiko esaerabat: Katuek eztazenien etxien, xaguek dantzan.

Un antiguo proverbio vasco: Cuando los gatos no están es casa, los ratoncillos están bailando.

KATUMORROSA. Ronroneo del gato. **K.** Beno, zertxobaitx lortudau bentzet, Florentxiok emuitxu beste bi katakume baña ondion be lau geratzejako etxien, esne asuntue konpondudau biberoiaz eta oñ gauza da nahiko urduri dabillela, aldebatetik esatendau katakumiek, ia ez hainbeste ume, kortiñak xixko itxen haidiela ta bestaldetik eziñdauela lorik iñ hareiñ morrosakiñ. **T.** Bueno, por lo menos ya ha conseguido algo, Florencio ha dado a otras dos crías pero todavía en casa le quedan cuatro, el asunto de la leche ya lo ha solucionado con el biberón y ahora la cosa es que anda un poco nervioso, por una parte dice que los gatitos, ya no tan gatitos, le están rompiendo las cortinas y por otra que apenas puede dormir debido al ronroneo.

KATXARRERUE. Cacharrero. Se dice de la persona que va recogiendo cosas, muchas veces sin valor e inútiles y las va guardando, y aunque sea un poco exagerado también se puede decir de aquellas que padecen el síndrome de Diógenes. **K.** Nik badauket tarteko oso esagun dan pertzonabat eta nahiko katxarrerue dana, harek eta nola aukera dauken jasoteitxu ikustendauen ta berai interesatzejakon traste zar guztiek, gauza da eztaukela tokirik ezer geixau gordetzeko eta ondo jakiñien nau errieta gogorrak entzun-bierrak izeteitxula bere afizion kontura, baña halaere eztakitx inportantzi haundirik emuteutzenik. **T.** Yo ya tengo a una persona cercana muy conocida y que es bastante cacharrero y cómo tiene oportunidad pues recoge cualquier trasto viejo que vea y le pueda interesar, el asunto es que ya no tiene sitio para guardar más cosas y sé de buena tinta que tiene que escuchar bastantes broncas a cuenta de su afición, pero aún así no sé si le da demasiada importancia.

KATXARRO-ZARRA. Cacharro o trasto viejo. **K.** Ba hori, eztau merezi geixaurik esateik eta goixen jarridoun bezela, gauza da eztaukela ixe tokirik ekartzeitxuen katxarro-zar horreik gordetzeko, oñ pentzatzen hasida, nola libre antzien ikustendauen, aber akaso salako baztertxuen. **T.** Pues eso, no merece la pena extenderse más y cómo hemos indicado arriba, la cosa es que casi ya no tiene sitio para guardar más cacharros viejos, ahora ha empezado a pensar, vé que está un poco libre, que quizá en la esquina de la sala.

KATXARRUE. Cacharro, trasto. **K.** Ba kasualitatez atzo alkartunitzen berba itxen haigaren pertzona horrekiñ eta galdetunutzen aber están aspertzen hainbeste katxarro-zar jaso ta gordetzen, eta badakitzue zeiñ izenzan bere erantzuna?, ba danak eztiela katxarro-zarrak, batzuk katxarruek bakarrik diela eta gañera ez halako zarrak. **T.** Pues por casualidad ayer me junté con la persona a la que nos estamos refiriendo y le pregunté a ver si no se aburre de recoger y guardar tantos cacharros viejos, ¿y sabeís lo que me contestó?, pues que no todos eran cacharros viejos, que algunos solo eran cacharros y además no tan viejos.

KATXIPORRA. Es la porra que utiliza el personal de seguridad. **K.** Neri sekula eztustie jo katxiporrakiñ baña telebistan bai ikusi izendot, aspalditxuen larrei gañera, eta ustedot eztala bape ona izengo bixker ero beste nunbaitxen notatzie horreikiñ emundako zartarak. **T.** A mí nunca me han pegado con una porra pero sí lo he solido ver en la televisión, además últimamente demasiadas veces, y creo que no tiene que ser nada bueno sentir en la espalda o en algún otro sitio un golpe dado con eso.

KATXIPORRAZUE. Golpe de la porra. **K.** Ba hori, asken aldixen zenbat katxiporrazo ikusi izendoun telebistan, jo ta jo, eta gañera aurrien arrapatzendauen erozeñi, berdiñ agurak ero emakumak izen, jente asko lurrien jausitxe eta batzuk odola daixola, larreikue izenzan. **T.** Pues eso, cuántos golpes con la porra hemos visto últimamente en la televisión, pegar y pegar y además a cualquiera que pillaban por delante, lo mismo daba que fueran ancianos que mujeres, mucha gente caída en el suelo y algunas sangrando, fué demasiado fuerte.

KATXO. Se dice de la persona que es zurda. **K.** Federikok eukiauen osababat katxue zana, kontatzeauen ezala berezkue baña istripubat euki ondoren eskumako besue nahiko iñutil geratu, eta gero beste erremeixoik be, ikesi inbierra izenauela ezkerreko besuaz manejatzen, eta arrazkero ta oiturau ondoren, modu berdiñien jarraitxu. **T.** Federiko tuvo un tío que era zurdo, contaba que no era por naturaleza pero después de un accidente el brazo derecho se le quedó bastante inútil, y que luego no le quedó otro remedio que aprender a manejarse con el brazo izquierdo, y después una vez que se acostumbró, continuó de la misma manera.

KATXUEK. Se les llamaba así a los clavos que eran muy largos, también gruesos y medían, no me acuerdo muy bien, unos quince centímetros de longitud. **K.** Oñ beste gauza batzuk be badaz baña lenau baserri tellatuko kapirixuek josteko katxuek erabiltzezien, ta ikusitxe dauket nola aurretik grasa pixkat emun-bierra izetezan katxo horrei errexau sartzeko egurrien. **T.** Ahora también hay otras cosas pero antes para coser las vigas del tejado de los caseríos se utilizaban unos clavos que eran muy largos y gruesos, y tengo visto cómo se les aplicaba un poco de grasa para que se clavasen con más facilidad en la madera.

KAUEN. Palabra que significa contrariedad, algo de enfado.

(Ver la definición de mekauen, mekasuen, mekatxis).

KAUENSOS. El significado es igual que la palabra anterior, pero quizá poniendo más énfasis en el punto del enfado o contrariedad.

KAUSKA. Mordisco. Es una palabra que se utiliza con los críos para expresar el hecho del morder. **K.** Martina, ezaitez inguratu asko txakur horrena zeatik naiz da txikiñe izen jenixo oso txarra dauko ta kauska ingotzu, badakitzu nola lengo egunien horixe bera iñutzen zure lengosuei, eta ezkerrak ezala gauza haundirik izen, sustue bakarrik. **T.** Martina, no te arrimes mucho dónde ese perro porque a pesar de que es pequeño tiene muy mal genio y te puede morder, ya sabes cómo eso mismo le hizo a tu primo el otro día, y menos mal que no fué gran cosa, solo un susto.

KAXETARIXE. Periodista. **K.** Lengo kaxetarixek gente serixue ta bierdan bezelakuek izetezien, eta oñ be askok modu berdiñekuek izengodie, baña pillabat daz larreiko etxura-bako dienak eta askotan naska emutendau entzutie, eta nik ustedot hobeto dala ikusi besteik telebistan asaltzendiela, aldatu kataie ero itxungi, eta axkar gañera. **T.** Los periodistas de antes eran gente seria y cómo debían de ser, y ahora también habrá muchos que serán del mismo modo, pero hay montones de ellos que son raros, groseros y muchas veces pruducen asco solo el oirles, y yo creo que es mejor nada más ver que aparecen en la televisión, cambiar de cadena o apagar, y además rápidamente.

KAXIANO. Este es un nombre propio, pero antes también se citaba ese nombre, no sé porqué razón, para meter miedo o asustar a los críos y que dejasen de hacer travesuras. **K.** Len be gauza berdiñe esautzuet, txintxo portatzeko ta ezpozue kasuik itxen hurrenguen kaxianoi deitxukutzet, eta badakitzue zer gertatzendan kasu horretan, sakuaz etortzendala, barruen sartu eta eruen ingozauela. **T.** Antes también os he dicho la misma cosa, que os porteís bien y sino haceís caso la próxima vez le llamaré a Kaxiano, y ya sabeís lo que pasa en esos casos, que vendrá con el saco, os meterá dentro y os llevará.

KAXKABARRA. Granizo. **K.** Oñartien bentzet benetako udaberri xelebrie da aurtengue, esan-baterako gaurko egune euskitzue da eta bero antza be igertzenda, atzo berriz illuntze aldera sekulako kaskabarra bota eta inguruko karretera guztiek zuri geratuzien, eta eztakitx ba, kanbio-klimatiko horreatik izenleiken ero hala izen-bierra dauken. **T.** Hasta ahora al menos en verdad que la primavera de este año va siendo bastante rara, el día de hoy es soleado e incluso se nota bastante calor, ayer en cambio hacia el anochecer echó una granizada impresionante y dejó blancas todas las carreteras de por aquí, y no sé pues, si puede ser por el cambio climático ese o es porque así tiene que ser.

KAXKAJO. Cascajo. Se dice de la persona algo gamberra y también de aquella que tiene pocas luces. **K.** Obrara etorridan langille berri hori nahiko ona dala emutendau, baña etxatzue iruitzen ze akaso kaxkajo xamarra be badala?, bukatzendau bere lana, gero kaxetara sartu aldatzera eta txantxan hastenda, eztau izten pakien han dazenai eta askotan igexi itxeutzie. **T.** Ese nuevo trabajador que ha venido a la obra parece bastante bueno, ¿pero no os parece que también es un poco cascajo?, termina su trabajo, luego entra en la caseta a cambiarse y empieza a bromear, no deja en paz a los que están allá y muchas veces se le escapan.

KAXKAJOKEIXIE. Hacer el cascajo. **K.** Langille horrena ia larreikue izenda, konfiantza pixkat hartudauenien kaskajokeixak besteik ezauken eta askenien kalera bieldu inbierra eukidou, berak esandau aldatukodala baña gero jakiñdou berdiñ ibili omendala eondan obra guztietan. **T.** Lo de ese operario ya ha sido demasiado, cuando ha cogido un poco de confianza no hacía más que el cascajo y al final lo hemos tenido que despedir, él ha dicho que ya cambiará pero después hemos sabido que se ha comportado de la misma manera en todas las obras en las que ha estado.

KAXKALA. Se dice de la persona o cosa que es blanda, flojucha. **K.** Badakitx berak gurekiñ naidauela mendira etortzie egur karriuen baña akaso hobeto izengoda baserrixen geratzie, zuk ikusi ta erabakibikozu zeatik zure illoba da halaere nere ustez zertxobaitx kaxkala dala emutendau lan hortako. **T.** Ya sé que él quiere venir con nosotros al monte para acarrear la leña pero quizá sea mejor que se quede en el caserío, tú verás y eres el que tienes que decidir porque es tu sobrino, aún así yo creo que parece un poco flojo para ese trabajo.

KAXKALDU. Fig. se dice de la persona que ha perdido el norte y que dice o hace cosas raras. **K.** Ikuziozue zer itxen haidan Hermenegildo, hori ezta normala eta nik ustedot zertxobaitx kaxkaldu iñdala, ezta errexa ulertzie nola leiken ortuko lurra pikatxoiaz aztertzen ibiltxie atxurran ordez. **T.** Mirar que está haciendo Hermenegildo, eso no es normal y yo creo que ha perdido un poco el norte, no es fácil de entender cómo puede ser posible que esté removiendo la tierra de la huerta con el picachón en lugar de con la azada.

KAXKARRA. Se dice de la persona o cosa menuda, pequeña. **K.** Zuk mandarina horreik saltzeko asmuaz ekarrikozitxun baña nik bentzet eztitxut nai, oso kaxkarrak die ta etxera eruetenbot nere andrien aurreneko lana izengoda errietan hastie. **T.** Tú habrás traído esas manadrinas con la intención de venderlas pero yo al menos no las quiero, son demasiado pequeñas y si las llevo a casa el primer trabajo que hará mi mujer será empezar a reñirme.

KAXKARRA, KAXKATIE. Se llama o denomina así a la cabeza, cráneo. **T.** Eztakitx zeatik asarreketazaren, ze gauza erraru ikusi ero iruitzejatzu dala zuri buruaundi deiketie?, ero akaso ezara sekula beitu ixpilluen?, ba beitu inzaitxez ta kontatukozara nola sekulako kaxkarra daukotzun, halaere ez gaizki hartu zeatik txantxan esateutzue. **T.** No sé porqué te enfadas, ¿qué cosa rara ves o piensas que tiene el que a ti te llamen cabezón?, ¿o quizá es que no te has mirado nunca en el espejo?, pues mírate y comprobarás que tienes una gran cabeza, de todas formas no te lo tomes a mal porque te lo dicen en broma.

KAXKARREKUE. Golpe en la cabeza. **K.** Ustedot geruau ta iñuxente geixau biurtzen hainazela eta zahartzen hazinazelako izengoda, gaur goixien bizerra kendu ondoren eta komuneko irteeran, labandu ta sekulako kaxkarrekue hartudot atien kontra. **T.** Creo que cada vez me estoy volviendo más tonto y será porque me estoy haciendo viejo, ésta mañana después de afeitarme y al salir del baño, me he resbalado y dado un fuerte golpe en la cabeza contra la puerta.

KAXKATEMOTX. Se dice por la persona que se ha cortado o rapado el pelo recientemente. **K.** Ze iñdotzue eta nun geratuada zure ule luze poli hori?, ba benetako kaxkatemotx itxizaue, zuk esandutzazu hala mozteko ulie ero pelukeron asmakizuna izenda?, ba hala baldinbada egurtzie merezidau. **T.** ¿Qué te han hecho y donde ha quedado esa larga melena tuya tan bonita?, pues de verdad que te han dejado bien rapado, ¿le has dicho tú que te lo corte así o ha sido idea del peluquero?, pues si es que así ya se merece una buena paliza.

KAXKAUTA. Se dice por aquella persona que dice muchas sandeces, o fig, que ha podido perder el juicio. **K.** Horri eztau nundik arrapatzeik eta nik ustedot pixkat kaxkaute daulea, atzo entzunutzen esaten beriak eta bi bere betiko lan haundixetatik ta gaur berriz bixkerretik helduta doie. **T.** A ese no hay por dónde pillarle y no sé si no ha perdido un poco el juicio, ayer le oí decir un montón de barbaridades por el que hasta ahora había sido su mejor amigo y hoy otra vez va agarrado del hombro.

KAZUE. El cazo. **K.** Goixetan gosaltzeko eta kafesnie berotu betik erabiltzendot kazue eta hori itxeko sutan jarri, nere ustez askoz hobie da mikrondas horren aldien baño, baleike hau axkarraue izetie baña eztakitx zeatik, nik betik euki izeutzet holako errespeto pixkat bezela. **T.** Para calentar el café con leche del desayuno de las mañanas siempre utilizo el cazo y para hacer eso lo pongo al fuego, a mi parecer es mucho mejor que el microondas ese, puede que éste sea más rápido pero no sé porqué, yo siempre le he tenido así cómo un poco de respeto.

KEBA. Que vá. **K.** Keba, zuri akaso hori iruitukojatzun, ni nitzela telebistan ikusizauen frontoien, baña ez, enitzen, baleike antzerakue izetie baña nik be telebistan ikusinauen pelota partidu hori. **T.** Qué va, quizá a tí eso te parecería, que el que viste por la televisión en el frontón era yo, pero no, no era, puede que tuviese cierta semejanza pero yo también ví el partido de pelota en la televisión.

KEBIDIE. La chimeneta dónde se hace el fuego bajo. **K.** Kebide honek etxaku bape ona urten, hiru urte besteik eztauko eta egixe da asko erabilidoula, baña halaere etxat iruitzen horrek zer-ikusixe daukenik zulotzen azteko albotan, eta ustedot laister eukikoula aldatzeko bierra. **T.** Esta chimeneta no nos ha salido nada buena, no tiene más que tres años y es verdad que la hemos utilizado mucho, pero aún así no me parece que tenga nada que ver para que empiece a agujerearse por los lados, y creo que pronto estaremos en la necesidad de cambiarla.

KEDARRA. Es la costra que queda en el interior de las chimeneas. **K.** Noixienbeñ garbitxu inbierrak izetendie tximeneixak kedarra kentzeko zeatik beztela arrixku haundixe eotenda sue hartzeko, ezta izengo aurrekeneko baserrixe erredana asunto horreatik. T De vez en cuando hay que limpiar las chimeneas para quitarles la costra porque sino existe mucho riesgo de que coja fuego, no será el primer caserío que se haya incendiado por esa causa.

KE-GUSTUE. Gusto o sabor a humo. **K.** Nik gauza asko oso gustora jateitxuk keien gustuekiñ eta baitxe ketuek dienak be, bixetatik ugeri eotendie eta esan-baterako bi honeik, kegustue dauken gatzatue eta gaztai ketue. Baña beste zerbaitzuk ez hainbeste gustora, txorixue ta odolostie bezela, oñ aurrien badauket eta jan-bierra badau, ba ixilik jan da kitxo. **T.** Yo suelo comer a gusto muchas cosas que tienen gusto y sabor a humo, de ambos suele haber productos abundantes y por ejemplo estos dos, el queso y también la cuajada. Pero otras no tan a gusto como el chorizo y la morcilla, pero si están delante y las tengo que comer, pues las como en silencio y listo.

KEIE. Humo. **K.** Lengo egunien autopistan, Elgoibar pasaran siñistu eziñeko keie asalduzan derrepentien, bertako zaintzailiek geratu inbierra izenauen kotxiek eta etxuraz su haundirik be ezan izen, han eozen batzuk komestatzen ibilizien ze etxuraz beserritxarbat zala sue emunutzena sazixei, honeik bustixek ero umeltazun haundixe euki eta horreatik gertau omenzala ke hori. **T.** El otro día en la autopista a la altura de Elgoibar derrepente apareció un montón de humo, hasta los los mismos vigilantes tuvieron que parar la circulación y parece ser que tampoco había un gran fuego, unos que estaban allá estuvieron comentando que algún casero debió de prender fuego a unos matorrales, estos debían de estar mojados o muy húmedos y por eso debió de surgir el humo ese.

Aspaldiko esaerabat: Su gaberik eztau keirik.

Un viejo proverbio en euskera dice que donde no hay fuego tampoco hay humo.

KEIXA, KERIXA. Cereza. **K.** Igez izenitzenien bizikletakiñ Estremadurako buelta-jiran bi egunetan ibilinitzen hor Jerte ta Vera ballara ingurutan, eta Jerte hortan konkretuz siñistu eziñeko keixa pilla ikustezien, alde guztiko arbolak beteta eozen eta asuntue aprobetxauaz mordoxka batzuk be janitxuen birien. **T.** Cuándo el año pasado estuve dando una vuelta por Extremadura con la bicicleta un par de días anduve por el valle del Jerte y la Vera, y en el Jerte en concreto era increíble la cantidad de cerezas que se veían, todos los árboles estabas llenas de ellas y aprovechando la circunstancia tambien comí unos cuantos puñados por el camino.

KEIXPEIE. Lugar a la sombra.

(Ver la definición de itzala).

KEJAU. Quejarse. **K.** Jeseus!, Akilinokiñ eztau iñora fateik, daneatik kejau inbierra izetendau, batzutan beruatik, akaso hotz daukela, beste batzuetan ordu asko dielako kotxien ero bazkaixe eztalako bere gustokue, ba hau izengoda askena eta eztot uste sekula geixau gurekiñ etorrikodanik. **T.** ¡Jesús!, con Aquilino no se puede ir a ninguna parte, siempre tiene que quejarse por todo, algunas veces por el calor, a lo mejor porque tiene frío, otras veces porque son demasiadas horas en el coche o que la comida no es de su gusto, pues ésta va a ser la última y no creo que nunca más venga más con nosotros.

KEJOSUE. Quejoso. Se dice de la persona que se está quejando continuamente. **K.** Ba horixe bera da gurekiñ etorridan Akilino, kejoso utza, askenien eta nahiko naskatu ondoren lagunbatek esautzo ze beste keja bakarbat aitzenbadau hor geratukodala bakarrik allegatzegaren hurrengo herrixen. **T.** Pues eso mismo es el Aquilino que ha venido con nosotros, un verdadero quejoso, al final y después de haber dado mucho la lata un amigo le ha dicho que si le vuelve a oir una queja más ahí se va a quedar solo en el próximo pueblo que lleguemos.

KEN. Signo aritmético que significa resta. **K.** Aber dakitzun hau eta bierdan bezelako erantzuna izetenbada oparitxobat eukikozu, aitu ondo, zazpi milla euroi ken iñezkero bi milla eta bostehun, zenbat euro gelditxukozien? **T.** A ver si sabes ésto y si la respuesta es la correcta tendrás un pequeño premio, escucha bien, si a siete mil euros le restas dos mil quinientos, ¿cuántos euros quedarían?

KENDU. Quitar, eliminar. **K.** Iñdozuna iñ ondoren, nola atrebitzezara hona etortzen?, kendu inzaitez nere bistatik ta fanzaitxez etorrizaren tokitxik, zuri horixe bera sekula eztozuna euki ondion faltajatzu, lotza pixtat. **T.** Después de hacer lo que has hecho, ¿cómo te atreves a venir aquí?, quítate de mi vista y vete por dónde has venido, lo que a tí te sigue faltando es eso mismo que nunca has tenido, un poco de vergüenza.

KENDU. (Kendukok), kon, kot, tzat, tzut, kozu, kozue.

KENKETA. Resta, quitar. **K.** Eztakitx larreitxo kenketa eztutzazun iñ langille horri bere jornaletik, badakigu atzo ezala lanera etorri kriston bixamonaz zalako, segurazki aurreko egunien moxkorra arrapauta, baña bentzet parkamena eskatudau ta baitxe esan be eztala berriz gertauko. **T.** No sé si no le has quitado demasiado de su jornal a ese trabajador, ya sabemos que ayer no vino a trabajar porque estaba con un terrible aje, seguramente por haberse emborrachado el día anterior, pero al menos ya ha pedido perdón y también te ha dicho que no volverá a ocurrir.

KENTZEN. Quitando, eliminando. **K.** Euskeraz dau abestibat eta gañera sarri abesketandana, geixenbat hola bazkal ero afai ondoretan eta giro egokixe dauenien. Eta hala esatendau, betik eskamak kentzen, kentzen, kentzen, kentzen…, eta noski jarraitzendauela. **T.** Hay una canción en euskera y además que se canta con frecuencia, sobre todo después de una comida o cena y cuando hay un ambiente propicio. Es difícil de traducir pero más o menos diría algo así, siempre quitando escamas, quitando, quitando…, y claro que continúa.

KESOKEMAUA. Literalmente es leche quemada y se llama así al flan. En cualquier caso para pedir flan solo se utiliza esta palabra, flan, del castellano y no leche quemada. **K.** Neretzat nahiko izen xelebrie da eta gure etxien betik esan izeutzou flanai flana eta noski, oñ be hala esateutzou, baña hainbat tokitxen oitura kesokemaua esatie da eta hori izengoda betik hala aitutekue dalako. **T.** Para mí es un nombre bastante raro y en nuestra casa de siempre al flan le hemos llamado flan y claro, ahora también así lo llamamos, pero en muchos sitios la costumbre es llamarla, en euskera, kesokemaua (leche quemada) y eso será seguramente porque siempre lo habrán oido así.

KETUE. Ahumado. **K.** Gauza batzuk, hobeto esanda asko, nahiko xekebriek izetendie baña hala die eta kitxo, aber eta esan-baterako nere andriei izoki freskue asko gustatzekako ta ketue berriz askotan erreparu bezela emuteutzo, arrebai berriz justu bestaldera. Bada ero ezta gauza xelebrie? **T.** Hay algunas cosas, mejor dicho muchas, que son raras pero son así y no hay más que decir, a ver y por ejemplo, a mi mujer le gusta mucho el salmón fresco y el ahumado muchas veces de así cómo un poco de reparo, y a mi hermana en cambio justo lo contrario. ¿Es o no es raro?

KETZU. Sitio, lugar con mucho humo. **K.** Ba halaxe eonzan autopista, sigero ketzu, ordu-lauden pasa eongiñen geldik ta askenien zertxobaitx larritxute bebai hango ke-useñaz, kotxeko bentanak be ezinzien zabaldu zeatik keiez betetzezan eta ezkerrak bonberok naiko axkar etorriziela. **T.** Pues así estuvo la autopista, con mucho humo, estuvimos parados más de un cuarto de hora, el olor a humo se hacía insoportable y al final nos apuramos un poco, tampoco se podían abrir las ventanas del coche porque se llenaba de humo y menos mal que los bomberos vinieron bastante rápidos.

KEXA, KEXAU. Queja, quejarse.
(Ver la definición de kejau).

KEXIKA. Persona propensa, dada a quejarse.
(Ver la definición de kejosue).

KEXKA. Preocupación, escrúpulo. **K.** Horrek gauza bakarra dauko buruen, betik hala euki izendau eta suposatzendot berdiñ jarraitxukodauela, jaiki besteik ez eta eguneko bere kexka haundixena izetenda lortzie berak guredauena, apenas inportik be bestiena, ez larrei bentzet, eta askotan hala naidauen bezela gertatzenda. **T.** Ese tiene una sola cosa en la cabeza, siempre la ha tenido así y supongo continuará de la misma manera, nada más que se levanta y su mayor preocupación del día es conseguir todo aquello que quiere sin importarle apenas nada, al menos no demasiado, lo de los demás, y muchas veces así tal y cómo quiere sucede.

KEXKATI. Se dice de la persona dada a estar permanentemente preocupada e inquieta por cualquier nimiedad. **K.** Pixtat eztot esaten gaixki dauenik baña Silveriona akaso larreikue be izengoda, betik dau ardurazatzen erozeiñ gauzatik, alabak urtetzenbadau noix ta nola etorrikoetedan, lanera fan aurretik aber dana ondo urtengodauen, hala gauza guztiek eta modu hortan eotenda geixenbaten, sigero kexkati. **T.** No digo que un poco esté mal pero lo de Silverio quizá sea demasiado, siempre está inquieto por cualquier cosa, si sale la hija a ver cuándo y cómo regresará, antes de ir al trabajo a ver si todo va a salir bien y así todas las cosas, y de ese modo suele estar, permanentemente preocupado.

KEXKATU. Preocuparse por algun problema o estar en algún apuro. **K.** Gauzabat esan-bierra dauket baña ezaitez asarretu meserez, zuk akaso eztozu jakingo baña beñ baño geixautan entzun izendot zure semie oker antzien dabillela, eta ustedot hobeto ingozaukela kexkatziaz sikera pixkat. **T.** Tengo una cosa que decirte pero no te enfades favor, tú acaso no lo sabrás pero tengo oído más de una vez que tu hijo anda bastante torcido, y yo creo que harías bien si te preocuparas siquiera un poco.

KIATZA. Mal olor, pestilente, tufo. **K.** Batzuetan komenigarrixe izetenda ez pasatzie zelaixek dazen tokitxik zeatik sekulako kiatza eotenda, hau normalki gertatzenda ximaurra bota ondoren ero ganauen pixaz erregatzendanien, eta orduen hobeto da ez ibiltxeik inguru horreitatik eta gutxiau sikera arrimau, beztela gertauleike erropak be useiñdute urtetzie. **T.** Algunas veces es conveniente no pasar cerca de dónde están los prados debido al olor pestilente que suele haber, ésto normalmente sucede después de que esparcen la basura de las cuadras o riegan con los orines de las vacas, y entonces es mucho mejor no arrimarse siquiera, sino puede que hasta la ropa salga oliendo mal.

KIDIE, KIDIEK. Compañero (s), amigo (s). **K.** Ezta errexa izeten bierdan bezelako kidiek billatzie eta nik ustedot geruau ta gutxiau gañera, nik pentzatzendot ze oñ geixau beitzendala norberana ta kasu gutxiau itxendala bestienai, eta hori be baleike izetie ez eukitxeatik denpora askoik hortarako. **T.** No es fácil encontrar amigos de verdad y yo creo que cada vez menos, pienso que ahora se mira más a las cosas propias y no se hace caso de las de los demás, y eso también puede que sea debido a que no tengamos demasiado tiempo para ello.

KIKARIE. Tacita pequeña. **K.** Ze oitura txarra daukon nere arreba nauixenak, bazkatzenbou bere etxien honen osteko kafie derrigorrez kikaran atara inbierra eukitxendau, eta alperra da esatie nik naio dotela basuen hartzie, baña bere erantzuna izetenda ze betik hor atara eta hartu iñdala. **T.** Que costumbre más mala tiene mi hermana mayor, si comemos en su casa y después de terminar, el café lo tiene que sacar necesariamente en una tacita pequeña, y es inútil que le digas que yo lo prefiero en vaso, su respuesta suele ser que siempre se ha sacado y tomado ahí.

KILIKILI. Cosquillas, hacer cosquillas. **K.** Ze larritxazun hartzendauen ume txiki honek kilikili pixkat iñezkero, aurrena barre itxendau baña gero hastenda mobitzen ta eziñda gelditxu, orduen ta baezpare hobeto izetenda iztie. **T.** Que apuros pasa esta criatura si le haces un poco de cosquillas, al principio se ríe pero luego empieza a moverse y no se puede parar, entonces y por si acaso suele ser mejor dejarlo.

KILIKI, KILIKAN. Curiosear, curioseando, husmear, fisgoneando. **K.** Etxe parien bizidan andriei geixenbaten ikustejako kilikan dauela bentana ostien, burue aldebatera ta bestera mobitzen dana te danai begire, eta gañera ustedot nahiko ordu itxeitxula, gizona ta semiaz bizida ta eztakitx zeiñ izengodan jatorduek prestatzendauenak. **T.** A la mujer que vive frente siempre se la ve que está curioseando detrás de la ventana, moviendo la cabeza a un lado y otro mirando todo y a todos, y además creo que suele estar bastantes horas, vive con su marido y el hijo y no sé quien será el o la que prepare las comidas.

KILIKOLO. Persona o cosa que está insegura, a punto de caer o desmoronar. **K.** Ume horri kasu iñiozue, hor dabill kilikolo harri horren gañien ta arrixku haundixe dauko jausteko, eztau altura askoik bañe jaustenbada kakateko ederbat hartuleike. **T.** Hacerle caso a ese crío, anda ahí encima de la piedra de forma insegura y tiene mucho riesgo de que se caiga, no hay mucha altura pero si se cae puede recibir un buen golpe.

KIMU. Brote, retoño de las plantas. **K.** Bost aste die iderrak ortuen eraingauela eta ondion eztau kimu baten arrastuik, eztakitx txorixek ero zatorrak janditxuen azixek ero zer gertaudan baña ustedot berriz erañ-bierra izengodala. **T.** Hace cinco semanas que sembramos los guisantes en la huerta y todavía no ha aparecido ni un solo brote, no sé si los pájaros o los topos habrán comido las semillas o qué habrá pasado pero creo que los tendremos que volver a sembrar.

KINKALLAK. Quincallas. Son cosas que tienen cierta utilidad, pero no excesivo valor. **K.** Aspalditxik eta astien beñ herri geixenetan itxende ferixa tipokobat, eta ferixa horreitan ixe danetik saltzenda, baña nere ustez eta iñoi ezer kendu-barik, pentzatzendot gauza asko bentzet ixe kinkallak izetendiela. **T.** Desde hace mucho tiempo y una vez a la semana en la mayoría de los pueblos se hace una especie de feria, y en esas ferias se vende casi de todo, pero yo creo y sin quitar nada a nadie, que al menos muchas de las cosas son casi quincallas.

KINKILLERUE. Quinquillero. Se llama así a la persona que se dedica a vender quincallas. **K.** Kinkallak saltzeitxuen pertzonai kinkillerue deitzekako, eta ez honei bakarrik, baitxe beste harei herriz herri asunto berdiñien ibiltxendienai, baña horreiñ aparte nere lengusuek illobabat dauko nahiko kinkillerue dana, betik dabill saltzeatzen aber zer eta nun erosi eta noski, berdiñ saldu, etxuraz gustora ibiltxenda tratu horreikiñ eta gañera, berak esatendauen bezela, oso ondo dominatzendauela asunto dan horreik. **T.** A las personas que venden quincallas se les llama quinquillero, y no solo a esos, también a aquellos otros que se dedican a la misma labor vendiendo de pueblo en pueblo, pero aparte de éstos mi primo tiene un sobrino que es bastante quinquillero, siempre anda salseando el qué y dónde comprar y claro, lo mismo vender, suele andar a gusto en esos tratos y además, según dice él, que domina muy bien todos esos asuntos.

KINTADA. Quintada. Se llama sí a las celebraciones que hacen los quintos. **K.** Naiz eta oingo kintxuek eztaukien soldautzara fan-bierrik, berdiñ eta gu bezela kintadak itxeitxue bere garaia danien, kintxo-bazkai, afaixek eta beste betiko oiturak be igualak izetendie, aurresku dantzak, txopuen igoera eta abar. **T.** A pesar de que los quintos de ahora no tienen que ir a la mili, cuándo es su tiempo y al igual que nosotros hacen las mismas quintadas, comidas, cenas de quintos y otras costumbres que también son las de siempre, bailar el aurresku, levantar el chopo, etc...

KINTADAK. Novatadas. **K.** Soldautzan oitura haundixe hauen kintadak itxeko, asko itxezan bat zan txapela hartu ta gorde lo hauen pertzonai eta hurrengo egunien goixetik, errebista pasa garaian ba derrigorrez horre-barik fan-bierra izeteauen. **T.** En la mili había mucha costumbre de hacer novatadas, una muy típica y que se hacía muchas veces era la de quitar y guardar la gorra a la persona estaba dormida y al día siguiente por la mañana, cuando se pasaba revista necesariamente tenía que acudir sin ella.

KINTOPEKO, KINTXUE. Quintos. Así se les llamaba a los chicos que el siguiente año tenían que hacer el servicio militar. **K.** Ustedot hogei urte pasata diela soldautza kenduzanetik ta alde ederra dau lengo ta oingo kintxuekiñ, lenguek soldautzara fan-bierra izetegauen, jeneralki sigero gustora, eta oinguek berriz eztaukie hori inbierrik, ba eurok galtzendaue. **T.** Creo que hace ya más de veinte años que se eliminó el servicio militar y vaya diferencia que hay entre los quintos de antes y ahora, los de antes teníamos que ir a la mili, generalmente muy a gusto, y en cambio los de ahora no tienen porqué hacer eso, pues ellos se lo pierden.

KINTZENA. Quincena. Jornal o sueldo que correspondía a quince días de trabajo.
(Ver la definición de jornala).

KIÑU, KIÑAU. Guiño, guiñar. **K.** Saturioi esautzet ze hitzaldi hontan aspertzenbada kiñu itxeko eta segitxuen urtengoula kalera, eta nere ustez eztau denpora asko etxoingo zeatik ikustendot ago zabalka haidala. **T.** Le he dicho a Saturio que si se aburre en esta charla me haga un guiño y que saldremos enseguida, y yo creo que no tardará mucho porque estoy viendo que está bostezando.

KIÑUKA. Guiñando, haciendo muecas. **K.** Hau da marka, urtendou kanpora baña errieta galanta entzun-bierra eukidot, galdetu iñdutzet aber zeatik dauen asarre ta erantzundau ordu-erdi pasa eon omendala kiñuka kalera urtetzeko. **T.** Esto es de traca, hemos salido fuera pero he tenido que escuchar una gran bronca, le he preguntado a ver porqué está enfadado y me ha contestado que llevaba más de media hora guiñándo para que saliésemos a la calle.

KIPULA. Cebolla. **K.** Egaluzie oso ona izetenda parrillan prestatuta baña neri geixen gustatzejatena da kipula askokiñ, piper berde eta baitxe pikante pixkateaz be, erozeiñ modutan gauza honeik norberan guston gora-berak izetendie baña halaere oso gozue geratzenda alde guztietara. **T.** El atún suele ser muy rico preparado a la parrilla pero a mí de la forma que más me gusta es con mucha cebolla, pimiento verde y también con un poco de picante, de todas formas éstas cosas dependen del gusto de cada uno pero aún así de cualquier manera está muy bueno.

KIRIBILDU. Rizar el cabello u otra cosa. **K.** Lenau, oñ be batzuk ikustendie, modan eonzan ulie kiribikdu iñ eta hala eruetie, eta nik ustedot pelukeixan ingozitxuela, baña moda horreik eta beste guztiek bezela, etorri-hala alde itxendaue, hori bai, berriz etorri harte zeatik ia apenas geratzenga zer geixau asmaurik. **T.** Antes, ahora también se ve a alguno, estuvo de moda el rizarse y llevar así el pelo, y supongo que lo harían en la peluquería, pero como todas las cosas esas modas y al igual que otras, lo mismo que vienen se van, eso sí, solo hasta que vuelvan otra vez porque ya apenas queda nada para inventar.

KIRIBILLUEK. Rizos en el pelo. **K.** Ba esaundoun bezela, batzun-batzuk fan ingozien pelukeixera kiribilluek ataratzen uliei baña Joxepon andriek ta bere anaiek ezaukien horren bierrik zeatik danak zien kiribiltzuek. **T.** Pues cómo hemos dicho, algunos irían a la peluquería a hacerse rizos en el pelo, pero la mujer de Josepo y todos sus hermanos no tenían necesidad de eso porque todos tenían el cabello rizado.

KIRIKIXUE. Erizo. **K.** Hemen kosta aldien eztakixe zer dan ero zer naidau esatie kirikixuen hitza, eta trikue esateutzie, baña halaere bat ero bestie izen gauza berdiñe da, betik esan izenda ze bakotxak bere euskerie mantendu inbierra dauekela, baña batzuetan ze gauza xelebrie izetendan ez ulertzie bata-bestiekiñ, noski ezta larreiko gauzatan, zerbaitzuetan bakarrik. **T.** Aquí en la costa no saben que es ni lo que significa la palabra kirikixo (erizo) y le llaman trikue que significa lo mismo, de siempre se ha dicho que cada uno tiene que mantener su propio euskera pero que raro se hace a veces el no poder entederse los unos con los otros, claro que nos es en demasiadas cosas, tan solo en algunas.

KIRKILLA. Grillo. **K.** Oñ egongo haldie kirkillik, nik oso aspaldi eztitxutela ikusi eta ez entzun horreiñ kantuik, lenau bai, baozen eta ugeri gañera, mutikotan fategiñen horreik arrapatzen ta hartu ondoren sartzengauen kaixola txikibaten etxera erueteko. **T.** ¿Ahora ya habrá grillos?, yo hace muchísimo tiempo que no los veo y tampoco oigo su canto, antes sí, ya los había y muchos además, de chavales solíamos ir a cogerlos y los metíamos en una jaulas pequeñas para llevarlos a casa.

KIRMENA. Fidelidad, lealtad. **K.** Hori da eskatzendana, ero gure garaian bentzet eskatzezana abarien aldetik eskon barrixei, kirmena, baña eztakitx hori betik kumplitzendan batan ero bestien aldetik, nik ustedot larreitxo diela banandu itxendienak gauza onerako. **T.** Eso es lo que se pide, o al menos es lo que en nuestros tiempos pedía el cura a los recién casados, fidelidad, pero no sé si eso se cumple siempre por parte de uno o de otro, yo creo que son demasiados los que se separan para cosa buena.

KIROLA, KIROLAK. Deporte, deportes. **K.** Garai baten kirolai etxakon inportantzi haundirik emuten eskoletan, halaere horrek eztau gure esateik ezgauela itxen, itxegauen eta asko gañera baña norberan kontura, oñ berriz eskola guztietan eotendie kirolen maixuek ero monitorak. **T.** Antes no se le daba demasiada importancia al deporte en las escuelas, aún así eso no quiere decir que no lo hiciéramos, lo hacíamos y mucho además pero a cuenta de uno mismo, ahora en cambio en todas las escuelas hay algún profesor o monitores para los deportes.

KIROLARI, KIROLARIXE. Deportista. Bien profesional o aquella que simplemente es aficionada a practicar deporte. **K.** Ia aspalditxotik sekulako kirolari pilla ikustendie, ixe geixenak korrikan ibiltxendienak, askok betikuek die baña horrenbeste izetenda Behobiako ero beste erozeiñ karrera bexperak dienien, malekoie eta inguruek korrikalari betiaz eotendie eta gañera nik askoi oso goix haidiela ikusteitxut, goixeko xeirak aldien ero lenau be ibiltxendie, noski gero lanera bere orduen sartzeko izengoda. **T.** Desde hace ya bastante tiempo se ve a mucha gente aficionada al deporte, casi todos los que andan corriendo, muchos son los de siempre pero tanta cantidad suele ser cuando son las vísperas de alguna carrera como la Behobia o alguna otra, el malecón y los alrededores suelen estar llenos de corredores (as) y además yo veo a muchos que andan muy temprano, hacia las seis de la mañana y también antes, claro que eso será para después entrar a trabajar a su hora.

KIRRIKARRA. Onomatopeya del ruido que se origina cuando de frotan dos cosas duras y una de ellas es bastante rasposa. También cuando de muerde alguna cosa que sea extremadamente dura o cuando al dormir la persona entrechoca los dientes. **K.** Eztakitx zer jaten hasizaren baña eztauko etxuraik biguna eongodanik, zeatik oso ondo haitzenda atarateitxozun kirrikararran zarata. **T.** No sé que estás comiendo pero no tiene mucha pinta de que sea blando, porque se oye muy bien el ruido que haces cuando estás mordiendo.

KIRRIXKARIE. Onomatopeya de un ruido extremadamente desagradable, que produce dentera y que es originado al roze de dos objetos metálicos. **K.** Ezaitez ibili mozten kutxillo horrekiñ txapa horren gañien, sekulako kirrixkara ataratzendau ta hagiñeko-miñe itxen haijat. **T.** No andes cortando con ese cuchillo encima de esa chapa, está sacando un ruido demasiado desagradable y me está produciendo dentera.

KIRRIKORRO. Onomatopeya del ruido que producen las tripas cuando están vacías, se está en ayunas o con mucha hambre. **K.** Aber laister dauen aukera bazkaltzera fateko ero beztela zerbaitz jateko bentzet, ia aspalditxotik entzuten hainaz nere tripan kirrikorrue eta horrek guredau esan sekulako gosie daukiela. **T.** A ver si pronto tenemos oportunidad para ir a comer o sino de tomar algo por los menos, hace ya bastante tiempo que estoy notando el ruido que hacen mis tripas y eso quiere decir que tienen mucha hambre.

KIRRUE. Estopa, hiladura de cáñamo que antiguamente utilizaban los fontaneros. **K.** Oñ estot uste hojalateruek kirroik ibiltxendauenik euron lanien zeatik beste gauza batzuk be badaz horren ordez askoz errexau manejatzendienak, baña garai hartan hori zan erabiltzezana eta ustedot orduen ezala eoten beste tipoko materialik, ero nik bentzet enauen esautu. **T.** Ahora no creo que los fontaneros utilizen la estopa en su trabajo porque en su lugar ya hay otras cosas que son mucho más fáciles de manejar, pero en aquellos tiempos eso era lo que se utilizaba y creo que entonces no había ningún otro tipo de material, o al menos yo no la conocí.

KIRTENA. Mango. **K.** Eztauket ba nik holako iñder haundirik, ero hala uste bentzet, eta eztotena ulertzen da nola dan posible lau atxur kirten apurtzie illebete hontan bakarrik, eta eztakitx egur erdi ustelaz iñdekuek dien ero hobeto ikesi-bierra dauketen atxurra manejatzen. Baña erozeñek daki nun ikesileiken gauza horreik. **T.** No tengo yo tanta fuerza pues, o así lo creo al menos, lo que no entiendo es cómo puede ser posible que haya roto cuatro mangos de azada en tan solo éste mes, no sé si estarán hechos con maderas medio podridas o si tendré que apender a manejar mejor la azada. Pero cualquiera sabe dónde se pueden aprender esas cosas.

KIRTENA. Fig. se dice de la persona un poco estúpida y corta de entendederas. **K.** Melitonekiñ ezaitxez bere kotxien sartu Bilbora fateko zeatik akaso Logroñon asaldukozara ta, eztau sekula asmatzen nundik fan-bierra izetendauen naidauen tokira allegatzeko, gauza honeitarako betik izenda kirten xamarra. **T.** No se te ocurra montar con Melitón en su coche para ir a Bilbao porque a lo mejor puedes aparecer en Logroño, nunca ha sido capaz de entender por dónde hay que ir para llegar al sitio que quiere, para esas cosas siempre ha sido un poco corto de entendederas.

KIXKELA. Quemado, algo que está quemando o asado. **K.** Oñ negu aldien toki askotan ikusistenda gastaiñ kixkelak saltzen haidiela, garai baten guk be nahiko sarri erretegauen tanborrien, han sartu eta bueltak emunaz etxe zarreko patixuen, eta egixe esanda hareik askoz gustorau jatenitxuen beste honeik baño. **T.** Ahora ya a las puertas del invierno se ve cómo en muchos sitios suelen vender castañas asadas, en un tiempo nosotros también las asábamos bastante a menudo, metidas allá y dando vueltas en el patio de la casa vieja, y si digo la verdad aquellas las comía mucho más a gusto que estas otras.

KIXKELDU. Quemar. **K.** Txitxarro hau bueltau inbierra eukikou zeatik eztau jateik, parrillan dauen arduradunak erre inbierrien kixkeldu iñdau eta eztot ulertzen nola leiken hori, hemen betik jan izendou oso onak eta eztakitx, baña akaso baleike aldauta eotie betiko parrillerue. **T.** Este chicharro lo tendremos que devolver porque no se puede comer, el encargado de la parrilla en lugar de asar lo que ha hecho es quemarlo y no entiendo como puede ser esto posible, aquí siempre los hemos comido muy buenos y no sé, pero quizá puede que sea porque hayan cambiado de parrillero

KIXKILLAK. Camarones. **K.** Eztaukie askoik baña ze gozuek izetendien kixkillak jateko txakolibat hartuaz, oñ honeikiñ, nere iruitzez bentzet, gauza nahiko xelebrie gertatzenda, garai baten hor Galizia aldien opari bezela emutezitxuen, fratel txikibat izetezan ribeiro ero albariñobat hartzenbazan, eta oñ berriz eztau horren arrastuik eta gañera ixe larreiko karestixek be badie. **T.** No tienen mucho pero que ricos son los camarones para comer acompañados de un txakolí, ahora que con éstos, al menos mi parecer, pasa una cosa bastante curiosa, en un tiempo ahí por Galicia te lo regalaban, era un platillo pequeño si tomabas un ribeiro o un albariño, ahora en cambio no hay nada de eso y encima hasta casi son demasiado caros.

KIXKORTU. Tostar, requemar, chamuscar. **K.** Ba aldamenko maikuek be gu bezelako arazo berdintzue daukie, hareik bixigue eskatudaue zeatik etxuraz ezaukien txitxarro geixau, eta esatendaue eurona eztauela erreta bakarrik baizik sigero kixkortuta, ba orduen ziur aldauta dala parrillerue zeatik bat errue izenleike baña bik guredau esan ze eztaukela bape ideiaik. **T.** Pues los de la mesa de al lado también tienen un problema parecido al nuestro, aquellos han pedido besugo porque parece ser que ya no les quedaba más chicharro, y dicen que el suyo no solo está quemado sino completamente requemado, pues entonces seguro que han cambiado el parrillero porque uno puede ser un error, pero dos quiere decir que no tiene ni idea.

KIXKUR, KIXKURRA. Torcido, rizado. **K.** Zer da emuten haizarena, iñuzente bezela hartunaizu, ero?, eta ze gertatzenda, akaso eztaukotzula horreik saltzeik beste iñori ta neri guroztazula sartzie?, ba nik bentzet eztitxuk hartuko janba kixkur horreik atien jartzeko zeatik ondo zuzenak dienak bieitxut. **T.** ¿Que es lo que me estás dando, me has tomado por tonto, o qué?, ¿y qué pasa, es que acaso no tienes a quien vender y me las quieres meter a mí?, pues yo al menos no voy a coger esas jambas torcidas para colocarlas en la puerta porque quiero las que estén bien derechas.

KIXKURTU. Rizar el cabello u otra cosa.

(Ver la definición de kiribildu).

KITO, KITXO. Fín, terminación, se acabó. **K.** Beno, ia ordue zan eta lan honekiñ kitxo, ondo kostata izenda baña askenien bentzet emundutzou bukaera, oñ hurrengue hasi inbierrien gara ta aber hau baño zertxobaitx errexaue izetendan. **T.** Pues bueno, ya era hora y al menos éste trabajo ya ha quedado listo, nos ha costado bastante por por fín ya lo hemos terminado, ahora tenemos que empezar el siguiente y a ver si ese lo tenemos un poco más fácil.

KIXKETA. Llamador de aldaba, esta es más bien pequeña, pero con la misma utilidad que la que es más grande.

(Ver la definición de aldaba, aldabie).

KIXKI-MIXKI. Menudencias, cosas sin ninguna importancia. **K.** Ba askenien be inportantziko gauza guztiek erabakitxe geratudie bentzet, ondion zerbaitzuk gelditzendie dana bukatzeko baña kixki-mixki batzuk besteik eztie eta horreik ingoitxu hurrengo aukera daukounien. **T.** Pues por fín al menos las cosas importantes ya han quedado dilucidadas, todavía ya han quedado algunas cosas por aclarar pero no son más que menudencias y esas ya las haremos cuando tengamos una próxima ocasión.

KLARIONA. Tiza. **K.** Zenbat klarion gastau iñetedoten bere garaian eskolako pizarran idazten, eta ez nik bakarrik, danok, orduen ezauen besteik eta maixuek aiñdutakuen pizarra hortara urten-bierra izetezan, eta baezpare alegiñdu gauzak haldan onduen itxen, beztela jakiñe zan zer haukoun. **T.** Cuántas tizas habré gastado escribiendo en la pizarra de la escuela, y no yo solo, todos, entonces no existía otra y cuando el maestro lo ordenaba había que salir a esa pizarra, y por si acaso intentar hacer las cosas lo mejor posible, sino ya se sabía lo que teníamos.

KLARU. Claro. Decir o dejar las cosas claras. **K.** Aber, eztau zergaitxik diskutitzen ibili-bierrik zeatik alperrik haigara eta askoz hobeto izengou danok lasaitzie, jarri nunbaitxen eta alegiñdu klaru izten gauza guzti honeik. **T.** A ver, no hay porque andar discutiendo porque andamos en balde y así no vamos a conseguir nada, es mucho mejor que nos tranquilicemos todos, sentarnos en algún sitio e intentemos dejar en claro todas estas cosas.

KLASIE. Clase, marca. **K.** Nik ustedot alperrik haizarela gureana etorrixaz, nik garbi esautzut enoiela erosten zeatik ekartzendozun horren klasie sigero ezesaguna da, ta ustedot nerekiñ dazen bestiek be pentzamentu berdiñe daukiela, baña halaere eta baezpare galdetu iñiozu. **T.** Yo creo que andas en balde viniendo dónde nosotros, yo ya te he dicho bien claro que no lo quiero comprar porque lo que traes es de una marca completamente desconocida, y creo que estos otros que están conmigo también tienen el mismo pensamiento, pero aún así y por si acaso se lo preguntas.

KLASIEN, KLASERA. A la clase. **K.** Zurie ia larreikue da, gaur be maixuek deitxudau esanaz ezarela fan eskolara ero beztela alde iñdozula iñori ezer esan-barik, berak bentzet eztotzula ikusi bere klasien, galdetzen ibilidala baña iñok ezakixela zure berririk. **T.** Lo tuyo ya es demasiado, hoy también ha llamado el profesor diciendo que no has ido a la escuela o que te has marchado sin decir nada a nadie, al menos que él no te ha visto en su clase, que ha estado preguntando pero que nadie ha sabido dar razón sobre tu paradero.

KLAUSK. Morder. Es una palabra que se utiliza con los críos para que muerdan los alimentos o para advertirle que le pueden morder, generalmente algún perro. **K.** Ezaitez arrimau hainbeste txakur horrena zeatik akaso klausk ingotzu ta, ezara konturatzen larreiko gobaitxen haizarela hainbeste tira iñde bustanetik, ero?, ba horreik be batzuetan aspertu itxendie. **T.** No te arrimes tanto dónde ese perro porque a lo mejor te puede morder, ¿no te das cuenta de que le estás cabreando bastante con tirarle continuamente del rabo, o qué?, pues esos también a veces se cansan.

KOBA, KOBA-ZULUE. Cueva, gruta. **K.** Ni inguruen dien koba-zulo batzuetan eonda nau, Oñatin, Oiartzunen, Zugarramurdiñ, Arrasaten eta abar, eta hemendik kanpo baitxe beste-batzuk geixau be, baña oñartien geixau gustau izenjatena izenda Kantabrian dauen El Soplao izenekue, benetazko zoragarrixe da. **T.** Yo ya he estado en unas cuantas cuevas de las cercanías, en Oñate, Oyarzun, Zugarramurdi, Mondragón, etc…, y fuera de aquí también en algunas otras más, pero hasta ahora la que más me ha gustado ha sido la cueva de El Soplao que está en Cantabria, de verdad que es impresionante.

KOBRAU. Cobrar. **K.** Hori nola da posible horrela izetie?, aber, atzo izengiñen afaltzen herri hortan dauen auzoko jatetxien, bukatu ondoren ta kontue eskatuaz emunutzen txartela kobrau itxeko, ba esauzten eztauela txartelak ametitzen eta arritxute geratunitzen zeatik ezauen iñun ezer jartzen, ba ezkerrak andriek dirue haukela. **T.** ¿Cómo puede ser posible que eso sea así?, a ver, ayer estuvimos cenando en el restaurante del barrio de ese pueblo, al terminar y después de pedir la cuenta le dí la tarjeta para que cobrase, pues me dijo que no admitían tarjetas y me quedé asombrado porque no ponía nada en ningún sitio, pues menos mal que la mujer tenía dinero.

KOFRADIXA. K. Hor be aldien ziur izugarri kofradixa eongodiela, geixenak Astesantuko prosoziñuetan urtetzeko dienak baña hemen goixen be badaukou batzun-batzuk, eta esan-baterako arrantzalen kofradixa, baserritxarrena ta abar, noski eztaukiela zer-ikusirik aurren jarritxutenakiñ baña gertatzenda ze momentu hontan enazela besteikiñ gogoratzen. **T.** Por ahí abajo seguro que habrá un montón de cofradías, la mayoría serán de los que salen en las procesiones de Semana Santa pero aquí arriba también tenemos unas cuantas, y por ejemplo la cofradía de los pescadores, la de los labradores, ect…, claro que no tienen nada que ver con los que he puesto al principio pero resulta que en este momento no me acuerdo de ninguna más.

KOIARA. Cuchara. **K.** Hauxe bai dala derrigorrezko tresna, kollarie, eta gañera zenbat gauzatarako bier izetendan, baña eziñdie danak jarri zeatik ezan tokirik eongo, eta nola konpondukotezien hau ezauenien?, ba sopa ero salda izetenbazan hartu inbierrekue nik ustedot ezala geratzen beste erremeixoik txurrut itxie baño. **T.** Este sí que es un instrumento necesario, la cuchara, y además para cuántas cosas se necesitan, pero no se pueden poner todas porque no habría sitio, ¿y cómo se arreglarían antes cuando no había esto?, pues si lo que había que tomar era sopa o caldo yo creo que no tendrían otro remedio que sorber o beber.

KOIPIE. Grasa, manteca. **K.** Zenonek sarri komestatzendau horixe dala gauzabat etxakola bape guztatzen, koipie, Soraluzeko bere etxe zarrien beñ eta txarrixe hiltxezanien axkar itxenauela joxpa, ikustie bakarrik naska emuteuztela eta ikutzie askoz geixau. **T.** Zenon suele comentar a menudo que eso es una cosa que no le gusta en absoluto, la grasa, en su casa vieja de Soraluze y una vez que se mataba el cerdo se solía escapar rápido, que solo el ver la grasa e daba asco y el tocar mucho más.

KOIPETZU. Grasiento, pringoso de grasa. **K.** Hau be Zenonek kontatakue da. Ba halaxe, modu hontan geldiketaziela bazter guztiek, sigero koipetzu, mai inguruek, ateko manillak, dana eta kontu haundixekiñ ibili-bierra izetezezala, bera bentzet, zer ero nun ikutu eta geixenbat ze tokitan jarri bazkal ero afaltzeko. **T.** Esto también está contado por Zenon. Pues así, que de ese modo solían quedar todos los rincones, completamente grasientos, los alrededores de la mesa, las manillas de las puertas, todo y había que andar con mucho cuidado, al menos él, el qué y dónde tocar y sobre todo en que sitio sentarse para comer o cenar.

KOITXAUE, KOITXAUA. Se dice por la persona que está afligida, que produce pena. **K.** Koitxaue, benetan zoritxarreko mutille da hori, fandan asteburuen bere kuadrillakiñ izenda Sevillan egun batzuk pasatzeko asmuaz, eta han gertauda ze bere lagun guztien hartien dozenerdi loteriko zenbakixek erosi, baña ez berak esanaz eztauela urtengo, ba kasualitatez urten iñdau eta gañera aurreneko premixue. **T.** Ya da un poco de pena y de verdad que es un chico con muy mala suerte, el fín de semana pasado ha estado con su cuadrilla en Sevilla con la idea de pasar unos días, y allá ha ocurrido que entre todos sus amigos han comprado seis números iguales de lotería, pero no él diciendo que no iba a tocar, pues por casualidad tocó y además el primer premio.

KOJIATZEN. Cojeando.

(Ver la definición de errenka).

KOJO, KOJUE. Persona que es coja.

(Ver la definición de erren, errena).

KOKATU. Encajar, colocar. **K.** Zueik zare kirtenak, ezare konturatu hori bestaldera jarridozuela, ero?, ba oñ askatu inbierra daukotzue, gero bierdan bezela kokatu ta berriz lotu, eta aber oinguen ondo itxendozuen eta eztauen berriz errepikau inbierrik. **T.** Vosotros sois un poco tontos, ¿no os habéis dado cuenta de que eso está colocado al revés, o qué?, pues ahora lo vais a tener que soltar, luego colocarlo como es debido y volverlo a atar, y a ver si esta vez lo haceís bien y no hay que volverlo a repetir.

KOKO. Es una palabra que se utiliza con los críos para referirse a las golosinas. **K.** Zerbaitx jartzeatik. Julito entzun, gauzabat esanbiotzut serixo, iztenbozu okerrak itxiei ta txintxo portatzenbazara bixok fangogara alkarreaz kalera eta koko pillabat erosikoitxu. **T.** Por poner algo. Julito escucha, te voy a decir una cosa en serio, si dejas de hacer travesuras y te portas con formalidad iremos los dos juntos a la calle y compraremos un montón de golosinas.

KOKO. Esta es otra palabra que se utiliza con los críos pero en esta ocasión para referirse a las gallinas, y también es una especie de onomatopeya de sonido que producen ala cacarear. **K.** Jokiñ, lagundukuztezu ollotxabolara?, ikusikozu zenbat koko dazen han barruen, aurrena jaten emungutzou eta gero arruzak batukoitxu, hala amatxok patata-tortilla gozue prestaukodau afaltzeko. **T.** ¿Jokin, me acompañarás a la chabola de las gallinas diciendo?, ya verás cuantas gallinas hay allá dentro, primero les daremos de comer y luego recogeremos los huevos, así amacho preparará una rica tortilla de patatas para cenar.

KOKO. Fig. se utiliza para referirse a las personas poco agraciadas físicamente. **K.** Paulina benetako neska ona da, jatorra eta langillie, baña eztauko ezker haundirik emun-bierrik bere gurasuei zeatik koko xamarra urtendau. **T.** Paulina es de verdad una chica buena, agradable y trabajadora, pero no tiene mucho que agradecer a sus padres porque no ha salido demasiado agraciada físicamente.

KOKO. Es una palabra que se utilizaba con los críos para meterles miedo diciendo que vendría el koko, y así dejasen de hacer travesuras.

(Ver la definición de Kaxiano).

KOKOLO, KOKOLUE. Se dice de la persona ingenua, cándida, bastante despistada. **K.** Eztakitx zeatik mutiko horreik konportatzendien modu hortan beste mutiko honekiñ, danok die kuadrilla batekuek baña betik adarra joten haidie esanaz kokolo xamarra dala, eta hori dana da oneixe dalako eta akaso b aitxe zertxobaitx buru-ariñe be. **T.** No sé porque esos chavales se comportan de esa manera con este otro chaval, todos son de la misma cuadrilla pero siempre le andan tomando el pelo diciéndole que es demasiado ingenuo, y todo eso es porque es demasiado bueno y quizá también un poco despistado.

KOKOTIE. Cogote, pescuezo, la parte trasera del cuello. **K.** Arritxute geratunaz zure lengosuek dauken kokotiaz eta gauza da eztaukela halako buru haundirik, halaere ikusi-bierra dau alkondarabat jantzitxe daukenien, ixe lepoik be etxako ikusten. **T.** Me he quedado asombrado con el cogote que tiene tu primo y la cosa es que no tiene una cabeza tan grande, pero aún así hay que verle cuando tiene puesta una camisa, casi ní se le ve el cuello.

KOKOTEKOBAT. Golpe, cachete en el cogote. **K.** Zueik segi horrela ta kokoteko batzuk hartzeko arrixku haundixe daukotzue, eta ustedot ia eztala bakarrik arrixkue zeatik ontxe bertan hartukozue ezpozue segitxuen izten okerrak itxiei. **T.** Vosotros continuar así y teneís un riesgo muy grande de coger unos cachetes en el cogote, y creo que ya no solo es riesgo porque creo que ahora mismo lo vais a coger si no dejaís enseguida de hacer travesuras.

KOLILIN. Se refiere al pitilin o pene pequeño, pero en éste caso el de los críos. **K.** Madalena umetxuek, Baldomeran alaba, ze gauza dauken, eta galderak be batzuetan nahiko zallak izetendienak bierdan moduen erantzuteko, gañera itxeitxuen horreik erozeiñ tokitxen izetenda. Gertatzenda anaitxo birkixe daukela, eta noski harek koliliñe dauko, ba betik jardunien haida esanaz aber berak zeatik ez eta naidauela bat, erosi eta jartzeko, eta askotan negarrez. **T.** La hija de Baldomera se llama Madalena y es una niña que tiene unas cosas, digamos que originales, también unas preguntas que algunas veces son bastante difíciles de contestar, y además que hace las hace en cualquier sitio. Pasa que tiene un hermanito gemelo, y claro aquel tiene pitilín, pues la insistencia de la niña es el decir a ver poque ella no y que quiere uno, que se lo compren y pongan, y muchas veces llorando.

KOLKUE. El escote, espacio entre el cuello y el pecho. **K.** Oingo neskak, hala izengona moda, oitura haudixe daukie bistan erueteko kolkue giro ona ta euskitzu dauenien, eta benetan neri oso ondo iruitzejatela, aurrena, noski, zeatik hala erosuau fangodie, lijero eta freskotxo, eta gero, halaere honek eztauko bape inportantzik, begixendako dalako, nahiko jarrikou, pozitazuna. **T.** Las chicas de ahora, así será la moda, tienen mucha costumbre de llevar a la vista el escote cuando hace buen tiempo y el día es soleado, y la verdad es que a mí me parece muy bien, primero, claro está, porque así irán más cómodas, ligeras y frescas, y luego, aunque ésto no tiene mayor importancia, que es, pondremos bastante, alegre para la vista.

KOLIKO-MISERERE. Cólico miserere. Antiguamente se utilizaba mucho esta palabra para decir que esa era la causa del fallecimiento de la persona, cuando realmente se desconocía o no había medios para saber la causa real de la muerte. **K.** Garai baten zenbat jente hiltxezan koliko-miserere horreatik, nik ustedot geixenak hala izeteziela zeatik orduen ezauen, beno, segurazki eongozan baña akaso ezan esautuko beste geixo mota askoik.**T.** En un tiempo cuánta gente se moría debido al cólico miserere ese, yo creo que era la mayoría porque entonces no había, bueno, seguramente ya habría pero quizá no se conocerían muchos más tipos de enfermedades.

KOLIKUE. Cólico. **T.** Benetan gauza txarra eta sigero mintzue izetendala koliko demontre hori, nik beñ eukinauen eta eztakitx zeiñ ero ze izenzan horren motibue baña larritxazun haundixek pasaunitxun, askenien Donostiko ospitalera fan-bierra izenauen ta indiziñobat emunaz segitxuen kendujaten miñak, hau nahiko aspaldi izenzan ta arrazkero eztot sekula geixau euki. **T.** De verdad que es cosa mala y muy dolorosa el cólico, yo lo he tenido una vez y no sé cual o qué fue el motivo de eso pero pasé unos ratos que fueron demasiado penosos, al final tuve que ir al hospital de San Sebastián y en cuanto me dieron una inyección enseguida se me quitó el dolor, esto sucedió hace bastante tiempo y desde entonces no lo he tenido nunca más.

KOLLARRA. Collar. **K.** Kolko politxek kollarra be politxe eruetie merezidau eta ni hortan nabill, hori naidot oparitzie nere andriei bere zorionetarako baña gauza da nik eztauketela ezerko arrastuik asunto horren buruz, pentzatzen hainaz laguntazuna eskatzie arrebarenbati baña akaso ezta ideia ona izengo zeatik pikuteau inleikie. Eta ustedot onena izengotela txinuetara fatie eta eurok esanguztie ze komenidan. **T.** Un escote bonito también merece llevar un collar bonito y yo estoy en ello, eso es lo que le quiero regalar a mi mujer para su cumpleaños pero la cosa es que yo no tengo ni idea sobre éste asunto, estoy pensando en pedir ayuda a alguna hermana pero a lo mejor tampodo es buena idea porque a lo mejor se chiva. Y creo que lo mejor será que vaya dónde los chinos y ellos ya me asesorarán.

KOLOKA. Que está insegura, en movimiento y carente de estabilidad. **K.** Atzo pasaunitzen baserri horren ingurutik, haixe haudixe hauen ta ikusinauen nahiko koloka zala txabolako tellatu gañien dauen tximinixa, ba baezpare komestau inbikutzet bertako gizonai. **T.** Ayer pasé cerca del caserío ese, había un viento muy fuerte y ví que la chimenea que está encima del tejado de la chabola se movía bastante, me pareció que podía estar insegura y por si acaso se lo tendré que comentar al casero.

KOLOREGORRI, KOLORE-GORRI. Se les dice a las personas que tienen las mejillas rojas o sonrosadas, bien por naturaleza o debido a haber realizado algún esfuerzo. **K.** Jeseus!, jakinleike nun eonzaren koloregorri horreikiñ etortzeko?, apostaukonaute atzalde guztien frontoien ibilikoziñela pelotan ero beste zerbaitxera jolasten. **T.** ¡Jesús!, ¿se puede saber dónde has estado para venir con mejillas tan rojas?, apostaría a que has andado toda la tarde en el frontón jugando a pelota o alguna otra cosa.

KOLORETIE. Colorete. No sé si fig, pero hace muchísimos años así se llamaba al maquillaje. **K.** Nere ustez neska horrek larreitxo kolorete eruetendau, beno, nik pentzatzendot koloretie izengodala zeatik beztela ezta halako normala arpegixe eruetie halako illuna, eta entzunde dauket hala jartzendala emutendanien atxikorian urtudan ura, ba eztakitx baña akaso euri pixkat itxenbadau laister igerrikogutzen. **T.** Yo creo que esa chica lleva demasiado colorete, bueno, yo pienso que será colorete porque sino no es muy normal que la cara la tenga tan morena, y tengo oído que se debe de poner así utilizando el agua en el que see ha disuelto la achicoria, pues no sé pero quizá si lloviese un poco pronto se lo notaríamos.

KOLUNPIXUEK. Columpios. **K.** Oñ alde guztietan daz umiek jolasteko kolunpixuek baña garai baten guk prestaubierra izetegauen, egixe da ezala gauza asko bierrekoik baña batzuk bai zien derrigorrezkuek, aurrena etxurazko arramak hauken arbola, gero soka sendobat ta ol zatibat umiek ipurdixe asentaudeixen. **T.** Ahora hay columpios en todas partes para que jueguen los críos pero en un tiempo nosotros los teníamos que preparar, la verdad es que no hacía falta grandes cosas pero algunas si eran imprescindibles, primero un árbol que tuviese unas ramas apropiadas, luego un cuerda bastante gruesa y un trozo de tabla para que el crío o cría asentase el culo.

KOMADRONA. Comadrona, partera. **K.** Gure amak ume guztiek etxien eukizitxun eta gu zortzi gara, beratzi izengiñen baña bat jaixo-barri hilzan, eta ustedot, eztot sekula galdetu baña hala entzunde dauket, jaiotzak nahiko onak izenziela eta danak komadronaz lagunduta. Eta jarridot ustedot zeatik ni apenas enteratzenitzen asunto horrein buruz. **T.** Nuestra madre todos los hijos los tuvo en casa y nosotros somos ocho, fuimos nueve pero uno murió nada más nacer, y creo, nunca lo pregunté pero así lo tengo oído, que los nacimientos fueron bastante buenos y todos ayudados por la comadrona. Y he puesto creo porque yo apenas me enteraba sobre esos asuntos.

KOMEDIXAK. Comedias. Se llamaban así a los espectáculos que se hacían en las plazas de los pueblos. **K.** Garai baten, ia urte pilla dala, Atxabaltako herriko plazan eotezien, enaz gogoratzen urtien beñ ero geixautan izetezan, guk esategutzen komedixak, umiek eta gaztetxuek lurrien jartzegiñen eta nausixek etxetik eruendako aulkixetan. **T.** En un tiempo, hace ya muchísimos años, en la plaza del pueblo de Aretxabaleta solía haber, no me acuerdo si era una o más veces al año, lo que nosotros llamábamos comedias, los críos y los más jóvenes nos sentábamos en el suelo y los mayores en las banquetas que se llevaban de casa.

KOMEDIANTIEK. Comediantes. Eran las personas que participaban en el espectáculo de las comedias. **K.** Bi komediante eozen ni ondo gogoratzenazena eta geixena batekiñ, Kosmin hauken izena ta zan gizon txikitxobat jentiei barregurie emuten urtetezana, eta bestie Fumantxu, hau txino jantzitxe eta majian kontuek itxezitxun, eta ustedot bestebat be bazala Kubati izenekue. **T.** Había dos comediantes de los que yo me acuerdo bien y sobre todo de uno, se llamaba Cosmín y era un hombre pequeñito que salía a hacer reir a la gente, y el otro Fumanchú, este vestido de chino y hacía cosas de magia, y creo que también había otro de nombre Kubati.

KOMENI, KOMENIDA. Conveniente. **K.** Zueik be ikusibikozue, baña nik ustedot asko komenijakula hau bera erostie zeatik denpora askuen haigara holako gauzabaten atzien, oñ daukou aukera eta baleike berriz ez eukitxie holakoik. **T.** Vosotros también tendréis que ver, pero yo creo que nos conviene mucho comprar eso mismo porque llevamos mucho tiempo detrás de algo parecido, ahora tenemos oportunidad y puede que otra vez no se presente algo así.

Aspaldiko esaerabat: Uztarrixe komenida erostie irixek erosi aurretik.

Un viejo proverbio vasco dice que es conveniente comprar el yugo antes de comprar los bueyes.

KOMENIENTZIE. Conveniencia. **K.** Bai, noski dauketela horren komenientzie baña gertatzenta oñ eta momentuz bentzet eziñdotela erosi, etxoiñ inbikot zeatik beste gauza batzuk be badauket derrigorrezkuek dienak eta aber beste noixbaitxen lortzeko aukera dauketen. **T.** Si, claro que tengo coveniencia de eso pero pasa que ahora y al menos de momento no lo puedo comprar, tendré que esperar porque también tengo otras cosas que requieren más prioridad y a ver si una próxima vez tengo la oportunidad de hacerlo.

KOMENTUE. Convento. **K.** Auskalo zenbat komentu utzik eongotedien baña ziur asko diela, eozen monjak sartu iñdie ta gazte gutxi omendau hala geratudien danak betetzeko, nik ustedot hemen be abariekiñ bezela gertatzendala, bokaziño falta eta geruau ta zalantza geixau dauket sekula izenetedan. **T.** Cuántos conventos estarán vacíos perro seguro que serán muchos, las monjas que había han envejecido y parece no hay sufucientes jóvenes para llenar todos los que han quedado así, yo creo que aquí también pasa como con los curas, que falta vocación y cada vez dudo más de que alguna vez la haya habido.

KOMERIK, KOMERIXAK. Fig. comedias. Improvisar para poder realizar o conseguir algo. **K.** Ba eztakitx nola ibilibioun, nahiko komerixak inbierrak eukikoitxu gurebou lan hau aurrera ataratzie, hemen lau lagun gara eta iñok eztou sekula iñ holako eta ez antzerako gauzaik, eta nik bentzet arrastuik be eztauket sikera nundik heldu. **T.** Pues no sé cómo vamos a andar, vamos a tener que hacer bastantes comedias si queremos conseguir sacar adelante este trabajo, aquí estamos cuatro personas y ninguna hemos hecho nunca una cosa igual a esta y ni siquiera parecida, y al menos yo no tengo ni idea de siquiera por dónde agarrarlo.

KOMESTAU. Comentar. **K.** Nik eztakitx egixe izenleiken baña aldamenekuek bentzet komestaudau ze Torkuato eta Ursula banandu iñdiela, etxuraz bakotxa norberan gurasuekiñ bizitxen fan omendie eta etxuraz etxien seme nausixe geradu omenda txakurrekiñ. **T.** Yo no sé si puede ser verdad pero al menos el vecino de al lado ha comentado que Torcuato y Ursula se han separado, parece que cada uno ha debido de ir vivir con sus padres respectivos y que en casa ha debido de quedae el hijo mayor con el perro.

KOMESTAZIÑUE. Comentario. **K.** Eztaukotzue zeatik asarretuik zeatik Demetriok esaitxun gauza guztiek komestaziño batzuk besteik eztie izen, harek esandauena, eta nik ustedot garbi geratudala, ze akaso baleikela izen berai irutzejakon bezela baña akaso ez, oñ itxoiñ inbierra izengodala eta gero denporiaz ikusikoula. **T.** No os teneís porqué enfadar porque todo lo que ha dicho Demetrio no han sido más que unos cometarios, lo que él ha dicho, y yo creo que ha quedado claro, que a lo mejor puede ser cómo él se lo parece pero que quizá no, que ahora habrá que esperar y que luego ya lo iremos viendo con el tiempo.

KOMORIE. Cómoda. Mueble auxiliar situado al lado de la cama. **K.** Gauza ona izetenda komorie eukitxie uge honduen eta gañera gauza askotarako balixodau, telefonue izteko, liburu bat ero beste, despertadora eta abar. Inditxuten bidaietan nik askotan lo iñde nau albergien, noski, birien eondienien eta toki horreintan ezta eoten, ba horrren ordez aulkibat jartzenauen. **T.** Suele ser una cosa buena tener una cómoda al lado de la cama y además sirve para muchas cosas, para dejar el telefóno, algún que otro libro, el despertador, etc… En los viajes que he hecho yo he dormido muchas veces en los albergues, claro está, que en aquellos que ha coincidido en el camino, y en esos sitios no la suele haber, pues en su lugar solía poner una banqueta.

KOMUNA, KOMUNE. Báter, servicio. **K.** Hau be gauza ona da ba, komuna inguruen eukitxie larri antzien zarenien, baña eztauenien haldan moduen konpondu-bierra daukotzu eta batzuetan nahiko zalla izetendala lortzie, ni hortik zier oñez ero bizikletan asko ibiltxekue naz eta esperintzi haundixe dauket asunto horrein buruz. **T.** Esto también es una cosa buena pues, tener un servicio cerca cuándo estás un poco apretado, pero si no es posible te las tienes que arreglar como se pueda y a veces eso se hace un poco difícil, yo he andado mucho por ahí a pié o en bicicleta y tengo una gran experiencia sobre esos asuntos.

KOMUNIXUE. Ceremonia de la comunión. **K.** Zenbat gauza inbier izetendan lelen komunixue hartu bañolen, aurrena familixak lortzeko erropa xelebre horreik ta gero, akaso berezixena umien aldetik, hainbeste katekesiz klasera fan-bierra asunto horren buruz gauzak ikesteko. **T.** Cuántas cosas son las que hay que hacer antes de recibir la primera comunión, una por parte de la familia para conseguir esos ropajes tan raros y luego, quizá lo más importante por parte de los críos, el tener que ir tanto a las clases de catequesis para aprender las cosas relacionada con ese asunto.

KON. Es una especie de palabra u onomatoteya que se utiliza con los críos cuando se dan algún pequeño golpe en la cabeza y también para chocar la suya con la de otro, generalmente con la persona que está con él. **K.** Zerbaitx jartzeatik. Tomasito ze gertaujatzu, kon iñdozula atiaz?, gixajue, etorrizaitez hona beitzera aber zer daukotzun, ba, hori ezta ezer, koxkorroi txikitxobat besteik ez eta laister kendukojatzu. Hala eziru negarrik iñ eta gauzabat ingou, lapikobat jarrikotzut buruen eta modu hortan berriz txokatzenbaza atiekiñ etxatzu ezer pasako. **T.** Por poner algo, ¿Tomasito, que te ha pasado, que te has dado un golpe en la cabeza con la puerta?, pobrecito, ven aquí para que vea que es lo que tienes, ba, eso no es nada, solo un pequeño chinchón y se te quitará enseguida. Hala, no llores y vamos a hacer una cosa, te pondré una cazuela en la cabeza y de ese modo si te vuelves a chocar con la puerta no te pasará nada.

KONBIDAU. Convite, convidar.

(Ver la definición de gonbidau).

KONDIZIÑUEK. Condiciones. **K.** Kondiziño nahiko xelebriek jarridaue, gañera derrigorrezkuek, gurebou fatie otel hartan izengodan gabonzarreko afaixe, bat da traje ta gorbataz jastie eta bestebat otel bertako gelan lo inbierra daukoula. **T.** Han puesto unas condiciones bastante especiales, además de obligado cumplimiento, si queremos asistir a la cena de nochevieja de ese hotel, una es que har que vestir con traje y corbata y la otra que hay que dormir en una habitación del mismo hotel.

KONEJOTEIXE. Chabola de los conejos. **K.** Guk eukigauen konejoteixe, hau oso aspaldi izenzan eta etxe zarreko patixuen hauen, ondo iñdekue gañera eta etxe txikibat bezelakue zan, han konejuek nahiko toki haukien barruen eoteko eta baitxe kanpuen be ibiltxeko, noski ze hemen itxiturakiñ. **T.** Nosotros ya tuvimos una chabola de conejos, ésto fue hace muchísimo tiempo y estaba el en patio de la casa vieja, estaba muy bien hecha y era como una casita pequeña, allá los conejos tenían suficiente sitio para estar dentro y también fuera para poder andar, claro que aquí con un cerramiento.

KONEJUEK. Conejos. **K.** Ba konejotei hartan bost ero xei konejo ibiltxezien eta konejo-kumiek eotezienien orduen dexenteko kuadilla izetezan, bi ero hiru asteburutik beñ aitxak bat akabatzeauen domekan bazkaltzeko eta gure amak oso ondo prestatzeauen, geixenbaten saltzan. **T.** Pues en esa chabola ya andaban cinco o seis conejos y cuando había crías entonces ya solía ser una cuadrilla bastante numerosa, cada dos o tres fines de semana el padre ya mataba a uno para la comida del domingo y la madre lo solía preparar muy bien, la mayoría de las veces en salsa.

Errezetabat: Konejue laban erre. Labako bandejan jartzeitxu endibia parebat luzetara moztuta bakotxa lau zatitxen, berakatz buru osobat erdibitxuta zabalien eta zortzi txalota inguru azala kenduta. Honein gañien konejue buruz-bera, ondo zabalduta eta gatza ta piper autza emun ondoren, botateutzou biñagre pixkat, hobeto Jerezkue izetenbada, olixue berdiñ eta baxo laurden inguru ardau zurixe uraz nahastuta. Laba aurretik berotuta eukikou berrehun gradutara eta bandeja sartzendou, han iztendou eta noixienbeñ bustitxen fatengara konejue bertan dauen saltzakiñ. Ezpada izeten larreiko haundixe ordubete ingurukiñ nahikue izengoda baña gauzabat, denpora horren erdi aldera komenida konejo hori bueltatzie. Baezpare beitzen fan eta bier izen-ezkero ur pixkat bota. Iñde dauenien atara, zatitxu eta jaten hasteko bezela dau. Ez astu laguntzie letxuga entzalada eta etxurazko edarixaz.

Una receta: Conejo asado al horno. En una bandeja de horno se disponen dos endivias partidas en cuartos a lo largo, una cabeza de ajo partida en dos de foma transversal y unas ocho chalotas peladas. Encima colocaremos el conejo boca abajo limpio y salpimentado, abierto en cruz y sobre éste verteremos un poco de vinagre (mejor de jerez), igual de aceite y un cuarto vaso de vino blanco mezclado con agua, lo meteremos al horno previamente recalentado a doscientos grados y allá lo dejaremos remojándolo con cierta frecuencia con el caldo de la bandeja. Si el conejo no es demasiado grande con más o menos una hora de horno será suficiente, pero una cosa importante, hacia la mitad de ese tiempo es conveniente que demos vuelta al conejo. Por si acaso ir mirando y si fuera necesario añadiríamos un poco de agua. Pues cuando está hecho sacar, dividirlo y está cómo para empezar a comer. No nos olvidemos de acompañar con ensalada de lechuga y una bebida adecuada.

Errezetabat: Konejue saltzan neure erara: Aurrena prestatzendou berdurak, kipulabat, azenaixue, zuri aldeko porrue, piper berde eta gorri erdika bana, haundi-bako bi tomate heldu eta erramu orri txikibat, dan honeik eztau asko txikitu inbierrik zeatik gero pasa ingou saltza. Hau gertu, gero zatiketandou konejue tamañu ez haundi eta ez txiki, botateutzou gatz, piper autza, bueltau urun tartien eta lapiko dexente eta zabalien, olixo asko-barik, prijitzen jartzendou su iñdertzuen, larrei inbarik atara ontzi-batera eta itxoiñ. Olixo bertan jartzendou berdurak potxatzen, iñde dauenien sartu konejue eta buelta batzuk emun ondo nahasteko, gero bota etxurazko ardau baltz basokara dexentie, jarri su iñdertzuen hiru ero lau miñutu alkola urtudeixen eta ondoren ura dana tapa harte, jetxi suen iñderra, tapa lapikue eta laga irikitxen su motelien ordu-erdi ero hiru laurden inguru. Bixenbitxertien prijitxu sartakiñan patatak baldar xamar moztuta eta nai-bada perretxiko batzuk, txanpiñoiek be onak geratzendie, gero dan honeik eta larrei inbarik atara eta laga fratelien. Esandoun denpora pasa ta gero atara konejo zatixek eta saltza pasa pasapure hortan, berriz alkartu konejo ta saltza, baitxe patatak eta akaso prestaudoun perretxikuek, tapa lapikue eta su motelien beste ordu-laurden inguruen gertu eongoda. Baeapare noixienbeñ altza tapa, beitu xamurra dauen eta bier izen-ezkero botaleixo ura, bukaeran beitu nola dauen saltza, sendotzie komeni-bada konpondu urunaz eta metzie izen ba urakiñ. Eta listo. Laguntzeko goiko errezetan jarridoun gauzak bierkoitxu.

Una receta: Conejo en salsa a mi manera. Primero preparamos las verduras, una cebolla, zanahoria, el blanco de un puerro, medio pimiento riojo y verde, un par de tomates sin que sean grandes y una hoja pequeña de laurel, todo ésto no es necesario que lo hagamos muy menudo porque luego tenemos que pasar la salsa. Esto listo, luego cortamos el conejo en pedazos ni grandes ni pequeños, salpimentar, lo pasamos con harina y sin mucho aceite lo ponemos a dorar a fuego fuerte en una cazuela ancha y no demasiado alta, sin hacer demasiado se sacan a una fuente y esperamos. En el mismo aceite ponemos a pochar las verduras, cuando esté listo metemos el conejo y le damos unas vueltas para que se mezcle bien, a continuación un buen vaso de un vino tinto decente y lo ponemos a hervir a fuego fuerte tres o cuatro minutos para que se evapore el alcohol y luego agua hasta cubrir todo, se baja la potencia del fuego, se tapa la cazuela y se deja hirviendo a fuego bajo media o tres cuartos de hora. Mientras tanto ponemos a freir en una sartén patatas cortadas de forma basta y si se quiere unas setas, los chanpiñones también quedan bien, luego todo ésto y sin que se hagan demasiado se sacan y se dejan en un plato. Cuando haya pasado el tiempo que hemos dicho sacamos los pedazos de conejo y pasamos la salsa junto con las verduras por el pasapuré, otra vez volvemos a juntar en la cazuela el conejo con la salsa ya pasada, añadimos las patatas y quizá las setas si las hemos preparado, ponemos la tapa de nuevo y en otro cuarto de hora aproximadamente y a fuego suave estará listo. Por si acaso de vez en cuando levantar la tapa, mirar si está tierno y se puede echar agua si fuera necesario, al terminar mirar cómo está la salsa, si conviene espesar se puede arreglar con harina y si es adelgazar con agua. Y listo. Para acompañar necesitaremos lo que hemos indicado en la receta anterior.

KONFIANTZIE. Tener confianza, esperanza. **K.** Ze korrikalari ona dan mutil gazte hori eta ibiltxendan karrera guztietan betik hor dau buruen, baña gauzrbat exkaxa badaukela esatendau bere entrenadorak, konfiantza falta bere buruekiñ ta noixbaitxen hori hartzenbadau, hortan haidie, kategorizko haundikue izengodala. **T.** Que corredor más bueno es ese chico joven y ahí suele andar en cabeza en todas las carreras que participa, pero el entrenador dice que ya tiene una cosa bastante mala, que le falta confianza en sí mismo y que si algún día lo consigue, en eso andan, será de una gran categoría.

KONFORME, KONFORMAU. Conforme, conformar. **K.** Ba besteik eztau ta konformau inbikozu daukotzunakiñ, oñ momentu hontan eztauket geixau ta aber bixer ero etzi lortzendoten beste zerbaitzuk ta ekarzeitxuten. **T.** Pues no hay más y te tendrás que conformar con lo que tienes, ahora en este momento no tengo más y a ver si mañana o pasado puedo conseguir algo más y los traigo.

KONFORMIDADIE. Visto bueno, conformidad. **K.** Beno, oñ lasai nau bentzet, ia emuntzie konformidadie gure proposamenai ta ustedot laister xamar izengogarela hasteko bezela, asko kostata izenda baña askenien lortu izendou. **T.** Bueno, ahora por lo menos ya estoy tranquilo, ya han dado el visto bueno a nuestra proposición y creo que dentro de poco estaremos como para empezar, ha costado mucho pero al final ya lo hemos podido conseguir.

KONFUNDIRU. Confundirse, desconcertar. **K.** Ez etorri oñ nereana kulpak botatzera zeatik nik eztotzuet esan eskumako bire hortatik fateko, konfundiru inzare, nik esandotena da hurrengoko birie hartu eta horko eskumatik dala, halaere eztozue denpora askoik galdu, ordu-erdi inguru bakarrik. **T.** Ahora no vengáis dónde mí a echarme las culpas porque yo no os he dicho que vayaís por ese camino de la derecha, os habéis confundido, yo lo que he dicho es que vayaís por el siguiente camino también a la derecha, de todas formas tampoco habéis perdido un tiempo excesivo, solo cerca de media hora.

KONFUZIÑUE. Confusión, duda. **K.** Eh!, etxoiñ apurbat, ate aurrien itxidozun hau ezta honako, nik beste gauzabat eskatudot eta ez ekarridozun hori, eztakitx zeñen aldetik baña hemen konfuziñue eonda, eta aber, beitu eta baezpare konprobaizu zure zerrenda. **T.** ¡Eh!, espera un poco, ésto que has dejado delante de la puerta no es para aquí, yo he pedido otra cosa y no eso que has traído, no sé de parte de quién pero aquí hay alguna confusión, y a ver, mira y por si acaso comprueba tu lista.

KONIFLORA. Coliflor.

(Ver la definición de asalora).

KONKORRA. Joroba, jiba. **K.** Bartolome urte askuen ibilida lanien erdi makurtuta meategi zuluen, oñtxe erretirau barri dau eta ikustenbozu pasian haidanien andriekiñ emutendau korkoba daukela, horren etxurie badauko bentzet zeatik larreiko oker ibiltxenda. **T.** Bartolomé ha estado muchos años trabajando medio agachado en la mina, ahora está recién jubilado y si le ves cuando está paseando con su mujer da toda la impresión de que tiene joroba, así parece a menos porque anda demasiado torcido.

KONORTE-BARIK. Sin sentido. Que ha perdido el conocimiento. **K.** Fandan domekan susto ederra hartugauen malekoien pasiatzen haigiñela, gure aurrien oien bikoteko gizona derrepentien jausi eta lurrien geratuzan, iruitujakun konorte-barik zala zeatik ezan mobitzen, eta ezkerrak hantxe inguruen eozela gurutze gorriko neska-mutillek ta laister lortu izenauen errekuperau eraitxie, etxuraz mareu txikibat besteik ezan izen, tensiñon kontue. **T.** Vaya susto que cogimos el domingo pasado cuando estábamos paseando por el malecón, el hombre de la pareja que iba por delante se cayó y quedó en el suelo, nos pareció que estaba sin conocimiento porque no se movía, menos mal que estaban allá cerca los chicos de la cruz roja y pronto consiguieron que se recuperase, parece que no había sido más que un pequeño mareo, alguna cosa de la tensión.

KONORTIE. Sentido. **K.** Derrigorrez aldatu-bierra daukotzu zeatik hala eziñdozu ibili, ezara zeu konturatzen modu hontan jarraiketanbozu zulora soizela zuzenien, ero?, ba zerbaitx pentzaubikozu eta gutxienetik baitxe konorte pixkak geixaukiñ ibili be. **T.** Necesariamente estás en la necesidad de cambiar porque no puedes continuar así, ¿no te das cuenta de que si continúas de esa forma vas a ir derecho al agujero, o qué?, pues tendrás que pensar algo y por lo menos también andar con un poco más de sentido.

KONPARAU, KONPARAZIÑUE. Comparar, comparación. **K.** Zuk gurozuna esangozu baña neri eztuztazu kamelauko, ze ustedozu, umebat nazela, ero?, badauket begixek ikusteko nola batat eta bestiek eztaukien bape konparaziñoik. **T.** Tú dirás lo que quieras pero a mí no me vas a engañar. ¿qué crees, que soy un crío, o qué?, ya tengo ojos para ver que uno y otro no tienen comparación alguna.

KONPLETO. Está completo. **K.** Ba hurrengo biajien eruenbikoitxu zeatik hemen ezta kabitzen geixau, ondo beteta geratuda eta konpleto dau, aber beste erozeñekiñ lortzendoun eruetie geratzendana, eta beztela berriz bixer berriz etorri ta bukatubikou. **T.** Pues lo tendremos que llevar en el siguiente viaje porque aquí ya no entra nada más, ha quedado bien lleno y está completo, a ver si con otro más conseguimos llevar todo lo que ha quedado y sino habrá que volver mañana y terminar.

KONPONBIDIE. Buscar una vía o hacer camino para solucionar o arreglar las cosas. **K.** Eziñdou horrela ibili, egunero haigara diskutitzen, txillixoka eta sekula eztou ezer arreglatzen, konponbidebat hartu-bierrien gara eta aber hala sikera zerbaitxi hasiera emuteko bezela izetegaren. **T.** Así no podemos andar, todos los días andamos gritando, discutiendo y nunca arreglamos nada, tenemos que buscar un camino para intentar solucionar las cosas y a ver si así somos capaces de empezar siquiera a hacer algo.

KONPONDU, KONPONKETA. Arreglar algo, alguna cosa que se haya podido deteriorar. **K.** Beno, gaurko billeran zerbaitx lortudou bentzet, eztabaida txikibat eonda baña ezta iñor txillixoka hasi ta hori gauza ona da, bestebat itxeko geratugara hurrengo astien eta orduen, hala ustedot, ze izengodala danok esperodoun konponketa. **T.** Bueno, al menos en la reunión de hoy ya hemos conseguido algo, ha habido una pequeña discusión pero nadie ha empeado a gritar y eso es una cosa buena, hemos quedado para hacer otra la próxima semana y entonces, eso creo, que será el arreglo que todos estamos esperando.

KONPONDU, KONPONKETA. Conponenda. Amigarse, reconciliarse. **K.** Atzo hiru urte asarretuzitzela zure lengo lagun haudixe izenzanaz, eztakitx hala dan baña hortik zier aitudot eukidozuela konponketa zertxobaitx, ba asko poztenaz zuen aixkeretuaz hainbeste denpora pasa ondoren. **T.** Ayer hizo tres años desde que te enfadaste con el que antes era tu mejor amigo, no sé sí es así pero he oído por ahí que ya habeís tenido alguna conponenda, pues me alegro mucho de que os hayaís reconciliado después de que haya pasado tanto tiempo.

KONPONTZEN, KONPONTZA. Arreglando algo que estaba deteriorado. **K.** Eztakitx asko merezidauen baña halaere ordue zan konpontzen hasteko katxarro zar hori, etxuraz asko kosta izenjako billatzie erreparatzeko pieza horreik baña askenien emutendau lortuitxula eta aber. **T.** No sé si merece mucho la pena pero aún así ya era hora de que empezase a arreglar ese viejo cacharro, parece que le ha costado mucho el encontrar las piezas necesarias para repararla pero al final parece que ya las ha conseguido y a ver.

KONPORTAU. Portarse como es debido. **K.** Gauza bakarra eskatukotzuk, ondo esauketazaut, badakitx nolakue zaren eta ze modutan ibiltxezaren, baña mezerez gaurko afai hontan ondo konportau zeatik zure aitxandado oso inportantzi haundikue da. **T.** Te voy a pedir una sola cosa, te conozco muy bien, sé cómo eres y de la forma que andas, pero por favor en la cena de hoy es necesario que te comportes muy bien porque para tu padre es muy importante.

KONPOTA. Compota. Es una mezcla de frutas que con un poco de agua, vino o con las dos cosas, se cocina al calor. **K.** Hauxe da asko gustatzejaten gauzabat, konpota eta lastima aukera gutxi eotendala jateko, gabonetan bakarrik zeatik orduen, gure etxien bentzet, izetenda horren oitura. **T.** Eso sí es una cosa que me gusta mucho, la compota y lástima que son pocas las ocasiones que hay para comerla, solo en navidades porque entonces, al menos en nuestra casa, es la costumbre de ello.

KONSEGIRU. Conseguir, lograr algo. **K.** Denpora asko eruetendot horrein atzien eta jakiñdot ze bixer aukera dauela zerreozer etortzeko Zumaira, segurazki eztie larrei izengo ta baezpare axkar fan-bierra eukikot eta aber zerbaitzuk bentzet konsegiru itxeitxuten. **T.** Hace ya mucho tiempo que ando detrás de eso y me he enterado que quizá mañana llegue una partida a Zumaia, seguramente no será mucho y por si acaso tendré que ir temprano y a ver si por lo menos puedo conseguir algo.

KONPROMISUE. Conpromiso, acuerdo. **K.** Laguna da ta baietza esautzet baña haisinaz damutzen zeatik ustedot larreiko konpromisue dala, asteburu hontan kanpora fateko asmue dauko ta eskatudust zaiñdu ta jaten emunteko dauken animalixai. **T.** Es un amigo y le he dicho que sí pero ya he empezado a arrepentirme porque creo que es demasiado compromiso, tiene la intención de salir fuera este fín de semana y me ha pedido que cuide y de de comer a los animales que tiene.

KONSEKUENTZIAK. Consecuencias. **K.** Zuk lasai asko iñditxozu lan horreik baña diru pixkat ez gastatzeatik eztozu eskatu baimenik Udaletxiei, ba gero ta jakiñien jartzenbadie etorrileike konsekuentziak, gauza horreik aspalditxotik zaintzen haidie eta gañien eon. **T.** Tú bien tranquilo has hecho esos trabajos pero por no gastar un poco de dinero no has pedido el permiso al Ayuntamiento, pues luego y si es que se enteran pueden venir las consecuencias, hace ya mucho tiempo que están vigilantes y encima de esas cosas.

KONSOLAU. Consolar. **K.** Betiko esana da ze eztala konsolatzen gure eztauenak baña ustedot hori gezurre dala, ero bentzet dana egixe ez, ziur nau Salustianok hori naidauela baña gizon gixajuek eziñdau, txakurra hilzanetik kotxiek arrapau azkero autziñde dabill. **T.** Dicen que no se consuela el que no quiere pero creo que eso es mentira, o al menos no del todo verdad, estoy seguro de que Salustiano eso es lo que desea pero el pobre hombre no puede, desde que se murió el perro después de atropellarle un coche anda hecho polvo.

KONTAKATILLU. Se dice de la persona aficionada a contar chismes y normalmente se suele referir al género femenino. **K.** Andra esagunbat, Xixili, sigero kontakatillu da eta berakiñ alkartu bakoitxien betik dauko xerreozer kontau inbierra pertzona bateatik ero bestiatik, geixenbaten uskerixak besteik eztie izeten baña berak jartzendauen afanaz inportantzi haundiko gauzan etxurie daukie, eta gañera belarrira esateitxu. **T.** Una mujer conocida, Cecilia, es muy chismosa y cada vez que me junto con ella siempre tiene algo que contar por una persona u otra, la mayoría de las veces no son más que menudencias pero con el énfasis que ella le pone parece que son cosas muy importantes, y además te las dice al oído.

KONTAU. Contar, enumerar. **K.** Mendi-zale kuadrilla horreik ezkerrak emun inbierrien izengodie goixen dauen batenobati, eztakitx zeñi, eta baitxe laguntzen etorridien beste-batzui be, gertaujakie edur jausi haundibat izendala, euroi arrapau eta ixe aspixen geratu, ba hori benetako zoritxar izenda, halaere ezkerrak kontatzeko bezela diela bentzet. **T.** Esa cuadrilla de montañeros ya tiene que agradecer a alguien que está ahí arriba, no sé a quién, y también a otros que han venido a ayudarles, les ha ocurrido que ha habido un alud de nieve muy grande, a ellos les ha pillado y han quedado casi sepultados, pues eso aún siendo en verdad una cosa de muy mala suerte, gracias a que al menos están cómo para contarlo.

KONTESTAZIÑUE. Respuesta, contestar. **K.** Oitura oso txarra daukotzu eta ago-zabal hori derrigorrez zaiñdu inbikozu, nahiko sarri gertaketajatzu ze ixilik eon ta kasu inbierrien zure aman esanai, aurren itxendozana kontestaziñue emutie da eta ez betik ona. **T.** Tienes una costumbre muy mala y necesariamente tienes que cuidar esa bocaza, bastante a menudo te pasa que en lugar de estar callando y hacer caso a lo que te dice tu madre, lo primero que haces es contestar y no siempre bien.

KONTRA. Llevar la contraria o hacer contra. **T.** Eztakitx zerbaitx daukotzun nirekiñ ero zer, baña betik kontra inbierra daukotzu nik esatendotenai, zertxobaitx eukitxenbozu esairezu meserez ta alegindukogara konpontzen zeatik hala eziñdou jarraitxu. **T.** No sé sí tienes algo conmigo o qué, pero siempre tienes que llevar la contraria a lo que yo digo, si es que tienes algo dímelo por favor y ya intentaremos solucionarlo porque así no podemos continuar.

KONTRA-BIRIE. Por el camino equivocado. **K.** la aspalditxo da gertaujaten gauza xelebre hau, Zumarragatik Zarautzera natorren lana bukatu ondoren eta birien jasonauen bietza itxen hauen mutil gaztebat, galdetunutzen nora naizauen eruetie ta Oñatira izenzan beran erantzuna, barre iñauen eta esanutzen kontra-birien zala eta karretera bestaldien jartzeko. **T.** Hace ya algún tiempo que me pasó una cosa curiosa, venía de Zumárrga a Zaratutz después de terminar el trabajo y en el camino recogí a un chico joven que estaba haciendo dedo, le pregunté que donde quería que le llevase y me respondió que a Oñate, me reí y le dije que estaba en el sitio equivocado y que se pusiese al otro lado de la carretera.

KONTRAKO-ESKUE. La mano contraria. **K.** Ederra dauko mutil horrek, gertaujako istripue eukidauela kotxiekiñ, kotxie txatarrarako ta ezkerrak berai etxakola gauza haundirik gertau, bakarrik, eta hau be ezta gutxi, eskuma besoko ukolondue apurtu, eta oñ etorrikojako txarrena, kontrako-eskuaz manejatzen ikesi-bierra daukela. **T.** Buena tiene el chico ese, le ha pasado que ha tenido un accidente de coche, el coche para la txatarra y menos mal que a él no le ha pasado gran cosa, solo, y ésto tampoco es minucia, se le ha roto el codo del brazo derecho y ahora le vendrá lo peor, que tendrá que aprender a manejarse con la mano contraria.

KONTRAKO-EZTARRITXIK, KONTRAKO-ZULOTIK. Es una palabra que se utiliza para decir que al tomar un alimento o bebida ha ido por el lado contrario al que debe de ir. **K.** Hartu mutiko horri, buruz-bera jarriozue eta emun golpe batzuk bularrien zeatik estulka haida ixe itxobierrien, etxuraz okela zatibat geratu ero kontrako-estarritxik fan eta libratzen eztan bitxertien gaizki pasatzen haida. **T.** Coger a ese chaval, ponerle cabeza abajo y darle unos golpes en el pecho porque casi se está ahogando de tanto toser, parece ser que se le ha quedado o ido por el lado contrario un trozo de carne y mientras no se libre lo está pasando mal.

KONTRAKUE, KONTRARIXUE. Contrario. **K.** Aimarrek betik esatendau ze berai erozeiñ jartzeitxuen kontrarixo txarrak izetendiela, baña pelota partidu jokuen bakarrik eta horren aparte lagunek diela, nere ustez pelotari guztiek hala ta bere bezelako pentzamentu berdiñek eukikoitxue. **T.** Aimar siempre suele decir que cualquiera de los contrarios que le pongan son todos malos, pero solo en el juego de los partidos de pelota y que aparte de eso son amigos, yo creo que todos los pelotaris así y al igual que él tendrán el mismo pensamiento.

KONTRAPASA, KONTR-PASA. Contrapasa. Es una palabra que se utiliza en la caza y es cuando las aves vienen o van de vuelta. **K.** Ehistarixek esatendaue ze aurtengo denporada hontan eztiela ixe uso bakarra pasa, eta etorridien apurrak oso goitxik fandiela, oñ esperuen dazela kontrapasai eta aber zorion pixkak geixau eukitxendauen. **T.** Los cazadores dicen que en la temporada de este año no ha pasado casi ninguna paloma y las pocas que han llegado han ido demasiado altas, que ahora están a la espera de la contrapasa y a ver si tienen un poco más de suerte.

KONTRARA, KONTRAKA. Por el lado contrario, a la contra. **K.** Lan hori gaizki hasi eta kontraka itxen haizara, hala be baleike ondo urtetzie baña askoz denpora geixau bierkozu bukatzeko, ezta asko eta hobeto izengozu kentzie iñdekue, bestaldetik hasi eta hala zuzenau fangozara. **T.** Ese trabajo lo has empezado mal y lo estás haciendo a la contra, puede que de esa forma también salga bien pero vas a tardar mucho más tiempo en terminarlo, no es mucho y es mejor que quites lo que está hecho, empieces por el otro lado y así irás más derecho.

KONTRIBUZIÑUE. Contribución. Es un impuesto que es obligatorio el pagarlo. **K.** Jente geixena nahiko naskaute dau hainbeste kontribuziño mota ordaintzen, Udaletxe aldetik kotxiena, zirkulaziuatik eta ota, gero etxiatik, haziendako errenta, eta gauza geixau be izengodie baña momentu hontan enaz gogoratzen eta nai bez gogoratzeik. Badakitx kontribuñoko diru honeik bier izetendiela gauzak iñ ta konpontzeko, eta hori, noski, danontzat mezerie dala, ni hortan konforme nau baña gauza ona izengozan jakitxie zenbat eskutatzendan diru horreitatik, ixe egunero haitzenda nola batzun-batzuk ondo beteteitxuen poltxikuek beste diruen kontura. **T.** La mayoría de la gente está completamente asqueada de pagar tantas clases de impuestos, en el Ayuntamiento por el coche, circulación y la ota, luego por la casa, por la renta en Hacienda, y en éste momento no me acuerdo ni quiero acordarme de más. Ya sé que el dinero de los impuestos es necesario para hacer y arreglar cosas, y que eso, claro está, es en beneficio de todos, yo con eso estoy de acuerdo pero sería buena cosa el saber cuanto de ese dinero desaparece, casi todo lo días se oye que algunos se llenan bien los bolsillos a cuenta del dinero de otros.

KONTROLAU. Controlar. **K.** Hau nere kontura, zueik fanzaitxeze lasai asko escaparatiek ikustera eta nik kontrolau ingoitxut ume honeik, etxien ondion badaz joku zerbaitzuk guriek txikiñek zienetik eta horreikiñ jolastukou, gañera ustedot gustora ibilikodiela eta aspertzen hastendienien gozokixek be badauket. **T.** Esto a mi cuenta, vosotras iros tranquilamente a ver escaparates que a los niños ya los controlo yo, en casa ya hay unos cuantos juegos de cuando los nuestros era pequeños y jugaremos con eso, además yo creo que andarán a gusto y si empiezan a aburrirse también tengo unos chuches.

KONTUE. Cuentos. Esta palabra se utiliza cuando lo que dice una persona es falso o mentira. **K.** Persona horri eziozue kasu haundirik iñ zeatik esateitxuen gauza guztiek kontuek besteik eztie, betik haundikeixak eta gañera berak ustedau guk siñistu itxendoula, baña halaere zertxobaitx meritu be badauko zeatik kontatzeitxun istorixak egunero desberdiñek izetendie. **T.** A lo que diga esa persona no le hagaís demasiado caso porque todas las cosas que dice no son más que cuentos, siempre grandezas y encima piensa que nosotros le creemos, pero aún así hay que concederle cierto mérito porque las historias que cuenta todos los días son diferentes.

KONTUEK. Tebeos, cuentos. **K.** Gure ume txikiñek benetan kontuen zalie urtendau, hiru urte besteik eztauko baña hor eotenda denpora askuen horreik ikusten, beretako eztau opari hobaik eta dendara eruen-ezkero erostera axkar hartzeitxu bata ero bestie, ta gañera ondo daki zeñeik. **T.** Este crío pequeño de verdad que ha salido aficionado a los tebeos, no tiene más que tres años pero ahí suele estar un montón de tiempo con ellos, para él no hay mejor regalo y si le llevas a la tienda a comprarlos enseguida coge uno u otro, y encima sabe muy bien cuales.

KONTUKONTARI, KONTU-KONTARI. Cuentacuentos. **K.** Denpora gutxi dala eta eztakitx nun, irakurrinauen aspaldixen Frantzian eonzala oso famaue zan kontukontaribat, beñ pertzona horrek urten ondoren teatruko ezenaixora, etxuraz han eon omenzan bi ordutan geldik han eozen jentiei begira, ezer iñ ta esan-barik eta jentie hasizanien txistuka agur bakarrik esanaz alde iñauen. **T.** Hace poco y no sé dónde, leí que hace mucho tiempo en Francia hubo un cuentacuentos muy famoso, parecer ser que un día esta persona salió al escenario del teatro, allá debió de estar dos horas quieto mirando al público sin decir ni hacer nada y cuando la gente empezó a silbarle se marchó diciendo solo adiós.

KONTURATU, KONTURAU. Fijarse, darse cuenta. **K.** Parkatu baña eztotzut ikusi ta gure-barik estropazaunaz zurekiñ, bestaldera begire nauen ta enaz konturato zatozenik, hartudozu miñik jausizareien eta baezpare gurozu eruetie anbulatorixora? **T.** Perdona pero no te he visto y sin querer me he tropezado contigo, estaba mirando para el otro lado y no me he dado cuenta de que venías, ¿has cogido daño cuando te has caído y quieres que por si acaso te lleve al ambulatorio?

KONTUZ. Precaución. Tener cuidado. **K. K.** Anbotora gurebozue fatie bire errexa daukotzue naiz da Urkiola ziar fan ero beztela Aramaixotik, nahiko aldapatzue da baña lasai fan-ezkero modu onien allegaukozare, bakarrik gauzabat, ixe gora allegatzezarenien kontuz ibilizaiteze zeatik askenengo pasaera larreiko estue da eta arriskutzue izenleike. **T.** Si quereís ir a Anboto teneís un camino que es fácil de seguir tanto si vaís por Urquiola cómo por Aramaiona, hay bastante pendiente pero si lo cogeís con tranquilidad llegareís bien, lo único una cosa, cuando llegueís casi arriba andar con cuidado porque el último paso es demasiado estrecho y puede ser peligroso.

Aspaldiko esaerabat: Eskondu baño len, kontuz euki zer egiten den.

Un viejo proverbio vasco dice que antes de casarse tener cuidado con lo que se va a hacer.

KONTXO!, ¡Concho! Expresión que se utiliza para indicar que lo que se oye o ve es una cosa curiosa, bonita o nunca vista. **K.** Bidai luze xamarra iñdou eta allegaugara zuk esandako tokira, ta errazoie haukotzun esanaz oso politxe zala, baña kontxo!, halaere enauen espero halako zorragarrixe izengozanik. **T.** Hemos hecho un viaje un poco largo y ya hemos llegado al sitio que tú nos dijiste, y tenías razón al decir que era muy bonito, pero ¡concho!, aún así no esperaba que fuese tan maravilloso.

KOPA. Trofeo. También es una especie de vaso con pié. **K.** Nik horixe da gauzabat sekula eztotena irabazi, kopabat, eztotzat bape inportantzik emuten baña ezan gauza txarra izengo eukitxie sikera bat, ha ikustendanien norbera zertxobaitx harrotzeko bakarrik, ba nola badakitxen nun saltzeitxuen akaso erosi ingot bat ero akaso bi. **T.** Eso si que es una cosa que yo no he ganado nunca, una copa, no le doy ninguna importancia pero no sería mala cosa el tener siquiera una, cuando la ves solo para presumir un poco consigo mismo, pues cómo ya sé dónde los venden a lo mejor compro uno o quizá dos.

KOPETA. La frente.

(Ver da definición de bekokixe).

KOPETA, KOPETAK. Coleta, trenza, trenzas. **K.** Oñ kopetak oso gutxi ikustendie, baña ni oso gogoratzenaz nola garai baten neska geixenak, ero askok bentzet, erutezitxuela, eta beitu, honena enaz ondo gogoratzen baña ustedot nere arreba guzteik bebai haukiela. **T.** Ahora se ven muy pocas trenzas, pero yo ya me acuerdo muy bien que en un tiempo la mayoría, o al menos muchas, de las chicas si las llevaban, y mira, ésto no lo recuerdo muy bien pero creo que todas mis hermanas también las tenían.

KOPLAK. Coplas. Palabra que se utiliza para decir que la persona que está hablando no dice más que tonterías. Y se emplea mucho con los críos. **T.** Betik berdiñ haizara, gauza izetenda lana haldan gutxie itxie zeatik baleike beztela, gixajotxuoi, larreitxo nekatzie, ba oinguen bentzet jai daukotzu, itxi koplak aldebaten eta iñ aiñdutekuek. **T.** Tú siempre andas igual, la cuestión es trabajar lo menos posible porque sino puede que tú, pobrecito, te canses demasiado, pero al menos ésta vez tienes fiesta, deja las coplas a un lado y haz lo que se te ha ordenado.

KOPURUE. Cantidad, suma, totalidad. **K.** Ondo iruitzejat erostie bierdan gauza guztiek baña ustedot zuek haizarien bezela ixe larreikue be badala, hartzen zabitze ikusteitxozuen gauza geixenak ta ezarie konturatzen horreiñ dan kopurue askotxo izengodada. **I.** Me parece muy bien el comprar todo lo que se necesita pero creo que de la forma en la que andaís vosotros es hasta casi demasiado, estaís cogiendo la mayoría las cosas que veís y no os daís cuenta que la suma de todo eso será mucha cantidad.

KORAPILLA, KORAPILLUE. Nudo, dificultad. **K.** Bai, zuk len esandozu ze mapa hori konsulta ondoren eztoula ezerko arazoik eukiko mendi hortara fateko, honaño ondo etorrigara eta oñ zer, paper hortan eztau jartzen nundik hartu bire korapillo hontatik, beraka eztala badakigu eta orduen, ze aldetatik jokou? **T.** Si, tú ya has dicho antes que después de haber consultado el mapa ese no tendríamos problemas para ir a ese monte, hasta aquí hemos llegado bien y ahora qué, en el papel no pone por donde tenemos que coger en este nudo de caminos, para abajo ya sabemos que no puede ser y entonces, ¿por dónde tiramos?

KORDELA. Cuerda delgada y fuerte. **K.** Ortuen landau aurretik betik gustau izentejat karratu itxie tokixek, aurrena neurtu ondoren paperan eta gero bertan terrenuen, eta han itxeko bier izetendot burnizko barilla motz batzuk eta kordela, asken hau ugeri xamar. **T.** Antes de plantar en la huerta siempre me ha gustado cuadrar los espacios, primero y después de haberlo medido en el papel y luego en el mismo en el terreno, y para hacerlo allá suelo necesitar unas varillas de hierro cortas y cuerda, ésta última bastante abundante.

KORDOIE. Cordón, puede ser de zapatos o de alguna otra cosa. **K.** Braulio, gelditxu eta lotuizu ezkerreko zapatan kordoi hori, askauta eruetendozu, estropazau inzeike eta muturreko onbat hartu jaustezarenien. **T.** Braulio, párate y ata ese cordón de tu zapato izquierdo, lo llevas suelto, te puedes tropezar y darte un buen morrazo al caerte.

KORKOBA. Joroba, jiba.

(Ver la definición de konkorra).

KORNETA. Nosotros llamábamos así a la trompeta, quizá también ahora en algún sitio lo llamen así. **K.** Lenau eta oñ be akaso hala izengoda, Atxabaltako errege kabalgatan aurrenak soñu-joliek fatezien, hiru ero lau lagun korneta joten eta beste-batzuk tanborraz, gero gu antortxero bezela eta tartien erregiek bere langutzailiekiñ. **T.** Antes y quizá ahora también sea así, en la cabalgata de los reyes magos de Aretxabaleta primero solían ir los músicos, tres o cuatro personas tocando la trompeta y otros cuántos con los tambores, luego nosotros cómo antorcheros (portadores de las antorchas) y en medio los reyes con sus pajes.

KOROIE. Corona. También se llamaba así a la zona que los sacerdotes llevaban afeitada en la parte trasera superior de la cabeza. Y también se aplica a las zonas calvas del mismo sitio. **K.** Ba halaxe, gure aitxai galdetu-ezkero betik esateauen bera be halaxe hasizala, aurrena zertxobaitx koroi asalduzala eta gero pixkanaka ulie desagertzen hasi geratu harte, gero eonzan bezela, ixe sigero kalboso. **T.** Pues así, si a nuestro padre si se le preguntaba decía que él también empezó asi, primero que empezó a aparecer una pequeña corona y que luego poco a poco le fue desapareciendo el pelo hasta quedarse, como luego estuvo, casi completamente calvo.

KOROSTIXE. Acebo. **K.** Lenau betiko oitura zan etxietan korostixe jartzie gabonetako egun horreitan, eta hau basuen hartzegauen ezerko arazo-barik, oñ berriz debekatute dau hartziei ta gure izen-ezkero erosi-bierra izetenda, eta guk bentzet eztou jarri izen aspaldiko urtietan. **T.** Antes una costumbre de siempre era la de poner acebo en las casas por los días de navidad, y sin ningún problema lo solíamos coger en el bosque, ahora eso está prohibido y el que quiera lo tiene que comprar, y nosotros por lo menos hace ya hace muchos años que no lo colocamos.

KOROTZA. Boñiga. Excremento de los animales. **K.** Nola ta ze desberdiñek izetendien gauzak, eurotik askok bentzet, guk mendira fetegarenien kontu haudixekiñ ibiltxegara, lurrera beituaz, ez zapaltzeko korotzak, bestaldera berriz eta leku batzuetan, Afrika aldien geixenbat, jaso itxeitxue sue itxeko. **T.** Cómo y qué diferentes suelen ser las cosas, muchas de ellas al menos, nosotros cuando vamos al monte solemos poner mucho cuidado, mirando al suelo, para no pisar ninguna boñiga, sin embargo en algunos otros sitios, sobre todo en zonas de Africa, las recogen para hacer fuego.

KORREDORIE. Ciclista.

(Ver la definición de karrerista).

KORRIENTIE, KORRONTIE. Ordinario, corriente.

(Ver la definición de arrunta).

KORRIKA. Correr. También es una marcha reinviticativa por el euskera que se hace cada dos años organizada por AEK y que recorre los territorios de Euskadi, Navarra e Iparralde. **K.** Korrika ezta betik pasatzen Zarauztik, baña pasa izetendan bakoitxien gustora itxeitu kilometro batzuk momentu hortan parte hartzen haidien jentiaz batera. **T.** La korrika no siempre pasa por Zarautz, pero cada vez que ésto sucede hacemos a gusto unos cuantos kilómetros junto con la gente que en ese momento está participando.

KORRIKOLAIXE, KORRIKOLARIXE. Corredor de a pie, pedrestre. **K.** Ze fama haundi hartudauen Behobiako karrera horrek, bertako jente izugarri eotenda, Españatik be asko etortzendie eta baitxe hor kanpo aldetik be, igez hogetamar milla korrikolari baño geixau izenzien parte hartuauenak. **T.** Que fama más grande ha cogido la carrera de la Behobia, suele haber muchísima gente de aquí, de España también acuden muchos y lo mismo de por ahí fuera, el año pasado fueron más de treinta mil corredores los que tomaron parte.

KORROK. Corroc. Onomatopeya del sonido del eructo o el de las tripas. **K.** Ustedot Bartolomek larreitxo txanpan eranda dauela, hala emutendau bentzet, eta etxuraz tripa gasaz betie dauko zeatik aspalditxuen korrok besteik etxako entzuten. **K.** Creo que Bartolomé habrá bebido demasiado champán, al menos eso es lo que parece, da la impresión que tiene la tripa llena de gases porque desde hace mucho tiempo no se le oye más que corroc.

KORROXKARA. Eructo. **K.** Ordubete bada itxidutzela eratiei ta ondion berdiñ jarratzendau, berdiñ ez, txarrau, hortik zier haida aldebatetik bestera korroxkara batien aupetzak botatzen eta gañera sigeroko useñ txarra ataratzendau, akaso tripako kaltie eukikodau hainbeste txanpan eran ondoren. **T.** Hace por lo menos una hora que ha dejado de beber y continúa igual, igual no, peor, por ahí anda de un sitio para otro y no hace más que eructar y además echa un olor muy malo por la boca, a lo mejor le ha hecho daño en la tripa la cantidad de champán que ha bebido.

KORROZA, KORROZIEN. Ronquido, roncando. **K.** Ondo esautzendoten pertzona-batek dauko muturra, batzuetan, ezta askotan gertatzen, esateutzet korrozien iñauela ta bere erantzuna betik izetenda berdiñe, nik gau guztietan itxendotela, baña gauza xelebrie da, normalki eztust sekula esaten, bakarrik nik hori komestau ondoren. **T.** Vaya morro tiene una persona a la que yo conozco muy bien, algunas veces, no suelen ser demasiadas, le digo que ha roncado y su respuesta siempre es la misma, que yo lo hago todas las noches, pero es una cosa curiosa, normalmente nunca me lo dice, solo después de haber hecho ese comentario.

KORTA. Cuadra.

(Ver la definición de ikullue).

KOROPEIE. Es el lugar de la Iglesia situada bajo el coro. **K.** Guk mutikotan eta domeka egunien Elixara fategiñen mesa entzutera, hori be ez an izeten domeka guztietan baña hala zanien alegiñtzegiñen koropeien jartzen, eta badakitzue hori zeatik izetezan?, ba han urrien hauelako irteera. **T.** Nosotros de chavales solíamos ir a oir misa a la Iglesia cuando era domingo, eso tampoco es que fuese todos los domingos pero cuando así era procurábamos situarnos bajo el coro, ¿y sabeís porque era eso?, pues porque la salida estaba allá cerca.

KOSKOBILLUEK. Fig. se llama, o llamaba así a los testículos.

(Ver la definición de pelotak, pendolak).

KOSKORRA. Reducido, pequeño.

(Ver la definición de kaxkarra).

KOSKORREKUE, KOSKORROIE. Golpe en la cabeza.

(Ver la definición de kaxkarrekue).

KOSTA. Que cuesta dinero. El valor de las cosas. **K.** Ia larreitxo urte dauko gañien eta nere biizikleta hau ia aldartu-bierrien nau, kustiñue da erosikonaukela ikusidoten hori, hor eskaparate hortan dauena baña larrei kostatzenda, hiru mille euro jartzendau balixodauela ta nik oñ eztauk hainbeste diru hortan gastatzeko bezela. **T.** Ya tiene encima demasiados años y ya estoy en la necesidad de cambiar de bicicleta, la cuestión es que ya compraría esa que he visto, la que está en el escaparate pero cuesta demasiado, pone que vale tres mil euros y yo ahora no tengo tanto dinero como para gastar en eso.

KOSTANERA. La corteza de los troncos. **K.** Oñ toki askotan ikustendie kostanerak saltzen, nik ustedot apaingarri jartzeko asmuaz izengodala eta batera zerreozer izteko, normalki piñuenak izetendie eta nik ikusi izentot toki batzuetan itxitura bezela jarritxe ta etxura onaz geratzenda, neri bentzet gustatzejat. **T.** Ahora se ve en muchos sitios vender la corteza de los troncos, yo creo que serán con la idea de colocarlas así cómo de adorno y a la vez que hagan de cierre, normalmente suelen ser de pino y yo ya los he visto en algunos sitios puestos a modo de cerramiento y queda con buena pinta, a mi al menos ya me gusta.

KOSTATA, KOSTATAKUE. Que ha costado mucho. Que he requerido, también mucho, esfuerzo. **K.** Askenien lortudou baña larreitxo kostata izenda, zenbat izerdi bota inbierrak izendoun lan hau iñ ta bukatzeko, ba eziñda segurantzaz esan baña ustedot sekula geixau eztoula hartuko beste honen bezelakoik, batekiñ nahikue eta kitxo. **T.** Al final lo hemos conseguido pero ha costado demasiado esfuerzo, cuantos sudores hemos tenido que echar para hacer y poder terminar este trabajo, pues no se puede decir con seguridad pero creo que no vamos a coger nunca más otro semejante, con uno ha sido suciciente y ya basta.

KOSTIÑUE, KUSTIÑUE. La cuestión. **K.** Zuk lan hori nahiko axkar iñdozu, oso ondo geratuda eta nagusixen andrie bentzet gustora dau, oñ ikusi inbier zer esatendauen gizonak baña kustiñue ezta hori bakarrik, berexixena da zuk iñdozun lana bezela kobratzie, axkar ta ondo. **T.** El trabajo que tú has hecho lo has hecho bastante rápido, ha quedado muy bien y al menos la mujer del dueño ha quedado a gusto, ahora habrá que ver lo que dice el marido pero la cuestión no es solo esa, lo más importante es el cobrar de la misma forma que has hecho tú el trabajo, rápìdo y bien.

KOTOIE. Cotón. Era, o es, una especie de madeja de algodón que se utilizaba, quizá todavía se utilice, en las fábricas para eliminar la grasa. **K.** Ni oso aspaldi enazela iñungo fabrika barrura sartu ta horreatik eztakitx ondion kotoie erabiltzendan, baña gaztetan eskola profesionaleko tallerrien nahiko sarri erabilibierra izetezan koipiek kentzeko. **T.** Yo hace muchímo tiempo que no entro en el interior de ninguna fábrica y por eso no sé si todavía se usa el cotón, pero de jóvenes en el taller de la escuela profesioal lo utilizábamos muchas veces para quitar las grasas.

KOTXESKOBA, KOTXE-ESKOBA. Coche escoba. Se llama así al coche que va detrás de las carreras ciclistas a modo de cierre de éstas. **K.** Ze gauza erraru, ixe ordu-erdi da pelotoie pasadala eta gero beste hiru karrerista, baña derrigorrez bestenbat ero beste-batzuk geratukodie zeatik ondion ezta asaldu kotxeskoba. **T.** Que cosa más rara, hace ya casi media hora que ha pasado el pelotón y luego tres corredores, pero a la fuerza tiene que quedar alguno o algunos otros porque todavia no ha aparecido el coche escoba.

KOTXINO. Cochino. Fig. se le llama así a la persona desaseada y sucia. **K.** Etakitx nundik zier ibiltxezaren baña berriz etorrizara kotxinobat iñde, ikustendozu nola ekartzeitxozun erropa guztiek?, ba ustedot gañien daukotzun erropa hori ta zurekiñ batera zuzenien labadoran sartukozautela. **T.** No sé por dónde sueles andar pero otra vez vienes hecho un cochino, ¿ya ves cómo traes toda la ropa?, pues creo que la ropa que llevas encima junto contigo os voy a meter derechos a la lavadora.

KOXKA. Es una especie de saliente o escalón dónde la gente se pude tropezar. **K.** Eztakitx nola Udaletxiek eztauen zaintzen pixkat geixau gauza horreik, gertatzenda malekoiko baldosa asko sigero puskauta dazela eta batzuk nahiko koxka daukie, ezta aurreneko aldiz izengo bateonbat estropozau ta jausi iñdana, geixenbat pertzona nausixek. **T.** No sé cómo el Ayuntamiento no cuida un poco mejor esas cosas, sucede que muchas de las baldosas del malecón está rotas y algunas tienen bastantes salientes, no será la primera vez que una persona se ha tropezado y caído al suelo, sobre todo las personas mayores.

KOXKA. El quid de la cuestión, duda o problema con algún asunto. **K.** Ezgara guk bakarrik izen baizik billera hortan eongaren geixenak ados gelditxugara esandakuaz, baña halaere gauzabat, eztou iñok kontuen hartu ze akaso eonleikela koxka txikibat, ta da eztoula berbaik iñ aber zeintzuk hasikodien aurrenak. **T.** No solo hemos sido nosotros sino que casi todos los que estábamos hemos quedado de acuerdo con lo que se ha dicho en esa reunión, pero aún así una cosa, ninguno hemos tenido en cuenta de que quizá puede haber un ligero problema, y es que no se ha hablado de quienes empiezan primero.

KOXKOBILLUEK. Fig. se dice por los testículos. O fig., tambíén los huevos. **K.** Jeronimok dauko koxkobilluek, oñ be hor dabill arrantzan hondartza bazterrien dauen itxaso txar honekiñ, ba kontuz ibilileike zeatik arrapatzenbadau olatu haundibatek baleike barruraño eruen ta bertan gelditzie. **T.** Vaya huevos que tiene Jerónimo, ahora también ahí anda pescando en la esquina de de la playa con la mala mar que hay, pues ya puede andar con cuidado porque como le pille una ola grande a lo mejor le lleva hasta dentro y allá se queda.

KOXKORRA, KOXKORROIE. Bulto, chinchón. **K.** Ba horixe gertatzenda kaxkarrekue hartu ondoren, koxkorra asaltzendala eta zuk horixe bera daukotzu buru erdixen, koxkor haundibat eta nunbaitxen burukara ederra hartutekue zara. **T.** Pues eso es lo que pasa después de recibir un golpe, que aparece un chinchón y eso mismo tienes tú en la mitad de la cabeza, un chinchón muy grande y en algún sitio has tenido de coger ese cabezazo.

KOXKORREKUE. Golpe en la cabeza.

(Ver la definición de kaxkarrekue).

KOZINERUE, (RIE). Cocinero (a). **K.** Eztakitx zeatik dan baña geixenbaten kozineruek izendie eukidauenak, eta daukie, fama haundixenak, eta emutendau kozinerak hor dazela zertxobaitx eskutuen bezela, ba honen buruz gauzak garbi eonbilitzake, nik bentzet ustedot ze bai batak eta bai bestiek oso berdintzuek die eta igualezko balixue merezidaue. **T.** No sé porqué pero la mayoría de las veces los cocineros son los que han han tenido, y tienen, la mayor fama, y parece que las cocineras están ahí cómo un poco escondidas, pues sobre éste tema las cosas deberían de estar claras, yo al menos creo que tanto los unos como las otras son muy similares y merecen la misma consideración.

KRIAUA. Criado, (a). **K.** Lenau oitura haundixe izetezan fatie ero bieltzie kriau bezela gazte jentiei, normalki ta geixenbaten baserrira eta urtiekiñ han geratzezien familixa tarteko bezela, eta oñ, eztakitx zorionez ero txarrez, gauza horreik aldatu iñdie eta ia eztau, ero apenas, holakoik. **T.** Antes había mucha costumbre de ir o mandar a la gente joven a servir cómo criado, normalmente era al caserío y con los años allá se quedaba como uno más de la familia, y ahora, no sé si para bien o para mal, esas cosas han cambiado y ya no hay, o apenas, nada de eso.

KRISMIE. Crisma. Se dice en relación a la integridad de la cabeza ante los golpes. **K.** Arrastuik be eztauket zer gertaujatien bi horrei baña hor haidie aspalditxotik diskutitzen eta uluka bata bestiei, gañera gaztiek zarrenai esautzo krismie apurtukutzela ezpada ixiltzen. **T.** No tengo ni idea de que les habrá podido pasar a esos dos pero ahí andan desde hace bastante tiempo discutiendo y gritándose el uno al otro, además el más joven le a dicho al mayor que le va a romper la crisma si no se calla.

KRISKETA. Cerrojo, picaporte. Es una especie de pasador que generalmente se utiliza para cierre de puertas. **K.** Tallerrera allegatzezarenien eta sartu ondoren itxi atie han daukotzun dan hareikiñ, giltza eta bi krisketaz, badakitzu zer gertaujakon fandan astien aldamenien dauenai, bera barruen zala sartu lapurtzen, kendu hauken diru guztie ta gañera ondo egurtu. **T.** Cuándo llegues al taller y después de que entres cierra la puerta con todo lo que tienes allá, la llave y los dos picaportes, ya sabes lo que le ocurrió la semana pasada al que está de al lado, estando él dentro entraron a robar, le quitaron todo el dinero que tenía y encima le dieron una buena paliza.

KRISIXE. Crisis. **K.** Ustedot denpora larreitxo eruetendoula krisix demontre honekiñ, eztakitx zenbat fabrika, taller ta denda itxikozitxuen onazkero eta gauza txarrena da etxakola ikusten urtetzen hasteko bezelako bireik, ez aurrera, ez atzera, ez albotara eta ez iñora. **T.** Yo creo que ya llevamos demasiado tiempo con éste demonio de crisis, no sé cuántas fábricas, talleres y tiendas habrán cerrado para ahora y la cosa peor es que no se ve ningún camino cómo para poder empezar a salir, ni por arriba, ni por abajo, ni por los lados, por ningún sitio.

KRISTALA. Cristal, vidrio.

(Ver la definición de beira).

KRISTAUE, KRISTAUA. Cristiano, (a). Es la persona que ha sido bautizada y que ¿profesa? la religión católica o cristiana. **K.** Eskolapiok esatendau berak eztutzela inportantzi haundirik emuten baña batzuetan zalantza pixkat be sartzejakola, bigarren illoba pillabat daukela eta ustedauela eztutziela iñori bautizau, eta horreatik gertatzendala bere zalantza hori, aber illoba horreik kristauek dien hala ez. **T.** Escolapio dice que no le da mucha importancia pero que algunas veces le entra una pequeña duda, que tiene un montón de segundos sobrinos y que cree que ninguno de ellos ha sido bautizado, y que debido a eso le surge la duda esa, a ver si esos sobrinos son cristianos o no.

KRISTONA. Es una palabra que se utiliza para decir que algo está muy bueno, que está bien o es enorme. **K.** Ze jatetxe on ta ze ona atzoko bazkaixe, zoragarrixe, aurreneko platera ganbak plantxan zien eta sigero onak eozen, baña onena ondoren etorrizana, tripakeixek muturrekiñ, kristona hauen eta gero postrie be ezan atzien geratu, ijitxuen besue, eta hau be mundiala. **T.** Que buen restaurante y que buena la comida de ayer, impresionante, el primer plato fueron gambas a la plancha y estaban muy buenas, pero lo mejor lo que vino a continuación, callos con morros, también buenísimo y el postre tampoco se quedó atrás, brazo de gitano, y también esto estaba estupendo.

KUADERNUE. Cuaderno. **K.** Guk mutikotan eskolan hasigiñenien liburu txikibat emuzkuen eta honekiñ batera be kuedernobat, beno, kuadernue baño geixau kuadernotxue eta hau ondo zaiñdu-bierra hauen zeatik hurrengue handik denpora nahiko luzetara zan. **T.** Cuando nosotros de chavales empezamos en la escuela nos dieron un libro pequeño y junto con ésto también un cuaderno, bueno, más que cuaderno era un cuadernito y este habia que cuidarlo bien porque el siguiente era de allá a bastante tiempo.

KUADRADILLUE. Es una pieza de madera cuadrada y larga que se utilizaba, ahora apenas, en las obras de construcción. **K.** Aurrekontue ametirudaue, laister hasi inbierra daukou baserriko tellatue berrizten eta aurretik dozena parebat piñozko kuadradillo eskatubikoitxu, akaso larreitxo izengodie baña baezpare ekarri eta hobeto izengou hemen eukitxie zeatik dazen batzui ustel antza daukiela ikustejate. **T.** Ya han admitido el presupuesto, pronto tendremos que empezar a renovar el tejado del caserío y lo primero tenemos que pedir un par de docenas de cuadradillos de pino, a lo mejor son demasiados pero por si acaso los vamos a traer y es mejor tenerlos aquí porque algunos de los que hay se les vé que pueden estar algo podridos.

KUARTEOIE. Cuarterón. Era, no creo que ahora exista, un tabaco para liar que se vendía en unas cajitas cuadradas y de ahí su nombre. **K.** Gaztiek gitzenien asko ikustezan kuarteroie ta baitxe nola jartzezan han hauen tabakue paperan barruen, eta gero, noski, zigarruen etxura emun, iñdeko zigarruek be eotezien eta ni bixena bentzet gogoratzenaz, Celtas eta Ideales zien, baña halaere jente askok naio izeteauen kuarteroi hori, nik ustedot betiko oituratik zala. **T.** Cuando éramos jóvenes se veía mucho el cuarterón y también la forma en que había que liar el tabaco que allá estaba dentro del papel, y luego, claro, darle forma de cigarrillo, ya había también cigarros que estaban ya hechos y yo por lo menos ya me acuerdo de dos, eran Celtas y los Ideales, pero aún así mucha gente solía preferir el cuarterón ese, yo creo que era por la costumbre de siempre.

KUARTILLUE. Cuartillo. Era una medida antigua que se utilizaba para los líquidos y cuya equivalencia correspondía a medio litro. **K.** Oñ akaso ixe iñok eztau jakingo, jente gaztiek bentzet, zer dan ero zer izenzan kuartillue baña garai baten errekautan fategiñenien nahiko normala izetezan gauzak eskatzie neurri honekiñ, ardaue, olixue eta berdiñ beste erozeiñ gauza. **T.** Ahora a lo mejor no sabe casi nadie, al menos la gente joven, lo que es o era el cuartillo pero en un tiempo y cuando ibas a hacer recados era muy normal pedir cualquier cosa con esa medida, el vino, el aceite e igualmente cualquier otra cosa.

KUARTOIE. Cuartón. Esto tampoco creo que se utilice ahora y eran unas piezas de madera que se colocaban bajo la tarima para coser ésta encima. **K.** Ez askotan ez baña batzuetan erabili izendot kuartoiek, esan-baterako oñ denpora gutxi dala Gervasion baserrixen etxeko tarima josteko laguntzen, enaz ta sekula enaz izen arotza baña ustedot nahiko txukun geratuzala. **T.** No muchas veces pero sí que de vez en cuando he solido andar con los cuartones, por ejemplo no hace demasiado tiempo en el caserío de Gervasio ayudando en coser la tarima de la casa, no he sido nunca ni soy carpintero pero creo que quedó bastante curioso.

KUITAK. Penas, desgracias. **K.** Ezaitez etorri zure kuitak kontatzen zeatik neriaz nahikue eta sobre dauket, eta askenien zurie zer izenda ba?, zure neska beste mutil-batekiñ fandala?, ba oñ horreik eztauko erremeixoik eta akaso larreiko inportantzik bez, kontuen hartuta ze ondion beste neska geixau be geratzendiela. **T.** No vengas a contarme tus penas porque con las mías tengo suficiente y de sobra, ¿y al final que ha sido lo tuyo, pues?, ¿que tú chica se ha ido con otro chico?, ahora eso no tiene remedio ni quizá demasiada importancia, sobre todo teniendo en cuenta que todavía quedan muchas chicas más.

KUJUKUJU, KUJU-KUJU. Es una especie de onomatopeya del ruido que se origina cuando una persona está tosiendo. **K.** Antoñito, gaurtik ezta pasatzen, ezara ikastolara fango eta medikura eruengozaut, bigarren gaba da kujukuju ibilizarela eta ustedot katarro ero beste zerbaitx arrapatzen hasizarela. **T.** Antoñito, de hoy no pasa, no vas a ir a la ikastola y te voy a llevar al médico, ya es la segunda noche que estás tosiendo y creo que has empezado a pillar catarro o alguna otra cosa.

KUKAÑA. Cucaña. Creo que hay varias especies de cucañas, pero la que se utiliza en la costa consiste en un tronco no demasiado grueso de madera suspendidio encima del agua, y una vez untado con grasa o algo similar la gente ha de andar o gatear encima de ella para avanzar lo más posible. **K.** Zarautzen kukaña eguna izetendanien jente asko alkartenda portuen ikusteko ze modutan jolastendan kukaña hortan, benetan nahiko barre itxendala joku hori ikusiaz eta nola geixenbat uretara jaustendien geixenbat labandu ondoren kukaña hortan. **T.** Cuándo en Zarautz es el día de la cucaña se suele reunir mucha gente en el puerto para ver de que modo juegan, de verdad que uno se ríe muchísimo viendo el juego y cómo se cae la mayor parte de la gente al agua después de haberse resbalado en la cucaña esa.

KUKARATXAK. Cucarachas. **K.** Geruau ta kukaratxa gutxiau ikustendie eta horrek guredau esan ze tokixek askoz garbixauek diela, egixe esanda neri eztust sekula naska haundirik emun eta ikusi besteik ez zapaldu ta akabau itxeitxut, baña jente asko dau axkar alde itxendauna horreik ikusi-ezkero, eta euron hartien nere andrie. **T.** Cada vez se ven menos cucarachas y eso quiere decir que los sitios son mucho más limpios, la verdad es que a mí nunca me han dado mucho asco y nada más que veo una la piso y acabo con ella, pero hay mucha gente que se aleja rápidamente nada más que las ven, y entre ellas mi mujer.

KUKU. Cucu. Es una palabra que se dice a la gente para asustarla desde un sitio en el que se está escondido. **K.** Ze gurozu zuk, biotzekue emutie, ero?, susto ederra emuztazu zure kuku horrekiñ, eta hori banakixela holakonbat gertaukozala ikusizautenien eskutatzen haizarela. **T.** ¿Qué quieres tú, que me dé un ataque al corazón, o qué?, vaya susto que me has dado con tu cucu, y eso que ya me imaginaba que podía pasar una cosa de estas en cuanto he visto que has desaparecido.

KUKU, KUKUKA. Espiar a escondidas, mirar a escondidas. **K.** Inozentziok sarri komestatzendau nola bere parien bizidan andra diabrubat, diabrun izena bere kontue da, betik ikustendauen bentanako kortiña ostien kukuka haidala, noixbaitxen pilloxik jarrikodala sukaldien, bentana aurrien, hau parez pare zabalik ondo ikusideixen eta aber hala gustora geratzendan. **T.** Inocencio suele comentar a menudo cómo un demonio de mujer, la palabra demonio la ha puesto él, que vive enfrente siempre la suele ver que está espiando detrás de la cortina de la ventana, que algún día se va ha desnudar en medio de la cocina, frente a la ventana, esta abierta de par en par para que que vea bien y a ver si de esa forma se queda a gusto.

KUKU. Pájaro cuco, cuclillo. **K.** Esatendaue ze kuku txorixen kantue haitzendanien udabarrixe gañien dala, eta eztakitx aurtengo udabarrixen asko entzundan, akaso abestu be iñ ez, zeatik etorri bai iñda baña bakarrik kalendaixuen, giruei beitu iñezkero etxura guztie dauko ondion neguen garela. **T.** Dicen que cuando se oye el canto del pájaro cuco la primavera ya está encima, pues no sé si en la primavera de este año se le habrá oido mucho, quizá tampoco hayan cantado, porque llegar sí ha hecho, pero solo en el calendario, si miramos al tiempo tiene toda al apariencia de que todavía estemos en invierno.

KUKUBIL, KUKUBILKA. Agachado, en cuclillas. **K.** Ikusi inbierrekuek izetendie ze aposta xelebre itxendien jentie berotuta dauenien, berotuta ez kanpoko beruatik baizik barrukuatik, ba bi gizon honeik, Florentxio eta Federiko, nahiko helduek bixek, aposta iñdaue afaibat aber zeñek axkarrau itxendauen fan da etorrixe kukubilka Azkenportu auzotik Pilarko plazaraño. **T.** Hay que ver las apuestas tan raras hace la gente cuando está caliente, no caliente por la temperatura exterior sino por la interior, pues estos dos hombres, Florencio y Federico, los dos ya bastante maduros, han apostado una cena a ver quién hace antes el recorrido de ida y vuelta en cuclillas empezando del barrio de Azkenportu hasta la plaza del Pilar.

KUKUMARRUE, KUKUMARRAUTA. Disfrazado, jeneralmente para carnaval. **K.** Garai baten gu be askotan kukumarrutzegiñen baña oñ zarzaruaz asko lasaitugara, akaso geixei, eta oñ bakarrik ikusi itxeitxu kukumarru horreik Atxabaltako karnabaletan. **T.** En un tiempo nosotros también nos hemos disfrazado muchas veces, pero ahora con la edad nos hemos vuelto muy tranquilos, quizá demasiado, y ahora solo solemos mirar a esa gente disfrazada en el carnaval de Aretxabaleta.

KUKURRUKU. Cucurrucú. Onomatopeya del canto o grito del gallo. **K.** Nola erlojuen kontuek eztien halako aspaldikuek baleike galdera onbat hau izetie, lenau ta hainbeste ehuneko urtietan nola esnatukozan jentie?, nik horren arrastuik be eztauket baña akaso etxe bakotxien ollarbat eongozan kukurruku itxeko goixetan. **T.** Como la cosa de los relojes no es desde hace tanto tiempo puede que una buena pregunta fuera ésta, ¿antes y durante tantos cientos de años, cómo se despertaría la gente?, yo de eso no tengo ni idea pero a lo mejor en cada casa había un gallo para que hiciese cucurrucú todas las mañanas.

KUKURRUKU-ESTULA. Se dice, o decía, por la tos o carraspeo fuerte. **K.** Periko, eztzun eta iñ kasu zeatik derrigorrez medikura fan-bierra daukokozu, bi egun honeitan kukurruku-estula besteik etxatzu entzuten eta nere ustez hori katarrue baña zertxobaitx geixau izengoda. **T.** Perico, escucha y haz caso porque necesariamente tienes que ir al médico, desde hace un par de días no se te oye más que toser y carraspear muy fuerte y yo creo que eso es algo más que un simple catarro.

KULERUE, KULERUEK. Braga o bragas que utilizan las personas del género femenino. **K.** Eztauket kapazidadeik ezer jartzeko kulero asunto honein buruz zeatik tautik be eztakitx, beno zertxobaitx bai, badazela eta eon be erabili itxeitxuenak. **T.** No tengo capacidad para poner nada sobre este asunto de las bragas porque no tengo ni idea, bueno, algo sí, que existen y también hay quien las utiliza.

KULPA. Culpa, culpabilidad. **K.** Ez ibili oñ kulpak botatzen bata-bestiei zeatik danok eukidozue zer-ikusixe asunto hontan, eta aber, aurreneko gauza baloi-barik geratukozare bi egunien gutxienetik ta gero berba ingou nola ordaindu inbierra daukotzuen apurtudozuen kristal hori. **T.** No andéis ahora echándo la culpa el uno a otro porque todos habéis tenido que ver en este asunto, y a ver, la primera cosa os vaís a querdar sin balón por lo menos durante dos días y luego ya hablaremos de cómo vaís a pagar el cristal que habéis roto.

KULUNKA. Colgado, balanceándose. **K.** Jetxiozue ume horri arbolako arrama hortatik, bera gustora dabill hor kulunkan baña kantzatzendanien jausi inleike eta naiz eta ez eon altura haundirik miñ hartzeko arrixkue dauko, eztakitxena da nola demontre konpondudan horra gora igoteko. **T.** Bajarle a ese crío de la rama de ese árbol, él anda a gusto balanceándose pero en cuanto se canse se puede caer y a pesar de que no hay mucha altura corre el peligro de hacerse daño, lo que no sé es cómo demonios se las ha arreglado para subir ahí arriba.

KULUXKA. Una cabezada. Una pequeña siestecilla. **K.** Ze ondo etortzendan kuluxka txikibat bazkalostien eta bazkai hori gustora izenbada askoz hobeto gañera, nik lagunbat dauket sekula eztauena parkatzen kuluxkara hori eta berdiñ izetendau nun eon, jatetxien, etxien, soziedadien, Elixan, ez, Elixan ez zeatik ezta toki hortara faten, baña beztela beretako igualtzu da erozeiñ tokitxen. **T.** Que bien viene una pequeña cabezada después de comer y si has comido a gusto mucho mejor todavía, yo tengo un amigo que no perdona nunca esa cabezada y le da igual donde esté, en el restaurante, en casa, en la sociedad, en la Iglesia, no, en la Iglesia no porque no va a esos sitios, pero sino para él es igual en cualquier sitio.

KUMIE, KUMA. Cuna para que duerman los bebés. **K.** Guk oso aspalditxik eztaukou kuma-bierrik, semiek nahiko haundixek die eta oñ ezin kabitxuko barruen, beñ galdetunutzen andriei aber ze iñauen len haukoun kuma harekiñ eta esauzten badakila norbaitxi emunutzela, baña ezala gogoratzen zeñi. **T.** Nosotros no necesitamos ninguna cuna desde hace muchísimo tiempo, los hijos ya son bastante mayores y ahora no cabrían dentro, una vez le pregunté a la mujer a ver que hizo con la cuna aquella que teníamos y me dijo que ya sabía que se lo había dado a alguna, pero que no recordaba a quién.

KUMIE. Cría, cachorro de animal. **K.** Segovian oso famaue izetenda laban erretako txarri-kumie eta jente ugeri hara fatenda hori jaten, eta berdiñ beste inguruen dazen herrixetara, eta gu bizigaren aldien be, geixenbat Naparra aldien, horren oitura haundixe dau. Neri eta baitxe andriei be, hala erreparu bezela emuteuzku zeatik ume jaixo-barrixen etxurie hartzeutzou. **T.** En Segovia es muy famoso el cochinillo asado y allí suele ir un mucha de gente a comer eso, y lo mismo a los pueblos que hay en los alrededores, y por la zona donde vivimos también, sobre todo en Navarra, hay costumbre de ello. A mí mujer y a mi nos da así cómo un poco de reparo porque le cogemos parecido a una criatura recién nacida.

KUNPLIRU. Cumplir. Acatar un mandato. **K.** Ezta nahiko izeten esatie bakarrik baizik esan hori kunpliru bier izetenda, beztela dana alperrik da ta arrixku haundixe daukotzu iñok ez siñisteko beste noixbaitxen, eta gañera sekula geixau deitxu ez lanik itxeko. **T.** No solo es suficiente el decir las cosas sino que hay que cumplir con lo que se ha dicho, porque sino todo es inútil y encima corres el riesgo de que nadie te crea en otra ocasión, y además también que nunca más te llamen para trabajar.

KUÑAUA, KUÑATA. Cuñado, cuñada. **K.** Asunto hau garbixe izenbilitzake baña eztakitx, aber eta esan-baterako, norberan arrebakiñ eskontzendana eta izenleiken zure kuñaua ero kuñata, nola deitxubijako bigarren kasue izenda?, eta arrimatzenbada?, eta oñ bestaldera izen-ezkero zure anaikiñ eta modu berdiñien, ze modutan? ba askenien baleike ez izetie halako garbixe, eta gutxiau errexa. **T.** El asunto este tendría que estar suficientemente claro pero no sé, a ver y por ejemplo si una persona se casa con la hermana de uno y puede ser tanto cuñado como cuñada, ¿cómo habria que llamarle en el segundo caso, ¿y si se arrima?, y ahora si es al revés y si es que con tu hermano sucede de la misma manera, ¿de qué manera?, pues al final puede que no sea tan claro, y mucho menos fácil.

KUPELA. Tonel, cuba.
(Ver la definición de barrica).

KURA. Hacer la cura, jeneralmente de alguna herida. **K.** Jeseus!, zer gertaujatzu?, hori da iñdozun ebaixe, ixe azurre be bistan daukotzu, ba ni enaz atrebitzen horren kura itxen eta anbulatoixora fanbikou, nik ustedot punto batzuk bierrien izengodala. **T.** ¡Jesús!, ¿qué te ha pasado?, vaya corte que te has hecho, casi hasta el hueso tienes a la vista, pues yo no me atrevo a hacerte la cura y tendremos que ir al ambulatorio, yo creo que la herida está necesitada de algunos puntos.

KURIOSIDADIE. Curiosidad. **K.** Hainbeste bider entzun izendot batai ta bestiei holako zoragarrixe dala herri txiki hori ze kuriosidadie haundixe sartujat bixitatzeko, ba asteburu hontan aukera dauket hara fateko eta aber egixe eta esanda bezelakue dan. **T.** He oido tantas veces a unos y otro que el pequeño pueblo ese es tan maravilloso que me ha entrado mucha curiosidad por visitarlo, pues este fin de semana tengo la oportunidad de ir allá y comprobar si de verdad es tal y cómo lo han contado.

KURIOSUE. Persona o cosa curiosa. **K.** Ze gauza kuriosue dan gizon horrek erakusten haidana, nik bentzet sekula eztitxut holakoik ikusi ta nere inguruen dazenak be eztot uste, ba die igel txiki batzuk gorrizka koloriekiñ eta gañera ondo ikesitxekuek, hori emutendau bentzet zeatik esandako dana itxendaue. **T.** Que cosas más curiosas son las que está enseñando el hombre ese, yo al menos nunca he visto una cosa semejante y creo que tampoco los que están a mi lado, pues son unas pequeñas ranas de color rojizo y que encima están bien amaestradas, al menos eso parece porque hacen todo lo que se les dice.

KURPILLA, KURPILLE. Rueda. **K.** Ze kotxe xelebre saltzeitxuen oñ, geixenbat eztaukie errepuestoko kurpillik, espraibat ekartzendaue eta kompresore txibibat kurpilla puztutzeko hau zulauta badaukotzu, nik beñ hala bat eukinauen eta horreikiñ konpontzie sigeroko endrerue da, ixe ordu-terdiko lana, eta oñ baezpare iñdotena da beste kurpilbat erosi errepuesto bezela. **T.** Que coches más raros son los que venden ahora, la mayoría no tiene rueda de repuesto, traen un esprai y un pequeño compresor para inflar la rueda por si ésta tiene un pinchazo, yo ya lo tuve una vez y repararlo de esta forma es un coñazo, casi hora y media de trabajo, y ahora lo que he hecho por si acaso es comprar otra rueda cómo repuesto.

KURRIN, KURRINKA. La primera palabra es la onomatopeya del gruñido del cerdo y la segunda quiere decir que el cerdo está gruñendo. **K.** Eufronio baserrixen bizida ta buruen sartujako txarrixek ekartzie naidauela eta hala iñdau, hiru ekarritxu, bat arra ta bi eme, baña oñ gertatzejako, ikullue aspixen dauko, eziñdauela apenas lorik iñ zeatik txarrixek kurrinka haidie ixe gau guztien. **T.** Eufronio vive en el caserío y se ha metido en la cabeza de quiere traer algunos cerdos y así lo ha hecho, ha comprado tres cerdos, uno macho y dos hembras, pero ahora le pasa, la cuadra la tiene debajo, que apenas puede dormir porque los cerdos están gruñendo casi toda la noche.

KURRINKURRIN, KURRIN-KURRIN. Especie de onomatopeya del gruñido del cerdo. Esta palabra se les dice a los críos para que miren o se fijen en los cerdos. **K.** Zerbaitx jartzeatik. Tomasito etorrizaitez nerekiñ eta han goiko baserrixen kurrinkurrin asko ikusikoitxozu, gañera gurebozu ogi zati batzuk eruen eta jandeixen botakutzou. **T.** Por poner algo. Antoñito ven conmigo y allá en el caserío de arriba verás un montón de cerdos, además si quieres llevamos y les echaremos unos pedazos de pan para que lo coman.

KURRIXKA. Gritando, chillando de forma estridente. **K.** Lengo egunien anbulatoriora fanitzen odola ataratzera urteko analisa itxeko, nere aurrien hauen neska gaztebat eta orratza ikusi bestei ez haren kurrixkak, etxura guztie hauken ze indiziñue hartu besteik ez han bertan jausi eta akabauta geratukozala. **T.** El otro día fuí al ambulatorio a que me sacasen sangre para hacer los análisis anuales, delante de mí estaba una chica joven que nada más que vió la aguja se puso a chillar, y daba toda la impresión de que al poner la inyección se iba a caer y allá mismo quedar muerta.

KURRIXKA. Llorando a gritos, con fuerza. **K.** Eziozue bape kasuik iñ ume horri, kurrixka horrekiñ emutendau sekulako miñe hartute dauela baña etxako ezer holakoik pasau, bakarrik gertatzejako bere amak eztutzela emun nai gozokirik tripak endreraute daukelako. **T.** Aunque le veaís que está llorando a gritos no le hagaís ningún caso, da la impresión de que ha cogido un daño muy grande pero no le ha pasado nada de eso, lo único que le sucede es que su madre no le quiere dar chuches porque tiene las tripas revueltas.

KURRUXKARIE. Siestecilla que apetece después de las comidas.
(Ver la definición kukuxka, kurruxka).

KURTZIE. La Cruz.
(Ver la definición de gurutzie).

KUTIXI. Adornos, chucherías. **K.** Mikaelak bi umetxo dauko, bixek neskatillak eta bati, Daniela bera, pillabat gustatzejako kutixi horreik, oso zalie da eta beretako eztau opari hobeik, eta bestaldera bere ahispa Sagrariok bape kasuik estutzo itxen gauza horrei, berak askoz naio izetendau beste gauza animalixekiñ zer-ikusixe daukena. **T.** A una de las hijas Micaela, Daniela ella, le gustan mucho esos adornos de chucherías, es muy aficionada y para ella no hay un regalo mejor, y en cambio su hermana Sagrario no hace caso alguno a esas cosas, ella prefiere alguna otra cosa que esté relacionada con los animales.

KUTUNA. Se dice por una persona querida, entrañable. **K.** Nere lan-lagunek, Filibertok, komestatzendau bere andrie larreikue dala ume txikiñekiñ, betik besuetan euki-bierra izetendauela, eta haren lastanak kutuna esanaz, eztauela pakien izten eta etxuraz umie aspertzen hasidala hainbeste patxo eta igurtzikiñ. **T.** Un compañero de trabajo, Filiberto, comenta que lo de su mujer es demasiado con la criatura pequeña, que siempre la tiene que tener en brazos y que la está besando continuamente llamándola querida, que no la deja en paz y parece que la criatura ha empezado a aburrirse de tantos roces y besitos.

KUTXA. Arcón. **K.** Nik eztot esautu izen baña Ursulai askotan entzun izeutzet nola garaian hartan eon omenzan kutxa haundi ta dotorebat bere baserriko atartien, berak eztakixela nola desagertuzan baña bere ustez norbaitxek hartu ta eruetekue dala nunbaitxera, eta bere iruitzez tartekonbat izengozala. **T.** Yo no lo he conocido pero muchas veces le he oído decir a Ursula que en aquellos tiempos hubo un arcón grande y bonito en el portal de su caserío, que ella no sabe cómo desapareció pero cree que alguién la cogería y se la llevó a algún sitio, y piensa que sería alguna persona cercana.

KUTXARILLA. Cucharilla. **K.** Konbentura etorrigara fraile dauen osabai bixitatzera eta han eon bitxertien kafie pasta batzukiñ atarauzkue, gauza da, astu ingozan, ze ekarridauenak eztauela kutxarillaik hartu eta ni enaz atrebitzen eskatzen, ba beno, nola eztauen besteik pixkat hotziketandanien bietzaz nahastubikou. **T.** Hemos venido a visitar al tío que está de fraile en el convento y mientras estamos allí nos han sacado unas pastas con un café, la cosa es, se habrán olvidado, que el que lo ha traído no ha cogido las cucharillas y yo no me atrevo a pedirlas, pues bueno, cómo no hay otra en cuanto se enfríe un poco lo tendremos que revolver con el dedo.

KUTZADURA. Contaminación. **K.** Ze ondo gazen ta bizigaren Euskalherrixen apenas ezerko kutzadurakiñ, eta alde ederra dau hortik zier gertatzendanaz, telebistan sarri ikustenda nola hor Madrill eta Bartzelonan ixe bildurtzeko bezelakue eotendan, eta eztau esan-bierrik zer izenleiken hor Txinako toki askotan dauena. **T.** Que bien estamos y vivimos en Euskalherría sin apenas contaminación alguna, y vaya diferencia que hay con lo que sucede por ahí, a menudo se ve en la televisión que en Madrid y Barcelona suele haber tanta que es casi cómo para asustar, y no hace falta decir lo que puede ser lo que hay en muchas zonas China.

KUXAK. Conejos de Indias. **K.** Umiek txikiñen zienien eukitxuen kuxa bana, kaixolan sartuta eotezien eta honeik egunero kaixola hori garbitxu ta jaten emuteutzien, enazena gogoratzen da zer inzan gero hareikiñ, baña ustedot erosi inzien animalixan denda bertara eruenziela. **T.** Cuando los críos eran pequeños ya tuvieron un conejo de Indias cada uno, estaban dentro de una jaula y éstos todos los días limpiaban esa jaula y les daban de comer, lo que no recuerdo es que hicimos luego con ellos, pero creo que los llevamos a la misma tienda de animales donde las compramos.

KUXKURRA. Cuscurro. Es el extremo de la barra de pan. **K.** Eztakitx zeatik izengodan baña geixenbat izetegara ogi-kuxkur zaliek, panaixatik urten besteik ez jentie ikustenda nola ogixei kentzeutzien kuxkur hori ta jaten fatendien etxera birien. **T.** No sé porqué será pero casi todos somos aficionados al cuscurro del pan, nada más que salen de la panadería se vé como la gente le quita el cuscurro ese a la barra de pan y la van comiendo camino a casa.

KUXKURTU. Encogerse, agacharse por miedo, frío, dolor, etc… **K.** Ustedot Heribertoi zerbaitx gertatzejakola, sigero kuxkurtuta dau bazterien eta eztot uste hotzatik izengodanik zeatik apenas itxendau, eta baleike tripakomiñe ero beste holako gauzarenbat eukitxie, asko eztot esauketan baña baezpare galdetzera noie aber laguntazun bierrien dauen. **T.** Creo que a Heriberto le pasa algo, está completamente encogido en el rincón y no creo que sea por el frío porque apenas hace, y puede que tenga dolor de tripas o alguna otra cosa parecida, no le conozco mucho pero por si acaso voy a ir a preguntarle a ver si necesita ayuda.

KUXKUX. Es la palabra que se utiliza para llamar a los cerdos. **K.** Eufronio, nere baserriko lagun horrek, egunez txarrixek ikullutik kanpo eukitxeitxu baña itxitura barruen, komestatzendau ze fatendanien jaten emutera eta kuxkux esan besteik ez axkar inguratzendiela. **T.** Eufronio, mi amigo el del caserío, durante el día a los cerdos los tiene fuera de la cuadra pero dentro de un cercado, suele comentar que cuando va a darles de comer y con solo decirles kuxkux acuden enseguida.

KUXKUXERO, (A). Se dice por la persona excesivamente curiosa, entrometida y que va pregonando cosas por ahí. **K.** Baezpare Federikon aurrien ezizue esan inportantziko gauza askoik zeatik laister jakiñien jarrikodau herri guztie, betik izenda larreiko kuxkuxerue ta hala berdiñ jarraitzendau, eta ez hori bakarrik, naiz de nahiko ixilixen komestatzen ibili axkar jartzendau belarrixe ondo arrimauta, hori bai diximuluaz eta eztan enteratzen bezela. **T.** Por si acaso no digaís muchas cosas importantes delante de Federico porque pronto las pondrá en conocimiento de todo el pueblo, siempre ha sido demasiado entrometido y así igual continúa, y no solo eso, aunque los comentarios los hagaís en voz baja enseguida arrimará la oreja, eso sí con disimulo y haciendo como que no se entera.

LEN HALA, OÑ HOLA, ETA GERO NOLA?
ANTES ASI, LUEGO DE ESA MANERA, Y DESPUES ¿COMO?

LABA, LABIE. Horno. **K.** Neri asko gustatzejat labie kozinatzeko eta erozeiñ gauza gañera, arraña izetenbada, akaso txitxarrue ero rapie, baleike bixigue, hau gutxitan, lebatza, honen kokotie eta abar, eta haragixen aldetik, geixenbaten konejue, ollaskue, txerri ta txekorran sahietza, eta batzuetan baitxe arkumie be. **T.** A mí me gusta mucho el horno para cocinar y además cualquier cosa, si es pescado, puede que el chicharro o el rape, quizá besugo, éste pocas veces, merluza, el cogote de ésta, etc…, y en carnes la mayoría de las veces el conejo, pollo, costilla de cerdo y ternera, y algunas veces también cordero.

LABANA. Que está resbaladizo. **K.** Oñ aste parebat dala sekulako zartarie hartunauen ukolonduen mendi jetxieran, axkar antzien hainitzen jexten eta enitzen konturato harrixe ondion labana eongozala isotzakiñ, ba labandu, lurrera jausi eta nere ukolondo gixajue kristobat iñde geratuzan. **T.** Ahora hace un par de semanas cogí un golpe muy grande en el codo al bajar del monte, estaba bajando bastante rápido y no me di cuenta de que todavía la piedra podría estar resbaladiza a consecuencia del hielo, pues me resbalé, caí al suelo y mi pobre codo quedó hecho polvo.

LABANDU, LABANKARIE. Resbalar, resbalón.

(Ver la definición de irristau).

LABANKAN. Es una especie de juego o divertimento que se realiza resbalando y deslizándose en una pendiente encima de la nieve. **K.** Lenau eta oinguaz konparauta askoz geixau edur itxeauen, eta noski, hala be eotezan, eta ni gogoratzenaz nola Larrinbeko zelaixen labankan jolastegauen, garbi da ze aldapa beran izetezala egur zapala ero erruberan goma zatibat jarritxe ipurdi aspixen. **T.** Antes y en comparación de ahora nevaba mucho más, y así también había, y yo recuerdo cómo jugábamos resbalando en el prado de Larrinbe, claro que cuesta abajo poniendo una madera lisa o un pedazo de goma de rueda debajo del culo.

LABAÑA. Navaja. **K.** Gauza ona izetenda labañ txikibat eruetie kotxien eta baitxe aldien be hortik zier ibiltxezarenien, gañera erozeiñ gauzatarako balixodau, zerbaitx moztu ero zerbaitxi punta atara inbierra badaukotzu, bier izen-ezkero azala kentzeko frutai eta abar. **T.** Suele ser una cosa buena llevar una navaja pequeña en el coche y también encima cuando andas por ahí, además sirve para muchas cosas, si tienes que cortar o sacar la punta a algo, para pelar las frutas si fuera necesario, etc…

LABAÑA. Navaja de afeitar. **K.** Nik eztakitx oñ ibiltxendan labaña barberixetan baña akaso baleike baietz, nunbaitxen bentzet, eta gauzabat, ez fan galdetzera ze tokitxen dauen barberixa izen hau emunaz zeatik oñ, gañera oso aspalditxik, etxako deitzen horrela, oñ bere izena pelukeixa da eta hala esatejako. **T.** Yo no sé si ahora se utiliza la navaja de afeitar en las barberías pero quizá pueda sí, al menos en algunos sitios, y una cosa, no vayaís a preguntar dónde está citando el nombre este de barbería porque ahora, además desde hace muchísimo tiempo, no se llama así, ahora su nombre es peluquería y así se le dice.

LABUR, LABURRA. Corto, breve, conciso. **K.** Hau bezelakue izen-bierra haukien hitzaldi guztiek, errex berba iñdakuek, danok ulertzeko bezela eta beste gauza oso berezixaz, laburrak eta ez beste asko izetendien bezela, larreiko luziek ta aspertzeko modukuek, eta gañera asken honeitik batzuk ezer ez esateko. **T.** Así cómo ésta deberían de ser todas las conferencias, hablando de forma sencilla, de forma de que nos enteremos todos y con una cosa también muy importante, breves y no como muchas otras, que son demasiado largas y aburren a la gente, y además algunas de estas últimas para no decir nada.

LABURPENA. Abreviar, acortar. **K.** Zer da hau, eztau deretxuik, gaur gabien naiz da aspalditxik ikusitxe euki zinera etorrigara berriz ikustera pelikula hori, ba arritxute geratunaz eukidauen laburpenaz, izugarrizkue, gutxienetik hamar miñutu izendie eta eztakitxena da pelikulan zinta hala etorridan ero bertan moztudauen. **T.** Que es ésto, no hay derecho, esta noche hemos venido al cine a ver otra vez una película que ya la teníamos vista hace bastante tiempo, pues me he quedado asombrado con lo la han acortado, ha sido demasiado, por lo menos diez minutos y lo que no sé es si la cinta de la película ha venido así o la han acortado aquí mismo.

LABURTU. Resumir. **K.** Egun parebat dala itxidustie bukatu-barri dauen liburu txikibat, ondion argiratu-barik dauena, irakurtzeko ta aber ze iruitzejaten, ba irakurridot eta egixe esanda ondo idatzita dau ta nahiko gustokiñ baña ikusteutzet larreiko errepikapen daukela eta esautzet alegintzeko laburtzen pixkat. **T.** Hace un par de días me dejaron un libro pequeño que está recién terminado, todavía sin publicar, para que lo leyera y le diera mi opinión, pues lo he leído y me parece que está bien escrito y con gusto, pero le veo que se repite bastante y le he dicho que procure resumirlo un poco.

LAGA. Dejar algo en algún sitio. **K.** Eztakitx Demetrio larreiko ondo dauen burutik, eruendutzet eskatutako hiru otar sagarrak ta esandust laga itxeko hor nunbaitxen, kanpora urten-bierra daukela ta oñ eztaukela astirik barrura sartzeko, hala iñdot baña galdetu ondoren aber eztauken billdurrik arrapau ingutzienik ta erantzundau berdiñ dala. **T.** No sé si Demetrio está demasiado bien de la cabeza, le he llevado los tres cestos de manzanas que pidió y me ha dicho que los deje por ahí en algún sitio, que tiene que salir fuera y que ahora no tiene tiempo de meterlas dentro, así lo he hecho pero le he preguntado a ver si no tiene miedo de que se lo roben y me ha contestado que es igual.

LAGA. Permitir, dejar. **K.** Eztot uste oingo neskak halakuek izengodienik baña kontaukotzuet ze gertaujaten beñ gaztie nitzenien, noski oso aspaldi izenzala, dantzan ibilinitzen ixe gau guztien oso etxurazko zan neskabatekiñ eta gañera nahiko arrimauta, bukaeran galdetunutzen aber laga inguzten patxomat emuten ta beran erantzuna mosukobat emutie izenzan, gañera lotzabakobat nitzela esanaz. **T.** No creo que las chicas de ahora sean así pero os voy a contar lo que me sucedió una vez cuando era joven, claro está que hace muchísimo tiempo, estuve bailando casi toda la noche con una chica de muy buen ver y además bastante arrimados, y al terminar le pregunté a ver si me permitía darle un beso y su respuesta fué darme un tortazo, además diciendo que era un sinverguenza.

LAGUNA, LAGUNAK. Amigo (a), amigos (as). **K.** Betik esan izenda oso zalla dala billatzie benetako lagunak, eta beñ eta lortzendanien inportantzi haundikue dala horreik mantentzie. **T.** De siempre se ha dicho que es muy difícil encontrar amigos de verdad, y que una vez que lo hayas conseguido es muy importante el conservarlos.

LAGUNDU. Ayudar, acompañar. **K.** Eztakitx bape ondo dabillen uretan dauen andra hori, ikustejako larreitxo mobitzen haidala besuek gauza onerako eta nere ustez lagundu bierrien dauela emutendau, ba baezpare zalbatzailiei abixatzera fangonaz. **T.** No sé si anda muy bien esa mujer que está en al agua, se le vé que mueve demasiado los brazos para cosa buena y yo creo que está necesitada de ayuda, pues por si acaso voy a ir a avisar a algún socorrista.

LAGUNEKIÑ. Con los amigos, entre amigos. **K.** Askoz hobeto izetenda bazkal ero afaltzie lagunekiñ ezesagunaz baño, jakiñe da istorixa berdiñek eta aspaldiko kontuek izetendiela, baña halaere ta muturrek pixkat berotzendienien barre haundixek itxeitxu. **T.** Suele ser mucho mejor comer o cenar con los amigos que no con desconocidos, es sabido que siempre nos contamos las mismas historias y que son cuentos de hace muchísimo tiempo, pero aún así y cuando se calientan un poco los morros nos reímos muchísimo.

LAGUNTASUNA, LAGUNTZA. Apoyo, protección, ayuda. **K.** Kanpotik datozen igex iñdeko jente horrei aurren eskiñi inbierreko gauza laguntasuna izetenda, ezertxo-barik etortzendie zeatik dana bertanbera lagata han geratuda, len bizizien toki hartan. **T.** A esta gente que viene huída de sus paises de origen lo primero que hay que ofrecerles es ayuda, llegan sin nada porque todo lo han dejado abandonado allá donde antes vivían.

LAIA, LAIXA. Laya. Herramienta que se utiliza una vez clavada en la tierra para dar vuelta a la misma. Consiste en un mango y un extremo con dos hierros terminados en punta. **K.** Ustedot oñ laia oso gutxi ibiltxendala, badaz beste gauza batzuk motorra daukienak eta honeikiñ erreztazun haundixe dau lanerako, guk bixek daukou ortuen baña nik eztot erabiltzen ez bata ta ez bestie, betik izenaz atxur-zalie eta bixok lagun haundixek gara. **T.** Ahora creo que se utiliza muy poco la laya, ya hay otras cosas con motor que facilitan mucho el trabajo, nosotros tenemos las dos en la huerta pero yo no ando con ninguna de ellas, siempre he sido partidario de la azada y los dos somos grandes amigos.

LAIARIXE. Se llama así a la persona que trabaja o hace demostraciones, ahora también se compite, con la laya. **K.** Oñ ta noixienbeñ erakusketak ero laian lan antzerakuek be eotendie, eta hau izetenda jentiek ikusideixen ze modutan manejau eta nola itxezien lanak herraminta horrekiñ, eta baitxe itxendie karrera antzerakuek laia bana jarritxe hanka bakoitxien. **T.** Ahora y de vez en cuando suele haber y se hacen demostraciones de trabajo con laya, y ésto se hace para que la gente vea de qué modo se utiliza y cómo se trabajaba con esa herramienta, y también se hacen una especie de carreras colocando una laya en cada una de las piernas.

LAIÑ. Suficiente, tan, tanto. **K.** Eztakitx zeatik betik ibili-bierra daukotzuen adarra joten ta barre itxen mutil horren kontura, baleike pixkat lotzati izetie baña zueik zaren bezteko pertzona laiñ bentzet bada, akaso bateonbat baño geixau, eta gutxienetik merezidau errespeto pixkat eukitxie. **T.** No sé porque siempre tenéis que estar tomando el pelo y haciendo risas a cuenta de ese chico, puede que sea un poco tímido pero por lo menos es tan persona cómo podáis ser cualquiera de vosotros, quizá más que alguno, y como mínimo merece un poco de respeto y consideración.

LAISTER, LASTER. Pronto, rápido, lo antes posible. **K.** Bai, momentu hontan eztauket horren bierrik eta zuri falta itxenbotzu badauket aukera izteko zulotzeko makiña, baña gauzabat, akaso laister eukikot erun inbierra konpondu txikibat itxera ta bukatu besteik ez ekarrirezu bueltan. **T.** Si, en éste momento no necesito el taladro y si es que te hace falta te lo puedo dejar, pero una cosa, a lo mejor pronto lo tendré que llevar a hacerle una pequeña reparación y nada más que termines el trabajo me lo traes de vuelta.

LAKO, LAKUE. Cómo, porqué. **K.** Nik eztauket bape asmoik billatzen hasteko zure motxila lakue eta enoie ezertxoik denporaik galtzen lan horreitan, ustedot ondion goguen eukikozula, ero bentzet eukibikozaukela, nun erosidozun eta aukera daukotzuen ekarrirezu berdiñe ero berdintzue. **T.** Yo no tengo ninguna intención de empezar a buscar una mochila como la tuya y no voy a perder nada de tiempo en esa labor, supongo que todavía ya te acordarás, o por lo menos deberías de acordarte, dónde la compraste y cuando tengas oportuniniad me traes otra igual o parecida.

LAKOTXIE. Cómo eso, ese o cómo él. **K.** Zu ezara iñor errietaik itxeko zure lagun horri ta gutxiau berai bota kulpa guztiek zeatik zu be bere lakotxie zara. Baleike oinguen bera izen aberixa hori iñdauena baña hurrenguen zu izengozara ta orduen ziur eztozula gureko iñok ezer esateik. **T.** Tú no eres nadie para abroncar a tu amigo y menos echarle todas las culpas porque tú también eres cómo él. Puede que esta vez haya sido el que haya hecho esa avería pero en la siguiente serás tú y entonces seguro que no querrás que nadie te diga nada.

LALETXE. Laleche. Expresión que se utiliza para decir que alguien se ha pasado, que ya vale, que ya es suficiente. **K.** Zuek be laletxe zare, eztaukotzue nahikue hartudozuenakiñ eta ondion geixau gurozue?, ba nik ustedot pasatzen haizariela, akaso estozue pentzatzen bestiendako be zertxobaitx itxi-bierra izengodala, ero? **T.** Vosotros también soís la leche, ¿no teneís suficiente con lo que habeís cogido y todavía quereís más?, pues yo creo que os estaís pasando, ¿acaso no pensaís que también habría que dejar alguna cosa para los demás, o qué?

LAMA. Se dice cuando hay mucho bochorno y el calor es axfisiante. **K.** Aspalditxo itxeitxuen giro honeik derrigorrez izen-bierrak daukie kanbio-klimatiko horreatik zeatik ezta bape normala, aurreko aste osue sigero hotza eta gelditxu-bako eurixaz izenzan, eta atzo ta gaur iñdauen egunek izendie ez bero ta euskitzuek bakarrik, baizik aguantau eziñekuek itxeauen lama horrekiñ. **T.** Los tiempos que hace ultímamente a la fuerza tienen que ser ocasionados por el cambio climático ese porque no es nada normal, llevaba la semana pasada entera con frío y lloviendo sin parar y los días que ha hecho ayer y hoy no solo han sido soleados y calurosos, sino que no se podía aguantar del bochorno que hacía.

LAMIA. Ninfa, sirena, personaje femenino mitológico vasco. **K.** Nik eztot lamian dibujo askoik ikusi eta ikusitxuten banaka-batzuk danak berdintzuek izendie, betik uretan sartuta ero inguruen, gerritxik gora emakuman gorputzaz, rubixak eta guapak, eta gerritxik bera arraiñ bustanakiñ. **T.** Yo no he visto muchos dibujos de ninfas y los pocos que he visto todos eran parecidos, siempre metidas en el agua o en las cercanías, de cintura para arriba con cuerpo femenino, rubias y guapas, y de cintura para abajo con cola de pez.

LAMINAZIÑUE. Fábrica de fundición y laminación. **K.** Atxabaltan bazan fabrikabat Laminaziñue esategutzena, ni enitzen sekula barruen izen baña ustedot fundiziñue zala ta burnixko txapa ta kuadradillok itxezitxuela. **T.** En Aretxabaleta ya había una fábrica que llamábamos la Laminación, yo no estuve nunca dentro pero creo que era una fundición donde se producían chapas y cuadradillos de hierro.

LANA. Trabajo, **K.** Hauxe da gauzabat derrigor bier izetendada, lana, esatendaue geldik dazen pertzonak geruau ta gutxiau diela baña eztakitx hau dana egixe izengodan, hala izeteko gazte jente asko eta ez hainbesteko gazte ikustenda lan ordutan pasiatzen haidiela. **T.** Esto es una de las cosas que más se necesita, trabajo, dicen que cada vez son menos las personas que están paradas pero no sé si ésto es del todo cierto, para que sea así se suele ver a demasiada gente joven y no tan joven que en las horas del trabajo está paseando.

Aspaldiko esaerabat: Lan errexena, ainketie.

Un viejo refrán en euskera dice que el trabajo más fácil es el de mandar.

LAN-BARIK. Sin trabajo. **K.** Ba hori, krixix honekiñ fabrika ta denda asko itxi inbierra eukidaue beste erremeixoik be, eta noski han eozen langilliek lan-barik geratu, hau sigero txarra izenda ezta askoz hobie apenas aukeraik daukiela eta eztala bape errexa beste lanbat billatzie. **T.** Pues eso, que debido a esta crisis muchas fábricas y tiendas han tenido que cerrar sin otro remedio, y claro los trabajadores que allí estaban han quedado sin trabajo, ésto con ser muy malo no es mucho mejor que apenas tengan oportunidades y que no sea nada fácil el encontrar otro empleo.

LANBIDIE. Profesión, empleo, oficio. **K.** Hori bai zoriontzu zeatik karrera bukatu besteik ez lanien hasida, egixe da bere aitxak lagundu iñdutzela lan-postu hori lortzen baña berdiñ da, gauza da lanbide nahiko ona daukela, zikiñdu inbierrik ez eta berezixena, denpora gutxixen ondo irabazteko aukera. **T.** Ese sí que está de suerte porque nada más que ha terminado la carrera ha empezado a trabajar, es verdad que le ha ayudado su padre para conseguir el puesto pero eso es igual, la cuetión es que tiene un buen empleo, que no se tiene que ensuciar y lo más importante, que en poco tiempo tiene la oportunidad de ganar bien.

LANBRUE. Sirimiri. Lluvia fina y constante. **K.** Euskalherrixen ta jeneralki Kantabriko guztien lanbrue betikue izenda, beste izen batzuk be badauko hemendik kanpo eta nahiko desberdiñek gañera, eztakitxena da hau-be kanbio klimatiko horreatik izengodan baña emutendau pixkanaka gutxitzen haidala eta oñ lanbruen ordez euri-zaparrara galantak iteitxu. **T.** En Euskalherría y en general en todo el Cantábrico el sirimiri ha sido de siempre, fuera de aquí también tiene otros nombres y además bastante diferentes, lo que no sé sí ésto también es debido al cambio climático pero el sirimiri parece que poco a poco está disminuyendo y ahora es substituído por grandes chaparrones de lluvia.

LANDA. Campo, terreno, prado. **K.** Santio Frantzez birie jeneralki nahiko politxe da eta akaso hemendik kendu inbierrekue izengozan Palentziako Tierra de Kanpos deiketajakona, toki hartan daz kilometro ta kilometro pilla garixen landak dienak, danak librien, ez arbolaik, noski keixpeik bez, iñun urik bezta eta asken-fiñien ezertxoik ez, benetan dala larreiko naskagarrixe. **T.** El camino francés de Santiago por lo general es bastante bonito y quizá de aquí habría que eliminar la llamada Tierra de Campos en Palencia, allá hay kilómetros y kilómetros de campos de trigo, sin árboles, tampoco sombras claro, sin agua en sitio alguno y en definitiva sin nada, de verdad que es demasiado desesperante.

LANDARA, LANDARIE. Planta de verduras o flores que se utiliza en huertas, tiestos etc... **K.** Ondo kostata ta kriston aujetakiñ baña bentzet ortue atxurtu ta lurra bueltauta geratuda, oñ geldiketandana da satza ta karie botatzie, nahastu ondo dan hori lurraz batera eta gero andriek ainketandauena, ekarri beran naidauen landarak, eta noski, gero landau. **T.** Ha sido bastante laborioso y a cuenta de unas buenas agujetas pero al menos la tierra de la huerta ha quedado cavada y dada la vuelta, ahora lo que falta es echar el estiércol y la cal, mezclar bien todo ello con la tierra y luego perfilar, después lo que mande la mujer, traer las plantas de las verduras que ella quiera, y claro está, después plantar.

LANDAU. Plantar. **K.** Bai, badakitx bere denpora dala eta tomatiek landau inbierrekuek diela, piper landarak sartuta geratuzien baña tomate landarakiñ gertauda ondion eztiela etorri nik naidotenak, Atxabalta moxkorra motakuek ta esauztie datorren astien hemen izengodiela. **T.** Sí, ya sé que es el tiempo y que es necesario plantar los tomates, los pimientos ya los planté pero con las plantas de tomate ha sucedido que todavía no han llegado los que yo quiero, de la clase borracho de Aretxabaleta y me han dicho que la próxima ya estarán aquí.

LANDETXIE. Granja con invernaderos dónde se cultivan las plantas. **K.** Hau da marka eta eztakitx nola izenleiken posible, atzo berriz fanitzen landetxera, baitxe gaur be eta erantzun berdiñe jasodot, ondion eztiela etorri Atxabaltako tomate moxkor landara horriek, ba askenien ustedot neu izenbikonazela Atxabaltara inguratu inbierrekue. **T.** Esto es de traca y no sé cómo puede ser posible, ayer fuí otra vez a la granja de los invernaderos, hoy también y me han dado la misma respuesta, que todavía no han llegado las plantas del tomate borracho de Aretxabaleta, pues me parece que al final tendré que ser yo el que tenga que acercarme a Aretxabaleta.

LANDU. Labrar, arar la tierra.

(Ver la definición de goldau).

LAN-EGUNA, LAN EGUNA. Día de trabajo. **K.** Guk ia aspalditxotik eztaukou lan-egunik, enpresa barruen bentzet, baña horrek eztau gure esateik geldik eotegarenik zeatik betik eotendie zer iñek, ortuko lanak, andriei errekauek, txakurre pasiau, dantzatzen ta txistue joten ikesi, eta abar, kustiñue da geldik ez eotie. **T.** Nosotros desde hace ya bastante tiempo que no tenemos días de trabajo, al menos a nivel de empresa, pero eso no quiere decir que estemos parados porque siempre hay cosas que hacer, en la huerta, recados a la mujer, pasear al perro, aprender a bailar y tocar el chistu, etc…, la cuestión es el no estar parados.

LANERA, LANEA. A trabajar. **K.** Ba horixe, gu erretirauta gara eta eztaukou lanera fan-bierrik baña beste askok gustora fangozien lana euki-ezkero, ta nola dien gauzak, gure garaian ezien gustuen kontuek zeatik lana hauen, inbierra izetezan ta kitxo. **T.** Pues eso, nosotros estamos jubilados y no tenemos que ir a trabajar pero muchos otros irían a gusto si tuviesen trabajo, y cómo son las cosas, en nuestros tiempos no era cuestión de gustos porque no faltaba el trabajo, había que hacerlo y punto.

LANGA. Cancela, barrera practicable que se coloca en los cierres de terreno del campo. **K.** Lenau langa banaka-batzuk, gutxi, besteik ezien eoten mendi birietan, oñ berriz erozeñetara fatie gurebozu dozenerdi inguru pasa-bierrak izetendie, eta eztie ba hainbeste animali ikusten. **T.** Antes solo había unas pocas cancelas en los caminos de monte, ahora en cambio si quieres ir a cualquiera tienes que pasar por cerca de media docena, y tampoco es que se vean tantos animales pues.

LANGILLE, LANGILLIE. Trabajador, operario, obrero. **K.** Obra hontan docena parebat langille badaukou baña benetan balixodauenak haigaren lanerako docenerdira eztie allegatzen, jentie beste obrabatetik etorrida zeatik eurona momentuz gelditxu inbierra izendalako, eta eztau besteik, han berriz hasi hartien derrigorrez hemen eon-bierrak daukie. **T.** En ésta obra ya tenemos dos docenas de trabajadores pero de los que verdad valen para el trabajo que estamos haciendo no llegan a media docena, ha venido gente de otra obra porque la de ellos de momento se ha tenido que parar, y no hay otra, hasta que se vuelva a reanudar necesariamente tienen que estar aquí.

LANIEN. Trabajando. **K.** Bai, noski lanien jartzeitxozula baña nahiko alperrik izetenda, eztaukie borondate faltaik baña kustiñue da eztakixiela zeatik euron oitura mota desberdiñeko lana da, eta ondion obra hontan eztau holakoik. **T.** Sí, claro que ya les pones a trabajar pero es bastante inútil, no es que les falte voluntad pero la cuestión es que no saben, el trabajo al que están acostumbrados es de otro tipo y todavía en esta obra no lo hay.

LANKIDETZA. Cooperación, trabajo en conjunto. **K.** Emunduzkuen lan hau nahiko haundixe da eta hasieran bentzet lankidetzan inbierrekue, baserri barru guztie puskatu-bierra daukou eta langille dexente bierrien izengogara, eta batzuk hori iñ bitxertien bestiek hasileikie kanpoko lanakiñ. **T.** El trabajo éste que nos han dado es bastante grande y al menos al principio necesitaremos trabajar en conjunto, tenemos que romper todo el interior del caserío y nos harán falta bastantes trabajadores, y mientras unos hacen eso otros pueden empezar con los trabajos del exterior.

LAN-LAGUNE (K). Compañero, compañeros de trabajo. **K.** Lanien asarre-barik ta ondo konpontzeko gauza ona izetenda norbera eta lan-lagunek bierdan bezelakuek izetie, hala aldebatetik lanak errexau itxeko aukera dau eta bestaldetik eguna be axkarrau pasatzenda. **T.** Para que en el trabajo no haya enfanos y nos arreglemos bien suele ser una buena cosa que uno mismo y los compañeros de trabajo seamos como se debe ser, así por una parte los trabajos se harán más fácil y por otra el día también pasará más rápido.

LAN-ORDUE. La hora de ir a trabajar. **K.** Arrastuik be eztauket zer gertauleixon mutil horri zeatik emutendau etxakola ezer inportik, ondo jakjiñien dau zeiñ dan sartzeko lan-ordue eta nahiko sarri jasoteitxu errietak berandu etortzeatik, baña halaere berak berdiñ jarraitzendau. **T.** No tengo ni idea de lo que le puede pasar a ese chico porque parece que no le importa nada en absoluto, sabe perfectamente cual es la hora para entrar a trabajar y bastante a menudo recibe broncas por llegar tarde, pero aún así él sigue igual.

LANPAROIE. Lamparón. Mancha en la ropa, normalmente en la pechera de la camisa, jersey, etc... **K.** Zurekiñ eztau kanpora urtetzeik jatera, betik lanparoiaz bukatzendozu eta eztakitx eztoun eukiko etxeko baberue ekarribiko. **T.** Contigo no se puede salir fuera a comer, siempre tienes que terminar con lamparones y no sé si no vamos a tener que traer el babero de casa.

LANPERNA. Percebe. **K.** Nik noixienbeñ jateitxuk lanpernak baña enaz bape zalie eta enaz sekula izen be, nere aitxa bai eta amorratue gañera, eztakitxena da nun ero nola ikesi izenauen horreik jaten zeatik Larriñon, Atxabaltako auzobat, jaixotakue zan ta inguru hartan ezan halakoik eoten. **T.** Yo de vez en cuado ya suelo comer percebes pero no soy ni he sido nunca aficionado, mi padre sí y mucho además, lo que no sé es dónde y cómo aprendió a comer esas cosas porque era nacido en Larriño, un barrio de Aretxabaleta y en aquellos entornos no había nada de eso.

Errezetabat: Lanpernak egositxe. Nola jeneralki eztitxun norberak hartzen ba derrigorrez erosi inbierrekuek izetendie, oñ, hemen gora-bera haundixek eotendie balixuen eta bakotxak ikusibikodau zeñeik erosi baña halaere prestaketa berdiñe da. Eta beno ba, jartzendou ugeri ur eta gatza lapiko altubaten, sutan jarri eta irikitxen hastendanien bota daukoun lanpernak, itxi su iñdertzuen berriz irikitxen hasi hartien eta orduen erretirau sutatik, honek noski, zerikusixe dauko zenbat daukoun, asko baldindada komenigarrixe da iztez gutxigorabera miñutu parebat, ondoren laga erreposatzen bi ero hiru miñutu, gero atara lanpernak eta gertu dau.

Una receta: Percebes cocidos. Como generalmente no los cogemos nosotros pues necesariamente hay que comprarlos, ahora, aquí suele haber muchas deferencias en cuanto al precio y cada uno tiene que ver cuales comprar pero aún así la preparación es igual. Y bueno pues, en una cazuela alta ponemos abundante agua y sal, la ponemos al fuego y cuando empiece a hervir echamos los percebes que tenemos, lo volvemos a poner a fuego fuerte hasta que vuelva a hervir y entonces lo retiramos del fuego, esto claro está, también depende de la cantidad, si es mucha es conveniente que esté más o menos un par de minutos, después dejamos que repose dos o tres minutos, luego sacamos los percebes y ya está listo.

LANPERNA, GALANPERNA. Es una seta de la especie de las amanitas. **K.** Lanperna perretxikuek eztie larreiko estimauek izeten gure inguruen baña akaso beste leku batzuetan bai izengodie, nik hartu ta jan izenditxuk plantxan prestatuta berakatzakiñ eta egixe da nahiko etxurazkuek diela, oñ apartekoik be eztaukie ezertxoik. **T.** Las setas que aquí se llaman galanpernas o lanpernas no son demasiado estimadas en nuestro entorno aunque puede que en otros sitios sí lo sean, yo ya las he cogido y comido preparadas con ajo a la plancha y la verdad es que son bastante buenas, ahora que tampoco tienen nada de especiales.

LANPETUTA. Con mucho trabajo. **K.** Ezetza emun-bierra eukidot, prixa haundixe hauken lan hori itxeko baña esautzet guk momentu hontan eziñdoula larreiko lanpetuta garelako, oñ, aukera badauko hiru aste etxoitxeko batzun-batzuk libratzeko bezela izengogarela. **T.** Le he tenido que decir que no, tenía mucha prisa para hacer esa obra pero le he dicho que nosotros en éste momento estamos con mucho trabajo y que no podíamos, ahora que si puede esperar tres semanas ya estaremos cómo para que algunos nos podamos desocupar.

LAN-POSTUE. Puesto de trabajo. **K.** Momentu hontan ta ikusitxe nola dazen laneko asuntuek, alegiñ guztiek inbierrekuek die lan-postue mantentzeko, askotan ezta komeni izeten gauza asko eskatzie eta geixenbat jakiñien eon-ezkero enpresa eztabillela larreiko ondo. **T.** En estos tiempos y viendo como está la situación laboral hay que hacer todos los posibles para mantener el puesto de trabajo, muchas veces no conviene pedir demasiadas cosas y sobre todo si se tiene conocimiento de que la empresa no anda demasiado bien.

LANTEGI, LANTEGIXE. Trabajo especificado. **K.** Lantegi ederra jarridau obrako arduradunak eta bera jarrikonaute lan horretan, horrek ze ustedau ba, lan dan hau iñ ta bukatzie dauela bi lagun hartien eta gañera egun barruen, ero? **T.** Bonito trabajo el que nos ha mandado el encargado de la obra y a él le pondría haciendo eso, ¿ese qué se ha creído pues, que se puede hacer y terminar todo este trabajo entre dos y además dentro del día, o qué?

LAN-TOKIXE, LAN-LEKUE. Lugar o sitio del trabajo, **K.** Fabrikan, dendan ero beste holako tokixetan lana itxendauenak jakiñien eotendie zeñeik dien euron lan-tokixek, betik leku berdiñien, eta obran itxendauenak berriz gutxigorabera jakingodau zeatik horreindako erozeñeik die lan-lekuek. **T.** Aquellos que trabajan en una fábrica, tienda o algún sitio similar ya saben cual es su lugar de trabajo, siempre en el mismo lugar, pero en cambio el que lo hace en la obra lo sabe más o menos porque para esos cualquier sitio lo es.

LANTZEN. Labrando, arando la tierra. **K.** Etxuraz oñ da garaia lurra lantzen hasteko, fandan astien egun-pasa eongiñen bueltabat emunaz Araba aldetik ta alde guztietan ikustezien tratoriek lan horreitan haiziela. **T.** Parece que ahora es el tiempo de empezar a labrar la tierra, la semana pasada estuvimos dando una vuelta y pasando el día por la zona de Alava y en todas partes se veían tractores que estaban haciendo esa labor.

LAÑOPE. Bajo la niebla, entre la niebla. **K.** Inaziotar birie iñauenien aurreneko etapa izenzan Azpeitxiko Loiolan hasi eta Arantzazuraño, ba Legazpitxik aurrera eta Brinkola pasa ondoren alkartunitzen berak atorren artzai-batekiñ eta esauzten baezpare ez fateko Arantzazura Bizkornia tontor ziar, dana lañope hauela eta ez esaututa galtzeko aukera haundixe eukikonaula. **T.** Cuándo hice el camino Ignaciano la primera etapa fue empezando en Loyola de Azpeitia hasta Aránzazu, pues bien, de Legazpia para adelante y después de pasar Bríncola me encontré con un pastor que bajaba y me dijo que por si acaso no fuese a Aránzazu a través del monte Bizkornia, que estaba todo bajo la niebla y al no cococer tenía muchas probabilidades de perderme.

LAÑOTU. Nublarse. **K.** Ba eztakitx ezgaren bueltaubiko, asko lañotuda eta baleike laister hastie euri-zaparrara, inguru hontan eztakou aterpeik ta gañera iñok eztou aterkiñik ekarri eta ez eurixendako erropaik. **T.** Pues no sé si no nos tendremos que dar la vuelta, se ha nublado mucho y puede que pronto empiece algún chaparrón, por aquí no tenemos donde guarecernos y además ninguno de nosotros hemos traído paraguas ni tampoco ropa para la lluvia.

LAÑOTZU. Nublado. **K.** Naiz da eguna lañotzu asaldu bideratu ingogara Igeldo aldera, nik eztot uste euri larrei ingodauenik baña baezpare guardasolak hartukoutxu eta baitxe erropa zerbaitzuk eurixendako, gauza honeik motxila barruen sartu eta eruengou. **T.** A pesar de que el día ha aparecido nublado nos encaminaremos hacia Igeldo, yo no creo que llueva demasiado pero por si acaso tendremos que coger los paraguas y también algo de ropa para la lluvia, estas cosas las metemos y llevaremos dentro de la mochila.

LAÑUEK. Nubes. **K.** Santa Barbara atzekik lañuek asaltzen hasidie, laister eongodie gure gañien eta jakiñien gara zer izetendan hurrengue, euri-zaparrara ta halaxe haigara ixe egunero, euri azpixen. **T.** Ya han empezado a aparecer las nubes detrás del monte Santa Bárbara, pronto las tendremos encima nuestro y ya sabemos que es lo que suele venir después, chaparrones y así estamos desde hace muchos días, debajo de la lluvia.

LAPA. Lapa. Son unos moluscos que están pegados a las rocas. **K.** Oñ gutxiau baña garai baten kosta aldien oitura haundixe eotezan lapan sopa hartzie ta gero honeik jan saltza berdien, eta etxuraz gauza horreik itxeko Ostiralsantue izetezan egun egokixena. **T.** Ahora menos pero en un tiempo era mucha la costumbre que había en la zona de costa de tomar sopa de lapas y luego comer estas en salsa verde, y parece que el Viernes Santo era el día más adecuado para hacer esos trabajos.

LAPA. Fig. se dice por la persona pesada que siempres está pegada a alguien, padres, novio (a), amigos, etc... **K.** Rosarito hau batzuetan nahiko aspergarrixe izetenda ba, lapa bezelakue eta betik aman gonan inguruen eon-bierra dauko, naiz eta sarritxen esan jolasten fateko eztau gure izeten, aman honduen gustora dauela esatendau ta mobitxu be ezta itxen bera dauen tokitxik. **T.** A veces ya aburre bastante ésta Rosarito pues, es como una lapa y siempre tiene que estar pegada a las faldas de su madre, a pesar de que le dicen a menudo que vaya a jugar no suele querer, dice que está gusto al lado de la madre y ni siquiera se mueve de dónde está ella.

LAPIKUE. Cazuela. **K.** Berakasopak itxeko nik askoatik naio izetendot lurrezko lapikue, beste tipoko batzukiñ be ondo geratzenda baña nere ustez lapiko hortan itxendan bezela gusto berexixe hartzendau. **T.** Para hacer las sopas de ajo yo prefiero por mucho la cazuela de barro, siendo de otro tipo también queda muy bien pero yo creo que del modo que se hace en esa cazuela cogen un gusto especial.

LAPITZA, LAPITZE. Lápiz, lapicero.

(Ver la definición de arkatza).

LAPUE. Escupitajo. **K.** Eztakitx egixe izenleiken baña beñ irakurrinauen nola Japonia aldien debekauta omendala lapuek botatzie kalien, eta ikusi ta arrapau-ezkero multa gogorrak sartxeitxuela, hemen berriz akaso ezta oso normala izengo baña ikusi izetenda. **T.** No sé si puede ser verdad pero una vez leí que en Japon está terminantemente prohibido echar escupitajos en la calle, y que si te ven y te pillan te pueden meter una multa muy fuerte, aquí en cambio ya se suele ver, aunque quizá tampoco sea demasiado normal.

LAPURRA. Ladrón. **K.** Aber, galderabat, zuen iruitzez zeñek die lapur geixau ero haundixauek, hor librien ibiltxendien gorbatadun jente horreik eta ondo jaikiñien garenak lapur galantak besteik eztiela, ero beste gixajoi horreik ixe utza lapurtzendauena, askok bizitxeko laiñ bakarrik eta arrapau ondoren kartzelara sartzeitxuenak? **T.** A ver, una pregunta, ¿quién os parece a vosotros que son más o mayores ladrones, esa gente de corbata que andan por ahí en libertad y que todos sabemos que no son más que unos grandes ladrones, o esa pobre gente que casi roba lo justo para subsistir, que los pillan y a continuación los meten en la cárcel?

Aspaldiko esaerabat: Otzuek otzuai kalteik ez eta lapurrak lapurrari laztan.

Un viejo proverbio vasco dice que un lobo no le hará daño a otro lobo y que el ladrón abrazará al otro ladrón.

LAPURRETA, LAPURTU. Robo, robar. **K.** Jente asko poztu bezela itxenda lapurretak gertatzendienien hor banku haundinbaten, eta egixe esanda nik be eztot larreiko asarreik arrapatzen, eta horren buruz aspaldiko esaerabat dau esatendauna, lapurbatek lapurretan itxendauena lapurbati ehun urteko parkamena daukela. **T.** Mucha gente coge una especie de alegría cuando se entera de que han robado en algún gran banco, y la verdad es que yo tampoco me enfado demasiado, y sobre eso hay un dicho muy antiguo que dice, el ladrón que roba a otro ladrón tiene cien años de perdón.

LARANJA. Naranja. **K.** Nik noski eztakitxela egixe izenleiken, baña beñ Valenziako otelbaten esauztien nola bertako laranja honeneitakuek kanpo aldera bielketaitxuen ta hemen gelditzendiela, ez txarrak, baña bai exkaxtxuauek dienak. **T.** Yo desde luego que no sé si puede ser verdad, pero una vez en un hotel de Valencia me dijeron que las mejores naranjas de la zona las enviaban fuera y que aquí quedaban, no las malas, pero sí las que eran menos lucidas.

LARDASKA. Embrollo, lío, desorden. **K.** Ze lardaska mota da hau eta ze ustedozue, hemen zarien bakotxak gurozuena itxie daukotzuela, ero?, ba hasizaiteze eta axkar gañera konpontzen izurraudozuen dan hori, eta segitxuen naidot ikustie len hauen bezela, ondo txukun. **T.** ¿Qué clase de desorden es este y vosotros que os habeís creído, que cada uno de los que estaís puede hacer lo que os da la gana, o qué?, pues ya podeís empezar y además rápidamente a arreglar todo lo que habeís estropeado, y enseguida lo quiero ver tal y cómo estaba antes, bien curioso.

LARDASKAUTA. Que está todo revuelto y desordenado. **K.** Oñ bai, nahiko txukun itxidozue hau barru aldiau eta ez len hauen bezela, dana lardaskatuta, baña ondion eztozue dana bukatu, danok ibilizare barru hontan ta gertatzenda astu inzariela, akaso nahita, kanpuen dauenaz. **T.** Ahora sí, habeís dejado bastante curioso la parte de dentro y no cómo antes estaba, todo revuelto y desordenado, pero todavía no está todo terminado, todos vosotros habeís andado aquí dentro y sucede que os habeís olvidado, quizá queriendo, de lo que hay fuera.

LARDATZA. Se dice de la persona sucia y desaliñada. **K.** Eztakitx nola dan posible holako lardatza izetie andra hori, bere gizona nahiko txukun ibiltxenda jantzitxe, betik etxura dexentiekiñ eta andriei berriz ikusi inbijako, kalien orraztubarik eta gañien bata sigero zar eta sikiñaz dala, etxeko zapatillaz ta apostaukonaute bera be ez larreiko garbitxazunaz. **T.** No sé cómo es posible que esa mujer sea tan desaliñada, su marido suele ir bastante bien vestido, siempre con aspecto decente y en cambio a la mujer hay que verla, va por la calle sin peinarse y con una bata muy vieja y sucia encima, con las zapatillas de casa y apostaría que también ella sin demasiada limpieza.

LARDERO (EGUNA). Día del lardero. En algunos sitios ese día corresponde al jueves gordo del carnaval, no es que se celebrase cómo una fiesta grande pero antiguamente la jente joven solía salir a pedir por las casas y caseríos. **K.** Enau ondo jakiñien baña galdetunutzen gauza horrein jakiñien eotendan pertzonabati, Doroteo bera eta ia aguretxue, esauzten berak esautdauela eta bere ustez oñ eztala ospatzen lardero egun hori, lenau bai baña Atxabaltan es askoik eta geixau izetezala beste herri batzuk oitura hori haukiena. **T.** No estoy muy enterado pero pregunté a una persona que suele estar al tanto de esas cosas, Doroteo él y ya bastante anciano, me dijo que él ya lo había cocnocido pero que creía que ya no se celebraba el día ese del lardero, antes sí pero que Aretxabaleta no demasiado y que más solía ser en otros pueblos dónde sí tenían esa costumbre.

LARRA, LARRE. Prado de hierba. **K.** Atzo izengiñen Arantzazun dauen Gomistegiko baserrixe eta bertako artzai eskola ikusten, hango ardi guztiek ondion ikulluen eozen, larehun inguru zien eta esauzkun ia amorratzen ziela larrera urtetzeko baña oñartien ezala posible izen egueldixatik. **T.** Ayer estuvimos en Aránzazu visitando el caserío y escuela de pastores de Gomistegui y vimos que todas las ovejas, eran cerca de cuatrocientas, todavía estaban en la cuadra y nos dijo que ya estaban rabiando para salir al prado pero que hasta ahora no había sido posible debido al mal tiempo.

LARRA. Sitio de zarzas y espinas. **K.** Inaziotar bidaia iñauenien, Alkanadreko etapa hartan eonzien momentu batzuk nahiko larrixek pasaunitxunak, ezauen iñungo markaik ta errue eukinauen biriaz, han ibilinitzen larra erditxik sazi hartien eta halaxe urtenauen, fraka motxak nauken, honeik tarratarakiñ eta bernak ondo urretuta. **T.** Cuándo hice el camino Ignaciano pasé unos momentos bastante malos en aquella etapa de Alcanadre, no había marca alguna por ningún lado y equivoqué el camino, allá anduve en medio de zarzas y espinas y así salí, tenía pantalones cortos, éstos con rasgones y las piernas con buenos rasponazos.

LARRAIÑA, LARRAIÑE. Sitio, lugar donde se trilla. **K.** Lenau, oso aspaldi, ixe baserri guztietan eotezan garijotie itxeko larraiña, baña oñ lan dan hau landatza bertan itxenda, uzta-bilketa tokixen eta eztau iñora eruen inbierrik. **T.** Antes, hace mucho tiempo en casi todos los caseríos había un lugar para la trilla del trigo, pero ahora todo el trabajo se hace en la misma plantación dónde se cosecha y ya no es necesario llevarlo a ningún sitio.

LARREI, LARTXO. Mucho, demasiado. **K.** Nere ustez Polikarpok diru askotxo emunuzten lan horreatik, aurrena pentza izenauen baleikela errue izetie eta baezpare bereana fanitzen hori esatera, ba bere erantzuna nahiko xelebrie iruitujaten, esauzten opari bezela zala ta gordetzeko zeatik gauza horreik sekula eztiela larrei izeten. **T.** Yo creo que Polikarpo me dio mucho dinero por ese trabajo, al principio pensé que se podría haber equivocado y por si acaso fuí dónde él a decírselo, pues lo que me contestó me pareció bastante raro, me dijo que era cómo una propina y que me lo guarde porque esas cosas nunca son demasiado.

LARREIKUE. Que es demasiado. **K.** Etxatzu iruitzen zurie larreikue dala?, ba oñ be gauza berdiñekin zabitz eta hori ondo jakiñien zarela etxatela bape gustatzen itxendozun gauza horreik, baña zu eta nola etxatzun ezer inportik betiko asuntuaz jarraitxu-bierra daukotzu. **T.** ¿No te parece que lo tuyo ya es demasiado?, pues ahora también andas con la misma cosa y eso que sabes muy bien que no me gusta nada las cosas que estás haciendo, pero tú y cómo nada te importa tienes que continuar con el asunto de siempre.

LARRI, LARRITXU. Apurado, preocupado. **K.** Gaur goxien Euleteriokiñ alkartunaz azokan eta iruitujat larri antzien zala, galdetutzet zerbaitx gertatzejakon eta erantzuna pixkat kexkatuta ziela semiatik, atzo atzaldien fanzala Donostira, ondion eztala bueltau eta eztauela hartzen telefonoik. **T.** Hoy a la mañana me he juntado en el mercado con Euleterio y me ha parecido que estaba algo apurado, le he preguntado si le pasaba algo y me ha contestado que estaban un poco preocupados por su hijo, que ayer a la tarde fué a San Sebastián, que aún no había vuelto y que no cogía el teléfono.

LARRIALDIXE, LARRIGARRIXE. Situación preocupante. **K.** Beno, askenien be asalduda Euleterion semie ta emutendau kendujakola hauken larrialdixe, etxuraz atzo afaldu omendau kuadrillako lagunekiñ, gero moxkor dexentie arrapau, kapazidadeik ez kotxeik hartzeko eta bertan kotxe barruen lo inbierra izenauen, berak eta lagunek **T.** Bueno, por fín ha aparecido el hijo de Euleterio y parece que ya se le ha quitado la preocupación, parece ser que ayer cenó con los amigos de la cuadrilla, debió de pillar una borrachera considerable, no tenía capacidad para coger el coche y tuvo que dormir allá mismo dentro del coche, él y sus amigos.

LARRIÑE. Terreno junto a la casa o caserío. **K.** Ume honeik aspalditxo bazkaldute daz eta aspertzen haidie hemen etxe barruen, zeatik eztotzazue bieltzen kanpoko larriñera jolastudeixien?, giro honekiñ gustora ibilikodie ta gañera eztaukie ezerko arrixkuik. **T.** Estos críos ya hace algún tiempo que han comido y se están aburriendo aquí dentro de casa, ¿porqué no les mandaís al terreno de fuera para que jueguen?, con éste tiempo estarán a gusto y además no tienen ningún peligro.

LARRITAEZTU, LARRI TA EZTU. Apurado y apretado. **K.** Ontxe bai geratunazela larritaeztu diruekiñ, Agripino lengosuei hamar mille euroko fiantza jarridutzie ez erueteko kartzelara ta hori ordaiñdu inbierra eukidot, eta oñ eztakitxena da sekula eukikoten aukeraik errekuperatzeko diru hori. **T.** Ahora sí que me he quedado apurado y bien apretado con el dinero, al primo Agripino le han puesto una fianza de diez mil euros para no ingresar en la cárcel y eso es lo que he tenido que pagar, y ahora lo que no sé es si alguna vez tendré la oportunidad de recuperar ese dinero.

LARRITXASUNA, LARRIXE. Malestar, inquietud. **K.** Sekulako larritxasuna sartujat ostra horreik jan ondoren, gauza da neri bakarrik gertaujatela eta ustedot onak eongoziela zeatik oso gustora janditxuk, ero akaso baleike bateonbat ez eotie bierdan bezelakue? **T.** Me ha entrado un malestar muy grande después de que he comido esas ostras, la cosa es que solo me ha pasado a mí y creo que estarían buenas porque las he comido muy a gusto, ¿o quizá podría ser que alguna no estuviese en las debidas condiciones?

LARROSA, LARROXA. La rosa. **K.** Ze kasualitate, hau idazten hainitzen bitxertien andriek telebista jarritxe hauken eta aitudot gaur Sanjordi eguna dala, Kataluñako festa haundixenetaikue eta hango oitura omenda liburu ta larroxa gorribat oparitzie, eta beste gauzabat be esandau, aurten larroxa gorrixen ordez horizkak partitzen haidiela. **T.** Qué casualidad, mientras estaba escribiendo ésto la mujer tenía la televisión puesta y he oído que hoy es el día de San Jordi, una de las fiestas más grandes de Cataluña y que es costumbre el regalar un libro y una rosa roja, y también ha dicho otra cosa, que éste año en lugar de rosas rojas las que están repartiendo son de color amarillo.

Aspaldiko esaerabat: **Eztau larrosik arantza gaberik.**

Un viejo proverbio vasco dice que no hay rosas sin espinas.

LARUNBATA. Sábado. **K.** Nik urte batzuk badauket, hobeto esanda dexente baño geitxuau, baña ondo gogoratzenaz nola lenau, oso aspaldi, lana itxezan larunbata egun osuen, gero goixetik bakarrik izenzan, beranduau etorrizan esatezan zapatu inglesa ta ez orduen bertan, baña bai nahiko laister hasigitzen jai itxen larunbat guztien. **T.** Yo ya tengo unos años, mejor dicho un poco más que bastantes, pero me acuerdo muy bien de que antes, hace ya mucho, se trabajaba los sábados todo el día, luego fué solo a la mañana y más tarde vino lo que se llamó sábado inglés y no entonces mismo, pero si al poco tiempo empezamos a hacer fiesta todo el sábado.

LASA. Suelto, flojo. **K.** Hemen be aldetik ikustenda nahiko mobitzen haidala tellatuen daukotzuen grúa txiki hori eta baezpare ondo beituoizue, nere ustez larreiko lasa dau ta baleike tornillo ero beste zerreozer erdi askauta eotie, ba kontuz ibili zeatik hori oso arrizkutzue izenleike. **T.** Desde aquí abajo se ve que esa pequeña grúa que teneís en el tejado se mueve bastante y por si acaso mirarla bien, yo creo que está demasiado floja y quizá tenga algún tornillo u otra cosa que esté medio suelta, pues andar con cuidado porque eso puede ser muy peligroso.

LASAI. Tranquilidad, despreocupación, momento de reposo. **K.** Alde ederra dau, aste guztien lanien ibiligara astue bezela eta gaur larunbata, asteburuen hasiera, gauzak prestatzen haigara hortik zier fateko, segurazki ta giro hau mantentzonbada Landazeko kanpiñ batera, eta han lasai eon bi egun honeik. **T.** Vaya diferencia que hay, toda la semana hemos estado trabajando cómo burros y hoy sábado, comienzo del fín de semana, estamos preparando las cosas para ir por ahí a algún sitio, seguramente y si se mantiene éste tiempo a algún camping de Las Landas, y estar allá tranquilamente éste par de días.

LASAITASUNA. Momentos de paz y tranquilidad. **K.** Ba askenien horixe bera ingauen, Landazeko kanpiñera fan, giro ederra eonzan asteburu guztien ta ederto eongiñen, umiek oso gustora ibilizien jolasten uretan ta gu bixenbitxertien han jarritxe, irakurtzen eta bermutaz aldamenien. Eta ha bai zala lasaitasuna. **T.** Pues al final eso hicimos, fuimos a un camping de Las Landas, hizo un tiempo maravilloso todo el fín de semana y estuvimos muy bien, los críos jugando un montón en el agua y nosotros mientras tanto sentados, leyendo y con un vermú al lado. Y aquello si era tranquilidad.

LASAITU. Tranquilizarse. **K.** Ideaik be eztauket zer daukon Federikok egun honeitan baña zerbaitx gertzejako zeatik ikusteutzet larreiko urduri dabillela, berbetan hastegarenien segitxuen asarre bezela jartzenda ezerko motibu-barik, ba nere ustez zertxobaitx lasaitu iñezkero beretako oso komenigarrixe izengozan. **T.** No tengo ni idea de lo que tiene Federico estos días pero algo le pasa porque le veo que anda demasiado nervioso, empiezas a hablar con él y enseguida parece que se enfada sin motivo alguno, pues yo creo que si se tranquilizaría un poco sería muy conveniente para él.

LASAITU. Aflojar, destensar. **K.** Aber, poste hori zuzen jartzie gurebou eziñdou bakotxa bere aldetik ibili eta mezerez beitu hemendikaldera, nauen tokira eta nik esangot zeñek tira ta zeñeik lasaitu inbierra daukien. **T.** A ver, si queremos colocar derecho ese poste no podemos andar cada uno por su lado y por favor mirar hacia aquí, al sitio dónde estoy y yo os indicaré quién tienen que tirar y quienes aflojar.

LASTERKA. Corriendo, de prisa. **K.** Bibiano etorrizaitez hona, hartu ta kargau material hau eta lasterka eruen beste langille hareik dazen tokira, oñ daukiena bukatzen haida eta laister ezer-barik geratukodie. **T.** Bibiano ven para aquí, coge y carga este material y llévalo de prisa al sitio dónde están aquellos otros trabajadores, el que tienen ahora se les está terminando y pronto se van a quedar sin nada.

LASTERKA. Revolviendo. **K.** Jakinleike zer haizaren hainbeste lasterka erraminta eta beste makiña txiki horreikiñ, eziñdozu jarri gauzak bierdan bezela eta bere tokixen, ero?, bateonbat etortzen baldinbada zerbaitx hartzera ezta bape errexa izengo billatzie oñ izten haizaren bezela. **T.** ¿Se puede saber que andas con tanto revolver la herramienta y esas otras pequeñas máquinas, ¿no puedes colocar las cosas cómo es debido y en su sitio, o qué?, si es que viene alguien a coger alguna cosa no va a ser nada fácil que la encuentre de la forma que las estás poniendo ahora.

LASTERKETA. Competición deportiva. **K.** Datorren asteko zapatuen Zarautzen dau korrika lasterketa eta ustedot ia nahiko fama hartzen haidala zeatik jente ugeri etortzenda kanpotik, gauza da zertxobaitx xelebrie dala, bikote karrera da eta normalki neska-mutillek die hor ibiltxendienak, oñ eztakitxena da ametitzendauen beste tipoko parejaik. **T.** El sábado de la próxima semana hay una competición deportiva en Zarautz, y yo creo que es una carrera que ya está cogiendo bastante fama porque suele viene bastante gente de otras partes, la cosa es que es una carrera bastante curiosa, es por parejas y normalmente los que andan ahí suelen ser de chico y chica, lo que no sé es si permiten otro tipo de parejas.

LASTERRA. Rápido, veloz. **K.** Ba etxuraz bai zeatik bikote karrera hontan bi mutil izendie lasterrenak, eta nik ustedot pareja izengoziela zeatik bixek alkarreaz iñdaue korrikan eta gañera eskutik helduta, garai baten akaso ezan hau ametiruta eongo baña oñ gauza horreik nahiko normalak izetendie, txalo zaparrara haundibat bentzet jasoitxue. **T.** Pues parece que sí porque en esta carrera por parejas los más rápidos han sido dos chicos, y yo creo que serían pareja porque han corrido juntos y además agarrados de la mano, quizá en algún tiempo no lo habrían permitido pero ahora éstas cosas son bastante normales, por lo menos han recogido una lluvia de aplausos.

Aspaldiko esaerabat: Lan lasterra, lan alperra.

Un viejo proverbio en euskera dice que trabajo rápido, trabajo inútil.

LASTIMA. Pena, lástima. **K.** Ba bai, benetan eta haundiko lastima izenda, Erreala ixe partidu guztien irabazten fanda, errex gañera, ondo jolasten eta hamar miñutu geratzezala lau ta bat irabazten oien, eta zer gertaudan?, ba arbitruek hiru penalti emundauela beste ekipuen alde eta askenien enpatau iñdauela. **T.** Pues sí que de verdad que ha sido una pena y grande, la Real ha ido ganando durante casi todo el partido, además fácil, jugando bien y cuándo quedaban diez minutos estaban ganando cuatro a uno, ¿y que ha sucedido?, pues que el árbitro ha señalado tres penaltis a favor del otro equipo y al final han empatado.

LASTUE. Paja. **K.** Lastuekiñ ezan posible karrera ataratzeik astu diuabru horreikiñ, denpora askuen lastue botategutzen kaxetako lurrien, ugeri eta gustora eondeixien gabien, eta badakitue zer gertatzezan?, ba nola etxuraz ondion ezaukien tripa nahiko betie lastue jan eta hurrengo egunien berriz bota-bierra izetezala. **T.** Con esos demonios de burros no había forma de hacer carrera con la paja, durante mucho tiempo les echábamos en el suelo de la caseta, en abundancia para que estuviesen a gusto por la noche, ¿y sabeís lo que pasaba?, pues cómo parece que no tenían la tripa suficientemente llena la comían y al día siguiente habia que echársela de nuevo.

LATA. Tabla para el tejado que se cose con clavos para colocar la teja encima. **K.** Badakitx lantegi haundixe dala baña derrigorrez inbierrekue da, eta axkar gañera zeatik aspalditxuen itxufiñ ugeri eondie, tellatuko lata toki batzuetan nahiko izurrauta ikustenda eta aldatu-bierra daukou konpontzen hasi aurretik itxufiñ horreik. **T.** Ya sé que es mucho trabajo pero necesariamente lo tenemos que hacer, y además rápido porque últimamente ha habido demasiadas goteras, se vé que en alunos sitios la tabla del tejado está bastante deteriorada y la tenemos que cambiar antes de empezar a arreglar esas goteras.

LATIE. Fig. se dice cuando una persona está hablando sin parar diciendo tonterías y cosas insustanciales. **K.** Zuk esanduztazulako etorrinaz baña hor geratzezara, ni ontxe bertan alde inbiot eta kalera noie zeatik eziñdot aguantau tipo horrek emuten haidan latie, ezta geltitzen barriketan ta gañera ezer ez esateko. **T.** Yo he venido porque tú me lo has pedido pero ahí te quedas, yo me voy a marchar ahora mismo a la calle porque no puedo aguantar las tonterías que está diciendo el tipo ese, no para de hablar y además para no decir nada.

LATOSUE. Se dice cuando una persona está dando la lata, la tabarra y que es un pelma. **K.** Ba lagunek esauzten bezela berak be alde inbierra izenauen, baitxe beste-batzuk be batera eta ixe bakarrik geratu omenzan tipo ha, ba nik ustedot pixkat lotzatukozala baña kulpa berie ta bera ekarridauena besteik ezta. **T.** Pues el amigo me ha dicho que él también tuvo que salir, también junto con él otros más y parece que el tipo se quedó casi solo, pues yo creo que ya sentiría un poco de vergüenza pero la culpa solo es de él y de quien le ha traído.

LATXA. Latxa es la raza de la oveja vasca. **K.** Hemengo Euskadi mallan Idiazabalko gaztaie da geixen jatendana eta bertako kaliteko marka erueteko ardi latxan esniekiñ itxenda, gañera esne hori gordiñe izen-bierra dauko. **T.** Aquí a nivel de Euskadi el queso que más se consume es el de Idiazábal y para que lleve ese sello de calidad el queso hay que elaborarlo con leche de oveja latxa, además tiene que ser leche cruda.

LATXORRA. Latxorra. Palabra que significa sorpresa o contrariedad. **K.** Kauen latxorra, gaur be eztau emuten Nikanor dauenik ba. Fandan astien galdetunutzen aber aste hontan eongozan baserrixen eta baietz esauzten, bera betik eotezala etxien ero inguruen, ba ondo, hori jakiñien geratunitzen ekarrikonutzela itxizuzten atxurra. Gaur eguastena da, hirugarren eguna etorrinazena eta ezta iñun agertzen, ba ia nahiko da eta eztauket bape asmoik berriz etortzeko, ate aurrien lagakot eta jasokodau asaltzendanien. **T.** Cauen latxorra, hoy tampoco parece que está Nicanor pues, la semana pasada le pregunté a ver si ésta semana estaría en el caserío y me dijo que sí, que él siempre estaba en casa o en los alrededores, pues bien, sabiendo eso quedé que ya le traería la azada que me dejó. Hoy es miércoles, es el tercer día que estoy aquí y no aparece en ningún sitio, pues ya es suficiente y no tengo intención de volver más, se lo dejaré delante de la puerta y ya lo recogerá cuando venga.

LATZA. Aspero. **K.** Atzo larunbata, egun-pasa eongiñen Naparra aldien eta eguerdixen Otxagabian geratu bazkaltzeko asmuaz, han alkartugitzen oso jatorra zan bertako gizon gaztiaz, txikito parebat hartugauen berakiñ barriketa pixkat iñaz eta gero agur esanaz eskue emunutzen, ta Jeseus!, siñistu eziñeko latza hauken, bape zalantzaik ezauen haren jarduna basoko lana izengozala. **T.** Ayer sábado, estuvimos pasando el día por la zona de Navarra y al mediodia paramos en Ochagavía con la intención de comer, allí conocimos a un hombre joven muy simpático y tomamos un par de chiquitos con él y luego al despedirnos nos dimos la mano, y ¡Jesús!, era increíble lo áspera que la tenía, no había ninguna duda de que se dedicaba a trabajar en el monte.

LAUA. Llano, liso. **K.** Horixe da gauzabat eztozuena apenas billatuko mendixen, bire ta terreno lauak, normalki betik izetendie gora-bera eta batzuk gustora ibiltxendie toki horreitan, eta beste askoi berriz nahiko gogorrak eta astunek itxejatie ibillera horreik. **T.** Eso es una cosa que apenas vaís a encontrar en el monte, caminos y terrenos llanos, normalmente siempre suelen ser subebajas y algunos andan a gusto en esos sitios, y a otros muchos en cambio se les hace bastante duros y pesados este tipo de caminatas.

LAUBURU. Literalmente cuatro cabezas. Es una especie cruz de cuatro lados muy antiguo, que representa el movimiento del sol y que se utiliza cómo símbolo en banderas, lápidas de los cementerios, en adornos de medallas, estampas, etc…

LAUKIA. Cuadrado. **K.** Zarauzko Udaletxiek terreno batzuk presatatzen haida ortu bezela erretirau pertzonak erabiltzeko, eta nola terreno horreik nahiko haundixek dien laukitu iñdaue zatixetan, bakoitxien jarritxue holako kaxeta txiki tipokobat erramintak gordetzeko eta honduen kontenedore txikibat konposta itxeko. **T.** El ayuntamiento de Zarautz está preparando unos terrenos para que los utilicen como huerta las personas que están jubiladas, y cómo el terreno es bastante grande lo han cuadrado en parcelas, en cada una de ellas ha colocado una especie de pequeña caseta para guardar la herramienta y al lado un pequeño contenedor para hacer el compostaje.

LAUNDU. Allanar alisar. **K.** Udaletxiek eta goixen jartzendauen lan horreik iñ baño lenau, aurretik moztu-bierrak izendau bertan urtendako arbola txiki guztiek, gero garbitxu zeatik dana sastraka ta eskonbroz betie hauen ta gero ondo laundu terrenuek. **T.** El ayuntamiento antes de hacer todos los trabajos señalados arriba, primero ha tenido que cortar todos los pequeños árboles que habían brotado allá mismo, luego una limpieza a fondo porque todo estaba lleno de zarzas y escombros y después allanar bien los terrenos.

LAURDEN, LAURDENA. Es una medida que corresponde a una cuarta parte de algo. **K.** Onazkero ustedot leku askotan sigero galduta dauela laurden neurri hau, denpora gutxi dala dendabaten eskatunauen gazta zatibat laurden kilo pixu inguru haukena ta ezuzten ulertu, gero libra erdibat esan ondoren, orduen bai. **T.** En castellano no se puede explicar muy bien el significado de la medida, digo que en una tienda me pasó que pedí un pedazo de queso con un nombre determinado en cuanto al peso y no me entendieron, luego lo pedí que fuera un cuarto de kilo aproximadamente y entonces sí.

LAUROK. Los cuatro. **K.** Fabrika hortan nahiko gaizki dabitz, etxuraz bota guran haidie langille batzui eta atzo iñdaue botaziñue aber grebara urten hala ez, nik ustedot akaso billdur pixkat be badaukiela zeatik danak, lau kenduta, lanien jarraitzie erabakidaue, baña oñ gauza da ze horreik laurok bai daukiela grebara urtetzeko asmue. **T.** En esa fábrica andan bastante mal, parece que están queriendo echar a algunos trabajadores y ayer han hecho una votación para decidir si se hace huelga o no, yo creo que quizá tengan un poco de miedo porque la mayoría, quitando a cuatro, han votado por seguir trabajando, pero ahora la cosa es que los cuatro esos sí tienen la intención de salir a la huelga.

LAUTADA. Llanada, terreno llano. **K.** Aspuru, bera jaiozan herrixe, eta inguruko herri guztiek, Narbaixa, Larrea, Ozaeta eta abar, danak daz izugarrizko lautadan, ta ez honeik bakarrik, faten baldinbazara askoz aurrerau be halaxe modu berdiñieñ jarraitzendau. Zerbaitxeatik deiketajako Arabako lautada. **T.** Aspuru, el pueblo donde nació ella, y los pueblos de los alrededores, Narvaja, Larrea, Ozaeta, etc…, todos están en unos terrenos absolutamente llanos, y no solo esos, si vas mucho más adelante también sigue así del mismo modo. Por algo le llaman la llanada Alavesa.

LAUTU. Perfilar el terreno.

(Ver la definición de berdiñdu).

LAUTASUNA. Confianza, llaneza. **K.** Zuei eztakix zer iruitzejatzuen pertzona horreik baña neri eztuztie emuten lautazun haundirik, harrosko ikusteitxut ta larreiko haudikeixakiñ hainbeste errepikauaz beraik ingoutxuela inbierreko dan horreik, eta axkar gañera zeatik eztaz besteik euron bezelakoik, ba eztakitx zer esan baña eztauket bape konfantzaik. **T.** No sé que os parecerá a vosotros esas personas pero a mí no me ofrecen gran confianza, les veo muy presuntuosos y con aires de mucha grandeza con tanto repetir que ellos harán todo lo que haya que hacer, además muy rápido porque no hay nadie que se les asemeje, pues no sé pero no me fío demasiado.

LAZTANA. Es una palabra de afecto que significa querido (a) y que generalmente se utiliza con las criaturas. **K.** Hitz honekiñ erozeiñ umeri eta esan-baterako esanleixo, etorrizaitez hona laztana eta gurebadau etorrikoda, baña akaso gertauleike kasuik be ez itxeik. **T.** Con esta palabra a cualquier criatura y por ejemplo se le podría decir, ven hasta aquí querido, o querida, y si quiere ya vendrá, pero también puede pasar que no te haga caso alguno.

LAZTANA. Beso. Los jóvenes también le llaman pico. **K.** Nik eztot ezer ulertzen oingo oiturak, neretzat sigero barrixek eta eztakitx zeatik dan bierrezkue hainbeste laztan emutie, garai baten alkartu iñezkero eta berdiñ zan emakuma ero gizozkue izen, eskue emunaz nahikue izetezan eta oñ berriz alkartzenbazara erozeñekiñ derrigorrez laztana emunbierra dau, eta berdiñ da esautu ero ez. **T.** Yo no entiendo las costumbres de ahora, para mi demasiado nuevas y no sé porque hay que dar tantos besos, en un tiempo cuando te juntabas con alguna persona y lo mismo daba que fuese chico o chica, con dar la mano era suficiente y ahora en cambio en cuanto te ves con alguien parece que es necesario el besarse, y es igual que la conozcas o no.

LAZTANDU. Besarse. **K.** Ba horixe, batzuetan ixe erreparo pixkat bezela emutendau, atzo afaltzen eongiñen auzo hartako sagardotegixen eta kasualitatez han alkartu esagun batzukiñ, hamalau neska-mutil gazte zien eta derrigorrez neska guztiekiñ laztandu inbierra izenzan, eta benetan batzuk nahiko useiñdute eozela haibeste, suposatzendot, sagardau eran ondoren. **T.** Pues eso, casi a veces hasta da un cómo poco de reparo, ayer estuvimos cenando en la sidrería de aquel barrio y casualidad nos juntamos con unos conocidos, eran catorce chicos y chicas jóvenes y necesariamente hubo que besarse con todas las chicas, y la verdad es que algunas estaban bastante olorosas después de haber, supongo, bebido tanta sidra.

LEBADURIE. Levadura. **K.** Honetxen buruz be apenas dakitx gauza askoik ba, hobeto esanda ixe ezertxoik, baña bentzet badakitx bier izetendala ogixen masa fermentatzeko eta baitxe berdiñ edari mota batzun-batzuk. **T.** Sobre éste asunto tampoco sé gran cosa pues, mejor dicho casi nada, pero por lo menos ya sé que es necesario para fermentar la masa del pan e igual también en algunos tipos de bebidas.

LEBATZA, LEGATZA. Merluza. **K.** Nola izetendien gauza asko eta konkretuz hau, garai baten lebatza izetezan geixuendako gauza ero jai egunetarako, oñ berriz, eztot esaten merkie danik baña bentzet ezta larreiko karestixe dan arraña. **T.** Cómo suelen ser las cosas y en concreto ésta, en un tiempo la merluza solía ser para las personas que estaban enfermas o para los días de fiesta, ahora en cambio, no digo que sea barata, pero por lo menos no es un pescado excesivamente caro.

Errezetabat. Lebatzan kokotie laban errie: Kokotie ia prestauta ekartzendou peskaixatik ero beztela erostendoun lebatza erdibitxu itxendou, aldebatetik kokotie ta pixkat geixau ta bestaldetik atzekaldie. Atzekalde hori bixerko itxikou eta kokotie jartzendou labako bandejan, botateutzou gatza eta nai-bada piper autz apurbat, ardau txuri pixkat bandejan eta olixue lebatzan gañien, hau be asko-barik, honekiñ igurtzi arraña eta hau iñ ondoren sartzendou laban, hau aurretik berotuta berrehun gradutara eta gutxigorabera etxoiñbikou hamabost miñutu inguru, noski zer-ikusixe dauela dauken tamañuaz, eta komenigarrixe izengozan erdi aldera erregatzie bandejan dauen saltzakiñ eta bier izen-ezkero botaleixo ur pixkat. Sartakiñan eukikou prestauta olixue, berakatza fiñ xamar zabaletara moztuta ta piper miñ gorrri apurbat, hau norberan gustora, ataratzendou lebatza fuentera, botatzeutzou biñagre pixkat gañien eta segidan sartakiñan dauen olixue berakatzakiñ, gero ta dana batera berriz sartakiñara, mobitxu berotan eta ondoren bota dan hau lebatzan gañera, jartzeutzou perejill pixkat txiki txiki iñde eta listo, jateko bezela. Gauzabat, arraña labara sartu aurretik eta honen aspixen jartzenbou laminan fiñ moztuteko patata zati batzuk, aurretik ixe utza prijitxuta, honeik be oso onak geratzendie.

Una receta. Cogote de merluza al horno: Traemos de la pescadería el cogote ya preparado o bien dividimos la merluza que hemos comprado en dos partes, aproximadamente por la mitad, por un lado el cogote y un poco más y por otra la cola. La cola la dejamos para mañana y colocamos el cogote en una bandeja de horno, lo salpimentamos, vertemos un poco de aceite encima del pescado y también un poco de vino blanco en la bandeja, con el aceite frotamos la merluza y lo introducimos en el horno previamente recalentado a doscientos grados y a esperar aproximadamente quince minutos, claro que tiene que ver el tamaño del cogote, y sería conveniente regarla con la salsa de la bandeja a mitad de la cocción y si fuera necesario se le podría añadir algo de agua. En una sartén habremos preparado aceite con unas láminas de ajo finamente cortadas a lo ancho y un poco de guindilla roja, esto al gusto, sacamos el pescado del horno y vertemos un poco de vinagre encima, después el aceite y ajo que tenemos en la sartén y a continuación todo ello junto otra vez a la sartén, lo removemos un poco al calor y lo echamos encima de la merluza, añadimos un poco de perejil muy picado y listo. Una cosa, si antes de meter el pescado al horno ponemos debajo de éste un poco de patata cortada fina en láminas, antes dándole apenas una muy pequeña fritura, también éstas quedan buenísimas.

Errezetabat: Lebatzan kokotxak almejakiñ saltza berdien. Normalki kokotxa honeik bakallauenak aldien askoz txikiñauek izetendie eta eztaukie hainbeste kendu inbierreko azalik, bakarrik txintxiliske eukitxitxuen puntaxuek, moztu, bota eta honein prestaketa bakallauen oso berdintzue da. Hareik bezela zatitxu berakatz aliek zabalien ero beztela osoik bota mazpildu ondoren, gero olixo ugerixen asko-barik prijitxu lapiko zabalien, kolorie hartu aurretik atara eta iztendie gero erabiltzeko, aparta lapikue sutatik, olixue epeltzendanien sartu kokotxak azalak beraka diela, mobitxu pixkat eta euki miñutu parebat, kendu olixo geixena hotza daukoun katillura eta beste dana berdiñe da, almejana eta abar. Gauzabat, nai izetenbada eta komeni ugeritxuleike gula batzukiñ, ondo geratzenda.

Una receta: Cocochas de merluza con almejas en salsa verde. Normalmente éstas cocochas a diferencia de las del bacalao son mucho más pequeñas y no tienen tanta piel que sea necesario quitar, solo suelen tener unos pellejos colgando, se cortan, se tiran y la preparación es muy parecida a las del bakalao. Al igual que para aquellas se laminan los ajos o sino se echan enteros después de aplastarlo, después en una cazuela ancha se fríen sin que sea demasiado en abundante aceite, luego y antes de que cojan color se sacan y dejan para utilizarlos más tarde, se aparta la cazuela del fuego y cuándo se atempere el aceite se meten las cocochas con la piel para abajo, se mueve un poco y se tienen un par de minutos, quitar la mayoría del aceite a un tazón frío y todo el resto es igual, lo de las almejas, etc... Una cosa, si se quiere y conviene se puede aumentar el contenido añadiendo unas gulas, suele quedar bien.

Errezetabat: Lebatza saltza berdien. Aurrena eta betiko bezela bierrezkue izetenda arraña haldan freskue izetie. Eta hasi aurretik gauza parebat, bata da ze plater hau itxeko neri gustatzejat prestatzie lamina patata zati batzukiñ, eta bestie lebatza bi xerratan luzetara erostie eta gero norberan gustora moztu, eta noski burue be hartu-bierra dau plater honek bierdauen saltza itxeko. Bueno ba, hau iñ eta gero lapiko haundi xamarra, baju eta zabala bierkou lebatza prestatzeko. Saldakiñ hasikogara, lapiko txikibaten jartzendou kipula erdi, ale parebat berakatz, azenaixobat, porruen zuri zatibat eta perrejille, eta noski lebatzan burue, tapatzendou erdibanako ur eta ardau zurixaz eta irikitxen hastendanien jextendou suen iñderra eta mantzuen egozten iztendou. Gero tamañu erdiko patatabat moztendou fiñ xamar laminetan eta erdi prijitzendou olixotan eta gertu dauenien atara platelera. Oñ arraña, daukoun bi xerra horreik moztu zabaletara norberak naidauen tamañuen, siketu ondo, jarri fuentebaten zabal zabal, bota gatza eta etxoiñ. Eta oñ saltza berdie, lapiko zabal hortan jartzendou olixo asko-barik eta txitxi txiki iñdako hirubat ale berakatza eta kipula erdibat, kolorie hartu aurretik bota eta nahastu ondo kutxarakada urune, gero botateutzou ardau ero txakoli baxo erdi pasatxo eta su iñdertzuen iztendou bi eri hiru miñutu alkola urtudeixen, ondoren lapikuen ia irazita dauen saltza, norberak ikusikodau zenbat bierkodan kontuen hartuta daukoun arraña, fiñ zatitxutako perrejille, laminan patata horreik, nai izen-ezkero poteko iderrak eta buelta batzuk emunaz beste bost ero xei miñutu dana ondo nahasteko. Ba arraña besteik ezta geratzen, saltza hau listo dauenien jartzendou zabal lebatza azala gora dala, miñutu parebat, bueltatzendou, tapa lapikue, beste miñutu parebat eta iñde dau. Dotoretzeko jarrileixo aparte zabaldutako almeja batzuk, hau ardau zuritan inbou, geratzendan likido hori be botaleixo irazi ta gero, ondoren bota gañien perrejill pixkat txiki txiki iñde eta gurezkero baitxe egositxeko arrautza zatixek. Atara maira eta jaten hasteko bezela gara.

Una receta: Merluza en salsa verde. Primero y cómo siempre es necesario que la merluza sea lo más fresca posible. Y antes de empezar un par de cosas, una es que para hacer este plato a mí me gusta prepararlo con unas láminas de patata, y la otra es comprar la merluza en dos filetes a lo largo para luego dividirla al gusto de cada uno, y claro está que también hay que coger la cabeza para hacer la salsa que requiere este plato. Pues bueno, después de hacer ésto necesitaremos una cazuela de tamaño decente, baja y ancha para preparar la merluza. Empezaremos por el caldo, en una cazuela pequeña ponemos media cebolla, un par de ajos, una zanahoria, el blanco de un puerro y perejil, y claro la cabeza de la merluza, cubrimos con agua y vino blanco a medias y cuado empiece a hervir bajamos el fuego y lo dejamos que se haga mansamente. Luego partimos en láminas cortadas bastante finamente una patata mediana y semifreímos en aceite y cuado esté listo lo sacamos a una fuente, Ahora el pescado, los dos filetes que tenemos lo cortamos a lo ancho con el tamaño que se desea, secamos bien, lo ponemos bien separados en una fuente, se sala y esperamos. Y ahora la salsa verde, en esa cazuela ancha ponemos aceite, sin que sea mucho, unos tres dientes de ajo y media cebolla, todo picado muy finamente, antes de que cojan color se echa y mezclamos una cucharada de harina, luego medio vaso cumplido de vino blanco o txakolí y a fuego fuerte dejamos que hierva dos o tres minutos para que se evapore el alcohol, después el caldo que está en el cazo una vez colado, cada uno verá la cantidad teniendo en cuenta el pescado del que se dispone, perejil bien picado, la patata que tenemos, si se quiere también guisantes de bote y dando unas vueltas lo tenemos otros cinco o seis minutos para que todo se mezcle bien. Pues no queda más que el pescado, cuando ya está lista la salsa ponemos ancha la merluza con la piel para arriba, un par de minutos, le damos la vuelta, tapamos la cazuela, otro par de minutos y ya está listo. Para que luzca un poco más se le puede añadir unas almejas que la habremos abiero aparte, si lo hemos hecho en vino blanco también se puede echar el líquido que ha quedado después de colarlo, luego echamos encima un poco de perejil bien picado y si se quiere unos pedazos de huevo cocido. Sacar a la mesa y ya estamos cómo para empezar a comer.

LEGIE. La ley. **K.** Udaletxiek lege barrixek jarritxu hondartza ta malekoirako, ekainatik aurrera hondartzan eziñdie ibli txakurrik ta malekoien berriz honeik lotuta fan-bierra daukie, eta gañera dan honein aparte bizikletak be eztaue ametitzen, baña halaere eta asken honen buruz gehiegi pertzona daz eztauenak bape kasuik itxen. **T.** El Ayuntamiento ha dispuesto unas leyes nuevas para la playa y el malecón, a partir de junio en la playa no pueden andar los perros y en el malecón tienen que ir atados, y además aparte de todo ésto tampoco se permite que circulen las bicicletas, pero aún así y sobre esto último hay demasiadas personas que no hacen caso alguno.

LEGEZ. Con la ley, legalmente. **K.** Ba izenda aurreneko asarre antza malekoien, etxuraz Santio birie itxen haidien erromes batzuk bizikletakiñ sartu omendie malekoira eta munizipalak gelditxu multa jartxeko asmuekiñ. Gero erromesak esanaz jakiñien dazela ze legez ordaindu bierrezkue dala multa hori, eskatutzie mezerez parkatzeko zeatik eurok ezer ezakixien asunto horren buruz, ba askenien eztakitx zertan geratukozien. **T.** Pues ya ha sido el primer atisbo de enfado en el malecón, parece ser que unos peregrinos que estaban haciendo el Camino de Santiago se han metido con las bicicletas en el malecón y los municipales les han parado con la intención de multarles. Luego los peregrinos les han debido de decir que ya saben que por ley tienen que pagar, pero les han pedido que por favor les perdonen porque ellos no sabían nada sobre ese asunto, y al final no sé en qué habrán quedado.

LEGEZKUE. De ley. Legítimo, auténtico. **K.** Ze gauza xelebre ikusidoten, tipobat dau hor eskutu antzien malekoiko arkupeietan erlojo batzuk saldu guran, inguratunaz ta nik ikusitxuten erlojuek onak eta legezkuek ziela iruitujat, eta eztakitx baña apostakonaute nunbaitxen lapurtutakuek izengodiela. **T.** Que cosa más rara he visto, estaba un tipo bajo las arcadas del malecón, así como un poco escondido con la intención de vender unos relojes, me he acercado y los relojes que yo he visto me han parecido que eran buenos y auténticos, y no sé pero ya apostaría que han sido robados en algún sitio.

LEGE-ZARRA. Los Fueros. Viejas costumbres y usanzas. **K.** Hemen Euskalherrixen oitura haundixe dau eta gauza asko izetendie itxendienak lege-zarran izenien, eta esan-baterako hor daz Gernikako arbolan buruz eotendien aspaldiko istorixak. **T.** Aquí en Euskalherría hay mucha costumbre y son muchas las cosas que se hacen en nombre de las viejas leyes y los fueros, y por poner un ejemplo ahí están esas viejas historias que acompañan al árbol de Gernika.

LEHIA. Afán, esmero. **K.** Langille berri horrek sekulako lehia daukola emutendau ta ustedot zorionez garela hartudoulako, izenleikien bestiek zertxobaitx beran antzerakuek, oñ akaso bebai baleike izen hala konportatzie momentu hontan hasi barrixe dalako. **T.** Vaya esmero parece que tiene ese nuevo trabajador y creo que estamos de suerte de haberle contratado, ya podían ser los demás por lo menos un poco parecidos a él, aunque también puede que al principio se comporte así porque acaba de empezar.

LEHIAKETA. Competición. **K.** Bixer eta urtero bezela Zarauzko igeri lehiaketa eongoda, eta igeri izate hori da Getaritiko mollan hasitxe etortzie Zarauzko hondartzaraño, danera hiru kilometro pasatxo die eta proba hau oso famatue iñda zeatik bertako ta inguruetakuek aparte beste jente pilla etortzenda hor kanpo aldetik. **T.** Mañana y al igual que todos los años será la competición de natación en Zarautz, y consiste en venir a nado empezando desde el puerto de Getaria hasta la playa de Zarautz, en total son algo más de tres kilómetros y la prueba ya ha cogido mucha fama porque aparte de los de aquí y alrededores suele venir otra mucha gente más de por ahí fuera.

LEHIAN. En competición, generalmente en algún deporte. **K.** Hor ia ikustendie aurrenak inguratzen haidiela jota-sua lehian eta pentza zenbat jente izengodan proba honetan, igeri datozen itxasoko birie sigero betie dau ta ondion askok geratzendie urtetzeko. **T.** Ahí ya se ven a los primeros que se acercan nadando dando todo lo que pueden e imagina cuánta gente habrá en ésta competición, el camino del mar por el que vienen nadando está completamernte lleno y todavía quedan muchos por salir.

LENBAILEN. Cuanto antes. **K.** Jatetxe hortatik deitxu eta galdetudaue aber daukoun hiru lebatz, ta eukitxenbou erueteko leinbailen zeatik ezer-baraik geratudike, etxuraz espero baño jente geixau etorri omenda ta gañetik gertau omenda ze geixenak arraiña aukeratudauela. **T.** Han llamado de ese restaurante y han preguntado a ver si tenemos tres merluzas, y si las tenemos que las llevemos cuanto antes porque se han quedado sin nada, parece ser que ha venido más gente de la que esperaban y encima ha debido de pasar que la mayoría han optado por el pescado.

LEIKE, LEIKEN, LEIKIEN. Es posible o puede ser posible. **K.** Etorridien horreiñ batek esandau bixer ezetz baña etzi bai leikela fatie Donostira lan hori itxera eta aber dan posible itxoitxie, eta baietza izetenbada emuteko erantzuna haldan axkarren. **T.** Uno de los que han venido ha dicho que mañana no pero que pasado si pueden a San Sebastián a hacer ese trabajo y a ver si es posible esperar, y si estamos de acuerdo que les contestemos cuanto antes.

LEINTZ. Léniz. Valle de Léniz. **K.** Leinzko Ballara ezta oso haundixe baña halaere dauken dana sigero politxe da, buelta guztien mendixaz jositxe dau, Atxorrotx, Kurtzebarri, Hiruatx, Orkatzategi, Udalaitz, Muru ta abar… Eta honein aspixen lau herri, Gatza, Eskoitza, Atxabalta eta Arrasate, ah, eta Urkuluko zingira. **T.** El valle de Léniz no es muy grande pero aún así todo lo que tiene es muy bonito, está completamente rodeado de montañas, Atxorrotx, Kurtzebarri, Hiruatx, Orkatzategui, Udalaitz, Muru, etc… Y debajo de éstos cuatro pueblos, Salinas, Eskoriaza, Aretxabaleta y Mondragón, ah, y el pantano de Urkulu.

LEIRU, LETU. Leer. **K.** Betik asko gustau izenjat letzie eta hal izen-ezkero nere gustokuek dienak, beste horreik Haziendako eta antzerakoik ezertxoik ez, baña nola dien gauzak, leiru askoz geixau itxenauen lanien ibintxenitzenien oñ erretirau ondoren baño, naiz eta errarue izen apenas dauket denporaik eta aurrerau, axkar espero, berriz hasi-bierra eukikot. **T.** A mí siempre me ha gustado mucho el leer y a poder ser lo que sea de mi gusto, nada de esas cosas de Hacienda y similares, pero cómo son las cosas, cuando trabajaba leía mucho más que ahora que estoy jubilado, a pesar de que parezca raro apenas tengo tiempo y más adelante, espero que pronto, tendré que volver a empezar.

LEIHO, LEHIUE. Ventana. **K.** Eztakitx nola aguantazeiketzun hemen barruen dana itxita eta dauen beruekiñ, zabalduizu sikera pixkatien lehio horreik eta aber hala posible izetendan zertxobaitx freskatzie inguru honeik, ni bentzet izerditxen nau. **T.** No sé cómo puedes aguantar aquí dentro teniendo todo cerrado y el calor que hace, abre siquiera un poco las ventanas a ver si así puede ser posible que entre un poco de frescor, yo al menos estoy sudando.

LEKA. Judía verde.

(Ver la definición de baina).

LEKAIXUE. Grito agudo y estridente que originariamente se utilizaba para avisar de algo y que ahora es costumbre hacerlo en romerías, fiestas, etc…

(Ver la definición de irrintzi).

LEKAPATATAK, LEKA-PATATAK. Judías verdes con patatas. **K.** Ze onak izetendien lekapatatak eta balixo haundikuek tripa bete ta gosie kentzeko, gañera Arabako patatakiñ izetenbada eta norberan ortuko lekaz, ba askoz hobeto. **T.** Que buenas suelen ser las judías verdes con patatas y valen mucho para llenar la tripa y quitar el hambre, además si las patatas son de Alava y las judías de la propia huerta de uno, pues muchísimo mejor.

LEKUE. Sitio, lugar. **K.** Eztaukou lekuik zeatik aukeraik be eztou euki sarreraik hartzeko, etxuraz bukatu iñdie saltzen hasi besteik ez, baezpare fan ingogara baña eztakitx han bertan eukikoun eta ezpadaz ba zerbaitx asmaukou beste nunbaitxera fateko. **T.** No tenemos sitio porque ni siquiera hemos tenido oportunidad de conseguir entradas, parece ser que se han terminado nada más que las han empezado a vender, por si acaso ya iremos pero no sé si las habrá allá mismo y si no lo hay pues ya pensaremos algo para ir a algún otro lugar.

LEKUKUE. De ese sitio, de la localidad. **K.** Ez nik ta ez kuadrillako iñok esauketandou gizon hori, eztou sekula ikusi baña entzutendan bezela hemen bertako lekukue da, etxuraz eta gerra ondoren alde iñauen herri hontatik hor kanpoko nunbaitxera, eta esatendaue oso urruti fan-bierra izenauela. **T.** Ni yo ni ninguno de la cuadrilla conocemos al hombre ese, no le hemos visto nunca pero según se oye es de la misma localidad, parece ser que después de la guerra se marchó de este pueblo a algún sitio de por ahí fuera, y dicen que se tuvo que ir muy lejos.

LEKURA. Al sitio. **K.** Zu nora soiez, eztozu ikusten danok illeran garela txandan zai, ero?, gu hemen eruetendou ixe geldik ordu-erdi honetan eta zu ontxe bertan etorri-barri zara, ba badakitzu, ezaitez alegiñdu txandaik kentzen iñori ta fanzaitxez zure lekura, han atzien daukotzu ta. **T.** ¿Dónde vas tú, no ves que estamos todos en la fila esperando la vez, o qué?, nosotros llevamos aquí media hora casi quietos y tú acabas de llegar ahora mismo, pues ya sabes, no te esfuerces en quitar la vez a nadie y vete a tú sitio que está alla atrás.

LEKUTAN. Sitio que está lejano. **K.** Esatendozu ze gauza honeik eruetie prixa haundixe daukela, baña halaere oñez bielketanaizu toki hartaraño, ba lekutan dau, hara allegatzeko ixe ordubete bierkot eta eztakitx eruenbioten zerbaitxek urtutzeko aukeraik dauken, zeatik hala baldinbada txukuna heldukoda. **T.** Dices que tiene mucha prisa las cosas que tengo que llevar, peroaún así me mandas que vaya a pie, pues ese sitio está demasiado lejano y necesito casi una hora para llegar allá, y no sé si algo de lo que tengo que llevar se puede derretir, porque si es que es así curioso va a estar.

LELATU. Que parece que una persona, es éste caso del género femenino, se ha atontado y que dice muchas sandeces. **K.** Eztakitx Filomena lelatu iñdan derrepentien ero eranda dauen, ta hala-bada denpora gutxixen izenda zeatik on ordu-erdi dala nahiko normal zala ikustejakon, eztotena ulertzen da zer gertauleixon esateko esaten haidan hainbeste txorakeixa. **T.** No sé si Filomena se habrá atontado de repente o estará bebida, y si es así ha sido en poco tiempo porque hace media hora se la veía que estaba bastante normal, lo que no comprendo es que le habrá podido pasar para que diga tantas sandeces como está diciendo.

LELEN, LELENA. El primero, lo primero, lo anterior. **K.** Gogoratzezare nola zan aspaldiko txantxabat?, ba gertauzan kotxe txikibat bideratuzala karreterara, Seat xeirehun ustedot zala, ta han abiatuzan lasai asko eta nahiko soseguz, atzetik beste kotxiek bozina joten axkarrau fateko ta bera barrutik pentzaten, zeatik dauket abixera geixaukiñ fan-bierra ba, akaso enoie lelena, ero? **T.** ¿Os ocordáis de aquel viejo chiste?, pues sucedió que salió a la carretera un coche pequeño, creo que era un Seat seiscientos, y allá emprendió el viaje con tranquilidad y bastante despacio, los coches de atrás tocándole la bocina para que fuese más rápido y él en su interior pensando, ¿porqué tengo que ir a más velocidad pues, acaso no voy el primero, o qué?

LELENGO, LELENGUE. El primero. **K.** Nik ustenauen Haziendako bulego hori goixeko zortziretan zanbaltzezala, zazpi-terdiretako etorrinaz illeran lelengo jartzeko asmuaz ta gertatzenda zortzi-terditan irikitzendala, ba onazkero enoie mobitzen hemendik zeatik beztela aurrie kendukuzte. **T.** Yo creía que la oficina de Hacienda se abría a las ocho de la mañana, he venido para las siete y media con la intención de ponerme el primero en la fila y resulta que no abren hasta las ocho y media, pues ya no me voy a mover de aquí porque sino me van a quitar la vez.

LELO, LELUE. Se dice de la persona un poco tontita y simplona que da la impresión de estar ajeno a las cosas, aparte de las suyas. **K.** Kornelio honek benetan emutendau lelo xamarra dauela, hor dau betiko bezela baserri aurreko zelaixen jarritxe, nunbaitxera begire eta apostaukonauke nora jakin-barik, eta gauza da sekulako euri-zaparrarie dala baña beno, txapela bentzet jarritxe dauko. **T.** Este Cornelio de verdad que da la impresión de que está un poco tontito, ahí está cómo siempre sentado en el prado delante del caserío mirando hacia algún sitio, pero ya apostaría que sin saber dónde, y la cosa es que está jarreando pero bueno, por lo menos ya tiene puesta la boina.

(También se puede ver la definición de iñozue, iñuzentie).

LELOKEIXIE. Tontería, estupidez, bobería. **K.** la eztozu uste naikue dala?, pixkat balekue izenleike barre itxeko baña nik ustedot zu pasatzen haizarela haibeste lelokeixekiñ, eta oñ hobeto ingozauke ixiltxiaz sikera apurtxobatien. **T.** ¿No te parece que ya es suficiente?, un poco puede valer para que nos riamos pero yo creo que te estás pasando con tantas tonterías, y ahora harías bien si te callaras siquiera un ratito.

LELOTU. Que se ha atontado porque dice muchas tonterías. En éste caso la palabra se aplica al género masculino.

(Ver la definición de lelatu). Significa lo mismo pero ésta pertenece al género femenino.

LEMA. Timón. **K.** Hondartza askotan eotendie pedalo izen, ustedot, daukien txalupa txiki horrek, eta eukitxeitxue holako lema txiki antzerakobat, ba beñ gertaujakun, umiek txikiñek ziela, askau inzala eta nahiko xelebre ibiligiñela hondartzara bueltatzeko. **T.** En muchas playas suele haber unas chalupas pequeñas, pedalo creo que se llaman, y tienen una especie de timón pequeño, pues una vez nos pasó, cuando los críos eran pequeños, que se soltó y tuvimos que hacer bastantes esfuerzos y maniobras raras para volver a la playa.

LEMAZAINA. Timonel. **K.** Astu injat kontatzie, ba hasigitzenien bueltatzen txalupa txiki hartan, seme nausixek, Antoñito, ol zatibat ikusi uretan, ha hartu eta lema bezela ipiñi ondoren bera jarrizan lemazain ta modu hontan allegaugiñen hondartzara. **T.** Se me ha olvidado contar, cuándo empezamos a volver en aquella chalupa pequeña, el hijo mayor, Antoñito, vió un trozo de tabla flotando en el agua, la cogió y después de colocarla a modo de timón él se puso como timonel y de esa manera llegamos hasta la playa.

LEN, LENO. Antes. **K.** Badakigu len hala ziela baña gauza horreik eztie betiko izeten ta oñ zorionez sigero aldatudie, garai hontan ezingolitzake ulertu nola Atxabaltatik Donostira fateko ixe bi ordu bierkozienik, oñ beste aukera asko daz, kotxe hobiek eta baitxe berdiñ karreterak be. **T.** Ya sabemos que antes era así pero esas cosas no son para siempre y ahora afortunadamente han cambiado completamente, en estos tiempos no se podía entender que para ir de Aretxabaleta a San Sebastían se necesitase casi dos horas, ahora hay muchas otras formas de viajar, mejores coches e igualmente también carreterras.

Aspaldiko esaerabat: Gezurre esan etxien eta ni baño len kalien.

Un viejo proverbio vasco: Decir una mentira en casa y estaba antes que yo en la calle.

LENAU. Antes, puede ser poco antes, hace mucho o muchísimo tiempo. **K.** Lasai eon zeatik eztot nai zuri txandaik kentzeik, jakiñien jarrinaue ni baño lenau etorrizarela ta alde iñdozula tabernako komunera, oñ ni fangonaz eta ezpotzu inportik gordeirezu tokixe mezerez. **T.** Estate tranquilo porque no quiero quitarte la vez, ya me han informado de que has venido antes que yo y de que te has ausentado un momento para ir al servicio del bar, ahora iré yo y si no te importa guárdame el sitio por favor.

LENAUKUEK. De hace mucho tiempo. **K.** Eztakitx zer pentza gizon honekiñ, gauza batzuetarako buru oso argixe dauko ta beste askotarako sigero galduta, eta esan-baterako lenauko kontuekiñ ondo gogoratzenda eta jeneralki aurreneko egunetan iñdakuekiñ arrastuik ez. **T.** No sé que pensar de ese hombre, para algunas cosas tiene una cabeza muy despierta y para otras muchas parece que la haya perdido, y por ejemplo recuerda muy bien de las cosas que sucedieron hace mucho tiempo y sin embargo generalmente no se acuerda nada de lo que hizo los días anteriores.

LENDABIZI, LENBIZI. Primero.

(Ver la definición de lelen, lelena).

LENDAKARIXE. Se llama así al Presidente del Gobierno Vasco y a éste lo elige el Parlamento. **K.** Euskadiko aurren Lendakarixe Jose Antonio Agirre izenzan eta noski nik enauen esautu zeatik ondion jaixo-barik nitzen, baña bai bost hurrenguek eta honeik izendie Garaikoetxea, Ardanza. Ibarretxe, Patxi eta oñ dauen Urkullu jauna. **T.** El primer presidente del Gobierno Vascco fué Jose Antonio Aguirre y lógicamente yo no lo conocí porque todavía no había nacido, pero sí a los cinco posteriores y estos han sido Garaikoetxea, Ardanza, Ibarretxe, Patxi y el actual Urkullu.

LENDIK. De antes. **K.** Nola leike esatie eztitxozula ikusi gaur hartien?, ba mutil gauza honeik lendik daz, zer esatendot lendik?, oso aspalditxix eta gañera hemen eondie betik, toki berdiñien eta sekula iñok ikutu-barik, ba eztakitx eztozun fanbiko begixetako medikura. **T.** ¿Cómo puedes decir que no lo has visto hasta hoy?, pues chico estas cosas están de antes, ¿qué digo de antes?, de hace muchísimo tiempo y además siempre han estado aquí, en el mismo sitio y sin que nunca las haya tocado nadie, pues no sé si no tendrás que ir al médico para que te mire la vista.

LENGOBATIEN, LENGO-BATIEN. Sucedió una vez, hace mucho tiempo. **K.** Zuri eztau ulerteik iñungo aldetik, lengobatien, gañera ez holako asapaldi, komestatzen ibilizitzen eztaukotzula aukeraik babarrunik saltzeko bukatu injatzulako eta oñ eskiñien zatoz, jakiñleike nun ero nundik lortudozun? **T.** A tí es muy difícil el enterderte, una vez, además no hace mucho tiempo, estuviste comentando que no tenías posibilidad de vender alubias porque se te habían terminado y ahora vienes a ofrecerme, ¿se puede saber dónde o de dónde las has conseguido?

LENGO-KONTUEK. Historias viejas, antiguas, que sucedierion hace mucho tiempo. **K.** Zuk badakitzu, ero jakiñien eonbizauke bentzet, nola ia aspalditxo asarre haundixek eonziela familixa honetan, ba gauzabat, laister etorrikodie etxera eta gero, bazkal denporan, ezta komeni ataratzeik eta gutxiau komentau lengokontuik. **T.** Tú ya sabes, o al menos deberías de saber, que hace ya bastante tiempo hubo unos grandes enfados en la familia, pues una cosa, pronto llegarán a casa y luego, en el tiempo de la comida, no es conveniente sacar a relucir antiguas historias que sucedieron hace ya mucho.

LENGOSUE. Primo. **K.** Lengosuek be geruau ta gutxiau dauket ba, eta nola dien istorixak, allegatzezara edade-batera eta ikustenda nola gauza asko galtzen fatendien eta beste asko ia galdute dazen, eta honen aurka eztau ezer itxeik, hau halaxe da eta halaxe izenda betik, eta garbi dau ze berdiñ jarraitxukodauela. **T.** También los primos cada vez me están quedando menos pues, y cómo son las historias, llegamos a una edad y vemos de qué forma estamos perdiendo muchas cosas y otras ya las tenemos perdidas, y contra eso no hay nada que hacer, esto es así y así ha sido siempre, y clro está que continuará de la misma manera.

LENGUE. Lo anterior, lo de antes. **K.** Jatetxe hontakuek daukie muturre, gaur izenda aurreneko aldiz etorrigarela eta noski, askena izengodala, beitu zer gertaudan, bigarren platera arraña saltzan zan eta bueltaudou esanaz saltza zetxobaitx garratza hauela, parkamena eskatuaz beste platobat ekarridaue baña ziur nau arraña lengue zala, bakarrik saltza aldauta. **T.** Vaya morro tienen los de éste restaurante, hoy ha sido la primera vez que hemos venido y claro está, que va a ser la última, mirar lo que ha ocurrido, el segundo plato era pescado en salsa y lo hemos devuelto diciendo que dicha salsa estaba un poquito agria, nos ha pedido perdón y ha traído otro plato, pero estoy seguro que el pescado era el anterior, solo que le habían puesto salsa nueva.

LENGUEN. La vez anterior, que sucedió en una ocasión anterior. **K.** Hori ezta ez gaur ta ez atzo gertautakue, lenguen gertautakue da, pasatzenda eztala argira atara gaur hartien zeatik eskutuen eukidadue iñok eztixen enterau asmuekiñ, baña askenien dana jakitxenda. **T.** Eso no ha pasado hoy y ni siquiera ayer, eso sucedió en una ocasión anterior, lo que pasa es que no ha salido a la luz porque lo han tenido oculto con la intención de que no se enterase nadie, pero al final todo se termina sabiendo.

LENGUSIÑA. Prima. Significa lo mismo que en masculino primo.

(Ver la definicíon de lengosue).

LEN-IKUSIXE, LEN IKUSIXE. Que está visto en una ocasión anterior. **K.** Susmue dauket len-ikusixe dala erakusten haizaren hau, nun enaz gogoratzen baña ustedot baietz nunbaitxen, oñ, bebai baleike imajiñata izetie baña eztot uste. **T.** Sobre ésto que nos etás enseñando tengo la sospecha de que ya lo he visto en una ocasión anterior, no me acuerdo dónde pero creo sí que en algún sitio, aunque también puede que lo haya imaginado, pero creo que no.

LENTXUAU. Un poco antes. **K.** Badakitx zortziretan dala lanera sartzeko ordue baña halbozu etorrizaitez pixkat lentxuau meserez, kamioe aurreneko orduen allegaukoda kargatzeko asmuekiñ ta deitxudust esanaz prixa haundixekiñ dabillela. **T.** Ya sé que la hora de empezar a trabajar son las ocho pero si es que puedes ven un poco antes por favor, el camión llegará a primera hora con la intención de cargar y me ha llamado diciendo que anda con mucha prisa.

LEORRA. Seco, árido. **K.** Periodikon jartzendauen bezela Españako toki askotan oso larri omendie urakiñ, aspalditxik ezer eurik inbarik eta errekak ta pantanok be ixe bape urakiñ geratu omendie, terreno guztiek sigero leorrak eta esantendauen ez ezpada hau zuzentzen izugarrizko kaltiek izengodiela. **T.** Según pone en los periódicos en muchos lugares de España se encuentran muy apurados por la falta de agua, no ha debido de llover desde hace muchísimo tiempo y los ríos y tambien pantanos han debido de quedar prácticamente sin agua, los terrenos absolutamente secos y dicen que si ésto no se soluciona se ocasionarán grandes daños.

LEORTU. Secar. **K.** Sekulako euri-zaparrarak arraupauzku, aterkiñak aldien haukoun baña honeikiñ alperra zan ibiltxeik hauen haixiekiñ, kustiñue da sigero blai geratugarela eta oñ erropak leortzie komenikojaku, zertxobaitx besteik ezpada zeatik ondion bire asko geldiketajaku. **K.** Vaya chaparrón que nos ha pillado, ya teníamos paraguas pero no se podía andar debido al viento que había, la cuestión es que hemos quedado completamente mojados y ahora nos convendría secar la ropa, aunque sea solo un poco porque todavía nos queda mucho camino.

LEPO. Es una palabra que fig. significa que algo está lleno por completo, colmado. **K.** Alperrik ibilikozare ur geixau botatzen bidoi horri, lepo dau beteta ta jarraiketanbozue laister hasikoda gañezka, eta hori ezta komeni zeatik beko plantara pasauleike. **T.** Andaís en balde echando más agua a ese bidón, ya está cpmpletamente lleno y si continuaís pronto empezará a desbordar, y eso no conviene porque puede pasar a la planta de abajo.

433

LEPOKOMIÑA, LEPOKO-MIÑE. Dolor en la articulación del cuello. **K.** Eztakitx lo iñdoten postura erraruaz ero zer bañe lepokomiñaz jaikinaz, baezpare gosaldu ondoren aspirinabat hartukok eta honekiñ ezpada kentzen medikura fanbikonaz, eta aber ze esateuzten. **T.** No se habré dormido en alguna postura rara o qué pero me he levantado con dolor de cuello, por si acaso después de desayunar voy a tomar una aspirina y si con ésto no se me quita tendré que ir al médico, y a ver que me dice.

LEPOKUE. Bufanda, pañuelo de cuello o alguna otra cosa similar. **K.** Ze gauza xelebre, etxuraz modan jarri omenda neska ta andran hartien, bebai ikustenda mutil bat ero beste, lepokue eruetie ta hor ikusteitxozu gauza hori betik aldien dauela, gañera naiz da bero dexentie iñ be, berdiñ da. **T.** Que cosa más curiosa, parece ser que se ha puesto de moda entre las chicas y no tan chicas, también se ve a algún chico que otro, el llevar un pañuelo grande en el cuello y ahí les ves siempre con ello puesto, además y aunque también haga bastante calor, es igual.

LEPO-LUZIE. Literalmente cuello largo y fig. se dice por la persona curiosa, mirona.

(Ver la definición de begi-luzie).

LEPORAÑO, LEPOTARAÑO. Literal hasta el cuello. Y fig. se dice cuando se está harto, hastiado de algo o de alguna persona. **K.** Egun guztien okerrik besteik eztozu itxen eta ia lepotaraño jarrinaz zurekiñ, hamar aldiz baño geixautan esautzut geldik ta txintxo eoteko, baña zuk betik zurie inbierra daukotzu eta eztozu sekula kasuik itxen bestien esanai. **T.** Todo el día llevas haciendo travesuras y ya me he quedado harta de tí, te he dicho más de diez veces que te estés quieto y formal, pero tú siempre tienes que seguir haciendo lo tuyo y nunca haces ningún caso a lo que dicen los demás.

LEPO-AZURRA, LEPOKO AZURRA. El hueso del cuello, la nuca. **K.** Ba askenien medikura fan-bierra izendot lepoko miñatik, eziñauen iñola kendu etxien eta hori aspirinak hartuaz aparte uguentue be jarridotela botikatik hartuta, baña halaere ezer ez, ez bataz ta ez bestiaz. Ta badakitzue zer esauzten medikuek?, ba ia urte dexente dauketela eta lepoko azurra nahiko okertuta, eztauela ezer itxek eta jarraitzeko oñ hainazen bezela, miñe dauketenien aspirina hartu eta noixienbeñ uguentue emunaz. **T.** Pues al final he tenido que ir al médico por el dolor del cuello, en casa no lo podía quitar de ninguna de las maneras y eso que aparte de tomar aspirinas también me he aplicado una pomada cogida en la farmacia, pero aún así nada, ni con lo uno ni con lo otro. ¿Y sabéis lo que me ha dicho el médico?, pues que ya tengo muchos años y los huesos del cuello se han torcido bastante, que no hay nada que hacer y que continúe cómo hasta ahora, cuando sienta dolor que tome aspirina y de vez en cuando aplicar la pomada.

LEPUE. El cuello. **K.** Ba ze kasualite, atzo alkartunitzen aspaldi enauen ikusi esagunaz, Tiburzio bera, ta egixe esanda aurrena pixkat larritxu initzen ikusinauenien zeatik ezauken bape etxura honik, errenka antzien habillen eta erueteauen esatejakon kollarin bezelakobat lepue ez mobitzeko, eta gero esauzten istripu txikibat eukidauela bizikletakiñ. **T.** Pues que casualidad, ayer me junté con un conocido, Tiburcio él, al que no le había visto hace mucho tiempo y al principio me apuré un poco en cuanto le ví porque no tenía muy buen aspecto, cojeaba bastante y llevava una especie de eso que llaman collarín para que no se mueva el cuello, y luego me dijo que había tenido un pequeño accidente con la bicicleta.

Aspaldiko esaerabat: Gizona lepotik gora neurtzenda.

Un viejo proverbio vasco dice que al hombre se le mide del cuello para arriba.

LEPUE JOKAU. Fig. se dice que te juegas el cuello por alguna cosa de la que crees que estás absolutamente seguro. **K.** Eztaukotzue esan-bierrik, ondo dakitx abustuen garela baña eztotena ulertzen da zeatik eztozuen siñisten edurre iñdauela Udalaitzen, ba nik lepue jokau ingonauke hala dala ta gurebozue bixer fanleikegu ikustera aber egixe dan. Nik ustedot ondión geratukodala elurtien arrastunbat. **T.** No tenéis que decirme que estamos en agosto, eso lo sé muy bien pero lo que no entiendo es porqué no me creeís que ha nevado en Udalaitz (monte de Mondragón), pues yo me jugaría el cuello de que eso es así y si queréis podemos ir mañana a ver si es verdad. Yo creo que todavía ya quedará algún rastro de la nevada.

LER-IÑDE. Fatiga, cansancio extremo.

(Ver la definición de jota).

LERDO (A). Lerdo (a). Se dice de la persona pasiva, que no se involucra en nada. **K.** Anizetoi alperra da galdetzie aber guredauen etortzie laguntzera, jaso lasto paketek ta baserrira erueten zeatik laister atxekixanbat jarrikodau, zerbaitx inbierra daukela, gerriko-miñaz dauela ero beste erozeiñ gauza eta askoz hobeto dozue pakien iztie lerdo horri. **T.** A Aniceto es inútil que le preguntéis si quiere venir a ayudar, recoger y llevar al caserío los fardos de paja porque pronto pondrá alguna disculpa, que si tiene algo que hacer, que si le duele la cintura o cualquier otra cosa y es mucho mejor que dejéis en paz a ese lerdo.

LERRO, LERROTU. Raya. Trazar líneas. **K.** Lan honeik ondo hasi eta gero modu berdiñien jarraitzeko, aurren inbierreko gauza da terrenoko perimetro guztie lerrotu, hala iñezkero gutxigorabera jakiñien izengogara ze tokitxetik komenidan hastie. **T.** Para que comenzemos bien éste trabajo y luego podamos continuar del mismo modo, lo primero que tenemos que hacer es trazar las líneas del perímetro del terreno, si se hace así poco más o menos ya podríamos saber porque sitio conviene empezar.

LERTU. Explotar, reventar. **K.** Zestuako herrixek askenien lortu izendau iztie bertako harrobixe, zenbat urte ibilidien horren atzetik eta zenbat lertu zaratat entzun inbierra eukitxuen, baña oñ pozik daz zeatik asunto hori bukatuda, ta betiko gañera. **T.** El pueblo de Cestona por fín ya ha conseguido que se cierre la cantera de allá mismo, qué cantidad de años han andado detrás de eso y cuántos ruidos de explosiones han tenido que escuchar, pero ahora están contentos porque ese asunto ya ha finalizado, y además para siempre.

LERTU, LERTUTA. Muy cansado, fatigado,

(Ver la definición de jota).

LETANIXA. Letanía. Es una de las partes del rezo del rosario. **K.** Nik eztot uste apenas errezau iñdotenik eta ez sikera Elixara fan errezaixotara, baña halaere gogoratzenaz nola izetezien letanixak ixe bere bukaeran, eta zan batek Santuen izenak, pillabat zien, esan-hala horrein bakotxan erantzuna orapronobis zala. **T.** Yo no creo que apenas haya rezado y ni siquiera haber ido a la Iglesia a las funciones del rosario, pero aún así me acuerdo de cómo eran las letanías casi al final del mismo, consistía en que uno citaba los nombres de los Santos, eran un montón, y por cada uno de ellos se respondía con el orapronobis.

LETANIXA. Letanía. También se dice fig. cuando una persona está protestando excesivamente y empleando palabras bastant soeces. **K.** Arrastuik be eztauket zer gertatzejakon gaur Kaximiroi, norbaitxekiñ asarretu iñdan ero lenautik asarrauta etorridan zeatik denpora aldixe doie, gañera bera bakarrik, alde guztietan letanixa mormoxetakiñ. **T.** No tengo ni idea de lo que le pasa hoy a Casimiro, si se ha debido de enfadar con alguno o de antes ha venido enfadado porque ya lleva bastante tirempo, además él solo, mascullando letanías por todas partes.

LETRERUE. Letrero, cartel. **K.** Zarauzko herri sarrera bixetan jarridaue letreruek esanaz asteburu hontako zapatuen izengodala, urtero bezela, triatloi lehiaketa. **T.** En las dos entradas del pueblo de Zarautz han colocado sendos carteles diciendo que el sábado de éste próximo fin de semana será, cómo todos los años, la prueba de triatlón.

LETXARIE. Lechada. **K.** Kareletxadai guk letxarie ezategutzen, eta hortik aparte be izenleiken beste erozeiñ autz urakiñ ero beste zerbaitzukiñ nahastuta, eta esan-baterako porlana bezela. **T.** Nosotros lechada le llamábamos al producto resultante de haber trabajado la cal viva, y aparte de eso también podía ser cualquier producto en polvo después de haberlo disuelto en agua o con cualquier otro líquido, y por ejemplo cómo el cemento.

LETXUGA, LETXUGIE. Letxuga. **K.** Betik izenaz entzalada-zalie eta honen buruz gauzabat esangot, oñ eta denporalditxuen kanpuen ibilñinaz oñezko bidaibat itxen, Aragoi, Kastellon ta Valentzia inguru horreitatik, eta alde guztietan gertaujat entzaladak ataratzie oreja de burro izeneko ero deiketaitzoun letxuga horrekiñ, ezta txarra baña nik askoatik naidot etxien jatendotena, neretzat gustue hobie dauko eta akaso oituratik izengoda baña halaere zalantzaik eztau ze askoz xamurraue da. **T.** Siempre me ha gustado y soy aficionado de la ensalada y sobre ésto tengo que decir una cosa, ahora he andado una temporada por ahí fuera haciendo un camino a pié, por las zonas de Aragón, Castellón y Valencia, y en todas partes me han sacado la ensalada con esa lechuga que se llama o llamamos oreja de burro, no es que sea mala pero yo por mucho prefiero la que como en casa, para mí sabe mejor y quizá sea por la costumbre pero aún así no hay duda de que es mucho más tierna.

LEUNA. Fino, suave. **K.** Baleike batzuk gorputza sikatzeko dutxa ondoren gurau izetie tolla leunak dienak, baña apostakonauke beste askok, ni bezela, naio dauela pixkat latza izendeixela eta gañetik me xamarra izetenbada askoz hobie, nere ustez horrekiñ askoz hobeto sikatzenda eta arraspa horrek gusto pixkat be emutendau, eta meie esatendot zeatik belarriko zuluetan sartzeko oso egokixe da. **T.** Puede que a muchos para secar el cuerpo después de la ducha les guste que la toalla sea suave, pero ya apostaría que a otros muchos, entre los que me incluyo, prefieren que sea un poco áspera y si encima es algo delgada mucho mejor, yo creo que éstas secan mejor y que también da cierto gusto que raspen un poco, y digo lo de delgada porque para que entre en los agujeros de las orejas es muy adecuada.

LEUNDU. Suavizar, afinar. **K.** Nola garen, erabili inbierreko gauza batzuk guredou zetxobaitx latzak ietie, esan-baterako goixen jarridoun asunto hortarako bezela, eta beste askok eziñdou aguantau hala baldinbadie. Hau pasatzenda iserakiñ eta neri nahiko sarri gertaujat hortik zier ibilinazenien, ze oien eozenak leundu inbierruek ziela zeatik ezta bape ondo lo itxen, nik bentzet, larreiko latzak izenda. **T.** Cómo somos, algunas de las cosas que andamos queremos que sean un poco ásperas, por ejemplo para el caso que hemos expuesto arriba, y otras no las podemos aguantar si es que son así. Esto segundo puede pasar con las sábanas y a mí me ha sucedido bastantes veces cuando he andado por ahí, que las sábanas que estaban en la cama tenían necesidad de suavizar porque no se duerme nada bien, al menos yo, si son demasiado ásperas.

LEUNTASUNA. Terso, blando, liso. **K.** Ze ondo geratudien Adolfon etxeko egur-tarimak, kutxillatzen ibilidie ta benetan lana oso ondo iñdakue izendala, ikusi inbierra dau ze brillo eta ze leuntazun dauken egurrak, emutendau txirristatzen hasteko bezela dauela gañien. **T.** Que bien han quedado las tarima de la casa de Adolfo, las han acuchillado y las verdad es que el trabajo lo han hecho muy bien, hay que ver el brillo que tiene y lo liso que está la madera, parece que se puede empezar a patinar encima.

LEZA. Sima, abismo. **K.** Atzoko periokikok akarren nola andra euskaldunbat hildan lezara jausi ondoren, komestatzenda ze akaso bere burue bota omendauen Karesko ruta itxen haizanien. Bire hau Europako Pikosen dau,

Asturias ta Leon tartien eta ondion ondo gogoratzenaz ze larritxazun pasa izenauen Toribion andriek, ia itxeitxu urtebatzuk inguru hartan alkarreaz ibiligiñela eta berak, Toribiok, esatendau ondion eztala astu. **T.** En el periódico de ayer ponía cómo una mujer euskaldun murió después de caer al abismo, se comenta que quizá se tiraría cuando estaba haciendo la ruta del Cares. Esta ruta está está en los Picos de Europa, entre Asturias y León y todavía me acuerdo muy bien de los miedos que pasó la mujer de Toribio, pues ya hace unos cuantos años que anduvimos juntos por aquellos parajes y él, Toribio, dice que todavía no se le ha olvidado.

LEZE. Cueva.

(Ver la definición de koba, koba-zulue).

LIAUTA. Liado. Puede ser porque una persona esté demasiado ocupada o simplemente que una cosa o situación esté muy enredada o liada. **K.** Ba sentitzendot, oso gustora fangonitzen eta inditxut alegiñ guztiek baña ezta izen posible, ustenauen amaitukonauela eta askenien gertauda larreitxo endreraudala, oñ derrigorrez konpondu, aurrera atara-bierra dauket eta sigero liauta eongonaz. **T.** Pues ya lo siento, iría muy a gusto y ya he intentado por todos los medios pero no ha sido posible, creía que lo iba a terminar y al final se ha enredado demasiado, ahora necesariamente lo tengo que solucionar, sacarlo para adelante y estaré muy liado.

LIBRA. Es una medida de peso antigua pero que aún se utiliza en muchos sitios, al menos en Euskalherria y que aquí corresponde a medio kilo, aunque en realidad la medida real tiene un poco menos. **K.** Hemen asko erabiltzenda librako pixo neurri hau, esan-baterako eskatzendozu emuteko horren ero bestien librabat eta danak dakixe kilo erdi jarri-bierra daukiela. **T.** Aquí se utiliza mucho la palabra libra para solicitar el peso de algún producto, por ejemplo si pides que te den una libra de ésto o aquello, todos saben que te tienen que poner medio kilo.

LIBRAU. Se llama así al efecto de hacer de cuerpo, sobre todo si se está empachado o si se es estreñido (a). **K.** Askenien be umetxo hau librauda eta ezkerrak zeatik gixajo honek hiru egun eruteauen kakaik inbarik, eztakitx zer gertaukojakon baña akaso baleieke izetie enpatxo txikirenbat eukidauela. **T.** Por fín ha hecho de cuerpo esta criatura y gracias porque el pobre llevaba tres días sin cagar, no sé que le habrá podido pasar pero quizá puede que haya sido porque ha tenido algún pequeño empacho.

LIBRAUDA. Esta palabra se utiliza para decir que se ha librado, quizá por suerte, del peligro y que ya está fuera de él. **K.** Benetan esanleike zorionez dauela mutil hori, betik izenda hanka astune kotxie manejatzen eta askenien be eukidau esperoko istripue, eta nahiko latza gañera, kotxie xixko iñde, txatarrarako eta ezkerrak bera nahiko ondo librauda, etxuraz bakarrik dauko, zartarak aparte, ezkuturra puzkatuta. **T.** De verdad se puede decir que ese chico está de enhorabuena, de siempre ha tenido un pié muy pesado para conducir y al final ha tenido el esperado accidente, además bastante serio, el coche hecho cisco, para la chatarra y él al menos está fuera de peligro, parece que solo tiene, aparte de los golpes, una muñeca rota.

LIBRE. Está libre. **K.** Hainbeste urte kartzelan eta askenien be libre itxidaue, eztakitx noixbaitxen jakingodan egixe zeatik urten ondoren ondion be gauza berdiñe jarraitzendau esaten, bera ezala izen tiroka akabau iñauena gizon ha. **T.** Tantos años en la cárcel y por fín le han dejado libre, no sé si algún día se sabrá la verdad porque después de haber salido todavía también continúa diciendo lo mismo, que no fue él el que tiroteó y mató a aquel hombre.

LIBRIEN. En espacio abierto. **K.** Valentzian izenaz denpora gutxi dala eta benetan estakitxela nola bizileikien toki hortan, nik eztot uste kapaz izengonitzenik, hainbeste jente alde guztietan, kaliek kotxez betiek eta gañera zenbat zarata, alde ederra holako lekutan bizi ero pixkak librien beste erozeiñ tokitxen. **T.** Hace poco he estado en Valencia y de verdad que no no sé cómo puede vivir en ese sitio, yo no creo que sería capaz, tanta gente en todas partes, las calles llenas de coches y además cuánto ruido, vaya diferencia que hay entre vivir en un lugar parecido a ese o en un espacio más abierto en cualquier otra parte.

LIBURUE (K). Libro, libros. **K.** Neri betik gustau izenjat letzie, berez ehuneko liburu eukikoitxut irakurritxe, baña gauzabat gertatzenda, oñ eztotela denporaik ataratzen asunto hortan jarraitzeko eta hori erretiraute nauela, eztakitx zeatik izengodan baña asunto batetik ero bestiatik aspaldixen eztot liburu bakarra hartu, eta gauza da ondion badauketela mordoxkabat hasi-barik. **T.** A mí siempre me ha gustado el leer, de hecho tendré cientos de libros ya leídos, pero me sucede una cosa, que ahora no encuentro el tiempo para seguir con esa labor y eso que ya estoy jubilado, no sé porqué será pero por un asunto u otro no he cogido un solo libro desde hace mucho tiempo, y la cosa es que que todavía tengo un buen montón sin empezar.

Aspaldiko esaerabat: Abariek aurrena dirue eta gero liburue.

Un viejo proverbio en euskera dice que para los curas lo primero en el dinero y después los libros.

LIBURUTEGI, LIBURUTEGIXE. Librería, biblioteca. **K.** Entzunde dauket geruau eta jente geixau fatendala liburutegira, eta ez bakarrik estudiatzen haidienak baizik nahiko pertzona helduek ta baitxe ondion umiek dienak be. Ba nere ustez hori gauza oso ona da zeatik hala geixau jakitxeko aukera eukikou danok. **T.** Tengo oído que cada vez acude más gente a las bibliotecas, y no solo los estudiantes sino personas cada vez más maduras y también los que todavía son unos críos. Pues yo creo que eso es una buena cosa porque así todos tendremos oportunidades de saber y tener más conocimientos.

LIKA. Barro, lodo pegajoso.

(Ver la definición de bustiña, bustiñe).

LIKA. Lica. Pegamento que antes, quizá también ahora en algunos sitios, se utilizaba para cazar pájaros. **K.** Guk mutikotan nahiko sarri ibiltxegauen lika txorixek arrapatzeko, aurrena zaiñdu ze arrametan jartzezien txorixek, gero beñ eta alde iñdekuen jartzegauen lika arrama horreitan eta bueltzezienien han geraketazien pega iñde. **T.** Nosotros de chavales utilizábamos bastante a menudo la lica para atrapar a loa pájaros, primero observàbamos en que ramas se posaban, luego y una vez que se marchaban poníamos el pegamento en esas mismas ramas y cuando volvían allá que se quedaban bien pegados.

LILURA. Ilusión, encanto, hechizo. **K.** Ze lilura haundi hartzendauen umetxuek aurreko aldiz eruetendienien barraka ero beste holako berdiñezko lekutara, ago-zabalik geratzendie gauza horreik ikusi besteik ez eta laister eskatzendaue bertara igotzie naidauela. **T.** Que ilusión más grande cogen las criaturas cuando las llevas por primera vez a los tiovivos o algún otro sitio parecido, se quedan con la boca abierta nada más que ven esas cosas y pronto empiezan a pedir que quieren subir a alguna de ellas.

LILURAZ. Muy bien, fantásticamente, estupendamente. **K.** Ba halaxe geratzendie umetxuek barraketan ibiltxendienien, liluraz bete iñde baña honekiñ batera beste gauzabat be gertatzenda, eztauela gure izeten alde itxcik toki hortatik eta ia derrigorrezkue danien atara-bierra laister hastendiela negarrez. **T.** Pues así suelen quedar las criaturas cuando andan en las barracas, llenas de ilusión, pero junto con eso también sucede otra cosa, que no suelen querer salir de ese sitio y cuando ya es necesario el tener que sacarlas enseguida empiezan a llorar.

LIMA, LIMAU. Lima, limar. Herramienta que se utiliza para desbastar piezas tanto de metal como de madera, y quizá también de algunas otras cosas. **K.** Gu mutil gaztiek gitzenien Arrasateko eskola profesionaleko tallerrien emuteuzkuen burnizko totxo haundibat eta batera lima ha limatzeko, eta eskaera izetezan aiñduteko etxurie emutie pieza horri eta batzuk, euron aitxak fabrikan lana itxeauenai, pieza hori eruetezutzien esmerillaz gastatzeko. **T.** A nosotros cuándo éramos chicos jóvenes, en el taller de la escuela profesional de Mondragón nos daban un tocho de hierrro y junto con éste una lima para que lo fuésemos limando, para después dar a la pieza la forma que nos mandaban y algunos, cuyos padres trabajaban en alguna fábrica, se los solían llevar para que rebajasen el tocho ese con el esmeril.

LIMOIE. Limón. **K.** Zenbat gauzatarako balixo eta erabiltzendan limoie, edarixek prestatzeko, arraiñai botatzeko errebozau ondoren, paellari, entzaladai eta beste gauza askoi, ta hor be aldien, kafesnie kenduta, ixe beste danai botatzeutzie. **T.** Para cuántas cosas sirve y se utiliza el limón, para preparar bebidas, para echar al pescado después de haberlo rebozado, a la paella, a las ensaladas y a muchas más cosas, y por ahí abajo, quitando el café con leche, se lo echan a casi todo lo demás.

LIMPIO. Fig. se dice cuando un animal o persona está muerta, que se la ha matado.

(Ver la definición de akabau).

LIPULA. Oruga. **K.** Ze afizio hartudauen Ursulan umetxuek, Monika eta Matildek, lipulak hasteko, lenau Matilde karakolaz ibiltxezan baña horreik pixkat aldamenien lagadau, eta oñ bera bere ahispaz batera zetazko lipulakiñ haidie. Jaten emun, kaixola garbitxu ta abar, eta gero noski, zeta hori saldu eta dirutxue atara eurondako laiñ . **T.** Vaya afición que han cogido las crías de Ursula, Mónica y Matilde, para criar a las orugas, antes Matilde andaba con los caracoles pero los ha dejado un poco de lado, y ahora y ella y su hermana están con los gusanos de seda. Les dan de comer, les limpian la jaula, etc…,y luego claro, vender esa seda y sacar suficiente dinerito para ellas.

IRAIN. Se dice de la persona airosa y con mucho garbo. **K.** Gure pixoko aldamenera kanpoko bikote gaztebat etorridie bizitxen, errumanuek diela emutendaue eta neskatilla txikibat daukie benetan atzegiña eta alaia dana. Ikusi-bierra dau nola fatendan, ondion eztitxu eukiko lau urte eta betik doie oso lirain, soñekuaz, bere poltzatxue eta batzuetan espanak be margotuta erueteitxu. **T.** Al lado de nuestro piso han venido a vivir una pareja joven, parece que son rumanos y tienen una chiquilla que es de verdad simpática y alegre, todavía no tendrá ni cuatro años y hay que ver lo garbosa que va, con el vestido, su bolsito y algunas veces también lleva los labios pintados.

LIRAIÑA, LIRIÑA. Se dice de la persona esbelta, grácil y fina, aunque también de la persona que es demasiado delgada. **K.** Garai baten pixkat borobilllak ezlen neskak, alde guztietatik noski, liriñak ziela esatezan, oñ berriz neska horreien tartien asko daz oitura geixau daukiena metxuek izeteko eta nere ustez hori izengoda kirol asko itxendauelako. **T.** En un tiempo a las chicas que no eran un poco redonditas, de todos lados claro, se decía que eran demasiado delgadas, ahora en cambio entre esas chicas hay muchas que tienen costumbre en ser algo más esbeltas y yo creo que eso seguramente será porque hacen mucho deporte.

LISKARRA. Riña, pelea, disputa, contienda. **K.** Ezta asteburubat pasatzen hemen Zarautzen liskarra bat ero beste eon-barik, eta geixenbat gertatzendie hor zona esatejakon aldien, askotan gañera ikubilkara eta munizipal ero ertzainak etorri inbierra izetendaue gauzak lasaitzeko. **T.** No pasa un fín de semana aquí en Zarautz sin que haya alguna pelea que otra, y la mayoría ocurrren en lo que se llama la zona, muchas veces además a puñetazos y tiene que venir la policía municipal o la ertzaina par aplacar las cosas.

LISTARIXE. Hilo fino y fuerte.

(Ver la definición de irobalie).

LISTO. Se dice cuando una cosa se ha terminado, finalizado. **K.** Beno ba, nagusixek aiñduteko lana listo geratuda eta gañera berak esandako denporan bukatudou, oñ baezpare itxoiñ ingou apurbat aber etortzendan ikustera eta ezpada laister asaltzen alde inleikegu, hori da esauzkuna. **T.** Bueno pues, ya hemos terminado el trabajo que nos había mandado el jefe y además en el tiempo señalado, ahora por si acaso vamos a esperar un poco a ver si viene a verlo y si no aparece pronto nos podemos marchar, eso es lo que nos ha dicho.

LISTUE. Se dice de la persona inteligente. **K.** Ze listuek emutendau diela txakur batzuk, eta listuek ezpadie argixek bentzet bai, Josu eta Uzuri hamabost egunetik beñ etxera etortzendie afaltzera eta batera ekartzendaue euron txakurre, Korta, eta hau sekula ezta asten nun dauen etxie eta ez nun dauken bere afaixe be, aurrena zuzen fatenda batera eta gero, atie zabaldu ondoren, axkar bestera. **T.** Algunos perros dan la impresión de que son listos, y si es que no lo son al menos si que son muy despiertos, cada quince días Josu y Uzuri vienen a cenar a casa y con ellos traen a su perro, Korta, y éste nunca se olvida de dónde está la casa ni en qué sitio tiene la cena, primero va directo a un sitio y luego, después de abrir la puerta, rápidamente al otro.

LITZA. Junco. **K.** Zarauzko inguru hontan litza ugeri dau eta ortu geixenetan ikustenda nola honeik jartzeitxuen tomate eta baina landarak eutzi eta gero lotzeko, nik baezpare eztitxut iñudik hartu zeatik eztakitx zeñenak dien eta ez baimenik eskatu inbierrik izetendan. **T.** Aquí en la zona de Zarautz hay muchos juncos y se ve cómo en la mayoría de las huertas las colocan para sujetar y después atar las plantas de tomate y vainas, yo por si acaso nunca las he cogido porque no sé de quien pueden ser y tampoco si habría que pedir permiso.

LIZARRA. Arbol del fresno. **K.** Nik enauen ondo esauketan lizarran arbola, baña oñ badakitx erreka basterretan hastendala, keixpe antzien eta bere garaia danien arramak moztendiela makillak itxeko egur horrekiñ, gauza honeik gugel hortan irakurritxut. **T.** Yo no conocía bien el árbol del fresno, pero ahora ya sé que crece en las orillas de los ríos, bastante a la sombra y que cuando es su tiempo se cortan las ramas para hacer bastones con esa madera, éstas cosas las he leído en el gugel ese.

LIZTORRA. Avispa.

(Ver la definición de erlabixue).

LIZUN, LIZUNA. Moho. **K.** Lizunak jeneralki umeltazun dauen tokixen urtetzendau, batzuetan hori ezta nai izeten eta zerbaitx inbierra eotenda hori ez gertatzeko, eta gertatzenbada berdiñ, baña kentzeko noski, baña beste batzuetan bai komenida eta nahita itxenda atara eraitxie lizun hori, esan-baterako kuratzen jartzendienien mota batzuetako gaztaiek. **T.** Generalmente el moho sale en los sitios donde hay humedad, algunas veces no se quiere que suceda eso y hay que hacer algo para evitarlo, y si sucede lo mismo, pero para quitarlo claro, pero otras es conveniente y se hacen a propósito para que salga ese moho, por ejemplo cuando se ponen a curar quesos que son de un tipo determinado.

LIZUNDU, LIZUNDUTA. Enmohecer, enmohecido. **K.** Ba hori, gaztai horreik denpora gutxi ero dexente erueteitxunien kuratzen, lizunduta geratzendie kanpotik eta hori garbitxu ero kendu inbierra izetenda, gero bertan laga berriz urten hartien eta hala jarraitxu modu berdiñien bierdan bezela geratu hartien. **T.** Pues eso, cuando esos quesos llevan algo o bastante tiempo curándose se quedan enmohecidos por fuera y eso es necesario limpiar o quitar, luego volver a dejar en el mismo sitio hasta que le salga de nuevo y continuar así de la misma manera hasta que queden del modo que se precise.

LO. Dormir, dormido. **K.** Ze alde dauen batetik bestera lo gora-berakiñ, batzuk bier izetendaue, esan-baterako, hamar ordu zeatik beztela eztaue buruik jasotzen egun guztien, eta beste-batzuk berriz xei ero zazpi ordukiñ segurazki nahikue daukie. Eta eztakitx honek zer-ikusixe dauken edadiaz baña baleike baietz. **T.** Que diferencia hay entre unos y otros con el asunto del dormir, algunos necesitan, por ejemplo, dormir diez horas porque sino no levantan cabeza en todo el día, otros en cambio con seis o siete horas seguramente tienen sufuciente. Y no sé si ésto tendrá algo que ver con la edad, pero puede que sí.

LOALDIXE, LO-ALDIXE. Somnolencia, sueño, ganas de dormir. **K.** Loaldixe eukileiketzu lo gaizki ero gutxi iñdozulako, baña hortik aparte, gañera normalki bezela, baitxe sortzenda ondo eta ugeri jatendanien. Jan ondoren, tripa betiaz eta ezpadau holako animo haundirik barriketan itxeko, nahiko aukera eotenda burue okertzen hasteko. **T.** Se puede tener somnolencia si se ha dormido mal o poco, pero aparte de eso, además como cosa normal, también surge al haber comido bien y de forma abundante. Después de comer, con la tripa llena y si no hay mucho ánimo de charlar, hay bastantes probabilidades de que empiece a inclinarse la cabeza.

LODI, LORI. Espeso, grueso. **K.** Lengo zapatuen bazkaltzen eongiñen hango erretegixen eta arritxuta geratunitzen ikusinauenaz, gure aldameneko maixen eozen lau mutil eta erakusteko ekarrizutzien bi txuleta kristonak galdetuaz aber euron gustokuek zien, bixek siñiztu eziñekuek, luziek, zabalak eta gutxienetik zortzi zentimetro loritazun eukikozitxuen, ba hareik ezer inportantzik emun-barik baietza emunutzen, eta beste gauzabat, aurretik be beste zerreozer janda eozen zeatik platerak zirrimarrakiñ ikustezien. **T.** El otro sábado estuvimos comiendo en el asador de allá y quede asombrado con lo que ví, en la mesa de al lado había cuatro chicos y les trajeron para enseñar y que diesen el visto bueno dos chuletas inmensas, las dos eran increíbles, largas, anchas y con un grosor de por lo menos ocho centímetros, pues aquellos sin darle mayor importancia le dijeron que sí, y otra cosa, con anterioridad tambien habrían comido alguna otra cosa porque tenían los platos con algunos restos.

LODITU, LODITXU. Espesar, engordar. **K.** Letxara honi ur larreitxo botautzazue eta baserriko fatxada pareta honeik zuritzeko zertxobaitx loditxu bierrien dau, orduen badakitzue zer inbierra daukotzuen, ustu pixkat bidoi hori, bota berriz lechara eta nahastu ondo. **T.** A esta lechada le habeís echado demasiada agua y para blanquear las paredes de la fachada del caserío es necesario espesar un poco la mezcla, así que ya sabeís lo que hay que hacer, vaciar un poco el bidón, etxar otra vez lechada y volverla a mezclar.

LOERRIE, LUERRIE. Se dice por las consecuencias de haber dormido mal o poco. **K.** Umetxo hau loerriaz dau, ixe begixek be eziñdau zabaldu eta hori danoi gertatzenda zeatik orduek sigero aldrebestuta dauko, gauez lo inbierreko garaian jolasteko goguaz eotenda eta gero egunez logurez betie. **T.** A ésta criatura se le nota que ha dormido poco, casi no puede ni abrir los ojos y todo eso le pasa porque tiene las horas enrevesadas, a la noche cuando tiene que dormir está con ganas de jugar y luego de día está muerto de sueño.

LO-EZIÑE, LO EZIÑE. Imposibilidad de conciliar el sueño. **K.** Eztakitx zergaitxik izengodan baña eotendie denporaldixek nahiko erraruek luen buruz, batzuetan eta naiz da ugera fan lo itxeko goguekiñ lo-eziñe gertatzenda eta hurrenguen berriz sartu besteik ez siku geratzezara. **T.** No sé porque será pero ya suele haber temporadas bastante raras en realación al sueño, algunas veces sucede que aunque vayas a la cama con ganas de dormir no puedes conciliar el sueño y otras veces en cambio nada más que te metas entre las sábanas te quedas frito.

LO-GELA, LO GELA. Habitación que se utiliza para dormir. **K.** Eztakitx egixe izenleiken eta ez ze errazoi dauken esatendan hori, eta da ze komenigarrixe izetendala logelako oien burue iparaldera begire eotie. Bai, ez, siñistu eta kasu iñ ero dauen bezela utzi? **T.** No sé si puede ser verdad ni que razón de ser tiene eso que dicen y es lo siguiente, parece ser que es coveniente que la cabecera de la cama de la habitación esté orientada hacia el norte. Si, no, ¿creer y hacer caso o dejar las cosas tal y cómo están?

LOGURIE. Tener sueño, ganas de dormir. **K.** Ba goixen jarridoun bezela, umetxo hori luerriaz dauela eztauelako nahiko lorik iñ gabien, eta gero zer gertatzenjako?, ba kriston logurie daukela, begixek itxi ta lotara fatie naidauela. **T.** Pues cómo hemos puesto arriba, que esa criatura está con sueño porque a la noche apenas había dormido, ¿luego que le sucede?, pues que quiere cerrar los ojos y tiene ganas de ir adormir.

Aspaldiko esaerabat: Ague zabaldu, gosie ero beztela logurie.

Un viejo proverbio vasco dice que si abres la boca, hambre o quizá sueño.

LOITXU, LOITXUTA. Ensuciar, mancharse. **K.** Zenbat bider entzundakue dan ama dien guztiek esatendauen hori: Badakitzue estozuela ibili inbier ur potzuetan eta ez lokatza hartien, beztela eta loitxuta basatoze jakiñien zare zer gertaukodan, pasara onbat hartukozuela. **T.** Cuántas veces se habrá oído a las que son madres repetir lo mismo: Ya sabeís que no hay que andar en los pozos de agua ni entre barro, sino y si venís sucios ya sabeís lo que va a pasar, que recibireís una buena tunda.

LOIXE. Estar sucio, hecho un cochino (a). **K.** Ba horixe bera gertaujako Tomasitoi, sigero loixe allegaudala etxera eta ipurdiko batzuk hartuitxuela, alegiñek be inditxu esaten bere kulpa eztala izen, bestiek bultzatu ta jausi iñdala potzura baña ezta ezertarako balixo izen zeatik amak eztutzo siñistu. **T.** Pues eso mismo le ha pasado a Tomasito, que a llegado a casa muy sucio y ha recibido unos cuantos azotes en el culo, también ha intentado disculparse diciendo que no ha sido culpa de él, que los otros le han empujado y se ha caído al pozo pero no le ha servido de nada porque su madre no le ha creído.

LOKA. Literal loca, y fig. esta palabra se utiliza cuando una cosa está floja, suelta y se mueve. **K.** Eztitxut bape ondo ikusten balkoi pare hori eta baezpare puntalau inbikou, baña gauzabat ta gañera oso berezixe, ezizue puntal bat bera loka utzi zeatik beztela iñdako lana alperrik izengoda. **T.** No les veo nada bien a los dos balcones esos y por si acaso los tendremos que apuntalar, pero una cosa y además muy importante, no dejeís ningún puntal flojo porque sino el trabajo hecho habrá sido en vano.

LOKARRIXE. Cuerda fina. **K.** K Lokarrixe derrigorrezkue izetenda kostruziño obretan, jeneralki danien baña geixenbat ideltzeixa lanien eta hemendik aparte beste gauza askotarako be erabiltzenda, paketiek lotzeko, sukaldien be zerbaitzuk kozinatzeko garaian eta abar. **T.** En las obras de construcción las cuerdas son imprescindibles, por lo general en todos los gremios pero sobre todo en los trabajos de albañilería y aparte de éstos también se utilizan para muchas otras cosas, para atar paquetes, en la cocina a la hora de preparar ciertas cosas, etc...

LOKARTU, LOAKARTU. Dormirse, adormilarse. **K.** Gure aldameneko maixen dauen gizon potolo horrek etxura dana dauko ondo eta ugeri bazkaldute dauela, sigero lokartuta dauela ikustejako burue beso hartien hartuta maigañien eta berakiñ dazen lagunek beitu ta barre besteik eztaue itxen. **T.** El hombre gordo que está en la mesa de al lado tiene toda la pinta de que ha comido bien y de forma abundante, se vé que está completamente dormido con la cabeza apoyada entre los brazos encima de la mesa y los compañeros que están con él no hacen más que mirarle y reirse.

LOKATZA. Barro, lodo. **K.** Hor goi aldeko nunbaitxen jarridot ibilaldibat iñdotela denpora gutxi dala, ba bidai hortako askenengo bost egunetan eurixe eta txingorra besteik ezauen iñ, toki askotan biriek sigero lokaztuta geratzezien eta noski, larreiko gaizki ibiltxeko. **T.** En algún sitio de por ahí arriba ya he puesto que hace poco hice una ruta caminando, pues en los últimos cinco días de ese viaje no hizo más que llover y también granizar, en muchos sitios el camino se convertía en un lodazal y claro, así quedaban, en pésimas condiciones para andar.

LOKAZTU. Embarrarse. **K.** Ba horixe bera gertaketazan ibilaldiko askenengo egun horreitan, eguneko etapak bukatzenitxula sigero lokatutako zapatillaz eta berdiñ fraka barrenak, gero gauza izetezan nola sikatu honeik lokatza kendu ondoren, batzuetan eta otel ero ostalien haixeko estufakiñ, eotenbazan noski, eta beste batzuetan haldan moduen, baitxe periodiko papera zapatilla barruen sartuta. **T.** Pues eso mismo me pasaba aquellos últimos días de la ruta que hice, que cuando terminaba la etapa del día las zapatillas y los bajos del pantalón los tenía completamente embarrados, luego la cosa era el cómo secarlos después de haberles quitado el barro, algunas veces y si es que lo tenían en el hotel u hostal, con una estufa de aire y otras de la manera que se podía, también metiendo dentro de las zapatillas papel de periódico.

LOLO, LOLOX. Es una palabra que todavía se utiliza con los críos para que se duerman o vayan a dormir. **K.** Zerbaitx jartzeatik. Tomasito logure haundixe daukotzu eta lolo itxera fanbikozu zeatik beztela badakitx zer gertaukojatzun, lokartu ingozarela mai gañien. **T.** Por poner algo. Tomasito tienes mucho sueño y tendrás que ir a dormir porque sino ya sé lo que te va a pasar, que te dormirás encima de la mesa.

LORAK. Flores. **K.** Nere andriei lorak geixau gustetajako beste erozeiñ gauza baño, beno, erozeiñ bez baña geixenbat baño bai bentzet eta beste gauzabat, eztakitx entzunde ero irakurritxe dauketen baña jakiñdot lorak be onak omendiela jateko. Ba nik bentzet zalantza haundixe dauket hala izengodan eta hala-bada eztot uste tripa asko betekodauenik. **T.** A mi mujer las flores le gustan más que a cualquier otra cosa, bueno, cualquiera tampoco, pero sí al menos más que la mayoría y otra cosa, no sé si tengo oído o leído pero he sabido que las flores también deben de ser buenas para comer. Pues yo al menos tengo una gran duda de que eso sea así y si es que lo es no creo que llenen demasiado la tripa.

"LORAMENDI". "Loramendi" era el nombre que tiene, como poeta que fué, Joakin Arana. **K.** "Loramendi izen hau zan, eta da noski, Joakin Arana olerkarien izena, bera Bedoña auzuen jaixotakue, orduen Atxabalta, eta izenzan gure ama Felisan anaie. Nahiko gazte hilzan eta egun gutxi geratzezela fraile kaputxino izeteko. Bere omenez badie harrizko bi monolito, bat Atxabaltan eta bestie Bedoña auzuen, oñ Arrasate. Haren olerkiak eztie halako errexak ulertzeko bere aspaldiko eukeriaz baña halere hemen jartzendie berak idatzitako olerki parebat. **T.** El nombre este de "Loramendi" lo tuvo, y tiene claro, el poeta Joakín Arana, él nació en el barrio de Bedoña, entonces Aretxabaleta, y fué hermano de nuestra madre Felisa. Murió bastante joven y cuando faltaban pocos días para ordenarse como fraile Capuchino. En su memoria hay dos monolitos de piedra, una en Aretxabaleta y otra en el barrio de Bedoña, ahora Mondragón. Los poemas de aquel con su euskera de aquellos tiempos son bastante dificultosos para traducir, pero aún así vamos a intentarlo y poner aquí un par de aquellos poemas escritos por él.

(1) Urrundu ziran arrantza asmoan.
Ostendu ziran uren kolkoan…
Tilintalanka,
astinduz branka,
Orain hemen ta gero han zanka,
ugiñen mende egun osoan.

(2) Urrundu ziran gizarajoak,
bear bearrez lanai lotuak.
Nai eta nai ez
atsedenik ez;
eguzkik ezik, ekaitz-egunez,
arrantza orri uztarrituak.

Gero aurreneko bertzo hau (1), hala gure goi aldeko euskeriaz geratukozan gutxigorabera, baña noski da ze eztala geratzen, ezta gutxiu be, bertzo bezela:

> Hara urrutira junzian
> arrantzan itxeko asmuaz,
> poliki, dingilin dangalan
> ura lepuen gordeta,
> oñ hemen eta gero han bultzaka,
> olatuen hartian euron menpe,
> egun osoan.

El significado del primer verso (1) podría ser éste, ahora que claro está, deja de ser un verso:

> Allá fueron lejos
> con la intención de pescar,
> despacio, pausados,
> con el agua escondida en el pecho,
> empujando aquí y luego allá,
> entre las olas bajo su dominio,
> así todo el día.

LORA-SORTA. Ramo, ramillete de flores. **K.** Ba hori, nola andriei lorak asko gustatzejakon bere zorionetarako betik eukitxendau lora-sorta polibat, hori gizon ta semien aldetik baña etxe kanpotik be bielketautzie. **T.** Pues eso, cómo a la mujer le gustan mucho las flores para su cumpleaños siempre tiene un bonito ramo, eso de parte de su marido e hijos pero también se lo suelen enviar de fuera de casa.

LORATEGI, LORATEGIXE. Comercio donde venden flores. Floristería. **K.** Semiek eztakitx baña nik bentzet bai eukitxendok nahiko arazo lorategira fatenazenien lora-sorta enkargatzen, dendarixen aldetik betiko galdera izetenda, eta ze lorak jarrikoitxu ba?, ta nere erantzuna be betik berdiña da, eztot ezer ulertzen eta jarrizue geixen komenidana, noski ez pasatzeko bostehun eurotik. **T.** No sé si los hijos pero yo por lo menos sí tengo un problema cuando voy a la floristería a encargar el ramo de flores, por parte de la que atiende siempre me pregunta lo mismo, ¿y que flores pondremos pues?, y mi respuesta también siempre es la misma, no entiendo nada de flores y poneís las que creaís más conveniente, claro que no pase de quinientos euros.

LORATU, LORATZEN. Florecer, floreciendo. **K.** Aurtengo udabarrixe ezta bape zoriontzu izen gure orturako, Inaziotar ibilaldira fan aurretik dana guztiz landatua geratuzan, tomatiek, piperrak, kipulak, bainak eta letxugak, eta andriek telefonoz esanda bezela baitxe loratzen hasi be, baña etxuraz beñ izugarrizko euri-zaparrara etorri eta dana izurrau omenzan, ba oñ berriz laudau-bierrien gara, bueltatzenazenien noski. **T.** Nuestra huerta no está de suerte con la primavera de este año, antes de ir a hacer la ruta del Camino Ignaciano quedó todo plantado, los tomates, pimientos, cebollas, lechugas y vainas, y según me dijo la mujer por teléfono que también empezaron a florecer, pero parece ser que un día debió de echar un chaparrón impresionante y todo se debió de estropear, pues ahora tendremos que volver a plantar, cuando vuelva claro.

LORITASUNA. Grosor, espesor de las cosas. **K.** Euxebio, fanzaitez karnizerira eta ekarrirezu filetiek, kilobat inguru nahikue izengoda, baña astu-barik esaiozu karnizeruei ez mozteko larreiko loritasunaz, enpanatzeko bezela izeteko. Eta bueltau axkar zeatik bazkairako da. **T.** Eusebio, vete a la carnicería y tráeme filetes, con un kilo aproximadamente será suficiente, pero no te olvides de decirle al carnicero que no los corte demasiado gruesos, que sean cómo para empanar. Y vuelve rápido porque son para la comida.

LORTU. Conseguir, lograr, alcanzar. **K.** Nahiko pozik geratukogiñake ze hainbeste lan iñ ondoren ortuen eta bigarren aldiz landau-bierra izen, lortzenbagauen igez bezelako, ero berdintzu jenero, bentzet bape zalantzaik eztau inditxula alegiñ guztiek. **T.** Ya quedaríamos bien contentos si después de haber trabajado tanto en la huerta y de haber que tenido que plantar todo por segunda vez, el conseguir otro tanto, o parecido de producción cómo el año pasado, por lo menos no hay ninguna duda de que ya nos hemos empeñado.

LOTAN. Durmiendo. **K.** Ezizue hainbeste zarata atara eta ibilizaiteze ixiltxuau, akaso ezare gogoratzen umie lotan dauela, ero?, ba esnaketanbada zueiek hartubikozue eta alegiñdu berriz lotaratzen. **T.** No saqueís tanto ruido y procurar andar más en silencio, ¿o quizá os habeís olvidado de que el crío está durmiendo, o que?, pues si se despierta vais a tener que cogerle vosotros y esforzaros para que se vuelva a dormir.

LOTARAU. Intentar o conseguir que se duerma. **K.** Banakixen askenien nik hartu-bierra eukikonauela umieí, zuen zaratakiñ esnatu iñdozue eta iñok eztozue lortu lotaratzeik, oñ pozik haida jolasten zueikiñ eta gero zer, zeñekiñ geratukoda? **T.** Ya sabía que al final lo tendría que coger yo, se ha despertado con vuestro ruido y ninguno habeís conseguido que se vuelva a dormir, ahora está contento jugando con vosotros, ¿y luego qué, con quién se va a quedar?

LOTAZILA. El mes de diciembre. **K.** Jente askoi lotazila etxatie asko gustatzen gabonak gañien dielako, etxuraz jai honeik eztie bape euron gustokuek eta nik eztakitx zeatik izenleiken hori, nere ustez bentzet egun horreitan giro oso alai ta politxe eotenda alde guztietan. **T.** A mucha gente no les gusta mucho el mes de diciembre porque las navidades están próximas, parece ser que estas fiestas no son de su gusto y yo no sé porque puede ser eso, al menos yo creo que esos días hay un ambiente muy alegre y bonito en todas partes.

LOTU, LOTURA. Atar, acción de atar. **K.** Aldamiñuek jartzendienien fatxadan ero barrukaldien ondo lotu eta segurantza emun-bierra izetenda, beztela arrixku haundixe dau bera etortzeko eta jentie gañien lanien badabill jakiñe da zer gertauleikien, ezta aurreneko aldiz izengo hori pasadana. **T.** Cuando se coloca un andamio en la fachada o en el interior de una casa hay que asegurarse muy bien de que queda bien atado y sujeto, sino hay un riesgo muy grande de que se caiga y si hay gente arriba trabajando ya se sabe lo que puede ocurrir, y no sería la primera vez que eso sucede.

LOTZA. Vergüenza, respeto. **K.** Nik eztot uste lotzaik eukibidanik gauzak esan ero protestatzeko ezpadie ondo iñdekuek ero ez izen zuk eskatudozunak, batzui ikustejate hola bildur pixkatekiñ ero lotzaz bezela diela eta bebai nola konformatzendien daukienakiñ naiz ta ez izen euron gustokue. **T.** Yo no creo que haya que tener vergüenza para decir o protestar por alguna cosa que esté mal o que no corresponda a lo se haya solicitado, se suele ver algunos que parece que tienen así cómo miedo o son demasiado apocados y se conforman con lo que tienen, aunque no sea de su gusto.

LOTZABAKO, LOTZA-BAKUE. Se dice de la persona sivergüenza. **K.** Oñ hori bai, gauzabat da ez eukitxie lotzaik gauzak eskatzeko ero protestau errazoie baldinbadaukotzu eta bestebat da lotza-bakue izetie, eta jente mota halakuek alde guztietan ikustenda zeatik benetan ugeri eotendiela. **T.** Ahora eso sí, una cosa es no tener vergüenza para pedir o protestar por algún asunto en la que tengas razón y otra es ser un sinvergüenza, y de esta clase de gente también se ven en todas partes porque lo cierto es que abundan demasiado.

LOTZAGARRIXE. Se dice de la persona, situación o cosa ridícula, impresentable y que produce vergüeza ajena. **K.** Oñ be Polikarpoi eta ixe asteburu guztietan bezela kriston moxkorrakiñ ikustejako, eztotena ulertzen da nola bera eztan konturatzen nolako lotzagarrixe biurtzendan, astegunetan nahiko txintxo ibiltxenda baña allegatzenda lana izteko eguna eta sigero galtzendau burue. **T.** Ahora también a Policarpo y al igual que casi todos los fines de semana se le ve con una borratxera impresionante, lo que no comprendo es cómo él no se da cuenta de lo impresentable que se pone, entre semana suele andar bastante comedido pero llega el día que deja de trabajar y pierde completamente la cabeza.

LOTZATI. Se dice de la persona que se avergüenza con facilidad. **K.** Atzo esauzten Eskolapiok nola etorridan egun batzuk pasatzera Australian bizidan lengosue, sigero lotzati omendala erozeiñ aurrien dauenien eta eztaula iñola gure fateik, ez sikera bere kuadrillakiñ be txikito batzuk hartzera eta naio dauela etxien geratzie. **T.** Ayer me dijo Escolapio que cómo había venido a pasar unos días un primo que vive Australia, que debe ser un chico que enseguida se avergüenza cuando está delante de cualquiera y que no quiere ir a a ningún sitio, ni siquiera tampoco con su cuadrilla a tomar unos chiquitos y que prefiere quedarse en casa.

LOTZATU. Sentir vergüenza, avergonzarse. **K.** Ba horixe bera pasatzejate lotzati dien pertzonai, segitxuen lotzatu itxendiela erozeiñ eztan esagunaz, baña beste-batzui bebai berdiñ gertatzejate, horreik oso harroskuek dienak mutillen tartien eta gero neskan aurrien sigero moztuta geratzendienak, ez jakiñen zer iñ eta ez sikera zer esan be. **T.** Pues eso es lo que les pasa a las personas que son vergonzosas, que se avergüenzan enseguida con cualquiera al que no conozca, pero a otros también les ocurre lo mismo, esos que son muy farrucos entre los chicos y luego ante una chica se quedan absolutamente cortados, sin saber que hacer ni siquiera tampoco que decir.

LO-ZALIE, LU-ZALIE. Se dice de la gente a la que le gusta mucho, quizá demasiado, la cama y el dormir. **K.** Egixe da danetarako eonbidala jentie eta luen buruz be hala da, ezta errexa ulertzie nola dazen hainbesteko lo-zaliek dien pertzonak, eta baleike larreitxo izetie jartzendoten hau, baña asteburu geixena eongozienak oien sartuta eta gañera lo. **T.** Es verdad de que tiene que haber gente para todo y sobre los asuntos del dormir también es así, no es fácil de entender cómo hay personas, y quizá sea demasiado esto que pongo, pero que estarían casi todo el fín de semana metidas en la cama y encima dormidas.

LUE. Sueño, ganas de dormir.
(Ver la definición de logurie).

LUISTARRAK. Agrupación católica masculina. **K.** Eztakitx ondion eongodan Luistarran kofradixaik baña bere garaian, Atxabaltan bentzet, jente ugeri izetezien tarte hortakuek, naiz eta ni sekula ibili ez inguru hortan, entzunde nauken asko ibiltxeziela Elixa kontuekiñ. **T.** No sé si todavía existirán las kofradías de los Luistarras, pero en su tiempo, al menos en Aretxabaleta, había mucha gente que estaba relacionada con esa agrupación, a pesar de que yo nunca he estado entre ellos, tenía oído de que solían andar mucho con los asuntos relativos a la Iglesia.

LUKAINKA. Chorizo. **K.** Guk, Atxabaltan eta Leinz Ballara inguruen txorixuei txorixue esateutzou baña beste toki askotan, baleike batzuetan bakarrik izetie, lukainka izen honekiñ deiketautzie, halaere aldebatera ero bestera deitxu kustiñue da ona izetie, eta hala baldinbada ze ondo etortzendan hamarretakue itxeko ardo pixkateaz lagunduta, bakarrik, arrautza prijitxuaz eta akaso baitxe patatarre batzukiñ be. **T.** Nosotros, en Aretxabaleta y en la zona del Valle de Léniz al chorizo le llamamos chorizo, pero en otros muchos sitios, quizá solo sea en algunos, le llaman con el nombre de lukainka, de todas formas tanto se le llame de una forma u otra la cuestión es que sea bueno, y si es que es así que bien suele venir comerlo en un almuerzo a eso de media mañana con un poco de vino, solo, con un huevo frito y acaso también con unas patatas fritas.

LUMA. Pluma. **K.** Eztot esautu baña telebistan ikusitxe dauket nola bere garaian lumakiñ idaztezan hau busti ondoren tinta potien, baña enauen entzun ze txori ero ze beste egaztixena izetezan. Gauza da aukera eotendala ikusteko denpora orduko lanak eta benetan, ikusitxutenak bentzet, zoragarrixek diela. **T.** No lo he conocido pero tengo visto en la televisión cómo en su tiempo se escribía con una pluma después de mojar ésta en la tinta del tintero, pero no oí de que pájaro u otra clase de ave sería. La cosa es que hay oportunidad de ver los trabajos de aquellos tiempos y de verdad, al menos los que yo he visto, que son impresionantes.

LUMATU. Desplumar. **K.** Ni enaz sekula ehistarixe izen baña dienak esatendaue ehizien arrapatzendien txori ero egaztixek buruz, ondorengo lumatu lanak izetendiela txarrenak, horreatik askok eztaue nai izeten geratzie horreikiñ eta eurotik batzuk, ero asko erregalau itxeitxue. **T.** Yo no he sido nunca cazador pero el que lo es dice que el peor trabajo sobre los pájaros o aves que cazan son los posteriores, el desplumar, por eso muchos no suelen querer las piezas que han cobrado y algunas de ellas, o muchas las suelen regalar.

LUPIA. Lubina, pez de mar. **K.** Pizifatoriko lupiak eztie txarrak izeten, akaso gusto gutxitxuau daukie baña halaere onak geratendie plantxan iñde tamañu erdikuek badie ero laban etxurazkue badaukie. Baña gauzabat, halaere alde dexentie dauko itxasuen arrapantzendienakiñ. **T.** Las lubinas de la piscifactoría no suelen ser de mala calidad, quizá tengan un poco menos de sabor pero aun así quedan buenas haciéndolas a la plancha si son medianas o al horno si son de tamaño considerable, pero una cosa, aún así hay bastante diferencia con las que se cogen en el mar.

Errezetabat: Lupia, laban errie. Errezeta hontarako berdintue da izetie pizifatoriko ero itxasuen hartutakue. Peskaixan dexenteko lupia erostendou eta peskaterrei esateutzou garbitzeko bakarrik eta osoi izteko buru ta guzti, hori bai, hagiñek eta begixek kenduta. Sartakiñabaten olixuekiñ pasarabat emuteutzou etxurazko kipulabati julianan fiñ xamar moztuta eta bestebaten tamañu erdiko patata parebat zabalien zatitxuta loritazun haundi-barik. Larrei inbarik bixek ataratzendou eta jartzeitxu labako bandejan, aspixen patatak, goixen kipula, bota gatz pixkat, honeiñ gañien lupìa gatza bota ondoren eta gero olixo ta ardau zuri pixkat. Aurretik laba berotuta daukoun berrehun gradutara eta hemen sartzendou bandeja eta gutxigorabera hamabost miñutu inguruen, gora-berie dau arrañak dauken pixuaz, listo eongoda. Komenigarrixe izetenda erdi aldera erregatzie bandejan dauen saltzakiñ. Atara fuentebatera, arraña zabaldu liburue balitz bezela, azurra kendu eta biñagre pixkat bota gañien, aparte prestatuta eukikou sartakiñan olixo, berakatza zabaletara fiñ moztuta eta piper gorri miñ pixkat, hau be lupiana eta gero dana nahasi sartakiñara, berotu pixkat buelta batzuk emunaz eta dan hau berriz arraiñan gañera, perrejill pixkat txiki txiki iñde bota gañien eta besteik ez. Gertu dau eta bakarrik jatie geratukozan.

Una receta: Lubina al horno. Para esta receta es parecido que sea de piscifactoría o pescada en el mar. En la pescadería compramos una lubina de un tamaño decente y pedimos al pescatero que solo nos lo limpie dejándolo con la cabeza, eso sí quitando los dientes y ojos. En una sartén con aceite pasamos un poco una cebolla hermosa que la habremos cortado bastante fina en juliana y en otra un par de patatas medianas cortadas en rodajas con un espesor no demasiado grueso. Sin hacer mucho los sacamos y colocamos en la bandeja del horno, debajo la patata, arriba la cebolla, echamos un poco de sal y encima de todo esto la lubina que la habremos salado y luego un poco de aceite y vino blanco. Metemos la bandeja al horno que tenemos previamente recalentado a unos doscientos grados y más o menos en unos quince minutos, el tiempo dependerá del peso que tenga la lubina, estará listo. Es conveniente que hacia la mitad del asado lo reguemos con la salsa que hay en la bandeja. Lo sacamos a una fuente, abrimos el pescado igual que si fuese un libro, le quitamos las espinas y vertemos un poco de vinagre encima, aparte habremos preparado en una sartén aceite, ajo cortado en láminas y un poco de guindilla roja picante, tambien ésto al pescado y luego todo mezclado otra vez a la misma sartén, lo calentamos un poco dándole unas vueltas y de nuevo todo ello encima de la lubina, echar un poco de perejil bien picado y nada más. Está ya listo y solo quedaría el comer.

LUPUE. Escorpìon, alacrán. También el mismo nombre se utiliza para la salamandra. **K.** Esatendauen ez eta noixienbeñ telebistan ikustendan bezela, lupuen zastada oso txarra omenda, gertatzenbada bakarrik eotie eta ez euki aukeraik iñora fateko bertan geratzeko arrixku haundixe dauela. **T.** Según dicen y también alguna vez se ha visto en la televisión, la picadura del escorpión debe de ser muy mala, si ocurre que estás solo y no tienes oportunidad de ir a sitio alguno para que te auxilien, puede haber un riesgo muy grande de quedarse allá mismo.

LUR-AZALA. La piel o capa que se forma en la superficie de la tierra. **K.** Iñdauen bero honeikiñ eta naiz da lur aspixen nahiko umeltazun eon, gañeko lur-azala nahiko gogorra geratuda eta berriz atxurra hartu eta lur hori bueltau inbierrien gara. **T.** Debido a los calores que ha hecho los últimos días y a pesar que bajo tierra hay bastante humedad, en la superficie se le ha formado una capa bastante dura y vamos a tener que volver a coger la azada y voltear la tierra.

LUR-JAUSIXE. Desprendimiento, generalmente debido a las lluvias. **K.** Lur-jausi hori bai eztala sekula falta izeten urtien ziar Zarautz eta Zumai kosta tarteko karreteran, gutxienetik dozenabat bider, eta euri dexente itxenbadau segitxuen dau birie moztuta hori gertaudalako, eta noski, modu hortan jarraitxu konpondu hartien. **T.** Los desprendimientos son una cosa que al cabo de año nunca faltan en la carretera de la costa entre Zarautz y Zumaia, por lo menos una docena de veces, y si llueve de una forma considerable enseguida está cortada la carretera debido a esa causa, y claro, continuar de esa manera hasta que lo arreglen.

LUR-JOTA. Se dice cuando una persona está abatida. **K.** Ustedot nahiko latza dan zerreozer gertaujakola Anakletoi, ikustejako sigero lur-jota dauela eta hala doie dozenerdi egun gutxienetik, eztauket ziurtazunik baña aitudot bere andriek igex iñetedauen bere lagun-batekiñ. **T.** Creo que alguna cosa bastante grave le ha ocurrido a Anacleto, se le ve que está completamente abatido y lleva sí por los menos media docena de días, no tengo ninguna seguridad pero he oído de que su mujer se ha debido de escapar con algún amigo suyo.

LUR-IKARA. Terremoto, seismo, temblor de tierra. **K.** Zenbat hilldako eotendien munduen ziar lur-ikaran kulpatik, millaka pertzona izetendie akabatzendienak, leku batzuk badaz arrixku ta aukera haundixek daukienak lur-ikara horreik gertatzeko, eta gañera eztau zer iñik hori ebitatzeko, hala die eta hala izendie betik. **T.** Cuánta mortandad hay en el mundo debido a los terremotos, son miles las personas que mueren, hay algunos sitios que son muy específicos y dónde hay muchas probabilidades de que sucedan esos seismos, y además no se puede hacer nada para evitarlos, son así y así han sido siempre.

LURPE-BIRIE. Túnel. **K.** Hemen Euskalherrixen bai eztauela aukera haundirik karretera eta trenbireik itxeko diru gutxikiñ, larrei kostatzenda lurpe-biriek itxie eta gure inguru guztiek jositxe daz honeikiñ, geixenbat Gipuzkun eta hurrengo Bizkai aldien, baña hau izetenbada guk gurouna ba eztau beste erremeixoik, beno, akaso bai, baña aurrena mendixek kentu-bierrak izengozien. **T.** Aquí en Euskalherría sí que no hay muchas posibilidades de hacer carrteras y vías de tren con poco dinero, los túneles cuestan mucho y nuestro entorno está lleno de ellos, los más en Gipúzkoa y luego por Bizkaia, pero si ésto es lo que nosotros queremos no hay otro remedio, bueno, quizá sí, aunque primero habría que eliminar las montañas.

LURPEIE, LURPIE. Subterráneo. **K.** Ondion Euskalherrixen geratukodie koba-zulo bat ero beste eztienak lurpeien dazen galeri guztiuek asaldu, jente dexente ibiltxenda lan horreitan baña bere denpora ta dirue bier izetenda gauza dan horreik lortzeko. **T.** Todavía ya quedarán unas cuantas cuevas en Euskalherría dónde aún no se han descubierto todas las galerías subterráneas, suele andar bastante gente con esos temas pero se necesita tiempo y dinero para poder conseguir todo eso.

Aspaldiko esaerabat: Hildienak lurpera eta bizirik dienak maira.

Un viejo proverbio vasco dice que los muertos bajo tierra y los que están vivos a la mesa.

LURRA, LURRE. Se llama así tanto al suelo como a la tierra. **K.** Ze nola deiketajakon izen berdiñaz bi gauza desberdiñei? ba halaxe dalako baña erozein modutan hemen doie zer dan bata eta bestie: Bateko lurra da jartzendana, esan-baterako, baldosa ero akaso tarima eta bestie, baitxe esan-baterako, ortuen dauena eta erabiltzendana gauzak landatzeko, norberak atxurtu ondoren noski. **T.** ¿Que cómo es que se denomina con la misma palabra a dos cosas diferentes?, pues porque es así pero en cualquier caso ahí va la definición de cada una: Uno de los suelos es dónde se coloca, por ejemplo, la baldosa o quizá la tarima y el otro suelo, también por ejemplo, es donde está la tierra de la huerta y que se utiliza para plantar cosas, claro que después de que uno mismo la haya cavado.

LURRA-JOTA. Tocar o caer al suelo. Pero esta palabra más bien se utiliza. fig. cuando una persona, negocio, industria, etc… se ha arruinado. **K.** Zenbat fabrika itxikotezien lurra-jota ondoren krixix demontre honeatik, eta horreikiñ batera baitxe zenbat jente be geratukozien kalien, oñ ezta bape errexa izengo berriz zabaltzie itxidien honeik, sikera parte, naiz eta mejorixa etorri. **T.** Cuántas fábricas se habrán arruinado y cerrado debido a esta dichosa crisis, y junto con ésto también cuanta gente se habrá quedado en la calle, ahora y aunque mejoren la cosas ya no será fácil que esas que han cerrado, siquiera una parte, vuelvan a abrir de nuevo.

LUR-ALDIE. Se denomina así a una comarca, paraje, región o zona determinada. **K.** Ze politxe dan Baztaneko lur-alde guzti hori, herrixek eta baitxe beste leku batzuk be badaz benetako zoragarrixek dienak asteburu onbat pasatzeko bezelakuek, gauzak ikusi pasiauaz, eta gañera oso ondo jatenda erozeiñ tokitxen, geixenbat haragixe, eta benetan ezanleike danetik euki ta billatuleikela. **T.** Que bonita es toda la comarca del Baztán, hay pueblos y también otros sitios que son maravillosos para poder pasar un buen fín de semana, pasear viendo cosas, y además se come muy bien en cualquier parte, sobre todo la carne y de verdad se puede decir que tiene todo lo que uno quiere ver y buscar.

LURRERA. Al suelo. **K.** Len be esautzut ez ibiltxeko txorakexaik itxen harri horren gañien eta segitxuen jexteko hortik, zeatik beztela badakitx zer gertaukojatzun, lurrera jausi, miñ hartukozu eta gero negarrez hasikozara. **T.** Antes también te he dicho que no andes haciendo tonterías encima de esa piedra y que te bajes rápidamente de ahí, porque sino ya sé lo que te va a pasar, que caerás al suelo, cogerás daño y luego empezarás a llorar.

LURREZKUEK. Se le llama así al objeto que está elaborado con arcilla. **K.** Garai baten baserriko, baitxe kaleko etxe batzuetan be, sukaldien erabiltzezien tresna asko, plater, lapiko eta abar, lurrezkuek izetezien, gero asalduzien beste gauza batzuk merkiau itxezienak, plastikue bezela eta len eozen ixe geixenak desagertu inzien. **T.** En un tiempo muchas de los utensilios que se utilizaban en la cocina de los caseríos, también de algunas casas de la calle, platos, cazuelas, etc…, eran los elaborados con arcilla, luego aparecieron otras cosas cuya fabricación era menos costosa, cómo el plástico y casi todo de lo que había antes desapareció.

LURRIEN. En la tierra, en el suelo. **K.** Oñ eta momentuz bentzek itxizue material ta herraminta horreik lurrien, eztaukou astirik apaletan jartzen ibiltxeko zeatik fan-bierra daukou, axkar gañera, beste toki-batera, eta gero ero bixer jarrikoitxu bere lekuen. **T.** Ahora y al menos de momento dejar el material y la herramienta en el suelo, no tenemos tiempo de ponerlo en las estanterías porque tenemos que ir, además rápidamente, a otro sitio, y luego o mañana ya los colocaremos en su lugar.

Aspaldiko esaetrabat: Lurretik hasi eta lurrien bukatu.

Un viejo proverbio vasco dice que de la tierra empezamos y en la tierra terminamos.

LURRUNA. Sucede cuando en un espacio cerrado se concentra mucho humo, vaho, etc… **K.** Ondion be batzuetan errietan itxendust andriek lurrun asko ataratzendotelako sukaldien laba kontuekiñ nabillenien, gauza da, bero ero epel dauenien zabaltzendotela balkoiko atie, baña nueguen ez zeatik hotza sartzenda kanpotik, eta hortik aparte, ze kulpa dauket nik ba?, lurrun hori laban kontue da eta ez nirie, baña halaere erozeñek esateutzo hori. **T.** Todavía también a veces la mujer me sigue riñendo porque se forma mucho vaho y algo de humo en la cocina cuando ando con los asuntos del horno, la cosa es que si fuera hace calor o está templado ya abro la puerta del balcón, pero en invierno no lo hago porque de fuera entra frío, y aparte de eso, ¿qué culpa tengo yo pues?, el humo ese es cosa del horno y no mía, pero aún así cualquiera le dice eso.

LURRUNDU. Evaporar. También se dice por el efecto que se produce para tomar vahos. **K.** Esatendaue katarrok eta arnasestue kendu ero lasaitzeko ona izetendala ura irikitxen jarri eta bertan egosi eukaliton orrixek, ondoren horren lurrunak hartu eta gauza da burue trapuaz tapata eukibidala ontzi gañien. **T.** Dicen que para quitar o aliviar los catarros y la respiración fatigosa en muy bueno tomar vahos de agua hervida con hojas de eukalipto, y la cosa consiste en colocar la cabeza tapada con un trapo encima del recipiente y respirar los vahos que desprende.

LUSTRIE, LUSTRAU. Lustre, betún, generalmente para los zapatos. **K.** Gure aman betiko esana izetezan norbera betik garbi eta txukun jantzitxe eonbizala kalera urtetzeko garaian, eta ez hori bakarrik, zapatak be ondo lustrauta. Oñ gaztiek eztaukie holako bielekuik zeatik iñok eztau jasten zapataik, danak ibiltxendie zapatillakiñ. **T.** Nuestra madre siempre decía que para salir a la calle uno tenía que estar limpio y vestido decentemente, y no solo eso, sino que también los zapatos tenían que estar bien lustrados. Ahora los jóvenes no tienen esos problemas porque ninguno utiliza zapatos, todos van con zapatillas.

LUTUE. Luto. **K.** Ze kontu ta nola zien aspaldiko gauzak, gertaketanbazan andrabat alargun geratzie lutue erunbierra izeteauen, akaso ezan derrigorra izengo baña hala zan, eta ez denpora gutxixen baizik geratzejakon bizi guztirako, hala ibili ta ikustezien betik erropa baltz hareikiñ jantzitxe, eta noski, nabarmen igertzezan ze pertzona zan alarguna. **T.** Que cuentos y cómo eran las cosas de antaño, si ocurría que una mujer quedase viuda necesariamente tenía que llevar el luto de rigor, quizá no fuera obligatorio pero así era, y no durante poco tiempo sino para todo el resto que le quedase de vida, así andaban y siempre se las veía vestidas con aquellos ropajes negros, y claro, se reconocía perfectamente a la persona que era viuda.

LUZATU, LUZAU. Alargar, estirar, ampliar. **K.** Kate hau larreiko motxa da auntz hori lotzeko eta eztakitx beste zatibat erosi luzatu itxeko ero beztela kate berribat, gauza da ondo zabalien komenidala ibiltxie garbitzeko inguruen dazen sazi geixenak. **T.** Esta cadena es demasiado corta para atar a la cabra y no sé si comprar un trozo para alargarla o quizá otra cadena nueva, la cosa es que conviene que ande en una superficie lo bastante grande para limpiar de zarzas casi todo el entorno.

LUZAPENA. Se dice de una situación que se alarga o prolonga en demasía y que puede resultar incómoda. **K.** Ni ixe naskatunaz asunto honekiñ, bosgarren billera eruetendou eta gauzak askenengo aldixen moduen daz, ez sikera askenengo aldiz bezela baizik tema honekiñ hasigiñen sigero berdiñ, eta honek ia larreiko luzapena dauko. **T.** Yo casi me he asqueado con este asunto, llevamos cinco reuniones y las cosas todavía están del mismo modo que la última vez, y ni siquiera cómo la última vez sino que exactamente igual que cuando empezamos con este tema, y ésto ya se está alargando demasiado.

LUZE. Largo. En el juego de la pelota se denomina así cuando la pelota ha sobrepasado la raya del pasa después de haber efectuado el saque. **K.** Lenau, eta honena ezta halako aspaldi, sakie atara ondoren luze eta pasa izetenbazan berriz ataratzezan, baña oñ falta da eta tanto hori bestaldera doie. **T.** Antes, y de eso tampoco hace tanto tiempo, después de efectuar el saque y si se cometía pasa se volvía a repetir, pero ahora es falta y el tanto va hacia la parte contraria.

LUZE. Tardanza, larga y demasiada espera. **K.** Arrastuik be eztauket zeatik izenleikien batzuk daukien oitura, emakumak asunto horren fama haundixe daukie, berandu allegatzeko geratuzaren tokira, ba nik ustedot ordu baten geldiketandanien kunpliru inbierra izetendala, eta pentza sikera pixkat itxoitxen dauenai luze ingojakola. **T.** No tengo ni idea de porqué puede ser que algunos tengan la costumbre, las mujeres tienen mucha fama sobre ese asunto, de llegar tarde a los sitios dónde te has citado, pues yo creo que si has quedado a una hora lo lógico es que lo cumplas, y también pensar siquiera un poquito que al que está esperando se le hará larga la espera.

LUZERA. Longitud, largura. **K.** Obra asunto lanien hasi aurretik neurrixek oso ondo hartu inbierrekuek izetendie, luzerak, zabalerak eta abar, beztela gertauleike, eta sarri hala gertatzenda, geitxo ero motx geratzie ekarri inbier dauen materiala. **T.** En los asuntos de las obras y antes de empezar los trabajos es conveniente hacer muy bien las mediciones, longitudes, anchuras, etc…, sino puede suceder, y muchas veces ocurre, que te quedes corto o que sobre el material que hay que traer.

LUZERO. Muchas veces, por mucho tiempo. **K.** Patrizioi ondo igertzejako eztala aurreneko aldiz lan hau iñdauela, larreiko ariñ dabill atxurra manejatzen eta etxura guztie dauko luzero ibilidala erraminta horrekiñ, ba hori gauza ona da zeatik hala axkarrau bukatukou ortuen daukoun lan honeik. **T.** A Patricio se le nota muy bien que no es la primera vez que ha hecho este trabajo, anda demasiado ligero y ágil manejando la azada y da toda la impresión que la ha tenido en la mano muchas veces, pues eso es buena cosa porque así terminaremos antes las labores que tenemos en la huerta.

LUZIE. Largo (a). También se dice de la persona que es muy alta e igualmente de aquella que es generosa y desprendida. **K.** Eztakitx zeatik izenleiken baña eztau bape zalantaik hala dala, guk izengare, geixenak bentzet, gurasuek baño luziauek eta gure semiek be gu baño dexente geixau bebai die. Eta modu hontan jarraitxu-ezkero, noraño allegauleike? **T.** No sé porqué puede ser pero no hay ninguna duda de que es así, nosotros hemos sido, al menos la mayoría, más altos que nuestros padres y nuestros hijos también son bastante más que nosotros. Y si continúa en esta progresión, ¿hasta dónde se podría llegar?

LUZIMENTUE. Lucimiento. **K.** Nik eztot uste Herminio bape harroputzik danik, bera halakotxie da ta kitxo, nahiko sarri esatendau eztala dotore jantzitxen harrotzeatik, betik gustau izenjakola luzimentue eta horretxeatik doiela doien modu hortan. **T.** Yo no creo que Herminio sea un presuntuoso, él es así y punto, suele decir muchas veces que el no se viste de forma elegante por presumir, que siempre le ha gustado el lucimiento y que por eso va así cómo vá.

LUZIRU. Lucir, lucirse. **K.** Benetako zallak izenzien Euleteriok iñdako lan hareik, etxe sarrerako libre geratzezan paretan margotuitxu bere familiko arpegi guztiek, eurok, andra-gizonak eta beratzi seme-alabak, ba ikusi inbikozaukie ze ondo geratudan zeatik argazkixe dala emutendau. Eta bape zalantzaik eztau benetan luziru iñdala. **T.** De verdad que era difícil el trabajo que ha hecho Euleterio, en la pared que quedaba libre en la entrada de casa ha dibujado las caras de toda su familia, ellos, el matrimonio y los nueve hijos, pues tendríais que ver lo bien ha quedado porque parece una fotografía. Y no hay ninguna duda de que en verdad se ha lucido mucho.

M

MUNDUEN NAIDAUENAK LUZE BIZI, OLLUEKIÑ UGERATU ETA TXORIXEKIÑ ESNATU.

AQUEL QUE ESTE MUNDO QUIERA VIVIR MUCHOS AÑOS, QUE SE ACUESTE CON LAS GALLINAS Y SE DESPIERTE CON LOS PAJAROS.

MADARIKATUE. En euskera es una palabra que significa maldito. **K.** Etxat bape gustatzen madarikatu izen hori jartzie bañe kasu hontan bierrezkue da, siñistu eziñleike zer iñdauen, fanda lenau zan andrien etxera, ia bananduta dauena, iñok eztaki nola ero nundik sartudan zeatik zerralla aldauta hauken, hartudau andrioi, ondo egurtu eta gero salako gelai sue emun bera barruen lagata, ezkerra aldameneko gizonak txillixuek aitu eta lortu izendauela ataratzie. **T.** No me gusta nada utilizar la palabra maldito, pero en éste caso es necesario, no se puede creer lo que ha hecho, ha ido a la casa de la que fué su mujer, de la que ya está separado, nadie sabe cómo ni por dónde ha podido entrar porque la cerradura la habían cambiado, ha cogido a la mujer, le ha dado una buena paliza y luego ha prendido fuego a la sala dejándola a ella dentro, menos mal que el hombre que vive al lado ha oído sus gritos y ha conseguido sacarla.

MADARIXE, MADARIA. Pera. **K.** Hemen Euskalherrixen nik eztitxuk ikusten madari arbola askoik baña hor Errioxa aldien, geixenbat Rincon del Soto herri inguruetan, sekulako madari arbola landatza daz, bere garaia danien denda guztietan ikustendie etiketak jartzendauena, "peras de Rincón del Soto". **T.** Aquí en Euskalherría yo no suelo ver muchos perales pero ahí en la zona de La Rioja, sobre todo en el entorno del pueblo de Rincón del Soto, es increíble la cantidad de plantaciones de árboles perales que hay, cuando es su tiempo en todas las tiendas se ven etiquetas que indican, "peras de Rincón del Soto".

MAGALA. Regazo.

(Ver la definición de altzue).

MAHASTIXE. Viñedo. **K.** Bape zalantzaik eztau Errioxan mahasti asko eongodiela baña hemen be, gu bizigaren inguruetan, eztie falta izeten, Zarautzen, Getari, Zumaia, Orixo eta inguruko kosta danien josistxe dau mahasti honrreikiñ, alde guztietan ikustendie eta batzendan dana txakoliña itxeko izetenda. **T.** No hay ninguna duda de que en La Rioja habrá muchos viñedos pero aquí tampoco, en el entorno dónde vivimos nosotros, se echan en falta, en Zarautz, Getaria, Zumaia, Orio y en general toda la costa está plagada de ellos, se ven en todas partes y toda la producción se utiliza para elaborar txakolí.

MAHATZA, MATZA. Uva. **K.** Ba hori, ze hemen dazen mahastixetatik batzendan mahatzakiñ ixe txakoliña besteik eztala itxen, baña etxuraz hasi omendie esperimentatzen patxarrakiñ. Hemen kosta inguru hontan upategi pilla die eta ustedot, hala entzunde dauket, igezko urtien bi milloi litro baño geixau ataraziela. **T.** Pues eso, que con la uva que se recoge de los viñedos de aquí únicamente se hace txakolí, aunque también parece que han empezado a experimentar con el aguardiente. Aquí en el entorno de la costa hay un montón de bodegas y creo, así lo tengo oído, que en la cosecha del pasado año se sacaron más de dos millones de litros.

MAHATZONDUE, MATZONDUE. La cepa de la uva. **K.** Halaere eta naiz da mahasti pillabat eon, ez bakarrik kosta aldien baizik barru inguruen be hala berdintzu da, ondion toki askotan, batzuk baitxe ikusi be, eta esatendauen ez, ze geruau eta geixau landatzen haidiela mahatzonduek. **T.** A pesar de que haya un montón de viñedos, no solo en la costa sino que en interior también es así parecido, todavía en muchos sitios, algunos también se ven, y según dicen, que cada vez están plantando más viñedos.

MAI-ARDAUE. Vino de mesa. **K.** Lenauko mai-ardauek, naiz eta txarrak ez, nahiko korrientiek izetezien baña oñ hori aldatu iñda eta asko gañera, aldebatetik gutxiau eratendalako, bestaldetik diru geitxuau manejau, eta bi horreikiñ aukera geixau daukou ardau pixkat hobie erosi ta erateko. **T.** Los vinos de mesa de antes, aunque no malos, eran bastante corrientes, pero ahora eso ya ha cambiado y mucho, por una parte porque se bebe menos, por otra porque manejamos algo más de dinero, y con esas dos cosas nos podemos permitir comprar y beber un vino de mejor calidad.

MAIATZA, MAIETZA. El mes de mayo. **K.** Esatendaue maiatza loran illa dala baña aurtenguatik eztaue hori esango zeatik gezurra izengozan, ze illa hau, egunero eurixe eta hotza, apenas ikusidou eguzkirik eta guardasola betik aldien eukidou, eta ondion bertan jarraitzendau. **T.** Dicen que el mes de mayo es el mes de las flores pero por el de éste año no podrán decir eso porque sería mentira, que mes, todos los días lluvia y frío, apenas hemos visto el sol y el paraguas siempre lo hemos tenido encima, y todavía ahí continúa.

MAIBURU, MAI-BURUE. La presidencia en la mesa. **K.** Akaso leku batzuetan oitura izengoda maiburu tokixe izteko momentu hortan dauen pertzona helduen ero berezixena danai, baña gure inguruen apenas kasu itxenda gauza horrei. **T.** Quizá en algunos sitios haya la costumbre de dejar la presidencia de la mesa al que en ese momento esté una persona que tenga cierta importancia o simplemente que sea mayor, pero en nuestro entorno apenas se hace caso a esas cosas.

MAIGAÑA, MAI-GAÑIEN. La parte superior de la mesa, encima de la mesa. **K.** Milagritos, platerak jartzen hasi-bierra dauket eta jetxizaitez mai-gañetik mezerez, ezta asko geratzen bazkal ordurako eta laister etorrikoda zure aitxa, gañera badakitzu harek eztaukola denpora askoik. **T.** Milagritos, bájate de encima de la mesa por favor que tengo que empezar a colocar los platos, ya no queda mucho tiempo para la hora de comer y tu padre vendrá enseguida, además ya sabes que aquel no tiene demasiado tiempo.

MAINTXOBAT. Tantas, muchas veces. **K.** Nik ustedot lengo eskaliek benetazko pertzona bierrezkuek ziela, oñ berriz maintxobat bider ikusi izendot, herri hartako kale nagusixen jarrixe eotendan bati dirue eskatzen haidana, eskatzen zerbaitx jartzeatik da zeatik eztau sekula ezer esaten, betik liburubat irakurtzen potebat aurrien dauela eta iñori kasuik inbarik, eta akaso hurrengo egunien potiek han jarraitxukodau baña bera falta. **T.** Yo creo que la gente que antes pedía dinero en la calle eran de verdad personas necesitadas, ahora en cambio y desde hace ya algún tiempo suelo ver muchas veces, en la calle mayor de aquel pueblo a una persona sentada que pide dinero, lo de pedir es por poner algo porque nunca dice nada, siempre leyendo algún libro con un botecito delante y no mira ni hace caso a ninguna persona, y a lo mejor al día siguiente sigue el botecito en el mismo lugar, pero falta él.

MAIORAZGUE, MAIORAZKUE. Se llama así al primogénito de la familia. **K.** Nere ustez baserri hortan asarren batzuk eondie eta haundixek gañera, betik pentzau izendou ze bere garaia izetezanien baserrixe maiorazguendako geratukozala, baña zerreozer gertauda zeatik honek alde iñdau etxetik. **T.** Yo creo que en ese caserío ha tenido que haber algún enfrentamiento y grande además, siempre hemos pensado que cuando fuese su tiempo el caserío quedaría para el primogénito, pero algo ha pasado porque éste se ha marchado de casa.

MAISTRA, MAISTRIE. Maestra, profesora. **K.** Oñ eta oso aspalditxik irakasle emakumak dienai, euskeraz noski, andereño deiketajatie, baña bere garaiko izena zan eta hala esatejakon, maistra. Hortik aparte, nik ustedot orduen errespeto geixau eukitxezala harein aldera, oñ baleike be hala izengozala bildur pixkateatik. **T.** Ahora y desde hace ya de muy antiguo a las profesoras, en euskera claro, se les denomina andereños, pero hace ya mucho tiempo su nombre y así se les llamaba era la de maestra. Aparte de eso yo creo que entonces había más respeto hacia ellas, aunque quizá también fuese así por algo de temor.

MAISTRO, MAISTRUE. Maestro, profesor. **K.** Goixen jarridou bezela, hau be berdiñe da, bakarrik gertatzenda kasu hontan gizakumak diela eta, baitxe eukeraz, maixue deiketajakola. **T.** Es el mismo caso de arriba, lo único que en este caso es en masculino y en euskera se les denomina maixue.

MAITAU. Querer, amar, estimar mucho. **K.** Nola eztozu maitauko ba umetxo horri?, halako txintxue da, etxako sekula kentzen irribarre hori, gau guztien lotan eotenda eta negar bakarrik itxendau gosetuta dauenien. **T.** ¿Cómo no le vas querer pues a esa criatura?, es tan formal, nunca se le quita la sonrisa de encima, duerme toda la noche y solo llora cuando le aprieta el hambre.

MAITASUNA. Aprecio, cariño. **K.** Badakitx eztala errexa baña nik ustedot ona izengozala alegiñtzie, zertxobaitx bentzet, maitazuna lortzen kanpotik igex iñde datozen jente horreina, gañera kontuen hartuta larri haundixek pasata diela hona allegatzeko eta ezer-barik etortzendiela. **T.** Ya sé que no es fácil pero yo creo que sería bueno el intentar, al menos un poco, lograr tener un poco de cariño hacia esa gente que viene huída de algún lugar remoto, además teniendo en cuenta de que lo han pasado muy mal para llegar hasta aquí y que vienen sin absolutamente nada.

MAITEMINDU, MAITEMINDUTA. Enamorarse, enamorado (a). **K.** Ze xelebre dien Anparito eta Basilio honeik, urriñdik igertzejate maiteminduta dazela bata-bestiatik eta eztaue sekula ezer itxen, ez sikera alegiñik alkartzeko eta eztakitx zeri zai eongodien, akaso baleike gure izetie norbaitxek bultzakarabat emutie. **T.** Que raros son Amparito y el Basilio ese, de lejos se les nota que están enamorados el uno por la otra y nunca hacen nada, ni siquiera intentar algo para juntarse o emparejarse y no sé que están esperando, quizá puede que quieran que alguien les de un empujón.

MAITE-ZAITUK, MAITE ZAITUT. Es una palabra que significa, te quiero. **K.** Horixe bera da inbilaukiena goixen jarridoun neska ta mutil horreik, alkartu eta eta bata bestiei esan maite-zaituk eta patxo luzebat emun, hori lortzenbadaue lanbat bentzet kendute daukie eta eztaukie zeatik hala ibili-bierrik, hainbeste begikarakiñ eta gero etorrikoda etorri inbierrekue. **T.** Eso mismo es lo que deberían de hacer el chico y la chica que hemos puesto arriba, reunir y decirse el uno a la otra te quiero y darse un largo beso, si consiguen eso ya habrán quitado un trabajo por lo menos y no tienen porque andar así, lanzándose tantas miraditas y luego ya vendrá lo que tenga que venir.

MAITIA. Palabra de cariño, de amor. **T.** Nik ustedot bat, bi ero hiru bider maite-zaitzut esan-ezkero, esan-baterako bere zorionetan, gabonzar egunien ero beste holako berdintzuen, nahikue izenbikozala, eta ezta halako gobaikarrixe izenbier zeatik neska be aspertu inleike, eta beñ ta gauzak garbi dazenien, etxatzue iruitzen noxienbeñ maitia ero edur pinportatxo esanda ondo dauela? **T.** Yo creo que si se dice una, dos o tres veces te quiero debería de ser suficiente, por ejemplo podría ser en su cumpleaños, nochevieja y algún otro día parecido, y no hay que ser demasiado pelma porque la chica también se podría cansar y una vez que las cosas están claras, ¿no pensaís que diciendo de vez en cuando cariño o copito de nieve ya valdría?

MAITE, MAITXE. Esta es una palabra cuyo significado puede ser el de acariciar. **K.** Maitxe hitz hau umiei esatejate eta hori esanaz normalena izetenda eskue pasatzejatie mosutik igurtzibat iñaz, batzuetan gustora hartzendaue hori baña beste batzuetan eta gertatzenbada asarre antzien dazela, eztaue gure izeten eta segitxuen kentzendotzue esku hori. **T.** La palabra maite se les dice a las criaturas y al decir eso lo normal suele ser acariciar pasando la mano por la cara, algunas veces eso lo cogen a gusto, pero otras y si resulta que están algo enfadadas, no suelen querer y enseguida te apartan la mano esa.

MAIXE. Mesa. **K.** Benetan gobaikarrixek diela ume honeik eta eztaue sekula kasuik itxen, hamar bider esautziet maixen jartzeko bazkaltzen hasteko eta ondion hor jarraitzendaue jolasien, askenien bertara fan eta derrigorrez errietan hasi-bierra eukikot. **T.** De verdad que estos críos son unos pelmas y nunca hacen caso, les he dicho diez veces que se sienten a la mesa para empezar a comer y todavía ahí continúan jugando, al final voy a tener que ir donde ellos y echarles una buena bronca.

MAIXUE. Maestro, profesor.

(Ver la definición de maistrue).

MAI-ZAPIXE. Es el mantel que se coloca encima de la mesa para comer. **K.** Fatezarenien eroziñ jatetxera bazkal ero afaltzera segitxuen igertzenda ze jetetxe mota izenleikien, eta hori notatzenda jarritxe eotendan esku ta mai-zapixen, telazkuek baldinbadie baleike etxurazkue izetie eta paperanak izen-ezkero akaso ez hainbeste, baña halare bixek bape segurantza-barik. **T.** Cuando vas a cualquier restaurante a comer o cenar enseguida se ve de que clase puede ser, y eso se nota en el mantel y las servilletas que están colocadas, si son de tela puede que sea decente y si son de papel quizá no tanto, pero aún así ambos sin ninguna seguridad.

MAJADERUE. Majadero. Se dice de la persona estúpida, un poco chulesca y bastante imbecil. **K.** Fandan asteko zapatuen, kintxo afaixe euki eta jente pilla alkartugiñen, giro oso ona eonzan eta jan, baitxe eran be, ondo ta ugeri. Gauza da herri kanpoko pertzona batzuk be etorriziela eta euron hartien bi sigero majaderuek zienak, eta euron aldamenien eozenak sigero aspertuzien hareik esatezitxuen txorakexakiñ, afal ostien segitxuen aldatuzien tokitxik eta han geratuzien bi horreik bakar antzien. **T.** El sábado de la pasada semana tuvimos la cena de quintos y nos reunimos un montón de gente, tuvimos un ambiente muy buen y comimos, también beber, bien y abundante. La cosa es que vinieron algunas personas de fuera del pueblo y entre ellos había dos que eran unos majaderos, y los que estaban al lado de ellos se cansaron de las estupideces que decían y después de la cena se cambiaron enseguida de sitio, pues allá se quedaron aquellos dos bastante solos.

MAJO. Muy bien, estupendamente. **K.** Ba halaxe eongiñen kintxo afaixen, majo, gañera askoz hobeto majadero hareik alde iñ ondoren, hori izenzan bakarrik geratuzienien eta ixe afaixe bukatu besteik ez, eurok be konturatuzien iñok ezutziela kasuik itxen eta ezer esan-barik fanzien, noski ordaindu ondoren. **T.** Pues así estuvimos en la cena de quintos, muy bien, sobre todo después de que marcharon aquellos dos majaderos, eso fué cuando se quedaros solos y casi nada más terminar de cenar, ellos tambien se dieron cuenta de que nadie les hacía caso y se fueron sin decir nada, claro que después de pagar.

MAKAKUE. El cordero que es mayor. **K.** Makako izen hau ezta asko erabiltzen Euskalherrixen, geixenbat hor Kastilla aldien eta da bedarra jaten hasitxe dazen ardixen buruz, honeik be eotendie Aragoien baña han beste ternasko izen horrekiñ esateutzie. **T.** El nombre de makako no se utiliza mucho en Euskalherría, eso más se da en la zona de Castilla y se refiere a los corderos que ya han empezado a comer hierba, éstos también se dan en Aragón pero allá les llaman con el nombre de ternasco.

MAKAL. Se dice cuando una persona empieza a notar cansancio, debilidad. **K.** Eztakitx enabillen geixo zertxobaitx arrapatzen, gripen hasiera ero beste holako gauzarenbat, oso gaizki iñdot lo, hotzikarak be eukitxut eta jaikenazenien makal antzien nauela igertzenauen. **T.** No sé si no estaré pillando alguna enfermedad, principio gripe o alguna otra cosa parecida, he dormido muy mal, también he tenido escalofríos y cuando me he levantado me sentía bastante cansado y débil.

MAKALA. Se dice de la persona que es bastante flojucha y también de la que está débil. **K.** Ze oitura dauken nere arreba nausixenak neri makala esateko, bere ustez argal xamar ikustenau eta betik dabill kontu berdiñekiñ, sarri esateutzet apostabat ingoula korrikan, bizikletan ero igeri baña eztau gure izeten, eta hori oso ondo manejatzendala kirol dan horreitan. **T.** Que costumbre tiene mi hermana mayor de llamarme makala (flojucho), según ella me ve que estoy un poco delgado y siempre anda con el mismo cuento, muchas veces le digo que le hago una apuesta corriendo, en bicicleta o nadando pero no suele querer, y eso que se maneja muy bien en todos estos deportes.

MAKALDU. Debilitarse, enfermar. **K.** Arrastuik be eztauket zer gertauleixon Melitoni baña zerbaitx badauko zeatik asko makalduda, ondion denpora gutxi dala ikustejakon nahiko bixkor haizala, kolore onakiñ, zuzen eta oñ berriz makulo bierren dauela emutendau. **T.** No tengo ni idea de lo que le habrá podido pasar a Melitón, pero algo ya tiene porque da toda la impresión de que se ha debilitado mucho, todavía no hace tanto tiempo se le veía que estaba ágil, con buen color, andaba bien derecho y ahora en cambio parece que necesita el bastón.

MAKARRA. Macarra. Esto se dice del chulo, del mantenido. **K.** Gure inguru hontan eztot uste makarrik eongodienik, akaso banakanbat baleike eotie, baña hortik zier, telebistan ikustendan bezela, asko omendie. Enau ziur ze lan mota izetendan makar horreina, akaso putetxeko neskak zaiñdu ero beztela beste zerreozer berdintzue dana. **T.** No creo que en nuestro entorno haya macarras, acaso puede que alguno haya, pero por ahí, según se ve en la televisión, debe de haber muchos. Lo que no estoy muy seguro es el trabajo que desarrollan esos macarras, quizá sea el cuidar y proteger a las chicas de los prostíbulos o sino alguna otra cosa que sea parecida.

MAKARRA. También se dice de la persona o cosa pequeña. **K.** Oñ alde guztietan zabaltzen haide txinuen dendak, ni noixienbeñ fan izenaz uskerixa bat ero beste erostera eta danetan ikustendie dendarixek antz berdintzuaz, ta ez arpegiz bakarrik baizik baitxe tamañan be, hortan danak die makarrak, ero xamarrak bentzet. **T.** Ahora en todas partes está abriendo tiendas de chinos, yo alguna vez ya he ido a comprar alguna nimiedad que otra y en todas partes se ve el mismo tipo de dependientes, y no solo se parecen en el rostro sino que también en el tamaño, en eso todos son pequeños, o bastante pequeñajos.

MAKARROIEK. Macarrones. **K.** Gure etxien nahiko sarri jatendou pasta bazkal denporan, Tomasitok eta nik erozeiñ jateitxu baña nere andriek, kasu hontan Tomasiton ama, geixau da makarroi-zalie eta ni berriz, aukeran eotenbada, naiau izngonauke espagetixek. **T.** En nuestra casa comemos bastante a menudo la pasta, Tomasito y yo comemos cualquiera pero mi mujer, en este caso la madre de Tomasito, suele preferir los macarrones y yo en cambio, si habría que elegir, preferiría los espaguetis.

MAKATZA. Pera.

(Ver la definición de madaría, madarixe).

MAKETO. Era una palabra que se utilizaba, quizá un poco despectivamente, en referencia a la gente inmigrante. **K.** Lenau, ia oso aspaldi, maketo izena esatejakon kanpotik etortezien jentiei, jeneralki lana itxera ero beztela lana billatzen, ta akaso orduen esgiñen konturatuko baleikela gaizki esandako hitza izetie. **T.** Antes, hace ya mucho tiempo, con el nombre de maketo se les llamaba a la gente inmigrante que venía de fuera, generalmente a trabajar o sino a buscar trabajo, y quizá entonces no nos daríamos cuenta de que era una palabra que podía ser ofensiva.

MAKILDANTZA, MAKIL-DANTZA. Traducido quiere decir baile con palos. Es un baile o una danza popular vasca que se ejecuta por dantzaris (bailarines) que van provistos, o según se mire armados, con unos palos o varas y que bailan al son del chistu y tamboril.

MAKILLA. Palo, vara. **K.** Hauxe bai dala gauzabat asko eranbiltzendada Euskalherrixen, makilla, eta gauza askotarako gañera, pasiai laguntzeko, mendira fateko, ardi ta bei artzai lanien, perretxikotan eta abar. Ziur ze honeik arbola arrama askokiñ prestauleikiela, baña nik geixen esauketandotena urritzaz iñdekuek die. **T.** Esto sí que es una cosa que se utiliza mucho en Euskalherría, el palo y además para muchas cosas, para acompañar el paseo, para ir al monte, para el pastoreo tanto de ovejas cómo de vacas, para ir a por setas, etc... Seguro que éstos se pueden preparar con las ramas de muchos tipos de árboles, pero yo los que más conozco son las que están hechas con el avellano.

MAKILLAU. Dar una paliza.

(Verla definición de egurtu).

MAKILLAU. Aplicarse maquillaje en la cara.

(Ver la definición de koloretie).

MAKIÑA. Máquina. **K.** Makiña honetxeik bai diela mille tipotakuek eta gañera erozeiñ gauzatarako balixo ta erabiltzendienak, eta hemen ezgara hasiko jartzen zertarako zeatik aldebatetik luze ingozan eta bestaldetik ezien kabitxuko. **T.** Las máquinas éstas si que hay de miles de tipos y además que sirven y se utilizan para cualquier cosa, y aquí no es cuestión de empezar a enumerar para qué porque por una parte se haría largo y por otra no cabrían.

MAKIÑABAT. Muchas, tantas veces.

(Ver la definición de maintxobat).

MAKULUE. Muleta, bastón. **K.** Nere ustez lenau makuluek askoz gutxiau ikustezien, eztakitx ezielako bierrezkuek ero lotza apurbateatik, baña oñ berriz zenbat jente ikustendan kalien errenkan haidiela eta ibili makuluaz lagunduta, eta zuen iruitzez asunto hau zeatik izenleike?, dakixen batek beñ esauzten baleikela izen zeatik larreiko denpora eotegarelako jarritxe, batzuk hala eon inbierra daukielako euron lanien eta beste askok potrojorran ezer inbarik. **T.** Yo creo que antes se veían muchos menos bastones y muletas, no sé si porque no era necesario o porque daba un poco de vergüenza, ahora en cambio a cuánta gente se ve que va cojeando por la calle acompañado por el bastón, y este asunto según vosotros ¿porqué creéis que podría ser?, uno que en teoría sabe me dijo una vez que podría ser porque estábamos demasiado tiempo sentados, algunos porque así tenían que estar en su trabajo y otros muchos tocándose los huevos sin hacer nada.

MAKUR. Agachado. **K.** Ze gauza xelebre, zenbat aspaldiko ta zar gaztelu horreitan ikustendien atiek diela larreiko txikiñek, zabaleran nahiko ondo baña luzeran sigero exkax eta nai izen-ezkero sartzie makur pasa-bierra dau, eztakitx hala naita iñde dien ero txiki xamarrak izengozien garai hartako jentiek. **T.** Que cosa más rara, en cuántos sitios de aquellos castillos antiguos y que ahora muchos de ellos están en ruinas se ven que las puertas son demasiado pequeñas, en lo ancho bastante bien pero en altura muy insuficientes y si quieres entrar tienes que pasar con la cabeza agachada, no sé si lo hacían así a propósito o si la gente de entonces eran más bien pequeña.

MAKURRA. Se dice cuando una persona va algo envorvada, cabizbaja debido a alguna aflicción u otra causa. **K.** Aspalditxuen sigero makurra ikusi izendot Salustiano eta zueik badakitzue zerbaitx gertaujakon ero geixorenbat arrapaudauen?, ezta bape normala hala ikustie zeatik betik izenda gizon alaia, gogorra eta ondo zuzena. **T.** Hace ya algún tiempo que he visto a Salustiano que anda algo encorvado y me da la impresión de que también cabizbajo, ¿vosotros sabeís si le ha pasado algo o ha contraído alguna enfermedad?, no es nada normal verle así porque siempre ha sido un hombre alegre, fuerte y bien derecho.

MAKURTU. Agacharse. **K.** Ba badakitzu ze inbierra daukotzun, zuri jausi ta apurtujatzu azeituna potie eta ikustendozu nola geratudan sukaldie, azeitunaz betie alde guztietan, ba mutil oñ eztaukotzu besteik, makurtu ta danak jaso banan banan, gero garbitxu ta berriz sartu beste pote-batera. **T.** Pues ya sabes lo que tienes que hacer, a tí se ha caído y roto el frasco de aceituras y ya ves cómo ha quedado la cocina, lleno de aceitunas por todos lados, pues chico ahora no tienes otra, agacharte y recoger todas una a una, luego limpiarlas y volverlas a meter a otro frasco.

MALALETXIE. Se dice de la persona que tiene mal genio o fig. mala leche. **K.** Teófilo horrei ezinleixo esan erozeiñ gauza zeatik segitxuen asarreketanda, ezta gizon txarra baña gertatzenda kriston malaletxie daukela eta ezkerrak eztutzela emuten burrukan hastiatik, oso asarre dauenien alde itxendau ta kitxo. **T.** Al Teófilo éste no se le puede decir cualquier cosa porque enseguida se enfada, no es mal hombre pero lo que ocurre es que tiene muy mal genio y menos mal que no le da por pelear, cuando está muy enfadado se marcha y ya está.

MALAMENTIEN. De mala o de la peor manera. **K.** Fabiolotik benetan esanleike modu txarrien haidala eta hala jarraitzenbadau eztakitx zer gertaukodan berakiñ, denpora gutxi harte sigero mutil txintxue izenda, lan-postu onakiñ, nobixa jatorra eta beste horreikiñ alkartudanetik hor ibiltxendie malamentien moxkortzen, burrukan eta esatendauen ez, baitxe lapurretan be. **T.** Por Fabiolo en verdad que se puede decir que anda de muy mala manera y si continúa así no sé que va a ser de él, hasta hace poco tiempo ha sido un chico muy formal, buen puesto de trabajo, una novia agradable y desde que se juntó con esos ahí andan hechos unos calamidades con borracheras, peleas y según dicen, también robando.

MALATUE. Es o era el depósito de agua que se utilizaba para que trabaje el molino. **K.** Atxabaltan nik malato bakarra esautudot baña baleike ze garai baten geixau be eotie, eta Errotabarriñ hauen, pizina txikibat bezelakue zan eta ondo gogoratzenaz zenbat bider fategiñen hara igeri itxera. **T.** En Aretxabaleta yo solo he conocido un único malato pero puede que en un tiempo haya habido más, y estaba en Errotabarri (molino nuevo), era cómo una pequeña piscina que hacía de depósito y me acuerdo muy bien de cuántas veces solíamos ir allá a nadar.

MALBABISKUEK. Malvavisco. No sé si ahora existirán pero antes, hace muchísimo tiempo, sí que los había y eran unos caramelos hechos a base de la planta del mismo nombre. **K.** Gutxienetik ia hirurogei urte ero geixau izengodie baña ondo akornatzenaz nola fategiñen Xantiñ dendara malbabisko karameluek erostera, denda hau Atxabaltako plaza zar honduen hauen eta enaz gogoratzen han eotezan jentiaz baña bai denda harekiñ. **T.** Por lo menos ya serán sesenta años o más, pero me acuerdo muy bien de cómo íbamos a casa (tienda) Santi a comprar caramelos de malvavisco, esta tienda estaba cerca de la plaza vieja de Aretxabaleta y no me acuerdo de la gente que atendía pero si de aquella tienda.

MALDEZIÑUEK, MALDIZIÑUEK. Maldiciones. **K.** Euskalherrixen eztau oitura haundirik maldiziñoik esateko ta hortik aparte be eztot uste hitz asko euskeraz izengodienik, erderaz bai entzutendie, ugeri eta nahiko potoluek gañera. **T.** En Euskalherría no hay mucha costumbre de decir maldiciones y aparte de eso no creo que existan muchas palabras que se consideren como maldición en euskera, en castellano si que se oyen, muchas y algunas muy gordas.

MALIZIA. Malicia, astucia orientada a hacer daño.
(Ver la definición de marrukeixie).

MALKUEK. Lágrimas. **K.** Alperrik dozu negarrez hastie zeatik hala eztozu lortuko zuk gurozun hori ta, zuk ze ustedozu, aberatzak garela, ero?, eta nola eskatuzeiketzu bizikleta barribat esanaz zure lagunei erosidutziela?, gañera zurie ezta benetako negarra zeatik eztaukotzu malkoik. **T.** Es inútil que que empieces a llorar porque asi no vas a conseguir eso que quieres, ¿tú que te crees, que somos ricos, o qué?, ¿y cómo puedes pedir una bicicleta nueva diciendo que a tu amigo se la han comprado?, además lo tuyo no son lloros de verdad porque no tienes lágrimas.

MALLA. Categoría, nivel. **K.** Komestzenda ze bixer datorren hizlarixe hitzaldi hori emutera, ustedot zine Modelon dala, malla haundiko gizona omendala, gañera esatendauen ez, oso interesgarrixe izen-bierra daukela hitzaldi horrek, da nola konponduzan eta ze istripu pasauzitxun Elkanok munduko buelta iñauenien. **T.** Se comenta que la persona que viene mañana a dar esa conferencia, creo que es en el cine Modelo, debe de ser una persona de cierta categoría, además y según dicen, debe de ser muy interesante la conferencia esa, se trata de cómo se las arregló y las visicitudes que pasó Elcano cuando dio la vuelta al mundo.

MALLA. Huella de golpe, abolladura. **K.** Nola dien pertzona batzuk eta siñistu eziñekuek die pasatzendien gauzak, atzo lagunbati gertaujakon fanzala kotxie hartzera eta kriston golpiekiñ asalduzala, bere atie sigero malla haundixaz eta eziñ zabaldu, gauza da ezala iñungo arrastuik zeiñ izenzan aberixa hori iñauena. **T.** Cómo son algunas personas y hay cosas que son increíbles, ayer a un amigo le ocurrió que fue a coger el coche y lo encontró con un golpe muy grande, su puerta estaba completamente abollada y no la podía abrir, la cosa es que no había ninguna señal de quien había sido el que había hecho la avería.

MALLA. Escalón, peldaño. **K.** Eztakitx Udaletxiek nola eztauen hau beingoz konpontzen, denpora gutxitan laugarren pertzona izenda kale bazter horretan jausidana, baldosabat puskatuta dau eta gertatzenda malla txibibat daukela, ezta ondo ikusten zeatik eztau argi askoik eta jentie sarri estropazatzenda. **T.** No sé cómo de una vez y por todas el Ayuntamiento no arregla eso, en poco tiempo es la cuarta persona que se cae en esa esquina de la calle, pasa que se forma un pequeño escalón en una baldosa que está rota, no se ve muy bien porque no hay suficiente luz y la gente se tropieza a mendo.

MALLA. Eslabón, generalmente de la cadena.

(Ver la definición de katemaia).

MALLATU, MALLAU. Abollar, golpear. **K.** Naiz eta gertautako egun bertan denuntzia jarri ertzainan, ondion ezta asaldu lagunen kotxie mallatu iñauen pertzona hori, galdetzen be ustedot ibilidala inguruen bizidan jentiei baña oñartien bentzet danak erantzundaue eztauela ezer ikusi, beno, batek zaratabat bakarrik entzun eta besteik ez. **T.** A pesar de haber puesto la denuncia en la ertzaina el mismo día que sucedió, todavía no ha aparecido la persona que abolló el coche del amigo, creo que ya ha estado preguntando a gente que vive en los alrededores pero todos le han respondido que no han visto nada, bueno, uno le ha debido de decir que solo oyó un ruido y nada más.

MALLUE. Es un martillo grande o mazo pequeño que se maneja con una sola mano. **K.** Mallue da erramintabat derrigorrezkue izetendana obrako lanien, gauza askotarako mallukie txiki xamar geratzenda eta beste hau askoz egokixaue da. **T.** El mazo pequeño es una herramienta que suele ser imprescindible en los trabajos de una obra, para muchas cosas el martillo se queda un poco pequeño y esto otro es mucho más adecuado.

MALLUKA, MALLUKIE. Martillo. **K.** Malluka erraminta hau mallue baño askoz geixau erabiltzenda obran itxendien lanetan, eta gañera gremixo geixenak horrekiñ ibiltxendie, ideltzeruek, enkofradorak, eletriziztak, ixe danak. Honeik tipo askotakuek izetendie ta bakotxa bere propixuaz lana itxendau. **T.** En los trabajos de obra una herramienta cómo el martillo se utiliza mucho más que el mazo pequeño, y además lo usan la mayoría de los gremios, albañiles, encofradores, electricistas, casi todos. De éstos suele haber de muchos tipos y cada uno trabaja con el suyo propio.

MALLUKIXEK. Fresas. **K.** Hor be aldien, geixenbat Huelva inguruen, sekulako malluki landatzak ikustendie baña etxuraz aurten eta esatendauen ez, dexente galdu omendie egueldi txarratik eta eztienak galdu berandu xamar datozela, ta gauzabat, etxatzue iruitzen exkax antzeko gustue daukiela malluki horreik? **T.** Por ahí abajo, sobre todo en la zona de Huelva, se ven unas plantaciones enormes de fresas pero parece que ste año y según dicen, se ha debido de perder bastante debido al mal tiempo y la que no se ha perdido parece que viene con retraso, y una cosa, ¿no os parece que esas fresas carecen un poco de sabor?

MALUE, MALUEK. Se llama así a los escarabajos que hay en las huertas y que sobre todo a los que son dañinos para las patatas. **K.** Gure ortuen eztot uste maluik dauenik, nik bentzet eztitxuk ikusi, baleike hori izetie zeatik eztau eraiñ patataik baña halaere egixe da ze apenas ulertzendoula asunto horreikiñ, oñ, maluen ordez ugeri bariek eta karakol ugeri daukou. **T.** En nuestra huerta no creo que haya escarabajos, yo por menos no los he visto, puede que sea porque no hemos sembrado patatas pero aún así la verdad es que apenas entendemos de estos temas, ahora que en lugar de los escarabajos tenemos muchos limacos y los caracoles.

MAMA. es una palabra que se utiliza con las criaturas pequeñas y que significa agua. **K.** Zerbaitx jartzeatik. Milagritos etorrizaitxez zeatik onazkero egarritxute eongozara, itxurrira fangogara eta mama erangozu. **T.** Milagritos ven aquí que para ahora ya estarás con sed, y vamos a ir a la fuente a beber agua.

MAMALA, MAMALIE. Se dice de la mujer con poco fuste, templada y algo indolente. **K.** Baserri hortako andriatik Demetriok esatendau mamala xamarra dala, etxuraz lengo egunien fan omenzan landara batzuk erostera eta aurreneko gauza gertau omenzan ze atie jo ondoren ixe ordu-erdi itxoiñ inbierra izenauela andriek urten harte, eta gero beste ordubete geixau landarak prestau eta jasotzeko. **T.** Demetrio me cuenta que la mujer de ese caserío debe de ser bastante indolente, parece que el otro día fue a comprar unas plantas y primero le debió de pasar que después de tocar la puerta tuvo que esperar casi media hora a que saldría la mujer, y luego otra hora más para que preparase y recoger las plantas.

MAMALAKEIXA (K). Son las acciones o inacciones que hace la mujer indolente y de poco fuste. También se pueden llamar a las cosas sin fundamento. **K.** Gero gauza da norbera galdetzie ze itxen ibilizan andra hori haibeste denporan, Demetrio kasu hontan, zai eoteko. Ba nik apostakonauke hamar miñutu nahikue izengoziela hartzeko landara hareik eta orduen, zertan eonzan ba beste denpora guztixen?, ba horrek izenbat dauko, erozeiñ gauza baña mamalakeixa. **T.** Luego la cosa es que uno se pregunte que habrá podido estar haciendo esa mujer durante tanto tiempo para que, Demetrio en este caso, tenga que estar esperando. Pues yo ya apostaría que diez minutos serían suficientes para recoger las plantas que fué a comprar y entonces, ¿en qué ha podido emplear el tiempo restante?, pues eso tiene un nombre, cualquier cosa pero indolencia.

MAMARRUE, MAMORRUE. Insecto. **K.** Eztakitx ze mamarru mota dien aspaldtxotik asaltzen haidienak, geixenbat hor malekoi aldien baña naiz da gutxiau baitxe kalietan be, eulixek eztie eta ez beste esagun dienak, oñ benetako gobaikarrixek bentzet bai, betik inguruen eon-bierra daukie eta ezta bape errexa gañetik kentzie. **T.** No sé que clase e insectos son los que están apareciendo últimamente, la mayoría por el malecón pero aunque menos también en las calles, no son moscas ni tampoco otros conocidos, ahora que de verdad desesperantes al menos si que son, siempre tienen que estar revoloteando alrededor y no es nada fácil quitarlas de encima.

MAMELUE. Esta es la palabra que utilizan los críos para denominar a los caramelos. **K.** Ume honek betik mameluek eskatzen haida, ba kontzuz ibili-bierra dau zeatik asko jan-ezkero baleike kalte itxie, eta hau bera da sarri esatejakona baña alperrik da zeatik eztau sekula kasuik itxen. **T.** Esta criatura siempre está pidiendo caramelos, pues hay que andar con cuidado porque si come muchos le pueden hacer daño, y ésto mismo es lo que le decimos muchas veces pero es inútil porque nunca hace caso.

MAMIÑA, MAMIÑE. Miga se pan. **K.** Lengo egunien telebistan aitunauen erru haudixe daukiela jente geixenak ogixen buruz, normalki mamiña aparta itxendala pentzata baleikela honek gizentzie baña bestaldera omendala, zeatik mamiñek askoz umeltazun geixau dauko azalak baño. **T.** El otro día oí en la televisión que la mayoría de la gente está muy equivodada en relación al pan, que normalmente se suele apartar la miga pensando que ésta puede engordar pero que es lo contrario, porque la miga contiene mucha más humedad que la corteza.

MAMITZUE, MAMINTZUE. Se dice cuando un alimento es carnoso y fácil de masticar. **K.** Atzo Donostiko jatetxebaten eongiñen bazkaltzen eta benetan ederto jangauela ta prezio onien gañera. Aurrena urdaiazpiko ta beste zerbaitzuk pikatzeko ta gero txuletak parrillan erriek danontzat, dana oso ona baña geixena haragixe, ze mamitzue zan, urtu itxezan aguen. **T.** Ayer estuvimos comiendo en un restaurante de San Sebastián y de verdad que comimos bien y a buen precio, de primero jamón y algunas otras cosas para picar y luego chuletas asadas en la parrilla para todos, todo muy bueno, pero sobre todo la carne, que carnosa era, se derretía en la boca.

MAMOIE. Se dice de la persona simple, un poco tontorrona. **K.** Zuk onazkero pixkat esautokozu eta esairezu ze iruitzejatzun zuen kuadrillara etorridan lagun berri hori, izengodie urte batzuk nik esautunauela eta orduen bentzet, eztakitx esan lotzati xamarra zala ero zertxobaitx mamoie. **T.** Tú para ahora ya le conocerás y dime que te parece ese nuevo amigo que ha venido a vuestra cuadrilla, ya hará unos cuantos años que yo le conocí y al menos entonces, no sé sí decir que era algo vergonzoso o un poco tontorrón.

MAMOLUE. Significa lo mismo que mamalie, pero en masculino.

(Ver la definición de mamalie).

MAMOTU. Es la persona que se vuelve floja, apática y parece que está permanentemente cansada. **K.** Badakitzu ze gertatzejakon zure lengosuei?, aspalditxuen sigero mamotuta ikustendot, atzo alkartiugiñen kalien, kasu iñutzen ta baitxe berak neri be noski, baña fundamento-barik zeatik beitu be ezuzten iñ. **T.** ¿Sabes que es lo que le pasa a tu primo?, hace ya bastante tiempo que le veo muy apático, ayer coincidimos en la calle, le saludé y él también a mi claro, pero sin ningún fundamento porque ni siquiera me miró.

MANDANGA, MANDANGIE. Borrachera. **K.** Ze gauza errarue, Federikok eztau sekula alkolik eraten eta gaur izugarriko mandangie daukela ikustendot, eztot uste asko eranda eongodanik baña baleike zertxobaitx hartu ta kalte itxie, gañera ustedot etxera fateko lagundu-bierrien dala zeatik ixe tente be eziñda eon. **T.** Que cosa más rara, Federico nunca bebe alcohol y hoy le veo que tiene una borrachera impresionante, no creo que haya bebido demasiado pero quizá haya tomado algo que le pueda haber hecho daño, además creo que necesita ayuda para ir casa porque casi no se puede tener en pie.

MANDATUE. Ordenar, mandar algo. **K.** Nagusixen mandatuek betik inbierrekuek izetendie eta kasu hontan axkar gañera, etxuraz Zumaiko kalebaten uran tuberi haundibat puskatu omenda eta obra hontako danok erramintak hartu ta hara fateko ordena emundau. **T.** Las órdenes del jefe hay que cumplirlas siempre y en éste caso además rápido, parece ser que en una calle de Zumaia se ha debido de romper una gran tubería de agua y nos ha mandado que todos los que estamos en esta obra cojamos la herramienta y nos dirijamos allá.

MANDILLE. Delantal.

(Ver la definición de amantala).

MANDIRE. Sábana. También se le llamaba a la tela que envolvía algo caliente y se utilizaba para calentar la cama. **K.** Gure Atxabaltako etxe zarrien eta gaztiek giñen denporan etxeko neskak, orduen neguen hotz haundixek itxezitxuen, ugera fan aurretik botillabat ur beruekiñ erueteauen, ero akaso beste antzerako zerbaitx mandiren batura izera hartien sartzeko. **T.** En nuestra vieja casa de Aretxabaleta y en aquellos tiempos en que éramos jóvenes, en los inviernos de entonces solía hacer mucho frío, las chicas de casa antes de ir a la cama solían llevar una botella de agua caliente, o quizá otra cosa parecida envuelta en una tela para meterla entre las sábanas.

MANDO. Mulo. **K.** Anbroxiok laga iñdau bere lana bankuen, postu oso ona hauken eta ondo irabazteauen gizona zan, baña etxuraz aspertu iñda bere bizimoduaz eta esatendau beste gauzabat naidauela. Ba erabakidau beste gauza hori dala herritik kanpo bizi eta hortarako erosidau baserri txikibat terreno ugerikiñ, dozena parebat ardi eta mando gaztebat fandeixien garbitzen hango zelaixek. Baitxe prestaudau ortubat, komestatzendau momentuz nahikue daukela eta denporie pasa-hala ikusikodauela ze beste gauza dien bierrezkuek. **T.** Ambrosio ha dejado su trabajo en el banco, tenía un puesto muy bueno y era un hombre que ganaba bien, pero parece que se ha cansado con su modo de vida y dice que quiere otra cosa. Pues ha decidido que esa otra cosa es vivir fuera del pueblo, en el campo y a tal fín ha comprado un caserío pequeño con abundante terreno, un par de docenas de ovejas y un mulo joven para que vayan limpiando los prados. También ha preparado una huerta, comenta que de momento tiene suficiente y que ya irá viendo que más cosas necesita a medida que pase el tiempo.

MANEJAU. Conducir o manejar máquinas, coches, etc… **K.** Nik oso aspaldi ikesinauen kotxiek manejatzen, gutxigorabera berrogeta hamalau urte dala, urtiek die, eh?, eta baleike ze akaso lenau zertxobaitx errexau izengozala kotxeko txartela ataratzie, hori entzutenda bentzet, eta oñ komestatzenda eztauela halako errextazunik eta askoi atzera botatzeutziela. **T.** Yo hace muchísimo tiempo que aprendí acondicir coches, más o menos hace cincuenta y cuatro años, ya son años, ¿eh?, y puede que antes fuera un poco más fácil sacar el carnet de conducir, eso es lo que se oye al menos, y ahora se comenta que no hay tantas facilidades y que a muchos les echan para atrás.

MANEJAU. Fig. se dice por el acto de robar. **K.** Herri haundi ero hiriburutara fatendanien kontu haundixekiñ ibilibierra izetenda norberan gauzakiñ, betik ondo heldu ta gordeta, geixenbat poltza ta kartera zeatik toki horreitan, hemengo ingurutan be akaso gertaukoda, jente asko eotenda manejau guran haldan guztiek. **T.** Cuando se va a una ciudad o capital grande hay que andar con mucho cuidado con las cosas de uno y siempre bien agarradas y guardadas, sobre todo las bolsas y carteras porque por esos sitios, por aquí también puede que pase, hay mucha gente queriendo robar todo lo que pueden.

MANGAU. Robar.

(Ver la difinición de lapurtu).

MANIFA. Manifestación, generalmente de protesta. **K.** Euskalherrixen eta jeneralki España guztien erretirau jentie haida, haigara, manifakiñ gora eta bera pensio kontuen buruz eta gañera oso asarre. Hemen, gure inguruen astelen guztietan izetenda ta eztakitx zerbaitxerako balixokodauen baña kustiñue jarraitzie da eta hala akaso… **T.** En Euskalherría y en general en toda España la gente jubilada anda, andamos, movilizados en continuas manifestaciones a cuenta de las pensiones y además muy enfadados. Aquí, en nuestro entorno suelen ser todos los lunes y no sé si servirá para algo pero la cuestión es continuar y quizá así…

MANIXIE. Manía. **K.** Plazidok komestatzendau semebat daukela nahiko xelebrie dana, etxuraz urte-batzuk dala Donostiko jatetxebaten bazkaltzen eonzien eta gertau omenzan, etxuraz, han jateko zerbaitxek kalte iñ, akaso handik kanpo izengozan baña berak kulpa jatetxiei botateutzo, gauza da manixie hartudotzela toki horrei ta eztauela nai berriz fateik. **T.** Plácido suele comentar que tiene un hijo que es bastante raro, parece ser que ya hace unos años fueron a comer a un restaurante de San Sebastián y pasó, aparentemente, que algo de lo comió le debió de hacer daño, a lo mejor fué fuera de ese sitio pero él le echa la culpa al restaurante, la cuestión es que le ha cogido manía y no quiere volver nunca más.

MANTA (K). Manta (s). **K.** Ze gauzak gertatzendien eta batzuk barre itxeko bezelakuek izetendie, beno, norberai ez pasa-ezkero bentzet, kintxo afaixe eukigauenien eta gero tertulia garaian batek kontatzen ibilizan, bera argal xamarra eta gañera nahiko pozik hauen, nola eztan ezer konpontzen oien andriekiñ, ez asunto hortan baizik tapatzeko mantan buruz, esateauen berak bier izetendauela lo itxie ondo tapata ta andriek berriz sobre daukela dan horreik. **T.** Que cosas ocurren y algunas son cómo para reir, bueno, si es que al menos no le pasa a uno, cuando tuvimos la cena de quintos y luego a la hora de la tertulia uno estuvo contando, él bastante flacucho y estaba contentillo, de que no se arregla nada bien con su mujer en la cama, no se refería al asunto ese sino sobre las mantas que se utilizan para taparse, decía que él necesitaba estar bien tapado para dormir y en cambio su mujer todo eso tiene de sobra.

MANTALA. Delantal, mandil que se utiliza, o utilizaba, en ciertos trabajos. **K.** Oñ eztakitx iñok erabiltzendauen mantalik lanien eta nik ustedot holako zerbaitx bier izetendauenak goitxik-bera tapata fatendiela, baña bere garaian bai erabiltzezan eta lan mota askotan gañera, geixenbat, bentzet ikustie tokajaten tokitxetan, errementari lanien. **T.** Ahora no sé si alguien utilizará el mandil en el trabajo y yo creo que los que necesitan algo de eso suelen ir cubiertos de arriba abajo, pero en su tiempo sí se utilizaba y además en muchos tipos de trabajos, pero sobre todo, al menos en los sitios que me ha tocado ver, en los trabajos de herrero.

MANTELA. Es el mantel que se coloca encima de la mesa para comer.

(Ver la definición de maizapixe).

MANTENDU. Sujetar, mantener. **K.** Ni gogoratzenaz nola kintxo garaian eta plazan txopue tente ipiñi-bierra izetezan momentuen, han eotezala Litri maixo bezela, betik ainketan nola inbizien gauzak, ha zan ordenatzailie eta diarka esaten batai ta bestiei, zuek tira, oñ zuek mantendu eta gero akaso bestaldera txopue tente ta zuzen gelditxu hartien. **T.** Yo me acuerdo de cuando había que levantar el chopo en la plaza en la época de quintos, allá solía estar Litri como maestro de ceremonias para dirigir la operación, siempre era el que ordenaba y gritando decía a unos y otros cómo había que hacer las cosas, vosotros tirar, ahora vosotros mantener y luego quizá hacia el otro lado hasta que el chopo quedase de pie y derecho.

Aspaldiko esaerabat: Urte askuen bizi eta txapela buruen mantendu.

Un viejo proverbio vasco dice que vivas muchos años y que mantengas la boina en la cabeza.

MANTENDU, MANTENTZEN. Se dice cuando has de mantener, cuidar y alimentar a una o varias personas o animales. **K.** Honorato benetan gizon borondate haundikue da, familixan bost lagun die, andra-gizonak eta hiru seme-alaba, eztot uste asko irabaztendan lanik daukenik eta andriek berriz nahiko lan badauko danak zaintzen, ba halaere bi neskatillatxo Ukraniar hartuitxu etxien zaiñdu eta mantentzeko hiru illebetien. **T.** De verdad que Honorato es un hombre muy bondadoso, en la familia son cinco miembros, marido, mujer y tres hijos, no creo que tenga una trabajo dónde gane mucho dinero y la mujer ya tiene suficiente trabajo ocupándose de todos, pues aún así ha acogido en su casa a dos crías ucranianas para cuidar y mantenerlas durante tres meses.

MANTILLIE. La mantilla que utilizaban las mujeres. Se la colocaban la cabeza y supongo, aunque no tengo ni idea, que sería para taparla. **K.** Oso gutxitan fatenaz Elixara baña fan izenazenien, funeral bat ero beste, eztot ikusi izen emakuma bakarra mantilla buruen daukenik, bere garaian bai eruetezitxuen gazte ta heldu emakuma guztiek, ero geixenak. Eta hor be aldien, jai ero festa berezi izetendanien bai jartzeitxue kalera urtetzeko. **T.** Suelo ir muy pocas veces a la Iglesia pero cuando he tenido que ir, algún funeral que otro, no he visto a una sola mujer que lleve una mantilla en la cabeza, en aquellos tiempos si que todas, o casi, las mujeres jóvenes y mayores la llevaban. Y por ahí abajo sí la ponen cuando hay alguna fiesta importante y salen a la calle.

MANTXURRIANUE. Es una palabra que antes se decía por la gente inmigrante, y aunque no signifique nada puede que fuese hasta algo ofensiva.

(Ver la definición de maketo).

MANTZANILLA. Manzanilla.

(Ver la definición de kamomila).

MANTZARDA. Se dice de la mujer insustancial, de poco garbo, algo indolente.

(Ver la definición de mamala).

MANTZO. Es el andar o hacer las cosas con calma y sin prisas. **K.** Ez danak baña lan asko bai izetendie mantzo inbierrekuek, ezpozu aurretik ondo antolatzen, prixakiñ hartu, hala hasi eta gero berdiñ jarraitxu eztotzu sekula lan hori ondo bukatuko. **T.** No todos pero sí hay muchos trabajos que hay que hacerlos con calma, si primero no lo organizas bien, lo coges con prisas, empiezas de la misma manera y luego continúas igual no conseguirás nunca finalizar bien ese trabajo.

MANTZUE. Se dice de la persona tranquila, calmosa, quizá hasta demasiado. **K.** Lanien bi gauza gertauleike eta akaso baitxe geixau be, baña eurotik bat da ze batzuetan eztala bape ona izeten prixa askokiñ ibiltxie eta bestebat, larreiko mantzue izetie be eztala geixen komenidana. **T.** En el trabajo pueden ocurrir dos cosas y quizá también más, pero una de ellas es que algunas veces no es nada bueno andar con demasiadas prisas y otra, que ser demasiado calmoso tampoco es lo más conveniente.

MANTZOTU. Es la coveniencia de de calmar, de no alterarse. **K.** Nere ustez Kamilo gizon ona da, nahiko normala bentzet, baña bateonbat hastenbada berba itxen fubolen buruz eta bere Madrill kontra, seguitxuen asarretu eta txillixoka hastenda erozeiñ tokitxen, eta esautzendauedak komestatzendaue ze derrigorrez mantzotu inbikodala zeatik beztela egunenbaten biotzekue emuteko arrixkue daukela. **T.** Yo creo que Camilo es una buena persona, al menos bastante normal, pero si alguien saca el tema del fútbol y en contra de su Madrid enseguida se altera, se enfada y empieza a gritar en cualquier sitio, y los que le conocen suelen comentar que necesariamente se debería de calmar porque sino algún día le puede dar un ataque al corazón.

MAÑAK. Lloriqueos. **K.** Eztakitx zergaitxik itxendozun haibeste mañak, zure lengosuek eztotzu ezertxorik iñ, bultzatu pixkat bakarrik eta gañera hori izenda eztozulako pakien izten, ikustendozu nola haidan alegintzen buru-apurketa hori lortzeko eta zu hor txintxatzen eta bere gañien eon-bierra daukotzu. **T.** No sé porqué haces tantos lloriqueos, tu primo solo te ha empujado un poco y además ha sido porque lo dejas en paz, ya le estás viendo como se está esforzando en resolver el rompecabezas y tú tienes que fastidiarle y estar encima de él.

MAÑOSA. Llorona, criatura propensa a llorar a menudo. **K.** Ezara konturatzen sigero mañosa zalera, ero?, atzo hasizitzen negarrez bultzara txikibat iñotzulako zure lengosuek, gaur goxien ezauelako nai gosaltzeik nai eta oñ atzaldein eztakitx beste zeatik izengodan. **T.** ¿Acaso no te das cuenta de que eres muy mañosa, o qué?, ayer empezaste a llorar porque tu primo te dio un pequeño empujón, ésta mañana porque no querías desayunar y ahora a la tarde no sé porqué otra cosa podrá ser.

MAÑOSO, MAÑOSUE. Mañoso. Se dice de la persona que muestra habilidad para cierta cosas. **K.** Fabiolok akaso eztau balixoko gauza batzuetarako, hobeto esanda exkaxaue izengoda beste norbaitzuk aldien, baña eztau bape zalantzaik dantzarako sigero mañosue dala. **T.** Quizá Fabiolo no vale para ciertas cosas, mejor dicho puede que tenga más dificultad que algunos otros, pero lo que no hay ningura duda es que para el baile tiene habilidad y es muy mañoso.

MARATILLA. Pestillo de cierre para las puertas, cancelas, etc… **K.** Aber gaur etxatzun gertatzen atzokue eta erromarien maratilla botata iztendozun irteeran, astuek zabalik dauela ikusi-ezkero laister igex ingodaue eta badakitzu nola ibiligiñen askenengo aldixen eziñ arrapauka. **T.** A ver si hoy no vuelve a suceder lo que te pasó ayer y al salir dejas la cancela con el pestillo de cierre echado, si los burros ven que está abierta se escaparán rápidamente y ya te acordarás cómo tuvimos que andar la última vez sin poder pillarles.

MARDULA. Mujer lozana, robusta, rolliza. **K.** Erozeiñ sartzenda ero zerbaitxeatik diskutitzen hasi andra horrekiñ, emunleiketzun mozukuaz bestaldaraño fateko arrixkue daukotzu, benetako haundixe ta mardula da eta gañera emutendau asarre antzien ibiltxendala, ero beztela baleike larreiko serixa izetie. **T.** Cualquiera se mete o discute por alguna cosa con esa mujer, con el tortazo que te puede dar corres el riesgo de que te mande hasta la otra parte, de verdad que es una mujer grande y robusta y además da la impresión de que suele andar algo enfadada, o sino puede que sea demasiado seria.

MARGOLARI. Pintor, generalmente de brocha gorda. **K.** Ontxe denpora gutxi dala margolari enpresa txikibat hasida lanien herrixen, lengo egunien ikusinitxun bierrien eta benetan ondo konpontezendiela, batek bi metro inguru neurtzendau eta hori oso egokixe da goi aldiek itxeko eta bestiek, horren sozixue, metro-terdi pasatxo dauko eta hau be aproposkue be alderako, eta gañera iruitujaten nahiko fiñek ziela. **T.** Ahora hace poco ha empezado un empresa pequeña de pintura a trabajar en el pueblo, el otro día les ví trabajando y de verdad que se arreglan bien, uno de ellos mide cerca de dos metros y es muy adecuado para hacer los altos y el otro, el socio de éste, metro y medio pasadito y también muy apropiado para las zonas de abajo, y además me dieron la impresión de que eran bastante finos.

MARGOTU. Pintar, colorear. **K.** Horixe da geixen gustatzejakona Tomasitoi, margotzie, egun guztien egongolitzake bere kuadernotxo eta marguekiñ, ta zeñek daki, akaso holako Pikason tipokobat baleike urtetzie, bentzet zalantzaik eztau itxeitxula alegiñek. **T.** Eso es lo que más le gusta a Tomasito, pintar y colorear, estaría todo eldía con su cuadernito y sus pinturas, y quién sabe, a lo mejor puede que salga algo parecido a un Picaso, al menos no hay ninguna duda de que ya se esfuerza.

MARGUEK. Pinturas. **K.** la ibiligara komestatzen nola Tomasitok afizio haudixe dauken margotziei, baña batera gauzabat txarra be badauko, eta da ze marguek erdi inguruen dazenien bota itxeitxula eta gurasuek betik barrixek erosi inbierrien izetendiela. **T.** Ya hemos estado comentando que cómo Tomasito tiene una gran afición a pintar, pero a la vez también tiene una cosa mala, y es que cuando los lápices están por la mitad los tira y sus padres siempre están en la necesidad de tener que comprarle nuevos.

MARIAU. Marearse, bien en el coche, avión, algo similar. Puede ser por una bajada de tensión y seguramente también por muchas más cosas.. **K.** Mariau hauxe bai dala gauzabat sekula eztala gertau gure familixa tartien, semiek txiki txikiñetik betik ibili izendie kotxien eta gerotxuau baitxe abioen be, ta esan bezela hori ezta iñoiz pasa izen. **T.** Esto sí que es una cosa que nunca ha sucedido en nuestra familia, marearse, los hijos desde muy pequeños siempre han andado en el coche y más tarde también en el avión, y cómo he dicho eso jamás ha ocurrido.

MARIMATRAKA, MARISORGIÑ. Se dice de la cría que es traviesa y revoltosa. **K.** Neskatilla hau benetan dala alaia ta oso atzegiña baña bebai larreiko marisorgiñ, betik ero geixenbaten okerrak itxen ibiltxenda eta kontuz jarritxe dauenien, horrek guredau esan pentzatzen haidala nola, nun ero noiz iñ hurrengo okerrak. **T.** De verdad que esta cría es alegre y muy simpática pero también demasiado revoltosa, siempre o casi siempre está haciendo travesuras y cuidado si está sentada, eso quiere decir que está pensando cómo, dónde o cuándo hacer las próximas travesuras.

MARIMUTIKO. Marimacho. **K.** Ahora no sé si es así pero antes ésto se decía de las niñas o chicas que hacían las cosas, entonces consideradas, propias de los chicos. **K.** Ze gauza xelebriek esatezien orduen, aspaldiko denpora hareitan, ikustenbazien neskak ero neskatillak, esan-beterako baloiaz jolasten, gerraka ero beste holako zerbaitx antzerakue, segitxuen katalogatzezien marimutikuek bezela. **T.** Que cosas más ridículas se decían entonces, en aquellos tiempos de antaño, si es que se veían niñas o chicas, por ejemplo jugando con el balón, a guerras o alguna otra cosas similar, enseguida se las cataloga cómo marimachos.

MARIÑELA. Marinero. **K.** Sarri komestatzenda ze garai baten jente asko omenzala mariñel lanien Euskalherrixen, bai arrantzan eta baitxe beste hareik hortik zier ibiltxezien itxasontzi haundi horreitan. Oñ berriz bertako arrantzalek geruau eta gutxiau die eta beste tipoko itxasontzietan apenas iñor. **T.** A menudo se suele comentar que en un tiempo debía de haber mucha gente en Euskalherría dedicadas a las labores de marinero, bien pescando y también aquellos que se embarcaban en los grandes barcos de ruta. Ahora en cambio cada vez hay menos pescadores de aquí y apenas alguno en ese otro tipo de barcos.

Aspaldiko esaerabat: Mariñelan emaztie goixetik eskondu eta atzaldien alargun.

Un viejo proverbio vasco dice que la mujer del marinero casarse a la mañana y viuda por la tarde.

MARIZIKIÑ. Marisucia. Se dice de las crías que a menudo llegan con las ropas sucias a casa. **K.** Jakinleike nundik zier ibiltxezaren?, eta zure lagunek be halako zikiñ fatendie etxera?, zu bentzek hala etortzera eta hartu ta zuzenien labadoran sartzeko bezela zara, eta egunero berdiñ, marizikiñ galanta besteik ezara. **T.** ¿Se puede saber por dónde sueles andar, y tus amigas también suelen ir a casa tan sucias?, tú por menos así sueles venir y estás como para cogerte y meterte derecha a la lavadora, y todos los días igual, no eres más una marisucia.

MARKA. Señal. Palabra que se utiliza cuando algo está o ha salido mal. **K.** Hau da marka, eta gañera alperrik da ezer esatie zeatik eztozu bape kasuik itxen, ustedot atzo nahiko garbi itxinutzula eziela hala inbier gauza horreik, sigero aldrebes haizitzela eta gaur modu berdiñien jarraiketandozu. **T.** Esto es de traca, otra vez mal y además es inútil el decirte nada porque no haces caso alguno, creo que ayer de dejé bastante claro que así no había que hacer eas cosas, que andabas completamente al revés y hoy continúas del mismo modo.

MARKAU. Señalizar. Caminos, cosas, etc… **K.** Gauza asko izengodie markau inbierrekuek, eta hau esatendot zeatik nik inditxuten kamiño batzuk zertxobaitx hobeto eon-ezkero gauza ederra izengozan, hiru bider iñditxut Santio bidaiak toki desberdiñetik era hiru horrein biriek nahiko ondo eozen markauta, beste beñ Iñaziotarra eta horkuek, lau urte dala bentzet, nahiiko exkaxien, eta oñ iñdoten Grialena, iñun eztau ezerko markaik. **T.** Seguro que hay muchas cosas por marcar, y ésto lo digo porque si estarían un poco mejor marcados algunos de los caminos que yo he hecho sería buena cosa, he hecho tres veces el Camino de Santiago por sitios diferentes y los caminos de los tres estaban bastante bien señalizados, otra vez el Ignaciano y los caminos de éste, al menos hace cuatro años, estaban bastante escasos, y el que he hecho ahora, el del Grial, carece absolutamente de señales.

MARMARRA. Hablar entre dientes, refunfuñando. **K.** Gezurre emutendau zurie, hemen zara zuk nai izendozulako etortzie eta eztakitx oñ zertan haizaren haibeste marmarrekiñ, ba gustora ezpaldinbazaz badakitzu ze inbierra daukotzun, alde eta hemen garenoi pakien itxi bentzet. **T.** Parece mentira lo tuyo, estás aquí porque tu has querido venir y no sé que andas con tanto refunfuñar, pues si estás a disgusto ya sabes lo que tienes que hacer, marchar y por lo menos dejar en paz a los que estamos aquí.

MARMARRA. Rumores, murmuraciones. **K.** Eztakitx egixe izeleiken eta kasuik be itxeik dauen entzutendien marmarra horrei, gauza da, esatendauen ez, Toribio eta Eutimia banandu iñ omendiela eta berai, andriei, kanpuen bizidan mutill beltza dan batekiñ ikustejakola. **T.** No sé si puede ser verdad ni siquiera se puede hacer caso de las murmuraciones que se oyen, la cosa es, según dicen, que Toribio y Eutimia se han debido de separar y que a ella se le ve con un chico de color que vive fuera de aquí.

MARMARRA. Revuelto. **K.** Siñistu eziñda ze marmarra dauen zure gelan eta apostaukonauke hemen daukotzun gauza asko eztotzula ezertarako balixo, aspaldiko erropa ta oiñetako zarrak, ume denporako jostaiuek eta abar, ba botaizu dan horreik eta hasizaitez txukuntzen gela hori, sartzeko bezela bentzet. **T.** Es increíble lo revuelta que está tu habitación y ya apostaría que muchas cosas de las que tienes no te valen para nada, ropas y calzados de hace mucho tiempo, juguetes de cuando eras crío, etc…, pues tira todo eso y empieza a adecentar esa habitación, al menos cómo para que se pueda entrar.

MARMITAKO. Marmitako. Es un guiso que originalmente fue de pescadores y que básicamente se compone de atún o bonito y de patatas, en muchos otros sitios se hacen recetas parecidas pero con otro nombre. **K.** Ontxe laister hastenda egaluzien kanpaña eta berakiñ marmitakue probatzeko aukera, hauxe bai ustedot ze inguruko jente guztiek, baitxe kanpotik etortzendienak be, gustokue izen eta hala jatendauela, gure etxien bentzet danok eta badakitzue zeatik dan hori?, ba noski, mundiala dalako. **T.** Ahora pronto empieza la campaña del bonito y con él la ocasión de probar el marmitako, ésto sí que es una cosa que creo que toda la gente de por aquí, también a la que viene de fuera, le gusta y así la come, al menos en nuestra casa todos y ¿y sabeís porque es eso?, pues porque es buenísimo.

Errezetabat: Marmitakue. Lapiko altubaten eta olixo pixkatekiñ, asko-barik eta fiñ moztuta jartzendou berakatza, kipuliña, piper berde ta gorrri, miñe dan apurbat, hau norberan gustora. Iztendou potxatzen su motelien eta gerotxuau, erdi aldera, tomate iñdekue ero beztela zatitxuta azala kendu ondoren. Aparte beste lapikobaten prestatzen daukou saldabat berdura batzukiñ, porrue, azenaixue, perejilla ta piper baltz bolatxuek eta honeikiñ batera lebatz ero beste arraiñ buru ta azur batzuk. Berdura potxauta dauenien botateutzou patatak zati dexentetan kaskauta, nahastendou buelta batzuk emunaz eta gero saldie gañera. Hogeibat miñutu bierkoitxu egozten eta lau ero bost bukatu aurretik botateutzou egaluzie etxurazko zatixetan moztuta, etxoiñ lau ero bost miñutu horreik eta listo. Batzuk eztutzie jartzen baña nere ustez komenigarrixe da egaluziaz batera botatzie parebat piper txorizeren okela, noski honeik beratzen eon ondoren, bere guztotxue eumeutzo eta oso gozue geratzenda. Eta gertu, nai izen-ezkero bota perrejill pixkat ondo txikitura eta jateko bezela dau.

Una receta: Marmitako: En una cazuela alta con un poco de aceite, sin que sea demasiado y finamente picado se ponen ajo, cebolleta, pimiento verde y rojo, también un poco de guindilla picante, esto al gusto de cada uno. Lo dejamos a pochar a fuego suave y cuando esté a medio hacer le añadimos tomate preparado o sino en pedacitos después de pelarlo o si se prefiere rayado. Aparte en otra cazuela tenemos prepararando un caldo con unas verduras, puerro, zanahoria, perejil, pimienta negra en grano y una cabeza de merluza u otro pescado y también algunas espinas. Cuando la verdura esté pochada le añadiremos la patata cascada en pedazos medianos, lo mezclamos dándole unas vueltas y le echamos el caldo encima. Necesitará unos veinte minutos y cuando falten cuatro o cinco para que termine de cocer le añadimos el bonito cortado en pedazos hermosos, esperamos esos cuatro o cinco munutos y ya está. Algunos no se lo ponen pero yo creo que es conveniente el echarle la carne de un par de pimientos chorizeros, claro que después de haberlos hidratando en agua, le da su gustito y queda muy bueno. Y listo, asi se quiere se puede echar un poco de perejil bien picado y ya está cómo para comer.

MARMITXA, MARMITXIE. Marmita. **K.** Oñ eztot uste marmitxaik erabiltzendienik bierrerako, akaso nunbaitxen eongodie baña apaingarri bezela, ero beztela ikusteko erakusketa dauen nunbaitxen, garai baten bai ibiltxezien eta asko gañera, geixenbat beixek batu ondoren esniaz betetzeko ta gero astuen, ero kotxien, kargau marmitxa horreik eta kalera jetxi esne hori errepartitzen hasteko. **T.** Ahora no creo que se utilizen las marmitas para ninguna labor, quizá puede que las haya en algún sitio pero cómo adorno, o sino para enseñar en algún lugar que haya exposición, pero en un tiempo sí se empleaba y mucho además, las más de las veces para llenarlas de leche después de haber ordeñado las vacas, cargar las marmitas en el burro o coche y bajar a la calle para empezar a repartir esa leche.

MARRA. Raya, línea. **K.** Kirola itxendan tokixetan geixenbaten marrak eotendie, fubol zelaixen, frontoietan eta beste hainbat lekutan, esan-baterako frontoietan eotendien batzuk izetendie jakitxeko nundik atara eta ze marratik eziñdan pasa iñ. **T.** En casi todos los sitios donde hace deporte existen las rayas o líneas, el los campos de fútbol, los frontones y en tantos otros lugares, por ejemplo algunas de las que hay en el frontón suelen ser para saber desde dónde se saca y hasta en que otra raya está el margen para no hacer pasa.

MARRAJUE. Fig. se dice de la persona tramposa, astuta, traicionera. **K.** Nk ustedot pertzonak, geixenbat bentzet, nahiko normalak ta bierdan bezelakuek izetendiela baña halaere bai daz beste batzuk, nik esautunauen holako bat, marrajo xamarrak dienak, pentzatzen ibiltxendienak nundik eta nola manejauleiken euron eztien zerbaitzuk. **T.** Yo creo que las personas, al menos la mayoría, son bastante normales y cómo deben de ser pero aún así hay algunos otros, yo ya conocí a uno de ellos, que son algo tramposos y astutos, que suelen estar pensando de qué manera poder arramplar con cosas que no les pertenecen.

MARRAJUE. Atún de un tamaño considerable.

(Ver la definición de egaluzie).

MARRAMARRA. Se dice cuando la lluvia o la nevada es incesante y copiosa. **K.** Egun hontako euri-zaparrarak benetan izugarrixek izendiela, aspaldiko hogetamar egun honeitan ixe egunero marramarra botadau eurixe, eziñ aterkiñik kendu gañetik eta ez hemen bakarrik, telebistan ikusidan bezela alde guztietan berdiñtzu eondie. **T.** Las lluvias de estos días pasados de verdad que han sido impresionantes, la lluvia que ha caído en estos últimos treinta días y casi a diario ha sido incesante, no podíamos quitar el paraguas de encima y no solo aquí, según se ha visto en la televisión en todas partes han estado de forma parecida .

MARRANO. Se dice de la persona sucia, poco aseada.

(Ver la definición de kotxino).

MARRAZKI, MARRAZKIAK. Dibujo, dibujos. También se dice de los programas de dibujos animados de la televisión. **T.** Lenau, ia oso aspaldi, guk mutikuek gitzenien, eongozien baña geixenbaten ezgauken telebisiñoik etxien, betik kalien ibiltxegiñen jolasten eta gañera oso gustora, ta oñ berrtiz zenbat gauza daukien umiek eta euron hartien aukera ikusteko telebistan emuteitxuen marrazki bizidun programak. **T.** Antes, hace ya muchísimo tiempo, cuando nosotros éramos unos chavales, ya habría pero la mayoría no teníamos televisión en casa, siempre estábamos jugando en la calle y además muy a gusto, y ahora en cambio cuántas cosas tienen los críos entre ellas la oportunidad de ver en la televisión los programas de dibujos animados.

MARRUBIXE (K). Fresa (s).

(Ver la definición de mallukixe (k).

MARRUKEIXIE. Astucia, malicia, zorrería. **K.** Zueik ikusikozue baña ni zuen tokixen eon-ezkero enutzen bape kasuik ingo pertzona horrek esatendauenai, gañera hori pertzonatik oso gutxi dauko zeatik ezta aurreneko aldiz izengo gezurretan arrapautziena, hori bai, berba oso ondo ingotzue baña argi ibili eta kontuen hartu marrukeixak besteik eztaukela. **T.** Vosotros veréis pero si yo estaría en vuestro lugar no haría ningún caso a lo que dice esa persona, además ese tiene muy poco de persona porque no sería la primera vez que le han pillado con mentiras, eso sí, os hablará muy bien, pero andar con cuidado y tener en cuenta que no tiene más que malicia.

MARTINGALA. Treta, engaño, truco. **K.** Gauza batzuk eztie errexak siñisten, eta euron hartien nola itxeitxuen gauzak magu horreik, sorginkeixak diela emutendaue eta noski badakigula gezurretazkuek izetendiela, baña nola eztan posible izeten bistaz jarraitzie nola gertatzendien martingala horreik, ba arritxuta geraketazara ikustendozunaz. **T.** Algunas cosas no son fáciles de creer, y entre ellas aquellas que hacen los magos esos, parecen cosas de brujería y claro que ya sabemos que son engaños, pero pasa que cómo no es posible seguir con la vista la manera en la que se elaboran los trucos, pues te quedas asombrado con lo que ves.

MARTISENA. Martes.

(Ver la definición de asteartie).

MARTXA. Se dice cuando se quiere imprimir un ritmo a una marcha. **K.** Beno, martxa apurbat jarri-bierrien gara ibilaldi honi, soseguz antzien goiez nekatazunatik eta gañera denpora dexentetxo galdudou bire okerrien, ba ona izengolitzeke allegatzie eguerdi aldera bentzet. **T.** Bueno, tenemos que poner un poco de marcha a ésta caminata, andamos un poco lentos debido al cansancio y además hemos perdido bastante tiempo cuando nos hemos equivocado de camino, pues sería bueno que por lo menos llegásemos hacia el mediodía.

MARTXA. Marchar, irse. Se dice cuando una persona sale de algún sitio o emprende viaje. **K.** Eztakitx zeñen lagune dan eta ez zeñek esautzon tipo horri gurekiñ etortzeko mendi-buelta hontara, baña ni bentzet aspertunaz entzuten horrek esateitxun txorakeixak, ixildu be ezta iñ bire guztien eta nola berak eztauken alde itxeko etxuraik ba ni izengonaz aurreratu eta martxa ingotena. **T.** No sé de quién es amigo ni tampoco quién le ha dicho al tipo ese para venir con nosotros a dar esta vuelta por el monte, pero yo ya al menos ya estoy cansado de oir las tonterías que dice, no se ha callado en todo el camino y cómo parece que él no tiene ninguna intención de marchar, pues seré yo el que me adelante y me vaya.

MARTXUE. El mes de marzo. **K.** Kalendaixuek jartzendau martxuen hastendala udabarrixe, baña aurten bentzet gezurre izengoda zeatik ia ekainan gara eta ondion eztauko hasikodan arrastuik, eta galderabat, ekainan ezpaldinbada hasi, noiz hasikoda uda, iraillan ero akaso urrian? **T.** El calendario pone que en el mes de marzo empieza la primavera pero al menos éste año debe de ser mentira porque ya estamos en junio y todavía no hay visos de que empiece, y una pregunta, ¿si en el mes de junio aún no ha empezado la primavera, cuándo va a arrancar el verano, en septiembre o quizá en octubre?

Aspaldiko esaerabat: Martxoan maiatzen badau, maiatzak martxoa ingodau.

Un viejo proverbio en euskera dice que si en marzo mayea, en mayo marceará.

MASALLA, MATRALLA. Carrillo, moflete. **K.** Hemen kosta aldien masalla deitzejako eta Leniz Ballara inguruen berriz matralla, baña norbaitxek esatenbadau masalleko ero matrallekobat hartzeko arrixkue daukotzula ezpazara ibiltxen bierdan bezela, dakok ulertzendou zer guredauen esatie. **T.** Aquí por la zona de la costa al moflete se llama masalla y en cambio en el entorno del Valle de Léniz matralla, pero si alguno dice que corres el riesgo de recibir un masalleko o matralleko (tortazo) si no andas cómo es debido, todos entendemos lo que quiere decir.

MASKALLUE, MASKELUE. Se les dice a las personas que hacen muchas tonterías y cosas sin demasiado fundamento. **K.** Eztakitx nola leiken Isidoro gaztiek haibeste erreztazun eukitxie maskalukeixak asmatzeko, ta noski, gero hortan jardun, ta sigero iñutille izetie bierdan bezelako gauzak itxeko, kentzenbauen denpora pìxkat tontokeixa horreitatik eta denpora hori erabili balixodauen beste zerbaitzutan, baleike beste kontubat izetie. **T.** No sé cómo es posible que Isidoro el joven tenga tanta facilidad en hacer tonterías y cosas sin fundamento y en cambio pueda ser un completo inútil para otras que merezcan la pena, si quitaría un poco del tiempo que utiliza en esas bobadas y ese tiempo lo emplearía en hacer otras cosas que puedan ser útiles, puede que fuese otro cantar.

MASPASA. Pasa de uva seca. **K.** Maspasa sikuek oso gozuek izetendie jateko eta esatendauen ez baitxe sigero onak iñderra hartzeko, halaere nik gustora jateitxutenien konpotan izetenda, oñ pixkat penagarrixe be-bada hau bakarrik han gabonak aldien prestatzendala. **T.** Las uvas pasas secas son muy buenas para comer y según dicen también para coger fuerza, aún así a mí cómo más me gustan son en compota, ahora que es un poco de pena que ésto solo se prepare allá por navidades.

MASTIKAU. Masticar. **K.** Mediku danak esatendaue ondo mastikau inbierra izetendala bierdan bezela itxeko digestiñue eta jeneralki osasunentzat, eztakitx eurok hala esandako modu hortan ingodauen, baña halaere eta baezpare ona izengozan kasu itxie. **T.** Todos los médicos dicen que es necesario masticar muy bien para que la digestión se haga de forma correcta y en general para la salud, no sé si ellos lo harán de la manera en que lo dicen, pero aún así yo creo que por si acaso sería bueno el hacerles caso.

MASUSTA. Mora. **K.** Nola izetendien gauzak, oñ apenas itxeutzou kasuik baña mutikotan alde guztiko zazixetan ibiltxegiñen masustak billatzen, ta ez bertan jan bakarrik baizik baitxe etxera eruen be, guk ondo heldu-bakuek be jategauen baña etxera eruetezienak bai izen-bierra haukien. **T.** Cómo son las cosas, ahora apenas les hecemos caso pero de chavales solíamos estar buscando moras en todos los zarzales, y no solo las comíamos allá mismo sino que también las llevábamos a casa, nosotros igualmente comíamos las que no estaban demasiado maduras pero las que se cogían para casa sí lo tenían que estar.

MATARRASA. Es el acto de limpiar por completo el terreno de árboles, vegetacion etc... **K.** Atzo eonitzen Ikusten tUdaletxiek inbidauen obran terrenue, ta siñistu eziñleike da han dauen arbol txiki, sastraka eta txarrikeixa. Ba derrigorrez matarrasa inbierra eukikodaue beste ezer iñ aurretik. **T.** Ayer estuve viendo el terreno dónde el Ayuntamiento tiene previsto hacer la obra y no se puede creer la cantidad de arbolitos, zarzas y porquería que hay allá. Y a la fuerza tendrá que eliminar la vegetación por completo y limpiar el terreno antes de hacer ninguna otra cosa.

MATRAI-AZURRA. El hueso del pómulo, la mandíbula. **K.** Baleike ikulbilkarie hartzenbada matrai-azurra puskatzie, baña hortik aparte beñ gauzabat nahiko xelebrie gertauzan ni hainitzen tokixen, obrabaten geotzen ta hamarretako denporan langillebati matraizurra urten ero askau injakon bokadillue jaten haizala, nik enauen ikusi zeatik enauen bertan baña esauztien ezala bape larritxu ta seguitxuen jarriauela berriz bere tokixen. Etxuraz ondo jakiñien hauen nola zien inbierreko gauza horreik zeatik ezan aurreneko aldiz izengo hori pasa izenjakona. **T.** Puede que si te dan un puñetazo te puedan romper el hueso del pómulo o de la mandíbula, pero aparte de eso una vez sucedió una cosa cosa bastante rara en el sitio dónde yo estaba, estábamos en una obra y en el tiempo del almuerzo a un trabajador le salió o soltó la mandíbula cuando estaba comiendo el bocadillo, yo no lo ví porque no estababa allá pero me contaron que no se apuró en absoluto y que enseguida se lo volvió a colocar en su sitio. Parece ser que sabía muy bien cómo había que hacer esas cosas porque no sería la primera vez que le ocurría lo mismo.

MATRAIEKUE. Tortazo en la cara. **K.** Ezaitxez denpora askuen hor ibili iñuzentiena itxen eta etorrizaitez ona segitxuen espozu gure hartzie matraiekobat, badakitzu ondion inbarik daukotzula etxeko lanak eta afaldu aurretik inbierrekuek diela. **T.** No andes demasiado tiempo ahí haciendo el tonto y ven enseguida para aquí sino quieres recibir un tortazo, ya sabes que todavía tienes sin hacer los deberes y que los tienes que hacer antes de cenar.

MATRAKA. Criatura revoltosa, traviesa.

(Ver la definición de marimatraka, marisorgiñ).

MATRAKAKEIXAK. Hacer travesuras. **K.** Zu eta zure lengosue berdiñek zare bixok, betik matrakakeixak itxen ero iñ guran haizare, gañera bildur geixau emuteuztezue geldi antzien ikustenbazauet zeatik horrek naidau esan zerreozer asmatzen zabitziela, eta hori ezta sekula bape ona izeten. **T.** Tú y tu primo los dos sois iguales, siempre haciendo o queriendo hacer travesuras, además me daís más miedo si veo que estáis quietos porque eso quiere decir que estáis ideando alguna cosa, y eso nunca suele ser nada bueno.

MATXINADA. Sublevación, rebelión, revuelta, insurrección. **K.** Ondion be zenbat tokitxen gertatzendien matxinadak, geixenbat hor Afrika aldien, ta gañera gertatzendan bakoitxien betik eotendie hilldeko pillabat eta asunto horreik emutendau eztiela sekula bukatzen, gaur baleike han izetie, bixer bestien eta hurrengo bestaldien. **T.** Todavía también en cuántos sitios suceden las rebeliones o golpes de estado, la mayor parte por ahí en Africa, además cada que eso sucede hay un montón de muertos y la cosa es que parece que no termina nunca, puede que hoy sea aquí, mañana allá y más tarde en la otra parte.

MATXOIE. Machón. Es un refuerzo que se hace para afianzar o sujetar alguna pared, muro etc…, normalmente suele ser exterior, pero también puede ser en el interior. **K.** Badakitzue enazela bepe fiatzen kanpoko pareta horrekiñ?, oso aspaldi iñdekue da eta nik ustedot ta baezpare ezala bape txarra izengo matxoi bat ero beste jartzie, luzera nahiko dexentie dauko ta nunbaitxetik hastenbada jausten dana bera etorrikoda eta aberixabat itxeko arrixku haundixe dau. **T.** ¿Ya sabeís que no me fío nada de esa pared de ahí fuera?, está hecha desde hace mucho tiempo y yo creo que no sería nada malo y por si acaso ponerle algún machón que otro, tiene bastante longitud y si es que empieza a caerse por elgún sitio vendrá todo abajo y existe mucho riesgo de que haga alguna avería.

MATXORRA. Vaca estéril. **K.** Eztakitx zergaitxik izengodan baña bei hau ezta sekula aurdun geratzen, bi bider eruendou zezenana eta betenaixuek be hiru aldiz iñdutzo inbierrekuek, eta halaere ezer ez. Nik ustedot matxorra dauela eta pentzatzendot onena izengoula mataixara eruetie. **T.** No sé porque será pero esta vaca nunca se queda preñada, le hemos llevado dos veces al toro, otras tres ha venido el veterinario a inseminarla y ni de una forma ni de otra. Yo creo que está estéril y pienso que lo mejor será llevarla al matadero.

MATXORRA. Machorra. Se dice de la mujer que tiene aspecto y acciones de cierta masculinidad. **K.** Badaz andra batzuk izetendienak arpegiz, etxuraz eta ibilleraz gizonen antz pixkat ero dexente daukiena, honein kasu geixenak kirol mallan izetendie eta gañera batzukiñ nahiko zalantza eotenda zer dien buruz. Hori jakitxeko oñ probak itxeutzie, baña garai hartan ezauen holakoik eta errexena zan esatie matxorrak ziela. **T.** Ya hay algunas mujeres que por su aspecto, andares o simplemente en la cara tienen un aspecto bastante o muy masculino, los más de éstos casos se dan en el campo del deporte y hay además con algunas llega a haber bastantes dudas en cuanto al género. Para determinar eso ahora les hacen pruebas, pero en aquellos tiempos no había nada eso y lo más fácil era decir que eran unas machorras.

MATXURA. Avería. También podría ser enfermedad. **K.** Makiña horrekiñ onazkero eztaukou zer-iñik eta hobeto izengoda saltzen jarri eta iñok ezpadau erosten txatarrerako laga, askenengo hiru urte honetan hamar matxura eukitxu ta askenengo hau nahiko latza dala emutendau, eta dana dala eztot uste merezidauenik arreglatzeik. **T.** Con ésta máquina ya no hay nada que hacer y lo mejor será que lo pongamos a la venta y si no hay quien lo compre lo dejemos para la chatarra, en estos tres últimos años ha tenido diez averías y la última parece que es muy seria, y con todo y eso no creo que merezca la pena que lo arreglemos.

MAUSKA. Masticar, morder. **K.** Hagiñ barrixek jarri ondoren beste pertzonabat emutendozu, gañera asko guapotuzara eta oñ irribarre horrekiñ erozeiñ neska kamelatzeko bezela zara, baña eta astu-barik kontuen hartu dentistak esandakue, asteko kontuz ta pixkanaka mauska itxen. **T.** Con esos dientes nuevos pareces otra persona, además estás mucho más guapo y con esa sonrisa estás cómo para conquistar a cualquier chica, de todas formas no te olvides lo que te ha dicho el dentista, que empieces a masticar despacio y con cuidado.

MAXKALA. Se dice de la persona flojucha y un poco débil.

(Ver la definición de makala).

MAZPILDU. Machacar, abollar. **K.** Batzuetan gogue emutendau mazpildu itxeko Zarautz ta Getari kostako espaloien ibiltxendien patinete horreik, ezta aurreneko aldiz istripubat gertaudala ibiltxeatik inguru hortatik, birritxan gañera txorkatilla puskatu bebai. **T.** Algunas veces ya dan ganas de machacar esos patinetes que andan por la acera de la costa entre Getaria y Zaratutz, no es la primera vez que provovan un incidente por andar en esos sitios, dos veces además con el resultado de sendos tobillos rotos.

ME, MEIE. Se dice de la persona que es bastante delgada, quizá un poco flaca. También cuando un líquido está poco espeso. **K.** Andriek eta nik betik izetendou gora-berak natillan buruz, berai gustazejako me xamarra izetie eta neri berriz pixkat sendue. Hor ibiltxegara, ez demandan, baña bai esaten gaur tokatzendala nere modura eta hurrenguen zure bestera. **T.** Mi mujer y yo siempre tenemos altibajos en relación a las natillas, a ella le gusta que sea bastante delgada y a mí en cambio un poco más espesa. Ahí solemos andar, no discutiendo, pero si diciendo que hoy toca a mi manera y la próxima a esa otra tuya.

MEATEGIXE. Mina. **K.** Fandan asteko domekan Oiarzungo Alditurriko meategixen izengiñen eta ederto ibili, meategi hori oso politxe izenzan ikusteko eta bire tarteko hitzaldixe nahiko interesgarrixe, nere andriei pillabat gustaujakon baña keska txikibat be bahauken, eta zan emuntzien gomazko botak larreiko haundixek ziela. **T.** El domingo de la pasada semana estuvimos en las minas de Alditurri en Oiarzun y lo pasamos bien, la mina era muy bonita para ver y la charla que nos dieron mientras hacíamos el recorrido fue bastante interesante, a mi mujer le gustó un montón pero también tenía una pequeña queja, y era que las botas de goma que le dieron eran demasiado grandes.

MEATU. Batir, cribar el mineral. **K.** Nik arrastuik be eztauet lenau nola meatu itxezan meategitxik ataratzezan materiala, ustedot galbai haundixekiñ izengozala eta honeik makiñakiñ mobitxuta, oñ berriz eta telebistan ikustendan bezela dana izetenda automatikoki, materiala hala fatenda gora, han meatzenda makiña haundi batzukiñ eta gero zuzenien labara ero beste nunbaitxera. **T.** Yo no tengo ni idea de cómo cribarían antes el material que extraian de la mina, supongo que lo harían en unas grandes cribas y que estas las moverían algunas máquinas, ahora en cambio y según se suele ver en la televisión todo se hace de forma automática, así se sube el material, lo criban en unas máquinas enormes y de allá pasa al horno o algún otro sitio.

MEHATXU. Amenaza, amenazar. **K.** Zerreozer gertau izenjate bi gizon horrei eta eztakitx esetedan izengo, hortik zier aitzendan bezela, gonan kontu zerbaitxeatik, kustiñue da oñartien nahiko lagun izendiela baña etxuraz atzo batek meatxu iñdau bestiei esanaz akabau ingodauela berriz ikustenbadau berbetan haidala bere andriekiñ. **T.** Alguna cosa ya les ha pasado a esos dos hombres y no sé sino será, según se oye por ahí, por algún asunto de faldas, la cuestión es que hasta ahora han sido bastante amigos pero parece que ayer uno de ellos le ha debido de amenazar al otro diciendo que le va a matar si le vuelve a ver hablando con su mujer.

MEATZA. Yacimiento mineral. **K.** Meatza hareik aspaldi desagertuzien Euskalherritik, lenau bai eta gañera ixe Euskadiko alde guztietan eotezien, geixena Bizkaian, gero Gipuzkun ta gutxitxuau Araba aldien, oñ bakarrik meategiko sarrera zuluek geratzendie ta batzuk bizitatzeko bezela jarritxue. **T.** Aquellos yacimientos de minerales ya hace mucho tiempo que desaparecieron de Euskalherría, antes sí y además los había en casi todos los rincones de Euskadi, los más en Bizkaia, luego en Gipúzkoa y un poco menos en la zona de Alaba, ahora solo quedan los agujeros de la entrada de las minas y algunas las han puesto como para visitar.

MEATZA. Escaso. **K.** Eztakitx ze iruitzejtzun zuri baña nere ustez baleike gutxitxo izetie ekarridozun material hori, gutxitxo ez, ziur larreiko meatza dala lan guzti hori bukatzeko eta zure asmue hori izengoda ba, ez?, ba honekiñ bagara hasteko bezela baña astixe daukotzunien zerbaitx geixau ekarribikozu. **T.** No sé que te parecera a tí pero yo creo que el material que has traído puede que esté un poco escaso, puede no, seguro de que es insuficiente para terminar todo el trabajo y esa es la idea que tendrás, ¿no?, pues con ésto ya estamos cómo para empezar pero cuando tengas un poco de tiempo tendrás que traer algo más.

MEDIKUE, MEDIKURA. Médico. Ir al médico. **K.** Nik ustedot iñori etxakola gustatzen medikura fateik baña zalantaizk eztau batzuetan derrigorra izetendala, katarrue ero gripe arrapaubozu eta zerbaitx hartu-bierra izen-ezkero ba hor eotenda medikue errezetatzeko. **T.** Yo creo que a nadie le gusta ir al médico pero no hay ninguna duda de que algunas veces es necesario, si has pillado un catarro o una gripe y necesitas tomar alguna cosa pues ahí suele estar el médico para te lo recete.

Aspaldiko esaerabat: Medikuek gorputza sendatu, abariek anima eta Haziendak poltxikue.

Un viejo proverbio en euskera dice que el médico cura el cuerpo, el cura el alma y Hacienda el bolsillo.

MEHATASUNA. Debilidad, escasez. **K.** Jakiñien nau mehatasun haundixe pasatzen haidala gizon horrek, aspalditxo da lan-barik geratuzala, haida alegintzen aber beste zerreozer billatzendauen baña oñartien bentzet iñundik eziñdau lortu izen, gañera ezinleixo laguntzunik eskiñi zeatik segitxuen asarreketanda. **T.** Ya estoy enterado que ese hombre anda pasando grandes escaseces, hace ya bastante tiempo que se quedó sin trabajo, está intentando a ver si consigue alguna otra cosa pero al menos de momento no lo puede conseguir de ninguna de las maneras, además no se le puede ofrecer ayuda porque se enfada enseguida.

MEHATU. Adelgazar, afinar. **K.** Jente asko dau uda etorri baño zertxobaitx lenau errejimena ero kirola itxen hastendana, aber hala mehatu itxendan sikera zertxobaitx eta asunto hortan nik ustedot ixe danak emakumak izetendiela, beraik izetendie geixen gustatzejatenai tipotxue erakuztie hondartzan eta kalien, eta nola ez, baitxe guri be hori ikustie. **T.** Suele haber mucha gente que poco antes del verano empiezan a hacer régimen o deporte para ver si adelgazan siquiera un poquito, y en este aspecto yo creo que la mayoría suelen ser las mujeres porque son ellas a las que más les gusta lucir el tipito en la playa y en la calle, y cómo no, también a nosotros el ver eso .

MEJORIXIE, MEJORA. Mejoría. **K.** Ze mejorixa iñdauen gure ortuko landara guztiek eta geixenbat tomatienak, berriz dana landau-bierra izengauen euri-zaparrak hareik izurrau ondoren, gañera bildur pixkatekiñ geotzen pentzata akaso honeikiñ be berdiñ gertaukozala baña emutendau badaukiela aurrera fateko aukera. **T.** Vaya mejoría han hecho las plantas de la huerta y sobre todo las de los tomates, tuvimos que plantar todo de nuevo después de aquella tromba de agua las estropease, además teníamos un poco de temor pensando que quizá con éstas tambien podría pasar los mismo pero parece que tienen toda la pinta de que saldrán adelante.

MEIXENDIE. Merienda. **K.** Mutikotan derrigorra izetezan meixendatzie eta geixenbaten hau izetezan etxurazko bokadillobat esnetela txokolatiekiñ ero beztela txorixo Panplona, oñ akaso enauke jango esne-tela hori baña bai txorixue eta oso gustora gañera. **T.** De chavales era obligatorio el merendar y la mayoría de las veces era un buen bocadillo con la nata de la leche y chocolate o sino de chorizo Pamplona, ahora a lo mejor no comería la nata esa pero sí el chorizo y además muy a gusto.

MEKASUEN, MEKATXIS, MEKAUEN. Palabras que significan contrariedad, algo de enfado. **K.** Mekauen, oinguen be eztuzku bape ondo urten ba, nik ustedot paperak jartzendauen bezela itxen haigarela baña zerbaitx ero nunbaitxen dau gauzaubat eztauena bierdan bezela, askau ingou ta barrixenbarri hasi ta aber oinguen ta beingoz lortzendoun. **T.** Mekauen, ahora tampoco nos ha salido nada bien pues, yo creo que estamos haciendo las cosas de la forma que pone en el papel pero hay algo o en algún sitio alguna cosa que no está cómo tiene que estar, vamos a soltarla y empezar de nuevo y a ver si ahora y de una vez por todas lo conseguimos.

MELA. Muy mojado.

(Ver la definición de blai).

MELAMELA. Empapado. **T.** Atzo atzaldien sekulako girue hauen, euskitzu baña apenas bero haundirik, etxien ia nahiko aspertuta nauen irakurtzen ta bueltabat emuteko asmuekiñ urtenauen kanpiñ aldera, haruzkuan ondo baña gero lañotuzan, laister euri-zaparrara hasi eta nik guardasolik ez, nun gordetzeko tokirik bez ta askenien melamela iñde allegaunitzen etxera. **T.** Ayer tarde hacía un tiempo estupendo, soleado y sin apenas demasiado calor, estaba en casa leyendo y ya bastante aburrido salí con la idea de dar una vuelta por el camping, al ir bien pero luego se nubló, enseguida empezó a llover con intensidad y yo sin paraguas, tampoco había sitio alguno donde resguardarse y llegué completamente empapado a casa.

MELENDRI, MELEXA. Se dice de la persona floja, blandita, débil.

(Ver la definición de makala).

MELINDRESA. Libélula. **K.** Nere ustez eta eztakitx zergaitxik izengodan baña gauza asko desagertzen haidie, lenau basuen bueltabat emunaz eta arbola tartien ibili, melindresa asko ikustezien, eta oñ berriz akaso noixienbeñ banaka-batzuk besteik ez, orduen nun die len eozenak ba?, beno ez hareik berak baña bai harein ondorenguek. **T.** Yo creo y no sé porqué puede ser pero muchas cosas están desapareciendo, antes cuando ibas a dar una vuelta y andabas por alguna zona boscosa entre árboles se veían muchas libélulas, ahora en cambio quizá veas solo algunas y muy de vez en cuándo, entonces, ¿donde están las que había antes pues?, bueno no exactamente aquellas pero sí sus descendientes.

MELOKOTOIE. Fig. se dice por la borrachera. **K.** Egixe da lenau be erategauela baña oñ ustedot besteik eztauela, asteburutan bentzet, eta ondion oso gaztiek dienai hor ibiltxendie eurok esateutzien botelloiaz, eta beste askoi zerbaitx helduauek dienai gauez ikustejate, geixau hurrengo goixien goix, kriston melokotoiaz. **T.** Es verdad que antes también bebíamos pero creo que ahora no hay otra cosa que esa, al menos los fines de semana, y los que todavía son muy jóvenes ahí suelen andar con los que ellos llaman botellones, y a muchos que algo más mayores se les ve a la noche, más a la mañana siguiente, con unas borracheras impresionantes.

MEMELO, MEMELUE. Se dice de la persona pequeña, delgada, poquita cosa.

(Ver la efinición de makarra).

MENDATIE. Paso, pista de monte. **K.** Denporalditxue eruetendou galdu antzien baña eziñda urriñ izen mendatie eta nere ustez inguru hontan da, gertatzenda beñ bakarrik ibilinitzela paraje hontatik, horrena izengodie berrogei urte gutxienetik eta oñ nahiko nahastuta nau, gañera baleike aldauta be eotie baña lasai zeatik ziur nau urrien eongodala. **T.** Ya llevamos bastante tiempo que estamos un poco perdidos pero no puede estar lejos la pista y yo creo que debe de estar por las cercanías, lo que pasa es que solo he andado una vez por éstos parajes, de eso hace por lo menos cuarenta años y ahora estoy un poco confundido, además puede que también esté bastante cambiado, pero estar tranquilos porque estoy seguro de que estará cerca.

MENDE. Dominio, poder. **K.** Badakigu eztauela dana bierdan bezela baña guk eziñdou gauza haundirik iñ, momentu hontan nagusixen mende gara eta gañera nola lanien hasi-barri garen hobeto izengou ixil xamar ibiltxiaz, gauzak eztaz uluka ta protestan hasteko bezela. **T.** Ya sabemos que no todas las cosas están de la forma que deberían pero nosotros no podemos hacer gran cosa, en este momento estamos bajo el dominio del jefe y además como acabamos de empezar a trabajar haremos mejor estando un poco en silencio, las cosas no están cómo para empezar a gritar y protestar.

462

MENDEA. Siglo. **K.** Eziñgodau jente askok esan bi mende desberdiñetan bizi izendiela baña guk bentzet bai, jaixo eta bizi izengara hogeiko mendean ta oñ hogeitabatien bizigara, oñ, eztauket bape ziurtazunik baña zalla izengoda allegatzie hogeitabira. **T.** No podrá decir mucha gente que ha vivido en dos siglos diferentes pero nosotros al menos sí, hemos nacido y vivido en el siglo veinte y ahora vivimos en el veintiuno, ahora, aunque no tengo ningura certeza creo que será difícil que lleguemos al veintidos.

MENDEAN. Estar bajo el dominio o el poder de algo, persona, entidad, etc… **K.** Danok, eta bizi guztien gañera izetegara baten o bestien mendean, hau hala da, hala izenda betik eta honen buruz eztau zer iñik, baña halaere nik ustedot kustiñue dala, posible baldinbada bentzet, kasu gutxi itxie gauza horri. **T.** Todos, y además durante toda la vida solemos estar bajo el dominio de uno o de otro, eso es así, así ha sido siempre y sobre éste asunto no hay nada que hacer, aún así yo creo que la cuestión es, sí al menos es posible, hacer poco caso a esas cosas.

MENDEBALDIE. Oeste, occidente. **K.** Hemen kosta aldien, konkretuz Zarautzen, betik esan izenda ze lañuek asaltzen hastendienien mendebaldetik, Santa Barbara inguruen, laister dauela euri-zaparrara gañien, eta hor bertan jartzenbada belañue, hau egunetako izengodala. **T.** Aquí por la zona de la costa, en concreto en Zarautz, de siempre se ha dicho que si aparecen las nubes por el oeste, la zona de Santa Bárbara, enseguida tenemos encima los chaparrones, y si se echa la niebla por el mismo lugar, ésta será para días.

MENDEKA, MENDEKATU. Vengar, venganza. **K.** Gaurko periodikok ekartzendau atzo gabien sue hartudauela Bizkai herriko fabrikabatek, gauza da fabrika hori itxita zala ixe askenengo illabete osuen langilliek bieldu ondoren, oñ ugesaban susmue da aber horreitako bateonbat izendan sue emundauena mendekaku guran. **T.** El periódico de hoy trae que ayer a la noche una fábrica de un pueblo de Bizkaia se incendió, la cosa es que esa fábrica llevaba cerrada casi todo el último mes después de haber despedido a los trabajadores, ahora la sospecha del dueño es a ver si a lo mejor ha sido uno de ellos el que la ha prendido fuego cómo venganza.

MENDERATU. Someter, conquistar. **K.** Badakigu nola dakok aldebatera ero bestera, pixkat ero asko, nolabaitx ero norbaitxeatik menderatuta garen, baña toki askotato jentiena larreikue izetenda, derrigorrez inbierra hango eta momentu horretan nagusi dauen personak ainketandauenaz, ero beztela baleike zigortu, kartzelara eruen ero zerbatix txarrau. **T.** Ya sabemos que cómo de una forma o de otra, mucho o poco, todos estamos algo sometidos por algo o alguien, pero de la forma que está mucha gente en algunos sitios es demasiado, a la fuerza se tienen que someter a la voluntad y mandato de la persona que en ese momento está gobernando, en caso contrario puede que le castiguen, encarcelen o algo peor.

MENDEZ-MENDE. De siglo en siglo. **K.** Egixe izengoda, hala esatendaue bentzet, jentie gero ta gutxiau faten omendala Elixara eta berdintzu pasatzendala apaizan bokaziñuekiñ, baña halaere ondion, eta hala izenda mendez-mende, Elixak eta bere istorixak hor eta betiko tokixen jarraitzendaue. **T.** Será verdad, así lo dicen al menos, que cada vez acude menos gente a la Iglesia y que también debe de pasar algo parecido con la vocación de los curas, pero aún así todavía, y así ha sido de siglo en siglo, ahí y en el sitio de siempre continúa la Iglesia con sus historias.

MENDI-BUELTA. Hacer un recorrido por el monte. **K.** Mendi-buelta hau da gauzabat neri, eztakitx geixen, baña bai asko gustatzejatena eta gañera oso sarri itxendotena, ixe egunero eta holako egueldi aldrebesa ezpadu bentzet ordu parebat eta asteburuen, andriek beste aparteko asmoik ezpadauko eta ni libre antzien, hiru ero lau ordu inguru. **T.** Esto de hacer un recorrido por el monte es una cosa que a mí, no sé si lo más, pero sí que me gusta mucho y que además lo hago con mucha frecuencia, casi todos los días y si por lo menos no hace un día desgraciado un par de horas y el fín de semana, si la mujer no tiene otros planes y yo estoy libre, unas tres o cuatro horas.

MENDIGAIÑ, MENDI-GAÑA. Cima, cumbre del monte. **K.** Jeneralki lagunen hartien eta mendi-buelta itxendoun geixenbaten mendigaiñ bertaraño fateko asmue eukitxendou, baña batzuetan ezta posible izeten zeatik mendigaiñ hori lañope ero txapelaz eotenda eta orduen baleike arrizkutzue izetie. **T.** Entre los amigos por lo general y la mayoría de las veces que salimos al monte nuestra intención suele ser llegar hasta la misma cima, pero algunas veces no suele ser posible porque la cumbre está cubierta con la niebla y entonces puede ser arriesgado. Nosotros a la niebla esa que cubre la cima le llamamos txapela, que quiere decir boina.

MENDITZU. Montañoso. **K.** Nere andriei eta ustedot beste jente askoi bez, paslatzeko etxatie bape gustatzen toki menditzuek eta asmue hori baldinbada baleike mobitxu be ez itxeik etxetik, naio izetendaue toki lauak, esan-baterako hondartzako malekoie ero Getari kostako birie. **T.** A mi mujer y creo que a mucha más gente tampoco, no les gusta nada para pasear los sitios que sean montañosos y si la intención es esa puede que ni se muevan de casa, prefieren que sea llano, por ejemplo el malecón de la playa o sino el camino de la costa a Getaria.

MENDIXE (K). Monte, montes. **K.** Hauxe bai dala gauzabat eztouna faltan botatzen Euskalherrixen, eta noski, euki bez horrein ezerko bierrik, erozeiñ tokitxen die eta goi aldera beitu-ezkero mendixek besteik eztitxozu ikusiko alde guztietan. **T.** Esto sí que es una cosa que no echamos de menos en Euskalherría, y claro, tampoco tenemos ninguna falta de ello, los hay en cualquier sitio y si se mira para arriba no verás más que montes por todas partes.

Aspaldiko esaerabat: Munduen hiru gauza alperrik galtzendie, mendixetako egurre, pobrien errazoie eta alperran iñderra.

Un viejo proverbio en euskera dice que el mundo se desperdician tres cosas, la leña del monte, la razón del pobre y la fuerza del vago.

MENDI-ZALIE. Montañero. Se dice de la persona que es aficionada a andar por el monte. **K.** Mendixek bezela, mendizaliek be eztie falta izeten Euskalherrixen ba, eta zenbat fan eta ibiltxendan mendi inguru horreitan, etxurazko girue dauenien jendetza ikustenda, kanpotik etortzendan jente asko arritxute geratzendie holako afiziokiñ eta askok eztaue ulertzen zergaitxik, zertan fatendan eta zer itxendoun mendixen, eta baleike guk be ez jakitxie. **T.** Al igual que los montes, los montañeros tampoco suelen faltar en Euskalherría pues, y cuántos son los que van y andan por esos montes, cuando hace un tiempo medianamenete decente se ve una multitud, mucha de la gente que viene de fuera suele quedar asombrada con esta afición y no entienden porqué, a qué vamos y qué hacemos en el monte, y a lo mejor nosotros tampoco lo sabemos.

MENDIZ-MENDI. De montaña en montaña. **K.** Nik ustedot ia eztakixiela zer asmau eta geruau da lehiketa xelebre geixau, gañera larreiko latzak, jartzeitxue, hau bezela esan-baterako, gauez mendiz-mendi ibillerabat eta kilometro pilla iñaz, be aldien akaso bero, mendi-puntan baleike hotza, ordu asko eta hala allegatzendie geixenak, xixko iñde. **T.** Yo creo que ya no saben que idear y cada vez ponen competiciones más raras, originales y demasiado duras, cómo esta por ejemplo, una caminata de montaña en montaña, de noche y haciendo un montón de kilómetros, abajo quizá calor, arriba puede que frío, muchas horas y la mayoría así llegan, hechos polvo.

Aspaldiko esaerabat: Nundik zatoz?, mendira noie.

Un viejo dicho en euskera: ¿De donde vienes?, voy al monte.

MENGUELO. Se dice de la persona pusilánime, insustancial y que es bastante corta. **K.** Lanera etorridan mutil berri hori mengelo xamarra dala emutendau, eroziñ gauza esan-ezkero burue makurtzendau ta bere erantzuna baietza ero ezetza bakarrik izetenda, eta gañera jauna esanaz, ba nahiko urte badauko eta hasileike argitzen zeatik beztela bestiek segitxuen botakodie gañera eta adarra jo-guran hasi. **T.** El nuevo chico que ha venido a trabajar parece que es bastante cortito, le dices cualquier cosa agacha la cabeza y solo te responde con un sí o un no, y además añadiendo señor, pues tiene edad suficiente y ya puede empezar a espabilar porque sino los demás enseguida se le van a echar encima y van a empezar a tomarle el pelo.

MENPE. Es la persona dependiente, subordinada. **K.** Gauza txar asko eongodie baña gizon horren menpe eotie be ezta askoz hobie izengo, mutil hori oñ denpora gutxi hasi omenda dendan laguntzen ta gertatzenda denda hortako ugesaba larreiko ago-zabal eta sigero majaderue dala, eroziñ gauzatik uluka hastejako mutil gixajuei ezer inportik be zeiñ eotendan aurrien. **T.** Habrá muchas cosas malas pero el estar subordinado a ese hombre tampoco será mucho mejor, el chico ese hace poco ha debido de empezar a trabajar ayudando en la tienda y lo que ocurre es que es dueño debe de ser un gran majadero y un bocazas, por cualquier cosa empieza a gritarle al pobre chaval sin que le importe quien esté delante.

MENPEIEN. Bajo custodia. **K.** Halaxe jartzeitxue kanpotik igex iñde etortzendien gazte jente horrei, menpeien, komunitate bakotxak euron tokixek eukikodaue eta hemen Euskalherrixen, Diputaziok izetendie kargu hartzendauenak kasu horreitan, bentzet nahiko edade euki hartien. **T.** Así les ponen a esa gente joven que llega huída de algun lugar de por ahí fuera, bajo custodia, cada comunidad tendrá un sitio específico para estos asuntos y aquí en Euskalherría son las Diputaciones las que se hacen cargo en esos casos, al menos hasta que tengan la edad suficiente.

MENPERAN. Custodiado, dominado. **K.** Ba naiz eta Diputazio menperan izen eta toki horreitan zaiñtzaliek eon bertan dazen gazte jente askok igex itxendaue, batzui, geixenai, laister arrapatzeutxue baña beste batzuatik ezta sekula ezer geixau jakitxen. **T.** Pues a pesar de estar custodiados por la Diputación y de haber cuidadores en esos sitios, mucha de la gente joven que esta allá se escapa, a algunos, la mayoría, les vuelven a coger enseguida, pero de otros nunca más se llega a saber nada de ellos.

MENPERATU. Dominar, rendir. **K.** Ondion denporaz eongoda ta nik ustedot mutil hori menperatu bierrien dauela zeatik beztela erozeñek daki nola bukatukodauen, eztau nai fateik eskolara, ez lanik itxeik eta egun guztien hortik zier dabill, iñok eztaki nun eta entzutendan bezela lapurreta ta manejo txiki batzukiñ be hasi omendala. **T.** Todavía estará a tiempo y yo creo que habría que intentar dominar a ese chico porque sino cualquiera sabe como va a terminar, no quiere ir a la escuela ni tampoco trabajar y todo el día anda por ahí, nadie sabe dónde y según se oye también ha debido de empezar con algunos pequeños robos y trapicheos.

MEREZI. Merecer. **K.** Bape zalantzaik eztau oso txintxo ibildala Ramontxu ta sekulako notak ataraitxuela eskolan, ba nik ustedot zertxobaitx merezidauela ta berak uste-bako gauzabat erosteko asmue daukou, betik gure izendau mendiko bizikletabat ta horixe bera eukikodau opari bezela. **T.** No hay ninguna duda de que Ramonchu ha andado muy formal y que ha sacado unas notas inmejorables en la escuela, pues yo creo que ya se mecece algo y queremos sorprenderle con una cosa que no se espera, siempre ha querido una bicicleta de montaña y eso mismo es lo que tenemos intención de comprarle cómo regalo.

MEREZIMENTUE, MEREZIRUTA. Merecimiento. **K.** Ze gauza gertaudan oñ eta eztakitx eztoun euki hanka-sartzie, etxuraz Ramontxu bere lengosuena fanda bizikleta erakustera eta gero lengosu hori bere aitxana esanaz berak be naidauela bestebat zeatik inditxu hainbeste merezimentu. **T.** Vaya cosa ha pasado ahora y no sé si no hemos metido la pata, resulta que Ramonchu ha ido a enseñar la bicicleta a su primo y a continuación éste dónde su padre diciendo que él también quiere una porque ya ha hecho suficientes merecimientos.

MEREZITAKUE. Merecido, apropiado. **K.** Ba etxuraz eta hainbeste jardunien ibilida ze askenien erosidutzo bizicleta hori, da egixe esanda berak be baietza emun-bierra eukidau semiek esandakuei, lan asko iñdauela eta nahiko merezitakue zala bizikleta hori. **T.** Pues parece ser que le ha dado tanto la tabarra que al final ya le ha comprado la bicicleta, y la verdad sea dicha él también ha tenido que reconocer que era cierto lo que decía su hijo, que ha trabajado mucho y que ya se ha merecido la bicicleta esa.

MERITUE. Mérito. **K.** Gizon horrek dauko meritue, siñistu eziñekue da itxen haidana eta ez hori bakarrik, baitxe iñde daukena be, larogei urte ontxe bete-barri dauko eta bosgarren karrera bukatudau, gañera esatendau ondion nahiko denpora daukela xeigarrena itxeko. **T.** Vaya mérito tiene ese hombre, es increíble lo que está haciendo y no solo eso, sino también lo que ya ha hecho, tiene ochenta años recién cumplidos y ha terminado la quinta carrera, encima dice que todavía tiene suficiente tiempo para hacer una sexta.

MERKATAIXE. Es la persona que vende cosas en el mercado, tanto sea fijo como itinerante. **K.** Hemen Zarauzko azokan bi tipoko merkataixek eotendie, batzuk bere postuek daukienak die, bai haragi, arraiñ, gazta ero frutadunak eta bestiek, honeitik geixenak emakumak, egunero ortuko gauzak ekarri eta saltzen jartzeitxuenak. **T.** Aquí en el mercado de abastos de Zarautz suele haber dos tipos de personas que están vendiendo, algunos son los que tienen sus puestos de carnicería, pescadería, quesos, frutas, etc.... y los otros, aquí la mayoría son mujeres, que vienen todos lo días a traer los productos de la huerta y los ponen a la venta.

MERKE, MERKIE. Barato, económico. **K.** Hauxe bai eztozula sekula ikusiko, sarri bentzet, Zarauzko azokan, gauzak merke saltzen, uda partien kanpotik etortzendan jentie egunak pasatzera betik daukie kexka hori, eta baleike errazoiaz esanaz azoka hontan saltzeitxuen gauzak askoz karesti omendiela beste erozeiñ tokitxen baño. **T.** Esto sí que es una cosa que no vas a ver nunca, al menos no a menudo, en el mercado de Zarautz, que las cosas sean baratas, la gente que viene de fuera en verano a pasar unos días siempre tienen la misma queja, y puede que con razón diciendo que las cosas que se venden en este mercado suelen ser mucho más caras que en cualquier otro sitio.

MERKE-ALDIXEK. Temporada de rebajas. **K.** Enau oso ziur noix izetendien merke-aldiko denporadak baña ustedot negu eta uda partien diela, gauza da ze nik bentzet, andrie eztakitx, enitzekela sekula fango denda haundik hortara zeatik ikustendan bezela telebistan, jentie zai eotenda noix zabaldu gero tropelien, bultzaka eta korrikan sartzeko. **T.** No estoy muy seguro de cuándo suelen ser la temporada de las rebajas pero creo que es en la parte de invierno y verano, la cosa es que yo por lo menos, no sé sí la mujer, nunca iría a uno de esos comercios grandes porque según se ve en la televisión, la gente está esperarando a que abran agolpadas en la entrada para entrar corriendo, en manada y dando empujones.

MERKETU. Abaratar, rebajar el precio. **K.** Bai, baleike gauzak merketu itxie merkealdixek hastendienien, halaere hori be hala izengoda aurretik ezpadaue altza izen, baña zuek ustedozue merezidauela holako estutazunik pasatzie erosteko gauzanbat akaso eztauena zuek esperoko prezio onien?, eta bebai baleike eon ez ero ikusi bez zuk gorozunik ete beste erozeiñ gauza bierrik eztaukotzunik hartzie merke dauelako. **T.** Si, puede que en las temporadas de rebajas abaraten algo las cosas, aún así eso será si es que antes no lo han subido, ¿pero vosotros creéis que merece la pera pasar tantos aprietos para comprar algo que quizá no sea tan barato cómo esperabais?, y también puede que no haya o tampoco veas nada de tu gusto y cojas cualquier otra cosa que quizá no necesites porque está bien de precio.

MERMA, MERMAU. Mermar, perder peso. **K.** Zueik arkumebat erosteko asmue badaukotzue kontuen hartu ze prestatu garaian pixo erdi inguru mermau ingodauela, esan-baterako hamalau kiloko arkumie baldinbada, akabau ta gero, azala kendu, garbitxu eta erre ondoren gutxigorabera zazpi kilo ero terdi inguruen geratukoda, eta horrek guredau esatie ikusi-bierra dauela zenbat jente alkartzendan hori jateko. **T.** Si vosotros tenéis la intención de comprar un cordero tenéis que tener en cuenta que a la hora de prepararlo va a mermar más o menos cerca de la mitad, por ejemplo, si el cordero pesa catorce kilos, despues de haberlo de haberlo matado, quitar la piel, limpiar y luego asado va a quedar en siete o siete y medio kilos aproximadamente, y eso quiere decir que hay que ver cuánta gente se va a a reunir para la comida.

MESA. Misa. **K.** Garai baten derrigorra izetezan, oñ eztakitx hala dan, mesetara fatie domeketan, beno, halaere batzuetan kale be itxegauen baña gero eta etxera fan aurretik ondo enteratzegiñen ze abare izenzan mesa emunauena eta baitxe nola jantzitxe hauen, batzuetan gure amak oitura hauken galderak itxeko asunto horren gañien, eta noski, guk derrigorrez jakiñ-bierra haukoun gauza horreik. **T.** En un tiempo era obligatorio el ir a misa los domingos, no sé si ahora es así, bueno, aún así algunas veces también ya hacíamos novillos, pero luego y antes de ir a casa nos enterábamos muy bien de qué cura había dado la misa y cómo iba vestido, algunas veces nuestra madre tenía la costumbre de preguntar esas cosas, y claro, necesariamente había que estar bien documentado.

MESANOTXIE. Era la mesilla que estaba, y sigue estando, cerca o casi pegada a la cama en la habitación. **K.** Bai, badakitx izen nahiko xelebrie daukela baña halaxe deiketajakon, eta ondion, guk bentzet, hala mesanotxie izenakiñ esteutzou, eta lenau honeik etxe zarreko gela guztietan eotezien, batzuetan bat eta bestietan bi, eztakitxena eta enauen sekula galdetu zeatik hauken izen hori. **T.** Si, ya sé que tiene un nombre un poco raro en euskera pero así se le llamaba, mesanochie (literal mesa de noche), y todavía, al menos nosotros, así se lo seguimos llamando y antes estas estaban en todas las habitaciones de nuestra casa vieja, en algunas una y en otras dos, lo que no sé y nunca lo pregunté era porqué tenían ese nombre.

META. Es un montón de hierba apilada en forma de cono. **K.** Garai baten bai, baserri guztietan ikustezien bedar metak eta oñ berriz ixe iñun ez, beno bai, nunbaitxen ikusi izetendie txiki bat ero beste eta nik ustedot apaingarri bezela eongodiela, bedar asko sartzenda siluetan eta hau akaso lenau be baleike hala izetie, baña geixenaz bedar-bolak itxendie plastikuen batuta. **T.** En un tiempo sí, en todos los caseríos se veía cómo la hierba estaba apilada en un montón y ahora en cambio en casi ninguna parte, bueno sí, en algunos sitios ya se suele ver alguno que otro en tamaño pequeño y yo creo que estarán cómo adorno, mucha hierba se mete en silos y puede que antes también lo hiciesen, pero la mayoría la suelen empaquetada en bolas envueltas en plástico.

META. Llegada, final, generalmente en una prueba deportiva. **K.** Jeneralki ta iñdoten karrera guztietan nahiko gustora ibilinaz, oñ, baitxe birritxan gertaujat izenjat ze ustenauela sekula ezala asalduko meta, beñ nahiko xixko iñde ta beste beñ bernako kontratura dexentiekiñ, baña halaere betik allegaunaz. **T.** Por lo general siempre he andado bastante a gusto en las carreras en las que he participado, ahora que también un par de veces me ha pasado que creía que nuca iba a aparecer la meta, en una ocasión porque estaba bastante hecho cisco y la otra por una fuerte contratura en una pierna, pero aún así siempre he llegado.

METALURA, METAL-URA. Agua ferruginosa, que contiene hierro. **K.** Atxabaltan bazan metalura hauken itxurribat, hau hauen toki harei itxurrugorri deiketagutzen eta nahiko sarri fategiñen ur hori eratera, eta izetezan frontoien pelotan jolastu tartietan ero ondoren, oso gertu eozen bata-bestiatik, gauza da handik urte dexentetara enteraugiñela, nola enaz gogoratzen, txarra omenzala asko eratie baña beno, neri bentzet eztot uste kalteik iñdustenik eta jakiñ bez bestei iñutzenik. **T.** En Aretxabaleta ya había una fuente que tenía agua ferruginosa, al sitio dónde estaba le llamábamos itxurrigorri (fuente roja) y nosotros solíamos ir bastante a menudo a beber esa agua, y eso solía ser después o a ratos mientras se jugaba a pelota en el frontón, estaban muy cerca la una del otro, la cosa es que al cabo de bastantes años nos enteramos, no me acuerdo cómo, de que era malo beber mucha cantidad pero bueno, al menos no creo que a mí me haya hecho daño ni tampoco he sabido que se lo hiciese a ningún otro.

METU. Adelgazar, enflaquecer, acortar. **K.** Eztakitx zu nola ikustezaren ixpilluen baña nere ustez errejimen hori itxi inbikozauke denporaldditxobaten bentzet, zure asmue algartzie zan, hala zara aspaldditxotik eta oñ inzarena da metu, ta larrei gañera, eta ez asarretu baña benetan esangotzut gauzabat, sigero galtzen haizara len haukotzun etxurie. **T.** No sé como te ves tú en el espejo pero yo creo que deberías de dejar ese régimen al menos una temporada, tú intención era la de adelgazar, ya estás delgado desde hace bastante tiempo y ahora lo que has hecho es enflaquecer, y además demasiado, y no te enfades pero de verdad te voy a decir una cosa, estás perdiendo por completo toda la prestancia que tenías antes.

MEZEREZ. Significa por favor. **K.** Jeneralki jente geixenak eztou gauzak eskatzen mezerez esanaz, beno, akaso bai faboriek eskatzeko garaian, baña nunbaitxera fategarenien zerreozer erosi ero tabernara zerbaitx hartzera, orduen ixe sekula ez, eta hori eztot uste edukazio kontuik izengodanik zeatik hala ikusi izendou betik eta guk hala berdiñ jarraitzendou. **T.** Por lo general la mayoría de la gente no pedimos las cosas por favor, bueno, si es que tienes que solicitar alguna cosa que necesites en ese momento sí, pero cuando vamos a algún sitio comprar alguna cosa o a tomar algo al bar entonces casi nunca, y no creo que sea cuestión de educación porque siempre así lo hemos visto y de la misma forma continuamos.

MEZERIE (K). Favor, favores. **K.** Nik ustedot bi tipoko mezeriek eotendiela, norberak eskatu inbierrekuek eta norberai eskatzendienak eta bixek sigero desberdiñek die, norberak eskatu-ezkero akaso umilltxuau, normalki bentzet, fatenda eta norberai izen-ezkero berriz, ez haundikeixiatik, baña bai aukera geixau daukotzu baietza, esetza, hurrenguen, aurreratxuau ero beste erozeiñ gauza esateko. **T.** Yo creo que hay dos tipos de favores, los que tienes que pedir y los que te los piden a tí, si los tienes que pedir tú quizá tengas que ir, al menos normalmente, con ciera humildad y si te lo piden a tí en cambio, no por ser más, pero hay más oportunidades de decir si, no, quizá mas adelante, en otra ocasión o cualquier otra cosa.

MEZUE. Mensaje, aviso. **K.** Zueik badakitzue zergaitxik gertauleiken gauza honeik?, egunero asaltzendie telefonon eta bai ordenadoren mezu pilla ta geixenak eztakitxena zeñenak dien eta ez zeatik bielketauztien, eta txorakeri batzuk besteik eztie, gauzak saltzeko kontuek ta beste holako zerbaitzuk, neretzat danak sigero alperrik. **T.** ¿Vosotrois sabeís porqué pueden suceder éstas cosas?, todos los días aparecen cantidad de mensajes en el teléfono y ordenador y la mayoría no sé de quienes son ni tampoco porqué me los envían, y no son más que unas auténticas tonterías, cuentos para vender algo y otras cosas parecidas, para mí todos completamente inútiles.

466

MEZULAIXE, MEZULARIXE. Mensajero. **T.** Eztot uste garai hontan mezulari askoik eongodienik, beno akaso izen horrekiñ deitxuleixo errekadista esatejakonai, garai baten bai, izen hori emutejakon telegramak partitzen ibiltxezienai eta baitxe neskai eruen izeteauena mezunbat bere maiteminduteko mutillen aldetik, eta bestaldera noski. **T.** No creo que es este tiempo existan muchos mensajeros, bueno quizá se les pueda llamar con ese nombre a los que se les dice recadistas, en un tiempo sí, ese nombre ese les daba a los que repartían los telegramas y también a aquel que solía llevar un mensaje a la chica de parte de su chico enamorado, y al revés claro.

MIA. Es un barrio de Getaria de nombre Meagas, pero en euskera y abreviado se le llama Mia.

MIAUKA. Cundo el gato está miando, protestando o pidiendo algo. **K.** Zuk negar plantak itxendozunien emutendau katutxobat miauka haidala inguruen, zuen bixon abotzak berdiñek die ta aber, katue miauka hastendanien guredau esatie gosie daukela, eta zuk be hori daukotzu ero beste zerbaitx gertaketajatzu? **T.** Cuando tú te mentirijillas haces cómo que estás llorando parece que esté un gato miando por los alrededores, los dos tenéis la misma voz y a ver, si el gato empieza a miar significa que tiene hambre ¿y tú qué, también tienes eso o te pasa alguna otra cosa?

MIEZTU. Dejar espacio suficiente entre las plantas. **K.** Ondion eztakigu gauza askoik baña jeneralki fandan urtien etxuraz iñde geratuzien ortuko landatzak, akaso bat ez larreiko txukun eta bez bier bezela, izenzan letxuga landarak ezgitxula jarri nahiko mieztuta eta gero hala hasizien, sigero alkar. **T.** Todavía no sabemos gran cosa pero en general el año pasado hicimos bastante bien las plantaciones de la huerta, quizá una cosa podíamos haberla hecho un poco mejor, fué que las lechugas las teníamos que haber dejado con un poco más de espacio entre ellas y luego así crecieron, demasiado juntas.

MIKATZA, MIKOTXA. Amargo. **K.** Josun baserriko sagastixek ixe urtero sagar ugeri emuteitxue, igez ezan izen hainbestekue baña aurtengue etxura haundixe dauko oso ona izengodala, oñ gauzabat bai gertatzenda, arbola geixen sagarrak, hiru ero lau kenduta, eztiela gordiñik jateko bezelakuek zeatik larreiko mikotxak die, esatejakonai sagardo sagarrak. **T.** El manazanal del caserío de Josu da una gran cantidad de manzanas casi cada año, el año pasado no fué para tanto pero éste año da toda la impresión de que será muy bueno, ahora que sí pasa una cosa, la mayoría de las manzanas que producen los árboles, quitando tres o cuatro, no están cómo para comer en crudo porque son demasiado amargas, de las que se dicen manzanas de sidra.

Aspaldiko esaerabat: Egixe askotan mikotxa izetenda.

Un viejo proverbio en euskera dice que la verdad muchas veces es amarga.

MIKELETE. Era la antigua policía foral de Euskadi. **K.** Garai baten Mikeletiek Euskadiko polizi foralak izenzien eta ezta hainbeste urte Araban geraketazienak, gutxi, Ertzaina tartien sartuzitxuen izenik aldatu-barik. Eta oñ bertan eztot uste iñor dauenik. **T.** En un tiempo los Mikeletes fueron la antigua policía foral en Euskadi y no hace tantos años que algunos de los que quedaban en Alaba, pocos, los incorporaron a la Ertzaina sin que cambiasen de nombre. Y ahora mismo ya no creo que haya nadie.

MIKO, MIKUE. Mico. Es la persona de poco apetito, que come poco. **K.** Badakitzu larreiko mikue zarela?, oso gutxi jatendozu ta zerbaitx geitxuau janbikozauke zeatik beztela ezara sekula haundi ingo, beitu zure lagunek, horreik asko jatendaue eta danak die zu baño haundixauek. **T.** ¿Ya sabes que eres demasiado mico?, comes muy poco y deberías de comer un poco más porque sino nunca te vas a hacer grande, mira tus amigos, aquellos comen mucho y todos son más grandes que tú.

MILIKI, MILINDRI. Es la persona melindrosa, escrupulosa a la hora de comer. **K.** Sekula eztot ikusi hau baño ume milindrixaurik, betik eta ataratzejakon erozeiñ platerri zertxobaitx, batzuetan gehiegi, aparta inbierra izetendau eta oñ be beituiozue, ixe ezta kipulaik ikusten arroz-paella tartien eta denporalditxue doie kendu guran. **T.** Nunca he visto una criatura más escrupulosa qu ésta, cuando le sacas un plato con la comida siempre y a cualquiera que sea le tiene que apartar algo, algunas veces demasiado, y mírale ahora también, casi ni se ve la cebolla en la paella y ya lleva bastante tiempo queriendo quitarla.

MILLEZKER, MILLE-EZKER. Es una palabra de agradecimiento que significa muchas gracias o mil gracias. **K.** Betik ixe derrigorrezkue izenbikozan eskerrikasko ero millezker esatie gauzak itxendienien bierdan bezela, baitxe ondo ta axkar emutendanien eskatzendozun hori. **T.** Siempre debería ser casi obligatorio el decir gracias ó mil gracias cuando se hacen bien las cosas, también cuando te sirven bien y rápido aquello que se hayas pedido o solicitado.

MIMAU. Mimar. Cuidar de alguien de una forma quizá algo excesiva. **K.** Nere ustez neska gazte hori eztabill bape ondo bere umetxuekiñ, badakitx aurrena dala eta gañera ondo kostata etorridala baña halaere larrei mimatzen haida, betik besotan euki-bierra izetendau, laztanak emuten, maite iñaz gelditxu-barik eta kontuek esaten belarrira. **T.** A mí me parece que esa chica joven no anda nada bien con la criatura, ya sé que es la primera y que ha costado bastante el traerla pero aún así la mima demasiado, siempre la tiene que tener en brazos, la besa y acaricia sin parar y no deja de contarle cosas al oído.

MIMUEK. Mimos. **K.** Ba horixe bera gertaujako umetxo horri, hainbeste maitxe, hainbeste zaiñdu eta hainbeste mimau, ze oñ berak hartuitxu mimuek eta larreikuek gañera, ontxe beteitxu bi urte ta erozeiñ gauzatik negarrez hastenda, baitxe beitu bakarrik iñezkero eta axkar fatenda aman besuetara. **T.** Pues eso mismo le ha pasado a esa criatura, que de tanto cuidarla, acariciar y mimarla ahora es ella la que ha cogido mimos y además muy grandes, acaba de cumplir dos años y por cualquier cosa empieza a llorar, incluso también si solo se la mira y enseguida corre a refugiarse en los brazos de su madre.

MIMORRA. Orzuelo. Inflamación en el párpado. **K.** Lenau be mimorrak ezien holako sarri ikusten, noixienbeñ bakarrik eta oñ ustedot sigero desagertudala, nik bentzet eztitxuk ikusi aspaldiko urtietan eta hala izengoda zeatik horren buruz erozeñi galdetu-ezkero iñok ezauen jakingo zer izenleiken, izen honekiñ bentzet. **T.** Antes tampoco es que se viesen muchas veces los orzuelos, solo de vez en cuando y ahora creo que eso ha desaparecido por completo, yo al menos no los he visto desde hace muchos años y seguramente será así porque si se le preguntase a cualquiera sobre el tema nadie sabría lo que significa eso, al menos con ese nombre, en euskera, de mimorra.

MIMONTZI. La criatura que es mimosa. **K.** Ba hori, eta goixen jarridoun bezela ume horren buruz, Sagrario da bere izena, hainbeste mimo hartuitxu txikitan eta oñ gertaudala bera sigeroko mimontzi dala, nik ustedot denporiaz aldatukodala ero beztela derrigorrez aldatu inbierra eukikodau. **K.** Pues eso, y cómo hemos puesto arriba sobre esa criatura, su nombre es Sagrario, ha recibido tantos mimos de pequeña que ahora ocurre que ella se ha convertido en una gran mimosa, yo creo que ya cambiará con el tiempo o sino lo tendrá que hacer necesariamente.

MINBERA. Es la sensación que uno tiene o puede tener cuando empieza el dolor. **K.** Ze gauzak gertatzendien eta batzuetan iñok ez esperokuek izetendie, Fuljentzion lengosu kasuen bezela, esauztien bezela lengo astien hasi omenzan minbera pixkatekiñ estomagu inguruen, ba medikura fan eta sekulako berri-txarrak hartu, hiru illebeteko kontue dala. **T.** Que cosas pasan y algunas son de las que no espera nadie, cómo en el caso del primo de Fulgencio, según me han contado la semana pasada debió de empezar con un poco de dolor en el estómago, pues ir al médico y recibir muy malas noticias, que es cosa de tres meses.

MINBIZIA. Cáncer. **K.** Ba Fuljentzion lengosu horren geixue etxuraz minbizia da, ta hainbeste zabalduta omendauko ze esatendaue eztauela merezi operatzeik eta ez beste ezer itxeik, bakarrik itxoiñ. Nik eztotena ulertzen da nola garai hontan hainbeste erreztazunaz dauen hainbat gauzatarako, eztauen beingoz ta betiko akabatzen minbizi txarri horrekiñ. **T.** Pues la enfermedad que tiene el primo de Fulgencio parece que es cáncer, y debe de estar tan extendido que dicen que no merece la pena el operarle y tampoco hacer ninguna otra cosa, solo esperar. Lo que yo no llego a entender es cómo en estos tiempos que hay tantas facilidades para tantas cosas, no terminan de una vez y para siempre con esa maldita enfermedad.

MINGAIÑ-LUZIE. Literal lengua larga y ésto se dice por la persona que es chivata, acusica. **K.** Atzoko billeran tratatzen ibiligiñen gauza batzuk aspalditxuen haigaren asunto horren buruz, nahiko diskuzio izengauen baña ustedot askenien nahiko ados bukatugauela, gauza da iñori ez kontatzeko geratugiñela billera hortako ezertxorik, xei lagun gitzen eta tartien mingaiñ-luze norbaitx be eongozan, eta hau esatendot zeatik batzun-batzuk, gutik aparte noski, ondo dakixe han berba inzien gauzak. **T.** En la reunión de ayer estuvimos tratando algunas cosas sobre el asunto que últimamente nos ocupa, tuvimos bastantes discusiones pero creo que al final ya llegamos a un principio de acuerdo, la cosa es que quedamos en guardar en secreto lo que se dijo allá, estuvimos seis personas y entre ellas también tuvo que haber algún chivato, y digo esto porque algunos, aparte de nosotros claro, están bien enterados de lo que se habló.

MINGAÑA. La lengua. **K.** Ze oitura txar dauken ume horrek mingaña ataratzeko ikusteitxun jente guztiei, eta hori derrigorrez laga-bierra dauko, ba aber danon hartien alegiñdu ta lortzendoun kentzie zeatik benetan gauza ona izengolitzake. **T.** Que costumbre más mala tiene esa critura de sacar la lengua a toda la gente que ve, y eso necesariamente lo tiene que dejar, pues a ver si entre todos nos esforzamos un poco y conseguimos quitarle esa manía porque de verdad que sería una buena cosa.

Aspaldiko esaerabat: Hitza atara baño len, mingañai bi buelta emun agotik.

Un viejo proverbio vasco: Antes de pronunciar una palabra dale dos vueltas a la lengua por la boca.

MINTEGIA. Vivero, puede ser tanto de plantas, flores, pescado, marisco, etc… **K.** Nik oso vivero gutxi esauketaitxut, bat Elkano auzuen landarak saltzeitxuena eta bestebat Getariñ mariskuek eontendienak. Aurrenekuen orturko landarak hartzeitxu eta bestien, geixenbaten bizi dazen nekorak erosi eta akaso noixienbeñ baitxe beste zerbaitxuk. **T.** Yo conozco muy pocos viveros, uno de ellos en el barrio de Elcano que venden plantas y el otro en Getaria dónde hay mariscos. En el primero cogemos plantas para la huerta y en el segundo, la mayoría de las veces compramos nécoras vivas y a veces también algunas otras cosas.

MIÑ, MIÑA, MIÑE. Daño, dolor, sensación fuerte de malestar. **K.** Hemendik entzuten hainaz negarrez hasidala ume hori, nik oñ eziñdot eta bateonbat fanzaitxeze berana, ustedot kanpoko eskirralletan estropozau eta jausi iñdala, akaso miñ hartute eongoda eta baezpare betuiozue aber nunbaitxen zerbaitx urretauta dauken. **T.** Desde aquí estoy oyendo que ha empezado a llorar esa criatura, yo ahora no puedo e iros alguno dónde ella, me parece que se ha debido de tropezar en las escaleras de fuera y se habrá caído, a lo mejor se habrá hecho daño y por si acaso mirarle a ver si tiene algún rasponazo en algún sitio.

Aspaldiko esaerabat: Zeiñ hagiñetan dauen miña, han dau mingaña.

Un viejo proverbio vasco dice que allá donde está el dolor de muelas estará la lengua.

MIÑDU. Resentirse de alguna herida o golpe. **K.** Nik ustenauen onazkero sendaute eon-bierra haukela hartutako zartaran istoixa hareik, baña etxura guztie dauko eztala hala, atzotik igertzen hainaz miñdu iñdiela ta gañera geurau ta geixaura doie. **T.** Yo pensaba que para ahora tenía que estar curadas las consecuencias de los golpes que me dí, pues según parece no debe de ser así, desde ayer estoy notando que se están resintiendo y además cada vez va a más.

MIÑGARRIXE, MINTZUE. Doloroso. **K.** Apenas iñoiz jauzinaz bizikletatik baña atzo baietz gertauzan, jausi iñitzela, askauta habillen txakur txikibat ez arrapatzeatik okertunauen manillarra, zuzenien fanitzen lurrera eta gañera karreteran izenzan. Etxaten gauza haundirik gertau, bakarrik urretu batzuk besuen ta bernan, baña naiz eta asko ez izen benetan mintzuek diela gauza horreik. **T.** Apenas me he caído nunca de la bicicleta pero ayer ocurrió que sí, que me caí, por no pillar a un perro pequeño que andaba suelto torcí el manillar, fuí derecho al suelo y además fué en la carretera. No me pasó gran cosa, solo unos rasponazos el el brazo y la pierna, pero a pesar de no ser mucho lo cierto es que esas cosas suelen ser dolorosas de verdad.

MIRABE, MIRABIE. Criado, sirviente.

(Ver la definición de kriaua).

MIRADORIE. Mirador. **K.** Oñ jeneralki eztie etxiek itxen miradoriekiñ, baña lenau bai eta gañera hala izenzan izugarri denpora luzien, ondion be geratzendie eta leku batzuetan ikusi, eta miradore horreik askotan izetezien kukuek itxeko ingurutik pasatzezan jentiei, baña hori bai, eskutu xamarrien kortiña ostien. **T.** Ahora generalmente no se hacen las casas con miradores, pero antes sí y además así fue durante muchisimo tiempo, también todavía ya quedan y se ven en bastantes sitios, y esos miradores muchas veces solían ser para mirar, más bien espiar, a la gente que pasaba por las cercanías, pero eso sí, un poco a escondidas detrás de las cortinas.

MIRARIA. Milagro, prodigio. **K.** Siñistu eziñda zenbat Santu, Amabirjiñ ta beste mota holako pertzonaje dien, eta noski Elixak daukenak, ta nere eta beste askon galdera baleike hau izetie, baleike egixe izetie hainbeste mirari inditxuela?, gauza da ze hala izetenbazan eztala asko igertzen ikusitxe nola dien munduen gertatzen haidien hainbeste gauza txar. Eta beste gauzabat, egixe baldinbada, ze errazoi dau mirari horreik geldiketako horrein bier geixen dauenien? **T.** No se puede creer la cantidad de Santos, Vírgenes y demás personajes que hay, y tiene la Iglesia claro, y mi pregunta y la de otros mucho podría ser ésta, ¿puede ser verdad el que hayan hecho tantos milagros?, la cosa es que si es así no se nota demasiado viendo tantas cosas malas cómo las que están ocurriendo en el mundo. Y otra cosa, si es que es verdadero, ¿que razón hay para que hayan parado esos milagros cuando más se necesita de ellos?

MIROTZA. Halcón. **T.** Zarautzen ia aspalditxo da kenduzala eonzan esconbrera, inguruko auzo jentiek urte asko zien kejatzen esanaz izteko beingoz zeatik arratoi pilla eta useiñ txarrak besteik ezala gertatzen toki hortatik. Horren aparte be nahiko sarri eotezien kaiu pilla hango txarrikexak jaten eta alde iñdeixen Udaletxiek mirotzak ekarrizitxun, ustedot bi ziela eta gauza da ideia ona izenzala zeatik laister desagertuzien. **T.** Hace mucho ya que en Zarautz quitaron la escombrera que había, le gente del barrio que está casi pegado llevaba ya muchos años quejándose y pidiendo que lo cerrasen de una vez porque de allá no salían más que infinidad de ratas y muy mal olor, aparte de eso también iban muchísimas gaviotas a comer la porquería que allá había y para que se marchasen el Ayuntamiento trajo halcones, creo que eran dos y la cosa es que fué una buena idea porque enseguida desaparecieron.

MIRRIÑA, MIRRIÑE. Se dice se la persona esmirriada. **K.** Ze mirrintxue dan Kornelion ta Anselman mutikue, gurien urtiek berdiñek dauko eta akaso izengoda zortzi centímetro txikiñaue, eta gañera apostaukonauke xei ero zazpi kilo inguru gutxiau be badaukela, ondion asko hasikoda baña momentuz bentzet halakotxie dau. **T.** Que esmirriadillo es el chaval de Cornelio y Anselma, tiene los mismos años que el nuestro y a lo mejor es ocho centímetros más bajo, y además apostaría que también tiene cerca seis o siete kilos menos, todavía ya crecerá y se hará más grande pero al menos se momento así está.

MIRRIÑDU. Adelgazar, enflaquecer, quizá excesivamente.

(Ver la definición de argaldu y de metu).

MIRRINTXO. Apelativo cariñoso referido a las criaturas recién nacidas o muy pequeñas. **K.** Oingoz bentzet nik eztot hartuko ume hori besuetan, bildurre emuteuz zeatik larreiko mirrintxo ikustendot eta baleike gure-barik miñtxonbat itxie. **T.** Al menos por ahora yo no voy a coger en brazos a esa criatura, me da miedo porque veo que es demasiado pequeña y puede que sin querer le pueda hacer algún daño.

MIXERABLE, MIXERABLIE. Persona miserable. También se dice fig. cuando una cosa es pequeña o escasa. **K.** Hau bakarrik emuteko asmue daukotzu?, ze gertatzenda ba, akaso ezaldot merezi zertxobatik geixau hainbeste lan iñ ondoren, ero?, ba jarriduztazun hori sigero exkaxa dala iruitzejat, geixau easangot, sigero mixerablie eta ez deitxu berriz zeatik enaz geixau etorriko. **T.** ¿Eso es todo lo que tienes la intencíon de darme?, ¿que pasa pues, es que acaso no merezco algo más después de haber trabajado tanto, o qué?, pues pienso que lo que me has puesto es demasiado escaso, y más diría, muy miserable y no vuelvas a llamarme porque no voy a venir más.

MISTELA. Mistela es la denominación de un vino, y corresponde a una bebida dulce también llamada espirituosa. **K.** Edari tipoko honeik abariek mesa denporan eratendauen antzerakuek die, eta oso gustokuek zien gure amandre Zelestinandako, lenau oitura haundixe eotezan mistela hau eratie gauza goxuaz, pastakiñ ero beste zerbaitx berdintzuaz. **T.** Este tipo de bebidas dulces son parecidas a las que beben los curas en el tiempo de la misa, y eran muy del gusto de nuestra abuela Celestina, antes había mucha costumbre de beber la mistela ésta junto con alguna cosa dulce, cómo pastas o alguna otra cosa similar.

MISTERIXUE. Misterio, cosa misteriosa. **K.** Ezirezue esan gauza honek eztaukela bere misterixue, oso ziur nau ze atzo atzaldien atxurra ta sardie hemen etxe aurrien itxinitxula, baztertxuen eskutauta eta oñ gertatzenda eztazela, nolabaitx desagertu iñdie eta ezta posible iñor etorridanik gauez honeik arrapatzera zeatik txakurrek eztau zaunkaik iñ, orduen zer, nun daz ero nun eonleike? **T.** No me digaís que la cosa esta no tiene su misterio, estoy muy seguro de que ayer dejé la azada y la horca aquí delante de casa, escondidas en un rincón y resulta que ahora no están, de alguna manera han desaparecido y no puede ser posible que nadie haya venido a robarlo por la noche porque el perro no ha ladrado, entonces qué, ¿dónde están o dónde pueden estar?

MISTUEK. Cerillas. **K.** Mistuek ez onak bakarrik baizik askotan derrigorrezkuek izetendie piztu eta gero sue emuteko, honein buruz eta gure denporan gauzabat gertatzezan, zigarruek pizteko iruitzejakun gauza gutxitxo zala eta bape dotorie, horreatik sekula ezgiñen ibiltzen misto horreik, betik txiskerue. **T.** Las cerillas no que sean solo buenas sino que en muchos casos son imprecindibles para encender y luego prender fuego, pero en nuestro tiempo nos pasaba una cosa en relación a ésto, que para encender un cigarro nos parecía que era poca cosa y nada elegante, por eso nunca andábamos con cerillas, siempre con mechero.

MITXIN, MITXINA. Son el gato y la gata. Se puede utilizar como apelativo cariñoso en relación, sobre todo a las criaturas, pero también a otras personas. **K.** Benetan nahiko pertzona xelebrie dala gure lagun Bartolome, eztakitzuela nola deiketautzen bere andriei?, ba ontxe esangotzuet baña aurretik kontuen hartu eskon-barrixe dala, halaere izena benetako xelebrie da eta barre pixkat be emutendau esatiek bakarrik baña hor doie, mitxina eta nik ustedot katutxuatik izengodala. **T.** De verdad que es una persona bastante original nuestro amigo Bartolomé, ¿a que no sabeís cómo le llama a su mujer?, pues enseguida os digo pero antes teneís que tener cuenta de está recién casado, aún así el nombre no deja de ser demasiado raro y da un poco de risa solo el decirlo pero ahí va, mitxina, que quiere decir gata o gatita y yo pienso que irá por lo de gatita.

MIURA, MIURE. Muérdago. Aunque sobre esto apenas conozca poca cosa ya sé que es una planta que está en el tronco de algunos árboles. **K.** Miure nahiko ugeri ikustenda basotan ta ustedot geixenbat zerbaitzuk apaintzeko erabilikodala, gabonetako jaiotza bezela, eta ustedot enplasto tipoko batzuk prestatzeko be izetendala. Baitxe aspaldi entzutenzan ona zala, ero bentzet baleikela balixokue izen, abortatzeko. Eta gauzabat, Asterixko ipuñetan ikustenda nola miure hau egosi ondoren eta horren ura eranda siñistu eziñeko iñderra hartzendan. **T.** El muérdago en una cosa que se ve con cierta abundancia en los bosques y creo que la mayoría se utilizará para adorno, cómo en los belenes de navidad, y creo que igualmente se utiliza para preparar algún tipo de emplasto. También hace mucho tiempo se oía que era bueno, o por lo menos que podía servir, para abortar. Y una cosa, en los cuentos de Axterix se ve que el mago amigo de él lo utilizaba para hacer una pócima que bebiendola daba una fuerza extraordinaria.

MIXERIXA, MIXERIXIE. Miseria. **K.** Benetan da eta aspalditxotik gañera mixerixan garela, lengobaten urteuzkun hamar mille euro loteriñ eta fandan astien berrehun milla besteik ez primitiba horretan, kustiñue da diru honeikiñ eztakoula gauza haundirik itxeko eta erabakidou berriz jolastie zerbaitxera, eta aber hala zertxobaitx geitzeko aukera eukitxendoun. **T.** De verdad y además desde hace bastante tiempo que estamos en la miseria, hace unos meses nos tocó diez mil euros en la lotería y la semana pasada nada más que doscientos mil en la primitiva esa, la cuestión es que con ese dinero no nos llega para hacer muchas cosas y hemos pensado volver a jugar a algo, y a ver si así hay posibilidades de aumentar siquiera un poco.

MIZKIÑA, MIZKIÑE. Melindroso, que come poquito.
(Ver la definición de miliki, milindri).

MIZPILLA, MIZPILLE. Míspero. **K.** Oñ hortik zier ibilinazenien oñezko Grial bidaia itxen ikusitxut, geixenbat Kastellon ta Valentzia probintzia inguruetan, nahiko xelebriek dien mizpillak , horizka koloreskuek, haundi xamarrak eta izenez "míspero japonés" daukienak. Eta horreik eztaukie zer-ikusirik Euskalherrixen dazenakiñ, hemenguek die askoz txikiñauek, marroi kolore antzak eta batzendie ondion gogor xamar dazenien, gero kamarara jaso eta zabal xabal jarri, itxi pixkat usteltzen bezela hasi hartien eta orduen die onak jateko. **T.** Cuando ahora he estado por ahí andando haciendo a pie el camino del Grial he visto, sobre todo en las provincias de Castellón y Valencia, unos mísperos bastante raros, de color amarillo, de tamaño mediano y con nombre de míspero japonés o de Japón. Y éstos no tiene que ver con los de Euskalherría, los de aquí son mucho más pequeños, de color bastante marrón y se recogen cuando todavía están bastande duros, luego se suben al camarote y se colocan bien anchos, se dejan hasta que empiezan cómo a pudrirse un poco y entonces están buenos para comer.

MOBIMENTUE. Movimiento, balanceo.
(Ver la definición de balantza).

MOBIRU. Moverse. **K.** Eztauket arrastuik be ze asmo daukotzun itxeko zure bizimoduekiñ, nere ustez oso gauza gutxi zeatik betik ikustezaut jarritxe ero etzanda eta ezer inbarik, itxizutzen estudiatziei, ezara sekula hasi lan bakarra billatzen eta berdiñ jarraiketandozu. Eztozu sekula pentza akaso zetxobaitx mobiru inbierra eukikozunik? **T.** No tengo ni idea de lo que piensas con tu forma de vida, yo creo que poca cosa porque siempre te veo sentado o tumbado y sin hacer nada, dejaste de estudiar, no has empezado nunca a buscar un solo trabajo y continúas igual. ¿No has pensado nunca que quizá te convenga moverte siquiera un poco?

MODUTAN. De ese u otro modo. **K.** Lotzaik be eztaukotzu, beitu ze modutan etorrizaren, etxetik aingeruek baña garbixau urtendozu eta txarribat iñde allegauzara, jakiñleike nun ibilizaren ero nun ibiltxezaren hala sikintzeko?, ba bixer be erropa horreikiñ urtenbikozu zeatik eztauket bape asmoik garbitzen hasteko. **T.** No tienes ni vergüenza, mira de que modo has venido, de casa has salido más limpio que los ángeles y has llegado hecho un auntético cerdo, ¿se puede saber dónde has estado o dónde sueles andar para ensuciarte de es forma?, pues mañana va a tener que salir con la misma ropa porque no tengo ninguna intención de empezar a limpiarla.

MODU, MODUE. Modo, manera. **K.** Nik beste han dauen bezela ingonauke lan hori eta ugesabai hala esanutzen, gauza da buruen sartujakola modu hortan ezetz eta berak esandakue izenbikoda, halaere ustedot garbi geratudala nahiko karestixo urtengodala baña eztauko bape etxuraik inportantzi haundirik emuteutzenik. **T.** Ese trabajo yo lo haría del modo que está allá y así se lo he dicho al dueño, la cosa es que que se le ha metido en la cabeza que de esa manera no y tendrá que ser cómo él lo dice, aún así yo creo que ha quedado claro que saldrá bastante más caro pero no parece que le dé demasiada importancia.

MOKILLE. Se llama así al torrones de de tierra que resultan de cavar. **K.** Lana da ortuko lurra atxurtzie baña halaere ez haundixena, neretzak askoz handixaue da gertatzendien mokillek puskatzie hori iñ ondoren, ta ez gutxi gañera zeatik atxurtu ta gero geixena mokille geratzenda. **T.** El cavar la tierra de la huerta es trabajo pero aún así no el mayor, para mí es mucho mayor el romper luego los torrones que surgen de ahí, y además no pocos porque después de haber cavado el resultante son todo torrones.

MOKOLO. Se dice de la persona un poco tontaina, bobita. **K.** Rupertoi mokolo xamar bezela hartute daukie bere kuadrillan, erozeiñ gauzan bierra izetendanien berai bielketautzie eta adar pìxkat be nahiko sarritxan joten ibiltxendie, baña berak eztauko etxuraik inportantzik emuteutzenik zeatik betik pozik ikustejako, gustora eta pres gauza dan horreik itxeko. **T.** A Ruperto su cuadrilla le tiene cómo a una persona un poco boba, cuando se necesita cualquier cosa le envían a él a que lo traiga y también bastante a menudo suelen estar tomándole el pelo, pero no parece que le dé demasiada importancia porque siempre se le ve feliz, contento y dispuesto a hacer todas esas cosas.

MOKORDO. Caca, excremento. **K.** Hauxe bai nahiko sarri eontendala Zarauzko espaloietan, txakurren mokorduek, jente asko dau eta ikustejate nola jasoteitxuen horrein kakak baña beste askoi eztau emuten ezerko inportatzik emuteutzenik, eta txakurrek itxendauen tokixen, han bertan geratzenda. **T.** Esto sí que es una cosa que no falta en las aceras de Zarautz, los excrementos de los perros, hay mucha gente y se les ve cómo recogen las cacas de los suyos pero hay otros muchos que parece que no le dan ninguna importancia, y allá donde el perro deposite la caca, en el mismo lugar se queda.

MOKORRA. Cadera. **K.** Zenbat jente ikustendan Zarauzko kaletan, beste leku batzuetan be berdintzu izengodala, mokorra izurrauta daukena, eta hau da gauzabat axkar igertzendana zeatik danak makuluaz ibiltxendie, honeitik askok operau be itxeitxue eta jartzeutzie holako izen dauken protesi hori. **T.** Cuánta gente se ve en las calles de Zarautz, en otras partes también será parecido, con la cadera estropeada, y ésto es una cosa que se nota enseguida porque todos andan con bastón o muleta, a muchos de éstos también les operan y colocan eso que se llama prótesis.

MOKOSO. Mocoso. Se dice por el chaval o adolescente al referirse a su edad. **K.** Nola eruengozu ba mutikue zure kuadrillan afaira?, ondion mokosobat da etxako bape komeni zuekiñ ibiltxeik zeatik badakitx nundik nora ibiltxezarien afai ondoren, tabernik taberna ta akaso baitxe beste toki horreitan be. **T.** ¿Cómo vas a llevar al chaval a la cena de tu cuadrilla?, todavía es un mocoso y no le conviene nada el estar con vosotros porque se muy bien por dónde soleís andar después de cenar, de bar en bar y quizá también en esos otros sitios.

MOKUEK. Mocos. **K.** Lenau danok eruetegauen telazko pañoluek mokuek kentzeko eta oñ berriz eztot uste ixe iñok ibilikodauenik, nik bentzet ez eta dakitxenetik ezta iñor tartekoik be, asalduzienetik paperezkuek jente geixenak horreik erueteitxu, haleike beste hareik etxurazkuauek izotio baña zalantzaik eztau honeik askoz garbixau eta erosuauek dlela, erabili eta tira. **T.** Antes todos llevábamos pañuelos de tela para quitarnos los mocos y ahora en cambio no creo que casi nadie ande con ellos, yo al menos no y que sepa tampoco nadie del entorno, desde que aparecieron los de papel todo el mundo los utiliza, puede que aquellos otros fueran más decorosos, pero no hay duda alguna que estos son mucho más limpios y cómodos, usar y tirar.

MOLESTAU, MOLESTATZEN. Molestar, importunar. **K.** Ederra emuten haida tipo hori, ezalda konturatuko molestatzen haidala, ero?, aspalditxo da etorrizala gureana, berak esanda, galderabat itxera ta ondion hor jarraitzendau barriketan, bere familixan buruz, ze gauzak itxeitxuen eta abar, ba aber beingoz alde itxendauen eta hala ezpada, geuk izenbikou hori itxendouna. **T.** Está dando buena el tipo ese, ¿no se dará cuenta de que está molestando, o qué?, ya hace bastante tiempo que ha venido donde nosotros a hacer, dicho por él, una pregunta y todavía ahí continua ahí hablando sin parar sobre su familia, de las cosas que hace, etc…, pues a ver si de una vez y por todas se marcha y si no es así, tendremos que ser nosotros los que lo hagamos.

MOLLA. Muelle del puerto. **K.** Ze oitura dauen kosta aldien goix guztietan alkartzeko molla inguruen eta hor eon denporalditxobat, jeneralki hamaiketako ordue allegau hartien, barriketan, geixenak jente heldu ta erretirauek die ta nik ustedot arrantzalek izendakuek bere garaian. **T.** Que costumbre hay por la costa de reunirse todas las mañanas en torno al muelle del puerto y estar un tiempo, generalmente hasta que llega la hora del hamaiketako (almuerzo), de charla, la mayoría es gente de edad que está jubilada y yo creo que son los que en su tiempo fueron pescadores.

MOLDATU, MOLDAU. Arreglarse, apañarse con lo que hay. **K.** Ba oingoz eztau beste zer-iñik, bentzet ezpadaue geixau ekartzen, ia bukatudie perretxikuek eta moldau inbikozara hartudozunakiñ, beno, halaere eta baezpare deitxuirezu hemendik ordu parebatera aber zertxobaitx etorridan. **T.** Pues ahora no hay nada más que hacer, al menos si es que no vuelven a traer más, las setas ya se han terminado y tendrás que arreglarte con lo que has cogido, bueno, aún así y por si acaso llámame de aquí a un par de horas por si ha venido algo.

MOLTZUE. Montón, montoncito de algo. **K.** Ba bai, etorrida beste perretxiko moltzobat ta etorrizaitez axkar gurebozu eruetie zeatik beste-batzuk be badaz horrein zai, halaere alegiñdukonaz zerbaix bentzet gordetzen zuretako. **T.** Pues sí, ya ha venido un montoncito más de setas y ven rápido si es que quieres llevar algo porque hay más gente a la espera de ésto, aún así ya intentaré guardarte al menos algo para que te los puedas llevar.

MOMORRUE. Momorro. Personaje ficticio al que se aludía para asustar a las criaturas y que estuviesen formales. **K.** Ba Julitoi sigero alperrik eta berdiñ da esatie momorrue etorrikodala ero pasarie hartukodauela txintxo ezpada konportatzen, betik berie itxen ibilibierra dauko, aldebatetik bestera gauzak aldatzen, birien zerbaitx puskatu, ezpada bere gustokue akaso nahita, eta iñ haldan oker guztiek. **T.** Pues a Julito es completamente inútil e igual que se le diga que va a venir el momorro o que si no está formal va a recibir unos azotes, siempre tiene que estar haciendo lo suyo, ir de un sitio para otro cambiando la cosas, romper algo en el camino, si no le gusta puede que queriendo, y haciendo todas las travesuras de que sea capaz.

MOMENTUE, MOMENTUEN. El momento, al momento, enseguida. **K.** Eztaukotzu asko itxoiñ inbierrik eukiko, motorra hementxe bertan dauket eta alegiñdukonaz momentuen ekartzen zuk gurozun gauzak, denda hori eztau larreiko urruti eta eztot uste oñ trafiko haundirik eongodanik, eta ezpadau gente askoik laister izengonaz berriz hemen. **T.** No tendrás que esperar mucho, aquí mismo tengo la moto y ya intentaré traer en un momento las cosas que tú quieres, la tienda no está muy lejos y tampoco creo que ahora haya demasiado tráfico, y si es que no hay mucha gente enseguida estoy otra vez aquí.

MONAGILLUE. Monaguillo, es la persona, el acólito, que suele ayudar en las ceremonias religiosas. **K.** Gogoratzenaz nola mutikotan batzuk desiatzen eotezien monagillue izeteko, ni enaz sekula izen zeatik betik emun izendust errespeto ero erreparo pixkat asunto horreik, eta ze gauza, oñ emakumak ero neskatillak be badaukie aukera monagillo lanak itxeko. Ba hau garai hartan ikusibalau gizon harek, abare ha aspaldi Atxabaltako parrokue izenzana, laister bieldukozitxun inferno ingurura, beno, akaso ez haibeste baña bai gutxienetik purgatoixora. **T.** Me acuerdo de que cuando éramos chavales había algunos que estaban deseando ser monaguillos, yo no le he sido nunca porque siempre me ha dado un poco de respeto o reparo esos asuntos, y que cosa, ahora las mujeres, las chicas o chiquillas también tienen la oportunidad para hacer esa labor. Pues si en aquellos tiempos lo hubiese aquel hombre, el cura que hace mucho tiempo fué el párrroco de Aretxabaleta, pronto les hubiese enviado hacia el infierno, bueno, quizá no tanto pero por lo menos sí al purgatorio.

Aspaldiko esaerabat: Nolako abarie, halako monagillue.

Un viejo proverbio vasco dice que cómo sea el cura, así será el monaguillo.

MONDONGUE. Mondongo. Es una palabra bastante despectiva que se refiere al contenido del plato, si éste está demasiado lleno y si lo que hay es bastante impresentable. **K.** Etxatzue iruitzen nahiko mondongue dala ekarridauen plater hau?, ba ustedot eztauela jateik, ikusi besteik ez ixe iguña emutendau eta nik bentzet eztauket proba be itxeko asmoik. **T.** ¿No os parece que el plato que nos han traido es bastante mondongo?, pues creo que esto no se puede comer, nada más que se vé da casi asco y yo por lo menos no tengo la intención de ni siquiera a probarlo.

MONDRONGO (A). Palabra que se utiliza para referirse a la persona demasiado tranquila, pachorra. **T.** Mutil horreatik eztakitx esan potro-haundibat dala ero sigeroko mondrongue, eztauko sekula ezer itxeko prixaik, ez etxien, ez kalien eta askoz gutxiau lanien. Askotan esateutzou argitzen hasi-bierra daukela baña eztau zer-iñik, bera halakotxie da eta kitxo. **T.** De ese chico no sé si decir que es un huevón o una persona demasiado pachorra, nunca tiene prisa para nada, ni en casa, ni en la calle y mucho menos en el trabajo. Le hemos dicho muchas veces que tendrá que empezar a espabilarse pero no hay nada que hacer, él es así y punto.

MONGOLO (A). Mongolo. Palabra despectiva que se dirige a la persona que discute y sigue discutiendo sin tener razón. **K.** Ezaitxeze alperrik berba itxen jarraitxu eta gutxiau diskutitzen Eutikiokiñ zeatik eztau ezer aldatuko esaten haidanetik, gañera segi ta segi ingodau beriaz eta hori ondo jakiñien eonda eztaukela iñungo errazoirik, halakotxe mongolue izenda betik eta ia berandu izengoda kanbixatzeko. **T.** Es inútil que sigaís hablando y menos discutiendo con Eutiquio porque no va a cambiar nada de lo que dice, además seguirá y continuará con lo suyo y eso a pesar de que sabe muy bien que no tiene razón alguna, así de mongolo ha sido siempre y ya será tarde para que cambie.

MONIGOTIE. Monigote. Se llama así a una figura burlesca y también a los espantapájaros. **K.** Derrigorrez moinigote bat ero beste jarri inbierrien gara ortuen, eztau egunik eztala agertzen janda letxuga landaranbat eta beste zerbaitzuk, eta gañera eztakitx nundik asaltzendien txori demontre horreik, nik bentzet han eotenazen denporan eztitxut ikusten, baña apostaukonauke ze eurok bai neri. **T.** Necesariamente tenemos que poner algunos monigotes en la huerta, no hay dia en la que no aparezca comidas plantas de lechuga y otras cosas, y además no sé de dónde aparecen esos demonios de pájaros, yo al menos en el tiempo que estoy allá no los veo, pero ya apostaría que ellos sí a mí.

MONTOIE. Montón de algo, personas, cosas etc...

(Se puede ver las definiciones de moltzue, y también pilla, pillue).

Aspaldiko esaerabat: Kendu eta jartzen ezpada, montoie laister bukatukoda.

Un viejo proverbio vasco dice que quita y no pon, pronto se terminará el montón.

MOÑOÑA. Moñona. Palabra cariñosa referida a las crías o chavalitas. **K.** Mikaelan neskatillatxuek, Rosarito eta Mari Sol, oso moñoñak die bixek, alaiak, asarre eztazenien noski, argixek eta jatorrak, betik pres jolasteko eta beitxe erozeiñ tokira fateko be. **T.** Las crías de Micaela, Rosarito y Mari Sol, las dos son muy moñoñas, alegres, cuando no están enfadadas claro, simpáticas y divertidas, siempre dispuestas a jugar y también para ir a cualquier sitio.

MOÑUE. Moño. Pelo recogido detrás de la cabeza. **K.** Lenau, ia oso aspaldi, ikustezien nola neskak, akaso geixau andra helduek eta ez hainbestekuek zienak, ixe danak ulie moñuen batuta erueteauen, oñ berriz apenas ikustendie, akaso kirola itxeitxuen neskai eta honeitik geixenak, nik hala ikusteitxuk, korrikan ibiltxendienai. **T.** Antes, hace ya mucho tiempo, se veían chicas, quiza más a las mujeres de cierta edad, que casi todas llevaban el pelo recogido en un moño, ahora en cambio apenas se ven, quizá sí a las chicas que practican deporte y de éstas la mayoría, yo así las suelo ver, las que corren.

MORALA. Fig. se utiliza para decir que una persona tiene mucho ánimo o fig. moral. **K.** Doroteon seme horrek dauko morala, ondo igertzenda gaztie dala bai, obran bere lanak itxeitxu eta han zortzi ero hamar ordu eotenda, ondoren luguntzera fatenda andriek daukon tabernan eta gañetik denporie geldiketajako korrikan itxeko, akaso ordu parebat. **T.** Vaya ánimo que tiene ese hijo de Doroteo, bien que se nota ques es joven sí, hace su trabajo en la obra y allá suele estar ocho o diez horas, luego va a ayudar al bar que tiene su mujer y aún le queda tiempo para ir a correr, quizá hasta dos horas.

MORDOKA. A montones. Es cuando algo se compra o vende a granel. **K.** Ze gauza xelebre ikusinauen atzo ferreteri hartan, atxurrendako kirtenbat erostera fanitzen eta gero ordaintzen mostradorara, ba nere aurrien gizonak zan eta han hauenai hogetamar untza eskatuzutzen, mutille nahiko arritxute geratuzan ta esautzen gauza horreik eztiela hala saltzen, mordoka izenbierra daukela gero pixatzeko ero beztela paketien. **T.** Que cosa más rara vi ayer en aquella ferretería, fuí a comprar un mango para la azada y luego a pagar al mostrador, pues el hombre que estaba delante pidió al que atendía treinta clavos, el chico se quedó asombrado y le explicó que esas cosas no se venden así, que tenía que ser a montones que luego se pesaban o sino en paquete.

MORDOXKA. Montón o montoncito. Grupo de personas o cosas relativamente abundantes. **K.** Gaur zorionez gara, ixe sekula ezgara izen perretxikotan eta atzo pentza izengauen sikera beñ fan-bierra daukoula, eta gaur izenda egun hori, ba Pagoeta aldera mobitxugara ta ixe hasi besteik ez piñotela mordoxka asaldu ta hartuitxu, eta ze gauza, aurreratxuau ta naiz da hainbeste ez, bai bentzet beste dozena parebat inguru. **T.** Hoy estamos de suerte, casi nunca hemos ido a por setas y ayer pensamos que por lo menos teníamos que ir un día, y hoy ha sido el día ese, pues nos hemos dirigido hacia Pagoeta y nada más empezar han aparecido y recogido un montoncito de piñotelas (níscalos), y que cosas, un poco más adelante, aunque no tantas, si por lo menos cerca de un par docenas.

MORDUE (K). Mucho, en abundancia. **K.** Hautuzeikie zuek naidozuen beste eta batzun-batzui emuteko geixau hartzie gurebozue bebai, aurten izugarrizko sagar pilla daukou ta gaur morduek batuitxu, gauza da arbolak izugarri betiek dazela eta eztakiguka zer iñ hainbestekiñ. **T.** Podeís coger todas la que queráis y si quereís coger más para dar a algunos también, éste año tenemos una cantidad de manzanas impresionante y lo que hemos recogido hoy ha sido abundante, la cosa es que los árboles están absolutamente llenos y no sabemos que hacer con tanto.

MORMOXETA. Refunfuños, cuchicheos, murmuraciones.

(Ver las dos definiciones de marmarra).

MORMOXETAN. Son aquellas personas que están refunfuñando o murmurando por lo bajo **K.** Kale hontatik sarri pasatzenbazara betik ikusikoitozu lau atzo horrei aulki hortan jarritxe, jentiei beituaz eta barriketan ixildu be inbarik euron hartien, ta ze ustedozu esaten ero itxen ibilikodiela?, ba garbi dau, mormoxetan beteatik eta bestiatik. **T.** Si es que pasas bastante a menudo por esta calle siempre verás a esas cuatro ancianas sentadas en el mismo banco, mirando a la gente y hablando entre ellas sin parar, ¿y qué crees que pueden estar haciendo o diciendo?, pues está claro, murmurando de unos y de otros.

MOROKILLE. Papilla hecha a base de harina de trigo y leche. **K.** Enaz gogoratzen sekula jandoten morokille baña akaso mutikotan baleike baietz, halaere lenau, gerra denpora ondoren ezan falta izeten etxe geixenetan eta orduen, hala entzunde dauket, baleike ezala beste gauza askoik eongo, eta hortik aparte oso ona omenzan tripa betetzeko. **T.** No me acuerdo si alguna vez he comido la papilla esa pero puede que de chaval o crío sí me lo hayan dado, de todas formas antes, después de la guerra era una cosa que no faltaba en casi ninguna casa y entonces, así lo tengo oído, puede que tampoco habría muchas más cosas, y aparte de eso debía de ser muy bueno para llenar la tripa.

MORRALLIEN. Llevar algo o alguien a cuestas, a hombros. **K.** Eztaukotzue beste moduik saku horreik erueteko?, nola eruengoitxu ba morrallien hartuta daukien pixuekiñ?, nik akaso parebat hartzeko bezela izengonaz baña geixau ezta pentzatuere, eztot ezertarako nai gerrixe izurratzeik. **T.** ¿No tenéis alguna otra forma de llevar esos sacos?, ¿cómo vamos a llevarlos cargados al hombro con todo lo que pesan?, yo a lo mejor ya podría coger un par de ellos pero más ni pensar, de ninguna de las maneras quiero hacerme una avería.

MORRIO. Morrio era un fantama que vivía, ahora no sé dónde vive, en el camarote de una antigua casa de aquel pueblo. **K.** Morrio honen buruz gauza asko gertaudie, aber, hasikonaz kontatzen nola urte askuen bizi omenzala Txiliñekiñ batera, norbera bere gelan eta ustedot nahiko gustora bixek, baña halaere ondo aparta eta bakotxa bere tokixen, hau herri hartan izenzan, etxe antigualeko kamaran, euron hartien ezien larreiko ondo erueten eta alde guztietan bezela, batzuk baten alde eozela eta bestiek, noski, bestien alde, ta askenien gertauzan iñok ezauena espero eta ez gure, familixa hartien asarre haundixek eonziela, taldiek sortuzien eta baitxe hasi be gaizki berba itxen bata-bestiatik, gero banandu eta oñartien bentzet berdiñ jarraitzendaue. Eta noix harte?, ba auskalo. **T.** A cuenta del Morrio éste han sucedido muchas cosas, a ver, empezaré a contar que cómo vivió durante muchos años junto con Txilin en el camarote de una antigua casa de aquel pueblo, cada uno en su habitación y creo que los dos bastante a gusto, pero aún así bien apartados y cada uno en su sitio, la cosa es que entre ellos no se llevaban nada bien y lo que pasa en todos los sitios, que unos estaban a favor de uno y los demás, claro está, del otro y al final ocurrió lo que nadie esperaba ni quería, que hubo grandes y muchos enfados, se formaron camarillas dentro de la familia y también se empezó a hablar mal los unos de los otros, luego se separaron y por ahora las cosas siguen igual. ¿Hasta cuándo?, pues quién sabe.

MORROKUE. Pestiilo, cierre pasador para las puertas. **K.** Etxuraz geruau ta lapur geixau omendie herri hontan, hori da entzutendana, eta etxe geixenak jarritxue ero jartzen haidie dexenteko morrokuek etxe sarrerako atien, halaere eta morroko hori dauen hortatik baleike eziñ sartzie arrapatzeko asmuaz baña lapurrek larreiko argixek diela ta aldebateik ero bestetik eztot uste lan-barik geratukodienik. **T.** Parece que cada vez hay más ladrones en éste pueblo, eso es lo que se oye, y en casi todas las casas han puesto o están poniendo un pestillo grande en la puerta de entrada de la casa, aún así puede que por dónde está ese pestillo no puedan entrar con la intención de robar pero yo creo que los ladrones son demasiado listos y que de una forma u otra no se van a quedar sin trabajo.

MORROIE. Criado.

(Ver las definiciones de kriaua y de mirabe).

MORROIUE. Cerrojo antiguo. **K.** Gure Atxabalta etxe zar sarrerako ate haundi harek morroiue hauken, gañera sekulako haundixe eta noski, haren giltza be halako berdiñe zan, izugarrizkue, ate hori ezan iñoiz izten eta garbi dau zeatik hala izetezan, ez?, ba ezalako posible aldien eruetie giltza ha. **T.** Aquella puerta grande de entrada a la casa vieja de Aretxabaleta tenía un cerrojo de los antiguos, además era muy grande y claro, la llave que le correspondía también era igual, esa puerta nunca se cerraba y creo que supondréis porque era así, ¿no?, pues porque no era posible llevar encima la llave aquella.

MORROSKO. Chicarrón, mocetón, persona muy robusta. **K.** Urtain boseadoriei jarriutzien Zestuako morrosko izen hori, burruka pilla irabazitxekue izenzan eta banaka-bazuk, gutxi, baitxe galdu be, baña gixajuek ezauen bape ondo bukatu, aspaldiko urtietan nahiko gaizki ibili ondoren eta nere ustez larreitxo nekatuta danakiñ, bere burue botauen. **T.** A Urtaín el boxeador le pusieron ese nombre de morrosko de Cestona, ganó un montón de combates y también perder, pocos, alguno que otro, pero el pobre hombre no terminó nada bien, después de que en los últimos años andaba bastante mal y yo creo que ya bastante cansado de todo, se suicidó.

MORROZA. Morroceo. Es una especie de rugido o ruido que hacen las vacas. **K.** Eztakitx zer inleiken bei honekiñ, gabien kanpora atara, egurtu ero mataixara eruen, eztau sekula izten lorik itxen bierdan bezela, beste aldameneko beixek ixilixen eotendie eta honek berriz betik morrozien ibiltxenda. **T.** No sé que es lo que se puede hacer con esta vaca, sacarla fuera por las noches, darle una paliza o llevarla a la matadería, no deja nunca que durmamos cómo es debido, las otras vacas que están a su lado suelen estar en silencio y esta en cambio siempre tiene que andar morroceando.

MOSKATELA. Bebida dulce, también llamada espirituosa.

(Ver la definición de mistela).

MOSOLO. Se dice de la persona tontita, un poco boba y bastante atolondrada.

(Ver la definición de mokolo).

MOSOLOTU. Hacer tonterias, estupideces. **K.** Beno, pixkat baleike ondo eotie baña pasatzen haizare, ezare sigero mosolotu inbiko ba, ba ustedot nahikue ta sobre dala, laga iñuzentekeixe ta txorakeri horreik ta jarrizaiteze beiongoz maixen bazkaltzen hasteko. **T.** Bueno, puede que un poco esté bien pero os estáis pasando, os habréis vuelto tontos de repente pues, pues me parece que ya es suficiente y de sobra, dejar de hacer tonterías y estupideces y sentaos de una vez en la mesa para empezar a comer.

MOSTRONGO (A). Persona grande, fuerte y bastante brutota. **K.** Polonio sigero gizon ona da baña baitxe zertxobaitx mostrongue be, eta gauzabat, kontuz ibili eta kontuen euki etxakola sekula eskuik emunbier, naiz da berak eskiñi zeatik bape-barik geratukozare, horrek estauko iñdarren neurririk eskuek estutzeitxunien ta ez beste ezertan, nahiko astokillue da gauza horreitarako. **T.** Polonio es muy buen hombre, pero también algo brutote, y una cosa, andar con cuidado y tener en cuenta de que nunca hay que darle la mano, aunque él os lo pida porque os podeís quedar sin ella, ese no mide la fuerza ni al estrechar las manos ni en ningura otra cosa, para eso es bastante burro.

MOSUE. Cara.

(Ver la definición de arpegixe).

MOSUKOBAT. Dar o recibir un tortazo.

(Ver la definición de masallekobat, matrallekobat).

MOTA. Porción de tierra, terreno pegado a los campos de siembra. **K.** Apenas ezer ulertzendot baña ustedot gauza ona izengolitzekela mota zerbaitx eukitxie norberan terrenuen, eta esan-baterako artue landau inbierra dauen solo inguruen, makiñeixie ero beste erozeiñ bierreko gauza izteko. **T.** Apenas entiendo nada pero creo que seguramente sería una buena cosa en tener una porción de terreno al lado del campo dónde, por ejemplo se va a plantar el maiz, para poder dejar la maquinaria o cualquier otra cosa que se necesite.

MOTA. Género, especie, clase. **K.** Azoka askotan izenaz baña benetan sekula eztotela ikusi gauza holakoik, ez nik, ez azoka hontako merkataixek eta bez hori arrapaudauen arrantzaliek, hemen haidie konsultatzen internet hortan, kanpotik ekarritxuen liburutan, ta ondion ezta iñun asaltzen ze mota arraiñ izenleiken hori. **T.** He estado en muchos mercados pero de verdad que nunca he visto una cosa cómo esa, ni yo, tampoco nadie de este mercado y ni siquiera el pescador que lo ha atrapado, aquí andan consultando en el internet ese, en unos libros que han traído de fuera y todavía no aparece en ningún sitio de que especie puede ser ese pez.

MOTEL, MOTELA. Es la persona lenta, apagada y poco activa. **K.** Zuk langille horri bestei bezela ordaitzendotzazu?, ba hala baldinbada zerbaitx inbierra eukikozauke horren buruz zeatik ezta bape normala hainbesteko motela izetie, honek dozenabat ladrillo jarri orduko beste erozeñek ixe pareta bukatzendau, ta nola eztozun gureko altzatzie jornala bestiei ba akaso honi zertxobaitx jextie komenikojatzu. **T.** ¿Tú a ese trabajador le pagas lo mismo que a los otros?, pues si es que es así tendrías que hacer algo al respecto porque no es nada normal que sea tan poco activo, mientras ese coloca una docena le ladrillos cualquiera de los otros ha terminado casi la pared, y cómo no querrás subir el sueldo a los demás quizá te convendría bajarle un poco a éste.

Aspaldiko esaerabat: Argixe eskatzeko eta motela emuteko.

Un viejo proverbio vasco dice que es despierto para pedir y vago para dar.

MOTELA. También se dice de la pelota que bota poco o que es blandita y suave. **K.** Aimarri betik esateutzie pelota motelak apartatzeitxuela esku-pelota partiduek jolastejo, beno, aldebatetik aukera hori badauko zeatik pelota horreik, beste-batzukiñ batera, han eotendie bai beretako ta baitxe bestiendako be, ta hortik aparte ezta aurreneko aldiz izengo aurkakuek be bere pelotakiñ ibilidiela. **T.** A Aimar siempre le han achacado que suele apartar pelotas de poco bote para jugar los pardidos de pelota, bueno por una parte puede hacerlo porque allá suelen estar esas y otras pelotas tanto para él cómo para los demás, y aparte de eso no sería la primera vez que los contrarios también han jugado con las pelotas que él ha seleccionado.

MOTELDU. Sentir flojedad, fatiga, cansancio. También puede ser un principio de una posible enfermedad.

(Ver la definición de makaldu).

MOTIBUE. Motivo, razón. **K.** Eziñdot ulertu zeatik Rigoberto asarretu iñdan gurekiñ, galdetudot batai ta bestiei ta danak esauztie gauza berdiñe, eztauela ezertxoik euki berakiñ, ba berak jakiñ ta esanbikodau zeatik dan hori, nik bentzet eztot uste motibuik daukenik. **T.** No logro entender porqué Rigoberto se ha enfadado con nosotros, he preguntado a unos y otros y todos me han dicho la misma cosa, que no han tenido nada con él, pues el sabrá y tendrá que decir el porqué de esta situación, yo al menos no creo que tenga motivo alguno.

MOTOTXA. Moño. Es el pelo recogido detrá de la cabeza.

(Ver la definición de moñue).

MOTROIOIE, MOTROIUE. Gentío, multitud, aglomeramiento. **K.** Zarauzko Euskal jaixetan eziñda bakarrik esan jente asko ero ugeri eotendanik, hemengue betik izenda motroioi utza, zenbat jente alde guztietatik, geixenbat alde-zar kalietan, ezinleike pasubat emun eta gutxiau tabernara sartu txakolibat hartzera, eta ezkerrak urtien beñ bakarrik izetendala. **T.** En las fiestas vascas de Zarautz no solo se puede decir que hay mucha o demasiada gente, lo de aquí siempre ha sido una auténtica multitud y completo aglomeramiento, lo más por las calles del centro, no se puede dar un paso y menos entrar a un bar a tomar un txakolí, y gracias que solo es una vez al año.

MOTXA. Literal corto. Y esto se dice de la persona callada, vergonzosa y también fig., corta.

(Ver la definición de lotzati).

Aspaldiko esaerabat: Lagun onakiñ orduek motxak izetendie.

Un viejo refrán vasco dice que con los amigos las horas se hacen cortas.

MOTZA. Corto. **K.** Soka honek eztuzko balixo lan hontarako zeatik nahiko motza geratzenda eta gañera alde bixetatik, honekiñ eziñda tira ta ez eutzi bierdan bezela eta hala lana itxie larreiko arriskutzue da, hobeto izengoda ze bateonbat jetxideixela ferreteira eta hemen daukoun beste soka hau baño luziau ekarri. **T.** Esta cuerda no nos vale para este trabajo porque nos queda bastante corta y además por los dos lados, con esta no podemos ni tirar ni sujetar cómo es debido y es demasiado arriesgado trabajar así, será mejor que alguno baje a la ferretería y traiga otra cuerda que sea más larga que la que tenemos aquí.

MOTZIEN. Atar en corto. **K.** Ustedot tarteko bateonbatek mutiko horren aitxaz berba inbikolukela, bere lagunei esaten ta erakusten haida ezbierreko gauzak ta baleite ikestie eztienak komeni, eta gero noski, eurok be berdiñ hasi ta hala ibili, ba gurasuek ikusibikodaue baña nere ustez mutiko horrek motzien lotu-bierra dauko. **T.** Creo que alguno debería de hablar con el padre del chaval ese, a sus amigos les está diciendo y enseñando cosas que no son convenientes y puede que aprendan cosas nada buenas, y luego claro, empiezen y terminen haciendo lo mismo, pues su padre tendrá que ver pero yo creo que a ese chaval le conviene que le aten en corto.

MOXALA. Caballo pequeño tipo pony, potrillo. **K.** Josun barerri aspixen badaz moxalak, aldebaten bi, honeik lotuta eotendie, eta bestaldien beste bi, honeik librien baña itxitura barruen, noixienbeñ ta ogixe ekartzendotenien astuentzat, bota izeteutzet zatibat ero beste eta ikustenda oso gustora jateitxuela. **T.** Debajo del caserío de Josu ya hay unos caballos pequeños y yo creo que son del tipo pony, en una parte están dos que están atados y en la otra otros dos que están sueltos pero dentro de un cercado, de vez en cuando y cuando traigo pan para los burros ya les suelo echar unos pedazos y se les ve que lo comen muy a gusto.

MOXKORRA, MOXKORTIXE. La persona que es o que está borracha. **K.** Gauzabat da eratie, eta hala iñde akaso moxkorra arrapau, eta bestebat moxkortixe izetie, alkol edari honeik bere neurrixen eran inbierrekuek izetendie zeatik arrixku haundixe eotenda kotxie hartu eta istripubat eukitxeko, ero beztela puntok kendu ta multa haundibat jasotzeko, eta honen buruz baitxe beste gauzabat askoz txarraue be. Eta zer esan ze kalte inleikien osasunai. **T.** Una cosa es beber, y puede que haciendo eso emborracharse, y otra ser un borracho, con las bebidas alcohólicas hay que andar con mucho cuidado y si se tiene que beber hacerlo en su justa medida, porque sino te puede pasar que si se coge el coche tengas un accidente, o sino que te quiten puntos y te pongan una gran multa, y relacionado con eso también otra cosa mucho peor. Y qué decir del daño que le puede hacer a la salud.

MOZORROTU, MOZORROTUTA. Disfrazado para el carnaval.

(Ver la definición de kukumarrue, kukumarrauta).

MOZORRUE. Fantasma. También personaje ficticio al que se aludía para asustar a las criaturas. **K.** Nik eztot uste mozorroik eongodienik eta siñustu bez sekula eondienik, baña bai dau jentie esatendauena badazela eta gañera benetazkuek diela. Eta noixienbeñ zinien ero telebistan ikustendan bezelakuek izengodie, izera zurixaz jantzitxe ibiltxendienak eta bola haundibat kataiaz lotuta txorkatillan. **T.** Yo no creo que haya fantasmas ni que hayan existido nunca, pero si debe de haber gente que dice que ya existen y que son de verad. Y deben de ser cómo de vez en cuando se han visto en el cine o la televisión, vestidos con una sábana blanca y una bola grande atada con una cadena al tobillo.

MOZTU. Cortar. **K.** Nik erosteitxuten erropa guztiek, fraka, alkondarak eta beste holako gauzak, betik baten barrenak diela ero beztela bestien mangak, luziek eukitxeitxut, ustedot frakana nahiko normala izetendala ta geixenbaten erostendozun tokixen mozteitxue, baña alkondarakiñ, jertze eta beste zerbaitzukiñ oñ enazena akordatzen, zer iñ? Eta esatendot zer iñ zeatit eruen-ezkero konpontzeko jostundegira akaso euron balixue baño karestixau urtengodau **T.** Todas las prendas de ropa que compro yo, pantalones, camisas y cosas parecidas, en todos los casos tengo largas bien las perneras o sino las mangas, lo de los pantalones creo que es una cosa bastante normal y la mayoría de las veces te los acortan donde los has comprado, pero con las camisas, jerseis y algunas otras cosas que ahora no me acuerdo, ¿qué hacer? Y digo que hacer porque si lo llevas a las costurera para que lo arregle quizá te salga más caro que lo han costado.

Aspaldiko esaerabat: Santa Luzi, Gaua moztu eta eguna hasi.

Un viejo proverbio en euskera dice que el día de Santa Lucía acorta la noche y alarga el día

MOZTU. Cortar, dividir. Fig. se dice cuando quieres decir a alguien que deje de hablar o que cese en lo que está haciendo. **K.** Alperrik haizara zeatik ezgara ados jarriko, ia nahikue dozu hainbeste barriketakiñ eta moztu haldan axkarren, eztauket denpora entzuten eotekoik zeatik ondion beste gauza asko dauket derrigorrez inbierrekuek. **T.** Es inútil que continúes porque no nos vamos a poner de acuerdo, y ya te vale de tanta charlatanería y empieza a cortar cuanto antes, no tengo tiempo de estar escuchándote porque todavía tengo otras muchas cosas que necesariamente tengo que hacer.

MOZTUTA. Cortado. **K.** Hau ezta posible hala izetie, atzo itxigauen astue ondo lotuta sokakiñ, gaur goixien falta eta gañera soka moztuta asalduda. Garbi dau hau eztala berezkue eta bateonbat izendala hau iñdauena, eziñdotena da ulertu da zeatik hori, baña nabarben dau ze izendana sigeroko kalamidade ta majadero galanta besteik eztala. **T.** Esto no es posible que sea así, ayer dejamos bien atado al burro con la cuerda, ésta mañana faltaba y además la cuerda ha aparecido cortada. Está claro que es imposible que estas cosas suceden solas y que ha tenido que ser alguno el que ha hecho eso, lo que no alcanzo a comprender es el porqué, pero lo que está bien claro es que el que lo ha hecho no es más que un gran majadero y un auténtico calamidad.

MUDA. Muda. Ropa interior. **K.** Oñ eztot uste iñok muda deitxukotzenik barruko erropai, kaltzontzillo, kamiseta eta holakuei, baña garai baten hala izetezan eta gogoratzenaz nola amak esateuzten, uge gañien daukek aldatzeko muda. **T.** Ahora no creo que nadie le llame muda a la ropa interior, al calzoncillo, camiseta y cosas de esas, pero en un tiempo así era y me acuerdo que mi madre me solía decir, encima de la cama te he dejado la muda para que te cambies.

MUDAU. Mudar. Cambiar de sitio, domicilio, etc… **K.** Onazkero txiki xamarra geratzen haida almazen hau ta laister beste nunbaitxera mudau inbierrien izengogara, aspalditxotik gauza dexentetxo kanpuen izten haigara eztielako kabitzen barruen eta aldamenkuek, naiz eta ezer esan ez, oñartien bentzet, ustedot ardura pixkat be badaukiela. **T.** Ya se nos está quedando bastante pequeño este almacén y pronto vamos a tener la necesidad de mudarnos a otro sitio, desde ha ya algún tiempo que vamos dejando bastantes cosas fuera porque no tenemos sitio dentro y los de al lado, a pesar de que no nos han dicho nada, al menos todavía, creo que también tienen cierta preocupación.

MUGA. Frontera, límite, linde. **K.** Lenau, eta hau ezta halako aspaldikue, mendira fatezitzenien toki geixenak libre izetezien ta nahiko lasai ibiltxenitzen pasiatzen, oñ berriz eta hainbat lekutan len libre eozenak muga daukela ikustendie, gauza da toki batzuetan erromarie eotendala eta nai izen- ezkero pasaleike, baña hori bai, gero berriz ondo itxi-bierra dau, halaere beste leku askotan hau ezta posible izeten. **T.** Antes, y ésto no es de hace tanto tiempo, cuando ibas al monte casi todos los sitios por donde andabas eran libres y podías pasear tranquilamente, ahora en cambio y en muchos lugares se ve que están limitados con un cercado lo que antes estaba libre, la cosa es que en algunos sitios suele haber una cancela por donde puedes pasar si es que quieres, pero eso sí, luego otra vez hay que cerrarla bien, aún así en otros muchos eso no suele ser posible.

MUGARRIXE, MUGA-HARRIXE. Objeto que se coloca clavado en la tierra y también sujeto de alguna otra forma, puede ser con hormigón, para delimitar los terrenos o las propiedades, los antiguos eran de piedra, muchos de ellos ahí siguen todavía, y ahora generalmente son de hormigón. **K.** Zenbat bider entzun izendan nola baserriko terrenotan egunez ziar jartzezien mugarrixek, eta gero gauez bateonbatek, suposatzenda aldameneko baserrikuek, aldatu itxeitxuen bere tokitxik, gauza izengozan ze danak berdiñe itxenbauen akaso ezala alde haundirik izengo terrenuen tamañoz, bakarrik eztabaida pixkat, eo haundixe, mugarri tokixen gora-beriaz. **T.** Cuántas veces se habrá oído que cómo en los terrenos de los caseríos a lo largo del día se colocaban las piedras para delimitar los terrenos y luego por la noche alguno, supuestamente los del caserío próximo, las cambiaban de sitio, la cosa sería que si todos hicieran lo mismo quizá no habría gran diferencia en el tamaño del terreno, solo algo de discusión, o mucha, sobre el emplazamiento de las piedras.

MUGARRITXU. Acción de delimitar un terreno. **K.** Obra haundibat hasi aurretik mugarritxu bierra izetenda obra hori inbierreko terreneuk, normalki topografi lana izetenda eta bi topografo etortzendie, bat terreno jabien aldetik ta bestie lana hartudauen enpresatik. Eta lan hau iñ ondoren eta danok ados baldinbadaz, orduen ia hasileike lanien. **T.** Antes de emperzar una obra grande lo primero que hay que hacer es delimitar los terrenos dónde se va a ejecutar la obra, normalmente esto suele ser un trabajo de topografía y suelen acudir dos topógrajos, uno de parte de los dueños de los terrenos y el otro de parte de la empresa que a la que se ha adjudicado la obra. Y después de hacer esto y si todos están de acuedo, entonces ya se puede empezar a trabajar.

MUGIKORRA. Objeto movible que se puede trasladar. **K.** Ondo kostata baña askenien lortudou askatzie makiña haundi hau, hainbete lotura hauken ze bi egun bier izendou eta oñ gauza da nola eruen bestaldera, mugikorra baldinbazan, naiz eta kostata, nahiko errexa izengozan baña hala, nola eruen?, ba ondo asmau inbierrieko gauza da. **T.** Ha costado mucho pero al final ya hemos conseguido soltar ésta gran máquina, tenía tantos amarres que nos ha costado dos días y ahora la cosa es como trasladarlo a la otra parte, si fuese movible, aunque costase, sería relativamente fácil pero así, ¿cómo lo vamos a hacer?, pues es una cosa que habrá que pensarlo muy bien.

MUNIZIPALA. Policía municipal, aunque también pueden ser pertenencias del municipio. **K.** Zarautzen eta uda partien ze asarre haundik gertatzendien minizipalakiñ, honeik asko ugeritzendie garai horreitan, danak gazte jentie eta baleike larreiko argi ibiltxendienak multak jartzen, hala aitzenda bentzet, baña noski, euron lana da eta postue mantentzie gurezkero hori da geixen komenijatiena. **K.** En la parte del verano y en Zarautz suelen surgir grandes enfados con los municipales, en esa época contratan a muchos nuevos, todos son jóvenes y puede que demasiado predispuestos a poner multas, al menos eso es lo que se oye, pero claro, es su trabajo y si quieren mantener el puesto eso es lo más les conviene.

MURGIL, MURGILDU. Concentrado, concentrarse, enfrascarse en algo. **K.** Oñ gutxi dala izendie, ustedot ondion eztiela bukatu eta aurrerau be eongodiela, Osakidetzako oposiketak eta periodikon ekarridauen bezela izugarri gente eon omenzan, akaso batzuk naiz eta asko jakiñ ez zeren buruz doien oposiketa hori, baezpare han asaldukozien, baña ziur nau geixenak ondo ikasi ta prestatuta eongoziela ta gero beñ barruen baitxe sigero murgilduta be. **T.** Ahora hace poco han sido, creo que todavía no han terminado y que en próximas fechas habrá más, las oposiciones de Osakidetza y según traía el periódico debió de estar muchísima gente, quizá algunos a pesar de que no sepan demasiado de que va el tema de la oposición, aparecerían por allá por si acaso, pero estoy seguro de que la mayoría habrían estudiado, estarían bien preparados y que luego una vez dentro tambíen tendrían la máxima concentración.

MURRIZTU. Acortar, abreviar, cercenar, disminuir y también rapar. **K.** Jeronimok esatendau eztakixela zer dauken bere andriek, berak sarri esateutzela ulie pixkat luziau izteko baña kasuik be eztustzela itxen eta bere erantzuna betik berdiñe, berie dala ta beriaz berak guredauena ingodauela, gauza omenda ze pelukeritik pasatzendan bakoitxien uliaz sigero murriztuta bueltatzendala. **T.** Jerónimo dice que no sabe que es lo que tiene su mujer, que él a menudo le dice que se deje el pelo un poco más largo pero no le hace ni caso y siempre le contesta lo mismo, que el pelo es suyo y que con lo suyo puede hacer lo que quiera, la cosa debe ser que cada vez que pasa por la peluquería vuelve con el pelo completamente rapado.

MUSIN, MUSIÑ. Signo o síntoma de tristeza, apenado. **K.** Egun batzutik ona Florentxion mutikue hala zertxobaitx musiñ bezela dauela ikusi izendot, atzo berai galdetunutzen aber zer gertatzejakon semiei eta esauzten ziur eztauela zeatik eztau ezertxoik esaten, baña bere susmue dala asarretu iñetedan lagunen batekiñ. **T.** De unos días a esta parte suelo ver que el chaval de Florencio anda así cómo un poco triste, ayer le pregunté a él a ver que es lo que le pasaba a su hijo y me contestó que no estaba seguro porque no decía nada, pero que tenía la sospecha de si se habrá enfadado con algún amigo.

MUSIÑA, MUSIÑE. Moho.
(Ver la definición de lizuna).

MUSKARRA. Lagarto. **K.** Zueik badakitzue egixe izengodan pozoie daukela muskarran txuek?, lenau hori zan esatezana eta gañera ze bat ikustenbazan axkar alde itxeko toki hartatik zeatik segitxuen hasileikela txua botatzen arpegira. **T.** ¿Vosotros ya sabeís si la saliva del lagarto puede contener veneno?, antes eso es lo que se decía y además que si veías a alguno te alejases rápidamente de allá porque enseguida podía empezar a echarte la saliva a la cara.

MUSKIRA. Moco, mocos.
(Ver la definición de mokuek).

MUSKULLUE. Mejillón. **K.** Ze gozuek izetendien muskulluek eta modo guztietara gañera, tomatekiñ prestauta, biñagretan, lurrunaz zabaltuta besteik ez eta gero limoi tantu batzukiñ, guk oso gustora jateitxu hiru modu hontara eta horreik txiki xamarrak dienak izetenbadie, frantzezak ero arroketakuek esatejakonai, ondion askoz gustorau. **T.** Que buenos suelen ser los meijillones y además de todas las maneras, preparados con tomate, en vinagreta o simplemente abiertos al vapor y luego con unas gotas de limón, nosotros de las tres maneras los comemos muy a gusto y si son de esos que son un poco más pequeños, de los que se dicen franceses o de roca, mucho más a gusto todavía.

Errezatabat. Muskulluek, mejilloi, tomatekiñ: Aurrena derrigorra da erostie ondo dazen muskulluek, freskuek dienak eta txiki xamarrak izetenbadie askoz hobeto, garbitxu pixkat ur hotzien baña betik ondo beituaz danak biziri dazela, oñ txiki honei eztauke larrei garbitxu inbierrik, bakarrik daukien bizer batzuk besteik ez. Lapiko zabalien eta altura gutxi daukena botatzendou baxo erdikarabat, gutxigorabera, ardau zurixe eta dozenabat inguru piper baltz bolatxuek ta honeikiñ batera muskulluek, su iñdertzuen jarri, tapatzendou, gero zabaldu-hala ataratzen fategara eta gordetzendou hor dauen salda pixkat, ondoren ta zertxobaitx hotziketandienien kontxa-bana kentzentzou muskullo bakotxai. Beste lapikobaten prestatukou tomatie betiko bezela iñde, berakatz, kipula ta piper berdiekiñ, nai izen-ezkero jarrileixo zerreozer porruen zuri aldie eta baitxe piper pikantie, hau norberan gustora baña nere ustez emuteutzo bere gauzatxue, eta ixe bukaeran botateutzou gordedoun saltza irazi ondoren, hau geixei-barik, nahastu ta gertu dauenien pasatzie tokatzenda. Beñ tomatie hau pasata, alkartzendou hori eta muskulluek, jartzendou su motelien bost ero hamar miñutu eta gertu dau.

Una receta. Mejillones con tomate: Lo primero es necesario comprar unos mejillones que estén bien, sean frescos y si son algo pequeños mucho mejor, los limpiamos con agua fría y siempre mirando que todos estén vivos, ahora que esos pequeños tampoco necesitan demasiada limpieza, nada más que unas cuantas barbas que tienen. En una cazuela ancha y baja echamos medio vaso, más o menos, de vino blanco, una donena de granos de pimienta negra y los mejillones, lo ponemos a fuego fuerte, después vamos sacando los mejillones a medida que se vayan abriendo y guardamos un poco del líquido resultante. Luego y una vez que se atemperen un poco vamos quitando una de las conchas a cada mejillón. En otra cazuela prepararempos el tomate al igual que siempre, con ajo, cebolla y pimiento verde, si se quiere se puede echar algo del blanco del puerro y también guindilla picante, esto al gusto de cada uno pero yo creo que le da su puntito, y cuando casi esté finalizado le añadimos, una vez colado, el líquido que hemos reservado, sin que sea demasido, lo mezclamos y a continuación toca pasar el tomate. Una vez ya pasado añadimos los mejillones, lo ponemos cinco o diez minutos a fuego suave y ya está listo.

MUTIKO, MUTIKUE, MUTIKUÁ. Chavalito, todavía crío. **K.** Hi mutikuá, jakinleikek zertan habillen?, itxik sagar horreik pakien beztela bastoiekiñ fangonuk eta ikusikok ze zartarak hartukoitxuken, lapurroi, eta alde iñik axkar hemendik ero beztela hire aitxai esangojutzat. **T.** Oye tú chaval, ¿se puede saber que es lo que estás haciendo?, deja esas manzanas en paz sino voy a ir con el bastón y ya verás la paliza que te voy a dar, ladrón, y márchate rápidamente de aquí porque sino se lo voy a decir a tu padre.

Aspaldiko esaerabat: Eskola mutikuek saziz sazi, asko jan eta gutxi ikesi.

Un viejo proverbio vasco dice que los chavales de la escuela de un lado para otro, mucho comer y poco aprender.

MUTIKOTU, MUTIKOKEIXAK. Comportarse de una forma infantil. **K.** Leonardo eztau oso ondo burutik, dauken urtiekiñ eta eztot ulertzen nola ibilleikien dabillen bezela, eta eztakitx sigero mutikotudan ero txoro aldixe hartute dauen, ikuziozue nola haidan malekoien umekeixak itxen bizikleta txiki horrekiñ, eta ixe larogei urte dauko. **T.** Leonardo no está muy bien de la cabeza, con los años que tiene y no comprendo cómo puede andar de la forma que anda, y no sé si está volviendo infantil o si le ha dado algún arrebato de locura, mirar de que manera se está comportando en el malecón con esa pequeña bicicleta y haciendo cosas propias de críos, y tiene casi ochenta años.

MUTILTXO, MUTILTXUE. Mocito. **K.** Ondion mutikotxue zara eta illuntzien gurekiñ etorri-bierra daukotzu etxera, laister mutiltxue izengozara eta orduen bai gerataleiketzu kalien pixkat geixau zure lagunekiñ, baña halaere ordu onien eta berandu izen-barik etorribikozara. **T.** Todavía eres un crío y al anochecer tienes que venir con nosotros a casa, pronto serás un mocito y entonces ya podrás quedarte un poco más con los amigos en la calle, pero aún así también entonces tendrás que venir a una hora prudente y sin que sea tarde.

MUTILDU. Paso a la adolescencia, camino a hacerse un hombrecito. **K.** Zure semiek ontxe hamabi urte beteitxu eta etxura guztie dauko izugarri mutildu iñdala, asko luzetuda eta haundixe ta iñdertzu ikustejako. Oñ mutiko geixenak berdintzu xamarrak izetendie ta noski danak gu baño nahiko luziauek, eta nik ustedot hori izengodala hobeto jan eta kirol asko itxendauelako. **T.** Tu hijo acaba de cumplir doce años y tiene todo el aspecto de que ya se ha hecho un hombrecito, ha crecido mucho y está grande y fuerte. Ahora la mayoría de los chavales por lo general son muy parecidos y por supuesto que todos bastante más altos que nosotros, y yo creo que eso se deberá a están mejor alimentados y que hacen mucho deporte.

MUTILLA. Muchacho. **K.** Iñun eztau jartzen zenbat bier izetendan, baña nik ustedot beñ eta hamaxei urte betetzendanien iztendala mutiko izetei ta hortik aurrera mutille izetendala, kasu guztietan ezta hala izengo baña jeneralki bentzet bai, bizerra urtetzen hastenda, abotzak aldatzendau eta baitxe beste gauza batzuk be. **T.** No es que lo ponga en ningún sitio cuántos se necesitan, pero yo creo que una vez que se cumplen los dieciseis años se deja de ser un crío y a partir de entonces se es un muchacho, en todos los casos no será así pero por lo general al menos sí, empieza a salir la barba, se vuelve más grave y cambia la voz, y también otras cosas.

MUTILZAR, MUTIL-ZARRA. Literal chico viejo y quiere decir solterón. **K.** Lenau gizonezkue eskondu-barik eotenbazan hogetamabost urte iñ aurretik mutilzar zala esatezan, oñ berriz inleiketzu berrogetamar ta ondion ezara sartzen kategori hortan, gauza horreik asko aldatudie eta danontzat gañera. **T.** Si antes un hombre no se había casado antes de haber cumplido treinta y cinco años se consideraba que era un solterón, ahora en cambio ya puedes cumplir cincuenta y todavía no se entra en esa categoría, esas cosas han cambiado mucho y además para todos.

MUTUE. Mudo. **K.** Gauza erraru asko eongodie baña batzuk larreikuek izetendie eta gañera eziñ, ero oso zallak dienak ulertzeko, Anbrosio bizidan etxeko aldamenien bikotebat bizida, oñ helduek die, eukizitxuen lau seme, aurrena sigero normala eta hiru hurrenguek mutuek, beno, mutuek eta gorrak, halaere nahiko ta ondo ikesidaue nola esan gauzak eta etxuran ulertzejate. **T.** Habrá muchas cosas raras pero hay algunas que se exceden y que además no se pueden, o son muy difíciles de entender, la pareja que vive al lado de la casa donde vive Ambrosio, ahora ya son mayores, tuvieron cuatro hijos, el primero absolutamente normal y los tres siguientes fueron mudos, bueno, mudos y sordos, aún así han aprendido mucho y bien el cómo decir las cosas y se les entiende suficientemente.

MUTURFIÑE, MUTUR-FIÑE. Morrofino. Se dice de la persona que quizá sea demasiado exquisita a la hora de comer. **K.** Nola eztozula nai jateik bakallau hori?, zer dauko ba, akaso zerbaitx txarra ero errarue ikustendotzazu, ero?, beitu ze gustora jaten haidien beste danak, ba mutil eztotzut ulertzen, ezara akaso zu be izengo muturfiñ tipo horreik bezelakue, eh? **T.** ¿Cómo que no quieres comer ese bakalau?, ¿que tiene pues, acaso les que le ves algo malo o que sea raro, o qué?, mira que a gusto están comiendo los demás, pues chico no te entiendo, ¿ no serás quizá también tú igual que uno de esos tipos morrofinos, eh?

MUTURKA. Esto es cuando los animales se frotan el hocico uno contra el otro. **K.** Eztakitx animali askok daukien muturka itxeko oituraik baña nik susmue dauket hori itxen ikusi izendoten beixen hartien, guk astuek daukou eta arrastuik be eztauket hala izenleiken, sarri eotenaz eurokiñ baña eztutziek sekula holakoik ikusi. **T.** No se si habrá muchos animales que tengan la costumbre de frotarse los hocico pero yo tengo la sospecha de que entre las vacas sí habré visto hacer eso, nosotros tenemos burros y no sé si también será así, la verdad es que no tengo ni idea, suelo estar a menudo con ellos y nunca he visto nasa de eso.

MJUTURLUZIE, MUTUR-LUZIE. Morros largos. Se dice que una persona los tiene así cuando está enfadada, malhumorada y cabreada. **K.** Jeseus!, zerbaitx pasajako ume horri hala etortzeko, betuiozue ze mutur-luze ta ze soñeko sikiñ dakarren. Rosarito zu zara bere iseko eta hartuizu ume hori aparte antzien, galdetu ze gertadan eta aber ze erantzun emuteutzun. **T.** ¡Jesús!, ya le ha pasado algo a esa criatura para que venga así, mirarle que morros más largos y que vestido más sucio trae. Rosarito tú eres su tía y coge a la cría un poco aparte, pregúntale a ver que ha sucedido y a ver que te contesta.

MUTURRA, MUTURRE (K). Morro, hocico. **K.** Hauxe bai dala gauzabat neri asko gustatzejatena, muturrek, txarrixenak be onak die baña beixenak dienak askoatik naio izetendot, eta berdiñ da nola eon prestauta, aurrena egosi, gero olixo pixkatekiñ eta piper gorri autz pikantie, beztela tripakixekiñ nahastuta ero eurok bakarrik saltzan, danera die sigero onak. **T.** Esto sí que es una cosa que a mi me gusta mucho, los morros, los del cerdo también ricos pero por mucho prefiero los de vaca y me da igual cómo estén preparados, primero cocidos, luego con un poco de aceite y pimentón rojo picante, sino mezclado con los callos o ellos solos en salsa, de todas las formas está muy bueno.

MUTURRA. Tener morro. Fig. se dice cuando una persona es un sirverguenza y falto de ética. **K.** Tipo horrek dauko muturra, lengo egunien kontatzen ibilizan ze bera eskontza askotara fan omendala eta ondion be, oñ noixienbeñ bakarrik, hala modu berdiñien jarraitxu, gauza da asaltzendala, noski betik ondo jantxitxe, bazkal ero afai denporan, jartzenda aparte antzien ta bateonbatek galdetzenbadau zeñen aldetik etorridan, eta nola aurretik eskontza horren buruz zertxobaitx jakiñien eotendan, ba geixenbaten erantzunda nobixo ero nobixa aldetik nahikue izetendala. **T.** Vaya morro tiene el tipo ese, el otro día nos contaba que el ha ido a muchas bodas y que todavía también, ahora solo de vez en cuando, así de igual modo continúa, la cosa es que se presenta, claro que siempre bien vestido, al tiempo de comer o cenar, que se sienta un poco aparte y si alguno le pregunta de parte de quien ha venido, y cómo antes ya se ha informado un poco sobre esa boda, pues que la mayoría de la veces contestando que de parte del novio o la novia suele ser suficiente.

MUTURRA, MUTURRIEN. Esquina, costado, extremo. En la esquina o extremo.

Ver las definiciones, para el primero ertza y para el segundo ertzien).

MUTURREKIÑ. Significa que una persona está de morros, tambien enfadada, de mal genio, etc....

(Ver la definición de muturluzie).

MUTURREKUE. Dar un tortazo o sopapo en la cara.

(Ver la definición de masallekue, matrallekue).

MUTURREKUE. Bozal del perro, pero también puede ser de cualquier otro animal. **K.** Txakur dan horreik arrizkutzuek dienak muturrekue eruenbilauke, eta hala ezpada gutxienetik lotuta bentzet, geixenbaten eta jeneralki euron jabiek hala obatuta erueteitxue baña halaere eta ikusi besteik ez ikera pixkat emutendau, gañera aurreneko gauzie izetenda, baezpare, segitxuen apartatzie. Eta zenbat kasu izendien aberixa haundixek be inditxuenak. **T.** Todos estos perros que se consideran peligrosos deberían de llevar bozal y si no es así por lo menos ir atados, la mayoría de las veces y por lo general sus dueños sí los llevan sujetos pero aún así y nada más que los ves da cómo un poco de cosa, y lo primero que haces enseguida es apartarte por si acaso. Y cuántos casos habrá habido en los que también han hecho grandes averías.

MUTURTU. Se dice cuando la persona pone cara y actitud de enfado y está con los labios apretados. **K.** Itxiozue beingoz pakien ume horri, nahiko jolas iñde dau eta nabarmen ikustenda aspertzen hasidala ta ze nekauta dauen, eztotzue bape kasuik itxen eta hala jarraitzenbozue muturtu ingoda ta negarrez hasi. **T.** Dejarle de una vez en paz a la criatura, ya ha jugado suficiente y se ve claramente que ha empezado a aburrirse y lo cansada que está, ha dejado de haceros caso y si continuaís así se va a enfadar y empezará a llorar.

MUTUTU. Fig. volverse mudo. Puede ser cuando una persona deja de hablar y se calla, y también que lo haga porque se haya enfadado. **K.** Liberiokiñ eztau jakitxeik se pentzatzen haidan eta ez sikera konforme eongodan hemen tratatzen ibiligarenaz, esandau eztauela geixau berbai ingo eta oñ sigero mututu iñda, eztakitxena da zerbaitxeatik asarretudan baña hala-bada ustedot eztutzoula ezerko motibuik emun. **T.** Con Liberio no se puede saber lo que está pensando y ni siquiera tampoco de si estará de acuerdo con lo que aquí hemos estado tratando, ha dicho que no va a a hablar más y ahora ha quedado completamente mudo, lo que no sé es si se habrá enfadado por algo y si es que es así no creo que le hayamos dado motivo alguno.

MUTXIKIÑE. El corazón de las frutas que no tienen hueso como peras, manzanas, etc... **K.** Jeseus!, Eutikiok ekarridau gosie, maigañien eozen lau sagarrak hartuitxu eta mutxikiñik be eztau itxi, dana jandau, ba ustedot zerreozer prestau inbierra eukikotela eta aber gose hori kentzeko birie itxendoun. **T.** ¡Jesús!, vaya hambre que ha traído Eutiquio, ha cogido las cuatro manzanas que había encima de la mesa y les ha comido hasta el corazón, no ha dejado nada, pues creo que voy a tener que prepararle alguna cosa y a ver si hacemos camino para quitarle el hambre.

MUXU. Beso. Pedir o dar un beso

(Mirar la definición de laztana).

N

NOLA DAN SOÑUE, HALA IZENGODA DANTZA.
ASI COMO SEA LA MUSICA SERA EL BAILE.

NABARI. Notorio, evidente. **K.** Batzuetan eziñdot ulertu zeatik itxeitxuen gauzak modu hortan. Atzo danok han eongiñen ikusi eta erabakitzen, gañera denpora luzien, nola zien inbierrekuek lan horreik eta nere ustez hori nahiko nabari geratuzan bai neretzat ta bai beste guztientzat, eta gaur berriz ikustendot sigero bestaldera haidiela, ze gertauda ba, akaso gauzak aldatu inditxuela iñori ezer esan-barik? **T.** Algunas veces no logro comprender la manera en la que hacen las cosas. Ayer estuvimos todos mirando y decidiendo, además durante largo tiempo, el cómo había que afontar los trabajos esos y yo creo que eso quedó bastante evidente y claro tanto para mí como para todos, y hoy en cambio veo que andan completamente al revés de lo que se dijo, ¿qué ha pasado pues, que habrán cambiado las cosas sin decir nada a nadie?.

NABARITU. Llamar la atención, tener en cuenta, advertir. **K.** Etxat bape gustatzen hala ibiltxeik baña gauzak dazen bezela ikusi ondoren ezan geratzen beste erremeixoik, errietan iñ ta nabaritu inbierrak izenditxut eta esan askenengo aldiz izendeixela konportatzie oñ haidien bezela. **T.** No me gusta nada el tener que andar así pero después de ver cómo están las cosas no quedaba otro remedio, he tenido que reprender y advertirles que esta sea última vez en la que se comportan de la forma en que lo están haciendo ahora.

NABARMEN. Esta claro, es manifesto, se ha entendido. **K.** Beno, ustedot askenien be balixo izendauela errieta horreik eta oñ bentzet nabarmen ikustenda bierdan bezela haidiela lanien, nahiko etxuran dabitz eta oso ona izengozan hala jarraitzenbadaue. **T.** Bueno, creo que al final también ha servido de algo la reprimenda esa, parece que lo han entendido y ahora al menos se les ve que están trabajando en la forma debida, andan bastante bien y sería muy bueno que continuasen de la misma manera.

NABARMEN. Chocante, raro, sospechoso. **K.** Eztutzou sekula ezer esan baña noixbaitxen zerbaitx bentzet galdetu inbikutzou, eta hori zeatik gutxienetik larreiko nabarmenda da Pankraziok itxeitxun gauzak, betik etorri izenda gurekiñ fategeren toki guztietara, gero eta allegau besteik ez desagertzenda eta ezta asaltzen urten-bierra dauen ordurarte, berak eztau ezer esaten eta iñok eztaukou arrastuik nundik ibilileiken denpora guzti hortan. **T.** Nunca le hemos dicho nada pero algún día le deberíamos de preguntar algo por lo menos, y eso porque cuanto menos es muy chocante las cosas que hace Pancracio, siempre que vamos a algún sitio suele venir con nosotros, luego y nada más llegar desaparece y no vuelve a aparecer hasta la hora de la salida, él no dice nada y ninguno tenemos ni idea de por dónde ha podido andar durante todo ese tiempo.

NABILL. Ya ando.
(Ver la difinición de banabill).

NABILLEN. Ya andaba.
(Ver la definición de banabillen).

NAGI, NAGIXE. Persona perezosa, vaga. **K.** Nik eziñdot ulertu, eta ziur nau eztala bape errexa izengo beste iñondako be hori ulertzie, nola izenleiken pertzonabat halako nagixe, aspaldi lagadozu estudiatziei, eztozu sekula lanik iñ eta ez sikera alegiñdu billatzen, gurasuen kontura bizizara eta etxuraz hareik emuntendotzuen pagakiñ manejatzeraza, eta ze asmo daukotzu, hala eta betiko modu hontan jarraitzie? **T.** Yo no puedo entender, y estoy seguro que tampoco para ningún otro será nada fácil entender eso, cómo una persona puede ser tan perezosa y vaga, hace ya mucho tiempo que dejaste de estudiar, nunca has trabajado y ni siquiera lo has intentado buscar, vives a cuenta de tus padres y parece que te arreglas con la paga que te dan, ¿y qué intenciones tienes, tu idea es la de continuar así para siempre?

Aspaldiko esaerabat: Nagixe betik nekatuta.
Un viejo proverbio en euskera dice que el vago siempre está cansado.

NAGIKEIXIE. Vaguedad, tener pocas ganas de moverse y de hacer cosas. **K.** Emutendau gaur eztaukotzula gogo haundirik ortura fateko, ze gertatzenda, eguaixe hoñekiñ nagikeixie sartzujatzula, ero?, ba mutil argituzaitxez sikera pixkat zeatik erregatzen fanbierra daukotzu, eta gañera hala freskatu ingozara. **T.** Parece que hoy no tienes mucha ganas de moverte para ir a la huerta, ¿qué pasa, que con éste viento sur te ha entrado la vaguedad, o qué?, pues chico espabila siquiera un poco porque tienes que ir a regar, y además así te refrescarás.

NAGITXU. Sentirse vago, flojo, cansado, sin ganas. **T.** Ba akaso ezta mutil honen kasu bakarra izengo, betik entzun izenda, ta baleike egixe izetie, nola eguaixiekiñ nekatu, nagitxu ero tontotu itxen omendan naiz eta ezertxorik iñ ez, eta baitxe goguek kendu be beste erozeiñ gauzaik itxeko. **T.** Pues quizá el caso de este chico no sea el único, de siempre se ha oído, y puede que sea verdad, que el viento sur hace que te sientas cansado, vago y un poco tonto a pesar de que no estés haciendo nada, y que también te quita las ganas de hacer cualquier cosa.

NAGO. Estoy. **K.** Eh!, zer da hori?, neretzat be ekarri inbikozue hamarretako pixkat, ez?, ni be hemen bestiek bezela lanien nago, ero akaso ezalzare horrena konturato?, baleike pixkat aparte ibiltxie baña enaz hainbesteko txikiñe ez ikusteko bezela. **T.** ¡Eh!, ¿qué es eso, para mí también tendréis que traer algún bocadillo, no?, yo y al igual que los demás también estoy aquí trabajando, ¿o acaso es que no os habéis dado cuenta de eso?, puede que ande un poco alejado pero no soy tan pequeño cómo para que no se me vea.

NAGUSI, NAGUSIXE. Dueño, jefe, cabeza de grupo. **K.** Beno, atzo aiñduteko lan guztiek bukatuitxu eta bateonbat inguratu inbikoda nagusina hori esatera, eta galdetu aber zertan hasikogaren, oñ ezta denpora asko geratzen urtetzeko baña bixerko bentzet gauza ona inzengozan gaur jakitxie. **T.** Buero, ya hemos terminado todos los trabajos que nos mandó ayer y alguno se tendrá que acercar donde el jefe a decirle que ésto ya está, y también preguntarle a ver que es lo que tenemos que hacer, ahora ya no queda mucho tiempo para que salgamos pero cara a mañana sería buena cosa el saberlo hoy.

Aspaldiko esaerabat: Dirue morroi ona baña nagusi txarra.

Un viejo proverbio vasco dice que el dinero es buen siervo, pero mal señor.

NAGUSI, NAGUSIXE. Mayor. Este es un nombre que se puede aplicar tanto a las personas como también a algunas, de hecho hay montones, plazas y calles. **K.** Nagusixe da izenbat herri guztietan eotendana eta gañera berdiñ da haundixe, txikiñe, erdikue ero hiriburue izen, toki dan honeitan dau kale ero plaza, akaso bixek, nagusixen izen daukienak. **T.** La palabra de mayor es una cosa que está presente en todas las localidades, además lo mismo da que sean pequeñas, medianas o grandes capitales, en todos estos sitios hay alguna calle o plaza, puede que las dos, que tiene el nombre de mayor.

NAGUSITXU, NAGUSITU. Adueñarse, apropiarse. **K.** Iñok eztutzo esan gauza horreik hartzeko, baña halaere bera eta bere kontura iñori ezer esan eta galdetu bez ondo axkar nagusitxuda ikusitxuen guztiena, nik ustedot zerbaitx esan-bierra eukikoula zeatik beztela hurrenguen be gauza berdiñek ingoitxu. **T.** Nadie le ha dicho que coja esas cosas, pero aún así él por cuenta y sin decir nada nadie ni preguntar bien pronto que se ha apropiado de todo lo que ha visto, yo creo que le deberíamos de decirle algo porque sino la próxima vez también hará lo mismo.

NAHASI, NASI. Mezclado, enredado. **K.** Ez, eztau bape ondo ekarrridozuen hori, noski bai dala nik eskatuitxutenak baña ez dauen bezela, dana nahasi, sagarrak, makatzat eta melokotoiek, nik naidotena da bakotxa bere tokixen eotie eta hala espaldindada eruenzeikie berriz. **T.** No, de la forma que lo habéis traído no está nada bien, claro que es lo que yo he pedido pero no de la forma que está, todo mezclado, las manzanas, peras y melocotones, yo lo que quiero es que cada cosa está en sitio y si es que no es así ya los podéis llevar de nuevo.

NAHASIXE. Intrincado. **K.** Eztakitx zuek ze modutan ikusteitxozuen gauza honeik baña nere ustez eztaukie garbitxazun haundirik, zerbaitzuk, halaere nahiko kostata, ulertzendot baña beste asko ezertxoik ez eta nere iruitzez larreiko nahasixe da, ba ustedot hobie izengoula bueltatzie eta beitu beste zerbaitx. **T.** No se cómo veréis vosotros estas cosas pero yo al menos para mí no tienen suficiente claridad, algunas cosas, aún así me cuesta bastante, ya las entiendo pero otras muchas no y pienso que todo está demasiado intrincado, pues me parece que lo mejor será que lo devolvamos y miremos alguna otra cosa.

NAHAS-PILLA. Demasiado revuelto o revoltijo. **K.** Hemen eztau ezer billatzeik, arduradunak esandust etortzeko almazenera eta erueteko bi pakete untza, bai, etorrinaz eta oñ zer?, atie be kosta injat zabaltzie dauen nahas-pilla honekiñ, eta nola billau ba nun dazen pakete untza horrreik?, hori ezta posible ta berak etortzie dauko gurebadau. **T.** Aquí no se puede encontrar nada, el encargado me ha dicho que venga hasta el almacén y lleve dos paquetes de clavos, sí, ya he venido, ¿y ahora qué?, si hasta la puerta me ha costado abrir con el revoltijo que hay, ¿y cómo voy a encontrar pues dónde están los paquetes de clavos? , eso es imposible y ya puede venir el si quiere.

NAHASTU, NASTU. Mezclar, revolver. **K.** Askoz hobeto izengozu iztie gauzak oñ dazen bazela eta ez ikutzeik, dana ikustenda pillaute dazela bata-bestien gañien eta erozeiñ modutan, ta akaso ezta posible izengo baña baezpare ezizu nahastu oñ dauen baño geixau. **T.** Será mucho mejor que dejemos las cosas tal y como están ahora y no toquemos nada, se ve que todo está amontonado unas cosas encima de otras y de cualquier manera, y quizá no sea posible pero por si acaso no revuelvas más de lo que está ahora.

NAHI, NAI. Querer. **K.** Bai, nai bai baña momentu hontan bentzet eziñdot erosi kotxe berri hori, inbierreko gauza asko eukitxut eta diru askotxo bier izendot dan horreik itxeko, oñ dauketenakiñ jarraitxukot tiratzen ta aber aurreratxuau posible izetendan. **T.** Si, querer claro que quiero pero al menos en éste momento no puedo comprar ese coche nuevo, he tenido que hacer muchas cosas y he necesitado bastante dinero para hacerlas, ahora tiraré con el que tengo y a ver si más adelante puede ser posible.

NAHIANA, NAIANA. Tanto cómo se quiera, en abundancia. **K.** Ikustendozuen bezela sagar ugeri batuitxu eta guerbozue eruenzeikie naiana eta dana nai izen-ezkero bebai, baña horren ordez gauzabat, ondion izugarri geratzenda batzeko eta hurrenguen zueik etorribikozue jatzotzera. **T.** Cómo estaís viendo hemos recogido una cantidad ingente de manzanas y si queréis podéis llevar tantas como queráis y si os apetece llevar todas también, pero a cambio una cosa, todavía tenemos muchísimas para coger y la próxima vez tendreis que venir vosotros a recogerlas.

NAHIAGO, NAIAU. Preferir. **K.** Badakitx erretegi hau oso famaue dala haragixen buruz eta baitxe txuletak eskatudozuela bigarren platerako, baña ezpotzue inportik galdetu inbiot aber arrañik daukien, ta baietza izetenbada nik hori eskatukot okelien ordez, oñ bentzet naiu dot txitxarro ero beste zerbaitx berdintzue. **T.** Ya sé que este asador es muy famoso en relación a la carne y que también habéis pedido txuleta como segundo plato, pero si no os importa voy a preguntar a ver si tienen pescado, y si la respuesta es afirmativa pediré eso en lugar de la carne, ahora por lo menos prefiero txitxarro o algo parecido.

NAHI-BARIK, NAI GABE. Sin querer. **K.** Zu be batzuetan benetan zakarra zara, badakitx nai gabe izendala baña halaere miñe hartudau ume gixajuek, nola betik ibiltxezaren korrika aldebatetik bestera eta iñora beitu-barik, ba askenien gertauda estropazau inzariela eta umetxue jausi. **T.** Tú también a veces ya eres un poco brutote, ya sé que ha sido sin querer pero aún así la pobre criatura ha cogido daño, cómo siempre andas corriendo de un sitio para otro y sin mirar a ningún lado, pues al final ha ocurrido que os habéis tropezado y el crío se ha caído.

NAHIDANA, NAIDANA. Lo que se quiera. **K.** Ikustendozuen hortik hartuzeikie naidana, hala esandau bentzet etxe hortako jabiek zeatik etxuraz berak sobrien dauko gauza dan horreik eta gañera kentzie naidau, orduen ta bateonbatek zerbaitx aprobetxatzie gure-ezkero esandau hartzeko, baña hartzendauenak ez bueltatzeko berriz. **T.** De todo lo que veís ahí se puede coger lo que se quiera, así lo ha dicho al menos el dueño de la casa porque parece que él tiene de sobra todas esas cosas y además se quiere deshacer de ellas, entonces si alguno quiere aprovechar algo dice que se lo puede llevar, pero el que se lo lleve que no se vuelva a traer.

NAHIDAU, NAIDAU. Quiere. **K.** Ba askenien ezkerrak eztala izen eztabaida haundirik ta nahiko ondo konpondudiela, holako zertxobaitx eonda mai txikibaten kontura baña gauza gutxi ta ezer ezta gertau, eta izenda ze batek esan omendau mai hori naidauela ta bestiek berak askoz lenau eskatutakue dala, askenien errifau iñda ta pakie. **T.** Pues al final menos mal que no ha habido grandes discusiones y se han arreglado bastante bien, solo un poquito y referido a una mesita pequeña, y ha sido que uno de ellos ha dicho que quiere esa mesa y otro que él lo había pedido mucho antes, al final lo han sorteado y paz.

NAIDAU. (Naidok), dokena, don, dot, dotena dozu, dozue, dozuna, dozuena.

Aspaldiko esaerabat: Eztauko buruik eta txapela naidau.

Un viejo proverbio en euskera dice que no tiene cabeza y quiere boina.

NAHI-GURA, NAIGURAN. Queriendo. **K.** Ez, benetan, egixe da enauela horreiñ zai, oñ akaso pixkat bai naiguran zeatik nik ondo aprobetxaukonauke astuei emuteko, penagarrixe da ikustie nola usteltzen haidien sagar pilla horreik, hor kanpuen eta eguzki aspixen gutxienetik donerdi egun doiez eta askenien sigero izurraukodie. **T.** No, de verdad que no estoy esperando a eso, ahora que de alguna forma sí queriendo porque yo aprovecharía muy bien dándoselas a los burros, da pena el ver cómo se están pudriendo esas manzanas, llevan ahí fuera al sol por lo menos media docena de días y al final se van a estropear del todo.

NAHIKUE, NAIKO. Es suficiente, ya basta. **K.** Bale Saturio, ez emun geixau zeatik honeikiñ nahikue dauket eta halaere zerbatix errepartiru bierrien izengonaz, badakitx aurten izugarri daukotzuela eta gauzabat, eztaukotzu beste lagunik hemendik zerbaitzuk eruengoutxuenik? **T.** Vale Saturio, no me des más porque con ésto tengo suficiente y aún así tendré que repartir una parte, ya sé que este año ha sido impresionante en cuanto a producción y una cosa, ¿no tienes algún otro amigo que quiera llevar algo de lo que hay aquí?

Aspaldiko esaerabat: Begibat nahikue dau saltzailiek, eta ehun bierditxu erosliek.

Un viejo proverbio es euskera dice que al vendedor con un ojo le basta y el comprador necesita cien.

NAHITA, NAITA. A propósito, queriendo. **K.** Nere ustez Aimarrek eztau iñ tantu hori nahita eta ixe ziur gure-barik izendala, bere zorionoz ondo urtendau ta gero tanto horrekiñ aukera haundixe eukidau partidue lrabazteko, eta berez hala gertauda. **T.** Yo no creo que Aimar haya hecho a propósito el tanto ese y casi seguro que ha sido sin querer, para su suerte ha salido bien y ese tanto ha servido para encarrilar el partido, cómo de hecho así ha sido porque ha ganado.

NAIZELA, NAIZENA. Lo que soy, como soy. **K.** Eta zuri ze inportajatzu, ba?, zuk eztaukotzu zer-ikusirik nerekiñ eta laga trankil, ni naz naizena, hala modu hontan oso gustora bizinaz eta modu berdiñien naidot jarraitxu. Sigero pakien nau eta hala nabill, enaz iñokiñ sartzen, molestau bez eta zuk be, nereatik bentzet, inzeike zeuk gurozuna, baña ni bezela, pakien. **T.** ¿Y a tí que te importa pues?, tú no tienes nada que ver conmigo y déjame tranquilo, yo soy como soy, de éste modo vivo muy a gusto y quiero continuar de la misma manera. Estoy completamente en paz y así ando, no me meto con nadie ni tampoco molesto y tú también, al menos por mí, puedes hacer lo que quieras, pero del mismo modo que yo, en paz.

NAKARREN, NEKARREN. Yo traía. **K.** Bai noski, nik nakarren zueik esandakue, zeiñ uste izengozala ba?, akaso ezalzare gogoratzen ni geratunitzela hori itxeko, ero?, ba neri esan eta enkargatzeko gauzak, hal izetenbadie bentzet, kunplitzie gustatzejat. **T.** Si claro yo traía lo que vosotros me habíais dicho, ¿quién creeís que iba a ser pues?, ¿acaso no os acordaís de que me comprometí a hacerlo, o qué?, pues al menos aquello que se me dice y encarga, al menos si se pueden, me gusta cumplirlo.

NAN. Estoy. **K. K.** Zer haiaiz haibeste deitxu inbierrien telefonoz, jakinleiken nun hauan ta noix etortzeko asmue daukan?, ni hemen nan hire zai ordu-erdi honetan geratugiñen tokixen, eta aber asaltzeazen haldan axkarren zeatik aspertunon hiri etxoitxen. **T.** ¿Qué andas con tanto llamar por teléfono, se puede saber dónde estás y cuándo tienes idea de venir?, yo ya llevo aquí media hora esperándote en el sitio que quedamos, y a ver si apareces cuanto antes porque ya estoy aburrido de tanto esperar.

NANAN. Es una palabra que se utiliza con las criaturas para que coman o empiecen a comer. **K.** Zu ondion gaztie zara eta gauza batzuk ikesi-bierrak daukotzu umien buruz, atzo aitunutzun nola umetxuei esatezutzen jateko hitz horrekiñ, ba hori eziozu hala esan, askoz goxuaue da esatie nanan itxeko eta gañera baleike errexau ulertzie. **T.** Tú todavía eres joven y tienes que aprender unas cuantas cosas en relación a las criaturas, ayer te oí decir a la cría que coma utilizando esa palabra, pues mejor si eso no se lo dices así, si en lugar de eso le dices que haga nanan puede que te entienda mejor.

NANARRA. Pequeño, pequeñajo.

(Ver la definición de mirrintxo)

NANUE. Se dice de aquel que se ha quedado pequeñito. **K.** Ezauken antzik hala geratukozanik ba, jaiozanien beste erozeiñ ume bezelakue zan eta oñ ikusi-bierra dau, iñezkero konparaketabat beraz batera jaiozienaz sigero nanue dau, beno, oingoz eta momentuz bentzet. **T.** Pues no parecía que se iba a quedar así, cuando nació era igual cómo cualquier otro niño y hay que verle ahora, si hiciésemos una comparación con alguno de los que nació a la vez que él está muy pequeñito, bueno, al menos por ahora y de momento.

NANOTU. Debilitarse, agotarse, enfermar.

(Ver la definición de makaldu)

NAPARRA. Navarro, la persona que es originaria de Navarra. **K.** Esatendaue naparrak jeneralki astokillo xamarrak diela, baña batera jente sigero jatorra eta berbadun pertzonak, nik batzun-batzuk esauketaitxut, geixenak ipar aldekuek eta benetan esan-bierra dauket hori halaxe dala. **T.** Dicen que los navarros son un poco brutotes pero a la vez gente muy noble y de palabra, yo ya conozco unos cuantos, sobre todo de la zona del norte y de verdad tengo que decir que eso es así.

NARRASA. Se dice de la persona desaseada, de mal aspecto, descuidada y abandonada. **K.** Torkuato gixajue bere andrie hilldanetik sigero narrasa biurtudala emutendau, hala ikustejako bentzek, eztau erropaik aldatzen, ez bizarrik kendu ta eztakitx garbitxazun haundirik be eruetendauen, larreiko itxusi dabill eta etxura exkaxaz. **T.** El pobre Torcuato desde que ha muerto su mujer parece que se ha abandonado completamente, así se le ve al menos, no se cambia de ropa ni se afeita, y tampoco da la impresión de que vaya excesivamente limpio, anda demasiado desaliñado y con bastante mal aspecto.

NARRASTU. Ensuciar y revolver las cosas sin ton ni son. Dejar y abandonar las cosas. **K.** Idelfonsoi ezinleixo aiñdu ezer gordetzekoik, eta ez erretirau inbierreko gauzak jartzeko bierdan bezela euron tokixen zeatik danak narrastu ingoitxu, hortarako sigero aldrebesa da eta erozeiñ modutan izteitxu. **T.** A Idelfonso no se le puede mandar que guarde nada, y tampoco que aquellas cosas que hay que retirar y llevar las coloque de la forma debida y en su sitio porque todas las dejará sin ton ni son, para eso es muy desordenado y las abandona de cualquier manera.

NARRUE. Cuero. **K.** Alde ederra izetenda txamarra narruzkue izen ero beste erozeiñ gauzakiñ iñdekue, plastikozko arixaz ero zerbaitx antzerakue, baleike honeik oso dotoriek izetie, etxuraz bentzet, baña zalantzaik eztau askoz lenau izurraukodiela. **T.** Vaya diferencia que hay que una chamarra sea de cuero o fabricado con cualquier otro tipo de material, con hiladuras plásticas o similares, puede que éstas sean muy bonitas y elegantes, al menos en apariencia, pero no hay ningun duda de que se estropearan mucho antes.

NARRUE. Fig. se dice de aquella persona que tiene mucha cara. **K.** Narzizok dauko narrue eta eztakitx zeatik egunenbaten estutzoun esaten sigero lotzabakue dala eta kriston arpegixe daukela, eta gero bieldu beiñ eta betiko gure hondotik, gaur be asunto berdiñe iñdau, txikiteo denporan eztau ronda bakarra ordaindu eta afaixaz be igual iñdau, bukatu afaltzen eta ezer esan-barik alde. **T.** Vaya cara que tiene Narciso y no sé porque algún día no le decimos que es un sinverguenza y un completo caradura, y luego le mandamos de una vez y por todas de nuestro lado, hoy también ha vuelto a hacer lo de siempre, cuando hemos estado de txikiteo no ha pagado ni una sola ronda y con la cena ha hecho lo mismo, ha terminado de cenar y se ha marchado sin decir nada.

NARRUAUNDI, NARRO-HAUNDI, NARRU-SENDO. Fig. se dice de una persona sin escrúpulos y sinverguenza. **K.** Ba horixe bera da eta galanta gañera goixen jarridoun Narzizo hori, narroaundibat besteik ez eta gañera ezta bakarra izengo zeatik beste kuadrilla batzuetan be gauza berdintzuek aitzendie, eztotena ulertzen da nundik eta nola gertatzendien mota halako jentie. **T.** Pues eso mismo y además muy grande es el Narciso ese al que nos hemos referido arriba, un auténtico sinverguenza y además no será el único porque en otras cuadrillas tambíén se escuchan cosas similares, lo que no entiendo es de dónde y cómo pueden surgir gente de esa calaña.

NARRUTAN. En cueros, desnudo (a). **K.** Garai baten ze izengotezan bateonbat ikusi-ezkero narrutan dauela hondartzan, ba akaso polizia etorri eta nunbaitxeko barruen axkar sartu, oñ berriz baleike ez izetie larreiko normala baña bai bentzet ametiru itxendan gauzabat, eta gañera jentie nahiko lasai ibiltxenda horreiñ inguruen. **T.** Que sería si en un tiempo se viese a alguien que estuviese desnudo en la playa, a lo mejor vendría la policía y rápidamente lo encerrarían en algún sitio, ahora en cambio, aunque todavía no demasiado normal, si es una cosa que por lo menos está admitida, y además la gente anda tranquilamente al lado de ellos.

NARRUTU. Despellejar, desollar, quitar la piel. **K.** Noski eztauela sartzeik konejue labara narru ta guzti eta aurretik komenigarrixe dala narrutu itxie, hala ez iñezkero lurrun ederra gertaukozan sukalde ta beste etxeko inguru guztitan, eta hortik aparte, zeñek jan gero hori? **T.** Claro que no se puede meter el conejo al horno con piel y todo y que primero es conveniente el despellejarlo, si no se hiciese así se formaría una buena humareda y no solo en la cocina sino en toda la casa, y aparte de eso, ¿quién comería luego eso?

NASA. Muelle del puerto.

(Ver la definición de molla).

NASKA. Asco. **K.** Gauzabat benetan naska emuteuztena txakurren kakak ikustie espaloi erdixen, eta zapalduta badaz geixau gañera, eta eztakitx nola dauen jentie eztauena jasotzen euron txakurrek iñdeko kaka horreik. Eta beste gauzabat benetako naskagarrixe da hor erozeiñ tokitxen ikustendien botakak. **T.** Si hay una cosa que de verdad me da asco es el ver las cagadas de los perros en la mitad de la acera, y si es que alguien la ha pisado más todavía, no sé cómo puede haber gente que no recoje las cacas de su propio perro. Y otra cosa asquerosa de verdad es el ver vómitos en cualquier esquina.

NASKAGARRIXE. Asqueroso. Es la persona o cosa que produce asco o rabia. **K.** Goixen jarridou bi kasu horrein buruz eta bixek die sigero naskagarrixek, baña pertzona batzukiñ be gertauleike hori, ez zikiñatik baña bai amorrazio haundixe emutendauelako, esan-baterako pertzona hori jarraixen ibiltxenbada barriketan eta ixildu-barik gauza berdiñaz, halakotxe iguala dala esanleike. **T.** De los casos que hemos expuesto arriba los dos son muy asquerosos pero también pude pasar eso mismo con las personas, no por la suciedad pero sí porque que te puedan producir una inmensa rabia, por ejemplo si la persona esa está continuamente hablando sin parar y sobre el mismo asunto, se podría considerar que es de esa misma guisa.

NASKATU, NASKAU. Asquear, asquearse. **K.** Zuiek eztakitx baña ni bentzet naskaunaz zeatik betik diskutitzen haigara asunto berdiñatik, akaso ezalda askoz errexau fatie bakotxak berak guredauen tokira?, eztot uste ba derrigorra izengodanik betik alkarreaz ibiltxie alde guztietan. **T.** Vosotros no sé pero yo al menos ya me he asqueado porque otra vez andamos discutiendo sobre el mismo asaunto. ¿acaso no es mucho más sencillo que cada uno vaya donde le apetezca?, no creo pues que sea imprescindible el que tengamos que andar siempre juntos.

NASTEBORRASTE. Se utiliza esta palabra cuando alguna cosa no está clara o lo que se escucha no tiene mucho sentido y tiende a confundir. **K.** Ba nere ustez hizlari horrek esaten haidana sigeroko nasteborraste da, esandauen batzutatik eztot ezertxorik ulertu eta beste gauzakiñ eztakitx zer gure izendauen esatie. **T.** Pues para mí lo que ese confereciante está diciendo no tiene demasiado sentido, de algunas cosas no he entendido absolutamente nada y con otras no sé lo que ha querido decir.

NATOR. Ya vengo.

(Ver la definición de banator).

NATURALA. Natural. **K.** Halakotxiek izenbilaukie pertzona guztiek, naturalak eta ez askok ibiltxendien bezela, harrokeixakiñ, gezurretan eta diximuluen, ze alde izetendan berba itxie bierdan bezela, esan-baterako tratubat itxen haizarela momentu hortan zaren erozeñekiñ. Halaere nik ustedot laister igertzendala ze motakue dien pertzona bakotxak. **T.** Así deberían ser todas las personas, naturales, no de la forma que andan muchos, presumiendo, con mentiras y disimulos, que diferencia hay hablar de forma distendida, por ejemplo si coincide que estás haciendo algún trato con cualquiera de los que estás en ese momento. Aún así yo creo que enseguida se nota de que clase son cada una de las personas.

NAU. Estoy. **K.** Beno, ondo kostata baña askenien be allegauda trena eta oñ hemen nau estaziñuen zure zai, gurozunien etorrizeike nere billa etxera inguratzeko ta posible baldinbada ekarrizu umetxue, aspaldixuen eztot ikusi eta gogo haundixe dauket. **T.** Bueno, ha costado bastante pero por fín ya ha llegado el tren y ahora estoy aquí en la estación esperándote, cuándo quieras puedes venir a buscarme para acercarme a casa y si es posible trae al crío, hace ya algún tiempo que no le veo y ya tengo ganas.

NAUEN. Estaba o permanecía. **K.** Hau da marka, nola leiketzu esatie estuztazula ikusi?, ba esanda bezela estaziñuen nauen ta enaz ezertarako mobitxu toki hortatik, beno, momentutxobat bakarrik txixe itxeko baña apenas izendie bost ero hamar miñutu geixena. **T.** Esto es de traca, ¿cómo puedes decir que no me has visto?, pues cómo te he dicho estaba en la estación y no me he movido de allá para nada, bueno, solo un momentito para ir a mear, pero apenas han sido cinco o lo más diez minutos.

NAUK. Soy. **K.** Horrek eztxaukek errazoi dan arrastuik eta eztuztek adarrik joko, ni baleikek onegi xamarra izetie baña iñuzentie bentzet ez nauk eta ezai oñ etorri gabonkanta horreikiñ, hik ze ustedok, akaso siñistu ingotela ezitzela atzo lanera etorri geixo haualako, ero?, horrek etxura guztie jaukek gezurre izeteko eta galanta gañera. **T.** Eso no tiene ninguna razón posible y es inútil que intentes convencerme, puede que sea bastante bueno pero no me tomes por tonto porque no lo soy y ahora no me vengas con cuentos chinos, ¿tú que piensas, que me voy a crer que estabas enfermo para no poder venir ayer a trabajar, o qué?, eso tiene toda la pinta de ser mentira y grande.

NAUKEN. Tenía.

(Ver la definición de banauken).

NAUSITU. Dominar, ganar, adueñarse. **K.** Benetan oso ona dala korrikan mutil hori, eondan karrera guztietan, eztie asko izen, hiru ero lau bakarrik, danak irabazitxu eta baitxe gaurkue be, eta hori berak dauken oitura baño nahiko luziau izendala, ia erdi aldera nausitu eta bakarrik helduda helmugara. **T.** De verdad que ese chaval es muy bueno corriendo, en todas las carreras en las que ha participado, no han sido muchas, solo tres o cuatro, ha ganado y también la hoy, y eso a pesar de que era bastante más larga de lo que él está acostumbrado, ya para la mitad ha pasado a dominar y ha llegado solo a la meta.

NAZ, NAIZ. Soy. Esta palabra tiene el mismo significado que la palabra nauk pero lo explicaré en un euskera algo diferente, aunque con el mismo contenido. **K.** Hortan estaukotzu ezer errazoirik eta estuztazu adarrik joko, ni baleike on xamarra izetie baña iñuzentie bentzet ez eta oñ ezaitxez etorri gabonkanta horreikiñ, ze ustedozu, akaso siñistu ingotela ezitzela atzo lanera etorri geixo jarrizitzelako, ero?, horrek etxura guztie dauko gezurre izeteko eta galanta gañera. **T.** En castellano es la misma definición que en el castellano de nauk.

NAZIMENTUE. El nacimienro o el belén de las navidades. **K.** Oñ eztot uste aspaldi bezelako nazimentoik jartzendienik etxe askotan, ero akaso geixenetan, gurien bentzet ez, zertxobaitx betik eotenda baña eztauko zer-ikusirik lenaukuaz, haik lan haundixek emutezitxuen eta ez bakarrik ipintxen, baitxe gero be kendu eta erretiratzen. **K.** Ahora no creo que en muchas casas, quizá en la mayoría, se coloquen belenes como antaño, en la nuestra al menos no, algo siempre se pone pero no tiene nada que ver con los de entonces, aquellos solían dar mucho trabajo y no solo el ponerlo sino que también luego en quitar y retirarlo.

NEGAR. Llorar. **K.** Zuk daukotzu negar inbierrak, ordu-laurden doiezu ixildu be inbarik eta jakiñlike zer gertatzejatzun?, nik dakitxenik eztozu iñun miñik hartu, goseik be ezta posible eukitxeik zeatik gutxi dala gosaldudozu, orduen ze gauza da, ezta ba izengo mañosabat zarelako? **T.** Vaya forma de llorar que tienes, llevas un cuarto de hora sin parar ¿y se puede saber que es lo que te pasa?, que yo sepa en ningún sitio has cogido daño, tampoco es posible que tengas hambre porque has desayunado hace poco, ¿entones que cosa es, no será pues que eres una llorona?

NEGAR-ALDIXE. Momento de lloros. **K.** Zuk daukotzuna eztie momentuko negarrak zeatik ia denpora dexentien berdiñ haizara eta hori negar-aldixe da, askenien eta galdetu ondoren jakiñdot zeatik dien zure maña horreik, panpiñ barribat eskatudutzazula amatxoi eta eztotzu gure erosteik, hori da, ez? **T.** Lo que tú tienes no son lloros del momento porque ya llevas un buen rato con lo mismo, al final he preguntado y ya me han explicado lo que te pasa y el motivo de tanta llorera, que has pedido a tu madre una muñeca nueva y no te la quiere comprar, ¿es eso, no?

NEGARGARRIXE. Fig. se dice de una persona que es un impresentable y también desagradable. **K.** Horrek ekartzendauenaz eztot ezer gure jakitxeik, ezta erregalaute be enauke hartuko zeatik ondo jakiñien nau ze itxeitxuen, oñ etxurie itxendau opari izengobazan bezela emuteutzula baña gero horren ordie eskatzendau ta gañetikuaz gañera, gauzabat esateutzuet, pertzona hori sigeroko negargarrixe da eta ezizue tratuik iñ horrekiñ. **T.** Yo no quiero saber nada de lo que vaya a traer ese, no lo cogería ni regalado porque sé muy bien lo que suele hacer, hace las apariencias de que te lo da cómo si fuese un regalo, pero luego te pide algo a cambio de lo que ha dado y además con intereses, y os voy a decir una cosa, ese es una persona demasiado impresentable y no hagaís ningún trato con él.

NEGAR-GURIE. Ganas de llorar. **K.** Ezirezue esan eztutzuela emuten sikera negar-gure pixkat jente gixaja horreik, hor haidie itxasuen bueltaka eztalako iñor akorduen jartzen jasotzeko, batzuk esatendaue eztazela euron aldien, bestiek berien bez eta bata-bestiatik ondion hala modu berdiñien jarraitzendaue. **T.** No me digaís que ni siquiera os dan unas pocas ganas de llorar esa pobre gente, ahí andan dando vueltas por el mar porque nadie se pone de acuerdo para acogerles, unos dicen que no están en sus aguas, los otros que tampoco en las suyas y los unos por los otros ahí de la misma forma continúan todavía.

NEGARREZ. Llorando. **K.** Aber, bateonbat fan eta beituiozue zer dauken ume horrek, eztakitx jausi ta miñ hartudauen ero beste zerreozer baña zerbaitx bai zeatik negarrez hasida, baitxe baleike bakarrik izetie logurie daukela ero akaso gosie. **T.** A ver, ir alguna a mirar que es lo que tiene esa cría, no sé si se habrá caído y hecho daño o alguna otra cosa, pero algo sí porque ha empezado a llorar, también puede que solo sea que le haya entrado el sueño o quizá que tenga hambre.

Aspaldiko esaerabat: Dauenien barrez eta eztauenien negarrez.

Un viejo proverbio vasco dice que cuando hay todo risas y cuando no son lloros.

NEGAR-PLANTAK. Lloriqueos fingidos con intención de obtener algo. **K.** Laga pake pakien eta eziozue kasuik be iñ, eztauko ez miñik, ez goseik ta ez beste ezer, bakarrik eta ondo igertzejako, negar-plantak itxen haida eta horrek guredau esan laister zertxobaitx eskatzeko asmue daukela. **T.** Dejarla en paz y no le hagaís ni caso, no tiene ningún daño y tampoco hambre ni ninguna otra cosa, solo y bien que se nota, está con lloriqueos fingidos y eso quiere decir una cosa, que pronto tiene la intención de pedir algo.

NEGARTI. Llorona (o), quejica.

(Ver la definición de mañosa (o).

NEGUE. Invierno. **K.** Aurtengo negu hontan hotz haundixek eondie, edurra be iñdau, isotza egun askotan eta horreatik ortuko gauza geixenak izurraudie, eta ezkerrak ze han hauena oso gutxi zala. Normalki neguen ezta giro hau gertatzen, bentzet kosta aldien, baña aurten hala izenda. Ba eztot uste kanbioklimatiko horreatik izengozanik, zeatik esatendaue horrekiñ berotu itxendala planeta. **T.** El invierno de este año ha sido de mucho frío, también ha nevado, helado durante bastantes días y a resultas de eso la mayoría de las cosas de la huerta se han estropeado, y menos mal que era muy poco lo que allá había. Normalmente es muy raro que en invierno haga este tiempo en la costa pero este año así ha sido. Pues tampoco creo que haya sido por cambio climático ese, porque dicen que eso calienta el planeta.

Aspaldiko esaerabat: Kandelarian bero, negue dator gero, Kandelarian hotz negue izengoda motz.

Un viejo proverbio vasco dice que si en Kandelaria calor, el invierno a continuación y si frío el invierno será corto.

NEGU-GORRIXE. Literalmente quiere decir invierno rojo y fig, significa invierno muy duro. **K.** Nik ustedot ze len bezelako neguik oñ apenas iñoiz itxendaula, hotzak, edur eta izotz egunak batzuetan bai eotendie, geixenak hor barru inguruen eta hemen kostan aldien noixienbeñ bakarrik, baña halaere eztauke zer-ikusirik lenguekiñ, hareik bai ziela benetako negu-gorrixek **T.** Yo creo que inviernos tan duros cómo los de antes ahora apenas ocurren casi nunca, en el interior se pueden dar algunos días de frío, nieve y heladas y aquí en la costa solo muy de vez en cuando, pero aún así no tienen ninguna comparación con los de entonces, aquellos si que eran inviernos duros de verdad.

NEKA, NEKIE. Cansancio, fatiga. **K.** Gaur benetan ondo neka iñde geratunaz ortuen iñdoten lanakiñ, aurrena dana atxurtu, gero karretillan satza ekarri, bota, zabaldu eta nahastubat emun lurrakiñ, ondoren tentetzeko makillak moztu eta ortura eruen tomate landarak lotzeko. **T.** Hoy si que de verdad he quedado bien cansado con los trabajos de la huerta, primero cavar toda la tierra, luego transportar el estiércol en carretillo, echar, extender y mezclar con la tierra, más tarde cortar y llevar a la huerta los palos para atar las plantas del tomate.

NEKATU, NEKEZA. Cansarse, cansado. **K.** Oñ bi illebete inguruen ta goixen jarridoten lan horreik iñ ondoren lasai antzien eoteko aukera dauket, gero pixkat nekatu be inbikot baña orduen beste gauzabat izengoda, zeatik hurrengo lana da batzie ortuen urtetzendauena, tomatiek, piperrak, bainak eta abar. **T.** Ahora durante aproximadamente dos meses y después de haber hecho los trabajos que hemos puesto arriba tengo la oportunidad de estar tranquilo, luego también me tendré que cansar un poco pero entonces será otra cosa, porque el siguiente trabajo consistirá en recoger lo que la huerta ha producido, tomates, pimientos, vainas, etc...

Aspaldiko esaerabat: Alperrik nekatu baño, hobe da geldik eotie.

Un viejo proverbio en euskera dice que más vale estar quieto que trabajar en vano.

NEKAGARRIXE. Trabajo fatigoso y a la vez también penoso. **K.** Askotan eztan etxurie dauko zeatik ortue naiz da haundixe izen ez txikiñe bez eta bere lantxuek emuteitxu, aurrenekuek izetendie nekagarrixenak baña gero be kasu iñ eta pixkat gañien eon-bierra dau, bedar txarrak kendu, adar-batzuk moztu tomatiei, honeik lotu eta abar. **T.** Muchas veces parece que no porque la huerta a pesar de que no sea grande tampoco es pequeña y da sus trabajos, al principio son los más fatigosos pero luego también hay que atender y estar un poco encima, quitar las malas hierbas, cortar algunas ramas a los tomates y atar éstos, etc...

NEKAZARITZA. Agricultura, horticultura. **K.** Lenau, gañera ezta hainbeste denpora, Zarauzko San Pelaio auzuen nekazaritzan bulegobat hauen eta oñ pasatzenazen bakoitxien itxita dauela ikustendot, eztakitx denpora gutxiko, betiko ero beste nonbaitxera alde iñdauen, baña aldebatera ero bestera izen nik ustedot holako gauzabat bierrezkue izetendala. **T.** Antes, además no hace tanto tiempo, en el barrio de San Pelaio en Zaratuz había una oficina de agricultura y ahora cada vez que paso veo que está cerrada, no sé si será temporal, para siempre o se habrán ido a otro lado, pero tanto sea de un modo u otro yo creo que una cosa de esas suele ser necesaria.

NEKAZARI, NEKAZARIXE. Persona que se dedica a las labores propias de la agricultura. **K.** Lengo baserritxarrak, berdiñ oingo barrixek, eta ez haibestekuek, kapaz dienak bentzet, ondion jarraitzendaue nekazari lanetan eta eztot uste bape txarto doizenik zeatik ikustenda geruau ta haundixauek diela ortuek. Azokan be hau ondo igertzenda eta bere garaia danien postu guztiek jeneroz betiek eotendie. **T.** Los caseros de antes, lo mismo los nuevos de ahora y no tan nuevos, al menos los que son capaces, todavía continúan con los trabajos de agricultura y no creo que les vaya nada mal porque cada vez se ve que las huertas son más grandes. Y eso se nota muy bien en el mercado y cuando es su tiempo los puestos suelen estar llenos de género.

NEKE-LANA. Trabajo duro y que requiere mucho esfuerzo. **K.** Gaur nagusixek aiñdutakue benetazko neke-lana emutendau dala, eztau makiñaik sartzeik ta eskuz inbierra daukou zanga guztie, berak esatendau oso errexa dauela zeatik zulatzeko tokixe dana lurra omenda, baña ikusikou, ni enaz larrei fixatzen horrek esatendauenaz. **T.** El trabajo que nos ha mandado hoy el jefe tiene toda la pinta de que va a ser muy duro, no se puede meter ninguna máquina y la zanja la tenemos que hacer toda a mano, él dice que está muy fácil porque dónde hay que agujerear todo debe de ser tierra, pero ya veremos, yo no me fío demasiado de lo que diga ese.

NEKETZU, NEKETZUE. Trabajo demasiado fatigoso. **K.** Badakitx nagusixek gauza horreik esateitxula morala emuteko, alegiñdu bentzet,, baña kasu hontan eta beste-batzuetan gertaudan bezelaxe gezurra izenda, errazoia bai hauken lurra hauela baña oso gutxi eta geixena harrixe zan, ta ezta bakarrik nekelana izen baizik baitxe larreiko neketzue be. **T.** Ya sé que el jefe dice esas cosas para dar moral, intentar por lo menos, pues en este caso cómo también ha ocurrido en bastantes otros ha sido mentira, sí tenía razón en que había tierra pero era muy poca y casi todo era piedra, y no solo ha sido un trabajo duro sino que también demasiado fatigoso.

NEKEZ. Con dificultad, con apuros. **K.** Bai, nekez ta asko kostata izengoda baña ingou, zuk ekarrizu bierditxun gauza guztiek eta geratzendan gaurko egunatik eta bixerkuen tartien eztot uste bukatukounik baña etziko ixe ziur baietz, bentzet alegiñdukogara. **T.** Si, será dificultoso y nos costará mucho pero ya lo haremos, tu tráenos todas las cosas que necesitamos y entre lo que queda del día de hoy y el de mañana no creo que lo terminemos pero para pasado casi seguro que sí, al menos ya nos vamos a esforzar.

Aspaldiko esaerabat: Nekez lortu eta errex galdu.

Un viejo proverbio en euskera dice que mucho costar y fácil perder.

NEKIXEN, NAKIXEN. Ya sabía.

(Ver la definición de banekixen).

NEKORA (K). Nécora, nécoras. Cangrejo de mar de carne muy apreciada. **K.** Hauxe bai dala gauzabat asko gustatzejakuna, nekorak eta honeik bizirik erostera Getariko mintegira fanbierra izetenda zeatik han, jeneralki bentzet, aukera eotenda modu hortan hartzeko, neri hala gusta izetejat eta gero norberak egosi. **T.** Esto sí que es una cosa que nos gusta mucho, las nécoras y para comprarlas vivas hay que ir al vivero de Getaria porque allá, al menos generalmente, hay oportunidad de cogerlas de ese modo, a mí me gusta así y luego cocerlas uno mismo.

Errezatabat. Nekorak egositxe: Errezeta hau oso errexa da. Bizirik erosi ondoren ta birien akabau aurretik alegiñdu haldan axkarren egoztie. Xei nekorandako, dexente xamarrak izetenbadie hobe, prestatzendou lapikobat luze xamarra ixe uraz betie, hiru laurdenakiñ nahikue da, eta botatzendou xei ikulbilkara betiek gatza eta nai izen-ezkero baitxe piperbaltz bolatx obatzuk, baxo erdi ardau zurixe ta perejill pixtat baña zatitxu-barik, jartzendou su iñdertzuen eta zuzenien sartzendou nekorak uretan, aurrenekotan lapikue tapatzie komenida zeatik salto asko emuteitxue ura berotzendanien eta busti inleikie inguru guztiek. Ura irikitxen hastendanetik iztendou hirutik bost miñutu inguru egosten, gora-berie daukien tamañue, gero aparta sutatik eta beste miñutu parebat repozatzen, ondoren atara ta gertu. Batzuk nai izetendaue hala beruek jatie eta beste-batzuk zertxobaitx epelau ero hotzak, hau norberan gustora. Inportantzi haundiko gauzabat, dexkuidon eta nekorak hilda asaltzenbadie, ero akaso hala erosidoula, honeik uretara botatzendie beñ ura irikitxen hasi ta gero, beste dana berdiñe da.

Una receta. Nécoras cocidas: Esta receta es muy fácil. Después de comprar vivas las nécoras y antes de que se mueran por el camino intertar cocerlas cuanto antes. Para seis nécoras, si son un poco decentes mejor, preparamos una cazuela alta llena de agua casi hasta arriba, con tres cuartos es suficiente, y le echamos seis puñados llenos de sal y si se quiere también se pueden echar unas bolitas de pimienta negra, medio vaso de vino blanco y un poco de perejil pero sin partir, la ponemos a fuego fuerte y a continuación echamos las nécoras al agua, al principio conviene que tapemos la cazuela porque saltan mucho y pueden mojar todo el entorno. A partir de que empiece a hervir el agua lo dejamos cociendo entre tres y cinco minutos aproximadamente, depende del tamaño que tengan, luego lo apartamos del fuego y otro par de minutos reposando, luego se sacan y listo. Algunos suelen preferir comerlas así calientes y otros templadas o frías, eso al gusto de cada uno. Una cosa muy importante, si por un casual se han muerto las nécoras, opuede que se hayan comprado así, éstas hay que echarlas al agua una vez que haya empiezado a hervir y el resto es el mismo proceso.

NEKIXEN. Ya sabía.

(Ver la definición de banekixen).

NENGUEN. Ya estaba, ya sospechaba algo.

(Ver la de finición de banenguen).

NEONEK, NEONI. Yo mismo, a mí mismo. **K.** Neoni etxat asko inportik exkax antzien bizitxeik baña hori bai, betik nere ingurukuek baño zertxobaitx hobeto izenda. Eta apostakonauke beste inguruko horrein batzuk ero geixenak ni bezelako pentzamentue daukiela. **T.** A mí mismo no me importaría vivir algo escasamente pero eso sí, siempre que sea un poco mejor que los que están en mi entorno. Y ya apostaría que algunos o la mayoría de los de ese entorno tienen el mismo pensamiento que yo.

NERE-ALDETIK. Por mi parte. **K.** Zueik erabaki inbikozue nora fan ta ze asmo daukotzuen gaurko egunerako, baña nerekiñ ez konta zeatik kanpora fan-bierra dauket, nere-aldetik inzeikie onduen etortejatzuena eta garaiz bukatzenbot inbierrekuaz, deitxukotzuet jakitxeko nun zarien, eta gero badauket laguntzie. **T.** Vosotros tendreís que decidir dónde quereís ir y las que intenciones teneís para el día de hoy, pero conmigo no conteís porque tengo que ir fuera, por mi parte podeís hacer lo que mejor os venga y si termino a tiempo con lo que tengo que hacer, os llamo para saber en que sitio estáis, y luego ya os puedo ayudar.

NERBIXUEK. Nervios. **K.** Naiz eta ondo preparauta eon eztakitx lortzie izengoten kotxein txartela ataratzie, lasaitzeko hartuitxut bi pastilla ta beste bi kafe baña halaere larreiko nerbixuaz nabill eta gero ikusbikou aber nola urtetzendauen asterketa, oñ eta momentuz bentzet eztauket konfiantza haundirik. **T.** A pesar de estar bien preparado no se si lograré sacar el carnet de conducir, me he tomado dos pastillas y otros dos cafés a ver si me tranquilizo un poco pero aún así estoy demasiado nervioso y luego habrá que ver que tal me sale el examen, ahora y al menos de momento no tengo una excesiva confianza.

NEREANA, NIREANA, NIANA. Donde mí. **K.** Gutxienez aber ibiltxezarien bista apurbatekiñ, gauza guztiek hareaka erueten haizare ta gertaukoda handikaldien geixei dauela ta gero berriz bueltau inbierra eukikozuela, zeatik eztozue errepartitzen pixkat ta batzuk bentzet ekarri ona, nereana?, hemen apenas dauket ezer. **T.** A ver si por lo menos andaís con un poco de vista, estáis llevando todas las cosas hacia allá y va a pasar que en aquel lado va a haber demasiado y luego vaís a tener que volver a traer, ¿porqué no lo repartís un poco y algunas por lo menos las traeís aquí, donde mí?, aquí apenas tengo nada.

NEREATIK, NIATIK. Por mí, gracias a mí. **K.** Ustedot ze ia onazkero zertxobaitx ikesitxe eongozariela ta hurrenguen eztozuela ingo gaur iñdozuena, mendira abiatzendanien jakiñien eonbida nora ta nundik fanbierra dauen ta hala aukera gutxi eukikozue galtzeko, eta ezkerrak alkartugarela zeatik ezpaldinbazan izen nereatik ondion hor nunbaitxen ibilikoziñien, ta txarrena jakiñ-barik nun. **T.** Creo que para ahora ya habreís aprendido algo y que la siguiente vez no hareís lo que habeís hecho hoy, cuándo se va al monte hay que saber a que sitio y por dónde hay que ir y así habrá pocas posibilidades de que os perdaís, y menos mal que nos hemos visto porque sino hubiera sido por mí todavía andaríais por ahí, y lo peor sin siquiera saber dónde.

NEREKIÑ, NIREKIÑ. Conmigo. **K.** Ikusten hainaz zerbaitx billatzen haizariela eta akaso baitxe zertxobaitx galduta be, ziur kanpotik etorritxekuek zariela eta eztakitzue nun dauen alde zarra, ezta hala?, ba ez keskatu, ni harutz noie, gurebozue etorri nerekiñ eta inguratzen hastegarenien esangotzuet nundik fan. **T.** Estoy viendo que estaís un poco perdidos y que andaís queriendo buscar algo, seguro que habreís venido de fuera y no sabeís en que sitio se encuentra la parte vieja, ¿no es así?, pues no os preocupeís, yo voy hacia allá, si quereís podeís venir conmigo y cuando nos vayamos acercando ya os diré por dónde teneis que ir.

NERETAKO, NIRETAKO. Para mí. **K.** Ni oñ derrigorrez aldameneko herrira fan-bierra daukek eta gauzabat, badaklitx eztala gertauko baña baezpare eztau sobre esatie ze errepartitzen hasten-bazare ez astutzeko gordetzie, zerbaitzuk bentzet, niretako. **T.** Yo a la fuerza tengo que ir ahora al pueblo de al lado y una cosa, ya sé que no va a ocurrir pero por si acaso no está de sobra el decir que si empezaís con el reparto no os olvideís de dejar, al menos algo, para mí.

NERETIK, NIRETIK. De lo mío. **K.** Mutil hori be nahiko lan iñdekue da ta nik ustedot zertxobaitx merezidauela, zuei ikusi besteik ez laister igertzejatzue eztozuela gureko emuteik ezertxoik zuenetik, eta askenien neretik bakarrik emun-bierra eukikotela. **T.** El chico ese también ha trabajado bastante y yo creo que ya se merece algo, a vosotros nada más veros enseguida se os nota que no teneís ninguna intención de dar nada de lo vuestro, y que al final solo se lo tendré que dar de lo mío.

NERETZAT, NIRETZAT. Para mí. **K.** Eh!, zueik zertan haizare, zeatik hartzendozue hor dauen dana?, esauzkue danontzako dala ta neretzat be itxibikozue zerbaitzuk ba, nik be iñdot zuen hainbesteko lan eta hartzie gurenauke tokatzejatena, orduen badakitzue, hasi errepartitzen baña ondo eta bierdan bezela. **T.** ¡Eh!, ¿que estáis haciendo, porqué cogeís todo lo que hay ahí?, nos han dicho que eso es para todos y también para mí tendreís que dejar algo pues, he trabajado tanto cómo vosotros y ya querría coger mi parte, entonces ya sabeís, empezar a repartir pero bien y cómo tiene que ser.

NERE USTEZ, NIRE USTEZ. A mi parecer. **K.** Horreik betik esan izendaue ondo ta bierdan moduen iñde dauela lan hori, baña halaere nik zalantza haundixe dauket horren buruz, beitu besteik eztutzat itxen alde guztietatik eta nere ustez, eztakitx zer, baña zerreozer okerra badauko. **T.** Esos siempre han solido decir que ese trabajo está bien hecho y cómo tiene que ser, pero aún así yo tengo grandes dudas sobre ese asunto, no hago más que mirarle por todos lados y a mi parecer, no sé el qué, pero hay algo que no está bien.

NERI, NIRI. A mí. **K.** Fan gurebozue billera hortara baña nik bentzet eztauket iñungo asmoik, zuendako baleike interesgarrixe izetie hitzaldi hori eta neri berriz etxat ezer inportik zer esan-bierra dauken asunto horren gora-berien buruz. **T.** Si quereís podeís ir a la reunión esa pero yo al menos no tengo ninguna intención, puede que para vosotros sea interesante la conferencia y a mí en cambio no me interesa en absoluto lo que vaya a decir sobre las incidencias que pueden surgir en relación a ese asunto.

NERIE, NEURIE, NIRIE. Mío. **K.** Ze haizara zurie eztana hartzen?, ba haldan axkarren itxi berriz hor zien toki bertan eta ez ikutu zeatik hori nerie da, gurebozu holako berdiñe ero antzerakue badakitzu ze inbierra daukotzun, dendara fan, diru zerbaitx gasta eta erosi. Bestiek be hori bera iñdekue gara. **T.** ¿Qué andas tú cogiendo lo que no es tuyo?, pues rápidamente vuelve a dejarlo en el mismo sitio donde estaba y no lo toques porque eso es mío, y si es que quieres uno igual o parecido ya sabes lo que tienes que hacer, ir a la tienda, gastar algo de dinero y comprarlo. También los demás eso es lo hemos hecho.

NESKA, NESKATXA. Chica, moza, jovencita. **K.** Argimirok bi seme-alaba dauko eta birkixek die, ta lengo egunien kontatzen ibilizan nola mutille oso txintxue ta jatorra dan, eta betik nota onak atarateitxuela eskolan, eta neska berriz nahiko aldrebesa, etxakola asko inportik eskolako kontuik ta beretzat berexixena dala kalie eta lagunak. **T.** Argimiro tiene dos hijos, chico y chica que son mellizos, el otro día contaba que el chico era muy formal, trabajador y que siempre sacaba unas notas muy buenas en la escuela, y la chica en cambio bastante revoltosa, que no le hace gran caso a los asuntos de la escuela y que para ella lo más importante era la calle y las amigas.

NESKAMEIE. Criada, sirvienta. **K.** Oñ eztot uste neskamerik eongodienik, izen horrekiñ bentzet, lengo bezela, baña akaso ondion baleike nunbaitxen zerreoezer antzerakue bai izetie, lenau eta jeneralki baserrixetan eotezien bertako lanak iñaz ta han bizi etxekobat izengobalitz moduen. **T.** Ahora no creo que haya criadas, al menos en el concepto que se tenía antaño, aunque todavía puede que algo parecido sí haya en algún sitio, antes generalmente éstas estaban en los caseríos haciendo los trabajos que correspondían y viviendo allá cómo si fuera una más de la familia.

NESKA-MOTXA. Muchacha adolescente. **K.** Garai hontan eztie gauzak lengo bezela, emakuman buruz bentzet, baleike mutillena berdintzu izetie baña neskan aldetik askoz geixau igertzenda. Lenau aurrena neskatillak izetezien, gero neska-motxak eta hurrengo neska biurtzezien, oñ berriz zuzenien pasatzendie neskatillatik neskara. **T.** En estos tiempos las cosas no son como antes, al menos en cuanto al género femenino, puede que en cuanto a los chicos sea parecido pero en las chicas se nota mucho más. Antes primero eran niñas, luego muchachas y más tarde ya se convertían en chicas, ahora en cambio pasan directamente de niñas a chicas.

NESKA-MUTILLAK. Grupo de chicos y chicas. **K.** Asunto hontan be gauzak sigero aldatudie eta nere ustez onerako, lenau neskak aldebatetik ibiltxezien eta mutillek bestaldetik, egunez bentzet, eta hala geixenbaten, eta oñ berriz betik alkarreaz ikusteitxozu. **T.** En este aspecto también han cambiado mucho las cosas y yo creo que para bien, antes las chicas andaban por un lado y los chicos por otro, al menos de día, y así la mayoría de las veces, y ahora en cambio siempre se les ve que andan juntos.

NESKATILLA. Cría, chiquilla. **K.** Ez, ezta pentzau be, zu ondion neskatilla zara eta eziñdozu fan zure ahispakiñ kontzierto ta ondorengo dantza hortara, hamazazpi urte eukitxeitxozunien orduen neskabat izengozara eta berba ingou, baña ez euki larreiko prixaik eta kontuen hartu ondion zortzi urte geratzejatzula. **T.** No, ni pensar, tú todavía eres una cría y no puedes ir con tu hermana a ese concierto y posterior baile, cuando cumplas diecisiete años entonces ya serás una chica y ya hablaremos, pero no tengas demasiasa prisa y ten en cuenta que todavía te quedan ocho años.

NESKA-ZALIE. Se dice del chico, muchacho u hombre demasiado aficionado a las chicas. **K.** Ikustekue da nolakue dan Fabiolo hau eta benetan ezanleike sigero neska-zalie dala, akaso baitxe larreikue be, bi hillebete hontan eta konta-ezkero oñ dabillenaz hiru ero lau neska-lagun eukitxu, ba hala jarraitzenbadau eztot uste honekiñ be denpora askoik ingoitxunik, oñ, intereskue izengozan jakitxie zeñek zeñi iztendauen. **T.** Hay que ver cómo es el Fabiolo éste y de verdad se puede decir que es muy aficionado a las chicas, quizá hasta también demasiado. en estos dos meses y si se cuenta con la que anda ahora ya ha tenido tres o cuatro amigas o novias, pues si continúa de la misma forma yo creo que con ésta tampoco va a estar demasiado tiempo, ahora que sería interesante el saber quién es el deja a quién.

NESKAZAR, NESKA-ZARRA. Tomando la palabra de forma literal es chica vieja y fig. quiere decir solterona. **K.** Neska-zarra hitz nahastu hau mutil-zarra bezelako berdiñe da baña kasu hontan emakumien buruz. **T.** Esta palabra compuesta es la misma definición que mutil-zarra pero en este caso referido a la mujer.

NEU, NI. Yo. **K.** Bai, noski baietz, neu izenaz gauza horreik ekarritxutenak, eta zer, zerbaitx gertatzenda, ero?, ba zuen gustokue ezpaldinbadie badakitzue ze inbierra daukotzuen, fan Iruñara zeatik beste iñun eztozue billatuko antzerakoik, gero eta beñ han, erosi ta ekarri. **T.** Si, claro que sí, yo he sido el que ha traído esas cosas, ¿y qué, es que pasa algo?, pues si es que no es de vuestro gusto ya sabeís lo que teneís que hacer, ir a Pamplona porque no vaís a encontrar en ningún sitio nada que se les parezca, luego y una vez allá comprarlo y lo traeís.

NEUK, NIK. Yo mismo. **K.** Ze esaten haizare, inditxozuela alegiñ guztiek ta eziñdozuela billatu zeñek iñ zuiek gurozuen lan hori?, ba ez keskatu geixau, ontxe bertan libre antzien nau ta materiala ekartzenboztazue neuk ingotzuet, eta gañera ustedot axkar xamar bukatukotela. **T.** ¿Qué es lo que estaís diciendo, que habeís intentado buscar por todos los medios y no habeís conseguido encontrar a nadie que os pueda hacer el trabajo que quereís?, pues no os preocupeís más, en este momento estoy un poco libre y si me traeís el material os lo haré yo mismo, y además creo que lo terminaré bastante pronto.

NEURTU. Medir. **K.** Lenau nahiko sastrek eotezien baña oñ ustedot apenas geratzendiela, hemen gu bizigaren tokixen bat hauen eta denpora gutxi dala erretirauda, itxidau bere denda eta oñ beste iñor eztau. Eta ustedot ze erostendien erropa guztiek, ero geixenak bentzet, iñdekuek izetendiela baña bere garaian ni, ta hala izengozein beste-batzuk be, nahiko sarri fatenitzen sastriana eta gogoratzenaz nola erozeiñ gauza itxeko zenbat bider fan eta neurtu inbierra eotezan. **T.** Antes solía haber bastantes sastres pero creo que ahora apenas quedan unos pocos, en el sitio donde vivimos había uno y hace poco que se ha jubilado, ha cerrado su tienda y ahora no hay nadie más. Y creo que toda, o al menos la mayoría, de la ropa que se compra está elaborada de antemano, pero en aquellos tiempos yo, y supongo que también los demás, solía ir bastante a menudo al sastre y recuerdo cuántas veces que había que volver y medir para hacer cualquier cosa.

NEURRIRA. Hacer algo a medida. Hacer las cosas con sobriedad. **K.** Ze ona izetendan ondo ta gustora jatie bazkal ero afai denporan, eta berdiñ honekiñ batera eratendan ardau ero beste zerbaitx etxurazkue izenda. Baña honekiñ batera beste gauzabat oso berezixe ta ondo zaiñdu inbierrekue dana, ze jan-eranok honeik neurrira itxenbada askoz hobie dala osasunentzako. **T.** Que bueno suele ser el comer o cenar bien y a gusto, y también si junto con esto el vino u otra cosa que se beba que es de buena calidad. Pero a la vez hay otra cosa que es muy importante, que hay que cuidar y es muy recomendable para la salud, y es que todo aquello que se coma o se beba se haga con medida y también cierta sobriedad.

NEURRIXE. Medida. **K.** Zalantzaik eztau ze gaur hanka okerraz jaikinazela, goixien ta urten aurretik andriek aiñdudau erosteko mantel barribat sukaldeko maixen jartzeko, ba eguerdixen hartu, ekarridot eta errieta ederrak entzun-bierrak eukitxut, jarridau mantel hori mai-gañien ta alde bixetatik motx geratzezan, bueno, hainbeste bez zeatik batetik bakarrik zan, eta zeatik?, ba etxuraz gaizki hartudotelako naurrixe. **T.** No hay ninguna duda de que hoy me he levantado con el pié izquierdo, a la mañana y antes de salir de casa la mujer me ha mandado que compre un mantel nuevo para poner en la mesa de la cocina, he cogido el mantel, lo he traído al mediodía y he tenido que escuchar una buena bronca, resulta que ha colocado el mantel encima de la mesa y quedaba corto por los dos lados, bueno, tampoco era tanto porque solo era de uno, ¿y porqué?, pues parece que he tomado mal las medidas.

NEURTZEN. Midiendo. **K.** Ba oñ gertatzenda andrie eztala fixatzen nerekiñ ta esatendau berak lagundukuztela maixe neurtzen, gañera esanaz aber oinguen ta bera aurrien eonda ondo urtetzendauen neurketa hori, eta noski, ni ixilik. **T.** Pues ahora resulta que la mujer dice que no se fía de mí y que ella me va a ayudar a medir la mesa, además añadiendo que ya que está ella espera que esta vez salga bien la medición, y claro, yo callado.

NEZEZIDADIE. Necesidad. **K.** Zenbat jentei aitzejakon estres haundixekiñ haidiela eta izugarrizko nezezidadie daukiela asteburue allegatzeko, ero beztela oporrak hartu hortik zier fateko lanakiñ astuaz, oñ baleike hala izetie baña gure garaian be lana itxezan eta asko gañera, gañera ezgiñen enteratzen ez hauenik eta ez sikera zer zan estres hori. **T.** A cuánta gente se le oye que está con mucho estrés y tiene una gran necesidad de que llegue el fín de semana, o sino las vacaciones para ir por ahí y olvidarse del trabajo, puede que ahora sea así pero en nuestros tiempos también se trabajaba y mucho además, además no nos enterábamos de si había y tampoco siquiera de lo que era el estrés ese.

NINTZEN, NITZEN, NINEÑ. Fuí yo, he sido yo. **T.** Eztakix nundik jakiñdozuen baña bai, ni nintzen fanitzena andra horrena, besuek mobitzen haizan ta nahiko larri zala iruitujaten, akaso baleike ez izetie haibesteraño baña baezpare sartu eta lagundu iñutzen urtetzen uretatik. **T.** No sé cómo os habéis enterado pero íi, he sido yo el que fué donde esa mujer, estaba moviendo los brazos y me pareció que estaba bastante apurada, quizá no fuese para tanto pero por si acaso me metí y la ayudé a salir del agua.

ÑIKIÑAKA. Palabra que se utiliza para decir que la persona está hablando sin parar y que se repite de manera continua, dando la pelmada. También se dice para expresar otra cosa pero no creo que sea necesario el explicarlo.

(Viendo la definición de jardun, jardunien es suficiente).

NOBEDADIE (K). Novedad, novedades. **K.** Egixe halda esaten haizaren hori?, ba ezaukoun ezerko arrastuik asunto horren buruz eta guretako sigero nobedadie izenda, eta oñ jakiñien garela haldan axkarren mobitxu-bierra daukou aber lortzendoun zerbaitzuk bentzet. **T.** ¿Es verdad eso que estaís diciendo?, pues no teníamos ni idea sobre ese asunto y para nosotros ha sido una auténtica novedad, y ahora que estamos al tanto del tema tendremos que movernos cuanto antes a ver si por lo menos podemos conseguir alguna cosa.

NOBIXIE, NOBIXUE. Novios. La primera palabra novia y la segunda novio. **K.** Da asko poztunaz enteraunazenien, halaere ta egixe esanda ordue zan zeaitxik Gilbertot eta Monikak akaso hamar urte eruetezitxuen alkarreaz, ustedot pasiatzen besteik ezala baña hori bai, eskutik ondo helduta, eta askenien be senide ta tarteko guztiei jakiñien jarridaue nobixuek diela. **T.** Pues me he alegrado mucho cuando me he enterado, aunque es verdad que ya era hora porque Gilberto y Mónica llevaban juntos por lo menos diez años, creo que solo paseando pero eso sí, bien agarrados de la mano, y por fín han puesto en conocimiento de toda la familia y allegados de que son novios.

NOIE, NOIEN. Voy, iba.

(Ver la definición de banoie, banoien).

NOIX, NOIZ. Cuándo. **K.** Zuk betik gauza berdiñek esateitxozu, laister, aguro, segitxuen baña sekula eztozu itxen esandakue, ba oñ bentzet jakitxie naidot noix daukotzun aukera ekartzeko zeatik derrigorrez ziurtazun pixkat bierrien nau, eta ezpada posible zurekiñ kontatzie ba beitukot beste nunbaitxen. **T.** Tú siempre dices lo mismo, pronto, rápido,

491

enseguida pero nunca cumples con lo que dices, pero ahora por lo menos quiero saber cuándo vas a tener la oportunidad de traérmelo porque necesito tener cierta seguridad, y si no es posible contar contigo pues ya miraré en algún otro sitio.

NOIXBAITXEN, NOIXBAITXIEN. Alguna vez. **K.** Nahiko sarri esautzut ta ondion be esaten hainaz eztiela hala inbier gauza horreik, landau bañolen aurrena derrigorrez atxurtu-bierra izetenda, gero satza bota eta ondoren ondo nahastu dana, akaso noixbaitxen, noski gogue badaukotzu, kasu inguztazu. **T.** Te he dicho muchas veves y todavía te lo sigo diciendo que así no se hacen esas cosas, antes de plantar primero necesariamente hay que cavar la tierra, luego echar el estiércol y a continuación mezclarlo todo bien, a lo mejor algúna vez, claro que si tienes ganas, ya me harás caso.

NOIX-HARTE, NOIZ-HARTE. Hasta cuándo. **K.** Noski jakiñien nauela alde inbierra daukotzula zure herrira fateko, hala esautazu bentzet, baña gutxigorabera jakitxie gurenauke noix-harte gelditzeko asmue daukotzun, badakitzu hemen zure bierra dauela zeatik laister mahatz bilketa hasi-bierrien gara. **T.** claro que ya sé que te tienes que ausentar para ir a tu pueblo, así al menos me lo has dicho, pero me gustaría saber hasta cuándo te vas a quedas, ya sabes que tenemos necesidad de que estés aquí porque pronto vamos a tener que empezar con la recogida de la uva.

NOIXIENBEÑ. De vez en cuando. **K.** Bai, esatendozu gaur nekorabat jaten ikusiduztazula baña ez pentza horreik egunero jateitxutela, hau bakarrik noixienbeñ izetenda eta ez larreiko karesti dielako, gertatzenda Getariraño fan-bierra izetendala bizirik erostie gurebada. **T.** Si, dices que hoy me hayas visto comiendo una nécora pero no pienses que lo hago todos los días, ésto solo suele ser de vez en cuando y no porque sean excesivamente caras, lo que pasa es que hay que ir hasta Getaria si es que quieres comprarlas vivas.

NOIXKO, NOIZKO. Para cuándo. **K.** Nola ia lau egun doien kanpuen deitxu iñdutzet telefonoz galdetzeko aber noixko dauken asmue allegatzeko eta batera esan gaur hasigarela mahatz bilketa, ba eztau gauza garbirik erantzun, bakarrik akaso bixer ta akaso etzi. Ba esandauen egun horreitan ezpaldinbada asaltzen beste langillebat hartu-bierrien izengogara. **T.** Cómo ya lleva cuatro días fuera le he llamado por teléfono para preguntarle para cuándo tiene la idea de llegar y a la vez decirle que hoy hemos empezado con la recogida de la uva, pues no me ha respondido nada claro, solo que quizá mañana o quizá pasado. Pues si es que no aparece en los días que ha dicho estaremos en la necesidad de contratar a algún otro trabajador.

NOIXTIK, NOIZTIK. Desde cuándo. **K.** Ze esaten haizara, geixo dauela Florentxi?, eta noixtik ba?, fandan astien berakiñ alkartunitzen azokan ta sasoi ederrakiñ ikustejakon, eta gañera oso umoretzu hauen, ezta izengo holako ezbierreko zerreozer, eh?, haibeste gauza entzutendie. **T.** ¿Que me dices, que Florencio está enfermo?, ¿y desde cuándo, pues?, la semana pasada me encontré con él en el mercado y parecía lleno de salud, y además estaba con un humor excelente, no será alguna enfermedad rara de esas, eh?, se oyen tantas cosas.

NOK. Quién. **K.** Aber, esan nok naidauen eruen sobre dazen ardau botilla pare honeik, zuek hirurok? ba hiru hartien ezta posible errepartitzeik bi botilla eta errifau inbikoitxozue, ero beztela beste gauzabat be inzeiketzue, fan korrikan kotxie dauen tokira, bueltau eta gero bi aurrenat eruen. **T.** A ver, decir quién quiere llevar estas dos botellas de vino que han sobrado, ¿vosotros tres?, pues no es posible repartir dos botellas entre tres y los tendréis que sortear, o sino podéis hacer otra cosa, ir corriendo hasta dónde está el coche, volver y luego los dos primeros se los llevan.

NOKA. Es una forma de tuteo en euskera, pero en éste caso a la hora de hablar con el género femenino.

(Ver la definición de hika, que es referido al masculino).

NOLA, NOLAN. Cómo. **K.** Ba mutillak, hasileikegu asmatzen nola fan Iruñara, eta ez bakarrik fan baizik baitxe nola allegau bazkal ordurako, danera hamaika lagun gara, momentu hontan bi kotxe besteik eztaukou eta autobusik be eztau arratzaldeko xeirakarte. **T.** Pues chicos, ya podemos empezar a pensar de qué forma vamos ir a Pamplona, y no solo ir sino también cómo llegar para la hora de comer, en total somos once, en este momento solo tenemos dos coches y tampoco hay ningún autobús hasta las seis de la tarde.

NOLABAITX. De cualquier manera, de alguna manera. **K.** Askenien lortudou fatie hamaika lagunok Iruñara eta gañera ez bakarrik bazkal ordurako, baitxe nahiko denporaz be txikito parebat hartzeko, eta hala izenda, beratzi lagun bi kotxetan eta beste bixok lagunbatek itxiduzkun motorrien. **T.** Pues al final ya hemos conseguido llegar los once a Pamplona y además no solo para la hora de comer, sino que también con tiempo suficiente de tomar un par de chiquitos, y ha sido así, nueve hemos ido en dos coches y los otros dos en la moto que nos ha prestado un amigo.

NOLABAITXEKUE. Se refiere a la persona a la que le da igual una cosa que otra. También a algo que puder ser de cualquier manera o forma. **K.** Bartolo hau be halakue da ba, nolabaitxekue, horreatik bai esanleikela eztala ezer itxekue bere borondatez eta beretako berdiñ dala erozeiñ gauza, betik konforme eotenda bestiek esan ero asmatzendauenaz, ixilik eta mantzo, ezta sekula asarratzen naiz eta batzuk nahiko sarri adarra joten ibili, berak eztutzo ezerri inportantzik emuten eta barre iñaz hartzeitxu gauza horreik. **T.** Este Bartolo también es así pues, por ese sí que se puede decir que no es capaz de hacer nada por su propia voluntad y que le es igual cualquier cosa, siempre está de acuerdo con lo que dicen o deciden los demás, callado y dócil, no se enfada nunca a pesar de que algunos le toman el pelo frecuentemente, él no le da importancia a nada y esas cosas las toma con una sonrisa.

NOLAEROHALA, NOLA ERO HALA. Cómo se pueda, de cualquier manera. **K.** Badakitx eta ondo gañera zeatik atzo ordu parebat eonitzen lan hori ikusten, eta bai, benetan iruitujaten nahiko zalla zala eta gañetik gertatzenda sekula inbakue dala, hori eta ez ezer antzerakue danik, baña nola ero hala iñ eta aurrera atara-bierra daukou, danon hartien alegiñdu eta enpeño jartzenbou ziur nau lortukoula. **T.** Ya sé y además bien porque ayer estuve un par de horas mirando ese trrabajo, y sí, de verdad que me pareció que era bastante difícil y encima resulta que no lo hemos hecho nunca, ese ni otro que sea parecido, pero de una forma u otra y cómo se pueda lo tenemos que hacer y sacar adelante, si entre todos ponemos empeño y nos esforzamos estoy seguro de que lo vamos a conseguir.

NOLA EZ, NOLA-EZ. Cómo no. **K.** Noski baietz, nola ez ba?, zuk eskatzendozuna neretzat ainketie bezela da eta eztau geixau esan-bierrik, bixer ekarrikotzut bierdozun hori eta kitxo, zu be maintxobat mezere iñdekue zara ta oñartien eztuztazu sekula ezertxoik eskatu. **T.** Claro que sí, ¿cómo no pues?, lo que tú me pidas para mí es lo mismo que una orden y no hay más que decir, mañana te traigo eso que necesitas y punto, también tú nos has hecho cantidad de favores y hasta ahora nunca me habías pedido nada.

NOLAKUE. Como qué, de qué tipo. **K.** Nahiko interesgarrixe emutendau dala zuk esatendozun gauza hori eta gañera ezta hainbesteko karestixe, baña halaere ta erosi aurretik jakitxie gurenauke nolakue dan, aber gutxigorabera ze tamaño dauken zeatik larreiko haundixe baldinbada etxat kabitxuko armaixo barruen. **T.** Parece bastante interesante la cosa esa que me estás diciendo y además tampoco es demasido cara, pero aún así y antes de comprarla me gustaría saber cómo es, a ver más o menos que tamaño tiene porque si es excesivamente grande no cabrá dentro del armario.

Aspaldiko esaerabat: Nolako egurra halako sua.

Un viejo proverbio vasco dice que así como sea la leña será llama. (De tal palo tal astilla).

NOLANAI, NOLA-NAI. Como quieras, lo que quieras. **K.** Beno, nola denda hortan ezakixien ze tamañokue zan beste leku-batera fanaz beitzera eta ustedot askenien erosi ingotela, egixe da haundi xamarra izen-ezkero askoz politxaue dala baña tokixe dauena da eta ezta posible erosteik tipo hortakoik. Ba ezkerrak hiru tamañukuek dazela ta nolanai hartzeko aukera dauketela. **T.** Bueno, cómo en esa tienda no sabían de que tamaño era he ido a verla a otro sitio y creo que al final la voy a comprar, la verdad es que la que es un poco grande es más bonita pero el sitio es el que es y no es posible comprar la que es de ese tipo. Pues menos mal a que hay de tres tamaños y tienes la oportunidad de escoger la que quieras.

NOLATA, NOLA BA. Cómo es que... ¿cómo es posible). **K.** Eziñdot ulertu, etxat buruen sartzen eta aber, ezareizu, badaukotzu arrastuik nolata gertaudan hori, atzo illuntzien ta bukatu ondoren dana segurantzaz geratuzan, ondo lotuta ta gaur goixien deitxuztazu esanaz aldamiñue lurrien dauela, nola izenleike hori posible?, ba apostakonauke naita iñde izendala zeatik ezta haixe arrastuik eon gabien. **T.** No lo puedo entender, no me entra en la cabeza y a ver, dime, ¿tiene, idea de cómo ha podido pasar eso?, ayer a tarde cuando terminamos quedó todo bien asegurado, atado y esta mañana me llamas diciendo que el andamio está en el suelo, ¿cómo puede haber sucedido?, pues ya apostaría que ha sido a propósito porque esta noche no ha habido nada de viento.

NONUE. Es una palabra que se utiliza con los críos para referirse a las vacas. **K.** Zerbaitx jartzeatik. Aber Sagrario, ezizu negarrik iñ eziñdozulako oñ kalera urten zeatik oso berandu da, ixe gaua, gañera ondion afaldu-bierra daukotzu gero laister ugera fateko lo itxera, baña bixer goixien bai, bixok alkarreaz fangogara nonuek ikustera, bale? **T.** A ver Sagrario, no llores porque no puedas salir ahora a la calle, ya es muy tarde, pronto se va a hacer de noche y todavía tienes que cenar para luego ir pronto a la cama a dormir, pero mañana por la mañana sí, vamos a ir los dos juntos a ver a las vacas, ¿vale?

NOR, NORK. Quién, quienes. **K.** Nik arrastuik be eztauket zeiñ izenleiken gureana etorridan mutil hori, zuk badakitzu zeñek ekarridauen?, neri etxat ezertxorik inportik hemeneoteik baña aurretik jakiñ inbikou nor dan ero nundik etorridan, ez? **T.** Yo no tengo ni idea de quién puede ser ese chico que ha venido donde nosotros, ¿tú ya sabes quién le ha traído?, a mi no me importa en absoluto que esté aquí pero primero tendremos que saber quién es o de dónde ha venido, ¿no?

NORA, NOA. Ha dónde, hacia dónde. **K.** Bai, nik be hala ustedot, gauza ona izengolitzela mendira fatie Aste Santu egun honeitan baña kustiñue da nora, eguneko mendi-buelta itxeko hemengo mendi guztiek esauketaitxu, eta akaso komenikozan urtetzie hortik zier bi ero hiru egunetarako, eta ibilixaz esautu beste toki batzuk. **T.** Si, yo también estoy de acuerdo de que sería una buena cosa hacer unas rutas de montaña en estos días de Semana Santa, pero la cuestión es dónde, si lo hacemos de un día todos conocemos perfectamente los montes de los alrededores, y a lo mejor nos conviene salir e ir por ahí durante dos o tres días, y caminando conocer otros sitios.

NORABAITX, NORABAITXERA. A cualquier sitio, sin importar dónde. **K.** Ba askenien danok ados gelditxugara kanpora urtetzeko hiru egunetan kanpiñeko dendakiñ, nora eztou erabaki baña pentza izendou ta nola Euskalherri ta Naparrako inguru guztiek mendixaz josixe dazen, ba erozeiñ tokira fan-ezkero ondo eongodala, horrutz ero harutz, norabaitxera. **T.** Pues al final todos hemos quedado de acuerdo en salir fuera para tres días con las tiendas de camping, lo que no hemos decidido es a dónde, pero hemos pensado que cómo en Euskalherría y Navarra no hay más que montes por todos lados, pues que iremos a lo que salga, para allá o para acá, a cualquier sitio.

493

NORABIDE, NORABIDIE. Caminos, dirección de las rutas, rumbo. **K.** Iruñara mobitzen hasigara eta birien pentza izendou aber zergaitxik ezgaren faten Pirineo aldera, aurrena geratu Iruñan, txikito parebat hartuaz bazkaldu eta illuntzien Jakara heldu gaua pasatzeko. Taldeko batek, Kaximirok, komestadau berak pixkat esauketandauela Pantikosa aldie eta oso politxe omendala, ta hortik aparte oso ondo markauta dazela mendi inguruko norabide guztiek. **T.** Hemos empezado cogiendo carretera a Pamplona y en el camino hemos pensado porque no ir hacia el Pirineo, primero hacer un alto en Pamplona, tomar un par de chiquitos, comer y a media tarde llegar a Jaca para pasar allá la noche. Uno del grupo, Casimiro, nos ha comentado que él conoce un poco la zona de Panticosa y que debe de ser muy bonito, y aparte de eso que están muy bien marcadas las direcciones de todas las rutas de los montes que hay en las cercanías.

NORAKO. Para dónde. **K.** Ederra dauko errekadista horrek, etxuraz Dosontiñ jasodau paketebat Zarautzen entregatzeko eta oñ ezta akordatzen esandako helbidie, gauza da kalebat besteik eztauela jartzen pakete hortan eta oñ hor dabill gixajo hori etxeik etxe galdetzen norako ero zeñendado dan ero izenleiken. **T.** Buena tiene ese recadista, parece ser que en San Sebastián ha recogido un paquete para que lo entregue en Zarautz y ahora no se acuerda de la dirección que le han dicho, la cosa es que en el paquete no debe de indicar nada más que una calle y ahora el pobre recadista anda de casa en casa preguntando para quién o para dónde es o puede ser.

NORA NOIE, NORA OIE. Dónde voy, dónde vas. **K.** Eztot uste hemendik bape ondo noienik eta arrastuik be eztaukek nundik nabillen eta ez sikera nun nauen, sigero galduta nau ta hau gutxi bazan auskalo nora noieñ bire hontatik, gañera hemen hainbeste arbola tartien mendixe be bistatik eskutauda. Ba ustedot onena izengoteta bueltau ta aber lortzie dauketen billatzie beste birebat. **T.** No creo que por aquí vaya nada bien y no tengo ni idea de por dónde ando ni siquiera en qué sitio estoy, estoy completamente perdido y si esto fuera poco tampoco sé a dónde voy por este camino, además aquí entre tanto árbol también he perdido de vista el monte. Pues creo que lo mejor será dar la vuelta y ver si consigo encontrar otro camino.

NORAÑO. Hasta dónde. **K.** Aber, eztot ondo entzun, noraño esandozue soieziela?, goraño?, ba ni zerbaitx beratxuau geratukonaz, askenengo aldie sigero aldapatzue da eta nik dauketen pixuekiñ akaso zerreozer emuteko arrixkue dauket igotenbot, ba hementxe bertan etxoingotzuet lasai jarritxe zuek bueltaurarte. **T.** A ver, no he oído bien, ¿hasta dónde habéis dicho que vaís a ir?, ¿hasta arriba?, pues yo me quedaré un poco más abajo, la última parte es de mucha pendiente y con el peso que tengo corro el riesgo de que me pueda dar algo si es que subo, pues aquí mismo os esperaré sentado tranquilamente hasta que volváis.

NORBAITX, NORBAITXEK. Alguien, algunos. **K.** Bale, ia nahikue da esandozunaz eta ez jarraitxu, siñisketautzuk ezarela zu izen hori iñdozuna baña zalantaik eztauket zuen tarteko norbaitx izendala, eta apostakonauke zuk badakitzula zeatik zuek bakarrik izenzare toki hortan, halaere badakitx ze naiz eta jakiñien eon estuztazula esango. **T.** Vale, ya es suficiente con lo has dicho y no continúes, ya te creo que no has sido tú el que ha hecho eso pero no tengo ninguna duda de que ha sido alguno del grupo, y ya apostaría a que tú lo sabes porque habéis sido solo vosotros los que habéis estado en ese sitio, aún así ya sé que aunque lo sepas no me lo vas a decir.

NORBERA. Uno mismo. **K.** Alperrik da horrenbeste jente hemen eotie lan hori itxeko, gañera hor erdi nahastuta eta bata-bestiei trabatzen, badakitx danok borondate ona ta haundikuek zariela baña ikuzizue gauzak dien bezela, eta laister konturatukozare nola norberak ta bakarrik askoz errexau ingodauen. **T.** Para hacer ese trabajo es inútil que estemos tanta gente aquí, además ahí medio mezclada y estorbándonos los unos a los otros, ya sé que todos teneís buena y gran voluntad pero mirar las cosas objetivamente, y enseguida os daréis cuenta de que uno mismo y solo lo hace mucho más fácil.

Aspaldiko esaerabat: Norbera bakotxantzat eta jangoikue danontzat.

Un antiguo proverbio en euskera dice que cada uno para sí y Dios para todos.

NORBERANA. El de uno mismo, con el propio. **K.** Ekarridozun kotxe barri hori benetan politxe dala eta ziur nau, zuk esatendozun bezela, ona ta oso axkarra izengodala eta gurebozu jarrikonaz zurekiñ buelta txikibat emueteko, baña eztust bape inbidixaik emuten, ni askoz hobeto nabill norberanaz, kotxie ondo dauen bitxertien bentzet. **T.** Ese coche nuevo que has traído de verdad que es bonito y estoy seguro, como tú dices, que será bueno y muy rápido y sí quieres ya me montaré contigo para dar una pequeña vuelta, pero no me da ninguna envidia, yo ando mucho mejor con el de uno mismo, al menos mientras el coche estè bien.

NOR-DA, NOR DA. Quién es. **K.** Eztakitx zeiñ izenleiken goixetan ta ixe egunero etxe aspiko tirriña jotendauena, askotan gertatzenda beste gauzabat itxen hainazela ero dutxan ta korrikan fan-bierra izetendot galdetzera aber nor-dan, han etxoitxen telefono eskuen dauela, akaso pilloxik, zai zabaltzeko eta eztau sekula iñon erantzunik, noixbaitxen eta aukera badauket pitxerra ur betiaz botakutzet buru gañera. **T.** No se quién puede ser la persona que a las mañanas de casi todos los días toca el timbre en la entrada del portal, muchas veces coincide que estoy haciendo cualquier cosa o en la ducha y tengo que ir corriendo a preguntar quién es, allá con el telefonillo en la mano, a veces desnudo, esperando a que me contesten y nunca nunca hay una respuesta de nadie, algun día si tengo oportunidad le voy a echar una jarra llena de agua encima de la cabeza.

NOR DA NOR. Quién es quién. **K.** Batzuetan alkartu izenaz kalien ero beste nunbaitxen Silveriokiñ ta bere bi alabatxo birkixaz, neskatllla honeik benetan alaiak eta atzegiñak die baña bere gauzatxue be badaukie, betik pres eotendiela adarra joten hasteko eta galdetu-ezkero aber nor dan nor, geixenbaten erantzun itxendaue izen berdiñakiñ eta gero aitxai galdetu-bierra izetenda, eta batzuetan zalantza pixkatekiñ be geratzenaz aber bera jakiñien dauen. **T.** Algunas veces ya he solido juntarme con Silverio y sus dos hijas gemelas en la calle o en algún otro sitio, y la verdad que las niñas son muy alegres y simpáticas pero también tienen su cosita, que siempre están dispuestas a tomarte el pelo si les preguntas quién es quién, la mayoría de las veces te contestan con el mismo nombre y entonces hay que preguntárselo al padre, aunque a veces ya me entra la duda de si él lo sabrá.

NOREK. Quién. **K.** Esandou gauza asko erosi inbierrak diela kanpiñera fan aurretik baña aurrena gauza ona izengozan zerrendabat itxie bierdoun gauzakiñ, badakitx ezgarela danakiñ gogoratuko baña geixenak bai eruengou bentzet eta geratzendienak han bertan erosikou, ba oñ zerrenda hori iñ ondoren bakarrik gauzabat, errifau aber norek ingoitxun errekau horreik. **T.** Ya henos dicho que tenemos que comprar muchas cosas antes de ir al camping pero sería buena cosa que hiciésemos una lista con las cosas que vamos a necesitar, ya sé que no nos vamos a acordar de todo pero al menos la mayoría si lo llevaremos y lo que quede las compraremos allá mismo, pues ahora y después de hacer la lista solo una cosa, sortear para ver quién va a ser el que haga los recados.

NOREIK. Quienes. **K.** Aber, askenien noreik die guredauenak etortzie asteburu hontan Iruñako Sanfermiñetara, eta haldan axkarren komenida jakitxie lo-gelak eskatzeko, eztot uste han bertan posible izengodanik baña akaso bai inguruko herrinbaten. **T.** A ver, al final quienes son los que quieren venir este fín de semana a Pamplona para los Sanfermines, y conviene que lo sepamos cuánto antes a fín de reservar habitaciones para pasar la noche, no creo que allá mismo haya posibilidades pero quizá sí en algún pueblo de los alrededores.

NOREKIÑ. Con quién. **K.** Beno, garbi geratuda zeñek eztauen nai eta zeñeik goiezen Iruñara, askenien zortzi lagun gara eta lo itxeko lau gela bikote bierkoitxu, bakarrik geratzejaku erabakitzie, akaso errifau hobeto, aber bakotxa norekiñ fangodan gelara. **T.** Bueno, ha quedado claro quienes son los que no quieren ir y los que sí vamos a Pamplona, al final vamos a ser ocho y para dormir necesitaremos cuatro habitaciones dobles, ahora solo nos queda dilucidar, quizá mejor sortear, a ver con quién irá cada uno de nosotros a la habitación.

NORENA. De quién es o puede ser esto.. **K.** Ze gauzak gertatzendien, gu garen ostalak xei gela besteik estauko, betie dau eta kustiñue da ostal ate aurrien asaldudala karterabat diru dexentekiñ, diruik aparte eztauko ez txartelik ta ez beste holakoik balixodauenik jakitxeko norena dan, gurie ezta ta beste bi gelan dazen jentiena bez, eta orduen, zeiñ izenleike hau galdudauen pertzona? **T.** Que cosas pasan, el hostal donde estamos nosotros no tiene más que seis habitaciones, está lleno y la cuestión en que delante de la puerta de entrada del hostal ha aparecido una cartera con bastante dinero, aparte del dinero no hay ningún carnet ni ninguna otra cosa que sirva para identificar al dueño de la cartera, nuestra no es y tampoco de la gente que ocupa las otras dos habitaciones, y entonces, ¿quien puede ser la persona que la ha perdido?

NORENDAKO, NORENTZAT. Para quién o para quienes. **K.** Naiko larri dabill kamioiko txofer hori eziñ billauka ze tokitarako dien dakarren gauzak, gureana be etorrida galdezka aber dakigun gutxigorabera norendako izenleiken ekartzendauen material horreik, gertatzenda ze paperan jartzendauen norabidie eztala eruen-bierreko tokixe eta oñ dau eztakixela zer iñ. **T.** El chófer de ese camión anda muy apurado no pudiendo encontrar el sitio donde debe entregar las cosas que trae, también ha venido dónde nosotros a preguntar si más o menos podríamos saber para quién puede ser el material que lleva, según parece la dirección que pone en el papel no corresponde al sitio de la entrega y ahora está que no sabe que hacer.

NOR-GEIO, NOR GEIXAU. Quién es más. **K.** Beiñ eta bikote hori, Eskolapio eta Inozentzio, eranda eotendienien eta muturre larreiko berotuta, betik hastendie gauza berdiñakiñ, aber zeiñ hobie dan, gañera berdiñ dutzo gauza batera ero bestera izen, erozeñetara, korrikan, igeri, musien eta abar, eurondako kustiñue nor-geixau dan jakitxie. **T.** Una vez que la pareja esa, Escolapio e Inocencio, están bebidos y el morro demasiado caliente, siempre empiezan con lo mismo, a ver quién es mejor, además es igual que sera una cosa u otra, a cualquiera, a correr, nadar, al mus, etc…, para ellos la cuestión simplemente es saber quien es más que el otro.

NORMALA. Normal. **K.** Arrastuik be eztauket zeñena izendan kintxo afai honen menua aukeratzie, eta jakitxeik be eztot gure zetaik beztela gauza potolo zerbaitzuk entzun-bierrak eukikoitxu, nola eskatuleike xuxi hori aurren platerako eta arkumie melokotoi saltzakiñ bigarrenerako?, nere ustez zerreozer errarue badauko buru aldien eta ezkerrak zerbaitx normala bentzet badala afaixe bukatzeko, gaztaie menbrillokiñ. **T.** No tengo ni idea de quién ha podido ser la idea de elegir este menú para la cena de quintos, y tampoco quiero saber porque sino tendría que escuchar unas cuantas cosas bien gordas, ¿cómo se pude pedir de primer plato el xuxi ese y cordero con salsa de melocotón de segundo?, yo creo que el que ha tenido esa ocurrencia tiene alguna cosa rara en la cabeza y gracias que para terminar la cena al menos hay una cosa normal, queso con membrillo.

NORMALDU. Volver a la normalidad, a la rutina. **K.** Naiz da mutil hari ondion askotxo geratzejakon, momentuz eta sikera zertxobaitx bentzet normalduda, egixe esanda horrena ia larreikue zan, ez estudixau, ez lanik, egun guztie etxetik kanpo eta iñok jakin-barik nundik nora dabillen. **T.** Aunque al chico aquel todavía le queda bastante, parece que al menos de momento y siquiera poco a poco está volviendo a la normalidad, la verdad es que lo de ese ya era demasiado, no estudiaba ni trabajaba, todo el día por ahí fuera sin que nadie sepa por dónde andaba. Ahora por lo menos parece que ha empezado a buscar trabajo y da la impresión que está bastante formal.

NORMALKI. Normalmente. **K.** Kanpiñien egun batzuk pasatzeko erreserba eskatzendanien, normalki betik aurreratzenda diru pixkat fiantza bezela, gañera hori gauza ona da zeatik hala aukera geixau daukotzu elejitzeko zuri gustatzejatzun tokibat. **T.** Cuando se pide una reserva en un camping para pasar unos cuantos días, normalmente siempre se adelanta algo de dinero que sirve cómo fianza, además eso es una cosa buena poque así tienes más oportunidades de elegir un sitio que te pueda gustar.

NORTASUNA. Personalidad, identidad. **K.** Ikastolara datorren maixo berri horrenik eztakou ezerko notizik eta noski ezer jakiñ bez, beno, izena bentzet bai baña ez besteik, ez nungue dan, nundik datorren, eonotedan beste ikastolanbaten, eta bere nortasun buruz be ezertxoik ez. **T.** No tenemos ninguna noticia y claro, tampoco sabemos absolutamente nada sobre ese nuevo profesor que viene a la ikastola, bueno, el nombre al menos sí pero nada más, ni de dónde es, de dónde viene, si ha estado en alguna otra ikastola y tampoco sobre su personalidad.

NORTZUK. Quienes.

(Ver la definición de noreik).

NORUTZ. Donde, hacia dónde.

(Ver la definición de nora, noa).

NOSKI. Así es, efectivamente, claro que sí. **K.** Bai jauna, noski baietz eta konta nerekiñ egun-pasa fateko Bilbora, sekulako asmakizun ona eukidozue eta gañera fan da etorrixe trenien, lasai ibiltzeko bezela, pintxo parebat jan, Gugenjein hortako erakusketa ikusi, txikito parebat hartu ta gero etxuran bazkaldu, atzaldien pelota partidura eta ondoren etxera bueltau. **K.** Si señor, claro que sí y podeís contar conmigo para ir a Bilbao a pasar el día, habéis tenido una idea estupenda y además haciendo el viaje en tren para poder andar tranquilos, comer unos pinchos, ver la exposición del Gugengein ese, tomar un par chiquitos y después comer adecuadamente, a la tarde ir al partido de pelota y cuado finalice de vuelta a casa.

NOZNAI. A menudo. Cuándo se quiera. **K.** Egixe esanda ezta noznai iñdoten lanbat baña batzuetan iñ izendot, ez hau bera baña bai sigero berdintzue eta gurebozue lagundukotzuek hori itxen, gauzabat, eztot ezer gure ordez, beno akaso bai, bukatu ondoren afaixe danontzako. **T.** La verdad sea dicha no es que haya hecho a menudo ese trabajo pero algunas veces sí que lo he hecho, no eso mismo pero sí algo muy parecido y si quereís ya os ayudaré a hacerlo, una cosa, a cambio no quiero nada, bueno quizá sí, después de que terminemos una cena para todos.

NUMERUE (K). Número (s).

(Ver la definición de zenbkixe).

NUN. Dónde. **K.** Kasualitatez eztozue jakingo nun dauen ero ze lekutan eonleikien Kornelio, ez?, atzo esauzten baserrixen eongozala arratzalde guztien eta gauza da bere billa etorrinazela eta eztala iñun asaltzen, barruen eztau zeatik atie itxita dauko ta eztauko etxuraik inguruen danik eta ez dabillenik. Kanpora fan-bierra daukela esautzuela?, ba hak be abixauleikien alde iñ aurretik. **T.** ¿Por casualidad no sabreís dónde está o en qué sitio puede estar Cornelio, no?, ayer me dijo que iba a estar toda la tarde en el caserío y la cosa es que he venido a buscarle y no aparece por ningún lado, dentro no está porque tiene la puerta cerrada y tampoco parece que esté o ande por los alrededores. ¿Qué os ha dicho que tenía que ir fuera?, pues ese también ya podía aber avisado antes de marchar.

Aspaldiko esaerabat: Ez esan sekula zenbat diru duzun eta ez nun gordetendozun.

Un viejo proverbio vasco dice que no digas nunca cuánto dinero tienes ni dónde lo escondes.

NUNAI. Dónde se quiera. **K.** Horixe bai dala gauzabat etxatena bape inportik, nora fan, nik gurekonaukena izengozan norabaitxera urtetzie, giro honekiñ penagarrixe da etxe inguruen geratzie eta neretaik bentzet nunai, zuek asmatzendozuen erozeiñ tokira ondo eongoda. **T.** Eso sí que es una cosa que no me importa en absoluto, dónde ir, lo que yo querría sería salir a algún sitio, con este tiempo es una pena quedarse aquí cerca de casa y por mí al menos dónde se quiera, a cualquier sitio que vosotros penseís estará bien.

NUNBAITX, NUNBAITXEN. En algún sitio. **K.** Hau da marka, eztakitx nun dauketen burue eta geruau ta gauza geixau astutzejat, hau bezela, eztixen galdu badakitx atzo itxinauela ondo gordeta ta oñ enaz gogoratzen nun izenzan, ziur nau inguru hontako nunbaitxen dala, baña arrastuik be eztauket nun, halaere eziñda urriñ izen. **T.** Esto es de traca, no sé dónde tengo la cabeza y cada vez se me olvidan más las cosas, cómo ésta, para que no se perdiese ayer lo dejé bien guardado y ahora no me acuerdo en que lugar, estoy seguro de que está en algún sitio de por aquí pero la cuestión es que no sé, aunque tampoco puede estar lejos.

NUNDIK. De dónde, de qué sitio. **K.** Nirie ezta ta alperrik ingozue galdetziaz zeatik arrastuik be eztauket nundik asaldudan txapel hori, gañera ustedot oso nabarmen dauela eziñdala nerie izen zeatik horren jabie nerie baño bi bider tamañuko burue dauko. Eta hemen inguruen pasiatzen haidan jentien buruek beitu-ezkero ezta zalla izengo jakitxie zeñena izenleiken. **T.** Mía no es y es inútil que me pregunteís porque yo no tengo ni idea de dónde ha podido aparecer esa boina, además creo que está muy claro que no puede ser mía, la cabeza del dueño de la boina tiene el doble de tamaño que la que tengo yo. Y si miramos las cabezas de la gente que está paseando por los alrededores no será difícil saber de quién se trata.

Aspaldiko esaerabat: Etxeko andrie nundik, beste guztiok handik.

Un viejo preverbio vasco dice que por donde vaya la mujer de casa allá van todos los demás.

NUNDIK-NORA. De dónde a dónde o porqué sitio. **K.** Aber Serapio, jakinleike nundik-nora zabitzen?, aspalditxik hemen die zure zai atzo geratuzitzen pertzona batzuk, zerbaitx ekartzendaue zuretako eta esandaue ezpazara laister asaltzen alde iñ eta etorrikodiela beste egunbaten. **T.** A ver Serapio, ¿se puede saber porqué sitio andas?, aquí te están esperando unas personas con las que te quedaste ayer, traen algo para tí y han dicho que si no apareces pronto se van a marchar y que ya vendrán otro día.

NUNGUE. De qué sitio. **K.** Auskalo nunguek dien sagar honeik, nik bentzet sekula estitxuk iñun ikusi holako tamañukoik, meloi txikiñen antza daukie eta haretxeik diela emutendaue, ba gustora ikusikonauen nolakuek dien arbolak zeatik hareik be tamañu honekuek izenbikodie sagar horreik emuteko. **T.** Cualquiera sabe de qué sitio podrán ser estas manzanas, yo al menos jamás he visto ninguna que sean de ese tamaño, tienen el aspecto de un melón pequeño y eso mismo es lo que parece que son, pues ya me gustaría ver cómo son los árboles porque aquellos también tendrán que tener buen tamaño para que puedan producir esas manzanas.

ÑAÑAN. Palabra que se les dice a las criaturas para que coman o empiecen a comer.

(Ver la definición de nanan).

O

ONDO INDEIGULA JANAK ETA EZ GAIZKI ERANAK.

QUE NOS HAGA BIEN LO QUE COMAMOS Y NO NOS PERJUDIQUE LO QUE BEBAMOS.

OBATU. Agarrar, coger, sujetar. **K.** Be aldetik fan-ezkero Igeldoko birie ezta larreiko gogorra, baña halaere bai dau tokibat zertxobaitx arriskutzue dana, eta da harri-tarteko jetxiera txikibat, kablebat dau eta horri ondo obatu inbierra izetenda bera allegatzeko, beste guztie zertxobaitx neketzue baña gora-berak besteik ez. **T.** La ruta para ir a Igeldo por el camino de abajo no es que sea demasiado dura pero si hay un sitio que es un poco peligroso, y es una pequeña bajada entre rocas, hay un cable y hay que ir bien agarrado a él para llegar abajo, todo el resto un poco fatigoso pero nada más que subidas y bajadas.

OBEDEZIRU. Obedecer. **K.** Hauxe da gauzabat sekula eztauena itxen mutiko honek, obedeziru, esatenbotzazu ez itxeko gauzabat, orduen ta axkarrau ingodau eta beste aldera, zerreozer itxeko esan, esan-baterako etortzeko etxera ero beste holako zerbaitx, eztau bape kasuik ingo. **T.** Esto sí que es una cosa que que no hace nunca el crío ese, obedecer, si le dices que no haga algo entonces es cuando más rápido lo hará y al contrario, si se le dice que haga algo, por ejemplo que venga a casa o alguna otra cosa parecida, no hará caso alguno.

OBEDIENTIE. Obediente. **K.** Bere arreba berriz sigero bestaldera da, sigero obedientie, erozeiñ gauza esan ero aiñdu-ezkero betik dau pres haldan axkarren itxeko, eta ezta bape errexa ulertzie zeatik izenleiken bixen hartien dauen alde hau, gañera kontuen hartuta birkixek diela. **T.** Su hermana en cambio es completamente al contrario, muy obediente, si se le dice o manda cualquier cosa siempre está dispuesta a hacerla cuanto antes, y lo que no es fácil de entender es porqué puede ser esa diferencia que hay entre ambos, además teniendo en cuenta que son gemelos.

OBENDU. Ofender, injuriar, disgustar.

(Ver la definición de iraindu).

OBLIGAU. Obligar. **K.** Ezpadau nai eziozue obligau umiei derrigorrez jaten zeatik beztela akaso botaka ingodau, porruek die gauza batzuk sekula estitxuena probau eta ikusi besteik eztau ze arpegi jarridauen agora sartu besteik ez, sigero naskakue. **T.** Si no quiere no obligueís a la criatura a que coma a la fuerza porque sino puede que empiece a vomitar, los puerros son una cosa que no ha probado nunca y solo hay que ver la cara que ha puesto nada más que lo ha metido en la boca, de completo asco.

OBLIGAZIÑUE. Obligación. **K.** Nik eztutzut esango, gañera enaz iñor, itxekoik lan hori zuk ezpozu nai izeten, baña bentzet eukizu kontuen oso garbi dauen gauzabat, itxendozun hori mezere haundixe izengodala, ez zuretako bakarrik baizik danontzako, eta alde hortatik beitu-ezkero ikusikozu nola ixe dan zure obligaziñue. **T.** Yo no te voy a decir, además tampoco soy quién, que hagas ese trabajo si es que no quieres, pero por lo menos ten en cuenta una cosa que está muy clara, que eso que hagas va a redundar en beneficio no solo para tí sino para todos, y que si lo miras por ese lado ya te darás cuenta de que casi es tu obligación.

ODOLA. Sangre. **K.** Lengo egunien kontauztien gauzabat barre itxeko bezelakue, ta zan mutilbat fan omenzala anbulatoriora odola ataratzera analisa itxeko, eta gañera baitxe abixau be mariau itxezala odola ikusi besteik ez, ba gauza da enfermerak esan ondoren hori eztala ezer, odola atara eta jaiki besteik ez, sigero mariauta lurrera jausi ta besue puskatu. **T.** El otro día me contaron una cosa que era cómo para reir, y era que un chico debió de ir al ambulatorio a que le sacaran sangre para hacer algún análisis, y además que también advirtió de que solo ver la sangre se mareaba, la cosa es que la enfermera le dijo que eso no era nada, extrajo la sangre y nada más levantarse, completamente mareado cayó al suelo y se rompió el brazo.

ODOL-BAKUE. Literal sin sangre. Y fig. se dice de la persona sin fuste y sin iniciativa. **K.** Damiani sigero alperrik dozue galdetzie zer gauzak iruitzejakon egokixek dienak zapatuen eongodan afairako, odol-bako pertzona da eta akaso galdetu-ezkero bere erantzuna izengozan berdiñ dala erozeiñ gauza ta eskatzeko guredana, oñ ze atrebitzenbazan gauzabat bai eskatukolauke, ugeri izendeixela. **T.** Cara a encargar para la cena que se hará el sábado es inútil que le pregunteís a Damián que cosas le parece que sean las más adecuadas, es una persona sin apenas fuste y si acaso se le preguntase contestaría que a él le es igual cualquier cosa y que se pida lo que se quiera, ahora que si se atreviese una cosa si pediría, que fuese abundante.

ODOL-BATUE. Coágulo de sangre. **K.** Zuk ezer eztala esatendozu baña zartara ederra da hartudozun hori, eta gañera tamañuko odol-batue asaltzen hasijatzu bernan, ba nik ustedot ta baezpare komenigarrixe izengozala anbulatoixotik pasatzie, baña hori zuk ikusi-bierra daukotzu. **T.** Tú dices que eso no es nada pero has cogido un golpe muy grande, y además se te está formando un coágulo de sangre considerable en la pierna, yo creo que por si acaso sería bueno el pasarse por el ambulatorio, pero eso es una cosa que tú tienes que ver.

ODOL-BERUE. De sangre caliente. Fig. se dice de la persona que se enfada con facilidad y se vuelve violenta. **K.** Nere ustez ezta asko komeni diskuzio haundirik eukitxeik gizon horrekiñ, baña halaere horrek eztau nai esateik konforme eon inbierrik dauenik itxendauen danakiñ, oñ, zerbaitx esan-bierra eotenbada alegiñdu bentzet lasai antzien esaten, pertzona horrek larreiko odol-berue dauko ta axkar asarreketanda erozeiñ gauzatik. **T.** Yo creo que no conviene discutir demasiado con ese hombre, pero aún así eso tampoco quiere decir que hay que estar de acuerdo con todo lo que hace, ahora, si es que hay que decirle algo es mucho mejor esforzarse en hacerlo con calma, esa persona tiene la sangre demasiado caliente y se enfada por cualquier cosa.

ODOLKIXE, ODOLOSTIE. Morcilla de cerdo. **K.** Hemen Euskalherrixen normalki bi tipoko odoloste jateko oitura izetenda, bata iñdakue txarrixen odolakiñ, berdura, bere koipie eta horrekiñ batera botatzejako piper autza ta akaso beste holako zerbaitx, oregano bezela, eta beste tipokue izetenda hau dana daukena ta gañetik arroza. Bestebat be badau hor Goierri aldien mondeju esateutziena eta horrek odolan ordez arrautzak eruetendau. **T.** Aquí en Euskalherría normalmente se consumen dos tipos de morcilla, una es la que se elabora con sangre de cerdo, verdura y su propia grasa y a la que también se añade pimienta en polvo y acaso alguna otra cosa similar, cómo orégano por ejemplo, y el otro tipo es el que tiene todas éstas cosas y además arroz. También hay otro por la zona del Goierri al que llaman mondeju y éste en lugar de la sangre lleva huevos.

Aspaldiko esaerabat: Apaiza eta odolostie itxen bezelakuek die.

Un viejo proverbio vasco dice que el cura y la morcilla son tal cómo se hacen.

ODOLTZU. Sangriento, sanguinolento. **K.** Noski ze haragixen buruz jakiñien nauela esatendauen hori, gutxi iñde eon-bierra daukela ona izeteko baña nik bentzet askoz naio dot pixkat geixau iñdekue odoltzue baño, honekiñ eztot gure esatie zerbaitx ero larreiko erre, bakarrik daixolan dauken odol hori desagertu harte. **T.** Claro que estoy al tanto de eso que dicen sobre la carne que estando poco hecha es mejor, pero yo al menos la prefiero que esté un poco más que en lugar de sangrienta, con ésto tampoco quiero decir que esté algo o demasiado quemada, simplemente hasta que desaparezca la sangre.

OGERA, OIRA. A la cama. **K.** Ume horrek ogera fateko ordue dau, badakitx oso gustora dabillela jolasten beste ume tartien baña ezpada oñ faten bixer goixien ezta eongo esnatzeik, eta beñ lortzendanien eztau aguantatzeik eukitxendauen loerriaz. **T.** Para ese crío ya es hora de ir a la cama, ya sé que anda muy a gusto jugando con los demás críos pero si es que no va ahora mañana por la mañana no habrá quien le pueda despertar, y una vez que se consiga no se le puede aguantar del sueño que suele tener.

OGERATU. Ir a la cama, hora de ir a la cama. **K.** Beno, negarrez fanda baña askenien lortudot umie ogera eruetie, eta oñ zuei tokatejatzue ogeratu itxie zuenak, nahiko barre iñdozue ikusitxe zenbat lan inditxuten eziñ eruenaz baña oñ nik ingoitxut zuen kontura. **T.** Bueno, ha ido llorando pero al final ya he conseguido llevar el crío a la cama, y ahora os toca a vosotros llevar a los vuestros, ya os habeís reído bastante viendo los trabajos que he tenido que hacer no pudiendo convencerle pero ahora yo me reiré a vuestra cuenta.

OGIAZALA, OGI-AZALA. La corteza del pan. **K.** Ze gauza xelebrie, nik sekula eztot jakiñ izen zergaitxik jente askok kentzeutzien mamiñe ogixei eta bakarrik geratzendien ogiazalaz, akaso baleike entzunde ero pentzatie hala eztala gizentzen baña hori erru haundixe da zeatik mamiñek askoz umeltazun geixau dauko. **T.** Que cosa más curiosa, nunca he sabido el porqué mucha gente le quita la miga al pan y se quedan solo con la corteza, quizá sea porque hayan oído o piensen que así evitan engordar, pero eso es un error poque la miga contiene mucha más humedad.

OGI-PUZKETA. Pedazo de pan. **K.** Ze gauza izetendien umiek txikiñek dienien, segurazki danai gustaukojatie gozokixek baña nik ustedot askoz naio izetendauela ogi zatibat, akaso eztaue ondion eukiko bierdan moduko hagiñik baña oso ondo mancjatzendie ogi puzketa horreik jateko. **T.** Que cosa suelen ser los críos cuando son pequeños, seguro que a todos les gustan los caramelos pero yo creo que por mucho suelen preferir un pedazo de pan, a lo mejor todavía no tienen muchos dientes pero se arreglan muy bien para comer el cacho de pan ese.

OGIPUZKETA. Fig. se dice de la persona buenaza.

(Ver la definición de bereinkatubat).

OGI-TARTEKUE. El bocadillo. **K.** Benga mutillak, ixe hamar-terdirak die, hemen keixpe ona ikustenda eta sigero toki ona gelditzeko, bire erdi inguru iñde daukou eta ordue da hamarretakue itxeko, atara ogi-tarteko horreik, jarri patxaran eta jaten hasikogara. **T.** Venga chicos, casi son las diez y media, aquí tenemos una buena sombra y es un sitio estupendo para pararnos, hemos hecho ya aproximadamente la mitad del camino y es hora de hacer un tentenpié, sacar esos bocadillos, sentaros y vamos a empezar a comer.

OGITXEN, OGITAN. Ir a comprar pan. **K.** Alde inbierra dauket, amak deitxudust esanaz axkar asaltzeko etxien ogitxen fan-bierra dauketela ta, laister etorrikodiela gizonak lanetik eta hamarretakuek prestatzeko ordue dala. **T.** Tengo que marchar, me ha llamado la madre diciendo que vaya cuánto antes a casa porque tengo que ir a comprar el pan, que pronto van a llegar los hombres del trabajo y es hora de empezar a preparar los bocadillos.

OGIXE. Pan. **K.** Ze alde dauen ogi batetik bestera, batzukiñ arritxute geldiketazara ze merke, zerbaitx esateatik, izetendien baña gero halakotxiek urtetzendaue, etxera eruen ta handik hiru ordura, berotazun pixkat baldinbadau, segitxuen txiklie bezelako bigunak geratzendie, beste-batzuk berriz, naiz da prezioz zerbaitx karestixauek izen askoz hobiek die, eta gauzabat asken honein buruz, nik zalantza haundixe dauket aber egixe dan su-egurraz iñdekuek izengodien erosteitxuten tipoko horreik. **T.** Vaya diferencia que suele haber entre un pan y otro, con algunos te quedas asombrado de lo baratos, por decir algo, que son pero luego así suelen salir, lo llevas casa y de allá a tres horas, si hace un poco de calor, enseguida están tan blandos cómo el chicle, otros en cambio aunque de precio algo más caro son mucho mejores, y sobre estos últimos una cosa, yo tengo grandes dudas de a ver si es verdad que estén elaborados con fuego de leña los del tipo que compro yo.

Aspaldiko esaerabat: Ogi gogorrai, hagiñ zorrotza.

Un viejo proverbio vasco dice que al pan duro buenos dientes. (Al mal día, buena cara).

OHARRA. Aviso. **K.** Egunero eotendie oharrak ze egueldi inbidauen buruz eta nahiko sarri gañera, egixe esanda geixenbaten esatendan bezela itxendau baña beste-batzuetan arrastuik be eztau aitzendanaz. Lenau entzutezan nola gezurrek be esatezitxuen jentie oporretan bieltzeko aldebatera ero bestera, noski, batzun-batzui komenijakon tokira. **T.** Todos lo días y además muy a menudo hay avisos sobre el tiempo que va a hacer, la verdad sea dicha la mayoría de las veces se cumple la predicción pero otra veces ni por asomo hace que se escucha. Antes se oía que cómo también se mentía sobre este tema para que en las vacaciones hacer que la gente se dirija a un lado u otro, claro está que al sitio dónde a algunos les convenía.

OHARTU. Poner sobre aviso, advertir, enterar. **K.** Batzun-batzuk datorren domekan geratugara Igeldora fateko beko biretik, itxaso alde hondotik, gauza da jakiñien jarrinauela lur-jausi nahiko dexentie eondala, bire hori hartu ta eztauela pasatzeik, oñ ohartu bierrien eongonaz fateko asmue hauken jente guztiei, baña gauza da eztakitxela nola zeatik apenas dauket iñon telefonoik. **T.** El próximo domingo algunos hemos quedado para ir a Igeldo por el camino de abajo, junto al mar, la cosa es que me han informado de que ha habido un corrimiento de tierras bastante considerable que ha afectado a ese camino y no se puede pasar, ahora tendré que poner sobre aviso a la gente que tenía la intención de ir, pero la cosa es que no sé cómo porque apenas tengo el teléfono de ninguno.

OHIALA. Tela, paño. **K.** Gauza ona izetenda eruetie ohial parebat kotxien zeatik honeik erozeiñ gauzatarako balixoleike, kotxe barruko autzak kentzeko, kristalak barrutik garbitxu eta lurruna kentzeko, eskuek izerditxute dazenien sikatu eta abar, baña gauzabat, kristalko lanak itxeko ohiala garbixe bier izetenda zeatik beztela len-baño sikiñau geratukodie eta orduen bai benetan kostakodala garbitzie. **T.** Suele ser una cosa muy buena llevar en el coche un par de paños porque éstos pueden servir para cualquier cosa, para quitar el polvo del interior, para limpiar los cristales por dentro y quitar el vaho, cuando están sudadas para secarse las manos, etc…, ahora que una cosa, para hacer el trabajo de los cristales es necesario que el paño esté limpio porque sino quedarán más sucios que antes y entonces si que de verdad costará el limpiarlos.

OHIA. Costumbre, hábito. **K.** Ni oso ondo gogoratzenaz nola izetezien lengo lanak eta baitxe orduen eotezien ohiak, aldebatetik lanak azkoz astunauek zien zeatik ezauen oñ duen aurrerapenik eta ez makiñeixaik, eta bestaldera ohia hareik baleike, oñ ikusitxe, ez izetie larreiko komenigarrixek, goix erdira hamarretakue ardau botakiñ, eguerdixen eta bazkal aurretik txikito parebat, bazkaldu ardauekiñ, ondoren kafe kompletue kartaka jolastuaz eta gero berriz lanera, eta noski, hurrengo eta hurrengoko egunetan gauza berdiñe, eta eztau zer esanik asteburutan gertatzezanaz. **T.** Yo me acuerdo muy bien de los trabajos y también de aquellas costumbres que había antaño, por una parte el trabajo era mucho más duro porque no existían los adelantos ni la maquinaria que hay ahora, y por otra puede que las costumbres aquellas, viendo con la perspectiva de ahora, no fueran demasiado convenientes, a media mañana un bocadillo acompañado con la bota de vino, al mediodía y antes de comer un par de chiquitos, comer con vino, a continuación un café completo jugando a cartas y luego otra vez trabajar, y claro, el siguiente y siguientes días la misma cosa, y no digamos de lo que sucedía los fines de semana.

OHIU, OHIUE. Grito, clamor. **K.** Ohiu izugarrixek izendie egun honeitan Iruña ta Altzazuko kaletan, aldebatetik neskien alde Iruñañ, horreiñ manada izena daukien aurka eta baitxe epaitegiko aburuen buruz, ta bestaldetik berdiñ Altzazun be, kartzelan sartuitxuen bertako mutillen alde. **T.** Estos días se ha escuchado por parte de la gente un clamor muy grande en las calles de Pamplona y Alsasua, por una parte en Pamplona a favor de la chica, en contra de esos que se hacen llamar la manada y también sobre la sentencia del juzgado, y por otra lo mismo en Alsasua a favor de los chicos de allá a los que han metido a la cárcel.

OIAZALA, OI AZALA Funda del colchón. **K.** Lengo egunien Akilino kontatzen ibilizan nola fandan asteburuen eon omenzien Pirineoko kanpiñbaten eta ze asarrek eukizitxun hango arduradunaz, etxuraz eta ez jakiñien ezitxuen eruen ugeko erropaik eta bertan, bungalon, ezauen izeraik, ez oiazala eta almuarazalik bez, fan errezeziñora hori eskatzera eta hortik etorri omenzien asarre horreik zeatik aparte ordaindu-bierra izenauen. **T.** El otro día Aquilino contaba que cómo el pasado fín de semana estuvieron en un camping del Pirineo y los cabreos y discusiones que tuvo con el encargado de allá, parece ser que se encontraron con que las camas del bungalou no tenía sábanas, funda de almohada ni de colchón, ellos ignoraban el tema y las fueron a pedir a recepción y el enfado debió de partir de ahí porque las tuvieron que pagar aparte.

OIAZPIKUE, UGE-AZPIKUE. Literal debajo de la cama y así se le llamaba al orinal. **K.** Eongo haldie oñ oiazpikok, eta badaz garai-baten bezela erabilikodie?, eztot uste baña lenau, oso aspaldi, bentzet bai eta oso balixokue zan bertan inbierreko lanetarako, Teodorok kontatzendau ondo gogoratzendala nola len bizizien baserrixen eotezan bat bere amandrien uge-azpixen. Eta gauza xelebrie, beñ eongiñen ikusten erakusketabat oriñalan buruz dauen Salamankako Ciudad Rodrigoko herrixen. **T.** ¿Ya existirán ahora orinales con el uso y utilidad que tenían antes?, creo que no pero hace mucho tiempo por lo menos sí y era muy valioso para el trabajo que había que hacer allá. Teodoro suele contar que ya se acuerda de cómo en el caserío dónde antes vivía solía haber uno debajo de la cama de su abuela. Y que cosa curiosa, una vez estuvimos viendo un museo dedicado a los orinales en el pueblo de Ciudad Rodrigo en Salamanca.

OIE. Cama. **K.** Ze gustora hartzendan oie neka antzien zarenien, entzunde dauket beste zerbaitzuetarako be balekue izentendala, eta zalantzaik eztau ze deskantzatzeko eta lasai eoteko mundiala da. Oñ, beste gauzabat be gertatzenda, neri bentzet, larrei nekauta eon-ezkero, naiz da gustora eon, ixe eziñdala lorik hartu, asko kosta bentzet. **T.** Que a gusto se coge la cama cuando estás un poco o bastante cansado, tengo oído que para algunas otras cosas tambien puede valer, pero para descansar y estar tranquilo por lo menos es mundial. Ahora, otra cosa también suele pasar, al menos a mí, si estás demasiado cansado, a pesar de que estés relajado y a gusto, es casi imposible conciliar el sueño, al menos cuesta mucho.

OINHARRI. OÑARRIA. Fundamento, base. **K.** Aber eta oñ txorakeixa-barik, zeiñ da marmitakuen oinarria?, ba noski egaliuze ero atuna dala, ez?, ba oñ marmitako izen horrekiñ eta modu berdiñien beste gauza askokiñ be prestatzenda, izokiaz, txipiroiekiñ, txitxarro, berdelaz eta akaso baitxe beste zerbaitzukiñ be, zalantzaik eztauket honeikiñ be gozue izengodala baña marmitakue egaluze ero atunaz iñdakue bakarrik da. **T.** A ver y ahora sin tonterias, ¿cual es la base del marmitako?, pues está claro que el atún ¿no?, pues ahora con ese nombre de marmitako y de igual manera también se prepara con otros componentes, salmón, txipirones, chicharro, con verdel y quizá también con alguna cosa más, no me cabe ninguna duda que estará rico preparado de cualquiera de esas maneras pero marmitako solo es el que está hecho con atún.

OINDIK, ORAINDIK. Todavía, aún. **K.** Jakiñleike zer gertatzejatzuen eta nola oranindik leiken urten-barik eotie?, eziñdot ulertu, batera hasigara kotxie prestatzen, guri gutxi geratzejaku Bilbora allegatzeko ta zuek ondion hor geldik zare, ba guk gure martxa jarraitxukou eta deitxokozue allegatzezarenien. **T.** ¿Se puede saber que es os pasa y cómo puede ser posible que todavía no hayaís salido?, no lo entiendo, hemos empezado a la vez a preparar los coches para ir a Bilbao, a nosotros nos queda poco para llegar y vosotros aún ahí estáis parados, pues nosotros seguiremos con nuestra marcha y ya llamareís en cuanto lleguéis.

OINGO, OINGOZ. Para ahora, para este preciso momento Por ahora. **K.** Nabarmen igertzenda zuk eztaukotzula sekula ezertarako prixaik, eskatudotzuten antxuak eztie ez geroko ta ez bixerko, oingo bieitxuk, laister etorrikodie bazkaltzera ta momentuz sartakiña ta olixue besteik eztauket. Ba argitxuzaitxez ta ekarrirezu haldan axkarren. **T.** Cómo se nota que tú nunca tienes prisa para nada, las anchoas que te he pedidio no son ni para luego ni para mañana, las necesito para ahora, pronto se presentarán a comer y de momento no tengo más que la sartén y el aceite. Pues espabila y tráemelas cuanto antes.

OINGUE (K). De ahora mismo. **K.** Amak xei ogi sue-gurraz iñdekuek bieldunau erostera eta esandust eskatzeko oinguek dienak, Mari Pili kanpiñera doie asteburue pasatzera eta bocadillo dexente prestau inbierra dauko berandako eta bere lagunentzat, hortarako hiru bierkoitxula esandau eta beste hirurak die osoik eruendeixen. **T.** La madre me ha mandado a que compre seis barras de pan de leña y me ha dicho que pida los que son de ahora, Mari Pili va a pasar el fín de semana al camping y tiene que preparar bastantes bocadillos para ella y sus amigas, dice que para eso va a necesitar tres y las otras tres son para que las lleve enteras.

Aspaldiko esaerabat: Oñ oingue eta gero gerokue.

Un viejo proverbio en euskera dice que ahora lo de ahora y luego lo de luego.

OINGUEN. Ahora, ésta vez. **K.** Zuk eztutazu ixe sekula kasuik iitxen zure jantzixen buruz, baña oinguen eta mezerez eskatzendotzuk jasteko bierdan bezela. Gaurko eguna oso berezkue da neretzat zeatik urriñdik dator nere anai txikiñe, eta urte asko da eztotela ikusi. **T.** Tu casi nunca me haces caso en cuanto a tu vestimenta, pero ésta vez y te lo pido por favor que te vistas de una forma curiosa. El día de hoy es muy importante para mí porque viene de muy lejos mi hermano pequeño, y además hace muchos años que no le he visto.

OIÑA. Pie, base. **K.** Etxuraz, hala esatendaue, han goixen eondien mendi-zale batzui iruitzejate mendi hortako gurutzie zertxobaitx mobitxu iñ omendala, gauza nahiko errarue da zeatik berrogetamar urte honetan hor eonda geldik eta oñ eztot uste oiñan kontuik izengodanik, baña akaso baleike izetie lur-ikera txikibateatik. **T.** Según dicen, parece ser que a algunos montañeros que han estado allá arriba les ha dado la impresión que la cruz de la cima del monte se ha debido de mover un poco, es una cosa bastante rara porque en los últimos cincuenta años ha estado ahí quieta y ahora no creo que haya sido por un problema de la base, pero quizá puede que haya sido por algún pequeño movimiento de tierra.

OITAZUNA, OITURA. Costumbre, práctica. **K.** Nik eukinauen osababat ustarrixek itxezitxunak eta osaba uztarri esatetagutzen, harek hainbesteko oitura hauken gauza horreik itxen ze nik ustedot begixek itxitxe be ingolaukela, siñistu eziñeko abilidadie hauken. **T.** Yo tuve un tío que hacía yugos y así le decíamos, osaba uztarri (tío yugero), aquel tenía tanta costumbre para hacer esas cosas que yo creo que los podría hacer con los ojos cerrados, era increíble la habilidad que tenía.

OITU. Acostumbrarse. **K.** Ba bere garaian horixe bera gertaujakon osaba uztarriri, urtiekiñ oitu inzala betik gauza berdiñek itxen, arrastuik be eztauket noix ero nola ikesitxekue zan baña seguraski ondo gaztetatik hasitxekue izengozala, eta gauzabat, zenbat ingozitxun bere bizi guztixen?, akaso eziñgolitzake kontau be baña halaere ziur millaka baietz. **T.** Pues en su tiempo eso mismo le sucedió a osaba uztarri (tío yugero), que con los años se acostumbró a hacer siempre lo mismo, yo no tengo ni idea de cuando o cómo lo aprendió pero seguro que empezaría desde muy joven, y una cosa, ¿cuántas habrá podido haber hecho durante toda su vida?, a lo mejor no se podrían ni contar pero aún así seguro que serían miles.

OITURAKUE, OITURAZKUE. Según la costumbre. **K.** Hemen dauen plater hau ezta gauzabat nik gustoren jangonaukena baña toki hontako oiturazkue baldinbada, ba ezer esan-barik jan eta kitxo, bentzet eta gutxienetik espero ondo prijitxuta eongodiela sugandilla horreik eta pikante dexente badaukie askoz hobeto. **T.** Lo que hay en este plato no es la cosa que yo comería más a gusto pero si esa es la costumbre de este sitio, pues lo como sin decir nada y listo, por lo menos espero que las lagartijas estén bien fritas y mucho mejor si estarían con bastante picante.

OJALA. Ojal. **K.** Etxera etorri hartien sekulako pozik nauen baña gero gogoratunaz enaukela motibu haundirik, kalien ibilinazen denpora guztixen ikusidot nola jentie neri begire geratzezan eta pentza izendot akaso guapotu ingonitzela, baña askenien zan ze alkondarako botoiek aldrebesko ojalien lotuta naukela eta xelebre xamar ikustezala. **T.** Hasta que he venido a casa estaba muy contento pero luego me he dado cuenta de que no tenía demasiado motivo, cuando andaba por la calle me he dado cuenta de que la gente me miraba bastante y he llegado a pensar que hoy estaría guapo, pero al final resulta que era que los botones de la camisa los llevaba atados en el ojal contrario al que tocaba y se debía de ver bastante raro.

OJALATEIXIE. Fontanería. **K.** Lenau bai ikusteziela, ugeri xamar gañera, ojalateixak, oñ berriz ta beste asko bezela geixenak pixkanaka desagertzen fandie, orduen, aspaldi, toki hareitan saltzezitxuen lan hortarako bierzien gauzak, gero denda haudi horreik sortuzien gauza berdiñek saltzeko eta lengo hareik ia ezaukien zer-iñik. **T.** Antes sí que se veían fontanerías y bastante abundantes, ahora en cambio y cómo muchas otras poco a poco han ido desapareciendo casi todas, entonces, hace mucho tiempo, las cosas que se necesitaban para ese trabajo se vendían en aquellos sitios, después empezaron a venderlas en las grandes superficies y aquellas de entonces ya no tenían nada que hacer.

OJALATERUE. Fontanero. **K.** Ojalateruek bai eztiela sekula lan-barik geratuko zeatik betik, geixenbaten bentzet, daukie zer-iñe, akaso obra haundixetan ez hainbeste lengo bezela etxe-bizitzak asko geratudielako baña bai etxe partikularretan, betik daz erreformak ero beste zerreozer itxeko. **T.** Los fontaneros sí que no quedarán nunca sin trabajo porque siempre, o casi siempre, tienen quehacer, puede que en las obras grandes menos porque la edificación se ha parado mucho pero sí en las casas particulares, en éstas siempre hay reformas o alguna otra cosa para hacer.

OJETUE. Objeto, objetivo. **K.** Zenbat bider dau esan-bierra ona ez ekartzeko gauza hori, onazkero ia esautzut laubat bider gutxienetik, ba hau da asknengo aldiz eta oinguen entzun ondo, eztauket bape zalantzaik politxe izengodanik baña nik eztutzak billatzen ezerko ojetoik ez toki hontarako ta ez beste hemengo iñondako. **T.** Cuántas veces te tengo que decir que no traigas aquí esa cosa, hasta ahora ya lo he hecho por lo menos cuatro veces, pues te lo diré por última vez y en ésta ocasión escucha bien, no tengo ninguna duda de que es una cosa muy bonita pero yo no le encuentro ningún objeto para éste ni para ningún otro sitio de aquí.

OKA, OKARA. Naúsea, arcada, ganas de vomitar. **K.** Ba enaz ni bakarra, bat baño geixau ikustendot oka haidala ta hau ezta oso normala, egixe da ze danok arkume asko jandoula eta tripa be larreiko betie, baña halaere hainbeste bota-gure eztakitx, ba nahiko susmo dauket aber izenleiken jandoun zerbaitxek kalte iñduzkula. **T.** Pues no soy el único, estoy viendo a más de uno que anda con naúseas y esto no es muy normal, es verdad que todos hemos comido mucho cordero y también la la tripa está demasiado llena pero aún así tantas ganas de vomitar no sé, pues tengo bastante sospecha de si no va a ser que nos ha hecho daño algo de lo que hemos comido.

OKARANA. Ciruela. **K.** Atxabalta etxe zarreko patixuen bi ero hiru okaran arbola eozen, siñistu eziñeko okararan pilla emutezitxuen eta ustedot klaudia izenekuek ziela, halaere kanpoko ortuetara fategiñen lapurtzera eta ez honeik bakarrik, baitxe sagarrak be, melokotoiek eta abar, eztakitx pentzatzegauen kanpokuek gustoz hobekuek izengoziela ero zer baña hala zan. **T.** En el patio de la casa de Aretxabaleta había dos o tres árboles de ciruelas que daban una cantidad impresionante de ellas y creo que tenían el nombre de claudias, aún así solíamos ir a las huertas de fuera a robarlas, y no solo ciruelas, sino también manzanas, melocotones, etc…, no sé si es que pensábamos que lo de fuera era más rico, mejor o qué, pero así era.

OKARANPASA, OKARAN-PASA. Ciruelas pasas. **K.** Nik aspalditxo eztot jan izen baña ondo gogoratzenaz nola lengo gabonetako oitura zala okaran-pasak jatie konpotan, konpota hau ezan bakarrik horrekiñ iñdekue, geixena sagarra ero makatza izetezan, akaso boxek, eta euron hartien maspasak, pikuek ta akaso baitxe beste holako zerbaitzuk be. **T.** Yo hace mucho tiempo que no las he comido pero me acuerdo muy bien que la costumbre de las navidades de antaño era comer las ciruelas pasas en compota, la compota esa no solo se componía de éstas ciruelas, la mayor parte era manzana o pera, quizá las dos, y entre ellas llevaba uvas pasas, higos y quizá también alguna otra cosa parecida.

OKASIÑUE. Ocasión, oportunidad. **K.** Jente gutxi ikustenda eta usedot ontxe daukoula okasiñue sarrerak hartzeko pelota partidurako, iztenbou geroko baleike askoz jente geixau etortzie eta orduen bai denpora geixau eon-bierra eukikoula, oñ gauza da aber zeiñ jartzendan illeran, ba txinuetara jokatukou. **T.** Se ve a poca gente y creo que ahora es buena ocasión para coger las entradas del parido de pelota, si lo dejamos para luego puede que venga más gente y entonces sí que tendremos que estar más tiempo, ahora la cuestión es quién es el que se pone en la fila, pues lo jugaremos a los chinos.

OKELA. Carne.

(Ver la definición de haragixe).

OKER. Equivocado, erróneo. **K.** Gauza horreik eztie zuk esateitxozun bezela, oker haizara, eta aber, entzun, iñola ezan posible Toribio izetie zartara hori emunauena zure kotxiei eta ontxe esangotzut zeatik dan hori, atzo ezauen kotxeik ikutu ezertarako zeatik nerekiñ eonzan atzalde guztien Donostiñ, eta gañera trenien fan da etorrigiñen. **T.** Las cosas no son tal y cómo tú las estás diciendo, estás equivocado, y a ver, escucha, es imposible que Toribio haya sido el que le ha dado ese golpe a tu coche y ahora te diré porqué es eso, ayer no tocó el coche para nada porque toda la tarde estuvo conmigo en San Sebastián, y además fuimos y vinimos en el tren.

OKERRA. Torcido. **K.** Aber eta pentza inzue sikera pixkat, nola jarrikou hori oñ dauen bezela, akaso eztozue ikusten larreiko okerra dauela, ero?, ba etxura ederra hartukodau etxeko sarrera honek hala jartzenbou. Benga, tiratu lurrien ta alegiñdu zuzentzen haldan guztie. **T.** A ver y pensar siquiera un poco, ¿cómo vamos a poner eso de la forma que está ahora, acaso es que no veís que está demasiado torcido, o que?, pues vaya aspecto que va a coger la entrada de la casa si la colocamos tal y como está. Venga, estirarla en el suelo y enderezarla todo lo que podáis.

OKERRA. Traviesa, revoltosa (o).

(Ver la definición de matraka).

OKERRA, OKERRAU. Significa que alguna cosa está mal hecha o quizá mucho peor. **K.** Nabarmen dau ze lan hau larreiko oker itxen haizariela, ikusi besteik eztau eta eziñdot ulertu nola zueik eztozuen hori ikusten, ba mutillak, hala jarraiketanbozue askoz okerrau geratukoda ta nik usedot oñ gauza bakarra inzeikiela, askatu dana ta barrixenbarri hasi. **T.** Está muy claro que este trabajo lo estaís haciendo muy mal, no hay más que verlo y no entiendo cómo vosotros no veis eso, pues chicos si continuaís de esta manera lo vaís a dejar mucho peor y yo pienso que ahora solo podeís hacer una única cosa, desatarlo todo y empezar de nuevo.

OKERRAK. Travesuras.

(Ver la definición de matrakeixak).

OKERREKUE. Cosa equivocada. **K.** Akaso eztutzut esan nahiko garbi ze gauza dan ekarribiozuna, akaso eziñdozu ulertu?, ba mutil, bi aldiz fanzara almazenera ta bixetan okerrekuaz etorrizara, aber eta entzun ondo, zulatzeko makiña da bierdouna, oñ garbi daukotzu?, ba benga. **T.** ¿Acaso no te he dicho suficientemente claro que es lo que tienes que traer, acaso no lo puedes entender?, pues chico, has ido dos veces al almacén y las dos veces has venido con una cosa equivocada, a ver y escucha bien, lo que aquí necesitamos es el taladro, ¿ahora lo tienes claro?, pues venga.

OKERRERA. A malo, a peor. **K.** Nik usedot onazkero eztauela zer-iñik mutil horrekiñ, zenbat alegiñdudien bere gurasuek aber zuzetzendan sikera pixkat eta ezer ez, eztau iñungo moduik hori lortzeko, ba hala jarraitzenbadau, ta etxura dana dauko hala izengodala, askoz okerrerau fateko aukera haundixe dauko. **T.** Yo creo que ya no hay nada que hacer con ese chico, cuántos esfuerzos han hecho sus padres a ver si se endereza siquiera un poco pero nada, no hay modo alguno de conseguirlo, pues cómo continúe de esa manera, y parece que así será, tiene demasiadas probabilidades de que irá a peor.

OKERTU. Torcer, doblar. **K.** Oñ eta gu haigaren bezela eztou sekula lortuko almazenera sartzeik ate haundi hau, eta aber, danon hartien zerbaitx asmatzendoun zeatik asto-lanak itxen gabitz eta askenien ezer ez itxeko, nik usedot ta akaso zerbaitx okertu iñezkero hor be aldetik baleikela sartzie ta baezpare probaketabat ingou. **T.** Ahora y de la forma que andamos nosotros no coneguiremos nunca meter esta gran puerta en el almacén y a ver, tenemos que pensar algo entre todos porque estamos trabajando igual que burros y al final sin ningún resultado, yo creo que si lo torcemos un poco por la zona de abajo quizá lo podamos conseguir y por si acaso vamos a hacer la prueba.

OKERTU. Cambiar, torcerse, volverse trravieso, revoltoso. **K.** Eztakitx zer gertauleixon ume honi, halako txintxue izenda betik eta oñ ikustejako askotxo okertu iñdala, lenau betik pres eotezan esandakue itxeko, oso obedientie zan eta oñ berriz eztau sekula kasuik itxen ezerri. Ba auskalo zeatik izenleiken, akaso ikastolan hasidalako? **T.** No sé que le habrá podido pasar a este crío, siempre ha sido muy formal y ahora se vé que se ha torcido bastante, antes siempre estaba dispuesto a hacer lo que se le decía, era muy obediente y ahora en cambio nunca hace caso a nada. Pues cualquiera sabe porqué puede ser eso, ¿quizá porque haya empezado en la ikastola?

OKIÑDE, OK-IÑDE. Lleno, ahíto. Se dice cuando ya no se puede comer más. **K.** Dana dau oso ona baña ni okiñde nau eta eziñdot geixau jan, tripie errebentau inbierrien dauket eta eztakitx ondion enazen botaka hasiko, baezpare mantzanillabat eskatukot eta aber horrekiñ zertxobaitx lasaitzendan. **T.** Todo está muy bueno pero yo ya estoy lleno y no puedo comer más, tengo la tripa a reventar y todavía no sé si no voy a empezar a vomitar, por si acaso voy a pedir una manzanilla y a ver si con eso se calma un poco.

OKOTZA. Barbilla, mentón. **K.** Nik ondion eta mutikue izenitzenetik ondo markaute dauket okotza, oso aspaldi gertauzan neguko egunbaten edur ta izotz haundixekiñ, jolasten haigiñen plazako eskillaretan, labandu, muturrez aurrera jausi eta aberixa dexentetxue iñauen okotzien, segitxuen odola daixola medikura eruen eta han bost ero xei punto emuztien. **T.** Yo todavía y desde que era un chavalito tengo bien marcado el mentón, sucedió un día invierno con mucho hielo y nieve de hace muchísimos años, estábamos jugando en las escaleras de la plaza, me resbalé, caí de morros y me hice una avería bastante considerable en el mentón, sangrando me llevaron al médico y allá me dieron cinco o seis puntos.

OKOTZPEIE. La papada. **K.** Lengo egunien ikusinauen Eufronio, banakixen, berak esanda, errejimen nahiko latza itxen haizala eta egixe da sigero argalduta dauela, baña halaere gauzabat dauko eziñdauela iñola kendu, ta die okotzpeien txintxiliska geratudien azal horreik, oñ pentzatzen haida medikura fan ta aber nolabaitx posible izetendan hori kentzie. **T.** El otro día me encontré con Eufronio, ya sabía, dicho por él, que estaba haciendo un régimen bastante severo y la verdad sea dicha se le ve que está muy delgado, pero hay una cosa que no puede quitar de ninguna de las maneras, y son las pieles que han quedado colgando en la papada, ahora está pensando en ir al médico y a ver si hay algun medio para poder eliminar eso.

OKURRENTZIA, OKURRENTZIE. Ocurrencia. Idea del momento. **K.** Saturio hau ezta posible normala izetie, badakitzue ze okurrentzia eukidauen oñ?, eta gañera esatendau guredauen erozeñekiñ ingodauela aposta, ba da baietz fan da etorri Pagoetatik ortosik ta butano bonbonakiñ bixkar gañien dauela, betie noski. **T.** El Saturio éste no es posible que sea normal, ¿ya sabeís que ocurrencia ha tenido ahora?, y además dice que hace una apuesta con todo aquel que quiera, pues es que va y viene descalzo de Pagoeta con una bombona de butano encima del hombro, llena claro.

OLA. Tabla. **K.** Baserriko tellatue oso gaizki dauela esatendau Zenonek, itxufiñ larreikiñ ta erretella osue naidau itxie, gauza da tella aspiko egurra dana askatu ta aldatu inbierra dauela, hainbeste ur sartuda ze sigero gaizki dau ola, geixena erdi ustela, beste asko be dexente xamar eta derrigorra da barrixe jartzie. **T.** Zenón dice que el tejado del caserío está en muy malas condiciones, con demasiadas goteras y quiere hacer un retejo completo, la cosa es que la madera que está bajo las tejas hay que soltar y cambiarla, ha entrado tanta agua que la tabla está en muy malas condiciones, la mayoría medio podrida, otras muchas bastante y necesariamente hay que colocar nueva.

OLA. Ferrería. **K.** Lengo egunien Legazpira fan eta goixa pasatzeko asmuaz Mirandaolako ola dauen tokira inguratu, giro honeko eguna izenzan ta ederto ibiligiñen. Gañera oso interesgarrixe han eonzan ikuskizuna, nola gorritxu itxezan burnixe eta ze ondorendo lanak inbierrekuek izetezien burni horreikiñ, dana eskuz ta malluaz. **T.** El otro día fuimos a Legazpia con la idea de pasar la mañana y estuvimos en la ferrería de Mirandaola, salió un día muy bueno y anduvimos muy bien. Además fue muy interesante la demostración que hubo allá, como ponían incandescente el hierro para después hacer lo que fuera necesario, todo manual y a fuerza de martillazos.

OLAGARRUE. Pulpo. **K.** Nere ustez galleguek izetendie hobeto prestatzendauen olagarrue, zalantzaik eztau beste toki asko dazela oso ondo jartzeitxuenak baña onenak esandakuek. Nik toki askotan jan izendot eta halaere gustoren Galiziako Arzua herrixen, ta hau gertau izenda handik pasanazen bakoitxien Santio bidaia itxen hainitzela. **T.** Para mí los gallegos son los que mejor preparan el pulpo, no tengo ninguda duda de que en otros sitios también lo prepararan muy bien pero los mejores los que hemos dicho. Yo lo he comido en muchos sitios y aún así cuando más a gusto ha sido en el pueblo de Arzúa, en Galicia y esto ha ocurrido cada vez que he pasado por allá al hacer el camino de Santiago.

Errezetabat. Olagarrue galleguen erara: Nik entzunde dauket olagarrue izoztuta dauena komenidala erostie ero beztela norberak konjelau. Ba asken honen buruz hasikogara, freskotan erostendou konfiantzako olagarrue eta konjeladora barruen iztendou egunbat gutxienetik eta bi izetenbadie hobe. Lapiko luzebaten jartzendou ugeri ur, arrimatzendou sutara, botatzendou gatz pixkat, hiru patata dexentiek eta ura irikitxen hastendanien kongeladoratik ataradoun olagarrue sartzendou, hau hiru bider sartu-atara iñ ondoren, patata eta olagarru bi honeik batera xamar egosikodie hogeitik hogetamar miñutu tarte inguruen, denpora hontan patatak egositxe eongodie baña olagarruaz gora-berie dau dauken tamañu ta pixuaz, baezpare eta atara aurretik beitu aber. Beno ba, hau iñ eta gero dana daukou gertu platera prestatzeko, aspixen jartzendou egositxe dazen patatak zabalera moztuta ez larreiko senduek, gatz pixkat eta gañien olagarrue moztuta gutxigorabera zentimetro-terdi inguruen, bota gatza, potolo xamarra baldinbada hobe, olixo ona eta piper gorri autza, pikante eta bestie nahasi, hau noski norberan gustora, eta ia listo. Eta eztau olagarru dana prestau inbierrik, zer-ikusi haundixe dauko aber zenbat jente dan hori jateko eta ze gose dauen, eta sobratzendan bestie sartu frigorifikora hurrengo baterarte.

Una receta. Pulpo a la gallega: Yo tengo oído que conviene comprar el pulpo esté congelado o sino congelarlo uno mismo. Pues partiremos de esto último, compramos un pulpo fresco y de confianza, lo metemos al congelador y lo tenemos mínimo un día y si son dos mejor. En una cazuela alta ponemos agua en abudancia, echamos algo de sal y lo arrimamos al fuego, dentro introducimos tres patatas hermosas y cuando el agua empiece a hervir añadimos el pulpo que hemos sacado del congelador, éste después de sacarlo y meterlo tres veces, las dos cosas se cocerán aproximadamente al mismo tiempo y entre veinte o treinta minutos, en este tiempo las patatas ya estarán cocidas pero el pulpo dependerá del tamaño y peso que tenga, por si acaso y antes de sacarlo comprobar a ver. Pues bueno, una vez de haber hecho estos trabajos tenemos todo listo para preparar el plato, debajo colocamos la patata cortada en láminas no demasiado gruesas, un poco de sal y encima el pulpo cortado en rodajas de centímetro y medio aproximadamente, echamos sal y si es gruesa mejor, aceite de buena calidad y pimienta roja en polvo, picante y dulce mezcladas, esto claro está al gusto de cada uno, y ya está listo. Y no es necesario preparar todo el pulpo, tiene mucho que ver cuanta gente hay para comer y el apetito que se tenga, y el resto que sobra se mete al frgorífico para comerlo una próxima vez.

OLA-GIZONA. Ferrón, operario de la ferrería. **K.** Legazpiñ Mirandaolako ola ikusten izengiñienien, barruko eguzkizun hartarako hiru pertzona eozen ola-gizon papera itxezitxuenak, nik eztot uste ha izengozanik euron betiko lana baña halaere ondo ikesitxekuek zien ta benetan ederto iñdekuek izenziela. **T.** Cuándo estuvimos en la ferrería de Mirandaola en Legazpia, dentro haciendo la demostración había tres hombres que hacían el papel de ferrones, yo no creo que aquel fuese su trabajo habitual pero aún así estaban bien enseñados y de verdad que lo hicieron estupendamente.

OLATUE. Ola. **K.** Siñistu eziñleike zenbat surfista eotendien Zarauzko hondartzan, baña honen kontura jentiek kexka haundixek daukie eta esatendaue ixe hondartza geixena eurondako dala, ta egixe da eztauela errazoirik falta zeatik horren etxura guztie dauko. Batzuk betikuek izengodie, surfeatzen ondo dakixenak eta beste askok ikesten hasidienak nola dien olatuek hartu-bierren buruz. **T.** Es increíble la cantidad de surfistas que hay en la playa de Zarautz, pero a cuenta de esto la gente tiene muchas quejas y dicen que casi toda la playa es para ellos, y de verdad que no les falta razón porque tiene toda la apariencia de que así es. Algunos serán los de siempre, los que ya saben surfear y otros los que están aprendiendo sobre cómo hay que coger las olas.

OLDEIA, OROLDEIA. Musgo. **K.** Garai baten urtero fategiñen oroldeia billatzen basora gero jaiotzan jartzeko, oñ eta entzunde dauketen bezela debekaute omendau baña halaere ustedot saltzendala nunbaitxen, eztotena ulertzen da nola izenleiken hori horrela, debekatuta baldinbadau danontzako izenbikozan berdiñ, ez? **T.** Antaño todos los años íbamos a buscar musgo al bosque para luego ponerlo en el nacimiento, ahora según tengo oído debe de estar prohibido pero aún así creo que ya lo deben de vender en algunos sitios, lo que no entiendo es porqué eso es así, si está prohibido debería ser igual para todos, ¿no?

OLERKARIA, OLERKARIXE. Poeta. **K.** Gure osaba Joakin, Bedoñako auzuen jaixotakue eta aman anaie, olerkarixe izenzan bere garaian, nik apenas ulertzendot asunto honen buruz baña esatendauen ez nahiko ona gañera. Bere olerkari izena "Loramendi" zan, eta noski ondion be hala da, eta omenaldi batzuk be hartutakue, bai Bedoñan eta bai Atxabaltan. **T.** Nuestro tío Joakin, nacido en en barrio de Bedoña y hermano de la madre fue poeta en su tiempo, yo apenas entiendo de esos temas pero según dicen además bastante bueno. Su nombre como poeta era "Loramendi", y claro todavía también es así, y ya ha recibido unos cuantos homenajes, tanto en Bedoña cómo en Aretxabaleta.

OLERKIA, OLERKIXE. Poema. **K.** "Loramendik" olerki dexente idatzitakue izenda, baña ezta oso errexa ulertzie zeatik oso aspaldiko euskeriaz idatzitakuek die, oñ olerki horreik iruitzejaku erraru xamarrak diela. eta ez bakarrik iruitu baizik batzuetan baitxe larreiko ulertu-eziñekuek be, baña halaere alegintzegara. **T.** "Loramendi" fue un poeta que escribió bastantes poemas, pero no son demasiado fáciles de entender porque están escritos con un euskera de hace muchísmos años, ahora se nos antoja que esos poemas son un poco raros, y no solo raros sino que algunas veces también demasiado incomprensibles, pero aún así ya nos esforzarmos.

OLIXO-ONTZIXE. Recipiente para guardar el aceite usado. **K.** Hauxe bai dala etxe guztietako oso birrezko gauzabat, olixo-ontxixe, zeatik beztela nun laga patatarriek, piperrak ero beste zerreozerretan erabiltzendan olixue?, normalki olixo honeik nahiko garbixek izetendie ta nik ustedot merezidauela gordetzie hurrenguen bierdanerako. **T.** Esto sí que es una cosa que es muy necesaria en todas las casas, un recipiente para guardar el aceite usado, porque sino, ¿dónde dejar el aceite que se usa para freir patatas, pimientos o alguna otra cosa parecida?, normalmente estos aceites son bastante limpios y yo creo que merece la pena el guardarlos para la próxima vez que se vaya a necesitar.

OLIXUE. Aceite. **K.** Entzutenda urte hau sigero txarra doiela azeitunandako egueldixen kulpatik, hainbeste euri-zaparrara eztala bape ona izeten eta etxuraz produziñe asko jetxikodala, ba honek gauza bakarra guredau esan, olixue askoz karestiau izengodala. Ba asunto honekiñ, beste gauza askokiñ bezela eztau zer iñik, hala izenbikoda ta kitxo. **T.**

Se oye que éste año va muy malo para las aceitunas por culpa del tiempo, dicen que ha llovido demasiado, que eso no debe de ser muy conveniente para el olivo y parece que habrá mucha menos producción, pues eso solo quiere decir una cosa, que el aceite se encarecerá mucho. Pues con éste asunto, al igual que con otros muchos no se puede hacer nada, así tendrá que ser y punto.

OLLAGORRA. Becada. **K.** Ehiztarixen hartien ollagorra esatendaue izetendala estimauena, nik hiru ero lau bider jan izendot baña eztust gauza haundirik esaten, jandoten bakoitxien nahiko leorra zala iruitujat eta hau be baleike izetie nola eondan prestauta, baña halaere sekula enaz izen luma zalie, betik geixau gustau izenjat ulie dauken ehiza. **T.** Dicen que entre los cazadores la becada debe de ser la pieza más estimada, yo ya la he comido tres o cuatro veces pero no me dice gran cosa, cada vez que ésto ha ocurrido me ha parecido que era bastante seca y eso también puede que haya sido por la forma que ha estado preparada, pero aún así no he sido nunca aficionado a la pluma, siempre me ha gustado más la caza de pelo.

OLLANDIE. Pollito. **K.** Ollanda honetxeik bai gozuek izetendiela, ollandie lapikuen iñde tomate zati batzuaz eta kipula ugerikiñ, eta laguntzeko jartzenbadie patatarriek ta letxuga entzalada dexentie askoz hobe, beno, beste zerbaitzuaz be eztau astu-bierrik, etxurazko ardaue ero akaso txanpaña, egixe da ze asken honekiñ be eztala bape txarra geratzen. Eta ia jarritxe garen, zer moduz gazta pìxkat postre bezela? **T.** Estos pollitos sí que son una cosa rica, pollitos asados en la cazuela con unos pedazos de tomate y cebolla abundante, y si se acompañan con una patatas fritas y con una buena ensalada de lechuga mucho mejor, bueno, no conviene olvidarse de algunas otras cosas, un buen vino o quizá champán, la verdad es que esto último tampoco queda nada malo. Y ya que estamos puestos, ¿qué tal un poco de queso cómo postre?

OLLARRA. Gallo. **K.** Lenau, erlojuik eta ez beste antzerakoik ezanien ollarran karakasaz esnatukozien, negu aldien bentzet, uda partien ezan horrein bierrik eukiko zeatik egun argiz jaikozien, baña neguko goixak, oñ bezela, illunek izengozien eta derrigorrez bierkozan gelan ollarra. **T.** Antes, cuando no había relojes ni nada parecido se tendrían que despertar con el cacareo del gallo, al menos en la parte del invierno, en verano no tendrían esa necesidad porque se levantarían con la luz del día, pero las mañanas de invierno, al igual que ahora, serían muy oscuras y necesariamente tendría que haber un gallo en la habitación.

OLLASKUE. Pollo. **K.** Hau ollandie baño pixkat haundixaue izetenda baña beztela oso berdintzue, bai gustoz ta bai preparaketan, oñ akaso baleike zerbaitx sikutxuaue izetie, halaere hori konpontzeko eotendie danok dakigun beste gauza batzuk. **T.** Este suele ser un poco mayor que el pollito pero sino de las mismas características en cuanto a sabor y preparación, quizá puede que sea un poquito más seco, aún así para solucionar ésto suele haber otras cosas que todos conocemos.

Errezetabat. Ollaskue laban errie: Aurreneko gauza esatie hemen jartzendoun errezeta berdiñe izengozala ollandie prestatzeko, laban iñezkero noski, bakarrik honeik erretzeko denpora gutxitxuau bierkozala. Ba benga, erostendou kiloterdi ero zertxobaitx geixau dauken kalitate oneko ollaskue, baserrikue izen-ezkero hobe eta karnizeruei esateutzou garbitzeko ondo barru aldiek ta kentzeko burue. Aurreneko lana da laba piztie berotzen fandeixen ta gero prestatzendou labako bandejan kipula ugeri xamar ez hainbeste fiñ luzetara moztuta , dozenerdi ale berakatz osoik azalakiñ eta bi ero hiru tomate erdibitxuta, honei azal-barik, eta honein gañien ollaskue, hau ondo igurtzitxe olixuekiñ eta gatza ta piper autza bota ondoren, bandeja hortan botatzendou olixue, ez askoik, baxo erdibat ardau zuri eta uraz nahasi. Dan honeik iñ ondoren labara sartzie geratenda, laba berreun gradutan dala ordu eta laurden ero terdi gutxigorabera eon-bierra eukikodau, noski pixuen goraberie dau baña gauzabat, ez astu ollaskue aldatzie posturaz, nik esangonauke hiru bider, bakotxien aldebatera eta hau iñ-hala, batera erregau ollaskue bandejan dauen saltzakiñ, ta bier-izen-ezkero botaleixo beste ur pixkat. Atara aurretik beitu ondo erre dauen eta gero bakarrik geratukozan ollaskue zatitxu ta jatie. Ez astu laguntzie goixen, ollandie izena dauen tokixen, jarridoun gauza horreikiñ. Eta nai-bada baleike laguntzie patatarre batzukiñ zeatik ezta bape gaizki geratzen.

Una receta. Pollo asado en el horno: Lo primero decir que la receta que ponemos aquí sería la misma que para preparar los pollitos que un poco más arriba indicamos con el nombre de ollandie, si se hiciesen al horno claro, solo que éstos necesitarán algo menos de tiempo de asado. Pues venga, compramos un pollo de buena calidad que tenga kilo y medio o un poco más, si es de caserío mejor y pedimos al carnicero que lo limpie bien por el interior y que le quite la cabeza. El primer trabajo que haremos será encender el horno para que se vaya calentando y luego en la bandeja de horno colocaremos abundante cebolla cortada a juliana no demasiada fina, seis gajos de ajo enteros con piel y dos o tres tomates sin piel partidos por la mitad, y encima el pollo a quien habremos salpimentado y frotado bien con aceite, una vez todo dispuesto echamos en la bandeja un poco de aceite, también medio vaso con vino blanco y agua mezclados. Ya solo nos queda meter la bandeja al horno y éste estando a unos doscientos grados tendría que estar una hora y cuarto o y media aproximadamente, claro que tiene que ver el peso del bicho pero una cosa, no nos olvidemos cambiar al pollo de postura, yo diría que tres veces cada una por un lado y aprovechamos la circunstancia para a la vez regar con la salsa de la bandeja, y si se necesitaría se puede añadir otro poco de agua. Antes de sacar comprobar de que esté bien asado y ya solo nos quedaría partir el pollo y comerlo. No tenemos que olvidarnos de acompañar con las cosas que hemos puesto más arriba, dónde está el nombre ollandie. Y si se quiere tampoco queda nada mal si se acompaña con unas patatas fritas.

OLLOLOKA. Gallina clueca. **K.** Ollolokan buruz bai eztakitxela ezertxoik, ustedot honeik izetendiela arrautza gañien jarrideixen eta gero azala puzkatu ondoren txitak urten arrautza horreitatik. **T.** Sobre las gallinas cluecas si que no se absolutamente nada, creo que éstas suelen ser para que se coloquen encima de los huevos y luego después de que rompan la cáscara salgan los polluelos de esos huevos.

OLLOTEIXE, OLLO-TXABOLA. Gallinero. **K.** Atxabalta etxe zarreko patixuen bazan olloteixie eta nahiko haundixe gañera, gauez olluek barruen eotezien eta egunez berriz kanpuen librien, eta konejuek be baozen ollotei hortan, honeik goixen eta kaixola barruen baña urtetzie haukien olloteigo terrazara ta han sigero librien ibili, itxitura barruen, noski. **T.** En el patio de la casa vieja de Aretxabaleta ya había un gallinero y además era bastante grande, de noche las gallinas estaban dentro pero sin enjaular y de día en cambio fuera en libertad, en ese gallinero también había conejos, éstos estaban arriba y enjaulados, pero podían salir a la terraza y allá andar con total libertad, dentro del cerramiento, claro.

OLLUE. Gallina. **K.** Ze gozue izetendan olluen salda, goix-erdi aldien hartzeko katilluen ogi pixkat botata eta eguerdixen bazkal aurreneko plater bezela, tripa berotzeko fideo sopa iñde eta gauez afaltzeko be oso ondo sartzenda. Kuzstiñue da benetazko salda izetie, gezur-bakue. **T.** Que cosa más rica suele ser el caldo de gallina, para tomar a media mañana en un tazón echándole unos pedacitos de pan y al mediodía para la hora de comer de primer plato, calentar la tripa cómo sopa de fideo y a la noche para cenar también entra muy bien. La cuestión es que el caldo sea de verdad, sin falsificaciones.

OLUE. Avena. **K.** Ustedot olue, garixe ta garagarra famili berdiñekuek diela eta erabiltzendala, segurazki alde guztietan berdiñ izengoda, xetu iñ ondoren, pentzu bezela, hemendik kanpo eta ez hainbesteko urriñ entzunde dauket ze edari tipoko batzuk itxeko be izetendala. Eta beste gauzabat, hau be entzundakue, etxuraz iogurrak be itxendie eta baitxe zerealak bezela gosaltzeko. **T.** Creo que la avena, trigo y cebada son de la misma familia y se utiliza, seguramente será igual en todas partes, cómo pienso después de molerlo, fuera de aquí y no tan lejos tengo oído que igualmente sirve para hacer algunos tipos de bebidas. Y otra cosa, ésto también de oídas, parece que incluso se hacen yogures y que se consume en forma de cereal para el desayuno.

OMEN. Fama, popularidad, reconocimiento. **K.** Lengo egunien irakurri eta aukera eukinauen telebistan ikusteko, ze nola koloresko mutil gaztebatek erreskatau iñauen balkoitxik txintxiliska hauen mutikotxobati, ikusizan bezela bera be arrixku haundixen ibilizan igo ta pasatzen balkoiz balkoi mutikotxo hori hauen tokiraño, gauza da ze iñdauen horren arrazkero omen haundixe hartutakue dala. **T.** El otro día leí y tuve ocasión de ver en la televisión, que cómo un chico joven de color salvó de caer a la calle a un niño pequeño que estaba colgado de un balcón, según se vió él también asumió un riesgo muy grande trepando y pasando balcón en balcón hasta llegar dónde estaba el niño ese, la cosa es que después de lo que hizo ha cogido mucha fama.

OMENA, OMENALDIXE. Homenaje. **K.** Ba oñ Udaletxie pentzatzen haida omenaldi txikibat itxie mutil horri ezkerrak emunaz iñdauen horreatik, baña berak etxuraz, esan omendau eztauela ezer nai zeatik iñauen hori inbierrekue zala. **T.** Pues ahora el Ayuntamiento está pensando hacerle un pequeño homenaje por que hizo, pero él parece ser, que ha debido de decir que no quiere nada porque lo que hizo es lo que había que hacer.

OMENDA. Es así, será así. **K.** Hori emutendau bentzet, Plazido oso ziur dauela asunto horrekiñ, gañera hainbeste bider esandau gauza berdiñe ze siñistu inbikou hala omendala ero izengodala, halaere laister eukikou aukera ikusteko zeatik datorren astien hara bertara fan-bierra daukou. **T.** Por lo menos eso parece, que Plácido está muy seguro con ese asunto, además lo ha repetido tantas veces que tendremos que creer que es o será sí, en cualquier caso pronto tendremos ocasión de comprobarlo porque la próxima semana tenemos que ir hasta allá mismo.

OMENDUE. Homenajeado. **K.** Ba askenien mutil hori omendue izenda Udaletxe aldetik, naiz da gure ez eztau euki beste erremeixoik fan besteik, eztutzie eruen arrastraka baña bai pixkat bultzaka antzien zeatik etxuraz lotza haundixe emuteutzo gauza horreik. **T.** Pues al final el chico ese ha sido homenajeado por parte del Ayuntamiento, a pesar de no querer no ha tenido más remedio que ir, no es que le hayan llevado a rastras pero si un poco cómo a empujones porque parece que esas cosas de dan mucha vergüenza.

ONA, ONAK. Bueno, buenos. **K.** Zenbat gauza onak eongodien, ero bentzet eonbikozien, munduen eta danok bizigaren inguru guztietan be hala berdiñ bierikozan, txarrak be izugarri izengodie baña apostaukonaute ze onak askoz geixau diela. Jakiñe da toki askotan eztala modu hontan eta halaere, hala izenda be zeñek daki, ezta bape errexa izengo baña akaso denporaz... Esan-baterako eta bierra dauen tokirako, ezan gauza ona izengo lan dexentebat eukitxieie danontzako, eta ez larri pasateik janaz ta urakiñ?, eta diruekiñ berdiñ, baitxe ondo ta asarre-barik ibiltxie danon hartien eta beste hainbat gauza geixau. **T.** Cuántas cosas buenas habrá, o por lo menos tendría que haber, en el mundo y en el entorno que vivimos todos nosotros igualmente tendría que ser de la misma manera, malas también habrá demasiadas pero ya apostaría que buenas muchas más. Es sabido que en muchos sitios no es de éste modo, y aún siendo así también quién sabe, no será fácil pero quizá con el tiempo... Por ejemplo y para los sitios dónde se necesita, ¿no sería una buena cosa que habría un trabajo digno para todos y que no falten alimentos ni agua para nadie?, y tampoco algo de dinero claro, y también que todos nos llevemos bien, sin enfadarnos y tantas otras cosas más.

Aspaldiko esaerabat: Andra ona, etxe ona.

Un viejo proverbio vasco dice dónde hay una mujer buena, también la casa será buena.

ONARTU. Aceptar, aprobar. **K.** Aber, zuei ze iruitzejatzue ze inbierra daukoun honekiñ?, terreno honeik hemen garen danonak die eta pentza ta erabakibikou haldan axkarren zer iñ, irakurtzeko etorridie agiri honeik ta konforme eon-ezkero onartu eta siñau, gauza da etzi-harte bakarrik daukoula epea. **T.** A ver, ¿qué os parece a vosotros que tenemos que hacer con ésto?, los terrenos son de todos de los que estamos aquí y tenemos que pensar y decidir cuánto antes que hacer, nos han llegado estos documentos para que los leamos y si estamos de acuerdo aceptar y lo firmemos, la cosa es que solo nos han dado de plazo hasta pasado mañana.

ONAZKERO. Ya que estamos. **K.** Bai, ni be gogoratunaz okerreko birie hartudoula baña onazkero hemendik jarraitxubikou, bueltatzen-bagara askoz denpora geixau bierkou Hernixora allegatzeko eta askenien be ezgoiez holako gaizki, hemendik ederto ikustenda mendi tontorra. **T.** Si, yo también ya me he dado cuenta de que hemos cogido el camino equivocado pero ya que estamos tendremos que continuar por aquí, si nos damos la vuelta tardaríamos mucho más en llegar a Hernio y al final tampoco es que vayamos tan mal, desde aquí se ve muy bien la cima del monte.

ONBAT. Persona buenaza.

(Ver la definición de bereinkatubat).

Aspaldiko esaderabat: Lagun onbat billatzie baño errexaue da astue adarrakiñ ikustie.

Un viejo proverbio vasco dice que antes que encontrar un buen amigo es más fácil ver a un burro con cuernos.

ONBIERREZ, ON-BIERRREZ. Para mejor, por mejor. **K.** Eztau zeatik jarri inbierrik mutur horreik eta gutxiau asarretu ezerko motibu-barik, eta eztakitx zergaitxik izengodan baña zuk geixenbaten gaizki hartzeitxozu gauzak, ba nik esautzuten hori onbierrez izenda eta gañera zure mezererako. **T.** No tienes porqué poner esos morros y mucho menos enfadarte sin motivo alguno, no sé porque será pero tú la mayoría de las veces tiendes a coger las cosas a mal, pues lo que yo te he dicho ha sido por tu bien y para que sea lo mejor para tí.

ONDION. Todavía. **K.** Bai, badakitx laugarren aldiz etorrizarela landara horreik billa baña oinguen be alperrik izenda, ondion ezta etorri ugesaba eta nik eztauket baimenik gauza horreik ez emuteko ta gutxiau saltzeko, baezpare gerotxuau etorribikozara, nik eztot uste ia askoz beranduau allegaukodanik. **T.** Si, ya sé que es la cuarta vez que vienes a por las plantas pero también ésta vez ha sido en balde, todavía no ha venido el dueño y yo no tengo autorización para dar esas cosas y mucho menos venderlas, por si acaso tendrás que venir un poco más tarde, yo creo que ya no tardará mucho más tiempo en llegar.

ONDION-BE, ONDION BE. Todavía con eso. **K.** Ederra emuten haizara, askenengo ordubetien ixildu be ezara iñ zure jarduñekiñ eta ondion be asunto berdiñaz jarraiketandozu, ba onazkero nahikue izengoda, ez?, gañera ondo jakiñien zara ia eztauela zer-iñik horrekiñ eta eztakitx zeatik hainbeste barriketa, gañera sigero alperrik. **T.** Estás dando una buena, en la última hora no te has callado un solo momento y la cosa es que todavía continúas con el mismo asunto, pues yo creo que ya es suficiente, ¿no te parece?, además sabes muy bien que ya no hay nada que hacer con eso y no entiendo el porqué de tanta charlatanería, además completamente inútil.

ONDION EZ, ONDION BEZ. Todavía no, todavía tampoco. **K.** Ez, ondion ez, hori eztaukou bakarrik itxeik eta zerbaitx etxoiñ inbierra eukikou, bentzet Polonio etorri hartien eta espero ez izetie asko geixau, berak daki nola inbierrekuek dien gauza horreik ta hobeto izengou pixkat zai eotie hanka sartu bañolen. **T.** No, todavía no, no podemos hacer eso solos y tendremos que esperar, por lo menos hasta que venga Polonio y espero que no tarde mucho más, él sabe cómo hay que hacer esas cosas y será mejor que aguardemos un poco antes de meter la pata.

ONDO. Bien. **K.** Ba oso ondo iñdou itxoitxiaz, nahiko berandu etorrida ta luzero xamarrien zai eongara baña merezitakue izenda, askenien ta danon hartien inditxu inbierrekuek, bukatudou, danok gustora geratudie eta zer esan, gustoren ta askoatik gu ikusitxe ze pozik dien danak. **T.** Pues hemos hecho bien es esperar, ha venido tarde y hemos tenido que esperar bastante pero ha merecido la pena, al final y entre todos hemos hecho lo que había que hacer, se ha terminado, todos han quedado satisfechos y qué decir, los más nosotros viendo lo contentos que están.

ONDO-ESANA, ONDO ESANA. Bien dicho. **K.** Ataulfok ondo merezita hauken norbaitxek esatie nolako kalamidadie dan eta oñ baleike zerbaitx geixau zaintzie itxeitxuen gauza horreik, berak noski ezauela holakoik espero eta hori entzun ondoren pixkat arritxuta geratuda, baña zu ez horreatik larritxu zeatik oso ondo esana izenda. **T.** Ataulfo tenía merecido de que alguien le dijese lo calamidad que es y ahora puede que cuide un poco más esas cosas que hace, él desde luego que no esperaba nada semejante y se ha quedado bastante asombrado después de haber escuchado eso, pero tú no te apures porque lo que le has dicho ha estado muy bien dicho.

ONDOEZA, ONDO-EZA Sentir malestar, debilidad. **K.** Ustedot zerbaitx arrapatzen hasinazela, eztakitx atzo busti eta hala ibilinitzelako lanien ero beste zerreozer izengodan, baña gaur eta gañera goixien goixetik, sigeroko ondoeza dauket eta ustedot bazkalostien zerbaitx hartu-bierra eukikotela baezpare. **T.** Creo que estoy pillando algo, no sé si porque ayer me mojé y estuve así trabajando o puede ser alguna otra cosa, pero hoy y además desde por la mañana, estoy con un malestar muy grande y creo que después de comer tendré que tomar alguna cosa por si acaso.

508

ONDOLOIÑ. ONDOLOÑ. Literalmente que duermas bien y es el desear buenas noches. **K.** Ondoloñ hitz hau da gauzabat betik esatendana norbera ugera erretiratzendanien eta baitxe erantzuna bezela hori esatendauenai, eta betiko oitura izengoda zeatik nik urte batzuk badauket eta txikitatik entzundot gauza berdiñe. **T.** Intentaré explicarlo en castellano. Ondoloñ (buenas noches) es una palabra que siempre se dice cuando uno se retira a la cama y también como respuesta a aquel que lo dice, y hadrá sido una costumbre de siempre porque yo ya tengo unos cuantos años y desde pequeñito he oido la misma cosa.

ONDOREN, ONDORIOZ. A continuación. **K.** Ingurauzaiteze honutz aukeratzeko ze prestaukoun bixer inbioun bazkairako, eta aber zer iruitzejatzuen asmaudoten hau, aurrena entzalada nahasixe, gero urdaiazpiko pixkat eta ondoren etxurazko txuletie patatarrekiñ. **T.** Acercaros para aquí para que pensemos que poner para la comida que tenemos que hacer mañana, y a ver que os parace ésto que se me ha ocurrido, de primero una ensalada mixta, luego un poco de jamón y a continuación una buena chuleta con patatas fritas.

ONDORENGUE. El siguiente. **K.** Beno, nik ia bukatuitxut proba guztiek kotxen txartela berrizteko ta medikuek esandust esateko nere ondorenguei pasatzeko, ba Torkuato oñ zure txanda da eta sartuzeike. **T.** Bueno, yo ya he terminado todas las pruebas para renovar el carnet de conducir y el médico me ha dicho que diga al siguiente que pase, pues Torcuato ahora es tu turno y ya puedes entrar.

ONEGIÑ, ON-EGIÑ. Literalmente que haga bien y quiere decir que aproveche. **K.** Hemengo oiturabat da, beste tokI batzuetan be ziur halaxe dala, jatetxetera sarturakuen onegiñ esatie han dazen jentiei, eta beste erozeiñ tokitxen jaten ikusi-ezkero berdiñ, eztakitx edukazio kontue izengodan baña betik hala izenda. **T.** Una costumbre de aquí, seguro que en otros sitios también será así, cuando entras en un restaurante es decir buen provecho o que aproveche a la gente que allá se encuentra, y si te topas con alguien que está comiendo en cualquier otro sitio lo mismo, no se si esto puede ser cosa de educación pero siempre ha sido así.

ONEGIXE. Persona buenaza, demasiado buena.

(Ver la definición de bereinkatubat).

ONEKUE, ONERAKO. Para mejor, por mejor.

(Ver la definición de onbierrez).

ONENA, ONENAK. El o lo mejor, los mejores. **K.** Ba zueik ikusikozue baña nere ustez jatetxe hontako kartan eztau gauza askoik aukeratzeko, luzie bai, hori hala-da eta askenien zer jartzendau, ba?, nik xelebrekeixa pillabat besteik eztitxut ikusten, akaso zerbaitx esaguna ta akaso onena tripakeixek izengodie, oñ, auskalo nolakuek izengodien laranja saltza horrekiñ. **T.** Pues vosotros vereís pero yo creo que en la carta de este restauraurante no hay mucha cosas donde elegir, larga sí, eso es así ¿y al final que es lo que pone, pues?, yo no veo más que cosas raras, quizá alguna cosa que sea conocida y puede que lo mejor sean los callos, ahora, que vete tú a saber cómo estarán con esa salsa de naranja.

ONENTZUE, ONENTZUENA. De lo mejorcito. **K.** Ba ezgara fan jatetxe hortara, ondion denporie haukoun bazkal aurretik eta erabakidou ikusten fangogiñela txikito batzuk hartuaz, ta askenien emundou etxurazko tokixaz, jarrigara ta geixenak bigarren platerako txuleta eskatudaue, ni nola arraiñ zalie nazen galdetudot aber bere iruitzez zeiñ dan daukien onentzuena, antxuak mundialak eozela erantzundau eta hori da eskatudotena, eta noski, gero jan. **T.** Pues no hemos ido a ese restaurante, teníamos tiempo antes de comer y hemos pensado que iríamos mirando mientras tomamos unos chiquitos y al final hemos dado con un buen sitio, nos hemos sentado y la mayoría han pedido txuleta de segundo plato, a mí cómo me gusta más el pescado he preguntado a ver según su opìnión cual era lo mejorcito que tenían, me ha dicho que las anchoas estaban buenísimas y eso es lo que he pedido, y después comer, claro.

ONERA. A mejor. **K.** Ba ezkerrak eta ze lasaitazun haundi hartudoun danok, gaur goixien istripu ha euki izenauen lagunen andriaz alkartugara eta esandau urtendauela larritxazunetik, ondion etxoiñ-bierra izengodala baña etxura guztie daukola onera doiela. **T.** Pues menos mal y que tranquilidad más grande hemos cogido todos, ésta mañana nos hemos juntado con la mujer del amigo que tuvo aquel accidente y nos ha dicho que ya ha salido de la situación de gravedad, que todavía hay que esperar pero que da toda la impresión de que va a mejor.

ONERAKO. Para mejor o para mejorar. **K.** Ez larritxu, arroz-paellai botatzen hainazen hau onerako da eta ikusikozue ze gusto ona emuteutzon sugandilla erre honeik, nik oñ denpora gutxi probaunauen eta sekulako gozue hauen, hainbesteraño ze errepikau eta bigarren fratelerako be horixe bera eskatunauen. **T.** No os apureís, ésto que estoy echando a la paella es para mejorarla y ya vereís que gusto más bueno le da estas lagartijas fritas, yo lo probé hace poco tiempo y estaba muy rica, hasta tal punto que repetí y para segundo plato también pedí lo mismo.

Aspaldiko esaerabat: Zuen osasunerako ona dana eztauko zeatik izen neure onerako.

Un viejo procerbio vasco dice que los que es bueno para vuestra salud no lo tiene porque ser para la mía.

ONETZI, ONETZIA. Aprobar, aprobado. **K.** Zalantzaik eztau ondo kostata izendala baña ezkerrak ze errieta pillabat iñ ondoren, eta askenengo illebetien bentzet, jarritxu ukolonduek maigañien eta asterketa guztietan onetzia ataradau, egixe da batzuk justu antzien izendiela baña hori oñ gutxienbat da, bera eta baitxe gu be oso pozik gara dana ondo urtendauelako. **T.** No hay ninguna duda de que ha costado mucho pero gracias a que después de haber tenido muchas riñas, y por lo menos en el último mes, ha hincado los codos en la mesa y ha conseguido aprobar todos los exámenes, es verdad que algunos han sido bastante justos pero eso ahora es lo de menos, él y también nosotros estamos muy contentos porque todo ha salido bien.

ONGARRIA. Abono. **K.** Tipo askotako ongarriak saltzeitxue eta esauztie ikulluko ximaurra izetendala onena, eta honein barruen beixena dala, etxuraz untziana zertxobaitx iñdertzuaue da ta olluena sigerokue, guz ortuen untziana botatzendou zeatik hori da aukeran daukouna aldamanien. **T.** Venden muchos tipos de abonos y me han dicho que el mejor debe de ser el estiércol de la cuadra, y que dentro de éstos es el de las vacas, parece que el de los conejos debe de ser algo más fuerte y el de las gallinas fuertísimo, nosotros echamos el de los conejos en la huerta porque es el que obtenemos de al lado.

ONGI. Bien. **K.** Herminio gaztiatik eziñleike esan ba apartekue danik, ez goitxik ta ez betik, ondo erdikue baña beno, bentzet hala jarraitzendauen bitxartien eztabill halako gaizki, ontxe bukatudau asterketak ta ongi izendie ekarritxuen nota guztiek, eztie harrizeko bezelakuek baña utzak baño askoz hobiek bentzet bai. **T.** De Herminio el joven no se puede decir que sea algo aparte pues, ni por arriba ni por abajo, está más bien en la mitad pero bueno, mientras continúe así tampoco anda tan mal, ahora ha terminado los exámenes y la nota de todas las asignaturas ha sido de bien, tampoco es que sea nada maravilloso pero al menos sí mucho mejor que insuficiente.

ONGI-ETORRI. Bienvenido. **K.** Ongi-etorri da gauzabat asko esatendana Euskalherrixen eta ez esan bakarrik, etxe sarreran eotendan ate aurreko alfonbran be hori da ikustendana, berdiñ beste toki askotan eta hau gauza politxe da, naiz da, esan-baterako eta alfobran buruz bentzet, honeik geixenbaten jartzendie oitura dalako eta eztau ezer gure esateik. **T.** Bienvenido es una palabra que se dice mucho en Euskalherría y no solo decir, también eso es lo que se ve en las alfombras que están delante de las puertas de entrada de las casas, lo mismo en muchos otros sitios y esto es una cosa bonita, a pesar de que, por ejemplo y sobre las alfombras, la mayoría de las veces éstas se pongan por costumbre y no signifiquen nada.

ONIEN. A buenas, de buenas maneras. **K.** Eztaukotzu zeatik gaizki hartu-bierrik horrek esandutzuna, badakitx asarre antzien zarela berakiñ zure lengo nobixakiñ hasidalako, baña oñ haizarien asunto honek eztauko zer-ikusirik beste horrekiñ ta len komestautzun ze erabaki hartuleikien buruz, nik ustedot onien izendala. **T.** No tienes que tomar a mal lo que ese te ha dicho, ya sé que estás un poco enfadado porque tu antigua novia sale ahora con él, pero el asunto con el que estaís ahora no tiene nada que ver con eso y lo que antes ha comentado sobre lo que teneís que decidir, yo creo que ha sido a buenas.

ONTASUNA, HONTASUNA. Bienestar, salud, felicidad. **K. K.** Lenau enutzen emuten inportantzi haundirik, eta egixe esanda ezta sekula pentza be horreaz, baña oñ beste modubaten ikusteitxut gauza horreik, geixo eon ondoren, gañera larri antzien eta oñ sigero sendatuta, konturatzenaz ze ona ta inportantzi haundikue dan ontasuna. **T.** Antes no le daba gran importancia, y la verdad sea dicha tampoco pensar en ello, pero ahora esas cosas las veo de otro modo, después de haber estado enfermo, además bastante mal y ahora completamente curado, me doy cuenta de lo buena e importante que es la salud.

ONTUE (K). Hongo (s). **K.** Ze gauza erraruek gertatzendien perretxiko mota honeikiñ, urtiek izetendie basuek ontuaz betiek eotendienak ta beste-batzuetan ezertxoik ez, nik arrastuik be eztauket asunto horren buruz baña nabarmen igertzenda zeiñ dan urtebat ero bestie Tolosako azokan. **T.** Que cosas más raras suceden en el mundo de los hongos, hay años que los bosques están llenos de ellos y otros que no hay prácticamente nada, yo no tengo ni idea sobre éste asunto pero en el mercado de Tolosa se nota muy bien cuando es un año u otro.

ONTXE. Ahora mismo, ya. **K.** Aber Karolina ezairezu gauzabat, zuretako noix da ero noix izenleike ontxe?, aspalditxo esauztazu ontxe bertan ekarrikuztazula nik esandako errekauek baña ni hemen nau zai eta zuri ondion jolasten ikustezaut, orduen zertan geratzegara, nik fan-bierra eukikotela? **T.** A ver Carolina dime una cosa, ¿para tí cuándo es o cuándo puede ser ahora?, hace ya bastante tiempo que me has dicho que ahora mismo me ibas a traer los recados que te he pedido que hagas, pero yo aquí estoy esperando y a tí te veo que todavía estás jugando, entonces en qué quedamos, ¿qué tendré que ir yo?

ONTZA. Búho. **K.** Disekautako ontzak ikusi izenditxut noixienbeñ euron begi haundi horreikiñ baña benetazkuek eztie errex ikustendien txorixek zeatik gauez ibiltxendie, etxuraz orduen izetenda ehizien hastendienien, jeneralki arratoiek eta beste holako animali txiki batzuk, eta batzuetan entzun be itxenda euron kantue. **T.** Alguna veces ya he solido ver búhos disecados con sus grandes ojos pero de verdad es un pájaro que es muy difícil de ver porque anda de noche, parece que entonces es cuando empieza a cazar, por lo general ratones y algunos otros animales pequeños, y algunas veces también se les oye cantar.

ONTZI, ONTZIXE. Recipiente. **K.** Eztakitx zeiñ izendan baña bateonbatek erretirautxu tellatu aspixen eozen ontzixek, gauza da etxura guztie daukela euri-zaparrara hasikodan eta zerbaitx bierkoula itxufiñ urak jasotzeko, eta axkar gañera dana blai geratu aurretik. **T.** No se quién ha sido pero alguien ha retirado los recipientes que estaban debajo del tejado, la cosa es que tiene toda la pinta de que va ha empezar un buen chaparrón y necesitaremos algo para recoger el agua de las goteras, y además rápido antes de que se empape todo.

510

ONTZIOLA. Almacén donde guardan las canoas. **K.** Orixoko erreka honduen ontziola haundi ta barribat eonzan eta han gordetezien izugarri txalupa, gauza da ze lau ero bost urte dala sutan jarrizala ta barrue sigero xixko iñde gelditxu, eztakitx konpontzeko asmoik daukien ero haldan konpontzie, baña ondion bentzet su ondoren geratuzan bezela dau. **T.** En Orio junto a la ría había un almacén grande y nuevo donde se guardaban un montón de canoas, la cosa es que hace unos cuatro años o cinco años se incendió y el interior quedó completamente calcinado, no sé si tendrán intención de restaurarlo y si siquiera se puede, pero al menos todavía está tal y cómo quedó después del incendio.

ONURA. Fama.

(Ver la definición de omen).

ONUZKA. Para aquí. **K.** hemen gazen jentiaz eziñgou hau iñ, gutxi gara eta honek daukon pixuaz eztou iñundik lortuko eruetie hara bestalderaño ta gutxiau altzatzen bere tokira, aber zu Federiko, fanzaitxez han dazen hareikana ta ezaiozu etorteko axkar onuzka. **T.** Con la gente que estamos aquí no lo podremos hacer, somos pocos y con el peso que tiene esto no lo vamos a poder llevar hasta allá y mucho menos levantarlo a su sitio, a ver tú Federiko, vete dónde aquellos que están allá y diles que vengan rápidamente para aquí.

ONUTZEKOTAN, ONUZKUEN. Al venir. **K.** Onuzkuen zatozenien mezerat inbiuztezu, Orixon sartuzaitxez, betiko peskaixan erosi kilobat antxua eta ekarrirezu etxera, eta horren ordez prestaukotzut txorixo pixkat. **T.** Al venir para aquí me vas a hacer un favor, entras en Orio, en la pescadería de siempre compras un kilo de anchoas y me lo traes a casa, y a cambio ya te prepararé un poco de chorizo.

OÑ. Ahora. **K.** Ezizue ez geroko ta ez bixerko itxi eta askoz hobeto izengou oñ aprobetxatziaz, ia hemen gara danok eta komenida erabakitzie ze kanpiñetara fangogaren asteburu hontan, giro oso etxurazkue emunda dau ta ona izengolitzate erreserbak itxie haldan axkarren. **T.** No lo dejeís para luego ni para mañana y es mucho mejor que lo aprovechemos ahora, aquí estamos todos y conviene decidir a que camping vamos a ir éste fín de semana, está anunciado que el tiempo será muy fiable y seguro y sería buena cosa que hiciésemos las reservas cuanto antes.

OÑARTE, OÑ HARTE. Hasta ahora. **K.** Hau da asko erabiltzendan hitza, erozeiñ pertzonakiñ eon-ezkero, agur esan eta berriz geltditxu handik denpora gutxira, gero harte esan-bierrien oñarte esatie da normaltxuena. **T.** Esta es una palabra que se utiliza mucho, si estás con cualquier persona, te despides de ella y quedas otra vez para dentro de poco, en lugar de decir hasta luego lo más normal es el decir hasta ahora.

OÑ-EZ, OÑ BEZ. Ahora no, ahora tampoco. **K.** Laugarren aldiz da ona etorrinazela eta eziñ izendot lortu eoteik nik naidoten pertzonakiñ, betik erantzun berdiñek jasoteitxut, momentu hontan ezta posible, hurrenguen be berdiñ, oñ bez eta oñartien hala jarraitzendou. **T.** Ya es la cuarta vez que vengo aquí y no he conseguido estar con la persona que yo quiero, siempre me dan la misma respuesta, que si ahora no es posible, en la siguiente sucede lo mismo, esta vez tampoco y así seguimos

OÑARRIA, (K), OÑARRIXE, (K). Base, cimientos.

(Ver la definición de oiña).

OÑ-BAI, OÑ BAI. Ahora sí. **K.** Ordue zan, denpora askuen eongara zalantza horrekiñ baña oñ-bai, askenien be geldiketazien gauza guztiek garbi geratudie eta espero beñ eta betirako izetie. Ba ia arnasie lasai hartzeko bezela gara, baña zenbat arazo ta istripu eikitxun hau lortzeko. **T.** Ya era hora, hemos estado durante mucho tiempo con esas duda pero ahora sí, por fín todas la cosas que quedaban pendientes han quedado resueltas y espero que sean de una vez y para siempre. Pues ya estamos cómo para respirar tranquilos, pero cuántos problemas e incidentes hemos tenido para poder conseguir esto.

OÑETAKUEK. Calzado. **K.** Hortik zier soizenien ibilaldibat itxera ero inguruen dauen mendira besteik ez, derrigorrezkue izetenda oñetako onak jantzitxe eruetie eta eztau erozeñek balixo izeten, beztela gertauleike puzkatzeko arrixkue daukiela eta orduen akaso ortosik ibili-bierra eukikozu, eta baitxe zerbaitx txarraue be, hankak izurrau eta hau baleike axkar gertatzie. **T.** Cuándo se va por ahí a caminar para hacer alguna ruta o simplemente ir a un monte que está al lado, es imprescindible llevar un buen calzado y cualquiera no suele valer, sino puede pasar que haya riesgo de que se rompa y entonces quizá tengas que andar descalzo, y también algo peor, que puede que te hagas alguna avería en los pies y esto es una cosa que te puede pasar bien rápido.

OÑEZ. A pié, andando, caminando. **K.** Ze oitura txar daukien jente askok, oñartien eta betik mendira fateko oñez fan izengara eta oñ berriz ikusteitxozu nola kotxe pilla haldan goren eotendien, txiki honeik beratxuau ta hori eziñdauelako aurrerau segi, baña beste haudi horreik ixe goixen, eta batzuk ixe-barik. **T.** Que costumbre más mala tiene mucha gente, hasta ahora y de siempre para ir al monte hemos ido a pie, caminando y ahora en cambio ves cómo hay un montón de coches que están lo más arriba posible, los más pequeños un poco más abajo y eso porque no pueden continuar, pero esos otros grandes casi arriba, y algunos sin casi.

Aspaldiko esaerabat: Oñezkorik nai ez eta zaldikorik etorri bez.

Un viejo proverbio vasco: No querer a los que vienen a pie, pero tampoco vienen los de a caballo.

OÑEZKUE. Pista, camino o senda para los caminantes. **K.** Oñ denpora gutxi dala Grialko birie oñez itxen eonitzen, Kanfranen hasi eta Valentzian bukatu, danera xeirehunbat kilometro, baña beno, hau ezta kontue, kontue zan nola bire hontako erdi inguru, aurreneko aldie, iñun ezala oñezko bireik ta alde dan hori karretera bazterretik inbierra izenauela. **T.** Ahora hace poco tiempo he hecho caminando la ruta del Grial empezando en Canfranc y terminando en Valencia, en total unos seiscientos kilómetros, pero bueno, ésta no es la cuestión, la cuestión es que en aproximadamente la mitad del recorrido, la primera parte, no había una sola pista para los caminantes y toda esa parte la tuve que hacer por el arcén de la carretera.

OÑEZTU. Descalzarse. **K.** Aurreneko alde hori iñ ondoren benetazko eta bierdan bezelako birietan sartunitzen, ta ze ondo, kotxe-barik, bakarrik ta noixibeñ bizikleta bat ero beste, baña hemen be ta derrigorrez zerrreozer gertau-bierra izenzan, sekulako euri-zaparrarak eonziela eta gañera dexente egun errezkaran, bire askotako be partie uraz bete eta toki batzuetan ezala geratzen beste erremeixoik oñeztu baño. **T.** En cuanto terminé con esa primera parte del camino ya entré en un camino de verdad y cómo tiene que ser, y que bien, sin coches, y solo de vez en cuando alguna bicicleta que otra, pero aquí también a la fuerza tenía que suceder algo y fué que durante varios días seguidos hubo unos chaparrones impresionantes, se inudaban las partes bajas de los caminos y en algunos sitios no había más remedio que descalzarse.

OÑO! Exclamación de sorpresa o de contrariedad.

(Ver la definición de joño!, jope!

OÑURRENGUE, (N). La última vez. **K.** Etxatzu iruitzen batzuetan xelebre xamarra zarela?, gaur sekulako girue dau eta zu etortezara gabardiña, aterkiñaz eta gañera ondo jantzitxe, eztotena ulertzen da nola oñurrenguen hauen euri-zaparrakiñ asalduzitzen fraka motxaz ta kamiseta sistriñ-batekiñ bakarrik. **T.** ¿No te parece que algunas veces eres un poco raro?, con el buen tiempo que hace hoy vienes con gabardina, paraguas y encima bien abrigado, lo que no entiendo es cómo la última vez con el chaparrón que había apareciste con solo un pantalón corto y una camisetita.

OÑUTZIEN. Descalzo, sin calzado. **K.** Eztakitx zergaitxik izenleiken, ero hobeto esanda nola atrebitzendien surfista horreik, baña asko halaxe ibiltxendie kalien, oñutzien, eotendien txakur kaka ta auskalo ze beste txarrikeixakiñ, ba hor ikusteitxozu surfeko tablakiñ hondartza aldera, kotxe ero etxeko birien. Hainbestien malekoien balekue izenleike baña hortik kanpo nere ustez bentzet ez, baña halaere eurok ikusibikodaue. **T.** No se porqué puede ser, o mejor dicho cómo se atreven esos surfistas, pero así suelen andar muchos de ellos en la calle, descalzos, con las cagadas de perro que suele haber y quién sabe cuantas porquerías más, pues ahí les ves cargados con las tablas de surf camino de la playa, del coche o de casa. Todavía en el malecón podría valer, pero fuera de ahí yo por lo menos creo que no, pero aún así ellos tendrán que ver.

OPAROA. Abundante, generoso, demasiado. **K.** Zer da oparo hau, eta ze inbiot nik dan honeikiñ?, izugarri da. Goixien etorrijat Euleterio eskatzen kotxeko giltza esanaz sagar batzuk gureitxuela sartzie maleteruen, eta oñ kotxie hartzera etorrinazenien ikustendot hiru saku bete dazela ta gutxienetik ehun kilotik gora, ba akaso nunbaitxen saltzen hasi-bierra eukikot. **T.** ¿Que es ésto y que voy a hacer con todo lo que hay aquí?, es demasiado. Esta mañana ha venido Euleterio a pedirme la llave del coche diciendo que quería meter unas manzanas en el maletero, y ahora que he venido a coger el coche veo que hay tres sacos llenos y por lo menos son más de cien kilos, pues a lo mejor tengo que empezar a verderlo en algún sitio.

OPARI, OPARIA. Regalo. **K.** Ba deitxu iñdutzet Euleterioi galdetzeko aber zergaitxik haibeste sagar, ta barre pixkat iñ ondoren erantzundau hori eztala opari bezela, horren ordez eskatukuztela zerreozer, akaso pixu berdiñeko ardau botillak, txuletak ero beste holako gauza antzerakue. **T.** Pues le he llamado a Euleterio para preguntarle el porqué de tantas manzanas, después de reir un poco me ha contestado que eso no es cómo regalo, que a cambio ya me pedirá algo, quizá el mismo peso en botellas de vino, chuletas o alguna otra cosa parecida.

OPERAZIÑUE. Operación quirúrjica. **K.** Lenau eta akaso ez hainbeste denpora, mokorra izurraute haunken jente geixena ibiltxeko makuluen bierra izeteauen, eta oñ berriz askoi protesis izeneko hori jartzeutzie operaziñue iñ ondoren ta ikustejate nahiko ondo manejatzendiela. **T.** Antes y quizá no hace tanto tiempo, la mayoría de la gente que tenía la o las caderas en mal estado necesitaban el bastón para caminar, ahora en cambio a muchos les colocan eso que se llama prótesis despues de una operación y se les ve que se manejan bastante bien.

OPERAZIÑUE. Trato, negocio. **K.** Heriberton lana ta bere bizimodue betik izendie salmentak, bere aitxa be hala ibilizan ta gero berak asunto berdiñekiñ jarraitxudau, sarri esatendau nola asunto horreitan eztiela gauzak betik ondo urtetzen, batzuetan sigero gaizki baña oinguen bentzet jakiñien gara ze sekulako operaziño ona iñdauela, gutxigorabera izenda zerbaitx aukeran erosi eta prezio onien saldu. **T.** El trabajo de Heriberto y su forma de vida siempre ha sido la compraventa, su padre también se dedicada a eso y luego él ha continuado de la misma manera, a menudo suele decir que en esos asuntos no siempre salen las cosas bien, algunas veces muy mal pero esta vez al menos hemos tenido conocimiento de que ha debido de hacer un negocio muy bueno, más o menos comprar algo cómo oportunidad y venderlo a buen precio.

OPILLE. Torta de pan redonda, bastante plana y con poca miga. **K.** Inguru hontan eta normalki bezela opillek baserrriko ogixen modu hortan iñdekuek izetendie, opill horreik sigero gozuek die baña gauzabat daukie, hobero dala egun bertan jatie zeatik hurrengo egunerako siku xamarra geratzenda, eta zer esanik eztau beranduau harte lagatzenbadie. **K.** Por la zona de aquí la torta a la que nos referimos normalmente es la que está hecha al modo de pan de caserío, esa torta es muy rica pero tiene una cosa, que es mejor comerla en el mismo día porque para el siguiente está un poco seca, y no hace falta decir si es que deja para más tarde.

OPINIXUE. Opinión, pensamiento. **K.** Beno, ezaitxez hor eon ixilik betiko bezela eta ezaizu zerbaitx bentzet, zuk be eukikozu zure opinixue horren buruz, ez?, danon hartien erabaki inbierreko gauza da ta ona izengolitzake jakitxie aber ze iruitzejakun hemen garen bakotxai. **T.** Bueno, no estés ahí callado cómo siempre y di algo por lo menos, ¿también tú tendrás una opinión sobre ese asunto, no?, ésta es una cosa que la tenemos que decidir entre todos y sería bueno saber que es lo que nos parece a cada de uno de los que aquí estamos.

OPORRAK. Tiempo de vacaciones. **K.** Ontxe ia ezta denpora asko geratzen ba eta segitxuen daukou oporrak gañien, hamabost egun besteik ez eta ia bertan. Egixe da nahiko kostatzendala allegatzie baña ezta egi gutxiau axkar bukatzendiela, bentzet eta dauen bitxartien aprobetxau inbikou. **T.** Ahora ya no queda mucho tiempo pues y enseguida tendremos encima las vacaciones, quince días más y listo. Es verdad que tardan bastante en llegar pero no es menos cierto que enseguida se terminan, pero por lo menos y mientras duren lo tendremos que aprovechar.

Aspaldiko esaerabat: Ondo bizitxeko Lendakarixen jornala, abarien lana eta maixuen oporrak.

Un viejo proverbio vasco dice que para vivir bien el jornal del Lendakari, el trabajo de los curas y las vacaciones del maestro.

ORAINDIK. Todavía.

(Ver la definición de ondion).

ORAIÑ. Ahora.

(Ver la definición de oñ).

ORAIÑA. Peca, lunar. **K.** Eufronion familixan ezta oraiñik falta izeten, berak hala esatendau, eta hala daukien geixenbat neskak omendiedie, euskitzu giruek hastendienien arpegixek ixe betetzejatie ta eurak komestatzendauen bezela baitxe gorputze be, eta hori zeatik izengoeteda?, neguen apenas eukitxeitxue ta udan berriz sigero bestaldera da. Ba ze gauza errarue. **T.** En la familia de Eufronio no deben de faltar las pecas, así lo dice él, y de los que tienen la mayoría deben de ser las chicas, cuando empiezan los días soleados la cara casi se les llena de ellas y según comentan ellas también el cuerpo, ¿y porqué podrá ser eso?, en invierno parece que apenas las suelen tener y en verano es completamente al revés. Pues que cosa más rara.

ORBAINA. Cicatriz. **K.** Orbaina honeik bai diela gauza batzuk ugeri dauketenak, eta geixenbat mutikotan iñdekuek die, batzuk jolasten gerraka eta arbolatik jausi, beste askok zartara hartuta labandu ondoren izotzien ero lokatzetan, baitxe banaka-batzuk be bizikletatik jausitxe eta geixau be badaz, baña hainbeste die ze oñ enaz gogoratzen nun ero nola gertauta izenzien. **T.** Las cicatrices estas sí que son una cosa que las tengo en abundancia, y la mayoría hechas en la época de chaval, algunas jugando a guerras y caer del árbol, otras después de golpearme por haber resbalado en el hielo o barro, también las tengo por haberme caído de la bicicleta y aún quedan unas cuantas más, pero son tantas que ahora no me acuerdo dónde o cómo me las hice.

ORBANA. Defecto, mancha, abolladura. **K.** Gizon horrek nahiko orbana dauko ezkerreko besuen, eztakitx geixuatik izengodan ero akaso istripunbat, berak eztau sekula ezer esan eta ni bentzet enaz atrebitzen galdera hori itxen, gauza da alegiñ guztiek itxeitxula diximulatzeko ta ez esautu-ezkero apenas igertzejako. **T.** Ese hombre tiene un defecto bastante grande en el brazo izquierdo, no se si será debido a alguna enfermedad o quizá un accidente, él nunca habla de eso y yo desde luego no me atrevo a preguntarle, la cosa en que se esfuerza en disimularlo y para aquel que no le conozca casi ni lo notaría.

ORBELAK. Las hojas de los árboles, flores y plantas. **K.** Hurrengo ikustendotenien galdetu-bierra dauket ba, batzuetan ikusi izendot nola batzuk udasken garaian jasotxeitxuen lurretik orbelak ta gero honeik bota ortuen zabal zabal, ba eztot uste ongarri bezela izengodanik, ero akaso baleike izetie eztixien urten bedar txarrik? **T.** La próxima vez que lo vea lo tengo que preguntar pues, algunas veces he visto cómo algunos en otoño recogen del suelo las hojas de los árboles y luego las echan en la huerta bien extendidas, pues no creo que sean para abono, ¿o quizá sirva para evitar que salgan las malas hierbas?

ORDAINDU. Pagar. **K.** Hauxe da gauzabat etxatena bape gustatzen, noski beste askoi bezela, askoi ez, iñori eta gañera tripakomiñ haundixe emutendauena, ordaintzie Haziendari, eta ezta bakarrik izeten urtien beñ baizik urte guztien hartan haigara, gertatzenda ze iruitzejakula errentako deklarazio hortan besteik eztala izeten, eta ze gauza, gañera bueltatzie urtzenbadau, gañetik eta nola iñuxentiek garen, oso pozik jartzegarela. **T.** Esta sí que es una cosa que no me gusta nada, claro que igual que a casi nadie, a casi no, a ninguno y que suele dar gran dolor de tripas, pagar a Hacienda y no solo es que pagues una vez al año sino que todo el año lo estamos haciendo, lo que pasa es que nos parece que solo se hace cuando toca hacer la declaración de renta, y que cosas, si además sale a devolver, pues encima y cómo somos tontos, resulta que nos ponemos muy contentos.

ORDEIXE. Roña.

(Ver la definición de herdoie).

ORDEKA. Plano, llano. **K.** Jente askoi entzun izetejako nola ondo ta gustora pasian ibiltxendien ordeka biretan eta baitxe eztauela gure ikusteik be aldapaik, ba ze gauza xelebre hori esatie Euskalherri hontan mendixe besteik eztauen tokixen, halaere ordekan naidauenak badaukie nun ibilli, kosta aldien ta bai beste toki batzuetan be eotendie nahiko bire ta lekuek. **T.** A mucha gente se le oye que bien y a gusto se pasea por los caminos llanos y también que no quieren ver una cuesta ni en pintura, pues que cosa más rara el decir decir eso en esta Euskalherría dónde no hay más que montes, aún así los que quieran los sitios llanos ya tienen porque sitios andar, en la zona de costa y lo mismo en el interior ya suele haber suficientes lugares y caminos.

ORDE, ORDEZ. Substitución, substituir. **K.** Geruau eta geixau entzutenda nola enpresa haundi horreitan eztauen gure izeten emakuma gaztiek lanerako, eta hori omenda zeatik bildurre daukie aurdun geratukoetedien eta gero, umie euki ondoren, ni enau ziur, baña halaere ustedotdenpora dexenterako aukera eta deretxue daukiela amatazun baja hartzeko. Eta honekiñ gertatzenda ze akaso beste langillebat hartu inbierra dauela haren ordez eta gañetik ordaiñdu bajan dauen emakumei. **T.** Cada vez se oye más que en las grandes empresas no quieren coger a mujeres jóvenes para trabajar, y eso debe de ser porque tienen miedo a que se queden embarazadas y luego, después de tener a la criatura, yo no estoy seguro, pero aún así creo que durante un tiempo considerable tienen derecho y oportunidad para coger la baja por maternidad. Y con ésto sucede que quizá tengan que contratar a otra persona en substitución de aquella y encima pagar a la mujer que está de baja.

ORDEKUE. Realizar, efectuar el cambio. **K.** Ba ezkerrak eta ordue zan, askenien be ekarridau ordekue, nik ustenauen ia astuta eongozala ta akaso fan-bierra eukikonauela gogoratzera baña ez, berandu baña hemen dau berak aiñdutakue eta oso etxurazkue gañera, akaso geitxo ta dana. **T.** Pues menos mal y ya era hora, al final ya ha traído el cambio de lo que le dí, yo creía que ya lo tenía olvidado y estaba pensando que tendría que ir a recordárselo pero no, aunque un poco tarde aquí está lo que me prometió y además bastante generoso, quizá hasta demasiado.

ORDENA. Orden, mandato. **K.** Ba badakitzue zeiñ dan nagusixen ordena, gañera ezta gauza gutxi izen ta danok lan horretan jarri-bierra eukikou gaur bukatzie gurebou, eta asko komeni zeatik bixerko abixue emunda dau euri-zaparrara haundixek datozela, ta hala bada ezta posible izengo itxeik kanpoko lan horreik. **T.** Pues ya sabeís cual ha sido el mandato del jefe, además no ha sido poca cosa y todos nos tendremos que poner a trabajar en ello si queremos terminar hoy, y nos conviene mucho porque para mañana han dado el aviso de que habrá grandes chaparrones, y si es que así no va a ser posible que podamos hacer esos trabajos de fuera.

ORDEZKARIA, ORDEZKARIXE. Representante, delegado. **K.** Kontuz ibilizaiteze horrekiñ, nagusixen ordezkari bezela etorrida eta entzunde dauket sigero okerra ta aldrebesa dala, esatendauen ez oso alai ta jatorra omenda bestien aurrien eotendanien, baña gero atzetik laister emutendauela ostikarie. **T.** Andar con cuidado con ese, ha venido en representación del dueño y tengo oído que es muy malo y retorcido, según dicen debe de ser muy amable y simpático cuando está delante de otros, pero que luego enseguida te da la patada por la espalda.

ORDEZKUE. Substituto (a). **K.** Ba kontauztien bezela, goixen jarridoun antzerako kasu berdiñe gertau omenda hango fabrika hartan, aurdun geratu buleguen lanien hauen emakuma, bakarra zan, eta umie euki ondoren lau hillebeto baja hartudau deretxue hauken bezela, ta momentu hontan xelebre xamar haidiela eziñ billatuka haren ordezkue. **T.** Pues según me han contado el mismo caso que hemos expuesto arriba ha debido de ocurrir en aquella fábrica de allá, la mujer que trabajaba en la oficina, era la única, después de quedar embarazada y tener a la criatura ha cogido los cuatro meses de baja que le correspondían por derecho, y en éste momento deben de andar un poco desesperados no pudiendo encontrar la substituta.

ORDIE. A cambio de algo, alguna cosa. **K.** Bai, noski baietz eta gañera gustora asko emungotzut saku parebat sagar, oñ gauzabat eskatukonauen, ezta derrigorra eta gutxiau ordie bezela, eta da, bentzet hal izenezkero, gurekonaukela ze noixbaitxen hartzenbozu zuretako larrei dien perretxikuek, emutie batzun-batzuk. **T.** Si, claro que sí, y además muy a gusto te daré un par de sacos de manzanas, ahora que ya te pediría una cosa, no es ninguna obligación y mucho menos que me tengas que dar nada a cambio, y es, al menos si puede ser, que ya querría que uno de esos días que consideres que has cogido demasiadas setas, me dieses unas cuantas.

ORDIGA! ¡Ordiga! Exclamacíon de cabreo y tambíen de sorpresa. **K.** Nik betik esan izendot eukeraz eztauela maldeziño potoloik, beno, batzun-batzuk baleike baietz baña halaere eztie asko eongo, entzutendien haundixenetaikuek, ordiga!, mekasuen, mekatxis eta beste holako zerbaitzuk izengodie. **T.** Yo siempre he solido decir que en euskera no hay maldiciones que sean gruesas o fuertes, bueno, puede que haya algunas pero aún así no creo que sean demasiadas, las mayores que se oyen pueden ser ¡ordiga!, mekatxis, mekasuen y alguna otra cosa parecida.

ORDUBETE. Una hora entera. **K.** Bale, baleiketzu fan igeritxen zure lagunekiñ aldamenko pizinara baña gauzabat, dauen giruaz eztot nai luzero eoteik ta ordubete garrengo hemen gurezaut ikustie berriz, erueizu toalla haundibat gañien jartzeko uretatik urten ondoren eta halaere badakitx dardaraka ta hotzaz akabatzen etorrikozarela. **T.** Vale, ya puedes ir con tus amigos a nadar a la piscina de al lado pero una cosa, con el tiempo que hace no quiero que estés hasta tarde y dentro de una hora quiero verte aquí de nuevo, lleva una toalla grande para ponerte por encima cuando salgas del agua y aún así ya se que vendrás temblando y muerto de frío.

514

Aspaldiko esaerabat: Ordubetien eziñdana, bitxen itxenda.

Un viejo proverbio en euskera dice que lo que no se puede hacer en una hora se hace en dos.

ORDUE. La hora. **K.** Ondo dau zurie, ixe hirurak die eta eztozu uste ordue dala jaikitxeko?, ba hemen danok zure zai gara bazkaltzen hasteko. Ezta bakarrik gauez bizibier, egunez be zer itxeko gauza asko eotendie baña zu haizaren bezela sekula eztozu jakingo zertzuk dien. **T.** Ya está bien lo tuyo, casi son las tres ¿y no te parece que ya es hora de levantarse?, pues estamos todos aquí esperando por tí para empezar a comer. Y no solo hay que vivir de noche, de día también se pueden hacer muchas cosas pero de la forma que andas ahora nunca vas a saber cuales son.

ORDUEN. Entonces, antes, con anterioridad. **K.** Garai hontan eziñdot, palaka jolasteko zurekiñ asko entrenau inbikonauen eta hastenbanaz badakitx zer eukikoten, illebeto aujetak, eta orduen badakitzu, bestenbat billatubikozu partidu hori jolasteko, nik ikustera fangonaz eta bier izen-ezkero baitxe pelotak jasotzera be. **T.** En estos tiempos ya no puedo, tendría que entrenar demasiado para poder jugar a pala contigo y si empiezo ya sé lo que me va a pasar, agujetas para un mes, así que ya sabes, tendrás que buscar a algún otro para jugar ese partido, yo iré a verlo y si es necesario también para recoger las pelotas.

ORDUEN. A la hora. **K.** Oso ondo esauketazaut eta badakitx oitura haundixe daukotzula berandu fateko alde guztietara, ba bixer alperrik dozu zeatik derrigorrez jarridoun orduen urten-bierra daukou, ta badakitzu, interesik badaukotzu bentzet asaldu ondo orraztuta eta geratutako orduen. **T.** Te conozco muy bien y también que tienes mucha costumbre de ir tarde a todas partes, pues mañana no te va a valer porque necesariamete tenemos que salir a la hora fijada, así que ya sabes, si es que al menos tienes interés preséntate bien peinado y a la hora que hemos quedado.

ORDU ONIEN. A buena hora. **K.** Zu betiko bezela, ordu onien ta ontxe bertan maixen jarribioun garaian afaltzen hasteko, eta oñartien hor nunbaitxen potrojorran, badakitx etxatzula bape inportik baña baezpare esan ingotzuk, zurekiñ afaldu inbioun batzuk hemen eongara ixe atzalde guztien zure afaixe prestatzen, ta gañera honen aurretik eroseketak inbierrak eozen eta hareik be inditxu. **T.** Tú cómo siempre, a buena hora y listo para sentarte a la mesa para empezar a cenar, y hasta ahora por ahí tocándote los huevos, ya sé que no te importa en absoluto pero por si acaso te lo voy a decir, algunos de los que van a cenar contigo aquí hemos estado casi toda tarde preparando tu cena, y además antes de eso había que hacer las compras y esas también las hemos hecho.

ORDURAKO, ORDUKO. Estar preparado para la hora que se haya establecido. **K.** Beno, ba orduen esandakuaz geratzegara, ni kotxiekiñ fangonaz zuen etxeko ate aurreraño, bozina jokot eta alegiñdu pres eoten esandoun ordurako, toki hortan badakitzue eziñdala luzero aparkau eta segitxuen etortzendiela munizipalak. **T.** Bueno, pues entonces quedamos en lo dicho, yo iré con el coche hasta delante de la puerta de vuestra casa, tocaré la bocina y procurar estar preparados para la hora establecida, ya sabeís que en ese sitio no se puede aparcar mucho tiempo y que enseguida vienen los municipales.

ORDURARTE, ORDU HARTE. Hasta que sea o llegue la hora. **K.** Begire eonaz treneko ordutegia eta Gazteiz aldera doien hurrengo trena zortzi-terdiretan da, ondion zazpirak besteik eztie ta ordurarte pasiubat emunleikegu inguru hontatik lerrei urriñdu-barik. **T.** He estado mirando el horario de trenes que van hacia Vitoria y el próximo es a las ocho y media, todavía no son más que las siete y hasta que sea la hora podemos dar un paseo por los alrededores sin alejarnos demasiado.

ORDU TXARRIEN. En mala hora **K.** Siñistu eziñleike zenbat gauza gertatzen haidien kotxien segurue dauketen konpañia horrekiñ, arazoik bestei eztauket, aurrena ezauen nai izen kotxen kristala konpontzeik, gero ta arreglau ondoren dirue aurreratu inbierra izenauen eta oñ berriz diru geixau ezkatzeuztie polizatik, gañera esanaz beztela barik geratukonazela, benetan ezanleike ordu txarrien erabakinauela seguro hau hartzie konpañia hortan. **T.** No se puede creer las cosas que me están pasando con la compañía dónde tengo el seguro del coche, no tengo más que problemas, primero no quisieron pagar la reparación del cristal del coche, luego y una vez solucionado tuve que adelantar el dinero y ahora me han pedido más dinero por la póliza, encima diciendo que en caso contrario lo van anular, de verdad se puede decir que en mala hora pensé coger el seguro en esa compañía.

OREKA. Equilibrio. **K.** Mutil horreatik bere osabak esatendau oreka pixkat geixau bierrien dauela, osaba hori bere laneko nagusixe da eta komestatzendau nola batzuetan geldituxu be eztala itxen lanien, bestelan berriz sigero alpertuta eotendala eta berak eztauela ulertzen zeatik izenleiken. **T.** Su tío suele decir que ese chico necesitaría un poco más equilibrio, el tío ese es su jefe en el trabajo y comenta que cómo algunas veces no para de trabajar, que otras en cambio está completamente parado y que él no entiende porqué puede ser.

OREKA. Escondite, escondrijo. **K.** Ikusten hainaz nola Isidoro handikaldetik datorren aldebatera ta bestera beituaz, eta apostakonauke guri billatzen haidala, ba nik bentzet, eta ustedot zuek be berdiñ, eztot gure alkartzeik horrekiñ, sigero naskagarrixe da barriketan hastendanien eta ondo ingogauen orekabat billatziaz hemen inguruen, bistatik kendu hartien bentzet. **T.** Estoy viendo que Isidoro viene por allá mirando a un lado y otro y apostaria que nos está buscando, pues yo al menos, y supongo que vosotros lo mismo, no quiero juntarme con él, es demasiado pesado cuando empieza a hablar y haríamos bien en buscar un escondite por aquí cerca, al menos hasta que se quite de la vista.

OREKAN. En equilibriio. **K.** Etxat bape gustatzen nola dauen mutikotxo hori, dabillen bezela arrixku haundixe dauko jausi eta zartara haundibat hartzeko, hor dau txintxiliska, orekan eta gañera altura hortan, eztakitx nola bere gurasuen eztauen zerbaitx itxen ero eztutzien ezer esaten. **T.** No me gusta nada de la forma que está ese chavalito, de la forma que anda tiene un gran riesgo de caerse y coger algún gran golpe, ahí está colgado, en equilibrio y además a esa altura, no sé cómo sus padres no hacen o le dicen algo.

OREKAN. Escondidos, quietos. **K.** Zer da hau?, ondion hamar miñutu geratzendie lana amaitzeko eta eztot iñor ikusten lanien, apostaukonauke hor nunbaitxen erdi orekan dazela etxoitxen noix bete laneko ordue, gero aldatu eta urtetzeko, ba ederra daukie hala baldinbada. **T.** ¿Que es ésto?, todavía faltan diez minutos para terminar la jornada y no veo a nadie que esté trabajando, apostaría a que están por ahí medio escondidos esperando a que llegue la hora de finalizar el trabajo, luego cambiarse y salir, pues si es así van a tener una buena.

ORE. Pasta, generalmente de harina y huevo. **K.** Gure etxien nahiko ore-zaliek gara eta sarri xamar jatendou, neri makarroiek izen, espagetik ero beste erozeiñ berdintzu izetejat, baña halaere galdetu eta aukeran eon-ezkero bigarrena eskatukonauke, espagetixek. **T.** En nuestra casa somos bastante aficionados a la pasta y solemos comerla bastante a menudo, a mí que sean macarrones, espaguetis u otra cualquiera me es parecido, pero aún así si me preguntarían y habría oportunidad elegiría los segundos, los espaguetis.

OREÑA. Ciervo. **K.** Josun baserriko terrenotan nahiko sarri ikustendie oreñak, nik geixenetan hiru ikusteitxuk, ezta igertzen betik eurok dien zeatik danak igualtzuek emutendaue baña baleike geixau be eotie, eta gañera bertan bizidiela esangonauke zeatik toki berdintzutan ibiltxendie. **T.** En los terrenos del caserío de Josu se suelen ver ciervos bastante a menudo, la mayoría de las veces yo veo que hay un grupo de tres, no se nota si siempre son los mismos porque todos son bastante iguales pero puede que también haya más, y además diría que viven allá mismo porque siempre andan en sitios parecidos.

ORETZUE. Pastoso. **K.** Atzo zapatue herri txiki hortako jatetxien eongiñen bazkaltzen, bakarra da eta nahiko famaue, ero bentzet hala jarri babarrun prestaketan buruz, eta noski hori eskatugauen jateko, ta egixe esanda txukunek eozen baña nere gustorako larreiko oretzuek, salda pixkat bierrien. **T.** Ayer sábado estuvimos comiendo en el restaurante del pequeño pueblo ese, es el único que hay y tiene bastante fama, o al menos se la han puesto en cuanto a la preparación de alubias, y claro está eso es lo que pedimos para comer, la verdad sea dicha estaban buenas pero para mí gusto un poco pastosas, a falta de un poco de caldo.

ORFEOIE. Orfeón. **K.** Donostiko orfeoie sigero famaue da, kanpo toki askotatik deiketautzie abesten fateko eta ontxe bertan Errusia aldien dabitzela ustedot, nik nahiko sarri entzun izeutziet telebistan eta benetan zoragarrixek diela. **T.** El orfeón de San Sebastián es muy famoso, les suelen llamar de muchos lugares para cantar y ahora mismo creo que andan por algun lugar de Rusia, yo les he oído bastantes veces en la televisión y de verdad que son magníficos.

ORGA. Carro.

(Ver la definición de karrue).

ORGATXO, ORGATXUE. Carretilla. **K.** Zu ezara adarra joten ibiliko, ez?, hainbeste egunien ibilizara jardunien esanaz aber posible zan etortzie laguntzera, ze askenien gaurko geratu eta hemen gara, eta oñ zer, nola ero nun kargauta naiduzu eruetie material guzti hau?, eztaukotzu orgatxo bakarra eta ez beste holakoi. Ba daukien pixuekiñ eztaukou bape asmoik eskuz hasteko eta bagoiez, dana pres daukotzunien iñ kasu berriz eta akaso bateonbat etorrikoda. **K.** ¿Tú no estarás tomándonos el pelo, no?, has andado tantos días insistiendo a ver si podíamos venir a ayudarte que quedamos para el día de hoy y aquí estamos, y ahora qué, ¿cómo o dónde quieres cargar para llevar todo éste material?, no tienes ni una sola carretilla ni nada parecido. Pues con el peso que tienen no tenemos ninguna intención de empezar a mano y nos vamos, cuando tengas todo preparado avisa otra vez y a lo mejor ya vendrá alguno.

ORIÑALA. Orinal.

(Ver la definición de oi-azpikue).

ORITZE, ORITZA. Calostro. Es primera leche que beben de la ubre de sus madres los animales recién nacidos.

(Ver la definición de kalostrue).

ORKRESTA. Orquesta. **K.** Ziur ze munduko alde guztietan eongodiela orkrestat, jeneralki geixenak onak ero nahiko onak izengodie eta beste-batzuk zoragarrixek, hemen Euskalherrixen daukoun bezelakuek, eta esan-baterako Donostiko Sinfonika, benetan arritzekue, bai eurok bakarrik eta bai laguntuta bertako koralaz, eta baitxe Lertxundi abeslarixaz, Ken Zazpi taldie ero beste norbaitxekiñ. **T.** Seguro que en todo el mundo habrá orquestas, generalmente la mayoría serán buenas o bastante buenas y otras extraordinarias, cómo las que tenemos en Euskalherría, y por ejemplo la Sinfónica de San Sebastián, maravillosa de verdad, tanto ella sola cómo acompañada de la coral local, y también por Lertxundi el cantante, el grupo de Ken Zazpi o por cualquier otro u otra.

ORMA. Pared de piedra gruesa.

(Ver la definición de horma).

ORLEKUE. Fig. era una moneda que correspondía a aquella antigua de cinco pesetas, el duro. **K.** Zenbat gauza itxezien lenau, hau ixe larreiko aspaldi izenzan, poltxikuen eukitxe dozenerdi orleko, eta geixau euki-ezkero, erderaz gaizki esatendana, ba el puto amo. **T.** Cuántas cosas se hacían antes, de ésto ya hace casi demasiado tiempo, si se tenían media docena de duros en el bolsillo, y si eran más, aunque mal dicho, pues el puto amo.

(Ver también la definición de horlekue).

OROIGARRIXE. Memorable. **K.** la urte askotxo dala benetan oroigarrixe izenzala Errealak iñdekue, fubol mallan bi urte errezkaran España ligako txapeldun atara, gañera etxeko jentiaz eta beste- batzuk haizien bitxartien kanpo ta hortik zierko jokalari askokiñ. **T.** De verdad que fue memorable lo que consiguió la Real hace ya bastante tiempo, ser campeón de fútbol en la liga española durante dos años seguidos, además con la gente de casa mientras otros andaban con muchos jugadores de por ahí fuera.

OROIMENA. Memoria. **K.** Ba honen buruz esan-bierra dauket ze oroimen dauken nere lan-lagubatek, Toribio bere izena, kapaz izengolitzake esateko zeñeik izenzien Errealeko jokalarixek bi urte txapelketa horreitako askenengo partidutan, eta gañera ezauen erru bakarra eukiko. **T.** Sobre éste asunto tengo que decir algo sobre la memoria que tiene un compañero de trabajo, se llama Toribio, sería capaz de decir que jugadores de la Real fueron los que jugaron los últimos partidos del campeonato de liga de esos dos años, y además sin siquiera un solo error.

OROIPENA. Recuerdo. **K.** Urtero izetenda Anoetan, Errealak jolastendauen partidu bat ero bestien, zerreozer itxendan Zabaletan oroipen bezela. Ezta gauza haundikue izeten, pankartabat eotenda bere arpegi ta izenaz, aurreskue eta baitxe miñutuko ixilixe be. **T.** Todos los años en algún partido de la Real en Anoeta se hace un acto en recuerdo de Zabaleta. No suele ser una gran ceremonia, hay una pancarta con su rostro y nombre, aurresku (un baile vasco) y también un minuto de silencio.

OROITU. Recordar. **K.** Ba lengo egunien Germani be oroitu izendaue Iruñako zezen plazan, ia izengodie berrogei urte inguru polizkiak tiroka akabau iñauela plaza bertan eta ze gauza, eztie sekula astu itxen holako eta beste berdintzuko gertaeraik. **T.** Pues también a Germán le han recordado éstos días pasados en la plaza de toros de Pamplona, ya hará unos cuatrenta años que la policía lo mató a tiros en la misma plaza y que cosa, sucesos como éste y tampoco otros parecidos se olvidan nunca.

OROKORRA. Universal, general. **K.** Gauza asko eztau ez esan eta ez zeatik ibiltxeik gogoratzen, orokorrak izetendie eta dakok jakiñien eonbikogauke, eta bata da badakigula bierdan bezela konportau inbierra dauela bai kalien ta bai beste erozeiñ tokitxen, eta hau kalako errexa izenda zeatik izengoda jente askok eztauela bape kasuik itxen gauza horreikiñ? **T.** Muchas cosas no es necesario el decirlas ni tampoco porque andar recordándolas, son elementales y todos teníamos que conocerlas, y una de ellas es que sabemos perfectamente que nos tenemos que comportar de la forma debida tanto en la calle cómo en cualquier otro sitio, ¿y porque será que siendo tan sencillo mucha gente no haga caso alguno de esas cosas?

OROKORRIEN. Según la normativa. **K.** Ba Udaletxiek ikusiaz gauzak geruau eta txarrera doizela, geixenbat asteburutan, orokorrien jarridau esanaz ze erozeñi arrapau-ezkero gauez, berandu, burrundan ta uluka, aldamenekuek molestauaz ero burrukan, multa haundixek jasoikotxuela eta akaso baitxe beste zerbaitzuk be. **T.** Pues el Ayuntamiento viendo que las cosas van cada vez a peor, sobre todo los fines de semana, ha puesto una normativa en la que dice que si pillan a cualquiera que están a la noche, tarde, gritando y armando escándalo, molestando a los vecinos o peleando, van a ser multados con una cuantía muy grande y quizá también con algunas otras cosas.

ORPUE. Talón. **K.** Ederra gertaujakon lengo egunien Fulgentzion semiei, jolasten haizan hondartzan eta etxuraz erlabixuen zaztada hartu omenauen orpuen, axkar gurutze gorrira eruen beitzera eta aber zer inleikien, ba han igurtzi batzuk iñ uguentoikiñ eta esan eziñdala besteik iñ, ba oñ eta bi egun pasa ondoren Fuljentziok esatendau ondion be nahiko haunditxuta daukela. **T.** Buena le paso el otro día al hijo de Fulgencio, estaba jugando en la playa y parece ser que le debió de picar una avispa en el talón, le llevaron rápidamente al puesto de la Cruz Roja a que le mirasen y ver que se podía hacer, pues allá le frotaron con alguna pomada y dijeron que no se podía hacer más, pues ahora y después de haber pasado dos días Fulgencio dice que todavía lo tiene bastante hinchado.

ORRAZIXE. Peine. Cualquiera que utilice para peinar, tanto animales como personas, etc… **K.** Lengo egunien alkartunitzen Eskolapiokiñ eta komestatzen ibilizan zenbat orrazi eongotedien etxien, andriek oteletako orrazi zinstriñ guzti horreik sartzezitxula poltzan, bueltan ekarri etxera, gorde eta gero ez jakiñien zer iñ horreikiñ hor eotendiela, andriei pena emuteutzola botatzie eta momentuz han dazela kajoibaten, gañera dozenaka. **T.** El otro día me junté con Escolapio y estuvo comentando que cuantos peines podría haber en casa, que la mujer solía meter en el bolso todos esos peinecitos que hay en los hoteles, los traían de vuelta a casa, guardar y que luego no sabía que hacer con ellos, parece que a la mujer le da pena el tirarlos y que de momento estaban allá en un cajón, además por docenas.

ORRAZTU. Peinar. Beno, segurazki ezta ona izengo eta etxako iñoi gustauko kalboso izen ero geratzie, baña jeneralki gauza txarrak be eukitxetxu bere bentajatxuek, ta kasu hontan da eztauela orraztu inbierrik eta larreiko diruik gastau bez pelukeixan, halaere ustedot batzun-batzut naita kentzendauela buruko ule guztie. **T.** Bueno, seguramente no será bueno y a nadie le gustará ser o quedarse calvo, pero generalmente a casi todas las cosas malas se le pueden encotrar alguna ventaja, y en este caso es que no hace falta peinarse ni tampoco gastar demasiado dinero en la peluquería, aún así creo que también hay gente que se afeita toda la cabeza porque quiere.

517

ORRATZA. Aguja para coser.

(Ver la definición de jostorratza).

ORRI, ORRIXE (K). Hojas de los árboles, plantas, etc…

(Ver la definición de orbelak).

ORRIXE, HORRIXE. Hoja, página. **K.** Oñ irakurtzen hainazen liburue luzetxo xamar itxen haijat, gustora hasinitzen, nahiko interesgarrixe izengozala iruitujaten eta egixe esanda aurreneko berrehun inguru orrixek hala izenzien, baña pixkat aspertuta nau, zazpirehun pasatxo dauko eta eztakitx bukatzeik eukikoten. **T.** El libro que ahora estoy leyendo se me está haciendo un poco largo, lo empecé a gusto, también me pareció que sería interesante y la verdad que que las primeras aproximadamente doscientas páginas así los han sido, pero ya me he cansado un poco, tiene algo más de setecientas y no se si conseguiré terminarlo.

ORRITZU. Lleno de hojas, frondoso. **K.** Pagoeta ta Aiako bire tarte guztie basue da ta bere garaian pago guztiek orriz betiek eotendie, aurrera eztau ezer ikusteik ta berdiñ da erozeiñ lekutara beitzie zeatik dana sigero orritzu ikustenda, ba ezkerrak jakiñien garela aldapa bera fan-bierra dauela Aiara allegatzeko. **K.** El camino que hay entre Pagoeta y Aia es todo bosque y cuándo es su tiempo todas las hayas están llenas de hojas, para adelante no se ve nada y es igual que mires a cualquier lado porque todo está y se ve demasiado frondoso, pues menos mal que ya sabemos que para llegar a Aia hay que ir cuesta abajo.

ORRU. Gritar, llamar. **K.** Orru geixau inbierra eukikozu zeatik beztela hor aurrien doien zure lagun horrek eztotzu entzungozu, hemen malekoien dabillen jente pilla honekiñ ta gañetik olatuen zaratakiñ eztau ezer aitzeik, gañera alperra izengo telefonoz deitzie zeatik berdiñ gertaukoda. Ba orduen badakitzu, takarraran hasibikozu. **T.** Cómo no grites más ese amigo tuyo que va delante no te oirá, con toda la gente que anda por el malecón y con el ruido de las olas no hay forma de oir nada, además será inútil que le llames por teléfono porque pasará lo mismo. Así que ya sabes, tendrás que empezar a correr.

ORRUE. Grito, rugido, bramido. **K.** Eztakitx zer gertau izendan gaur gabien, ikulluen dazen beixek eztie ixildu be iñ, danak ibilidie orruka, parebat bider jaikinaz, ikullura fan eta ze gauza, ikusi besteik ez ixildu iñdie ta alde iñ ondoren berriz hasi, ze izengozan ba, akaso azerinbat eon ero ibili inguruen? **T.** No sé que ha podido pasar ésta noche, las vacas que están en la cuadra no han parado de mugir y gritar, me he levantado un par de veces, he ido a la cuadra y que cosa, nada más que me han visto se han callado y cuando me he marchado otra vez han empezado, ¿qué habrá podido ser pues, quizá que ande o haya estado algún zorro por aquí cerca?

ORTOSIK. Descalzo.

(Ver la definición de oñutzien).

Aspaldiko esaerabat: Beste erozeiñ lekutan be txakurrek ortosik ibiltxendie.

Un viejo proverbio vasco dice que también cualquier otro sitio los perros andan descalzos. (En todas partes cuecen habas).

ORTOZTU. Descalzarse.

(Ver la definición de oñeztu).

ORTUE. Huerta. **K.** Guk ortu txikibat daukou gauza gutxikiñ, etxerako bezela bakarrik, beno, urte ona eta bierdan bezela fatenbada baleike akaso zertxobaitx errepartizeko be eotie, igezko urtie nahiko dexentie izenzan baña aurtengue eta oñartien bentzet, itxusi xamarra. **T.** Nosotros tenemos una pequeña huerta con poquitas cosas, solo cómo para casa, bueno, si es que sale un buen año puede que también haya un poco para repartir, el año pasado fue bastante decente pero éste y al manos de momento es un poco deficiente.

ORTULANA, ORTUKO-LANA. Los trabajos propios que se desarrollan en la huerta. **K.** Horixe izetenda penagarrixe, ze hainbeste ortulan iñ ondoren, landau eta eraiñ iñdozun dana izurratzie izugarrizko euri-zaparrara ero txingorra eondalako, aurten, momentuz bentzet, beñ gertauda ta lan guztiek barrixenbarri inbierrekuek izenzien, eta aber oñ zorion pixkat daukoun eta eztan berriz pasatzen. **T.** Eso es lo que da pena, que después de haber tomado tantos trabajos en sembrar y plantar en la huerta venga algún impresionante chaparrón o granizada y te lo estropee todo, éste año, al menos de momento, ha sucedido una vez y tuvimos que hacer de nuevo todos los trabajos, y a ver si ahora con un poco de suerte no vuelve a ocurrir.

ORTZAK. Los dientes.

(Ver la definición de agiñek).

Aspaldiko esaerabat: Lagun ona galtzie baño, ortzak galtzie hobe.

Un viejo proverbio vasco dice que antes que perder a un buen amigo es mejor perder los dientes.

ORTZAKA. Morder, mordiendo.

(Ver la definición de haginka, haginke).

OSABA. Tío. **K.** Gure familixan eztau oituraik osaba tratamentuik erabiltzeko eta betik norberan izetanik deitxu izengare, betik gurot esatie oñ berrogetabost urte inguru azkero, gañera txiki txikiñek be hala deiketauzkue nausixenai, izenatik. **T.** En nuestra familia no hay costumbre de utilizar el tratamiento de tío y siempre nos hemos llamado por nuestro propio nombre, con siempre quiero decir desde hace unos cuarenta y cinco años a esta parte, además los más pequeños también nos llaman así a los más mayores, por el nombre.

OSAGAIAK. Componentes. **K.** Danok dakigu zeñeik dien osagaiak arroz-paella onbat itxeko, beste gauzabat da aukera eukitxie gauza horreik erosteko ero danon gustokue izetie, halaere nik ustedot ze euki-ezkero geixenbatek pozik ta gustora jangolaukiela, berduran aparte noski, almejak, bogabante, langostinok ero beste holako zerbaitzuk. **T.** Todo sabemos cuales son los componentes para hacer una buena paella de arroz, otra cosa es que haya posibilidad de comprarlas o que sea del gusto de todos, aún así yo creo que si tendrían la mayoría la comerían a gusto, aparte de las verduras claro, bogabante, almejas, langostinos o algunas otras cosas similares.

OSAGARRIXEK. Remedios curativos. Pueden ser medicinas, aunque también remedios caseros y naturales. **K.** Gure familixa tartien asko erabiltzendou, ez danerako baña bai gauza askotarako, etxien iñdako osagarribat eta gañera oso naturala dana, erretrapuenbotika izena dauko, ero esateutzou, eta liburu hontan izen horrekiñ jarritxe dau ze osagai mota dan ta nola iñde dauen. **T.** Entre nuestra familkia utilizamos mucho, no para todo pero sí para cantidad de cosas, un remedio curativo hecho en casa y que además es muy natural, es una pomada cuyo nombre, en euskera, es erretrapuenbotika y en éste libro con ese nombre está definido que componentes tiene y cómo se hace.

OSASUNA. Salud. **K.** Hau ona izendeixen danok dakigu ze inbierra eotendan, zoritxarrez jente askok eztau aukeraik eukiko gauza elementalenai allegatzeko eta horreatik ezbierreko gauza asko gertatzejatie, baña guk be zenbat bider itxendoun eztan inbierreko gauzak, baña halaere, osasun aldetik bentzet, entzunde dauket geruau ta hobeto zaintzegarela. **T.** Para que ésta sea buena todos sabemos que cosas hay que hacer y que pautas hay que seguir, por desgracia mucha gente no tendrá acceso a muchas cosas que debería de ser básicas y por eso les ocurrren tantas desgracias, pero nosotros también cuántas veces hacemos cosas que no deberíamos, pero aún así tengo oído, al menos en lo referente a la salud, cada vez nos cuidamos más.

Aspaldiko esaerabat: Osasuna, munduko ontasuna.

Un viejo proverbio en euskera viene a decir que lo mejor del mundo, la salud.

OSATU. Curar, sanar. **K.** Asko kostata izenda baña askenien ta bi illebete ondoren Eulojiok urtendau ospitaletik, ondion ez sigero osatuta baña etxuraz eta etxien jarraitzenbadau esandako tratamentuaz esautzie laister xamar sendatzeko aukera daukela. **T.** Ha costado demasiado pero por fín y después de dos meses Eulogio ya ha salido del hospital, todavía no completamente curado pero parece que si en casa sigue el tratamiento estipulado le han dicho que puede terminar de curarse relatrivamente pronto.

OSAU. Terminar, acabar, finalizar alguna cosa.

(Ver la definición de bukatu).

OSKARBI. Es cuando el cielo está despejado, claro, limpio, sin nubes o niebla. **K.** Gaur goixien zerue oskarbi dau eta zoragarrizko egune datorrela emutendau, ba nik ustedot aprobetxau inbikogaukela hortik zier nunbaitxera fateko egun pasa, ze iruitzejatzue?, eta baitxe hartuleikegu bokadillo parebat ta ardau botie, betie noski. **T.** Esta mañana el cielo está despejado, sin nubes y parece que viene un día maravilloso, pues yo creo que deberíamos de aprovechar para ir a algún sitio de por ahí a pasar el día, ¿qué os parece?, y también podríamos coger un par de bocadillos y la bota de vino, llena claro.

OSKORRI. Nubes rojizas. **K.** Nik eztot arrastuik be ulertzen egueldixen buruz eta eztakitx sikera egixe izenleiken esatendan hori, askotan entzun izendot ze illuntzeko zerue oskorri gelditzenbada, hurrengo goixa haixetzu izengodala eta ondoren baleikela eurixe hastie. **T.** Yo no entiendo nada en absoluto sobre el tiempo y tampoco siquiera sé si puede ser verdad eso que dicen, he oído muchas veces que si al anochecer queda el cielo con nubes rojizas, la mañana del día siguiente será ventoso y que a continuación puede que empiece a llover.

OSO, OSUE. Entero, lleno, completo. **K.** Neri etxat gustau izeten xolomue zatitxuta erostie, karnizerira fatenazen bakoitxien han dauenai esateutzet osue emuteko xolomo hori eta gero moztukotela etxien nere gustora, hori da zeatik batzuetan naio izetendot me xamarra izetie prijitzeko ta bestetan zerbaitx sendotxuau plantxan itxeko. **T.** A mi no me gusta comprar el solomillo cortado, cada vez que voy a la carnicería al que está allá le digo que me lo de entero y que luego ya lo cortaré en casa a mi gusto, eso es porque algunas veces prefiero que sea un poco delgado para freir y otras un poco más grueso para prepararlo a la plancha.

OSOIK. Que está lleno, hasta arriba. También que lo quiero lleno. **K.** Eziozue geixau bota bidoi hori osoik dau ta, goraño beteta eta jarraitzenbozue gañezka ingodau, oñ hasizaiteze betetzen hurrengue eta hori bete ondoren bestebat bakarrik geratukoda. **T.** No le echeís más porque ese bidón ya está lleno hasta arriba y si continuaís va a empezar a rebosar, ahora empezar a llenar el siguiente y después de llenar ese solo quedará uno más.

OSO ONDO. Muy bien. **K.** Bai jauna, oso ondo iñdozu esandako lan hori eta ez hori bakarrik, baitxe sigero axkar be, beno, oñ geratzejat ordaintzie eskupeko txikibateaz geitxuaz eta beste gauzabat, beste lantxobat be badauket inbierrekue ta pixkar aurreratxuau abixaukotzut. **T.** Si señor, has hecho muy bien el trabajo que se te ha dicho y no solo eso, sino que también muy rápido, bueno, ahora me queda pagar añadiendo una pequeña propina y otra cosa, tengo otro trabajillo para hacer y ya te avisaré un poco más adelante.

OSOTU. Completar o aumentar añadiendo más cantidad. **K.** Zu zer, gerriko miñe daukotzu ero akaso makal antzien notatzezara gaur?, beste-batzuk patata otar osuek bixkerrien eruten haidie eta zuri ikustezaut erdi ezkaxakiñ haizarela, ba hurrengo bueltarako osotu inzu otar hori zeatik beztela asarre antzien bukatukou. **T.** ¿Tú qué, te duele la cintura o acaso es que hoy te notas un poco flojo?, los demás están llevando al hombro el cesto de patatas entero y veo que tú llevas escasamente la mitad, pues para la siguiente vuelta procura completar el cesto porque sino puede que terminemos algo enfadados.

OSPA. Escapar, huir.

(Ver la definición de joxpa).

OSPAKISUNA. Celebración. **K.** Benetan motibu haundixe daukiela ospakisun haundibat itxeko eta bi gauzatik gañera, aldebatetik aitxajauna urtendaueleko ospitaletik notizi honakiñ, etxuraz eukidauena geixo txikibat bakarrik izendala ta ez beste gauza erraruik, eta bestaldetik bere billoba txikiñe aurdun dauelako. **T.** De verdad que tienen motivos de hacer una gran celebración y por doble motivo además, por una parte porque el abuelo ha salido del hospital con buenas noticias, parece que lo que ha tenido no ha sido más que una pequeña enfermedad y ninguna otra cosa rara, y por la otra porque su nieta pequeña está embarazada.

OSPATU. Celebrar. **K.** Gure ume txikiñe ontxe ikastolan hasi-barri dau eta gaur etxera etorridanien galdetudau aber bere lagunak etxera ekarrileiken ospatu itxeko bere urtebetetzie, berak badaukela diru pixkat gordeta eta erosikoitxula gozoki batzuk danontzako, barre pixkat iñ ondoren baietz esautzou. **T.** Nuestra cría pequeña ahora hace poco que ha empezado en la ikastola y hoy cuando ha llegado nos ha preguntado a ver si puede traer a sus amigas a casa para celebrar su cumpleaños, que ella ya tiene un poco de dinero guardado y que ya comprará unas golosinas para todas, después de reir un poco le hemos dicho que sí.

OSPATZEKO. Todavía pendiente de celebración. **K.** Gauza batetik ero bestiatik ondion ospatzeko daukou amandrian zorionak, batek egun hortan eziñdauela kanpora fan-bierra daukelako, bestiek bez lan asuntuatik eta gaur da eguna ezer eztouna iñ, ba aber lortzendoun billatzie egunbat ondo etortzejakona danoi. **T.** Por una cosa o por otra todavía está pendiente de celebración el cumpleaños de la abuela, que si uno no puede porque ese día tiene que ir fuera, el otro por asuntos de trabajo y hoy es el día que todavía no hemos hecho nada, pues a ver si logramos encontrar un día que a todos nos pueda venir bien.

OSPERA! Exclamación de asombro, sorpresa y también de cabreo.

(Ver la definición de ¡ordiga!)

OSPELA (K). Sabañón, sabañones. **K.** Negu aldien eta hotz haudi hareikiñ gure aitxa nahiko larri ibiltxezan ospelakiñ, orduen ezien gauza askoik eongo horreik kentzeko ta harek berakatzakiñ kentzezitxuen, alegiñdu bentzet, alie erditxik moztu luzetara eta gero ondo igurtzi ospelak eozen tokixen, jeneralki bietz tartien. **T.** En la parte del invierno y con aquellos grandes fríos nuestro padre lo pasaba muy mal con los sabañones, entonces tampoco habría muchas cosas para eliminarlos y aquel los quitaba o al menos aliviaba con el ajo, partiendo un gajo por la mitad y luego frotar en el sitio dónde estaban los sabañones, generalmente entre los dedos.

OSPIÑA. Vinagre.

(Ver la definición de biñagrie).

OSPIÑDU. Avinagrar. **K.** Kontu haundixekiñ ibili-bierra izetenda etxien itxendien konserba horreikiñ, eta akaso baitxe erostendanakiñ be, baña geixenbat etxekuaz. Guri beñ gertaujakun besten etxien iñdekuaz, eta jandako berdelan konserbakiñ, ta bai, igerrigutzen zertxobaitx ospiñdute bezela hauela baña ustegauen hala izengozala eta ezgutzen ezerko inportantzik emun, ba bi egunien danok eongiñen bueltaka komun ingurutik. **T.** Hay que andar con mucho cuidado con las conservas que se hacen en casa, y quizá tambien con las que se compran, pero más con los de casa. A nosotros una vez ya nos pasó con una que era de otra casa, y con una coserva de caballa que comimos, y sí, ya le notamos que estaba cómo un poco avinagrada pero pensamos que sería así y no le dimos importancia alguna, pues luego todos estuvimos dos días dando vueltas por las cercanías del báter.

OSPIZIANUE, OSPIZIKUE. Hospiciano. Antiguamente se les llamaba así a las criaturas que se recogían del hospicio. **K.** Lenau nahiko normala izetezan umiek jasotzie ospiziotik eta honei esan ero deitzetajatien, ezan gaizkiatik baizik halaxe zalako, ospizianuek, nik batzuk esautunitxun ta benetan etxeko erozeiñ bezelakuek ziela. **T.** Antes era bastante normal el recoger y adoptar criaturas que estaban en el hospicio y a éstos se les decía o llamaba, no era por por maldad sino porque era así, hospicianos, yo ya conocí a algunos y de verdad que eran cómo cualquier otra de casa.

OSPIZIUE. Hospicio, inclusa. **K.** Lenau ospiziuei beste pobretxien izenaz be deitzejatien eta oñ be nunbaitxen holako antzerako ero berdiñek eongodie, noski beste izenbatekiñ, aterpe ero asilo tipokuek zien eta han jasotezitxuen gurasoik ezaukien umiek, akaso gerran hildakuek ero baleike eskondu-bako amanak, eta baitxe harein umiek ze dana galdu ondoren ezer etxatien geratzen. **K.** Antes a los hospicios había quien les llamaba casa de los pobres y ahora también en algunos sitios habrá cosas parecidas o iguales, claro que con otro nombre, eran una especie de albergues o asilos dónde se recogían a las criaturas que había quedado huérfanas de la guerra, a los hijos de madres solteras e igualmente a los niños de aquellos que lo habían perdido todo y que ya no les quedaba nada.

OSTADAR, OSTADARRA. Arco iris **K.** Lenau esatezan ostadar aspitxik pasa-ezkero betiko aberaztukoziñela, ni askotan alegiñdunaz baña oñartien bentzet eztot lortu izen, baña halaere eta ondion be, asmo horrekiñ jarraitzedot. **T.** Antes se decía que si pasabas debajo del arco iris te enriquecías para siempre, yo lo he intentado muchas veces pero hasta ahora nunca lo he conseguido, pero aún así todavía, continúo con la misma intención.

OSTARTIE. Claros entre nubes. **K.** Beno, zerbaitx da eta eurixe bentzet gelditxuda, ostarte zerbaitzuk asaltzen hasidie eta akaso hala jarraitxukodau, ba oñ aterpetik urten eta baezpare ondo ingogauke momentu hau aprobetzatzenbou segitzeko gure ibilaldixaz. **T.** Bueno, ya es algo y ya por lo menos ha parado de llover, han empezado a aparecer claros entre las nubes y puede que continue así, pues ahora podemos salir del refugio y por si acaso haríamos bien en aprovechar éste momento para seguir con nuestra caminata.

OSTATUA. Fonda, posada, hospedería. **K.** Hemen Euskalherrixen herri txikitako tabernai ostatua deitzejatie eta honein geixenak jatetxe bezelakuek die, dana batera eta batzuk, gutxik, lo itxeko gelak be eukitxeitxue. **T.** Aquí en Euskalherría a las tabernas de los pueblos pequeños se les llama ostatua, y de éstos la mayoría son cómo restaurantes, todo ello junto y algunas de ellas, pocas, también suelen tener habitaciones para dormir.

OSTEGUNA. Jueves. **K.** Lenau, oso aspaldiko kontue da, nik arrastuik be eztauket zeatik izengozan, baña betik entzundakue zan ze ostegunai kulero eguna esatejakola, illuntzeko egun hau izetezan nobixuek pasian urtetzeko debrazete ondo helduta, eta baitxe ezaukenak be, alegiñdu eta aber bat lortzie izeteauen. **T.** Antes, es un cuento muy antiguo, yo no tengo ni idea de porque sería, pero de siempre se había oído eso de que a los jueves se le decía día de bragas, ese era un día en que al anochecer salían a pasear los novios bien agarrados del brazo, y también para aquellos o aquellas que no lo tenían, intentar a ver si podían conseguir pareja.

OSTERA. Otra vez. **K.** Nola eta zenbat bider esanbijatzu zuri gauzak, akaso enutzun esan ez fateko berriz horreikana?, ba ondo jakiñien ze atzo ostera ikusizauela hareikiñ, ustedot garbi geratuzala ze horreik larreiko famauek diela ezbierreko gauzak itxen. **T.** ¿Cómo y cuántas veces hay que decirte a tí las cosas, no te dije que no fueras más veces dónde aquellos?, pues ya estoy al tanto de que ayer otra vez te vieron con ellos, creo que quedó bien claro que esos son demasiado famosos en hacer cosas que no deberían.

OSTERA. Al rincón, atrás. **K.** Eztakitx esan lenauko maistruek larreiko gogorrak ziela ero eurok uste danon ta danan jabe zienik, ondo gogoratzenaz berba apurbat iñezkero aldamenien hauenaz, gelan eotezitzen bitxertien, laister bielketazuela ostera, eta han eon-bierra izetezan berak, maistruek, esan hartien. **T.** No sé si decir que los maestros de antes eran demasiado duros o que se creían los dueños de todo y de todos, me acuerdo muy bien que si hablabas un poco con el que tenías al lado, en el tiempo que estabas en clase, enseguida te mandaba al rincón, y allá tenías que estar hasta que él, el maestro, te lo dijese.

OSTIA!, OSTIXA. ¡Ostia! Es una palabra que se utiliza como expresión de enfado o de contrariedad. Y casi se podría considerar cómo una palabra extremadamente fea o fuera de lugar, claro está, por lo general, que sin ánimo de ofender a nadie y solo por costumbre. **K.** Ostia!, zenbat bider esan-bierra jaukat hirekiñ eztotela nai kotxez fateik Bilbora?, ederto jakixat ze pixu dauken hire hanka manejau garaian eta ni nire kontura fangonauk, jarri ordue, tokixe eta han alkartukogaitxuk. **T.** ¡Ostia!, ¿cuántas veces tengo que decirte que no quiero ir contigo en coche a Bilbao?, sé muy bien lo pesado que tienes en pie a la hora de conducir y yo iré por mi cuenta, pon la hora, el sitio y nos reuniremos allá.

OSTIXAKUE, OSTIXAKOBAT. Fig. se dice por ofrecer, dar o recibir un golpe (una ostia). **T.** Gauzabat garbi esanguztat, ibiliai ta berba iñik bierdan bezela beztela baleikek bateonbatek ostixakobat emutie eta gero, beñ hartu ondoren, alperra izengok kejatzie, ba abixauta geratzeaz. **T.** Te voy a decir una cosa claramente, anda y dí las cosas de la forma debida o sino puede que alguno te de una ostia y luego, después de recibirla, es inútil que te quejes, pues quedas avisado.

OSTIE, OSTIEN. Detrás, en la parte de atrás. **K.** Ekarridozuen material ta erraminta horreik ezizue itxi hemen erdixen, beste gauza batzuk be laister etortzekuek die eta hareindako be tokixe bierkou, erueizue handikaldera eta oñ, momentzuz bentzet, laga pale harein ostien. **T.** Esos materiales y herramienta que habeís traído no los dejeís aquí en la mitad, pronto van a llegar otras cosas y también vamos a necesitar sitio para ellas, llevarlo hacia allá y ahora, al menos de momento, dejarlo detrás de aquellos palés

OSTIEN. A continuación. **K.** Aber, bateonbatet gurekodau jatie arraña ero beste zerbaitx txuleta ostien?, hau parrilleruen galdera da zeatik arraña nai-bada oñ daoukou esan-bierra, beztela gero dexente itxoiñbikou plater batetik hurrengora. **T.** A ver, ¿alguno va a querer pescado o alguna otra cosa a continuación de la txuleta?, esto lo ha preguntado el parrillero porque si se quiere pescado hay que decirlo ahora, sino luego habrá que esperar bastante entre un plato y el asiguiente..

OSTIKARIE, OSTIKOKARIE. Patada. **K.** Zeiñ izenda ostikarak emuten erakutzidutzena mutikotxo honi?, eztot uste berak bakarrik ikesitxekue danik eta izendana hasileike esaten oso oitura txarra dala hori eta zuzendu inbierra daukela. Diabru honek ikustendauen danai ta kaixo esan-bierrien, aurren gauza itxendauena da ostikarie jaurti. **T.** ¿Quién ha sido el que le a enseñado a este chavalito a dar patadas?, no creo que lo haya aprendido él solo y el que haya sido ya le puede ir diciendo que esa es una costumbre muy mala y que se tiene que corregir. Este diablo a todo aquel al que ve en lugar de saludarle y decirle hola, lo primero que hace es echar la patada.

OSTIKOKA. Dando patadas, coceando. **K.** Halaxe ibiltxenda Kiko, Josun asto zarrena, ostikoka Mesiri, beste astuei, Mesi hau betik haida jolasten bere gañera igota, ero igo guran, eta gero gertatzenda Kiko aspertu ero asarretu itxendanien joku horrekiñ, ba ostikoka hastendala. **T.** Así suele andar Kiko, el burro más viejo de Josu, coceando a Mesi, al otro burro, el Mesi éste siempre quiere jugar subiendose, o queriendo subir, encima de él y luego pasa que cuando Kiko se aburre o se enfada con el juego, pues que empieza a cocear.

OSTIKUE. Pie.

(Ver la definición de hanka).

OSTIRALA. Viernes. **K.** Gaur ostirala eta asteburuko aurreneko eguna, beno eguna bez, hobeto esanda gaua eta hemen Zarautzen burrundarak, eskandaluek ta jente moltzue alkartzendan hasiera, zenbat pertzona eongoteda herri hontan bildurre eukikodauena egun hau allegatzendanien, baleike lorik be ez itxeik hainbesteko urduritazunaz. **T.** Hoy viernes y el primer día del fín de semana, bueno tampoco el día, mejor dicho la noche y aquí en Zarautz es el comienzo de los escándalos, griteríos y multitudes de gente, cuántas personas habrá en el pueblo que tienen miedo a que llegue este día, a lo mejor ni duermen de la preocupación que tienen.

Aspaldiko esaerabat: Eskondu hari alperraz eta eukikoitxuk bi ostiral.

Un viejo proverbio vasco dice que si te casas con alguien sin fundamento los días se te harán demasiado largos.

OSTOPUE, OZTOPUE. Traba, estorbo. **K.** Kontu haundikiñ ibili-bierra daukotzue koba-zulo hortan, itxufin asko eongodie eta erueizue urandako txaketa, baitxe gomazko botak eta buruko kaskue. Eta honeikiñ batera ez astu dexente argi emutendauen internak zeatik birien ostopo asko billaukoitxozue. **T.** Esa es una cueva en la que hay que andar con mucho cuidado, habrá muchas goteras y necesariamente teneís que llevar una chaqueta de agua, también botas de goma y un casco para la cabeza. Y junto con esto no os olvideís de unas linternas que iluminen bien porque os encontrareis con muchos estorbos en el camino.

OSTRA! ¡Ostra! Exclamación de sorpresa y de asombro.

(Ver la efinición de ¡Jeseus!)

OSTRUE (K). Hojas de árboles, plantas.

(Ver la efinición de orbelak).

OSTU. Robar.

(Ver la efinición de arrapau).

OTA. Los palos dónde se posan y duermen las gallinas. **K.** Atxabalta etxe zarreko patixuen eozen olloteigo otak noixienbeñ aldatu-bierrak izetezien zeatik olluen ziriñekiñ laister ustelketazien, eta gero denporiaz ta aitxa nahiko aspertuta gauza berdiñek itxen burdiñazkuek jartzie erabakiauen. **T.** En el gallinero del patio de la casa vieja de Aretxabaleta se solían cambiar bastante a menudo los palos dónde dormían las gallinas, con el estiércol de éstas se pudrían con bastante facilidad y luego con el tiempo, y ya el padre aburrido de hacer las mismas labores decidió ponerlas de hierro.

OTA. Argoma. **K.** Ota hau da gauzabat ezertarako eztauena balixo, orizko lorak eta arantzak besteik eztauko eta horreiñ inguruen ibili-ezkero, eta fraka motxaz jantzitxe ero berdiñezko mangakiñ kontu haundixe euki-bierra dau, beztela arrixku haundixe dau zaztada ugerikiñ urtetzeko. **T.** La argoma es una planta que no sirve para nada, no tiene más que unas flores amarillas y está llena de espinas, si se anda cerca de ellas y se lleva pantalón corto o lo mismo la manga hay que tener mucho cuidado, sino hay mucho riesgo de salir con un montón de pinchazos.

OTATZA. Zarzal, lugar dónde hay muchas zarzas. **K.** Aber ze bire hartzendoun mendi hortara fateko, oñ harigarenetik ustedot nahiko gaizki goizela zeatik aurreratxuau otatza dauen lekubat billatukou, ni beñ ibilinitzen galduta inguru hortan, sartunitzen eta frakak goitxi-bera izurrauta ataranitxun, zakarrera botatzeko bezela, eta eztau ze esanik nola geratuzien bernak. **T.** A ver que camino cogemos para ir a ese monte, por el que andamos ahora creo que vamos bastante mal porque más adelante nos encontraremos con un sitio que está lleno de zarzas, yo una vez anduve perdido por ahí, me metí y salí con los pantalones completamente destrozados, para echarlos directamente a la basura, y que decir de cómo quedaron las piernas.

OTA-LORA. Flor de la zarza. **K.** Ota-lorak oso politxek izetendie ikusteko baña gauzabat sigero txarra daukie, eta da ze hartzie gurezkero guantiek bierdiela zeatik horreiñ honduen eta ondo pega iñde arantza pillabat eotendie. **T.** La flores de la zarza son muy bonitas para ver pero también tienen una cosa muy mala, y es que si se quiere cogerlas se necesitan guantes porque al lado de ellas y bien pegadas suele haber un montón de espinas.

OTANA. Torta de pan redonda y plana con poca miga.

(Ver la definición de opille).

OTARRA. Cesto. **K.** Badaukou astolan egun batzuk eta ezkerrak aurreneko pixue dala, gertatzenda eztaukoula nun jarri grua txikibat eta dana otarran kargau eta bixkerrien akarriau inbierra dala, aurrena zakarra jetxi eta gero obra itxeko bierdan material guztie berdiñ igo, sikera eonbalitz asensora, baña hori-be falta. **T.** Ya tenemos unos cuántos días de trabajar igual que burros y menos mal que es un primer piso, pasa que no tenemos dónde poner una grúa pequeña y que todo lo tenemos que cargar en cestos y llevarlo al hombro, primero bajar los escombros y a continuación subir los materiales necesarios para hacer la obra, si siquiera hubiera ascensor, pero también eso falta.

OTOI, OTOITZA. Rogar, pedir un deseo o un favor mediante oración. **K.** Neri hortik zier ibiltxenazenien asko gustatzekat, denporie badaubet bentzek, pasatzenazen herri bakoitxeko Elixak bixitatzie, geixenak jeneralki goix aldien itxita eotendie eta noski zabalik dazenetan sartzenaz, eta gauzabat, iruitzejat zerbaitx aldatudala zeatik apenas ikustenda otoitzien haidien jenteik, batzuetan iñor ez. **T.** Cuándo yo suelo andar por ahí y si al menos tengo tiempo, me gusta visitar las iglesias de los pueblos por dónde paso, generalmente por las mañanas la mayoría suelen estar cerradas y como es lógico suelo entrar en las que están abiertas, y una cosa, me da la impresión de que algo ha cambiado porque se suele ver a muy poca gente que esté en oración, algunas veces a nadie.

Aspaldiko esaerabat: Bakotxat bere Santuei otoitzendau.

Un viejo proverbio vasco dice que cada cual reza a sus propios Santos.

OTXIÑA. Dinero. **K.** Euskalherriko ixe alde guztietan etxako diruei otxiña esaten eta bere diruen izenaz esatejako, otxiñ izen hori nunbaitxen entzunde daukek eta ustedot izendala hor Deba Barreneko nunbaitxen, enau ziur baña bai, hortik zier izengozan. **T.** Esto que he explicado es bastante difícil traducirlo al castellano, pero más o menos viene a decir que de la forma que llaman al dinero en euskera en algunos sitios difiere de cómo lo llaman en otros. Por ejemplo, digo que creo que en algún pueblo del Bajo Deba llaman otxiña al dinero y en casi todo el resto de Euskalherría, dirue.

OTXOKUARTUE. Esta es una palabra que utilizaba mucho nuestra madre y venía a decir que lo que se oye no tiene ningún fundamento, que es una tontería. **K.** Ixe hobeto izengou ez fatie entzutera horrek esangoitxun gauzak, Federikok esauzten bera beñ eonzala eta urtenauela pentzatzen pertzona hori nahiko txoriburue zala, ta egixe esanda nik bentzet eztauket gogoik otxokuarto gauzaik aitzeko. **T.** Casi va a ser mejor que no vayamos a escuchar las cosas que vaya a decir ese, Federico me dijo que él había estado una vez y que salió pensando que era una persona que tenía la cabeza llena de pájaros, y la verdad yo al menos no tengo ganas de oir tonterías ni cosas sin fundamento.

OTXOTIE. Ochote. Grupo coral de ocho personas. **K.** Garai baten otxotiek famauek izenzien eta gañera Euskalherrixen ugeri eozen, nik hemen, oñ enaz izenik gogoratzen baña batzuk esautuitxut Eibar aldekuek zienak, eta badakitx Bilbo aldien be baziela beste norbaitzuk geixau. **T.** En un tiempo eran muy famosos los ochotes y además en Euskalherría había bastantes, yo aquí, aunque ahora no me acuerdo de los nombres sí he conocido algunos que eran de la zona de Eibar, y ya sé que también por la zona de Bilbao había unos cuantos más.

OTZA. Ruido, rumor. **K.** Aspalditxuen otza zabaltzen haida eta baleike egixe izetie zeatik geruau ta geixau aitzenda, ta da fabrika horren ugesabak izteko asmue daukela, langilliek nahiko larri ta arritxute daz zeatik ondion gizon horrek eztauko hainbeste urte erretiratzeko bezela, gañera semie bertan lanien haida eta euron ustez fabrika hori nahiko ondo dabill. **T.** Desde hace ya bastante tiempo que se está extendiendo un rumor y puede que sea verdad porque es una cosa que cada vez se oye más, y es que el dueño de esa fábrica tiene la intención de cerrarla, los trabajadores están bastante apurados y asombrados porque todavía ese hombre no tiene edad suficiente cómo para jubilarse, además el hijo está trabajando en la fábrica y ellos creen que marcha bastante bien.

OTZAILA. Mes de febrero. **K.** Nik eztauket bildurrik otzailai baña bai da errespeto haundixe dauketen ilbat, hau da zeatik jeneralki sekulako hotzak itxendauelako eta hau da gauzabat etxatena bape gustatzen, ni betik izenaz, eta noski naz, sigero bero-zalie. **T.** Yo no es que le tenga miedo al mes de febrero pero si es un mes al que le tengo respeto muy grande, y ésto es porque generalmente hace unos fríos de mil demonios y es una cosa que no me gusta en absoluto, yo siempre he sido, y claro soy, absolutamente partidario del calor.

OTZAN, OTZANA. Manso, dócil, pacífico. **K.** Korta, Josun txakurre, normalki nahiko otzana da baña batzuetan gertaketajako eta eztakitx zeatik izenleiken, asarretu itxendala beste txakur batzukiñ ezerko motibu-barik, etxuraz bentzet, eta zuzenien bereana naidau fatie burrrukan hasteko, orduen eta baezpare ondo eutzi-bierra izetenda. **T.** Korta, el perro de Josu, normalmente es muy pacífico pero algunas veces le ocurre y no sé porque puede ser, que se enfada con algún otro perro sin ningún motivo, al menos aparentemente, y quiere ir dónde él a pelear, entonces y por si acaso hay que tenerle bien sujeto.

OTZARIE. Cesto.

(Ver la definición de otarra).

OTZUE. Lobo. **K.** Hori zan bentzet esatezana, ze aspalditxik otzue larrei gutxitxu omendala alde guztiko mendixetan, baña oñ eta hainbeste zaiñdu inbierreko kontuekiñ jardun ondoren etxuraz asko geitxuda, artzaiak bildur haundixekiñ haidie eta esatendaue nahiko sarri gertatzendala ardixek akabatzie. **T.** Decían que durante los últimos tiempos la presencia del lobo había disminuido demasiado en casi todos los montes, pero ahora después de las campañas de cuidados y prevención parece ser que han aumentado considerablemente, los pastores están con bastante miedo y dicen que bastante a menudo ha sucedido que han matado ovejas.

Aspaldiko esaerabat: Otzuek be eztau bere okelaik jaten.

Un viejo refrán en euskera dice que ni el lobo come su propia carne.

OZKA. Morder, mordiendo.

(Ver la definición de haginka).

OZTA. Escaso, justo. **K.** Hartudoun perretxiko honeikiñ eztaukou gauza haundirik afaixe prestatzeko zeatik larreiko ozta geratukoda, gertatzenda xei lagun garela afaltzen eta nik ustedot zertxobaitx erosi inbierra eukikoula geitzeko, ba aber oñ nun eongodan aukera lortzeko eta ezpada posible izeten eztau beste erremeixoik, ugeri arrautza ugeri nahastu. **T.** Con las setas que hemos cogido no tenemos mucha cosa para preparar la cena porque quedaría demasiado justo, somos seis personas para cenar y yo creo que deberíamos comprar algo más para aumentar la cantidad, pues a ver ahora dónde podríamos conseguirlo y si no es posible no hay otro remedio, mezclar huevos en abundancia.

OZTA-OZTA. Muy justo, a dura penas. **K.** Hemen gazen iñok ezgauen pentzatzen holako zalla ta arrizkutzue izengozanik mendi hortako gurutzera allegatzie, tontor azpiraño, naiz eta toki batzutan larreiko aldapatzu izen, nahiko ondo etorrigara, baña askenego igoera arroka tartien ta erdi txintxiliska ozta-ozta ibiligara, eta bildur pixkat be pasadou. **T.** Ninguno de los que estamos aquí pensábamos que iba a ser tan difícil y arriesgado llegar hasta la cruz de ese monte, hasta casi la cima, a pesar de que había algunos tramos con demasiada pendiente, hemos venido bastante bien, pero en la última subida entre rocas y medio colgados hemos andado muy justos, y también pasado bastante miedo.

P

PENAREN KARAMELUE, ESPERANTZA.
EL CARAMELO DE LA PENA, LA ESPERANZA.

PA. Pa es una palabra que se les dice a los críos para dar o que te den un beso. **K.** Zerbaitx jartzeatik. Emiliana, aspalditxuen estuztazu bat bera emun ta emureizu pa txikitxobat, eta gauzabat, txikitxuen ordez pixkat haunditxuaue emutenboztazu elaubat erosikotzut, ze iruitzejatzu? **T.** Por poner algo, Emiliana, hace mucho tiempo que no me has dado un beso y dame uno pequeñito ahora, y una cosa, si en lugar de uno pequeño me das un poco más grande te compraré un helado, ¿que te parece?

PADEZIRU, PADEZIMENTUE. Sufrir, padecer. **K.** Zenbat padezimentu eukidauen gizon horrek bere alerjiñ kontura, udabarritxik hasitxe eta ixe udaskena bukatu hartien betik asguriaz ta nahiko latzak gañera, etxuraz azala be zaurituta hainbeste arraska iñde eta askotan lorik be eziñ hartuka eotezan aguantau eziñaz. Eta oñ bentzet botika berri horreikiñ emutendau zertxobaitx hobeto dabillela. **T.** Cuánto ha padecido el hombre ese a cuenta de su alergia, empezando en primavera y hasta casi el final de otoño siempre con picores y además bastante fuertes, parece que también heridas en la piel de tanto arrascarse y muchas veces tampoco podía conciliar el sueño por no poder aguantar. Y ahora al menos parece que con éstas nuevas medicinas anda un poquito mejor.

PADURA. Marisma. **K.** Zarautz bueltan dazen terreno guztiek, mendi aldera dienak kenduta, bere garaian padura izendakuek die eta etxebizita barrixek itxen hastendienien hondarra besteik ezta asaltzen, eta askotan etxe honeik zimentatzeko eztau beste erremeixoik pilotatzie baño. **T.** Todos los terrenos en los alrededores de Zarautz, quitando los que están hacia el monte, en su día han sido marisma y cuándo se empieza a hacer nuevas edificaciones no aparece más que arena, y muchas veces para cimentar estas casas no hay más remedio que pilotarlas.

PAGA. Es el dinero que se les da a los críos para que lo gasten en sus cosas. La paga. **K.** Ontxe geratunaz ez jakiñien zer iñ, mutikue oñartien betik konforme eonda emutejakon pagakiñ baña gaur etorrijat esanaz zerbatix geitxuau bierkodauela, etxuraz bere lagunek diru geitxuau manejatzen omendaue eta berak eztau gure eurok baño gutxiau izeteik. **T.** Ahora me he quedado sin saber que hacer, hasta ahora el chaval siempre ha estado conforme con la paga que se le da, pero hoy me ha venido diciendo que necesitaría un poco más, parece ser que sus amigos manejan algo más de dinero y él no quiere ser menos que ellos.

PAGASTIXE, PAGOTEIXE. Hayedo. **K.** Nik noski eztotela esautu baña dakixenak esatendaue lenau Euskalherriko arbola geixenak paguek, gaztaña eta haritzak ziela, eta nola gero honeik mozten fanzien, kendu eta ordez piñuek landau, baña halaere ondion be geratzendie pagastixek, eta esan-baterako hor Irati ta Aia inguruen. **T.** Yo claro que no lo he conocido pero los que saben dicen que antes casi todos los árboles que había en Euskalherría era hayas, robles y castaños, y cómo luego éstos los fueron cortando, quitaron y los substituyeron por pinos, pero aún así también todavía quedan hayedos, por ejemplo, en las zonas de Aia e Irati.

PAGAU. Pagar, abonar.

(Mirar la definición de ordaindu).

PAGONDUE, PAGUE. Haya. **K.** Ba hauxe bera eontenda pagastixetan, pagonduek, nik askotan ibili izenaz Pagoeta ta Aira tarteko birietan, Irati aldien gutxitxuau, eta siñistu eziñeko paguek ikustendie, ibili ta ibili eta emutendau sekula eztiela bukatzen. **T.** Pues esto mismo es lo que hay en los hayedos, hayas, yo he andado muchas veces por los caminos que hay entre Pagoeta y Aia, algo menos por la zona de Irati, y es increíble la cantidad que se ven, andas y andas y parece que no se terminan nunca.

PAITXA. Pato.

(Ver la definición de ata).

PAKETIE. Paquete. Fig. se dice por la persona que no es muy buena en aquello que hace y generalmente se refiere a algún deporte. **K.** Mutil hau nahiko ona izenda bere mallako jentiaz korrika lehian ibili izendanien, oñ buruen sartujako hemendik kanpo be naidauela beste karrera batzutara fatie, baña eztau kontuen hartzen ze konparau iñezkero hortik zier ibiltxendien beste korrikolari batzukiñ, baleikela pakete xamarra izetie. Baña halaere está gauza txarra alegiñdu eta probaketa itxie. **T.** Este chico ha sido bastante bueno corriendo en las competiciones con gente de su categoría, ahora se le ha metido en la cabeza que también quiere participar en otras carreras fuera de aquí, pero lo que no tiene en cuenta es que si se compara con los corredores que andan por ahí quizá sea un poco paquete. De todas formas, tampoco está mal que lo intente y se esfuerce.

PAKIE. Paz. **K.** Gezurre emutendau anai-arreba zarienik, betik diskutitzen ta burrukan haizare, eziñdozue, egunbat besteik ezpada, pakien eta lasai eon?, ero akaso ezare konturatzen eziñdala betik hala ibili?, ba naskatzen banaizue pentzaukot zer iñ zueikiñ. **T.** Parece mentira que seaís hermanos, siempre estaís discutiendo y peleando, ¿no podeís, aunque solo sea por un día, estar en paz y tranquilos?, ¿o acaso no os dais cuenta de que no se puede andar asiempre así?, pues si me asqueaís ya pensaré que hacer con vosotros.

Aspaldiko esaerabat: Osasuna, pakie eta lapikue ondo betie.

Un antiguo proverbio vasco dice que la salud, la paz y la cazuela estén plenas.

PALA (K). Pala que se utiliza para jugar a pelota, también puede ser para trabajar, aunque éste es de otro tipo. **K.** Bai, badakitx esautzuetela hiru pala naukela gordeta kamaran, baña gertatzenda eziñdotela iñola billatu, alde guztietan ibilinaz asterka eta eztie iñun asaltzen, baezpare andriei be galdetutzet aber botaitxuen, erantzuna ezetza izenda eta oñ eztakitx zer iñ. **T.** Si, ya sé que os he dicho que tenía tres palas guardadas en el camarote, pero pasa que he estado revolviendo por todas partes y no aparecen por ningún lado, por si acaso también le he preguntado a la mujer a ver si las ha tirado, ha respondido que no y ahora no sé que hacer.

PALANGANIE. Palangana.

(Ver la definición de aspille).

PALARRA. Es una especie de azada más ancha y también con el mango más largo, la pieza metálica del extremo puede ser recta o en forma de media luna. **K.** Palarra da erramintabat obrako lanetan ibiltxendana eta geixenbat erabiltzenda materialak zabaltzeko, hondarra, mortero eta abar. **T.** La azada ancha es una herramienta que utiliza para trabajar en las obras, las más de las veces se emplea en extender materiales, puede ser arena, mortero, etc…

PALETA. Paleta. Se utiliza entre otras cosas en trabajos de albañilería. **K.** Paleta erraminta hau be beste gauzabat derrigorrezkue da obrako lanetarako, han haidien gremixo askok erabiltzendaue baña geixenbat ideltzeruek. **T.** La paleta es otra herramienta que también es imprescindible en las obras, muchos de los gremios que participan en la obra la utilizan, pero los que más los albañiles.

PALETIÑE. Paletín o paleta pequeña. **K.** Emutendau eztakigula beste gauzaik obrako erramintan gañien baño, ba momentuz bentzet honekiñ ia bukatzendou, paletiñe da beste erraminta nahiko bierrezkue izetendana ideltzero tartien eta honein barru, alikatadorientzat. **T.** Parece que no sabemos más cosas que sobre las herramientas de la obra, pues al menos de momento con ésto ya terminamos, el paletín es otra herramienta bastante necesaria para los albañiles y dentro de éstos, para los alicatadores.

PALILLUE. Palillo. **K.** Palillue da gauzabat bier izetendana hagiñ tartiek garbitzeko zerbaitx jan ondoren, nik bentzet hala ustedot, eta nerekiñ bazkaltzen eotendan jente geixena ikustendot nola eskatzendauen mai gañien falta baldinbada. **T.** El palillo es una cosa que es necesaria para para limpiar los huecos entre los dientes después de haber comido algo, yo al menos así lo creo, y la mayoría de la gente que suele estar comiendo conmigo veo cómo lo piden si es que falta en la mesa.

PANADEIXIE, PANAEIXIE, PANAIXA. Panadería dónde dentro de otras cosas se vende el pan. También el obrador dónde se hace eso mismo. **K.** Lenau, herri txikitan bentzet, panaixa bakarra eotezan eta oñ berriz herri txiki horreitan baleike eotie bi ero hiru, eta auskalo zenbat eongodien herri haundi ero hiriburutan, eta esan-baterako ziur nau Donostiñ dozenaka dazela. **T.** Antes, al menos en los pueblos pequeños, solía haber una única panadería y ahora en cambio en esos mismos pueblos pequeños puede haber dos o tres, y cualquiera sabe cuántas puede haber en los grandes o en las capitales, y por ejemplo estoy seguro que es San Sebastián las habrá docenas.

PANADERUE. Panadero. **T.** Honeik be lengo bezelako izena daukie baña nik ustedot benetako panaderuek lenguek ziela, nik ikusi izendot nola oingo askok, akaso geixenak, ogi kongelauek sartzeitxuen labara eta geixau ero gutxiau erreta daunien atara gero saltzen jartzeko. Aspaldiko hareik berriz hasieratik itxezitxuen lan guztiek, uruna deskargau, masa prestau, honi ogixen tankera emun, labara sartu eta gero iñde daunien atara eta saldu. **T.** Estos también tienen el mismo nombre que los de antes pero yo creo que los verdaderos panaderos eran los de entonces, yo he solido ver cómo muchos de los de ahora, quizá la mayoría, mete los panes congelados en el horno y una vez que está más o menos cocido lo sacan para ponerlo a la venta. Aquellos de antaño en cambio todo el trabajo lo hacían desde el principio, descargar la harina, preparar la masa, a ésta darle la forma de pan, meterla al horno y luego cuándo ya estaba hecho sacar y venderlo.

PANDERUE. Fig. se dice por el culo, o más bien por su tamaño. **K.** Beituzue handikaldera diximulokiñ, neska kuadrilla hori dauen hortara eta erreparau inzue harein panderuaz, eta ikusikozue ze alde dauen baterik-bestera, bik akaso etxurazko xamarrak daukie eta beste hururai berriz apenas igertzejate. **T.** Mirar para allá con disimulo, dónde están esa cuadrilla de chicas y fijaros en la diferencia que hay en el culo entre unas y otras, dos las tienen quizá un poco llamativos, y a las otras tres en cambio apenas se les nota.

PANDERO-JOLIE. Es persona que toca el pandero. **K.** Lenau pandero-jole ugeri eozen eta erromeixa guztietan istrumento honekiñ laguntzezan akordeoiei, eta gero ustedot ze akaso zertxobaitx laga inzala asaltzen hasizienien beste musica tipoko batzuk, baña oñ berriz jente gazte asko ikustenda pandero joten eta baitxe ikesten haidienak be. **T.** Antes había muchas personas que tocaban el pandero y en todas las romerías se acompañaba con este instrumento al acordeón, y luego creo que quizá se abandonó un poco cuando empezó a salir otro tipo de música, pero ahora otra vez se ve a mucha gente joven que lo toca y también que están aprendiendo a tocarlo.

PANORAMIE. Panorama. Fig. se dice por alguna cosa no sale bien o cómo se esperaba. **K.** Hau da panoramie, atzo karakolak prestaunauen gaur bazkaltzeko soziedadien, eta asmo horrekiñ gaur goixien hartu ta kotxien sartuitxut hara erueteko. Ba allegaunaz, zabaldu atzeko atie eta ha zan izetekue, lapikue bolkauta eta karakol ta saltza guztie kanpuen ondo zabalduta, dana txarrikeixabat iñde, eta oñ zer? **T.** Vaya panorama, ayer preparé caracoles para comer hoy en la sociedad, y con esa intención hoy a la mañana los he cogido y metido al coche para llevarlo allá. Pues he llegado, abierto el maletero y que era aquello, la cazuela volcada, los caracoles y la salsa fuera y desparramada, todo hecho un asco, ¿y ahora qué?

PANPIÑA. Se llama así al juguete que representa a una muñeca. **K.** Zergaitxik izengoda betik oparitzendiela gauza berdiñek?, panpiñak neskatillai eta beste gauzabat sigero desberdiñe dan mutikuei. Eta oñ, naiz eta horren buruz hanibeste bider entzun ze oparitu garaian komenidala gauza igualtzuek izetie bixendako, eztakitx zeatik jarraitzendoun berdiñ. **T.** ¿Porqué será que siempre les regalamos las mismas cosas?, a las niñas muñecas y a los niños algo completamente diferente. Y ahora, a pesar de que sobre ésto hemos escuchado tantas veces que a la hora de regalarles algo conviene que sea algo similar para los dos, no sé porque continuamos igual.

PANTORRILLA. Pierna, muslo.

(Ver la definición de berna e izterra).

PAÑOLUE. Pañuelo. **K.** Lenau danok eruetegauen telazko pañolobat poltxikuen mokuek kentzeko eta oñ berriz apenas ikustendie, nik ondion pillabat dauket armaixoko kajoibaten gordeta baña gauza da aspalditxik eztotela erabiltzen, asalduzienetik paperasko beste honeik jente guztiek horrekiñ ibili ta konpontzengara. **T.** Antes todos llevávamos un pañuelo de tela en el bolsillo para quitar los mocos y ahora en cambio apenas se ven, yo todavía tengo un montón de ellos guardados en un cajón del armario pero la cosa es que desde hace ya mucho tiempo que no los utlizo, desde que aparecieron éstos otros de papel toda la gente anda y nos arreglamos con ellos.

PAPA. Papa. Es una palabra que se utiliza con los críos y que significa pan. **K.** Ze gustora jatendauen ogixe ume horrek eta gañera ustedot oñ be eskien dauela, zeatik estotzazu emuten puzketatxobat?, baña eziozu galdetu aber guredauen ogixe zeatik eztau ulertuko, berriz papa esatenbotzazu orduen bai jakingodau zer dan. **T.** Que a gusto come ese crío el pan y además creo que ahora también lo está pidiendo, ¿porqué no le das un pedacito?, pero no le preguntes a ver si quiere pan porque no te entenderá, en cambio si le dices papa entonces sí sabrá lo que es.

PAPARRA. Pechera. Es zona entre el cuello y el pecho. **K.** Gaur bost lagun andrakiñ bazkaltzen izengara kanpuen dauen jatetxebaten, bigarren platerako Melitonek txarrankak saltzan esakatuitxu eta jaten hauen bitxartien errieta batzuk jasoitxu bere andrien aldetik, ta dana alkondaran paparra pixkat zikiñdudalako, esautzo, nahiko asarre gañera, hurrenguen baberuaz etortzeko. **T.** Hoy hemos estado cinco amigos con las mujeres comiendo en un restaurante de las afueras, Melitón como segundo plato ha pedido patas de cerdo en salsa y mientras estaba comiento ya ha tenido que escuchar algunas pequeñas broncas por parte de su mujer, y todo porque se ha manchado un poco la pechera de la camisa, le ha dicho, además bastante enfadada, que la próxima vez venga con un babero.

PAPARREKUE. El babero que se utiliza para no mancharse la pechera de la ropa. **K.** Ume horri jarriozue paparrekue, akaso eztozue ikusten goitxik-bera zikintzen haidala papilla horrekiñ?, ba ezkerrak momentu hontan eztauela bere ama hemen zeatik beztela errieta ederrak entzun-bierrak euikikozitxuen. **T.** Ponerle el babero a esa criatura, ¿acaso no estáis viendo que se está manchando de arriba abajo con esa papilla?, pues gracias que en éste momento no está aquí su madre porque sino tendríais que escuchar una buena bronca.

PAPELADA. Situación dificultosa. **K.** Ba oñ eztaukou bape papelada onik asunto honekiñ, aldebatetik sigeroko sikiñe dau zulo hori ta bestaltedik derrigorrez bateonbatek sartu-bierra daukou txakurra ataratzeko, berai entzutejako negarrez baña eztakigu bildurtuta dauen, miña hartuta ero zer, deitxu ta deitxu haigara baña eztau urtetzen ero akaso ezingodau. **T.** Pues estamos en una situación bastante dificultosa con éste asunto, por una parte el agujero ese está extremadamente sucio y por otra alguno tenemos que entrar necesariamente para sacar al perro, a él se le oye llorar pero no sabemos si está asustado, ha cogido daño o qué, no hacemos más que llamar y llamarle y no sale, o quizá es que no puede.

PAPELADA, PAPELADIE. Hacer el papel. Se dice cuándo una persona esta obrando con astucia y disimulo. **K.** Tipo horrekiñ ezaitxeze bape fixau, nik ondo esauketandot eta ziur nau bere papelada itxen haidala, oñ onien ta mantzo berba ingotzue baña ikusikozue zer itxendauen gero atzetik zuetik zerbaitx atara ondoren, berak guredauena eta gañera gauza sigero normala dan bezela. **T.** Con ese tipo no os fieís en absoluto, yo le conozco bien y estoy seguro de que está haciendo su papel, siempre anda con disimulos y es muy astuto, ahora os hablará bien y con mucha calma pero ya veréis lo que hace por detrás después de haber conseguido algo de vosotros, lo que él quiera y además cómo si fuese la cosa más normal.

PAPERA. Papel. **K.** Badakitx zuei etxatzuela bape inportik maiko mantela telazkue, papera ero plastikozkue izetie, eta bakarrik gurozuela ondo jan ta tripa betetzie, baña neri bai, nik nahiko inporatzi emuteutzet gauza horrei, betik pentza iendot ze telazkue izenda, maixek eta akaso baitxe norberak be, asko irabaztendaula. **T.** Ya sé que a vosotros no os importa nada que el mantel sea de tela, papel o plástico, y que lo único que quereís es comer bien y llenar la tripa, pero a mí sí, yo le doy bastante importancia a esas cosas, siempre he pensado que siendo de tela, la mesa y quizá también uno mismo, gana mucho.

PAPERAK. Paperas. Inflamación en la garganta. **K.** Berrogei urtekiñ paperakiñ eonitzen eta gañera dexenteko kalenturaz, entzunda nauken geixo hau beñ bakarrik pasatzezala eta sendatu ondoren amai galdetunutzen aber mutikotan eukinauen, ta beran erantzuna badakitzue zeiñ izenzan?, ba hainbeste seme-alaba tartien ezala gogoratzen danan geixuekiñ. **T.** Con cuarenta años estuve con paperas y además con bastante fiebre, tenía oído que ésta enfermedad solo se pasaba una vez y cuando me curé le pregunté a mi madre a ver si de chaval la había tenido, ¿y sabeís cual fué su respuesta?, pues que entre tantos hijos no se acordaba de las enfermedades de todos.

PAPILLA. Papilla, especie de masa ligera hecha a base, generalmente, de agua y cereales.

(Ver la definición de aixe).

PAPO. Esto se les dice a los críos cuando han terminado de comer o lo tienen que terminar. **K.** Zerbaitx jartzeatik. Milagritos, amatxok ataradotzun dana jan-bierra daukotzu zeatik beztela badakitzu zer gertaukodan, ezpozu papo itxen eziñgoula urten kalera eta ezingotzut gosokirik erosi. **T.** Por poner algo. Milagritos, tienes que comer todo lo que te ha sacado tu madre porque sino ya sabes lo que pasará, si no terminas no podremos salir a la calle y no voy a poder comprarte las chuches.

PAPUE. Mejilla, moflete, carrillo. **K.** Lenau bierdan bezelako mutikue ero neskatilla izeteko bierrezkue zan pixkat potolotxo eotie, ta hala baldinbazan laister entzutezan hori, ze mutiko etxura onekue daukotzun eta ze papo gorrizka ta ederrak dauken. **T.** Antes para que un chaval o chavala tuviera buen aspecto había que estar un poco rellenito, y si es que era así pronto se escuchaba aquello de, que hermosa y maja está tú chavala y que mofletes más hermosos y sonrosados tiene.

PAPUE. Fig. se dice de la persona sinverguenza, caradura y falto de ética.

(Ver la definición de muturra).

PAPURRA. Los trocitos de pan y migas que quedan desperdigadas en la mesa después de las comidas. **K.** Eziozu errietaik iñ ume gixajuei eta eztot uste hala jarri-bierrik dauenik maixe sikiñe geratudalako ogi papurrakiñ, bakarrik gertauda umiek jolasten ibilidiela ogixekiñ, baña ez larritxu eta ontxe bertan hasikonaz garbitzen. **T.** No les riñas a los pobres críos y no creo que haya que ponerse así porque hayan dejado la mesa sucia con los trocitos pan, solo ha pasado que han estado jugando y no te preocupes que ahora mismo voy a empezar a limpiar.

PAPURTU. Rallar el pan. **K.** Eonzan denporadabat ze aprobetxatzeko asmuekin papurtzen hasinitzela, etxien noski, sobratzezan ogi sikue, gauza da andriek errietan itxezuztela esanaz enauela bape ondo burutik hori itxeatik, gero ni be konturatunitzen hala zala eta pentzanauen askoz errexaue izengozala dendan erostie. **T.** Hubo un tiempo que con la idea de aprovechar emprecé a rallar el pan seco que sobraba en casa, la cosa es que mi mujer me reñía diciendo que no estaba bien de la cabeza por hacer eso, luego yo tambiÉn me dí cuenta de que era así y pensé que sería mucho más fácil comprarlo en la tienda.

PARAJIE. Paraje, sitio, lugar. **K.** Errazoi guztie haukotzun asunto hortan eta benetan merezidau toki hontara etortzie zeatik siñistu eziñeko parajie da, erreka garbi hau, naidoun beste keixpe, maixek ta parrillak aukeran eta gu hemen jenero ederrakiñ bazkaltzeko, ze geixau eskatuleike ba? **T.** Pues tenías toda la razón es éste asunto y de verdad que merecía la pena venir al sitio que habías dicho porque es increíble el paraje, el río tan limpio, toda la sombra que queramos, mesas y parrillas a nuestra disposición y nosotros aquí con un género estupendo para comer, ¿que más se puede pedir pues?

PAREJIE. Pareja, dúo.

(Ver la definición de bikotie).

PAREKATU. Emparejar, hacer que una cosa se asemeje a otra. **K.** Hemengo neska hau eta harutzau dauen mutill hori nahiko xelebriek emutendau diela, ero akaso baleike sigero lotzatixek izetie, eurok be ondo dakixe larreiko maiteminduta dazela bata-bestiatik eta eztaue paso bakarrik emuten parekatzeko, begirakunak bakarrik, ba nere ustez akaso bultzakara txiki ero haundibat bierrien izengodie. **T.** Esta chica de aquí y el chico que está un poco más alejado parece que son bastante raritos o puede que sean demasiado vergonzosos, ellos saben muy bien que están enamorados hasta las trancas el uno del otro pero no dan un solo paso para emparejarse, solo unas cuantas miraditas, pues a mí me parece que quizá estén a falta de darles un pequeño o gran empujón.

PAREKUE. Parecido, similar, parejo. **K.** Eztozu jakingo zenbat belarritxeko dien onazkero galdu iñdozunak, ez?, ba apostaukonaute dozenak izendiela eta asunto honen buruz gauzabat sigero txarra bentzet badaukatzu, ze gelditzejatzun parekue eziñgozula iñun billatu, halaere eztot uste zatarra izengozanik urtetzie belarritxeko desberdiñaz, akaso ezan iñor konturatuko eta konturau-ezkero akaso ezangolauike, ze politxe ta ze ondo geratzejatzun. **T.** ¿No tendrás ni idea de cuántos pendientes son los que habrás perdido para ahora, no?, pues ya apostaría que han sido docenas y sobre éste asunto al lo menos una cosa muy mala si que tienes, que no podrás encontrar en ningún sitio la pareja del que te queda, aún así no creo que sea feo el llevar don pendientes desiguales, a lo mejor nadie se daría cuenta y si se la dan puede que digan, que bonitos son y lo bien que te quedan.

PARETA. Pared.

(Ver la definición de horma).

PARETA-BELARRA. Hierba de pared. Es una hierba que se utiliza, o al menos se utilizaba, para usos medicinales. **K.** Nik askotan ikusi izendot, aspaldi noski, pareta-belarra hartzen eta entzunde dauket belar hau egosi eta ur hori eran-ezkero ona omendala almorranak kentzeko, baitxe guntxurrunendako be eta laguntzeko txixe itxen eziñdauen iñ pertzona harei. **T.** Yo he visto muchas veces, claro que hace muchísimo tiempo, coger la hierba de pared y tengo oído que ésta hierba después de cocerla y beber esa agua debe de ser buena para quitar las almorranas, también para los riñones y para ayudar a orinar a aquella gente que no pueda.

PARIE. Duo, pareja.

(Ver la definición de bikotie).

PARIEN. A la par, juntos uno al lado del otro. **K.** Bire hontatik goiezela zertxobaitx aurrerau billatukou pasubat nahiko estue dana, berie akaso banan banan fatie izengozan baña guk baezpare biñan pasakogara, bata-bestien parien, eta hori da zeatik bateonbat labantzenbada ero akaso estropozau bestie han eongoda euztzeko. **T.** Yendo por este camino un poco más adelante encontraremos un paso que es bastante estrecho, quizá lo suyo sería pasar uno a uno pero nosotros por si acaso iremos de dos en dos, a la par uno del otro, y eso es porque si alguno se resbala o quizá tropezar ahí estará el otro para sujetarle.

PARKAMENA. Perdón. **K.** Atzo Teodorokiñ hanka-sartzie eukigauen eta haundixe gañera, pentzata bera izenzala hori iñauena sekulakuek entzun-bierrak eukizitxun eta gaur jakiñdou ezala sikera hemen eon, Donosti aldien ibili omenzala egun guztien, ba oñ gauza bakarra geratzejaku, sigero umil fan da parkamena eskatu. **T.** Ayer con Teodoro tuvimos una meredura de pata y además muy grande, pensando que fue él el que hizo eso tuvo que escuchar algunas cosas muy fuertes y hoy hemos sabido que ni siquiera estuvo aquí, que anduvo todo el día por San Sebastián, pues ahora solo nos queda una única cosa, ir con mucha humildad y pedirle perdón.

PARKATU, PARKAU. Perdonar. **K.** Badakitx gure-barik izendala baña halaere ikustendozu ze urretu dauken belaunien zure bultzakaratik, eztozu sekula iñora beitzen jolasten haizarenien eta gero holako gauzak gertatzendie, ba oñ gutxienetik bereana fanbikozauke eta parkatzeko eskatu. **T.** Ya sé que ha sido sin querer pero mira que raspadura tiene en la rodilla debido a tu empujón, cuando estás jugando no miras nunca a ningún lado y luego así suceden esas cosas, pues ahora lo mínimo que deberías de hacer es ir donde él y pedir que te perdone.

Aspaldiko esaerabat: Parkatu, atzo bai aiñdu baña gaur akordatzie astu.

Un viejo proverbio vasco: Perdona, ayer si que prometí, pero hoy me he olvidado de acordarme.

PARRA. Estar en igualdad, empate, en paz. **K.** Siñistu eziñeko gauzak gertatzendie batzuetan pelota partidutan, beste erozeiñ kirol motan be baleike hala izetie, gauza da Irribarría hogei ta bi irabazten ibilidala, Aimarrek lortudau hogeixen parran jartzie ta askenien hogetabi ta hogetabat irabazi. **T.** En los partidos de pelota a veces ocurren cosas increíbles, en otro tipo de deportes puede que también sea así, la cosa es que Irribarría estaba ganando veinte a dos, Aimar ha conseguido empatar a veinte y al final ha ganado veintidos a veintiuno.

PARRANDA. Juerga.

(Ver la definición de juergie).

PARRANDERO. Juerguista. **K.** Heliodoron semie mutil ona eta langillie da baña asteburue allegatzendanien sekulako parranderue biurtzenda, ostiral gaueien hasitxe eta domeka illuntzerarte hor ibiltxenda juergan, gañera askotan bape lo inbarik eta gero hala eotenda astelen goixetan, eta gañetik bi ero hiru egun bier izetendau errekuperatzeko. **T.** El hijo de Heliodoro es un buen chico y trabajador pero en cuánto llega el fín de semana se desmadra y se convierte en un juerguista, empieza el viernes a la noche y no para hasta el domingo al anochecer, además muchas veces sin siquiera dormir y así suele estar luego los lunes por la mañana, y encima necesita dos o tres días para recuperarse.

PARRAST. Se dice cuando algo se derrama o cae encima de la ropa, normalmente a la pechera. **K.** Batzuetan, geixau andrie aldamenien dauenien, kontu haundixekiñ ibili-bierra izetenda zer jan ero eratendien gauzakiñ, eta geixen zaiñdu ibierreku jaten haizarenien saltza dauken zerroozer eta eran garaian ardau botakiñ, bi honeik zaiñduta ondo ibilikozara baña beztela ta zerbaitxekiñ parrast iñezkero erropa gañien badakitzu zer daukotzun. **T.** A veces, más si la mujer está al lado, hay que tener mucho cuidado con las cosas que comes o bebes, lo más que hay que cuidar es cuando estás comiendo algo que tenda salsa y a la hora de beber con la bota de vino, cuidando estas dos cosas andarás bien pero sino y si algo se te derrama encima de la ropa ya sabes lo que puedes esperar.

PARRASTA. Es el caudal de un río, cuando la corriente es muy fuerte. **K.** Hor Pirinero aldeko toki batzuetan eta udabarrixe hastendanien kontuz ibilibida uretara sartzerakuen, eta akaso askoz hobe bape ez sartzie zeatik garai horreintan errekak sekulako parrasta ekartzendue isotza eta edurrek urtutzen hasidielako **T.** En algunos sitios de ahí por el Pirinero y cuando empieza la primavera hay que tener mucho cuidado a la hora de meterse al agua, e incuso es mucho mejor no meterse porque los ríos vienen con una corriente muy fuerte debido a que ha empezado el deshielo.

PARRASTADA, PARRASTARA. Esta palabra quiere decir que una persona se ha manchado la pechera de la camisa, quizá otra cosa similar, por causa de que algo se ha derramado. **K.** Ezkerrak, ni oinguen bentzet libraunaz baña Meliton gixakuek ederrak entzuitxu, etxuraz ezta dana bere kulpa izen zeatik bertako zerbitzaiek bultzakara txikibak iñdutzo, hala esautzo bentzet bere andriei, baña halaere siñiztu ero ez gauza da alkondara aurrie parrastara haudibatekiñ daukela. **T.** Gracias a que al menos por ésta vez me librado pero el pobre Melitón ha tenido que escuchar unas cuantas cosas, no todo ha debido de ser culpa suya porque parece que la camarera le ha empujado un poco, al menos eso es lo que le ha dicho a su mujer, pero aún así tanto le crea como que no la cuestión es que la pechera de la camisa la tiene completamente manchada.

PARRE. Reir.

(Ver la definición de barre).

PARROKIXA. Parroquia. **K.** Asunto honen buruz eztakitx gauza askoik hobeto esanda oso gutxi baña aber zerbaitx asmatzendoten, nik ustedot Parrokixa izetendala herrixen eoleikien Elixa burue eta auzokuek Elixa izena bakarrik daukiela, ero hala deiketajatie bentzet. **T.** Sobre éste asunto no se gran cosa, mejor dicho muy poca, pero a ver si se me ocurre algo, yo creo que la Parroquia es la cabeza de las Iglesias que pueda haber en el pueblo y las de los barrios solo tienen el nombre de Iglesia, o así al menos se les llama.

PARROKIXA. Parrroquia. También y fig, se llama así a la clientela fija de algún bar o restaurante. **K.** Naiz eta jatetxe hau denpora gutxi dala zabalduta eon iñde eukibidaue, ondion txiki xamarra, bere parrokixa, ni ondion enaz izen baña gauza onak entzuitxut, toki lasaia dala, ondo prestautako janarixek eta preziok be nahiko egokixek diela. **T.** A pesar de que ese restaurante lo han abierto hace poco tiempo ya ha debido hacer, todavía algo pequeña, su propia parroquia, yo todavía no he estado pero he oído cosas muy buenas, que es un sitio tranquilo, que preparan bien las comidas y que también los precios son bastante ajustados.

PARTAIDA. Se refiere a alguna partida de trabajo u otra cosa que hay que hacer, o quizá todavía para hacer más adelante. **K.** Zuek onazkero nahiko aspertuta eongoziñien hainbeste denpora geldi antzien eonda, ez?, ba oñ daukotzue asunto onbat mobitzen hasteko zeatik guredauenak bentzet aukera dauko, momentzuz apuntatzeko bakarrik, lan partaidabat hastendanerako, etxuraz hemendik gutxira eta inguru hontan. **T.** Vosotros para ahora ya estareís bastante aburridos después de estar tanto tiempo sin hacer nada, ¿no?, pues ahora teneís un buen asunto para empezar a moverse porque al menos el que quiera tiene la oportunidad, de momento solo para apuntarse, para una partida de trabajo que comenzará dentro de poco aquí al lado.

PARTAIDE. La persona o personas que están participando en alguna actividad. **K.** Fan-bierra eukikou haldan axkarren billera hortara, etxuraz geixaundako tokirit eztau eta bakarrik aurreneko hogei lagunek izengodie taberna hortako mus txapelketa partaidek. **T.** Tendremos que ir cuanto antes a esa reunión, parece ser que no hay sitio para más y solo las veinte primeras personas serán las que puedan participar en el campeonato de mus de ese bar.

PARTEZ. De parte de…, en lugar de… **K.** Badakitx oso zalla dauela lortzie sarrerak pelota partido hortarako, gañera finala izenda eta gañetik lau sarrera hartu inbierrak, baña gauzabat, akaso eukikou aukeranbat zeatik Saturiok esauzku takillan eotegarenien esateko bere partez goiezela. **T.** Ya sé que está muy difícil el conseguir entradas para ese partido de pelota, además siendo una final y encima que nos hace falta cuatro entradas, pero una cosa, quizá tengamos alguna oportunidad porque Saturio nos ha dicho que cuando estemos en la taquilla digamos que vamos de su parte.

PARTIE. El parte. Noticias de lo acontecido, novedades. **K.** Eztakitx hala izengodan baña gaur goixen xeiterako partiek esandau etxurazko egune datorrela ta eztoula aterkiñik bier izengo, ba akaso inguratu ingonaz ortura zerbaitzuk itxera, bedar txarrak kendu eta baitxe aprobetxau karakol batzuk hartzeko. **T.** No sé si será así pero el parte de hoy de las seis de la mañana ha dicho que viene un día bastante decente y que no hará falta el paraguas, pues me parece que me voy a acercar a la huerta a hacer algunas cosas, quitar las malas hierbas y aprovechar para coger unos caracoles.

PARTIKULARRA. Particular. **K.** Lenau partikularra esatejakon, gañera geixenbaten ixe derrigorrez fan-bierra izetezan, klasiek hartzera eskolatik kanpo, hau zan zeatik atzien geraketazien zerbaitzuk errekuperau inbierrak eotezien gero irailan berriz asterketak itxeko. **T.** Antes el particular se le llamaba, además la mayoría de las veces era casi obligatorio el acudir, a las clases que recibías fuera de la escuela, eso era porque las asignaturas que quedaban colgadas había que recuperarlas cara a lo exámenes de septiembre.

PARTIZIÑUEK. Repartos. **K.** Gur sekulako perretxiko pilla hartuitxu, eta oñ aurrena inbierra daukouna da apartartatzie eztauenak balixo, gero banatu bakotxa bere motan eta honeik iñ ondoren gauza bakarra geratzejaku, hastie partiziñuekiñ. **T.** Hoy hemos cogido una cantidad increíble de setas y ahora lo primero que tenemos que hacer es apartar las que no valen, luego clasificarlas cada una en su especie y después de hacer ésto solo nos queda una cosa, empezar con los repartos.

PASABIRIE, PASA-BIRIE. Lugar de paso, sitio para pasar. **K.** Ezaiteze larritxu, hemendik ezta ikuzten eta emutendau eztauela jarraitzeik aurrera baña hor pixkat aurreratxuau, trenbire aspixen, daukou pasabirie, baleike lokatz apurbat eotie baña nik ustedot bazterretik badauela fatie sikiñdu-barik. **T.** No os apureís, de aquí no se ve y da la impresión de que no se puede continuar pero ahí un poco más adelante, debajo de las vías, tenemos el lugar de paso, puede que haya un poco de barro pero creo que por las esquinas se podrá pasar sin mancharnos.

PASADA, PASADABAT. Pasada. Fig. se refiere al hecho de hacer o ver algo inusual. **K.** Benetako pasadabat izenda Xiriakok iñdauena, iñok ezgauen uste posible izengozanik baña bai, lortudau eta berak esatendauen bezela nahiko errex, aposta iñ ondoren hiru bider eon omenda proba itxen entrenamentu bezela eta etxuraz horrek be asko lagundutzo. **T.** De verdad que lo que ha hecho Ciriaco ha sido una pasada, nadie pensábamos que lo iba a conseguir peso sí, lo ha logrado y según dice él bastante fácil, después de hacer la apuesta ha debido estar tres veces haciendo misma prueba a modo de entremiento y parece que eso también le ha ayudado mucho.

PASADANA. Lo que ha pasado. **K.** Oñ alperrik da damutzie, pasadana pasata dau eta ia eztau zer-iñik, gañera eztauko balixoik esatie ze akaso bestaldien hasibagiñen baleikela beste modubaten urtetzie zeatik hori eztou sekula jakingo, iñdekue iñde dau eta eztauko bueltaik. **T.** Ahora es inútil el arrepentirse porque lo que ha pasado pasado está y ya no hay nada que hacer, además no sirve para nada el decir que si quizá hubíesemos empezado por la otra parte las cosas podrían haber salido de otro modo porque eso nunca lo sabremos, lo hecho hecho está y no tiene vuelta.

Aspaldiko esaerabat: Pasadana ezta berriz bueltatzen.

Un viejo proverbio en euskera dice que lo pasado ya no vuelve.

PASADORIE. Pasador, pasapurés. **K.** Nere ustez saltzak asko hobeto ta goxuau geratzendie berdurak txikitzenbadie pasadoriaz batidorakiñ baño, neretzako asken honekiñ larreiko fiñe geratzenda eta eziñda ondo untau, ogixe busti bakarrik itxenda ta beste moduen berriz sigero desberdiñe da. **T.** Yo creo que las salsas quedan mejor y son más ricas si las verduras se pasan por el pasapurés en lugar de con la batidora, para mí con esta última queda demasiado fina y no se puede untar bien, el pan solo se moja mientras que de la otra manera es completamente diferente.

PASA-EZIÑE, PASA EZIÑE. No se puede pasar, el paso está cortado. **K.** Nunbaitxen eta urriñ-barik emutendau istripurenbat gertaudala, karretera moztuta dau eta momentuz bentzet pasa-eziñe daukou, han nahiko gertu ikustenda keie ta eztakitx noix hartien izenleiken hau, ordu-laurden geixau etxoiñgou ta ikustenbou eztala libratzen bueltau ingogara. **T.** En algún sitio y no demasiado lejos ha debido de ocurrir algún accidente, la carretera está cortada y al menos de momento no se puede pasar, ahí bastante cerca se ve humo y no sé hasta cuánto podrá durar esto, esperarempos un cuarto de hora más y si vemos que no se libra daremos la vuelta.

PASAKALLIE. Pasacalle. **K.** Pasakalliek politxek izetendie ikusteko eta nola ez, baitxe herriko festai girue jartzeko, hemen Donostiñ Aste Nagusiko jaixetan sekulako soñu-jole pilla egunero urtetzendau pasakallien erdiko kalietan, dotore jantzitxe, danok berdiñ eta eurokiñ batera erraldoi ta buru-haundixek. **T.** Los pasacalles suelen ser bonitos para ver y cómo no, también para poner ambiente a las fiestas del pueblo, aquí en San Sebastián en las fiestas de Semana Grande todos los días salen un montón de músicos en pasacalle por las calles del centro, todos muy elegantes, uniformados y acompañados por los gigantes y cabezudos.

PASARIE. Pequeña paliza. Es una palabra que se utiliza con los críos. **K.** Len be esautzuk eta oñ berriz esangutzuk, baña hau askenengo aldiz izengoda, itxiiozu pakien zure arreba txikiñei eta txintxo ibilizaitez, oker geixau inbarik ero beztela badakitzu zer daukotzun, pasarie eta oinguen benetan nabill. **T.** Antes también te lo he dicho y ahora te lo voy a repetir otra vez, pero esta será la última vez, deja en paz a tu hermana pequeña y anda formal, no hagas más travesuras o sino ya sabes lo que tienes, una paliza y ésta vez ando en serio.

PASAU. Pasar. **K.** Gaurko eguna ezta bape ona izen eta gaizki pasaudot, goixien lo hartu, nahiko berandu fanaz lanera eta nagusixen aldetik sekulako errietak jasoitxut, eta gañetik entzun inbierra eukidot ze askenengo aldiz izendeixela hau gertatzendana zeatik beztela kalera bieldukonau. **T.** El día de hoy no ha sido nada bueno y lo he pasado mal, a la mañana me he dormido, he llegado bastante tarde a trabajar y he oído una enorme bronca por parte del jefe, y encima he tenido que escuchar que sea la última vez que ocurra ésto porque sino me despedirá.

PASIAU, PASIAN. Pasear. **K.** Hemen Zarautz inguruen toki asko ta onak daz ibiltxeko, ixe danak aldapa-bakuek eta benetan jente asko ikustendala pasian etxurazko girue baldinbadau, askok malekoi ta pasarela aldien baña geixenak kostako birien, hor Getari ta Zarautz tartien. **T.** Aquí en Zarautz hay muchos y buenos sitios para andar, casi todos sin cuesta alguna y de verdad que se ve a mucha gente de paseo si acompaña el tiempo, muchos andan por el malecón y la pasarela pero la mayoría en el camino de la costa, ahí entre Zarautz y Getaria.

PASILLUE. Pasillo. **K.** Neri etxat ezertxo inportik baña zerbaitx jartzeaitxik esangonauke ze betiko oitura fubol ekipo tartien pasillue itxie izendala txapeldun ataradauenai, ba aurten Madrilgo jokalarixek eztutzie iñ Bartzelonakuei. Ba nik arrastuik be eztauket zeatik izengozan, baleike astu ingoziela. **T.** A mí no me importa en absoluto pero por poner algo diría que una costumbre de siempre entre los equipos de fútbol es el hacer pasillo al equipo que ha sido campeón, pues éste año los jugadores del Madrid no se lo han hecho a los del Barcelona. Pues yo no tengo ni idea de porqué pudo ser, aunque quizá se olvidarían.

PASKUEK. Pascuas. **K.** Paskuek dienien toki askotan jai egunak izetendie, esan-baterako Euskadi mallan Aste Santu osue eta baitxe asken domeka ondorengo astelena. Bergaran be eta Paskuek izen honekiñ jaixek itxendie eta ustedot maietz inguruen izetendala, garai baten fategiñen ta gogoratzenaz giro oso ona eotezala, taberna ingurutan bentzet eta hori dakitx zeatik hareik zien gu ibiltxegiñen tokixek. **T.** Cuándo son Pascuas en muchos sitios son días de fiesta, por ejemplo en Euskadi toda la Semana Santa e igualmente el lunes siguiente al último domingo. También en Bergara y con ese nombre de Pascuas se hacen fiestas y creo que suelen ser ahí por el mes de mayo, en un tiempo ya solíamos ir y recuerdo que solía haber un ambiente muy bueno, al menos en el entorno de los bares y eso sé porque eran los sitios dónde nosotros andábamos.

PASKUEZKUE. Se llamaba así al hecho de cumplir por Pascuas. **K.** Garai baten, ixe beste Elixa kontu guztiek bezela, hau be derrigorrezkue izetezan, oñ eztot uste istorixa hareikiñ ibilikodanik, Paskuezko esanak betetzie, ta hau zan konfesau eta gero komulgau inbierra zala denpora hortan. **T.** En un tiempo, al igual que casi todas la cosas referidas a la Iglesia, esto también era obligatorio, ahora no creo que se ande con aquellas historias de cumplimiento con los mandatos de Pascuas, y eso consistía que había que confesar y luego comulgar en ese tiempo.

PASMO-BELARRA. Es el muraje, una hierba medicinal. **K.** Oñ be ziur nau nunbaitxen erabilikodala pasmo-belarra, akaso len baño askoz gutxiau zeatik jentie geixau izengoda botikara fateko, baña ni ondo gogoratzenaz nola lenau batzuk batzen ibiltxezien sagasti aspixetan, eta gero horreik daukien esne antzerakuaz igurtzi garitzak ta pikortak kentzeko. **T.** Ahora también estoy seguro de que en algunos sitios se utilizará el muraje, quizá menos que antes porque ahora la gente será más dada a ir a las farmacias, pero yo me acuerdo muy bien de cómo antes algunos lo recogían debajo de los manzanos, para luego frotar con su especie de leche para quitar las verrugas y los granos.

PASTA. Cubierta de los libros. **K.** Guk ondion mutikuek gitzenien, aurren gauza itxegutzen emuteko eskola liburuei zan dotore paperezko azala jarri liburu horrein pastai, enaz ondo gogoratzen baña nik ustedot izengozala ez sikintzeko ero beztela hala zalako oitura. **T.** Cuando todavía éramos chavales, la primera cosa que hacíamos a los libros que nos daban en la escuela era forrar la cubierta de esos libros con un papel bonito, yo no me acuerdo muy bien pero supongo que sería para que no se manchasen o sino porque esa era la costumbre.

PASTELEIXIE. Pastelería. **K.** Etxien ezgara goxo zaliek baña batzuentan bazkaienbat badaukou soziedadien ero beste holako toki antzerakuen, pasteleixara fan-bierra izetenda pastel batzuk erostera bazkai hortara erueteko, eta egixe esanda gustora jatenda bat ero beste kafie hartuaz. **T.** En casa no somos mucho de dulces pero algunas veces si tenemos una comida en la sociedad o en algún otro sitio parecido, hay que ir a la pastelería a comprar unos pasteles para llevar a esa comida, y de verdad que se suelen comer a gusto alguno que otro mientras se toma un café.

PATATARRIEK. Patatas fritas. **K.** Ze onak dien patatarriek eta erozeiñ gauzakiñ gañera, arrautza prijitxuaz, okeliaz, baitxe bakarrik be eta beste gauza askokiñ, ni onazkero kiluek janda eongonaz baña ondion be hartan jarraitzendot naiz da batzuk esan asko gizentzendauela.**T.** Que buenas son las patatas fritas y además con cualquier cosa, con huevos fritos, con un filete, también solas y con muchas más cosas, yo por ahora las habré comido por kilos pero todavía continúo con ello a pesar de que algunos dicen que engordan mucho.

PATRIFILIUEK. Se refiere a las tonterías que se puedan hacer o escuchar. **K.** Demetriok sarri esatendau gauza asko ingoitxula eta betik pres dauela hau ero bestie itxeko baña patrifiliuek besteik eztie, ordue allegatzendanien ezta sekula jakitxen nun dauen eta ez sikera nundik-nora ibilileiken. **T.** Demetrio suele decir a menudo que hará muchas cosas y que siempre está dispuesto a hacer ésto o lo otro pero eso no son más que tonterías, cuando llega la hora nunca se sabe donde está y ni siquiera por dónde puede andar.

PATRIKA. Bolsillo. **K.** Beste kuadrllako mutilbatek beñ esauzten nola batzuetan eurokiñ gizon gaztebat ibiltxentan oso famaue dana larreiko xurra dalako, tabernara sartzendienien txikitobat hartzera eskuek sartzen omendau patrikan soñue ataratzeko txanponakiñ, baña gero sekula estitxula ataratzen. **T.** Un día me contó un chico de otra cuadrilla que cómo algunas veces solía andar con ellos un hombre joven que tiene mucha fama por lo tacaño que es, que cuando entran a algún bar a tomar un chiquito lo primero que hace es meter la mano al bolsillo y sacar ruido con las monedas, pero que luego nunca las saca.

PATXARA, PATXARIE, PATXAROZUE. Calma, tranquilidad, cachaza. **K.** Gizon horrek dauko patxarie eta nik esangonauke akaso larreikue be badala, sekula eztozu ikusiko prixaik daukenik eta haldauenien jarritxe eotenda han da hemen lasai askuen, lanien eztakitx nolakue izengodan baña hortik kanpo bentzet gibel-haundibat dala emutendau. **T.** Que tranquilo y calmoso es ese hombre y yo diría que quizá hasta también demasiado, nunca le verás que ande con prisas y cuando puede está sentado aquí o allá bien tranquilo, no sé cómo será en el trabajo pero fuera de ahí al menos da la impresión de que tiene bastante cachaza.

PATXARAN. Estar tranquilo, a gusto. **K.** Ezta bape txarra izeten noxienbeñ patxaran eta geldi antzien eotie, gañera euki izenbozu larreiko lan egunbat eta burue nahiko astuna, askoz gustorau hartukozu eotezaren denporatxo hori. **T.** No suele ser nada malo si de vez en cuando se coge un rato de tranquilqad y sin hacer nada, además si has tenido un día de mucho trabajo y la cabeza bastante pesada, pues mucho más a gusto estarás en el ratito ese.

PATXARRA, PATARRA. Licor en general. **K.** Ixe egunero gauza erraru xamarrak ikusteitxuk gosaltzen eotenazen kafeterixan, eurotik bat gertatzenda nerekiñ ta geixenbaten ordu berdiñien alkartzendan gizon heldubateaz, akaso larogeri urtetik gora eukikoutxu, normalki nahiko gertu jartzenda eta kafe utza eskatzendau, ta oñ dator gauza errarue, hori hartu ondoren bestebat eskatu eta kikaran kafien ordez ixe patxarraz betie ekartzeutzie. **T.** Casi todos los días suelo ver cosas bastante raras en la cafetería donde voy a desayunar, una de ellas sucede con un hombre bastante mayor, yo creo que tendrá más de ochenta años, viene casi a la misma hora que yo y normalmente se suele sentar bastante cerca, pide un café solo y lo raro viene ahora, después de tomar ese pide otro y en la taza en lugar del café se la traen casi llena con algún licor.

PATXO. Beso.

(Ver la definición de laztana).

PAUSOKA. A pasitos. **K.** Danok esaten haigiñen noix ikesikodauen ibiltxen ume honek, ba askenien naiz da berandutxo eta ondion pixkanaka, hasida bentzet, eta ume guztiek bezela aurrena pausoka, emutendau bildur pixkat daukela eta etxuraz horreatik da kosta itxejakola askatzie. **T.** Todos estábamos diciendo que cuándo aprenderá a andar esta criatura, pues por fín aunque un poco tarde y todavía poco a poco, por lo menos ya ha empezado, y cómo todos los críos al principio a pasitos, da la impresión de que tiene un poco de miedo y por eso parece que le cuesta soltarse.

PAZIENTZIAK. Paciencias. Son, quizá eran y ya no existan, unas galletitas pequeñas y redondas. **K.** Akaso berrogetamar urte honeitan eztot iñun ikusi lengo pazientzia hareik, garai baten bai eotezien ta gogoratzenaz gozuek ziela, gañera ustedot nahiko sarri eoteziela etxien eta nik gustora jatenauen sopak iñde kafesniaz katilluen. **T.** Las paciencias aquellas de entonces acaso yo no las habré visto en los últimos cincuenta años, en un tiempo si que las había y me acuerdo que eran ricas, además creo que solía haber bastante a menudo en casa y yo las comía a gusto haciendo sopas con el café con leche en el tazón.

PAZIENTZIE. Tener paciencia. **K.** Medikuek esauzku pazientzi pixkat euki-bierra daukoula mutiko horrekiñ, ez itxeko larreiko errietaik, ez eoteko betik bere gañien, izteko pake antzien eté denporiaz zuzendukodala, bere ustez gutxi barru eta oñ dauken istorixak ume kontuek besteik eztiela. **T.** El médico nos ha dicho que que tenemos que tener un poco de paciencia con este chaval, que no le riñamos demasiado, tampoco estemos todo el tiempo encima de él, que le demos un poco libertad y que con el tiempo ya se enderezará, él piensa que no será a mucho tardar y que lo que tiene ahora son cosas e historias comunes a todos los críos.

PEGAPEGA, PEGA-PEGA. Muy juntos, pegados.

(Ver la definición de arrimau, arrimauta).

PEKAK. Pecas.

(Ver la definición de oraiña).

PEKATAIXE, PEKATARIXE. Se dice de la persona que comete pecados, que es un pecador. **K.** Ziur nau eta gañera apostau be ingonauke, ze len gauza asko pekatu zienak oñ pekatun ezer arrastuik eztaukiela. Garai baten bai, ondo gogoratzenaz ze bildur emuteuzkuen apaiz hareik esanaz pekataixek zienak eta damutzen ez, zuzenien fangoziela infernura. Ba asunto honen buruz kuadrillako lagunbatek, Herminio bera, oñ denpora gutxi dala kontauzten nola berak eztauken pekatuen zerrendaik eta gau osue eonzala lorik eziñ hartuaz pentzatzen ze pekatu mota izenleikien iñdako ha, etxuraz, kasualitatez izengozan, gau baten zirri batzuk, gutxi esatendau, iñ omenutzen neskabati eta pena emuteuzola damutzie, bere ustez hori ezala pekatu mortala eta horreatik ezala infernura fango, baña beniala izenda, purgatoixora be fatie eta han eon-bierra akaso hamar ero geixau urtietan, gañera alperrik eta onien, geitxo irutzejakola eta orduen ondo pentzau-bierra daukela ezer iñ aurretik.**T.** Estoy seguro y además apostaría algo, que muchas de las cosas que antes se consideraban pecado ahora no tienen ni asomo de ello. En un tiempo sí, me acuerdo bien del miedo que nos daban los curas cuando decían aquello de que los que eran unos pecadores y no se arrepentían irían derechos al infierno. Pues en relación a este asunto un amigo de la cuadrilla, Herminio el, ahora hace poco me contó que como no tenía lista de pecados estuvo toda la noche sin poder conciliar el sueño pensando que clase de pecado podría ser lo que había hecho, parece, sería por casualidad, que una noche debió de hacer algunos roces, dice que pocos, a una chica y que le da pena el arrepentirse, que cree que eso no era pecado mortal y que por eso no irá al Infierno, pero que siendo venial, también el ir al purgatorio y tener que estar allá quizá diez años a más, además inutilmente y solo por estar, le parecía demasiado y que lo tenía que pensar bien antes de hacer nada.

PEKATUE. Pecado. K, Ba goixen jarridouna, eztot gure esateik lenau gauza guztiek pekatue zienik, baña bai guri gustatzejakun geixenak eta honen buruz bi motakuek zien, mortalak eta benialak, eztotena sekula jakiñ ze aldekue zan dantzan itxie zertxobaitx arrimaute ero pega-pega iñde, haigaren kasu hontan neska batekiñ. **T.** Pues lo que hemos puesto arriba, no quiero decir que todas las cosas de antes eran pecado, pero si la mayoría de las que nos gustaba a nosotros y sobre éstos eran de dos clases, mortales y veniales, lo que no he sabido nunca es en que categoría estaba el bailar algo arrimados o muy pegados, en el caso que nos ocupa con una chica.

Aspaldiko esaerabat: Pekatu ariñe, norberak egiñe.

Un viejo proverbio en euskera dice que son leves los pecados que uno mismo comete.

PELAJIE. Se dice de la persona que ofrece mala pinta, mal aspecto. **K.** Etxat bape gustatzen gaizki berba itxeik beste petzonatik, baña gure inguruen ibiltxendan tipo honeatik eta baitxe noixienbeñ arrimau be, bai esanleiket eztaukela bape pelaje honik, betik baldar jantzitxe, useñ txarraz eta kopeta sikiñ horrekiñ, benetan sigero etxura-bako pertzona dala. **T.** No me suele gustar nada hablar mal de otras personas, pero por éste tipo que suele andar alrededor nuestro y algunas veces también se arrima, si puedo decir que no tiene muy buen aspecto, siempre vestido con esos ropajes raros, con mal olor y esa sucia trenza, de verdad que es una persona que tiene muy mala pinta.

PELLA (K). Leche frita. Son torrijas hechas con harina y leche, y luego fritas en aceite después de pasarlas por huevo. **K.** Pellak gozuek izetendie baña nik horreitik parebat janda nahikue dauket, neretzako bentzet, eta akaso geixenendako, larreiko astunek die, gañera aurretik ondo bazkaltdute bazara eta bi baño geixau jan-ezkero, tripa larreiko betie eukikozu eta gañera baleike kalte be itxie. **T.** La leche frita es muy rica pero yo comiendo un par de ellas tengo suficiente, para mí al menos, y quizá para la mayoría de la gente, son muy pesadas, además si antes has comido bien y si tomas más de dos tendrás la tripa demasiado llena y además puede que también te hagan daño.

PELOTA-JOKUE (K). Juego (s) de pelota. **K.** Bixer Donostiko Trinidade plazan pelota-jokuek eongodie eguerdixen eta jartzendau hamabixetan hasikodiela. Parte hartukodaunak mutikuek eta neskatillak izengodie, baitxe nausixek be eta mota askotara, eskuz, pala, erremonte eta abar. **T.** Mañana en la plaza Trinidad de San Sebastián habrá juegos de pelota y pone que empezarán a las doce del mediodía. Participarán niños y niñas, también mayores y en varias modalidades, mano, pala, remonte, etc...

PELOTAN. Jugar a pelota. **K.** Gaur illoba etorrijat esanaz aber guroten jolastie pelotan berakiñ eta nai-bada aposta txikibat be ingoula, ez diru kontuik, hamarretakue bakarrik, ba badakitx galdukotela baña halaere jolastu inbikot, beztela ta ezpanaz faten aurrena barre ingodau ta gero baleike pentzatzie atzera botanazela. **T.** Hoy me ha venido el sobrino diciendo a ver si quiero jugar con él a pelota y si se quiere también podemos hacer una pequeña apuesta, nada de dinero, solo el almuerzo, pues ya sé que perderé pero aún así tendré que jugar, sino y si no voy primero se va a reir y luego puede pensar que me he echado para atrás.

PELOTAIXE, PELOTARIXE. Pelotari. **K.** Euskalherrixen sekula eztie falta izen pelotaixeik eta zalantzaik eztau garai batekuek oso onak izenziela, danan izenak ezinditxuk jarri baña bai batzuk, orduen eozen Atano, Ogeta, Azkarate, Retegi bixek eta beste pillabat, nik ustedot oinguek irabazi ingozitxuela beste lengo harei baña ez hobiek dielako, gertatzenda oñ beste modubaten eta baitxe beste material motaz jolastendala. **T.** En Euskalherría nunca han faltado los pelotaris y no hay ninguna duda de que los de antes eran muy buenos, los nombres de todos no los puedo poner pero si algunos, entonces estaban los Atano, Ogueta, Azkárate, los dos Retegui y otro montón más, yo creo que los de ahora ganarían a aquellos otros pero no porque sean mejores, sino poque se juega de otro modo y también con otro tipo de material.

PELOTAK, PENDOLAK. Fig, se llama así a los testículos, también a las personas que son valientes, tener huevos o ser unos huevones, todo fig. **K.** Zalantzaik eztau ze mutil hori zertxobatix merezitakue dala, itxasue dauen bezela eta pelokak eukitxu uretara sartzeko txakur txiki hori ataratzera, animali gixajo hori naniko itxuen eongozan baña bentzet bizirik ekarridau, eta ustedot bixek larri ta estutazun haudixekiñ ibilikoziela. **T.** No hay ninguna duda de que el chico ese ya se merece algo, de la forma que está el mar y ha tenido huevos para meterse al agua a sacar al perro pequeño, seguro que el pobre animal estaría a punto de ahogarse pero por lo menos lo ha traído vivo, y creo que los dos habrán estado en una situación muy difícil y también pasado bastante mal.

PELOTETAN. Fig. se dice por estar desnudo.
(Ver la definición de narrutan).

PELOTILLERO. Se dice se la persona aduladora que tiene el objeto de obtener algo. **K.** Gervasio hau eztau oñ duen tokixen bere merezimentuatik, eta ez sikera beste-batzuk baño geixau izen ero dakixelako, hor goixen dau pelotillerobat besteik eztalako eta hori bera itxen ibilida bere aurrien eozenai, eta gañera ezer inportik be ze modutan geratzezien hareik gero atzien geldiketazienak. Ba akaso noixbaitxen horixe bera ingotzie berai. **T.** El Gervasio éste no está arriba por merecimientos, ni siquiera porque sea o sepa más que otros, está ahí por adulador y eso mismo es lo que ha estado haciendo con las personas que estaban delante de él, y además sin importarle en absoluto en que situación quedaban aquellos que luego quedaban atrás. Pues a lo mejor algún día eso mismo se lo harán a él.

PELOTOIE. Pelotón. **T.** Eztakitx zerbaitx gertaudan ero karrera hontan haidien geixenak nagitxu iñdien, ordu-erdi pasatxo da aurreneko hirurek pasatzen ikusidoula ta ondion eztau pelotoien arrastuik, gañera kontuen hartuta etapa denpora gutxi hasitxe dala, eztot ulertzen zeatik eonliken holako aldie eta ez bakarrik neri baizik hemen karrera ikusten garen danoi. **T.** No sé si habrá podido pasar algo o la mayoría de los ciclistas que están en la carrera se han vuelto vagos, hace ya algo más de media que hemos visto pasar a los tres primeros y todavía no hay rastro alguno del pelotón, además teniendo en cuenta que hace poco ha empezado la etapa, no entiendo porqué puede haber tanta diferencia y no solo a mí sino que a todos los que estamos aquí viendo la carrera.

PELUKEIXIE. Peluquería. **K.** Pelukeixak derrigorrez izen-bierra daukie diru asko emutenditxuen gauza, lengo egunien Ramonik, bera pelukera izendakue eta oñ erretirauta, esauzten Zarautzen bi dozenatik gora omendiela, geixenak emakumanak, eta kontuen hartu-ezkero zenbat kobratzendauen, emakumanak dienak bentzet, ze lenau berandu baño danak aberastukodiela. **T.** A la fuerza las peluquerías tienen que dar mucho dinero, el otro día me contaba Ramoni, antes fué peluquera y ahora está jubilada, que en Zarautz por lo menos hay dos docenas, la mayoría femeninas y que teniendo en cuenta lo que cobran, sobre todo las que son de mujeres, que más pronto que tarde todas se tienen que enriquecer.

PENAGARRIXE, PENAZKUE. Que causa pena, lástima. **K.** Bai, badakitx penagarrixe dala baña hala gertauda ta onazkero eztau zer-iñik, akaso hasibagiñen beste tobibatetik eta beste modubaten baleike lortu izetie, baña hori ia eztou sekula jakingo, dana sigero puskatuta dau eta barrrixenbarri hasi eta noski, iñ era bukatu. **T.** Si, ya sé que es una pena pero así ha ocurrido y ya no hay nada que hacer, quizá si hubiésemos empezado de otro sitio y de otra manera puede que lo hubiésemos conseguido, pero eso ya nunca lo sabremos, todo está completamente destrozado y tendremos que volver a empezar y claro, hacer y terminar.

PENAK, PENATZEN. Penas, penando. **K.** Ezai oñ etorri nireana hire penak kontatzen zeatik neriekiñ nahikue eta sobre jaukat, gañera gertaujaken hori hire kulpa besteik eztok izen eta hori aurretik abixauta hauala, ta gañetik ondo jakiñien asunto guzti horrena. **T.** No vengas ahora dónde mí a contar tus penas porque con la mías tengo suficiente y de sobra, además eso que te ha ocurrido no ha sido más que por tu culpa y eso que estabas avisado de antemano, y además bien al tanto de todo ese asunto.

PENDEJO. Pendejo. Se dice de la persona que es un informal, y también por los críos cuando están haciendo travesuras. **K.** Zuek bixok pendejo utzak zare eta bakotxa bata-bestie baño haundixaue, jakiñleike zeñen ideia izendan lotzie txakurre bustanetik maiko hankara?, bai iñ barre baña bitxartien hemen daukotzue negarrez txakur gixajue, eta meserez askatuiozue segitxuen. **T.** Vosotros dos sois unos completos pendejos y cada uno mayor que el otro, ¿se puede saber de quién ha sido la idea de atar el perro por el rabo a la pata de la mesa?, si reiros pero mientras tanto ahí teneís llorando al pobre perro, y hacer el favor de soltarle enseguida.

PENDIZE. Cuesta, pendiente.

(Ver la definición de aldapa).

PENDOLIE. Péndulo del reloj. **K.** Lastima da baztertzie paretako erloju hau, halako politxe eta hainbeste urtien eonda hemen ze kentzenbada pareta pilloxik geratzendala emungodau, ezalda posible izengo billatzie bateonbat haldauena konpontzie puskatujakon pendolie? **T.** Es una lástima que arrinconemos el reloj este de pared, es tan bonito y ha estado tantos años aquí que si se quita va a parecer que la pared queda desnuda, ¿no sería posible encontrar a alguien que pudiese reparar el péndulo que se le ha roto?

PENTZAMENTUE. Pensamiento. **K.** Ezta bape errexa jakitxie Silverion eukikoitxun pentzamentuek, akaso berakiñ eotezaren momentu hortan bai zeatik esangotzu ze asmue dauken egun hortarako, baña gertatzenda baleikela aldatzie birien eta gero sigero gauzak desbediñak iñ aurretik pentzata haukenak baño. **T.** No es nada fácil saber los pensamientos que pueda tener Silverio, puede que en el momento que estás con él si lo sepas porque te dirá las intenciones que tiene para ese día, pero sucede que quizá las cambie en el camino y que luego haga unas cosas completamente diferentes a las que pensaba en un principio.

PENTZAU. Pensar. **K.** Danon hartien ondo pentzau inbierra daukou lan hau hasi bañolen, aurrena ta garrantzitzuena nundik sartu materialak zeatik kale estu hontatik eziñda pasa kamioirik, eta akaso ez beste ezer txikiñaurik danik be, eta gero bestie, nola jarri aldamiñuek kabitxu eztien tokixen? **T.** Entre todos tenemos que pensar bien antes de empezar éste trabajo, primero y lo más importante por dónde vamos a meter los materiales porque por esta calle estrecha no puede pasar ningún camión, y quizá tampoco otra cosa que sea más pequeña, y luego lo otro, ¿cómo vamos a colocar los andamios en un sitio dónde no caben?

PENTZUE. Pienso para los animales. **K.** Garai baten txakurrei ta katuei etxien sobratzezien gauzak emutejatien eta noski, hori jan, oñ berriz honeindako pentzuek eotendie eta gañera mota askotakuek, halaere Kortak, Josun txakurrek, txuleta azur zatibat haragi pixkatekiñ euki-ezkero alde haundixe izengozan beretako. **T.** En un tiempo a los perros y a los gatos se les daba las cosas que sobraban en casa y claro, eso comían, ahora en cambio para éstos existen piensos y además de muchos tipos, aún así Korta, el perro de Josu, si tendría un hueso de chuleta con un pedazo de carne para él tendría una gran diferencia.

PEPE. Este es el nombre que para los críos tiene el chupete. **K.** Ondion ondo gogoratzenaz nola urte pilla dala oporretan geotzela Kantabriako herribaten, egunbaten eta gau erdixen umie esnatuzan negarrez pepe eskatuaz, eta gertauzan ezala posible izen iñun billatzie eta guardixan hauen botikara fan-bierra izenauen bat erostera. **T.** Todavía me acuerdo bien de cómo hace muchísimos años estando de vacaciones en un pueblo de Cantabria, uno de los días el crío se despertó a media noche llorando y pidiendo el chupete, y pasó que no fue posible encontrarlo por ningún lado y tuve que ir a la farmacia que estaba de guardia a comprar uno.

PERIODIKUE. Periódico. **K.** Periodikue da gauzabat ia lagadotena erostiei, zenbat urtien ibilikonitzen egunero erosten baña ia aspalditxotik eta nahiko naskauta erabakinauen nahikue zala, politika kontuek besteik ezauen ekartzen, betik bata-bestien aurka, gaizki berba itxen ta askenien ezer ez esateko, eta askoz gutxiau iñ. **T.** El periódico es una cosa que he dejado de comprar, cuántos años lo habré estado comprando todos los días pero desde hace ya mucho tiempo y bastante asqueado decidí que ya era suficiente, no traía más que cuentos sobre política, siempre unos en cotra de otros, hablando mal y al final para no decir nada, y mucho menos hacer.

PERNILLE. Jamón. **K.** Urte asko dala andrien herrira fateko Gazteiz zier fategiñen zeatik orduen ezauen beste bireik, eta noski bueltau be bertatik, baña bueltako horrek gauzabat sigero ona hauken, Gazteizen geldiketagiñen afai-meixenda itxeko, betik taberna berdiñen eta han jategauen laban erretako pernille, benetako gozue zan eta danon gustokue. **T.** Hace muchos años para ir al pueblo de la mujer lo hacíamos a través de Vitoria porque entonces no había otro camino, y lógicamente la vuelta también por el mismo sitio, pero esa vuelta tenía una cosa muy buena, solíamos parar en Vitoria para hacer una merienda-cena, siempre en la misma taberna y allá comíamos jamón asado en el horno, de verdad que era muy bueno y del gusto de todos.

PERRA. Herradura. **K.** Eztakitx zeatik izengodan baña betik entzun izenda ze nunbaitxen billatu-ezkero perrabat eta hau gorde aukera haundixe eongodala zorion izeteko, ni ibili izenaz ta ondion be hartan nabill beitzen aldebaten ta bestien baña oñartien bentzet eztot ezer lortu. Oñ, pentzatzen hainaz ze akaso beste honek be baleikela izetie balixodauen gauza, erosi bat, bota baztertxobaten eta hurrengo egunien iñ billatudozun bezela. **T.** No sé porque será pero de siempre se ha oído que si encuentras en algún sitio una herradura y la guardas tendrás grandes probabilidades de tener suerte, yo ya he solido andar buscándolas y todavía estoy en ello pero de momento al menos no he conseguido nada. Ahora que estoy pensando que quizá ésto otro también podría ser válido, comprar una, tirarlo a una esquina y al siguiente día hacer como que la encuentras.

PERRAUNDIXE. Perra gorda. Se llamaba así a aquella moneda antigua de diez céntimos. **K.** Oñ ziur ze ixe iñok, geixenbat gazte jente hartien, eztauen esautu eta ez sekula entzun perraundixen kontuik, hamar xentimo pesetanak zien, baña nik bai eta ondo gañera zeatik nahiko sarri eukitxenitxun poltxikuen, egixe da lenau be eziela gauza haundirik itxen horrekiñ eta oñ nola izengozan?, ba kontuen hartu, oingo hamar xentimuek lengo peseta terdi pasatxo die eta lenau hamar perraundi bier izetezien peseta bakarra itxeko, eta…, ia galdunaz. **T.** Ahora seguro que casi nadie, sobre todo entre la jente joven, conocerá ni siquiera nunca habrá oído hablar nada sobre la perra gorda, era diez céntimos de la peseta, pero yo sí y además bien porque las he llevado bastante a menudo en el bolsillo, la verdad es que antes tampoco se hacían grandes cosas con esas ¿y cómo sería ahora?, pues tener en cuenta, los diez céntimos de ahora equivalen a peseta y media pasadita de entonces y antes hacían falta diez perras gordas para hacer una única peseta, y…, ya me he perdido.

PERRAU. Cambiar las herraduras a los animales. **K.** Oñ eztot uste dauenik perrau itxendan tokirik, inguru hontan bentzet, baña derrigorrez nunbaitxen eonbikodie zeatik alde guztietan ikustendie zaldixek, eta nun?, ba arrastuik be eztauket, baña garai baten bai eta gogoratzenaz nola bat hauen hor Miako birien. **T.** Ahora no creo que por aquí cerca haya sitio alguno dónde cambien las herraduras, aunque a la fuerza lo tiene que haber en algún lugar porque en todas partes se ven caballos, ¿y dónde?, pues no tengo ni idea, pero en un tiempo sí y ya me acuerdo de cómo había uno en el camino de Meagas.

PERREJILLE. Perejil. **K.** Perrejille da gauzabat asko erabiltzendada Euskalherriko sukaldietan, ziur beste hainbat toki askotan be berdiñ izengodala, gure etxien bentzet hala da eta asko gustatzejaku esateutzoun perrejill entzalada, noski baitxe erabiltzendou arrañan errefrituai botatzeko ta beste gauza askotarako. **T.** El perejil es una cosa que se utiliza mucho en las cocinas de Euskalherría, seguro que será igual en tantos otros sitios, al menos en nuestra casa es así y nos gusta mucho una ensalada que llamamos de perejil, claro que también lo utilizamos para echarlo en el refrito del pescado y para otras muchas cosas.

PERRETXIKUEK. Setas. **K.** Ze mundu dan perretxikuen honeina ta zenbat tipokuek izetendien, eta honen buruz gauzabat, oñ saltzen ikustendien asko garai baten ezien sikera hartzen, eta dexkuidox bateonbat hartu-ezkero axkar botatzezan, gogoratzenaz nola beñ etxera eruen piñotelak, gañera dexente xamar, eta amak laister botazitxuen esanaz horreik eziela balixokuek jateko. **T.** Que mundo es éste de las setas y de cuantas clases las hay, y sobre ésto una cosa, muchas de las que ahora se ven vendiendo antes ni siquiera las cogíamos, y si por descuido alguna se cogía enseguida se tiraba, me acuerdo de cómo una vez llevé a casa níscalos, además bastantes, y mi madre rápidamente las tiró diciendo que esas no valían para comer.

PERTZONAJIE. Personaje. Se dice por la persona que destaca en algo, lo mismo para bien que para mal. **K.** Eztau bape zalantzaik gizon hori nahiko pertzonaje dala, nik ustedot eztaukela lanik eta ez beste ezer itxeko gauzaik, baña halaere betik ikusikozu sigero ondo jantzitxe ibiltxendala kalien, betik traje dotoriaz eta egunero desberdiñe. **T.** No hay ninguna duda de que ese hombre es bastante personaje, yo creo que no tiene trabajo ni tampoco ninguna otra cosa para hacer, pero aún así siempre le verás que anda en la calle muy bien vestido, siempre con un traje elegante y diferente cada día.

PESKADEIXIE, PESKAIXIE. Pescadería.
(Ver la definición de arrandeixe).

PESKATERUE. Pescatero. La persona que vende pescado. **K.** Guk apenas ulertzendou gauza askoik arraiñ asunton buruz, eta hori jakiñde gauza ona izetenda eukitxie esagun dan peskaterue, hala bentzet seguridadie daukozu ze erostendozun arraiñ hori ona ta freskue dala, geixenbaten bentzet. **T.** Nosotros apenas entendemos gran cosa sobre asuntos de pescado, y sabiendo eso es buena cosa el tener un pescadero conocido, así al menos tienes la seguridad de que el pescado que compras es bueno y estará fresco, al menos la mayoría de las veces.

PETATXUE. Remiendo, petacho. **K.** Lenau ezan eoten oñ dauen hainbeste aukeraik erropa barrixek erosteko, eta gauza askoi tarratarie itxenbajatien, zulau ero beste rrerreozer antzerakue petatxue jostejakon, ta ezkerrak ordungo amak, esan-baterako gurie, oso ederto hakixiela lan honeik itxen, beztela zer? **T.** Antes no había tantas oportunidades cómo hay ahora para comprar ropa nueva, y a muchas cosas que se les hacía un rasgón, agujero o alguna otra cosa parecida se les cosía un petacho, y menos mal que las madres de antes, por ejemplo la nuestra, sabían muy bien hacer esos trabajos, ¿sino qué?

PETRALA. Se dice de la persona pelma, cansina, terca y de mal genio. **K.** Diskutitzeko bierra baldinbadau nik estotzuk esango es itxekoik, baña bentzet alegiñduzaitez mantzo antzien ibiltxen zeatik gizon hori larreiko petrala da ta baleike laister asarreketie. **T.** Si es necesario discutir yo no te voy a decir que no lo hagas, pero al menos esfuérzate en hacerlo de manera suave porque ese hombre tiene muy mal genio y puede que se enseguida se enfade.

PETRALDU. Volverse obstinado, cerrado. **K.** Akperrik haizara alegintzen Argimirokiñ zeatik eztozu iñola konbenziruko, eta hori naiz da bera ondo jakiñien eon gauzak hala diela ta errazoi guztie daukotzula, gertatzejako ze beñ da petraldu itxendanien eztala posible izeten hortik ataratzeik. **T.** Es inútil que te esfuerzes con Argimiro porque no le vas a convencer de ninguna de las maneras, y eso a pesar de que sepa de que las cosas son así y de que tienes toda la razón, le sucede que una vez que se ha obstinado no suele ser posible sacarle de ahí.

PETRIKILLO. Con el nombre de petrikillo se empezó a llamar a los curanderos así cómo un poco en broma y luego con ese se quedaron. **K.** Lenau Euskalherrixen, eta baitxe hemendik kanpo be, ugeri xamar petrikillo eotezien, eztot esaten herri guztietan baña bai askotan eta ondion be baleike batzun-batzuk nunbaitxen geratzie, eta gañera oitura haudixe hauen horreikana fateko, nik entzunde dauket nola geixenbaten senda-belarra erabiltzeauen erozeiñ gauza sendatzeko, ero alegiñdu bentzet. **T.** Antes había bastantes curanderos en Euskalherría, y también fuera de aquí, no voy a decir que en todos los pueblos pero sí en muchos y todavía puede que en algún sitio queden algunos, y además había mucha costumbre de acudir dónde ellos, yo tengo oído que casi siempre utilizaban las hierbas medicinales para curar cualquiera de los males, o al menos intentar.

PETRILLE. Petril. Es una especie de muro pequeño, puede ser de deversos materiles, al borde de la carretera u otro sitio y que sirve de contención. **K.** Gaurko periodikuek ekartzendau nola atzo hor Madrill aldien autobusak petrille jo, apurtu ta txintxiliske geratuzala, ba ustedot zorion haundikue izendala txoferra, etxuraz bakarrik oien, berai etxakon ezer gertau eta argazkixen ikustenda nola autobus erdixe baño geixau karretera kanpuen dauen. **T.** El periódico de hoy trae cómo ahí por la zona de Madrid un autobús rompió el pretil y se quedó colgando, pues creo que el chófer está de mucha suerte, parece que iba solo, a él no le pasó nada y según se ve en la fotografía más de la mitad del autobús está fuera de la carretera.

PETRIÑA, PETRIÑIE. Cinto, cinturón. **K.** Nik ustedot jente geixenak petriñie betik eruen izendoula, akaso gaztiek dienak zertxobatix geixau, halaere eonzan denporaldibat eta baleike garai hartako bolara kontue izetie, tirante asko ikuzteziela kalien eta gañera ondo bistan eruetezan, ustedot erakusteko izengozala. **T.** Yo creo que el cinturón es una cosa que siempre la hemos llevado, quizá un poquito más entre la que es gente joven, pero ya hubo un tiempo y puede que fuesen modas de entonces, que se veían muchos tirantes por la calle y además se llevaban bien a la vista, supongo que sería para enseñarlo.

PIKA. Yunque más bien pequeño, aunque también se llama así al que es algo más grande.
(Ver la definición de ingudie).

PIKADURA. Se llamaba así al tabaco suelto, sin liar, que antes venía en unos paquetitos cuadrados.
(Ver la definición de kuarteroie).

PIKANTIE. Picante. **K.** Gure familixa tartien betik gustau izenda pikantie baña asunto hontan be urtlek asko daukie zer-ikusixe zeatik geruau ta nausixaue izen askoz gutxiau aguantatzenda, baña halaere eta nik bentzet, gauza batzuk naio izeteitxut pikante xamarrak izetie. **T.** Entre los miembros de nuestra familia siempre ha gustado el picante, pero en este asunto también tiene mucho que ver la edad porque cuando mayor se es se aguanta mucho menos, pero aún así y al menos yo, prefiero que algunas cosas estén algo picantes.

PIKAU. Sacar filo a la guadaña o la hoz a golpes de martillo y apoyando cualquiera de éstas en un yunque pequeño. **K.** Oñ eta nola ixe bedar guztie moztendan makiñakiñ apenas pikau bier izetenda segaik, eta berdiñ igeteik, eta nik ustedot hau geixenbaten sega kirolien itxendala. **T.** Ahora y cómo casi toda la hierba se corta con maquinaría apenas hace afilar guadañas, y yo creo que éstas, al igual las hoces, únicamente se hace en el deporte de corte de hierba.

PIKAU. Picar. Tambien se dice fig. por afectar o molestar alguna cosa. **K.** Zer Boni, akaso pikau itxendotzu esandakue?, ba arraskau, ze gertatzenda ba, eztala izen zure gustokue emandotzuen erantzuna?, ba esaukotzun ixilik eon besteik eta oñ alperra dozu damutziaz. **T.** ¿Qué Boni, acaso pica lo que te han dicho?, pues te arrascas, ¿qué pasa pues, que no ha sido de tu agrado la contestación que te han dado?, pues no tenías más que haber estado callado y ahora es inútil que te arrepientas.

PIKE. En las pistas por donde discurría la bola en las antiguas boleras se le llamaba así a una pequeña pendiente que existía en el recorrido. **K.** Atxabaltako bolera zarrera jente asko fatezan hango jokue ikustera, eta euron tartien baitxe gu be noixienbeñ, eta gañera ikusi aparte apostak be nahiko gogorrak itxezien, garai hartako bentzet, gogoratzenaz nola batzuk betik han eotezien sartuta eta ondo jakiñien eozen ze tokitxen hauen pikie, eta noski, nola bota-bierra izeteauen bolie. **T.** Antes solía ir mucha gente a ver el juego de bolos que había en la antigua bolera de Aretxabaleta, y entre ellos también nosotros de vez en cuando, y además se hacían apuestas bastante fuertes, al menos para aquellos tiempos, me acuerdo de cómo había algunas personas que siempre estaban allá y conocían muy bien dónde estaba el pike o la pequeña pendiente, y claro, la manera en la que tenían que tirar la bola.

PIKITO. Es una palabra que se utiliza con los críos y que se refiere a la lengua. **K.** Zerbaitx jartzeatik. Rosarito, konturatuzara zure lengosue gordeta dauela eta burla itxen haidala han eskutuen?, ba zuk be atara pikito eta berdiñ iñiozu berai, ze ustedau ba mosolo horrek? **T.** ¿Rosarito, te has dado cuenta de que tu primo está escondido y te está haciendo burla desde el escondite?, pues tú también sácale la lengua y le haces lo mismo a él, ¿qué se habrá creído pues el tontorrón ese?

PIKONDUE. Arbol de la higuera. **K.** Pikondue da arbolabat erozeiñ tokitxen ikustendana mendira ero beste toki berdintzura fatendanien, eta nik eztot uste iñok landautakuek dienik, horreik izengodie berez urtendakuek ta baleike izetie oso errex hastendan arbol motabat, halaere pikondo horreik eztaue apenas piku askoik ataratzen. **T.** Si vas al monte u otro sitio parecido verás que en muchos sitios hay higueras, y yo no creo que las haya plantado nadie, será que habrán brotado sin más y eso seguramente será porque es un tipo de árbol que crece fácil y en cualquier sitio, aún así esas higueras apenas suelen producir mucho fruto.

PIKUPASA, PIKU-PASA. Pasas de higo. **K.** Esatendaue oso ona omendala pikupasak jatie, etxuraz iñder asko emuteitxue baña halaere guk eztaukou oitura haundirik, geixenak gabonetan bakarrik jateitxu, konpotan ta beste gauza batzukiñ batera, oñ entzunde be badauket batzuk iogurraz nahastuta jateitxuela. **T.** Dicen que es muy bueno el comer pasas de higo, parece ser que dan mucha fuerza pero aún así nosotros no tenemos demasiada costumbre, la mayoría las comemos solo en navidades, en compota y junto con otras cosas, ahora que también tengo oído que algunos las comen mezcladas con el yogur.

PIKORTA (K). Granos, sobre todo los que salen en la cara. Seguramente también se podría llamar acné porque yo creo que son similares. **K.** Batzuk esatendaue ze mutikotik mutillera pasatzendanien oso normala izetendala pikortak urtetzie mosuen baña gero, eta akaso denpora gutxi barru, berez eta asaldu bezela eskutatzen fatendiela. Eta baitxe baleikela beste norbaitzuk denpora geitxuau bier izetie. **T.** Dicen que cuando se da el paso de chaval a muchacho es normal que aparezcan granos en la cara, pero que quizá luego y al igual que han salido desaparezcan dentro de poco tiempo. Y que también puede suceder que a algunos les cueste un poco más.

PIKUE. Higo. **K.** Ba pikue be piku-pasan berdintzue omenda iñdarren buruz, baña honeatik estendaue iñder hau hartzeko hobie dala jatie sikuek dazenien, nik nahiko sarri jateitxut eta ondion eztot lortu izen ehun kiloko harrixe altzatzeik, baña hortarako jarraitzendot jan eta entrenatzen. **T.** Pues con el higo debe pasar algo parecido a las pasas de higo en cuanto a la fuerza, pero sobre esto dicen que para conseguir esa fuerza es mejor comerlas cuando están secas, yo las como bastante a menudo y todavía no he logrado levantar la piedra de cien kilos, pero continúo comiendo y entrenándome para ello.

PIKULUZIE, PIKU-LUZIE. Se dice de la persona que fig. tiene la lengua afilada, chivata e indiscreta. **K.** Agapiton aurrien ezizue gauza askoik esan zeatik laister jakiñien jarrikodau herri guztie, berak zuen aurrien esangodau toki hortan esatendana bertan geratukodala, baña gero gertatzenda larreiko pikuluzie dala eta danak enteratzendiela. **T.** Delante de Agapito no digaís muchas cosas porque enseguida lo pondrá en conocimiento de todo el pueblo, él delante vuestro os dirá que lo que se comente allá en el mismo sitio se quedará, pero luego ocurre que es demasiado chivato y que todos se enteran.

PIKUTA, PIKUTARA. Sitio imaginario donde se envía a la persona que está molestando, no presta atención, etc. **K.** Jakiñleiekek ze gertatzendan hirekiñ?, hemen hainauk ordu-erdi honetan esplikatzen nola dien inbierrreko gauza honeik eta hik eztok bape kasuik itxen, ba badakik eta ezpada interezatzen hemen esaten haidan ezer fanai pikutara eta etorrikok bestenbat hire ordez. **T.** ¿Se puede saber que es lo que pasa contigo?, en la última media hora estoy explicando cómo hay que hacer éstas cosas y tú no prestas ninguna atención, pues ya sabes y si no te interesa nada de lo que se dice aquí vete por ahí que ya vendrá otro en tú lugar.

PIKUTEAU. Chivarse. **K.** Hauxe bera itxendaue piku-luziek dienak, pikuteau, eta honekiñ kontu haundixekiñ ibilibierra izetenda esatendanaz beraik haurrien dazenien, eta ona izengozan, hal eta esautzenbadie bentzet, horreik ez eoteik, eta eotenbadie askoz hobeto aldamenenik bieltzie beñ eta betiko. **T.** Pues eso mismo suelen hacer los chivatos, chivarse, y hay que tener mucho cuidado sobre lo que se dice cuando están presentes, y sería bueno, al menos si se conocen y es posible, que no estén, y si están mucho mejor mandarles de una vez y para siempre.

PIKUTERO, PIKUTERUE. Chivato.

(Ver la definición de pikuluzie).

PILONGA. Castaña no comestible. **K.** Pilongak be eta goixen jarridoun perra izenaz bezela, zorionekuek omendie, baña honeik harein aldien eztau billatzen ibili-bierreik, nahikue da arbolatik hartzie ero beztela berdiñeko balixokuek die lurrien jausitxe eotendienak, ta gero beste gauzabat be badaukie, eta da poltxikuen sartu, han erabili eta noxienbeñ igurtzi eskuaz buelta batzuk emunaz. **K.** Estas castañas que no son comestibles y al igual que la herradura que hemos puesto arriba con el nombre de perra, también son objetos de buena suerte, pero éstas a diferencia de aquellas no hay que andar buscándolas, es suficiente con ir al árbol y cogerlas o sino son igual de válidas las que están caídas en el suelo, y luego la cosa es que hay que meterlas en el bolsillo, dejarlas ahí y de vez en cuando restregarlas con la mano dándoles unas vueltas.

PILLA, PILLUE. Montón. **K.** Jeseus!, zuk ekarritxozu perretxiko pilla, gañera danak ero ixe geixenak piñotelat die, egixe da neri asko gustatzejatela baña etxien eziñdou jan dan horreik, akaso soziedadien eta jente geixau alkartu-ezkero posible izengolitzake, ba aber lortzendoun jente hori afaibat itxeko eta nik ingoitxut prestaketak. **T.** ¡Jesús!, vaya montón de setas que has traído, además todas o casi todas son níscalos, es verdad que a mí me gustan mucho pero no podemos comer todas esas en casa, quizá en alguna sociedad y si nos juntaríamos más gente sería posible, pues haber si conseguimos reunir a esa gente y podemos hacer una cena, y ya haré yo la preparaciones.

PILPILLIEN. Al pilpil. Esto se dice cuando algo se calienta, o hay que calentatr, a fuego muy suave. También fig. cuando se está tratando una cosa muy interesante. **K.** Gaur soziedadeko bazkaira atzo prestautako karakolak eruegoitxut, eztakitx zeiñ izengodan sukaldarixe baña esan-bierrien nau berotzeko oso mantzo, pilpillien izengobalitz bezela, zeatik beztela eztie bape onak geratzen. **T.** A la comida de hoy en la sociedad llevaré los caracoles que preparé ayer, no se quien será el cocinero pero tengo que decirle que los caliente al fuego muy suave, cómo si fuese al pilpil, porque sino no suelen quedar nada buenos.

PILLABAT. Mucha cantidad, un montón. **K.** Hau siñistu eziñekue da, askenien billatudou nahiko jente perretxiko afairako eta barregarrizko gauzabat pasada, gogoratzezare nola harek, Braulio zan, ekarrizitxun perretxiko pilla eta oñ horren kontura haigaren afaltzen, ba gertauda hemen dauen beste mutil honek, Lorentxok, beste pillabat ekarritxula eta baitxe piñotelak be, etxuraz sekulako urte ona da eta oñ derrigorrez erabakibikou aber beste afai ero bazkainbat inbierra izengotedan, ba konpromiso ederrien gara. **T.** Hay cosas son increíbles, al final ya hemos encontrado gente suficiente para la cena y ha ocurrido una cosa de risa, ya os acordareís de cómo aquel, era Braulio, trajo un montón de setas y ahora estamos cenando a cuenta de aquello, pues resulta que este otro chico que está ahí, Lorenzo, ha traído otro montón y también níscalos, parece ser que debe de ser buen año y ahora estamos obligados a decidir si será necesario el hacer otra comida o cena, pues en vaya compromiso estamos.

PILLATU, PILLAU. Amontonar, apilar. **K.** Mezerez gauza bakarra eskaukotzuek, ez izteko gauza dan horreik hor erdixen eta lurrien zabalik, erueizue handikaldera, pillatu bazterrien ta hala bentzet nahiko leku geratukoda kamioie pasatzeko bezela. **T.** Por favor os voy a pedir una única cosa, que no dejeís todas esas cosas aquí delante y esparcidas por el suelo, llevarlas hacia allá, dejarlas amontonarlas en un rincón y asi al menos quedará suficiente sitio para que pueda pasar el camión.

PILLOXIK, PILLOZIK. Desnudo (a).

(Ver la definición de narrutan).

PILLOZTU. Quitarse toda la ropa, desnudarse. **K.** Ze oitura xelebrek eotendien Zarautzen, eztakitxena da hala berdiñ izengodan beste leku batzuetan, baña beno, gauza da, nik sarritxen ikusi izendot, nola zapatuko ordu txikitan, noski eurixe ero hotzik ezpadau, jentie pilloztu itxendan malekoien, geixenak mutillek izetendie, eta ondoren uretara sartu jolastera. **T.** Que costumbres más raras hay en Zarautz, lo que no sé es si en otros sitios también será así, pero bueno, la cosa es, yo lo he visto muchas veces, cómo la gente los en las horas pequeñas de lo sábados, claro que si no llueve o hace frío, la gente se desnuda en el malecón, la mayoría suelen ser chicos, y a continuación se meten al agua a jugar.

PINGO. Se dice en referencia a la criatura que es traviesa, inquieta y revoltosa. **K.** Oñartien enitzen atreblizen ezer esaten baña galderabat inbierren nau, atzo mutikue negarrez etorrijaten esanaz miñ haundixe hartudauela belaunien zure semiek bultzatuta, badakitx gure-barik izengozala eta ustedot, eztakitx zuri ze iruitzejatzun, ezta akaso izengo pingo xamarra dala zure mutikue? **T.** Hasta ahora no me atrevía a decirte nada pero tengo que hacerte una pregunta, ayer me vino el chaval llorando y diciendo que se había hecho mucho daño en la rodilla después de que le hubiera empujado tu hijo, ya sé que habría sido sin querer pero creo, no sé que te parecerá a tí, ¿no será que quizá tu chaval sea un poco revoltoso?

PINPILINPAUXA. Es una palabra que se utiliza con los críos cuando se caen al suelo. **K.** Zerbaitx jartzeaitxik. Ze ondo iñdozun pinpilinpauxa, hala eta ezizu negarrez iñ zeatik eztozu bape miñik hartu ta, ipurdiko txikibat izenda bakarrik, eta gauzabat, jaikizaitez axkar eta zure lengosuek erakutzikotzou nola itxendan. **T.** Por poner algo. Que bien te has caído, hala y no llores porque no te has hecho nada de daño, solo ha sido un pequeño culetazo, y una cosa, levántate rápido y le enseñaremos a tu primo cómo se hace.

PINPORTAK. Estos pueden ser bastantes cosas como bultitos, granos, etc…, pero yo les llamo así a los copos de nieve. **K.** Urtiek izengodie andrie ta bixok eongiñela, negue zan, egun batzuk pasatzen Avila aldien eta gogoratzenaz nola beñ, kriston hotzaz eta Avila bertan, taberna barruen geotzen bermuta hartzen eta edur pinportak hasizien, ze gustora, aspaldi ikusi-barik eta naiz hotz haundixe iñ han eongiñen denporalditxuen edur pinporta hareiñ aspixen, bermuta eraten noski. **T.** Ya serán unos cuantos años que estuvimos la mujer y yo, era invierno, en la zona de Avila y me acuerdo de cómo una vez, con un frío del carajo y en Avila mismo, estando tomando el vermú dentro un bar empezó a echar unos copos de nieve, que a gusto, hacía tiempo que no lo veíamos y a pesar del frío allí estuvimos un buen rato debajo de aquellos copos, bebiendo el vermú claro.

PINPORTAK. Granos.

(Ver la definición de pikortak).

PINTZAK. Pinzas, pueden ser de ropa y de varias cosas más. **K.** Hauxe bai dala gauzabat etxatena sekula astutzen hortik zier fatenazenien, erropien pintzak, neretzat derrigorrezkuek izetendie ixegitxeko garbitzendoten erropak albergeik eztauen tokixetan, dauenetan normalki betik eotendie, esan-baterako ostal, pensio eta hoteletan. Honeitako gelan, noski, ezta eoten ezer ixegitxekoik erropak sikatzen jartzeko baña nola ero hala oñartien betik konpondu izenaz. **T.** Esto sí que es una cosa que nunca me olvido cuando voy por ahí, las pinzas de la ropa, para mi son imprescindibles para colgar la ropa que he lavado en los sitios donde no hay albergues, donde hay normalmente ya las suele haber, por ejemplo en pensiones, hostal y hoteles. En las habitaciones de éstos, claro está, no suele haber colgadores para poner a secar la ropa pero hasta ahora de una forma u otra siempre me he arreglado.

PINTXO. Fig, de dice de la persona bien vestida, arreglada y apuesta.

(Ver la definición de dotorie).

PINTXUE. Se llama así al pintxo o banderilla que suele haber en las tabernas.

(Ver la definición de banderilla).

PIÑO-BURUE. El fruto del pino, la piña. **K.** Beñ telebistan ikusinauen nola piño-burutik pipak ataratzezien, etxura hori haukien bentzet baña eztakitx ze motakuek izengozien, enauen dana ikusi eta zalantza geratujaten jateko omenzien baña nola itxezan bai ikusinauen, piña-buru hori sikatzen laga, gero kanpoko azalak kendu, barruko pipak atara eta honeik labatik pasa pixkat erretzeko. **T.** Una vez ví en la televisión cómo se sacaban las pipas de la piña, al menos ese era el aspecto que tenían pero no sé de que clase sería, no lo llegué a ver todo y me quedé con la duda de si valían para comerlas, pero sí ví de que manera lo hacían, se dejaba secar la piña, luego se quitaban las cortezas de fuera, se sacaban las pipas de dentro y éstas se metían al horno para tostarlas un poco.

PIÑOTELA. Níscalo. Es una seta de dolor rojizo que se encuetra en los pinares. **K.** Nunbaitxen goxien jarridot nola lenau Euskalherrixen ezien jaten perretxiko mota askokoik, eta euron hartien piñotela zan bat, leku askotan bentzet, ta bebai jarridot nola beñ eruenauen etxera eta amak hartu ta zakarrera botauen. **T.** En algún sitio de arriba he puesto que antes en Euskalherría no se comían muchas clases de setas, y entre ellas el níscako era una, y también he puesto cómo una vez las llevé a casa y mi madre las tiró a la basura.

Errezatabat. Piñotelan errebueltue: Derrigorrezkue da piñotelak modu onien eotie, gogorrak eta ez ximelduta dazen horreik, ezer busti-barik oso ondo garbitxu trapuaz zeatik nahiko zakar eukitxendaue, piñuen orratzak, bedarrak eta batzuetan lur pixkat be tartien eotenda. Hau iñ ondoren sartakiña zabalbaten jartzendou olixue, hiru ero lau ale berakatz fiñ xamar moztuta eta gero, hemen dauko zer-ikusixe zenbat lagun garen, baña bosbat lagunentzat kipula dexente batekiñ nahikue izengozan, barrixe izen-ezkero askoz hobe, hau be fiñ moztuta julianan esatendan erara, batera jartzendou piper miñ pixkat eta hau ixe potxatzendanien botatzeutzou piñotelak zatitxuta ez larreiko haundixek baña txikiñek bez, erdikuek, gatza bota, euki sartakiñan ordu laurdenbat bueltak emunaz, kendu sobratzendan olixue eta gañera bota lau, akaso bost, arrautza ez larrei nahastuta perrejil pixkatekiñ txiki txiki iñde, berriz eta danai batera beste buelta batzuk, zaiñdu eztixen asko leortu ta gertu, kontuen hartu errebueltue dala eta ez tortilla. Ba atara ta jatie besteik ezta geratzen.

Una receta. Revuelto de níscalos: Es imprescindible que los níscalos estén en buenas condiciones, duros y no esos que ya están reblandecidos, sin mojarlos con un trapo los limpiemos bien porque suelen tener bastante suciedad, agujas de los pinos, hierbas y algunas veces también algo de tierra. Después de hacer ésto en una sartén amplia echamos aceite, tres o cuatro dientes de ajo cortados finos y luego, aquí tiene mucho que ver cuántos somos, pero si fuésemos cinco con una cebolla hermosa sería suficiente, si es nueva mucho mejor, también cortada fina y lo que se dice en juliana, le echamos un poco de guindilla picante y cuando ésto esté casi pochado le añadimos los níscalos partidos en pedazos no demasiado grandes ni pequeños, medianos, también sal y durante aproximadamente un cuarto de hora le damos unas vueltas en la sartén, quitamos el aceite sobrante y echamos encima cuatro, quizá cinco, huevos sin haberlos batido demasiado con un poco de perejil bien picado y otra vez unas vueltas revolviendo todo junto, estar atento a que no se seque demasiado y ya está listo, tener en cuenta de que es un revuelto y no una tortilla. Pues no queda más que sacar y empezar a comer.

PIÑUE. Pino. **K.** Betik entzun izendot piñue eztala Euskalherriko arbolabat, hortik zier etorrotxikue omendala eta hemen sartu eta landauzala, noski bertakuek moztu ta kendu ondoren, axkar hastezalako eta zeatik hori batzundako oso komenigarreixe zan dirue irabazteko. **T.** Siempre he oído que el pino no es un árbol originario de Euskalherría, que vino de por ahí y que se introdujo y plantó, claro que después de cortar y quitar los originarios de aquí, por su rápido crecimiento y porque para algunos eso era muy conveniente para ganar dinero.

PIÑUIXE, PIÑUTEIXE. Pinar. **K.** Ba horren kontura, ero bentzet horreatik, alde guztietan ezta ikusten piñuixe besteik, halaere entzutenda nola toki batzuetan, bere denpora daukienien eta piñu horreik moztu ondoren, berriz bertako arbolak landatzen hasidiela, paguek, haritzak eta abar. **T.** Pues a cuenta de eso, o al menos debido a eso, no se ven más que pinares por todas partes, aún así ya se oye que en algunos sitios y después de haber talado los pinos que ya tenían su tiempo, otra vez han empezado a plantar los árboles que son autóctonos de aquí, hayas, robles, etc.

PIOE. Peón. **K.** Nik betik esan izendot ze pioi onbat erozeiñ ofizial on beste dala, askotan hobie eta baitxe sigero derrigorrezkue, pioi hori da betik zai dauena ze material o beste erozeiñ gauza bier izetenedan lan tokixen eta axkar ta pres eontenda axkar erueteko, eta dan horreikatik die hainbeste balixokuek. **T.** Yo siempre he dicho que un buen peón es tanto como cualquier buen oficial, muchas veces mejor y también muy necesario, ese es el peón está siempre al tanto de que material o cualquier otra cosa se necesita en el lugar de trabajo y está dispuesto a llevarlo con presteza, y por todo eso es que valen tanto.

PIONTZA. Peonaje. Se refiere a los trabajos propios el peón. **K.** Ba hauxe bera lana da pioek itxendauena, piontzan, eta esandouna, piontza lanien dabillena, normalki mutil ero gizonak izetendie, ona izengozala ondo ikesitxekuek ta bierdan moduko pertzonak izetie. **T.** Pues éste mismo es el trabajo que hace el peón, peonaje, y lo que hemos dicho, que el peón que anda trabajando, normalmente suelen ser son chicos u hombres, sería muy bueno que fuesen personas bien instruídas y cómo deben de ser.

PIPER. Es una palabra que se utiliza para decir que una persona ha faltado al trabajo, a la escuela, etc. sin motivo justificado. **K.** Eztakitx ze inbioun ero zer itxie daukoun mutiko honekiñ, gaur be maixuek deitxudau esanaz atzo atzaldien piper iñdauela eta ezala asaldu eskolan justifikazioik euki-barik, eta gañera alperrik da zigortzie zeatik hurrenguen be berdiñ ingodau. **T.** No sé que vamos a hacer o que se puede hacer con este chaval, hoy también nos ha llamado el maestro diciendo que ayer a la tarde no ha aparecido por la escuela sin tener justificación, y además es inútil el castigarle porque a la siguiente hará lo mismo.

PIPERAUTZA, PIPER-AUTZA. Pimienta, pimentón. **K.** Piper-autza da gauzabat gure etxien asko erabiltzenda, halaxe berdiñ izengoda beste askotan, gañera mota desberdiñekuek, baltza, gorrixe eta baitxe zurixe be, asken hau gutxitxuau, eta gauza askoi botatzeutzou, haragixei, lapikokuei, arrañai, eta abar. **T.** La pimienta y el pimentón son una cosa que utilizamos mucho en nuestra casa, lo mismo será en otras muchas, además de diferentes clases, negra, roja y también blanca, ésta última un poco menos. y se lo solemos echar a muchas cosas, a la carne, pescado, cocidos, potajes, etc...

PIPER BERDIE. Pimiento verde. **K.** Piper berde honeik urte guztien eotendie eta eztanien hemengo garaia hor nunbaitxetik ekartzeitxue, kanpotik datozen horreik be eztie txarrak izeten baña ze alde haundi dauen bertakuek dienaz, zoragarrixe da honeik daukien gustue eta ze gozuek dien jateko. **K.** El pimiento verde es una cosa que hay todo el año y cuando aquí no es el tiempo de ello lo suelen traer de algún sitio de por ahí, no es que esos que vienen de fuera sean malos pero vaya diferencia más grande tienen con los propios que son de aquí, es increíble el sabor que éstos tienen y lo buenos y ricos que son para comer.

PIPERMIÑE, PIPER-MIÑE. Guindilla picante. **K.** Hemengo inguru hontan normalki nahiko zaliek gara erozeiñ gauza jateko pipermiñaz lagunduta, kefesnie kenduta noski, eta baitxe bakarrik be gatz pixkatekiñ ero beztela prijitxuta, oñ uda aldien da bere garaia eta toki guztietan ikusi ta saltzen eotendie, baña gauzabat daukie, aurrenak bentzek, eztaukiela ezertxo pikanteik baña halaere piper-miñ izen berdiñe daukie. **T.** Por aquí, en nuestra zona normalmente somos bastante aficionados a comer cualquier cosa acompñado de guindillas, quitando el café con leche claro, y también solas con un poco de sal o sino fritas, ahora en verano es cuando es su tiempo y se ve que los hay y venden en todas partes, pero tienen una cosa, al menos las primeras, que no pican absolutamente nada pero aún así mantienen el mismo nombre de guindilla picante.

PIPEROPILLE, PIPER-OPILLE. Son pastas de harina, huevo, anís y azúcar. **K.** Arrastuik be eztauket oñ itxendien piperopilllik, nik bentzet urte pilla eztitxutela ikusi eta noski, ezta jan-be, akaso baleike izetie berrogetabost urte baño geixau asken aldiz janauena, enaz ondo gogoratzen baña ustedot Urkiola ero Durango inguruen izenzala. **T.** No tengo ni idea de si ahora se hacen ese tipo de pastas, yo al menos hace un montón de años que no las he visto y claro está, tampoco comido, a lo mejor puede que haga más de cuarenta y cinco años que las comí por última vez, no me acuerdo bien pero creo que fue por Urkiola o Durango.

PIPER POTIE. Bote de pimientos. **K.** Nik eztot asko ulertzen baña nere ustez eztau holako alde haundirik hortik kanpotik etortzendien, geixenak Txina ta Peru ingurutik, piper pote pikillo izen horreikiñ eta bertakuek, beno, Naparra aldekuek bentzet, ta aldie esaten hainazenien da gustuen buruz, akaso baleike izetie xertxobitx garratzauek, eta ez balixuen aldetik zeatik hori beste kontubat da. **T.** Yo no es que entienda mucho pero para mí no existe una gran deferencia entre los botes de pimiento que vienen de fuera, la mayoría de la zona de China y Peru, con el nombre de pimientos de piquillo y los de aquí, bueno al menos de la zona de Navarra, y cuándo digo diferencia me refiero en cuanto al gusto, quizá puede que sean un poco má ácidos, y no al precio porque ese es otro tema.

PIPERRA. Pimiento en general. **K.** Zenbat piper mota eotendien, berde izena daukien aldetik asko, Gernika, Italiarrak, eta abar, gero morroiek, pikillok, txorizeruek eta beste pillabat, ba guk etxien erosi eta jatendou saltzen ikustendien geixenak, eta saltzendienak aparte ortuen be eukitxeitxu apurbatzuk. **T.** Cuántas clases de pimientos suele haber, de los que se llaman verdes muchos, de Gernika, italianos, etc., luego morrones, de piquillo, choriceros y muchos más, pues nosotros en casa solemos comprar y comer de casi todos los tipos que vemos, y aparte de los que venden también solemos tener unos poquitos en la huerta.

PIPERTU. Fig, se dice por el acto de enfadarse, cabrearse, etc.

(Ver la definición de petraldu).

PIPIA. Polilla, carcoma. **K.** Ze gauza izetendan pipiana ta zenbat egurrezko etxe bota izendien horreiñ kulpatik, gañera ez konturatu-ezkero pipi honeik laister jateitxue egurrak eta gero kaltie iñ ondoren geixenbaten ia eztau zer iñik, oñ gauza asko eongodie hau konpontzeko baña halaere, hala entzunde dauket, lan haundixek emuteitxuela, eta balixuen aldetik arraustuik be eztauket baña eztot uste merke izengodanik. **T.** Que cosa es lo de la carcoma y cuántas casas se habrán demolido por culpa de eso, además si no se da cuenta la polilla enseguida se come la madera y luego después de que haya hecho el daño la mayoría de las veces ya no hay nada que hacer, ahora ya habrá muchas cosas para remediar eso pero aún así, es lo que tengo oído, debe de ser un trabajo muy largo y dificultoso, y sobre el coste no tengo ni idea pero estoy seguro de que no será nada barato.

PIRIPI. Se dice de la persona que está alegre y algo achispada. **K.** Beituiozue nola dabillen Tiburzio, danakiñ alai, barriketan ta adarra jo-guran, noski berai be hoxixe bera itxen haidien bezela, eta eztakitx eztan egongo zertxobaitx piripi, ba oñ dauen bezela ta hala jarraitzenbadau, denpora gutxi barru aukera haundixe dauko moxkortzeko. **T.** Mirar cómo anda Tiburcio, parece que está muy contento, charlando y queriendo tomar el pelo a todos, claro que igual que se lo están tomando a él, y no se si no está un poco achispado, pues de la forma que está ahora y si continúa de la misma manera, va a tener grandes posibilidades de emborracharse.

PIRRI, PIRRIPIRRI. Diarrea.

(Ver la definición de berakue).

PIRRILLADA, PIRRILLARIE. Son las huellas, rastros que deja la diarrea. **K.** Nik jente asko ikustendot nola jasotzeitxuen norberan txakurrek iztendauen kakak, eta zalantzaik eztau ze honeik bierdan bezelako pertzonak diela, baña halaere beste askok eztaue bape kasuik itxen eta lagatzendaue han itxendauen toki bertan, oñ gauzabat, bierdan bezelako pertzona horreik, nola konpondukodie jasotzeko txakurren pirrillarak? **T.** Yo suelo ver a mucha gente que recoge las deposiciones de sus perros y no hay duda de que éstas son unas personas responsables, pero aún así todavía hay otras muchas que lo dejan en el mismo sitio donde lo hacen, ahora que una cosa, ¿cómo se arreglarán esas personas responsables para recoger los rastros de la diarrea de su perro?

PISSS, PIXXX. Onomatopeya del sonido que se les hace a los críos para que orinen. **K.** Nik askotan entzundot umiei itxejakon pixxx zarata hori eta nik be maintxobat bider iñ izendot, hau da, eta zuek ni baño hobeto jakingozue, ume honeik ikesideixien eskatzen pixa-gurie daukiela paketie kendu ondoren. **T.** Yo muchas veces he oído el sonido del pisss que se les hace a los críos y de hecho yo también lo he hecho muchas veces, ésto es, y vosotras lo sabréis mejor que yo, que para cuando se les quita el paquete a las criaturas éstas aprendan a pedir que tienen ganas de orinar.

PISTOLA, PISTOLIE. Sopaco. Es un pan redondo, largo, delgado, dividido en dos partes y muy tostado. **K.** Nere ustez berakasopa onbat itxeko ogi egokixena pistola ogixe izetenda, baserriko ogi siku xamarrakiñ be ona geratzenda ta aurren eguneko ogi normalaz bebai, baña halaere esandakue, onena pistoliaz iñdekue. **T.** Yo creo que para hacer una buena sopa de ajo el pan más conveniente es la del sopaco, con el pan de caserío un poco seco también queda bien y lo mismo con el pan normal del día anterior, pero aún así lo dicho, la mejor la que está hecha con el sopaco.

PISTOLIOI. Fig. persona estúpida. Se le llama así a la que dice demasiadas tonterías y sin fundamento alguno. **K.** Eztakitx nola ezarien nekatzen entzuten horrek esateitxuen txorakeixak, pixkat akaso balekue izenleike baña horrenbeste, hainbeste denporan eta egunero berdiñ naskatzeko bezelakue da, ideaik eztauket berak jakingodauen baña bentzet merezidau bateonbatek esatie larreiko pistolie dala. **T.** No sé cómo no os cansaís de escuchar las tonterías que dice ese, un poco a lo mejor podría valer pero tantas, durante tanto tiempo y lo mismo todos los días es cómo para asquearse, no tengo idea de si él lo sabrá pero por lo menos ya merecería que alguno le dijese que es un estúpido.

PITARRA. Residuo, poso que queda en el fondo de la botella de sidra. **K.** Zalantza haudixe dauket aber sagardo botilla honeik aurtenguek izengoetedien, badakitx hori jartzendauela etiketan baña nere ustez pitarra larreitxo daukie eta hori ezta oso normala. **T.** Tengo serias dudas de que las botellas de sidra sean de éste año, ya sé que eso es lo que pone en la etiqueta pero yo creo que tienen demasiado poso y eso no es muy normal.

PITARRA. Aguardiente de orujo. También se denomina con el mismo nombre a un vino rosado extremeño. **K.** Entzunde dauket ze inguru hontan be hasi omendiela pitarra itxen sagardauekiñ, halaere hortik zier urte asko da itxen hasiziela ardauekiñ, galleguek oso famauek die asunto hortan eta baitxe Kastilla aldekuek be. **T.** Tengo oído que por aquí también se ha empezado a hacer aguardiente a partir de la sidra, sin embargo por ahí fuera hace muchos años que lo hacen con el vino, los gallegos son muy famosos en ese aspecto e igualmente los de la zona de Castilla.

PITILIÑE. Pitilín. Se refiere al pene de las personas muy jóvenes, normalmente todavía críos o chavales. **K.** Guk mutikuek gitzenien batzuetan jolastegauen aber zeiñ zan gorau itxeauen txixe ta apostatxo baztuk be eotezien birien, ezan gauza haundirik izengo zeatik gutxi haukoun eta asuntue zan esatie bakarrik ezala bailixokue, pitiliñe atara eta demostrau inbierra izetezan, eta ondion ordungo penabat geratzejat, nik enauela sekula irabazi. **T.** Nosotros cuando éramos chavales a veces solíamos jugar a ver quien meaba más alto y también solía haber alguna apuestilla de por medio, no sería gran cosa porque tampoco teníamos mucho y el asunto era que no valía con solo decirlo, había que sacar el pitilín y demostrarlo, y todavía me queda una pena de entonces, que yo no gané nunca.

PITIÑ, PITIÑBAT. Poca cosa, solo un poquito. **K.** Ezirezu asko emun zeatik nik pitiñ-bateaz nahikue dauket, eta gañera zertxobaitx gorde inbikozu baezpare beste norbaitx etortenbajatzu, eta ziur etorrikodiela zeatik danok dakixe nola zuri ta andriei asko gustatzejatzuen ondo tratatzie zuen etxera bixitatzen datorren jentiei. **T.** No me des mucho porque yo con un poquito tengo suficiente y además por si acaso también tendrás que guardar algo por si te viene alguno más, y seguro que vendrán porque todos saben que a tí y a tu mujer os gusta mucho tratar bien a la gente que viene a visitaros a vuestra casa.

PITXARRA, PITXERRA. Jarra. **K.** Aber, ontxe bertan gurot jakitxie zeiñ izendan pitxerra puskatudauena, danok ixilik?, ba iñor eztan izen etxurie dau eta akaso berez apurtukozan, gauzabat ingou ta aber zer iruitzejatzuen, zueitik bakotxak emureizue astien hartzendozuen paga erdixe eta hala pitxar barrixe erosikot, ondo? **T.** A ver, quiero saber ahora mismo quién ha sido el que ha roto la jarra, ¿todos callados?, pues parece que no ha sido ninguno y que se habrá roto sola, haremos una cosa y a ver que os parece, cada uno de vosotros me daís la mitad de la paga que recibís a la semana y así podré comprar una jarra nueva, ¿bien?

PITXIA. Adorno, ornamento, una cosa bonita. **K.** Ederra dauket neskatilla honekiñ, beñ txinuetan erosinutzen koloresko pultzera merke ta xelebrebat, eta gauza da ze hurrengo bixitatzera fanitzenien esauztela beste holako pitxi polibat naidauela, ba oñ bueltatzenazen bakoitxien pultzera batekiñ noie, kolore desberdiñaz noski. **T.** Buena tengo con esta cría, una vez le compré en los chinos una pulsera rarita, barata y de colores y cuando fui la siguente vez a visitarla me pidió que quería otra igual de bonita, pues ahora cada vez que vuelvo voy con la pulsera, de colores diferentes claro está.

PITXIN, PITXIÑA. Pichín. Apelativo cariñoso dedicado a los críos y crías. **K.** Zerbaitx jartzeatik. Etorrizaitez nereana pitxin, emureizu laztanbat eta gero kalera eruengozaut, pillabat jolastukou eta gero gosoki batzuk erosikoitxu, ze iruitzejatzu? **T.** Por poner algo. Ven dónde mi pichín, dame un beso y luego te llevaré a la calle, jugaremos un montón y después te compraré unas golosinas, ¿qué te parece?

PITZA. Grieta, raja, rendija, fisura. **K.** Aber, entzun danok, toki hortatik pasatzezarenien kontuz ibilizaiteze eta zuen goixen dauen arrokai beituaz, ikusikozue nola pitza haundibat dauken, eztakitxena da noixtik eongodan, akaso baleike izen oso aspaldikue ta hor eondala betik, baña halaere eta baezpare esandakue, kontzuz. **K.** A ver, escuchar todos, cuando paseís por ese sitio andar con cuidado y mirando a la roca que está encima vuestro, ya vereís cómo tiene una grieta muy grande, lo que no sé es de cuándo estará, quizá puede que sea de hace muchísimo tiempo y esté ahí desde siempre, pero aún así y por si acaso lo dicho, cuidado.

PITZATU, PITZAU. Cortar, rajar. **K.** Baserriko su-egurre prestatzeko bere lantxue dauko ta ezkerrak lau lagun alkartzengarela lan astunek itxeko, arbolak moztu, tratorian kargau eta menditxik jetxi, ondorengo lan guztiek neretako bakarrik izetendie, baña halaere eztie danak batera inbierrekuek eta pixkanaka itxeitxut, bier-hala motozerrakiñ enborrak moztu eta gero honeik aizkoriaz pitzatu sutara sartzeko. **T.** Para preparar leña para el fuego en el caserío tiene su trabajo y menos mal que juntamos cuatro amigos para hacer lo más más duro, cortar los árboles, cargarlo en el tractor y bajarlos del monte, los trabajos posteriores son todos para mí solo, pero aún así no hay porque hacerlos todos a la vez y los voy haciendo poco a poco, a medida que se necesita corto los troncos con la motosierra y luego éstos los rajo con el hacha para meterlos al fuego.

PIXA. Orina. **K.** Zarautzen, ta berdintzu izengoda beste antzerakuek dien herri geixenetan, siñistu eziñeko pixa useñe eotenda kalietan zapatu ta domeketan goixien goix, geixau zapatutan eta noski hori eztala neskan kontue izengo, nabarmen mutillana dala eta horrek gauza bakarra guredan esatie, txarri eta lotza-bako larrei dauela. **T.** En Zarautz, y lo mismo será en la mayoría de los pueblos que sean parecidos, es increíble el olor a orina que suele haber en la calles los sábados y domingos a la mañana temprano, más los sábados y está muy claro que eso no es cosa de las chicas y que los que lo hacen son los chicos, pues eso quiere decir una única cosa, que hay demasiados cerdos y sinverguenzas.

PIXAGURIE, PIXA-GURIE. Ganas de orinar. **K.** Ze gauza txarra izetendan pixagurie sartzie pasian haizarenien jente asko tartien eta iñun eon ez tokirik pixa itxeko, ez arbolaik eta ez beste ezer gordeta itxeko lan horreik, neri beñ gertaujaten Getari kostako birien ta benetan larri ta gaizki ibilinitzela bertara allegau-hartien. **T.** Que cosa más mala suele ser que te entren ganas de orinar cuando estás paseando entre mucha gente y no haya ningún sitio dónde poder aliviarte, ni árboles ni ninguna otra cosa para poder esconderte y hacer esos trabajos, a mí ya me pasó una vez en el paseo de la costa hacia Getaria y de verdad es que estuve muy apurado hasta que llegué.

PIXAU. Pesar. K. Nik ustedot ze denda horretan lapurretan haidiela, atzo fanitzen makatzak erostera eta kilobat eskatunutzen, hartunauen poltza ta etxien konturatunitzen pixu gutxi haukela poltza horrek eta barruen zazpi makatz besteik ez, buruen sartujaten hori ezala posible ta baezpare pixau iñauen etxien dauketen pixu txikibaten, ba zortzireun gramu bakarrik eozen. **T.** Yo creo que es esa tienda están robando, ayer fuí a comprar unas peras y pedí un kilo, cogí la bolsa y al llegar a casa me dí cuenta de que esa bolsa pesaba poco y que dentro no había más que siete peras, se me metió en la cabeza de que eso no era posible y por si acaso las volví a pesar en un peso pequeño que tengo, pues solo había ochocientos gramos.

PIXERREKA, PIXA-ERREKARIE. Es la regatilla que queda después de haber orinado una gran cantidad. **K.** Mutikuá, benetan pixagure haundixe haukotzula, eta halako larri zeotzen hala?, ba esatie besteik ezaukotzun eta gelditxukogiñen, eta ustedot sekulako pixerrekarie iñdozula zeatik zapatillak sigero bustitxek daukotzu. **T.** Chaval, de verdad que tenías muchas ganas de orinar, ¿tan apurado estabas, o qué?, pues ya podías haberlo dicho antes y habríamos parado, y creo que habrá sido mucha cantidad porque hasta las zapatillas las has mojado casi por completo.

PIXKAT, PIXKABAT, PIXKATXOBAT. Poco, poquito.

(Ver la definición de pitiñ, pitiñbat).

PIXKANAKA. Poco a poco. **K.** Eh! lasai, eztaukotzue korrikan ibili-bierrik eta komeni bez, gauza honeik itxeko ezta prixaik eukibier, gañera eta derrigorrez pixkanaka inibirrekuek die zeatik beztela baleike geratzie aurreneko aldiz bezela, erozeiñ gauza zan etxurakiñ. **T.** Eh! tranquilos, no teneìs que andar corriendo y tampoco es nada conveniente, para hacer éstas cosas no hay que tener ninguna prisa, además es necesario hacerlas poco a poco porque sino puede que quede igual que la última vez, que tenía el aspecto de cualquier cosa.

PIXKATIEN. Todavía. **K.** Eztakitx zer gertatzendan bulego hontan, aspertunaz hainbeste zai eoten eta laister naskatzen hasikonaz, sartu ta txanda hartu ondoren esauzkue etxoitxeko pixkatien eta ordu-erdi pasa eruetendou, fanaz galdetzeta ta berdintzuko erantzuna izenda, laister gara baña ondion zertxobaitx itxoiñ-bierra daukotzue. **T.** No sé que es lo que pasa en ésta oficina, ya me he cansado de tanto esperar y pronto voy a empezar a asquearme, hemos entrado, cogido la vez y nos han dicho que esperemos un poco y llevamos más de media hora, he ido a preguntar y la respuesta ha sido parecida, enseguida estamos pero todavía teneís que esperar un poco.

PIXUE. Balanza. K. Ba bueltaunitzen denda hartara galdetzera, ondo asarre gañera aber zer gertauzan pixuekiñ, kilobat makatz eskatunauela eta zortireun gramu besteik ezeozela, nahiko gorri ta larri jarrizan dendarixe, neska gaztebat zan, ta esauzten parkatzeko eta deitxu ingutzela ugesabai esanaz pixue gaizki dauela, erozeiñ modutan emuzten geratzezien berreun gramu horreik. **T.** Pues ya volví aquella tienda a preguntar, además muy enfadado a ver que es lo que había pasado con el peso, que yo había pedido un kilo de peras y que no había más que ochocientos gramos, se puso colorada y se apuró mucho, era una chica joven, y me dijo que la perdonase y que ya llamaría al dueño diciéndole que la balanza estaba mal, de rodas maneras ya me dió esos doscientos gramos que faltaban.

PIZTU. Encender. El fuego, la luz, etc. **K.** Zalantzaik eztau benetako xelebrie zarela, zu geratuzitzen kargu ingozitzela parrillan kontuaz, ba ondo, iketza jarridozu eta oñ zer, poxporuek faltadozula sue piztu itxeko?, ba ezkerrak erre-zalebat daukoula taldien. **T.** No hay ninguna duda de que en verdad eres raro, tú quedaste en que te harías cargo de la parrilla, ya has puesto el carbón y ahora qué, ¿que te faltan las cerillas para encerder el fuego?, pues menos mal que tenemos un fumador en el grupo.

PIZTU. Revivir. T. Semiek kotxeko istripu latz ha eukizauenetik asko motelduzan gizon hori, oñ, egixe da ze ordungo ospitaleko notizik be nahiko txarrak ziela, baña oñ etxuraz gauzak asko zuzendudie ta beste modubaten ikustejako, eta alde ederra, lenau betik buru-makur eta oñ sikera zertxobaitx bentzet piztuda. **T.** Desde que su hijo tuvo aquel accidente tan grave con el coche al hombre se le veía muy decaído, ahora que también es verdad que entonces las noticias del hospital eran bastante malas, pero ahora parece que las cosas se ha debido de enderezar bastante y se le ve de otra manera, y vaya diferencia, antes siempre cabizbajo y ahora al menos parece que ya ha empezado a revivir siquiera un poco.

PLANTELA. Semillero. K. Ortu aldamenko gizon hori pentzatzen haida plantelbat jartzie bere ortuen, zalantza pixkat dauko zeatik bere andriek ezateutzo eztauela merezi hartzie lan horreik, baña etxuraz beste herribaten dauko lagunbat baietza jardunien dauena, gañera eztala asko kostatzen ta proba itxeko bentzet. **T.** El hombre de la huerta de al lado está pensando en poner un semillero en su huerta, tiene un poco de duda porque su mujer le dice que no merece la pena coger esos trabajos, pero parece ser que tiene un amigo en otro pueblo que le insiste en que sí, además que no cuesta mucho y que por lo menos haga la prueba.

PLANIAU. Planear, pensar. K. Lan ederra hartudou zure lagun horrekiñ, eta zuk eziñdoula iñ esan-bierrien baietza emundotzazu, gañera iñori galdetu-barik, ba aber oñ nola konpontzegaren, nik eztot uste larreiko zalla izengodanik baña da gauzabat sekula inbakue, ba ia inbierra daukoun aurrena ondo planiau inbikou hasi bañolen. **T.** Vaya trabajo que hemos cogido con ese amigo tuyo, y tú en lugar de decirle que no lo podíamos hacer le has dicho que sí, encima sin preguntar a nadie, pues ahora a ver cómo nos arreglamos, yo no creo que pueda ser demasiado difícil pero es una cosa que no lo hemos hecho nunca, pues ya que lo tenemos que hacer lo primero será planear bien antes de empezar.

PLANTO, PLANTAU. Dejar, terminar. **K.** Eztakitx zer inleikien bazkai hontako sobra guztiekiñ, geixenak planto iñdaue eta ondion mai-gañien dexente gauza geratzendie, nik ustedot onena izengoula esatie sartzeko tuper batzuetan eta eruen. Bixer eta aurretik entzalada onbat jarritxe afalduleikegu sobra honeik soziedadien. **T.** No sé que podemos hacer con todo lo que ha sobrado en la comida, la mayoría ya ha terminado y todavía hay bastantes cosas encima de la mesa, yo creo que lo mejor será decir que lo metan en varios tupers y llevarlo. Mañana y poniendo una buena ensalada por delante podemos cenar las sobras éstas en la sociedad.

PLANTOSO, PLANTOSUE. Elegante, de buen ver, digno.

(Ver la definición de etxurazkue).

PLASTA. Se dice de la persona qu es un pelma, molesta y cansina.

(Ver la definición de gobaikarrixe).

PLASTADA, PLASTATEKOBAT. Bofetón.

(Ver la definición de belarriondokobat).

PLASTOIE. Mancha en la ropa. **K.** Jakiñleike nun ero nundik ibiltxezaren?, eguncro eta derrigorrez etorri-bierra daukotzu erropa guztiek plastoiaz betie?, ba hurrenguen badakitx zer inbioten, zuri ta zatozen bezela zuzenien sartukozaut labadorara erropa ta guzti eta hala aber hurrenguen eukitxendozun kontu apurbat. **T.** ¿Se puede saber por dónde sueles andar?, ¿siempre y necesariamente tienes que venir con toda la ropa llena de manchas?, pues la siguiente vez ya se lo que tengo hacer, a tí y según vienes te voy a meter a la lavadora con ropa y todo y a ver si así tienes un poco más de cuidado la próxima vez.

PLATERA. Plato.

(Ver la efinición de fratela).

PLAUSTA. Palabra que se utiliza con los críos cuando se caen al suelo. **K.** Ezaitxez hainbeste korrikan ibilli, jausi ingozara ta gero miñ hartukozu. Ikustendozu?, plausta iñdozu, jausizara ta ezkerrak eztozula miñik hartu, ipurdiko txikibat bakarrik, ba badakitzu hurrengorako, iñ kasu nausixei. **T.** No andes corriendo tanto, te vas a caer y luego vas a tener daño. ¿Ves?, ya te has caído y gracias a que no has cogido daño, solo un culetazo pequeño, pues ya sabes para la siguiente, haz caso a los mayores.

PLAZA-GIZONA. Se dice se la persona que se desenvuelve bien en casi todos los ámbitos, que vale y no se achica ante nada. **K.** Edelmiro bai benetako plaza-gizona dala, ta berai ezker batzuetan ondo urtendou larritxazun bat baño geixautik, gogoratzezare nola gertauzan ze beñ poliziak gure kuartelera eruetie txixe itxeatik kalien?, eta gero berak berba iñ ondoren polizia horreikiñ libre geratugiñen. **T.** Edelmiro si que es una persona que no se achica ante nada y algunas veces gracias a él hemos salido de más de un apuro, ¿os acordáis de cómo aquella vez la policía nos quería llevar al cuartel por mear en la calle?, y después de que él habló con esos mismos policías nos dejaron libres.

PLISTIPLASTA. Dar o amenazar con dar unos cachetes en las mejillas. **K.** Betik berdiñ, zenbat bider esautzut pakien izteko zure anai txikiñei?, ba zu ondion be zuriaz jarraiketandozu eta derrigorrez amorratu-bierra daukotzu negarrez hasi hartien, ba oinguaz nahiko da eta ezpozu kasuik itxen hurrenguen plistiplasta emungotzut. **T.** Siempre igual, ¿cuántas veces te he dicho que dejes en paz a tu hermano pequeño?, pues tú todavía sigues con lo tuyo y necesariamente le tienes que hacer rabiar hasta que empiece a llorar, pues con ésta ya es suficiente y cómo no hagas caso a la siguiente te voy a dar unos buenos cachetes.

PLISTIPLASTA. Es casi la onomatopeya del sonido que hacen los críos al chapotear en el agua. **K.** Ze gauza xelebre dan mutiko hori eta kontuz ta bista haundixekiñ ibili-bierra dau berakiñ, gurasuek akaso eztie konturatuko baña berak laister ikusteitxu potzuek eta axkar sartzenda, berak esatendauen nbezela plistiplasta itxera. **T.** Que cosa más original es ese crío y hay que andar con cuidado y mucha vista con él, los padres a lo mejor no se enteran pero él enseguida ve los pozos y rápidamente se mete, a chapotear según dice él.

PLOMUEK. Los plomos, antiguamente se llamaba así a los fusibles. **K.** Eztakitx ze demontre pasatzendan plomuekiñ zeatik oñ be bateonbat erre eta argixe fanda, eztakou gauza askoik piztuta ba, bakarrik etxeko argi batzuk, labadora eta plantxa txikibat, aber Bartolo, fanzaitxez kuadrora, aldamenien daukotzu barrixek eta kendu errie, sartu barri hori eta emun argixei. **T.** No sé que demonios pasa con los plomos porque ahora también se ha quemado alguno y se ha ido la luz, no tenemos muchas cosas encendidas pues, solo algunas luces de casa, la lavadora y una plancha pequeña, a ver Bartolo, vete al cuadro, al lado tienes fusibles nuevos y quita el que está quemado, mete ese nuevo y da la luz.

PLOST. Se dice por el hecho de estar o quedar muy fatigado. **K.** Ba mutillak, eztakitx zuek nola eongozaren baña ni bentzet plost iñde geratunaz, oñ bertan eztauket animo haundirik txikiteatzen hasteko eta aurrena etxera noie ducha onbat hartzera, gero asaldukonaz bazkal ordurako. **T.** Pues chicos, no sé como estareís vosotros pero yo por lo menos estoy demasiado fatigado, ahora mismo no tengo muchos ánimos de empezar chiquitear y primero voy a ir a casa a darme una buena ducha, luego ya apareceré para la hora de comer.

PLOST PLOST. Esta es una palabra que la he oído muy pocas veces pero en nuestra casa es bastante frecuente, Y significa el hacer suave y mansamente alguna cosa para comer, cómo por ejemplo un huevo. También puede ser el calentar algo de la misma manera y con idéntica finalidad. **K.** Afaltzeko gurozu prestatzie arrautza perebat plost plost iñde tomate saltza hontan? **T.** ¿Para cenar quieres que te prepare un par de huevos hechos mansamente en esta salsa de tomate?

PLUMONIXIE. Pulmonía. **K.** Lenau plumonixa geixue akaso bakarra izengozan ero bestela baleike hau zala geixen arrapatzezana, zenbat bider entzutezan ta entzundot ha kontue, jantzi eta tapa inzaitxez ondo zeatik beztela plumonixie arrapaukozu, ero ha bestie, daukotzun estul zakar hori etxat bape gustatzen eta eztakitx eztan izengo plumonixien hasiera. **T.** Antes la pulmonía parecía que era la única enfermedad que exitía o quizá ésta fuera la que más abundaba, cuántas veces se habrá dicho y habré oído aquello de, vístete y tápate bien porque sino va a coger una pulmonía, o aquello otro de, no me gusta nada esa tos áspera que tienes y no se si no va a ser principio de pulmonía.

POBRETXIE. Casa de los pobres. Se llamaba así al hospicio, a la inclusa.

(Ver la definicíon de ospiziue).

POIALA. Poyo, poyeta. Piedra que se coloca en la tierra para colocar encima de ella el poste de madera a fín de edificar el caserío, casa o establo. **K.** Josun baserrixe barriztu garaian han eozen poiala guztiek aprobetxatuzien, danak oso haundixek, harri onak eta beñ ta garbitxu ondoren sigero etxurazkuek, han eozen iñok ezaixen zenbat urte eukikozitxuen poial hareik, baña aldamenko baserrikuek esanauen gutxienetik hirurehun urtetik gorakuek izengozala. **T.** Cuándo se renovó en caserío de Josu se aprovecharon todas las poyetas que había, todas eran muy grandes, de buena piedra y una vez que se limpiaron quedaron con un aspecto excelente, pues de los que allá estaban ninguno de ellos sabían cuantos años podrían tener aquellas poyetas, pero el del caserío de al lado dijo que por lo menos ya tendrían de trescientos años para arriba.

POLAIÑAK, POLAÑAK. Polainas. Eran, supongo que todavía las habrá, unas piezas de material textil que se utilizaban sobre todo en el monte, y éstas se colocaban a modo de calcetín sobre el calzado y cubriendo la parte baja del pantalón para evitar que se moje o se manche de barro. **K.** Lenau asko erabiltzezien eta baitxe nik be askotan ibili izenditxut polainak mendixen fraka barrenak ez bustitxeko ero lokatzakiñ zikiñdu, baña oñ apenas ustedot erabiltzendanik, nik bentzet eztitxut ikusten, zeatik frakak iñde dazen materialakiñ eztot uste bier izetendanik. **T.** Antes se utilizaba mucho y también yo he utilizado muchas veces las polainas para andar en el monte y evitar que se mojasen o manchen de barro los bajos del pantalón, pero ahora creo que apenas nadie los lleva, yo al menos no lo suelo ver, porque con el material con el que están hechos los pantalones pienso que tampoco son necesarios.

POLIKI. Despacio, con cuidado. **K.** Neri, baleike beste jente askoi be, poliki ibiltxiek asko geixau nekatzendust axkar ibiltxie baño eta denpora larreitxo hala ibili-ezkero hurrengo egunien aujetak eukitxetxut, baña batzuetan eztau besteik eta gora-bera haundixe eotenda zeñekiñ zaren, gertau-ezkero pertzona mantzo xamarra dala, ba ezta geratzen beste erremeixoik beran pausuen fan baño. **T.** A mí, puede puede que también a otro montón de gente, el andar despacio me cansa mucho más que andar rápido y si ando así demasiado tiempo al día siguiente tengo agujetas, pero algunas veces no hay otra y tiene mucho que ver con quien estás, si coincide que la persona es un poco mansa o lenta, pues no queda otro remedio que ir a su paso.

POLIKIXAU. Más despacio. **K.** Ba ontxe bai daukoula ederra, bi egun honeitan nere anaien osabakiñ, hala berdiñ nerie be, ibili izenaz, ia nakiko zartxue dana, gañera nahiko poliki ta noixienbeñ gelditxuaz, ba gaur bere andrie, anaien eta nere iseba, gurekiñ etorrida eta meserez eskatuzku polikixau ibiltxeko zeatik eziñdau jarraitxu gu haigaren abixeran. **T.** Pues ahora sí que tenemos buena, éstos dos últimos días he solido andar con el tío de mi hermano, así lo mismo mío, que ya es viejecito, además despacio y parándonos de vez en cuando, pues hoy su mujer, la tía de mi hermano y mía, ha venido con nosotros y nos ha pedido por favor que vayamos más despacio porque no puede seguirnos a la velocidad que vamos.

POLITXA, POLITXE. Cosa o persona bonita, generalmente criatura. **K.** Ze neskatilla politxek dien Mari Pilin umetxuek, ez nekatzeko bezelakuek beitzen, gañera hainbeste bider esateutzie gauza berdiñe ze beraik be askenien siñistu iñdaue, eta batzuetan harro xamar jartzendie. **T.** Que niñas más bonitas son las criaturas de Mari Pili, cómo para no cansarse de mirarlas, además les han dicho tantas veces la misma cosa que ellas se lo han terminado creyendo, y algunas veces se ponen bastante presumidas.

POLTXIKUE. Bolsillo.

(Ver la definición de patrika).

POLTZA. Bolsa. **K.** Ordue zan plastiko poltza sikiñ horreik bistatzik kentzeko, halaere eztaue danera kendu, hemen daz ondion eta ordaindu bier izetenda hartzeko baña esatendaue nahiko laister desagertukodiela, siñistu eziñekue da zenbat plastiko poltza alkartzendan etxien ta ezkerrak andriek badaukela zeñi emun, baña hori ezta kustiñue zeatik batetik kendu eta bestien jarri berdiñ geratzenda eta ezta ezer arreglatzen. **T.** Ya era hora de quitar de la vista esas sucias bolsas de plástico, aún así tampoco las han quitado del todo, aquí están todavía y hay que pagar para cogerlas pero dicen van a desaparecer bastante pronto, es increíble la cantidad de bolsas que llegan a juntarse en casa y menos mal que la mujer ya tiene a quien dárselas, pero esa no es la cuestión porque quitando de un sitio y poniendo en otro queda igual y no se soluciona nada.

POLTZA-BERUE. Es una bolsa que se llena con agua caliente y se utiliza para llevar a la cama. **K.** Hau zan aspaldi, urte asko dala, eotezan erremeixoik onena, oingo aldien lengo neguek askoz gogorrauek izetezien eta noski, baitxe hotz haundixauek be, gañera orduen eta etxe geixenetan ezan kalefaxioik eoten, bakarrik sukaldeko ekonomikak emuteauen berue eta zerreozer inbierra zan, eta normalena izetezan ze ugera fan aurretik poltza-berue eruen ta izera hartien sartu. **T.** Antes, hace muchos años, éste era el mejor remedio que había, a diferencia de ahora los inviernos eran mucho más duros y claro, también lógicamente hacía más frío, además entonces en la mayoría de las casas no había calefacción, solo el calor que daba la económica de la cocina y algo había que hacer, y lo normal era que antes de ir a la cama llevar la bolsa de agua caliente y meterla entre las sábanas.

POLTZIE, POLTZUE. Bolso. Aunque también los chicos lo utilicen, generalmente se refiere a la que llevan las chicas. **K.** Nere illoba txikixenak bost urte besteik eztauko eta ustedot asko gustatzejakola poltzuek, kalien bentzet betik ibiltxenda horreikiñ eta bere zorionetarako horixe bera dauket asmue oparitzeko, pentzatzendot txinuetan eongodiela eta bixer bertan fangonaz beitzera. **T.** Mi sobrina pequeña no tiene más que cinco años y creo que le gustan mucho los bolsos, al menos en la calle siempre anda con ellos y para su cumpleaños tengo la intención de regalarle eso mismo, pienso que ya habrá dónde los chinos y mañana mismo iré a mirar.

Aspaldiko esaerabat: Festa nai gurezkero, poltzie eruen bero.

Un viejo proverbio vasco dice que si se quiere fiesta hay que llevar bolsillo caliente.

PONPOXA. Apelativo cariñoso aplicado en referencia a las niñas elegantes, bien arregladas y algo presumidillas. **K.** Ba Mikaelan neskatillatik benetan esanleike sigero ponpoxak diela, halako politxek die ze erozeiñ gauza eruen ero jastendauenak sigero ondo geratzejakie, gañera azazkalak ta muturrek margotuta erueteitxunien, nahiko sarri izetenda, eta ezpazan izeten txikiñek dielako neskak ziela iruitukozan. **T.** Pues de las niñas de Micaela de verdad se puede decir que son muy elegantes, son tan bonitas que cualquier cosa que lleven o se pongan les queda muy bien, y además cuando llevan las uñas y los labios pintados, suele ser bastante a menudo, y si no fuera porque son pequeñas parecería que son unas chicas.

POPO. Palabra que se utiliza con los críos para referirse al coche. **K.** Zenbat gustatzejakon Norberton umetxuei kotxien ibiltxie, hala komestatzendau, esatendau etxera allegatzendanien lanetik mutikuen aurreneko gauza izetendala eskatzie popon guredauela eta derrigorrez buelta bat ero beste inbierra daukela berakiñ. **T.** Cuánto le gusta al hijo de Norberto andar en el coche, así lo suele comentar, dice que en cuanto llega a casa del trabajo lo primero que hace el chaval es pedir que quiere montarse en el coche, y que a la fuerza tiene que dar con él alguna vuelta que otra.

PORLANA. Cemento. **K.** Eufronio erretirauta dauen gizonbat da eta bere bizi guztien obrako lanetan ibilida, lengo egunien kontatzen ibilizan nola ondion bera ondo gogoratzezan len eozen porlan sakuekiñ, esateauen nola oinguen aldien beste hareik dexente pixu geixau haukiela ta eskuz, banan banan, kamioitik deskargau inbierra izeteziela. **T.** Eufronio es un hombre que ya está jubilado y que toda su vida ha trabajado en la construcción, el otro día nos contaba que todavía se acordaba muy bien de los sacos de cemento que había entonces, decía que cómo a diferencia de éstos de ahora aquellos pesaban bastante más y que había que descargarlos uno a uno a mano del camión.

PORRIE. Porra. Mazo grande, bastante pesado y con el que hay que trabajar a dos manos. **T.** Porrie da erramintabat oso jente gutxiri gustatzejakonai, eta akaso ezta bat bakarra eongo euron gustokuek danik, ta benetan nere ustez errazoi guztie daukie zeatik larreiko astune izetenda, eta sarri ta jarraixen ibili-ezkero berakiñ baleike xixko iñde ero gerriko miñakiñ geratzie. **T.** La porra es una herramienta que gusta a muy poca gente y quizá tampoco haya una sola persona a la que le pueda gustar, y creo yo que tienen razón porque es una cosa bastante pesada, y si se anda a menudo y seguido con ella puede que uno se quede hecho polvo y quizá con lumbago.

PORRIKA. Tenaza grande. **K.** Porrika da erramintabat aspaldi desagertu iñdana obratik, lenau zeramika, azulejuek kasu hontan, senduek partitzeko erabiltzezan, oñ aldebatetik eztie honeik apenas geratzen ta bestaldetik beste gauza asko daz lan honeik itxeko. Halaere ondion baleike balixo izetie beste tipoko labore zerbaitzuetan, esan-baterako errmentari lanien. **T.** La tenaza grande es una herramienta que hace ya mucho tiempo ha desaparecido de las obras, antes se utilizaba para partir la cerámica, en éste caso los azulejos gruesos, ahora por una parte estos ya apenas quedan y por otra hay muchas otras cosas para hacer trabajos similares. Aún así todavía quizá podría valer para otro tipo de labores, por ejemplo en los trabajos de herrería.

PORROIE. Porrón, por nuestra zona normalmente son de cristal, pero también las hay de barro. **K.** Porroie zan gauzabat aspaldi asko erabiltzezana inguru hontan, baña hau be pixkanaka desagertzen fanda, lenau jeneralki ardaue erateko ibiltxezan eta batzuetan, gutxi, ura, oñ berriz eta esan-baterako, ur hori zuzenien eranleike botillatik, eta ardaue botatik. **T.** El porrón era una cosa que antaño se utilizaba mucho por aquí, pero ésto también ha ido desapareciendo poco a poco, antes generalmentese se utilizaba para beber vino y algunas veces, pocas, agua, ahora en cambio y por ejemplo, ese agua se puede beber directamente de la botella, y el vino de la bota.

PORROT, PORROTA. Quebrar, fracasar, arruinarse.

(Ver la definición de lurrajo).

PORRUE. Puerro. **K.** Porru hauxe da gauzabat gure ortuen oso ondo urtzendauena, eta gañera ugeri xamar landau izetendou zeatik etxien oso gustora jateitxu, batzuetan patatakiñ nahastuta lapikuen eta bestetan, aurrena egosi eta gero bakarrik biñagreta gozuaz. **T.** El puerro es una cosa que se da muy bien en nuestra huerta, y además lo plantamos de forma bastante abundante porque en casa lo comemos muy a gusto, algunas veces mezclado con patata en la cazuela y otras, primero cocer y luego solos con una rica vinagreta.

PORRUE. Fig. se dice por el engaño, mentira, falsedad. **K.** Nik oso ondo esauketandot Heliodoro eta ziur nau oñ be gezurrien haidala porrue sartu-guran, zuek siñiztendozue, berak esatendauen bezela, bixer goixien aurreneko orduen hemen eongodala ordaintzeko zorrien daukena?, ba nik ez. **T.** Yo a Heliodoro le conozco muy bien y estoy seguro de que ahora también está mintiendo queriendo engañarnos, ¿vosotros le creéis, como él dice, que mañana por la mañana estará aquí a primera hora para pagar lo que debe?, pues yo no.

PORRUKOTXARA. Es el nombre real que corresponde a un bosquecillo de Aretxabaleta. **K.** Guk mutikotan asko ibiltxegiñen gerraka jolasten porrukotxara basuen, gordetzeko eta baitxe atakatzeko be oso toki ona zan. Eta gure amak oso goguen hauken izen hau, zenbat bider esateuzkun pixkat asarreketazanien guretik bateonbatekiñ, ixilduai ero beztela porrukotxara bildukoaut. **T.** Nosotros de chavales solíamos jugar muchas veces a guerras en aquel bosquecillo que se llama porrukotxara, era muy buen sitio para esconderse y también para atacar. Y nuestra madre tenía muy en cuenta ese nombre, en cuánto se enfadaba un poco con cualquiera de nosotros pronto te decía, cállate o sino te voy a mandar a porrukotxara.

PORRU PATATAK, PORRU-PATATAK. Cocido de patatas y puerro. **K.** Alkartu bakoitxien Anizeton lengosuaz eta komestaziñue urtetzenbadau betik istorixa berdiñe kontatzeuzku, nola berai ez mutikotan eta ez gaztetan etxakon sekula gustau izen porru-patataik, eta noski, ama zallatu jandeixen negarrez hastezala, ta ze gauzak gertatzendien, oñ plater horren amorratue omenda. **T.** Cada vez que nos juntamos con el primo de Aniceto y si sale la conversación siempre nos cuenta la misma historia, que cómo a él ni de chaval ni de joven nunca le han gustado los puerros con patatas, y claro, que cuando su madre le obligaba a comer empezaba a llorar, y que cosas pasan, ahora debe de ser un fanático de ese plato.

PORRUSALDA. Caldo de puerros. **K.** Porrusaldiatik esatenda oso ona omendala estumaguko betekak, miñak ero larrixek kentzeko, beno, kendu ero mejoratzeko bentzet, baña naiz eta ez euki holako gauzaik bape zalantzaik eztau ze sigero ona be dala katilluen hartzeko ogi zati txiki batzuk botata. **T.** Por el caldo de los puerros dicen es muy bueno para quitar la sensación de llenazo del estómago, algún pequeño dolor o molestia que puedas tener, bueno, para quitar o por lo menos aliviar, pero aunque no tengas ninguna de estas cosas no hay ninguna duda de que también es muy bueno para tomarlo en el tazón echándole unos pedacitos de pan.

Aspaldiko esaerabat: Goixien porrusalda eta eguerdixen asa, ondo sartukojak fraka.

Un viejo proverbio vasco dice que a la mañana caldo de puerros y al mediodía berza, ya te entrarán bien los pantalones.

PORSIAKASO. Por si acaso.

(Ver la definición de baezpare).

PORTALA. El portal de entrada.

(Ver la definición de atartie).

PORTAU. Portarse. Esto se dice por el hecho de haber cumplido, se esté portando o tenga que portarse bien. **T.** Bixer bazkaltzera goiez Donostiko jatetxe-batera eta aiñdutenbozu portau ingozarela bierdan bezela eta bentzet gurebozu, etorrizeike gurekiñ, eta beztela badakitzu, etxien bakarrik geratukozara. **T.** Mañana vamos a ir a comer a un restaurante de San Sebastián y si me prometes que te vas a portar bien y si al menos quieres, puedes venir con nosotros, y sino ya sabes, te quedarás solo en casa.

PORTUE. Puerto.

(Ver la definición de molla).

POSADERA. Pozo artesanal de agua. **K.** Lenau ortu askotan eotezien posaderak eta gañera itxeko lan asko kostata izendakuek, zulotu-bierra eotezan han da hemen ura billatu hartien eta hori lortu ondoren iñ posadera hori, oñ berriz eztau horrein bierrik zeatik jeneralki herriko ura ortu bertaraño allegatzenda, leku geixenetan bentzet, eta hala eztanien konpontzendie euri-ura jasota. Posadera horreik eozen toki guztietan itxita daz, aldebatetik nahiko arriskutzue dalako ta bestetik ia eztaukielako ezerko ojetuik. **T.** Antes en casi todas las huertas había pozos artesanales y que además habían costado mucho trabajo el hacerlos, primero había que agujerear aquí y allá hasta buscar el agua y después de conseguirlo hacer el pozo ese, ahora en cambio ya no son necesarios porque generalmente el agua del pueblo llega hasta la misma huerta, al menos en la mayoría de los sitios, y cuando no es así ya se arreglan recogiendo el agua de la lluvia. En todos los lugares en los que había pozos ya los han clausurado, por una parte porque tienen bastante riego y por otra porque ya no tienen ningún objeto.

POSPOLIÑE, POXPOLIÑ. Es una palabra que se dedica a las niñas y que significa que son bonitas y guapas.

(Ver la definición de politxa, politxe).

POSTA. Correo. **K.** Posta be da beste gauzabat desagertzen haidana eta ez pixkanaka baizik abixera guztiaz, oñ hainbeste gauza inleike internet bidez ze iñor ezta molestatzen kartaik idazten, eta etxera allegatzendien banakak banku ero beste holako tokitakuek izetendie. **T.** El correo también es otra cosa que está desapareciendo y no poco a poco sino a toda velocidad, ahora con todas las cosas que se pueden hacer por medio de internet nadie se molesta en escribir una carta, y las poquitas que llegan a casa son de los bancos o de otros sitios parecidos.

POSTETXIE. Oficina de correos. **K.** Postetxe honeik be eztakitx laister eztien lan-barik geratuko, entzunde dauket ze honein bulegotan bertako langillek asko gutxitudiela, eta hori nahiko normala izengoda zeatik etxuraz geruau ta jente gutxiau fatenda, ta zertan fan-bierra daukie ba ezpadau ezer itxekoik?, beno, zerbaitzuk geratukodie ondion baña ustedot paketeixa asuntue bakarrik dala, eta hau be ikusitxe zenbat eskatzendan internet bidez, ba apenas da gauza askoik. **T.** No sé si las oficinas de correos no van a quedar pronto sin trabajo, tendo oído que se ha debido de reducir bastante el personal de las oficinas, y eso será bastante normal porque parece que cada vez va menos gente, ¿y a que van a ir pues si no tienen nada que hacer?, bueno, alguna cosilla ya quedará todavía pero creo que solo son asuntos de paquetería, y ésto también viendo cuánto se pide por internet, pues tampoco es gran cosa.

POSTIE. Poste en general. **K.** Tipo honeik eztaz ondo burutik, baserrirako argindar kable ziztrinbat jartzeko etxe hondolo solue postes betedaue, neurtu iñdot ta bost metrotik beñ kolokaitxue, hartan haidienai galdetu iñdutziet aber zeatik hainbeste eta mosolo horreiñ erantzuna seguridadiatik dala, zeatik toki hortan baleikela oso iñdertzu jotie haixiek. **T.** Estos tipos no están bien de la cabeza, para la corriente del caserío han puesto un pequeño cable y para sujetar éste el prado de al lado de casa la han llenado de postes, he medido y cada cinco metros han colocado uno, a los que andan allá les he preguntado a ver el porqué de tantos y esos tontainas han respondido que es por seguridad, porque en ese sitio puede que haya vientos muy fuertes.

POSTURA. Se dice por el tipo y a favor de quién se hace la apuesta. **K.** Postura honein buruz eztakitx gauza haundirik, beñ ero beñ, oso aspaldi, jokatu izendot frontoien herriko jaixetan baña betik beste-batek aposta iñde, dakitxena da hainbeste ditu jokatu-bierra izetendala, goitxik, betik ero parien eta baten ero bestien alde, asken honek zer-ikusixe dauko pelotarixek daukien kamiseta koloriaz. **T.** Sobre las apuestas no se gran cosa, hace mucho tiempo alguna que otra vez ya he solido jugar en el frontón en las fiestas del pueblo pero la apuesta siempre la hacía otro, lo que sé es que hay que jugar tanto dinero, que tiene que ser a par, por arriba o por abajo y a favor de uno o de otro, esto último dependiendo del color de las camisetas de los pelotaris.

POT, POTX, POTIÑDE. Palabra que significa mucho cansancio y fatiga.

(Ver la definición de jota).

POTAJIE. Cocido de cazuela. **K.** Ze gozue izetendan lapikuen iñdeko potajie, uda partien bat dau asko jatendana inguru hontan, marmitakue, eta beste tipokuek dienak gutxitxuau, honeik akaso gustorau jangodie negu aldien hotz pixkat dauenien, eta nik ustedot ze euron tartien geixena babarrunak diela. **T.** Que rico suele ser el potaje hecho en cazuela, en la parte del verano hay uno que se come mucho por aquí, el marmitako, y los demás que son de otro tipo algo menos, éstos otros quizá se comen más a gusto en los meses de invierno cuando hace un poco de frío y yo creo que entre ellos sobre todo son las alubias.

POTEKA. Mucha cantidad, generalmente se refiere a la comida. **K.** Nora doie hau?, eztakitx zertan haidan, sekulako baina-patata poteka jartzen haida nere fratelien eta goraño betedau, bierdan moduen eon-ezkero erdixe inguru jangonauen baña ez pentza holako useiñ onik daukenik, emutendau aspaldiko urdaiazpiko zatirenbat eondala lapikuen. **T.** ¿Dónde va ésta?, no se que está haciendo, me está poniendo demasiasda cantidad de judías con patatas en el plato y lo ha llenado hasta arriba, si estarían buenas ya comería mas o menos la mitad pero no creaís que huele demasiado bien, da la impresión de que algún trozo viejo de jamón ha estado dentro de la cazuela.

POTIE, POTUE. Bote, lata. **K.** Tipo geixaukuek be eongodie baña guk erostendounak bikuek die, txapazkuek ero kristaldunak, eta neri betik geixau gustau izenjat kristaldun dien potiek, eztauket bape ziurtazunik baña ustedot hemen hobeto konserbatzendiela barruen daukien gauzak. **T.** Habrá de muchos tipos pero de los que compramos nosotros son de dos, de chapa y de cristal, y a mí siempre me han gustado más los que son de cristal, no es que tenga ninguna seguridad pero yo creo que aquí se conservan mejor el contenido que tienen dentro.

POTIJUE. Botijo. **K.** Potijue da, inguru hontan bentzet, ixe porroie bezelakue baña hau ezan erabiltzen ardauekiñ, bakarrik uraz eta porroien aldien askoz geixau mantentzeauen uran freskura, hortik zier bai ustedot asko erabiltzendala, geixenbat be aldien eta larreko lanetan. **T.** El botijo es, al menos por la zona de aquí, casi igual que el porrón pero éste no se utilizaba con el vino, solo con agua y además a diferencia del porrón el agua se mantenía mucho más fresca, por ahí si me parece que usa mucho, sobre todo en la zona de abajo y en los trabajos del campo.

POTOKA. Caballo de raza vasca, pequeño y fuerte. **K.** Naiz eta bertako erraza izen eztie potoka asko ikusten inguru hontan, eta akaso izengoda eztauelako balixo gauza askotarako, eta daukienak baleike bakarrik eukitxie euron gustokue dalako ero beztela basue garbitzeko, eta hau be akaso eztaue larrei garbitxuko kontuen hartuta txikitxuek diela. **T.** A pesar de que sea una raza de aquí no se ven muchas potokas por éstos alrededores, y quizá que sea porque no valen para gran cosa, y el que los tenga puede ser que solo sea por el gusto de tenerlos o sino para limpiar los campos, y tampoco creo que los limpiarán mucho teniendo en cuenta que son muy pequeños.

POTOLO. Se dice de la persona pasada en kilos, obesa.

(Ver la definición de gizena).

Aspaldiko esaerabat: Bakarrik jan eta lo, potolo.

Un viejo proverbio vasco dice que solo comiendo y durmiendo, gordo seguro.

POTOLOKEIXA, POTOLOKEIXIE. Fig, se dice por una fanfarronada o exageración. **K.** Akilino hau eztau ondo burutik eta eztakitx ze ustedauen, ze akaso hemen gazen bateonbatek siñistukoula botadauen potolokeixa?, iñok eztauko kapazidadeik hori itxeko, eta berak askoz gutxiau esandauen denporan, nola izengoda ba posible Pagoetara igo ta jextie ordu-erdixen Zarauztik urtenda eta bertara bueltau? **T.** El Aquilino este no está bien de la cabeza y no sé qué es lo que piensa, ¿que alguno de los que estamos aquí le vamos a creer la fanfarronada que acaba de echar?, ninguno tiene la capacidad para hacer eso, y él mucho menos en el tiempo que ha dicho, ¿cómo va a ser posible pues subir y bajar de Pagoeta en media hora saliendo de Zarautz y volver al mismo sitio?

POTORDA. Se dice de la mujer bastante torpe y pasada en peso. **K.** Anselma komestatzen ibilida nola bixer asmue dauken Indamendira fateko bere lagun-batekiñ, galdetutzet zeñekiñ eta esandauenien zeiñ dan pixkat arritxute geratunaz, eta nik esan besteik ez aber ezaldan potorda xamarra mendi hortara fateko, asarretu iñda eta ondo sexixo gañera. **T.** Anselma ha estado comentando que mañana tiene la intención de ir a Indamendi con una amiga suya, le he preguntado con quién y cuando ha dicho quien era me he quedado un poco asombrado, y nada más decir a ver si no es un poco torpe y pesada para ir a ese monte, se ha enfadado y además muy en serio.

POTOTO, (A). Se dice por los críos o jóvenes que están algo obesos. **K.** Lenau umiek pototo xamarrak eotenbazien señalie zan ondo zaiñdute eta osasun onekuek ziela, ta hala ez izen-ezkero laister ezatezan zertxobatix geixau jartzie komenizala jan ero eratezien gauzai, zeatik baleikela alimento ero bitamina gutxitxo eukitxie oñ hartzen haizana , eta nola aldatzendien gauzak, oñ berriz sigero bestaldera da. **T.** Antes las criaturas si estaban un poco obesas era señal de que estaban bien cuidadas y gozaban de buena salud, y si no era sí pronto se decía que convendría añadir algo más de alimento a aquello que estuviese comiendo o bebiendo, porque podría ser que lo que ahora estaba ingiriendo no tendría suficientes vitaminas, y cómo cambian las cosas, ahora es completamente al revés.

POTROAUNDI, POTRO-HAUNDI. Se dice de la persona lenta, calmosa, sin prisas.

(Ver la definición de patxara, patxarie, patxarozue).

POTROJORRAN. El hecho de estar sin hacer nada, excepto el vago, y fig. tocándose los huevos. Es la persona que está ociosa, parada y perdiendo el tiempo. **K.** Zaiñdu inbierra dauket askenengo etorridan langille berri horri, atzo eonitzen len eonzan obrako bere arduradunaz ta esauzten kontuz ibiltxeko mutil horrekiñ zeatik nagi xamarra omenda, eta zertxobaitx aukera daukenien potrojorran eoteko oitura daukela. **T.** Tengo que estar al tanto con el último trabajador que ha venido a la obra, ayer estuve con el que fué su encargado en la obra anterior y me dijo que anduviese con cuidado con ese chico porque debe de ser bastante vago, y cuando tiene oportunidad tiene la costumbre de estar tocándose los huevos.

POTRO-ZORRIXEK, POTRO ZORRIXEK. Ladillas en la zona testicular. **K.** Potro-zorrixek eukitxie be ezta bape ona izengo ba, nik eztitxut sekula euki baña entzunde dauket asgura haundixek emuteitxuela, ta txarrena izengolitzeke hori gertatzie jente tartien zarenien, orduen zer iñ?, han danan aurrien arraskatzie ezta etxurazkue izengo eta baleike momentu hortan komuna okupauta eotie, ba orduen ezta geratzen beste erremeixoik, baztertxora fan eta han eskutuen iguztzi batzuk iñ toki hartan. Beno, hori da bentzet nere iruitza. **T.** El tener ladillas tampoco tiene que ser nada bueno pues, yo no las he tenido nunca pero tengo oído que dan mucho picores, lo malo tiene que ser que ésto te suceda cuando estás entre la gente, ¿entonces qué hacer?, arrascarse delante de todos está muy feo y puede que en ese momento el servicio esté ocupado, pues entonces no queda otro remedio que ir a un rincón y allá restregarse con disimulo en ese sitio. Bueno, al menos eso es lo que a mí me parece.

POTRUE, POTROSUE. Tener potra, ser un potroso. Fig. se dice por el hecho de tener suerte. **K.** Oktaviok dauko potrue, ondion fandan astien komestatzen ibilizan berak eztauela sekula ezertara jotaku, ez kiniela, lotoik eta ez sikera erosi gabonetako loterik, eta gogue daukela egunenbaten probatzeko, ba potroso horrek iñdau proba hori, eta zer gertauda?, ba diru pilla irabazi, milloi parebat euro inguru. **T.** Vaya suerte tiene Octavio, todavía la semana pasada estuvo comentando que él nunca ha jugado a nada, ni quiniela, lotos y ni siquiera ha comprado lotería de navidad, y que tenía ganas de hacer la prueba algún día, pues resulta que el potroso ese ya ha hecho la prueba esa, ¿y qué ha sucedido?, pues que ha ganado un montón de dinero, cerca de dos millones de euros.

POTRUEK, POTROSKILLUEK. Testículos.

(Ver la definición de pelotak, pendolak).

POTRUETAKUE. Se dice por dar o recibir una patada u otro golpe en los testículos. **K.** Ataulfok izugarrizko potruetakue hartudau eta gañera bere illobat emundakue izenda, fubolien jolasten haizien hondartzan eta baloiaz mariatzen haizan momentuen, mutikue bueltauda ta gure-barik buruaz emuntzo toki hortan. **T.** Vaya golpe que ha recibido Ataulfo en los testículos y además se lo ha dado su sobrino, estaban jugando al fútbol en la playa y en el momento que le estaba regateando con el balón, el chaval se ha dado la vuelta y le ha dado con la cabeza en ese sitio.

POTXO, POTXUE. Pocho. Es, quizá era porque hace muchísimos años que no lo he vuelto a ver, el agujero que se precisaba para el juego de las canicas. **K.** Ni nahiko ona nitzen kanika jokuen eta ondion gogoratzenaz nola jolastezan, eta ez hori bakarrik zeatik oñ be jolastukonauke. Potxotik urten-bierra izetezan zure kanikakiñ, beste kanikabati jo ta berriz potxora bueltau, jodozun kanika hori kanpuen geratzezan ta hala jarraitxu kanika guztiek kanpora bota-hartien, eta utz itxenbazan hurrenguen txanda zan. **T.** Yo era bastante bueno jugando a las canicas y todavía me acuerdo de cómo se jugaba, y no solo eso porque ahora también jugaría, se salía del pocho (agujero) con tu canica, había que dar a otra y volver al pocho, la canica a la que habías dado quedaba eliminada y así había que continuar hasta mandar fuera todas las que había, y si fallabas el siguiente cogía la vez.

POTXOLA (O). Se dice de la criatura que es bonita, guapa y alegre.

(Ver la definición de politxa, polkitxe).

POTZUE. Pozo. **K.** Hauxe da gauzabat umiei asko gustatzejakona, potzuek, eta ze gustora ibiltxendien barrura sartu eta plitiplasta itxen, gañera ezpazara konturatzen laister bustikodie goitxi-bera eta bero baldinbadau ezta ako inportik, oñ naiz eta dexente hotz eon umiendako eztauko bape inportantzik uskerixa horrek. **T.** Esto sí que es una cosa que les gusta mucho a los críos, los pozos, y que a gusto suelen andar metiéndose y txapoteando dentro, además si no te das cuenta pronto estarán mojados de arriba abajo y si hace calor tampoco importa mucho, ahora que aunque que haga bastante frío a los críos esa nimiedad no les importa en absoluto.

POXPORUEK. Cerillas.

(Ver la definición de mistuek).

POZA. Satisfacción, gozo. **K.** Kaximirok sekulako poza hartudau semiek esautzenien hartutziela fabrika hortan, lau urte betedie karrera bukatudauela eta arrazkero hor eonda aldebatetik bestera lana billatzen, zenbat tokitara fan eta bieldukozitxun kurrikulun horrek, baña askenien be eta hainbeste ibili ondoren lortudau, oñ bakarrik geratzejako lanien hastie eta aber lan hori luzeroko izetendan. **T.** Vaya satisfacción más grande ha cogido Casimiro cuando su hijo le ha dicho que ya le han cogido en esa fábrica, ya han pasado cuatro años desde que terminó la carrera y desde entonces ahí ha andado de un lado para otro buscando trabajo, y a cuántos sitios habrá ido y mandando el currículum ese, pero por fín y después de tantos intentos ya lo ha conseguido, ahora solo le queda empezar a trabajar y a ver si ese trabajo es para mucho tiempo.

POZGARRIXE. Motivo de felicidad. **K.** Benetan pozgarrixek diela gaurko notizik zeatik askenien be Balentina aurdun geratuda, medikuek esautzo momentuz dana ondo doiela eta danok die pozik eta gustora. Zortzi urte eondie esperuen eta zenbat buelta hara eta ona beitzera aber zerbaitx gertatzezan, ba etxuraz gauza guztiek ondo eozen oñ ikustendan bezela. **T.** De verdad que las noticias de hoy son motivo de felicidad porque Valentina por fín ha quedado embarazada, los médicos le han dicho que de momento todo está bien y todos están felices y contentos. Ocho años llevaban esperando y cuántas vueltas de aquí para allá para ver si sucedía algo, pero parece que todas la cosas estaban bien según se ve ahora.

POZIK, POZTU. Alegre, alegrarse. **K.** Ordue zan eta askenien be Errealak lortudau Madrilli irabaztie han bertan, euron etxien, nahiko justu izenda baña irabazi, telebistan ikustezan nola hemendik fandan jentiei sekulako alai eozela irteeran, akaso batzuk baleike larreitxo be, eta hemen geratugaren guztiek be sigero pozik. **T.** Ya era hora y por fín la Real ha conseguido ganarle al Madrid allá mismo, en su casa, ha sido bastante justo pero ha ganado, a la gente que han ido de aquí en la televisión se les veía que a la salida estaban muy alegres, algunos quizá hasta también demasiado. y todos los que hemos quedado aquí también muy contentos.

POZOIE. Veneno. **K.** Kontuz ibili kanpotik etorritxeko Komodo dragoi izeneko horrekiñ, esatendaue aspalditxuen nahiko ugeritudiela hemen kosta aldien, eta Zarauzko hondartzan be ikusitxe diela banakan-batzuk, berez nahiko kariñosuek omendie baña gertatzenda betik babak botatzen haidiela, honeik pozoie euki era maite itxera fan eta ikutu-ezkero, ba gero etortzendiela konzekuentziak. **T.** Andar con cuidado con esos bichos que han venido de fuera y tienen el nombre de dragón de Komodo, dicen que últimamente ha proliferado bastante aquí por la costa y que también se han debido de ver algunos en la playa de Zarautz, de por sí deben de ser bastante cariñosos pero pasa que continuamente están echando babas, éstas tienen veneno y si es que vas a acariciarles y lo tocas, pues que luego pueden venir las consecuencias.

PRAKTIKANTIE. Practicante. Es, o al menos era, la persona que con ese nombre se encargaba de poner las inyecciones. **K.** Oñ eztot uste pratikanteik dauenik, izen horrekiñ bentzet, baña lenau deitxu eta bera etortzezan norberana, ero beztela bere etxera fan-bierra izetezan indiziñue jartzeko, gogoratzenaz nola etxera etortezanien berotzezan berak ekartzeauen orratza alcolai sue emunda, eta gero indiziñue jarri ondoren garbitxu ta berriz gordetzeauen kajatxobaten. **T.** Ahora no creo que haya practicantes, al menos con ese nombre, pero antes había que llamarle y él venía donde uno, o sino había que ir a su casa para poner una inyección, me acuerdo de cómo cuando venía a casa calentaba la aguja que traía en el alcohol dándole fuego, y después de poner la inyección la limpiaba y volvía a guardar en una cajita.

PREGOIE. Pregón. Consistía en pregonar, sobre todo los avisos municipales, a viva voz. **T.** Zenbat urte izengoetedie askenengo pregoie entzunauela, akaso berrogetamarretk gora eta ondo gogoratzenaz nola izetezan, pregonerue kalez kale ibiltxezan, aurrena tanborra jo jentiei abixatzeko eta gero altu ta garbi esan esan-bierrekue. **T.** Cuántos años habrán pasado desde que oí el último pregón, quizá más de cincuenta años y me acuerdo muy bien de cómo era, el pregonero solía andar de calle en calle, primero tocaba unos redobles de tambor para avisar a la gente y luego alto y claro decía lo que tenía que decir.

PREGONERUE. Pregonero. **K.** Ba eztau beste gauza askoik esan-bierrik, goixen jarridoun bezela pregonerue zan pregoie emuteauena. **T.** Pues no hay muchas más cosas para decir, cómo hemos puesto arriba el pregonero era el que anunciaba y decía el pregón.

PREGUNTAU. Preguntar.

(Ver la definición de galdetu).

PREMIAZKUE, PREMIZKUE. Imprescindible, necesario. **K.** Derrigorrez zerbaitx inbierra dauket haldan axkarren, sigero premiazkue da eta danondako komenigarrixe gauzak seguridadiaz jartzie bidai hontarako, ondion eztakitx zer baña maletak eta beste gauza dan honeik erueteko zerreozer jarri-bierra eukikot kotxe gañien. **T.** A la fuerza tengo que hacer algo y cuánto antes, es necesario y coinveniente para todos el llevar las cosas de un forma segura en este viaje, todavía no sé el qué pero tengo que colocar algo encima del coche para llevar el equipaje y todo el resto de cosas.

PREMIÑE. K. Necesario, urgente, imprescindible. **K.** Ezta berdiñe izeten premiñe eukitxie ero bakarrik afana, esan-baterako batzuk ero askok diruen ero beste erozeiñ gauzan premiñe izengodaue eta beste askok, diruen buruz bentzet, afana besteik ez eta bigarren honei gauzabat gertatzejate, naiz eta geruau ta geixau euki sekula eztauela nahikue izengo, eta horretxeatik galdu bez afan hori. **T.** No es lo mismo tener necesidad que solo afán, por ejemplo, algunos o muchos pueden tener nesesidad de dinero o de algunas otras cosas y otros, en ralación al dinero, nada más que afán y a éstos segundos les pasa una cosa, a pesar de que cada vez tengan más nunca tendrán suficiente, y por eso tampoco perderán ese afán.

PREPARAU. Preparar, preparación. **K. K.** Batzuetan baleike gertatzie lanbat lortudozula eukidozulako lagun ero esaguna laguntzeko, baña normalki bentzet eta erozeiñ lanetarako, geixau goixen dauen postubat izetenbada, ondo preparauta eon-bierra dau eta halaere oñ dazen bezela gauzak nahiko zalla izenleike. **T.** Algunas veces puede suceder que consigas un trabajo porque hayas tenido un amigo o un conocido que te ha podido ayudar, pero normalmente y para cualquier trabajo, más si es en un puesto superior, hay que estar bien preparado y aún así tal y cómo están las cosas pueda que sea bastante difícil.

PRES, PREST. Dispuesto, preparado. **K.** Jenarokiñ ia eztau zer-iñik, betik bezela gaur be berandu, ta gauza da atzo gabien nahiko garbi itxigutzela derrigorrez orduen etorri-bierra haukela baña alperrik da, hemen gara danok pres, autobusa zai ta bera falta, ba beste ordu-larden itxoiñgou ta ezpada asaltzen bagoiez. **T.** Con Jenaro ya no hay nada que hacer, hoy también tarde cómo siempre, y la cosa es que ayer a la noche le dijimos bien claro que necesariamente tenía que venir a la hora pero es inútil, aquí estamos todos preparados, el autobús esperando y él falta, pues esperaremos un cuarto de hora más y si no aparece nos marchamos.

PRESA. Embalse, presa. **K.** Ze gauzak gertatzendien denporiaz, lenau erreka guztietan han ero hemen presak itxezien eta oñ hainbat tokitxen kentzen haidie, etxuraz hori da zeatik amorrañak eztaue posible izeten presa horreik pasatzeik erreka gora fateko. **T.** Que cosas pasan a medida que pasa el tiempo, antes en todos los ríos aquí o allá se construían presas y ahora en muchos sitios las están quitando, parece que eso debe de ser porque los peces no podían salvar el obstáculo de la presa para remontar el río.

PRESTAERA. Predisposición. **K.** Beste lau lagun bierkoutxu basue garbitzeko eta ustedot Kornelio eta Heribertokiñ kontatzeko bezela garela, horrei esan-ezkero afai onbat ingoula bukatu ondoren laister emungodaue euron prestaera lan hontarako, honeik nere kontu eta aber zuek lortzeitxozuen geratzendien beste bi horreik. **T.** Nos hacen falta otras cuatro personas para limpiar el bosque y creo que con Kornelio y Heriberto podemos contar, si a éstos les decimos que después de terminar haremos una buena cena enseguida estarán predispuestos para éste trabajo, esos dos a mi cuenta y a ver si vosotros conseguís los otros dos que faltan.

PRESTAKETA. Preparar algo, comidas, trabajo exposiciones, etc... **K.** Hau benetako zoritxarra da, siñistu eziñekue da oinguen be guri tokatzie soziedien inbioun bixerko afai prestaketa, hiru bider errexkaran eta zalantza haundixe dauket garbitxazun haundirik daukien zozketa horreik. **T.** Esto es de verdadera mala suerte, es increíble que también ahora nos haya tocado a nosotros el preparar la cena que mañana tenemos que hacer en la sociedad, ya son tres veces seguidas y tengo grandes dudas de que los sorteos tengan demasiada limpieza.

PRESTAU. Prestar. **K.** Baldomero betik gauza berdiñekiñ haida eta halbadau ebitatzie eztau sekula ezer erosiko, aurrena alegiñdu batekiñ ero bestiekiñ galdetuaz aber prestau inleikien berak bier izetendauen erozeiñ gauza, gañera eta lortu-ezkero, hala da geixenbaten, baleike gero gertatzie astu itxendala bueltatzen. **T.** Baldomero siempre anda con la misma cosa y si puede evitar el comprar no lo hará nunca, primero se esforzarà con unos y con otros preguntando a ver le pueden prestar cualquier cosa que él pueda necesitar, además y si lo consigue, así suele ser las más de las veces, luego puede que suceda que se olvide de devolver.

PRIJIRU, PRIJITXU. Freir los alimentos. **K.** Esatendaue askoz hobie dala osasunandako ez prijitzie gauzak olixuen, hobeto dala plantxan prestau ero beztela egostie, ba nik gauzabat esangonutzen horrei, zuen ustez hainbeste kaltekue izenleike arrautza prijitxubat jatie?, nere ustez ezta asko hobiaurik izengo hartzendozun naska jatenbozu esatendan beste modu hortan. **T.** Dicen que es mucho mejor para la salud no freir los alimentos en aceite, que es mejor hacerlo prepararlo a la plantxa o sino cocidos, pues yo ya les diría a esos una cosa, ¿vosotros creís que si se come un huevo frito puede hacer tanto daño?, yo creo que el asco que puede producir el comerlo de esa otra forma que se dice no será mucho mejor.

PRIMERAN. Fenomenal, estupendamente, de primera. **K.** Hau da gozamena, oporretan, lanaz astuta, noixienbeñ bueltatxobat hara eta hona, lasai jarritxe keixpeien, ondo jan eta eran be bape gaizki ez, zer geixau gurou ba?, gañera eztau kontuik ataratzen ibili-bierrik zeatik betik berdiñ da, atzo primeran, gaur primeran eta bixer, naiz eta jakiñ ez zer ingoten, berdiñezko primeran. **T.** Que felicidad, de vacaciones, olvidado del trabajo, de vez en cuando una vuelta por aquí y por allá, tranquilamente sentado a la sombra, comer bien y beber tampoco del todo mal, ¿qué más se puede pedir pues?, además no hay que estar haciendo cuentas porque siempre es igual, ayer fenomenal, hoy estupendamente y mañana, a pesar de que no se lo que voy a hacer, también de primera.

PRIMERAN. En fútbol, baloncesto y también en otras disciplinas deportivas, es la primera división. **K.** Atleti zaleko honeik betik haide harrokeixetan esanaz eurok betik eondiela primeran, eta zer, Erreala bai eonda urte batzuk segundan, geixenbat arbitruen kulpatik baña oñ be, eta beste askotan bezela, Atletiñ aurretik dau. **T.** Estos aficionados del Atleti siempre andan presumiendo y diciendo que ellos siempre han estado en primera, y qué, la Real ya ha estado unos años en segunda, la mayoría por culpa de los árbitros pero ahora también, y al igual que otras muchas otras veces, está delante del Atleti.

PRINZIPIOZ. De momento, en principio. **K.** Ba bai, prinzipioz ados nau zuk esandozunaz baña etxoizu apurtxobat, gauza honeik pixkat hobetotxuau ikustie naidot zeatik enauen gureko hanka-sartzeik, asunto hau nahiko berezi ta serixue da eta ondo pentzau-bierra dauket. **T.** Pues sí, en principio estoy de acuerdo con lo que tú has dicho pero espera un poquito, éstas cosas las tengo que mirar un poquito mejor porque no querría meter la pata, éste asunto es demasiado serio e importante y lo tengo que pensar bien.

PRIXA. Prisa, rapidez. **K.** Zer gertatejatzu, akaso ezaz hemen ondo hala?, nora fateko daukotzu hainbeste prixa ba?, itxoizu pixkat ta eonzaitez hor lasai jarritxe, laister bukatukou tratatzen haigaren asunto hau eta gero danok alkarreaz fanleikegu zerbaitx harten. **T.** ¿Que es lo que te pasa, acaso no estás bien aquí o qué?, ¿para ir a dónde tienes prisa pues?, espera un poco que pronto terminaremos con este asunto que estamos tratando y luego podemos ir todos juntos a tomar algo.

PRIXAKUE. Cosa urgente. **K.** Badakitx errekauek inbierra dauketela baña gauzabat, oñ bertan nahiko lanpetuta nabill eta oso prixakuek ezpadie izeten errekau horreik, ta ezpotzu inportik bentzet, gerotxuau ingoitxut, bale? **T.** Ya sé que tengo que hacer los recados pero una cosa, en éste mismo momento estoy bastante ocupado y si esos recados no tienen mucha urgencia, y si al menos no te importa, los haré un poco más tarde, ¿vale?

PROBA, PROBAU. Probar, catar. También se podría decir de una competición. **K.** Jateko zerbaitx begitxik ezpajatzu sartzen laister esatendozu eztozula nai eta etxatzula bape gustatzen ataradotzuen hori, berdiñ da erozeiñ gauza izetie eta nere galdera da, nola da posible esatie eztala gustatzen aurretik proba inbarik? **T.** Si a tí algo de de comer no te entra por los ojos enseguida dices que no lo quieres y que no te gusta nada lo que te han sacado, lo mismo da que sea cualquier cosa y yo me pregunto, ¿cómo es posible decir que no te gusta algo si antes no lo has probado?

PROBALEKUE, PROBA-LEKUE. Probadero. Recintos dónde se celebran pruebas de arrastre de piedra, principalmente de bueyes. **K.** Nik esauketaitxut, gutxi, Aiako ta Aizarnazabaleko probalekuek eta batzuetan idiprobak be eonaz ikusten, baña egixe esanda etxat sekula gustau izen ikustie nola emuteitxuen hainbeste akulukara eta odol daixola eotendien bei gixajuek, horrek betik naska bezela emun izendust. **T.** Yo conozco, poco, los probaderos de Aia y de Aizarnazábal y alguna vez también he estado viendo las pruebas de arrastre de piedra, pero de verdad es que nunca me han gustado el ver cómo dan tantos puyazos y hacen sangrar a los pobres bueyes, eso siempre me han dado una especie de asco.

PROBETXUE. Provecho. Es cuando se obtiene rendimiento de alguna cosa. **K.** Nabarmen ikustenda ze opari bezela ekarritxuen piper honeik aspalditxokuek diela eta eztauela balixo gauza haundirik, baña haldanak bentzet eta onentxuek dienak alegiñdukogara ataratzen zertxobaitx probetxue, oñ dazen bezela eziñdie jan baña akaso ixegi iñezkero ta sikatzen itxi, baleike ideia ona izetie. **T.** Se be bien claro que estos pimientos que nos han traído cómo regalo son de hace bastante tiempo y de que no valen gran cosa, pero los que al menos se puedan y estén mejores vamos a intentar sacarles algún provecho, según están ahora no sirven para comer pero si los colgamos y dejamos secar, puede que sea buena idea.

PROBETXUKO, PROBETXURAKO. Para lo que se haga, diga, se coma, etc… sirva de provecho. **K.** Baserrixen itxen haigaren hau egunbaten zure probetxurako izengoda, oñ akaso ezta bier haundixe eukiko tamañoz haunditzie ikullue, baña iñok eztakigu zer gertauleiken hemendik urte batzuetara. **T.** Esto que estamos haciendo ahora en el caserío algún dia será para tu provecho, puede que en éste momento no sea muy necesario aumentar de tamaño la cuadra, pero ninguno de nosotros sabemos lo que puede suceder de aquí a algunos años.

PROIBIRU. Prohibir.

(Ver la definición de debekatu, debekau).

PRONTO. Estar listo, dispuesto, preparado.

(Ver la definición de pres, prest).

PROPIÑIE. Propina, un extra que se dá cómo recompensa por un servicio. **K.** Propiña asunto honen buruz Herminiok sarri kotatzendau nola batzuetan andriek eztabaida pìxkat eukitxendauen berakiñ, esatendau kanpora fatendienien bazkal ero afaltzera bera propiña pixkat izteko zalie dala, eta bere andrie asarre xamar jartzendala horren kontura, esanaz eztala derrigorrezkue zeatik hori-barik be nahikue kobratzendauela. **T.** Herminio suele contar a menudo que cómo en algunas ocasiones su mujer suele discutir un poco con él a cuenta de las propinas, dice que cuando van a comer o cenar fuera de casa él es partidario de dejar una pequeña propina, y que su mujer se enfada diciéndole que no es necesario porque sin eso también ya cobran lo suficiente.

PROPIXO. A propósito, queriendo. **K.** Gaur be astuek igex iñde die eta eztot ulertezen nola izendan posible, atzo atzaldien itxitura guztie errepazatzen ibilinitzen, dana ondo geratuzan eta gaur goxien berriz zatibat moztuta ikustenda, nabarmena da ze gauza honeik eztiela berez gertatzen eta bateonbatek propixo iñdauela, ze ojetokiñ?, ba auskalo. **T.** Hoy también los burros se han escapado y no entiendo cómo ha podido ser posible, ayer a la tarde estuve repasando el cerramiento, todo quedó en perfectas condiciones y en cambio hoy a la mañana se ve que hay un pedazo que está cortado, está claro que estas cosas no ocurren por sí solas y que alguien lo ha hecho a propósito, ¿con qué objeto?, pues cualquiera sabe.

PROPOSAMENA. Propuesta, proposición. **K.** Beno, ia eskuen daukou aurreneko proposamena baserriko fatxadak konpondu ta margotzeko, beste bi enpresai be eskatugutzen eta nik ustedot laister ekarrikoutxuela, eta orduen erabakikou zeñei emun lan honeik. **T.** Bueno, ya tenemos en la mano la primera propuesta para arreglar y pintar las fachadas del caserío, también se lo pedimos a otras dos empresas y pienso que lo traerán pronto, y entonces decidiremos a quien adjudicar éstos trabajos.

PROSEZIÑUE. Procesión. **K.** Zenbat urte proseziñobat ikusi-barik eta kasualitatie izenzan ze fandan asteburuen gertauzan bat ikustie Jakan, giro txarra hauen ta Katedralera sartugitzen pixkatien eotera, mesa denporan eozen eta handik gutxira proseziñue hasizan, baña barruen eta bueltak emunaz bertan Katedralien, kanpuen euri dexente zan ta urten-ezkero arrixkue hauen bustitxeko bixkerrien eruetezitxuen Santuek. **T.** Cuántos años sin ver una procesión y fué casualidad que el pasado fín de semanana tuvimos ocasión de ver una en Jaca, hacía mal tiempo y nos metimos a la Catedral a estar un rato, estaban en el tiempo de misa y de allá a poco empezó la procesión, pero dentro y dando vueltas allá mismo en la Catedral, fuera estaba lloviendo bastante y si salían corrían riesgo de mojarse los Santos que llevaban a hombros.

PROSOZIÑUE. Es una palabra que se utiliza para recriminar y que vendría a decir, qué leches o también qué puñetas. **K.** Ze habill hainbeste prosoziñokiñ, ezaldakik berba itxen bierdan bezela eta iñ eskaerak modu berdiñien?, ba oñ bezelako harrokeixakiñ eskatzenboitxuk bierdoken gauzak eztuztie sekula ezer emungo, eta emutenbuztie be akaso larreitxo etxoiñ inbierra eukikok. **T.** ¿Se puede saber que es lo que andas con tantas puñetas, acaso no sabes hablar bien y pedir las cosas del mismo modo?, pues si lo que necesitas lo pides con tanta altanería como ahora nunca te van a dar nada, y si te lo dan a lo mejor vas a tener que esperar demasiado.

PROTESTAU. Protestar, reclamar algo. **K.** Zueik zare xelebriek, zeatik eztou protestau inbier ba, ero akaso lotza emuteutzue?, ba nilk ustedot garbi dauela eta danok berdiñ esandou, babarrun honeik txarrak dazela eta aspaldi iñdekuek diela. Gauza horreik esan inbidie eta eztot uste derrigorrez jan-bierrik daukounik. **T.** Que raros sois vosotros, ¿porqué no vamos a protestar pues, o acaso es que os da vergüenza?, pues yo creo que está claro y todos hemos dicho lo mismo, que estas alubias están malas y hechas hace mucho tiempo. Esas cosas hay que decirlas y no creo que nos las tengamos que comer a la fuerza.

PUA. Palabra que se utiliza con los críos para advertirles que algo está muy caliente y se pueden quemar. **K.** Zerbaitx jartzeatik. **K.** Antoñito entzun ondo, len be esautzuk alde itxeko su hondotik kozinatzen hainazen bitxertien, gure-barik ikutukozu lapiko era sartakiñanbat, pua ingozu ta gero negarrez hasikozara. **T.** Por poner algo. Antoñito escucha bien, antes también te he dicho que te alejes de al lado del fuego mientras estoy cocinando, sin querer vas a tocar alguna cazuela o sartén, te vas a quemar y luego empezarás a llorar.

PULPITUE, PULPITXUE. Púlpito. **K.** Aspaldiko hareik bai ziela benetako sermoiek, billdurtzeko bezelakuek eta gaztetan hala dardaraka bezela geratzegiñen danok, eta supozatzendot hainbeste gazte ezienak be hala berdiñ geratukoziela, Elixara derrigorrez fan-bierra izetezan Astesantutan eta Arantzazutik etortezien frailiek sermoie emutera, igotzezien pulpitxora ta hareiñ infernu kontuek, etxuraz hori zan geixen hakixiena eta han eotezien denpora guztien gauza berdiñe errepikatzen, ta esandakue, ikerakiñ urtetzengiñen. **T.** Aquellos de hace mucho tiempo sí que eran sermones de verdad, eran cómo para asustar y así temblando solíamos quedar todos cuando éramos jóvenes, y supongo que para otros no tan jóvenes también sería igual, en Semana Santa era obligatorio el ir a la Iglesia y solían venir los frailes de Aránzazu a dar los sermones, subían al púlpito y que cosas contaban sobre el infierno, parecía que aquello era lo que más sabían y en todo el tiempo que estaban allá repetían lo mismo, y lo dicho, salíamos temblando.

PULTZERA. PULTZERIE. Pulsera. **K.** Oñ gizon ta gazte askoi ikustejate nola erueteitxuen pultzerak eta batzuk baitxe bat baño geixau be, garai baten nik oso ondo esautunauen batek hau ikusibalau, zer esangolauke?, nik gutxigorabera badakitx baña lotza emutendust esatie. **T.** Ahora se ve a muchos hombres y jóvenes que llevan pulseras y algunos también más de una, si en un tiempo una persona que yo conocí muy bien habría visto esto, ¿qué hubiera dicho?, yo más o menos ya me lo imagino pero me da vergüenza el decirlo.

PUNBA, PUNBALA. Esta también es una palabra que utiliza con los críos y significa que se han caído o se van a caer. (Ver la definición de plausta).

PUNTADA. Puntada. El paso de la aguja al coser. **K.** Nik derrigorrez ikesi-bierra izendot josten eta bierdan bezelako puntadak emuten, ta derrigorrez esatendot zeatik hortik zier ibiltxendanien eztaukotzu beste iñor lan horreik itxeko, beno, egixe esanda ondion eztot holako ondo ikesi baña denporiaz eta modu berdiñien jarraitzenbot, zeñek daki? **T.** Yo a la fuerza tuve que aprender a coser y dar las puntadas cómo es debido, y digo a la fuerza porque cuando andas por ahí no tienes a nadie que te haga esos trabajos, bueno, la verdad sea dicha todavía no es que haya aprendido demasiado, pero con el tiempo y si continúo de la misma manera, ¿quien sabe?

PUNTAKUE. Fig, se dice por la persona o cosa que está más arriba, en el trabajo, deporte, etc... **K.** Akaso eta momentuz bentzet ezta komeniko fateik pertzona horrena eta aurrena hobeto izengou fatie haren aspixen dauen besten-bateana, eta honek eziñbadau konpondu guk ekarridoun kustiñue, ba gero beste hori puntakuena inguratukogara. **T.** Quizá y al menos de momento no convenga ir donde esa persona y yo creo que será mejor que primero vayamos dónde algún otro que esté un poco más bajo que él, y si éste no puede solucionar el asunto que hemos venido a tratar, pues luego ya iremos al que está arriba.

PUNTAKUE. Fig. de dice por las personas, generalmente deportistas, que están en lo más alto y también de cosas que son son o están muy buenas. **K.** Datorren aseburuen Zarauzko triatoia da eta aurten hirureun lagunetik gora esatendaue diela apuntandienak, momentuz bentzet. Eta entzutendan bezela kanpotik etorrikodien bi ero hiru kirolari oso puntakuek omendie. **T.** El próximo fin de semana se celebra el triatlón de Zarautz y dicen que éste año deben de ser más de trescientas personas las que se han apuntado, al menos de momento. Y según se oye parece que dos o tres deportistas que vienen de fuera son muy buenos y deben de estar en lo más alto.

PUNTALAU. Acción de apuntalar. **K.** Zueik be beituiozue baña ni bentzet enaz bape fixatzen ukullu tellatu honekiñ, hiru solibo ikusteitxut, naiz da ondion ustelak ez, bai exkax antzien dienak eta ustedot baezpare komenigarrixe izengozala puntalatzie, pentzatzendot hiru horreik iñezkero nahikue izengodala. **T.** Vosotros también mirar pero yo al menos no me fío nada del tejado de la cuadra, veo que tres vigas, aunque todavía no podridas, si que están en bastantes malas condiciones y creo que por si acaso sería conveniente apuntalar, pienso que haciendo a esas tres sería suficiente.

PUNTAN. En lo alto, arriba. **T.** Ume hori egunenbaten jausi ingoda, miñ hartukodau eta eziñdot ulertu nola eztotzazuen ezer esaten, etortenazen bakoitxien betik arbola txiki hortako puntan ikustendot, akaso haundixe danien alpinista gurekodau izetie, ero?, ba tximiñue eztot uste zeatik ontxe bertan badauko horren etxura. **T.** Ese crío algún día se va a caer, se hará daño y no entiendo cómo es que no le decís nada, cada vez que vengo siempre le veo en lo más alto de ese pequeño árbol, ¿acaso de mayor querrá ser alpinista, o qué?, pues creo que mono no porque ahora mismo ya tiene mucho parecido.

PUNTAPAXAK. Clavos. **K.** Laister bukatukodie hemen daukoun puntapaxak eta bateonbatek almazenera fanbikkodau geixau ekartzeko, ero beztela hobe izengot neu fatie, enaz gogoratzen han nahikue daukoun eta hala baidinbada ferreteritik pasa-bierra eukikot. **T.** Pronto se nos van a terminar los clavos que tenemos aquí y alguno tendrá que ir al almacén a traer más, o sino va a ser mejor que vaya yo, no me acuerdo de si allá tenemos suficientes y si es que es así tendré que pasar por la ferretería.

PUNTA-PUNTAN. En lo más alto. **K.** Fabian betik bere apostakiñ, oinguen espero iñok es kasuik itxie zeatik aldebatetik nahiko xelebrekeixa da eta bestaldetik larreiko arrizkutzue berak guredauen hori, esatendau erozeñi apostaukutzela afaibat baietz igo mendi gurutz hortako punta-puntara. **T.** Fabian siempre está con sus apuestas, ésta vez espero que nadie le haga caso porque por una parte lo que él pretende es una tontería y por otra es demasiado arriesgado, dice que apuesta una cena a cualquiera a que si sube a lo más alto de la cruz de ese monte.

PUNTEIXIE. Puntería. (Ver la definición de apunteixie).

PUNTO-PUNTUEN. A la hora exacta. **K.** Beste erozeñekiñ ez hainbeste baña horrekiñ bai, ziur nau esandoun ordurako etorrikodala eta gañera punto-puntuen, ez goixau ta ez beranduau, Argimiro halakue da, halakotxie izenda betik eta apostakonaute eztala sekula ibili geratudan ordu kanpotik. **T.** Con cualquier otro no tanto pero con ese sí, estoy seguro de que vendrá en el tiempo que hemos dicho y además a la hora exacta, ni más temprano ni más tarde, Arguimiro es así, así ha sido siempre y apostaría de que jamás ha andado alejado de la hora que haya quedado.

PUNTUEN. A la hora. **K.** Beno, danok jakiñien geratuzare eta orduen badakitzue, tazixei zortziretako esautzou etortzeko ta ordu puntuen danoi gurezauet ikustie frontoi aurrien, eta berandu datorrena berak ordaindu inbikodau gañetikue. **T.** Bueno, todos estaís al tanto y sabeís en que hemos quedado, al taxi le hemos dicho que venga para las ocho y a todos os quiero ver a la hora delante del frontón, y si alguno viene tarde él tendrá que pagar el sobrecoste.

PUÑETA, PUÑETIE. Esta expresión se utiliza cuando alguna cosa ha salido mal, existe algún problema o impedimento. **K.** Oñ gertaujaku benetako puñetie eta hauxe bai dala ez esperoko gauzabat, honaño ederto haigiñen eta pieza hau pustaku ondoren larrei okertujako lana, eta txarrena da hemengo iñok eztakigula nun lortuleiken errepuestue. **T.** Ahora nos ha pasado una buena puñeta y esto sí que es una cosa que no esperábamos, hasta aquí andábamos de maravilla y después de que se ha roto esta pieza el trabajo se ha torcido demasiado, y lo peor es que ninguno sabemos dónde conseguir el repuesto.

PUPU. Palabra que se utiliza con las criaturas cuando se han hecho daño o se quejan de eso. **K.** Zerbaitx jartzeatik. Betik korrikan ibiltxezara eta askenien banakixen jausi eta miñ hartukozauela, eziziu negarrik iñ ta etorrizaitez ona, belaunien igurtzi batzuk iñ ondoren ikusikozu ze aguro kendukojatzun daukotzun pupu hori. **T.** Por poner algo. Siempre andas corriendo y ya sabía que al final de ibas a caer y hacer daño, no llores y ven aquí, después de que te haga unos frotes en la rodilla ya verás que pronto se te quita el daño que tienes.

PURRAPURRA, PURRITA. Esta primera palabra se utiliza para llamar a las gallinas y la segunda con los críos para señalarlas. **K.** Purrapurra hitz hau berdiñ erabiltzendaue umiek ta nausixek olluei deitxu eta jaten emuteko, baña señalatzeko nun dazen olluek, orduen umiei purrita izena esanbijatie . **T.** Purrapurra es una palabra que indistintamente utilizan las criaturas y también los mayores para llamar y dar de comer a las gallinas, pero cuando hay que señalar dónde están las gallinas, entonces a las criaturas hay que deciles la palabra purrita.

PURRUSTARA, PURRUSTARIE. Protesta, respuesta malhumorada, refunfuño.
(Ver la definición de furrustara).

PURRUT. Onomatopeya del sonido del pedo. **K.** Ontxe esandozu ederra, konturatzezara sekulako askokeikeixie dala esandozun hori?, eta aber, hemen zu eta ni besteik ezgara, aurrena purrut entzundot eta oñ sigeroko putuseiñe dau, ni enaz izen puzkerra botadotena eta zuk be ezetz esatendozu, orduen? **T.** Ahora sí que has dicho una buena, ¿ya te das cuenta de que es un auténtica burrada eso que dices?, y a ver, aquí no estamos más que tú y yo, he escuchado el ruido del pedo y hay un olor impresionante, yo no he sido el que lo ha echado y tú dices que tampoco, ¿entonces?

PURRUTERO, PUZKARRERO. La persona que echa muchos pedos, el pedorrero, y eso se les dice a los críos cuando los echan muy a menudo. **K.** Ez ibili bata-bestiei beitu eta galdetzen zeiñ izendan, ni horren buruz ziur nau eta gañetik oso errex igerketzejako Tomasito izendala, bera da hemen dauen purrutero haundixena eta gañera eztozue ikusten nola dauen gora begire, txistuka eta diximulau guran? **T.** No andeís mirando el uno al otro ni preguntando quién ha sido, yo estoy seguro de eso y encima se le nota muy fácil que ha sido Tomasito, él es el mayor pedorrero que está aquí ¿y además no le veís cómo está mirando al techo, silbando y queriendo disimular?

PUSILLO. Ampolla ocasionada por alguna rozadura o quemadura. **K.** Hortik zier haizarenien ibilaldibat itxen, Santiona ero beste erozeiñ, nik ustedot gauza txarreneitaikue, euron bat bentzet, pusilluek urtetzie hankazpixen dala, baleike nahiko errex sendatzie baña aurreneko egunetan larreiko gobaikarri ta mintzuek izetendie. **T.** Cuando andas por ahí haciendo algún camino, de Santiago o algún otro, yo creo que una de las peores que te puede pasar, al menos una de ellas, es que te salgan ampollas en la planta de los pies, puede que se curen con cierta facilidad pero los primeros días suelen ser muy molestas y dolorosas.

PUSLA. Postilla. **K.** Zu ez larritxu horrekiñ, oñ baleike etxura txar xamarra eukitxie baña ikustejatzun hori pusla besteik ezta eta horrek guredau esan sendatzen haidala daukotzun zauri hori, hemendik gutxira bera bakarrik jausi ta desagertukoda, baña bitxertien naiz eta asgurie emun ez ikutu. **T.** Tú no te preocupes por eso, ahora puede que no tenga muy buen aspecto pero eso que se te ve no es más que la postilla y eso quiere decir que se te está curando la herida que tienes, de aquí a poco se caerá sola y desaparecerá, pero mientras tanto y aunque te de picor no la toques.

PUTADA, PUTADIE. Se dice por alguna faena o perjuicio que te haya podido hacer alguien. **K.** Ontxe bertan eztakitx zer iñleikien ero nola konpontzie daukoun, zeatikTeodorok iñduzkun putadiaz danok sigero ixegitxe geratugara, gauza da guri jasotzera etorribizala bere autobus txikiñekiñ ta ordubete honetan hemen garela zai, ezta asaltzen eta kasuik iñ bez gure deiai. **T.** Ahora mismo no sé que es lo que se puede hacer ni cómo nos vamos a arreglar, porque con la faena que nos ha hecho Teodoro todos hemos quedado completamente colgados, la cosa es que tenía que venir a recogernos con el autobús pequeño y aquí estamos esperando hace ya una hora, no aparece y tampoco contesta a nuestras llamadas.

PUTAKEIXIE. Se dice cuando algo ha salido rematadamente mal. **K.** Ba benetan izenda putakeixe galanta Teodorok iñduzkun hori, berak deitxudau esanaz lo hartudauela, parkatzeko, gurebou ontxe bertan urten, gureana etorri eta ordubete barru badaukela hemen eotie, ba guk nola berandu dan eta ia eztaukoun itxeik asmaute haukouna txakurrensalara bieldudou. **T.** Pues al final todo ha salido rematamente mal, Teodoro nos ha llamado diciendo que se ha dormido, que le perdonemos, que si queremos sale ahora mismo para venir dónde nosotros y que dentro de una hora podría estar aquí, pues nosotros cómo ya es tarde y ya no podemos hacer lo que teníamos planeado le hemos mandado a freir espárragos.

PUTETXIE. Casa o club donde se ejerce la prostitucíon, ¿o quizá se practica estaría mejor dicho? **K.** Oñ be karretera bazterretan ikustendie putetxe banaka-batzuk baña nere ustez lenau askoz geixau eozen, nik ibili ta ikustenitxun ingurutan bentzet, horrek eztau gure ezan gutxitu iñdienik, bakarrik eta segurazki baleikela beste toki eskutuau dien batzutara fandiela. **T.** Ahora también se ve algún club que otro al lado de las carreteras pero yo creo que antes había muchos más, al menos por los sitios que yo ando y veía, eso no quiere decir que han ido a menos, solo y que seguramente puede que hayan ido a otros sitios más discretos.

PUTRE, PUTRIE. Buitre. **K.** Urte asko dala, gutxienetik izengodie berrogetamabost urte, nere osaba-batek mendixen billatu eta beste-batzukiñ lagunduta putrebat ekarriauen etxe zarreko almazenera, egobat puzkatuta hauken tirue hartu ondoren eta eziñ egaik iñ. Nik sekula ikusi-barik nauken holako urrien eta irutzejaten sigero haundixe zala, eta beno, gauza da denporiaz egue bakarrik sendatu eta gero berriz mendira eruenzala. **T.** Hace muchos años, por lo menos ya serán cincuenta y cinco, un tío mío encontró y trajo ayudado por otros un buitre al almacén de la casa vieja, tenía rota una de las alas después de haber recibido un tiro y no podía volar. Yo no había visto nunca tan cerca a uno y me pareció que era muy grande, y bueno, las cosa es que con el tiempo el ala se curó sola y lo volvieron a llevar al monte.

PUTUSEÑE. Olor a pedo. **K.** Jente asko dauen tokixetan nahiko errexa izetenda botazie puzker bat ero beste, eta bentzet zarata haundixekiñ ezpadau urtetzen ezta posible igertzie izendanai, akaso bai bata-bestiei beitu putuseñe inguruen dauelako, oñ botadauena txorimalo xamarra bada eta txistuka hasi gora begire laister han dazen pertzonai jakiñien jartzendau zeiñ izendan. **T.** Suele ser bastante fácil echarse un pedo que otro allá dónde hay mucha gente, y si al menos no sale con mucho ruido no es posible identificar al culpable, quizá sí mirarse el uno al otro si el olor a pedo está cercano, ahora que si el que lo ha tirado es un poco tonto y se pone a silbar mirando al techo pronto las personas que están allá se enterarán de quien ha sido.

PUTZ, PUTZA. Soplar, soplido. **K.** Apurbat bildurtzekue be bazan gizon gixako horrek pasautxun larrixek, gañera eta horreatik ezpazan izeten barre pixkat itxeko bezelakue izengozan, lagun askokiñ fan izenaz mendira baña benetan sekula eztotela iñor ikusi hainbeste putz botatzen aldapa igoten haidanien. **T.** También era casi cómo para asustar los apuros que ha pasado ese pobre hombre, además y si no fuera por eso sería cómo para reirse un poco, he ido con mucha gente al monte pero de verdad que nunca he visto a nadie que soplase tando cuando está subiendo cuestas.

PUTZA, PUTZAK. Mimos. **K.** Es cuando las criaturas tienen rabietas, lloriqueos. **K.** Martina, jakiñleike zergaitxik itxendozun negar?, nik daitxenik iñun eztaukotzu miñik, goseik be eziñdozu euki zeatik ontxe bertan bazkaldudozu, orduen zer inzeileike daukotzun hori?, ba neri iruitzejat putzak besteik eztiela. Bai, hori halda? **T.** Martina, ¿se puede saber porque estás llorando?, que yo sepa no te duele nada, tampoco puedes tener hambre porque acabas de comer, ¿entonces que puede ser eso que tienes?, pues a mi me parece que no son más que mimos. ¿Sí, es eso?

PUTZERROSKILLA, PUTZERROSKILLIE. Esto se dice cuando lo que se escucha no es posible, o que no puede ser cierto. **K.** Sigero berdintzu izengozu jarraitzie ero ez kontu horreikiñ zeatik ikustendozu iñok eztutzula ezerko kasurik itxen, hasi aurretik oso garbi esautzut ze kontatzeko asmue daukotzun gauza horreik putzerroskillak besteik eztiela ta askoz hobeto zala ezer ez esateik ta ixilixen eon. **T.** Pues va a ser exactamente igual que continúes o no con esas historias porque ya estás viendo que ninguno te está haciendo caso, antes de empezar ya te he dicho bien claro que lo que tienes intención de contar no solo es que no sea cierto, sino que también imposible y que era mucho mejor no decir nada y estar en silencio.

PUTZONTZI. Se dice de la criatura que tiene demasiados mimos, rabietas. **K.** Badakitzu putzontzibat besteik ezarela?, batzuetan erdi negarrez eskatzeitxozu gauzak pentzauaz hala errexau lortukozula ero beztela, nahiko sarri gañera, asarre antzien eta muturrekiñ jartzezara ezerko motibu-barik, baña asmo berdiñaz. **T.** ¿Ya sabes que no tienes otra cosa que mimos?, algunas veces pides las cosas medio llorando pensando que así las conseguirás más fácil y sino, además bastante a menudo, estás cómo algo enfadada y de morros sin motivo alguno, pero con la misma intención.

PUXIKA. Especie de globo que se hace, o hacía, inflando una vejiga de cerdo ya seca y curada. **K.** Nik ustedot oñ be erabilikodiela puxikak, ta horreik ezpadie beste zerreozer antzerakuek dienak izengodie, baña bere garaian bai, hala zan, buruaundixek puxikakiñ ibiltxezien eta ni be maintxobat bider ibili izenaz horrrekiñ, noski, umiei jo ta bildurtzeko. **T.** Yo creo que ahora también se utilizarán las vejigas y si no son esas serán algunas otras cosas parecidas, pero en un tiempo sí, así era, los cabezudos andaban con aquellas vejigas infladas y yo también las he utilizado muchas veces, claro está, para pegar y asustar a los niños.

PUXKA. PUXKAT. Poquito, un poquito.
(Ver la definición de pixkat, pixkabat, pixkatxobat).

PUXKETA, PUZKETA. Pedazo. **K.** Euleterion baserrixen urtero hiltxenda txarrixe eta berak esatendau bertan hasitxekue izetendala. Askotan kontatzendau nola gauza horreik betik naska pixkat emuteutzen ta hastezienien txarrixe mozten pusketak itxeko axkar fatezala beste erozeiñ gauza itxera, naiz eta ez euki ezer inbierrekoik. **T.** En el caserío de Euleterio todos los años se mata un cerdo y él dice que suele estar criado allá mismo. Muchas veces suele contar cómo esas cosas siempre le han dado un poco de asco y que cuando empezaban a partir el cerdo para hacer los pedazos rápidamente se iba de allá a hacer cualquier otra cosa, a pesar de que no tuviera nada para hacer.

PUXKETABAT, PUZKETATXOBAT. Un pedazo, un pedacito. **K.** Sobre eotenbada nik be gurenauke pastel horren puzketatxobat, gozue dan antza dauko eta hala emuendau ikusitxe ze gustora jaten haizarien, eta zer esanik eztau han bazterrien dauen mutillatik, zeatik ontxe hasida laugarren zatixekiñ. **T.** Si es que sobra algo yo también querría un pedacito de ese pastel, tiene pinta de que está rico y así parece viendo lo a gusto que lo estáis comiendo, y qué decir sobre el chico que está allá en la esquina, porque acaba de empezar con el cuarto pedazo.

PUZKA, PUZKATU. Romper, partir. **K.** Katxarro hori oñ dauen bezela eziñgozue eruen zakarrera zeatik larreiko haundixe da ta etxatzue kabitxuko furgonetan, badakitx bere lantxue daukela baña nere ustez aurren puzkato inbikozaukie eta zatixek iñ. **T.** De la forma que está ahora ese cacharro no lo podréis llevar al escombro porque es demasiado grande y no va a caber en la furgoneta, ya sé que tiene bastante trabajo pero yo creo que lo primero que tendríais que hacer es romperlo y hacer pedazos.

PUZKATUTA. Que una cosa está rota, partida, rajada, etc… **K.** Erosi aurretik ondo ta alde guztietatik beituiozue zeatik baleike nunbaitxen zertxobaitx puzkatuta eotie eta gero, hala eruetenbada, akaso berandu izenleike bueltatzeko, neri beñ gertaujaten, gurenauen bueltatzie gauzabat eta ezuztien ametiru horixe bera esanaz, ia berandu zala. **T.** Antes de comprar mirarle bien y por todos los lados porque puede que en algún sitio esté un poco rota o rajada y luego, si es que se lleva así, quizá sea tarde para devolver, a mi una vez ya me sucedió, quise devolver una cosa y no me la admitieron diciendo eso mismo, que ya era tarde.

PUZKARRA, PUZKERRA. Pedo. **K.** Fabiolok betik esatendau pillabat gustatzejakola puzkarrak botazie eta egixe izengoda zeatik hori itxeko sekula eztau beitzen aber bateonbat eongodan inguruen, hori berai etxako ezer inportik, botateitxu eta kitxo, gañera askotan esatendau bere puzkerran useñe sigero ona eta bere gustokue dala. **T.** Fabiolo siempre ha dicho que a él le gusta un montón el echar pedos y debe de ser verdad porque para hacer eso nunca mira si hay alguno en los alrededores, eso a él no le importa en absoluto, los echa y ya está, además suele decir que el olor de sus pedos es muy agradable y de su gusto.

Aspaldiko esaerabat: Putza izen eta puzkarra bota nai.

Un viejo refrán en euskera dice que es un soplido, pero lo que quería era echar un pedo. (Querer hacer una cosa y hacer otra).

PUZTU. Inflar. **K.** Umiek txikiñek ziela beñ emuzten erosteatik txalupa tipokobat, enaz gogoratzen gomazko ero plastikozkue zan baña bai haudi xamarra zala, nik ustenauen nahiko errexa izengozala puztutzie, hasi eta gertauzan norberak putz iñde ezala posible, ba aurreneko aldiz Landako pantanora eruengauen eta naiz ta danon hartien alegiñdu han bertanbera geratuzan, eta gero bai, erosinauen puztu itxeauen katxarrobat eta harekiñ ondo. **T.** Cuándo los críos eran pequeños una vez me dió por comprar un tipo de canoa o chalupa, no me acuerdo si era de goma o de plástico pero sí que era bastante grande, yo pensaba que no sería difícil de inflar pero resultó que soplando uno mismo resultaba imposible, pues la primera vez la llevamos al pantano Landa y a pesar de que todos nos esforzamos allá quedó tal y cómo la trajimos, y luego sí, compré un cacharro para inflar y con aquello bien.

S

SALDA HOTZA ETA ARDAUE BERUE, GAUZA ZORUE.
EL CALDO FRIO Y EL VINO CALIENTE, COSA DE LOCOS.

SABELA. Vientre. **K.** Atzo menditxik jexten haigitzenien ederra gertaujakon Fuljentzioi, aurreko egunien euri dexente iñde zan eta birie nahiko lokastuta, ba labandu, aldapa bera fan, arbola-baten kontra geratuzan ta zoritxarrez puntadun arrama txikibat sabelera sartu, eta ezkerrak zeatik zorionez ezauen emuten gauza haundirik zanik, zauri txikibat odol apurbateaz besteik ez. **T.** Ayer cuando estábamos bajando del monte buena le pasó a Fulgencio, el día anterior había llovido bastante y el camino estaba algo embarrado, pues se resbaló, cayó por la pendiente y se fue contra un árbol con tan mala suerte que una rama pequeña se le clavó en el vientre, y gracias porque afortunadamente no parecía que era gran cosa, solo una pequeña herida con un poco de sangre.

SABELEKUE. Dolor abdominal, de vientre. **K. K.** Eztakitx zer gertaulekeixon Plazidoi, sabeleko miña hasijakola esatendau, gerau ta geixaura doiela eta zalantza dauko aber jandauen zerreozerrek kalte iñeteutzen, baña nere ustez hori hala balitz beste-batzuk be berdintzu eongogiñela, kontuen hartuta ze danok berdiñ jandoula. **T.** No sé que es lo que le puede pasar a Plácido, dice que le ha empezado a doler el vientre, que cada vez va a más y tiene la duda de que le haya podido hacer daño algo de lo que ha comido, pero yo creo que si eso fuera así también algunos más estaríamos parecidos a él, teniendo en cuenta que todos hemos comido lo mismo.

SAGARDOTEIXE. Sidrería. **K.** Zenbat sagardotegi eongoetedie Gipuzkun, nik eztauket horren arrastuik baña ziur dozenaka diela, akaso baitxe ehuneraño ero akaso geixau, geixenbat Hernani, Urnieta eta Astigarraga buelta hortan, guk be badaukou fateko oitura, asko ez, bakarrik urtien parebat bider eta betik berdiñera, Donostiko Zubieta auzuen dauen batera. **T.** Cuántas sidrerías habrá en Gipúzkoa, yo de eso no tengo ni idea pero seguro que serán por docenas, quizá hasta cien o puede que más, la mayoría en el entorno de Hernani, Urnieta y Astigarraga, nosotros también tenemos costumbre de ir, no mucho, solo un par de veces al año y siempre a la misma, a una que está en el barrio de Zubieta de San Sebastián.

SAGARDAUE, SAGARDUE. Sidra. **K.** Batzuk siñistu eziñeko sagardo zaliek izetendie eta sagardotegira fatezarenien hor ikusteitxozu sarri xamar diela kupela honduen, eratendaue eran inbierrekue, maira fan, basu betiaz noski, zerbakitx jatera ta berriz, gañera nahiko axkar, basue hartu, utzik kasu hontan, eta bueltau kupelak dazen aldera. **T.** Algunos son increíblemente aficionados a la sidra y cuando vas a la sidrería les ves que están bastante a menudo junto a la kupela (barrica), beben lo que tengan que beber, van a la mesa, con el vaso lleno claro, a comer algo y de nuevo, además bastante rápido, cogen el vaso, vacío en éste caso, y se vuelven a la zona dónde están las kupelas.

SAGARERRIEK, SAGAR-ERRIEK. Manzana asada. **K.** Guk etxien oso gustora jatendou sagarerriek, andriek laban prestatzendau eta benetan sigero gozuek urtetzendauela, baña ez pentza lan guztie beretako bakarrik dala, zeatik sagarrak nik ekartzeitxut arbolatik jaso ondoren. **T.** Nosotros en casa solemos comer muy a gusto las manzanas asadas, mi mujer las prepara al horno y de verdad que salen muy ricas, pero no penseís que todo el trabajo es para ella sola, porque las manzanas las traigo yo después de recogerlas del árbol.

SAGARONDUE. Manzano. **T.** Ze gauza erraru ikusinauen beñ Pagoeta birien, eskutu antzien eta beste arbola tartien sagarondo bakarbat hauen, nik ustedot aspaldikue izengozala zeatik oso haundixe zan eta gauza ze sagarraz betie zala, etxura onekuek ta nahiko helduek gañera. Eta pentzatzen geratunitzen, ezaldauko ugesabaik sagarondo horrek? **T.** Que cosa más rara vi una vez en el camino a Pagoeta, un poco escondido y entre otros árboles había un único manzano y yo creo que sería bastante viejo porque era muy grande, la cosa es que estaba lleno de manzanas, tenían buen aspecto y daba la impresión de que estaban maduras. Y me quedé pensando, ¿no tendrá dueño el manzano ese?

SAGARRA. Manzana. **K.** Josun baserriko sagastixek sagar pilla emuteitxu, ez urtero baña bai geixenbaten eta gauzabat nahiko exkaxa, ero ez geixei onekue bentzet badauko, kenduta bi ero hiru sagarondo, beste emutendauen guztiek eztauela balixo gordiñik jateko zeatik larreiko mikotxak die, sagardo sagarrak esatejakonai. **T.** El manzanal del caserío de Josu produce gran cantidad de manzanas, no todos los años pero sí la mayoría y una cosa bastante escasa, o no demasiada buena por lo menos ya tiene, que quitando dos o tres manzanos las que dan el resto no valen para comer en crudo porque son demasiado amargas, son de las que se les dice manzanas de sidra.

SAGASTIXE. Manzanal. **K.** la nahiko aspalditxik sagastixek geitzen haidie Gipuzku mallan eta entzutenda ze beste toki batzuetan be halaxe berdiñ dala, esatendauen ez hori omenda zeatik haldan sagardo geixena bertako sagarraz naidaue lortzie, eztauket bape zalantzaik ona ta komenigarrixe izengodala baña gauzabat, kanpoko sagarraz itxendana be oso gozue geratzenda. **T.** Desde hace ya bastante tiempo se están incrementando los manzanales en la zona de Gupúzkoa y se oye que en otros sitios tambíen es igual, según dicen eso debe de ser porque quieren hacer la mayor parte de la sidra con manzana autóctona, no tengo ninguna duda de que ésto será bueno y conveniente pero una cosa, la que se hace con la manzana de fuera tambíen queda muy buena.

SAGUTXUE. Ratoncito. **K.** Eladiai siñistu eziñeko bildurre emuteutzie sagutxuek, eta gauza xelebrie da zeatik berak ehun kilotik gora dauko eta danok dakigu ze tamañu daukien sagutxo horrek. Gañera lengo egunien ederra gertaujakon honen kontura, bat ikusi baserriko sukaldien eta aulki gañera igo, honen hankabat puskatu eta sekulako ipurdikue hartu, noski ezala iñungo azurrik puskatu eta ez sikera miñdu. **T.** Eladia tiene un miedo increíble a los ratoncitos, y es una cosa bastante curiosa porque ella pesa más de cien kilos y todos sabemos el tamaño que tienen los ratoncillos esos. Además buena le pasó el otro día, vió a uno en la cocina del caserío y se subió a una banqueta, una pata de esta se rompió y cogió un culetazo impresionante, claro está que no se rompió ningún hueso y ni siquiera se hizo apenas daño.

SAHIESKA. De forma sesgada, de refilón, ladeada. **K.** Gaurko mendi-buelta hau larreitxo luzetuda ta ustedot berandu xamar haigarela bazkaltzeko, goiezen bire hontatik jarraitzenbou urrintxo geratzenda herrixe eta beitu, aurrien daukoun solo hontan eztau ezer landauta, sartu eta sahieska hartu-ezkero pentzatzendot asko aurreratukoula. **T.** La vuelta montañera de hoy se nos ha alargado demasiado y creo que andamos ya un poco tarde para comer, si seguimos por el éste camino el pueblo queda un poco lejos y mirar, el campo que tenemos delante no hay nada plantado, si nos metemos y cogemos por ahí de forma sesgada pienso que adelantaremos mucho.

SAHIESTU. Eludir, soslayar, ladearse. **K.** Ondo jakiñien eonbagiñen ezgitzen etorriko koba-zulo hontara, gauza da sartu aurretik galdetu ingauela, esauzkuen nahiko errexa zala eta ezala bier ezer apartekoik eruetie, argixe bakarrik. Hasieran ondo ibiligiñen, baña gero aurreratxuau hauen tokibat larreiko zalla zana pasatzeko, ezinzan ez tente, ez etzanda eta sigero sahiestu inbierrekue zan aurrera jarraitzeko, batzuk eziñ izenauen eta ezan beste erremeixoik geratu bueltatzie baño. **T.** Si hubiésemos estado bien enterados no hubiésemos venido a ésta cueva, la cosa es que preguntamos antes de entrar y nos dijeron que era bastante fácil y que no hacía falta llevar nada especial, solo algunas linternas. Al inicio anduvimos bien pero más adelante nos topamos con un sitio dónde el paso era muy dificultoso, no se podía ni tumbados ni de pié y para seguir adelante había que pasar demasiado ladeados, algunos no pudieron hacerlo y no nos quedó otro remedio que dar la vuelta.

SAHIETZA. Costado, flanco. **K.** Oñarte nahiko ondo etorrigara baña hemendik aurrera kontu haundixekiñ ibili-bierra daukou eta gora beituaz zeatik pasu hontan arrixkue eontenda, eurixe iñ ondoren gañeko harrixek erdi txintxileske geratzendie eta baleike jaustie txiki bat ero beste, eta baezpare bire erditxik fan-bierrien askoz hobeto izengou sahitzetik fatiaz. **T.** Hasta ahora hemos venido bastante bien, pero a partir de aquí tenemos que andar con mucho cuidado y mirando para arriba porque en este paso suele haber peligro, después de que llueve las piedras de la parte superior suelen quedar medio colgando y puede caer alguna pequeña que otra, y por si acaso será mucho mejor que vayamos por el costado en lugar de ir por el centro.

SAHIETZA, SAHIESKIXE. Costilla. **K.** Ze gauza ona dan sahiezkixe jateko eta gañera animali geixenenak, bai beixena, txarrixena, arkumiena eta abar, arazue da ixe danak izetendiela horrein zaliek eta askotan eztala eoten eskatzendauen guztiendako, orduen gauza bakarra geratzenda, argi ibili, pres eon eta aurren hartu. **T.** Que cosa más rica es la costilla para comer y además de casi todos los animales, te ternera, del cerdo, cordero, etc…, el problema es que la mayoría es partidaria de lo mismo y muchas veces no suele haber para todos los que lo piden, entonces solo queda una única cosa, andar listos, estar preparados y coger el primero.

Errezetabat. Txarrixen sahietzak laban errek: Normalki txarrixen sahietzak luzetara erdibitxuta saltzeitxue eta garbixek, halaere eta nik bentzet, larreitxo grasa eukitxenbadau oitura dauket zertxobaitx kentzeko. Beno, lan honeik iñ ondoren aurrena laba piztendou eta berotzen hasideixen berrehun gradutara jartzendou, sahietz bi erdi horrein bakotxa hiru zatitxen moztu eta xei puzketa eongodie, gatza ta piper autz pixkat bota, ondoren jarri labako bandejan, botatzendou zati honein gañera olixo eta biñagre pixkat, xei ero zazpi berakatz ale azalakiñ eta ardau zuri asko-barik, gero ia laba berotudanien sartzendou bandeja hori eta gutxigorabera berrogetabost miñutu inguruen gertu dau, noski zer-ikusixe dauko ze tamañukuek dien puzketa horrek, ez astu noxienbeñ erregatzie bertan dauen saltzakiñ eta bier izen-ezkero botaleixo ura. Ba eztau besteik, atara ta jan. Batzui gustatzejate laguntzie kelopariokiñ eta hau prestatzenda olixo, biñagre, berakatza fiñ xamar moztuta eta gatza, dana ondo nahastuta, ta gurezkero baitxe jarrileixo perrejill pixkat txiki txiki iñde.

Una receta. Costillas de cerdo asadas al horno: Normalmente la costilla de cerdo la venden limpia y partida en dos a lo largo, aún así y al menos yo, si es que tiene un exceso de grasa le suelo quitar un poquito. Bueno, después de hacer éstos trabajos lo primero encendemos el horno a unos doscientos grados para que se vaya calentando, cada mitad de la costilla la partimos en tres trozos y habrá seis pedazos, lo salpimentamos y luego los colocamos en la bandeja, encima le echamos un poco de aceite y vinagre, seis o siete gajos de ajo con piel y vino blanco sin que sea mucha cantidad, y ya una vez que se haya calentado el horno metemos la bandeja y en aproximadamente en tres cuartos de hora estará listo, claro que dependerá del tamaño de los trozos, no nos olvidemos de regar de vez en cuando con la salsa de la bandeja y si fuera necesario se añade agua. Pues no hay más, sacar y comer. A algunos les suele gustar acompañar con quelopariò y ésto se prepara con aceite, vinagre, ajo partido fino y sal, todo bien mezclado y si se quiere también se le puede añadir un poco de perejil bien picado.

SAHIETZA. Tambien se dice por el entramado de madera que partiendo de las vigas van hacia el frontal de la casa en distribución de plantas y tejado de la misma. **K.** Josun baserri barruko egur sahietz guztiek askatu inzien, gero ondo garbitxu eta berriz bere tokixen jarri, sahietz horrein pieza geixenak nahiko ondo eozen baña beste-batzuk, gaizki zienak, bota eta barrixek inbierrak izenauen. **T.** Las piezas del entramado de madera que había en el interior del caserío de Josu se soltaron todas, se limpiaron bien y se volvieron a colocar en su sitio, la mayoría estaban en buenas condiciones pero otras, las que estaban mal, se tiraron y tuvieron que hacerlas nuevas.

SAIAKETA, SAIO. Intento, ensayo, prueba, experimento. **K.** Badakitx eztala posible izengo ondo urtetzie oñ aurreneko aldixen, baña bentzet ona izengozan saio txikibat itxie lana serixo hasi aurretik, geixenbat ikusteko aber zer moduz konpontzegaren material berri honeikiñ. **T.** Ya sé que no va a ser posible que salga bien ésta primera vez, pero por lo menos sería buena cosa el hacer una pequeña prueba antes de empezar el trabajo en serio, más que nada para ver que tal nos arreglamos con esos nuevos materiales.

SAIATU. Esforzarse, empeñarse para lograr o conseguir algo. **K.** Betik entzun izenda nola erozeiñ gauza lortzeko aurren gauza inbierrekue saiatzie dala, eta momentu hortan gure izen-ezkero zerbaitx konkretue, ona izengolitzekela aldebatera iztie itxen haizaren gauzak, bentzet beste gurozun hori lortu hartien. **T.** De siempre se ha oído que para conseguir cualquier cosa lo primero que hay que hacer es esforzarse, y que si lo que en ese momento se quiere es algo concreto, sería bueno dejar a un lado lo que puedas estar haciendo, al menos hasta que eso otro que deseas lo puedas conseguir.

SAIOBAT. Hacer una prueba, ensayo, intento. **K.** Laister izengoda San Pelaio eguna, Zarauzko jaixek eta horrek guredau esan egun bexpera hortan tanborradak eongodiela bai umienak eta baitxe nauisixenak be, eta umien dien buruz Milagrosek kontatzendau nola zertxobaitx aspertudan asunto horrekiñ, esatendau nola bere seme txikiñe etortzendanien ikastolatik eskatzendauen laguntazeko saiobat itxen tanborrakiñ, semie tanborraz noski eta bera lapikuaz. **T.** Pronto va a ser el día de San Pelaio, fiestas de Zaratutz y eso quiere decir que la víspera de ese día habrá tamborradas tanto de críos cómo también de mayores, sobre del de los niños Milagros suele contar que está un poco aburrida del tema, dice que cuando su hijo pequeño viene de la ikastola le suele pedir que le ayude a hacer un ensayo con el tambor, claro que el hijo con el tambor y ella con la cazuela.

SAKABANATU. Reunir, juntar cosas. **K.** Ezalzare larreiko axkar sakabanatzen ibili erraminta eta material horreik?, ba nahiko nahasi dazela ikusteitxut eta batzun-batzuk atara inbikozue, barruen gelditzendienak jarri bierdan moduen eta gero berriz sartu beste ataradozuen horreik, ta noski berdiñeko onien kolokau. **T.** ¿No habéis andado demasiado rápidos reuniendo las herramientas y esos materiales?, pues estoy viendo que están demasiado mezcladas y algunas las tendréis que sacar, las que queden dentro las colocaís bien y juego volveís a meter éstas otras que habéis sacado, y claro las poneís igual de bien.

SAKAMANTEKA. Personale imaginario, ficticio, al que se mencionaba para asustar a los críos y estuvieran formales. (Ver La definición de momorrue).

SAKANA. Barranco, sima, abismo. **K.** Asturias ta Leon tarte hortako Kares birien sekulako sakanak ikustendie, eta gañera bildurtzeko bezelakuek diela, beñ eta ia asapalditxo toki hortara fangiñen bire osue itxeko asmuekiñ, ba gertauzan nere andrie nahiko larritxuzala sakana hareik ikusitxe eta ixe bire guztie barruko paretai pegapega iñde ibilizan, baña halaere eta zetxobaitx lasaitu ondoren lortugauen bukatzie. **T.** En la ruta del Cares que está entre Asturias y León se ven unos barrancos impresionantes, y además que son cómo para asustar, una vez y hace ya algún tiempo fuimos a ese sitio con la intención de hacer toda la ruta, pues sucedió que mi mujer se apuró bastante viendo aquellos barrancos y todo el camino lo hizo completamente pegada a la pared interior, pero aún así y después de tranquilarse un poco conseguimos terminar.

SAKAPUNTA. Sacapunta. Aparato que se utiliza para afilar o sacar punta a los lapiceros. **K.** Gu mutikuek gitzenien ezien eoten, gure hartien bentzet, ez boligrafoik eta ez beste holakoik eta eskolako lan geixenak itxeko arkatzaz inbierrekuek zien, gauza zan, eztakitx exkaxak zielako ero lan asko itxeatik, puntak laister amoztez* iela, sarri xamar zorrostu-bierrak eta hortarako maistruen maigañien eotezan bier izetezan sakapunta. **T.** Cuando nosotros éramos unos chavales no había, al menos entre nosotros, ni bolígrafos ni ninguna otra cosa parecida y para hacer casi todos los trabajos de la escuela se utilizaba el lápiz, la cosa era, no sé si porque eran malos o porque trabajábamos mucho, que enseguida se gastaba la punta, había que afilarla bastante a menudo y para eso se necesitaba el sacapuntas que solía estar encima de la mesa del maestro.

SAKATU. Pulsar, presionar, apretar. **K.** Ba eztakitx ze pentzau, denporaldixe da sakatu besteik eztotela itxen baserri ateko tirriña eta eztau iñok urtetzen, ba honek hiru gauza guredau esatie, iñor eztauela, tirriña gaizki dauela eta joten

561

ez ero beztela zabaltzeik gure bez, ba beste pixkat etxoiñgot ta hala jarraitzenbadau beste nunbaitxera fanbikot landarak erostera. **T.** Pues no sé que pensar, llevo ya bastante tiempo que no hago más que pulsar el timbre de la puerta del caserío y no sale nadie, pues esto quiere decir tres cosas, que no hay nadie, que el timbre está mal y no suena o sino que tampoco quieren abrir, pues esperaré un poco más y si continúa igual tendré que ir a algún otro sitio a comprar las plantas.

SAKELA. Bolsillo, bolsa para el dinero. **K.** Toki batzuetan poltxikuei sakela esateutzie eta berdiñ hor bertan eruetendan diruendako poltzatxuei, baña guk eta inguru hontan bentzet, poltza esateutzou beste txiki horrei aldien eruetendana, bixkerrien txintxilista ero eskuetan. Gogoratzenaz nola beñ Doroteoi arraupautzien poltza hori tira iñde eta arrazkero betik poltxikotan erueteitxu kartera diruekiñ eta beste bierditxun gauzak. **T.** En algunos sitios sakela, en euskera claro, le llaman al bolsillo y también a la bolsita que en el mismo sitio se lleva con el dinero, pero nosotros y al menos en nuestro entorno, llamamos bolsa a esa pequeña que se lleva encima colgando al hombro o en la mano. Me acuerdo de cómo una vez a Doroteo le robaron la bolsa tirando de ella y desde entonces lleva la cartera con el dinero y otras cosas que necesite en los bolsillos.

SAKIE. Saque. Esta palabra fig. se utiliza para las personas que tienen ideas raras y luego las exponen. **K.** Baldomerok dauko sakie eta batzuetan emutendau eztala sikera oso betie, badakitzue zer sartujakon oñ buruen?, ba aber zeatik ezgaren guk faten, kuadrillako danok ortosik Oñatitxik Arantzazura peregriñazio bezela, ah, eta gurutzie berak eruengodauela. **K.** Vaya ideas raras que tiene Baldomero y a veces no parece ni siquiera del todo normal, ¿sabeís que se le ha ocurrido ahora?, pues a ver porque no vamos nosotros, todos los de la cuadrlla descalzos y en peregrinación desde Oñate a Aránzazu, ah, y que la cruz la llevará él.

SAKIE. Saque. En el juego de la pelota es el lugar o raya en el suelo desde dónde se efectúa el saque. **K.** Badakitx danok dakitzuela baña baezpare gogoratu ingotzuek, aurreneko sakie betik ataratzendau bere kolorie urtetzendauena txanpona bota ondoren, eta dan hurrenguek tantue lortzendauenak. Oñ oso sakatzaile onak daz ta nere ustez Elezkano da oneneetaikue. **T.** Ya sé que todos los sabeís pero por si acaso os lo recuerdo, el primer saque siempre lo efectúa aquel al que le ha tocado en suerte su color después de haber tirado la moneda, y todos los siguientes aquellos que consiguen hacer el tanto. Ahora hay muy buenos sacadores y para mí uno de los mejores es Elézkano.

SAKITZUN, ZAKITZUN. Ya sabías. **K.** Zuk oñartien betik esan izendozu ezer ezakitzula asunto horren buruz, baña betik entzunda ze gezurteruei axkarrau arrapatzejakola errenkan dabillenai baño, eta zuri horixe bera gerataujatzu, ontxe gutxi dala jakiñdou ze ondo sakitzula ze gertauzan zeatik hantxe bertan zeotzen. **T.** Tú hasta ahora siempre has dicho que no sabías nada sobre ese asunto, pero siempre se ha dicho que al mentiroso se le agarra antes que al cojo, y a tí eso es lo que te ha pasado, ahora hace poco acabamos de saber que sabías perfectamente lo que pasó porque estabas allá mismo.

SAKONA. Zona más baja que el entorno, más profunda. **K.** Ze bire xelebrek dauken mendi honek eta neri bentzet sekula etxat gertau holakoik ikusteik, oñartien ibilinazen mendi guztietan eta hau pillabat bider gertauda, betik eta normala dan bezela aldapak eotie da, gero akaso nunbaitxen lau pixkat, eta berriz aldapa, baña hontan aurren dana da aldapa, gero sakona, berriz aldapa, sakona, ta hala goraño. **T.** Que caminos más raros tiene éste monte y a mí por lo menos nunca me ha tocado ver algo semejante, hasta ahora en todos los montes que he andado y han sido un montón, siempre y en todas cómo es lógico hay cuestas, quizá luego algún pequeño llano y otra vez cuesta, pero aquí al principio todo es cuesta, luego zona baja, otra vez cuesta, zona baja y así hasta arriba.

SAKONDU. Ahondar, rebajar. **K.** Fandan asteburuen ortuei bedarrak kendu, lurra atxurtu eta pixkat nibelatzen ibiligiñen, gaur asteaskena da, bueltabak itxera etorrinaz eta gauzabat oso erraue ikusidot, erdi inguruen lurra sakondu iñdala eta eztakitx nola gertaudan hori zeatik azpixen eztau, ero ezta ikusten bentzet iñundik datorren urik. Ba beno, betelan pixkat inbikot eta aber gelditzendan. **T.** El pasado fín de semana estuvimos en la huerta quitando las hierbas, cavando, moviendo la tierra con la azada y nivelándola un poco, hoy es miércoles, he venido a dar una vuelta y he visto una cosa muy rara, la zona de la mitad la tierra está ahuecada y no sé cómo ha podido pasar porque debajo no hay, o al menos no se ve que venga agua de ningún sitio. Pues bueno, tendré que volver a rellenarla y a ver si se para.

SAKRILIFON. Se dice de la persona un poco torpe, poco hábil y nada diestra. **K.** Bielduztazun zure lagun hori eztakitx eztan sakrilifon xamarra, esateutzazu gauzabat itxeko aurretik explikziñue emunda eta momentuz bentzet, ikusikou aurrerau, eztau zer-iñik horrekiñ zeatik gauzak bertanbera izteitxu ezanaz eztala gogoratzen esandakuaz. **T.** Ese amigo tuyo que me has mandado no sé si no es, no solo un poco sino también bastante torpe, le dices que haga una cosa después de habérselo explicado y al menos de momento, ya veremos más adelante, no hay nada que hacer con él porque deja las cosas a medio hacer diciendo que no se acuerda lo que se le ha dicho.

SAKRISTAUE. Sacristán. **K.** Nik sakristaubat esautunauen, ez larrei baña bai zertxobaitx, gizon oso jatorra, harek itxezitxuen Elixajo kontu guztiek ta nik ustedot parrokuek baño mando geixau haukela, erozeiñ gauza itxeko bereana fan-bierra izetezan, eskontzak, urteurrenak, funeralak eta abar, honein aparte mesetan laguntzen ibiltxezan, abestu, eta gañera kanpaiek be bere kargu eozen. **T.** Yo ya conocí a un sacristán, no mucho pero algo sí, era un hombre muy majo, aquel hacía todas labores propias de la Iglesia y yo creo que mandaba más que el propio párroco, para hacer cualquier cosa había que dirigirse a él, bodas, aniversarios, funerales, etc..., aparte de esto ayudaba a misa, cantaba, y además también las campanas estaban a su cargo.

SAKRISTEIXIE. Sacristía. **K.** Lenau sakristeixak izetezien abariek aldatzeko tokixe, gauzak gorde eta Elixa bertako beste zerbaitzuk itxeko, baña oñ Eilixa batzuetan sakristixa haundi hareik erakusketa bezela jarritxue eta oñ aldatzeko gelak derrigorrez txikiñauek inbierrak izendaue. **T.** Antes las sacristías solían ser para que los curas se cambiasen de ropa, guardar cosas y también para algunos otros asuntos propios de la Iglesia, pero ahora en algunas Iglesias aquellas grandes sacristías las han puesto como exposición y las salas dónde se cambian necesariamente las han tenido que hacer más pequeñas.

SAKUE. Saco. **K.** Sakue izengoda gauzabat milleka urte daukena eta ondion be asunto berdiñerako erabiltzendana, gauzak sartu barruen eta gero eruen ero ekarri sartudien gauza horreik. Moduz, tamaño, ta material tipo askotakuek eotendie eta nik ustedot oñ geixen ikustendienak plastikoz iñdekuek izetendiela, telazkuek bebai baña honeik gutxitxuau. **T.** El saco será una cosa que tendrá miles de años y que todavía se utiliza para los mismos trabajos, para meter cosas y luego llevar o traer esas cosas que se han metido. Las hay de muchas formas, tamaños y de diversos materiales, pero yo creo que los que ahora más se ven son los que están hechos con material plástico, también de tela pero dstos algo menos.

Aspaldiko esaerabat: Sakue utza ezta zutik eoten.

Un viejo refrán vasco dice que el saco vacío no se mantiene de pié.

SALAKETA. Denuncia, acusación. **K.** Lenau zenbat gauza eskutuen geratukozien ezielako salaketaik jartzen, batzuetan baleike izengozala bildurraitxik eta beste askotan baleike norberan lotzatit be, oñ berriz eta zerbaitx gertatzendanien salaketa axkar inbierra dau beste gauza dan honeik aldebatera lagata. **T.** Antes cuántas cosas quedarían ocultas por no haberlo denunciado, algunas veces quizá fuese por miedo y otras muchas puede que también por la propia vergüenza, ahora en cambio y si es que algo ocurre hay que denunciarlo enseguida dejando a un lado todos esos prejuicios.

SALATU. Denunciar, delatar, calumniar. **K.** Nik ustedot ondo jakiñien eon-ezkero ze bateonbatek gauza larreiko txarra eta kalte haundikue iñauela, ixe derrigorra izenbikozala salaketa jartzie, gertatzenda askotan eztoula gure sartzeik gauza horreitan norberan lasaitazunatik, oñ, batzuetan bebai gertauleike batek salatu iñauela beste pertzonabati ezerko motibu-barik, miñ itxeaitik bakarrik. **T.** Yo creo que si se está muy seguro de que alguien ha hecho una cosa demasiado mala y perjudicial sería casi obligatorio el denunciar, lo que pasa que muchas veces no queremos meternos en esos asuntos por comodidad, ahora que algunas veces también puede ocurrir que uno delate a otra persona sin motivo alguno, solo para hacerle daño.

SALBUESPEN, SALBUESPENA. A excepción. **K.** Dakok dakigu ze gauzak dien inbierrekuek eta zeñeik eziñdienak iñ, baña bigarren honein buruz batzuetan gertauleike erozeiñ salbuespen eonleikela eta derrigorrez inbierra izetendala, naiz eta akaso ez izen danontzako komenigarrixe. **T.** Todos sabemos que cosas son las que se pueden hacer y que cuales otras no, pero sobre éstas segundas puede que algunas veces haya alguna excepción y sea necesario el hacerlas, aunque quizá puede ocurrir que no sea de la conveniencia de todos.

SALDA. Caldo. **K.** Ze gustora hartzendan salda onbat eta bierdan bezelako jeneruaz iñdakue, bere olluaz, haragi ta berdurakiñ, eta hotz dexenteko eguna izetenbada askoz gustorau gañera. Euskalherrixen oitura haundixe dau hartzeko, geixenbat asteburutan eta hamarretako pixkat iñaz. **T.** Que a gusto se toma un buen caldo y que esté hecho con un género que sea el adecuado, con su gallina, carne y verduras, y si es un día de un frío considerable mucho más a gusto todavía. En Euskalherría hay mucha costumbre de tomarlo, sobre todo los fines de semana y acompañado de un pequeño almuerzo.

SALDATZU. Con bastante o excesivo caldo. **K.** Batzui fideon sopa gustatzejate siku xamarra, beste askoi berriz naio izetendaue saldatzu eondeixela eta gauza horreik norberan gustokuek die, baña honen buruz gauzabat, saldatzu dauena erremeixue dauko, salda pixkat kentziaz nahikue da baña larreiko sikue dauen sopai zer inleike, akaso ura bota? **T.** A algunos la sopa de fideo les gusta que esté un poco seca, a otros muchos en cambio que sea caldosa y esas cosas suelen depender del gusto de cada uno, pero sobre esto una cosa, la que está caldosa tiene remedio, se le quita un poco de caldo y es suficiente, pero a la sopa que está demasiado seca ¿qué se le puede hacer, quizá echar agua?

SALDU. Vender. **K.** Oñ erozeiñ gauza saltzenda, hainbesteraño ze nik erabiltzeko komunek be ikusitxut, gañera honeik itxeko ezta derrigorra, lenau bezela, kalien jartzie, internet horren bidez be badau aukera hori itxeko eta gañera ez bakarrik saldu baizik baitxe erosi be, hala esatendaue bentzet eta etxuraz jente asko sartute omendau asunto hortan. **T.** Ahora se vende cualquier cosa, hasta tanto que yo tengo visto hasta inodoros usados, además para hacer esto no hace falta, cómo antes, ponerse en la calle, se puede hacer mediante el internet ese y además no solo vender sino que también comprar, al menos así lo dicen y según parece debe de andar mucha gente metida en esos asuntos.

SALDU. Fig. se dice por traicionar a alguna persona o dejarla abandonada. **K.** Ondo salduta lagaduzku tipo horrek, atzo atzaldien geratugitzen etorrikozala gaur goixeko zazpiretan mendi hortako birie erakustera eta ezta asaldu, etxera deitxudotzou eta bere erantzuna izenda eziñdala etorri burukomiñ haundixaz dauelako. Gezurra izengoda baña eztau zer-iñik. **T.** Nos ha dejado bien abandonados el tipo ese, ayer a la tarde quedamos en que vendría hoy a las siete de la mañana para enseñarnos el camino de ese monte y no ha aparecido, le hemos llamado a casa y nos ha respondido que no puede venir porque está con un gran dolor de cabeza. Será mentira, pero no hay nada que hacer.

SALEROSI. Comerciar con la compra venta. **K.** Gizon hori sarritxen ikusi izendot inguru hontatik, gañera errarue itxejaten hainbeste bider ikustie kalien gora ta bera eta beñ galdetunutzen esaguna dan pertzona-bati aber dakixen zertan ibiltxezan, eta esauzten ze bere ustez salerosi asunto hortan ibiltxendala. **T.** A ese hombre le he visto muchas veces por los alrededores, además se me hacía raro verle tantas veces calle arriba y abajo y una vez pregunté a un persona conocida a ver si sabía a que se dedicaba, y me dijo que creía que andaba con asuntos de compraventa.

SALGAI. En venta. **K.** Lenau asko ikutezien aurreko kristalen kotxeten salgai jartzeauen paperak eta nik be banauken asmue jartzeko, iruitezejaten akaso diru zertxobaitx geixau atarakonauela kotxie hala saldu-ezkero garajera eruen baño, baña gero enteraunitzen debekauta zala eta ondion eztakitx zergaitxik izengozan hori. **T.** Antes se veía muchos papeles en los cristales delanteros de los coches que decían en venta o se vende y yo también ya tenía idea de ponerlo, pensaba que quizá podría sacar un poco más de dinero si vendía el coche viejo de esa manera en lugar de llevarlo al garage, pero luego que me enteré de que estaba prohibido y lo que todavía no sé es porque sería eso.

SALLA. Espacio, parcela o terreno grande. **K.** Atzo domeka eguerdiko txikiteuen, momentu hortan bakarrik nuen, alkartunitzen Honoratokiñ eta han eongiñen denporalditxobat barriketan, kontauzten nola sall haundiko ortubat hauken eta aspertudala, lan besteik eztauela emuten eta gañetik geixena errepartitxeko zala, etxien bi bakarrik diela eta ezala posible aprobetxatzeik han ataratzezan guztie. **T.** Ayer domingo en el chiquiteo del mediodía, es ese momento estaba solo, me junté con Honorato y allá estuvimos charlando bastante tiempo, me contaba de cómo el terreno donde tiene la huerta era muy grande y que ya se había cansado, que no le daba más que trabajo y que encima tenía que repartir la mayor para de la producción, que en casa solo eran dos y no era posible el poder aprovechar todo lo que de allí se sacaba.

SALLIEN. En orden, por turno. **K.** Ondion batzun-batzuk gerantzendie baña gaurko bentzet hartuitxu hartu-bierreko sagar guztiek, hemen bedar gañien zabaldukoitxu eta sallien hartzen fangogara norberak bier daukienak, baña bierrezkuek bakarrik eta ez beste iñondako, eta noski, ezta saltzeko be. **T.** Todavía ya quedan algunas pero por hoy ya hemos cogido todas las manzanas que teníamos que recoger, ahora las extenderemos encima de la hierba y cada uno irá cogiendo por orden las que necesite, pero solo las que necesite y que no sean para ningún otro, y claro, tampoco para venderlas.

SALMENTA. Venta, en venta.

(Ver la definición de salgai).

SALMENTA. La parte sana de la madera. **K.** Askenien ixe tellatu aspiko egur guztie kendu inbierra izendou zeatik apenas hauen gauza askoik aprobetxatzeko bezela, geixenak ezien sigero usteldutakuek baña salmenta gutxi haukien eta erabakidou ze baezpare hobeto izengozala kentzie. **T.** Al final hemos tenido que quitar casi toda la madera de debajo del tejado porque apenas había mucha cosa cómo para aprovechar, tampoco es que la mayoría estuviesen demasiado podridas pero tenían pocas zonas sanas y hemos decidido que por si acaso sería mejor quitarlas.

SALNEURRIXE. Precio. **K.** Lenau, ondion be toki batzuk geratukodie, erozeiñ azokara fatezitzenien zerbaitx erosteko asmuaz, han saltzen eotezien gauza askoi ezutzien salneurririk jartzen, eta nola erosi-bierra izetezan ba sekula ezan jakitxeik zenbat diru ordaindu inbikozan, oñ berriz derrigorrezkue da balixue jartzie jenero guztiei eta gañera ondo bistan. **T.** Antes, ahora también ya quedarán algunos sitios, cuando ibas a comprar algo a cualquier plaza de mercado a muchas de las cosas que estaban a la venta no les ponían el precio, y cómo había que hacer la compra pues nunca era posible el saber cuánto era el dinero que había que abonar, ahora en cambio es obligatorio el poner precio a todo el género y además bien a la vista.

SALTAKA. Correr. Corriendo.

(Ver la deefinición de korrika).

SALTARIXE. El deportista que se dedica a los saltos. **K.** Nik dakitxenik eta telebistan ikustendan bezela lau motako saltarixek eotendie kirol lehiaketan, batzuk luzetara ta salto bakarraz itxendauenak, beste norbaitzuk baitxe luzetara be baña hiru salto iñde, bebai daz goraka ta beste ezer-barik itxendauenak, eta askenak pertigakiñ ibiltxendieak. **T.** Por lo que yo sé y según se ve en la televisión hay cuatro tipos de saltadores en las competiciones deportivas, de longitud que se hace con un único salto, también de longitud pero con tres saltos, de altura que lo hacen sin ningún añadido y por último aquellos que utilizan la pértiga.

SALTIAU, SALTIAUTA. Revuelto, salteado. **K.** Perretxikuek oso gozuek eotendie tortillan, baña halaere nik naio errebueltuen izenda, eta baitxe oso ondo geratzendie saltiauta berakatz pixkatekiñ, eta honeik freskuek izen-ezkero hobe, ero beztela kipulakiñ eta hau be tipuliña esatejakonai baldinbada askoz hobeto, noski dan honeik pikante apurbateaz eta lagunduta ardau on pixkatekiñ. **T.** Las setas son muy ricas en tortilla, pero aún así yo las prefiero en revuelto, y también quedan muy bien salteadas con un poco de ajo, y si éste es fresco mejor, o sino con cebolla y si también ésta es de las llamadas cebolletas mucho mejor, claro está que todo ello con algo de picante y acompañado con un poco de buen vino.

SALTOKIXE. Tienda, comercio. **K.** Atzo denpora pixkat nauken eta pasiatzen ibilinitzen Donosti aldetik, aspalditxik inbarik nauen eta orduterdi inguru eruetenauen gauza sigero xelebrie ikusinaunien, eta saltokixe zan, honek eztauko ezer erraruik baña benetako errarue zan han saltzenzana, arratoiek zien, gañera tamañu dexentekuek eta bi kaiola barruen eozen, ustedot jateko eziela izengo eta orduen, zertarako saldukozitxuen? **T.** Ayer tenía un poco de tiempo y estuve paseando por San Sebastián, hacía bastante tiempo que no lo hacía y cuando llevaba cerca de media hora ví una cosa demasiado extraña, y era un comercio, no es que ésto tenga nada de raro, lo verdaderamente raro es lo que allá se vendía, eran ratones de un tamaño considerable y estaban dentro de dos jaulas, supongo que no serían para comer y entonces, ¿para que los venderían?

SALTOKA. A saltos, dando saltos. **K.** Ume horri erakutzi inbijako ibiltxen bierdan bezela, eztakitx nun ikusi ero zeñek erakutzidutzen baña horrela, oñ haidan moduen, oso gaizki dabill, danok bezela ibili-bierrien betik saltoka dabillela ikustendozu eta emutendau txotiñe daukela, ba hala jarraitzenbadau eztau sekula ondo ikesiko. **T.** A ese crío hay que enseñarle a caminar cómo es debido, no sé donde lo habrá visto o quien se lo habrá enseñado pero de la manera que anda ahora está muy mal, en lugar de andar igual que todos siempre se le ve que está dando saltos y parece que tenga hipo, pues si continúa así nunca va a aprender a caminar bien.

SALTZA. Salsa. **K.** Jateko garaian plateran etortzendan saltza geixenbaten bierrezkue izetenda, esan-baterako zuri ataratzendotzuen arkumie, berdiñ ollaskue ero konejue laban errie sikuen eotenbada, ezta berdiñe izeten hala jatie ero laguntzeko ekartzendauen saltza pixkateaz, eta gero aukera euki, naidauenak noski, ondo untatzeko ogixekiñ. Eta eztauenak gure, ba eskatu kentzeko ta kitxo. **T.** A la hora de comer la salsa que suele venir acompañando a los platos la mayoría de las veces es una cosa necesaria, y por ejemplo si el cordero que te sacan, lo mismo pollo o conejo asado en el horno está en seco, no suele ser lo mismo comerlo de esa manera que con un poco de salsa, y después tener la oportunidad, el que quiera claro, poder untar bien con el pan. Y el que no lo quiera, pues pedir que te lo quiten y listo.

SALTZA. Fig. se dice por el desorden, revoltijo, etc… **K.** Jeseus!, hemen dau saltza, jakiñleike zeñek ero zeintzuk antolaudauen hau oñ dauen modu hontan?, hemen eztau jakitxeik nundik hasileiken gauzanbat billatzeko ero zerreozer hartzie nai izen-ezkero, eta aber ezairezu, nik gurebot eratie zerbezabat ero beste zerbaitx, ze aldetara fanbiot ero nundik hartuleiket? **T.** ¡Jesús!, vaya salsa que hay aquí, ¿se puede saber quién o quienes han organizado ésto de la manera que está ahora?, aquí es imposible saber por dónde hay que empezar para buscar alguna cosa o para tomar algo si es que apetece, y a ver dime, si yo quiero beber una cerveza o cualquier otra cosa, ¿dónde tengo que ir o en qué sitio la puedo coger?

SALTZAIE. Vendedor. **K.** Esatendauen ez denda hori naiz eta gauza onak ta precio egokixen euki geruau eta txarrau doiela, etxuraz aspalditxuen oso gauza gutxi saltzeitxue eta momentu hontan izteko asmuekiñ die, baña halaere eta hori iñ aurretik asken probaketabat itxie naidaue, hartu pertzonabat, saltzaie postuen jarri eta aber. **T.** Según dicen de esa tienda es que a pesar de tener buen género y a precios asequibles va cada vez a peor, parece que desde hace bastante tiempo apenas venden gran cosa y que en este momento están pensando en cerrar, pero aún así y antes de hacer eso quieren hacer una última prueba, contratar a una persona, colocarla en el puesto de vendedor y a ver.

SALTZERO. Salsero. Se dice de las personas que suelen estar metidas en todas las salsas. **K.** Jakiñdot bateonbat billatzen haizariela zertxobaitx animatzeko datorren zapatuen daukotzuen afai despedidarako, ba nik bat esauketandot eta gañera oso saltzerue dana, gañera mutil horrek estotzue ezer eskatuko, afaixekiñ nahikue dauko eta gustora fangoda zeatik gauza horreik bere gustokuek izetendie. **T.** Me he enterado de que estáis buscando a alguna persona para que anime un poco la cena de despedida que vais a tener el próximo sábado, pues yo ya conozco a uno y que además que es muy salsero, además el chico ese no os va a pedir nada, tiene suficiente con la cena e irá a gusto porque le encantan esas cosas.

SALUDAU. Saludar, hacer caso. **K.** Txakurtxuek be zu bezela ibiltxendie eta batzuk akaso zertxobaitx hobeto, ibiltxezara bakarrik ibilikoziñen bezela eta eztozu sekula iñori kasuik itxen, ba gutxienetek zure parien pasatzendanai eta geixau esagunek baldinbadie, ezta ba asko kostatzen saludatzie, etxatzu hala iruitzen? **T.** Los perritos también andan igual que tú y algunos puede que un poco mejor, sueles andar como si estuvieras solo y nunca haces caso a nadie, pues como mínimo a la gente que pasa a tu lado y más si es alguien conocido, no cuesta mucho pues el saludarle, ¿no te parece que es asi?

SAMA. Pescuezo, cuello. Fig. también se puede decir por la mandíbula. **K.** Denpora asko dala esautunauen gizonbat, eukikozitxun larogei urte inguru, gero nahiko lagune inzana eta askotan gurekiñ alkartzezan soziedadien, batzuetan be jartzezan gure maixen afaltzen eta txuleta eotezanien adarra jotegutzen esanaz ezala posible izengo ha jatie hagiñ-barik, ezauken bat bakarra, eta bere erantzuna betik izetezan ez arduratzeko zeatik hagiñik ez baña harein ordez sama ederra haukela, eta egixe zan. **T.** Hace mucho tiempo conocí a un hombre, ya tendría unos ochenta años, que después se hizo bastante amigo y con el que coincidíamos muchas veces en la sociedad, algunas veces también se sentaba con nosotros a cenar y cuando había txuleta le solíamos tomar el pelo diciéndole que no lo podría comer sin dientes, no tenía uno solo, pero él siempre nos contestana que no nos preocupemos por eso porque a falta de los dientes tenía una buena mandíbula, y era verdad.

SAMIN, SAMIÑE. Aflicción, pena. **K.** Ba ezizue pentzau, ondion be samin pixkat geratzejat ez fateatik zueikiñ bidai hortara, baña batzuetan eztien espero gauzak gertatzendie eta kasu hontan hala izenzan, ezinitzela fan izen zeatik zaiñdu inbierra nauken bexperan jaiozan astotxue. **T.** Pues no creaís, todavía ya me queda un poco de pena por no haber podido acompañaros en aquel viaje, pero algunas veces ocurren cosas que no puedes preveer y en este caso eso es lo que pasó, que no pude ir porque tenía que cuidar del burrito que nació la víspera.

SAMINDU, SAMINDUTA. Afligido, apenado. triste. **K.** Larreiko samiduta dabill Alejandro jauna, lenau egunero pasian ikustejakon bere andriekiñ besotik helduta kostako biretik, baña fandan astien gertauda ze andrie eskillaratik jausi, miñ haundixekiñ dauela eta arrazkero bakarrik ibiltxenda, badauko zeñek lagundu baña berak esatendau naio dauela hala, oñ dabillen bezela. **T.** El señor Alejandro anda demasiado afligido, antes todos los días se le veía paseando con su mujer agarrados del brazo por el camino de la costa, pero la semana pasada ha ocurrido que su mujer se cayó por la escalera, está con muchos dolores y desde entonces camina solo, ya tiene quien le acompañe pero dice que prefiere así, cómo anda ahora.

SAMIÑE. Amargo. **K.** Rigoberto da pertzonabat kafie azukre-barik hartzendauena eta gañera motxa ataratzeko eskatzendau, horrek gurekodau esatie askoz iñder geixaukue izengodala, nik eztot esaten larrei bota-bierrik dauenik baña zertxobaitx bai bentzet dauken samiñ hori kentzeko ondo etortzenda. **T.** Rigoberto es una persona que toma el café sin nada de azúcar y además suele pedir que se lo saquen corto, eso quiere decir que será mucho más fuerte, yo no digo que haya que echarle demasiado pero al menos si un poquito para quitarle ese amargor que tiene viene bien.

SAMIÑDU. Darle un punto de amargor. **K.** Aspalditxuen nahiko entzalada desberdiñ ikusi eta irakuritzendie jateatxe menuko kartan, frutakiñ iñdakuek, honeikiñ aukera izetenda zertxobaitx samiñdu itxeko nai izetenbada, betiko mista, gulakiñ, epelak, mariskokiñ eta baitxe beste zerbaitzunak be, lenau bi bakarrik eozen, bat letxuga, tomate ta kipulana, eta bestie rusa izenekue zana. **T.** Desde hace mucho tiempo se ven y leen muchos tipos diferentes de ensaladas en las cartas de los restaurantes, de frutas, a ésta y si se quiere se le puede dar un pundo de amargor, la mixta de siempre, de gulas, templadas, de marisco y también de unas cuantas más, antaño solo había dos, una era la de lechuga, tomate y cebolla, y la otra aquella que tenía el nombre de rusa.

SAMURRA. Fácil de hacer, cosa o algo sencillo. **K.** Nere ustez oingo mutillek eztie gu izengiñen baño argixauek, bentzet gauza batzuetarako, eta gañera proba iñde, esan-baterako eta eskatu-ezkero gauza samurbat itxeko, kenketak bezela, bider, gei ero zatiketak baña eskuz eta paperan, askok, akaso geixenak, arrastuik be eztaukie nola itxendan eta kalkuladora bier izetendaue, orduen bai eta sigero axkar gañera. **T.** Yo creo que los chicos de ahora no son más despiertos de como éramos nosotros, al menos para algunas cosas, y además hecha la prueba, por ejemplo y si pides que hagan una cosa sencilla como sumar, restar, multiplicar o dividir pero a mano y en el papel, muchos. quizá la mayoría, no tienen ni idea de que forma se hace y necesitan la calculadora, entonces sí y además muy rápido.

SAMURTU. Facilitar las cosas. **K.** Ondion eziozu aiñdu lan horreik itxeko mutil horri, oñ eta hori dauen bezela larreiko gaizki dau hasteko eta itxoizu pixkat, aurrena komenigarrixe izengolitzake zerbaitx samurtzie ezer iñ bañolen, zakar horreik kendu aurretik eta gutxienetik bire pixkat iñ, bentzet etxura antzien ibiltxeko. **T.** Todavía no mandes al chico ese que haga esos trabajos, ahora y tal como está eso es demasiado dificultoso el empezar y espera un poco, lo primero sería conveniente que se lo facilitemos un poco antes de hacer nada, quitar estos escombros que están delante para hacer un poco de camino, y por lo menos poder andar un poco decentemente.

SANBLAS (Eguna). Día de San Blas. **K.** Oñ eztakitx itxendan, baña lenau urtero fan-bierra izetezan Galartzako Elixara Sanblas egunien, han mesa entzun ta janarixek bereienkatzera, ezan gauza asko erueten, enaz ondo gogoratzen baña nik ustedot txorixo batzuk eta ogixe izetezala. Eta gero etxien Sanblas erroskillak eotezien bazkalostien jateko. **T.** Anora no sé si se hace, pero antes todos los años había que ir el día de San Blas a la Iglesia de Galarza, allá oir misa y bendecir los alimentos, no se llevaban muchas cosas, no me acuerdo bien pero creo que eran algunos chorizos y pan. Y luego en casa había rosquillas de San Blas para después de la comida.

Aspaldiko esaerabat: **SanBlas, erroskilla jan eta gero jolas.**

Un viejo proverbio vasco dice que el día de San Blas comer la rosquilla y luego jugar.

SANIAU. Sanear. Quitar y limpiar de impurezas materiales, tales cómo al hierro, la madera, etc... **K.** Fandan urtien ezan ezertxoik iñ baña aurten bai daukou derrigorrez inbierra, balkoiek ia nahiko ordei hartudaue eta margotu aurretik ondo saniatzie komenida. **T.** El año pasado no se hizo nada pero este año sí lo tenemos que hacer necesariamente, los balcones ya has cogido bastante roña y antes de pintarlo lo tenemos que sanear muy bien.

SANJUANSUA, SANJUAN-SUA. Fogata, hoguera de San Juan. **K.** Hemen eta jeneralki Euskalherri guztien, betiko oitura izenda, eta noski ondion hala da, su dexentiek itxie Sanjuan bexpera gauan, esatejakon Sanjuansua, soñu-jole bezela txistularixek eotendie, honeikiñ batera abestu, toki batzuetan dantzak be izetendie eta hainbat lekutan sardiña-jana. Lenau gu bizigaren herri hontan dozenabat inguru su eotezien, haundixena Udaletxiek babestuta, eta honen aparte baitxe beste txiki ero ez hainbesteko txiki hondartzan, auzuetan eta abar, gero asken dan honeik debekatu inzien arrixkue ebitatzeko eta on bakarrik itxenda, nagusixe. **T.** La costumbre de siempre de aquí y en general en toda

Euskalherría ha sido, y todavía lo sigue siendo, el hacer fogatas la noche de la víspera de San Juan, suelen tocar los chistularis, junto con éstos se canta, en algunos sitios también se baila y en otros muchos se comen sardinas. Antes en este pueblo que vivimos se hacía cerca de una docena de fuegos, la más grande patrocinada por el Ayuntamiento, y luego otras más pequeñas y no tan pequeñas en la playa, barrios, etc…, después estas últimas se prohibieron para evitar riesgos y ahora solo queda una, la principal.

SANIDADIE. Calma, flema, flema, tranquilidad.

(Ver la definición de patxara, patxarie).

SANOTIE. Persona buena, dócil. **K.** Batzuetan lastima pixkat be emutendau mutil horrek, gertatzenda larreiko sanotie dala ta bere kuadrillako lagunek batzuetan atzien bezela izteutziela, baña gero eta erozeiñ gauza bier ero ekarri-bierra daunien, betik berai esateutzie lan horreik itxeko **T.** Algunas veces también ya suele dar un poco de lástima el chico ese, sucede que es tan bueno y dócil que sus amigos de la cuadrilla le dejan cómo un poco de lado, pero luego si es que necesitan algo o traer alguna cosa, siempre le dicen a él que haga esos trabajos.

SANOPOTRUE. Se dice de la persona un poco brutota y algo majadera. **K.** Jakobok onazkero eztauko erremeixoik, betik izenda demasako sanopotrue eta oñ be, askotan bezela, inditxun gauza geixenak sigero aldrebesak urtendaue, zalantzaik eztaukek borondatc honekue dala baña gauzabat dauko sigero txarra, itxeitxuen danak bere kontuta itxeitxula iñori ezer esan-barik, ez sikera galdetu eta gero hala geratzendie. **T.** Jacobo ya no tiene remedio, siempre ha sido un brutote y ahora también, cómo muchas otras veces, la mayoría de las cosas que ha hecho han salido completamente al revés, no tengo ninguna duda de que tiene buena voluntad pero tiene una cosa muy mala, que las cosas que hace las hace por su cuenta sin decir nada a nadie, ni siquiera consultar y luego así quedan.

SANTAGEDA, SANTA-AGEDA (eguna). Día de Santa Agueda. **K.** Euskalherri herri guztietako oitura da, eta hala izenda betik, Satagueda bexpera egunien, arratzaldien ero gauez, taldiek urtetzie makillakiñ abesten kalez kale txistularixekiñ. Eta herri batzuetan be dirue batzenda gero bierrezkuenai emuteko. **K.** En la víspera del día de Santa Agueda la costumbre de todos los pueblos de Euskalerría es, y así ha sido siempre, el salir a cantar por las calles en grupos, bien de tarde o por la noche, acompañados de txistularis y con un palo largo en las manos. Y en algunos pueblos también se recoge dinero para luego dárselo a los necesitados.

SANTUEK. Fig. se llamaba así a las fotografías o dibujos que aparecían en los periódicos, revistas o cuentos. **K.** Gure amandre Zelestinak ixe egunero eskuen hartu eta begikarie botatzeauen periodikuei, irakurri ez zeatik erdera tautik be esakixen, orduen ezeozen euskerako periodikoik, baña esateauen santuek ikusten eotezala. **T.** Nuestra abuela Celestina casi todos los días cogía y ojeaba el periódico, leerlo no porque no entendía nada del castellano, entonces no había periódicos en euskera, pero decía que solía estar mirando las fotografías.

SANTUTXO. Se llamaba, yo creo que todavía en algunos sitios se seguirá llamando, así a las Ermitas que están al borde de las carreteras. **K.** Euskalherriko inguru hontan eztie falta izeten Santutxoik, erozeiñ kanpoko ero mendi biretan betik ikusteitxozu bat ero beste, gañera geixenak ondo zaiñdutakuek bere lora ta guzti, eta Santutxo dauen bertako Santuen eguna baldinbada kandelak ero argizaloiak piztuta eotendie. **T.** En los alrededores de Euskalherría no suelen faltar las Ermitas, en cualquier camino de las afueras o de los montes siempre te encuentras con alguna que otra, además la mayoría muy bien cuidadas con flores y todo, y si es el día del Santo del lugar dónde está la ermita, también suele haber velas encendidas.

SAPA, SEAPA. Sapa es una palabra que se utliza como saludo y que quiere decir, ¿qué hay o qué tal? **K.** Sapa da izenbat esatendana saludatzeko alkartzeraren pertzonakiñ, eta hau da bestebat hainbeste izen tartien erabiltzendana gauza berdiñerako, egixe da ze konpraketa iñezkero bestiekiñ benetan xelebre xamarra dala zeatik eztau gure ezer esateik, baña hala da oitura eta hala jarraitxubikou. **T.** Sapa es otro de los nombres que se utilizan para saludar a la persona con la que te encuentras, y éste es uno más entre de los muchos que se emplean para la misma cosa, la verdad es que si los comparamos con los otros es bastante raro porque no quiere decir nada, pero esa es la costumbre y así tendremos que continuar.

SAPERO. Se dice fig. de la persona un poco lela, bobalicona. **K.** Sapero xamarra da eta eziozue burue apurtu eraiñ mutil horri, zalantzaik eztauket alegiñ guztiek ingoitxula bana halaere eztau ezertxoik uleituko, eta zu explikatzen haizarena askoz gutxiau, nola ustedozu ikesikodauela nun dauen Madagaskar hori ze hemen garen geixenai be pillabat kostatzejaku?, ni bentzet ontxe bertan enteraunaz. **T.** En un poco lelito y no le hagaís que se rompa la cabeza al chico ese, no tengo ninguna duda en que se esforzará pero aún así no va a entender nada, y mucho menos lo que tú estás explicando, ¿cómo piensas que va a aprender donde está el Madagascar ese si a la mayoría de los que estamos aquí también nos cuesta un montón?, yo por lo menos ahora mismo acabo de enterarme.

SAPERUE. Sapero. Papilla hecha a base de harina de maiz y agua o leche. **K.** Entzunde dauket nola aspaldiko garai baten saperue erabiltzezan ixe alde guztietan, asko gañera eta esauztien bezela hau gerra ondoren izen omenzan, gose denporan, geixenbat jatezana, orduen ezan eongo beste gauza askoik eta gañera hau oso ona omenzan tripa bete ta gosie kentzeko, momentuz bentzet. **T.** Tengo oído que cómo en un tiempo, hace ya muchísimo, en casi todas partes se utilizaba el sapero, además mucho y según me dijeron ésto debía de ser de lo que más se comía después de la guerra, en la época del hambre, y entonces apenas habría muchas más cosas, además debía de ser muy bueno porque llenaba la tripa y quitaba el hambre, al menos de momento.

SAPLA, SAPLASTEKOBAT. Tortazo, bofetada en la cara.

(Ver la definición de mosukobat).

SARBUE. Es un pez que con ese nombre está presente tanto en el río como en el mar, aunque son de variedades diferentes. **T.** Nik eztitxut sekula jan izen errekako sarboik baña itxasokue bai eta benetan gozue dala, normalki laban erreta prestatzenda eta prestaketa hori bixigo eta txitxarruen berdiñe da. **T.** Yo no he comido nunca el sarbo de río pero sí el del mar y de verdad que es muy rico, normalmente se prepara asado al horno y esa preparación es la misma que la del besugo y el chicharro.

SARBUSKALLUEK. Escallos, peces de río muy pequeños. **K.** Lenau, errekak garbixek zienien sarbuskallo ugeri hartzegauen eta gero etxien prestau ta jan, herribat hauen Bizkaian, beno, herrixe ondion han dau, Matiena izenekue eta oso famaue zana horrein prestaketan, eta batzuetan hango jatetxe bat ero bestera fategiñen bertako errekan hartutako sarbuskalluek jatera, hori zan esateauena bentzet. **T.** Cuando los ríos estaban limpios solíamos coger muchísimos escallos, luego prepararlos en casa y comerlo, había un pueblo en Bizkaia, bueno, el pueblo todavía está allá, de nombre Matiena y que era muy famoso porque los preparaban muy bien, y a veces íbamos a algún restaurante del lugar a comer los escallos que se habían cogido en el propio río, al menos eso es lo que decían.

Errezetabat. Sarbuskalluek saltza berdin. Nola aspalditxotik inguru hontan eztauen sarbuskalloik ba errezeta hau be halaxe da, aspaldikue. Lapiko motx eta zabaien jartzendou dexente xamar olixo, honi botateutzou berakatz ugeri fiñ moztu ta zatitxuta, piper pikante pixkat eta kolorie hartu aurretik, ardau txuri pixkat, etxoiñ apurbat urtu-hartien alkola eta gero sartzeitxu daukoun sarbuakalluek, berotatik atara zeatik lapikuen dauen beruekiñ seguitxuen ingodie kanpuen, lapiko horri baiben batzuk emun barrue ikutu-barik eta ondoren gañien bota perrejill, hau be ugeri, ondo txikituta, nai izen-ezkero berotazun pixkat emun ta gertu. Hau jaten dien bakotxandako oso ondo geratenda arrautza bana eskalfauta botatzie ero beztela bertan lapiko barruen iñde. Batzuk urun apurbat be nahasketautzie zerbaitx sendotzeko saltza baña ni bentzet enaz horren zalie.

Una receta. Escallos en salsa verde: Cómo desde hace mucho tiempo por aquí no hay escallos pues esta receta también es así, de hace mucho tiempo. En una cazuela ancha y baja ponemos bastante aceite, le echamos abuntante ajo finamente picado, un poco de guindilla picante y antes de que coja color le añadimos un poco de vino blanco, esperamos un poco a que se evapore el alcohol y luego metemos los escallos que tenemos, sacamos la cazuela del fuego porque con el calor que tiene fuera se harán enseguida, damos unos movimientos en vaivén a la cazuela sin tocar el interior y después encima bastante perejil muy picado, si se quiere se calienta un poco y ya está listo. Para cada uno de los que estén comiendo queda muy bien el añadir un huevo escalfado o sino hecho allá mismo dentro de la cazuela. Algunos también le suelen mezclar un poco de harina para espesar la salsa pero yo por lo menos no soy partidario de eso.

SARDIE. Horca, herramienta que se utiliza tanto en la huerta como también en la cuadras. **K.** Aspalditxik makiñak daz baña bere garaian bedarrai buelta emuteko sardie erabiltzezan, nik ustedot ondion be eongodiela leku batzuk erraminta hau manejatzendana, akaso eztauelako makiñaik ero eziñdielako sartu, beste erabiltzezan tokibat, baleike oñ be hala izetie, ukulluen da satza ataratzeko. **T.** Desde hace ya mucho tiempo que hay máquinas pero antaño para dar la vuelta a la hierba había que darla con la horca, yo creo que todavía ya habrá algunos sitios donde se utilice esa herramienta, porque quizá no haya máquinas o no puedan entrar, otro sitio donde se usaba, puede que ahora también sea así, es en la cuadra para sacar el estiércol.

SARDIÑA. Sardina. **K.** Ze gozuek izetendien sardiñak, betik baña askoz geixau bere garaian, hau uda partein izetenda zeatik orduen da grasa geixau daukiena eta parrillan erretzeko oso komenigarrixe da hori, halaere eta aukeraik ezpadau hala prestatzeko, ba zabaldu eta gero errebozauta be oso ondo geratzenda. **T.** Que ricas son las sardinas, siempre pero cuando es su tiempo mucho más, ésto suele ser en la parte del verano porque es cuando más grasa tienen y eso es muy conveniente para asarlas en la parrilla, pero si no se tiene oportunidad de prepararlas así, pues abiertas y después rebozadas también quedan muy bien.

SARDIÑA-ZARRA. Sardinas en salazón. **K.** Sardiña-zarrak be nahiko gozuek die baña nik ustedot ze bat jan-ezkero nahikue dala, larreiko iñdertzuek die eta holakobat janda ondo geratzenda gorputze gero txikito bat ero beste hartzeko, baña gauzabat badauko sigero txarra dana, nun prestau?, ataratzendauen useñakiñ iñok eztau gure izeten norberan etxien itxeik, eta zergaitxik ustedozue dala hau?, ba bildur haundixe dauelako andrien errietai. **T.** Las sardinas en salazón también son bastante ricas pero yo creo que comiendo una suele ser suficiente, son excesivamente fuertes y si se come una de esas el cuerpo te queda muy bien para después tomar algún chiquito que otro, pero una cosa muy mala si que tienen, ¿dónde prepararlas?, con el olor que desprenden nadie quiere hacerlo en su casa ¿y porque creéis que es eso?, pues porque hay mucho miedo a la bronca de la mujer.

SARGORI. Bochorno. **K.** Nik berue oso ondo aguantatzendot baña beste gauzabat da sargori dauenien zeatik bero hori sigero txarra da, eta gañera normalki honekiñ batera umeltazun haundixe be eotenda eta erozeiñ gauza iñde seguitxuen hastezara izerditxen. Egun horreitan jente geixena nahiko gaizki ibiltxenda, bai gogoz eta bai umorez. **T.** Yo aguanto muy bien el calor pero cuando hay bochorno es otra cosa porque ese calor es muy malo, y además normalmente junto con ésto también hay demasiada humedad y enseguida empiezas a sudar con cualquier cosa que hagas. Estos días la mayor parte de la gente anda bastante mal, tanto de ganas como de humor.

SARIA. Premio, recompensa. **K.** Egun honeitan sekulako eztabaidak izendie sarian kontura, telebistan ikusi izenda eta baitxe periodikon irakurri be, nola lehiaketak itxeitxuen leku geixenetan, askotan bentzet, mutillen sariek askoz haudixauek izetendien neskanak baño, ba gertauda hainbeste protesta eondala asunto honen buruz ze askenien emutendau konpondudala sari horreik parien jarri ondoren, baña ez pentza mutillena jetxita izendala, bestaldera, neskana gora iñde. **T.** Estos días ha habido grandes discusiones a cuenta de los premios, en la televisión se ha visto y también leído en los periódicos, que cómo en las competiciones que se hacen en la mayoría de los sitios, al menos en muchos, los premios que corresponden a los chicos suele ser mucho mayor que el de las chicas, pues ha pasado que después de que haya habido tantas protestas a cuenta de eso, parece que al final se ha debido de solucionar después de poner esos premios a la par, pero no penseís que ha sido bajando el de los chicos, al revés, subiendo el de las chicas.

SARIDUNA. El premiado, agraciado (a). **K.** Eutikiok esatendau ze bera zoritxarrez eztan sekula ezerten izen sariduna eta bere andric berriz bai, beiñ dendabateko zosketan aurreneko saria irabazitxekue dala, telebista txikibat izenzan eta bertako egunkarian be asalduzala bere argazkibat telebista hori eskuetan dauela. **T.** Eutiquio suele decir que por desgracia él no ha sido nunca agraciado con ningún premio y en cambio su mujer sí, que una vez le tocó el primer premio en el sorteo de una tienda, era una televisión pequeña y que en el periódoco local también apareció una foto suya sujetando entre las manos la televisión esa.

SARIE. Red. Tanto de pesca cómo para otros usos. **K.** Nola izetendien gauzak, askotarako sekulako asmakizunak izendie eta berriz beste batzuendako betiko modu berdiñien jarraitzendau, eta komestaixo hau dator arrantzan erabiltzendan sarien buruz, zeatik ondion, eta hala izengozan ehuneko urtietan, andrak eskuz josi bier izetendaue zulotzendien sare horreik. **T.** Cómo son las cosas, para muchas ha habido grandes inventos y adelantos y para otras en cambio siguen del mismo modo de siempre, y este comentario viene a cuento sobre las redes que se utilizan para pescar, porque todavía, y así habrá sido durante cientos de años, son las mujeres las que tienen que seguir cosiendo a mano las redes que se agujerean.

SARIKETA. Competición.

(Ver la definición de lehiaketa).

SARITU. Premiar. **K.** Zorionez gara langille berri honekiñ, ontxe etorri-barri da eta sekulako lan pilla inditxu aste hontan, eta gañera dana sigero ondo, eztakitx hala jarraitxukodauen zeatik baleike oñ hala konportatzie hasiera dalako, baña eztot uste eta nik pentzatzendot bera halakotxie dala. Ba oso gustora nau eta zerbaitxekiñ saritu inbierra dauket. **T.** Estamos de suerte con ese nuevo trabajador, ahora acaba de empezar y ésta semana ha hecho un trabajo impresionante, y además todo muy bien, no se continuará así porque también puede que sea porque es el principio, pero creo que no y yo pienso que él es así. Pues estoy muy contento y le tengo que premiar con algo.

SARNA, SARNIE. Sarna, enfermedad que produce muchas llagas. **K.** Nik ustenauen ze sarnie bakarrik zala posible animali hartien sortzie baña etxuraz hori ezta horrela, gaurko periodikon asalduda nola hortik zierko gizonbatek arrapaudauen geixotazun hori, asaltzezan argazkixe eta ezan bape gustokue hori ikustie.**T.** Yo creía que la sarna solo era posible que surja entre los animales pero parece ser que eso no es así, en el periódico de hoy trae que cómo un hombre de por ahí ha contraído esa enfermedad, traía una fotografía y la verdad es que no era muy agradable el verla.

SARRERA. Entrada. **K.** Hau da marka, sekulako pixagurie dauket eta alegintzen hainaz kiroldegi hontako sarrera billatzen komunera fateko, pixa iñ eta aber kentzendoten dauketen larritxazun hau, hiru buelta emutzet, ezta asaltzen eta gauza da eztauela iñor inguruen galdetzeko, ba eztakitx zer inleiketen zeatik arbolaik be eztot iñun ikusten. **T.** Esto es de traca, tengo unas ganas terribles de orinar y estoy intentando buscar la entrada de este polideportivo para poder ir al servicio, mear y poder quitar el apuro que estoy pasando, le he dado tres vueltas y no aparece por ningún lado y la cosa es que tampoco hay nadie por los alrededores para poder preguntar, pues no sé que es lo que puedo hacer porque no veo que haya árboles por aqui.

SARRI, SARRITXEN. A menudo, con frecuencia. **K.** Dudatzen hainaz fan ero ez datorren domekan kuadrillkiñ egun-pasa Donostira, hareiñ asmue goix fatie da, aurrena ibili pasio onbat iñaz eta gero alde-zarrien bazkaldu txikito batzuk hartu ondoren, gauza da ni sarritxen eotenazela eta akaso ingotena da berandutxuau fan eta txikiteorako asaldu, eta gero bazkaldu, noski. **T.** Estoy dudando de si ir o no con la cuadrilla el próximo domingo a pasar el día a San Sebastián, la idea de ellos es el ir temprano, primero andar dando un buen paseo y luego comer en la parte vieja después de tomar unos chiquitos, la cosa es que yo suelo estar muy a menudo y quizá lo que haga será ir algo más tarde y llegar para el chiquiteo, y luego comer, claro.

Aspaldiko esaerabat: Jesús, María eta José, sarri jan eta betik gose.

Un viejo proverbio vasco: Jesús, María y José, comiendo a menudo y siempre con hambre.

SARTAKIÑA. Sartén. **K.** Rupertok batzuetan komestatzendau ze bera eztala gogoratzen zenbat sartakiña eongozien bera jaiozan etxien, baña apostaukolaukela eziela izengo oñ etxien dauken erdixek be, eta kontatzen hastenda, bat arrautzak prijitzeko, bestebat patatarrientzat, baitxe xerrantzat be, arraña, tomatie itxeko ta hemen gelditzenda esanaz bost honeikarte jakiñien dala eta beste dozenerdixek eztakixela zertarako dien. **T.** Ruperto algunas veces suele comentar que no se acuerda de cuantas sartenes había en la casa donde él nació, pero que ya apostaría a que no había ni siquiera la mitad de los que hay ahora en su casa, y empieza a contar, una para freir huevos, otra para las patatas fritas, también para la carne, el pescado, para hacer el tomate y aquí se para diciendo que hasta estas cinco ya conoce y que la otra media docena no sabe para que son.

SARTATEKUE. Recibir o dar un golpe. **K.** Lengo egunien alkartunitzen Anastasiokiñ eta erraru xamarra injaten ikustie besue oker antzien haukela eta txintxiliska, galdetunutzen aber zerbaitx gertaujakon ta esauzten sekulako sartatekue hartute dauela ukolonduen, labandu izotzien ta jausi iñ omenzan. Gero medikura fanzala eta etxuraz fisura txikinbat dauko. **T.** El otro día me junté con Anastasio y me extrañó verle con el brazo colgando y así cómo un poco torcido, le pregunté a ver si le había pasado algo y me dijo que se había resbalado en el hielo, caído y se había dado un golpe muy fuerte en el codo. Luego que había ido al médico y parece que tiene alguna pequeña fisura.

SARTU. Entrar, meter. **K.** Jakinleike zer itxendozue ondion kanpuen, sartu inbikozue jatetxera ba?, bestiek ia barruen die aspalditxotik eta zuen zai eongodie bazkaltzen hasteko, eta zuek betiko bezela, berandu eta danai amorratzen ezer inportik be. **T.** ¿Se puede saber qué haceís todavía fuera, tendreís que entrar al restaurante, pues?, los demás ya están dentro desde hace ya algún tiempo y os estarán esperando para empezar a comer, y vosotros como siempre, tarde y haciendo rabiar a todos sin que eso os importe en absoluto.

SARTU-HALA. A medida que se entra. **K.** Aber, oñ aurrena illeran jarri-bierra daukou sartzeko pelota partidue ikustera, ta kontzuz ibili iñor ez aurreratzeko zeatik ataradoun sarrera honeik eztauke zenbakirik, esandaue sartu-hala emungodauela paperbat jartzendauena ze lekutan exeri. **T.** A ver, ahora lo primero que tenemos que hacer es ponernos en la fila para entrar a ver el partido de pelota, y andar con cuidado de que no se os adelante nadie porque las entradas que hemos sacado no están numeradas, han dicho que a medida que entremos nos darán un papel en dónde indica en que sitio nos tenemos que sentar.

SARTUTA. Está dentro, está metido. **K.** Beno, baezpare konprobau baña nik ustedot inxditxutela zuk esandako lan guztiek, aurrena garbitxudot labako bandeja, gero txikituitxut berdurak, jarri bandejan ta gañien ollaskue gatza ta piper autza botata, olixo, ardau txuri pixkat eta hau dan iñ ondoren laban sartuta geratuda, noski piztuta. Eta hemendik aurrerakue zure kontu. **T.** Bueno, comprueba por si acaso pero yo creo que ya he hecho todos los trabajos que me has dicho, primero he limpiado la bandeja del horno luego he partido las verduras, las he colocado en la bandeja y encima el pollo salpimentado, he echado un poco de aceite, vino blanco y después de hacer todo ésto ha quedado metida en el horno, claro está que encendido. Y lo de aquí en adelante a tu cuenta.

SARTURTENBAT, SARTU-URTENBAT. Viene a decir que la visita o cualquier otra cosa que se vaya a hacer va a ser corta, solo entrar y salir. **K.** Nola Gazteiz ingurutik pasa-bierra daukoun bertara sartukonaz eta inguratu lagunbaten etxera, saturtenbat bakarrik izengoda, bixita ta agur esateko zeatik eztot aspaldixen ikusi eta jakiñdot kanpora fateko asmue daukela, gañera denpora luzerako. **T.** Cómo tenemos que pasar cerca de Vitoria voy a entar a la ciudad y acercarme a la casa de un amigo, solo va a ser entrar y salir, visitarle y decirle adiós porque no le he visto desde hace mucho y he sabido que tiene la intención de marchar fuera, además para bastante tiempo.

SASIMEDIKUE. Curandero.
(Ver la definición de petrikillo).

SASOI, SASOIE. Salud, fortaleza. **K.** Egixe da mutil hori xelebre xamarra dala baña bebai egixe da siñistu eziñeko sasoie daukela, atzo mendiko egurre moztu ondoren geratugiñen gaur atzaldien etorrikozala tratorie egur horreik jexteko, ba berak eta iñori ezer esan-barik gaur goxien fan eta eskuz jetxitxu danak. **K.** Es verdad que ese chico es un poco raro pero también es verdad que tiene una fortaleza impresionante, ayer después de cortar la madera en el monte quedamos en que esta tarde vendría el tractor para bajar esa madera, pues él sin decir nada a nadie ha ido a la mañana y la ha bajado toda a mano.

SASOIDUNA. Se dice de la persona que tiene buena salud y está fuerte. **K.** Ba nola eztoun denporaik euki tratoredunai abixatzeko ha bere orduen etorrida, eta ezta asarretu jakiñdauenien lana iñde dauela eta ez hori bakarrik, barre iñdau eta mutil horrekiñ geratuda hurrenguen berak abixaukutzela menditxik egurra jetxi-bierra dauenien, eskuz noski. **T.** Pues cómo no hemos tenido tiempo de avisar al del tractor aquel ha venido a su hora, y no se ha enfadado cuando se ha enterado de que el trabajo ya estaba hecho y no solo eso, sino que se ha reido y ha quedado con el chico que la próxima vez él le avisará para cuando haya que bajar la leña del monte, a mano claro.

SASOIKUE, SASOIZKUE. De hace mucho tiempo, de antiguo. **K.** Emutendau beste mundubaten bizizarela zeatik eztozu sekula jakitxen zer pasatzendan zure inguruen, ba garai hontan nik ustedot axkar esateitxuela ze gauzak gertatzendien alde guztietan, eta zu gertaudan honen buruz ontxe bertan enterauzara, ba mutil, sasoizkue da ba asunto hori. **T.** Parece que vives en otro mundo porque nunca sabes las cosas que pasan a tu alrededor, pues yo creo que en los tiempos que estamos rápidamente se suelen decir las cosas que han sucedido en todas partes, y tú en referencia a este suceso acabas de enterarte ahora mismo, pues chico, el asunto ese es de hace mucho tiempo.

SASOIZ. A tiempo. **K.** Ustenauen enitzela sasoiz allegauko baña askenien ta takarrara batzuk iñ ondoren lortudot etortzie bere ordurako, gertauda trena berandu iritxidala eta gero kanpuen ezeozela taxirik, orduen eztot beste erremeixoik saltaka etorri baño. **T.** Creía que no iba a llegar a tiempo pero al final y después de hacer unas carreras ya he conseguido venir a la hora, a pasado que el tren ha llegado con retraso y en la salida no había ningún taxi, entonces no he tenido otro remedio que venir corriendo.

SASTRAKA. Matorral, maleza.

(Ver la definición de sasixe, sazixe).

SATELITIE. Satélite. Fig. se dice de las personas sin oficio ni beneficio a los que parece que nada les importe mucho. **K.** Mutil horren aitxak esagunbat dauko bera jabie dan taller txikibaten, gañera lan askokiñ ta nahiko ondo dabillena, ba aitxa honek sarri galdetu izendau esagun horri aber lanenbat dauken bere semiendako, aurretik esanda ondion satelite xamarra dala, baña bere ustez laister zuzendukodala. **T.** El padre de ese chico tiene un conocido en el que es dueño de un pequeño taller, además con mucho trabajo y que va bastante bien, pues el padre éste le ha solido preguntar bastantes veces al conocido ese a ver si tiene algún trabajo para su hijo, antes diciéndole que todavía es un poco satélite, pero que cree que pronto se enderezará.

SATISFAZIÑUE. Satisfación, gusto, placer. **K.** Ba aitxa horrek satisfaziño haundixe eukikodau zeatik askenien esagun horrek hartudau semie lanerako, aurrena proba bezela xei illebeterako, eta etxuraz nahiko txintxo omendabill zeatik emutendau nagusixe be gustora dauela berakiñ. **T.** Pues el padre tiene que estar lleno de satisfacción porque al final el conocido ese ha contratado a su hijo para trabajar, al principio para seis meses como prueba y la primera impresión debe de ser buena porque anda muy formal, y parece que el jefe también está bastante a gusto con él.

SATZA. Estiércol precedente de las cuadras y que se utiliza como abono. **K.** Nik arratuik be eztauket ze satz izengodan egokixena ortuendako, batzuk beixena esatenadaue, beste-batzuk zaldixena be oso ona omendala, baña erozeiñ modutan eta ezpadau erozeiñ horreitik lortzeko aukeraik, derrigorrez konpondu-bierra dau inguruen daukotzunakiñ, ba gure orturako aukeran daukouna eta ondo gertu gañera, untzian satza da eta honekiñ nahiko ondo ibiligara oñartien. **T.** Yo no tengo ni idea de que abono puede ser el más adecuado para las huertas, unos dicen que el estiércol de las vacas, otros que el de los caballos también es muy bueno, pero en cualquier caso si no hay oportunidad de conseguir alguno de éstos, necesariamente tienes que arreglarte con lo que tengas más cerca, pues para nuestra huerta es el estiércol de los conejos que además lo tenemos al lado, y con éste hasta ahora nos ha ido bastante bien.

SAZIXE. Maleza. **K.** Josun baserri sagastiko sagar arbola geixenak ondo garbitxu inbirrien die, hiru ero lau ixe sigero janda daz sazixaz eta bertan eon hartien arbolaik be eztie ikusten, gañera gertatzenda ze oñ dala sagarren garaia eta hala dazen bitxartien eztala posible jakitxeik sagarrik daukien ero ez. **T.** La mayoría de los manzanos del caserío de Josu es necesario limpiarlos bien, sobre todo tres o cuatro que casi están comidos por la maleza y hasta que estés allá mismo ni siquiera se pueden ver los árboles, y además resulta que ahora es el tiempo de las manzanas y mientras estén así no es posible saber si tienen manzanas o no.

Aspaldiko esaerabat: Sazi txikitatik atara eta haundixen sartu.

Un viejo proverbio vasco: Salir de un peligro y meterte en otro aún mayor.

SAZITZU. Cubierto de maleza y zarzas. **K.** Hau da marka, oñ be desagertuda astobat eta oinguen Kiko da, eta eztauket arrastuik nundik igex iñdauen, haldan itxitura guztie beitudot eta ezta iñun ikusten puzkatuta dauenik, dan dana eziñdot ikusi izen zeatik toki batzuetan larreiko sazitzu dau eta eziñda sikera pasa, ez nik eta ez sikera astue. **T.** Esto es de traca, ahora también da desaparecido un burro y ésta vez es Kiko, y no tengo ni idea de por dónde se ha podido escapar, he mirado todo el cerramiento que me ha sido posible y no he visto que haya roturas en ningún sitio, todo todo no lo he podido inspeccionar porque hay demasiada maleza y no se puede pasar, ni yo ni ni siquiera el burro.

SAZINASKI. Mezclado, revuelto, desordenado. **K.** Mezerez gauzabat eskatukotzut, ez ainketako Damaxo gaztiei jartzeko apaletan erueitxun gauza horreik, ondo esauketandot eta badakitx nola geratukodan bukatzendauenien, dana sazinaski iñde, gero kendu inbierrak eukikoitxu eta berriz barrixenbarri hasi kolokatzen. **T.** Por favor te voy a pedir una cosa, que no mandes al joven Dámaso que vaya poniendo en las estanterías las cosas que hemos llevado, le conozco bien y ya sé cómo van a quedar cuando termine, todo revuelto, desordenado y luego habrá que volver a quitar y empezar de nuevo a colocarlo.

SEASKA. Cuna. **K.** Eladiak sarritxen esatendau bere ama zorion haundikue izendala eta galdetu-ezkero aber zergaitxik esatenduen hori, bere erantzuna da ze nola amak hamar seme-alaba eukitxun ta danak errezkaran etorri, ba seaska bakarraz konpondudala eta eztauela bier izen besteik erosi-bierrik. **T.** Eladia suele decir muchas veces que su madre ha sido una mujer muy afortunada y si se le pregunta a ver porque dice eso, su respuesta es que cómo la madre ha tenido diez hijos e hijas y han venido todos seguidos, pues que se ha arreglado con una única cuna y que no ha necesitado comprar ninguna otra.

SEBUE. Sebo. **K.** Sebo honetxek betik emundust sekulako naska baña halaere beñ baño geixautan ibili izendot esku tartien, hau gertatzezan esku-pelota barrixek erosteko garaian, gero harein narruei sebo horrekiñ ondo igurtzi eta nik ustedot begixek itxitxe itxenauela lan horreik, baña hau iñ aurretik karnizeixera fan-bierra hauen sebo zatibat eskatzera. **T.** El sebo este siempre me ha dado muchísimo asko pero aún así más de una vez lo he tenido entre las manos, eso era cuando se compraban pelotas de mano nuevas, luego el cuero de esas frotar bien con el sebo y yo creo que estas labores las solía hacer con los ojos cerrados, pero antes hacer esto había que ir a la carnicería a pedir un pedazo de sebo.

SEGA, SEGIE. K. Oñ Apenas ikustenda bedarra mozten segiaz, akaso ta euki-ezkero animalixak baleike baietz etxe hondoko soluen, segie ixe geixenbaten kirolproba lehiaketan erabiltzenda, ni batzuetan fan eta ikusi izendot lan horreik eta nahiko jente eotenda, gañera proba honeitan dexente diru-apostak be gertatzendie. **T.** Ahora apenas se ve cortar hierba con la guadaña, quizá si alguien tiene algunos animales ya la cortará en algún prado cercano a casa, dónde casi siempre se utiliza la guadaña es la competiciones deportivas de corte de hierba, yo ya he ido algunas veces a ver esos trabajos y suele acudir bastante gente, además en estas pruebas suelen surgir bastantes apuestas de dinero.

SEGAILLUE. Segadora, máquina para cortar la hierba. **K.** Ba honetxeatik da eztala erabiltzen segaik lanerako, lenau bai, bedar mozketa lan guzti horreik eskuz inbierrekuek izetezien, eta noski, hortarako segie bier izetezan, baña oñ eta segailluek asaldu azkero ixe iñok eztau erabiltxen, ixe bakarrik kirolproba horreitan. **T.** Pues por esto mismo es que ya no se utiliza la guadaña, antes sí, para hacer todos los trabajos relativos al corte de la hierba había que hacerlos a mano, y claro, para eso se necesitaba la guadaña, pero ahora y desde que aparecieron las segadoras casi nadie anda con ella, casi solo en las pruebas deportivas.

SEGAN. Segando, cortando hierba con la guadaña. **K.** Ba goixen jarridot nola oñ apenas iñor ikustendan bedarra mozten haidana segiekiñ, eta baleike txiripa izetie baña egun honeitan ikusi izendot mutil gaztebat sega lanien haidana ni ibiltxenazen inguruko zelaibaten, galdetunutzen aber zertarako ta esauzten ariketak itxen haizala. **T.** Pues arriba ya he puesto que ahora apenas se ve a nadie que esté cortando hierba con la guadaña, y puede que sea casualidad pero estos días estoy viendo cómo un chico joven está segando hierba en un prado cercano donde suelo andar yo, le pregunté a ver para qué y me contestó que estaba haciendo calentamientos.

SEGALARIXE, SEGALAIXE. Segalari, la persona que se dedica a cortar hierba en competiciones deportivas. **K.** Arañun Asteasun eongiñen sega lehiaketa ikusten, gero eta amaitu ondoren zerreozer jateko asmuaz fangiñen plazan dauen tabernara, guk ixe bukatzen eta sartuzan lehia hortan ibilizan segalaribat, jarrizan aldameneko maixen eta aukera eukinauenien galdetunutzen aber hortatik bizizan, barre iñauen eta esauzten bera ideltzerue zala eta afiziñuatik bakarrik ibiltxezala. **T.** Anteayer estuvimos en Asteasu viendo una prueba de corte de hierba con guadaña, luego cuando terminó fuimos con la intención de comer algo al bar que está en la plaza, estábamos ya acabando y entró unos de lo segalaris que había participado en la prueba, se sentó en la mesa de al lado y cuando tuve oportunidad le pregunté a ver si vivía de eso, se rió y me contestó que él era albañil y que andaba en esto solo por afición.

SEGAPOSTUE, SEGA-APOSTUE. Apuestas que se hacen en las pruebas de corte de hierba con guadaña. **K.** Segalari horrek alde iñ ondoren guk ondion pixkatien jarraitxugauen tabernan, etxuraz gure honduen hauen gizonak entzun iñauen segalari horren erantzuna eta erdi barreska esauzkun ez siñisteko harek esandako dana, afiziñuena egixe zala baña geixena segapostuatik izetezala. **T.** Después de marchar el segalari nosotros nos quedamos un rato más en la taberna, parece que el hombre que estaba cerca escuchó la respuesta del segalari y medio riendo nos dijo que no le creyésemos todo lo que nos dijo, que era cierto lo de la afición pero que sobre todo lo hacían por las apuestas.

SEGARRIXE, SEGA-HARRIXE. La piedra que se utiliza para afilar la guadaña. **K.** Segapostutan ikustenda nola segalari bakotxak erueteitxun bi ero hiru sega, hau izetenda zeatik bedar sallbat moztu ondoren sega aldatu itxendaue eta erabiltzekue laguntzaliei emuteutzo segarrixekiñ zorrozteko, eta hala jarraixen esku batetik bestera lan guztie bukatu hartien. **T.** En las apuestas de corte de hierba con guadaña cada segalari suele llevar dos o tres guadañas, ésto suele ser porque una vez que ha cortado una zona cambia de guadaña y la usada se la dá a su ayudante para que la afile con la piedra, y así seguido de una mano a otra hasta que se termine todo el trabajo.

SEGI. Continuar. **K.** Bai, zuk ondion be segi jardun berdiñekiñ, emutendau eztozula sekula bukatu inbier, ondo garbi esautzut eztaukotzula baimenik hamabixek baño beranduau etortzeko, eta gañera etxat bape inportik ze itxedauen zure lagunek, zurie da kasu itxie nere esanai eta kitxo. **T.** Sí, tú todavía continúa con el mismo rollo, parece que no vas a terminar nunca, te he dicho bien claro que no tienes permiso para venir más tarde de las doce, y además no me importa nada lo que vayan a hacer tus amigos, lo tuyo es obedecer a lo que te he dicho y punto.

SEGIDAN. A continuación, seguido.

(Ver la definición de jarraian, jarraixen).

SEGITASEGI, SEGI TA SEGI. Sin interrupción. **K.** Tipo horrei eztakitx nola esan-bierrak dien gauzak, ondion be hor haidie segitasegi lanien iñori kasuik inbarik, atzo Udaletxetik etorrizien esanaz lan hori momentuz izteko zeatik zerbaitzuk hoketo erabaki inbierrekuek diela, ba hala esangutzen langiilliei eta ikustendozue. **T.** Yo no sé cómo se les pueden decir las cosas a esos tipos, todavía continúan ahí trabajando sin interrupción y sin hacer caso a nadie, ayer vinieron del Ayuntamiento diciendo que se dejasen de momento esos trabajos porque algunas cosas las tenían que verificar mejor, así se lo transmitimos a los trabajadores y ya veís.

SEGITXUEN, SEITXUEN. Enseguida. rápidamente. **K.** Ezaiozu zure amai lasai eoteko segitxuen eruengoitxutela errrekau horreik ta, eztakitxena da zertarako dauken hainbeste prixa ollasko horreikiñ, eta hau esatendot zeatik ustedot etzi prestatzeko asmue daukela, baña beno, berak ikusikodau, nik laister ekarrikutzet ta konpondukoda. **T.** Dile a tú madre que esté tranquila que enseguida le llevaré esos recados, lo que no sé es para que tiene tanta prisa con esos pollos, y digo ésto porque creo que tiene la idea de prepararlos pasado mañana, pero bueno, ella verá, yo se los traeré pronto y ya se arreglará.

Aspaldiko esaerabat: Ixilik eotendana tontotxue emutendau, baña barriketa asko itxendauenai segitxuen igertzejako.

Un viejo refrán en euskera dice que el que está callado parece tontito, pero al charlatán se le nota enseguida.

SEGUN. Según, acaso, quizá. **K.** Hiru lagunen hartien astero jartzen haigara diru pixkax, bost euro die eta asmue da egunenbaten bazkaltzera fatie Arzakera, ondion eztot uste nahikue izengodanik hirurehun euro pasatxo bakotxak dukounakiñ eta esateutziek etxoitxeko pixkat, bota-hala jarraitxukotela beitzen eta segun zenbat diru alkartzendoun kasu ingotela. **T.** Entre tres amigos estamos poniendo un poco de dinero, son cinco euros todas las semanas con la idea de ir algún día a comer a Arzak, todavía no creo que sea suficiente con trescientos y pico euros que tenemos cada uno y les digo que esperen un poco, que a medida que vayamos poniendo ya iré mirando y según cuánto dinero reunamos ya les avisaré.

SEGUNDAN. Sobre todo se refiere al fútbol, a la segunda división. **K.** Badakitx batzuetan hala izetendiela gauzak baña oñ ia urte batzuk dala gertauzana larreikue izenzan, izugarrizkue eta ze disgusto hartugauen Erreal-zaliek segundara jetxizanien, orduen ustegauen denpora gutxirako izengozala baña zoritxarrez ezan hala izen. **T.** Ya sé que algunas veces son así las cosas pero lo que ocurrió hace ya unos cuantos años fué demasiado, que disgusto cogimos los que somos aficionados a la Real, fue increíble cuando bajó a segunda, entonces pensábamos que sería por poco tiempo pero desgraciadamente no fue así.

SEGURANTZA, SEGURIDADIE. Seguridad, confianza, tranquilidad. **K.** Garbi ikustendozue nola inbierreko lan honeik nahiko goixen dien, eta horretxeatik bierdan moduen ibili-bierra daukou, segurantza eta confiantzaz, eta eztau balixo erozeiñ gauza jartzeik, bakotxak daukotzue norberan arnesa eta mezerez danok jarritxe eukizue eta ondo lotuta. **T.** Ya veís bien claro que los trabajos que tenemos que hacer están bastante altos, pues por eso mismo tenemos que andar en la forma debida, con seguridad y confianza, y no vale ponerse cualquier cosa, cada uno teneís vuestro arnés y por favor tenerlo todos puesto y bien atado.

SEGURAZKI. Casi seguro. **K.** Beitu Braulio, nik eziñdotzut ziur esan gauza horreik hala dienik baña ixe segurazki baietz, hala dala, gertatzendana da nik eztotela larrei ulertzen asunto horreiñ buruz ta baezpare itxoiñ ingou apurtxobat, laister etorrikoda hori dakixen mutille eta harek hobeto esanguzku. **T.** Mira Braulio, yo no te puedo dar certeza de que esas cosas sean así pero casi seguro que sí lo sean, pasa es que yo no entiendo demasiado sobre ese asunto y por si acaso vamos a esperar un poco, pronto vendrá el chico que sabe eso y aquel nos lo dirá mejor.

SEGURTASUNA, SEGURUTASUNA. Certeza absoluta. **K.** Ikusten hainaz nola beitzen haizarien bata-bestiei eta emutendau zalantza pixkat daukotzuela mendi-bire honekiñ, ba lasai eon, nik be eztot larrei esauketan baña bentzet beñ, aspalditxo, eonda nau eta segurutasun guztie dauket bire hontatik fan-bierra daukoula. **T.** Estoy viendo cómo os estáis mirando el uno al otro y parece que teneís dudas sobre el camino de este monte, pues estaros tranquilos, no es que yo lo conozca demasiado pero al menos una vez, hace tiempo, ya he estado y tengo la certeza absoluta de que éste es el camino por el que debemos de ir.

SEGURU. Seguro. **K.** Hala poza emutendau ikustie nola dakok lanien haidien seguru ta bierdan moduen, ba horrek guredau esan kasu iñdauela esandakuei, batekiñ nauken zalantza pixkat zeatik betik gustau izenjako libre antzien ibiltxie, baña oñ bentzet etxuran dau. **T.** Así da gusto ver cómo andan todos trabajando seguros y de la forma que tiene que ser, pues eso quiere decir que han hecho caso a lo que se les ha dicho, con uno tenía un poco de duda porque siempre le ha gustado andar por libre, pero al menos ahora está bien.

Aspaldiko esaerabat: Bera betik halako seguru eta eztauko ez hankaik ta ez buru.

Un viejo proverbio vasco: El siempre tan seguro, y no tiene ni pies ni cabeza.

SEKADERUE. Fig. se dice por los locales dónde van a intentar curarse la personas dependientes del alcohol. **K.** Damianek esatendau nola bera bizidan herrixen dauen sekaderobat eta esauketaitxuela hara fatendien batzun-batzui, bateatik komestatzendau ze bere ustez eztaukela erremeixoik, gutxienetik dozenerdi bider eon omendala, oñartien betik alperrik, eta gero urtetzendanien bakoitxien, handik pixkatera, lengo modu berdiñien jarraitzendauela. **T.** Damián suele decir que en el pueblo dónde vive el hay un local para las personas que son dependientes del alcohol y que conoce a varios de los que van allá, de uno de ellos comenta que cree que no tiene remedio porque por lo menos ya ha debido de estar media docena de veces, hasta ahora siempre inutilmente, y que luego cada vez que sale, de allá a poco, continúa de la misma manera.

SEKANTIE. Secante. En la escuela y de chavalitos le llamábamos así al papel secante. **K.** Mutikotan eskola nazionaletan haigitzenien eta beñ ta pixtat ikesi idazten emuzkuen esategutzen plumilla, eta honeaz batera pote txikibat tinta txina izena haukena, hau zan kaligrafía ikenten hasteko eta noski aurrenekotan tantu bat ero beste be jaustezien, honeik sikatzeko paper sekantie haukoun eta ha erabiltzegauen. **T.** Cuándo de chavales empezamos en las escuelas nacionales y una vez que aprendimos un poco a escribir nos dieron lo que llamábamos plumilla, junto con ésta también un bote pequeño de tinta que tenía el nombre de china, .esto era para aprender caligrafía y lógicamente al principio caía algun gota que otra, para secar estas teníamos y utilizábamos el papel secante.

SEKULA, SEKULE. Nunca, jamás. **K.** Arrastuik be eztauket egixe izenleiken baña mutil horrek betik esan izendau ze berak eztitxuela sekula porroik erre, eta izenleiken esatendot zeatik bere lagun kuadrilla guztie porrero utzak die, eta batek baño geixauk eukidau arazo bat ero beste horren kontura. **T.** No tengo ni idea de si puede ser verdad pero el chico ese siempre ha solido decir que él nunca ha fumado un porro, y digo puede porque todos los amigos de su cuadrilla son unos auténticos porreros, y más de uno ya ha tenido algún problema que otro a cuenta de eso.

SEKULAKUE. Grande, enorme, extraordinario.

(Ver la efinición de izugarrixe).

SEKULAKUEN. No en muchísimo tiempo, acaso nunca. **K.** Asunto hontan dakixen, eurok hala ustedaue bentzet, askok esatendaue egunenbaten jentie fangodala Marte hortara, eta ez fan bakarrik baizik bertan bizi bebai, baña nik ustedot oñ hemen garenak eztoula iñoiz hori ikusiko eta baitxe baleike sekulakuen fan be itxeik ez, batzuk mingaña larreiko luzie eukitxendaue eta geixenbaten ojeto bakarraz, publizidadie eta horrek emutendauen dirue. **T.** Los que saben, al menos así lo creen ellos, de éstos asuntos dicen que algún día la gente podrá ir al Marte ese, y no solo ir sino también vivir allá, pero yo creo que los que ahora estamos aquí no lo veremos jamás y también puede que no lo hagan en muchísimo tiempo o acaso nunca, algunos suelen tener la lengua demasiado larga y la mayoría de las veces con un único objeto, publcidad y el dinero que eso genera.

SEKULARTE, SEKULA HARTE. Hasta nunca. **K.** Sekularte hau da hitzbat eztana holako sarri erabiltzen, bakarrik noixienbeñ, izugarriko asarrie daukotzunien bateonbatekiñ eta esateko eztozula geixu ikusteik nai. **T.** El hasta nunca éste es una frase que no se utiliza demasiado, solo cuando tienes un enfado monumental con alguno y es para decirle que no le quieres ver nunca más.

SELTZA. Sifón, agua carbonatada. **K.** Garai baten, oso aspaldi, seltza zan gauzabat asko eratezana eta geixenbat ardauekiñ nahastuta, gero sigero desagertuzan beste edari batzuk asaltzen hasizienien eta oñ berriz hasida ikusten, gañera lengo botilla tipokuaz. **T.** En un tiempo, hace mucho ya, el sifón era una cosa que se bebía mucho y casi siempre mezclado con el vino, luego desapareció del todo cuando empezaron a aparecer otras bebidas y ahora parece que se está viendo otra vez, además con el mismo tipo de botella.

SEMEALABAK, SEME-ALABAK. Conjunto de hijos e hijas. **K.** Lenau famili bakoitxeko oiturak, beno, oiturak bazien eta ez beste gauzarenbat, izetezien xeitik eta zortzira bitxerteko semealabak eukitxie, aldebatetik esatezan hori zala hotz haundixek itxezitxuen konsekuentziak, eta noski, ondo tapata eta sigero arrimauta eon-bierra hauen oien, eta bestaldetik orduen ezalako telebistaik, gero ta pixkanaka gutxitxen fanzan bi ero hiruraño eta oñ berriz batzuk nahikue izetendaue batekiñ eta akaso baperekiñ. Ba orduen garbi dau horrreatik izengozala, zeatik oñ apenas itxendau hotzik eta eztau telebistan faltaik. **T.** Las costumbres de antes, bueno si es que eran costumbres y no alguna otra cosa, eran que en cada familia hubiese entre seis y ocho hijos e hijas, y se decía que esas eran las conscuencias de que por una parte hacía mucho frío, y claro en la cama había que estar bien tapado y muy arrimado, y por otra que entonces no había televisión, luego y poco a poco fue disminuyendo hasta llegar a dos o tres y ahora en cambio algunos tienen suficiente con uno o quizá ninguno. Pues está claro que sí podía ser por eso, porque ahora apenas hace frío y no faltan las televisiones.

SEMEORDIE, SEME-ORDIE. Literalmente quiere decir en lugar del hijo y se refiere al niño adoptado. **K.** Lenau eta gerra denpora ondoren seme-ordiek, geixenak bentzet, zien esatejakon pobretxetik ero ospiziotik jasotako umiek, oñ berriz ta nola eztauen ez pobretxeik eta ez ospizioik, ba ia aspalditxotik hortik zierko kanpo nunbaitxetik ekartzeitxue, Txina ta kolako tokixetatik. **T.** Antes y después de la guerra los niños que se adoptaban, al menos la mayoría, eran los que se recogían en los hospicios o las inclusas, ahora en cambio cómo ya no hay ni hospicios ni inclusas, pues desde hace ya bastante tiempo los traen de algunos lugares de por ahí fuera, China y sitios así.

SEME-PUNTEKUE. Ahijado. **K.** Hemengo aspaldiko oiturabat izenda eta ondion be, baña gutxitxuau, modu berdiñien jarraitzendau, oparibat itxie seme-puntekuei Astesantu inguruen, jeneralki opari hori karapaixue izetezan eta gure inguruen karapaixo horrek baserriko ogixen sartuta erueteitxu bi ero hiru txorixo erre eta beste-hainbeste arrautza egosixek. **T.** Desde antaño una costumbre de aquí era y aún todavía, aunque algo menos, continúa de la misma manera, el hacer un regalo a los ahijados en fechas cercanas a Semana Santa, generalmente ese regalo consistía en un karapaixo y en la zona donde vivimos el karapaixo ese suele llevar introducido en el pan de caserío dos o tres chorizos fritos y otros tantos huevos cocidos. (En la definición con el nombre de karapaixo se explica cómo es).

SEMIE. Hijo. **K.** Lengo ostiralien, astero bezela, soziedadien eongiñen afaltzen eta Baldomero sigero serixo eonzan afai denpora guztien, ixe berbaik be inbarik, bukatu ondoren eta kalera urten aurretik galdetugutzen aber zerbaitx gertatzejakon, erantzuna izenzan berai ezer ez baña bai etxien pixkat kexkatuta ziela semiekiñ, zeatik honek esan omenauen abare izetie naidauela. **T.** El pasado viernes, cómo todas las semanas, estuvimos cenando en la sociedad y Bartolomé estuvo extraordinariamente serio durante toda la cena, casi sin hablar, cuando terminamos y antes de salir a la calle le preguntamos a ver si le pasaba algo, nos contestó que a él no pero que en casa estaban un poco preocupados con el hijo, porque había dicho que quería ser cura.

SEMINAIXUE. Seminario. **K.** Ba Bartolomen seme horrek bere asmuaz jarraitzen omendau, eta naiz eta sarritxen esan aurrena ondo pentzatzeko ezta atzera botatzen, bere erantzuna da oso garbi daukela eta haldan axkarren seminaixuen sartzie guredauela. **T.** Pues el hijo ese de Bartolomé sigue con la misma idea, y a pesar de que a menudo le dicen que primero se lo piense muy bien no se echa para atrás, su respuesta es que lo tiene muy claro y que cuanto antes quiere ingresar en un seminario.

SENARRA. Marido, esposo. **K.** Andra horrena pentzatzeko bezelakue da, bixer zapatue eskontzenda Udaletxien eta honekiñ laugarren senarra izengodau, aurreko hiru senarran alargun geratuzan eta gizon horreik esautu izeitxuen pertzonak komestatzendaue ze euron hilketak erraru xamarrak izenziela, etxuraz danak gertau omenzien egun batetik bestera. **T.** Lo de esa mujer da un poco que pensar, el proximo sábado se casa y con éste será su cuarto marido, de los tres anteriores quedó viuda y las personas que conocían a aquellos hombres suelen comentar que sus muertes fueron bastante extrañas, parece que todas debieron de ocurrir de un día para otro.

SENDA. Camino para andar a pie.

(Ver la definición de bide).

SENDABEDARRA, SENDABELARRA. Hierbas medicinales. **K.** Euskalherrixen, ziur beste leku askotan be berdiñ izengozala, lenauko jentiek fede haudixe eukitxeauen sendabelarrakiñ eta beleike oñ be batzun-batzuk hala eukitxue, gañera geixo tipo askondako balixo ta erabiltzezien, eta honein errezeta ero komenigarrixek ziela esateko petrikillo ero sazimedikuek eotezien, eta ondion uztedot be badazela, **T.** En Euskalherría, seguro que en otros muchos sitios también sería igual, la gente de antes tenía gran fe en las hierbas medicinales y puede que todavía haya algunos que lo tengan, además valían y se utilizaban para muchos tipos de enfermedades, y para recetar o decir sobre su conveniencia estaban los curanderos, y creo que todavía los sigue habiendo.

SENDABIRIE. Literal camino para curarse y se refiere a un tratamiento adecuado. **K.** Nola dien gauzak, zenbat urtien ibili izendan Anizeto mediku tartien aldebatera eta bestera fanda, dan horreikiñ konsultatzen aber sendau ero kentzeik eotezan larreiko sarri eukitxeauen buruko-miñe, eta askenien sazimedikubat izenda lortudauen horren sendabirie, lagunbatek esanda fan omenzan bereana eta harek emundakuaz hartu ondoren etxuraz eztau geixau euki. **K.** Cómo son las cosas, cuántos años habrá andado Aniceto entre médicos yendo a un sitio y a otro, consultando con todos ellos a ver si le curaban o quitaban el dolor de cabeza que solía tener demasiado a menudo, y al final ha tenido que ser un curandero el que dió con el tratamiento adecuado, recurrió dónde él cuando se lo dijo una amiga y después de haber tomado lo que le recetó parece no lo ha vuelto a tener más.

SENDAGAI, SENDAGAIA. Medicina, medicamentos. **K.** Oñ erozeiñ geixo tipondako eotendie sendagaiak, erremeixue daukenak segurazki osatu ingodie hori hartu ondoren, eta beste eztauken horreik berriz hor geratukodie akaso betiko, baña gauzabat, naiz eta sendagai horreik sendatu zuk daukotzun geixue baleike kaltenbat itxie beste nunbaitxen. **T.** Ahora hay medicamentos para todo tipo de enfermedades, las que tengan remedio seguramente se curarán tomando eso, y aquellos otros que no lo tienen allá quedarán quizá para siempre, pero una cosa, a pesar de que las medicinas esas sanen la enfermedad que puedas tener quizá sea posible que te hagan daño en algún otro sitio.

SENDATU, SENDAU. Curar, sanar.

(Ver la definición de osatu).

SENDO. Completo, lleno, entero. **K.** Jakiñleike nora begire haizarien, ezaldozue ikusten bidoi hau daixola dauela, ero?, goraño sendo beteta daukotzue eta apostaukonaute aspalditxotik gañera zeatik ikusi besteik eztau horren azpixen iñdozuen potzue. **K.** ¿Se puede saber dónde estáis mirando, acaso no veis que el bidon está rebosando, o qué?, lo teneís completamente lleno hasta arriba y además apostaría que desde hace bastante tiempo porque no hay más que ver el pozo que habeís hecho debajo.

SENDUE. Grueso, espeso. **K.** Batzui eta geixenbat Bizkai aldekuek dienai sendue gustzejate, bentzet sendo xamarra, izetie bakallauen pilpilla, gure etxien berriz naio izetendou me xamarra prestatzendana zeatik nere ustez hala askoz hobeto geratzenda ogixekiñ untatzeko. **T.** A algunos y sobre todo a los que son de la zon de Bizkaia les gusta que el pilpil del bakalao sea grueso o al menos bastante espeso, en nuestra casa en cambio preferimos el que se prepara un poco ligero porque yo creo que así queda mejor para untar con el pan.

SENDUE. Persona rolliza, robusta, obesa.

(Ver la eefinición de potolo).

SENDOTU. Espesar algo, generalmente alguna salsa. **K.** Bakallauen eta pilpillen buruz gauzabat da me xamarra eta bestebat sigero meie izetie, pilpill hau ondo eta norberan gustora prestatzeko gora-berie dau zenbat eta nola mobitxu lapikue eta nahikue dala ustedanien eztau geixau jarraitxu inbierrik, gelditxu eta kitxo. Eta beste erozeiñ saltza larreiko meie baldinbadau eta sendotu nai, ba iriñ apurbat nahastuta, bere denporan noski, nahikue izetenda. **T.** Sobre el pilpil del bakalao una cosa es que sea un poco ligera y otra que lo sea extremadamente, para preparar bien esa salsa y al gusto de uno la cosa consiste en cuánto y cómo mover la cazuela, y cuando se crea que ya está suficientemente espesado no hay porque continuar más, parar y ya está. Y si se quiere espesar cualquier otra salsa que esté demasiada ligera, pues con mezclar un poco de harina, a su debido tiempo claro, sería suficiente.

SENDIEK, SENIDIEK. Familiares. **K.** Eztakitx zer gertaudan, hamalau senide giñen bazkai hontara etorzeko eta oñartien zazpi besteik ezgara asaldu, ixe hirurek die, sukaldetik birritxan esandaue arkumie pres dauela eta maixen jartzie komenidala, eta aber, zuei ze iruitzejatzue inleikela, hasi bazkaltzen ero itxoiñ beste pixkat? **T.** No sé que habrá podido pasar, éramos catoce familiares para asistir a esta comida y de momento no hemos aparecido más que siete, son casi las tres, de la cocina ya nos han avisado dos veces que el cordero está ya listo y que conviene sentarse en la mesa, y a ver, ¿qué pensáis que deberíamos hacer, empezar a comer o esperar un poco más?

SENTIMENTUE. Emotividad, sentimiento. **K.** Mutil horrek siñistu eziñeko sentimentue dauko, gañera batzuetan hainbeste igertzejako ze batzuetan emutendau erraru xamarra dala, erozeiñ gauza gertau-ezkero segitxuen negarrez hastenda, senidenbat geixotu iñdala, lagun batzuk asarretu iñdielako euron hartien, errietanbat jasodauelako eta hala beste gauza askoatik. **T.** No se puede creer el sentimiento que tiene el chico ese, además algunas veces se le nota hasta tal punto que da la impresión de que es un tipo raro, si es que pasa cualquier cosa enseguida empieza a llorar, si enferma algún familiar, si entre ellos se han enfadado algunos amigos, si ha recibido alguna reprimenda y así por un montón de cosas más.

SENTIRU. Sentir. **K. K.** Horrena urte dexentetxo die baña ondion oso ondo gogoratzenaz, beñ hondartzan igeri hainitzala aurren sentiru iñauen hola giligili batzuk bezela, enutzen kasuik iñ pentzata bertako algak izengoziela baña ez, medusak zien eta aberixa dexente iñuztien bularrien, ba axkar urten eta Gurutzegorrira fan-bierra izenauen. **T.** De eso ya serán unos cuantos años pero todavía me acuerdo muy bien, una vez que estando nadando en la playa primero sentí cómo una especie de cosquillas, no le hice caso pensando que serían algas pero no, eran medusas y me hicieron una buena avería en el pecho, pues tuve que salir rápido e ir corriendo al puesto de la Cruz Roja.

SEÑALA, SEIÑALA. Señal. **K.** Hik daukek barriketa gogue, eta jakiñleikek zeatik haiaizen galdetzen danai, banan banan aber zer moduzkuek eozen txarrankak?, akaso eztok ikusten eztala gelditzen bat bakarra, ero?, ba hori señala izengok onak eongoziela, ez?, ero etxak hiri hala iruitzen?, ba etxuat uste iñok konpromisuatik jandauenik. **T.** Vaya ganas de hablar que tienes, ¿y se puede que andas preguntando a todos, uno a uno a ver que tal estaban las manitas de cerdo?, ¿acaso no ves que no ya queda ni una sola, o qué?, pues eso será señal de que estaban ricas, ¿no es así?, o quizá tú no piensas eso?, pues no creo que nadie las haya comido por compromiso.

SEÑALAK, SEIÑALAK. Señales. **K.** Nik ustedot eztauela galtzeik Santio bidaia itxeko, lañope ez ibili-ezkero bentzet, zeatik hasieratik eta bukatu harte danien daz señalak, ondo garbi gañera eta honeik jarraitxuta Santiago bertaraño allegatzezara, baña seiñal honein buruz gauzabat gertauda, lenau herri kanpotik fatezien biriek oñ hango señal hareik aldatu iñditxue herri bertatik pasatzeko, eta badakitzue zergaitxik izengodan hori, ez? **T.** Yo no pienso que para hacer el Camino de Santiago sea posible el perderse, al menos si no se anda entre la niebla, porque desde el comienzo hasta el final en todo el recorrido hay señales, además bien claras y siguiendo estas llegas hasta el mismo Santiago, pero en relación a la señalización una cosa ha pasado, las señales que antes había en los caminos que iban por fuera de los pueblos ahora las han cambiado para que pases por el mismo pueblo, ¿y ya os imagináis porque será eso, no?

SEÑALAU. Señalar. **K.** Ikusten hainauk zer gureduan esatie bietz tente horrekiñ baña neri ezirek señalau zeatik ni enauk izen puzkerra botadauena, bestenbat izengozuan, ero balieke heu be izetie eta oñ tontopapela itxen ibili. **T.** Ya estoy viendo que es lo que quieres decir con ese dedo enhiesto, pero a mí no me señales porque yo no he sido el que ha echado el pedo, habrá sido algún otro, y hasta puede que hayas sido tú y ahora estés haciendo el papel de tonto.

SERIXO. En serio. **T.** Zelestinokiñ eztau jakitxeik noiz dabillen serixo eta noiz txantxetan, hainbeste bider joduzku adarra, eta ez guri bakarrik baizik haldauen guztiei, ba horren konzekuentziaz oñ gertatzejako ixe iñok eztutzela apenas kasuik itxen naiz eta egixe izen esaten haidana. **T.** Con Celestino nunca se sabe cuando está hablando en serio y cuando en broma, nos ha tomado tantas veces el pelo, y no solo a nosotros sino a todo aquel que puede, pues a consecuencia de eso ahora le pasa que casi nadie le hace apenas caso a pesar de que lo esté diciendo sea cierto.

SERIXUE. Se dice de la persona seria, circunspecta. **K.** Nik eztakitx gizon hori betik izendan holako serixue baña oñ bentzet etxura hori dauko, eta akaso baitxe larreikue be, aspalditxik esauketandauen batzuk komestatzendaue lenau nahiko alaia zala eta hala biurtuzala semiei kartzelara sartu ondoren. **T.** Yo no sé si ese hombre ha sido siempre así de serio pero ahora al menos tiene todo el aspecto de que lo es, y quizá hasta también demasiado, algunos de los que le conocen de hace tiempo suelen comentar que antes era bastante alegre y que se volvió así a raiz de que a su hijo le metiesen en la cárcel.

SERMOIE. Sermón. **K.** Fandan domekan eta mendi-buelta txikibat iñaz asaldugiñen inguruen dauen auzobaten zerreozer jateko asmuekiñ, Elkixa zabalik hauen, mesa denpora zan eta andriek esauzten aber sartukogitzen, ba beno, pasa barrura eta orduentxe apaiza, gutxienetik eukikozitxun larogei urte, sermoie emuten hauen, ikustezan nola han zan jente asko ago-zabalka haizan eta andriei esanaz taberban itxoiñgonutzela axkar urtenauen handik. **T.** El pasado domingo y dando una pequeña vuelta por el monte llegamos a un barrio de los alrededores con la idea de comer algo, la Iglesia estaba abierta, era tiempo de misa y la mujer me dijo a ver si entrábamos, pues bueno, pasamos dentro y en ese momento el cura, por lo menos tendría ochenta años, estaba dando el sermón, se veía cómo mucha de la gente que allá había estaba bostezando y diciendo a la mujer que la esperaría en el bar rápidamente salí de allá.

SESTA, SIESTA. Siesta. **K.** Batzuk sigero amorratuek die siesta botatzeko eta naiz eta denpora gutxi izen derrigorrez bota-bierra daukie, eta beste-batzuk be badaz hori inbier izetendauenak oien pijamakiñ sartuta, oñ egixe da ze hortik zier eon-ezkero oporretan ondo etortzendala pixkat itxie telebista ikusiaz, noski begixek itxita. **T.** Algunos son fanáticos para echar la siesta y aunque solo sea poco tiempo necesariamente tienen que echarla, y también hay otros que la tienen que hacer en la cama y con pijama, la verdad es que cuando andas por ahí de vacaciones suele venir muy bien el hacer un poco viendo la televisión, claro que con los ojos cerrados.

SESTARA, SIESTARA. A la siesta. **K.** Ondion eztakix zergaitxik izengozien lengo oitura hareik, mutikotan eta gure etxien bentzet, derrigorra izetezan siestara fatie bazkalostien, beñ baño geixautan galdeketagutzen gure amai aber zeatik fan-bierra haukoun ezpagauken logureik, ba haren erantzuna betik berdiñe zan, halaxe dalako eta kitxo. **T.** Todavía no se porque tendrían que ser así aquellas costumbres de antaño, de chavales y al menos en nuestra, casa era obligatorio el ir a la siesta después de comer, más de una vez le preguntábamos a nuestra madre a ver porque teníamos que ir si no teníamos sueño, pues su respuesta siempre era la misma, porque era así y ya está.

SIETZA. Tendón. **K.** Lengo eguneko mendi-bueltan Hermenegildo kontatzen ibilizan nola aspaldi jausi eta arrazkero sorbaldako sietza puskatute dauken, supraespinoso izen xelebre hori daukena, eta batzuetan miñ apurbat eukitxendauela pixodun zerbaitx eruen-ezkero bixkarrien. Ba ezan bape ondo ibiliko zeatik dexente pixoko motxilaz ibiligiñen. **T.** Cuándo el otro día estábamos haciendo la vuelta del monte Hermenegildo nos contaba que cómo hace ya tiempo se cayó y que desde entoncen tiene roto un tendón del hombro, el que tiene el nombre ese raro de supraespinoso, y que algunas veces tiene un poco de dolor si lleva algo pesado al hombro. Pues no andaría nada bien porque anduvimos con unas mochilas bastante pesadas.

SIFOIE. Sifón.

(Ver la definición de seltza).

SIGERO, SIERO. A menudo, por completo, demasiado. **K.** Sarri entzunde nauken nola Braulion lagun barri hori zertxobaitx txorimalue zala, baña hori esauztienak ezaukien errazoie, osue ez bentzet, atzo eukinauen aukera pixkat esauketako eta ezta bakarrik zertxobaitx, sigero motx geratuzan zeatik sigerokuekue da, siñistu ezinleike zenbat tontokeixa esanzitxun berakiñ eonitzen denporan eta benetan ha ezala bape normala. **T.** A menudo tenía oído que ese amigo nuevo de Braulio era un poco bobalicón, pero los que me dijeron eso no tenían razón, al menos no toda, ayer tuve la oportunidad de conocerle un poco y la verdad es que se quedó corto, no es que sea solo un poco porque es demasiado, es increíble la cantidad de tonterías que dijo en el tiempo que estuve con él y de verdad que aquello no era nada normal.

SIKERA. Siquiera. Si al menos… **K.** Ba eztakitx sekula geixau alkartukonazen Braulion lagun horrekiñ, gogo haundirik eztauket bentzet zeatik atzokue larreikue izenzan, eta sikera eonbalitz ixilixen etxakon hainbeste igerriko, baña gañetik eta ni eonitzen denporan ezan momentubat barriketan gelkditxu. **T.** No sé si alguna vez más volveré a juntarme con el amigo de Braulio, no tengo muchas ganas porque lo de ayer fué demasiado, y si al menos hubiese estado un poco callado no se le habría notado tanto, pero es que encima el tiempo que estuve yo no paro de hablar un solo momento.

SIKETU. Secar. **K.** Mendixen arrapauzkun euri-zaparrarakiñ danok blai iñde geratugara, iñok ezaukoun guardasolik eta ez euriko erropaik eta oñ gauza da nola ero nun siketu, sikera zertxobaitx zeatik ondion Igelgora allegatzeko dexente xamar gelditzejaku eta eztau bape beroik itxen erropa busti honeik gañien erueteko. **T.** Con el chaparrón que nos ha pillado en el monte todos hemos quedado completamente empapados, ninguno de nosotros teníamos paraguas ni ropa para el agua y ahora la cuestión es dónde o de qué manera vamos a secar ésta ropa, aunque solo sea un poco porque todavía para llegar a Igeldo nos queda bastante y no hace ningún calor cómo para llevar encima la ropa mojada.

SIKU. Se puede decir cuando una persona está profundamente dormida y también cuando está muerta. **K.** Itxiozue pakien eta ez esnatu, gañera ustedot ezala posible izengo zeatik sigero siku dauela ikustejako, etxera gaupasa iñde etorrida eta ez larreiko etxura onien, askotxo estropozatzezan berba itxerakuen. **T.** Dejarle en paz y no le despierteís, además creo que tampoco seria posible porque se le ve que está profundamente dormido, a casa ha venido de gaupasa (noche de juerga) y en no demasiadas buenas condiciones, se tropezaba demasiado al hablar.

SIKUE. Seco (a). **K.** Zenbat bider barre iñetedou neska horreatik, betik eta berdiñ da ze giro itxendauen aterkiñ txikibat eruetendau poltzo barruen, ba oñ gertaudanaz beitu nun geratudien gure barre horreik, sekulako euri-zaparrarie botadau eta berak horri ezker erropak sikuek dauko eta guk berriz sigero blai iñde. **T.** Cuántas veces nos habremos reído de esa chica, siempre y haga el tiempo que haga lleva un paraguas pequeño metido en el bolso, pues con lo que ahora ha pasado mirar dónde ha quedado nuestras risas, ha caído un chaparrón impresionante y ella gracias a eso tiene la ropa seca y nosotros en cambio estamos completamente empapados.

SIKUTIE. Mucha sequedad. **K.** Inguru hontan be sekulako sikutie dau aspalditxotik eta ortuek ur falta haundixe daukie. Haraere hor be aldien ustedot gorrixek pasatzen haidiela, esatendaue ia eztakixiela zenbat denporan eztala euri tantoik jausi, eta dana izurrau aurretik derrigorrezkue omendala ura nolabaitx ero nunbaitxetik lortzie. **T.** También en nuestros alrededores hace ya mucho que hay una sequedad impresionante y las huertas tienen mucha necesidad de agua. Aún así creo que por ahí abajo lo están pasando muy mal, dicen que ya no se acuerdan desde hace cuanto tiempo que no ha caído una sola gota de agua, y que antes de que se estropee todo es imprescindible conseguir agua de alguna forma o de algún sitio.

SIKUTIE. Se dice de la persona que tiene mucha sed, que está sedienta. **K.** Zenbat istorixa entzutendan hortik zier zabitzenien, batzuk sigero alaiak eta beste-batzuz ez hainbestekuek, geixenak Santio birien izetendie zeatik hor da jente geixen ibiltxendana, gogoratzenaz nola beñ erromesbat kontatzen ibilizan astu inzala uran kantinplora gaua iñauen albergien, birien ezala alkartu iñokiñ eta sekulako sikutiaz allegau omenzala aurreneko herrira, lau ordu pasa ondoren irtezanetik. **T.** Cuántas historias se oyen cuando andas por ahí, algunas muy divertidas y otras no tanto, la mayoría son en el Camino de Santiago porque ahí es donde más gente suele andar, me acuerdo de cómo una vez un peregrino contó que se olvidó la cantimplora del agua en el albergue donde había hecho noche, que no se juntó con nadie en el camino y que llegó completamente sediento al primer pueblo, después de haber pasado cuatro horas desde que salió.

SILUE. Silo. Depósito donde se guarda la hierba, el grano etc... También otras cosas cómo el cemento, yeso, etc... **K.** Lenau bedar moztezan geixena siluetan sartzezan gero han barruen fermentatzeko, eta beste zertxobaitx be iztezan baserri aurrien metak itxeko, oñ berriz, naiz ondion silo batzuk bebai erabili, nik ustedot moztendan bedar geixena plastiko barruen iztendala bolak iñ ondoren. **T.** Antes casi toda la hierba que se cortaba se metía en los silos para que se fermentase allá dentro, y otra poca se quedaba apilada en unos montones delante del caserío, ahora en cambio, aunque todavía también se utilizan algunos silos, yo creo que casi toda la hierba lo dejan dentro del plástico después de hacer bolas.

SINDIKATUE. Sindicato. **K.** Gauzak aldatzeko diela esatendaue eta benetan kasu askotan hala dala, eta esanbaterako sindikatuen buruz, lenau eta gizon ha bizizan hartien bat bakarra hauen eta sindikato bertikala izena hauken, eta oñ berriz arrastuik be estauket zenbat eongodien baña seguro pillabat bentzet baietz. **T.** Dicen que las cosas son para cambiarlas y cierto que en muchos casos es así, y por ejemplo en el caso de los sindicatos, mientras vivió aquel hombre había uno y único y se llamaba sindicato vertical, ahora en cambio no tengo ni idea de cuántos puede haber pero por lo menos un montón seguro que sí.

SINFALTA. Sin falta. Necesariamente. **K.** Lenau eta mutikuek gitzenien gure amak, eta ama guztiek berdiñek izengozien, domeka guztietan eta etxetik urten aurretik esateuzkun sinfalta fateko mesetara eta bera ondo jakiñien jarrikozala aber eongiñen ero ez, guk egixe esanda, naiz eta baietza emun, askotan ezgutzen bape kasuik itxen esandakuei, baña baezpare ondo enterauta bueltatzegiñen abarien jantzixekiñ eta abar. **T.** Antes y cuando éramos unos chavales nuestra madre, y así serían todas las madres, todos los domingon antes de salir de casa nos decía que fuésemos a misa sin falta y que ella ya se enteraría bien si habíamos estado o no, nosotros la verdad sea dicha, aunque le dijéramos que sí, muchas veces no hacíamos ningún caso a lo que nos había dicho, pero por si acaso volvíamos a casa bien enterados de cómo iba vestido el cura, ect...

SINSORGO. Se dice de la persona que es sosa, insustancial y con poco fuste.

(Ver la definición de ganore-bakue).

SIÑADURA. Firma. **K.** Agripinoi ederra gertaujakon lengo egunien, hau berak kontautakue da, etxuraz egun hortan kobrau omenzauen iñdako lanenbat, esanauen ordainketa izenzala taloi bidez eta bankura fanzala hori ingresatzeko asmuaz, ba hemen etorrizan arazue eta haundixe gañera zeatik taloi horrek ezauken iñungo siñaduraik.**T.** Buena le ocurrió el otro día a Agripino, ésto está contado por él, parece que ese día debió de cobrar algún trabajo que había hecho, dijo que se lo pagaron mediante un talón y que fué al banco con la intención de ingresarlo, pues aquí vino el problema y grande además porque a ese talón le faltaba la firma.

SIÑATU. Firmar. **K.** Ba istorixa honekiñ jarraitxuaz, Agriponok komestauen nola aurrena ardura haudixekiñ geratuzala pentzata aber gezurretan haizan taloi hori emunutzena, baña ez, telefonoz deitxu eta parkamena eskatuaz esan omenutzen segitxuen pasakozala bankutik siñatu itxera taloi hori. **T.** Pues continuando con la historia, Agripino comentó que al principio quedó muy preocupado pensando a ver si le había engañado la persona que le dío el talón, pero no, le llamó por teléfono y después de pedirle perdón le debió de decir que enseguida pasaría por el banco para firmar el dichoso talón.

SIÑISMENA. Creencia, fe. **K.** Bai, batzuk oso sarri fatendie Elixara mesa entzun eta komulgatzera, eta gañera abotz altuaz esanaz beraik siñismen haundixe eukidauela betik Jangoikuaz, eta akaso hurrengo egunien baleike notizibat asaltzie periodikon jarriaz arraupautxuela lapurretan han, hemen ero bixetan. **T.** Si, hay algunos que van muy a menudo a la Iglesia a oir misa y a comulgar, y además diciendo en voz bien alta que ellos siempre han tenido una gran fe en Dios, y quizá el día siguiente puede que aparezca una noticia en el periódico diciendo que les han pillado robando aquí, allá o en los dos sitios.

SIÑISTU. Creer en lo que digan. **K.** Lengo egunbaten entzunutzen abare estudiatzen eonzan mutilbati, bera aspalditxo lagata hauen baña bere garaian oso gutxi geratzejakonai ordenatzeko, oso zalla omendala siñistu eraitxie jentiei euroi larrei kostatzejatiena siñisten. Eztakitxena da txantxan berba itxen haikozan ero benetan zan esaten haizana. **T.** Un día de no hace mucho tiempo le oí a un chico que había estado estudiando para cura, él hace ya bastante que lo había dejado pero que en su tiempo le debió de faltar muy poco para ordenarse, que era difícil hacer creer a la gente lo que a ellos les costaba demasiado creer. Lo que no sé es si estaba hablando en broma o era en serio lo que estaba diciendo.

Aspaldiko esaerabat: Zer merezidau gezurtixek?, ez siñistie egixek.

Un viejo proverbio en euskera pregunta: ¿Qué merece el mentiroso?, no creerle cuando dice la verdad.

SIÑISTU EZIÑE, SIÑISTU EZIÑEKUE. Asombroso, inaudito, increíble. **K.** Eztakitx siñistu eziñeko gauza askoik eongodien baña nahiko zallak dienak ulertzeko ziur baietz, eta aber nola esangozaukien zueik izenzala nik beñ ikusinauena, ba hala zan, aurrena neskabat kajoien sartu eta han etzanda geratuzan, gero tapa eta kajoi hori erditxik moztu neskie barruen dala, eta hemen dator ulertu eziñe zeatik tapa aldekobat kendu ondoren han nun asaltzendan neska, bizirik, osoik eta alai. **T.** No se si habrá demasiadas cosas increíbles pero estoy seguro de que si hay las que son muy díficiles de comprender, y a ver cómo definiríais vosotros que fué lo que yo ví una vez, pues era sí, primero metió a una chica en un cajón y allá quedó tumbada, luego tapar y el cajón ese lo cortó por la mitad estando la chica dentro, y aquí viene lo difícil de entender porque después de quitar una de las partes de la tapa allá dónde aparece la chica, viva, entera y sonriente.

SIÑU. Guiñar.

(Ver la efinición de kiñu, kiñau).

SIÑUKA. Haciendo muecas, gestos. **K.** Zenbat arazo eukitxuen mutill horrek pertzona batzukiñ, batzuetan pasau izenjako ze akaso jarritxe eon erozeiñ tabernako terrazan eta aldameneko bateonbat etorri, asarre gañera, galdetzen aber zerbaitx gertatzejakon berakiñ eta zeatik haidan siñuka, lasaitu ondoren esplikau inbierra izetendau defeto txikibat daukela eziñdauena menperau. **T.** Cuántos problemas ha tenido el chico ese con algunas personas, a veces le ha pasado que a lo mejor está sentado en la terraza de cualquier bar y viene alguien de la mesa de al lado, además enfadado, preguntando a ver si le pasa algo con él y porqué le está haciendo muecas, después de tranquilizarle le tiene que explicar que tiene un pequeño defecto que no puede dominar.

SIPLISAPLA. Dar o amenazar con dar unos cachetes o bofetadas en la cara.

(Ver la definición de plistiplasta).

SIRAUNA. Culebra de agua. **K.** Beñ, urte asko dala, umiek txikiñek ziela ikastolan esautzien erueteko astelenien, ostirala zan, bizirik dauen animalibat ikastolara, eta guriek nik hartutako siraunak eruenauen, tapa zulautako kritalezko potien sartuta, ba etxuraz beste umiek, akaso ezien danak izengo, bildurtu eta andereñok axkar bielduzitxun guriei bueltan etxera, eta eurokiñ batera siraunak. **T.** Un vez, hace muchos años y cuando los críos eran pequeños en la ikastola les dijeron que el lunes, era viernes, llevasen algún animal vivo a la ikastola, y los nuestros llevaron unas culebras de agua, cogidas por mí y metidas en un frasco de cristal con la tapa agujereada, pues parece que los otros niños, quizá no fuesen todos, se asustaron y la andereño enseguida mandó a los nuestros de vuelta a casa, y junto con ellos las culebras.

SIRIGUE, ZIRIGUE. Columpio artesanal. **K.** Zenbat sirigo iñetedou umientzat eta honeik itxie oso errexa zan, bakarrik bier izetezan sokabat iñdertzu xamarra eta arbolabat etxurazko arramakiñ, soka honen bi muturrak ondo lotu arrama horren bi aldetan eta gero beste zerbaitx ipurdixe asentatzeko, jeneralki ol zatibat. **T.** Cuántos columpios artesanales habremos hecho para los críos y hacer estos era muy fácil, solo hacía falta una cuerda bastante fuerte y un árbol que tuviese una buena rama, se ataban los dos extremos de la cuerda a dos lados de la rama y después alguna otra cosa que sirviese para apoyar el culo, generalmente un trozo de tabla.

SIRIMIRI, SIRIMIRIXE. Lluvia fina y suave. **K.** Oñ be ezta gure paraje hontan falta izeten sirimirixe baña nik ustedot lenau askoz egun geixautan eotezala, nik bentzet hori dauket goguen, oñ denpora luzien eurik inbarik eotenda eta gero derrepentien izugarrizko zaparrarak botateitxu, eta gañera hala dan etxurie dauko alde guztietan. Ba akaso kanbio-klimatiko horreatik izengoda. **T.** Ahora tampoco falta el sirimiri en nuestro entorno pero yo creo que antes lo había muchos más días, al menos yo tengo ese recuerdo, ahora el tiempo que está sin llover es mucho más largo y derrepente arranca y echa unos chaparrones impresionantes, y además parece que debe de ser así en todas partes. Pues quizá puede que sea por el cambio climático ese.

SITUAZIÑUE. Situación, entorno, circunstancia. **K.** Tiburzioi nahiko arazo gertaujako aspalditxuen, gañera errezkaran eta enauke iñola gure bere situaziñuen eoteik, ba beitu, lengo egunien andrie mariau, eskillaratik jausi eta txorkatilla bigurtudau, atzo semiek istripu serixo xamarra euki omendau kotxiekiñ, eta gaur berai aldmiño gañien zala beien lanien haizan makiñabatek ikutu, aldamiño horrek bera iñ, beraz batera noski eta zartara ederrak hartu, ba etxuraz eztauko gauza haundirik baña baezpare ospitalera eruendaue beitzeko. **T.** Tiburcio ha tenido bastantes problemas últimamnete, además seguidos y no me gustaría para nada estar en su situación, el otro día se mareó la mujer, cayó por la escalera y se torció el tobillo, ayer el hijo debió de tener una accidente bastante serio con el coche, y hoy a él cuando estaba encima del andamio una máquina que estaba trabajando abajo derribó éste después de tocarle, cayó junto con él y cogió unos golpes considerables, pues parece que no es gran cosa pero por si acaso le han llevado al hospital para mirarle.

SITZA. Polilla, carcoma.

(Ver la definición de pipia).

SO!, SOO! ¡So! Es la voz de arriero para parar a los burros. **K.** Josun astuek, Mesi eta kiko, benetan esanleike sigero astuek diela eta kosta ingoda billatzie horreik baño animali erroskorraurik, bakarrik gauzabat entzutendaue eta da deitzejatenien ogixe jaten etortzeko, beztela arre ero so esan berdiñ da zeatik eztaue sekula kasuik itxen eta batzuetan derrepentien gorrak biurtudien ertxurie daukie. **T.** De los burros de Josu, Kiko y Mesi, de verdad se puede decir que son unos auténticos burros y costará buscar unos animales más tercos que ellos, solo oyen una cosa y es cuando se les llama para que vengan a comer el pan, sino es igual decirles arre que so porque nunca hacen caso alguno y a veces da la impresión de que se han vuelto sordos derrepente.

SOAZ. Vete. **K.** Mekatxis, ontxe bertan hauken hau gertau-bierra, olixo botilla jausi eta puskatu, gauza da eztauketela besteik eta ondion bazkaixe prestatzeko dauket. Ba semiei esanbikutzet ekartzeko, Bibiano entzun, soaz meserez dendaraño eta ekarrirezu olixo botillabat, beno, baezpare bi izeteko. **T.** Mecachis, ahora mismo tenía que sucederme ésto, se ha caído y roto la botella de aceite, la cosa es que no tengo ninguna otra y todavía tengo que preparar la comida. Pues le tendré que decir al hijo que me traiga, oye Bibiano, vete por favor hasta la tienda y traéme una botella de aceite, bueno, que sean dos por si acaso.

SOBRANTIE. Lo que sobra. **K.** Ze iruitzejatzue inleikela txuleta haragi sobrante honeikiñ?, nere ustez penagarrixe izengolitzake eruetie txakurrendako eta askoz geixau botatzie, zeatik eztitxu erueten eta bixer afaltzeko prestau tomate pixktekiñ soziedadien? **T.** ¿Qué os parece que se puede hacer con la carne de las chuletas que han sobrado?, yo creo que sería una lástima que se llevase para los perros y mucho más que la tiremos, ¿porque no nos llevamos y mañana lo preparamos con un poco de tomate para cenar en la sociedad?

SOBRE. Está de más, de sobra, es mucho y no hacía falta tanto. **K.** Badakitx zuk borondate guztiekiñ ekarridozula perretxiko honeik baña larreitxo die, guk etxien bi bakarrik gara eta eziñditxu jan dan horreik, erdixekiñ nahikue ta sobre daukou eta beste erdixe emuiozu beste lagunenbati, erozeñek hartukoitxu oso gustora. **T.** Ya sé que tú has traído con tu mejor voluntad esas setas pero son demasiadas, nosotros en casa no somos más que dos y no las podemos comer todas, con la mitad tenemos suficiente y de sobra y la otra mitad se las das a algún otro amigo, cualquiera las cogerá muy a gusto.

SOIEZ. Vas. **K.** Beno, askenien zertan geratugara, zu soiez karnizerira txistorra erostera ero beste norbaitxek fanbierra dauko?, komenida gauzak garbi iztie zeatik baleike bi ero hiru lagun etortzie txistorra sortaz eta gero aber zer itxendoun hainbestekiñ, eta baitxe gertauleike ze bata-bestiastik ezer-barik geratzie. **T.** Bueno, ¿al final en que hemos quedado, que vas tú a ir a la carnicería a comprar la chistorra o tiene que ir algún otro?, conviene dejar las cosas claras porque sino puede pasar que vengan dos o tres con ristras de chistorras y luego a ver que hacemos con tantas, y también que el uno por el otro nos quedemos sin nada.

SOILA, SOILIK. Puro, solo, simple, sin especias. **K.** Guk hau eziñdou jan, larreiko iñdertzu ta pikante dau eta bueltan bieldukou, ondo garbi esautzou, gañera zerbitzeriak baietza erantzun, arkume hau soilik guroula, erreta bakarrik eta beste ezer-barik, ba piper autz miñe botautzie, baitxe erramue be, laranjan zukue eta eztakitx zenbat gauza geixau. **T.** Nosotros no podemos comer ésto, está demasiado fuerte y picante y lo vamos a mandar de vuelta, le hemos dicho bien claro, además la camarera ha respondido que sí, que el cordero lo queríamos solo y sin especias, solo asado y sin nada más, pues le han echado pimientón picante, también laurel, zumo de naranja y no se cuántas cosas más.

SOILDU. Romper, destrozar. **K.** Eztakitx zeiñ ero zeñeik izendien eta ze motibu eukidauen soildu itxeko ortuko kaxeta txiki hori, gure terrenuen hauen iñori kalteik inbarik, barruen ortuko erremintak bakarrik eozen eta gañera eztaue ezertxorik eruen, eta orduen, zergaitxik izengozan hori?, ba auskalo, akaso bertatik pasadan anormalenbat. **T.** No sé quien o quienes han sido los que han destrozado la pequeña caseta de la huerta, estaba en nuestro terreno sin hacer daño a nadie, dentro solo había las herramientas de la huerta y encima no han llevado nada, y entonces, ¿porqué ha podido ser eso?, pues cualquiera sabe, a lo mejor algún anormal que ha pasado por ahí.

SOKA, SOKIE. Cuerda, soga fuerte. **K.** Zorionez iñor eztau arrapau aspixen, tellak igoten haiziela tellatura soka etenda poleatik eta tella guztiek bera etorridie, ezkerrak beko mutillek ikusi ta denpora eukidauela apartatzeko, halaere nahiko kostajako gañeko larrialdixe kentzie. **T.** Por suerte no ha pillado a nadie debajo, cuando estaban subiendo las tejas al tejado la cuerda se ha soltado de la polea y todas las tejas han caído al suelo, gracias a que el chico que estaba abajo lo ha visto y ha tenido tiempo para apartarse, aún así le ha costado bastante quitar el susto de encima.

SOKADANTZA, SOKA-DANTZA. Baile vasco que se ejecuta entrelazando cintas de colores mientras se está danzando. **K.** Sokadantza neska dantzarixen gauza izetenda, eurotik bat erdixen jartzenda euzten egur luze eta zuzena kolore desberdiñetako zintak txintxileske daukena, eta bestiek dantzan bakotxak zinta-bana puntatik hartuta, euron hartien nahastu zinta horreik bueltak iñaz egur luze horri, gero etxura onien eta sigero politxe geratzenda egur buelta hortan. Jarraixen hori iñ ondoren bestaldera bueltau eta zinta horreik askatu gelditzeko hasieran bezelaxe. **T.** La sokadantza es un baile que lo ejecutan las chicas, una de ellas se coloca en la mitad sujetando un palo derecho y largo que tiene colgando unas cintas de diferentes colores y las otras, cogiendo cada una una de las cintas por un extremo bailan dando vueltas alrededor del palo, las mezclan entre ellas y luego las cintas quedan con un aspecto muy bonito entrelazadas en el palo. A continuación vuelven a dar vueltas en sentido contrario y desatan las cintas para que queden de la forma en la que se ha empezado.

SOKAMUTURRA. Espectáculo, generalmente callejero, con vaquillas. **K.** Gogoratzenaz nola lenau Atxabaltan sokamuturra izetezan jaixetako hirugarren egunien, gañera benetako beixek etortezien, haundixek, okerrak ta ondo ikesitxekuek, sokamutur hau ikusten kaliek jentez betiek eotezien, geixenbat nausixek zeatik gaztiek korrikan ibiltxegiñen beixen aurrien, eta batzuetan baitxe atzien be baezpare. **T.** Me acuerdo de cómo antes en Aretxabaleta el espectáculo de las vaquillas solía ser el tercer día de fiestas, además venían vaquillas de verdad, grandes, malas y bien aprendidas, las calles solían estar llenas de gente viendo ese espectáculo, la mayor parte mayores porque los jóvenes estábamos corriendo delante de las vaquillas, y algunas veces tambien por detrás por si acaso.

SOKASALTO, SOKA-SALTOKA. Juego infantil, juvenil de chicas que consiste en saltar a la comba. También se hace como ejercicio deportivo. **K.** Sokasalto jolas hau ezta apenas gauza haundirik aldatu aspaldiko denpora hareitik honera, lengo bezela bakarrik bier izetenda sokabat, gertatzezan lenau soka hori nunbaitxen lortu-bierra izetezala eta oñ berriz iñdekuek saltzeitxuela. **T.** El juego éste de saltar a la comba apenas a cambiado gran cosa de aquellos tiempos a los actuales, al igual que antes lo único que hace falta es una cuerda, lo que pasa que entonces esa cuerda había que conseguirla de algún sitio y ahora las venden ya preparadas.

SOKATIRA. Competición de tirada de cuerda. Consiste en que dos equipos tiren de la misma cuerda cada uno en dirección opuesta al otro. **K.** Euskalherrixen betik eonda afizio haundixe sokatira lehiketai, baña halaere nik ustedot lenau, oingo aldien bentzet, geixau zala zeatik geixautan ikustezan herritako festetan, hemen eta gure inguruen talde oso famauek izendie, esan-baterako Nuarbe, eta oñ be Euskadiko taldiek hortik zier urtetzendauenien sokatira lehian domiñ askokiñ bueltatzendie. **T.** En Euskalherría siempre ha existido gran afición a las competiciones de sokatira, pero aún así yo creo que antes había más, al menos comparando con ahora, porque se veían más veces en las fiestas de los pueblos, aquí en nuestro entorno ha habido equipos muy famosos, por ejemplo Nuarbe, y ahora también cuando los equipos de Euskadi salen por ahí a competir vuelven con muchas medallas.

SOLAIRUE. El orden en altura de los pisos de los edificios. Y también puede ser una galería. **K.** Ze izengotezan bizitxie berrehungo solariu-baten, nik ustedot ixe bildurra pasatzeko bezelakue eta beste gauzabat be gertaukozan, ziur ze askotan lañope eongogitzela, bentanatik beitu eta ezer ikusi eziñ. Ba ezkerrak bigarrenien bizigarela. **T.** Que sería vivir en un piso doscientos, yo creo que casi sería cómo para pasar miedo y además otra cosa también sucedería, seguro que muchas veces estaríamos entre las nubes, mirar por la ventana y no poder ver nada. Pues gracias a que vivimos en un segundo.

SOLAMENTIEN. Solo eso. Nada más que una única cosa. **K.** Gero zuk gurozuna iñ baña oñ bentzet solamentien gauza bakarra eskatukotzuk, halbozu alegiñduzaitez ez alkartzen kuadrilla horreikiñ zeatik larreiko famauek die, txarrien noski, bat baño geixau barruen eondakuek die eta gañera gauzak nahiko serixuatik. **T.** Luego tú haces lo que quieras pero ahora al menos yo te voy a pedir una única cosa, si es que puedes intenta por todos los medios no juntarte con esa cuadrilla porque tienen mucha fama en asuntos demasiado oscuros, más de uno ha estado dentro y además por cosas bastante serias.

SOLASA, SOLASALDIXE. Momento de paz, sosiego, de calma y placidez. **K.** Ze gustora eotendan hemen arbol aspixen keixpetan, alde ederra dau toki hontan eon eta ez herri barruen dauen beruekiñ eta kotxe hartien, oso ondo bazkaldudou, oñ solasaldi denporie da eta akaso baltxe burukada txikibat botatzeko be. **T.** Que a gusto se está quí debajo del árbol a la sombra, vaya diferencia estar en este sitio y no dentro del pueblo con el calor que hace y entre coches, hemos comido muy bien, ahora es el tiempo de sosiego y quizá también para echar una pequeña cabezadita.

SOLDATA. Sueldo, nómina.

(Ver la definición de jornala).

SOLDAUTZA, SOLDAUZKA. El servicio militar. **K.** Oñ hogei urte pasatxo kenduzan soldautza itxeko derrigorrezkue, baña len danok, ero ixe danok bentzet, fan-bierra izetegauen ta batzuk nahiko urruti gañera, nere kuadrillako batzun-batzui Afrikara bielduzitxuen eta neri Kanariazera. **T.** Ahora hace ya algo más de veinte años que se quitó la obligatoriedad de hacer el servicio militar, pero antes todos, o al menos casi todos, teníamos que ir y algunos además bastante lejos, a varios de mi cuadrilla les mandaron a Africa y a mí a Canarias.

SOLIBUE, SOLIBOK. Vigas de madera. **K.** Aspaltitxik haizan Agapito, bera esaguna da, baserribat erosteko guran, nahiko sarri komestatzendau sigero aspertuta dala herri erdixen bizitxen, egunero kotxien eta trenan zaratak, tokirik ez aparkatzeko eta dan horreatik alde itxeko asmuaz haidala, ba gauza da oñ badaukela aukera hori eta nahiko urrien gañera, billatudau baserri hori baña gauzabat txarbat dauko, kamarako docenabat solibo inguru sitzaz diela eta bere lana daukela, aurrena sitz horreik akabatzeko eta gero solibok kendu ta barrixek jarri. **T.** Desde hace mucho tiempo Agapito, él es un conocido, estaba con ganas de comprar un caserío, suele comentar bastante a menudo que está cansado de vivir en el centro del pueblo con tanto ruido de trenes y coches, sin sitio para aparcar y que por eso anda con la idea de marchar, la cosa es que ahora tiene la oportunidad y además no demasiado lejos, ya ha encontrado el caserío ese pero tiene una cosa mala, que cerca de una docena vigas de madera del camarote tienen polilla y tiene su trabajo, primero para eliminar esas polillas y luego quitar las vigas y colocar nuevas.

SOLISONBRA. Sol y sombra. Yo creo que también se podría poner solisombra. Era una copa de licor en la que se mezclaba el coñac y el anís. **K.** Oñ eztot uste iñok eratendauenik solisonbra hori baña lenau bai eta askok gañera, garai hartan oso famaue zan edari hori eta taberna guztietan, nahiko sarri gañera, entzutezan nola jentiek eskatzezauen kopabat solisonbra horrekiñ. **T.** Ahora no creo que nadie beba el solisombra ese pero antes sí y muchos además, en aquellos tiempos era muy famosa la bebida esa y en todos los bares, además bastante a menudo, se oía cómo la gente pedía una copa con el solisombra ese.

SOLOISOLO. Estar o andar solo. **K.** Arrrastuik be eztauket zeatik izenleiken, lagunik eztaukelako, akaso naio ero hobeto dauen hala haidan bezela, bakarrik, baña aldebatera ero bestera izen gizon horri betik ikustejako soloisolo dabillela eta etxuraik bentzet eztauko iñorren bierrik daukenik. **T.** No tengo ni idea de porque puede ser, porque no tenga amigos, quizá prefiera o esté mejor de la forma que anda, pero tanto sea de una forma u otra a ese hombre siempre se le vé que está solo y al menos no da la impresión de que necesite a nadie.

SOLOMUE. Se llama así al lomo del cerdo. **K.** Ze gozue izetendan txerri solomue laban errie, prijitxuta be ona da baña hau beste aldien zertxobaitx sikuae, halaere bixetara oso ondo geratzenda, eta gauzabat, solomo hori erostenbajako karnizero esagunbati askoz hobeto da zeatik harek, aurretik eskatuta, kalitate onekue emungolauke. **T.** Que rico es el lomo del cerdo asado en el horno, frito tambien es bueno pero este comparando con el otro queda un poco más seco, aún así está muy bien de las dos formas, y una cosa, si ese lomo se le compra a un carnicero conocido es muchísimo mejor porque aquel, si se le pide con anterioridad, te lo dará de buena calidad.

Errrezetabat. Txarrixen solomue laban errie: Geratugara karnizero esagunai erosikoula txerri solomue. Ba eskuen daukounien eztauko gauza haundirik inbierrik, bakarrik eta nai-bada kendu puntanbat etxura txarra badauko baña dauken grasa itxi pakien. Aurrena laba piztendou berotzen fandeixen eta gero solomuei komenijako sartzie hiru ero lau koñak indiziño ondo erreepartiruta eta ondoren bota gatza et piper autz pixkat, hau iñ eta gero jartzendou sartakiña ero lapikobat sutan olixokiñ, sartzendou solomue eta doratzendou alde guztietatik buelta batzuk emunaz. Gertu dauenien atara eta kolokatzenda labako bandejan, gañien botateutzou ibildoun olixue, ia irazita, eta berakatz buru osue erditxik moztura zabalera, baxo erdibat ardau zuri uraz nahastuta eta labara, hau berrehun gradutara. Eta oñ betikue, noixienbeñ busti bertan dauen saldiekiñ eta gutxigorabera ordu ero ordu terdixen gertu eongoda, halarere beitu inbierra dau zeatik zer-ikusi haundixe dau dauken tamañuaz, denpora erdi aldera bueltau solomue eta bier izen-ezkero botaleixo ura. Eta ia norberan gustora dauenien, guxtxi ero geitxuau iñde, atara, moztu bakotxak naidauen erara eta gauza ona izengozan laguntzie patatarre eta letxuga entzaladakiñ, eta ez astu ardauaz, noski etxurazkue.

Una receta. Lomo de cerdo asado al horno: Hemos quedado que el lomo de cerdo se lo íbamos acomprar a un carnicero conocido. Pues una vez que lo tengamos en la mano no hay que hacer mucha cosa, solo y si se quiere quitar alguna punta que tenga mal aspecto pero ni tocar la grasa que pueda tener. Lo primero encendemos el horno para que se vaya calentando y luego conviene que al lomo le metamos tres o cuatro inyecciones de coñac bien repartidas, lo salpimentemos y a continuación ponemos una cazuela o sartén al fuego con aceite, metemos el lomo y lo doramos bien por todas partes dándole unas vueltas. Cuando esté listo lo sacamos y lo colocamos en una bandeja de horno, le echamos encima el aceite que hemos utilizado después de haberlo colado y ponemos una cabeza de ajos entera cortada a lo ancho por la mitad, también le echamos medio vaso de vino blanco mezclado con agua y al horno, éste a doscientos grados. Y lo de siempre, de vez en cuando lo bañamos con el mismo caldo de la bandeja y más o menos en una hora o y media estará listo, aún así es conveniente el mirarle porque tiene mucho que ver el tamaño que tenga, hacia mitad del tiempo de asado damos al vuelta al lomo y si fuera necesario podemos añadir agua. Y cuando ya está al gusto de uno, más o menos hecho, sacar, cortar de la forma que se quiera y sería muy bueno el acompañar con unas patatas fritas y con una buena ensalada de lechuga, y no nos olvidemos del vino, claro que de calidad.

SOLUE. Prado. **K.** Baserri hortako ugesabak alperrik xamar dauko etxe honduen dazen soluek, lenau bai, beixek eozenien bedarra hauken aldebaten, artue bestien eta oñ ezer ez, beixek aspaldi kenduzitxuen zeatik semiek ezauen nai jarraitzeik lan horrekiñ eta oñ zalantza dauko aber zer iñ, saldu, errentan jarri ero bertanbera utzi. **T.** El dueño de ese caserío los prados que están cerca de casa los tiene sin apenas ninguna utilidad, antes sí, cuando tenía vacas en un lado tenía hierba, el el otro maiz y ahora ya nada, las vacas hace tiempo que las quitó porque el hijo no quería continuar con ese trabajo y ahora tiene dudas sobre que hacer, vender, ponerlo en alquiler o dejarlo tal y como está.

SOLUZIÑUE. Solución. Buscar y encontrar, si la hay, una solución. **K.** Oingo modu hontan haigaren bezela oso gaizki gabitz eta derrigorrez soluziñobat billatubikou zeatik hala eztau jarraitzeik, denporaldixe eruetendou eskatzen gauza batzuk eta oñartien iñok eztuzku kasuik iñ, ba ezpadau beste erremeixkoik txarrien fan-bierra eukikou. **T.** De la forma que andamos ahora estamos muy mal y necesariamente tenemos que buscar alguna solución porque no podemos continuar así, llevamos mucho tiempo pidiendo una serie de cosas y hasta ahora nadie nos ha hecho caso alguno, pues si no hay otro remedio tendremos que ir a malas.

SOMANTA. Paliza. **K.** Jakiñien eongozara somanta onbat irabazten haizarela, ez?, eta esatendot jakingozula zeatik hirugarren aldiz da gauza berdiñe esautzutena. Baña halaere eta etxuraz eztau emuten asko inportadotzunik zeatik zuriaz jarraiketandozu eta askenien asarretu inbikou. **T.** ¿Sabrás que te estás ganando una buena paliza, no?, y digo que sabrás porque ya es la tercera vez que te lo digo. Pero aún así tampoco parece que te importe mucho porque continúas con lo tuyo y al final vamos a tener que enfadarnos.

SOMATENA. Somatén. Eran unas milicias que surgieron durante la dictadura de Primo de Rivera. **K.** Nik noski eztixutela esautu gauza horreik baña entzunde dauket nola bere garaian dexente bildur eukitxezala somaten horrei, jente gogorrak omenzien eta zerbaitx eon ero ikusi-ezkero, laister bertan sartzezien fama haukien, eta berdiñ zerreozer gertaukozan susmue eukitxenbauen. **T.** Yo claro que no he conocido esas cosas pero tengo oído que cómo en su tiempo se temía bastante al somatén, debían de tener fama de ser gente dura que si había y veían algo enseguida empezaban a actuar, y lo mismo si tenían la más mínima sospecha de que podría suceder algo.

SOÑEKUE. Vestido. **K.** Asunto hontan be sigero aldatudie gauzak, lenau neskatilla, neska ta andra guztiek soñekuaz jantzitxe ibiltxezien, gero hau bazterrien utzi eta ixe emakuma guztiek frakak jarrizitxuen, ta hala ibilidie urte askotan eta ondion geixenak modu berdiñien jarraitzendaue, baña halaere zertxobaitx aldatzen hasida eta berriz ikustendie soñekuek eta gonak. **T.** También en éste asunto han cambiado completamente las cosas, antes todas las niñas, chicas y mujeres se ponían vestidos, luego éstos los dejaron a un lado y casi todas las féminas se vistieron con pantalones, así han andado durante un montón de años y todavía la mayoría continúa de igual manera, pero aún así algo ha empezado a cambiar y de nuevo se ven vestidos y faldas.

SOÑIEN. Llevar algo consigo, encima.

(Ver la definición de aldien).

SOÑUE. Música, melodía. **K.** Berandu xamar allegaugiñen otelera eta trastiek laga ondoren, ia illuntzien, urtengauen bueltabat emuteko asmuaz herriko alde-zarrera, eta zer zan ha, kale guztietan soñue haitzezan ta gutxienetik baozen bi ero hiru txaranga, han hauen bati galdetugutzen aber jaixen zien eta ezetz esauzkun, uda partien hala izetezala egun guztietan eta ezkerrak gure otela aparte antzien hauela. **T.** Llegamos un poco tarde al hotel y después de dejar el equipaje, ya al anochecer salimos con la intención de dar una vuelta por la parte vieja del pueblo, y que era aquello, en todas las calles se oía música y por lo menos había dos o tres charangas, a uno que estaba allá le preguntamos a ver si eran fiestas y nos dijo que no, que en la parte del verano era así todos los días y menos mal que nuestro hotel estaba un poco apartado.

SOÑUE. Acordeón.

(Ver la definición de akordeoie).

SOÑU-JOLIE. Acordeonista. **K.** Euskalherriko erromeixa guztietan eztie sekula falta izeten soñu-joliek eta zenbat holako eongotedie Euskadiñ, nik eztauket horren arrastuik baña ziur ehuneka izengodiela, bai trikitixa taldietan eta baitxe bakarrik jotzendauenak, eta euron hartien Kepa Junkera. **T.** En todas las romerías de Euskalherría nunca faltan los acordeonistas y cuántos de estos habrá en Euskadi, yo de eso no tengo ni idea pero seguro que serán cientos, los hay que tocan en grupos de trikitixa (en la definición del mismo nombre se explica que en que consiste) y también en solitario, y entre ellos Kepa Junkera.

Aspaldiko esaerabat: Soñujolie etxien, danok dantzari.

Un viejo proverbio en euskera dice que en casa del músico todos bailarines. (De tal palo tal astilla o también en casa del herrero, cuchillo de palo).

SOPAIÑDE, SOPA-IÑDE. Fig. se dice por estar mojado, empapado.

(Ver la definición de blai).

SOPAKUE. Es un pan delgado y muy tostado adecuado para hacer sopas de ajo.

(Ver la definición de pistolie).

SOPLAMOKUE, SOPLAMOKOBAT. Bofetón, tortazo en la cara.

(Ver la definición de plasta, plastatekobat).

SORBALDA. Hombro. **K.** Ez pentza gauza bape ona izetendanik pixudun motxilabat eruetie denpora askuen sorbalda gañien, ni hala sarri xamar ibili izenaz eta benetan eguna bukatu orduko norbera nahiko xixko iñde geratzendala, gañera beste gauzabat txarra, ero bentzet ez hainbesteko ona be badauko, hurrengo egunien berriz eruen-bierra dauela, baña askenien itxendozu zuk gurozulako ero beste zerbaitxeatik eztakitxena zer izenleiken. **T.** No penseís que es nada bueno el llevar una mochila pesada durante mucho tiempo encima del hombro, yo he andado así bastantes veces y de verdad que cuando termina el día se queda uno bastante hecho cisco, además tiene otra cosa mala, o al menos no demasiado buena, que al día siguiente la tienes que volver a llevar, pero al final lo haces porque te da la gana o alguna otra cosa que no sé que puede ser.

SORGIÑA. Bruja, hechicera. **K.** Sorgiñen buruz Zugarramurdi herrixe eta berdiñ inguruek, oso entzundakuek izenzien bere garaian, eta eztakitx hau egixe izenleiken, baña kontatzendaue nola sorgiñek adorau izeteauen akerrai eta honekiñ akelarriek itxezitxuela herri hortako koba-zuluen, eta honen kontura maintxobat emakuma sorgiñ izenekuek sutan erre be inzitxuela. **T.** Sobre el asunto de las brujas el pueblo de Zugarramurdi y lo mismo los de los alrededores, eran muy conocidos en su tiempo, y no sé si ésto puede ser verdad, pero cuentan de cómo las brujas adoraban al macho cabrío y que con éste celebraban akelarres (en le definición con el mismo nombre se explica en que consistía) en la cueva de ese pueblo, y que a cuenta de eso también quemaron en el fuego a muchas mujeres a las que definían como brujas.

SORGIÑE. Fig. se refiere a las crías que son traviesas y revoltosas.

(Ver la definición de matraka).

SORGIÑDU. Fig. volverse traviesa. **K.** Ikastolan haisidanetik neskatilla hau larreitxo sorgiñduda, halako txintxue izenda oñartien eta oñ eztakitx zer gertaujakon, lenau betik kasu itxeauen esandakuei eta oñ berriz bi ero hiru bider esan-bierra izetenda obedezitxeko. **T.** Esta niña se ha vuelto demasiado traviesa desde que ha empezado en la ikastola, hasta ahora ha sido tan formal que no sé lo que le ha podido pasar, antes siempre hacía caso a lo que se le decía y ahora en cambio para que te obedezca hay que decírselo dos o tres veces.

SORGINKEIXIE. Literal quiere decir cosas de brujas, y se dice por algún hecho asombroso difícil de explicar o comprender. También puede ser un maleficio o una cosa sobrenatural. **K.** Ezirezue esan ze gaur gertaudan hau naturala danik, ni bentzet ixe ziur nau sorginkeixie izendala, beztela eziñda ulertu nola dan posible desagertzie ero desagertu eraitxie begixen aurrien hauen bizikleta, ba danok ikusidozue hori hala pasadala. **T.** No me digaís que ésto que ha pasado hoy es normal, yo al menos estoy casi seguro de que es algo sobrenatural, sino no es posible el comprender cómo ha desaparecido o hayan hecho desaparecer a la bicicleta que estaba delante de nuestros propios ojos, pues todos vosotros habeís visto que eso ha sido así.

SORKALDIE, SORTALDIE. Este, oriente.

(Ver la definición de ekialdie).

SORKETA. Origen, concepción. **K.** Ideaik eztauket nola asmatzendauen ero nola jakiñ hainbeste gauza milleka urte dala gertauzienak, eta esan-baterako etxuraz eta mundu hontan, badaz esatendauenak geixau be badazela, bizigaren pertzonan sorketa nunbaitxeko Afrikako aldien izen omenzala. Ba beno, hala izenda be eztakitx zeñi inportaleixeon asunto horreik, neri bentzet apenas ezer. **T.** No tengo ni idea de cómo averiguan o llegan a saber cosas que sucedieron hace miles de años, por ejemplo parece serque el origen de las personas que vivimos en este mundo, ya hay quien dice dice que también hay más, fue en algún lugar de Africa. Pues bueno, aún siendo así no sé a quien puede importar esos asuntos, a mí al menos más bien poco.

SORKUNDE, SORKUNTZA. Crear, creación, establecimiento. **K.** Katolikok dienak esatendaue eurok siñistendauela ze bizigaren mundu hau eta beste guztiek, bentzet baldinbadaz, Jangoikuen sorkuntza izenzala, oñ, siñismen hau be baleike izetie hainbeste bider errepikau iñdauelako abariek eta guk, noski, hori entzun, eta eztienak beste gauzabat siñistukodaue eta beste asko ezer ez. **T.** Los que se sienten católicos dicen que creen que la creación del mundo donde vivimos, y de otros si es que los hay, ha sido cosa de Dios, esta creencia quizá también puede ser debida a que infinidad de veces lo hayan repetido los curas y claro, nosotros escuchado, los que no lo son creerán otra cosa y otros muchos no creerán en nada.

SORMENA. Creatividad, facultad, habilidad para hacer o idear algo. **K.** Mutil horrek akaso kirola itxeko eztau asko balixoko, geixenbat eztalako sekula hartan jardun, baña gauzak asmatzeko bakarra da, izugarrizko sormena dauko eta berez ikusi-bierrekue izengozan zenbat gauza balixoko asmau eta inditxun. **T.** Quizá el chico ese no valga mucho para hacer deporte, sobre todo porque nunca se ha dedicado, pero para inventar algo es único, tiene una creatividad increíble y de hecho habría que ver la cantidad de cosas tan valiosas que ha ideado y también fabricar.

SORNABIRON. Palabra que se utiliza para decir que vas a dar un bofetón, un cachete.

(Ver la definición de plasta, plastetekobat).

SOROSPENA. Socorro, auxilio. **K.** Askotan gertau izenda nola surfistak fan izendien sorospen lanien uretan larri eozen jentiei, hau nahiko normala da zeatik momentu hortan baleike eurok pertzona horren urrrau eotie salbatzailiek baño, eta noski, horrek guredau esan askoz axkarrau allegatzeko aukera daukiela. **T.** Muchas veces ha pasado cómo los surfistas han ido en auxilio de gente que estaban apuradas en el agua, esto es muy normal porque puede suceder que en ese momento ellos estén mas cerca de esa persona que los socorristas de la playa, y claro, eso quiere decir que tienen la oportunidad de llegar mucho antes.

SORTA. Ramo, manojo de flores.

(Ver la definición de erramue).

SORTA. Fig. se dice de la chica o mujer que es un poco estúpida, bobalicona. **K.** Zenbat bider entzun izendoten Konsueloi esaten bere lengusiñatik nahiko sorta dala, bere motibuk eukikoitxu hori esateko, baña halaere nik eztot ulertzen zeñeik izenleiken eta akaso zerreozer eukidaue euron hartien, nik ustedot nahiko ondo esautzendotela Herminiai eta neretzat oso jatorra da. **T.** Cuántas veces le habré oído a Consuelo decir que su prima es un bastante estúpida, tendrá sus motivos para decir eso, pero aún así yo desde luego no sé cuales pueden ser y puede que hayan tenido algo entre ellas, yo creo que conozco bastante bien a Herminia y para mí es una persona muy agradable.

SORTU. Aparecer, originar, surgir. **K.** Ontxe bertan jakitxie gurot aber zeñek ekarridauen txakur txiki hau eta zeñendako dan, noski hemen eztala berez sortu eta nola danoi ikustezauet ixilixen zariela gauzabat ingou, ordu-erdixen alde ingot eta izendana denpora dauko erueteko ekarridauen tokira, baña bueltatzenazenien eztot gure berriz ikusteik hemen txakur hori. **T.** Ahora mismo quiero saber a ver quién ha sido el que ha traído ese pequeño perro y para quién es, está claro que no ha aparecido de la nada y cómo veo que todos estaís callados vamos a hacer una cosa, me voy a ausentar durante media hora y el que haya sido tiene tiempo para llevarlo donde lo ha traído, pero cuando vuelva no quiero volver ver a ese perro aquí.

SORTZAILE, SORTZAILIE. Creativo. **K.** Goixen jarridot nola dauen mutillbat sormen haundixe daukena eta astu iñaz jartzie bere izena, Zeledonio deitzenda eta benetan pozik eta zorionez eoteko bezela dau, atzoko egunkarian notizibat asalduda esanaz nola jasodauen saribat Euskadiko sortzaile gazte onena izenatik. **T.** Arriba he puesto cómo hay un chico que tiene mucha creatividad y se me ha olvidado poner su nombre, se llama Celedonio y de verdad que tiene motivos para estar contento, ayer vino una noticia en el periódico diciendo que cómo ha recogido un premio por ser el mejor joven creativo de Euskadi.

SORTZEN. Apareciendo, asomando. **K.** Ixe aste osue eruetegauen sirimiri eta lañuen aspixen baña askenien, naiz eta gutxika, emutendau hasidala sortzen eguzkixe, ordue zan zeatik hainbeste egun aterkiñ ta euri erropakiñ danok nahiko aspertu eta naskatuta geotzen. **T.** Casi llevábamos una semana debajo del sirimiri y de las nubes pero por fín, aunque a poquitos, parece que el sol empieza a aparecer, ya era hora porque tantos días con paraguas y con ropa de agua estábamos todos bastante aburridos y asqueados.

SOSEGAU. Calmar, apaciguar. **K.** Gizon horrek derrigorrez sosegau inbierra dauko zeatik hala jarraitzenbadau egunenbaten biotzekue emuteko arrixkue dauko, normalki nahiko lasaia da baña bateonbatek aurka iñezkero bere Madrilleatik segitxuen asarreketanda, mosue gorri jartzejako eta orduen eziñda kontrolau. **T.** Ese hombre necesariamente tiene que apaciguarse porque como continúe así corre el riesgo de que algún día le de un ataque al corazón, normalmente es un hombre tranquilo pero si alguno le lleva la contraria respecto a su Madrid enseguida se enfada, se le pone la cara roja y entonces ya no puede controlarse.

SOSEGUZ. Despacio. **K.** Ze mutiko xelebre gure Jokin hau, ontxe ikesi-barri dau bakarrik ibiltxen eta ia ixe takarraran hasida, sarri esatejako soseguz ibiltxeko baña gertatzenda akaso eztauela ulertzen, oñ, baleike be izetie eztauela nai ulertzeik, ero inportik bez esandakue eta beriaz jarraitzendau, berdiñe itxen **T.** Que chaval más original es este Jokin nuestro, ahora recientemente ha aprendido a andar y ya casi ha empezado a correr, a menudo se le dice que ande más despacio pero pasa que quizá no lo entienda, también puede que sea que no quiera entender, o no le importe lo que se le dice y continúa con lo suyo, haciendo lo mismo.

SUA. Fuego. **K.** Zueik badakitzue nola gertauzan aurreneko aldiz sua?, zeiñ ero zeñeik izenzien asmatzaileik eta ze lekutan?, ba goixen jarridoun horreik, hainbeste aspaldiko kontu asmatzen dauenak akaso jakingodaue, ero ondion baleike asunto horrekiñ ibiltxie, eta noixbaitxen jakiñ-ezkero zeñeik izenzien orduen bai ondo merezitakuek izengoziela, naiz da berandu, omenaldi haundibat. **T.** ¿Vosotros ya sabeís cómo se creó por primera vez el fuego?, ¿quién o quienes fueron los creadores y en que sitio ocurrió?, pues esos que hemos puesto arriba, que saben y averiguan tantas cosas que sucedieron hace muchísimo tiempo quizá lo sepan, o puede todavía puede que anden con ese asunto, y si algún día se sabría quienes fueron entonces sí que esos, aunque tarde, serían merecedores de un gran homenaje.

Aspaldiko esaerabat: Sua gabonetan txapan eta SanJuanetan plazan.

Un viejo proverbio en euskera dice que en navidades el fuego en la chapa y en San Juan en la plaza.

SUAUTZA, SU-AUTZA. Ceniza. **K.** Zueitik bateonbatek badakitzue ze ortuen suautza bota-ezkero mezereik itxendauen lurrei?, nik sarritxen aitu izendot baña hori iñdauen iñokiñ enaz oñartien alkartu, ba ez eukitxe bape ziurtazunik eta baezpare eztutzet sekula bota, nere aitxak bai botateutzen baña ur berotara eta gutxi, bere ustez nahasi hortan kankak eukitxe ona omenzala ospelak kentzeko. **T.** ¿Alguno de vosotros sabe si echando la ceniza a la tierra de la huerta le hace algún beneficio?, yo lo he oído muchas veces pero cómo hasta ahora no me he juntado con nadie que lo haya hecho, pues no teniendo ninguna seguridad y por si acaso no lo he echado nunca, mi padre si lo echaba pero al agua caliente y poca, el creía que si tenía los pies en esa mezcla era bueno para eliminar los sabañones.

SUBA-GORRIXE. Se llama así a la víbora. **K.** Ni mendixen eta inguru horreitan oso sarri ibiltxenaz eta oso aspalditxik eztot berriz ikusi suba-gorririk, lenau eta gaztetan bai, eta askotan gañera hor Larrinbe aldien, enaz ondo gogoratzen baña ustedot udabarri ero uda aldie izengozala ikustegauenien, eta ustedot zeatik garai hortan fategiñen basora sagarrak arrapatzen, gañera ustedot orduen zala umiek arrautzatik urtetzen hastezienien. **T.** Yo suelo andar mucho por el monte y alrededores y desde hace muchísimo tiempo no he vuelto a ver ninguna víbora, antes y de joven sí, además muchas veces ahí por la zona de Larrinbe, no me acuerdo bien pero creo que cuando las veíamos era por la parte de la primavera o verano, y creo porque en ese tiempo es cuando íbamos al campo a robar manzanas, además me parece que entonces era cuando empezaban a salir las crías de los huevos.

SUBAJUE, SU-BAJUE. Fuego bajo. **K.** Subajue sigeroko gauza ona izetenda etxie berotzeko hotz haundixek itxeitxuen lekuetan, baña halaere beste hainbat tokitxen be jartzenda, nere ustez geixenbat apaingarri bezela izengoda zeatik sue itxeko bentzet alper xamar die, kontuen hartuta lan dexente daukela egurra karriatzen eta jeneralki eztauela horren bierrik, normalien kalefaziokiñ nahikue izetenda. **K.** El fuego bajo es una cosa muy buena para calentar las casas en los lugares dónde hace mucho frío, pero aún así también se pone en otros muchos sitios, yo pienso que la mayoría de las veces lo pondrán cómo adorno porque para hacer fuego por lo menos no tiene gran utilidad, teniendo en cuenta el trabajo que supone acarrear la leña y que generalmente no suele ser necesario, normalmente con la calefacción suele ser suficiente.

SUBALINTXARA. Lagartija. **K.** Subalintxara zer dan buruz hor zertxobaitx berau sugandilla izena dauen tokixen zerreozer jartzendau, zeatik berez berdiñek die, bakarrik izen desberdiñe daukiela, leku batzuetan modubaten esatejako eta bestietan beste-bateaz. Eta subalintxaran buruz gauzabat nahiko xelebrie kontatzezan Atxabaltan, arrastuik be eztaueket hala zan beste nunbaitxen, nik enauen sekula ikusi baña esatezan neskak kipula ero kipulak eruetezitxuela euzkixe hartzen fatezienien zelaixetara, eta hau omenzan subalintxara horreik ezteixien inguratu. **T.** Ahí un poco más abajo donde está el nombre de sugandilla ya pone algo sobre las lagartijas. Y hay una cosa curiosa que se contaba en Aretxabaleta, no tengo ni idea de sí era sí en otros pueblos, en relación a esas lagartijas, yo no lo ví nunca pero se decía que las chicas llevaban una cebolla o cebollas cuando iban a tomar el sol a algún prado, y eso debía de ser ser para evitar que se arrimasen esas lagartijas.

SUBIE, SUBA. Culebra en general. **K.** Nik ustedot ze gu bizigaren inguruen tipo askotako subak eongodiela baña entzunde dauketen bezela pozoie daukienak apenas ixe bape, akaso kenduta subagorrixe eta beste banakanbat, halaere bat ikustendanien bere gauzatxue emutendau. **T.** Yo creo que en el entorno que vivimos nosotros habrá muchos tipos de culebras pero según tengo oído venenosas apenas casi ninguna, quizá quitando la víbora y alguna otra, pero aún así da cosa cuando te encuentras con alguna.

SUDURRA. Nariz. **K.** Hor nunbaitxen eotezarenien, larreiko urruti izen-barik, laister igertzenda ze pertzonak izenleikien euskaldunak, jeneralki mosura beitu besteik eztau eta sudurra luzie badauke ixe ziur badiela, halaere ezta komeni eurona fateik zerbaitx euskeraz galdetzera zeatik baleike hanka sartzie. **T.** Cuando estás en algún lugar de por ahí, sin que sea demasiado lejos, pronto se sabe que personas pueden ser vascas, generalmente no hay más que mirarles a la cara y si tienen la nariz larga casi seguro que lo son, aún así tampoco es conveniente que vayas a preguntar algo en euskera porque puedes meter la pata.

SUE. Fuego. **K.** Uda garai honeitan zenbat baso, etxe eta akaso pertzonak be erretzendien suen kontura, egunero haitzenda telebistan nola han ero hemen gertaudan su berri bat ero beste, ero ondion eztitxuela lortu izen itzaltzeik aurren eondana, eta gañera esatendauen bezela su geixenak nahita izetendiela, ba izendien hareik eurok izenbikozien aurren kixkeldu inbierrekuek. **T.** En el tiempo de verano cuántos bosques, casas y quizá también personas se queman a cuenta de los fuegos, todos los días se oye en la televisión que aquí o allá ha surgido algún que otro nuevo incendio, o que todavía no han conseguido apagar alguno anterior, y además según dicen la mayoría deben de ser intencionados, pues aquellos que hayan sido deberían de ser los primeros que deberían de arder.

SU-EGURRE. Leña para el fuego. **K.** Ba horretxeatik bera esandot nola toki batzuetan alper antzien eotendien subaju horreik, sue itxeko bentzet, aldebatetik, ez zalla dalako suegurre lortzie, baña karesti xamarra urtetzendau eta bestaldetik gero etxera karriau-bierra izetenda. Gañera eta bier izen-ezkero zeñek eztauko kalefaziñoik, ba? **T.** Pues por eso mismo he dicho que cómo en algunos sitios los fuegos bajos son bastante inútiles, al menos para hacer fuego, por una parte, no porque sea difícil conseguir leña para el fuego, pero resulta bastante cara y por otra que luego hay que acarrearla hasta casa. Además y si es que se necesita, ¿quién no tiene calefacción, pues?

SUELORASUE. Sueloraso. Era un falso techo que antaño se hacía en las casas de estructura de madera antes de que existiesen, al menos por aquí, las placas de escayola. **K.** Nik ikusitxe dauket nola itxezien suelorasuek, jostezien egurrezko listoi meiek goixen eozen soliboi zati txikibat lagata euron hartien, zentimetro terdi gutxigorabera eta gero honein gañien ideltzue emutezan. **T.** Yo ya tengo visto cómo se hacía el sueloraso, se cosían unos listones de madera delgados a las vigas de de los techos dejando un espacio pequeño entre ellos, de centímetro y medio aproximadamente y luego encima de éstos se aplicaba el yeso.

SUEMUN, SUE-EMUN. Prender, dar fuego. **K.** Askenien be lortudaue arrapatzie, bati bentzet, sue emun iñauenai baso hari, sekulako sutie izenzan eta eztakitx zenbat kilometxo baso errekotezien, baitxe inguruen eozen etxe batzuk be eta ezkerrak, naiz da hau grabetazun haundikue izen, ezala ezer larrixaurik gertau. **T.** Al final han conseguido atrapar,

586

al menos a uno, de los que prendieron fuego a aquel bosque, fué un incendio tremendo y no se cuántos kilómetros de bosque se habrán quemado, también algunas casas que estaban en los alrededores y gracias, a pesar de que ésto sea de una importancia extrema, de que no ha ocurrido nada más grave.

SUERTAU. Acontecer, ocurrir.

(Ver la definición de gertau).

SUERTIE. Suerte, fortuna. **K.** Nik eztot uste ze Toribiona suertie bakarrik izenleikenik, zeatik ezta posible hainbeste bider urtetzie, batzuetan loterixie, hurrenguen primitiba hori eta hala nahiko sarri, nere ustez horrek erosi itxeitxu saritutako zenbakixek dirue zuritzeko. **T.** No creo que lo de Toribio sea solo suerte porque no es posible que le toque tantas veces, unas la lotería, otras la primitiva esa y así bastante a menudo, yo pienso que compra los números premiados para poder blanquear el dinero.

SUFRIRU, SUFRITZEN. Sufrir, sufriendo. **K.** Nabarmen igertzejako gizon horri sufritzen haidala, aspalditxik dabill mediku hartien bere tripako-miñatik eta oñartien eztutzie ezer garbirik esan, proba tokibaten, proba bestien eta hala jarraitzendau hasizanetik, eta horrena ia hiru illebete die. **T.** A ese hombre se le nota claramente que está sufriendo, desde hace tiempo anda entre médicos debido a su dolor de tripas y hasta ahora no le han dicho nada claro, le hacen pruebas en un sitio, en otro y así continúa desde que empezó, y de eso son ya tres meses.

SUGANDILLA. Lagartija. **K.** Gaur goixien nahiko barre iñdot Baltaxarrekiñ, esandust aber mererez lagundukonutzen sugandilla batzuk hartzen, etxuraz bere illoba txikiñek esautzo ikastolara erueteko bierditxula, komestatzendau larreiko axkarrak diela beretako eta eziñien haidala arrapatzeko. **T.** Hoy a la mañana ya me he reído un poco a cuenta de Baltasar, me ha dicho a ver si por favor le ayudo a coger unas lagartijas, parece ser que su sobrina pequeña se lo ha pedido diciendo que las quiere para llevarlas a la ikastola, comenta que son demasiado rápidas para él y que anda no pudiendo atraparlas.

SUIZIDAU. Suicidarse. **K.** Gaurko periodikok ekartzendau nola eztauen bape garbi nola hildan gizon hori, aurrena esan omenzan berezko hilketa zala baña zalantza haundixe daukie aber suizidau iñetedan, eta naiz da bere familixak esan ezaukela iñungo motibuik hori itxeko etxuraz ondion itxoiñ inbierra dau jakitxeko zeatik izendan. **T.** El periódico de hoy trae que no debe de estar nada claro el cómo ha muerto ese hombre, que al principio se dijo que era una muerte natural pero ahora parece que hay serias dudas de que haya podido suicidar, y aunque su familia dice que no tenía ningún motivo para hacer eso parece que todavía habrá que esperar para saber las causas.

SUKALDARIXE. La persona que se de dica a cocinar, lo mismo prefesional que aficionada. El cocinero (a). **K.** Eztakitx mundu guztien eonleikien haibeste sukaldari izartzuek Euskalherriko toki txikibaten bezela, hemen ugeri daz, Atxa, Subijana, Berasategi, Aduriz, Arzak eta baitxe beste-batzuk be, momentu hontan enaz horrein izena gogoratzen baña ziur baietz, badazela. **T.** No sé si en todo el mundo puede haber tantos cocineros con estrellas como en un sitio tan pequeño como Euskalherría, aquí hay muchos, Atxa, Subijana, Berasategui, Aduriz, Arzak y también unos cuantos más, en este momento no me acuerdo de sus nombres pero estoy seguro que sí los hay.

SUKALDIE. K. Alde ederra daukie oñ itxendien sukaldiek ero lenau aspaldiko etxetan eotezienak, hareik bai zien benetako sukaldiek, nahiko toki kozinatzeko, asko ekonomikan, mai haundibat jente ugeri kabitzeko bezela eta baitxe armaixo dexentiek gauzak gordetzeko, oñ berriz halako txikiñek die ze apenas mobitxuleike. **T.** Vaya diferencia que hay entre las cocinas que se hacen ahora a las que antes había en las casas antiguas, aquellas sí que eran cocinas de verdad, suficiente sitio para cocinar, mucho en la económica, una mesa grande dónde podía entrar mucha gente y también grandes armarios para guardar las cosas, ahora en cambio apenas se puede mover de lo pequeñas que son.

SUKARRA. Fiebre.

(Ver la definición de kalentura).

SULFATAU. Sulfatar. Esto se puede hacer a muchas cosas pero nosotros se lo hacemos a las plantas de tomate. **K.** Betik esan izenda ze gauzak ikesteko aurrena ikusi eta gero proba inbidala, eta guk be hala pixkataka ikesten haigara ortuko lanak, hasigiñenien ezaukon ezertxo ideiaik baña oñ gauza batzuk bentzet badakigu nola dien, eta esanbaterako tomatien landaran buruz jakiñien gara ze batzuetan sulfatau inbierrak izetendiela eztixen harraik euki. **T.** De siempre se ha dicho que para aprender las cosas primero hay que ver la forma en la que se hacen y que luego hay que probar a hacerlas, y nosotros también así poco a poco ya vamos aprendiendo de que manera hay que hacer los trabajos de la huerta, al principio no teníamos ni idea pero ahora al menos ya sabemos como son algunas cosas, por ejemplo ya estamos al tanto de que a veces hay que sulfatar la plantas de tomate para evitar que tengan gusanos.

SUMATU, SUMATZEN. Sospecha, sospechando de algo. **K.** Eztakitx zerekiñ gelditxu, atzo eonitzen jente horreikiñ eta egixe esanda iruitujaten nahiko etxurazkuek ziela, baña gauza da ze gaur Poloniok deitxuztela esanaz kontuz ibiltxeko zeatik gauza batzuk entzundauela etxakona bape gustau, sumatzen hasidala eta zerbaitx geixau dakixenien kasu inguztela. **T.** No sé con que quedarme, ayer estuve con esa gente y le verdad es que me causaron buena impresiòn, pero la cosa es que hoy me ha llamado Polonio diciendo que ande con cuidado porque ha oído algunas cosas que no le han gustado nada, que ha empezado a sospechar y que cuando sepa algo más ya me hará caso.

SUMATU. Apercibir, advertir. **K.** Mutill kuadrilla horrei alpalditxik sumatu izenjate, sarri gañera, eta ez nik bakarrik baizik baitxe beste-batzuk be, eztala komeni asko arrimatzeik presa gañera larreiko labana dalako eta baleikela jaustie, ba askenien gertauda ze mosolobat jolasien haizala hori bera gertaujakola, jausi, eta noski, kriston zartada hartu beko harrixen kontra. **T.** Esa cuadrilla de chicos desde hace tiempo estaban advertIdos, además a menudo, y no solo por mí sino que también por otros, de que no era conveniente acercarse demasiado encima de la presa porque es demasiado resbaladiza y se podrían caer, pues al final ha pasado que un atolondrado cuando estaba jugando eso mismo le ha pasado, que se ha caído, y claro, se ha dado un gran golpe contra las piedras de abajo.

SUMILDU. Entumecimiento de algún miembro, generalmente por el frío. **K.** Atzo oso gaizki bukatugauen eguna, goixien mendira fateko asmuaz urtengitzenien nahiko giro ona hauen, hotz haundixe baña nahiko eguzki, baña gero bueltan bire erdixen haigiñala, kriston euri-zaparrara hasizan eta guk ezaukoun aterkiñik, bez aparteko erropaik eta dakok blai-ñde geratugiñen, ba pentzauzeikie ze modutan geratugiñen, geixenbat etxera allegau orduko eskuek eta hankak sigero sumilduta. **T.** Ayer terminamos muy mal el día, cuando salimos a la mañana con la idea de ir al monte hacía un tiempo bastante decente, mucho frío pero con bastante sol, pero luego ya de vuelta cuando estábamos a mitad del camino, empezó un chaparrón impresionante y nosotros estábamos sin paraguas, tampoco ninguna ropa especial y quedamos todos empapados, pues ya podeís pensar de que forma quedamos, para cuando llegamos a casa los pies y las manos completamente entumecidos.

SUMINDU. Enfurecerse, excitarse, enrabietarse. **K.** Eztakitx zer gertauleixon Argimiroi, sigero suminduta dabill eta eztot uste, hemen gertaudanatik bentzet, ezerko motibuik daukenik zeatik iñok eztutzo ezer aparteikoik esan, akaso etxetik ero beste nunbaitxetik etorrikozan amorrauta. **T.** No sé que le habrá podido pasar a Argimiro, está completamente enfurecido y no creo, al menos por lo que haya pasado aquí, que tenga ningún motivo porque nadie le ha dicho nada especial, quizá puede que haya venido enrabietado de casa o de algún otro sitio.

SUMIÑE. Estar furioso. **K.** Ba askenien galdetu inbierra izendou aber zer gertatzejakon holako sumiñe eoteko eta aber gutik norbaitxek zerbaitx iñdutzen, esandau ezetz ta lasai eoteko zeatik barruen daukena eztaukela zer-ikusirik gurekiñ, etorri aurretik ikusidaueka gauzababat etxakona bape gustau eta horreatik dauela hola. **T.** Pues al final le hemos tenido que preguntar a ver que le pasaba para estar tan furioso y a ver si alguno de nosotros le habíamos hecho algo, ha dicho que no y que estemos tranquilos porque lo que tiene por dentro no tiene nada que ver con nosotros, que antes de venir ha visto una cosa que no le ha gustado nada y que por eso está así.

SUÑE. Hijo político, marido de la hija. **K.** Esperantza eztau bape gustora bere suñaz, etxuraz oso alperra da eta bere alaban kontura bizi omenda, hau txarra izenda eztala txarrena esatendau, txarrena dala bere alabak burue sigero janda daukela eta eztauela bape kasuik itxen esatejakonai. **T.** Esperanza no debe de estar nada a gusto con su hijo político, parece ser que es un vago y que vive a cuenta de su hija, con ser esto malo dice que no es lo peor, que lo peor debe de ser que su hija tiene completamente comida la cabeza y que no hace ningún caso a lo que se le dice.

SUPOSATU, SUPOSAU. Suponer, sospechar. **K.** Atzo berriz lapurretan izendie auzo hontan, bertakuek kanpuen eozela bi etxera sartu eta gauza dexente eta balixokuek ostudaue, eta noski bertako jentie ia nahiko naskauta asunto horreikiñ, fan omendie munizipalena salaketa jartzera eta batera esatera ze suposatzen dauela zeñeik dien horreik itxeitxunak, baña betik pasatzendana gauza honeikiñ, eztauela ezer itxeik ez euki-ezkero ziurtazun guztie. **T.** Ayer otra vez han robado en ese barrio, mientras los propietarios estaban fuera han entrado a dos casas y robado bastantes cosas de valor, y claro está la gente de allá ya está hasta las narices de esos asuntos, han debido de ir donde los municipales a poner una denuncia y a la vez para decir que ya sospechan de quienes pueden ser los autores de los robos, pero lo siempre pasa con estas cosas, que no pueden hacer nada hasta tener una certeza absoluta.

SURDA, SURDIE. Soga, cuerda fuerte que generalmente se utiliza con los animales.

(Ver la definición de soka, sokie).

SURLUZIE, SUR-LUZIE. Persona con una nariz larga. Narizotas. **K.** Surluzie da gauzabat Euskaldun askok ero geixenak eukitxendouna eta horretxeatik, beste gauzan barru noski, igertzejaku zer ero nunguek garen, oñ gauzabat da surluzie izetie eta beste gauzabat Jenaron familixan gertatzendana, horreina larreikue da, hobeto esanda zan zeatik pentza zenbateraño izengozan ze geixenak operatu iñdie zertxobaitx kentzeko, eta halaere… **T.** La nariz larga es algo congénito que tenemos todos o casi todos los vascos y por eso, entrre otras cosas claro, se nos nota enseguida qué o de dónde somos, ahora una cosa es ser una persona con la nariz larga y otra es lo pasa en la familia de Jenaro, lo de esos es demasiado, o mejor dicho era porque piensa hasta que punto sería que casi toda la familia se ha operado para quitar parte, y aún así…

SURMOTXA, SUR-MOTXA. Persona de nariz corta, pequeña. Chato. **K.** Beno, goixen jarridot nola ixe Euskaldun guztiok surluzie daukoula baña batzun-batzuk, oso gutxi, be badaz surmotxak dienak eta horreatik berdiñ die Euskaldunak, oñ gauzabat badaukie, eztauela emuten dienik eta geixau iruitzenda hortik zierko nunbaitxekuek diela. **T.** Bueno, ya he puesto que cómo casi todos los vascos tenemos la nariz larga pero también hay algunos, muy pocos, que son chatos y por eso son igual de vascos, ahora que ya tienen una cosa, que no parece que lo sean y que más bien da la impresión de que son de algún sitio de por ahí.

SURRA. Nariz.

(Ver la definición de sudurra).

SUNSUNKORDA. Es una palabra que se utiliza para decir que no, que ni hablar, que una leche. **K.** Badakitzu zeiñ dan erantzuna zure eskaerai?, ba sunsunkorda. Aber Manolito, egun honen hasieran nere diru bezela haukotzun zeatik bixoi berdiñe emunduzkue, eta oñ zatoz esatera izteko meserez nik dauketen erdixe zuk eztaukotzulako ezer?, zu esaz ondo burutik. **T.** ¿Ya sabes cual es mi respuesta a tú peticion?, pues que una leche. A ver Manolito, al comienzo del día tenías el mismo dinero que yo porque a los dos nos han dado la misma cantidad, ¿y ahora me vienes a decir que te de la mitad de lo que yo tengo porque a tí ya no te queda nada?, tú no estás bien de la cabeza.

SURZULUE, SUR-ZULUE. Los agujeros propios de la nariz. **K.** Betik entzun izenda edukazio txarrekue dala eta sigero etxura-bakue bietza sartzie surzuluen, gero denpora pixkatien han ibili eta pelotatxobat atara, halaere nahiko jente ikustenda hori itxendauena, eta zeatik izegoteda hori, gustotxue emutendauelako? **T.** Siempre se ha oído que es de mala educación y de muy mal gusto el meterse el dedo en los agujeros de la nariz, andar una rato hurgando y después sacar una pelotita, aún así se ve a bastante gente que lo hace, ¿y porqué será eso, que dará gustirrinin?

SUSMATU. Sospechar, conjeturar, barruntar. **K.** Aurretik esanbanauen akaso hobeto urtengozien gauzak, baña oñ ia nahiko berandu izengoda zeatik lapurreta iñde dau eta eztot uste bueltaik daukenik, baña halaere ona izengolitzake alegintzie bentzet salaketa jarritxe. Nik lelengotatik susmatu iñauen jente horreik eziela fixatzeko bezelakuek. **T.** Si lo hubiera dicho desde el principio quizá hubiesen salido mejor las cosas, pero ahora ya será bastante tarde porque el robo ya lo han cometido y no creo que tenga vuelta atrás, pero aún así sería bueno que lo intentasen al menos poniendo una denuncia. Yo desde el comienzo sospeché que esa gente no era de fiar.

SUSMO-TXARRA. Mal recelo, mal presagio, desconfianz. **K.** Ba askenien, naiz eta dana ez, zerbaitx bentzet errekuperaudaue, arrapautxue tipo horreik eta nola eztan aurreneko aldiz akaso kartzelan sartukozitxuen. Zeatik izengoda ze laister hartzendala susmo-txarra pertzona batzukiñ eta geixenbaten errazoie euki? **T.** Pues al final y aunque todo no algo por lo menos ya han recuperado, ya han pillado a esos tipos y cómo no es la primera vez que quizá los habrán metido en la cárcel. ¿Por qué será que enseguida se coge un mal recelo con algunas personas y la mayoría de las veces tienes razón?

SUSMUE. Sospecha.

(Ver la definición de errezelue).

SUSTANTZIA. Sustancia, calidad. **K.** Askotan esan izenda eztaukela larreiko inportantzik gauzabat haundixe ero txikixe izetie eta benetako inportantzikue dala eukileikien kalitatie, eta baleike egixe izen zeatik aber eta esan-baterako, zer itxendozu zuk txuleta haundi eta etxura ona daukenaz ezpadauko ezerko sustantziaik? **T.** Muchas veces se ha dicho que lo importante no es que una cosa sea grande o pequeña y que lo verdaderamente importante es la calidad que pueda tener, y puede que sea verdad porque a ver y por ejemplo, ¿que haces tú con una chuleta que aunque sea grande y con buen aspecto si no tiene sustancia alguna?

SUSTARRA, SUSTERRA. Raiz vegetal. **K.** Ze iñder daukien arbola batzun sustarrak, espaloi askotan ikustenda nola baldosak eta aspiko hormigoiek apurtu ta altzatzendauen, eta hau haibestien ezta halako aberi haundixe, askoz txarrau izetenda beñ baño geixautan gertaudana, ze uran tuberixak be puskatzeitxuela sustar horreikiñ arrapauta. **T.** Que fuerza tiene las raices de algunos árboles, en muchas aceras se ve cómo rompen, levantan las baldosas y también el hormigón que está debajo, y ésto al final tampoco es demasiada avería, es mucho peor y lo que ha sucedido más de una vez, que rompen las tuberías de agua después le que las atrapan con las raices.

SUSTATZEN. Antiguamente era un juego infantil que consistía en esconderse para después asustar a los que participaban en el juego. **K.** Sustatzen joku hau geixenbat neskan kontue izetezan, hareik ibiltxezien hartan eta guk askotan ta ixilixen sustatzera fatregiñen gordeta eozenai, eta batzuetan baitxe lortu be zeatik nola ezauen hori espero kriston sustuek hartzezitxuen. **T.** El juego éste de asustar mayormente era un asunto de chicas, aquellas solían andar en esas cosas y nosotros muchas veces y en silencio íbamos a asustar a las que estaban escondidas, y algunas veces también lo conseguíamos porque cómo no lo esperaban cogían unos sustos tremendos.

SUSTAU, SUSTUE. Asustarse, susto.

(Ver la definición de bildurtu, billurtu).

SUSTOTAKO-BE, SUSTOTAKO BE. Significa que ni para sustos. **K.** Jeseus! Sustotako-be, jakiñleike nundik asalduzaren zu?, eztotzut entzun, ikusi bez eta hurrenguen mezerez ezaitxez etorri halako ixilixen, ni onazkero enau hainbeste susto hartzeko zeatik baleike biotzekobat emutie. **T.** ¡Jesús!, ¿se puede saber de dónde has salido tú?, ni para sustos, no te he oído ni visto y por favor la próxima vez no vengas tan en silencio, yo ya no estoy para coger tantos sustos porque quizá me pueda dar un ataque al corazón.

SUSTRAIA. Fundamento, base, raiz. **K.** Erakusketa honek eta beste gauza guztiek bezela, baitxe eukidau bere sustraia, aurrena lagun batzun-batzuk alkartzie izenda, gero erabakitzie zeren buruz iñ erakusketa eta beñ ta ados jarri ondoren aber nun eta nola lortu hemen jarribizienak. Eta hau dan iñ ondoren zabaldu eta jentiei erakutzi. **T.** Esta exposición y al igual que todas las cosas, también ha tenido su fundamento, primero ha sido el reunir unos cuantos amigos, luego el pensar sobre que asunto hacer la exposición y una vez consensuado a ver cómo y dónde íbamos a conseguir lo que aquí se iba a exponer. Y una vez de haber hecho todo eso abrir y mostrarla al público.

SUTALDIE. Fogonazo, chisporroteo. **K.** Edelmirok esandust nola atzo bueltabat emuten eonzan baserri ingurutik eta pentza injakola sutalde txikibat ikustie kamara aldien, fanzala beitzera kanpoko bentanatik eta handik bentzet ezala ezer apartekoik ikusten. Gauza horrek bildur pixkat emutendau eta nola momentu hontan eztan han iñor bizi baezpare fan inbikot ikustera aber zer izenleiken. **T.** Edelmiro me ha dicho que ayer estuvo dando una vuelta cerca del caserío y que creyó haber visto un pequeño chisporroteo por la zona del camarote, que fué a mirar por la ventana de fuera y que de allá por lo menos no se veía nada que llamara la atención. Esas cosas dan un poco de miedo y cómo en éste momento allá no vive nadie por si acaso tendré que ir a mirar que es lo que puede ser.

SUTAN. En el fuego, cuando algo está ardiendo, un incendio. **K.** Fuljentzioik iñdau xelebrekeixie, eguakotx guztietan bezela soziedadera etorrigara afaltzeko asmuaz eta berak esandau ingoitxula sukaldari lanak, etxuraz sartudau ollaskue lapikuen eta maixen jarrida esanaz ordubetien gertu eongodala, bixenbitxertien prestaudau latazko antxuak, atun pixkat eta han eongara barriketan denpora itxen. Hau pasa ondoren fanda sukaldera ollaskue ekartzeko eta orduen konturatuda astu iñdala sutan jartzen lapikue, ba errieta gogorbat entzun ta gero antxua eta atun geixau jarri-bierra izendau. **T.** Vaya cosa más rara ha hecho Fulgencio, cómo todos los viernes hemos venido a la sociedad con la intención de cenar y él ha dicho que iba hacer los cocinamientos, parece que ya ha metido el pollo en la cazuela y ha venido a la mesa diciendo que en una hora ya estará listo, mientras tanto ha preparado unas anchoas de lata, un poco de atún y allá hemos estado de charla haciendo tiempo. Una vez pasado éste ha ido a la cocina a por el pollo y entonces se ha dado cuenta de que no ha puesto la cazuela en el fuego, pues después de que ha escuchado una buena bronca ha tenido que poner más anchoas y atún.

SUTAN. Fig. se dice por una persona que está muy enfadada. **K.** Hobeto izengou ezer ez esateik Gervasioi eta momentuz bentzet pakien iztie, diskuziño gogorra eukidau tabernarixekiñ eta oñ sutan dauela ikustejako, gañera txorakeribat izenda baña pentzatzendot laister ingoitxuela pakiek eta orduen eukikou berba itxeko aukera. **T.** Va a ser mejor que no le digamos nada a Gervasio y que al menos de momento dejemos en paz, ha tenido una discusión muy fuerte con el tabernero y ahora se le ve que está muy enfadado, además ha sido por una tontería pero pienso que pronto harán las paces y entonces será el momento de hablar.

SUTEGIXE. Fragua. **K.** Datorren zapatuen eta asteburue pasatzeko asmuaz mendi hortako txabolara fateko asmue daukou, gertatzenda barruen ezer eztauela eta lo itxeko puztutzendien koltxonetak eruengoitxu, saku-bana eta horreikiñ ustedot nahikue izengodala, jana ta erana dexente xamar hartukou, haragixe erretzeko badaukou ikatza eta sutegixe be lortudou. **T.** El próximo sábado tenemos la idea de ir a pasar el fín de semana a la chabola que hay en ese monte, pasa que dentro no hay nada y llevaremos unas colchonetas de esas que se inflan, un saco de dormir para cada uno y yo creo que con eso será suficiente, cogeremos bastante comida y bebida, para asar la carne ya tenemos carbón y también hemos conseguido una fragua.

SUTONDUEN, SU HONDUEN. Al lado del fuego. **K.** Ze gustora eotendan sutonduen hotz haundixe dauenien, gañera kaletik ero menditxik etortzen-bazara hotzaz akabatzen eta sigero izoztuta askoz hobeto ondion, honeaz batera ze ona izengolitzake troixo batzuk ixegitxe ta sikatzen eotie han honduen eta aukera euki probatzeko. **T.** Que a gusto se está al lado del fuego cuando hace mucho frío, y además si vienes de la calle o del monte muerto de frío y completamente helado mucho mejor todavía, junto con ésto también sería bueno que junto al fuego estuviesen colgando y secando unos chorizos y tener la oportunidad de probarlos.

SUZKO-ZEZENA, ZUZKO- ZEZENA. El toro de fuego. **K.** Emutendau suzko-zezen denpora hareik bukatzen haidiela, lenau zenbat tokitxen eotezien festa amaiera bezela eta ondion be akaso geratukodie leku batzuetan, baña geruau eta gutxiau, esatendauen ez oso serixo jarri omendie gauzak eta baezpare eztitxuela ataratzen. **T.** Parece que aquellos tiempos del toro de fuego se están terminando, antes en cuántos sitios lo había como fin de fiestas y todavía puede que queden algunos, pero cada vez menos, según dicen las cosas se está poniendo demasiado serias y por si acaso no se atreven a sacarlo.

T

TXURRUT BAT, GERO BI ETA KONTURATU ORDUKO TXITXILIPURDI.
PRIMERO UN TRAGO, DESPUES DE DOS TRES Y AL SUELO DESPUES.

TA? ¿Y? **K.** Ze esaten haizara, zuk gurozuna ingozula baña iñoi kalteik inbarik?, ta?, ez nik eta ez hemen gazen iñok eztaukou zer-ikusirik zuriekiñ eta gureatik inzeike naidozun hori, itxi bestiei pakien eta guk be halaxe ingoitxu gauzak, naidoun bezela. **T.** ¿Qué estás diciendo, que vas a hacer lo que quieras pero sin hacer daño a nadie?, ¿y?, ni yo ni ninguno de los que estamos aquí tenemos nada que ver con lo tuyo y por nosotros puedes hacer lo que te apetezca, dejas en paz al resto y los demás también haremos las cosas del mismo modo, cómo queramos.

TA. Pues. **K.** Benetan gustora nauela ekarridozunakiñ baña halere gauzabat, eztitxozu ekarri nik eskatutako guztiek, badakitx nahiko zalla zala baña ikusidot nola furgoneta barruen zerbaitzuk geratudien, ba gurekonauke jakitxie aber ze asmo daukotzun itxeko horreikiñ zeatik sobre badaukotzu hartukonauke. **T.** De verdad que estoy a gusto con lo que me has traído pero aún así una cosa, no has traído todo lo que te pedí, ya se que era bastante difícil pero he visto que han quedado algunas cosas en la furgoneta, pues ya me gustaría saber que intenciones tienes respecto a eso porque si los tienes de sobra ya lo cogería.

TABAKUE. Tabaco. **K.** Tabako honek be emutendau dala beste pixkanaka desagertzen haidan gauzabat, len eroizeiñ tokitxen saltzezan eta oñ berriz baimena bier izetenda saltzie gurezkero, tabernetan aspalditxik eztau, makiñetakue kenduta, eta oñ erosi naidauenak estankura fan-bierra daukotzu. **T.** El tabaco éste también parece que es una cosa que poco a poco va desapareciendo, antes lo vendían en cualquier sitio y ahora en cambio hace falta tener un permiso si quieres venderlo, en los bares hace mucho tiempo que no lo hay, quitando el de las máquinas, y el que quiera comprarlo tiene que ir al estanco.

TA ABAR, ETA ABAR. Etcétera. **K.** Fruteixa barrixe zabaldudaue goiko kalien eta fruta mota asko jarritxue saltzen, bistan bentzet pilla daz, eta euron hartien platanuek, sagarrak, makatzak, marrubixek, kerixak eta abar. Eta baitxe beste gauza errarubat eztakitxena zer dan. **T.** En la calle de arriba han abierto una nueva frutería y han puesto a vender muchos tipos de frutas, a la vista por lo menos hay un montón, y entre ellas plátanos, manzanas, peras, fresas, cerezas, etcétera. Y también otra cosa rara que no sé lo que es.

TABARDUE. Tabardo, chaquetón. **K.** Nik ustedot oñ eztiela saltzen tabardo izen horrekiñ, oingo izena txamarra ero beste zerreozer antzerakue izengoda eta ni gogoratzenaz nola gaztetan hori jastegauen, eta baitxe ze pixu haundikuek zien, oñ berriz jantzi-berri horreik apenas daukie pixoik eta akaso lenaukuek baño geixau berotukodaue. **T.** Yo creo que ahora no se venden con el nombre de tabardo, el nombre de ahora será chamarra o alguna otra cosa parecida y yo me acuerdo cómo de jóvenes solíamos vestir eso, y también del peso que tenían, ahora en cambio esas nuevas prendas apenas pesan y a lo mejor calientan más que los de antes.

TABARRIE. Dar la lata, la pelmada. **K.** Hori ezalda konturatuko sekulako tabarrie emuten haidala?, hamar lagun besteik ezgara etorri bere hitzaldira eta pixkanaka banan banan alde itxen haida jentie, askenien ni bakarrik geratunaz eta hori esaguna dalako eta bebai errespeto apurbateatik. **T.** ¿Ese no se dará cuenta de que está dando una pelmada de mucho cuidado?, no hemos venido más que diez personas a su conferencia y poco a poco uno a uno se está marchando la gente, al final me he quedado yo solo y eso porque le conozco y también por un poco de respeto.

TABERNA. Bar, taberna. **K.** Euskalherrixek betik eukidau fama haundixe izugarri taberna dazelako, baña gaur-egun eztot uste hainbesteraño izengodanik, erozeiñ lekutara fan-ezkero hala berdintzu ikustenda alde-zarreko bazter guztietan, eta apostaukonauke leku askotan hemen baño geixau be eongodiela. **T.** Euskalherría de siempre ha tenido mucha fama porque había una cantidad impresionante de bares, pero en la actualidad no creo que sea para tanto, a cualquier sitio que vayas se ve que es parecido en todas las zonas antiguas, y apostaría que en muchos sitios incluso hay más que aquí.

TABERNARIXE, TABERNAIXE. Tabernero, la persona que atiende el bar. **T.** Lenau, herri txikitan bentzet, zu fatezitzen tokiko tabernaixek esagunak izetezien eta askotan eskatu inbierrik be ezan izeten zeatik jakiñien eozen zer hartzendozun, oñ berriz hau be sigero aldatuda eta taberna geixenetan kanpoko jentie ikustenda horrein kargu. **T.** Antes, al menos en los pueblos pequeños, conocías a todos los taberneros de los bares que frecuentabas y muchas veces no hacía falta siquiera pedir porque sabían que era lo que tomabas, ahora en cambio esto también ha cambiado por completo y en la mayoría de las tabernas se ve que al cargo hay gente de fuera.

TABERNA-ZULUE. Literalmenete agujero de la taberna y fig. es una palabra se utiliza para decir que una persona, o personas, está demasiado a menudo metido en ella. **K.** Asunto honen buruz be sigero aldatudie gauzak eta naiz da betik hala ez izen oinguen bentzek onerako izenda, lenau lana bukatu besteik ez oitura zan, bai eguerdixetan eta berdiñ atzaldein taberna-zuluen sartzie, batzuk karta jokuen, beste-batzuk txikiteatzen eta oñ berriz askoz geixau zaitzendie gauza horreik. **T.** Sobre éste asunto también han cambiado mucho las cosas y aunque no siempre es así al menos ahora ha sido para bien, la costumbre de antes era nada más terminar el trabajo, bien al mediodía y lo mismo por la tarde meterse en la taberna, algunos para jugar a cartas, otros a chiquitear y ahora en cambio estas cosas se cuidan muchísimo más.

TABLOIE. Tablón de madera. **K.** Lenau aldamiñoko lanetan egurrezko tabloiek erabiltzezien eta oñ, ia oso aspalditxik, debekaute daz eta nere ustez errazoi guztiekiñ zeatik larreiko arrixku hauen, normalki betik tabloi berdiñek jartzezien eta jakiñe da gauzak eztiela betiko izeten, gañera kasu hontan gertatzezan ze denporiaz eta nola askotan kanpuen eotezien, ba izurrau ero usteldu itxeko aukera haundixe haukiela. **T.** Antes para trabajar en los andamios se utilizaban los tablones de madera y ahora, desde hace ya mucho tiempo, está prohibido y creo que con toda la razón porque existía demasiado riesgo, normalmente siempre se colocaban los mismos tablones y es sabido de que las cosas no son para siempre, además en éste caso pasaba que con el tiempo y dado que muchas veces estaban fuera, pues que tenían grandes probabilidades de que se estropeasen o pudran.

TAJADA. Pedazo, trozo, cacho. **K.** Oñ kanpora fan-bierra dauket baña ez astu asunto honekiñ, urdaiazpiko hori danoi urtendakue da eta zatiketan hastezarenien gorde tajada parebat neretzat, halaere nahikue eta sobre geratukoda zuen danontzako. **T.** Ahora tengo que ir fuera pero no te olvides de éste asunto, el jamón ese nos ha tocado a todos y cuando empieces a partir guarda un par de pedazos para mí, aún así quedará suficiente y de sobra para todos vosotros.

TAKA!. ¡Taka!, palabra que se utiliza para decir que ha tocado algo en suerte, que se ha acertado. **K.** Oñ be berriz eh?, taka!, zuk daukotzu potrue eta eztakitx nola leiken posible hainbeste bider zerreozer urtentzie, gauzabat ezpada bestie izetenda eta eztotena ulertzen da zeñekiñ eukileiketzun ero iñde daukotzun tratue, Txerrenaz ero beste goiko norbaitxekiñ. **T.** ¿Ahora también otra vez eh?, ¡taka!, vaya suerte qué tienes y no sé cómo puede ser posible que te toque tantas veces alguna cosa, si no es una suele ser otra y tampoco entiendo con quién puedes tener o haber hecho el trato, si con el Demonio o con algún otro de por ahí arriba.

TAKARRARA, TAKARRARAN. Corriendo, de prisa. **K.** Anselmo, noixbaitxen pentzatzen hasibikozara lasaitu inbierrien izengozarela, ez?, sikera pixkat bentzet zeatik zurie larreikue da, betik eta erozeiñ gauza itxeko takarraran ibili-bierra daukotzu, ba hala jarraitxu-ezkero arrixkue daukotzu ze berandu-barik zerreozer gertatzeko. **T.** Anselmo, ¿algún día tendrás que empezar a pensar que deberías de tranquilizarte, no?, siquiera un poco porque lo tuyo es demasiado, para hacer cualquier cosa tienes que andar corriendo y de prisa, pues como continúes así corres el riesgo de que a no tardar te vaya a pasar alguna cosa.

TAKATAKA, TIKITAKA. Palabra que se utiliza con las criaturas para aprendan a andar. **K.** Umiek ikesideixien takataka ibiltxen aurrena erakutzi inbierra izetejate, jarri lurrien, besuetatik heldu eta pixkanaka pasuek emuten ikesi, ta hau dakixenien laister hasikoda bera bakarrik. **T.** Para que las criaturas aprendan a andar primero hay que enseñarles, se les pone en el suelo, se les agarra de los brazos y a poquitos tienen que aprender a dar los pasos, y cuando sepan ésto pronto empezarán ellos solos.

TAKATAKA. Andador. **K.** Nola dien gauzak, eta eurotik batzuk siñistu eziñekuek diela esanleike, txikitan takataka bier izetenda ibiltxen ikesteko, eta nausixek garenien, askok bentzet, aparato berdiñe bier izetendaue, batzuk ez astutzeko eta beste askok eziñdauelako ibili horre-barik **T.** Cómo son las cosas, y entre ellas de algunas se puede decir que son increíbles, de pequeños necesitamos el andador para aprender a caminar y cuando llegamos a mayores, muchos al menos, también necesitan el mismo aparato, unos para que no se olviden de andar y otros porque sin eso no lo podrían hacer.

TAKARAN. Todo seguido, en fila de uno en uno.

(Ver la definición de errezkaran).

TAKATAN. Es una palabra que se utiliza con los críos para referise a los caballos. **K.** Zerbaitx jartzeatik. Milagritos, badakitx nun dazen takatan pilla eta dana jatenbozu ikustera fangogara, bale?, eta gañera zuk gurebozu baten gañien be ibilikozara. **T.** Por poner algo. Milagritos, ya sé dónde hay un montón de caballos y si comes todo los iremos a ver, ¿vale?, y además si tú quieres también te podrás montar encima de alguno.

TAKATEKUE. Recibir un golpe en la cabeza. **K.** Ikustendozu zer gertaujatzun kasu ez itxeaitxik?, neuk be eztakitx zenbat bider esautzuten ez ibiltxeko tontuena itxen hor maigañien eta askenien jausi inzara, ba hartudozun takatekuaz koxkor dexentie urtenjatzu eta ezkerrak etxatzula beste ezer gertau. **T.** ¿Ya ves lo que te pasa por no hacer caso?, ni yo sé las veces que te he dicho que no andes haciendo el tonto encima de la mesa y al final te has caído, pues con el golpe que has recibido en la cabeza te ha salido un buen chinchón y menos mal que no ha pasado nada más.

TA KITKO, ETA KITXO. Se acabó, se terminó con ésto. **K.** Nere ustez naikue eukidou ta nik bentzet eztot gure eztabaidaik eta asarratzeik gure hartien, oñartien ederto eruengara eta ustedot danok alegiñdu inbikogaukela modu berdiñien jarraitzeko, halaere nik ia esaitxut esan-bierra naukenak ta-kitxo, eta nere aldetik eztau ezer geixau. **T.** Yo creo que ya hemos tenido suficiente y al menos yo no quiero discusiones ni que nos enfademos entre nosotros, hasta ahora nos hemos llevado bien y yo pienso que nos deberíamos de esforzar todos para continuar de la kisma forma, de todas formas yo ya he dicho lo que tenía que decir y se acabó, y por mi parte no hay nada más.

TAKOLO. Cuando alguna cosa, generalmente ropa, es grande, ancha, larga, etc... **K.** Lengo egunien barre pixkat ingauen Meltxorren kontura, komestatzen ibilizan nola dauken arazo haundibat, etxuraz bere urte-betetzie izenda eta isebak opari omendutzo berak iñdako jertzebat, esatendau sigero takolue dala alde guztietatik eta aber oñ zer ingodauen, ezpadau jartzen akaso asarretu ingodala eta jartzenbadau barre ingotziela kalien. **T.** El otro día ya nos reímos un poco a cuenta de Melchor, comentaba que tiene un problema muy grande, parece que ha sido su cumpleaños y la tía le ha debido de regalar un jersei hecho por ella, dice que es demasiado grande por todos lados y a ver que hace ahora, si no se lo pone puede que se enfade y si lo pone que se van a reir de él en la calle.

TALDEKUE. Del mismo grupo. **K.** Eziozue erraru beitu zeatik nik ekarridot mutil hori eta noski jakiñien nauela eztala gure taldekue, kasualitatez atzo alkartunitzen berakiñ trenien eta barriketan haigiñela esauzten eztauela bape esagutzen hemengo inguruek, eta aukera euki-ezkero gustora fangozala batzun-batzukiñ mendira, eta halaxe izenda, esanutzen etortzeko gaur gurekiñ gurebadau. **T.** No le mireis de forma rara porque he sido yo el que ha traído al chico ese y claro que sé que no es de nuestro grupo, ayer por casualidad me junte con él en el tren y estando de charla me comentó que no conoce nada de estos alrededores, y que si tendría oportunidad a gusto iría al monte con algunos, y así ha sido, le dije que si quiere hoy podía venir con nosotros.

TALDIE. Grupo, conjunto. **K.** Musika taldiek asko eta onak daz eta nik ustedot betik eondiela, neri lenau asko gustatzejaten Beatles horreik eta oñ dazenatik Ken Zazpi nere gustokuek die, beste-batzuk be badaz gaztiei gustatzejakonak baña nik horreiñ geixenekatik pentzatzendot larreitxo zarata ataratzendauela, ero bentzet hori iruitzejat. **T.** Hay muy buenos conjuntos de música y yo creo que siempre los ha habido, a mí antes me gustaban mucho los Beatles esos y de los que hay ahora los de Ken Zazpi son de mi gusto, también hay otros que gustan a los jóvenes pero yo pienso que la mayoría de ellos hacen demasiado ruido, o al menos me lo parece.

TALUE. Talo. Es un rosco redondo y plano elaborado a base harina de maiz, agua y cocido en la plancha. **K.** Zenbat bider akordatzenazen gure amak itxezitxuen taluekiñ, hori batzuetan izetezan ogixe exkax antzien eotezanien afaltzeko eta gañera oso axkar prestatzeauen, masa iñ, gero ekonomikako txapa gañien egosi eta listo. Eta ze ona izetezan katilluen jateko esniekiñ nahastuta. **T.** Cuántas veces me acuerdo de los talos que hacía nuestra madre, eso era cuando a veces solía escasear el pan para la cena y además lo preparaba enseguida, hacía la masa, luego lo cocía encima de la chapa de la económica y listo. Y que bueno era comerlo en el tazón mezclado con la leche.

TAMALA. Pena, aflicción.

(Ver la definición de penagarrixe, penazkue).

TAMALEZ. Se dice de la persona que está apenada, apesumbrada. **K.** Gizon horrek etxura dana hauken sigero errekuperaute zala eta oñ berriz lengo istorixa berdiñaz hasida, tamalez betie dauela ikustejako eta nik ustedot jarraitxukodauela botikak hartzen, baña emutendau deprezio geixo txarri horrek eztutzela pakien izten. **T.** Ese hombre parecía que ya estaba completamente recuperado y ahora otra vez ha empezado con la misma historia de antes, se le ve que está muy apesumbrado y yo supongo que seguirá medicándose, pero da la impresión que esa maldita enfermedad de la depresión no le deja en paz.

TAMAÑA, TAMAÑAN. En su justa y precisa medida. **K.** Batzui dexente keja entzundotziet jatetxe horreatik, ez prestaketa aldetik baizik euron ustez gutxitxo ataratzendauelako, ba atzo ni beste lagun-batzukiñ batera eongitzen bazkaltzen eta ustedot guk eskatu eta atarazitxuen gauza guztiek bere tamañan izenziela, nik bentzet enauen ezer aurka entzun eta horrek guredau esan ze danok gustora geratugiñela. **T.** A algunos les he oído bastantes quejas sobre ese restaurante, no sobre la preparación de los platos sino que según su opinión la cantidad que sacan es más bien escasa, pues yo ayer estuve comiendo junto con unos amigos y creo que todo lo que pedimos y sacaron estaba en su justa medida, yo al menos no oí ninguna queja al respecto y eso quiere decir que todos quedamos a gusto.

TAMANOKUE. Se refiere a alguien o algo que tiene gran tamaño, persona, cosa o algún trabajo. **K.** Makiña hau eziñdou kargau kamioen guk bakarrik, tamañokue da ba, hiru besteik ezgara eta naiz da geixau etorri aurrena asmau-bierra daukou nola altza eta ez hori bakarrik, baitxe gero nola jetxi be. **T.** Esta máquina no la podemos cargar nosotros solos en el camión, vaya tamaño que tiene pues, no somos más que tres y aunque venga más gente lo primero que tenemos que hacer es pensar en cómo subirla y no solo eso, también de que modo bajarla luego.

TANBOLIÑE. Tamboril. **K.** Tanboliñe da gauzabat betik, geixenbaten bentzet, txistuekiñ lagundu, bierra izetendauna zeatik beztela ixe pregoie joteko bakarrik izengozan, alkarreaz oso ondo konpontzendie eta gañera tanboliñ bakarrak jokue emutendau hiru ero lau txistularientzat. **T.** El tamboril es un instrumento que siempre, al menos la mayoría de las veces, requiere que le acompañe el chistu porque sino casi únicamente serviría para anunciar pregones, juntos se arreglan muy bien y además un solo tanboril da juego para tres o cuatro txistularis.

TANBOLITXERUE. Tamborilero. Es la persona, músico que toca el tamboril. **K.** Noski badakitxela ze txanbolitxerue tanboliñe joten ibiltxendana dala, gañera eta ni jaixonitzen herrixen bazan bat Txanboliñ ezizena esateutziena, eta harek aparte tanboliñe jo baitxe sigeroko chistulari ona izenzan. **K.** Claro que ya sé que tamborilero es la persona que suele andar tocando el tamboril, y además en el pueblo donde yo nací había una persona al que apodaban Txanboliñ (tamborilero), y aquel aparte de tocar el tanboril también fué un excelente chistulari.

TANBORRADA. Tamborrada. Es un conjunto muy numeroso de personas que tocan los tambores y barriles en las fiestas de los pueblos, siempre acompañados por charangas o bandas de música, es muy popular y suele acudir muchísima gente para verles desfilar y escucharles. **K.** Nik arrastuik be eztauket zeñen asmakizuna eta ez sikera nun izenzan aurreneko tanborrada. Eta hau aparte lagata nik ustedot oñ famauena Donostikue izengodala, Sansebastian eguneko bexperan itxendana eta hau hogetalau orduen joten eotendie gelditxu-barik. **T.** No tengo ni idea de quien fué la idea ni siquiera tampoco donde fué la primera vez que hubo una tamborrada. Y dejando esto aparte yo creo que ahora la más famosa es la de San Sebastián, suele ser la víspera del día del mismo nombre y se toca durante veinticuatro horas ininterrunpidas.

TANKERA. Parecer, modo, forma. **K.** Zuk gurozuna ezangozu, hau dala, bestie ero otxokuartue dala, baña nik bentzet eztotzat tankeraik hartzen nik esautzendoten ezerrenik, jakinleike nun lortu eta ze asmokiñ ekarridozun?, arrastuik be eztauket zertarako izenleiken gauza hori. **T.** Té dirás lo que quieras, que es ésto, lo otro o que es lo demás allá, pero yo al menos no le cojo parecido a nada de lo que pueda conocer, ¿se puede saber dónde lo has conseguido y con que intención lo has traído?, no tengo ni idea de para que puede ser la cosa esa.

TANKERAKUE. Parecido.

(Ver la definición de antzekue, antzerakue).

TANTAKAK. Gotas. **K.** Hasidie aurreneko euri tantakak eta eztaukou guardasolik eta ez beste ezer eurixendako, ba orduen badakitzue zer inbierra daukoun eta axkar gañera, jaso ipurdixek bedarretik eta guasen aterpebat billatzera zeatik ustedot laister daukoula gañien zaparrara. **T.** Ya han empezado ha caer las primeras gotas y no tenemos paraguas ni ninguna otra cosa para la lluvia, pues entonces ya sabeís lo que tenemos que hacer y rápido además, levantar el culo de la hierba e ir a buscar algún sitio donde guarecernos porque creo que pronto vamos a tener encima el chaparrón.

TANTAN. Tantan. Es una palabra que se utiliza con los críos y que es una especie de onomatopeya del sonido del repique de las campanas. **K.** Umiek hastendienien berba itxen pixkanaka erakutzi inbijate zer dien ikusi eta entzutendauen gauza guztiek, aurrena nahiko zalla ingojatie ikesi eta esatie izen horreik baña esan-ezkero momentu hortan entzuten haidien eroزeiñ soñuen hitzatik, esan-baterako tantan kanpaie dala, ba hori be balixokue da eta beretako askoz errexaue. **T.** Cuando los críos empiezan a hablar poco a poco hay que enseñarles que son todas las cosas que ven o escuchan, al principio se le hará difícil aprender y decir esos nombres pero si se les dice por la palabra de cualquier sonido que en ese momento estén oyendo, por ejemplo que tantan equivale a campana, seguro que se le hará más fácil y es igual de válido.

TANTIAU. Tantear. Actuar con disimulo para intentar saber algo o sacar alguna cosa de alguien. **K.** Ze gauza, batzuetan esanleike iñuxentiek garela, hemen gaz danok jakin-guran zer gertauzan atzo bi horrein hartien eta Iñor ezgara atrebitzen galderaik itxen, ba nik ustedot diximulokiñ tantiau iñezkero aldamenko gizonai akaso zertxobaitx jakingoula. **K.** Que cosa, a veces parecemos que somos bobos, aquí estamos todos queriendo saber que es lo que pasó ayer entre esos dos y ninguno nos atrevemos a preguntar, pues yo creo que si tanteamos con disimulo al vecino de al lado quizá nos enteremos de algo.

TANTIUE. Tanteo. Generalmente se refiere a la situacíon en que está o ha terminado el tanteo de los partidos de pelota. **K.** Atzo izengiñen Tolosako frontoien pelota partidue ikusten eta gauza nahiko xelebrebat gertaujakun, gure aldamenien dexenteko kuadrillabat zan andra ta gizon nausixenak, nik ustedot erretirauen bidaian etorritxakuek izengoziela, ba han nahiko honduen hauen aguratxebat eta tantobat itxezan bakoitxien galdetzeauen aber nola doien tantiue. **T.** Ayer estuvimos en el frontón de Tolosa viendo un partido de pelota y nos pasó una cosa bastante curiosa, cerca nuestro había una cuadrilla numerosa de hombres y mujeres ya mayores, yo creo habrían venido de alguna excursión de jubilados, pues allá un viejecito que estaba bastante cerca cada vez que se hacía un tanto nos preguntaba a ver como iba el tanteo.

TANTUEK. Gotas. Pueden ser las que se aplican para curar o aliviar algunas afecciones o también para añadir a algo. **K.** Gaur goixien sekulako bekarrak nauken begi bixetan eta baitxe hola erre pixkat bezela be, andriek kendudust bekar horreik mantzanilla-uraz frota iñde baña gero kosta itxezan begixek zabaltzie, gauza da medikura fan-bierra izendotela, etxuraz eta bere iritziz eztauko inportantzi haundirik, esandau ze ugera fan aurretik tantuek botatzeko eta egun parebat-barru ondo eongonazela. **T.** Esta mañana tenía unas legañas impresionantes en los dos ojos y también así cómo un poco de escozor, la mujer ya me ha quitado las legañas frotando con infusión de manzanilla pero luego me costaba abrir los ojos, la cosa es que he tenido que ir al médico, parece y según su opinión que no tiene mayor importancia, que eche unas gotas antes de ir a la cama y que dentro de un par de días estaré ya bien.

TAPA! ¡Tapa! Palabra de sorpresa que significa allá mismo, en ese preciso momento. **K.** Atzo soziedadeko afalostien eta barriketan geozela Teodorok komestatzen ibilizan nola batzuetan gertatzendien nahiko xelebriek dien gauzak, etxuraz soldautzako lagunbat ikusi-barik hauken soldautza bukatu azkero, ia berrogetamar urte pasa, ba lengo egunien Donostira fan omenzala funeral-batera eta hantxe bertan Elixako sarreran, tapa!, nola alkartuzan berakiñ. **T.** Ayer después de cenar en la sociedad y cuando estábamos de charla Teodoro estuvo comentando que algunas veces ya suceden cosas que son bastante raras, parece que llevava sin ver a un amigo de la mili desde que se licenciaron, hace ya más de cincuenta años, dijo que el otro día fue a un funeral a San Sebastián y allá mismo en la entrada de la Iglesia, ¡tapa!, se encontró con él.

TAPAKULUE. Es un nombre un poco curioso, pero nosotros así, tapaculo, le llamábamos, y es el rosal silvestre cuyo fruto da el nombre y no es comestible, al menos eso creo. **K.** Inguru ta garai honetan tapakuko asko ikustendie baña nere ustez eztaukie balixo haundirik, guretako bentzet ezer ez, betik esan izenda eztiela jatekuek eta emutendau animalixendako bez zeatik eztutzie bape kasuik itxen. **T.** En los alrededores y en éste tiempo se ve mucho rosal silvestre, pero yo creo que no valen gran cosa, al menos para nosotros nada, siempre se ha dicho que el fruto no es comestible y parece que tampoco para los animales porque no le hacen caso alguno.

TAPARRABUE. Aunque curioso, literalmente significa taparrabo. Es una traje de baño masculico más bien breve. **K.** Oñ etxako hala deitxuko baña lenau bateonbati ikustenbazan jantzitxe eruetendauela holako trajebañu txiki xamarra, axkar esatezan taparrabue haukela, izen hori orduen normala bezela zan baña egixe da ze ondo pentzata benetazko xelebrie dala. **T.** Ahora no se le llamará así pero antes si a alguno se le veía que llevava puesto un traje de baño bastante pequeño, enseguida se decía que tenía un taparrabo, entonces era un nombre bastante normal pero que si se piensa un poco de verdad que es bastante extravagante.

TAPAU. Tapar. **K.** Gauzabat esanbiotzut eta oso serixo gañera, aber, zu alde guztietan jasotzen ibiltxezara ezer eztauen sekula balixoko gauzak, gero hona ekartzeitxozu eta hor ate honduen laga danak ikusteko bezela, nik momentuz eztotzut esango kentzekoik baña meserez tapau iñizu zerbakitxekiñ bentzet zeatik sigero etxura-bakuek die. **T.** Te voy a decir una cosa y muy en serio además, a ver, tú sueles andar recogiendo en todas partes cosas que nunca van a valer para nada, luego los traes aquí y los dejas ahí al lado de la puerta de forma que todos lo puedan ver, de momento yo no te voy a decir que los quites pero por favor tápalos con algo porque tienen un aspecto muy feo.

TAPOIE. Tapón. **K.** Lenau ardau oneko botillan tapoi guztiek kortxoidunak izetezien eta berdiñek sagardauenak, oñ berriz, eta eztakitx zergaitxik, silikona horren tapoiek asaltzen hasidie, ardauenak hainbestien ondion mantentzenda kortxoizkue baña sagardau botillako danak guztiz aldaute daz. **T.** Antes los tapones de las botellas de buen vino eran todos de corcho y lo mismo eran las de sidra, ahora en cambio, y no se porqué, han empezado a parecer esos tapones de silicona, a pesar de eso aún todavía se mantienen los de corcho en el vino pero los de las botellas de sidra ya las han cambiado todas por completo.

TAPOTZA. La espita de la cuba o tonel dónde está la sidra, vino, etc... **K.** Sagardotegiko betiko oitura da ze afaltzen ero bazkaltzen haizarenien eta txotx abotza entzun, jaiki eta kupeletara inguratu sagardaue eratera, illeran jarri-bierra izetenda eta horren kargu dauen pertzonak tapotza kendu ondoren kupelai, danak eta banan banan baxue aspixen koloka-bierra izetzendaue jaustendan sagardaue jasotzeko. **T.** La costumbre de siempre en las sidrerías es que cuando estás comiendo o cenando y oigas la voz del txotx, levantarse y acercarse a las kupelas para beber sidra, hay que colocarse en fila y después que la persona encargada quita la espita de la cuba, todos y uno a uno tiene que colocar el vaso debajo para recoger la sidra que cae.

TAR, TARRA. Oriundo o natural de algún lugar. **K.** Sigeroko erruen zarete, Dionisio ezta kanpotarra, hemen Donostiñ jaixota dau eta orduen nabarmen dau Donostikue dala, ero ezta hala?, gertatzenda ze urte asko dala banandu eta beste urruti dauen lekura fanzala bizitxera, gaizki bukatuauen andriekiñ eta etxuraz garai hartan bere asmue zan sekula ez ikusteik berriz. **T.** Estáis en un completo error, Dionisio no es de fuera, ha nacido en San Sebastián y entonces está claro que es oriundo de aquí, ¿o no es así?, lo que pasa que hace muchos años se separó y fue a vivir a otro lugar lejano, terminó mal con la mujer y parece que entonces su idea debía de ser de no volverla a ver nunca más.

TARAKO. Que es apto o vale para algo o alguien. **K.** Nola zeñen eta zertarako dien gauza horreik, akaso ezalzara zu beste-batzukiñ batera zallatzen haizarena konpontzen tramankulo zar hori?, ba txatarreixan ikusitxut pieza honeik, iruitujaten egokixek ziela eta zuendako ekarritxut. **T.** ¿Cómo que para quién y para qué son éstas cosas, acaso no eres tú junto con otros el que está intentando arreglar esa vieja máquina?, pues he visto estas piezas en una chatarrería, me pareció que eran adecuadas y las he traído para vosotros.

TARRASA. Se dice de la persona desastrada, desaliñada, etc...
(Ver la definición de etxura-bakue, etxura-gabie).

TARRASIEN, TARRASKA. A rastras, arrastrándose por el suelo. **K.** Ume horrei askotxo kostatzen haijako ibiltxen ikestie, erozeiñ modutan ezta larreiko errarue zeatik emutendau iñok eztutzela erakutzi tentetzen eta takataka itxen bez, ni etortenazen bakotxien ikusi izetendot gustora dabillela baña betik lurrien eta tarraska. **T.** A este crío le está costando mucho aprender a caminar, de todas formas tampoco es demasiado raro porque parece que nadie le ha enseñado a ponerse de pié y tampoco a andar a pasitos, cada vez que vengo le suelo ver que está a gusto pero siempre arrastrádose por el suelo.

TARRATARA. Rasgón en la ropa. **K.** Guk mutikuek gitzenien nahiko normala izetezan etxera fatie tarratarakiñ fraketan ero alkondaran, ba noski, nola izengozan beste modubaten hainbeste gerra iñ ondoren?, eztakitx gure amak oso ondo ulertzeauen asunto horreik zeatik errieta dexente jasotegauen, eta ezkerrak ze ipingibat josi ondoren gauzak konpontzenziela. **T.** Cuando nosotros éramos chavales era bastante normal ir a casa con algún rasgón en el pantalón o en la camisa, pues claro, ¿cómo iba a ser de otro modo después de haber hecho tantas guerras?, yo no sé si nuestra madre entendía muy bien esos asuntos porque ya solíamos recoger unas cuantas broncas, y gracias a que después de coser un retal se se solucionaba el tema.

TARTAKUE, TARTAMUTUE. Tartamudo. **K.** Poloniok beñ kontauzten nola berak aspaldi lanien esautuauen pertzonabat tartakue zana, eta nola harekiñ gauza nahiko xelebrie gertatzejakon, ondo jakiñien zala zer hauken eta berana fatezan bakoitxien zerbatix esatera eziñauela frentez begiratu zeatik segitxuen hastezan ta, ta, ta, eta berriz bestaldera beitu-ezkero bere erantzuneko berbak oso garbixek izeteziela. **T.** Una vez me contó Polonio que él en el trabajo ya conoció a una persona tartamuda, y que cosa mas curiosa le pasaba con él, que sabía muy bien que es lo que tenía y que cada vez que iba a decirle algo no le podía mirar de frente porque enseguida empezaba ta, ta, ta, y en cambio si se lo decía mirando hacia otro lado las palabras de sus respuestas eran muy claras.

TARTANA. Palabra que se utiliza para definir un vehículo viejo y destartalado. Además me acuerdo que hace muchísimos años en Arrasate existía un autobús nocturno al que dábamos ese nombre porque en verdad así era, viejo y destartalado. **K.** Bai, noski dakitxela nere kotxie nahiko tartana dala ta ixe txatarrara botateko bezela dauela, baña ondion ibiltxeko bezela dau eta beste pixkatien aguantau inbierra dauko. Momentu hontan enabill bape ondo diruaz eta enau beste kotxebat erosteko bezela. **T.** Si, claro que sé que mi coche es muy viejo y que está casi para echarlo a la txatarra, pero todavía sirve para andar y tendrá que aguantar un poco más. En éste momento no ando nada bien de economía y no estoy cómo para comprar otro coche.

TARTEKA. A ratos. **K.** Eztakitx zeatik eztozun gure ulertzeik, nik esautzut ingotzutela zuk gurozun lan hori baña eziñdotela eon egun guztien asunto hortan, beste gauza batzuk be badauketela itxeko eta gañera derrigorrezkuek, eta zurie tarteka ingonauela. **T.** No sé porque no lo puedes entender, yo te he dicho que ya te haré ese trabajo que tú quieres pero que no puedo estar todo el día haciendo eso, que también tengo otras cosas entre manos y además imprescindibles, y que lo tuyo lo haré a ratos.

TARTEKUE. Persona próxima, amiga. **K.** Hauxe da gauzabat sekula eztotena bukatu ulertzen, betiko tartekuek izen eta asarre eotie eta hau esaten hainaz bi pertzona esagunatik, gañera horreik eztie asarretu-barri, hala eruetendaue aspaldiko hiru ero lau urte honetan ta emutendau eztaukiela bape asmoik gauzak konpontzeko, eta axkiratzeko gutxiau. **T.** Esto sí que es una cosa que nunca he terminado de entender, de haber estado siempre muy próximos a estar enfadados y ésto lo digo por dos personas conocidas, además no es que estén recién enfadados sino que están así desde los últimos tres o cuatro años y parece que que no tienen ninguna intención de arreglar las cosas, y mucho menos de amigarse.

TARTEKUE. Cosa mediana, algo o alguien que está en medio. **K.** Zalantzaz betie nau eta askenien eztakitx zeiñ hartu, hau larreiko haundixe dala iruitzejat eta beste hori txiki xamarra, baezpare galdetu ingutzet aber tartekoik dauken ero beztela aber badauken nunbaitxetik lortzie. **T.** Estoy lleno de dudas y al final no sé por cual decidirme, éste me parece que es demasiado grande y aquel otro un poco pequeño, por si acaso le voy a preguntar a ver si tiene alguno que sea mediano o sino a ver si lo puede conseguirlo de algún sitio.

TARTIE. Hueco, distancia, espacio. **K.** Ikustendot nola haizarien tolestatzen gauzak baña gaizki ta erozeiñ modutan zabitze, eta hala jarraitxenbozue gero eztau ezer billatzeik, eta aber, derrigorrez ordenan eta bierdan moduen jarribiou dan honeik, hasi bazter haretik eta fan kolokatzen errezkaran baña tarte txikibat lagata batetik-bestera. **T.** Ya estoy viendo que habéis empezado a apilar las cosas pero lo estaís haciendo mal, de cualquier forma y si continuaís así luego no habrá forma de encontrar nada, y a ver, necesariamente los tenemos que poner en orden y en la forma debida, empezar por aquella esquina e ir colocándolas en fila pero dejando un pequeño espacio entre ellas.

TARTIEN. Mientras tanto, entretanto.

(Ver la definición de bitartez, bitxertien).

TASTAS. Es una palabra que se utiliza con los críos para decirles que les vas a dar o para que den un pequeño cachete. **K.** Zerbaitx jartzeatik. Aber Karolina, len be esautzuk ez ibiltxeko lurrien bueltaka zeatik sikiñdu ingoitxozu erropak eta ontxe bertan kalera urtenbiou, jaikizaitez axkar lurretik ero beztela tastas ingotzut ipurdixen eta gero negarrez hasikozara. **T.** Por poner algo. A ver Carolina, antes también te he dicho que no andes revolcándote en el suelo porque te vas a manchar la ropa y ahora mismo tenemos que salir a la calle, levántate enseguida de ahí porque sino te voy a dar un cachete en el culo y luego empezarás a llorar.

TATO. Palabra que se utiliza con los críos para que se bajen del sitio donde estén. **K.** Zerbaitx jartzeatik. Lengo egunien gogoratzezera zer gertaujatzun, ez?, tontuena itxen haizarela jausi, buruen takatekue hartu, koxkorroi ederbat urten eta ordu-erdixen negarrez eonzitzela, ba haldan axkarren tato iñizu maitxik zeatik beztela gauza berdiñe pasakojatzu. **T.** Por poner algo. ¿Ya te acuerdas de lo que te pasó el otro día, no?, cuando estabas haciendo el tonto te caíste, cogiste un golpe en la cabeza, te salió un buen chinchón y estuviste media hora llorando, pues baja cuanto antes de la mesa porque sino te va a pasar lo mismo.

TATXAU. Tachar algo que está mal escrito. Tambien fig. se dice por dejar de lado a alguien. **K.** Irakurtzen eonaz zuk idaztekue eta gauza batzuk eztaukotzu bape ondo, eta badakitzu zer gertaukodan hala eruetenbozu ikastolara, ba gaizki dauela esangotzue. Aber, nik tatxau iñdot gaizki eozen hitzak eta oñ zuk inbiozuna da garbira aldatu, eta gauzabat, hurrenguen kontu geixaukiñ ibili. **T.** He estado leyendo lo que tú has escrito y hay algunas cosas que no están nada bien, y ya sabes lo que va a pasar si lo llevas así a la ikastola, pues que te dirán que está mal. A ver, yo he tachado las palabras que estaban mal escritas y ahora lo que tú tienes que hacer es pasarlo a limpio, y una cosa, la próxima vez anda con un poco más de cuidado.

TAULA. Tabla. Tablero de juego. **K.** Gure kamaran ondion gordeta daukou partxizeko taula eta noxienbeñ atara be itxendou jolasteko, hau jeneralki gabonak aldien izetenda zeatik egun horreitan nahiko jente alkartzengara, gañera noixienbeñ asarre batzuk be gertatzendie dirue eotendalako jokuen, kontuen hartu-bierra dau ze eurobat jolastendoula partida bakotxien. **T.** Todavía tenemos guardado en el camarote el tablero del parchís y de vez en cuando lo sacamos para jugar, ésto generalmente suele ser por navidades porque en esos días es cuando nos reunimos gente suficiente, además cómo hay dinero en juego de vez en cuando suelen surgir algunos enfados, hay que tener en cuenta de nos jugamos un euro en cada partida.

TAULATU, TAULAU. Entablar, coser o clavar la madera o tarima. **K.** Florentxiok esatendau hauxe dala gauzabat betik gustau izenjakona, arotz-lana eta lan honein hartien tarima taulatzie, komestatzendau batzuetan iñ izendauela eta betik, bere iruitzez, nahiko txukun geratudala, gañera kontuen hartuta iñok eztutzela erakutzi eta bakarrik ikusitxe nola itxendan ikesidauela. **T.** Florencio suele decir que ésta es una cosa que siempre le ha gustado, el trabajo de carpintero y dentro de éstos trabajos el coser la tarima, comenta que ya lo ha solido hacer varias veces y que siempre, a su parecer, le ha quedado bastante curioso, además teniendo en cuenta de que nadie se lo ha enseñado y que solo viendo cómo se hace lo ha aprendido.

TAUTIK-EZ, TAUTI-BARIK. Nada, sin nada, ni pizka. **K.** Beste bateana fanbikozue dirue eskatzen, nereana sigero alperrik etorrizare zeatik momentu hontan tauti-barik arrapaunaizue, biernitxun derrigorrezko gauza batzuk erosi-bierrak eukidot eta hor gastaitxuk nauken diru guztiek. **T.** Tendréis que ir donde algún otro a pedir dinero, es inútil que hayaís venido dónde mí porque en este momento me habeís pillado sin nada, he tenido que comprar unas cosas que me eran necesarias y hay he gastado todos los dineros que tenía.

TAZAKARIE. Taza, tazón lleno.
(Ver la definición de katillukarie).

TAZER. Y qué. **K.** Tazer, neri ze esateuztazu?, nik tipo horrekiñ eztauket zer-ikusirik, atzo esautunauen eta iñdauena bere kontura bakarrik izenda, eztakitx ze akaso beste norbaitxi zerbaitx esautzen baña neri bentzet ezer ez, eta ontxe bertan jakiñdot. **T.** ¿Y qué, a mí que me dices?, yo no tengo nada que ver con el tipo ese, ayer le conocí y lo que ha hecho ha sido únicamente por su cuenta, no sé si acaso se lo habrá dicho a algún otro pero a mí por lo menos nada en absoluto, y ahora mismo me acabo de enterar.

TAZIXE, TAXIXE. Taxi. **K.** Zenbat bider esautzieten herri hontako tazixtai aber zeatik eztien eoten bere tokixen asteburuko goixetan, ni nola goix ibiltxenazen askotan ikustendot, geixenbat zapatu goixeko xeirak aldien, nahiko jente tazixei zai eta eon ez bat bakarra. **T.** Cuántas veces les he dicho a los taxistas de este pueblo a ver porque no suelen estar en la paradas las mañanas de los fines de semana, cómo yo suelo andar temprano veo a bastante gente, sobre todo los sábados hacia las seis de la mañana, que suelen estar esperando al taxi y no hay uno solo.

TEJABANIE. Tejabana. Se llama así a un tejado bajo, generalmente un añadido exterior de la casa. **K.** Nik ikusitxuten baserri guztiek eta asko izendie, bere tejabana daukie bakotxak, bai kotxie ero tratorie sartzeko aspixen, baitxe su-egurre tolestatzeko ero beste erozeiñ gauza, eta lenau herri txikitan eozen aspaldiko etxiek be ixe danak haukien, haundixe ero txikiñaue baña bere tejabanatxue. **T.** Todos los caseríos que he visto yo y han sido muchos, cada uno de ellos tienen su tejabana, bien para meter el coche o el tractor debajo, para apilar leña para el fuego o cualquier otra cosa, y antes en los pueblos pequeños casi todas las casas antiguas también las tenían, pequeña o más grande pero su propia tejabana.

TELLA. Teja. **K.** Toki askotan ikusi izendot nola erozeiñ tellatu berriztu itxendanien aurreneko lana tella zarrak kentzie dala, gero barrixek jartzeitxue baña zarrak eztie zakarrera botatzen, etxurazkuek dienak bentzet, kontuz tolestau eta gorde itxendie, ni enau ziur zertarako gordekodien hainbeste, batzuk ikusi izendot nola garbitxu ta margotu ondoren saltzen eotendien, baña horreik apingarri bezela izetendie eta bestiekiñ, zer itxenda?, nik bentzet eztot uste balixokodauenik berriz kolokatzeko beste erozeiñ tellatuen. **T.** He solido ver en bastantes sitios que cuando se renueva un tejado de cualquier sitio el primer trabajo consiste en quitar las tejas viejas, luego ponen nuevas y las viejas no las tiran al escombro, al menos las que tienen buen aspecto, las apilan bien y se guardan, yo no estoy seguro de para que se guardarán tantas, algunas ya las he solido ver cómo después de haberlas limpiado y pintado las ponen a la venta, pero esas son para adorno y con las otras, ¿qué se hace?, yo al menos no creo que sirvan para colocarlas de nuevo en cualquier otro tejado.

TELLATUE. Tejado. **K.** Nik ustedot lengo tellatu zar, ondion be baleike bat ero beste geratzie baserri ero aparteko etxenbaten, guztiek haukiela itxufiñek eta noski honein ura jasotzeko derrigorrezkue izetezan aspillek jartzie kamaran, eta toki askotan ugeri xamar, eta hau nahiko normala izetezan zeatik ordungo tellatuek, ez gaizki baña bai asko zien xelebre xamar iñdekuek. **T.** Yo creo que todos los tejados antiguos, todavía puede que alguno quede en algún que otro caserío o casa apartada, tenían goteras y claro que para recoger el agua de éstas era imprescindible colocar palanganas en los camarotes, y en algunos en abundancia, y esto era bastante normal porque los tejados de entonces, no mal pero sí muchos de ellos estaban hechos de una manera un poco rara.

TELLEIXIE. Tejería. **K.** Lenau Euskaherrixen telleixa pilla eozen eta oñ ustedot eztala bat bakarra geratzen, eta zeatik?, ba eztielako itxen tellak lengo modun bezela, ixe banakaka eta horrek guredau esan makiña hareik eziela balixokuek zarrak geratuzielako eta akaso merezi bez, ekonomi aldetik, barrixek erosteik.**T.** Antes en Euskalherría había un montón de tejerías y ahora me parece que no queda ni una sola, ¿y porqué?, pues debido a que ya no se hacen las tejas como antes, de forma casi individual y eso quiere decir que la maquinaría que había no servía porque se había quedado obsoleta y que quizá tampoco merecía, por la parte económica, comprar nueva.

TEMA. Terquedad, obsesión. **K.** Basiliok esatendau eztauela gure baña hori ezta egixe eta horrek daukena tema besteik ezta, gañera beñ eta buruen sartujakon azkero, naiz da gero damutu, iñok eztutzo atarako hortik, bera halakotxie izenda betik eta modu berdiñen jarraitzendau. **T.** Basilio dice que no quiere pero eso no es verdad y ese lo que tiene no es más que terquedad, además y una vez que se le ha metido en la cabeza, a pesar de que luego se arrepienta, nadie le sacará de ahí, él siempre ha sido así y sigue de igual manera.

TEMOSUE, Persona terca, tozuda.
(Ver la definición de eroskorra).

TENPLAUE. Templado. **K.** Batzui kafie ero kafesnie eskatzendauenien tabernan entzutejate nola esauteutzen han dauen arduradunai prixa haundixe daukela eta ataratzeko tenplaue, neri berriz, irikitxen ez baña bai oso berue gustatzejat, zenbat bider esateuzten andriek egunenbaten estarrixe errekotela. **T.** A algunos cuando piden el café o café con leche en el bar se le oye cómo le dicen al encargado que está allá que lo saquen templado porque tienen mucha prisa, a mí en cambio, hirviendo no, pero si me gusta que esté muy caliente, cuántas veces me suele decir la mujer que algún día me quemaré la garganta.

TENPLAUE. Fig. se dice de la persona tranquila y calmosa.
(Ver la definición de mantzue).

TENPLE, TENPLIE. Temple, frialdad ante un suceso, acontecimiento o labor. **K.** Iñok ezingodau esan gizon horreatik eztaukela tenpleik, atzo berak lana itxendauen fabrikan sekulako sue gertauzan eta zorionez danok nahiko denporakiñ ibilizien kanpora urtetzeko bonberok etorri aurretik, beno, danok ez, Demetrio barruen geratuzan askatu eta ataratzen lotuta eozen txakurrak. **T.** Nadie podrá decir que ese hombre no tiene temple, ayer en la fábrica dónde él trabaja se originó un gran incendio y afortunadamente todos tuvieron tiempo suficiente para salir antes de que llegasen los bomberos, bueno, todos no, Demetrio se quedó dentro para soltar y sacar a los perros que estaban atados.

TENPORAK. Témporas. Era, y todavía, aunque menos, también lo sigue siendo, una predicción, se podría decir que artesanal, basada en la observación de la dirección del viento en los comienzos de las distintas estaciones del año. **K.** Lenau ezertxoik ezauenien jakitxeko ze denpora eongozan hurrengo egunien ero egunetan tenporakiñ ibili-bierra izetezan, esan-baterako aspaldiko bedar lan hareik eta berdiñ beste hainbat kostruziñon itxezienak, tenpora honekiñ gidatzezan eta jentiek fede haundixe hauken, oñ be eta naiz da modu asko eon enteratzeko, batzuk ondion be badaukie oitura hori. Eta aber gogoratzenazen nola zan, ustedot haixiek nundik jotendauen beitu-bierra izetezala sartzegitzen urtaro bakoitxeko hasieran eta aste barruen hiru eguneko eguerdixetan, baña oñ bertan enaz gogoratzen ze egun zien. **K.** Antes cuando no había nada para saber el tiempo que iba a hacer al día siguiente o suguientes había que andar con las témporas, por ejemplo antiguamente los trabajos relativos a la hierba y lo mismo muchos que se hacían en la construcción, se guiaban por ésto y la gente tenía mucha fe, ahora también y a pesar de que hay muchos medios para enterarse todavía hay algunos que tienen esa costumbre. Y a ver si me acuerdo de cómo era, creo que había que observar da dirección del viento durante tres días al mediodía durante el comienzo de cada estación que entrábamos, pero ahora mismo no me acuerdo de qué días eran.

TENTAU. Tentar. Intentar conseguir algo a cambio de alguna otra cosa. **K.** Jakiñdot nola atzo aldamenien dauen etxe hortako gizonak perretxiko pilla ekarrizitxuela eta buruen sartujat aber zerbaitxekiñ tentau iñezkero emuteuzten batzuk, akaso ordez ezkiñikutzet hiru ero lau botilla txakoli ta baleike tratu ona iruitzie. **T.** He sabido que el hombre de la casa de al lado ha traído un montón de setas y se me ha metido en la cabeza que si le tiento con algo quizá me de unas cuantas, a lo mejor si a cambio le ofrezco tres o cuatro botellas de txakolí quizá le parezca que es un buen trato.

TENTAZIÑUE. Tentación, **K.** Bai, noski gauza askokiñ eukitxendoula tentaziñuek eta batzukiñ haundixek gañera, eta esan-baterako neri atzo horixe bera gertaujaten euron batekiñ, pasian hainitzela Donostiko kalietatik ikusinauen oso politxe zan kotxebat aparkauta, eta denpora pixkatien pentzatzen eonitzen aber noixbaitxen, naiz eta jakiñien eon eztala posible izengo, aukera eukikonauen nerie izeteko holako beste antzerakobat. T, Si, claro que tenemos tentaciones con muchas cosas y con algunas además muy grandes, por ejemplo ayer eso mismo me pasó a mí con una de ellas, estaba paseando por una calle en San Sebastián y ví aparcado un coche precioso, durante un poco de tiempo estuve pensando a ver si algún día, a pesar de saber que no va a ser posible, tendría la oportunidad de que fuese mío otro parecido a ese.

TENTE. Tieso, de pie, erguido. **K.** Mutiko honek eztakitx ze demontre dauken, askotan esanda dauket ez ibiltxeko dabillen bezela, erdi-makur, eta betik tente ibilbidala, baña berak etxuraz horren oitura hartudau eta berdiñ jarraitzendau, ba nik ustedot ze ezpada alegiñtzen pixkat modu txarrien geratukodala. **T.** No sé que demonios tiene ese chaval, le he dicho muchas veces que no camine de la forma que suele andar, medio agachado, y que siempre hay que andar erguido, pero parece ser que ha acostumbrado y continúa de la misma manera, pues a mí me parece que si no se esfuerza un poco va a quedar de muy mal modo.

TENTETU. Levantarse, levantar algo para ponerlo de pie. **K.** Ondo gogoratzenaz zelako lan haundixek emutezitxun txopuek tentetu inbierra haukounien plaza erdixen, hau izetezan kintxo gitzen garaian eta ezkerrak eoteziela batzun-batzuk aurrerautik lan horreik iñdekuek zienak eta basekixiela nola zan asunto ha, oñ, egixe esanda dan horreik be ezien eoten dirijitzeko bezela igoera hori. **T.** Me acuerdo muy bien que grandes trabajos nos daba levantar el chopo para ponerlo de pie en medio de la plaza, ésto era en la época que éramos quintos y menos mal que había gente que ya lo había hecho con anterioridad y sabían de que iba el asunto, ahora, aunque diciendo la verdad tampoco estaban todos ellos cómo para dirigir el levantamiento.

TENTU, TENTUZ. Prudencia, disposicíon. **K.** Beno, heldugara esandako tokiraño eta oñ badakitzue ze inbierra daukotzuen, aurren dauenak gerrixen lotzeko soka eta hasi jexten oso tentuz, bestiek soka eutzi bestaldetik eta fan lasaitzen pixkanaka, eta hala danok, banan banan eta azkena ni jetxikonaz soka lotu ondoren goixen dauen arbolai. **T.** Bueno, ya hemos llegado al sitio que hemos dicho y ahora ya sabeís lo que hay que hacer, el que está primero que que se ate la cuerda a la cintura y que empiece a bajar con mucha prudencia, los demás sujetar la cuerda por el otro extremo e ir soltándola poco a poco, y así todos, de uno en uno y yo bajaré el último después de atar la cuerda al árbol que está arriba.

TERKEDADIE. Terquedad.
(Ver la definición de tema).

TERKUE. Terco, tozudo.
(Ver la definición de eroskorra).

TERRAILLA, TERRALLA. Terraja. Aparato, y a la vez herramienta, que utilizan los fontaneros. **K.** Erroska ataratzeko burnizko tubeixai lengo terraiak eskuz manejatzekuek izetezien, tubo hori meie baldinbazan hainbestien nahiko ondo, baña diametro haundikue izetezanien larreitxo kostatzezan eta askotan lan horreik bi lagun hartien inbierrak eotezien, oñ berriz eztau halako arazoik zeatik geixenak argindarraz ibiltxendie. **T.** Para sacar la rosca a los tubos de hierro las terrajas de antes había que manejarlas a mano, si el tubo era de diámetro pequeño aún bastante bien, pero cuando era de grande costaba demasiado y muchas veces ese trabajo había que hacerlo entre dos personas, ahora en cambio no existe ese problema porque casi todas son eléctricas.

TERRAPLENA. Terraplén, terreno inclinado. **K.** Hasigara bueltatzen menditxik eta bildur apurbat be badauket, jetxiera erdi inguruen daukou harrizko terraplen haudi hori, atzo euri pilla iñdau eta bildur hori dator pentzata akaso larreiko labana eongoetedan, zenbat jente eondan txirristau iñdana toki hortan, jausi eta batzuk baitxe nahiko aberixa iñ be. **T.** Ya hemos empezado a dar la vuelta del monte y tengo un poco de miedo, a mitad de la bajada tenemos ese gran terraplén de piedra, ayer ha llovido un montón y el miedo ese viene porque me temo que quizá pueda estar muy resbaladizo, cuánta gente hay que se ha resbalado en ese sitio, caído y algunos también hacerse bastante avería.

TERREÑA. Palangana grande. **K.** Terreña da aspille bezela eta gauza berdiñerako erabiltzendona, bakarrik aldio dauko ze hau dexente haundixaue dala. **T.** La terreña es como una palangana y se utiliza para las mismas cosas, solo se diferencia en que ésta es bastante más grande.
(Ver la definición de aspille).

TERTULIXIE. Tertulia. **K.** Beste leku askotan be hala berdiñ izengozan baña ni akordatzenazena da Atxabaltakuaz, bero haundixek itxezitxun egun, kontuen hartu-bierra dau ze garai hartako hotz-bero hareik oñ baño askoz latzauek izeteziela, ordungo gauetan eta afalostien kale bertako nausixek eta aguratxuek aulkixek etxetik espaloira ataratzeauen, eta gero han eotezien tertulixan barriketan zertxobaitx freskatu hartien. **T.** En otros muchos sitios también habrá sido así pero yo me acuerdo lo de Aretxabaleta, en los días que hacía mucho calor, hay que tener en cuenta que en aquellos tiempos los calores y fríos eran mucho más intensos que ahora, por la noche y después de cenar las personas mayores y ancianas vecinas de la calle sacaban las banquetas de casa a la acera, y luego allá estaban en tertulia charlando hasta que refrescase un poco.

TETE. Palabra que se utiliza con las criaturas para definir al chupete. **K.** Zerbaitx jartzeatik. Ederra emuten haida ume demontrre honek, tete eskatzen dabill, ikusten hainaz eztaukela gañien eta apostaukonake oñ be nunbaitxen galdu iñdauela, ba ezkerrak ondion zabalik egongodala botikanbak zeatik beztela badakitx lengo egunekue gertaukodala, goixeko hiruretan fanbierra izenauela txupetie erostera. **T.** Buena está dando éste demonio de crío, está pidiendo el chupete, estoy viendo que no lo tiene encima y apostaría a que ahora también lo ha perdido en algún sitio, pues menos mal que todavía estará abierta alguna farmacia porque sino ya sé que que pasará lo del otro día, que tuve que ir a comprar un chupete a las tres de la mañana.

TETEMANEJIE, TETEMANEJUE. Acción que se hace a escondidas de los demás para que éstos no se enteren. **K.** Tipo horreikiñ kontuz ibili zeatik ustedot tetemanejonbat badaukiela hor eskutuen, sarri xamar ikusteitxut aparte antzien haidiela, euron hartien berba itxen ixilixen eta hori ezta oso normala, normala izengozan ze zerbaitx esateko eukitxenbadaue danon aurrien esatie. **T.** Andar con cuidado con esos tipos porque creo que ya se traen algo a escondidas, suelo verles con bastante frecuencia que están un poco aparte, hablando en voz baja entre ellos y eso no es muy normal, lo normal sería que si tienen que decir algo lo digan delante de todos.

TIKIMIKIZ, TIKIZMIKIZ. Se dice de la persona escrupulosa en exceso. **K.** Mutiko hori ixe larreiko tikimikiz biurtzen haida, betik eta gauza darenako zerbaitx esan-bierra dauko, eta sarritxen janan buruz izetenda, hau eztot gure, hori etxat gustatzen, bestiek naska emutendust eta hala segidan, eta oñ berriz jantzixekiñ hasida, esatendau berak eztauela gure erozeiñ gauza jartzeik, naidauela markako erropa eta oñetakuek eruetie. **T.** Ese chaval casi se está volviendo demasiado escrupuloso, siempre y para todo tiene algo que decir, y muchas veces suele ser en relación a la comida, ésto no quiero, lo otro no me gusta, lo de más alla me da asco y así seguido, y ahora ha empezado con la vestimenta, dice que no quiere ponerse cualquier cosa, que quiere que la ropa y el calzado sean de marca.

TIKONTIKON. Es una palabra que se utiliza con los críos para referirse a los caballos. **K.** Zerbaitx jertzeatik. Beitu Milagritos, hemen ikusteitxozun tikontikon txikitxo honeik poni izena daukie baña goiko baserrixen haundixek be badaz eta bixer fangogara ikustera, eta zuk gurebozu gañien be jarrikozara. **T.** Por poner algo. Mira Milagritos, éstos caballos pequeñitos que ves aquí se llaman ponys pero en el caserío de arriba también hay grandes y mañana iremos a verlos, y si quieres tú también te montarás encima.

TILDIE. El acentuado de las palabras. **K.** Kasildan semie, Benito da bere izena eta mutil oso jatorra da, atzo nik irakurtzeko ekarriuzten berak erderaz iñdako lan txikibat, eta gero komestatzeko aber ze iruitzejaten, ba beno, nahiko ondo asmauta hauen idatzitako istorixa baña gauzabat errarue hauken eta zan iñun ezaukela tildeik, galdetunutzen zeatik zan hori eta bere erantzuna izenzan eztakixelako nun jartzezien. **T.** El hijo de Casilda, se llama Benito y es un chaval muy majo, ayer me trajo para que yo lo leyese un pequeño trabajo que había hecho y luego comentar sobre la opinión que me había merecido, pues bueno, la historia estaba bastante bien elaborada y escrita pero tenía una cosa rara y es que no había ninguna palabra acentuada, le pregunté porqué era eso y me contestó porque no sabía dónde había que ponerlo.

TILIN. Es una palabra que se utiliza para decir que una persona está muy interesada afectivamente por otra. **K.** Berak ezetz esatendau baña nere ustez begikara horreik beste gauzabat guredau esatie, komentaixo hau da Leonardoatik, aspalditxo alargun geratuzan eta betik esandau eztala geixau arrimauko beste iñokiñ, baña oñ gauza da ze esautu-barri dala andra gaztebat, alarguna bera bezela eta ziur nau tilin iñde dazela bata-bestiatik. **T.** El dice que no pero yo creo que esas miradas quieren decir otra cosa, éste comentario es por Leonardo, se quedó viudo ya hace algún tiempo y siempre ha dicho que nunca se arrimará con ninguna otra, pero ahora la cosa es que hace poco ha conocido a una mujer joven, viuda como él y estoy seguro que están muy interesados el uno por el otro.

TILINTALAN. Es una palabra que se utiliza con los críos para indicarles los columpios y si quieren andar en ellos. **K.** Zerbaitx jartzeatik. Nikaxito ez euki hainbeste prixa, laister allegaukogara tilintalan dazen tokira eta beñ han, zuk naidozun beste ibilikozara. **T.** Por poner algo. Nicasito no tengas tanta prisa, pronto llegaremos al sitio dónde están los columpios y una vez allá, podrás andar todo lo que quieras.

TILINTALAN. Onomatopeya del sonido del repique de las campanas.

(Ver la definición de tantan).

TINKATU, TINKAU. Aregurar, afirmar, fijar, apretar. **K.** Zueik esatendozue ondo tinkauta dauela aldamiño hori eta hala eongoda, baña halaere segurantza guztiaz geratzeko eta zerbaitx estutzie bier izen-ezkero, berriz errepasaukou dana goitxik hasitxe eta beraño. Fatxada honek altura haundixe dauko eta hobeto izengou lanien ikiltxie konfiantzakiñ. **T.** Vosotros habeís dicho que el andamio está bien fijado y así estará, pero aún así para que quedemos con una seguridad absoluta y por si hiciese falta apretar algo, vamos a repasarlo todo otra vez empezando de arriba y hasta abajo. Esta fachada tiene una altura muy grante y es mejor que trabajemos con confianza.

TINKO. Macizo, compacto, firme. **K.** Zuk gurozuna esangozu baña harri hau larreiko tinko dau eta eztau apurtzeik argindar mallo ziztriñ honekiñ, hiru ordu eruetendot emun da emun eta ondion asgureik be estutzet iñ, ba axkar puskatzie nai-ezkero beste zerreozer asmau-bierra eukikozu. **T.** Tu dirás lo que quieras pero esta piedra es tan compacta que no se puede romper con este simple martillo eléctrico, llevo tres horas dale que dale y todavía no siquiera le he hecho cosquillas, pues si se quiere quitar ésto con rapidez tendrás que idear alguna otra cosa.

TINKO. Estaca que se coloca a ambos lados de la barrera de cierre. **K.** Konturtunaz ze astuen tokixen dauen erromariek erditxik puskauta dauela eskumako tinkue, eta apostaukonaute Mesi izendala hori iñdauena buruaz bultzaka igexi guran, asto diabrue, ba oñ be lan ederra jarridau, askau, atara eta gero berriz barrixe jarri. **T.** En la barrera que hay dónde los burros me he dado cuenta de que la estaca de la derecha está casi partida por la mitad, y apostaría que ha sido Mesi el que lo ha roto empujando con la cabeza queriendo escapar, demonio de burro, pues ahora tambén vaya trabajo que ha puesto, soltar, sacar y luego volver a colocar una nueva.

TIPILI-TAPALA. Se dice de la persona que anda con poco garbo, despacio y sin fuste. **K.** Ni horrekiñ enoie Gazteizera eta fan zueik gurebozue, iñ bueltabat eta gero eguerdi aldien alkartukogare alde-zarrien txikito batzuk hartzeko ta gero bazkaldu. Oñ, gauzabat esangotzuek, ondo naskauta geratukozare zeatik Anizetok eztaki ibiltxen dakok bezela, betik bere martxan eta tipili-tapala. **T.** Yo con ese no voy a Vitoria e ir vosotros si queréis, daís una vuelta y luego hacia el mediodía ya nos juntaremos en la parte vieja para tomar unos chiquitos y después comer. Ahora que os voy a decir una cosa, que vaís a terminar bastante aburridos porque Aniceto no sabe andar como todos, siempre a su ritmo, despacio y sin fuste.

TIPOSUE. Se dice de la persona de buen aspecto, elegante, lucida.

(Ver la definición de etxurazkue).

TIPULIÑA, KIPULIÑA. Cebolleta. En realidad es la cebolla que se recoge siendo relativamente pequeña y aún sin hacerse del todo. **K.** Sekulako aldie dau entzaladan jateko kipula ero kipuliña izen, kipula betik zerbaitx iñdertzue izetenda guztoz eta tipuliña berriz askoz fiñau eta goxuaue, halaere laban ero lapikuen jartzeko eztauko hainbeste inportantzik. **T.** Para comerla en ensalada hay una gran diferencia que sea cebolla o cebolleta, la cebolla siempre es de sabor un poco más fuerte mientras que la cebolleta es mucho más fina y suave, aún así para ponerla en la cazuela o en el horno no tiene tanta importancia.

TIRA! Exclamación de sorpresa, de asombro.

(Ver la definición de ¡Jeseus!).

TIRABUZOIE (K). Trenza, trenzas.

(Ver la definición de kopeta, kopetak).

TIRAGOMA, TIRAGOMIE. Tiragoma. Aparato hecho con una horquilla de madera, u otro material, y goma elástica que se utiliza para lanzar objetos. **K.** Zenbat ordu pasa etedoun tiragomakiñ eta zenbat txori arrapau, baña aurrena tiragoma horrek norberak inbierrekuek izetezien, aurrena basuen billatu arrama egoki ta polibat urkillen etxurie daukena eta gero lortu, normalki amai arrapauta, gomabat. Oingo umiek berriz eztakixe gauza horreik itxen, eta noski inbierrik bez, zeatik iñdekuek erosteitxue. Eta denpora gutxi dala enteraunitzen tiragoma txapelketak be eotendiela.**T.** Cuántas horas habremos pasado con el tiragomas y cuántos pájaros habremos cazado, pero primero uno mismo tenía que hacer ese tiragomas, primero había que buscar en el bosque una rama adecuada y bonita con forma de horquilla y luego conseguir, normalmente robando a la madre, una goma. En cambio los chavales de ahora no saben hacer esas cosas, y claro tampoco lo necesitan, porque las compran ya hechas. Y hace poco tiempo me enteré de que también hay campeonatos de tiragomas.

TIRAKA, TIRAN. Tirante. **K.** Nere ustez argindarren kablie euzten haidan postie larreiko tiran dau, haixiek kable horren alde jotendau eta igertzenda nola pixkanaka poste hori ataratzen dabillen bere tokitxik, eta nabarmen okertzen, akaso norbaitxei abixau inbikot konpontzen etortzeko bera etorri aurretik. **T.** Yo creo que el cable eléctrico que está sujetando el poste está demasiado tirante, el viento pega a favor del cable y se nota que poco a poco está sacando al poste de su sitio, y se está inclinando claramente, quizá tenga que avisar a alguien para que vengan a solucionar el tema antes de que se venga abajo.

TIRAKARIE. Empujar, empujón. **K.** Tipo hori eztot uste oso normala danik ero burutik bentzet eziñda bape ondo eongo, aurrena ikusidou nola txoruena itxen haizan malekoi ertzien eta gero inguruen eozen pertzonai besotik tirakarie emun hondartzara bota-guran, eta ezkerrak oñ apenas dauela metro-erdi batelik-bestera. **T.** El tipo ese no creo que sea muy normal o al menos no puede estar muy bien de la cabeza, primero le hemos visto que estaba haciendo el tonto al borde del malecón y luego cómo empujaba queriendo tirar a la playa a las personas que andaban por allá, y gracias a que ahora apenas hay medio metro entre uno y otra.

TIRATU, TIRETU, TIRAU. Estirar, tirar, tensar. **K.** Haixe haudixe dauenien poste hori asko mobitzenda eta hori da zeatik euzten haidien sokak eztaz oso tiran, atzaldien eta haixeik ezpadau bentzet askau ingoitxu sokak banan banan, tiretu haldoun guztie eta berriz bierdan bezela jarri, ondo tiraka. **T.** Cuando hay mucho viento ese poste se mueve demasiado y eso es porque las cuerdas que lo sujetan no están muy tensas, a la tarde y al menos si no hay viento las soltaremos una a una, estirar todo lo que podamos y volverlas a colocar en la debida forma, bien tirantes.

TIRIKI-TARRAKA, TIRRIKI-TARRAKA. Hacer las cosas con calma, sin prisas pero sin pausas, casi de forma autómata. **K.** Beno, oingoz bentzet eztaukou prixa haundirik lan hau bukatzeko, baña halere eta naiz da hala izen zueik segi jardunien, tirriki-tarraka baña gelditxu-barik, laister etorrikodie abixerak ta orduen gogor emun-bierra eukikou. **T.** Bueno, por ahora no tenemos demasiada prisa por teminar este trabajo, pero aún siendo así vosotros seguir con la labor, con calma pero sin parar, pronto vendrán las urgencias y entonces vamos a tener que apretar.

Bitoriano Gandiagan aspaldiko abestibat:

Esta es una antigua canción de Bitoriano Gandiaga pero es casi imposible de traducirla al castellano.

> **Tiriki tauki tauka**
> **mailuaren hotsa**
> **Tiriki taki tauka**
> **mailuaren hotsa**
> **Hamasei harri lantzen**
> **ari da Oteiza**
> **Ai, oi, ai**
> **Ari da Oteiza**

TIRIZIA. Tiricia, ictericia, hepatitis, enfermedad epática. **K.** Lenau hepatitis horri tirizia esatejakon eta gañera laister, oñ bezela, igertzejakon zeñeik haukien zeatik arpekixek larreiko horixek jartzejatien, hori ikustezana zan, baña nik ustedot gorpuz guztie kolore berdiñezkue izengozala. **T.** Antes a la hepatitis esa se le llamaba tiricia y además pronto, lo mismo que ahora, se notaba quien la tenía porque la cara se les ponía muy amarilla, eso era lo que se veía, pero yo creo que el color del resto del cuerpo también sería igual.

TIROIE. Tirón muscular, contractura.

(Ver la definición de erazana).

TIROPITXOIE. En las barracas de feria es la caseta que alberga el tiro pichón. **K.** Nik nauken kuñaubat oso ona zana tiropitxoien eta beñ, urte pilla dala, Atxabaltako jaixetan, gauza naiko xelebrie gertaujakun, fangiñen kaxeta hartara eta baliñek eskatu, hartu emundako eskopetak eta tiratzen hasigiñen, nik enauen bat emuten eta gauza errarue, ezta kuñauak be, ba deitxu hango arduradunai eta esan eskopeta horreik gaizki eozela, harek beitu ondoren ezala hala eta gurebou hareikiñ tiratzeko ero beztela alde itxeko. **T.** Yo tenía un cuñado que era muy bueno en el tiro pichón y una vez, hace ya muchos años, en las fiestas de Aretxabaleta, nos pasó una cosa bastante curiosa, fuimos a la caseta esa y pedimos unos balines, cogimos las escopetas que nos dió y empezamos a tirar, yo no acertaba ni una y cosa rara, tampoco mi cuñado, pues llamar al encargado de allá y decirle que las escopetas estaban mal, aquel después de mirarlas que no era así y que si queríamos tirásemos con aquellas o sino que nos marchemos.

TIRRIÑA. Timbre de llamada. **K.** Teodorok atzo esauzten nola bera bizidan etxeko jente guztie sigero erreta dauen, etxuraz zapatu goixetan, oso goix, bateonbat, akaso batzun-batzuk, atarteko tirriñak joten ibiltxendiela eta kasu iñezkero erantzun bezela barrie izetendala, salaketa jarritxe omendala baña momentuz bentzet gauzak berdiñ jarraitzendauela. **T.** Ayer me dijo Teodoro que toda la gente de la casa donde vive está muy quemada, parece ser que los sábados a la mañana, muy temprano, alguien, quizá algunos, se dedican a tocar los timbres del portal y que si algún vecino contesta la respuesta suele ser una carcajada, que la denuncia ya está puesta pero que al menos de momento las cosas continúan igual.

TIRRIÑE. Ombligo. **K.** Gure amandre Zelestinak ikusibalu nola oingo neskak ondo bistan eruetendauen tirriñe axkar biekdukozitxun, hal izen-ezkero bentzet, Infernu aldera, ero gutxienetik purgatoixora, baña ez aurretik esan-barik lotzabako sikiñ batzuk besteik eztiela. **T.** Si nuestra abuela Celestina hubiese visto cómo las chicas de ahora llevan el ombligo bien a la vista pronto les mandaría, al menos si pudiese, hacia el infierno, o cuanto menos al purgatorio, pero no sin antes decirles que no eran más que unas cochinas y sinverguenzas.

TISIKUE. Tísico. Antes se decía por la persona que padecía la enfermedad de la tuberculosis. **T.** Lenau gu bizigitzen inguruen tuberkulosiz geixuei tisixe esatejakoñ eta hau haukienai tisikue, nik aspalditxotik entzunde nauken geixotazun hau desagertuta omenzala, baña oñ haitzenda nola leku batzuetan berriz berpizten haidan. **T.** Antes por dónde nosotros vivíamos a la tuberculosis se le llamaba tisis y a las personas que lo padecían tísico (a), hace ya bastante tiempo que yo tenía oído que esta enfermedad había desaparecido, pero ahora se oye que cómo en algunos sitios otra vez ha empezado a revivir.

TITAU. Palabra que significa que se hace, puede o hay que hacer rápidamente. **K.** Benga mutillak, itxizue aldebatera haizarien barriketa horreik eta hasizaiteze beingoz, lan hau oso errexa da eta titau ingozue baña hortarako esandouna, hasi-bierra dau. **T.** Venga chicos, dejar a un lado tanta palabrería y empezar de una vez, este trabajo es muy sencillo y lo haréis rápidamente pero para eso lo dicho, hay que empezar.

TITERIE. Dedal. **K.** Nil gutxitan ibilinaz josten eta lan hori iñdotenien izenda zeatik bakarrik nauen eta derrigorrezkue zalako, ba zerbaitx poltzana, ugela, botoiek ero beste holakorenbat puskatu iñdienien eta axkar konpondu inbierra, ba geixenbaten gertaujat bietzak zastadakiñ ataraitxutela ez eukiaitxik titerie.**T.** Yo he andado pocas veces cosiendo y las veces que lo he hecho ha sido porque estaba solo y había que hacerlo necesariamente, pues cuando se ha roto algo de la bolsa, correa, algún botón o algo parecido y había que repararlo lo más rápidamente posible, y la mayoría de las veces me ha pasado que he sacado los dedos con pinchazos por no tener un dedal.

TITIJORRAN. Es una expresión, se podría decir que castiza y que significa magrear, sobar o meter mano. **K.** Nik eztakitx nola esangodan ero esangozan beste leku batzuentan, baña guk neskan titixek ikutziei esatengutzen eskue sartu ero titijorran ibiltzie zala, eta nik esatendot hau hala zala ero izengozala entzunde dauketelako. **T.** No sé cómo se dirá o se diría en otros sitios, pero nosotros al hecho de tocar las tetas de las chicas le solíamos llamar magrear o meter mano, y yo digo que ésto era o sería así porque lo tengo oído.

TITIXE. Teta. **K.** Lenau nere hurrengo arrebak sarri esateuzten nola bera gaizki hasitxe dauen nere kulpatik, betik eotenitzela aman titixen ixegitxe eta gero ezala ezer geratzen berandako, nik eztakitx hori egixe izenleiken zeatik amai galdeketanutzen bakoitxien barre itxeuzten. **T.** Antes mi siguiente hermana me solía decir muchas veces que ella ha estado mal alimentada por mi culpa, que siempre estaba colgado de la teta de nuestra madre y que luego no quedaba nada para ella, yo no sé si eso puede ser verdad porque cada vez que preguntaba a la madre, ésta se reía.

TOKA. Es un juego que se practicaba en Semana Santa.
(Ver la definición de doke).

TOKILLA. Es una especie de chal que se lleva o llevaba en los hombros encima de la ropa. **K.** Lenau ixe andra guztiek jartzezitxuen tokillak soñekuen gañetik, eztakitx berue emuteko izetezan ero bakarrik apaingarri bezela, eta enazen gogoratzen gauzabat da kalien ibiltxezien tokilla horrekiñ, ustedot ezetz baña etxe barruen bentzet bai eta hau izetezan bertan eotezien denporan. **T.** Antes casi todas las mujeres se ponían un chal encima del vestido, no sé si era para dar calor o solo como adorno, y de una cosa que no me acuerdo es si con ésto andaban en la calle, creo que no pero al menos dentro de casa sí y solís ser en el tiempo que estaban allá.

TOKIRA. Al sitio, a tu sitio. **K.** Ikusten hainaz eztakitzula nundik fan-bierra dauen zuk gurozun tokira allegatzeko, eta gañetik hemen haigara aldebatetik bestera mosoluen bezela, akaso ezalda askoz errexaue bateonbati galdetzie?, ba ezpozu nai hor geratukozara eta nik etxoingotzut nunbaitxen. **T.** Estoy viendo que no tienes ni idea de por dónde hay que ir para llegar al sitio que tú quieres, y encima aquí andamos como unos tontos de un sitio para otro, ¿acaso no es mucho más fácil preguntar a alguien?, pues si no quieres ahí te quedas y ya te esperaré en algún sitio.

Aspaldiko esaerabat: Naiz ta milla urte pasa, ura bere tokira.
Un viejo refrán es euskera dice que, aunque pasen mil años, el agua vuelve a su sitio.

TOKITXEN. En menudo sitio. **K.** Nola eskatuzeiketzu erueteko saku honeik bixkerrien hartuta hara bestalderaño?, tokitxen dau ba, nik bentzet eta zure asmue hori baldinbada esateutzuk ez kontatzeko nerekiñ, oñ karretilla ero beste holako gauzabat ekartzenbozu, orduen bai lagundukotzut. **T.** ¿Cómo puedes pedir que llevemos estos sacos cargados al hombro hasta aquella otra esquina?, en menudo sitio está pues, al menos yo y si tus intenciones son esas ya te digo que no cuentes conmigo, ahora que si traes algún carretillo o alguna otra cosa parecida, entonces sí te ayudaré.

TOKIXE. Sitio, el puesto. **K.** Ze haizara haibeste bultzaka, akaso derrigorrez jarribizara ni nauen tokixen, ero?, ba billatuzeike bestebat zeatik enaz mobitxuko nauen lekutik, nik eta zuk bezela ustedot, sarrera ordaindu-bierra eukidot baña kasu hontan gertatzenda zu baño lenau etorrinazela eta horretxeatik hementxe jarrinazela. **T.** ¿Qué andas tanto empujar, quizá es que necesariamente tienes que sentarte en el sitio que estoy yo, o qué?, pues ya puedes ir buscando otro asiento porque no pienso moverme de aquí, yo y supondo que igual que tú, he tenido que pagar la entrada pero resulta que en éste caso he venido antes y por eso estoy sentado aquí.

TOLARIE. Lagar, prensa para elaborar la sidra. **K.** Lengo tolariek ondion be badaz baña ixe geixenak erakusketa moduen bakarrik, badaz batzuk egizkizunak be itxeitxuenak, oñ ezan posible izengo itxie horrenbeste sagardau itxendan bezela tolare hareikiñ. Ezta hainbeste denpora Ezkioko Igartubeiti baserrixen izengiñela bertako egizkizuna ikusten, zan nola itxezan sagargauen buruz eta benetan oso interesgarrixe izenzala. **T.** Todavía también ya quedan algunos lagares de antaño pero casi todos solo como exposición, hay algunos que incluso hacen demostraciones, ahora no sería posible elaborar la enorme cantidad de sidra que se hace ahora con aquellas prensas antiguas. Todavía no hace mucho estuvimos en el caserío Igartubeiti de Ezkio viendo una demostración, era sobre como se elaboraba la sidra antiguamente y de verdad que fue muy interesante.

TOLESTAU, TOLESTU. Apilar las cosas en orden. **K.** Obra hau ixe bukaeran daukou, ia hasileikegu jasotzen sobre dazen gauza guztiek eta almazenera eruen, aber Bartolo eta zu Aurelio inguratu furgoneta eta kargau hemen dazen gauza honeik, eruen eta hasi tolestatzen, han badaukotzue nahiko apala ordenan eta bierdan bezela jartzeko. **T.** Casi hemos terminado esta obra y ya podemos empezar a recoger las cosas que están de sobra y llevarlas al almacén, a ver Bartolo y tú Aurelio acercar la furgoneta y cargar todas las cosas que hay aquí, llevar y las empezaís a apilar, allá teneís suficientes estanterías para colocarlas en orden y en la forma debida.

TONGUE. Tongo. **K.** Zenbat bider aitzezan nola batzuetan tonguek eotezien pelota partidutan baña eztakitx egixe izengozan, akaso baleike partidu bat ero beste erraru xamarrak izetie, baña halaere nik eztauket ezerko ziurtazunik horren buruz, orduen esatezan bai korrededore, apostatzale eta jokalarixek ados jartzeziela. **T.** Cuántas veces se oía que algunas veces solía haber tongo en los partidos de pelota pero no sé si eso era verdad, puede que alguna vez se haya habido algún partido que otro un poco raros, pero aún así yo no tengo ninguna certeza sobre ese asunto, decían que tanto el corredor, apostador y los pelotaris se ponían de acuerdo.

TONTAMENTIEN. Algo que ha sucedido de la manera más tonta. **K.** Hau siñistu eziñekue da, zenbat bider urten izendoten perretxikotan eta sekula eztitxuk ekarri nahikue, ez sikera batendako bakarrik, eta ze kasualitate, gaur gertauda mendira fan esku-utzik eta tontamentien basterbaten ikusitxutela perretxiko dexente eozela eta danak onak, enauken beste gauzaik jertzeko mangak lotu eta barruen sartuitxut etxera erueteko. **T.** Esto es increíble, cuántas veces habré salido a por setas y nunca he traído suficiente, ni siquiera para una sola persona, y qué casualidad, hoy ha pasado que he ido al monte con las manos vacías y de la manera más tonta he visto en una esquina que había bastantes setas y todas buenas, cómo no tenía otra cosa he atado las mangas de jersey y las he metido dentro para llevarlas a casa.

TONTO-ALDIXE. Momento en que una persona se queda sin ideas, con la mente en blanco. **K.** Gaur atzaldien gauza asko nauken itxeko ordenadorekiñ, eta naiz da ondo ta gustora hasi gero tonto-aldixe sartujat eta momentu hontan geldi antzien nau, ustedot aldameneko tabernara fan-bierra eukikotela kafé kargaubat hartzera eta aber horrekiñ zertxobaitx argitzenazen. **T.** Hoy a la tarde tenía la intención de hacer muchas cosas con el ordenador, y aunque he empezado bien y a gusto luego se me ha quedado la mente en blanco y en este momento estoy bastante parado, creo que tendré que ir a la taberna de al lado a tomar un café bien cargado y a ver si con eso me espabilo un poco.

TONTOARRO, TONTO-HARRUE. Persona presumida sin tener motivo alguno y por ello también tonta. **K.** Polikarpoi inguru hontara allegatzendanien eziozue bape kasuik iñ, zeatik iñezkero betiko bezela hasikoda, gaur ero atzo iñdot hau eta bestie, lortudot eztakitx zer eta geixena gezurre izetenda, gertatzenda tontoarro galanta besteik eztala eta gañera hainbestekue ze askenien berak be siñistu itxeitxu esateitxun gauza guztiek. **T.** A Policarpo cuando se acerque hacia aquí no le hagáis ningún caso, porque si se lo hacemos empezará como siempre, hoy o ayer he hecho ésto o lo otro, he conseguido no se qué y la mayoría suele ser mentira, lo que pasa es que no es más que un tonto presumido y además lo es tanto que al final hasta él mismo se cree todas las cosas que dice.

TONTOKEIXIE. Esto es cuando lo que dice una persona es una tontería o estupidez. **K.** Honetxek be eta goiko tontoarro horrek bezela nahiko tontokeixak esateitxu ba, baña kasu hontan bape harrokeixakiñ eta honekiñ bakarrik gertatzenta tontotxue dala, hori bai mutil ona eta horixe bakarra dauko, gure-barik larreitxo esateitxula, oñ gauza horreik naiz eta aguantau inbierrak izen parkatzeko bezelakuek die. **T.** Este también y cómo ese otro presumido de arriba dice bastantes tonterías pues, pero en este caso sin ninguna presunción y solo pasa que es un poco tontito, eso si buen chico y tiene eso, que sin querer dice demasiadas, ahora que esas cosas aunque hay que aguantarlas son cómo para perdonar.

TONTOLAPIKUE. Se dice de la persona bobalicona y tonta sin remisión. **K.** Beno ba, hemen daukou beste erremeixoik eztauken tontolapiko galanta eta zenbat dazen holakuek, esan-baterako erozeiñ lanetan ikusikozue zer gertatzendan holako jentiekiñ, honeik izetendie pertzonak, eta noski honekiñ eztotela gure esateik txarrak dienik, sekuka eztauena eskuik ezerri hartuko, naiz eta alegiñdu. **K.** Bueno pues, aquí tenemos a otro tonto sin remisión y cuántos hay de éstos, por ejemplo veréis lo que pasa en cualquier trabajo con gente de éste tipo, son personas, y por supuesto que no quiero decir que sean malas, pero que nunca cogerán la mano a nada, aunque se empeñen en ello.

TONTOLISTUE, TONTO-LISTUE. Literalmente tonto y a la vez listo y se dice de la persona astutua, de mala fé, que disimula y se hace el ignorante con la intención de aprovecharse de algo o de alguien. **K.** Gizon horrek onazkero alperra dau jarraitzie betik ibilidan bezela, hainbeste bider iñdau tontolisto papera eta haldan guztie aprobetxau, ze jente geixenak aspalditxik igerritxe daukie nolakue dan, eta oñ eztauko zer-iñik esautzendauen iñokiñ. **T.** El hombre ese ya es inútil que continúe de la forma que ha andado hasta ahora, ha actuado tantas veces de mala fe y con disimulo aprovechándose de todo lo que ha podido, que la gente ya sabe como es desde hace mucho tiempo, y ya no tiene nada que hacer con ninguno que le conozca.

TONTOLO, TOTOLO. Se dice de una persona demasiado buena, tímida, inocente y un poco apagada. **K.** Hainbesteko onezkue da mutil hori ze batzuetan tontolo xamarra be badala emutendau, eta ezkerrak bere kuadrillako lagunek bera dan bezela hartzeutziela, errespetuaz eta sekula iñor eztala hasten adarrik joten. **T.** Ese chico es una persona tan buena que muchas veces parece que es hasta bastante inocente, y menos mal que los amigos de su cuadrilla le toman tal y cómo es él, con respeto y jamás se le ocurre a ninguno empezar a tomarle el pelo.

TONTOLO-MOSOLO. Es, o era, un juego de cartas en el que el que se queda con el as de oros da el nombre al juego. **K.** Lenau gaztetan, eta ez hainbeste gazte be, gabonetako bazkal ero afal ondoren betik jolastegauen kartaka tontolo-mosolo jokura, galtzaillie izetezan bateko urriaz geratzezana eskuetan eta nahiko barre itxegauen haren kontura, eta hori zan zeatik gero zastada pilla eskuen hartu-bierrak eukitxezitxuen beste jokuen parte hartzeauen aldetik. **T.** Antes de joven, y también no tan jóvenes, en navidades después de comer o cenar solíamos jugar a cartas al juego del tontolomosolo, la persona que perdía era la que se quedaba con el as de oros en la mano y ya nos reíamos bastante a su cuenta, y eso era porque luego tenía que recibir un montón de pinchacitos en la mano por parte de los otros que participaban en el juego.

TONTO-PAPELA. Se dice de la persona que se hace el tonto o el ignorante a propósito. **K.** Torkuatok esatendau eztakixela baña eziozue siñistu zeatik bera han nahiko inguruen zan momentu hartan, eta gañera ziur nau oso ondo dakixela zer gertauzan, pasatzenda tonto-papela itxen haidala eta baezpare eztauela gure ezer esateik. **T.** Torcuato dice que no sabe nada pero no le creaís porque él en ese momento estaba bastante cerca, y además estoy seguro de que sabe muy bien lo que pasó, lo que sucede es que se está haciendo el tonto y que no quiere decir nada por si acaso.

TONTORRA. Cima, cumbre, generalmente de alguna montaña. **K.** Tipo honek ederra emuten haida, gurekiñ alkartuda esanaz hasi omendala martxa beste talde-bateaz baña larreiko axkar ibiltxendiela eta bera atzien geratudala, ba ustedok gurekiñ be hala gertaukodala zeatik gelditxu besteik ezta itxen alde guztietan, eta gañera sigero sarri galdetzen aber ondion urriñ dauen mendi tontorra. **T.** Esta dando buena el tipo este, se ha juntado con nosotros diciendo que ha empezado la marcha con otro grupo pero que andaban demasiado rápidos y que él se ha quedado atrás, pues me parece que con nosotros también le va a pasar lo mismo porque no hace más que pararse en todas partes, y además pregunta muy a menudo a ver si todavía está lejos la cumbre del monte.

TONTORRA. Chinchón, bulto.

(Ver la definición de koxkorra).

TONTOTU. Atontarse, quedarse lelo. **K.** Eztakitx zer gertauleixon Hermenegildoi, sigero tontotu iñdan ero zer, atzoko proposamena bere asmakizuna izenzan ta gañera sarri errepikatzen esanaz bazkai hori inbierrekue dala, aspaldxien ezgarela alkartu eta gauza asko eukikoula esan eta kontatzeko, ta gaur berriz esatendau berak eztakixela ezer asunto horren buruz. **T.** No sé que es lo que le puede pasar a Hermenegildo, si se a atontado por completo o qué, la proposición de ayer fue idea de él y además lo repitió varias veces diciendo que teníamos que hacer esa comida, que hace tiempo no nos habíamos reunido y tendríamos muchas cosas para hablar y contar, pues hoy en cambio dice que él no sabe nada sobre ese asunto.

TOPAKETA. Encuentro, reunión, junta, asamblea. **K.** Gaurko periodikok ekartzedau ze datorren domekan Zelatunen topaketa antolaukodan fatie guredauen mendizale guztientzat, dan honeindako eongodala txorixo egosixe eta salda, eta trikitixa be eztala faltako. **T.** El periódico de hoy trae que que el próximo domingo se va a organizar un encuentro en Zelatun para todos los montañeros que quieran acudir, que habrá chorizo cocido y caldo para todos ellos, y que tampoco faltará la música.

TOPAU. Encontrar algo, alguna cosa. **K.** Lengo egunien topau iñauen mobilbat kanpiñeko birien eta gero beruzkuen munizipalena eruen, ba han barruen naulela hango batek komestatzen ibilzan siñistu eziñekue zala zenbat gauza galtzendien, eta baitxe gauza horriek billatzeauen jentiek ixe danak ekartzezitxula hara, euron bulegora. **T.** El otro día encontré un móvil en el camino al camping y luego al bajar lo llevé a los municipales, estando allá dentro uno de ellos estuvo comentando que es increíble la cantidad de cosas que se pierden, y que también casi toda la gente que encuentra algo lo trae allá, a la oficina de ellos.

TOPE. Se dice cuando una persona o sitio está llena o lleno. **K.** Ni nahiko tope iñde nau eta baezpare eztot geixau barrura sartubiko, akaso ondion jangonauen beste zertxobaitx baña ague itxibikot, beztela eta tripa larrei betezkero baleike gero botaka gogue etortzie, eta hori ezta bape komeni hainbeste ordaindu ondoren. **T.** Yo ya he comido suficiente, estoy lleno y por si acaso no tendré que meter mas cosas dentro, quizá todavía ya podría comer un poco más pero tendré que cerrar la boca, sino y cargo demasiado la tripa puede que después me entren ganas de vomitar, y eso no conviene en absoluto después de haber pagado tanto.

TOPO. Encuentro por sorpresa con una persona conocida. **K.** Batzuetan izetendie kasualidadiek, aspaldiko lagunbat eskondu eta fanzanetik andrien herrira bizitxen, horrena izengodie hamar urte inguru, enauen berriz ikusi eta atzo gertauzan, bixok eonda norberan familixakiñ oporretan ta toki berdiñen topo itxie hondartzan, eta ezan gauza bape errexa zeatik dana hauen leporaño jentiaz. **T.** Algunas veces ya existen las casualidades, a un antiguo amigo desde se casó y se fué a vivir al pueblo de la mujer, y ya hará de eso unos diez años, no lo había vuelto a ver y ayer sucedió, estando ambos con nuestras familias de vacaciones y en el mismo sitio nos encontramos por sorpresa en la playa, y la cosa no era nada fácil porque estaba atestada de gente.

TOPOLINUE. Topolino. Hace ya mucho tiempo se llamaba así a una botella pequeña de cerveza, lo que ahora sería un quinto más o menos. **K.** Lenau tabernetan ezien zerbezak ezkatzen zerbeza izenakiñ, topolinue esatezan, bi ero hiru, noski, zenbat jentek naizauen gora-beriaz, hau zan botilla txikibat eta zerbeza guztie modu hortakue izetezan zeatik orduen, gure inguruen bentzet, ezauen kañeroik. **T.** Antes en las tabernas no se pedían las cervezas con el nombre de cerveza, se decía topolino, dos o tres, claro que dependiendo de cuántos lo querían, era una botella pequeña y todas las cervezas eran del mismo modo porque entonces, al menos en nuestro entorno, no existían los cañeros.

TORI. Palabra que se utiliza para dar algo a alguien. **K.** Leku askotan hartu hitza esan-bierrien tori esatenda, esan-baterako hor barru aldien hartu eta kosta aldien tori, baña erozeiñ modutan naiz da hitz desberdiñek izen gauza berdiñe guredau esan, oñ gauza nahiko xelebrie gertatzenda honekiñ, zu hor barrue aldien bazabitz, zerreozer gurozu emutie norbaitxi eta tori esatenbotzazu segurazki eztau ulertuko ze gurozun esateik. **T.** En euskera la palabra dejar se dice de dos formas distintas dependiendo del lugar, ahí en el interior se dice hartu y por la costa tori, pero de cualquier manera ambas palabras, aunque diferentes, quieren decir lo mismo, ahora que con ésto ya sucede una cosa un poco curiosa, si tú andas por el interior, quieres dar algo a alguien y le dices tori seguramente no te entenderá lo que quieres decir.

TORIAU. Literal torear, toros o vaquillas claro está. Y también fig. se dice cuando a una persona le están mareando, tomando el pelo o riéndose de él. **K.** Neri tipo horrek eztust geixau toriauko eta ez barreik ingo be, ze ustedau ba, itxie daukela berak guredauena eta bestiek izurraudeixela, ero?, hiru aldiz prestaudot berak eskatzeko landarak eta gero hiruretan gertauda deitxu iñdauela esanaz ia eztaukela horrein bierrik. **T.** A mi el tipo ese no ve va a tomar el pelo ni tampoco se va a reir más de mí, ¿qué se habrá creido, que él puede hacer lo que le venga en gana y que los demás se fastidien, o qué?, tres veces le he preparado las plantas que me ha pedido y luego en las tres ha ocurrido que me ha llamado diciendo que ya no las necesita.

TORTOLIE, TORTOLAK. Tórtola, tórtolas. Es un pájaro parecido a la paloma pero algo más pequeña. **K.** Aspalditxik ehiztaribat esautzendot eta berak esatendauen bezela nahiko ona, batzuetan eskiñi izendust aber guroten tortolak, etxuraz txori honek die geixen arrapatzendauenak baña betik, ezkerrak emun ondoren ezetz esautzek, aldebatetik enazelako ehizan zalie eta bestaldetik, zeñek lumatu?, nik eztakitx eta andriei naska emuteutzo. **K.** Desde hace mucho tiempo conozco a un cazador y según dice él bastante bueno, me ha solido ofrecer bastantes veces a ver si quiero tórtolas, parece que son los pájaros que más caza pero siempre, después de darle las gracias le he dicho que no, por una parte porque no soy aficionado a la caza y por otra, ¿quién los desplumá?, yo no sé y a mi mujer le da asco.

TORTOLIKA. Taba del cordero. **K.** Oñ eztot uste gordetzendanik arkumien tortolikaik eta entzunde dauket ze tipo hontakuek plastikoskuek saltzeitxuela, baña garai baten bai eta gañera honek oso estimauek izetezien neskatillan hartien jolasteko joku nahiko xelebrera, nik batzuetan beitzenauen baña ulertu tautik ez, gutxigorabera zan gora jaurti tortolika, enaz gogoratzen bakarra ero geixau zien, eta zer-ikuzixe hauken nola geratzezan jaustezanien batak ero bestiek irabazteko. **T.** Ahora no creo que se guarden las tabas de los corderos y tengo oído que del tipo de éstas las venden de plástico, pero en un tiempo sí y además eran muy estimadas entre las niñas para jugar en un juego bastante raro, yo algunas veces ya solía mirar pero no entendía nada en absoluto, más o menos era echar la taba arriba, no me acuerdo si era una o varias, y según de la forma que quedaba al caer ganaba una u otra.

TORRADA (K). Torrija o torradas. **K.** Torradak die gauza batzuk asko gustatzejakuna danoi, oñ pixkat penagarrixe da nahiko gutxitan eotendala aukera, gure etxien bentzet, honek jateko, hemengo betiko oitura izenda prestatzie Astesantuko egunetan, eta akaso baitxe inguruen eotendan beste noixbaitxen, eta egun horreitatik urtetzendanien etxoiñ inbierra dau hurrengo urterarte. **T.** Esto sí que es una cosa que a todos nos gusta mucho, las torrijas o torradas, ahora que ya es una verdadera lástima que sean tan pocas las veces, al menos en nuestra casa, que hay la oportunidad de comerlas, la costumbre de siempre aquí es prepararlas por los días de Semana Santa y quizá también en algún otro que esté próximo, y en cuanto se sale de esas fechas hay que esperar hasta el próximo año.

Erreazetabat: Torradak. Honek prestatzie gauza oso errexa da eta gauza gutxi bier izetenda, aber, aurren eguneko ogixe hartu eta moztu zabaletara zentimetro-terdi ero bi inguruko loritazunaz, ontzibaten sartu esne tartien, aurretik egositxe eukikouna eta han utzi ordu parebaten, eta ikustenbada ogixen goi aldie siku geratzendala buelta emun. Inportantziko gauzabat, ez laga ogi zati honek bata-bestien gañien eta ondo zabal jarri. Batzuk botateutzie kanela pixkat, beste-batzuk zertxobaitx anisa eta bebai daz limoi azala arraspatzendauena, beno, batekiñ ero bestiekiñ izen atara denporie betetzendanien pasa arrautza nahasi tartien eta prijitxu. Eta besteik eztauko, ataratzendie, azukrie bota eta jan. Eziñdotena ulertu da holako errexa ta gozue izenda zeatik eztien prestatzen geixautan, baña hala die gauzak eta ixildu besteik ezta geratzen.

Una receta: Torrijas. El preparar torrijas es una cosa muy sencilla y hacen falta muy pocas cosas, a ver, cogemos el pan del día anterior y lo cortamos en rodajas de centímetro y medio o dos aproximadamente, los metemos en una fuente entre la leche que habremos cocido previamente y dejamos que estén allá durante un par horas, y si se ve que la parte de superior del pan ha quedado seca se le dá la vuelta. Una cosa importante, no montar ninguna rebanada encima de otra y dejarlas bien separadas. Algunos le echan un poco de canela, otros algo de anís y también hay quien le echa ralladura se limón, bueno, tanto sea con uno o con otro cuando se cumpla el tiempo los sacamos, pasamos por huevo batido y lo freímos. Y no tiene más, se sacan, se les echa azúcar y a comer. Lo que no entiendo es que siendo tan sencillo y rico se preparan tan pocas veces, pero es así y no queda otra que callar.

TORRE. Fg. Se dice cundo algo está lleno y no cabe más.

(Ver la definición de beteta).

TORRETU. Apilar en altura. **K.** Bai, noski ondo haizariela baña halaere gauzabat kontuen hartu, larrei torretu aurretik gogoratu hemen gazen jente guztiek eztaukoula zuen alturaik, zeatik gero gertauleike, zuek bukatu ondoren eta zerbaitx hartu bier izen-ezkero eztala kustiñue izengo eskillaran bierra, ez? **T.** Si, claro que andaís bien pero aún así tener en cuenta una cosa, antes de que lo apileís demasiado alto acordaros de que no toda la gente que estamos aquí tenemos vuestra altura, porque luego puede ocurrir, una vez que termineís vosotros y si tenemos que coger algo no será cuestión de que tengamos que traer una escalera, ¿no?

TOTXUE. Tocho. Pieza o pedazo grande de algo. **K.** Etxat bape gustatzen lapìko gixau hau ekarridauen bezela, honeik eztie bierdan moduko haragi zatixek eta ez patatanak be zeatik zati normalak izen-bierrien geixau emutendau totxuek diela, bi zatikiñ ixe platera beteleike eta gañera probau aurretik apostakonauke espartiñek baño gogorrauek diela. **T.** No me gusta nada la forma con que han traído ésta cazuela de carne guisada, los pedazos de carne y patata no son de un tamaño normal y más bien parece que son tochos, con dos pedazos casi se llena el plato y además apostaría sin tan siquiera probar a que están más duros que unas alpargatas.

TOSTA. El asiento o banco en el que se sientan los remeros a la hora de remar. **K.** Aurten esperantza haundixe haukien zerbaitx itxeko arraunien ekarridauen traineru barri horreaz, baña halaere oñartien eztaue gauza haundirik lortu eta hori patroi eta hiru arranlauri barrixek be etorridiela, patroi honek naiz da probaketa asko itxen haidan tostas aldatzen arraunlari batai eta bestiei, momentuz bentzet eztau emun soluziñuaz. **T.** Este año tenían grandes esperanzas de hacer algo grande en la competición de remo con la nueva trainera que han traído, pero aún así todavía no han conseguido gran cosa y eso que han llegado tres remeros y patrón también nuevos, este patrón a pesar de que está haciendo muchas pruebas cambiando de banco a los remeros de uno a otro sitio, de momento al menos no ha conseguido dar con la solución.

TOSTOIE. Tostón. Fig. se refiere a que es muy mala o fea alguna cosa que se está viendo, por ejemplo una película. **K.** Ni aspaldi zinien eon-barik nauen pelikula ikusten eta aurreko astien bi ikusten eonitzen, eta eztakitx izengodan zinerako gustue galduta nauen ero zer baña erdi-aldera urten-bierra izenauen, bixetan gañera zeatik sekulako tostoiek ziela iruitujaten. **T.** Yo hace mucho que no iba al cine a ver una película y la semana pasada estuve viendo dos, y no sé si será porque he perdido el gusto por el cine o qué pero hacia la mitad tuve que salir, además en las dos porque me parecieron que eran un aunténtico tostón.

TOTO. Una palabra que se utiliza con los críos para señalar a los perros. **K.** Ederra daukou ume honekiñ, atzo izenda bere lengosuen etxien eta ikusidau nola bere zorionetarako txakur txikitxobat oparidutzien, eta oñ esatendau, gañera negarrez, ze berak be bere urte-betetzerako toto txikibat naidauela. **T.** Buena temenos con la cría esta, ayer ha estado en casa de su primo y ha visto que para su cumpleaños le han regalado un perro pequeño y ahora dice, además llorando, que ella también quiere uno pequeñito para cuando cumpla los años.

TRABA, TRABAN. Estorbo, estorbando. **K.** Zuk eta ixe betiko bezela gauzak erdixen jartzeitxozu ezer inportik be, eziñdozu sekula baztertxobaten laga jentiek lasai, zuzen pasaudixen eta derrigorrez traban laga-bierra daukotzu?, ba meserez haldan axkarren kenduizu bizikleta hori malekoi erditxik eta erueizu beste nunbaitxera. **T.** Tú y cómo casi siempre tienes que dejar las cosas en la mitad sin que nada te importe, ¿nunca puedes dejarlas en una esquina para que la gente pase derecha, tranquilamente y a la fuerza tienen que estar en el estorbo?, pues haz el favor de quitar cuanto antes esa bicicleta del medio del malecón y llévala a cualquier otro sitio.

TRABAUTA. Aprisionado. Cuando alguien o alguno se ha trabado y no se puede mover mucho. **K.** Astuei sarri pasatzejatie trabauta eotie, igex eta gero arrapau ondoren egun batzuk lotuta eotendie aber sikera zertxobaitx txintxotzendien eta orduen da trabatzendiela, sokai buelta pillabat emuteutzie eta gero halako motx geratzenda ze ixe eziñdie mobitxu, eta noski, askatzera fan-bierra izetenda. **T.** A los burros les pasa bastante a menudo el estar trabados, cuando se escapan y luego se les pilla suelen estar unos días atados a ver si se formalizan siquiera un poco y entonces es cuando se traban, a la cuerda le dan tantas vueltas que ésta se queda tan corta que casi ni se pueden ni mover, y claro, hay que ir a desatarles.

TRABAU. Cuando al hablar, la persona se complica y no puede continuar. **K.** Teobaldoi betik gauza berdiñe pasau izenjako, gurekiñ dauenien bierdan moduen eta normal berba itxendau eta sekula eztutzou igerri ezer erraruik daukenik, baña hitzaldibat emuten fatendanien gertatzejako trabau itxendala jentien aurrien eta batzuetan eziñien geratzenda. **T.** A Teobaldo siempre le ha solido pasar lo mismo, si está con nosotros habla normal y perfectamente y nunca le hemos notado que tenga nada raro, pero le sucede que cuando va a dar una charla se traba delante de la gente y a veces ni siquiera puede continuar.

TRABES. Cuando se ataja para acortar el camino. **K.** Denpora dexentetxo galdudou aterpien eongaren bitxertien euri-zaparraratik eta nahiko berandutujaku etxera allegatzeko, etorrigoren birckik jarraitzenbou illundu ingoda eta nik ustedot nola hor be aldera garbi ikustendan, honena izengoula trabes fatie zelai horreikatik ziar. **T.** Hemos perdido bastante tiempo en el resguardo debido a la lluvia y se nos ha hecho bastante tarde para llegar a casa, si continuamos por el camino que hemos venido se nos va a hacer de noche y yo creo que dado que hay hacia abajo se ve limpio, deberíamos de atajar yendo campo a través por esos prados de ahí.

TRABES. Se dice cuando una persona ha ingerido algo se le ha colado por el sitio donde no debe. **K.** Mutiko horri zertxobaitx trabes fanjako estarriko-zulotik, ezta estulka gelditzen eta emutendau errebentatzeko bezela dauela, jarriozue bera begira eta emun golpe batzuk bularrien ta laister lasaitukoda **T.** A ese chaval se le ha colado alguna cosa por el sitio donde no debe, no para de toser y parece que está a punto de reventar, ponerle mirando para abajo y darle darle unos golpes en el pecho y pronto se calmará.

TRABESA. Apuestas en los deportes.

(Ver la definición de apostuek).

TRABESA (K). Traviesas. Los rieles debajo de las vías del tren. **K.** Garai bateko trenbire aspixen eozen egurrezko trabesak kendu eta norbaitzuk jaso eta ondo axkar gordezitxuen, oñ saltzen eotendie eta prezio dexentien gañera, nik ikusitxut jarritxe modu desberdiñen eta egixe da gauza politxek diela eta oso ondo gelditzendiela toki-batzuetan. **T.** Las traviesas de madera que había en un tiempo debajo de las vías las quitaron y algunos bien pronto las recogieron y guardaron, ahora las tienen a la venta y además a buenos precios, yo ya los he visto colocados de modos diferentes y la verdad es que son una cosa bonita y que quedan muy bien en algunos sitios.

TRABESKA. Andar atravesado, de través y de un lado para otro, generalmente por estar bebido. **K.** Heribertoatik esatendaue larreiko eran-zale gizona dala eta sarri ibiltxendala nahiko trabeska, baña halaere eztauela iñok sekula ikusi lurrien jausitxe dauenik eta aldebatera ero bestera betik manejatzendala tente eoteko. Nik ustedot oitura daukelako izengodala. **T.** De Heriberto dicen que es un hombre demasiado aficionado a la bebida y que a menudo anda bastante atravesado, pero aún así que nunca nadie le han visto que esté caído en el suelo y que de una forma u otra siempre se arregla para estar de pie. Yo creo que será porque estará acostumbrado.

TRABESAÑUE. Travesaño. Viga u otra pieza de madera que se coloca de forma atravesada para montar y fijar el entramado de madera. **K.** Ziur nau ekarrigauela bierrezko egur guztie baserriko tellatue bukatzeko eta oñ ikustendot zerbaitzuk eztaukoula, geixen faltan botatzendotena hor bazterrien eozen hamar trabesaño hareik die, ba horrek gauzabat guredauen esatie, arrapau inditxuela. **T.** Estoy seguro de que habíamos traído toda la madera que necesitábamos para terminar el tejado del caserío y ahora veo que no están algunas piezas, lo que más hecho en falta son aquellos diez travesaños que estaban en aquella esquina, pues eso quiere decir una cosa, que nos las han robado.

TRADIZIÑUE. Son aquellas que eran costumbres de siempre y que ya se han arraigado. **K.** Nik eztakitx tradiziñuek betik jarraitxu-bierrekuek izetendien, batzuk ondo dau eurokiñ segitzie baña beste dexente oso atzien geratudie eta oñ baleike komenigarrixe izen aldatzie, halaere hori galdetu-ezkero erozeiñ pertzona nausixei ziur nau bere erantzuna izengozala, ezta pentzatuere zeatik gauza horreik betiko tradiziñukuek izendie. **T.** Yo no sé si las tradiciones son para continuarlas siempre, con algunas está bien que las sigamos pero bastantes otras ya ha quedado desfasadas y ahora quizá convenga cambiarlas, aún así y si eso se le preguntase a cualquier persona mayor estoy seguro que su respuesta sería, ni pensar porque eso es una tradición que ha existido desde siempre.

TRAILA. Cuerda de abarca, del calzado. **K.** Ume horri komenijkon ba norbaitxek ipurdiko batzuk emutie, eta norbaitx izenbikoda zeatik bere gurasuek eztutzie pape kasuiek itxen, ta ez hori bakarrik, gañera barrezka hastendie. Badakitzue zer itxendauen?, ba mai aspixen sartu eta zapatan trailak bata-bestiaz lotu, ba hori itxendauenai eta jaiki besteik ez jausteko aukera haundixe dauko, berez parebat be jausidie eta ezkerrak apenas miñlk hartudauela. **T.** A ese crío le convendría que alguien le diera unos buenos azotes en el culo, y tendría que ser alguien porque sus padres no le hacen ni caso, y no solo eso, encima se rien. ¿Sabeís lo que hace?, se mete debajo de la mesa y ata las cuerdas de los zapatos uno con el otro, pues al que se lo hace nada más que se levante corre el riesgo de caerse, cómo de hecho ya se han caído un par de ellos y gracias que apenas han cogido daño.

TRAGAU. Tragar. **K.** Zenbat bider esanbijatzu ze tragau aurretik ondo mastikau inbierra izetendala?, ba etxuraz eztozu ulertzen ero beztela astu itxezara, zuk zuzenien tragatzendozu eta hori ezta bape ona, hala esantendaue bentzet gauza horreik dakixenak. **T.** ¿Cuántas veces hay que decirte que antes de tragar hay que masticar bien?, pues parece que no lo entiendes o sino te olvidas, lo que tú haces es tragar directamente y eso no es nada bueno, así lo dicen al menos los que saben de esas cosas.

TRAGOXKA. Un trago. **K.** Kaixo Bartolo, zenbat denpora ikusi-barik, jakiñleike nundik nora ibiltxezaren?, badakitx eskonduzitzela baña halaere eztot uste hori motibuik izengodanik ez asaltzeko, ero akaso eztotzu izten andriek?, benga, guasen tragoxka parebat hartzera eta berba ingou. **T.** Hola Bartolo, cuánto tiempo sin verte, ¿se puede saber por dónde andas?, ya se que te casaste pero eso no creo que sea motivo para no aparecer, ¿o quizá es que no te deja tu mujer?, venga, vamos a tomar un par de tragos y hablaremos.

TRAINERA. Embarcación que se utiliza en las competiciones de remo. **K.** Nik ustedot trainera izenakiñ Kantabriko aldien bakarrik eotendiela, eta die Galizian, Asturiazen len baozen baña oñ eztakix gelditzendien, Kantabrian, Bizkaian eta Gipuzkun, eta gero Iparralden be badaz banaka-batzuk. Euskalherrixen afizio haundixe eotenda traineran lehiaketak ikusteko eta aurten, momentuz bentzek, Hondarribi eta Orixo, bixek gipuzkoarrak die jaun ta jabe. **K.** Yo creo que embarcaciones con el nombre de trainera solo las hay en el Cantábrico, y son en Galicia, en Asturias había alguna antes pero no sé si ahora queda ninguna, Cantabria, Bizkaia y Gipúzkoa, y luego en en Iparralade también hay unas cuantas. En Euskalherría hay mucha afición para ver las competiciones de traineras y este año, al menos de momento, son Fuenterrabia y Orio, las dos guipuzkoanas, las que mandan .

TRAJEBAÑUE. Bañador, traje de baño. **K.** Hemen Zarauzko hondartzan eta kanaleko inguruen eotendien jente askok eztau emuten diru asko gastatzendauenik trajebañue erosten, eta nik arrastuik be eztauket zeatik izengodan, euki ez ero aurreratzen haidielako, zuei ze iruitzejatzue?, ba nere ustez bentzet bigarrena da, nola ondion krixixe aldien daukou ba pentzaukodaue ze baezpare hobeto izengodala dirue gordetzie. **T.** Aquí en la playa de Zarautz mucha gente que suele estar en la zona del canal no parece que gasta demasiado dinero comprando el bañador, yo no tengo ni idea de si será porque no lo tienen o porque están ahorrando. ¿qué os parece a vosotros?, pues al menos creo yo que es por lo segundo, cómo todavía tenemos encima ésta crisis pensarán que por si acaso es mejor guardar el dinero.

TRAKA. Es una palabra para definir a una persona elegante, digna, con porte.

(Ver la definición de etxuraskue).

TRAKETA. Esto se dice por una persona o tipo duro, con un carácter fuerte. **K.** Lan honeik itxeko eztau erozeñek balixo eta hemen bierrezkuek die bi ero hiru lagun benetazko traketak dienak, eztakixena da inguru hontan eongodien holakoik eta eon-ezkero be, nun ero nundik hasi billatzen?, ba akaso ezta bape errexa izengo lortzeik. **T.** Para hacer éstos trabajos no vale cualquiera y aquí lo que hace falta son dos o tres tipos que sean verdaderamente duros, lo que no sé es si por los alrededores habrá personas así y si las hay también, ¿en qué sitio o por dónde empezar a buscar?, pues puede que no sea nada fácil el encontrar.

TRAKETZ, TRAKETZA. Se dice de la persona ordinaria, basta y torpe. **K.** Zuei eztakitx baña neri bentzet hola lotza pixkat bezela emutendust fatie tipo horrekiñ Arzakera, etxatzue iruitzen larreiko traketza dala eta baleikela barregarri geratzie danan aurrien?, ba nere ustez akaso hobeto izengou, gaur bentzet, beste tokibat billatzie bazkaltzeko. **T.** No sé a vosotros pero a mí al menos me da así cómo un poco de vergüenza ir con el tipo ese al Arzak, ¿no os parece que es demasiado basto y que puede que nos quedemos en ridículo delante de todos?, pues yo creo que quizá sería mejor, al menos hoy, que busquemos otro sitio para comer.

TRAMANKULUE. Máquina grande, vieja y casi en desuso. **K.** Atzo eguerdixen kalien alkartunitzen Brauliokiñ eta txikitobat hartugauen, barriketan geotzela komestauzten nola aurreko astien fanzien ugesaba ta bixok Bilbora bigarren eskuko dunperbat erosteko asmuekiñ, batzuk ikusizituela baña askenien erosi ezer ez, eozen danak sigero tramankuluek ziela eta apenas haukiela balixo haundirik. **T.** Ayer al mediodía me junté con Braulio en la calle y estuvimos tomando un chiquito, estando de charla me comentó que cómo la semana pasada fué con el jefe a Bilbao con la intención de comprar un dumper de segunda mano, que ya habían estado mirando algunos pero que al final no compraron nada, que todo lo que había no eran más que máquinas viejas y apenas valían gran cosa.

TRANKATU, TRANKAU. Trancar, cerrar, impedir el paso, obturar. **K.** Aber oingo aste-buruen eztan pasatzen aurrekuen gertauzana, itxi-barik geratuzala almazeneko ate haundixe eta ezkerrak iñor ezala konturatu, beztela erozeñek daki zenbat gauza arrapaukozitxuen, ba gaur badakitzue ze inbierra daukotzuen, irteeran ondo trankau atie. **T.** A ver si éste fín de semana no ocurre lo mismo que en la semana anterior, que la puerta grande del almacén quedó sin cerrar y menos mal que nadie se dió cuenta, sino cualquiera sabe cuantas cosas nos podían haber robado, pues ya sabeís lo que teneís que hacer hoy, cuando salgaís trancar bien la puerta.

TRANGUE. Obstáculo que se coloca generalmente detrás de las puertas para reforzar e impedir el paso. **K.** Gaur goixeko lauretan munizipalak deitxudaue esanaz abixobat daukielanola nola batzui ikusidauen tallerreko ate haundixe zabaldu-guran, baña allegaudienien igex iñde ziela, ba ezkerrak eztauela lortu zeatik beztela auskalo zer ingozitxuen. Hemendik aurrera eta baezpare trangu parebat jarrikou atien atzetik. **T.** Hoy a las cuatro de la mañana han llamado los municipales diciendo que han tenido un aviso diciendo que han visto que algunos estaban intentando abrir la puerta grande del taller, pero que cuando han llegado ya se habían escapado, pues menos mal que no lo han conseguido porque sino cualquiera sabe lo que podrían haber hecho. Por si acaso y a partir de ahora vamos a poner un par de obstáculos detrás de la puerta.

TRANKILL. Tranquilidad, calma, despreocupación.

(Ver la dfinición de lasai).

TRANKILDU. Serenarse, tranquilizarse.

(Ver la definición de lasaitu).

TRANKILLE. Se dice de la persona calmosa, tranquila, que no tiene prisa. **K.** Pertzonabat trankille izetie gauzabat da baña mutil horrena ixe, ero ixe-barik, larreikue, zerbaitx inbierra badauko etxetik kanpo, batekiñ ero bestiekiñ geratubada, betik ta alde guztietara derrigorrez berandu allegau-bierra izetendau, eta zer-iñik ezpadauko, hau da sarri gertatzendan gauza, hor ikusikozu nola nunbaitxen etzanda dauen. **T.** Una cosa es ser una persona tranquila pero lo de ese chico es casi, o sin casi, demasiado, si es que tiene que hacer algo fuera de casa, si ha quedado con uno o con otro, siempre y necesariamente tiene que llegar tarde a todas partes, y si no tiene nada que hacer, ésto es una cosa que sucede a menudo, ahí le verás como está tumbado en algún sitio.

TRANPOSUE. Es la persona tranposa, que engaña. **K.** Saturiokiñ baezpare ezaitxeze hasi karta jokuen eta askoz gutxiau dirue eotenbada erditxik, oso tranposue dan fama haundixe dauko eta baleike egixe izetie, ondo jakiñien nau toki batzuetatik bieldu iñdutziela eta eziñdala berriz sartu, eta entzunde daueten bezela gauza horreik betiko izetendie. **T.** Con Saturio por si acaso no empeceís a jugar a cartas y mucho menos si hay dinero por medio, tiene fama de que es muy tranposo y puede que sea verdad, sé de buena tinta que le han expulsado de varios sitios y que no puede volver a entrar, y según tengo oído esas cosas deben de ser para siempre.

TRAPALA. Persona juerguista. **K.** Gaztetan danok izengara zertxobaitx trapalak baña gizon horrena siñistu eziñekue da, ixe larogei urte dauko eta ondion ixe asteburu guztietan gaupasa bat ero beste itxeitxu, etxuraz eztau larrei eraten baña oñ ibiltxenda zona aldetik dantzabatien. **T.** De jóvenes todos hemos sido algo juerguistas pero lo de ese hombre es increíble, tiene casi ochenta años y casi todos lo fines de semana hace alguna gaupasa (noche sin dormir) que otra, parece que no debe de beber mucho pero anda por ahí en la zona sin parar de bailar.

TRAPALA. Bastón, muleta.

(Ver la definición de makulue).

TRAPERUE. Trapero. **K.** Oñ akaso ezta eongo traperoik, izen horrekiñ bentzet, lenau zien aldebaten hartu eta gero saldu itxezitxuen erabiltzeko erropak, jeneralki etxura honekuek, garai hontan be badaz tokixek hortan ibiltxendienak baña enau horrein izenan jakiñien, batzuk negozio bezela eongodie eta beste-batzuk laguntzeatik eta erropa horreik jaso gero emuteko bierra daukienai, asken hau ustedot Karitas izetendala. **T.** Ahora quizá no haya traperos, al menos con ese nombre, antes eran los que cogían de algún lugar y luego vendían las ropas que habían quedado en desuso, generalmente con buen aspecto, ahora también hay sitios que se dedican a eso pero no estoy al tanto del nombre que tienen, algunos lo tendrán como negocio y otros por ayudar y recoger esas ropas luego para dársela a la gente que lo necesita, creo que es Cáritas la que se dedica a ésto último.

TRAPUXARRA. Literal es un trapo viejo. Es un revuelto de verduras y carne cocida proveniente de la elaboración del caldo. **K.** Ze gauza ona izetendan trapuxarra haragi onaz eta ondo iñdekue izenda, garai hartan gure etxien ixe domeka guztietan eotezan salda eta gure amak, hurrengo egunien betik prestatzeauen trapuxarra bazkal ero afaltzeko. **T.** Que bueno suele ser el revuelto hecho con una buena carne cocida y bien preparada, en aquellos tiempos casi todos los domingos había caldo en casa y nuestra madre, al día siguiente siempre solía hacer el revuelto para comer o cenar.

Errezetabat: Trapuxarran errebueltue. Hauxe da gauzabat oso errexa dana prestatzeko, kontuen hartuta ia gertu daukoula haragi egosixe. Etxurazko sartakiñabaten jartzendou olixue bi ero hiru berakatz ale fiñ xamar moztuta eta kolorie hartu aurretik berdurak jartzendou, kipula, piper berdie eta nai izen-ezkero porru zuri pixkat, dan honeik be fiñ moztuta baña asko-barik, halaere ikusi-bierra dau zenbat haragi daukoun eta baitxe izengodan jentie. Iztendou potxatzen eta iñde dauenien botatzendou egositxe daukoun haragixe ez larreiko zatitxuta, buelta batzuk eta gero gañera asko nahastu-bako arrautzak, norberak ikusikodau zenbat komedidan. Beste buelta-batzuk eta geixei inbarik atara eta listo. Gogoratu hau errebueltue dala eta ez tortilla.

Una receta: Revuelto de carne cocida con verduras (trapuxarra). Esta es una receta muy fácil de preparar teniendo en cuenta de que tenemos lista ya la carne cocida. En una sartén decente ponemos aceite y dos o tres dientes de ajo partidos menudos y antes de que coja color añadimos las verduras, cebolla, pimiento verde y si se quiere también un poco del blanco del puerro, todo ésto también cortado fino pero tampoco excesivamente, aún así hay que ver de cuánta carne disponemos y también la gente que vayamos a ser. Dejamos que se poche y cuando esté hecho ponemos la carne que ya tenemos cocida partida en pedazos que no sean demasiado pequeños, una vueltas y luego encima unos huevos sin haberlos batido demasiado. Unas vueltas más y sin que se haga mucho lo sacamos y listo. No nos olvidemos que ésto es un revuelto y no una tortilla.

TRAPUZARRA, TRAPU-ZARRA. Es o era un retal o tela vieja que había quedado en desuso y que se solía utilizar a modo de arpillera. **K.** Gure aspaldiko etxien esan trapuzar bakarra botatzen, naiz eta ez balixo beste ezertarako arpillera bezela ibiltxeko bentzet nahiko egokixek izetezien, eta hala gañera ezan besteik erosi inbierrik. **T.** En nuestra casa de antaño no se tiraba un solo trapo viejo, a pesar de que no valdrían para ninguna otra cosa al menos para hacer el servicio de arpillera (en la página que corresponde a este nombre se indica lo que es), ya servían y así se utilizaban, y así además no había que comprar ninguna otra.

TRAPUZARRAK, TRAPU-ZARRAK. Trapos viejos. Fig. significa el sacar a colación cosas que han pasado hace mucho tiempo y que quizá en ese momento no vengan a cuento.

(Ver la definición de aspaldi-kontuek).

TRASTO, TRASTUEK. Trastos, cacharros. Cosa o cosas que ya no sirven para nada, que son inservibles. **K.** Ze pasatzenda zurekiñ, etxe guztie trastoz betebiuztezu, hala?, zure gela katxarroz betie daukotzu eta ezta kabitzen ezer geixau, eta oñ nola eztaukotzun lekuik beste ekarteitxozunaz jartzen hasizara zuri iruitzejatzun tokixetan, lotza emutendau ikustie nola dauen dana, pausubat eziñda emun estropozau inbarik. **T.** ¿Que pasa contigo, me quieres llenar la casa de trastos, o qué?, tu habitación la tienes llenas de cacharros y ya no cabe nada más, ahora cómo ya no tienes sitio has empezado ha dejar todas las otras cosas que continúas trayendo en los sitios que a tí te parece, da vergüenza el ver cómo está todo, no se puede dar un paso sin tropezarse.

TRASTO, TRASTUE. Fig. se dice de la criuatura traviesa y revoltosa.

(Ver la definición de matraka).

TRASTUEK. Grupo de críos haciendo diabluras, travesuras. **K.** Ume honeik eta bakotxa bere etxien dazenien nahiko txintxuen izetendie baña alkartu bakoitxien eta eztakix zergaitxik, sigero trastuek biurtzendie eta eztaue okerrak besteik itxen, susmue dauket ze akaso baleikela eurotik norbaitx eotie gauza horreik itxeko animatzendauena. **T.** Estos críos cuando está cada uno en su casa son bastante formales pero cada vez que se juntan y no sé porqué, se convierten en unos diablillos y no hacen más que travesuras, sospecho que quizá entre ellos pueda que haya alguno que les anime a hacer esas cosas.

TRATUE, TRATUEK. Trato, tratos, acuerdo, contrato. **K.** Ba tratante dienak hauxe bera itxendaue ganaue saldu eta erosi garaian, tratue deitzejako eta hau izteko bostekue emunde nahikue izetenda, baña beno, halaere eta egixe esanda tratue iñ ondoren derrigorrez esandako dirue ordaidu-bierra dau. **T.** Pues es ésto mismo lo que hacen los que son tratantes a la hora de vender o comprar ganado, se le llama hacer el trato y para cerrarlo es suficiente con un apretón de manos, pero bueno, aún así y diciendo la verdad después de haber hecho el trato necesariamente hay que abonar el precio que se haya acordado.

TREBEA, TREBIE. Familiaridad. **K.** Mutil hori ontxe denpora gutxi etorritxekue da eta nola berak ezer eztauen esan ba nik ustenauen ezauela iñor esautuko Donostiñ, baña sigeroko erruen nauen zeatik sartu besteik ez alde-zarrera nahiko jentekiñ agurtuda, eta batzukiñ etxurie hauken zertxobaitx trebie be bazala euron hartien. **T.** Ese chico ahora hace poco tiempo ha venido y como él no ha dicho nada pues yo creía que no conocía a nadie en San Sebastián, pero estaba en un absoluto error porque nada más entrar en la parte vieja se ha saludado con bastante gente, y con algunos se veía que también había cierta familiaridad entre ellos.

TREBATZEN. Acostunbrarse, familiarizarse. **K.** Mutill honen buruz bere aitxak esatendau nahiko ona ta jatorra omendala baña halaere gauzabat gertatzejakola, sekula eztauela iñun lanik iñ, oñartien estudiatzen ibilidala eta oñ, momentuz bentzet, lagatzie erabakidauela. Bebai esandau ze hartzenbou lanerako, hasieran ez estutzeko larrei zertxobaitx trebatzen hasi hartien. **T.** Sobre el chico éste su padre dice que es bastante serio y formal pero aún así que le sucede una cosa, que nunca ha trabajado en sitio alguno, que hasta ahora ha estado estudiando y que ahora, al menos de momento, ha decidido dejarlo. También ha dicho que si le cogemos para trabajar no le apretemos demasiado al principio, al menos hasta que se familiarice un poco.

TREBERIE. Trébede. Pieza de hierro de tres patas que se coloca, o colocaba, en el fuego bajo para sustentar utensilios. **K.** Askotan entzun izendot nola herri hartako etxe zarrien oso dotorie zan treberie hauen sukaldeko beko-suen, eta gero beñ eta aldatuzienien bizitxera beste etxera desagertu inzala, gañera bati entzunutzen, eztot esango zeñi, ixe ziurtazun dana daukela nun eonleikien. **T.** Muchas veces he oído que en la casa vieja de aquel pueblo había un trébede muy bonito en el fuego bajo de la cocina, y también que una vez que se cambiaron a vivir a la otra casa desapareció, además le oí a uno, no voy a decir a quién, que cree estar muy seguro de dónde puede estar.

TREBETASUNA, TREBIE. Persona mañosa, con habilidad y destreza. **K.** Mutil horreatik iñok eziñgodau esan eztaukenik trebetasunik, haundixe gañera eta nik ustedot ze berak gurebalauke erozeiñ gauzatarko, ikusi besteik eztau, arañun hasida lanien, oñ itxen haidana sekula inbakue zan eta ia jarrida bestien tankera berdiñen. **T.** Nadie podrá decir que ese chico no tiene destreza, además grande y yo creo que si quisiera lo podría demostrar en cualquier actividad, no hay más que verle, anteayer ha empezado a trabajar, está haciendo una cosa que no la había hecho nunca y ya se ha puesto a la altura de los demás.

TREBOLA. Trébol, hierba muy apreciada por los animales. **K.** Baserri hortako ugesabak asarre batzuk eukitxu aldamenekuaz, entzundot nola atzo be errietan ibiliziela eta ixe eskuetara allegau, etxuraz beko baserrikuek beixek ataratzendaunien zelaira bedarra jaten, eurotik bat omendau sigero okerra dana eta honek, nahiko sarri gañera, igex itxendau bestiek trebola dauken zelaira. **T.** El dueño de ese caserío ya ha tenido unas cuantas broncas con el de al lado, he oído que ayer también han tenido una gran discusión y que casi llegan a las manos, parece ser que el del caserío de abajo cuando saca las vacas a pastar al prado, entre ellas debe de haber una que es bastante mala y ésta, además bastante a menudo, se suele escapar al campo donde el otro tiene el trébol.

TREMENDOKUE. Persona o cosa grande, enorme. También puede ser un suceso extraordinario.

(Ver la definición de izugarrixe, izugarrizkue).

TRENBIRIE. Vias del tren, del ferrocarril. **K.** Euskalrrixen aspaldiko urtietatik trenbire barrixe itxen haidie, trenbire honek denpora dexente dala bukatuta eon-bierra hauken baña gauza batetik ero bestiatik ondion lan hortan jarraitzendaue, batzuetan proiektuko zerbaitzuk aldatu inbierrak dielako, bestetan diruik eztauelako eta akaso momentu hartan han zan enpresa porrot iñdauelako, eta dana dala iñok eztaki sekula amaitukodan. **T.** Hace muchos años que en Euskalherría están haciendo una nueva vía férrea, esta vía tenía que haber estado terminada hace bastante tiempo pero por una cosa o por otra todavía continúancon los trabajos, a veces porque había que cambiar algunas cosas del proyecto, otras porque no había dinero y acaso porque la empresa que estaba en ese momento había quebrado, y la cosa es que nadie sabe si se terminará algún día.

TRESNAK. Utensilios de cocina, herramientas, mobiliario, etc… **K.** Ze gauza ona izetendan, neretzak bentzek, sukaldien eukitxie bierdan moduko tresnak eta gañera gauza bakotxa bere lanerako, esan-baterako eta kutxilluen buruz, ogixe mozteko bat bakarra, patatak, kipulak ta gauza berdintzuek zuritxu eta zatiketako bestebat, eta akaso baitxe bestebat be beste zerbaitxetarako, esan-baterako haragi ero arraiña manejateko. **T.** Que cosa más buena suele ser, al menos para mí, el tener unos utensilios de cocina cómo es debido y además cada uno para su propio trabajo, por ejemplo y referido a los cuchillos, para cortar el pan uno solo, para pelar y cortar patatas, cebollas y cosas similares otro, y quizá también uno más para otras cosas, por ejemplo para manipular carne o pescado.

TRESNERIA. Conjunto o batería de utensilios, puede ser de varias cosas pero sobre todo se refiere a los de la cocina. **K.** Goixen eta sukaldeko tresna bezela kutxillue jarridou baña hau eta bierdan tresnerian aldetik gauza bakarra besteik ezta. Sukaldeko tresneria honen buruz beste sekulako izugarri gauzak izetendie, jateko propixo erabiltzendienak, eskukuek eta platerak, janari honeik prestatzeko, lapikuek, sartakiñak eta askoz geixau. **T.** Arriba y cómo utensilio de cocina hemos puesto el cuchillo pero este dentro de conjunto necesario solo es una única cosa. Sobre la batería que se utiliza en la cocina hay infinidad de más cosas, las que propiamente se utilizan para comer, cubieros y platos, para preparar esas comidas, sartenes, cazuelas y muchas más.

TREPALARI. Persona aduladora que da coba por intereses personales de ascenso o recompensa de algún tipo.

(Ver la definición de pelotillero).

TRIKUE. Erizo.

(Ver la definición de kirikixue).

TRIKIMAÑAK. Se dice por la astucia que emplean los críos para conseguir alguna cosa. **K.** Ikuzizue ze mosu alaiaz datorren Nikaxito eta nik badakitx zeatik dan hori, zerbaitx eskatzie guredauenien halaxe etortzenda betik, hasikoda trikimañakiñ esanaz asko gurozkula, oso gustora dauela eta gero esangodau aber erosikotzoun aspaldixen atzetik dabillen patinetie. **T.** Mirar que cara más alegre trae Nicasito y yo ya sé porque es eso, siempre viene así cuando quiere pedir algo, empleando la astucia emprezará diciendo que nos quiere mucho, que está muy a gusto y luego dirá a ver si le compraremos el patinete ese con el que anda detrás desde hace tiempo.

TRIKITILAIXEK, TRIKITILARIXEK. Trikitilaris. Conjunto de personas que tocan diversos instrumentos interpretando canciones vascas. **K.** Zenbat trikitilari eongotedien momentu hontan Euskalherrixen, ziur izugarri diela, lengo askok ondion hor jarraitzendaue eta geruau ta gazte jente gexaukiñ geitzen haida, gañera hau ezta oingo gauza bakarrik baizik betik hala izenda, erromeixa guztietan eztie sekula falta izen eta berdiñ erozeiñ herriko plazan bertako festetan, jai egunien ero beste erozeiñ ospakizun dauenien. **T.** Cuántos trikitilaris podrá haber en Euskalherría en éste momento, seguro que son muchísimos, muchos de los de antes ahí continúan todavía y cada vez se les está sumando más gente joven, además ésto no es de ahora solo sino que siempre ha sido así, nunca han faltado en las romerías ni tampoco en las plazas de cualquier pueblo cuando están en fiestas, domingos o cualquier otra celebración.

TRIKITIXA, TRIKITIXE. Música euskaldún que se interpreta con acordeón, pandereta y voz, aunque ahora también se han añadido más instrumentos. **K.** Oñ denpora gutxi harte trikitixe betik jo izenda soñuaz eta panderuekiñ baña oñ gazte jentiek beste istrumentu batzuk be erabiltzendaue, gitarrak, baterixa eta batzuetan baitxe beste zerbaitzuk be, asken honeitik urtetzendauen musika, naiz eta modu zertxobaitx apartekue izen ezta halako desberdiñe eta neri bentzet guztatzejat. **T.** Hasta hace poco tiempo la trikitixa siempre se ha tocado con acordeón y la pandereta pero ahora la jente joven ha incorporado otros instrumentos, guitarras, batería y a veces también algunos otros más, la música que sale de ahí, aunque suene de otra forma no es muy diferente y al menos a mi ya me gusta.

TRINKAU. Prensar, apretar, sujetar, fijar.

(Ver la definición de tinkatu, tinkau).

TRINKO. Macizo, conpacto, firme.

(Ver la defiunición de tinko).

TRIPAUNDI, TRIPA-HAUNDI. Persona triposa, con mucha tripa. **K.** Polikarpo erretiraudanetik asko galdudau, lenau, hori iñ aurretik noski, betik costruziñoko lanien ibilida eta han nola asko mobiketazan ba nahiko etxura ona hauken, eta oñ berriz apenas bape ibiltxendan etxurie dauko ta entzunde dauketen bezela geixenbaten taberna-zuluen sartuta eoten omenda jokuen ero txikiteatzen, ba hala baldinbada eta berdiñ jarraitzenbadau sigeroko tripaundi biurtukoda, eta oñ be etxurazkue dauko. **T.** Policarpo desde que se ha jubilado ha perdido mucho, anteriormente, antes de hacer eso claro, siempre ha trabajado en construcción y cómo allá se movía mucho pues tenía un aspecto bastante bueno, ahora en cambio tiene toda la pinta de que apenas anda y según tengo oído parece que casi siempre suele estar metido en el bar jugando a cartas o chiquiteando, pues si es que es así y continúa de la misma manera pronto será una persona con una tripa inmensa, y la que tiene ahora también es bastante considerable.

TRIPAKARIE. Se dice cuando se ha comido demasiado y se tiene sensación de llenazo.

(Ver la definición de betekarie).

TRIPAK-BOTA. Fig. se dice por reir a carcajada limpia y sin poderse contener. **K.** Atzo Iruña alde-zarreko soziedebaten izengiñen bazkaltzen, aldameneko maixen dexenteko taldebat eta euron hartien mutil gaztebat, ba nahiko barre ingauen bere contura esan ta itxezitxun txorakeriñ, oñ iñori asarretu eta ez molestau eraiñ-barik momentu batien, bazkalostien hasizan dantzan soziedade erdixen rap musika horrekiñ eta han hauen jente guztie txalotzen animatzeko, ba han eongiñen denporaldixe tripak-bota inbierrien. **T.** Ayer estuvimos comiendo en una sociedad de la parte vieja de Pamplona, en la mesa de ala lado estaba un grupo bastante numeroso y entre ellos un chico joven, pues ya nos reímos bien a su cuenta por las tonterías que decía y hacía, ahora que sin hacer enfadar ni molestar a nadie en ningún momento, después de comer empezó a bailar en medio de la sociedad a ritmo de rap entre los aplausos de toda la gente que estaba allá animándole y así estuvimos bastante tiempo riéndonos a carcajada limpia.

TRIPAKEIXEK, TRIPAKALLUEK. Callos, normalmente son de ternera pero también los hay de cerdo e incluso de bacalao. **K.** Tripakeixek lenau zien asko jatezan gauza, baña gero pixkanaka jentie izten fanzan akaso kolesterol bildurratik ero beleike beste zerbaitzuk fiñauek eon ero asalduzielako jatetxetan, halaere neri betik gustau inzejat eta ondion be gustatzejat baña ustedot len zertxobaitx hobeto prestatzezala, aurrena hasi-bierra izetezan tripakeixek egozten, txintxiskau fregadera gañien garbitzeko, zatitxu eta gero lapikuen bukatu, oñ berriz asko, ero geixenak, prestautakuek saltzeitxue eta tomate pixkat bota-ezkero eta baleike zertxobaitx geixau gertu eotenda, baña eztaukie konparaketaik bestiekiñ. **T.** Los callos son una cosa que antes se comían mucho, luego y poco a poco la gente lo fue dejando acaso por miedo al colesterol o porque aparecieron cosas mas finas en los restaurantes, pero aún así a mí siempre me ha gustado y todavía me sigen gustando pero creo que antes lo preparaban algo mejor, primero había que empezar cociendo los callos, colgar encima de la fregadera para limpiarlos, hacer pedazos y terminar en la cazuela, ahora en cambio mucho, o la mayoría, los venden ya preparados y están ya listo añadiéndoles un poco de tomate y quizá algo más, pero no tienen comparación posible con los otros.

Errezetabat: Txckorran tripakeixek tomate saltxakiñ. Oñ tripakeixek garbi saltzeitxue baña halaere eztau bape gaixki zuritxubat emutie ur irikiñ barruen ordu lauren inguru, gero otzitxu ur hotzien eta itxoiñ. Eta xei lagunendako bierkoitxu kilo-terdi tripaki inguru. Lapiko altubaten jartzendou ura ugeri eta botatzendou bost ero xei berakatz ale azalaz, kipula parebat untza batzukiñ bertan sartuta, beste horrenbeste azenaixo ta porruek, parebat piper txorizero, piper baltz bolatxuek eta euki-ezkero erramu txikibat tomillokiñ, oregano, romero eta perrejille, baitxe ardau zuri basokarie eta noski tripakeixek zentimetro parebat inguru laukixen zatitxuta, eta honeikiñ batera ia erditxik moztuta dauen, hala saltzeitxue, txarranka, noski txekorrana, batzuk be botateutzie mutur zatibat, eta dan dau iztendou egosten su motelien hiru ero lau orduen, baezpare noixienbeñ eta asken aldera fan beitzen zeatik akaso gora-berie eongoda xamurtazunan buruz. Hau be inleike lapiko axkarrien eta orduen nahiko izengozan berrogetamar miñutu ero ordubetekiñ. Irikitxen dauen bitxartien beste lapiko zabalbaten ta ez haibeste alturakue jartzendou olixue eta botateutzu hiru ero lau ale berakatz, bi kipula, eztau larreiko fiñ moztu inbierrik zeatik saltza pasabierra dau, piper pikante pixkat eta ixe potxauta dauenien kilobat tomate helduek, azal-barik, txiki xamar zatitxuta eta xei ero zazpi piper txorizeruen okela, honeik ur epelien beratzen eonda ta gero. Ba onazkero ezta asko geratzen, ataratzendou tripakeixek eta aparte izteitxu, han eozen berdurak alkartzendou iñdoun tomate saltzakiñ eta bebai zerbaitx tripakeixek egozten eondien ura, iztendou dana batera buelta batzuk emunaz su motelien ordu-laurdenbat eta gero dana txikitzendou pasadorien. Aldebatetik saltza pres daukou eta bestaldetik tripakeixe ia egositxe, ba oñ inbiouna da bixek alkartu lapikuen eta subajuen itxi orduerdi inguru eta listo. Gauzabat, hurrengo egunien jan-ezkero hobiek eongodie.

Una receta: Callos de ternera con salsa de tomate. Ahora llos callos los venden limpios pero aún así no está nada mal que los blanqueemos en agua hirviendo durante un cuarto de hora más o menos, luego los enfriamos en agua fría y esperamos hasta el siguiente paso. Y para seis personas necesitaremos kilo y medio de callos aproximadamente. En una cazuela alta ponemos agua abundante, cinco o seis ajos con piel, un par de cebollas con unos cuantos clavos introducidos, la misma cantidad de zanahorias y puerros, dos pimientos choriceros, unas bolas de pimienta negra y si es que tenemos un manojo de hierbas con tomillo, orégano, romero y perejil. Y junto con ésto un buen vaso de vino blanco, los callos cortados en cuadrados de un par de centímetros aproximadamente y una pata, claro que de ternera, que ya está partida por la mitad, así los venden, algunos también le añaden algún pedazo de morro y dejamos que se cueza a fuego bajo durante tres o cuatro horas, por si acaso y hacia el final ir mirando de vez en cuando porque puede haber diferencia en cuanto de tierno puede estar. Esto también se podría hacer en olla rápida y entonces sería suficiente con cincuenta minutos o una hora . Mientras se está cociendo en otra cazuela ancha y menos alta ponemos aceite, tres o cuatro ajos y un par de cebollas, no es necesario cortar demasisado fino porque luego hay que pasar la salsa, un poco de guindilla picante y cuando esté casi pochada le añadimos como un kilo de tomates maduros, sin piel, en pequeños pedazos y la carne de seis o siete pimientos choriceros después de que hayan estado deshidrantándose en agua templada. Pues ya no queda mucho, sacamos lo callos y los dejamos aparte, las verduras que estaban junto con éstos lo añadimos a la salsa de tomate y también parte del caldo donde se han cocido los callos, dejamos que se amalgame todo junto durante un cuarto de hora a fuego bajo y a continuación pasamos la salsa por el pasapurés. Por una parte tenemos la salsa ya preparada y por otra parte los callos ya cocidos, pues ahora lo que tenemos que hacer es juntarlos en la cazuela, dejarla una media hora en un calor moderado y listo. Una cosa importante, para comerlos están mejores al día siguiente.

TRIPAKOMIÑE, TRIPAKO-MIÑE. Dolor de tripas. **K.** Zalantza haundixe dauket ze onak etezien Zenonek ekarrizitxun perretxikuek, gau guztien berakuaz eta botaka ibilinaz eta jaikinazenien sekulako tripakomiñe nauken, gauza da beste lagunei deitxutzatela eta hareik esauztie eztaukiela holako ezer eta ondo dazela. Ba orduen eztakitx zer inzeileiken. **T.** Tengo grandes dudas de si eran buenas las setas que trajo Zenón, toda la noche he estado vomitando y con diarrea y me he levantado con un gran dolor de tripas, las cosa es que he llamado a los otros amigos y me han dicho que están bien y que no han tenido ningun síntoma parecido al mío. Pues entonces no sé lo que puede ser.

TRIPAKUE. Es cuando al saltar al agua en la piscina se tira o cae mal y se golpea en la tripa. **K.** Eztot ulerten nola mutil hori botadan goiko tranpoliñetik ezer jakiñ-barik, ba oñ sekulako tripakue hartudau eta hurrengorako badaki ze ikesteko eta bota aurretik beko tranpoliñetik hasi-bierra dauela. **T.** No entiendo cómo ese chico y sin saber nada se ha tirado del trampolín más alto, pues ahora ha cogido un buen golpe en la tripa y para la próxima vez ya sabe que antes de tirarse lo primero y para aprender hay que empezar por el tranpolín de abajo.

TRIPA-ZULUE TRIPA ZULUE. Literalmente agujero en la tripa y fig. significa que se tiene mucha hambre. **K.** Hau da dauketen tripa-zulue, ehizien gara eta goixien goix urten azkero, gosaldu ondoren noski, eztot beste ezer jan eta ixe atzaldeko laurak die, bestiek hamarretakue iñde eongodie baña neri hemen goixen bakarrik itxinaue argi eoteko eta ezertarako mobitxu esanaz ta ondion bertan jarraitzendot. **T.** Vaya hambre que tengo, impresionante, estamos de caza y desde la mañana temprano que he salido, después de desayunar claro, no lo he comido nada más y casi son las cuatro de la tarde, los demás ya habrán almorzado pero a mí me han dejado solo aquí arriba diciendo que esté al tanto y no me mueva para nada y continúo en el mismo sitio.

TRIPETAKUE, TRIPETATIK. Diarrea.

(Ver la definición de berakue).

TRIPOLIÑE. Ombligo.

(Ver la definición de tirriñe).

TRIPONTZI. Comilón. **K.** Erabakidozuen menua bixer daukoun bazkairako ondo asmauta daukotzue, baña nere ustez eztozue kontuen hartu ze maixen garen jente tartien pertzona parebat eongodiela sigero tripontzik dienak, eta pentzatzendot horreindako eztala nahikue izengo ataratzendanaz eta akaso zertxobaitx geixau jarri-bierra eukikozue, beztela baleike gosiaz geratzie. **T.** El menú que habéis decidido para la comida que tenemos mañana está muy bien pensado, pero yo creo que no habéis tenido en cuenta que entre la gente que estamos en la mesa hay un par de personas que son muy comilonas, y pienso que para esos no va a ser suficiente con lo que se vaya a sacar y quizá deberíais de poner alguna cosa más, sino puede que se vayan a quedar con hambre.

TRIPOTXAK. Revuelto de huevos con verduras, sangre e intestinos de cordero.

(Ver la definición de frikatxa).

TRISKAU. Romper, destrozar. **K.** Mutiko horri eziñleixo oparitu holako gauzaik, ekartzenbotzazu kamioi, trena ero beste antzerako jostaiubat aurren ingodauena da modu txarrien askatu eta sigero triskau ikusteko zer dauken barruen, gañera hori ekarri besteik ez gertatzenda eta gero noski, eztaki berriz montatzen, posible be esta izeten zeatik zerbaitzuk puskau inditxu, eta ia eztau ezertarako balixo. **T.** A ese chaval no se le puede regalar cosas de esas, si le traes un camión, tren o algun otro juguete parecido lo primero que hace es soltar de mala manera y destrozarlo para ver que tiene dentro, además eso suele ser nada más que se lo traes y claro, luego no sabe volver a montarlo, ni tampoco se puede porque ya ha roto varias piezas, y ya no sirve para nada.

TRISKAZIÑUE. Destrozo. **K.** Gaur goixien jaikinaz bueltabat emuteko asmuaz herriko kalietatik eta arritxute geratunaz ikusidotenaz, sigeroko triskaziñue hauen alde guztietan, kontenedora batzuk bolkauta, beste asko erreta, aulki pilla txikituta, señalak lurrien, siñistu eziñekue zan eta eztot ulertzen zer gertau izenleiken, zikloibat pasadan etxurie hauken. **T.** Esta mañana me he levantado con la intención de dar una vuelta por las calles del pueblo y me he quedado asombrado con lo que he visto, había unos destrozos monumentales en todas partes, algunos contenedores volcados, otros muchos quemados, un montón de bancos destrozados, señales por el suelo, era increíble y no entiendo que es lo que ha podido ocurrir, daba toda la impresión de que había pasado un ciclón.

TRISKILLAU. Trasquilar, esquilar, generalmente a las ovejas. **K.** Ontxe izenda garaia eta basuen dazen ardi guztiek triskillauta dazela ikustendie. Hau zan tokatzezana eta gañera sigero bierrezkue gauza zeatik beztela ta itxeitxuen beruekiñ itxo ingozien ardi gixajuek, eta hala asoz hobeto daz artill dan horrekiñ baño. **T.** Ahora ha sido el tiempo y a todas las ovejas que están en el campo se les ve que están esquiladas. Esto es lo que tocaba y además una cosa muy necesaria porque sino y con los calores que hace las pobres ovejas se podrían axfisiar, y así están mucho mejor que no con toda aquella lana.

TRISTETU, TRISTURA. Estristecerce, tristeza. **K.** Enauke gure tristura haundirik hartzeik Dionision kontura, naiz da askotan esan oso arrizkutzue zala eta nola buru-haundibat besteik eztan, ba askenien be inbierra izendau, eta gertaujakon hori bere kulpaz izenda itxeatik ezinbierrekue. Oñ ospitalien dau, eztau emuten larreiko grabetazunik daukenik eta medikuei irutzejate nahiko ondo urtengodala. **T.** No querría entristecerme demasiado a cuenta de Dionisio, a pesar de que se le ha dicho muchas veces que era muy peligroso y cómo es un cabezota al final lo ha tenido que hacer, pues lo que le ha pasado es únicamente por su culpa por hacer lo que no debía. Ahora está en el hospital, parece que no tiene demasiada gravedad y los médicos creen que saldrá bastante bien.

TRIXKETA. Cerrojo, picaporte.

(Ver la definición de krisketa).

TROKOLA. Polea, lo mismo puede ser para trabajar de forma manual como también eléctrica, **K.** Lenau ezeozenien beste moduik materialak goiko pixutara ero tellatura igoteko eskuko trokola erabiltzezan, eta noski, honekiñ lana itxeko jente iñdertzue bier izetezan sokatik tiratzeko. **T.** Antes cuando no había otros medios para subir los materiales a los pisos superiores o al tejado había que utilizar la polea manual, y para trabajar con ella se necesitaba personas fuertes para tirar de la soga.

TROLA. Mentira, embuste.

(Ver la definición de gezurra).

TRONPA. Peonza. **K.** Lengo egunien illoba txikiñekiñ Donostiko denda-batera fanitzen tronpabat erosteko asmuekiñ eta gertauzan tronpa mota asko eozela, egurrezkuek, plastikozko kolore desberdiñaz eta argixe ataratzendauen piladunak, danak bere sokakiñ, ba hainbeste eozen ze pillabat kostajakon bat apartatzie eta han eongiñen ordubete inguru. **T.** El otro día fui con el sobrino pequeño a una tienda de San Sebastián con la idea de comprar una peonza y resulta que las había de muchos tipos, de madera, de plástico con diferentes colores, de las que tenían pilas y se iluminaban, todas con su cuerda correspondiente, pues había tantas que le costó un montón decidirse por una y allá estuvimos cerca de una hora.

TRONPA. Fig. se dice por la borrachera, por la persona que está borracha.

(Ver da definición de moxkorra, moxkortixe).

TRONPETA. Trompeta. **K.** Gaztiek gitzenien errege egun bexperan honein kabalgatan urten eta parte hartzegauen, gañera nahiko mozorrotuta errege horreiñ antortxero bezela, mosue beltz margotuta, eskuetan antortxabat sutan eta gure aurretik musika-joliek fatezien euron tronpeta ta tanborrakiñ. **T.** Cuando éramos jóvenes el día de la víspera de reyes solíamos salir y participar en la cabalgata cómo antorcheros (portadores de antorchas) de esos reyes, además bastante disfrazados y la cara la llevábamos tiznada de negro, en las manos una antorcha encendida y delante nuestro iban los músicos con sus tronpetas y tambores.

TRONTZA. Tronza, sierra grande que se utiliza, o utilizaba, para cortar troncos de madera y manejada por dos personas, una a cada lado. **K.** Tronza hau ezpazan kirolatik izeten baleike sigero desagertuta eotie, lanerako bentzet, eta oñ kirok-proba bezela bakarrik eongozan, asalduzienetik motoserrak eta hori oso aspaldikue da, betiko lagata geratuzien trontzakiñ itxezien lan hareik. **T.** Si no fuese por el deporte la tronza habría desaparecido por completo, al menos para el trabajo, y ahora solo estaría cómo prueba deportiva, desde que aparecieron las motosierras y eso fue hace ya mucho tiempo, se abandonaron para siempre aquellos trabajos que se hacían con las tronzas.

TRONZALAIXE, TRONTZALARIXE. Persona que se dedica al deporte de cortar troncos con la tronza. **K.** Euskadiko herri guztietako festetan kirol-proba lehiak ero egizkizunak eotendie, honeik mota askotakuek die eta bakotxak dauko bere kirolari propixue, hala harrixe jasotendauena harrijatzotzailie da, enborrak axkorakiñ moztendauna aizkolarixe, tronzakiñ moztu-ezkero tronzatzalaixe eta hala jarraixen. **T.** En todas las fiestas de los pueblos de Euskadi suele haber competiciones o demostraciones de los deportes vascos, éstos son de muchos tipos y cada uno tiene su propio deportista, al que levanta piedras se le llama aizkolari, al que corta troncos con el hacha aizkolari, al que los corta con la tronza trontzalari y así sucesivamente.

TRONTZUE. Pedazo grande y grueso, puede ser de algo de comer como carne o pescado.

(Ver la definición de totxue).

TROPELA. Se llama así al pelotón de una competición deportiva, puede ser ciclista, a pie, natación, etc... **K.** Atzo Zarautik pasazan Donosti sariko haundiko karrera eta hona allegatzeko ordue hamabixek ta hamarrak zien, ba aurreneto lau lelenak hamabixek baño lenau allegauizien eta tropela ixe hamabost miñutu beranduau, karrera ikusten hauen jentiek ezauen ulertzen nola eonleikien hainbesteko aldie hogei kilometrotan bakarrik. **T.** Ayer paso por Zarautz la carrera del gran premio de San Sebastián y la hora de llegada aquí era a las doce y diez, pues los cuatro primeros llegaron antes de las doce y el pelotón casi quince minutos más tarde, la gente que estaba viendo la carrera no entendía cómo era posible tanta diferencia en tan solo veinte kilómetros.

TROTIE, TROTIEN. Pedir que se haga, o hacer de motu de propio, las cosas al trote, con rapidez. **K.** Horri ezpajako zirikatzen pixkat ziur nau eztauela eruengo materiak horreik denporan, aurrena akaso esan-bierra izengozan ze Libertok, eztie bape ondo erueten, bera baño dexente axkarraue dan lan horreitan, eta hala baleike pikatzie eta trotien hastie axkar erueteko aiñdutako materialak. **T.** Si a ese no se le azuza un poco estoy seguro de que no entregará esos materiales a tiempo, quizá lo primero habría que hacer es decirle que Liberto, no se llevan nada bien, es mucho más diligente que él haciendo esas labores, y así puede que se pique y empiece a trotar para llevar con rapidez los materiales que se le ha mandado.

TRUKE, TRUKIEN. A cambio. **K.** Hau da tipo xelebrie, bera zertxobaitx esauketandot eta denda txikibat dauko aspaldiko gauzak saltzeitxuenak, atzo han izenitzen, akaso erosteko asmuaz lengo egunien eskaparaten ikusinauen idazteko makiña zarbat, galdetunutzen haren balixue eta esauzten eztauela gure diruik, eruetie gurebot horren truke naidauela, eztakitx nola jakiñdauen, dauketen aspaldiko bizikleta. **T.** Vaya tipo raro que es ese, a él ya le conozco un poco y tiene una tienda pequeña dónde vende antiguedades, ayer estube allá, quizá con la idea de comprar una máquina vieja de escribir que vi el otro día en el escaparate, le pregunté que cuánto valía y me contestó que no quería dinero, que si la quiero llevar a cambio quiere, no sé cómo se habrá enterado, una antigua bicicleta que tengo.

TRUMOIE, TRUNBOIE. Trueno. **K.** Ze gauza, Kortak, Josun txakurre, sekulako etxurie emutendau daukela beste txakur ero beste erozeiñ animalixa baño geixau izeteko, baña etxurie besteik ezta zeatik gauzabat gertatzejako, entzun-ezkero etxaflero, eskopetan tirue ero trunboien zarata ta inguruen zerbaitx gordetzeko ikusi, laister eskutaukozan toki hartan. **T.** Que cosa, Korta, el perro de Josu, da la impresión de que aparenta ser más que otros perros y también de cualquier otro animal, pero no es más que apariencia porque le pasa una cosa, que si oye el ruido de un cohete, tiro de escopeta o de un trueno y ve cerca algo dónde esconderse, enseguida desaparecería en ese sitio.

TUNTUNA. Esta palabra se utiliza con las criaturas para consolarles o para que dejen de estar enfadadas. **K.** Zerbaitx jartzeatik. Etorrizaitez ona tuntuna eta ezairezu zer gertatzejatzun, zure lengosuek gozokixek kendu eta horreatik itxendozu mañak?, ba ez larritxu zeatik zuri pillabat erosikotzuk eta zure lengosuei ezer ez. **T.** Por poner algo. Ven aquí bonita y dime que es lo que te pasa, ¿estás llorando porque tu primo te ha quitado los caramelos?, pues no te preocupes porque a tí voy a comprarte un montón y a tu primo nada.

TUNTUN. Significa que a lo que salga, algo que no está planificado. **K.** Ba galdetuzeike gurozun beste baña eziñdotzuk esan nora goiezen oporretan, eztou ezertxoik asmau eta tuntun bezela goiez, urtetzendauen tokira baña halaere zu ez larritxu zeatik allegau besteik ez, nora eztakitx, deitxukotzut. **T.** Puedes preguntar todo lo que quieras pero no te puedo decir dónde vamos de vacaciones, no hemos pensado nada y vamos un poco al tuntun, a lo que salga, pero aún así tú no te preocupes porque nada más que lleguemos, no sé dónde, ya te llamaré.

TUPA. Arcilla, cayuela, caolín. **K.** Hemen be, geixenbat Araba aldien, leku batzuetan badau tupa, nik bi ero hiru bider ikusitxe dauket nolakue dan eta emutendau harrixe dala, baña kasu hontan oso bigune, bustiñ sikue izengobalitz bezela, zurizka koloriekiñ eta erabiltzendana, lenau bentzet, lurrezko tresnak prestatzeko. **T.** Aquí también, sobre todo en la zona de Alaba, en algunos sitios existe el caolín, yo ya lo he visto dos o tres veces y parece que es una piedra, pero muy blanda en este caso, igual que si fuese lodo seco, de color blanquecino y que se utiliza, al menos antes, para hacer objetos de barro.

TUPIÑA. Cazuela de barro o hierro con tres patas y que se utiza, o utilizaba, para cocinar a la lumbre del fuego bajo. **K.** Goiko nunbaitxen jarridou nola herri hartako etxien desagertuzan treberie, ba honekiñ batera bebai eskutauzan burnizko tupiña, komestau inzuztenak ziur dauela se tokitxen eongozan treberie baitxe esanauen bere honduen izengozala tupiñ hori. **T.** En algún sitio de arriba ya hemos puesto cómo en la casa de aquel pueblo desapareció el trébede, pues junto con ésto también faltó la cazuela de hierro, el que me comentó que creía estar seguro de donde podía estar el trébede también dijo que la cazuela esa estaría a su lado.

TUPINTXO. Tupincho. Pieza metálica que se pone en la mesa para encima de ella colocar la cazuela u otra cosa que esté caliente. **K.** Hauxe bai dala izenbat Araba aparte eztotena beste iñun entzun, han eta lapiko berobat atara-bierra dauenien maira, aurrena betik han dauen bateonbati tupintxue jartzeko esatejako. **T.** Este sí que es un nombre que aparte de Alaba no lo he oído en ningún otro sitio, allá cuando hay que sacar una cazuela caliente para ponerla en la mesa, primero siempre se le dice a alguno que está allá que coloque el tupincho.

TURUTA, TUTUE. Turuta, corneta artesanal. **K.** Zenbat bider herriko jaixetan, hirugarren egunien, urten izengaren turutakiñ pasakallien kalez kale, betik gure tarteko kuadrilla dexentetxue eta gauza da hasieran nahiko formal ibiltxegiñela, baña denporiaz, noski ze baitxe zertxobaitx hartuaz be, larreitxo galtzegauen formalidade hori eta bukaera izetezan, ez ibiltxie erozeiñ modutan baña bai halzan bezela, halaere eta betik sigero ondo. **T.** Cuántas veces habremos salido el tercer día de las fiestas del pueblo con las turutas en pasacalle por las calles, siempre en cuadrilla formada por gente cercana, bastante numerosa por cierto, y la cosa es que empezábamos bastante formales, pero con el tiempo, claro que también tomando algo, perdíamos mucha de esa formalidad y se terminaba andando, no de cualquier manera, pero sí cómo se podía, aún así y siempre muy bien.

TUTA. Bocina. **K.** Batzuk ze oitura txarra daukien, eztakitx betik urduri dazelako, prixa haundixekiñ ibili ero ze beste gauzatik izenleikien, baña batzuetan ikustenda, ikusi baño geixau entzun, nola segitxuen tuta joten hastendien ze aurreko kotxiek, euron ustez, larreitxo denpora bier izetenduen martxan jartzeko. **T.** Que costumbre más mala tienen algunos, no sé si será porque siempre están nerviosos, andan con mucha prisa o porque otra cosa puede ser, pero algunas veces se ve, más que ver oir, cómo enseguida empiezan a tocar la bocina porque, según ellos, el coche de adelante tarda más tiempo del necesario en iniciar la marcha.

TXABOLIE. Chabola. **K.** Andrie betik jardunien haizan txabolabat itxie komenizala astuendako, bere iruitzez gixajuek hotz haundixek pasatzezitxuela neguen, ba askenien ta hainbeste esan ondoren ingutzen bat eta gauza da euron gustokue izendala, eurixe dauenien txabolan sartzendie eta gelditxu hartien mobitxu be eztie itxen barrutik, gañera hainbesteraño ze jaten emuteko akotan bertara fanbierra dauela. **T.** La mujer siempre estaba diciendo que convenía hacer una chabola para los burros, según ella los pobres pasaban mucho frío en invierno, pues al final y después de tanto insistir ya les hicimos una y la cosa es que parece que ha sido de su gusto, cuando llueve se meten en la chabola y no se mueven de allí hasta que para, además hasta tal punto que muchas veces hay que ir allá para darles de comer.

TXAIRO, TXAIRUE. Se dice de la persona ágil y airosa. **K.** Herminio betik izenda potolotxue eta iñoiz eztauena kirolik iñ, baña oñ eta nobixie daukenetik sigeroko aldaketa eukidau, neska nahiko kirolzalie da eta sarri ikustejako korrikan han da hemen, ba mutillek laguntzeatik berakiñ hasizan takarraran eta oñ ikustejako pertzona sigero txairue biurtzen haidala. **T.** Herminio siempre ha sido un poco gordito y una persona que nunca ha hecho deporte, pero ahora desde que tiene novia ha cambiado mucho, la chica es bastante deportista y se le ve muchas veces que anda corriendo aquí y allá, pues el chico para acompañarla ha empezado a correr con ella y ahora se le ve que se está convirtiendo en una persona airosa y ágil.

TXAKALA. Se dice de la chica o mujer que es simple, sin garbo y sin gracia. **K.** Nik sarri entzun izendot ze Ursula neskazar geratukozala txakala xamarra zalako, ba hori esateauen horreik erruen eozen eta izugarrizkue gañera zeatik oñ mutil jatorbat dauko nobixo bezela, eztakitx zeñek zeñi billautakue dan baña esatendauen ez, nobixo hori etxura honeko aparte oso aberatza dala. **T.** Yo a menudo he solido oir que Ursula se iba a quedar solterona porque debía de ser bastante simple y sin gracia alguna, pues los que decían eso estaban en un error y muy grande además porque ahora tiene por novio a un chico muy majo, no sé quién habrá buscado o encontrado a quién pero según parece, ese novio aparte de tener buen aspecto dicen que debe de ser muy rico.

TXAKOLIÑE. Txakoli. **K.** Gu toki onien bizigara txkoliñ ona erateko, oñ baleike beste leku batzuetan be berdintzu izetie, inguru hontan izugarri txakoli upategi daz eta danetan, ero geixenetan, baitxe zoragarrizko txakoliñe be, baña gauzabat gertatzenda honekiñ, ze jente askok, geruau ta geixau, komestatzendaula eztala errexa ulertzie zeatik dauken hainbesteko balixue, kontuen hartuta ze asken-fiñien ardau zuri berdebat besteik eztala, hori bai, kasu hontan oso gozue. **T.** Nosotros vivimos en un buen sitio para beber buen txakolí, ahora que también puede que en otros sitios sea parecido, aquí en los alrededores hay un montón de bodegas y en todas, o la mayoría, un txakolí excelente, pero con ésto pasa una cosa, que mucha gente, cada vez más, comenta que no es fácil entender el porqué vale tanto, teniendo en cuenta que al final no es más que un vino verde blanco, eso sí, en este caso muy rico.

TXAKURAUNDIXE. Perragorda. Moneda antigua ya en desuso y cuyo valor era de diez céntimos de peseta. **K.** Lenau be trakuraundi hau gauza exkaxa izetezan zeatik oso balixo gutxi hauken, honein hamarrekiñ peseta bakarra itxezan eta pentza ze balixue dauken oñ dauen txanpon txikiñenak, bost xentimo eurokue da eta beste honekiñ konparatu-ezkero lengo zortzi peseta inguru izengozan. **T.** Antes también la perragorda era una cosa muy menor porque valía muy poco, con diez de éstas se hacía una única peseta y pensar en el valor que tiene la moneda más pequeña que existe ahora, es la cinco céntimos de euro y si la comparamos con esta otra serían aproximadamente ocho pesetas de antes.

TXAKURESTULA, TXAKUR-ESTULA. Literalmente tos de perro, y fig. significa que es una tos áspera, ronca y fuerte, generalmente mañanera y que puede ser debida al tabaco. **K.** Korneliok askotan komestatzendau nola bere andriek goixero eta derrigorrez errietan inbierra dauken estulka hastendanien, betik esateutzola izteko erretziei zeatik hala jarritzenbadau aukera haundixe daukela itxotzeko txakurrestul horreikiñ, eta berak naiz da erantzun baietz, itxikodauela, esatendau alegintzendala baña momentuz bentzet eziñdauela. **T.** Kornelio muchas veces suele comentar cómo su mujer necesariamentele le tiene que reñir cuando empieza a toser a las mañanas, que siempre le dice que deje de fumar porque si continúa así tiene grandes probabilidades de ahogarse con esa tos de perro, y él a pesar de que le contesta que sí, que lo dejará, dice que se esfuerza pero que de momento al menos no puede.

TXAKURKEIXIE. Perrería. Fig. se dice por el hecho de haber cometido o recibido alguna mala acción. **K.** Eztau deretxuik itxeko mutil horrek iñdauen txakurkeixie, izugarrizkue izenda, txikitatik jaso ospiziotik eta seme-orde bezela hartutzien euron etxien, betik ondo zaiñdute eonda eta bier ta naidauen beste eukidau, oñ bere gurasordiek kanpuen eozela lapurtu haukien ixe diru guztie eta gero igex iñdau. **T.** No hay derecho a hacer la perrería que ha hecho ese chico, ha sido demasiado grande, le recogieron del hospicio cuando era pequeño y le han tenido en casa cómo un hijo adoptado, siempre ha estado bien cuidado y ha tenido todo lo necesario, ahora cuando sus padres adoptivos se encontraban fuera les ha robado casi todo el dinero que tenían y se ha escapado.

TXAKURRA. Se dice de una persona que es, fig. un perro debido a sus malas acciones. **K.** Ba gauza da gurasorde horreik apenas ezer dirukiñ geratudiela eta halaere eztaue nai-izen salaketaik jartzeik, euron lagunek esateutzie mutil hori txakurbat besteik eztala eta komenigarrixe izengozala jakiñen jartzie polizia, baña emutendau beraik ondion zertxobaitx esperantza badaukiela damotu eta bueltau ingoetedan. **T.** Pues la cosa es que esos padres adoptivos se han quedado casi sin apenas dinero y aún así no han querido poner una denuncia, sus amigos les dicen qu el chico no es más que un perro y que sería conveniente ponerlo en conocimiento de la policía, pero parece que ellos todavía tiene un pequeña esperanza de que se arrepienta y vuelva.

TXAKURRA. Perro. **K.** Herri hontan eztie sekula falta izeten bi gauza, txakurrek eta bizikletak, gañera bixek eta askotan, ez danak noski, gaizki ibiltxendienak, bizikleta batzuk espaloietatik eta baitxe asko ikustendie birekontran dabitzenak, eta txakurren buruz, ba zer esan, pillabat lotu-barik eta espaloi ta lorategi asko txarri iñde eotendie zeatik larreitxo jente dau eztitxuenak jasotzen harein kakak. **T.** En este pueblo hay dos cosas que no faltan nunca, los perros y las bicicletas, además que los dos andan mal muchas veces, no todos claro, algunas bicicletas por las aceras y también se ve a muchos que andan en dirección contraria, y sobre los perros, pues que vamos a decir, un montón de ellos andan sueltos y muchas aceras y jardines están hechos un asco porque hay demasiada gente que no recoge sus deposiciones.

Aspaldiko esaerabat: Txakurra askotan zaunka, gutxitan haginka.

Un viejo proverbio en euskera dice que el perro que mucho ladra poco muerde.

TKAKURRENSALARA. Literalmente es la sala de los perros y en nuestra familia era una expresión que se utilizaba para enviar a una persona, fig. claro, a freir espárragos. **K.** Gure ama gutxitxen asarreketazan, baña gertatzezan hainbeste giñela etxien ze betik bat ero bestie izetegitzen amorratzen jartzegauena, orduen laister urtetzejakon esatie, itxiren ero itxirek pakien eta fanai txakurrensalara. **T.** Nuestra madre pocas veces se enfadaba, pero pasaba que éramos tantos en casa que siempre estábamos alguno o alguna que la hacíamos rabiar, entonces pronto le salía el decir, déjame en paz y vete a freir espárragos. Esta definición en realidad sería, y si la palabra que citamos lo tradujésemos literalmente, "y vete a la sala de los perros".

TRAKURTXIKIXE. Perrachica. Moneda antigua también en desuso y cuyo valor equivalía a cinco céntimos de peseta. **K.** Lengo txanponan asuntuen buruz jarraitxuaz. Goixen jarridou txakuraundixek apenas haukela balixoik, ba pentza zenbat izengozan txakurtxikiñe kontuen hartuta haren erdixe zala, oiñgo begixekiñ beitu-ezkero ixe ezer baño gutxiau. **T.** Continuando sobre el asunto de las monedas. Arriba hemos puesto que la perragorda era muy poca cosa, pues pensar que sería una perrachica teniendo en cuenta que su valor era la mitad de aquella, si lo mirásemos con los ojos de ahora casi menos que nada.

TXALA. Ternero. **K.** Atzo izenitzen Praxkun baserrixen eta aurrien daukien zelaixen zortxi bei eozela ikusinauen, eta hareiñ inguruen beste lau txal, berakiñ alkartunitzenien galdenututzen aber ze asmo hauken itxeko asken honeikiñ eta esauzten zalantzan hauela, ezakixela hasi ero saldu. **T.** Ayer estuve en el caserío de Francisco y en el prado que tienen delante vi que había ocho vacas, y al lado de esas otros cuatro terneros, cuando me junté con él le pregunté a ver que pensaba hacer con éstas últimas y me dijo que estaba dudando, que no sabía si vender o criarlas.

TXALA. Fig, se llama así al vómito. **K.** Zapatu goixetan kontu haundixekiñ ibili-bierra izetenda nun zapaltzendan zeatik eztie txalak falta izeten espaloi ingurutan eta berdiñ malekoi aldien, eztakitx jentiei eztutzen ezer inportik txala botatzie erozeiñ tokitxen ero denporaik ez eskutura fateko. **T.** Los sábados a la mañana hay que andar con mucho cuidado dónde se pisa porque no suelen faltar los vómitos en la aceras y tampoco por el malecón, no sé si es porque a la gente no le importa en absosuto el vomitar en cualquier sitio o les falta tiempo para ir a un lugar apartado.

TXALAPARTA. Txalaparta. Instrumento popular vasco muy antiguo y rústico de madera con un sonido muy peculiar que se obtiene golpeando con dos palos de forma rítmica sobre una madera, o varias, gruesa colocada horizontalmente y a una altura determinada. **K.** Euskalherrixen txalaparta da oso aspaldiko gauzabat eta denpora gutxi hartien beste laguntazun-barik jotezana, bai lagun bakarraz ero bikiñ, akaso baitxe geixaukiñ be, oñ berriz geruau eta geixau ikustenda nola hau jotendan beste istrumento tartien eta batzuetan askokiñ batera, orkresta eta berdintzuek. **T.** La txalaparta es una cosa muy antigua en Euskalherría y hasta hace poco tiempo se tocaba sin ningun otro acompañamiento, bien podía ser por una sola persona o entre dos, hasta quizá más, ahora en cambio cada vez más se ve como se toca junto con otros instrumentos, y algunas veces con muchos, orquestas y similares.

TXALETA. Chalet. **K.** Fulgentzioi eztakitx loterixie urten, loto hori asmau ero nunbaitxen manejaudauen dirue, gauza da oñartien betik nahiko exkaxien ibilidala, askotan baitxe eskien be, eta oñ berriz sekulako txaleta itxen haida, ba sumuek bentzet badaz zeatik jentiek mormoxeta asko itxeitxu. **T.** A Fulgencio no sé si le habrá tocalo la lotería, habrá acertado la loto esa o habrá manejado de algún sitio el dinero, la cosa es que hasta ahora ha andado más bien bastante justo, muchas veces también pidiendo, y ahora en cambio se está haciendo un chalet impresionante, pues sospechas por lo menos ya hay porque a la gente se les oye que hacen muchos comentarios.

TXALOTU, TXALUE. Aplaudir, aplauso. **K.** Ikusten izengiñen esku-pelota banakako partidu finala eta horra allegauzien, nere ustez, oñ dazen bi pelotari oneneitakuek, Olaizola eta Altuna. Bat, Olaizola aspaldiko pelotarixe eta sarri txapendun izendakue eta bestie, Altuna, ze naiz ta lau-terdiko txapelduna izen esanleike ixe hasi-barrixe dala, ba gaztie izenzan irabazlie partido zoragarribat iñ ondoren. Eta ondo txalotuek izenzien pelotari bixek baña akaso txapelduna zertxobaitx geixau. **T.** Estuvimos viendo la final de pelota a mano individual y a esa final llegaron, a mi entender, los dos mejores pelotaris del momento, Olaizola y Altuna. Uno, Olaizola pelotari veterano y que ya había sido varias veces campeón y el otro, Altuna, que a pesar de que es actual campeón del cuatro y medio se podría decir que casi recién empezado, pues el joven fué el ganador después de haber hecho un partido memorable. Y los dos pelotaris fueron muy aplaudidos pero quizá un poquito mas el campeón.

TXALUPA. Barca, lancha. **K.** Kostako herri guztietan izugarri txalupa eotendie eta honeikiñ arrantzan ibiltxendien geixenak lenau arrantzaliek izendakuek die, jeneralki eta ondion eguna zabaldu-barik itxasuen haidiela ikustenda, ez larreiko urruti, txipirioi, txitxarrituek eta beste arraiñ txiki mota batzuk arrapatzen, eta noski, honein aparte bebai daz kirolien erabiltzendienak, batelak, trainellirak eta trainerak bezela. **T.** En todos lo pueblos de la costa suele haber un montón de chalupas y los que andan pescando con éstas la mayoría son gente que antes habían sido pescadores, por lo general y antes de que haya amanecido se les suele ver que están en el mar, no demasiado lejos, cogiendo chipirones, chicharrillos y otra clase de pescados pequeños, y claro, aparte de esas también las hay de competiciones deportivas cómo bateles, trainerillas y traineras.

618

TXAMARRIE. Chamarra, prenda de abrigo o para protección de la lluvia. **K.** Ni ondo gogoratzenaz ze pixu haukien lengo txamarra hareik, gañera eurixe itxenbauen, guardasol-barik ibili eta busti blai iñde geratu harte askoz geixau pixateauen, oinguek berriz apenas pixuik daukie eta hau ezta geitzen bustitxe dauenien zeatik euri-ura labandu itxenda. **T.** Yo me acuerdo muy bien del peso que tenían aquellas chamarras de antes, además si llovía, estabas sin paraguas y se mojaba hasta empaparse pesaba mucho más, las de ahora en cambio apenas pesan y éste tampoco aumenta si se moja porque resbala el agua de la lluvia.

TXANALA, TXANELA. Barca, lancha, chalupa.

(Ver la definición de txalupa).

TXANBOLITXERUE. Es la persona, músico que toca el tambor.

(Ver la definición de tanbolitxerue, tanborrerue).

TXANDA, TXANDIE. Turno, vez. **K.** Lengo egunien gauza xelebre, errarue eta asarratzeko moduko gauzabat gertaujaten, Donostiko bulego-batera fan-bierra nauken eta goxien goix trena hartu eta harutza abiatunitzen, heldu, atie jo, barrura sartu eta poztu iñitzen ikusitxe ezauela beste iñor zai, inguratunitzen eta han hauen mutillek galdetuzten aber hartute nauken txanda, ezetz erantzunauen, deitxu iñauela eta iñok ezuztela jakiñien jarri hori inbierrik hauenik, ba majadero harek esauzten eziñzala nerekiñ eon hori euki-barik. **T.** El otro día me pasó una cosa rara, curiosa y cómo para enfadarse de verdad, tenía que ir a una oficina de San Sebaatián y a la mañana temprano cogí el tren y me dirijí hacia alla, llegué, toqué la puerta, entré dentro y me alegré cuando ví que no había nadie esperando, me acerqué y el chico que estaba allá me preguntó a ver si había cogido la vez, le contesté que no, que había llamado y no me habían puesto al tanto de que había que hacerlo, pues aquel majadero me dijo que no me podía atender si no lo tenía.

TXANDAKA. A turnos, de forma alterna. **K.** Nabarmen ikustendozue bakarrik nauela eta ezaitxeze etorri danok batera ta tropelien zeatik beztela hemen pillatukozare, gero aldebatetik eztozue jakingo zeiñ dan aurrena ta ez hurrenak eta bestaldetik ezta eongo ezertarako tokirik, ba aber, meserez jarrizaitxeze illeran eta txandaka banan banan etorri. **K.** Ya veís bien claro que estoy solo y no vengaís todos a la vez porque sino aquí os vaís a agolpar, luego pasará que por una parte no sabreís quien es el primero ni los siguientes y por otra que no habrá sitio para nada, pues a ver, por favor poneros en fila y venir uno a uno de forma alterna.

TXANDALAPASA. Se dice cuando una persona se ha colado sin guardar turno. **K.** Hemen bateonbatek txandalapasa iñdau, lenau xei pertzona eozen nere aurrien eta oñ zazpi ikusteitxut, nik eztakitx zeiñ izendan zeatik periodikue letzen nauen eta enaz konturatu, baña nere aurrien dauena jakingodau eta galdetu ingutzet aber zeiñ dan mutur galant hori dauken tipue. **T.** Aquí ha habido alguno que se ha colado sin guardar turno, antes tenía a seis personas delante de mí y ahora veo que hay siete, yo no se quién ha sido porque estaba hojeando el periódico y no me he dado cuenta, pero el que está delante mío lo tiene que saber y le voy a preguntar a ver quien es el tipo que ha tenido ese gran morro.

TXANGO, TXANGUE. Excursión, viaje. **K.** Aber aurten zorion pixkat geixau daukoun igez baño eta zertxobatix hobeto urtetzendien gauzak, bentzet hori espero zeatik inditxu alegiñ guztiek prestatzen txango hau, igez be zalantzaik eztauket hala izengozala baña gauza bateatik ero bestiatik ezgiñen bape ondo ibili. **T.** A ver si éste año tenemos un poco más de suerte que el año pasado y nos salen algo mejor las cosas, al menos así lo espero porque nos hemos esforzado mucho en preparar la excursión, no tengo ninguna duda de que también sería así el pasado año pero por una cosa o por otra no anduvimos nada bien.

TXANKA. En lo que se refiere a las cartas se llama así a la sota de la baraja. **K.** Kuadrillan itxendounien bazkai ero afaibat soziedadien, bukatu ondoren kartaka jolastendou, joku bat er akaso bi musien, eta nola dakigunok lau bakarrik geratzegaren ba betik berdiñek izetegara, hori bai noixienbeñ bikotie aldauta, ba fandan zapatuen gertauzan ze aspaldiko partez irabazi ingauela, naiko larri oien eta askenengo jokaldixen, paretara ordago jo ondoren eta kartak erakutzi neriek zien askoz hobiek bestienak baño, harek hauken bi txanka eta bi zazpiko eta nik lau zaldi. **T.** En la cuadrilla cuándo hacemos una comida o cena en la sociedad, después de terminar solemos jugar una pardida a cartas, un juego o quizá dos al mus, y cómo de los que sabemos solo quedamos cuatro pues siempre jugamos los mismos, eso sí cambiando de vez en cuando de pareja, pues el pasado sábado ocurrió y ya era hora, que ganamos la partida, ésta iba muy reñida y en la última jugada, después de un órdago a pares y enseñar las cartas, resultó que las mías eran mucho mejores que las del otro, aquel tenía dos sotas y dos sietes y yo cuatro caballos.

TXANKA. Pierna.

(Ver la definición de hanka).

TXANKALUZE, TXANKA-LUZIE. Patilargo, persona con las piernas largas. **K.** Erozeiñ pertzonan tamañuen buruz alde asko dau lendik oingora, eta nere ustez pixkanaka baña gelditxu-barik geruau eta geixau dauela, guk ezgara txikiñek izen, beno, oñ eta zahartu-hala zertxobaitx geixau, baña momentu hontan umiek, mutiko eta neska geixenak gu baño askoz txanka-luziek daukie, hurrengo datozenak ondion luziauek eukikodaue eta hala jarraitxu-ezkero auskalo noraño allegaukodien. **T.** En relación al tamaño de las personas hay una gran diferencia de antes a ahora y yo creo que cada vez la hay más, nosotros no hemos sido pequeños, bueno, ahora y a medida que envejecemos algo más, pero en éste momento la mayoría de las criaturas, chicas y chicos son bastante más patilargos, los que vienen por detrás lo serán aún más y si continúa es la misma progresión cualquiera sabe hasta dónde pueden llegar.

TXANKAME. Se dice de las personas que tienen las piernas delgadas. **K.** Pankraziok hobeto izengolauke fraka luziek erabiltzie hala ibili-bierrien baño, nik ustedot, eta apostaukonauke ze ikustendauen guztien aldetik pentzamentu berdiñe eukikodauela, sigero barregarri dabillela txankame horreik erakutziaz, azurrek besteik etxako ikusten eta larreiko etxura exkaxa dauko. **T.** Pancracio haría mejor si se vistiese con pantalón largo en lugar de andar así, yo creo y apostaría que de parte de todos los que le ven también pensarán lo mismo, que está haciendo el ridículo enseñando esas piernas tan delgadas, no se le vé mas que huesos y tiene muy mal aspecto.

TXANO-GORRITXO. Caperucita roja. **K.** Donostiko asken karnabaletan bi neska ikusigauen, ustedot neskak ziela, sigero mozorrotuta txano-gorritxo bezela, honaño nahiko normala, baña errarue izenzan ikustie nola beraiñ atzetik dozenabat otzo hatozen, eta hau ezan hainbesteko normala zeatik nik dakitxetenik txanogorritxo bakotxai otzo bana tokatzenda, orduen geixen bi izenbikozien eta akaso bat geixau erreserba bezela. **T.** En los últimos carnavales de San Sebastián vimos dos chicas, creo que eran chicas, disfrazadas de caperucita roja, hasta aquí bastante normal, pero lo raro fué ver que detrás de ellas venía una docena de lobos y eso ya no era tan lógico, porque que yo sepa a cada caperucita le corresponde un lobo, entonces cómo mucho serían dos y quizá uno más de reserva.

TXANPA. En el deporte de remo se le llama así al incio del arranque y al último esprín antes de la meta. **K.** Fandan asteburuko estropadan Hondarrabi eta Bermio jotasua lehian ibilizien denpora guztien, eta gutxi geratzezanien bukatzeko nahiko parekatu eozen, baña Hondarribik askenengo txanpan eta olatubat hartuaz lortu izenauen aurrena sartzie helmugan. **T.** En la regata del pasado fín de semana Hondarribi y Bermeo estuvieron peleando duro durante todo el rato, y cuando ya faltaba poco estaban bastante parejos, pero Hondarribi en el último esprín y cogiendo una ola consiguió entrar primero en la meta.

TXANPIÑOIEK. Chanpiñones. **K.** Gezurre emutendau nola txanpiñoiek holako gozoek izenda ze prezio baju daukien, beno, akaso ezta haibesterako izengo, baña konparaketa iñezkero beste perretxiko mota batzukiñ uzkerixabat da balixodauena, eta gañera erozeiñ moduen prestauta oso gozoek izetendie, gordiñek eta fiñ moztura entzaladan, saltzan eta baitxe plantxan ero laban erreta. **T.** Parece mentira que con los ricos que son los champiñones su precio sea tan bajo, bueno, quizá no será tan bajo, pero si lo comparamos con otras clases de setas es muy poco lo que cuestan, además son muy ricos preparados de cualquier manera, cortados finos en ensalada, en salsa y también asados a la plancha o al horno.

Errezetabat: Txanpiñoiek plantxan. Txanpiñoiek plantxan itxeko tamañu dexentekuek bier izetendaue eta erostera fategarenien alegiñdu haldan garbixenak erostie, baña halaere gero eztau bate gaizki pasarabat emutie trapuekiñ. Beno, beñ nahiko garbixek dazenien apartatzendou txapela eta kirtena, asken honei atzeko punta kendu, ondo zuritxu eta berakatz ale batzukiñ batera, perrejille eta urdaiazpiko pixkat, dana txikitxki iñde ondo nahastu. Gertu dauenien sartakiñan emuteutzou pasara txikibat olixotan eta asko inbarik atara ta etxoiñ. Jartzendou plantxa berotzen, busti hau olixo pixkatekiñ eta ia berotudanien jartzeitxu txanpiñoien txapelak buruz-bera dala, nahiko iñde dazenien bueltau eta txapel bakotxan barruen botatzendou gatz apurbat eta errepartiru sartakiñatik ataratzeko nahasketa, hau larrei-barik, eta bier izen-ezkero olixo tanto batzuk, han eukitxeitxu pixkatien eta gure iruitzez gertu ero norberan gustora dauenien atara ontzira. Bukatzeko ardau zuri pixtak plantxan, buelta-batzuk nahasteko han geratudan olixo zarramarrakiñ eta gero saltza hau txanpiñoi horreiñ gañera. Eta listo, jaten hasteko bezela. Batzuk bebaiu botateutzie limoi tantuek ixe bukaeran, hori norberan gustora.

Una receta: Chanpiñones a la plancha. Para hacerlos a la plancha conviene que los champiñones sean de un tamaño decente y que cuando vayamos a comprarlos procuraremos que sean lo más limpios posible, pero aún así no está de más que los pasemos con un trapo. Bueno, una vez que estén limpios separamos los sombreros de los tallos, a estos les quitamos la punta de atrás, pelamos bien y lo juntamos con unos gajos de ajo, perejil, un poco de jamón y lo picamos todo muy menudo. Cuando esté listo lo pasamos un poco por una sartén con algo de aceite y sin hacer demasiado se saca y esperamos. Ponemos a calentar la plancha, lo untamos con aceite y una vez que esté caliente ponemos los sombreros de los chanpiñones boca abajo, cuando ya estén bastante hechos les damos la vuelta y ponemos dentro de cada sombrero un poco de sal y repartimos la mezcla que hemos que hemos sacado de la sartén, sin que sea demasiado y si se necesita echamos unas gotas de aceite, los tenemos ahí un poco más y cuando nos parece que están ya listos los sacamos a una fuente. Para terminar un poco de vino blanco a la plancha, unas vueltas para mezclarlo bien con los restos del aceite que ha quedado y luego esa salsa encima de esos champiñones. Y listo para empezar a comer. Algunos también le echan unas gotas de limón cuando está finalizando, eso al gusto de cada uno.

TXANTIOIE. Escatillón, plantilla. **K.** Kostruziño eta baitxe beste lan mota askotan komenigarrixe izetenda txantilloie erabiltzie, hala bentzet segurantza daukotzu ze itxen haizarena berdiñek ero berdintzuek izengodiela, hala ez iñde eta gertatzenbada ze gauza horreik bistan geratu-bierrekuek diela baleike ikustie etxura exkaxakiñ. **T.** En los muchos de los trabajos de construcción y también de otros muchos tipos suele ser conveniente utilizar un escatillón, así al menos existe la seguridad que lo que estás haciendo será igual y sino exacto, bastante parecido, no haciendo así y si ocurre que esas cosas han de quedar a la vista puede que ofrezcan un aspecto bastante pésimo.

TXANTXAN, TXANTXETAN. En broma, de guasa, haciendo gracias y de cahondeo. **K.** Mutil horrekiñ eztau sekula jakitxeik serixo ero txantxetan haidan, batzuetan batzui gertau izenjate benetan hartzie esandauen gauzanbat eta gero honek, Zeferino dauko izena, barre iñ euron kontura iñuxente esanaz, egunenbaten baleike norbaitx asarratzie eta orduen mozten hasibikoda txantxa horrek. **T.** Con ese chico no se puede saber nunca si anda en serio o de cacondeo, alguna vez ya ha solido pasar que unos cuantos han creído que era verdad lo que decía y después éste, se llama Ceferino, se ha reído de elllos llamándoles inocentes, algún día alguno se va a enfadar y entonces va a tener que empezar a cortar esas bromas.

TXANTXANGORRIXE. El pájaro petirrojo. **K.** Zenbat txantxangori ikustendien bere garaia danien eta hau geixenbat udaberri aldien izetenda, gañera emutendau oitura daukiela pertzonakiñ zeatik betik inguruetan ibiltxendie eta kaixolak be eztaukie eukitxen oso urruti, askok Elixpeko tellatu aspixetan itxeitxue. **T.** Cuántos petirrojos se suelen ver cuando es su tiempo y esto mayormente suele ser hacia la primavera, además parece que están acostumbrados a la presencia de las personas porque siempre andan entre ellas y sus nidos tampoco lo suelen tener muy lejos, muchos de ellos los hacen debajo del tejado de los pórticos de las Iglesias.

Aspaldiko esaerabat: Txantxangorrixek baño buru gutxiau dauko horrek.

Un viejo provervio vasco dice que ese tiene menos cabeza que un petirrojo.

TXANTXIKU. Apodo que se les da a las personas originarias de Oñate. **K.** Auskalo oñatiarrak noixtik daukien txantxiku ezizen hori, nik ia badauket urte batzuk eta betik gauza berdiñe entzun izendot, hango jente dexente esauketandot eta eztau emuten asarreketandienik hala deitxuatik, kontuen hartuta ze ezizen hori ugarixuen izena dala. **T.** Cualquiera sabe desde cuándo tienen el apodo ese de txantxiku (chanchiku) los oñatiarras, yo ya tengo unos cuantos años y siempre he solido oir la misma cosa, conozco a bastante gente de allá y no parece que se enfaden porque les llames así, teniendo en cuenta que ese apodo en euskera corresponde al nombre de la rana.

TXANTXO. Fantasma, enmascarado. **K.** Nik banauken osababat, aspaldi hilzan, bere gustokue etxien txantxo jastie zana herriko jaixetan, eta hori izetezan bera epeltazun pixkatekiñ eotezanien, kontuen hartu-bierra dau ze garai hartan eta uda partien sekulako beruek itxezitxuela, jartzeauen gauez isera zuribat gañien burue tapauaz eta gero gelaik gela pasa jentie bildurtzen. **T.** Yo ya tuve un tío, murió hace ya mucho tiempo, al que en casa le gustaba vestirse de fantasma cuando eran las fiestas del pueblo, y eso solía ser cuando él estaba ya un poco templado, hay que tener en cuenta que en aquellos tiempos y en la parte del verano hacía unos calores tremendos, a la noche se ponía una sábana blanca por encima de la ropa con la cabeza tapada y recorría una a una las habitaciones asustando a la gente.

TXANTXULARIO. Se decía de las personas un poco raras, o cuanto menos bastante originales. **K.** Etxatzue iruitzen txantxulario xamarra dala mutil gazte hori?, beitu oñ be ze xelebrekeixa itxen haidan, esandau errekara doiela arrantzan eta txitxarak ero beste zerbaitx eruen inbierrien amuzki bezela, harri koskor txiki batzuk hartuitxu antzueluen jartzeko. **T.** ¿No creéis que ese chaval es un poco rarito?, mirar que cosa más original está haciendo ahora también, ha dicho que va a ir a pescar al río y en lugar de llevar lombrices u otra cosa como cebo, ha cogido unas piedrecitas para ponerlas en el anzuelo.

TXANUE. Capucha, prenda para cubrir la cabeza. **K.** Ze oitura erraru hartudauen gazte jentiek burue tapata erueteko txanuekiñ, geixenbat mutillek die baña baitxe neska batzuk be eta gauza da eztakitxela, etxuraz beste askok bez, zergaitxik izengodan hori, beñ galdetununutzen bati eta bere erantzuna izenzan zeatik bestiek be hala eruetendauelako. **T.** Que costumbre más rara ha cogido la gente joven de llevar la cabeza tapada con la capucha, la mayoría son chicos pero también algunas chicas y la cosa es que no sé, parece que tampoco otros muchos, porqué es eso, una vez le pregunté a uno y su respuesta fué que porque otros también así lo llevaban.

TXAPA, TXAPIE. Chapa. En los frontones la chapa está en la parte inferior del frontis y si se golpea con la pelota o ésta da por debajo de ella es falta. También puede ser la parte superior de la cocina económica y muchas otras cosas. **K.** Atzoko esku-pelota partiduen Elezkano ezan izen larreiko zoriontzu, nahiko ondo haizan jolasten baña partidu erdi inguruen eta errex irabazten haizala, gertauzan ze zazpi txapa errezkaran jo eta askenien galdu iñauela. **T.** En el partido de pelota mano de ayer Elézkano no estuvo muy afortunado, estaba jugando bastante bien pero hacia la mitad del partido y cuándo estaba ganando fácil, ocurrió que dio siete chapas seguidas y al final perdió.

TXAPA. Fig. se dice cuando una persona está de charla metiendo un rollo, dando la chapa, la pelmada.

(Ver la definición de barriketa).

TXAPARRA. Se dice de una persona pequeña, menuda. **K.** Tomasiton gurasuek kexka pixkatekiñ omendie, ikustendaue nola mutikotxue ondion nahiko txaparra dan beste urte berdiñezkuaz konparauta eta bildurre daukie hala geratukoetedan, halaere medikuek esautzie es kexkatzeko larrei eta hasikodala denporiaz. **T.** Los padres de Tomasito deben de estar un poco preocupados, ven cómo el chavalito es todavía bastante pequeño si se le compara con otros de su misma edad y tienen miedo de que se quede así, aún así el médico les ha debido de decir que no se preocupen en exceso y que con el tiempo ya crecerá.

TXAPARROTIE. Se refiere a una persona no demasiada alta, pero sí ancha y fuerte. **K.** Nik arrastuik be eztauket baña entzunde dauket, beñ baño geixautan gañera, harrijatsotzaile ona izeteko, beste gauza asko barruen, txaparrote xamarra komenidala izetie, eta baleike errazoie eukitxie zeatik harrixe sorbaldaraño altzatzeko eztauko haibeste bire inbierrik. **T.** Yo no tengo ni idea pero tengo oído, además más de una vez, que para ser un buen levantador de piedra, entre otras muchas cosas, conviene que no sea demasiado alto, pero si ancho y fuerte, y puede que tengan razón porque para levantar la piedra hasta el hombro no tiene que hacer tanto recorrido.

TXAPELA. Boina. **K.** Hauxe da beste gauzabat sigero desagertzen haidana, nik ustedot txapela pertzona nausixek bakarrik eruetendauela eta horrein aparte baitxe jente gaztiek be, baña honeik Euskal Jaixetan bakarrik. Oñ ze gauzabat sigero txarra bai gertatzejate mutil honei, eta da urtero erosi inbierra izetendauela zeatik etxera bueltatzerako barik bueltatzendie. **T.** Esta es otra prenda que está desapareciendo por completo, yo creo que la boina ya solo la llevan las personas mayores y aparte de esos también la gente joven, pero éstos únicamente cuando se hacen las Fiestas Vascas. Ahora que una cosa muy mala ya les pasa a estos chicos, y es que todos los años la tienen que comprar porque cuando vuelven a casa llegan sin ella.

Aspaldiko esaerabat: Txapel batekiñ eziñda bi buru tapau.

Un viejo proverbio en euskera dice que una boina no se pueden tapar dos cabezas.

TXAPELDUNA. Es la persona ganadora o campeona. Y la costumbre de Euskalherría es la colocar una boina en la cabeza a la persona que ha resultado ganadora en la competición. **K.** Goiko nunbaitxen jarridot nola Altuna txapelduna izenzan askenengo esku-pelota banakako txapelketan, ba oingo asteburuen Zarauzko estropadan, bertako estropa irabazi eta batera aurrenak geratu liga denporada bukatu ondoren, bixetako txapeltunak Sanjuaneko batelerak izenzien. **T.** En algún sitio de arriba ya he puesto cómo en el último campeonato individual de pelota a mano el campeón fué Altuna, pues es este fín de semana en las regatas de Zarautz, después de ganar la del día y a la vez quedar primeras de la liga después de terminar la temporada, las bateleras de San Juan en las dos competiciones se proclamaron campeonas.

TXAPELGORRI. Boinas rojas. Se les llamaba sí a los carlistas. **K.** Euskalherrixen be bazien nahiko txapelgorri gerra garai hartan, eta hau bukatu ondoren akaso askoz geixau, nola irabazle parte izenzien ba haeik geratuzien, denpora larreiko luzien gañera, beste haeikiñ iñdertzuenak zien batera. **T.** En Euskalherría también había bastantes txapelgorris (boinas rojas) en aquellos tiempos de la guerra, y después de que ésta terminó quizá muchos más, cómo fueron una parte de los vencedores pues ellos quedaron, además durante un tiempo demasiado largo, junto con aquellos otros que eran los más fuertes.

TXAPELAUNDI, TXAPEL-HAUNDI. Literalmente boina grande. Se les llamaba así a los mikeletes y éstos eran un cuerpo de policía foral anterior a la guerra civil. **K.** Nik esautuitxut mikeletiek baña asken aldi hontakuek bakarrik, oñ eztot uste dazenik eta ia aspalditxotik ondion geratzezien batzuk, oso gutxi zien, ertzainakiñ batera sartuzitxuen eta ze gauza, hainbeste urte garrengo ondion be txapelaundi deiketautzien. **T.** Yo ya he conocido a los mikeletes pero solo a los de éstos últimos tiempos, ahora no creo que existe el cuerpo y ya hace tiempo que a los que todavía quedaban de antes, eran unos pocos, los incorporaraon junto con la ertzaina, y que cosa, después de tantos años todavía se les seguía llamando txapelaundi.

TXAPELKETA. Competición.

(Ver la definición de lehiaketa).

TXAPLATA. Es una palabra que normalmente se dirige a las crías y que se refiere a la persona contestona y poco respetuosa. **K.** Ni enaz iñor ezer esateko baña nere ustez zertxobaitx inbierra izengozan neskatilla horrekiñ, bere aitxan laguna naz eta batzuetan fan izenaz euron etxera bixitabat itxera, han eonda askotan ikustendot nola neskatilla txaplata hori diskutitzen haidan, errespeto-bako erantzunaz eta betik aurka batekiñ ero bestiekiñ. **T.** Yo no soy nadie para decir nada pero yo creo que deberían de hacer algo con la niña esa, soy amigo de su padre y alguna vez ya suelo ir a su casa a hacerles una visita, estando allá muchas veces veo que la cría está discutiendo, contestando de forma poco respetuosa y siempre llevando la contraria a unos u otros.

TXAPUZA. Chapuza. Trabajo o cualquier otra cosa que está mal ejecutada. **K.** Lengo egunien Saturio kontatzen ibilizan nola pillabat bider eondan amorratzen mutil horrekiñ eta kalera botatzeko asmuaz, baña momentuz aguantatzen haidala zeatik nahiko lagun da bere aitxakiñ, komestatzendau ze naiz eta lan errexena aiñdu hortik urtetzendauena geixenbaten txapuza haundibat besteik eztala izeten, eta gañera hala berdiñ izendala hasieratik. **T.** El otro día Saturio estuvo contando que cómo un montón de veces solía estar rabiando con ese chico y con la idea de mandarle a la calle, pero que de momento se aguantaba porque tiene cierta amistad con su padre, comenta que aunque se le mande el trabajo más sencillo lo que vaya a salir de ahí la mayoría de las veces no va a ser más que una gran chapuza, y que además ha sido así desde el principio.

TXARA. Jara del bosque. **K.** Ustedot beste kamiñobat billatubikoula, nik hemendik ekarrizauet baña eztot kontuen hartu oso aspalditxik etorri-barik nauela eta akaso biriek eziela eongo lengo bezela. Hemen dauen hau bentzet enauen espero hala eongozanik, dana txaraz betie eta gañera iñundik pasa-eziñe. **T.** Creo que tendremos que buscar otro camino, yo os he traído por aquí pero no he tenido en cuenta de que no había venido desde hace muchísimo tiempo y que quizá los caminos no estarían igual que antes. Al menos ésto que está aquí si que no esperaba que estuviese así, todo lleno de jaras y además sin poder pasar por sitio alguno.

TXAROLESA. Se refiere a las vacas de raza charolesa. **K.** Entzundot ze oñ baserri askotan aldatzen haidiela okelarako dien beixek esnerako dienak lagata, etxuraz lenau bei gorri horreik pirenaika erraza hartakuek haukien eta esatendauen ez beste bei txaroles horreik askoz produzio haundixaue emutendauela okela asuntorako. **T.** He oído que en muchos caseríos están cambiando las vacas que eran para carne dejando las de leche, parece ser que antes tenían esas vacas rojas se raza pirenaica y según dicen éstas otras de raza charolesa deben de ser mucho más productivas para carne.

TXARRA. De mal sabor, que está en malas condiciones. **K.** Danok gose haudixekiñ sartugara taberna hontan baña eztou zorion larrei euki zeatik ataraduzkuen bokadillo honeik jan eziñekuek die, sigero txarrak eta nik ustedot xolomo hau akaso ondion ustela ez baña etxakola askoik geratzen usteltzeko. Bueltau ingoutxu, eta nola oñ ezgaren iñor bape fixatzen hobeto izengou alde itxie beste erozeiñ tokira. **T.** Todos hemos entrado todos con mucha hambre a esta taberna pero no hemos tenido demasiada suerte porque los bocadilllos que nos han sacado son incomibles, tienen un sabor muy malo y yo creo que el lomo éste quizá todavía no esté podrido pero pienso que le faltará mucho. Los vamos a devolver y cómo ahora ninguno nos fiamos lo mejor va a ser que nos marchemos a cualquier otro sitio.

Aspaldiko esaerabat: Zor zarra, gauza txarra.

Un viejo refrán es euskera dice que las viejas deudas son mal asunto.

TXARRA, TXARRAUE. Mala o malo, acaso peor. Se dice de la persona que es mala, perniciosa. **K.** Tipo horren buruz entzunde dauketena ezta bakarrik txarra dala zeatik geixenak esatendaue ze ondion askoz txarraue omendala, nik bistaz bakarrik esauketandot baña halaere jakiñien nau nola asunto bateatik ero bestiatik pillabat bider eondan kartzelan. **T.** Lo que yo tengo oído sobre el tipo ese es que no solo es malo porque la mayoría dice que todavía debe de ser mucho peor, solo le conozco de vista pero aún así ya estoy al tanto de que cómo por un asunto u otro ha estado un montón de veces en la cárcel.

TXARRANKA (K). Patas y manos de cerdo una vez cortados y limpios. **K.** Izen hau berez txarri-hanka ero txarrixen hanka izenbikozan baña askoz politxaue geratzenda txarranka izenaz, beno, beñ eta hau esanda bakarrik geratzenda esatie sigero gozuek diela jateko bai errebozauta eta baitxe saltzan be, oñ bigarren honek gauzabat exkax xamarra dauko, eskuek eta muturrek, bibote ta guzti, larreiko sikiñek geratzendiela. **T.** El nombre éste en euskera es un compuesto de los nombres, también es euskera, de cerdo y patas y sería como si en castellano dijésemos patacerdo, bueno, una vez dicho ésto solo queda decir que son muy ricas para comer tanto rebozadas como también en salsa, ahora que este segundo método tiene un inconveniente bastante grande, que las manos y labios, incluído el bigote, quedan hecho un asco.

Errezetabat. Txarrankak errebozauta: Erosteitxou erditxik moztuta eotendien hiru txarranka eta orduen xei zati izengodie, hiru lagunentzat nahikue da, eta eztau garbitzeko arduraik zeatik garbixek saltzeitxue. Lapiko altubaten jartzendou ura eta gatza, bixek ugeri xamar, botatzendou kipula dexentebat hiru untzakiñ bertan sartuta, porrue, azenaixue, honeik be bana, lau ero bost berakatz ale azalakiñ, perrejille, piper baltz bolatxo batzuk eta euki-ezkero tomillo, romero ero holako beste bedar mota, eta dan honeikiñ batera basu onbat ardau zurixe. Iztendou egozten su motelien lapikue tapata bi ordu inguruen eta noixienbeñ beituaz egositxe dazen, gero atara eta hotziketandanien ondo siketu. Ba bakarrik geratzenda zatiketie norberak naidauen tamañuen, urun ta arrautza nahastuatik pasa eta hau iñ ondoren prijitxu. Gertu dazenien atara eta jateko bezela die.

Una receta. Patas o manitas de cerdo rebozadas: Compramos tres patas de cerdo enteras que ya están partidas por la mitad y entonces serán seis los pedazos, para tres personas es suficiente, y no es necesario limpiarlos porque los venden ya limpios. En una cazuela alta ponemos bastante agua y sal, echamos una cebolla hermosa con dos o tres clavos introducidos, un puerro, una zanahoria, cuatro o cinco dientes de ajo sin pelar, perejil, una docena de bolitas de pimienta negra y si es que tenemos unas hierbas como tomillo, romero etc... y junto con todo ésto un buen vaso de vino blanco. Dejamos que se cueza a fuego bajo con la cazuela tapada durante dos horas aproximadamente y mirando de vez en cuando si ya estan cocidos, luego los sacamos y cuando se enfrien los secamos muy bien. Pues ya solo queda partir en pedazos al tamaño que uno quiera, pasarlos por harina, huevo batido y después freirlos. Una vez hecho ésto se sacan y ya están listos para comer.

TXARRASTADA, TXARRASTARA. Significa que te has manchado la pechera de la camisa o alguna otra cosa.

(Ver la definición de parrastada, parrastara).

TXARRAU, TXARRERA. Peor, a peor. **K.** Batek beñ esanauen ze erozeiñ gauza aukera badauko txarrera fateko, fan ingodala, eta kasu hontan halaxe gertauda, lengo egunien Federiko pasian haizanien malekoitik holako patiñete-batek jo txorkatillan eta nai da puskatu ez aberixa dexentie iñutzen, eta atzo atarteko eskillaran labandu omenzan, jausi eta etxuraz, ondion ikusi-bierra dau zeatik sigero aunditxuta dauko, beste berna belauneko azurre puskatu, kustiñue da eskaiolau iñdutziela eta noski, oñ derrigorrez ixe geldik ta apenas mobitxu eon-bierra etxien. **T.** Una vez dijo uno que si una cosa tiene la oportunidad de que vaya a peor, que irá, y es este caso así ha sido, el otro día estaba Federico

623

paseando por el malecón y un patinete de esos le golpeó en el tobillo y aunque no se lo rompió si que le hizo una buena avería, y ayer en la escalera del portal se debió de resbalar, caer y parece, todavía hay que ver porque lo tenía extremadamente hinchado, que se rompió el hueso de la rodilla de la otra pierna, la cuestión es que se la han escayolado y claro, necesariamente tiene que estar casi quieto y sin apenas moverse en casa.

TXARRANTXA. Charrancha. El alambre que se utiliza para unir el espacio entre las estacas de cierre de un terreno. **K.** Mesi asto demontre honekiñ alperra da bat, bi ero hamar txarrantxa jartzie zeatik betik billatu ero lekue itxendau igex itxeko, gauza da hurrengo egunien berriz begiratzen ibili-bierra izetendala zeiñ ero nun izengodan urten iñdauen tokixe eta ixe sekula eztoula ikusten eta ez sikera asmatzen, akaso izengoda zeatik igex iñ ondoren berriz txukun iztendauela. **T.** Con éste demonio de burro que es Mesi es inútil colocar una, dos o diez charranchas porque siempre encuentra o hace sitio para escaparse, la cosa es que al día siguiente hay que volver a mirar dónde puede estar el lugar por donde ha salido y que casi nunca lo vemos ni siquiera adivinar, quizá sea porque después de que se escapa lo vuelve a dejar todo curioso.

TXARRANTXA. Es un elemento que sirve para sujetar o fijar algo con seguridad. **K.** Eztot esaten aldamiño hau gaizki dauenik baña baezpare beste txarrantxa batzuk geixau jartzie komenikozan, inguru hontan latz jotzendau haixiek eta kustiñue ezta mobitzen hastie gu lanien haigaren bitxertien bere gañien. **T.** No digo que este andamio esté mal montado pero por si acaso sería conveniente que le coloquemos unas cuantas charranchas más, por aquí el viento pega muy fuerte y no es cuestión de que empiece a moverse mientras nosotros estamos trabajando encima de él.

TXARRASKA, TXARRI-ASKA. En los establos o cuadras es el pesebre dónde comen los cerdos. **K.** Oinguaz ia hirugarren aldiz da txarri buru-haundi horrek puskatudauela jatendauen egurrezko txarraska, ta gañera buruaz golpeka itxendau, ba askenengo aldiz izengoda zeatik laister prestaukot bestebat bierdan modukue, baña oinguen harrrixaz iñde. **T.** Con ésta ya es ya la tercera vez que ese cabezón de cerdo rompe el pesebre de madera dónde come, y además lo hace golpeándolo con la cabeza, pues va a ser la última vez porque pronto voy a preparar otra cómo es debido, pero esta vez lo voy a hacer con piedra.

TXARRIBODA, TXARRI-BODA. Traducido literal quiere decir boda de o con cerdo. Y ésto se llama fig. a las comidas que se suelen hacer con los productos de la matanza del cerdo. **K.** Lenau gaztiau gitzenien aukera geixau izetegauen txarriboda bat ero beste itxeko eta ez hori bakarrik, leku batzuetatik deitxu be itxeuzkuen txarrixe hiltxezanien, oñ berriz aldebatetik gertatzenda ze iñok, ixe bentzet, eztauela txarririk akabatzen norberan baserrixen eta bestaldetik geruau eta gutxiau alkartzegarela, ni gogoratzenazenetik askenengo aldiz eongiñela txarribodan, gutxienetik izengodie hiru ero lau urte inguru. **T.** Antes cuando éramos más jóvenes teníamos más oportunidades de participar en alguna que otra txarri-boda y no solo eso, también de algunos sitios nos llamaban cuando mataban el cerdo, ahora en cambio por una parte pasa que nadie, o casi, mata cerdos en el propio caserío y por otra cada vez son menos las veces que nos juntamos, que yo me acuerde la última vez que estuvimos en una txarri-boda, por lo menos ya será hace tres años o cuatro aproximadamente.

TXARRIJANA, TXARRI-JANA. Comida de cerdos. Antes era lo que en muchos sitios se les daba a los cerdos y que se obtenía al recoger las sobras de comida de las tabernas y restaurantes. **K.** Ba bai, lenau askok ixe txarrijana besteik ezutzien emuten txarrixei, eta nik ustedot ze jente guztie jakiñien zala asunto horren buruz, ta gañera nahiko normala bezela iruitzezan, baña ondo pentza-ezkero hareik zien ez bakarrik txarrijanak baizik benetako taxarrikeixak, haragixe, arraña, berdurak, txorixok eta abar, dana nahastuta eta hau zertxobaitx geitxuta pentzuekiñ. **T.** Pues sí, antes muchos no les daban otra cosa de comer a los cerdos más que las sobras que se recogían de los bares y restaurantes, y yo creo que toda la gente estaba al tanto sobre ese asunto, y además podía parecer que era como bastante normal, pero si es que se piensa bien aquello no solo eran las sobras sino que era una auténtica marranada, la carne, pescado, verduras, chorizo, etc…, todo mezclado y a ésto añadiendo algo de pienso.

TXARRIJANA, TXARRI-JANA. Literal comida para cerdos. Y fig. también se aplica, o se puede aplicar, cuando en algún restaurante o casa de comidas sirven una comida que está muy mala, rancia o pasada, en una palabra, asquerosa. **T.** Ba eztot uste berriz fangonazenik, ez nik eta ez iñor nere tartekoik jatetxe hortara, izen horrekiñ deitzie baldinbadau bentzet, sartu eta segitxuen susmatunauen zerbaitx errarue bazala zeatik apenas eozen lau pertzona mai parebaten, halaere eta nola nahiko berandu zan jarri iñitzen, bazkaixe eskatu eta aurreneko platera atara besteik ez, ikusitxe ze txarrijan antz hauken, jaiki eta alde iñauen. **T.** Pues no creo que vuelva más, ni yo ni ninguno los de mi entorno a ese restaurante, si es que se le puede llamar con ese nombre, entrar y enseguida sospeché que había algo raro porque apenas había cuatro personas en un par de mesas, aún así y cómo ya era bastante tarde me senté, pedí la comida y nada más que me trajeron el primer plato, viendo que más parecía comida para cerdos, me levanté y marché de allá.

TXARRIÑDE, TXARRI-IÑDE. Significa sucio, manchado, en una plabra hecho un cerdo. **K.** Zuri alper alperrik da esatie zaintzeko pixkat eta baitxe kontuz ibiltxeko aber ze tokixetan sartzezaren, oñ be eta ixe betiko bezela txarriñde bueltauzara etxera, ba ondion atzoko erropak siketu-barik daz, ekarritxozun horreik derrigorrez labadorara sartubikoitxut eta bixerko ezpadie sikatzen etxien geratubikozu, hemen eztaukotzu erropa geixau eta daukotzunakiñ eziñdozu urten. **T.** A tí es completamente inútil el decirte que te cuides un poco y que también andes con cuidado a ver en que sitios te metes, ahora también y cómo casi siempre has vuelto a casa hecho un cerdo, pues todavía no se ha secado la ropa de ayer, éstas necesariamente las tengo que meter a la lavadora y si no se secan para mañana tendrás que quedarte en casa porque aquí no tienes más ropa, y con la que llevas no puedes salir.

TXARRIKEIXA, TXARRIKEIXIE. Suciedad, basura, inmundicia. **K.** Hau ezta bape toki egokixe eta ezingogara hemen geratu hamarretakue itxeko, txarrikeixa besteik ezta ikusten alde guztietan eta akaso arratoiek be eongodie, hobeto izengou jarraitzie aurreratxuau eta aber billatzendoun beste tokibat etxura hobekue. **T.** Este no es un sitio nada adecuado y no tendremos que quedarnos aquí para comer el bocadillo, no hay más que suciedad por todas partes y puede que hasta haya ratas, será mejor que continuemos un poco más adelante y a ver si encontramos otro sitio que tenga mejor aspecto.

TXARRIKIXEK. Carnes variadas de cerdo. **K.** Toki askotako oitura izetenda trarrikixek prestatzie bazkal ero afaltzeko eta modu askotan itxeitxue, batzuk saltzan, badaz parrillan ero plantxan itxeitxuenak eta beste askok baitxe tomatiekiñ be, horreitik geixenak probautxut eta gustoren jandotena parrillan iñdakue izenda, kelopario uguentuaz lagunduta. **T.** Es costumbre de muchos sitios el preparar carnes variadas de cerdo y las hacen de varias maneras, unos en salsa, también hay quien los hace a la plancha o parrilla y muchos otros también con tomate, de éstos la mayoría ya las he probado y el que más a gusto he comido ha sido el que estaba hecho a la parrilla, acompañada con su queloparió.

TXARRI-KORTA, TXARRITEIXE. Cortín, espacio dónde está el cerdo o los cerdos. **K.** Sigero txikiñe geratzen haida txarri-korta hau, txarriemiek zortzi txarrikuma eukitxu eta hor daz apenas tokixekiñ bata-bestlen gañien, nik ustedot derrigorrezkue izengozala beste lekubat prestatzie zeatik beztela bateonbat akabau ingoda aman pixuekiñ. **T.** Este cortín se está quedando demasiado pequeño, la hembra ha tenido ocho cerditos y están ahí casi sin apenas espacio unos encima de otros, yo creo que sería necesario preparar otro sitio porque sino algún cerdito va a terminar aplastado con el peso de la madre.

TXARRIKUMIE. Cría de cerda y refiriéndose a la comida es el cochinillo o tostón. **K.** Hor be aldien, baitxe Naparra eta Errioxan be, oitura haundixe dau txarrikumie jateko eta jente asko fatenda toki horreitara hori jatera, nik be jan izendot, gutxitan, baña prestau aurretik eta ikusiaz bakarrik betik bere gauzatxue emun izendust, jaixo-barri umien antza hartzeutzet. **T.** Por ahí abajo, también en zonas de Navarra y La Rioja hay mucha costumbre de comer cochinillo y suele ir mucha gente a esos sitios a comerlo, yo ya lo he solido comer, pocas veces, pero nada más verlo cuando aún está sin preparar siempre me dado c mo una cosa, le suelo coger parecido a una criatura recién nacida.

TXARRITXU. Ensuciarse, mancharse.
(Ver la efinición de txarriñde).

TXARRIXE. Cerdo. **K.** Zenbat bider fanetedan Eustakio txarrixen bille, urtero eta fan bakoitxien bi ero hiru erosteitxu, baserrik baserri ibiltxeda eta betik lortu izendau ekartzie bere gustokuek, eta eztakitx zeatik etxakon gusta izeten baserri bakarrien erostie danok, nik batzuetan galdetu izendutzet eta bere erantzuna betik berdiñe izenda, ba horixe zalako bere aitxan oitura eta kitxo. **T.** Cuántas veces habrá ido Eustaquio a buscar cerdos, todos los años y cada vez que va compra dos o tres, suele andar de caserío en caserío y siempre ha conseguido traer los que a él le han gustado, y no sé porque no suele querer coger todos en un único caserío, yo ya se lo he preguntado algunas veces y su respuesta siempre ha sido la misma, porque esa era la costumbre de su padre y punto.

Aspaldiko esaerabat: Eskondutako urtie eta txarrixe hiltzendan astie, onenak.

Un viejo preverbio vasco dice que el año en el que te casas y la semana que se mata al cerdo, los mejores

TXARRIXE. Fig. se dice de la persona mala, traicionera y sin escrúpulos. **K.** Hori baño pertzona txarri haundixaurik eztot iñun sekula ikusi, horrek eztust kalteik iñ neri bakarrik, ezkerrak denporaz hartunauela eta ezala larreikue izen, baña beste askoi eta betik gezurraz haldauen guztie lortudau eta gañera batzuna hainbestekue izenda ze lurra-jota geratudie. **T.** Nunca en ningún sitio he visto una persona más traicionera y sin escrúpulos, ese no solo me ha perjudicado a mí, menos mal que lo cogí a tiempo y no fue demasiado, pero a otros muchos y siempre con mentiras ha conseguido de ellos todo lo que ha podido y además con algunos ha sido tanto que se han quedado en la ruina.

TXARTELA (K). Tarjeta (s). **K.** Zenbat gauza dien aldatudienak eta asunto hontan be halaxe da, oñ danerako bier izetendie txartelak, apenas ikustenda poltxikoko diruik eta gauza geixenak txartelakiñ ordaitzenda, eta honeaz aparte berdiñ dirue ataratzeko kajerotik, trenien ero autobusien fateko eta beste milla gauzatarako falta itxendau, baña kontuz zeatik hau ezta utzatik izeten, bankue arduratzenda txartel honeik kobratzen ta ondo gañera, eta nola dien gauzak ta ze memori on daukien, naiz eta millaka, millaka eta millaka eon eztie sekula astu itxen. **T.** Cuántas cosas han cambiado y en este asunto también es así, ahora para todo hace falta una tarjeta, ya apenas se ve el dinero de bolsillo y la mayoría de las cosas se pagan con tarjeta, y aparte de ésto igualmente se necesita para sacar dinero del cajero, lo mismo hace falta para viajar en tren o autobús y para otras mil cosas más, pero cuidado porque eso no es gratis, el banco se encarga de cobrarte y bien la dichosa tarjeta, y cómo son las cosas y que buena memoria tienen, a pesar de que hay miles, miles y miles no se olvidan nunca.

TXARTO. Mal, enfremo, en malas condiciones.
(Ver la definición de gaizki).

TXARTO. Una cosa que está mal hecha. **K.** Melitoni alperrik da esatie nola inbidien gauzak, eztakitx eztauen entzuten, ulertu ez ero akaso baleike etxakola ezer inportik, danai baietza esateutzo eta gero itxeitxuen danak sigero txarto eontendie, eztau sekula gauzabat zuzen eta bierdan moduen bukatzen. **T.** A Melitón es inútil decirle cómo hay que hacer las cosas, no se si es que no oye, no entiende o quizá sea que no le importe nada, a todo dice que sí y luego todo lo que hace está muy mal hecho, nunca hay una cosa derecha ni termina nada en la forma debida.

TXARTU. Empeorar. **K.** Ba zoritxarrez eztaz bape notizi honik Krisostomon andrien buruz, oñartien nahiko esperantza haukien berpiztukozala istripu hori euki ondoren baña oñ esatendaue, naiz eta txartu iñ ez, eztauela lortzen esnatzeik eta eztakixiela zer gertauleiken hala jarraitzenbadau.**T.** Pues por desgracia no hay demasiadas buenas noticias respecto a la mujer de Crisóstomo, hasta ahora tenían bastantes espezanzas de que reviviría despues de haber tenido el accidente pero ahora dicen, a pesar de que no haya empeorado, que no consiguen que se despierte y que no saben lo que puede pasar si continúa así.

TXATARRERUE. Chatarrero. También fig, se llama así a la persona que va recogiendo casi todo lo que encuentra. **K.** Ramontxun gurasuek, geixau ama, sigero asarre die berakiñ, esatendaue etxatiela gaizki iruitzen zetxorbaitx txatarra jaso eta gero saltzie diru pixkat ataratzeko baña ia larreikue dala haidan bezela, izteitxun inguru guztiek txarri iñde geratzendiela burni zar horreikiñ eta gañera etxeko txatarrerue dala esateutziela. **T.** Los padres de Ramonchu, más la madre, están muy enfadados con él, dicen que no les parece mal que rocoja algo de chatarra y luego lo venda para sacar algo de dinero pero que de la forma que anda es demasiado, que a causa de los viejos hierros todos los rincones en que los deja están llenos de suciedad y que además le deben de decir que es el chatarrero de casa.

TXATXALA. Se dice, en femenino, de una persona estúpida, que dice o hace demasiadas tonterías. **K.** Daniela horrek zerbaitx dala ustedau eta betik zerbaitxeatik haida harrokeixan, esaten ibiltxenda ze ni naz hau ero iñdot bestie, lanien be eta ni-barik ezien zer izengo eta horrein antzerako txorakeri pillabat, ba akaso ezta jakiñien eongo baña txatxala galanta besteik ezta eta ondo merezita hauken norbaitxek hori bera esatie. **T.** La Daniela esa debe de creer que es alguien y siempre anda presumiendo de algo, anda diciendo que yo soy así o he hecho eso, en el trabajo sin mí tampoco serían nada y muchas otras más tonterías parecidas a esas, pues quizá no lo sepa pero no es más que una solemne estúpida y bien merecido tendría que se alguien se lo dijese.

TXATXALAKEIXIE. Significa que las cosas que se dicen o hacen no sirven para nada, que son tonterías, bobadas. **K.** Ba goixen jarridoun Daniela bezelakuek beste jente pillabat be badaz, nik goiko hori neskabaten buruz jarridot baña gizonezkuek be eztie atzien geratzen, eta arrastuik eztauek zeatik izengodan baña hainbat tokitxen, geruau eta geixau, ikusi eta entzutenda gauza berdiñe, ni hainbestekue naz zeatik horrenbeste titulo dauket, eonazen lan guztietan oneneitakue izenaz eta beste holako harrokeixa tipokuek. **T.** Pues cómo la Daniela que hemos puesto arriba hay otro montón de personas que son parecidas, antes me he referido a una chica pero los del género masculino tampoco se quedan atrás, y no tengo ni idea de porqué será pero en cuántos sitios, cada vez más, se ve y se oye lo mismo, yo soy ésto porque tengo tantos títulos, en los trabajos que he estado he sido de lo mejorcito y otras presunciones más parecidas a esas.

TXATXARRA. Cosa o persona pequeña, menuda.

(Ver la definición de txaparra).

TXATXALATUTA. Decir o hacer cosas que no viene a cuento o que son estupideces. **K.** Hau zertan haida?, oñartien halako ondo haigiñen barriketan, barriek itxen eta oñ eztakitx ser gertauleixon Marijoxei, txatxalatu iñdan ero zertxobatix dauken buruen, derrepentien hasida eta ataradau aspaldi gertautako komestaziñuek, eta gañera eztaukienak zer-ikusirik oñ berba itxen haigarenaz. **T.** ¿A que anda ésta?, hasta ahora estábamos tan bien charlando y haciendo risas y ahora no sé que le habrá podido pasar a Mari Jose, si tiene algo en la cabeza o se ha vuelto estúpida, derrepente ha empezado y sin que venga a cuento a hacer comentarios de algo que sucedió hace mucho tiempo, y que además que no tienen nada que ver con lo que estamos hablando.

TXATXILIPURDI. Expresión que se utiliza con los críos cuando se caen de culo y tambén para decirles que den la vuelta de campana. **K.** Zerbaitx jartzeatik. Antoñito, zuk be errex lortukozauke eta probau aber nola itxendozun txatxulipurdi zure lengosuek bezela, aurrenekuen akaso etxatzu berai bezela urtengo baña ikusikozu nola bigarrenetik aurrera bai ingozun, eta oso ondo gañera. **T.** Por poner algo. Antoñito, tu también lo podrías conseguir con facilidad y prueba a ver como haces la vuelta de campana al igual que tu primo, al principio a lo mejor no te saldrá igual que a él pero ya verás como a partir del segundo intento ya lo harás, y además muy bien.

TXATXURRA (K). Dientes. Es una palabra que se utiliza con los críos y que son referidos a los primeros que se llaman de leche. **K.** Eztakitx zer gertauleixon ume honi zeatik sekulako afana hartudau haginke itxeko txatxur berri horreikiñ, eta gañera hainbesteko iñderraz ze miñe be itxendau, bere amak esatendau akaso amorro pixkat eukikodauela aguen baña nere ustez gustatzejakolako da. Ikusikou. **T.** No sé que le puede pasar a ese crío porque ha cogido demasiado afán a morder con esos nuevos dientes y además lo hace con tanta fuerza que hasta hace daño, su madre dice que será porque quizá tendrá un poco de rabia en la boca pero yo creo que es porque le gusta. Ya veremos.

TXEKORRA. Novillo.

(Ver la definición de irixkue).

TXEPA. Joroba. **K.** Ez pentza gizon horrek txepaik daukenik, gertatzejako nola operau-barri dauen mokorretik ondion makur antzien dabillela eta horretxeatik etxura hori emutendau, baña etxuraz laister errekuperaukoda eta nik ustedot berriz ibilikodala betiko bezela. **T.** No penseís que ese hombre tiene joroba, lo que le pasa es que cómo está recién operado de la cadera todavía anda un poco agachado y por eso dá esa impresión, pero parece que pronto se va a recuperar y yo creo que otra vez volvera a andar igual que siempre.

TXEPEL. Esta palabra se utiliza para decir que una persona siente malestar por haber empezado quizá a incubar algo, gripe, catarro o cosa similar. Y ésta palabra generalmente se aplica con los críos. **K.** Eztakitx ba umetxo hau oso ondo dauen, txepel ikustejako eta begi illunak dauko, eztauko jolasteko gogoik, karruen eztau nai eoteik eta besuetan hartzeko eskatzendau. Nere ustez zerreozer badauko ero horren birien dau, ezta izengo gauza haundirik baña baezpare hobeto izengoda beitzie. **T.** No sé pues si esta criatura está bien, tiene los ojos tristes, tampoco tiene ganas de jugar, no quiere estar en la silla y pide que se le coja en brazos. Yo creo que tiene algo o está en camino de tenerlo, no será mucha cosa pero por si acaso será mejor que le mireís.

TXEPELA, TXEPELKEIXIE. Fig. se dice de una persona sin iniciativa, siempre parada sin saber lo que tiene que hacer, insustancial y más bien flojita. **K.** Mutil hori sigero ona da eta akaso baitxe geixei be, baña halaere gauzabat nahiko txarra bentzet badauko, larreiko txepela dala, lanera betik etortzenda ordurako eta batzuetan lenau bebai baña gero gertatzenda ze itxendauena sigero exkaxa izetendala, eta dan hori gertatzejako bere txepelkeixiatik. **T.** Ese chico es muy bueno y quizá hasta demasiado. pero aún así una cosa bastante mala al menos ya tiene, que es demasiado parado, a trabajar siempre viene a la hora y algunas veces también antes pero luego pasa que lo que desarrolla es muy escaso, y todo eso le pasa porque no tiene arranque.

TXEPELA. Templado.

(Ver la definición de epela).

TXEPELDU. Quedarse parado, acobardarse ante una situación, volverse pusilánime. **K.** Fabiolok eztau balixo eztabaidan itxeko iñokiñ zeatik pixkat aurre iñezkero segitxuen txepeldu itxenda, oñ bezela, agiribat etorrijako Haziendatik esanaz diru dexentetxo ordaindu-bierra daukela, eta naiz eta bera ziur eon hori hala eztala ezta kapaz fateko erreklamatzera, eta hara fan baño lenau askoz naiau dau ordaintzie. **T.** Fabiolo no vale para discutir con nadie porque si se le hace un poco frente enseguida se acobarda, cómo ahora, le ha venido un escrito de Hacienda reclamándole una cantidad bastante considerable de dinero, y a pesar de que está seguro de que eso no es así no es capaz de ir reclamar, y antes que ir allá prefiere pagar.

TXEPETXA. Pájaro chochín. **K.** Txepetx txori asko ikustendie gure inguru hontan eta errexa izentenda jakitxie zeñeik dien zeatik betik ibiltxendie batera moltzuen, nik ustedot sekula ikusidoten txikiñenak izengodiela eta dakixenak esatendaue oso derrigorrezkuek diela momorro asko akabatzendauelako. **T.** El chochín es un pájaro que se ve mucho por nuestra zona y son muy fáciles de reconocer porque siempre andan juntos en grandes bandadas, yo creo que son los pájaros más pequeños que he visto nunca y los que saben dicen que son muy necesarios debido a que terminan con muchos insectos.

TXEPETXA. Fig. se dice de la criatura que es alegre, introvertida y espabilada. **K.** Ze poza emutendauen ume hori ikustie eta askoz geixau berakiñ eotie aukera dauenien, sigero txepetxa da ta berana inguratu-ezkero betik dau irribarre horrekiñ espanetan eta sigero alai, beno, iñungo miñik ezpadauko bentzet, gañera berak aurren ikustenbazau axkar etortzenda zureana. **T.** Que gusto da el ver a esa criatura y mucho más el estar con ella cuando hay oportunidad, es muy introvertida y cuando te acercas siempre está alegre y con una sonrisa en los labios, bueno, si al menos no tiene algún daño, además si ella te ve primero enseguida viene donde tí.

TXEPOSUE. Se dice de la persona que anda encorvada y que parece que tiene un poco de joroba. **K.** Gizon horrek emutendau ia eztaukela erremeixoik, ero bentzet hala iruitzejako berai, oñ erretirau-barri dau eta esatendau naiz eta asko alegiñdu ondion txeposue balitz bezela daibillela, etxuraz hala ibiltxeko oitura hartudau hainbeste urte ibili ondoren pixu haudikekiñ almazen hartan. **T.** Ese hombre parece que ya no tiene remedio, o al menos eso es lo que piensa él, ahora está recién jubilado y dice que a pesar de que se esfuerza mucho todavía anda igual que si fuese un jorobado, parece que se ha acostumbrado a andar de esa manera después de haber trabajado tantos años con cosas muy pesadas en aquel almacén.

TXERMENA. Pera.

(Ver la definición de makatza).

TXERRENA. El diablo, demonio.

(Ver la definición de demonixue).

TXERTUE. Vacuna. **K.** Zergaitxik izengoda ze jente asko txertuen alde dazela eta beste askok aurka, iñok badaki zeñeik daukien ero eukileiken errazoie?, nik arrastuik be eztauket eta esatendauen ez mediku propixuek die pentzamentu desberdiñek daukienak, batzuk txertuek jartzeko aldekuek die eta beste-batzuk sigero kontrarixuek, erozeiñ modutan asunto hau nahiko barrixe da zeatik lenau danok bakunatzegiñen bere denpora izetezanien. **T.** ¿Poque será que con la cosa de las vacunas hay mucha gente que está a favor y otros muchos en contra, ¿alguien sabe quienes tienen o pueden tener la razón?, yo desde luego no lo sé y según dicen son los propios médicos los que piensan de forma diferente, hay algunos que votan a favor de las vacunas y otros que son absolutamente contrarios, de todas formas ésto es un asunto relativamente reciente porque antes todos nos vacunábamos cuando correspondía.

TXETXE. Una manera de denominar a una criatura casi recién nacida. **K.** Zerbaitx jartzeatik. Antoñito, badakitzu egun gutxi dala jaixodala eta gurozu bixer etortzie gurekiñ txetxe bixitatzera?, ikusikozu ze txikitxue dan baña ez pentza denpora askuen hala izengodanik, zu be halako txikiñe izenzitzen eta beitu oñ nolako haundixe zaren. **T.** Por poner algo. Antoñito, ya sabes que ha nacido hace pocos días ¿y quieres venir mañana con nosotros para visitar al niño?, ya verás que pequeñito es pero no pienses que será así durante mucho tiempo, tú también fuiste así de pequeño y mira que grande eres ahora.

TXIBA. Peonza.

(Ver la definición de tronpa).

TXIBATO, TXIBATUE. Chivato, indiscreto, delator.

(Ver las deficiones de pikuluzie y pikutero).

TXIPIROIEK, TXIBIXEK. Chipirones. **K.** Kantabriko kostan betiko oitura izenda, ta noski oñ be hala da, goixien goix, akaso ondion gaua danien, txalupa hartu eta itxasora urtetzie txibixen arrantzan, garai onena, inguru hontan bentzet, uda partien da ta hortan haidien askok jente erretirautakuek die, horreitik geixenak lenau arrantzaliek izendakuek, gañera nahiko txibi arrapatzeitxuenien batzuk daz prezio oso onien saltzitxuenak, jeneralki inguruko jatetxiei. **T.** En la costa del Cantábrico la costumbre de siempre ha sido salir a la mar con las chalupas a pescar chipirones cuando todavía es de noche o la mañana muy temprano, la mejor época, al menos en esta zona, es en la parte del verano y la mayoría de la gente que se dedica a esto son personas que están ya jubiladas y que antes se han dedicado a la pesca profesional, además en las ocasiones que pescan bastantes chipirones hay algunos que los venden a muy buen precio, normalmente a los restaurantes de la zona.

Errezetabat. Txipiroiek bere tintan: Erostendou erdi tamañuko dozenabat txipiroi, hiru lagunentzako nahikue izengozan eta ondo garbiketaitxu, burue, luma eta hagiñe kenduta, gero kaltzetinai bezela buelta emun eta berdiñ itxendou barrutik, kendu eukileiken areie, atara daukien tinta poltzatxue eta laga ontzibaten ur pixkateaz, baitxe eta komenibada kenduleixo kanpotik daukien azala, halaere batzuk bertan izteutzie. Egalak eta punta guztiek txiki xamar zatitxu eta honeikiñ txibixen gorputzak betetzendou eta gero palilluaz ondo itxi. Lapiko zabal eta bajuen olixo pixkat bota eta berdurak prestatzendou, eztaukie larreiko fiñ moztu-bierrik zeatik gero pasa-bierra daukou, kipula ugeri, porru eta azenaixo bana, piper berdie, tomate parebat azal-barik eta txikituta, pikante pixkat, hiru ero lau berakatz ale eta piper baltz bolatxuek, dan hau iztendou su motelien pixkanaka potxatzen fandeixen eta nai-ezkero botaleixo ardau zuri tanto batzuk itxen haidan bitxartien apurbat kentzeko kipulan goxotazuna. Sartakiñabaten olixo pixkateaz prijitzeitxu txipiroiek eta asko inbarik atara ta itxoiñ. Berdura ondo potxaute dauenien txibi horreik lapikuen sartzeitxu, batera botatzendou sartakiñan geratudan kostra ardau zurixaz igurtzi ondoren, eta hau su-bajuen iztendou hogei miñutu ero ordu-erdi inguruen, noixienbeñ lapikue mobitxuaz ondo nahastudeixen han dauena. Ba bakarrik geratzenda botatzie ontzixen gordedoun tinta bere uraz nahasi eta esandoun denpora amaitzekuen txpiroiek atara, berdura guztie bere saltzakiñ ondo pasa pasadoran eta berriz sartu txibixek palillue kenduta, itxi hamarbat miñutu su motelin eta gertu. Eta bape zalantza barik hau askoz hobie geratzenda hurrengo egunien jatenbada.

Una receta. Chipirones en su tinta: Compramos una docena e chipirones de tamaño mediado, para tres personas sería suficiente y los limpiamos bien quitándoles la cabeza, pluma y el diente, les damos la vuelta igual que a un calcetín y lo mismo hacemos por dentro, quitamos los restos de arena que puedan tener en el interior, sacamos las bolsitas de tinta que tienen y lo dejamos en un tazón con un poco de agua, también y si conviene se puede quitar la piel exterior, aún así hay algunos que lo dejan. Las aletas y los tentáculos los picamos bastante menudo y con ésto llenamos los cuerpos del chipirón cerrándolos con un palillo. En una cazuela baja y ancha preparamos la verdura y no es necesario que lo cortemos demasiado fino porque luego lo tenemos que pasar, abundante cebolla, un puerro y zanahoria, pimiento verde, un par de tomates sin piel y picado, un poco de picante, tres o cuatro dientes de ajo, unas bolitas de pimienta negra y todo ésto lo dejamos a fuego suave para que se vaya pochando, si se quiere y mientras se está haciendo se pueden echar unas gotas de vino blanco para quitar un poco el dulzor de la cebolla. En una sartén sin mucho aceite freímos los chipirones sin hacerlos demasiado, luego los sacamos y esperar. Cuando la verdura esté bien pochada introducimos los chipirones en la cazuela y también echamos la costra que ha quedado en la sartén después de haberla restregado bien con vino blanco, lo dejamos a fuego bajo durante veinte minutos o media hora aproximadamente, moviendo de vez en cuando la cazuela para que se mezcle bien todo lo que hay allá. Pues ya solo queda echar la tinta que hemos guardado en el tazón mezclada con el agua y cuando se cumpla el tiempo que hemos dicho se sacan los chipirones, pasar muy bien la verdura con la salsa por el pasapurés y a continuación volver a meter los chipis con el palillo quitado, dejar la cazuela a fuego bajo durante otros diez minutos y listo. Y sin ningun género de duda ésto queda mucho mejor si se come al día siguiente.

TXIGORTU. Tostar demasiado, casi quemar. **K.** Neri ez bota kulpa guztiek zeatik danon kontue izenda, askenien Teobaldo izenda komestau iñdauena oitura haundixe haukela eta nahiko ona zala parrillan, eta hori esan ondoren danok konforme giñen bera izengozala txitxarruen erretzailie, eta oñ gertauda iñok ezauen esperokue, ze betiko bezela erreta eon-bierrien ixe txigortuta eozela, ta gañera muturre dauko esateko bere herrixen hala jatendiela. **T.** A mi no me echeís toda la culpa porque ha sido cuestión de todos, al final Teobaldo ha sido el que ha comentado que tenía mucha costumbre y que era bastante bueno en la parrilla, y después de que ha dicho eso todos estábamos de acuerdo en que sea él que ase los chicharros, y ahora ha ocurrido lo que ninguno de nosotros esperaba, que en lugar de estar asados cómo siempre estaban casi quemados y encima ha tenido el morro de decir que en su pueblo se comen así.

TXIKI,TXIKIXE, TXIKITXUE. Chiqui. Cosa o persona pequeña. Y también se puede decir de una criatura casi recién nacida. **K.** Euskaherrixen oitura asko dau txiki ezizen hori jartzeko txiki xamar dien pertzonai, baña naiz da gauza nahiko errarue izen oso haundixei dienai be berdiñ jartzejatie eta gero modu hortan deitxu, nik pentatzendot aurren jarri iñauen ezizen hori pertzona haundi hari, adarra joteko izengozala eta baleike horretxeatik ta arrazkero hala geratzie. **K.** En Euskalherría hay mucha costumbre de poner el apodo de chiqui a las personas que son algo pequeñas, pero a pesar de ser una cosa rara también lo mismo se les pone a las que son muy grandes y luego de esa forma llamarles, yo pienso que al primero que se le ocurrió llamar así a aquel grandote seguramente fue por tomarle un poco el pelo y puede que por eso y desde entonces se haya quedado así.

TXIKIKEIXA, TXIKIKEIXIE. Nimiedad, menudencia, nada importante. **K.** Nik eztot ulertzen nola asarretu iñdien txikikeixa horreatik, eta serixo gañera zeatik naiz eta kuadrilla batekuek izen eta danokiñ batera urten txikiteatzen eztaue berbaik itxen bata-bestiekiñ, ta hau dana gertauda Atletiñ alde izenzan penaltiatik Errealan aurka jokatuzanien. **T.** Yo no entiendo porque se pueden enfadar dos personas por una nimiedad cómo esa, además muy en serio porque a pesar de que son de la misma cuadrilla y salir todos juntos a chiquitear no se dirigen la palabra el uno al otro, y todo eso ha sido por el penalti que pitaron a favor del Atleti en el partido que jugaron contra la Real.

TXIKILI-TXAKALA. Se dice por el andar de una persona sin garbo y sin fuste.

(Ver la definición de tipilitapala).

TXIKITA (O). Niño o niña pequeña, de poca edad. **K.** Zuk esateitxozu xelebrekeixak, beitu, eztaukotzu zortzi urte besteik eta zure ahizpak hamazortzi, orduen nola gurozu berakiñ fatie gaueko konzierto hortara eztotzue sartzen lagako ta?, ba kontuen hartu eta ametiru inbikozu ondion nahiko txikita zarela holako lekutara fateko, ez? **T.** Vaya cosas raras que dices, mira, no tienes más que ocho años y tu hermana dieciocho, entonces ¿cómo es que pretendes ir con ella al concierto de ésta noche si no te van a dejar entrar?, pues tendrás que tener en cuenta y admitir que todavía eres una niña pequeña para ir a esos sitios, ¿no?

TXIKITA. Chiquita. Fig. se refiere a una mínima cantidad de dinero. **K.** Ba mutil toki txarrera zatoz dirue eskatzen zeatik ontxe bertan menditxik jetxinaz eta momentu hontan eztauket txikita bakarra, neu be panaixara noie ogixe hartzera eta esan-bierra dauket gero pasaukonazela ordaintzera. **T.** Pues chaval vienes a un sitio muy malo a pedir dinero porque ahora mismo acabo de bajar del monte y en éste momento me pillas sin una chiquita, yo también tengo que ir a la panadería a coger el pan y les tengo que decir que luego pasaré a pagar.

TXIKITAN, TXIKITATIK. De pequeño. **K.** Nik ondion goguen dauket txikitatik itxegauen gauza asko, eta esan-baterako nola jasotzegauen arto-bizarrak, gero txiki txiki iñ, periodiko paperan batu zigarruen etxura emunaz eta ondoren erre ero zerreozer antzerakue, eta benetan oso zalla zan bukatzie zeatik seguitxen hastegiñen estulka ixe itxo-bierrien. **T.** Yo todavía me acuerdo muy bien de algunas de las cosas que hacíamos de pequeños, y por ejemplo de cómo recogíamos las barbas del maiz, luego lo machacábamos bien, envolverlo en papel de periódico dándoles forma de cigarrillos y más tarde fumar o algo parecido, y de verdad que era muy difícil el terminar poqrue enseguida empezábamos a toser casi a punto de ahogarnos.

TXIKITERO. Chiquitero. Se dice de la persona que tiene la costumbre de chiquitear y también de aquel que bebe muchos chiquitos de vino. **K.** Garai hartan siñistu eziñleike zenbat txikitero eozen Euskalherriko herri guztietan, noski kenduta tabernaik ezeozen beste txiki hareik, eta on berriz txikiteo asuntu hau asko galdudo, jente gazte geixenak zerbeza eratendaue eta bakarrik geratzendie gu bezelako banaka-batzuk, baña halaere eztauko zer-ikusirik len eratezanakiñ. **T.** En aquellos tiempos era increíble la cantidad de chiquiteros que había en todos los pueblos de Euskalherría, claro que quitando aquellos otros pequeños dónde no había tabernas, ahora en cambio el asunto éste del chiquiteo se ha perdido mucho, la gente joven bebe cerveza y ya solo quedan unos pocos como nosotros, pero aún así no tiene nada que ver con lo que antes se bebía.

TXIKITEUE. Chiquiteo. **K.** Euskalherrixen txikiteue ixe derrigorrezko gauzabat izenda, eta ez ibiltxie domeketako mesetara kale ingozan bezela zan, orduen ondo gaztetan haztegiñen asunto hontan eta gañera batzuna bizi guztirako izetezan, ero akaso medikuek esan harte, eta kasu iñ noski, ni gogoratzenaz hamaxei ero hamazazpi urte eukikonauela hasinitzenien eta baitxe akordatzenaz orduko txikituen balixue, hirurogetamar xentimo, zazpi perraundi zien eta hau pesetabat baño gutxiau zan. **T.** El chiquiteo éste sí que ha sido una cosa imprescindible y casi sagrada en Euskalherría y el no andar era como faltar a la misa de los domingos, entonces se empezaba bien de joven en esos menesteres y para algunos era para toda la vida, o hasta que se lo dijese el médico, e hiciese caso claro, yo me acuerdo que tendría unos diciseis o diecisiete años cuando empecé y también me acuerdo de cuanto valía entonces el chiquito, setenta céntimos, siete perragordas y ésto era menos que una peseta.

TXIKITO, TXIKITUE. Chiquito de vino. **K.** Ba txikito hau zan aspaldi eratezana eta nola ez, baitxe oñ be berdiñ eratendana txikiteo denporan, eta lenau gauzabat izetezan ixe derrigorrezkue, eguerdiko txikiteue ardau zurixaz itxie, arratzaldien baltzaz eta nik ustedot ardau gorrixen eran-zaliek emakumak bakarrik izeteziela, baña ezan asko izengo zeatik garai hartan apenas sartzezien tabernetara, noski ez lagunduta eon-ezkero gizon ero mutil-batekiñ, eta orduen be enau oso ziur ardaurik eskatzezitxuenik. **T.** Pues el chiquito éste es lo que antaño se bebía, y cómo no, también ahora es lo que se sigue bebiendo en el tiempo del chiquiteo, y una cosa casi obligatoria era que el chiquiteo de los mediodías había que hacerlo con vino blanco, a las tardes con tinto y yo creo que el vino clarete era solo cosa de mujeres, pero tampoco sería mucho porque en aquellos tiempos apenas entraban a los bares, claro que si no eran acompañadas de algún hombre o chico, y entonces tampoco estoy muy seguro de que pidiesen vino.

TXIKITU, TXIKITXU. Romper, destrozar.

(Ver la denominación de apurtu).

TXIKITU, TXIKITXU. Hacer más pequeño. **K.** Alperrik da bueltak eta bueltak emutie zeatik oñ dauen bezela ezta iñola sartuko, badakitx lan dexentie da baña derrigorrez makiña hau txikitu inbierra daukou eta hori itxeko gauza bakarra geratzenda, zerbaitzuk askatzen hasi pasatzendan ikusi harte.**T.** Es inútil que le demos vueltas y más vueltas porque de la forma que está ahora no va a entrar de ninguna de las maneras, ya sé que tiene un trabajo considerable pero necesariamente tenemos que conseguir que la máquina sea más pequeña, y para hacer eso hay una única cosa, empezar a soltar algunas piezas hasta que veamos que ya pasa.

TXIKITUTA. Que está roto, hecho añicos, destrozado.

(Ver la definición de apurtuta).

TXIKIXAUE. Más pequeño. **K.** Ba mutillak, ikusten hainaz piezak askatzen eta probatzen haizariela aber pasatzendan, eta baitxe ixe lortu be iñdozuela, baña ondion be zetxobaitx geratzenda zeatik ezta sartzen. Emutendau ondion eztala nahikue askatu nunbaitxetik eta garbi dau txikixaue inbierrien garela, akaso handikaldeko besue kenduta nik ustedot sartukozala. **T.** Pues chicos, ya veo que estaís soltando las piezas y vais probando a ver si pasa, y también que casi lo habeís conseguido, pero parece que todavía queda por soltar algo más porque no entra. Me dá que por algún lado no se ha soltado lo suficiente y lo que está claro que aún lo tenemos que hacerlo más pequeño, yo pienso que quizá si quitamos el brazo que está en la otra parte ya entraría.

TXILBORRA. TXIRIBORRA. Ombligo.

(Ver la definición de tripoliñe).

TXILIBITERO. Se dice de una persona con poca cabeza, poco seria y que siempre está de broma. **K.** Xiriakoi ezileixo serixo hartu esateitxuen gauzak, baleike izete berak kontatzendauen bezela baña erozeiñ modutan eztau asko fixatzeik zeatik betik izenda buru gutxiko pertzona, larreiko txilibiterue eta ondion be ustedot berdiñ jarraitzendauela. **T.** A Ciriaco no se pueden tomar en serio las cosas que dice, puede ser que sean tal y cómo él las cuenta pero en cualquier caso no se puede fiar mucho porque siempre ha sido una persona con poca cabeza, siempre está de broma y creo que aún continúa de la misma manera.

TXILIBITO, TXILIBITUE. Silbo, flauta. **K.** Ze zarata ataratzendauen dultzaina horreik, txilibituek diela emutendaue, belarriko-zulotik barruraño sartzenda eta gañera jaixek dienien hor ibiltxendie egun guztien gora eta bera, nik horrekiñ eztauket ezer aurka eta oso ondo iruitzejat herrira etortzie, baña halbot bentzet ni enaz eongo denpora askuen euron onduen zeatik arrixku haundixe dau burukomiñaz urtetzeko. **T.** Que ruido sacan la dulzainas esas, parece que son igual que silbos y se meten hasta dentro por los agujeros de las orejas, y además cuando son fiestas ahí andan todo el día calle arriba y abajo, yo no tengo nada en contra de eso y me pare muy bien que vengan al pueblo, pero si es que puedo al menos yo no estaré mucho tiempo al al lado de ellos porque hay un gran riesgo de salir con dolor de cabeza.

TXILIBITO, TXILIBITUE. Fig. el pitilín. Se llama así al pequeño pene de los críos. **K.** Ze oitura eta afan dauken Tomasitok txilibitue erakusten ibiltxeko haldan guztiei eta eztakitx ze iruitzejakon, politxe, haundixe daukela ero zer, aurten hasida ikastolan eta etxuraz andereñok be batzuetan esateutzo, zuzentzeko asmuekiñ noski, aber zeatik aratzendauen hainbeste bider txilibitue kanpora ia larreitxo ikusitxe dauela ta. **T.** Que costumbre y afán tiene Tomasito de enseñar el pitilín a todo el que puede y no sé que es lo que le puede parecer, que lo tiene bonito, grande o qué, éste año ha empezado en la ikastola y parece que también la andereño a veces le dice, con la intención de corregirle claro, a ver porqué saca fuera tantas veces el pitilín si está ya muy visto.

TXILIN. Fantasma que habitaba en una casa vieja.

(Ver la definicíon e historia e Morrio).

TXILIÑE. Campanilla. **K.** Hernixoko egun berexixena irailako askenengo domekan izetenda eta egun hortako oitura txiliñek eta zintak saltzie da, beste-batzuk erosteko noski, nik aspalditxo erosinitxun hiru txilin, gero motxilan jarri eta hala eruetendot zarata pixkat ataratezko asmuekiñ hortik zier fatenazenien. **T.** El último domingo de Septiembre es el día más especial del monte Hernio y la costumbre de ese día suele ser vender campanillas y cintas, para otros comprar claro, yo ya hace algún tiempo que compré tres de esas campanillas, luego coloqué y las llevo en la mochila con la intención de sacar un poco de ruido cuando voy por ahí.

TXILISTA. Lenteja. **K.** Txilistak naiz da sigero gauza ona izen jateko, askoz geixau ondo prestatuta eotenbadie, gure aitxa ezan horreiñ oso zalie, jatezitxun baña betik, jan hasi aurretik, gauza berdiñe esanda, lendik be larreitxo janda zala gerra denporan, batzuetan eta nola ezan eoten apenas beste ezer, ba ixe naskatu iñartien. Garai hartan kustiñue tripa betetzie izengozan ero zerreozer sartzie bentzet. **T.** A pesar de que las lentejas son muy buenas para comer, más si están bien preparadas, nuestro padre no era demasiado aficionado de ellas, ya las comía pero siempre, antes de empezar a comerlas, diciendo la misma cosa, que antes también las había comido en demasiadas ocasiones en tiempos de la guerra, algunas veces y cómo no había apenas nada más, pues casi hasta asquearse. En aquellos tiempos la cuestión sería llenar la tripa o al menos meter algo dentro.

TXILLIXO. Grito estridente. **K.** Ondion ume txikiñek dienien eztaue berbaik itxen eta nunbaitxen zertxobaitx miñe badaukie eztaukie beste erremeixoik txillixo itxie-baño, gauza da eztakixiela ez esaten ta ez bietza jartzen nun daukien miñ hori eta askotan asmau inbierra izetenda, naiz eta geixenbaten gutxigorabera jakiñ nun izenleiken. **T.** Cuándo todavía son unas criaturas pequeñas no saben hablar y si sienten dolor en algún sitio no tienen otro remedio que gritar, la cosa es que no saben decir ni indicar con el dedo dónde tienen ese dolor y muchas veces hay que adivinarlo, a pesar de que la mayoría de las veces ya se conoce más o menos en que zona puede ser.

TXILLIXOBATIEN. A grito limpio, gritando sin parar. **K.** Ba ume horri bentzet eztau iñok jakiñ-izen nun izenleiken miñe dauken tokixe, txillixobatien dabill eta naiz eta susmau aguen izengoetedan hagiñek urtetzen hasijakolako, baezpare erabakidaue medikura eruetie. **T.** Pues al menos a esa criatura nadie ha conseguido saber dónde le duele, está gritando sin parar y a pesar de que sospechan que puede ser en la boca porque le han empezado salir los dientes, por si acaso han decidido llevarla al médico.

TXIMAK. Greñas del pelo. **K.** Lenauko aspaldixen mutil gaztien oitura ule luzie eruetie izetezan eta ixe geixenak hala eruetegauen, orduen modan eozen Beatles eta Rolineston bezelako talde horreik eta argazkixetan ikustegauen nola hareik eruetezitxuen uliek, eta noski, guk be berdintzu, + zenbat bider esanetedust gure amandre Zelestinak, kenduik beinguen txima zikiñ horreik. **T.** En aquellos antiguos tiempos la costumbre de los chicos jóveves era llevar el pelo largo y casi todos así lo llevábamos, entonces estaban de moda conjuntos como los Beatles y los Rolinestón esos y en las fotografías veíamos de que forma llevaban el pelo aquellos, y claro, nosotros también parecido, cuántas veces me habría dicho nuestra abuela Celestina, quítate de una ves esas sucias greñas.

TXIMELA. Gorro, visera. **K.** Tximela ezta bakarrik ona baizik askotan esanleike sigero derrigorrezkue dala, euri asko ezpadau itxen be balixoleike da baña geixenbat eguzkixentzat bier izetenda honek iñdertzu jotendauenien, eta horren aspixen lanien eon-bierra, berdiñ mendixen, kirola ero beste zerbaitx itxen, eta ez euki-ezkero baleike burukomiñ galantaz urtetzie. **T.** La visera no solo es buena sino que muchas veces se puede decir que es imprescindible, si es que no llueve mucho también podría valer pero lo más necesario es para el sol cuando este pega fuerte y tienes que estar debajo de él trabajando, lo mismo en el monte, deporte o haciendo alguna otra cosa, y si no la tienes puede que salgas con un gran dolor de cabeza.

TXIMELETA. Mariposa. **K.** Kataluña aldien izengiñenien oporretan, egunbaten Bartzelonara inguratugitzen egunpasa itxeko asmuekiñ, eta beno ba betikue, gauzak ikusi, pasiau pixkat, txikitu parebat hartu eta gero bazkaldu, periodikuei begikarabat botatzen hainitzela ikusinauen nola urre xamar tximeletan buruzko erakusketa hauen, eta bazkalostien, nola ondion goix zan bueltatzeko, ha ikustera fangiñen eta nahiko politxe ta interesgarrixe izenzan, guk tautik be eztou ulertzen baña halaere gustora eongitzen eta hango arduradunak esauzkun mundu guztiko tximeletak eozela. **T.** Cuándo estuvimos de vacaciones ahí por Cataluña uno de los días nos acercamos a Barcelona con la intención de pasar el día, y bueno pues lo de siempre, ver cosas, pasear un poco, tomar un par chiquitos y luego ir a comer, estando ojeando el periódico y me fijé que no lejos de allá había una exposición sobre las mariposas y después de comer, cómo todavía era temprano para volver, fuimos a ver aquello y resultó ser bonita e interesante, nosotros no tenemos ni idea pero estuvimos a gusto y el encargado de la exposición nos dijo que había mariposas de todo el mundo.

TXIMINEIXA, TXIMINIXA. Chimenea. **K.** Zenbat etxe erre iñetedie tximinixan kulpatik, beno, kasu askotan geixenak ez esateatik, ezta tximinixan kulpa izeten baizik eztauen garbitzen pertzona horrena, tximinixa horrein barruen betik pega iñde geratzenda sukaldien urtetzendien autzak, berdiñ koipien lurrunak eta ezpadie horreik kentzen sarri xamar nahiko errexa da sue hartzie, eta gero oso zalla da su hori dominatzie. **T.** Cuántas casas se habrán quemado por culpa de las chimeneas, bueno, en muchos casos por no decir la mayoría, no es culpa de la chimenea sino de la persona que no la ha limpiado, dentro de ésta se quedan pegadas los vahos de las grasas, polvos de la cocina y si eso no se quita bastante a menudo es muy fácil que prenda fuego, y luego ese fuego es muy difícil de dominar.

TXIMINOIE. Disfraz de mono. **K.** Oso ondo eonzan atzoko Donosti iñauteriko kalegira, giro tamañokue, kalegira hortako jente guztie oso ondo, alai eta txukun jantzitxe baña nik ustedot danetik txalo geixau jasozitxuenak tximinoi jantzitxe hoiezenak izenziela, kuadrilla hartan jente ugeri zan, danak berdiñ jantzitxe, uh, uh kantuen eta ikusten eozen jente askok kakauesak botateutzien. **T.** Estuvo muy bien el desfile que tuvo lugar ayer en los carnavales de San Sebatián, muy buen ambiente y toda la gente que participó en el desfile bien vestida, elegante y alegre, pero yo creo que entre todos los que más aplausos recogieron fueron los que iban disfrazados de monos, era una cuadrilla grande, todos vestidos igual y cantando al ritmo de uh, uh y mucha de la gente que estaba viendo el desfile les tiraba cacahuetes.

TXIMIÑOBAT. Un mono. Fig. significa que la persona no tiene fundamento, no sirve para gran cosa y siempre se está carcajeaando sin motivo alguno. **K.** Mutil horreatik ez pentza sekulako alaia danik naiz da sarri ikusi barreska haidala, hori betik hala dau eta askotan emutendau tximiñobat dala zeatik hareik be hala ibiltxendie, betik barre eta hagiñek erakutziaz, gauza da eztakitxela zergaitxik itxendauen hainbeste, eroziñ gauza esan-ezkero eta berdiñ da egunon ero aldamenekue hildala, seguitxuen hastenda barreska. **T.** De ese chico no penseís que es de una alegría extxema aunque le veaís que a menudo se está carcajeando, siempre está igual y muchas veces parece un mono porque aquellos tambien andan así, enseñando los dientes y riéndose, la cosa es que no sé porque se ríe tanto, si le dices cualquier cosa y lo mismo da que sea buenos días o que se ha muerto el vecino, enseguida empieza a reir.

TXIMINOKEIXAK. Hacer monerías. **K.** Ze erreztazun dauken mutiko horrek arbolatara igoteko eta gero arramaik arrama pasa, tximiñuek moduen ibiltxenda eta hareik bezela tximinokeixa pillabat itxeitxu, gañera batzuetan guri ondo etortzejaku asunto hori bere abilidadek aprobetxatzeko, badakitx eztauela larreiko ondo baña eroziñ fruta batu-bierra eotendanien berai esateutzou goiko arrametara igoteko jasotzera, beno, baitxe eta baezpare koltxoi parebat jartzeitxu aspixen. **T.** Que facilidad tiene ese chaval para subirse a los árboles y luego pasar de rama en rama, anda igual que los monos y lo mismo que ellos hace un montón de monerías, además algunas veces a nosotros nos biene bien utilizar sus habilidades, ya sé que no está demasiado bien pero cuando es el tiempo de recoger la fruta le decimos a él que suba a las ramas más altas a recogerlas, bueno, también y por si acaso colocamos un par de colchones debajo.

TXIMIÑUE, TXIMUE. Mono. **K.** Lenau, umiek txikiñek ziela, zenbat bider fategiñen Donostiko Igeldo parkera tximiñuek ikusteko, han eotezien denpora pillan ixe mobitxu be inbarik eta askenien deitxu-bierra izetezan bazkaltzeko ero etxera bueltau, eta bertan iñezkero bazkai pasarie horren ondoren berriz nai izeteauen fatie hareik eozen tokira. **T.** Antes, cuando los críos eran pequeños, cuántas veces íbamos al parque de atracciones de Igeldo en San Sebastián para ver a los monos, allá solían estar casi sin moverse cantidad de tiempo y al final había que llamarles para ir a comer o volver a casa, y si es que comíamos algo allá después de eso otra vez querían ir al sitio dónde estaban.

TXIMISTA. Rayo, relámpago. **K.** Arañun eurixe iñ aurretik sekulako tximistak eta trunboiek eonzien, bildurtzeko bezelakuek, hasi besteik ez txakurra mai-aspixen sartuzan eta geltitxu hartien ezan handik mobitxu, eta ze gauza, hainbeste zarata ezertarako zeatik gero miñutu parebateko eurixe bakarrik iñauen, apenas lurra zertxobaitx bustitxeko laiñ. **T.** Anteayer antes de empezase a llover se vieron en cielo unos rayos espectaculates acompañados de unos grandes truenos, cómo para asustar, nada más empezar el perro se metió debajo de la mesa y no salió de allá hasta que terminó, y que cosa, tanto ruido para nada porque luego solo llovió durante un par de minutos, apenas suficiente para mojar un poco el suelo.

Aspaldiko esaerabat: Tximista asko eta euri gutxi.

Un viejo proverbio en euskera dice que mucho rayo y poca lluvia. (Mucho ruido y pocas nueces).

TXIMISTAS. Rayos. Es una palabra que fig.se utiliza para decir que hagas o se haga alguna cosa con la velocidad del rayo. **K.** Aber Severino etorri ona axkar, hartu txuleta honeik eta eruen etxando tximistas jatetxe hortara, puntuen sukaldarixek deitxudau esanaz espero baño askoz jente geixau etorridala eta ixe ezer-barik geratudala. **T.** A ver Severino ven aquí rápidamente, coge éstas chuletas y llévalas a la velocidad del rayo a aquel restaurante, acaba de llamar la cocinera diciendo que ha venido mucha más gente de la esperaba y que se ha quedado casi sin nada.

TXIMOSO, TXIMOSUE. Con melena, melenudo. Se dice de la persona, masculina en éste caso, que tiene el cabello demasiado largo. **K.** Oñ ez zeatik gazte jente geixenak ulie motx xamarra eruetendaue, baña lenau, guk gaztiek eta beste-batzuk ez haibestekuek nahiko tximosuek giñen, orduko moda halakotxie zan baña halaere baleike batzuna larreikue izetie, eotezien, askoik bez, sorbaldaraño eruetezitxunak. **T.** Ahora no porque la gente joven suele llevar el pelo más bien corto, pero antes, nosotros los jóvenes y otros que no lo eran tanto éramos bastante melenudos, la moda de antes era así pero puede que lo de algunos fuera excesivo, había quien llevaba, tampoco demasiados, el pelo largo hasta los hombros.

TXIMURRA, TXIMURTU. Arrugar, arrugado. **K.** Nola dien gauzak, garai baten eta ia sigero aspaldi bi jantzi mota eotezien kalera urtetzeko, astegunien erabiltzezienak eta beste esategutzen domeketakuek, ba domeketako horreik ezaukien tximur bakarra, gañera kontuen hartuta ze orduen arraidun frakak eruetezie la, eta gure amak axkar konturatzezan gauza horreina zeatik ondo beiketauzkun urten aurretik. **T.** Cómo son las cosas, en un tiempo y hace ya muchísimo había dos tipos de ropa para salir a la calle, los que se utilizaban los días de labor y aquellos otros que llamábamos de los domingos, pues éstos de los domingos no tenían una sola arruga, además teniendo en cuenta que entonces se llevaban los pantalones con raya, y nuestra madre se cercionaba bien de ello porque nos inspeccionaba muy bien antes de salir.

TXIMURTU. Retorcer, doblar. **K.** Heuk ikusikok baña ezpaldinbaaiz txintxo portatzen lepue tximurtu inguztat eta kontuen hartu horren arrixku bentzet badaukala, hik ze ustedok ba, betik hik gurokena inbierra daukoula, ero zer?, ba ia ondo jak, aspertunauk asunto horrekiñ eta hala jarraitzeko asmue badaukek laister bieldukoaut por ulo hartzera, oñ etxakixat lepue tximurtu aurretik ero ondoren. **T.** Tu verás, pero como no te portes formal te voy a retorcer el cuello y ten en cuenta de que al menos ya corres ese riesgo, ¿tú qué te has creído pues, que siempre vamos a hacer lo que a tí te da la gana, o qué?, pues ya me he aburrido el tema y si continúas de la misma manera pronto te voy a mandar tomar por ulo, ahora que no sé sí antes o después de retorcerte el cuello.

TXINDA-TXINDA. Es una canción que se les cantaba a los críos para que empezasen a bailar, si se le puede llamar canción porque no tiene más letra que esas dos palabras. **K.** Zerbaitx jartzeatik. Bixer Otalazelaiko eguna da eta betiko bezela erromeixa eongoda, txistularixek, trikitixa eta umiendako elauek eta gozokixek, zuei asko gustatzejatzue gauza horreik eta gurozue etortzie gurekiñ?, zerreozer erosikou eta gogue badaukotzue txinda-txinda be inzeikie. **T.** Por poner algo. Mañana es el día de Otalazelai y al igual que siempre habrá romería, txistularis, trikitixa y para los críos helados y caramelos, a vosotras éstas cosas os gustan mucho ¿y queréis venir con nosotros?, ya compraremos algo y si os apetece tambien podeís bailar.

TXINDURRIXE, TXINGURRIXE (K). Hormiga, hormigas. **K.** Ba askenien danok, ume ta guzti Otalazelaiko erromeixara fangiñen merienda onbat hartuta, bedar gañien zabaldu eta jarrigauen mantela, tortillak gañien baña laister kendubierra izengauen zeatik dana txindurrixaz josítxe hauen eta ez bakarrik gure aldien, geixenai ikusiejatien gauza berdiñe itxen haiziela. **T.** Pues al final todos, incluído los críos fuimos a la romería de Otalazelai con una una buena merienda, encima de la hierba abrimos y colocamos el mantel, encima las tortillas pero pronto lo tuvimos que quitar porque todo estaba plagado de hormigas y no solo en nuestro lado, a casi toda la gente se les veía que estaban haciendo lo mismo.

TXINDURRITU. Se dice cuando se siente hormigueo en algún sitio del cuerpo, generalmente en las manos. **K.** Kasimirok esatendau sigero errekuperaute dauela laneko istriputik, ni han inguruen nitzen eta ondo gogoratzenaz zer gertaujakon egun hartan, aldamiñotik jausi eta zartara galanta hartu buruen, ba etxuraz oñ apenas dauko iñun miñik baña bai beste gauzabat, kontatzendau ze arrazkeroztik eskuek betik txindurritxute eukitxeitxula eta etxakola iñola kentzen. **T.** Casimiro dice que ya está completamente recuperado del accidente que tuvo en el trabajo, yo andaba por allá cerca y me acuerdo muy bien lo que le pasó, se cayó del andamio y cogió un fuerte golpe en la cabeza, pues parece ser que ahora apenas siente dolor en sitio alguno pero sí tiene otra cosa, cuenta que desde entonces siempre siempre tiene hormigueo en las manos y que no se le quita de ninguna de las maneras.

TXINGA. Argolla. Es un aro de hierro que antaño se fijaba a la pared, aún se ven en muchas casas antiguas y que generalmente se utilizaba para atar a los caballos o burros. **K.** Nik eztot sekula ikusi animalik lotuta baña bai eta askotan gañera, txinga izeneko horreik, esan-baterako gure Atxabaltako etxe zar aurreko fatxadan parebat eozen, bakotxa sarrerako ate albotan, gauza da enauela iñoiz ikusi ezer txintxiliska hauenik. **T.** Yo no he visto nunca a ningún animal atado pero sí y además muchas veces, esas que tienen el nombre de argollas, por ejemplo en nuestra casa vieja de Aretxabaleta había un par de ellas en la fachada delantera, cada una a ambos lados de la puerta de entrada, la cosa es que nunca ví que hubiera nada colgando de ellas.

TXINGAK. Chingas. Son unos aparatos, se podría decir que pesos muertos, que se utilizan en las competiciones de deportes rurales y que consiste en llevar una en cada mano y caminando con rapidez hacer el mayor recorrido posible, éste suele ser corto, en línea recta y con idas y vueltas. El peso de cada una varía en función de quien la lleve. **K.** Euskalherrixen eta Euskal-kirol malla barruen, honein mota askotakuek eotendie, aizkoran, harrixe jasotzen, trontzan, txingan eta beste hainbat gauzatan, danak nahiko latzak izetendie baña nik ustedot ixe gogorrenetaikue txingakiñ lana itxie izengodala. **T.** En Euskalherría y dentro de los deportes rurales hay muchos tipos de éstos, cortando troncos a hacha y con tronza, levantando piedras, con chingas y tantas otras cosas más, todos son bastante duros pero yo creo que uno de los más esfuerzos exige es el trabajar con las chingas.

TXINGARRA. Brasa, ascua y también el rescoldo que queda después de apagada la llama. **K.** Nik kuñaubat eukinauen oso ona zana parrillan inbierreko lanetan, berdiñ zan haragixe, ollaskue ero arraña izeteie eta bukatu ondoren betik gauza berdiñe esateauen, han geratzezan txingarraz ondion bei osobat erretzie be eongozala, ezan hainbesterraño izengo baña harrokeixatxue zan esanaz sekulako sue iñduela. **T.** Yo tuve un cuñado que era muy bueno en los trabajos que había que hecer en la parrilla, lo mismo era que fuese carne, pescado o pollo y al terminar siempre solía decir lo mismo, que con la brasa que quedaba todavía también se podía asar una vaca entera, no sería para tanto pero era por presumir un poco y querer decir que había hecho un fuego espectacular.

TXINGOLA. Medalla. **K.** Behobia karrera bakotxeko betik han parte hardudunai, ta bukatu noski, emun izenduzkue txingolabat, eta baitxe berdiñ Azkoitxi- Azpeitxi eta Zumaiko erdi maratoien, eta horretxeatik da nik lortuitxutela batzun-batzuk, baña oñ dauketenakiñ bukatudot zeatik eztauket ezer asmorik karrera geixau itxeko, oñartien iñdekuekaz nahikue izenda. **T.** En cada una de las carreras de la Behobia siempre a los que allá hemos participado, y terminado claro, nos han dado una medalla y también igual en los medios maratones de Azkoitia-Azpeitia y Zumaia, y por eso es que yo he conseguido unas cuántas, pero con las tengo ya he terminado porque no tengo ninguna intención de participar en más carreras, con las que he hecho hasta ahora ya son suficientes.

TXINGORRA, TXINGORRADA. Granizo, granizada. **K.** Esatendaue denporie aldatzen haidala eta baleike errazoie eukitxie, egixe da ze gauza asko astu itxegarela baña halaere aurten bezelako arazoik eztakitx sekula ikusi eta entzun izendoten, lur-ikerak, ur-haundixek, erupziok, suek eta abar, hemen be eta ez hainbeste egun dala sekulako txingorrada izenzan ta kale guztiek, berdiñ karreterak, zuri geratuzien derrepentien. **T.** Dicen que el tiempo está cambiando y puede que tengan razón, es verdad que nos olvidamos de muchas cosas pero aún así desgracias como las de éste año no recuerdo haberlas visto ni oído, terremotos, inundaciones, erupciones, incendios etc…, aquí también y no hace tantos días cayó una terrible granizada que derrepente dejó blancas las calles y carreteras.

TXINPARTAK. Chisporroteo que se origina en los incendios, en las brasas domésticas etc… **K.** Bonberuek esatendaue ze sue dominatzie ero itzaltzie baño ixe askoz zallaue izetendala txinpartak kontrolatzie, haixe haudixe baldindadau eta txinparta horreik egaxien urten eztala moduik jakitxeko suenbat gertaukodan beste nunbaitxen, eta kontu haudixekiñ ibili-bierra dauela gauza horreikiñ. **T.** Los bomberos suelen decir que casi peor que dominar o apagar un incendio es controlar los chisporroteos, que si hay mucho viento y esas chispas salen volando no hay manera de saber si se originará un incendio en algún otro sitio, y que hay que andar con mucho cuidado con esas cosas.

TXINTXA. Palabra que viene a significar que te fastidies. **K.** Bai gizona, ia ondo dau zurie, ni fanitzenien zureana ha mezerie eskatzera esautezun naio dozula ez itxeik, eta oñ zu zara etortezarena nereana berdiñe eskatzera?, eta oñ badakitzu zeiñ izengodan nere erantzuna?, ba txintxa. **T.** Bien hombre, ya está bien lo tuyo, cuando yo fuí dónde tí a pedirte aquel favor me dijiste que preferías no hacérmelo, ¿y ahora eres tú el que vienes donde mí a pedirme lo mismo?, ¿ y ahora ya sabes cual va a ser mi respuesta?, pues te fastidias.

TXINTXATZEN, TXINTXAU. Fastidiando. **K.** Tipo horrekiñ oñartein eztou sekula lortu izen eta onazkero lortu be eztou ingo armonixan bukatzeik afairik, eziñdau pakien itxi pakien dauenai eta betik txintxatzen eon-bierra dauko batai ero bestiei, batzuetan zerbaitzuk esateutzie baña berai hori etxako inportik eta eztauen entzun bezela itxendau. **T.** Con ese tipo hasta ahora nunca hemos conseguido ni creo que tampoco por ahora consigamos terminar las cenas en armonia, no es capaz de dejar en paz al que está de forma pacífica y siempre tiene que estar fastidiando a uno u otro, algunas veces ya le dicen unas cuantas cosas pero eso a él no le importa y hace como que no oye.

TXINTXILIK, TXINTXILISKA. Colgado, balanceándose.

(Ver la definición de kulunka).

TXINTXILIKAU. Colgar. **K.** Txorixuek iñ besteik ez txintxlikau inbierrak izetendie sikatzen hasideixien, honeik bezela odolostiek egosi ondoren eta baitxe beste holako gauza berdintzuek eotenbadie, ondion urdaiazpikuek geratzendie txintxilikatzeko baña hau itxenda zertxobaitx aurrerau, honeik gatzatik atara ondoren. **T.** Los chorizos nada más que se elaboran hay que colgarlos para que empiecen a secarse, al igual que éstos también las morcillas después de cocidas y lo mismo alguna otra cosa similar si es que la hay, todavía quedan por colgar los jamones pero ésto se hace un poco más adelante, después de que se sacan de la salmuera.

TXINTXIN. Palabra que se dice al o para brindar. **K.** Benga, ia musikuei esautziet ixiltxeko momentuz eta zueik be musika gelditzendanien lagaizue dantzatziei, maixen jarritxe zarenak jaiki eta hasi inguratzen hemendikaldera, danok altzakou kopa eta txintxin ingou eskon-barri honein alde. **T.** Venga, ya les he dicho a los músicos que paren un momento y vosotros también cuando deje de sonar la música dejar de bailar, los que estaís sentados en la mesa levantaros y empezar a acercaros hacia aquí, levantaremos todos las copas y haremos un brindis por los recién casados.

Txintxin, txintxin
Maiuaren hotsa
Haretxek ematendu, maitia
Biotzian poza

TXINTXO. Formal. **K.** Zu bai zarela mutiko txintxue eta ez zure lengosuek bezela, hareik oso txikitatik sigero okerrak izendie eta ondion be berdiñ jarraitzendaue, hareindako bai komenigarrixe izengozala zertxobaitx hartzie zure txintxotazunetik, baña gertatzenda eztala hori posible eta momentuz bentzet hala bierkodau. **T.** Tú sí que eres un chaval formal y no como tus primos, aquellos desde pequeñitos han sido muy traviesos y todavía continúan igual, para esos si que sería conveniente que adquiriesen algo de tu formalidad, pero resulta que eso no es posible y al menos de momento así tendrá que ser,

TXINTXOIE, TXITXOIE. Chinchón, chichón.

(Ver la definición de koxkorra).

TXINTXOTU. Volverse formal. **K.** Ba askenien be posible izenda, ez beste mutikuen txintxotazuna hartzeatik, baña zerbaitx bai gertauda zeatik lengosu horreik asko txintxotudie, zer izendan?, ba auskalo, oñ horrek eztauko bape inportantzik zeatik bierrezkue zana bentzet nolabaitx ia lortudaue. **T.** Pues al final ha sido posible, no porque hayan cogido parte de la formalidad del otro chico, pero algo si ha debido de ocurrir porque los primos esos se han formalizado mucho, ¿qué ha sido?, pues cualquiera sabe, pero eso ahora no tiene ninguna importancia porque lo que era necesario de alguna manera ya lo han conseguido.

TXINTXURRA, TXINTXURRE. Es, si se le puede llamar así, la nuez de la garganta. **K.** Apostakonauke ze askok eztazela horren jakiñien, ni be sekula enitzen konturatu gauza horrena eta ez pentza holako aspaldi enteraunitzela, beno, hau dana dator txinturren kontura eta da esateko bakarrik gizonezkuek daukoula gauza hori. **T.** Ya apostaría que muchos no están al tanto de eso, yo tampoco nunca me había dado cuenta del asunto y no penseís que lo he sabido hace mucho tiempo, bueno, todo ésto viene a cuento sobre la nuez de la garganta y es para decir que la cosa esa solo la tenemos los del género masculino.

TXIO. Chío. Onomatopeya del sonido del canto de los pájaros. Esta palabra se les dice a las criaturas para señalar o decir de que forma cantan o hablan entre ellos los pájaros. **K.** Zerbaitx jartzeatik. Bixer zure zorionak die eta txoritxobat ekarrikotzut kaixola polibat barruen, baña gero badakitzu egunero jana eta ura jarri-bierra izetendala, ez?, eta noixienbeñ baitxe kaixola garbitxu be, eta ondo zainketanbozu ikusikozu ze laister hasikodan txio txio kantuen. **T.** Por poner algo. Mañana es tu cumpleaños y te voy a traer un pajarito dentro de una bonita jaula, pero luego ya sabes que hay que ponerle comida y agua todos lo días, ¿no?, y de vez en cuando también limpiarle la jaula, y si le cuidas bien ya verás que pronto empezará a cantar chío chío.

TXIPELETA. Es la consecuencia que deja en la ropa interior cuando se escapa, no siempre de forma involuntaria, un pedo llamado pintor. **K.** Ondo larri pasa-bierra izenauen Baltaxarren semiek bazkaltzen geotzela jetetxe hartan, etxuraz nahiko katarrokiñ dabill eta noxienbeñ estul dexentiekiñ hastezan, ni bere inguruen nauen eta entzunutzen esaten haizala bere aitxai ze akaso tximetabat eukikodauela kaltzontzillotan, jaikizan, komunera fan eta bueltauzanien nahiko alai etorrizan, beno, ba orduen akaso ezan hainbesterañio izengo. **T.** El hijo de Baltasar lo tuvo que pasar muy mal cuando estuvimos comiendo en aquel restaurante, parece ser que anda con bastante catarro y de vez en cuando empezaba a toser mucho, yo estaba a su lado y oí cómo le decía a su padre que creía que le había salido un pedo pintor y que quizá tendría manchado el calzoncillo, se levantó, fue al servicio y cuando volvió estaba sonriente, bueno, pues entonces quizá tampoco habría sido para tanto.

TXIPISTIÑEK, TXIPRISTIÑEK. Salpicaduras de agua o de algún otro líquido. **K.** Zenbat gustatzejatien umiei plistaplasta itxie potzuetan, gertatzenda nola ondion txki xamarrak dien eztiela konturatzen, ero akaso bai, ze aldebatetik beraik busti itxendiela ataratzendan txipristiñekiñ ta bestaldetik baitxe euron inguruen dazenak be. **T.** Cuánto les gusta a los críos chapotear en los pozos, pasa que cómo todavía son bastante pequeños no se dan cuenta, o a lo mejor sí, que por una parte que se mojan ellos con las salpicaduras que salen de allá y por otra tambien a los que están al lado de ellos.

TXIPITXAPA. Esta también es una palabra que se les dice a los críos y que significa que chapoteen o que están chapotendo en algún pozo.

(Ver la definición de plistiplasta).

TXIRBILLE, TXRIBIRIXE. Viruta de madera. **K.** Oñ ustedot txirbillek aglomerauak itxeko erabiltzendiela, len be akaso hala izengozan baña hori sekula enauen esautu gauzabat zan, baña bai gogoratzenaz zertarako erabiltzegauen gure etxien, sukalde ekonomikan sue itxeko, hau jartzezan egur ero ikatz aspixen eta hala iñezkero su hori denpora geixautan aguantatzeauen, hala esatezan bentzet. **T.** Creo que ahora la viruta de madera se utiliza para hacer agomerados, quizá antes fuese así pero eso era una cosa que yo nunca la conocí, pero sí me acuerdo para que se usaba en nuestra casa y era para hacer fuego en la cocina económica, se ponía la viruta debajo de la leña o el carbón y si se hacía así el fuego aguantaba durante más tiempo, al menos eso es lo que se decía.

TXIRIBUELTA. Se les dice a lo críos para que giren o rueden por el suelo. **K.** Zerbaitx jartzeatik. **K.** Gaur txintxo ibili eta ondo portatzenbazare bixer eruengotzuek jolastera oso politxe dan toki-batera, hemen inguruen zelaibat dau aldapa txikibat daukena eta han inzeikie zuek naidozuen beste txiribuelta. **T.** Por poner algo. Si hoy estaís y andaís formales mañana os llevaré a jugar a un sitio muy bonito, cerca de aquí hay un prado que tiene una pequeña pendiente y allá podeís andar rodando todo lo que queraís.

TXIRINBOLA, TXIRINBOLUE. Rotonda, isleta. **K.** Beiñ entzunauen, baña eztakitx egive izenleiken, nola beñ gipuzkoarbat fan omenzan Gazteizera zerbaitzuk itxera eta bukatu ta gero, naiz eta alegiñdu, eziñ iñola urtenien ibilizala han eozen hainbeste txirinbola hartetik, aldebatera, bestera, berandu iñ eta bertan lo itxen geratu-bierra, eta hala egunbat ta bestie, illak, urte batzuk eta askenien erabaki bertan, Gazteizen, enpadronatzie eta bizi, gero han eskondu, oñ familixa be badauko eta han jarraitzendau, noski iñora urten-barik. **T.** Una vez oí, pero no sé si puede ser verdad, cómo una vez un gipuzkoano fue a Vitoria a hacer algunas cosas y luego al terminar, debido a las muchas rotondas que allá había y a pesar de que lo intentó, no acertó a salir de ninguna de las maneras, hacia un lado, al otro, se hizo tarde y tuvo quedarse a dormir, así un día y otro, meses, algunos años y que al final decidió empadronarse y quedarse a vivir en Vitoria, ahora está casado, también tiene familia y allá continúa, claro que sin salir a ningún sitio.

TXIRIPA. Casualidad, azar, fortuito y a veces también suerte. **K.** Ze txiripa eukidauen mendizale horrek eta derrigorrez sekulako momentu larrixek pasatzekue izengoda, eskalatzen haizan Pirineo aldien beste bi lagun alkarreaz eta etxuraz bere soka klabijatik askatu, beraz eozenak beste sokabat bota eta han geratuzan sigero txintxiliske, gero honeik deitxu esanaz haldan axkarren etortzeko erreskatatzera, baña halaere lau ordu pasan hala txintxilikauta eon-bierra izenauen. **T.** Vaya suerte increíble que ha tenido el montañero ese y a la fuerza ha tenido que pasar unos momentos muy malos, estaba escalando por la zona del Pirineo junto a otros dos compañeros y parece que su cuerda se soltó de la clavija, los que con él se encontraban le echaron otra y allá de bió de quedar completamente colgado, luego éstos llamaron diciendo que vinieran los más rápido posible a rescatarle, pero a pesar de eso tuvo que estar así colgado duraste más de cuatro largas horas.

TXIRLA. Chirla, almeja pequeña. **K.** Txirlak eta almejak prestatzeko lan berdintzue izetendaue, oñ, baleike txirla honeik zertxobaitx lan geitxuau daukiela jateko baña halaere eta nere ustez gustoz zertxobaitx hobiek die, gauza da oñ apenas ikustendiela peskaixetan, ero akaso lenau txirlak deitzezienai oñ almeja txikiñek bezela saltzeitxuela. **T.** Para preparar las chirlas o las almejas el trabajo es muy parecido, ahora, quizá las chirlas éstas tengan un poco más de trabajo para comerlas pero aún así yo creo que son un poquito más sabrosas, la cosa es que ahora apenas se ven en las pescaderías o quizá puede que lo que antes llamábamos chirlas ahora las vendan como almeja pequeña.

Errezetabat. Txirlak ero almejak saltza berdien: Aurrena eta beti bezela komenigarrixe izengozan erostie konfiantzako peskaixan. Ba hori, hara fan eta erosteitxu kilobat inguru txirla ero almejak, eta bat ero bestie izen nahikue izengolitzake lau lagunentzat, ur hotzien emun pasarabat eta urakiñ jartzeitxu ontziebaten, bota eta nahastu gatza botadeixen daukien areie ta frigorifikuen sartzendou, hau goix partien itxenbada, gero lasai urtenzeike txakoli parebat hartzera, bueltaukuen ontzixe atara, txirlak ero almejak ondo pasa urakiñ gatza kentzeko eta prestatzen hastengara. Lapiko baju eta zabalien bota olixo asko-barik, berakatz ugeri txiki txiki iñde eta piper pikante pixkat, kolorie hartu aurretik txorrotara onbat ardau zurixe ero txakoliñe eta irikitxen iztendou pixkatien alkola urtudeixen, tartien basuen prestatzendou kutxarakadabat urune ondo nahastuta ur pixkateaz ero ardau zurixekiñ, hori be barrura eta buelta batzuk emun egurrezko kutxarakiñ dana nahasteko. Ba bakarrik geratzenta txirla ero almekak botatzie, lapikue tapa eta zabaltzendienien bota gañien dexente perrejill ondo zatitxuta, gero beste buelta batzuk baña mantzo eta oinguen lapikuei, hori iñ ondoren tapa kendu eta maira atara jaten hasteko.

Una receta. Chirlas o almejas en salsa verde: Lo primero y cómo siempre sería conveniente comprarlo en una pescadería de confianza. Pues eso, vamos allá y compramos aproximadamente un kilo de chirlas o almejas, y tanto sean unas u otras sería suficiente para cuatro comensales, las pasamos un poco por agua fría y luego las ponemos en un recipiente con agua mezclada con sal para que se vayan despojando de las arenillas que puedan tener y lo metemos en el frigorífico, si ésto se hace por la mañana, después podemos ir tranquilamente a tomar un par de txakolís, cuando volvamos sacamos el recipiente del frigorífico, pasamos muy bien la chirlas o almejas por agua para quitarles la sal y empezamos la preparación. En una cazuela baja y ancha ponemos aceite sin que sea mucha cantidad, abuntante ajo bien picado, un poco de guindilla picante y antes de que el ajo coja color también medio vaso de vino blanco o txakolí, dejamos que hierva un poco hasta que se evapore el alcohol y mientras tanto en otro vaso preparamos una cucharada de harina bien disuelta en en un poco de agua o vino blanco, eso también lo echamos dentro y le damos unas vueltas con una cuchara de madera para que todo se mezcle bien. Pues ya solo queda echar las chirlas o las almejas, tapar la cazuela y cuando se abran bastante perejil picado fino, luego unas cuentas vueltas más pero ésta vez suave y a la cazuela, y después de hacer eso solo queda quitar la tapa y sacarlas a la mesa para empezar a comer.

TXIRLUE. Boliche. Son unas piezas de madera, la mayoría son de ese material aunque también pueden ser de otro tipo, que se colocan de pie en un extremo de la pista de la bolera donde ha de discurrir la bola que se ha lanzado desde el otro extremo. **K.** Herri hartako bolatoki zarrien geixenbaten jente ugeri eotezan jokue ikusi eta baitxe apostan be, han barruen betik eozen bi pertzona nahiko famauek zienak tetemanejien, hori esatezan bentzet, eta gauza zan ze ixe betik eurok izeteziela, batek bolak jaurtitxezitxunak eta bestie han txirluek jartzen ibiltzezana beste puntan, eta gero bestaldera. **T.** En la bolera vieja de aquel pueblo la mayoría de las veces solía haber mucha gente viendo jugar y también apostando, allá dentro siempre estaban dos personas bastante famosas por los chanchullos, al menos eso se decía, y la cosa es que ellos eran los que casi siempre, uno el que lanzaba las bolas y el otro era el que se ponía al otro extremo a colocar los bolitxes y luego al revés.

TXIRRI. Se dice de una persona oprimida. **K.** Heliodoro aspalditxuen komestatzen haida eta nahiko sarri gañera, amorratzen dauela lana aldatzeko, hor haidala galdezka batien ta bestien baña momentuz bentzet eztauela ezer lortu, toki parebaten nahiko esperantza emuntziela baña, esan-barik zenbat, etxoiñ inbierra izengozala, baitxe esatendau berak eziñdauela hala jarraitxu, sigero txirri iñde dauela eta eztakixela zer iñ, dana bertanbera utzi ero segi zerreozer urten hartien. **T.** Desde hace mucho tiempo Heliodoro está comentando y además bastante a menudo, que está rabiando por cambiar de trabajo, que ya anda preguntando en un sitio y otro pero que al menos de momento no ha conseguido nada, en un par de sitios que ya le han dado bastantes esperanza pero, sin decir cuánto, que tendría que esperar, también dice que él no puede seguir así, que está demasiado oprimido y que no sabe que hacer, dejarlo todo o continuar hasta que le salga algo.

TXIRRIBORRO. Garabato. **K.** Oñ be ingoutxue baña lenau mutikotan eskolan hasigiñenien gauza nahiko normala izetezan, nunbaitxen jarridot nola hasieran emuzkuen arkatza, kuaderno txikibat eta borragomie, ba asken oneaz eta maistruek ikusi aurretik axkar ibiltxegiñen txirriborruek borratzen. **T.** Ahora también los harán pero antes de chavales cuando empezamos en la escuela era lo más normal, el algún sitio ya he puesto cómo al principio nos dieron un cuaderno pequeño, lápiz y una goma de borrar, que con ésta última y antes que que lo viera el maestro solíamos andar rápidos borrando los garabatos.

TXIRRIKA. Polea de rueda. **K.** Oñ txirrikaik apenas erabiltzendie iñungo lanetan, akaso baleike argindarrik eztauen aparteko lekunbaten baña kasu hontarako be badaz jeneradorak, lenau bai ibiltxezien gauzak ero materialak igoteko tellatura ero goixen eozen pixutara, eta lan honeik itxeko beien hauen pertzona derrigorrez nahiko iñdertzue izenbierra hauken sokai tiratzeko. **T.** Ahora apenas se utiliza la polea de rueda en trabajo alguno, quizá puede que algún sitio apartado dónde no haya corriente eléctrica pero para este caso también existen los generadores, antes si se utilizaban para subir las cosas o materiales al tejado o algún piso alto, y para hacer éstos trabajos la persona que estaba abajo para tirar de la cuerda necesariamente tenía que ser una persona bastante fuerte.

TXIRRIKITO, TXIRRISKITO. Hueco pequeño o rendija. **K.** Kale hontatik pasatzezarenien akordau eta beitu diximuloz denda horren aurrien dauen etxera, ikusikozu nola bigarren pixuen bentana txikibat dauen, apenas zabalik eta txirrikitue daukena, eta ondo fijatzenbazara konturatukozara nola txirrikito horren atzien betik eotendan begibat, zeñena?, galdetu-ezkero eongozan jakitxie eta ustedot horixe bera inbiotela zeatik kuriosidade haundixe dauket. **T.** Cuando pases por esta calle acuérdate y mira con disimulo hacia la casa que está frente a esa tienda, verás que hay una ventana pequeña en el segundo piso apenas abierta y con una pequeña rendija, y si te fijas bien te darás cuenta de que detrás de esa rendija siempre hay un ojo, ¿de quién?, si se preguntase ya se podría saber y me parece que eso es lo voy a hacer porque tengo mucha curiosidad.

TXIRRIKI-TXARRAKA. Hacer las cosas sin prisas, con calma, pero sin parar.
(Ver la definición de tirriki-tarraka, tirritarra).

TXIRRINDOLA. Argolla, aro de hierro.
(Ver la definición de txinga).

TXIRRINDULARI, TXIRRINDULARIXE. Ciclista. **K.** Gure denporan eta ondion gaztiek gitzenien, sekulako diskuziñuek eotezien bi txirrindulariñ buruz, bat hemengue, Loroño eta bestie española, Bahamontes, oñ akaso lotza pixkat emunguzten baña esan-bierra dauket nola orduen oso zalie nitzela Bahamontes aldekue, eta ni bezela baitxe beste askok be. **T.** En nuestro tiempo y cuándo todavía éramos jóvenes, solía haber unas grandes discusiones a cuenta de dos ciclistas, uno de aquí, Loroño y otro español, Bahamontes, ahora a lo mejor me daría un poco de vergüenza pero tengo que confesar que entonces era muy partidario de Bahamontes, y al igual que yo también otros muchos..

TXIRRINGA, TXIRRINA. Rueda.
(Ver la definición de errubera).

TXIRRINBOLA (KA), TXIRRINKA (KA). Juego juvenil que consistía en avanzar lo más trápido posible con una llanta de bicicleta guiada con una varilla de hierro en la que se encajaba dicha llanta. **K.** Guk mutikuek gitzenien ezauen, akaso diruik bez, apenas ezer erosteko eta eurokiñ jolastu, baña ondo konpontzegiñen eta ezgitzen sekula aspertzen, jokubat huen txirrinbolaka izenekue eta ordu asko sartzegauen joku hortan, orduko gauza zan ze aitxa lanien haukena nunbaitxeko fabrikan aukera askoz haundixaue haukela etxurazko txirrinbolabat eukitxeko bestiek baño. **T.** Nosotros cuando éramos chavales no había, quizá dinero tampoco, apenas nada para comprar y jugar con ello, pero nos arreglábamos bien y nunca nos aburríamos, un juego en el metíamos muchas horas era el que andábamos con la llanta de bicicleta y una varilla, la cosa de entonces era que aquel que tenía un padre que trabajaba en alguna fábrica tenía muchas más oportunidades de tener esas cosas en mejores condiciones que el resto.

TXIRRIÑE. Timbre de llamada.
(Ver la definición de tirriña).

TXIRRIÑE. Ruido agudo y no demasiado fuerte producido por el roce o frotamiento de dos objetos metálicos y que produce cierto estremecimiento que pone los pelos de punta. También se llama dentera. **K.** Ze gauza txarra izetendan txirriñe haitzie, geixenai dardara txikibat emuteitzie, ero emuteuzku, eta besoko uliek be tente jartzendie. Bebai daz eztitxunak ezer holakoik notatzen eta gustora itxeitxue zarata horreik bestien aurrien izurratzeko asmuaz, harein dardarak ikusi ta gero barre itxeko euron kontura. **T.** Que cosa más mala suele ser oir esos ruidos agudos, a la mayoría les, o nos, produce un estremecimiento y hasta los pelos de los brazos se ponen tiesos. También hay quien no siente nada de eso y a gusto hacen esos ruidos delante de otras personas con la idea de fastidiarles, observar sus reacciones y después reírse a cuenta de ellos.

TXIRRIPISTIÑE. TXIRRIPRISTIÑE. Apetativo cariñoso dedicado a los críos graciosos, simpáticos y algo revoltosos. **K.** Mutikotxo horrei eziñleixo errietaik iñ, halako txirripistiñe da ze hastezara esaten ez itxeko okerrik ero pakien izteko gauzak eta jartzendauen mosutxuaz, betik sigero alai eta ezer eztauen iñ bezela, ixildu inbierra daukotzu eta barre. **T.** A ese crío es imposible reñirle, es tan simpático que empiezas a decirle que no haga travesuras o que deje en paz las cosas y con esa carita que te pone, siempre alegre y cómo si no hubiera hecho nada, te tienes que callar y reírte.

TXIRRIST, TXIRRISTAU. Resbalar, resbalón.

(Ver la definición de irristau).

TXIRRISTA. Tobogán. **K.** Aspalditxik alde guztietan haurran parkiek eotendie umiek jolasteko, eta beste joku batzun tartien, nola ez, baitxe txirristak be, gu mutikotxuek gitzenien gure txirristak izetezien ipurdi aspixen goma ero beste zerbaitx jarri, orduen ezeozen plastikoik, eta edur gañien txirristatzen fan aldapa-bera. **T.** Desde hace mucho tiempo en todas partes existen parques infantiles para que jueguen los críos y entre otros juegos, cómo no, también están los toboganes, cuando nosotros éramos chavalitos nuestros toboganes consistían en colocarnos una goma o alguna otra cosa debajo del culo, entonces no había plásticos, y deslizarnos por la nieve cuesta abajo.

TXIRRISTAU. Replicar. Fig, se dice por dar alguna costestación fuera de lugar. **K.** Zu haundixaue zarenien ingoutxozu oñ iñ ezindozun gauza asko baña momentuz bentzek kasu ta nik esautetzutena inbierra daukotzu, eta kendu hartien katarro hori etaukotzu fateik pizinara, ba nik ustedot garbi geratudala ta eztot gure txirristatzeik. **T.** Cuando tú seas más mayor podrás hacer muchas de las cosas que ahora no puedes, pero al menos de momento tienes que hacer caso, obedecer y hacer lo que yo te diga, y hasta que quites ese catarro no puedes ir a la piscina, pues yo creo que ya ha quedado claro y no quiero que me repliques.

TXIRTXILLA, TXIRTXILLE. Grillo. **K.** Gu mutikuek gitzenien afizio haundixe eotezan txirtxillek arrapatzeko, nik ustedot ikusteko zala aber gero etxien, kaixolatxuen sartu ta gero, kantuen hastezien baña enaz gogoratzen hala izetezan, beno, gauza da arrapatzegauela beitu ondoren ze zulotan sartzezien eta segitxuen bedarran ero beste erozeiñ gauzan kirtenaz zirikatzen ibili zulo hortan txirtxilla urten hartien. Eta baozen esateauenak ze zulo barrura txixe iñezkero bebai urtetzeziela. **T.** Cuando éramos unos chavales solía haber mucha afición a coger grillos, yo creo que era para ver si luego en casa, después de haberlas metido en una jaulita, empezaban a cantar, pero lo que no me acuerdo es si lo hacían, bueno, la cosa es que los cogíamos después de observar en que sitio se metían y enseguida hurgar en el agujero con un tallo fino de alguna hierba u otra cosa hasta que salía el grillo. Y había quien decía que también salían si se meaba dentro del agujero.

TXIRULA. Instrumento musical llamada flauta. **K.** Nere iruitzez Irungo egun berexixena San Marzial eguna da eta hori ospatzeko tradizio ta oitura alardie itxie izetenda, izugarri jente eotenda desfilatzen alarde hortan oso dotore jantzitxe uniforme mota askokiñ, esan-baterako batzuk eskopetero bezela eta beste-batzuk txirula joten, eta kanpuen be jendetza ugeri ikusten ta txaloka. **T.** Yo pienso que el día más especial en Irún es el día de San Marcial y para celebrarlo la costumbre y tradición es hacer el alarde, dentro de este alarde hay un montón de gente que desfila elegantemente con variados uniformes, por ejemplo unos como escopeteros y otros tocando la flauta, y fuera también una gran multitud mirando y aplaudiendo.

TXIS. Chis. Onomatopeya del sonido que se hace para silenciar o hacer callar al personal. **K.** Batzuetan ze gauzak gertatzendien, urtietan zinera fan-barik nauen eta atzo hainbeste jardun aitu ondoren andriei laguntzie erabakinauen, beno, gauza da ze pelikula hasi ondoren gazte kuadrillabat sartuzala, eziela ixiltzen eta harein barriketa hartien eta jentien txis txis hareikiñ enitzela apenas enterau pelikula harena. **T.** Que cosas pasan algunas veces, hace años que no iba al cine y ayer después de tanto insistir decidí acompañar a la mujer, bueno, la cosa es que una vez que empezó la película entró una cuadrilla de jóvenes, no paraban de hablar y entre la la charlatanería de aquellos y los chis chis de la gente apenas me enteré de la película.

TXISKERUE. Mechero, encendedor, chisquero. **K.** Gu erretzen hasigiñenien gauza berexixe izetezan txiskero dotorebat eukitxie, bazien batzuk alcolakiñ ero gasolina tipo holakuaz kargatzezienak, eta baitxe beste betiko harridun hareik, baña guk nai izetegauenak gasaz ibiltxezienak zien, orduen ondion ezien asko ikusten eta haukenak axkar ta harro erakutzi eta zigarruek piztu jentien aurrien. **T.** Cuando empezamos a fumar era cosa importante disponer de un encendedor elegante, ya había algunos que se cargaban con alcohol o una especie de gasolina, y también las había aquellas de piedra de toda la vida, pero nosotros los que queríamos eran unos que funcionaban con gas, entonces todavía no se veían muchos y los que lo tenían bien pronto lo enseñaban y encendían los cigarrillos para presumir delante de la gente.

TXISMOSA (O). Chismosa,)alcahueta. **K.** Andra horren aurrien ezizue gauza askoik esan, inportantzikoik bentzet zeatik laister jarrikodau herri guztie horren jakiñien, gañera hala bada eta gero galdetu aber dexkuidon bera izendan bere erantzuna ezetza izengozan, gañera asarretu be ingozan esanaz aber ze ustedoun ba, bera sekula eztala izen txismosa. **T.** Delante de esa mujer no digaís muchas cosas, al menos que sean importantes porque sino pronto lo pondrá en conocimiento de todo el pueblo, además que si es así y luego se le preguntase a ver si por un descuido ha sido ella su respuesta sería que no, encima también se enfadaría diciendo a ver que nos creemos pues, que ella nunca ha sido una chismosa.

TXISPA, TXISPAUTA. Achispado. Fig. se dice por una persona que ha bebido un poco más de la cuenta. **K.** Baldomero ia aspalditxotik dexente txispauta dabill eta ustedot etxakola asko geratzen moxkortzeko, gañera gertatzejako sigero eran txarra daukela eta moxkortzendanien axkar hastendala diskutitzen modu txarrien erozeñekiñ, ezta aurreneko aldiz izengo ondo egurtuta fandala ertxera. **T.** Hace ya bastante tiempo que Baldomero anda bastante achispado y creo que ya no le falta mucho para emborracharse, además le pasa que tiene muy mal beber y cuando se emborracha enseguida empieza a discutir de mala manera con cualquiera, no será la primera vez que haya ido a casa con una buena paliza.

TXIST. Chist. Onomatopeya del sonido que se hace para llamar la atención de una persona. **K.** Eztakitx aurrien doien gizon hori gorra dan ero zer, eztau ba haibeste olatuen zarataik ez entzuteko bezela, gauza da kartera jausijakola poltxikotik eta hemen haigara diarka txist eta eh! esanaz, baña alperrik zeatik etxura dana dauko estuzkula entzuten. Askenien geuk jaso eta fanbikou eruetera. **T.** No sé si ese hombre que va delante es sordo o qué, no hay tanto ruido de oleaje para que no nos pueda oir pues, la cosa es que se le ha caído la cartera del bolsillo y que estamos aquí llamando diciéndole chist y eh!, pero es inútil porque tiene toda la pinta de que no nos oye. Al final lo vamos a tener que recoger nosotros e ir a llevárselo.

TXIST. Es una palabra que se utiliza con los críos y que significa el hecho de poner una inyección. **K.** Txist horreatik ezaitez larritxu ume eta ikusikozu nola eztan ezer, pratikantie pres dauenien zuk burue girau, bestaldera beitu eta igerri be eztozu ingo noix jartzendauen indiziñue. **T.** Tú no te preocupes y mucho menos apurarte por eso y ya verás cómo no es nada, cuando veas que el practicante está listo giras la cabeza, miras hacia el otro lado y ni siquiera notarás cuando te han puesto la inyección.

TXISTA. También ésta es otra palabra que se emplea con los críos y es el acto de untar la salsa con el pan. **K.** Zenbat gustatzejakon mutikotxo honi txista itxie, gure illoba txikiñe da eta jai egunetan askotan alkartzegare bazkaltzeko, ba bazkalostien geixenbaten esan-bierra izetejako nahikue dala eta gelditzeko, bereatik izetebazan ondion hor jarraitxukoauen txista itxen ogixaz bere bistan eonleikien saltza guztietan. **T.** Cuánto le gusta a este chaval untar las salsas, es nuestro sobrino pequeño y muchos días de fiesta nos reunimos para comer, pues después de comer la mayoría de las veces hay que decirle que ya es suficiente y que pare, si por él fuese todavía seguiría untando con el pan en todas las salsas que pueda tener a la vista.

TXISTOSUE. Chistoso. **K.** Pixkat izetie eztot esaten gaizki dauenik, geixau esangot, nik ustedot askotan komenigarrixe be badala, baña Federikona ixe larreikue da eta nik bentzek eztutzet sekula ikusi serixo berba itxen dauenik, batekiñ ero bestekiñ betik txistosue itxen haida ta batzuetan nahiko aspergarrixe be izetenda, eta eztakitx nola bera eztan horrena konturatzen. **T.** Yo no digo que un poco esté mal, es más, creo que muchas veces hasta puede que sea necesario, pero lo de Federico casi es demasiado y yo al menos nunca le he visto que esté hablando en serio, tanto sea con uno o con otro siempre está en plan chistoso y algunas veces también aburre bastante, lo que no sé es como él no se da cuenta se eso.

TXISTU. Silbar. **K.** Oñatin urtero izetenda artzai txakurren lehiaketa, beñ eo beñ fan izengare ikustera eta ni betik arritxuta geratzenaz nola txakurrek ulertzendauen artzaiek esandakue, honek diar ero txistu iñ modu baten ero bestien eta txakurrek axkar fatendie itxen artzai horrek aiñdutakue. **T.** En Oñate todos los años suele haber una competición de perros pastores, alguna que otra vez ya hemos solido ir a ver y yo siempre me he quedado asombrado de cómo los perros entienden lo que les dice el pastor, este les vocea o silba de una u otra forma determinada y los perros enseguida obedecen y van a cumplir lo que les ha ordenado el pastor.

TXISTU. Instrumento musical. **K.** Txistuatik esatendaue ze hortik urtetzendan soñue munduen dauen gauza tristienetaikue omendala, halaere eztakitx hau oso egixe izengodan zeatik entzutendanien nola txistu honeik tanborillaz batera joten haidien, jentie laister hastenda dantzan ero kantuen. **T.** Dicen que la música que sale del chistu es de lo más triste que existe en el mundo, aún así no sé si eso es del todo cierto porque cuando se oye que estos chistus están tocando junto con el tanboril, la gente bien pronto empieza a bailar o a cantar.

TXISTUE. Saliva. **K.** Nikanorrek beñ kontauzten ze bere andrie sarri jardunien haidala medikura fandeixen, esatendau egunez etxakola pasatzen baña gabien eta ugera doienien larreiko txistue gertatzejakola aguen, eta nola etxuraz ago-zabalik lo itxendauen ba betik bere aldeko almuara sigero bustitxe geratzendala. **T.** Nicanor me contó una vez que su mujer a menudo le está insistiendo para que vaya al médico, dice que por el día no le pasa pero que por la noche cuando va a la cama se le debe de formar demasiada saliva en la boca, y cómo parece que duerme con la boca abierta pues que su lado de la almohada siempre queda muy mojada.

TXISTUKA. Silbando. **K.** Aurrena enauen siñisten baña askenien eta astotik jausi ondoren ikusinauen egixe zala, nunbaitxen jarridot nola Kanariazen eonitzen soldautzan, ba beno, beñ La Gomera izaron izengiñen ibillerabat itxen eta arritxuta geratunitzen, eta ez ni bakarrik baizik han geotzen danok, eta zan nola berkato jentiek ulertzezien bata-bestiekiñ txistuka iñde bakarrik, hori bai euron erara. **K.** Al principio no lo creía pero al final y después de caer del burro vi que era verdad, en algún sitio ya he puesto que estuve en Canarias haciendo la mili, pues bien, una vez esruvimos haciendo una marcha a la isla de La Gomera y me quedé asombrado, y no yo solo sino todos los que allí estábamos, y era cómo la gente del lugar se entendían unos con los otros con solo silbar, eso sí en su particular manera.

TXISTULARIXE, TXISTULAIXE. Chistulari. La persona que toca el chistu. **K.** Euskalherrixen dexente musika eskola daz eta hainbeste jente urtetzendau txistue joten ikesitxe ze derrigorrez txistularixek be hala berdiñ die, ugeri, eta askok sigero onak gañera, ez ondion gazte jentie ikesi-barri dienak baña bai betik hartan ibilidienak, eta ibiltxendienak noski. **T.** En Euskalherría hay bastantes escuelas de música y sale tanta jente que ha aprendido a tocar el chistu que necesariamente tiene que haber txistularis, además hay muchos que son muy buenos, no todavía la gente joven que lo ha aprendido recientemente pero sí aquellos que siempre se han dedicado a eso, y se dedican claro.

TXITA. Polluelo, pollito. **K.** Zapatu hontan Naparrako Elizondo aldien izengara Josu ta bixok, eta bertako baserritxarbatek ollotxabola dexentekue daukena, kontatzen ibilizan nola fandan astien azerixek ero mendiko katuek akabau inzitxuen berrogetalau egazti, txitak eta ollaskuek kontata, gañera apenas ezer janda eta geixenak ixe osoik itxizitxuela, akabatziatik bakarrik. **K.** Este sábado he estado con Josu en Elizondo de Navarra, y un casero de allá que tiene un gallinero bastante grande nos contó como la semana pasada algún zorro o gato montés mataron cuarenta y cuatro aves entre gallinas y polluelos, además que las dejaron casi enteras y sin apenas comer nada de ellas, simplemente por matarlas.

TXITXA. Chicha. Se llama así a las redondeces que origina la grasa en una persona. **K.** Bartolok hobeto izengolauke zertxobaitx geitxuau mobiketanbazan zerreozer kentzeko bentzet dauken txitxa horretik, baitxe gutxitxuau jan eta jatendauena zerreozer garbitxau izetie, ez haibeste gozoki, pastel eta holako beste, beretako noski, txarrikeixa. Gañera hala ibiltxenda egunero, gozoki dendara fan eta poltza haundibat erostendau, jarri eta hor erdi etzanda mauska mauska jaten poltzan dauen bukatu hartien eta gero berriz bueltau. **T.** Bartolo haría mejor si se moviese un poco más para quitar por lo menos parte de esa chicha que tiene, también si comiese un poco menos y sobre todo lo que coma sea algo más limpio, no tanto dulce, caramelos, pasteles y cosas que, para él claro, son muy perjudiciales. Además así anda todos los días, va a la tienda de las golosinas y compra una bolsa grande, se sienta y allá está medio tumbado come que te come hasta que termina lo que hay en la bolsa y luego vuelta otra vez.

TXITXARIE. Lombriz. **K.** Nik tautik be eztot ulertzen ta aber bateonbatek dakixen egixe izenleiken atzo hemengo arrantzale esagunbatek kontauztena, esauzten hondartzako ondar azpixen eotendan txitxarie balixokue dala arrantzan itxeko itxasuen eta lur azpikuek berriz errekan, gertatzenda ze hala baldinbada diru dexente ataratzeko aukera dauketela, nola?, ba lurrezko txitxarak saldu-ezkero zeatik ortuen pillabat daz. **T.** Yo no entiendo absolutamente nada y a ver si alguno puede saber si es cierto lo que ayer me contó un conocido pescador de aquí, me dijo que la lombriz que está bajo la arena de la playa es válida para pescar en el mar y en cambio la que está bajo tierra en el río, pasa que si eso es así tengo la oportunidad de ganar bastante dinero, ¿cómo?, pues vendiendo las de tierra porque en la huerta hay un montón.

TXITXAROPILLE. Torta de pan redonda y plana que en su interior lleva tocineta. **K.** Oñ be ustedot txitxaropille nunbaitxen iñ eta saldukodala zeatik jan iñdauen jente askondako gauza ona izengoda eta gustora erosikolauke, lenau bentzet gogoratzenaz oso estimaue zala eta ni eta akaso bestenbat kenduta beste guztiendako hala izengozan. **T.** Yo creo que todavía este tipo de pan ya lo harán y venderán en agún sitio porque para mucha gente que lo ha comido será una cosa buena y lo comprarían a gusto, al menos antes me acuerdo de que era una cosa muy estimada y si se me eliminase a mí y quizá a algún otro así sería para todos los demás.

TXITXARRUE. Chicharro. Pescado de mar que en algunos sitios tiene el nombre de jurel. **K.** Nik ez entzunde bakarrik baizik baitxe ikusi be, ze nola oso aspaldi, berrogetamar urte baño geixau kontuekiñ hainaz, hartzezan txitxarro geixena, arraiñ urune itxeko izetezala, hau ikusitxe dauket eta sarri xamar gañera Lanzaroteko Arrezifen. Oñ berriz eta lenau ezien estimatzen beste arraiñ asko bezela nahiko karestixe da, gure inguruen bentzet, askotan lebatza baño geixau balixodau. Eta askenengo gauza, txitxarrue prestatzeko errezeta, etxurazko tamañue badauko, bixiguen bezelakue da. **T.** No es que yo lo tenga solo oído sino que también visto, cómo hace mucho tiempo, estoy hablando de hace más de cincuenta años, la mayoría del chicharro que se cogía, se destinaba a hacer harina de pescado, ésto lo tengo visto y bastante a menudo además en Arrecife de Lanzarote. Ahora en cambio y al igual que otros muchos pescados que antes no se apreciaban es bastante caro, al menos en nuestra zona, muchas veces vale más que la merluza. Y una última cosa, la receta para preparar el chicharro, si tiene un tamaño adecuado, es la misma que para el besugo.

TXITXI. Es una palabra que se les dice a los críos para referirse a la carne. **K.** Zerbaitx jartzeatik. Gaur bazkaltzeko asko gustatzejatzun gauzatxobat daukotzu, txitxi, baña lasai eon eta ez euki arduraik zeatik oinguen ezta astuena, gañera ikusikozu ze haundixe dan eta ze gustora jangozun, eta ezta honekiñ bukatzen, horren ondoren badakitzu zer beste gauza dauen?, ba elaubat. **T.** Por poner algo. Hoy para comer tienes una cosa que te gusta mucho, carne, pero éstate tranquilo y no te preocupes porque ésta vez no es de burro, además ya verás que grande es y que a gusto lo vas a comer, y con eso no se termina, ¿ya sabes que otra cosa hay para después?, pues un helado.

TXITXIKIXEK. Chichiquis. Es la masa del txorizo que se encuentra reposando antes de meterla en el intestino. **K.** Ni enaz oso txitxikixen zalie baña bai dau jente ugeri asko guatatzejakonai. Baserrixen masa prestatzendanien hortik pixkat txitxiki bezela jateko iztenda eta beste guztie txorixuek itxeko, halaere badaz leku batzut txitxikixendako bakarrik izetendienak eta gero tabernan saltzeko prestau ondoren. Eta hau preparatzeko eztau gauza askoik inbierrik, bierdan txitxiki masa moltzotik atara eta prijitxu, batzuk arrautza nahasketautzie ero hau prijitxu eta gero gañien jarri. **T.** Yo no soy muy aficionado a los chichiquis pero sí hay cantidad de gente a la que les gusta mucho, en los caseríos cuando preparan la masa un poco se deja para comer como chichiquis y todo el resto para hacer chorizos, aún así ya hay algunos sitios que solo la disponen para chichiquis y luego venderla en la taberna una vez preparada. Y para preparar eso no hay que hacer gran cosa, sacar de la masa la cantidad que se necesita y freirla, hay algunos que le mezclan huevo revuelto o tambien frito y después se lo ponen encima.

TXITXIRIO. Garbanzo.

(Ver la definición de garbantzuek).

TXIXA, TXIXE. Orina. **K.** Esatendaue zarituek sendatzeko norberan txixe omendala gauza oneneitakue, ba nik gauzabat esangonauke, ezpadaukotzu txixegureik zer iñleike, bestenbati eskatu itxeko?, eta balixokue izengozan beste horrena?, garai baten eta momentu horreitan ezpazan eoten beste ezer, esan-baterako gerra denporan bezela, ba ezauen beste erremeixoik txixe itxie baño zauri horren gañien, eta noski, larritxazunien norberana izenbikozan ero beztela aldamenien hauen pertzonana. **T.** Dicen que una de las mejores cosas para curar las heridas es la propia orina, pues yo diría una cosa, ¿y si entoces no tienes ganas de mear que se puede hacer, pedir a algún otro que lo haga?, ¿y ya valdría el de ese otro?, en un tiempo y cuando en ese momento no había nada más, cómo por ejemplo en tiempos de la guerra, pues no había más remedio que orinar encima de la herida, y claro, en esa urgencia tendría que ser la propia o sino de la persona que está al lado.

TXIXA. Fig. se dice por una carcajada. **K.** Ba Avelino hau betiko bezela, iñuxentiena itxen haizala zubiko eskudel gañien labandu eta errekara jausi, ezkerrak altura gutxi zala eta etxakola ezertxorik gertau, beno, bakarrik susto galanta eta blai iñde geratuzala, gañera berai ondo etorrikojakon aber sikera zertxobaitx argitzentan, eta baitxe guri be zeatik han geotzen guztiok txixa botatzen eongiñen harek hauken larritxazun mosue ikusitxe. **T.** Pues el Avelino ese igual que siempre, cuando estaba haciendo el tonto encima de la barandilla del puente se resbaló y cayó al río, gracias a que había poca altura no le pasó nada, bueno solo un gran susto y que quedó empapado, además a él le vendría bien a ver si siquiera se se espabila un poco, y también a nosotros porque todos los que allá nos encontránamos estuvimos a carcajada limpia viendo la cara de angustia que tenía

TXIXAGURIE, TXIXEGURIE. Ganas de mear. **K.** Aber, zer ingozaukie zuek txixegurie euki-ezkero eta iñun itxeik ez?, inguruen eztau arbolaik, ez beste holakoik eta zu haizaren toki hortan jentez betie dau, noski, hala ustedot bentzet, eztozuela aldien ingo, eta orduen zer? **T.** A ver, ¿que hariais vosotros o vosotras si tuvieseis ganas de mear y no lo podeís hacer en ningún lado?, cerca no hay ningún árbol ni ninguna otra cosa parecida y el sitio dónde te encuentras está llena de gente, claro, al menos así lo creo, que no os lo vaís a hacer encima ¿y entonces qué?

TXIXERREKARA. Es regatilla que discurre por el suelo después de haber orinado. **K.** Ba askenien ta nola eziñ aguantauka nauen derrigorrez zerreozer asmau-bierrien nuauen, baleike inguruko jentie konturatzie baña momentu hortan etxaten ezer inportik, aterkinbat nauken, karretera bestaldien lur baztertxuen zabaldunauen eta zerura begira, pixak makurtuta eta txistuta lortunauen txixe itxie, eta esandot baleikela konturatzie zeatik eukikonauen gustoko arpegixe ikusi besteik ez ero beztela han hauen txixerrekara ikusi erreza izengozan igertzie. **T.** Pues al final y cómo estaba sin poder aguantarme necesariamente tuve que idear algo, puede que la gente que había en los alrededores se diera cuenta pero en ese momento no me importaba en absoluto, tenía un paraguas, en el otro lado de la carretera lo abrí en una esquina en el suelo y mirando al cielo, un poco agachado y silbando conseguí orinar, y digo que puede que se dieran cuenta porque con solo ver a la cara de gusto que tendría o ver la regatilla era muy fácil el notarlo.

TXIXAIÑEN. Orinando sin poderse contener. **K.** Gure aurrien pasian doien gizon horrek emutendau badaukela arazorenbat, ikustejako txixeiñen doiela eta ustedot eztala konturatzen, zalantza dauket fan ero ez berana hori esatera baña beste gauzabat be gertatzenda, nola esan? **T.** El hombre ese que va delante nuestro paseando da la impresión de que tiene algún problema, se le ve que va orinando y creo que no se da cuenta de ello, tengo duda de si ir donde él a decírselo pero también pasa otra cosa, ¿cómo se lo digo?

TXIXAIÑERO. Meón, persona que mea mucho o demasiado. Es una palabra que normalmente esto se les dice a los críos. **K.** Hau ezta posible, eztot ulertzen nola izenleiken hainbesteko txixaiñero, oñ orduerdi dala txixe iñdozu eta berriz esaten haizara gogue daukotzula?, ba oinguen zertxobaitx etxoiñbikozu, bentzet hemendik urten hartien zeatik autopistan ezingara gelditxu. **T.** Esto no es posible, no entiendo cómo se puede ser tan meón, hace media hora que has orinado ¿y de nuevo estás diciendo que tienes ganas?, pues ésta vez tendrás que esperar un poco, por lo menos hasta que salgamos de aquí porque no podemos parar en la autopista.

TXO. Palabra, expresión de saludo. **K.** Ixe Euskalherri guztien eta esagun norbaitxekiñ alkartzendanien, kaixo esatie izetenda gauza normalena, baña halaere Bizkai aldeko leku askotan, geixenbat kosta aldien, jente nausixek txo esateko oitura haundixe daukie, halaere kaixo bebai aitzenda jente gaztien hartien. **T.** En toda Euskalherría cuando te encuentras con alguien conocido la cosa más normal es decir kaixo, pero aún así en muchos sitios de la zona de Bizkaia, sobre todo en la zona de costa, la gente mayor tiene mucha costumbre de saludarse diciendo txo (cho), aún así también se oye kaixo entre la gente joven.

TXOIXUE, TXORIXUE. Chorizo. **K.** Ze gauza barririk esan txorixuen buruz aurretik esan eztana?, ba nola zerbaitx jarri-bierra dauen komestatzie lau tipotakuek, gutxienetik, dazela, batzuk nahiko etxurazkuek, beste-batzuk onak, beste hareik zoragarrixek, eta askenak eztaukienak balixo haundirik. Eta zeñeik dien zoragarri hareik?, ba leku askotan eotendie, gu bizigaren herrixen apenas baña hemendik kanpo nahiko tokitxen eta gauza da horreikiñ emutie, eta askenien be ezta halako zalla, kotxie hartu eta fan probatzen toki baten eta bestien eta ziur lortukozula. **T.** ¿Qué cosa nueva se puede decir sobre los chorizos que no esté dicho ya?, pues cómo hay que poner algo señalar que hay por lo menos de cuatro tipos, algunos que son bastante buenos, otros muy buenos, aquellos otros que son espectaculares y por último los que valen demasiado, ¿y cuales son aquellos otros que son espectaculares?, pues los hay en muchos lugares, aquí en el pueblo donde vivimos apenas pero fuera de aquí sí en bastantes sitios y la cuestión es dar con ellos, y al final tampoco es tan difícil, coger el coche e ir probando en un sitio y otro y seguro que lo conseguirás.

TXOKANTIE. Chocante. Cosa rara, inusual. **K.** Nahiko zalantza dauket eta eztakitx hori izenleiken Jenarok esatendauen bezela, nere iruitzez bentzet zerbaitx txokantie badau asunto hontan, aber, zuei iruitzejatzue gauza normala dala ezer ordaundu-barik opari bezela emutie sagasti txiki hau, esanaz berak nahikue daukela noixienbeñ etorritxe sagar batzuk hartzera? **T.** Tengo bastantes dudas porque no sé si eso puede ser de la forma que dice Jenaro, yo pienso que hay algo chocante en todo este asunto, a ver, ¿a vosotros os parece normal que nos de cómo regalo sin tener que pagar nada ese pequeño manzanal, diciendo que para el es suficiente viniendo de vez en cuando a coger unas cuantas manzanas?

TXOKAU, TXOKAUTA. Estar extrañado. **K.** Ba egixe da ze gu danok aurrena txokauta geratugiñela baña naiz da errarue izen sagasti horren asunto hori, benetazkue zan, berak esanauen bezela eta pentza, guk askenien erabakigauen eta ondion nahiko zalantzakiñ, baietza esatie bere eskeintziei eta hori esan ondoren hurrengo egunien Jenanok etorrizan sagasti horren paperakiñ. **T.** Pues es verdad que al principio todos nosotros quedamos extrañados pero a pesar de que fuera bastante raro el asunto ese del manzanal, la cosa era cierta, tal y cómo nos dijo y pensar, nosotros al final decidimos y todavía con bastantes dudas decir que si a su ofrecimiento y después de decírselo Jenaro vino al día siguiente con los papeles del manzanal.

TXOKE. Choque. Todos sabemos lo que es un choque, pero también es una palabra que se utiliza con las criaturas cuando se dan algún coscorrón en la cabeza o para que den algún golpecito con su cabeza contra la propia o la de algún otro. **K.** Zerbaitx jartzeatik. Ramontxu ikusten hainaz igurtzitxen haizarela buruen, ze gertaujatzu ba, txoke iñdozula armaixo atiekiñ?, benga ezizu mañaik iñ eta etorrizaitez ona ikusteko aber zer daukotzun, ba hori ezta ezer, koxkor txikibat besteik eztaukotzu eta laister kendukoda. **T.** Por poner algo. Ramonchu estoy viendo que te estás rascando la cebeza, ¿qué te ha pasado pues, que has hecho choque contra la puerta del armario?, venga no llores y ven aquí para que vea que es lo que tienes, ba eso no es nada, no tienes más que un pequeño chinchón y enseguida se te quitará.

TXOKO, TXOKUE. Rincón, esquina. **K.** la ordue beteda eta laister allegaukodie Donosti klasikako aurreneko txirrindularixek, txoko hartan ondion toki pixkat badau eta axkar ibiltxenbagara ta harutza mobitxu nik ustedot handik hobeto ikusikoula karrera, eta gañera keixpetan dau. **T.** Casi es la hora y pronto llegarán los primeros ciclistas de la clásica de San Sebastián, en aquel rincón todavía hay un poco de espacio y si andamos rápido y nos movemos hacia allá yo creo que de ese sitio veremos mejor la carrera, y además está a la sombra.

TXOKO, TXOKUE. Choco. Lugar de reunión para charlar, comer, beber, etc…, con amigos o compañeros. **K.** Norbertok ontxe denpora gutxi dala barriztudau terrenuen hauken txabola eta datorren zapatuen bazkaltzera gonbidauzku, txoko txikibat bezela prestauta dauela esatendau eta kanpuen parrilla be badaukela, eta batera beste gauzabat esandau, berak eztauela ezer ulertzen eta ardaue guk erueteko. **T.** Ahora hace poco tiempo que Norberto ha renovado la chabola que tenía en el terreno y nos ha invitado a comer el próximo sábado, dice que está preparado cómo un pequeño choco y que fuera también tiene una parrilla, y a la vez ha dicho otra cosa, que el no entiende nada y que el vino lo llevemos nosotros.

TXOLETA. Se llama sí al vaso metálico que se utiliza para beber agua y que suele estar en las fuentes que hay en los montes. **K.** Aspaldi fan-barik nauen Kurtzebarrira eta atzo pentzanauen aber zeatik ez bixer, ba hala, giro ederra hauen bero pixkatekiñ eta bire erdi-aldera, Portaletaña inguruen eta ia nahiko egarritxuta, itxurrira arrimaunitzen ura erateko asmuekiñ, eta ze gauza erraru, txoleta falta, haldan moduen zertxobaitx eranauen eta beraka atozen mendizale batzui galdetunutzen aber dakixien zer gertaudan txoleta horrekiñ, erantzuna ze naiz eta nahiko sarritxen jarri bateonbatek arrapau itxeituela. **T.** Hace mucho tiempo que no había ido a Kurtzebarri y ayer pensé a ver porqué no mañana, pues así, hacía muy buen tiempo con algo de calor y hacia la mitad del camino, en la zona de Portaletaña y ya bastante sediento, me acerqué a la fuente a beber agua, y que cosa más rara, faltaba el vaso metálico, de una forma u otra ya conseguí beber algo y a unos montañeros que bajaban les pregunté a ver si sabían que había pasado con el vaso, me respondieron que a pesar que lo reponían bastante a menudo había alguno que los robaba.

TXOLIÑE. Se dice de la persona que habla sin parar y sin ningún fundamento. **K.** Jakiñien nau ze zuen hartien asarre txiki batzuk izendiela eta normala da bildur pixkat eukitxie larreiko ixiltazun eongoetedan bazkal denporan, baña ez ardduratu eta lasai eon, Benito eonda eztaukotzue kuidaurik zeatik ha sigero txoliñe da, oñ hori bai, eztauko fundamento haundirik baña halaere ustedot estozuela barriketaik faltako. **T.** Estoy al tanto de que entre vosotros ha habido unos pequeños enfados y es normal de que tengas un poco de miedo de que haya demasiado silencio a la hora de la comida, pero no te preocupes y éstate tranquilo, estando Benito no vais a tener ningún cuidado porque es una persona que habla sin parar, ahora que eso si, no tiene mucho fundamento pero pienso que no os va a faltar conversacíon.

TXOMINTXO. Palabra que se utiliza para decir que está atacando el sueño. **K.** Batzuna gauza nahiko xelebrie izetenda, eta esan-baterako Primitivo horri pasatzejakon bezela, harek eta betik bazkalostien burue beso tartien jarri-bierra izetendau kurruxkarie botatzeko mai-gañien, berak esatendau hori dala gauzabat eziñdauena dominau eta betik gauza berdiñe gertatzejakola, jaten bukatu ondoren txomintxo sartzejakola. **T.** Lo de algunos suele ser una cosa bastante curiosa, y por ejemplo lo que le pasa al Primitivo ese, aquel siempre después de comer tiene poner la cabeza entre los brazos encima de la mesa para echar una pequeña siestecilla, él suele decir que es una cosa que no puede dominar y que siempre le sucede lo mismo, cuando termina de comer que le ataca el sueño.

TXONDORRA. Se llama así a la pira que se hace para obtener carbón vegetal. **K.** Oñ ezta txondorrik itxen, ez lengo bezela bentzet iketza ataratzeko asmuekiñ, baña bai erakusketa ero egizkizun bezela esplikatzeko nola, ia aspaldi, itxezien gauza horreik, nik batzuetan ikusitxe dauket eta benetan oso interesgarrixe izetendala, noski hau eztala hasieratik ikusten, bakarrik pres dauenien sue emun aurretik eta etxura guztie dauko lan haudixek emutezitxuela. **T.** Ahora no se hacen piras, al menos no igual que antes con la idea de obtener el carbón, pero sí cómo exposición o una demostración para explicar de que manera, hace ya mucho tiempo, se hacían esas cosas, yo algunas veces ya lo he solido ver y de verdad que suele ser muy interesante, claro que esto no se ve desde el principio, solo cuando esta ya dispuesto para prenderle fuego y tiene toda la pinta de que tenía que dar un gran trabajo el prepararlo.

TXOPUE. Chopo. Fig. se dice por las personas que son muy altas. **K.** Etxera ekarridozun zure soldautzako lagun hori egun batzuk pasatzeko asmuaz sekulako txopue da, eta gauzabat, garbi dau eztala kabitzen uge normalien, orduen nere galdera izengozan aber badaukotzun hori kabitzendan bezelako ugeik, ero akaso koltxoibat lurrien jartzeko asmue daukotzu? **T.** Ese amigo tuyo de la mili que has traído a pasar unos días a tu casa es un aunténtico chopo, y una cosa, está claro que no entra en una cama normal y mi pregunta sería si ya tienes una cama cómo para que pueda caber, ¿o quizá tienes la intención de colocar un colchón en suelo?

TXOPUE. Arbol álamo o chopo. **K.** Euskalherriñ beste oitura asko hartien bat da ze urte horretan dien kintxuek txopue altzatzie, eta hau Santageda egun ingurutan izetenda, entzunde dauket beste herri batzuetan be hala dala baña enau jakiñien noix dan, beno, gauza da ze txopue altza aurretik arbola arrapatzen fan-bierra dauela eta horrek bere lanak emuteitxu, moztu eta gero karriatzen, ba horretxeatik ezta komeni larreiko urriñ eoteik zeatik aparte plazara eruen, gero eta festak bukatu ondoren, kendu eta ugesabai bueltau-bierra dau. **T.** Entre otras muchas de las costumbres de Euskalherría hay una que consiste en que los quintos de ese año tienen que levantar el chopo, y ésto suele ser en los días próximos a Santa Agueda, tengo oído que en otros pueblos también hacen lo mismo pero no estoy al tanto de cuando es, bueno, la cosa es que antes de levantar el chopo hay que ir a robarlo y eso tiene un montón se trabajo. primero el cortar y después acarrear, por eso no conviene que esté demasiado lejos porque aparte de tener que llevarlo a la plaza, luego y una vez de que terminen esas fiestas hay que quitar y devolverlo a su dueño.

TXORAKEIXIE. La palabra significa locura, pero fig, se dice por las tonterías o bobadas que se dicen y escuchan. **K.** Eztakitx ze irutzejatzuen zuei baña nere ustez zerbaitx inbierra eongozan tipo horrekiñ, gogoratukozare nola arrimauzan esanaz espuzku inportik aber batzuetan gurekiñ ibilileikien txikiteatzen, ba hori, guk esangutzen momentuz eztaukoula arazorik baña oñ larrei pasatzen haida, alde guztietan eztitxu esan ta itxen txorakeixa besteik eta jentie alde itxen hasida gure hondotik. **T.** No sé que os parecerá a vosotros pero yo creo que habría que hacer algo con ese tipo, ya os acordareís cómo se arrimó diciendo que si no nos importa a ver si podría andar algunas veces con nosotros de chiquiteo, pues eso, le dijimos que de momento no teníamos problema pero ahora se está pasando, en todas partes no dice y hace más que tonterías y la gente conocida a empezado a alejarse de nosotros.

TXORIAFIXA, TXORI-AFIXA. Nido de pájaros. **K.** Denporiaz gogoratzezara eta askotan, akaso geixenbaten, berandu eta alperra izetenda damutzie, ondion ondo akordatzenaz zenbat txoriafixa puskatu iñetedoun hango arrautzak arrapazeko, eta gauza da ze gero ezgauela ezer fundamentoskoik itxen horreikiñ, bakarrik jolastu bata-bestiei jaurtitzen. **T.** Con el tiempo se da uno cuenta y muchas veces, quizá la mayoría, es tarde e inútil el arrepentirse, todavía me acuerdo muy bien de la cantidad de nidos que habremos destrozado para robar los huevos, y la cosa es que luego no hacíamos nada de fundamento con ellos, solo jugar a tirarlos los unos a los otros.

TXORIBURU. Se dice de la persona que tiene la cabeza a pájaros, voluble y casquivana. **K.** Baldomerokiñ hobeto izengou ez kontatzie eta askoz gutxiau asunto hontarako, oñ aurren inbierra daukouna da loterin urtendako dirue banatu ikusteko zenbat dan bakotxandako eta gero errepartitzen hasi. Bera, Baldomero, mutil ona da baña sigero txoriburue eta iztenbotzou zerbaitx itxen ta nola eztutzen ezerri inportantzik emuten, ba kapaz da bi ero hiru bider tokatzendan baño geixau emuteko bati eta bestiei ezer ez esanaz ia eztala geixau geratzen, bukatu iñdala. **T.** Con Baldomero es mejor no contar y mucho menos para éste asunto, ahora lo que tenemos que hacer después de ver cuanto corresponde a cada uno, es empezar a repartir el dinero que nos tocó en la lotería. El, Baldomero, es un buen chico pero si le dejamos que haga algo y cómo a nada le da importancia, es capaz de dar a uno dos o tres veces más de lo que le toca y dejar sin nada a algún otro diciendo que ya no queda nada más, que se ha terminado.

TXORIKAKA. Literalmente quiere decir cagada de pájaro. Esto se dice fig. cuando hay o te dan algo que no tiene ningún o poco valor. **K.** Hainbeste lan iñ ondoren hori besteik eztot irabazi eta hau da zure borondatie, urdaiazpikobat?, esairezu gauzabat baña aurrena pentza ondo, zure ustez eztot hau baño zertxobaitx geixau merezi?, ba gauzabat esangotzut, emutenduztazun hau txorikaka besteik ezta eta urdaiazpiko hori eruenzeike ekarridozun tokira, akaso hurrenguen be etorrikozara zerbaitxetara eta orduen esangotzuk zer inbierra daukotzun. **T.** ¿Después de trabajar tanto no he ganado más que eso, esta es la generosidad que tienes, un jamón?, dime una cosa pero primero piénsalo bien, ¿tu crees que no merezco algo más que eso?, pues te voy a decir algo, ésto que me das es igual que una cagada de pájaro y ya puedes llevar el jamón al sitio dónde lo has traido, quizá puede que también vengas alguna otra vez a por algo y entonces ya te diré que es lo que tienes que hacer.

TXORIMALO. Espantapájaros. También puede ser cualquier otra figura burlesca.

(Ver la definición de monigotie).

TXORIMALUE. Fig, se dice de la persona que hace y dice bastantes tonterías, y también de aquella que se enrabieta con facilidad. **K.** Mutil hau eta beste hainbat bider bezela asarretu iñda zuen kulpatik, eta benetan ze batzuetan laletxe zariela, ondo jakiñien zare nolakue dan eta betik hor ibili-bierra daukotzue zirikatzen ta adarra joten, ba deitxu inbikutzet eta aber, Edelmiro ezai txorimalue izen eta etorriai axkar ona segitxuen fan-bierra jaukau ta. **T.** El chico éste y al igual que tantas otras tantas veces se ha enfadado por vuestra culpa, y de verdad que a a veces soís la leche, sabeís muy bien cómo es y siempre teneís que andar ahí azuzándole y tomándole el pelo, pues le tendré que llamar y a ver, Edelmiro no seas bobo y ven rápido para aquí que enseguida nos tenemos que marchar.

TXORIXE. Pájaro. **K.** Baleike ondion banakanbat geratzie baña ustedot oñ ixe iñungo jatetxietan ero tabernako menuetan txorixek eongodienik, bistan bentzet, garai baten bai eta ez bakarrik jatetxietan, jente askok be hartzezitxuen etxera euen eta han jateko. Pentzatzendot baietz baña eztauket ziurtazunik gauza honeik debekaute dazen ero ez. **T.** Puede que todavía queden alguno pero pienso que ahora en casi ningún restaurante o tabernas haya pájaros en los menús, al menos a la vista, en un tiempo sí y no solo en los restaurantes, también mucha gente los cogía para llevar casa y comerlos allá. Creo que sí pero no tengo certeza de si éstas cosas están prohibidas o no.

TXORIZERUE. Pimiento choricero. **K.** Hauxe bai dala gauzabat sekula eztana falta izeten Euskalherriko iñungo sukaldien, piper txorizerue eta zenbat gauzatarako erabiltzendan, aber, zerbaitzuk jarrikoitxut, berakasopa, marmitako, karakolak, tripakeixek ta muturrek, txarrankak, bildotxa ta mingaña saltzan, eta enoie geixau jartzen tokixe ez betetzeatik. **T.** Esto sí que es una cosa que no falta nunca en ninguna cocina de Euskalherría, el pimiento choricero y para cuántas cosas se utiliza, a ver, voy a poner algunas, sopa de ajo, marmitako, callos y morros, caracoles, manitas de cerdo y cordero en salsa, la lengua también en salsa y no voy a poner más para no llenar el espacio.

TXORKATILLA. Tobillo, . **K.** Txorkatillak ondo zaiñdu bierrekuek izetendie inguruetan ibiltxenbada, eta ikusi noski patinete demontre horreik, eta gauza da eurok haukiela kontuz ibili inbierrekuek, baña batzuk apenas beitzendaue nundik dabitzen eta askotan pasatzendie iñok eztauen gure istripuek, lengobaten gertaujakon bezela andra nausi hari malekoien, mutikotxobat patiñitiekiñ jo eta aberixa serixue iñutzen txorkatillan, hainbeste ze anbulantzia etorri eta anbulatoixora eruen izenauen. **T.** Hay que cuidar muy bien los tobillos cuando andan cerca, y se ven claro, esos demonios de patinetes, y la cosa es que ellos deberían de ser los que anduviesen con cuidado, pero algunos apenas miran por dónde andan y muchas veces ocurren accidentes que nadie desea, cómo le pasó hace unos días a aquella señora mayor en el malecón, un chavalito le pegó con el patinete y le hizo una buena avería en el tobillo, tanta que vino la ambulancia y la tuvieron que llevar al ambulatorio.

TXORONPIO. Se le llama así al crío que es gracioso y divertido. **K.** Ze txoronpio dan zuen mutiko txikiñe, ni bentzet hemen izenazen bakotxien betik ikusi izendot pozik eta alai dauela, bai, zuk esatendozu noixienbeñ be asarreketandala baña hori gauza normala, eta gañera baleike izetie bere anaitxuek amorratzen jartzendauelako. **T.** Que gracioso y divertido es vuestro crío pequeño, al menos yo cada vez que he estado ahí siempre le he visto que está contento y alegre, sí, tú dices que tambien se enfada algunas veces pero eso es normal, y además puede que sea porque le haya enrabietado su hermanito.

TXORRA. Pene o pitilín en sentido fig.

(Ver la definición de buztana y pitiliñe).

TXORRA!, LATXORRA! Exclamación de sorpresa o asombro.

TXORRADA, TXORRADABAT. Tontería, nimiedad. **K.** Uskerixa horreatik ezai asarretu mutil, berak esatejok urten iñdutzela eta gure-barik izendala esandauena, eta hortik aparte nik ustejuat ze motibu hori txorradabat besteik eztala, berai be ikustejakok ondo damutute dauela eta benga, etorriai hona, bostekue emun eta iñizue pakiek. **T.** Por esa nimiedad no te enfades hombre, él dice que le ha salido y que ha sido sin querer lo que te ha dicho, y aparte de eso yo pienso que el motivo es una auténtica tontería, a él también se le ve que está muy arrepentido y venga, ven aquí, daros la mano y hacer las paces.

TXORROMORRO, TXORROMORROKA. Chorromorro. Juego juvenil que consistía en saltar a la espalda de los compañeros que estaban agachados y enlazados unos con otros. **K.** Joku honen izena zan txorro, morro, piku, tallo, ke, eta jeneralki, herri be aldien bizigiñenak bentzet, Elixpeien jolastegauen, aurrena bat jartzezan astue bezela makurtuta eta hurrenguek salto haren bixkar gañera gero bestekat jartzezan obatu eta makurtuta hauen aurrekuei ta postura berdiñien, beste hurrenguek bebai salto baña kasu kontan biri, eta hala danok banan banan makurtutako bat geitxuaz salto bakoitxien, gauza da bixkarreko ederrak hartzeziela baña gaztiek giñen eta ezgutzen inportantzi haundirik emuten asunto horrei. **T.** El nombre de este juego es el de txorro, morro, piku, tallo, ke, y generalmente, al menos los que vivíamos abajo del pueblo, solíamos jugar en el pórtico de la Iglesia, empezaba colocándose el primero agachado igual que un burro y el siguiente saltaba encima de su espalda, luego otro se colocaba detrás agarrado al que estaba delante agachado en la misma postura y el que seguía también saltaba encima, pero en éste caso de dos, y así todos sucesivamente uno a uno aumentando uno más agachado en cada salto, la cosa es que se recibían unos buenos golpes en la espalda, pero éramos jóvenes y no le dábamos mayor importancia a esas cosas.

TXORROSTARIE. Chorrostada. El hecho de echar un poco de licor a un vaso o taza que generalmente suele contener café. **K.** Oñ be batzuetan entzun izetendot baña lenau jente askok eskatzeauen, tabernan noski, kafie txorrostariekiñ, hau geixenbaten zan koñak pixkat botazie kafien gañien. Nik batzuetan eta ordungo garaian eran izendot eta benetan gozue ta ona zala tripa berotzeko hotz haundixe eotezanien. **T.** Ahora también lo he solido oir algunas veces pero antes mucha gente solía pedir en las tabernas el café con una chorrostada, ésto la mayoría de las veces consistía en echar un poco de coñac encima del café. Yo algunas veces y en aquellos tiempos ya lo he solido beber y de verdad que era rico y bueno para calentar la tripa en los días que hacía mucho frío.

TXORTAN. Relación sexual. **K.** Txortan da hori, aurretik erderaz jarridotena.

TXORTENA. Pedúnculo de las frutas, flores, hojas, etc…. **K.** Esatendaue frutak hobeto konserbatzeko komenidala arbolatik hartzie txortena ta guzti, eta erosten fatezarenien baitxe apartatzie txorten horreik daukienak, nik eztakitx zergaitxix horihala izenleiken baña asunto honen buruz dakixenak jakiñgodaue zeatik esateitxuen gauza horreik. **T.** Dicen que para que las frutas se conserven mejor conviene cogerlas del árbol con pedúnculo incluído, y si es que se va a comprar también apartar las frutas que lo tengan, yo no sé porqué puede ser eso así pero los que entienden sobre este tema ya sabrán porque dicen esas cosas.

TXORO, TXORUE. Persona que quizá no esté loco pero que sin embargo hace demasiadas locuras. **K.** Nere eta beste askon ustez Brauliondako komenigarrixe izengolitzake familixak nunbaitxera eruetie, ez ingresatzeko baña bai bentzet norbaitxek ikusi aber zer dauken, ero gertaulekeixon hainbeste txorakeri itxeko, gaurkue be sekulakue izenda, goixien goix eta hauen hotzakiñ pilloxik urtendau kalera eta hor ibilda pasiatzen. Nik eztot gure esateik txorue eongodanik baña akaso baleike ez geratzie askoik. **T.** Yo y otros muchos también pensamos que para Braulio sería conveniente que alguien de su familia le llevase a algún sitio, no para ingresarle pero si al menos que que le miren a ver que es lo que tiene, o que le puede estar pasando para hacer tantas locuras, la de hoy también ha sido mayúscula, a la mañana temprano y con el frío que hacía ha salido desnudo a la calle y ahí ha andado paseando. Yo no quiero decir que esté loco pero puede que quizá no le falte demasiado.

TXOST. Chost. En el juego de la pelota es cuando ésta pega en el vértice de la pared y el suelo del frontón. **K.** Esku-pelotako partidutan, geixenbat lau-terdi barruen jokatzendanien, sarri ikustenda nola aurrelarixek pelota moztendauen zabaletik txokora txost itxeko asmuekiñ, hala bada eta askotan gertatzenda, ia jeneralki ezta posible izeten bueltatzeik eta bere aldeko tantue lortzendau. **T.** En los partidos de pelota a mano, la mayoría cuando se juega dentro del cuatro y medio, se ve muchas veces como el delantero corta la pelota desde el ancho hacia el choco con la intención de hacer chost, si s así y sucede muchas veces, esa pelota generalmente ya no es posible el devolverla y consigue el tanto a su favor.

TXOSTENA. Informe, acta, memorandun. **K.** Bulego hortatik txostenak besteik eztaue bieltzen eta nahiko sarri gañera, ba ondo jakiñien die ze tratuen hasigiñenien eta aurretik hala esangutzen, guk apenas ulertzendoula zer gureduen esan eta hainbeste paper bieldu inbierren askoz hobeto zala, bier izetendanien, eurok etortzie gauzak ondo esplikatzera. **T.** De la oficina esa no hacen más que mandar informes y además demasiado a menudo, pues una cosa que saben muy bien y así se lo dijimos al principio de empezar los tratos, es que nosotros apenas entendemos lo que quieren decir y que en lugar de mandar tanto papel es mucho mejor, cuando sea necesario, que ellos vengan aquí y que nos expliquen bien las cosas.

TXOTIÑE. Hipo. **K.** Ze gauza txarra izetendan txotiñe sartzie berba itxen haizarenien erozeiñ pertzonakiñ, eta askoz trarrau bazkaltzen beste norbaitx ero norbaitzukiñ, esatendaue nahiko errexa izetendala kentzie sustonbat sartzenbotzue, baña eztot uste kustiñue izengodanik gurekiñ dauenai esatie aber mezerie ingodauen sustobat emuteko. **T.** Que cosa más mala es que te entre el hipo cuando estás hablando con cualquier persona, y mucho peor si te encuentras comiendo con alguien o algunos, dicen que se quita con facilidad si te dan un susto, pero no creo que la cuestión sea el pedir a la persona que esté contigo a ver si hace el favor de darte un susto.

TXOTX. Es la palabra que se utiliza para acudir a la kupelas (cubas) de la sidra, para despues de ensanciar, beber, degustar y conversar. **T.** Sagardoteixetan ta txotx aitzendanien han dazen jente askok, ero geixenak, tximista bezela jaiketxendie basue eskuen hartuta axkar fateko kupelak dazen aldera, nahidana eran, batzuk haldan guztie, barriketa pixkat iñ, gero bueltau maira jarraitzeko jaten eta bertan itxoiñ hurrengo txotx entzun hartien, eta noski, berriz errepikau asunto berdiñe.**T.** Cuando en las sidrerías se oye la palabra txotx mucha, o la mayoría, de la gente que está allá se levantan óun rayo con el vaso en la mano para acudir raudos dónde están las kupelas, beber lo que les apetezca, algunos todo lo que pueden, charlar un rato, luego volver a la mesa para seguir comiendo y esperar allá hasta oir el siguiente txotx, y claro, otra vez repetir la misma operación.

TXOTXOLO. Se dice de una persona bastantre simplona, algo bobalicona y propensa a meter la pata. **K.** Ezaitxeze asarretu Euleteriok esandakuaz eta eziozue kasu haundirik iñ, bera txotxolo xamarra ta halaxe esateitxu gauza asko ezer beitu-barik aber bateonbati molestau inleikien, gero gertazenda eta sarri gañera, hanka sartzendauela baña ez pentza damotukodanik gauza horreikatik. **T.** No os enfadeís con Euleterio por lo que ha dicho y no le hagaís tampoco demasiado caso, es un poco bobalicón y así suele decir muchas cosas sin mirar a ver si puede molestar a alguien, luego pasa y a menudo además, que mete la pata, pero no penseís que va a mostrar arrepentimiento por esas cosas.

TXOTXOLOKEIXAK. Tonterías, estupideces, cosas sin sentido o fundamento. **K.** Aber, hau da gauzabat danon hartien erabakibiouna, nik eztot nai bakarra izetie eta gero zerbaitx gertatzenbada jasotzie kulpa guztiek, aurreko aldixen badakitzue ze pasazan, Ruperto gurekiñ etorrizala Donostira, nola hasizan txotxolokeixak itxen taberna hartan eta askenien urten-bierra izengauela handik bieldu aurretik, ba oñ kustiñue da esan ero ez Bilbora fateko asmue daukoula. **T.** A ver, ésto es una cosa que lo tenemos que decidir entre todos, no quiero ser yo el único y luego si es que pasa algo cargar con todas las culpas, la vez anterior ya sabeís lo que sucedió, que Ruperto vino con nosotros a San Sebastián, cómo empezó a hacer estupideces en aquella taberna y al final tuvimos que marchar antes de que nos expulsasen del allá, pues ahora la cuestión es decirle o no que tenemos la intención de ir a Bilbao.

TXOTXOLOTU. Volverse tonto o estúpido. **K.** Jakinleikek zer gertatzendan hirekiñ, akaso txotxolotu iñaz derrepentien, ero?, atzo danok ados geratugiñen gaur goixien alkarreaz fateko hik esauketandauan mendi hartara eta oñ zer, hemen gaitxuk hire zai ordu-erdi honetan, deitxu telefonoz aber zerbaitx pasatzendan eta urtetzendot oñ eztaukaken gogoik kontuaz, hi ondo halau burutik? **T.** ¿Se puede saber que es lo que pasa contigo, acaso te has vuelto tonto derrepente, o qué?, ayer todos quedamos de acuerdo en que ésta mañana iríamos al monte ese que tú conoces y ahora qué, aquí estamos esperándote desde hace media hora, te hemos llamado por teléfono para saber si pasa algo y nos sales con el cuento de que ahora no tienes ganas, ¿tú estás bien de la cabeza?

TXOZNA. Chozna. Se llama así a las casetas que se preparan para algunas fiestas o acontecimientos y que generalmente funcionan igual que tabernas. **K.** Segurazki alde guztietan berdiñe izengoda baña hemen txozna deiketajatie jaixetako prestatzendien kaxeta horrei, ta benetan ezanleike ondo asmautekuek diela zeatik jeneralki eta geixenbaten betiek eotendie gazte jentiaz. **T.** Seguramente en todas partes será lo mismo pero aquí choznas se les llama a esas casetas que se preparan para fiestas, y de verdad que se puede decir que está bien pensadas porque por lo general y la mayoría de las veces suelen estar llenas de gente joven.

TXUA, TXUE. Saliva. (Ver la definición de txistue).

TXUKUN. Aseado (a), pulcro, limpio, cuidadoso. **K.** Nahiko barre ingauen lengo egunien Blasen kontura, beno Blas eta baitxe, eztoun esauketan, bere semien kontura, esaten ibilizan nola bere andriek betik esateutzon hamar urteko mutikuei kalera betik garbi eta txukun urten-bierra dauela, gauza da hala fatendala baña gero txarri iñde bueltau, eta oñ erabakidau esatie ze bai urtetzeko eta bebai sartzeko txukuntazun berdiñekiñ ikustie naidauela. **T.** El otro día ya nos reímos bastante a cuenta de Blas, bueno de Blas y también de su hijo que al que no conocemos, comentaba de cómo su mujer siempre le suele decir al chaval de diez años que para salir a la calle siempre había que estar pulcro y aseado, la cosa es que así sale pero luego vuelve hecho un cerdo, y ahora ha decidido que le va a decir que tanto al salir como al entrar le quiere ver de la misma forma.

TXUKUNA. Persona decorosa y bien arreglada. De la misma forma se puede llamar al lugar que esté en las mismas condiciones. Y también por una cosa que esté bien presentada o ejecutada. **K.** Gizon hori aspalditxo geratuzan alargun eta arrazkero nahiko etxura baldarraz ikustejakon, jantzillaz bentzet, eta oñ berriz ezanleike modu oso txukunien haidala, andrie bizizan garaian bezela, eztot uste andra barririk daukenik zeatik larogei urte baño geixau eukikodau, baña nolabaitx ero nunbaitxetik lortudau erropak garbi eta plantxa iñde eruetie. **T.** Hace ya bastante tiempo que ese hombre quedó viudo y desde entonces se le veía con bastante mal aspecto, al menos en relación a la ropa, y ahora en cambio otra vez está lo mismo de decoroso que cuando vivía su mujer, no creo que tenga una nueva mujer porque ya tendrá más de ochenta años, pero de alguna manera o de algún sitio ya se ha arreglado para llevar la ropa limpia y bien planchada.

TXUKUNDU. Arreglar las cosas, ayudar a alguien para que esté presentable. **K.** Entzun ondo Basilio, ia ondo dau zurekiñ gertatzen haidana eta enoie berriz esaten, honekiñ da, neuk be eztakitx zenbat bider baña hau askena izengoda, gaur bertan txundundute naidot ikustie zure gela, oñ daukotzun bezela eziñda pausobat emun eta komenikatzu kasu itxie zeatik beztela neu hasikonaz bixer, ta orduen alperra izengozu asarratzie. **T.** Escucha bien Basilio, ya está bien con lo que está pasando contigo y no lo voy a volver a repetir, con ésta es, ni yo sé cuantas veces pero va a ser la última vez, hoy mismo quiero ver que tu habitación está limpia y arreglada, de la forma en que la tienes ahora no se puede dar un paso y te conviene hacer caso porque sino mañana empezaré yo, y entoces va a ser inútil que te enfades.

TXULEIXIE. Chulería. Es cuando una persona tiene demasiada suficiencia, altanería y presunción.

(Ver la definición de harrokeixie).

TXULO, TXULUE. Chulo. Se dice de la persona presumida y altanera. (Ver la definición de harro).

TXULIAU. Chulearse. **K.** Tipo hori ezta bete-betie, nola izengoda ba iñditxunakiñ?, hamabost egun dala munizipalak arrapautzien igexien hauela dirue arrapau ondoren denda hartan eta oñ, hamar egun kartzelan eon ta gero, urtendau eta hemen dabill berriz lasai askuen eta gañera danakiñ txuliatzen. **T.** Ese tipo no es muy normal, ¿cómo va serlo pues después de hacer lo que ha hecho?, hace quince días los municipales le pillaron cuando estaba escapando tras haber robado dinero en aquella tienda y ahora, después de que ha estado diez días en la cárcel, ha salido y aquí anda de nuevo tan tranquilo y encima chuleándose con todos.

TXUNDA TXUNDA, TXUNDA-TXUNDA. Especie de onomatopeya del sonido de la música cuando toda una banda o similar. Y es una palabra que se utiliza con las criaturas para que oigan música o toquen algo parecido a ella. **K.** Zerbaitx jartzeatik. **K.** Zure aitxak esatendau asko gustatzejatzula txunda-txunda entzutie eta zure urte-betetzerako txirulabat oparitzeko asmue dauket, ze iruitzekatzu?, hala eta pixkana fangozara ikesten nola jotendan, eta ondo ikestendozunien piano haundibat ekarrikotzut. **T.** Por poner algo. Tu padre dice que te gusta mucho oir la música y para tu cumpleaños he pensado que te voy a regalar una flauta, ¿qué te parece?, así y poco a poco podrás ir aprendiento a tocarla y cuando ya lo sepas bien te traeré un piano grande.

TXUPALANPARAK. Literalmente quiere decir el que chupa las lámparas. Nombre curioso que quiere decir carámbanos de hielo y que suelen ser los que cuelgan de los aleros de los tejados, claro que también de muchos otros sitios. **T.** Hueskako Kanfrank oso goixen dau, mille metro ondo pasata, neguen edur ugeri itxendau, baitxe izugarrizko hotza eta kasualitatez inguru hartan ibili-ezkero datorren, hurrenguen ero beste erozeiñ neguen, ikusikozue nola etxe fatxadetan letrero batzuk dazen jartzendauenak eztala komeni ibiltxie tellatu azpiko espaloitik, eta hau da zeatik alero azpi hortan sekulako txupalanparak txintxiliska eotendie. **T.** Canfranc en Huesca está a mucha altura, bastante más de mil metros, en invierno nieva mucho, también hace muchísimo frío y si por casualidad andaías por allá el próximo invierno, el siguiente o cualquier otro, veréis que en las fachadas de las casas hay unos letreros en las que pone que no es conveniente andar por las aceras bajo los tejados, y eso es porque bajo el alero suelen estar colgando unos impresionantes carámbanos de hielo.

TXUPETIE. Chupete. **K.** Zueik akaso barre ingozue baña hau benetako gauza da, ni beñ fan-bierra eukinauen goixeko hiruretan botikabat billatzera txupetebat erosteko mutikuentzat, honek ixe egunero galtzezitxun parebat eta andriek betik hauken beste parebat etxien erreserba bezela, baña egun hartan, oporretan geotzen kostako herribaten, eztakitx zer gertauzan ze eziela asaldu ez bata ta ez bestie eta nik, ba esandakue, ze ordu horreintan kalera urten-bierra izenauela. **T.** A lo mejor vosotros os entra la risa pero ésto es muy cierto, yo una vez tuve que ir a las tres de la mañana a buscar una farmacia para comprar un chupete para el crío, éste casi todos los días perdía un par y la mujer siempre tenía otro par en casa como reserva, pues ese día, estábamos de vacaciones en un pueblo de la costa, no sé que es lo que pasó que no aparecieron ni el uno ni el otro y yo, pues lo dicho, que a esas horas tuve que salir a la calle.

TXUPINA. Chupina. Se llamaba así al contenido de líquido, normalmente solía ser vino, que cabía en una botella pequeña, creo que era de un quinto de litro. **K.** Lenau oso aspaldiko oiturabat izetezan ze arratzaldien lanetik urten ondoren, aurrena etxetik pasatzie, garbitxu pixkat eta erropak aldatu, gero zerreozer hartu meriendatzeko, tabernara fan eta txupinabat eskatu, ezan bierrezkue esateik zerekiñ bete, eta bertan jan txupina hori eranaz. **T.** Antes una costumbre de hace muchísimo tiempo era que a la tarde después de salir de trabajar, primero pasar por casa, asearse un poco y cambiarse de ropa, luego coger alguna cosa para merendar, ir al bar y pedir una chupina, no era necesario decir con qué había que llenarla, y comerlo allá mismo a la vez que se bebía la chupina esa.

TXURDO. Se llamaba así a las personas que eran zurdas. **K.** Nik eztot uste egixe izenleikenik, baña lenau bai entzutezan ze umebat ikustenbazan txurdo zana ero akaso aurrerau izengozana, komenigarrixe izetezala medikura eruetie etxurie hauken erru hori zuzentzeko, eta nik eztakitx zeatik esatezan hori, baleikion Elixako kontue izetie eta hala bazan zer, akaso Txerrena ezkertixe izengozan? **T.** Yo no creo que pueda ser verdad, pero antes se oía que si se veía que alguna criatura era zurda era o podía serlo más adelante, era conveniente llevarla al médico para corregir lo parecía que era un defecto, y yo no sé porque se decía eso, ¿quizá fuese algun cuento de la Iglesia y si es que era así qué, es que acaso el Demonio sería zurdo?

TXURRO. Casualidad, suerte. (Ver la definición de txiripa).

TXURRUT. Churrut. Palabra que significa beber. **K.** Lenau jente askok eratiei txurrut itxie esateutzien, eta baitxe umiei be horixe bera esatejakien gurezanien biberoiko ura ero esnie erandeixien, benga iñizu txurrut, segurazki ezauen ulertuko baña geixenbaten bentzet erateauen, akaso izengozan bultza itxezalako biberoiko txupetiaz. Eta akaso ondion be berdiñ balixikodau hitz hori esatenbajako. **T.** Antes mucha gente al beber le llamaba hacer churrut y a las criaturas también eso mismo es lo que se les decía cuando se quería que bebiesen agua o la leche del biberón, venga haz churrut, seguramente no lo entenderían pero al menos la mayoría de las veces ya lo bebían, quizá sea porque se les presionaba con el chupete del biberón. Y puede que todavía sirva para lo mismo si es que se les dice esa palabra.

TXURRUTARIE. Se utiliza para decir que voy o vamos a tomar un trago. **K.** Nahiko latzak izendie mendi hontako aldapak eta batzuk larri antzien be ibiligara gora allegatzeko, baña neke guzti horreik momentu hontan sigero astuta daz, oso gustora iñdou hamaiketakue trorixo bokadillo ederraz eta nola ez, ardau-botiaz ondo lagunduta, gauza da oñ jexten hasi-bierra daukoula baña hasi aurretik nere ustez komenigarrixe izengoda askenengo txurrutarie emutie, gañera hala askoz hobeto zeatik pixu gutxiaukiñ ibilikogare. **T.** Las cuestas de éste monte han sido bastante duras y algunos también hemos andado un poco apurados para llegar arriba, pero ahora ya están olvidadas todas esas penalidades, hemos comido muy a gusto ese estupendo bocadillo de chorizo y cómo no, bien acompañado con la bota de vino, la cosa es que ya tenemos que bajar pero entes de empezar yo creo que sería conveniente que le demos un último trago, además así mucho mejor porque andaremos con menos peso.

TXURRUTERO. Bebedor, aficionado a la bebida.

(Ver la definición de eranzalie).

TXUSTARRA. El corazón de las frutas sin hueso cómo manzanas, peras etc… **K.** Egun honeitan sagarrak batzen haigara eta atzo gauzabat nahiko xelebrie ikusinauen, mutil gazte berribat etorrizan laguntzera, lengosuen esaguna eta etxuraz sekulako gosiaz gañera zeatik sagarrak biñaka jaten ibilizan txustarra da guzti. **T.** Estos días andamos con la recogida de manzanas y ayer vi una cosa bastante curiosa, vino un chico joven nuevo a ayudarnos, conocido del primo y parece que además con mucha hambre porque comía las manzanas de dos en dos y sin quitarles siquiera el corazón.

TXUTXEK. Chuches. Se llama así a los dulces, caramelos y cosas similares.

(Ver la definición de gozokixek).

U

URRINTXO IKUSTENDIE HAMALAU INTXAUR, INGURATU ETA BAKARRIK LAU.

DE LEJOS SE VEN CATORCE NUECES, TE ACERCAS Y SOLO HAY CUATRO. (PARECEN UNA COSA Y SON OTRA).

UASKA. Antiguo lavadero. **K.** Euskalherriko herri askotan ondion ikustendie aspaldi erabiltzezien uaska hareik eta geixenak ondo zaiñdutakuek, jeneralki herri honeik txiki xamarrak izetendie baña halaere haundixetan be badaz, oñ uaska horreik apaingarri bezela bakarrık geratudle eta noxienbeñ toki batzuetan itxeitxue erropan garbitxazun egizkizuna jentiek ikusideixen nola zien lenauko lan horreik. **T.** Todavía en muchos pueblos de Euskalherría se suelen ver aquellos lavaderos que se utilizaban antiguamente y la mayoría bien cuidados y conservados, generalmente éstos pueblos suelen ser bastante pequeños pero aún así también los hay en los grandes, ahora esos lavaderos solo han quedado cómo una especie de adorno y a veces en algunos sitios hacen demostraciones sobre los lavados para que la gente vea de que manera se hacían antes esos trabajos.

UAU-UAU. Onomatopeya del ladrido del perro. Y ésta palabra se les dice a los críos para señalar a los perros. **K.** Ume honi hainbeste bider esanjako nun dauen etxeko txakurre ze berak be laister ikesidau esaten uau-uau, gauza da ze nola hori bakarrik dakixen esaten danai esateutzola berdiñe eta bere gurasuek be uau-uau die beretako, ba aber gero akaso aitxa eta ama esan-bierrien deiketautzen beste izen horrekiñ. **T.** A ese crío se le ha dicho tantas veces donde está el perro de casa que él también pronto ha aprendido a decir uau-uau, la cosa es que cómo solo sabe decir eso a todo les dice lo mismo y para él sus padres también son uau-uau, pues a ver si luego en lugar de llamarles aita y ama les llama por ese otro nombre.

UBELA. Que está amoratado, cárdeno. K, Zuk esatendozu etxatzula ezer gertau jausi inzarenien aldapa horretatik baña hori da zeatik eziñdozulako bixkerra ikusi, erdi-aldie sigero ubela daukotzu eta ezkerrak geixau eztala izen ikusitxe ze zartara hartudozun arbola haren aurka. **T.** Tú dices que no te ha pasado nada después de que te has caído por aquella pendiente pero eso es porque no te puedes ver la espalda, por la zona de la mitad la tienes completamente amoratada y gracias que no ha sido más viendo el golpe que te has dado contra aquel árbol.

UBELDU. Ponerse amoratado, cárdeno. **T.** Goixen jarridoun lagun honi, Damaxo bere izena, bera jetxigarenien anbulatoixora lagondutzou, hango urjentzietan beste-batzuk be baozen eta denpora dexente etxoiñ ondoren beko pixora eruendaue han plakak ataratzeko, ba eztauko ezer puskatuta baña medikuek esandau sigero ubelduta daukela bixkerra, berak bertan jarritzo uguentue eta botikan hartzeko bestebat berdiñe esautzo, etxuraz ezta sartzen errezeta bezela, eta jarraitzeko emuten hiru bider egunien, baña oñ gauzabat gertatzejako Damaxoi, aber zeñek jarri uguento hori zeatik bakarrik bizida. **T.** Después de haber bajado hemos acompañado al amigo, se llama Dámaso, al ambulatorio, allá en urgencias había más gente y después de esperar bastante tiempo le han llevado al piso de abajo y sacado algunas placas, pues no tiene nada roto pero el médico ha dicho que la espalda la tiene completamente amoratada, él le ha puesto una pomada allá mismo y le ha dicho que coja en la farmacia otra igual, parece que no entra como receta, y que se siga aplicando tres veces al día, pero ahora a Dámaso le pasa una cosa, a ver quién se la va poner la pomada esa porque vive solo.

UBERA, URBERA. Vado, paso del río. **K.** Eztakitx askenien ortoztu, frakak erremangau eta eztoun hala pasabiko erreka hau, gu hagoiez beraka baña momentuz bentzet ezta iñun asaltzen uberaik eta goixen itxidouna larreiko urruti dau, gauza da derrigorrez fan-bierra daukoula bestaldera zeatik kotxiek handikaldien daukou. **T.** No sé si al final no nos tendremos que descalzar, remangar los pantalones y pasar así el río, nosotros ya estamos bajando pero al menos de momento no aparece ningún paso y el que hemos dejado arriba está demasiado lejos, la cosa es que necesariamente tenemos que ir al otro lado porque en la otra parte es dónde tenemos los coches.

UBIDE, UBIRE. Acequia, canal para paso del agua. **K.** Oñ hortik zier ibilinazenien Grialeko birie itxen arritxuta geratunitzen Aragoiko Teruelen dauen leortazunakiñ, ezta danien hala izengo baña ni pasanazen tokitxetatik bentzet bai, halaere ikustezien zelaixek garixekiñ eta baitxe nahiko arbola frutadunak be, ubide ugeri eozen alde guztietan eta noski bierrezkue izengoziela hareik danak erregatzeko. **T.** Cuando ahora he andado por ahí haciendo el camino del Grial me quedé sorprendido de la sequedad que había en la provincia de Teruel en Aragón, no será así en todas partes pero al menos por los sitios que pasé yo sí, aún así ya se veían campos de trigo y también bastantes árboles frutales, había muchas acequias por todas partes y no hay duda de que serían necesarias para poder regar todo aquello.

UDA. Verano. **K.** Aurtengo uda hontan eztot uste larreiko posik geratukozienik hondartza-zaliek, eztau aparteko denpora txarrik iñ baña bi egun eguzkitzu errexkaran esateko bezela bez, oñ eta eguxkixe eondan egunien benetan berotudau eta orduen bai ikustezan hondartza eta malekoi inguruek jentez betiek. **T.** No creo que la gente aficionada a la playa esté demasiado contenta con el verano de este año, no es que haya hecho un tiempo especiamente malo pero se podría decir que tampoco ha habido dos días seguidos de sol, ahora que cuando se ha mantenido durante todo el día ha calentado de verdad y entonces sí se veía que la playa y el malecón estaban abarrtotadas de gente.

UDABARRIXE. Primavera. **K.** Udabarrixe berriz, eta aspaldiko urtien partez, sigero ona izenda, egun asko errexkaran eondie eguzkitzu inditxuenak eta eztau euri askoik iñ, noixienbeñ ta momentuko zaparrara batzuk bakarrik eta jeneralki esanleike udabarri hau zoragarrizkue izendala. **T.** En cambio la primavera, y cómo no hacía hace ya bastante años, ha sido muy buena, ha habido muchos días seguidos de sol y no ha llovido demasiado, de vez en cuando solo unos cuantos chaparrones momentáneos y en general se podría decir que esta ha sido una primavera espectacular.

UDALA, UDALETXIE. Ayuntamiento. **K.** Polonio nahiko larritxuta dabill ba, eta berak esatendauen bezela gertatzen haijakon hau bere kulpa besteik eztala izen, etxuraz obra dexente xamarra iñdau baserrixen eta, nik zalantza haundixe daukek hala izenleiken, astu iñ omenda baimena eskatzie Udaletxien eta oñ billdurre dauko aber ze pasakotedan asunto honekiñ. **T.** Polonio anda muy preocupado pues, y según dice él lo que le está pasando no es más que culpa suya, parece ser que ha hecho una obra bastante considerable en el caserío y, aunque yo dudo mucho de que pueda ser así, se ha debido de olvidar de pedir el preceptivo permiso en el Ayuntamiento y ahora tiene miedo por lo que pueda pasar con este asunto.

UDALEKUE. Campamento de verano juvenil. **K.** Ze gauza onak dien udalekuek eta nik ustedot nahiko aspalditxik dazela zeatik gure semiek, orduen mutikuek, oñ hogetamar urte dala gutxigorabera fatezien toki horreitara. Eta esatendot onak diela zeatik aldebatetik neska-mutiko horreik ondo pasa, lagun asko itxeitxue eta bestaldetik gurasuek be lasai antzien eoteko aukera daukie. **T.** Que cosa más buena son los campamentos de verano y yo creo que existen desde hace mucho tiempo porque nuestros hijos, entonces críos, hace treinta años más o menos ya iban a esos sitios. Y digo que es una cosa buena porque por una parte los niños y niñas lo pasan bien, hacen muchos amigos y por otra los padres también tienen la oportunidad de poder estar tranquilos.

UDARIA. Pera.

(Ver la definición de makatza).

UDAZKENA. Otoño. **K.** Ezta asko geratzen baña ondion ezgara sartu udazkenien eta eztot uste bape errexa izengodanik igertzie ze giro eongodan garai hortan, baña hasi bentzet iñdie esanaz espero dala larreiko euritzu izeteie, eta zuei ze iruitzekatzue, asmaukodauela?, ero akaso baleike untauta eotie dendarixen aldetik erosten hasteko aterkiñek eta eurixendako erropak. **T.** Todavía no hemos entrado en la estación de otoño y no creo que sea demasiado fácil predecir el tiempo que pueda hacer entonces, pero empezar al menos ya lo han hecho diciendo que se espera que sea demasiado lluvioso, ¿y a vosotros qué os parece, que acertarán?, o quizá puede que lo digan porque estén sobornados por los   comerciantes y vayamos comprando paraguas y ropa para lluvia.

UEGAÑEKUE, UGE-GAÑEKUE. Sobrecama. **K.** Uda hontan, naiz da asko ez, zertxobaitx berotuda etxe barrue eta oñartien lo ondo itxezan iseriaz tapata bakarrik, baña askenengo gau honeitan hola frexko antza igerri izendot eta andriei galdetutzet aber etxakon inportik uegañekue jartzie, nere ustez hola erraru xamar bezela beitudau eta ondion zai nau bere erantzunai. **T.** Este verano, aunque no mucho, ya se ha calentado un poco el interior de la casa y hasta ahora se dormía bien tapado solo con la sábana, pero éstas últimas noches he sentido así como un poco de fresco y le he preguntado a la mujer a ver si no le importa poner la sobrecama, yo creo que me ha mirado así como un poco raro o extrañada y todavía estoy esperando su respuesta.

UEKAMARRA, UGEKAMARRA. Cabecera de la cama. **K.** Ustedot gure ugeko ugekamarra aldatu inbikoula, hau egurrezkue da eta berriz oie bera burni estrutura gañien dau asentauta, gauza da ze ugekamarra honi zulo txiki batzuk asaltzen hasijakola, eztakitx sitzanak ero beste zerenak izenleiken baña eztauko etxura bape onik eta baezpare kentzie izengou onena. **T.** Creo que la cabecera de nuestra cama la tendremos que cambiar, ésta es de madera mientras que la propia cama está apoyada encima de una estructura de hierro, la cosa es que a esa cabecera le han empezado a aparecer unos agujeros pequeñitos, no sé si pueden ser de polilla o que otra cosa pero no tiene muy buen aspecto y por si acaso lo mejor será quitarla

UF! ¡UF! Palabra o expresión que significa fatiga, agotamiento o pesar. **K.** Arrastuik eztauket nundik ibilikozan mutiko hau baña etxura dana dauko sigero nekauta eta xixko iñde etorridala, sartu besteik ez etxien eta ezer esanbarik sofan etzanda uf! iñaz eta hor dau sigero geldik, begixek itxitxe dauko eta emutendau lasai duela, erozeiñ modutan ondion bentzet bizirik dau zeatik noixienbeñ urten ta entzutejako uf! eta berriz uf! **T.** No tengo ni idea de por dónde habrá podido andar este chaval, pero tiene toda la pinta de que ha venido muy cansado y extremadamente fatigado, nada más que ha entrado en casa y sin decir nada se ha tumbado el sofá haciendo ¡uf! y ahí está completmente quieto, tiene los ojos cerrados y parece que está tranquilo, en cualquier caso al menos todavía vivo porque de vez en cuando le sale y se oye ¡uf! y otra vez ¡uf!

UGARIXUE. Rana.

(Ver la definición de igela).

UGEAZALA, UGE-AZALA. Funda del colchón.

(Ver la definición de oiazala).

UGEL, UGELA. Ancho, amplio. **K.** Hor ibilizara egunetan eta benetan lan asko ta ondo iñdekue izendala, gañera eziñda esan ortuko terrenue etxatzunik nahiko ugela geratu, eta oñ ze asmo daukotzu, dana landatzeko?, eta hala baldinbada etxatzu iruitzen baleikela larreitxo izetie kontuen hartuta alaba Madrillen bizi eta etxien bi bakarrik zariela? Akaso aldamenekuei komestau-ezkero gustora hartukolauke zatibat. **T.** Ahí has andado durante días y has trabajado mucho y bien, además no se puede decir que no te ha quedado suficientemente amplio el terreno de la huerta, ¿y ahora que intenciones tienes, plantar en toda la huerta?, y si es así ¿no te parece que sería mucho teniendo en cuenta que la hija vive en Madrid y en casa solo sois dos? Quizá si se lo comentas al de al lado a gusto te cogería un pedazo.

UGELA. La correa de los perros. **K.** Teobaldok sekulako txakur haundixe dauko, esauzten baña oñ enaz gogoratzen ze errazakue dan, eta komestatzendau diru pilla gastatzen haidala txakur horren ugelan kontura, etxuraz sigeroko iñderra dauko eta hainbeste tira itxendau ugelatik ze ixe illero bat apurtu eta gero barrixe erosi-bierra daukela. **T.** Teobaldo tiene un perro enorme, ya me dijo de que raza era pero ahora no me acuerdo de cual, y comenta que está gastando un montón de dinero a cuenta de la correa del perro, parece que tiene una fuerza impresionante y tira tanto de la correa que casi rompe una cada mes y luego tiene que comprar otra nueva.

UGELDU. Ensanchar. **K.** Oñartien nahiko ondo hauen baserriko sarrera hau zeatik apenas sartzegauen gauza askoik, baña oñ gertatzenda hiru kotxe dazela, barruraño nai izetenda sartzie eta nik ustedot estu xamar geratudala, akaso eta aber ze iruitzejatzuen, nahiko tokixe badau eta baleike komenigarrixe izetie zertxobaitx ugeldu itxenbou. **T.** Hasta ahora la entrada del caserío estaba bastante bien porque apenas metíamos muchas cosas pero ahora hay tres coches, se quieren meter hasta dentro y yo creo que se ha quedado un poco estrecho, quizá y a ver que os parece, hay sitio suficiente y puede que sea conveniente si lo ensanchamos un poco.

UGEPEIE. Debajo de la cama. **K.** Lengo egunien lapurtzera sartu omenzien Zelestinon etxera, herritxik pixkat aparte antzien bizida baña halaere beste etxe asko tartien, egun hortan ta kanpuen afaldu ondoren etxera sartu eta konturatuzien norbaitx ero norbaitzuk erregistruen ibiliziela, deitxu ertzainai, hareik etorri, beitu alde guztietan eta askenien emunauen lapurrakiñ, badakitzue nun hauen gordeta?, ba euron gelako ugepeien. **T.** Parece que el otro día entraron a robar a la casa de Celestino, debe de vivir un poco apartado del pueblo pero aún así entre otras muchas casas, ese día y después de cenar fuera entraron en casa y se dieron cuenta de que alguien o algunos habían estado registrando, llamaron a la ertzaina, vinieron, miraron en todas partes y al final ya dieron con el ladrón. ¿sabeís donde estaba escondido?, pues debajo de la cama de su habitación.

UGERA, UGERATU. A la cama.

(Ver la definicíon ogera, oira).

UGERI. Mucho, abundante. **K.** Esatendaue ze Naparra aldeko aurtengo denporada nahiko txarra izen omendala kerixandako, bentzet igezkuaz konparau-ezkero, igez bai, ugeri eta onak jasositxuela, aurten berriz exkax eta ez hainbesteko onak, eztielako heldu bierdan moduen eguzki faltatik. **T.** Dicen que la temporada de las cerezas de este año para la zona de Navarra ha sido bastante mala, si al menos se la compara con la del año pasado, el año pasado sí, parece que lo que recogieron fué abundante y de muy buena calidad, que este año en cambio la producción ha sido más bien escasa y no tan buena, porque no se han debido de madurar lo suficiente por la falta de sol.

UGERITU, UGERITXU. Añadir, completar. **K.** Nik ustedot exkax xamarra geratzendala jarridozuen hori, etxatxue iruitzen gutxitxo dala eta zetxobaitx ugeritxu inbierra dauela?, gonbidau iñduzkue afaltzen euron etxien eta guk be zerbaitx eruetenbou etxuraskue izeteko bentzek, benga, sartuizue beste botilla parebat ardau ta ezpada eraten han geratukoda. **T.** Yo creo que queda un poco escaso lo que habeís puesto ahí, ¿no os parece que es poco y que habría que añadir algo más?, nos han invitado a cenar en su casa y si es que vamos llevar algo por lo menos que tenga buen apecto, venga, meter otro par de botellas de vino y si es que no se bebe allá se quedará.

UGESABA, UESABA. Dueño, amo. **K.** Bi egun honeitan ikusten hainaz malekol aldien txakur txikitxobot golduto dauen etxuriaz, ero beztela norbaitxek bertanbera lagata, gañera eta ikusi besteiz ez nere atzetik etortzenda eta ustedot beste batzuen atzetik be hala fangodala, bixer inguru hortatik badabill hartu ta munizipalena eruengot aber asaldu ero billatzendauen txakur horren ugesaba. **T.** En éstos últimos dos días estoy viendo por la zona del malecón a un perro pequeñito que parece que está perdido, o quizá que alguien lo haya abandonado, además en cuanto me ve viene detrás de mí y supongo que también irá detrás de otros, mañana si es que anda por ahí le voy a coger y llevar a los municipales a ver si aparece o encuentran al dueño.

UHALA. Cuerda, soga fuerte o algo similar para atar o sujetar algo.

(Ver la efinición de soka).

UI! ¡Ui! Exclamación de susto o sorpresa. **K.** Jeseus!, enauen uste ze Adelak halako sustue hartukoauenik, eta bai, noski gaba zala eta ezauela argi askoik, baña halaere kaixo besteik eztutzet esan ta gertaukozan bere gauzakiñ ibilikozala eta ezala konturatuko ni han nauenik, ba nik ixe bera baño sustu geixau hartudot halako txillixo iñdauenien ui! esanaz. **T.** ¡Jesús!, no pensaba que Adela iba a coger un susto semejante, y sí, claro que era de noche y había poca luz, pero aún así no le he dicho más que kaixo y lo que puede haber sucedido es que iría con sus cosas y no se habrá dado cuenta de mi presencia, pues yo casi me he asustado más que ella cuando ha gritado diciendo ¡ui!

UKATU, UKO. Decir que no, negar, negación. **K.** Ze gauza dauken mutil horrek, galdetu ero eskiñi inleiketzu aber guredauen itxie zerbaitx ero beste erozeiñ gauza eta aurrena betik ukatu ingodau, sekula naiz eta amorratzen eon eztau baietzik esango, gero askotan, eztakitx damotu itxendalako, baña hobeto pentza iñdauen kontuaz etortzenda eta orduen prestakizun haundixe dauko ados jartzeko esandanaz. **T.** Que cosa tiene ese chico, si le preguntas u ofreces a ver si quiere hacer algo o cualquier otra cosa lo primero será decir que no, nunca y a pesar de que lo pueda estar deseando dirá que sí, luego muchas veces, no sé si porque se arrepiente, pero viene con el cuento de que lo ha pensado mejor y entonces está muy predispuesto a estar de acuerdo con lo que se ha dicho.

UKENDUE. Pomada. **K.** Zenbak tubo ukendu gastau iñeteitxut korrikan ibiltxenitzenien eta urte asko izendie, lesio eta erazan dexente eukitxuk ta baleike hainbeste izetie zeatik eztot sekula ideia askoik euki nola zien inbierreko gauzak, beno, erozeiñ modutan eta horreik euki izendotenien nere ukendu onena, eta asko probaitxut, radiosalil izena daukena. **T.** Cuántos tubos de pomada habré gastado cuando andaba corriendo y han sido muchos años, he tenido bastantes lesiones y contracturas y puede que hayan sido tantas porque nunca he tenido mucha idea de cómo había que hacer las cosas, bueno, de todas maneras y cuando las he tenido mi mejor pomada. y he probado unas cuántas, ha sido una que se llama radiosalil.

UKITU. Tocar, palpar.

(Ver la definición de ikutu).

UKITU. Advertir, avisar. **K.** Askenien eztakitx zeatik fandan, atzo garbi asko ukitu iñutzen larreiko arrixkutzue zala mendira fatie belaño honekiñ zeatik galdu ero beste erozeiñ istripu eukileikelako, ba eztau kasuik iñ eta horixe bera gertaujako ba, estroposau, jausi, txorkatilla puskatu eta ertzaina fan-bierra izendau erreskatatzera. **T.** Al final no sé porqué ha ido, ayer ya le advertí bien claro que era demasiado peligroso el ir al monte con esta niebla porque se podía perder o tener cualquier accidente, pues eso mismo es lo que le ha pasado, se ha tropezado, caído, roto el tobillo y ha tenido que ir la ertzaina a rescatarle.

UKOBILLE. Puño.

(Ver la definición de ikubille).

UKOBILKARIE. Puñetazo.

(Ver la definición de ikubilkarie).

UKOLONDUE. Codo. **K.** Ze gauza txarra izetendan zartarabat hartzie ero norberak emun ukolonduen eta gañera gauza xelebrie gertatzenda momentu hortan, eztaukotzula miñik toki hartan bakarrik baizik beso guztien goitxik hasitxe eta beraño, hola kalambre iñdertzubat bezela igertzenda eta hori denpora dexentien besue geldixen eta eziñ mobitxuaz. **T.** Que cosa más mala es recibir o darse uno mismo un golpe en el codo y además pasa una cosa curiosa en ese momento, que no sientes dolor solo en ese sitio sino que en todo el brazo empezando de arriba hasta abajo, se siente así como un calambre muy fuerte y eso durante un tiempo bastante considerable con el brazo quieto y no pudiendo moverlo.

UKULLUE. Cuadra.

(Ver la definición de ikullue).

ULERTU. Entender, comprender, adivinar. **K.** Zuk gurozuna pentzaukozu eta naibozu esan be inzeike iñuxentiek garela, tonto xamarrak ero beste erozeiñ gauza, eta ez neri bakarrik, baitxe nere aldamenien dazenai zeatik gauza berdiñe gertatzejate, baña egixetan eztoula iñok tautik ulertzen ordenadoren asunto horren buruz. **T.** Tu podrás pensar lo que quieras y si quieres nos puedes decir que somos bobos, un poco tontos o lo que quieras, y no solo a mí, también a los que están a mi lado porque les pasa lo mismo, pero la verdad es que ninguno de nosotros no entendemos nada en absoluto sobre el asunto ese de los ordenadores.

ULERTU-EZIÑE. Imcomprensible. **K.** Bai, zuk nahiko errexa dala esangozu eta ezkertzendou hala alegintzie gurekiñ, baña atzo esanotzun, eta ustedot garbi geratuzala, ze sigero alperra zala jarraitzie, eta guretzak ordenadoren asunto hau ulertu-eziñe dala, eztakitx zeñek bieldute etorrikoziñen kurtzu hau emutera, baña izendanak eztau kontuen hartu ze talde hontako gaztienak larogei urte baño geixau daukela eta zarrenak ixe ehun. **T.** Si, tú dices que es bastante sencillo y te agradecemos tus esfuerzos, pero ayer ya te dije, y creo que quedó claro, que es completamente inútil que continuemos y que para nosotros el asunto éste de los ordenadores es imcomprensible, no sabemos quien te habrá enviado a dar este curso, pero el que haya sido no ha tenido en cuenta que el más joven del grupo tiene más de ochenta años y el mayor casi cien.

ULIE. Pelo. **K.** Lengo egunien tabernan nauen kuadrillakiñ txikitobat hartzen eta Florentxiok, gure aldamienien eta zertxobaitx txispauta, esauzten aspaldi izenitzela gaztie eta oñ ia ule zurixe naukela hala erueteko, geldetunutzen aber nola eruetenauen ta bere erantzuna izenzan ze bere iruitzez larreiko luzie zala, barre iñauen eta enutzen kasuik iñ baña ustedot hori esauztela inbidixa daukelako, zeatik berak eztauko ule bakarrik buruen. **T.** El otro día estaba en el bar con la cuadrilla tomando un chiquito y Florencio, a nuestro al lado y un poco achispado, me dijo que ya no era joven y que ahora tenía el pelo ya blanco para llevarlo de esa manera, le pregunté a ver que manera era esa y me contestó que a él le parecía demasiado largo, me reí y no le hice caso pero creo que eso me lo dijo por envidia, porque él no tiene un solo cabello en la cabeza.

Aspaldiko esaerabat: Ulie hobeto da euki naiz eta hau izen zuri.

Un viejo proverbio en euskera dice que es mejor tener pelo, aunque éste sea blanco

ULU, ULUE. Grito fuerte. **K.** Eziozue deitxu geixau zeatik oñartien ezpadau kasuik iñ onazkero eztau ingo, eta eziñdau esan eztauenik entzun, ni ziur nau gorra eztala eta derrigorrez zerbaitx entzun-bierra eukidauela botadoun uluekiñ, ba berak ikusikodau eta ezpadau gure buruik bueltatzeik ba horkonpon marianton. **T.** No le llameís más porque si hasta ahora no ha hecho caso a partir de ahora tampoco lo hará, y no puede decir que no ha oído, yo estoy seguro de que no es sordo y que a la fuerza ha tenido que oir algo con los gritos tan fuertes que hemos dado, pues el verá y si no quiere volver la cabeza pues allácuidaús.

ULUKA. Gritando. **K.** Ze oitura txar daukien gazte jente honeik, askok bentzet, uluka ibiltxeko kalien, gauza normala eta askotan ixe derrigorrezkue izetenda zertxobaitx altuau berba itxie jente asko dauen tokixen, baña nik esatendoten hau asteburutan izetenda eta ondion eztanien eguna argitxu, kalien apenas iñor eta lasai eta barriketa baju xamar itxeko aukera daukienien. **K.** Que costumbre más mala tiene la gente joven, al menos muchos, de andar a gritos por la calle, encuentro normal que muchas veces casi sea necesario hablar algo más alto de lo debido en los sitios donde haya mucha gente, pero ésto que yo digo suele ser los fines de semana y cuando todavía no ha amanecido, casi nadie en la calle y tienen la oportunidad charlar tranquilamente hablando bajito.

UMEKEIXAK, UMEKEIXIE. Hacer o decir insensateces propias de infantiles. **K.** Zuetik bateonbat konforme zare Eulaliok esandauenaz eta pres itxeko bere asmakizunaz?, ba ni bentzet ez, enoie jartzen kaltzontzillotan desfilatzeko andran aurrien honeik barre indeixen, nere ustez hori umekeixebat besteik ezta eta gañera beste gauzabat gertatzenda, esatiek be lotza apurbat emuteuzt baña aspaldixtuen eztot kaltzontzilloik aldatu. **T.** ¿Alguno de vosotros estáis de acuerdo con lo que ha dicho Eulalio y dispuestos a hacer lo que él ha propuesto?, pues yo al menos no, no me voy a poner en calzonzillos y desfilar delante de las mujeres para que éstas se rían, creo que eso es una cosa propia de críos y además pasa otra cosa, también me da un poco de vergüenza decirlo pero hace ya algún tiempo que no me he cambiado de calzoncillos.

UMELA. Húmedo, todavía algo mojado o con cierta humedad. **K.** Zuk bieldunaizu txoritxo batzuk ekartzera beste etxe zarretik, baña ikusitxut eta eztakitx bier bezelako onak eongidien ondion, nik apenas ulertzendot baña nere ustez nahiko umelak daz eta horreatik eztitxut ekarri, ba baezpare zeu fanzaitxez, ikusi eta aber ze irutzejatzun. **T.** Tú ya me has mandado a traer unos cuantos txorizios a la casa vieja, pero los he visto y no sé si todavía estarán suficientemente buenos, yo apenas entiendo pero me ha parecido que están bastante húmedos y por eso no los he traído, pues por si acaso vete tú, los miras y a ver que te parecen.

UMELDU. Mojar, humedecer. **K.** Ideltzerobat etorrida baserrira lan batzuk itxera eta allegau besteik ez esautzet, gurebadau noski, lagundukonutzela zerbaitzuk itxen, ba erantzuna baiezkue izenda eta hala axkarrau bukatukoula, aber zertan galdetudot, ba brotxabat emunaz esandau umeltzeko paretak ur-tanto batzukiñ bera rasian hasi aurretik. **T.** Ha venido un albañil al caserío a hacer unos trabajos y nada más que ha llegado le he dicho, si es que quiere claro, que le puedo ayudar a hacer algo, pues me ha respondido que sí y que así terminaríamos antes, he preguntado aber en qué, pues me ha dado una brocha diciendo que humedezca las paredes con unas gotas de agua antes de que él empiece a rasear.

UMELTAZUNA. Humedad. **K.** Eztakitx ze gertatzendan etxe hortan, deitxuiztie esanaz aber fangonazen ikustera eta gauza da eztotela ulertzen zer izenleiken, etxuraz, naiz eta oñ eon ez, noixienbeñ asaltzen omenda pareta goi aldien umeltazun pixkat eta gero handik gutxira berez desagertu beltzuna han lagata, ta gauza xelebrie da zeatik goixen eztau beste etxe-bizitzaik, pareta hortan ezta pasatzen iñolako tuboik eta kanpo aldera be eztau emuten. **T.** No sé que es lo que puede pasar es esa casa, me han llamado para que vaya a verlo y la cosa es que no entiendo lo que es, parece ser, aunque ahora no la haya, que de vez en cuando aparece encima de la pared un poco de humedad y luego al cabo de poco tiempo desaparece por sí sola dejando allá la mancha, y es una cosa rara porque arriba no hay ninguna otra vivienda, por esa pared no pasa ninguna tubería y tampoco da hacia la calle.

UMETU. Persona que parece infantil por las cosas que dice o hace. **K.** Betik entzun izenda ze nola edadiekiñ danok zertxobaitx umetu itxegaren, eta Katalinai horixe bera gertaujako, ixe larogei urte dauko eta naiz eta seme-alaban aldetiik errieta batzuk jasoteitxun eztau emuten inportantzi haundirik emuteutzonilk, eta berak berie, esan-baterako neskatillak ikusteitxunien harri-harrika ero soka-saltoka jolasten haidiela segitxuen bera sartzenda jolastera euron hartien. **T.** Siempre se ha oído que con la edad todos nos volvemos un poco infantiles, y a Catalina eso mismo es lo que le ha pasado, tiene casi ochenta años y a pesar de por parte de sus hijos ya recibe unas cuantas riñas no parece que le de demasiada importancia, y ella a lo suyo, por ejemplo en cuanto ve a unas niñas que están jugando con la piedra en el suelo o saltando a la comba enseguida se mete ella entre ellas a jugar.

UMETXUE. Criatura recién nacida. **K.** Bigarren umetxo hau nahiko kostata etorrida baña askenien be jaixoda, dana bierdan moduen urtendau eta amalabak ondo daz, eta aitxana eztau zer esanik, sigero pozik baña eztauena emuten holako posik dauenik bere anaitxue da, Bitorianok esatendau, bere aitxa, nola atzo ospitalien eonzan arrebatxue ikusten eta ixe kasuik be ezutzela iñ. **T.** Ha costado bastante que venga esta segunda criatura pero por fín ya ha nacido, todo ha ido cómo es debido y tanto la madre como la hija se encuentran bien, y que decir del padre, muy feliz pero el que no parece que está muy contento es el hermanito, Bitoriano dice, es su padre, que ayer estuvo en el hospital viendo a su hermanita y que casi no le hizo ni caso.

UMEZAIÑ, UME-ZAIÑ. Cuidando críos. **K.** Batzui errarue iruitzejate neri ikustie umezaiñ lanak itxen hainazela, eta nik be beste-batzui ikusteutzet nola barre pixkat itxendauen, baña ez batak eta ez bestiek eztakixe asunto hau ondo eta luze erabakitxekue dala andrien eta bixon hartien, ezta izen berak ni baño geixau irabaztedauen kontue, baña bai zeatik nere aldien aukera askoz geixau daukela aurreratzeko bere lanien. **T.** A algunos les parece raro el verme que esté haciendo los trabajos del cuidado al crío, y yo también a otros les observo como se ríen un poco, pero ni los unos ni los otros saben que este asunto ha sido largamente meditado entre mi mujer y yo, no ha sido cuestión de que ella gane más que yo pero sí porque que tiene muchas más oportunidade de progresar en su trabajo.

UMEZAIÑA, UME-ZAIÑA. Cuidadora o cuidador de crios. **K.** Ze gauza dan eta neri bentzet nahiko txokantie iruitzejat, danok dakigu nola jente asko etotrridan kanpotik, eta etorridien neska ta andra horreitik askoi ikustejatie nola zaiñdu eta pasiatzen ataratzendauen aguratxuei, berriz eta eztakitx zergaitxik, ezta gertatzen gauza berdiñe umiekiñ, emutendau gurasuek naio izetendauela bertako pertzonabat hartzie umezaiña bezela. **T.** Que cosa es y a mí al menos me parece bastante chocante, todos sabemos cómo ha llegado mucha gente de fuera, y que de esas chicas y mujeres que han venido a muchas de ellas se les ve que cuidan y sacan a pasear a los viejecitos, en cambio y no se porqué, no sucede lo mismo con las criaturas, parece que los padres prefieren coger como cuidadoras a otras personas que son de aquí.

UME-ZALIE. Persona a la que le gusta tratar y jugar con las críaturas. **K.** Nik bai esangonauke nahiko ume-zalie nazela eta akaso izengoda zeatik oso sarri ta urte askuen ibilinazelako euron tartien, oñ zaiñdu baño geixau jolastie gustatzejak, adarra jo eta amorratu eraitxie, eta gero gertau-ezkero pixkat asarratzendiela ba gozoki dendara fan eta kitxo, horrekiñ dana konpontzenda. **T.** Yo sí podría decir que me gusta tratar con las críaturas y quizá sea porque he andado muy a menudo y durante muchos años entre ellas, ahora que más que cuidar me gusta más jugar, tomarles el pelo y hacerles rabiar, y si luego resulta que se enfadan un poco pues se va a la tienda de chuches y listo, con eso queda todo arreglado.

UMIE. Crío (a). **K.** Ba goixen jarridotena, nola nahiko umezalie nazen ba gustora ibiltxenazela eurokiñ, oñ ondion umetxue baldinbada betik kontu haudixekiñ ibili izenaz, halako txikixek die ze betik bildur pixkar euki izendot besuetan hartzeko, sudurra bai emutenutzen txupatzeko, hori halbazan eta baezpare eskutuen, gañera eta jeneralki gustora hartzendaue, akaso pentzata bere aman titixe zala. **T.** Pues lo que he puesto arriba, cómo me gusta tratar con los críos pues que ando a gusto con ellos, ahora con las criaturas siempre he tenido mucho cuidado, son tan pequeñas que siempre he tenido un poco de miedo a la hora de cogerlas en brazos, la nariz si que les daba para que la chupasen, eso si se podía y por si acaso un poco a escondidas, y la cosa es que generalmente la cogen a gusto, quizá pensando que es la teta de su madre.

Aspaldiko esaerabat: Etxien ikusixe, umien ikesixe.

Un viejo proverbio vasco dice que lo que vean en casa, es lo que aprenderán las criarturas.

UMILDU. Volverse humilde, apaciguar, calmar, serenarse. **K.** Agapito be zertxobaitx umildu-ezkero askoz hobeto ibilikozan, eta ez bera bakarrik baizik bere aldamenekuek berdiñ, larreiko harrokeixa dauko gauza onerako eta bere familixak ondo esauketandau nolakue dan, hortik zier fatendienien bazkaltzera ero beste erozeiñ gauza itxen, askotan nahiko lotzatuta geratzendie bestien aurrien esateitxuen gauzakiñ. **T.** Agapito también si se volviese un poco más humilde andaría mucho mejor y no solo él sino que igualmente los que están a su alrededor, es demasiado presumido para cosa buena y su familia conoce muy bien cómo es, cuando van por ahí a comer o hacer cualquier otra cosa, muchas veces se quedan bastante avergonzados con las cosas que dice delante de los demás.

UMILL, UMILLE. Humilde, manso, callado.

(Ver la definición de apala).

UMORETZUE. Se dice de una persona con buen humor. **K.** Estakitx Teofilo hau iñoiz asarreketandan, nik bentzet eztutzet sekula ikusi eta entzun bez, sarri ikustejako tabernan eotendala bere lagunekiñ txikitonbat hartzen, eta gertauleike lagun horreik diskuzio txikiñbat eukitxie euron hartien erozeiñ gauzatik, baña bera ezta ezertarako sartuko eta lasai eongoda betik umoretzu eta irribarre hori galdu-barik. **T.** No sé si el Teófilo éste se enfada alguna vez, yo al menos no lo he visto nunca y tampoco lo he oído, se le suele ver bastante a menudo que está en la taberna con los amigos tomando algún chiquito, y puede pasar que esos amigos tengan una pequeña discusión entre ellos por cualquier cosa, pero él no se meterá para nada y estará tranquilo con buen humor y sin perder la sonrisa.

UMORIE. Humor. **K.** Askotan entzun izenda asarriek bi lan daukela, aurrena asarretzie eta gero aixkiratu, eztala komenigarrixe lan dan horreik hartzie eta askoz hobeto dala umorie eukitxie, ona noski, ta arrazoie zeatik asarriek baleike tripakomiñe emutie eta umore onakiñ berriz betik hobeto eongozara erozeiñ gauza itxeko. **T.** Se ha oído muchas veces que el enfado tiene dos trabajos, primero el enfadar y luego amigarse, que no merece la pena tomar todos esos trabajos y que por eso es mucho mejor tener humor, del bueno claro, y con razón poque el enfado puede que produzca dolor de tripas mientas que con buen humor siempre se está más predispuesto para hacer cualquier cosa.

UNA. Tuétano de la cañada. **K.** Gari baten ezan ezerko arazoik eoten una jateko eta gure etxien domeka guztietan hauen hori bera itxeko nai izeteauenak. Eta hala prestatzezan, salda iñ garaian unan azurre azurre uretan jartzezan, beste gauzakiñ batera, eta salda iñde zanien azur hori atara, golpebat emun fratelan una urtendeixen, gero gatza bota, ogixekiñ untau eta jan, kustiñue zan hori axkar inbierreko gauza zala zeatik beztela seguitxuen gogortzezan. **T.** En un tiempo no existía ningún problema para comer el tuétano y en nuestra casa todos los domingos lo había para el que querría comerlo. Y así se preparaba, primero se echaba el hueso de la cañada al agua para hacer caldo junto con otras cosas y cuando el caldo ya estaba hecho se sacaba ese hueso, se le daba un golpe en el plato para que saliese el tuétano, luego echar sal y comerlo untando con el pan, la cuestión era que eso había que hacerlo rápidamente porque sino enscguida se solidificaba.

UNTAU. Untar. Acto de rebañar con el pan las salsas de los platos. **K.** Ezizue prixa haundirik euki maixe jasotzeko, geixenak bukatudou baña ondion Xipriano inguruko saltza guztiek untatzen haida, gañera ogixe euki-ezkero badauko denpora pixkaterako eta pakien iztie komenida bukatu harte, gu lasai eongogara barriketan ardau pixkat eranaz eta nola eztaukoun iñora fan-bierrik, ba itxoiñ ingout apurbat postriek eskatzeko. **T.** No tengáis demasiada prisa en regoger la mesa, la mayoría ya hemos terminado pero todavía Cipriano está untando todas la salsas que están a su alcance, además si es que tiene pan tiene para un buen rato y conviene dejarle en paz hasta que termine, nostros estaremos tranquilamente de charla bebiendo un poco de vino y cómo no tenemos que ir a ningún sitio, pues esperaremos un poco para pedir el postre.

UNTAU. Fig. se dice por el hecho de sobornar. **K.** Arrastuik be eztauket ze gertau izenjakon mutil horri, atzo gurekiñ batera ados hauen beste horreiñ aurka fateko haigaren asunto hontan, eta gaur urtetzendau ezanaz atzoko baietza pentzau-bakue izenzala baña oñ eta ondo pentza ondoren bestien alde dauela, ba apostaukonaute untauta eongodala eta ondo gañera. **T.** No tengo ni idea de lo que le puede haber pasado al chico ese, ayer estaba de acuerdo con nosotros para ir juntos en contra de aquellos otros en el asunto que nos ocupa, y hoy sale diciendo que el sí de ayer fue sin haberlo meditado antes pero que ahora y después de haberlo pensado bien está a favor de la otra parte, pues ya apostaría a que le han sobornado y bien además.

UNTUE, UNTURA. Pueden ser varias cosas y además muy diferentes. Pomadas, mantequilla y derivados, salsas, jugos, etc… **K.** Badakitzue zenbat denpora eonzan Jenaro bere untuekiñ?, ba ordu-erdi pasatxo, gauza da gero postriek eskatzie geratzezala eta ondoren kafiek eta kopak, batzuk baitxe puruek be eta batekoz-beste ixe afaltzeko ordue allegauzan, meriendatzeko ia pasata bentzet eta handik urten orduko zortzi-terdirek pasatxo zien. **T.** ¿Sabeís cuánto tiempo estuvo Jenaro con sus salsas?, pues media hora bien cumplida, la cosa es que todavía quedaban de pedir los postres y luego los cafés y las copas, algunos también puro y con una cosa y otra casi llega la hora de cenar, al menos ya pasada la hora de la merienda y para cuando salimos de allá ya eran las ocho y media pasadas.

UNTZA (K). Clavo (s).
(Ver la definición de puntapaxak).

UNTZIA (K). Conejo (s).
(Ver la definición de konejuek).

UPA, UPELA. Cuba, tonel, barrica. **K.** Edari mota askotakuek eotendie upelan sartzeko bezelakuek, ardaue, sagardaue, txakoliñe, biñagrie eta beste tipoko batzuk bebai. Eukalherrixen geixenak ardauentzat izetendie baña baitxe, sigero ugeri gañera, badaz sagardo eta txakoliñenak, hemen gu bizigaren kosta aldien geixenak, akaso danak, sagardotegi eta txakolindegitan daz eta bi honeitan eratie be badau upeletatik. **T.** En las cubas o barricas se meten bebidas de muchos tipos, vino, sidra, txakoli, vinagre y también de algunos otros clases. En Euskalherría la mayoría suelen ser para vino, pero hay muchaísimas que son para sidra y txakolí, aquí en la zona de la costa donde vivimos la mayoría, quizá todas, están en las sidrerias y bodegas de txakolí y también se puede beber de los toneles que hay en ambos sitios.

UPATEGIXE, UPATEIXE. Bodega en general. **K.** Euskalherri hontan eztaukou upategiren faltaik, nik eztakitx zenbat eonleikien danera baña apostaukonate, zerbaitx jartzeatik, badiela berrehunetik gora. Arabako Errioxan eta ardauenak dozenakak die, txakoliñenak Gipuzku ta Bizkaiko kostan eta baitxe oñ barru aldien be beste horrenbeste, eta sagardauenak bai Araban, Bizkaian ta Gipuzkun izengodie auskalo zenbat geixau baña erozeiñ modutan izugarri. **T.** En ésta Euskalherría no tenemos falta de bodegas, yo no sé cuantas podrá haber en total pero ya apostaría, por poner algo, que pasan de doscientas. En la Rioja Alavesa hay docenas de ellas que son de vino, de txakolí tanto en las costas de Bizkaia y Gipúzkoa y ahora también en el interior parecido, y de sidra en las tres provincias de Alava, Bizkaia y

Gipúzkoa serán no sé cuantas más, pero en cualquier muchísimas.

URA. Agua. **K.** Esatendaue derrigorrezkue izetendala ura eratie eta hal izen-ezkero egunero bi litro gutxienetik, oñ honen buruz gauzabat gertatzenda eta ez neri bakarrik baizik baitxe beste askoi be, nola ixe sekula eztoun uregarririk eukitxen ba astu itxendala baña halaere nik ustedot esniek, frutak eta beste holako gauza batzuk badaukiela, ta akaso ardauek be eztie larreiko urriñ ibiliko. **T.** Dicen que es necesario beber agua y si es poible dos litros al día, ahora que en relación a ésto pasa una cosa y no solo a mí sino que también a otros muchos, como casi nunca tenemos sed de agua pues que se olvida, pero aún así yo creo que la leche, frutas y otras cosas parecidas ya lo tienen, y a lo mejor el vino tampoco andará demasiado lejos.

Aspaldiko esaerabat: Urak ekartzendauna berriz eruetendau.

Un viejo proverbio en euskera dice que lo que el agua trae se lo vuelve a llevar.

URA, HURA. Aquel, aquello. **K.** Esatendozu denda hontara etorrizardela billatzeko asmuekiñ aspalditxo atzien haizaren gauza hori, baña eztotzue ondo esan nora fan zeatik hemen eztaukou holakoik, ura eukokizu, ero ustedot bentzet, han bazterrien dauen beste denda hartan zeatik lenau, ezpadau aldatu bentzet, ibiltxezien zuk gurozun tipoko gauza berdintzuekiñ. **T.** Tú dices que has venido a esta tienda con la intención de encontrar lo que llevas buscando hace ya bastante tiempo, pero no te han indicado bien porque aquí no tenemos nada de eso, aquello lo tendrás, o eso creo al menos, en la tienda que está en la otra esquina porque antes, si es que al menos no ha cambiado, ya solían andar con cosas parecidas a los del tipo que tú quieres.

(También se puede ver la definición de hura).

URAZALA, URAZALIEN. Lámina de agua superficial. **K.** Oñ hiru urte dala Ebro errekako bidaia iñauen, Kantabriako Fontibren hasitxe eta Tarragonan bukatuta, Deltebreko Riumar auzuen. Gauza da ze garai hartan, maiatz-ekaina zan, leku askotan Ebro erreka ur oso gutxikiñ jeztezala eta urazala ikustezan bedarraz ero algaz betie, eta etxuraz hura zan, esauztien bezela, euli baltz horreik arrautzak jartzezitxuen tokixe. **T.** Ahora hace tres años que hice la ruta del río Ebro desde el nacimiento, en Fontibre de Cantabria hasta su desembocadura en el barrio de Riumar de Deltebre en Tarragona. La cosa es que en aquella época, era mayo-junio, el río Ebro bajaba con muy poco caudal en muchos de sus tramos, la lámina de agua estaba llena de hierbas o algas y parece, según me dijeron, que es ahí donde la mosca negra depositaba sus huevos.

URBIL, HURBIL. Cerca, próximo. **K.** Batzuk ero danok gure izetendou haldan urbil eotie fatie naidoun tokira zerbaitx ikusi ero erosteko, eta ezta asmo txarra baña hori, kasu konkretu batzuk kenduta ezta ixe sekula posible izeten, esanbaterako eta gurebozu igotie mendira, akaso urrien haldau?, eta Donostiñ nai izenezkero ikustie erozeiñ gauza, ezta segurazki eongo zu momentu hortan zaren inguruen, eta hala beste mille gauza. **T.** Algunos o todos solemos querer que aquellos sitios a lo que queremos ir, ver o ir a comprar estén lo más cerca posible, no es mala idea pero eso, quitando algunos casos concretos no suele ser posible casi nunca, por poner un ejemplo, si tú quieres subir al monte, ¿acaso está al lado?, y si quieres ver cualquier cosa en San Sebastián posiblemente tampoco estará cerca de dónde estés en ese momento, y así mil cosas más.

URAZUKRIE, UR-AZUKRIE. Almíbar. **K.** Batzuetan andriek erosi izendau pote horreik barruen frutak daukienak urazukrien sartuta, bera fruta hori ezta txarra baña urazukrie larreiko gozue izetenda eta zerbaitx bota-bierra dau gozotazun hori kentezko, nik esangonauke limoi-uraz nahiko ondo geratzendala. **T.** Algunas veces la mujer ya ha solido comprar esos botes que llevan dentro frutas en almíbar, la fruta esa está bastante bien pero el almíbar es demasiado dulce y hay que echarle algo para quitarle ese dulzor, yo diría que si le echa limón exprimido queda bastante bien.

URDAIAZPIKUE. Jamón.

(Ver la definición de pernille).

URDAIXE, URDEIXE. El tocino de los animales, y generalmente se refiere al del cerdo. **K.** Zenbat bider ikusi izendoten jente askoi, geixenbat galleguek eta baitxe hor be aldekuek dienai, nola moztendauen sikauta dauen urdai zuri hori, gero jarri ogi gañien eta berriz labañaz moztu, oñ zati txkixek eta hori iñ-hala jan ogi pusketa horrekiñ batera. **T.** Cuántas veces habré visto a mucha gente, sobre todo a gallegos y también a los que son de por ahí abajo, como cortan ese tocino blanco que está curado, luego colocarlo encima del pan y volver a cortarlo, ésta vez a cachitos y comer a medida que se hace eso acompañado con del pedazo de pan.

URDURI. Preocupado. **K.** Nolakuek dien Honoraton gurasuek, aurrena esatie berrogetabi urte daukela Honorato honek, ba asteburu guztietan gertatzen omenda ze kalera urtetzendan bakoitxien guraso horreik esna eta jaikitxe eotendiela etxoitxen semie bueltaurarte, betik urduri aber zerreozer pasaetejakon bildurraz eta berak, Honoratok, esatendau errieta batzuk botateitxula baña alperrik dala zeatik hurrenguen be han eotendiela. **T.** Cómo son los padres de Honorato, primero decir que Honorato tiene cuarenta y dos años, pues sucede que cada vez que sale a la calle los fines de semana sus padres siempre están levantados y despiertos esperando hasta que vuelva el hijo, siempre preocupados y con miedo por si le puede haber pasado algo y él, Honorato, dice ya les riñe pero que es inútil porque la siguiente vez también estarán allá.

URDURITASUNA, URDURITU. Preocupación. **K.** Urduritzeko bezelakue da bai, hainbeste gauza entzutendie, bikote horrein semie hiru aste dala oporretan fan omenzan Mexiko horren aldera, eta esatendaue eztaukiela haren bape notizik askenego aste hontatik, eztauela uste ezer txarrik gertaudakik zeatik beztela pentza bateonbatek laister jarrikoitxuen jakiñien, baña halaere zerbaitx badala, koberturaik ez, galduta ibili ero beste erozeiñ gauza. **T.** Y sí, es cómo para tener preocupación, se oyen tantas cosas, el hijo de esa pareja hace tres semanas que fue de vacaciones a México y dicen que no tienen ninguna noticia de él desde esta última semana, que no creen que le haya pasado nada malo porque piensan que sino alguien ya les habría puesto en conocimiento, pero que aún así algo ya hay, que no tiene cobertura, que pueda andar perdido o cualquier otra cosa.

URETAN. En el agua. **K.** Nakiko lan emutendaue ume horrek hondartzara fategaren bakoitxien, ni denpora dexente ibiltxenaz eurokiñ uretan baña asko izetenbada larreitxo nekatzenau eta euroi berriz ezer ez, ni urten ondoren han jarraitzenadaue ondion denpora pillabat eta askenien serixo jarri-bierra izetendot lortzeko hortik ataratzie. **T.** Ya dan bien de trabajo esos críos cada vez que vamos a la playa, yo suelo andar mucho tiempo con ellos en el agua pero si es demasiado me cansa bastante y en cambio a ellos nada, después de que salgo yo allá continúan todavía un montón más de tiempo y al final me tengo que poner serio para conseguir que salgan de allá.

URETZA. Agua sulfurosa que tiene olor a huevo podrido y que dicen que es buena para algunas afecciones, pero no me acuerdo cuales son. **K.** Ni jaixonitzen herrixen bazan uretzan itxurribat eta gero eztakitx nola, hango ura desagertu inzan, akaso baleike izetie inguruko terrenuek zulatzen hasizienien etxe-bizitak itxeko, gañera gogoratzenaz ze useiñ txarra hauken eta nola izteauen ur hori jaustezan tokixe, hala hari zuri batzuk bezela. **T.** En el pueblo donde nací yo había una fuente de agua sulfurosa y luego no se cómo, dejó de manar la fuente, quizá puede que fuese cuando emprezaron a agujerear los terrenos del entorno para hacer casas, además me acuerdo del olor tan malo que tenía y el rastro que dejaba en en sitio dónde caía el agua, así cómo uno hilillos blancos.

UR-HAUNDIXEK, URAUNDIXEK. Literalmente quiere decir aguas grandes y se refiere a las inundaciones. **K.** Kanbio-klimatiko horreatik izengo halda?, nik, noski hori eztakitxela baña garbi dau horreatik ezpada beste zerbaitxeatik izengodala, zeatik aurten bezela eztot uste ixe iñoiz, ni gogoratzenazenetik bentzet, hainbeste bider eondienik uraundixek, eta gañera hau toki askotan gertauda, eurixen buruz dakixenak esatendaue eztauela alde haundirik urte batetik-bestera baña oñ itxendauena, geruau eta geixau, sekulako zaparrarak bota derrepentien eta gero denpora askuen eon tanto bakarra bota-barik. **T.** ¿Será por el cambio climático ese?, yo, claro que desde luego que no sé pero está claro que sino es por eso será por alguna otra cosa, porque tantas inundaciones cómo este año, al menos desde que yo recuerde, no creo que hayan ocurrido casi nunca, y además esto ha sucedido en muchísimos sitios, los que saben sobre la lluvia dicen que no hay una gran diferencia entre lo que hace de un año y otro pero que lo que ahora está haciendo, cada vez más, es echar de repente unos chaparrones impresionantes y luego estar un montón de tiempo sin que caiga una sola gota.

URI, HURI. A él, a aquel.

(Ver la definición de hari).

URIÑ, URIÑE. Grasa, manteca. **K.** Oñ eztakitx nola itxendan baña ondion baleike ze toki batzuetan lengo bezela izetie, garai baten txorixuek sikatu ondoren kendu txintxiliske eotezien tokitxik eta uriñ hartien sartzezien lurrezko pitxar haundibaten, noski han konserbatzeko asmuaz, gure etxe zarrien hala itxezan eta tartekobat hauen axkar ibiltxezana ataratzen txorixue toki hartatik, paper batekiñ uriñe kendu eta zuzenien jan. **T.** Ahora no sé cómo se hará pero puede que todavía haya algúnos sitios donde se proceda de la misma manera que antes, en aquellos tiempos se descolgaban los chorizos después de que se hubiesen secado y para conservarlos se metían entre manteca en una tinaja grande de barro, así se hacía en nuestra casa vieja y había una persona cercana que andaba lista para sacar el chorizo, quitarle la manteca con un papel y comerlo directamente.

URINTZU. Grasiento. **K.** Halaxe geldiketazien ba sukaldeko inguru guztiek txarrixe ababau lanak bukatu ondoren, sigero urintzu, maixe, atie, aulkixek, dana, neri gauza horreik naska haundixe emuteuzten eta ustedot gure amai be berdiñ zala, baña nik aukera nauken alde itxeko ta hala itxenauen, axkar gañera, eta amak berriz ezauken beste erremeixoik han gelditzie baño, eta ezkerrak laister geraltzezala lengo bezela. **T.** Así quedaban pues todos los rincones al terminar los trabajos de la matanza del cerdo, muy grasiento, la mesa, la puerta, los bancos, todo, a mí eso me daba un asco muy grande y creo que para nuestra madre también era lo mismo, pero yo tenía la oportunidad de escapar y así lo hacía, rápido además, y ella en cambio no tenía más remedio que quedarse allá, y menos mal que al poco tiempo todo volvía a estar igual que siempre.

UR-JAUSIXE. Cascada, salto de agua. **K.** Telebistan askotan ikusi izetendie ur-jausi haundi horrek, Niagara eta beste holako toki-batzuk, baña hemen inguruen guk be badaukou, ez haineste haundikuek baña bai berdiñezko politxek, eta esan-baterako bat Naparrako Bakedanon dau eta Urederra bere izena. **T.** Muchas veces se ve en la televisión esas grandes cascadas cómo Niágara y otras semejantes, pero aquí en las cercanías nosotros también las tenemos, no tan grandes pero si igual de bonitas, y por ejemplo una de ellas está en Baquedano de Navarra y su nombre es Urederra.

657

URKILLA, URKILLE. Horquilla, puede ser para sujetar el pelo y también de madera para hacer tiragomas y quizá para alguna otra cosa más. **K.** Nunbaitxeko goi-aldien jarridot zertarako erabiltzegauen egurrezko urkillek, tiragomak itxeko izetezien eta guretzak egur egokixena ta onena urritzan arbolana zan. **T.** En alguna parte de arriba ya he puesto para qué solíamos utilizar las horquillas de madera, eran para hacer tiragomas y para nosotros la madera más adecuada y mejor era la del árbol de avellano.

URKIXE. Abedul, árbol de madera bastante dura. **K.** Gure inguruen urkixen arbola asko ikustendie eta nik dakitxenik oso egur egokixe da zotzak itxeko, eta geixenbat hori itxeko erabiltzenda, entzunde dauket ze papera itxeko be sigero ona dala hari asko daukelako baña ustedot, hau be entzundakue, nahiko karesti urtetzendauela moztu gero erueteko paper fabriketara, eta hori izengoda zeatik normalki arbola honeik aparte antzien eotendie bata-bestiatik. **T.** En nuestro entorno se ven muchos árboles de abedul y que yo sepa es una madera muy adecuada para hacer palillos, y principalmente se utiliza para ello, tengo oído que esa madera es muy buena para hacer papel porque debe de tener mucha fibra pero creo, ésto también de oidas, que debe salir bastante caro el cortar para después transportarlo a las fábricas de papel, y eso será porque normalmente suelen estar bastante separados unos árboles de otros.

URPE. Tirarse de cabeza al agua. **K.** Guk be mutikotan eta beste-batzuk bezela astokeixa dexente itxegauen, eta haundixenetaikobat urpe itxie zan monjetako presan, ez eurona zalako baña nola berain konbentu atzien hauen ba hala esategutzen, sekula etxakon iñori ezer gertau baña denporiaz gogoratezara ze arrixkutan ibiltxegiñen, toki bakarra hauen, nahiko txikiñe gañera, urak tapatzeauena eta beste dana harritzue zan eta apenas urakiñ. **T.** Nosotros también de chavales y al igual que otros muchos solíamos hacer bastantes burradas, una de las más grandes era tirarnos de cabeza al agua en la presa de las monjas, no porque fuera de ellas pero cómo estaba detrás de su convento pues así le llamábamos, nunca nos pasó nada a nadie, pero luego con el tiempo te das cuenta de los riesgos que corríamos, había un único sitio, además bastante pequeño, dónde había agua suficiente para cubrirnos y todo el resto estaba lleno de piedras y con muy poca agua.

URPEIEN, URPIEN. Debajo del agua. **K.** Ba nola esandoun presa hortan ezauen aukeraik ikesteko urpeien ibiltxen eta apenas igeri, ba gauza horreik ikestera Errotabarriko malatora fategiñen ero beztela fabrikabaten hauen pizinara, ta gauza zan ze iñok erakutzi-barik nahiko ondo ikesigauela, bentzet ez itxotzeko hainbeste bai. **T.** Pues cómo en esa presa que decimos no teníamos oportunidad de aprender a andar debajo del agua y apenas a nadar, pues para aprender esas cosas solíamos ir al malato (especie de un gran depósito de agua) de Errotabarri (molino nuevo) o sino a una piscina que había en una fábrica y que tenía la misma utilidad, y la cosa es que sin que nadie nos lo enseñase lo aprendimos bastante bien, al menos sí tanto cómo para no ahogarse.

URRA. Avellana. **K.** Esatendaue ona eta osasunandako komenigarrixe omendala frutu siku batzuk jatie egunero, dozenerdi inguru bakotxien eta berdiñ dala urrak, intxaurrak ero bixek nahasi izetie, bakarrik ero iogurran barruen, eztakitxena da honein bi tipoko honein aparte dienak be balixokuek izetendien. **T.** Dicen que es muy bueno y conveniente para la salud el comer todos los días unos frutos secos, una media docena cada vez y que es igual que sean nueces, avellanas o los dos mezclados, solos o dentro de un yogur, lo que no sé es si los que son aparte de estos dos tipos también son válidos.

URRATZA. Huella, rastro.
(Ver la definición de arrastue).

URRATZA. Historia. **K.** Ze gauza politxe izetendan entzutie eta berdiñ irakurri urratzan kontuek, neri bentzet asko gustatzejat, ze gertauzan, zer eta nola izen ta inzien gauza asko, zeñeik asmau eta ibilizien horreitan, egixe da asko diela gerra asuntuek eta beste hareik oso aspaldikuek dienak, baña halaere dana oso interesgarrixe. **T.** Que cosa más bonita suele ser el oir y lo mismo leer cosas referidas a la historia, que es lo que pasó, qué y cómo se hicieron muchas cosas, quienes las inventaron y anduvieron en ellas, es verdad que mucho es relacionado con asuntos de guerras y aquellas otras que son de hace muchísimo tiempo, pero aún así todo muy interesante.

URRE, URRIEN. Cerca. **K.** Zu ezara kasualitatez ibiliko adarra joteko goguaz eh?, akaso ezalzauen ezan sagardotegi hori hemendik urrien geratzezala?, ba nola zure iruitzez urrien zan hemen beien lagaitxu kotxiek, pentza ona izengozala oñez fatie eta gutxienetik lau kilometro inbierrak eukidou hara allegatzeko, eta gero bukatu ondoren tazixe eskatu-bierra bueltatzeko. **T.** ¿Tú por casualidad no andarás con ganas de tomarnos el pelo,eh?, ¿acaso no nos dijiste que que esa sidrería quedaba cerca de aquí?, pues cómo según tú estaba cerca hemos dejado el coche aquí abajo, pensamos que sería mejor que fuésemos andando y por lo menos hemos hecho cuatro kilómetros para llegar allá, y luego cuando hemos terminado se ha tenido que pedir un taxi para volver.

URREN, URRENA. El más próximo, el más cercano. **K.** Derrigorrez gaur bertan erosi-bierra dauket sardie eta atxurbat, gaur gabien, eztakitx zeiñ, kalamidadenbatek arrapau inditxu naukenak eta bixer bierrezko lan batzuk inbierrak dauket ortuen. Ba galdetu inbikutzek Benitoi, harek jakingodau nun dauen denda urrena eta ezpadau alde haundirik balixuen askoz naio dot hara fatie. **T.** Necesariamente tengo que comprar hoy mismo una azada y una horca, esta noche, no sé quién, algún calamidad ha robado las que tenía y mañana necesariamente tengo que hacer unos trabajos en la huerta. Pues se lo tendré que preguntar a Benito, seguramente aquel ya sabrá donde está la tienda más cercana y si no hay mucha diferencia en el precio por mucho prefiero ir allá.

URRENGUE, HURRENGUE. El siguiente. **K.** Eh!, zu ze haizara nere aurretik sartu guran?, horren urrengue ni naz eta meserez atzeraka fanzaitxez eta zuri tokatzejatzun tokixen ipiñi, zuk ze ustedozu ba, azkena etorri eta itxikotzuela aurrena jartzen, ero? **T.** ¿Eh!, tú que andas queriéndote colar delante de mí?, el siguiente de ese soy yo y por favor vete para atrás y colócate donde te corresponde, ¿qué te has creído pues, venir el último y que te van a dejar ponerte el primero, o qué?

(También se puede ver de definición de hurrengue).

URRENGO-BATIEN, HURRENGO-BATIEN. Para una pxóxima vez, para otra ocasión u otro día. **K.** Ba mutil, momentu hontan eztauket ezertxo aukeraik emuteko zuk gurozun hori, bat bakarrik geraketajat eta aspalditxotik aiñdute dauket horren zai dauen beste pertzonabati, gurebozu eskatukotzuk baña kontuen hartu urrengo-baterako izenbikodala zeatik denpora dexente bierkodau hona allegatzeko. **T.** Pues chico, en este momento no tengo ninguna oportunidad de poder darte eso que tú quieres, solo me queda uno y se lo tengo prometido a otra persona que lo está esperando desde hace mucho tiempo, si quieres ya te lo pido pero ten en cuenta que tendrá que ser para otra ocasión porque tardará bastante tiempo en llegar aquí.

URRERATU. Acercar. **K.** Ikusten hainaz ondo jartzen haizariela ardau botilla horreik apaletan, baña akaso larreitxo aparta bata-bestiatik eta modu hortan jarraiketanbozue eztot uste danak kabitxukodienik, ondion kaja dexente geratzendie eta nere ustez sikera zertxobatix urreratu inbikozaukie. **T.** Estoy viendo que estaís colocando bien esas botellas de vino en las estanterías, pero quizá demasiadas separadas unas de las otras y si se continuaís de ese modo no creo que quepan todas, todavía quedan bastantes cajas y yo creo que tendríais que acercarlas siquiera un poco.

URRETU, URRETUTA. Rasguño, arañazo. **K.** Len be esautzut ez inguratzeko katu horrena, euki-barri izendau katutxuek eta eztau iñori izten arrimatzeik, eta oñ beitu zer gertaujatzun es itxeatik kasuik, nahiko urretuta urtendozu eta ezkerrak besuen bakarrik izendala, ba pentza nola eongoziñen arpegixen izenbalitz. **T.** Antes también ya te he dicho que no te acerques dónde la gata, hace poco que ha tenido gatitos y no deja que nadie se acerque donde ellos, y ahora mira lo que ha pasado por no hacer caso, has salido con buenos arañazos y menos mal que solo ha sido en el brazo, pues piensa como estarías si hubiera sido en la cara.

URRETXINDORRA. Pájaro ruiseñor. **K.** Nik txorixen buruz apenas dakitx ezer eta urretxindorranik be ez gauza haundirik, bakarrik dakitx txori hori oso estimaue dala afizio daukien aldetik eta asunto hortan ibiltxendiden pertzonandako, ta baitxe naio dauela arrak izetie kantuen askoz hobeto itxendauelako, ze gauza erraru, ez? **T.** Yo apenas entiendo nada en cuanto a pájaros y sobre el ruiseñor tampoco mucho, solo sé que es un pájaro muy estimado para las personas que tienen afición y andan con esos asuntos, y también que suelen preferir que sean machos porque cantan mucho mejor, cosa bastante rara, ¿no?

URRIE. Oro. **K.** Polonio oñ denpora gutxi dala kontatzen ibilizan, oso serixo gañera, ze eztauela ziur ametza izenzan ero akaso hor goixen dauen norbaitxen esana, baña denpora gutxi dala jaikizala pentzatzen benetazko gauza zala, eta zan nola garbi asko entzunauen bere baserri inguruen omenauen urrezko meategibat, illebete doiela aldebatetik bestera aber nun eonleiken meategi hori eta oñartien bentzet eztala ezer asaldu, zalantza pìxkat be hasijakola sartzen baña halaere ondion eztaukela asmoik bertanbera izteko billatziei. Baitxe esanauen ze bateonbatek laguntzie gurezkero, gero eta billau ondoren ingoutxula errepartuek, **T.** Hace poco tiempo Polonio nos contaba, además muy en serio, que no estaba seguro si fué un sueño o quizá se lo dijo alguno de por ahí arriba, pero que no hace tanto se levantó pensando que era verdad lo que tan claro había oído, y era que cerca de su caserío había una mina de oro, que hace un mes que lleva buscando a ver dónde puede estar la mina esa y que hasta ahora no ha aparecido nada, que le han empezado a entrar dudas pero que todavía no va a cejar en el empeño. También dijo que si alguno le queremos ayudar, luego y después de que la encontremos ya hará los repartos.

URRIEN. Cerca. **K.** Ba Poloniokiñ eongitzen hiru lagunek esangutzen momentuz bentzet ezingoula lagundu, aldebatetik nahiko lanpetuta giñela eta bestaldetik, gauzak dazen bezela, eztalako garai ona izteko daukoun lanai. Ba hori esan ondoren Polonio egunero haida jardunien esanaz oñ dala momentu ona, bere ustez nahiko urrien dauela meategi hori eta oñ ezpou aprobetxatzen gero berandu izengodala damutzeko. **T.** Pues los tres amigos que estuvimos con Polonio le dijimos que de momento al menos no podríamos ayudarle, por una parte andábamos muy atareados y por otra, tal y como están las cosas, no era buen momento para dejar nuestros trabajos. Pues Polonio después de decirle eso no hace más que insistir que ahora es el buen momento, él cree que la mina debe de estar bastante cerca y que sino aprovechamos ahora luego será tarde para arrepentirse.

URRILA. El mes de Octubre. **K.** Urrrila allegatzendanien garbi dau uda bukatudala eta udazkenien sartuta garela, hau da arbolan orrixek jausten hastendienien eta baitxe ordue aldatzendan illa, batera il honekiñ konturatzengara egune asko moztudala eta onazkero eztala hainbeste gelditzen gabonetarako. Askenfiñien eta askondako tristetzen hasteko garaia. **T.** Una vez que llega octubre está claro que ya se ha terminado el verano y que ya hemos entrado en otoño, ésto es cuando empiezan a caer las hojas de los árboles y el mes en que cambiamos la hora, a la vez empezamos a darnos cuenta de que los días se han acortado mucho y que ya no falta tanto para las navidades. En definitiva y para muchos es el tiempo de empezar a entristecerse.

URRIÑ, URRUTI. Lejos. **K.** Ba Demetriona hala gertauda eta eztau geixau jardunien ibili-bierrik, esandau beretako oso urriñ dauela mendi-punta hori eta momentu hontan belauna dauken bezela baezpare naio dauela ez fatie, oñ, hurrenguen baietz eta kontatzeko berakiñ. Beno ba, beste arazobat zeatik hiru besteik ezgara lau bokadillo jateko baña ustedot Bibiano eonda eongodala konpontzie. **T.** Pues así ha pasado con lo de Demetrio y no hay que insistir más, ha dicho que para él la cima de ese monte está demasiado lejos y en este momento tal y cómo tiene la rodilla por si acaso prefiere no ir, ahora que la próxima vez sí y que contemos con él. Bueno pues, otro problema porque no somos más que tres para comer cuatro bocadillos, pero creo que estando Bibiano ya nos arreglaremos.

URRIÑDU. Alejar. **K.** Kendu axkar gaztai hori nere bistatik eta urriñdu inzue haldan guztie, eztakitx nundik ekarri ero nun lortudozuen baña dauken useña mariatzeko bezelakue da eta eziñda eon bere honduen, eta hori txarra bada askoz txarraue izengoda alde guztietan itxikodauena ezpozue laister kentzen hemendik. **T.** Quitar ese queso de mi vista y alejarlo todo lo que podáis, no sé de dónde lo habéis traído o conseguido pero el olor que tiene es como para marear y no se puede estar cerca de él, y si eso es malo mucho peor es el que dejará en todas partes si es que no lo quitaís enseguida de aquí.

URRIÑEKUE. De lejos. **K.** Lenau, oso aspaldi, herri txikitan bertan bizidien kanpoko jente gutxi eotezien, eta hala zienai gutxigorabera bazakitzun nunguek zien ero izenleikien, oñ berriz hainbeste daz eta gañera alde guztietatik etorritxekuek ze hori ezta posible jakitxeik, beno gauzabat bentzet bai, arpegixe ikusitxe bakarrik errexa dala igertzie, geixenbati bentzet, urriñekuek diela. **T.** Antes, hace mucho tiempo, en los pueblos pequeños había muy poca gente que era de fuera y que vivía en el mismo pueblo, y a los que eran más o menos ya conocías de donde eran o podían ser, ahora en cambio hay tantos y además que han venido de tantos sitios que eso es imposible de saber, bueno al menos una cosa sí, que solo viéndoles la cara ya se sabe que, al menos la mayoría, son de muy lejos.

URRITZA. Arbol del avellano. **K.** Lenau goixen jarridot nola urritzan arramatik urkillek lortzegauen gero horrekiñ tiragomak itxeko, baña batera baitxe beste gauza asko be, aurrena urrak lapurtu eta gero urkill honein aparte izetezien arkok, fletxak eta espatak gerrak itxeko, bastoiek mendirako, txistuek eta oñ bertan enaz geixauna gogoratzen. **T.** Antes ya he puesto arriba cómo en las ramas del avellano conseguíamos horquillas para elaborar los tiragomas, pero junto con éstas también más cosas, lo primero era robar avellanas y luego aparte de la horquillas esas estaban los arcos, flechas y espadas para hacer guerras, bastones para el monte, silbos y ahora mismo no me acuerdo de más.

URRUMA, URRUMAK. Especie de gemido de satisfacción que brota cuando lo que se ha comido o, y bebido está rico de buen gusto y sabrosón. **K.** Lengo egunien ideia ona eukigauen jatetxe hartara fatiaz, iñor esgiñen sekula eon toki hartan eta ez sikera entzun aber zer modukue izenleikien, baña sartu besteik ez ikusigauen nola inguruko maixen tipobat hauen urrumak bezela ataratzen haizana, ixe begixek be itxita hauken eta gure ustez izengozan gustora jaten haizalako, ba haren bezelalo gauza berdiñe eskatugauen bazkaltzeko, zezenen isatza zan eta benetan bete-betien asmaugauela zeatik zoragarrixe hauen. **T.** Tuvimos una muy buena idea cuando fuimos a comer a aquel restaurante, ninguno habíamos estado nunca y ni tan siquiera habíamos oído de cómo podía ser, pero nada más entrar vimos que en una mesa cercana estaba un tipo que estaba sacando una especie de gemidos que interpretamos que serían de gusto, tenía los ojos casi cerrados y para comer pedimos una cosa igual a la que tenía aquel, era rabo de toro y de verdad que acertamos de lleno porque estaba espectacular.

UR-SALTUE. Cascada, salto de agua.

(Ver la definición de ur-jausixe).

UR-TANTUEK. Gotas de agua, pueden ser como principio de lluvia o cualquier otra cosa. **K.** Fandan domekan ume haren batalluen asarre oso serixuek eonzien Elixan, eta nere ustez errazoi guztiekiñ, nik enauen ondo ikusi zeatik aparte antzien nauen baña kontauztien bezela abariek ur-tantu batzuk bota-bierrien umetxuei pitxarkara osue bota omenzuten buru gañien, eztakixe ze nahita ero gure-barik izenzan eta ezkerrak batzun hartien eutzi inzutziela aitxai, beztela gertu hauen lepotik hartzeko abare harei. **T.** El pasado domingo en el bautizo de la criatura ya hubo unos enfados muy serios en la Iglesia, y yo creo que con toda la razón, yo no lo ví bien porque estaba un poco aparte pero según me contaron parece que el cura en lugar de echarle unas gotas de agua a la criatura le debió de echar todo en contenido de la jarra encima de la cabeza, no saben si fué queriendo o no y gracias a que entre algunos sujetaron al padre, porque ya estaba dispuesto a agarrar del cuello al cura aquel.

URTARO. Estación del año. **K.** Beno, onazkero ezta asko gelditzen urtaro uda hau amaitzeko eta gero betikue, hau bukatu ondoren udazkena etorrikoda, gero negue, ondoren udabarrixe eta hau pasata berriz uda. Gauza da ze dan honeik pasa ta gero urtie be pasa itxendala eta hala betik berdiñ, urtie fan eta urtie etorri eta iñok badaki noix harte izenleiken iraupen hau? **T.** Bueno, pues ya no queda mucho para que termine la estación de verano de este año y luego lo de siempre, cuando acabe vendrá el otoño, luego el invierno, más tarde la primavera y después de que ésta termine otra vez el verano. La cosa es que a continuación de que haya pasado todo esto también ha transcurrido el año y así siempre igual, un año tras otro, ¿y alguno ya sabe hasta cuándo puede durar esto?

URTARRILLA. El mes de enero. **K.** Beno, ba oñ be ia betikue, urtarrilla honekiñ berriz hasida urte barribat, honeaz batera gabonetako oporrak bukatudie eta baitxe allegauda lanien hasteko garaia, eta ze ingutzou ba?, halaxe die gauzak, lasaiu hartu eta pentza zerbaitx gutxitxuau geratzendala Astesanturako. **T.** Bueno, pues ahora también lo de siempre, con el mes de enero ha empezado un nuevo año, junto con ésto se han terminado las vacaciones de navidad y ha llegado el momento de empezar a trabajar, ¿y que le vamos a hacer pues?, así son las cosas, hay que cogerlo con tranquilidad y pensar de que ya queda un poco menos para Semana Santa.

URTE-ASKOTARAKO. Es una forma de felicitación para desear que sea para muchos años. **K.** Norbaitxen urte-betetzie izetendanien oitura da esatie zorionak eta horrekiñ batera urte-askotarako. Eta hala gelditxukozan dana batera esanda, zorionak eta urte-askotarako, luzetxue da baña politxo geratzenda. **T.** Cuando es el cumpleaños de alguien la costumbre es felicitarle y añadir la frase para muchos años. Y así quedaría diciéndolo todo junto, felicidades y que sea para muchos años, en un poco largo pero queda bonito.

URTEBERRION. Significa feliz año nuevo. **K.** Gabonzar gauan hamabixek dienien urte-barribat hastenda eta betiko oitura da, geixenendako bentzet, hamabi kanpantxo entzun eta beste hainbeste mahatz ale jan ero tragau bat jo bakotxeko, eta honen ondoren zoriondu bata-bestieikiñ urteberrion esanaz eta batera lagundu patxo batzuk emunaz. **T.** A las docc de la noche del último día del año empieza el nuevo año y la costumbre de siempre es, al menos para la mayoría, escuchar las doce campanadas y comer o tragar otros tantos granos de uva por cada una que suena, y después de esto felicitarse los unos a los otros deseando feliz año nuevo y a la vez acompañar con unos cuantos besos.

URTEBETE. Un año. **K.** Ba urteberrion zoriontzendan momentu hortan iñor ezgara gogoratzen ia beste urtebete fandala txakurrensalara eta berriz jarraitxu inbierra daulela, geixenak bentzet, lagadoun asunto berdiñakin, baña orduen gauza horreik eztie ezer inportik eta ondo esatendan bezela, gero gerokuek. **T.** Pues en el momento de felicitamos el nuevo año ninguno nos damos acordamos de que ya ha pasado un año más y que otra vez hay que continuar, al menos la mayoría, con los mismos asuntos que habíamos dejado, pero entonces a esas cosas no le damos importancia y cómo bien se dice, luego lo de luego.

URTEBETETZIE, URTE-BETETZIE. Cumplir años. **K.** Emutendau batzui bildur haundixe emuteutziela urte-betetzeko eguna allegatzie eta gañera etxatiela bape gustatzen zorion kontuik entzuteik, beñ andrabatek kontauzten, ondion ez agurie baña bai heldue pasata, nola egun hortan itzalduta eotezan bere telefonue, baña halaere eta naiz da ondo jakiñien eon gauza horreik eztiela bape gustokuek, baozela pertzona batzuk bere etxera zoriontzera fatezienak. **T.** Parece que a algunos les da mucho miedo el cumplir años y que además no les gusta nada el escuchar felicitaciones, una vez me contó una señora, todavóa no anciana pero sí muy entrada en años, de cómo ese día solía tener el teléfono apagado, pero que aún así y a pesar de que saben muy bien que esas cosas no son de su agrado, ya había algunas personas solían ir a su casa a felicitarle.

URTEKUE. Producto del año. **K.** Gauza danerako eotendie gustuek eta urteko jenero horreikiñ be hala izetenda, eta esan-baterako pertzona batzuk naio izengodaue urtekue dan ardaue eta beste-batzuk berriz akaso kriantza daukena, eta gaztaiekiñ be berdintzu gertatzenda, zeiñ, gaztie, urtekue, zetxobaitx ero asko heldutakue?, eta hala beste gauza pillabat. **T.** Para todas las cosas existen los gustos y sobre los productos de año también suele ser así, y por ejemplo habrá algunas personas que prefieran los vinos que sean del año y otros en cambio quizá que tengan crianza, y con el queso pasa algo parecido, ¿cuál, joven, del año, más o menos curado?, y así otro montón de cosas más.

URTEN. Salir.

(Ver la definición de erten).

URTEN-HALA. A medida que se sale o se va saliendo. **K.** Festako sala horretan aspalditxotik gauza asko eta ixe danak txarrak gertatzen haidie, droga asuntuek, estabaidak, burrukak eta abar. Eta oñ gauza horreik ebitatzeko, ero posible dienak bentzet, derrigorrez norberan txartela laga-bierra dau sarreran eta gero urten-hala bueltatzendaue. **T.** En esa sala de fiestas desde hace ya bastante tiempo están sucediendo demasiadas cosas y casi todas malas, asuntos de droga, discusiones, peleas, etc... Y ahora para evitar eso, al menos en la medida de lo posible, obligatoriamente hay que dejar el carnet de cada uno en la entrada y luego lo devuelven a medida que se va saliendo.

URTERO. Todos los años. **K.** Zenbat gauza dazen urtien beñ iñ eta hala berdiñ urtero errepikatzendienak, sekula astu-barik ero bertanbera laga, eta esan-baterako Gipuzkuko Kilometroak, Zarauzko Euskal Jaixek, Atxabaltako Andramaixek, Kontxako estropadak eta beste holako mille gauza berdintzuek. **T.** Cuántas cosas hay que se hacen una vez al año y asimismo se repiten todos los años, sin olvidarse nunca o dejarlas de lado, y por ejemplo, el Kilometroak de Gipúzkoa, las Fiestas Vascas de Zarautz, los andramaris de Aretxabaleta, las regatas de la Concha y así otro montón más de cosas similares.

URTEURRENA. Se dicé así al aniversario del fallecimiento de una persona. **K.** Eztakitx Euskalherriko toki guztietan oitura hori eongodan baña gu bizigaren inguruen bentzet bai, eta da urteurreneko mesabat itxie senidien ero tarteko hildekuen alde. **T.** No sé si en todos lo lugares de Euskalherría habrá esa costumbre pero al menos en el entorno dónde vivimos nosotros sí, y es la de celebrar una misa de aniversario por el familiar o persona del entorno que ha fallecido.

URTIE. El año. **K.** Bartzuetan zalantza horrdkiñ geldiketanaz, akaso ezan hobeto izengo ze urtiek hirurehun ta piku egun euki-bierrien bostehun inguru eukitxie?, hala aldebatetik urte gutxiau eukikogauen eta askok esgiñen allegauko zarrak izeten, oñ gauzak dazen bezela ezien bierrik izengo hainbeste pensioik eta bez etxe berezi horreik agurandako, baña hori bai, gauzabat txarbat bai eongozan, gazteik hilgogiñekela. Betik gertatzenda ze erozeiñ gauza on beste zerreozer hainbestekue eztana eukitxendauela. **T.** Algunas veces me quedo con esa duda, ¿acaso no sería sería mejor que en lugar de que el año tuviese trescientos y pico días tuviese cerca de quinientos?, así por una parte tendríamos menos años y quizá no llegásemos nunca a ser viejos, ahora que las cosas están mal no harían falta tantas pensiones y tampoco centros dedicados a los más mayores, pero eso sí, una cosa mala ya tendría, que nos moriríamos jóvenes. Siempre sucede que cualquier cosa buena suele tener alguna otra que no lo es tanto.

Aspaldiko esaerabat: Gaitzarentzat eztau urterik.

Un viejo proverbio vasco dice que para la enfermedad no existen los años.

URTU. Derretir, fundir. **K.** Beñ entzunauen ze egarrixe eukitxendanien oso txarra omendala, akaso hil be inleikela, edurre ero izotza urtu iñezkero aguen, eta gero, noski, eran egarri hori kentzeko, eta derrigorrezkue dala, besteik ezpadau aurrena urtuzie berez esku hartien, eta euki-ezkero, ba beste daukotzun horrekiñ. **T.** Una vez oí que si cuando tienes sed y derrites la nieve o el hielo en la boca, y luego, claro, beber para quitar esa sed, debe de ser malísimo y quizá que hasta te puede causar la muerte, y que es necesario, si no hay nada más primero se derrita por si solo entre las manos, y si se tiene, pues con eso otro que tengas.

URTXINTXA. Ardilla. **K.** Ni enaz gogoratzen, akaso jakiñ be enauen ingo, ze lenau ametiruta hauen urtxintxak arrapatzeik, nik garai hartan enauen sekula hartu eta ikusi bez iñor hartzen hauenik, baña bai ikusidotena da nola jateitxuen, soziedadien izenzan eta gañera entzun be iñauen hori jaten haizien pertzonai sekulako gozue zala. **T.** Yo no me acuerdo, quizá tampoco lo sabría, si en aquellos tiempos estaba permitido cazar ardillas, yo desde luego nunca las he cogido y tampoco ver que alguien las cogiese, pero lo que sí he visto ha sido el comerlas, fué en una sociedad y también oí cómo las personas que estaban en la mesa decían que era riquísimo.

URUNA, URUNE. Harina.

(Ver la definición de iriñe, iriña).

Aspaldiko esaerabat: Zuri guztiek eztie urunek.

Un viejo refrán en euskera dice que no todo lo blanco es harina. (No todo es lo que parece).

USADIO, USARIXO. Costumbre, uzanza. **K.** Euskalherrixen gauza asko itxendie aspaldiko usarixo dien kontura, gañera esanda eta erantzunik ametiru-barik, nola itxendien gauza horreik betik hala izendien eta noski, berdiñ jarraitxu-bierra dauela, usadio horreitik askok ehuneko urtietatik eondie eta ondion hor daz. **T.** En Euskalherría se hacen muchas cosas porque son una costumbre que existen desde antaño, además diciendo, sin admitir ninguna réplica, que esas cosas que se hacen así han sido siempre y claro, que tienen que continuar de la misma manera, muchísimas de esas costumbres existen desde hace cientos de años y todavía ahí están.

USOKUMIE, USO-KUMIE. Pichón, cría de paloma. **K.** Usokuma honeik bai diela onak eta xamurrek jateko, bentzet etxien hasitxekuek dienak, eztakitxena da nolakuek izengodien ehizien arrapatzekuek, baña beno, gauza da batzuetan jan izendoula Anselman herrixen eta halako ona ta ondo prestatutakue eonda ze betik danok bukatzegauen bietzak txupatzen, saltza guztie untau ta gero, noski. **T.** Estos pichones si que son una cosa buena y jugosa para comerlos, por lo menos los que están criados en casa, lo que no se cómo serán los que se obtienen de la caza, pero bueno, la cosa es que algunas veces ya lo hemos solido comer en el pueblo de Anselma y siempre ha estado tan rico y bien preparado que todos nos terminábamos chupándonos los dedos, después de untar toda la salsa, claro.

USAIÑ-BAKUE. Sin olor, inodoro. **K.** Nola izenleike hau posible?, sigero usaiñ-bakuek die ekarriduzkuen txuleta honeik, hori eziñezkue da ta ezta bape normala ez eukitxie bape useñik, bai berie, iketzana ero erriena, eta estakitx zerenak izenleikien, baleike akaso plastikoz ero beste zerbaitxekiñ iñdekuek?, hainbeste gauza entzutendie, erozeiñ modutan parrilleruei deitxu ingotzou etortzeko eta aber zer esateuzkun. **T.** ¿Cómo puede ser ésto posible?, las chuletas que nos han traído son completamente inodoras, esto es increíble y no es nada normal que no tengan olor alguno, bien el suyo, del carbón o de la parrilla, y no sé de que pueden ser, ¿ acaso puede que estén hechos de plástico o alguna otra cosa?, se oyen tantas cosas, de todas formas vamos a llamar al parrillero para que venga y a ver que nos dice.

USAIÑDU, USEIÑDU. Oler. **K.** Ba etorrida parrillerue eta esandau eztakixela zer gertaudan, noski gezurra, berak betik useiñdu itxendauela txuletak parrillara sartu aurretik eta bere iruitzez onak eozela, baña gero eta parkamena ezkatuaz esandau ez arduratzeko zeatik laister ekarrikoitxula beste-batzuk. **T.** Pues ya ha venido el parrillero y ha explicado que no sabe lo que ha podido pasar, mentira claro, que él siempre suele oler las chuletas antes de meterlas en la parrilla y que le pareció que estaban en buenas condiciones, pero luego y pidiendo perdón ha dicho que no nos preocupemos porque enseguida nos traerá otras.

USANA. Sanguijuela. **K.** Nik beñ telebistan ikusinauen nola gorputzien jartzeitxuen usanak eztakitx ze geixo mota sendatzeko, baleike zerreozer odol kontue izetie zeatik usan horrein ojetue hori zurrupatzie zan, hori ikusinauenien xei ero zazpi zien eta etxuraz odola txupauaz kentzezien, alegiñdu bentzet, geixo horreik, ustedot ze gauza honeik hor

Txina aldien eta beste holako toki berdintzuetan itxeitxuela, baña eztakitxena da sendatzezien. **T.** Yo una vez vi en la televisión cómo colocaban sanguijuelas en el cuerpo para curar no sé que tipo de enfermedad, puede que fuese algo relacionado con la sangre porque el objeto de esas sanguijuelas era el sorber esa, cuando yo lo vi eran seis o siete y parece que chupando la sangre se eliminaba, al menos intentar, esos males, creo que esas cosas las hacen en algunas zonas de China y otros sitios similares, pero lo que no sí es si se curan.

USAÑA, USEÑA. El olor en general. **K.** Alde ederra dau batetik bestera usañan buruz nun ibiltxezaren goraberiaz, basuen basaz eta eurixe in-barri baldinbadau ze gozue izetendan lur ta bedar busti useiñ hori, baitxe ur gazixena be malekoi ero itxaso inguruen eotezarenien, baña ezaitxez fan depuradora ingurura eguaixie ero sargoi dauenien. **T.** Vaya diferencia que suele haber de un olor a otro dependiendo de por dónde andes, si estás en el campo y ha llovido recientemente que agradable suele ser ese olor a tierra y hierba mojada, lo mismo estás por el malecón o al lado del mar porque también el olor del agua salada es muy agradable, pero no se te ocurra ir hacia la depuradora si es un día de bochorno o viento sur.

USAPALA. Tórtola.

(Ver la definición de tortolie).

USKERIXA, USKERIXIE. Nimiedad, sin importancia, que no tiene valor. **K.** Ba ustedot eztauela sikera merezi molestatzeik horreik hartzen zeatik eztaukou zer-iñik uskerixa horrekiñ, dozenerdi kixkilla besteik eztaz eta eziñ eruengou hori bakarrik aurreneko plater bezela jartzeko, gañera kontuen hartuta zazpi garela eta bat barik geratubikozala. **T.** Pues pienso que ni siquiera merece la pena que las cojamos porque no tenemos nada que hacer con esa nimiedad, no hay más que media docena de quisquillas y no creo que tengamos que llevar solo eso para ponerlo cómo primer plato, además teniendo en cuenta que somos siete y uno se tendría que quedar sin nada.

USKERIXABAT. Poca cosa, casi nada.

(Ver la definición de txikikeixie, txikikeixabat).

USMATU. Sospechar. **K.** Onazkero baleike alperra izetie baña gogoratu nola ia aspalditxo esanotzuen zerbaitx txarra usmatu iñauela tipo horrreikatik, eta zuek gogor esanaz eztala posible gezurretan ibiltxie zeatik momentu hartan dana ondo lotuta hauen, ba beitu oñ, arrapautxue haldan guztiek eta igex iñdaue auskalo nora. **T.** Para ahora puede que ya sea inútil pero acordaros cómo ya hace algún tiempo os dije que sopechaba algo malo sobre esos tipos, y vosotros duro diciendo que no era posible que anduviesen con engaños porque en aquel momento todo estaba bien atado, pues mirar ahora, han robado todo lo que han podido y se han escapado cualquiera sabe dónde.

USOKETA. Caza de paloma, tiro al pichón. **K.** Oñ eztakitx bizikodan eta bizibada urte pilla eukikoutxu, eta hau dator kontura zeatik garai hartan Krisostomo sigero fenomenue zan tiro-pitxoien, han bere zapateixan eukitxezitxun, akaso ondion be han eongodie, kopa eta txapel pilla irabazitxekuek parte hartzeauen usoketa lehian. **T.** Ahora no se si vivirá y si vive tendrá un montón de años, y ésto viene a cuento porque en aquellos tiempos Krisostomo era un fenómeno en el tiro al pichón, allá en su zapatería tenía, quizá todavía estén allá, infinidad de copas y chapelas que había ganado en las competiciones que participaba.

USOPASIE, USO-PASIE. El paso de las palomas. **K.** Saturiok sarri komestatzendau ze usopase denpora hareik aspaldi fanziela eta oñ apenas pasatzendiela inguru hontatik, eta etortzendien gutxi horreik larreiko goitxik fatendiela, halaere eta benetako ehiztarixe dana ondion be jarraitzendauela baña geixenbat zerbaitx ibiltxeatik txakurrekiñ, afizio bezela bakarrik ta geixebaten utzik bueltatzendala. **T.** Saturio auele comentar a menudo que aquellos tiempos del pase de la paloma hace mucho tiempo que desaparecieron y que ahora apenas pasan por esta zona, y que las pocas que llegan van demasiado altas, aún así el que es verdadero cazador que todavía también continúa pero casi únicamente como afición, con el objeto de andar un poco con el perro y que la mayoría de las veces vuelve de vacío.

USOTEIXE. Palomar. **K.** Lenau ixe baserri guztietako kamaran usoteixek eotezien eta entzunde dauket oso ona ta komenigarrixe izetezala zeatik han eozen usuek garbiketa dexente itxezitxuen, txindurrixek, zomorruek eta beste holako gauza asko, eta nik arrastuik be eztauket zergaitxik gero kendukozien, akaso baleike izetie larreiko sikiñek zielako. **T.** Antes en casi todos los camarotes de los caseríos había un palomar y tengo oído que era una cosa buena y conveniente porque las palomas que allá había eliminaban muchos insectos, hormigas y muchas otras especies de ese tipo, y yo no tengo ni idea de porqué luego se quitarían, quizá puede que sea porque eran demasiado sucias.

USTA. Fusta para azuzar ala ganado. **K.** Zaldi harekiñ sigero alperra zan usta jasotzie zeatik hori etxakon ezer inportik eta betik beriena inbierra hauken, batzuetan itxitura gañetik salto iñ eta aldameneko zelaira fan, eta askotan be gertauleiken ze usta hori erakutzi-ezkero zuzenien zureana etorri eta baezpare axkar igexi inbierra. ETa ustedot askenien saldu iñauela. **T.** Con aquel caballo era inútil levantar la fusta porque eso no le importaba en absoluto y siempre tenía que hacer lo que se le antojaba, algunas veces saltar encima del cerramiento para ir al prado de al lado, y muchas veces también podía pasar que si le enseñabas la fusta venía derecho a por tí y por si acaso había que escapar rápido. Y me parece que al final lo vendieron.

USTE, USTEZ. Creer, suponer. **K.** Ba Baldomerok berak guredauena esangodau baña nere ustez eztauko bape zentzuik, gañera gauza da ze erozeñekiñ aposta itxeko pres dauela, aber, zuek ustedozue posible dala, kontuen hartuta ixe ehun kilo daukela, fatie bizikletan erruberabaten gañien musika plazatik Mitxelena ikastolaraño?, ba kilometro pasa dau. **T.** Pues Baldomero dirá lo él que quiera pero yo creo que no tiene ningún sentido, además la cosa es que está dispuesto a hacer una apuesta con cualquiera, a ver ¿vosotros creeís que es posible, teniendo en cuenta que pesa casi cien kilos, que podría ir en la bicicleta montado encima de una rueda desde la plaza de música hasta la ikastola de Michelena?, pues hay más de un kilómetro.

USTE. (Don), dok, dot, dozu, dozue, ok, on, ot.

USTE-BAKUE, USTE-GABIE. Repentino, casual, inesperado. También increíble, asombroso. **K.** Ezgara bape zorionez lan honekiñ, hasi besteik ez, eta astebete osue hemen haigara, egunero zerreozer uste-bakue gertatzen haijaku, atzo goxien zulotzen hasi eta iñok ezauen pentzako tokitxik uran tuberixa puzkatugauen, ba ordu parebaten geldik eon- bierra izengauen hojalaterue etorri eta konpondu hartien, gaur berriz eta eztakitx nola ero zeatik, kasualitatez gu lanien haigaren tokixen bakarrik argixe fan eta goix guztie alperrigaldu, gero atzaldien fan bezela berez etorri eta eztot uste, hala espero bentzet, sorginkeixaik izengodienik. **T.** No tenemos nada de suerte con este trabajo, nada más empezar, y llevamos toda la semana aquí, todos los días nos está sucediendo algo inesperado, ayer a la mañana cuando estábamos agujerendo y en el sitio que nadie pensaba rompimos la tubería de agua, pues tuvimos que parar y esperar un par de horas a que venga el fontanero y reparase la avería, hoy también y no se cómo o porqué, ha dado la casualidad de que solo en el sitio que estábamos trabajando se ha ido la luz y hemos desperdiciado toda la mañana, luego a la tarde y de la misma forma que ha ido ha vuelto y no creo, así lo espero al menos, que sea cosa de brujería.

USTELA, USTELDU. Podrido, pudrirse. **K.** Benetako penagarrixe izenda, guretik iñok ezer ezgakigun eta etxuraz, ezta bape ondo erueten semiekiñ, Akilinok eztau iñori abixau gerrikomiñaz hauenik, bera kapaz ez eta nola beste iñor eztan fan jazotzera, ba gertauda ortuko tomate guztiek usteldu iñdiela. **T.** De verdad que ha sido una cosa lamentable, ninguno de nosotros sabíamos nada y parece, no se lleva nada bien con el hijo, que Aquilino no ha avisado a nadie que estaba con lumbago, él no era capaz y como ningún otro ha ido a recoger, pues ha sucedido que todos los tomates de la huerta se han podrido.

Aspaldiko esaerabat: Ustedienak, erdixek ustelak danak.

Un viejo proverbio en euskera dice que no es cierto todo lo que se cree.

USTELKEIXIE. Fig. se dice que algo huele a podrido cuando las cosas no van de la forma que tienen que ir, que hay algún engaño, alguna argucia u otro caso similar. **K.** Ba eztakitx zer esan be, betik izenaz pertzonabat eztana fixatzen larreiko etxura ona dauken gauzakiñ eta hau da bat, eta esangonauke ustelkeixabat besteik eztala zeatik ezta posible dana holako ona, komenigarrixe eta mezerekue izetie, ta gañera hemen garen danontzat. **T.** Pues no sé ni que decir, siempre he sido una persona que nunca me he fiado de aquellas cosas que las pintan demasiado bien y ésta es una de ellas, y diría que algo huele a podrido porque no es posible que todo sea tan bueno, conveniente y favorable, y además para todos los que estamos aquí.

USTELTZEN. Se está pudriendo. **K.** Ba baezpare bixitabak inbikutzek Akilinori aber zer moduz doien gerrikomiñ horrekiñ eta jaikitxeko kapaz dan ero ez, tomatiekiñ ia eztau zer-iñik baña gauza da piperrak be nahiko haundixek dazela eta batzen hastie komenidala, eta berak eziñbadau esangutzet ingoula gure hartien. **T.** Pues por si acaso tendré que ir a visitar a Aquilino a ver que tal va con el lumbago y si es capaz de levantarse o no, con los tomates ya no hay nada que hacer pero la cosa es que los pimientos también ya están bastante grandes y conviene empezar a recogerlos, y si él no podría le diré que ya lo haremos entre nosotros.

USTU. Vaciar. **K.** Aber, eztakitx ze gauzak eukikoitxuen barruen baña haldan axkarren hazizaitxeze ustutzen bidoi horreik, goiko txabola hartan lan batzuk inbierrak daukou, urik eztau eta komenida uraz betiek erutie bidoi horreik, ustu ondoren jarrizue kamioi txiki horren gañien eta hasi betetzen. **T.** A ver, no sé que cosas habrá dentro de esos bidones pero teneís que empezar a vaciarlos cuanto antes, tenemos que hacer unos trabajos en la chabola de allá arriba, no hay agua y conviene que los bidones los llevemos llenos de agua, después de vaciar los poneís encima de ese pequeño camión y empezar a llenarlos.

USUE. Paloma. **K.** Esatendaue usuek sekulako kaltiek itxendauela etxuradun etxetan, baitxe Elixetan be eta berdiñ beste toki askotan, hiriburu haundixetan horrein aurkako neurrixek hasitxe omendie baña halaere ondion, esan- baterako Donostiñ larreitxo ikustendie, zerbaitx entzundot baña nola eztoten ikusi enau ziur zer itxendan hori ebitatzeko. **T.** Dicen que la palomas hacen muchísimo daño en la casas señoriales, también en Iglesias y lo mismo en otros muchos sitios, parece ser que en las grandes ciudades ya han empezado a tomar medidas contra eso pero aún todavía, por ejemplo en San Sebastián se ven demasiadas, algo ya he oído pero cómo no lo he visto no estoy seguro de que es lo que hacen para evitar eso.

UTZA. Cero. También muy poco o casi nada. **K.** Eztakitx nola itxeitxuen errepartuek gizon horrek, aste osuen patata jasotzen ibilidie eta bertako jentie etxurazko jornala irabazitxe urtendaue, beste kanpoko kuadrilla horreik berriz apenas ataradue ezer diruik, janak eta lo lekue bai eukidaue baña jornalik oso gutxi, ixe utza esanleike. **T.** No sé cómo hace los repartos el hombre ese, toda la semana han estado recogiendo la patata y la gente que es del lugar ha salido ganando un buen jornal, en cambio esa otra cuadrilla de fuera apenas ha ganado dinero, comida y sitio para dormir si que han tenido, pero de jornal muy poco, se podría decir que casi nada.

UTZA, UTZIK. Vacío, sin nada, libre. **K.** Denda hori hainbeste bider lapurtu eta horren kontura dexente apurketak, ze oñ erabakidaue kartelbat jartzie sarrerako atien esanaz diruen kaja utza dauela, oñartien be nahiko utza eotezan, bakarrik kanbixoko diru-batzuk besteik ez, baña sartudien bakoitxien atie eta kaja puskatu, eta batzuetan eruen be iñdaue. **T.** En esa tienda han tenido tantos robos y a cuenta de eso bastantes destrozos, que ahora han decidido poner un cartel en la puerta de entrada diciendo que la caja del dinero está vacía, hasta ahora también lo estaba bastante, solo un poco de dinero para cambios, pero cada vez que han entrado han roto la puerta y la caja, y algunas tambiénveces se la han llevado.

Aspaldiko esaerabat: Etxe utza, gerra utza.

Un viejo proverbio vasco dice que en la casa donde no hay nada todo son discusiones y problemas.

UTZA (K). Fallo, fallos. **K.** Hainbeste diru ordaindu eta etxuraz jentiek nahiko asarre urtendau frontoitxik pelota partidu ikusi ondoren, esatendaue bero haundixe zala baña hori eztala errazoie ezerko ganorekiñ jolasteko eta bez hainbeste utzak itxeko. **T.** Después de haber pagado tanto dinero parece que la gente ha salido muy enfadada del frontón después de haber visto el partido de pelota, dicen que hacía mucho calor pero que eso no es disculpa para jugar sin nada de fundamento ni tampoco para cometer tantos fallos.

UTZATIK. Casi, por poco.

(Ver la definición de gutxiatik).

UTZI. Dejar, abandonar. **K.** Nik ustedot ze momentuz bentzet utzi inbikoula lan hau zeatik eztau bape ganoreik esateko nola dien inbierreko gauzak, hemen haigara egunbaten iñ ta hurrenguen iñdekue puskatu eztalako bere gustokue, hala eziñgare ibili eta dana garbi eotendanien bueltaukogara. **T.** Yo creo que al menos de momento vamos a abandonar este trabajo porque no hay ningún fundamento para decir de qué forma hay que hacer las cosas, aquí andamos haciendo un día y al siguiente deshaciendo porque lo hecho no es de su gusto, así no podemos andar y cuando lo tengan todo claro ya volveremos.

UTZI. Permitir. **K.** Eztakitx askenien eztutzoun baietza emunbiko, hemen haida askenengo aste honetan eta egunero jardunien mezerez utzi eta uzteko faten lagunekiñ Bilboko jaixetara, gauza da enazela asko fixatzen jente gazte honeikiñ eta izenbalitz fan ta egunien etorri ba bale, baña euron asmue da gaupasa itxie, hamaxei urte dauko eta gure ustez nahiko txintxue da baña lagunek akaso ez hainbeste. **T.** No sé si al final no vamos a tener que decirle que si, aquí anda la última semana y todos los días insistiendo en que le permitamos ir con los amigos a las fiestas de Bilbao, la cosa es que no me fío demasiado de esta gente joven y si fuese ir y volver el mismo día pues vale, pero la intención de ellos es pasar la noche, tiene dieciséis años y creemos que es bastante formal, pero quizá sus amigos no lo sean tanto.

Aspaldiko esaerabat: Utzi pakien pakien dauenai.

Un viejo refrán en euskera dice que dejes en paz al que está pacífico.

UTZITU, UTZITXU. Vaciar.

(Ver la definición de ustu).

UTZUNA. Espacio vacío. **K.** Atzo Kornelioi lagundunutzen ikustera semiek ta bere kudrillak errentan hartudauen lokala, berak esatendau ondo iruetzejakola semiek emundauen errazoie esanaz hala diru pixkat aurreratzeko aukera daukiela, kontuen hartueta ze kanpuen oso karestixek eotendiela gauza guztiek, beno, gauza da fan eta ikusi halako utzuna hauela ze Kornelioi iruitujakon larreiko haundixe zala mutill hareindako. **T.** Ayer le acompañé a Kornelio a ver el local el hijo y su cuadrilla habían cogido en renta, él dice que le pareció bien los razonamientos que le hizo su hijo diciendo que así tenían la oportunidad de ahorrar un poco de dinero, teniendo en cuenta de que fuera todas las cosas estaban muy caras, bueno, la cosa es que depués de ir y ver aquel espacio tan vacío a Kornelio le dio la impresión de que era demasiado grande para aquellos chavales.

UTZUNA. Fig. se dice por el vacío que puede sentir una persona. **K.** Gixajue, benetako utzuna dauko gizon horrek, betik alkarreaz askenengo hururogei urte honetan eta ontxe denpora gutxi dala hiljako andrie, sarri ikustezien eskutik helduta pasian haiziela baña askenien gertauda danoi gertaubijakona, allegatzendala momentu hori bukatu itxendienak gauza guztiek. **T.** Pobre hombre, que gran vacío debe de sentir, siempre juntos en los últimos sesenta años y ahora hace poco se le ha muerto la mujer, se les veía muy a menudo cuando estaban paseando agarrados de la mano pero al final ha pasado lo que nos va a pasar a todos, que llega ese momento en el que se terminan todas las cosas.

UXA-UXA. Uxa-uxa. Palabra que se utiliza para alejar a las gallinas. **K.** Toribiok ollotxabola haundibat dauko, ixe berrogetamar ollasko eta ollar parebat, baña esatendau kendu-bierra daukela batzun-batzuk zeatik beztela egunenbaten aberixabat ingutziela, gauza omenda ze jaten emuten fatendan bakoitxien ta nai da uluka ibili uxa-uxa esanaz alde indeixen, eztauela kasuik itxen eta bere gañera botatzendiela. **T.** Toribio tiene un gallinero grande, casi cincuenta gallinas y dos gallos, pero dice que tiene que quitar unas cuantas porque sino algún día le van a hacer una avería, la cosa debe de ser que cada vez que va a darles de comer y de gritarles uxa-uxa para que se alejen, no hacen cao y se echan encima de él.

UXATU. Es palabra que se utiliza para espantar a los animales, también a algunas personas metiéndoles miedo. **K.** Serapio ertzainara fan omenda esatera nola bere baserri inguruen haidien nahiko dexentie dan basaurda kuadrillabat, gauez etortzendiela eta ortue sigero xixko iñde daukela, ixe landara guztiek janda eta eztauena sigero alperrigaldute, bildur pixkat be badaukela aber beste zerbaitx gertaukodan eta aber zerreozer inleikien, berak uxatu itxeitxuela baña alperrik dala. **T.** Serapio ha debido de ir donde la ertzaina a decirles que en las cercanías del caserío anda una cuadrilla bastante numerosa de jabalíes, que vienen de noche y que la huerta ya la tiene destrozada, casi todas las plantas comidas y las que no que están completamente estropeadas, también que tiene cierto temor por si podría pasar alguna otra cosa y a ver si pueden hacer algo, que el ya les grita para espantarles pero que es inútil.

UZKERRA. Pedo.

(Ver la definición de puzkerra, puzkarra).

UZTA. Cosecha. **K.** Atzoko periodikok notizibat ekartzeauen esanaz nola Araban aurtengo garixen uzta sigero exkaxa izendala, udabarrixe larreiko euritzue, eguzki gutxi eta horrek izurrau omendau ixe dana, gauza da toki askotan derrigorrez erosi-bierra eukikodauela eta horrek sekulako aldie dauko zeatik beste urte-batzuetan saltzen ibilidie. **T.** El periódico de ayer traía una noticia diciendo que cómo en Alava la cosecha de trigo de este año ha sido muy escasa, la primavera demasiado lluviosa, con poco sol y eso ha debido de estropear casi todo, la cosa es que en muchos sitios van a tener que comprarlo necesariamentey eso tiene una gran diferencia porque otros años lo han solido vender.

UZTAILA. El mes de Julio. **K.** Uztail il hau da oporrak useintzen hastendana, napar asko inguratzendie herri hontara Sanfermiñetako burrundaratik igexien, kanpiñek be kanpoko jentiaz betentzendie surfeko kontuaz eta egunak euskitzuek izetenbadie jente asko ikustenda pasian malekoien, hondartzako areietan eta batzuk baitxe uretan be, geixenbat surfistak, eta zer esanik eztau ze eotendan alde-zarrien illuntzie allegatzendanien. **T.** En este mes de julio es cuando se empiezan a oler ya las vacaciones, a este pueblo ya viene mucho navarro escapando del bullicio de los Sanfermines, los campings se llenan de gente de fuera con el asunto del surf y si los días son soleados ya se ve a mucha gente paseando por el malecón, en la arena de la playa y algunos también en el agua, la mayoría surfistas, y que decir lo que hay en la parte vieja cuando termina la tarde y llega el anochecer.

UZTARRI, UZTARRIXE. Yugo. **K.** Guk eukigauen uztarrixek itxezitxuen osaba, berai be Uztarri deiketautzien eta guretako osaba Uztarri zan, zenbat bider ikusinutzen uztarri horreik itxen, oso axkar gañera eta nik ustedot begixek itxitxe be ingozitxuela, geixenak bikotiek zien baña naiz da asko ez, baitxe bakarrak, hirukotiek be eta nik ustedot asken honeik apaingarri bezela izengoziela. Halaere beñ entzunutzen nola andrabat etorrizan bakarra zana erostera esanaz senarrandako naidauela, ba akaso gizonai jartzeko izengozan. **T.** Nosotros tuvimos un tío que hacía yugos, a él tambien le llamaban Uztarri (yuguero) y para nosotros era osaba Uztarri (tío yuguero), cuantas veces le habré visto cómo los hacía, además con una rapidez impresionante y yo creo que los podría haber hecho con los ojos cerrados, la mayoría eran para dos bueyes pero también los hacía, aunque pocos, para uno, para tres y yo creo que estos últimos serían como adorno. Aún así una vez una vez le oí que vino una mujer a comprar el que era para uno diciendo que lo quería para el marido, pues puede que fuese para ponérselo a él.

UZTARTU. Enyugar, uncir a los bueyes. **K.** Ondion be uztartzendie beixek baña ez lanerako, honeik oso aspaldi eta tratoriek asalduzienetik lagazitxuen inbierreko lan hareik, oñ bakarrik itxenda idiprobatarako eta batzuetan baitxe nunbaitxeko Euskal Jaixetan be, beixek uztartu, lotu burdixei eta kalez kale desfilatzeko. **T.** Todavía también se enyugan los bueyes pero ya no para trabajar, éstos hace ya muchísimo tiempo y desde que salieron los tractores que abandoraron aquellas labores, ahora únicamente eso se hace para las pruebas de arrastre de piedra y también a veces en algunos sitios cuando son las Fiestas Vascas, uncir a los bueyes, enganchar a un carro y desfilar por las calles.

UZTEKO. Que me dejes. También para dejar o prestar algo. **K.** Atxurra faltabozu eta bier izen-ezkero hobeto ingozu erostiaz zeatik alperra izengoda Pankraziona fatie uzteko eskatzera, ni beñ fanitzen beste gauzabat eskatzen esanaz derrigorrez biernauela momentu hortan eta laister bueltaukonutzela, baña enauen ezer lortu, betik izenda larreiko xurra eta ziur berdiñ jarraitzendauela. **T.** Si te falta la azada y lo necesitas es mejor que lo compres porque es inútil que vayas dónde Pancracio a pedirle que te lo preste, yo ya fui una vez a pedir otra cosa diciéndole que en ese momento lo necesitaba urgentemente y que enseguida se lo devolvería, pero no conseguí nada, siempre ha sido demasiado tacaño y creo que continúa de la misma manera.

X

XAGUEK ASKO DAKI, BAÑA GEIXAU KATUEK.
MUCHO SABE EL RATÓN, PERO MAS EL GATO.

XAGUE. Ratoncillo. **K.** Ba astuendako ogixe gordetzendoten tokixen badabitz bi xagu gutxienetik eta bi esatendot zeatik ikusi inditxut, ogi horreik egurrezko kajoi haundibaten sartuta daz eta xagu diabru horreik egurra zulatzendaue, barrura pasau eta ogixe jan, hareik zulau-hala nik berriz tapa itxeitxut harrixekiñ baña halaere konpontzendie beste nunbaltxetik sartzen. **T.** Pues por lo menos andan dos ratoncillos en el sitio que guardo el pan para los burros y digo dos porque los he visto, ese pan está metido en un gran cajón de madera y lo que hacen esos demonios de ratoncillos es roer la madera para hacer un agujero, pasar dentro y comer el pan, a medida que ellos lo agujerean yo lo tapo con piedras pero aún así ya se arreglan para entrar por algún otro sitio.

XAGUZARRA, XAGU-ZARRA. Murciélago. **K.** Erozeiñ koba-zulora sartu-bazare eztotzue ikera pixkat emun ikustie hor txintxiliske diela xaguzar pillabat?, ba neri bentzek bai eta asko gañera, ta egaxien hastenbadie baitxe bildurre be, honeikatik be esatendaue oso komenigarrixek diela zomorroz garbitzeko inguruek baña eztakitx, hala pentza-ezkero akaso berdiñ izenbikozan gure erreketan eotenbazien kokodrilok ero piraña horreik. **T.** ¿Si es que os habéis metido a alguna cueva no os ha producido así cómo un poco te temblor el ver que están colgando un montón de murciélagos?, pues a mi al menos sí y mucho además, y si empiezan a volar también hasta miedo, por éstos suelen decir que son muy convenientes para limpiar de insectos el entorno pero no sé, si se piensa así a lo mejor tendría que ser lo mismo si en nuestros ríos hubiera cocodrilos o las pirañas esas.

XAGU-ZULUE. Madriguera de los ratoncillos. **K.** Lau egun kanpuen izengara eta bueltau ondoren ba hori, betikue eta jarraitzera lengo bierrakiñ, goixien fan astuena ogixe emutera eta han hauen berriz ogixen kajoie zulauta, eta oinguen toki dexentetan gañera, tapata geratuda baña ustedot hobeto izengotela alegintzie xagu-zulue billatzen, hala akaso eta zerreozer jarri-ezkero akabau ingonauke horreikiñ. **T.** Hemos estado cuatro días fuera y a la vuelta pues eso, lo de siempre y a continuar con las mismas labores, a la mañana ir a dar de el pan a los burros y allá estaba de nuevo el cajón agujereado, y ésta vez además en bastantes sitios, ha quedado tapado pero creo que haría mejor en esforzarme en buscar la madriguera, así quizá y colocando alguna trampa podría acabar con ellos.

XAKE. Ajedrez. **K.** Xake hontara enaz sekula jolasten iibili eta noski, jakíñ bez nola jolastendan, ikusi izendot nola itxendan baña ulertu tautik ez eta baleike izetie enazelako gañien eon, aspalditxo bai jarraitxunauen zertxobaitx periodiko ta telebistan errusiar ta beste amerikano harein lehiak baña ha bukatu ondoren ezer ez. **T.** El ajedrez es un juego en el que nunca he participado y claro, tampoco sé cómo se juega, ya he solido ver de qué forma lo hacen pero nunca he entendido nada y quizá puede que sea porque no he prestado atención, hace algún tiempo seguí con bastante interés en la televisión y el periódico aquellos duelos entre el ruso y el americano, pero depués de eso terminó nada.

XAMAR, XAMARRA. Parecido. **K.** Bai, noski baitez, enaz itxue eta nabarmen ikustenda berdiñek eztiela, baña gertatzenda zuk mostra bezela ekarridozun honik aspaldikuek diela eta oñ eztitxuzu iñun igualik billatuko, ba nik beste honeik eruengonitxun, nahiko xamarrak die eta jarri be aldien, hala eztie hainbeste ikusiko eta eztau iñok igerriko desberdiñek dienik. **T.** Sí, claro que sí, no soy ciego y se ve claramente que no son iguales, pero pasa que el azulejo que tú has traído como muestra es de hace mucho tiempo y que ahora no vas a encontrar iguales en ningún sitio, pues yo en tu lugar llevaría éstos otros que son bastante parecidos y los colocaría en la zona de abajo, así no se verán tanto y nadie se enterará de que son diferentes.

XAMARTU. Intentar que una cosa sea parecida a la otra. **K.** Hau ondion, asko ez baña zertxobaitx geixau xamartu inbierra daukou, ondo haizare baña badauko zerbaitzuk eztienak nere gustokuek, beitu, nere ustez hemendikaldien pixkat kentzie komenikozan eta bestaldien, aspixen, zertxobaitx geixau bete eta hala iruitzejat nahiko etxuran geratukodala. **T.** Esto todavía, aunque no mucho hay que hacer que se parezca un poco más a aquello otro, andaís bien pero tiene algunas cositas que no son muy de mi gusto, mirar, yo creo en este lado convendría quitar un poco y en el otro, abajo, llenar un poco más y haciendo eso pienso que quedaría con bastante buen aspecto.

XAMURRA. Blando, jugoso, fácil de masticar y generalmente se refiere a las carnes. **K.** Alde ederra dau oñ jaten haigaren txuleta honeik arañun jangauenaz konparatzenbou, bata-bestiiekiñ eztaukie ezertxo zer-ikusirik, lengo egunekue, naiz eta etxurazko gustue eta ondo erreta eon sekulako gogorra zan mastikatzeko eta nik eziñ izenauen lortu bukatzeik, eskerrak nere aldameko Xilberioi eztutzela ezer inportik gauza horreik eta bere kontura geratuzan.

Gaurkue berriz siñistu eziñekue dau, gusto zoragarrixe eta sigero xamurre, ixe urtu itxenda aguen. **T.** Vaya diferencia que hay con la chuleta que estamos comiendo ahora si la comparamos con la que comimos anteayer, no tienen absolutamente nada que ver la una con la otra, la de otro día, aunque de bastante buen gusto y bien asada era demasiado dura para masticar y yo no conseguí terminarla, menos mal que a mi lado estaba Xilberio al que esas cosas no le importan y la dejé a su cuenta. El de hoy en cambio está increíble, de un gusto extraordinario y muy jugosa, casi se derrite en la boca.

XAMURTU. Poner algo, generalmente alguna carne, en adobo o aderezar para ablandar y ponerla más o menos tierna. **K.** Okela asko eotendie ze prestau aurretik eta xamurtzeko beratzen jarri-bierrekuek, batzuetan zertxobatix besteik ez eta beste askotan geixau, asken honeitik ehizeko gauza geixenak bai lumadunak ta baitxe uledunak be, eta honein, nere ustez bentzet, geixen komenidana usue dala eta nola ez, baitxe basaurda be, normalki honeik beratzen jartzeko berdurak eta ardaue bier izetenda, jarri dan honeik ontzibaten okelakiñ batera, sartu frigorifikora eta han laga prixa-barik. **T.** Muchas son las carnes que necesitan poner en adobo antes de cocinarlas con el objeto de ablandarlas, algunas veces poquito y en otros casos bastante más, de los últimos mayormente las cosas provenientes de la caza tanto sean de pluma como de pelo, y de éstas yo creo que la que más lo necesita es la paloma y cómo no, también el jabalí, normalmente para poner esas carnes en adobo se necesitan verduras y vino, se colocan todas éstas en un recipiente junto con la carne y después hay que meter al frigorífico y dejar allá sin prisa alguna.

XARMA. Aura, hechizo, encanto. **K.** Oñ Grialeko bidaia iñdotenien Valentzian izenda bukaera eta naiz eta hiru ero lau bider eon ondion gauza asko nauken ikusteko, oinguen ta nola egun-terdi nauken bueltako trena hartu hartien ba horreik ikusten ibilinaz, geixenak oso politxek baña bat eonda sigero zoragarrixe zana eta hori San Nikolas Elixa izenda, bertako Kapilla Sixtina dala esateutzie eta eztaue errazoirik falta, eztakitx gauzabat larreiko politxe izenleiken baña ha bentzet hala zan eta hortik aparte be bahauken bere xarma, ha inzentzuen useña eta bertako ixiltazunaz, naiz eta musika bajutxubat entzun, nahiko lasaitazun notatzezan eta hala pake bezela, gañera ni eonitzen denporan oso jente gutxi hauen, oso gustora eotezan, hala urtenauen eta benetan esanleike ikusgarrixe zala. **T.** Cuando he hecho el camino del Grial la finalización o meta ha sido en Valencia y a pesar de que ya había estado tres o cuatro veces todavía tenía muchas cosas que ver, esta vez y cómo tenía día y medio hasta coger el tren de vuelta pues me he dedicado a verlas, la mayoría muy bonitas pero la que más me ha impresionado ha sido la Iglesia de San Nicolás, me dijeron que era la Capilla Sixtina del lugar y no les falta razón, no sé si una cosa puede ser demasiado bonita pero aquella por lo menos así era y aparte de eso también tenía ese aura, con aquel olor a incienso y el silencio que había, a pesar de que se escuchaba una música muy baja, ofrecía y se notaba tranquilidad y así como una especie de paz, además en el tiempo que estuve yo hubo muy poca gente, se estaba muy a gusto, así salí y de verdad se puede decir que era increíble.

XAPI. Xapi. Palabra que se utiliza par alejar al gato. **K.** Toribio eztau larreiko pozik andrien katuekiñ eta ezpadau laister kentzen akaso berakiñ, andriaz, bez, hala kontatzendau bentzet, esatendau katu diabru horrek xixko itxen haidala etxe guztie, kortiñak, sofa, butakak eta arrapatzendauen guztie, bera bakarrik dauenien salan sarri esateutzola xapi-xapi alde itxeko sukaldera baña andriek hori entzutenbadau, eta belarri fiñe omendauko, errietan hastendala esanaz pakien izteko katu gixajuei. **T.** Toribio no está demasiado contento con la gata de su mujer y si no la quita pronto a lo mejor con ella, la mujer, tampoco, así lo cuenta al menos, dice que esa diabla de gata está haciendo cisco toda la casa, cortinas, sofá, butacas y todo lo que pilla, cuando el está solo en la sala que continuamente le está diciendo xapi-xapi para que vaya a la cocina pero que si eso lo oye su mujer, y debe de tener un oído fino, le riñe diciéndole que deje en paz a la pobre gata.

XATO. En algunos sitios, sobre todo en la costa, se le llama así a la bota de vino.

(Ver la definición de ardaubotie).

XAXATU. Palabra que se utiliza para azuzar a los perros.

(Ver las definiciónes de axa, axaxa y axatu).

XEDEA. Intención, propósito. **K.** Mutil horren xedeak iñok eztau esango eztiela onak izeten eta ondo asmautekuek, oñ gauza txarbat badauko, sekula eztauela itxen esandakoik eta hor bertanbera geraketandiela xede guzti horreik, mutil ona da eta buru onekue da baña eztauko borondateik eta eztakitx zergaitxik izenleiken, nagixe dalako ero arrankeik ez, gauza da berak askoz naio dauela ibiltxie inporta-bako gauzakiñ, eta esatendot bako zeatik eztaukie ezerko utilidadeik. **T.** Nadie podrá decir que no son buenos y bien pensados los propósitos de ese chico, ahora que tienen una cosa mala, que nunca cumple y solo se quedan en eso, en propósitos, es buen chaval y tiene buena cabeza pero le falta voluntad y no se porqué puede ser, por vaguedad o porque no tiene arranque, la cosa es que él por mucho prefiere andar en cosas sin importancia, y digo sin porque no tienen utilidad alguna.

XEHETASUNA. Detalle. **K.** Gizon horrek bai eukidau etxurazko xehetasuna jente horreikiñ, eta hau kontatzendot neri esauztien bezela. Etxuraz lengo egunien trenetik jetxi Donostiñ eta handik pixkatera bertako tabernan zala, ordaintzen fanzanien hartutako zerbeza konturatu omenzan ezaukela karteraik, ba pentzatzen hasi nun izenleiken galdutako tokixe ta bere iruitzez trenien izengozala. Gauza da hurrengo egunien bi pertzona etorrizciela etxera, aurrena eskaliek ziela iruitujakon, bere karterakiñ esanaz trenien asalduzala, berak zabaldu, beitu eta ikusi osoik hauela, berak

668

galdutako bezela diruekiñ eta beste zerbaitzuk nahiko berezixek. Ba etorrizien horreik ezkerraz batera bost mille eurokiñ fanzien. **T.** Ese hombre si que ha tenido un buen detalle con esa gente y lo cuento tal y como me lo dijeron. Parece ser el otro día se bajó del tren en San Sebastián y de allá a poco cuando fué a pagar en la taberna la cerveza que había tomado se dió cuenta de que no tenía la cartera, pues pensando donde la podía haber perdido se le ocurrió que podía haber sido en el tren, la cosa es que al día siguiente se presentaron dos personas en su casa, al principio pensó que eran pedigueños, con su cartera diciendo que la habían encontrado en el tren, él la abrió, miró y vió que estaba igual que cuando la había perdido, entera con todo el dinero y otra serie de cosas importantes. Pues esos que vinieron junto con el agradecimiento se fueron con cinco mil euros.

XEIE. Menudo. **K.** Janarixek ondo prestatzeko gauza asko eongodie xeiek izen-bierrak, oñ bertan pentzatzen hainaz urunekiñ baña nahiko kontrarixo dan beste gauza-batekiñ be gogoratzenaz, ogi papurtue, nere ustez ezta komenigarrixe hainbesteko xeie izetie eta janan buruz zer esan, zalantzaik eztauket askok naio izengodauela tomatie ero purie batidoran pasatakue, baña nere ustez askoz hobie geratzenda betiko pasadoran iñezkero, hala zirrimarra pixkatekiñ. **T.** Habrá muchas cosas que necesariamente tengan que ser menudas y finas para cocinar, ahora mismo estoy pensando en la harina pero también me acuerdo de otra cosa bastante contraria, del pan rallado, para mí no es demasiado conveniente que sea tan menudo y sobre la comida que decir, no tengo dudas de que muchos preferirán que el tomate o el puré estén pasados por la batidora, pero yo creo que quedan mucho mejor si se les pasa por el pasapurés de siempre, así cómo con unos pequeños tropiezos.

XELEBRE. Este nombre tiene bastantes adjetivos y casi todos referidos a las personas, raro, imprevisible, diferente, extravagante, peculiar y puede que también algo más. **K.** Zalantzaik eztauket Euskadiñ eta beste toki askotan pertzona xelebre asko eongodiela, akaso ni be zerbaitx izengonaz ero baleike danok zertxobaitx izete, baña halaere Fabiolona ezirezue esan eztala larreikue, egune fan eta egune etorri hor eotenda tente plaza erdixen txistue joten, eta joten da zerbaitx esateatik, berak ikesten haidala esatendau. **T.** No tengo ninguna duda de que en Euskadi y otros muchos sitios habrá muchas personas peculiares o extravagantes, acaso puede que yo también lo sea un poco o puede que todos lo seamos, pero aún así no me digaís que lo de Fabiolo no es exagerado, un día sí y el otro igual ahí suele estar en medio de la plaza tocando el chistu, y lo de tocar digo por decir algo, él suele decir que está aprendiendo.

XELEBREKEIXIE. Cosa, dicho o hecho extravagante, raro, incoherente y sin ninguna lógica. **K.** Ba txistulari horrena xelebrie bada entzun hau bestiau, Fabiolo hau hainbeste bider ikusidou ze ia gauza normala bezela iruitzejaku, baña atzo Donostikue bai izenzala benetazko xelebrekeixie, asko ikusitxuk baña momentuz hau da haundixena, tipobat hankako bietzakiñ akordeoie joten, eskuekiñ gitarra eta aguaz, noski, agoko-soñue, ta gañera dan honeik nahiko ondo. Ze esatendozue? Eta oñ beste xelebrekeixabat, hau be etxurazkue, aspaldi Honoratok nunbaitxen ikusi eta goguekiñ hauen eguzki erlojubat erosteko, ba askenien erosi eta jarridau bere txaleta aurrien, nun?, ba arbola aspixen eta keixpetan. **T.** Pues si lo del chistulari ese nos parece raro escuchar ésto otro, el Fabiolo al que nos referimos lo hemos visto tantas veces que ya casi nos parece hasta normal, pero lo de ayer en San Sebastián sí que fue verdaderamente extravagante, he visto muchas pero de momento ésta es la mayor, un tipo estaba tocando el acordeón con los dedos de los pies, con las manos la guitarra y con la boca, claro, la armónina, y además todos ellos bastante bien. ¿Qué me decís? Y ahora otra cosa extravagante pero ésta absolutamente ilógica, hace tiempo que Honorato vió y estaba con ganas de comprar un reloj de sol, pues al final lo compró y colocó delante de su chalet, ¿dónde?, pues debajo de un árbol y a la sombra.

XEMEIKUE. Antiguamente se les llamaba así, sin referirse a ninguna en concreto, a las monedas de escaso o poco valor. **K.** Lenau xemeikuen izena asko entzutezan, geixenbat horreik faltazienien, esan-baterako baleike naiko normala izen hau esatie, momentu hontan xemeiko-barik nau eta itxikuztezu diru pixkat?, oñ, honekiñ beste gauzabat be baleiken gertatzie, ezinzala galdetu zenbat xemeiko zien ordaindu inbierrekeuk zeatik iñok ezakixen ze balixo haukien xemeiko horreik. **T.** Pondré xemeiko porque no tiene traducción el castellano. Antes el nombre de xemeiko se oía mucho, sobre todo si éstos faltaban, por ejemplo puede que fuese bastantre normal el decir, ¿me dejas algo de dinero porque en este momento estoy sin un xemeiko?, ahora que con ésto también ya pasaba otra cosa, que tampoco se podía preguntar cuántos xemelkos había que pagar porque nadie sabía a que correspondía el valor del xemeiko ese.

XENTIMIUE (K). Céntimo (s). Moneda de escaso valor. **K.** Lenau, ia oso aspaldi eta oñ bezela, xentimuek balixo gutxikuek zien, esan-baterako hamar xentimoko txanpon hareik, lengo txakurraundixe, hamar holako bier izetezien pesetabat itxeko ta horrekiñ esan gauza haundirik itxen, eta oñ euro garaian beste hamar xentimo txanponaz euro bakarra itxenda, euro hau izengolitzeke lengo ehun ta berrogetamar peseta pasata baña euro honekiñ gertatzenda pesetakiñ bezela, apenas itxendala ezer. Jeseus!, hau da nahasketa. **T.** Antes, ya hace algún tiempo y al igual que ahora, los céntimos tenían un valor escaso, por ejemplo hacían falta diez de aquellas monedas de diez céntimos, la antigua perragorda, para hacer una peseta y con ésta no se hacían grandes cosas, ahora en los tiempos del euro también son necesarias diez monedas de diez céntimos para hacer un único euro, y éste euro equivaldría a un poco más de ciento cincuenta de aquellas pesetas, pero lo que sucede es que con el euro éste, al igual que con la peseta, apenas se puede hacer nada.¡Jesús!, vaya revoltijo.

Aspaldiko esaerabat: Bost xentimoko miñe eta hamar xentimoko trapue.

Un viejo proverbio en euskera viene a decir que es demasiada venda para tan poca herida.

XERRA. Filete, tanto puede ser de carne cómo de pescado, y también de alguna otra cosa. **K.** Haragi-zaliek dien batzuk, akaso geixenak, jateko garaian naio izengodaue bere xerra haundixe eta sendue izetie, eta akaso baitxe patatarre ugerikiñ be, baña neri iruitzejat alde haundixe dauela hala jan ero neri gustatzejaten bezela, txiki xamarra eta apenas grasakiñ, arrautza prijitxuaz, patatarre asko-barik eta piper berde ero pikillo batzukiñ. **T.** Algunos, quizá la mayoría, de los que son aficionados a la carne preferirán que a la hora de comer su filete sea grande y grueso, y quizá tambien con un montón de patatas fritas, pero yo pienso que hay una gran diferencia comer así o de la manera que a mí me gusta, bastante pequeño y sin apenas grasa, acompañado con un huevo frito, sin demasiadas patatas fritas y unos pocos pimientos verdes o del piquillo.

XETU. Desmenuzar, moler, poner fino. **K.** Garbi dau ze garixe, artue ero beste holako gauza berdintzuek asko xetu inbierrak izetendiela urunek itxeko, eta gero honeikiñ iñ ogixek eta baitxe beste gauza mordoxkabat be, oñ, telebistan ikusitxe dauket nola sukaldari askok urun honeik ondion geixau xetu itxeitxuen eralgi ondoren galbai txikibaten pasata. **T.** Está claro que tanto el trigo, maiz y cosas parecidas hay que desmanuzarlas muy bien para hacer que las harinas sean lo más finas posibles, y luego con éstas hacer el pan y también muchas otras cosas, ahora, en la televisión tengo visto cómo muchos cocineros afinan todavía más esas harinas después de pasarla por un cedazo o criba pequeña y creo que a ésto se le llama tamizar.

XIMAURRA. Estiércol de las cuadras que normalmente se utiliza para abono.

(Ver la definición de satza).

XIMELA. Se refiere a alguna fruta u otra cosa que esté blandita, algo pasada. **K.** Lengo egunien Narzizo komestatzen ibilizan nola fandan astien eondien egun batzuk pasa Zaragoza aldien hango inguruek esagutzen, esanauen nola herri txikibaten ikusizitxun etxura ederra haukien melokotoiek, kajoi txikibat erosi eta bueltakuen etxera ekarri, ba ia beñ etxien gertau omenzan ze konturatuzala gañeko melokotoi horreik ikusi bezelako onak eozela eta aspikuek berriz sigero ximelak. **T.** El otro día Narciso comentaba que la semana pasada habían estado pasando unos días por la zona de Zaragoza conociendo aquellos alrededores, dijo que cómo en un pueblo pequeño vió unos melocotones que tenían un aspecto estupendo, compró un cajón pequeño y los trajo de vuelta a casa, pues debió de pasar que una vez en casa se dio cuenta de que los melocotones que estaban arriba estaban con la misma buena pinta de cuando las vió, pero en cambio los de abajo estaban bastante pasados.

XIMELA. Fig. se dice de la, persona flojita o debilucha. **K.** Beno, ia garaia da, sagarrak batzen hasi-bierra daukou eta bixer bertan goixien goix hasikogara, hemen gazen lau lagunekiñ nik ustedot nahikue garela eta aber nola ingoun, bik, bat zu Tiburzio, ze ondion ximel xamarra eongozara, eta zu Aurelio batu sagarrak eta beste bixok otarrak bixkerrien hartu ta tratorera eruengou. **T.** Bueno, ya es el tiempo, tenemos que empezar a recoger las manzanas y mañana mismo por la mañana temprano empezaremos, yo creo que con los cuatro que estamos aquí seremos suficientes y a ver de qué forma lo hacemos, dos, uno tú Tiburcio, que todavía estarás bastante débil, y tú Aurelio recoger las manzanas y los otros dos cogeremos los cestos al hombro y los llevaremos hasta el tractor.

XIMELDU. Marchitarse. También fig. debilitarse. **K.** Sekulako errietak jaso omendau Herminio gixajuek, bere andrie fan omenzan egun batzuetarako bere herrira ama zaintzeko, bakarrik bizida eta geixo antzien hauen, ba fan aurretik gizonai ezutzen beste enkargoik emun lorak zaintzie baño, esanaz bero haundixek itxenbauen erregatzeko pixkat eta beztela berriz pakien izteko, ba ama ondo jarridanien andrioi bueltauda eta ikusitxu nola lora guztiek ximelduta eozen, asarre galdetu aber ze gertaudan eta Herminiok berak iñdauela esandakue, nola bi egunien bero dexentiek inzitxun ba erregau iñauela, aber ze ordutan, eta etxuraz eguerdi aldien izen omenzan pentzata bero haundixekiñ hobeto izengozala. Andrie sutan esaten aber nola inleikien hori eta beste gauza batzuk eziñdienak hemen jarri, ta gizona, noski, ixilik ixilik, baña pentzatzen berak ezakixela ezer asunto horrein buruz zeatik ezutzen horren jakiñien jarri. **T.** Al pobre Herminio le han debido de caer unas buenas broncas, su mujer debió de ir unos días a su pueblo a cuidar a la madre, vive sola y estaba un poco enferma, pues antes de salir al marido no le dio otro encargo más que el cuidar de las flores, explicándole que si hacía mucho calor las regase un poco y que sino las dejase en paz, pues después de que la madre ya está bien ha vuelto la mujer y ha visto que todas sus flores están marchitas, enfadada preguntar a ver que ha pasado y Herminio que él ya ha hecho lo que le ha mandado, que cómo en dos días hizo bastante calor pues que ya las regó, a ver a que hora, y parece que fue hacia el mediodía pensando que sería mejor cuando más calor hacía. La mujer echando fuego diciendo a ver cómo se puede hacer eso y otra serie de cosas que no se pueden poner aquí, y claro, el marido callado, pero pensando que él no sabía eso porque no le habían puesto al corriente de esas cosas.

XIMURRA. Arrugado. **K.** Hauxe bai zala gauzabat sekula etxakona gustau-izen gure amai, erropa ximurraz urtetzie kalera eta geixau domeka ero beste jai egunbat izetebazan, urten aurretik betik begikarie botatzeauen errepasue emuteko eta akaso alkondara ero frakak, orduen frakak arraixaz eruetezien, ez eon-ezkero bere gustokue kendu-bierra hauen plantxatzeko eta gero urten, berak txukun esateauen. **T.** Esto sí que era una cosa que nunca le gustó a nuestra madre, salir a la calle con la ropa arrugada y sobre todo si era domingo u otro día de fiesta, antes te salir echaba una ojeada para darte el repaso y si la camisa o el pantalón, entonces los pantalones se llevaban con raya, no estaban de su gusto había que quitarlo para planchar y después salir, ella solía decir que curioso.

XIMURTU. Arrugar. **K.** Nola zien eta baitxe nola dien oñ gauza asko, goixen jarridot nola orduen erropak ondo plantxa iñde eruetezien, ba ondoren beste moda barribat urtenauen ximurtu iñdako erropak jastie zana, erropa horreik ia hala saltzezien dendetan baña betik gertatzendana, batzuk akaso ezauen aukeraik eukiko erosteko eta beste-batzuk nai ez beste erozeiñ errazoitik, ba horreiñ jente askok koltxoi aspixen sartzezitxuen euron erropak ximurtzeko asmuekiñ. **T.** Cómo eran y también de qué manera son ahora muchas cosas, arriba he puesto que entonces las ropas se llevaban bien planchadas, pues después salió una nueva moda que consistía en vestirse con ropa que ya estaban arrugadas, esas ropas ya se vendían así en las tiendas pero cómo siempre pasa, que algunos no tendrían posibilidad de comprarlas y otros no querrían por alguna otra razón, pues mucha de esa gente metía sus ropas debajo del colchón con el objeto de arrugarlas.

XINPLE. Simple. Ordinario, sencillo. **K.** Jandoun txitrarro hau ezauen txarra baña etxatzue iruitzen larreiko xinple hauela?, eziñda esan gaizki erreta hauenik, akaso zertxobaitx geixei, oñ errefrito harei askotxo geratzejakon bierdan modukue izeteko, ezauken ez berakatzik eta apenas bixitazunik, biñagre faltan hauen. **T.** El chicharro éste que hemos comido no estaba malo ¿pero no os parece que estaba demasiado simple?, no se puede decir que estaría mal asado, quizá un poquito demasiado, ahora que al refrito le faltaba mucho para que estuviese como debería, le faltaba el ajo y apenas tenía vivacidad, estaba a falta de vinagre.

XINPLE, XINPLIE. Se dice de la persona previsible, sin muchas luces. **K.** Mutil horrekiñ aspalditxik dauket zalantza eta batzuetan haundixe gañera, eztakitx bera pertzona xinplie dan ero xinpliena itxendan, baña apostaukonaute bigarrena dala zeatik guretik kanpo askotan ikusi izendot, eta orduen bere taldiekiñ ibiltxenda nahiko normal barriketan eta baitxe beste zerbaitzuetan be ezerko xinpletazun-barik. **T.** Con respecto a ese chico siempre he tenido duda y algunas veces grande además, no sé si él es una persona simple o se hace el simple, pero ya apostaría que es lo segundo porque le he visto muchas veces fuera de nuestro entorno, y entonces suele andar con su grupo charlando normalmente y también en otras actividades sin tener en absoluto simpleza alguna.

XIXKO. Roto, estropeado. **K.** Alperrik haizare kolatzen pitxar hori, ezta ondo geratuko zeatik sigero xixko iñde dau eta ia jakiñien nau, zeñek estakitx, zueitik bateonbat izendala puskatu iñdauena. Nere ustez hobeto ingozue ez gastatzeik diruik kola erosten eta horren ordez pitxar barribat erostie, gañera erozeiñ modutan eta derrigorrez hori inbierra eukikozue. **T.** Es inútil que queráis encolar la jarra esa, no quedará bien porque está completamente rota y ya estoy enterada, quién no sé, de que alguno de vosotros ha sido el que la ha roto. Yo creo que en lugar de gastar dinero en comprar cola mejor sería comprar una jarra nueva, además eso es necesariamente lo que vaís a tener que hacer.

XIXKO-IÑDE. Muy cansado, fatigado.

(Ver la definición de jota).

XOLOMUE. Lomo de cerdo.

(Ver la definición de solomue).

XOXUE. Pájaro mirlo, algunos también le llaman tordo. **K.** Xoxuen honetxen buruz eztakitx ezertxorik baña nola entzunde nauken izen hori ba horretxeatik jarridot, irakurtzen ibilinaz gugel hortan eta jartzendau arrak luma beltzak daukela, emiek xertxobaitx argixaue eta piku orizka, txori hau nahiko estimaue dala kanturako eta geixenbaten basuen bizidala. **T.** Sobre el pájaro mirlo no se absolutamente nada pero como tenía oído el nombre por eso lo he puesto, he estado leyendo en el gugel ese y pone que el macho tiene el plumaje negro, la hembra un poco más claro y el pico amarillento, que es un pájaro bastante estimado por el canto y que la mayor parte del tiempo vive en los bosques.

XUME. Minúsculo, sencillo, humilde, casi insignificante. **K.** Garai baten nahiko xumek izengozien herri ta auzo askok eta oñ berriz, gure inguruen bentzet, naiz da ondion txikiñek jarraitxu, baña gutxitxuau, xume horreitik eztau bat bakarra bertanbera lagata dauenik eta danak zerbaitzuk iñditxue, gauzabat ero bestie aurrera urtetzeko eta benetan esanleike geixenbatek lortudauela. **T.** En un tiempo habría muchos pueblecitos y barrios que aparte de minúsculos también eran muy humildes, pero ahora en cambio, al menos en nuestro entorno, aunque sigan siendo minúsculos, pero menos, esos pueblecitos nunca se han abandonado y todos han hecho algo, una cosa u otra para salir adelante y de verdad se podría decir que la mayoría lo han conseguido.

XURRA. Se dice de la persona tacaña, roñosa y avara. **K.** Hauxe da gauzabat iñok eztauena esango ta ez sikera pentza xurra izen ero danik, baña hori demostratzeko aukera dauenien ezta bape errexa izeten, aber, zeñ ezta hatzera bota batenbonbat etorrijakonien diru eske atxekixabat ero bestie jarritxe?, ero beste modubaten esanda, norberak hori bera inbierra balauko zeñek ezauen berdiñe ingo?, ba hori, emuteko motx xamarrak garela eta berriz eskatzeko zertxobaitx argixauek. **T.** Esto sí que es una cosa que nadie confesaría ni siquiera pensar que es o puede ser una persona tacaña, pero cuando hay ocasión de demostrarlo no suele ser nada fácil, a ver ¿quién no se ha echado atrás cuando alguien le ha venido a pedir dinero poniendo alguna disculpa?, o dicho de otra forma, ¿si es que alguno tiene que recurrir a hacer los mismo, quién es el que no obraría de la misma forma?, pues eso, que somos bastante cortos para dar y un poco más espabilados para pedir.

Z

ZARRAI AXKAR FATEKO ESKATZIE DA BERDIÑE UMIEI GELDIK EOTEKO BEZELA ESATIE.

DA LO MISMO PEDIR A LOS VIEJOS QUE VAYAN RAPIDOS QUE A LOS CRIOS QUE SE ESTEN QUIETOS.

ZABAL, ZABALA. Ancho, amplio. **K.** Hau izetenda gauza onena mendira fatendanien, toki zabalien ibiltxie, aldebatetik jakiñien zara nundik zabitzen ta bestaldetik baitxe jeneralki ikustenda zoiezen tokixe, alde ederra dau holako lekutatik ibili eta ez hor basotik, arbola tartien, keixpetan eta ixe illunpeien. **T.** Esto es lo mejor cuando vas al monte, andar por sitios anchos, así por una parte sabes por por que sitio andas y por otra también generalmente se ve el lugar a dónde vas, vaya diferencia que hay andar por éstos lugares y no en medio del bosque, entre árboles, a la sombra y casi en la oscuridad.

ZABALDU. Ensanchar, esparcir, extender, ampliar. **K.** Beno, halaere ondo kostata baña nik ustedot oñarte iñdouna errexena izendala, eta oñ geratzendana hobeto izengou lasai antzien hartzie larreitxo nekatu aurretik, gauza da eta nola tratorie eziñdan sartu barruraño kanpuen ustu inbierra daukoula, gero karretillan kargau ximaurra, zelaira eruen eta danien zabaldu. **T.** Bueno, aunque ha costado mucho yo creo que lo que hemos hecho hasta ahora ha sido lo más fácil, y lo que ahora nos queda será mejor que lo cojamos con tranquilidad antes de cansarnos demasiado, la cosa es que el tractor no puede entrar hasta dentro y lo tenemos que descargar fuera, luego cargar el estiércol en carretillos, llevarlo al prado y extenderlo en todo.

ZABALDU. Abrir, pueden ser puertas, ventanas u otra cosa. **K.** Aspalditxik daukou almazena garbitxazun haundibat bierrien, gaur gara astixekiñ eta aber danon hartien axkar bukatzendoun, hotz dexente dau baña nik ustedot larreiko autz atarakoula eta danok auztu aurretik hobeto izengoda ate eta bentanak zabaldu itxenbou. **T.** Desde hace ya bastante que el almacén está necesitado de una buena limpieza, hoy tenemos tiempo y a ver si entre todos lo terminamos lo más rápido posible, yo creo que vamos a levantar demasiado polvo y antes de nos empolvemos todos, aunque hace bastante frío será mejor que abramos la puerta y también las ventanas.

ZABALERA. Darle anchura. **K.** Nik ustedot hau garbitxu ondoren eta nola ondion denpora eukikoun ona izengozala zabalera geitxuau emutie almazeneko sarrerai, betik ibiltxegara exkax antzien sartzeko eta ataratzeko kamioe, eta sikuen hainbestien baña eurixe iñezkero albuek lokastu itxendie, batzuetan erruberak lokatzien sartu eta gero kosta hortik ataratzie. **T.** Yo creo que después de limpiar ésto y cómo todavía vamos a tener tiempo sería bueno que le diésemos un poco más de anchura a la entrada del almacén, siempre andamos un poco justos para meter y sacar el camión y si está seco todavía pero si llueve las esquinas se embarran, algunas veces se meten las ruedas dentro del barro y luego cuesta sacarlo de ahí.

ZABALIK. Abierto. **K.** Rodolfo, derrigorrez kontu apurbateaz ibili-bierra daukotzu etxetik urtetzendozunien, gogoratukozara atzo inzauen astokeixiaz ez? eta ustedot zertxobaitx damututa be eonbikoziñela, nik eztotena ulertzen da nola dan hori posible, baña erozeiñ modutan garbi dau etxe sarrerako atie zabalik geratuzala parez pare zu bueltaurarte, eta hori gaur goixien izenda. **T.** Rodolfo, necesariamente tienes que andar con un poco más de cuidado cuando salgas de casa, ¿ya te acordarás de la insensatez que cometiste ayer no? Y creo que también deberías de estar un poco arrepentido, lo que yo no comprendo es cómo puede ser eso posible, pero de cualquier manera está claro que la puerta de entrada de casa quedó abierta de par en par hasta que volviste, y eso ha sido esta mañana.

ZABALIK. Sobre esta palabra un comentario: En el euskera del Alto Deba para decir deja abierto se dice itxi zabalik, que traducido literalmente vendría a decir, que dejes cierra abierto. Contradictorio, ¿no?

ZABALKUNDA. Propaganda. **K.** Ixe etxeko atarte sarrera guztietan ikustenda nola jartzendauen etxe horrek eztauela ametitzen zabalkundeik, ero propagandaik, baña hortan ibiltxendienak nolabaitx konpontzendie atartera sartzeko eta zabalkunde horreik buzoira sartu, nik ustedot beko txirriñek joteitxuela esanaz kartero ero beste holakobat dala eta norbaitxek atie zabaltzeutzola. **T.** En casi todas las entradas del portal de las casas se ve que hay un cartel que dice que esa casa no admite propaganda, pero los que se dedican a eso ya se arreglan de alguna forma para entrar al portal y meter la propaganda esa en el buzón, yo creo que tocan varios timbres de abajo diciendo que son el cartero o algo similar y alguien les abrirá la puerta.

ZABARKEIXIE. Abandono, vaguedad, pereza. **K.** Nola mutillen aitxa oso esagune dan herrixen toki askotan emun izeutzie lana, entzunde dauket ze horrein toki batzuetan inditxuela alegiñek lanien euzteko, baña alperrik eta askenien bieldu inbierra izendauela. Esatendaue mutil horrek zabarkeixie sartute daukela gorputzien eta egun osuen potrojorran eotezala. **T.** Cómo el padre del chico es muy conocido en el pueblo le han debido de dar trabajo en muchos sitios, también tengo oído que en algunos de esos sitios se han esforzado para sujetarle en en el trabajo, pero inútilmente y que al final lo han tenido que despedir. Dicen que ese chico tiene metida la pereza en el cuerpo y que todo el día solía estar tocándose los huevos.

ZABARRA. Se dice de la persona dejada y abandonada. **K.** Tomatiek jasotzera herrira etorridien kanpoko kuadrilla hori nahiko zabarrak diela iruitzejate euron lan-lagunei, garbitxazun buruz bentzet, esatendaue aukera guztie daukiela dutxatzeko eta berdiñ erropak garbitzeko baña etxura guztie daukiela eztauela itxen ez bata ta ez bestie. **T.** La cuadrilla esa de fuera que ha venido al pueblo a la recogida del tomate a sus compañeros de trabajo les parece que son bastante abandonados, por lo menos en cuanto a la limpieza se refiere, dicen que tienen todas las facilidades para ducharse y lo mismo para lavar la ropa, pero que tienen toda la pinta de que no hacen ni lo uno ni lo otro.

ZABITZ. Ya andas. **K.** Agapito mezerez, zertan zabitz?, nik eztutzut esan hori itxekoik, esandot fateko sagastira laguntzen sagarrak batzen haidienai eta zu bestaldien haizara baitxe batzen, baña kasu hontan karakolak, benga, itxizu oñ hori eta fanzaitxez haldan axkarren bestiana, bukatu ondoren berriz jarraitxukozu zure asunto horrekiñ. **T.** Agapito por favor, ¿que andas?, yo no te he dicho que hagas eso, he dicho que vayas al manzanal a ayudar a los que están recogiendo las manzanas y tú andas en la otra parte también recogiendo, pero en este caso caracoles, venga, deja eso ahora y vete cuanto antes dónde los otros, después de que termineís ya continuarás con ese asunto tuyo.

ZABITZ. (Zabitze), tzen, tzien.

ZABORRA. Basura, desehos, inmundicia. **K.** Zenbat arazo eotendien toki askotan zaborran kontura, jakiñ ez zer iñ ero nora eruen eta bebai baleike eoteik ez ero ez geratzie aukera askoik, eta esan-baterako Gipuzkun, halaere emutendau laister konpontzeko birie dauela baña oñartien nahiko xelebre ibilidie, ero ibiligare, aldebatetik ezta bertan zabortegik geratzen eta kanpora erueten haidie, eta bestaldetik ondion bukatu-barik dau zabor horreik eruen inbierreko tokixe. **K.** Cuántos problemas hay en muchos sitios a cuenta de la basura, no saber que hacer o dónde llevar y también puede ser que no haya o no queden muchas posibilidades, y por ejemplo en Gipúzkoa, aunque parece que se está haciendo camino para que se solucione pronto, hasta ahora han o hemos andado como se ha podido, por una parte ya no quedan escombreras y la basura la están llevando fuera, y por otra aún está por terminar el sitio al que van a ir destinadas esas basuras.

ZABORTEGIXE, ZABORTEIXE. Lugar donde se depositan las basuras, escombrera. **K.** Ba goixen jarridouna, Gipuzkun eztala geratzen zabortegirik zeatik danak, ia nahiko aspalditxik, betiek daz eta oñ lurraz tapatzen haidie, eta oñ gertatzendan zabor guztie kanpoko zabortegitara erueten haidie, eta egunero kamioi pillabat. **T.** Pues lo que hemos puesto arriba, que en Gupúzkoa ya no quedan escombreras porque todas, desde hace ya bastantese tiempo, se han llenado y ahora las están tapando con tierra, y ahora toda la basura que se genera la están llevando a las escombreras de fuera, y todos los días un montón de camiones.

ZAHARTU. Senectud, vejez, ancianidad. **K.** Badakigu eztala gauza larreiko ona zahartu itxie baña halaere zarzaruetara allegatzie be ezta gauza gutxi, eta gañera ondo jakiñien gara ze gertauleikien honen arrazkero, oñ gauza horreik eziñdie aldatu eta ez ebitau, eztauke bueltaik eta eztau beste erremeixoik konformatzie baño, hori bai, haldan alaitazun guztiekiñ. **T.** Ya sabemos que no es una cosa demasiado buena el llegar a la vejez pero aún así el llegar tampoco es poca cosa, además sabemos bien lo que nos pueden pasar a partir de entonces, ahora que esas cosas son inevitables, no tienen vuelta y no hay más remedio que conformase, eso sí con toda la alegría posible.

ZARATA, ZARATIE. Ruido. **K.** Zarauzko Pilarren plazan ostiral eta zapatu illuntzen, geixau giro ona baldinbadau eta txarraz, naiz da gutxitxuau, antzera, ezta sekula falta izeten zaratie eta akaso zarata izena baño hobeto eongozan burrundara esatie, zer da ha, zerbaitx entzun ero berba itxeko eztau beste erremeixoik uluka ibili-baño, eta halaere nahiko kostata. **T.** En la plaza del Pilar de Zarautz los viernes y sábados al final de la tarde y comienzos de la noche, más si hace buen tiempo y con malo, aunque algo menos, parecido, nunca falta el ruido y quizá mejor que el nombre de ruido le iría el de alboroto, que es aquello, para poder o hacerte oir algo no hay más remedio que gritar, y aún así cuesta bastante.

ZARATAKA. Haciendo ruido. **K.** Ba halaxe ibiltxegare danok, eta ez bakarrik plaza kanpuen baizik taberna barruen be berdiñ, kanpuen hainbestien emutendau zaratak atara-hala alde itxendauela eta barruen berriz, eztakitx eko hori itxendalako ero beste zeatik izenleiken, zarata horreik bi bider entzutendie. **T.** Pues así andamos todos, y no solo fuera en la plaza sino también dentro de la taberna, fuera al fin y al cabo parece que los ruidos a medida que producen se escapan y dentro en cambio, no sé si porque hace eco o que otra cosa puede ser, los ruidos esos se oyen dos veces.

ZAI. Esperando. **K.** Bartolomekiñ betikue, bere zai eon inbierra, ba nik beste bost miñutu etxoiñgutzet eta ezpada asaltzen banoie, eta zueik be gauza berdiñe inbikozaukie eta aber hala beingoz espabillatzendan. Etortzendanien, auskalo noix, ezpadau ikusten iñor ardituratukoda eta nolabaitx konpondu-bierra eukikodau, gurekiñ alkartzie gurebadau bentzet, berak gutxigorabera badaki ze aldetik ibilikogaren. **T.** Con Bartolomé lo de siempre, tener que estar esperándole, pues yo le esperaré cinco minutos más y si no aparece me marcho, y vosotros deberiais de hace lo mismo y a ver si así se espabila de una vez. Cuando venga, quién sabe cuándo, y no vea a nadie ya se tendrá que preocupar para arreglarse, al menos si quiere reunirse con nosotros, él ya sabe más o menos por donde andaremos.

ZAINDARIXE. Cuidador (a). Lo mismo puede ser persona que que cuida a otras personas, críos, ancianos, etc…, así cómo el encargado de algo o alguien y también el jefe o patrón. **K.** Jakiñdot zaindaribat billatzen haidiela haureskola hortarako, eta eztakitx aurkeztu hala ez zeatik eskeintza hortan derrigorra omenda kalboso ez izetie, etxura onekue, posible bada guapo xamarra eta ez eukitxeik bizerrik. Gauza da aurreko hirurek ondo beteteitxutela baña askenaz ez bibotie dauketelako, eta oñ zalantza dauket, kendu hala ez. **T.** He sabido que están buscando un cuidador para esa escuela infantil, y no sé si presentarme o no porque en la oferta debe ser imprescindible no ser calvo, tener buena presencia, bastante guapo si es posible y carente de barba. La cosa es que cumplo perfectamente con las tres primeras pero no con la última porque tengo bigote, y ahora tengo duda de si quitármelo o no.

ZAIÑ, ZAIÑDU. Guardar, vigilar. **K.** Aber, asunto hau txandaka inbikou, batzuk uretan ibili bitxertien bestebat hemen geratu eta gauza honeik zaiñdu, aspalditxuen entzutenda lapurrek ibiltxendiela hondartzan eta danok bezela trajebañuaz jantzitxe ez igertzeko, gero eta ikustendauenien iñor eztauela arrapau haldan guztie, axkar eruen kanpora eta emun han etxoitxen eotendan beste tipuei. **T.** A ver, este asunto lo vamos a hacer a turnos, mientras unos están en el agua otro que se quede aquí y vigile las pertenencias, desde hace algún tiempo se viene oyendo que andan bastantes ladrones en las playas y que al igual que todos van vestidos con el traje de baño para que no se les pueda reconocer, luego y cuando ven que no hay nadie roban todo lo que puedan, lo llevan rápidamente fuera y se lo dan al compinche que está esperando.

ZAIÑDU. (Zaiñdukok), kon, kot, kozu, kozue.

ZAIÑA. Vigilante, guarda. **K.** Leku geixenetan jaixek dienien eta baitxe uda partien be, kosta aldien eta esan-baterako Zarautzen, gauza asko jartzeitxue, batzuk erakusketa bezela, barrakak eta bebai prestatzendaue tokixek musika kontziertok emuteko, ba toki honeitan eztau beste erremeixoik zaiña jartzie baño, aldebatetik ez laputzeko baña geixenbat izetenda ezer ez puskatzeko, zeatik jente asko eotenda gustora itxeitxuenak gauza horreik. **T.** En la mayoría de los sitios cuando son fiestas y lo mismo en la parte del verano, muchos en la costa y por ejemplo en Zarautz, ponen cantidad de cosas, algunas como expociciones, barracas y también preparan escenarios para dar conciertos de música, pues en estos sitios no hay más remedio que poner guardas, por una parte para que no haya robos pero sobre todo para que nadie destroce nada, porque hay mucha gente a las que les encanta hacer esas cosas.

ZAIXE. Es un cereal que se llama salvado. **K.** Zaixe gereralki erabiltzeda jaten emuteko animalixai, txikituta dauenien animali txikiñendako, ollaskuek, paitxak eta beste antzerakuek dienak, eta xetu-barik dauena haundixendako, txarrixek, astuek, zaldixek eta berdintzuek. Eta gauzabat, zueitik batzun-batzuk eukikoutxozue elefente txikiñ bat ero beste etxie ero baserrixe zaintzeko, ba kontuz ibili eta ez emun txikitu-bako zaixe zeatik oso errex trabatzejatie estarrixe. **T.** El salvado por lo general se utiliza para dar de comer a los animales, el que está molido para los animales pequeños como gallinas, patos y otros similares, y el que está sin moler para los grandes, cerdos, burros, caballos y parecidos. Y una cosa, algunos de vosotros ya tendréis algun que otro elefante pequeño para que os cuide la casa o el caserío, pues andar con cuidado y no le deis el salvado sin triturar porque se atragantan con mucha facilidad.

ZAIZABALA, ZAI-ZABALA. Salvado en grano sin triturar. **K.** Gure aitxak bi gauzatarako erabiltzeauen zai-zabala, bat karakolai botatzeko saku barrura denpora luzetxuen eondeixien, bere ustez hau janda hobeto sikatzezien eta bestie zan txarrixe haukenien, nahastu patata egosixekiñ eta gero hori emun jateko. **T.** Nuestro padre el salvado sin triturar lo utilizaba para dos cosas, una para echarla dentro del saco de los caracoles y estuviesen allá un tiempo bastante largo, él pensaba que comiendo eso se secaban mejor y la otra era cuando tenía un cerdo, para mezclarla con la patata cocida y luego darle eso para comer.

ZAÑA. Vena. **K.** Nik esagunbat dauket lotza haundixe emuteutzena fraka motxetan kalien ibiltxie, eta gañera sekula eztana trajebañuaz jasten hondartzara fateko, eta hori da bernako zañak ixe errebentau-bierrien daukelako bariz gauza horreikiñ, berak eztau iñola gure izeten medikura fateik zeatik esatendau operau ingotziela eta izugarrizko bildurre dauko asunto horrei. **T.** Yo tengo un conocido al que le da mucha vergüenza andar en pantalón corto por la calle, y además que jamás se pondrá el traje de baño para ir a la playa, y eso es porque tiene las venas de las piernas a punto de reventar por la cosa de las varices, el asunto es que de ninguna de las maneras quiere ir al médico porque dice que le van a operar y tiene demasiado miedo a esas cosas.

ZAKARKEIXIE. Se dice por los actos de disgusto o desprecio ante una caricia, un gesto amable, etc… **K.** Rupertok esatendau illoba txikibat daukela eziñleixona sekula laztanbat emun eta noski, berak be iñori ez, eta kasualitatez emun-ezkero dexkuidon arrapauta aurreneko gauza itxendauena dala arpegixe igurtzi, zakarkeixa haundixe daukela eta alkartzendanien familixakiñ bazkaibat itxeko bera betik aparte antzien geratzendala gauza horreik ebitatzeko. Oñ xei urte dauko, eta hamazortzi eukitxeitxunien, berdiñ izengoda?, ba nik ezetz ustedot **T.** Ruperto suele decir que tiene una sobrina pequeña a la que nunca se le puede dar un beso y claro, tampoco ella a nadie, y si por casualidad la pillas descuidada y se lo das lo primero que hace es restregarse la cara, parece que le disgustan esas cosas y que cuando se junta la familia para hacer una comida ella siempre se queda un poco aparte para evitar esas cosas. Ahora tiene seis años, ¿y cuando tenga dieciocho, será igual?, pues yo creo que no.

ZAKARRA. Basura, suciedad. **K.** Toki hau sigero ondo dau giro ona itxenbadau, jai egunien bazkaixaz etorri eta izugarrizko egun ona pasatzeko bezela, bertan dau bierdan dana, berezixena keixpe ederra eta mai ugeri, jartzeko tokixe, parrillak eta nahiko gertu erreka ur garbixekiñ, eztauena da eta eztakitx nola eztituen jartzen hainbeste jente eonda, zakarra izteko tokibat. **T.** Este sitio está muy bien haciendo buen tiempo, para venir el día de fiesta con la comida y pasar una muy buena jornada, hay todo lo que se necesita, lo más importante buena sombra y abundantes mesas, sitio para sentarse, parrillas y bastante cerca un río con agua limpia, lo que no hay y no sé porque no lo ponen con toda la gente que hay, un sitio dónde depositar la basura.

ZAKARRA. Fig. se dice por la persona basta, tosca y arisca. **K.** Ba ume honek be, Daniela bere izena, Ruperton illoba bezelako zakarra urtendau ba, hiru urte besteik eztauko eta eztau moduik patxobat emundeixen eta askoz gutxiau hartzeko, alde itxerakuen bere amak betik esateutzo despedizteko laztanbat emuteko han gazen danoi baña ezer ez, berak igex itxendau eta agur be urriñtxotik esan baezpare. Estakitx ze izengodan neskatilla honekiñ urte batzuk hartzeitxuenien baña nik pentzatzendot aldauta eongodala. **T.** Pues también esta niña, se llama Daniela, ha salido lo mismo de arisca como la sobrina de Ruperto, no tiene más que tres años y no hay forma de darle un beso y mucho menos de que te lo dé ella, a la hora de marchar su madre siempre le dice que para despedirse nos de un beso a todos los que estamos allá, pero nada, se escapa y dice adiós bastante alejada por si acaso. No sé que será de ella cuando tenga unos cuantos años más, pero yo pienso que ya habrá cambiado.

ZAKARONTZIXE, ZAKAR-ONTZIXE. Recipinte, contenedor, también el cubo para la basura. **K.** Zenbat bieleku eondien Gipuzkun, baleike beste nunbaitxen be hala izetie, zakarontzixen kontura, gañera botaziok be eondie lendakarixei elejizteko itxendan bezelakuek, herri batzuetan txintxiliske jartzekuek naidauela eta bestietan berriz lurrien betiko bezela, eta jentie beriek eta bi esaten bateatik eta bestiatik, aurka noski. **T.** Cuántos problemas ha habido en Gipúzkoa, puede que en otros sitios tambien haya sido así, a cuenta de los recipientes de la basura, además con votaciones de por medio cómo cuando se hacen para elegir al lendakari, en algunos pueblos que los querían colgados y en los otros en cambio en el suelo igual que siempre, y le gente echando pestes por cada uno de los sistemas, unos en contra del otro claro.

ZAKARTU. Se dice de la persona que se ha vuelto zafia, arisca, iracible y con mal genio. **K.** Mutil hori ixe urte osue eonda lanien herritik kanpo eta ustedot han zerbaitx gertaujakola zeatik sigero zakartuta bueltauda, alde iñ aurretik sigero jatorra eta alaia zan eta oñ berriz segitxuen asarreketanda erozeiñ gauzatik, gañera geixenbaten ikustejako genixo txarrakiñ dabillela. **T.** Ese chico ha estado casi un año entero trabajando fuera del pueblo y creo que allá le ha debido de pasar algo porque ha vuelto demasiado irascible, antes de marchar era muy agradable, alegre y ahora en cambio se enfada enseguida por cualquier cosa, además la mayoría de las veces se le ve que anda con mal genio.

ZALA. Cuando era. **K.** Teobaldok betiko harrokeixakiñ jarraitzendau eta emutendau ze hil hartien berdiñ jarraitxukodauela, gizon ona da baña puntotxo hori dauko, bera aparteko kirolarixe izenda, sari asko irabaztekue da eta lenau lagun hartien eotezanien gustatzejakon esatie hau ero bestie iñdot, ikusi ze irabazidoten, eta oñ berriz zartzen hasidanien esatendau bera gaztie zala hainbeste gauza iñdakue dala ze berak be eztakixela zenbat izendien. **T.** Teobaldo sigue tan presumido como siempre y parece que así seguirá hasta que se muera, es un buen hombre pero tiene ese puntito, él ha sido un deportista destacado, ha ganado numerosos premios y antes cuando estaba con los amigos le gustaba decir he hecho ésto y lo otro, mirar lo que he ganado, y ahora en cambio cuando se está haciendo mayor dice que cuando era joven hice tantas cosas y que ni él sabe cuántas han sido.

ZALANTZA. Incertidumbre, duda, indecisión. **K.** Oñ kotxe barrixe erosteko asmuekiñ nabill eta erabakidot ze markako hartu baña koloren buruz geruau ta zalantza haundixaue daukek, neri gustatzejat aurrien beltzak, goixen zurixek eta gero atzien berriz beltaz dienak, andriei berriz emutendau etxakola gustatzen zeatik hori esan besteik ez sutan jartzenda esanaz aber ondo nauen burutik, eta gauza da ontxe bertan eztakitxela zer iñ. **T.** Ahora tengo la intención de comprar un coche nuevo y ya tengo decidido de que marca será, pero en cuanto al color cada vez tengo más dudas, a mi me gusta el que es negro por delante, blanco arriba y luego otra vez negro por detrás, a mi mujer en cambio parece que no le gusta porque nada más decir eso se pone echando fuego diciendo a ver si estoy bien de la cabeza, y la cosa es que ahora mismo no se que hacer.

ZALAPARTA. Alboroto, barullo, agitación.
(Ver la definición de burrundara).

ZALAPARTAKA, ZALAPARTAN. Hacer las cosas con demasiadas prisas y de forma desordenada. También estar montando alboroto o barullo. **K.** Ez, ez eta ez, garbi esanotzuen ze gauza honeik eziñdiela iñ zalapartaka, lasai ta mantzo hartubiziela, kontuz eta bape prixa-barik inbierrekuek, eztozue bape kasuik iñ eta beitu nola geratudan, ixe iñde dauen dana eztau ezertarako balixo, oñ kendu inbikou eta barrixenbarri itxen hasi. Ba ustedot jakiñien eongozariela zeñen kontura izengodan hori, ez? **T.** No, no y no, ya os dije bien claro que éstas cosas no se podían hacer de forma apresurada, que eran para hacerlas tranquilamente, con cuidado y en orden, no habeís hecho caso alguno y mirar como ha quedado, casi todo lo que está hecho no vale para nada, ahora tenemos que quitarlo y volver a empezar a hacerlo de nuevo. Pues me imagino que ya sabreís a cuenta de quien va a ser esto, ¿no?

ZALAPASTROSO, ZALAPASTROZUE. Desastrado. Se dice de la persona que hace las cosas sin orden y de forma casi frenética. **K.** Ba askenengo denpora honeitan eztaukou bape zorionik langille batzukiñ, atzo errietan ibili-bierra izenauen lan ha zalapartaka iñauen hareikiñ, eta gaur berriz beste zalapastroso honek iñdauen lana eztau ezertarako balixo zeatik eztau nundik heldu, aldebatetik beitu eta okerra ta bestaldetik beitu-ezkero ondion askoz okerraue, ba ontxe bertan gara eztakigula zer iñ horreikiñ. **T.** Pues en éstos últimos tiempos no tenemos demasiada suerte con algunos trabajadores, ayer tuve que reñir a aquellos que habían hecho aquel trabajo de forma tan desordenada, y hoy el trabajo que ha realizado este desastrado tampoco vale para nada porque no hay por dónde agarrarle, si le miras por un lado está torcido y si le miras por el otro todavía mucho más torcido, pues ahora mismo estamos que no sabemos que hacer con ellos.

ZALDIXE. Caballo. **K.** Oñ, beno ia aspalditxotik, emutendau modan dauela zaldixen ibiltxie, jente asko ikustenda pasian dabillela honein gañien eta batzuk ez hainbeste pasian baizik nahiko trotien bebai, toki asko daz zaldixek daukienak eta baitxe erakutzi be zaldi gañien ibiltxen, ordainduta noski, eta entzunde daukek jente asko dauela, geruau eta geixau, zaldixek eurontzat erosi itxeitxuenak. **T.** Ahora, bueno desde hace ya algún tiempo, parece que se ha puesto de moda el andar a caballo, se ve a mucha gente que anda de paseo montada en ellos y a algunos no tan de paseo sino más bien casi a galope, hay muchos sitios dónde los tienen y también enseñan a montar, pagando claro, y tengo oído que hay mucha gente, cada vez más, que compra caballos para uso propio.

Aspaldiko esaerabat: Zalditxik astora.

Un viejo proverbio es euskera que dice que de caballo a burro y quiere decir que de mal en peor.

ZALETASUNA. Afición, devoción, empeño. **K.** Nikanorrek, ez hainbeste pozitazunakiñ komestatzendau ze zaletasun haundixe hartudauen seme txikiñek angulakiñ, fandan gabonetan probauzitxula aurreneko aldiz, gañera oso gutxi, eta etxuraz hainbeste gustajakon ze betik hori eskatzen haida, ba oñ Nikanorri gertatzejako sarritxen ekarri-bierra daukela, noski gulak, eta mutikue hasidala igertzen ta protestan esanaz horreik eztiela angulak. **T.** Nicanor, sin demasiadas alegrías comenta la gran afición que ha cogido su hijo pequeño por las angulas, que en navidades fué la primera vez que las probó, además muy pocas, y parece que le gustaron tanto que siempre las está pidiendo, pues ahora a Nicanor le pasa que las tiene que traer muy a menudo, gulas claro, y que el chaval ya ha empezado a reconocer y protestar diciendo que esas no son angulas.

ZALETU. Aficionarse, empeñarse. **K.** Nik betik entzun izendot nola gauzak ondo urtetzeko, eta halaere batzuetan eztala posible izeten, derrigorrezkue dala zaletu inbierra haldan guztie, horrela aukera haundixe dauela lortzeko eta hala iñde, aurrena norberana, eta gero beste askon pozitazuna be haundixe izengodala. **T.** Yo de siempre he oído que para que las cosas te salgan bien, y aún así algunas veces no es posible, hay que empeñarse lo máximo posible, que así hay muchas probabilidades de que se consigan y que siendo asi, primero la propia, y después también la satisfación de muchos puede ser muy grande.

ZALIE, ZALE. Aficionado, a favor. **K.** Nik ustedot Gipuzkun eta fubola guztatzejakonai geixenbat Errealan zaliek diela, baña halaere batzun-batzuk be badaz Atletik aldeko dienak, nere ustez horreik baleike izetie zeatik leku hortan betik eondie jokalari asko, momentu hontan be hala daz, gipuzkoarrak, halaere ondo dau bertako ekipon zaliek izetie, gañera kontuen hartuta danontzako tokixe dauela zeatik beste ekipo batzuk be badie goiko mallan haidienak, Eibar eta Alaves bezela, eta ezta astu inbier Naparrako Osasunakiñ. **T.** Creo que en Gipúzcoa la mayoría de la gente a la que le gusta el fútbol es aficionada a la Real, aunque también hay algunos otros que son del Atleti, yo pienso muchos de esos lo son porque ahí siempre ha habido jugadores, en éste momento también los hay, de Gipúzcoa, aún asi está muy bien el ser aficionado de algún equipo de aquí, además teniendo en cuenta de que hay sitio para todos porque igualmente hay otros están ahí arriba como el Eibar y el Alavés, y no hay que olvidarse del Osasuna navarro.

Aspaldiko esaerabat: Zale gabeko Elixa, musika gabeko dantza.

Un viejo proverbio vasco dice que una Iglesia sin fieles es como un baile sin música.

ZALLA. Difícil. **K.** Zuk gurebozu ingotzut lan hori, oñ nik eztakitx ondo urtengodauen zeatik nere aldetik sekula inbakue da, badakitzu alegiñ guztiek ingoitxutela baña halaere iruitzejak etxura onien eta danon gustora geratzeko nahiko zalla izengodala. **T.** Si tú quieres ya haré ese trabajo, ahora lo que yo no sé es si saldrá bien porque por mi parte nunca he hecho una cosa semejante, ya sabes que me esforzaré todo lo que pueda pero aún así me parece que será difícil el conseguir que quede con buena apariencia y al gusto de todos.

ZALLA. Duro de masticar. **K.** Lengo egunien Edelmiro kontatzen ibilizan nola fandaneko asteburuen semiek eta erraiñak bazkaltzera eruenauen hango jatetxe fama haundixe hauken parrilla kontuen, esanauen aurreneko platera oso gozue omenzala baña bigarrena, txuleta zan, gusto onekue baña beretako jan-eziñe, larreiko zalla eta pena galantaz itxi-bierra izenauela. **T.** El otro día nos contaba Edelmiro de cómo el pasado fín de semana su hijo y la nuera le llevaron a comer a aquel restaurante que tenía mucha fama en cuanto a la parrilla, decía que el primer plato estaba muy rico, pero el segundo, era chuleta, que tenía buen sabor pero que no se podía comer, que para él era demasiado duro de masticar y que con gran pena lo tuvo que dejar.

ZALTOKIXE. Cuadra de caballos, caballeriza. **K.** Sekulako gauza pilla aldatzen haidie eta beste hainbeste ia aldatuta daz, oñ ikustendie iñoiz eztienak ikusi, esan-baterako zaltokixek eta zenbat gañera, herri hontan parebat badaz eta hortik zier fatenbazara baitxe ikustendie nahiko ugeri, etxuraz eta horrenbeste eoteko derrigorrez izenbida gauzabat diru dexente emutendauena. **T.** Están cambiando un montón de cosas y otras otras tantas ya han cambiado, ahora se ven cosas que antes nunca se habían visto, por ejemplo las caballerizas y además cuántas, en este pueblo hay un par y cuando vas por ahí también se ve que hay bastantes, da la impresión de que para que haya tantas necesariamente tiene que ser un negocio que da mucho dinero.

ZAMARRA, ZAMARRIE. Delantal que utilizan, o utilizaban, los herreros. **K.** Oñ auskalo nun dien errementaixek erabiltxezitxuen lengo zamarra hareik, apostaukonauke bakarrik eongodiela, eta akaso, erakusketa dauen tokinbaten, honekiñ be gertatzenda askokiñ pasadan bezela, gauza asko desagertu iñdiela eta errementari lanak, orduen itxezien bezela bentzet, ia aspalditxik fanda eta oñ alperrik diela zamarra hareik. **T.** Cualquiera sabe dónde estarán los delantales que antes utilizaban los herreros, ya apostaría que solo se encuentran, quizá, en algún sitio que haya una exposición, con esto pasa lo mismo que ha sucedido con muchas otras cosas, que bien han desaparecido o van desapareciendo y aquellos trabajos de herrería, al menos del modo que se hacían entonces, hace ya mucho tiempo que ya no existen y ahora no son necesarios los delantales aquellos.

ZAMARRIEN. En la cercanía o proximidades.

(Ver la efinición de ingurue, inguruen).

ZAN, ZANIEN. Era, cuando era. **K.** Bai, askotan entzun izendot nola lenau gizon hori zan hau ero bestie, eta oñ zer, batzuk esatendaue hala dauela andriek igexi ondoren bere lagun haundixenakiñ, baña halaere nik eztotena ulertzen da hainbesteko gizona izenda oñ halako xixko iñde geratzie, dana ezta izengo andrien kulpa ba eta pentzatzendot berak be eukikozitxula zer-ikusixek asunto hortan. **T.** Si, muchas veces he solido oir que ese hombre antes era ésto y lo otro, y ahora qué, algunos dicen que está sí desde que su mujer se escapó con su mejor amigo, pero aún así lo que yo no entiendo es cómo habiendo sido tanto ahora se haya quedado tan abatido, tampoco todo será culpa de la mujer pues y supongo que él también ya habrá tenido algo que ver en ese asunto.

ZANA. El que fué. **K.** Rupertoatik bai esanleikela zana zeatik hilda gixajue, eta oñ sigero alperrik da esatie ona ero txarra izenzala, eta gero betikue, tartekuek negar batzuk, batzunak baleike izetie diximulatzeko eta akaso ez hainbeste triste ze tokatzendan esperuen. **T.** De Rigoberto sí que se puede decir el que fué porque el pobre ya se ha muerto, y ahora es igual y completamente inútil el decir lo bueno o malo que había sido, y después lo de siempre, los familiares llorando un poco, acaso algunos también lo hagan por disimular y puede que tampoco estén tan tristes a la espera de lo que le pueda tocar.

ZANGA. Zanja. **K.** Aspalditxuen herri hontan lau begikiñ ibili-bierra dau kalien, alde guztietan obretan haidie herrixe txukuntzeko asmuekiñ eta horrek guredau esan ugeri zanga dazela, zorionez lan-lekuek bierdan bezela itxita geratzendie eguna bukatu ondoren baña gertatzenda asteburue luzie izetendala, eta betik dauela majaderonbat kendu ero bota itxeitxuenak itxitura horreik. **T.** Desde hace ya algún tiempo en este pueblo hay que andar con cuatro ojos por la calle, en todas partes están de obras con la intención de adecentar el pueblo y eso quiere decir que hay muchas zanjas, afotunadamente los lugares de trabajo quedan bien cerrados cuando terminan la jornada, pero pasa que el fín de semana es largo y siempre ha algún majadero que quita o tira algún cerramiento.

ZANGO. Pierna, pantorrilla. **K.** Anastasiok, enau ziur baña ustedot txantxan izengodala, esatendau erakusten hasibidala bere zangok eta hala akaso baleiketa zertxobaitx urtetzie, oñartien betik eskutuen erueitxuela, sekula eztauela jan erroskilla bakarra eta aber hemendik aurrera zorion pixkat dauken, oñ gauzabat gertatzejako eta eztakitx inportantzi haundirik dauken neskantzat, baña asuntue da sikero okerrak daukela. **T.** Anastasio, no estoy seguro pero creo que será en broma, dice que va a empezar a enseñar las piernas y que quizá así pueda salir algo, que hasta ahora siempre las ha llevado ocultas y nunca se ha comido un rosco, ahora que le pasa una cosa y no se si tendrá demasiada importancia para las chicas, pero el asunto es que las tiene completamente torcidas.

ZANKARROIE. Zancarrón. Carne de vacuno de la parte de la pantorrilla y qe generalmente se uliliza para hacer caldo. **K.** Zenbat gauza aprobetxatzendien salda onbat iñ ondoren, aber, aurrena daukotzu salda on hori, saldakiñ fideo sopa, gero garbantzuek ta honeik janleiketzu bakarrik ero nahastuta, asa, koliflora ero bainakiñ, una bebai baña hau oñ apenas jatenda, eta zer esan zankarroiena, hau bakarrik gatz pixkat botata plateran ero ogi tartien, baleike izen tomatiekiñ eta baitxe trapuxarra bezela be, ze geixau eskatuleike ba?, eta pentza, salda horrekiñ gutxienetik daukotzu hiru eguneko jana eta gañera dana sigero gozue. **T.** Cuántas cosas se aprovechan después de hacer un buen caldo, a ver, primero el buen caldo ese, con el caldo sopa de fideos, luego los garbanzos y éstos se pueden comer solos o mezclados con berza, coliflor o con vainas, también el tuétano de la cañada aunque eso ahora apenas se come, y que decir del zancarrón, ésto solo en el plato echándole un poco de sal o entre pan, puede ser con tomate o como ropa vieja (ver trapuxarra), ¿que más se puede pedir pues?, y piensa, con el caldo ese tienes por lo menos comida para tres días y encima todo muy bueno.

ZANPATU. Apretar, aplastar, apretujar. **K.** Katxarro horreik ta hala dazen moduen ezingoitxu asko batera sartu eta dozererdi buelta gutxienetik inbierra eukikou danok erueteko, nik ustedot ze naiz eta bere lantxue euki, kontuen hartuta txatarrako diela, onena izengoula zanpatu itxie haldan guztie eta aber hala bidai parebat ero hiruen erueteitxun. **T.** Los cacharros esos y de la forma que están no podremos meter muchos a la vez y por lo menos tendremos que hacer media docena de vueltas para llevarlos todos, yo creo que a pesar de que tiene su trabajillo, teniendo en cuenta de que son para la chatarra, que lo mejor será que los aplastemos todo lo que podamos y a ver si así los llevamos en un par o tres viajes.

ZANPATUTA. Aplastado, machacado, roto. **K.** Halaxe geratuda Bibianon kotxie ba, sigero zanpatuta eta etxura guztie dauko tankebat ibilidala bere gañien, txokie kamioiekiñ frentez jota izen omenzan, asken honi errubera errebentau ondoren eta kotxien aldera fan, gauza da, gañera ixe siñistu eziñekue, kamioiko txoferrak izendala miñ haundixena hartudauena, bernazurra apurtu eta kotxien oiezen hiru lagunek berriz apenas daukie gauza haundirik, zartara batzuk han da hemen eta batek ukolondue baleike puzkatuta. **T.** Pues así ha quedado el coche de Bibiano pues, completamente machacado y da la impresión de que le ha pasado un tanque por encima, el choque debió de ser de frente con un camión, a éste último se le debió de reventar una rueda e ir al lado del coche, la cosa es, además casi increíble, que ha sido el chofer del camión el que ha sufrido el mayor daño, una pierna rota mientras que los tres ocupantes del coche apenas tienen gran cosa, unos golpes aquí y allá y uno de ellos el codo quizá roto.

ZAPABURUE. Renacuajo. También fig. se puede referir a la persona molestan y agobiante. **K.** Lenau mutikotan, zapaburu asko ikustegauen askatan eta batuk baitxe hartu be baña oñ enaz gogoratzen zertarako izetezan, eta hau komestatzendot zeatik gertatzenda aspalditxik eztitxutela ikusten eta hori asko ibiltxenazela hortik zier, mendixen, erreka ingurutan potzuek dazen tokixen eta abar, halaere ezer ez eta oñ nola iñun eztauen askaik ba hala berdiñ jarraitxubikot, ikusi-ibarik. **T.** Antes de chavales veíamos muchos renacuajos en los abrevaderos y también coger algunos pero ahora no me acuerdo para que solía ser, y ésto lo comento porque sucede que hace ya mucho tiempo que no los veo y eso que ando mucho por ahí, en el monte, junto a los ríos donde hay pozos, etc..., aún así nada y cómo ahora no hay abrevaderos en ningún sitio pues así igual tendré que continuar, sin verlos.

ZAPAL, ZAPALA. Plano, liso, de poco grosor. **K.** Eztozunien bier izeten izenleike sarri ikustie eta berriz baleike zerreozer faltan dauenien iñun asaltzeik ez, eta oñ neri horixe bera gertatzejat, burnizko gauza zapalbat billatzen hainazela toki hartan jartzeko eta eztotela iñun lortzen, eonaz Donostiñ, Bilbon eta Gazteizen, pasaitxut denda pilla eta ezer ez, horko baten esauzten ze ixe ziur Bartzelonan eukikonauela eta eztakitx, urrintxo dau baña akaso eztot beste erremeixoik eukiko fatie baño.**T.** Cuándo no te hace falta puede que lo veas a menudo y en cambio si se necesita cualquier cosa no la encuentras, y eso mismo es lo me pasa a mí ahora, estoy buscando una cosa de hierro que sea plana y de poco grosor para colocarla en aquel sitio y no hay forma de dar con ella, he estado en San Sebastián, Bilbao y Vitoria, he pasado por un montón de tiendas y nada, en una de ellas me dijeron que casi seguro lo tendría en Barcelona y no sé, está un poco lejos pero a lo mejor no voy a tener otro remedio que ir.

ZAPALDU. Pisar, aplastar. **K.** Brauliok beñ baño geixautan komestaudau horixe bera itxendauela gustora bere andriek, kukaratxabat asaltzendanien zapaldu, baña ez golpez baizik pixkanaka eta berak esatendauen bezela ondo enteraudeixen, oñ gertatzenda hainbeste gustatzejakola ze eztauela etxoitxen ikusteko eta bera da euron billa fatendana. **T.** Braulio ha comentado más de una vez que eso mismo es lo que hace a gusto su mujer, cuando aparece una cucaracha aplastarla, pero no de golpe sino que poco a poco y cómo ella dice para que se entere bien, ahora pasa que le debe de gustar tanto que no espera a verlas y es ella la que va a buscarlas.

ZAPARRARIE. Lluvia intensa, chaparrón. **K.** Geixenbaten eta gauza askoik ez eruteaitxik mendira, pixuatik noski, ba gutxikiñ fategara, halaere hor ezta sartzen bokadillue eta ardau-botie, ba batzuetan gertau izenjaku zaparrarie hasi, aterkiñik ez eta ez beste ezer tapatzeko, aterperik bez inguruen eta ondion urrien eon-ezkero, ba bueltau, eta beztela berriz eztau beste erremeizoik jarraitzie baño, baña hori bai, betik blai iñde goitxik bera. **T.** La mayoría de las veces por no llevar demasiadas cosas al monte, por el peso claro, pues solemos ir con poco, aún así ahí no entran el bocadillo y la bota de vino, pues algunas veces nos ha pasado que ha empezado el chaparrón, no tener paraguas ni ninguna otra cosa para taparse, tampoco resguardo alguno por los alrededores y si es que todavía se está cerca, pues volver, y sino pues no hay más remedio que continuar adelante pero eso sí, siempre empapados de arriba hasta abajo.

ZAPATAK. Zapatos. **K.** Gure etxe betiko oitura izenda, geixenetan bezela noski, errege bexperan zapatak iztie sarrerako pasilluen ero salan, gero errege honeik oparixek izteko euron honduen, eta hortarako badakitzue derrigorrezkue dala ondo portatzie urtien ziar ta nik baezpare betik parie itxi izendot, ba aurten gauza xelebrebat gertaujat errege horreikiñ, eztakitx eurotik zeiñ izendan baña eruen iñduzte zapatak ta gañera domeketakuek zien, ze errazoi daukien esatendauenak krixixe danontzako allegatzendala. **T.** La costumbre de siempre en nuestra casa ha sido, así cómo en la mayoría, es la de dejar los zapatos en el pasillo de la entrada o en la sala la víspera de reyes, para que luego éstos reyes dejen los regalos al lado de ellos, y para eso ya sabeís que es imprescindible haberse portado bien durante el año y yo por si acaso siempre he dejado el par, pues este año me ha pasado una cosa muy curiosa, no sé quien de ellos habrá sido pero la cosa es que se han llevado mis zapatos y además eran los de los domingos, que razón tienen los que dicen que la crisis llega para todos.

ZAPATEIXA, ZAPATEIXIE. Zapatería. **K.** Garbi dau eta hala ikustenda nola denda haundi horreik jan itxeitxuen txikiñei, ba akaso errarue izengoda baña zapateixakiñ ezta hori gertau zeatik ustedot dexente ugeritxudiela, esanbaterako gu bizigaren herrixen, nik arrastuik eztauket zenbat eongozien lenau, baña oñ bentzet dozenatik gora zapateixa eongodie. **T.** Está claro que las grandes superficies se están comiendo a los pequeños comercios, pues aunque parezca raro ésto no ha ocurrido con las zapaterías porque creo que éstas han aumentado considerablemente, por ejemplo en el pueblo donde vivimos nosotros, yo no tengo ni idea de cuantas existirían antes, pero ahora por lo menos habrá más de una docena de zapaterías.

ZAPATERUE. Zapatero. **K.** Konpontzen ibiltxendien zapatero honiek bai desagertzen haidiela, banaka-batzuk ondion geratukodie baña nik ustedot gutxi izengodiela, lenau askok ero baleike geixenak, oñetakuek izurratzezienien zapateruei eruetezitxuen konpontzera, akaso orduen ezauen beste erremeixoik eta oñ berriz ikustendanien zerreozer daukiela, segitxuen bota eta barrixek erostendie. **T.** Los zapateros, entendido cómo aquel que repara zapatos, sí que están desapareciendo, puede que todavía queden algunos pero yo creo que serán muy pocos, antes muchos o puede que la mayoría, en cuanto se estropeaba el calzado se lo llevaba al zapatero para que lo arreglase, quizá era porque no había más remedio y ahora en cambio en cuanto se ve que tiene algo, enseguida se tira y se compran nuevos.

ZAPATUE. Sábado. **T.** Zapatu hau betik izenda, gaztiendako bentzet, astien izetezan egun haundixena, baitxe oso aspaldi be eta ondion lana itxezan garaian zapatue zan zerbatix dotoriau jastegiñena, neskak berdiñ, ezpazan lanik itxen txikito batzuk hartu eguerdixen, berdiñ arratzaldien eta gero gabien aber aukeraik hauen zertxobaitx arrimatzeko. Geixenbaten, naiz da alegiñdu, ezan posible izeten baña halaere esgiñen desanimatzen eta gure pentzamentue izetezan, moral haundikuek giñen, aber akaso hurrengo zapatuen... **T.** El sábado de siempre ha sido, al menos para los jóvenes, el día más grande de la semana, también hace mucho tiempo, cuando todavía se trabajaba, era el día en que te vestías un poco más elegante, las chicas de igua maneral, y si no se trabajaba se tomaban unos chiquitos al mediodía, lo mismo a la tarde y luego a la noche ver si había alguna oportunidad de arrimarse un poco. La mayoría de las veces y a pesar de que no faltaban los intentos no solía ser posible, pero aún así no nos desanimabámos y soliámos pensar, teníamos mucha moral, que quizá el próximo sábado...

ZAPIXE. Pañuelo.

(Ver la definición de pañolue).

ZAPOBURO, ZAPABURU. Fig. se dice de la persona contradictoria y bastante mentirosa. **K.** Doroteoi eziozue siñistu esatendauen erdixe be, larreiko zapoburue eta oñ hori esaten haidan bezela bixer sigero desberdiñe izenleike, eta hori naiz eta bata-bestiaz zer-ikusirik euki ez, kasu bixetan hala diela esangoitxu, gañera ondo serixo eta benetazkuek izengobalitz bezela, garbi dauena da bixek eziñdiela izen, bat ero bestie gezurre izengoda eta baleike bixek be hala izetie. **T.** A Doroteo no le creáis ni la mitad de lo que dice, es demasiado mentiroso y de la misma forma que ahora está diciendo eso mañana puede que sea completamente lo contrario, y eso a pesar de no tenga nada que ver lo uno con lo otro, en ambos casos dirá que es así, además bien serio y cómo si fuesen ciertos, lo que está claro es que no pueden ser las dos cosas, una u otra será mentira y quizá puede que también así sean las dos.

ZAPOKEIXIE. Fig, se dice por lo que ha dicho una persona, que lo ha hecho con malicia y que es mentira. **K.** Ba mutil horri esautu besteik eztou iñ, gañera gaur bertan eta etxura guztie dauko beste goiko pertzona horren bezelakue izengodala, ordu parebat eruetendau gurekiñ baña ustedot nahikue izendala igertzeko nolakue dan, hasida esaten bera zirujanue dala, gezurra, eta biotzeko operazio asko iñditxula, hau beste zapokeixabat zeatik ixe eztaki ze aldetan dauen biotz hori. **T.** Pues al chico ese no le hemos hecho más que conocer, además hoy mismo y tiene toda la pinta de que puede ser igual que esa otra persona de arriba, lleva un par de horas con nosotros pero creo que ha sido suficiente para conocerle cómo es, ha empezado diciendo que es cirujano, mentira, y que ha hecho muchas operaciones de corazón, ésta otra gran mentira porque casi no sabe en que lado está el corazón ese.

ZAPOLERDO. Se dice de la persona que es muy chismosa y que va contando muchas falsedades. **K.** Saturion aurrien ezizue esan gauza askoik entzuteko modukuek, izugarrizko zapolerdo dan fama dauko eta gertaukoda, segitxuen gañera, jakiñien jarrikodauela alkartzendan guztiek, eta gañera ez entzundauen bezela, kontaukodau berai iruitzejakon bezela baña hori bai, ondo haunditxuta eta askotan eztaukena zer-ikusirik aitutakuaz. **T.** No digaís muchas cosas delante de Saturio de forma que las pueda oir, tiene fama de que es demasiado chismoso y pasará, además rápidamente, que lo pondrá en conocimiento de todo aquel con el que se encuentre, y además no de la manera que lo ha oído, contará lo que a él le parece pero eso sí, convenientemente exagerado y que muchas veces no tiene que ver en absoluto con lo que ha escuchado.

ZAPOTZA. Cogote, pescuezo, la parte trasera del cuello.

(Ver la definición de kokotie).

ZAPOTZA. Persona pequeñita, casi o sin casi, enana. **K.** Nunbaitxeko goixen jarridot nola guk mutikuen gitzenien komedixak etortezien herrira eta ikustera fan etxeko aulkixek hartuta, eztakitxena da jarridoten aulki horreik nausixek jartzeko izeteziela eta guk lurrien eotegiñela, beno, gauza da komedixa horreintan urtetzezala pertzonabat nahiko zapotza zana, Kosmin izena hauken eta paiazo lanak itxezitxun. Eta zenbat barre iñetedou gizontxo harekiñ, eta gizontzo esatendot zeatik arrastuik be eztauket zenbat urte eukileikien. **T.** En algún sitio de por ahí arriba ya he puesto que cuando éramos críos solían venir al pueblo lo que nosotros llamábamos comedias y que solíamos ir a verlo con unas banquetas que cogíamos de casa, lo que no me acuerdo es de si puse que esas banquetas eran para que se sentasen los mayores y que nosotros estábamos en el suelo, bueno, la cosa es que en esas comedias salía una persona muy pequeña, casi enana, cuyo nombre era Cosmín y que trabajaba de payaso. Y cuantas risas habremos hecho con aquel hombrecito, y digo hombrecito porque no tengo ni idea de los años que podría tener.

ZAPUE. Sapo. **K.** Guk mutikotan bildur haundixe eukitxegutzen zapuei, ezgauen asko ikusten baña bazakigun nolakuek zien, igelak baño tamañu dexentiaukiñ eta berdezko koloriaz, orduen esatezan eta ondion be baleike hala izetie, ze bere frentzez eotenbazitzen axkar botateutzula txue arpegira eta txu honek pozoie haukela, ba baezpare eta ikusi besteik segitxuen alde itxegauen. **T.** Nosotros de chavales les teníamos mucho miedo a los sapos, no es que viéramos muchos pero ya sabíamos cómo eran, más grandes que las ranas y de color verdoso, entoces se decía y todavía puede que sea así, que si estabas frente a él enseguida te echaba la saliva a la cara y que esta saliva contenía veneno, pues por si acaso y en cuanto los veíamos nos alejábamos rápidamente.

ZAPUE. Aunquen signifique sapo, fig. se dice por la persona mala, ruin y miserable. **K.** Pertzona zapuek baleike eotie toki askotan baña tipo hori bezelakoik eztot uste bakarra eongodanik, oñ be iñdau berie, aulki gañien lotan hauen eskaliei han hauken dana arrapau eta igex iñdau eta ezkerrak ondo esaguna dala, munizipalak laister susmaudaue ha izengozala eta bentzet errekuperaudaue arrapautekue, baña emutendau ze hori iñatik eztala ezer pasatzen zeatik kalien dabill lasai askuen eta hurrenguen be berdiñe ingodau ero zerreozer txarraue. **T.** Puede que en muchos sitios haya personas miserables pero cómo ese tipo no creo que haya ninguno, ahora también ya ha hecho de las suyas, a un mendigo que estaba durmiendo en le banco le ha robado todas sus pertenencias y se ha escapado y menos mal que es muy conocido, los municipales enseguida han sospechado que era él y por lo menos ya han recuperado lo robado, pero parece que por hacer eso no pasa nada porque ahora anda en la calle tranquilamente y la próxima vez volverá a hacer lo mismo o alguna otra cosa peor.

ZARA. Eres. **K.** Bai, betik aitzendot gauza berdiñe esaten haizariela, zu zara hau ta bestie, ezpazara zuzentzen zerbaitx txarra gertaubijatzu eta eztozu bape ondo bukatuko, baña halaere zer, oñartien be eukitxu nahiko arazo munizipalekiñ eta ezkerrak dauken aitxai, ha izenda ibilidana bere alde itxen bataz eta bestiaz eta horreatik eztotzie ondion barrura sartu, eta nik ustedot ia alperrik dala alegintzie horrekiñ zeatik etxako ezer inportik, berie eta kitxo. **T.** Si, siempre oigo que le estáis diciendo lo mismo, tú eres ésto y lo otro, si no te enderezas te va a pasar algo malo y no vas a terminar nada bien, pero aún así qué, hasta ahora también ya ha tenido bastantes encontronazos con los municipales y gracias a su padre, él ha sido quien ha intercedido en su favor con unos y con otros y por eso todavía no le han metido dentro, y yo creo que con ese ya es inútil el esforzarse porque no le importa nada, lo suyo y punto.

ZARE, ZARIE. Sois. **K.** Zueik beste anai-arrebok bai zare bierdan mokukuek, eztotena ulertzen da nola Severinok halakue urtendauen, eta ezta bape errexa jakitxeik zeatik izenleiken hori. Zuen gurasuek bizi guztien lanien eta alegintzen estudixuek emun aurrera urtendeizuen, eta ha kenduta beste danok lanien haizarie ta nahiko postu onakiñ, bera bakarra da sigero modu txarrien dauena. **T.** Vosotros los hermanos si sois cómo hay que ser, lo que no comprendo es porqué Severino ha salido así y no es nada fácil de entender el porqué puede ser eso. Vuestros padres toda la vida trabajando e intentar daros unos estudios y salgáis para adelante, y quitando a él todos estaís trabajando y en puestos bastante buenos, solo es él el que está en muy mala situación.

ZARAGIXE. Pellejo, odre para el vino. **K.** Zaragi hareik eztie ia asko geratzen ba, ardau erakusketan ta museutan bai eotendie eta honeik ugeri xamar daz, baña lenauko moduen taberna eta dendetan ardaue saltzezan bezela erueteko, baitxe bertan erateko, oso toki gutxitan, hor be aldeko nunbaitxen ikusi izendot, geixena kapritxoz eta antiguala izengoibalitz bezela jentie fandeixen ikusi, eran eta erostera. **T.** Ya no quedan muchos de aquellos pellejos de vino pues, si los hay en las exposiciones y museos del vino y de éstos hay bastantes, pero de la misma forma de antes en los bares y comercios dónde se vendía el vino a granel, también para beberlo allá mismo, en muy pocos sitios, por ahí abajo ya he solido ver algunos, la mayoría de capricho y cómo si fuese una cosa antigua para que la gente vaya a ver, comprar y beber.

ZARPAK. Dedos grandes, garras,
(Ver la definición de atzaparrak).

ZARPIAU. Zarpear. **K.** Es uan palabra que se utiliza en construcción y que consiste en echar masa con cierta violencia sobre un elemento principalmente vertical. **K.** Ideltxeixako lanetan paretak rasiau aurretik eta honeik larreiko leunak eotenbadie zarpiatzie komenida, hau mortero lijeruaz itxenda eta bere ojetue da hobeto heldudeixen raseoko material hori. Eta beste erozeiñ gauza hala antzerakue eon-ezkero, ba berdiñ. **T.** En los trabajos de albañilería y antes de rasear las paredes, si estas están demasiado finas conviene zarpearlas, ésto se hace con un mortero ligero y su objeto es para que agarre mejor el material del raseo que se vaya a aplicar. Y su hay cualquier otra cosa que esté parecido, pues igual.

ZARRA. Persona o cosa vieja. **K.** Akaso pentzaukozu tonto xamarra nazela eta baleike gauza batzuetarako hala izetie, baña hontarako ez eta eztutazu adarrik joko, saltzie guroztazun hau garai baten barrixe izengozan baña oñ zalantzaik eztau zarra geratudala eta zuk gañera, gezurrak aparte, barrixe izengobalitz bezela naidozu kobratzie, ba hor geratzenda eta akaso baleike etortzie bateonbat ni baño tontotxuabe dana. **T.** A lo mejor piensas que soy un poco tonto y puede que lo sea para algunas cosas, pero no para ésto y no me vas a tomar el pelo, lo que me quieres vender puede que en su tiempo fuera nueva pero ahora no hay ninguna duda que se ha quedado ya vieja y encima tú, aparte de mentir, me quieres cobrar como si fuera cosa nueva, pues ahí se queda y quizá venga alguno que sea poquito más tonto que yo.

ZARRAMARRA. Restos de algo, revoltijo, cosas sin valor. **K.** Ba kristonak entzun-bierrak eukikoitxue bi tipo horreik, egun batzuetarako, gañera ezer ordaidu-barik, almazen zatibat itxigutzen makiñabat gordetzeko, itxoiñ-bierra haukien fabrika hartara eruen bitxartien, eta geratugiñen gero dana len hauen bezela geratukozala, ba gauza da eruendauela eta almazen bazter hori txarri iñde ta zarramarraz betie dauela. **T.** Pues ya van a tener que oir unas cuantas cosas los dos tipos esos, les dejamos un espacio en el almacén, además sin cobrar nada, para que guardasen por unos días una máquina, esto era mientras esperaban a llevarla a aquella fábrica, y quedamos en que después quedaría tal y cómo estaba, pues la cosa es que ya la han llevado y que el rincón ese está hecho una guarrada y lleno de restos.

ZARRAPASTRAKA. Hacer las cosas con prisas y de forma desordenada.

(Ver la definición de zalapartaka).

ZART. Zart. Especie de onomatopeya del ruido de un golpe. **K.** Ustedot zertxobaitx gertaudala, ni pixkat gorra naz baña garbi entzundot zart horren zarata eta baleike bateonbat jausi ero zerbaitx itxie. Urtendot beitzera baña askenien ezta ezer izen, bakarrik katue estropozau eskilletan, bueltaka jausi eta zartatekobat hartudauela buruen. **T.** Creo que ha pasado algo, yo soy un poco sordo pero he oído claramente que ha sonado zart y puede que alguien se haya caído o se haya hecho algo. He salido a mirar pero al final no ha sido nada, solo que el gato se ha tropezado en la escalera, ha caído rodando y se ha dado un golpe en la cabeza.

ZARTADA, ZARTATEKUE. Palabra que se utliza para decir que has recibido, te van o vas a dar un cachete, golpe, etc,. **K.** Oñartien sarri esautzuk zartatekobat hartukozula baña gertatzenda ondion eztotzutela sekula emun, ba ez asko fixau zeatik ia larreitxo berotunaizu eta ustedot erozeiñ momentutan hasteko bezela nauela. **T.** Hasta ahora te he dicho muchas veces que vas a recibir un cachete pero pasa que todavía nunca te lo he dado, pues no te fíes mucho porque ya me has calentado demasiado y creo que estoy cómo para empezar en cualquier momento.

ZARTENAZUE. Se dice por el hecho de recibir algún calambrazo. **K.** Jente askok bildur haundixe eukitxendaue argindarreko kontuei eta etxien zerreozer gertatzenbada eztie sekula sartuko konpontzera, errexa baldinbada baleike andriek arreglatzie eta beztela berriz askoz naio izetendau eletriziztai deitzie bera hasi baño eta zartenazobat hartu. **T.** Hay bastante gente a la que le da mucho miedo las cosas de la electricidad y si es que pasa algo en casa no se pondrán nunca a repararlo por miedo a coger un calambrazo, si es fácil puede que la mujer lo arregle y si le parece que no lo es, pues por mucho prefiere llamar a un electricista antes que meterse él en esos asuntos.

ZARTATU, ZARTIAU. Romper, abrir una brecha. **K.** Beno, ixe geixena puzkatuta daukou eta oñ bakarrik geratzejaku atze parteko lurra apurtu ta kentzie, gauza da autz haundixek atarakoitxula eta eztala eskutauko zeatik eztau iñungo bentilazioik, ustedot hasi aurretik, nola gero be puzkatu-bierra dauen, honena izengoula frenteko pareta zartiatzie haixe korriente pixkat eondeixen eta aber hala eztoun hainbesteko autzik hartzen. **T.** Bueno, ya hemos demolido casi la mayoría y ahora solo nos queda romper y quitar el suelo de la zona trasera, la cosa es que que vamos a sacar mucho polvo y que no se irá porque no hay ventilación alguna, creo que antes de emprezar, cómo luego también hay que romper, lo mejor será abrir una brecha en la pared de enfrente para que haya algo de corriente y a ver si así no nos empolvamos demasiado.

ZARTAUTA, ZARTIAUTA. Con grietas, rajado. **K.** Deitxu iñduzte esanaz beitzera fateko eta benetan ze ha ikustie ixe bildurtzekue dala, baserritxarak esatendau ze oñ hiru illebete pixkanaka hasi omenzala eta oñ sekulako zartiauta ikustenda harrizko pareta hori, leku batzuetan eskue zartzeko bezelakue eta berezko gauza dala emutendau zeatik eztau ezerko obraik inguruen. **T.** Me han llamado para decir que vaya a mirarlo y de verdad que ver aquello es para casi asustar, según dice el casero que empezó hace tres meses poco a poco y ahora se ve que en esa pared de piedra hay unas grietas impresionantes, en algunos sitios c.omo para meter la mano y la cosa es que parece que se ha hecho por si solo porque no hay ninguna obra en las cercanías.

ZARTU. Envejecer. **K.** Ez horri, ez neri eta ez iñori etxaku bape guztatzen zartu itxeik baña asunto honekiñ eztau zer iñik zeatik hala da, hala izenda betik eta naiz da gauza asko aitu ustedot ze hemendik aurrera be berdiñ izengodala, oñ gauzabat, dan hau ezta gure kulpa urtiek itxenditxulako, askoz geixau da zeatik egun iñuxente honeik sekulako motxak diela eta eztakitx nola gobernuek eztauen ezer itxen hau konpontzeko, gañera halako errexa izenda. **T.** Ni a ese, ni a mí ni a ningún otro nos gusta nada el envejecer, pero con éstos asuntos no hay nada que hacer porque son así, así han sido siempre y aunque se oyen muchas cosas creo que de aquí en adelante también van a seguir igual, ahora que una cosa, no todo ésto es culpa nuestra porque cumplimos años, mucha más culpa tienen estos estúpidos días por ser tan cortos y no sé cómo los gobiernos no hacen nada para arreglarlo, además siendo tan fácil.

ZARZARUE. Se llama a la situación de haberse hecho ya una persona bastante mayor, que no todavía anciana, o estar en camino. **K.** Ontxe bai bete-betien sartuta garela zarzaruen eta oñ ia ezgara lengo kontu hareindako, ondion bai nahiko balixokuek mendira fateko laiñ, lanen batzuk itxeko ez izen-ezkero larreiko astunek eta akaso baitxe beste zerbaitzuetarako be, halaere apenas askoz geixau. Eta nik ustedot allegaudala lasai eoteko denpora baña hori bai, eztau horreatik zeatik geldik eon inbierrik. **T.** Ahora sí que nos hemos metido de lleno en la consideración de personas mayores, aunque no ancianos, y ya no estamos para aquellos cuentos de antaño pero todavía ya valemos tanto cómo para ir al monte, hacer algunos trabajillos que no sean demasiado duros y quizá también para alguna otras cosas. Y yo creo que ya ha llegado la hora de estar tranquilos pero eso sí, por eso no ha porque estar quietos.

ZAST-ZAST. Zast-zazt. Es lo que a nosotros nos parece que se oye cuando sentimos unos continuos pinchazos. **K.** Itxitura konprobatzen eongara aber ikustendoun nundik igex itxendauen asto diabru horrek, gauza da eztoula aparteko gauzaik ikusi baña baezpare jarritxu traba batzuk, txarrena izenda zazi eta asunen hartien ibiligarela eta ondo arraspau ta zirikauta urtendoula, ni bentzet gau guztien eonaz zast-zast horreikiñ eta ondion gaur, egun osue pasa ondoren igertzendot eta sigero ondo asunen ta zazixen zastada horreik. **T.** Hemos estado comprobando el cerramiento a ver si veíamos el sitio por dónde escapa ese demonio de burro, la cosa es que no hemos visto nada que llame la atención pero por si acaso hemos colocado unas cuantas trabas, lo peor ha sido que hemos tenido que andar entre la maleza y ortigas y que hemos salimos con unos buenos arañazos y bien ortigados, yo al menos he estado toda la noche con el zast-zast ese y todavía hoy, después de que haya pasado un día siento y muy bien los pinchazos de las zarzas y ortigas.

ZASTADA. Pinchazo. Dolor al sentir que te han picado, se te ha clavado algo o te ha dado algún calambre. **K.** Doroteo ondion ospitalen jarraitzendau eta atzo fangiñen bixitabat itxera, nahiko ondo ikusigauen eta baitxe animoso, kontatzen ibilizan nola anbulantzian etorrizan erlabixuen zastadak ortuen hartu ondoren eta halako gaizki eztala sekula eon, erlien zastada hartute dauela eta mintzuek diela baña erlabixo hareinak siñistu eziñekuek, hainbestekue izenzala ze lurrera bota eta bertan geratuzala ixe konorte-barik. **T.** Doroteo todavía está en el hospital y ayer fuimos a hacerle una visita, le vimos bastante bien y animoso, nos contó que cómo le trajeron en ambulanacia después de que le picasen las avispas en la huerta y que jamás se había sentido tan mal, que ya le había picado alguna abeja y que aunque era doloroso el de las avispas era increíble, que lo era tanto que se tiró al suelo y quedo allá casi perdido el conocimiento.

ZATARKEIXIE. Acción mala, inadecuada, desagradable. **K.** Kaximirok iñdauen hori eziñda esan bape ondo dauenik ba, eta hobeto esanda zatarkeixabat besteik ezta, bere lengosuek ollotxabola kentzie naidau, eta hortarako, noski, puzkatu inbierra dauko, atzo geratuzien itxikutzela argindarren mallue eta mozteko makiña, ba etxuraz gaur deitxu omendau esanaz makiña horreik izurraute dazela eta hobeto izengodauela beste norbaitxi eskatu ero beztela alkilatzie. **T.** Tampoco se puede decir que lo que ha hecho Casimiro está nada bien pues, y mejor dicho sería que muy mal, su primo quiere quitar el gallinero y para eso, claro está, tiene que romperlo, ayer quedaron en que le iba a dejar el martillo eléctrico y una rotaflex, pues parece que hoy le ha debido de llamar diciendo que esas máquinas están estropeadas y que será mejor que se las pida a algún otro o sino que las alquile.

ZATARRA. Persona o cosa fea. **K.** Askotan entzun izendot mutil zatarrak be badaukola geure gauzatxue neskak erreparatzeko bezela gurekiñ, ba nik eztakitx ze gauzatxo izengodan zeatik ni hor nabill aspaldiko urtietan alegintzen haldoten guztie eta ondion ezertxorik ez, nere ustez hori esan ero asmau inzauenak ezauken bape ideiaik, txantxan ibilikozalan ero beztela bera ezan zatarra izengo. **T.** He oído muchas veces que los feos también tenemos alguna cosa cómo para que las chicas reparen en nosotros, pues yo no sé que cosa puede ser porque yo ahí ando los ùltimos años esforzándome todo lo que puedo y hasta ahora nada de nada, yo creo que el dijo o ideó eso no tenía ni idea, andaría bromeando o sino él no sería feo.

ZATARTU. Afearse. **K.** ideiaik be eztauket emakuma asko eonleikien baña batzun-batzuk bentzet badaz, honei ikustejatie sigero zatartuta geratudiela estetika operaziño iñ ondoren mosu alde nunbaitxen, ero akaso danien, eta beste tokitxen eztauket arrastuik zeatik ezta ikusten eta ez sikera susmau, geixenbat espan potoluok jartzeitxuen horreik zeatik emutendau guztiei pertzona laztanka haidiela kaletik doiezenien. **T.** No tengo ni idea de si habrá muchas mujeres pero algunas por lo menos sí que las hay, a éstas se les ve que están muy afeadas después de haberse una operación de estética en algún sitio de la cara, quizá en toda, y en otros sitios no sé porque no se vé y ni siquiera se puede sospechar, sobre todo aquellas que se ponen esos labios tan gruesos porque parece que van besando a todas las personas cuando van por la calle.

ZATI, ZATIXE. Pedazo, porción. **K.** Nik oñ derrigorrez alde inbierra daukek baña hemendik ordu-erdi ingurura buentaukonaz eta gauzabat, mezerez eta astu-barik gordereizue neri tokatzejaten tarta horren zatixe, eta geixenbat zaiñduizue nere aldamenien dauen Boniri zeatik honek erozeiñ dexkuidon jangoitxu, aurrena berie, gero nerie eta ondoren haldauen guztienak. **T.** Yo ahora a la fuerza me tengo que marchar pero aproximadamente de aquí a media hora estaré de vuelta y una cosa, por favor no os olvideís y guardarme el pedazo de tarta que me toca, y sobre todo cuidar al Boni que está a mi lado porque éste en cualquier descuido se comerá, primero lo suyo, luego lo mío y más tarde de todo aquel que pueda.

ZATIBANA, ZATI-BANA. Un pedazo o un cacho para cada uno. **K.** Aber oinguen ondo itxeitxozun tortilla-patata horren errepartuek, eta ez lengo egunien iñdozun bezela, bai noski zatibana izenzala bakotxandako baña zati hori ezan berdiñe izen danontzako, beno, ixe danontzako bai, zurie kenduta noski, zeatik zurie, akaso kalkuluen erruatik izengozan, doblie baño geitxuau urteutzun gurienak baño. **T.** A ver si ésta vez haces mejor los repartos de esa tortilla de patata y no como hiciste el día anterior, si claro que hubo un pedazo para cada uno pero el pedazo ese no fue igual para todos, bueno para casi todos sí, quitando el tuyo claro, porque el tuyo, quizá sería por un error de cáculo, te salió un poco más del doble que el nuestro.

ZATIBAT, ZATITXOBAT. Un pedazo, un pedacito. **K.** Ume honeatik eziñleike esan borondate haundirik daukenik ba, bera bai, betik argi, axkar eta pres eotenda gauzak eskatzeko baña zuk txantxan eskatzenbotzazu emuteko jaten haidan zatitxobat eztau sekula emungo esanaz berie dala, gose haundixe daukela eta emun-ezkero ezer-barik geratukodala. **T.** Pues de ésta cría tampoco se puede decir que tenga una gran voluntad pues, ella sí, siempre despierta, rápida y dispuesta para pedir cosas pero si tú le pides en broma que te de un pedacito de lo que está comiendo te dirá que no diciendo que es suyo, que tiene mucha hambre y que si me da se quedará sin nada.

ZATIKA. Por partes, a pedazos. **K.** Horrek eukikodau hogei kilo inguru eta halako bire luzien eziñdou eruen motxilan batek bakarrik, akaso sartu be ezta ingo eta batendako pixu dexentie da, hobeto izengou moztie lau puzketan, bakotxak bat hartu eta hala zatika nik ustedot egokixau ta nekatu-barik eruengoula. **T.** Eso ya tendrá cerca de veinte kilos y en éste recorrido tan largo no podemos llevarlo uno solo en la mochila, quizá ni entre y es demasiado peso para uno, yo creo que será mejor que lo dividamos en cuatro partes, coger uno cada uno y así a pedazos pienso que lo llevaremos mejor y sin cansarnos.

ZATITXU. Partir, dividir, cortar o separar. **K.** Soka hau eztaukou zeatik hemen mozturik eta dauen bezela hartukou, osoik, eta hala hobeto izengoda eruetie bere tokira, han ondo neurtu eta zatitxu bierdoun neurrixen, hala bentzet segurantza daukou danerako allegaukodala eta ez aurreko aldixen bezela, kanpuen moztuzan eta gero berriz fan-bierra izengauen bestebat erostera. **T.** Esta soga no la tenemos porque partirla aquí y la cogeremos tal y como está, entera, y así será mejor que la llevemos a su sitio, allá la midamos bien y la cortemos a la medida que necesitemos , así al menos tenemos la seguridad de que llegará para todo y no cómo la vez anterior, que la cortamos fuera y luego tuvimos que ir de nuevo a comprar otra.

ZATORRA. Topo. **K.** Ba zoritxarrez oñ be zatorrak asaldudie ortuen, oiñartien nahiko pakien ibilidie baña askenengo aldixen aberixa dexente itxen haidie eta geixenbat letxugai, piperrai eta tomatei, ta gauza errarue bainai eztotzie ezertxorik iñ, eta beste honei berriz, baitxe kogollo batzui be, sustarretik jateutzie eta gero gertatzenda berriz landau inbierrak izetendiela. **T.** Pues por desgracia ahora también ya han aparecido los topos en la huerta, hasta ahora han estado bastante pacíficos pero últimamente están haciendo bastantes averías y sobre todo a las lechugas, pimientos y tomates, y cosa rara a las vainas no les han hecho nada, en cambio a éstas otras, también a algunos cogollos, les comen de raiz y luego pasa que hay que volver a plantarlas.

ZATOR-ZULUE. Topera, la madrguera del topo. **K.** Halaxe eta asunto hau komestatzen haigiñala batek esauzten topo horreik eskutau ero akabatzeko gauza ona omenzala inguratzie uran mangera, zator-zuluen sartu eta emun urai haldan presiño guztiekiñ, etxuraz hala itxo itxendiela ero beztela alde iñ, ba ezta proba inbarik gelditxuko. **T.** Pues así y cuándo estábamos comentando sobre este asunto uno me dijo que para terminar o desaparezcan esos topos era una cosa muy buena el acercar una manguera de agua, meterla en la topera y dar al agua con toda la presión que se pueda, parece que así se ahogan o sino que se marchan, pues no va a quedar sin hacer la prueba.

ZATOZ, ZATOZE. Venir. **K.** Mutil horrek lastima pixkat be emutendau zeatik betik ikustejako bakarrik dauela tabernan, sarri jarritxe periodikuaz ero beztela tente mostradoran zerreozer hartzen, entzundot kanpotik lanien etorri omendala hemengo eztakitx ze fabrikara eta akaso esan inbierra eukikonauen aber guredauen etortzie gurekiñ txikito bat ero beste hartzera, baña nola?, eta zatoz esanda ulertukodau? **T.** Ese chico da un poco de lástima porque siempre se le ve que está solo en el bar, a menudo sentado con el periódico o sino de pié en el mostrador tomando algo, he oído que ha venido de fuera a trabajar a no sé que fábrica de aquí y a lo mejor le debería de decir, pero no sé cómo, a ver si quiere venir con nosotros a tomar algún chiquito que otro.

ZAUNKA. Ladrido del perro. Ladrando. **K.** Txakur txiki horreik askoatik die okerrenak, zenbat bider bueltabat emuten Kortakiñ, Josun txakurra, alkartu ero inguruen eon txakur txikibat eta honek, Kortai ikusi besteik ez zaunka hasi ta hala jarraitxu alde iñartien, eta ezkerrak Kortak eztutzela kasuik itxen zeatik beztela janlolauke bokaubatien. **T.** Estos perros pequeños por mucho son los peores, cuántas veces dando una vuelta con Korta, el perro de Josu, nos cruzamos o pasamos cerca de un perro pequeño, y éste nada más verle empezar a ladrar y continuar de ese modo hasta que nos separamos, menos mal que Korta no les hace ningún caso porque sino se lo comería de un bocado.

ZAUKELA. Que tenía o cuándo tenía. **K.** Zu zer, ezauen lengo egunien esan Deunorok zaukela ugeri karakol saltzeko?, ba atzo bereana fanitzen kilometro pilla iñ ondoren eta badakitzu zer esauzten?, ba eztaukela eta ez horri bakarrik, eztitxuela sekula euki eta berai naska haundixe emuteutzola karakolak. Ezitzen adarra joten ibiliko, eh? **T.** ¿Tú qué, no dijiste el otro día que Deunoro tenía un montón de caracoles para vender?, pues ayer fuí donde él después de hacer un montón de kilómetros ¿y sabes lo que me dijo?, pues que no tenía y no solo eso, que no los había tenido nunca y que a él le dan mucho asco los caracoles. ¿No me estarías tomando el pelo, eh?

ZAUKEN, ZAUKIEN. Tenía, tenían.

(Ver la definición de hauken, haukien).

ZAURI. Herida, lesión. **K.** Galdetutzou aber nola gertaujakon eta Nikaxitok esandau arbolatik jausidala gerraka jolasten haizienien, ba eztakitx ze alturatik izengozan baña aberixa dexentiaz etorrida, gañera derrigorrez anbulatoixotik pasa-bierra dau zeatik zartara aparte ustedot dauken zauri horrek punto batzuk bierra daukela. **T.** Ya le hemos preguntado cómo le ha ocurrido y Nicasito nos ha dicho que se ha caído del árbol cuando estaban jugando a guerras, pues no sé de qué altura habrá sido pero ha venido con una buena avería, además será necesario pasar por el ambulatorio porque aparte del golpe creo que la herida que tiene precisa de unos cuantos puntos.

ZAURITU. Herirse, lesionarse, hacerse daño. **K.** Ba mutikotan guri be maintxobat bider hauxe bera gertatzejakun, nola ezan eoten beste gauza askoik betik ibiltxegiñen zerreozer itxen gelditxu-barik, esku-pelotan, fubolien, gerraka, txirristatzen isotzien ero edurretan, karrerak itxen bizikletaz, etxe hartako orma saltatzen sagarrak arrapatzeko, gañera gogoratzenaz nola beñ gurekiñ hauen batek orma gañetik jausi ta bernazurra puzkatuauen, hala ezan bape zalla izeten zaurituta urtetzie eta batzuetan nahiko etxurazkue. **T.** Pues a nosotros de chavales también nos pasaba ésto mismo, cómo no solía haber muchas más cosas siempre andábamos y sin parar haciendo algo, jugando a pelota, al fútbol, haciendo guerras, patinando en el hielo o la nieve, haciendo carreras con la bicicleta, saltando la pared de aquella casa para robar manzanas, además me acuerdo de que una vez uno de los que estaba con nosotros se cayó de encima de la pared y se rompió la pierna, así no era difícil que resultases herido y algunas veces de cierta consideración.

ZAUZ, ZAZ. Estás. **K.** Ezkerrak zeatik askenien lortudot berba itxie berakiñ, aber Florentxio ze tokitan zaz, ondion asko geldiketajazu hona allegatzeko?, hau esateutzut zeatik eztakigu hemen etxoiñ ero jarraitxu otela daukoun tokiraño, ze iruitzejatzu zuri, itxoiñ ero segi ingou? **T.** Menos mal porque al final ya he podido contactar con él, ¿a ver Florencio en qué sitio estás, todavía te queda mucho para llegar hasta aquí?, te digo ésto porque no sabemos si esperarte aquí o continuar hasta donde tenemos el hotel, ¿a tí que te parece, esperamos o seguimos?

ZAZIXE. Maleza.

(Ver la definición de sasixe, sazixe).

ZAZPIKI. Se dice de la persona quisquillosa, protestona, que se molesta y enfada con facilidad. **K.** Naiz eta errazoi guztie euki hobeto izengou ez hastie diskutitzen Baltaxarrekiñ, larreiko zazpiki da eta oñ bentzet ezta atzera botako berak dauken iruitzaz, gañera aurka itxen hastenbagara txarrau da zeatik kapaz da asarratzeko, gero alde ta bertanbera laga itxen haidana. **T.** A pesar de que tengamos razón será mejor que no discutamos con Baltasar, es demasiado quisquilloso y ahora por lo menos no se echará para atrás de lo que él está pensando, además si empezamos a llevarle la contraria es peor porque es capaz de enfadarse, marchar y abandonar lo que está haciendo.

ZAZTARRA. Pequeño, de poco valor. **K.** Baleike izen zuk esatendozun bezelako ona ta zalantzaik eztauket hala izengodanik baña gauzabat, nik esangonauke larreiko zaztarra ikustendotela eta berdiñezko ona gurekonaukela baña zertxobaitx haundixaue, ondo ikusideixela bentzet zeatik daukotzun hori beste zerbaitxekiñ gañien eruenda ikusi be ezta ingo. **T.** Puede que sea tan bueno como tú dices y no tengo ninguna duda de que será sí pero una cosa, yo diría que la veo demasiado pequeña para mi gusto y que querría que fuese igual de buena pero algo más grande, que se vea bien porque eso que tienes si lo llevas con cualquier otra encima cosa ni siquiera se verá.

ZE, ZER. Qué. **K.** Nik ustedot balixokue izengoula ikusidoun hau, neurtudot eta naiz da zertxobaitx haundixaue izen ixe neurri berdiñekue da, pixkat jan-ezkero bazterretan sartukolitzake ta nahiko errex gañera, eta zuk be Heriberto zerbaitx esan-bierra eukikozu aber zer uruitzejatzun, ez? **T.** Yo creo que lo que hemos visto nos puede valer, lo he medido y a pesar de que es algo más grande es casi de la misma medida, si lo gastamos un poco por los bordes ya entraría y además con bastante facilidad, y tú también Heriberto tendrás algo que decir a ver que te parece, ¿no?

ZE-ARRAIO. Preguntar que es lo que pasa o ha sucedido. **K.** Danoi ikustezaute barriketan haizariela ta gañera lan orduen, jakiñleike ze-arraio gertatzendan?, ah, lapurbat arrapau eta kaxeta barruen daukotzuela ni noix etorri esperuen?, ba ondo baña oñ gauza da aber zer ingoun, laga faten ero ertzainai deitxu, ze iruetzejatzue zuei? **T.** A todos os veo que estáis de charla y además en horas de trabajo, ¿se puede saber que es lo que pasa?, ah, que habéis atrapado a un ladrón y que lo tenéis encerrado en la caseta hasta que yo llegase, pues bien pero ahora la cosa es a ver que hacemos, dejarlo marchar o llamar a la ertzaina, ¿que os parece a vosotros?

ZEATIK. Porqué. **K.** Zuk esanbikozu zeatik asarretuzaren, bestiekiñ eztakitx zerreozer eukidozun baña nerekiñ bentzet eta nik dakitxenik eztot uste ezer gertaudanik, etorri ona eta jarrizaitxez nere honduen, barriketa pixkat ingou eta ikusi aber ze modutan konponduleiken daukotzun asarre hori. **T.** Tú tendrás que decir porqué te has enfadado, con los demás no sé si has tenido algo pero conmigo al menos y que yo sepa no creo que haya pasado nada, ven aquí y siéntate a mi lado, charlaremos un poco y vemos a ver de que manera podemos solucionar el enfado ese que tienes.

ZEATIK-EZ. Porqué no. **K.** Hori da, zeatik-ez ba?, oso ondo iruitzejat asmaudozun hori, soziedadera fan zerreozer jatera, kafebat hartuaz berba iñ eta aber danon hartien jakitxendoun zerbaitx pasadan Poloniokiñ hainbesteraño molestatzeko, eta gero, halbada bentzet, alegiñdu konpontzen haldan axkarren, baña halaere naiz eta jakiñ ez zer izendan ziur nau intentziño txar-barik izengozala. **T.** Eso es, ¿porqué no pues?, me parece muy bien eso que has pensado, ir a la sociedad a comer algo, hablar tomando un café y a ver si entre todos podemos saber si ha pasado algo con Polonio para que se haya molestado tanto, y luego, al menos si se puede, intentar solucionarlo cuanto antes, pero aún así y a pesar de no saber que es lo que ha podido ser estoy seguro de que no habrá habido ninguna mala intención.

ZE BA, ZER BA. Porqué pues. **K.** Ze ba, zuk esatendozulako?, eta nik ezpot nai izeten zerbaitx gertaukojat, ero?, zu harrokeixa larreitxokiñ haizara eta badakitzu zer esateutzuten?, ba aintzen fateko zure etxera, han akaso bateonbatek eongoda kasu ingotzuna eta halaere zalantza dauket, baña nerekiñ bentzet jai daukotzu eta eztaukotzu zer-iñik. **T.** ¿Porqué pues, porqué tú lo dices?, ¿y si yo no quiero que me va a pasar algo, o qué?, tú andas con demasiada chulería ¿y ya sabes lo que de digo?, pues que vayas a mandar a tu casa que quizá allá ya habrá alguien que te haga caso aunque lo dudo, pero conmigo al menos tienes fiesta y no tienes nada que hacer.

ZE GAUZA, ZE-GAUZA. Que cosa, vaya cosa. **K.** Batzuena ze gauza izetendan eta esan-baterako Leonardona bezela, ni ondo gogoratzenaz nola mutikotan ulie hartzen ibiltxegiñen zeatik betik Elixan sartute eotezan bere gurasueikiñ, akaso oñ berdintzu izengoda baña guraso-barik, noski, baña halaere garai hartan nahiko mosokuek giñen hori itxeatik, gero Lonardo hau mutilla inzanien seminaixora sartu, apaiza be izenzan eta handik pixkatera laga, eskondu eta ondoren baitxe banandu be, gero eztakitx zenbat geixaukiñ arrimaudan baña erozeiñ modutan asko izendie, oñ bakarrik bizida eta hamabost semealaba dauko. **T.** Que cosa suele ser lo de algunos y por ejemplo cómo lo de Leonardo, yo me acuerdo muy bien de que de chavales le tomábamos el pelo porque siempre esta metido en la Iglesia con sus padres, quizá ahora sea parecido pero sin sus padres, claro, pero aún así antes éramos bastante tontos por hacer esas cosas, luego el Leonardo este cuando ya se hizo chico entró en el seminario, también fue cura y de allá a poco salió, se casó y más tarde se separó, luego no sé con cuantas más se habrá arrimado pero en cualquier caso han sido muchas, ahora vive solo y tiene quince hijos e hijas.

ZEHAR. A través de. **K.** Beno, onaño bentzet ondo etorrigara Dionisiok esandauen birie jarraitxuaz eta ustedot laister topo ingoula pagastixaz, hak esandau hartzeko erdiko birie eta pagasti horren zehar urtengoula zelai albuen dauen pistara, eta handik ia eztauela galtzeik zeatik ederto ikusikou mendiko kurtzie. **T.** Bueno, hasta aquí al menos hemos venido bien siguiendo el camino que nos ha indicado Dionisio y creo que pronto nos encontraremos con el hayedo, ha dicho que cojamos el camino de la mitad y que a través del hayedo llegaremos a la pista que está a un lado del prado, que una vez allá ya no nos podemos perder porque se ve muy bien la cruz del monte.

ZEHARKA. De forma sesgada. **K.** Askenengo baldosa honeik eziñdozu moztu zuzen eta zertxobaitx zeharka inbierra daukotzu etxeko sarrera hau errematatzeko, gañera beste gauzabat, ondo neurtu zeatik berdiñ moztubikozu zeatik oso bistan geratzenda eta ezta komeni iñok esatie ondo eztauenik. **T.** Estas últimas baldosas no las puedes cortar derechas y las tienes que hacer de forma sesgada para rematar la entrada de la casa, además otra cosa, mide bien para luego cortar perfectamente porque ésto queda muy a la vista y no conviene que nadie diga que no está bien.

ZEHARTU, ZEHARKATU. Desviar, cruzar algo. **K.** Nahiko toki daukou eta nik ustedot baserriko sarrera hau halako zuzen eruen-bierrien, asko-barik baña zertxobaitx zeharkatu iñezkero askoz hobeto gelditxukozala, baezpare ta hasi aurretik galdetu ingotzou ugesabai aber zer iruitzejakon, baña nik pentzatzendot bere gustokue izengodala. **T.** Tenemos sitio suficiente y yo creo que en lugar de llevar tan derecha la entrada al caserío, sin que sea mucho pero si la deviamos un poco quedaría mucho mejor, por si acaso y antes de emprezar se lo vamos a preguntar al dueño a ver que le parece, pero yo pienso que será de su gusto.

ZEHASKI, ZEHATZA. Específico, exacto, preciso. **K.** Zu ontxe bukatudozu karrera eta laister hasi-bierra daukotzu lanien, momentuz proba bezela, enpresa harein buleguen, zure aurrien eondien batzui entzunde dauket ze aurreneko jartzendauen lana planuek itxie izetendala, eta eskaera haldan zeatzak izetie ondo ulertudeixen horreik erabili inbidauen jentiek, ba badakitzu ze inbierra eukikotzun eta alegiñdu. **T.** Tú acabas de terminar la carrera y pronto tienes que empezar a trabajar, de momento a prueba, en las oficinas de esa compañía, a algunos que han estado antes que tú les he oído que uno de los primeros trabajos que te ponen es el hacer planos, y que te piden que sean lo más precisos y específicos posibles para que la qué la gente que vaya a utilizarlos lo entiendan bien, pues ya sabes lo que vas a tener que hacer y esfuérzate.

ZEINTZUK. Quienes. **K.** Nik eztakitx zeintzuk izengodien ortura sartudien pertzona horreik, zuk esauketaitxozu?, ezetz?, ba harutza noie eta entzunguztie. Eta askenien ezan ezer apartekoik, esandaue halako tomatiek ikusitxuela ze horreik beitzera bakarrik sartu eta badoiezela, ba esautziet hurrenguen eta sartu aurretik iñon terrenora baimena bentzet eskatzeko. **T.** Yo no sé quienes pueden ser esas personas que se han metido en la huerta, ¿tú les conoces?, ¿qué no?, pues voy para allá y ya me van a oir. Y al final no era por nada especial, me han dicho que han visto tales tomates que solo han entrado para mirar y ya se marchan, pues ya les he dicho que la próxima vez y antes de meterse en terreno ajeno por lo menos pidan permiso.

ZEIÑ, ZEÑ. Quién. **K.** Ikustendot nola zueitik batzun-batzuk ondo esauketandozuen gizon hori, baña nik bentzet eztot uste arrastuik daukenenik zeiñ dan, halaere zertxobaitx susmo bezela badauket, eta aber esairezue nundik ero

685

noix esautudozuen, Baldomero dala?, haibeste urte pasadie eta gañera hainbeste aldatudala ikustendot ze enauke jakingo zeñ zan kalien ikustenbanauen. **T.** Ya estoy viendo que algunos de vosotros conoceís bien a ese hombre, pero yo al menos no creo que tengo ni idea de quién puede ser, aunque así como un poco de sospecha ya tengo, y a ver decirme de dónde o de cuándo le conoceís. ¿Que es Baldomero?, han pasado tantos años y además le veo que ha cambiado tanto que si me lo hubiera encontrado en la calle no sabría quien era.

ZEIÑ DA, ZEIÑ-DA. Quien es.

(Ver la definición de norda).

ZEIÑDAZEIÑ, ZEIÑ DA ZEIÑ. Quien es quien.

(Ver la definición de nordanor, nor da nor).

ZEKIXEN, ZAKIXEN. Ya sabía. **K.** Bai, berak hori esatendau, eztauela ezer ikusi baña ni jakiñien nau ondo zekixela hango kontuek, ikusidauen batek esauzten dendako lapurreta gertauzan ordu horretan Jeronimo inguru hartan zala, pasakoda ze akaso ta baezpare nai ez ezer esateik. **T.** Si, ese ya dice que no ha visto nada pero yo ya estoy al tanto de que ya sabía y bien lo que sucedió allá, uno de los que le había visto me dijo que en las horas en los que ocurrió el atraco de la tienda Jerónimo estaba por las cercanías, pasará que quizá no quiera decir nada por si acaso.

ZELA, ZELAN. Cómo.

(Ver la definición de nola, nolan).

ZELABAITX. Como se pueda.

(Ver la definición de nolabaitx).

ZELABAITXEKUE. Se refiere a la persona a la que le da igual una cosa que otra. También a algo que puede ser de cualquier manera o forma.

(Ver la definición de nolabaitxekue).

ZELAIXE. Campo, prado de hierba. **K.** Zelaixek betik izendie, eta noski die, toki egokixenak erromeixak itxeko, gañera itxurrixe eta arbolak inguruen badaz, eta jeneralien hala gertatzenda, hamarretakue iñ ero meriendatzeko keixpetan askoz hobeto, eta eztau zer esanik honeikiñ batera be trikitixe eotenbada. **T.** El campo siempre ha sido, y son claro, el mejor sitio para hacer las romerías, además si hay una fuente y árboles en los alrededores, y generalmente así suele ser, para almorzar o comer la merienda a la sombra muchísimo mejor, y no digamos si junto con ésto también hay trikitixa. (donde figura ésta palabra se explica lo que es).

ZENBAKIXE. Número. **K.** Ume honena apartekue da, bi urte besteik estauko, iñok estutzo erakutzi baña berak nunbaitxen ikusitxu zenbakixek, asko be ezien izengo eta oñ bera hasida ikusidauen zenbaki horreik idazten, noski ondion eztauela ondo asmatzen eta askoz gutxiau zer guredauen esatie, baña hor haida eta hala jarraitzenbadau fangoda ikesten pixkanaka. **T.** Lo de éste crío es un caso aparte, no tiene más que dos años, nadie le ha enseñado pero él ya ha visto en algún sitio los números, tampoco habrán sido muchos y ahora él ha empezado a escribir esos números que ha visto, lógicamente todavía no lo hace bien y mucho menos sabe lo que quieren decir, pero ahí anda y si continúa de la misma manera poco a poco ya irá aprendiendo.

ZENBAT. Cuánto. **K.** Askenien be lortudou bukatzie obra hau baña iñok eztaki, gu kenduta noski, zenbat kostatakue izendan, hasieratik eukigauen arazuek eta hala jarraitxudou ixe amaitu hartien, hiru bider uran tubuek puskatuitxu eta auzue barik geratu konpondu iñartien, beste beñ telefonikako kablek eta orduen ezerbatik geratuzana herri guztie izenzan, kasu hontan internet eta abar, eta errematatzeko fandan astien argindarran kanalizaziñue, ba ustedot ezkerrak emun inbierrak eukikoula ez eonatik zerbitzu geixau, beztela honeik be katakrak. **T.** Al final ya hemos conseguido terminar ésta obra pero nadie sabe, aparte de nosotros claro, cuánto ha costado, desde el principio tuvimos problemas y así hemos continuado hasta casi finalizar, tres han sido las veces que hemos roto los tubos de agua y el barrio ha quedado sin ella hasta que lo han arreglado, otra vez los cables de telefónica y esa vez fué todo el pueblo entero el que se quedó sin servicio de internet y telefonía, y para rematar la semana pasada la canalización del cableado eléctrico, pues creo que hasta habría que dar las gracias de que no hubiese más servicios, porque sino también esos catacrac.

Aspaldiko esaerabat: Zenbat eta ipurdixe gorau, burue berau.

Un viejo proverbio en euskera dice que cuando más arriba está el culo, más abajo está la cabeza. (Cuanto más arriba se esté, más dura será la caída).

ZENBATEN, ZENBATIEN. A qué precio está, cuánto cuesta o vale. **K.** Ezirezue esan hau eztala lapurretan itxie eta arpegira gañera, enoie esaten zeiñ izenzan baña herri hartako azokara fatenbazare errexa da igertzie zeiñ dan, ni eonitzenien bentzet bakarrik hauen eta baleike oñ be hala eotie, aber, asuntue da ze babarrunak erosteko asmue naukela, sartu eta esatendoten honi galdetunutzen zenbatien hauken, zan hainbestien eta kilobat eskatunutzen, hogei euroko diru-paperakiñ ordaindunauen eta konturatunkitzen eurobat faltazala txanponetako bueltan, eta noski erreklamau iñauela, baña alperra izenzan zeatik esauzten errue izenauela balixuen eta berak esandakue baño eurobat geixau zala. **T.** No me digaís que eso no es robar y además a la cara, no voy a decir quien fué pero si vaís al mercado de aquel pueblo será fácil de reconocer, al menos cuando yo estuve se encontraba sola y puede que ahora también lo esté, a ver, la cosa es que fuí con la idea de comprar alubias y a ésta que digo le pregunté que a cuanto la tenía, era a tanto y le pedí un kilo, le pagé con un billete de veinte euros y me dí cuenta que en las monedas del cambio faltaba un euro, y claro está que reclamé, pero fué inútil porque me dijo que se había equivocado en el precio y que era un euro más de lo que me había dicho.

ZENETIE. CNT. Sindicato de la Confederación Nacional de los Trabajadores. **K.** Gerra aurretik eta bebai bere denporan zenetie oso sindikatu gogorra eta iñdertzue izenzan, bai hemen Euskadiñ eta berdiñ Asturias aldien, oso borrokalarixe eta langille asko greban atarazitxuna kalera, garai hartan hildako dexente be eonzien eta gero, gerra ondoren, legez kanpo geratuzan sindikatu hau, beste sindikato guztiek bezela, noski. **T.** Antes y durante la guerra la CNT fue un sindicato muy duro y fuerte, tanto aquí en Euskadi cómo también en la zona de Asturias, muy activo y peleón y que sacó a muchísimos trabajadores de huelga a la calle, hubo bastantes muertos en aquella época y luego, después de la guerra, declararon ilegal a este sindicato al igual que a todos los demás, claro.

ZEÑEK, ZEÑEIK. Quién, quienes. **K.** Aspalditxuen haizan Federiko baserri txikibat erosteko asmuekiñ eta oñ, gañera urriñ-barik, jakiñdau saltzen dauen batena, ba beno, ikusidau, nahiko gustokue izenda eta hasida tratuekiñ, esatendau gauza bakarra dauela erraru xamarra, albuen daukela ur deposito txikibat, dexente urakiñ barruen baña etxakola iñun ikusten nundik sartzenjakon ur hori, galdetu omendau haren ondion ugesaba danai eta erantzuna berak ezer eztakixela zeatik horra etorrizanien bizitxera hala oñ bezela hauela, eztauela sekula ezer entzun eta auskalo zeñek iñdakue izengodan. **T.** Desde hace algún tiempo Federico estaba con la idea de comprar un caserío pequeño y ahora, además no demasiado lejos, ha sabido de uno que está a la venta, pues bueno, lo ha visto, ha sido de su gusto y ha empezado con los tratos, dice que solo hay una cosa que se le hace extraña, que al lado hay un depósito pequeño de agua, que dentro hay bastante agua pero que no se ve por ningún lado por dónde le entra el agua esa, se lo ha preguntado al que todavía es el dueño de aquello y la respuesta que él no lo sabe porque cuando vino a vivir ahí así igual que ahora estaba, que tampoco nunca ha oído nada y que cualquiera sabe quien lo habrá hecho.

ZEÑEKIÑ. Con quién. **K.** Ontxe jarrinaue konpromiso ederraz, atzo Adolfokiñ geratunitzen beraz fangonitzela Bilbora eta denpora gutxi dala deitxudust Bonik esanaz aber zeatik enazen faten berakiñ gauza batzuk esan-bierrekuek daukela ta, ba oñ zalantza haundixe daukel, zeñekiñ fan?, Adolfoi esatenbutzet bestiekiñ noiela asarretu ingoda eta ezpanaz faten Bonikiñ berai be hori berdiñe gertaukojako. **T.** Ahora si que me han puesto en un buen compromiso, ayer quedé con Adolfo que iría con él a Bilbao y hace poco me ha llamado Boni diciendo a ver poque no voy con él que tiene unas cosas para decirme, y ahora estoy con una gran duda, ¿con quién voy?, si le digo a Adolfo que voy con el otro se va a enfadar y si no voy con Boni a éste también le va a ocurrir los mismo.

ZEÑENA (K). De quién, de quienes. **K.** Aber, jakiñleike zeñena dan katxarro zar hau?, ba ia naskaute nau egunero ikusten gauza xelebre hau eztakitxena zer ero zertarako dan, azkenengo lau egunetan hemen dau mobitxu-barik, iñok eztutzo kasuik itxen eta eztot ulertzen zer itxendauen hor erdixen traban eta alperrik, ba horren jabie dana badaki zer inbierra dauken, kendu haldan axkarren hemendik eta ezpada asaltzen ni izengonaz txatarrara erutengotena. **T.** ¿A ver se puede saber de quien es éste viejo cacharro?, pue ya estoy asqueada de ver esa cosa rara que no sé que es ni para que sirve, está aquí sin mover en los últimos cuatro días, nadie le hace caso y no comprendo que es lo que hace ahí en la mitad estorbando igual que una cosa inútil, pues de quien sea ya sabe lo que tiene que hacer, quitarlo rápidamente de aquí y sino aparece seré yo quien lo lleve a la chatarra.

ZEÑENDAKO, ZEÑENTZAT. Para quién, para quienes. **K.** Asunto honekiñ badauket zalantza apurbat, piano hau alper antzien dauket, ondion balixo haundixe dauko eta gauza da kentzie gurenaukela, baña eztakitxena da zeñendako izengodan emuteko egokixena, jakiñien nau, zeatik hala esauztie, ze handikaldeko etxien bizidien bi anai horreik honen atzien haidiela aspalditxik eta nere zalantza hau horretxeatik da, zeñi emun? **T.** Con éste asunto tengo una pequeña duda, el piano ya lo tengo un poco de sobra, todavía es de mucho valor y la cosa es que lo quiero quitar, pero lo que no sé es para quien será el más adecuado para que se lo dé, estoy al tanto, porque así me lo han dicho, que esos dos hermanos que viven en la casa de más allá andan detrás de ésto desde hace mucho tiempo y mi duda es precisamente por eso, ¿a quién se lo doy?

ZENETIK. De que sitio, dar, coger, participar o compartir. **K.** Ezalzaz konforme erreparto honekiñ?, ikusten hainaz beitu eta kontazen haizariela zenbat sagar dazen pilla bakoitxien, ta hori zertarako ba, akaso konprobatzen haizara zure pilla ta beste horreina berdiñek diela?, eta ikusi-ezkero zurien bat gutxiau dauela, zeñetik hartukozauke? **T.** ¿No estás de acuedo con éste reparto?, estoy viendo que estás mirando y contando la manzanas que hay en cada montón, ¿y eso para qué pues, quizá para comprobar que tu montón y los de esos otros son iguales?, ¿y si vieses que en el tuyo hay una menos, de que sitio lo cogerías?

ZEÑI. A quién. **K.** Askenien eta ondo pentza ondoren erabakidot ze anairi emun piano hau, Zeledonioi, badakitx berak eztauela sekula piano hori joko, aldebatetik atxurra joten bakarrik daki eta bestetik arrastuik be eztauko asunto horren buruz, baña alabatxobat dauko, umetxue ondion, emuntedauena asko gustatzejakola musika gauza horreik eta akaso aurreratxuau baleike ikestie. **T.** Al final y después de haberlo pensado bien ya he decidido a que hermano darle el piano, a Celedonio, ya sé que él nunca lo va a tocar, por una parte solo sabe tocar la azada y por otra no tiene ni idea sobre esos asuntos, pero tiene una hijita, cría todavía, a la que parece que le gusta mucho todo lo relacionado con la música y quizá aquella más adelante puede que aprenda.

ZENTZUE. Juicio, sentido, razón. **K.** Horixe bera faltadau mutil horrek, zentzue, ta zertxobaitx bakarrik eukibauen esan halako larritxazunaz ibiliko, betik izenda sigero buru ariñe eta askotan, ez betik bere kulpatik, mille arazotan sartu izenda, nahiko eran-zalie da eta burruka pilla eukitxu, lapur txikitan be arrapautzie eta txarrena da iñok eztakixela, ez sikera berak, erremeixoik daukenik. **T.** Eso mismo es lo que le falta al chico ese, juicio, y si hubiera tenido siquiera un poco no andaría con tantos problemas, siempre ha tenido la cabeza demasiado ligera y muchas veces, no siempre por su culpa, se ha metido en mil historias, es bastante bebedor y ha tenido un sinfín de peleas, también le han pilladlo en pequeños robos y lo peor es que nadie sabe, ni siquiera él, si tiene remedio.

ZENTZU-BAKUE (K). Se dice de la persona poco o nada juiciosa, ganberra y sin sentido. **K.** Hori goiko bezelako pertzona zenzu-bakuek asko ikustendie, beno, akaso euroi ikusi ez zeatik nahiko eskutuen ibiltxendie baña bai itxeitxuen gauzak, gañera ezerko motibukiñ eta ez ezer irabazteko daukielako be, eta esatendauen bezela geruau eta geixau omendie, ba nik bentzet eztot ulertzen zeatik izenleiken hori, eranda ero akaso danan aurka dazelako? **T.** Personas con tan poco juicio como ese de arriba se ven muchos, bueno, a lo mejor ver no porque suelen andar bastante escondidos pero si las cosas que hacen, además sin motivo alguno y tampoco porque puedan ganar algo con ello, y según dicen cada vez hay más, pues yo por lo menos no entiendo a qué puede ser debido, ¿por estar bebidos o quizá estén en contra de todo?

ZENTZUDUNA (K). Persona juiciosa con la que se puede razonar y dialogar. **K.** Ba ezkerrak zentzu-bako personak gutxienak diela eta geixenbat bierdan moduko zentzudunak izetendiela, honeikiñ bai fan eta ibilileike erozeiñ tokitxen, noski izenda euron bezelakuek. Eta ze gauza ona izengozan danak izetie eta konportatzie hala berdiñ. **T.** Pues gracias a que las personas con poco juicio y ganberros son los menos y que con la mayoría se puede razonar y dialogar, con éstas personas si se puede andar e ir a cualquier sitio, claro que siendo igual que ellos. Y que cosa más buena sería que todos seamos y comportaríamos de igual manera.

ZEON. Estaba. **K.** Bai, nik be eta ez hainbeste denpora dala ikusidot nola Inozentzio zeon han malekoi bazterrien, eta ze esatendozue, desagertu iñdala?, ba eztakitx ze gertaukozan, garbi dau itxasora eztala sartu zeatik beztela han eongozien bere erropak, bentzet ezpaldinbada jantzitxe sartu, segurazki nunbaitxera fangozan, baña hori be erraru xamarra da zeatik ezta etxien bazkaltzeko agertu eta emun bez ezerko abixuik. **K.** Si, yo también ya le he visto y no hace tanto tiempo cómo Inocencio estaba en aquella esquina del malecón, ¿y que decís, que ha desaparecido?, pues no sé que habrá pasado, que no se ha metido al mar está claro porque sino sus ropas estarían allá, al menos que haya entrado vestido, seguramente se habrá marchado algún sitio, pero eso también es un poco raro porque no ha aparecido en casa a comer y tampoco ha dado ningún aviso.

ZEOZER, ZERREOZER. Algo, cualquier cosa. **K.** Badakitx eztala gauza asko izengo errepartue itxendanien zeatik ordubete besteik enaz ibili lanien sagarrak karriatzen tratoraraño, baña zerreozer bentzet espero baietz eta baezpare itxoiñ inbikot. Ba askenien nik ustenauen baño geixau izenda, berrogetamar euro eta otarkarabat sagar. **T.** Ya sé que no me tocará mucho cuando se haga el reparto porque solo he trabajado una hora acarrreando las manzanas hasta el tractor, pero creo que algo al menos sí y por si acaso habrá que esperar. Pues al final ha sido más de lo que pensaba, cincuenta euros y un cesto de manzanas.

ZEPELIÑE, ZEPILLUE. Fig, se dice por la situación en la que una persona pueda estar, en este caso borracha o bebida. (Ver la definición de moxkorra).

ZEPUE. Cepo. Trampa para atrapar a los animales. También se llama así al artilugio que coloca la policía a la rueda del coche para inmovilizarlo. **K.** Ba ia nahiko naskaute nau sagutxo diabru honeikiñ zeatik eziñdot iñola ebitau astuen ogixe jandeixen, kajoiko egurre zulau-hala harrixekiñ tapatzen fatenaz baña ixe bukatuitxut baserrixen eozen guztiek eta ustedot onena izengodala zepuek erostie, bi ero hiru eta aber horreikiñ zerbaitx itxendoten. **T.** Pues ya estoy bastante asqueado con esos demonios de ratoncitos porque no consigo evitar de ninguna de las maneras que se coman el pan de los burros, a la vez que agujerean la madera del cajón los voy tapando con piedras pero casi he terminado con todas las del caserío y creo que lo mejor va a ser comprar unos cepos, dos o tres y a ver si con esos hago algo.

ZERBAITX. Algo. **K.** Eziñdot ulertu zeatik jarridan hola, bistaz bakarrik esauketandot eta noixienbeñ be agurtugara baña gaur ikusi inbizauke nolako jenixuaz jarri eta txakurrensalara bieldunauen, eta nik eztot uste ezer apartekoik esan eta ez iñdotenik, jakiñen nauen diru dexentetxo irabazitxekue zala loteriñ eta kalien ikusidotenien esautzet, gañera edukazio guztiekiñ, ba nola oñ berak asko dauken aber zerbaitx emunguzten. **T.** No puedo entender porque se ha puesto así, solo la conozco de vista y alguna que otra vez también nos hemos saludado, pero hoy teniaís que haber visto de que genio se ha puesto y me ha mandado a freir espárragos, y yo no creo que haya hecho ni dicho nada especial, estaba al tanto de que ha ganado bastante dinero en la lotería y cuando la he visto en la calle le he dicho, además con toda educación, pues que cómo ahora ella tiene mucho a ver si me da algo.

ZERBEZA. Cerveza. **K.** Hemen gu bizigaren aldien gazte jentei ikustejate zerbezie dala gustoren eratendauena, gaztiei esateutzek hogetamar urtetik bera daukienai eta hortik gorakuek dien batzuk, honeik be gaztiek eta zerbeza kendu-barik, zertxobaitx ardau-zaliek biurtzen haidie, oñ, hor be aldien ikustenda eztauela holako aldeik, han danak, ero geixenak bentzet, zerbeza eratendaue. **T.** Aquí en la zona donde vivimos nosotros se ve que lo que más a gusto bebe la gente joven es la cerveza, jóvenes les llamo a los que tienen por debajo de treinta años y algunos de ahí para arriba, también jóvenes y sin quitar la cerveza, se están aficionando un poco al vino, ahora que estas diferencias no se ven por ahí abajo, allá todos, o al menos la mayoría, bebe cerveza.

ZERBITZARI, ZERBITZARIE. Se llama así a la persona que atiende o sirve, por ejemplo el camarero (a). **K.** Herri bertako zerbitzari geixenak esauketandie, esan-baterako eta nik bentzet sarri eotenazen tabernetan ondo konpontzenaz han eotendien danakiñ. Eta ze gauza ona izetendan hortik zier eotezarenien pertzona antzerakuek billatzie, bierdan modukuek, momentu horreitan eta guk kanpokuek garenak asko ezkertzendou gauza horreik. **T.** A casi todas las personas que atienden en los comercios o bares del pueblo se les conoce, por ejemplo y al menos yo a los que están en los bares que frecuento me arreglo bien con todos los que suelen estar allá. Y que cosa más buena suele ser que cuando estás por ahí encontrar personas parecidas, cómo tienen que ser, en esos momentos y nosotros que somos de fuera agradecemos mucho esas cosas.

ZERBITZUE, ZERBITZUEK. Servicio (s). **K.** Ze harrokeixa eukitxendauen Españako gobernuek esanaz, betik eta kasualitatez oñ uda partien izetenda, millaka lagun urtendiela parotik eta lanien hasidiela, hortik ixe geixenak zerbitzuen, notizi hori oso ona dala iruetzejaku danoi eta poztu be itxegara, baña gero uda bukatzendanien ze gertatzenda?, ba lengo bezela geratzendala, lanien hasizien langille horreik berriz paruen sartu-bierra daukiela. **T.** Que presunción suele tener el gobierno de España cuando dice, siempre y por casualidad suele ser ahora en la parte del verano, que miles de personas han salido del paro y que han empezado a trabajar, de esos casi todos en servicios, con esa noticia todos nos alegramos y también nos parece que es muy buena, pero luego cuando termina el verano ¿qué es lo que pasa?, pues que queda igual que antes, que las personas que empezaron a trabajar otra vez tienen que ingresar en el paro.

ZERBITZUE. Servicio. **K.** Herri hortako Udaletxiek enpresa hori hartudau herriko kaliek garbitzeko eta baitxe beste zerbitzu batzuetarako, baña zalantza haundixek daz denpora askuen eongoetedien, bertako jentiek nahiko kexka daukie zeatik esatendaue eztauela izten bape txukun inguruek eta hareik pasa ondoren ondion sikiñtzazun asko ikustendala. **T.** El Ayuntamiento de ese pueblo ha contratado a la empresa esa para que se ocupe de la limpieza de las calles y también de otros servicios, pero hay grandes dudas de que vayan a durar mucho tiempo, la gente de allá está bastante quejosa porque dicen que no limpian nada bien y que después de que pasan aún se ve mucha suciedad

ZER DA, ZER-DA?. Que es, ¿qué pasa? **K.** Zer da hau!, izugarriko pelota partidue ikusten haigara jentiaz zutik eta txaloka gelditxu-barik, siñistu eziñekue, lau-terdiko finala da eta bai Altunak ta berdiñ Bengoetxeak sekulako jokue itxen haidie, eta gañera ontxe bertan hobetabana parra iñdaue, Altunak dauko pelota eskuetan sakie ataratzeko eta erzeñek daki zer gertaukodan, jentie ixilik eta zutirik jarraitzendau. **T.** ¡Qué es ésto!, estamos viendo un partido de pelota impresionante con la gente levantada y aplaundiendo sin parar, increíble, es la final del cuatro y medio y tanto Altuna como Bengoetxea están haciendo un juego espectacular, y además acaban de empatar e veintiuno, Altuna tiene la pelota en la mano dispuesto a sacar y cualquiera sabe lo que puede pasar, la gente continúa de pié y en silencio.

ZERDALATA. Porque motivo, porque razón. **K.** Jakiñleike zerdalata eukidozun hori inbierra?, nik ustedot oso garbi zaukotzula ezinziela ikutu gauza horreik, ondo jakiñien zara guriek eztiela eta iñori eztauela izten sikera inguratzeik toki hortara, ba eztakitx iñok ikusizauen baña hala baldinbada baleike zerbaitx gertatzie. **T.** ¿Se puede saber porqué motivo has tenido que hacer eso?, yo creo que tenías bien claro que no se podían tocar esas cosas, ya sabes muy bien que no son nuestras y que no deja a nadie ni siquiera arrimarse a ese sitio, pues no sé si te habrá visto alguien pero si es que es así puede que vaya a pasar algo.

ZER DEK, ZER-DEN. Que pasa, qué quieres. Lo primero es pfa referirse al género masculino y la otra al femenino. **K.** Zer dek, zerbaitx gertatzendok hirekiñ, ero?, ba esai etorri ona hainbeste koplakiñ eta fanleikek etorriazen tokitxik, hemen danok pakien ta lasai asko gazak eta etxaukou bape gogoik, eta bierrik bez asarratzeko ez hireaz eta ez beste iñokiñ. **T.** ¿Qué quieres, pasa algo contigo, o qué?, pues no vengas aquí con tantas tonterías y ya puedes ir por dónde has venido, aquí todos estamos en paz y tranquilamente y no tenemos ninguna gana, ni tampoco necesidad de enfadanos ni contigo ni con ningún otro.

ZERETIK. De dónde, de qué sitio.

(Ver la definición de nundik).

ZER-ESANA. Objeción, protesta, algo que decir. **K.** Zuk naiz da ondo jakiñien eon eztaukotzula errazoirik eta errieta entzun ondoren betik daukotzu zer-esana, ba nik ustedot hobeto ingozaukela, eta askoatik komeni, ixilik eotie zeatik beztela eta geixau asarreketanbanaizu baleike mosukobat emutie. **T.** Tú a pesar de que sabes muy bien que no tienes razón y después de escuchar la bronca siempre tienes algo que decir, pues yo creo que harías mejor, y para ti sería mucho más conveniente, el estar callado porque sino y me enfadas más puede que te de un tortazo.

ZERGA. Impuesto, tributo, contribución, canon. **K.** Nik ustedot mundu guztie naskauta, nekatuta eta aspertuta garela hainbeste zergakiñ, daneatik dau ordaindu-bierra, erostendoun gauza guztiek bere zerga daukie, jatekuek, gasolinak, argindarrak, danak, eta entzutenda hemendik gutxira hasikodala zerga barribat mendira eta hondartzara fateko. Eta baitxe beste hau, gizonezkuek fraka motxakiñ kalien ibiltxeko, eta zurrumurro hori hasibada baleike zerbaitx egixe izetie, eta gauzabat, akaso ezalda diskriminazio gizonendako bakarrik izetie?, baña erozeiñ modutan eta aitzendan hori hasi-ezkero, baña beñ eta kenduta diskriminazio hori, nik enauke eukiko ezer esatekoik, gizonezkuek eta emakumak?, ba beno. **T.** Yo creo que todo el mundo estamos asqueados, cansados y aburridos con tantos impuestos, por todo hay que pagar, todo lo que compramos tiene sus impuestos, lo de comer, las gasolinas, la electricidad, todo, y se oye que de aquí a poco va a empezar un nuevo impuesto para ir al monte y a la playa. Y también este otro, para el género masculino para andar en la calle con pantalones cortos, y si ha empezado ese rumor puede que haya algo de verdad, por cierto, ¿acaso no es discriminación que solo lo sea para el género masculino?, pero en cualquier caso y si resultaría que es así como dicen, pero siempre y cuando se elimine esa discrminación, yo no tendría nada que objetar, ¿los dos géneros?, pues bueno.

ZERGAITXIK. Porqué eso, a qué se debe. **K.** Zergaitxik izengoda ze naiz da norbera ondo Jakiñien eon zer dan geixen komenidana ero bestaldera eztana komeni, hainbeste hanka-sartzeik itxendoula?, ze gauza errarue. **T.** ¿Porqué será que a pesar de que uno sepa muy bien lo que le conviene, o al revés lo que no es conveniente, metemos tantas veces la pata?, que cosa más rara.

ZER-IKUSI. Cosas interesantes, importantes y dignas de ver. **K.** Enauken gogo haundirik oporretan fateko herri hortara, oso txikiñe da eta bertako hondartza kenduta apenas dau ezer geixau, beno, pasiatzeko bentzet nahiko toki badau, andrien gustokue izenda eta ezan geratzen beste erremeixoik obedeziru baño, baña oñ zertxobaitx aldatudot pentzamentue zeatik irakurtzen ibilinaz aber zer gauza eonleiken ingurutan eta jartzendau zer-ikusi asko dauela. **T.** No tenía muchas ganas de ir a ese pueblo de vacaciones, es muy pequeño y allá quitando la playa apenas hay nada más, bueno, mucho sitio para pasear al menos sí, era del gusto de la mujer y no quedaba otro remedio que obedecer, pero ahora he cambiado un poco de parecer porque he estado leyendo a ver que cosas podía haber por los alrededores y pone que hay cosas muy interesantes para ver.

ZER-IKUSIRIK, ZER-IKUSIXE. Que no tiene nada que ver, que no tiene relación con el tema que se está tratando. **K.** Neri ez beitu zeatik nik horrekiñ eztauket zer-ikusirik, egixe da ni izenitzela aurren eonitzena tratue iñguran lan hori itxeko, baña ezetza jasonauen eta nere aldetik hor bertanbera geratuzan, gero beste-batzuk etorrizien eta aberixa hau, naiz da nik ez jakiñ zeñen kulpa izendan, eurok iñdekue da. **T.** A mí no me miréis porque yo no tengo nada que ver con eso, es verdad que yo fui el primero que estuve con la intención de hacer los tratos para ese trabajo, pero la respuesta fue negativa y por mi parte quedó tal y cómo estaba, luego vinieron otros y ésta avería, aunque yo no sé de quien ha sido la culpa, la han ocasionado ellos.

ZER-IÑE. Quehacer, cosas o algo para hacer. **K.** Gauza ona eta bierrezkue izetenda zer-iñe eukitxie eta gañera posible baldinbada betik, ero geixenbaten bentzet, ta hau berdiñ da lanen garaian izen ero erretirauta eon, lanien izetenbada horrek, noski, guredau esan lana daukotzula eta berriz erretirauta bazaz aukera daukotzula ez aspertzeko, kontuen hartuta egunak ordu asko daukela. **T.** Es una cosa muy buena y necesaria el tener cosas para hacer y además si es posible siempre, o las más de las veces, y ésto lo mismo sirve para el que está trabajando como para el que está jubilado, para el que está trabajajando eso, claro está, quiere decirque tiene trabajo y en cambio si estás jubilado que tienes la oportunidad de no aburrirte, teniendo en cuenta que el día tiene muchas horas.

ZER-MODUZ. Es una palabra que se utiliza para saludar cuando te encuentras con una persona cocnocida, y que quiere decir que tal. **K.** Hitz hau nola entzun ero esan batzuetan nahiko xelebrie izetenda, tartekue, laguna ero oso esaguna izetenbada alkartzeraren pertzona, zer-moduz esatie ondo dau zeatik akaso interes pixkat eukizeike jakitxeko, baña beste-batzuetan hori esatie eztozunai apenas esauketan eta etxatzunien ezer inportik ba, nere ustez bentzet, nahiko erraru ero xelebrie dala iruitzejat. **T.** El oir o decir ésta palabra a veces puede resultar un poco original, si con la persona que te juntas en un familiar, amigo o muy conocido el decir que tal está bien porque acaso puedes tener algo de interés en saberlo, pero otras veces el decir eso a la que apenas conoces y no te importa en absoluto pues, al menos pienso yo, que no deja de ser bastante raro o extravagante.

Aspaldiko esaerabat: Zer-moduz?. Apaizak hobeto.

Un viejo proverbio es euskera pregunta a ver que tal y le responden que los curas mejor.

ZERRA, ZERRIE. Sierra de mano. **K.** Zerrie da gauzabat askotan bier izendana, ixe derrigorrezkue, oñ be batzuetan hala da eta betik hor eonda, halaere egixe da geruau ta gutxiau erabiltzendala, argindarrenak asalduzienetik geixenbat horreikiñ moztenda bai egurra eta bai beste erozeiñ tipoko materialak, baña gertauleike argindarrik ez eotie ero momentu horretan ez eukitxeik jeneradoreik eta orduen eztau beste erremeixoik ezku-zerra hartzie baño. **T.** La sierra es una cosa que se ha necesitado muchas veces, era casi imprescindible, también ahora a veces es así y que siempre ha estado ahí, aunque es verdad que cada vez se utiliza menos, desde que aparecieron las eléctricas la mayoría de las veces se corta con ellas bien la madera o bien cualquier otro tipo de materiales, pero también puede ocurrir que no haya corriente eléctrica o en ese momento no se disponga de generador y entonces no hay más remedio que coger la sierra de mano.

ZERRAIA. Cerradura, generalmente de las puertas de entrada. **K.** Zerraia honeik ez bakarrik die bierdien gauzak baizik geruau ta geixau sigero derrigorrezkuek izetendie, hainbeste lapurreta kontu aitzendie ze jentiek bildurre dauko eta zabaltzeko oso zallak dienak jartzen haidie, halaere nik ustedot lapurrek nolabaitx konpontzendiela ez geratzeko paruen eta euron lanetan jarraitxu. Eta ni gogoratzenaz nola gure etxe zarrien, garai hartan, betik eotezan giltza jarritxe atarte sarrera ateko zerraian, eta baitxe ezala sekula izten. **T.** Las cerraduras éstas no solo son unas cosas necesarias sino que cada vez son mucho más imprescindibles, se oyen tantas historias sobre robos que la gente tiene miedo y está colocando las que son muy complicadas y difíciles de abrir, aún así yo creo que los ladrones se una forma u otra ya se las arreglan para no quedarse en paro y seguir trabajando en sus asuntos. Y yo me acuerdo de cómo en aquellos tiempos en nuestra casa vieja siempre estaba la llave puesta en la cerradura de la puerta de entrada al portal, y también que nunca se cerraba.

ZERRAJEIXIE. Fábrica dónde se fabrican cerraduras. **K.** Deba Goiena alde hori eta konkretuz Lenizko Ballara betik izenda oso famaue zerrajeixan buruz, garai hartan fabrika asko eozen hortan ibiltxezienak eta oñ berriz apenas gerantzendie banaka-batzuk, sekula eztie izen halako haundixek baña herriko jente askoi emuteutzien lana, gero gertauzan kanpoko fabrika haundi horreik asalduziela eta jan iñauela beste txiki honei. **T.** La zona del Alto Deba y en concreto el Valle de Léniz siempre ha sido muy famosa por sus cerrajerías, en aquellos tiempos había muchas fábricas que se dedicaban a elaborar cerraduras y ahora en cambio apenas queda alguna, nunca han sido demasiado grandes pero daban trabajo a mucha gente del pueblo, luego pasó que vinieron las grandes multinacionales y absorvieron a todas estas pequeñas.

ZERRAU. Cerrar.

(Ver la definición de itxi).

ZERRAUTZA. Serrín. El residuo que queda al cortar o serrar la madera. **K.** Oñ arrastuik be eztaukek zertarako ibiltxendan zerrautza, zerbaitxetarako noski baietz izengodala zeatik garai hontan ezta ezertxoik alperrigaltzen, lenau, ia oso aspaldi, bai erabiltzezan, ezan asko izengo, lurrien botatzeko eta ez zikintzeko azpixe obran haizien bitxertien, taberna ta dendetako sarreran jentie ez labantzeko lurra bustixe hauenien, eta baitxe sukalde ekonomikai bota ta suek pixkat geixau aguantaudeixen. **T.** Ahora no tengo ni idea de para que se utiliza el serrín de la madera, para algo seguro que será porque en estos tiempos no se desperdicia nada, antes, hace ya mucho tiempo, sí se utilizaba, tampoco sería mucho, para echar en el suelo y no se ensuciase la parte de abajo mientras se hacía la obra, en las entradas de las tabernas y tiendas para que la gente no se resbalase cuando el suelo estaba mojado, y también se echaba en la cocina económica para que el fuego aguantase un poco más.

ZERREIXIE. Serrería. **K.** Zerreixa txiki hareik, zerrajeixak bezela, ixe sigero desagertudie, lenau ugeri eozen, Lenizko Ballaran bentzet docenabat ero geixau eongozien eta oñ berriz txiki hareitatik ezta bakarra geratzen, xerreixak bai, badaz baña oñ dazen danak oso haundixek die eta lan guztie automatikoki iñdekue izetenda, eta hala eztaue bier izeten haibeste jente lanerako. **T.** Las pequeñas serrerías que había, al igual que las cerrajerías, casi han desaparecido por completo, antes en el Valle de Léniz había muchas, por lo menos ya habría una docena o más y ahora en cambio de éstas pequeñas no queda una sola, serrerías sí, sí que las hay pero las que hay ahora ya son muy grandes y casi todo el trabajo lo hacen de forma automatizada, y así tampoco se necesita tanta gente para trabajar.

ZERRENDA. Catálogo, lista. **K.** Oñ zerrendak danerako eotendie eta gurezkero aukera dau konsultatzeko, baña hainbeste die ze ezpada derrigorrezkue eztau merezi denporaik galtzeik horreik beitzen, eskaparate geixenetan ikusikoitxozu, korreo bidez be ugeri allegantzendie eta interneten zer esanik ez, naibada egun guztie eonzeike zerrenda horreik ikusten eta halaere ezien bukatuko. **T.** Ahora hay catálogos para todo y si se quiere se pueden consultar, pero hay tantas que si no es necesario no merece perder el tiempo mirándolas, en la mayoría de los escaparates los puedes ver, también mediante el correo llega gran cantidad y que decir de internet, si se querría se podría estar todo el día viendo esos catálogos y aún así tampoco se terminaría.

ZERROTIE. Serrote, sierra de mano grande. **K.** Zerrotiaz be gauza berdiñe gertatzenda esku-zerraz bezela, oñ apenas erabiltzendala argindarreko zerrak dazelako eta erabiltzendauenak izengoda zeatik hau eztaukielako ero arginderrik ez. **T.** Con el serrote sucede lo mismo que con la sierra de mano, que ahora apenas se utiliza porque hay sierras eléctricas y el que lo usa es o poque no la tiene o porque no hay corriente eléctrica.

ZERTAKA, ZERTARAKA. A qué. **K.** Eta oñ zertaraka jolastukou?, goixeko errekreuen pelotan ibiligara, atzaldien txorromorroka eta atzo gerraka ixe illundu hartien, momentu hontan jente gutxi gara hemen baña esan-ezkero han dazen batzui fubolien jolastuleikegu, ze iruetzejatzue? **T.** ¿Y ahora a que podemos jugar?, en el recreo de la mañana hemos estado jugando a pelota, a la tarde a txorromorros y ayer a guerras hasta casi anochecer, en este momento aquí estamos poca gente pero si les decimos a algunos que están allá podíamos jugar al fútbol, ¿qué os parece?

ZERTAN, ZETAN. A qué. **K.** Jakinleike zertan haizarien?, itxen zabitzien hori ezta nik aiñduteko lana, zeñek esautzue hori itxeko?, beste etxe aldamenekue izendala?, ba berak ordaidubikoitxu lan horreik eta gauzabat oso serixo, hurrenguen ta nik esandako aparte erozeiñ gauza itxeko aurrena neri galdetu. **T.** ¿Se puede saber a que andaís?, eso que estáis haciendo no es el trabajo que os he mandado yo, ¿que ha sido el de la casa de al lado?, pues va a tener que ser él el que lo pague y una cosa muy en serio, la próxima vez y antes de hacer ningún trabajo aparte de lo que yo os haya dicho consultar conmigo.

ZERTARAKO, ZERTAKO, ZETAKO. Para qué. **K.** Toribio izenda lagadauena eta berak jakingodau zeatik ekarridauen katxarro erraru hori, lastima bera eztauela gaur hemen galdetzeko, ni bueltak emuten hainaz eta eziñdot asmau zertarako izenleiken, orturako nabarmen eztala, apaingarri bezela askoz gutxiau, orduen?, ba itxoiñ inbikou, ustedot bixer asaldukodala eta esanguzku. **T.** Toribio ha sido el que lo ha dejado y el sabrá porqué ha traído ese cacharro tan raro, lástima que hoy no esté aquí para poder preguntarle, le estoy dando vueltas y no consigo adivinar para que puede ser, está claro que para la huerta no es, cómo adorno mucho menos, ¿entonces?, pues tendremos que esperar, creo que ya aparecerá mañana y ya nos lo dirá.

ZERTXOBAITX. Algo, aunque sea poco. **K.** Ezta asko eskatzie ba, eta gañera eztakitx zeatik dauken ezetza esanbierra entzun aurretik, atzo ikusinauen nola hasizien sagarrak batzen eta gaur fanaz eskatzera esanaz nik be batukonitxula, gero aber sagar horreikatik zertxobaitx emunguzten eta ordez emungonutzela beste zerreozer, ba galdetu-barik zer dan ordezko hori erantzuna izenda eztauela ezertxoik bier eta eskatzeko beste norbaitxei. **T.** No es mucho pedir pues, y además no sé porque ha tenido que decir que no antes de escucharme, ayer vi que habían empezado a recoger las manzanas y hoy he ido a pedirle diciendo que también yo las recogería, luego a ver si de esas manzanas me daría unas pocas y que a cambio ya le daría alguna otra cosa, pues sin preguntarme que cosa sería esa me ha respondido que no necesita nada y que se los pida a algún otro.

ZERTZUK. Cuales, que cosas. **K.** Atzo deitxuztien munizipalak esanaz ia lapurra atxilotue dala eta arrapatzeko gauzatik zerbaitzuk errekuperaute diala, galdetunutzen zertzuk eta esauztien hobeto izengonauela bertara fan, ikusi ta konprobatzera aber neriek dien, ba halaxe iñauen baña nahiko alperrik zeatik nerie bakarrik ordenadoren telazko funda zan, telebistan kablek eta bape balixobako telefono zarbat, eta bestiena zer galdetunauen?, serixo beituzten eta erantzuna izenzan ze momentuz bentzet ezer ez. **T.** Ayer me llamaron los municipales diciendo que ya habían detenido al ladrón y que algunas de las cosas que me robaron ya se habían recuperado, les pregunté que cuales y me dijeron que era mejor que fuera allá para verlo y comprobar a ver si eran mías, pues eso hice pero fue bastante inútil porque mío solo era la funda de tela del ordenador, los cables de la televisión y un telefonillo viejo que no valía para nada, ¿y de lo otro qué le pregunté?, me miró serio y la respuesta fué que al menos de momento nada.

ZERUE. El cielo. El firmamento. **K.** Ze bildur sartzeuzkuen mutikotan zeru ta inferno kontuekiñ, eta gañera ondo esanda kontuek ziela zeatik eurok be ezauen siñisten esan horrein ezertxoik, beno, horrein barrun asuntue zan zerura fangogiñela onak bagiñen eta onak izeteie zan pekatuik ez itxie, errezaixue entzun eta errezau, mesetara fan, kontu haundixekiñ ibili neskakiñ, hauxe sekula enauen jakiñ zer gurezauen esatie, eta beste halako gauza pillak, eta kasu ez iñezkero dan horrei zuzenien infernura, etxuraz han, kontatzeauen bezela, betik eotezien sutan ero gutxienetik berotan bentzet, noski, zer-ikusixe hauken ze mota pekatu zien iñdekuek. **T.** Que miedo nos metían de chavales con los cuentos del cielo e infierno, además el nombre de cuentos es apropiado porque ni ellos mismos creían en nada de lo que decían, bueno, lo cosa es que entre todo ésto estaba que si éramos buenos iríamos al cielo y ser buenos significaba no hacer pecados, oir y rezar el rosario, ir a misa, andar con mucho cuidado con las chicas, ésto nunca he sabido lo que quería decir, y muchas más cosas parecidas, y si no los cumplías derecho al infierno, parece que allá, según contaban, siempre estaban entre las llamas o cuanto menos al calor, claro está que dependiendo de la clase de los pecados cometidos.

ZESTERO, ZEZTERO. Cestero. Es la persona que se dedica a hacer cestos de forma artesanal. **K.** Zestero honetxeik be, gure inguruen bentzet, ia eztie asko gelditxuko ba, jarraitzendauenak larreiko zarrak izengodie eta oñ eztazenak beste lekubaten ibilikodie, baleike hor nunbaitxeko goixen banastak itxen zeatik toki hartan be eongodie horrein bierrak. Ni jaixonitzen herrixen bauen bat zeztero deiketagutzena eta hari askotan ikustegutzen bere aulkitxuen jarritxe nola itxezitxuen otarrak egur zezpal luze batzukiñ. **T.** De éstos cesteros, al menos por nuestra zona, ya no quedarán muchos pues, los que continúan ya serán demasiado viejos y los que ahora no están andarán en otro sitio, puede que en algún lugar de por ahí arriba haciendo canastas porque también en ese lugar serán necesarias. En el pueblo donde nací yo había uno al que le llamábamos cestero y a aquel le veíamos muchas veces sentado en su banqueta haciendo cestos con una especie de astillas largas de madera.

ZESTOKARIE, ZEZTOKARIE. El cesto lleno. **K.** Eztakitx tipo honek iguñe hartuduzten ero zer, bestien zeztuek erdixe pasatxo sagarraz kargatzeitxu eta ni zestokariaz fatenaz buelta bakoitxien, hareik txistuka haidie karriatzen eta ni mingañaz kanpuen, ba hurrengo bueltan esanbiutzet aber zerbaitx gertatzejakon nerekiñ zeatik hala jarraitxu-ezkero bixerreko miñaz urtenbiot. **T.** No sé si éste tipo me ha cogido manía o qué, los cestos de los demás los carga con algo más de la mitad de manzanas y yo en cada viaje voy con el cesto lleno, aquellos los acarrean silbando y yo con la lengua fuera, pues en la siguiente vuelta ya le voy a preguntar a ver si le pasa algo conmigo porque si si continúo así voy a salir con dolor de espalda.

ZESTUE, ZEZTUE. Cesto.
(Ver la definición de otarra).

ZETU. Desmenuzar, moler, poner fino.

(Ver la definición de xetu).

ZEU, ZEUK. Tú. **K.** Ezitzen zeu izengo hori iñdozuna, eh?, ezetz?, eztakitx ba eta ez pentza asko fixatzenazenik zurekiñ, lenau be halakuek iñdakue zara eta orduen be betik eukidozu ezezko erantzuna, eta gero askotan ikusi izenda ze hala ezala, ba aber oinguen bentzet egixe dan zeatik laister etorrikoda bateonbat galdetzera aber zeiñ izendan kristala puskatudauena baloiekiñ. **T.** ¿No habrás sido tú el que ha hecho eso, eh?, ¿qué no?, no se pues y no creas que me fío mucho de tí, antes también ya has hecho cosas parecidas y siempre has tenido el no por respuesta, y luego muchas veces se ha visto que no era así, pues a ver si esta vez por lo menos es verdad porque pronto vendrá alguien a preguntar a ver quien ha sido el que ha roto el cristal con el balón.

ZEU. (Zeuek), zeueik.

ZEURIE, ZURIE. Tuyo. **K.** Ez, nik horrekiñ eztot ezer gure jakitxeik, zuri emundotzue eta zeurie da, zer gertatzejatzu ba, askotxo jandozula eta naskatu inzarela, ero?, ba eztakitx baña nik be akaso larrei zeatik beteka bezela dauket, erozeiñ modutan eztitxut berriz gure ikusteik hurrengo xei illebetien, egixe da ixe egunero eta hainbeste angulakiñ norbera nekatu itxendala. **T.** No, yo con eso no quiero saber nada, te lo han dado a tí y es tuyo, ¿qué te pasa pues, que has comido demasiadas y te has asqueado, o qué?, pues no sé pero puede que yo también porque noto que tengo así como llenazo, de todas formas no quiero volver a verlas en los próximos seis meses, es verdad que casi todos los dias y con tantas angulas uno se cansa.

ZEZENA. Toro. **K.** Zenbat jente dauen aurka eta esatendauen ez geruau geixau omendie, ez noski zezenakiñ baizik horreikiñ itxendanaz, ba hau eta beste erozeiñ gauza bezelaxe betikue da, batzuk alde eotendiela eta beste-batzuk kontra, gertatzenda aurka dazen jentiei da naiz eta ondion larrei ez izen, askoz geixau ikusi ta aitzejatela. **T.** Cuánta gente está en contra y según dicen parece que cada vez hay más, claro está que no con los toros sino por lo que hacen con ellos, pues ésto y como cualquier otra cosa es lo de siempre, que algunos suelen estar a favor y otros en contra, lo que pasa es que a la gente que está en contra y aunque todavía no sean demasiados, se les ve y oye más.

ZEZENPLAZA, ZEZEN-PLAZA. Plaza de toros. **K.** Zezen-plaza askotan eztie geixau berriz zezenik ikusiko, hala esatendaue bentzet hori debekau iñauenak, oñ, bebai baleike gero bestenbat etorri eta berriz ametitzie, betiko esaera da munduek buelta asko eumuteitxula eta akaso asunto honekiñ be berdiñ gertaukoda. **T.** En muchas plazas de toros ya no se volverán a verse más toros, eso es lo que al menos dicen los que lo han prohibido, ahora, que también puede pasar que después vengan otros y lo vuelvan a admitir, un dicho de siempre es que el mundo da muchas vueltas y quizá con éste asunto puede que ocurra lo mismo.

ZEZENZUZKO, ZEZEN-ZUZKO. Toro de fuego. **K.** Zezenzuzko honekiñ be zezenplaza bezelako asunto berdiñe gertatzenda, jente asko dauela aurka, berez herri askotan kendu iñdaue eta kendudan toki horreintan oñ gezurrekuek atarateitxue. Gogoratzeraze nola zan hori?, normalki jaixetako askenengo egunien izetezan eta zezenai adarretan jartzeutzien piztuta dazen antortxa antzerakuek, ero beste zerreozer txinpartak botatzeauena.**T.** Con el toro de fuego sucede lo mismo que con los festejos de la plaza de toros, que hay mucha gente en contra, de hecho en muchos pueblos lo han quitado y ahora en esos sitios sacan unas figuras que se asemejan a los toros. ¿Ya os acordáis de cómo era eso?, normalmente solía ser el último día de fiestas y al toro le colocaban en los cuernos una especie de teas encendidas, o alguna otra cosa que chisporrotease.

ZEZINA, ZEZINIE. Cecina. Carne seca, salada y ahumada. **K.** Zezinie be gauza ona da ba, neretzako eotendien mota guztikuek onak izetendie baña ulertzendauenak esatendau zaldixena dala onena, eta entzunde daukek hor Leon eta Kantabria aldekuek diela famauenak. Guk batzuetan, inguru hartan ibili izengarenien, erosi izendou eta gero etxien prestatu fiñ moztuta, gero berakatz pixkat ondo zatitxuta errepartiru eta etxurazko olixue bota gañien. **T.** También la cecina es una cosa buena pues, para mí los de todos los tipos que hay son buenas pero los que entienden dicen que la mejor es la de caballo, y tengo oído que las de las zonas de León y Cantabria son las más afamadas. Nosotros algunas veces, cuando hemos andado por allá, ya la hemos solido comprar y luego preparar en casa cortándola fina, luego repartir un poco de ajo cortado en pedazos pequeños y echar encima un buen aceite.

ZEZPALA (K). Astilla (s). **K.** Lenau, ia oso aspaldi, etxe gelxenetan eotezan, baleiko ondion nunbaitxen eotie, sukalde ekonomika eta han noski sue itxezan, bai kozinatzeko, ura eta norbera berotzeko, gañera ur ha izetezan, dutxaik ezan eoten lekuetan, gorputze eta ulie garbitzeko eta baitxe erropak be. Ba su hori egurraz ero iketzaz itxeko aurrena zespalak bier izetezien su horrek errexau hartzeko. **T.** Antes, hace ya mucho tiempo, en casi todas las casas había, puede que todavía haya en alguna, una cocina económica y allá lógicamente se hacía fuego, tanto para cocinar como para calentar agua y también uno mismo, además el agua aquella solía ser, en las casas donde no había ducha, para lavarse el cuerpo y la cabeza e igualmenete la ropa. Pues para hacer ese fuego con leña o carbón primero se necesitaba unas astillas para que el fuego prendiese más fácil.

ZIABOGA. Ziaboga. Punto en el que en las regatas las embarcaciones giran para dar la vuelta. **K.** Alde haundixe eotenda nola hartzendan ziaboga estropada lehiaketan, asko gurekodau esatie nola datorren olatue baña hortik aparte dakixenak esatendau haldan estuen hartu-bierra izetendala denporaik ez galtzeko, eta noski, hala itxendanien kontuz ibili-bierra dauela ez trabatzeko. **T.** En las competiciones de regatas hay mucha diferencia en cómo se toma la ziaboga, tendrá mucho que ver de la forma que viene la ola pero aparte de eso el que sabe dice que hay que tomarla lo más ceñida posible para no perder tiempo, y claro, que cuando se hace así hay que andar con cuidado para no trabarse.

ZIAR, ZIER. Por ahí, a traves de...

(Ver la efinición de zehar).

ZIARKA. De forma sesgada, ladeada.

(Ver la definición de sahieska y zeharka).

ZIBURU, ZIBURUE. Columpio. **K.** Heliodorok esatendau bere seme txikiñe aparte eroskorra nahiko berexixe urtendauela, baserrixen bizidie eta etxuraz kalera jextendienien mutikuek eztau beste gauzaik gure ziburuen ibililtxeik baño, han denpora luzien berakiñ eon-bierra daukiela eta gañera alde itxeko orduen sarri negarrez hastendala, hala betik eta pentzatzen haidala bat jartzie baserrixen. **T.** Heliodoro suele decir que el hijo pequeño aparte de terco ha salido bastante especial, viven en el caserío y parece que cuando bajan a la calle el chaval no quiere otra cosa que andar en los columpios, que tienen que estar mucho tiempo con él y que además cuando es hora de marchar a menudo empieza a llorar, así siempre y que están pensando en poner uno en el caserío.

ZIDERRA. Plata. **K.** Ustedot ontxe Inozentzio gixajue zalantza betiaz dala ba, etxuraz bere illoba txikiñen urte-betetziek die eta urrezko kataibat oparitzeko asmue hauken, andriei galdetu ondoren honek esan omentzo eztala bape ideia ona zeatik baleike laister galtzie, eta askoz hobie dala ziderrana erostie. **T.** Pues me parece que ahora el pobre Inocencio está en un mar de dudas, parece ser que es el cumpleaños de su sobrina pequeña y tenía la intención de regalarle una cadena de oro, después de haberlo consultado con su mujer parece que ésta le ha dicho que no es buena idea porque puede que la pierda pronto, y que es mucho mejor comprarle de plata.

ZIDERREZKUE. De plata. **K.** Ba askenien Inozentziok iñ omendau, nola ez, andriek esandakue, ziderrezkue erosi eta horixe oparitu bere illoba txikiñei, oñ betik gelditzenda zalantza pixkat aber zeatik izendan aldaketa hori, andrien ideia ona zalako ero baezpare gero eonleikien errietak ebitazeko? **T.** Pues al final Inocencio ha debido de hacer, cómo no, lo que le ha dicho su mujer, le ha comprado una de plata y eso le ha regalado a su sobrina pequeña, ahora siempre queda un poco de duda del porqué el cambio ese, ¿porque la idea de su mujer le ha parecido que era buena o quizá ha sido por si acaso para evitar posibles riñas que luego pudiesen surgir?

Aspaldiko esaerabat: Siderrezko giltzak ate guztiek zabaltzeitxue.

Un viejo proverbio vasco dice que las llaves de plata abren todas las puertas.

ZIELA, ZIENIEN. Cuando eran. **K.** Bai, garai baten langille hareik onak zienien euron lanien fabrika ondo oien, baña zertan zien onak?, ba eurok betiko bierrien ibilidienien, ladrilluek eta tellak itxen, baña gero gertauzan ze enpresa horrek aldatu iñdauela lengo jenero mota, txanpiñoiekiñ hasi eta langilliek ez jakiñien, gañetik iñok erakutzi bez, nahiko galdute haidiela. Eta asunto honekiñ pasada ze len haiñ ondo oien fabrika, on emutendau pixkanaka beraka doiela. **T.** Sí, en aquellos tiempos cuando los operarios era buenos en su trabajo la empresa marchaba bien, ¿pero en qué eran buenos?, pues en las labores que siempre habían desarrollado, haciendo ladrillos y tejas, pero luego pasó que la fábrica cambió el tipo de producto, empezó con los champiñones y los trabajadores no sabiendo nada, encima sin que nadie les haya enseñado, se encuentran bastante perdidos. Y con éste asunto ha pasado que la fáfrica que antes iba tan bien, ahora parece que poco a poco va para abajo.

ZIELORASUE. Falso techo construído con listones de madera clavado en las vigas, también de madera, y sobre éstos aplicado el yeso.

(Ver la definición de suelorasue).

ZIENTOKA. A cientos. Fig. quiere decir que a montones. **K.** Jeseus!, nik ze inbitxut dan honeikiñ?, nik esanutzun ze aukera eukitxendozunien ekartzeko dozena batzuk karakol prestatzeko datorren illien inbioun bazkairako, eta oñ gertatzenda zientoka ekarritxozula, eta zertarako hainbeste?, ba oñ asmau-bierra daukou zer iñ dan horreikiñ, aber, eruen inzeike berriz sobre dazenak ero beztela itxi hemen ta danak prestaukoitxu hurrengobaten jateko, zuk gurozuna. **T.** ¡Jesús!, ¿qué voy a hacer yo con todo ésto?, yo te dije que cuando tendrías una oportunidad trajeses unas docenas de caracoles y las preparábamos para la comida que vamos a hacer el mes que viene, y ahora resulta que los has traído a cientos, ¿y para qué tantos?, pues ahora tenemos que pensar que hacer con ellos, a ver, puedes llevar las que están de sobra o sino dejarlos aquí y los preparamos todos para comerlos una próxima vez, lo que tú quieras.

ZIERO. A menudo, por completo. Mucho.

(Ver la definición de sigero).

ZIERRIE. Cerramiento. **K.** Anizetok zerreozer naidau itxie baserri terrenoko zierriaz, haldana konpondu toki batzuetan eta beste guztie dauena kendu eta barrixe jarri, komestazendau ze nola jarrizanetik, eta horrena urte pilla die, ikutu batzuk besteik etxakola iñ eta oñ derrigorrezkue dala xixko iñde dauelako. Gauza da esauztela aber fangonazen laguntzera eta zertxobaitx emunguztela laguntza horreatik. **T.** Aniceto quiere hacer algo con el cerramiento de los terrenos del caserío, arreglar lo que se pueda en algunos sitios y todo lo otro que queda quitar y colocar nuevo, comenta que desde se colocó, y de eso ya son muchos años, no se le ha hecho más que unos arreglillos y que ahora es necesario porque está en muy mal estado. La cosa es que me ha dicho a ver si voy a ayudarle y que ya me dará algo a cambio de esa ayuda.

ZIGARRUE, ZIARRUE. Cigarro. **K.** Zigarro fabrika haundi honeik eztakitx ze modutan ibilikodien, ondion baleike ondo baña apostaukonauke ez hainbesteko ondo lengo bezela, esatendauen ez, eta nere ustez egixe izengoda zeatik nabarmen ikustenda, sekulako jente pilla lagadauela erretziei, geixenak heldu xamarrak, baña halaere gauza nahiko barrixe eta ardura haundikue gertatzen hasidala, oso gaztiek dienak, neskak geixau, erretzen hasidiela. **T.** No sé que tal irán esas grandes fábricas de tabacos, puede que todavía bien pero ya apostaría que no tan bien cómo antes, según dicen, y yo creo que será verdad porque se ve claramente, que es impresionante la cantidad de gente que ha dejado de fumar, la mayoría relativamente maduras, pero aún así que ha empezado ha ocurrir una cosa bastante nueva y muy preocupante, que los que son muy jóvenes, más las chicas, han empezado a fumar.

ZIGORRA. Castigo. **K.** Aurelio gaztiei akaso larreiko zigorra jarridutzie etxien, egixe da nahiko merezitxe haukela hainbeste piper iñde eskolan, gurasuek sutan eozen maixuekiñ eon ondoren, etxuraz eurok ezer ezakixien eta honek esautzie bestebat itxenbadau bieldu ingotziela eskolatik. Gauza da zigor bezela daukela ez probatzeik angulak hiru illebetien. Ba gixajue zeatik ederra dauko. **T.** Al Joven Aurelio quiza le hayan puesto un castigo demasiado severo, es verdad que ya lo tenía bastante merecido después de tantas ausencias en la escuela, los padres debían de estar echando fuego después de estar con el profesor, parece que no sabían nada y este les ha debido de decir que si lo hace otra vez le expulsarán de la escuela. La cosa es que como castigo tiene el que no va a probar las angulas en tres meses. Pues pobrecito porque tiene buena.

ZIGORTU. Castigar. **K.** Ni oso ondo gogoratzenaz ze maistro eukigauen mutikotan eskola nazionaletan eongitzen denpora guztien, bera urrin-barik jaixotakue zan baña enauen sekula jakiñ euskeraik hakixenik, nik bentzet eta eztot uste beste iñok ezgutzen sekula entzun, oñ bebai baleike izetie zeatik garai hartan nahiko gaizki ikusitxe zien euskeran asunto guztiek, beno, dana dala gauza zan ze harek zigortuta zaz ero zare esan-bierrien, eta hau nahiko sarri izetezan erozeiñ gauzatik, estás castigado esateuzkun. **T.** Yo me acuerdo muy bien del maestro que teníamos de chavales en todo el tiempo que estuvimos en las escuelas nacionales, él era nacido no muy lejos pero lo que nunca supe es si sabía euskera, al menos yo, y creo que ningún otro jamás se lo oímos hablar, ahora que también podía ser porque en aquellos tiempos estaba muy mal visto todo lo ralacionado con el euskera, bueno, tanto sea por una cosa o por otra la cosa es que utilizaba el castellano para decir que estás o estáis castigados y ésto era un cosa que ocurría con bastante frecuencia, además por cualquier tontería.

ZIKIÑ, ZIKIÑE. Suciedad, persona sucia, desaseada. **K.** Zer gertatzenda, nahita itxeitxozula gauza honeik hala?, etxetik urterakuen Aingeruguarda baño garbixau soiez eta betik bueltautzezara txerrena izengobalitz bezela, gañera ta ikustendoten bezela zu bakarra zara halako zikiñ etortzezarena, zure lagunek, eztot esaten larreiko garbi baña zure aldien labadoratik urten-barri diela emutendaue. **T.** ¿Qué pasa, éstas cosas las haces a propósito o qué?, cuando sales de casa vas má limpio que el Angel de la Guarda y siempre vuelves como si fueses el demonio, además y según veo eres tú el único que viene tan sucio, tus amigos, tampoco digo que excesivamente limpios pero comparando contigo parecen que están recién salidos de la lavadora.

ZIKIÑDU. Ensuciarse, mancharse.

(Ver la definión de txarriñde y txarritxu).

ZIKINKEIXIE. Suciedad.

(Ver la definición de txarrikeixie).

ZIKOÑA. Cigüeña. **K.** la aspalditxotik Arabako lautadan dexente zikoña ikusten haidie, baña halaere nik geixen ikusitxutenak hor Errioxako be aldien izendie, eta izugarri Alfaro herrixen, siñistu eziñekuek die han dazenak eta etxuraz Europan geixen dazen tokixe omenda, Kolegiatako tellatuen bakarrik urtero eta bere garaia danien bostehunetik gora eotendie, hala esatendaue bentzet bertakuek dienak. **T.** Desde hace ya bastante tiempo que en la llanada de Alava se ve que hay bastantes cigueñas, pero aún así yo donde más las he visto ha sido en la zona baja de La Rioja, y montones en el pueblo de Alfaro, es increíble las que hay allá y parece que es el sitio de Europa dónde más las hay, solo en el tejado de la Colegiata y cuando es su tiempo suele haber más de quinientas, así lo dicen al menos los que son de allá.

ZILEGI. Lícito, permitido. **K.** Rigobertok baietz esatendau baña eztau larrei fixatzeik zeatik nahiko ago-zabala da eta batzuetan baitxe zertxobaitx gezurterue be, zuendako normala halda esatie badaukela obrako zilegia baña galdu iñdauela hori jartzendauen papera?, ba esandakue, baezpare eta hasi aurretik Udaletxera fanbierra eukikou enteratzera aber hala dan. **T.** Rigoberto dice que sí pero no hay que fiarse demasiado porque tiene la boca bastante grande y a veces también es un poco mentiroso, ¿vosotros creéis que es normal que diga que ya tiene el permiso para hacer la obra pero que ha perdido el papel que lo confirma?, pues lo dicho, por si acaso y antes de empezar habrá que ir al Ayuntamiento a enterarse a ver si es así.

ZILIBANDROZUE, ZILIPASTROZUE. Esta palabra se utiliza para referirse a las personas atolondradas, que no reparan en nada y que todo lo tienen que hacer antes de pensar en cómo hacerlo. **K.** Ezirezue esan eztala barre itxeko bezekakue ezpazan Torkuato gixajuatik izeten, lau seme dauko, eurotik hiru baserri kanpuen haidie lanien eta bestie, sigero zilibandrozue dan Boni, etxien geratuda ortue ta ganau asuntuekiñ laguntzeko, ba oinguen be iñdau bestebat berie, egurrezko apala tipokobat prestaudau ollotxabolarako, aurretik sarrerako atie eztau neurtu eta oñ gertatzenda apala hori haundixe dala, ero berak esatendauen bezela sarrera larreiko estue eta eztala sartzen. **T.** No me digaís que no es cómo para reir si no fuese por el pobre Torcuato, tiene cuatro hijos, tres de ellos están trabajando fuera del caserío y el otro, Boni que es un atolondrado, ha quedado en casa para ayudar en las labores de la huerta y el ganado, pues ahora también ya ha hecho otra de las suyas, ha preparado una especie de estantería de madera para el gallinero, antes no ha medido la puerta de entrada y ahora resulta que que la estantería esa es grande, o según dice él la entrada demasiado estrecha y no entra.

ZILINDRUE. Compactador. **K.** Danok ero geixenak dakitzue zer dan zilindrue, bentzet ikusitxe eukikozue eta jakiñien eongozare zertarako dien, ba eztakitzuenak jakiñ lan bakarrerako dala, lurrak eta han botatzendien materialak zapaltzeko, eta zilindro horrek sekulako saltuek emutxeitxu, gañera gelditxu-barik eta nik ilkusitxe dauket beñ baño geixautan, naiz da errarue iruitu, txoferrak lo hartu, pareta ero beste xerbaitxen aurka tope iñ eta orduen iretzartu. **T.** Todos o la mayoría conoceís lo que es un compactador, por lo menos lo tendreís visto y sabeís para que se utiliza, pues para el que no lo sepa decir que solo sirve para un único trabajo, para pisar los suelos y el material que allá se echa, y los compactadores éstos van saltando mucho, además sin parar y yo tengo visto más de una vez, aunque os parezca raro, que el chófer se ha dormido, se ha ido contra algura pared o algún otro sitio y entonces despertarse.

ZILLE. Ombligo.

(Ver la definición de tripoliñe).

ZIMENTAU. Cimentar. **K.** Zenbat etxe zar jausi ero erdi jausixen eongodien eztielako ondo zimentau eta beste asko zartiau ugerixaz, hau ezta danan kasue eta geixenak ondo iñdekuek die baña lenau, batzuetan prixatik eta bestetan akaso ezauelako aukeraik beste modubaten itxeko, eurotik batzuk hala iñ eta noski, hala geraketazien. **T.** Cuántas casas se habrán caído o estarán a pundo de caerse por no estar bien cimentadas y otras muchas con un montón de grietas, éste no es el caso de todas y la mayoría están bien construídas, pero antes, unas veces por las prisas y otras porque quizá no había otros medios para hacerlo, algunas de ellas así se hacían y claro, así quedaban.

ZIMITZA. Chinche. **K.** Soldautzara fan aurretik handik etortezienai galdeketagutzen han gertatzezien gauzatik eta geixen esateuzkuna zan ze kontuz ibiltxeko zimitzakiñ, eta eruen ero beztela han lortzeko haldan axkarren biñagrie, etxuraz eta horrekiñ igurtzitxe sigero ona zan zimitza horreiñ zastadak ebitatzeko, ni eonitzen lekuen, Kanariazen, noixienbeñ zerbaitx aitzenauen baña nik bentzet enauen sekula zastada bakarra hartu. **T.** Antes de ir a la mili a los que habían venido de allá les preguntábamos por las cosas que allá pasaban y lo que más nos decían que tuviésemos cuidado con los chinches, y que llevásemos o sino cuánto antes consiguiésemos allá vinagre, parece ser que si se frotaba con eso era bueno para evitar los pinchazos de esos bichos, en el sitio que estuve yo, Canarias, de vez en cuando ya oía algo pero yo por lo menos nunca cogí una sola picadura.

ZIN. Santiguarse. **K.** Aber nola dan hau, neri, hobeto esanda guri, esan ta erakutziuzkuen zin inbierra izetezala Elixara sartzezarenien, eta egixe esanda hainbeste urte pasa ondoren nik ondion eztot oitura hori galdu, beno, esateko naukena zan nola hortik aparte baitxe gente asko ikustendala gauza berdiñe itxen, askok etxetik urtetzendanien, erozeiñ kirol lehiaketa hasi aurretik eta abar, nik eztot uste, ero enaz gogoratzen bentzet, asken honeik lenau inbierrekuek zienik eta oñ, zergaitxik ba? **T.** A ver cómo es esto, a mí, mejor dicho a nosotros, nos dijeron y enseñaron que teníamos que santiguarnos cuando entrábamos a la Iglesia, y la verdad es que a pesar de que han pasado tantos años todavía yo no he perdido esa costumbre, bueno, lo que tenía que decir era que aparte de eso también se ve a mucha gente que hace lo mismo, muchos al salir de casa, antes de empezar cualquier competición deportiva, etc…, yo no creo, o al menos no me acuerdo, que antes éstos últimos fuesen de cumplimiento y ahora, ¿porqué pues?

ZINBELA. Cosa flexible. **K.** Eztakitx nundik ekarri ero zeñek emundutzun soka hori, beno, sokana izena besteik eztauko eta geixau emutendau gomazkue dala, zinbel dexente dauko eta hori eziñda erabili materialak txirrikan igoteko, horrekiñ eztau jakixeik noiz gelditu tiratzen zeatik segitxuen beraka ingodau ta hori larreiko arrizkutzue da. **T.** No sé de dónde has traído o quién te ha dado ésta soga, bueno, de soga solo tiene el nombre y más parece que sea de goma, es demasiado flexible y no vale para subir los materiales con la polea de rueda, con esa no sabes cuando tienes que parar de tirar porque enseguida tenderá a bajar y eso es muy peligroso.

ZINGIRA. Pantano. **K.** Askenengo sikuta honekiñ hor be aldien nahiko larri ibilidie urakiñ, hiru ero lau illebete apenas ezer eurik inbarik eta zingirak sigero sikuek geratuzien, erregatzeko urik ez, erateko be exkaxien eta nola dien gauzak, gero sekulako euri-zaparrarak hasi eta toki askotan izugarrizko inundaziñuek gertau. **T.** Con esta última sequía lo han debido de pasar muy mal por ahí abajo, estuvo tres o cuatro meses sin apenas llover y los pantanos se secaron casi por completo, no había agua para regar, para beber tampoco mucha y cómo son las cosas, luego empezaron unos chaparrones impresionantes y en muchos sitios hubo unas inundaciones muy severas.

ZINTZ. Sonarse la nariz. **K.** Nik ustedot mutikotan danok eukitxegauela mokuek txintxiliska, eruetegauen pañolue poltxikuen baña ezgiñen gogoratuko ta askoz gutxiau inportantzik emun kendu inbierrak zienik, zenbat bider entzunetedeun norberan amai esaten gauza ha, zintz iñik eta kenduik txintxiliske daukan moku horreik. **T.** Yo creo que de chavales todos llevábamos los mocos colgando, ya teníamos un pañuelo en el bolsillo pero seguramente no nos acordábamos de usarlo y mucho menos le dábamos importancia a que había que quitarlos, cuántas veces habremos oído a nuestras madres decir aquello de, suénate y quítate esos mocos que llevas colgando.

ZIÑEN, ZITZEN. Eras, fuiste. **K.** Orduen zu ziñen aberixa hori iñ izenzauena, eh?, oñartien betik ezetzien ibilizara baña askenien dana jakitxenda eta kasu hontan be hala izenda, eta oñ zer?, badakitzu zureana etorrikodiela eskatzera konpontzeko iñdozun hori, ba oñ aldebatetik gertaukojatzu arrastuik be estaukotzula nola iñ eta besteldetik diru dexentetxo kostakodala hori arreglatzie, ba mutil, hasizeike zerbaitx asmatzen. **T.** Entonces fuiste tú el que hizo esa avería, ¿eh?, hasta ahora siempre lo habías negado pero al final todo se sabe y en este caso también ha sido así, ¿y ahora qué?, ya sabes que vendrán donde tí a exigir que repares lo que has hecho, pues ahora te pasará que por una parte no tienes ni idea de cómo hacerlo y por otra que va a costar bastante dinero el arreglar eso, pues chico, ya puedes empezar a pensar algo.

ZIPOTZA. Espìta que se utiliza para abrir y ensanciar la bebida contenida en las cubas o toneles. **K.** Ustedot jakiñien eongozariela ze sagardoteixen txotx haitzendaien, naidauenak noski, aukera daukela upeletara fateko hango sagardue eratera, baña baezpare eta eztakixendako hala da, illeran aurren jartzendana argi eon-bierra izetendau noix ataratzendan zipotza upeletik, basue jarri bierdan tokixen eta jaso handik urtetzendan sagardaue, gero hurrenguek bere aurreko berdiñe eta hala danak errezkaran. **T.** Supongo que ya sabreís que en las sidrerias cuando se oye txotx, el que quiera claro, tiene la oportunidad de ir donde están las cubas a beber la sidra de allá, pero por si acaso y para el que no lo sepa es así, el primero que se coloca en la fila tiene que estar al tanto de cuando se saca la espita de la cuba y colocar el vaso en el sitio adecuado para recoger la sidra que sale de allá, después el siguiente lo mismo que el que tenía delante y así todos sucesivamente.

ZIPOTZA. Fig. se dice de la persona tacaña, avara.

(Ver la definición de xurra).

ZIPRISTIÑEK. Salpicaduras.

(Ver la definición de txipistiñek, txipristiñek).

ZIREN. Eran, fueron. **K.** Ze esatendozu, ze hareik ziren, bazter hartan dazenak, Bartolon kotxiei iñdutzien aberixa?, ziur halzaz horrena?, ba hala-bada nik ustedot berai esan inbikotzaukela eta gero berak ikusikodau zer iñ, oñ hau be ondo pentza inbierrekue da zeatik honek beste gauzabat be badauko ero baleike eukileike, akaso epaitegira fan-bierra eukikozula deklaratzera. **T.** ¿Qué dices, estás seguro de que aquellos que están en aquella esquina fueron los que hicieron la avería al coche de Bartolo?, pues si es así yo creo que se lo deberías de decir y luego él verá lo que tiene que hacer, ahora que ésto tambien hay que pensarlo bien porque tiene o puede tener otras consecuencias, que quizá tengas que ir a declarar al juzgado.

ZIRIGUE. Columpio artesanal. **K.** Zirigue berez ziburu bezelakue da, antigualeko gauza da, gure hartien noski, eta alde bakarra dauko ze eskuz iñdekue zala, eta garai hartan honekiñ, norberak prestau ta gero noski, jolastezan, oñ berriz eztau honein bierrik zeatik iñdekuek saltzeitxue. Zirigo hareik itxeko soka bier izetezan, zerreozer ipurdixe asentatzeko, normalien ol zatibat, eta arbolan etxurazko arramabat, sokan bi albuek lotu arrama horri eta hori iñ ondoren koloka esandoun ol zatixe. **T.** El columpio artesanal es un cosa muy antigua, entre nosotros claro, y solo se diferencia del otro en que estaba hecha a mano y ésto se hacía hace muchísimo tiempo, ahora en cambio no es necesario porque ya están fabricados. Para hacer eso se necesitaba una cuerda, algo para apoyar el culo y una rama de árbol que fuera fuerte, se ataban los dos extremos de la cuerda a la rama esa y se colocaba, normalmente era un pedazo de tabla, para el asiento.

ZIRIKA, ZIRIKATZEN. Azuzar, hostigar a los perros para que ladren o ataquen a algún ladrón o intruso. **K.** Bildur pixkatekiñ dabill Federiko aldameneko baserrixen sartzen zallatu iñdienetik, eta ezkerrak txakurre zaunka hasizanien igexien fanziela, oñ bera hasida zirikatzen bere txakurrei frente itxen ikesideixen, ero zaunka bentzek lapurreta asmuekiñ etorrileikien pertzonai. **T.** Federico anda con un poco de miedo desde que intentaron entrar a robar en el caserío de al lado, y menos mal que el perro empezó a ladrar y se escaparon, ahora él ha empezado a azuzar a su perro para que aprenda a hacer frente, ó al menos ladrar a las personas que pudieran venir con la intención de robar.

ZIRIKA, ZIRIKATZEN. Fig. se dice por el acto de acosar, molestar, hacer o gastar bromas pesadas, en definitiva, lo que se dice metiendo el dedo en el ojo. **K.** Egunenbaten esanbiutzet Nikanorri bierdan bezela konportatzeko etortzendanien ero beztela gelditzeko dauen tokixen, marka da gizon horrena, betik batai ero bestiei zirikatzen ibili-bierra dauko, gaur bezela Brunoi esautzena, jakiñien dauela nola lengo egunien moxkortu ta burrukan hasizan, eta beste holako gauzak eztaukenak zer-ikusirik momentu hortan berba itxen haizarenaz. **T.** A Nicanor algún día le tengo que decir cuando venga se comporte en la forma debida debido o sino que se quede donde está, siempre tiene que estar metiendo el dedo en el ojo de uno o de otro, cómo lo que le ha dicho hoy a Bruno, que se ha enterado de que el otro día se emborrachó y empezó a pelear, y más cosas parecidas que no tienen nada que ver con lo que se pueda estar hablando en ese momento.

ZIRIKAU. Hurgar con algún palo, pìncho etc… **K.** Nik betik entzun izendot karakolak gozuenak negu aldien hartutakuek diela, orduen dala siku xamar dazen garaia eta eztienak hainbeste garbitxu inbierrekuek, gauza da ze denpora hartan ondo gordeta eotendiela harri tarte zuluetan sartuta ta askotxo zirikau inbierra dala zulotik ataratzeko, gañera batzuetan nahiko zalla da zeatik bata-bestiaz pega iñde eotendie eta eztie kabitzen sartutako zulotik. **T.** Yo siempre he oído que los caracoles más ricos son los que se cogen en la parte del invierno, que es entonces cuando más secos están y no hace falta limpiarlos tanto, la cosa es que en ese tiempo suelen estar bien guardados entre los agujeros de las piedras y que hay que hurgar mucho para poder sacarlos, además algunas veces es bastante difícil porque suelen estar pegados los unos a los otros y no caben por el agujero que han entrado.

ZIRIMIRI, ZIRIMIRIXE. Lluvia fina que sobretodo se da en el norte.

(Ver la definición de sirimiri, sirimirixe).

ZIRIÑE. Estiércol de las gallinas. **K.** Entzunde dauket, eta egixe izengoda zeatik beñ baño geixautan entzun izendot, olluen ziriñe larreiko iñdertzue dala ortuen botatzeko ongarri bezela, baña nik hortik aparte be badakitx zertarako dan oso ona, uliendako, proba be iñdot eta neri erresultau ona emundust, interesa daukotzuenai esatie hala inbierra dauela, ziriñ hau jarri buruen, ondo igurtzi danien eta itxi ordu parebaten eta gero burue garbitxu norberak oitura dauken bezela, eta hau sarri xamar iñezkero, nik esangonauke bi egunetik beñ, aldebatetik balixodau ez jauzteko eta bestaldetik jausitxe daukenai berriz urtetzeko. **T.** Tengo oído, y será verdad porque lo he oído más de una vez, que el estiércol de las gallinas es demasiado fuerte para echarlo en la huerta como abono, pero aparte de eso ya sé para que es muy bueno, para el pelo, también lo he probado y a mí me ha dado buen resultado, para aquel que pueda estar interesado decirle de que forma hay que hacerlo, el estiércol este se pone en la cabeza, se frota bien en toda ella y se tiene durante un par de horas y luego se lava como uno acostumbra, y si esto se hace con cierta frecuencia, yo diría que una vez cada dos días, por una parte es válido para evitar que se caiga y por otra para que le vuelva a salir a aquel que ya se le haya caído.

ZIRIXE. Cuña de madera, punzón, pincho de hierro. **K.** Nik aurrenekotan karakolak zuluetatik ataratzeko punta eztauken burdiñazko zirixe erabiltzenauen, hori bai, fiñe baña laister aldatunauen, kosta itxezan ataratzie eta nola batzuetan ziri hori asko mobitxu-bierra izetezan, baitxe iñder pixkat iñ be, ba karakol askon azala puzkatzezan, gero egurrezkuaz hasinitzen eta horrekiñ askoz hobeto. **T.** Yo al principio utilizaba una especie de pincho fino de hierro sin punta para sacar a los caracoles de los agujeros, pero pronto tuve que cambiar porque costaba sacarlos, algunas veces había que mover bastante el pincho, también hacer un poco de fuerza, y a muchos caracoles se les rompía la cáscara, luego empecé con uno de madera y con ese mucho mejor.

ZIRRI. Rozar, sobar, manosear un poco. **K.** Eztakitx hau hemen ezanleiken baña nola ixe sekula ezan ezertxorik lortzen, nik bentzet eta ustedot hala berdiñ beste askok, ba eztot uste pentzamentuaz bakarrik pekatu haundixe izengozanik, gauza zan ze asteburutan gure asmue betik berdiñe izetezala, aber posible izetezan zirri batzuk itxie neskanbati eta benetan alegintzengiñela baña halaere ezer ez, beno bai, noixienbeñ mosukobat ero beste. **T.** No se si ésto se puede decir aquí pero como casi nunca lo conseguíamos, al menos yo y creo que lo mismo muchos otros, no creo que solo el pensamiento fuera un pecado muy grande, la cosa era que los fines de semana nuestras intenciones siempre eran las mismas, a ver si era posible hacer uno cuantos roces a alguna chica y de verdad que nos esforzábamos pero aún así nada, bueno sí, de vez en cuando algún tortazo que otro.

ZIRRIBORRO. Garabato.

(Ver la definición de txirriborro).

ZIRRIMARRA. Son los restos que quedan en la mesa después de comer, cenar o desayunar. **K.** Askenengo aldiz izendeixela jaikitxezariela zirrimarra horreik kendu eta maixe garbitxu-barik, ero beztela badakitzue, hemendik aurrera bakotxa berie hartu eta beko parkera fangozare bazkaltzera, han bentzet txorixek ibilikodie jangodauenak zuek iztendozuen zirrimarrak. **T.** Que sea la última vez que os levantaís sin quitar los restos y limpiar la mesa, o sino ya sabeís, a partir de ahora vais a coger cada uno lo vuestro y vais a ir a comer al parque de abajo, allá por lo menos ya habrá pájaros que comerán los restos que dejeís.

ZIRRIPRISTIÑA. Es un apelativo cariñoso que se utiliza con las criaturas muy activas, que no paran y que también son un poco revoltosas. **K.** Zerbaitx jartzeatik. Gauero ikustezaut xixko iñde zarela, eta hori badakitzu zeatik izetendan?, ba larreiko zirripristiña zarelako eta eztakitzu geldik eoten sikera momentu bakarra, betik zerbaitx itxen ibili-bierra daukotzu, fubolien, patinetekiñ ero kolunpixotan, eta gero noski, halaxe geraketazara, plost. **T.** Por poner algo. Veo que todas las noches estás hecha polvo, ¿y eso ya sabes porque suele ser?, pues porque eres demasiado activa, no paras y tampoco sabes estar quieta siquiera un solo momento, siempre tienes que estar haciendo algo, jugando al fútbol, con el patinete o en el columpio y luego claro, así te quedas, plost.

ZIRTZART, ZIRT-ZART. Palabra que se utiliza para decir que se hagan las cosas lo más rápidas posible. **K.** Badakitx gaur ostirala dala eta batzuk arratzaldien lana bukatu ondoren norberan herrira fan-bierra daukotzuela, baña geratzendana ezta hainbestekue ta enpeño pixkat jartzenbozue zirt-zart ingozue hori eta seguitxuen amaitukozue. **T.** Ya sé que hoy es viernes y que algunos en cuanto termineís de trabajar a la tarde teneís que ir cada uno a su pueblo, pero lo que queda ya no es demasiado y si poneís un poco de empeño eso lo terminareís rápidamente.

ZIRTEROZART, ZIRT ERO ZART. Esta palabra significa que hay que decidirse por una cosa u otra, o también que lo que hay que hacer hay que hacerla de una forma u otra. **K.** Ez, hori ez, zirt-ero-zart, eztau balixo esateik gogue badauket akaso fangonaz zueikiñ asteburue pasatzera alde hartara, bai ero ez esan-bierra daukotzu eta ontxe bertan zeatik oteleko gelak hartzeko erreserba inbikou, eta gañera ez hori bakarrik, otelien berrehun euro emun-bierra daukou fiantza bezela eta zuk fatie gurezkero berrogetamar euro jarribikozu. **T.** No, eso no, hay que decidirse y no vale el decir que si tengo ganas ya iré con vosotros a pasar el fín de semana a aquella zona, tienes que decir si o no y ahora mismo porque hay que hacer la reserva de las habitaciones en el hotel, y además no solo eso, tenemos que dar doscientos euros como fianza en el hotel y si es que decides venir tendrías que poner cincuenta euros.

ZIRTIZARTA, ZIRTI-ZARTA. Esta palabra se utiliza para amenazar a las criaturas, y no tanto, con dar unos azotes. **K.** Ustedot ze gaur be eta atzoko bezela zerbaitx irabazten haizariela, ta zerbaitx hori badakitzu zer dan, ez?, ba gauzabat inleikegu, momentu hontan astu ingonitzake oñartien iñdozunakiñ eta beztela berriz, hala jarraiketanbozu, zirtizarta hasikonaz eta ipurdixaz ondo berotuta geratukozara. **T.** Creo que hoy también y al igual que ayer te estás ganando algo, ¿y ese algo ya sabes lo que es, no?, pues podemos hacer una cosa, en este momento estoy dispuesta a olvidarme de lo que has hecho hasta ahora y en caso contrario, si continúas de la misma manera, te daré unos buenos azotes y saldrás con el culo bien caliente.

ZITALDU. Obstinarse, malearse. **K.** Ezpaldinbazan izeten holako buru-gogorra zenbat hobeto ibilikozan mutil hori, esatenbotzazu hori ero beste zerbaitx ez itxeko gaizki bukaukodalako, ba esan besteik ez harrozko jartzenda esanaz berai eztotzela iñok aintzen, gero sigero zitaldu eta orduen eztau ezer neurtzen ta inportik bez zer itxendauen. **T.** Si ese chico no tuviese la cabeza tan dura cuanto mejor andaría, si le dices que no haga esto o lo otro porque terminará mal, pues nada más que se lo digas se pone chulito diciendo que a él no le manda nadie, y luego ya completamente obstinado no mide nada ni parece que le importe lo que vaya a hacer.

ZIUR, ZIURTASUNA. Tener plena seguridad de que es así. **K.** Nik beste gauza batzukiñ baneuko horrekiñ dauketen ziurtasuna zertxobaitx hobeto ibilikonitzake, eta bai, ezizue euki bape zalantzaik hori hala dala eta esangozuet zeatik nauen halako ziur, ba oñ hiru aste dala ni ibilinitzelako asunto berdiñekiñ eta enauen euki beste erremeixoik ondo jakiñien geratzie baño. **T.** Si yo con otras cosas tuvieve la misma seguridad como la que tengo con esa andaría bastante mejor, y sí, no tengaís ninguna duda de que eso es así y os voy a decir porqué estoy tan seguro, pues porque hace tres semanas yo anduve con el mismo asunto y no tuve más remedio que aprender muy bien de que iba el tema.

ZIZIPOZO. Es cuando una persona se tropieza al hablar, generalmente por estar algo bebido. **K.** Erozeñ pertzonakiñ berba iñezkero zapatu gauien laister igertzenda eranda dauen ero ez, eta hala badau jeneralki baleike aparteko alaia eotie eta gauzak kontatzeko goguekiñ, baña horixe dauko txarra, apenas ulertzeik eongodala eukikodauken ziizipozo horrekiñ. **T.** Si hablas con cualquier persona un sábado a la noche pronto se sabe si está bebido o no, y si es que lo está generalmente puede que esté muy alegre y que tenga ganas de hablar, pero eso es lo que tiene malo, que apenas se le va a entender porque tropezará mucho al vocalizar.

ZIZTRIÑE. Esmirriado, raquítico (a).

(Ver la definición de mirriña, mirriñe).

ZOMORRUE. Bicho, insecto. **K.** Ontxe da zomorruen garaia, bero, sargoi eta sigeroko umeltazuna dauenien, baezpare ona izetenda fraka luziaz ta camiseta manga berdiñekiñ jantzi mendira fatenbazara ero zingira ingurutan ibili, eta naibada motxakiñ baitxe eotendie zerbaitzuk gorputzien emuteko, oñ estakitxena da nolakuen izengodien. **T.** Ahora es el tiempo de los insectos, cuando hay bochorno, calor y una humedad muy grande, por si acaso y si es que se va al monte o andar cerca de los pantanos suele ser bueno vestir con pantalón largo y lo mismo con camiseta de manga larga, y si se decide ir con cortos también hay productos para darse en el cuerpo, lo que no sé es como serán.

ZOMORRUE. Fantasma.

(Ver la definición de mozorrue).

ZOMORROTUTA. Disfrazado, enmascarado.

(Ver la definición de mozorrotuta).

ZORAGARRIXE. Se dice por alguna cosa que es muy bonita, espléndida, maravillosa. **K.** Denpora gutxi dala Estremaduran izenitzen bueltabat itxen bizikletan, entzunde nauken zoragarrixe zala eta egunbaten Guadalupeko herrira inguratunitzen, eta benetan hala esanda bezelakue zala, bera herrixe sigero politxe, ondo zaiñduta, dana oso garbixe eta zer esan Monasterio ta Basilikan buruz, ba berdiñe, arritzekuek bixek eta eziñauen ulertu nola gauza horreik eonleikien halako toki apartan. **T.** Hace poco tiempo estuve haciendo un recorrido en bicicleta por Extremadura, tenía oído que era maraviolloso y uno de los días me acerqué a Guadalupe, y de verdad que era así tal y cómo me lo dijeron, el pueblo muy bonito, bien conservado, todo muy limpio y que decir del Monasterio y la Basílica, pues lo mismo, los dos eran espléndidos y me costaba entender cómo podían estar esas cosas en un sitio tan apartado.

ZORAKEIXIE. Fig. se dice por alguna idea o ocurrencia desmesurada o muy rara. **K.** Ruperton asmakizun hau etxatzue iruitzen larreiko zorakeixie dala?, ba neri bai eta noski ni enauela konforme bere proposamen horrekiñ, zueik ikusikozue zer iñ baña ni bentzet enoie pillozten hondartzan, badakitx oso zalla izengodala esaguna dan norbaitx eotie inguru hontan baña bebai dakitx zer gertauleiken zerbaitzuk ikusi-ezkero. **T.** ¿A vosotros no os parece que ésta ocurrencia de Ruperto es desmesurada?, pues a mí sí y por supuesto que no estoy de acuerdo con su proposición, vosotros veréis que hacer pero yo al menos no voy a desnudarme en la playa, ya sé que es muy difícil que haya algún conocido en las cercanías pero también sé lo que puede suceder si se ven ciertas cosas.

ZOROALDIXE, ZORAMENA. Momento de transtorno, de locura. **K.** Esatendaue ze zentzutik zoramenera apenas dauela ezer, ezta sikera pausobat be, naiz da betik nahiko normala izen ta bierdan moduko pertzona nahikue izetendala segundu bakarra erozeiñ txorakeri itxeko, eta gañera batzuetan baitxe larreiko latzat be. **T.** Dicen que de la razón a la locura apenas hay nada, ni siquiera un paso, a pesar de que una persona de siempre haya sido bastante normal y cómo debe de ser es suficiente un único segundo para hacer cualquier locura, y además a veces también demasiado graves.

ZORATU, ZORAU. Enloquecer. Tambien se dice fig. por decir o hacer algo que puede ser una barbaridad. **K.** Lendik be nakiko xelebrekeixak iñdekue izenda baña ontxe bai ustedot sigero zoratudala, ikusi inbizaukien nola ibilizan atzo hauen hotzakiñ kalejira itxen bera bakarrik, txirula joten eta kaltzontzillotan, kolore erraru xamarra haukien, eta ortosik. **T.** De antes también ya viene de haber hecho cosas demasiadas raras pero ahora creo que ya ha enloquecido por completo, le teníais que haber visto como anduvo ayer el solo con el frío que hacía haciendo el pasacalle, tocando la flauta y en calzoncillos, tenían un color bastante extraño, y descalzo.

ZOR, ZORDU. Deber, tener alguna deuda, generalmente dinero. **K.** Kornelio asarre antzien dabill bere lan-lagubateaz, esatendau nola Agripinok, hau da lagun horren izena, ugeri zor dauken obran haidien ixe dañakiñ eta eztauela sekula bueltatzen prestautako xemeiko bakarra, eta gañera nahiko damutute dauela pentzata zertxobaitx bere kulpa be badala zeatik hau jakiñ hartien betik atara izendau arpegixe bereatik. **T.** Cornelio debe de andar bastante enfadado con un compañero de trabajo, dice que cómo Agripino, ese es el nombre del compañero, tiene un montón de deudas con casi todos los que andan en la obra y que nunca devuelve un céntimo del dinero prestado, y además que también está algo arrepentido pensando que hasta que se ha enterado de ésto siempre ha sacado la cara por él.

ZORI. Suerte.

(Ver la definición de suertie).

ZORIAN. En racha con la suerte, con fortuna. **K.** Benetan ezanleike Eladia zorian dauela, oñ denpora gutxi dala diru dexentetxeko irabazitxekue da primitiba horretan eta entzunde dauket ze lenautik be zertxobaitx urtendakue dala, ba atzo berriz, eta oinguen ustedot larreitxo baleikela izetie, ixe bostehun mille euro. Ba bixer fangonaz galdetzera aber itxikuzten bost mille eta aber zein dan bere erantzuna. **T.** De verdad se puede decir que Eladia está aliada con la suerte, hace poco le tocó una cantidad de dinero bastante considerable en la primitiva esa y tengo oído que anteriormente también le debió salir algo, pues ayer de nuevo, y esta vez creo que puede ser hasta demasiado, casi quinientos mil euros. Pues mañana iré a preguntarle a ver si me deja cinco mil y a ver que me responde.

ZORIONAK, ZORIONDU. Es una palabra que significa felicidades o felicitar y esto se desea a los que se casan, cumplen años, conseguido algo, etc… **K.** Bixer zure lengosuen urte-betetziek die eta gure asmue zoriontzera fatie da, jakiñien nau aspalditxuen asarre antzien haizariela baña gaur sekulako aukera ona daukotzue axkiratzeko, eta ni zure tokixen eon-ezkero aprobetxau ingonauke, gañera badakitx bixok amorratzen haizariela. **T.** Mañana es el cumpleaños de tu primo y nuestra intención es el ir a felicitarle, estoy al tanto de que últimamente andáis un poco enfadados pero hoy tenéis una gran oportunidad para amigaros, y si yo estuviera en tu lugar lo aprovecharía, además ya se que los dos lo estáis deseando.

ZORIONTZU. Se dice de la persona feliz, bienaventurada. **K.** Zenbat denpora eonotedie Ursulan gurasuek bere mutillen ero nobixuen aurka esanaz probetxo-bako pertzona zala, eztaukela ez lanik, ez gogoik eta beste zerbaitzuk bape onak eztienak, oñ berriz eta loteri urten ondoren sigero aldatudie eta derrepentien mutil jatorra eta etorkizun haundikue biurtuda, baña halaere aldebatera ero bestera izen Ursula sigero zoriontzu eta laister eskontzeko esperantzakiñ geratuda. **T.** Cuánto tiempo habrán estado los padres de Ursula en contra de su chico o novio diciendo que era una persona sin provecho alguno, que no tenía trabajo, tampoco ganas y otras serie de cosas nada buenas, ahora en cambio y después de que le ha tocado la lotería derrepente se ha convertido en un chaval muy majo y de gran porvenir, de todas formas tanto sea de una forma como de otra Ursula es una persona feliz y está con la esperanza de casarse muy pronto.

ZORITXARREZ. Acontecimientos que han ocurrido por mala suerte o por desgracia. **K.** Bai, Ramirok nahiko errekuperautako etxurie hauken baña zoritxarrez berriz zuluen jausida eta oñ ustedot sakon haundixaue daukela, ixe lau urtien ezer eran-barik eonda, berak hala esateauen bentzet, eta oñ denpora gutxi dala kintxo afaira fan ta berriz hasi omenzan, baleike aurrenekotan gutxi izetie baña pixkanaka geixaura fanda eta oñ xixko iñde dabill. **T.** Si, parecía que Ramiro estaba ya bastante recuperado pero por desgracia otra vez ha caído en el agujero y creo que ahora tiene más fondo, ha estado casi cuatro años sin beber, al menos eso es lo que él decía, y todavía no hace mucho fue a una cena de quintos y otra vez debió de empezar, puede que al principio no fuera mucho pero poco a poco ha ido a más y ahora anda hecho polvo.

ZOROETXIE, ZORO-ETXIE. Textualmente quiere decir casa de locos, también manicomio, y antes así se les llamaba, pero por fortuna eso se ha corregido y ahora se deben de llamar hospital o casas de salud mental, o puede que para enfermos mentales. **K.** Lenau, ia oso aspaldi, burue ondo ezaukien pertzonatik zoruek ziela esatezan eta laister erutezitxuen len deiketazan zoroetxera, eta gañera baleike askok, ero akaso geixenbat, han geratzie betiko, nik ustedot orduen iñok ezakixela zer zan alzeimerra, ez beste gauza berdintzuek eta holako zerbaitx haukenak, ba noski, ezjakiñien eozen hori izengozala. Eta gero nola bai senide eta baitxe medikuentzat zoruek zien, ba hala, barrura. **T.** Antes, hace ya mucho tiempo, a las personas que no tenían bien la cabeza se decía que estaban locos y pronto se les llevaba a lo que antes se llamaba manicomio, y además puede que muchos, o quizá la mayoría quedase allá para siempre, yo creo que entonces nadie sabía lo que era el alzheimer ni cosas semejantes y a los los que tenían algo parecido, claro está, estaban en la ignorancia de que podía ser eso. Y luego cómo tanto para la familia y también los médicos estaban locos, pues hala, para dentro.

ZORRA, ZORRIEN. Deber. En deuda. **K.** Kasimirokiñ zorrien nau ba, lengo egunien ekarriuzten bi otar, bat sagarrakiñ, makatzaz bestie eta esanutzen nik be emungunotzela zertxobaitx horreiñ ordez, gauza da eztakitxela zer eruen, bere alabak esauzten txarri asuntoik etxakola komeni kolesterol asuntuatik eta badakitx eztauela ardaurik eraten ta ez berdintzuko gauzaik, orduen zer?, ba beno, nola baserrixetan sagutxo asko ibiltxendien akaso katubat erosikutzet. **T.** Estoy en deuda con Kasimiro, el otro día me trajo dos cestos, uno con manzanas y el otro con peras y le dije que ya le daría alguna cosa a cambio, la cosa es que no sé que llevarle, su hija me dijo que las cosas de cerdo no le convienen por el asunto del colesterol y ya sé que no bebe vino ni nada que sea parecido, ¿entonces qué?, pues bueno, cómo en los caseríos suelen andar muchos ratoncitos a lo mejor le compro un gato.

Aspaldiko esaerabat: Aiñdutakue zorra da, hala esatenda bentzet.

Un viejo proverbio vasco: Lo prometido es deuda, así se dice al menos.

ZORRIXE. Piojo. **K.** Esatendaue ume guztiek zorrixek hartzeitxuela ikastolan hastendienien eta nahiko izetendala batek eukitxie beste danak berdiñ eukitxeko, Gaxparrek esauzten berak bi illobatxo txiki daukela ontxe denpora gutxi dala hasitxe ikastolan eta bi egun garrengo bixek zorrixaz betiek etorriziela etxera, gero beste parebat etxien eon sigero kendu hartien eta berriz fan omendiela. **T.** Dicen que todas las criaturas cogen piojos cuando empiezan en la ikastola y que es suficiente que tenga una para que todas las demás también las tengan, Gaspar me dijo que él tiene a dos sobrinas pequeñas que han empezado hace muy poco en la ikastola y que al cabo de dos días vinieron las dos a casa llenas de piojos, que luego estuvieron otro par en casa hasta eliminarlas completamente y que ya han vuelto otra vez.

ZORROTZA. Afilado, agudo. **K.** Hermenegildon andrie asarre xamar dau eta esatendau errazoi pixkat be badaukela, etxuraz mutikuen urte-betetzie izenda eta oparitutzo berak gurezitxuen gauzak, erramintak zien, ba gertatzenda kaja hartan dazen batzuk, aizkora bezela, nahiko zorrotzak diela eta andriek bildurre dauko aberixabat ingoetedauen. **T.** La mujer de Hermenegildo está bastante enfadada y dice que también tiene un poco de razón, parece que ha sido el cumpleaños del chaval y le ha regalado las cosas que el quería, eran herramientas, pues pasa que algunas de las que hay en la caja, cómo el hacha, son bastante afiladas y la mujer tiene miedo de que se pueda hacer alguna avería.

ZORROTZA. Fig. se dice por una persona que es extremadamente seria, poco amable y comunicativa. **K.** Eufronio da gizonbat txarretik eztaukona ezertxorik eta geixau esangot, bateonbatek bier-ezkero berak dauken erozeiñ gauza laister dau pres izteko eta mezerenbat eskatu-ezkero, eta hal izen noski, berdiñ. Baña beste zertxobatitx be badauko, larreitxo zorrotza dala eta iñok eztutzo entzungo, kenduta esan-bierra daukena zerbaitx erosi ero zerreozerren bierra, berbaik itxendauenik eta barreik askoz gutxiau, naiz da kontu xelebrie esan. **T.** Eufronio es un hombre que no tiene nada de malo y diré más, si alguno necesitaría cualquier cosa que pueda tener él enseguida está dispuesto a dejarlo y si se le pide un favor, y puede hacerlo claro, también. Pero también tiene otra cosa, que es extermadamente serio y ninguno le oirá, quitando lo que necesite decir para comprar o alguna otra cosa que le haga falta, que hable apenas y mucho menos reírse, aunque se le cuente el mejor chiste.

ZORROZTU. Afilar, sacar punta. **K.** Lenau, ia oso aspaldi afiladorak herrixetara etortzezien bizikleta ero motor txikibaten gañien agoko soñue joaz, betik musika berdiñaz eta herri hortan eozen kutxillo ta guraize guztiek zorrozteko asmuekiñ, ta benetan ondo geraketaziela eta gañera czauen larrei ordaidu inbierrik, oñ berriz eta horreik eztazenetik nik eztot lortzen eukitxeik kutxillo bakarra bierdan moduen zorroztuta. **T.** Antes, hace muchísimo tiempo solían venir los afiladores a los pueblos montados en bicicleta o en una moto pequeña, tocaban la armónica con una musikilla que siempre era la misma y su intención era la de afilar todos los cuchillos y tijeras que hubiera en el pueblo, y de verdad que quedaban bien y además no había que pagar demasiado, ahora la cosa es que desde que no están yo no consigo tener un solo cuchillo que esté afilado como es debido.

ZORRUE. Bolsa de papel. **K.** Lenau dendetan paperezko zorruek erabiltzezien erostezien gauzak zartzeko, gero plastikozko beste poltza horreik asalduzien eta ixe oñartien lengo zorro hareik sigero desagertura eondie, ondion denpora asko eztala erabakizan plastikozkok ordaindu inbierrak ziela eta oñ esatendauen ez, ze honeik be laister sigero debekauta eongodiela. **T.** Antes en las tiendas se utilizaban las bolsas de papel para meter las cosas de compras que se hacían, luego aparecieron esas otras de plástico y casi hasta ahora aquellas de papel han estado desaparecidas, todavía no hace demasiado tiempo decidieron que las de plástico había que pagarlas y ahora según dicen, que pronto también estas estarán prohibidas.

ZORUE. Loco, que hace locuras.

(Ver la definición de txoro, txorue).

ZORU. Suelo. **K.** Eulalio bere baserriko zoru guztiek aldatzeko asmuekiñ dabill eta galdetudust aber esautzenduan bateonbati, esautzet bat ez, batzun-batzuk bierkoutxula zeatik baldosa ero plaketa jartzeko ideltzeruen lana dala eta tarima aldatzeko arotzana, eta eztakitx baña susmue dauket laguntza eskatzeko asmuaz dauela oñ dauken horreik kentzeko. **T.** Eulalio anda con la idea de cambiar todos los suelos de su caserío y me ha preguntado a ver si conozco a alguien, le he dicho que alguien no, que necesitará a algunos porque el colocar la baldosa o plaqueta es trabajo del albañil y para cambiar la tarima del carpintero, y no sé pero tengo las sospecha de que está con la idea de pedir ayuda para quitar los que ahora tiene.

ZORTZIKO. Es un baile popular vasco.

ZOTZA, (K). Palillo (s). También pueden ser astillas para prender fuego.

(Ver las definiciones, para el primero de palillue y para el segundo de zespala).

ZOZKETA. Sorteo. **K.** Nik oso gutxitan erosidot loterixa, errifaik eta ez beste holako berdintzuik zozketa askotan sartzeko bezelakuek, baña hartu izendotenien, gabonetako zenbakinbat ero arraun talde aldeko errifak, etxat sekula ezertxorik urten, gañera eta arraun errifa honen buruz, askoz hobeto ez urtetzie zeatik enauke jakingo zer iñ zozketa horren eotendan hainbeste mariskokiñ. **T.** Yo he comprado muy pocas veces lotería, rifas o algo parecido para que pueda entrar en muchos sorteos, pero cuando lo he cogido, algún número de navidad o algunas rifas a favor del club de remo, jamás me ha tocado nada, además y en lo referente a la rifa del club de remo, es muchisimo mejor que no toque porque no sabría que hacer con tanto marisco que se sortea.

ZOZUE. Pájaro mirlo, algunos también le llaman tordo.

(Ver la definición de xoxue).

ZU. Tú. **K.** Bai zu, tabernako arduraduna eta ni deitzen haigara eta emutendau eztozula entzuten, tabernaixek jentie hauken eta barrura fanda baña esandust abixatzeko ordaindutako bueltak astuta itxidozula maigañien, gurozunien pasatzeko berak jasota daukela ta. **T.** Si tú, el encargado del bar y yo te estamos llamando y parece que no oyes, el tabernero tenía gente dentro y se ha marchado pero me ha dicho que te avise de que has dejado olvidado las vueltas de lo que has pagado encima de la mesa, que él ya lo tiene recogido y que vayas cuando quieras.

ZUANA, ZUREANA. Donde tí. **K.** Ba ontxe bertan sigero lanpetute nau eta ezta posible zureana fateik, gaurkuatik beste nolabaitx moldaubikozara anbulatoixora fateko, tazixe hartuta ero zeuk ikusikozu nola, baña bixer falta-barik hor izengonaizu betiko orduen. **T.** Pues ahora mismo estoy demasiado ocupado y no puedo ir donde tí, por hoy te tendrás que organizar de otra forma para ir al ambulatorio, cogiendo un taxi o tú verás de qué manera, pero mañana me tendrás ahí sin falta a la hora de siempre.

ZUATIK, ZUREATIK. Por tí, gracias a tí, por tu mediación. También por tu culpa. **K.** Eta ezkerrak zuri, zureatik ezpazan izeten ezgauen ezer lortuko eta oñartien eongaren bezela geratukogiñen, apenas esperantzik be, oñ bentzet asko aurreratudou eta nik ustedot laister jakingoula zerbaitx, eta oinguen zalantzaik eztauket gure alde izengodala. **T.** Y gracias a tí, sino fuera por que has intervenido no hubiésemos conseguido nada y habríamos quedado igual que hasta ahora, casi sin esperanza alguna, ahora al menos hemos adelantado mucho y creo que pronto sabremos algo, y ésta vez no tengo ninguna duda de que será a nuestro favor.

ZUAZ. Vete. **K.** Eujeni, zuaz mezerez aitxa dauen tokira eta sikera pixkatien aldezaitez nere ondotik, hemen zaren bitxartien zure zai eon-bierra dauket ezteizun okerrik iñ eta zerbaitx apurtu, eta ez hartzeko miñik nunbaitxetik jaustenbazara, gañera gauza asko dauket itxeko eta zu inguruen zabitzen denporan eziñdot ezertxoik iñ. **T.** Eugenia, vete siquiera un rato a donde está tú padre y apártate de mi lado, mientras estás aquí tengo que estar al cuidado de tí para que no hagas ninguna travesura, rompas algo y no te hagas daño cayéndote de algún sitio, además tengo muchas cosas que hacer y en el tiempo que andas rondando no puedo hacer nada.

ZUBIXE. Puente. **K.** Euskadi hontan karreterak eta trenbiriek itxeko, kontuen hartu-bierra dau ze alde guztietan mendixek, sakonak eta zuluek besteik eztazela, zubixek betik izendie sigero derrigorrezkuek, iñdekuek izugarri daz, itxen haidienak beste mordoxkabat eta eztot uste sekula bat bakarra bera etorridanik ta espero hala jarraitzie. Ez hor Italian bezela, ontxe denpora gutxi dala bat jausi eta hilldeko dexente eondie. **T.** Aquí en Euskadi para hacer carreteras y vías de tren, hay que tener en cuenta que en todas partes no hay más que montes, puntos bajos y agujeros, los puentes siempre han sido imprescindibles, los que están hechos son innumerables y los que están haciendo otro montón y no creo que nunca haya caído uno solo y espero de que siga sí. No como ahí en Italia, ahora hace hace poco ha caído uno y ha habido bastantes muertos.

ZUEI, ZUERI, ZUEIRI. A vosotros. **K.** Sigeroko mutur luziekiñ ikustezaute, zer gertaketajatzue, akaso ustedozue astuta nauela zueikiñ, ero?, ba lasai eon, enau bape astuta eta zuei be zertxobaitx allegaukojatzue, ezta larrei izengo baña bentzek etxera erueteko laiñ bai eukikozue. **T.** Os veo que estáis con el morro muy largo, ¿qué os pasa, quizá pensaís que me he olvidado de vosotros, o qué?, pues estaros tranquilos porque no me he olvidado y ya os llegará también algo, no será demasiado pero al menos sí lo suficiente para que lo lleveís a casa.

ZUEK, ZUEIK. Vosotros. **K.** Ba hemen ezta besteik gelditzen eta zueik izenbikozue aberi hori konpontzen fanbikozuenak, nik ustedot nahiko errex ingozuela zeatik bakarrik gertau omenda ze dozena parebat tella jausidiela eondan haixe haundi honekiñ. Oñ bentzet emutendau gelditxudala eta tellatura igoteko bezela zare. **T.** Pues aquí ya no queda nadie más y vais a tener que ser vosotros los que tengaís que ir a reparar la avería, yo creo que lo hareís bastante fácil porque no ha debido pasar más que han caído un par de docenas de tejas debido al gran ventarrón que ha habido. Ahora al menos parece que ha parado y ya estaís como para subir al tejado.

ZUEKIÑ, ZUREKIÑ. Contigo. **K.** Hal baldinbada bentzek eta bestiei inportik ez nik zurekiñ gurenauke fatie Bilbora, eta Tiburzio eztot uste horreatik asarretukodanik, zalantzaik eztauket ha be nahiko ona izengodala kotxie manejatzen baña nik konfiantza geixu dauket eta gustorau fangonaz zure kotxien. **T.** Si es que se puede al menos y a los demás no les importa yo prefiero ir contigo a Bilbao, y no creo que Tiburcio se enfade por eso, no tengo ninguna duda de que él también será bueno conduciendo, pero yo tengo más confianza e iré más a gusto en tu coche.

ZUEN, ZUN. Tenían, tenía. **K.** Zueitik bateonbatek badakitzue zeñek ero zeñek zun pelotan jolasteko palak?, nik etxien bat badauket eta baitxe pelota batzuk baña beste hiru bierkogauen bixerko partidue jolasteko, gauza da ze iñok jakiñ ero gogoratu ez, erosi inbikoula. **T.** ¿Alguno de vosotros ya sabe quien tiene o tenia las palas para jugar a pelota?, yo ya tengo una en casa y también algunas pelotas pero necesitaríamos otras tres para jugar el partido de mañana, el asunto es que si no sabe o se acuerda nadie, tendríamos que comprarlas.

ZUENA. De vosotros. **K.** Nik horrekiñ eztot gure ezer jakitxeik, zuei emun, zuena da eta zueik konpondubikozue. Ez hainbeste egun dala Zenon be asalduzan gauza berdintzuaz esanaz guretako zala eta gero, laister gañera, ordie eskatzera etorrizan. **T.** Yo con eso no quiero saber nada, os lo ha dado a vosotros, es vuestro, y vosotros os tendreís que arreglar. No hace tanto tiempo también apareció Zenón con una cosa parecida diciendo que era para nosotros y luego, además enseguida, vino a pedir algo a cambio.

ZUENA, ZUANA. Donde vosotros. **K.** Ze ideia ona eukidozuen kanpiñera fatiaz aste-buru hau pasatzeko, eta nora fateko asmue daukotzue?, ondion eztakitzuela?, ba jakiñtxendozuenien ero bertara allegau deitxuireizue meserez, gaur eziñdot baña bixer gustora fangonitzake zuena eta ez arduraik hartu eziñbozue dana eruen, ez ibili derrigorrien sartzen, eziñdana itxi hemen eta nik eruengoitxut bixer. **T.** Que idea más buena habeís tenido con la de pasar el fín de semana al camping, ¿y a qué sitio teneís la intención de ir?, ¿que todavía no lo sabeís?, pues cuando lo sepaís o llegueís al sitio llamarme por favor, hoy no puedo pero mañana iría a gusto donde vosotros y no os preocupeís si no podeís llevar todo, no lo andeís metiendo a la fuerza, dejar aquí lo que no se pueda y ya lo llevaré yo mañana.

ZUENDAKO, ZEUENDAKO. Para vosotros. **K.** Kaja haundi hau ekarridaue galdetuaz honako dan, nik be galdetutziet aber eztakarren izenenbat eta erantzuna ezetza izenda, bakarrik helbidie, nola zueik kanpuen zitzien eta enakixen zuendako izenleiken hemen izteko esautziet. **T.** Han traído ésta gran caja preguntando si es para aquí, yo también les he preguntado a ver si no trae algún nombre y me han respondido que no, solo la dirección, cómo estabais fuera y no sabía si podía ser para vosotros les he dicho que lo dejen aquí.

ZUENDAKO. (Zuentzat), zuetzat, zuretako.

ZUGAITZA, ZUHAITZA. Arbol. **K.** Ni jaixonitzen aldien zugaitza esan-bierrien arbola esateutzou eta honeik eztie falta ballara buelta guztien, inguru guztiek betiek daz, geixenbat piñuek die baña haritzak, paguek eta gastaiñ arbolak be ikustendie, eta gauzabat, piñu horreik moztu-hala beste honeik ia aspalditxo landatzen hasitxe die. **T.** En la zona donde nací yo no se utilizaba la palabra en euskera de zugaitza y se le llama tal cual, árbol, y éstos no faltan en toda la vuelta del valle, todos los rincones están llenos de ellos, la mayoría son pinos pero también se ven robles, hayas y castaños, y una cosa, a medida que se van cortando los pinos hace ya bastante tiempo que empezaron a plantar esos otros.

ZUK. Tú. **K.** Alperrik dozue esatie ezariela zueik izen hori iñdozuena zeatik ondo jakiñen nau baietz, hala dala, zu eta zuk, bixok izenzare eta aber oñ nola moldatzezarien konpontzeko, aurrena ondo pentzau baña haldan axkarren hasizeikie esaten zuen gurasuei zer gertaudan hemen, gurebozue esan gure-barik izendala eta zetxobaitx dirue bierkozuela aberi hau arreglatzeko. **T.** Es inútil que digaís que no habeís sido vosotros poque se perfectamente que sí, que es así, tú y tú, los dos habeís sido y a ver ahora cómo os componeís para solucionarlo, primero lo pensaís bien pero cuanto antes ya podeís a empezar a decírselo a vuestros padres lo que ha pasado aquí, si quereís les decís que ha sido sin querer y que vaís a necesitar algo de dinero para arreglar la avería.

ZUKUE. Zumo, caldo. **K.** Guk etxien eztaukou oituraik frutan zukuek hartzeko gosaldu orduen, ta noski arrastuik be eztauket ze gertatzendan beste etxetan, baña erozein modutan ogixe erosten fatenazenien panaixara, kafeteri txikibat be badauko, erraru xamarra iruitzejat ikustie nola gosaltzen haidan jente geixena laranja zukuek hartzeitxuen. **T.** Nosotros en casa no tenemos costumbre de tomar zumos de fruta a la hora de desayunar, y por supuesto no tengo ni idea de lo que pasa en otras casas, pero de cualquier manera cuando voy a comprar pan a la panadería, también tiene una pequeña cafetería, me resulta un poco extraño el ver cómo casi toda la gente que está desayunando toma zumos de naranja.

ZULATU, ZUALU, ZULOTU. Agujerear. **K.** Atzo sekulako arazue gertauzan gure kalien, espaloiek berrizten haidie eta makiña txikibat lanien haizala gasan tuberia zulatu, noski gure-barik, apenas igertzezan ezer useñik hauenik baña iñok eztuzko kenduko pasagauen larritxazuna, seguitxuen etorrizien arduradunak eta etxeik etxe abixatzen ibilizien esanaz bentana guztiek izteko haldan axkarren eta gero, aberixa konpondu ondoren, badauela berriz zabaltzie. **T.** Ayer ocurrió un incidente bastante grave en nuestra calle, andan renovando las aceras y una máquina pequeña cuando estaba trabajando agujereó la tubería del gas, sin querer claro, apenas se notaba que hubiera ningún olor pero nadie nos va a quitar el apuro que pasamos, enseguida vinieron los responsables y fueron avisando casa por casa que cerrásemos cuanto antes todas las ventanas y luego, una vez que hayan reparado la avería, que las podíamos volver a abrir.

ZULUE. Agujero. **K.** Sekula ikusi-barik nauken eta atzo baserri hartako hondonik pasanitzenien arritxute geratunitzen soluen erdixen hauen zulo haundi harekiñ, inguruen zan baserritarra eta galdetunutzen aber nola gertaudan ta esauzten eztala aurreneko aldiz pasadadana, gañera betik bertan eta oñartien zulue asaldu-hala tapatzen fan izendala, baña arrastuik be eztaukela nora eskutatzendien zuloko lur hareik. **T.** Nunca lo había visto y ayer cuando pasé al lado de aquel caserío me quedé asombrado con el gran agujero que ví en mitad del prado, allá cerca estaba el casero y le pregunté a ver cómo había pasado y me contestó que no era la primera vez que sucedía, siempre en el mismo sitio y que hasta ahora cada vez que aparecía el agujero lo iba tapando, pero que no tenía ni idea dónde desaparecían las tierras del agujero.

ZURBIL. Pálido. **K.** Nik Kaxianokiñ eztauket harremanik eta konfiantzaik bez, baña bai dauko tartekuek eta ustedot bateonbatek esan-bierra eukikoauela larreiko zurbil dauela, gañera nabarmen igertzejako geruau eta geixaura doiela, berai ondo lasai dabillela ikustejako baña halaere baleike komenigarrixe izetie bueltabat itxie medikutik. **T.** Yo no tengo mucho trato con Kaxiano y tampoco confianza, pero si tiene gente próxima y creo que le deberían de decir que está demasiado pálido, además se le nota perfectamente que cada vez va a más, a él se le vé que anda bien tranquilo pero aún así puede que sea conveniente que se de una vuelta por el médico.

ZURBILDU. Palidecer. **K.** Ba askenien eta eztakitx zeñek esanda, Kaxiano izenda medikuen eta etxuraz nahiko ondo dauela esautzie, proba pillabat iñ ondoren ta naiz da ondion batzun-batzuk geratu, oñartekuek bentzet etxuran dazela esandutze. Medikuek txantxan galdetu omenutzen aber susto haundixek emuteutzen bere andriek zeatik hala-bada akaso horreatik izengodala zurbildu hori. **T.** Pues al final y no se dicho por quién, Kaxiano ya ha estado con el médico y parace que le han dicho que está bastante bien, después de haberle hecho muchas pruebas y a pesar de que todavía le quedan unas cuantas más, las de hasta ahora por lo menos parece que están decentemente. El médico le ha debido de preguntar en broma a ver si su mujer le da muchos sustos porque si es así puede que provenga de ahí esa palidez.

ZURDA. Crin, melena de los animales, generalmente del caballar. **K.** Jentie gañien ibiltxendauen zaldi honeik garbixek eta ondo orrastutako zurda ikustejate eruetendauela, eta berdiñ ferixetan saltzen eotendienak, eta asken honeikatik entzunde dauket gezurretazkuek be jartzeitxuela zerreozer geitzeko zurda horreik. **T.** A los caballos que se utilizan para que la gente los monte se le ve que llevan la crin limpia y bien peinada, y también a los que están en las ferias para venderlos, y sobre éstos últimos tengo oído que a algunos les añaden algunas mechas falsas en la crin para aumentar el volumen.

ZURDIE. Gran helada con escarcha. **K.** Ondion ondo gogoratzenaz ze zurdie hauen Teruelen igezko neguen, gabonak aurretik egun-batzuk pasatzera fangiñen Valentzira eta bueltarako asmue zan Teruelen gelditxu eta bertan lo iñ, ba Valentziako egun horreik bukatu ondoren harutza abiatugiñen, ehun kilometro inguru geratzeziela tenperatura jetxizan zerotik bera eta hara allegaugitzenien zer zan ha, bost aspitxik eta hori ondion eguerdi ingurue zala. **T.** Todavía me acuerdo muy bien de la helada que había en Teruel el pasado invierno, antes de navidades fuimos a pasar unos días a Valencia y la intención era la de parar a la vuelta en Teruel y hacer noche allá, pues una vez que terminaron los días esos de Valencia nos dirigimos hacia allá, cuando quedaban unos cien kilómetos la temperatura ya había bajado por debajo de cero y cuando llegamos que era aquello, cinco por debajo y eso que era poco más que el mediodía.

ZUEIKIÑ. Con vosotros. **K.** Itxoizue pixtxatxobat ni be zueikiñ noie ta, laister prestatukoitxut erropa batzuk eta alkarreaz fangogara, asmue nauken beste horreikiñ fateko baña zerbaitx gertaujatie kotxien eta garajera eruen-bierra eukidaue, etxuraz ezta gauza haundirik baña halaere urten ordurako baleike nahiko berandu izetie. **T.** Esperarme un poquito que voy con vosotros, pronto prepararé algo de ropa e iremos juntos, pensaba ir con esos otros pero les ha debido de pasar algo con el coche y lo han tenido que llevar al garage, parece que no es mucha cosa pero aún así puede que para la hora de salir sea bastante tarde.

ZURETIK, ZUEITIK. De lo tuyo, de lo vuestro. **K.** Nere ustez zure asmue oso ona, borondate haundikue eta neri bentzet etxat bape inportik hemen daunetik zertxobaitx emutie horrei, baña betik kontuen hartuta zure ideia izendala eta zuretik emutendozun bitxertien nik eztauket zer esanik, eta pentzatzendot bestiek be eztauela ezertxoik esango. **T.** Yo pienso que tú intención es muy buena, que demuestra mucha bondad y a mí desde luego no me importa nada que a esos les des algo de lo que hay aquí, pero siempre teniendo en cuenta de que la idea a sido tuya y que mientras les des de lo tuyo yo no tengo nada que decir, y pienso que los demás tampoco dirán nada.

ZURI. Color blanco, como el que puede haber después de una buena nevada. **K.** Aspaldiko urtietan bape edurrik inbarik hauen Zarautzen eta aurtengo neguen sekulako elurtie jausizan, gabien hasi eta eguna zabaldu orduko dana zuri hauen, gañera nola gauez apenas kotxeik pasatzendien ba karreteran be ezinzan ibili edurre kentzendauen kamioi horreik allegau hartien. Batzundako, ikastolako umiek, pozitazun haundiko eguna izenzan baña hurrengo egunien apenas hauen ezer eta orduen bestaldera, pena galanta. **T.** Ya hacía muchos años que no nevaba en Zarautz y el último invierno cayó una nevada impresionante, empezó al anochecer y para cuándo se hizo de día todo se veía blanco, además cómo por la noche apenas andan coches pues la carretera también quedó impracticable no pudiendo transitar hasta que llegaron los quitanieves. Para algunos, los críos de la ikastola, fué un día de mucho gozo pero al día siguiente apenas había ya nada y entonces fue al revés, una gran pena.

ZURI. A tí. **K.** Zuri bai, zuri esaten hainaz eta ez iñ gorra izengozitzen bezela zeatik badakitx oso ondo entzunduztazula, gertatzenda tonto-papela itxen haizarela etxatzulako komeni aitzeik, ba komeni ero ez entzun-bierra daukotzu ba, ta da ontxe bertan fateko errekau honiek erueten zure izebai, bai horri, herri bestaldien bizidan Anselma izeba. **T.** A tí sí, a tí te estoy diciendo y no te hagas el sordo que ya se que me has oído perfectamente, lo que pasa es que estás haciendo el papel de tonto porque no te conviene escuchar, pues convenir o no me tendrás que escuchar pues, y es que ahora mismo vayas a llevar estos recados a tu tía, si a la tía Anselma la que vive al otro lado del pueblo.

ZURINGUE. La clara del huevo. **K.** Bape harrokeixa-barik esan-bierra dauket millaka arrautza janditxutela, betik gustora eta oñ gertatzejat ze alperkeixiatik aukera gutxi dauketela jateko, baña ondion eta hori itxendoten bakoitxien aurrenbezelako gozamena dauket, oñ bai, gauzatxobat betik eukidot, gorringue gustorau jatendotela zuringue baño eta hori da, noski, zeatik askoz hobie da ogixaz untatzeko. **T.** Sin ninguna presunción tengo que decir que yo he comido miles de huevos, siempre a gusto pero ahora me pasa que por vaguedad tengo pocas oportunidades de comerlos, pero todavía y cada vez que lo hago disfruto lo mismo que la primera vez, ahora sí, siempre he tenido la cosita de que la yema la como más a gusto que la clara y eso es, claro está, porque se unta mejor con el pan.

ZURITXU. Blanquear. **K.** Lenau Leniz Ballarako baserri askotan, baleike beste leku batzuetan be hala izetie, oitura izetezan baserri hortako fachadak zuritxu itxie herriko jaixek allegetazien inguruen, eta hau normailki kare-letxadakiñ itxezan. Eta hala ixe urtero. **T.** Antes la costumbre en muchos de los caseríos del Valle de Léniz, puede que en otros sitios también fuera así, era blanquear las fachadas de ese caserío cuando se apxoximaban las fiestas del pueblo, y ésto normalmente se hacía con la lechada que se obtenía de la cal. Y así casi todos los años.

Aspaldiko esaerabat: Ulie zuritzie hobie da ez eukitxie baño.

Un viejo proverbio vasco dice que es mejor que el cabello se vuelva blanco antes que perderlo.

ZURRUMURRUE. Rumores, murmuraciones. **K.** Arrastuik eztauket egixe izenleiken baña zurrumurrue bentzet badau eta geruau ta geixau haitzenda, eta da Cristiano Ronaldo fuboleko jokalari hori Errealera naidauela etortzie datorren urtien, etxuraz asko maitedau ekipo honi eta hori izengozan bere asmue, eta gañera ez izarbat bezela baizik beste jokalari baldintza berdiñen. **T.** No tengo ni idea de si puede ser verdad, pero por lo menos rumores ya hay y cada vez se oyen más, y son que el jugador de fútbol Cristiano Ronaldo quiere venir el próximo año a jugar a la Real, parece que quiere mucho a este equipo y esas serían sus intenciones, y además no como una estrella sino que en las mismas condiciones que los otros jugadores.

ZURRUNKA, ZURRUNKAN. Roncar, roncando. **K.** Batzuetan, hobeto esanda nahiko sarri, Santio bidaiko alberge honeitan oso zalla izetenda lo itxie, larreiko nekatuta eon-ezkero baleike lortzie baña jeneralki erromes batak ero bestiek zurrunkan itxendau, eta akaso baitxe bat baño geixau be, batzuk hastendie oien sartu besteik ez eta hala jarraitzendaue iretzartu hartien, gañera gertatzenbada zure aldamenien dauena dala orduen bai benetan astuzeikela gau hortako luaz. **T.** En los albergues del camino de Santiago algunas veces, mejor dicho bastante a menudo, suele ser muy difícil el dormir, puede que si estás demasiado cansado lo consigas pero por lo general siempre hay algún que otro peregrino que ronca, y quizá también puede que sea más de uno. algunos empiezan nada más que se meten a la cama y así continúan hasta que se despiertan, además si coincide que es el que está a tu lado entonces sí que de verdad te puedes olvidar de dormir esa noche.

ZUTABE, ZUTABIE. Poste. **K.** Beñ Ikusinauen telebistan nola hor Australia aldeko oiturabat dan zeiñ axkarrena izen zutabe igoeran, jartzeitxue bi, bakotxa hogetabost metrokok eta lehia bi pertzona hartien izetenda, bat zutabe bakoitxien eta honeik txandaka fatendie bi biñan untza dauken zapatillak jantzitxe, eta zutabe horren bueltan igoera laguntzeko soka kolokatzen fatendie. Nik ikusinauenien irabazlie zortzi segundo inzitxunak izenzan. **T.** Una vez ví en la televisión cómo una de las costumbres en Australia es una competición que consiste en subir lo más rápidamente posible a un poste, colocan dos, cada una de veinticinco metros de altura y a turnos de dos en dos provistos con zapatillas de clavos y cuerdas que abrazan el poste a medida que van subiendo. Cuando yo lo ví el vencedor fué el que había tardado ocho segundos.

ZUTIK. Tieso, de pié, erguido.
(Ver la definición de tente).

ZUTITXU. Levantarse, ponerse de pié, incorporarse.

(Ver la definición de tentetu).

ZUZA, ZIZA. Susa. Seta de primavera. **K.** Honetxeik bai diela sekula eztitxuten hartu perretxikuek, zizak, erosi bai eta nahiko sarri gañera, geixenbat Tolosako azokan, nere andriei asko gustatzejako errebueltuen prestatuta ta bestiok be gustora jateitxu, eta berdiñeko onak geratzendie karakoloz batera prestantzenbadie. **T.** Estas sí que son unas setas que no las he cogido nunca, las susas, comprarlas si y además bastante a menudo, las más de las veces en el mercado de Tolosa, a mi mujer le gustan mucho preparadas en revuelto y los demás también las comemos a a gusto, y y lo mismo de buenas quedan si se preparan junto con los caracoles.

Errezetabat: Zuzan errebueltue. Aurrena ta berezixena, naiz da norberak hartutakuek izen ero erositxekuek, kontu haundixaz ondo garbitxu trapuekiñ eta inportantzi haundikue, ez ikutzeko urik. Hau gertu. Gero jartzendou sartakiñabat olixo pixkatekiñ, moztu zati txikitan ta bota hiru ero lau berakatz ale, honein ordez berdiek ero freskuek izetenbadie ezan bape txarra izengo, gañera eta hala-bada, nere ustez bentzet, zertxobaitx mejoratzenda, eta piper gorri pikante pixkat, berakatzak kolorie hartu aurrertik jartzendou ESKUAZ zatitxudoun zuzak, eukitxeitxu denpora asko-barik bueltak mantzo emunaz eta gero gañien ondo nahastuteko arrautzak fiñ txikitutako perrejill pixkateaz, norberak ikusikodau bierdienak kontuen hartuta zenbat zuza dazen, beste buelta batzuk eta larrei inbarik atara eta jateko bezela dau. Goguen hartu errebueltueltue dala eta ez tortilla.

Una receta: Revuelto de susas o setas de primavera. Primero y lo más importante, tanto sean cogidas por uno mismo o compradas, tener mucho cuidado al limpiarlas con un trapo y sin que toquen el agua. Esto listo. Luego ponemos una sartén sin mucho aceite, picamos menudo y echamos tres o cuatro gajos de ajo, no sería nada malo si en lugar de estos fuesen verdes o frescos, además y siendo así, al menos creo yo, que mejora algo, y un poco de guindilla roja picante, antes de que al ajo coja color también echamos a la sartén las susas que habremos partido en pedazos con la MANO, lo tenemos no demasiado tiempo dándoles unas vueltas suavemente y luego encima unos huevos bien batidos mezclados con poco de perejil cortado fino, uno mismo verá los que necesita porque está en función de la cantidad de suzas haya, unas cuantas vueltas más y sin que esté demasiado cuajado lo sacamos y listo para comer. Tengamos en cuenta de que es un revuelto y no una tortilla.

ZUZALEKU, ZUZA-LEKUE. Sitio donde se encuentran las setas de primavera. **K.** Zuzaleku honeik dakixen pertzonak ondo ixilixen eukitxetxu eta esatendauen ez bera bakarrik izetenda horren jakiñien eotendana, eta gero, hau aguratu itxendanien orduen izeten omenda garaia tartenkobati esateutzena, normalki semei eta hala modu hontan jarraitzendau familixa barruen. Bebai eta etxuraz diximulu haundixekiñ komenida ibiltxie zuzak hartzen fatendanien buelta dexente iñaz baezpare norbaitxek jarraitzenbadau. **T.** Las personas que conocen los sitios de las setas de primavera lo tienen bien callado, en secreto y según dicen solo es él el que lo sabe, y luego, cuando ya se hace mayor llega el tiempo en el que se lo transmite a algún otro del entorno, normalmente a algún hijo y así de ese modo continúa dentro de la saga familiar. También y según parece debe de ser conveniente obrar con grandes disimulos dando muchas vueltas cuando van a recoger las setas por si acaso le sigue alguien.

ZUZEN, ZUZENA. Derecho. **K.** Zenbat okertudan Eskolapio, lenau zutabie baño zuzenau ibiltxezan eta mendixen jausi ondoren sigero exkax dabillela ikustejako, batzuetan makuluaz be badabill baña hau oso gutxitan gertatzenda, bakarrik izetenda ixe iñor eztanien inguruen zeatik beztela lotza haundixe emuteutzola esatendau, eta askenien nik ustedot ze hobeto ingolaukela medikura fatiaz baezpare. **T.** Cuánto se ha torcido Escolapio, antes andaba más derecho que un poste y desde que se cayó en el monte se le vé que camina de mala manera, así cómo agachado, algunas veces también anda con el bastón pero ésto ocurre pocas veces, solo suele ser cuando no hay casi nadie en las cercanías porque sino dice que le da mucha vergüenza, y al final yo creo que por si acaso sería mejor si acudiría al médico.

ZUZENA. Fig. se dice de la persona que es recta y que cumple con sus obligaciones. **K.** Mutil horrendako askoz komenigarrixe izengozan pixkat zuzenaue izetie ero zuzentzen hastie bentzet, estudiatzei aspalditxo lagata dau esanaz naio dauela lanien hastie nunbaitxen, ba bere gurasuek lortutzen lan hori eta etxuraz hor be aspertu, alde iñ eta arrazkero beste dozenerdi lan geixautik pasata omendau. **T.** Para el chico ese sería mucho más conveniente si fuese algo más recto o por lo menos empezar a enderezarse, dejó de estudiar ya hace algún tiempo diciendo que prefería trabajar en algún sitio, pues su padre ya le consiguió un puesto y parece que ahí también se debió de cansar, se marchó y desde entonces ya ha debido de pasar por media docena de trabajos más.

ZUZEN-BIRIE. El camino recto o más adecuado para llegar a destino. **K.** Hauxe bai, hau ixe ziur nau zuzen-birie dala, oñartien hartuitxun danak okerrak izendie eta hor ibiligara galtuta ixe bi orduen, baña oñ ustedot emundoula bierdanaz ta aber oinguen ta beingoz lortzendoun allegatzie. **T.** Este sí, éste camino estoy casi seguro que es el adecuado, todos los que se han cogido hasta ahora han sido equivocados y hemos estado casi dos horas perdidos, pero ahora creo que hemos dado con el camino correcto y a ver si de ésta conseguimos llegar de una vez.

ZUZENDARI. Director, responsable, jefe. **K.** Aspaldixen ikusi-barik nauken ta atzo kalien alkartunitzen Zelestinokiñ, kafebat hartzen eongiñen eta barriketa apurbat iñaz komestatzen ibilizan ze ezakixela zorionez ero txarraz dauen, esauzten nola oñarte hauken lan postuen nahiko gustora zala ta irabazi be etxuran, gertauda oñ zuzendari bezela jarridauela eta zalantza haundixe daukela, ze naiz da oñ askoz geixau irabazi pentzatzen hasidala aber lan berri hau ezetedan larreitxo izengo beretako. **T.** Hace ya bastante tiempo que no veía a Celestino y ayer me junté con él en la calle, estuvimos tomando un café y charlando un poco me comentó que no sabía si estaba de buena o mala suerte, me dijo que en el puesto de trabajo que estaba hasta ahora estaba bastante contento y que tambien ganaba decentemente, y ha pasado que ahora le han puesto de jefe y que está lleno de dudas, que a pesar de que ganará mucho más ha empezado a pensar a ver si ese nuevo trabajo no será demasiado para él.

ZUZENDARITZA. Oficina, despacho de la dirección, gerencia. **K.** Ba gaur nahiko denpora nauken eta etorrinaz bixitabat itxera Zelestinoi, ta noski galdetu aber zer moduz doien, gertatzenda nola enpresa hau halako haundixe dan eta dana buleguaz betie, ibili toki-batetik bestera eta eztala iñundik zuzendaritza, bati galdetudot eta harutza fateko esandust, gero bestiek berriz hara ezetz, bestaldera eta oñ eztakitx ze aldera jo, baña nik ustedot pazientza pixkatekiñ nunbaitxen billatukotela. **T.** Pues hoy disponía de bastante tiempo y venido a visitar a Celestino, y claro preguntarle a ver que tal le va, lo que pasa es que como la empresa es tan grande y está llena de oficinas, ando de un sitio para otro y no encuentro por ningún lado la de la dirección, le he preguntado a uno y me ha dicho que vaya para allá, luego otro que para allá no, para la otra parte y ahora no sé hacia que lado tirar, pero yo creo que con un poco de paciencia ya lo encontraré en algún lado.

ZUZENDU. Enderezar, rectificar lo que no está bien y volver al buen camino. **K.** Goixen jarridoun mutil hori, hala bentzet iruitzejako bere aitxa Eutikioi, emutendau zertxobaitx zuzendudala, xei hillebete erueten omendau askenengo enpresa hortan eta etxuraz bai bera, semie, eta bai arduraduna nahiko gustora emutendau dazela bata-bestiekiñ, esatendau oso txintxo dabillela eta gañera jornalan parte be etxien iztendauela. Eta zer esan, ba oso pozik dauela ikustejakola. **T.** El chico aquel que hemos puesto arriba, al menos así se lo parece a su padre Eutiquio, da la impresión de que se ha enderezado bastante, debe de llevar trabajando seis meses en la misma empresa y parece que tanto él, el hijo, cómo su jefe deben de estar bastante satisfechos el uno con el otro, dice que anda muy formal y que además deja en casa parte del sueldo. Y que decir, pues que se le ve que está muy contento.

ZUZENDU. Poner algo derecho. **K.** Egur tarima honeik daukien umeltazunaz zertxobaitx bigurtu iñdie eta kolokau aurretik zuzendu itxie komenida, errexena izengou lurrien iztie eta tarima horren bi albotan pixue jarri, eta hala nik ustedot denpora gutxira bierdan bezela geratukodiela. **T.** La tarima ésta de madera con la humedad que tiene se ha torcido un poco y antes de colocarla conviene ponerla derecha, lo más fácil será dejarla en el suelo y poner pesos a ambos extremos de la tarima, y así yo creo que dentro de poco tiempo quedará bien recta.

ZUZENIEN. Ir derechos al objetivo. **K.** Entzun zer esateutzuten, jatetxe hortan oso bierrezkuek die gauza honeikiñ eta fan zuzenien denporaik galdu-barik, deitxuztie esanaz argindarra fan, barik eondiela eta frigorifikon haukien zerbaitzuk alperrigaldu, oñ bertan jenero gutxikiñ dazela eta erueteko haldan axkarren. **T.** Escucha lo que te voy a decir, en ese restaurante tienen una gran necesidad de éstas cosas y vete derecho sin perder el tiempo, me han llamado diciendo que han estado sin corriente eléctrica y que algunas de las cosas que tenían en el frigorífico se les ha estropeado, que ahora mismo están con poco género y que lo llevemos cuanto antes.

Jesus M. Errasti Arana

Aspalditxo Atxabaltan jaixotakue. Argazkixen dauen pertzona ontxe hasi-barri dau asunto honeitan, esanleike derrepentien asaldudala eta hau da aurren idatzi iñdauen liburue. Etxuraz, hala esatendau, bere asmue jarraitzie omenda baña momentuz hauxe da daukena, berak espero nahiko intereskue izengodala eta gero gerokuek.

Nacido hace algún tiempo en Aretxabaleta. La persona que está en la fotografía está recién empezado en estos asuntos, se podría decir que ha aparecido derrepente y este libro es el primero que ha escrito. Parece, es lo que dice, que su intención es la de continuar pero de momento esto es lo que tiene, él espera que pueda ser bastante interesante y luego lo que venga.

Nik ustedot liburu hau balixokue izengolitzekela zertxobaitx euskera ikasteko eztakixien pertzona hareik. Mendebaldien berba itxendana bentzet eta noski, hainbeste millaka euskaltzale dauen bertako modu hizketa erabiltzendauena, eta askenien be eztau hainbeste alde euskera batuekiñ. Kontuen hartzenbada ze hitz bakoitxaz istorixa txikibat eta desberdiñe kontatzendala, ba hitz horreikiñ aukera dau esateko naidan ixe erozeiñ gauza, baitxe konpondu be esaldi batzuk eta asken-fiñien berezixena, ulertu bata-bestiekiñ hizkuntza berdiñien.

Yo creo que este libro podría ser válido para que aprendan algo de euskera aquellas personas que no lo sepan. Al menos el que se habla en el oeste de Euskal Herria y claro, en el que hay tantos miles de euskaldunes que lo utilizan, y al final tampoco es tanta la diferencia con el euskera batua. Si se tiene en cuenta que con cada palabra se cuenta una pequeña y diferente historia, pues quizá partiendo de esa o esas palabra se pueden decir, en euskera claro, casi cualquier cosa que se quiera, también elaborar algunas frases y lo más más importante, entenderse los unos con los otros en el mismo idioma.

SUKALDE ERREZETA BATZUK

Baezpare nai izen eta akaso zerbaitzun bierra, errezetan orri zenbakixek jartzendie. Gauzabat, hemen asaltzendien errezetak norberak iñdekuek die, geixenak askotan eta beste batzuk gutxitxuau, parebat be eongodie beñ ero birritxen bakarrik prestautakuek eta inditxuten bezela idatzita daz. Halaere bape zalantzaik eztauket ze asunto hontan ibiltxendienak askoz hobeto ingoitxuela eta eziñdala, ezta gutxiau be, iñola konparau, baña erozeiñ modutan, nere ustez bentzet, nahiko etxuran geratzendie.

Por si se quiere y quizá puedan hacer falta, se señala el número de las páginas donde están las recetas. Una cosa, las recetas que aparecen aquí son las yo he elaborado, la mayoría muchas veces y otras menos, también habrá un par preparadas solo una o dos veces y están escritas tal y cómo las he hecho. Aún así no tengo ninguna duda de que los que andan en éstos asuntos las harán muchísimo mejor y de ningún modo, ni mucho menos, se pueden comparar, pero en cualquier caso, según mi parecer, quedan suficientemente bien.

Bakallaue ixe saltza berdien   104
Bacalao en casi salsa verde

Bakallau kokotxa eta almejak saltza berdien   104
Cocochas de bacalao y almejas en salsa verde

Bakallauen tortilla ero errebueltue   105
Revuelto o tortilla de bacalao

Bentreska plantxan   129
Ventresca a la plancha

Berakasopa   130
Sopa de ajo

Beratudan ollaskuen paparra plantxan   131
Pechuga de pollo macerada a la plancha

Berdela plantxan   132
Verdel a la plancha

Bixigue laban errie   155
Besugo al horno

Buia egositxe   162
Buey de mar cocido

Egaluzie, atuna, kipula eta piperrakiñ   184
Bonito o atún encebollado y con pimientos

Erbixe saltzan   202
Liebre en salsa

Frantzez porru, esparrago, zurixek egositxe   248
Espárragos blancos cocidos

Frikatxan errebueltue   249
Revuelto de frikatxa (fricacha)

Gixaua, okeliena   271
Guisado de carne

Isatza, buztana, saltzan   346
Rabo en salsa

Karakolak saltzan   385
Caracoles en salsa

Karrakelak, karakolilluek, egositxe   387
Caracolillos cocidos

Karrillera, txalana, ardau baltzien   389
Carrilleras de ternera al vino tinto

Konejue laban errie 404
Conejo asado al horno

Konejue saltzan neure erara 405
Conejo en salsa a mi manera

Lanpernak egositxe 422
Percebes cocidos

Lebatzan kokotie laban errie 428
Cogote de merluza asado al horno

Lebatzan kokotxa almejakiñ saltza berdien 428
Cocochas de merluza con almejas en salsa verde

Lebatza saltza berdien 429
Merluza en salsa verde

Lupia, lubina, laban errie 443
Lubina al horno

Marmitako 457
Marmitako

Muskulluek, mejilloi, tomatiekiñ 478
Mejillones con tomate

Nekorak egositxe 488
Nécoras cocidas

Olagarrue galleguen erara 506
Pulpo a la gallega

Ollaskue laban errie 506
Pollo asado al horno

Piñotelan errebueltue 540
Revuelto de níscalos

Sahietzak, txarrixenak, laban erriek 560
Costillas de cerdo asadas al horno

Sarbuskalluek saltza berdien 568
Escallos en salsa verde

Solomue, txerrixen xolomue, laban errie 582
Lomo de cerdo asado al horno

Torradak 606
Torrijas

Trapuxarran errebueltue 610
Revuelto de carne cocida con verduras

Tripakeixek, txekorranak, tomate saltzan 613
Callos de ternera en salsa de tomate

Txanpiñoiek plantxan 620
Champiñonees a la plancha

Txarrankak errebozauta 623
Patas o manitas de cerdo rebozadas

Txipiroiek bere tintan 628
Chipirones en su tinta

Txirlak ero almejak saltza berdien 636
Chirlas o almejas en salsa verde

Zuzan errebueltue 706
Revuelto de susaz, setas de primavera